SEITE 48

REISEZIELE IN KANADA

ALLE ZIELE AUF EINEN BLICK
Fundierte Einblicke, detaillierte Adressen, Insider-Tipps und mehr

KARTE KANADA HIGHLIGHTS SEITE 2–3

SEITE 969

PRAKTISCHE INFORMATIONEN

SCHNELL NACHGESCHLAGEN
Tipps für Unterkünfte, sicheres Reisen, Smalltalk und vieles mehr

Karla Zimmerman,
Catherine Bodry, Celeste Brash, John Lee, Emily Matchar, Brandon Presser,
Sarah Richards, Brendan Sainsbury, Ryan Ver Berkmoes

› Kanada

Nahanni National Park Reserve
Tolle Paddeltouren (S. 898)
Churchill
Eisbärenzentrum an der Hudson Bay (S. 586)
Rockys
Berge mit glitzernden Gletschern (S. 812)
Haida Gwaii
Alte, mit Urwald bedeckte Inseln (S. 836)
Vancouver Island
Surfen, Wildnis, Bauernhöfe und Tee (S. 742)
Vancouver
Weitläufige Metropole mit viel Natur (S. 690)
Calgary Stampede
Pferde, Bullen und lassoschwingende Cowboys (S. 635)
RUSSLAND
ALASKA
USA
PAZIFIK
YUKON TERRITORY
NORTHWEST TERRITORIES
NUNAVUT
BRITISH COLUMBIA
ALBERTA
SASKATCHEWAN
MANITOBA
VEREINIGTE STAATEN VON AMERIKA
WA
OR
ID
MT
ND
CA
NV
UT
WY
NE
Beaufort Sea
Amundsen Gulf
Viscount Melville Sound
Banks Island
Melville Island
Victoria Island
Prince of Wales Island
Sverdrup Islands
Bathurst Island
Cornwall Island
Somers Island
King William Island
Great Bear Lake
Great Slave Lake
Lac La Martre
Lake Athabasca
Wollaston Lake
Reindeer Lake
Lac la Ronge
Lake Winnipeg
Baker Lake
Dubawnt Lake
Thelon River
Lake Claire
Williston Lake
Mackenzie Mountains
Franklin Mountains
Mackenzie River
Rocky Mountains
Coast Mountains
Athabasca R.
Churchill R.
Nelson
Nahanni National Park Reserve
Spatsizi Plateau Provincial Wilderness Park
Wood Buffalo National Park
Jasper National Park
Banff National Park
Riding Mountain National Park
Haida Gwaii
Vancouver Island
Tuktoyaktuk
Inuvik
Anchorage
Dawson City
Whitehorse
Juneau
Watson Lake
Fort Simpson
Yellowknife
Prince Rupert
Prince George
Jasper
Edmonton
Kamloops
Lake Louise
Banff
Calgary
Tofino
Nanaimo
Vancouver
Victoria
Kelowna
Nelson
Seattle
Portland
Medicine Hat
Swift Current
Saskatoon
Prince Albert
Moose Jaw
Regina
Yorkton
Brandon
Winnipeg
Thompson
Churchill
170°W
160°W
150°W
140°W
130°W
120°W
110°W
100°W
70°N
50°N
40°N

Baffin Island
Der einsame, erbahrmungslose Lebensraum der Inuit (S. 912)
Québec
Durch die charismatische Altstadt bummeln (S. 280)
Bay of Fundy
Extreme Gezeiten und Wale (S. 450)
Cabot Trail
Küstenlandschaft und keltische Kultur (S. 405)
Montréal
Beim Jazz Festival den Beat fühlen (S. 232)
Ottawa
Die großen Museen der Hauptstadt erkunden (S. 207)
Niagarafälle
Nordamerikas üppigste Wasserfälle (S. 111)
Höhenangaben
3000 m
2500 m
2000 m
1500 m
1000 m
600 m
300 m
100 m
0
0
500 km
GRÖNLAND
DÄNEMARK
ISLAND
ATLANTIK
Labradorsee
Ellesmere Island
Devon Island
Nares Strait
Davis Strait
Baffin Island
Gulf of Boothia
Melville Peninsula
Prince Charles Island
Nettiling Lake
Foxe Basin
Amadjuak Lake
Iqaluit
Southhampton Island
Hudson Strait
Coats Island
Hudson Bay
Labrador
NEWFOUNDLAND & LABRADOR
Northern Peninsula
St. John's
Corner Brook
Newfoundland
Port aux Basques
Smallwood Reservoir
Churchill R.
George River
Caniapiscau R.
Mélèzes R.
Feuilles R.
Belcher Islands
Lac Bienville
Lac Caniapiscau
Reservoir Manicouagan
Anticosti Island
Îles de la Madeleine
Cape Breton Highlands National Park
Reservoir Robert-Bourassa
James Bay
Severn River
Winisk R.
Lac Mistassini
Moosonee
ONTARIO
QUÉBEC
Tadoussac
NEW BRUNSWICK
PEI
Charlottetown
Moncton
Amherst
Halifax
Fredericton
Saint John
NOVA SCOTIA
Yarmouth
Rivière-du-Loup
Reservoir Gouin
Québec City
St. Stephen
Lac Seul
Lake Nipigon
Thunder Bay
Lake Superior
Sudbury
North Bay
OTTAWA
Montréal
Sault Ste. Marie
Georgian Bay
Kingston
Boston
Lake Huron
Toronto
Lake Ontario
Minneapolis
Lake Michigan
Stratford
Niagara Falls
London
Detroit
Lake Erie
New York
Chicago
MN
WI
MI
IA
PA
NY
VT
NH
ME
MA
CT
RI
ATLANTIK
1
17
11
109
101
138
132
60
7
20°W
30°W
40°W
50°W
60°W
70°W
60°N
50°N
40°N

Die Rocky Mountains (British Columbia/Alberta)

1 Die gezackten, weißen Gipfel an der Grenze zwischen Alberta und British Columbia lösen Staunen und den Drang aus, aktiv zu werden. Vier Nationalparks (Banff, Yoho, Kootenay, Jasper) bieten hier Möglichkeiten zum Wandern, Paddeln und vor allem zum Skifahren. Auch Zugreisen durch diese grandiose Landschaft sind beliebt: Gen Osten oder Westen rattern die stählernen Waggons Bergpässe hinauf und Flusstäler hinunter, wobei sie schimmernde Seen, Unmengen von Wildblumen und glitzernde Gletscher passieren. Jasper National Park, oben

ERNEST MANEWAL

Haida Gwaii (British Columbia)

2 Die früher Queen Charlotte Islands genannten Inseln liegen 80 km vor British Columbias Küste. Der dolchförmige Archipel (S. 837) ist ein magisches Reiseziel: Riesige Fichten und Zedern bedecken die regenverhangene Landschaft. Weißkopfseeadler und Bären tummeln sich im uralten Wald, Seelöwen und Orcas im Meer. Die eigentliche Seele der Inseln bilden aber die wieder auflebenden Haida, die man wegen ihrer geschnitzten Kriegskanus und Totempfähle kennt. In der Gwaii Haanas National Park Reserve sind verlassene Haida-Dörfer, Begräbnishöhlen und Thermalquellen sowie einige der besten Kajakmöglichkeiten des Kontinents zu finden.

RICHARD CUMMINS

Vancouver (British Columbia)

3 Zu Recht landet Vancouver (S. 690) auf der Liste der „besten Orte zum Leben" stets ganz oben: Die relaxte, cocktailverliebte Metropole zwischen Himmel und Meer ist von Schönheit umgeben. Berge mit Skipisten in den Außenbezirken und elf Strände am Rand des Zentrums – Stadt und Natur verschmelzen hier. Von den verglasten Wolkenkratzern sind es nur ein paar Blocks bis zum dichten Regenwald des Stanley Park, und Hollywood-Chic (Filmdrehs en masse) trifft auf lebendige Chinesenviertel und lässige Gegenkultur (FKK-Strand bzw. die Parteizentrale der Marijuana Party).

Niagarafälle (Ontario)

4 Überfüllt? Kitschig? Ja, durchaus. Und noch dazu niedrig – bei der Fallhöhe kommen die Niagarafälle (S. 111) kaum auf Platz 500 unter den Wasserfällen der Welt. Doch wenn die kraftvollen Wassermassen wie flüssiges Glas über die Fallkanten in die Tiefe rauschen und man sich ihnen durch die Gischt in einem kleinen Boot nähert, ist das schon überwältigend. In Sachen Wasserdurchfluss ist die donnernde Kaskade die größte Nordamerikas: Pro Sekunde stürzen hier über 1 Mio. Badewannen voll Wasser zu Tal.

JON DAVISON

Cabot Trail (Nova Scotia)

5 Der Cabot Trail (300 km; S. 405) windet sich durch und über die Küstenberge. Dabei wartet an jeder Ecke ein herrlicher Meerblick (z. B. auf auftauchende Wale in Küstennähe), Elche grasen am Straßenrand und viele Pfade laden zu Zwischenstopps mit Wanderung ein. Unbedingt die Tanzschuhe einpacken: Keltische bzw. akadische Gemeinden sprenkeln die Region, und deren Fiedel-und-Stampf-Musik bringt die hiesigen Kneipen zum Vibrieren.

TONY HAMBLIN/FLPA

YVETTE CARDOZO/ALAMY

Nahanni National Park Reserve (Northwest Territories)

6 Die Thermalquellen, Schluchten und Grizzlys dieses entlegenen Nationalparks (S. 898) an der Grenze zum Yukon Territory erreicht man nur per Flieger oder Kajak. Die Hälfte der nur ca. 1000 Besucher pro Jahr sind Paddler, die den South Nahanni River bezwingen wollen. Der braust ungezähmt über 500 km durch die Mackenzie Mountains. Hohe Wasserfälle, tiefe Canyons und Legenden von Riesen oder verschollenem Gold runden die Reise nach Norden ab.

Trans-Canada Highway

7 Auf den 7800 km zwischen St. John's (Newfoundland) und Victoria (British Columbia) führt Kanadas Hauptverkehrsader an den Highlights des Landes vorbei – darunter die Nationalparks Gros Morne, Banff und Yoho, Cape Breton Island, Québec (Stadt) oder Großstädte wie Montréal, Ottawa, Calgary und Vancouver. Die meisten Traveller brauchen von Küste zu Küste gut einen Monat. Also nichts wie los: Volltanken, Musik an und Gas geben!

PHILIP & KAREN SMITH

Banff National Park, rechts

KEVIN LEVESQUE

Das alte Québec (Québec)

8 Québecs Hauptstadt (S. 280) ist über 400 Jahre alt. Steinmauern, Kathedralen mit schimmernden Türmen und Jazzmusik in Eckcafés verleihen ihr Atmosphäre, Melancholie, Exzentrik und Faszination nach Art europäischer Großstädte. Am besten genießt man das Flair beim Bummeln durch das Gassengewirr der Altstadt, in dem man sich zwischen Straßenkünstlern und gemütlichen Gasthäusern verirrt. Frische Energie liefern Café au lait, Blätterteiggebäck oder Poutine (Pommes mit Frischkäse und Bratensauce) in üppigen Portionen.

Montréal (Québec)

9 Wo sonst kann man zusammen mit über 2 Mio. ruhigen, respektvollen Musikfans (keine Slamdancer oder betrunkenen Chaoten) den weltbesten Jazz- und Blues-Musikern lauschen? Bei 500 Konzerten, von denen viele gratis sind? Nur in Kanadas zweitgrößter Stadt Montréal, dem kulturellen Herz des Landes. Beim elftägigen Montréal Jazz Festival (Ende Juni; S. 27) waren schon B. B. King, Prince und Astor Piazzolla dabei. Nach einer kostenlosen Trommelstunde und einer Jam-Session am Straßenrand möchte manch einer es ihnen gleichtun. Hier ist rund um die Uhr was los.

XIMENA GRISCTI/ALAMY

BRUCE BI

Museum of Civilization (Ontario/ Québec)

10 Die ganze Landesgeschichte plus ein Überblick über Kanadas Hauptstadt und Parlament unter einem einzigen schmucken Museumsdach (S. 209) – hier erfährt man alles über indigene Schöpfungsmythen, Bürgerrechte, baskische Walfangschiffe und Jackrabbit Johannsen. Auch die Architektur lehrt etwas: Legenden der Ureinwohner zufolge leben böse Geister in Ecken, deshalb gibt es im Museumsbau eben keine. Man blickt auf Ottawa, doch das Gebäude steht in Québec.

Manitoulin Island (Ontario)

11 Die weltgrößte Süßwasserinsel, das beschauliche Manitoulin (S. 164) mit seinen Stränden und Ferienhäusern, liegt mitten im Lake Huron. Am Ufer finden sich schroffe Felszungen aus weißem Quarzit und Granit, von denen der Blick über schimmernde Weiten schweift. Hier blüht die Kultur der First Nations: Acht Inselgemeinden bieten lokaltypisches Essen (Wildreis, Maissuppe) und Öko-Abenteuer (Kanutrips, Ausritte, Wanderungen) an – ergänzt durch Pow-Wows mit Trommeln, Tänzen und Geschichten.

Manitoulin-Festival, rechts

JTB PHOTO COMMUNICATIONS, INC./ALAMY

RICK RUDNICKI

Die Prärien (Saskatchewan, Manitoba)

12 Kanadas Mitte ist von Einsamkeit geprägt: In den Ebenen Manitobas, Saskatchewans und Albertas fährt man an Weizen, wogendem Weizen und noch mehr Weizen vorbei. Gelegentlich ragen Getreidespeicher daraus auf. Starke Stürme wirken hier wie Schmiedehämmer und sind noch Kilometer entfernt am Horizont zu erkennen. Atempausen gewähren verstreute Städte wie das künstlerische Winnipeg, das trinkfreudige Moose Jaw oder die Mountie-Hochburg Regina. Dazwischen liegen ukrainische und skandinavische Dörfer. Getreidespeicher, oben

ROLF HICKER

Bay of Fundy

13 Das ist keine normale Bucht, trotz der Leuchttürme und Fischerdörfer: Die einzigartige Geografie der Bay of Fundy (S. 439) sorgt für die stärksten Tidenhübe der Welt. Diese wirbeln prima Futter für gefräßige Finn-, Buckel- und Blauwale oder bedrohte Atlantische Nordkaper auf – ein super Ort für Walbeobachtungen! Einzigartig sind auch die Möglichkeiten zum Gezeiten-Rafting, die dem starken Wasserdruck in der Bucht zu verdanken sind. Buckelwal, oben

MICHAEL KRABS

Nordlicht

14 Zwischen der Prärie Saskatchewans, der Küste Labradors und den arktischen Dörfern Kanadas liegen viele Orte mitten im Nichts – unscheinbar bei Tag, doch umso toller bei Nacht: Dann sorgt das Nordlicht bzw. Aurora borealis für kunterbunte Schleier in Grün, Gelb, Aquamarinblau, Violett und anderen Farben. Das tanzende Geflimmer am Nordhimmel wirkt geradezu magisch. Wapusk National Park

PERFORMANCE IMAGE/ ALAMY

Viking Trail (Newfoundland)

15 Der Viking Trail (Rte 430; S. 531) verbindet die beiden Welterbestätten auf Newfoundlands Northern Peninsula. Der Gros Morne National Park an deren Basis umfasst fjordartige Seen und geologische Kuriositäten. An der Halbinselspitze steht derweil mit dem 1000 Jahre alten Wikingerdorf L'Anse aux Meadows das Ehrfurcht gebietende Expeditionslager Leif Erikssons. Die küstennahe Straße ist eine Sehenswürdigkeit an sich: Auf direktem Weg nach Norden führt sie z. B. an den uralten Begräbnisstätten von Port au Choix und dem Abfahrtspunkt der Fähren zum großen, bösen Labrador vorbei. L'Anse aux Meadows, oben

PRAMOD MISTRY

Drumheller (Alberta)

16 Im staubigen Drumheller (S. 675) bekommen Dinofans weiche Knie: Eine der führenden Fossiliensammlungen der Welt, das Royal Tyrell Museum, ist hier der paläontologische Stolz der Bürger. Hier steht auch der weltgrößte Dinosaurier – ein riesiger, gruseliger T-Rex aus Fiberglas, den man erklimmen kann, um mal aus dem Maul zu gucken. Abseits des Dino-Hypes hat die Region auch faszinierende Einöden und gespenstische, pilzartige Felssäulen namens Hoodoos zu bieten. Panoramastrecken verbinden alle Highlights.

Calgary Stampede (Alberta)

17 Im boomenden, ölreichen Calgary wirbeln immer ein paar Cowboys Staub auf. Doch während der Stampede (Mitte Juli; S. 635) tragen hier alle spitze Stiefel: Bei der „weltgrößten Outdoor-Show“ sind bockende halbwilde Pferde, wütende Stiere und lassoschwingende Stetsonträger zu sehen. Zu den Topattraktionen zählen Chuckwagon-Rennen, Western-Rodeos sowie der breite, familienfreundliche Midway mit Fahrgeschäften und Spielen.

ANDREW BAIN

MICHAEL GEBICKI

Green Gables (Prince Edward Island)

18 Wie wurde das Landnest Cavendish (S. 488) zu einer der größten Geldquellen Prince Edward Islands? Durch die Geschichte einer rothaarigen Waise namens Anne: Beim Schreiben ihres Buches ließ sich Lucy Maud Montgomery 1908 vom ländlichen Bauernhaus ihres Cousins inspirieren. Dass Fans hierher strömen, um die von Bächen durchzogene Waldlandschaft zu bewundern, hätte sie wohl nie zu träumen gewagt. Zusatzbonus: Überall gibt's Hummer, Jakobsmuscheln und frische Austern.

LEE FOSTER

CURTIS MARTIN

Churchill (Manitoba)

19 Die erste Begegnung mit einem Eisbären lässt einem den Atem stocken: Vergessen ist die strapaziöse zweitägige Zugfahrt, die durch die Tundra jenseits der Baumgrenze an den äußersten Rand der Hudson Bay führte. Hier liegt der einsame Außenposten Churchill (S. 586), genau an der Wanderroute der Bären. Tundra-Buggys suchen draußen nach den Tieren mit den scharfen Krallen (Ende Sept.–Anfang Nov.) – und manchmal kommen sie ihnen ganz nah. Im Sommer kann man mit Belugas schwimmen.

CN Tower (Ontario)

20 Die 553 m hohe Nadel (S. 58) überragt Torontos Skyline unübersehbar als höchster Turm der westlichen Hemisphäre. Wer mit dem Glasaufzug zur Spitze hinauffährt, kann Kanadas größte Stadt in all ihrer Multikulti-Herrlichkeit bewundern. Etwa die Hälfte der Menschen im Großraum Toronto stammt aus anderen Ländern und wohnt in Enklaven wie Little Italy, Chinatown, Little Korea, Greektown und Little India. Torontos Weltklasseruf festigen zudem Märkte, tolle Läden, Künstlerviertel und viel Kunst.

Eishockey

21 Eishockey (S. 942) ist Kanadas Nationalleidenschaft: Der Besuch eines Spiels (Saison Okt.–April) ist Pflicht, genauso wie das 2010er-Olympiagold der Nationalmannschaft zu bejubeln. Vancouver, Edmonton, Calgary, Toronto, Ottawa und Montréal haben NHL-Teams, deren Mitglieder beim harten Schlittschuhfight schon mal einen Zahn einbüßen. Unterliga-Profiteams und Jugendmannschaften locken ebenfalls viele Fans in weitere Sportarenen. Immer noch rauflustig? Landesweit werden die Schläger auch beim kommunalen Pond-Hockey geschwungen.

TODD LAWSON

Vancouver Island (British Columbia)

22 Kann ein Ort wirklich einfach alles bieten? Ja, wenn er Vancouver Island (S. 742) heißt: Victoria, das pulsierende, idyllische Herz der Insel, bietet unkonventionelle Läden, Cafés mit Holzfußböden und eine teegetränkte englische Geschichte. Entlang dem West Coast Trail in der Pacific Rim National Park Reserve trifft windgepeitschtes Meer auf Wildnis à la Paul Bunyan, und für Tofinos Wellen stehen die Surfer Schlange. Zudem machen einladende, kleine Bauernhöfe und edle Weingüter das Cowichan Valley zu einem großartigen Ziel für wandernde Gourmets.

Pacific Rim National Park Reserve, unten

ORIEN HARVEY

GRANT DIXON

Baffin Island (Nunavut)

23 Das einsame, erbarmungslose Land der Inuit, Baffin Island (S. 912), beheimatet himmelhohe Berge und die Hälfte aller Einwohner Nunavuts. Kronjuwel der Insel ist der Auyuittuq („Land, das niemals schmilzt") National Park. Der scheinbar endlose Landstrich im Osten wird von Gletschern, Fjorden und ultrasteilen Felswänden geprägt – unwiderstehlich für hartgesottene Wanderer oder Kletterer und zahlreiche Eisbären. Baffin ist auch ein Zentrum der Inuit-Kunst: Viele kleine Dörfer haben Werkstätten, in denen hochwertige Schnitzereien, Drucke und Webwaren hergestellt werden. Auyuittuq National Park, oben

MARK HEMMINGS

Herbstlaub

24 Dass der Herbst Kanada intensiv leuchten lässt, kann in einem Land, das zur Hälfte aus Wald besteht, kaum überraschen. Besonders schön sind die vielen Zuckerahorne der Laurentian Mountains (Québec), die auch Kanadas Pfannkuchen versüßen. Das Laub von Cape Breton (Nova Scotia) leuchtet so herrlich, dass es mit dem Festival Celtic Colours (Mitte Okt.) geehrt wird. Die Küste der Bay of Fundy (New Brunswick) zieht ebenfalls zahllose Blätterfans an.

Rideau Canal (Ontario)

25 Dieses 175 Jahre alte, 200 km lange System aus Kanälen, Flüssen und Seen (S. 215) verbindet Ottawa und Kingston über 47 Schleusen. Am tollsten ist es im winterlichen Ottawa: Dann sausen auf der weltlängsten Eisbahn, einer präparierten Strecke von 7 km, Schlittschuhfahrer dahin und erquicken sich mit heißem Kakao und leckeren Beavertails (frittierten Teigfladen). Zum Winterlude-Festival im Februar bauen Einheimische ein großes Eisdorf. Wenn er wieder aufgetaut ist, wird der Kanal zum Paradies für Bootsfahrer. Winterlude-Festival

Willkommen in Kanada

Beim Anblick weißer Gipfel, des nebelverhangenen Meeres und der unendlich weiten Straßen im Norden packen einen Staunen und Ehrfurcht. Und bei der Unmenge von Festivals vergisst man sogar die Kälte.

Weitläufige Natur

Das zweitgrößte Land der Erde verfügt über vielfältige Landschaften. Spitze Gipfel, gleißende Gletscher, Regenwälder voller Farben, wogender Weizen in den Prärien – nichts fehlt in diesem Land, das sich über sechs Zeitzonen erstreckt. Wellengepeitschte Strände gibt's auch! Weil es an drei Seiten von Pazifik, Nordpolarmeer und Atlantik umgeben ist, hat Kanada eine Gesamtküstenlinie, die der halben Strecke von der Erde zum Mond entspricht.

Kanada ist auch eine Spielwiese für große Tiere – richtig große wie Eisbären, Grizzlys, Wale und jedermanns Liebling, den Elch mit den Ballerinabeinen. Zumindest einen der Riesen sieht man ziemlich sicher, sobald man die Stadt mal hinter sich gelassen hat.

Outdoor-Abenteuer

Ob Sommer oder Winter – Abenteuer locken jederzeit. Man kann in den Bergen Whistlers snowboarden, in Nova Scotia surfen, in Newfoundland auf dem Appalachian Trail wandern oder in den Northwest Territories auf dem South Nahanni River Kajak fahren. Überall gibt's Veranstalter, die Ausrüstung verleihen. Aber auch gemächlichere Vergnügungen findet man: Spazieren gehen am Ufer in Vancouvers Stanley Park, Baden an den Sandstränden von Prince Edward Island oder Schlittschuh laufen auf Ottawas Rideau Canal sind nur einige Highlights. Ehe man sich versieht, zieht man den Reißverschluss der Wetterjacke hoch, weil eine Hundeschlittenfahrt, eine Angeltour oder ein Snowkiting-Trip auf einen warten.

Essen

Über die kanadische Küche wird nicht so viel Aufhebens gemacht wie, sagen wir, über die französische oder italienische. Aber sollen die Meeresfrüchte, die pikanten Käsesorten und das erntefrische Obst und Gemüse ruhig unser kleines Geheimnis bleiben, genauso wie die schweren Rot- und fruchtigen Weißweine, die an den Weinhängen des Landes reifen!

Kanada hat ein reiches Angebot von regionalen Produkten. Futtert man sich von Osten nach Westen durchs Land, hat man u. a. Folgendes auf dem Teller: Hummer in zerlassener Butter in den atlantischen Provinzen, Poutine in Québec, Beerenpie in den Prärien und Wildlachs und zarte Muscheln in British Columbia. Gürtel lässt man besser zu Hause ...

Kultur

In Kanada ist immer Partytime. Los geht's im Januar mit dem Icewine Festival in Okanagan, im Februar steht Karneval in Québec an. Im März ist Powwow in Regina, Whistler veranstaltet im April sein Ski- und Snowboardfest, im Mai ist Tulpenfest in Ottawa, im Juni Jazzfest in Montréal. Weiter geht's im Juli mit der Stampede in Calgary, bevor im August in New Brunwick das Akadierfest ansteht. Im September steigt in Toronto das Filmfestival, im Oktober ist in Kitchner Oktoberfest. Mit dem Aboriginal Fest in Hamilton im November und dem Winterfest in Niagara im Dezember ist das Jahresende erreicht. Aber auch in Orten wie Edmonton, Winnipeg und St. John's gibt's eine ganze Menge kurioser Festivals, Clubs mit Livemusik und glanzvoller neuer Kunstmuseen.

Gut zu wissen

Währung

» Kanadische Dollar (C$)

Sprache

» Englisch

» Französisch

Reisezeit

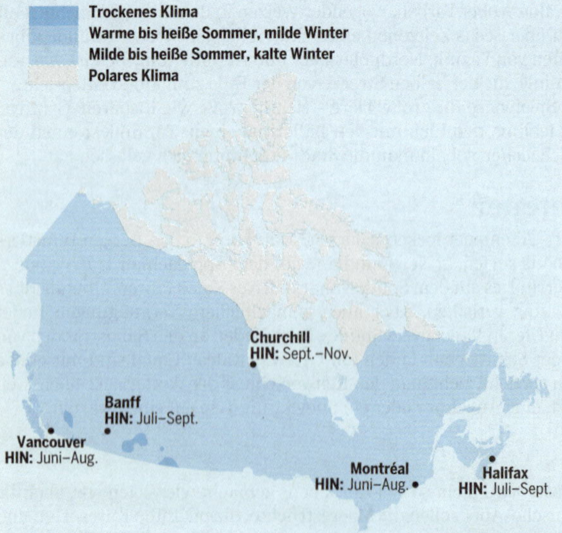

Hauptsaison
(Juni.–Aug.)

» Sonnenschein und gutes Wetter überwiegen; in den Regionen hoch im Norden taut es kurz

» hohe Unterkunftspreise (30 % über dem Durchschnitt)

» in Skiorten ist es von Dezember bis März voll und teuer

Zwischensaison
(Mai & Sept.–Okt.)

» Nicht mehr so viele Leute und nicht mehr so teuer

» Es wird kühler, bleibt aber angenehm

» Sehenswürdigkeiten haben kürzere Öffnungszeiten

Nachsaison
(Nov.–April)

» Angebote außerhalb der großen Städte schließen

» Dunkelheit und Kälte nehmen das Zepter in die Hand

» Im April und im November kann man gute Schnäppchen machen

Tagesbudget

weniger als
90 C$

» Bett im Schlafsaal: 25–35 C$

» Camping: 20–30 C$

» Jede Menge Märkte und Supermärkte zur Sebstversorgung, außerdem Fast-Food-Optionen

mittleres Budget
90–250 C$

» B & B oder Zimmer im Mittelklassehotel: 80–180 C$

» Gericht in einem guten Lokal: ab 20 C$ plus Getränke

» Mietauto: 35–65 C$ pro Tag

» Eintritt zu Sehenswürdigkeiten: 5–15 C$

mehr als
250 C$

» Vier-Sterne-Hotel: ab 180 C$

» Drei Gänge in einem Top-Restaurant: ab 45 C$ plus Getränke

» Skipass: 50–80 C$

Geld

» Geldautomaten sind weit verbreitet, die meisten Hotels und Restaurants akzeptieren Kreditkarten.

Visum

» Für Aufenthalte von bis zu 180 Tagen brauchen EU-Bürger und Schweizer kein Visum.

Handys

» Kanadische SIM-Karten können in europäischen Handys benutzt werden.

Autofahren

» Trotz der britischen Vergangenheit gilt Rechtsverkehr (Umstellung 1922–1947).

Infos im Internet

» **Canadian Tourism Commission** (www.canada.travel) Offizielle Tourismus-Seite

» **Environment Canada Weatheroffice** (www.weatheroffice.gc.ca) Wettervorhersagen für alle Städte

» **Lonely Planet** (www.lonelyplanet.com) Großartig für die Reiseplanung

» **Government of Canada** (www.gc.ca) Nationale und regionale Informationen

» **Parks Canada** (www.pc.gc.ca) Fakten zu den Nationalparks

Wechselkurse

Eurozone	1 €	1,37 C$
	1 C$	0,73 €
Schweiz	1 SFr	1,05 C$
	1 C$	0,95 SFr
USA	1 US$	0,96 C$
	1 C$	1,04 US$

Aktuelle Wechselkurse gibt's unter www.xe.com.

Wichtige Telefonnummern

Landesvorwahl	☎1
Vorwahl für internationale Gespräche	☎011
Notruf	☎911
Auskunft	☎411

Ankunft in …

» **Toronto Pearson Airport**
Expressbusse – 5–1 Uhr alle 20–30 Min.; Taxis – 50 C$, 45 Min. ins Zentrum

» **Montréal Trudeau Airport**
Busse – 8.30–20 Uhr alle 10–12 Min.; 20–8.30 Uhr alle 30–60 Min.; Taxis – 38 C$, 30–60 Min. ins Zentrum

» **Vancouver International Airport**
Züge – alle 8–20 Min.; Taxis – 30–40 C$, 30 Min. ins Zentrum

» **Grenzübergänge**
Canadian Border Services Agency (www.cbsa-asfc.gc.ca/general/times/menu-e.html) aktuelle Wartezeiten; in der Regel 30 Min.

Dran denken!

Was man in Kanada wirklich nicht vergessen sollte, ist die unglaubliche Größe des Landes: Entfernungen können schrecklich weit sein und Reisezeiten auf einspurigen Highways (oder ohne Highways) furchtbar lang. Deshalb sollte man nicht zu viel in den Reiseplan packen und den Trip eventuell auf eine oder zwei Regionen beschränken.

Kriebelmücken und Moskitos können im Sommer ärgerlich sein. Insektenschutzmittel und geeignete Kleidung mitbringen, besonders im Norden und in Waldgebieten!

Im Juli und August unbedingt Transportmittel und Unterkünfte reservieren!

Was gibt's Neues?

Für die neue Ausgabe dieses Kanadaführers haben unsere Autoren aufgespürt, was neu ist, aufgemöbelt und umgestaltet wurde und was gerade angesagt ist. Hier gibt's eine List der Top-Attraktionen. Aktuelle Bewertungen und Tipps stehen unter www.lonelyplanet.com/canada bzw. www.lonelyplanet.de.

Bixi, Montréal

1 Das geniale, solarstrombetriebene Fahrradverleihsystem macht es Einheimischen und Besuchern leicht, sich in der Stadt zu bewegen. Im Zentrum stehen 3000 Fahrräder an 300 Leihstationen zur Verfügung (S. 247).

Peak 2 Peak Gondola, Whistler

2 Pulverschneefans können dank der neuen Seilbahn am selben Tag in Whistler und in Blackcomb Ski fahren. Die 4,4 km lange Fahrt zwischen beiden Gipfeln dauert elf Minuten (S. 733).

North Coast Trail, Vancouver Island

3 Die 43 km lange Alternative zum beliebten West Coast Trail an der Nordspitze führt durch dichten Wald und vorbei an einsamen, sandigen Buchten (S. 780).

Art Gallery of Alberta, Edmonton

4 Das 2010 eröffnete silbrig-postmoderne Gebäude kickt die Kunstsammlung der Provinz, die Werke von Künstlern aus dem Westen Kanadas und internationale abstrakte Kunst umfasst, in die erste Liga (S. 617).

Haida Gwaii, British Columbia

5 Die Queen Charlotte Islands wurden offiziell in Haida Gwaii, „Inseln des Volkes", zurückbenannt, um die koloniale Vergangenheit abzuschütteln. Das riesige neue Meeresreservat soll die marine Fauna um die Inseln schützen (S. 836).

Blūmen Garden Bistro, Prince Edward County, Ontario

6 Das Künstlerlokal nutzt die Produkte der umliegenden Weinberge und Farmen für seine „ehrliche Küche" (S. 197).

Joggins Fossil Centre, Nova Scotia

7 Bald nachdem die Joggins Fossil Cliffs zur Welterbestätte erklärt worden waren, eröffnete die Stadt ein Museum, von dem aus super Führungen zu den Klippen angeboten werden (S. 397).

Destillerien, Prince Edward Island

8 Die Prince Edward Distillery in Hermanville brennt Kartoffelwodka und nutzt so die in der Provinz reichlich vorhandenen Knollen. Die Myriad View Distillery in Rollo Bay lässt mit ihrem starken „Moonshine" Schwarzbrennerzeiten aufleben – aber legal (S. 482).

Evandale Resort, New Brunswick

9 Am Fähranleger am Saint John River wurde inmitten weißer Bauernhäuser und Wildblumenwiesen dieser leerstehende viktorianische Gasthof restauriert (S. 429).

Canadian Museum of Nature, Ottawa

10 Nach langen Restaurierungsarbeiten ist das Naturkundemuseum wieder da: mächtig erweitert, mit viel Platz für die Dinos und das Blauwalskelett (S. 211).

Marble Zip Tours, Newfoundland

11 Marble Mountain hat die höchste Seilrutsche Kanadas – man saust direkt am Wasserfall vorbei (S. 540).

Wie wär's mit ...

Adrenalin pur

Kanada ist nichts für Couchpotatoes. Ob Sommer oder Winter, Action ist angesagt – und davon gibt's in einigen Städten das ganze Jahr über mehr als genug.

Whistler Für Skifahrer und Snowboarder ist Whistler top. Im Sommer sind Seilrutschen und Mountainbiken angesagt (S. 732)

Tofino Das kleine Tofino ist nicht nur das Tor zur wellengepeitschten Pacific Rim National Park Reserve und zum 75 km langen West Coast Trail, sondern bietet auch jede Menge große Abenteuer: surfen, kajakfahren, Stürme beobachten ... (S. 772)

Banff In Banff im Herzen der Rocky Mountains kann man alles machen: Ski fahren, snowboarden, wandern, raften, reiten, mountainbiken – puh (S. 655)

Laurentinische Berge Die hübschen Bergdörfer, die verstreut um Montréal liegen, laden zum Skifahren, Rodeln und Klettern ein. Zur Stärkung gibt's Ahornsirup (S. 266)

Marble Mountain Abseits ausgelatschter Pfade kommen in Newfoundland nahe Corner Brook im Winter Skifahrer und Snowkiter, im Sommer Kletterer und Kajakfahrer und ganzjährig begeisterte Seilrutscher auf ihre Kosten (S. 540)

Wein & Hochprozentiges

Viele der Weinbaugebiete Kanadas liegen komfortablerweise in der Nähe großer Städte – ein Abstecher ist da immer drin. Großproduzenten sind das Okanagan Valley in British Columbia und die Niagara Peninsula in Ontario, aber auch die Eastern Townships Montréals, Prince Edward County in Ontario und Weingüter in Nova Scotia füllen die Gläser.

Winter Festival of Wine Im Januar können im Okanagan Valley im Skiort Sun Peaks die zuckersüßen Eisweine der Saison probiert werden (S. 956)

Niagara Wine Tours International Bei den auf die Fitness der Teilnehmer zugeschnittenen Radtouren geht's über Nebenstraßen von Gut zu Gut (S. 121)

Taste Trail Es geht durchs ländliche Prince Edward County zu Farmen und Gütern (S. 196)

Myriad View Distillery Ein Besuch in der einzigen legalen Schwarzbrennerei Kanadas ist ein Muss. Mutprobe: das 75 %ige Feuerwasser runterschlucken (S. 482)

Merridale Estate Cidery Auf Vancouver Island im grünen Cowichan Valley tischt diese Schnapsbrennerei sechs Apfel-Ciders und Brandy auf (S. 760)

Historische Stätten

Wilde Wikinger, indigene Krieger, Goldgräber ... Kanada hat eine stürmische, unglückselige und raue Vergangenheit, der man an diversen historischen Stätten nachspüren kann.

L'Anse aux Meadows Hier kann man den Spuren der Wikinger folgen, die Leif Eriksson und seine Mannen vor 1000 Jahren in Newfoundland hinterließen (S. 536)

Québec Hinter den Mauern der Stadt, in der die Franzosen 1608 ihren Claim absteckten, wird überall Geschichte greifbar (S. 282)

Louisbourg In Nova Scotia kann man in der rekonstruierten Festung von 1744 Soldatenverpflegung probieren und die Wachen bestechen (S. 415)

Batoche Der düstere Ort in der Prärie erinnert daran, wie Louis Riel 1885 als Anführer der Métis für deren Landrechte gegen die kanadische Armee kämpfte (S. 610)

Klondike Sites Nachdem Goldsucher 1896 im Yukon Territory fündig geworden waren, brach hier der Goldrausch aus. Die von damals erhaltenen Bauten in Dawson City zeugen von diesen schillernden, glücklichen Zeiten (S. 870)

» Der Leuchtturm von Woody Point (S. 531) ragt über dem überirdisch schönen Gros Morne National Park auf

Livemusik

Kanada rockt. Vom Power-Trio Rush bis zu den Indie-Lieblingen Arcade Fire oder den keltisch inspirierten Ravern Great Big Sea lassen es kanadische Bands ordentlich krachen. Die meisten Großstädte haben eine lebendige Musikszene (schließlich muss während der langen Winter für Unterhaltung gesorgt sein).

Montréal Montréal, das wegen seines hippiemäßigen Underground-Flairs oft mit Seattle oder Austin in den USA verglichen wird, hat die vielseitigste Indie-Szene Kanadas, angeführt von Arcade Fire (S. 262)

Evolve Festival Die Hügel an der Küste vor Antigonish in Nova Scotia belagern bei diesem Sommerfest aufsteigende Alternative-Bands. Das Ganze ist eine Art neues Woodstock: jung, abgefahren und mit jeder Menge Bands – aber ohne die Umweltverschmutzung (S. 402)

Horseshoe Tavern Torontos legendäre Location gibt aufstrebenden Musikern die Möglichkeit, zu zeigen, was sie können. Meist stehen Buzz-Bands auf der Bühne (S. 96)

George St Diese Straße in St. John's ist voller Musikkneipen – hier finden sich wohl mehr davon pro Quadratkilometer als sonstwo in Nordamerika (S. 510)

Leuchttürme

Die romantischen Türme sprenkeln die Küsten Kanadas. Die meisten gibt es in Nova Scotia – 160 Stück. Aber auch New Brunswick, Newfoundland, British Columbia, Québec und Ontario haben eine Menge der Helfer im Nebel zu bieten.

Peggy's Cove Der rot-weiße Leuchtturm auf einem Felsvorsprung nahe Halifax gibt ein perfektes Motiv ab – was wohl der Grund ist, warum er einer der am häufigsten fotografierten Leuchttürme ist (S. 367)

Point Amour 127 Stufen muss man erklimmen, um im höchsten Leuchtturm an Kanadas Atlantikküste ganz nach oben zu kommen. Dort belohnt einen die Wahnsinnsaussicht auf die schwarze Felsenlandschaft Labradors und das mit Eisbergen übersäte Meer (S. 550)

Cape Enrage Der 150 Jahre alte Leuchtturm krönt die Klippen und wacht über die höchsten, kräftigsten Wellen der Welt (daher auch der Name; S. 453)

Lighthouse Park Point Atkinson Lighthouse hat in West Vancouver gleich einen ganzen Park, der nach ihm benannt ist. Der Turm wirkt aber überraschend einsam und abgelegen, dafür dass er nur einen Katzensprung von der Großstadt entfernt ist (S. 726)

Abseits der Touristenpfade

So verlockend der Sea to Sky Hwy, der Icefields Pkwy und andere berühmte Strecken sind – es gibt noch andere lohnende, weniger befahrene Routen, die durch idyllische Landschaften führen. Hier unsere Favoriten:

Rte 132, Québec An der Strecke von Ste. Flavie zum Forillon National Park warten felsige Ufer, schillernde Kirchen und bewaldete Berge (S. 324)

Hwy 17 entlang des Nordufers des Lake Superior, Ontario Fjordartige Passagen, verborgene Strände und neblige urtümliche Wälder (S. 324)

Old River Rd (Rte 102), New Brunswick Es geht am mit Inseln übersäten Fluss entlang, vorbei an Höfen, Heuschuppen und Wildblumen (S. 429)

Rte 199, Québec Küstensträßchen über die Îles de la Madeleine, das an Dünen und Fischerdörfern vorbeiführt (S. 339)

Hwy 37A nach Steward, British Columbia Neben Gletschern gibt's alte Toaster und Restaurants in umgebauten Schulbussen zu sehen (S. 845)

Rte 470, südwestliches Newfoundland Es geht auf und ab an der Küste entlang, vorbei an windumtostem Gebieten und Fischerdörfern (S. 546)

Wie wär's mit ... Langstrecken-
Zugfahrten? Der *Canadian* von VIA Rail schnauft in drei Nächten von Toronto nach Vancouver und passiert dabei Ebenen und Berge (S. 993)

Tiere beobachten

In Kanadas rauer, ungezähmter Landschaft sieht man mit Sicherheit ein paar Tiere. Zu den Dauerfavoriten gehören Wale, Eisbären und die tolpatschigen, Zweige fressenden Elche.

Churchill Eisbären beherrschen die Tundra am Rand der Hudson Bay, während im Fluss die Weißwale unterwegs sind (S. 587)

Digby Neck Vor der Küste dieser Landzunge in Nova Scotia tummeln sich die vom Aussterben bedrohten Atlantischen Nordkaper, Blauwale, Buckelwale und Robben (S. 381)

Gros Morne Im wichtigsten Park Newfoundlands soll es sechs Elche pro Quadratkilometer, Rentiere und Schwarzbären geben (S. 531)

Khutzeymateen Grizzly Bear Sanctuary Wie der Name schon sagt, leben in dem Schutzgebiet nahe Prince Rupert in British Columbia mehr als 50 Grizzlybären (S. 835)

Witless Bay Vor der Küste von Newfoundlands Avalon Peninsula kreischen und brüten 1 Mio. Meeresvögel, darunter Papageitaucher, Möwen und Lummen (S. 513)

Victoria Auf den Wellen sieht man Schulen Großer Schwertwale reiten (S. 746)

Kunst

In den größeren Städten gibt's tolle Galerien. Kunstwerke der Ureinwohner sind immer ein Highlight.

National Gallery of Canada Die Nationalgalerie in Ottawa ist eine wahre Schatzkammer mit Warhols und Rembrandts und der weltweit größten Sammlung kanadischer und Inuit-Kunst (S. 209)

Art Gallery of Ontario Torontos Top-Galerie präsentiert stolz seltene religiöse Statuen aus Québec, Schnitzereien der Indianer und der Inuit, wichtige Werke der kanadischen Group of Seven und den Henry-Moore-Skulpturenpavillon (S. 69)

UBC Museum of Anthropology In Vancouvers bestem Museum stehen hohe, wunderschön geschnitzte Totempfähle im Mittelpunkt (S. 701)

Sunshine Coast Gallery Crawl Ateliers von Künstlern, die mit Holz, Glas oder Ton arbeiten, säumen die Küste British Columbias. Weht über dem Haus eine lila Flagge, heißt das, dass der Künstler da ist (S. 742)

Cape Dorset Diese winterliche Kleinstadt in Nunavut ist das Zentrum der Inuit-Kunst. In den hiesigen Künstlerateliers und Künstlerkooperativen sieht man die Specksteinschnitzer bei ihrer Arbeit (S. 914)

Meeresfrüchte

Appetit und Schlabberlätzchen mitbringen: An der Ostküste gehen Hummer und Schalentiere in die Netze, an der Westküste Wildlachs.

Digby Feinschmecker aus aller Welt schätzen die riesigen, butterweichen Jakobsmuscheln aus dieser Kleinstadt in Nova Scotia. Am besten genießt man sie gleich frisch am Ufer (S. 382)

St. Ann's Lobster Supper Hummerknacken in diesem im Keller einer Kirche auf Prince Edward Island untergebrachten Lokal ist ein Muss! Außer den Krustentieren gibt's Chowder und gedünstete Miesmuscheln mit zerlassener Butter (S. 487)

Malpeque Aus dem winzigen Ort auf Prince Edward Island kommen auch die gleichnamigen saftigen, salzigen Austern, die perfekt zu Bier passen (S. 491)

C Restaurant In Vancouvers wegweisendem pazifischem Meeresfrüchterestaurant weiß man, wie ein Lachsfilet schmecken muss (S. 711)

Red Fish Blue Fish Die Takeaway-Bude an Victorias Küste bietet Sandwiches mit Wildlachs und Austern-Tacos an. Die Tiere stammen aus nachhaltiger Fischwirtschaft (S. 751)

Wie wär's mit ... surfen?
Lawrencetown Beach in Nova Scotia hat ausgezeichnete Wellen zu bieten. In einer Surfschule lernt man, wie man sie reitet (S. 366)

Märkte

Es gibt viele Stellen, an denen man stöbern, wühlen und kramen kann.

Kensington Market Die Boutiquen in diesem Viertel von Toronto zu durchstöbern, ist ein Heidenspaß. Hier decken sich junge Hippies mit ihren Retro-Rasta-Ketten ein (S. 85)

Richmond Summer Night Market Auf diesem riesigen asiatischen Basar in der Nähe von Vancouver kann man malaysische, koreanische, japanische und chinesische Gerichte probieren oder „Hello Kitty"-Anhänger kaufen (S. 727)

Marché Jean Talon Bauern aus dem Umland bringen Obst, Gemüse, Käse und Würste zum munteren Markt in Montréal (S. 258)

Salt Spring Island Saturday Market Bei einem Tagesausflug ab Vancouver kann man hier saftiges Obst von der Insel und pikanten Käse knabbern, während man das Angebot des regionalen Kunsthandwerks abcheckt (S. 784)

Halifax Farmers' Brewery Market Der älteste Bauernmarkt Nordamerikas ist ein super Ort, um Leute zu beobachten und Biogemüse, Wein, Schmuck und Kleidung zu kaufen – gleiches gilt für den neuen Ableger, den Seaport Market (S. 363)

Strände

Das Wasser ist in der Regel kalt – das hindert die Leute aber nicht, die Badetücher auszupacken. Wer nicht baden mag, kann an den kanadischen Stränden prima spazieren gehen, Vögel beobachten oder Frisbee spielen.

Basin Head Beach Viele Einheimische nennen diesen weiten, weißen Sandstrand ihren Lieblingsstrand auf Prince Edward Island. Und außerdem „singen" die Sandkörner, wenn man auf sie tritt (S. 481)

Eastern Shore Beaches An der Küste in der Nähe von Halifax gibt's mehrere lange, weiße Sandstrände mit Rettungsschwimmern, Plankenwegen, Bade- und Surfstellen (S. 366)

Brackley Beach Ein weiterer Top-Strand auf Prince Edward Island: Hier hüpfen Familien durch die Wellen oder lassen sich den rötlichen Sand durch die Zehen rieseln (S. 484)

Long Beach Der Long Beach nahe Tofino kriegt mächtige Pazifikwellen ab, aber genau deswegen kommen die Surfer und Strandfans (S. 769)

English Bay Beach An diesem Sandstrandbogen in Vancouver tummeln sich im Sommer Straßenmusikanten, Sonnenhungrige und Volleyballspieler und im Winter Spaziergänger (S. 695)

Sternennächte

Neben dem Meer aus Sternen sind im einsamen, hohen Norden Kanadas auch grünlich schimmernde Nordlichter am Himmel zu sehen. Der Weg dorthin ist aber wirklich weit.

Moose Factory Zu diesem Flecken auf der Karte Ontarios (einer historischen Stätte der Hudson's Bay Company) führen keine Straßen. Es gibt nur eine kleine Cree-Siedlung und eine Öko-Lodge (S. 184)

Torngat Mountains National Park Labradors rauer, frostiger Norden ist so einsam wie nur möglich. Auf Hunderten von Kilometern gibt's keinerlei Ortschaften (S. 552)

Yellowknife In der fernen Hauptstadt der Northwest Territories kann man sich bei einer Hundeschlittenfahrt die Polarlichter anschauen (S. 883)

Churchill An Manitobas kleinem Stück der Hudson Bay kann man in etwa im Oktober Nordlichter sehen – und dazu viele Eisbären, die zur Küste ziehen (S. 585)

Whitehorse Die künstlerisch geprägte Hauptstadt des Yukon Territory ist auch ein Ort für Sterngucker: Es gibt hier reichlich Veranstalter, die Touren in die Polarnacht anbieten (S. 851)

Monat für Monat

Top-Events

1. **Montréal Jazz Festival,** Juni
2. **Québec Winter Carnival,** Februar
3. **Stratford Festival,** April–November
4. **Calgary Stampede,** Juli
5. **Festival Acadien,** August

Januar

Die Skisaison ist voll im Gang: Auf den Berggipfeln türmt sich der Schnee. Gegen Ende des Monats wird in den Städten mit dem Karneval das Ende der kalten, dunklen Jahreszeit gefeiert.

Eisweinsaison

Im Okanagan Valley, British Columbia (www.thewinefestivals.com), und auf der Niagara-Halbinsel, Ontario (www.thewinefestivals.com), feiert man die Eisweine mit tollen Festivals. Zu den lieblichen Tropfen gibt's Röstkastanien, es finden Cocktailwettbewerbe statt – und das alles in einem gemütlichen, alpinen Hüttenambiente.

Chinesisches Neujahr

Drachen tanzen, Feuerwerkskörper explodieren und in den chinesischen Vierteln der Stadt brutzelt leckeres Essen in den Töpfen und Pfannen. Das größte Fest steigt in Vancouver (www.vancouver-chinatown.com), doch auch in Toronto, Calgary, Ottawa und Montréal wird gefeiert. Das jeweilige Datum steht im Mondkalender: 2012 ist der 23. Januar Stichtag, 2013 ist es der 10. Februar.

Februar

Ja, es ist bitterkalt. Im Februar wurde die „tiefste Temperatur aller Zeiten" gemessen: –62,8 °C (und zwar in Snag, Yukon Territory, am 3. Februar 1947). Das hindert die Menschen aber nicht daran, sich im Freien zu tummeln. Der Februar ist ein Partymonat, in dem jede Menge Winterfestivitäten stattfinden.

Winterkarneval in Québec

Die Feiernden können nicht nur Eisskulpturwettbewerben beiwohnen, Schneerutschen hinuntersausen und eisfischen, sondern auch ihre Favoriten bei einem irrwitzigen Kanuwettrennen auf dem St.-Lorenz-Strom anfeuern, der halb zugefroren ist und auf dem die Eisschollen umhertreiben. Nicht umsonst ist dies das größte Winterfest, das die Welt überhaupt zu bieten hat (www.carnaval.qc.ca).

Winterlude in Ottawa

Noch ein Schneefest, das auf dem Rideau Canal gefeiert wird; Schlittschuhläufer vergnügen sich auf einer 7 km langen, präparierten Eisstrecke. Wenn die Stadtbewohner nicht gerade eine heiße Schokolade oder einen *beavertail* (Biberschwanz: frittierter, gezuckerter Teigfladen) genießen, sind sie mit dem Bau eines gewaltigen Dorfs aus Eis beschäftigt (www.canadascapital.gc.ca/winterlude).

Yukon Quest

Das legendäre 1600 km lange Hundeschlittenrennen führt von Whitehorse nach Fairbanks, Alaska, und das in der Dunkelheit des Monats Februar bei Temperaturen um -50 °C! Dies ist die ultimative Probe für den Hundeschlittenführer und seine Huskys. Der Rekord liegt bei zehn Tagen, 2 Stunden und 37 Minuten (www.yukonquest.com).

World Pond Hockey Tournament

Im kleinen Plaster Rock, New Brunswick, werden 20 „Teichhockey"-Felder auf dem Roulston Lake angelegt; die Strohballen ringsum dienen mehr als 8000 Zuschauern als Sitzgelegenheiten. Sie fiebern mit, wenn die 120 4-Personen-Mannschaften auf den Puck (und einander) eindreschen. Manche Teams reisen aus Großbritannien, Ägypten oder sogar von den Cayman-Inseln an (www.worldpondhockey.com).

Northern Manitoba Trappers' Festival

In The Pas, Manitoba, herrscht ein Wochenende lang Anarchie – dann finden Hundeschlitten- und Schneemobilrennen, Eisskulptur- und Fallenstellwettbewerbe sowie Fackelumzüge statt. Wir empfehlen warme Kleidung: Die durchschnittliche Tagestemperatur liegt bei -16,1 °C (www.trappersfestival.com).

März

Im März fällt weniger Schnee und die Temperaturen steigen leicht, der tiefste Winter ist vorüber. In den Skigebieten ist immer noch jede Menge los, vor allem in der Mitte des Monats. Dann haben die Kids üblicherweise eine Woche Ferien.

Sugar Shacks – Zuckerhütten

Drei Viertel des weltweit produzierten Ahornsirups werden in Québec hergestellt, und im März werden die Bäume angezapft. Wir empfehlen einen Besuch der lokalen *sugar shacks* (so werden die Produktionsstätten genannt); dort kann man sich ein bisschen Schnee auf einen Teller häufen und sich dampfend heißen Sirup, frisch aus dem Kessel, drüberschütten lassen.

Regina Powwow

Studenten der First Nations University of Canada (www.firstnationsuniversity.ca) riefen diesen *powwow* in Saskatchewan vor mehr als 30 Jahren ins Leben, um die Ankunft des Frühlings zu feiern und dafür zu danken, dass das Land zu neuem Leben erwacht. Tänzer aus ganz Nordamerika nehmen an der Veranstaltung teil. Man kann traditionelles Essen genießen und Kunsthandwerk kaufen.

Weine aus Vancouver

In Vancouver werden im Rahmen des Playhouse International Wine Festivals (www.playhousewinefest.com) mehr als 1700 Weine von 200 Winzern gekostet – ein Frühlingsritual für Weinliebhaber. Man trinkt übrigens für die Kunst, denn der Erlös des Ganzen kommt dem Ensemble des zeitgenössischen Theaters der Stadt zugute.

April

Weit im Norden herrscht noch Winter, doch andernorts hält endgültig der Frühling Einzug (Vorsicht: Das Wetter ist wechselhaft, man sollte auf alles vorbereitet sein). Dies ist eine gute Zeit, um Preisnachlässe auszuhandeln: Der Skibetrieb lässt nach, aber der große Sommeransturm ist noch in weiter Ferne.

The Bard in Ontario

Das kanadische Stratford, ein paar Stunden von Toronto entfernt, ist fast noch eine Spur besser als das englische Stratford-upon-Avon. Das Stratford Festival (www.stratfordfestival.ca) ist ein echtes Riesenfestival: Es geht von April bis November. In vier Theaterhäusern werden moderne Stücke, Musikaufführungen, Opern und, natürlich, Werke von Shakespeare gezeigt. Die Produktionen sind erstklassig und oft mit hochkarätigen Schauspielern besetzt.

World Ski & Snowboard Festival

Ski- und Snowboardfans zieht es zu einem zehntägigen adrenalingeladenen Festival mit Rock- und Hip-Hop-Konzerten unter freiem Himmel, Filmvorführungen, Hundeparaden und jeder Menge Alkohol nach Whistler. Man sollte das Motto beherzigen: „Feiere im April. Schlafe im Mai." (www.wssf.com).

Hot Docs – geniale Dokus

Wer schon immer mehr über den Hwy 7 in Ontario, über die Millionäre in den Slums von Mumbai oder Bauchtänzer in Kairo wissen wollte, ist hier genau richtig: In Toronto findet das größte Dokumentarfilmfestival Nordamerikas (www.hotdocs.ca) statt, bei dem mehr als 170 Dokus aus aller Welt gezeigt werden.

Mai

Der Mai ist eine gute Zeit, um Zwischensaison-Schnäppchen abzugreifen und Wildblumen in voller Blüte zu sehen. Tagsüber ist es warm, doch nachts kann es noch kühl werden. Der Victoria Day am Ende des Monats gilt als offizieller Sommeranfang.

Ab durch das Tulpenmeer

Nach einem langen Winter explodiert in Ottawa anlässlich des Canadian Tulip Festivals (kanadisches Tulpenfest; www.tulipfestival.ca) ein Farbfeuerwerk: In der Stadt blühen mehr als 3 Mio. Tulpen (200 verschiedene Arten). Das Fest wird mit Umzügen, Regatten, Autorennen, Tänzen, Konzerten und Feuerwerk gefeiert.

Aus Liebe zur Kakaobohne

Theaterstücke zum Thema Schokolade, „Schokoladenmalerei", „Schmuck" aus Schokolade ... – was mag wohl das Motto dieser Festivität sein? Bei der Fête du Chocolat de Bromont (www.feteduchocolat.ca) in Québec dreht sich alles um das süße Zeug. Und das Beste daran ist, dass man es auch verzehren darf! Bromont liegt 75 km östlich von Montréal.

Juni

Lange, warme Tage laden zum Wandern, Paddeln und zu anderen Aktivitäten unter freiem Himmel ein (Insektenschutzmittel nicht vergessen). Die Sehenswürdigkeiten sind erst ab Ende des Monats wirklich überlaufen; dann haben die Kinder nämlich Sommerferien.

Montréal Jazz Festival

2 Mio. Musikliebhaber strömen Ende Juni nach Montréal. Dann steht dessen Innenstadt elf Tage lang ganz im Zeichen von Jazz und Blues. Die meisten Konzerte finden draußen statt und sind kostenlos, und es wird rund um die Uhr gefeiert (www.montrealjazzfest.com).

Pride Toronto – ein Fest der Toleranz

Bei der extravagantesten Veranstaltung in Toronto Ende Juni stehen sämtliche Spielarten der Sexualität im Vordergrund. Die Höhepunkte sind der Dyke March („Lesbenmarsch") und die „skandalöse" Pride Parade (Homosexuellenparade). Der „G-Punkt" der Pride-Aktivitäten ist das Church-Wellesley Village; die meisten Events sind kostenlos (www.pridetoronto.com).

Elvis-Festival

Wer Ende Juni in Penticton, British Columbia, unterwegs ist und wiederholt Elvis über den Weg läuft, muss sich keine Sorgen machen – das liegt nicht etwa an dem übermäßigen Konsum des hiesigen Okanagan Valley-Weins, nein, die Stadt ist Schauplatz des Elvis-Festivals (www.pentictonelvisfestival.com) mit Dutzenden von Elvis-Darstellern und „Liederabenden" zum Selber- oder Mitsingen.

Juli

Dies ist in den meisten Provinzen der beste Reisemonat mit den meisten Sonnenstunden. Es gibt köstliche Frischwaren en masse, im Restaurant türmen sich die Meeresfrüchte auf den Tellern und bei zahlreichen Festen kann man sich die Nächte um die Ohren schlagen. Aber Achtung: Menschenmassen!

Wenn Montréal kichert

Zwei Wochen lang ist kollektives Albernsein angesagt: Das Just for Laughs Festival („nur zum Spaß"-Fest; http://montreal.hahaha.com/en) umfasst Hunderte Veranstaltungen mit den bekanntesten Komikern, darunter kostenlose Events im schönen Quartier Latin.

Calgary Stampede

Wutschnaubende Bullen, Planwagenrennen, Spiele und knallharte Cowboys mit schweren Stiefeln, all das bietet die „Größte Outdoor-Show der Welt". Dies ist nicht einfach ein „gewöhnliches" Rodeo, sondern ein Fest für die ganze Familie, das Jahr für Jahr 1,1 Mio. Cowboy-Fans anzieht (www.calgarystampede.com).

Wunderlich-wunderbares Winnipeg

Das zweitgrößte Fringe Festival (alternatives Festival) Nordamerikas besticht durch kreative, schräge und ziemlich krude Werke internationaler Künstler. Zwölf Tage lang gibt's Comedy, Theater, Musik, Kabarett und sogar Musicals (www.winnipegfringe.com).

Arktische Kunst

Das Great Northern Arts Festival (www.greatnorthart.com) in Inuvik, Northwest Territories, wird von Schnitzern, Malern und anderen Kunstschaffenden aus den polarnahen Breitengraden frequentiert. Dies ist der perfekte Ort, wenn man „arktische Kunst" kaufen, bei einem Seminar selbst herstellen lernen bzw. den Profis bei der Arbeit zusehen möchte.

August

Der Sommertraum und der Rummel sind noch lang nicht vorüber. Die meisten Provinzen werden von Touristen förmlich überrannt, was sich auch in deftigen Preisen niederschlägt. Abseits der Küsten kann es richtig heiß und schwül werden.

Musik und Tanz im alten Akadien

Die Bewohner des ehemaligen Kolonialgebiets Akadien stimmen ihre Geigen und zeigen anlässlich des Festival Acadien (www.festivalacadien.ca) in Caraquet, New Brunswick, ihr frankokanadisches Temperament. Dies ist die wichtigste Veranstaltung im akadischen Kalender: Anfang August wimmelt es in der Stadt von Sängern, Musikern und Tänzern.

Newfoundlands große Regatta

Die Straßen sind wie leergefegt, die Geschäfte geschlossen und ein jeder macht sich auf zum Ufer des Quidi Vidi Lake, um dort der Royal St. John's Regatta (www.stjohnsregatta.org) beizuwohnen. Das Ruderrennen wird seit dem Jahr 1825 regelmäßig ausgetragen und ist damit der älteste ununterbrochen stattfindende Sportwettbewerb auf dem gesamten Kontinent.

Kanadische Nationalausstellung

Ähnlich wie eine Bundesstaatenmesse in den USA zeichnet sich auch „The Ex" (www.theex.com) durch jede Menge Aussteller (mehr als 700), Landwirtschaftsshows, Holzfällerwettbewerbe, Konzerte etc. im Exhibition Place in Toronto aus. Der Labour Day (Tag der Arbeit) fällt in die Zeit der 18-tägigen Messe, die mit einem großen Knall und gewaltigen, bunten Feuerwerk endet.

September

Ein exzellenter Reisemonat: Der Labour Day Anfang September ist Vorbote des nahenden Herbstes, mit dessen Ankunft die Menschenmassen schwinden und Preise sinken, aber das Wetter ist noch überwiegend angenehm. Außerdem beginnt jetzt die Paarungszeit der Elche!

Internationales Meeresfrüchte-Festival auf PEI

Charlottetowns riesige Gourmet-Party (www.peishellfish.com) findet am Ufer statt. Zu den köstlichen Schalentieren gibt's traditionelle Musik zum Mitsummen und -wippen. Auf keinen Fall verpassen sollte man die Wettbewerbe im Austernöffnen und Chowderkochen (*chowder* ist eine dickflüssige Fischsuppe).

Toronto International Film Festival

Das zehntägige Festival in Toronto ist ein bedeutendes Ereignis in der Kinobranche. Ende September werden unterschiedlich lange Filme der verschiedensten Genres gezeigt, und die VIPs pendeln zwischen Gala Events und dem Bell Lightbox Building hin und her. Tickets sollte man weit im Voraus besorgen (www.torontointernationalfilmfestival.ca).

Schlemmen auf Vancouver Island

Das Cowichan Wine & Culinary Festival (www.wines.cowichan.net) auf Vancouver Island ist die Bühne für „kleine" Käse- und Apfelweinhersteller sowie Biowinzer. Sie zeigen ihre Waren im Rahmen von Bauernhofführungen und Weinproben.

Oktober

Die Blätter verfärben sich und die Temperaturen kühlen ab, sind aber noch erträglich. Auch im

Oktober sind noch viele Reisende unterwegs. Die Eishockeysaison ist in vollem Gange.

Celtic Colours – Keltische Farben

Glühend rotes Blattwerk und Musik zum Mitwippen, das sind die Markenzeichen des Celtic Colours-Festivals in Cape Breton, bei dem Musiker aus Schottland, Spanien und anderen Ländern mit keltischen Wurzeln auftreten. Außerdem ergänzen gemeinsame Abendessen, Stepptanz- und Blechflötenunterricht den kulturellen Veranstaltungskalender (www.celtic-colours.com).

Oktoberfest in Ontario

Willkommen zu einem der größten Oktoberfeste außerhalb Deutschlands. Dieses neuntägige Saufgelage zieht mit Sauerkraut, Blaskapellen, Lederhosen und Biergärten 500 000 Menschen nach Kitchener (www.oktoberfest.ca).

November

Das Farbfeuerwerk des Herbstes ist vorüber, die Skisaison noch relativ jung. Der November ist definitiv nicht die Hauptreisezeit. Zwar wird es schon kalt, allerdings ist dies nur ein Vorgeschmack auf das was in den folgenden drei Monaten an Kälte zu erwarten ist.

Canadian Finals Rodeo

Wer die Calgary Stampede verpasst hat, kriegt Mitte des Monats in Edmonton noch einmal die Chance, die besten Cowboys zu sehen, wenn sie auf dem Rücken buckelnder Pferde sitzen, mit wilden Stieren ringen oder das Lasso schwingen (www.canadianfinalsrodeo.com).

Canadian Aboriginal Festival

Dies ist das beste Ureinwohnerfestival des Landes. Es geht drei Tage und findet in Hamilton, Ontario, statt. Geboten werden Tänze, Trommelklänge, Kunsthandwerk, Filme, traditionelles Essen und ein Lacrosse-Wettbewerb. Ein besonderes Extra, das nicht verpasst werden sollte, sind die Lehrstunden der Älteren und Heiler (www.canab.com).

Dezember

Daunenparka anziehen, denn der Winter ist da: Es schneit und ist kalt und in den Skigebieten bereitet man sich auf den Einfall der Menschenmassen vor. Und dann sind auch noch Ferien! In den letzten Wochen des Monats ist in den Skiorten besonders viel los.

Bergspaß

Pulverschnee-Fans erobern die Hänge von Ost nach West. Besonders beliebt sind Whistler in British Columbis, Mont-Tremblant in Québec und die kanadischen Rocky Mountains rund um Banff, Alberta, doch tatsächlich jagen in allen Provinzen Snowboarder und Skifahrer die Pisten hinunter (Langlauf ist ebenfalls möglich).

Niagara erleuchtet

Das familienfreundliche Winter Festival of Lights (www.wfol.com) versetzt alle in Weihnachtsstimmung: 3 Mio. Glühbirnen und 125 animierte Anzeigen setzen Stadt und Niagara-Fälle in Szene, und direkt am Wasserfall kann man Schlittschuhlaufen.

Reise-routen

Ob man nun sechs oder 60 Tage Zeit hat – diese Reiserouten können der Beginn eines unvergesslichen Trips sein. Weitere Anregungen gibt es online unter lonelyplanet.com/thorntree, wo Traveller ihre Erfahrungen austauschen.

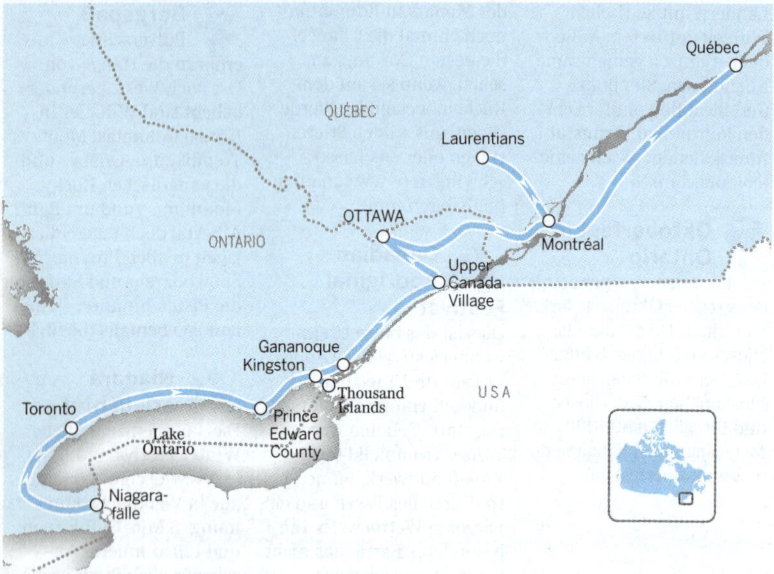

2 Wochen

Mitten ins Herz

Die 1450 km lange Route von Toronto nach Québec (Stadt) führt durch die größten Städte, zu den mächtigsten Wasserfällen und auf die schönsten Inseln Kanadas.

Start ist das multikulturelle **Toronto** (2 Tage), das vor Architektur, Kunstmuseen, Lokalen und Nachtclubs strotzt. Der dritte Tag ist für die **Niagarafälle** reserviert; dann geht's gen Osten. Der Loyalist Parkway (Hwy 33) führt an der Küste entlang ins **Prince Edward County** (½ Tag) mit den vielen Weingütern und endet im kolonialen **Kingston** (1 Tag). Die vernebelten **Thousand Islands** mit ihren Herrenhäusern sprenkeln den St.-Lorenz-Strom; **Gananoque** (1 Tag) ist ein guter Zwischenstopp. Einen weiteren Halt lohnt **Upper Canada Village** (½ Tag), das im Stil der 1860er-Jahre gehalten ist, bevor man **Ottawa** (2 Tage) besucht und in den Nationalmuseen Kultur tankt. Für **Montréal** (2 Tage) braucht's Zeit: Hier treffen französische Lebensart, coole Clubs und Gourmettempel zusammen. Satt? Dann ab in die **Laurentides** (2 Tage) und durch Wandern, Radeln oder Skifahren wieder in Form geschwitzt! Endstation ist **Québec** (2 Tage). Die charismatische alte, ummauerte Stadt, die dramatisch auf einer Klippe liegt, wird einen bleibenden Eindruck hinterlassen.

1 Monat

Trans-Canada-Highway

Der längste Highway der Welt – ein 7800 km langer Asphaltgürtel, der sich durch das riesige Kanada zieht – ist eigentlich eine Aneinanderreihung von Provinzstraßen. Malerische und eher banale Abschnitte wechseln sich ab; für viele der tollen Sehenswürdigkeiten muss man kurz vom Highway runter. Geduld und gute Musik einpacken!

Die Straße beginnt in **St. John's**, Newfoundland, Kanadas ältester Stadt voller witziger Pubs, und führt durch die ganze Provinz bis zum Meer. Von dort bringt einen die Fähre nach **North Sydney**, Nova Scotia, wo die Straße auf der herrlichen **Cape Breton Island** weiterführt. Weiter geht's nach New Brunswick – oder auf der längeren Route zu den rötlichen Stränden von **Prince Edward Island** –, dann folgt man dem St.-Lorenz-Strom über **Fredericton** nach Québec. Ein Abstecher nach Osten könnte zur ländlichen **Gaspé-Halbinsel** mit ihren silbrigen Kirchturmspitzen führen. Der Highway an sich verläuft am St.-Lorenz-Strom entlang bis ins romantische **Québec (Stadt)**. Und das war erst eine Woche!

In **Montréal** schnuppert man Stadtluft und schwelgt eine Weile in Croissants und Café au Lait, bevor man in der Nähe des museumslastigen **Ottawa** Ontario entert. Von hier aus geht's auf den Spuren der Pelzhändler nach **Sudbury** und **Sault Ste. Marie**, zum Tor zur Wildnis Algomas, die die Maler der Group of Seven inspiriert hat. Die Strecke um den Lake Superior herum nach **Thunder Bay** ist einfach herrlich. Et voilà: Woche zwei ist vorbei!

Als nächstes führt der Highway ins Flachland von Manitoba, wo **Winnipeg** mit seinem belebenden Mix aus Cafés und Kultur auftaucht. Die Straße zieht sich unter dem weiten Himmel Saskatchewans bis ins raue **Moose Jaw**, wo Al Capone geschmuggelten Alkohol versteckte. In Alberta sollten Dino-Fans einen Abstecher nach **Drumheller** machen. Vor der Ankunft in **Calgary**, der einstigen Cowboystadt, die heute eine der am schnellsten wachsenden Städte Kanadas ist, unbedingt Cowboystiefel anziehen! Das war Woche drei …

Und das sind die kanadischen Rockys. Hier ändert sich die Landschaft stark, wenn der Highway sich durch **Banff** schlängelt, bevor er seinen höchsten Punkt, den Kicking Horse Pass (1643 m), und beim **Yoho National Park** British Columbia erreicht. Danach weicht das Bergland flachen Flusstälern. Das eindrucksvollste Straßenstück ist das durch den **Fraser River Canyon**, von wo aus es zum modernen, multikulturellen **Vancouver** und zur Fähre nach **Victoria** nicht mehr weit ist. Unbedingt Kilometer 0 knipsen – geschafft!

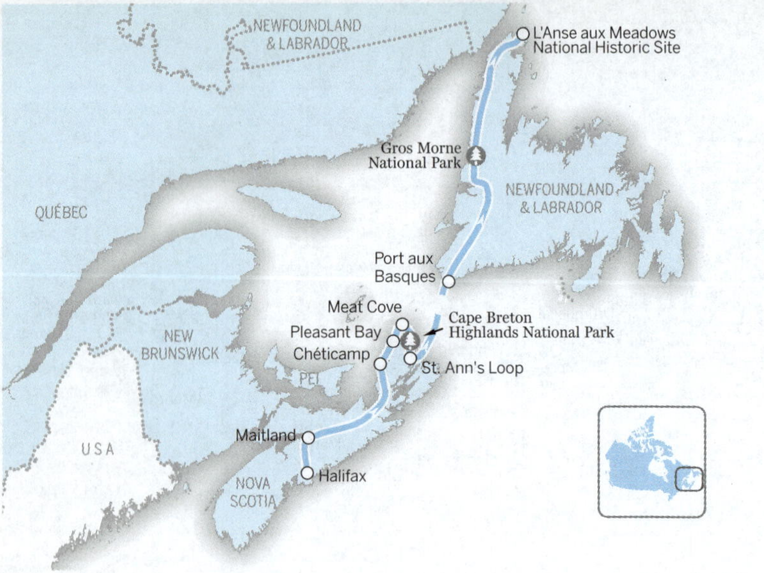

2 Wochen

Cabot & Viking Trail

Wildnis, Wind und Wale – auf dieser 1400 km langen Route durch Nova Scotia und Newfoundland breitet sich ein sagenhaftes Panorama aus Meer und Klippen direkt vor der Windschutzscheibe aus. Gelegenheiten, anzuhalten und das Blut mit Wanderungen, Kajaktouren und Atelierbesuchen in Wallung zu bringen, gibt es aber auch zur Genüge.

Los geht's in **Halifax**, wo man ein paar Tage lang das Bier, den Bauernmarkt und das Stadtleben genießt. Ein Tagestrip nach **Maitland** lohnt sich – die Flutwellen sind toll zum Raften. Dann geht es Richtung Osten zur keltisch angehauchten **Cape Breton Island**. Die Fahrt dauert etwa fünf Stunden; seit ein Damm das Festland mit der Insel verbindet, ist keine Fährfahrt mehr nötig. Bei der Anfahrt auf Baddeck bietet sich ein Abstecher auf den Cabot Trail an, eine gut beschilderte, 300 km lange Schleife durch die Region. Gewunden führt sie über die Berge an der Küste und offenbart nach jeder Kurve tolle Meerblicke.

Diese Fahrt genießt man die nächsten drei Tage lang und macht auf dem Weg in kleinen Orten Halt. **Chéticamp** eignet sich gut für einen Zwischenstopp: Die zutiefst akadische Fischergemeinde ist für Kunst bekannt. Hier ist außerdem der Zugang zum **Cape Breton Highlands National Park**, in dem sehr wahrscheinlich Elche und nistende Weißkopfseeadler anzutreffen sind. In **Pleasant Bay** kann man Wale beobachten oder im tibetischen Kloster mit Mönchen singen. **Meat Cove** ist eine gute Basis für eine kurze Wanderung. Bei einem Besuch in den Ateliers am **St. Ann's Loop** holt man sich schnell noch seine Ration Kunst ab, bevor im industriellen North Sydney die Fähre nach Newfoundland ablegt.

Die Fahrt über die Cabot Strait nach **Port aux Basques** dauert sechs Stunden. Die Fähre geht zwar täglich, aber man muss trotzdem im Voraus buchen. Nach einem Tag in dem verschlafenen Örtchen und dessen Umgebung mit den vielen Leuchttürmen geht es zum **Gros Morne National Park**, was eine etwa vierstündige Fahrt nach Norden auf dem Trans-Canada-Highway bedeutet. Die Welterbestätte bietet Bergwanderwege, Meerkajaktouren, Seen mit Fjorden und seltsame Felsformationen. Nach drei Tagen dort geht's auf dem Viking Trail bis zu dessen beeindruckendem Ende: **L'Anse aux Meadows National Historic Site**. Hier entstand Nordamerikas erste Siedlung, wo sich vor 1000 Jahren Leif Eriksson und seine Wikinger niederließen. Man sollte ein paar Tage lang die Gegend erkunden, bevor man sich auf den Rückweg nach Halifax macht, der einige (lange) Tage dauert.

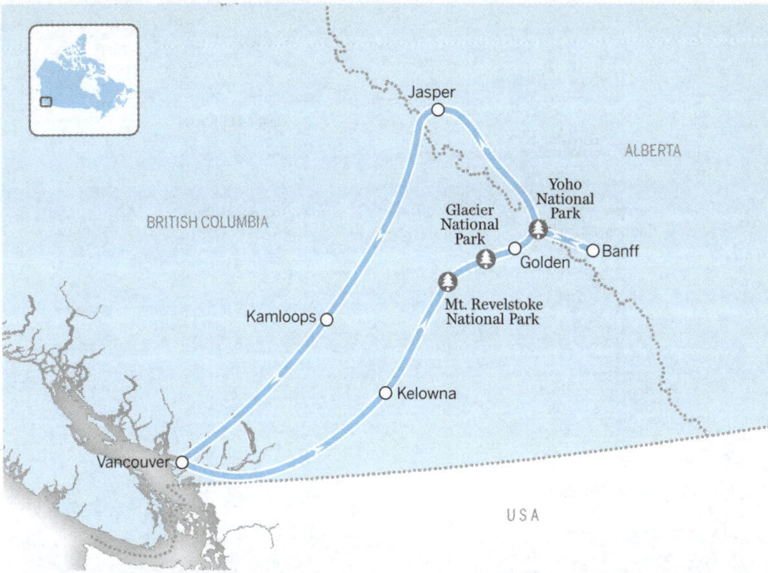

2 Wochen

Die Rockys

Während dieser 2000 km langen Fahrt durch British Columbia und Alberta kann man eine bunte Mischung von landschaftlichen Höhepunkten genießen.

Die ersten Tage verbringt man in **Vancouver**, wo Berge und Meer zusammentreffen. Hier können Besucher wandern, radeln und vielen anderen Aktivitäten frönen. Außerdem gibt's hier die beste Restaurantszene Westkanadas. Richtung Osten geht es auf einer Weintour zwischen sanft geschwungenen Hügeln hindurch ins **Okanagan Valley** mit seinen vielen Seen, das bekannt ist für seine Obstplantagen, die frischen Weiß- und die vollmundigen Rotweine. **Kelowna** (2 Tage) ist ideal als Basislager für Weinproben in der Gegend.

Danach geht es hoch hinaus in die Berge von British Columbia (2 Tage). Gleich hintereinander liegen drei Nationalparks, von denen jeder atemberaubendes Sehenswürdigkeiten bietet. Im **Mt. Revelstoke National Park** gibt es eine coole Aussichtsstrecke und Wanderwege. Der **Glacier National Park** verfügt über 430 der namensgebenden Eismassen. Der Beste der drei ist aber vielleicht der **Yoho National Park** mit seinen hohen Gipfeln und den tosenden Wasserfällen. **Golden** eignet sich gut als Basisstation.

Dann geht es über die Grenze nach Alberta – nach **Banff** (3 Tage). Der Ort bedient alle Klischees: großartig, majestätisch, atemberaubend! Hier sollte man viel Zeit einplanen, um zu wandern, zu paddeln, Gletscher zu bestaunen und Grizzlys zu beobachten (besser aus einiger Entfernung!). Der saphirblaue Lake Louise ist ein Muss: Er ist umgeben von Teehäusern im Hüttenstil, die Wanderer mit Scones, Bier und heißer Schokolade versorgen.

Von Banff führt der Hwy 93 – auch bekannt als Icefields Pkwy – parallel zur Kontinentalen Wasserscheide über 230 km nach **Jasper** (3 Tage). Wenn man am Columbia Icefield und seinen vielen breitgefächerten Gletschern vorbeifährt, sollte man zumindest versuchen, auch die Straße im Blick zu behalten. Tosende Wasserfälle, spektakuläre Berge und eine Bärensichtung (oder war das ein Elch?) gehören ebenfalls zu dieser Fahrt. Jasper selbst ist größer und weniger überlaufen als Banff und bietet ausgezeichnete Möglichkeiten zum Wandern, Reiten, Klettern, Moutainbiken und Raften.

Der Abschied mag schwerfallen, aber es geht zurück nach Vancouver. Der Yellowhead Hwy (Hwy 5) führt Richtung Süden nach **Kamloops**, das einen netten Zwischenstopp für eine Nacht abgibt, bevor es zurück in die „City of Glass" geht.

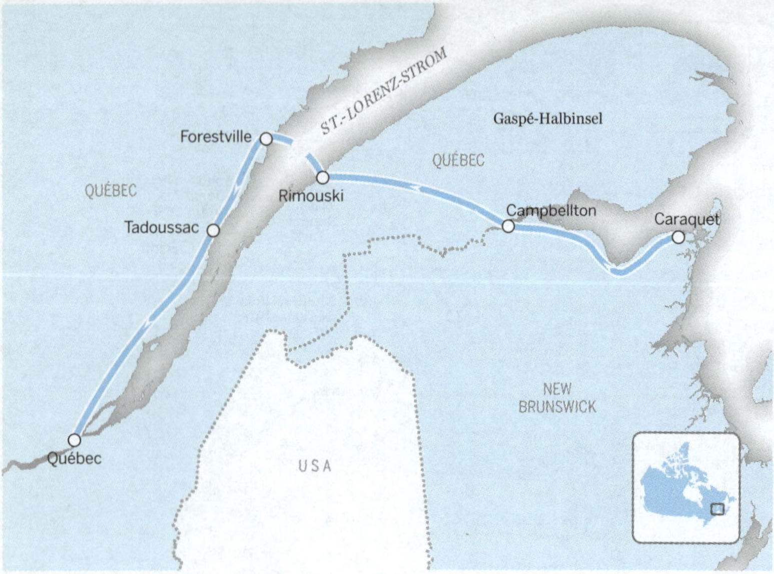

1 Woche

Das französische Kanada erleben

Auf dieser 700 km langen Route durch New Brunswick und Québec lernt man Kanadas französische Seite kennen.

Startpunkt ist **Caraquet** (1 Tag): An historischen Stätten und mit einheimischen Gerichten wie *pets de soeur* (Nonnenfürze – weiß eigentlich jemand, warum die so heißen?) kann man in die akadische Kultur eintauchen. Im August tobt hier das Festival Acadien in der ganzen Stadt.

Richtung Osten geht's weiter durch **Campbellton** und über die Grenze nach Québec. Das Ziel ist **Rimouski** (2 Tage) am St.-Lorenz-Strom. Hier kann man durch faszinierende Museen schlendern und köstlichen Kaffee trinken. Ein Tagesausflug auf der Rte 132 weiter nach Osten die Gaspé-Halbinsel hinauf lohnt sich: Es geht vorbei an akadischen Fahnen, die im Wind flattern, an adretten Bauerndörfern und felsiger Küste.

Von Rimouski fährt eine Fähre über den Fluss nach Forrestville. Von dort geht es Richtung Süden ins einladende **Tadoussac** (2 Tage). In diesem kleinen, unkonventionellen Ort dreht sich alles um die Walbeobachtung. Zodiac-Boote fahren hinaus in die Nähe der vielen Blauwale, die hier vorbeikommen.

Die Tour endet im stimmungsvollen **Québec** (2 Tage). Hier sollte man in einem gemütlichen Gasthaus absteigen, durch das Gassenlabyrinth der Altstadt bummeln und ganz oft in einem Straßencafé Halt machen, um Kaffee zu schlürfen.

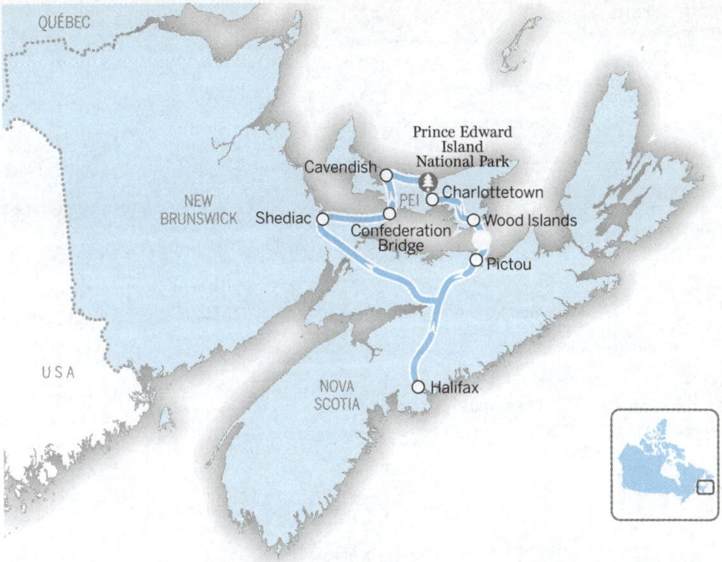

1 Woche

Im Herzen der Seeprovinzen

Diese 650 km lange Rundtour umfasst den Mittelteil der Seeprovinzen (Nova Scotia, New Brunswick und Prince Edward Island).

In **Halifax** (2 Tage) kann man gut essen und trinken, dann geht es Richtung Nordwesten nach New Brunswick. Im geselligen **Shediac** (1 Tag) steht die weltgrößte Hummerskulptur und – Überraschung! – die gekochte Version dieses Tierchens wird in Lokalen in der ganzen Stadt serviert. Den Abschluss des Abends bildet ein Besuch im altmodischen Autokino.

Über die 12,9 km lange **Confederation Bridge**, die New Brunswick mit Prince Edward Island verbindet, gelangt man in die Heimat von Anne, dem rothaarigen Waisenmädchen aus dem Roman *Anne auf Green Gables*. **Cavendish** (1 Tag) ist die zersiedelte Stadt, die sie ehrt.

Um bei der Farbe Rot zu bleiben: Weiter geht's zu den roten Sandsteinfelsen im **Prince Edward Island National Park** (1 Tag). Hier kann man Vögel beobachten, am Strand spazieren gehen und auch baden. Bevor einen die Fähre von **Wood Islands** zurück nach **Pictou** (½ Tag) in Nova Scotia bringt, lohnt sich noch ein Zwischenstopp in der kompakten kolonialen Hauptstadt von Prince Edward Island, in **Charlottetown** (1 Tag). An der Uferpromenade von Pictou kann man gut spazieren gehen, und wenn man Glück hat, findet in der Stadt gerade das First Nations Powwow statt. Es dauert etwa zwei Stunden, um von hier nach Halifax zurückzukommen.

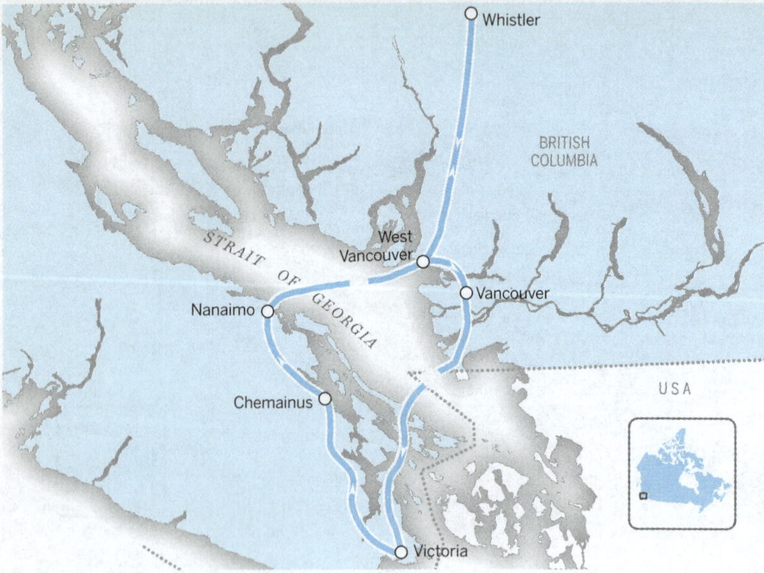

1 Woche

Das Beste von British Columbia

Im südlichen British Columbia muss man nicht weit fahren, um verschiedene eindrucksvolle, atemberaubende Landschaften zu entdecken. Meer, Berge, Wälder, Inseln – hier gibt es alles in einem Umkreis von knapp 550 km.

Startpunkt ist **Vancouver** mit seinen alternativen Shops, der Feinschmeckerküche, und dem von Wald gesäumten Seawall im Stanley Park mit der fantastischen Aussicht. Zwei Tage sollte man da schon einplanen! Am dritten Tag begibt man sich zum Fähranleger von **Tsawwassen**, um die traumhafte Fahrt zwischen tannenbewachsenen Inseln hindurch zur **Swartz Bay** auf **Vancouver Island** anzutreten. Dann geht es nach **Victoria**. Am besten bleibt man über Nacht und erkundet die malerische Hauptstadt und ihre historischen Gebäude. Am vierten Tag geht die Fahrt auf dem Hwy 1 weiter Richtung Nordinsel, mit Zwischenstopp in **Chemainus**, einer ehemaligen Holzfällersiedlung, die sich selbst als Künstlerstadt neu erfunden hat. Weiter geht's Richtung Norden zu einem späten Mittagessen und für eine Übernachtung in **Nanaimo**, bevor man am nächsten Morgen die Fähre zurück zum Horseshoe-Bay-Terminal von **West Vancouver** auf dem Festland nimmt.

Von hier aus führt der Sea to Sky Hwy (auch bekannt als Hwy 99) an Klippen entlang und durch zauberhafte Berglandschaften nach **Whistler**. Dieser Urlaubsort hat jede Menge abenteuerliche Aktivitäten (Skifahren, Snowboarden, Seilrutschen, Mountainbiken) und lustige Après-Skibars zu bieten. Tag sechs und sieben sollten damit ausgefüllt sein. Zurück nach Vancouver sind es 130 km.

1 Woche

Klondike Hwy & Umgebung

Man folge dem Ruf der Wildnis und begebe sich auf diese abenteuerliche Reise. Wichtig ist, zu wissen, dass man in dieser einen Woche viel fahren muss (etwa 30 Std.). Aber die Straße *ist* eben die Hauptattraktion auf dieser Route.

Am besten beginnt man in **Skagway**, Alaska – wie der Klondike Hwy. Schon bald bleiben die Kreuzfahrtschiffe hinter einem zurück, und man kommt in das raue Land, über das Jack London so viel geschrieben hat. Wer der Straße folgt, erreicht das lebhafte **Whitehorse**, wo es tolle Kunst und Biobäckereien gibt. Von hier aus geht's weiter Richtung Norden ins abgelegene **Dawson City**. Hier verweilt man ein paar Tage und erkundet die historischen Stätten des Goldrauschs, macht eine Minenführung mit und wirft den Tänzerinnen einen Kuss zu. Der **Tombstone Territorial Park** mit seiner weitläufigen, von steilen Hängen geprägten Pracht eignet sich perfekt für einen Tagesausflug.

Als nächstes folgt man dem Top of the World Hwy (Hwy 9) über die Berggipfel zur Grenze nach Alaska und fährt über die USA auf dem Alaska Hwy nach **Beaver Creek** in Yukon. Die Straße zwischen Beaver Creek und **Haines Junction** ist großartig: Sie verläuft parallel zum Kluane National Forest und den St. Elias Mountains. Der beeindruckende Haines Hwy führt nach **Haines**, Alaska, wo die Route endet.

Reisen mit Kindern

Wohin zum Spielen in Kanada?

Vancouver

Eingekeilt zwischen Meer und Bergen kann man an einem Tag eine Sandburg bauen und am nächsten snowboarden gehen – und das alles mit den Vorzügen einer kosmopolitischen Stadt.

Kanadische Rockys

Hier kann man (schnee)wandern, Ski fahren oder zelten, während man nach Elchen, Bären und Wapitisa ausschaut.

Montréal

Die Kopfsteinpflasterstraßen, eine ganzjährig geöffnete Eislaufbahn, ein Stadtstrand und das Biôdome voller Tiere vermitteln einen Eindruck von französischer Lebensfreude.

Seeprovinzen

Im Sommer auf einen Leuchtturm steigen, Wale beobachten und zum Strand pilgern; im Herbst den Bäumen zusehen, wie sie rote, orangefarbene und goldene Blätter bekommen.

Toronto

Im Sommer durch die Parks schlendern, im Winter Eislaufen und auf jeden Fall die Niagarafälle besuchen!

Wohin man in Kanada mit seinen Kindern geht, kann eine schwere Entscheidung sein. Berge, Prärien, Strände, Eisfelder und Städte, die man gut zu Fuß erkunden kann, verteilen sich über sechs Zeitzonen und noch mehr unterschiedliche Landschaftsformen. Man kann jedoch keine falsche Entscheidung treffen: wilde Tiere beobachten, echte Cowboys treffen, mehr über die Geschichte der Piraten erfahren, in den Ebenen nach Dinosaurierfossilien graben oder auf Bergseen eislaufen - alles ist ideal für Kinder! Hinzu kommt die Tatsache, dass Kanada kinderfreundlicher ist als fast jedes andere Land der Welt, und viele bringen ihre Kinder jedes Jahr wieder mit hierher.

Kanada mit Kindern

Kanada eignet sich ausgezeichnet für Kinder. Als ob das Beobachten von Elchen, Adlern und Walen oder das Herumtollen im Schnee, am Strand oder in den Wäldern den ganzen Tag nicht schon genug Spaß machen würde: Nein, überall wo man hingeht, haben diese pfiffigen Kanadier spielerische, lehrreiche Erlebnisse, Lehrstunden mit lebendiger Geschichte oder Theater für Kinder erfunden.

Museen & Denkmäler

In den meisten großen Städten Kanadas gibt es Wissenschaftsmuseen, die sich auf spielerische Aktivitäten spezialisiert haben, die alle Altersklassen ansprechen. Bei den historischen Stätten, die überall im Land verstreut sind, bringen einen verkleidete

Schauspieler direkt in die jeweilige Epoche, und oft werden verschiedene Techniken demonstriert, vom Schmieden bis zum Kochen. An einigen Orten gibt es auch Puppen- oder Kindertheater und andere Veranstaltungen wie Ausflüge im Heuwagen. Auch Teenager haben hier meistens ihren Spaß, da die Einrichtungen oft groß und facettenreich genug sind, um Erkundungen auf eigene Faust anzustellen oder das, was sie in der Schule gelernt haben, selbst auszuprobieren.

Kunstmuseen bieten häufig handwerkliche Einrichtungen und Kurse für Kinder an, aber man sollte vorher anrufen, um die Termine zu erfragen.

Aktivitäten im Freien

In Kanada dreht sich alles um die Natur, frische Luft, Tiere, Schnee, Sand, Flüsse, Seen und Berge. Die Möglichkeiten für Aktivitäten im Freien sind so endlos wie das Land selbst, und es gibt genug Optionen für alle Kinder: von Babys bis zu Jugendlichen.

In kanadischen Städten wird das **Radfahren** beworben, und die meisten sind gut mit Parks und Promenaden ausgestattet, wo sogar die Kleinsten radeln können. Fahrradverleihe gibt es überall, aber ein Kinderrad zu finden, kann Glückssache sein. Wer im Urlaub hauptsächlich radeln will, der macht das am besten auf dem überwiegend flachen Confederation Trail, der durch die Idylle von Prince Edward Island führt. Oder man fährt auf dem verkehrsarmen Kettle Valley Trail (KVR; British Columbia), der einen der leichtesten Abschnitte des Trans Canada Trail bildet. Für größere Kinder, die am **Mountainbiken** interessiert sind, bietet Kanada einige der besten Wege auf dem ganzen Planeten – Leihräder und Touren sind für alle Schwierigkeitsgrade im Angebot.

Die Verwaltung der kanadischen Nationalparks hat auch an Familien gedacht, und das Netzwerk der **Wanderwege** beinhaltet immer auch einfache Pfade und etwas längere, die Jugendlichen gefallen könnten. Fast überall kann man **reiten**, was besonders rund um Calgary im Land der Cowboys ein Heidenspaß ist.

Per **Kajak** oder **Kanu** lässt sich das Land mit am besten erkunden. In den meisten Gegenden an Seen gibt es Kanuverleihe, die vor allem für gemütliche Familienausflüge perfekt sind. In den Regionen am Meer gibt es jede Menge Kajakanbieter, die Verleih,

EXTRAS FÜR JEDES ALTER

Babys & Kleinkinder

- Eine Bauch- oder Rückentrage für Babys und Kleinkinder zum Wandern und einen Buggy für Stadtspaziergänge (fast jede Einrichtung ist für Kinderwagen zugänglich).
- Kindersitze fürs Auto: Autovermietungen verleihen Sitze zu unverschämt hohen Preisen; in Kanada müssen Babys in einem nach hinten gerichteten und Kinder unter 18 kg in einem nach vorne gerichteten Sitz sitzen.
- Schäufelchen & Co. zum Bauen von Sandburgen oder Schneemännern

6–12 Jahre

- Kinder zwischen 18 und 36 kg sollten auf Sitzerhöhungen sitzen. Die regulären Gurte können entweder ab 36 kg, 145 cm oder acht Jahren benutzt werden.
- Ferngläser für die jungen Entdecker, um wilde Tiere auszukundschaften
- Naturführer über Kanadas Flora und Fauna
- Tools für die digitale Kamera, um neu entdeckten Spaß in die „langweiligen" Sehenswürdigkeiten und Touren der Erwachsenen zu bringen
- Klapproller und/oder Rollerblades, wenn man viel durch Städte läuft
- Drachen (für den Strand)

Jugendliche

- Auf Kanada bezogene Apps fürs Smartphone
- Auf Kanada bezogene Romane
- Französisch-kanadischer Sprachführer

Kurse, Touren und mehrtägige Trips im Angebot haben. Mit älteren Kindern und Jugendlichen, die es abenteuerlicher mögen, versucht man sich am besten im **Rafting** oder im **Playboating**, was vor allem am Ottawa River in Beechburg angeboten wird.

Zu den beliebtesten Aktivitäten am Wasser zählt natürlich **Angeln**. Die speziellen Lodges für Angler (oft in den besten, aber abgelegenen Fischregionen gelegen) können ein Vermögen kosten, aber wer nicht unbedingt einen Monsterfisch fangen will, der wird überrascht sein, wie gut man in jedem See oder Fluss angeln kann. Oder man versucht sich im **Clamming** (Muschelsuchen; am besten in Prince Edward Island und British Columbia) – einfach die Einheimischen fragen, wo die besten Plätze sind und Schaufel und Eimer mitbringen. Und auch wenn man nichts findet, hat man immerhin das perfekte Werkzeug zum Sandburgenbauen zur Hand. An den Küsten wird **Hochseeangeln** angeboten, was für ältere Kinder sehr spannend sein kann. Für kleinere ist ein ganzer Tag auf dem Boot allerdings durchaus anstrengend.

An den Küsten und in der Bay of Fundy ist **Whale-Watching** ein besonderer Spaß, aber man sollte mit Tabletten gegen Seekrankheit, extra Snacks, Sonnenschutz und warmen Klamotten ausgestattet sein. Wenn die See stürmisch ist und die Kinder seekrank werden, können die negativen Seiten des Ausflugs überwiegen und die Freude am Walebeobachten ist getrübt. Wessen Familie also nicht die Widerstandsfähigkeit von Wikingern besitzt, der sollte sich ruhigere Tage und kürzere Touren aussuchen.

Das Wasser in Kanada ist kalt, aber Kinder scheint das nicht zu stören. Im Sommer kann man auf den kleinen Wellen der Ost- und Westküste hervorragend **surfen** lernen. Entweder man leiht sich ein Brett und einen Schwimmanzug oder man nimmt an einem Kurs teil (s. „Nass & Wild“ auf S. 40).

Sind die Kinder aus den Windeln raus, ist **Skifahren und Snowboarden** der beste Spaß für die ganze Familie. Kinder unter sechs Jahren fahren meistens umsonst, Kinder von sechs bis zwölf Jahren zahlen zwischen 12% und 50% des Erwachsenenpreises, und Jugendliche zwischen zwölf und 18 Jahren zahlen etwas mehr als 33% bis 75%. Die Preise ändern sich jährlich, aber im Winter 2010/11 gab es in Banff sehr viel bessere Kinderpreise als in Whistler-Blackcomb. Dann gibt es da natürlich noch den ganzen Spaß abseits der Pisten: **Eislaufen, Schlittenfahren und Schneeschuhwandern** (s. „Winterzauber“, unten).

Auswärts essen

Überall in Kanada findet man Fast Food, Snacks und Tim Horton's, Kanadas liebstes Kettenrestaurant für Donuts, Sandwiches und Kaffee. Für gesundheitsbewusste Esser ist es eine der größten Herausforderungen, für Kinder nahrhafteres Essen zu finden. In kleinen Städten ist Selbstverpflegung oft die einzige Möglichkeit. Zum Glück gibt es jede Menge Hütten und Familienunterkünfte, in denen man sich selbst versorgen kann, und auch in einigen B&Bs darf man kochen. In Großstädten gibt es alle möglichen Restaurants von vegan bis Steakhouse.

Die meisten kanadischen Restaurants sind auf Familien eingestellt, und kinderfreundliche Kellner bieten Hochstühle an, sobald man den Nachwuchs durch die Tür schiebt. Als Alternative zu den Pommes und Burgern auf der Kinderkarte kann man auch die halbe Portion von Erwachsenengerichten bestellen. In feinen Restaurants werden sich allerdings auch Familien mit den wohlerzogensten Kindern nicht wohlfühlen.

Highlights für Kinder

Kleine Geschichtsstunde

» **Dinosaurier** Drumheller Museum, Alberta

» **Ureinwohner** Haida Gwaii (British Columbia), Head-Smashed-In-Buffalo-Jump-Weltkulturerbe (Alberta), Aboriginal Experiences (Ottawa), Wanuskewin Heritage Park (Saskatchewan)

» **Europäische Kolonisierung** L'Anse aux Meadows (Newfoundland), Fort Louisbourg (Nova Scotia), Fort William Historical Park (Ontario)

Winterzauber

» **Winterkarneval** Québec City Winter Carnival (Québec, Stadt), Cavalcade of Lights (Toronto), Vancouver Festival of Lights (Vancouver)

» **Eislaufen** Rideau Canal (Ottawa), Lake Louise (Alberta), Harbourfront Centre (Toronto), Lac des Castors (Montréal)

» **Skifahren, Snowboarden & Eislaufen** Whistler-Blackcomb (British Columbia), Norquay (Banff), Mont-Sainte-Anne (Québec)

» **Hundeschlitten** Yellowknife (Northwest Territories), Iqaluit (Nunavut)

Lebewesen im hohen Norden

» **Elche** gibt es fast überall, aber besonders im Algonquin National Park (östliches Ontario) und Gros Morne National Park (Newfoundland)

» **Eisbären** Churchill (Manitoba)

» **Wale & Orcas** Vancouver Islands (British Columbia), Bay of Fundy (New Brunswick & Nova Scotia), Newfoundland

» **Weißkopf-Seeadler** Brackendale (British Columbia), Cape Breton Island (Nova Scotia)

Nass & wild

» **Auf Flutwellen raften** Maitland, Nova Scotia

» **Strände** Prince Edward Island & British Columbia

» **Surfen** Lawrencetown Beach, Nova Scotia & Vancouver Island, British Columbia

» **Kajakfahren** Johnstone Strait (Vancouver Island), Georgian Bay (Ontario),

» **Kanufahren** Algonquin National Park (Ontario), Bowron Lakes (British Columbia), Kejimkujik National Park (Nova Scotia)

» **Angeln** Lunenburg – Nova Scotia (Hummer), Point Prim – Prince Edward Island (Muschelsuchen), Northern Saskatchewan (Süßwasserfische), Seeprovinzen (Hochseeangeln)

Abenteuer in der Stadt

» **Calgarys Cowboys & Cowgirls** Calgary Stampede, Heritage Park Historical Village, Reiten auf Familienfarmen

» **Vor den Toren von Vancouver** Capilano Suspension Bridge, Stanley Park

» **Ottawas Museums-Mission** Canada Agricultural Museum, Museum of Nature, Science & Technology Museum, Museum of Civilization

» **Von ganz oben nach ganz unten in Toronto** vom CN Tower zu den unterirdischen Gängen, die Teile der Innenstadt miteinander verbinden

» **Kultur pur in Montréal** die Altstadt von Montréal, Little Italy

» **Die Piraten von Halifax und die Titanic** Maritime Museum of the Atlantic, *Titanic*-Gräber

Spaß im Freizeitpark

» **Paramount Canada's Wonderland** Toronto (Freizeit- & Wasserpark)

» **Galaxy Land** der weltgrößte überdachte Freizeitpark (Edmonton)

» **La Ronde** Freizeitpark (Montréal)

» **Calaway Park** Freizeitpark & Zeltplatz (Calgary)

» **Playland** Freizeitpark (Vancouver)

» **Avonlea** Anne auf Green Gables (Prince Edward Island)

Vorbereitungen

Reisen mit Kindern kann in Kanada ein Kinderspiel sein. Der englische Band *Travel with Children* von Lonely Planet bietet jede Menge Tipps und Tricks. Und auch die Website **Travel For Kids** (www.travelforkids.com) ist eine gute allgemeine Quelle.

Reisezeit

Das ganze Jahr über finden in Kanada Festivals statt, und die meisten sind sehr familienfreundlich. Besonders im Sommer stehen viele Festivals im Freien auf dem

TOP FIVE CAMPINGPLÄTZE MIT KINDERN

» **Living Forest, Vancouver Island** (British Columbia; www.campingbc.com) Hier kann man Orcas beobachten, Krabben fischen und Adler in die Lüfte aufsteigen sehen

» **Arowhon Pines, Prince Albert National Park** (Saskatchewan; www.arowhonpines.ca) Sanftes Gelände mit vielen wilden Tieren und Pflanzen; eignet sich perfekt zum Schwimmen und Kanufahren

» **Tunnel Mountain, Banff** (Alberta; www.tunnelmountain.com) Ziemlich voll, aber nur 5 km vom Ort entfernt; Hier kann man in einer Thermalquelle in einer Kalksteinhöhle baden, jede Menge wilde Tiere sehen, und man ist gleich in den Rockys.

» **Takhini Hot Springs, Whitehorse** (Yukon; www.takhinihotsprings.yk.ca) Reiten, Thermalquellen, schwimmen und die Chance, das Nordlicht zu sehen

» **Dinosaur Provincial Park, Patricia** (Alberta; www.dinosaurpark.ca) Jurassic Park in den Badlands; hier lernt man alles über Kakteen und kann Fossilien suchen.

Programm: von Jazz-Festivals über Feste mit speziellem Essen und Trinken bis hin zu Straßenparaden und Rodeos. Wenn die Feierlichkeit sich nicht ausdrücklich an Erwachsene richtet, dann gibt es immer jede Menge Aktivitäten und Anwendungen für Kinder. Wer es mit den Ferienterminen seiner Kinder vereinbaren kann, der sollte im Herbst nach Kanada kommen. Zu dieser Zeit wechseln die Blätter der Bäume ihre Farbe, die Tagestemperaturen sind immer noch angenehm warm, und die meisten Touristen sind schon wieder abgereist.

Die beste Zeit für frischen Pulverschnee und Wintersportarten ist von Januar bis April. Im November und Anfang Dezember läuten Santa-Claus-Paraden im ganzen Land die Weihnachtszeit ein. Eine Liste und Beschreibungen gibt es unter http://www.canada.com/Santa+Claus+parades+across+Canada/941414/story.html. Ungefähr zur selben Zeit oder kurz danach beginnen die Festivals of Light, bei denen es Feuerwerke, Konzerte, noch mehr Santa Cläuse, Kinderaufführungen, Paraden und erleuchtete Weihnachtsbäume gibt.

Unterkunft

Hotels und Motels haben meistens Zimmer mit zwei Doppelbetten. Wo es keine zwei Doppelbetten gibt, bekommt man normalerweise gegen einen geringen Aufpreis Roll- oder Kinderbetten. In einigen Unterkünften übernachten Kinder umsonst – also immer die Websites checken! In manchen B&Bs sind keine Kinder erlaubt, während andere sogar spezielle Familiensuiten anbieten. Einfach bei der Buchung fragen!

Eine gute Alternative sind *cabins* (Hütten), die normalerweise pro Woche vermietet werden und eine Küche, jede mögliche Anzahl von Schlafzimmern und andere Extras wie Grillgelegenheiten bieten. Da die meisten nur auf längere Aufenthalte ausgelegt sind, stehen nicht viele davon in diesem Reiseführer. Aber in den Touristenführern der Provinzen sind sie online und gedruckt alle aufgelistet (kostenlos bestellbar auf den Tourismusseiten der Provinzen).

Campen ist in Kanada sehr beliebt, und auf vielen Zeltplätzen stehen auch rustikale Hütten (eigenes Bettzeug mitbringen!) mit Küche, Feuerstelle oder Grillmöglichkeit. Ein paar private Campingplätze bieten exotischere Unterkünfte wie Tipis oder Jurten, während andere über Swimmingpool oder Minigolf verfügen oder direkt an einem See liegen, in dem man schwimmen und Kanu fahren kann. Zeltplätze gibt es sowohl in Nationalparks als auch in der Nähe von Städten, und Campen kann eine lustige, billigere Alternative für Familien sein. Auf diesem Weg trifft man die meisten anderen Kinder, aber man sollte auch doppelt so viel Mückenspray mitnehmen.

KLEINGEDRUCKTES

Kinder, die nicht mit beiden Elternteilen nach Kanada reisen, brauchen eine Erlaubnis von dem Elternteil, das nicht dabei ist. Manchmal ist es vorgeschrieben, manchmal nicht, aber um auf Nummer sicher zu gehen, sollte man ein beglaubigtes Dokument mitnehmen. Geschiedene Elternteile sollten Kopien ihrer gesetzlichen Sorgerechtsdokumente bei sich tragen.

Packen

Kanada ist sehr familienfreundlich, daher kann fast alles, was man vergisst, auch vor Ort gekauft werden. Stillen in der Öffentlichkeit ist legal und wird toleriert, aber die meisten Frauen machen es trotzdem diskret. Üblicherweise sind alle Einrichtungen auf die Bedürfnisse von Kindern eingestellt: In den meisten öffentlichen Toiletten auf Flughäfen, in Geschäften, Einkaufszentren und Kinos gibt es Wickeltische.

Was man braucht, sind mehrere Schichten Klamotten für jeden, da es in den Sommermonaten überraschend kühl und im Winter sehr, sehr kalt werden kann. Sonnenschutz ist ein absolutes Muss – man kann auch an den trübsten Tagen einen gewaltigen Sonnenbrand bekommen –, genau wie Regenbekleidung und Insektenspray. Es ist auch empfehlenswert, für Beschäftigung während längerer Autofahrten zu sorgen. Und man kann in Kanada wirklich weite Entfernungen zurücklegen!

Kanada im Überblick

Mit Kanada als Reiseziel kann man nichts falsch machen. Jede Region bietet atemberaubende Landschaften und Aktivitäten in Hülle und Fülle. In den am dichtesten besiedelten Provinzen Ontario, Québec und British Columbia (B.C.) ist am meisten los. Zusätzlich zu den Outdoor-Aktivitäten, die sie bieten, befinden sich dort auch die größten Städte Kanadas, Toronto, Montréal und Vancouver mit multikulturellen Museen, anspruchsvollen Restaurants und Nachtleben bis in die frühen Morgenstunden. Alberta lockt in den Rockies mit seinen Parks und durch Öl reich gewordenen Städten. Manitoba und Saskatchewan in der Prärie bieten jede Menge wilde Tiere und künstlerische Überraschungen. Die salzlastigen Atlantikprovinzen sind in Sachen Seafood und Walebeobachten ungeschlagen. Und im hohen Norden kann man den Menschenmassen (und Straßen) entfliehen und sich abseits der Zivilisation bewegen.

Ontario

Küche ✓✓✓
Parks ✓✓
Geschichte ✓✓✓

Farmen und Weingüter
Als geologisches und klimatisches Verbindungsglied ist Ontario reich an Landwirtschaft und Weinbau. Die Weine sind international anerkannt und ziehen viel Aufmerksamkeit auf sich. Das heißt aber nicht, dass man das Abendessen überspringen sollte!

Frische Luft
Egal ob man einfach spazieren gehen will, eine mehrtätige Wanderung plant oder Zeit auf dem Wasser verbringen möchte: In Ontario gibt es alles von grünen Oasen in den Städten bis zu mächtigen Provinzparks. Ein Fernglas mitnehmen und die Wanderstiefel schnüren – hier muss man einfach an die frische Luft!

Museen
Hier liegen die größte Stadt und die Hauptstadt Kanadas. Die Provinz ist ein Paradies für Geschichtsfans. Uralte Artefakte, geologische Beweise für die Eiszeit und moderne Kunst ergeben eine bunte Mischung.

S. 50

Québec

Kultur ✓✓✓
Wintersport ✓✓
Architektur ✓✓

Lebensfreude
Man schlürft einen Kaffee und isst ein fluffiges Croissant in einem Straßencafé, während französische Klänge durch die Luft schweben. Es ist leicht, sich von der Lebensfreude der Quebecer anstecken zu lassen, besonders da ihre guten Weine, ihre lokalen Produkte und die schönen Unterkünfte so leicht zugänglich sind.

Schnee
Die zerklüfteten Gipfel der Laurentides eignen sich generell gut zum Skifahren und Snowboarden, aber der Mont-Tremblant zieht die Massen an. Dazu noch etwas französischer Elan, und die Après-Ski-Party im wilden Dorf rund um den Berg ist perfekt.

Historischer Baustil
Nirgendwo sonst sind die Überreste der kolonialen Vergangenheit Kanadas so offensichtlich wie in den Gassen und Fassaden von Vieux-Montréal und innerhalb der alten Mauern der Altstadt von Québec.

S. 228

Nova Scotia

Kultur ✓✓
Aktivitäten ✓✓
Geschichte ✓✓

Kulturelle Mixtur
Kiltläden, französische Dörfer und Ureinwohner-Gemeinden liegen nur wenige Kilometer voneinander entfernt. Dazu noch ein paar Afrikaner und der Pier 21 (Kanadas Tor für über 1 Mio. Immigranten) – und fertig ist der kulturelle Schmelztiegel.

Klippen & Gezeiten
Kleine Buchten an den Küsten stellen den Lebensraum für viele Vögel und Meerestiere dar und laden dazu ein, mit dem Boot durchzupaddeln. An der Fundy Coast sieht man die größten Gezeitenunterschiede auf der Welt. Und auf den schwindelerregenden Klippen von Cape Breton Island leben Elche und Weißkopfseeadler.

Zeitreise
Die Nova Scotianer erhalten das Erbe ihrer Kultur nicht nur, sie schlüpfen sogar in Kostüme und ahmen Tätigkeiten wie Klöppeln und Schmieden nach, um alles so zu rekonstruieren, wie es vor Hunderten Jahren war.

S. 348

New Brunswick

Aktivitäten ✓✓
Angeln ✓✓✓
Wildtiere ✓✓

Ab ins Kanu
Von den ruhigen Chiputneticook Lakes bis zum wilden Tobique River: New Brunswick ist toll zum Kanufahren, der kanadischsten Aktivität von allen. Man trifft sogar Künstler, die Kanus auf altmodische Weise herstellen – ein aussterbendes Handwerk.

Fliegenfischen
Baseballstars und Industriepatrone kamen schon nach New Brunswick, um ihre Köder über den Flüssen der Provinz zu schwingen, die voll sind mit Lachsen und Forellen. Das kann jeder andere auch, oder!?

Wildtiere treffen
Egal, ob man ein begeisterter Vogelbeobachter ist oder seinen Freunden nur erzählen möchte, dass man einen Elch gesehen hat – in New Brunswick gibt es jede Menge wild lebende Tiere zu bestaunen. Die besten Chancen hat man auf der einsamen Machias Seal Island, wo sich die seltenen Papageientaucher zeigen.

S. 420

Prince Edward Island

Kultur ✓✓
Küche ✓✓
Strände ✓✓

Es geht immer um Anne

Anne Shirley ist die mutige, rothaarige Heldin in Lucy Maud Montgomerys Jugendbuch *Anne auf Green Gables*. Prince Edward Island ist so niedlich und hübsch, wie es dort beschrieben wird. Roter Schmutz und Sand ahmen Annes Haar nach, und die weißen Lattenzäune und Wildblumen stellen den realen Hintergrund dar.

Kartoffeln & Hummer

Prince Edward Island streitet sich mit Idaho um den Titel der Kartoffelhauptstadt Amerikas. Das zweitbekannteste Lebensmittel der Provinz ist Hummer. Und in kleinen Buchten ernten Fischerboote saftige Malpeque-Austern.

Bunte Strände

In der Provinz gibt es Strandflächen aus Siena-Erde, über denen rot-weiße Leuchttürme aufragen, riesige cremefarbene Dünen und Abschnitte mit weißem Sand, der „singt“, wenn man auf ihm läuft.

S. 466

Newfoundland

Meerblick ✓✓✓
Kultur ✓✓
Geschichte ✓✓

Das weite Meer

„Da ist einer!“, ruft jemand, und mit Sicherheit taucht gerade ein großer Buckelwal aus dem Wasser auf. Vielleicht war aber auch der riesige Eisberg gemeint. Egal ob man an der Küste wandert, in einem Boot fährt oder am Fenster seines B&Bs sitzt: Das Meer erfüllt alle Erwartungen.

Seltsame Mischung

Die Haferlschuhe haben etwas Irisches, der Slang ist schwer zu verstehen. Im Restaurant bekommt man Kabeljauzunge, Bratapfelmarmelade und Mehlpudding. Die Städte haben Namen wie Dildo und Jerry's Nose. Und die Provinz liegt so abgelegen, dass sie sogar ihre eigene Zeitzone hat.

Erbe der Wikinger

L'Anse aux Meadows, Leif Erikssons 1000 Jahre alte Siedlung, wurde ein bisschen hergerichtet, aber das kahle, einsame Land strahlt mehr Macht aus, so wie es ist. Hier spürt man die Isolation am Rand der Welt.

S. 496

Manitoba

Wildtiere ✓✓✓
Freie Natur ✓
Kultur ✓

Eisbären & Wale

Eisbären pirschen übers Eis, wandern am Strand entlang und schnüffeln an den Menschen: Mehr gibt es im subarktischen Churchill nicht. Das größte Raubtier der Hemisphäre hält sich ganzjährig hier auf, aber vor allem im Herbst kommen die Eisbären in Scharen. Draußen am Wasser kann man im Sommer jede Menge blendend weiße Belugas sehen.

Muskeg & Weizen

Fährt man durch den Süden, wird man von kilometerlangen Weizenfeldern hypnotisiert, unterbrochen von riesigen Getreidespeichern. Im subarktischen Norden lebt ein ganzjährig grüner Landstrich von dem reichen Muskeg, einem sumpfartigen Boden mit Äonen von Pflanzen. Nach Elchen Ausschau halten!

Oh Winnipeg!

Die überraschende Oase mit guten Restaurants, lebhaftem Nachtleben und moderner Kultur erhebt sich aus den Prärien ringsherum.

S. 555

Saskatchewan

Wildtiere ✓
Geschichte ✓
Kultur ✓

Elche & andere Viecher
Viele Straßen führen durch die scheinbar verlassenen Weiten der Provinz, aber sie sind alles andere als verlassen. Saskatchewan ist voller Tiere, die für Kanada typisch sind (vor allem Elche). Und dieser große, schwarze Klecks da hinten? Ein Grizzly! Und als nächstes kann man Bibern zuschauen, wie sie ihren Damm vergrößern.

Es lebe die Revolution!
1885 kämpfte Louis Riel gegen das Gesetz, und obwohl das Gesetz gewann, konnten er und seine Anhänger die Armee bei Batoche fast schlagen. In diesem Ort versuchten Menschen trotz mehrerer Vertragsbrüche immer wieder, sich eine Existenz aufzubauen.

Die guten Zwillinge
In Regina und Saskatoon gibt es nach Einbruch der Dunkelheit viel zu tun – und dunkel ist es fast den ganzen Winter lang. Es gibt originelle Restaurants und Kneipen, die selbst gebrautes Bier servieren.

S. 590

Alberta

Wandern ✓✓✓
Wintersport ✓✓
Festivals ✓

Banff & Jasper
Zwei Parks und Hunderte Kilometer von Wanderwegen: Wer je seine verborgene Wanderlust ausleben will, der sollte es in diesen Nationalparks tun. Banff ist der bekanntere Park, und Jasper ist wilder.

Langlaufen
Während Albertas Skiresorts immer voll sind, ist das Hinterland so ruhig, dass man fast die Schneeflocken fallen hören kann. Es gibt nichts Schöneres, als um 7 Uhr in Jaspers straßenlosem Tonquin Valley mit Langlaufskiern aufzubrechen und auf eine Hütte fern am Horizont zuzusteuern.

So ein Theater!
Edinburgh hat's erfunden, aber Edmonton hat dem Konzept des „alternativen Theaters" eine kanadische Note verliehen. Auf dem International Fringe Festival in Old Strathcona, wo erstklassige Künstler Comedy und Satire zur Schau stellen, entdeckt man neue Talente.

S. 612

British Columbia

Landschaften ✓✓✓
Küche ✓✓
Wildtiere ✓✓✓

Wahnsinnsaussichten
Von tollen Bergen zu Küsten mit Fjorden, von dichtem Wald zu üppigen Inseln: British Columbia ist ein Idyll mit tollen Ausblicken. Man kann sich entweder auf einem Wander- oder Skiausflug durchs Hinterland schlagen oder man stellt die Kamera auf „Panorama" und knipst drauflos.

Gaumenfreuden
Von der besten asiatischen Restaurantszene in Nordamerika in Vancouver bis zu grandiosem regionalem Seafood und Erzeugnissen der Provinz: Hier gibt's was für jeden Geschmack – natürlich begleitet von einem Wein aus British Columbia oder einem lokalen Bier.

Tierisches Wunderland
Die Inside Passage lebt! Fährt man mit einer Fähre die Küste entlang, sollte man Ausschau halten nach Orcas, Walen und Seelöwen. An Land ist die ganze Bandbreite von Tierarten vertreten, vor allem der riesige Grizzlybär im Norden.

S. 686

Yukon Territory

Wildtiere ✓✓
Parks ✓✓✓
Geschichte ✓✓✓

Bären in Sicht

Der Alaska Highway führt auf seiner kurvigen Reise zum namensgebenden Staat mitten durch das untere Drittel von Yukon. Man sollte auf jeden Fall anhalten, um nach wilden Tieren Ausschau zu halten. An einem Nachmittag zeigen sich schon mal zwei verschiedene Bärenarten, Elche, Bisons, Wölfe, Wapitis und jede Menge kleine Murmeltiere und andere Lebewesen. Ein Aufstand der Natur!

So eine Schönheit!

Der Kluane National Park ist eine von der Unesco anerkannte Wildnis mit Gletschern, die sich ihren Weg durch Granit bahnen. Hier kommt man sich nicht nur klein, sondern winzig vor.

Gold

Der Klondike-Goldrausch von 1898 prägt Yukon mit seinem lebendigen Sinn für Abenteuer immer noch. Man kann bis nach Dawson City rudern, zu jener zeitlosen Stadt, die heute noch so lebendig ist wie damals.

S. 847

Northwest Territories

Polarlicht ✓✓✓
Kajakfahren ✓✓
Wintersport ✓

Aurora Borealis

Obwohl hier sonst alles ziemlich teuer ist, kann man das Polarlicht kostenlos sehen. Wer ein bisschen mehr ausgibt für beheizte Stühle und „Luxus-Tipis“, der kann auch den arktischen Temperaturen trotzen.

Nahanni National Park

Da es in den Northwest Territories im wahrsten Sinne des Wortes tausend kleine Seen und Flüsse gibt, kommt man fast überall übers Wasser hin: auch zum Nahanni National Park. Hier gibt's die wildesten Flüsse Kanadas zum Kajakfahren. Da keine Straße hinführt, nehmen die meisten an einer geführten Tour teil.

Hundeschlittenrennen

Die absolut nordische Erfahrung einer Fahrt mit dem Hundeschlitten ist schon seit Jahrhunderten die traditionelle Form der Fortbewegung und des Transports in der Arktis. Winterfeste Hundeteams können in Yellowknife gemietet werden.

S. 879

Nunavut

Wildtiere ✓
Kultur der Ureinwohner ✓✓
Parks ✓✓

Arktische Ausrüster

Ja, hier oben leben auch Tiere – viele sogar –, sie lassen sich nur nicht so leicht blicken. Professionelle Anbieter brechen zu abgelegenen Orten auf, an denen man seltene Tiere wie Eisbären, Karibus und jede Menge Vögel beobachten kann.

Kunst der Ureinwohner

Shoppen ist wohl das Letzte, was man in Nunavut im Sinn hat. Aber die Qualität der authentischen Kunst der Inuit ist einer der größten kulturellen Magnete der Region. Es ist schwer, sich das vorzustellen, aber in Cape Dorset, Pangnirtung und Iqaluit gibt es Souvenirläden!

Ungezähmte Wildnis

Die jährlichen Besucherzahlen in den vier Nationalparks von Nunavut sind selten dreistellig. Dafür garantieren die Parks Wildniserlebnisse pur. Die sehr hohen Preise werden einem durch die Mondlandschaft des arktischen Terrains ein bisschen versüßt.

S. 905

Empfehlungen von Lonely Planet:

LP TIPP Das empfiehlt unser Autor
Nachhaltig und umweltverträglich
GRATIS Hier bezahlt man nichts

Alle in diesem Reiseführer vorgestellten Reiseziele listet das Register auf.

Reiseziele

Ontario

Inhalt »

Gut essen

» Blūmen (S. 197)
» Bijou (S. 137)
» The Swan (S. 91)
» Zen Kitchen (S. 220)
» Respect is Burning (S. 169)

Schön übernachten

» Gladstone Hotel (S. 86)
» Three Houses B&B (S. 136)
» Bayside Inn (S. 162)
» Green Door (S. 206)
» Thunder Bay International Hostel (S. 180)

Auf nach Ontario!

In Sachen Kultur, Küche und Raffinesse gehört Ontario zur Spitzenklasse. Hier spürt man eine deutliche Verbindung zum Rest der Welt. Und vergisst man mal kurz das Eisfischen, die Wälder und die Bären, kann man hier das globale Kanada, das weltstädtische, sexy, fortschrittliche, urbane Kanada entdecken.

Toronto, die größte Stadt Kanadas, ist eine pulsierende Metropole voller Kunst, Unterhaltung und Lokale. Und auch Ottawa, die Hauptstadt Kanadas, ist längst kein unbeweglicher politischer Aktenschrank mehr, sondern eine hippe, moderne Stadt, wie man sie sich nur wünschen kann.

Nicht weit vom Treiben der Massen prägen ruhige, ländliche Ortschaften und historische Siedlungen Ontarios Erscheinungsbild. Und wer in die wilde Natur eintauchen will, findet hier jede Menge tolle Nationalparks. Von der Hudson Bay im Norden bis zu den Großen Seen im Süden bietet Ontario genug Wälder, Hügel und Weinberge, um sich mit der Natur verbunden zu fühlen.

Reisezeit

Toronto

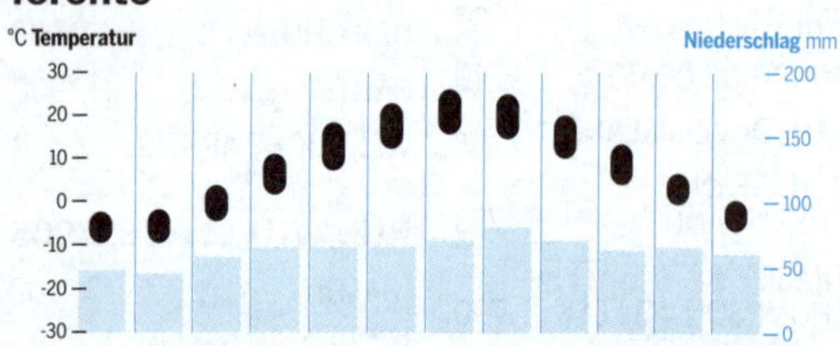

Januar Im Winter wird der Rideau Canal in Ottawa zur weltweit größten Schlittschuhbahn

Juli Pelee Island ist im Sommer eine Oase im Ontariosee zum Abühlen

September Für Kostproben von Ontarios Ernte dem Taste Trail im Prince Edward County folgen

NICHT VERPASSEN!

Nur eine Fahrtstunde von Toronto entfernt liegt die **Niagara Peninsula**. Viele besuchen die Halbinsel zwar nur im Rahmen eines Tagesausflugs, sie bietet aber genug, um einen auch mehrere Tage zu beschäftigen. Die Halbinsel ist vor allem für die gewaltigen Niagarafälle, aber auch für ihre Weingüter bekannt. Darüber hinaus bietet sie unzählige Freizeitaktivitäten, darunter Radfahren, Rafting, Kajakfahren und Segeln. Niagara-on-the-Lake ist voller Boutiquen und Bistros. Zudem wurde die alte Downtown erneuert und ist heute Sitz zahlreicher Kunstgalerien und Kaffeestuben. Tatsächlich gibt's hier so viel zu unternehmen, dass man fast schon auf der Halbinsel absteigen und einen Tagesausflug nach Toronto machen könnte!

Prince Edward County luchst derweil Ontarios Restaurant- und Weinszene etwas vom Rampenlicht ab. Die Insel ist bei Außenstehenden zwar noch relativ unbekannt, bietet aber nahezu identische Bodenverhältnisse wie die französische Region Bordeaux. Kein Wunder, dass die Gegend mit Weingütern übersät ist. Es gibt aber auch viele Möglichkeiten für ein berauschendes Mahl: Käsereien, Brotbäckereien und all jene, die einfach nur den Vorteil nutzen, unter ausgezeichneten Bedingungen gereifte Produkte aus der Region verwenden zu können, warten auf Gäste.

Top-Parks in Ontario

» Algonquin Provincial Park (S. 189)

» Killarney Provincial Park (S. 163)

» Fathom Five National Marine Park (S. 151)

» Lake Superior Provincial Park (S. 174)

» Pukaskwa National Park (S. 177)

» Quetico Provincial Park (S. 183)

Unbedingt mitbringen

» Fernglas – Zum Beobachten von Vögeln, Elchen, Ottern und Hirschen.

» Trinkfestigkeit – Überall stolpert man über Brauereien, und im Süden warten viele Weingüter.

» Appetit – Ontario gilt als Kanadas Brotkorb, Käseplatte und Salatschüssel.

» Muskeln und Ausdauer – In Ontario gibt's Hunderte Kilometer an Radwegen, darunter den Bruce Trail, sodass man die ganze Provinz mit dem Rad durchqueren kann.

» Geschichtsinteresse – In jedem Ort gibt's ein Museum, und die Museen in Toronto und Ottawa gehören zu den besten der Welt.

Reiseplanung

Im Sommer und während der großen Festivals Unterkünfte im Voraus reservieren. Wenn alles ausgebucht ist, können oft lokale Touristeninformationen helfen.

Das Wetter kann urplötzlich umschlagen. Wer Outdoor-Aktivitäten plant, sollte entsprechend ausgerüstet sein.

Kurzinfos

» Bevölkerung: 12 753 700

» Fläche: 1 076 395 km²

» Hauptstadt: Toronto

» Schräge Facts: Die Yonge St ist mit 1896 km die längste Straße der Welt. Sie beginnt in Toronto und führt bis zur Grenze von Ontario und Minnesota.

Infos im Internet

» Das Ontario Travel Information Centre (www.ontariotravel.net) hat überall in der Provinz Zweigstellen.

» Das von der Toronto Convention and Visitor's Association geführte Toronto Tourism (www.seetorontonow.com) bietet tolle Infos zu Toronto.

» Ottawas offizielle Website für Touristeninformationen ist Ottawa Tourism (www.ontariotourism.ca).

Top-Weingüter in Ontario

» Norman Hardie Winery & Vineyard (S. 196)

» Stratus (S. 109)

» Pelee Island Winery (S. 143)

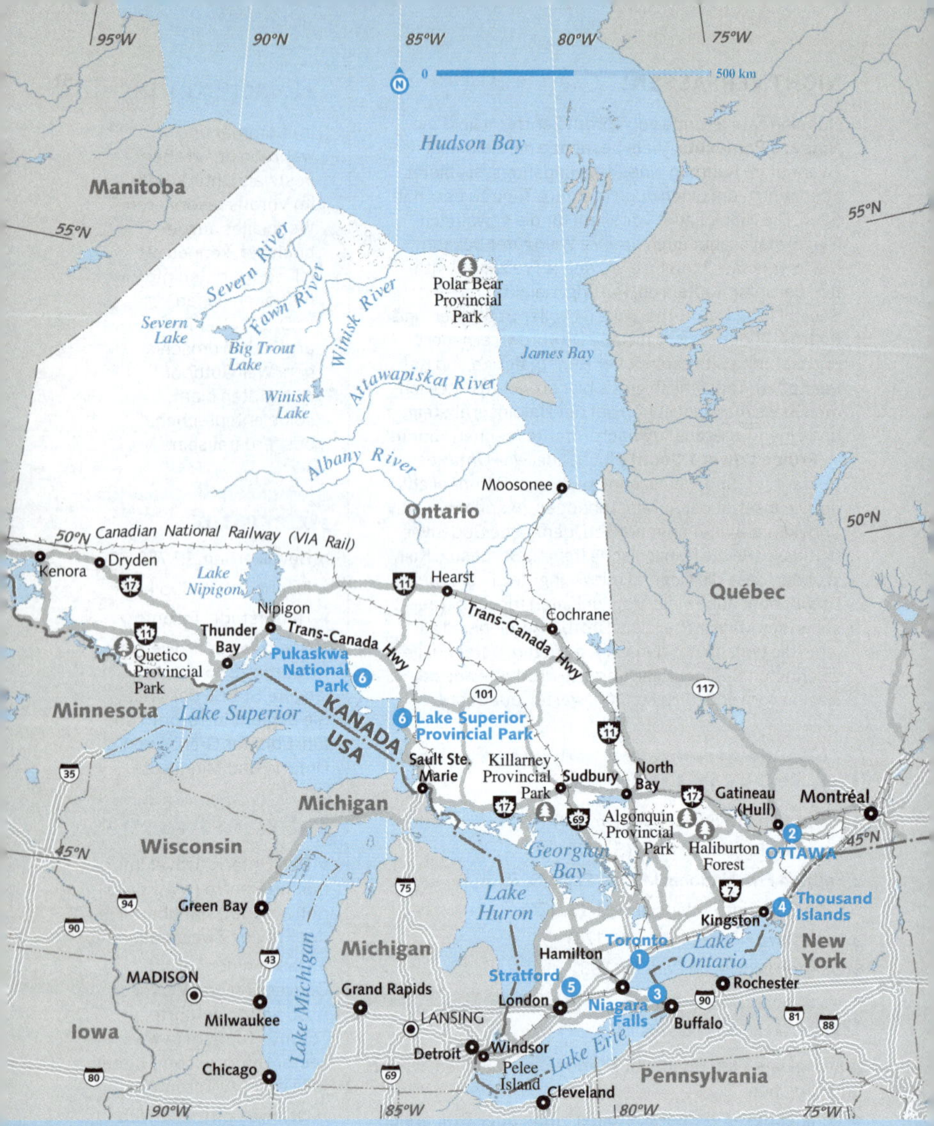

Highlights in Ontario

1. Herausfinden, was Modefans, Feinschmecker und Unternehmungslustige an **Toronto** (S. 55) so lieben
2. In der Bundeshauptstadt **Ottawa** (S. 207) das gotische Parlamentsgebäude, die verblüffenden Museen und den geschäftigen Markt in der Downtown erkunden
3. Bei einer Kreuzfahrt am Fuß der donnernden **Niagarafälle** (S. 111) den Dingen auf den Grund gehen
4. Bei einer Tour durch die **Thousand Islands** (S. 204) über die auf winzigen Felsen thronenden Hütten staunen
5. Sich im aufstrebenden Feinschmeckerparadies **Stratford** (S. 134) für ein großartiges Abendessen und einen Theaterbesuch herausputzen
6. Im nördlichen Ontario im **Pukaskwa National Park** (S. 177) und im **Lake Superior Provincial Park** (S. 174) die wilde Seite der Provinz entdecken

Geschichte

Als die Europäer sich erstmals ihren Weg durch die Schneemassen nach Ontario bahnten, lebten bereits einige indigene Völker in dieser Region. Die Stämme der Algonquin und der Huronen bewohnten seit Langem den südlichen Abschnitt der Provinz, doch zur Zeit der europäischen Kolonisation Anfang des 18. Jhs. beherrschte die irokesische Konföderation (auch als „Five Nations" bekannt) die Länder südlich der Georgian Bay und im Osten bis Québec. Die Ojibwe (Anishinabe) bewohnten das Land nördlich der Großen Seen und im Westen bis zu den Prärien der Cree (heute Alberta und Saskatchewan).

Die ersten Europäer, die hier im 17. Jh. auftauchten, waren französische Pelzhändler, die zur Erleichterung des Handels auf dem Mississippi River einfache Forts errichteten. Mit der Ankunft der sogenannten United Empire Loyalists um etwa 1775 begann eine groß angelegte Besiedlung. Nach dem Britisch-Amerikanischen Krieg (1812–1814) trafen britische Immigranten in größerer Zahl ein. Ende des 19. Jhs. entwickelten sich Ontarios Farmen, Industrien und Städte rasch. Infolge der beiden Weltkriege kam es zu einer starken Zunahme der Einwanderer aus Europa – Toronto hat sich seither in eine der multikulturellsten Städte der Welt verwandelt.

Im Industrie- und Produktionszentrum Ontario wohnen rund 39 % der Einwohner Kanadas. Trotz der Wirtschaftsblüte in Alberta ist Ontario bei Immigranten von der anderen Seite des Globus mit festen Arbeitsabsichten immer noch die erste Wahl. Torontos bewährte Betreuung der Immigranten hat weiterhin eine große Anziehungskraft.

Einheimische Kultur

Ontario betrachtet sich als zivilisierten Ort – als Spitze des multikulturellen Kanadas, weit weg von den Rednecks des Westens und deutlich vernünftiger als die Frankophilen in Québec. Der gute Bürger aus Toronto arbeitet und amüsiert sich gleichermaßen heftig und liebt es, Kommentare von sich zu geben wie: „Dieser Ort ist so toll – wieso sollten wir woanders hin gehen?" Der Rest des Landes findet das höchst ärgerlich, eine Reaktion, die auch der Film *Let's All Hate Toronto* (2007) zum Ausdruck bringt.

Außerhalb Torontos sind die meisten Bewohner Ontarios eher relaxte Leute – sie wissen, dass sie einen hohen Lebensstandard und Zugang zu den Reichtümern der Welt haben, aber sie müssen es nicht dauernd an die große Glocke hängen. Die ländlichen Orte Ontarios sind meistens bescheiden (und oft unspektakulär), haben aber einige tolle Kneipen, B&Bs und Märkte, auf denen die Bauern hochwertige Bioprodukte aus der Region verkaufen.

Ontario ist mehr als jede andere Provinz verrückt nach Eishockey. Hier ist das Zuhause von Wayne Gretzky „dem Großen", und hier laufen das ganze Jahr über zur besten Sendezeit Radioberichte über die Toronto Maple Leafs und die Ottawa Senators. In Talkshows wird über die Schwächen von neuen Spielern geredet, die Interviews, die der Trainer der Leafs, Paul Maurice, nach Spielende gibt, werden auseinandergenommen, und man debattiert darüber, ob es dieses Jahr „endlich wieder klappen könnte". Die „Sens" hätten 2007 den Stanley Cup fast gewonnen, aber es sieht so aus, als würde Torontos Triumph von 1967 noch eine Zeitlang ohne Wiederholung bleiben.

Geografie & Klima

Ontario misst von Norden nach Süden unglaubliche 1730 km. Der größte Teil ist flaches Land (ganz bestimmt kein Ort, um auf Skiern ins Tal zu rauschen), das von Seen und Wäldern durchzogen wird. Das nordkontinentale Klima sorgt für bitterkalte Winter und milde Sommer. In Süd-Ontario trifft die kalte Luft aus dem arktischen Norden auf die warme Seeluft der Großen Seen und des Golfs von Mexiko. Dies führt das ganze Jahr über zu häufigen Niederschlägen. Im Sommer ist die Luftfeuchtigkeit hoch, und die Winter sind viel milder als im Norden.

Abgesehen davon wird die ganze Provinz im Winter von heftigen Schneefällen heimgesucht. Die durchschnittliche Temperatur beträgt auf der Niagara Peninsula im Januar etwa –4 °C und in Ontarios nördlichen Zonen –18 °C. Im Süden, wo die meisten Menschen leben, schmilzt der Schnee im Frühling rasch. Je näher der Sommer rückt, umso heißer und feuchter wird der Landstrich an der Grenze zur USA, besonders die Niagara Peninsula. Im Juli liegt die Durchschnittstemperatur in Südwest-Ontario bei etwa 23 °C, in Ost-Ontario bei 19 °C und im Norden bei 15 °C.

Parks, Tiere & Pflanzen

Sechs der kanadischen Nationalparks liegen in Ontario. Im Süden befinden sich der

Georgian Bay Islands National Park (S. 158), der Bruce Peninsula National Park (S. 152), der Fathom Five National Marine Park (S. 151) und der Point Pelee National Park (S. 142), der südlichste Punkt des kanadischen Festlandes. Im Norden liegen der Pukaskwa National Park (S. 177) und der St. Lawrence Islands National Park (S. 205) – bestehend aus mehr als 20 Inseln im Sankt-Lorenz-Strom.

Zudem gibt's hier 104 Provincial Parks mit Wander- und Campingeinrichtungen. Stellplätze für bis zu sechs Personen kosten zwischen 23 und 36 C$ pro Nacht (zzgl. 12 C$ Buchungsgebühr). Darunter sind einfache Campingplätze ohne Dusche und Strom, aber auch schön gelegene Plätze mit Duschen und Strom aus der Steckdose. Reservierungen über **Ontario Parks** (☎888-668-7275; www.ontarioparks.com).

Die charismatische Riesenfauna ist wegen der Bebauung und der Landwirtschaft aus Südontario größtenteils verschwunden, aber je weiter man nach Norden vordringt, umso größer wird die Wahrscheinlichkeit, dass man an der Straße auf einen haarigen Gesellen trifft (nein, kein Holzfäller).

ℹ Anreise & Unterwegs vor Ort

AUTO & MOTORRAD

In Ontario dürfen Autofahrer an einer roten Ampel rechts abbiegen, wenn das Fahrzeug zuvor komplett zum Stillstand gekommen ist. Achtung: Telefonieren oder Simsen ist während der Fahrt verboten (wie wir schmerzlich erfahren durften). Die bekannten Autoverleiher haben Filialen in den größeren Städten.

BUS

Greyhound Canada (www.greyhound.ca) deckt den Süden Ontarios ab, während **Ontario Northland** (www.ontarionorthland.ca) von Toronto aus den Norden bedient. Busfahrkarten sollte man mindestens eine Woche im Voraus kaufen, da der Fahrpreis dann um die Hälfte billiger sein kann. Zu den von Greyhound angefahrenen Fernzielen von Toronto aus gehören Montréal (56 C$, 8–10 Std., häufig), Winnipeg (159 C$, 31 Std., 4-mal tgl.) und Vancouver (220 C$, 65–70 Std., 1-mal tgl.).

FLUGZEUG

Die meisten kanadischen Fluglinien und die größeren internationalen Fluggesellschaften landen

ONTARIO IN ...

... vier Tagen

Beim Blick vom **CN Tower** hinunter in die Stadt kann man sich so richtig auf die Streifzüge durch die Viertel **Torontos** einstimmen. Es folgen zwei Tage in Museen, Bars, Clubs, Läden und Weltklasserestaurants, die keinesfalls ausreichen ...

An Tag drei steht eine ehrfürchtige Verbeugung vor der Macht und der Schönheit der **Niagarafälle** an. Danach trudelt man den Niagara Parkway hinauf nach **Niagara-on-the-Lake**, wo man herausfinden kann, was „idyllisch" wirklich heißt.

Am vierten Tag geht's nordostwärts nach **Ottawa**, um das kulturelle Angebot der Landeshauptstadt zu erkunden. Unterwegs zur Stärkung mit Wein und Essen im Prince Edward County in **Kingston** und auf den malerischen **Thousand Islands** einkehren.

... zwei Wochen

Lust auf eine Autofahrt? Erst Richtung Nordwesten fahren und im riesigen **Algonquin Provincial Park** eine Paddeltour unternehmen, auf **Manitoulin Island** in die indigene Kultur hineinschnuppern und schließlich in **Sudbury** und **Sault Ste. Marie** etwas über die Seefahrts- und Bergbaugeschichte des nördlichen Ontarios erfahren.

Weiter geht's nach Westen, wo man für ein paar Tage in **Wawa** sein Quartier aufschlägt. Zur Erkundung der urtümlichen Landschaft bieten sich der **Pukaskwa National Park** und der **Lake Superior Provincial Park** an. Noch größere unbewohnte Landstriche erwarten einen auf der Weiterfahrt Richtung **Thunder Bay** und dahinter.

Wer zurück nach Toronto will, kann unterwegs seinen reisemüden Knochen in **Elora** in Wellington County eine Pause gönnen.

Wein, Wein, Wein ...

Die Weine Ontarios werden von Jahr zu Jahr besser. Wer einen Tag übrig hat, sollte einen Abstecher zu den Weingütern im **Niagara Peninsula Wine Country** machen, um zu verstehen, warum ein so großer Wirbel darum gemacht wird.

ENTFERNUNGEN

Toronto–Niagara Falls: 125 km
Toronto–Windsor: 380 km
Toronto–Ottawa: 440 km
Toronto–Thunder Bay: 1470 km

auf dem Lester B. Pearson International Airport in Toronto. **Air Canada** (www.aircanada.com) und **WestJet** (www.westjet.com) fliegen Ziele in der ganzen Provinz an. **First Air** (www.firstair.ca) und **Canadian North** (www.canadiannorth.ca) bieten täglich Flüge nach Toronto über Ottawa und schließlich nach Iqaluit in Nunavut.

ZUG

VIA Rail (www.viarail.ca) betreibt Züge auf der Strecke zwischen Ontario und Québec, von Windsor bis nach Montréal (205 C$, 10–11 Std., 4-mal tgl.). VIA Rail bedient auch Nord-Ontario bis nach Manitoba hinein.

Ontario Northland (www.ontarionorthland.ca) unterhält Zugverbindungen im ganzen nördlichen Ontario. Sein *Northlander* verbindet Toronto mit Cochrane, von wo aus Busse nach Hearst und Kapuskasing fahren. Der *Polar Bear Express* fährt von Cochrane nach Moosonee in Nord-Ontario.

GO Train (www.gotransit.com) ist Torontos Pendlerzug, der bis nach Hamilton im Westen und nach Barrie im Norden fährt.

TORONTO

5,5 MIO. EW.

Vornehm und doch unruhig, urban und doch grün: Toronto ist einer dieser Orte, an dem man alles haben kann. Als ein kultureller Vorreiter hat Toronto eine blühende Kunstgemeinde und Essenszene. Und während man Wochen damit verbringen kann, zwischen den kulturellen Angeboten Torontos hin- und herzupendeln, bietet die Stadt auch grüne Ecken. Parks und natürliche Grünflächen füllen die Lücken in der Stadt, und die öffentlichen Verkehrsmittel sind erste Sahne.

In Toronto spielen Jahreszeiten eine große Rolle. Bei den Bewohnern rufen starke Wetteränderungen ein fast schon schizophrenes Benehmen hervor. Wortkarge, vom Winter mitgenommene Bürger flitzen von einem Eingang zum nächsten, um dem Aprilwind zu entkommen, denn der Frühling ist hier alles andere als frühlingshaft. Wer im Juli hierher zurückkehrt, findet eine ganz neue Situation vor: Innenhöfe voller lachender Menschen, tobende Kneipen und Menschen, die bis spät in die Nacht in den Parks und am Seeufer unterwegs sind. Feuchtigkeit hängt in den Straßen, und die Geräusche des Straßenlebens werden zunehmend lauter. Im Oktober machen die Menschen hier dann einen gehetzten Eindruck – die sich rot färbenden Ahornbäume führen zur bitteren, melancholischen Einsicht, dass der Winter vor der Tür steht. Im Februar flüchten sich die vom eiskalten Wind ins Gesicht gepeitschten Einwohner in das unterirdische Fußgängersystem der Stadt (PATH). Auf verschneiten Straßen hält man sich nicht gern auf – stattdessen geht man lieber in Galerien, ins Café und in gemütliche Kneipen. Und natürlich, im Winter ist Eishockey-Saison!

Die vielen Immigranten Torontos spielen das jahreszeitliche Spiel mit und bereichern es zusätzlich. Ihre Kultur verwandelt die Stadt in einen hyperaktiven menschlichen Eintopf aus ethnischen, subkulturellen und historischen Bezirken. Von Ghettos weit entfernt, prägt dieses Patchwork aus Stadtvierteln das Leben der Stadt und bringt sie voran. Toronto ist unprätentiös, tolerant und vielschichtig – und durchsetzt mit der typisch kanadischen lakonischen Haltung.

Die Greater Toronto Area (GTA) ist eine mächtige, lehmige, von bewaldeten Schluchten durchzogene Ebene – ein Refugium für Waschbären, Adler und mehr verschwitzte Jogger, als man sich vorstellen kann. Der Tommy Thompson Park ist ein künstlich angelegtes Naturparadies, das in den Ontariosee ragt, während die Bäume auf den Toronto Islands in Sichtweite der Innenstadt rauschen.

Geschichte

Im 17. Jh. war das heutige Toronto das Land der Seneca-Indianer. Der Franzose Étienne Brûlé betrat als erster Europäer im Jahr 1615 das Land. Die Indianer waren über seinen Besuch nicht besonders erfreut; der eisige Empfang verhinderte vorübergehend eine weitere Erschließung durch die Franzosen. Erst um 1720 gründeten sie einen Pelzhandelsposten am heutigen Westrand der Stadt.

1793 übernahmen die Engländer die Macht, und John Simcoe, Vizegouverneur von Upper Canada, wählte den Ort als Hauptstadt (die frühere Hauptstadt war Niagara-on-the-Lake) und nannte die Stadt „York". Am 27. April 1813, während des Britisch-Amerikanischen Kriegs, erreichten amerikanische Streitkräfte Fort York und besiegten die Truppen der Engländer und der Ojibwe. Die Amerikaner plünderten York und machten es dem Erdboden gleich. Sie beherrschten es jedoch nur sechs Tage lang, danach rückten die kanadischen Truppen vor, die sie hinauswarfen und zurück nach Washington jagten.

York wurde 1834, unter Bürgermeister William Lyon Mackenzie, in Toronto umbenannt. Das Wort stammt aus der Eingeborenensprache und bedeutet „Treffpunkt". Die viktorianische, von konservativen Politikern geleitete Stadt, wurde als „Toronto the Good" bekannt, ein Aushängeschild, das erst in den 1970er-Jahren zu verblassen begann. Religiöse Einschränkungen und starke Gesetze gegen das Laster trugen Toronto diesen Ruf ein: Sonntags durfte man sich z.B. kein Pferd mieten, die Schaufenster der Geschäfte wurden verhängt (ein Schaufensterbummel galt als sündhaft), und es durften keine Filme gezeigt werden.

Toronto wurde, wie viele andere Städte auch, Opfer eines Großbrandes; 1904 brannten rund 5 ha der Innenstadt und 122 Gebäude nieder. Erstaunlicherweise wurde niemand getötet. In den 1920er-Jahren boomte die Bay St (Torontos Wall St), teilweise wegen der Gold-, Silber- und Uranfunde in Nord-Ontario.

1941 stammten 80% der Einwohner aus Großbritannien oder Irland, doch nach dem Zeiten Weltkrieg veränderte sich das kulturelle Gesicht der Stadt. Über 1 Mio. Einwanderer sind seither eingetroffen: Wellen von italienischen, portugiesischen, chilenischen, südostasiatischen, chinesischen und karibischen Immigranten kamen in die Stadt. Neue Sprachen, Sitten und Speisen machten Toronto lebendiger und beseitigten ihre chronisch einseitige Beschränkung auf das Angelsächsische.

1998 schlossen sich fünf große Vororte Torontos – York, East York, North York, Etobicoke, und Scarborough – zur Greater Toronto Area (GTA) zusammen. Das heutige boomende Toronto, die fünftgrößte nordamerikanische Stadt, ist Millionen von Meilen von ihren Anfängen als „Schlammiges York" entfernt.

Sehenswertes

Torontos Innenstadt ist in einem übersichtlichen Raster angelegt und wird durch eine Reihe verschiedener künstlerisch, ethnisch und historisch geprägter Viertel eingegrenzt. Ein großer Teil der Sehenswürdigkeiten – Brauereien, Wasserparks, Sportstadien, Gärten, historische Stätten – liegt rund um die Harbourfront und den Financial District am südlichen Ende der Downtown. Die ältesten und am besten erhaltenen Gebäude der Stadt befinden sich gleich östlich von hier, im Viertel Old York. Die Toronto Islands dienen den Einwohnern als Ort der Ruhe und Entspannung.

Nördlich des Sees, am Dundas Sq, treffen Moderne und Geschichte aufeinander: Einkaufszentren, Büroblocks, Museen und majestätische Theater melden hier ihre Ansprüche an. Die bunte Mischung setzt sich entlang der Yonge St bis nach Bloor-Yorkville und The Annex fort, wo man reizende alte Villen, Museen, ausgefallene Märkte und sogar eine nachgebaute Burg findet.

Kensington Market, Little Italy, Queen West und West Queen West sind für sich allein schon Sehenswürdigkeiten – multikulturelle Enklaven, die nur so von Menschen wimmeln. Die Vorstadtviertel East Toronto und The Beaches sind weniger hipp, aber ebenfalls sehenswert.

Parken ist teuer in Toronto, und Verkehrsstaus sind ein echtes Problem. In der Regel fährt man am besten mit den öffentlichen Verkehrsmitteln.

DER BIKE TRAIN

Dank der Initiative **Bike Train** (☎416-338-5083, 866-333-4491; www.biketrain.ca) gibt es für Fahrgäste mit Fahrrädern in ganz Ontario auf ausgewählten Strecken in den Personenzügen spezielle Fahrradständer. Mit dem *Greenbelt Express* wurde dieser Service erstmals 2007 auf der Strecke zwischen Niagara und Toronto eingesetzt und später bis nach Windsor/Essex und Montréal erweitert. Seit 2010 gibt es auch einen Fahrradzug nach Gravenhurst und Bracebridge. An diesem Projekt sind alle drei großen Bahnunternehmen (GO Train, VIA Rail und Ontario Northland) beteiligt. Informationen über die einzelnen Strecken und zu den Preisen findet man auf der Website.

HARBOURFRONT

Am Ende der Yonge St und der York St liegt das sanierte Viertel Harbourfront am Ontariosee. Das Hafenviertel war früher ein heruntergekommenes Gebiet mit Lager-

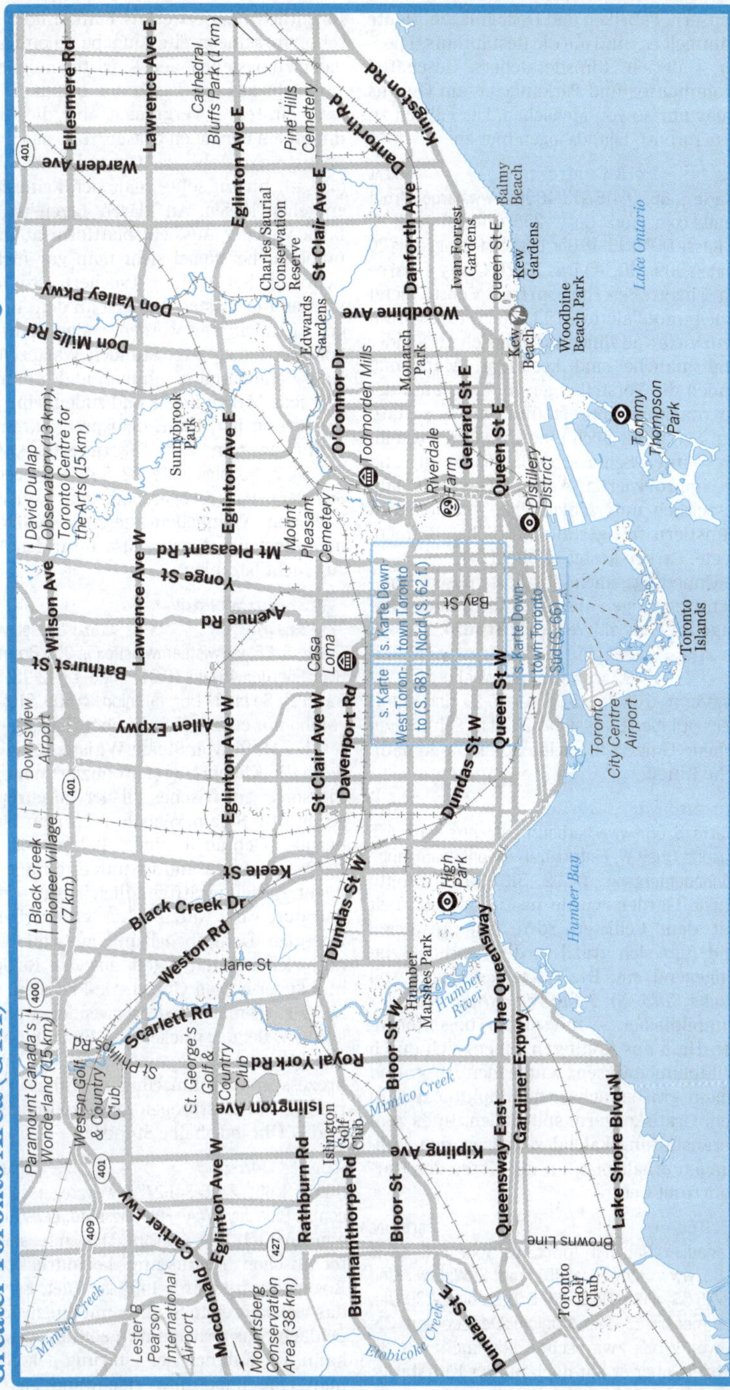
Greater Toronto Area (GTA)
0
5 km
Lester B Pearson International Airport
Mimico Creek
Macdonald-Cartier Fwy
Mountsberg Conservation Area (38 km)
409
401
427
Eglinton Ave W
Rathburn Rd
Burnhamthorpe Rd
Bloor St
Queensway East
Browns Line
Toronto Golf Club
Lake Shore Blvd W
Dundas St E
Etobicoke Creek
Kipling Ave
Gardiner Expwy
Islington Golf Club
Islington Ave
Mimico Creek
Weston Golf & Country Club
St George's Golf & Country Club
Royal York Rd
Bloor St W
Paramount Canada's Wonderland (15 km)
400
St Phillips Rd
Scarlett Rd
Humber Marshes Park
Humber River
The Queensway
Weston Rd
Jane St
Dundas St W
High Park
Humber Bay
Black Creek Pioneer Village (7 km)
Black Creek Dr
Keele St
St Clair Ave W
Davenport Rd
Dundas St W
Downsview Airport
Eglinton Ave W
Allen Expwy
Casa Loma
Queen St W
Toronto City Centre Airport
s. Karte West Toronto (S. 68)
s. Karte Downtown Toronto Nord (S. 62 f.)
s. Karte Downtown Toronto Süd (S. 66)
Bathurst St
Lawrence Ave W
Avenue Rd
Wilson Ave
Yonge St
Mt Pleasant Rd
Bay St
Toronto Islands
Mount Pleasant Cemetery
David Dunlap Observatory (13 km); Toronto Centre for the Arts (15 km)
Sunnybrook Park
Eglinton Ave E
O'Connor Dr
Todmorden Mills
Riverdale Farm
Gerrard St E
Queen St E
Distillery District
Tommy Thompson Park
Monarch Park
Edwards Gardens
Don Mills Rd
Don Valley Pkwy
Woodbine Ave
Kew Beach
Woodbine Beach Park
Charles Saurial Conservation Reserve
St Clair Ave E
Danforth Ave
Ivan Forrest Gardens
Queen St E
Kew Gardens
Balmy Beach
Lake Ontario
Eglinton Ave E
Pine Hills Cemetery
Danforth Rd
Cathedral Bluffs Park (1 km)
Lawrence Ave E
Ellesmere Rd
Warden Ave
Kingston Rd

häusern, Fabriken und Dockanlagen. Heute wimmelt es rund um die Restaurants, Theater, Galerien, Künstlerateliers, Geschäfte, Wohnhäuser und Parkanlagen am Queens Quay nur so von Menschen. Die Fähren zu den Toronto Islands legen hier ab.

Harbourfront Centre AREAL
(Karte S. 66; ☎416-973-4000; www.harbourfrontcentre.com; York Quay, 235 Queens Quay W; ⏲Kasse Di–Sa 13–18 Uhr, bei Vorstellungen bis 20 Uhr; 🚌509, 510; P) Das **York Quay Centre** im 4 ha großen Harbourfront Centre bietet eine bunte Palette an Theaterveranstaltungen; viele von ihnen richten sich an Kinder und manche sind kostenlos. Manchmal finden die Vorstellungen im Freien auf der überdachten Konzertbühne am See statt. Am See gibt's auch eine Eisbahn, wo man im Winter Schlittschuhlaufen kann, und die improvisierten **Artists' Gardens**, jahreszeitlich unterschiedliche, von örtlichen Künstlern frei gestaltete erhöhte Blumenbeete. Parken kostet 12 bis 15 C$.

Unbedingt auch die kostenlosen Galerien besichtigen, darunter die **Photo Passage** und das aktive **Craft Studio**.

LP TIPP **Power Plant Gallery** (☎416-973-4949; www.thepowerplant.org; Erw./Kind/erm. 6 C$/frei/3 C$, Mi 17–20 Uhr Eintritt frei; ⏲Di–So 12–18, Mi bis 20 Uhr) Sehr angesehene Galerie für zeitgenössische kanadische Kunst.

Toronto Music Garden GARTEN
(Karte S. 66; www.harbourfrontcentre.com; 475 Queens Quay W; Eintritt frei; ⏲Sonnenaufgang–Sonnenuntergang; 🚌509, 510) Der Toronto Music Garden wurde in Zusammenarbeit mit dem Cellisten Yo-Yo Ma entworfen und fügt sich grazil in die westliche Hafengegend ein. Die Gartengestaltung soll Bachs *Suite Nr. 1 für Violoncello solo* versinnbildlichen – mit einem bogenförmigen Hain aus Koniferen, einem sich durch Wildblumenwiesen windenden Weg und einem grasbewachsenen Amphitheater, in dem Gratiskonzerte stattfinden. Infos zum Veranstaltungskalender und zu den Führungen erhält man an der Kasse des Harbourfront Centre.

CN Tower GEBÄUDE
(Canadian National Tower, La Tour CN; Karte S. 66; www.cntower.ca; 301 Front St W; Erw./Kind 23/15 C$; ⏲So–Do 9–22, Fr & Sa bis 22.30 Uhr, Sommer bis 23 Uhr; S Union) Den coolen CN Tower gibt's zwar schon seit mehr als 30 Jahren, aber er hat noch immer Kultstatus. Eigentlich fungiert er als Funk- und Fernsehturm, seine zweite Aufgabe scheint aber darin zu bestehen, den Touristen möglichst viel Geld aus der Tasche zu ziehen. Es ist zwar ein teures Vergnügen, aber die Fahrt mit einem der tollen Glasaufzüge das dritthöchste freistehende Gebäude der Welt (553 m) hinauf sollte man sich keinesfalls entgehen lassen. An klaren Tagen ist der Blick von der Aussichtsplattform atemberaubend; bei Nebel sieht man gar nichts. Achtung: Bei 2 Mio. Besuchern pro Jahr können die Warteschlangen an den Aufzügen ziemlich lang werden, sodass man im Sommer bis zu zwei Stunden Wartezeit in Kauf nehmen muss – hinauf und hinunter. Wer jede Menge Kohle und zudem eine Reservierung hat, ist in dem preisgekrönten Drehrestaurant **360°** (Karte S. 66; ☎416-362-5411; Hauptgerichte 32–65 C$; ⏲abends, Sommer mittags & abends) mit dem „weltweit höchsten Weinkeller" herzlich willkommen. Restaurantgäste müssen für den Aufzug nicht bezahlen.

Steam Whistle Brewing HISTORISCHES GEBÄUDE
(Karte S. 66; www.steamwhistle.ca; 255 Bremner Blvd; Führung 45 Min. 10 C$; ⏲Mo–Do 12–18, Fr & Sa ab 11, So bis 17 Uhr; S Union, 🚌509, 510; P) „Mach nur eine Sache, die aber richtig", lautet das Motto von Steam Whistle Brewing, denn die Kleinbrauerei produziert nur eine Biersorte: ein frisches Pilsner im europäischen Stil. Steam Whistle mixt sein blubberndes Gebräu in einem Bahndepot von 1929 zusammen und ist immer darauf bedacht, dies umweltfreundlich zu tun – zum Teil durch die Nutzung von erneuerbaren Energien, Dampfbeheizung, ausschließlich natürlichen Zutaten (oft aus der Region) und super-coolen Ginger-Ale-Flaschen, die bis zu 40-mal wiederverwendet werden können. Bei der prickelnden Führung über das Firmengelände wird einem der Brauprozess in allen Einzelheiten erklärt. Führungen mit Kostproben gibt's zwischen 13 und 17 Uhr jede halbe Stunde.

Rogers Centre STADION
(Karte S. 66; ☎416-341-2770; www.rogerscentre.com; 1 Blue Jays Way; Führung 1 Std. Erw./Kind/erm. 16/10/12 C$; S Union) Das mit seiner technischen Ausrüstung beeindruckende Rogers Centre wurde 1989 eröffnet. Es war das weltweit erste Stadion mit einem Kuppeldach, das vollständig geöffnet werden kann. Im Rahmen der Führung bekommt man eine imposante Videowand zu Ge-

sicht, auf der Aufnahmen von sportlichen Glanzleistungen, Konzerten und Events gezeigt werden. Außerdem macht man einen kurzen Sprint durch eine der Logen, einen Abstecher in die Umkleidekabinen (ohne Sportler drinnen) und einen Besuch in dem Museum mit Erinnerungsstücken. Führungen zu unterschiedlichen Zeiten.

Ein billige Karte für ein Baseballspiel der Blue Jays oder ein Footballspiel der Argonauts ist der preisgünstigste Weg, ins Rogers Centre zu kommen. Wenn keine Spiele anstehen, wird das Stadion für alle möglichen Veranstaltungen genutzt – von Hochzeitsmessen bis zu Wiggles-Konzerten. Alternativ kann man sich im Renaissance Toronto ein Bier und einen Burger reinziehen und durch die großen Fenster das Treiben im Stadion beobachten oder ein Zimmer mit Blick auf das Spielfeld mieten.

Fort York HISTORISCHE STÄTTE

(www.toronto.ca/culture/fort_york.htm; 100 Garrison Rd; Eintritt & Führung Erw./Kind/erm. 6/3/3,25 C$; ⏲Mai–Sept. 10–17 Uhr, Mitte Dez.–Anf. Jan. geschl.; 🚌509, 511; Ⓟ) Fort York wurde 1793 von den Briten zur Verteidigung der Stadt York (wie Toronto damals hieß) errichtet. Während des Britisch-Amerikanischen Krieges von 1812 wurde die Festung fast vollständig zerstört, weil eine kleine Gruppe aus Ojibwe-Kriegern und britischen Soldaten die US-Truppen nicht aufhalten konnten.

Ein paar der originalen Holz-, Stein- und Backsteingebäude wurden für die Besucher restauriert. Im Sommer paradieren zusätzlich auch noch als britische Soldaten des 19. Jhs. kostümierte Darsteller durch das Fort und feuern immer mal wieder Musketensalven in die Luft. Die Kinder wirken interessiert oder rennen mit Holzgewehren bewaffnet in den Trassen des Forts herum. Zwischen Mai und September gibt's stündlich Führungen; außerdem ist ein neues Besucherzentrum in Planung. Das Fort liegt östlich der Strachan Ave abseits der Fleet St W.

TORONTO IN ...

... zwei Tagen

Lust auf einen rasanten Wochenendtrip? Dann den **CN Tower** hinaufdüsen, auf dem **St. Lawrence Market** zu Mittag essen und im Anschluss in **Bloor-Yorkville** in den Läden etwas Geld ausgeben. Zum Ausgleich gibt's dann ein preisgünstiges Abendessen in **Chinatown**.

An Tag zwei stehen das erstaunliche **Royal Ontario Museum**, die **Hockey Hall of Fame** oder die **Art Gallery of Ontario** auf dem Programm. Dann gibt's ein ausgiebiges Mittagessen in **Baldwin Village**. Danach geht's mit der Fähre zu den **Toronto Islands**, wo man sich ein Fahrrad ausleiht und den Nachmittag mit einer Radtour verbringt. Wieder zurück auf dem Festland ist Entspannung angesagt – mit einem Bier in der **Mill Street Brewery** im atmosphärischen **Distillery District**.

... vier Tagen

Wenn man vier Tage Zeit hat, kann man die Boutiquen am **Kensington Market** durchstöbern und in **Little Italy** essen. Bei einem **Stadtrundgang** geht man Torontos Schattenseiten auf den Grund oder fährt mit der Straßenbahn Richtung Osten, um **The Beaches** zu erkunden. Zum Abschluss des Tages gibt's ein Abendessen im Hof des **Queen Mother Cafés** und danach eine Comedyshow oder einen Clubbesuch im **Entertainment District**.

In **Queen West** und **West Queen West** gibt's viele Läden, Bars und Lokale, die man unter die Lupe nehmen kann. Wer mehr auf Hotdogs und Bier steht, kann sich im **Rogers Centre** ein Baseballspiel oder ein Eishockeyspiel im **Air Canada Centre** anschauen.

... einer Woche

Man hat genug Zeit, um auch außerhalb des Zentrums ein paar Highlights zu erkunden: die **Scarborough Bluffs**, den **Tommy Thompson Park** oder die **McMichael Canadian Art Collection**. Noch weiter entfernt warten die **Niagarafälle**, und auch eine Weintour durchs **Niagara Peninsula Wine Country** lohnt sich.

TORONTO IN ZAHLEN

» Einwanderer nach Kanada, die sich in Toronto niederlassen: 1 von 4

» Geschätzte Besucherzahl während der Pride Week: 1 Mio.

» Preis für ein Pint lokales Bier: 5 C$

» Fahrpreis für die TTC-U-Bahn: 3 C$

» Prozentsatz der US-Bürger, die mit dem Auto Toronto innerhalb eines Tages erreichen können: 50 %

» Höhe des CN Tower: 553 m

» Kosten für einen preiswerten Platz bei einem Spiel der Blue Jays: 13 C$

» Anteil der Parkanlagen an der Gesamtfläche Torontos: 18 %

» Jahr, in dem die Maple Leafs zuletzt den Stanley Cup gewannen: 1967

Spadina Quay Wetlands PARK

(Karte S. 66; ☎416-392-1111; www.toronto.ca/harbourfront/spadina_quay_wet.htm; 479 Queens Quay W; ⏲Sonnenaufgang–Sonnenuntergang; 🚋509, 510) Der ehemalige Parkplatz am See wurde in die 2800 m² große Spadina Quay Wetlands umgewandelt, ein lebendiges, nachhaltiges Ökosystem voller Frösche, Vögel und Fische. Als Fischer herausfanden, dass in jedem Frühjahr die Hechte hier im See laichen, übernahm die Stadt die Aufgabe, dieses neue Habitat zu erschaffen. Die ganze Anlage, komplett mit blühender Heidelandschaft, Pappeln und einem Vogelhaus, ist ein kleines Juwel, das die Sanierung des Hafenviertels eingeläutet hat. Besucher sollten nicht nur nach den Hechten, sondern auch nach Monarchfaltern, Stockenten, Goldzeisigen, Großlibellen und Rotschulterstärlingen Ausschau halten.

Ontario Place VERGNÜGUNGSPARK

(www.ontarioplace.com; 955 Lake Shore Blvd W; Tageskarte Erw./Kind 29/15 C$, Eintritt nur für das Gelände 17/11 C$, Cinesphere 8 C$/Pers.; ⏲Ende Juni–Anf. Aug. 10–20 Uhr, Mai & Sept. nur Sa & So 10–18 Uhr; 🚋511; Ⓟ) Der 40 ha große Vergnügungspark Ontario Place erstreckt sich über drei künstlich angelegte Inseln. Die Tageskarte (Play All Day Pass) gilt für die meisten Fahrgeschäfte und Attraktionen, darunter für den Aquapark **Soak City** und für die Ränge im **Cinesphere**, einem IMAX-Kino, das wie eine spacige Stachelbeere aussieht. Kinder sind ganz wild auf die Spielplätze H2O Generation Station und Atom Blaster.

Zusätzliche Attraktionen wie das mannshohe MegaMaze und House-of-Blues-Konzerte im **Molson Amphitheatre** (☎416-260-5600; www.hob.com/venues/cncerts/molsonamp) kosten aber extra. Ermäßigungen gibt's nach 17 Uhr und für den bloßen Eintritt ins Gelände. An regnerischen Tagen sind viele der Fahrgeschäfte, Aktivitäten und Restaurants geschlossen.

Man kann mit der Straßenbahn bis zum Exhibition Place fahren und danach über die Lakeshore Bridge zum Ontario Place laufen oder von der Union Station den kostenlosen Shuttlebus nehmen, der von Juni bis August täglich und im Mai und September an den Wochenenden zwischen 9 und 19 Uhr jede halbe Stunde fährt. Parken kostet 12 bis 20 C$.

Exhibition Place AREAL

(☎416-263-3600; www.explace.on.ca; abseits des Lake Shore Blvd W, zw. Strachan Ave & Dufferin St; 🚋511; Ⓟ) Jedes Jahr im August wird der historische Exhibition Place für seinen ursprünglichen Bestimmungszweck wiedererweckt: die Canadian National Exhibition. Während der „Ex" kommen Millionen von Besuchern wegen der Fahrgeschäfte, der Holzfällerwettbewerbe und der vielen bodenständigen Vergnügungen, die lustiger sind als ein Sonntagsschul-Picknick im Juni. Die Beaux-Arts-Statue *Victory* über dem Princes' Gate wurde 1927 zum 60. Jahrestag Kanadas hier aufgestellt.

Es gibt noch andere Events, die im Laufe des Jahres im Exhibition Place stattfinden, z. B. der Grand Prix of Toronto im Juli, eine Menge Zuschauersportereignisse und Indie-Design-Shows. Ansonsten ist das Gelände oft wie ausgestorben. Parken kostet 12 C$ (nach 18 Uhr 9 C$).

FINANCIAL DISTRICT

In der Gegend rund um die Union Station ist Tag und Nacht immer was los: Man sieht Hotdog-Verkäufer, bibbernde Büroangestellte, die vor dem Eingang rauchen, und zum Air Canada Centre strömende Eishockeyfans. Die Bay St ist Torontos Wall St, und die „Bay St Boys" tun ihr Bestes, um sich weiszumachen, dass dies eigentlich New York sei.

Hockey Hall of Fame MUSEUM

(Karte S. 66; ☎416-360-7765; www.hhof.com; BCE Pl, 30 Yonge St; Erw./Kind/erm. 15/10/12 C$; ⏲Mo–Fr 10–17, Sa 9.30–18, So 10.30–17 Uhr,

Juni–Aug. 9.30–18 Uhr; S Union) Die an der unteren Yonge St im prunkvollen grauen Rokoko-Gebäude der Bank of Montreal (von 1885) untergebrachte Hockey Hall of Fame bietet Eishockeyfans alles, was sie sich wünschen. Man sollte einen Blick auf die Torwartmasken-Sammlung werfen, die an den Film *Blutgericht in Texas* erinnert, den Versuch wagen, in einem virtuellen Spiel einen Schuss von Wayne Gretzky zu stoppen, oder sich zusammen mit dem begehrtesten Eishockeypokal ablichten lassen – dem monumentalen Stanley Cup (für solche Jungs gibt's keine Bagatellpreise oder winzige Urnen, oh nein). Selbst Zuschauer, die sich in diesem superschnellen und gewalttätigen Sport nicht auskennen, werden von der interaktiven Multimedia-Ausstellung und der Eishockey-Nostalgie beeindruckt sein.

Cloud Forest Conservatory GARTEN

(Karte S. 62 f.; ☎416-392-7288; Eintritt frei; ⌚Mo–Fr 10–14.30 Uhr; S Queen) Das schwüle Cloud Forest Conservatory ist eine überraschende Oase voller riesiger Dschungelblätter, Weinreben und Palmen. Die Informationstafeln erklären den im gemäßigten Klima lebenden Bürgern Torontos, was Regenwälder sind, und lenken Buchhalter ein paar Minuten von ihren Tabellenkalkulationen ab. Dies ist im Winter ein toller Ort, um sich aufzuwärmen. Nach Einbruch der Dunkelheit sollte man das Gebiet aber lieber meiden – im Park nebenan treiben sich ein paar zwielichtige Typen rum. Das Gelände liegt westlich der Yonge St zwischen der Richmond St und der Temperance St.

GRATIS **Toronto Dominion Gallery of Inuit Art** MUSEUM

(Karte S. 66; ☎416-982-8473; EG & ZG, Maritime Life Tower, 79 Wellington St W; ⌚Mo–Fr 8–18, Sa & So 10–16 Uhr; S St. Andrew) Mitten im Trubel des Financial District bietet die Toronto Dominion Gallery of Inuit Art eine überraschend ruhige Zuflucht. Sie gewährt außergewöhnliche Einblicke in die Kultur der Inuit. In Glasvitrinen sind Otter, Bären, Adler und geschnitzte Inuit-Figuren in Alltagsszenen ausgestellt.

GRATIS **Design Exchange** INDUSTRIEMUSEUM

(DX; Karte S. 66; www.dx.org; 234 Bay St; Aufpreis bei Sonderausstellungen; ⌚Mo–Fr 10–18, Sa & So 12–17 Uhr) Die ursprüngliche Toronto Stock Exchange beherbergt heute beeindruckende Ausstellungen zum Thema Industriedesign. Im Rahmen der Dauerausstellung sieht man mehr als 1000 kanadische Exponate aus sechs Jahrzehnten. Führungen (10 C$) im Voraus buchen.

OLD YORK

Historisch gesehen, umfasst die alte Stadt York nur zehn Häuserblocks. Heute erstreckt sich das Viertel östlich der Yonge St bis zum Don River und von der Queen St südlich bis zur Uferpromenade. Die Geister aus Torontos Vergangenheit lauern überall.

LP TIPP **Distillery District** AREAL

(Karte S. 57; ☎416-866-1177; www.thedistillerydistrict.com; 55 Mill St; ⌚Mo–Mi 10–19, Do–Sa bis 20, So 11–17 Uhr; 🚋503, 504) Wie Phönix aus der Asche entstand der schicke, 5 ha große Distillery District aus der Brennerei Gooderham & Worts von 1832, der ehemals größten Brennerei des Britischen Empire. Aus den viktorianischen Lagerhäusern des Betriebs sind hohe Galerien, Künstlerateliers, teure Designerläden, Kaffeehäuser, Restaurants, das Young Centre for Performing Arts und die Mill Street Brewery entstanden. Hochzeitsgesellschaften lassen sich vor der Kulisse aus roten Backsteinen und Kopfsteinpflaster fotografieren, und gut aussehende Pärchen auf Einkauftour suchen hier unter charmant verfallenen Giebeln und Gerüsten nach Ledercouchgarnituren. Im Sommer gibt's Livejazz, Ausstellungen und Events rund ums Essen.

St. Lawrence Market MARKT

(Karte S. 66; ☎416-392-7129; www.stlawrencemarket.com; 95 Front St E; ⌚Di–Do 8–18, Fr bis 19, Sa 5–17 Uhr; 🚋503, 504; P) Seit mehr als zwei Jahrhunderten ist der sensationelle St. Lawrence Market in Old York ein Treffpunkt in dem Viertel. Der restaurierte, oben mit Stahlstreben versehene **South Market** von 1845 beherbergt mehr als 50 Feinkoststände: Käseverkäufer, Fischhändler, Fleischer, Bäcker und Pasta-Hersteller. Die im Obergeschoss, in den alten Rathaussälen untergebrachte **St. Lawrence Market Gallery** (☎416-392-7604; Eintritt frei; ⌚Mi–Fr 10–16, Sa 9–16 Uhr) zeigt Wechselausstellungen mit Gemälden, Fotografien, Dokumenten und historischen Zeugnissen.

Auf der anderen Seite der Front St liegt der trostlos aussehende **North Market**, wo samstags ein Bauernmarkt und sonntags ein Antiquitätenmarkt (morgens erbeutet man die besten Stücke) abgehalten werden. Der jahrzehntelang vernachlässigte Markt wurde anlässlich der kanadischen Hundertjahrfeier im Jahr 1967 wieder aufgebaut. Ein paar Schritte weiter nördlich

Downtown Toronto Nord

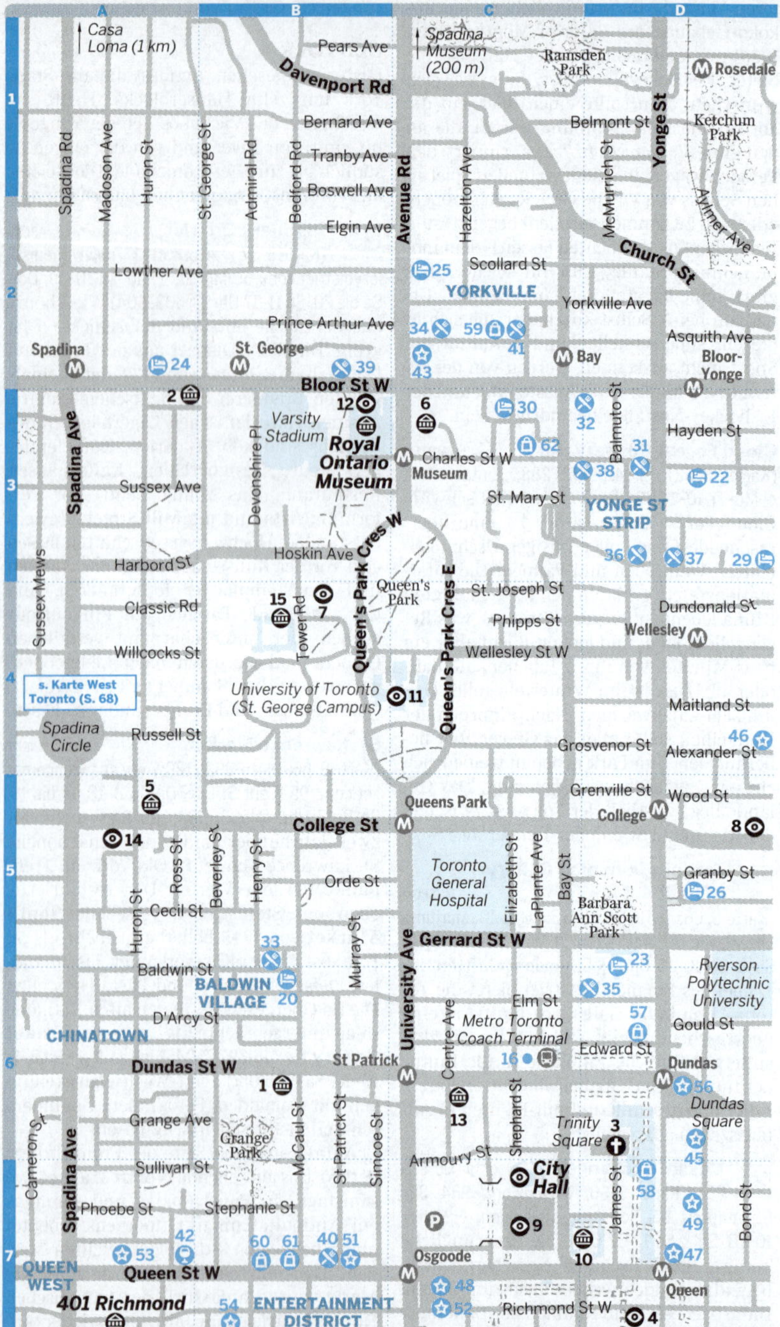

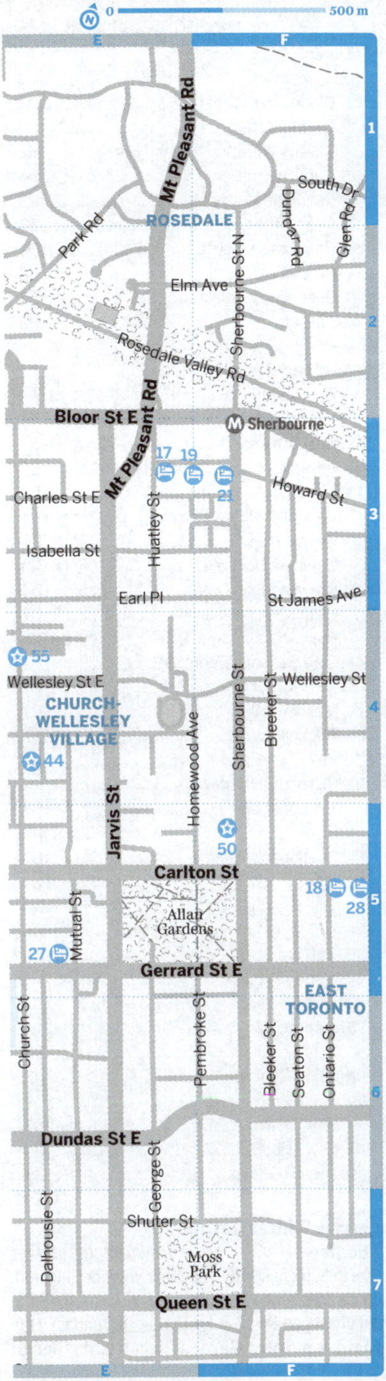

liegt die herrliche **St. Lawrence Hall** (1849) mit ihrem Mansardendach und dem kupferverkleideten Glockenturm, den man schon aus ein paar Blocks Entfernung sieht. Das Parken am Markt kostet 2 bis 6 C$.

THEATRE BLOCK & ENTERTAINMENT DISTRICT

Westlich vom Financial District liegt Torontos Entertainment District. Das auch Clubland genannte Unterhaltungsviertel nimmt zwischen der John St und der Simcoe St zwei Häuserblocks der King St W ein. Der Theatre Block liegt gleich südlich von hier und ist eine lebendige Gegend mit viel Trubel.

401 Richmond KUNSTGALERIE
(Karte S. 62 f.; www.401richmond.net; 401 Richmond St W; ⏲Di–Sa; 🚊510) Das 18 500 m² große 401 Richmond war im frühen 20. Jh. das Lagerhaus eines Lithografen. Es wurde 1994 restauriert und beherbergt heute 130 verschiedene Galerien für Kunst und Design, in denen die Arbeiten von zeitgenössischen Malern, Architekten, Fotografen, Grafikern, Bildhauern und Verlagen gezeigt werden. Zwischen dem Glasaufzug, dem Café im Erdgeschoss, dem begrünten Innenhof und dem Dachgarten knarren noch die Original-Dielen. Der neue Loungebereich belebt das Gelände. Infos zu Events und Führungen gibt's auf der Website.

Canadian Broadcasting Centre MUSEUM
(CBC; Karte S. 66; ☎416-205-3311; www.cbc.ca; 250 Front St W; ⏲Museum & Theater Mo–Fr; Ⓢ Union, 🚊504) Das Canadian Broadcasting Centre ist die Zentrale des englischsprachigen Radios und TVs in Kanada. Die französischsprachige Abteilung sitzt in Montréal, sodass der Chef (getreu der auf Ausgleich bedachten Einstellung der Kanadier) in der Mitte, d. h. in Ottawa, residiert.

Man kann jederzeit einen Blick in die Nachrichtenstudios werfen oder ein Konzert im erstklassigen Glenn Gould Studio besuchen. Unbedingt auch das winzige **CBC Museum** mit der erstaunlichen Sammlung von alten Mikrofonen (das RCA 74DX von 1949 ist der Hammer!), Soundeffekt-Maschinen, Tonbandgeräten und Puppen aus Kinderfernsehsendungen anschauen. Das **Graham Spry Theatre** nebenan zeigt ständig wechselnde CBC-Sendungen.

QUEEN STREET & DUNDAS SQUARE

Fährt man auf der Yonge St weiter nach Norden, kommt man zum Dundas Sq, einem etwas trostlosen öffentlichen Platz, der

Downtown Toronto Nord

die Einheimischen nie wirklich überzeugt hat. Das Gebiet ist eher wegen des nahen Eaton Centre bekannt, das zwischen Queen St und Dundas Sq liegt. Beide befinden sich östlich des Einkaufsviertels um die Queen St.

Elgin & Winter Garden Theatre HISTORISCHES GEBÄUDE

(Karte S. 62 f.; ☎416-314-2871; www.heritagefdn.on.ca; 189 Yonge St; Führung Erw./erm. 10/8 C$; ⏱Führungen Do 17 & Sa 11 Uhr; Ⓢ Dundas) Das Elgin & Winter Garden Theatre, das letzte noch betriebene „Doppeldecker"-Theater der Welt, ist ein restauriertes Meisterwerk. Das fantastische Winter Garden wurde 1913 als Flaggschiff einer Vaudeville-Theaterkette gebaut, die nie richtig Erfolg hatte. Das Elgin Theater im Untergeschoss wurde in den 1920er-Jahren in ein Kino umgewandelt.

Im Jahr 1981 wurden die Theater vor dem Abriss bewahrt und für 29 Mio. C$ restauriert: Mithilfe von Brotteig wurden die originalen Rosengartenfresken freigelegt, für neue Teppiche kontaktierte man die belgische Firma, die einst die Original-Teppiche gefertigt hatte, und das Blumenmuster an der Decke des Winter Garden wurde sorgfältig Blatt für Blatt ersetzt. Die öffentlichen Führungen sind jeden Cent wert.

City Hall HISTORISCHES GEBÄUDE

(Karte S. 62 f.; ☎311, 416-392-2489; www.toronto.ca; 100 Queen St W; Eintritt frei; ⌚Mo–Fr 8.30–16.30 Uhr; Ⓢ Queen; Ⓟ) Die viel geschmähte City Hall war Torontos mutiger Versuch in moderner Architektur. Das Rathaus mit den wie zwei Muschelhälften gewölbten Zwillingstürmen, dem an eine fliegende Untertasse erinnernden Mittelteil, den abgefahrenen Rampen und den schicken Mosaiken wurde 1965 nach dem preisgekrönten Entwurf des finnischen Architekten Viljo Revell fertiggestellt. Ein gereizter Frank Lloyd Wright nannte den Bau einen „Grabstein" – welch makabre Wendung, dass Revell dann noch vor Beendigung des Baus starb. Am Infoschalter gibt's eine Broschüre, mit der man sich das Gebäude auf eigene Faust ansehen kann. Dabei auch in der Lobby einen Blick auf das freakige Modell Torontos im Maßstab 1:1250 werfen. Parken kostet hier 13 C$.

Der **Nathan Phillips Square** vor dem Gebäude ist ein Tummelplatz für Skater, Demonstranten und Büroangestellte während ihrer Mittagspause. Im Sommer finden hier der Bauernmarkt **Fresh Wednesdays** (Mi 10–14.30 Uhr), kostenlose Konzerte und besondere Events statt. Im Winter wird der Springbrunnen in eine Eislaufbahn verwandelt.

Jenseits der Bay St steht die 1899 errichtete **Old City Hall** (Karte S. 62 f.; ☎416-327-5614; www.toronto.ca/old_cityhall; 60 Queen St W; Eintritt frei; ⌚Mo–Fr 8.30–16.30 Uhr), eine typische Arbeit des aus Toronto stammenden Architekten E. J. Lennox, der auch die Casa Loma erbaute. Das alte Rathaus mit einem seitlich versetzten Glockenturm, interessanten Wandgemälden und Grimassen schneidenden Wasserspeiern beherbergt heute Gerichtssäle. Vor dem Besuch kann man sich auf der Website informieren und sich die virtuelle Führung anschauen.

Church of the Holy Trinity KIRCHE

(Karte S. 62 f.; ☎416-598-4521; www.holytrinitytoronto.org; 10 Trinity Sq; ⌚Gottesdienst So 10.30 & 14, Mi 12.15 Uhr; Ⓢ Dundas) Wie eine Oase liegt an der Westseite des Eaton Centre der Trinity Sq, benannt nach der einladenden Anglican Church of the Holy Trinity. Bei ih-

LAKE ONTARIO

Es ist ein bisschen so, als ob man den Elefanten im eigenen Wohnzimmer ignorieren würde, aber die Einwohner Torontos schenken ihrem See kaum Beachtung. Es ist nicht wirklich ihre Schuld, denn aufgrund der lausigen Stadtplanung kann man das Wasser von der Stadt aus so gut wie nicht sehen. Außerdem wurde erst in den letzten Jahrzehnten ein Zugang zum Ufer geschaffen. In der Vergangenheit haben Chemikalien, Abwässer und Düngemittel das Wasser verschmutzt – und auch wenn die Situation sich gebessert hat, wagen sich an den Stadtstränden nur die Mutigen und Dummen ins Wasser. Für die meisten Einwohner ist der Lake Ontario einfach ein großes, graues, kaltes Nass, das verhindert, dass US-Amerikaner einfach mal so die Yonge St hinauffahren können.

In der Liste der weltweit größten Seen steht der Lake Ontario an 14. Stelle. Der 311 km lange, 85 km breite und 244 m tiefe See ist zugleich der kleinste und östlichste der fünf Großen Seen. Der Name „Ontario" leitet sich vom irokesischen Wort *Skanadario* ab, das „sprudelndes Wasser" bedeutet, und trotz der schlechten Stadtplanung und der Verschmutzung sprudelt das Wasser immer noch. Bei einem Besuch der Toronto Islands oder des Tommy Thompson Parks sieht man das wahre Gesicht des Sees: stoisch, mächtig und wunderschön. Das sollte man unbedingt auch mal den Einheimischen sagen.

Downtown Toronto Süd

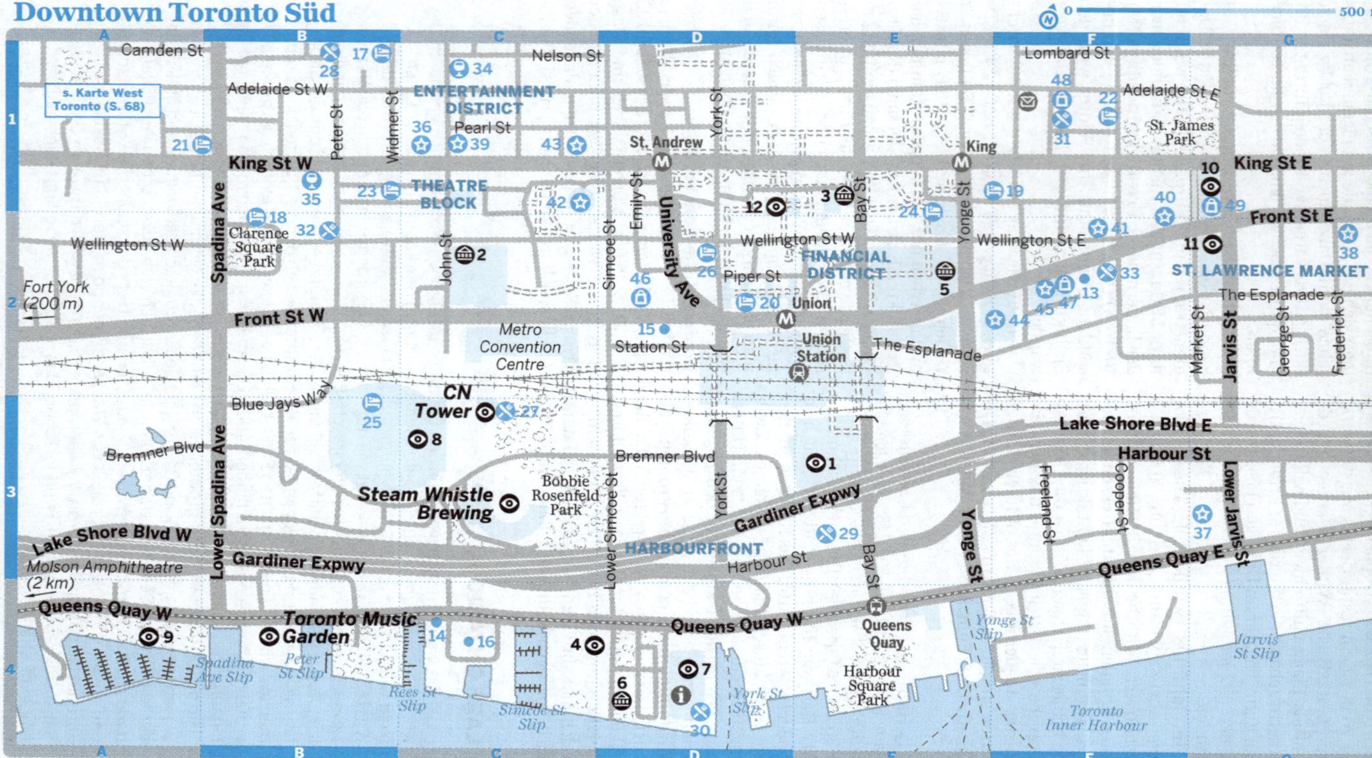

Downtown Toronto Süd

Highlights
CN Tower C3
Steam Whistle Brewing C3
Toronto Music Garden B4

Sehenswertes
1 Air Canada Centre E3
2 Canadian Broadcasting Centre C2
3 Design Exchange E1
4 Harbourfront Centre C4
5 Hockey Hall of Fame E2
6 Power Plant D4
7 Queen's Quay Terminal D4
8 Rogers Centre C3
9 Spadina Quay Wetlands A4
10 St. Lawrence Hall G1
St. Lawrence Market (North Market) .... (siehe 49)
11 St. Lawrence Market (South Market) G2
St. Lawrence Market Gallery .... (siehe 11)
Toronto Dominion Gallery of Inuit Art .... (siehe 12)
12 Toronto-Dominion Centre D1
York Quay Centre .... (siehe 4)

Aktivitäten, Kurse & Touren
13 Europe Bound Outfitters F2
Great Lakes Schooner Company .... (siehe 7)
Harbourfront Canoe & Kayak Centre .... (siehe 14)
Mariposa Cruises .... (siehe 7)
14 Queens Quay Sailing & Powerboating C4
Toronto Harbour Tours .... (siehe 7)
15 Toronto Hippo Tours D2
16 Wheel Excitement C4

Schlafen
17 Canadiana Guesthouse & Backpackers B1
18 Clarence Castle B2
19 Cosmopolitan F1
20 Fairmont Royal York D2
21 Global Village Backpackers A1
22 Hostelling International Toronto F1
23 Hôtel Le Germain B1
24 Hotel Victoria E1
25 Renaissance Toronto B3
Soho Metropolitan Hotel .... (siehe 32)
26 Strathcona Hotel D2

Essen
27 360° C3
28 Burrito Banditos B1
Bymark .... (siehe 12)
29 Harbour Sixty Steakhouse E3
30 Il Fornello D4
31 Mercatto F1
32 Sen5es B2
St. Lawrence Market (South Market) .... (siehe 11)
33 Sultan's Tent & Café Maroc F2

Ausgehen
34 Smokeless Joe C1
35 Underground Garage B1

Unterhaltung
Air Canada Centre .... (siehe 1)
36 Bell Lightbox C1
Glenn Gould Studio .... (siehe 2)
37 Guvernment G3
Harbourfront Centre .... (siehe 4)
Koolhaus .... (siehe 37)
38 Lorraine Kimsa Theatre for Young People G2
39 Princess of Wales Theatre C1
40 Rainbow Cinemas F1
41 Reservoir Lounge F2
Rogers Centre .... (siehe 8)
42 Roy Thomson Hall C1
43 Royal Alexandra Theatre C1
44 Sony Centre for the Performing Arts F2
45 St. Lawrence Centre for the Arts F2
Toronto Symphony Orchestra .. (siehe 42)

Shoppen
46 Bay of Spirits Gallery D2
47 Nicholas Hoare F2
48 Open Air Books & Maps F1
49 St. Lawrence Market (North Market) G1

rer Eröffnung im Jahr 1847 war die Kirche die erste in Toronto, die den Gemeindemitgliedern kein Geld für die Kirchenbänke abknöpfte. Heute ist sie eine Mischung aus Gotteshaus, kleiner Konzertbühne und Gemeindetreff – all das eben, was eine Kirche sein müsste.

Textile Museum of Canada MUSEUM
(Karte S. 62 f.; ☎416-599-5321; www.textilemuseum.ca; 55 Centre Ave; Erw./Kind/erm./Fam.

West Toronto

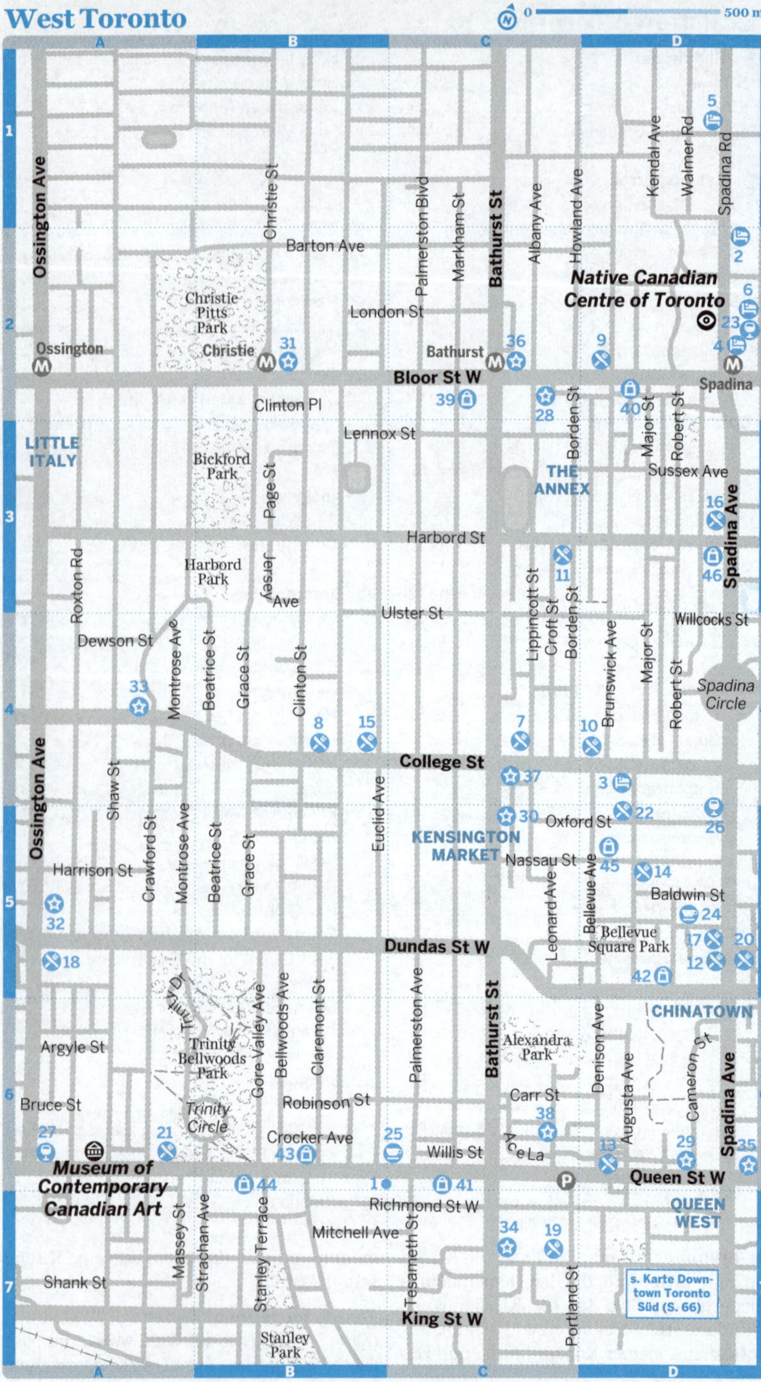

West Toronto

Highlights	
Museum of Contemporary Canadian Art	A6
Native Canadian Centre of Toronto	D2
Aktivitäten, Kurse & Touren	
1 Community Bicycle Network	B6
Schlafen	
2 Annex Quest House	D2
3 College Backpacker's Hostel	D4
4 Global Guesthouse	D2
5 Havinn	D1
6 Madison Manor	D2
Essen	
7 Aunties & Uncles	C4
8 Bar Italia	B4
9 By the Way	D2
10 Caplansky's Deli	D4
11 Chabichau	C3
12 Dumpling House Restaurant	D5
13 Fressen	D6
14 Jumbo Empanadas	D5
15 Kalendar	B4
16 Papa Ceo	D3
17 Phõ Hu'ng	D5
18 Pizza Libretto	A5
19 Sadie's Diner	C7
20 Swatow	D5
21 The Swan	A6
22 Urban Herbivore	D5
Ausgehen	
23 Madison Avenue Pub	D2
24 Moonbean Coffee Company	D5
25 Quaff	C6
26 Red Room	D5
27 Sweaty Betty's	A6
Unterhaltung	
28 Bloor Cinema	C2
29 Cameron House	D6
30 Cineforum	C5
31 Clinton's Tavern	B2
32 Dakota Tavern	A5
33 El Convento Rico	A4
34 Factory Theatre	C7
35 Horseshoe Tavern	D6
36 Lee's Palace	C2
Mod Club	(siehe 33)
37 Sneaky Dee's	C4
38 Theatre Passe Muraille	C6
Shoppen	
39 Beguiling	C2
40 BMV	D2
41 Come as You Are	C6
42 Courage My Love	D5
43 Girl Friday	B6
44 Preloved	B6
45 This Ain't the Rosedale Library	D5
46 Toronto Women's Bookstore	D3
Way Cool Tattoos	(siehe 41)

12/6/6/25 C$, Mi 17–20 Uhr Eintritt frei; ⌚Do–Di 11–17, Mi bis 20 Uhr, Führung So 14 Uhr; Ⓢ St. Patrick) Das seltsamerweise mitten in einer kulturfreien Ecke der Stadt im Untergeschoss eines Wohnturms gelegene Museum greift auf einen Fundus von 10 000 Sammlungsstücken aus Lateinamerika, Afrika, Europa, Südostasien und Indien sowie einigen zeitgenössischen Exponaten aus Kanada zurück. In Workshops können Teilnehmer Batik, Weben, Stricken und alles rund ums Nähen lernen.

CHINATOWN & BALDWIN VILLAGE

Torontos turbulente Chinatown erstreckt sich über einen großen Teil der Spadina Ave zwischen der College St und der Queen St; ein zinnoberrotes Zwillingsdrachentor markiert das Zentrum. Westlich von hier befindet sich das grüne Baldwin Village, das zwischen der Beverley St und der McCaul St einen Häuserblock der Baldwin St einnimmt. Das Viertel hat jüdische Wurzeln, doch die heute hier vorherrschende unkonventionelle Lebensart stammt von den alternativen US-Amerikanern, die sich während des Vietnamkriegs hier niederließen.

Art Gallery of Ontario KUNSTGALERIE
(AGO; Karte S. 62 f.; ☎416-979-6648, 877-225-4246; www.ago.net; 317 Dundas St W; Erw./Kind/erm./Fam. 19,50/11/16/49 C$, Mi 18–20.30 Uhr Eintritt frei; ⌚Di 10–17.30, Mi bis 20.30, Do–So bis 17.30 Uhr; 🚊505) Die AGO beherbergt ausgezeichnete, umfangreiche Kunstsammlungen (man braucht wirklich Ausdauer). Frank Gehrys Umgestaltung – ein neuer Eingang und eine massive Fassade aus Glas und Holz – wurde 2008 abgeschlossen. Weitere Highlights sind seltene kirchliche Plastiken aus Québec, Schnitzereien der Ureinwohner und der Inuit, wichtige Gemälde der kanadischen Group of Seven, der Skulpturenpavillon Henry Moore und **The**

Grange, ein restauriertes georgianischen Haus. Für Sonderausstellungen zahlt man einen Aufschlag.

Wenn man schon mal hier ist, kann man auch in der Jackman Hall des AGO einen Film der TIFF Cinematheque ansehen.

YONGE STREET STRIP & CHURCH-WELLESLEY VILLAGE

Der Yonge St Strip nördlich des Dundas Sq fällt zwischen die College St und die Bloor St und ist überzogen mit Sexshops, billigen Lokalen und Stripclubs. Einen Block östlich liegt die Church St, Torontos Schwulenviertel. Das mit der Regenbogenfahne beflaggte Church-Wellesley Village liegt an der Kreuzung der Church St und der Wellesley St.

Maple Leaf Gardens AREAL

(Karte S. 62 f.; 60 Carlton St; Ⓢ College) Die ehrwürdige Eishockeyarena wurde während der Großen Depression in sage und schreibe nur fünf Monaten gebaut und war mehr als 50 Jahre lang die Heimat der Toronto Maple Leafs. Die Leafs verloren 1931 ihr erstes Spiel (und ihr letztes in den Gardens 2009) gegen die Chicago Blackhawks, gewannen dann aber noch 13-mal den Stanley Cup, bevor sie 1999 ins Air Canada Centre umzogen. Im Lauf der Jahre traten hier auch Elvis, Sinatra und die Beatles auf.

Die Gardens wurden 2004 von der Supermarktkette Loblaws gekauft, blieben aber seitdem unverändert. Zum Zeitpunkt der Recherche wurde die Arena gerade renoviert (für ca. 60 Mio. C$). Bis Frühjahr 2011 sollen hier Sporteinrichtungen, ein Loblaws-Shop und ein Museum mit Erinnerungsstücken entstehen und das Gebäude als „Ryerson University Sports and Recreation Centre at Maple Leaf Gardens" wiedereröffnet werden. Infos unter www.ryerson.ca.

BLOOR-YORKVILLE

Die alte, alternative Bastion Yorkville war früher Torontos Version des New Yorker Greenwich Village oder von Haight-Ashbury in San Francisco. Heute ist es der äußerst glamouröse Einkaufsbezirk der Stadt, aufgemotzt mit Galerien, Eigentumswohnungen, exklusiven Nachtlokalen, Restaurants und Cafés. Bloor-Yorkville erstreckt sich von der Yonge St nach Westen bis zur Avenue Rd, nach Süden bis zur schicken Bloor St und nach Norden bis zur Davenport Rd.

Royal Ontario MUSEUM

(ROM; Karte S. 62 f.; ☎416-586-8000; www.rom.on.ca; 100 Queen's Park; Erw./Kind/erm. 20/14/ 17 C$, Sonderausstellungen kosten extra; ⌚Sa–Do 10–18, Fr bis 21.30 Uhr; Ⓢ Museum) Das vielseitige ROM war bereits vor Beginn des „Renaissance ROM"-Bauprojektes (das mit Erscheinen dieses Buchs abgeschlossen sein müsste) Kanadas größtes Naturkundemuseum. Zu den Neueröffnungen gehört eine faszinierende Explosion architektonischer Glanzleistungen an der Bloor St mit vielen neuen Galerien.

Die Sammlungen des ROM umfassen Naturwissenschaft, antike Zivilisationen und Kunst. Der chinesische Tempelbau, die **Gallery of Korean Art** und die Kleider- und Textilsammlung gehören zu den besten der Welt. Kinder steigen aus ihren gelben Schulbussen, belagern den Bürgersteig und rennen dann schnurstracks zu den Dinosaurierräumen, den ägyptischen Mumien und den Repliken jamaikanischer Fledermaushöhlen. Man sollte die **Totempfähle** aus Zedernholz beachten, die von Stämmen aus British Columbia geschnitzt wurden. Das angeschlossene **Institute of Contemporary Culture** geht aktuellen Problemen mithilfe von Kunst, Architektur, Vorträgen und bewegten Bildern nach. Es gibt täglich kostenlose geführte Museumstouren – die Zeiten erfährt man telefonisch oder auf der Webseite. Für Sonderausstellungen wird ein Aufpreis verlangt.

Bata Shoe Museum MUSEUM

(Karte S. 62 f.; ☎416-979-7799; www.batashoemuseum.ca; 327 Bloor St W; Erw./Kind/erm./Fam. 12/4/10/30 C$, Do 17–20 Uhr Eintritt frei; ⌚Di, Mi, Fr & Sa 10–17, Do bis 20, So 12–17 Uhr; Ⓢ St. George) Gute Schuhe sind im Leben ziemlich wichtig, und das weiß auch das Bata Shoe Museum. Es wurde von dem Architekten Raymond Moriyama entworfen und soll einen stilisierten Schuhkarton darstellen. Das Museum zeigt 10 000 „Pedi-Artefakte" aus aller Welt. Zu bestaunen sind z. B. französische Clogs aus dem 19. Jh., mit denen man Kastanien knacken kann, Polarstiefel der kanadischen Ureinwohner und berühmte moderne Schuhe, die Elton John, Indira Gandhi und Pablo Picasso getragen haben.

Gardiner Museum of Ceramic Art MUSEUM

(Karte S. 62 f.; ☎416-586-8080; www.gardinermuseum.on.ca; 111 Queen's Park; Erw./Kind/erm. 12 C$/frei/8 C$, Fr 16–21 Uhr & jeden 1. Fr im Monat den ganzen Tag Eintritt frei; ⌚10–18, Fr bis 21, Sa & So bis 17 Uhr; Ⓢ Museum) Das Gardiner Museum of Ceramic Art gegenüber vom ROM wurde von Philanthropen gegründet. Die sich über drei Etagen erstreckende Samm-

SCHWULEN- & LESBENSZENE IN TORONTO

Zu sagen, Toronto sei schwulen- und lesbenfreundlich, ist untertrieben. „Homosexualität ist in", trifft es schon eher! Während der Pride Toronto kommen rund 1 Mio. Besucher in die Stadt. Der Trubel konzentriert sich auf Church-Wellesley Village, das „Gay Village". Es erstreckt sich entlang der Church St, nördlich und südlich der Wellesley St E und ist ein lebendiges Geschäftsviertel, das jede Menge schnurbärtige Kerle anlockt, die hier herumstolzieren und die Leute beobachten. Weitere Viertel mit hoher Schwulenkonzentration sind The Annex, Kensington Market, Queen West und Cabbagetown.

Toronto bietet Homosexuellen jede Menge Nachtleben; dabei gibt's erheblich mehr Bars und Clubs für Schwule als für Lesben. Es gibt auch viele Drag Kings, Badeabende nur für Frauen und lesbische Lesungen.

Toronto legalisierte als erste Stadt Nordamerikas im Jahr 2003 die gleichgeschlechtliche Ehe. Anmeldungen in der **City Hall** (Karte S. 62 f.; ☎416-392-7036; www.toronto.ca/registry-services; 100 Queen St W; Antragsgebühr 110 C$; ⏲Mo–Fr 8.30–16.15 Uhr; Ⓢ Queen). Im September 2004 erkannte der Ontario Court auch die erste gleichgeschlechtliche Scheidung an.

Infos zur Schwulen- und Lesbenszene in ganz Kanada gibt's auf S. 977. Hilfreiche Infoquellen in Toronto sind:

519 Community Centre (☎416-392-6874; www.the519.org; 519 Church St; ⏲Mo–Fr 9–22, Sa bis 17, So 10–17 Uhr; Ⓢ Wellesley)

Canadian Lesbian & Gay Archives (☎416-777-2755; www.clga.ca; 34 Isabella St; ⏲Di–Do 19.30–22 Uhr, Ⓢ Wellesley)

Queer West (www.queerwest.org) Infos über die Schwulenszene in West Toronto.

This Ain't the Rosedale Library (www.thisaint.ca; 86 Nassau St; ⏲Mo–Mi 11–20, Do–Sa 10–22, So bis 18 Uhr; Ⓢ Wellesley)

Toronto Women's Bookstore (www.womensbookstore.com; 73 Harbord St; ⏲Mo–Mi & Sa 10.30–18, Do & Fr bis 20, So 12–17 Uhr; 🚋510)

Xtra! Kostenloses, alternatives Wochenblatt für Schwule und Lesben.

lung deckt mehrere Jahrtausende ab. In verschiedenen Räumen sieht man englisches Geschirr des 17. und 18. Jhs., italienische Renaissance-Majolika, frühe amerikanische Tonwaren und blau-weißes chinesisches Porzellan. Kostenlose Führungen werden angeboten (Di, Do und So um 14 Uhr).

UNIVERSITY OF TORONTO & THE ANNEX

Die 1827 gegründete, angesehene University of Toronto (U of T) ist Kanadas größte Universität mit fast 40 000 Vollzeitstudenten und 10 000 Angestellten. Der zentrale St. George Campus ist wirklich ehrwürdig.

Westlich und nördlich der U of T liegt The Annex, ein Wohnviertel, in dem überwiegend Studenten und Dozenten leben. Dementsprechend wimmelt es hier von Kneipen, Bioläden, internationaler Küche und geistreichen Schuppen.

Casa Loma HISTORISCHES GEBÄUDE
(Karte S. 57; ☎416-923-1171; www.casaloma.org; 1 Austin Tce; Erw./Kind/erm. 19/10,50/13,60 C$; ⏲9.30–17 Uhr, letzter Einlass 16 Uhr; Ⓢ Dupont; Ⓟ) Die auf mittelalterlich getrimmte Casa Loma thront auf einer Klippe über The Annex, wo früher das Ufer des Gletschersees Lake Iroquois lag, aus dem der Lake Ontario entstand. Nördlich der Davenport Rd geht's von der Spadina Ave über die 27 m hohen **Baldwin Steps** den Hang hinauf.

Die mit 98 Zimmern bestückte Villa ist ein Fall von krasser architektonischer Selbstbefriedigung mit Brustwehren, Zinnen, Fahnenstangen, Türmchen und Rapunzel-Balkonen und wurde zwischen 1911 und 1914 für Sir Henry Pellat erbaut, einem reichen Finanzier, der durch seinen Vertrag zur Stromversorgung Torontos haufenweise Geld gemacht hat. Später verlor er wegen Grundstücksspekulationen alles, und nach der daraus resultierenden Zwangsvollstreckung mussten Hank und seine Frau ausziehen. Parken kostet 3/9 C$ pro Stunde/Tag.

Spadina Museum MUSEUM
(☎416-392-6910; www.toronto.ca/culture/spadina; 285 Spadina Rd; Führung Erw./Kind/erm. 6/4/5 C$, Eintritt zum Gelände frei; ⏲Di–Fr 12–16

Uhr, Sa & So bis 17 Uhr, Gelände Mo–Fr 9–16, Sa & So 12–17 Uhr; S Dupont; P) Das elegante Museum wurde 1866 als Landsitz des Finanziers James Austin und seiner Familie erbaut. Im Licht der viktorianischen Gaslampen sieht man drei Generationen an Möbeln, Kunstwerken und Stoffen. In der Küche geben kostümierte Angestellte Kochdemonstrationen, während in der Apfelplantage **edwardianische Teegesellschaften** (20 C$/Pers.; an den meisten So, tel. anmelden), Erdbeerfeste und Sommerkonzerte stattfinden. Zum Zeitpunkt der Recherche war das Museum wegen Restaurierungsarbeiten geschlossen und soll mit einer neuen Ausstellung über die 1920er-Jahre wiedereröffnet werden. Parken kostet 8,25 C$.

GRATIS Provincial Legislature
HISTORISCHES GEBÄUDE

(Karte S. 62 f.; www.ontla.on.ca; Queen's Park; Führungen Mo–Fr 9–17 Uhr, Juni–Aug. auch Sa & So; S Queen's Park) Ontarios Landesparlament hat seinen Sitz in einem prächtig geschmückten Sandsteingebäude von 1893, nördlich der College St in Queen's Park. Wer eine Unterhaltung nach lokaler Art wünscht, kann von der Besuchergalerie aus einer kontroversen Parlamentssitzung (März–Juni & Sept.–Dez. Mo–Do) beiwohnen. Die Besichtigung ist kostenlos, aber die Sicherheitsbestimmungen sind streng. Schreiben, Lesen oder Applaudieren ist verboten, während die ehrwürdigen Parlamentsmitglieder hitzig über solch wichtige Themen wie die Sicherheit von Schneemobilen debattieren. Die kostenlosen halbstündigen Führungen beginnen am Informationsschalter.

University of Toronto – St. George Campus
WAHRZEICHEN

(Karte S. 62 f.; www.utoronto.ca; Nona Macdonald Visitors Centre, 25 King's College Circle; Eintritt frei; Campus-Führung 1 Std. Mo–Fr 11 & 14, Sa & So 11 Uhr; S Queens Park, Museum; 506, 510; P) Das Leben an der University of Toronto spielt sich rund um die große (teilweise schlammige) Rasenfläche des **King's College Circle** ab, wo Studenten auf Decken sitzen, Fußball spielen und von ihrem Abschluss in der überkuppelten **Convocation Hall** träumen.

Das gesellige **Hart House** (416-978-2452; www.harthouse.utoronto.ca; 7 Hart House Circle; 7–24 Uhr) von 1919 ist Kunstgalerie, Musikstätte, Theater, Studentenlounge und Café in einem. Der **Soldiers' Tower** nebenan ist ein Denkmal für die Studenten, die während des Ersten oder Zweiten Weltkriegs ums Leben kamen. Das in der Mitte des 19. Jhs. entstandene, neoromanische Gebäude in der Nähe beherbergt das **U of T Art Centre** (416-978-1838; www.utac.utoronto.ca; 15 King's College Circle; Di–Fr 12–17, Sa bis 16 Uhr), eine Galerie für zeitgenössische Kunst aus Kanada und anderen Kulturen der Welt.

Wer sich für Architektur oder Stadtplanung interessiert, sollte die von der Fakultät für Landschaftsplanung, Architektur und Design betreute **Eric Arthur Gallery** (416-978-2253; www.ald.utoronto.ca; 2. OG, 230 College St; Mo–Fr 9–17, Sa 12–17 Uhr) besuchen.

Auf den kostenlosen Führungen über den Campus klären einen Studenten über das gespenstische, in Stein gemeißelte Liebesdreieck am **University College** auf und weisen auf die alten Kanonen des Campus hin, die auf das Landesparlament gerichtet sind, das nur einen Steinwurf (oder einen guten Schuss) weit entfernt ist. Parken kostet 15 C$.

Native Canadian Centre of Toronto
GEMEINDEZENTRUM

(Karte S. 68; 416-964-9087; www.ncct.on.ca; 16 Spadina Rd; Mo–Do 9–20, Fr bis 18, Sa 12–16 Uhr; S Spadina) In diesem Gemeindezentrum finden Trommelabende (Do), Versammlungen und kulturelle Veranstaltungen der Stammesältesten statt, die die Harmonie und den Dialog zwischen den Stammesmitgliedern und den Menschen, die nicht zu den Ureinwohnern gehören, fördern sollen. Besucher können sich hier auch für Workshops und Kurse wie Perlenstickerei und Tanzen einschreiben.

KENSINGTON MARKET & LITTLE ITALY

Der elegant verfallene Kensington Market zeigt das multikulturelle Toronto von seiner authentischsten Seite. Hier essen zu gehen, ist ein großer Spaß, genauso wie hier zu shoppen. Die Straßen sind voller Künstler, städtischer Hippies mit Rastalocken, tätowierter Punks, Kiffer, Junkies, Dealer, Biker, Gruftis, Musikanten und Anarchisten. Zwielichtige Gestalten auf Fahrrädern flüstern einem im Vorbeifahren ihr Drogenangebot zu, und in der Luft liegt ein Hauch von Dope und Hendrix.

Ein Stück weiter an der College St liegt Little Italy, ein etabliertes Trendsetter-Viertel mit Freiluftcafés, hippen Bars und feschen Restaurants, die dauernd den Besitzer wechseln – die wohlhabende Klientel ist notorisch launisch. Je weiter man Richtung Westen geht, desto traditioneller wird die Gegend: Es gibt duftende Bäckereien, *gelaterias* auf den Bürgersteigen und urtümliche *ristoranti*.

QUEEN WEST & WEST QUEEN WEST

Obwohl Queen West und seine Verlängerung West Queen West nicht so viele nennenswerte Sehenswürdigkeiten zu bieten haben, üben sie dennoch eine magische Anziehungskraft aus. Denn hier findet man die abgefahrensten Ecken Torontos, wo wilde Dinge stattfinden und die Einwohner gierig shoppen, köstlich essen und bis in die Nacht tanzen.

Museum of Contemporary Canadian Art MUSEUM

(MOCCA; Karte S. 68; ☎416-395-0067; www.mocca.ca; 952 Queen St W; Eintritt gegen Spende; ⏲Di–So 11–18 Uhr; 🚋501; Ⓟ) Das MOCCA ist das einzige Museum der Stadt, das sich dem Sammeln von Arbeiten lebender kanadischer und internationaler bildender Künstler verschrieben hat. West Queen West hat sich als Kunst- und Designerviertel etabliert und ist daher die perfekte Location für dieses Museum. Die Zahl der ständig gezeigten, seit 1985 gesammelten Werke beträgt nur 400, doch die preisgekrönten Wechselausstellungen fördern Künstler von Nova Scotia bis British Columbia.

EAST TORONTO

In dem Bezirk östlich der Parliament St bis hin zum Don River ließen sich irische Einwanderer nieder, die vor der großen Hungersnot von 1841 flohen. Wegen dem sandigen, für den Anbau von Kohl geeigneten Boden wurde das Viertel als **Cabbagetown** bekannt. Cabbagetown hat wohl die meisten schönen viktorianischen Gebäude in Nordamerika – ein Spaziergang lohnt sich also.

Weiter nördlich liegt Greektown (auch Danforth genannt, da es an der Danforth Ave liegt) und weiter östlich Little India (an der Gerrard St E) – zwei himmlische Viertel für Leute, die gern essen.

Tommy Thompson Park PARK

(Karte S. 57; www.trca.on.ca; Leslie St, abseits des Lake Shore Blvd E; ⏲Nov.–März Sa & So 9–16.30 Uhr, April–Okt. Sa & So 9–18 Uhr; 🚋501, 502, 503) Der Tommy Thompson Park ist eine 5 km lange künstliche Halbinsel zwischen Harbourfront und The Beaches, die weiter in den Lake Ontario hinausreicht als die Toronto Islands. Diese „zufällig entstandene Wildnis“ – deren Grundlage Aushub ist, der beim Anlegen des Outer Harbour und beim Ausbaggern von Baugruben anfiel – wurde ein phänomenaler Erfolg. Heute ist das Gebiet eines der weltweit größten Nistplätze für Ringschnabelmöwen und eine Zufluchtsstätte für Seeschwalben, Nachtreiher, Schildkröten, Eulen, Füchse und sogar Kojoten.

An Wochenenden und Feiertagen ist der Park für die Öffentlichkeit zugänglich; Autos und Haustiere sind verboten. Im Sommer stehen Veranstaltungen und geführte Wanderungen, normalerweise zu ökologischen Themen, auf dem Programm. Am Ende des Parks erwarten einen ein Leuchtturm und ein atemberaubender Blick auf die Stadt.

Wer mit öffentlichen Verkehrsmitteln hierher kommen will, kann jede Straßen-

DER BLOOR STREET VIADUCT

In seinem 1987 erschienenen Roman *In der Haut eines Löwen* beschreibt der aus Toronto stammende Schriftsteller Michael Ondaatje den Bau des Bloor St Viaduct als einen quälenden Kampf Mensch gegen Stahl. Die 1918 fertiggestellte, 490 m lange Brücke schwebt 40 m über dem Don River und verbindet den Osten Torontos mit dem Westen. Der Bauingenieur Edmund Burke war so clever, für eine künftige Bahnlinie ein Untergeschoss einzuplanen. Und als die Toronto Transit Commission (TTC) 1966 die U-Bahnlinie Bloor–Danforth in Betrieb nahm, rollten die Züge einfach über Burkes Brücke, ohne dass sie dafür umgebaut werden musste.

Weitsichtig war Eddie zwar, aber er hatte die Hunderte von verzweifelten Bürger Torontos nicht mit eingeplant, die die Brücke für ihre eigenen Zwecke nutzten – um sich von oben in den Tod zu stürzen. Um die 500 Menschen haben hier ihrem Leben ein Ende gesetzt, zu Spitzenzeiten alle 22 Tage einer. Als Lösung wurde 2003 ein sehr teures Gitter aus engmaschigem Stahl mit dem Spitznamen „durchsichtiger Schleier“ (*Luminous Veil*) angebracht.

bahn an der Queen St nach Osten bis zur Leslie St nehmen. Von dort geht man 800 m Richtung Süden bis zum Eingang. Infos zu den Shuttles vom Eingang bis zum Park (Mai–Mitte Okt.) bekommt man telefonisch bei der **Toronto & Region Conservation Authority** (TRCA; ☎416-667-6295). Alternativ kann man sich ein Fahrrad oder Inlineskates mieten und den **Martin Goodman Trail** entlang bis hierhin fahren.

Riverdale Farm MUSEUM

(☎416-961-8787; www.friendsofriverdalefarm.com; 201 Winchester St; ⏲9–17 Uhr; 506; P) Diese Farm war früher der Zoo von Toronto. Hier heulten nachts die Präriewölfe und jagten den Kindern in Cabbagetown Angst ein. Heute ist es eine Museumsfarm mit zwei Scheunen, einem Planschbecken im Sommer und Stallungen für Gänse, Ziegen, Schweine, Kaninchen, Truthähne und andere Tiere. Die Kinder sehen dem Bauern bei seiner täglichen Arbeit zu, z. B. um 10.30 Uhr beim Melken der Kühe. Dienstags kommen zum Bauernmarkt (Mai–Okt. 15–19 Uhr) Hippies, die Bioprodukte verkaufen, und Straßenmusikanten, die auf Dobro-Gitarren aus den Appalachen spielen.

THE BEACHES

Für die Bewohner ist „The Beach" nur ein wohlhabendes Viertel unten am Seeufer, in dem vor allem Berufstätige wohnen. Für alle anderen ist es ein Teil von The Beaches – womit der Vorort, die Strände selber und die Grünflächen am Lake Ontario gemeint sind.

Von allen Stränden ist der sandige **Kew Beach** (Karte S. 57; ☎416-392-8186; www.toronto.ca/parks; ⏲Sonnenaufgang–Sonnenuntergang; 501) der beliebteste. Seine Uferpromenade führt Richtung Osten zum **Balmy Beach** und Richtung Westen zum **Woodbine Beach**.

Im angrenzenden **Kew Gardens** gibt's Toiletten, Imbissstände, eine Skaterbahn, Rasenkugelspiele und Tennisplätze. Am westlichen Ende befindet sich ein öffentliches Schwimmbad mit olympischen Maßen. Für Radfahrer und Inline-Skater gibt's den **Martin Goodman Trail**, der am Ashbridge's Bay Park vorbeiführt. Hinter der Queen St E führen die abgesenkten **Ivan Forrest Gardens** bis zur Glen Stewart Ravine, einem wilden Grünzug, der nördlich der Kingston Rd verläuft.

RC Harris Filtration Plant WAHRZEICHEN

(☎416-392-2934; www.toronto.ca; 2701 Queen St E; 501; P) Das elegant geschnittene Klärwerk mit himmlischem Blick aufs Seeufer liegt auf einem unbezahlbaren Grundstück und ist ein modernes Meisterwerk im Art-déco-Stil. Kein Wunder, dass es schon in unzähligen Filmen und Fernsehsendungen zu sehen war und auch in Michael Ondaatjes *In der Haut eines Löwen* vorkommt. Ursprünglich nannten die Bewohner die Anlage wegen der horrenden Baukosten während der Großen Depression abwertend „Reinigungspalast". Das Klärwerk ist derzeit für die Öffentlichkeit geschlossen, doch echte Ondaatje-Fans sollten telefonisch anfragen, ob es wieder Führungen gibt.

TORONTO ISLANDS

Früher gab es die Toronto Islands noch nicht, nur eine große Sandbank, die 9 km in den See hineinragte. Aber am 13. April 1858 fegte ein Hurrikan über die Sandbank und schuf die Lücke, die jetzt Eastern Channel genannt wird. Das war die Geburtsstunde von Torontos wertvollen Inseln – fast zwei Dutzend Inseln auf insgesamt 240 ha Fläche. Wer die eng zusammenliegenden, 800 Seelen zählenden Künstlergemeinden auf den beiden herrlichen Inseln **Algonquin Island** und **Ward's Island** besucht, wird von Neidgefühlen geplagt werden. Die Inseln sind nur mit der Fähre zu erreichen; die Überfahrt dauert gerade mal 15 Minuten.

Centreville Amusement Park VERGNÜGUNGSPARK

(☎416-203-0405; www.centreisland.ca; Tageskarte Erw./Kind/Fam. 29/21/90 C$, Eintritt zum Gelände frei; ⏲Juli–Aug. 10.30–20 Uhr, Juni Mo–Fr 10.30–17 & Sa & So 10.30–20 Uhr, Mai & Sept. Sa & So 10.30–18 Uhr; Centre Island) Vom Fährterminal Centre Island geht man am Informationskiosk vorbei bis zum netten Vergnügungspark Centreville. Auf engstem Raum findet man hier ein altes Karussell, einen Minigolfplatz, einen Miniaturzug und eine Seilbahn. Der Zoo der **Far Enough Farm** gibt Kindern jede Menge Gelegenheit, etwas Haariges zu knuddeln und in etwas Feuchtes zu treten.

Über die Centreville Bridge Richtung Süden erreicht man das übermannshohe **Heckenlabyrinth** und die Ticketschalter für die Toronto Islands **Tram Tours** (☎416-392-8192; Fahrt 35 Min. Erw./Kind/erm. 5/2/4 C$; ⏲Mo–Do 13–17, Fr–So bis 18 Uhr). Weiter südlich befinden sich Umkleidekabinen, Imbissstände, ein Fahrradverleih und ein Steg, der weit in den See hinausragt. Gleich östlich steht ein **Bootshaus** (☎416-392-8192;

Boot 15–25 C$/Std.; ⏲Mo–Do 11–17.45, Fr–So bis 18.45 Uhr), in dem man Kanus, Kajaks oder Paddelboote mieten und die Insellagunen erkunden kann.

Hanlan's Point PARK
(⛴Hanlan's Point) Am westlichen Ende von Centre Island, nahe dem Toronto City Centre Airport, befindet sich Hanlan's Point, das nach dem Ruderweltmeister „Ned" Hanlan (1855–1904) benannt ist. Er gehörte zu jener Familie, die sich als erste hier ansiedelte. 1914 schaffte der Baseball-Profi Babe Ruth hier bei einem Spiel in der Minor League seinen ersten Home-Run – der Ball fiel in den Lake Ontario, womit das ultimative Souvenir für immer verloren war… Bis in die 1940er-Jahre war das Eissegeln auf dem gefrorenen See absolut angesagt. Wegen der Klimaerwärmung sind die Winter aber jetzt zu mild dafür.

Neben den kostenlosen Tennisplätzen und dem fragilen Ökosystem aus tiefliegenden Dünen, in denen seltene Tierarten leben, gibt's hier noch eine gar nicht so seltene Spezies – den *Nackedei* –, der den grauen Sand des **Hanlan's Point Beach** durchstreift. Auf dem vor allem bei Schwulen beliebten Strand ist seit 1999 FKK legal.

Ward's Island INSEL
(⛴Ward's Island) Am Westende von Ward's Island gibt's einen **Frisbee Golf Course** (www.discgolfontario.com; ⏲Sonnenaufgang–Sonnenuntergang) mit 18 Löchern. Eine altmodische Uferpromenade zieht sich die gesamte Südküste der Insel entlang, vorbei am Hintereingang des Rectory Cafés.

GREATER TORONTO AREA (GTA)

Viele der Ortschaften im Umland wurden mit Toronto zu einer riesigen Metropolregion zusammengelegt: der GTA. Deren Erkundung kann sich lohnen, aber wenn man kein Auto hat, braucht man viel Zeit.

High Park PARK
(Karte S. 57; www.highpark.org; 1873 Bloor St W; ⏲Sonnenaufgang–Sonnenuntergang; Ⓢ High Park, 🚋501, 506, 508; Ⓟ) Torontos größter Park ist der herrlich wilde High Park. Hier kann man Picknicken, Schwimmen, Tennis spielen, Radfahren, Schlittschuhlaufen oder auch nur unter den mächtigen Eichen sitzen und den Sonnenuntergang beobachten. Hier befinden sich auch der **Dream in High Park**, der **Grenadier Pond**, wo die Leute im Winter Schlittschuhlaufen, der **Animal Paddocks** (Streichelzoo) und die **Colborne Lodge** (☎416-392-6916; www.toronto.ca/culture/colborne.htm; Colborne Lodge Dr; Erw./Kind/erm. 6/2,50/2,50 C$; ⏲Okt.–Dez. Di–So 12–16 Uhr, Mai–Sept. bis 17 Uhr, Jan.–April nur Fr–So; Ⓟ), ein Cottage im Regency-Stil, das 1836 für die Familie Howard erbaut wurde, die der Stadt 1873 einen großen Teil des High Parks stiftete.

Der Nordeingang des High Parks liegt an der High Park Ave, die von der Bloor St W abzweigt. Von Mitte Juni bis Anfang September fährt an den Wochenenden und an Feiertagen der Bus 30B vom U-Bahnhof High Park durch den Park. Ansonsten kann man die 200 m bis zum Nordeingang auch laufen. Die Straßenbahn 506 High Park hält an der Ostseite des Parks. Wer den Park über den Südausgang bei der Colborne Lodge verlässt, kann zum Lake Shore Blvd W hinunterlaufen und mit der Straßenbahn ostwärts zum Zentrum zurückfahren.

Scarborough Bluffs PARK
(☎416-392-1111; www.torontoca/waterfront/tour/scarborough_bluffs.htm; Scarborough; ⏲Sonnenaufgang–Sonnenuntergang; Ⓟ) Die Scarborough Bluffs sind ein 14 km langer Uferstreifen aus Klippen, die in der Eiszeit entstanden. Elizabeth Simcoe benannte die Gegend 1793 nach dem englischen Scarborough in Yorkshire. Es gibt mehrere Parks, die Zugang zu den Klippen bieten, von denen man einen tollen Blick über den Lake Ontario hat.

Wenn man von der Kingston Rd (Hwy 2) beim Cathedral Bluffs Dr nach Süden abbiegt, kommt man zum höchstgelegenen Felsabschnitt, dem **Cathedral Bluffs Park** (65 m). Die Erosion schuf hier Felsformationen, die wie die Türme einer Kathedrale aussehen und von fünf verschiedenen Eiszeit-Perioden zeugen. Die Küste ist auch über die Galloway Rd weiter östlich erreichbar. Unterhalb dieses Klippenabschnitts an der Brimley Rd entstand durch Landaufschüttung der **Bluffer's Park**, ein privates Erholungsgebiet mit Jachthafen.

Die Felsen sind ohne Auto nur schwer erreichbar, und mit Auto ist das Parken schwierig. Man kann mit der U-Bahn zum Victoria Park fahren und von dort mit dem Bus 12 die Kingston Rd entlangfahren. Den Busfahrer darum bitten, einen am Cathedral Bluffs Dr, östlich der Kreuzung mit der St. Clair Ave E, abzusetzen.

Todmorden Mills HISTORISCHE STÄTTE
(☎416-396-2819; www.toronto.ca/todmorden; 67 Pottery Rd; Erw./Kind/erm. 5,25/1,45/2,25 C$; ⏲April–Mai & Sept.–Dez. Mi–Fr 12–16.30, Sa & So

bis 16 Uhr, Juni–Aug. Mo–Fr 10–16.30, Sa & So 12–17 Uhr; P) Die friedlich am Don River gelegene Todmorden Mills ist ein Relikt aus der Zeit der Industrialisierung – eine Getreidemühle aus dem späten 18. Jh., die später in eine Sägemühle, dann in eine Brauerei mit Brennerei und anschließend in eine Papiermühle umgewandelt wurde. In der Brewery Gallery sind historische Ausstellungsstücke zu sehen, und geduldige Führer zeigen den Besuchern das alte Müllershaus und den kleinen Bahnhof Don. Das renovierte **Papermill Theatre and Gallery** (Eintritt zur Galerie frei) zeigt Werke einheimischer und aufstrebender Künstler und Aufführungen der hiesigen Eastside Players. An der Brücke beginnen Spazierwege durch die Natur, die sich bis zum abgeschiedenen **Todmorden Mills Wildflower Preserve** (www.hopscotch.ca/tmwp) winden, einer 9 ha großen Fläche ehemaligen Industrie-Brachlands, wo heute Wildblumen wachsen und es Plankenwege und Aussichtsplattformen gibt. Wer mit öffentlichen Verkehrsmitteln hierher fahren will, kann die U-Bahn bis zum Broadway nehmen und dort in den Bus 8, 62, 87 oder 100 umsteigen.

Aktivitäten

Die Einwohner Torontos wollen in Form bleiben, auch wenn sie sich im Winter wie Mumien einmummen müssen. Es gibt jede Menge Möglichkeiten für Aktivitäten im Freien – im Sommer Radfahren, Inlineskaten und Joggen am Seeufer, Wandern durch die Grünzüge und Paddeln auf dem Lake Ontario, im Winter Schlittschuhlaufen und Eishockeyspielen. Nicht selten sieht man auch im Winter Hardcore-Radler über vereiste Straßen oder Mitte Juli Eishockeyverrückte über Kunsteisflächen düsen.

Radfahren & Inlineskaten

Für Radfahrer und Inlineskater empfiehlt sich der **Martin Goodman Trail**. Der asphaltierte Freizeitweg erstreckt sich von The Beaches über Harbourfront bis zum Humber River im Westen – wer Richtung See geht, wird auf ihn stoßen. Unterwegs kann man an der Cherry St auch in die im Don Valley liegenden Mountainbike-Wege abbiegen. Auf den **Toronto Islands** sind die Uferpromenade am Südufer und die asphaltierten Verbindungswege autofreie Zonen. Radfahren oder Skaten kann man auch rund um den **High Park**. Wer Lust auf eine längere Tour hat: Der Martin Goodman Trail ist ein Teil des 450 km langen **Lake Ontario Waterfront Trail** (www.waterfronttrail.org), der sich vom Osten Torontos bis nach Niagara-on-the-Lake erstreckt, wo man auf den asphaltierten Freizeitweg am **Niagara Parkway** (S. 115) kommt.

Zu den empfehlenswerten Fahrradkarten gehören MapArts *Toronto with Bicycle Routes* (3,95 C$) und das *Official Lake Ontario Waterfront Trail Mapbook* (9,95 C$).

Nützliche Radorganisationen sind u.a. folgende:

Community Bicycle Network FAHRRADVERLEIH
(Karte S. 68; ☎416-504-2918; www.communitybicyclenetwork.org; 761 Queen St W; 1 Tag/2 Tage/1 Woche 25/10/50 C$; ⏲Mo–Sa 12–18 Uhr; 🚋501) Was früher ein Programm zur gemeinschaftlichen Nutzung von Fahrrädern war, ist heute ein reiner Fahrradverleih. Die Angestellten können einem aber mit Reparaturen und Infos aushelfen.

Europe Bound Outfitters FAHRRADVERLEIH
(Karte S. 66; ☎416-601-1990; 47 Front St; ⏲Mo–Fr 10–19, Sa bis 18, So 11–17 Uhr; 🚋503) Mountainbikes und Tandems mit Helmen ab 30 C$ pro Tag.

Toronto Bicycling Network FAHRRADCLUB
(☎416-760-4191; www.tbn.on.ca) Der Freizeitfahrradclub ist eine tolle Infoquelle und organisiert Radtouren, an denen auch Nichtmitglieder für 5 C$ teilnehmen können.

Toronto Islands Bicycle Rental FAHRRADVERLEIH
(☎416-203-0009; Fahrrad/Tandem 7/14 C$ pro Std., Tretauto mit 2/4 Sitzen 16/40 C$; ⏲Juni–Aug. 10–17 Uhr, Mai & Sept. nur Sa & So; ⛴Centre Island)

Wheel Excitement FAHRRAD- & SKATERVERLEIH
(Karte S. 66; ☎416-260-9000; www.wheelexcitement.ca; 249 Queens Quay W; Fahrrad & Inlineskates 15/30 C$ pro Std./Tag; ⏲10–18 Uhr; 🚋509, 510) Nahe der Fähre zu den Toronto Islands.

Schlittschuhlaufen

Im Winter gibt's im Zentrum ein paar (buchstäblich) coole Orte zum Schlittschuhlaufen, z.B. den **Nathan Phillips Square** vor der City Hall und das **Harbourfront Centre**. Diese künstlichen Eisbahnen sind (je nach Wetterlage) von Mitte November bis März täglich zwischen 10 und 22 Uhr geöffnet. Der Eintritt ist frei; die Ausleihgebühr für Schlittschuhe beträgt 7 C$. Bei **Toronto Parks & Recreation** (☎416-397-2628; www.toronto.ca/parks) erhält man Infos zu anderen Eisbahnen in der Stadt, darunter die in den **Kew Gardens** bei Kew Beach und im **Trinity Bellwoods Park** in West Toronto. Wenn es klirrend kalt ist, kann man auch auf dem **Grenadier Pond** im High Park Eislaufen.

Schwimmen

Trotz der vielen Stadtstrände, die von Juli bis August von Rettungsschwimmern überwacht werden, baden die Einheimischen nicht gern im Lake Ontario. Die Wasserqualität kann ziemlich übel sein, vor allem wenn es geregnet hat. Aktuelle Infos zur Wasserqualität erhält man bei der **Beach Water Quality Hotline** (416-392-7161; www.city.toronto.on.ca/beach).

Die Stadtverwaltung betreibt mehr als ein Dutzend Freibäder mit olympischen Maßen, die im Sommer von Sonnenauf- bis Sonnenuntergang geöffnet sind. Infos zu den Öffnungszeiten und die Adressen der Freibäder erfährt man unter www.toronto.ca/parks/opening pools2005.htm.

Wandern

Lust, sich die Beine zu vertreten? Dann sind Torontos Stadtparks, Naturschutzgebiete und Schluchten genau das Richtige. Alternativ kann man sich auch mit einer Gruppe wie **Hike Ontario** (905-277-4453, 800-894-7249; www.hikeontario.com) oder **Toronto Bruce Trail Club** (416-763-9061; www.torontobrucetrailclub.org) auf kühne Tageswanderungen machen.

Wassersport

Segelboot-, Kajak-, Kanu- und Windsurfbrettverleih und Kurse gibt's hier:

Harbourfront Canoe & Kayak Centre BOOTFAHREN
(Karte S. 66; 416-203-2277, 800-960-8886; www.paddletoronto.com; 283a Queen's Quay W; Kanu 30/60 C$ pro Std./Tag, Kajak 20/50 C$, Zweierkajak 30/65 C$; Mo–Fr 12–18, Sa–So ab 10 Uhr; 509, 510; P) Paddeln auf dem See und Kurse. Parken kostet 7 C$.

Queens Quay Sailing & Powerboating BOOTFAHREN
(Karte S. 66; 416-203-3000; www.qqy.ca; 275 Queens Quay W; Segelboot ab 75 C$/3 Std., Motorboot ab 65 C$/Std.; Mai–Sept. 9–21 Uhr, Okt.–April Mo–Fr bis 17 Uhr; 509, 510; P) Segel- und Motorbootverleih und Kurse. Parken kostet 5 bis 8 C$.

Toronto Windsurfing Club WINDSURFEN
(416-461-7078; www.torontowindsurfingclub.com; 2 Regatta Rd; Leihgebühr 30 C$/Std.; P) Windsurfbrettverleih und Kurse am Cherry Beach. Mit dem Bus 172 bis zur Commissioners St fahren und dann zehn Minuten nach Süden gehen.

Toronto ganz anders

Wer schräg drauf ist oder mal Lust auf etwas anderes hat, kann sich sicher sein, in Toronto Gleichgesinnte zu finden. Zu den verrückteren Stadtfesten gehören die Caribana mit ihrer Knackarsch-Karnevalparade, die Nuit Blanche, eine schlaflose Nacht verrückter städtischer Kunsterfahrungen, und das Toronto Buskerfest.

Cineforum KINO
(Karte S. 68; www.cineforum.ca; 463 Bathurst St; über/unter 24 Jahren 20/10 C$; Filmvorführungen Sa–Do 19 & 21 Uhr; 506, 511) Es gab zwar schon mehrere Versuche, das Cineforum zu schließen, aber hier kann man immer noch verrückte Kinoabende erleben. Der aus Toronto stammende temperamentvolle Reg Hartt pflastert alle Telefonsäulen mit Postern seines Kinos voll, und die Filme – Klassiker und Avantgarde-Streifen – zeigt er im Vorderzimmer seines Hauses. Seine Spezialität sind Retrospektiven von Animationsfilmen und Drucke von Salvador Dalí. Man muss mit eigenartigen Vorträgen zur Bewusstseinserweiterung (im Stile von „Was ich von LSD gelernt habe") rechnen, die manchmal während der Filmvorführungen gehalten werden. Es gibt 20 Sitzplätze; Essen und Trinken muss man selbst mitbringen.

Theatre Passe Muraille THEATER
(Theater hinter Mauern; Karte S. 68; 416-504-7529; www.passemuraille.on.ca; 16 Ryerson Ave; Karten 20–35 C$, Generalprobe 16 C$; Vorstellungen Di–Sa 20 Uhr; 501) Das Theatre Passe Muraille ist ein alternatives Theater in der alten Nasmith's Bakery & Stables. Seit den 1960er-Jahren zeigt es radikale, neue Stücke zu zeitgenössischen kanadischen Themen. Oft gibt's auch Gespräche über die Vorstellungen mit den Darstellern und Produzenten. Bei den Samstagsvorstellungen zahlt man nur so viel, wie man sich leisten kann.

Come as You Are SEXSHOP
(Karte S. 68; 416-504-7934, 877-858-3160; www.comeasyouare.com; 701 Queen St W; Mo–Mi & Sa 11–19, Do & Fr bis 21, So 12–17 Uhr; 501) Der genossenschaftlich organisierte Laden ist einer der Sexshops der ersten Stunde in Kanada und verkauft alles für alle Ge-

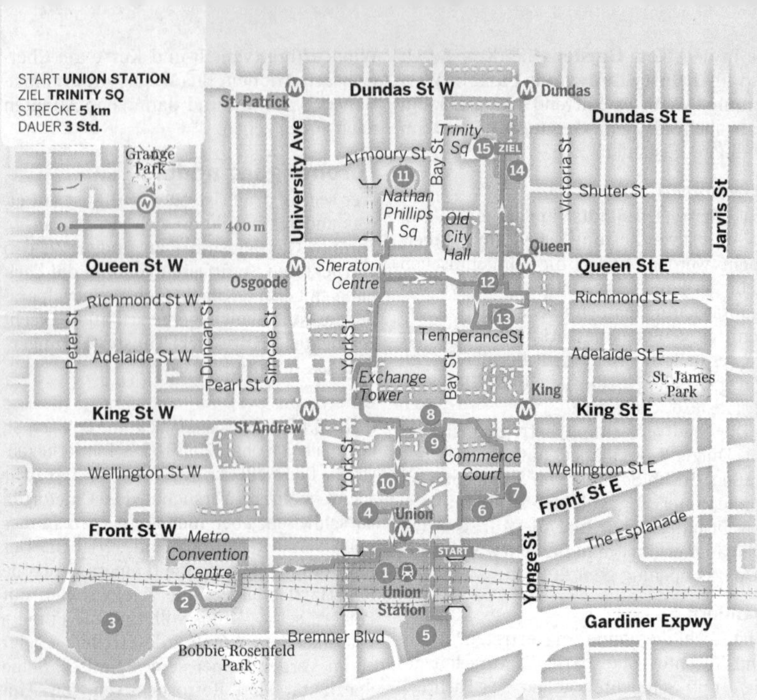

Stadtspaziergang

Unterirdischer Toronto-Blues

Zum Aufwärmen (oder Abkühlen), kann man ins unterirdische Fußgängersystem Torontos abtauchen: Der PATH (www.city.toronto.on.ca/path) ist ein 28 km langes Labyrinth, das die Sehenswürdigkeiten, Wolkenkratzer und Shops der Downtown verbindet.

Von der ❶ **Union Station** geht man im SkyWalk über die Eisenbahnschienen bis zum ❷ **CN Tower**, direkt neben dem ❸ **Rogers Centre**. Dann geht's zurück zur Union Station, unter der Front St hindurch und die Treppen hinauf zum ❹ **Fairmont Royal York**. Wieder zurück in der Halle im Untergeschoss der Union Station, folgt man den Schildern zum ❺ **Air Canada Centre** und schaut sich die architektonischen Ausstellungsstücke am Eingang der Bay St an.

Zurück zur Union Station und dann nach draußen zum TTC-Bereich der Union Station unter der Front St W. Noch im Bahnhof scharf rechts abbiegen und den farbigen Pfeilen zum ❻ **BCE Place** und der ❼ **Hockey Hall of Fame** folgen. Durch den Commerce Court kommt man zum ❽ **Toronto-Dominion Centre**. Hinter der Digitalanzeige der Börsenkurse nach links und die Treppen hinauf zur ❾ **Design Exchange**.

Wieder zurück unter dem TD Centre folgt man den Schildern zum TD Waterhouse Tower zur ❿ **Toronto Dominion Gallery of Inuit Art**. Zurück zum TD Centre und Richtung Standard Life Centre, Exchange Tower und Richmond-Adelaide Complex. Dann sind das Sheraton Centre Hotel und die ⓫ **City Hall** dran. Dort geht's nach oben, wo man auf dem Nathan Phillips Sq die Leute beim Schlittschuhlaufen beobachten kann.

Wieder unten geht's zum Kaufhaus ⓬ **The Bay**. Durchs UG und nach rechts durch den gestreiften Flur gehen. Dort führen Stufen zur Temperance St. Von dort ist man schnell beim ⓭ **Cloud Forest Conservatory** zum Aufwärmen. Die Straße überqueren und wieder ins Kaufhaus The Bay zurück zum PATH gehen. Man folgt den Schildern zum ⓮ **Eaton Centre** (S. 100), läuft zum Nordende des Centers, fährt zwei Stockwerke nach oben und ist auf dem Trinity Sq mit der ⓯ **Church of the Holy Trinity**.

schlechter und Neigungen. Man kann auch an einem Workshop zur erotischen Fotografie oder am Kurs Bondage 101 teilnehmen!

Beguiling BUCHLADEN
(Karte S. 68; www.beguiling.com; 601 Markham St; ⌚Mo–Do & Sa 11–19, Fr bis 21, So 12–18 Uhr; Ⓢ Bathurst) Eine Ladung Comics gefällig? Das Beguiling ist die Art überfüllter, zusammengewürfelter Laden, in den Robert Crumb gern reinschauen würde (er war tatsächlich schon mal hier). Man kann sich faszinieren lassen von den vielen Originalheften, Indie-Comics, Büchern über die Popkultur, Limited-Edition-Kunstbüchern und Postern. Infos zu Events gibt's auf der Website.

Matador NACHTCLUB
(466 Dovercourt Rd; ⌚Fr & Sa 2–5.30 Uhr; 🚌506) Das Matador ist ein unglaublicher Club gleich westlich der Ossington Ave und von Little Italy. Seit mehr als 40 Jahren ist hier spätabends auf dem Dancefloor eine Menge los. Hinter dem rostigen Eingangsschild kann man in der Menschenmenge untertauchen und den Livebands lauschen, die Countrymusik und klassischen Rock spielen. Es gibt zwar keinen Alkohol, aber wenn man wirklich bis in die Puppen hier bleibt, braucht man auch keinen mehr.

Tattoostudios

Body Art ist in Toronto fast schon Mainstream. Wenn man alle Tattoo- und Piercingläden in der Stadt abklappern wollte, würden einem die freien Hautflächen ausgehen. Zu den beliebtesten gehören:

New Tribe Karte S. 62 f.; ☎416-977-2786; www.newtribe.ca; 2. OG, 232 Queen St W; ⌚Mo–Do 11–20, Fr & Sa bis 22, So 12–18 Uhr; 🚌501)

Way Cool Tattoos (Karte S. 68; ☎416-603-0145; www.waycool-queen.com; 675 Queen St W; ⌚Mo–Sa 12–24, So bis 20 Uhr; 🚌501, 511)

☞ Geführte Touren

Schiff/Fähre

Mehrere Veranstalter bieten zwischen Mai und September Hafenrundfahrten und Bootstouren zu den Toronto Islands an. Die meisten legen an der Harbourfront neben dem Queen's Quay Terminal oder dem York Quay Centre ab. Für kürzere Ausflüge einfach aufkreuzen und am Kai ein Ticket kaufen; wer eine Kreuzfahrt mit Brunch oder Abendessen machen will, sollte vorher reservieren. Übrigens bietet auch die Überfahrt mit der Fähre zu den Toronto Islands eine spektakuläre Aussicht – und das zum halben Preis!

Great Lakes Schooner Company BOOTSFAHRTEN
(Karte S. 66; ☎416-203-2322; www.tallshipcruisestoronto.com; Rundfahrt 90 Min. Erw./Kind/erm. 22/11/20 C$; ⌚Juni–Aug.; 🚌509, 510) Der flotte, schwarze Dreimaster *Kajama* ist ein deutscher Handelsschoner von 1930 und legt am unteren Ende der Lower Simcoe St ab. Normalerweise steht ein Ticketschalter neben dem Queen's Quay Terminal.

Mariposa Cruises BOOTSFAHRTEN
(Karte S. 66; ☎416-203-0178, 866-627-7672; www.mariposacruises.com; Queen's Quay Terminal, 207 Queens Quay W; Tour 1 Std. Erw./Kind/erm. 20/13/18 C$; ⌚Mai–Sept.; 🚌509, 510) Im Angebot stehen kommentierte Hafenrundfahrten, zweistündige Touren mit Mittagsbuffet (Erw./Kind 49/25 C$) und sonntags Kreuzfahrten zum Brunch sowie zum Dinner mit Tanz.

Toronto Harbour Tours BOOTSFAHRTEN
(Karte S. 66; ☎416-868-0400; www.torontotours.com; Pier 6, Queens Quay W; Rundfahrt 1 Std. Erw./Kind/erm. 25/15/23 C$; ⌚April–Mai 11–17 Uhr, Juni–Aug. 10–21 Uhr, Sept.–Okt. 10–17 Uhr; 🚌509, 510) Die kommentierten Bootstouren starten jede halbe Stunde. Angeboten werden auch abendliche Kreuzfahrten und diverse Kombi-Touren mit Stadtrundfahrt und Hafenrundfahrt (bei manchen besichtigt man auch den CN Tower).

Bus

Es ist bequem, Toronto im Rahmen einer Stadtrundfahrt zu besichtigen. Allerdings könnte man die Stadt auch gut und gern auf eigene Faust erkunden, weil die Tageskarte bei der TTC so billig ist. Wer trotzdem lieber eine organisierte Bustour haben oder bis zu den Niagarafällen fahren will, kann sich an einen der folgenden Tourveranstalter wenden.

ROMBus BUSTOUREN
(Karte S. 62 f.; ☎416-586-5797; www.rom.on.ca; 100 Queen's Park; Ganztagstour 110–140 C$; Ⓢ Museum) Das Royal Ontario Museum organisiert jeden Monat Bustouren rund um historische, kulturelle und architektonische Themen.

Toronto Hippo Tours BUSTOUREN
(Karte S. 66; ☎416-703-4476, 877-635-5510; www.torontohippotours.com; 151 Front St W; Tour 90 Min. Erw./Kind/erm./Fam. 38/25/33/110 C$;

TORONTO MIT KINDERN

Das ganze Jahr über finden in Toronto speziell auf Kinder zugeschnittene Events statt. Das Harbourfront Centre bietet mit seinen HarbourKIDS ständig Veranstaltungen für Kinder. Im August gibt's auch Events der Canadian National Exhibition.

In dem ausgezeichneten interaktiven **Ontario Science Centre** (www.ontariosciencecentre.ca; 770 Don Mills Rd; Science Centre Erw./Kind/erm. 18/11/13,50 C$, Omnimax 12/8/9 C$, Kombi-Ticket 25/15/19 C$; ⌚10–19 Uhr; Ⓟ) kann man Wände hochklettern, sich ins Zentrum des menschlichen Herzens vorarbeiten, mithilfe eines DNA-Fingerabdrucks einen Kriminellen fassen und eine olympische Bobschlittenfahrt machen. Es gibt mehr als 800 Hightech-Exponate und Live-Demonstrationen, die Kinder faszinieren (während die Erwachsenen Desinteresse vortäuschen). Hier befindet sich auch das riesige überkuppelte Omnimax Cinema. Auf der Website werden Events für Familien angekündigt, darunter Themenabende mit Übernachtung (54 C$, Reservierung erforderlich). Parken kostet 8 C$. Um hierher zu kommen, nimmt man die U-Bahn entweder bis Eglinton und dann den Bus 34 oder bis Pape und dann den Bus 25.

Die interaktiven Ausstellungen im **Ontario Science Centre** und im **Royal Ontario Museum** sind fabelhaft. Das **Gardiner Museum of Ceramic Art** veranstaltet regelmäßig einen Töpferkurs für Kinder.

Im Sommer kann man Kinderherzen mit einem Besuch des **Ontario Place** oder **Paramount Canada's Wonderland** (www.canadas-wonderland.com; 9580 Jane St, Vaughan; Tageskarte Erw./Kind/erm. 55/32/32 C$; ⌚Juni–Aug. 10–22 Uhr, Ende April–Ende Mai & Anf. Sept.–Anf. Okt. nur Sa & So; Ⓟ), einem topmodernen Vergnügungspark mit mehr als 60 Fahrgeschäften, glücklich machen. Zu den Highlights zählen ein paar schwindelerregende Achterbahnen, ein explodierender Vulkan, der 20 ha große Aquapark Splash Works und die Fantastic World of Hanna-Barbera für die ganz Kleinen. Die Schlangen können lang sein, aber die meisten Fahrgeschäfte sind bei jedem Wetter geöffnet. Das Wonderland liegt 45 Fahrtminuten nordwestlich der Downtown Torontos am Hwy 400. Man nimmt die Ausfahrt an der Rutherford Rd, zehn Minuten nördlich vom Hwy 401. Alternativ steigt man an den U-Bahnhöfen Yorkdale oder York Mills in den stündlich fahrenden **Wonderland Express Bus** (www.gotransit.com; Erw./Kind 5,15/2,60 C$; ⌚9–17.30 Uhr) von GOTransit. Parken kostet 10 C$.

Im **Black Creek Pioneer Village** (www.blackcreek.ca; 1000 Murray Ross Pkwy, Downsview; Erw./Kind/erm. 15/11/14 C$; ⌚Mai–Dez. Mo–Fr 9.30–16, Sa & So 11–17 Uhr; Ⓟ) wird das Leben auf dem Land im Ontario des 19. Jhs. nachgestellt. Darsteller in Kleidung aus jener Zeit versorgen die Tiere auf dem Bauernhof, spielen Volksmusik und führen das Handwerk auf dem Lande mit authentischen Werkzeugen und Methoden vor. Die Geschäfte verkaufen die Arbeiten der Handwerker – alles von Zinnlaternen bis zu Schieferplatten und Lakritzstangen. Das Dorf liegt 40 Autominuten nordwestlich der Downtown. Man kann die U-Bahn bis Finch und dann den Bus 60 nehmen. (Parken 6 C$).

Zur Märchenstunde kann man in der **Toronto Public Library – Lillian H. Smith Branch** (Karte S. 62 f.; www.torontopubliclibrary.ca; 239 College St; ⌚Mo–Do 9–20.30, Fr bis 18, Sa bis 17 Uhr, Sept.–Juni auch So 13.30–17 Uhr; 🚋506, 510) vorbeischauen oder besucht eine Vorführung im innovativen **Lorraine Kimsa Theatre for Young People** (Karte S. 66; ☎416-862-2222; www.lktyp.ca; 165 Front St E; ⌚Kasse 9–17 Uhr; 🚋503, 504), das erhellende Theaterstücke für Kinder auf die Bühne bringt.

Eine tolle Infoquelle ist die Website www.helpwevegotkids.com, auf der alles in Toronto aufgelistet ist, was mit Kindern zu tun hat – bis zu Babysittern und Tagesstätten.

⌚Mai–Nov. 10–18 Uhr; ⓈUnion) Mit Amphibien-Bussen geht's zuerst durch die Stadt und dann auf den See. Die witzig kommentierte Rundfahrt dauert eine Stunde.

JoJo Tours BUSTOUREN
(☎416-201-6465, 888-202-3513; http://home.interlog.com/~jojotour; Tagesausflug zu den Niagarafällen 50 C$) Preisgünstige Touren zu den Niagarafällen (Mai–Okt.). Unterwegs gibt's auch noch einen Zwischenstopp in einem Weingut und in Niagara-on-the-Lake. Im Winter ist auch eine Fahrt mit Schlittenhunden und Eisangeln Bestandteil der Tour.

Gray Line Tours BUSTOUREN

(Karte S. 62 f.; ☎800-594-3310; www.grayline.ca; Abfahrt am Metro Toronto Coach Terminal, 610 Bay St; Karte für 3 Tage Erw./Kind/erm./Fam. 34,50/18/31/95 C$; ⌚9–16 Uhr; Ⓢ Dundas) Einmal pro Stunde macht sich ein Doppeldeckerbus zu einer zweistündigen Stadtrundfahrt durchs Zentrum Torontos auf. Fahrkarten kauft man an Bord und kann dann beliebig oft ein- und aussteigen. Es gibt auch Touren zu den Niagarafällen.

Chariots of Fire BUSTOUREN

(☎905-693-8761, 866-833-0460; www.chariots-of-fire.com; Tagesausflug 60 C$; ⌚Mai–Okt.) Preisgünstige Tour zu den Niagarafällen inklusive Niagara-on-the-Lake und einer Bootsfahrt mit einer *Maid of the Mist.*

Spaziergengehen & Radfahren

Toronto ist am einfachsten zu Fuß zu erkunden. Bei einer Radtour kann man allerdings größere Strecken zurücklegen.

GRATIS **ROMWalks** STADTSPAZIERGANG

(☎416-586-8097; www.rom.on.ca; ⌚ Mai–Sept. Mi & So abends) Freiwillige des Royal Ontario Museums bieten bei jedem Wetter ein- bis zweistündige Stadtspaziergänge mit Schwerpunkt auf Geschichte und Architektur.

A Taste of the World STADTSPAZIERGANG

(☎416-923-6813; www.torontowalksbikes.com; Tour 2–3½ Std. 25–45 C$) Witzige, fachkundige Führer veranstalten unkonventionelle Spaziergänge und Radtouren zu Torontos versteckten Winkeln und Ecken, meist mit kulinarischem Schwerpunkt. Reservierung empfohlen.

GRATIS **Heritage Toronto** STADTSPAZIERGANG

(☎416-338-3886; www.heritagetoronto.org; ⌚ Mai–Sept. Wochenende) Ausgezeichnete ein- bis dreistündige Spaziergänge mit Schwerpunkt auf Geschichte, Kultur und Natur, die von Museumsexperten und von Geschichtsvereinsmitgliedern veranstaltet werden. Keine Reservierung notwendig. Auf der Website kann man sich auch eine Audiotour herunterladen.

Feste & Events

Januar–Februar

WinterCity Festival KULTUR

(www.toronto.ca/special_events) Ende Januar wirft Toronto kraftvoll die Last des Winters ab und feiert in der ganzen Stadt Kultur, Küche und Kunst. Viele der Events sind kostenlos.

April

Hot Docs FILM

(www.hotdocs.ca) Nordamerikas größtes Dokumentarfilmfestival zeigt mehr als 100 Dokus aus aller Welt.

Mai

Doors Open Toronto KULTUR

(www.toronto.ca/doorsopen) Die Türen architektonischer Highlights werden geöffnet und gewähren so Besuchern Einblick ins Innere.

Juni

North by Northeast FILM

(NXNE; www.nxne.com) Mitte Juni beschert einem ein erschwingliches Armband ein langes, feucht-fröhliches Wochenende in mehr als 30 Clubs, in denen 400 New Music- und Filmvorführungen stattfinden.

Pride Toronto SCHWULENFESTIVAL

(www.pridetoronto.com) Torontos farbenprächtigstes Event feiert Ende Juni alle Arten der Sexualität. Den Höhepunkt bildet der Comingout Dyke March und die ausgefallene Pride Parade. Der G-Punkt der Pride liegt in Church-Wellesley Village. Die meisten Events sind kostenlos.

National Aboriginal Day KULTUR

(www.toronto.ca/diversity/events-aboriginal-day.htm) Kanadas kulturelles Erbe der Indianer, der Inuit und der Métis, wird zur Sommersonnenwende (21. Juni) gefeiert. Die Events beginnen schon eine Woche vorher.

Toronto Downtown Jazz Festival MUSIK

(www.tojazz.com) Ende Juni, Anfang Juli erklingen zehn Tage lang in den Straßen der Stadt sowie in den Nachtclubs und Konzertsälen Jazz, Blues und Weltmusik. Es gibt auch Musik-Workshops, Filmvorführungen und Hafenrundfahrten.

Juli

Toronto Fringe Festival KULTUR

(www.fringetoronto.com) Anfang Juli finden mehr als zwei Wochen lang auf Dutzenden von Bühnen Dutzende von Theateraufführungen statt – von total unkonventionellen bis hin zu todernsten. Es gibt auch ein Kinderprogramm.

Honda Indy Toronto AUTORENNEN

(www.hondaindyoronto.com) Vor großem Publikum treten international bekannte Rennfahrer gegeneinander an und düsen lautstark mit bis zu 300 km/h über den Lakeshore Blvd.

Beaches International Jazz Festival
MUSIK

(☎416-698-2152; www.beachesjazz.com) Das hochkarätige, kostenlose, dreitägige Jazzfestival füllt seit fast 20 Jahren Ende Juli die Bühnen an der Queen St E, in den Kew Gardens und im Distillery District.

August

Caribana
KARIBISCHES FESTIVAL

(www.caribana.com) Das größte karibische Festival Nordamerikas findet von Ende Juli bis Anfang August statt. Der Karnevalsumzug, bei dem die Kostüme ein Hauch von blümchengemustertem Nichts sind, dauert fünf wahnwitzige Stunden – was für eine Party!

Canadian National Exhibition
LANDWIRTSCHAFT

(CNE; www.theex.com) Die seit 1879 stattfindende „Ex“ bringt mehr als 700 Aussteller, Tier- und Pflanzenschauen, Holzfällerwettbewerbe, Freiluftkonzerte und Festivitäten ins Exhibition Place. Die Flugschau und das Feuerwerk am Labour Day krönen das Ganze.

Scotiabank Buskerfest
MUSIK

(www.torontobuskerfest.com) Ende August macht sich drei Tage lang eine bunte Truppe kanadischer und internationaler Straßenmusikanten auf dem St. Lawrence Market breit: Es gibt Schwertschlucker, Jongleure und Musikanten von unvorhersehbarer Qualität.

September

Toronto International Film Festival
FILM

(TIFF; torontointernationalfilmfestival.ca) Torontos zehntägiges, prestigeträchtiges Filmfestival Ende September gehört zu den besten Veranstaltungen dieser Art weltweit und ist daher ein wichtiges Ereignis in der Kinowelt. Gezeigt werden Filme aller Längen und Arten, während die Promis zwischen den Galaevents und der prächtigen neuen Bell Lightbox hin- und herpendeln. Karten für das TIFF muss man natürlich weit im Voraus kaufen.

Nuit Blanche
KULTUR

(www.scotiabanknuitblanche.ca) Ende September wird in der ganzen Stadt mit mehr als 130 Events eine lange Nacht der städtischen Kunst geboten. Eingefädelte „Zufallsbegegnungen“, interaktive Tanzstücke und ein Straßenmarkt gehören zu dem nächtlichen Spaß mit dazu.

Oktober

International Festival of Authors
LITERATUR

(www.readings.org) Mitte Oktober treffen sich angesehene kanadische und internationale Autoren im Harbourfront Centre. Lesungen, Diskussionen, Vorträge, Preisverleihungen, Autogrammstunden und kinderfreundliche Veranstaltungen.

November

Canadian Aboriginal Festival
KULTUR

(www.canab.com) Mehrtägiges Event Ende November im Rogers Centre mit Tanz, Trommeln, Kunsthandwerk, Filmen, überlieferten Kenntnissen und einem Lacrosse-Wettbewerb. Kanadas größtes Ureinwohnerfestival.

Schlafen

Nun gilt es die Brieftasche festzuhalten, denn es wird teuer: In Toronto eine preiswerte Unterkunft zu finden, ist der schwierigste und aufwändigste Teil der Reise. Außer im Winter sind Reservierungen unverzichtbar, denn vom Victoria Day (etwa Mitte Mai) bis zu den letzten Ausklängen des Sommers sind alle anständigen Unterkünfte jede Nacht ausgebucht. Wer im Voraus bucht, beugt auch dem Ärger über stark schwankende Hotelpreise vor – viele Unterkünfte nehmen im Sommer und zu großen Festivals das Doppelte oder Dreifache im Vergleich zur Nebensaison. Manche Hostels, Pensionen und B&Bs erheben keine Steuern, Hotels dageben immer. Auf den Hotel-Websites gibt's manchmal auch Online-Rabatte.

In Downtown Toronto gibt's historische Hotels, Boutiquehotels und Anwesen direkt am See. Die können zwar teuer sein, aber dafür braucht man auch nicht Unmengen auszugeben, um zum Zentrum des Geschehens zu gelangen. Jede Menge Pensionen und B&Bs gibt's im östlichen Toronto, in Church-Wellesley Village und The Annex. Preiswerte Betten sind schwer zu finden, aber vereinzelt gibt's ein paar erstklassige Jugendherbergen.

Torontos blühendes B&B-Gewerbe bietet für jeden Geldbeutel etwas. Viele B&Bs verlangen einen Mindestaufenthalt von zwei Tagen. Praktisch ist die Online-Infoquelle www.bbcanada.com, wo rund 100 B&Bs in der Stadt aufgelistet sind. Wer Zeit und Geld sparen will, kann auch über eine Agentur buchen.

Bed & Breakfast Homes of Toronto B&B
(☎416-363-6362; www.bbcanada.com/associations/toronto2) Alles von ordentlichen Familienwohnungen bis zu Luxussuiten.

Downtown Toronto Association of Bed and Breakfast Guest Houses B&B
(☎416-483-8032; www.bnbinfo.com) Zimmer in verschiedenen Vierteln, meistens in renovierten viktorianischen Häusern.

Toronto Bed & Breakfast Reservation Service B&B
(☎705-738-9449, 877-922-6522; www.torontobandb.com) Älteste Agentur in der Stadt mit einem Dutzend zentral gelegenen Unterkünften.

HARBOURFRONT

Renaissance Toronto HOTEL $$$
(Karte S. 66; ☎416-341-7100, 800-237-1512; www.renaissancehotels.com; 1 Blue Jays Way; DZ/Suite ab 290/325 C$; SUnion; P) 70 der beeindruckenden Zimmer blicken aufs Spielfeld des Rogers Centre. Wer eines davon bucht, muss sich auf Flutlichter und brüllende Sportfans einstellen! Wer lieber in Ruhe schlafen will, nimmt besser ein anderes Zimmer und kann vom Restaurant oder der Bar aus trotzdem noch das Treiben auf dem Spielfeld beobachten. Parken kostet 20 bis 30 C$.

FINANCIAL DISTRICT

Fairmont Royal York HOTEL $$$
(Karte S. 66; ☎416-368-2511, 866-440-5489; www.fairmont.com/royalyork; 100 Front St W; DZ ab 239 C$; SUnion; P) Seit 1929 hat das angesehene Royal York schon alle möglichen Leute von Tina Turner bis Henry Kissinger beherbergt. Das von der Canadian Pacific Railway erbaute Hotel ist einem Chateau nachempfunden und gibt der modernen Skyline Torontos Charakter. Bei steigender Nachfrage steigen auch die Preise. Die Epic Tearooms und die Library Bar lohnen einen Blick. Parken (nur mit Parkservice) kostet 40 C$.

Hotel Victoria BOUTIQUEHOTEL $$
(Karte S. 66; ☎416-363-1666, 800-363-8228; www.hotelvictoria-toronto.com; 56 Yonge St; DZ 134–164 C$; SKing;) Das Anfang des 20. Jhs. errichtete kleine Hotel Victoria ist eines der besten in Downtown Toronto. Es wurde gründlich renoviert, hat aber trotzdem ein paar altmodische Details, darunter die hübsche Lobby und die warme, einladende Rezeption, die rund um die Uhr besetzt ist. Im Zimmerpreis enthalten ist die Nutzung des Wellnessbereichs.

Strathcona Hotel HOTEL $$
(Karte S. 66; ☎416-363-3321, 800-268-8304; www.thestrathconahotel.com; 60 York St; DZ ab 125 C$; SSt. Andrew;) Das 65 Jahre alte, schlichte Hotel ist angesichts seiner Lage im Zentrum relativ preiswert. Viele Zimmer sind renoviert, und weitere werden folgen. Im Untergeschoss gibt's eine Kneipe und ein Café mit preisgünstigem Essen.

OLD YORK

Cosmopolitan BOUTIQUEHOTEL $$$
(Karte S. 66; ☎416-945-5455, 866-852-1777; www.cosmotoronto.com; 8 Colborne St; Suite ab 228 C$; SKing; P) Schick und still ist das asiatisch angehauchte Hotel, das auf jeder Etage nur fünf Zimmer hat und Ruhe und Frieden verströmt. Die Suiten haben Seeblick, zimmergroße Duschen und CD-Player, aus denen meditative Musik erklingt. Für ausreichend Entspannung sorgen auch der Wellnessbereich und die Weinstube **Eight** im Untergeschoss. Parken kostet 33 C$.

Hostelling International Toronto HOSTEL $
(Karte S. 66; ☎416-971-4440, 877-848-8737; www.hostellingtoronto.ca; 76 Church St; B/DZ 29/99 C$; 504;) Das preisgekrönte Hostel punktet mit Annehmlichkeiten wie der Dachterrasse und Schließfächern mit elektronischen Schlössern. Die meisten Schlafsäle haben eigene Bäder, und die neuen Luxuszimmer (mit Frühstück) bieten eine großartige private Unterkunft zum erschwinglichen Preis. Für Unterhaltung sorgen Pub- und Quizabende.

DOPPELTES SPIEL

Das Renaissance Toronto am Rogers Centre wurde berühmt, als während eines frühen Baseballspiels der Blue Jays in einem der Hotelzimmer mit Blick aufs Spielfeld ein Pärchen einer ganz bestimmten anderen Sportart nachging und dabei – entweder aus Versehen oder aus Exhibitionismus – zur Belustigung der Menge das Licht anließ. Damit solch eine kostenlose Vorführung nicht noch einmal passiert, lässt das Hotel die Gäste inzwischen eine Unterlassungserklärung unterzeichnen.

THEATRE BLOCK & ENTERTAINMENT DISTRICT

Canadiana Guesthouse & Backpackers
HOSTEL $

(Karte S. 66; ☎416-598-9090, 877-215-1225; www.canadianalodging.com; 42 Widmer St; B 25–32 C$, EZ/DZ 63–82 C$; 504;) Das in einer reizenden viktorianischen Reihenhauszeile untergebrachte Canadiana punktet mit seinem Pfannkuchen-Frühstück, dem Kino, den Grillabenden, dem Kochen auf dem Gasherd und einer Menge makelloser privater Zimmer. Es ist komfortabel, sauber und freundlich, und wegen der Verteilung auf mehrere Häuser wirkt es kleiner als eine 200 Betten bietende Hotelburg. Parken kostet 15 C$.

Clarence Castle
HOSTEL $

(☎416-260-1221, 877-215-1225; www.clarencecastle.com; 8 Clarence Sq; B/DZ ab 28/90 C$, 510;) Wenn Pottery Barn ein Hostel einrichten müsste, würde es wahrscheinlich so ähnlich aussehen wie dieses. Die Erdtöne, die passenden Möbel und die sanfte Beleuchtung werden durch eine super-freundliche Atmosphäre ergänzt. Vor dem denkmalgeschützen Haus gibt's einen kleinen Park, und von der Dachterrasse hat man eine tolle Sicht. Die geräumigen Doppelzimmer wirken wie Hotelzimmer; die teureren haben ein eigenes Bad. Es gibt nur begrenzt Parkplätze (10 C$).

Soho Metropolitan Hotel
BOUTIQUEHOTEL $$$

(Karte S. 66; ☎416-599-8800; www.soho.metropolitan.com; 318 Wellington St W; DZ ab 475 C$; 510;) Hier kann man im Luxus schwelgen: Fußbodenheizung im Bad, eigene Ankleidezimmer, Fenster vom Boden bis zur Decke und erstklassige Bettwäsche – alles, was man sich wünschen kann. Das ausgezeichnete Restaurant **Sen5es** liegt gleich im Untergeschoss. Parken kostet 30 C$.

Hôtel Le Germain
BOUTIQUEHOTEL $$$

(Karte S. 66; ☎416-345-9500, 866-345-9501; www.germaintoronto.com; 30 Mercer St; DZ 240–500 C$, Suite 475–900 C$; 504;) Das hippe, harmonische Le Germain liegt in einer ruhigen Nebenstraße im Entertainment District. Klare Linien, entspannende Räume und buddhistisch angehauchte Materialien sorgen für das versprochene „Meer des Wohlgefühls". Zu den Extras gehören Toilettenartikel von Aveda, Bose-Stereoboxen in den Innenräumen und eine Dachterrasse. Parken kostet 35 C$.

QUEEN STREET & DUNDAS SQUARE

Les Amis Bed & Breakfast
B&B $$

(Karte S. 62 f.; ☎416-928-0635; www.bbtoronto.com; 31 Granby St; EZ/DZ mit Gemeinschaftsbad & Frühstück ab 90/125 C$; S College;) Das heitere B&B wird von einem mehrsprachigen Pariser Pärchen geführt und bietet ein komplettes vegetarisches (oder veganes) Gourmet-Frühstück. Die farbenfrohen Zimmer sind mit Kunstwerken der Inhaber geschmückt, und im grünen Innenhof kann man hervorragend entspannen. Das B&B liegt in Gehweite zum Eaton Centre. Parken kostet 10 C$.

Delta Chelsea Toronto Downtown
HOTEL $$

(Karte S. 62 f.; ☎416-595-1975, 800-268-1133; www.deltahotels.com; 33 Gerrard St W; DZ/Suite ab 100/250 C$; S College;) Mit annähernd 1600 Zimmern hat Torontos größtes Hotel mit dem wohl besten Preis-Leistungs-Verhältnis etwas für jeden Geschmack. Wer Kinder dabei hat, wird an den Familiensuiten im Stil von Apartments und der Wasserrutsche im Gebäude Gefallen finden. Die Preise variieren je nach Saison und Wochentag. Parken kostet 27 bis 32 C$.

CHINATOWN & BALDWIN VILLAGE

Baldwin Village Inn
B&B $$

(Karte S. 62 f.; ☎416-591-5359; www.baldwininn.com; 9 Baldwin St; DZ mit Gemeinschaftsbad 85–105 C$; 505, 506;) Das gelb gestrichene B&B schließt eine Lücke im lokalen Baldwin Village Market. Der vordere Hof mit Blick auf eine begrünte Straße voller Dim-Sum-Cafés und Kunstgalerien ist perfekt zum Abhängen.

YONGE STREET STRIP & CHURCH-WELLESLEY VILLAGE

Victoria's Mansion Inn & Guesthouse
INN $$

(Karte S. 62 f.; ☎416-921-4625; www.victoriasmansion.com; 68 Gloucester St; EZ/DZ/Studio ab 69/99/139 C$; S Wellesley;) Das international beflaggte schwulenfreundliche Victoria's Mansion bringt seine Gäste in einem denkmalgeschützen renovierten Backsteingebäude aus den 1880er-Jahren unter. Die Studios haben Kochnischen, und die Einzelzimmer sind renoviert. Parken kostet 10 C$.

Comfort Hotel
HOTEL $$

(Karte S. 62 f.; ☎416-924-1222, 800-424-6423; www.choicehotels.ca/cn228; 15 Charles St E; DZ ab 125 C$; S Bloor-Yonge;) Das Hotel ist die Verkörperung namenloser, konturloser Anonymität – genau das Richtige, wenn man auf der Flucht ist – risikofreie Unterkünfte, wo man keinen Verdacht weckt. Renegaten unter 18 Jahren kommen kostenlos unter. Parken kostet 19 C$.

BLOOR-YORKVILLE

LP TIPP Windsor Arms BOUTIQUEHOTEL $$$
(Karte S. 62 f.; ☎416-971-9666; www.windsorarmshotel.com; 18 St Thomas St; Suite ab 300 C$; Ⓢ Bay; P ⊖ ❄ ≋) Das Windsor Arms ist ein exquisites Stück aus Torontos Geschichte – einfach hier übernachten oder auf einen Nachmittagstee reinschauen. Es ist ein neogotisches Herrenhaus von 1927 mit einer prächtigen Eingangshalle, Buntglasfenstern, ausgezeichnetem Service und einem eigenen Wappen. Zum Zeitpunkt der Recherche war geplant, in dem Nobelhotel eine russische Teestube zu eröffnen, wo der aufwändige Service 85 C$ kosten soll. Parken kostet 35 C$.

Howard Johnson Inn HOTEL $$
(Karte S. 62 f.; ☎416-964-1220, 800-446-4656; www.hojo.com; 89 Avenue Rd; DZ mit Frühstück ab 129 C$; Ⓢ Bay; P ❄ ≋) Zu sagen, das HoJos sei nichts Spektakuläres, wäre die Untertreibung des Jahrzehnts, aber es ist die preiswerteste Unterkunft im noblen Yorkville. Parken kostet 15 C$.

Holiday Inn Toronto Midtown HOTEL $$
(Karte S. 62 f.; ☎416-968-0010, 888-2654329; www.holiday-inn.com/torontomidtown; 280 Bloor St W; DZ ab 154 C$; Ⓢ St. George; P ❄ ≋) Die üblichen grünen Banner vor dem hoch aufragenden Monolithen aus braunen Ziegeln tragen nur wenig zur Verbesserung der Ästhetik bei, aber drinnen sind die Zimmer überdurchschnittlich gut. Die Lage, in der Nähe der U of T und der großen Museen, ist top. Parken kostet 22 C$.

UNIVERSITY OF TORONTO & THE ANNEX

Global Guesthouse INN $
(Karte S. 68; ☎416-923-4004; singer@inforamp.net; 9 Spadina Rd; EZ/DZ mit Gemeinschaftsbad 62/72 C$, EZ/DZ mit Bad 72/82 C$; Ⓢ Spadina; P ⊖ ❄ ≋) Das 1889 erbaute, altmodische viktorianische Haus aus rotem Backstein hat wunderschöne Giebel mit Schnitzereien und befindet sich gleich nördlich der Bloor St. Hier erwarten einen ein freundlicher Inhaber, eine Gemeinschaftsküche und zehn geräumige Zimmer mit Kabel-TV, hippiemäßigen Wandbehängen, Holzböden und Wandgemälden. Das Global ist schnell ausgebucht, daher muss man weit im Voraus reservieren.

Annex Quest House INN $$
(Karte S. 68; ☎416-922-1934; www.annexguesthouse.com; 83 Spadina Rd; DZ ab 90 C$; Ⓢ Spadina; P ⊖ ❄) Die Pension orientiert sich an den Richtlinien der *vastu*, einer indischen Lehre über Gestaltung und räumliche Ausrichtung, nach der (ähnlich wie beim Feng-Shui) mithilfe von natürlichen Materialien und asymmetrischen Formen die Menschen innere Ruhe finden sollen. Insofern erwarten einen hier ein paar hübsche Zimmer, Holzböden, gemusterte Bettdecken und handgemachte Kupferschüsseln.

Havinn B&B $
(Karte S. 68; ☎416-922-5220, 888-922-5220; www.havinn.com; 118 Spadina Rd; EZ/DZ mit Gemeinschaftsbad & Frühstück 59/79 C$; Ⓢ Dupont; P ⊖ ❄ @) Das Havinn ist mit seinen sechs ordentlichen Zimmern, den makellosen Gemeinschaftsbädern und der Gemeinschaftsküche eine Oase an der geschäftigen Spadina Rd. Zum Frühstück gibt's Croissants, Bagels, Joghurt, Obst und frische Muffins. Mit seiner coolen, gemütlichen Atmosphäre ist es eine tolle Alternative zu einem Hostel. Obendrein ist es preisgünstiger als viele andere B&Bs.

Madison Manor B&B $$
(Karte S. 68; ☎416-922-5579, 877-561-7048; www.madisonavenuepub.com; 20 Madison Ave; DZ mit Frühstück 129–149 C$; Ⓢ Spadina; P ⊖ ❄) Ein renoviertes viktorianisches Haus nahe der University of Toronto. Alle Zimmer haben ein Bad, ein paar auch einen Kamin oder einen Balkon. Trotzdem sollte man gewarnt sein, denn das Manor ist von einer Studentenverbindung und einer Kneipe eingekesselt, und schon so manche Leser haben sich über den Lärm am Wochenende beschwert. Parken kostet 10 bis 15 C$.

KENSINGTON MARKET & LITTLE ITALY

College Backpackers HOSTEL $
(Karte S. 68; ☎416-929-4777, 866-663-2093; www.collegehostel.com; 280 Augusta Ave; EZ/DZ 55/75 C$; 🚌506, 510; ⊖ ≋) Die neue Backpackerunterkunft nennt sich zwar Hostel, hat in Wahrheit aber erschwingliche Einzel- und Doppelzimmer mit Gemeinschaftsbad, TV und Balkon. In der Gemeinschaftsküche kann man gut Pasta kochen, aber warum sollte man sich die Mühe machen, wenn

man direkt vor dem Haus auf dem Kensington Market günstig essen kann?

QUEEN WEST & WEST QUEEN WEST

LP TIPP **Gladstone Hotel** BOUTIQUEHOTEL $$$
(Karte S. 57; ☎416-531-4635; www.gladstonehotel.com; 1214 Queen St W; DZ/Suite ab 195/375 C$; 501;) Die 37 von Künstlern mal teenymäßig, mal städtisch, mal rustikal gestalteten Zimmer in diesem renovierten Hotel sind stylish und lustig. Die Zimmer im dritten und vierten Stock (mit dem von Hand gekurbelten Käfig-Aufzug fahren) haben hohe Decken, während im zweiten Stock Künstler Ateliers und Ausstellungsräume mieten können. Im Erdgeschoss gibt's eine Café-Bar, in der man frühstücken oder einer Band lauschen kann. Lokal produzierte Toilettenartikel und ein begrüntes Dach zeugen vom Umweltbewusstsein des Gladstone. Auf der Website kann man sich das Zimmer seiner Wahl aussuchen. Parken kostet 15 C$.

Drake Hotel BOUTIQUEHOTEL $$$
(☎416-531-5042; www.thedrakehotel.ca; 1150 Queen St W; DZ 189–279 C$; 501;) Ein weiteres super-schickes Hotel in Queen West. Das 100 Jahre alte Hotel wurde mit hammermäßigen 5 Mio. C$ gründlich aufpoliert und lockt Bohemiens, Künstler sowie Indie-Musiker (die sich's leisten können) an. Die mit Kunst geschmückten Zimmer haben antike Möbel, kleine Teppiche, Flachbild-TVs und Luxustoilettenartikel. Zur Unterhaltung gibt's im Untergeschoss ein Café, ein Restaurant, eine Bar und ausgezeichnete Livemusik. Parken kostet 18 C$

Global Village Backpackers HOSTEL $
(Karte S. 66; ☎416-703-8540, 888-844-7875; www.globalbackpackers.com; 460 King St W; B 27–29 C$, DZ ab 73 C$; 504, 511;) Das bunt bemalte, unabhängige Hostel war früher das Spadina Hotel, in dem schon Jack Nicholson, die Rolling Stones und Leonard Cohen nächtigten. Seit jenen glorreichen Tagen wurde die Herberge nicht mehr renoviert, aber trotz der Schlampigkeit ist sie bei Backpackern sehr beliebt. Es gibt auch eine Bar, in der ständig Partys steigen, und einen Innenhof.

EAST TORONTO

Au Petit Paris B&B $$
(Karte S. 62 f.; ☎416-928-1348; www.bbtoronto.com/aupetitparis; 3 Selby St; EZ/DZ mit Frühstück ab 105/140 C$; S Sherbourne;) Das erlesene viktorianische Erker- und Giebel-Haus hat Hartholzfußboden und moderne Einrichtung. Die besten der vier Zimmer mit Bad sind die Nomad's Suite mit Oberlicht und die Artist's Suite mit Blick auf den Garten und mit extra-großer Badewanne. Das vegetarische Frühstück auf der Dachterrasse ist ein toller Start in den Tag.

Neill-Wycik College Hotel HOSTEL $
(Karte S. 62 f.; ☎416-977-2320; www.neill-wycik.com; 96 Gerrard St E; EZ/DZ/3BZ/FZ mit Gemeinschaftsbad 50/75/88/99 C$; S College;) Das bei Budgettravellern beliebte Hotel (sprich: Wei-sik) ist von Anfang Mai bis Ende August geöffnet, wenn die Studenten weg sind. Die mit Telefonen ausgestatteten privaten Schlafzimmer liegen in apartmentähnlichen Suiten, die sich Küche, Wohnraum und Bad teilen. Es gibt Waschküchen, Schließfächer, TV-Räume, eine von Studenten geführte Cafeteria und eine Sonnenterrasse mit unglaublich tollem Ausblick. Weil es keine Klimaanlagen gibt, können die Nächte im August ziemlich heiß werden. Parken kostet 10 C$.

Toronto Townhouse B&B B&B $$
(Karte S. 62 f.; ☎416-323-8898, 877-500-0466; www.torontotownhouse.com; 213 Carlton St; DZ 119–169 C$; 506;) Die sechs ruhigen Zimmer in dem 140 Jahre alten denkmalgeschützten Reihenhaus sind wunderschön restauriert. Ein paar haben einen eigenen Balkon und ein angeschlossenes Bad. Zum Frühstück gibt's selbstgemachtes Müsli, Backwaren, heiße Pfannkuchen und Omelettes.

1871 Historic House B&B B&B $$
(Karte S. 62 f.; ☎416-923-6950; www.1871bnb.com; 65 Huntley St; EZ/DZ mit Gemeinschaftsbad & Frühstück ab 95/105 C$; S Sherbourne;) Welches andere Anwesen könnte sich rühmen, sowohl Buffalo Bill Cody als auch John Lennon beherbergt zu haben? In dem historischen viktorianischen Haus, das seine Kunst und seine Antiquitäten in den sonnigen Gemeinschaftsbereichen ausstellt, sind alle Zimmer ohne Bad, doch die Suite in der Remise hat eine eigene Badewanne.

Amsterdam Guesthouse INN $$
(Karte S. 62 f.; ☎416-921-9797; www.amsterdamguesthouse.com; 209 Carlton St; EZ/DZ mit Gemeinschaftsbad ab 75/85 C$; 506;) Das Amsterdam ist ein schäbig-schickes viktorianisches Haus, über dessen großer Veranda vorne Flaggen hängen. Ab und zu laufen Kiffer mit freiem Oberkörper durch

die Lobby und versuchen sich zu erinnern, welches der schlichten, sauberen und komfortablen Zimmer (mit Kabel-TV) ihres ist.

Clarion Hotel & Suites Selby HOTEL $$$
(Karte S. 62 f.; ☎416-921-3142, 800-387-4788; www.hotelselby.com; 592 Sherbourne St; DZ/Suite mit Frühstück ab 189/239 C$; Ⓢ Sherbourne; P ❄ 📶 👪) Ernest Hemingway wohnte in dieser mit Türmen versehenen viktorianischen Villa, als er in den 1920er-Jahren als Reporter für den *Toronto Star* arbeitete. Der moderne Anbau hinten ist kein architektonisches Meisterwerk, hat aber familiengeeignete Suiten. Parken kostet 17 C$.

THE BEACHES

Accommodating the Soul B&B $$
(☎416-686-0619, 866-686-0619; www.accommodatingthesoul.com; 114 Waverley Rd; DZ mit Frühstück 125–145 C$; 🚌501; P 🚭 ❄ 📶) Das aus dem frühen 20. Jh. stammende Haus prunkt mit Antiquitäten und einem herrlichen Garten. Von der ausdrucksstarken Unterkunft bis zum See ist es nur ein kurzer Spaziergang. Ein Zimmer hat ein eigenes Bad, die beiden anderen teilen sich eines. Ein komplettes, warmes Frühstück ist in jedem Fall im Preis enthalten.

TORONTO ISLANDS

Smiley's B&B B&B $$
(☎416-203-8599; www.erelda.ca; 4 Dacotah Ave, Algonquin Island; Zi. mit Gemeinschaftsbad 97 C$, Apt. 215/1152 C$ pro Nacht/Woche; 🚭 ❄ 📶; ⛴ Ward's Island) Die ganze Nacht im „Belvedere", einem sonnigen B&B-Zimmer, durchschlafen und mit den Hausherren essen oder sich im Studio Apartment mit eigener Küche und Bad verkriechen. Wie auch immer – auf den autofreien Inseln ist Entspannung garantiert.

GREATER TORONTO AREA (GTA)

Toadhall Bed & Breakfast B&B $$
(☎905-773-4028; www.225toadhall.ca; 225 Lakeland Cres, Richmond Hill; EZ/DZ/3BZ mit Frühstück 110/145/185 C$; P 🚭 📶) Es lohnt sich, nördlich der Downtown Torontos in diesem mit Solarstrom versorgten Haus am idyllischen Lake Wilcox abzusteigen, denn direkt vor der Tür kann man schwimmen, Kanu fahren und windsurfen. Es gibt zwar keine Klimaanlage, aber vom See her weht ein laues Lüftchen. Das gesunde Gourmet-Frühstück besteht vor allem aus Bioprodukten (vegetarisches Frühstück auf Anfrage).

Bonnevue Manor B&B $$
(☎416-536-1455; www.bonnevuemanor.com; 33 Beaty Ave; DZ mit Frühstück ab 99 C$; 🚌501, 504, 508; P 🚭 ❄ @) Das gemütliche Bonnevue ist eines der besten B&Bs in der Stadt. Es ist westlich der Jameson Ave in einer restaurierten Backstein-Villa aus den 1890er-Jahren mit himmlischen, handgefertigten architektonischen Details untergebracht. Die sechs, in warmen Farben gestalteten Zimmer haben alle ein eigenes Bad. Das warme Frühstück genießt man auf der von Weinreben umrankten Terrasse.

Essen

Torontos Weltläufigkeit kommt nirgendwo stärker und aufregender zum Ausdruck als auf den Tellern seiner Restaurants. Essen ist hier eine wahre Freude – man bekommt alles, vom koreanischen Walnusskuchen über thailändische Curries, die einem den Schweiß auf die Stirn treiben, bis zu New Yorker Steaks und guten alten frankokanadischen Pfannkuchen mit in Erbsenmehl paniertem Speck und Ahornsirup. Der Fusion-Küche gehört die Zukunft: Traditionelle westliche Rezepte werden mit einer Handvoll pfiffiger östlicher Zutaten angereichert und mit einer panasiatischen Note versehen. Auch englische Einflüsse bleiben erhalten – zu den sehr beliebten Traditionen gehören ein Bierchen zum Mittagessen und förmliche Nachmittagstees.

Zum Geschäftsessen strömt man in die eleganten Restaurants im Financial District und in Old York. Etwas erschwinglichere und vielfältigere Lokale findet man überall im Baldwin Village, am Kensington Market, in Queen West und am Yonge St Strip. Ethnisch konsistentere Gerichte gibt's in Little Italy, Greektown (The Danforth), Little India und Chinatown. Man muss sich also nur überlegen, worauf man Lust hat, sich ins entsprechende Viertel begeben, und los geht's!

HARBOURFRONT

Il Fornello ITALIENISCH $$
(Karte S. 66; ☎416-861-1028; 207 Queen's Quay W; Hauptgerichte 12–24 C$; ⏲Mo–Fr 11.30–1, Sa & So ab 17 Uhr; 🚌509, 510) Eines von fünf Il Fornellos in Toronto. Dieser Insidertipp ist nicht nur wegen seines umfangreichen Meeresfrüchte-Angebots beliebt, sondern auch wegen des mit 200 Sitzplätzen bestückten Patios mit Blick auf den Ontariosee. Und wer keinen Fisch mag, für den gibt's noch viele andere Gerichte, darunter

Gourmet-Pizza. Unser Favorit war die Pizza mit Feigen, Mascarpone, Honig und Prosciutto. Lecker!

Harbour Sixty Steakhouse STEAK $$$
(Karte S. 66; ☎416-777-2111; 60 Harbour St; Hauptgerichte 29–52 C$; ⏲Mo–Fr mittags & abends, Sa & So mittags; 509, 510) Der in dem abgeschiedenen Gebäude der Toronto Harbour Commission von 1917 untergebrachte prächtige, barocke Speisesaal erstrahlt mit seinen Messinglampen und den schicken Sitzecken. Angesichts der hervorragenden Auswahl an Steaks, Lachs, Florida-Steinkrabben (je nach Jahreszeit) und gegrillten karibischen Hummerschwänzen kann man sich hier richtig verwöhnen lassen. Die Beilagen reichen für zwei. Unbedingt reservieren!

FINANCIAL DISTRICT

Mercatto ITALIENISCH $$
(Karte S. 66; ☎416-306-0467; 330 Bay St; Gerichte 8–14 C$; ⏲Mo–Fr; S King) Das Mercatto ist eines von mehreren italienischen Feinkost-Cafés. Es gibt einfallsreiche Panini, Pasta, Risotto, Frittata und Pizza. Man sitzt an einem Tisch in der Mitte unter völlig deplatziert wirkenden Kronleuchtern. Ob Espresso am Morgen oder Wein am Abend, ob man hier isst oder ob man das Essen mitnehmen möchte – die Wahl bleibt einem selbst überlassen.

Bymark FUSION $$$
(Karte S. 66; ☎416-777-1144; Toronto-Dominion Centre, 66 Wellington St W; Hauptgerichte 34–50 C$; ⏲Mo–Fr mittags & abends, Sa abends; S St. Andrew) Der berühmte Koch Mark McEwan vom North 44° bringt seine raffinierte, europäisch beeinflusste Speisekarte in dieses angesagte zweistöckige Restaurant in der Downtown. Seine kreativen Küchenhelfer zaubern aus regionalen saisonalen Zutaten (wilde Trüffel, Wachteln, Krabben) sensationelle Kombinationen. Zu jedem Gericht wird ein passender Wein oder ein passendes Bier vorgeschlagen. Im Erdgeschoss.

OLD YORK

St. Lawrence Market MARKT $
(Karte S. 66; South Market, 92 Front St E; Stück 2–10 C$; ⏲Di–Do 8–18, Fr bis 19, Sa 5–17 Uhr; 503, 504) Straßenmusikanten und Klassik-Trios sorgen für die Hintergrundmusik auf dem beliebten Markt, in dem man eine große Auswahl an leckeren, hochwertigen Produkten, Backwaren und importierten Lebensmitteln bekommt. Die Carousel Bakery ist bekannt für ihre Sandwiches mit Frühstücksspeck, und mittags drängen sich die Leute vor dem Everyday Gourmet, dem Quik Sushi, und dem St. Urbain, wo es Bagels nach Montrealer Art gibt. Jeden Samstag ab 5 Uhr bringt der Bauernmarkt Leben in den North Market.

Sultan's Tent & Café Maroc NAHÖSTLICH $$
(☎416-961-0601; 49 Front St E; Hauptgerichte 12–25 C$; ⏲Mo–Fr 12–15, Mo–Sa 17–22.30 Uhr; 503, 504) Das stimmungsvoll dunkel, mit reichlich Buntglaslaternen, Kerzen und Fransenkissen gestaltete Sultan hat eine marokkanische Speisekarte. Das Couscous Royale (22 C$) ist köstlich, und zum Nachtisch sollte man das süße *keskesu* (süßer Couscous mit Zimt, Mandeln, Rosinen und Orangenblütenwasser) probieren. Die Bauchtänzerinnen helfen vielleicht bei der Verdauung – vielleicht aber auch nicht.

THEATRE BLOCK & ENTERTAINMENT DISTRICT

Burrito Banditos MEXIKANISCH $
(Karte S. 66; 120 Peter St; Hauptgerichte 4–8 C$; ⏲Mo–Do 11.30–23, Fr & Sa bis 4, So 12–21 Uhr; 501, 502) Nachtschwärmer, denen das Glück nicht hold gewesen ist, können in diesem Kellerimbiss ihre Enttäuschung mit einer deftigen Portion Chili, Sauerrahm und Salsa runterschlucken. Weil's arg eng ist, sollte man den Burrito besser zum Mitnehmen bestellen.

TORONTOS BESTE VEGETARISCHE RESTAURANTS

Von Gourmetrestaurants bis zu schmierigen Imbissen gibt's in Toronto die ganze Palette an vegetarischen Lokalen. Hier ein paar zur Auswahl:

» **Fressen**
(Karte S. 68; ☎416-504-5127; 478 Queen St W; Hauptgerichte 10–14 C$; ⏲Mo–Fr abends, Sa & So Brunch; ; 501)

» **Sadie's Diner**
(Karte S. 68; 504 Adelaide St W; Hauptgerichte 7–10 C$; ⏲tgl. morgens & mittags, Mi–Sa abends; ; 504, 511)

» **Urban Herbivore**
(Karte S. 68; 64 Oxford St; Hauptgerichte 4–8 C$; ⏲8–20 Uhr; ; 510)

Sen5es FUSION $$$

(Karte S. 66; ☎416-935-0400; 318 Wellington St W; Frühstück & Mittagessen 5–17 C$, Abendessen 32–45 C$; ⏲tgl. 7–14, Di–Sa 18–23 Uhr, Lounge tgl. 17–1 Uhr; 🚊510) Das sonnengeflutete, luftige Café des Sen5es serviert Frühstück (zu empfehlen ist der einwandfreie Cappuccino mit einem Schoko-Croissant), während es in dem schicken, modernen Speisesaal einen Chef's Table und nächtliche Angebote wie Ravioli mit Ziegenkäse und Rindfleisch oder scharf gebratene Muscheln mit Zitrussalat und Curryjoghurt gibt. Alternativ kann man auch in der Lounge essen und bekommt das gleiche tolle Menü für unter 25 C$ pro Teller.

QUEEN STREET & DUNDAS SQUARE

LP TIPP **Queen Mother Café** FUSION $$

(☎416-598-4719; 208 Queen St W; Hauptgerichte 9–18 C$; ⏲Mo–Sa 11.30–1, So bis 23 Uhr; Ⓢ Osgoode) Das Queen Mother ist eine Institution in der Queen St. Es ist für seine gemütlichen, dunklen Holzsitzecken und seine ausgezeichnete panasiatische Speisekarte beliebt. Es gibt auch einfaches kanadisches Essen – am besten probiert man den Queen Mum Burger. Interessant ist auch die kleine Ausstellung der Fundstücke, die bei der letzten Renovierung in den Wänden entdeckt wurden. Der versteckte Hinterhof zählt zu den besten in der Stadt.

Commensal CAFÉ $

(Karte S. 62 f.; 655 Bay St; Mittag-/Abendessen 10/15 C$; Ⓢ Dundas) Das im Stil einer Cafeteria gehaltene Commensal bietet über 100 Buffet-Gerichte – vom Frühstück bis zum Abendessen –, von denen viele nach Gewicht ausgepreist sind (die Lasagne kostet 2,43 C$/100 g). Es gibt frische Salate, warme Hauptspeisen mit internationaler Note und natürlich-gesüßte Desserts, die besser als normale Cafeteria-Kost sind. Auch Leute mit Nahrungsmittelunverträglichkeiten finden meist das Richtige.

Terroni ITALIENISCH $$

Adelaide St E (☎416-203-3093; 57 Adelaide St E; Gerichte 11–16 C$; ⏲mittags & abends; Ⓢ Queen); Queen West (☎416-504-0320; 720 Queen St W; 🚊501) Das geschäftige Terroni ist ein traditioneller süditalienischer Lebensmittel- und Feinkostladen. Es gibt Holzofenpizza, offene Weine und frische Panini. Alles ist perfekt zubereitet. Besonders elegant ist die Filiale in der Adelaide St; sie residiert in einem alten Gerichtsgebäude voller Marmor. Diät-Cola gibt's in beiden Filialen nicht: Das Terroni vertritt in dieser Hinsicht die reine Lehre.

CHINATOWN & BALDWIN VILLAGE

Cafe la Gaffe CAFÉ $$

(Karte S. 62 f.; ☎416-596-2397; 24 Baldwin St; Hauptgerichte 10–15 C$; ⏲mittags & abends; 🚊505, 506) Gestreifte Baumwoll-Tischdecken und frische Schnittblumen zieren die Tische in diesem kleinen Café. Es gibt einen Hof, wo man unter grünen Bäumen sitzen und Salat, ein Sandwich mit Filet Mignon oder eine selbstgemachte Pizza genießen kann. Die kleingedruckte Weinkarte bietet eine große Auswahl.

Dumpling House Restaurant CHINESISCH $

(Karte S. 68; 328 Spadina Ave; 12 Klöße 4–6 C$; ⏲mittags & abends; 🚊510) Von draußen beobachtet man durchs Schaufenster, wie die Klöße gerollt werden, dann geht man rein, setzt sich und bestellt gleich ein Dutzend der dampfenden Dinger. Es gibt sie gedünstet und gebraten, mit Schweinefleisch, Hühnchen, Rindfleisch, Meeresfrüchten oder vegetarisch – auf die Essstäbchen spießen, in Sojasauce tunken und wegfuttern.

Phõ Hu'ng VIETNAMESISCH $

Spadina Ave (Karte S. 68; 350 Spadina Ave; Hauptgerichte 6–13 C$; ⏲mittags & abends; 🚊510); Bloor-Yorkville (Karte S. 62 f.; 2. OG, 200 Bloor St W; Ⓢ Museum) Knapper Service und verdammt volle Tische sind der Preis, den man für die köstlichen vietnamesischen Suppen im Phõ Hu'ng bezahlt. Ein paar Gerichte sind für manche vielleicht zu authentisch (Schweinegekröse mit Blut gefällig?), aber der Kaffee ist erstklassig. Ein Plus bei gutem Wetter ist der tolle Hof.

Swatow CHINESISCH $$

(309 Spadina Ave; Hauptgerichte 8–14 C$; ⏲11–2 Uhr; 🚊505, 510) Hier ist spätabends noch eine Menge los. Die Speisekarte widmet sich der Küche von Swatow (einer Stadt, die auch unter dem Namen Shantou bekannt ist und an der Küste der chinesischen Provinz Guangdong liegt), die wegen des starken Zusatzes fermentierten Reisweins auch „rote Küche" genannt wird. Die Nudeln hier sind extrem scharf. Nur Barzahlung. Oft muss man auch Schlange stehen.

YONGE STREET STRIP & CHURCH-WELLESLEY VILLAGE

7 West Café CAFÉ $$

(Karte S. 62 f.; ☎416-928-9041; 7 Charles St W; Hauptgerichte 9–15 C$; ⏲24 Std.; Ⓢ Bloor-Yonge)

TOP FIVE: KAFFEEHÄUSER

Zu früh für ein Bier? Für den Fall gibt's ein paar tolle Café-Ketten, wo man *echten* Kaffee bekommt:

» Moonbean Coffee Company
(Karte S. 68; 30 St. Andrews St; ⌚7–21 Uhr; 🚋510) Kensington Market.

» B Espresso Bar
(111 Queen St E; ⌚Mo–Fr 7.30–17, Sa 10–15 Uhr; 🚋501) East Toronto.

» Jet Fuel
(519 Parliament St; ⌚7–20 Uhr; 🚋506) Cabbagetown.

» Quaff
(Karte S. 68; 668 Queen St W; ⌚8–19 Uhr; 🚋501) West Queen West.

» Remarkable Bean
(2242 Queen St E; ⌚7–22 Uhr; 🚋501) The Beaches.

Dreistöckiges Lokal mit stimmungsvoller Beleuchtung, grüner Strukturfarbe, gerahmten Aktbildern, hölzernen Kirchenbänken und fröhlichen Engeln an der Decke. Es gibt eine unglaubliche Auswahl an Pizza, Pasta und Sandwiches und rund um die Uhr Frühstück. Wenn der Mond Schatten auf die Straße wirft, kann man wie ein Vampir blutroten Wein (im Glas oder gleich eine ganze Flasche bestellen) schlürfen.

Fire on the East Side FUSION **$$**
(Karte S. 62 f.; ☎416-960-3473; 6 Gloucester St; Hauptgerichte 10–24 C$; ⌚Mo–Fr 11.30–22.30, Sa & So ab 10 Uhr; Ⓢ Wellesley) Die Fusion-Küche kreiert chaotische Variationen afrikanischer, karibischer, akadischer und Cajun-Gerichte – von pikanten Crab-Cakes bis zu Entenconfit-Quesadilla. Die Speisekarte wechselt vierteljährlich. Spätabends, wenn die Küche schon geschlossen ist, strömt die Musik vom Club nebenan herein und macht die Location zu einer Lounge. Die Leute kommen gern zum Brunchen her; also am Wochenende unbedingt vorher reservieren.

Ethiopian House AFRIKANISCH **$$**
(Karte S. 62 f.; ☎416-923-5438; 4 Irwin Ave; Hauptgerichte 12–28 C$; ⌚12–1 Uhr; Ⓢ Wellesley) Ein brechend volles, beliebtes Restaurant mit afrikanisch anmutenden Wandbildern. Besteck sucht man vergeblich, denn das *sherro wot* (gewürzte Kichererbsen) und das *goredgored* (pikantes Rindfleisch) werden auf köstliches frisches *injera* (Brot) gestrichen.

BLOOR-YORKVILLE

Carens Wine and Cheese Bar FUSION **$$$**
(Karte S. 62 f.; ☎416-962-5158; 158 Cumberland St; Mittagessen 12–19 C$, Abendessen 16–32 C$; ⌚Di–Sa 11.30–23 Uhr; Ⓢ St. George) Wie erwartet, gibt's hier eine unglaubliche Auswahl an Käseplatten, und die Angestellten empfehlen auch gleich den passenden Wein dazu. Für den Fall, dass es einem auf dem intimen, schönen Hinterhof zu kühl wird, liegen auf den Stühlen bunte Pashmina-Schals, und an den Bäumen hängen thailändische Laternen. Der pikante überbackene Mac 'n Cheese (16 C$) gehört zum Besten, das wir je gegessen haben.

Bloor Street Diner FRANZÖSISCH **$$**
(Karte S. 62 f.; ☎416-928-3105; Manulife Centre, 55 Bloor St W; Hauptgerichte 12–19 C$, Brunch 22 C$; ⌚12–1 Uhr; Ⓢ Bloor-Yonge) Trotz der bescheidenen Namensgebung ist das kürzlich renovierte Bloor Street Diner ein ziemlich eleganter Schuppen, der mit einem Patio im Pariser Stil, einer erlesenen Weinkarte und am Wochenende mit einem großen Brunch-Buffet (bei Livemusik) beeindruckt. Wer es eilig hat, kann sich in der Café-Filiale vor dem Einkaufszentrum schnell ein Sandwich holen.

Sassafraz CAFÉ **$$$**
(Karte S. 62 f.; ☎416-964-2222; 100 Cumberland St; Hauptgerichte 30–45 C$; ⌚Di–Sa 11–2, Mo & So bis 24 Uhr; Ⓢ Bay) Dank der vielen Promis (Jude Law, Matthew McConaughey, Joan Collins usw.), die hier ein- und ausgehen, wirkt das Sassafraz eher wie L.A. als Toronto. Die Wochenend-Bruncher werden von Jazzcombos berieselt, das kesse Empfangspersonal verteilt die Gäste auf die sonnige Terrasse und den überdachten Hof. Das Essen? Wie zu erwarten, gut.

Okonomi House JAPANISCH **$**
(Karte S. 62 f.; 23 Charles St W; Hauptgerichte 6–12 C$; ⌚Mo–Fr 11.30–22, Sa 12–22, So 12–20 Uhr; Ⓢ Bloor-Yonge) Das Okonomi House ist eines der wenigen Restaurants in Toronto (und vielleicht sogar in Nordamerika), das *okonomiyaki* (herzhafte japanische Kohl-Pfannkuchen, die mit Fleisch, Meeresfrüchten oder Gemüse gefüllt sind) serviert. Ein perfekter Seelentröster für kalte Tage.

UNIVERSITY OF TORONTO & THE ANNEX

By the Way FUSION **$$**
(Karte S. 68; ☎416-967-4295; 400 Bloor St W; Hauptgerichte 8–18 C$; ⌚So–Di 9–22.30, Mi &

Do bis 23.30, Fr & Sa bis 0.30 Uhr; S Bathurst, Spadina) Das muntere Eckbistro ist fester Bestandteil von The Annex und bietet nahöstlich angehauchte Fusion-Gerichte. Auf der Karte stehen viele Fleischgerichte, aber auch Vegetarier kommen nicht zu kurz. Der Service ist super, und auf der Weinkarte stehen Niagara-Eisweine und diverse Weine aus Oregon und Australien.

Chabichau FRANZÖSISCH $
(Karte S. 68; 196 Borden St; Hauptgerichte 9–19 C$; ⏲Di–So 10–18, Mo ab 12 Uhr; 510) Die Auswahl an Käse und Pâté (sehr zu empfehlen die Enten- und Pistazienpaté) ist beeindruckend, aber auch die Sandwiches mit hausgemachtem Brot und die Tagesspezialitäten wie Schweine-Apfel-Eintopf können sich sehen lassen. Schlicht, herzhaft und köstlich.

Papa Ceo FAST FOOD $
(Karte S. 68; 654 Spadina Ave; Stück 3–4 C$; ⏲9–4 Uhr; 510) Nahezu zwei Dutzend Gourmet-Pizzasorten erwarten einen hier, und die Stücke sind riesig. Einfach ein dickes Stück „Bun Giorno“ (mit Mozzarella, Pilzen, Hühnchen, Roastbeef und Corned Beef) nehmen und sich an einen der hinteren Tische setzen, wo Fußballspiele der italienischen Profiliga Serie A im TV laufen.

KENSINGTON MARKET & LITTLE ITALY

Aunties & Uncles CAFÉ $$
(Karte S. 68; 74 Lippincott St; Hauptgerichte 8–15 C$; ⏲9–15 Uhr; 510) Im Aunties & Uncles ist immer eine Menge los, und vor dem Gartenzaun stehen die Leute auf dem Bürgersteig Schlange. Es gibt köstliches Frühstück mit vielen selbstgemachten Sachen wie Ketchup und Chorizo. Man lässt sich einfach in einen der bunt zusammengewürfelten Stühle fallen und genießt Gerichte wie gegrillten Brie mit Birnen-Chutney oder Challah mit Walnüssen.

Kalendar CAFÉ $$
(Karte S. 68; 546 College St; Hauptgerichte 11–20 C$; ⏲Mo–Mi 11–24, Do bis 1, Fr bis 2, Sa 10.30–2, So 10.30–24 Uhr; 510) Mit dem dunklen Holz, dem gefliesten Fußboden und der hübschen Schankterrasse wirkt das Kalendar wie Frankreich mitten in Little Italy. Auf der Karte stehen diverse Rollen (Crêpeähnliche Roti mit Gemüse und Saucen) und Nannettes (Naan mit leckeren Dingen wie Pesto, Artischockenherzen und Asiago-Käse). Es gibt auch viele Cocktails, mit denen man das Essen runterspülen kann.

Bar Italia ITALIENISCH $$
(Karte S. 68; ☎416-535-3621; 582 College St; Hauptgerichte 10–17 C$; ⏲Mo–Do 11–1, Fr bis 2, Sa 10.30–2, So 10.30–1 Uhr; 506) Die Einheimischen lieben das Italia. Hier geht man hin, um zu sehen und gesehen zu werden (vor allem wenn man einen Platz auf der heiß begehrten Terrasse vorne ergattert). Man schnappt sich einfach ein Sandwich oder eine Pasta *al dente* und danach ein Zitroneneis und einen guten Kaffee und lässt den ganzen Nachmittag oder Abend verstreichen.

Caplansky's Deli SANDWICHES $$
(Karte S. 68; 356 College St; 510) Hier bekommt man jederzeit Frühstück (die Sandwich-Theke ist prima). In dem authentischen Feinkostladen gibt's die Sandwiches auch zum Mitnehmen. Die Angestellten sind freundlich, und gehackte Leber gibt's auch.

Jumbo Empanadas MEXIKANISCH $
(Karte S. 68; 245 Augusta Ave; Stück 3–6 C$; ⏲Mo–Sa 9–20, So 11–18 Uhr; 510) Hier wird nicht gescherzt: Die drallen chilenischen Empanadas (mit Rindfleisch, Hühnchen, Käse oder Gemüse gefüllte und getoastete Köstlichkeiten) und die herzhaften Maisaufläufe mit Rindfleisch, Oliven und Eiern sind immer schnell ausverkauft. Eine Mini-Empanada kostet nur 1 C$. Das Brot und die Salsas sind auch selbstgemacht.

QUEEN WEST & WEST QUEEN WEST

LP TIPP **The Swan** CAFÉ $$
(Karte S. 68; 892 Queen St W; Hauptgerichte 18–23 C$; ⏲Mo–Fr 12–22, Sa & So ab 10 Uhr; 501) Dieser Art-déco-Diner hat eine kleine Karte mit scheinbar einfachen Gerichten wie geräucherte Austern mit Pancetta und Rühreiern, Club-Sandwiches und Muscheln, die in einer alten Coca-Cola-Kühlbox in Eis liegen. Der Kaffee ist himmlisch, und außerdem kann man an verregneten Sonntagen hier prima an der Theke sitzen und Zeitung lesen.

Pizza Libretto ITALIENISCH $$
(Karte S. 68; ☎416-532-8000; 221 Ossington Ave; Hauptgerichte 13–16 C$; ⏲Mo–Sa 12–23, So ab 16 Uhr; 505) Das etwas nördlich von Queen West in Portugal Village gelegene Pizza Libretto macht die wohl beste Pizza in der Stadt. Das Geheimnis? Ein mit Holz befeuerter Ofen, der von einem Pizzaofenbauer der dritten Generation mit Steinen, die extra aus Italien hergeschafft worden sind, gebaut wurde. Neben der zertifizier-

ten Pizza Neapolitana und anderen neapolitanischen Gerichten gibt's auch ein Mittagsgericht zum Festpreis (Salat, Pizza und Gelato für 15 C$) und eine Weinkarte mit ausschließlich italienischen Weinen. Fürs Wochenende unbedingt einen Tisch reservieren.

Julie's KARIBISCH $$
(☎416-532-7397; 202 Dovercourt Rd; Hauptgerichte 15–19 C$; ⌚Di–So abends; 🚊501) Die Leute kommen sogar aus Buffalo zu diesem Nachbarschaftstreff in West Queen West, um die traditionellen kubanischen Gerichte zu genießen, z. B. *ropa vieja* (Rinderhack in würziger Tomatensauce mit Kochbananen, weißem Reis und schwarzen Bohnen). Das Restaurant war früher ein Lebensmittelladen, und es wurde keine Mühe gescheut, um die Atmosphäre zu erhalten.

EAST TORONTO

LP TIPP **Gilead Café** CAFÉ $
(4 Gilead Pl; Hauptgerichte 7–12 C$; ⌚Mo–Sa 8–17.30 Uhr; 🚊503, 504) In dieser Jamie-Kennedy-Küche trifft Thekenservice auf kanadische Haute Cuisine. Es gibt u.a. Gourmet-Poutine, Käse aus kanadischen Käsereien und Cidre-Mayo. Die Zutaten kommen von diversen Bauernhöfen Ontarios. Und auch wer auf seine Figur achten will, findet hier das Richtige. Das Angebot wird täglich auf die Schiefertafel geschrieben.

Siddhartha INDISCH $$
Gerrard St E (☎416-465-4095; 1450 Gerrard St E; Hauptgerichte 9–15 C$; ⌚mittags & abends; 🚊506); Queen West (☎416-703-6684; 647a King St W; ⌚mittags & abends; 🚊504) In einem Viertel voller ausgezeichneter südasiatischer Lokale ist das Siddhartha ein beständiger Favorit. Es ist zwar vor allem wegen des Mittags- und Abendbuffets beliebt, bei denen man unbegrenzt essen kann. Trotzdem muss man keine Angst haben, sich etwas anderes zu bestellen. Das Naan ist perfekt, die Currys sind klasse und die Samosas mächtig. Das scharfe Essen kann man mit einem kühlen Kingfisher runterspülen.

Toast FUSION $$
(993 Queen St E; Hauptgerichte 11–25 C$; ⌚Di–Fr mittags, Do–Sa abends, Sa & So Brunch; 🚊501, 502, 503) Hinter den Samtvorhängen liegt ein künstlerisch angehauchtes, altmodisches Bistro, wohin man am besten zum Wochenend-Brunch geht: Für 12 C$ bekommt man Eggs Benedict oder French Toast mit Preiselbeeren und Frischkäse. Einfach auf dem alten Samtsofa relaxen oder an einem der Resopal-Tische speisen. Wenn man auf einen Tisch warten muss, kann man sich die Bilder örtlicher Künstler an den Wänden anschauen.

Gio Rana's Really Really Nice Restaurant ITALIENISCH $$$
(☎416-469-5225; 1220 Queen St E; Hauptgerichte 25–35 C$; ⌚Di–So 18–24 Uhr; 🚊501, 502, 503) Vom Äußeren darf man sich nicht abschrecken lassen. Das „Gio's" war früher zwar ein nichtssagendes Bankgebäude aus den 1950er-Jahren, aber drinnen ist es wirklich sehr hübsch. Serviert werden süditalienische Spezialitäten wie Risotto mit scharfen Würstchen, Kalbsfleisch und „Sexy Duck".

Real Jerk KARIBISCH $$
(709 Queen St E; Hauptgerichte 5–15 C$; ⌚Mo & Di 11.30–22, Mi & Do bis 23, Fr bis 24, Sa 13–24, So 14–22 Uhr; 🚊501, 502, 503) Das sonnige karibische Lokal serviert klassisches Jerk Chicken, Ochsenschwanz- und Ziegencurrys, „Rasta Pasta" und Red-Stripe-Bier. Es herrscht eine Strandatmosphäre mit Reggae-Musik, tropischem Dekor und einer Menge jamaikanischen Fahnen.

Pan on the Danforth MEDITERRAN $$
(☎416-466-8158; 516 Danforth Ave; Meze 6–13 C$, Hauptgerichte 15–25 C$; ⌚So–Do 12–23, Fr & Sa bis 24 Uhr; Ⓢ Chester) Das zwanglose, bunte Pan serviert schlichte Gerichte mit traditionellen griechischen Gewürzen, z.B. Hühnchen Santorini mit Spinat-Feta-Füllung, neuen Kartoffeln und scharf angebratenem Gemüse. Zum Abschluss gibt's klebrig-süße Schokoladen-Baklava.

THE BEACHES

Beacher Café CAFÉ $$
(☎416-699-3874; 2162 Queen St E; Hauptgerichte 8–17 C$; ⌚Mo–Fr 11–23, Sa & So 9–22 Uhr; 🚊501) Das alteingesessene Café sieht aus wie eine Strandhütte und hat eine schmale, aber heißbegehrte Schankterrasse. Besonders gut ist der Brunch mit Eiern und Pfannkuchen. Jeden Monat gibt's andere Kunstwerke lokaler Künstler.

King's Table SEAFOOD $
(2248 Queen St E; Gerichte 6–12 C$; ⌚Di–So 12–22 Uhr; 🚊501) Ein Gefühl brüderlichen Schulterklopfens erfüllt diesen Laden, den wir zum König der Fish-&-Chips-Buden von The Beaches erklärt haben. Die Tische füllen sich schnell mit fröhlichen Gästen, die deftigen Heilbutt, gegrillten Lachs und Salat bestellen.

TORONTO ISLANDS

The Rectory CAFÉ $$

(☎416-203-2152; 102 Lakeshore Ave, Ward's Island; Hauptgerichte 13–21 C$; ⏲Okt.–Mai So–Do 11–17 Uhr, Juni–Sept. tgl. 10–22 Uhr; ⛴Ward's Island) Das gemütliche Galerie-Café an der Uferpromenade mit Blick auf den Tommy Thompson Park serviert kleine Gerichte, Tee und Wochenend-Brunch. Zum Brunch und zum Abendessen sollte man lieber reservieren; ein schneller Imbiss und Getränke sind jedoch zwangloser. Bei Sonnenschein sitzt man am besten auf der Terrasse am Ufer.

GREATER TORONTO AREA (GTA)

Vanipha Lanna THAILÄNDISCH $$

(☎416-654-8068; 863 St Clair Ave W; Hauptgerichte 10–15 C$; ⏲Di & Sa abends, Mi–Fr mittags & abends; 🚊512) Wie eine Kreuzung aus asiatischer Autowaschanlage und Geburtstagskuchen taucht das sehr zu empfehlende Vanipha Lanna aus der Nacht auf. Das thailändisch-laotische Essen reicht von feurigen Meeresfrüchtekreationen bis zu den üblichen Currys und ungewöhnlichen Gerichten wie *khao moak ga* (pikant gewürztes Hühnchen in Bananenblättern). Den Raum schmücken künstliche Orchideen und Portraits der thailändischen Königsfamilie.

Globe Earth FUSION $$$

(☎416-551-9890; 1055 Yonge St; Hauptgerichte 20–30 C$; ⏲Mo–Fr mittags & abends, Sa & So Brunch & abends; Ⓢ Rosedale) Dieser Neuzugang verwendet für seine Gerichte nur lokal angebaute saisonale Produkte. Gegessen wird in dem wohnlich gestalteten Raum. Der mit Holz befeuerte Ofen sorgt für den richtigen Geschmack des Fladenbrots. Das Fleisch kann man nach Gewicht bestellen. Auf der umfangreichen Speisekarte findet jeder etwas nach seinem Geschmack; als schlichtere Angebote gibt's Wurstaufschnitt und frittierten Bruchkäse.

Ausgehen

Normalerweise versucht sich Toronto von seinem englischen Erbe zu distanzieren. Doch wohin man blickt, werden perfekt dezente kanadische Bars an britisch-irische Pub-Ketten verkauft und in schreckliche Yorkshire-Kopien verwandelt – mit Bücherwänden aus Plastik, Dudelmusik und faden Ales. Echte frankokanadische Kneipen gibt's aber trotzdem noch – man muss nur wissen, wo sie zu finden sind.

Torontos Barszene bietet alles von Bierkneipen mit klebrigem Teppichboden bis zu schicken Martinibars, überteuerten Weinstuben in der Innenstadt und ein paar quirligen Schwulen- und Lesbenbars. Sich da durchzuarbeiten macht ganz schön durstig! Das Rauchen in geschlossenen öffentlichen Räumen ist per Gesetz strikt verboten – man kann also seinen Martini genießen, ohne dass das Lieblingsshirt am nächsten Tag wie ein Aschenbecher stinkt.

Die unten genannten Kneipen sind zwischen 11 und 2 Uhr geöffnet. In Bars wird bis 2 Uhr ausgeschenkt, aber normalerweise öffnen sie nicht vor 16 Uhr.

Mill Street Brewery BRAUEREI

(55 Mill St, Bldg 63, Distillery District; 🚊503, 504) Mit zehn Spezialbieren aus der hauseigenen Brauerei im atmosphärischen Distillery District sind die Jungs marktführend unter den örtlichen Kleinbrauereien. Am besten bestellt man sich ein Probiertablett, um eine Kostprobe von all den preisgekrönten Bieren – Tankhouse Pale Ale, Stock Ale und Organic Lager – zu bekommen. Der Innenhof ist genau das Richtige für sonnige Nachmittage. Zu essen gibt's typische Kneipenkost – alles, was zum Bier passt, wie Burger, Sandwiches und Wraps.

Sweaty Betty's BAR

(Karte S. 68; 13 Ossington Ave; 🚊501) In einer Stadt, in der der Wodka und einfallsreiche Cocktails in Strömen fließen, lehnt das Betty's alles ab, was aus mehr als drei Zutaten besteht. Der schlichte Schuppen reduziert den Barbesuch aufs Wesentliche: dass man einen schönen Abend verbringt und mit anderen Leuten ins Gespräch kommt. Am Wochenende tummeln sich hier eine Menge Hipster, und die Atmosphäre in dem wohnlich gestalteten engen Raum wirkt wie auf einer Privatparty von Collegestudenten.

C'est What KNEIPE

(67 Front St E; Hauptgerichte 10–15 C$; 🚊503, 504) In diesem Pubkeller werden mehr als 30 Whiskeys und sechs Dutzend kanadische Biere (überwiegend aus Ontario) ausgeschenkt. Ein hauseigener Braumeister überwacht streng die Qualität der naturreinen, konservierungsmittelfreien Fassbiere. Nebenan in der Music Showbar gibt's fast jeden Abend Livemusik. Auch gute Kneipenkost ist zu haben – das Fleisch kommt ausschließlich von Tieren aus der Region, z. B. Speckschinken vom St. Lawrence Market nebenan und Fleisch von freilaufenden Bisons.

Gladstone Hotel BAR
(1214 Queen St W; 🚌501) Das historische Hotel feiert die künstlerische Avantgarde-Szene Torontos. In der Art Bar und im Gladstone Ballroom erwarten einen unkonventionelle DJs, Poetry Slams, Jazz, Lesungen, Alternativ-Country und Blues, während in der Melody Bar Karaoke-Abende und andere Musikveranstaltungen stattfinden. Die Grundgebühr variiert (normalerweise 10 C$ oder weniger).

Red Room CAFÉ
(Karte S. 68; 444 Spadina Ave; Hauptgerichte 4–8 C$; 🚌506, 510) Das Red Room ist total in. Teils Pub, teils Diner, teils abgefahrene Lounge, ist das künstlerisch angehauchte Red Room im Kensington Market der Ort, an den man seine müden, verkaterten Knochen auf ein heilsames Bierchen und ein Frühstück (rund um die Uhr erhältlich) zur Musik von Britpop schleppt. Hier kann man sich in eine Sitzecke hineinfallen lassen und alle Sorgen vergessen.

Black Bull KNEIPE
(Karte S. 62 f.; 298 Queen St W; 🚌501) Das Black Bull ist der wohl begehrteste Biergarten Torontos. Er hat zwar nicht so viel Atmosphäre wie intimere Kneipen, liegt aber mitten in der Innenstadt und fängt aufgrund seiner offenen Gestaltung deutlich mehr abendliches Sonnenlicht ein als irgendein anderer Ort im Zentrum. Um einen Tisch zu bekommen, einfach hinten anstellen und keinesfalls aufgeben, bis die Sonne untergeht.

Underground Garage BAR
(Karte S. 66; 365 King St W; 🚌504, 510) Die Rockbar steht in dem ansonsten recht oberflächlichen Entertainment District wacker ihren Mann. Der steile Treppenaufgang ist mit Postern von Led Zeppelin, Willie Nelson und John Lennon gepflastert. Hier gibt's jaulende Gitarren, kaltes Bier und viel Spaß – genau wie es sein soll. Die Party steigt normalerweise nicht vor 21 Uhr. Eintritt unter 5 C$.

Madison Avenue Pub KNEIPE
(Karte S. 68; 14-18 Madison Ave; Ⓢ Spadina) Das im positiven Sinne elefantöse Madison erstreckt sich über drei viktorianische Häuser in The Annex. Das 25 bis 35 Jahre alte Publikum wird mit Billard, Dart, einer Sportbar und glänzendem Messing geködert. Antik wirkende Lampen beleuchten nachts die oberen Stockwerke, die fünf Höfe und die vielen heißen Bräute.

Smokeless Joe BAR
(Karte S. 66; ☎416-728-4503; 125 John St; 🚌501) In dieser engen Kellerbar in Clubland, wo jeder jeden mit Namen kennt, werden über 250 verschiedene Biere (die Karte ist so dick wie ein Buch) ausgeschenkt. Weil manche der seltensten Biersorten nicht in den Läden zu bekommen sind, sollte man hier auf ein, zwei Bierchen einkehren. Die Bar gehörte zu den ersten Orten Torontos mit Rauchverbot. Danke, Joe.

☆ Unterhaltung

In Toronto muss wahrlich niemand unter Mangel an Unterhaltung leiden. Im Gegenteil! Ob man nun Lust auf ein Jazzquartett, einen Indie-Film, unkonventionelles Theater oder auf ein Punk-Konzert hat, hier findet man problemlos alles. Die Torontoer Clubszene gedeiht prächtig, ebenso das schwule und lesbische Nachtleben. Es gibt kostenlose Outdoor-Festivals, und fast jedes Wochenende finden Konzerte statt, besonders im Sommer. Bei vielen Events in Toronto gilt aus Gründen des Wohlwollens und aus künstlerischer Freigiebigkeit das „Pay what you can"-Prinzip (PWYC). Im Wesentlichen bedeutet das, dass die Events kostenlos sind – die Künstler freuen sich natürlich dennoch über etwas Kleingeld.

Wer sich über Clubs, alternative Kultur und Livemusik auf dem Laufenden halten will, für den gibt's die kostenlosen Stadtmagazine *Now*, *Xtra!* und *Eye Weekly*. In der Tageszeitung findet man ebenfalls eine wöchentliche Unterhaltungssparte. Die Hochglanzbroschüre *Toronto Life* gibt einen monatlichen Veranstaltungskalender heraus.

Ticketmaster (☎416-870-8000; www.ticketmaster.ca) verkauft Karten für größere Konzerte, Sportereignisse, fürs Theater und für andere Aufführungen. Man kann die Tickets auch online oder bei den städtischen Verkaufsstellen erwerben, beispielsweise im Rogers Centre oder im Hummingbird Centre for Performing Arts. **TO Tix** (Karte S. 62 f.; ☎416-536-6468, Durchwahl 40; www.totix.ca; Dundas Sq, 1 Dundas St E; ⌚Di–Sa 12–18.30 Uhr; Ⓢ Dundas) verkauft Tickets zum halben Preis und ermäßigte Tickets für Veranstaltungen am selben Tag. **TicketKing** (☎416-872-121, 800-461-3333; www.mirvish.com) vertritt einige Veranstaltungsorte in der Stadt, beispielsweise das Royal Alexandria Theatre und das Princess of Wales Theatre.

Kinos

Mehr als alles andere lieben die Einwohner Torontos das Kino (ob das etwas mit dem Wetter zu tun hat?). Eine Kinokarte für einen Erwachsenen kostet rund 14 C$. Dienstag ist Kinotag – da zahlt man ungefähr 8 C$.

TIFF Cinematheque KINO
(Karte S. 62 f.; www.cinemathequeontario.ca; Kasse 2 Carlton St W; ⌚Kasse Mo–Fr 10–19 Uhr, Ende Aug. & Sept. geschl.; Ⓢ Bloor-Yonge) Die beliebte TIFF Cinematheque zeigt internationale Filme, Independent-Filme und Retrospektiven berühmter Regisseure. Jedes Jahr laufen ungefähr 400 Filme in der Jackman Hall in der Art Gallery of Ontario, inzwischen auch in der neuen **Bell Lightbox** (Karte S. 66; www.tiff.net; Ecke King St & John St; 🚌504). Nichtmitglieder bekommen 30 Minuten vor der ersten Vorstellung am Kartenschalter des Manulife Centre Kinokarten.

Bloor Cinema KINO
(Karte S. 68; ☎416-516-2330; www.bloorcinema.com; 506 Bloor St W; ⌚12–24 Uhr; Ⓢ Bathurst) Dieser Art-déco-Saal mit zwei Rängen zeigt eine wunderbar vielfältige Auswahl an Neustarts, Kunstfilmen, Kurzfilmen, Dokus und Klassikern.

Alliance Atlantis Cumberland 4 KINO
(www.alliancecinemas.com) Bloor-Yorkville (☎416-646-0444; 159 Cumberland St; Ⓢ Bay); The Beaches (☎416-646-0444; 1651 Queen St E; 🚌501) Das kleine Multiplex Cumberland 4 zeigt eine Mischung aus Independent-Filmen und ausgesuchten, linksgerichteten Hollywood-Streifen. Es gibt auch eine Filiale in The Beaches, in der aber überwiegend Mainstream-Filme laufen.

Cineplex Odeon Varsity KINO
(Karte S. 62 f.; ☎416-961-6304; www.cineplex.com; Manulife Centre, 55 Bloor St W; ⌚12–24 Uhr; Ⓢ Bloor-Yonge) Das hochmoderne Multiplexkino mit VIP-Sälen und kleineren Kinosälen zeigt ein großes Film-Spektrum: von Hollywood-Blockbustern bis zu unabhängigen Low-Budget-Streifen.

Rainbow Cinemas KINO
(Karte S. 66; ☎416-491-9731; 80 Front St E; www.rainbowcinemas.ca; 🚌503, 504) In dem direkt am Market Sq gelegenen Kino laufen Neustarts zu niedrigeren Preisen.

Scotiabank Theatre KINO
(Karte S. 62 f.; ☎416-368-5600; www.paramounttoronto.com; 259 Richmond St W; Ⓢ Osgoode) Das riesige Multiplexkino zeigt Neustarts und hat die neueste IMAX-Technik, darunter auch 3-D. Auf dem Programm stehen immer mindestens ein Dutzend Filme, und unter den Mainstream-Steifen sind auch ein paar ungewöhnliche.

Polson Pier Drive-In Theatre KINO
(☎416-465-4653; www.polsonpier.com; 11 Polson St; ⌚April–Okt. Fr–So ab 20.30 Uhr) Bei Anbruch der Dämmerung beginnen in dem Autokino am Seeufer Doppelvorstellungen von Blockbustern. Die üblichen Fast-Food-Verdächtigen sind hier natürlich auch zu finden.

Livemusik

Runter mit dem Iggy-Pop-Shirt, die Eddie-Vedder-Doc-Martens-Schuhe angezogen, und ab geht die Post. Alt-Rock, Metal, Ska, Punk und Funk – in Toronto gibt's alles. Bebop, rauchiger Swamp-Blues und Instrumental-Balladen bieten eine Alternative. Der Eintritt in der Woche kostet irgendetwas zwischen gar nichts und ein paar Dollar, an den Wochenenden bis zu 20 C$. Megastars auf Tour treten im Rogers Centre, dem Air Canada Centre und dem Molson Amphitheatre am Ontario Place auf.

UNABHÄNGIGE KONZERTHÄUSER

Koolhaus LIVEMUSIK
(Karte S. 66; 132 Queens Quay E; 🚌6, 75) Im Nachtclub Guvernment.

Opera House LIVEMUSIK
(☎416-466-0313; www.theoperahousetoronto.com; 735 Queen St E; 🚌501, 502, 503)

Phoenix LIVEMUSIK
(Karte S. 62 f.; ☎416-323-1251; www.libertygroup.com; 410 Sherbourne St; 🚌506)

ROCK, JAZZ & BLUES

Cameron House LIVEMUSIK
(www.thecameron.com; 408 Queen St W; 🚌501, 510) Auf der Bühne stehen Liedermacher, Soul-, Jazz- und Country-Sänger, im Publikum und Backstage tummeln sich Künstler, Musiker, Träumer und Faulenzer. Das Mad Bastard Cabaret („Singen über Liebe, Lust und Spanien mit Akkordeonbegleitung") am Sonntagabend ist ein Muss.

Reservoir Lounge LIVEMUSIK
(Karte S. 66; www.reservoirlounge.com; 52 Wellington St E; 🚌503, 504) Swing-Tänzer, Jazz-Musiker und Blues-Sänger nennen diese kerzenbeleuchtete Keller-Lounge ihr Zuhause. Auf der tollen Martini-Getränkekarte stehen auch ein Schoko-Himbeer-Drink und das „Reservoir Red". Und während man

dem Unterhaltungsprogramm folgt, kann man sein Schokoladenfondue mit Erdbeeren genießen.

Horseshoe Tavern LIVEMUSIK

(Karte S. 68; www.horseshoetavern.com; 370 Queen St W; 🚊501, 510) Das legendäre Horseshoe hat seinen 60. Geburtstag schon hinter sich und spielt immer noch eine maßgebende Rolle im lokalen Indie-Rock. The Police traten hier auf ihrer ersten Nordamerika-Tour auf, und Sting gab eine Zugabe in Unterwäsche. Karten bekommt man an der Tür oder bei **Ticketmaster** (☎416-870-8000; www.ticketmaster.ca).

Dakota Tavern LIVEMUSIK

(Karte S. 68; www.thedakotatavern.com; 249 Ossington Ave; 🚊501, 🚌63) Diese Keller-Taverne rockt mit Hockern aus Holzfässern und einer kleinen Bühne. Überwiegend wird Country gespielt, manchmal aber auch Blues und Rock.

Rivoli LIVEMUSIK

(Karte S. 62 f.; www.rivoli.ca; 334 Queen St W; 🚊501) Die Sängerin Leslie Feist startete hier ihre Karriere, und hier erwischt man immer wieder auch andere Talente. Auf dem Programm stehen jeden Abend Livemusik (Rock, Indie und Liedermacher), wöchentliche Stand-up-Comedys und monatliche Hip-Hop-Abende. Außerdem gibt's Veranstaltungen zu CD-Veröffentlichungen, Kunstpräsentationen, samstagabends Auftritte von DJs und einen Billardraum. Das Essen ist klasse!

Rex LIVEMUSIK

(Karte S. 62 f.; www.therex.ca; 194 Queen St W; 🚊501) Das Rex hat sich von seiner traurigen Vergangenheit als Schlägerkneipe zu einer hervorragenden Jazz- und Blues-Bühne gemausert. Jede Woche treten hier über ein Dutzend verschiedene Dixielandbands, experimentelle Musiker und lokale wie auch internationale Gruppen auf. Preiswerte Drinks; erschwinglicher Eintritt.

Lee's Palace LIVEMUSIK

(Karte S. 68; ☎416-532-1598; www.leespalace.com; 529 Bloor St W; Ⓢ Bathurst) Im legendären Lee's Palace sind schon Dinosaur Jr., die Smashing Pumpkins und die Queens of the Stone Age aufgetreten. Berühmt-berüchtigt ist der Vorfall, als Kurt Cobain 1990 bei einem Konzert von Nirvana plötzlich eine Flasche ins Publikum warf. Man kann es gar nicht verfehlen – einfach nach dem bunten Wandbild an der Außenfassade Ausschau halten, das einen scheinbar anschreit.

Dominion on Queen LIVEMUSIK

(www.dominiononqueen.com; 500 Queen St E; 🚊501, 502, 503) Der Jazz-Pub hat sich mit frechen Sängern, Trios, Sextetts und ausgewachsenen Swing-Bands Ansehen erworben. Die Musik beginnt allabendlich gegen 21 Uhr. Es gibt Brauhausbiere und jede Menge Rotwein, in dem man seinen großstädtischen Herzschmerz ertränken kann.

Sneaky Dee's LIVEMUSIK

(Karte S. 68; ☎416-603-3090; www.sneaky-dees.com; 431 College St; 🚊506, 511) Das mit Graffiti überzogene Sneaky Dee's liegt an der prominenten Ecke Bathurst St und College St. Die Bar unten hat abgewetzte Sitzecken, die mit Skeletten bemalt sind, und oben liegt die verdunkelte Brutstätte neuer Rocktalente Torontos. Während man sich mit billigem Bier abfüllt, kann man sich mit Tex-Mex-Essen vollstopfen.

KLASSIK & OPER

Canadian Opera Company LIVEMUSIK

(Karte S. 62 f.; ☎416-363-8231, 800-250-4653; www.coc.ca; Four Seasons Centre for the Performing Arts, 145 Queen St W; ⏰Kasse Mo–Sa 11–19, So bis 15 Uhr; Ⓢ Osgoode) Kanadas nationales Opernensemble gibt es seit mehr als 50 Jahren. Die Karten sind schnell ausverkauft. Im Richard Bradshaw Amphitheatre (im Four Seasons Centre) gibt's zwischen September und Juni kostenlose Konzerte, normalerweise um 12 Uhr. Die genauen Daten stehen auf der Website.

Glenn Gould Studio LIVEMUSIK

(Karte S. 66; ☎416-205-5555; www.cbc.ca/glenngould; Canadian Broadcasting Centre, 250 Front St W; Karten 15–40 C$; ⏰Kasse Mo–Fr 14–18.30, Sa bis 20 Uhr; Ⓢ Union, 🚊504) Die Akustik des Glenn Gould Studio macht dem berühmten Pianisten, nach dem es benannt wurde, alle Ehre. Im Voraus Karten für die zwischen September und Juni stattfindenden Abendkonzerte klassischer und zeitgenössischer Musik (Solisten, Kammerensembles, Chöre und Sinfonieorchester) kaufen. Oft treten hier auch junge internationale Künstler auf.

Harbourfront Centre LIVEMUSIK

(Karte S. 66; ☎416-973-4000; www.harbourfrontcentre.com; York Quay Centre, 235 Queens Quay W; Karten 10–40 C$; ⏰Kasse Di–Sa 13–18 Uhr; 🚊509, 510) Das lebendige Harbourfront Centre bringt das ganze Jahr über einige Weltklasse-Musikaufführungen auf die

Bühne, darunter am Sonntag Aufführungen für Familien und im Sommer Freiluftkonzerte im Toronto Music Garden sowie auf der Concert Stage.

Toronto Symphony Orchestra LIVEMUSIK
(TSO; Karte S. 66; ☎416-593-4828; www.tso.ca; Roy Thomson Hall, 60 Simcoe St; ⏲Kasse Mo–Fr 10–18, Sa 12–17 Uhr; ⓈSt. Andrew) Das TSO präsentiert in der Roy Thomson Hall, der Massey Hall und im Toronto Centre for the Arts eine Reihe klassischer Konzerte, Salonmusik aus der Cole-Porter-Zeit und neue Musik aus der ganzen Welt. Auf der Website findet man Antworten auf Fragen wie „Was, wenn ich husten muss?" oder „Muss ich jetzt klatschen?".

Weitere wichtige Veranstaltungsstätten für Klassik und Oper:

Sony Centre for the Performing Arts LIVEMUSIK
(☎416-872-2262; www.sonycentre.ca; 1 Front St E; ⏲Kasse Mo–Fr 10–17.30, Sa bis 13 Uhr; ⓈUnion)

Massey Hall LIVEMUSIK
(Karte S. 62 f.; ☎416-872-4255; www.masseyhall.com; 178 Victoria St; ⏲Kasse an Vorstellungstagen ab 12 Uhr; ⓈQueen)

Roy Thomson Hall LIVEMUSIK
(Karte S. 66; ☎416-872-4255; www.roythomson.com; 60 Simcoe St; ⏲Kasse Mo–Fr 10–18, Sa 12–17 Uhr, So 2 Std. vor Aufführung; ⓈSt. Andrew)

Toronto Centre for the Arts LIVEMUSIK
(☎416-733-9388; www.tocentre.com; 5040 Yonge St; ⏲Kasse Mo 11–18, Di–Sa bis 20, So 12–16 Uhr; ⓈNorth York Centre)

Theater

Toronto ist die Spielstätte von erstklassigem Mainstream-Theater, das sich rund um den Theatre Block und den Dundas Sq konzentriert. Aufstrebende Ensembles bevorzugen kleinere Spielstätten rund um Harbourfront und den Distillery District. Infos zu aktuellen Aufführungen gibt's unter www.onstagetoronto.ca und in Zeitungen. Karten für große Aufführungen verkauft **TicketKing** (☎416-872-1212, 800-461-3333; www.ticketking.com). Karten zum halben Preis bekommt man bei **TO Tix** (Karte S. 62 f.; ☎416-536-6468, ext 40; www.totix.ca; Dundas Sq, 1 Dundas St E; ⏲Di–Sa 12–18.30 Uhr; ⓈDundas); man kann auch bei den Kartenschaltern nach Last-Minute-Tickets fragen.

CanStage THEATER
(Canadian Stage Company; ☎416-368-3110; www.canstage.com; 26 Berkeley St; ⏲Kasse Mo–Sa 10–18 Uhr, an Vorstellungstagen bis 20 Uhr; 🚊503, 504) Das moderne CanStage produziert erstklassige kanadische und internationale Stücke von Autoren wie David Mamet und Tony Kushner. Aufgeführt werden die Stücke im Ensemble-eigenen Berkeley Street Theatre und im größeren **St. Lawrence Centre for the Arts** (Karte S. 66; ☎416-366-7723, 1-800708-6754; www.stlc.com; 27 Front St E; ⏲Kasse Mo–Fr 12–18 Uhr & 2 Std. vor Vorstellungsbeginn; ⓈUnion). Das CanStage betreibt auch den **Dream in High Park** (☎416-367-1652; High Park, 1873 Bloor St W; ⏲Juli–Sept. Di–So 20 Uhr; ⓈHigh Park), wo im Hochsommer wundervolle Shakespeare-Produktionen unter den Sternen im High Park (Karte S. 57) zur Aufführung kommen. Frühzeitig kommen und eine Decke mitbringen.

Elgin & Winter Garden Theatre THEATER
(Karte S. 62 f.; ☎416-314-2901; www.heritagefdn.on.ca; 189 Yonge St, Dundas Sq; ⏲Kasse Di–Sa 11–17 Uhr; ⓈQueen) Das restaurierte Doppeldecker-Theater Elgin & Winter Garden Theatre zeigt erstklassige Produktionen in einem wunderschönen Ambiente.

Canon Theatre THEATER
(☎416-872-1212, 800-461-3333; 244 Victoria St; www.mirvish.com ⏲Kasse Mo 12–18, Di–Sa bis 20, So 11–14 Uhr; ⓈDundas) Das Canon begann in den 1920er-Jahren als Vaudeville-Theater Pantages und ist ein heißer Tipp für musikalische Extravaganzen.

Royal Alexandra Theatre THEATER
(Karte S. 66; ☎416-872-1212, 800-461-3333; www.mirvish.com; 260 King St W; ⏲Kasse Mo 10.30–18.30, Di–Sa bis 20.30, So 11–15 Uhr; 🚊504) Das allgemein als „Royal Alex" bekannte Theater ist eines der eindrucksvollsten in der Stadt. Zur Aufführung kommen Stücke wie *Orpheus steigt herab* von Tennessee Williams und spritzige Broadway-Musicals.

Princess of Wales Theatre THEATER
(Karte S. 66; ☎416-872-1212, 800-461-3333; www.mirvish.com; 300 King St W; ⏲Kasse Mo 12–18, Di 15.30–20.30, Mi ab 12 Uhr; 🚊504) Das fast direkt neben dem Royal Alex gelegene POW ist eine Spielstätte mit 200 Sitzplätzen und zeigt große Produktionen wie *Miss Saigon* und *Rock of Ages*.

Young Centre for Performing Arts THEATER
(☎416-866-8666; www.youngcentre.ca; 55 Mill St, Bldg 49, Distillery District; ⏲Kasse Di–Sa 13–20 Uhr; 🚊503, 504) Das 14 Mio. C$ teure Young Centre beherbergt vier separate

Spielstätten, in die sich die Theater **Soul Pepper** (www.soulpepper.ca), **Moonhorse Dance Theatre** (www.danceumbrella.net/clients_moonhorse.htm) und **George Brown Theatre Co** (www.georgebrown.ca/theatre) eingemietet haben. Im Gebäude gibt's auch einen Buchladen und eine Bar.

Factory Theatre THEATER
(Karte S. 68; ☎416-504-9971; www.factorytheatre.ca; 125 Bathurst St; ⏲Kasse Di–Sa 13–19 Uhr; 🚋511) Das innovative Theaterensemble – „Heimat kanadischer Bühnenautoren" – gibt es bereits seit 35 Jahren. Im Factory Theatre bringt auch das unabhängige **SummerWorks Theatre Festival** (☎416-504-7529; www.summerworks.ca) Stücke auf die Bühne; gleiches gilt für Stücke vom Toronto Fringe Festival. Bei den Sonntagsaufführungen gilt die Maxime „Pay What You Can".

Schwulen- & Lesbenszene

Die meisten der folgenden Spielstätten befinden sich in Church-Wellesley Village. Man kann es auch im Nachtclub El Convento Rico probieren.

Fly NACHTCLUB
(Karte S. 62 f.; www.flynightclub.com; 8 Gloucester St; ⏲Fr & Sa 22–4 Uhr; Ⓢ Wellesley) In dem schwulenorientierten Fly in einer Seitenstraße der Yonge St ist große Party angesagt – mit nacktem Muskelspiel, neuester Musik, abgefahrener Beleuchtung und DJs aus den USA und aus aller Welt, die Hard-House, Tribal und Trance auflegen. Die Musik aus dem Club tönt bis ins nebenan gelegene Restaurant Fire on the East Side, sodass man auch zuerst dort abhängen und dann erst hier die Tanzfläche unsicher machen kann.

Woody's/Sailor NACHTCLUB
(Karte S. 62 f.; www.woodystoronto.com; 465-7 Church St; Ⓢ Wellesley) Der populärste Schwulenbarkomplex der Stadt bietet eine Menge Unterhaltung: Drag-Shows, Knackarsch-Wettbewerbe, Lederkerle, Billardtische und jeden Abend DJs. Das Sailor ist eine schicke, zu einer Seite hin offene Bar.

Slack's NACHTCLUB
(www.slacks.ca; 562 Church St; Ⓢ Wellesley) Das auf Retro getrimmte Slack's baut eine Brücke zwischen Schwulen, Lesben, Stadtcowboys und Heteros auf der Suche nach etwas Glitter und heißt an seiner von hinten beleuchteten Bar alle willkommen. Zu den Events gehören Comedy, Karaoke, Drag-Shows, Livemusik und Kunstinstallationen. Am Wochenende legen weibliche DJ's auf, und auch das Essen ist toll!

Black Eagle NACHTCLUB
(Karte S. 62 f.; www.blackeagletoronto.com; 457 Church St; Ⓢ Wellesley) Das Black Eagle ist eine düstere, gesetzeslose Höhle, in der sich Lederkerle, Uniform-Fetischisten und Jeans-Boys tummeln. Auf den großen Bildschirmen laufen Hardcore-Schwulenpornos, und die Kunstwerke an den Wänden sind in jeder Hinsicht gut bestückt. Am Eingang noch mal die passende Kleidung für Themenabende überprüfen (nichts für Weicheier).

Crews/Tango/Zone NACHTCLUB
(Karte S. 62 f.; 508 Church St; Ⓢ Wellesley) Hier erwarten einen gleich drei Clubs: Im Tango drehen Frauen richtig auf. Direkt daneben liegen die Männerbar Crews und das Cabaret-artige Zone. Es gibt Karaoke-Abende, Drag-Queen-/King-Shows und DJs.

El Convento Rico NACHTCLUB
(☎416-588-7800; 750 College St; ⏲Fr & Sa; 🚋506) Latino-Tanzpalast mit androgynem Publikum.

Nachtclubs

Torontos „Clubland" konzentriert sich rund um die Richmond St W und die Adelaide St W an der John St, wo nach Einbruch der Dunkelheit ein Dutzend von Nachtclubs zum Leben erwachen. Unscheinbare Türen öffnen sich, kräftige Türsteher sperren den Bürgersteig ab, und schon bilden sich Schlangen von spärlich bekleideten Mädels. Hip-Hop-Typen in aufgemotzten Karren fahren vorbei und senden den Mädels aus den heruntergekurbelten Fenstern Pfiffe nach. Die Atmosphäre ist schwül und sexgeladen. Später wird's dann richtig ungemütlich: Betrunkene Mädels torkeln durch die Gegend, junge Kerle schwingen die Fäuste, und die Hotdog-Verkäufer versuchen Ruhe zu bewahren. Das ist wirkliches Theater!

Andere Clubs findet man in Little Italy, Church-Wellesley Village und Queen West. Der Eintritt kostet 5 bis 15 C$. Die meisten Clubs öffnen gegen 21 oder 22 Uhr (in manchen geht's aber erst später richtig los) und schließen gegen 4 Uhr.

Club XS NACHTCLUB
(www.clubxs.ca; 261 Richmond St W; ⏲Do–So; 🚋501, 505) Das XS ist einer der neuesten Clubs in Toronto. Mit der strikten Kleiderordnung, dem Bottle Service und den VIP-Räumen (natürlich!) ist der sexy Club voll auf die Elite ausgerichtet. Eine Reser-

vierung ist zwar nicht zwingend, aber wer sicherstellen will, auf der Gästeliste zu stehen, sollte über die Website reservieren.

Clinton's Tavern NACHTCLUB
(Karte S. 68; www.clintonstavern.com; 693 Bloor St; S Christie) CD-Premieren, Samstagabend-Tanzpartys, Livemusik und Comedy – all das gehört zum Alltag im Clinton's, das ein wenig das Gegenprogramm zu all den anderen Clubs mit Techno-Beats ist. Das lässige Publikum ist gut drauf.

Drake Hotel NACHTCLUB
(www.thedrakehotel.ca; 1150 Queen St W; 501) Das Drake Hotel bietet mit seiner Lounge, seiner Patio- und seiner Kellerbar eine lebendige Musikszene.

Mod Club NACHTCLUB
(Karte S. 68; www.themodclub.com; 722 College St; Di–So; 506) Der in Little Italy gelegene exzellente Club mit britischer Atmosphäre spielt Electronic, Indie und Brit-Pop. Manchmal treten auch live Leute wie Paul Weller, The Killers und Muse auf. Es gibt schnelle Blitzlichter erzeugende Stroboskop-Beleuchtung und kerzenbeleuchtete Räume zum Chillen.

Guvernment NACHTCLUB
(Karte S. 66; www.theguvernment.com; 132 Queens Quay E; Di–Sa; 6, 75) In Sachen Vielfalt kann mit dem riesigen Guv nichts mithalten. Die DJs spielen Hip-Hop, R&B, Progressive House und Tribal, sodass jeder auf seine Kosten kommt. Die Aussicht von der Dachterrasse auf die Skyline ist so beeindruckend wie die arabische Fantasy Lounge und die Art-déco-Bar. Die Live-Spielstätte, das Koolhaus, ist von mittlerer Größe.

Sport

Schon bei der bloßen Erwähnung von Sport fließen bei den Einwohnern Torontos die Freudentränen. Im Sommer gibt's Profi-Baseball und -Football, im Winter Eishockey, Basketball und Lacrosse. Karten im Vorverkauf erhält man bei **Ticketmaster** (416-872-5000; www.ticketmaster.ca) und an den Kartenschaltern im Air Canada Centre und im Rogers Centre. Der Schwarzhandel mit Tickets ist zwar verboten, doch das scheint niemanden davon abzuhalten (manchmal erwischt man ein richtiges Schnäppchen, aber der Tipp ist nicht von uns …).

Toronto Blue Jays SPORT
(416-341-1234; www.toronto.bluejays.mlb.com; Spielzeit April–Sept.) Torontos Major-League-Baseballteam spielt im **Rogers Centre** (Karte S. 66; 416-341-2770; www.rogerscentre.com; 1 Blue Jays Way; S Union). Karten gibt's bei Ticketmaster oder am Kartenschalter im Rogers Centre am Tor 9. Die billigsten Sitzplätze liegen weit oberhalb des Spielfelds. Man sollte versuchen, Plätze an der unteren Grundlinie zu bekommen; hier sind die Chancen besser, einen Fly Ball zu erwischen (oder einen an den Kopf zu bekommen). Die Jays haben seit 1993 nicht mehr die World Series gewonnen, aber wer weiß, vielleicht klappt es ja in diesem Jahr.

Toronto Argonauts SPORT
(416-341-2700; www.argonauts.on.ca; Spielzeit Juni–Okt.) Die gepanzerten Toronto Argonauts spielen in der Canadian Football League (CFL) und krachen im Rogers Centre auf ihre Gegner. Die Argos haben zwar schon seit 2004 nicht mehr den Grey Cup mit nach Hause gebracht, dafür aber mehr Meisterschaften gewonnen als jede andere Mannschaft (15, zwei mehr als Edmonton). Jacke mitbringen, denn dank des offenen Dachs wird es abends im Rogers Centre recht kühl. Karten bekommt man bei Ticketmaster oder im Rogers Centre.

Toronto Maple Leafs SPORT
(416-815-5982; www.mapleleafs.com; Spielzeit Okt.–April) Die Toronto Maple Leafs, die 13-maligen Stanley-Cup-Gewinner, spielen in der National Hockey League (NHL) und hauen im **Air Canada Centre** (ACC; Karte S. 66; 416-815-5500; www.theaircanadacentre.com; 40 Bay St; S Union) auf den Puck. Jedes der Spiele ist ausverkauft, aber am Tag des Spiels verkauft Ticketmaster um 10 Uhr und der Kartenschalter im Air Canada Centre ab 17 Uhr noch ein paar Karten. Man kann auch über die Website von Spielzeit-Ticket-Abonnenten, die nicht zum Spiel gehen können, Karten bekommen – in der Regel zahlt man mindestens 80 C$.

Toronto Raptors SPORT
(416-815-5500; www.nba.com/raptors; Spielzeit Okt.–April) Während der Eishockey-Saison finden Spiele der Toronto Raptors von der National Basketball Association (NBA) auch im ACC statt. Die „Raps" gibt es seit 1995; bislang haben sie aber noch nicht viel zustande gebracht. Karten bekommt man bei Ticketmaster oder im ACC.

Toronto Rock SPORT
(416-596-3075; www.torontorock.com; Spielzeit Jan.–April) Wenn von kanadischen Sportarten die Rede ist, denkt man vielleicht

nicht sofort an Lacrosse. Doch die aus 13 Mannschaften bestehende **National Lacrosse League** (www.nll.com) kommt seit zwei Jahrzehnten immer mehr in Fahrt. Torontos Mannschaft ist absoluter Favorit und hat seit 1999 schon fünfmal die Meisterschaften gewonnen. Die Spiele finden im Air Canada Centre statt; Karten gibt's bei Ticketmaster.

Shoppen

In Toronto kauft man eher aus Spaß als aus Notwendigkeit ein. Geschäfte gibt's überall in der Stadt, doch in geballter Form findet man sie in den riesigen Einkaufszentren wie dem **Eaton Centre** (Karte S. 62 f..; ☎416-598-8560; 220 Yonge St; ⊙Mo–Fr 10–21, Sa 9.30–19, So 12–18 Uhr; Ⓢ Queen, Dundas) oder in Vierteln wie Kensington Market, wo junge Alternative sich ihre Rasta-Retro-Zöpfe kaufen. Auf derselben Seite der Stadt in Queen West und West Queen West findet man jede Menge erlesene Musik- und Vintage-Shops.

In The Annex findet man Spezialbuchhandlungen, Secondhand-Musikläden und eine vielseitige Mischung aus kunstverständigen Verkäufern, besonders in der Harbord St und in der Markham St (alias Mirvish Village). Chichi Bloor-Yorkville ist der exklusivste Einkaufsbezirk der Stadt. Er war während der 1960er-Jahre das Hippie-Zentrum der „Freien Liebe". Heute ist der Einkaufsbezirk weit davon entfernt, und man tut gut daran, von den arroganten Verkäufern nicht allzu viel Liebe zu erwarten.

In den Shops des unterirdischen Fußgängersystems der Stadt, PATH, sind die Preise für Kleidung, Gebrauchsgüter und Dienstleistungen wortwörtlich im Keller. Kanadische und internationale Designerläden liegen in der King St W zwischen der Jarvis St und der Parliament St. Die Gegend wird auch Design Strip genannt. Der ebenfalls zentral gelegene, boomende Distillery District ist ein Hauptanziehungspunkt. Hier findet man viele Designerläden, Kunstgalerien und Kunsthandwerksläden. Der Yonge St Strip und das Church-Wellesley Village bieten eine bunte Mischung aus Musikläden sowie aus schwulenfreundlichen und auf alle möglichen Dinge spezialisierte Shops.

Die typischen Öffnungszeiten für den Einzelhandel sind montags bis samstags 10 bis 18 Uhr und sonntags von 12 bis 17 Uhr. Sie variieren jedoch je nach Saison, Viertel und Menge der Laufkundschaft.

Indigene Kunst & kanadisches Kunsthandwerk

Bay of Spirits Gallery SOUVENIRS
(Karte S. 66; www.bayofspirits.com; 156 Front St W; ⊙Mo–Sa 10–16 Uhr; Ⓢ Union) Die Arbeiten von Norval Morrisseau – dem ersten indigenen Künstler, der eine Einzelausstellung in der National Gallery of Canada hatte – werden stolz in dieser stimmungsvollen Galerie ausgestellt, die Werke indigener Künstler aus ganz Kanada zeigt. Man sollte sich die Totempfähle von der Pazifikwestküste (von Miniaturpfählen bis hin zu über 4 m großen), die Inuit-Schnitzereien und die Inukshuk-Figurinen anschauen.

Guild Shop SOUVENIRS
(Karte S. 62 f.; www.theguildshop.ca; 118 Cumberland St; ⊙Mo–Mi 10–18, Do–Fr bis 19, Sa bis 18; Ⓢ Bay) Der **Handwerksverband Ontarios** (www.craft.con.ca) unterstützt Künstler seit mehr als 70 Jahren. Zu den Ausstellungsstücken gehören Keramik, Schmuck, Glas, Drucke und Schnitzereien. Man kann jedoch auch eine Sonderausstellung über Webarbeiten aus Pangnirtung und Grafiken aus Cape Dorset anschauen. Das Personal weiß jede Menge über die Kunst der First Nations.

Arts on Queen SOUVENIRS
(2198 Queen St E; ⊙Mo–Fr 11–18.30, Sa 9–19, So ab 11 Uhr; 🚊501) Es fällt nicht leicht, diesen coolen Shop mit angeschlossener Galerie mit leeren Händen zu verlassen. Die einzigartigen Töpferwaren, Glaswaren und Fotos sowie die modernen, lustigen Kunstwerke stammen meist von Künstlern aus Ontario, von denen viele in The Beaches leben.

Mode

LP TIPP **Preloved** BEKLEIDUNG
(Karte S. 68; www.preloved.ca; 881 Queen St W; ⊙Mo–Mi 11–19, Do & Fr bis 20, Sa bis 19, So 12–18 Uhr; 🚊501) Das Preloved steht ganz im Zeichen von Wiederverwertung und Recycling, ist aber kein Secondhandladen. Preloved-Modelle sieht man sogar auf dem Laufsteg. Aus wiederverwerteten alten Stoffen werden neue Kleidungsstücke kreiert, und jedes von ihnen ist ein Unikat. Im Fokus steht die Damenmode, aber auch Kinder und Männer finden hier tolle Stücke. Die Teile sind nicht gerade billig, aber auch nicht so teuer, dass sie einen in den Bankrott treiben würden.

John Fluevog ACCESSOIRES
(Karte S. 62 f.; www.fluevog.com; 242 Queen St W; ⊙Mo–Mi & Sa 11–19, Do & Fr bis 20, So 12–18

Uhr; 🚋501) Der legendäre Designer John Fluevog aus Vancouver hatte schon immer seinen eigenen Stil. In diesem beliebten Laden werden seine Taschen, eine Kollektion seiner Veggie Vogs aus Hanf, die berühmten Oma-Stiefel mit Plateausohle und klassische Schuhe verkauft. Man kann hier auch seine Schuhe neu besohlen und neue Absätze anbringen lassen.

Girl Friday BEKLEIDUNG

(Karte S. 68; www.girlfridayclothing.com; 740 Queen St W; ⏲Mo–Fr 12–19, Sa ab 11, So 12–18 Uhr; 🚋501) Die hübsche, trendige Boutique Girl Friday ist der Beweis, dass Bürokleidung alles andere als langweilig sein muss. Stil ist immer angesagt, und die modischen Kleidungsstücke von Girl Friday sind elegant genug, um länger getragen zu werden. Es gibt auch Abendgarderobe und Jeans zu Schnäppchenpreisen.

Courage My Love BEKLEIDUNG

(Karte S. 68; 14 Kensington Ave; ⏲Mo–Mi & Sa 11–19, Do & Fr bis 20, Sa bis 18, So 13.30–17 Uhr; 🚋505, 510) Secondhandläden gibt's rund um den Kensington Market schon seit Jahrzehnten. Aber das Courage My Love überrascht Modekenner mit Unterwäsche, Retro-Hosen und weißen Hemden unterschiedlichster Art. Es gibt auch ausgesuchte Perlen, Knöpfe, Lederwaren und Silberschmuck.

Annie Thompson Studio BEKLEIDUNG

(www.anniethompson.ca 1 Wiltshire Ave; ⏲Di–Sa 11–18, So 13–17 Uhr; 🚋501) Das Motto der international bekannten Designerin Annie Thompson lautet „Individualität ist nichts, was man vergeuden sollte". Und das schlägt sich in den künstlerischen, einzigartigen Kreationen – ob nun Kleidungsstücke, Handtaschen oder Rucksäcke – nieder. In diesem Laden in Queen West gibt's auch Schmuck von kanadischen Designern.

Bücher

Open Air Books & Maps BUCHLADEN

(openairbooks@yahoo.ca; 25 Toronto St; ⏲Mo–Fr 10–18, Sa bis 17.30 Uhr; **S**King) Kellerladen übervoll von Reiseführern und Karten sowie Büchern über die Natur, übers Campen, zur Geschichte und zu Freizeitaktivitäten.

BMV BUCHLADEN

Bloor St (471 Bloor St W; ⏲Mo–Mi 11–22, Do–Sa bis 24, So 12–22 Uhr; **S**Spadina); Dundas Sq (Dundas Sq, 10 Edward St; ⏲Mo–Sa 10–23, So 12–20 Uhr; **S**Dundas) Der größte (und auch beliebteste) Buchladen für gebrauchte Bücher in Toronto.

Nicholas Hoare BUCHLADEN

(www.nicholashoare.com; 45 Front St E; ⏲Mo–Mi 10–18, Do & Fr bis 20, Sa 9–18, So ab 12 Uhr; **S**King) Der tolle, kleine Laden ist einer der wenigen, in denen man sich die Bücher genau anschauen kann. Eine Menge Lesestoff und freundliche Angestellte.

TheatreBooks BUCHLADEN

(www.theatrebooks.com; 11 St Thomas St; **S**Bay) Theatermanuskripte, Bücher zu Musik, Film, Tanz und Theatertheorie sowie Drehbuch-Software und DVDs.

ℹ Praktische Informationen

Gefahren & Ärgernisse

Nach nordamerikanischen Maßstäben ist Toronto sehr sicher. Trotzdem ist es keine gute Idee, wenn Frauen nach Einbruch der Dunkelheit alleine östlich der Yonge St vom Gardiner Expwy Richtung Norden zur Carlton St unterwegs sind. Den südlichen Abschnitt der Jarvis St zwischen der Carlton St und der Queen St, vor allem rund um Allan Gardens und die George St, sollte man nachts lieber meiden (auch am Tag ist's hier nicht so toll).

Da in letzter Zeit viele Sozialdienststellen geschlossen wurden, gibt es eine Menge Obdachlose auf der Straße (viele von ihnen sind geistig verwirrt) – das ist ein echtes Problem in Toronto. Die meisten Obdachlosen sind aber eher Opfer von Angriffen und Schikanen als Täter.

Geld

Geldautomaten gibt's an jeder Ecke. Die Filialen von **American Express** (www.americanexpress.com/canada) fungieren nur als Reisebüros und machen keine Finanztransaktionen. Stattdessen muss man zu einer Bank oder zu **Money Mart** (www.moneymart.ca; 617 Yonge St; ⏲24 Std.; **S**Wellesley) gehen.

Internetzugang

Torontos preiswerteste Internetcafés findet man am Yonge St Strip, an der Bloor St W in The Annex und in Koreatown sowie an der Spadina Ave in Chinatown. Die Preise beginnen bei rund 3 C$ pro Stunde. In immer mehr Restaurants und Cafés gibt's WLAN.

FedEx Queen St & Dundas Sq (505 University Ave; ⏲24 Std.; **S**St. Patrick); The Annex (459 Bloor St W; ⏲24 Std.; **S**Spadina)

Net Plaza (267 College St; ⏲So–Fr 8–2 Uhr, Fr & Sa 24 Std.; 🚋510)

Kulturzentren

Alliance Française (☎416-922-2014; www.alliance-francaise.ca; 24 Spadina Rd; ⏲Mo–Do 8–21.30, Fr & Sa bis 15.30 Uhr; **S**Spadina)

Italian Cultural Institute (☎416-921-3802; www.iictoronto.esteri.it; 496 Huron St; ⏲Mo–Fr 9–13 & 14–17 Uhr; **S**Spadina)

Japan Foundation (☎416-966-1600; www.japanfoundationcanada.org; 2. OG, 131 Bloor St W; ⊙Mo–Fr 9–15.30 & 18–21, Sa 8–21 Uhr; Ⓢ Bay)

Spanish Centre (☎416-925-4652; www.spanishcentre.com; 46 Hayden St; ⊙Mo–Do 10–21, Fr bis 20, Sa bis 15 Uhr; Ⓢ Bloor-Yonge)

Medien

RADIO

CILQ (107FM; www.q107.com) Klassischer Rocksender mit Sitz am Dundas Sq.

CIUT (89.5FM; www.ciut.fm) Musik und Gespräche vom Campus der U of T.

Edge (102.1FM; www.edge102.com) Torontos wichtigster Radiosender für New Rock.

ZEITSCHRIFTEN & ZEITUNGEN

Eye Weekly (www.eyeweekly.com) Kostenloses, alternatives Straßenblatt mit Schwerpunkt Kunst und Unterhaltung.

Globe & Mail (www.theglobeandmail.com) Altehrwürdige landesweite Tageszeitung.

Metro (www.metronews.ca) Kostenloses Tagesblatt mit leicht verdaulichen Infos zum Tagesgeschehen, Sport und Unterhaltungsangebot (liegengelassene Exemplare findet man oft auf den U-Bahn-Sitzen).

Now Toronto (www.nowtoronto.com) Kostenloses, donnerstags erscheinendes Alternativblatt mit Konzert- und Veranstaltungskalender.

Toronto Life (www.torontolife.com) Exklusives Monatsmagazin: Lifestyle, Restaurants, Kunst und Unterhaltung.

Toronto Star (www.thestar.com) Kanadas größte Tageszeitung, linksgerichtet.

Toronto Sun (www.torontosun.com) Sensationslüsternes Massenblatt mit guter Sportberichterstattung.

Where Toronto (www.where.ca/toronto) Unter den kostenlosen, touristischen Hochglanzmagazinen ist dies das informativste.

Xtra! (www.xtra.ca) Kostenloses, alle zwei Wochen erscheinendes Alternativblatt für Schwule und Lesben.

Medizinische Versorgung

Dental Emergency Clinic (☎416-485-7121; www.dentalemergency.com; 1650 Yonge St; ⊙8–24 Uhr; Ⓢ St. Clair)

Hassle-Free Clinic (www.hasslefreeclinic.org; 2. OG, 66 Gerrard St E; Ⓢ College) Frauen (☎416-922-0566; ⊙Mo, Mi & Fr 10–15, Di & Do 16–20 Uhr); Männer (☎416-922-0603; ⊙Mo & Mi 16–20, Di & Do 10–15, Fr 16–19, Sa 10–14 Uhr) STD/HIV-Tests und Gesundheitsvorsorge.

Hospital for Sick Children (☎416-813-1500; www.sickkids.on.ca; 555 University, Notfallstation 170 Gerrard St W; ⊙24 Std.; Ⓢ Queens Park)

Mount Sinai Hospital (☎416-596-4200, Notfälle 416-586-5054; www.mtsinai.on.ca; 600 University Ave; ⊙24 Std.; Ⓢ Queens Park)

Toronto General Hospital (☎416-340-3111, Notfälle 416-340-3946; www.uhn.ca; 190 Elizabeth St; ⊙24 Std.; Ⓢ Queens Park)

Women's College Hospital (☎416-323-6400; www.womenscollegehospital.ca; 76 Grenville St; ⊙24 Std.; Ⓢ College) Klinik für Frauen und Familien (keine Notfallstation).

Notfall

Polizei (☎416-808-2222) Keine Notfälle.

SOS Femmes (☎416-759-0138) Französischsprachige Hotline für Frauen in Not.

Toronto Rape Crisis Centre (☎416-597-8808)

Post

In Toronto gibt es keine Hauptpost mehr, dafür aber in der ganzen Stadt verteilt mehr als zwei Dutzend Filialen und Postschalter in Drogerien. Am zentralsten liegt das **Adelaide St Post Office** (☎866-607-6301; www.canadapost.ca; 31 Adelaide St E; ⊙Mo–Fr 8–17.45 Uhr; Ⓢ Queen).

Touristeninformation

Ontario Travel Information Centre (☎Englisch 800-668-2746, Französisch 800-268-3736; www.ontariotravel.net; 20 Dundas St W; ⊙Mo–Fr 10–20, Sa bis 18, So 12–17 Uhr; Ⓢ Dundas) Sachkundiges, mehrsprachiges Personal und jede Menge Broschüren.

Tourism Toronto (☎416-203-2500, 800-499-2514; www.seetorontonow.com; 207 Queens Quay W; ⊙Mo–Fr 8.30–18 Uhr; Ⓢ Union) Man kann sich telefonisch beraten lassen; nach Feierabend nutzt man das interaktive Infomenü am Computer.

ℹ An- & Weiterreise

Auto & Motorrad

Toronto ist aus allen Richtungen über Autobahnen zu erreichen. Man muss aber mit Staus rechnen. Am See entlang führt der Gardiner Expwy westwärts in den Queen Elizabeth Way (QEW) bis nach Niagara Falls. Am westlichen Stadtrand verläuft der Hwy 427 nach Norden zum Flughafen. Der mautpflichtige (und oft staugeplagte) Hwy 401 verläuft oberhalb des Zentrums in Ost-West-Richtung – ostwärts geht's nach Montréal, westwärts nach Windsor. Im Osten der Stadt verbindet der Don Valley Pkwy den Hwy 401 mit dem Gardiner Expwy. Der Hwy 400 und der Hwy 404 führen von Toronto nach Norden.

Internationale Autovermieter haben Schalter am Flughafen Pearson und Filialen in der Stadt. Kleinere, unabhängige Autovermieter bieten niedrigere Preise, haben aber meistens weniger (und ältere) Autos zur Verfügung. **New Frontier Rent-a-Car** (☎416-675-2000, 800-567-2837;

www.newfrontiercar.com; 5875 Airport Rd, Mississauga) und **Wheels 4 Rent** (☎416-585-7782; www.wheels4rent.ca; 77 Nassau St; 🚌510) vermieten Kleinwagen ab 35 C$ pro Tag, ohne Steuern.

Wer eine längere Fahrt machen will, sollte sich an **Auto Drive-Away Co** (☎416-225-7754, 800-561-2658; www.torontodriveaway.com; 5803 Yonge St; 🚌97) wenden, die Autos auch für längere Reisen innerhalb Kanadas und für Trips in die USA vermieten. Man sollte auch die Kleinanzeigen in den Zeitungen *Toronto Sun* oder *Toronto Star* und die Reiserubrik im *Now* durchgehen.

Bus

Die Fernbusse starten vom **Metro Toronto Coach Terminal** (www.torontocoachterminal.com; 610 Bay St; S Dundas), wo es auch einen Infoschalter von **Travellers' Assistance Services of Toronto** (☎416-596-8647; www.travellersaid.com; ⌚9.30–21.30 Uhr) gibt. Bei Reservierungen immer nachfragen, ob es sich um einen Direkt- oder Expressbus handelt. Es ist billiger, wenn man sich seine Fahrkarte im Voraus kauft, garantiert aber keinen Sitzplatz.

In der Tabelle unten sind Busverbindungen von **Greyhound Canada** (www.greyhound.ca) ab Toronto aufgelistet:

Coach Canada (www.coachcanada.com) bietet ähnliche Busverbindungen zu überwiegend gleichen Preisen.

Die Union Station im Zentrum dient **GO Transit** (www.gotransit.com), einem staatlichen Verkehrsbetrieb mit Bus- und Zugverbindungen zu nahe gelegenen Orten, als Betriebsbahnhof für seine Busse und Züge. Vor allem Pendler nutzen diese Verbindungen; das Netz reicht von Toronto aus relativ weit nach Westen bzw. Norden.

Flugzeug

Die meisten kanadischen und internationalen Fluglinien bedienen den **Lester B. Pearson International Airport** (YYZ; Karte S. 57; ☎866-207-1690, Terminals 1 & 2 416-247-7678, Terminal 3 416-776-5100; www.gtaa.com). Er ist der betriebsamste Flughafen Kanadas und liegt 27 km nordwestlich von Downtown Toronto. Die Terminals wechseln immer wieder mal; am besten vorher telefonisch informieren oder der Ausschilderung am Flughafen folgen.

Air Canada und WestJet konkurrieren stark miteinander und haben ähnliche Preise für Flüge zwischen Toronto und Ottawa (ab 69 C$), Montréal (ab 69 C$), Calgary (ab 159 C$), Edmonton (ab 159 C$), Vancouver (ab 179 C$) und Victoria (ab 224 C$).

Auf den Toronto Islands gibt's den kleinen **Toronto City Centre Airport** (TCCA; ☎416-203-6942; www.torontoport.com/airport.asp), der von regionalen Flug- und Hubschraubergesellschaften und Privatfliegern genutzt wird. Flüge von Air Canada Jazz aus Ottawa landen am TCCA und nicht in Pearson.

Zug

Die große **Union Station** (Karte S. 66; ☎416-869-300; www.viarail.com; 140 Bay St) im Zentrum ist Torontos größter Bahnhof. Dort findet man auch Wechselstuben und zwei Infoschalter der **Travellers' Aid Society** (☎416-366-7788; www.travellersaid.com; ⌚9.30–21.30 Uhr). VIA Rail verkehrt auf der viel genutzten Strecke zwischen Québec und Windsor und weiter. Die täglich angefahrenen Ziele sind in der Tabelle auf S. 104 angegeben.

Ontario Northland (☎416-314-3750; www.ontarionorth land.ca) betreibt den Zug *Northlander* ins nördliche Ontario mit Halt in Huntsville, North Bay und Temagami sowie den *Polar Bear Express* nach Moosonee. Um letzteren zu erreichen, fährt man mit dem *Northlander* nach Cochrane (131 C$, 11 Std., 1-mal tgl. außer Sa) und steigt dort um.

Amtrak-Züge fahren von Torontos Union Station nach Buffalo (52 C$, 4 Std., 1-mal tgl.), Chicago (130 C$, 15 Std., 1-mal tgl.) und New York City (125 C$, 14 Std., 1-mal tgl.).

GREYHOUND-BUSVERBINDUNGEN

ZIEL	PREIS	DAUER	HÄUFIGKEIT
Hamilton	91 C$	2 Std.	5-mal tgl.
London	37 C$	2½–3½ Std.	häufig
Montréal	94 C$	8–10 Std.	häufig
Niagara Falls	30 C$	1½–2 Std.	8-mal tgl.
Ottawa	76 C$	5½ Std.	10-mal tgl.
Sault Ste. Marie	127 C$	10–11 Std.	3-mal tgl.
Sudbury	69 C$	5 Std.	3-mal tgl.
Thunder Bay	184 C$	20 Std.	3-mal tgl.

VIA-RAIL-ZUGVERBINDUNGEN

ZIEL	PREIS	DAUER	HÄUFIGKEIT
Kingston	81 C$	2½ Std.	10-mal tgl.
London	55 C$	2 Std.	8-mal tgl.
Montréal	130 C$	5¼ Std.	6-mal tgl.
Niagara Falls	35 C$	2 Std.	2-mal tgl.
Ottawa	119 C$	4½ Std.	6-mal tgl.
Sudbury Junction	105 C$	7 Std.	1-mal tgl.
Vancouver	795 C$	75 Std.	1-mal tgl.

Auch GO Transit nutzt diesen Bahnhof für seine Züge und Busse.

ℹ Unterwegs vor Ort

Auto & Motorrad

Parken ist in Toronto teuer – normalerweise zahlt man 3 bis 4 C$ für eine halbe Stunde und höchstens 12 C$ für den ganzen Tag (oder vergünstigt nach 18 Uhr 6 C$). Die städtischen, von der **Toronto Parking Authority** (☎416-393-7275; www.greenp.com) betriebenen Parkplätze sind am preiswertesten – nach grünen Schildern Ausschau halten. Sie kosten genauso viel wie das Parken an einer Parkuhr – meist 3 C$ pro Stunde. Einige gebührenpflichtige Parkplätze haben eine zentrale Ticketverkaufsstelle – für die entsprechende Zeit zahlen, und den Beleg aufs Armaturenbrett legen. Neben einer kaputten Parkuhr zu parken, ist verboten. An Straßen, die durch ein Wohngebiet führen, ist das Parken auf der Straße stark eingeschränkt.

Am Stadtrand ist der Verkehr grauenhaft, und die Baustellen nehmen keine Ende – also Zeit einplanen! Fahrzeuge müssen für Straßenbahnen anhalten und am hinteren Ende der Straßenbahn warten, während Fahrgäste ein- und aussteigen. An Fußgängerüberwegen muss man für Fußgänger anhalten, wenn die Signale blinken.

Der Hwy 407, der etwa 40 km gleich nördlich der Stadt in Ost-West-Richtung von Markham nach Mississauga verläuft, ist eine gebührenpflichtige Straße mit elektronischer Maut. Kameras zeichnen das Nummernschild und die Zeit und Entfernung auf, die man zurückgelegt. Wer keinen im Voraus bezahlten Transponder in seinem Auto hat, kann sich auf eine Rechnung in seiner Post gefasst machen (ob in Kanada, in den USA oder Sansibar, die finden einen).

Fahrrad

Fahrradverleih s. S. 76.

Zum/Vom Flughafen

Airport Express (☎905-564-3232, 800-387-6787; www.torontoairportexpress.com) betreibt einen Expressbus, der zwischen dem Flughafen Pearson International und dem **Metro Toronto Coach Terminal** (☎416-393-7911; www.greyhound.ca; 610 Bay St; ⏲5.30–24 Uhr; Ⓢ Dundas) sowie den wichtigsten Hotels verkehrt. Busse fahren von 5 bis 1 Uhr alle 20 bis 30 Minuten. Zum/vom Flughafen braucht man ungefähr 1½ Std. Eine einfache Fahrt kostet 17 C$, hin und zurück 30 C$ (Bargeld, Kreditkarte oder USC$). Studenten und Rentner zahlen für die einfache Fahrt 2 C$ weniger, Kinder unter 11 Jahren fahren umsonst. Die Busse fahren vom Terminal 1/2/3 an den Haltepunkten B3/17/25.

Am preiswertesten kommt man mit der TTC zum Flughafen Pearson, vorausgesetzt man hat nicht zu viel Gepäck. Vom Flughafen fährt von 5.30 bis 2 Uhr der Bus 192 Airport Rocket alle 20 Minuten von den Terminals 1, 2 und 3 ab. Die Fahrt bis Kipling Station (2,75 C$, passend zahlen) dauert 20 Minuten. Von hier aus kann man mit der Bloor–Danforth U-Bahnlinie kostenlos fahren (die Busfahrkarte gilt hier) Die Fahrt dauert eine Stunde. Der Nachtbus 300A Bloor–Danforth fährt zwischen 2 und 5 Uhr alle 15 Minuten (3 C$, passend zahlen). Der 300A fährt von denselben Stellen ab wie der 192. Vom Flughafen Pearson nach Yonge and Bloor dauert die Fahrt 45 Minuten.

Mit dem Taxi braucht man für die Fahrt vom Pearson in die Stadt je nach Verkehrslage etwa 45 Minuten. Die Greater Toronto Airports Authority (GTAA) reguliert die Fahrpreise (46 C$ bis Downtown Toronto). Der Fahrpreis im Taxi mit Taxameter von der Innenstadt zum Flughafen Pearson kostet etwa 50 C$. Wer selbst zum Flughafen oder vom Flughafen weg fährt, sollte den Hwy 401 meiden und stattdessen den Gardiner Expressway (westlich der Spadina Ave) nehmen und dann auf dem Hwy 427 nach Norden fahren. Das Parken in den Parkhäusern der Terminals 1, 2 und 3 kostet 3 C$ für ½ Stunde und 24 C$ für den ganzen Tag. Langzeitparken auf Parkplätzen außerhalb des Geländes kostet etwa 13 C$ pro Tag oder 50 C$ pro Woche.

Öffentliche Verkehrsmittel

Die **Toronto Transit Commission** (TTC; ☎416-393-4636; www.toronto.ca/ttc) betreibt das gut funktionierende U-Bahn-, Straßenbahn- und Busnetz. Der reguläre Fahrpreis beträgt für Erw./Kind/erm. 3/0,70/1,85/ C$ (bar). Man kann auch 10 Tickets (oder Tokens) für 21 C$ kaufen. Tageskarten (8,50 C$) und ein wöchentlicher Metropass (30 C$) sind ebenfalls erhältlich. Fahrkarten oder Tokens gibt's in der U-Bahn und in einigen kleineren Lebensmittelläden. Mit der Straßenbahn-/Busfahrkarte oder dem Umsteigefahrschein, den man bei den automatischen Fahrkartenschaltern nahe den U-Bahn-Ausgängen kauft, kann man kostenlos alle Busse, U-Bahnen und Straßenbahnen von TTC benutzen. In den Straßenbahnen und Bussen muss man passend zahlen; die Angestellten der U-Bahn sind da etwas nachsichtiger.

Die U-Bahnen fahren täglich alle fünf Minuten von etwa 6 (So 9) bis 1.30 Uhr. Zu den Hauptlinien gehören die Bloor–Danforth-Linie, die quer durch die Stadt verläuft, und die U-förmige Yonge–University–Spadina-Linie, die über die Union Station führt. In den Bahnhöfen sind ausgewiesene Wartezonen (DWA) vorhanden, die von Sicherheitskameras überwacht werden und mit Bank, Münzfernsprecher und einer Gegensprechanlage zum Stationsleiter ausgestattet sind.

Die Straßenbahn ist langsamer als die U-Bahn, hält dafür aber an jedem oder jedem zweiten Block. Die Bahnen fahren von 5 bis 1.30 Uhr, am Wochenende seltener. Die wichtigste Ost-West-Route verläuft entlang der St. Clair Ave (512), der College St (506), der Dundas St (505), der Queen St (501 und 502) und der King St (503 und 504). Die Nord-Süd-Straßenbahnlinie zieht sich entlang der Bathurst St (511) und der Spadina Ave (510). Die 511 biegt am Seeufer nach Westen in Richtung Messegelände der Canadian National Exhibition (CNE) ab; die 510 biegt in Richtung Osten zur Union Station ab. Die 509 Harbourfront zockelt westlich der Union Station am Lake Shore Blvd entlang.

Die langsamen TTC-Busse, die ständig vom Verkehr aufgehalten werden, sind für Reisende kaum nützlich. Frauen, die zwischen 21 und 5 Uhr alleine unterwegs sind, können entlang der regulären Route überall um einen Stopp bitten; dem Fahrer vorab Bescheid geben und vorne aussteigen.

In Verlängerung des TTC-Systems fährt GO Transit's **GO Bus** (☎416-869-3200, 888-438-6646; www.gotransit.com) in die umliegenden Vororte wie Richmond Hill, Brampton und Hamilton.

Schiff/Fähre

Die **Toronto Islands Ferries** (☎416-392-8193; www.city.toronto.on.ca/parks/island/ferry.htm; Erw./Kind/erm. 6/2,50/3,50C$) fahren zwischen April und September von 8 bis 23 Uhr alle 15 bis 30 Minuten. Die Fahrt (nach Ward's Island oder Hanlan's Point) dauert nur 15 Minuten, an Wochenenden und Feiertagen können die Warteschlangen lang werden – also frühzeitig da sein. Zwischen Oktober und März wird der Betrieb eingeschränkt (auf etwa 1-mal/Std.), und die Fähren fahren nur noch nach Ward's Island und ein paarmal täglich nach Hanlan's Point. Das Fährterminal von Toronto liegt am Fuß der Bay St, die vom Queens Quay abzweigt.

Taxi

Der Fahrpreis wird mit dem Taxameter ermittelt, wobei die Anfahrtspauschale bei 4 C$ liegt. Hinzu kommen 1,60 C$ für jeden zusätzlichen Kilometer, abhängig vom Verkehr. Es gibt Taxistände vor Hotels, Museen, Einkaufszentren und Veranstaltungsorten:

Crown Taxi (☎416-290-0000; www.crowntaxi.com)

Diamond Taxicab (☎416-366-6868; www.diamondtaxi.ca)

Royal Taxi (☎416-777-9222; www.royaltaxi.ca)

RUND UM TORONTO

Rund um Toronto, in einem Gebiet, das man in maximal 1½ Stunden Fahrt erreicht, liegt eine Reihe kleinerer Orte, die früher Bauerndörfer waren. Das Land dort ist fruchtbar, doch die landwirtschaftlichen Betriebe wichen der zunehmenden Verstädterung. Abgasgeplagte Städter fahren dennoch hierher, besonders an Sonntagen, um die hügelige Landschaft zu genießen, zu wandern oder in geschützten Gebieten zu picknicken.

Nicht weit von hier Richtung Südosten liegt Terra Cotta. Terra Cotta ist einer der von Toronto aus gesehen nächstgelegenen Orte am Zugang zum Bruce Trail, der sich perfekt für einen Nachmittagsspaziergang eignet. Das Gebiet Hockley Valley nahe Orangeville ist ähnlich. Im Credit River kann man Forellen angeln und im Winter Langlauf machen.

David Dunlap Observatory

Gleich nördlich der Stadtgrenze Torontos befindet sich das **David Dunlap Observatory** (☎905-883-0174; www.theddo.ca; 123 Hillsview Dr, Richmond Hill; Erw./Kind/Senior 10/2/5 C$; ⌚Juni–Okt. Sa 20.30 Uhr, Juli–Aug. auch Fr 20.30 Uhr; P), das eine wichtige Rolle in der mörderischen Welt der internationa-

DIE GLORREICHEN SIEBEN

Die Group of Seven (Gruppe der Sieben) ist ein Kreis sehr engagierter kanadischer Landschaftsmaler, der in den 1920er-Jahren ins Leben gerufen wurde. Beflügelt durch ihre jugendliche Begeisterung stromerten die Künstler durch das nördliche Ontario, um die raue kanadische Wildnis zu allen Jahreszeiten und bei jedem Wetter einzufangen. Ihr Lebensgefühl drückten sie in optimistischen, lichterfüllten Landschaftsbildern aus, die die Berge, Seen, Wälder und Siedlungen in der Region zeigen.

Der Maler Tom Thomson starb, bevor die Gruppe offiziell gegründet wurde, aber die anderen Mitglieder – darunter Arthur Lismer, J. E. H. MacDonald, Frank Johnston, Frederick Varley und Franklin Carmichael – hielten ihn für ihr leuchtendes Vorbild. Thomson war ein erfahrener Naturbursche, ertrank aber 1917 – in einer Phase, als er ein paar seiner kraftvollsten Werke schuf. Seine starke Bindung an das Land zeigt sich in seinen Werken, die in der Art Gallery of Ontario in Toronto hängen. Seine rustikale Hütte wurde auf das Gelände der McMichael Canadian Art Collection versetzt. Neben der National Gallery in Ottawa ist das der beste Ort, die Werke der hochgeschätzten Group of Seven kennenzulernen.

len Sternengucker spielt. Samstagabends gibt das Observatorium eine Einführung in die moderne Astronomie (ohne Mathematik), gefolgt von einem interplanetarischen Blick durch das größte optische Teleskop Kanadas (der Reflektor hat einen Durchmesser von 1,9 m). Der Eintritt an Abenden ohne Vorlesung ist geringer. Im Voraus buchen, weil nur ein begrenztes Kartenkontingent vorhanden ist. Vorher anrufen, um sich nach den Wetterverhältnissen zu erkundigen. Kinder unter sieben Jahren haben keinen Eintritt.

Von Toronto eine halbe Stunde die Bayview Ave entlangfahren, an der 16th Ave vorbei bis zum Hillsview Dr. Dort links einbiegen und 1 km nach Westen fahren, bis man links die unheimlich aussehende weiße Kuppel entdeckt. Alternativ dazu fährt man mit der TTC-U-Bahn nach Norden bis zum Bahnhof Finch. Durch die Unterführung geht man zum Umsteigeterminal und nimmt den Bus 91 Bayview, der von **York Region Transit** (www.yorkregiontransit.com) betrieben wird. Dieser Bus hält auf Anfrage am Hillsview Dr, von wo aus es zu Fuß noch 1 km bis zum Observatorium ist. Die einfache Fahrt kostet 3 C$; das Umsteigen am U-Bahnhof ist kostenlos.

McMichael Canadian Art Collection

Auf dem 40 ha großen, unter Naturschutz stehendem Gelände der **McMichael Canadian Art Collection** (www.mcmichael.com; 10365 Islington Ave, Kleinburg; Erw./Kind/erm./Fam. 15 C$/frei/12/30 C$; ⏲10–16 Uhr; Ⓟ) stehen handgezimmerte Holzhütten, darunter auch die hierher versetzte Hütte von Tom Thomson. Hier sind Arbeiten der bekanntesten Landschaftsmaler Kanadas, der Group of Seven, sowie Arbeiten der Ureinwohner, der Inuit und anderer angesehener kanadischer Künstler ausgestellt. An Werktagen ist die Galerie morgens oft von Schulklassen überlaufen.

Von Toronto (34 km, 45 Min. Fahrtzeit) fährt man über den Queen Elizabeth Way (QEW) nach Westen zum Hwy 427 und dann nach Norden, vorbei am Hwy 401. Man nimmt die Ausfahrt zum Hwy 7, fährt 6 km nach Osten (nach links), biegt dann nach Norden in den Hwy 27 ein und fährt schließlich nach rechts auf den Major Mackenzie Dr. An der nächsten Ampel geht's links in die Islington Ave, dann 1 km weiter nach Norden bis zur Einfahrt der Galerie oder man parkt das Auto in Kleinburg und läuft zu Fuß zurück. Parken kostet 5 C$.

Schutzgebiete in der Umgebung

Süd-Ontario ist sehr verstädtert. Um dem etwas entgegenzuwirken, hat die Regierung ausgewählte Gegenden zu Naturschutzgebieten erklärt. Es handelt sich dabei um kleine Naturparks, in denen man wandern, picknicken und (manchmal) angeln, baden oder skilanglaufen kann. Die **Toronto and Region Conservation Authority** (www.trca.on.ca) ist zuständig für die Erschließung und Erhaltung dieser Gebiete, von denen viele ohne Fahrzeug nur schwer zu erreichen sind.

Westlich von Toronto liegt in der Nähe von Milton die **Crawford Lake Conservation Area** (Steeles Ave, an der Guelph Line; Erw./Kind 6,25/4,50 C$; ⌚10–16 Uhr; P), eines der interessantesten Naturschutzgebiete in diesem System. Der tiefe Gletschersee Crawford Lake liegt mitten im Wald und ist von Wanderwegen umgeben. Näheres zu seiner Entstehung kann man im Informationszentrum nachlesen. Der Crawford Lake liegt 5 km südlich des Hwy 401; man fährt die Guelph Line (Hwy 1) hinab. Der Bruce Trail verläuft ebenfalls durch den Park.

Für einen kurzen Sommerausflug empfiehlt sich die **Albion Hills Conservation Area** (Hwy 50, Albion; Erw./Kind 6 C$/frei; ⌚9 Uhr–Sonnenuntergang; P), ein ruhiger Wald mit Wanderwegen, wo man im Winter gut skilanglaufen kann. Das Naturschutzgebiet liegt im Westen Torontos. Vom Flughafen fährt man auf dem Hwy 427 nach Norden, dann wechselt man auf den Hwy 50 und fährt noch ungefähr 20 km bis zum Park.

Ebenfalls in dieser Region liegt in der Nähe von Kleinburg das **Kortright Centre for Conservation** (9550 Pine Valley Dr, Woodbridge; Erw./Kind Sa & So 5/3 C$, Mo–Fr frei; ⌚10–16 Uhr; P). Es gibt hier zwar auch Wanderwege, aber es hat mit all den Exponaten und Infos zu Ressourcen, zur Flora und Fauna und zur Ökologie eher etwas von einem Museum.

In der Nähe des Crawford Lake liegt die **Mountsberg Conservation Area** (Millburough Line, Mountsberg; Erw./Kind 6,25/4,50 C$; ⌚Juni–Aug. 10–21 Uhr, Winter verkürzte Öffnungszeiten; P). Der Park befindet sich 19 km westlich von Milton. Man fährt auf dem Hwy 401, nimmt an der Guelph Line die Ausfahrt Richtung Süden und fährt von Campbellville aus nach Südwesten. Hier stehen auch landschaftsbezogene Bildungsveranstaltungen auf dem Programm, darunter ein Vortrag über Ahornsirup, seine Geschichte, die Ernte der Frucht und die Herstellung dieser kanadischen Spezialität. Auf dem Gelände gibt's auch ein Raubvogel-Zentrum sowie den Spielplatz Cameron, wo Kinder klettern, wippen und rutschen können.

NIAGARA PENINSULA

Die Niagara Peninsula ist zu Recht ein Touristenziel. Die Halbinsel ragt östlich von Hamilton hervor und bildet eine natürliche Trennung zwischen dem Lake Erie und dem Lake Ontario. Viele besuchen sie im Rahmen eines Tagesausflugs von Toronto aus und sehen nur die Niagarafälle und Clifton Hill, aber es gibt noch viel mehr zu entdecken. Deshalb sollte man einen mehrtägigen Besuch in Betracht ziehen, um auch die Weingüter und all die Wunder der Halbinsel zu erkunden.

Vom Eriesee bahnt sich das Wasser über zwei Wasserstraßen seinen Weg zum 100 m tiefer gelegenen Lake Ontario hinab: Zum einen fließt es stetig durch die Schleusen des Welland Canal, zum anderen ergießt es sich in einer eindrucksvollen Sturzflut über die Niagarafälle. Mitten durch die Halbinsel zieht sich ein großer Steilhang, wodurch eine besondere Wetterlage entsteht. Weil es hier feucht ist und so gut wie nie Frost herrscht, ist dies die wichtigste Weinbauregion Ontarios, dessen kommerzielles Zentrum das postkartenidyllische Niagara-on-the-Lake ist.

Niagara Peninsula Wine Country

Die Niagara Peninsula liegt am 43. Breitengrad – ähnlich wie Nordkalifornien und südlicher als das französische Bordeaux. Kein Wunder also, dass die Halbinsel ein wichtiges Weinbaugebiet ist. Der mineralienreiche Boden und das gemäßigte Mikroklima bilden das perfekte Zusammenspiel für einen erfolgreichen Weinbau. Ein Besuch in dem Gebiet ist ein feucht-fröhlicher Tagesausflug oder ein entspanntes Wochenende, bei dem hochmütige alte Weingüter und dreiste Newcomer um die Gunst der Gäste buhlen.

Am besten tourt man mit dem Auto durch die Weingüter. Es gibt zwei wichtige Gebiete, auf die man sich konzentrieren sollte: westlich von St. Catharines rund um Vineland und nördlich des Queen Elizabeth Way (QEW) rund um Niagara-on-the-Lake. In den Touristeninformationen vor Ort gibt es Karten und Broschüren zur Weinroute; sie sind auch in den Weingütern bei Weinproben erhältlich. Weitere Infos erhält man unter www.winesofontario.ca.

Tour durch die Weingüter

Die folgende Tour führt zu den besten Weingütern der Niagara Peninsula. Neben Weinproben bieten die meisten auch Führungen und Speisen an. Weitere Infos erhält man auf den entsprechenden Websites. In allen Weingütern ist das Parken kostenlos.

Von Toronto über den QEW kommend, nimmt man die Ausfahrt 78 in die Fifty Rd nach Winona und zum **Puddicombe Estate Farms & Winery** (www.puddicombefarms.com; 1468 Hwy 8, Winona; Weinprobe 0,50 C$; ⌚Mai–Dez. 9–17 Uhr, Jan.–April Mo–Fr 9–17, Sa & So 10–16 Uhr). Die rustikale Farm hat sich auf Obstweine spezialisiert (probieren sollte man Pfirsich und Eis-Apfel). Es gibt auch kleine Mittagsgerichte.

Nimmt man vom QEW die Ausfahrt 74, kommt man zur **Kittling Ridge Winery** (www.kittlingridge.com; 297 South Service Rd, Grimsby; Weinprobe frei; ⌚Mo–Sa 10–18, So 11–17 Uhr, kostenlose Führung das ganze Jahr über Di–Sa 14 Uhr & Juni–Aug. So 11 Uhr). Das Weingut sieht zwar ein wenig wie eine Fabrik aus, überzeugt aber mit freundlichen Angestellten und preisgekrönten Spätlese- und Eisweinen.

Auf der Anliegerstraße geht's zunächst ostwärts weiter, dann auf den holprigen Hwy 81 nach Süden. Die malerische **Peninsula Ridge Estates Winery** (peninsularidge.com; 5600 King St W, Beamsville; Weinprobe 0,50 C$, Führung 5 C$; ⌚10–18 Uhr, Führung Juni–Nov. 11.30 Uhr) oben auf einem Hügel ist nicht zu übersehen. Der hohe Weinprobier-Raum, das Restaurant und die Lage auf dem Hügel sind einfach magisch.

Vom Hwy 81 biegt man an der Cherry Ave nach rechts ab, fährt den Hügel hinauf und dann nach links in die Moyer Rd. Dort liegen die Steinhäuser der **Vineland Estates Winery** (www.vineland.com; 3620 Moyer Rd, Vineland; Weinprobe 3 C$, Führung 6 C$; ⌚Mai–Okt. 10–18 Uhr, Nov.–April 11–17 Uhr). Das Weingut ist quasi die Grande Dame des Weinbaus auf der Niagara Peninsula. Hier sind fast alle Weine hervorragend – derzeit sind der Riesling und der Cabernet Franc en vogue. Auch das Restaurant und die Unterkünfte sind super.

Fährt man wieder zurück zur King St und weiter nach Nordosten bis zur Kreuzung King St und Cherry St, kommt man zum **Wayne Gretzky Estate** (www.gretzky.com; 3751 King St, Vineland; ⌚Sommer Mo–Sa 10–18, So ab 11 Uhr, Winter Mo–Sa 10–17, So ab 11 Uhr), dem Weingut des beliebten kanadischen Eishockeystars.

Dann geht's die King Rd weiter nach Osten, an der Victoria Ave nach rechts und dann nach links auf die 7th Ave. Dort liegen die freundlichen **Flat Rock Cellars** (www.flatrockcellars.com; 2727 7th Ave, Jordan; Weinprobe 1–2 C$, Führung 10–25 C$; ⌚April–Dez. Mo–Sa 10–18, So ab 11 Uhr, Jan.–März Mo–Fr 12–17, Sa 10–18, So ab 11 Uhr). Das sechseckige Gebäude und der Seeblick sind fast so gut wie der Wein!

Zurück geht's in Richtung See zur 4th Ave und der heiteren **Creekside Estate Winery** (www.creeksidewine.com; 2170 4th Ave, Jordan Station; bei Kauf Weinprobe frei, Führung frei; ⌚Mai–Sept. 10–18 Uhr, Okt.–April bis 17 Uhr, Führung 14 Uhr), wo man die Weinpresse und den Weinkeller besichtigen kann. Unbedingt den Sauvignon Blanc probieren.

Von der 7th Ave fährt man zurück auf den QEW und tuckert nach Osten in die Niagara-on-the-Lake-Region. Über die Ausfahrt 38 geht's nach Norden auf die Four Mile Creek Rd, die zur **Hillebrand Estates Winery** (www.hillebrand.com; 1249 Niagara Stone Rd, Niagara-on-the-Lake; Weinprobe 5–10 C$; ⌚Juni–Aug. 10–21 Uhr, Sept.–Mai bis 18 Uhr) führt. Hier dreht sich alles um Wein als Massenware. Wer aber kein ausgewiesener Weinkenner ist, wird die stündlich stattfindenden Führungen und Weinproben zu schätzen wissen.

Weiter nördlich demonstriert die **Konzelmann Estate Winery** (www.konzelmann.ca; 1096 Lakeshore Rd, Niagara-on-the-Lake; Weinprobe 0,50–4 C$, Führung 5 C$; ⌚Mai–Okt. 10–18 Uhr, Nov.–April Mo–Sa 10–17, So ab 11 Uhr, Führung Mai–Sept. 11, 13 & 15 Uhr) absolute Überlegenheit. Dies ist eines der ältesten Weingüter in der Region und das einzige, das sich den Vorteil des idealen Mikroklimas am See gänzlich zu Nutze machen kann. Vielleicht wirkt das Gut etwas versnobt, aber der Spätlese-Vidal und die Eisweine sind superb.

Gleich rechts nebenan liegt das **Strewn** (www.strewnwinery.com; 1339 Lakeshore Rd, Niagara-on-the-Lake; Weinprobe 0,50–2 C$, Führung frei; ⌚10–18 Uhr, Führung 13.30 Uhr), das preisgekrönte Weine herstellt. Außerdem gibt's hier auch ein tolles Restaurant und die **Wine Country Cooking School** (www.winecountrycooking.com), wo eintägige, einwöchige und Wochenend-Kochkurse stattfinden.

Näher bei Niagara-on-the-Lake lockt die **Sunnybrook Farm Estate Winery** (www.sunnybrookfarmwinery.com; 1425 Lakeshore Rd, Niagara-on-the-Lake; Weinprobe 1–3 C$; ⌚Mitte Mai–Mitte Okt. 10–18 Uhr, Mitte Okt.–Mitte Mai Mo–Fr 11–17, Sa & So ab 10 Uhr), die sich auf einzigartige Obst- und Beerenweine aus der Niagara-Region spezialisiert hat und einen hervorragenden herben Cidre keltert. Es ist

VON DER EISHALLE IN DIE WEINBERGE

Eishockey: Bier und Raufereien sind out. Spätestens seit der beliebteste Sohn Ontarios, die NHL-Eishockeylegende Wayne „The Great One" Gretzky, eine neue Laufbahn als Winzer eingeschlagen hat. Auf seinem Weingut, den **Wayne Gretzky Estates** (www.gretzky.com; 3751 King St, Vineland; ⌚Sommer Mo–Sa 10–18, So ab 11 Uhr, Winter Mo–Sa 10–17, So ab 11 Uhr), wird seit 2009 eine ganze Palette von Weinen hergestellt – von Cabernet-Merlot-Mischungen und Eisweinen bis zum Riesling. Wer bezweifelt, dass ein Wechsel vom Profi-Eishockey in den Weinbau möglich ist, sollte wissen, dass der Wein No 99 schon mehrfach prämiert wurde. Trotzdem glauben wir nicht, dass die Legionen eingefleischter Eishockeyfans in Ontario so bald von Bier auf Wein umsteigen.

ein recht kleines Weingut, weshalb die Reisebusse in der Regel hier nicht halten.

LP TIPP Südlich von Niagara-on-the-Lake liegt an der Niagara Stone Rd das herrliche **Stratus** (www.stratuswines.com; 2059 Niagara Stone Rd, Niagara-on-the-Lake; Weinprobe 10 C$; ⌚Mai–Dez. 11–17 Uhr, Jan.–April Mi–Sa 12–17 Uhr), das erste Gebäude in Kanada, das das LEED-Zertifikat (Leadership in Energy & Environmental Design) bekam. Die Architektur ist ganz auf Recycling, biologische Baustoffe, Energieeffizienz und Anlehnung an indigene Traditionen abgestellt. Die Weinauswahl ist weniger kompliziert: Stratus White oder Stratus Red.

Fährt man auf dem Niagara Pkwy nach Süden, kommt man zur **Reif Estate Winery** (www.reifwinery.com; 15608 Niagara Pkwy, Niagara-on-the-Lake; 1. Weinprobe frei, danach 1–5 C$, Führung 5–20 C$; ⌚April–Okt. 10–18 Uhr, Nov.–März bis 17 Uhr, Führung Mai–Okt. 11.30 & 13.30 Uhr). Das etablierte Weingut bietet genau die richtigen Eisweine.

In der Nähe befindet sich das preisgekrönte **Inniskillin** (www.inniskillin.com; 1499 Line 3, Ecke Niagara Pkwy, Niagara-on-the-Lake; Weinprobe 1–20 C$, Führung 5 C$; ⌚9–18 Uhr, Führung Mai–Okt. 10.30–16.30 Uhr stündl., Nov.–April verkürzte Öffnungszeiten), wo man sich auf das Keltern des Eisweins versteht.

Geführte Touren

Infos zu Weintouren ab Niagara-on-the-Lake gibt's auf S. 121.

Crush on Niagara WEINTOUREN

(☎905-562-3373, 866-408-9463; www.crushtours.com; Tour 69–99 C$) Von verschiedenen Orten in der Niagara-Region starten morgens und nachmittags Kleingruppen mit Minibussen zu einer Weintour.

Niagara Airbus WEINTOUREN

(☎905-374-8111, 800-268-8111; www.niagaraairbus.com; Tour ab Niagara Falls 46–117 C$, ab Toronto 123–180 C$) Die Tour macht an bekannten Weingütern Station. Manchmal besucht man auch Weinberge, isst gemeinsam zu Mittag oder macht zum Shoppen Halt in Niagara-on-the-Lake.

Feste & Events

Niagara Icewine Festival WEIN

(www.niagaraicewinefestival.com) Das zehntägige Winterfest wird in der ganzen Niagara-Region Mitte Januar begangen. Dabei werden Ontarios süffigste und süßeste Eisweine vorgestellt.

Niagara New Vintage Festival ESSEN & WEIN

(www.grapeandwine.com) Ende Juni wird die neue Weinlese Niagaras und die regionale Küche gefeiert.

Niagara Wine Festival WEIN

(www.niagarawinefestival.com) Mitte September werden eine Woche lang die besten Weine der Region vorgestellt.

Schlafen & Essen

Eine Liste mit B&Bs in der Region findet man unter www.20valley.ca.

LP TIPP **Squirrel House Gardens** B&B $$$

(☎905-685-1608; www.squirrelhouseniagara.ca; 1819 5th St, St. Catharines; Suite mit Frühstück 180 C$; P ⊖ @ ≋) Man wohnt in einer großen Suite in der alten Scheune, die 1850 als Teil dieses Landguts erbaut wurde. Das liebevoll eingerichtete Zimmer öffnet sich zu einem großen Garten hin und hat Backsteinwände, bunte Zementböden, alte Holzbalken und Fenstertüren, die auf eine Terrasse führen. Auf dem Anwesen gibt es einen Swimmingpool, einen Innenhof und eine Feuerstelle. Die tollen, kunstsinnigen Inhaber sind einladend und freundlich und umsorgen ihre Gäste wie auch ihren eindrucksvollen Landschaftsgarten gut.

EIS, BABY!

Auf der Vinexpo 1991 im französischen Bordeaux hatten die Weine aus der Niagara-Region ihren großen Auftritt. In einer Blindverkostung prämierten die Juroren einen Eiswein aus Ontario mit der begehrten Goldmedaille – und das internationale Publikum bekam vor Staunen den Mund nicht mehr zu. Diese Spezialweine, die mühevoll gelesen werden und süß und vollmundig schmecken, ziehen weiterhin Liebhaber auf die Niagara Peninsula.

Zur Herstellung von Eiswein wird bei der regulären Weinlese ein bestimmter Anteil der Trauben am Stock belassen. Falls Vögel, Stürme oder Mehltau die Trauben nicht vernichten, werden sie immer süßer und reichhaltiger. Mit der Ernte warten die Weinbauern geduldig bis Dezember oder Januar, bis drei Tage lang hintereinander frostige Temperaturen (–8°C) herrschen und die Trauben vollständig eingefroren sind.

Vor Sonnenaufgang (damit die Sonne das Eis nicht schmilzt und den Traubensaft verwässert) werden die Trauben vorsichtig von Hand gepflückt, dann gepresst und schließlich bis zu einem Jahr in Fässern gelagert. Nach dem Dekantieren schmecken die samtigen Eisweine intensiv nach Apfel oder nach exotischeren Früchten und haben einen hohen Alkoholgehalt.

Warum Eisweine so teuer sind? Für ihre Herstellung benötigt man zehnmal so viele Trauben wie für eine Flasche normalen Weins. Nimmt man dann noch die arbeitsintensive Herstellung hinzu und das hohe Risiko, dass die Ernte vernichtet werden könnte, ist der Preis von 50 C$ und aufwärts für eine 375 ml-Flasche kein Wunder. Andere Spätlese-Weine, die etwas früher geerntet werden, sind oft weniger teuer (und weniger süß), aber genauso geschmacksintensiv und aromatisch.

Bonnybank B&B **$$**
(☎905-562-3746, 888-889-8296; www.bbcanada.com/bonnybank; RR 1, Vineland; Zi. mit Frühstück 95–135 C$; P ⊖ ❄ ᯤ) Das stattliche Tudor-trifft-Grimsby-Sandsteinhaus liegt mitten in der Wildnis, umgeben von Eulen. Wegbeschreibung telefonisch erfragen, weil das Haus etwas abgelegen (herrlich!) und nicht ausgeschildert ist.

Vineland Estates Winery B&B **$$$**
(☎905-562-7088, 888-846-3526; www.vineland.com; 3620 Moyer Rd, Vineland; Zi. mit Frühstück 175 C$, Gästehaus 295 C$; P ⊖ ❄) Das produktive Niagara-Weingut bietet auch ein kleines, aber perfekt geschnittenes B&B für zwei und ein Gästehaus mit drei Schlafzimmern.

Peninsula Ridge FUSION **$$$**
(☎905-563-0900; 5600 King St W, Beamsville; Hauptgerichte 16–35 C$; ⏲Mi–So mittags, Mi–Sa abends) In dieser viktorianischen Villa von 1885 kann man draußen, oben oder unten sitzen und dabei bezahlbare Haute Cuisine genießen. Spitzenkoch Robert Trout verwöhnt seine Gäste zuerst mit Muscheln von der Prince Edward Island, die in Chardonnay und Kokosmilch gedünstet wurden, gefolgt von einem doppelt geräucherten Ribeye-Steak im Schinkenmantel mit Senffüllung.

Peach Country Farm Market MARKT **$**
(4490 Victoria Ave, Vineland Station; Stück ab 2 C$; ⏲Juni–Aug. 9–20 Uhr, Sept. & Okt. bis 18 Uhr) Eine vorne geöffnete Scheune, in der frisches Obst, Marmeladen, Eis und Obstkuchen verkauft wird. Alle Produkte werden hier, in dieser in vierter Generation betriebenen Farm angebaut, geerntet und verarbeitet – ein echtes Juwel am Straßenrand.

Pie Plate BÄCKEREI **$**
(41516 Niagara Stone Rd, Virgil; Sandwich 7–10 C$; ⏲Di–So 10–17 Uhr) Hier bekommt man ein einfaches, aber leckeres Mittagessen zu vernünftigen Preisen (wir hatten ein Sandwich mit Brie und Birne). Wie es sich für eine Ontario-Bäckerei gehört, gibt es natürlich auch Butter Tarts. Darüber hinaus bekommt man aber auch dünnkrustige Pizza, Fleischpasteten, Salate und ein paar Fassbiere. Ein toller Ort, um sich während der Tour durchs Weinland den Bauch vollzuschlagen.

Vineland Estates Winery Restaurant FUSION **$$**
(☎905-562-7088, 888-846-3526; 3620 Moyer Rd, Vineland; Hauptgerichte 15–40 C$, Probiermenü 39–70 C$; ⏲11.30–14.30 & 17.30–20.30 Uhr) Das elegante Restaurant des Weinguts bietet einen unschlagbaren Blick auf die Weinberge und Kreationen aus lokal ange-

bauten saisonalen Produkten wie Sommer-Risotto mit Gartensalat, Cherry-Tomaten und Kaviar aus gerösteten Auberginen. Reservierung empfohlen.

An- & Weiterreise

Die 100 km lange Fahrt von Toronto bis ins Zentrum der Halbinsel dauert etwa 1½ Stunden. Man fährt über den Hwy 403 und wechselt dann östlich von Hamilton auf den QEW Richtung Niagara Falls. Die offizielle Wine Route ist nach der Ausfahrt vom QEW ausgeschildert – es geht über Landstraßen und Schotterpisten.

Entlang dem Welland Canal

Der historische Welland Canal wurde zwischen 1914 und 1932 erbaut. Er verbindet den Lake Erie mit dem Lake Ontario und ermöglicht Schiffen, die Niagarafälle zu umfahren. Als Teil des St.-Lorenz-Seewegs ermöglicht der Kanal die Schifffahrt zwischen den industriellen Zentren Nordamerikas und dem Atlantik. Die acht Schleusen des 42 km langen Kanals überwinden einen Höhenunterschied von 100 m.

Das unterschätze **St. Catharines** (www.stcatharines.ca) am Lake Ontario ist die wichtigste Stadt des Obst- und Weinanbaugebietes der Niagara-Region. Die Überreste der ersten drei Kanäle (die in den Jahren 1829, 1845 und 1887 erbaut wurden) sind noch an verschiedenen Stellen der Stadt zu sehen. Der Welland Canals Pkwy folgt dem Kanal bis zum Ostrand der Stadt – vorbei an riesigen Frachtschiffen, die oberhalb des Straßenniveaus dahingleiten und für eine etwas verwirrende Erfahrung sorgen!

Der ursprüngliche Welland Canal floss, bevor er Richtung Osten nach Port Weller verlegt wurde, beim Lakeside Park in **Port Dalhousie** (ausgesprochen Dal-uh-sie) in den Lake Ontario. Das rustikale Hafengebiet ist eine Mischung aus Alt und Neu. Neben Bars, Restaurants und Eisdielen findet man hier eine wiederaufgebaute Schleuse aus Holz und einen Leuchtturm von 1835. Wanderer und Radfahrer können den 45 km langen **Merritt Trail** (www.canadatrails.ca/tct/on/merritt.html) nutzen, einen Wanderweg, der von Port Dalhousie bis Port Colborne am Welland Canal entlang führt.

Aktuelle Infos über den Kanal bietet das GRATIS **Welland Canals Centre** (www.stcatharineslock3museum.ca; 1932 Welland Canals Pkwy; ⌚Juli–Aug. 9–17 Uhr, im Winter verkürzte Öffnungszeiten an den Wochenenden; P) an Schleuse 3, gleich außerhalb von St. Catharines. Die dortige Aussichtsplattform liegt so nah an den haushohen Schiffen, dass man diese fast berühren kann, während sie in der Schleuse auf das Sinken oder Steigen des Wasserstands warten. Man kann die Fahrpläne der Schiffe auf der Website checken und dementsprechend den Besuch planen. Das ebenfalls hier gelegene **St. Catharines Museum** (Erw./Kind/erm 4,20/2,50/4 C$) zeigt Ausstellungsstücke zur Stadtgeschichte und zum Bau des Kanals. Zudem gibt's eine Lacrosse Ruhmeshalle.

In der Stadt **Welland** findet man außer einer Sammlung von **Wandgemälden**, die historische, bäuerliche und Kanalszenen zeigen, nicht allzu viel. Die meisten der Gemälde befinden sich entlang der Main St E, doch unser Lieblingsgemälde verziert das Sears Gebäude auf 800 Niagara St N – eine überzeugende Erinnerung an die Geschichte der Ureinwohner, der Weißen und Schwarzen auf der Niagara Peninsula.

In **Port Colborne**, dort wo der Lake Erie in den Kanal fließt, befindet sich die 420 m lange Schleuse 8 – eine der längsten der Welt. Anschauen kann man sie im **Lock 8 Park** (Mellanby St; ⌚24 Std.), südlich der Main St. Hier befindet sich auch die **Port Colborne Visitors Information Booth** (www.experienceportcolborne.com; Lock 8 Park, Mellanby St; ⌚Juli–Aug. 8–19 Uhr, die Zeiten variieren im Winter). Die ruhige, schöne Stadt bietet eine Promenade, die am Kanal entlang führt und Restaurants und Geschäfte an der West St – gut für einen Nachmittagsspaziergang oder ein Abendessen.

Niagara Falls

79 000 EW.

Die Niagarafälle: riesige muskulöse Bänder aus Wasser wölben sich wie flüssiges Glas über den Abgrund und stürzen tosend in die darunter liegende Leere; eine riesige Wasserfontäne steigt wie aus einem brodelnden Kessel Hunderte von Metern in die Luft. Es gibt Dutzende von höheren Wasserfällen auf der Welt (Niagara liegt auf einem bescheidenen 50. Platz), doch was das reine Volumen betrifft, sind diese Wasserfälle unschlagbar: mehr als 1 Mio. Badewannen Wasser stürzen jede Sekunde über den Rand in die Tiefe.

Die Niagarafälle flößen Ehrfurcht ein, ob nun tagsüber oder nachts und unge-

ABSTECHER

FORT ERIE

Östlich von Port Colborne und südlich von Niagara Falls liegt die Ortschaft Fort Erie, wo der Niagara River den Eriesee verlässt. Mit dem gegenüberliegenden Buffalo im US-amerikanischen Bundesstaat New York ist der Ort über die Peace Bridge verbunden. Die Hauptattraktion ist das historische, sternförmige **Fort Erie** (www.oldfort erie.com; 350 Lakeshore Rd; Erw./Kind 9,25/6 C$; Mai–Nov. 10–17 Uhr; P), das eine Schlüsselrolle im Krieg von 1812 spielte und „Kanadas blutigstes Schlachtfeld" war. Die Festung, die auch als Old Stone Fort bezeichnet wird, wurde 1764 errichtet. Die US-Truppen eroberten es 1814, bevor sie sich schließlich zurückzogen. Drinnen gibt's ein Museum und propere, uniformierte Soldaten, die authentisch exerzieren. Es lohnt sich, an der Führung (alle 30 Min.) teilzunehmen, die im Eintrittspreis enthalten ist.

achtet der Jahreszeit (14 Mio. Besucher im Jahr können nicht irren!). Selbst im Winter, wenn der Strom teilweise verdeckt ist und die Uferränder festgefroren sind, bleibt dieses Wasserspiel unvermindert faszinierend. Es kommt nur sehr selten vor, dass die Wasserfälle komplett aufhören zu fließen. Zum ersten Mal geschah dies am Morgen des Ostersonntags 1848, als Eis den Wasserfluss völlig blockierte. Fromme Gläubige meinten damals, dass das Ende der Welt nahe sei.

Frömmigkeit ist jedoch nicht das, was an den Niagarafällen heutzutage angestrebt wird. Seit Napoleons Bruder seine Braut hierher brachte, sind die Fälle zu einem beliebten Ort für Flitterwöchner geworden – man sieht überall derart sinnige Schilder wie „Für Frischvermählte und Beinahe-Tote" oder „Viagra Falls". In jüngster Zeit machte sich ein derber Sumpf aus Casinos, Fast-Food-Lokalen, schäbigen Motels, miesen Touristenattraktionen und Sexshops parasitär rund um die Niagarafälle in der Gegend von Clifton Hill breit – Little Las Vegas! Ob man es liebt oder hasst, Niagara Falls ist einzigartig.

Die alte Downtown, dort wo Bahnhof und Busbahnhof sind, wird rund um die Queen St aufgemöbelt: Millionen von Dollar wurden verwendet um das Wachstum und die Neugestaltung anzukurbeln. Man wird sehen, ob das funktioniert, aber bereits jetzt bringen Bistros und Galerien neues Leben in zuvor heruntergekommene Gebäude und die Straßen scheinen förmlich mit Hoffnung gepflastert zu sein. Man kann davon ausgehen, dass auch in Zukunft viele neue Läden und Restaurants öffnen werden. Auf der enthusiastischen Internetseite www.queenstreetniagara.com gibt's Infos dazu.

Sehenswertes & Aktivitäten

Parkplätze bei den Sehenswürdigkeiten und Aktivitäten rund um die Fälle und um Clifton Hill sind Mangelware und teuer (s. S. 119).

RUND UM DIE NIAGARAFÄLLE

Die Niagarafälle bilden einen natürlichen Graben zwischen Ontario und dem US-Bundesstaat New York. Auf der US-amerikanischen Seite stürzen die **Bridal Veil Falls** (oder American Falls) auf riesige Geröllhalden hinab. Auf der kanadischen Seite fallen die noch prächtigeren und gewaltigeren **Horseshoe Falls** in den dunstigen **Maid of the Mist Pool**. Der beste Aussichtspunkt ist der nur Meter von der Sturzstelle entfernte **Table Rock** – wer den Massen entgehen will, muss früh kommen.

Tickets für die folgenden vier wichtigsten Touren und Aktivitäten sind separat erhältlich, mit der Sammelkarte **Niagara Falls Great Gorge Adventure Pass** (www.niagara parks.com; Erw./Kind 40/28 C$) hat man Zutritt zu allen vier Attraktionen, außerdem zu den Stätten am Niagara Pkwy und in Queenston und kann den ganzen Tag lang den Niagara Parks People Mover nutzen. Die Karten gibt's bei der Niagara Parks Commission im Table Rock Information Centre sowie bei verschiedenen Attraktionen.

Maid of the Mist BOOTSFAHRT

(www.maidofthemist.com; 5920 River Rd; Erw./Kind 15,60/9,60 C$; Juni–Aug. 8.45–19.45 Uhr, April, Mai, Sept. & Okt. Mo–Fr 8.45–16.45, Sa & So bis 17.45 Uhr) Das tapfere kleine Boot wagt sich seit 1846 in den dunstigen Schleier der Wasserfälle. Die Fahrt ist laut, feucht und ein echter Spaß. Alle stürzen sich auf das Oberdeck des Boots, dabei ist die Aussicht von beiden Enden des Unterdecks genauso gut. Das Boot fährt alle 15 Min., wenn das Wetter es zulässt.

Journey Behind the Falls SPAZIERGANG
(www.niagaraparks.com; 6650 Niagara Pkwy; Erw./Kind 13/8 C$; ⌚Mo–Fr 9–17.30, Sa & So bis 19.30 Uhr) Im Table Rock Information Centre bekommt man einen äußerst unschicken Plastikumhang und kann anschließend durch in den Fels gehauene Tunnel die Klippe bis zur Hälfte hinuntersteigen – näher kommt man nicht an die Fälle heran, wenn man sich nicht in einem Fass hinunterstürzen will. Der Weg ist ganzjährig geöffnet, aber der Andrang ist groß und es bilden sich Schlangen.

White Water Walk SPAZIERGANG
(www.niagaraparks.com; 4330 Niagara Pkwy; Erw./Kind 9/6 C$; ⌚Juni–Aug. 9–19.45 Uhr, April–Mai & Sept.–Okt. Mo–Fr 9–16.45, Sa & So bis 17.45 Uhr) Am nördlichen Ende des Ortes, gleich neben der Whirlpool Bridge, bietet der White Water Walk eine weitere Möglichkeit, den Niagarafällen ganz nahe zu kommen. Hier führt ein Aufzug zu einem 325 m langen Laufsteg hinunter, der gleich hinter den Fällen über die tosende Flut führt.

Whirlpool Aero Car GONDELBAHN
(3850 Niagara Pkwy; Erw./Kind 12/7 C$; ⌚ Juni–Aug. 9–20 Uhr, April–Mai & Sept.–Okt. Mo–Fr 9–17, Sa & So bis 18 Uhr) Das Whirlpool Aero Car baumelt 4,5 km nördlich der Horseshoe Falls über dem Niagara River. Entworfen wurde die Seilbahn von dem spanischen Ingenieur Leonardo Torres Quevedo. Sie ist seit 1916 in Betrieb, aber immer noch gut in Schuss. Die Gondel pendelt zwischen zwei Felsvorsprüngen auf 550 m Länge über einen tödlichen, von den Wasserfällen erzeugten Strudel – man kann die Baumstämme und Autoreifen zählen, die sich unten in dem Strudel drehen. Kein Zugang für Rollstuhlfahrer.

GRATIS **Floral Showhouse** GARTEN
(☎905-353-5407; www.niagaraparks.com; 7145 Niagara Pkwy; ⌚9.30–20 Uhr) Rund 1 km südlich der Horseshoe Falls bietet das Ausstellungshaus das ganze Jahr über Blumenausstellungen und die Möglichkeit, sich an einem kalten Tag etwas aufzuwärmen. Gegenüber sitzt auf Felsen in der Strömung die **Old Scow,** ein verrosteter stählerner Lastkahn, der seit 1918 darauf wartet, über die Fälle gespült zu werden – vielleicht ein wankendes Symbol des westlichen Imperialismus?

CLIFTON HILL & UMGEBUNG

Clifton Hill ist der Name einer Straße, bezeichnet aber auch ein größeres Gebiet nahe den Fällen, das mit allerlei nervenkitzelnden Attraktionen aufgemotzt ist: Frankensteins Haus, Madame Tussauds Wachsfigurenkabinett und Schloss Dracula sucht man hier nicht vergebens. In den meisten Fällen fühlt man sich schon beim Bezahlen des Eintritts wie ein Trottel.

Daredevil Gallery MUSEUM
(www.imaxniagara.com; 6170 Fallsview Blvd; Erw./Kind 8/6,50 C$; ⌚9–21 Uhr) Die spannendste Attraktion weit und breit ist die dem IMAX Niagara angeschlossene Daredevil Gallery. Man kann sich nur verwundert am Kopf kratzen, wenn man auf all die zerschlagenen Reste von Fässern und gepolsterten Bällen schaut, in denen Leute über die Fälle gegangen sind – nicht immer erfolgreich.

SCHROFFE KANTEN

Die Niagara-Schichtstufe, die Landformation, die die Niagarafälle erzeugt, ist eines der auffälligen Merkmale von Ontario. Der lange Felsgrat aus mit Gebüsch bewachsenem Gestein beschreibt einen Bogen vom östlichen Wisconsin entlang des Nordufers des Lake Michigan, führt dann weiter am Ufer des Lake Huron und über die Insel Manitoulin, bildet eine Schneise durch Ontario und endet nach einer Kurve unter dem Lake Ontario schließlich im Bundesstaat New York. Das Dolomitgestein, das die Schichtstufe bildet und aus der Verbindung von Kalkstein mit einem alten Meeresboden hervorgegangen ist, hat eine größere Widerstandsfähigkeit als das umliegende Land. Dieses erodierte, so dass sich nun dieser Dolomitgürtel um die Großen Seen aufwölbt.

Große Wasserfälle sind nur ein Ergebnis der Schichtstufe. Zusammen mit dem Lake Ontario hat diese geologische Formation ein Mikroklima geschaffen, das ideal für den Weinanbau ist. Dank dem Boden (einer Mischung aus Kalkstein und Lehm) und der vom Lake Ontario gespeicherten Wärme herrschen hier Wachstumsbedingungen, die denen in Burgund nahekommen.

Niagara Falls

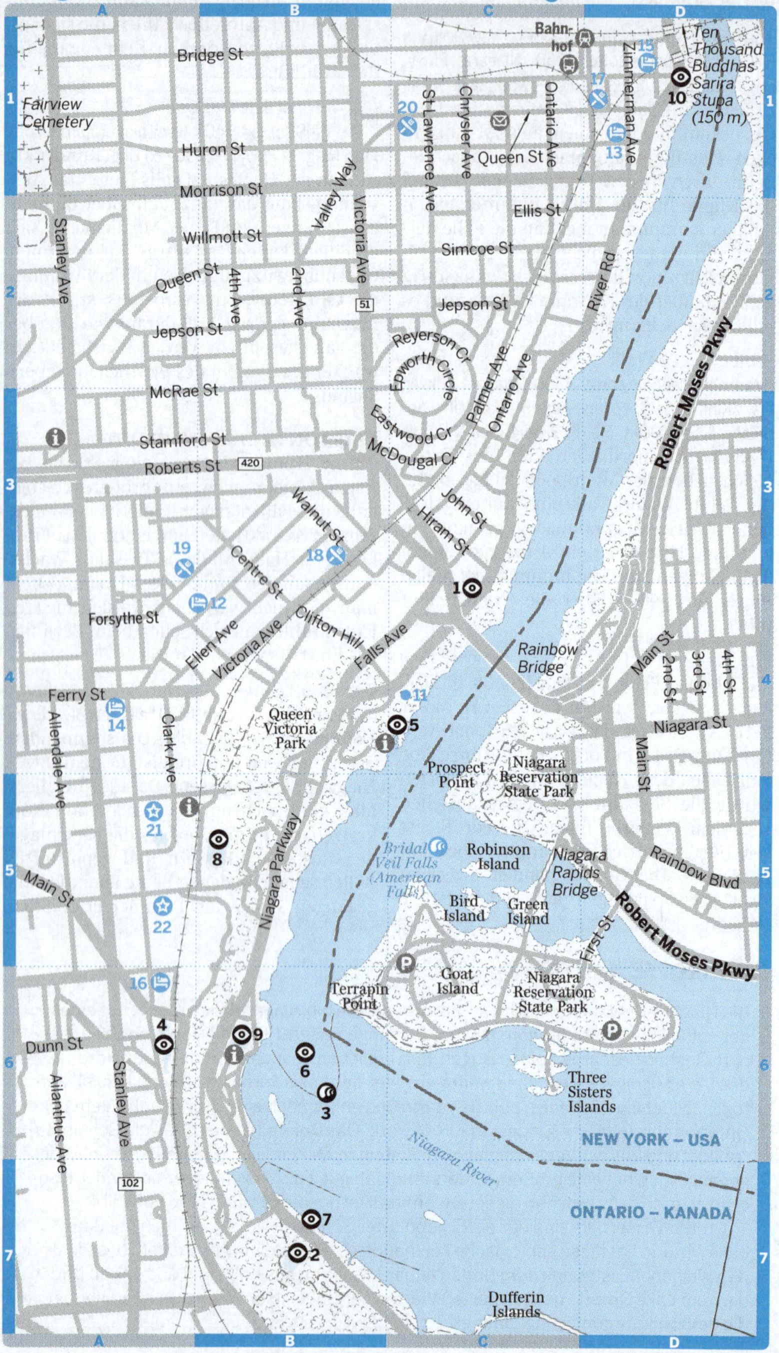

Niagara Falls

Sehenswertes

Aktivitäten, Kurse & Touren

Schlafen

Essen

Unterhaltung

Auch über die Geschichte des Seillaufens über die Fälle erfährt man hier alles Wissenswerte.

Bird Kingdom ZOO

(www.birdkingdom.ca; 5651 River Rd; Erw./Kind/erm. 17/12/15 C$; ⌚ Mai–Sept. 9.30–19 Uhr, Okt.–April bis 17 Uhr) Das dschungelartige Bird Kingdom soll die weltweit größte Freiflugvoliere sein und beherbergt mehr als 400 tropische Vogelarten aus aller Welt. Im Reptilienbereich kann, wer möchte, auch mit einer Boa constrictor Freundschaft schließen.

GRATIS **Ten Thousand Buddhas Sarira Stupa** TEMPEL

(4303 River Rd; ⌚9–17 Uhr, Haupttempel nur Sa & So) Falls einem der Touristenrummel aufs Karma schlägt, findet man Ruhe im Ten Thousand Buddhas Sarira Stupa, einem buddhistischen Tempel, der absolut nichts mit dem Umliegenden zu tun hat. Besucher können in dem beschaulichen Komplex herumwandern und die diversen Skulpturen, Gongs und Kunstwerke betrachten.

Konica Minolta Tower AUSSICHTSTERRASSE

(www.niagaratower.com; 6732 Fallsview Blvd; Erw./Kind 5,50/3,50 C$; ⌚7–23 Uhr) Der über die Fälle spähende Minolta Tower ist ein großartiger Turm mit Aussichtsgalerien drinnen und draußen. An klaren Tagen reicht der Blick bis nach Toronto und nach Buffalo im US-Bundesstaat New York. Vor Ort gibt's auch ein Restaurant und ein Hotel.

Skylon Tower AUSSICHTSTERRASSE

(www.skylon.com; 5200 Robinson St; Erw./Kind 13/7,50 C$; ⌚April–Okt. 8–24 Uhr, Nov.–März 11–21 Uhr) Der Skylon Tower ist ein 158 m hoher Turm, an dessen Außenseite gelbe Aufzüge wie Käfer emporkrabbeln. Die Aussicht ist hinreißend, und in dem Drehrestaurant kann man schon mal ein oder zwei Runden drehen.

NIAGARA PARKWAY

Der gemütliche, grüne Niagara Pkwy schlängelt sich 56 km am Niagara River entlang – von Niagara-on-the-Lake an den Fällen vorbei bis nach Fort Erie. Unterwegs findet man Parks, Picknickplätze und Aussichtspunkte. Der 3 m breite **Niagara River Recreation Trail** (www.niagaraparks.com/nature/rectrailarea.php), ein Weg zum Radfahren, Joggen oder Laufen, verläuft parallel zum Parkway und bietet sich für eine idyllische, längere oder kürzere Radtour an. Der Trail lässt sich gut in vier Etappen unterteilen, für die man jeweils mit dem Rad rund zwei Stunden braucht. Infos zu Fahrradvermietungen s. S. 119. In der entsprechenden Jahreszeit bekommt man an Obstständen längs des Trail kalten Kirschmost. Eine Karte des Weges kann man sich aus dem Netz herunterladen oder im Chamber of Commerce Visitors Information Centre in Niagara-on-the-Lake einfach mitnehmen.

GRATIS **Niagara Glen Nature Reserve** NATURSCHUTZGEBIET

(www.niagaraparks.com; Niagara Pkwy; ⌚Sonnenaufgang–Sonnenuntergang; P) Rund 8 km nördlich der Fälle liegt das außergewöhnliche Schutzgebiet, in dem man eine Vorstellung davon bekommt, wie diese Region aussah, ehe die Europäer kamen. Ein 4 km

DRAUFGÄNGER

Erstaunlicherweise sind gar nicht so wenig Leute über die Niagarafälle gegangen und konnten anschließend auch noch davon erzählen. Die erste erfolgreiche Befahrung gelang 1901 der 63-jährigen Lehrerin Annie Taylor, die im Damenkleid ihr Fass bestieg. Bis in die 1920er-Jahre machten eine Reihe Sensationskünstler das Kunststück nach, darunter Bobby Leach, der den Sturz überlebte und schließlich starb, als er sich beim Ausrutschen auf einer Orangenschale verletzte und sich Wundbrand zuzog!

1984 ließ Karl Soucek die Tradition in einem leuchtend roten Fass wieder aufleben. Bei den Niagarafällen hatte er Erfolg, doch sechs Monate später kam er bei einem weiteren Fass-Stunt in Houston ums Leben. Ebenfalls in den 1980er-Jahren wagten zwei Einheimische erfolgreich den Sturz, wobei sie Kopf an Kopf in einem Fass lagen.

Ein US-Amerikaner, der 1995 versuchte, die Fälle per Wassermotorrad zu bewältigen, hätte vielleicht Erfolg gehabt – wenn sich sein raketengetriebener Fallschirm geöffnet hätte. Ein weiterer US-Amerikaner, Kirk Jones, überlebte 2003 die Befahrung der Niagarafälle ohne Hilfsmittel. Die kanadische Polizei legte ihm die unerlaubte Ausführung einer Sensationsschaustellung zur Last, und er schloss sich dann auch einem Zirkus an.

Nur ein einziger Mensch hat einen unbeabsichtigten Sturz über die Fälle überlebt: ein damals siebenjähriger Junge aus Tennessee, der 1960 im Oberlauf über Bord fiel und unten aufgefischt wurde, ohne sich auch nur einen Knochen gebrochen zu haben.

Virtuell kann man einen Sprung über die Niagarafälle im IMAX Niagara erleben, und Fässer, in denen Draufgänger über die Fälle gegangen sind, gibt's in der Daredevil Gallery zu sehen.

langes Netz von Wanderwegen führt in eine Schlucht hinab, vorbei an riesigen Felsen, kühlen Höhlen, wilden Blumen und Gehölzen. Die Niagara Parks Commission bietet im Sommer täglich **geführte Naturwanderungen** an, für die nur eine symbolische Gebühr erhoben wird. Unbedingt etwas zu Trinken mitnehmen, denn das Wasser des Niagara River ist alles andere als sauber.

GRATIS **Botanical Gardens** GARTEN

(www.niagaraparks.com; 2565 Niagara Pkwy; ⏲Sonnenaufgang–Sonnenuntergang; P) Fast gegenüber vom Niagara Glen liegt dieser gepflegte, 40 ha große botanische Garten, ein ruhiger Ort zum Ausspannen mit Bäumen, Kräutern und Gemüsebeeten.

Butterfly Conservatory GARTEN

(www.niagaraparks.com; 2565 Niagara Pkwy; Erw./Kind 11,75/8 C$; ⏲Juni–Sept. 10–19 Uhr, Nov.–Mai Mo–Fr 10–16, Sa & So bis 17 Uhr; P) In dem Gewächshaus des botanischen Gartens flattern mehr als 50 Schmetterlingsarten (von denen einige so groß wie Vögel werden) um 130 Arten von Blumen und Pflanzen herum. Es gibt auch eine Brutstation, wo man zusehen kann, wie junge Schmetterlinge aus ihren Puppen schlüpfen.

QUEENSTON

Queenston Heights Park HISTORISCHE STÄTTE

(www.niagaraparks.com; 14184 Niagara Pkwy, Queenston; ⏲Sonnenaufgang–Sonnenuntergang; P) Im Dorf Queenston, einem verschlafen-altertümlichen Ort nördlich der Fälle nahe der Lewiston Bridge in die USA, befindet sich der Queenston Heights Park, eine nationale historische Stätte. Das eindrucksvolle **Brock Monument** ehrt Major General Sir Isaac Brock, „den Retter von Oberkanada“. Die Treppe im Turm war zum Zeitpunkt der Recherche wegen Reparaturarbeiten gesperrt, könnte aber inzwischen wieder geöffnet sein. Bei selbstgeführten Spaziergängen auf dem Hügel kann man sich auf die Spuren der Schlacht von Queenston Heights (1812) begeben: Der britische Sieg hatte einen Anteil daran, dass Kanada kein Teil der USA wurde.

Mackenzie Printery & Newspaper Museum MUSEUM

(www.niagaraparks.com; 1 Queenston St, Queenston; Erw./Kind 4,75/3,65 C$; ⏲Mai–Sept. 10–16 Uhr; P) In diesem efeubewachsenen Haus gab der verehrte William Lyon Mackenzie einst seine rebellische Zeitung *Colonial Advocate* heraus. Die engagierten jungen Angestellten veranstalten jede halbe Stunde Führungen.

Laura Secord Homestead MUSEUM

(www.niagaraparks.com; 29 Queenston St, Queenston; Erw./Kind 4,75/3,65 C$; ⏲ Mai–Aug. 11–17 Uhr, Sept.–Okt. Mi–So bis 16 Uhr; P) Das schlichte Laura Secord Homestead feiert eine kanadische Heldin, die hier während des Kriegs von 1812 lebte. Berühmt wurde Laura, als sie fast 30 km zu Fuß marschierte, um die britischen Soldaten vor einem bevorstehenden US-Angriff zu warnen – und das, obwohl sie selbst US-Bürgerin war. Der Rosengarten vor dem Haus wurde noch von Laura höchstpersönlich angepflanzt.

RiverBrink Gallery GALERIE
(www.riverbrink.org; 116 Queenston St, Queenston; Erw./Kind/erm. 5 C$/frei/4 C$; ⊙Mai–Okt. 10–17 Uhr; P) Nördlich des Wohnhauses von Laura Secord zeigt diese Galerie die Samuel E. Weir Collection of Canadian Art. Zu der Kunstsammlung gehören frühe Gemälde der Niagara Peninsula sowie Werke der Künstlergruppe Group of Seven.

Bruce Trail NATURPFAD
(www.brucetrail.org) Das südliche Ende des Bruce Trail (s. Kasten S. 151), der sich über 800 km bis nach Tobermory an der Georgsbucht erstreckt, befindet sich in Queenston. Im Gebiet von Niagara gibt's zahlreiche Zugangspunkte.

Geführte Touren

Hinweise zu Touren nach Niagara Falls ab Toronto stehen auf S.111, zu Touren von Niagara Falls ins Wine County auf S. 121.

Double Deck Tours BUSTOUR
(☎905-374-7423; www.doubledecktours.com; Ecke River Rd & Clifton Hill; Tour Erw./Kind ab 69/41 C$; ⊙April–Okt. 11 Uhr) Bietet eine vierstündige Deluxe-Tour mit einem roten Doppeldeckerbus. Im Preis enthalten sind die Tickets für das Whirlpool Aero Car, die Journey Behind the Falls und eine Fahrt mit der Maid of the Mist.

Niagara Helicopters HUBSCHRAUBERFLUG
(☎905-357-5672; www.niagarahelicopters.com; 3731 Victoria Ave; 10-minütiger Flug Erw./Kind 132/82 C$; ⊙9 Uhr–Sonnenuntergang, wenn es das Wetter erlaubt) Man hat natürlich eine fantastische Sicht auf die Fälle, aber das Vergnügen ist kostspielig und nicht gerade umweltfreundlich.

Feste & Events

Niagara Wine & Food Classic ESSEN
(☎800-563-2557) Das kulinarische Fest Mitte September feiert die herbstliche Weinernte. Neben erlesenen Leckerbissen werden einige Spitzenweine aus der Region aufgetischt.

Winter Festival of Lights WINTER
(www.wfol.com) Bei diesem Fest gibt's von Ende November bis Mitte Januar eine Reihe von Events, darunter allein mehr als 125 Animationen und 3 Mio. Lichter auf den Bäumen und am Boden. Unbestrittener Höhepunkt ist eine ziemlich übertriebene nächtliche Lightshow über eine Strecke von 36 km. Außerdem gibt's Konzerte, Volksläufe und einen Cheerleader-Wettbewerb.

Schlafen

In Niagara Falls gibt's mehr Hotelbetten als Einwohner, trotzdem ist der Ort manchmal total ausgebucht. Im Sommer, an den Wochenenden und in den Ferien (in Kanada und den USA) machen die Preise einen großen Sprung. Ob B&B-Plätze frei sind, kann man online unter www.bbniagarafalls.com überprüfen; wenn man nicht reserviert hat, einfach nach „Vacancy"-Schildern Ausschau halten. Motels ballen sich in der Lundy's Lane.

LP TIPP **ACBB Hostel Niagara** HOSTEL $
(☎905-359-4815; www.hostelniagara.ca; 5741 McGrail Ave; B/DZ 20/50 C$; P) Mit maximal sechs Betten pro Zimmer, Küchen auf jedem Flur und vielen Balkonen ist das ACBB der Konkurrenz eine Nasenspitze voraus. Für Frauen gibt's sogar ein luxuriöses Badezimmer mit Sofas und Handcremes! Der Betreiber Patrick ist ein leidenschaftlicher Niagara-Fan und begeisterter Herbergsvater, der immer Zeit hat, einem Aktivitäten vorzuschlagen oder schnell mal eine Wegbeschreibung aufzuzeichnen. Und morgens backt er auch noch Blaubeer-Muffins.

Oakes Hotel HOTEL $$$
(☎905-356-4514, 877-843-6253; www.oakeshotel.com; 6546 Fallsview Blvd; DZ 119–269 C$; P) Der kecke silberne Turm neben dem Fallsview Casino bietet einen Platz in der ersten Reihe für die großen Wasserfälle. Für ein so vornehmes Haus ist das Personal aber erstaunlich bodenständig. Nicht alle Zimmer haben Ausblick auf die Fälle, aber wer fragt, wird entsprechend bedient. Die teureren Zimmer haben Whirlpools, deckenhohe Fenster, Kamine, Terrassen und den besten Ausblick. WLAN kostet 13 C$, ein Parkplatz 15 C$ extra.

Hostelling International Niagara Falls HOSTEL $
(☎905-357-0770, 888-749-0058; www.hostellingniagara.com; 4549 Cataract Ave; B/DZ inkl. Bettwäsche 22/48 C$; P@) Das gemütliche,

bunte Hostel in ruhiger Altstadtlage bietet Platz für rund 90 Gäste. Die Einrichtungen, darunter eine recht große Küche, ein Billardtisch, Schließfächer und eine coole Lounge im Kellergeschoss, sind in gutem Zustand, das Personal ist freundlich und umweltbewusst. Das Haus liegt nahe dem Bahnhof und dem Busbahnhof. Fahrräder kann man für 15 C$ pro Tag ausleihen.

Crystal Inn MOTEL $$

(☎905-354-1436; www.crystalinn.ca; 4249 River Rd; Zi. 50–90 C$; P) Das seit seiner Errichtung 1955 von der gleichen Familie betriebene schlichte Motel bietet einfache, aber neu gestaltete Zimmer. Das Motel hat eine großartige Lage: Es liegt gegenüber dem Fluss, und zu Fuß kommt man in rund 20 Minuten zu den Fällen. Einige Zimmer haben herzförmige Whirlpools.

Backpacker's International Hostel HOSTEL $

(☎905-357-4266, 800-891-7022; www.backpackers.ca; 4219 Huron St; B 25 C$, DZ 60–65 C$; @) Das eigenständige, schäbig-schicke Hostel ist in einem großen Wohnhaus aus dem 19. Jh. untergebracht. Die niedlichen Doppelzimmer im Obergeschoss wirken wie kleine, nicht näher definierbare europäisch anmutende Hotelzimmer; und auch der freundliche Betreiber ist klein und ein nicht näher definierbarer Europäer. Im Preis enthalten sind die Steuern, die Küchenbenutzung und morgens der Kaffee und ein Muffin.

Cadillac Motel MOTEL $$

(☎905-356-0830, 800-650-0049; www.cadillacmotelniagara.com; 2 Ferry St; Zi. 59–149 C$; P) Was für eine Architektur! Das Cadillac wirkt direkt wie einem Musterbuch der 1950er-Jahre entstiegen. Hier hat man der Versuchung widerstanden, sich von dem Neonschild, dem schrillen, rosa und pfirsichfarbenen Mauerwerk, den altmodischen Plastikstühlen, anzüglichen Fliesen und geometrisch gemusterten Teppichen zu trennen. Die Wände sind ziemlich dünn, aber die Lage ist erstklassig.

Essen

In der alten Innenstadt haben sich eine Menge neuer Restaurants angesiedelt, sodass es lohnt, sich hier umzuschauen. Aber abgesehen davon hat man in Niagara zwar kein Problem, etwas zu essen zu finden, aber es herrscht mehr Masse als Klasse. Wer etwas bessere kulinarische Angebote sucht, sollte sich lieber ins Wine Country aufmachen. Abgesehen von den im Folgenden genannten Restaurants gibt es auch noch welche hoch oben im Skylon Tower und im Minolta Tower.

Taps on Queen Brewhouse & Grill BRAUHAUS $$

(www.tapsbeer.com; 4680 Queen St; Hauptgerichte 9–14 C$; ⌚Mo, Di & So 12–22, Mi–Sa bis 24 Uhr) Hier gibt's eine Reihe von Speisen, von Shepherd's Pie bis hin zu einem Curry aus „alten" Getreidefrüchten (mit Quinoa, Couscous, Adzukibohnen, Mungbohnen und Gemüse). Zu den Gerichten passt natürlich am Besten eines der würzigen Biere der hauseigenen Brauerei.

Edwin's FUSION $$

(4616 Erie Ave; Hauptgerichte 8–10 C$) In dem kleinen Lokal nahe dem Bahnhof verbindet der illustre, in Jamaika geborene und in England ausgebildete Edwin karibische und mediterrane Küche. Hier findet man Jerk-Chicken, gebratene Bananen, Ziegencurry und Lachssalat. Am Wochenende gibt's ein Frühstücksbüffet (6,99 C$).

Flying Saucer FAST FOOD $

(6768 Lundy's Lane; Gerichte 1–16 C$; ⌚6–22 Uhr) Wenn man außergewöhnliches Fast Food sucht, kommt man an der „Fliegenden Untertasse" im Motelstreifen der Lundy's Lane nicht vorbei. Das Diner serviert sein berühmtes Frühstück zu 1,59 C$ (Eier, Fritten und Toast) bis um 12 Uhr, aber auch deftigere Sachen wie Steaks, Meeresfrüchte, Fajitas, Burger und Hotdogs sind mit an Bord. Der Imbissschalter ist in der Untertasse links.

Guru INDISCH $$

(☎905-354-3444; 5705 Victoria Ave; Hauptgerichte 11–16 C$; ⌚Mo–Do 12–23, Fr–So bis 24 Uhr) Das kalte Mangolassi löscht den Brand des scharfen roten Curry in diesem überraschenden Schmuckstück in Clifton Hill. Es erwarten einen Korbstühle aus dunklem Holz, Tischdecken mit Ganesha-Motiven, leckere Gemüsecurrys, scharfes Hähnchen-Masala und eine überraschend globale Weinkarte.

Suishe Gardens JAPANISCH $$$

(☎905-354-1500; 5701 Lewis Ave; Hauptgerichte 16–25 C$; ⌚abends) Im Suishe werden Teppanyaki und Teriyaki sowie Sake und Soba serviert. Breite Ledersessel umgeben den zentralen Herd. Die Sitzgruppen in den Ecken sind für die, die es intimer mögen.

Unterhaltung

IMAX Niagara KINO

(www.imaxniagara.com; 6170 Fallsview Blvd; Erw./Kind 12,50/9 C$; ⌚9–21 Uhr) Im IMAX wird auf einer 20-m-Leinwand und mit 12 000 W starken Lautsprechern der 45-minütige *Falls Movie* über die Geschichte und Entwicklung der Region geboten. Vor Ort befindet sich auch die erstaunliche Daredevil Gallery.

Niagara Fallsview Casino KASINO

(www.fallsviewcasinoresort.com; 6380 Fallsview Blvd; Eintritt frei; ⌚24 Std.) Dieses ungeheuer erfolgreiche Kasino hat rund um die Uhr geöffnet. Bereits das Gebäude an sich ist einen Blick wert: Es handelt sich um einen erstaunlichen Komplex des Kommerzes und des Glücksspiels mit einem fantastischen Brunnen in der Lobby. Schmalzige Altstars wie Kenny Rogers und Donny Osmond werden regelmäßig zu Auftritten herangekarrt.

Praktische Information

Accessible Niagara (www.accessibleniagara.com) Hinweise für Traveller mit Mobilitätseinschränkungen.

Greater Niagara General Hospital (☎905-378-4647; www.niagarahealth.on.ca; 5546 Portage Rd; ⌚24 Std.) mit Notaufnahme.

Info Niagara (www.infoniagara.com) Private Website mit hilfreichen Links.

Niagara Falls Public Library (www.niagarafallspubliclib.org; 4848 Victoria Ave; ⌚Mo–Do 9–21, Fr & Sa bis 17.30, So 13–17 Uhr) Kostenloser Internet- und WLAN-Zugang.

Niagara Falls Tourism (☎905-356-6061, 800-563-2557; www.niagarafallstourism.com; 5400 Robinson St; ⌚Mo–Fr 8–17, Sa & So 10–16 Uhr) Alles was man über Niagara wissen muss, erfährt man in der freundlichen Touristeninformation.

Niagara Parks Commission (www.niagaraparks.com; ⌚Juni–Aug. 9–23 Uhr, Sept.–Mai bis 16 Uhr) Die für die Niagarafälle zuständige Verwaltung hat Informationsschalter an der Maid of the Mist Plaza und im Table Rock Information Centre.

Ontario Travel Information (☎905-358-3221; www.ontariotravel.net; 5355 Stanley Av; ⌚Mai–Aug. 8–20 Uhr, Sept.–April bis 17 Uhr) In der Touristeninformation des Staates am westlichen Stadtrand gibt es kostenlose Touristenbroschüren mit Landkarten und Rabattcoupons.

Postamt (www.canadapost.ca; 4500 Queen St; ⌚Mo–Fr 8–17 Uhr)

An- & Weiterreise

Bus

Die **Niagara Falls Bus Station** (☎905-357-2133, 800-461-7661; www.greyhound.ca; 4555 Erie Ave) liegt im älteren Teil der Stadt. Busse von Greyhound Canada fahren nach Toronto (27,50 C$, 1½–2 Std., 7-mal tgl.) und Buffalo im US-Bundesstaat New York (10,50 C$, 1–1½ Std., 6-mal tägl.).

Niagara Airbus (☎905-374-8111, 800-268-8111; www.niagaraairbus.com) ist ein Busdienst mit Abholung. Es gibt häufige Verbindungen von und zu den Flughäfen in Toronto (einfache Fahrt/hin & zurück 71/112 C$, 1½ Std.) und Buffalo im US-Bundesstaat New York (81/133 C$, 1½ Std.).

Im Auftrag des Niagara Fallsview Casino befördert **Safeway Tours** (☎416-593-0593, 888-230-3505; www.safewaytours.net; hin & zurück 25 C$) Fahrgäste von Toronto nach Niagara Falls und zurück. Die Rückfahrt muss am gleichen Tag angetreten werden und Mitfahrer müssen über 19 Jahre alt sein (Personalausweis erforderlich). Abfahrtzeiten und -orte telefonisch erfragen.

Zug

Vom Bahnhof **Niagara Falls** (☎888-842-7245; www.viarail.ca; 4267 Bridge St), gegenüber dem Busbahnhof, fahren VIA-Züge nach Toronto (37 C$, 2 Std., 2-mal tgl.) und New York City (85 C$, 10 Std., 1-mal tgl.).

Unterwegs vor Ort

Auto, Motorrad & Parkmöglichkeiten

Im Zentrum Auto zu fahren und zu parken ist ein teurer Alptraum. Entweder man parkt weit draußen und läuft oder man folgt den Hinweisschildern und parkt sein Auto an erlaubter Stelle (rund 6 C$/30 Min. oder 15 C$/Tag). Der riesige Parkplatz Rapidsview (der auch das Depot des Niagara Parks People Mover ist) liegt 3 km südlich der Fälle an der River Rd.

Fahrrad

Das ausgezeichnete **Zoom Leisure Bicycle Rentals** (☎866-811-6993) hat seinen Sitz in Niagara-on-the Lake, unterhält aber auch eine neue Filiale in Niagara Falls im Best Western am Fallsview Blvd. Außerdem liefert das Unternehmen Mieträder an jede beliebige Stelle in der Niagara-Region. Auch längerfristige Vermietungen sind möglich, und außerdem werden auch Weintouren für Radfahrer angeboten. Fahrräder vermieten auch das Hostelling International Niagara Falls und das ACBB Hostel. Zu erwähnen ist außerdem, dass das Gebiet auch ein Ziel der „Fahrradzüge" ist (s. Kasten S. 56).

Öffentliche Verkehrsmittel

Den steilen, 50 m hohen Abhang zwischen den Fällen und dem Fallsview Blvd gondelt eine urige

Standseilbahn (www.niagaraparks.com; 6635 Niagara Pkwy; einfache Fahrt 2,50 C$; ⌚Juli–Aug. 9–23, Sept.–Nov & April–Juni bis 20 Uhr) hinauf und hinunter.

Der **Niagara Parks People Mover** (www.niagaraparks.com; Tageskarte Erw./Kind 7,60/4,60 C$; ⌚März–Okt. 9–21 Uhr, alle 20 Min.) ist ein ökonomisches und effizientes Bussystem. Startpunkt ist der riesige Parkplatz Rapidsview südlich der Fälle. An den meisten Haltestellen kann man Tageskarten kaufen. Die Busse fahren eine 15 km lange Strecke vom Parkplatz nordwärts vorbei an den Horseshoe Falls, der Rainbow und der Whirlpool Bridge und dem Whirlpool Aero Car; in der Hauptsaison fahren sie auf dem Niagara Pkwy weiter bis Queenston. Mit den Busfahrkarten darf man auch einmal die Standseilbahn kostenlos benutzen.

Niagara Transit (☎905-356-1179; einfache Fahrt Erw./Kind 3,50/1 C$, Tageskarte für 1 Erw. & 2 Kinder 6 C$; ⌚Juni–Aug 9–1.30 Uhr alle 30 Min., Mai, Sept. & Okt. eingeschränkter Fahrplan) betreibt zwei Shuttlebuslinien in der Stadt: Die erste führt um den Clifton Hill und zu den anderen Sehenswürdigkeiten an den Fällen, dann die Lundy's Lane hinauf und schließlich wieder zurück. Die grüne Linie führt von der Rainbow Bridge nordwärts zum Whirlpool Aero Car, dann die River Rd an den B&Bs vorbei zurück zum Clifton Hill und weiter zum Parkplatz Rapidsview. Außerhalb der Touristensaison die regulären Stadtbusse von Niagara Transit (Erw./Kind 2,35/1,10 C$) benutzen.

Spazierengehen

Die Laufschuhe angezogen und los geht's! Zu Fuß kommt man am besten voran. Einen fahrbaren Untersatz braucht man eigentlich nur, wenn man die Sehenswürdigkeiten weiter außerhalb am Niagara Pkwy besuchen will.

Niagara-on-the-Lake

Das wohlhabende Niagara-on-the-Lake ist eine der am besten erhaltenen historischen Städtchen in Nordamerika. Ursprünglich stand hier ein Dorf des Stammesbündnisses der „Neutralen". Die Stadt selbst wurde nach dem amerikanischen Unabhängigkeitskrieg von Loyalisten aus der Provinz New York, dem heutigen US-Bundesstaat, gegründet. Später wurde sie zur ersten Hauptstadt der Kolonie Oberkanada. Heute ist der Ort zwar unbestreitbar schön mit seinen von Bäumen gesäumten Straßen, grünen Parks und makellos restaurierten Häusern, aber auch durch und durch touristisch. Horden von Reisebus-Touristen verstopfen die Straßen, qualmen kubanische Zigarren und zerstören den Charme. Der Brunnen der Stadt ist voller Münzen. Obdachlose, die ihn plündern könnten, gibt es hier nicht. Bleibt die Frage, ob der Ort eine wirkliche Stadt ist oder einfach nur eine seelenlose Kulisse. Eine versöhnliche Antwort auf diese Frage gibt das alljährliche Shaw Festival.

Sehenswertes & Aktivitäten

In der Queen St wimmelt es von Nostalgieläden, die Antiquitäten, britische Souvenirs und hausgemachte Toffees anbieten.

Fort George HISTORISCHE STÄTTE
(www.pc.gc.ca/fortgeorge; 51 Queens Pde; Erw./Kind/erm./Fam. 11,70/5,80/10/29,40 C$; ⌚Mai–Okt. 10–17 Uhr, April & Nov. nur Sa & So; P) Am südöstlichen Ortsrand liegt das 1797 erbaute, restaurierte Fort George. Während des Krieges von 1812 ereigneten sich hier eine Reihe blutiger Schlachten, und das Fort wurde mehrfach von US-Truppen besetzt und wieder von britischen befreit. Innerhalb der Palisaden befinden sich Offizierswohnungen, eine funktionsfähige Küche, das Pulvermagazin und Lagerhäuser. Den ganzen Sommer hindurch gibt's Geistertouren, Schau-Exerzieren, Ausstellungen alter Panzer und Nachstellungen der Schlachten von 1812. Die Parkgebühr beträgt 6 C$, wird aber mit dem Eintrittspreis verrechnet.

GRATIS **Niagara Apothecary** MUSEUM
(www.niagaraapothecary.ca; 5 Queen St; ⌚Mai–Sept. 12–18 Uhr, Juli & Aug. ab 11 Uhr) Diese Apotheke aus viktorianischer Zeit war bis 1964 in Betrieb und ist heute ein Museum. Zu sehen gibt's großartige alte Apothekerschränke Gefäße, Heilmittel und alte Plakate, auf denen u.a. für Schlangenöl-Präparate geworben wird („Merchant's Gargling Oil: zum Einreiben für Mensch und Tier!").

Greaves Jams & Marmalades SOUVENIRS
(www.greavesjams.com; 55 Queen St; Marmeladen ca. 5 C$; ⌚Sommer 9.30–20 Uhr, Winter 9–16 Uhr) Hier stellt man schon in vierter Generation Marmelade her. Probieren sollte man die Sauerkirschkonfitüre.

Niagara Historical Society Museum MUSEUM
(www.niagarahistorical.museum; 43 Castlereagh St; Erw./Kind/erm. 5/1/3 C$; ⌚Mi–Okt. 10–17 Uhr, Nov.–April ab 13 Uhr; P) Das Niagara Historical Society Museum südlich des Simcoe Park besitzt eine große Sammlung zur Vergangenheit der Stadt, darunter Artefakte

der kanadischen Ureinwohner und historische Zeugnisse der Loyalisten und zum Krieg von 1812. Ein besonders geschätztes Sammlerstück ist der Hut von Major General Sir Isaac Brock.

Lincoln & Welland Regimental Museum MUSEUM
(☎905-468-0888; www.lwmuseum.ca; Ecke King St & John St; Erw./Kind 3/2 C$; ⊙Mi–So 10–16 Uhr; P) Das Lincoln & Welland Regimental Museum zeigt wundervolle alte kanadische Militaria.

Geführte Touren

Grape Escape Wine Tours WEINTOUREN
(☎866-935-4445; www.tourniagarawineries.com; Tour 59–124 C$; ⊙ganzjährig) Angeboten werden eine Reihe von weinseligen Touren in die Region mit Fahrrad, Kleinbus oder Geländewagen. Im Preis enthalten ist eine Verköstigung (Käseplatten bei preiswerteren, Gourmet-Diners bei teureren Touren). Die Teilnehmer werden kostenlos an ihrem Hotel abgeholt und dort dann auch wieder abgesetzt.

Jetboat Niagara BOOTSFAHRT
(☎905-468-4800, 888-438-4444; www.whirlpooljet.com; 61 Melville St; 45-minütige Tour Erw./Kind 58/48 C$; ⊙April–Mitte Okt.) Eine wilde und feuchte Fahrt voller Wende- und Stoppmanöver, bei denen es mächtig spritzt. Unbedingt Kleidung zum Wechseln (am besten gleich auch Unterwäsche) dabei haben. Reservierung erforderlich.

Niagara Wine Tours International KULINARISCHE TOUREN
(☎905-468-1300, 800-680-7006; www.niagaraworldwinetours.com; 92 Picton St; Tour 65–165 C$) Hier gibt's eine Fülle von Touren per Fahrrad zu örtlichen Weingütern mit Verkostung und Mittag- oder Abendessen.

Schlafen

Obwohl es im Ort über 300 B&Bs gibt (!), sind die Unterkünfte teuer und oft ausgebucht. Während des Shaw Festivals ist der Andrang noch größer als sonst, also unbedingt im Voraus seinen Aufenthalt planen.

Prince of Wales Hotel HOTEL $$$
(☎905-468-3246, 888-669-5566; www.vintage-hotels.com; 6 Picton St; DZ 225–375 C$, Suite 425–575 C$; P @W-Lan) Das beste Haus am Platz, das elegante viktorianische Prince of Wales, wurde um 1864 errichtet und hat sich viel vom Prunk der Zeit bewahrt: gewölbte Decken, Holzböden mit Intarsien und Pagen in roter Uniform. Mit den Rüschen und Blumentapeten wirkt das Haus wie auf ältere Urlauber und Flitterwöchner ausgerichtet, ist aber trotzdem ideal für jeden, der sich verwöhnen lassen möchte. Vor Ort gibt's ein Spa, einen Nachmittagstee und das ausgezeichnete Restaurant Escabeche. Parkplätze kosten 10 C$. Das Haus liegt an der Kreuzung der King St.

Moffat INN $$
(☎905-468-4116; www.moffattinn.com; 60 Picton St; d $135-195;) Grüne Zierleisten und

DIE SACHE MIT SHAW

1962 brachte der Rechtsanwalt und Theaterenthusiast Brian Doherty an acht Abenden George Bernard Shaws *Candida* sowie „Don Juan in der Hölle" aus *Mensch und Übermensch* auf die Bühne. Dohertys von Leidenschaft getragene erste Spielzeit war der Auftakt zu dem heutigen, sehr geschätzten **Shaw Festival** (☎905-468-2172, 800-511-7429; www.shawfest.com; ⊙Theaterkasse 10–20 Uhr). Seit 45 Jahren lockt das Festival nun ein weltweites Publikum an, das mit seinem Lob nicht sparsam ist.

Aufführungen gibt es von April bis Oktober. Die ambitionierte künstlerische Leitung setzt auf einen vielfältigen und abwechslungsreichen Spielplan. Nach einem beliebten Shaw-Stück zur Eröffnung gibt's viktorianische Dramatik, europäische oder US-amerikanische Stücke, Musicals, Krimis und Klassiker von Wilde, Woolf und Coward. Während der Spielzeit finden zudem Seminare zu speziellen Themen und an ausgewählten Samstagen zwanglose „Mittagsgepräche" statt.

An drei Theatern im Ort – dem Festival, dem Royal George und dem Court House Theater – stehen die Schauspieler auf der Bühne. Alle drei Theater liegen in bequemer Gehentfernung vom Ortskern. Die preiswertesten Karten gibt's ab 9 Uhr an Veranstaltungstagen (außer Sa) an der Kasse. Studenten, Menschen unter 30 Jahren und Senioren erhalten bei einigen Matineen Rabatt; am günstigsten sind die Matineen werktags. Am besten informiert man sich weit im Voraus telefonisch (kostenlos aus den USA und aus Kanada) oder wirft einen Blick auf die Webseite.

Blumenkästen lassen das Moffat, das sich als „ländlich-schick" bezeichnet, von außen wie ein irisches Gasthaus wirken. Die 24 Zimmer sind geschmackvoll dekoriert, und insgesamt macht das Haus einen charmanten Eindruck.

Skyehaven Bed & Breakfast B&B **$$**
(905-468-9696; www.skyehaven.com; 67 Mary St; DZ mit Frühstück 130 C$; P) Das Skyehaven mit seinen himmelblauen Fensterläden ist richtig alt: Es wurde 1787 errichtet und hat also seine Beständigkeit bewiesen. Bis ins Zentrum des Geschehens muss man ein Stück laufen, was aber auch seine Vorteile hat. An den Wochenenden muss man mindestens zwei Übernachtungen buchen.

Anchorage Motel MOTEL **$$**
(905-468-2141; www.theanchor age.ca; 186 Ricardo St; DZ 65–95 C$; P) Inmitten des trostlosen Einerleis von Frühstückspensionen bietet das alte Anchorage Motel, dessen Schindeldach sich mit dem Wind dem örtlichen Bootshafen zuneigt, eine gewisse Erholung. Die ordentlichen Zimmer sind zwar nicht besonders bemerkenswert, aber wen stört das bei dem günstigen Preis? Zweifellos das Angebot vor Ort mit dem bestem Preis-Leistungs-Verhältnis.

Essen

Der Queen's Royal Park, ein paar Blocks abseits der Queen St, ist ein nettes Plätzchen für ein Picknick am Wasser.

Escabeche FUSION **$$$**
(905-468-3246, 888-669-5566; www.vintage-hotels.com; 6 Picton St; Hauptgerichte 25–48 C$) Das feine Restaurant im opulenten Prince of Wales Hotel ist wahrscheinlich das beste auf der Niagara Peninsula. Hier nimmt man es mit dem Essen ernst: Auf der modernen Karte stehen Geschmacksinnovationen wie Tarte mit örtlichem Prosciutto, Würstchen nach Jägerart, Tomaten und Mascarpone, gefolgt von gebratenem Lamm mit feinem Senf, jungen Kartoffeln und Rübchen in einer mit Eiswein abgeschmeckten Fleischbrühe. Unbedingt auch noch Platz für die Nachspeise lassen.

Epicurean CAFÉ **$$**
(905-468-0288; 84 Queen St; Hauptgerichte mittags 5–11 C$, abends 17–27 C$; mittags & abends) Tagsüber tischt dieses Wohlfühlcafé Gerichte wie frische, leckere Sandwiches, Salate, Pies und Quiches auf. Abends steigert es sich zu Bistrogerichten wie knusprigem Hähnchen mit gedämpftem Reis, Frühlingszwiebeln und Shiitakepilzen in thailändischem Kokos-Curry. Die Plätze auf dem Hof zur Straße sind immer gut besucht.

Fans Court CHINESISCH **$$**
(135 Queen St; Hauptgerichte mittags 7–10 C$, abends 15–20 C$; Di–So 12–21 Uhr) Durch seine Karte mit kantonesischen, Sichuan- und panasiatischen Gerichten hebt sich dieses Restaurant deutlich von seinen Nachbarn in dieser sehr britisch geprägten Stadt ab. Das Beste am Fans ist aber nicht das (allerdings köstliche) Schweinefleisch in Mangosauce, sondern der schöne Hof mit Blumen.

Praktische Informationen

Chamber of Commerce Visitors Information Centre (905-468-1950; www.niagaraonthelake.com; 26 Queen St; April–Okt. 10–19.30 Uhr, Nov.–März bis 17 Uhr) Die Touristeninformation hat viele Broschüren und bucht Unterkünfte (Gebühr 5 C$). Den *Niagara-on-the-Lake Official Visitors' Guide* mitnehmen, der Karten und die Beschreibung eines Stadtspaziergangs auf eigene Faust enthält.

Anreise & Unterwegs vor Ort

Eine direkte Busverbindung von Toronto nach Niagara-on-the-Lake gibt es nicht. In St. Catharines oder Niagara Falls muss man umsteigen.

5-0 Taxi (905-358-3232, 800-667-0256; www.5-0taxi.com) befördert Leute zwischen Niagara Falls und Niagara-on-the-Lake. Abholorte und -termine telefonisch vereinbaren. Eine normale einfache Taxifahrt zwischen beiden Orten kostet rund 45 C$.

Radfahren ist eine ideale Möglichkeit, die Gegend zu erkunden. Fahrräder kann man bei dem von Lesern empfohlenen **Zoom Leisure Bicycle Rentals** (905-468-2366, 866-811-6993; www.zoomleisure.com; 2017 Niagara Stone Rd; halber Tag/ganzer Tag/2 Tage 20/30/50 C$; 9–17 Uhr) mieten und sich kostenlos liefern lassen.

SÜDWESTLICHES ONTARIO

Die stark bevölkerten Landwirtschafts- und Industriegebiete im südwestlichen Ontario haben eine reiche Geschichte von Ureinwohnersiedlungen, Farmwirtschaft, herstellendem Gewerbe und städtischer Zersiedlung. Von Toronto bis Hamilton spannt sich um den Lake Ontario das „Goldene Hufeisen", eine stark industrialisierte

Südwestliches Ontario

Zone, die hauptsächlich als Verbindung zwischen Toronto, Detroit und Buffalo dient. Wer sich aber tapfer vom Hwy 401 herunterwagt, kann das geschichtsträchtige Erbe der Region entdecken, seine gut erhaltenen Sand- und Backsteingebäude, baumgesäumte Alleen, grüne Wiesen und Sandstrände. Die interessanten kleinen Städtchen wie Elora, St. Jacobs und Fergus sollte man sich keinesfalls entgehen lassen.

Weiter draußen im Westen folgen absolut flache Regionen mit sandigen Böden, auf denen Weizen und Mais angebaut wird. Schon das kleinste Hügelchen wird dort als eine willkommene Abwechslung empfunden. Sandstrände finden sich am Nordufer des Lake Erie und am Ostufer des Lake Huron. Als blühende Universitäts- und Technologiezentren zeichnen sich im Binnenland gelegene Städte wie Kitchener-Waterloo, Guelph und London aus. In Stratford gibt es ein jährliches Shakespeare-Festival; Windsor hingegen ist – wie die größere Schwesterstadt Detroit jenseits des Flusses in Michigan – ein Zentrum der Autoindustrie.

Hamilton

503 000 EW.

Weniger als eine Autostunde südwestlich von Toronto liegt die Industriestadt Hamilton, wo man neben der von Fabriken bestimmten Skyline viel Grün, eine saubere und geschäftige Downtown und ein paar interessante Sehenswürdigkeiten entdecken kann. Die Arbeiterstadt ist das kanadische Zentrum der Eisen- und Stahlindustrie, und immer liegt ein leichter Hauch von Schwefel in der Luft. Touristen beißen da in der Regel die Zähne zusammen und fahren nach Niagara Falls weiter, ohne einen Zwischenstopp in Erwägung zu ziehen. Dank neuerer Umweltschutzbemühungen hat sich das Bild aber gebessert. Wenn man also doch vom Highway abfährt, erwarten einen hier einige ordentliche Restaurants, interessante Museen und charmante B&Bs. Da die Niagara-Schichtstufe genau durch den südlichen Teil der Stadt führt, hat man zudem einen tollen Blick auf den Lake Ontario.

Sehenswertes & Aktivitäten

Dundurn Castle MUSEUM
(www.hamilton.ca/museums; 610 York Blvd; Erw./Kind/erm./Fam. 11/5,50/9/27 C$; Juli & Aug. 10–16 Uhr, Sept.–Juni Di–So ab 12 Uhr; P) Das klassizistische Dundurn Castle, ein Landhaus mit Säulenfront und 36 Zimmern, gehörte früher Sir Allan Napier McNab, der von 1854 bis 1856 Premierminister der Provinz Kanada war. Das Haus steht in einem hübschen, von Kastanienbäumen gepräg-

tem Gelände auf einem Hügel mit Ausblick auf den Hafen. Möbliert ist es im Stil der Mitte des 19. Jhs.

Auf dem Gelände befindet sich auch das **Hamilton Military Museum** (Erw./Kind/erm./Fam. 3,50/2,50/3/8,50 C$), das Waffen zeigt, die aus der Zeit des Krieges von 1812 bis hin zum Ersten Weltkrieg stammen. Wer den Eintritt ins Dundurn Castle bezahlt hat, kommt auch kostenlos in das Museum.

Royal Botanical Gardens GARTEN

(www.rbg.ca; 680 Plains Rd W; Erw./Kind/erm./Fam. inkl. Fahrten mit dem Shuttlebus 12,50/7,25/9,50/32,25 C$; ⌚10–17 Uhr; 🅿) Der Park, der auf mehr als 1000 ha Blumenbeete, natürliche Parklandschaften und ein Wildschutzgebiet umfasst, ist einer von nur sechs Gärten weltweit, die sich mit dem Zusatz „königlich" schmücken dürfen. Im Frühjahr ist der 3 ha große Felsengarten mit seinen seltenen Bäumen, Wasserfällen, Teichen und 125 000 blühenden Blumen das Highlight. Und wer glaubt, dass eine Rose eine Rose sei, wird im „Hundertjährigen Rosengarten", in dem von Juni bis Oktober Tausende verschiedene Rosen (darunter auch „historische" Arten) blühen, eines Besseren belehrt. Der Baumgarten ist im Mai besonders schön, wenn die Fliederbäume ihre Blütenpracht entfalten. Im Wildschutzgebiet führen Wege durch Marschen und bewaldete Schluchten; hier leben Vögel, Rehe, Füchse, Bisamratten und Kojoten.

African Lion Safari ZOO

(www.lionsafari.com; ☎905-623-26209453; RR1, Cambridge; Erw./Kind/erm. 30/25/28 C$; ⌚Juli–Aug. 10–17.30 Uhr, Mai–Juni & Sept. bis 16 Uhr; 🅿) Im großen African Lion Safari, das ca. 25 km nordwestlich von Hamilton am Hwy 8 liegt, tummeln sich rund 1000 Säugetiere sowie Vögel auf freiem Gelände. Im Auto durch den Park fahrend, kommt man Löwen, Giraffen, Zebras, Affen und anderen afrikanischen Wildtieren ganz nah. Falls die Vermietung, bei der man sein Auto geliehen hat, Schäden durch Vogelkot moniert, kann man auch den Parkbus (5 C$/Pers.) nehmen. Kinder sind ganz begeistert von dem Park.

Canadian Football Hall of Fame & Museum MUSEUM

(www.cfhof.com; 58 Jackson St W; Erw./Kind/erm./Fam. 7/3,50/3,50/16 C$; ⌚Di–Sa 9.30–16.30 Uhr) Trotz allgemeinen Spotts über „Canadian Football" lassen sich kanadische Sportfans nicht von der Begeisterung über ihre schnelle Variante des Football abbringen. In der Canadian Football Hall of Fame & Museum wird die mehr als 100-jährige Geschichte der Canadian Football League (CFL) anhand von Spieler-Schutzkleidung, Fotos und des aktuellen Grey Cup – dem Heiligen Gral der CFL – erlebbar.

Wanderwege NATURPFADE

Hamiltons Bemühungen um Umweltschutz haben in den letzten Jahren zur Anlage vieler guter Parks und Mehrzweckwege geführt. Der 32 km lange **Hamilton to Brantford Rail Trail** (☎905-627-1233; www.conservationhamilton.ca) und der Ontario Waterfront Trail sind nur einen Steinwurf von der Stadt entfernt; Karten und Wegebeschreibungen gibt's in der Touristeninformation.

Schlafen & Essen

Am QEW und dem Hwy 403 gibt's jede Menge durchschnittlicher Motels, in denen die Übernachtung erheblich günstiger ist als in Toronto oder Niagara-on-the-Lake.

Rutherford House B&B B&B $$

(☎905-525-2422; www.rutherfordbb.com; 293 Park St S; EZ/DZ mit Frühstück 115/120 C$; 🅿🚭❄) In kurzer Gehentfernung von der Innenstadt liegt das Rutherford, ein anmutiges altes Backsteinhaus mit gestufter Fassade. Die beiden Gästezimmer haben eigene Bäder, üppige Betten und übertriebene Tapeten. Das Haus gehört zu den besseren B&Bs in Hamilton, ist aber nicht auf Kinder eingestellt.

Gown and Gavel PUB $$

(www.gownandgavel.ca; 24 Hess St S; Hauptgerichte 12–20 C$; ⌚11–2 Uhr) Das Gown and Gavel ist im kopfsteingepflasterten Hess Village in einem großen, verschachtelten Gebäude untergebracht. Serviert wird hier bessere Kneipenkost, darunter Sandwiches und Salate. Im Obergeschoss wartet eine meist übersehene Teestube darauf, entdeckt zu werden.

☆ Unterhaltung

Hamilton Tiger-Cats SPORT

(Ti-Cats; ☎905-527-2287; www.ticats.ca; Ivor Wynn Stadium, 75 Balsam Ave; ⌚Juli–Nov.) Seit 1869 geht der 15-malige CFL-Grey-Cup-Gewinner deutlich zur Sache. Sehenswert sind vor allem die Spiele gegen die Erzrivalen der Toronto Argonauts – da geht das Publikum so richtig mit.

Praktische Informationen

Parks Canada Discovery Centre (☎9055-526-0911; www.pc.gc.ca; 57 Discovery Dr; Erw./Kind/erm./Fam. 7,50/3,50/6/18 C$; ⏲10–17 Uhr, Okt.–Mai Mo geschl.; P) Diese schicke neue Einrichtung informiert vor Ort am Seeufer über den Gewässerschutz in der Region, über die Parks und denkmalgeschützte Stätten.

Tourism Hamilton (☎905-546-2666, 800-263-8590; www.tourismhamilton.com; 34 James St S; ⏲8.30–16.30 Uhr, Sept.–Mai Sa & So geschl.) Die Touristeninformation in der Innenstadt bietet Karten, Broschüren und alle Infos zur Stadt.

An- & Weiterreise

WestJet nutzt den 10 km südlich der Stadt gelegenen **John C Munro Hamilton International Airport** (YHM; ☎905-679-1999; www.flyhi.ca; 9300 Airport Rd, Mt. Hope) als größeren Knotenpunkt für Flüge in andere Teile Kanadas.

Busse von Coach Canada und Greyhound Canada sowie Pendlerbusse (9 C$, 1–2 Std., alle 20 Min.) und -züge (9,50 C$, 1 Std., 3-mal tgl.) von Go Transit fahren vom **GO Centre** (☎905-529-0196, 888-438-6646; www.gotransit.com; 36 Hunter St E; ⏲Mo–Fr 5–23.30, Sa & So ab 6.15 Uhr) drei Blocks südlich des Zentrums.

Brantford & Umgebung

Man möchte meinen, dass in einer Stadt, die sich eines Mohawk-Dorfs, der Erfindung des Telefons und des größten Eishockeyspielers aller Zeiten rühmen kann, ganz schön etwas los sein müsste. Aber das ist nicht wirklich der Fall. Die von Äckern umgebene und vom langsam fließenden Grand River in zwei Hälften geteilte „Telephone City" Brantford ist so prosaisch, wie ein Städtchen dieser Größenordnung es nur sein kann. Gleichwohl ist die Stadt ein praktischer Stopp, wenn man zwischen Windsor und Toronto unterwegs ist.

Das südöstlich gelegene Reservat der Irokesen (Six Nations) ist seit Jahrhunderten ein Zentrum der Ureinwohner. Joseph Thayendanegea Brant, ein Mohawk, der als Hauptmann in der britischen Armee diente, führte 1784 einen großen Teil des Irokesenbunds aus dem Norden des US-Bundesstaats New York an den Grand River und gründete dort eine Siedlung, die zum Zentrum für die in der Gegend lebenden Ureinwohner wurde. Später dann erfolgten die stetige Zuwanderung von Europäern und der Aufbau der Industrie.

Sehenswertes

Woodland Cultural Centre — KULTURZENTRUM

(☎519-759-2650; www.woodland-centre.on.ca; 184 Mohawk St; Erw./Kind/erm. 5/3/4 C$; ⏲Mo–Fr 9–16, Sa & So 10–17 Uhr; P) Das Woodland Cultural Centre ist Veranstaltungszentrum der Ureinwohner, Kulturmuseum und Kunstgalerie in einem. Die Ausstellung ist chronologisch aufgebaut und führt von den prähistorischen Zeugnissen der Irokesen und Algonkin bis zu zeitgenössischen Werken indigener Kunst. Im angeschlossenen Shop werden schöne Korbwaren und Schmuckstücke, außerdem Bücher, Keramiken und Malereien verkauft. Was an Vorträgen, Diskussionen oder Veranstaltungen gerade stattfindet, erfährt man telefonisch oder auf der Website.

Bell Homestead National Historic Site — HISTORISCHE STÄTTE

(www.bellhomestead.on.ca; 94 Tutela Heights Rd; Erw./Kind/erm. 5,50 C$/frei/4,25 C$; ⏲Di–So 9.30–16.30 Uhr; P) Hier kann man mal sein Handy ausschalten und zuhören: In diesem Haus gab Alexander Graham Bell dem Kommunikationswesen eine neue Richtung, als er am 26. Juli 1874 das erste brauchbare Telefon konzipierte. Das erste Wohnhaus des Erfinders in Nordamerika wurde liebevoll in den Originalzustand zurückversetzt. Vor Ort gibt's auch ein Café.

GRATIS Brantford Sports Hall of Recognition — MUSEUM

(www.brantford.ca/gretzkycentre; 254 North Park St; ⏲Mo–Fr 9–21, Sa & So bis 18 Uhr; P) Das glänzende Juwel im Herzen des Gretzky Centre ist die Brantford Sports Hall of Recognition. Erinnerungsstücke von Dutzenden örtlicher Leichtathletik-, Football-, Lacrosse- und Wrestlingstars füllen die Wände, aber wer kennt sie schon alle? Eigentlich kommt man wegen der Dauerausstellung über Wayne „The Great One" Gretzky. Der Eishockeystar spielte in seiner Heimatstadt Brantford, ehe er alle Rekorde der NHL brach und viermal den Stanley Cup holte.

Her Majesty's Chapel of the Mohawks — KIRCHE

(www.mohawkchapel.ca; 291 Mohawk St; Eintritt gegen Spende; ⏲Juli & Aug. 10–17 Uhr, Mai–Juni & Sept.–Okt. Mi 13–17.30 Uhr; P) Joseph Thayendanegea Brants Grab befindet sich auf dem Gelände der kleinen, aber hübschen Her Majesty's Chapel of the Mohawks, die man am besten an einem sonnigen Nachmittag besucht, wenn das Licht durch die prächtigen Buntglasfenster ins Innere strömt. Die Kapelle am Standort der ursprünglichen Ureinwohnersiedlung wurde 1785 errichtet und ist damit die älteste protestantische Kirche in Ontario und außerdem die einzige „königliche" Ureinwohnerkirche weltweit. Von der Colborne St E aus der Ausschilderung folgen.

Six Nations of the Grand River Territory FIRST NATIONS
Südöstlich von Brantford liegen das Six Nations of the Grand River Territory – diese „sechs Nationen" setzen sich aus den Mohawk, Oneida, Onondaga, Cayuga, Seneca und Tuscarora zusammen – sowie die bekannte Ureinwohnersiedlung **Ohsweken**. Das im späten 18. Jh. geschaffene Territorium gibt Besuchern einen Einblick in die traditionelle und die heutige Kultur der kanadischen Ureinwohner. **Six Nations Tourism** (www.sntourism.com; 2498 Chiefswood Rd; Mo–Fr 9–16.30, Sa & So 10–15 Uhr) an der Kreuzung mit dem Hwy 54 betreibt das Besucherzentrum, das über sehenswerte Stätten, Attraktionen und Events im Territorium informiert.

Gleich gegenüber vom Besucherzentrum ist die **Chiefswood National Historic Site** (www.chiefswood.com; 1037 Hwy 54; Erw./Kind/erm. 5 C$/frei/4 C$; Mai–Okt. Di–So 10–15 Uhr; P), das Heim der Mohawk-Dichterin E. Pauline Johnson, deren seinerzeit vielgelesene Gedichtsammlung *Flint & Feather* ein Zeugnis der Verschmelzung europäischer und Ureinwohner-Kultur im späten 19. und frühen 20. Jh. ist.

Aktivitäten

Eine Raftingtour auf dem Grand River ist eine prima Art, das Land kennenzulernen. Die Erinnerung an den Film *Beim Sterben ist jeder der Erste* kann man getrost vergessen und sich einfach an einen Tourveranstalter wenden.

Blue Heron Rafting RAFTING
(519-754-0145; www.blueheronrafting.com) Familienausflüge, romantische Abendtouren und kombinierte Fahrrad-/Raftingtouren ab Brantford.

Grand River Rafting Company RAFTING
(866-286-7722; www.grandriverrafting.ca) Der Veranstalter hat seinen Sitz in Paris, gleich nördlich von Brantford; im Angebot sind geführte Raftingausflüge für Familien, Mondschein- und Abendtouren sowie Touren mit Übernachtung.

Feste & Events

Grand River Powwow KULTUR
(www.grpowwow.com) Das bedeutende zweitägige Kulturevent findet am vierten Juliwochenende statt. Geboten werden dabei farbenfroh kostümierte Tänzer, traditionelles Trommeln und Singen, Wettbewerbe sowie Essen und Kunstgewerbe der Ureinwohner.

Schlafen & Essen

An der Colborne St E gibt's ein paar durchschnittliche (und einige unterdurchschnittliche) Motels. Nahe der Ecke Queen St machen japanische und thailändische Restaurants den üblichen Fast-Food-Läden Konkurrenz.

Bear's Inn INN $$
(519-445-4133; www.thebearsinn.com; 1979 4th Line Rd, Ohsweken; Zi. mit Frühstück 60–80 C$; P) Wer einen authentischen Eindruck von der Gastfreundschaft der Six Nations gewinnen will, kann im Bear's Inn in Ohsweken im Zentrum des Six Nations of the Grand River Territory absteigen. Die komfortabel-rustikal gestalteten Unterkünfte reichen von Einzelzimmern bis zu Suiten; sie bieten Kabel-TV und ein kontinentales Frühstück. Man kann sich im Dorf umschauen und sich dabei auch noch mit preiswerten No-Name-Zigaretten eindecken.

Praktische Informationen

Brantford Visitor & Tourism Centre (519-751-1771, 800-265-6299; www.discoverbrantford.com; 399 Wayne Gretzky Pkwy; Mo–Fr 9–20, Sa bis 21, So bis 17 Uhr) Gleich nördlich vom Hwy 403 verbreitet die Touristeninformation mit vielen Broschüren und hilfsbereitem Personal viel Optimismus hinsichtlich der Zukunft Brantfords.

An- & Weiterreise

Der **Brantford Transit Terminal** (519-756-5011; www.greyhound.ca; 64 Darling St; Mo–Fr 7–19, Sa 8.30–16 Uhr) liegt im Zentrum von Brantford. Die Busse von Greyhound Canada fahren nach Toronto (28 C$, 1–2 Std., 5-mal tgl.), London (26,40 C$, 1½ Std., 4-mal tgl.) und Niagara Falls (über Hamilton; 35 C$, 4 Std., 2- bis 3-mal tgl.).

Vom **Bahnhof Brantford** (519-752-0867; www.viarail.ca; 5 Wadsworth St; Mo–Fr 7–10.30 & 11.30–21, Sa & So 8.30–11.10 & 12–21 Uhr) fahren Züge nach Toronto (35 C$, 1 Std., 5-mal tgl.) und London (35 C$, 1 Std., 5-mal tgl.).

Guelph

115 000 EW.

Das von den imposanten Türmen der Church of our Lady Immaculate und der Brauerei Sleeman überragte Guelph ist ein netter Ort, um eine Weile zu entspannen. Die attraktiven Steingebäude künden von der Vergangenheit der Stadt, und eine große Schar von Studenten sorgt für reges Leben.

Sehenswertes

Church of Our Lady Immaculate KIRCHE

(www.churchofourlady.com; 28 Norfolk St; Eintritt gegen Spende; 7 Uhr–Sonnenuntergang; P) Über dem Zentrum von Guelph ragt die eindrucksvolle Steinmasse der Church of Our Lady Immaculate empor. Von fast überall in der Stadt sieht man die Zwillingstürme und die elegant proportionierte Fensterrose des Gotteshauses, das seit 1888 die Gläubigen mit Ehrfurcht erfüllt.

Macdonald Stewart Art Centre GALERIE

(www.msac.uoguelph.ca; 358 Gordon St; empfohlene Spende 3 C$; Di–So 12–17 Uhr; P) Lohnende Ausstellungen gibt's in den von Raymond Moriyama gestalteten Sälen des auf Inuit- und kanadische Kunst spezialisierten Macdonald Stewart Art Centre. Draußen im **Donald Forster Sculpture Park** kann man der Schwerkraft trotzende Kuben, gestrandete Boote und auf Sicheln gespießte Handys bewundern.

McCrae House MUSEUM

(www.guelph.ca/museum; 108 Water St; Erw./Kind/erm./Fam. 4 C$/frei/3/10 C$; 13–17 Uhr, Dez.–Jan. Sa geschl.) Das Geburtshaus von John McCrae ist ein bescheidenes Steingebäude. Die Ausstellung unterrichtet über das wechselvolle Leben des Dichters, der als Soldat im Ersten Weltkrieg das Antikriegsgedicht *In Flanders Fields* verfasste, das heute alle kanadischen Schulkinder lernen.

Guelph Civic Museum MUSEUM

(www.guelph.ca/museum; 6 Dublin St S; Erw./Kind/erm./Fam. 4 C$/frei/3/10 C$; 13–17 Uhr; P) In einem schönen Steingebäude von 1847 bietet dieses Museum Ausstellungen, Programme und Events zur Geschichte der Stadt (die übrigens nach dem alten Namen der englischen Königsdynastie, den Welfen, benannt ist). Die Ausstellung „Growing Up in Guelph" ist für Kinder recht unterhaltsam. Die gründliche Umgestaltung wird nicht nur die Ausstellungsfläche verdoppeln, sondern das Museum zugleich umweltgerecht dem LEED-Zertifizierung-Standard anpassen.

Aktivitäten

Nach einer Paddeltour mit **Speed River Canoe & Kayak Rentals** (519-822-5692; speedriverpaddling@hotmail.com; 116 Gordon St; Kajak/Kanu Mo–Fr 10/12 C$ pro Std., Sa & So 12/15 C$; Juni–Aug. Di–So 10 Uhr–Sonnenuntergang; P) kann man die Eisdiele nebenan stürmen. Vor Ort befindet sich auch der Ausgangspunkt des **Eco-Heritage Walk.** Dieser 6 km lange, auf eigene Faust erkundbare Rundweg führt an den Ufern des Speed und des Eramosa River entlang und bietet unterwegs Erläuterungstafeln. Für Stadtführungen durch die Downtown im Besucherzentrum nachfragen.

Schlafen & Essen

Die **Guelph Area Bed & Breakfast Association** (www.gabba.ca) vermittelt eine ganze Reihe hochwertiger B&Bs. Wer lieber in Motels unterkommt, findet ein paar in der Woodlawn Rd W gleich nördlich der Stadt.

Parkview Motel MOTEL $

(519-836-1410; www.parkviewmotel.ca; 721 Woolwich St; Zi. ab 65 C$; P) Das Motel am Straßenrand ist zwar nichts Besonderes, und gelegentlich riecht es etwas nach Rauch, aber dank der buttergelben Wände, überdurchschnittlich großen Zimmer und modernen Ausstattung mit Mikrowellengeräten und TVs überragt es doch den Durchschnitt.

LP TIPP **Cornerstone** CAFÉ $

(1 Wyndham St N; Hauptgerichte 6–10 C$; Mo–Fr 8–24, Sa & So ab 9 Uhr;) Das beliebte vegetarische Café hat ein gemütliches Ambiente mit dicken Steinmauern und abgewetzten Holzböden. Morgens kann man hier einen Kaffee trinken und sich abends bei Livemusik ein Pint genehmigen. Ein empfehlenswertes Sandwich ist das „Taste of Downtown" mit Avocado, Brie, Peperoni und Knoblauchmayonnaise (8 C$).

Unterhaltung

Bookshelf KINO

(519-821-3311; www.bookshelf.ca; 41 Quebec St; Kinokarte 9 C$; Mo–Sa 9–21.30, So 10.30–21 Uhr) Das Bookshelf ist linker Buchladen, Kino und Café in einem und zugleich der Motor des kulturellen Lebens in Guelph. Hier kann man Zeitung lesen, sich einen anspruchsvollen Film anschauen oder im Artisanale Café & Bistro etwas essen (Hauptgerichte zum Brunch 4–14 C$, abends 16–22 C$).

Praktische Informationen

Guelph Tourism Services (☎800-334-4519; www.visitguelphwellington.ca; 1 Carden St; ⊙Mo–Sa 9–16.30 Uhr) Im neuen Rathaus versorgt einen das hilfsbereite Personal mit allen Informationen.

An- & Weiterreise

Vom **Busbahnhof Guelph** (☎519-824-0771; www.greyhound.ca; Ecke MacDonnell & Carden St) fahren Busse nach Toronto (23 C$, 1¼ Std., 16-mal tgl.) und London (29 C$, 2¾ Std., 3-mal tgl.).

Züge nach Toronto (28 C$, 1½ Std., 3-mal tgl.) und London (35 C$, 2 Std., 3-mal tgl.) fahren vom **Bahnhof Guelph** (☎888-842-7245; www.viarail.ca; Ecke Wyndham & Carden St; ⊙Mo–Fr 6–13 & 16–24, Sa & So 9–14 & 16–24 Uhr).

Kitchener-Waterloo

280 000 EW.

Trotz ihrer kriegerischen Namen haben die liebevoll „K-W" genannten Doppelstädte ein nachbarschaftlich-symbiotisches Verhältnis. Doch obwohl sie sich so nahe sind, unterscheiden sich Lebensgefühl und Ambiente erheblich. Das grüne, auf dem Hügel gelegene Waterloo wird regelmäßig unter die „hübschesten Städte" Kanadas gewählt. Waterloos Universitäten bilden Spitzenkräfte in neuen Technologien aus, von denen viele dann später vor Ort bei RIM (Research in Motion), dem Hersteller des BlackBerry, Jobs finden.

Am Fuß des Hügels bietet das mit deutschen Wurzeln ausgestattete Kitchener (das vor dem Ersten Weltkrieg noch Berlin hieß) einen ganz anderen Anblick. Aufgelassene Industriedinosaurier, Kifferläden und Tattoo-Studios säumen die heruntergekommenen Straßen, auf denen obdachlose Alkoholiker herumhängen. Immerhin hat die Stadt eine bodenständige Integrität und ist mit einigen guten Restaurants, Bars und Unterkünften erstaunlich multikulturell.

Die King St ist die Hauptdurchfahrtsstraße. Sie führt in Nord-Süd-Richtung von der „Uptown" Waterloo hügelab in die „Downtown" von Kitchener.

Sehenswertes & Aktivitäten

Kitchener Market MARKT
(www.kitchenermarket.ca; 300 King St E, Kitchener; ⊙Sa 7–14 Uhr, Oberer Stock Di–Fr 9–17 Uhr; Ⓟ) Das Gebäude ist zwar nicht original, aber den Kitchener Market in der Downtown gibt's schon seit 1839. Örtliche Mennoniten-Farmer bieten hier Brot, Marmelade, Käse, Würstchen und eingelegte Paprika aus eigener Herstellung an. Daneben bekommt man auch handgewebte Decken, Teppiche, Kleidung und Spielsachen. Aber auch konventionellere Bauern sind auf dem Markt vertreten, sodass man hier alles für ein schnelles Mittagessen unterwegs bekommt.

Waterloo Region Museum MUSEUM
(www.region.waterloo.on.ca; 10 Huron Rd, Kitchener; Erw./Kind/erm./Fam. 6/3/4/15 C$; Ⓟ) Waterloos neueste Attraktion ist dieses in Primärfarben gehaltene Gebäude auf einem 24 ha großen Gelände. Zum Zeitpunkt der Recherche war es noch nicht fertiggestellt, sodass hier auch keine endgültigen Angaben zu Öffnungszeiten und Eintrittspreisen gemacht werden können. Das neue Gebäude sieht jedenfalls eindrucksvoll aus und soll 2011 eröffnet werden. Dann wird es als Tor zum **Doon Heritage Crossroads** (Erw./Kind/erm./Fam. 7/4/5/18 C$; ⊙Mai–Aug. 10–16.30 Uhr, Sept.–Dez. nur Mo–Fr, Jan.–April geschl.; Ⓟ) dienen, einer nachempfundenen Pioniersiedlung, in der kostümierte Freiwillige auf den Bürgersteigen, Werkstätten und ein Gemischtwarenladen die alte Zeit wiederaufleben lassen.

Children's Museum MUSEUM
(www.thechildrensmuseum.ca; 10 King St W, Kitchener; Eintritt 13 C$; ⊙Mo–Fr 10–16, Sa & So bis 17 Uhr, Sept.–Juni Mo & Di geschl.; Ⓟ) Das regionale Kindermuseum von K & W ist seit seiner Eröffnung im Jahr 2003 bei Jung und Alt beliebt. Die thematischen Ausstellungen zu Themen wie „Seinen Ökologischen Fußabdruck messen" oder „Bitte lächeln – Zähne zeigen" bieten technische und pädagogische Exponate und wechseln monatlich. Ein großer Hit ist außerdem die Dauerausstellung aus Bauklötzchen.

Joseph-Schneider-Haus HISTORISCHE STÄTTE
(www.region.waterloo.on.ca; 466 Queen St S, Kitchener; Erw./Kind/erm./Fam. 2,25/1,25/1,50/5 C$; ⊙Juli–Aug. Mo–Sa 10–17, So ab 13 Uhr, Sept.–Juni Mi–Sa 10–17, So ab 13 Uhr; Ⓟ) Das Joseph-Schneider-Haus war eines der ersten Wohnhäuser, die in der Gegend errichtet wurden; als historisches Denkmal wurde es in den Zustand des 19. Jhs. zurückversetzt. Das ursprünglich für einen reichen Mennoniten aus Pennsylvania errichtete Gebäude ist bemerkenswert. Gleiches gilt für die

Vorführungen handwerklicher und kunsthandwerklicher Fertigkeiten des 19. Jhs. (von Perlstickerei bis zur Anfertigung von Strohpuppen). Bei unserem Besuch wurde gerade ein zweistöckiges Waschhaus neu errichtet.

GRATIS Kitchener-Waterloo Art Gallery GALERIE
(www.kwag.on.ca; 101 Queen St N, Kitchener; Mo–Mi & Fr 9.30–17, Do bis 21, Sa 10–17, So ab 13 Uhr) Die schicke K-W Art Gallery ist im Veranstaltungszentrum Centre in the Square untergebracht. Neben der Sammlung von 3500 Werken überwiegend lokaler Künstler gibt es kostenlose Führungen und saisonal Kurse in Malen, Zeichnen und Bildhauerei für Kinder, Heranwachsende und Erwachsene (ab 15 C$).

Centre in the Square THEATER
(519-578-1570, 800-265-8977; www.centre-square.com; 101 Queen St N, Kitchener) In der mächtigen Veranstaltungshalle gibt's Livekonzerte (u. a. standen KISS und Bryan Adams hier auf der Bühne), außerdem Comedy und Broadwayproduktionen wie *Rent* und *Mamma Mia*.

Feste & Events

Uptown Waterloo Jazz Festival MUSIK
(www.uptownwaterloojazz.ca) Großer Jazz in Kleinstadtambiente; immer Mitte Juli.

Waterloo Busker Carnival MUSIK
(www.waterloo-buskers.com) Straßenkünstler aus der ganzen Welt unterhalten und verblüffen das Publikum Ende August; ein Muss, wenn man dann gerade in der Gegend ist.

Oktoberfest ESSEN
(www.oktoberfest.ca) *Willkommen* heißt es bei diesem neuntägigen Bierfest bayerischer Tradition – dem größten Oktoberfest Nordamerikas und wohl eines der größten außerhalb Deutschlands. Zu dem populärsten Event in K-W kommen pro Jahr von Anfang bis Mitte Oktober rund 500 000 Besucher, um hier Biergartenatmosphäre, Blasmusik, Sauerkraut und Lederhosen zu erleben. Unterkünfte weit im Voraus buchen.

Schlafen

Viele Motels finden sich in der Victoria St N westlich der King St und in der King St E südlich der Downtown in Richtung auf den Hwy 401. Wer eine B&B-Unterkunft sucht, kann sich an KW Tourism sowie die **Waterloo Region Bed & Breakfast Association** (www.bbwaterlooregion.ca) wenden.

Walper Terrace Hotel HOTEL $$
(519-745-4321, 800-265-8749; www.walper.com; 1 King St W, Kitchener; Zi. 99–139 C$; P) Das alte Walper ist ein geschichtsträchtiges Hotel mit Klasse im Zentrum. Auch die (gelungene) Renovierung hat dies nicht geändert. Freundliches junges, gar nicht hochnäsiges Personal hält den Laden in Schuss. Im Ballsaal kann man Aschenbrödel-Phantasien ausleben.

Bingemans Camping Resort CAMPING $
(519-744-1002, 800-565-4631; www.bingemans.com; 425 Bingemans Centre Dr, Kitchener; Zelt/Wohnmobil-Stellplatz 35/45 C$, Hütte ab 65 C$, Reservierung 8 C$; P) Das südlich vom Hwy 401 gelegene Bingemans ist ein kombinierter Wasserpark und Campingplatz mit Pools, Teichen und Wasserrutschen, die den Großen Seen angemessen sind. Die Hütten sind nichts Besonderes, aber ausreichend für vier Personen.

Sunbridge Crescent B&B B&B $$
(519-743-4557, www.sunbridgecres.com; 11 Sunbridge Cres, Kitchener; DZ mit Frühstück 95–140 C$; P) Die Eigentümer dieses ruhigen Hauses haben die alten Tapeten entsorgt, neue Betten und gute Bettwäsche beschafft und das Frühstücksmenü um Frittata und Omelettes erweitert. Es gibt vier Gästezimmer, von denen sich die beiden preiswerteren das Bad teilen, außerdem einen Swimmingpool im Hinterhof und eine Badewanne.

Essen & Ausgehen

Concordia Club DEUTSCH $$
(429 Ottawa St S, Kitchener; Hauptgerichte mittags 7–12 C$, abends 12–20 C$; Mo–Sa 11.30–23, So 11–14 Uhr) Das Concordia ist seit Jahrzehnten ein beliebtes Lokal mit deutscher Anmutung. Schnitzel, dunkles Holz, niedrige Decken, weiße Tischtücher und laute Gespräche bestimmen das Ambiente. Am Freitag- und Samstagabend wird Polka getanzt, im Sommer sitzt man im Biergarten.

Fiedler's SANDWICHES $
(197 King St E, Kitchener; Stück 3–6 C$; Di–Fr 8–18, Sa 7–16 Uhr) Das europäische Erbe hat in Kitchener auch ein paar Feinkostläden hinterlassen, so dieses in der King St, das unweit des Markts Käse, Roggenbrot, Würstchen und Salamis im Angebot hat.

Rude Native Bistro FUSION $$$
(☎519-886-3600; 15 King St S, Waterloo; Hauptgerichte 24–29 C$; ⏲11.30–2 Uhr) In diesem lustigen Lokal gibt's Gerichte aus aller Welt von Pasta über Curry bis Jambalaya. Livemusik und günstige Drinks locken ein munteres Publikum an. Von der Terrasse aus lässt sich gut das Treiben in der Downtown beobachten.

Praktische Informationen

Das kostenlose Wochenblatt *Echo* findet man überall in der Stadt in Buchläden und Restaurants.

KW Tourism (☎519-745-3536, 800-265-6959; www.explorewaterlooregion.com; 200 King St W, Kitchener; ⏲Mo–Fr 8.30–17 Uhr) Bietet Karten und Infos zu Stadtspaziergängen, Wanderungen, Naturpfaden und Fahrradtouren in der Gegend.

Waterloo Visitor's Centre (☎519-885-2297; 10 David Bower Dr, Waterloo)

Anreise & Unterwegs vor Ort

Vom **Waterloo International Airport** (YFK; www.waterlooairport.ca; 4881 Fountain St N, Breslau) 7 km östlich der Stadt starten täglich Flüge nach Calgary und Detroit.

Greyhound Canada nutzt das fünf Gehminuten von der Innenstadt entfernte **Charles St Transit Terminal** (☎800-661-8747; www.greyhound.ca; 15 Charles St W, Kitchener). Busse fahren nach Toronto (28 C$, 1½–2 Std., stündl.) und London (25 C$, 1½–2 Std., 3-mal tgl.).

Der **Bahnhof von Kitchener** (☎888-842-7245; www.viarail.ca; Ecke Victoria St & Weber St, Kitchener) liegt nur eine kurze Wegstrecke nördlich des Zentrums. Züge fahren nach Toronto (34 C$, 2 Std., 3-mal tgl.) und London (31 C$, 1½ Std., 3-mal tgl.).

Grand River Transit (www.grt.ca; einfache Fahrt 2,50 C$, Tageskarte 5 C$; ⏲6–24 Uhr) betreibt ein umfangreiches Busnetz im Gebiet Kitchener-Waterloo.

St. Jacobs & Umgebung

Wer etwas über die Lebensweise der Mennoniten erfahren will, sollte von Waterloo aus auf der King St N 6 km nordwärts in das historische, am Fluss gelegene Dorf St. Jacobs fahren – und sich nicht wundern, wenn man unterwegs Pferdewagen begegnet. Der Ort ist zu einer auf Kunstgewerbe ausgerichteten Touristenfalle geworden, wo einem Leute auf Schritt und Tritt beibringen wollen, wie man Decken webt – aber obwohl so die Seele St. Jacobs den Bach hinuntergeht, zeugen die alten Steingebäude und der fantastische Markt immer noch von dem bodenständigen Charme.

Ungefähr 8 km nördlich von St. Jacobs den Hwy 86 hinauf liegt Elmira, das immer noch eine aktive Mennonitensiedlung ist. Die Hauptstraße des Orts wirkt wie in einer Zeitschleife gefangen: Schwarze Pferdewagen klappern vorbei, der Geruch von Kühen liegt in der Luft, und Hauben, Hosenträger und zugeknöpfte Kragen sind angesagt.

Sehenswertes & Aktivitäten

St. Jacobs Farmers Market MARKT
(www.stjacobs.com; Ecke King St & Weber St, St. Jacobs; ⏲Do & Sa 7–15.30 Uhr, Juni–Aug. auch Di 8–15 Uhr) Der typisch ländliche Markt

SCENIC DRIVE: DAS ALTE KANADA

Eine malerische Zeitreise durch die Dörfer und wogenden Maisfelder des Wellington County, vorbei an einsamen Farmhäusern und rostroten Scheunen erlebt man bei der Fahrt von Kitchener-Waterloo nach **St. Jacobs** über die King St N Richtung Norden. Dann nimmt man die Rte 17 ostwärts bis zur Rte 23 und biegt dort links ab. Am Rivers Edge Dr erneut links abbiegen und an der **Kissing Bridge** alte Leidenschaften wieder aufleben lassen (oder eine neue beginnen). Die 1880 errichtete Brücke ist die einzige in Ontario, die zum Schutz der Fahrbahn gegen die Elemente überdacht wurde. Nach der Brücke heißt es, sich wieder zu konzentrieren; rechts in den Kissing Bridge Dr abbiegen und dann links auf die Rte 86 zur Mennonitensiedlung **Elmira**. Weiter gen Westen geht's auf der Rte 86, dann links auf die Rte 10 zu einem Abstecher in das grüne, landwirtschaftlich geprägte **Hawkesville**. Die Rte 10 führt dann weiter nach Süden ins prosaische **St. Clements**. Den Ort Richtung Westen über die Rte 15 verlassen und links in die Moser-Young Rd nach **Bamberg** abbiegen, dann wiederum links auf die Rte 12 abbiegen, über die man nach **St. Agatha** mit dem auffälligen spitzen Kirchturm kommt. Dann weiter auf der Rte 12 durch **Petersburg** fahren, wo man nach links in die Rte 8 einbiegen kann, die einen nach Kitchener zurückführt.

DIE MENNONITEN

Viele sehen in den Mennoniten vor allem recht seltsame Fortschrittsverweigerer: Schwarz gewandete, traditionsverhaftete Bauern mit Pferdewagen, die die moderne Welt verschmähen. Das ist auch nicht unwahr, aber viele Mennoniten sind gar nicht so verbohrt, und außerdem wurzeln die Geschichte und Kultur dieser Gruppe tiefer, als der oberflächliche Eindruck vermuten lässt.

Die Ursprünge der Mennoniten reichen bis zu einer protestantischen Schweizer Sekte des 16. Jhs. zurück, deren Anhänger sich aufgrund religiöser Verfolgung über ganz Europa verbreiteten. In Holland erhielten sie ihren heutigen Namen nach Menno Simons, einem ihrer Anführer. Ein weiterer, William Penn, versprach ihnen religiöse Freiheit und Wohlstand in den ländlichen Gefilden des heutigen US-amerikanischen Bundesstaats Pennsylvania. Im späten 19. Jh. lockte die Nachricht von günstigem Land viele Mennoniten ins südliche Ontario. Dazu trug auch bei, dass sie sich als Pazifisten dem Dienst in der US-Armee entziehen wollten.

In Ontario leben verschiedene Mennonitengruppen. Die „Schlichten" sind für ihre schlichte Kleidung und ihren einfachen Lebensstil bekannt. Am strengsten in ihrer Lebensführung und religiösen Dogmatik sind die „Old Order Mennonites". Darin ähneln sie den Amish, für die schon Knöpfe an der Kleidung ein Zeichen von eitlem Luxus sind. Die Mennoniten haben keine Kirchen, sondern halten den Gottesdienst in schmucklosen Häusern innerhalb der Gemeinde ab. Weniger strenge Mennoniten telefonieren schon mal mit dem Handy. Es kommt vor, dass ihre Kinder Schuhe mit Klettverschlüssen haben, und gelegentlich sieht man sogar einen von ihnen in einen Pickup steigen. Trotzdem aber bleiben Familie, Demut, einfaches Leben, Bescheidenheit und Friedfertigkeit die grundlegenden Werte ihrer Gemeinschaft.

Ausführliche Infos zu Geschichte und Kultur der Mennoniten finden sich unter www.mhsc.ca.

3 km südlich der Ortschaft ist absolut bodenständig. Aus einem Umkreis von vielen Kilometern strömen die Einheimischen hierher, um ihre hochwertigen Produkte wie Räucherfleisch, Käse, Backwaren und kunstgewerbliche Gegenstände anzubieten. Auf der anderen Straßenseite befindet sich der kleinere **Sunday Market** (⌚März–Dez. So 10–16 Uhr). Dort herrscht zwar weniger Betrieb, aber hochwertige örtliche Produkte findet man dort auch.

The Mennonite Story MUSEUM
(Erw./Kind 4 C$/frei) Im Untergeschoss des St. Jacobs Visitors Centre ist diese interessante Ausstellung über die Geschichte, Kultur und Landwirtschaft der Mennoniten zu sehen.

St. Jacob's Country Playhouse THEATER
(☎519-747-7788; 40 Benjamin Rd E, St. Jacobs; ⌚Vorstellungen Mi–So) In dem 385 Plätze großen Theater werden familienfreundliche Stücke wie *High School Musical* oder *Peter Pan* gespielt.

GRATIS **Maple Syrup Museum of Ontario** MUSEUM
(www.stjacobs.com; 1441 King St N, St. Jacobs; ⌚Mo–Sa 10–18, So 12–17.30 Uhr; P) Das zuckersüße, aber interessante Maple Syrup Museum of Ontario ist im 3. Stock der alten Mühle am Fluss untergebracht. In den Ausstellungsvitrinen kann man Spundzapfen, Eimer, Zapfhähne und Tanks betrachten, außerdem wird der Kurzfilm *Liquid Gold of Spring* gezeigt.

Feste & Events

Elmira Maple Syrup Festival ESSEN
(www.elmiramaplesyrup.com) Im Frühjahr gibt's Straßenfeste und Pfannkuchen-Frühstücke, die von dem süßen Saft überquellen. Die Termine stehen auf der Website; in der Regel findet das Fest am letzten Wochenende im März oder am ersten im April statt.

Schlafen & Essen

Benjamin's Restaurant & Inn HOTEL $$
(☎519-664-3731; www.stjacobs.com/benjamins; 1430 King St N, St Jacobs; DZ 100–145 C$; P) Der renovierte Gasthof von 1852 im Zentrum von St. Jacobs ist hell, geräumig und komfortabel – Steppdecken sind hier aus den Zimmern gar nicht wegzudenken. Das Restaurant im Erdgeschoss (Mit-

tagessen 10–15 C$, Abendessen 18–32 C$) serviert traditionelle Hähnchen- und Fischgerichte sowie Steaks. Für etwas Atmosphäre sorgen der Steinkamin und gelegentliche Auftritte von Jazz-Combos.

Stone Crock Bakery BÄCKEREI $
(☎519-664-3612; 1402 King St N, St. Jacobs; Stück 2–6 C$; ⌚Mo–Sa 6.30–18, So 11–17.30 Uhr) In diesem von Mennoniten geführten Backhaus erhält man Obstkuchen, Muffins, Brote, Quiches und Teegebäck frisch aus dem Ofen – das riecht so gut wie es schmeckt.

Vidalia's Bar & Grill FUSION $$
(☎519-664-3731; 1398 King St N, St. Jacobs; Hauptgerichte 12–22 C$; ⌚mittags & abends) Dieses Lokal sorgt mit Zwiebelkuchen und Kürbisravioli für Abwechslung. Weniger Wagemutige brauchen hier aber auf ihren gewohnten Burger nicht zu verzichten.

Praktische Informationen

St. Jacobs Visitors Centre (☎519-664-3518, www.stjacobs.com; 1406 King St, St Jacobs; ⌚April–Dez. Mo–Sa 11–17, So ab 13.30 Uhr, Jan.–März Mo–Sa 11–16.30, So ab 14 Uhr) Hat engagiertes Personal, das sich allen Fragen mit Gottvertrauen stellt.

Zentral-Wellington: Elora & Fergus

Im Boxerjargon gesprochen kämpft das zentrale Gebiet von Wellington County deutlich über seiner Gewichtsklasse. Die durch den gewundenen Lauf des fischreichen Grand River verbundenen wichtigsten Orte – das verführerische Elora und das praktische Fergus – setzen sich für die Erhaltung ihrer alten Gebäude, Mühlen und Farmen ein, sodass sie im alten Glanz erstrahlen und eine wunderbare Kulisse für massenwirksame Feste, nette Pubs und erstklassige Unterkünfte sind. Hier sollte man schon mindestens ein paar Tage einplanen.

Sehenswertes & Aktivitäten

Wellington County Museum MUSEUM
(☎519-846-0916; www.wcm.on.ca; Rte 18, Elora; Eintritt gegen Spende; ⌚Mo–Fr 9.30–16.30, Sa & So 12–16 Uhr; Ⓟ) Das abweisende, ehemalige „Armenhaus“ mit seinem roten Dach liegt

ABSTECHER

KNEIPENTOUR AUFS LAND

Vier Schenken, die vor 1875 gegründet wurden, erwarten Durstige in den abgelegenen Gemeinden westlich von Kitchener-Waterloo. Einfach einen zum Fahrer bestimmen, der dann nichts trinken darf (einer muss der Dumme sein), und schon kann man sich in das Vergnügen stürzen.

» Blue Moon
(www.thebluemoon.ca; 1677 Snyders Rd E, Petersburg) Von Kitchener aus den Hwy 7/8 nach Westen zu dem georgianischen Inn von Petersburg nehmen, der 1848 erbaut wurde. Dort gibt's Liveblues, am Dienstagabend Jam-Sessions und außerdem leckeres Blue Moon Pilsner.

» EJ's Tavern
(www.ejsatbaden.com; 39 Snyder Rd W, Baden) Von Petersburg führt der Weg über die Snyders Rd westwärts nach Baden. Die dortige Kneipe residiert in einem eindrucksvollen Ziegelgebäude und prunkt mit handgemalten Deckenfliesen, einer Eichenholzbar von 1891 und dekorativen Zapfhähnen. Die Stimmung ist freundlich-familiär.

» Kennedy's Country Tavern
(62 Erb Rd West, St. Agatha) Nun geht's zurück nach Petersburg. Dort links in den Notre Dame Dr abbiegen und Richtung Norden nach St. Agatha fahren. Das Kennedy's ist ein Irish Pub mit munterer Stimmung und ehrlichen Pints –am St. Patrick's Day wird's mächtig voll!

» Olde Heidelberg Brewery & Restaurant
(www.oldhh.com; Ecke Kressler Rd & Lobsinger Line, Heidelberg) Von St. Agatha die Rte 12 nach Norden nehmen, rechts in die Berlett's Rd und links in die Wilmot Line einbiegen und nordwärts nach Heidelberg fahren. Die Anlage stammt direkt aus den 1940er-Jahren. Erneuert wird hier nur der Inhalt der kupfernen Braukessel hinter dem Haus.

auf halber Strecke zwischen Fergus und Elora. Es gewährte fast ein Jahrhundert lang Alten und Obdachlosen Zuflucht, bis es 1957 zum Wellington County Museum umgestaltet wurde. In 12 Sälen werden historische Zeugnisse und Werke heutiger regionaler Künstler ausgestellt; man ist stolz auf seine Geschichte und auf die Gegenwartskultur in der Region. Im Zentrum aber steht die Ausstellung „Wenn diese Mauern reden könnten", die dem Schicksal der Menschen gewidmet ist, die hier einst lebten und arbeiteten.

Elora Gorge Conservation Area PARK
(www.grandriver.ca; Rte 21, Elora; Erw./Kind 5,75/2,75 C$; ⏲Ende April–Mitte Okt.; P) Rund 2 km südlich von Elora liegt das malerische Naturschutzgebiet der Elora Gorge, eine tiefe Kalksteinschlucht, durch die sich der Grand River windet. Auf einfachen Wegen gelangt man zu Aussichtspunkten auf den Klippen, zu Höhlen und zur Cascade, einem wild schäumenden Wasserfall, an dem sich das Wasser über eine steile Klippe ergießt. Einen prachtvollen Blick in die Schlucht hat man vom Ende der James St, die von der Metcalfe St in Elora abgeht. **Tubing** (Vermietung 15 C$) – das gemächliche Treiben auf dem Fluss in einem Reifenschlauch – ist eine nette Form, einen stressfreien, warmen Nachmittag in der Schlucht zu verbringen. In der Schlucht kann man auch zelten

Elora Quarry Conservation Area PARK
(☎519-846-9742; www.grandriver.ca; Rte 18, Elora; Erw./Kind 5,75/2,75 C$; ⏲Juni–Aug. Sonnenaufgang–Sonnenuntergang; P) Einen kurzen Spaziergang östlich von Elora liegen die unergründlich tiefen Gewässer und 12 m hohen Sandsteinklippen der Elora Quarry Conservation Area – ein idealer Ort zum Schwimmen. Hormongesteuerte Teenager wagen Sprünge aus großer Höhe in die Tiefe, obwohl Schilder davor warnen.

Geführte Touren

Elora Culinary Walking Tours STADTSPAZIERGANG
(☎226-384-7000; www.eloraculinarywalkingtour.com; 10 C$/Pers.; ⏲Mai–Sept. Sa 13 Uhr) Auf dieser zweistündigen Führung lernt man einige der kulinarischen Höhepunkte von Elora kennen. Treffpunkt ist bei jedem Wetter vor dem Village Olive Grove.

Elora-Fergus Studio Tour ATELIERTOUR
(☎877-242-6353; www.elorafergusstudiotour.ca; ⏲Ende Sept.) Das ganze Wochenende kann man bei selbstgeführten Touren die Ateliers örtlicher Künstler und Kunsthandwerker besuchen.

Feste & Events

Elora Festival MUSIK
(www.elorafestival.com) Dieses klassische Jazz-, Folk- und Kunstfestival findet von Mitte Juli bis Mitte August statt und ist das wichtigste Event in Elora. Bei den Konzerten im Steinbruch und in der Salzscheune des Ortes (tolle Akustik!) stehen Sänger und Musiker aus dem ganzen Land auf der Bühne.

Fergus Scottish Festival & Highland Games SCHOTTISCH
(www.fergusscottishfestival.com) Hier zählt nur, was schottisch ist: Tauziehen, Baumstammwerfen, Dudelsäcke, keltische Tänze, Kilts, Haggis und das Verkosten von Whisky… Das Fest findet an zwei Tagen Mitte August statt.

Schlafen

Bei mehr als 100 B&Bs in Zentral-Wellington fällt es nicht schwer, eine Unterkunft zu finden. Die Touristeninformationen helfen bei der Kontaktaufnahme, ansonsten kann man online bei der **Fergus Elora Bed & Breakfast Association** (www.febba.ca) erfahren, wo Zimmer frei sind.

Drew House INN $$
(☎519-846-2226; www.drewhouse.com; 120 Mill St E, Elora; Zi. mit Frühstück ab 120 C$; P ⊖ ❄) Das von einem baskischen Koch und einem Journalisten aus New Jersey geführte Drew House vereint Alte und Neue Welt. Der auf einem weiten Gelände gelegene Gasthof bietet in den renovierten Stallungen Suiten mit eigenem Bad und im Haupthaus Gästezimmer mit Gemeinschaftsbad. Die dicken Steinmauern künden von Geschichte. Zum Frühstück gibt's frisches Obst (vom Bauernmarkt in St. Jacobs), heißen Kaffee sowie Schinken und Eier, zubereitet nach den Wünschen der Gäste.

Brewhouse Inn INN $$
(☎519-843-8871; www.fergusbrewhouse.com; 170 St. David St S, Fergus; Zi. 95–125 C$; P ⊖ ❄ @ ⓦ) Die zwei Zimmer über dem Gasthof lassen in dieser Unterkunft nostalgische Gefühle aufkommen. Die Steinmauern und der Blick auf den Fluss sorgen fürs Ambiente, elektrische Kamine für ein bisschen zusätzliche Heimeligkeit. Zu einem Zimmer gehört eine Badewanne

mit Klauenfüßen; im Preis für die Unterkunft ist auch ein kontinentales Frühstück entahlten.

Elora Mill Inn BOUTIQUEHOTEL $$$
(☎519-846-9118; www.eloramill.com; 77 Mill St W, Elora; Zi. 200–340 C$; P ⇔ ❄ @ ☜) Die alte, fünfstöckige Mühle mit Sandsteinmauern und massiven Holzbalken steht am Flussufer und ist ein Zeugnis für die arbeitsame Vergangenheit des Ortes. Innen wurde das Gebäude stimmungsvoll und luxuriös renoviert. Von der Terrasse des Speisesaals bietet sich ein hübscher Ausblick auf einen Wasserfall. Einige Zimmer verfügen über Kamine.

Elora Gorge Conservation Area Campground CAMPING $
(☎519-846-9742, 866-668-2267; www.grandriver.ca; Rte 18, Elora; Stellplatz ohne/mit Strom 32,50/40 C$, Reservierung 13 C$; P) Hier gibt es mehr als 550 Stellplätze in sechs verschiedenen Bereichen am Flussufer. Im Sommer ist insbesondere an den Wochenenden während der Ferien der Andrang groß.

Essen & Ausgehen

Dragonfly Café CAFÉ $
(15 Mill St E, Elora; Hauptgerichte 5–11 C$; ⌚Mo–Fr & So 10–17, Sa bis 18 Uhr) Eine große Terrasse mit Ausblick auf den Fluss wurde gerade errichtet, als wir dieses geschäftige Frühstücks- und Mittagslokal besuchten. Auf Backwaren, Sandwiches und Bio-Espresso braucht man hier nicht zu verzichten.

The Brewhouse KNEIPE $$
(170 St David St S, Fergus; Hauptgerichte 10–19 C$; ⌚Mo–Sa 11.30–1, So bis 13 Uhr) Von der schattigen Veranda des Brewhouse kann man den Sportanglern am Grand River zuwinken, während man die Cheddar & Wellington Ale Soup, Würstchen mit Kartoffelbrei oder ein Curryhuhn-Enchilada genießt. Vor Ort gibt's eine gemütliche Bar, europäische Biere vom Fass und überdies Livemusik.

Shepherd's Pub KNEIPE $$
(8 Mill St W, Elora; Hauptgerichte 9–13 C$; ⌚12–22 Uhr) Hier kann man typische Kneipengerichte und kaltes Guinness am Fluss genießen. Den ganzen Tag über gibt's Frühstücks-Pfannengerichte und Fisch in Bierteig mit Chips. Die herzhafte Rinderpastete bringt einen wieder in Schwung, falls man am letzten Abend hier versackt sein sollte.

Praktische Informationen

Das **Fergus Information Centre** (☎519-843-5140, 877-242-6353; www.elorafergus.ca; 400 Tower St S, Fergus; ⌚Mo–Fr 10–17, Sa & So 12–16 Uhr) ist eine gut bestückte Touristeninformation. Gleiches gilt für das **Elora Welcome Centre** (☎519-846-2563; www.elora.info; 9 Mill St E, Elora; ⌚10–17 Uhr) nahe der Brücke.

An- & Weiterreise

Die Busse von Greyhound Canada halten auf dem Weg von/nach Toronto (25 C$, 2 Std., 1- bis 2-mal tgl.) in der Bridge St in Fergus sowie in Elora vor dem **Little Katy Variety Store** (185 Geddes St, Elora; ⌚9–19 Uhr).

Stratford

Eine blühende Gastronomieszene, ein weltberühmtes Shakespeare-Festival und eine Innenstadt, die einer englischen Gartenstadt nachgebildet ist (sogar Schwäne gibt es): Fast stellt Ontarios munteres Stratford das englische Stratford-upon-Avon in den Schatten! In der wohlhabenden Ortschaft wird es nie langweilig. Natürlich steht das Festival im Mittelpunkt und es wird jede Gelegenheit genutzt, Shakespeare ins Spiel zu bringen. Ein Besuch lohnt aber nicht nur wegen der Aufführungen, sondern auch wegen des guten Essens, der Parks und dem umliegenden Farmland.

Sehenswertes & Aktivitäten

Avon River PARK
Stratfords mit Schwänen besetzter Avon River (wie sollte der Fluss wohl anders heißen?) fließt gemächlich an dem Städtchen vorbei; an seinen Ufern finden sich viele Rasenflächen zum Entspannen. Gleich westlich von Stratford Tourism nehmen die **Shakespearean Gardens** (⌚Sonnenaufgang–Sonnenuntergang) am Flussufer das Gelände einer alten Spinnerei ein. Sie bieten Gartenparterres, zurechtgestutzte Buchsbaumhecken, Kräuterpflanzen, Rosen und eine Bronzebüste des englischen Dichters – eine Broschüre zum Park gibt's bei Stratford Tourism. Weiter den Fluss hinunter liegt der **Queen's Park**, dessen Wege vom Festival Theatre längs des Flusses am Orr Dam und einer 1885 errichteten Steinbrücke vorbei bis zu einem formal gestalteten **englischen Blumengarten** führen.

Stratford-Perth Museum MUSEUM
(www.stratfordperthmuseum.ca; 4275 Huron Rd; empfohlene Spende 5 C$; ⌚Mai–Aug. Di–Sa

DAS STRATFORD FESTIVAL

Sir Alec Guinness spielte Richard III. bei der Eröffnungspremiere des hochgelobten **Stratford Festival** (☎519-273-1600, 800-567-1600; www.stratfordfestival.ca; Festival Theatre, Queen's Park, 55 Queen St; ⊙Theaterkasse Dez.–März Mo–Sa 9–17 Uhr, April–Nov. Mo–Fr bis 20, Sa bis 17, So bis 14 Uhr), das ganz bescheiden mit einem Theaterzelt im Queen's Park begann. Das Festival, das inzwischen mehr als 50 Spielzeiten hinter sich gebracht hat, erlangte internationale Aufmerksamkeit. Die Produktionen sind hochklassig und mit angesehenen Schauspielern besetzt, trotzdem herrscht in der Theatergemeinde der Eindruck, das Festival sei unberechenbar geworden und habe sich gefährlich weit von seinen Shakespeare'schen Wurzeln entfernt. Auf jeden Fall ist in Stratford während des Festivals einiges los, und man hat eine gute Entschuldigung, wenn man in Strumpf- und Pluderhose herumlaufen will!

Abgesehen von den Aufführungen gibt es nebenbei allerlei interessante Veranstaltungen: Diskussionen nach den Aufführungen, Führungen durch den Bühnenraum, Vorträge, Konzerte und Lesungen. Einige dieser Veranstaltungen sind kostenlos, bei anderen wird ein symbolischer Eintrittspreis erhoben.

Die Festivalzeit zieht sich von April bis November hin. Auf vier Theatern kommen zeitgenössische und moderne Stücke, Musicals, Opern und natürlich Shakespeare-Dramen auf die Bühne. Die wichtigsten Produktionen werden in dem 1800 Plätze fassenden Festival Theatre gezeigt. Als zweitgrößte Spielstätte bietet das Avon Theatre mehr als 1000 Plätze. Im Tom Patterson Theatre und dem Studio Theatre herrscht hingegen eine intimere Atmosphäre.

Der Vorverkauf startet Anfang Januar, und mit Beginn der Festivalzeit sind nahezu alle Vorstellungen bereits ausverkauft – man muss Karten also Monate im Voraus reservieren. Bei den Generalproben im Frühjahr und den Vorstellungen zum Saisonende im Herbst gibt es häufig 30 % Rabatt, und Last-Minute-Karten gehen zwei Stunden vor Vorstellungsbeginn zu 50 % Rabatt an die Theaterkasse.

10–16, So & Mo ab 12 Uhr, Sept.–April Di–Sa 10–16 Uhr; Ⓟ) Das Stratford-Perth Museum hat ein neues Domizil erhalten, das zum Zeitpunkt unseres Besuchs allerdings noch im Bau war. Zu den Highlights zählen Eishockey-Memorabilien (begeisterte Hockeyfans übernehmen die Erläuterung der Ausstellungsstücke), typisch kanadische Zeugnisse des vorigen Jahrhunderts, kulturelle und historische Ausstellungen sowie ein 1 km langer Wanderweg

Gallery Stratford GALERIE
(www.gallerystratford.on.ca; 54 Romeo St; Erw./Kind/erm. 5 C$/frei/4 C$; ⊙Juni–Nov. Di–So 10–17 Uhr, Dez.–Mai Di–So 12–16 Uhr; Ⓟ) In einem renovierten Pumpenhaus aus den 1880er-Jahren untergebracht, stellt die Gallery Stratford zeitgenössische Werke mit einem Schwerpunkt auf kanadischer Kunst aus. Wenn man zur richtigen Zeit kommt, lohnt die Teilnahme an den regelmäßigen Einblicken in die Kunstwerkstätten, an Filmabenden oder Familientagen. Im Gemeinschaftsatelier können Kinder ihr eigenes Kunstwerk schaffen. Einen Picknickkorb mitnehmen, um anschließend hinüber zum Queen's Park zu spazieren.

☞ Geführte Touren

Kostenloses Audio- und pdf-Material für selbstgeführte Touren mit den Schwerpunkten Geschichte, Wahrzeichen oder Parks sind unter www.welcometostratford.com oder bei Stratford Tourism erhältlich.

Epicurean Trek KULINARISCHE TOUR
(www.stratfordperthheritage.ca; ⊙Mai–Okt.) Ein Führer zum Herunterladen, der über ein Dutzend einen Besuch lohnende, örtliche Farmen, Käsereien, Bäckereien und Märkte mit ihren jeweiligen Öffnungszeiten nennt. Die selbstgeführte Tour kann man mit dem eignen Auto oder – besser noch – mit dem Fahrrad absolvieren.

Bootstouren BOOTSFAHRT
(☎519-271-7739; fherr@sympatico.ca; 30 York St; 30-minütige Tour Erw./Kind/erm. 7/3/6 C$; ⊙Mai–Okt. 9 Uhr–Sonnenuntergang) Die Parks, Schwäne, Ufer und prachtvollen Gärten kann man bei einer Bootstour auf dem Avon River auf sich wirken lassen. Die Touren starten unterhalb von Stratford Tourism am Fluss. Außerdem werden hier auch Kanus, Kajaks und Paddelboote vermietet (15–25 C$/Std.).

Feste & Events

Savour Stratford Festival ESSEN
(519-271-7500; www.welcometostratfordcom) Verkostungen von Bier, Wein und Lebensmitteln, Workshops, Besichtigungen von Farmen und festliche Abendessen stellen Mitte September den Wohlstand von Perth County zur Schau. Die Preise variieren abhängig vom Event.

Stratford Garlic Festival ESSEN
(www.stratfordgarlicfestival.com) Findet Mitte September in Zusammenhang mit dem Savour Stratford Festival statt – Pfefferminzpastillen nicht vergessen!

Stratford Garden Festival GARTENSCHAU
(www.stratfordgardenfestival.com; Stratford Coliseum, 20 Glastonbury Dr; Eintritt 8 C$) Bei der viertägigen Gartenschau Anfang März gibt es Pflanzen aus aller Welt, Gastredner und Präsentationen.

Stratford Festival KULTUR
(www.stratfordfestival.ca) Shakespeare-Aufführungen, Theaterführungen, Vorträge, Konzerte und Lesungen von April bis November.

Stratford Summer Music MUSIK
(www.stratfordsummermusic.ca; Karten 10–40 C$) Vier Wochen lang stehen von Mitte Juli bis Mitte August klassische Musik, Musicals und Opern auf dem Programm. Bekannte Musiker aus ganz Kanada treten auf und legen los.

Schlafen

In Stratford gibt's zwar eine reiche Auswahl an Unterkünften, aber die Einheimischen scheuen sich nicht, den eifrigen Theatergängern auch ganz schön was fürs Zimmer abzuzwacken. Die meisten Unterkünfte sind B&Bs, es gibt aber auch mehrere gut ausgestattete, traditionelle Gasthöfe. Das **Stratford Festival Visitor Accommodation Bureau** (800-567-1600; www.stratfordfestival.ca) kann bei der Reservierung helfen.

DER AUFMARSCH DER SCHWÄNE

Stratfords heiß geliebte Schwäne schwimmen im Winter nicht auf dem Avon, sondern werden während der kalten Jahreszeit in Gehegen warm untergebracht. Wenn sie Anfang April ihr Sommerquartier auf dem Fluss beziehen, ist das ein großes Ereignis. Die Schwäne watscheln dann in Formation die Straße hinunter, gefolgt von Dudelsackpfeifern im Schottenrock. Den exakten Termin und weitere Infos findet man unter www.welcometostratford.com.

LP TIPP **Three Houses Bed & Breakfast** B&B $$$
(519-272-0722; www.thethreehouses.com; 100 Brunswick St; Suite mit Frühstück 195–225 C$; P) Diese makellose, fast schon übertrieben feine Unterkunft bietet 18 Zimmer, die sich auf zwei edwardianische Stadthäuser, eine Gartenremise und ein Haus im italienischen Stil aus den 1870er-Jahren verteilen. Der Betreiber David hat die lichtdurchfluteten Räume detailversessen dekoriert: selbst die Gepäckablagen sind individuell auf den jeweiligen Raum abgestimmt. Für Entspannung sorgen ein Salzwasserpool und die lauschige Gartenoase.

Swan Motel MOTEL $$
(519-271-6376; www.swanmotel.on.ca; Downie St S; Zi. 102–125 C$; P) Das sagenhaft erhaltene Straßenmotel aus den 1960er-Jahren bietet makellose Zimmer, deren Wände mit Kostümentwürfen und anderen echten Kunstwerken geschmückt sind, sowie ein parkartiges Gelände mit Stahlskulpturen und Springbrunnen. Das Haus zählt viele Stammgäste, die die ruhige Umgebung und die freundlichen Betreiber zu schätzen wissen. Es befindet sich rund 3 km südlich der Stadt – einfach nach dem altmodischen Schild Ausschau halten, das zur Straße hin steht. Von November bis Mai bleibt das Haus geschlossen.

Acrylic Dreams B&B $$
(519-271-7874; www.acrylicdreams.com; 66 Bay St; Zi. mit Frühstück 120–155 C$; P) Bei einem solchen Namen hört man erst einmal auf. Das von einem Ehepaar geführte, renovierte B&B von 1879 hat Parkettböden und Wellnessangebote. Die Betreiber sind nämlich nicht nur Künstler (daher die vielen Acrylbilder an den Wänden), sondern bieten auch Stuhlmassage und Reflexzonentherapie an. Beim Frühstück werden alle Ernährungsunverträglichkeiten berücksichtigt.

Bentley's Inn INN $$
(519-271-1121, 800-361-5322; www.bentleys-annex.com; 99 Ontario St; Zi. 130–195 C$; P) Dieser moderne, in dunklem

Holz möblierte Gasthof bietet geräumige, zweigeschossige Suiten und Lofts. Oberlichter, Einbauküchen und antike Möbel gehören zur Standardausstattung. Die Leute am Empfang sind freundlich, und im Café unten ist immer etwas los. In der Nebensaison gibt's Preisnachlass.

Mercer Hall Inn BOUTIQUEHOTEL **$$**
(☎519-271-1888, 888-816-4011; www.mercerhallinn.com; 108 Ontario St; DZ 120–190 C$; P⊜❄📶) Dieses luxuriöse Boutiquehotel hat mehr Klasse als die meisten und ist ebenfalls eine gute Wahl. Die Zimmer sind künstlerisch mit handgearbeiteten Möbeln ausgestattet und bieten Einbauküchen, elektrische Kamine und Whirlpools. Das Frühstück stammt aus dem Café im Erdgeschoss.

Stratford General Hospital Residence HOSTEL **$**
(SGH Residence; ☎519-271-5084; sgh.residence@hpha.ca; 130 Youngs St; EZ/DZ 55/65 C$; P⊜🏊) Am ehesten einer Jugendherberge entspricht noch dieses renovierte Schwesternheim mit 360 Zimmern mit Gemeinschaftsbad, Küchen und einem beheizten Pool.

Essen & Ausgehen

Eine Kochschule vor Ort und prächtiges Farmland in der Umgebung: Kein Wunder, dass es im Ort mehr gute Restaurants gibt, als hier aufgezählt werden können. Wegen der vielen Theaterbesucher sollte man aber vorab reservieren, wenn man abends essen gehen will.

Bijou FRANZÖSISCH **$$$**
(☎519-273-5000; 105 Erie St; Mittagessen 8–18 C$, Abendessen 46–52 C$; ⏰Fr–Sa mittags, Di–So abends) Dieses nette französische Restaurant mit Klasse bietet jeden Abend ein anderes Menü, das auf der Kreidetafel angeschrieben steht. Für Gerichte wie Wachteln, Salat mit Tomaten alter Sorten oder Ceviche mit Weißfisch aus dem Lake Huron werden regionale Produkte verwendet. Für den persönlichen Charakter des Ambientes sorgen knarrende Holzdielen und Kinderzeichnungen an den Wänden.

Down the Street Bar & Restaurant CAFÉ **$$**
(☎519-273-5886; 30 Ontario St; Hauptgerichte mittags 12–15 C$, abends 19–29 C$; ⏰Di–So 11.30–1 Uhr) Mit der gedämpften Beleuchtung, prächtigen Spiegeln mit Goldrahmen und alten Neonschildern erweckt dieses Lokal die Atmosphäre eines Pariser Cafés.

GEHEIMTIPP

ANTONY JOHN: BIO-FARMER

Perth County bietet eine bemerkenswerte Kombination aus günstigen Niederschlagsmustern, geeigneten Böden und Landschaften – ideal zur Erzeugung erstklassiger Lebensmittel. Wenn die Gegend eine Weinbauregion wäre, könnte man hier aufgrund der Böden Weine von Bordeaux- oder Burgunderqualität erzielen.

Nichts bringt die spezifische Kombination von Geographie und Klima, die in einer Region herrscht, besser zum Ausdruck als die Lebensmittel, die hier erzeugt werden. Einige der besten von Perth County kann man auf meiner Farm und in einigen Restaurants in der Stadt probieren.

Stratfords beste Restaurants

» **Bijou** (S. 137)

» **Down the Street** (S. 137)

Hier kann man vor dem Theaterbesuch zu Abend essen, gute Biere aus Kleinbrauereien und offene Weine trinken. Die Speisekarte ist multikulturell (dünnkrustige Pizza, Ziegenkäse-Enchilada), und spätabends gehört die Bar zu den muntereren Treffs in Stratford.

York Street Kitchen SANDWICHES **$**
(41 York St; Hauptgerichte 7–16 C$; ⏰8–20 Uhr) In dem bunten Bunker unten in einem alten Lagerhaus am Fluss gibt es Hausmannskost: tolle Sandwiches mit selbst gebackenem Brot, panierten Brie, Salate, Quiches und Nachspeisen. Probieren kann man das „Mennonitensandwich" mit Würstchen, Cheddarkäse, Corn-Relish, Tomaten, süßem Senf, Mayonnaise und Blattsalat.

Raja INDISCH **$$**
(☎519-271-3271; 10 St George St W; Hauptgerichte 10–18 C$; ⏰mittags & abends; 🖉) Chili und Gewürze bringen hier die zimperlich britischen Geschmacksnerven auf Trab, Im Raja erhält man prima Currys, Suppen, Salate, Brote, vegetarische und Tandur-Gerichte. Die Tische sind weiß eingedeckt, das Personal ist adrett und immer höflich.

Let Them Eat Cake BÄCKEREI **$**
(82 Wellington St; Hauptgerichte 5–11 C$; ⏰7–20 Uhr) Die den ganzen Tag erhältlichen Früh-

stücksgerichte (etwa Pizza mit Eier Benedict) sowie die frisch gebackenen Scones und Muffins machen diese Stratforder Institution zum Ort für einen idealen Start in den Tag.

Tango Café & Grill CAFÉ $
(104 Ontario St; Hauptgerichte mittags 5–10 C$, abends 10–14 C$; ⌚Mo–Do 7–16, Fr bis 20, Sa 8–20, So bis 16 Uhr) Der aromatische Kaffee lockt die Koffeinfans an, von denen viele dann noch auf ein herzhaftes Sandwich, ein Omelette, einen Burger oder Salat bleiben. Die angebotenen Kaffemischungen haben so komische Namen wie „Sleepy Monk" (leicht geröstet) oder „Moonbucks".

Praktische Informationen

Stratford Public Library (www.stratford.library.on.ca; 19 St Andrew St; ⌚Mo 13–21, Di–Sa 10–21 Uhr) Kostenloser Internetzugang.

Stratford Tourism (☎519-271-5140, 800-561-7926; www.welcometostratford.com) Innenstadt (47 Downie St; ⌚ Mo–Fr 8.30–18 Uhr, Juni–Aug. bis 16.30 Uhr) Uferbereich (30 York St; ⌚Juni–Sept. Di–So 10–18 Uhr) Hilft bei der Suche nach Unterkünften und allem, was mit dem Festival zu tun hat. Die Website ist eine ausgezeichnete Informationsquelle mit vielen Tourvorschlägen.

An- & Weiterreise

Zu ausgewählten Wochenendmatineen fahren im Sommer Busse von **Toronto Direct** (www.stratfordfestival.ca). Abfahrt ist am U-Bahnhof York Mills TTC in Toronto um 9.30 Uhr, zurück ab Stratford geht's um 19 Uhr (hin & zurück 48 C$). Fahrpläne und Reservierung bei der Theaterkasse des Festival Theatre.

Stratford Airporter (☎519-273-0057, 1-888-549-8602; www.stratfordairporter.com) bietet täglich acht Shuttles zum Pearson International Airport. Die Fahrt ist aber sehr teuer, außer wenn man in einer großen Gruppe unterwegs ist und sich die Kosten teilt.

VIA Rail fährt vom **Bahnhof Stratford** (☎888-842-7245; www.viarail.ca; 101 Shakespeare St) nach Toronto (39 C$, 2 Std., 3-mal tgl.) und London (20 C$, 1 Std., 3-mal tgl.).

London

348 000 EW.

Die Themse, Covent Garden, Pall Mall und die Oxford St – wir sind also in London. Scheint so, doch abgesehen von den Namen hat dieses London in Ontario nur wenig mit der gleichnamigen britischen Hauptstadt gemein. Die biedere Stadt auf halbem Weg zwischen Toronto und Detroit wirkt, als ob sie darauf versessen sei, mehr zu sein, als sie nun einmal ist. Zwar gibt es viele Studenten, aber die sind im Sommer fort, und dann bleiben gerade einmal ein paar Tattoostudios, ein paar Obdachlose und die anglophilen Straßenschilder. Allerdings gibt es auch eine muntere Musikszene und ein paar coole Festivals vor Ort

Sehenswertes & Aktivitäten

Museum London MUSEUM
(☎519-661-0333; www.museumlondon.ca; 421 Ridout St N; Eintritt gegen Spende; ⌚Mi & Fr–So 12–17, Do bis 21 Uhr; Ⓟ) Den Schwerpunkt des Museums machen die Bildenden Künste und ihr Zusammenhang mit der Geschichte aus. Hier gibt es mehr als 5000 Kunstwerke (darunter die größte Sammlung von Gemälden Paul Peels) und mehr als 25 000 kunsthandwerkliche Stücke. Die Ausstellungen und Präsentationen werden um die Geschichte der jeweiligen Exponate entwickelt; mit Freiluft-Installationen geht man auch über den Museumsbereich hinaus.

Auf dem Gelände befindet sich auch das **Eldon House** (Erw./Kind/erm./Fam. 6/1/5/11 C$, Mi &So Eintritt gegen Spende; ⌚Juni–Sept. Di–So 12–17 Uhr, Mai & Okt.–Dez. Mi–So, Jan.–April Sa & So), Londons ältestes Wohnhaus, das die Vergangenheit nicht beschreibt, sondern förmlich heraufbeschwört.

Museum of Ontario Archaeology MUSEUM
(☎519-473-1360; 1600 Attawandaron Rd; www.uwo.ca/museum; Erw./Kind/erm./Fam. 4/2/3,25/10 C$; ⌚Mai–Aug. 10–16.30 Uhr, Sept.–Dez. nur Mi–So, Jan.–April Sa & So 13–16 Uhr; Ⓟ) Das Museum ist eine der University of Western Ontario angeschlossene Forschungs- und Bildungseinrichtung, dessen Materialien und Artefakte 11 000 Jahre der Geschichte der Ureinwohner Ontarios umfassen.

Das **Lawson Prehistoric Indian Village** (⌚Mai–Nov.) neben dem Museum ist die Stätte eines 500 Jahre alten Dorfs, dessen Reste immer noch von Archäologen erforscht werden.

Ska-Nah-Doht Village & Museum HISTORISCHER PARK
(☎519-264-2420; www.lowerthames-conservation.on.ca; Longwoods Rd Conservation Area; Erw./Kind/erm. 3 C$/frei/2 C$; ⌚Mai–Sept. 9–16.30 Uhr, Okt.–April nur Mo–Fr; Ⓟ) In diesem Geschichtspark 32 km westlich von London wurde ein 1000 Jahre altes Langhausdorf der Irokesen nachgebaut. Ein Irrgarten

umgibt die Gebäude des Dorfs; das Museum zeigt Artefakte, die Tausende von Jahren alt sind und von der Geschichte der Region zeugen. Außerhalb der Mauern finden sich Nutzpflanzen und Begräbnisplätze der Ureinwohner. Die sich durch das Gelände schlängelnden Wege sind bis zum Einbruch der Dunkelheit geöffnet. Von London den Hwy 402 bis zur Highway-Kreuzung 86 nehmen und dort dem Hwy 2 nach Westen folgen.

Fanshawe Pioneer Village HISTORISCHER PARK
(☎519-457-1296; www.fanshawepioneervillage.ca; 1424 Clarke Rd; Eintritt 5 C$; ⏱Mai–Okt. Di–So 10–16.30 Uhr; P) Der Geschichte Londons kann man im 30 Gebäude umfassenden Fanshawe Pioneer Village am östlichen Stadtrand nachspüren. Hier stellen kostümierte Schmiede, Farmer und Handwerker das Leben in einem Pionierdorf des 19. Jhs. nach.

In der angrenzenden **Fanshawe Conservation Area** kann man schwimmen, wandern und zelten.

Teiche & Moore PARKS
Der schlammige **Sifton Bog** (www.thamesriver.on.ca; ⏱Sonnenaufgang–Sonnenuntergang; P) ist ein torfig-saurer Sumpf abseits der Oxford St W im Westen der Stadt und Heimat ungewöhnlicher Tiere und Pflanzen, darunter Lemminge, Spitzmäuse, fleischfressende Sonnentaugewächse, Weißwedelhirsche und neun Orchideenarten.

Im Süden der Stadt liegen hinter dem Büro von Tourism London, abzweigend von der Wellington Rd S, die **Westminster Ponds** (www.thamesriver.on.ca; ⏱Sonnenaufgang–Sonnenuntergang; P), ein Wald-, Sumpf- und Teichgebiet mit einer reichen Fauna, zu der unter anderem Füchse, Schildkröten und Reiher zählen.

Banting House National Historic Site HISTORISCHE STÄTTE
(www.diabetes.ca; 442 Adelaide St N; Erw./Kind/erm./Fam. 4 C$/frei/3/8 C$; ⏱Di–Sa 12–16 Uhr; P) In dieser Pilgerstätte für Diabetiker entdeckte der spätere Nobelpreisträger Sir Frederick Banting in den 1920er-Jahren das Verfahren zur Isolierung von Insulin. Das sorgsam gestaltete Museum erzählt die Geschichte der Diabetes und zeichnet die medizinischen Leistungen Bantings nach.

Royal Canadian Regiment Museum MUSEUM
(www.royalcanadianregiment.ca; 750 Elizabeth St; Erw./Kind/erm. 5/3/4 C$; ⏱Di–Fr 10–16, Sa & So ab 12 Uhr; P) Das Regimentsmuseum in der strengen Wolseley Hall konzentriert sich auf das älteste Infanterieregiment Kanadas. Die Ausstellung deckt die Zeit von der Nordwest-Rebellion von 1885 über die beiden Weltkriege bis zum Koreakrieg ab.

Geführte Touren

Doppeldecker-Rundfahrt BUSTOUR
(☎800-265-2602; www.londontourism.ca; Ecke Wellington & Dundas St; 2-stündige Tour Erw./Kind/erm. 13/5/11 C$; ⏱Juni–Aug. 10 Uhr–open end) Bei den Rundfahrten mit einem typischen Londoner Doppeldeckerbus hat man einen tollen Ausblick. Die Touren starten am Büro von Tourism London im Zentrum.

Feste & Events

Bluesfest International MUSIK
(www.thebluesfest.ca) Große Namen des Blues wie Robert Cray sorgen Mitte Juli für das richtige Feeling.

London Beer Festival BIERFEST
(www.london beerfest.ca) Beim Bierfest Mitte Juli kann man das eine oder andere zischen.

Sunfest KULTUR
(www.sunfest.on.ca) Ein Fest der globalen Kultur mit Musik, Tanz, Kunsthandwerk und kulinarischen Spezialitäten. Immer Mitte Juli.

London Fringe Festival KULTUR
(www.londonfringe.ca) 11 Tage lang dreht sich in der Downtown von Ende Juli bis Mitte August alles um Theater, das gesprochene Wort, Film und bildende Kunst.

Schlafen

Die **London & Area B&B Association** (www.londonbb.ca) hat eine Liste der Unterkünfte. Bewertungsbögen zu den örtlichen Hotels und B&Bs gibt Tourism London heraus. In der Wellington Rd südlich der Stadt und in der Dundas St E findet sich die übliche Mischung an Motels, Fast-Food-Lokalen und Sexshops.

ACBB London HOSTEL $
(☎519-936-7823; www.allcanbb.com; 190 Wellington St; B/DZ mit Frühstück 25/55 C$; P) Gleich südlich der Downtown liegt diese erstklassige, sichere Backpackerherberge mit freundlicher Atmosphäre, hochwertigen Betten und Matratzen, Außenterrassen, sauberen Badezimmern, gut ausgestatteten Küchen, kostenlosem Frühstück, Grillplätzen sowie Internetzugang. Das Prinzip für ein gutes Hostel ist einfach,

aber nur selten wird es so gut umgesetzt wie im ACBB London.

Windermere Manor HOTEL $$
(☎800-997-4477; www.windermeremanor.com; 200 Collip Circle, an der Windermere Rd; Zi./Suite mit Frühstück 132/154 C$; P) Das auf einem grünen Hügel mit Blick auf den Thames River und die Universität gelegene, umgebaute hochherrschaftliche Haus von 1925 ist bei Tagungsteilnehmern und Gastdozenten der Universität beliebt. Das Hotel ist ein ganz schönes Stück von der Innenstadt entfernt, aber das Café vor Ort serviert Frühstück, Mittag- und Abendessen.

Fanshawe Conservation Area Campground CAMPING $
(☎519-451-2800, 866-668-2267; www.thamesriver.on.ca; 1424 Clarke Rd; Stellplatz ohne/mit Strom 25/29 C$, Reservierung 9 C$; Ende April–Mitte Okt.; P) Der Campingplatz liegt bequem innerhalb der Stadtgrenzen gegenüber dem Fanshawe Pioneer Village.

London Executive Suites HOTEL $$
(☎519-679-3932, 800-265-5955; www.les-hotel.com; 362 Dundas St; Suite 75–120 C$; P) Dieses ehemalige Apartmenthaus in der Downtown hat geräumige Zimmer mit Balkon und Küche. Hier erwarten den Gast keine großen Überraschungen, sondern lediglich bequeme Matratzen, solide Möbel und ein guter Ausblick aus den oberen Etagen. Die Preise sinken, je länger der Aufenthalt dauert.

Essen

Bertoldi's Trattoria ITALIENISCH $$
(☎519-438-4343; 650 Richmond St; Hauptgerichte 12–20 C$; So & Mo 11–22, Di–Sa bis 23 Uhr) Das große Lokal mit umfangreicher Weinkarte serviert authentische italienische Gerichte, darunter auch regionale Spezialitäten (und jede Region Italiens hat schließlich kulinarisch etwas zu bieten). Es gibt keine Reservierungen, doch kann man sich an den Wochenenden vorab telefonisch anmelden.

Covent Garden MARKT $
(130 King St; Stück ab 2 C$; Mo–Sa 8–18, So 11–16 Uhr) In dem riesigen, scheunenförmigen Markt bekommt man Appetit, und der wird auch gestillt. Man findet hier ständig Feinkosttheken, Bäckereien, Shops für Schokolade, Obst- und Gemüsestände und Imbisse aus aller Welt, außerdem saisonale Angebote. Auf dem sonnigen Hof gibt's Straßenmusikanten und munteres Treiben.

Thaifoon THAILÄNDISCH $$
(120 Dundas St; Hauptgerichte 11–14 C$; Mo–Fr mittags, tgl. abends) Das Thaifoon wertet die Dundas St etwas auf. Die ruhige, entspannte Atmosphäre mit plätschernden Wasserspielen ist ein wohltuender Kontrast zu der hässlichen Straße, und die scharf gewürzten Currys, Pfannengerichte, Suppen und Salate bringen einen wieder auf Trab.

Sammy's Souvlaki FAST FOOD $
(Ecke Richmond & Carling St; Stück 3–7 C$; 10.30–15 Uhr) Taxifahrer und bierselige Kneipenbummler stärken sich mit Souvlaki, Falafel, Poutine, Burgern oder Hotdogs.

Ausgehen & Unterhaltung

Die Events in Sachen Kunst und Unterhaltung listet die örtliche Gazette *Scene* (www.scenemagazine.com) auf.

London Music Club LIVEMUSIK
(☎519-640-6996; www.londonmusicclub.com; 470 Colborne St; Eintritt frei–15 C$; Mi–Sa 19 Uhr–open end) Im hinteren Saal des cremefarbenen Backsteingebäudes geben sich tourende Blues- und Folkmusiker die Klinke in die Hand. Am Donnerstagabend steht Electric Blues auf dem Programm, am Freitagabend ist Acoustic-Open-Mike.

Honest Lawyer KNEIPE
(228 Dundas St; 11 Uhr–open end) Ehrliche Rechtsanwälte? Gibt's so was? Wer weiß, jedenfalls kann man so in dem langen, engen Bierausschank, wo ein munteres Publikum sich gern einen hinter die Binde gießt, prima ein Gespräch anfangen. Sonderangebote für Studenten, Chicken-Wing-Abende, Sport auf Großbildschirmen und Livemusik an den Wochenenden.

Call the Office LIVEMUSIK
(www.calltheoffice.com; 216 York St; 17 Uhr–open end) Eine schmuddelige Bar mit billigen Drinks und Livebands, die Alternative Rock spielen.

CEEPS KNEIPE
(671 Richmond St; 11–2 Uhr) In dieser von Studenten frequentierten Bar herrscht immer gute Stimmung. Livebands, DJs, Billardtische, Shuffleboard, örtliche Biere vom Fass – da bleibt eigentlich kein Wunsch offen.

Up on Carling NACHTTCLUB
(www.uponcarling.ca; 153 Carling St; Do–Sa 21 Uhr–Open End) In dem stilvollen Nachtclub trinkt man seine Martinis und tanzt zu lateinamerikanischen Rhythmen, R&B,

Funk, House und Soul. Die Kleiderordnung muss beachtet werden.

Praktische Informationen

London Public Library (www.londonpublic library.ca; 251 Dundas St; ⌚Mo–Do 9–21, Fr bis 18, Sa bis 17, So 13–17 Uhr) Eine sagenhaft moderne Einrichtung mit Café, Lesegarten und kostenlosem Internet- und WLAN-Zugang.

Post (www.canadapost.ca; Ecke Dufferin St & Richmond St; ⌚Mo–Fr 8–17 Uhr)

Tourism London (☎519-661-5000, 800-265-2602; www.londontourism.ca) Downtown (267 Dundas St; ⌚Mo–Fr 8.30–16.30, Sa & So 10–17 Uhr); Wellington Rd (696 Wellington Rd S; ⌚8.30–20 Uhr) Das Büro in der Downtown teilt sich das Gebäude mit der Canadian Medical Hall of Fame und deren interessant-gruseliger Ausstellung zu Gehirn, Herz und Knochen.

Anreise & Unterwegs vor Ort

Der **London International Airport** (YXU; www.londonairport.on.ca; 1750 Crumlin Rd) ist ein regionaler Verteilerknoten für Air Canada, West-Jet und Delta. Es gibt Flüge nach Toronto und Detroit sowie ein paar weiteren Zielen in Kanada und den USA.

Greyhound Canada fährt vom **Busbahnhof London** (☎800-661-8747; www.greyhound.ca; 101 York St; ⌚6.30–21 Uhr) nach Toronto (37 C$, 2½ Std., 12-mal tgl.) und Windsor (37 C$, 2½ Std., 5-mal tgl.).

Vom **Bahnhof London** (☎519-672-5722; www.viarail.ca; Ecke York & Clarence St; ⌚Mo–Fr 5–21.30, Sa & So ab 6.30 Uhr) fahren Züge nach Toronto (58 C$, 2–3 Std., 8-mal tgl.) und Windsor (53 C$, 2 Std., 4-mal tgl.).

London Transit (www.londontransit.ca; 150 Dundas St; ⌚Mo–Fr 7.30–19, Sa 8.30–18 Uhr) betreibt ein ausgedehntes Busnetz in der Stadt (einfache Fahrt 2,75 C$).

St. Thomas

St. Thomas ist eine entspannte Farmgemeinde mit einem gut erhaltenen viktorianischen Zentrum und liegt 20 km südlich von London auf dem Weg zum Lake Erie. Das **St. Thomas Visitors Centre** (☎877-463-5446; www.elgintourist.com; Old Talbot St; ⌚Mo–Sa 10–17.30 Uhr) kann mit Infos zu Unterkünften weiterhelfen.

Das Kind in uns allen spricht das **Elgin County Railway Museum** (www.ecrm5700.org; 225 Wellington St; Erw./Kind 4 C$/frei; ⌚Ende Mai–Aug. 10–16 Uhr; Ⓟ) an, ein altes Lagerhaus aus Backstein voller Eisenbahn-Action. Die Exponate führen in die Zeit zurück, als St. Thomas die unbestrittene „Eisenbahnhauptstadt Kanadas" war.

Leider hat St. Thomas dabei auch eine sehr traurige Geschichte zu erzählen. Tierfreunde in aller Welt waren erschüttert, als der berühmte Zirkuselefant Jumbo 1885 auf einem Rangierbahnhof hier durch den Zusammenstoß mit einer Lokomotive zu Tode kam. Eine jumbo-große **Jumbo Statue** neben dem Besucherzentrum zollt dem armen Dickhäuter Tribut.

Am Lake Erie

Das Ufer des Lake Erie zieht sich vom Welland Canal bis zum Detroit River ein malerischer, dünn besiedelter Streifen mit Sandstränden, entspannenden Städten und friedlichen Parks – kein Wunder, dass so viele Bewohner Ontarios hier ein Sommerhäuschen haben. Der Lake Erie (der seichteste und wärmste der Großen Seen) war lange als verschmutzte Pfütze verschrien, doch die jüngsten Umweltschutzbemühungen haben ihn vor dem Untergang bewahrt. Heute kann man wieder in ihm schwimmen, doch es ist immer noch ratsam, das Wasser zuvor noch einmal in Augenschein zu nehmen (oder seinen kleineren Bruder vorzuschicken). Einen Besuch auf den Pelee Islands, dem entspanntesten aller Ferienziele und südlichsten Punkt Kanadas, sollte man sich nicht entgehen lassen.

PORT DOVER & UMGEBUNG

In Port Dover, einer Küstenstadt mit lässiger Atmosphäre, dreht sich alles um Sommer, Sonne und Strand. Sonnenverbrannte Mittvierziger, Teenager im Bikini und eisverschmierte Kinder drehen in den Sommerferien auf der Hauptstraße ihre Runden. Das kichernde Personal des **Port Dover Visitor Centre** (☎519-583-1314; www.portdover.ca; 19 Market St W, Port Dover; ⌚Juni–Aug. tgl. 10–17 Uhr, Sept.–Mai nur Mo–Fr) ist bei der Suche nach einer Unterkunft behilflich und verleiht kostenlos Fahrräder.

Das zweistöckige **Port Dover Harbour Museum** (☎519-583-2660; portdover.museum@norfolkcounty.on.ca; 44 Harbour St, Port Dover; Eintritt gegen Spende; ⌚11–18 Uhr) ist eine niedliche, rekonstruierte Fischerhütte. Hier geht's um die Fischindustrie des Lake Erie, ums Segeln, Schiffswracks, Knoten und die Heldentaten des Seebären Kapitän Alexander McNeilledge („Trage keine Brille, nimm keinen Tabak zu dir, nur einen Whiskey, wenn es sein muss“).

Richtung Südwesten gibt's am Seeufer zwei ausgezeichnete Provincial Parks: den **Turkey Point Provincial Park** (☎519-426-3239; www.ontario parks.com; 194 Turkey Point Rd, Turkey Point; Stellplätze ohne/mit Strom 28/33 C$, 11 C$/Auto; ⏲Mai–Okt.; P) und den **Long Point Provincial Park** (☎519-586-2133; www.ontarioparks.com; 350 Erie Blvd, Port Rowan; Stellplatz ohne/mit Strom 28/33 C$, Auto 11 C$/Auto; ⏲Mai–Okt.; P), beides beliebte Ausflugsziele und Campingparks. Long Point liegt auf einer sandigen Landzunge, die in den See ragt und eignet sich hervorragend zum Baden, während die Wälder von Turkey Point etwas für Vogel- und Naturliebhaber sind.

Die zentral gelegenste Unterkunft ist das weißwandige **Erie Beach Hotel** (☎519-583-1391; www.eriebeachhotel.com; 19 Walker St, Port Dover; DZ ab 80 C$; P). Die besten Zimmer haben Blick auf die unglaublich perfekten Rasenflächen, während man im **Speisesaal** (Hauptgerichte 10–20 C$; ⏲11–15 & 18–21 Uhr) aus jeder Menge Flussbarschen und Garnelen auf der Speisekarte wählen kann.

PORT STANLEY

Das am Kettle Creek gelegene **Port Stanley** (www.portstanley.net) ist ein Fischerdorf mit einer winzigen, malerischen Innenstadt und einer angenehmen, überhaupt nicht protzigen Atmosphäre. Jene Art von Ort, an dem einem die Frau aus dem Café ein herzliches Dankeschön hinterher ruft und den Kindern ganz detailliert die verschiedenen Eissorten erklärt.

Das Sommerprogramm des **Port Stanley Festival Theatre** (☎519-782-4353; www.psft.on.ca; 302 Bridge St; ⏲Kasse Di 10–17, Mi bis 15 Uhr, Do bis 17, Sa 12–17 Uhr) sorgt immer für ein volles Haus, während draußen die **Port Stanley Terminal Rail** (☎877-244-4478; www.pstr.on.ca; 309 Bridge St; 1-stündige Fahrt Erw./Kind 12,50/8 C$; ⏲Juli–Aug. 12, 13.30 & 15 Uhr, Mai–Juni & Sept.–Okt. nur am Wochenende; P) einen 14 km langen Streckenabschnitt der historischen London-Port Stanley Bahnlinie entlangzuckelt.

Wer in Port Stanley übernachten will, sollte das gehobene, maritime **Inn on the Harbour** (☎519-782-7623; www.innontheharbour.ca; 202 Main St; DZ 125–155 C$; P) ausprobieren. Man kann den Fischerbooten beim Ein- und Auslaufen und den Fischern beim Abladen der Körbe mit Flussbarsch und Kettenhecht zusehen. Im hinteren Teil bietet das neue **Little Inn** thematisch gestaltete Suiten (man stelle sich eine afrikanische Safari oder eine Pariser Boutique vor) für 225 C$ die Nacht.

BLAUER DUNST

Die ebenen, sandigen Böden im nördlichen Teil des Norfolk County zwischen Port Dover und Port Stanley bieten ideale Bedingungen für Fruchtwechselwirtschaft: Während früher ausschließlich Tabak angebaut wurde, sieht man heute auch Hanf- und Ginsengfelder. Um den alten Tabakduft zu schnuppern, die Hwy 3 ins Inland zum **Delhi Tobacco Museum & Heritage Centre** (☎519-582-0278; www.delhimuseum.ca; 200 Talbot Rd, Delhi; Eintritt gegen Spende; ⏲Juni–Aug. Mo–Fr 10–16.30, Sa & So 13–16 Uhr; P) nehmen, einem Holzkasten voller Tabakblätter, der als multikulturelles Museum über die örtliche Geschichte und Tabakproduktion informiert.

LEAMINGTON & UMGEBUNG

Das am Ufer des Sees gelegene Leamington ist die „Tomatenhauptstadt Ontarios“, und einer der bekanntesten Ketchuphersteller – die Heinz-Fabrik südlich der Stadt – ist der größte Arbeitgeber. Gewächshäuser mit Tomatenpflanzen, die gegen das Glas drücken, überziehen die Landschaft vor der Stadt. Das nette, mit Blumenkästen übersäte Zentrum lockt Besucher auf ihrer Reise nach Pelee Island an. Die **Leamington Tourist Information** (☎800-250-3336; www.uptownleamington.ca; Ecke Albert St & Talbot St, Leamington; ⏲April 9–18 Uhr, Mai–Sept. bis 19 Uhr, Okt. Do–So 9–18 Uhr, Nov. Sa & So 9–17 Uhr) befindet sich in einer riesigen Tomate!

Rund 10 km östlich von Leamington bietet der **Wheatley Provincial Park** (www.ontarioparks.com; 21116 Klondyke Rd S, Wheatley; Stellplatz ohne/mit Strom 34/39 C$, Eintritt 13 C$/Auto; ⏲April–Okt.; P) gute Campingmöglichkeiten, obwohl ein großer Teil des Strandes 1998 von einem gewaltigen Unwetter fortgefegt wurde. Im Park wird es in der Zugvogelsaison sehr geschäftig.

Der südöstlich der Stadt am südlichsten Punkt des kanadischen Festlands gelegene **Point Pelee National Park** (☎519-322-2365, 866-787-3533; www.pc.gc.ca; 407 Robson Rd, Leamington; Erw./Kind/erm./Fam. 8/4/7/20 C$; ⏲Sonnenaufgang–Sonnenuntergang; P) ist während des Vogelzugs im Frühjahr und Herbst ein Zwischenstopp für Tausende von Vögeln. Die Wanderung der Monarchfalter im Herbst ist ein schwirrendes Schauspiel in Schwarz und Orange. Im Park gibt es viele Naturpfade, einen Bohlenweg durch die Marschen, Waldgebiete und Sandstrände.

In Kingsville, gleich westlich von Leamington, veranstaltet die **Pelee Island Winery** (☎800-597-3533; www.peleeisland.com; 455 Seacliff Dr, Kingsville; Eintritt frei, Führung Erw./Kind/erm. 5 C$/frei/4 C$; ⏲Mo–Sa 9–18, So 11–17 Uhr; P) Führungen (12, 14 & 16 Uhr), auch hinunter zu den riesigen hölzernen Türen des Weinkellers, und kostenlose Verkostungen. Die Trauben kommen übrigens tatsächlich von Pelee Island, der Name ist also keine Hochstapelei!

Gleich östlich der Stadt liegt die **Hillman Marsh** (www.erca.org; Country Rd 37, Leamington; Eintritt 5 C$/Auto; ⏲Sonnenaufgang–Sonnenuntergang; P), ein weiteres Sumpfgebiet voller Vögel. Hier gib's einen 4,5 km langen Wanderweg und ein hübsches Besucherzentrum.

PELEE ISLAND

Die üppig bewachsene Pelee Island (ausgesprochen pie-lie von Französisch *pelée,* was eigentlich „kahl" bedeutet – der gar nicht passende Name ist von Point Pelee abgeleitet) wirkt so südlich, wie das in Kanada gerade möglich ist. Die Insel, eine richtige kleine Oase, liegt 20 km vom Festland entfernt mitten im Lake Erie. Sie ist von Sandstränden gesäumt; im Sommer erreicht das flache Wasser Badezimmertemperatur. Die von Sandsteinfelsen bedeckte Insel lockt Vogelfreunde, Ferienhausbesitzer und nicht zuletzt Weinfreunde an, die hier das örtliche Produkt verkosten wollen.

Die Besiedlung der Insel reicht bis in das Jahr 1788 zurück, als die Völker der Ojibwe und der Ottawa sie an Thomas McKee verpachteten. Sie blieb aber weitgehend unerschlossen, bis William McCormick sie 1823 kaufte. Im Jahr 1900 gab es auf Pelee 800 Einwohner, vier Kirchen und vier Schulen. Heute leben nur noch 275 Einwohner auf der Insel, und das Leben dreht sich hauptsächlich um den Tourismus. Da aber nichts übermäßig teuer, snobistisch, hastig oder stressig ist, kann man hier wirklich gut ein unbeschwertes Wochenende verbringen.

⦿ Sehenswertes & Aktivitäten

Pelee Island Heritage Centre MUSEUM
(☎519-724-2291; West Dock; Erw./Kind/erm. 3/2/2,50 C$; ⏲Mai–Okt. 10–17 Uhr; P) Nahe dem West Dock zeigt das kleine Pelee Island Heritage Centre eine der besten naturkundlichen Sammlungen in Ontario. Die fesselnden Exponate beleuchten die Geschichte von den Ureinwohnern bis ins 20. Jh., die Geologie, Flora & Fauna, die Industrie, die Schifffahrt und die Schiffswracks.

Explore Pelee FAHRRADTOUREN
(☎519-724-2285; www.explorepelee.com; Tour 25–40 C$) Bei den von der quirligen Anne Marie geführten Radtouren lernt man alle liebenswerten Details der Insel kennen, vom ältesten Haus der Insel über die Kanäle und Pumpstationen bis hin zum Friedhof. Es gibt auch Tourangebote mit eingeschlossener Weinverkostung; Touren telefonisch oder per E-Mail vereinbaren.

Fish Point Nature Reserve NATURSCHUTZGEBIET
(www.ontarioparks.com; 1750 McCormick Rd; Eintritt frei; ⏲Sonnenaufgang–Sonnenuntergang; P) Das Fish Point Nature Reserve ist eine lange, sandige Landspitze und der südlichste Punkt Kanadas. Ein hin & zurück 3,2 km langer Waldweg führt bis zur Spitze, die eine der besten Badestellen auf der Insel ist. Wie andere Stellen in der Region ist auch Fish Point ein Paradies für Vogelbeobachter; hier gibt's Nachtreiher und unzählige Watvögel.

Pelee Island Lighthouse GEBÄUDE
(www.ontarioparks.com; East Shore Rd; ⏲Sonnenaufgang–Sonnenuntergang; P) Der 1833 errichtete Leuchtturm von Pelee Island erhebt sich an der Nordostküste der Insel und tat bis 1909 seinen Dienst, dann stand er bis zu seiner Restaurierung im Jahr 2000 leer. Ein 10-minütiger Rundweg führt vom Ende der East Shore Rd zu ihm hin. Zwar ist der Turm nicht für Besucher geöffnet, aber interessant und fotogen ist er trotzdem.

Pelee Island Winery Wine Pavilion WEINGUT
(☎800-597-3533; www.peleeisland.com; 20 East-West Rd; Sonderführungen Erw./Kind/erm. 5 C$/frei/4 C$; ⏲Mai–Okt. Mo–Sa 10–18, So 11–17 Uhr; P) Die Trauben der Insel kann man im Pelee Island Winery Wine Pavilion genießen. Die regulären Führungen sind kostenlos und finden an den meisten Tagen um 12, 14 und 16 Uhr statt; Sondertouren mit Wein & Käse oder Wein & Schokolade lassen sich telefonisch vereinbaren.

Schlafen

Auf der Insel gibt es tolle B&Bs, außerdem Ferienhäuser, die pro Woche vermietet werden. Die meisten Feriengäste ziehen die Westseite wegen der phantastischen Sonnenuntergänge vor. **Explore Pelee** (www.explorepelee.com) hilft bei den Reservierungen.

LP TIPP **Stonehill Bed & Breakfast** B&B $
(☎519-724-2193; 911 West Shore Rd; EZ/DZ mit Gemeinschaftsbad 65/80 C$; P ⊜) Das alte Farmhaus, das 1875 aus Kalkstein aus dem Steinbruch hinten errichtet wurde, ist absolut leise, denn zwei durch einen Luftraum getrennte Mauern sorgen dafür, dass kein Laut ins Innere dringt. Angesichts des Ausblicks aufs Wasser, einer parkartigen Umgebung und freundlicher Gastgeber dürfte diese Unterkunft das beste und auch preisgünstige Angebot der Insel sein. Unbedingt einen Blick auf die Fossilien der Eingangstreppe werfen!

Anchor & Wheel Inn MOTEL, CAMPING $$
(☎519-724-2195; www.anchorwheelinn.com; 11 West Shore Rd; Stellplatz ohne/mit Strom 20/35 C$, DZ 85–115 C$, Cottage ab 150 C$; P ⊜ ❄) Das muntere Anchor & Wheel im Nordwesten von Pelee bietet Unterkünfte von grasbewachsenen Stellplätzen über Gästezimmer mit Whirlpool und Klimaanlage bis hin zu einem Cottage am Dock.

East Park Municipal Campground CAMPING $
(☎519-724-2931; East Shore Rd; Stellplatz ohne Strom 20 C$; P) Auf diesen einfachen Stellplätzen mit Waldlage im Osten der Insel kann man gut zelten. Der Platz ist ruhig, nicht überlaufen, und man darf auch ein Lagerfeuer entfachen.

Essen

Conorlee's Bakery & Delicatessen BÄCKEREI $
(www.conorlee.bravehost.com; 5 Northshore Dr; Sandwichs 5–7 C$; ⏲tgl. morgens & mittags, Pizza Do–So 17–21 Uhr) Das bei den Insulanern beliebte Conorlee's ist prima, wenn man sich vor einer Radtour ein schnelles Mittagessen zusammenstellen will. Man findet frisch gebackenes Brot, Espresso, Honig aus der Umgebung und tolle Pizzen, das beste Angebot aber ist die Wine & Dinner Series (38 C$), ein einmal pro Monat stattfindendes Fünf-Gänge-Gelage, bei dem das Beste aufgefahren wird, was Pelee zu bieten hat. Das Dinner findet in der Pelee Island Winery statt; die Termine stehen auf der Website von Conorlee's.

Scudder Beach Bar & Grill BURGER $$
(325 North Shore Rd; Hauptgerichte 8–16 C$; ⏲Mai–Sept. 12–22 Uhr) In dem in Holz ausgestalteten Schankraum werden Wraps und Sandwiches serviert und das kalte Bier fließt in Strömen. Am Samstagabend treten ab und zu sogar Livebands auf, ansonsten schaut man sich ein Spiel im Fernsehen an.

Westview Tavern KNEIPE $
(1075 West Shore Rd; Hauptgerichte 8–12 C$, ⏲mittags & abends) In der Schenke gegenüber der Fähranlegestelle findet man Pub-Klassiker wie Fish & Chips, gegrillten Käse und Einheimische, die über Eishockey palavern.

ℹ Praktische Informationen

Die Touristeninformationen in der Region helfen bei der Planung des Besuchs, ebenso die Website www.pelee.org. Im Sommer sollte man den Platz auf der Fähre und die Unterkunft im Voraus buchen. Internetanschluss ist auf der Insel Glückssache, am besten geht das noch per Handy. Es gibt zwei Geldautomaten, einen im Scudder Beach Bar & Grill, den anderen in der Westview Tavern. Am besten nimmt man aber ausreichend Bargeld mit, weil den Automaten an gut besuchten Wochenenden schon mal das Geld ausgeht (was dem einen oder anderen Traveller ja auch mal passiert).

GEFIEDERTE FREUNDE

Laut einer örtlichen Legende sollen einmal in einem kalten Winter ein paar Insulaner von Pelee aus mit ihrem Truck über den zugefrorenen Lake Erie gefahren sein, um dort einige Reparaturen machen zu lassen. Alles ging gut bis zur Rückfahrt, als sie mitten auf dem Eis von einer urplötzlich aufgezogenen Nebelbank eingeschlossen wurden. Es wurde Abend, und sie beschlossen, lieber zu warten, als geradewegs ins Ungewisse draufloszufahren und möglicherweise in Ohio zu landen. Kurz vor Beginn der Morgendämmerung hörten sie einen Hahn krähen. Da wussten sie, dass Pelee direkt vor ihnen lag, fuhren in Richtung des Hahnenschreis und legten sich zu Hause erschöpft gleich ins Bett. Als sie erwacht waren, verzog sich gerade der Nebel und enthüllte eine zerborstene, sich schnell auflösende Eisdecke! Wir nehmen an, dass jenem Hahn ein langes und glückliches Leben beschieden war.

Anreise & Unterwegs vor Ort

Von Leamington (gelegentlich auch Kingsville) fährt **Ontario Ferries** (☎519-326-2154; www.ontarioferries.com; Erw./Kind/erm. 7,50/3,75/6.25 C$, Auto/Fahrrad/Motorrad 16,50/3,75/8,25 C$; ⌚April–Mitte Dez.) zur Insel. Der Fahrplan ist tages- und saisonabhängig, eine Reservierung ist erforderlich. Die Fahrt dauert in beide Richtungen jeweils 1½ Stunden. Fähren verbinden Pelee auch mit Sandusky in Ohio; die Einzelheiten stehen auf der Website. Im Winter ist die Insel nur mit dem Flugzeug von Windsor aus erreichbar.

Fahrräder vermietet **Comfortech Bicycle Rentals** (☎519-724-2828; West Dock; 8/20 C$ pro Std./Tag; ⌚Mai–Okt. 9–19 Uhr, April & Nov. bis 16 Uhr) – Räder telefonisch reservieren.

AMHERSTBURG

Südlich von Windsor liegt dort, wo der Detroit River in den Lake Erie fließt, der kleine historische Ort Amherstburg. Hier ist in der Vergangenheit viel mehr geschehen als heute so passiert – selbst die Straßenschilder in der Downtown geben sich altmodisch. Geschichtsfans, die sich für den Krieg von 1812 oder die Underground Railroad (mit der Sklaven in die Freiheit geschmuggelt wurden) interessieren, werden jedenfalls auf ihre Kosten kommen. Das **Amherstburg Visitors Information Centre** (☎519-736-8320, 800-413-9993; www.amherstburg.ca; Ecke Sandwich St & William St) liegt gleich nördlich vom Ort, war aber zum Zeitpunkt der Recherche wegen Renovierungsarbeiten geschlossen.

Auf Erdwällen erhebt sich am Fluss die **Fort Malden National Historic Site** (☎519-736-5416; www.pc.gc.ca; 100 Laird Ave; Erw./Kind/erm./Fam. 4/2/3,50/10 C$; ⌚Mai–Okt. 10–17 Uhr; Ⓟ), ein 1840 von den Briten errichtetes Fort. Beginnend mit der Ankunft von Pelzhändlern gab es in der Gegend viele Spannungen zwischen Franzosen, Ureinwohnern, Engländern und, später dann US-Amerikanern. Hier schmiedete während des Kriegs von 1812, General Brock (zusammen mit seinem Alliierten, dem Shawnee-Häuptling Tecumseh) den Plan zur Eroberung Detroits.

Über die Ansiedlung von Afroamerikanern erfährt man Wissenswertes im **North American Black Historical Museum** (☎519-736-5433, 800-713-6336; www.blackhistoricalmuseum.com; 277 King St; Erw./Kind/erm./Fam. 5,50/4,50/4,50/20 C$; ⌚Di–Fr 10–17, Sa & So ab 13 Uhr; Ⓟ). Die hiesige Nazrey African Methodist Episcopal Church ist eine nationale historische Stätte; sie wurde von ehemaligen Sklaven errichtet und diente der Underground Railroad als Anlaufstation.

Das **Park House Museum** (☎519-736-2511; www.parkhousemuseum.com; 214 Dalhousie St; Erw./Kind/erm. 3/1/2 C$; ⌚Juni–Aug. 10–17 Uhr, Sept.–Mai Di–Fr & So ab 11 Uhr) ist das älteste Haus in der Stadt, aber nicht der Stadt. Es wurde nämlich am anderen Flussufer errichtet, 1799 aber an seinem jetzigen Standort wieder aufgebaut und ist heute im Stil der 1850er-Jahre eingerichtet.

Windsor

209 000 EW.

An der Südwestspitze Ontarios liegt Windsor am Detroit River gegenüber von Detroit, Michigan, und ist damit die einzige kanadische Stadt, die südlich des US-amerikanischen Festlands liegt. Wie Detroit ist auch Windsor eine Autostadt, doch angesichts der Krise in der Autoindustrie ist die Zukunft dieser einst freundlichen und zivilisierten Stadt ungewiss. Es gibt wenig Gründe, sich länger in Windsor aufzuhalten, aber es gibt einige ordentliche Nachtbars und Restaurants. An warmen Sommerabenden herrscht am Flussufer und im italienischen Viertel an der Erie St E munteres Treiben.

Sehenswertes & Aktivitäten

Caesar's Windsor KASINO

(www.caesarswindsor.com; 377 Riverside Dr E; Eintritt frei; ⌚24 Std.; Ⓟ) Das am Fluss liegende superschicke Caesar's Windsor sorgt für dicke Einnahmen, auch wenn die Zahl der Besucher seit der Einführung des Passzwangs zurückgegangen ist. Die riesige Werbetafel, die von Detroit aus sichtbar ist, lockt aber immer noch mit großen Namen aus dem Showbusiness. Mindestalter: 19 Jahre.

Art Gallery of Windsor GALERIE

(AGW; www.agw.ca; 401 Riverside Dr W; Eintritt 5 C$, Mi frei; ⌚Mi, Sa & So 11–17, Do & Fr bis 21 Uhr; Ⓟ) In dem schwungvollen Bau aus Glas und Beton wird eine eindrucksvolle Dauerausstellung mit Schwerpunkt auf zeitgenössischer kanadischer Malerei und Skulptur gezeigt.

Walkerville Distillery BRENNEREI

(☎519-973-9503; www.canadianclubwhisky.com; Canadian Club Brand Heritage Centre, 2072 Riverside Dr E; Erw./Kind/erm. 5 C$/frei/4 C$;

DIE UNDERGROUND RAILROAD

Die Underground Railroad verlief weder unterirdisch noch war sie eine Eisenbahn – mit dem Begriff bezeichnet man ein Netzwerk von Menschenfreunden und Sklavereigegnern, zu dem Afroamerikaner und Weiße gehörten, die entflohene Sklaven aus den Südstaaten der USA versteckten und durch die Nordstaaten hindurch in die Freiheit nach Kanada schleusten. Man schätzt, dass 40000 Menschen in der Zeit vor dem Amerikanischen Bürgerkrieg so aus der Sklaverei befreit wurden. Diese Region des südwestlichen Ontarios ist, weil sie der Grenze zu den USA so nahe liegt, natürlich besonders reich an historischen Stätten, die an die Underground Railroad erinnern. Und viele örtliche Gemeinden haben einen starken Bevölkerungsanteil von Afroamerikanern, die von Menschen abstammen, die hier Zuflucht vor der Sklaverei fanden.

Infos gibt's unter www.blackhistorysociety.ca – s. auch: North American Black Historical Museum, Walls Underground Railroad Museum sowie die Uncle Tom's Cabin Historic Site.

⏲Mai–Dez Mi–Sa 12–18, So bis 16 Uhr, Jan.–April nur Fr & Sa; P) Der Whiskey war schon lange hier, bevor das Glücksspiel kam. Canadian Club wird hier seit 1858 gebrannt und heute in 158 Länder exportiert. Bei den einstündigen Führungen (12, 14 & 16 Uhr) erfährt man einiges über den Herstellungsprozess und kann auch probieren.

Walls Underground Railroad Museum MUSEUM
(www.undergroundrailroadmuseum.com; 855 Puce Rd, Maidstone; Eintritt 5 C$; ⏲Juni–Aug. 10–17 Uhr; P) Eine der interessantesten Ausstellungen zur Underground Railroad bietet das Walls Underground Railroad Museum 20 km östlich von Windsor. Vor Ort steht noch das alte Blockhaus, das John Freeman Walls, ein entflohener Sklave aus North Carolina, 1846 errichtete. Das Haus diente dann anderen Menschen auf dem Weg in die Freiheit als sichere Zuflucht. Das Museum wird von Nachkommen Walls' betrieben.

Parks & Gärten PARKS
Den besten Blick auf die schimmernde Skyline von Detroit hat man von den **Dieppe Gardens** (Ecke Ouellette St & Riverside Dr; ⏲24 Std.) aus. Der Park befindet sich auf dem Gelände, das einst von den Fähren zwischen Detroit und Windsor genutzt wurde, die nach der Errichtung der Brücke (1929) und des Tunnels (1930) überflüssig wurden.

Weiter südlich erblickt man im **Odette Sculpture Park** (Riverside Dr; ⏲24 Std.), fast direkt unter der Ambassador Bridge, eine große Reihe von kuriosen Plastiken, darunter eine Elefantenfamilie, einen riesigen Apfelkern sowie lange, gebogene Schwanenhälse.

Festivals & Events

Bluesfest International MUSIK
(www.thebluesfest.com) findet in Zusammenarbeit mit dem Bluesfest International in London statt. Mitte Juli treten hier Größen wie Los Lobos oder Steve Earle auf.

Schlafen & Essen

Es gibt so viele Unterkünfte in Windsor, dass man nicht unbedingt vorab reservieren muss. Kettenhotels und unabhängige Motels ballen sich in der Huron Church Rd, die von der Ambassador Bridge abgeht.

In der Downtown gibt's in der Oullette Ave thailändische und indische Lokale sowie Kaffeestuben und in der Chatham St Bars und Grills. Die Erie St E ist das italienische Viertel; hier finden sich viele preisgünstige Restaurants.

Kirk's B&B B&B $$
(☎519-255-9346, 888-251-2624; www.kirksbandb.com; 406 Moy Ave; EZ/DZ 75/99 C$; P) Das einen Block vom Ufer entfernte Kirk's ist ein dreistöckiges altmodisches Backsteinhaus mit üppigem Garten und einer Katze. In den warmen, ordentlichen Zimmern stehen unglaublich bequeme Betten.

University Place Accommodations HOTEL $
(☎519-254-1112, 866-618-1112; www.windsorexecutivestay.com; 3140 Peter St; Zi. mit Gemeinschaftsbad ab 39 C$; P) Das Hotel, in dem man auf kurze Frist oder als Langzeitgast wohnen kann, hat zwar nicht direkt mit der Universität zu tun, ist aber auf Studierende oder auf deren zu Besuch kommende Familienangehörige eingestellt. Zu den Zimmern gehören Gemeinschaftsküchen, ein Freizeitraum sowie eine

Waschküche. Die teureren Zimmer haben ein eigenes Bad. Fahrräder werden für 5 C$ vermietet.

Spago Trattoria e Pizzeria ITALIENISCH $$
(☎519-252-9099; 690 Erie St E; Hauptgerichte 10–28 C$; ⏱mittags & abends) Windsor ist bekannt für seine italienischen Lokale, und dieses hier ist absolut angesagt. Wenn man gerade keine Lust auf die köstlichen Pasta hat, liefern die adretten Kellner auch gern hervorragende Pizza aus dem Holzofen.

Das **Spago Ristorante Italiano** (Hauptgerichte 12–30 C$; ⏱abends) im Obergeschoss hat eine ähnliche Speisekarte, aber auch eine Bar und bleibt abends lange geöffnet.

Bubi's Awesome Eats BURGER $$
(149 Chatham St W; Hauptgerichte 9–16 C$; ⏱mittags & abends) Obwohl das Bubi's damit wirbt, für alles viel Knoblauch zu verwenden, ist es doch nicht ganz so schlimm. Die Karte (Burger, Wraps, Tacos und Currys) bietet durchaus was für alle, die es nicht gar so heftig mögen. Das Lokal ist nicht schick, aber preisgünstig und freundlich.

ℹ Praktische Informationen

Ontario Travel Information Centre (☎800-668-2746; www.ontariotravel.net; ⏱Juni–Aug. 8.30–20 Uhr, Sept.–Mai bis 17 Uhr) Tunnel (☎519-973-1338; 110 Park St E) Brücke (☎519-973-1310; 1235 Huron Church Rd) Die Büros liegen am Eingang des Detroit-Windsor Tunnel sowie an der Ambassador Bridge.

Tourism Windsor Essex (☎519-255-6530, 800-265-3633; www.tourismwindsoressex.com; Ste 103, 333 Riverside Dr; ⏱Mo–Fr 8.30–16.30 Uhr) Informationen über Windsor und die Umgegend; am besten zu erreichen über die Pitt St.

ℹ An- & Weiterreise

Detroit–Windsor ist ein wichtiger internationaler Grenzübergang, man überquert die Grenze entweder über die berühmte, gewaltige **Ambassador Bridge** (Maut 4,75 C$/4 US$) oder den **Detroit–Windsor Tunnel** (Maut 4,50–4,75 C$/4–4,50 US$), der beide Downtowns verbindet.

Vom **Busbahnhof Windsor** (☎519-254-7577; www.greyhound.ca; 300 Chatham St W; ⏱7–21 Uhr) fahren Busse nach Toronto (76 C$, 5 Std., 6-mal tgl.) über London (40 C$, 2 Std.). Bei Fahrten nach Chicago (80 C$, 7–9 Std., 2-mal tgl.) steigt man in Detroit vom Greyhound-Canada-Bus in einen Greyhound-Bus um. Ebenfalls vom Busbahnhof fährt **Transit Windsor** (☎519-944-4111; www.citywindsor.ca), nach Detroit (3,75 C$, 30 Min., alle 30 Min.) – Pass erforderlich.

Der **Bahnhof Windsor** (☎888-842-7245; www.viarail.ca; Ecke Walker St & Wyandotte St; ⏱5.15–23.30 Uhr) liegt 3 km östlich des Zentrums. Von ihm fahren Züge nach Toronto (101 C$, 4 Std., 4-mal tgl.) über London (53 C$, 2 Std.).

Am Lake Huron

Der Lake Huron hat unter den Großen Seen das sauberste Wasser, und er ist so groß, dass man vom Ostufer aus die Sonne am Abend im Wasser versinken sieht. Kommt man aus Toronto und den Gebieten am Lake Ontario wird einen die Blaufärbung des Lake Huron überraschen. Die Küstenstraße führt an der spärlich bevölkerten Küste entlang, wo einem ab und an Kiefernwälder und Ferienhäuser am See begegnen.

Rund 100 km nordöstlich von Windsor befindet sich die **Uncle Tom's Cabin Historic Site** (☎519-683-2978; www.uncletomscabin.org; 29251 Uncle Tom's Rd, Dresden; Erw./Kind/erm./Fam. 6,25/4,50/5,25/20 C$; ⏱Juli–Aug. Mo–Sa 10–16, So ab 12 Uhr, Juni. Sept. & Okt. Mo geschl.; 🅿). Onkel Tom war die fiktive Hauptgestalt von Harriet Beecher Stowes 1852 veröffentlichtem Roman, der auf der Lebensgeschichte von Reverend Josiah Henson beruht. Auf dem 5 ha großen Gelände sind Ausstellungsstücke zu sehen, die sich auf das Buch und die Underground Railroad (s. S. 146) beziehen. Zudem gibt's hier ein Kino, eine Galerie und ein Informationszentrum.

Südlich von Grand Bend liegt der **Pinery Provincial Park** (www.pinerypark.on.ca; 9526 Lakeshore Rd; Stellplatz ohne/mit Strom 34/39 C$, Jurte 85 C$, Tageskarte 10–18 C$; 🅿) mit 10 km langen Stränden und vielen Wegen, die teils durch Wald, teils über Sanddünen führen (Fahrrad/Kajak 40/35 C$ pro Tag). Man kann unter 1000 Stellplätzen wählen oder sich eine „Jurte" – ein Zelt mit starrer Konstruktion – mieten. „Rowdytum" ist unerwünscht!

Das bezaubernde Landstädtchen **Goderich** fungiert als regionales Zentrum; um den auffälligen achteckigen Platz konzentriert sich das Handelsleben. Im **Goderich Tourist Information Centre** (☎519-524-6600, 800-280-7637; www.goderich.ca; 91 Hamilton St; ⏱9–19 Uhr) erhält man die Broschüre *4 Heritage Walking Tours*, die auf eigene Faust zu erkundende Touren auflistet, und den nützlichen *Visitor's Guide*. Unbedingt abends einen Spaziergang auf den Bohlenwegen am Strand machen, um den gerühmten Sonnenuntergang zu erleben.

Einen Blick auf die örtliche Geschichte, die Wirtschaft und das Transportwesen vermittelt das **Huron County Museum** (☎519-524-2686; www.huroncounty.ca/museum; 110 North St, Goderich; Erw./Kind/erm./Fam. 5/3,50/4,50/18 C$, Kombikarte einschl. Eintritt Huron Historic Gaol 7,50/4/5,50/25 C$; ⏲Mo–Sa 10–16.30, So ab 13 Uhr; P). In den Sälen mit Holzdielen sind u.a. antike Möbel, altes Porzellan, eine alte Dampfmaschine und ein Schützenpanzer ausgestellt.

Durch einen gruseligen, grauen Gefängnisgang kommt man ins **Huron Historic Gaol** (☎519-524-6971; www.huroncounty.ca/museum; 181 Victoria St, Goderich; Erw./Kind/erm./Fam. 5/3,50/4/18 C$, Kombiticket einschl. Eintritt Huron County Museum 7,50/4/5,50/25 C$; ⏲Mo–Sa 10–16.30, So ab 13 Uhr; P), eine achteckige Festung, die fast 130 Jahre lang als Gerichtsgebäude und Gefängnis diente; hier fand 1869 die letzte öffentliche Hinrichtung am Galgen statt, die in Kanada durchgeführt wurde.

Im nahegelegenen Dorf **Blyth** gibt's die Art Main Street, über die Bruce Springsteen singt. Hier findet im Sommer das renommierte **Blyth Festival** (☎519-523-9300, 877-862-5984; www.blythfestival.com; ⏲Theaterkasse an Veranstaltungstagen 9–21, sonst bis 17 Uhr) statt, bei dem von Juni bis August hauptsächlich kanadische Stücke, darunter Pionierstücke unter freiem Himmel und im Saal zwerchfellerschütternde Komödien, aufgeführt werden.

GEORGIAN BAY & LAKELANDS

Die Georgian Bay ist ein riesiges Reich aus Blau- und Grüntönen und ein Land unendlicher Träume. Im Sommer wehen die Winde über sanft geschwungene Seen und sandige Ufer, und im Winter erbeben die dicken Nadelbäume beim eisigen Kuss der Kälte. Diese himmlische Landschaft inspirierte die bekanntesten kanadischen Maler, die Group of Seven. Heute leben Hunderte von Künstlern an der Bucht und nützen ihren Hinterhofgarten als Inspirationsquelle. Zeichen dieser kreativen Enklaven sind in Owen Sound und auf Manitoulin Island zu sehen. In Midland wurde die Innenstadt in eine Outdoor Galerie mit über 30 beeindruckenden Wandgemälden verwandelt.

Im Sommer ist die Georgian Bay voller Kanadier, die nach einem sandigen Plätzchen suchen, um etwas Sonne zu tanken. Wasaga, der längste Süßwasserstrand der Welt, lockt an glühend heißen Sommertagen Tausende von Gästen an. Besucher aus anderen Gebieten Ontarios nehmen am jährlichen Ritual des Verhandelns und der Aufteilung von „Hüttenzeit" teil, das zwischen den verschiedenen Familien ausgetragen wird, die schon seit Generationen im Besitz desselben Ferienhauses sind. Im Herbst, wenn die Bäume ihr schönes Laubwerk tragen, sind viele Einrichtungen geschlossen. Und im Winter sieht sich das wasserreiche Gebiet einem erneuten Andrang gegenüber, da die Gegend zu einem der besten Skigebiete Ontarios gehört. Wasaga verwandelt sich dann in ein Langlauf-Paradies, während der nahe Blue Mountain die beste Abfahrtsstrecke der Provinz bietet.

Im Vergleich zum Rest der Provinz hat dieser schmale Küstenstreifen jede Menge unterschiedliche topografische Merkmale auf kleinem Raum zu bieten. Southampton am Lake Huron kommt in den Genuss von warmem Wasser und breiten Sandstränden. Die zerklüftete Kalksteinfelsnase der benachbarten Bruce Peninsula bietet atemberaubende Steilhänge und felsige Strände. Weiter landeinwärts auf Höhe der Industriestadt Owen Sound wird das Land flacher und erhebt sich dann noch einmal steil zum Blue Mountain. Die sumpfigen Gewässer von Midland und Penetanguishene führen einen zu den zahllosen Inseln, die bei Parry Sound vor der Küste liegen. Schimmernde Quarzfelsen erheben sich von Killarney bis nach Manitoulin Island, der größten Süßwasserinsel der Welt, aus dem Wasser.

Der folgende Abschnitt ist ähnlich geordnet wie der letzte Absatz und führt im Uhrzeigersinn um die Bucht. Den Anfang macht Southampton, dann geht's weiter, die Küste entlang bis zur im Norden gelegenen Manitoulin Island. Eine Abkürzung bietet die Chi-Cheemaun Fähre (S. 153), die Manitoulin mit der Spitze der Bruce Peninsula verbindet. Die an die Bucht angrenzende Seenlandschaft zwischen Midland und Parry Sound wird ebenfalls in diesem Abschnitt behandelt. In Orillia, einer wichtigen Station auf dem Trent-Severn Waterway, gibt's einige unvergessliche Restaurants. Weiter nördlich liegt ein riesiges bewaldetes, von unzähligen Seen durchzogenes Gebiet, das Muskoka (oder auch „Die

Georgian Bay & Lakelands

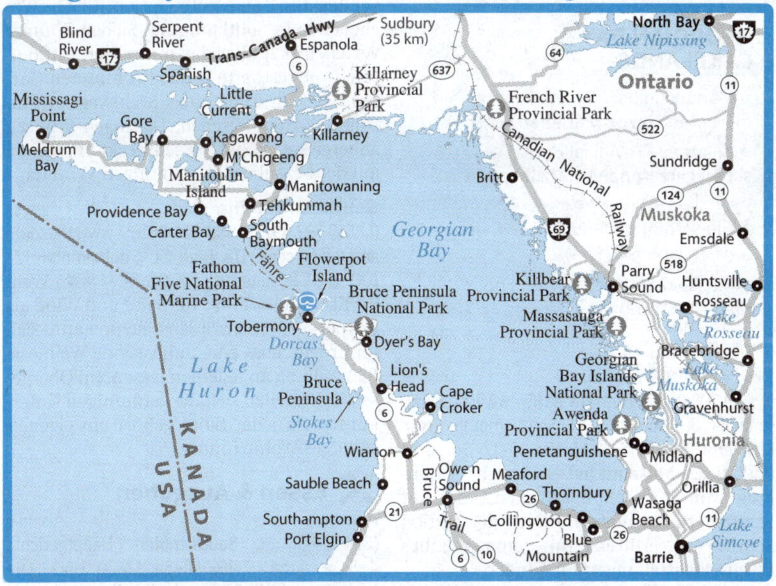

Muskokas") genannt wird. Diese Region, zwischen den Städten Gravenhurst und Huntsville gelegen, hat sich seit Langem als „Cottage Country", als Naherholungsgebiet für wohlhabende Leute aus Toronto etabliert.

Barrie

Barrie markiert das endgültige Ende der immer weiter ins Land hinauswuchernden Vorstädte von Toronto und den Anfang des „Baumwolllandes". Barrie selbst, eine mittelgroße Stadt am Lake Simcoe, wirkt mehr wie eine weitere Verlängerung von Toronto als wie ein hübscher Ferienort am See. Es lohnt sich jedenfalls, beim großen **Ontario Travel Information Centre** (☎705-725-7280, 800-668-2746; 21 Maple View Dr; ⌚Juni–Aug. 8–20 Uhr, Sept.–Mai 8.30–17 Uhr) gleich südlich von Barrie am Hwy 400 einen Stopp einzulegen.

Der Verkehr Richtung Norden kann am Freitagnachmittag sehr unangenehm werden, ebenso der Verkehr am Sonntagabend (oder an einem Ferienwochenende am Montagabend) Richtung Süden. Greyhound Canada und Ontario Northland fahren hinunter nach Toronto und hinauf nach Sudbury, North Bay und darüber hinaus. Beide Unternehmen bieten zwischen Toronto und Barrie auch Expressbusse (19 C$, 1½ Std., stündl.).

Southampton & Umgebung

Da die meisten Einkaufsmöglichkeiten und das heftige Nachtleben im nahegelegenen Port Elgin zu finden sind, ist das ruhige Southampton frei von rüpeliger Sommerferienatmosphäre. Zuweilen wirkt der Sandstrand der idyllischen Kolonie geradezu unentdeckt, und bei einem Bummel in den Straßen entdeckt man altmodische Familiengeschäfte und hie und da Wohnhäuser im Queen-Anne-Stil.

Sehenswertes & Aktivitäten

Chantry Island AREAL

Auf der nur 2 km der Küste vorgelagerten Chantry Island gibt's einen einsamen Leuchtturm sowie ein Schutzgebiet für Zugvögel. Die Insel ist nur mit **Chantry Island Tours** (☎519-797-5862, 866-797-5862; www.chantryisland.com; 28,25 C$/Pers.; ⌚Juni–Mitte Sept.) zu erreichen. Informative Ausflüge der Marine Heritage Society vermitteln faszinierende Einblicke in die Schifffahrtsvergangenheit der Region, dabei kann man auch den blinkenden Leuchtturm erklimmen. Unbedingt vorab buchen, da pro Tour nur neun Personen mitkommen können.

NICHT VERSÄUMEN

GEORGIAN BAY & LAKELANDS

» Manitoulin Island – im Sommer ein munteres Powwow erleben (S. 164)

» Killarney Provincial Park – zwischen glitzernden Quarzitklippen Kajak fahren (S. 163)

» Blue Mountain – luxuriöse Skiabenteuer erleben (S. 154)

» Muskoka – tiefe Seen und hohe Kiefern (S. 159)

Bruce County Museum MUSEUM
(☎519-797-2080, 866-318-8889; www.brucemuseum.ca; 33 Victoria St N, Southampton; Erw./Kind/erm. 8/4/6 C$; ⏰Mo–Sa 10–17, So ab 13 Uhr) Dieses Museum hat eine reiche Sammlung von Ausstellungsstücken, die mit Schiffen zu tun haben, die in der Region Schiffbruch erlitten. Im Sommer gibt's Wechselausstellungen für Kinder.

Saugeen River KAJAKFAHREN
Der Saugeen River, der bei Southampton in den Lake Huron fließt, ist eine der am besten für Kanuten und Kajakfahrer erschlossenen Strecken im Süden Ontarios. **Thorncrest Outfitters** (☎519-797-1608, 888-345-2925; www.thorncrestoutfitters.com; 193 High St, Southampton) bietet eine große Palette an kurzen selbstgeführten und geführten Touren, die auf ungeübte Paddler ausgerichtet sind. Darüber hinaus bietet das Unternehmen auch Abenteuer für Selbstständigere, darunter eine malerische Tagestour (50 C$/Kanu) und eine dreitägige Paddeltour mit ruhigen Abenden in historischen Gasthöfen (335 C$ alles inkl.). Thorncrest hat noch eine zweite Filiale in Tobermory auf der Bruce Peninsula.

Rail Trail PARK
Radfahrer werden die 25 km lange Tour entlang einer aufgegebenen Bahnstrecke lieben. Sie beginnt an der Kreuzung Albert St und Adelaide St und endet in der kleinen Ortschaft Paisley.

Schlafen

Chantry Breezes B&B $$
(☎519-797-1818, 866-242-6879; www.chantrybreezes.com; 107 High St, Southampton; Zi. mit Frühstück 110–150 C$; P) Dieses alte Herrenhaus im Queen-Anne-Stil, das sich hinter knorrigen, immergrünen Pflanzen versteckt, ist eine gute Option für ein Wochenende in Southampton. Sieben Zimmer verteilen sich über das mit netten Antiquitäten vollgestopfte Haus. Im hinteren Garten liegt am Ende eines Steinwegs ein intimes Gartenhäuschen. Das nach Wunsch zubereitete Frühstück schmeckt am besten auf der bezaubernden, sonnigen Veranda.

Southampton Inn INN $$
(☎519-797-5915, 888-214-3816; www.thesouthamptoninn.com; 118 High St, Southampton; Zi. 100–130 C$, Suite 100–136 C$; P) Wem die Strandmischung aus Sand und Wind als Körperpeeling nicht ausreicht, kann sich im Erdgeschoss eine umfassende Wellness-Behandlung angedeihen lassen. Im Obergeschoss verteilen sich die geräumigen Unterkünfte: Zu jeder Suite gehört ein eigenes, sonniges Wohnzimmer.

Essen & Ausgehen

Armen's FUSION $
(224 High St, Southampton; Hauptgerichte 4–8 C$; ⏰tgl. 9–16, Mi–Sa 17–20 Uhr) Die örtlichen Billiglokale links liegen lassen und sich von dem munteren Armen ein schmackhaftes Sandwich von der sich ständig ändernden Karte zubereiten lassen. Die wechselnden Menüs, die es im Juni, Juli und August abends gibt, sind international, mal kanadisch, mal marokkanisch. So bleiben die Geschmacksnerven auf Trab. Man kann sein Essen oben auf der sonnigen Dachterrasse genießen.

Elk and Finch CAFÉ $
(54 Albert St, Southampton; Hauptgerichte 7–9 C$; ⏰So–Do 8–20, Fr & Sa bis 21 Uhr, Winter Mo & Di geschl.) Dieser „Coffee Pub" hat mehr als Kaffee und alkoholische Getränke zu bieten: Sandwiches, Salate und Pizzas mit dünnem, knusprigen Boden sorgen fürs leibliche Wohl. Man trinkt sein angesagtes Bier in dem wackeligen Haus oder setzt sich draußen an einen Tisch auf dem Rasen.

Praktische Informationen

Die kleine **Southampton Chamber of Commerce** (☎519-797- 2215, 888-757-2215; 201 High St, Southampton; ⏰Mo–Sa 10–16, So ab 12 Uhr) befindet sich im Rathaus – dem großen Backsteingebäude mit dem Uhrenturm. Umfassendere Infos zur Region erhält man im **Saugeen Shores Chamber Office** (☎519-832-2332, 800-387-3456; 559 Goderich St; ⏰Mo–Fr 9–17, Sa 10–16, So 12–16 Uhr), das sich 8 km den Strand hinunter in Port Elgin befindet.

An- & Weiterreise

Flugreisende, die am Lester B. Pearson International Airport in Toronto ankommen, haben mit dem **Grey Bruce Airbus** (☎519-389-4433; www.greybruceairbus.com) Anschluss nach Southampton und Port Elgin (72 C$, 3 Std., 4-mal tgl.). Vom Busbahnhof in der Downtown fährt ein Bus von **Can-ar** (☎800-387-7097; www.can-arcoach.com) nach Port Elgin (35–40 C$, 4¾ Std., tgl.). Endstation ist bei Ralph's Hi-way Shoppette im Zentrum.

Bruce Peninsula

„The Bruce", wie sie genannt wird, ist eine 80 km lange Kalkstein-Felsnase mit zerklüfteten Küsten und grünen Wäldern am nördlichen Ende der Niagara-Schichtstufe. Der fingerartige Landvorsprung trennt das kristallklare, kalte Wasser der Georgian Bay von den warmen Fluten des Lake Huron.

Der wichtigste Ausgangspunkt für Traveller ist Tobermory, ein charmant-unprätentiöses Dorf an der Spitze der Halbinsel. Die Aktivitäten konzentrieren sich in dem als „Little Tub" bezeichneten Hafengebiet, wo es in der Zeit, wenn die Fähren fahren, mächtig wimmelt, während es im Winter hier nahezu ausgestorben ist. Der 100 km lange Highway-Abschnitt von Wiarton nach Tobermory ist absolut trostlos. Man sollte hier schon einmal die eine oder andere Nebenstraße nehmen, um die ländliche, oft raue Landschaft kennenzulernen, die The Bruce auszeichnet.

Sehenswertes

Vom Hwy 6 führt die Dyer's Bay Rd gleich südlich der Grenze des Bruce Peninsula National Park ins idyllische Dorf **Dyer's Bay**. Das niedliche Dörfchen erinnert mit seinen hübschen Schindelhäusern und seiner Strandlandschaft an Cape Cod (bei der Anfahrt auf der Dyer's Bay Rd nicht aussteigen, weil die Straße von Giftsumach gesäumt ist). Im **Cabot Head Lighthouse** (Eintritt gegen Spende; ⌚Mai–Mitte Okt.), rund 7 km von Dyer's Bay, gibt's ein kleines Museum und einen tollen Ausblick aus dem Leuchtturmwärterhäuschen. Es gibt noch weitere, leichter zu erreichende Leuchttürme auf der Halbinsel, aber die schwierige Anfahrt gehört zum Spaß mit dazu.

Die bekannteste und besuchteste Stelle des **Fathom Five National Marine Park** ist Flowerpot Island, die nach den „Blumentöpfen" der Region benannt ist: kopflastig, einsturzgefährdet wirkende Felsformationen, die von der Erosion durch die Wellen geschaffen wurden. Von der Fähranlegestelle unternehmen mehrere kleine Glasbodenschiffe Ausflugsfahrten, bei denen man einen guten Blick auf die rostigen, von Rankenfußkrebsen besetzten Schiffswracks am Grund hat

Aktivitäten

Weitere Infos über Aktivitäten auf der zerklüfteten Halbinsel finden sich unter www.explorethebruce.com.

Kajakfahren

Thorncrest Outfitters (☎519-596-8908, 888-345-2925; www.thorncrestoutfitters.com; Hwy 6, Tobermory) veranstaltet diverse Kajaktouren entlang der Bruce Peninsula, die hauptsächlich auf mittelgute Paddler ausgerichtet sind. Infos über zusätzliche Pad-

UNTERWEGS AUF DEM BRUCE TRAIL

Der Bruce Trail zieht sich über 800 km auf dem Kamm der Niagara-Schichtstufe von der Niagara Peninsula bis zur Bruce Peninsula hin. Der breite, gut unterhaltene Weg eignet sich in den Sommermonaten wunderbar zum Wandern, während man sich im Winter hier prima mit Langlaufskiern oder Schneeschuhen tummeln kann. Der 1967 eröffnete Weg ist der älteste Wanderweg Kanadas und der längste in Ontario.

Der Weg führt über privates und öffentliches Land, teilweise auch über Straßen. In Niagara wandert man durch Weinberge, während man weiter im Norden von den weißen Klippen der Niagara-Schichtstufe einen tollen Blick auf das blaue Wasser der Georgian Bay hat. Aber auch dazwischen erlebt man eine einmalige, prachtvolle Landschaft.

Dank vieler Zugänge sind Tageswanderungen auf der Bruce Penninsula eine nette Möglichkeit, einen sonnigen Nachmittag zu verbringen. Wer längere Strecken wandern will, findet viele Campingplätze, auf denen man günstig übernachten kann. Zudem stehen in den Ortschaften, durch die der Trail führt, B&Bs und Gasthöfe für müde Traveller zur Verfügung.

Infos aller Art, u. a. über Wegezustand und Unterkünfte, gibt's auf www.thebruce.org.

delmöglichkeiten gibt's im Shop in Southampton. Leute, die auf eigene Faust paddeln wollen, können bei dem freundlichen Veranstalter praktisch alles mieten.

Tauchen

Die kristallklaren Gewässer um The Bruce gehören zu den besten Stellen in Nordamerika, um nach Wracks zu tauchen. Man kann sich einen Weg zu 22 einzelnen Wracks bahnen, die teilweise noch aus dem 19. Jh. stammen. Die Sicht im Wasser ist außergewöhnlich gut, doch ist das Wasser eisig kalt. Alle Taucher müssen sich persönlich beim **Parks Canada Visitor Centre** (☎519-596-2233; www.pc.gc.ca/fathomfive; Alexander St, Tobermory) anmelden.

G&S Watersports (☎519-596-2200; www.gswatersports.net; 8 Bay St S, Tobermory) und **Diver's Den** (☎519-596-2363; www.diversden.ca; 3 Bay St S, Tobermory) vermieten Ausrüstung und bieten Zertifizierungskurse (545–675 C$ für das Open-Water-Zertifikat) sowie „Schnupper-Tauchgänge" für Anfänger (180–200 C$) an.

Wandern

Der **Bruce Peninsula National Park** (☎519-596-2233; Tageskarte 11,70/Fahrzeug; ⏲Mai–Mitte Okt.) hat einige der größten Highlights an der Georgian Bay zu bieten: die Niagara-Schichtstufe, 1000 Jahre alte Rotzedern und seltene Orchideen. Der Mittelpunkt der meisten Aktivitäten im Park ist der **Cyprus Lake Campground & Visitor Centre** (☎519-596-2263; Cyprus Lake Rd; ⏲8–16.30 Uhr), von wo aus leichte Wanderungen von 1 bis 5 km Länge veranstaltet werden. Besonders beliebt sind die Wanderungen zur Grotto, zum Halfway Rock Point und zur Halfway Log Dump.

Schlafen & Essen

Im Sommer ist es unbedingt erforderlich, seine Unterkunft im Voraus zu buchen. Eine Übersicht über die Unterkünfte in der Gegend findet man unter www.bbgreybruce.com.

Zelten kann man im **Bruce Peninsula National Park** (☎519-596-2233; ⏲May–Mitte Okt.; Stellplatz offenes Gelände/Campingplatz 8/22 C$). Stellplätze im offenen Gelände kann man beim **Cyprus Lake Campground** (☎519-596-2263; Cyprus Lake Rd; Stellplatz 23–50 C$) buchen; Reservierungen für Campingplätze müssen über **Parks Canada** (☎877-737-3783; www.pccamping.ca) vorgenommen werden.

Die folgenden Unterkünfte und Restaurants befinden sich in dem malerischen Ort Tobermory an der Spitze der Halbinsel.

Cedar Vista Motel MOTEL $$
(☎519-596-2395; 7370 Hwy 6; Zi. 69–99 C$) Das superordentliche Motel liegt unmittelbar vor der Einfahrt nach Tobermory gleich rechts vom Highway und hat viele Stammgäste. Der kostenlose Kaffee in der Lobby bringt einen in Schwung.

Innisfree B&B $$
(☎519-596-8190; www.bbcanada.com/innisfree; 46 Bay St; Zi. 84–144 C$; ⏲Mai–Okt.; P ⊜) Die Gäste lieben dieses charmante Landhaus, in dem es nach frischen Blaubeermuffins duftet. Aus dem Sonnenzimmer und von der großen Terrasse aus hat man einen tollen Blick auf den Hafen.

Princess Hotel HOTEL $$
(☎519-596-8282, 877-901-8282; www.tobermory-hotel.com; 34 Bay St; Zi. 75–130 C$; P 📶) Das Princess wirbt mit Hafenblick von großen Balkonen. Das bieten aber nicht alle Zimmer, deshalb sollte man vor der Reservierung nachfragen.

Mermaid's Secret CAFÉ $$
(7433 Hwy 6; Hauptgerichte 8–14 C$) Von der abgeschirmten hinteren Terrasse des bunten Schuppens blickt man in einen bemoosten Forst. Mit Biokaffee aus fairem Handel, Gourmetsandwiches, frischem und geräucherten Fisch aus der Region und hausgemachten Kuchen lässt die Karte keine Wünsche offen. Gesättigt und gestärkt kann man dann der Boutique nebenan einen Besuch abstatten.

Craigie's FAST FOOD $$
(Fish & Chips 10,50 C$; ⏲Mai–Okt. 7–19 Uhr) In der weißen Baracke am See in Tobermory werden seit 1932 Fish & Chips angeboten; mittlerweile kennt man sich hier damit also aus. Wer in der Frühe aber keine Lust auf panierten Fisch hat, dem bleiben als solide zweite Wahl die herzhaften Gerichte von der Frühstückskarte.

Praktische Informationen

Bruce County Tourism (☎800-268-3838; ⏲Mo–Fr 8.30–16.30 Uhr) Nur telefonischer Auskunftsdienst, kein Büro.

Parks Canada Visitor Centre (☎519-596-2233; Alexander St; ⏲Mo–Fr 10–18, Sa ab 8 Uhr) Besitzt ein fantastisches Infozentrum, Ausstellungen, ein Kino, mehrere Wanderwege und einen hohen Aussichtsturm.

Tobermory Chamber of Commerce (519-596-2452; www.tobermory.org; Hwy 6; Sept.–Juni 9–17 Uhr, Juli & Aug. bis 21 Uhr).

An- & Weiterreise

Busse zur Bruce Peninsula fahren nur von Ende Juni bis Anfang September von Freitag bis Sonntag. **First Student** (519-376-5712) ist zwischen dem Owen Sound und Tobermory (28 C$, 1½ Std., Juni–Anfang Sept. Fr–So tgl.) unterwegs mit Zwischenstopps auf der Halbinsel u. a. in Wiarton, Lion's Head (nur auf Anfrage) und Cyprus Lake.

Mit der Chi-Cheemaun-Fähre gelangt man von der Bruce Peninsula quer über die Mündung der Georgian Bay zur Insel Manitoulin. Das von **Ontario Ferries** (800-265-3163; www.ontario ferries.com; Erw./Kind/Auto 16/8/34,70 C$; Anfang Mai–Mitte Okt.) betriebene Schiff verbindet Tobermory mit South Baymouth (2 Std.). Von Ende Juni bis Anfang September gibt's täglich vier Überfahrten, in der übrigen Betriebszeit zwei plus einer Zusatzfahrt am Freitagabend. Reservierung dringend geboten.

Owen Sound

Owen Sounds schäbige Vergangenheit als Verladestation war geprägt von langsamen Booten und leichten Mädchen. In der gammeligen Hafenstadt, die als „Klein-Liverpool" bekannt war, treiben sich so viele rüde Gestalten herum, dass der Alkoholausschank mehr als 60 Jahre lang streng verboten war. 1972 wurde das Verbot aufgehoben, und Owen Sound verwandelte sich in eine blühende Künstlerkolonie. Im **Owen Sound Visitor Information Centre** (519-371-9833, 888-675-5555; www.owensound.com; 1155 1st Ave W; Ende Mai–Mitte Okt. 9–17 Uhr, Mitte Okt.–Ende Mai Mo–Fr 9–17, Sa ab 11 Uhr) weist man einem den Weg zu ein paar Naturattraktionen und einigen interessanten Museen. Zu diesen gehört auch das vor Ort befindliche **Marine & Rail Museum** (519-371-3333; www.marinerail.com; 1155 1st Ave W; Erw./Kind 5/2 C$; Ende Mai–Mitte Okt. 10–16 Uhr, Mitte Okt.–Ende Mai Di–Fr 10–16, Sa & So 11–15 Uhr).

Sehenswertes & Aktivitäten

Tom Thomson Art Gallery MUSEUM
(www.tomthomson.org; 840 1st Ave W; Erw./Kind 5/3 C$; Juni–Aug. Mo–Sa 10–17, So ab 12 Uhr, Sept.–Juni Di–Fr 11–17, Sa & So ab 12 Uhr) Die Galerie zeigt Werke von Tom Thomson, einem leidenschaftlichen Naturliebhaber und Stammvater der modernen kanadischen Landschaftsmalerei. Seine intimen, geradezu schwelenden Naturdarstellungen inspirierten die Gründung der Künstlervereinigung Group of Seven. Thomson wuchs in Leath auf, und viele seiner Bilder wurden in nahen, herbstlichen Wäldern gemalt. In den Wechselausstellungen werden daneben auch Werke aus der Sammlung zeitgenössischer kanadischer Kunst gezeigt.

Grey Roots MUSEUM
(www.greyroots.com; 102599 Grey Rd 18, RR 4; Erw./Kind/erm. 8/4/6 C$; Ende Mai–Aug. 10–17 Uhr, Sept.–Ende Mai So & Mo geschl.) Grey Roots, in der Nähe von Inglis Falls, widmet sich mit Exponaten zu den frühen Siedlern und Lokalberühmtheiten der reichen Pioniergeschichte der Region. Interaktive Präsentationen behandeln die natürlichen Ressourcen der Region, ihr Klima und die Topografie. Bei den Wechselausstellungen herrscht keinerlei logischer Zusammenhang: So galt eine Dinosaurierfunden in Alberta, während die nächste über die Geschichte der Toilette informierte.

Billy Bishop Heritage Museum MUSEUM
(www.billybishop.org; 948 3rd Ave W; Erw./Kind/Student 5/2/4 C$; Juli–Aug. Mo–Sa 10–16, So 12–17 Uhr, Sept.–Juni Di–So 12–16 Uhr, Jan. & an den Wochenenden Feb. & März geschl.) Dem örtlichen Helden William Avery („Billy") Bishop, Kanadas berühmtem Fliegerass aus dem 2. Weltkrieg, gilt die Ausstellung in dem Haus, in dem er aufwuchs und das heute das Billy Bishop Heritage Museum beherbergt. In dem alten viktorianischen Haus werden Wechselausstellungen, z. B. zu örtlichen Veteranen oder zur Geschichte der kanadischen Luftfahrt gezeigt.

Wasserfälle PARKS
In der Gegend gibt es acht malerische Wasserfälle, davon vier praktisch direkt im Ort. Mit einem Fahrrad von **Jolley's Alternative Wheels** (519-371-1812; www.alternative wheels.com; 939 2nd Ave E; Vermietung 39 C$/Tag; Di–Fr 11.30–18.30, Sa 11–18 Uhr) kann man die nahegelegenen Fälle erkunden oder eine Fahrt auf der Grey County Rd 1 unternehmen, die sich unter hohen Kiefern an der malerischen Küste zwischen Owen Sound und Wiarton entlangschlängelt.

Feste & Events

Summerfolk Music Festival MUSIK
(www.summerfolk.org) Die dreitägige Jam-Session Mitte August ist eines der bedeutendsten Folk-Festivals auf dem nordame-

rikanischen Kontinent. Künstler wie Dar Williams oder Bruce Cockburn kommen aus aller Welt, um auf der Bühne am See vor begeisterten Fans zu spielen. Karten für das Wochenende gibt's ab 83 C$.

Schlafen & Essen

Eine umfangreiche Liste von B&Bs in der Region ist unter www.bbgreybruce.com zu finden.

Butchart Estate B&B $$
(☎519-371-0208, 877-280-2403; www.butchartestate.com; 919 5th Ave E; EZ/DZ 109/129 C$; P ☒) Als die Familie Butchart, die später durch die Butchart Gardens (S. 757) berühmt wurde, aus Schottland nach Kanada kam, errichtete sie dieses große Herrenhaus. Das Queen-Anne-Haus mit Spitzturm und Backsteingiebel ist ein Stilmischmasch, zu dem noch zusätzlich der moderne große Hallenpool und die Badewanne beitragen. Leider zieht sich um das Gelände ein Wohnblock.

Diamond Motor Inn MOTEL $$
(☎519-371-2011; www.diamondmotorinn.com; 713 9th Ave E; Zi. 60–89 C$; P ☒) Eine angenehme Option ohne Schnickschnack: Das kleine Motel bietet helle, holzgetäfelte Zimmer mit Einbauküchen.

Rocky Racoon Café FUSION $$$
(☎519-376-2232; 941 2nd Ave E; Hauptgerichte 15–23 C$; ⊙Mo–Sa 11–23 Uhr; ☑) In diesem Öko-Lokal gibt's Wildschwein und tibetische Klöße sowie Angebote für Vegetarier und Veganer. Groß ist die Auswahl an südasiatischen Gerichten, insbesondere köstlichen Currys.

Jazzmyn's Tapas & Taps FUSION $$
(267 9th St E; Tapas 8–9 C$, Hauptgerichte 11–16 C$; ⊙Mo–Sa 11.30–2 Uhr) In dem dunkelpurpurroten Raum, der ein wenig wie der Salon einer Chiromantin wirkt, wird bei Kerzenschein Bier vom Fass (darunter Creemore!) serviert. Dazu gibt's Livemusik von keltisch bis Folk. Da lässt sich getrost eine gute Zukunft voraussagen.

Shoppen

Eine Liste mit über 50 Ateliers örtlicher Künstler findet man in *The Art Map* oder online unter www.theartmap.com.

Owen Sound Artists' Co-op GALERIE
(www.osartistsco-op.com; 279 10th St E; ⊙Mo–Sa 9.30–17.30, So 12–16 Uhr) Die Kooperative bietet ein Sortiment an Kunsthandwerk von örtlichen Künstlern. Man kann stundenlang die hochwertigen Töpferwaren, Fotos, Korbwaren, Webearbeiten und Schmuckstücke betrachten, während im Hintergrund experimentelle New-Age-Musik dudelt.

Owen Sound Farmers' Market MARKT
(www.owensoundfarmersmarket.ca; 114 8th St E; ⊙Sa 7–12.30 Uhr) Diese Handelskooperative ist eine der ältesten in Ontario. Zu der bunten Produktpalette, die jede Woche in dem alten Backstein-Wasserwerk angeboten wird, gehören reifes Obst und Gemüse, Ahornsirup, Seifen und Backwaren.

An- & Weiterreise

Busse von Greyhound Canada fahren von Owen Sound nach Toronto (37 C$, 4¼ Std., 2-mal tgl.) und Barrie (35 C$, 2½ Std., 2-mal tgl.). Die Busse von **First Student** (☎519-376-5712) von Owen Sound auf die Bruce Peninsula (28 C$, 1½ Std., tgl.) verkehren nur von Ende Juni bis Anfang September, und zwar ausschließlich von Freitag bis Sonntag.

Collingwood & Blue Mountain

Collingwood und Blue Mountain sind zweieiige Zwillinge. Die Kleinstadtatmosphäre im ruhigen Collingwood gleicht der anderer Gemeinden an der Bucht, aber Blue Mountain ist da ein ganz anderes Kaliber. Das Dorf Blue Mountain ist die neueste Schöpfung von Intrawest, dem gleichen Unternehmen, das schon in Whistler in British Columbia und Mont-Tremblant in Québec zuschlug. Das Rezept für Hochglanz-Skiresorts, das die Firma umsetzt, ist denkbar simpel: Einfach alpine Skiorte wie Zermatt oder Gstaad klonen und jeden erdenklichen Luxus hinzufügen. Zwar ist die neue Enklave noch im Bau, aber ein großer Teil ist bereits fertiggestellt.

Sehenswertes & Aktivitäten

Blue Mountain (www.bluemountain.ca) bietet die besten Ski- und Snowboard-Bedingungen in Ontario: Freistil-Gelände, viele Halfpipes, Schienen zum Ein- und Rausspringen, 16 Lifts und mehr als 35 Pisten von anfängergeeignet bis extrem schwer. Eine Lift-Tageskarte (gültig von 9–16.30 Uhr) kostet 57 C$ für Erwachsene und 39 C$ für Jugendliche und Senioren. Nachmittags- (12.30–16.30 Uhr) und Abendkarten (16.30–22 Uhr) gibt's für 39 C$. Die ganze Saison hindurch gibt es auch Sonderangebote.

Die Blue Mountain Snow School bietet Kurse für Ski- und Snowboardfahrer von Anfänger bis Fortgeschritten. Der Anfängerkurs für Erwachsene kostet 69 C$, darin sind die Lift-Tageskarte, der Unterricht und die Miete für die Ausrüstung (Ski oder Snowboard) enthalten.

Im Sommer bietet das Resort unzählige Aktivitäten in der Umgebung an, darunter Mountainbike fahren, Segeln, Bergsteigen, Wandern und Windsurfen. Details und Infos zu Buchungen erhält man bei **Activity Central** (705-443-5522; www.blueactivities.com; 9–19 Uhr, Juli–Aug. & Mitte Dez.–Mitte März bis 21 Uhr) in dem Laden an der Main St im Dorf, gleich neben der Events Plaza.

Mit **Free Spirit Tours** (705-444-3622, 519-599-2268; www.freespirit-tours.com) kann man Abenteuer abseits der Massen erleben. Man kann einen erlebnisreichen Tag beim Felsklettern auf der Niagara-Schichtstufe (110 C$) verbringen oder in den Wintermonaten Schneeschuhlaufen (45 C$) und Höhlenwandern (65 C$). Auch Wanderungen, Radfahrten und Kajaktouren sind im Angebot.

Schlafen & Essen

Die Unterkünfte in Collingwood und Blue Mountain sind recht teuer, da das Gebiet ein ganzjähriger Touristenmagnet ist. Blue Mountain bietet mehrere Optionen, die alle im mittleren bis oberen Preissektor angesiedelt sind. In Collingwood gibt's mehrere B&Bs sowie die üblichen Allerwelts-Motels am Hwy 26. Beim Bummel durch das synthetisch-charmante Blue Mountain entdeckt man zahlreiche, familienfreundliche Restaurants. In allen wird man zufriedenstellend verköstigt, aber besonders spektakulär ist keines. Auch in der Hurontario St in Collingwood finden sich eine Reihe von Restaurants.

Beild House Country Inn B&B $$$

(705-444-1522, 888-322-2394; www.beildhouse.com; 64 3rd St; Zi. 280–340 C$;) Das Beild House ist ein großartiges altes Gebäude, das um die Wende zum vorigen Jahrhundert errichtet wurde und in dem es heute spuken soll. Das Ambiente ist etwas plüschig (Himmelbetten und ein extravagant aufgemachter Tisch), aber im Preis sind das Frühstück, der Nachmittagstee und ein 5-Gänge-Menü am Abend enthalten. Es gibt ein Wellnessbad zum Entspannen und Romantik-Pauschalangebote. Die Preise gelten für zwei Personen.

Blue Mountain Inn HOTEL $$$

(705-445-0231, 877-445-0231; www.bluemountain.ca; Zi. 130–200 C$;) Als dieses Hotel errichtet wurde, bestanden Skier noch aus Holz, aber glücklicherweise ist das Haus in den letzten Jahren renoviert worden. Dadurch sind die einfachen Zimmer behaglich geworden; es gibt weiße Daunendecken und neue Matratzen

Grandma Lambe's MARKT $

(Hwy 26; Sa–Do 8–18, Fr bis 19 Uhr) Den 35 km langen Weg zu Grandma Lambe's (westlich am Hwy 26 zw. Thornbury und Meaford) wird man nicht bereuen. Der Laden ist ein Durcheinander von Ahornsiruperzeugnissen, Butter Tarts, frischem Gemüse und Tischen mit Pies, Brötchen und Marmeladen.

Café Chartreuse FUSION $$

(705-444-0099; 70 Hurontario St; Hauptgerichte 11–18 C$; Mi–Mo morgens & mittags) Pfannkuchen mit warmer Butter und Ahornsirup, Sandwiches auf frischem Brot: die französisch geschulten Köche verstehen ihr Handwerk. Man isst entweder vor Ort ein Gericht von der sich ständig ändernden Karte oder schnappt sich ein Spanakopita oder eine herzhafte Tart für unterwegs.

Praktische Informationen

Blue Mountain (705-445-0231; www.bluemountain.ca) Unter der Sammelnummer bzw. auf der Website findet man alle Informationen zu dem Resort. Eine praktische Karte mit zusätzlichen Informationen erhält man in allen Hotels des Ferienkomplexes.

Georgian Triangle Lodging Association (705-445-0748; 9–17 Uhr) Sammelnummer für die Buchung von Unterkünften.

Georgian Triangle Tourism Association (705-445-7722; www.visitsoutherngeorgianbay.ca; 30 Mountain Rd, Collingwood; 9–17 Uhr)

Anreise & Unterwegs vor Ort

Busse von Greyhound Canada fahren nach Owen Sound (22 C$, 1 Std., 2-mal tgl.) und Barrie (22 C$, 1½ Std., 2-mal tgl.), Abfahrt ist an der Bushaltestelle in Collingwood bzw. am Blue Mountain Inn. **Ace Cabs** (705-445-3300, 705-445-0300) befördern einen zwischen Collingwood und Blue Mountain (17 C$, 15 Min.).

Wasaga Beach

Wasaga genießt die Auszeichnung, den längsten Süßwasserstrand der Welt zu besitzen. Es ist außerdem das Toronto am nächsten gelegene komplett erschlossene Strandresort, sodass sich hier jeden Sommer Tausende von Besuchern tummeln. Der größte Teil der 14 km langen Strecke aus weichem Sand und spritzenden Wellen gehört zum **Wasaga Beach Provincial Park** (☎705-429-2516; Tageskarte 15 C$/Fahrzeug; ⏲Mitte Okt.–April geschl.), in dem Campen verboten ist. Im Sommer ist am Strand so viel los, dass viele Leute gar nicht wissen, dass sich die urtümlichen Sanddünen von Wasaga im Winter in ein tolles Skilanglauf-Gelände verwandeln

Die **Chamber of Commerce** (☎705-429-2247, 866-292-7242; www.wasagainfo.com; 550 River Rd; ⏲Mo–Fr 9–17, Sa & So 10–16 Uhr) ist eine prima Adresse, wenn man eine Unterkunft sucht. Bei einer Fahrt durch die Main St oder die Mosley St wird man mehrere Unterkunftsoptionen entdecken; es gibt auch viele Unterkünfte direkt am Strand.

Busse von Wasaga Beach nach Barrie (11 C$, 1 Std.) und weiter nach Toronto (28 C$, 2½ Std.) fahren zweimal täglich vor dem **Daisy Mart** (☎705-429-4575; 620 River Rd W) ab.

Midland

Das kleine Wirtschaftszentrum Midland ist der interessanteste Flecken in der Huronenregion. Die Huronen oder Wendat siedelten als erste in dem Gebiet und begründeten eine Konföderation, um die Zusammenarbeit mit den benachbarten indigenen Völkern voranzutreiben. Später lockte diese Allianz französische Entdecker, insbesondere Jesuitenmissionare an. Ein großer Teil der faszinierenden Geschichte von Midland handelt von den blutigen Auseinandersetzungen der Indianer mit den Vorkämpfern des Christentums.

Sehenswertes & Aktivitäten

Martyrs' Shrine — DENKMAL

(www.martyrs-shrine.com; Erw./Kind 4 C$/frei; ⏲Ende Mai–Mitte Okt. 8.30–21 Uhr) Midlands größte Attraktion ist der Märtyrerschrein, ein Denkmal für sechs Jesuitenmissionare, die in den Auseinandersetzungen zwischen den Huronen und Irokesen von den Irokesen gefangengenommen und getötet wurden. Zu der Anlage gehören eine große Grünfläche voller Kreuze und eine imposante Kirche. Zehntausende Pilger strömen jährlich hierher, um dem hl. Märtyerer Jean de Brébeuf ihre Reverenz zu erweisen. 1984 stattete auch Johannes Paul II. der Stätte einen Besuch ab.

Ste-Marie among the Hurons — HISTORISCHE STÄTTE

(☎705-526-7838; www.saintemarieamongthehurons.on.ca; Hwy 12; Erw./Kind 11,25/8,50 C$; ⏲Mai–Sept. 10–17 Uhr) Gegenüber vom Martyr's Shrine liegt auf der anderen Straßenseite Ste-Marie among the Hurons, die Rekonstruktion der historischen französischen Jesuitenmission aus dem 17. Jh. Kostümiertes Personal schwärmt den Besuchern lächelnd etwas von Leiden und Entbehrungen vor.

Wye Marsh Wildlife Centre — NATURSCHUTZGEBIET

(16160 Hwy 12; Erw./Kind/erm. 11/8/8,50 C$; ⏲9–17 Uhr) Im Wye Marsh Wildlife Centre, gleich neben der Mission Ste-Marie, gibt es Bohlen- und Wanderwege sowie eine Aussichtsplattform mit Blick über die Marsch. Im Park leben eine Reihe ungewöhnlicher Vögel, darunter der berühmte Trompeterschwan, dessen Bestände kurz vor dem Zusammenbruch standen, sich aber inzwischen prächtig erholt haben. Führungen sind im Eintrittspreis enthalten, und Kinder können auch Wildtiere füttern. Kanutouren durch den Sumpf kosten 5 C$ extra.

30 000 Island Tours — BOOTSFAHRT

(☎705-549-3388, 888-833-2628; www.midlandtours.com; Erw./Kind/erm./Fam. 27/14/25/66 C$; ⏲Ende Mai–Mitte Okt.) *Miss Midland* ist kein regionaler Schönheitswettbewerb, sondern der Name eines Schiffes, das von 30 000 Island Tours betrieben wird. 2½-stündige Bootsfahrten starten täglich um 14 Uhr, im Juli und August gibt's zusätzlich eine Fahrt am Morgen und eine Dinner-Kreuzfahrt.

Wandmalereien — KUNST

Midland ist bekannt für seine Wandmalereien, die die Innenstadt in eine Freiluftgalerie verwandelt haben. Die diversen Fresken machen in atemberaubenden Bildern die Geschichte der Region lebendig. Die Bilder wurden in den 1990er-Jahren in Auftrag gegeben; die meisten stammen von dem begabten Fred Lenz. Eine praktische detaillierte Karte ist in der Touristeninformation erhältlich.

Huronia Museum & Huron-Ouendat Village — MUSEUM

(☎705-526-2844; www.huroniamuseum.com; 549 Little Lake Park Rd; Erw./Kind/erm. 8,60/

5,40/7,55 C$; ⌚9–17 Uhr) Das Huronia Museum & Huron-Ouendat Village ist der Nachbau einer 500 Jahre alten Siedlung der Huronen/Wendat (stammt also aus der Zeit vor der Ankunft der französisch-jesuitischen Seelenretter). Das Museum betreibt ein aktives Kunstprogramm und hat eine Sammlung von fast einer Million Exponate. Der Bau einer Erweiterung ist geplant.

Schlafen & Essen

Galerie Gale B&B **$$**

(☎705-526-8102; www.galeriegale.com; 431 King St; Zi. 85–120 C$; Ⓟ) Das einladende B&B im Tudor-Stil ist mit den lebensfrohen, abstrakten Bildern der Betreiber geschmückt. Mit den inspirierenden Gastgebern kann man beim köstlichen Frühstück Reiseerzählungen austauschen und dann einen Spaziergang am nur ein paar Blocks entfernten Jachthafen machen.

Little Lake Inn INN **$$**

(☎705-526-2750, 888-297-6130; www.littlelakeinn.com; 669 Yonge St; Zi. 129–169 C$; Ⓟ❄@☕) Alle Zimmer in diesem modernen B&B bieten Fernseher, DVD-Player und Whirlpool. Die fürsorglichen Gastgeber tun ihr Bestes, um für einen bequemen und erholsamen Aufenthalt zu sorgen. Wie der Name verspricht, gibt's tatsächlich einen ruhigen kleinen See hinter dem Haus.

LP TIPP **Explorer's Cafe** FUSION **$$**

(☎705-527-9199; 345 King St; Hauptgerichte 14–21 C$; ⌚Juni–Sept. 12–22 Uhr, Okt.–Mai So & Mo geschl.) Dieses fantastische Restaurant bietet Hausmanskost aus aller Welt (darunter einen als „Matratze" bezeichneten Hackbraten). An den Wänden findet sich ein unglaubliches Sammelsurium an Souvenirs von afrikanischen Stammesmasken bis hin zu Fotos von Expeditionen in die Arktis. Die Gerichte reichen von würzigen Nudeln südostasiatischer Art bis hin zu scharfer karibischer Küche, und die Weinkarte ist die umfangreichste nördlich von Via Allegro (d.h. Toronto). Das als *shack in the back* (Schuppen im Hinterhof) apostrophierte Lokal liegt von der King St zurückgesetzt, aber ein guter Entdecker findet es schon.

Riv Bistro GRIECHISCH **$$**

(www.rivbistro.huronia.com; 249 King St; Hauptgerichte 10–20 C$; ⌚Di–Fr mittags, tgl. abends) Die dunkelblauen Markisen und die weiß eingedeckten Tische erinnern an eine abgelegene griechische Insel (ebenso die derbe Wandmalerei). Und die mediterranen Gerichte lassen auch keine Wünsche offen.

Cellarman's Ale House KNEIPE **$$**

(337 King St; Hauptgerichte 8–17 C$; ⌚Mo–Do 12–24, Fr–Sa 11.30–2 Uhr) Der entspannte und gemütliche Pub britischer Art hat eine intime Lage abseits der King St. Herzhafte englische Kost wie blutige Steaks und Nierenpastete halten die Einheimischen während stürmischer Winter bei Kräften. Es gibt Folkmusik live.

Praktische Informationen

Die freundlichen und kundigen Mitarbeiter der **Southern Georgian Bay Chamber of Commerce** (☎705-526-7884, 800-263-7745; 208 King St; ⌚ 9–17 Uhr, Juli & Aug. bis 20 Uhr) weisen einem den Weg.

An- & Weiterreise

Busse von Greyhound Canada verbinden Barrie mit Midland (15 C$, 1 Std., 2-mal tgl.). Mit **Central Taxi** (☎705-526-2626) kommt man weiter bis Penetanguishene.

Penetanguishene

Im kleinen „Penetang", wie der Ort oft genannt wird, mag man den kompletten Ortsnamen (ausgesprochen penetängwaschien) mehr. Der kleine Ort mit großem Namen ist ein prima Ausgangspunkt zur Erkundung der 30 000 Inseln, die sich über die Georgian Bay verteilen. Die **Touristeninformation** (☎705-549-2232; 2 Main St; ⌚Anfang Mai–Mitte Mai 9–17, Mitte Mai–Juni bis 18, Juli–Aug. bis 20, Sept. 9.30–18 Uhr) liegt direkt an den Docks.

Discovery Harbour (www.discoveryharbour.on.ca; 93 Jury Dr; Erw./Kind/Student 6/4,25/5,25 C$; ⌚Juli–Aug. 10–17, Mitte Mai–Juni Mo–Fr 10–17 Uhr) ist die Rekonstruktion eines strategisch wichtigen Forts, das die Briten nach dem Krieg von 1812 errichteten. Bei der empfehlenswerten Führung erfährt man alles über die Geschichte der Garnison und kann zwei nachgebaute Schiffe besichtigen. Das vor Ort befindliche **King's Wharf Theatre** (☎888-449-4463; www.kingswharftheatre.com) bietet das ganze Jahr über eine spannende Reihe von Aufführungen.

Zwei malerische Parks schützen die unberührte Flora und Fauna in der Region. Im **Awenda Provincial Park** (Awenda Park Rd; Tageskarte 11–20 C$/Fahrzeug, Stellplatz 15–46 C$; ⌚Mitte Mai–Mitte Okt.) gibt es vier Sand- und Kieselstrände, leichte Wanderwege von insgesamt 30 km Länge und mehr als 200 Vogelarten. Nach einer Legende der Huronen soll auf der **Giant's Tomb Island**, die vor der Küste aufragt, der Geist Kitchikewana begraben sein. Sechzig Inseln des Sunds gehören zum **Georgian Bay Islands National Park** (www.pc.gc.ca/pn-np/on/georg/index.aspx; Erw./Kind 5,80/2,90 C$; ⏲Mitte Mai–Mitte Okt.). Diese von Gletschern zerschürften Inseln sind nur per Boot zugänglich; auf Beausoleil, der größten Insel im Park, kann man in einem rauen Hartholzwald in offenem Gelände zelten.

Die Ausflugsfahrt auf der **MS Georgian Queen** (☎705-549-7795, 800-363-7447; www.georgianbaycruises.com; 2½-std. Fahrt Erw./Kind 25/10 C$, 3½-std. Fahrt 27/11 C$; ⏲Mai–Mitte Okt.) führt durch einen bemerkenswerten Archipel zerklüfteter Inseln. Im Juli und August finden täglich Fahrten statt, den aktuellen Fahrplan für die ruhigeren Monate telefonisch erfragen.

Das **Georgian Terrace** (☎705-549-2440, 888-549-2440; www.georgianterrace.ca; 14 Walter St; Zi. mit Frühstück 150–175 C$; P⊖❄☜) ist die neueste Unterkunftsoption in Penetanguishene. Das Haus, das elegant, aber nicht aufgeputzt ist, besitzt eine dramatische Säulenfront.

Weitere Unterkünfte findet man die Straße hinauf in Midland, oder man schaut im Internet unter www.southerngeorgianbaybb.com nach.

Busse von Greyhound Canada verbinden Penetanguishene mit Barrie (16 C$, 1¼ Std., 2-mal tgl.), **Central Taxi** (☎705-526-2626) bringt einen nach Midland.

Orillia

Orillia (ausgesprochen oh-*ri-elli*-ya) thront stolz am Nordende des Lake Simcoe, der sich dort in den Lake Couchiching ergießt. Dieser größere Zwischenstopp am Trent-Severn-Wasserweg ist eine liebenswerte Stadt, in der sich in den Sommermonaten viele Touristen tummeln. Dreieckige Segel und brummende Motorboote drängen sich im Hafen, und Autofahrer verlassen den Hwy 11, um einmal die scheinbar in einer Zeitschleife gefangene Mississauga St, Orillias Hauptstraße, hinunterzufahren. Die **Touristeninformation** (☎705-326-4424; 150 Front St S; ⏲Mitte Mai–Mitte Sept. 9–19 Uhr, Mitte Sept.–Mitte Mai 8.30–17 Uhr) weist einem den Weg; im Sommer gibt es außerdem noch einen besetzten Informationsstand an den Hafenanlagen.

Sehenswertes & Aktivitäten

Leacock Museum MUSEUM
(www.leacockmuseum.com; 50 Museum Dr; Erw./Kind 5/2 C$; ⏲Mo–Sa 9–17 Uhr) Orillia war die Heimat des Humoristen Stephen Leacock, der sich in seiner Geschichtenfolge *Sunshine Sketches of a Little Town* liebevoll-ironisch mit dem Kleinstadtleben auseinandersetzte. 1928 baute er ein großzügiges Haus am Ufer, in dem heute das Leacock Museum untergebracht ist. Im Juli richtet das Museum das Leacock Summer Festival, ein angesehenes Literaturfestival, aus; Eintrittskarten für Lesungen kostet 8 bis 13 C$.

Island Princess BOOTSFAHRTEN
(☎705-325-2628; www.orilliacruises.com; Bootsfahrten Erw. 17,50–22 C$, Kind 9–11 C$; ⏲Mitte Juni–Mitte Okt.) Wie die meisten anderen Ortschaften in der Region um die Georgsbucht hat auch Orillia eine Reihe von Ausflugsfahrten per Boot zu bieten. Die *Island Princess* legt täglich um 14.15 Uhr ab, im Juli und August werden täglich bis zu vier Fahrten veranstaltet. Für die Ausflüge mit Mittag- bzw. Abendessen (40 bzw. 50 C$) muss man vorab reservieren. Wer Zeit hat, sollte nach Penetanguishene oder Parry Sound fahren, wo es noch etwas spektakulärere Ausflugsfahrten gibt.

Casino Rama KASINO
(Rama Rd; Eintritt frei; ⏲24 Std.) Das in Indianerbesitz befindliche Casino Rama ist auch eine Bühne für tourende Darsteller vom Kaliber Drew Carey oder Captain & Tennille. Ein kostenloser Shuttle bringt das Publikum von den größeren Kettenhotels zu dem kitschigen Kasino.

Orillia Opera House THEATER
(☎705-326-8011, 888-674-5542; www.operahouse.ca; 20 Mississauga St W) Im mit Türmchen verzierten Orillia Opera House kommen diverse Produktionen, beispielsweise *Cats* oder *Oklahoma!* auf die Bühne.

Schlafen & Essen

Cranberry House B&B $$
(☎705-326-6871, 866-876-5885; www.orillia.org/cranberryhouse; 25 Dalton Cres S; Zi. ab 90 C$) Dieses B&B liegt in einer ruhigen Straße, die wie die Kulisse der Fernsehserie *Wunderbare Jahre* oder sogar wie die Staffage eines Norman-Rockwell-Gemäldes wirkt. Hier wirkt jedes Haus ordentlich und freundlich, und das Cranberry House macht da keine Ausnahme. Man wohnt

komfortabel inmitten polierter Sammlerstücke, und beim Frühstück stehen natürlich Preiselbeeren auf dem Programm (Saft, Pfannkuchen usw.).

Champlain Hotel Waterfront HOTEL $$
(☎705-325-0770, 800-228-5151; www.choicehotels.ca/cn542; 2 Front St N; Zi. mit Frühstück 115–175 C$; P❄📶) Obwohl das Haus zur Kette Quality Inn gehört, ist das Champlain Orillias schönstes Hotel, ein stattliches georgianisches Gebäude mit weißen Säulen und purpurroten Ziegeln.

Stone Gate Inn HOTEL $$
(☎705-329-2535, 877-674-5542; www.stonegateinn.com; 437 Laclie St; Zi. mit kontinentalem Frühstück 124–154 C$; P❄📶≋) Dieser moderne Gasthof zeichnet sich gegenüber der Konkurrenz durch seine Extras aus: einen Swimmingpool, ein komplett ausgestattetes Business Center, Hors d'oeuvres an den Wochenenden und Bademäntel für die Gäste.

Paul Weber FAST FOOD $
(Hwy 11; Hamburger 3,29 C$; ⊙11–22 Uhr) Nur 12 km nördlich von Orillia lockt diese legendäre Grillhütte am Hwy 11 die Vorbeikommenden mit preiswerten Angeboten und Pendler mit einer schicken Überführung auf die andere Seite der Autobahn. Endlose Schlangen von Leckermäulern stehen für das hier angebotene Essen an, ganz so, als ob den Burgern und dem Gegrillten Heilkräfte innewohnten, was aber ganz bestimmt nicht der Fall ist. Na ja, wenn Angioplastie wenigstens so billig wäre wie das Essen hier…

Mariposa Market MARKT $
(www.mariposamarket.ca; 109 Mississauga St E; Quiche 3,49 C$; ⊙Juni–Aug. Mo–Do 7–20, Fr bis 21, Sa bis 18, So 8–17.30 Uhr, Sept.–Mai Mo–Sa 7–18, So 8–17.30 Uhr) Es ist zwar ein bisschen so, als wühlte man in einem Nikolausstiefel, aber dieses Zwischending aus Bäckerei und Krimskramsladen ist auf alle Fälle ein Fest für die Augen und die Zunge. Als kleines Mittagessen kann man es hier mit einer pikanten Pastete versuchen, sich dann eine Nachspeise wählen oder sich auch einfach nur unter den Kerzen und Figürchen umschauen.

ℹ An- & Weiterreise

Greyhound Canada fährt zwischen Orillia und Toronto (31,20 C$, 2½ Std., 4-mal tgl.). Auch Ontario Northland befördert Passagiere (27,75 C$, 2 Std., 4-mal tgl.).

Gravenhurst

Während das nahe Bracebridge ein beliebtes Ziel von Besuchern ist, schickt sich das verschlafene Städtchen Gravenhurst gerade erst an zu zeigen, was es drauf hat. Der größte Schritt, um den Ort auf die Karte zu bringen, war bisher der Bau einer massiven Erschließung am Wasser, der sogenannten **Muskoka Wharf** (www.muskokawharf.ca). Bis jetzt umfasst dieser Komplex Läden, Restaurants, Eigentumswohnungen, einen Bauernmarkt und ein Museum. Infos zum neuesten Stand gibt's unter www.gravenhurst.ca oder bei der **Gravenhurst Chamber of Commerce** (☎705-687-4432; www.gravenhurstchamber.com; 685 Muskoka Rd N; ⊙Mo–Fr 8.30–17, Sa 9–12 Uhr), die sich in einem grauen Gebäude am Ortsrand versteckt.

Das Museum in der Muskoka Wharf, das **Muskoka Boat & Heritage Centre** (☎705-687-2115; www.segwun.com; 275 Steamboat Bay Rd; Erw./Kind/erm. 7/2/5 C$; ⊙Juni–Mitte Okt. Di–Sa 10–16 Uhr) erzählt in lebendiger Weise von der reichen Geschichte der hiesigen Dampfschiffe und Hoteliers; im zugehörigen Bootshaus kann man mehr als 20 Holzschiffe besichtigen.

Im neuen Hafengelände hat auch die **Muskoka Steamship Association** (☎705-687-6667, 866-687-6667; www.segwun.com; 185 Cherokee Lane; ⊙Ende Mai–Mitte Okt.) ihren Sitz. Die Flotte umfasst zwei Schiffe: die *Segwun*, das älteste noch fahrende Dampfschiff Nordamerikas, und die *Wenonah II*, ein neuer Kreuzer von altbewährtem Design. Früher einmal war die *Segwun* als Frachtschiff unterwegs und lieferte Postsendungen in entlegene Enklaven der Muskoka-Region. Mit beiden Schiffen werden verschiedene Ausflugsfahrten angeboten, darunter die „Millionärsufertour", bei der man einem Uferabschnitt mit großartigen Sommerpalästen vorbeifährt (Fahrten ab 18 C$, inkl. Mahlzeit ab 49 C$). Für Kids gibt's auch Piratentouren.

Das **Bethune Memorial House** (☎705-687-4261; www.pc.gc.ca/bethune; 297John St N; Erw./Kind/erm./Fam. 3,90/1,90/3,40/9,80 C$; ⊙Juni–Okt. Di–Sa 10–16 Uhr) ehrt den kanadischen Arzt und Internationalisten Norman Bethune, der einen großen Teil seines Lebens in China als Arzt und Entwicklungshelfer verbrachte. Bethune richtete die erste mobile Bluttransfusionsklinik der Welt ein, als er während des spanischen Bürgerkriegs die Republikaner unterstützte. Eine lebensgroße Statue des Arztes steht vor dem **Gravenhurst Opera House** (☎705-687-5550; 295 Muskoka Rd S), in dem im Sommer professionell Theater gespielt wird.

Im Sommer strömen Tausende zu **Music on the Barge** (www.gravenhurst.ca; Gull Lake Park; Eintritt Spende erwartet), um Bigbandmusik, Jazz oder Country zu hören. Die Konzerte beginnen von Ende Juni bis Ende August jeweils sonntags um 19.30 Uhr.

Busse von Ontario Northland fahren zwischen Toronto und Gravenhurst (36,45 C$, 2½ Std., 4- bis 5-mal tgl.) über die North Bay Route; sie enden am **Bahnhof Gravenhurst** (☎705-687-2301; 150 2nd Ave). Ontario Northland betreibt auch Züge auf der gleichen Route (38,70 C$, 2 Std., 6-mal/Woche).

Bracebridge

Das waldige Bracebridge liegt genau auf dem 45. Breitengrad – also auf halber Strecke zwischen Nordpol und Äquator. Das bezaubernde Städtchen hat das ganze Jahr seinen Reiz: hochragende, immergrüne Nadelbäume, tosende Wasserfälle und im Winter milchweiße Schneefelder bestimmen die Landschaft. Tagesausflüge in den 75 km entfernten Algonquin Park sind definitiv machbar. Das **Bracebridge Visitor Centre** (☎705-645-5231, 866-645-8121; 1 Manitoba St; ⌚Mo–Fr 9–17, Sa ab 10 Uhr, Juni–Aug. zus. So 12–16 Uhr) ist ganzjährig geöffnet.

Sehenswertes & Aktivitäten

Wasserfälle NATUR

Es gibt 22 Wasserfälle rund um Bracebridge (einige auf Privatgelände). Am unübersehbarsten sind die **Bracebridge Falls**, die mitten im Ort, nahe des Besucherzentrums, in die Tiefe stürzen. Die **Muskoka (South) Falls**, rund 6 km südlich des Ortes am Hwy 11, sind mit 33 m der höchste Wasserfall in Muskoka. Besonders beliebt sind auch die **Wilson's Falls** und die **High Falls**, die beide gleich nördlich der Stadt zu finden sind.

Wandbild KUNST

Gleich nördlich von Bracebridge findet sich an der Rte 118 in Port Carling das fantastische Wandbild eines alten Schiffs. Bei näherem Hinsehen stellt man fest, dass das Bild tatsächlich ein Mosaik aus alten Fotos ist – echt bemerkenswert. Muskokas majestätische Schönheit diente vielen Künstlern aus der Region als Kulisse. Weitere Infos dazu bekommt man beim **Arts Council of Muskoka** (www.artscouncilofmuskoka.com). Im September können Traveller im Rahmen der **Muskoka Autumn Studio Tour** (www.muskokaautumnstudiotour.com) Ateliers örtlicher Künstler besuchen.

Lady Muskoka BOOTFAHREN

(☎705-646-2628, 800-263-5239; www.ladymuskoka.com; Bootsfahrt Erw./Kind 27,50/13 C$; ⌚Mitte Mai–Mitte Okt.) Die Vermarktung als „Muskokas größtes Kreuzfahrtschiff" ist nicht gerade mitreißend, aber eine Fahrt auf dem Lake Muskoka längs der „Millionaires Row" hat schon ihren besonderen Reiz. Die Fahrten starten im Juli und August täglich um 12 Uhr (in anderen Monaten sind's weniger) und dauern knapp unter drei Stunden. Brunch- und Lunch-Kreuzfahrten gibt's samstags, sonntags und mittwochs (Erw./Kind 40/20 C$).

Muskoka Cottage Brewery BRAUEREI

(www.muskokabrewery.com; 13 Taylor Rd; ⌚Mo–Sa 11–17 Uhr) Die Muskoka Cottage Brewery stellt ein paar feine Biere her, darunter ein Cream Ale und mehrere Lagerbiere. An Sommerwochenenden gibt's für Besucher kostenlose Führungen mit Verkostung

Lake Muskoka KAJAKFAHREN

Kajaks und Kanus kann man bei **Algonquin Outfitters** (☎705-645-9262; www.algonquinoutfitters.com; 271 Ecclestone St; ⌚M–Fr 10–18, Sa bis 17, So 11–16 Uhr) mieten, ebenso Outdoorklamotten und -ausrüstung.

Schlafen

Riverview B&B B&B $

(☎705-645-4022, 888-998-9961; 420 Beaumont Dr; EZ 35–40 C$, DZ 70–80 C$; P@) Dank selbst gemachten Frühstücksleckereien und einer wirklich freundlichen Gastgeberin fühlt man sich in diesem gemütlichen B&B, als wäre man auf Omas Farm zu Besuch. Das schöne Wohnhaus am Fluss mit scharlachroten Fensterläden und einem hohen Ziegelschornstein ist auch für Leute, die allein unterwegs sind, ein echtes Schnäppchen.

Inn at the Falls HOTEL $$

(☎705-645-2245, 877-645-9212; www.innatthefalls.net; 1 Dominion St; EZ 110–190 C$, DZ 120–200 C$; P) Dieses örtliche Wahrzeichen ist schon an sich einen Blick wert. Das ursprüngliche Gebäude stammt aus den 1870er-Jahren, aber inzwischen gehören auch die sechs benachbarten Cottages zur Anlage. Gusseiserne Laternen, antike Kronleuchter, alte Porträts und Lattenzäune schaffen eine Atmosphäre wie vor hundert Jahren. Die luxuriöseren Suiten sind doppelstöckig und haben riesige, an Boote erinnernde Betten. In zwei Speisesälen wird gleichermaßen für Vegetarier und für Fleischesser gesorgt.

Wellington Motel MOTEL **$$**
(☎705-645-2238; www.wellingtonmotel.com; 265 Wellington St; Zi. 80–120 C$, Suite 140 C$; Ⓟ❄) Diesem ordentlichen Motel aus rotem Backstein würde ein Verzicht auf die dunkelgrüne Teppichware gut zu Gesicht stehen, aber Extras wie Mikrowellen, Kaffeemaschinen und große Badezimmer machen diesen Makel mehr als wett. Die Suiten bieten zusätzlich noch komplett ausgestattete Küchen.

Essen & Ausgehen

Riverwalk MEDITERRAN **$$$**
(☎705-646-0711; www.riverwalkrestaurant.ca; 1 Manitoba St; Hauptgerichte mittags 7–17 C$, abends 25–30 C$; ⏲Di–Sa 11.30–14.30 & 17.30–20 Uhr) Großartiges Essen und eine tolle Aussicht – das Riverwalk bietet beides. Wer seine Augen von dem Ausblick losreißen kann, kann von dem offenen Speisesaal aus zusehen, wie die Gerichte zubereitet werden. Bei den Verkostungsmenüs (75 C$) gibt es erstaunlich leckere exotische Speisen wie gebratene Seemuscheln mit Süßkartoffeln, Erbsensprossen und Wasabi. Reservierung dringend geraten.

Marty's World Famous Café CAFÉ **$**
(5 Manitoba St; www.martysworldfamous.com; Hauptgerichte 4–9 C$; ⏲Mai–Okt. 10–17 Uhr, Juli & Aug. 8–22 Uhr) Na ja, weltberühmt ist vielleicht etwas hochgegriffen, aber das Marty's wird vor Ort jedenfalls wegen seiner Butter Tarts (unbedingt die Butter-Tart-Eiscreme probieren!), der riesigen Apfeltorten, hausgemachten Pizzas, Quiches und Brote geliebt. Der Betreiber Marty ist ein Original, der ein Kochbuch geschrieben hat, in dem er die Geheimnisse seiner Rezepte verrät. Früh kommen – die Butter Tarts sind schnell ausverkauft.

Old Station KNEIPE **$$**
(88 Manitoba St; Hauptgerichte 10–15 C$; ⏲11–22 Uhr) An Sommerabenden ist dies der Ort in der Stadt, an dem am meisten los ist. Von der Veranda aus hat man einen Blick auf die Hauptstraße – ideal, wenn man sich nach der Kajakfahrt etwas entspannen will. Hier kann man sich ein Prime-Rib-Sandwich und dazu ein Muskoka-Ale aus der Brauerei gleich gegenüber schmecken lassen.

An- & Weiterreise

Busse von Ontario Northland verbinden Bracebridge mit Toronto (39,30 C$, 3 Std., bis zu 6-mal tgl.) auf der North Bay Route.

Huntsville

Muskokas größte Stadt liegt inmitten einer Landschaft aus zerrissenen Seen und pelzigen Kiefern und bildet das Tor zum Algonquin Provincial Park (S. 189) im östlichen Ontario. Die **Chamber of Commerce** (☎705-789-4771; www.huntsville.ca; 8 West St N; ⏲Mo–Fr 9–17, Sa 10–15 Uhr) hat Berge von Infomaterial, darunter auch den Veranstaltungskalender für das ganzjährige **Festival of the Arts** (www.huntsvillefestival.on.ca).

Die Geschichte der Region wird im **Muskoka Heritage Place** (www.muskokaheritageplace.org; 88 Brunel Rd; Erw./Kind/erm. 15/10/13,50 C$; ⏲Mitte Mai–Mitte Okt.) lebendig. Zu ihm gehören ein authentisches Pionierdorf, mehrere informative Museen und ein betriebsfähiger Dampfzug von 1902 (der unternimmt mehrmals täglich Fahrten; die Mitfahrt ist im Eintrittspreis enthalten).

Wenn man den Algonquin Park besuchen will, sollte man eine Unterkunft in Huntsville in Erwägung ziehen. Das **Au Petit Dormeur** (☎705-789-2552; www.aupetitdormeur.com; 22 Main St W; DZ 80–100 C$), das in einem schönen kolonialzeitlichen Wohnhaus untergebracht ist, ist eine lohnende Option; das kostenlose Gourmetfrühstück gibt's auf dem Balkon mit Blick auf die nahegelegenen Seen. Mehrere gute Motels verteilen sich über das Stadtgebiet, darunter das am See gelegene **Sunset Inn Motel** (☎705-789-4414, 866-874-5360; www.sunsetinnmotel.com; 69 Main St W; Zi. 100 C$), wo man sein im Preis enthaltenes Frühstück in einem sonnigen Gemeinschaftsraum genießt.

Nach einer langen Wanderung im Algonquin Park kann man sich im **Pub on the Docks** (90 Main St; ⏲11.30–1 Uhr) mit einem Burger und einem Bier auf der Terrasse mit Blick aufs Wasser entspannen. Der Pub liegt hinter dem Pizza Pizza.

Ontario Northland verbindet Huntsville mit Toronto per Bus (44,84 C$, 3½ Std., bis zu 6-mal tgl.) und Bahn (48,15 C$, 3 Std., bis zu 7-mal wöchentl.), mit Weiterfahrt nach North Bay und Cochrane. **Hammond Transportation** (☎705-645-5431; www.hammontransportation.com) bietet im Juli und August Verbindungen von Huntsville zum Algonquin Park (36 C$, Mo, Mi & Fr). Die Busse zum Algonquin fahren bei **Huntsville Travel** (☎705-789-6432; 77 Centre St N) um 13.15 Uhr ab und halten im Park am Oxtongue Lake (nahe dem Westtor), am Portage Store (14 km hinter dem Westtor West Gate) sowie am Lake of Two Rivers (32 km hinter dem Westtor). Abfahrt vom Lake of Two Rivers Richtung Huntsville ist um 14.30 Uhr.

Parry Sound

Das ruhige Parry Sound versteckt sich hübsch hinter unzähligen Inseln an der Georgian Bay. Die Atmosphäre ist heiter und entspannt, trotz der vielen Bahnbrücken, die in der Nähe der Docks den Himmel zerschneiden.

Sehenswertes & Aktivitäten

LP TIPP **Charles W. Stockey Centre** MUSEUM
(☎877-746-4466; www.stockeycentre.com; 2 Bay St) Das Charles W. Stockey Centre schließt die **Bobby Orr Hall of Fame** (Erw./Kind/Familie 8/6/20 C$; ⏲Juli–Aug. 9–17 Uhr, Sept.–Juni Di–Sa 10–18, So 12–16 Uhr) mit ein. Für Uneingeweihte: Die Lokallegende Bobby Orr ist einer der großen Eishockeyheroen, der mit seiner gewaltigen Offensivkraft die Rolle der Verteidiger umdefinierte. In seinem gewaltigen modernen Schrein können Fans Air Hockey spielen, sich als Sportansager versuchen oder in Torhüterkluft gegen eine Puckmaschine antreten.

In dem schönen Theater gibt es Liveveranstaltungen, darunter kostenlose Sommerkonzerte jeden Dienstagabend.

White Squall KAJAKFAHREN
(☎705-342-5324; www.whitesquall.com; 53 Carling Bay Rd, Nobel; ⏲April–Mitte Okt. 9–17.30 Uhr, Juli–Aug. Fr bis 20 Uhr) Die Wasserwege der Region kann man bei aufregenden Expeditionen mit White Squall erkunden, das seinen Sitz rund 15 km nordwestlich von Parry Sound in der Nähe von Nobel (auf dem Weg zum Killbear Provincial Park) hat. Die freundlichen und kundigen Guides bieten Paddeltouren in der Georgian Bay, von halbtägigen, einführenden Kajaktrips (60 C$) bis zu mehrtägigen Abenteuern (695–995 C$). Weitere Infos erhält man in dem **Laden** (19 James St; ⏲Mo–Sa 9.30–17.30 Uhr, Juli–Aug. Fr bis 20, So 11–16 Uhr) des Unternehmens im Zentrum von Parry Sound.

Bootsfahrten auf dem See BOOTFAHREN
Für weniger Abenteuerlustige gibt's Bootstouren durch das Gebiet der nahen 30 000 Inseln auf der 550 Passagieren Platz bietenden **Island Queen** (☎705-746-2311, 800-506-2628; www.island-queen.com; 9 Bay St; 2-stündige Bootsfahrt Erw./Kind 25/12,50 C$, 3-stündige Bootsfahrt 33/16,50 C$; ⏲Juni–Mitte Okt.). Die zweistündigen Touren starten täglich um 10 Uhr, die dreistündigen um 13 Uhr.

Mit der **MV Chippewa III** (☎705-746-6064, 888-283-5870; www.spiritofthesound.ca; Seguin River Parkette, Bay St; ⏲Juni–Okt.), einem kleinen grünen Schlepper, werden nach weniger regelmäßigem Fahrplan Kreuzfahrten mit Mittag- (Erw./Kind 36/18 C$ zzgl. Mittagessen) und Abendessen (Erw. 60 C$, Kind 4 C$ pro Lebensjahr, inkl. Abenessen) angeboten.

Feste & Events

Festival of the Sound MUSIK
(www.festivalofthesound.on.ca) Von Mitte Juli bis Mitte August findet im Stockey Centre in Parry Sound alljährlich ein landesweit renommiertes Festival klassischer Musik statt. Die Karten für die einzelnen Konzerte kosten zwischen 15 und 150 C$.

Schlafen & Essen

Eine ausführliche Auflistung guter B&Bs im Stadtgebiet findet man unter www.parrysoundbb.com.

LP TIPP **Bayside Inn** B&B $$
(☎705-746-7720, 866-833-8864; www.psbaysideinn.com; 10 Gibson St; Zi. 93–143 C$; P ⊖ ❄ @) Das in den 1880er-Jahren als luxuriöses Privathaus errichtete, renovierte Anwesen bietet viele nette Überraschungen, darunter eine Wendeltreppe hinter dem Kamin und 12 schöne Schlafzimmer mit viskoelastischen Matratzen. Alle Zimmer haben ein eigenes Bad und sind in ruhigen Farben gehalten. Frische Blumensträuße begrüßen die Gäste. Zum Gourmetfrühstück gehören u. a. Omelettes mit Gouda, Schinken und Ahornsirup sowie vegetarische Optionen.

Windhorse Bed and Breakfast B&B $
(☎705-746-8635; telfod.windhorse@gmail.com; 106 Gibson St; EZ/DZ 65/85 C$; P ⊖ 📶) Diese warme und farbenfrohe Künstlerbleibe liegt in Gehweite zum Zentrum. Elektrische Öfen in den Zimmern und weiche Kissen sorgen für guten Schlaf. Kunstvolle Details wie die auf die Badewanne mit Klauenfüßen gemalte Meerjungfrau und der grüne Garten sind weitere nette Extras. Das Frühstück ist gesund und lecker.

Mad Hatter Café CAFÉ $
(35 Seguin St; Hauptgerichte 6–7 C$; ⌚Mo–Fr 7–16, Sa ab 8.30, So 10–15 Uhr) Das gut besuchte, muntere Lokal hat ausgezeichneten Kaffee und gute Backwaren, sodass man vor Vergnügen schmunzelt.

Wellington's KNEIPE $$
(105 James St; Hauptgerichte 9–16 C$; ⌚11–23 Uhr) Das Wellington's ist ein „Leichtgewicht" unter den Pubs: Es wirkt wie eine Kneipe, ist aber gesünder, weil auf der Speisekarte auch kalorienbewusste Gerichte wie Hähnchen mit Pekannuss stehen.

ℹ Praktische Informationen

Georgian Bay Visitor Information Centre (☎705-378-5105; Hwy 69; ⌚Ende Mai–Sept. Mo–Do 8–17, Fr bis 18, Sa bis 16, So 9–17 Uhr, Okt.–Ende Mai Mo–Sa 9–16, So ab 10 Uhr) An der Ostseite des Highway rund 12 km südlich der Stadt.

Parry Sound Chamber of Commerce (☎705-746-4213; 70 Church St; ⌚Aug.–Juni Mo–Fr 9–17 Uhr, Juli & Aug. bis 20 Uhr) Im alten Bahnhof. Hier kann man ein Exemplar von *Sideroads of Parry Sound* mitnehmen, worin allerlei Kurioses steht, was man im Ort unternehmen kann.

ℹ An- & Weiterreise

Busse von Ontario Northland verbinden Parry Sound mit Toronto (54,40 C$, 3½ Std., 2-mal tgl.) über die Sudbury-Route.

Killarney Provincial Park

Dieser **Park** (☎705-287-2900; Hwy 637; Tagespass 13 C$/Fahrzeug, Stellplatz 29,75–42,25 C$, Wildes Zelten 11 C$) wird oft als das Kronjuwel des kanadischen Parksystems bezeichnet und gilt als eines der besten Kajakgebiete der Welt. Die Künstler der Group of Seven hatten eine Hütte hier (in der Nähe von Killarney am Hwy 6; westlich des Parks) und trugen entscheidend zur Gründung des Parks bei. Der 100 km lange **La Cloche Silhouette Trail** des Parks ist sogar nach Franklin Carmichaels legendärem Gemälde benannt. Der zerklüftete, auf erfahrene Wanderer zugeschnittene Weg schlängelt sich durch ein Bergreich mit saphirblauen Seen, durstigen Birken, üppigen Kiefernwäldern und schimmernden Quarzitfelsen. Ein Netz kürzerer und weniger anspruchsvoller Wanderwege ermöglicht ebenfalls Blicke auf das majestätische Terrain. Dazu gehören der Cranberry Bog Trail (eine 4 km lange Schleife) und der Granite Ridge Trail (eine 2 km lange Schleife).

Die meisten Leute kommen auf dem Hwy 637 in den Park, der vom Hwy 69 abzweigt und in dem Dörfchen Killarney endet. Der beliebte Zugangspunkt am **George Lake** bietet ein Informationszentrum und eingeschränkte Campingmöglichkeiten. Die Gesamtzahl der Stellplätze ist jedoch klein, man sollte also möglichst früh über **Ontario Parks** (☎519-826-5290, 888-668-7275; www.ontarioparks.com) reservieren. Im Park gibt's keine Stellplätze mit Strom.

Der am Hwy 69, 40 km südlich der Abfahrt nach Killarney gelegene **Grundy Lake Supply Post** (☎705-383-2251; Ecke Hwy 69 & Hwy 522; ⌚Mai–Okt. 8–18 Uhr, Juli–Aug. bis 21 Uhr) bietet alles, was man für ein Campingabenteuer braucht – inklusive Bootsvermietung. Im Park verleiht **Killarney Kanoes** (☎705-287-2197, 888-461-4446; www.killarneykanoes.com; Miete Kanu 20–36 C$/Tag; ⌚Mitte Mai–Okt. 7–19 Uhr) Kanus. Der Anbieter arbeitet von Bell Lake aus, stellt aber auch Kanus an den Zugangspunkten George Lake, Carlyle Lake und Johnny Lake zur Verfügung. Für die Reservierung der Ausrüstung benötigt man eine Kreditkarte. Die Buchungen müssen telefonisch oder online getätigt werden. Die Mindestleihdauer beträgt zwei Tage.

Killarney Outfitters (☎705-287-2828, 800-461-1117; www.killarney.com; Hwy 637; Kanumiete 20–59$/Tag, geführte Touren ab 35 C$) verleiht Ausrüstung und bietet verschiedenartige geführte Touren (darunter Wanderungen sowie Kanu- und Kajakausflüge) sowie Fotografie-Workshops an. Der Laden liegt 5 km westlich des George Lake Campground. Die Besitzer betreiben darüber hinaus auch noch die **Killarney Mountain Lodge** (DZ pro Person inkl. Verpflegung 130–220 C$; ⌚Mitte Mai–Mitte Okt.), eine baumreiche Anlage mit Unterkünften am Wasser.

Ein Besuch von Killarney ohne einen Stopp bei den **Herbert Fisheries** (21 Channel St; Fish & Chips 13 C$; ⌚Juni 11–18.30 Uhr, Juli–Aug. bis 20 Uhr, Mai & Sept.–Okt Sa & So bis 8.30 Uhr) ist wie ein Besuch des Münchner Oktoberfestes ohne ein Bier zu trinken. Man sollte viel Zeit für die Fish & Chips einplanen, denn in den legendären Warteschlangen kann man bis zu zwei Stunden stehen – aber Hand aufs Herz, das ist es wert.

Der Park ist mit öffentlichen Verkehrsmitteln nicht zu erreichen. Er liegt 58 km westlich des Hwy 69 am Hwy 637.

Manitoulin Island

Eine Reise nach Manitoulin ist wie ein gigantischer Zungenbrecher. Die Namen der verschiedenen Gebiete klingen wie Meditations-Mantren oder die Namen mythischer Tiere: Mindemoya, Sheguiandah (shuh-gwin-dah), Wikwemikong. Haweaters (Menschen, die auf Manitoulin geboren wurden) erkennen einen schon auf riesige Entfernung, wenn man sich mit den sechssilbigen Wörtern abmüht. Diese silbischen Stolpersteine sollten einen jedoch nicht von einem Besuch abhalten – Manitoulin ist eine wahrhafte Insel der Träume und der Geheimnisse. Obwohl man sich nicht gerade wie auf einer Insel fühlt (es ist die größte Süßwasserinsel der Welt), bieten die zerklüfteten Quarzit- und Granitflächen atemberaubende Ausblicke und versteckten Zauber.

Wer die Brücke nach Little Current überquert hat, sollte bei der **Manitoulin Tourism Association** (☎705-368-3021; www.manitoulintourism.com; Hwy 6, Little Current; ⌚Mitte Mai–Juni & Sep.–Okt Mo–Fr bis 19 Uhr, Sa–16.30 Uhr, Juli–Aug. 8–20 Uhr) vorbeischauen und die kostenlose Broschüre *Bluewater Visitor Guide* mitnehmen, die eine praktische Karte der Insel beinhaltet (vor Ort als „Turner's Map" bekannt). Im August gibt's in Gore Bay und Manitowaning kleine Infostände (die Öffnungszeiten hängen von der Verfügbarkeit Freiwilliger ab).

Sehenswertes & Aktivitäten

Church of the Immaculate Conception (LP TIPP) KIRCHE

(M'Chigeeng; Eintritt frei) Dieses religiöse Zentrum wurde 1972 errichtet und verbindet katholische Dogmen mit Traditionen der Ureinwohner. Als Rundbau symbolisiert die Kirche ein Tipi, eine Feuerstelle und den Kreislauf des Lebens. Bunte, schöne Gemälde des hiesigen Künstlers Leland Bell stellen die Kreuzwegstationen dar, die prachtvollen Reliefs zeigen Christus und den großen Geist Kitche Manitou.

Great Spirit Circle Trail KULTURZENTRUM

(☎877-710-3211; www.circletrail.com; 15 Hwy 551) Die acht örtlichen Ureinwohnergemeinden haben gemeinsam ein Konsortium gebildet, das faszinierende Touren über die Insel und zur örtlichen Kultur anbietet. Die meisten Touren besuchen auch die **Ojibwe Cultural Foundation** (☎705-377-4902; www.ojibweculture.ca; Ecke Hwy 540 & Hwy 551, M'Chigeeng; Erw./Kind 7,50 C$/frei; ⌚Sept.–Juni Mo–Fr 9–16 Uhr, Juli & Aug. verlängerte Öffnungszeiten). Man kann das Museum auch auf eigene Faust erkunden, aber die Teilnahme an einer Führung ist sehr zu empfehlen. Wechselnde Ausstellungen zeigen das reiche Erbe an Legenden und die Handwerkskunst der Ureinwohner.

Lillian's Crafts SOUVENIRS

(www.lilliancrafts.ca; 5950 Hwy 540, M'Chigeeng; ⌚9–18 Uhr) Das Lillian's hat ein ausgezeichnetes Sortiment an Kunsthandwerk, darunter bequeme Mokassins, Geweihschnitzereien und allerlei Powwow-Accessoires. Beim Stöbern sollte man auch dem bunten Museum mit Körben aus Stachelschwein-Stacheln einen Blick gönnen.

Cup & Saucer Trail WANDERN

Nahe der Kreuzung des Hwy 540 mit der Bidwell Rd (18 km südwestlich von Little Current) liegt der Eingang zum Cup and Saucer Trail, der für alle Wanderer ein Muss ist. Der 12 km lange Weg führt zum höchsten Punkt der Insel (351 m), von dem aus man einen prachtvollen Blick auf die zerrissene Küste am North Channel hat. In Kagawong kann man an den **Bridal Veil Falls** einen Halt einlegen und sich dem melodischen Geplätscher des Wassers hingeben. Besuchen sollte man auch den größten Strand von Manitoulin, westlich der Fähranlegestelle in Providence Bay, oder in den grabenartigen Dünen in der ruhigen **Carter Bay**, ebenfalls am südöstlichen Ufer, herumtollen.

Feste & Events

Powwow KULTUR

(Wikwemikong Heritage Organization; ☎705-859-2385; www.wikwemikongheritage.ca) In „Wiky", dem „Wikwemikong Unceded Indian Reserve", findet am ersten Augustwochenende ein großes Powwow statt. Mit einer Wochenendkarte (20 C$) lassen sich die vielfältigen Ereignisse des Fests miterleben. Es gibt viele Wettbewerbe, so für die besten Tänzer und Trommler. Es gibt sogar einen Wettbewerb in der Anishinaabemowin-Sprache (Ojibwe), aber wer schon dieses Wort nicht richtig aussprechen kann, sollte sich da keine Hoffnungen machen.

Schlafen & Essen

Southbay Gallery & Guesthouse B&B $$

(☎705-859-2363, 877-656-8324; www.southbayguesthouse.com; 15 Given Rd, South Baymouth; Zi. mit Frühstück 69–109 C$; ⌚Mai–Sept.;

(P ❄ ☎ ≋) Eine Gehminute von den Fähranlagen bietet diese hübsche Anlage von bunten Ferienhäusern Entspannung pur. Brenda, die freundliche Betreiberin, serviert zum üppigen Frühstück ein buntes Sortiment an Wildfrüchten und Bio-Tees. Unbedingt auch die hübsche Galerie mit den Arbeiten talentierter einheimischer Kunsthandwerker beschauen

Queen's Inn B&B **$$**
(☎705-282-0665, 416-450-4866; www.thequeensinn.ca; 19 Water St, Gore Bay; Zi. 95–150 C$; ⏲Mai–Dez.; P) Wie ein ferner Eleganz geweihter Tempel thront dieses stattliche B&B über der stillen Gore Bay. Man nimmt sich ein Buch aus dem alten Bücherschrank und blättert darin, während man sich auf der weißen Veranda unter eingetopftem Flieder entspannt. Familien mit kleinen Kindern sind anderswo besser aufgehoben.

Auberge Inn HOSTEL **$**
(☎705-377-4392, 877-977-4392; www.aubergeinn.ca; 71 McNevin St, Providence Bay; B/DZ mit Frühstück 39/90 C$) Dieses engagierte Haus ist neu in Manitoulin und ein „Hostel plus". Mit nur einem Schlafsaal und einem Privatzimmer ist die Unterkunft nicht gerade groß, dafür aber gemütlich und gesellig. Das Haus ist in warmen Tönen gehalten. Dank der eigens angefertigten Bettstellen und Schließfächer aus Zedernholz riecht es köstlich wie im Wald.

LP TIPP **Garden's Gate** CAFÉ **$$**
(☎705-859-2088; Hwy 542, Tehkummah; Hauptgerichte 15–19 C$; ⏲Mai–Okt 12–22 Uhr; P) Manitoulins beliebtestes Restaurant liegt in der Nähe der Kreuzung von Hwy 6 und Hwy 542. Die Pastellfarben und Blümchentapeten sollten einen nicht täuschen: das Essen hier ist wirklich gut. Entschlossen, ganz auf einheimische Produkte zu setzen, bietet die hinreißende Speisekarte eine Auswahl an Weinen aus der Region und ein Sortiment an wilden Beeren. Rose, die Betreiberin, macht alles selbst: stets erfindet sie neue Desserts, die mit schöner Regelmäßigkeit in der örtlichen Zeitung vorgestellt werden.

Garden Shed CAFÉ **$**
(10th Side Rd, Tehkummah; Hauptgerichte 3–10 C$; ⏲morgens & mittags) Das Garden Shed gibt rustikalem Charme eine neue Wendung – hier sitzt man mitten in einem genutzten Gewächshaus. Man isst zwischen Beeten oder trinkt seinen Kaffee in der hellen und luftigen Halle.

ABSTECHER

EINEN ZWISCHENSTOPP WERT: BRITT

Halt. Gehe nicht über Los. Ziehe keine 200 Dollar ein. Verlasse den Highway 70 km nördlich von Parry Sound und parke dein Auto am LP TIPP **Little Britt Inn** (☎705-383-0028, 888-383-4555; www.zeuter.com/~lilbritt; 1165 Riverside Dr, Hwy 526; DZ 115–135 C$). Das verborgene Juwel an der Georgian Bay hat sich bei Feinschmeckern, die für ein denkwürdiges Mahl sonstwohin fahren, eine Reputation erarbeitet. Unbedingt ein Exemplar von *Guide to Little Britt* mitnehmen, dem selbstgeschriebenen Regelbuch dieses Gasthofs mit vier Zimmern. Drin stehen wichtige Informationen wie etwa die Kinderkarte: Gebratene Leber mit Zwiebeln, Broccoli und grünen Oliven; Preis abhängig von der Lautstärke der kleinen Racker.

☆ Unterhaltung

De-ba-jeh-mu-jig Theatre Group PERFORMANCE
(www.debaj.ca) Kanadas führende Ureinwohner-Theatergruppe, deren Name so viel wie „Geschichtenerzähler" bedeutet, veranstaltet Performances, die Gattungsgrenzen sprengen. Details über anstehende Veranstaltungen finden sich auf der Website.

ℹ Anreise & Unterwegs vor Ort

Eine schmale Drehbrücke verbindet die Insel mit dem Festland im Norden über den Hwy 6. Im Sommer ist die Brücke die ersten 15 Minuten jeder Stunde gesperrt, um den Schiffen die Durchfahrt durch den Kanal zu ermöglichen. Die Fähre Chi-Cheemaun von **Ontario Ferries** (☎800-265-3163; www.ontarioferries.com; Erw./Kind/Auto 16/8/34,70 C$; ⏲Anfang Mai–Mitte Okt.) fährt von Tobermory nach South Baymouth (2 Std.). Täglich gibt es zwei bis vier Überfahrten; eine Reservierung ist dringend geraten. Eine öffentliche Busverbindung nach oder auf Manitoulin gibt es nicht.

NÖRDLICHES ONTARIO

Das nördliche Ontario ist groß. Richtig groß. Sogar so groß, dass die Einheimischen die Entfernungen nicht in Kilome-

Nördliches Ontario

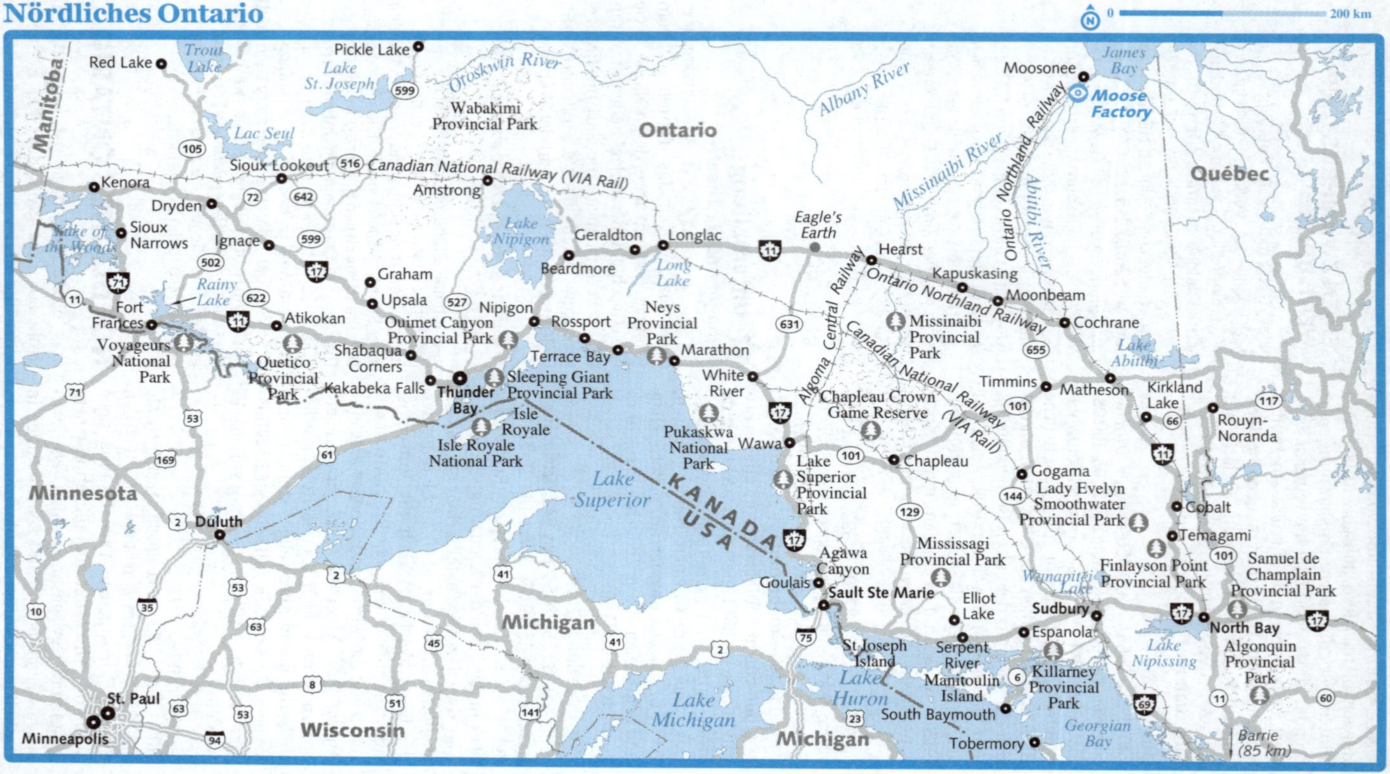

tern, sondern in Stunden messen. England würde sechsmal in die Region passen, und es wäre immer noch Platz für Schottland und noch etwas mehr.

Und die Größe der Region beschränkt sich nicht nur auf die bloße Landfläche. Die Bergbau- und Holzfirmen operieren global. Die Minen der Region produzieren über 99% des Silber- und Nickelerzes der Welt. Die Schächte reichen bis zu 25 km tief. Die endlosen Weiten der Wälder haben Kanada zum größten Holzlieferanten der Welt gemacht.

Auch die Tiere der Region sind groß: Die Bären sind besonders „grizzlich", die Füchse besonders fuchsig und die Mücken sind so groß, dass sie locker ein Ohrloch stechen können.

Nur eines ist im Norden Ontarios klein: die Bevölkerungszahl. In der ganzen Region leben nur rund 750 000 Menschen und nur zwei Städte haben mehr als 100 000 Einwohner (Sudbury & Thunder Bay). Die Bevölkerungszahl sinkt weiter, da es immer weniger Jobs im Bergbau gibt.

Die Sehenswürdigkeiten des nördlichen Ontario erreicht man über die beiden wichtigsten Highways (Hwy 17 & Hwy 11). Sie bilden ein überlappendes Muster – fast wie zwei Schnürsenkel. Der beliebte Hwy 17 eröffnet den Zugang zum absoluten Highlight des nördlichen Ontarios, dem Nordufer des Lake Superior. Auf der Strecke zwischen Sault Ste. Marie und Thunder Bay kann man Ausblicke genießen, die es mit jedem anderen in Kanada aufnehmen können. Zwischen nebligen Abschnitten, die an Fjorde erinnern, verbergen sich Strände hinter dichten Kiefern-, Zedern- und Birkenwäldern. Der häufige Nebel verhüllt oft auf urtümliche Weise die sprudelnden Gewässer.

Gerade dann, wenn man meint, abgelegener könne es nicht mehr werden, biegt der kurvige Hwy 11 noch tiefer in den Norden ab, bevor er wieder zum Hwy 17 zurückkehrt. Diese weitläufige Gegend grenzt an die isolierte James Bay. Von Cochrane aus fährt eine Bahn, die auf Zuruf hält, zur Moose Factory, einem Indianerreservat und früherem Handelszentrum der legendären Hudson's Bay Company.

Die folgenden Abschnitte behandeln die Region im Uhrzeigersinn. Sie beginnen mit der größten Stadt des Gebiets, Sudbury. Von Sudbury aus geht's auf dem Hwy 17 nach Westen, über Sault Ste. Marie und Wawa und dann das Nordufer des Lake Superior entlang, bis das abgelegene Thunder Bay erreicht ist. Dann geht's über den Hwy 11 zurück Richtung Osten. Er führt durch den äußersten Norden, über Cochrane und Temagami, bis er schließlich North Bay erreicht.

Kanadas Variante des Outbacks ist eine großartige, stille Region, in der uralte Kanurouten der Indianer unter der abendlichen Lightshow des Nordlichts erglühen. Wer nach Ontario reist und nicht hierher kommt, wird es bereuen – und zwar ganz gewaltig!

Sudbury

160 000 EW.

Positiv betrachtet ist das aktive Sudbury eine pulsierende Oase mit kultivierten, hippen Leuten, die ein erstaunliches Angebot schicker Restaurants und Unterhaltungsmöglichkeiten bietet. Die schönen Sonnenuntergänge werden dank des Dunstes infolge der nahen Chemiewerke noch bereichert und von einem abendlichen Strahlen mit einem ätherischen Schimmer versehen. Dann kommt die Fabrikbeleuchtung hinzu und ahmt die Sterne am Himmel nach.

Negativ betrachtet, erkennt man sofort, warum die NASA die Umgebung von Sudbury benutzt, um Mondlandegeräte zu testen. Wären da nicht die verlassenen Industrieanlagen, hätte Neil Armstrong die Welt betrügen können, indem er seinen „großen Schritt für die Menschheit" hier getan hätte.

Man muss jedoch anerkennen, dass Sudbury eine Menge aus nichts macht – buchstäblich nichts: In den 1880er-Jahren war Sudbury noch eine abgehalfterte Holzfällerstation namens Sainte-Anne-des-Pins.

SNOWMOBILFAHREN IN ONTARIO

Ontarios Wegenetz fürSnowmobil-Fahrer ist mit 46 000 km das größte der Welt. Tausende von Motels und Lodges in der Provinz sind auf diese Subkultur eingestellt, und es ist nichts Ungewöhnliches, dass Motels mit videoüberwachten Schneemobil-Parkplätzen werben. Wer wissen will, um was sich der ganze Trubel dreht, schaut auf die Website der **Ontario Federation of Snowmobile Clubs** (www.ofsc.on.ca).

Als 1883 die Canadian Pacific Railway hier durchgeführt wurde, entdeckte man eine große Ader mit Nickel-Kupfer-Erz. Dadurch wurde die öde Region zum größten Nickelproduzenten der Welt.

Heute ist der Wohlstand von Sudbury nicht mehr so stark von der reichen Nickelindustrie abhängig. Studierende aus allen Himmelsrichtungen strömen zu den drei höheren Bildungsinstitutionen des Ortes, und das wachsende Umweltbewusstsein hat ökologisches Verhalten wie Vermeidung von Abfall und das Pflanzen von Bäumen gefördert.

Kurz gesagt, man kann die allgegenwärtige Industrie trotz der vielen Sehenswürdigkeiten zwar nicht ignorieren, aber nach ein paar tollen Sonnenuntergängen glaubt man vermutlich, der verkrustete zigarrenförmige Schornstein, der die Skyline beherrscht, gehöre vielleicht neben den Nadeln der Kleopatra zu den phallischen Denkmälern des menschlichen Fortschritts.

Sehenswertes

Wenn man sich Science North und Dynamic Earth anschauen will, lohnt sich das „Dynamic Duo"-Pauschalticket (Erw./Kind 46/28 C$), mit dem man Eintritt in beide Museen und zwei Karten fürs IMAX erhält.

Science North MUSEUM
(☎705-523-4629; www.sciencenorth.ca; 100 Ramsey Lake Rd; Erw./Kind 19/16 C$; ⏱Mai–Juni 9–17 Uhr, Juli–Aug. bis 18 Uhr, Sept.–April 10–16 Uhr) Das riesige Wissenschaftscenter ist eine große Attraktion in der Region und in zwei auffälligen, schneeflockenförmigen Gebäuden am Rand des Lake Ramsey untergebracht. Nachdem man einen Tunnel passiert hat, der tief in den 2,5 Mrd. Jahre alten Kanadischen Schild gegraben wurde, geht's mit dem Fahrstuhl hinauf zur Spitze des Gebäudes, von wo aus man sich den spiralförmig angelegten Ausstellungsweg mit vielen aufregenden, interaktiven Exponaten hinunterarbeitet. Man wandert durch einen Garten mit lebenden Schmetterlingen, schaut im digitalen Planetarium in die Sterne, erkundet Felsbrocken durch ein Mikroskop, baut sich ein Reich aus Legosteinen oder fliegt in einem Flugsimulator durch die Wildnis. Die blau gekleideten Mitarbeiter sind ausnehmend freundlich und können auch noch die abwegigsten Fragen zu den Ausstellungsstücken beantworten. Die Ausstellungsthemen wechseln regelmäßig, ebenso die Filme, die im IMAX 3-D-Kino gezeigt werden.

Dynamic Earth MUSEUM
(☎705-523-4629; www.dynamicearth.ca; Big Nickel Rd; Erw./Kind 19/16 C$; ⏱Mai–Juni 9–17 Uhr, Juli–Aug. bis 18 Uhr, Sept.–Mitte Nov. & April 10–16 Uhr) Die meisten Orte im nördlichen Ontario haben ein Bergbaumuseum, aber das Dynamic Earth schlägt alle. Die Hauptattraktion ist die Tour durch den Untergrund (mit simulierter Dynamit-Sprengung), und Besucher werden auch ihre Freude an den ausführlichen Ausstellungen zur Geologie haben. Außerdem gibt's viel Interaktives für Kinder und Junggebliebene. Unbedingt ein Foto vor dem „Big Nickel" (einer 9 m hohen 5-Cent-Münze) machen, der übrigens aus Edelstahl besteht.

GRATIS **Art Gallery of Sudbury** KUNSTGALERIE
(☎705-675-4871; 251 John St; ⏱Di–Sa 10–17, So ab 12 Uhr) Im alten Herrenhaus eines Bauholzmagnaten erzählt die Dauerausstellung dieser Kunstgalerie die Geschichte der Region anhand von sorgsam konservierten Artefakten, während die Wechselausstellung örtlichen Künstlern die Gelegenheit gibt, ihre Werke zu präsentieren.

GRATIS **Copper Cliff Museum** HISTORISCHES GEBÄUDE
(☎705-674-3141, Durchwahl 2460; 26 Balsam St, Copper Cliff; ⏱Juni–Aug. Di–So 10–16 Uhr) Das Copper Cliff Museum residiert in einer Pionier-Blockhütte rund 6 km westlich vom Zentrum. Es ist voller Relikte aus der vergangenen Ära, als Siedler erstmals in die Region vordrangen, um das Land zu vermessen. Sonderbar ist der Kontrast zwischen diesem urtümlichen Pionierdasein und der grummelnden Industrie, die sich in Gestalt des nahegelegenen, Rauch ausstoßenden Schlots, der liebevoll „Superstack" genannt wird, bemerkbar macht.

GRATIS **Flour Mill Heritage Museum** HISTORISCHES GEBÄUDE
(☎705-673-3141, ext 2460; 245 St Charles St; ⏱Juni–Aug. Di–So 10–16 Uhr) Ähnlich wie das Copper Cliff Museum ist dieses Museum in einem Schindelhaus von 1903 mit antiken Werkzeugen, Artefakten und Möbeln angefüllt. Geschildert wird die Geschichte der drei Mühlensilos an der Notre Dame Ave.

Aktivitäten

Dinosaur Valley Mini Golf VERGNÜGUNGSPARK
(☎705-897-6302; www.dinosaursudbury.com; 3316 St. Lawrence St, Chelmsford; 18-Löcher-Kurs Erw./Kind 8/6 C$; ⏱Mai–Mitte Sept. 8–21 Uhr) Sudbury ist Sitz eines der bekanntesten

Minigolfplätze in Nordamerika. Dinosaur Valley Mini Golf hat auf seiner Anlage mit 54 Löchern internationale Minigolfwettbewerbe ausgerichtet und erhielt den ersten „Tourism Innovation Award" in Ontario.

Wild Women Expeditions NATURSCHUTZGEBIET
(☎888-993-1222; http://wildwomenexp.com; Touren ab 450 C$) Wild Women Expeditions bietet Frauen die Gelegenheit, die Wildnis zu erkunden. Im Sommer führen Paddel- und Radtouren durch dichte Wildnis in Killarney, Temagami, Mississagi und auf Manitoulin. Im restlichen Jahr stehen interessante Kurse u.a. in Trommeln, Yoga und Landschaftsmalerei in dem Basislager 45 km westlich von Sudbury in der Nähe des Narin Centre auf dem Programm.

Schlafen

Kettenmotels prägen das Bild, und sie sind auch eine gute Wahl, wenn man sich nicht überraschen lassen will. Daneben verteilen sich aber auch mehrere B&Bs über das weit ausgedehnte Stadtgebiet.

Sudbury South Suites B&B $$
(☎705-523-0511; www.sudburysouthsuites.com; 2293 Treeview Rd; Zi. 69–200 C$;) Außerhalb des Stadtzentrums bietet dieses freundliche B&B geräumige Unterkunft und eine Reihe toller Extras wie ein riesiges Frühstück und einen großen blubbernden Whirlpool. Die Zimmer sind geschmackvoll eingerichtet, die Fenster haben Vorhänge.

Auberge du Village B&B $$
(☎705-675-7732; www.aubergesudbury.com; 104 Durham St; Suite 135–175 C$;) Über einer urigen *boulangerie* fühlt man sich in den beiden geräumigen Suiten weit weg vom Stahldschungel der Fabriken in ein ruhiges provenzalisches Dorf mit sanften Pastelltönen und strömendem Wein versetzt.

Days Inn HOTEL $$
(☎705-674-7517; www.daysinnsudbury.ca; 117 Elm St W; Zi. 99 C$;) Hinter der kastenartigen Fassade warten renovierte Zimmer mit einfachem Luxus wie Haarfön, Mini-Kühlschrank und löslichem Kaffee. Ein Plus ist die zentrale Lage.

Essen

LP TIPP **Respect is Burning** ITALIENISCH $$$
(www.ribsupperclub.com; Durham St; Hauptgerichte mittags 8–12 C$, abends 14–24 C$; Mo–Sa abends, Di–Sa mittags;) Dieser selbsternannte „Supperclub" ist Grund genug für einen Besuch in Sudbury. Rustikale toskanische Gerichte sind die Spezialität des Hauses, und die Köche fügen gern ein paar experimentelle Zutaten mit hinzu. Einzelne Gerichte kann man hier nicht empfehlen, weil die Karte sich ständig ändert, aber allzeit ein Gourmet-Erlebnis verheißt. Besonders lohnt sich der Besuch an Wochenendabenden – dann gibt's köstliche Probierteller und einen Schlummertrunk.

Vespa Panini SANDWICHES $
(359 Riverside Dr, Unit 104; Hauptgerichte 5–8 C$; Mo–Sa mittags & abends;) Die neueste Schöpfung der innovativen Truppe des Respect is Burning ist das Vespa, ein schneller Sandwichshop, wo köstliche Happen in dicke Stücke frisch gebackenen Brotes gepackt werden. Hier dreht sich alles um hausgemachtes Aioli, frisches Bauerngemüse, prima Fleisch vom Fleischer und Saucen nach Geheimrezept.

Don's Pizza ITALIENISCH $
(707 Lorne St; Hauptgerichte 2–7 C$; Di–Fr mittags & abends) Das Don's ist der Pizzakönig in Sudbury – hier liegt man nie falsch. Dünne Kruste oder gefüllter Teig sind hier nicht angesagt, sondern einfach ehrliche Maismehlpies mit gutem, altvertrautem Belag. Wechselnde Öffnungszeiten.

Deluxe Hamburgers FAST FOOD $
(1737 Regent St; Hauptgerichte 3–8 C$) McDonald's hat die goldenen Bögen; das Deluxe hat den goldenen Bogen. McDonald's hat Fast Food; das Deluxe schnelle Bedienung. Fällt was auf? Das Konzept ist vielleicht nicht gerade originell, aber dieses Relikt aus der Vergangenheit ist eine örtliche Institution.

Ausgehen & Unterhaltung

Laughing Buddha BAR
(194 Elgin St) Sudburys angesagter Treff für Hipsters und Abhänger macht hochkandidelte Sandwiches (wie den „Brie LT") und hat eine obercoole Atmosphäre. Auf dem mit roten Backsteinen gepflasterten Hof genießt man – so das Wetter es zulässt – sein zwangloses Mittagessen oder eines der mehr als hundert verschiedenen Biere.

Towne House Tavern LIVEMUSIK
(206 Elgin St) Coverbands spielen hier nicht. In dieser beliebten Institution stehen nur kanadische Eigengewächse von Punk bis Gospel auf der Bühne. Der Laden ist schmuddelig und liegt direkt an den Bahngleisen – wie sollte es auch anders sein.

SRO NACHTCLUB
(94 Durham St) Man schnappt sich einen Martini an der wirbelnden Edelstahltheke – die sind so groß, dass man drin baden könnte. An den Wochenenden gibt's nur Stehplätze, da sollte man seine Tanzschuhe nicht vergessen.

Praktische Informationen

Infos über die Highlights der Stadt gibt's unter www.sudburymuseums.ca und www.sudburytourism.ca.

Chamber of Commerce (705-673-7133; www.sudburychamber.ca; 49 Elm St; Mo–Fr 8.30–17 Uhr) Bietet hilfreiche Infos über die Unternehmen und Sehenswürdigkeiten vor Ort.

Rainbow Country Travel Association (705-522-0104, 800-465-6655; www.rainbowcountry.com; 2726 Whippoorwill Ave; Juni–Aug. 8.30–20 Uhr, Sept.–Mai Mo–Fr bis 16.30, Sa 10–18 Uhr) 10 km südlich der Stadt.

Anreise & Unterwegs vor Ort

Sudburys Flughafen liegt im Nordosten der Stadt noch hinter Falconbridge und wird von **Air Canada Jazz** (888-247-2262), **Bearskin Airlines** (800-465-2327) und **Porter Air** (www.flyporter.ca) angeflogen. Direktflüge verbinden Sudbury mit Toronto, Ottawa, Sault Ste. Marie und Thunder Bay. Mehrere Autovermieter haben Filialen am Flughafen, darunter **Enterprise** (800-736-8222) und **National** (705-387-4747).

Ontario Northland und Greyhound Canada nutzen beide den **Busbahnhof** (705-524-9900; 854 Notre Dame Ave), der rund 3 km nördlich des Zentrums liegt. Northland fährt zwischen Sudbury und Toronto (5¾ Std., 3-mal tgl.), Greyhound ebenfalls (5 Std., 3-mal tgl.). Greyhound verbindet Sudbury zudem mit Thunder Bay (14 Std., 3-mal tgl.) und Ottawa (7½ Std., 3-mal tgl.).

Die meisten Züge nutzen den **Bahnhof Sudbury Junction** (800-361-1235; Lasalle Blvd), der etwa 10 km nordöstlich vom Stadtzentrum liegt. Züge von VIA Rail verbinden den Bahnhof mit Toronto (6¾ Std., 3-mal wöchentl.) und mit den Bahnhofen im Westen bis nach Winnipeg (24 Std., 3-mal wöchentl.). Fahrgäste Richtung Ottawa im Osten müssen über Toronto fahren und dort umsteigen. Der zentral gelegene **Bahnhof Sudbury** (800-361-1235; Ecke Minto & Elgin St) bedient mit einem dieselangetriebenen Triebwagen ein kleines Netz von kleineren Orten, darunter White River und Chapleau.

Mehr als 50 Stadtbusse fahren in der Stadtregion und verbinden die wichtigsten Attraktionen. Das **Transit Center** (705-675-3333; Ecke Notre Dame Ave & Elm St) ist der wichtigste Umsteigepunkt; eine einfache Fahrt kostet 2,50 C$.

Von Sudbury nach Sault Ste. Marie

Auf der Strecke zwischen Sudbury und Sault Ste. Marie gleiten ausgedehnte Wälder am Wagenfenster vorbei. Davon abgesehen gibt's aber nur wenig zu sehen. **Elliot Lake**, die größte Siedlung in der Gegend, ist ein beliebtes Rentnerdomizil für nicht ganz so gut Situierte. Im Ort befinden sich ein paar Fast-Food-Restaurants und ein eher uninteressantes Museum zum regionalen Uranabbau.

Der **Mississagi Provincial Park** (705-848-2806, 705-865-2021; Hwy 639; Tagesgebühr 13 C$/Wagen, Wildes Zelten 9,50 C$, Stellplätze 27–34 C$; Mitte Mai–Sept.), 25 km nördlich von Elliot Lake, ist ein entlegenes Areal voller Hemlocktannen und Zitterpappeln, Sandstrände und tschilpender Vögel. Rund um den Flack Lake ist geriffeltes Gestein zu finden, ein einzigartiges geologisches Phänomen, das auf eine Milliarden Jahre lange Wellenaktivität zurückzuführen ist.

Kanuten sollten sich im Besucherzentrum von Elliot Lake eine Ausgabe von *Area Canoe Routes* besorgen. In der Broschüre sind sieben Kanurouten im Park beschrieben, darunter der eintägige **Cobre Lake Loop**, der mit ein paar schönen Wanderungen ergänzt werden kann.

Um einen Stellplatz auf einem Campingplatz zu reservieren, wendet man sich an **Ontario Parks** (519-826-5290, 888-668-7275; www.ontarioparks.com). Achtung: Es gibt keinen Stromanschluss an den Stellplätzen. Die eingeschränkten Einrichtungen am Semiwite Lake (Pförtnerhaus und Toiletten) sind solarbetrieben.

Sault Ste. Marie

75 000 EW.

„The Soo" thront über den schmalen Stromschnellen zwischen Lake Huron und Lake Superior, an den letzten „Stufen" des St.-Lorenz-Stroms. Die Stadt mit dem gelassenen Flair ist das inoffizielle Tor zu den entlegeneren Regionen im Westen Ontarios. Zwar gibt's hier jede Menge namhafte Franchise-Unternehmen großer Konzerne, doch im Zentrum entlang des Ufers findet man ein Sammelsurium gemütlicher, altmodischer Tante-Emma-Läden.

Ursprünglich war die Gegend ein Versammlungsplatz der Ojibwe und als Baawitigong, der „Ort der Stromschnellen",

STERNEGUCKEN IN SAULT STE. MARIE

In einer klaren Nacht in „the Soo" sollte man sich unbedingt den Sternenhimmel ansehen. Damit begann die Geschichte der berühmtesten Tochter der Stadt und ersten Astronautin Kanadas, Roberta Bondar. Schon als kleines Mädchen wollte Bondar Raumfahrerin werden. Sie schickte einen Coupon von einer Cornflakes-Packung ein, um einen Astronautenhelm zu bekommen, und war fürchterlich enttäuscht, als man ihr bloß ein Bild zusandte. Das konnte sie jedoch nicht abschrecken.

Sie hatte die besten Noten in der Highschool und war Sportlerin des Jahres in ihrem Abschlussjahr. An der Uni studierte sie Zoologie und Landwirtschaft, machte nebenher den Flugschein und trainierte die Bogenschützenmannschaft. Als nächstes erwarb sie einen Master in experimenteller Pathologie, schrieb ihre Doktorarbeit im Bereich Neurobiologie und schloss den Studiengang Medizin ab. Zum Spaß begann sie mit dem Fallschirmspringen und machte den Tauchschein. Zuletzt hatte man ihr zu den sechs regulären Abschlüssen noch 29 Ehrendoktorwürden verliehen. Außerdem war sie Kanzler der Trent University in Peterborough.

Als der Nationale Forschungsrat (NRC) Kanadas sein Raumfahrtenprogramm begann, riss Bondar natürlich die Hand hoch – zusammen mit 4300 anderen. Sie gehörte zu den sechs Auserwählten. An Bord der Raumfähre *Discovery* studierte die Wissenschaftlerin 1992 die Auswirkungen der Schwerelosigkeit auf den menschlichen Körper.

Nach der Rückkehr schrieb sie ein Buch über ihre Erfahrungen: *Touching the Earth* enthält zahlreiche ihrer eigenen Fotografien. Heutzutage arbeitet sie als Fotografin und Motivationstrainerin und lebt in Toronto. Bondars *Passionate Vision: Discovering Canada's National Parks* ist ein nettes Reiseandenken. In *Canada: Landscape of Dreams* lieferte sie die Fotos zu den Worten berühmter Kanadier, die darlegen, was ihnen ihr Land bedeutet. Bei Bondars letztem Projekt (zum Zeitpunkt der Recherche noch nicht fertig gestellt) geht es um Portraits weiblicher Astronauten.

Bondar hat nach wie vor eine starke Bindung zu ihrer Heimatstadt und ist sehr stolz auf the Soo (das Gefühl beruht auf Gegenseitigkeit). Im Canadian Bushplane Heritage Centre sind Gegenstände ausgestellt, die bei der *Discovery*-Mission dabei waren, und am Ufer befindet sich ein Pavillon, der nach Bondar benannt ist. Falls sie sich im Sommer gerade zufällig in der Cottage der Familie nordwestlich der Stadt aufhält, kann man eventuell eines ihrer Bücher signieren lassen.

bekannt. Mit der Ankunft französischer Pelzhändler wurde der Name in Sault Ste. Marie (su-saint *muh*-rie) geändert, was als „St.-Maria-Fälle" übersetzt werden kann. Nach einem Jahrhundert intensiver Nutzung und industrieller Berg- und Talfahrten präsentieren sich die Fälle heute als gewaltige Schleusen.

Sehenswertes & Aktivitäten

Algoma Central Railway HISTORISCHE STÄTTE
(ACR; ☎705-946-7300; www.algomacentralrailway.com) Die ACR ist eine 475 km lange Bahnstrecke. Sie beginnt im Zentrum und führt Richtung Norden nach Hearst. Die Schienen wurden 1899 gebaut, um Massentransporte von Rohmaterialien aus dem kalten Norden zu den Industriebetrieben in Sault Ste. Marie zu ermöglichen. Ein paar Jahrzehnte später durchstreifte die Group of Seven die Gegend und verewigte die unberührte Natur in lebendigen Landschaftsbildern. Heute wird die Bahnstrecke vornehmlich für den Personentransport und Touren genutzt.

Als immer mehr Touristen die Region bereisten, nahm der **Agawa Canyon Tour Train** seinen Betrieb auf. Von Mitte Juni bis Mitte Oktober fährt täglich ein Zug an den kristallklaren Seen und gezackten Granitblöcken des Kanadischen Schilds vorbei. Am schönsten ist es hier in den letzten beiden Septemberwochen oder in der ersten Oktoberwoche; dann erstrahlen die Blätter in strahlendem Rot oder Gelb. Im Sommer kostet die Fahrkarte 73/32 C$ für Erw./Kinder, im September sind es 93/59 C$. Abfahrt ist um 8 Uhr, die Rückfahrt um 17.30 Uhr. Unterwegs wird zwei Stunden im Agawa Canyon, 185 km nördlich von Sault Ste Marie, gehalten.

Alternativ kann man die **Tour of the Line** zum Ende des Schienenstrangs in Hearst unternehmen. Der „whistle-stop"-Zug hält bei Bedarf. Reisende müssen mindestens eine Nacht im ruhigen Hearst bleiben, wenn sie danach nach Sault Ste. Marie zurückkehren wollen. Für die Fahrt von Sault Ste. Marie nach Hearst und wieder zurück zahlt man 206/127,50 C$ (Erw./Kind) bzw. 299/186,50 C$ während der Herbstmonate, wenn sich der Zug durch eine traumhaft bunte Landschaft schlängelt. Züge fahren mittwochs, freitags und sonntags und kehren jeweils am Folgetag zurück.

Wer Lust auf ein echtes „Wildnis-Abenteuer" hat, kann sich in einer der vielen Unterkünfte an der Bahnstrecke einquartieren. Sie sind als „Lodges along the Line" bekannt. Am besten plant man die Fahrt mithilfe der ACR-Webseite – wie wär's z. B. im Winter mit einem Trip im Schneemobil auf dem insgesamt 4000 km langen Pfadgeflecht oder einem relaxten Angelwochenende im Sommer?

Die Züge fahren am **Bahnhof** (129 Bay St) ab. Dort werden auch die Tickets verkauft. Am besten erkundigt man sich vor dem Fahrkartenkauf in den Unterkünften vor Ort nach eventuellen Pauschalangeboten.

Canadian Bushplane Heritage Centre
MUSEUM

(☎705-945-6242; www.bushplane.com; 50 Pim St; Erw./Kind/Student 10,50/2/5 C$; ⊙Mitte Mai–Sept. 9–18, Sept.–Mitte Mai 10–16 Uhr) Im dynamischsten Museum von Soo erfährt man jede Menge über die Eigenheiten der Kultur des nördlichen Ontarios. In einem 20-minütigen Film wird die Bedeutung von Buschflugzeugen für die Region unterstrichen, denn einige entlegene Gemeinden sind nicht ans Straßennetz angeschlossen. Die musikalische Untermalung fängt die Abenteuerlust ein, die mit diesem vielgenutzten Transportmittel assoziiert wird. Erst, wenn man an den ausrangierten Flugzeugen vorbeispaziert, gewinnt man einen Eindruck davon, wie winzig sie tatsächlich sind! Ein Flugsimulator entführt Besucher auf eine Reise entlang saphirblauer Seen und hoch aufragender Kiefern (vielleicht wird man sogar ein bisschen nass!).

Ermatinger-Clergue National Historic Site
HISTORISCHE STÄTTE

(☎705-759-5443; 831 Queen St E; Eintritt 3 C$; ⊙Juni-Aug. 9.30–16.30, Sept.-Okt. Mo–Fr 9.30-16.30 Uhr) Diese Steinhäuser sind die ältesten Gebäude westlich von Toronto. Sie wurden zu einem informativen Museum umfunktioniert, in dem kostümierte Studenten den Alltag im Jahre 1814 nachstellen und Aktivitäten wie Stoffe färben oder Buttern nachgehen.

Sault Ste. Marie Museum
MUSEUM

(☎705-759-7278; 690 Queen St E; Erw./Stud./Familie 5/3/12 C$; ⊙Mo–Sa 9.30–17 Uhr, im Winter Mo geschl.) Das dreistöckige Museum ist in der alten Post untergebracht und erzählt die Stadtgeschichte aus verschiedenen Blickwinkeln. Die Skylight Gallery ist ein Muss für Fans der Industriegeschichte. Die interaktive Ausstellung von der Frühgeschichte bis in die 1960er-Jahre umfasst die einzigartige Fossiliensammlung und Artefakte des lokalen Heimatvereins. Auch das Gebäude selbst ist ein wichtiges Zeugnis aus dem frühen 20. Jh., als sich Sault Ste. Marie zu einer Stadt entwickelte.

Art Gallery of Algoma
KUNSTGALERIE

(☎705-949-9067; www.artgalleryofalgoma.on.ca; 10 East St; Eintritt: eine Spende; ⊙Mi–So 11–18 Uhr) Die Galerie befindet sich im Erdgeschoss des modernen Verwaltungszentrums und zeigt regelmäßig wechselnde Ausstellungen, oft mit Arbeiten lokaler Künstler.

Casino Sault Ste. Marie
CASINO

(☎800-826-8946; 30 Bay St W; Eintritt frei; ⊙So–Mi 9–4, Do–Sa 24 Std.) Das Casino von Soo hat ein kitschiges Wildnisdesign, statt des Röhrens brünstiger Elche ist jedoch das Klicken und Piepen von 450 einarmigen Banditen allgegenwärtig. Das Casino jenseits der Grenze in Michigan ist größer, doch mit zwei Dutzend Spieltischen und einem großen Restaurant kann sich auch diese Spielhölle sehen lassen.

Sault Ste. Marie Canal National Historic Site
HISTORISCHE STÄTTE

(☎705-941-6262; 1 Canal Dr) Wer mag, kann die ruhigen Inseln auf kanadischem Territorium erkunden; der Großteil des Frachtverkehrs wird weiter draußen, in den US-amerikanischen Schleusen abgewickelt, die älteren kanadischen Schleusen (erb. 1895) werden nur von Freizeitschiffen genutzt.

Der **Attikamek-Wanderweg** ist eine kurze Route auf der South St. Mary's Island. Er windet sich über bewaldete Kuppen, führt um die grabenartigen Schleusen herum und taucht unter der International Bridge hindurch. Hier offenbart sich der interessante Gegensatz zwischen Natur und Industrie.

Caribou Expeditions
NATURSCHUTZGEBIET

(☎800-970-6662; www.caribou-expeditions.com; 1021 Goulais Mission Rd, Goulais Bay; Touren 135-1495 C$) Caribou Expeditions hat seinen Sitz ca. 34 km nördlich von Sault Ste. Marie an der ruhigen Goulais (*gu*-lie) Bay. Man kann sich einem erfahrenen Team von Naturfreunden anschließen und verschiedene Kajaktouren entlang des Nordufers des Lake Superior unternehmen (z.B. Tagestrips, einwöchige Exkursionen). Es gibt sogar eine Kajakfahrt mit Walbeobachtung auf dem St.-Lorenz-Strom in Québec. Kanus und Kajaks werden auch verliehen.

Treetop Adventures ABENTEUERPARK
(☎705-649-5455; www.treetopadventures.ca; Goulais; „Luftige Abenteuer" & „Big Zip" 39 C$) In diesem neuen, bewaldeten Abenteuerpark werden Aktivitäten angeboten, die den Adrenalinspiegel in die Höhe schnellen lassen. Man kann z.B. auf einem Seil hoch über dem Blätterdach balancieren oder in bester Tarzan-Manier an einem Seil (zipline) durch den Wald sausen. Am besten ruft man vorher an (im Sommer 1 Woche im Voraus, in der Nebensaison reichen 2 Tage).

Schlafen

Im Zentrum befinden sich einige Unterkünfte, vor allem in Wassernähe, während ein Großteil der Motels und Hotelketten weiter nördlich an der Great Northern Rd zu finden ist.

Water Tower Inn HOTEL $$
(☎800-461-0800; www.watertowerinn.com; 360 Great Northern Rd; Zi. ab 119 C$;) Das privat betriebene Hotel schwimmt in einem Meer aus 08/15-Unterkünften und hebt sich durch Annehmlichkeiten à la Ferienresort von der Masse ab. Dazu zählen diverse Pools und ein großer Wellnessbereich. Eie gute Adresse für Familien.

Brockwell Chambers B&B $$
(☎705-949-1076; www.brockwell.biz; 183 Brock St; Zi. 85-125 C$,) Gibt sich bewusst erwachsen und gediegen und vereint altmodische Opulenz spielend mit modernem Komfort. Man mache einen großen Schritt in die Vergangenheit (frühes 20. Jh.) und erfreue sich an den zarten Blumenmustern, polierten Kandelabern und Lackkistchen.

Satelite Motel MOTEL $
(☎705-759-2897; www.satelitemotel.com; 248 Great Northern Rd; Zi. 59-69 C$;) Ein ordentliches, cremefarbenes Dekor ist das Markenzeichen dieses preiswerten Motels. Es ist netter als die „üblichen Verdächtigen" entlang der Hauptstraße, die aus dem Norden in die Stadt führt.

Algonquin Hotel INN $
(☎888-269-7728; 864 Queen St E; Zi. 39,60-71,50 C$; @) „The Gonk" genießt seit langem den Ruf, ein Magnet für zwielichtige Personen zu sein, doch wenn es günstig sein soll, gibt's keine bessere Adresse in der Stadt. Man muss sich das Zimmer allerdings mit den Geistern betrunkener Obdachloser teilen, die hier vor 50 Jahren hausten.

Essen

Hier schmeckt italienische Küche am besten, denn die Wurzeln der meisten Einheimischen liegen in Bella Italia.

Panna Bar & Grill MEDITERRAN $$
(472 Queen St E; Mittagessen Hauptgerichte 7–14 C$, Abendessen 15–28 C$; ⊙mittags & abends) Ein schickes Restaurant, in dem traditionelle mediterrane Küche erfrischend modern zubereitet wird (Stichwort Fusion). Zu den Favoriten zählt die beliebte Probierplatte mit Calamares, Knoblauchkrabben und Gemüse-Tempura. Modern ist nicht nur das Essen, sondern auch das glatte, minimalistische Design. Es scheint, als habe jemand das Panna mitten aus der Großstadt in ein gemütliches Wohnviertel verpflanzt.

ST. JOSEPH ISLAND

St. Joseph Island ist ein ruhiges, waldiges Fleckchen Erde im nordwestlichen Zipfel des Lake Huron zwischen Kanada und den USA. Ob man es glaubt oder nicht, es ist die zweitgrößte Süßwasserinsel der Welt und Heimat eines einzigartigen fleckigen Steins mit Namen *puddingstone*. Zudem wird nirgends in Ontario mehr Ahornsirup produziert.

Hauptattraktion ist die **Fort St. Joseph National Historic Site** (☎705-246-2664; www.pc.gc.ca/fortstjoseph; Hwy 548; Erw./Kind 3,90/1,90 C$; ⊙Juni–Mitte Okt. 9.30–17 Uhr). Früher war das Fort der entlegenste Außenposten der britischen Ländereien in Nordamerika. Die 200 Jahre alten Ruinen lassen Archäologenherzen höher schlagen.

Am besten übernachtet man im 50 km westlich gelegenen Sault Ste. Marie und plant einen Nachmittag zum Erkunden des Geländes ein. Über die Brücke, die vom Hwy 17 abgeht (keine Maut), gelangt man auf die Insel.

Muio's IMBISS $

(685 Queen St E; Hauptgerichte 5–15 C$) Das Muio's erinnert an die Ära der Rollschuhdiscos und Autokinos und fühlt sich trotz kürzlicher Renovierung sichtlich wohl in seiner anachronistischen Pracht. Die Kellnerinnen tragen altmodische Uniformen und kauen Kaugummi, während sie Hausmacherkost vor einem abladen. Das Clubsandwich mit in Gravy (dicke Bratensauce) ertrinkenden Fritten ist in der ganzen Stadt beliebt.

Mrs. B's Pizzas FAST FOOD $

(78 East St; Hauptgerichte 1,50–6,75 C$; ⊙Mo–Sa mittags & abends, So 13–19 Uhr) Die feuerrot gestrichene Fassade lockt die müden, hungrigen Massen wie der Gesang einer Sirene. Hier gibt's fettige Speisen, die glücklich und satt machen. Eine weitere Filiale befindet sich auf der 459 Second Line W.

Ausgehen & Unterhaltung

Wer Lust auf günstiges Bier hat, muss sich einfach nur der Kneipengänger-Polonaise anschließen und die International Bridge nach Michigan überqueren; dort kostet der Fusel gerade mal die Hälfte. Netter sind aber die Bars auf kanadischer Seite; außerdem wird diesseits des Sees eine aufstrebende Indie-Musikszene geboten. Das kostenlose Magazin *Fresh* enthält einen Veranstaltungskalender.

LopLops LIVEMUSIK

(www.loplops.com; 651 Queen St E) Einladende Location in Erdtönen und dem einen oder anderen neonfarbenen Tupfenmuster. An der glitzernden Stahltheke wird Importwein ausgeschenkt. Bei einem Gläschen kann man dann den Gitarrenklängen und dem rastlosen Murmeln gequälter Künstlertypen lauschen. Man kann Folk- und Jazzmusiker hören oder an einem der Open-Mic-Abende selbst eine Runde singen.

Docks BAR

(89 Foster Dr) Tolle Aussicht und günstiger Alkohol. Diese lebendige Bar befindet sich unterhalb eines nichtssagenden Restaurants mit demselben Namen. Wegen des großen Patio am Fluss ist die Lodge sehr beliebt bei jungen Einheimischen um die 20. Donnerstagsabends wird Livejazz gespielt, an den Wochenenden legen DJs auf.

Praktische Informationen

Ontario Travel Information Centre (☎705-945-6941; 261 Queen St W; ⊙Mitte Mai–Mitte Juni 8–18, Mitte Juni–Anfang Sept. bis 20, Anfang Sept.–Mitte Mai 8.30–16.30 Uhr) Verkauft Angelgenehmigungen und Führerscheine für Schneemobile.

Anreise & Unterwegs vor Ort

Der **Sault Ste. Marie Airport** (YAM; ☎705-779-3031; www.saultairport.com; 475 Airport Rd) ist rund 20 km vom Zentrum entfernt. Die Second Line (Hwy 550) 13 km Richtung Westen fahren, dann auf der Airport Rd (Hwy 565) 5 km nach Süden. Air Canada Jazz fliegt von und nach Toronto, Bearskin Airlines zu mehreren Orten in Ontario und Manitoba, darunter Ottawa, Winnipeg, Thunder Bay und Sudbury. Am Flughafen sind einige Autovermietungen vertreten, u. a. Enterprise und Budget. Vor der Ankunft sollte man beim Hotel anrufen, da viele Hotels einen kostenlos am Flughafen abholen.

Der **Busbahnhof** (☎705-949-4711; 73 Brock St) liegt in der Innenstadt. Er ist die zentrale Haltestelle für Stadt-, Inlands- und internationale Busse. Greyhound Canada fährt zwischen Sault Ste. Marie und Sudbury (4 Std., 3-mal tgl.) sowie zwischen Sault Ste. Marie und Thunder Bay (9 Std., 2-mal tgl.). Stadtbusse kosten 2 C$ pro Fahrt. Infos und Streckenbeschreibungen gibt's unter ☎705-759-5438.

Man kann sich dem Zirkus aus Spielern und Trinkern anschließen und zur amerikanischen Schwesterstadt Sault Ste. Marie hinüberfahren. Der **International Bridge Bus** (☎906-632-6882; einfache Strecke 2,25 C$) fährt regelmäßig über die Grenze und hält jede Stunde an mehreren Orten in Soo, z. B. an der Station Mall, der Cambrian Mall und dem Busbahnhof. Der Bus fährt von 7–19 Uhr unter der Woche und von 9–17 Uhr an Samstagen. An den meisten amerikanischen Feiertagen fahren die Busse jedoch nicht.

Lake Superior Provincial Park

Die meisten Menschen glauben, der Name Lake Superior leite sich von seiner Größe ab (er ist der größte Süßwassersee der Welt), aber wir sind uns sicher, dass er auf seiner Super-Schönheit beruht. Wenn man am Ufer entlang fährt, verstummen Gespräche garantiert für längere Zeiträume, in denen man nur staunend aus dem Fenster blickt und gelegentlich „wow" sagt. Wer ganz in der Natur aufgehen oder einfach nur eine tolle Zeit haben will, findet im **Lake Superior Provincial Park** (☎705-856-2284, 705-882-2026; www.lakesuperiorpark.ca; Hwy 17; Tageskarte 13 C$/Fahrzeug; Wildes Zelten 9,50 C$, Stellplatz 27,25–32,75 C$) den perfekten

Zugang zum großartigen Großen See. Der 1600 km² große Park gehört zu den schönsten Gegenden am See. Es gibt fjordähnliche Stellen, dichten immergrünen Wald und verlassene Strände, die direkt aus einer Karibik-Reklame stammen könnten.

Alle Besucher sollten in dem tollen interaktiven Museum des **Agawa Bay Visitor Centre** (☎705-882-2026; Hwy 17; ⊙Juli–Aug. 9–20 Uhr, Juni & Sept. bis 17 Uhr), das rund 8,7 km nördlich der Südgrenze des Parks zu finden ist, Station machen. Die naturverbundene Belegschaft ist eine hervorragende Infoquelle, die jeden Besuch gelingen lässt, wie lange er auch dauern mag. In den ruhigeren Monaten können Besucher im **Red Rock** (☎705-856-2284; ⊙Mo–Fr 9–14 Uhr) 53 km nördlich vom Visitor Centre weitere Infos bekommen.

Wer nur wenig Zeit hat, kann am Picknickplatz **Katherine Cove** vom Hwy 17 abfahren und das perfekte Panorama der sandigen Kiesküste genießen. Kulturjunkies sollten bei **Agawa Rock Pictographs** Station machen. Die Bilder von Tieren und Menschen sind in rotem Ocker gemalt und rund 150 bis 400 Jahre alt. Ein kurzer, aber schwieriger, 500 m langer Weg führt vom Besucherparkplatz zu einem Felsvorsprung, von dem aus man bei ruhigem See die geheimnisvollen Bilder sehen kann.

Wer etwas mehr Zeit mitbringt, kann einen der elf hervorragenden Wanderwege erkunden. Der Königsweg des Parks ist der 65 km lange **Coastal Trail**, ein steiler, schwieriger Weg über Klippen und Kiesstrände. Man sollte dafür fünf bis sieben Tage einplanen. Es gibt fünf Zugangsstraßen an der Strecke, wenn man nur ein Stück des Wegs gehen will.

Lohnenswert ist auch der **Nokomis Trail** (5 km), der um die bekannte Old Woman Bay führt (deren Name darauf beruht, dass man in den Klippen angeblich das Gesicht einer alten Frau sehen kann). Der mittelschwere Weg scheint in frühere Zeiten zu führen – der zarte rauschebartähnliche Nebel und die raschelnden nordischen Bäume geben ihm eine urtümliche Atmosphäre.

Der abwechslungsreiche **Orphan Lake Trail** (8 km), direkt nördlich von Katherine Cove, ist geradezu ein Probierteller der Charakteristika des Parks: abgelegene Kiesstrände, rauschende Wasserfälle, Aussichtspunkte und dichte Ahornwälder.

Der Lake Superior Park beherbergt auch eine lebendige Paddelkultur. Es gibt acht ausgewiesene Routen, vom einfachen, 16 km langen Rundkurs **Fenton-Treeby** (wobei man das Boot 11 kurze Strecken tragen muss) bis zu schwierigen Strecken, die nur mit der Algoma Central Railway, Abfahrt von Sault Ste. Marie, zu erreichen sind. Naturally Superior Adventures in Wawa und Caribou Expeditions in der Nähe von Sault Ste. Marie bieten ein umfangreiches Paddelprogramm im und um den Park.

Es gibt drei Campingplätze am Hwy 17: Crescent Lake (hier gibt es nur Toiletten ohne Wasserspülung), Awaga Bay und Rabbit Blanket Lake. Buchen muss man über **Ontario Parks** (☎888-668-7275; www.ontarioparks.com).

Auf dem Highway sollte man auf die mageren Elche achten, besonders bei Sonnenauf- und Sonnenuntergang.

Wawa

3200 EW.

Erzählt man einem Kanadier aus Ontario, dass man nach Wawa reist, wird man wahrscheinlich Folgendes hören: „Sehen Sie zu, dass Sie die Gans sehen!“ Gemeint ist natürlich jener große Ganter, der Touristen bereits seit den 1960er-Jahren vom Highway weglockt. Dass ausgerechnet eine Gans als „Köder“ gewählt wurde, kommt nicht von ungefähr: *wawa* ist das Ojibwe-Wort für „wilde Gans“. Die Pelzhändlerstation aus den 1720er-Jahren erhielt diesen Namen, weil am Lake Wawa unzählige Gänse während ihrer jahreszeitlich bedingten Migration Rast machen.

◉ Sehenswertes & Aktivitäten

Wawa Goose DENKMAL

Eine Reise nach Wawa ist nicht vollständig, wenn man nicht einen Blick auf die berüchtigte Wawa-Gans vor dem Besucherzentrum geworfen hat. Es gibt noch zwei andere riesige Gänse in der Stadt: Eine deutlich marode (und völlig verbaute) Figur befindet sich die Straße rauf und Nummer Drei schlägt über dem Wawa Motor Inn mit den Flügeln.

Naturally Superior Adventures NATURSCHUTZGEBIET

(☎705-856-2939, 800-203-9092; www.naturallysuperior.com) Naturally Superior Adventures befindet sich 8 km südwestlich von Wawa. Die Lodge liegt am Lake Superior zwischen zerklüfteten Felsen und einem Sandstrand. Wer einen Tag auf dem Gelände verbringt, wird am Nachmittag kühlen Nebel aufsteigen sehen und später taucht die Abendsonne die Landschaft in warmes Licht – traumhaft! Mehrmals pro Woche bietet Naturally Superior geführte Tagestouren an (95 C$). Wer eine Wochenend-Kajaktour bucht (350 C$) wird zunächst einen Nachmittag lang geschult, verbringt eine Nacht in der Lodge und eine weitere im Zelt am Strand und erkundet natürlich paddelnd den Lake Superior. Diese Fahrten sind auch für blutige Anfänger geeignet. Fortgeschrittene können sich auch ein eigenes Kajak oder Kanu leihen (35–45 C$/Tag). Es werden auch Seminare zum Thema digitale Fotografie (4 Tage; 580 C$), Yogawochenenden (500 C$) und Trainingskurse für Guides organisiert.

Schlafen

Rock Island Lodge CAMPING $

(☎800-203-9092; www.rockislandlodge.ca; Zelt/Tipi 20/30 C$, DZ inkl. Frühstück 72–103 C$; ⌚Mai–Okt.; 📶) Die Lodge von Naturally Superior Adventures ist ein netter Rückzugsort, auch wenn man keine der Aktivitäten buchen möchte. Die vier einfachen Zimmer sind makellos sauber und bequem (mit Seeblick).

Parkway Motel MOTEL $$

(☎705-856-7020; www.parkwaymotel.com; Hwy 17; Zi. 69–99 C$; ❄@📶) Von der nichtssagenden Fassade sollte man sich nicht abschrecken lassen, denn die neu renovierten Zimmer warten mit einer Reihe von Extras auf. Dazu gehören DVD-Player (und Filme), Mikrowellen, Plasma-TVs und Minikühlschränke. Hinten gibt's sogar einen Whirlpool. Das gemütliche Motel wird von einem netten polnischen Pärchen betrieben und liegt 5 km südlich von Wawa am Highway.

Wawa Motor Inn MOTEL $$

(☎800-561-2278; www.wawamotorinn.com; 100–118 Mission Rd; EZ 71–89 C$, DZ 81–99 C$; ❄@📶) Unter den Blicken der riesigen, glubschäugigen Gans betritt man helle Zimmer mit Fenstertüren. Hinten gibt's zudem Räumlichkeiten im Holzfällerhüttenstil.

Essen

Kinniwabi Pines KARIBISCH $$

(Hwy 17; Hauptgerichte 15–25 C$; ⌚mittags & abends) Was erwartet man hinter der Fassade eines Highwaymotels im abgeschiedenen Norden Ontarios? Essen aus Trinidad natürlich! Hier kann man den Speiseplan mit gebackenem Schweinefleisch oder Welseintopf aufpeppen. Darüber hinaus gibt's europäische und chinesische Gerichte für die weniger Experimentierfreudigen.

Praktische Informationen

Im **Visitor Information Centre** (☎705-856-2244, 800-367-9292; 26 Mission Rd; ⌚Juni–Aug. 8–20 Uhr) sind Infos zur Stadt und zu den nahen Schutzgebieten Lake Superior Provincial Park und Pukaskwa National Park erhältlich.

An- & Weiterreise

Greyhound Canada-Busse fahren zwischen Wawa und Sault Ste. Marie (3 Std., 3-mal tgl.) bzw. Thunder Bay (6½ Std., 3-mal tgl.).

PU DER WER?

Viele Jahre galt White River als kältester Ort Ontarios. In der Stadt wurde ein kitschiges Thermometer aufgestellt, um die erbarmungslosen Temperaturen anzuzeigen. Doch dann wurde bekannt, dass White River als Heimat von Winnie the Pooh (Pu der Bär) noch einen weit bedeutenderen Trumpf im Ärmel hatte. Wie kann das sein, mag man sich fragen, dass A. A. Milnes kleines Kuscheltier ausgerechnet aus diesem kleinen Zentrum der Holzproduktion stammt?

Alles begann 1914. Ein Fallensteller kehrte nach langer Jagd mit einem schwarzen Bärenjungen nach White River zurück. Harry Colebourn, ein Armeehauptmann, gab dem Pelzjäger 20 Dollar für die niedliche Bärin und nannte sie Winnipeg nach seiner Heimatstadt. Schon bald hatte sich die Kurzform Winnie eingebürgert. Als Harry eingezogen wurde, um in Frankreich zu dienen, gab er Winnie im Londoner Zoo ab. Die freundliche Bärin wurde schnell zum Star und eroberte die Herzen im Sturm, auch das von Christopher Robin Milne, A. A. Milnes Sohn. Irgendwann kaufte Disney Milnes Geschichten von der kleinen Winnie. Der Rest ist Geschichte.

Wenn man sich die riesige Statue von Winnie in White River anschaut, sollte man auf die Augen achten. Sie sehen anders aus als die von Disneys liebenswertem Honigfan – da er die Rechte an dem pelzigen Bär besitzt, musste die Figur in White River abgeändert werden, um nicht gegen das Urheberrecht zu verstoßen.

Chapleau

Das kleine Chapleau (*chäp*-lo) ist das Tor zum größten Elchreservat der Welt; es misst stolze 7000 km². Infos findet man unter www.chapleau.ca. Alternativ kann man sich an die Mitarbeiter des **Centennial Museum & Information Centre** (☎705-864-1122; 94 Monk St; ⌚Mai–Aug. 9–16 Uhr) wenden. Diese winzige Stadt mitten in den Wäldern ist übrigens eine der wenigen mit städtischem WLAN-Netzwerk.

Der Missinaibi River ergießt sich aus der James Bay und windet sich durch das Naturschutzgebiet von Chapleau in den **Missinaibi Provincial Park** (☎705-234-2222, 705-864-3114; Tagesgebühr 10 C$/Wagen, Stellplätze 32–39 C$; ⌚Mai–Mitte Sept.). Entlang des Flusses gibt es mehrere Tourveranstalter, z. B. die **Missinaibi Headwaters Outfitters** (☎800-590-7836; www.missinaibi.com; Racine Lake) mit Sitz im Reservat.

Pukaskwa National Park

In Pukaskwa (*puk*-ah-sor) nimmt man Bärenliebe wörtlich. Der **Park** (☎807-229-0801, Durchwahl 242; www.parkscanada.gc.ca/pukaskwa; Hwy 627; Tagespass Erw./Kind 5,90/2,90 C$; wildes Zelten 9,80 C$, Stellplatz 15–29 C$) hat ein intaktes Ökosystem mit Raub- und Beutetieren. Ein Grund dafür ist die Tatsache, dass es im ganzen Park nur 4 km Straße gibt (und im Winter nur 1 km). Pukaskwa ist topografisch dem Lake Superior Provincial Park ähnlich und beherbergt eine kleine Herde scheuer Karibus.

Es gibt zwei Möglichkeiten, das abgelegene Gebiet zu erkunden. Wer nur wenig Zeit hat, kann eine Tour durch die zugänglicheren Teile des Parks, das „Frontcountry“, machen. Wer flexibler ist, sollte ein unvergessliches Abenteuer im Hinterland des Parks anvisieren.

Das Frontcountry des Pukaskwa National Park ist die Umgebung von **Hattie Cove**, dem einzigen Campingplatz im Park, der etwa 2 km vom Eingang entfernt ist. Das **Visitor Centre** (⌚Juli–Aug. 9–16 Uhr) hat jede Menge Infos über die örtlichen Wildtiere und die nördlichen Nadelwälder. An den meisten Sommerabenden werden (etwa um 19 Uhr) geführte Wanderungen und andere Aktivitäten vom Centre aus veranstaltet. Am Campingplatz beginnen drei kurze Wanderwege, die Einblicke in die unberührte Natur geben. Der beliebte **Southern Headland Trail** (2,3 km) ist ein felsiger Stichweg, der gute Fotomotive des Uferstreifens und des zerklüfteten Kanadischen Schildes bietet. Unterwegs können Wanderer auch die Bonsai-ähnlichen Bäume sehen, deren Wachstum durch die scharfen Winde vom See beeinträchtigt wird. Der **Halfway Lake Trail** (2,6 km) führt um einen kleinen buchtenreichen See. Infoschilder am Weg erklären, wie das Ökosystem hier funktioniert. Ein dritter Weg, der **Beach Trail** (1,5 km), führt an der Horseshoe Bay und dem Lake Superior entlang. Hier hat man tolle Ausblicke auf sich brechende Wellen und geschwungene Sanddünen. Hattie Cove und Halfway Lake eignen sich für ruhige Tagesausflüge mit dem Kanu oder Kajak.

Das Hinterland des Parks wäre der perfekte Drehort für die nächste Staffel von „Ich bin ein Star – Holt mich hier raus!“ – das Wort „Abgeschiedenheit“ könnte in dieser 1878 km² großen unberührten Wildnis erfunden worden sein. Der **Coastal Hiking Trail** (60 km) ist die Hauptwanderroute und führt am endlosen Seeufer entlang. Für Paddler gibt's drei unglaubliche Routen, die jeden zufriedenstellen. Dazu gehört die bekannte **White River Canoe Route** (72 km) von Hattie Cove zum White Lake Provincial Park. Vor dem Abenteuer sollte man bei der Parkverwaltung vorbeischauen und einen der detaillierten Führer durch das Naturschutzgebiet mitnehmen.

Auch wenn man nur einen Tag hier ist, kann man einen Eindruck des wilden Hinterlands bekommen. Viele fitte Wanderer machen die ersten 7,6 km des Coastal Hiking Trail, der an der 30 m langen und 25 m hohen White Water Suspension Bridge endet. Der Weg ist anstrengend, man wird

ONTARIO – GANZ SCHÖN GROSS

Die große Gans von Wawa ist nicht das einzige „Riesending“ in Ontario...

» Big Nickel – Sudbury liegt im Schatten einer Mega-Münze

» Big Flying Saucer – auf Tuchfühlung mit einer „fliegenden Untertasse“ gehen, diese Möglichkeit verspricht die Stadt Moonbeam (bedeutet Mondstrahl – wie passend!)

» Big Snowman – der schicke Yeti chillt im kleinen Beardmore

nass und man muss denselben Weg zurück gehen (was insgesamt 15 km bedeutet), aber über die großartige Umgebung wird sich niemand beklagen.

Wer länger wandert oder paddelt, braucht wahrscheinlich ein Wassertaxi. **McCuaig Marine Services** (☎807-229-0193; mccuaigk@onlink.net) holt oder setzt einen überall entlang der Küste ab. Am besten lässt man sich in der Wildnis absetzen und kämpft sich von dort zum Haupt-Camp zurück. Bei Schlechtwetter kann es eine Weile dauern, bis man abgeholt wird.

Wer keine Zeit hat, die Reise selbst zu planen, kann das reichhaltige Angebot an geführten Touren durch das Hinterland von Pukaskwa von Naturally Superior Adventures in Wawa und Caribou Expeditions in der Nähe von Sault Ste. Marie in Anspruch nehmen.

Von Marathon nach Nipigon

Der gewundene Weg entlang des nördlichen Ufers des Lake Superior ist gut für eine Spritztour geeignet. Unterwegs laden ein paar Orte zum Beine vertreten ein. Der **Neys Provincial Park** (☎807-229-1624; Tagesgebühr 10 C$/Fahrzeug), gleich westlich von Marathon, hat felsige Strände. Bei Sonnenuntergang kann man tolle Fotos machen. Außerdem leben hier wollige Karibus.

In der Stadt **Terrace Bay** kann man ein Boot zu den **Slate Islands** nehmen. Dort ist die größte Herde von Waldkaribus der Welt beheimatet.

Übernachten kann man im ruhigen **Rossport**, einem malerischen Dorf zwischen der Eisenbahnstrecke und einem der wenigen natürlichen Häfen am Lake Superior. Im **Rossport Inn** (☎877-824-4032; www.rossportinn.on.ca; 6 Bowman St; EZ/DZ 70/75 C$, Hütten 85–95 C$; ⏲Mitte Mai–Mitte Okt.) werden Durchreisende schon seit 1884 begrüßt. Der Gasthof wartet mit eleganten Möbeln aus dunklem Holz, gemütlichen *quilts* (Steppdecken) und einer guten Küche auf – selbst die Tapeten lösen sich auf höchst charmante Weise von den Wänden.

Sleeping Giant Provincial Park

Vom 45 km entfernten Thunder Bay aus betrachtet sieht die schroffe Halbinsel aus wie ein schlafender Riese. Seit Jahrtausenden gilt sie als nahezu heiliger Ort. Der **Park** (☎807-977-2526; Hwy 587; Tagespass 13 C$/Fahrzeug, wildes Zelten 9,50 C$, Stellplatz 32–42 C$) liegt an der Südspitze des zerklüfteten Gebiets und bietet sensationelle Ausblicke auf den kalten Lake Superior.

Der Park ist groß genug, um wildes Zelten zu ermöglichen, aber gleichzeitig so klein, dass man ihn an einem Tag befriedigend auskundschaften kann. Der **Kabeyun Trail**, für den man drei Tage braucht, erschließt die spektakuläre Westküste der Halbinsel. Auch auf kürzeren Wanderungen kann man Hirsche, Weißwedelhirsche, Elche und Stachelschweine sehen. An der Spitze der Halbinsel, wo sich die Asphaltstraße in eine Staub- und Kiespiste verwandelt, liegt das abgelegene Dorf **Silver Islet**. Mit der Erschließung der weltweit reichsten Silbermine explodierte die Bevölkerungszahl des Dorfes Mitte der 1880er-Jahre. Heute wäre es der geeignete Schauplatz für eine neues Sequel von *Mad Max* oder einen anderen postapokalyptischen Film.

Stellplätze kann man bei **Ontario Parks** (☎888-668-7275; www.ontarioparks.com) reservieren.

Thunder Bay

109 000 EW.

Der erste Eindruck von Thunder Bay ist unerfreulich. Nachdem man stundenlang an himmlischer Küste und majestätischen Wäldern vorbeigefahren ist, wirkt die Ansammlung verrottender Industrieanlagen ziemlich deplaziert. Die beiden getrennten Stadtzentren wirken wie sich abstoßende Magneten, die jeden Versuch der Vermischung verhindern. Unter der harten Schale des ausgedehnten Thunder Bays liegt jedoch der weiche Kern einer Kleinstadt. Die Stadt hat nicht gerade viel Sehenswertes zu bieten, ist aber der perfekte Ausgangspunkt für die Erkundung der historischen Stätten und der Natur in der Umgebung.

Die Ojibwe haben jahrhunderte- oder gar jahrtausendelang in der Region gelebt. Die Europäer erschienen hier im 17. Jh, aber erst 1803 kam Bewegung in die Geschichte. Die Briten erbauten Fort William als Handelszentrum der einträglichen North West Company (Biberpelze). Wenig später entstand in 5 km Entfernung eine rivalisierende Siedlung. In Port Arthur spielte der Bergbau eine größere Rolle, bis es sich zum

Hafen für Präriegetreide entwickelte. Die metallenen Getreidesilos bestimmen immer noch das Seeufer.

Erst Ende der 1960er-Jahre verschmolzen die Nachbarorte zu einer Stadt, die den Namen Thunder Bay erhielt. Er leitet sich vom indigenen Namen der Region, *Animikie*, ab, was „Donner" bedeutet. Heute ist die Stadt eine lohnenswerte (und notwendige) Station für Reisende, die Kanada durchqueren. Man kann ein paar Tage in der abgelegenen Stadt verbringen – und dabei herausfinden, dass der erste Eindruck manchmal täuscht.

Sehenswertes & Aktivitäten

In einem Radius von 40 km rund um die Thunder Bay gibt's die eine oder andere Sehenswürdigkeit; sie zu sehen ist nicht ganz einfach, wenn man keinen eigenen fahrbaren Untersatz hat. Bei Interesse kann man einen Wagen bei einer der vielen Agenturen im Geschäftsviertel, der Intercity, mieten.

Terry Fox Lookout & Memorial DENKMAL

Dies sollte die erste Anlaufstelle in Thunder Bay sein – einerseits, um das informative Besucherzentrum zu besuchen, andererseits, um mehr über einen der großen kanadischen Helden zu erfahren. Das Denkmal erinnert an den jungen Terry Fox, der aus British Columbia stammte. Er hatte Krebs und verlor ein Bein. Bevor er seiner Krankheit erlag, unternahm er den Versuch, Kanada mit einer Prothese wandernd zu durchqueren und dabei Geld für die Krebsforschung zu sammeln. Am 12. April 1980 brach er in St John's, Neufundland auf. Am 1. September erreichte er nach 5373 km Thunder Bay. Dort musste er seine Wanderung unterbrechen, weil sich der Krebs verschlimmert hatte. Das Denkmal wurde nahe der Stelle errichtet, an der Terrys monumentaler „Marathon der Hoffnung" endete.

Kakabeka Falls NATURSCHUTZGEBIET

(☎807-473-9231; Eintritt 3–9,50 C$/Fahrzeug) Ca. 25 km westlich von Thunder Bay, unweit des Hwy 11-17, erstreckt sich der Kakabeka Falls Provincial Park. Um den spektakulären 40 m hohen Wasserfall ranken sich viele lokale Legenden. Am schönsten sieht er im Frühling nach dem Morgentau aus. Er stürzt das ganze Jahr über nach heftigen Regenfällen in die Tiefe.

Fort William Historical Park HISTORISCHER PARK

(☎807-473-2344; www.fwhp.ca; 1350 King Rd; Erw./Kind/Familie 13,08/9,35/35,51 C$; ⌚Mitte Mai–Mitte Okt. 10–17 Uhr) Französische Reisende, schottische Edelleute und Ojibwe wuseln auf dem Gelände dieses historischen Parks herum und stellen den Alltag im frühen 19. Jh. nach. Von 1803 bis 1821 war Fort William der Hauptsitz der North West Company. Irgendwann wurde das Unternehmen von der Hudson Bay Company geschluckt und die Bedeutung der Region als Handelszentrum schwand. Heute können die Besucher hier 42 historische Bauten voller unterhaltsamer, altmodischer Gegenstände besichtigen, darunter Musketen, Felle und Kanus aus Birkenrinde.

Amethyst Mine Panorama HISTORISCHE STÄTTE

(☎807-622-6908; www.amethystmine.com; East Loon Rd; Eintritt 6 C$; ⌚Mitte Mai–Juni & Sept.–Mitte Okt. 10–17, Juli–Aug. bis 18 Uhr) Bei einem Besuch der Mine, 40 km östlich von Thunder Bay, kann man nach seinem eigenen kleinen purpurfarbenen Amethyst suchen, dem offiziellen Edelstein der Provinz Ontario. Wenn man den Wagen auf dem Parkplatz abstellt, fällt einem eventuell der zartbläuliche Schimmer des Kiesbelags auf, ein Beweis dafür, dass diese Gegend tatsächlich eine Fundgrube für Halbedelsteine ist.

Thunder Bay Museum MUSEUM

(☎807-623-0801; www.thunderbaymuseum.com; 425 Donald St E, Fort William; Erw./Kind

KANGAS SAUNA

(☎807-344-6761; kangassauna.com; 379 Oliver Rd; Saunamiete ab 14 C$; ⌚Mo–Fr 7.30–21, Sa & So 8–23 Uhr) Wer Lust auf ein Verwöhnprogramm hat, ist hier falsch. Das Motto lautet „autarke Selbstversorger", deshalb: Handtücher etc. selbst mitbringen. Ach so, und gern auch ein paar Bier, denn der Freitagabend in Kangas Sauna ist ein beliebtes Sozial-Happening. Die Saunen sind privat und können bis zu fünf Stunden gemietet werden. Man kann sie entweder allein nutzen oder einen „Konferenzsaal" für sich und ein paar „Kollegen" nehmen. Für Leute, die nicht auf Dampfbäder & Co. stehen, gibt's ein nettes Kontrastprogramm: ein öffentliches Sprudelbad, ein Sonnenstudio, einen Friseursalon und einen beliebten Imbiss, in dem es immer von Einheimischen wimmelt.

3/1,50 C$; ⌚Mitte Juni–Aug. 11–17, Sept.–Mitte Juni Di–So ab 13 Uhr) Das schrullige, 100 Jahre alte Museum beherbergt genug „Zeugs“, um Erwachsene wie Kinder bei Laune zu halten. Die ansprechend präsentierten Ausstellungsgegenstände ermöglichen einen Einblick in die 10 000-jährige Besiedlungsgeschichte der Region und umfassen Darstellungen zur Ojibwe-Kultur, dem Pelzhandel, der Militärgeschichte und neuen Entwicklungen.

Thunder Bay Art Gallery KUNSTGALERIE
(☎807-577-6427; www.tbag.ca; 1080 Keewatin St, Confederation College; Erw./Stud. 3/1,50 C$, Mi kostenlos; ⌚Di–Do 12–20, Fr–So bis 17 Uhr) Die beste Galerie von Thunder Bay besticht durch eine vielseitige Sammlung moderner Arbeiten kanadischer Ureinwohner. Die Besucher lassen sich von der Natursymbolik, den gespenstischen Masken und leuchtenden Primärfarben verzaubern.

Mt. Mackay NATURSCHUTZGEBIET
Der Mt. Mackay (350 m) erhebt sich über Thunder Bay und gewährt ungehinderte Blicke auf den regionaltypischen Flickenteppich aus Kiefern und Gesteinsformationen. Der Aussichtspunkt ist Teil des **Fort William First Nation** (☎807-622-3093; www.fwfn.com; Mission Rd; 5 C$/Fahrzeug; ⌚Mitte Mai–Anfang Okt. 9–22 Uhr). Am majestätischsten ist der Blick am Abend, wenn das Tal in ein Meer aus funkelnden Lichtern getaucht ist. Ein Wanderweg führt vom Aussichtspunkt zum Gipfel des Bergs. Immer gut auf die Füße achten: Auf dem Schiefergestein stürzt man schnell.

Schlafen

Thunder Bay ist ein beliebter Zwischenstopp auf transkanadischen Entdeckungstouren und wartet daher mit einer großen Auswahl an Übernachtungsmöglichkeiten auf. Rund um die Kreuzung zwischen den Highways 11-17 und 61 findet man alle bekannten internationalen Motelketten.

Thunder Bay International Hostel HOSTEL $
(☎807-983-2042; www.thunderbayhostel.com; 1594 Lakeshore Dr; Stellplätze 13 C$, B 20 C$; @📶) Bunter Krimskrams, darunter Geweihe und ein kleiner Flügel, ist über den überwucherten Rasen verteilt. Das Ganze sieht ein bisschen aus wie ein privater Flohmarkt bei Alice im Wunderland. Die charismatischen, warmherzigen Besitzer, Lloyd und Willa Jones, sind exzellente Kenner des Backpacker-Lebensstils und das Wohlergehen ihrer Gäste ist ihnen ein echtes Anliegen. Das Paar hat zudem ein paar interessante Geschichten zu erzählen; man könnte z. B. nachfragen, warum „Borneo“ auf ihrem Nummernschild steht. Eine Übernachtung in ihrem Hostel ist ein echtes Erlebnis. Es liegt 25 km östlich der Stadt.

McVicar Manor INN $$
(☎807-344-9300; www.bbcanada.com/3918.html; 146 Court St N, Port Arthur; Zi. 100-140 C$; 📶) Die überladene viktorianische Villa erhebt sich seit mehr als 100 Jahren stolz auf dem großen Grundstück. Gern erzählen die Besitzer, was die hiesigen Unionisten hier in den 1960er-Jahren trieben (in der Geschichte kommt u.a. eine Bombe vor!),

OUIMET CANYON PROVINCIAL PARK

Der **Ouimet Canyon** (☎807-977-2526; Eintritt gegen2 C$ Spende; ⌚Mitte Mai–Mitte Okt.) ist nur 12 km vom Highway entfernt, eine heimtückische Gletscherspalte, die während der letzten Eiszeit von Eis und Wind geschaffen wurde. Auf ihrem Boden, 150 m tiefer, herrscht ein Mikroklima, in dem ein paar seltene arktisch-alpine Pflanzen sprießen und gedeihen. Ein 1 km langer Rundweg schmiegt sich an die gezackten Klippen und gewährt einen Ausblick, der die Knie weich wie Pudding werden lässt. Zelten ist hier verboten.

Sind einem die atemberaubenden Aussichten des Ouimet (*wi*-met) noch nicht Kick genug, bietet sich ein Halt bei **Eagle Canyon Adventures** (☎807-857-1475; www.eaglecanyonadventures.ca; 275 Valley Rd, Dorion; Eintritt 18 C$, Seilrutsche 55 C$, Stellplatz 30 C$; ⌚Mitte April–Mitte Nov. 9-21 Uhr) an. Die 183 m lange Brücke über den weit unterhalb gelegenen Boden des Canyons ist die längste Fußgängerhängebrücke Kanadas. Das ist nicht der einzige Superlativ, denn hier befindet sich auch die längste Seilrutsche des Landes. Das sollte selbst die größten Abenteurer und Adrenalinjunkies zufrieden stellen!

Die beiden Schluchten liegen 45 km westlich von Nipigon und 73 km nordöstlich von Thunder Bay.

davon sollte man sich aber nicht abschrecken lassen. Das McVicar ist nämlich eine Spur komfortabler und gediegener als die meisten anderen B&Bs. Es gibt jede Menge Schokolode und Rosen, abends fließt der Wein in Strömen, Sonnenblumen schmücken die Küche und man serviert das perfekte Hausmacherfrühstück in einem prächtigen, ordentlichen Speisesaal.

Prince Arthur Waterfront Hotel HOTEL $$
(☎807-345-5411, 800-267-2675; www.princearthur.on.ca; 17 Cumberland St N, Port Arthur; Zi. 85–195 C$; ❄@📶🏊) Das beste Hotel in Thunder Bay ist vergleichsweise preiswert. Das Gebäude am Wasser ist zwar mehrfach renoviert worden, doch die Fassade aus kirschroten Backsteinen und der klapprige Aufzug haben nichts von ihrem altmodischen Charme eingebüßt. Man sollte versuchen, ein Zimmer mit Blick auf den Sleeping Giant jenseits der Bucht zu bekommen.

Sleeping Giant Guesthouse HOSTEL $$
(☎807-683-3995; hostelscanada2002@yahoo.ca; 139 Machar Ave, Port Arthur; B 22 C$; @📶) Man nehme in der Küche im Stil der 1950er-Jahre mit einer (kostenlosen) Tasse Tee Platz und frage Gail, die freundliche Besitzerin, nach den (durchaus abgefahrenen) Attraktionen. Vielleicht bringt sie einen sogar zur hiesigen Müllkippe, damit man einen Blick auf die Bären werfen kann, die dort auf der Suche nach Futter umherstreifen. Die Zimmer sind mit hölzernen Etagenbetten und pastellfarbenem Linoleumboden ausgestattet. Das nahe gelegene Ufer kann auf Fahrrädern erkundet werden, die (ein weiteres Plus) kostenlos zur Verfügung gestellt werden.

Essen

Hoito Restaurant FRÜHSTÜCK $
(www.hoito.ca; 314 Bay St, Port Arthur; Hauptgerichte 4–8 C$) Es wird einen das Gefühl beschleichen, in eine finnische Firmenkantine gestolpert zu sein – und genau das ist es, was das Hoito ursprünglich war: Hier erhielten finnische Arbeiter günstiges Essen. Der Laden ist eine echte Institution in Thunder Bay. „Frühstück" wird bis 19.30 Uhr serviert, „Lunch" gibt's derweil bereits ab 10.45 Uhr. Ortsfremde fühlen sich wahrscheinlich vor allem von den berühmt-berüchtigt platten Pfannkuchen angezogen (werden rund um die Uhr zubereitet). Das Hoito hat übrigens 2010 seinen 100. Geburtstag gefeiert (Happy Birthday). Wir finden, dass es sich ziemlich gut gehalten hat.

Caribou Restaurant & Wine Bar FUSION $$
(☎807-628-8588; www.caribourestaurant.com; 727 Hewitson St; Hauptgerichte mittags 12–20 C$, abends 24-37 C$; ⏲Do & Fr mittags, tgl. abends) Zwischen Schnellstraßen und kastenförmigen Mega-Supermärkten findet man eines der besten Restaurants von Thunder Bay. Die Fassade stinkt förmlich nach Franchise-Einheitsbrei, drinnen erwartet einen jedoch ein nettes Dekor mit weißen Tischdecken und Designergläsern.

Masala Grille INDISCH $$
(www.masalagrille.com; 170 Algoma St N, Port Arthur; Hauptgerichte 7–16 C$; ⏲Mo–Fr mittags, tgl. abends) Der vielseitige Masala Grille ist in einer stattlichen viktorianischen Villa untergebracht und erinnert daran, dass die wachsende Gemeinde neuer Immigranten der ansonsten eher gesetzten Stadt eine kosmopolitische Note verpasst. Man labt sich an würzigen Spezialitäten des Subkontinents oder der (kleinen) Auswahl an thailändischen Gerichten.

Growing Season Juice Collective CAFÉ $
(210 Algoma Ave S, Port Arthur; Hauptgerichte 4–10 C$; ⏲mittags) Hier sind gesunde Säfte aus dem Mixer Trumpf, die mit leckeren Hauptgerichten kombiniert werden können. Wie wär's z. B. mit gestiftelten Möhren und Weizengrassaft (das Weizengras wird übrigens auf dem Restaurantgelände gezogen)?

Prospector Steakhouse STEAK $$
(27 Cumberland St S, Port Arthur; Hauptgerichte 16–22 C$; ⏲abends) Hier hat der Hunger keine Chance – er wird inmitten eines ranchartigen Ambientes mit riesigen Fleischportionen systematisch in die Knie gezwungen. Der Verzehr der berüchtigten Hochrückensteaks (*prime rib*) ist ein hartes Stück Arbeit für die Arterien.

Giorg ITALIENISCH $$
(114 Syndicate Ave N, Fort William; Hauptgerichte 15–22 C$; ⏲Fr mittags, Di–Sa abends) Die Fassade erinnert an die Zeiten, als guter Geschmack in der Architektur rar war (sprich: die 1970er-Jahre), dahinter verbirgt sich jedoch ein charmanter Italiener, einer der besten von Thunder Bay. Souveräne Kellner servieren leckere Pastagerichte etc.

Ausgehen & Unterhaltung

Madhouse Tavern Grill BAR
(295 Bay St, Port Arthur) Ein toller Ort zum Entspannen mit einem kalten Bier, umgeben vom freundschaftlichen Geplauder der

übrigen Gäste. Der Malstil der Portraits berühmter Schriftsteller und Künstler erinnert an Dalí.

Praktische Informationen

In beiden Touristeninformationen und den vier zentralen Büchereien gibt's WLAN.

Pagoda Information Center (☎807-684-3670; Ecke Red River Rd & Water St, Port Arthur; ⊙Mitte Juni–Aug. Di–Sa 9–17 Uhr) Die am zentralsten gelegene Anlaufstelle für Besucher und zugleich die älteste Touristeninformation Kanadas.

Tourism Thunder Bay (☎800-667-8386; Hwy 17; ⊙Mitte Juni–Aug. 8.30–19.30, Sept.–Mitte Juni 9–17 Uhr) 6 km östlich der Stadt gelegen, beim Terry Fox Lookout & Memorial.

An- & Weiterreise

Der **Thunder Bay Airport** (YQT; www.tbairport.on.ca) wird von Air Canada Jazz, Porter, Delta, WestJet, Wasaya und Bearskin bedient. Er liegt ca. 3 km südwestlich der Stadt, an der Kreuzung zwischen der West Arthur St und dem Hwy 61. Zu den Zielen gehören Sudbury, Sault Ste. Marie, Ottawa, Toronto, Winnipeg und Minneapolis.

Greyhound-Busse verkehren zwischen Thunder Bay und Sault Ste. Marie (9 Std., 3-mal tgl.) und Winnipeg (9 Std., 3-mal tgl.). Das Greyhound-**Busdepot** (☎807-345-2194; 815 Fort William Rd) liegt zwischen den beiden Downtowns unweit der Intercity Mall.

Unterwegs vor Ort

Am Flughafen und in der Intercity, dem Areal zwischen den beiden Downtowns, sind viele Autovermietungen zu finden. Die größeren Hotels, z. B. das Prince Arthur Waterfront Hotel, stellen Flughafenshuttles für die Gäste zur Verfügung.

Thunder Bay Transit (☎807-684-3744; www.thunderbay.ca) bedient die komplette Stadt. Die Busfahrer sind sehr hilfsbereit – eine gute Sache, denn in Thunder Bay kann man leicht die Orientierung verlieren. Es gibt bisher zwei Hauptterminals: das **Thunder Bay South Terminal** (Ecke May St & Donald St) und das **Thunder Bay North Terminal** (Ecke Water St & Camelot St), zum Zeitpunkt der Recherche war zudem ein zentraler Busbahnhof in Planung. Eine einfache Fahrt kostet 2,50 C$.

Von Thunder Bay nach Manitoba

Hier kann man sich wie Captain Picard von der *Enterprise* fühlen und mutig dorthin vorstoßen, wo noch nie ein Mensch zuvor gewesen ist… na gut, ein paar Leute waren sicher schon hier, aber wir garantieren, dass man das Gefühl haben wird, der Erste zu sein. Jenseits der Kakabeka Falls wird der Verkehr spärlicher und die Landschaft zu beiden Seiten des Highways zusehends langweiliger. In Shabaqua Corners gabelt sich der Highway: Der Hwy 17 gen Norden führt geradewegs nach Winnipeg, Manitoba, während man auf der Südroute (Highways 11 und 71) eine malerische Gegend durchquert und ca. zwei Stunden länger unterwegs ist. Entlang beider Strecken findet man erstklassige Angelgründe. An den Tankstellen werden Autofahrer mit kostenlosem Fisch zur Tankfüllung „geködert". Auf Schildern wird derweil der Übergang in eine andere Zeitzone angekündigt (wer nach Westen reist, gewinnt 1 Stunde).

DIE NORDROUTE

In **Ignace** und **Dryden** gibt's zahlreiche Motels und einfache Restaurants, eigentlich lohnt es sich jedoch nicht, dort Halt zu machen. Na ja, wer Anfang Juli in der Gegend ist, sollte sich das alljährliche **Moose Fest** (Elchfest) in Dryden ansehen. Ansonsten ist **Kenora** (www.visitkenora.ca) ein Zentrum der Papierindustrie und die inoffizielle Hauptstadt der hübschen **Lake of the Woods**-Region, der größte und netteste Ort für einen Zwischenstopp. Darüber hinaus wird hier eine touristische Infrastruktur in Form von Ferienhäusern für die Sommermonate und Angelausflügen geboten. Es gibt jede Menge Schlafgelegenheiten: Entlang des Highways findet man die typische Motelkettenarmada.

Canadian Native Cultural Tours (☎807-468-9124; www.mskenora.com) organisiert fantastische Kultur- und Naturtrips an Bord der MS *Kenora*. Im **Lake of the Woods Museum** (☎807-467-2105; www.lakeofthewoodsmuseum.ca; 300 Main St S, Kenora; Erw./Kind 3/2 C$; ⊙Juli–Aug. 10–17, Sept.–Juni Di–Sa 10–17 Uhr) wird die Geschichte der Ureinwohner und der Industrie in der Region behandelt. Ein besonderes Augenmerk liegt auf dem letzten Jahrhundert, in dem sich Kenora rasant schnell verändert hat.

Greyhound Canada bedient die Strecken Kenora–Thunder Bay (6½ Std., 3-mal tgl.) und Kenora–Winnipeg (2½ Std., 3-mal tgl.).

DIE SÜDROUTE

Wer sich für die längere Strecke von Ontario nach Manitoba entscheidet, wird mit ein paar netten Sehenswürdigkeiten belohnt. **Atikokan** ist der erste größere Ort, nachdem sich der Highway teilt. In der Bergbaustadt befinden sich ein paar Motels und andere Unterkünfte, sie eignet sich deshalb gut als Basis für einen Tagesausflug in den wunderschönen, entlegenen **Quetico Provincial Park** (☎807-597-4602; Tagesgebühr pro Wagen 10,75-19,50 C$, Stellplatz auf dem Campingplatz 29–37 C$/Pers., Wildes Zelten 11–21,50 C$). In dem riesigen Schutzgebiet gibt es nur einen kleinen Campingplatz, aber ein mehr als 1500 km langes Netz aus Wasserwegen für Kanufahrer, die durch unberührtes Gelände führen. **Canoe Canada Outfitters** (☎807-597-6418; www.canoecanada.com; 300 O'Brien St, Atikokan) hilft bei der Durchführung von Touren auf eigene Faust und organisiert geführte Wildnisabenteuer.

Weiter westlich, gleich an der Grenze zu den USA, liegt **Fort Frances**. Dieser Grenzübergang ist sehr beliebt bei Naturfreunden. Das **Fort Frances Museum** (☎807-274-7891; www.fort-frances.com/museum; 259 Scott St; Eintritt 3,50 C$; ⏲Juni–Sept. 10–17, Okt.–Mai Di–Sa 11–16 Uhr) ist sehenswert, wenn man sich für die Geschichte der Region interessiert.

Kay-Nah-Chi-Wah-Nung (☎807-483-1163; Shaw Rd, Emo; Eintritt 10 C$; ⏲Juni–Sept. Mi–Sa 10–18 Uhr), 50 km westlich von Fort Frances, ist eine heilige Stätte der Ojibwe. Dort befindet sich die größte ehemalige Anlage für zeremonielle Bestattungen Kanadas.

Wer seine Reise auf dem Trans-Canada Hwy fortsetzen möchte, muss hinter dem winzigen **Emo** dem Hwy 71 nach Norden folgen, der Hwy 11 führt nämlich nach Süden über die Grenze.

Bevor man zum Hwy 17 zurückkehrt, kann man noch zwei schöne Stopps im östlichen Teil von Lake of the Woods einlegen: **Nestor Falls** und **Sioux Narrows** sind Urlaubsorte mit entspannter Atmosphäre, in denen Hütten und Hausboote en masse vermietet werden.

Von Nipigon nach Cochrane

Am besten lädt man noch mal seinen iPod, denn ein wenig Unterhaltung und gute Musik tut Not, wenn man die Mammuttour von Nipigon nach Cochrane entlang des Hwy 11 unternehmen will. 615 km auf einem einsamen Highway quer durch den Norden der Provinz… diese „Abkürzung" hat wahrlich nur wenig zu bieten. Nun gut, es gibt ein paar alberne Blickfänge, z. B. einen riesigen Schneemann aus Plastik, und man wird natürlich Einheimische mit gerunzelter Stirn erspähen, denen die Frage: „Was zum Geier machen die denn hier?" ins Gesicht geschrieben steht. Wer keine Lust hat, die Strecke in einem Tag herunterzureißen, bzw. wer gern zottelige Elche beobachtet, kann sich in **Hearst** oder **Kapuskasing** (*käp*-iss-*kei*-sing) einquartieren. Beide Orte warten mit einer vernünftigen Auswahl an Motels auf. Hearst ist die Endstation der **Algoma Central Railway** und der westlichste Punkt der Ontario Northland-Züge aus North Bay. Einen Besuch wert ist **Eagle's Earth** (☎705-463-2288; www.eaglesearth.com), ein interaktives Cree- und Ojibwe-Kulturzentrum 40 km westlich von Hearst.

Während der insgesamt etwa achtstündigen Autofahrt auf dem Hwy 11 hat man viiiiel Zeit, um sich folgende Frage zu stellen: Wie kommt es, dass so viele tote Tiere am Straßenrand liegen, wenn dieses Auto das einzige weit und breit ist???

Cochrane

5500 EW.

Die Zeit ist nicht eben spurlos an dem kleinen Ort Cochrane vorübergegangen, der nur wegen des *Polar Bear Express* existiert, einem Zug, der bei Bedarf hält und Passagiere nach Norden in die entlegene Region der James Bay bringt. Cochrane tut erst gar nicht so, als wäre es eine beliebte Touristenhochburg. Diese Ehrlichkeit ist in gewisser Hinsicht erfrischend angenehm. Dass die Winter hier lang und hart sind, sieht man sofort. Davon abgesehen sind die größtenteils frankophonen Einheimischen herzlich und sehr gastfreundlich.

Sehenswertes & Aktivitäten

Polar Bear Habitat & Heritage Village ZOO

(☎705-272-2327, 800-354-9948; www.polarbearhabitat.ca; 1 Drury Park Rd; Frw./Kind/Stud. 20/12/18 C$; ⏲Juni–Aug. Mo–Do 8–18, Fr–So bis 19, Sept.–Mai Mo–Fr 10-16, Sa & So bis 17 Uhr) Der Name des Zugs und die riesige Eisbärfigur am Infozentrum lassen etwas anderes vermuten, doch tatsächlich streifen keine Horden wilder Eisbären auf dem Gelände herum, sondern nur ein einziger: Nanook, Cochranes am stärksten behaarter Bewohner (so hoffen wir), lebt seit der Eröffnung des Polar Bear Habitat & Heritage Village 2004 hier. Damals war das zottelige Raubtier, der älteste Eisbär in Gefangenschaft, noch ein Baby. Wilderer hatten seine Mutter erschossen. Nanook wird von den Angestellten liebevoll umsorgt. Besucher können ihn bei den täglichen „Bärentreffen" aus nächster Nähe beobachten und sogar eine Runde mit ihm schwimmen (5 C$) – in einem Becken, das durch eine dicke Glaswand von seinem Gehege getrennt ist. Einen ersten Blick kann man derweil mittels der „Bear Cam" auf der Webseite auf Nanook werfen. Im Eintrittspreis enthalten ist auch der Besuch des nachgebauten Kolonialdorfs, in dem kostümierte Mitarbeiter herumlaufen.

Polar Bear Express ZUG
(☎800-268-9281; www.polarbearexpress.ca; Erw./Kind 104,90/52,40 C$; ⏲Di–So) Die abgeschiedene Gemeinde Moosonee und Moose Factory können nur mit dem *Polar Bear Express* erreicht werden. Der Zug verlässt Cochrane morgens und kommt gegen Mitternacht zurück. Allein der Anblick der Passagiere ist sehenswert: Da sind Einheimische, Trapper, Biologen, Geologen, Touristen, Angler und Vollblutkanuten (ein Waggon ist für den Transport von Kanus reserviert!). Eine Strecke dauert 4¾ Std., wer also noch am selben Tag nach Cochrane zurückkehren möchte, hat nicht viel Zeit, um sich Moosonee und Moose Factory anzusehen. Von September bis Juni wird der Zug übrigens als *Little Bear* bezeichnet.

Schlafen

In den wärmeren Monaten empfehlen wir, Unterkünfte im Voraus zu buchen.

Best Western Swan Castle Inn HOTEL $$
(☎705-272-5200; www.bestwesternontario.com; 189 Railway St; DZ 119 C$; ❄@📶🏊) Die beste (und entsprechend teuerste) Unterkunft in Cochrane wartet mit geräumigen Zimmern, einem Fitnessstudio und einem Whirlpool auf (kontinentales Frühstück inkl.).

Station Inn MOTEL $$
(☎705-272-3500; www.ontc.on.ca; 200 Railway St; Zi. 115 C$; ❄@📶) Direkt über dem Bahnhof befindet sich dieses Motel. Das bedeutet, dass man den Zug wahrscheinlich nicht verpassen wird, allerdings auch nicht unbedingt den schönsten Ausblick hat. Es sei denn, natürlich, man steht auf Bahngleise.

Essen

Abgesehen von billigen Schnellrestaurants gibt es restauranttechnisch kaum Auswahl. Wer Wert auf eine gesunde Ernährung legt, sollte die Supermärkte ansteuern.

Tim Hortons FAST FOOD $
(☎705-272-3544; 10 Victoria St (Hwy 11); Hauptgerichte 2–7 C$; ⏲24 Std.) „Timmy's" als Tipp im *Lonely Planet*? Bevor man uns entrüstet mit Protestmails bombardiert, sollte man weiterlesen: Tim Horton wurde in Cochrane geboren, und diese Filiale der berühmten Donut-Kette (die übrigens ihm zu Ehren von seiner Frau gegründet wurde) ist die am besten besuchte des ganzen Landes. Rund um die Uhr stehen Truck-Fahrer Schlange, um sich von den flinken Mitarbeitern mit zuckersüßen Leckereien eindecken zu lassen.

JR's Bar-B-Q Ranch STEAK $$
(☎705-272-4999; 63 3rd Ave; Hauptgerichte 9–21 C$; ⏲mittags & abends) Das Western-Dekor von JR's passt super zu Cochranes Pionierflair, und die Rippchen lassen einem das Wasser im Mund zusammenlaufen.

Praktische Informationen

Cochrane Tourist Association & Board of Trade (☎800-354-9948; www.town.cochrane.on.ca; 4 3rd Ave; ⏲Mo–Fr 9–16.30 Uhr) Wer hier vorbeischaut, bekommt nicht nur gute Infos zur Stadt und Nanooks tollem Zuhause (s. S. 183), sondern auch gleich einen Blick auf Chimo werfen, den riesigen Eisbär aus Plastik.

An- & Weiterreise

Zwischen Cochrane und North Bay fahren Ontario Northland-Busse (6¾ Std., 3-mal tgl.) und -züge (5½ Std., 6-mal wöchentl.). Busse wie Züge halten an der **Cochrane Train Station** (☎705-272-4228). Zudem gibt's Busverbindungen nach Timmins (1½ Std., 1-mal tgl.); von dort geht's weiter nach Sudbury (6 Std., 1-mal tgl.).

Moose Factory & Moosonee

Moosonee und Moose Factory liegen unweit des Übergangs zur Tundra. Im Osten Kanadas dringen nur wenige Menschen zu weiter nördlich gelegenen Punkten vor. Um das zu tun, braucht man unbedingt Wasserflugzeuge, Kanus, Schneemobile, Hundeschlitten und Schneeschuhe. Moosonee ist seit 1932 an das Schienennetz angeschlossen. Da hatte der Ort, gegründet als Handelsposten von Révillon Frères (heute als Revlon bekannt), bereits fast 30 Jahre existiert. Nach kurzer Bootsfahrt erreicht man die Insel mit dem irreführenden Namen Moose Factory („Elchfabrik") – mit rauchenden Schloten und pelzigen Vierbeinern hat sie nichts gemein. Vielmehr befindet sich hier eine kleine Cree-Siedlung und die historische Stätte eines 1672 gegründeten Handelszentrums der Hudson's Bay Company.

Während man noch überlegt, ob man sich die lange Reise zu diesen extrem abgeschiedenen Orten wirklich zumuten möchte, sollte man sich bewusst machen, dass die Hauptroute ins Zentrum Ontarios vor 300 Jahren, zur Blütezeit des Pelzhandels, der Norden war – via Hudson und James Bay!

Sehenswertes & Aktivitäten

Mehr als 80% der Besucher verbringen nur einen Tag in der Region und erfahren daher nicht, was sie tatsächlich bietet. Moosonee und Moose Factory sind sehr unterschiedlich. Moosonee hat ein wenig ansprechendes Industrieflair, Moose Factory hingegen ist ein lebendiges Reservat mit netten Einheimischen und zahlreichen Räucherhütten. Am besten lernt man die Region kennen, wenn man sich einer Führung mit einem der hiesigen Moose Cree anschließt.

Cree Cultural Interpretive Centre MUSEUM
(Juli–Aug.) Dieses Zentrum auf Moose Factory trumpft mit Gegenständen und Artefakten wie Werkzeugen aus Knochen, traditionellem Spielzeug, wiederverwendbaren Windeln und Unterkünften aus der Zeit vor Ankunft der Europäer auf, die drinnen und im Freien ausgestellt sind. Die Besucher lernen zudem, was *pashtamowin* ist, gewissermaßen die Cree-Version des Karma-Gedankens, die vielleicht mit dem Sprichwort „man erntet, was man sät" umschrieben werden kann. Am besten erkundet man das Museum mit einem Guide; diese versorgen Besucher oft mit spannenden Zusatzinfos zu den Exponaten und erzählen Anekdoten.

Moose Factory Centennial Museum MUSEUM
(Juli–Aug.) Im Moose Factory Centennial Museum sind Karten, Pelze und das Hudson's Bay Staff House zu sehen. Letzteres stammt aus dem frühen 18. Jh. Altartücher aus Elchshaut und Gebetsbücher der Cree sind die Highlights in der **St. Thomas' Anglican Church** (erb. 1860). Sie ist als „fliegende Kirche" bekannt, da sie während eines starken Sturms vom Wind angehoben und die Straße hinunter geweht wurde.

Washow James Bay Wilderness Centre GEBÄUDE
(www.moosecree.com) Zum Zeitpunkt der Recherche waren die Moose Cree gerade mit dem Bau des Washow James Bay Wilderness Centre, 70 km östlich von Moosonee, beschäftigt. Mehrere Dörfer aus verschiedenen Epochen sollen nachgebaut werden. In einer Siedlung aus der Zeit vor Ankunft der Europäer stehen z.B. Behausungen aus Rinde, in einer anderen werden Tipis aus Segeltuch errichtet. Die Besucher bewegen sich mit Kanus zwischen dem Zentrum und den Dörfern fort und können beim Fallenstellen zusehen und Angeln. Wie viel das Ganze kosten soll, war bei unserem Besuch noch nicht klar. Am besten wirft man einen Blick auf die Webseite.

Geführte Touren

Moose Cree Outdoor Discoveries & Adventures NATURSCHUTZGEBIET
(705-658-4619; www.moosecree.com) Dieser Veranstalter wird von Moose Cree-Indianern geführt und organisiert maßgeschneiderte Touren inkl. kultureller Aktivitäten (Geschichten erzählen, der Verzehr traditioneller Speisen etc.) sowie Kanufahrten im Sommer und Schneeschuhwanderungen im Winter. Die netten, entspannten Mitarbeiter werden den Gästen folgende Fragen stellen: „Was für eine Erfahrung schwebt Ihnen vor?" und „Was möchten Sie auf keinen Fall erleben?" Wenn das geklärt ist, werden sie ein absolut vielseitiges, individuelles Programm auf die Beine stellen, wenn man ihnen nur genug Zeit gibt. Die Preise sind sehr unterschiedlich und hängen von Faktoren wie Teilnehmerzahl, Länge des Trips und zurückzulegende Distanz ab (bleibt man auf der Insel oder geht's eine Woche in die Wildnis?). Diese Touren sind sehr zu empfehlen, denn sie bieten die Möglichkeit, einen unmittelbaren Blick auf die Gegend zu werfen. Zum Abschluss sollte man sich höflich auf Cree bedanken: *Miegwetch* heißt danke.

Schlafen & Essen

Unterkünfte sollten vor der Ankunft gebucht werden. Es gibt zwar ein paar Übernachtungsmöglichkeiten in Moosonee, wir legen Reisenden jedoch ans Herz, sich auf Moose Factory einzuquartieren.

Cree Village Ecolodge INN $$
(705-658-6400, 888-273-3929; www.creevillage.com; 61 Hospital Dr, Moose Factory; Zi. ab 150 C$) Die Cree Ecolodge ist die erste Lodge in der nördlichen Hemisphäre, die im Besitz von Indianern ist und selbstständig von ihnen geführt wird. Das Design

und Mobiliar dieser faszinierenden Anlage orientiert sich an traditionellen Werten der Cree. Nachhaltigkeit spielt eine große Rolle: Teppiche, Decken und Bettwäsche bestehen aus Biowolle bzw. -baumwolle, auf den Zimmern findet man Bioseife und es gibt ein paar Komposttoiletten. Darüber hinaus beherbergt die Lodge die erste öffentliche Bücherei von Moose Factory. Nicht nur die Gäste dürfen in der Shabotowan Great Hall frühstücken, zu Mittag oder Abend essen. Zu den Spezialitäten zählen frischer Fisch (19 C$) und leckere T-Bone-Steaks (20 C$).

Tidewater Provincial Park CAMPING **$**

(☎705-336-1209; Tagesgebühr 10 C$, Stellplätze 27–34 C$; ⏲Mitte Juni–Aug.) Der ruhige Park erstreckt sich auf einer kleinen Insel zwischen dem Festland und Moose Factory und kann mit einem Wassertaxi erreicht werden. Die „Anlage" umfasst Picknicktische und Feuerstellen. Das war's auch schon.

An- & Weiterreise

Moosonee und Moose Factory können nicht mit dem Auto erreicht werden. Infos zum *Polar Bear Express* ab Cochrane stehen auf S. 183. Wassertaxis bringen Passagiere von Moosonee nach Moose Factory (3 km; 10 C$, 15 Min.) und zurück. Im Winter friert der Fluss zu; er trägt sogar Autos und LKWs! Ein Transportertaxi vom Terminal in Moosonee zu den Docks kostet 5 C$ pro Person.

Timmins

43 000 EW.

Früher einmal war Timmins die produktivste Goldbergbauregion der westlichen Hemisphäre, und noch heute spielt die lukrative Silber- und Zinkindustrie mit einem Netz aus zusammen mehr als 2000 km langen, unterirdischen Stollen eine bedeutende Rolle.

Country-Sängerin Shania Twain ist ohne Zweifel die bekannteste Tochter der Stadt. Ihr „Tempel" ist das **Shania Twain Centre** (☎800-387-8466, 1 Shania Twain Dr; Erw./Stud./Familie 9/7/32 C$; ⏲Juli–Aug. 9–20, Sept.–Juni 10–17 Uhr). In dem überwältigend großen Komplex dreht sich alles um ihr Leben und ihre Musik und man kann zahllose persönliche Gegenstände, Konzertfotos und andere Andenken bestaunen. In dem Zentrum wird zudem die einzige authentische **Goldminentour** (☎705-360-2619; www.timminsgoldminetour.com; Erw./Familie 19/60 C$; ⏲Geführte Touren Juli–Aug. 9.30, 11.30, 13.30 & 15 Uhr, Sept.–Juni 2 Führungen tgl.) Nordamerikas angeboten. Erfahrene Bergbauarbeiter lassen die Besucher in Bergbauuniformen schlüpfen und führen sie in 50 m Tiefe durch die Hollinger-Mine. Die Tour umfasst eine Bahnfahrt und eine simulierte Dynamitexplosion. Unbedingt Socken und warme Kleidung anziehen.

Am Algonquin Blvd (Hwy 101) sind alle bekannten Motelketten vertreten. Im **Cedar Meadows Wilderness Park** (☎877-207-6123; www.cedarmeadows.com; 1000 Norman St; Zi. 105–125 C$, Stellplatz 15 C$; ❄@📶) findet man gemütliche Unterkünfte und zahme Elche und Hirsche. Der **Kettle Lakes Provincial Park** (☎705-363-3511; Tagesgebühr 10 C$/Fahrzeug, Stellplatz 32–39 C$; ⏲Mitte Mai–Mitte Okt.), 35 km östlich der Stadt, bietet ein innovatives Campingerlebnis neben runden eiszeitlichen Gletscherseen.

Praktische Informationen

Die städtische **Chamber of Commerce** (☎705-360-1900, 800-387-8466; 76 McIntyre Rd; ⏲Mo–Fr 9–17, Sa 10–16 Uhr) im Ort Schumacher, gleich östlich von Timmins, hat Unmengen von Infos für Besucher parat.

An- & Weiterreise

Busse von Ontario Northland fahren von Timmins nach North Bay (6 Std., 2.mal tgl.) und weiter nach Toronto (10 Std., 2-mal tgl.). Darüber hinaus gibt's pro Tag eine Verbindung nach Sudbury (4½ Std.). Am **Bahnhof von Timmins** (☎705-264-1377; 54 Spruce Ave) hält ein Zug nach Matheson (1¼ Std., 6-mal wöchentl.), sodass die Passagiere Anschluss an die *Northlander*-Bahnlinie haben.

Temagami

Man denke zurück an seine erste Geschichtsstunde. Vielleicht hat der Lehrer von mächtigen Pharaonen, griechischen Helden oder chinesischen Dynastien erzählt, aber von Temagami hat man wahrscheinlich noch nie etwas gehört. Während gottesfürchtige Ägypter den Bau der fantastischen Pyramiden in Auftrag gaben, existierte in dieser Region voller majestätischer Kiefern und stiller Seen ein viel genutztes Netz aus Handelsrouten, und versteckte archäologische Stätten sind über die Naturparks in der Gegend verteilt.

Wer Infos zu den Stätten rund um Temagami haben möchte, sollte den **Finlayson Point Provincial Park** (☎705-569-3205;

COBALT

Hoch im Norden geht es ziemlich schräg zu. Die Städte tragen bizarre Namen wie Porcupine (Stachelschwein) oder Swastika und entlang der Straße erregen verschiedene „Kuriositäten" die Aufmerksamkeit, sodass es nicht immer ganz leicht ist zu entscheiden, wo man sich am besten die Beine vertritt. Wir empfehlen das winzige Cobalt. Anfang des 20. Jhs. boomte diese Geisterstadt aufgrund der Silbermine. 30 Jahre lang versorgte sie Cobalt und das ganze Land mit kostbaren Metallen und zog mehr als 20 000 vorübergehende Einwohner (sprich: Minenarbeiter) an. Es heißt, dass Kanada die Große Depression u. a. wegen der reichen Ausbeute in Cobalt relativ schadlos überstand. Gleichzeitig half Cobalt der Börse in Toronto auf die Sprünge. Heute ist der verlassene Ort in einer Gegend voller gescheiterter Minenstädte ein anrührendes Symbol für die Fragilität der hiesigen Wirtschaft.

Tagesgebühr 13 C$/Fahrzeug; ⌚Mitte Mai–Mitte Sept.), 2 km südlich der Stadt am Hwy 11, besuchen. Auch im **Welcome Centre** (☎800-661-7609; www.temagamiinformation.com; 7 Lakeshore Rd; ⌚Mo–Fr 9–16.30 Uhr) von Temagami erfährt man mehr über das Umland. Es gibt zahlreiche Darstellungen zur Regionalgeschichte.

Sehenswert sind auch der **Obabika River Park** und der weitläufige **Lady Evelyn Smoothwater Provincial Park**, in dem sich die höchste Erhebung Ontarios befindet, Ishpatina Ridge (693 m). Touristische Einrichtungen fehlen und die Zeltplätze können nur mit dem Kanu erreicht werden. Im leicht zugänglichen **White Bear Forest** steht ein hoher Turm auf dem Caribou Mountain, von dem man einen netten Blick auf die gedrungenen Bäume unterhalb hat.

Doug und Marg sind die netten Besitzer der **Northland Paradise Lodge** (☎705-569-3791; www.northland-paradise.com; 51 Stevens Rd; EZ/DZ/Suite $55/85/150). Sie liegt am See und beherbergt seit 1986 die unterschiedlichsten Gäste, vom Jäger bis zum Schneemobilfanatiker. Mittlerweile ist Doug, ein halb-professioneller Fotograf, damit beschäftigt, wilde Orchideen aufzuspüren und arbeitet als Guide für Leute, die Fotos schießen möchten, keine Tiere. Die gemütlichen Zimmer im Motelstil haben eine Küche und eignen sich hervorragend als Basis für Erkundungstouren in und rund um Temagami. Die rustikale Lodge kann vom Bahnhof aus zu Fuß erreicht werden, und Buddy, der liebenswerte Hund, schleckt die Besucher zur Begrüßung erst mal ab.

Bei keiner Aktivität kann man den Winter in Temagami besser erleben als bei einer geführten Hundeschlittenfahrt von **Wolf Within Adventures** (☎705-840-9002; www.wolfwithin.ca; Wochenendtour 395 C$), wenn man durch schneeüberzuckerte Wälder und an gefrorenen Seen vorüberfährt. Diese Touren sind aufregend und haben zudem pädagogischen Wert, und man ist in guten Händen: Francesco, der Besitzer, war Sylvester Stallones Hundetrainer in dem Film *Cliffhanger*. Er zeigt den Teilnehmern die traditionellen Reise- und Überlebenstechniken bei Temperaturen um –50 °C. Im Sommer organisieren die netten Guides 10-tägige Kanufahrten durch die raue Wildnis von Temagami (1450 C$). Auch maßgeschneiderte Touren werden angeboten. Buchungen bei Wolf Within sollten zwei Monate im Voraus vorgenommen werden.

Ontario Northland-Busse (1¼ Std., 2-mal tgl.) sowie -Züge (1½ Std., 6-mal wöchentl.) verbinden Temagami mit North Bay.

North Bay

54 000 EW.

North Bay preist sich als „gerade nördlich genug gelegen, um perfekt zu sein", was automatisch die Frage: „Perfekt für was?" nach sich zieht. Nun, es liegt nördlich genug, um Besuchern aus Toronto das Gefühl zu vermitteln, echte Abenteurer zu sein, und dennoch – das mit der Perfektion bleibt unverständlich! Die größten Highways von Ontario (11 und 17) treffen außerhalb der Stadt aufeinander, weshalb sich North Bay als praktischer Zwischenstopp für Trans-Kanada-Reisende anbietet. Die Highways führen in der Nähe des 1100 km entfernten Thunder Bay wieder zusammen.

Sehenswertes & Aktivitäten

Dionne Quints Museum MUSEUM

(☎705-472-8480; 1375 Seymour St N; Erw./Kind 3,50/2 C$; ⌚Mitte Mai–Juni & Sept.–Mitte Okt. 10–16, Juli–Aug. 9–19 Uhr) Der Bergbauboom mit all seinen negativen Auswirkungen, der fast alle Städte im Norden Ontarios fest im Griff hatte, hat einen Bogen um North Bay gemacht. Die Stadt war eher farblos, bis fünf kleine Mädchen sie vorübergehend in den meistbesuchten Ort Ontarios nach den Niagara-Fällen verwandelte. Bei den Mädchen handelt es sich um die „fünf Dionnes", identische Fünflinge. Geboren während der Weltwirtschaftskrise wurden sie von der Provinzregierung als Touristenattraktion vermarktet und ausgebeutet. Sie wurden so berühmt, dass sie sogar in vier Hollywood-Streifen mitspielten. Heute ist eine faszinierende Sammlung von Gegenständen aus ihren Kleinkindtagen im Dionne Quints Museum ausgestellt (ihre Geschichte ging nicht so glücklich weiter. In einem Zirkus groß zu werden, garantiert nicht eben für eine tolle Kindheit).

Lake Nipissing Waterfront NATURSCHUTZGEBIET

Am Ufer des malerischen Lake Nipissing werden einige nette Aktivitäten angeboten. Es gibt z.B. alte **Karussells** (☎705-495-8142; www.northbaycarousel.com; 230 Memorial Dr; 1 C$/Fahrt; ⏲Juli–Aug. 10–22 Uhr, Mai–Juni & Sept–Mitte Okt. Sa–So bis Sonnenuntergang), und man kann mit der **Chief Commanda II** (☎705-494-8167, 866-660-6686; www.chiefcommanda.com; King's Landing, Memorial Dr; ⏲Mitte Mai–Sept.), einem Passagierschiff, an den Manitou Islands (Erw./Kind 21/12 C$) vorbeifahren, auf dem French River (35/19 C$) herumschippern oder die Callander Bay bei Sonnenuntergang erkunden (26/14 C$). Im Sommer finden die beliebten, 3-stündigen „Blues Cruises" statt (einer pro Monat).

Schlafen

Da es kaum gute Unterkünfte im Zentrum gibt, steuert man am besten die vielen Motels am Lakeshore Dr (südlich der Marshall St) an oder versucht es bei den gemütlicheren Bleiben beim Trout Lake weiter östlich.

Gray's Log House INN $$

(☎705-495-2389; www.graysloghouse.com; 5270 Hwy 63, Trout Lake; Zi. 90 C$) In dieser wunderschönen Blockhütte unweit des Trout Lake (ca. 6 km hinter Average Joe's) ist die Hektik der Stadt vergessen. Die Abende vertreibt man sich bei netten Gesprächen mit dem liebenswerten Besitzer, dazu gibt's hausgemachten Nachtisch. Alternativ kann man sich mit einer selbst bestickten Decke zurückziehen und im Winter dem Schneetreiben zusehen.

Sunset Inn MOTEL $$

(☎705-472-8370; www.sunsetinn.on.ca; 641 Lakeshore Dr; DZ/Suite 119/169 C$; ❄@📶) Der Sunset Inn am Lake Nipissing sieht aus wie ein kleines Landhaus, hat gerade einen neuen Anstrich bekommen und besticht durch den schönen Blick aufs Wasser. Pärchen können sich in einer Suite mit altmodischem, herzförmigem Jacuzzi einquartieren.

Essen

Average Joe's BURGER $$

(www.averagejoes.net; 3501 Trout Lake Rd; Hauptgerichte 8–23 C$; ⏲mittags & abends) Average Joe's ist alles andere als durchschnittlich. Während man seinen Blick über den hübschen Trout Lake schweifen lässt, kann man sich an leckeren Gerichten von der umfangreichen Speisekarte laben. In der Bar tummeln sich die geselligen Einheimischen bis 1 oder 2 Uhr morgens.

Kabuki House JAPANISCH $$

(☎705-495-0999; 349 Main St W; Hauptgerichte mittags 10–15 C$, abends 23–28 C$; ⏲Mo–Sa mittaga & abends, So abends) Wer hier speist, muss tief in die Tasche greifen, bekommt dafür aber das beste Sushi von North Bay (naja, vielleicht ist das Kabuki House auch der einzige Japaner in der Stadt).

Praktische Informationen

North Bay Chamber of Commerce (☎705-472-8480; www.northbaychamber.com; 1357 Seymour St; ⏲Juli–Aug. 9–19, Ende Mai–Juni & Sept.–Ende Okt. Mo–Fr 9–17 & Sa–So 10–16 Uhr, im Winter kürzere Öffnungszeiten) Liegt unweit der Anschlussstelle zwischen den Highways 11 & 17, 5 km südlich des Zentrums, neben dem Quints Museum.

An- & Weiterreise

Zwischen Toronto und North Bay verkehren Busse (5½ Std., 4-mal tgl.) und Züge (5 Std., 6-mal wöchentl.) von Ontario Northland. Greyhound-Busse fahren von North Bay nach Sudbury (1¾ Std., 3-mal tgl.) und Ottawa (5¼ Std., 3-mal tgl.). Sämtliche Vehikel steuern die **North Bay Train Station** (☎705-495-4200; 100 Station Rd) an.

ÖSTLICHES ONTARIO

Wenn Chicago die „Windy City" und New York der „Big Apple" ist, dann sollte man das östliche Ontario „Windy Apple" nennen. Die Region zwischen Toronto und Ottawa, deren Form an eine Pfeilspitze erinnert, zeichnet sich durch eine ertragreiche Landwirtschaft

Östliches Ontario

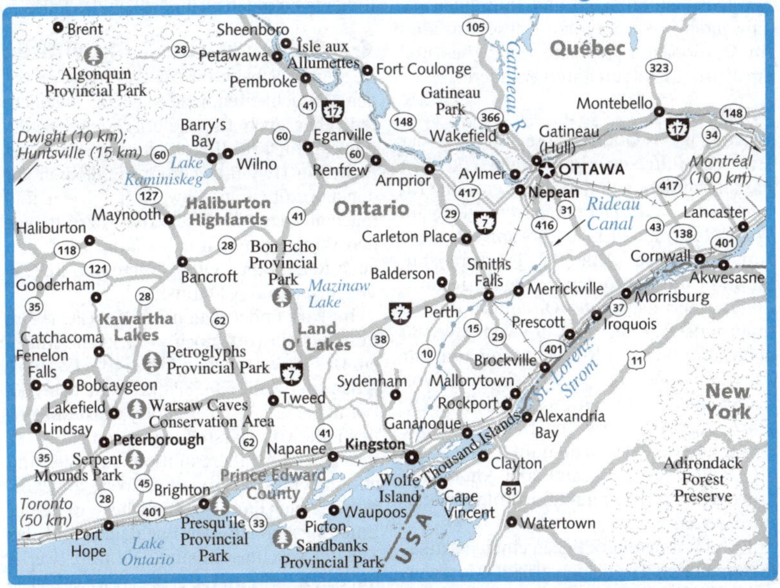

und windige koloniale Orte aus. Kühler Nebel bestimmt die Südküste, während im Landesinnern die Äste der Bäume im Herbst saftige Früchte tragen. Wer auf dem Hwy 401 zwischen Montréal und Toronto (der befahrensten Straße des Landes) unterwegs ist, sollte ein paar Extratage einplanen, um die historisch und landschaftlich interessante Gegend erkunden zu können.

Bezüglich Kolonialgeschichte ist das östliche Ontario nicht zu übertreffen. Das prächtige Kingston war früher die Hauptstadt Kanadas. Heute bietet die malerische Stadt unzählige Museen zur Militärgeschichte des Landes. Weiter östlich haben Kleinstädte wie Gananoque, Brockville und Prescott mit jeder Menge großartiger Gasthäuser und Ländereien ihre viktorianische Atmosphäre bewahrt. Auch das winzige Merrickville, einst ein Zentrum der Loyalisten, hat sich seit dem Amerikanischen Unabhängigkeitskrieg kaum verändert. Diese altertümlichen Orte liegen nahe der atemberaubenden Region der Thousand Islands, einem nebligen Archipel einsamer Inseln, die im St.-Lorenz-Strom verstreut sind.

Die natürliche Schönheit des östlichen Ontario erstreckt sich weit über die nebligen Inseln der Thousand Islands hinaus. Das dünn besiedelte Hinterland ist voller schöner Parks und Schutzgebiete. Der weltweit bekannte Algonquin Provincial Park ist das Flaggschiff der Region. Er bietet einzigartige Wander- und Kanustrecken in einer von saphirgrünen Seen und riesigen Banks-Kiefern beherrschten Natur. Diese Topografie erstreckt sich in Richtung Süden zu den Kawartha Lakes und dem Land O'Lake, wo früher Indianerstämme lebten.

Dieser Abschnitt beginnt, wo der vorangehende endet – bei North Bay im nördlichen Ontario. Von dort geht's durch wilde Waldgebiete nach Süden Richtung Lake Ontario. Danach führt die zweite Hälfte des Abschnitts Richtung Osten den St.-Lorenz-Strom entlang bis zur Grenze von Québec.

Erstaunlicherweise gibt es immer noch keine direkte Highway-Verbindung zwischen Toronto und Ottawa. Die schnellste Verbindung führt L-förmig über den Hwy 401 von Toronto bis Prescott und dann über den Hwy 416. Der ländliche, zweispurige Hwy 7 ist eine schöne, aber langsamere Alternative.

Algonquin Provincial Park

Der berühmte Algonquin Park ist genau der richtige Anblick für müde Augen. Der älteste (eröffnet 1893) und größte (7800 km²) Park Kanadas trumpft mit dichten Kiefernwäldern, zerklüfteten Felsen, rauschenden

Bächen mit kristallklarem Wasser, moosbewachsenen Sümpfen und Tausenden (ja, Tausenden!) von Seen auf. Dieses Paradies für Outdoorfans ist leicht zugänglich und ein Muss für Kanuten und Wanderer.

Orientierung

Die einzige richtige Straße im Park, der Hwy 60, führt quer durch einen kleinen Parkabschnitt im Süden. Jeder einzelne Kilometer ist ausgezeichnet, angefangen beim **West Gate** (als „Km 0" bekannt) bis hin zum **East Gate** („Km 56"). Tourveranstalter und Unterkünfte nutzen häufig die Straßenmarkierungen als Orientierungshilfe (man muss z. B. bei Km 15,4 vom Hwy 60 abbiegen und nach Norden fahren, um zur Arowhon Pines Lodge zu gelangen). Von der Straße gelangt man zu zahlreichen Zeltplätzen und Wanderwegen. Das weitläufige, bewaldete Herz des Algonquin Parks ist von einem Netz aus insgesamt 2000 km langen (kartografierten) Kanu- und Wanderrouten durchzogen.

Rund um den Park liegen einige rustikale Gemeinden. Die beiden großen Muskoka-Städte Bracebridge und Huntsville sind z. B. nur eine Autostunde vom West Gate entfernt. Zu den kleineren Orten im Südosten gehören Bancroft, Harcourt und Maynooth.

NICHT VERSÄUMEN

DER MIT DEM WOLF HEULT

Im Algonquin Provincial Park wird aktiv „Wolfforschung" betrieben, und durch „öffentliches Heulen" kann man sich auf beeindruckende Weise von der Gegenwart der pelzigen Raubtiere überzeugen. Wölfe antworten nämlich bereitwillig auf die menschlichen Interpretationen ihrer Heullaute. Deshalb führen Parkangestellte an manchen Augustabenden „Heulsitzungen" durch. Diese sind bis ins Kleinste durchgeplant. Es kann sein, dass man einer von 2000 Zuschauern ist, die im Dunkeln stehen und darauf warten, dass ihnen die Tierstimmen einen Schauer über den Rücken jagen. Die Heulsitzungen werden kurzfristig an den Tagen angekündigt, an denen sie auch stattfinden (gewöhnlich donnerstags). Deshalb: Schwarze Bretter und die Parkwebseite konsultieren bzw. im Besucherzentrum anrufen.

Mattawa, Petawawa und das winzige Deux Rivières befinden sich nördlich des Parks.

Sehenswertes & Aktivitäten

Der Park ist bekannt für die hervorragenden Möglichkeiten, wilde Tiere zu beobachten, aber auch für malerische Aussichtspunkte. Im Frühling wird man garantiert Elche am Hwy 60 sichten; sie flüchten vor den nervtötenden schwarzen Fliegen und machen sich über die Streusalzreste aus den Wintermonaten her. Häufig wird man auch Rehe, Biber, Otter, Nerze und diverse Vögel zu sehen bekommen.

Im Park findet man neben der Galerie im Besucherzentrum noch zwei kleine Museen. Das hervorragende **Algonquin Logging Museum** (613-637-2828; km 54,5 am Hwy 60; Eintritt frei; Juli–Okt. 9–17 Uhr) wartet mit einer Fülle von Darstellungen und Infos zur hiesigen Holzfällertradition auf. Sie sind entlang eines 1,5 km langen Wegs angeordnet, der auch dann zugänglich ist, wenn der Empfangsbereich, der Buchladen und das Theater geschlossen sind. Die Kunstwerke im **Algonquin Art Centre** (www.algonquinartcentre.com; km 20 am Hwy 60; Eintritt frei; Juni–Mitte Okt. 10–17.30 Uhr) – Gemälde, Schnitzereien und Skulpturen – stehen eindeutig im Zeichen der Wildnis.

Der Park ist eine tolle Adresse für eine **Kanutour**. Die Veranstalter bieten ein breites Angebot für Anfänger wie erfahrene Outdoor-Experten. Viele Reisende schwingen sich auch allein ins Kanu. Ein Quotensystem regelt, wie viele Besucher die einzelnen Kanurouten jeweils nutzen dürfen, man sollte also frühzeitig mit der Planung des Trips beginnen. Canoe Lake und Opeongo Lake sind beliebte Ausgangspunkte für Anfänger (die Docks sind oft überfüllt). Wassertaxis bringen Passagiere durch rauere Gewässer in die entlegeneren Regionen jenseits von Opeongo Lake; Reservierungen können via **Algonquin Outfitters** (800-469-4948, 888-280-8886; www.algonquinoutfitters.com) vorgenommen werden.

Eine weitere beliebte Aktivität ist **Wandern**. Die Wanderwege im Park haben eine Gesamtlänge von stolzen 140 km. Es gibt zahlreiche kürzere Strecken, die vom Hwy 60 aus erreicht werden können.

Im und rund um den Park werden zudem wunderschöne **Ausritte** angeboten. Einfach **Highland Wilderness Tours** (613-338-2330, 866-793-9453; www.ridethewilderness.com; 1 Std. 40 C$) oder **South Algon-**

NICHT VERSÄUMEN

TOP FIVE: WANDERUNGEN IM ALGONQUIN PROVINCIAL PARK

Egal, ob man einen Tag oder einen Monat hier verbringt, folgende traumhafte Wanderwege sind ein absolutes Muss! Sie beginnen an verschiedenen Kilometermarkierungen entlang des Hwy 60 zwischen dem West Gate (Km 0) und dem East Gate (Km 56).

» Booth's Rock (schwerer, 5 km langer Rundweg) – Man folgt einer stillgelegten Bahnstrecke und kann den Blick ungehindert über Seen und Wälder schweifen lassen (die Straße bei Km 40 nehmen).

» Centennial Ridges (schwerer, 10 km langer Rundweg) – Die schönsten Panoramablicke im ganzen Park (der Straße bei Km 37 folgen).

» Lookout Trail (schwerer, 1 km langer Rundweg) – Auf diesem Wanderweg ist am meisten los, und das aus gutem Grund: Man mache sich auf ein herrliches Stück unberührter Natur gefasst (bei Km 40).

» Mizzy Lake (mittelschwerer, 11 km langer Rundweg) – Hier hat man die Gelegenheit, verschiedene Tiere zu entdecken (bei Km 15).

» Track & Tower (mittelschwerer, ca. 8 km langer Rundweg) – Netter Weg am Seeufer und ein ungewöhnlicher, erhöhter Aussichtspunkt an einer verwaisten Bahnstrecke (bei Km 25).

quin Trails (☎705-448-1751, 800-758-4801; www.southalgonquintrails.com; 4378 Elephant Lake Rd, Harcourt; 1 Std. 50 C$) kontaktieren; der am nächsten gelegene Eingang zum Park ist das East Gate.

Folgende Ausstatter/Tourveranstalter sind im Park bzw. ringsum ansässig, organisieren z.T. verschiedene Aktivitäten und vermieten Ausrüstung. Pro Tag kosten Kanus 20–40 C$, abgepacktes Essen 25 C$ (pro Person und Tag), Campingkocher 3–6 C$ und Zelte 12 C$:

Algonquin North Wilderness Outfitters AUSRÜSTUNG
(☎705-744-3265, 877-544-3544; www.algonquinnorth.com; Mattawa) Nördlich des Parks an der Anschlussstelle zwischen Hwy 17 und Hwy 630 in Mattawa; gute Adresse für Trips in den entlegeneren Norden.

Algonquin Outfitters AUSRÜSTUNG
(☎800-469-4948, 888-280-8886; www.algonquinoutfitters.com) Unterhält fünf sehr empfehlenswerte Niederlassungen im und rund um den Park (Oxtongue Lake, Huntsville, Bracebridge, Opeongo Lake und Brent). Organisiert zudem fantastische Touren.

Algonquin Portage AUSRÜSTUNG
(☎613-735-1795; www.algonquinportage.com; 1352 Barron Canyon Rd, Pembroke; B 30 C$, Camping 5 C$/Pers., Frühstück 8 C$) Westlich von Pembroke an der Rte 28 (Straße nach Achray). Vor Ort gibt's rustikale Unterkünfte. Zudem wird ein Shuttleservice sowie Lebensmittel und Gas angeboten.

Canoe Algonquin AUSRÜSTUNG
(☎705-636-5956, 800-818-1210; www.canoealgonquin.com; 1914 Hwy 518 E, Kearney) Nördlich von Huntsville; Kanus werden an den nahen westlichen Zugangspunkten zu Wasser gelassen – eine herrlich friedliche Gegend.

Opeongo Outfitters AUSRÜSTUNG
(☎800-790-1864; www.opeongooutfitters.com; Hwy 60) Der älteste Ausstatter beim Park liegt gleich außerhalb des East Gate.

Portage Store AUSRÜSTUNG
(☎705-633-5622, 705-789-3645; www.portagestore.com; km 14 am Hwy 60) Liegt im Park, 14 km hinter dem West Gate. Fahrräder werden im Lake of Two Rivers Store verliehen. Organisiert geführte Touren.

☞ Geführte Touren

Das Angebot an geführten Touren für jeglichen Typ Reisenden ist sehr breit gefächert. Abgesehen von den folgenden Tourveranstaltern gibt's auch ein paar Outdoorgeschäfte, die Ausflüge organisieren. Angeboten wird alles, von eintägigen Wanderungen mit Guide (ab 30 C$) bis hin zu maßgeschneiderten Expeditionen, die sich über mehrere Tage hinziehen. Die Veranstalter unterhalten jeweils eine eigene Unterkunft, und im Winter kann man aufregende Hundeschlittenfahrten unternehmen.

Call of the Wild HUNDESCHLITTEN
(☎905-471-9453, 800-776-9453; www.callofthewild.ca) Tolle Paddelausflüge mit Übernachtung und Hundeschlittenfahrten.

Northern Edge Algonquin KAJAKFAHREN
(☎800-953-3343; www.algonquincanada.com) Paddeln, Wochenendtrips speziell für Frauen sowie maßgeschneiderte Wintertouren.

Voyageur Quest KAJAKFAHREN
(☎416-496-3605, 800-794-9660; www.voyageurquest.com) Vermietet Unterkünfte und organisiert beliebte Kajaktouren.

Schlafen & Essen

Der Park ist vor allem ein Naturschutzgebiet. Das bedeutet, dass sich die meisten Schlafgelegenheiten – abgesehen von Campingplätzen – außerhalb der Parkgrenzen befinden. Dort findet man dann aber auch gleich ein ganzes Arsenal an Unterkünften, darunter Resorts, Motels und Hostels (im Internet kann unter www.algonquinpark.on.ca eine lange Auflistung abgerufen werden). Tagesausflügler sparen Geld, wenn sie in Huntsville (S. 206) oder Bracebridge (S. 160), 43 km bzw. 73 km vom West Gate entfernt, übernachten. In beiden Muskoka-Städten gibt es mehrere Restaurants und Supermärkte.

Im Park selbst bestehen folgende Übernachtungsmöglichkeiten: Die 11 Campingplätze kann man mit dem Auto erreichen (man schläft in einem Zelt oder einer Jurte), alternativ kann man mit dem Kanu oder zu Fuß ins Hinterland vordringen oder aber man muss tief in die Taschen greifen, um sich in einem der Edelresorts (inkl. Restaurants) einquartieren zu können. Das „Restaurant" im Besucherzentrum erinnert mehr an eine Cafeteria.

In der Gegend befinden sich drei erstklassige Hostels, am günstigsten kommt man jedoch davon, wenn man im Park zeltet. Um Buchungen für die offiziellen Stellplätze oder Jurten vorzunehmen bzw. wildes Zelten anzumelden, muss der zentrale Reservierungsservice der **Ontario Parks** (☎519-826-5290, 888-668-7275; www.ontarioparks.com) kontaktiert werden. Empfehlenswert sind Buchungen im Voraus, auch wenn es ein paar Plätze gibt, die nach dem „wer zuerst kommt, mahlt zuerst"-Prinzip geführt werden. Auf acht Campingplätzen am Hwy 60 können (Wohn-)Wagen geparkt (Stellplätze 32,75–42,75 C$) und Jurten (85 C$) gemietet werden, drei andere Plätze (Achray, Brent und Kiosk) sind über kleinere Straßen weiter nördlich zu erreichen. Wildes Zelten im Hinterland kostet 11,50 C$ pro Person und Nacht.

West Gate

Wolf Den HOSTEL $
(☎705-635-9336, 866-271-9336; www.wolfdenbunkhouse.com; 4568 Hwy 60, Oxtongue Lake; B/EZ 25/42 C$) Wann spricht man nicht mehr von einem Mehrbettzimmer, sondern von einer Schlafbaracke? Wenn man mitten in der Wildnis Wände aus Baumstämmen hochzieht. Wer auf der Suche nach Komfort in der Einöde ist, sollte lieber eine der schicken Lodges ansteuern. Echte Vollblut-Backpacker hingegen werden die fantastische Atmosphäre dieses Hostels lieben! Sie übernachten in Blockhütten, die über das Gelände verteilt sind, und nutzen die riesige Küche und den tollen Aufenthaltsbereich im zentralen Gebäude.

Riverside Motel MOTEL $$$
(☎705-635-1677, 800-387-2244; www.algonquininn.com; Hwy 60, Dwight; Zi. 199–299 C$; ❄ 📶) Sieht auf den ersten Blick wie ein typisches Motel am Straßenrand aus, wartet jedoch mit einem 4 ha großen Grundstück (inkl. Wanderwege und Blumenrabatten), eigenem Wasserfall und einem Natur-Pool auf. Auf den Zimmern (teilweise mit Küchenzeile und Whirlpool) hört man den Fluss plätschern. Wirklich nett!

Dwight Village Motel MOTEL $$
(☎705-635-2400; www.dwightvillagemotel.com; 2801 Hwy 60; Zi. 79–149 C$) Dieses Motel, 25 km westlich des Parks, gleich östlich des Dorfs Dwight, wird einem bereits vom Highway aus ins Auge fallen, denn die Fassade aus Kiefernholz ist ein echter Hingucker (das gilt nicht unbedingt für die Tierfotos an den Wänden drinnen). Die makellos sauberen Zimmer bieten allen erdenklichen Komfort und auch die netten Besitzer kümmern sich um das Wohlergehen ihrer Gäste.

Im Park

Die luxuriösen Resorts innerhalb der Parkgrenzen sind von Mitte Mai bis Mitte Oktober geöffnet. In den Übernachtungspreisen sind Frühstück, Mittag- und Abendessen enthalten. Der Speisesaal ist nicht nur den Gästen vorbehalten.

Arowhon Pines LODGE $$$
(☎866-633-5661; www.arowhonpines.ca; Abzweigung bei km 15,4 am Hwy 60; Zi. 193–259 C$/Pers., private Hütten 381–419 C$/Pers.) Die richtige Anlaufstelle für alle, die sich immer schon mal gefragt haben, wie wohl ein Ferienlager für Erwachsene aussehen würde. Das All-Inclusive-Resort bietet Ka-

nus, Kajaks, Tennisplätze, Wandermöglichkeiten und eine erstklassige Küche (eigene Weinflaschen dürfen ins Restaurant mitgebracht werden). Die Hütten sind rustikal, aber man wird sowieso nicht viel Zeit in ihnen verbringen. Herrlich abgeschiedene Bleibe ein gutes Stück nördlich des Hwy 60.

Bartlett Lodge LODGE $$$
(☎866-614-5355; www.bartlettlodge.com; Abzweigung bei km 23,3 am Hwy 60; Hütten 205–238 C$/Pers.) Eine der Hütten („Sunrise") hat eine echte Vorbildfunktion: Sie wird vollständig mit Solarstrom versorgt. Die Bartlett Lodge ist mit dem Boot zu erreichen (wird gestellt); die Anlegestelle liegt 23 km hinter dem West Gate.

Killarney Lodge LODGE $$$
(☎866-473-5551; www.killarneylodge.com; Abzweigung bei km 33,2 am Hwy 60; Hütten 219–329 C$/Pers.) In kräftigen Farben gestrichen. Drinnen erwarten einen poliertes Holz und penible Sauberkeit.

East Gate

Magnificent Hill HOSTEL $
(☎705-448-9453; www.magnificenthill.ca; 1258 Magnificent Rd, Highland Grove; B 25 C$) Die rustikale Unterkunft befindet sich auf dem Gelände eines 40 ha großen Bio-Bauernhofs und ist einfach genial: Hier gibt's Hühner, Baby-Ziegen und unendlich viel Ruhe. In einem Mehrbettzimmer über dem Holzladen können sechs Personen übernachten, im separaten „Zen-Zimmer" hat man genug Platz zum Entspannen (als wenn man das in diesem ländlichen Ambiente bräuchte!). Wer mag, kann auch bei den täglich anfallenden Arbeiten mit anpacken.

Algonquin Backpackers Hostel HOSTEL $
(☎613-338-2080, 800-595-8064; www.algonquinbackpacker.com; Hwy 62, Maynooth; mit Internationalem Jugendherbergsausweis B/DZ 17/37 C$, ohne B/DZ 21/45 C$) Dieses ältere Hostel, südöstlich des Parks, war früher das Arlington Hotel. Tom, der sachkundige Besitzer, versorgt seine Gäste mit erstklassigen Tipps für einen unvergesslichen Aufenthalt im Algonquin Park.

ℹ Praktische Informationen

Besucher haben ganzjährig Zugang zum Algonquin Provincial Park. Wer mit dem Auto unterwegs ist, kann das Gelände auf dem Hwy 60 durchqueren; dafür wird eine Tagesgebühr von 15 C$ pro Fahrzeug fällig. Entlang des Hwy 60, nahe den Parkgrenzen, hat man auf ein paar Kilometern Mobilfunkempfang. Außerdem gibt's ein paar Münztelefone.

Algonquin Visitor Centre (☎613-637-2828; www.algonquinpark.on.ca; km 43 am Hwy 60; ⏲Juli–Aug. 9–21 Uhr, Mai, Juni & Okt bis 17 Uhr, Nov.–April Sa & So 10–16 Uhr) Dies ist ein erstklassiges Besucherzentrum, das man sich nicht entgehen lassen sollte. Dioramen und andere Darstellungen erklären die Geschichte und Geologie des Parks und zeigen seine (tierischen) Bewohner. Zu den weiteren Einrichtungen zählen ein Buchladen, eine Cafeteria, WLAN und ein grandioser Aussichtspunkt.

Informationszentren (☎613-637-2828; www.algonquinpark.on.ca) West Gate (⏲Mitte Mai–Mitte Sept. 8–20 Uhr) East Gate (⏲Juli–Aug. 8–19, Mitte Sept.–Mitte Okt. 8–17, Mitte Okt.–März Fr, Sa & So 9–16.15 Uhr) An beiden „Enden" des Parks gelegene, kleine Besucherzentren (am Hwy 60 bei Km 0 bzw. Km 56).

ℹ An- & Weiterreise

Das einzige öffentliche Transportmittel, das in der „Nähe" des Algonquin Parks verkehrt, ist der Greyhound-Bus zwischen Toronto und Maynooth (54 C$, 4 Std.), 44 km vom East Gate entfernt. Hammond Transportation bietet einen Shuttleservice von Huntsville (43 km entfernt gelegen) zum West Gate. Touristen können mit Ontario Northland-Bussen nach Huntsville gelangen. Einige Resorts und Hostels unterhalten private Vehikel, die Gäste in den Park bringen (10–35 C$).

Haliburton Highlands

Das wilde Gebiet von Nadelwäldern wirkt wie ein südlicher Ausläufer des Algonquin Provincial Park. Die mehr als 240 km² dichten Waldes gehören zum **Haliburton Forest** (☎705-754-2198; www.haliburtonforest.com). Das 30 km nördlich der Stadt Haliburton gelegene Waldgebiet befindet sich in Privatbesitz und ist über das Verwaltungsgebäude am Kenneisis Lake zugänglich. Die vierstündige geführte Wanderung „Walk in the Clouds" (95 C$) erhöht den Puls und ist äußerst empfehlenswert. Man läuft über „schwebende" Planken (20 m über dem Boden) durch die Baumwipfel und kann von dort aus den Wald von oben betrachten. Im Preis ist ein Besuch im Wolf Centre inbegriffen, wo man ein Wolfsrudel (natürlich aus sicherer Entfernung) betrachten kann, das ein 6 ha großes Gehege durchstreift. Im Winter sorgt eine dicke Schneedecke für eine blühende Schneemobil-Kultur und Hundeschlittenfahrten (geführte Tagestour inkl. Mittagessen 185 C$).

Die Kleinstadt Bancroft (www.bancroftontario.com) ist für ihren mineralhaltigen Boden und das **Rockhound Jamboree** bekannt – das größte Edelsteinfestival Kanadas Anfang August. Während des Festivals führen Geologen Touren zu den nahen verlassenen Bergwerken durch, um nach Steinen zu suchen. Diese „Stein-Jagden" sind ziemlich erfolgreich, da 80 % aller mineralischen Gesteinsarten Kanadas in dieser Gegend in hinreichender Menge vorkommen.

Peterborough & die Kawartha Lakes

Peterborough liegt inmitten der bewaldeten Kawartha Lakes-Region und ist der beste Ausgangspunkt für einen Besuch dieses Territoriums, das den Indianern heilig ist. Die Touristeninformation (☎800-461-6424; www.thekawarthas.net; 1400 Crawford Dr; ⊙Juni–Aug. Mo & Di 9–18, Mi–Sa bis 20, So bis 17 Uhr, im Winter kürzere Öffnungszeiten) sollte die erste Anlaufstelle sein, denn die hilfsbereiten Angestellten versorgen einen mit allen nötigen Infos zu den kulturellen und landschaftlichen Attraktionen.

Bevor man die grüne Universitätsstadt verlässt und sich in die Wildnis begibt, sollte man sich das malerische Zentrum ansehen. Eisenbahnschienen durchziehen die urbane Landschaft wie Narben, und auch das beeindruckende hydraulische Schiffshebewerk ist ein Relikt aus längst vergangenen Zeiten.

LP TIPP Canadian Canoe Museum (☎866-342-2663; www.canoemuseum.net; 910 Monaghan Rd, Peterborough; Erw./Kind/Familie 8/6,50/20 C$; ⊙Mo–Sa 10–17, So ab 12 Uhr) Dieses Museum ist absolut sehenswert. Von außen erinnert es an ein Lagerhaus, doch drinnen erwartet einen mit gedämpftem Licht und dem beruhigenden Klang eines plätschernden Wasserfalls Zen in Reinform. Es beherbergt eine phänomenale Sammlung von mehr als 200 Kanus und Kajaks, deren Nutzung in der Region eine lange Tradition hat. Nachdem man sich hier umgesehen hat, wird man gleich zum Paddel greifen wollen!

Der Petroglyphs Provincial Park (☎705-877-2552; Hwy 6; Eintritt 13 C$; ⊙Mitte Mai–Mitte Okt. 10–17 Uhr) kann nur tagsüber besichtigt werden. Er liegt 50 km nördlich von Peterborough und wartet mit den wahrscheinlich schönsten Beispielen für prähistorische Petroglyphen (Felsbilder) Kanadas auf. Die bedeutende spirituelle Stätte wurde 1954 wieder entdeckt. Mehr als 900 Darstellungen wurden auf den Kalksteinfelsen verewigt, wobei man nur auf wenigen wirklich etwas erkennen kann. Es verschlägt kaum Besucher in diese Gegend.

Im Serpent Mounds Park (☎705-295-6879; www.serpentmoundspark.com; ⊙Mai–Okt.), südlich der Stadt an der Rte 34, befindet sich ein alter Friedhof der Ureinwohner. Zum Zeitpunkt der Recherche war er noch wegen Renovierungsarbeiten geschlossen; am besten vor dem Besuch anrufen und nach dem Eintrittspreis fragen. Nördlich der Rte 38, im Warsaw Caves Conservation Area (☎877-816-7604; www.warsawcaves.com; Eintritt 10 C$/Fahrzeug; ⊙Mitte Mai–Okt.), kann man wandern, schwimmen, zelten oder erodierte Kalksteintunnel erforschen.

GRATIS Whetung Ojibwa Centre (☎705-657-3661; www.whetung.com; ⊙9–18 Uhr) Im Zentrum in Curve Lake, 34 km nördlich von Peterborough am Hwy 23, ist eine wunderschöne Sammlung von Indianerkunsthandwerk aus ganz Kanada untergebracht, darunter Arbeiten des bekannten Künstlers Norval Morrisseau.

Empfehlenswert ist auch ein Besuch der kleineren Städte in der Region, darunter Lindsay und Fenelon Falls, entlang des 450 km langen (Wander-)Wegnetzes des Central Ontario Loop Trail (www.looptrail.com).

Land O' Lakes

Südlich der Haliburton Highlands und östlich der Kawarthas erstreckt sich die majestätische Region Land O'Lakes. Sie verbindet das riesige Gebiet der Seen und grünen Wälder mit den gemäßigten Wiesen am St.-Lorenz-Strom. Die Hälfte der Region wird vom Naturschutzgebiet Thousand Islands–Frontenac Arch bedeckt – seit 2002 das zwölfte von der Unesco anerkannte Biosphärenreservat in Kanada.

Das Kronjuwel der Gegend ist der Bon Echo Provincial Park (☎613-336-2228, 888-668-7275; Hwy 41; Tagespass 13 C$/Fahrzeug, Stellplätze 30–37 C$; ⊙Mai–Mitte Okt.), 80 km nördlich von Napanee. Bon Echo ist eines der größten Naturschutzgebiete im östlichen Ontario. Künstler und Abenteurer auf der Suche nach unbefleckter Schönheit zieht es gleichermaßen hierher. Das Highlight des Parks ist die 1,5 km lange Felswand namens Masinaw Rock. Die Granitformation ragt steil aus dem Mazinaw Lake empor und zeigt die größte Ansammlung indianischer Felsmalereien in Kanada. Man sieht sie am besten von einem Kanu aus. Stellplätze reservieren und Infos einholen kann man bei **Ontario Parks** (☎519-826-5290, 888-668-7275; www.ontarioparks.com).

Der **Frontenac Provincial Park** (☎613-376-3489; Rte 19; Tagespass 13 C$/Auto, Wildes Zelten 11 C$) reicht von den Tiefebenen des südlichen Ontario bis zum schroffen Kanadischen Schild. Dadurch hat er eine einzigartige Tier- und Pflanzenwelt zu bieten. Eingang und Touristeninformation befinden sich in Otter Lake, an der Rte 19 nördlich von Sydenham. Von hier aus gelangen Wanderer und Paddler tief in das Innere des Parks. Auf dem 160 km langen Wegenetz sieht man regelmäßig Biber, Schwarzbären, Kojoten und Fischadler. **Frontenac Outfitters** (☎613-376-6220, 800-250-3174; 6674 Bedford Rd, Sydenham; Kanu 35 C$/Tag; ⏲April–Okt. Mo–Do 8.30–17, Fr & Sa 8–18, So 8–17 Uhr) nahe dem Parkeingang vermietet Kanus.

Brighton & Presqu'ile Provincial Park

Die Ausfahrt 509 am Hwy 401 führt in das ruhige Brighton und einen merkwürdig L-förmigen **Park** (☎613-475-4324; Tagespass pro Fahrzeug Sommer/Winter 11/7 C$, ohne/mit Wasseranschluss 27,75/32,75 C$) am Lake Ontario. Man kann sich zwischen Wandervögeln am Strand ausruhen oder über den Jobes Wood Trail wandern, einen 1 km langen Rundweg, der gerade ausreicht, um einen Eindruck der Vielfalt der Wälder und der Tierwelt zu vermitteln. Im **Interpretive Center** (⏲Mitte Juni–Aug.) am Ende der Halbinsel gibt's Infos über die lokale Flora und Fauna. Zelten ist nur zwischen Ende April und Anfang Oktober erlaubt.

Einen Blick lohnt auch das **Visitor Center** (☎613-475-2775, 877-475-2775; www.brighton.ca; 74 Main St; ⏲Mo–Do bis 16, Fr 9–19, Sa & So 10–16 Uhr) von Brighton, um mehr über die Stadt und die Region Northumberland zu erfahren. Die Nacht kann man im tadellosen **Pine Breeze** (☎613-475-6262, 877-369-7779; www.pinebreezebedandbreakfast.com; 93 Simpson St; Zi. inkl. Frühstück 95–120 C$) verbringen, einem modernen Landhaus, in dem die Besitzerin Mary Lou dem traditionellen B&B-Frühstück durch Zutaten aus ihrem Heimatland Mexiko eine spezielle Note verleiht.

Prince Edward County

Nein, dies ist nicht die Insel, auf der Lucy Maud Montgomerys berühmte Figur Anne lebte, dabei haben diese windverwehten Inseln tatsächlich einiges gemeinsam. Ähnlich wie Prince Edward Island ist auch Prince Edward County mit seinen grünen Hügeln, umgeben von Wasser, sehr fotogen, und beide Inseln trumpfen mit einer faszinierenden Kolonialgeschichte auf. Prince Edward County ist ein kleines Stück Mittelmeer in Ontario und mausert sich heimlich, still und leise zu einer Topadresse für Feinschmecker: Immer mehr Weingüter und rustikale Gourmetrestaurants öffnen ihre Pforten.

Entlang des Lake Ontario verläuft der Loyalist Parkway (Hwy 33); er folgt den Spuren der britischen Loyalisten, die während des Amerikanischen Unabhängigkeitskriegs fliehen mussten und sich daraufhin hier niederließen. Abgesehen von der kostenlosen, fünfminütigen Fährfahrt von der Insel nach Adolphustown auf dem Festland führt die 94 km lange Route direkt von Trenton nach Kingston.

Das kleine, aber lebendige Picton ist die inoffizielle Hauptstadt der Insel.

Sehenswertes & Aktivitäten

Sandbanks Provincial Park PARK
(☎613-393-3319; Country Rd 12; Tagesgebühr 8–13 C$/Fahrzeug, Stellplatz 28,75–35,50 C$; ⏲Mitte April–Mitte Okt.) Der unglaublich beliebte Sandbanks Provincial Park ist in zwei Bereiche unterteilt: das Outlet (mit einem wunderschönen Sandstrand) und die Sand-

TRENT-SEVERN WATERWAY

Diese malerische **Wasserstraße** (www.trentsevern.com; ⏲Mitte Mai–Mitte Okt.) führt durch die Seen und Flüsse von Lake Simcoe County und die bewaldete Kawarthas-Region diagonal durch den Osten Ontarios. Der feuchte Highway beginnt am Lake Huron, und bevor man unweit von Prince Edward County am Lake Ontario ankommt, müssen 45 Schleusen passiert werden. Vor 100 Jahren wimmelte es auf der 386 km langen Kanuroute der Indianer von Frachtschiffen, heutzutage dient sie nur noch als Erholungslandschaft.

banks (dort befindet sich ein Großteil der teilweise haushohen Sanddünen). Dieser verlassene, touristisch nicht erschlossene Abschnitt am Ende des Strands ist einzigartig in Ontario.

Fahrradfahren RADFAHREN

Auf den meisten Straßen ist nur wenig los, deshalb ist die Insel ein Traum für Radfahrer. Im Informationszentrum ist eine detaillierte Radwanderkarte erhältlich (1,50 C$) und bei **Ideal Bike** (☎613-476-1913; www.idealbike.com; 172 Main St, Picton; Vermietung 24 Std. 25 C$; ⏱Mai–Okt. 9–18 Uhr) in Picton kann Ausrüstung ausgeliehen werden. Im Juni können Besucher zu verschiedenen Bauernhöfen radeln und dort frische Erdbeeren pflücken.

Lake on the Mountain PARK

Lake on the Mountain, nahe von Glenora, ist nicht viel mehr als ein Ort zum Picknicken, doch ein kurzer Stopp lohnt sich: Man kann sich den ungewöhnlichen, hoch gelegenen See ansehen, der scheinbar keine Quelle hat. Auf der anderen Straßenseite eröffnet sich ein schöner Blick auf den Lake Ontario, Hunderte von Metern weiter unterhalb.

Regent Theatre THEATER

(☎613-476-8416; www.theregenttheatre.org; 224 Main St, Picton) Im restaurierten Regent Theatre werden im Sommer Theaterstücke, Konzerte und Lesungen geboten.

Geführte Touren

Taste Trail ESSEN

(www.tastetrail.ca) Der Taste Trail ist eine tolle Tour, wenn man hiesige Weine und Nahrungsmittel kennen lernen möchte. In der Touristeninformation ist eine Broschüre erhältlich, in der Restaurants, Bauernhöfe und Weingüter vorgestellt werden. Die Tour ist ein echtes Verwöhnprogramm für die Geschmacksknospen und umfasst u.a. einen Besuch der alten **County Cider Company** (☎613-476-1022; www.countycider.com; Country Rd 8, Eintritt frei; ⏱Mitte Mai–Mitte Okt. 10–18 Uhr). Sie befindet sich auf einem Hügel über einer malerischen Bucht und verwöhnt die Gäste mit kostenlosen Kostproben leckerer, hochprozentiger Apfelweine, die auf dem Gelände hergestellt werden. Die **Waupoos Winery** (☎613-476-8338; www.waupooswinery.com; Country Rd 8; Führung 5 C$, Weinprobe 1 C$; ⏱Mitte Mai–Mitte Okt. 10.30–18 Uhr) mit den weißen Giebeln und dem Hof mit Blick auf die Weinreben und den See ist ebenfalls einen Zwischenstopp wert.

Arts Trail KUNST

(www.artstrail.ca) Der Arts Trail kann wie der Taste Trail auf eigene Faust unternommen werden und führt zu 27 Ateliers und Galerien auf der Insel, in denen Porzellan- und Glaswaren, Fotografien, Schmuck, Malereien u.a. verkauft werden.

Schlafen & Essen

Kaum ein Ort in Kanada eignet sich besser für ein Campingabenteuer als Prince Edward County. Die drei größten Städte auf der Insel, Picton, Bloomfield und Wellington, warten zudem mit einer überraschend großen Anzahl von B&Bs auf. In der Touristeninformation gibt es eine detaillierte Übersicht der Unterkünfte. Die meisten

GEHEIMTIPP

NORMAN HARDIE, WINZER

Der Boden auf Prince Edward County hat dieselbe Zusammensetzung wie die Böden im französischen Burgund. Es handelt sich um eine Mischung aus Lehm und weichem (kalzithaltigem) Kalkstein. Wir haben allerdings erst vor kurzem Techniken entwickeln können, um die Reben über die kalten Wintermonate auf PEC zu bringen. Eben jene neuen Techniken sind der Grund, warum sich immer mehr Winzer hier niederlassen und wir uns einen Namen mit unseren edlen Tropfen machen konnten.

Die Insel blickt auf eine lange landwirtschaftliche Tradition zurück, die nun wieder belebt wird. Darüber hinaus verbreitet sich die Kunde, wie wunderschön PEC ist: Wir haben tolle Strände, eine faszinierende Kunstkultur und, seit neuestem, den Wein. PEC ist nur zwei Stunden von Toronto und vier von Montréal entfernt und eignet sich deshalb hervorragend für einen spontanen Wochenendtrip.

Top-Restaurants vor Ort

» **Blūmen Garden Bistro** (S. 197)

» **Fifth Town Cheeses** (S. 197)

sind in Wohnhäusern im viktorianischen Stil untergebracht und kosten im Schnitt 125 C$ pro Nacht.

Red Barns HOSTEL, B&B **$$**
(☎613-476-6808; www.theredbarns.com; 167 White Chapel Rd; B/DZ 50/125 C$; P⊖☎) Das Red Barns lässt sich nicht so leicht in eine Schublade stecken: Es ist Hostel, B&B und Kunstschule in einem und befindet ich auf einem 10 ha großen Grundstück. Künstler mieten hier Räume an (es gibt eine Glasbläserwerkstatt und einen Holzladen) oder nehmen an Seminaren teil. Die B&B-Zimmer sind im Bauernhaus, in einem anderen Gebäude findet man die Mehrbettzimmer mit dem Aufenthaltsraum für alle.

Sandbanks Provincial Park CAMPING **$**
(☎519-826-5290, 888-668-7275; www.ontarioparks.com; Zelt/Wohnmobil ab 31,50/46 C$) Hier zu zelten ist angenehm und stressfrei, doch die Plätze an den Sanddünen sind im Sommer schon Monate im Voraus vollständig ausgebucht. Es gibt immerhin ein paar Optionen, die nach dem Prinzip „wer zuerst kommt, mahlt zuerst" vergeben werden. Da heißt es: Wecker stellen und früh aufstehen! Die Stellplätze gehen nämlich weg wie warme Semmeln.

Im Park befinden sich auch zwei Mietshäuschen, das **Maple Rest Guest House** (312 C$/Tag) und **Jacques Family Cottage** (139,75 C$/Tag). Sie warten jeweils mit mehreren Schlafzimmern, Kamin, Satelliten-TV und komplett ausgestatteten Küchen auf. Wer sie mieten will, muss mindestens zwei Nächte bleiben.

LP TIPP **Blūmen Garden Bistro** FUSION **$$**
(☎613-476-6841; www.blumengardenbistro.com; 647 Hwy 49, Picton; Mittagessen 12–16 C$, Abendessen 19–23 C$; ⏲mittags & abends) Essen vom Feinsten ohne viel Tamtam. Passenderweise werben die netten Besitzer mit „ehrlicher Küche". Kein Gericht kostet mehr als 30 C$, dabei sind einige wirklich mehr Geld wert. Kreationen wie die Teigtaschen mit Birnen-und-Ziegenkäsefüllung werden mit Zutaten aus der Region zubereitet und können mit einem Wein aus Prince Edward County genossen werden. Als wenn das noch nicht ausreichen würde, fühlt man sich in diesem Restaurant auch noch, als säße man im Wohnzimmer seiner schicken Künstlerfreunde: Es ist gemütlich und gleichzeitig cool. Wie der Name schon sagt, gibt's zudem einen netten Garten. Über Plattenwege kommt man zu privaten, kerzenbeleuchteten Tischen, umgeben von duftenden Blumen. Besser reservieren.

Fifth Town Cheeses KÄSEREI **$$**
(www.fifthtown.ca; 4309 County Rd 8, Picton; Eiscreme 4 C$, Käse 7–18 C$; ⏲März–Juni 10–17, Juli & Aug. bis 18, Sept.–Dez. Mi–So bis 17 Uhr) In dieser tollen, mit Solarenergie betriebenen Molkerei gibt's Ziegenkäseeiscreme mit Lavendelhonig und Brotaufstriche aus Ziegen- und Schafskäse, die im Esspavillon oder dem Kräutergarten verzehrt oder säckeweise mit nach Hause genommen und dort mit einem PEC-Chardonnay genossen werden können.

County Cider Company CAFÉ **$$**
(County Rd 8, Picton; Hauptgerichte 11–14 C$ ⏲Mitte Mai–Mitte März mittags) Das Mittagessen – Pizzas, Burger, Salate und Wraps aus regionalen Zutaten – wird auf der Veranda auf einem Hügel mit Blick auf den See serviert, umgeben von Weinreben.

ℹ Praktische Informationen

Chamber of Tourism & Commerce (☎613-476-2421, 800-640-4717; www.pecchamber.com, www.thecounty.travel; 116 Main St, Picton; ⏲Mo–Sa 9–17, So 10–16 Uhr) Tourbroschüren und Radwanderkarten, außerdem werden hier Fahrräder verliehen und B&B-Unterkünfte vermittelt.

Kingston

115 000 EW.

Das eigentümliche Kingston hat viele Gesichter. Die exzentrische Kolonialstadt, die passend als „Kalksteinstadt" bezeichnet wird, ist voller klobiger Gebäude aus von Hand geschlagenem Stein und sittsamer viktorianischer Villen aus rotem Backstein. Die schöne Stadt hat ihren Charme bewahrt, ohne durch die Auswüchse moderner Architektur verschandelt zu werden.

Einem aufmerksamen Besucher enthüllen sich die Eigenheiten Kingstons. In keiner kanadischen Stadt leben mehr Häftlinge. Keine Angst, sie lauern nicht nachts in dunklen Gassen auf ihre Opfer, sondern sitzen im nahe gelegenen Gefängnis ein. Kingston ist das Flaggschiff des kanadischen Strafvollzugs. Hier gibt's mehrere Gefängnisse, und zudem ist das Royal Military College ganz in der Nähe.

Die 1841 gegründete Queen's University verleiht dem Ganzen eine jugendliche Note.

Kingston

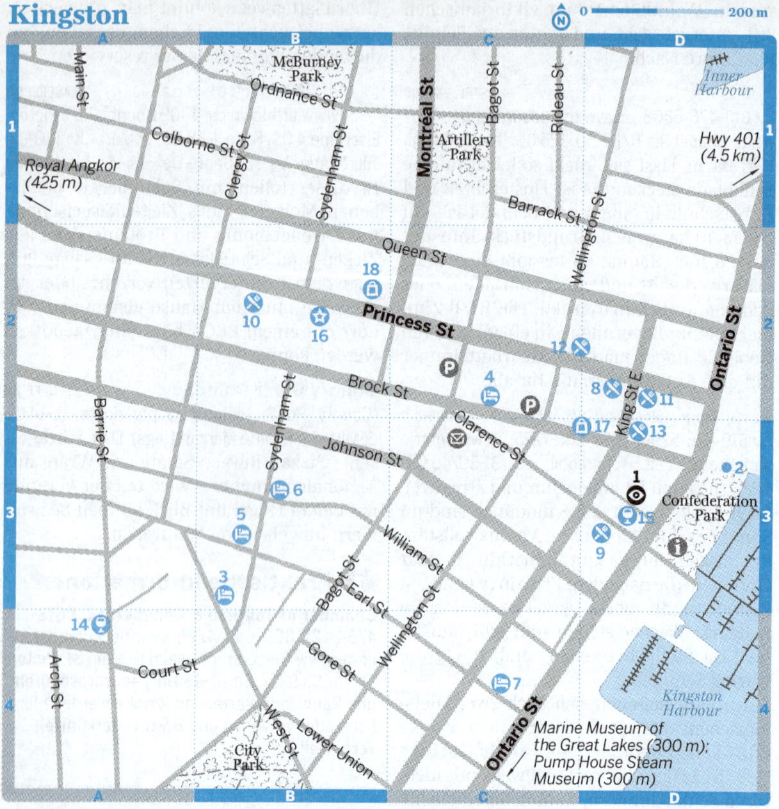

In den letzten Jahrzehnten haben viele tolle Restaurants mit studentenfreundlichen Preisen eröffnet, und das Nachtleben der Stadt ist erstaunlich lebendig.

Kingston war einmal die Hauptstadt Kanadas, verlor diesen Titel aber, weil Königin Viktoria fürchtete, es liege zu dicht an der amerikanischen Grenze und könne daher nicht gut verteidigt werden. Heute liegt Kingston strategisch günstig auf der Touristenroute zwischen Montréal und Toronto.

Sehenswertes

Praktischerweise befinden sich die meisten Sehenswürdigkeiten unweit des historischen Zentrums.

Fort Henry National Historic Site HISTORISCHE STÄTTE

(☎613-542-7388; www.forthenry.com; Fort Henry Dr; Mitte Mai–Aug. Erw./Kind/erm. 14,25/9,95/13 C$, Sept. 10/3/7 C$; ⏲Mitte Mai–Sept. 10-17 Uhr) Diese restaurierte britische Festung aus dem Jahre 1832 thront auf einem Hügel über der Stadt. Sie ist perfekt wie ein Postkartenmotiv! Bunt uniformierte Wächter hauchen der Anlage mit Exerzier- und Artillerieübungen sowie der traditionellen Militärmusik der 1860er-Jahre (Flöten und kleine Trommeln) Leben ein. Die Soldaten treten den ganzen Tag über auf; die Garnisonsparade um 15 Uhr sollte man nicht verpassen. Im Eintritt ist eine Führung über den Festungscampus inbegriffen.

City Hall GEBÄUDE

(261 Ontario St; ☎Mo–Fr 9–16, Juli & Aug. auch Sa & So 11–15 Uhr) Das prächtige Rathaus ist eines der schönsten klassischen Gebäude im ganzen Land, ein Relikt aus der Zeit, als Kingston die Hauptstadt der vereinigten Kolonien Ober- und Niederkanada war. Nette Freiwillige in roten Westen veranstalten auf Wunsch kostenlose Führungen

Kingston

Sehenswertes
1 City Hall ... D3

Aktivitäten, Kurse & Touren
2 Kingston 1000 Island Cruises ... D3

Schlafen
3 Hochelaga Inn ... B3
4 Queen's Inn ... C2
5 Rosemount Inn ... B3
6 Secret Garden ... B3
7 Stone's Throw ... C4

Essen
8 Chez Piggy ... D2
9 Kingston Brewing Company ... D3
10 Luke's ... B2
11 Pan Chancho ... D2
12 Sleepless Goat ... C2
13 Tango ... D3

Ausgehen
14 Grad Club ... A4
15 Tir nan Og ... D3
Toucan ... (siehe 8)

Unterhaltung
16 Grand Theatre ... B2

Shoppen
17 Cooke's Fine Foods ... D3
Open-Air Market ... (siehe 1)
18 Trailhead ... B2

und zeigen den Teilnehmern farbenfrohes Buntglas, Dutzende von Portraits, verstaubte Gefängniszellen und den reich verzierten Rathaussaal.

Marine Museum of the Great Lakes MUSEUM
(www.marmuseum.ca; 55 Ontario St; Erw./Kind/Familie 8,50/5,50/20 C$; Mitte Mai–Okt. 10–16 Uhr) Kingston war früher ein bedeutendes Schiffsbauzentrum. Dieses Museum befindet sich auf dem Gelände der alten Werft und liefert detailliertes Hintergrundwissen zu den Booten, die hier gebaut wurden.

Pump House Steam Museum MUSEUM
(www.steammuseum.ca; 23 Ontario St; Erw./Kind/erm. 4,25/2,25/3,50 C$; Ende Mai–Anfang Sept. 10–16 Uhr, März–Ende Mai Mo–Fr 10–16 Uhr) Das einzigartige, vollständig restaurierte, dampfbetriebene Pumpenhaus hatte seinen ersten Einsatz 1849. Heutzutage sind hier alle möglichen Dinge untergebracht, die ebenfalls dampfbetrieben sind, darunter zwei Modelleisenbahnen und das frisch restaurierte Dampfschiff *Phoebe*.

Bellevue House MUSEUM
(35 Centre St; www.parkscanada.gc.ca; Eintritt 3,90 C$; Juni–Aug. 9–18 Uhr, Sept. & Okt. 10–16 Uhr) Diese historische Stätte war einst der Wohnsitz von Sir John A. Macdonald, dem ersten kanadischen Premierminister. Er war als Alkoholiker bekannt, und es scheint, als ob auch der Architekt von Bellevue House betrunken gewesen wäre: Die italienisch anmutende Villa ist vollständig asymmetrisch, es wurden jede Menge grelle Farben verwendet und die Balkons erstrecken sich in verschiedene Richtungen. Abgesehen davon findet man überall Antiquitäten und es gibt einen sonnigen Garten.

GRATIS **Royal Military College Museum** MUSEUM
(www.rmc.ca; Frederick Dr; Ende Juni–Anfang Sept. 10–17 Uhr) Das Museum auf dem Gelände der Militärschule abseits des Hwy 2 E ist im Fort Frederick Martello Tower angesiedelt, dem größten der historischen Türme von Kingston. Mit den Exponaten wird die Geschichte der 100 Jahre alten Militärschule nachgezeichnet. Weiterhin kann eine Sammlung kleiner Schusswaffen besichtigt werden, die von General Porfirio Diaz gestiftet wurde. Er war von 1876 bis 1911 Präsident von Mexiko.

Murney Tower Museum MUSEUM
(Macdonald Park, Ecke Barrie St & King St E; Erw./Familie 3/10 C$; Mitte Mai–Sept. 10–17 Uhr) Diese historische Stätte, ein Martello-Turm, wurde 1846 zur Ergänzung der Befestigungsanlagen von Fort Henry errichtet. Zu den Ausstellungsstücken gehören die Bloomfield-Kanone, verschiedene Karronaden und weitere Militärartefakte.

Military Communications & Electronics Museum MUSEUM
(www.c-and-e-museum.org; Hwy 2 E; Eintritt gegen Spende; Mitte Mai–Sept. Mo–Fr 8–16, Sa & So 11–17 Uhr) Hinter dem langweiligen Namen versteckt sich ein umfassendes und toll aufgemachtes Museum mit chronologisch geordneten Darstellungen zur Kommunikationstechnologie und diversen Militärapparaturen. Es befindet sich auf dem Militärgelände.

GRATIS **Kingston Archaeological Centre** MUSEUM
(613-542-3483; 72 Gilmour Ave; Mo–Fr 9.30–16 Uhr) Wer dem Hwy 401 gefolgt ist, wird

wahrscheinlich die Felsen aus Sedimentgestein erspäht haben – der einzig interessante Anblick entlang der öden Straße. Im archäologischen Zentrum kann man mehr über diese schroffen Gebilde erfahren. Weiterhin wird dort die Zeit seit Ankunft des Menschen in der Region vor 8000 Jahren beleuchtet.

Kingston ganz anders

Penitentiary Museum MUSEUM

(www.penitentiarymuseum.ca; 555 King St W; Eintritt gegen Spende; ⌚Mai–Okt. Mo–Fr 9–16, Sa & So ab 10 Uhr) „Strafvollzug", so nennen kanadische Bürokraten das staatliche Gefängniswesen, und wer mehr darüber erfahren möchte, ohne vorher ein Auto zu stehlen, ist hier an der richtigen Adresse. Das Museum liegt gegenüber vom „echten" Gefängnis und beherbergt eine faszinierende Sammlung von Waffen und Werkzeugen, die bei Fluchtversuchen der Insassen konfisziert wurden.

Geführte Touren

Confederation Tour Trolley TROLLEY-TOUR

(☎613-548-4453; www.kingstonchamber.on.ca; 50-minütige Touren Erw./erm. 14,50/12,50 C$; ⌚Mitte Mai–Mitte Okt.) Ein schienenloser Minizug fährt regelmäßig in der Nähe der Touristeninformation ab und schlängelt sich durch das Zentrum von Kingston. Dazu gibt's spaßige Infos zur Lokalgeschichte.

Haunted Walk STADTSPAZIERGANG

(☎613-549-6366; www.hauntedwalk.com; 90-minütige Touren Erw./Kind/erm. 13/7/11 C$; ⌚Mai–Okt. 20 Uhr, Nov. & Feb.–Mai 19 Uhr) Bei diesen Stadtspaziergängen geht's um Grabdiebe und Menschen, die am Galgen aufgeknüpft wurden. Ausgangspunkt ist die 200 Ontario St, vor dem Prince George Hotel.

GRATIS **Interesting Places & Spaces** AUDIOTOUR

(www.kingstonaudiotours.com) Kingston hat sich in die modernen Sphären des Tourismus vorgewagt: Urlauber können Stadtspaziergänge aus dem Internet auf den iPod laden. Genauere Infos gibt's auf der Webseite oder aber man hält beim Kingston Tourism Office im Confederation Park.

Kingston 1000 Island Cruises BOOTSFAHRT

(☎613-549-5544; www.1000islandcruises.on.ca; 1 Brock St; ⌚Mitte Mai–Mitte Okt.) Bietet verschiedene Bootstouren. Ausgangspunkt ist das *Island Queen*-Dock an der Ontario St, am Ende der Brock St. Eine 1½-stündige Fahrt (Erw./Kind 24/12 C$) führt am Ufer von Kingston entlang. Ein Guide kommentiert die Sehenswürdigkeiten. Im Sommer finden pro Tag zwei bis drei Touren statt. Beliebt sind auch die Bootsfahrten mit ausgedehntem Mittag- bzw. Abendessen (46,50 bzw. 66 C$).

Feste & Events

Einen Veranstaltungskalender fürs ganze Jahr findet man unter www.kingstoncanada.com.

Kingston Buskers Rendezvous MUSIK

(www.kingstonbuskers.com) Vier Tage voller „Albernheiten" im Juli.

Limestone City Blues Festival MUSIK

(www.kingstonblues.com) Anlässlich der viertägigen Jam Session im August versammeln sich bekannte Musiker in Kingston.

Schlafen

Die Unterkünfte in Kingston sind klasse, man wird jedoch eher teurere als günstige Bleiben finden. Motels säumen die Princess St und den Hwy 2. Die fitten Mitarbeiter der Touristeninformation im Confederation Park können zusätzliche Optionen auftun, z. B. auf Wolfe Island. B&B-Fans auf der Suche nach besonders noblen Schlafgelegenheiten sollten einen Blick auf www.historicinnskingston.com werfen.

Jean's Guest House B&B **$$**

(☎613-546-5247; www.pnworks.com/guesthouse; 367 College St; EZ/DZ inkl. Frühstück 60/80 C$; P⊖📶) Die nette Unterkunft liegt 2 km vom Zentrum entfernt an einer ruhigen Vorstadtstraße. Nach einem erholsamen Schlaf erwartet einen ein buntes Frühstück mit Jeans berühmten Blaubeerpfannkuchen.

Rosemount Inn B&B **$$**

(☎613-531-8844, 888-871-8844; www.rosemountinn.com; 46 Sydenham St; Zi. 149–299 C$; P⊖❄📶) In diesem massiven Steingebäude von 1850 mit den Torbögen auf aufwendig gearbeiteten Bodenbelägen übernachtet es sich herrlich dekadent. Früher lebte hier ein Kurzwarenhändler. In dem kleinen Wellnesszentrum kann man Weinbäder nehmen oder sich Gesichtsmasken aus Schokolade auflegen lassen. Feinste Schokolade gibt's übrigens auch zum Frühstück (wird von zwei Köchen vorbereitet).

Queen's Inn BOUTIQUEHOTEL $$
(☎613-546-0429, 866-689-9177; www.queensinn.ca; 125 Brock St; Zi. 89–159 C$;) Das Queen's Inn wurde 1839 errichtet und ist damit eines der ältesten Hotels im Land. Das Gasthaus wartet mit einer stattlichen Kalksteinfassade auf und die Innenbereiche wurden erst kürzlich renoviert. Manche Zimmer bestechen durch Steinwände, Dachgauben und hübsche Ausblicke ins Grüne. Die zentrale Lage und der Pub unten sprechen ebenfalls für diese Unterkunft. Fürs Parken zahlt man 5 C$.

Stone's Throw B&B $$
(☎613-544-6089; www.astonesthrow.ca; 21 Earl St; Zi. inkl. Frühstück 129–159 C$; P@) Das 200 Jahre alte Wohnhaus, das aus Kalkstein besteht, ist nur einen *stone's throw* (Steinwurf) vom Lake Ontario entfernt. Hinter marineblauen Fensterläden verbergen sich drei hübsche Schlafzimmer mit ansprechenden Ziegelsteinwänden. Das herzhafte, gesunde Frühstück besteht aus Biozutaten aus der Region.

Secret Garden B&B $$
(☎613-531-9884, 877-723-1888; www.the-secret-garden.com; 73 Sydenham St; Zi. inkl. Frühstück 129–192 C$; P) Bevor man sich in einem der prächtigen Salons mit den imposanten Kronleuchtern oder auf seinem Himmelbett oben niederlässt, sollte man auf jeden Fall noch Mork und Mindy, die winzigen Hunde, begrüßen.

Hochelaga Inn B&B $$
(☎613-549-5534, 877-933-9433; www.hochelagainn.com; 24 Sydenham St; Zi. 120–215 C$; P@) Wenn die Addams Family anstelle eines Hangs zum Makaberen guten Geschmack hätte, käme dieser zauberhafte Inn mit den großen gotischen Fenstern wohl als potentieller Wohnsitz in Frage. Es heißt, dass der Geist eines kleinen, heulenden Jungen in der alten Gärtnerei umgeht, die mittlerweile zu einem netten Wellnesszentrum umfunktioniert wurde. Die glücklichen Gäste, die die Tower Suite beziehen dürfen, können eine Sitzung in ihrem privaten Meditationsraum haben.

Alexander Henry B&B $$
(☎613-542-2261; www.marmuseum.ca; 55 Ontario St; ⌚Juli–Aug.; P) Im Sommer dient das Museumsschiff *Alexander Henry*, das im Marine Museum of the Great Lakes vor Anker liegt, als B&B. Zum Zeitpunkt der Recherche war diese einzigartige Unterkunft aber gerade auf unbestimmte Zeit geschlossen. Man sollte auf jeden Fall anrufen und sich nach dem aktuellen Stand der Dinge erkundigen.

Essen

Vielen Dank, liebe Queen's University, weil du so nah bist und dafür sorgst, dass es hier jede Menge leckeres Essen zu studentenfreundlichen Preisen gibt!

LP TIPP **Pan Chancho** BÄCKEREI $
(www.panchancho.com; 44 Princess St; Hauptgerichte 12 C$; ⌚morgens & mittags) Das große Schwein weist einem den Weg zu diesem absoluten Gourmetparadies. Die leichten, schmackhaften Mittagessen vereinen ungewöhnliche Zutaten und zergehen auf der Zunge. Wir empfehlen z. B. den Fenchel-Frischkäse-Aufstrich auf einem der frisch gebackenen Brote. Studenten bekommen übrigens einen Rabatt von 15 %.

Luke's FUSION $$
(☎613-531-7745; www.lukesgastronomy.com; 264 Princess St; Mittagessen 6–12 C$, Abendessen 17–25 C$; ⌚Mi–Sa 11.30–15 & 17.30–21, So 11–15 Uhr) Luke, Jahrgang 1993, ist ein vortrefflicher Metzger und ein echtes Genie. Während man auf sein Essen wartet, sollte man einen Blick auf das Restaurantmanifest werfen. Es verspricht, dass jedes Gericht mit einer ordentlichen Portion TLC (*tender loving care*) – also Liebe und Sorgfalt – zubereitet wird. Das Club Sandwich verkörpert mit hausgemachtem Brot, knusprigem Speck, der vor Ort gepökelt wird, und Biozutaten aus der Region die Essenz von Luke's hervorragend.

Chez Piggy FUSION $$
(☎613-549-7673; 68-R Princess St; Hauptgerichte 14–26 C$; ⌚11–0 Uhr) Das bekannteste Restaurant der Stadt versteckt sich in einem steinernen Innenhof voller Blumen. Sein guter Ruf basiert auf der innovativen Speisekarte, dem ansprechenden Ambiente und dem denkwürdigen Wochenend-Brunch. Zu den köstlichen Hauptgerichten gehören z. B. Muscovy-Enten-Confit und scharf angebratene Togarashi-Meeresmuscheln. Das frische Brot stammt aus dem Ofen von Pan Chancho die Straße runter. An Wochenenden unbedingt vorab reservieren.

Sleepless Goat CAFÉ $
(www.thesleeplessgoat.ca; 91 Princess St; Mittagessen 5–7 C$, Abendessen 8–10 C$; ⌚Mo–Do 7–23, Fr bis 0, Sa 8–0, So 8–23 Uhr;) Der Name könnte aus einem Liedtext von Alanis Morissette stammen. Kein Wunder

eigentlich, dass in diesem unauffälligen Laden jede Menge Horden von Künstlern und scheuen Intellektuellen verkehren. Die selbsternannte Kooperative wird von einem Clan findiger Köche betrieben, die die besten vegetarischen Gerichte in der ganzen Stadt zaubern.

Kingston Brewing Company BURGER $$
(34 Clarence St; Hauptgerichte 7–14 C$; ⊙11–2 Uhr) Hier kann man sich, im Schein flackender Weihnachtslichter und umgeben von kitschigem Krimskrams mit Bier-Motto, den Bauch mit leckeren „Kneipendelikatessen" vollschlagen. Es gibt auch Sitzplätze auf der Veranda draußen. Auf keinen Fall sollte man die Biere des Hauses verpassen, das Dragon's Breath Ale, das den Magen in Wallung versetzen wird, und das White Tail Cream Ale, das so beliebt ist, dass es mittlerweile in Flaschen abgefüllt wird.

Tango TAPAS $$
(☎613-531-0800; www.thetango.ca; 331 King St; Hauptgerichte 9–20 C$; ⊙11–2 Uhr) Kultiviertheit à la Großstadt sieht in Kingston so aus: Das Tango ist eine frische Kombi aus DJ-Klängen und köstlichen Tapas. An den Wochenenden sieht man hier vor allem Bankiers, die nach einer harten Arbeitswoche die Krawatten lockern und die Hemdskragen aufstellen. An den ruhigeren Wochentagen gibt's günstige Tapas- und Martini-Angebote.

Royal Angkor INDISCH $
(523 Princess St; Hauptgerichte 5–7 C$; ⊙Mo–Sa 11.30–15 & 17–22, So 17–21 Uhr) Wer das Wort „Mini-Imbiss" im Wörterbuch nachschlägt, wird vielleicht ein Bild dieses südostasiatischen Restaurants entdecken. Ein paar Töpfe und Pfannen und ein spärlich dekorierter Sitzbereich – schlichter geht's eigentlich nicht. Aber wer mosert schon über mangelnde Atmosphäre, wenn die hausgemachten Gerichte aus frischesten Zutaten bestehen und dennoch unschlagbar günstig sind?

Ausgehen & Unterhaltung

Grand Theatre THEATER
(☎613-530-2050; www.kingstongrand.ca; 218 Princess St) Diente erst als Opernhaus, dann als Kino und ist mittlerweile Kingstons Bühne Nr. 1 für Theaterstücke, Symphonieorchester, Konzerte und Comedy-Programme. Seit 1967 wurde das Grand von Grund auf renoviert. 2008 fand die letzte umfassende Generalüberholung statt.

Toucan KNEIPE
(www.thetoucan.ca; 76 Princess St) Das älteste Irish Pub von Kingston liegt an einer alten Steingasse nahe der King St. Neben Fritten aus Süßkartoffeln und Poutine wird hier typisch britisches Kneipenessen serviert. Das Sonntagsfrühstück für 2,99 C$ wirkt Wunder gegen Kater.

Tir nan Og KNEIPE
(www.kingston.tirnanogpubs.com; 200 Ontario St) Eines der ältesten und hübschesten Gebäude am Wasser beherbergt diese irische Oase, in der die Gäste mit Livemusik, ordentlich vollen Gläsern und einem umfangreichen Speisenangebot verwöhnt werden.

Grad Club LIVEMUSIK
(www.queensu.ca/gradclub; 162 Barrie St) Eine der besten Bühnen für Livemusik in der Stadt und einer der Kernbereiche des Queen's Campus ist in einer beeindruckenden viktorianischen Villa untergebracht.

Shoppen

Cooke's Fine Foods ESSEN & TRINKEN
(www.cookesfinefoods.com; 61 Brock St) Ein Delikatessenladen mit alten Holztheken und einer noch älteren, verzierten Metalldecke. Hier findet man ein ausgefallenes Warensortiment mit wunderbaren Aromen und eine wunderliche Klientel.

Trailhead OUTDOOR-AUSRÜSTUNG
(☎613-546-4757; 237 Princess St) Qualitativ hochwertige Outdoor-/Campingausrüstung und Proviant.

Open-Air Market MARKT
(King St) Dienstags, donnerstags, samstags und sonntags wird hinter dem Rathaus ein kleiner Markt unter freiem Himmel aufgebaut. Es ist der älteste kontinuierlich stattfindende Markt Kanadas.

Praktische Informationen

Hotel Dieu Hospital (☎613-544-3310; 166 Brock St; ⊙Notfälle 8–22 Uhr) Zentral gelegen.

Kingston Tourism (☎613-548-4415, 888-855-4555; www.kingstoncanada.com; 209 Ontario St; ⊙Mitte Juni–Aug. 9–20 Uhr, Mai–Mitte Juni & Sept.–Okt. 9–16 Uhr, Nov.–April 10–16 Uhr) Hilfreiches Informationszentrum gegenüber der City Hall im Confederation Park.

Post (www.canadapost.ca; 120 Clarence St)

An- & Weiterreise

Das **Kingston Coach Terminal** (☎613-547-4916; 1175 John Counter Blvd) liegt 1 km südlich des Hwy 401, gleich westlich der Division St.

Coach Canada bietet mehrmals täglich Fahrten nach Toronto (29 C$, 3 Std.) und Montréal (31 C$, 3 Std.). Die Busse halten auch in weiteren Städten wie z. B. Cornwall und Brockville. Mehr Infos gibt's unter www.coachcanada.com und www.megabus.com.

Wer mit dem Wagen auf dem Hwy 401 anreist, kann folgende Ausfahrten nehmen, um ins Zentrum zu gelangen: 611, 613, 615, 617, 619 und 623. Eine gute Autovermietung ist z. B. **Enterprise** (☎613-389-8969; 2244 Princess St). Kunden werden kostenlos am gewünschten Ort abgeholt und wieder abgesetzt.

Die **VIA Rail-Kingston Station** (☎888-842-7245; 1800 John Counter Blvd) liegt ca. 400 m östlich der Stelle, an der die Princess St auf den John Counter Blvd trifft. VIA Rail betreibt täglich vier Züge nach Montréal (82 C$, 2½ Std.), drei nach Ottawa (52 C$, 2 Std.) und acht nach Toronto (84 C$, 2½ Std.). Im Sommer verkehren zusätzliche Züge.

ℹ Unterwegs vor Ort

Infos zum Bustransport erhält man bei **Kingston Transit** (☎613-546-0000). Auf der Straßenseite gegenüber vom Busterminal ist eine Haltestelle; dort fahren jeweils um Viertel vor und Viertel nach Busse ins Zentrum ab. Wer am Bahnhof ankommt, kann an der Ecke Princess St und John Counter Blvd, nur wenige Schritte vom Busbahnhof entfernt, in die Buslinie 1 steigen. Sonntags fahren die Nahverkehrsbusse seltener.

Fahrradfahrer werden erleichtert feststellen, dass die Gegend um Kingston relativ eben ist, und auf den Highways 2 und 5 gibt's asphaltierte Seitenstreifen. Fahrräder können bei **Ahoy Rentals** (☎613-539-3202; www.ahoyrentals.com; 23 Ontario St; 25 C$/Tag) gemietet werden.

Wolfe Island

Das Aufregendste an Wolfe Island ist die kostenlose 25-minütige Fahrt an Bord der **Autofähre** (☎613-548-7227), die zwischen Kingston und der Insel verkehrt. Vom Schiff aus hat man einen Blick auf die Stadt, das Fort und ein paar von den Thousand Islands. Wolfe Island ist die größte Insel der Gruppe und sogar größer als Kingston. Heute stehen 86 Windturbinen da, wo sich einst vor allem unbebautes Ackerland erstreckte. Davon gibt's zwar auch jetzt noch eine ganze Menge, doch zweifellos ist die Windenergie mittlerweile der wichtigste Wirtschaftsfaktor von Wolfe Island.

Wolfe Island ist fahrradfahrerfreundlich. Insgesamt vier Radrouten sind mit bunten Schildern ausgezeichnet. Eine Karte kann man unter www.wolfeisland.com herunterladen. Die Angestellten des Informationszentrums in Kingston nennen bei Bedarf Alternativrouten.

Ein weiterer Grund für einen Besuch der Insel ist das 150 Jahre alte **General Wolfe Hotel** (☎613-385-2611, 800-353-1098; www.generalwolfehotel.com; Zi. 60–120 C$; P ❄ 🍴). In dem förmlichen Speisesaal wird preisgekröntes Essen serviert (in dem legeren Speisesaal stehen Billardtische und es gibt Pasta, Pizzen und Gerichte aus der Pfanne). Wir empfehlen die vielen Gänge der *table d'hôte* (35 C$) mit Filetsteak, Fasan und Schwein.

Das Fährterminal von Kingston befindet sich an der Kreuzung der Ontario und der Barrack St. Die Fähre legt täglich etwa stündlich zwischen 5.45 und 1.20 Uhr ab und hat eine Kapazität von ca. 50 Fahrzeugen. Von Anfang Mai bis Mitte Oktober verbindet ein weiteres Boot, die **Horne's Ferry** (☎613-385-2402; Pers./Fahrzeug 2/13 C$), Wolfe Island mit Cape Vincent, New York (10 Min.) – Reisepass nicht vergessen!

Gananoque

Gananoque (gän-än-*ok*-wei) ist der perfekte Ort zum Ausspannen, wenn man einen langen Tag damit zugebracht hat, die grünen Inseln auf dem nebelverhangenen St.-Lorenz-Strom zu erspähen. In dieser feinen viktorianischen Stadt tief im Herzen der Thousand Islands-Region wimmelt es im Sommer und frühen Herbst nur so von Besuchern, die wild auf eine Bootsfahrt sind. Entlang des King St E unweit des Hwy 401 ist so ziemlich jede Motelkette vertreten, während man am Ufer jede Menge einzigartiger Bleiben findet.

Die **Chamber of Commerce** (☎613-382-3250, 800-561-1595; www.1000islandsgananoque.com; 10 King St E; ⏲Juni–Aug. 8.30–20 Uhr, Sept.–Mai 9–17 Uhr) bietet einfache Services (die Mitarbeiter geben z. B. Empfehlungen für Unterkünfte ab). Zusätzliche Infos gibt's unter www.gananoque.com.

Wie in vielen anderen Städten in der Thousand Islands-Region sind auch in Gananoque einige Veranstalter von Flussfahrten ansässig. Am besten vergleicht man die Preise, bevor man sich für einen Veranstalter entscheidet. Einige Touren umfassen Stopps auf mehreren Inseln, andere wiederum nicht. Außerdem gibt es sogenannte *dinner cruises* (Fahrten mit Abendessen), aber auch schnellere Ausflüge auf schnelleren Booten. Beliebt ist die **Gananoque Boat Line** (☎613-382-2144, 888-717-4837; www.ganboatline.com; 6 Water St; 1-stündige Touren Erw./Kind 20/11 C$, 2½ Std. 30/11 C$, Schlossfahrt 36/11 C$; ⊙Mai–Mitte Okt.) mit mehreren Touroptionen, u.a. einer Fahrt mit Halt beim Boldt Castle (dieses Schloss befindet sich schon auf US-amerikanischem Boden, man muss also seinen Reisepass mitnehmen).

Wer sich fit fühlt, könnte die Inseln paddelnd erkunden. **1000 Islands Kayaking** (☎613-329-6265; www.1000ikc.com; Erw./Kind ganztätiger geführter Trip 125/65 C$, halber Tag 85/45 C$, Miete halber Tag Einzelkajak/Doppelkajak $35/50) organisiert unterschiedliche Touren, darunter auch Kurse und Exkursionen mit Übernachtung.

Seit 1983 wird im **Thousand Islands Playhouse** (☎613-382-7020, 866-382-7020; www.1000islandsplayhouse.com; 185 South St) in erster Linie qualitativ hochwertiges Sommertheater gezeigt (in erster Linie „leichte Kost").

Gananoque wartet mit einer Vielzahl denkwürdiger Unterkünfte auf, darunter einige Luxusbleiben und ein paar architektonisch ansprechende Gasthäuser.

LP TIPP **Victoria Rose Inn** (☎613-382-3386, 888-246-2893; www.victoriaroseinn.com; 279 King St W; DZ inkl. Frühstück 155–255 C$); War früher der Wohnsitz des Bürgermeisters und ist ein Zeugnis viktorianischer Pracht. Seit der Renovierung erstrahlt das Gebäude wieder in seinem alten Glanz. Von der verglasten Veranda blickt man auf die Gartenterrassen. Die Zimmer sind geräumig und komfortabel. Das Victoria Rose wird von einer netten Familie betrieben, deren Mitglieder die Gegend wie ihre Westentasche kennen.

Markenzeichen des großen **Gananoque Inn** (☎888-565-3101; www.gananoqueinn.com; 550 Stone St S; Zi. 179–395 C$) sind die grünen Fensterläden. Das Gästehaus erhebt sich an der Stelle, an der der Gananoque River und der St.-Lorenz-Strom aufeinandertreffen. Das frühere Fahrgestellwerk dient seit 1896 als Hotel und hat nach wie vor viel altmodischen Charme. Gleichzeitig werden jedoch immer neue, moderne Extras hinzugefügt, z.B. ein luxuriöses Wellnesszentrum. Man kann Räder und Boote mieten. In der Nebensaison sind Zimmer zum halben Preis zu haben.

Die **Misty Isles Lodge** (☎613-382-4232; www.mistyisles.ca; 25 River Rd, Lansdowne; Zi. ab 75 C$) liegt ca. 4 km östlich von Gananoque am Thousand Islands Pkwy am Strand, hat eine entspannte Atmosphäre und wartet mit komfortablen Unterkünften mit Korbmöbeln auf. Darüber hinaus werden Kajaks vermietet (40 C$/Tag), geführte Touren organisiert (Tagestrip 69 C$) und Camping auf ein paar der Flussinseln angeboten.

Noch besser als am Wasser zu übernachten ist darauf zu schlafen! Im Hauptbüro von **Houseboat Holidays** (☎613-382-2842; www.gananoque.com/hhl; RR3, Gananoque; Wochenende/halbe Woche/Wochenpreis ab 650/850/1350 C$), nur 3 km östlich von Gananoque am Hwy 2, vermittelt „schwimmende Hotels" und organisiert kurze Einführungskurse für Leute, die keine Ahnung von Booten haben.

Thousand Islands

Die Thousand Islands bestehen tatsächlich aus mehr als 1800 schroffen Inseln im St.-Lorenz-Strom zwischen Kingston und Brockville. Dieser üppig grüne Archipel besticht durch Blütenregen (von Waldlilien), Gezeitentümpel und prachtvolle Sommervillen aus dem 19. Jh., an deren Dachaufbauten die Nebelbänke hängen bleiben.

Der schmale **Thousand Islands Parkway**, auf dem langsam gefahren wird, knickt zwischen Gananoque und Elizabethtown vom Hwy 401 nach Süden ab und folgt dem Flussufer 35 km, bevor er wieder auf den Highway trifft. Diese Route ist malerisch: Sie führt durch die wunderbar ländliche Gegend am Wasser und bietet traumhafte Ausblicke. Unterwegs kommt man an vielen Orten vorbei, die sich für ein Picknick eignen. Der **Bikeway**-Fahrradweg verläuft entlang des gesamten Parkway.

In **Ivylea** gelangt man über eine Reihe von Brücken zwischen mehreren Inseln von Ontario in den US-Bundesstaat New York State. Auf halber Strecke erhebt sich der 125 m hohe Aussichtsturm **Skydeck** (☎613-659-2335; www.1000islandsskydeck.com; Hill Island; Erw./Kind 9,75/5,75 C$; ⊙ Mitte April–Okt. 9 Uhr–Sonnenuntergang). Von den drei Balkons hat man einen fantastischen Blick auf den Archipel.

Rockport, das größte Dorf am Thousand Islands Pkwy, liegt gleich hinter mehreren Steinkirchen. In Rockport gibt es zwei große Bootslinien. Beide legen auf Wunsch beim wunderschönen, weitläufigen **Boldt Castle** an, einem nicht fertig gestellten gotischen Palast mit düsteren Türmen und Steinfassaden. Das Schloss liegt de facto auf US-amerikanischem Boden, weshalb man einen Reisepass braucht. Die **Rockport Boat Line** (☎613-659-3402, 800-563-8687; www.rockportcruises.com; 23 Front St; ⏲Mai–Okt.) bietet verschiedene Touren, u.a. einen beliebten, 2-stündigen Ausflug (28 C$), der dreimal täglich durchgeführt wird; unterwegs kann man einen flüchtigen Blick auf das Schloss werfen. Bei Fahrten inkl. Halt beim Schloss (Erw./Kind/erm. 30/12/26 C$, plus Eintritt Erw./Kind 7/4,50 US$) bleibt ausreichend Zeit, das umliegende Gelände zu erkunden. Eine weitere Option sind die Bootsfahrten mit Mittag- bzw. Abendessen (39 bzw. 59 C$).

Der **St. Lawrence Islands National Park** (☎613-923-5261; Wildes Zelten 15 C$, zzgl. Anlegegebühr je nach Bootsgröße) in Mallorytown umfasst einen herrlich grünen Archipel, bestehend aus mehr als 20 Inseln zwischen Kingston und Brockville. Es gibt einen Wanderweg und ein Besucherzentrum, in dem sich die Besucher über das üppige Umland informieren können. Auf mehr als einem Dutzend winzigen Inselchen darf wild gezeltet werden (Mitte Mai–Anfang Sept.); sie sind nur mit dem (selbst organisierten) Boot zu erreichen.

Brockville

Das hübsche Brockville liegt am östlichen Ende der Thousand-Islands-Region. In der „Stadt der Tausend Inseln", so der Spitzname, erstrecken sich diverse extravagante Anwesen. Die Reihen gotischer Türme, die in den Himmel ragen, lassen die Vorstellung gar nicht so abwegig erscheinen, dass in den Straßen früher das Hufgetrappel von Kutschpferden von den Hauswänden widerhallte. In Brockville endet übrigens der Rideau Canal, der zum Weltkulturerbe der Unesco gehört.

Sehenswertes & Aktvitäten

Brockville Museum MUSEUM
(☎613-342-4397; www.brockvillemuseum.com; 5 Henry St; Erw./Kind 4/2 C$; ⏲Mitte Mai–Mitte Okt. Mo–Sa 10–17, So ab 13 Uhr, Mitte Okt.–Mitte Mai Mo–Fr 10–16.30 Uhr) Hier dreht sich alles um die örtliche Geschichte. Es gibt Darstellungen zur Eisenbahnstrecke, zur hiesigen Hutmacherindustrie und anderen Besonderheiten der Gemeinde. Zum Museum gehört auch das historische Isaac-Beecher-Haus, ein Beispiel für ein typisches Wohnhaus in Neuengland in der Zeit vor der amerikanischen Unabhängigkeit.

Fulford Place MUSEUM
(☎613-498-3003; 287 King St E; Erw./Kind/erm. 5/frei/4 C$; ⏲Di–So 11–16 Uhr) Die edwardianische Villa mit 35 Zimmern aus der Zeit um 1900 war früher der Wohnsitz von George Taylor Fulford, dem Hersteller der *Pink Pill for Pale People* (einem Medikament, das einige neurologische Störungen heilen sollte). Heute widmet sich das weitläufige Gebäude der Geschichte patentierter, verschreibungspflichtiger Medikamente. Kein Interesse? Dann könnte man auf der Veranda Platz nehmen; dort wird nachmittags Tee serviert (tgl.; 15 C$). Eine Führung ist im Eintritt enthalten.

Brockville Arts Centre THEATER
(☎613-342-7122, 8877-342-7122; www.brockvilleartscentre.com; 235 King St W) Das Gebäude wurde 1858 errichtet und diente als Rathaus von Brockville. Mittlerweile beher-

FRONTENAC ARCH BIOSPHERE RESERVE

Frontenac Arch ist eines von gerade mal 15 Unesco-Naturschutzgebieten in Kanada. Das Reservat umfasst ein kleines Stück des Kanadischen Schilds, der sich durch Ontario zieht. Einst befand sich hier eine hohe Gebirgskette; davon sind heute nur noch sanft geschwungene Hügel und schroffe Felsklippen übrig. Der Anblick ist dennoch erhebend, vor allem, wenn man lange durch das Flachland gefahren ist! Archäologische Funde in der Umgebung (Messer aus der Region Yellowknife und Muscheln aus der Karibik) deuten darauf hin, dass hier einst prähistorische Menschen unterwegs waren.

In dem 2700 km² großen Naturschutzgebiet werden jede Menge Freizeitaktivitäten angeboten, z.B. Radfahren, Wandern, Kanufahren und Tauchen. Es ist über den Hwy 401 zwischen Gananoque und Brockville leicht zu erreichen. Auf der hervorragenden Webseite www.explorethearch.ca erfährt man alles über die Eingänge zum Park. Alternativ hilft einem **Brockville District Tourism** (☎613-342-4357; www.brockvilletourism.com; 10 Market St; ⏲Mitte Mai–Okt. 8–20 Uhr, Nov.–Mitte Mai Mo–Fr 8.30–16.30 Uhr) weiter.

bergt es das Arts Centre und wird gleichzeitig als Theater und Kunstgalerie genutzt, in der Größen wie Harry Connick Jr., Blue Rodeo u.a. sowie einheimische Künstler auftreten.

1000 Islands Cruises BOOTSFAHRT
(☎613-342-7333, 800-353-3157; www.1000islandscruises.com; Broad St; ⊙Mitte Mai–Mitte Okt.) Bietet Touren zu den 1000 Inseln an, u.a. eine 2½-stündige Fahrt vorbei am Singer Castle (28,50 C$).

Schlafen & Essen

Im nahe gelegenen Prescott gibt's viele tolle Unterkünfte, doch auch Brockville wartet mit ein paar netten Optionen auf.

LP TIPP **Green Door** B&B $$
(☎613-341-9325; www.bbcanadacom/10411.html; 61 Buell St; EZ/DZ ab 85/99 C$; P) Die netten Besitzer haben ein altes Ziegelsteingebäude in ein komfortables B&B umgewandelt. Sonnenstrahlen erhellen die weitläufigen, gemeinschaftlich genutzten Bereiche, abends sitzt man am Klavier zusammen oder kuschelt sich in sein altes Bett.

Victoria Inn B&B $$
(☎613-341-1203; www.brockvillevictoriainn.ca;10 Victoria Ave; Zi. 100–150 C$; P) Diese Unterkunft hat viel Charme – wahrscheinlich wohnt Rapunzel im Türmchen. Man hat die Wahl zwischen zwei Suiten, einem Apartment oder einem einfachen Zimmer.

Buell Street Bistro FUSION $$
(☎613-345-2623; www.buellstreetbistro.com; 27 Buell St; Hauptgerichte 12–20 C$; ⊙Mo–Fr mittags & abends, Sa & So abends) Das beliebte Restaurant ist in drei Stockwerke und eine hübsche Terrasse unterteilt. Die Köche bereiten Meeresfrüchte- und Pastagerichte mit thailändischer bzw. indischer Note zu. Selbst die anspruchsvollsten Gäste werden das Lokal zufrieden verlassen.

Praktische Informationen

Brockville District Tourism (☎613-342-4357; www.brockvilletourism.com; 10 Market St; ⊙Mitte Mai–Okt. 8–20, Nov–Mitte Mai Mo–Fr 8.30–16.30 Uhr) Ist ganzjährig geöffnet und versorgt Besucher mit jeder Menge Infos zu den Sehenswürdigkeiten am St.-Lorenz-Strom.

An- & Weiterreise

Via Rail nimmt vom **Bahnhof Brockville** (141 Perth St) Kurs auf Toronto (8-mal tgl., 3 Std., 101 C$) und Ottawa (5-mal tgl., 1¼ Std., 36 C$). Es fahren mehr Busse nach Ottawa als nach Toronto. Ein bis zwei Coach Canada-Busse fahren täglich zwischen Brockville und Toronto (72 C$).

Prescott

Das im 19. Jh. gegründete Prescott könnte fast Brockvilles kleiner Bruder sein: Es ist kleiner, rauer und hat sich noch nicht ganz zu einer „richtigen" Stadt gemausert. In Prescott befinden sich die International Bridge nach Ogdensburg im Bundesstaat New York sowie die **Fort Wellington National Historic Site** (☎613-925-2896; Erw./Kind 3,90/1,90 C$; ⊙Mitte Mai–Sept. 10–17 Uhr). Die Originalfestung wurde während des Kriegs 1812 errichtet und diente 1838 erneut als strategisch wichtiger Schauplatz, als eine US-amerikanische Invasion unmittelbar bevorstand. Ein paar der ursprünglichen Befestigungsanlagen, ein Blockhaus und die Offiziersunterkünfte sind erhalten. Eine Renovierung der Stätte steht bevor; es sollen z.B. neue Exponate wie ein 15 m großer Kanonenbootrumpf ergänzt werden. Daher: Am besten vor dem Besuch anrufen.

Prescott wartet mit ein paar der originellsten Schlafgelegenheiten am St.-Lorenz-Strom auf. Eine 175 Jahre alte Villa aus Stein beherbergt das **Ship's Anchor Inn B&B** (☎613-925-3573; www.shipsanchorinn.com; 495 King St W; DZ 99–145 C$; P). Früher lebte in dem Gebäude am Strand ein mürrischer Kapitän. Es ist etwas überladen mit Schwärmen ausgestopfter Fische und Modellen hölzerner Fregatten. Nach dem herzhaften englischen Frühstück wird man erst abends wieder Hunger haben.

Der **Dewar's Inn** (☎613-925-3228, 877-433-9277; www.dewarsinn.com; Hwy 2; Zi. 77–85 C$, Cottage 98–104 C$; P) – ja, genau wie der Whiskey – ist nicht eben eine Schönheit. Die Unterkunft wurde aus den Ziegeln einer alten Destillerie erbaut. Die Grenville Brewery, einst favorisierte Anlaufstelle sämtlicher Seeleute nach langer Fahrt, wurde in den 1920er-Jahren abgerissen. Bei Tauchgängen ringsum wurden versunkene Flaschen des alten Gebräus gefunden. Fährt man auf dem Hwy 2 nach Westen, gelangt man gleich außerhalb der Stadt zu dem Gasthaus am Wasser.

Merrickville

Das winzige Merrickville kann sich bei der Canadian Railroad dafür bedanken, dass davon abgesehen wurde, einen Schienenstrang durch die Stadt zu legen. Andernfalls würden hier nämlich heute keine Steingebäude, sondern unansehnliche Industrieblöcke stehen. Noch heute hat man hier das Gefühl, in eine längst vergangene Zeit einzutauchen, als dies eine Loyalistenhochburg war, bereit, die britische Krone gegen die rebellischen Amerikaner zu verteidigen. Merrickville war tatsächlich so begehrt, dass Colonel By, der Chefplaner des Rideau-Kanals, seinen Sommersitz hier errichten ließ, und Benedict Arnold als Dank dafür, dass er die Amerikaner verriet, ein Grundstück überschrieben wurde.

Geschichtsfans werden das **Blockhaus** (☎613-269-2229; Ecke Main St & St. Lawrence St; Eintritt frei; ⌚Mitte Mai–Mitte Okt.) besuchen wollen, Shoppingfreunde werden sich hingegen auf die vielen Kunsthandwerkerläden stürzen. Essen gehen kann man im **Gad's Hill** (☎613-269-2976; www.dickens-restaurant.com; 118 St. Lawrence St; Hauptgerichte 9–17 C$; ⌚mittags & abends); dort stecken die Speisekarten in mit Leder eingebundenen Wälzern, um das hiesige Dickens-Motto zu unterstreichen. Interessant sind die Shows zum Abendessen. „Ein Weihnachtsmärchen" ist erwartungsgemäß ein echter Hit zur Weihnachtszeit.

Morrisburg

Das kleine Morrisburg ist für seine tolle historische Stätte **Upper Canada Village** (www.uppercanadavillage.com; Erw./Kind/Stud. 20/4/12 C$; ⌚Mitte Mai–Mitte Okt. 9.30–17 Uhr) bekannt. Kostümierte Schauspieler hauchen dieser nachgebauten Stadt Leben ein, indem sie den kolonialen Alltag in den 1860er-Jahren nachstellen. Für den Besuch der insgesamt 40 Gebäude (darunter eine Taverne, die Schmiede, die Schule, die Druckerei usw.) sollte man drei oder vier Stunden einplanen. Morrisburg kann mit den Bussen zwischen Ottawa und Cornwall erreicht werden sowie mit ein paar Verbindungen von Montréal nach Toronto.

Der Hwy 2 führt am Fluss entlang. Man kommt nicht so schnell voran wie auf dem Hwy 401, dafür ist die Strecke aber auch schöner. Das **Upper Canada Migratory Bird Sanctuary** (www.uppercanadabirdsanctuary.com; ⌚Mitte Mai–Okt.) bietet Wanderwege (insgesamt 8 km), die durch bewaldetes Dickicht und saftige Feuchtgebiete führen. Mehr als 200 Vogelarten sind hier heimisch. Im Parkbüro erfährt man mehr über die vielen Möglichkeiten zum Zelten.

Cornwall

Cornwall ist eine Ansammlung von Papierfabriken und Industrieschloten. Hier stoßen Ontario und Québec mit der US-amerikanischen Grenze zusammen. Der Three Nations Crossing nach Massena, New York State, ist ein viel genutzter Grenzübergang. Unter www.city.cornwall.on.ca erfährt man, was aktuell in der Stadt geboten wird.

Auf Cornwall Island erstreckt sich ein Akwesane Mohawk-Reservat mit dem **Ronathahon:ni Cultural Centre** (www.ronathahonni.com; Erw./Kind 2/1 C$; ⌚Mo–Fr 8–16 Uhr), ein Informationszentrum, in dem die Besucher mithilfe von Ausstellungsstücken und interaktiven Darstellungen mehr über die Mohawk-Kultur erfahren können.

Der **Long Sault Parkway** verbindet eine Reihe von Parks und Stränden am Fluss.

OTTAWA

900 000 EW.

Beschreibungen von Ottawa klingen wie eine verlockende Kontaktanzeige: jung, lebendig, sauber, zweisprachig, kinderfreundlich, lange Spaziergänge am Fluss.

Die Hauptstadt hält, was sie verspricht. Das fotogene Parlament ist der erhabene Mittelpunkt der Innenstadt am Zusammenfluss dreier Ströme. Jenseits der schicken Regierungsgebäude lockt eine aufregende Ansammlung pulsierender Viertel, die alle ihre eigene Note haben. In der Ferne umschließen die Gatineau Hills sanft das wolkenlose Tal.

Einer der wichtigsten Anziehungspunkte der Stadt ist die große Zahl moderner Museen. Jedes von ihnen hat eine eigene architektonische Handschrift und sehenswerte Ausstellungsräume, von den geschwungenen Mauern des hypermodernen Museum of Civilization (auf der anderen Flussseite in Gatineau) bis zu den beunruhigenden gotischen Bögen des Museum of Nature.

Die kulturelle Vielfalt Ottawas zeigt sich auch im kulinarischen Angebot. Chinatown und Little Italy gehören schon lange zum Stadtbild, aber in der jüngsten Vergangenheit ist der Einfluss dynamischer Geschmacksrichtungen aus Afrika, Frankreich, der Karibik, Osteuropa und Südost-

OTTAWA IN ...

... einem Tag

Ein Tag ist viel zu wenig für diese überraschend schöne Hauptstadt! Deshalb sollte man keine Zeit verlieren und sich zum **Parliament Hill** aufmachen, um den Peace Tower zu knipsen und sich schnell die Innenausstattung à la Hogwarts anzusehen. Dann wirft man einen Blick auf die glänzenden Glastürme der **National Art Gallery of Canada**. Dort sind eine sorgfältig zusammengestellte Sammlung umwerfender indigener Kunst und die restaurierten Überreste einer hübschen Holzkapelle untergebracht. Zum Mittagessen geht's auf den **ByWard Market**, wo zahllose Verkäufer Naturprodukte feilbieten (darunter mehr als 1000 Käsesorten!). Wie wär's mit einem *beave tail* (Biberschwanz) oder einem „Obama Cookie", bevor man sich zum **Rideau Canal** aufmacht? Der Kanal ist derweil vor allem im Winter beeindruckend. Dann verwandelt er sich in die größte Schlittschuhbahn der Welt (7,8 km!). Zum Abendessen empfehlen wir ausgefallene kulinarische Erlebnisse, z. B. im Veganerparadies **Zen-Kitchen** oder im kühl-schicken **Atelier**.

... drei Tagen

Nachdem man das Programm oben absolviert hat, könnte man am zweiten Tag das fantastische **Canadian Museum of Civilization** besuchen. Die Architektur ist umwerfend, und von dieser Uferseite aus hat man einen tollen Blick auf die Skyline der Stadt. Im frisch renovierten **Canadian Museum of Nature** stehen ausgestopfte Tiere im Mittelpunkt, bevor man einem fesselnden **Hockeyspiel der Senators** im Scotia-Bank Place beiwohnt.

Wer am letzten Tag noch Museen sehen kann, sollte den schrägen **Diefenbunker**, ein paar Kilometer außerhalb der Stadt, besuchen. Bei einem Spaziergang in den nahen **Gatineau Hills** kann man den Gedanken an die nukleare Bedrohung durch die Sowjets hinter sich lassen. Abends gibt's Vorführungen im **National Arts Centre** oder man hört sich Livemusik in einem der Lokale rund um den ByWard Market an.

asien hinzugekommen. Auch die vielfältigen Speisen der indigenen Völker Kanadas sollte man nicht vergessen.

Einen Besuch im Winter sollte man trotz der eisigen Temperaturen keinesfalls abschreiben. Die längste Jahreszeit wird in der Stadt mit vielen Freiluftaktivitäten gefeiert. Der Rideau Canal verwandelt sich in die größte Eislaufbahn der Welt, während sich zum Winterlude Festival alle in einem riesigen Dorf versammeln, das vollständig aus Eis erbaut wird. Wenn die Schneedecke schließlich schmilzt, begrüßen Tulpen den Frühling, der rasch in den Sommer übergeht. Die Farben des Herbstes runden das Jahr ab, wenn sich die Straßenbäume leuchtend gelb und rot färben.

Sei es wegen der tollen Museen oder der authentischen Restaurants, wegen der unterschiedlichen Jahreszeiten oder der vielen Freiluftaktivitäten – mit Ottawa sollte man unbedingt ein Date vereinbaren.

Geschichte

Wie bei vielen anderen Kolonialstädten war Ottawas Geburt alles andere als natürlich. Königin Victoria wählte den Ort als geografischen Kompromiss zwischen Montréal und Toronto, und schon war die Stadt geboren. Die Kanadier hatten zunächst kein Verständnis für die Entscheidung: Ottawa lag weit entfernt von den Zentren der Kolonie. Viele hielten die Gegend für ein ödes Schneefeld, obwohl sie seit Langem von den Algonquin bewohnt war, die den Fluss „Kichissippi", Großer Fluss, nannten.

Fast ein Jahrhundert lang war Ottawa eine stille Hauptstadt. Aber nach dem Zweiten Weltkrieg wurde der Pariser Stadtplaner Jacques Greber damit beauftragt, Ottawa in eine echte Stadt zu verwandeln. Der Meister verlieh Ottawa eine unverkennbar europäische Note und entwarf das beindruckende Stadtbild mit den weiten öffentlichen Räumen und Parkflächen, das man heute kennt.

Sehenswertes

Das Beste an Ottawa ist die große Zahl erstklassiger, supermoderner Museen. Die meisten liegen dicht beieinander und man kann zu Fuß von einem zum anderen gelangen. Hier ein paar Tipps: In einigen Museen hat man freien Eintritt, wenn man weniger als eine Stunde vor Schließung kommt. Viele Einrichtungen bleiben derweil im Winter montags geschlossen.

Ständig öffnen neue Museen ihre Pforten. Am besten erkundigt man sich bei den hilfsbereiten Mitarbeitern im Capital Infocentre nach aktuellen Neuzugängen.

Parliament Hill HISTORISCHES GEBÄUDE

(www.parliamenthill.gc.ca) Ausladende Bogengänge prägen diesen umwerfenden Gebäudekomplex mit den kupfergedeckten Türmen. Der Parliament Hill ist die mit Abstand fotogenste Sehenswürdigkeit der Stadt und gleichzeitig Dreh- und Angelpunkt der kanadischen Politik. Zum Hauptgebäude, dem **Centre Block**, gehört der **Peace Tower**; das höchste Bauwerk der Stadt hat Kultcharakter. Drinnen erwarten einen handgearbeiteter Kalkstein und eine atemberaubend schöne Bücherei mit viel Holz und schmiedeeisernen Elementen. Besucher dürfen Sitzungen des Unterhauses und des Senats beiwohnen. Besonders beliebt ist die „Zeit für Fragen" im Unterhaus. Sie findet jeden Nachmittag und freitags um 11 Uhr statt. Der Einlass funktioniert nach dem Prinzip „wer zuerst kommt, mahlt zuerst".

Häufig gibt's kostenlose 45-minütige **Führungen** (☎613-996-0896), bei denen strenge Sicherheitsprüfungen vorgenommen werden. Im Sommer können sie in dem auffälligen weißen Zelt reserviert werden, im Winter muss man den Schalter im Gebäude aufsuchen. Das Gelände kann auch auf eigene Faust erkundet werden. Die kostenlose Broschüre *Walking Tour of Parliament Hill* ist in dem Informationszentrum auf der anderen Straßenseite erhältlich. Sie enthält weitergehende Informationen zu den Gebäuden. Man erfährt z. B. mehr über die Wasserspeier und Fratzen aus behauenem Sandstein.

Der Führungsplan ist ziemlich verworren. Am besten konsultiert man die Webseite des Parlaments.

Im Sommer wird täglich um 10 Uhr auf der vorderen Wiese die bunte **Wachablösung** zelebriert, abends findet eine Sound-and-Light-Show namens *Mosaika* statt.

Nachdem man die architektonischen Allegorien zu nationalistischen Idealen unter die Lupe genommen hat, könnte man eine außergewöhnliche, eher unbekannte Sehenswürdigkeit besuchen: den **Hort für streunende Katzen** mit seinen „Wohnbereichen" in Puppenhausgröße. Er befindet sich zwischen dem West Block und dem Centre Block, Richtung Fluss. Manche sagen, das Projekt stehe für die Bereitschaft der Kanadier, Hilfsbedürftige aufzunehmen und willkommen zu heißen, andere wiederum halten es schlicht für eine Schnapsidee.

Canadian Museum of Civilization MUSEUM

(☎819-776-7000; www.civilization.ca; 100 Rue Laurier; Erw./Kind/Senior 12/8/10 C$; ⌚Sa–Mi 9–18, Do–Fr bis 20 Uhr) Dieses sehr sehenswerte Museum beleuchtet die Geschichte des Landes mithilfe einiger spektakulärer Ausstellungsstücke. Die Steinfassade ist leicht wellenförmig gestaltet. Tatsächlich wird man nirgendwo im Gebäude eine scharfe Kante entdecken, denn der indianischen Tradition zufolge hausen böse Geister in den Ecken. Für den Besuch des Museums sollte man sich mindestens einen Nachmittag Zeit nehmen. Von hier hat man übrigens einen tollen Blick auf den Parlamentskomplex auf der anderen Flussseite.

In der **Grand Hall** mit dem künstlichen Wald und Meeresufer werden die indigenen Kulturen der Nordwestküste behandelt. Dort ragen bunte Totempfähle auf. Kinder erhalten einen Reisepass, wenn sie das **Canadian Children's Museum** betreten, ein weitläufiger, interaktiver Bereich, in dem die verschiedenen Kulturen der Welt im Mittelpunkt stehen. Selbst die Erwachsenen werden diesen Teil vermutlich zu ihrem Favoriten erklären. Die sowieso schon fantastische Sammlung wird durch jede Menge Wechselaustellungen ergänzt, und dann wäre da natürlich noch das **Cineplus-Kino**, in dem IMAX- und Omnimax-Filme gezeigt werden.

National Gallery of Canada KUNSTGALERIE

(☎613-990-1985; www.gallery.ca; 380 Sussex Dr; Erw./Kind unter 12 Jahren/Kind 12–19 Jahre/erm./Familie 9/frei/4/7/18 C$, Audioführer 6 C$; ⌚10–17, Do bis 20 Uhr, Okt.–April Mo geschl.) Die größte Kunstgalerie Kanadas ist ein Muss! Nirgendwo auf der Welt findet man mehr kanadische und Inuit-Kunst unter einem Dach. Auch das Bauwerk selbst ist ein Kunstwerk – eines von Ottawas modernen, architektonischen Schmuckstücken. Moshe Safdie, der auch den Apartmentkomplex Habitat in Montréal gestaltet hat, ersann diese auffällige Kombination aus Glas und rosafarbenem Granit. Die Glastürme an der Rückseite des Museums greifen die Form der kunstvollen Kupfertürme des nahen

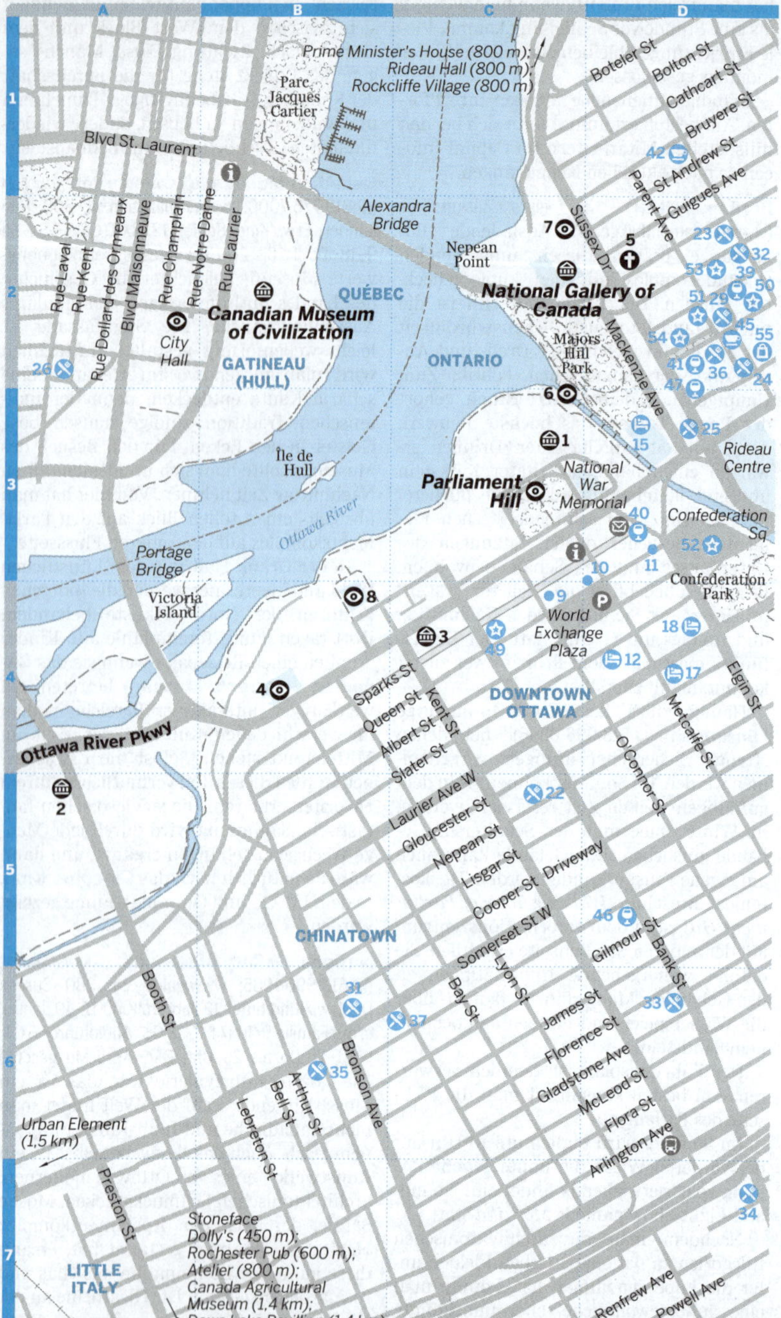
Prime Minister's House (800 m); Rideau Hall (800 m); Rockcliffe Village (800 m)
Parc Jacques Cartier
Blvd St. Laurent
Alexandra Bridge
Nepean Point
Boteler St
Bolton St
Cathcart St
Bruyere St
St Andrew St
Guigues Ave
Parent Ave
Sussex Dr
Mackenzie Ave
National Gallery of Canada
Majors Hill Park
Rue Laval
Rue Kent
Rue Dollard des Ormeaux
Blvd Maisonneuve
Rue Champlain
Rue Notre Dame
Rue Laurier
Canadian Museum of Civilization
City Hall
QUÉBEC
GATINEAU (HULL)
ONTARIO
Île de Hull
Ottawa River
Parliament Hill
National War Memorial
Rideau Centre
Confederation Sq
Confederation Park
Portage Bridge
Victoria Island
World Exchange Plaza
DOWNTOWN OTTAWA
Ottawa River Pkwy
Sparks St
Queen St
Albert St
Slater St
Kent St
Laurier Ave W
Gloucester St
Nepean St
Lisgar St
Cooper St
Driveway
Somerset St W
Metcalfe St
O'Connor St
Elgin St
Gilmour St
Bank St
Lyon St
Bay St
James St
Florence St
Gladstone Ave
McLeod St
Flora St
Arlington Ave
CHINATOWN
Booth St
Bronson Ave
Arthur St
Bell St
Lebreton St
Preston St
Urban Element (1,5 km)
Stoneface Dolly's (450 m); Rochester Pub (600 m); Atelier (800 m); Canada Agricultural Museum (1,4 km); Dows Lake Pavillion (1,4 km)
LITTLE ITALY
Renfrew Ave
Powell Ave
ONTARIO OTTAWA

Parlaments wieder auf. Das Zusammenspiel zwischen dem schweren Metalldach und dem leichten, kristallinen Turm ist wirklich magisch. Drinnen sind derweil klassische und moderne Arbeiten, vor allem von kanadischen Künstlern, in überwölbten Galerien untergebracht. Durch die chronologische Anordnung und die Kommentare zu den Werken werden die Besucher quer durch die kanadische Geschichte geführt. In der **Inuit Gallery** im Erdgeschoss werden prähistorische Themen mit modernen Medien in der angrenzenden **Photography Gallery** (B102 & B103) zusammengeführt. Es sind auch ein paar US-amerikanische und europäische Meisterwerke namhafter Künstler vertreten.

In den „Eingeweiden" des Gebäudes gibt es zwei Innenhöfe, die Ruhe und Entspannung in bester Zen-Manier ausstrahlen und sich somit hervorragend für ein Päuschen eignen. Ebenfalls versteckt auf dem Gelände ist die ungewöhnliche **Rideau Street Convent Chapel** von 1888, eine Holzkapelle, die man vor der Zerstörung bewahrte und in der Galerie Stück für Stück restaurierte.

Die National Gallery ist 15 Gehminuten vom südlich gelegenen Parlament entfernt. Man sollte mindestens zwei Stunden für den Besuch einplanen (mehr, wenn man die aktuellen Wechselausstellungen, Videopräsentationen und Filmarchive sehen möchte).

Unter dem Museum gibt's Parkplätze (12 C$/Tag).

Canadian Museum of Nature — MUSEUM

(☎613-566-4700; 240 McLeod St; www.nature.ca; Erw./Kind/Familie 10/8/25 C$, Sa morgens frei; ⏲Sa–Mi 9–18, Do–Fr bis 20 Uhr) Die umfassende Restaurierung hat eine kleine Ewigkeit gedauert, doch jetzt sieht das weitläufige Museum mit gotischem Design wie neu aus. Das vierstöckige Gebäude erhebt sich südlich der Innenstadt. Hinter der Fassade erwartet einen eine beeindruckende Sammlung von Fossilien, Mineralien und Tieren, das vollständige Skelett eines Blauwals und ein paar Dinosaurier aus Alberta. Besonders beliebt sind die Dioramen mit kanadischen Säugetieren und Vögeln. Die ausgestopften Kreaturen sehen faszinierend echt aus – fast schon unheimlich!

Die Buslinien 5, 6 und 14 fahren zur McLeod St.

Canada Science & Technology Museum — MUSEUM

(☎613-991-3044; www.sciencetech.technomuses.ca; 1867 St. Laurent Blvd; Erw./Kind/Senior/

Ottawa

Highlights
Canadian Museum of Civilization B2
Canadian Museum of Nature E6
National Gallery of Canada C2
Parliament Hill C3

Sehenswertes
1 Bytown Museum.. C3
2 Canadian War Museum............................. A5
3 Currency Museum....................................... C4
4 Library & National Archives of Canada B4
5 Notre Dame Cathedral-Basilica D2
6 Ottawa Locks C3
7 Royal Canadian Mint C2
8 Supreme Court of Canada........................ B4

Aktivitäten, Kurse & Touren
9 Bytown Trolley Co C4
10 Gray Line D3
Haunted Walk .... (siehe 32)
11 Lady Dive Amphibious D3
Paul's Boat Lines .... (siehe 6)

Schlafen
12 Arc D4
13 Barefoot Hostel E2
14 Bella Notte E2
15 Fairmont Château Laurier D3
16 Hostelling International (HI) Ottawa Jail..E3
17 Hotel Indigo.. D4
18 Lord Elgin Hotel D4
19 McGee's Inn F2
20 Ottawa Backpackers Inn........................E2
21 Swiss Hotel – Gasthaus Switzerland Inn E2

Essen
22 Beckta Dining & Wine............................ C5
23 Boulanger Français D2
24 Boulangerie Moulin de Provence D2
25 Brasserie Métropolitain D3
26 Café Aubry A2
27 Chez Lucien E2
28 Horn of Africa F2
29 Lapointe D2
Market Square ....(siehe 55)
30 Pure Gelato E5
31 Shanghai...B6
32 Sweetgrass Aboriginal Bistro................D2
33 Whalesbone Oyster House D6
34 Works D7
35 Yangtze B6
36 Zak's Diner D2
37 ZenKitchen C6

Ausgehen
38 Bridgehead Coffee E5
Château Lafayette.......................(siehe 41)
39 Clock Tower Brew Pub D2
40 D'Arcy McGee's D3
41 E18hteen D2
42 Ideal Coffee.. D1
43 Manx..E5
44 Oz Kafe..E5
45 Planet Coffee D2
46 Royal Oak...D5
47 Social...D2

Unterhaltung
48 Bytown Cinema E2
49 Edge C4
50 Fat Tuesday's D2
51 Lookout Bar D2
52 National Arts Centre D3
53 Rainbow Bistro D2
54 Zaphod Beeblebrox...................................D2

Shoppen
55 ByWard Market D2

Familie 9/4/6/20 C$; ⌚Mai–Sept. 9–17, Okt.–April Di–So 9–17 Uhr) Dieses Museum mit Exponaten zum Anfassen liegt ca. 6 km südöstlich der Innenstadt und bietet ein echtes Fest für die Sinne: Ringsum quiekt und quakt es, wenn die glücklichen Besucher vorsichtig einen Knopf gedrückt oder Schalter betätigt haben.

Die clever aufgemachten Darstellungen sollen den Gästen die grundlegenden naturwissenschaftlichen Gesetze nahebringen. Die ständige Sammlung behandelt Themen wie optische Täuschungen, physikalische Gesetze und die Zeit. Auf keinen Fall die **Crazy Kitchen** verpassen, ein um 10 Grad geneigter Raum. Wer hindurchgehen will, muss sich am Geländer festkrallen. An Bord der Schwerlastzüge hinten erfährt man alles über mit Kohlen bzw. mit Dampf betriebene Motoren.

Zudem gibt's einen Bereich zur Raumfahrttechnik, und im angrenzenden Astronomieabschnitt werden fantastische Filme über das Universum gezeigt. An einem sternklaren Abend kann man nach vorheriger Anmeldung einen Blick durch das riesige Teleskop werfen.

Canadian War Museum MUSEUM
(☎800-555-5621; www.warmuseum.ca; 1 Vimy Pl; Erw./Kind 12/8 C$; ⌚Mai–Mitte Okt. Fr–Mi 9–18, Do bis 21, Mitte Okt.–April Di–So 9–17, Do bis 21 Uhr) In diesem Museum, das an eine Metallskulptur erinnert, riecht es immer noch so wie in einem neuen Auto. Es ist ein echter Hingucker und auch dann sehenswert, wenn man sich nicht für die größte Sammlung kanadischer Kriegsartefakte interessiert. In den labyrinthartig angeordneten Innenräumen sind faszinierende Darstellungen untergebracht, die die kanadische Militärgeschichte beleuchten. Viele davon sind in Lebensgröße, z.B. der Nachbau eines Schützengrabens aus dem Zweiten Weltkrieg. Nicht vergessen, die Fassade abends anzusehen: Flackernde Lichter bilden den Satz „Lest We Forget" (Auf dass wir niemals vergessen mögen) und „CWM" (die Museumsinitialen) im Morsecode (auf Englisch und Französisch).

Canada Aviation and Space Museum MUSEUM
(☎613-993-2010; www.aviation.technomuses.ca; 11 Aviation Pkwy; Erw./Kind/Familie 9/5/18 C$; ⌚Mai–1. Montag im Sept. (Labour Day) 9–17 Uhr, Labour Day–April Mo & Di geschl.) Fast 120 Flugzeuge stehen im dreieckigen Hangar des Luftfahrtmuseums – es wirkt beinahe größer als der Flughafen von Ottawa! Man kann das gigantische Bauwerk besichtigen, den Flugsimulator ausprobieren und jede Menge Flugzeuge von der Silver Dart aus dem Jahre 1909 bis hin zum ersten Viscount-Passagierjet mit Turboantrieb ansehen.

Am besten ruft man vor dem Besuch an, denn die Öffnungszeiten richten sich nach den Besucherzahlen und der Jahreszeit. Wer eine Stunde vor der Schließung hier ankommt, muss eventuell keinen Eintritt zahlen. Das Museum liegt 5 km nordöstlich des Zentrums (dem Rockcliffe Pkwy folgen); man kann mit der Buslinie 129 fahren.

Ottawa Locks & Bytown Museum MUSEUM
Die stufenartigen Schleusen zwischen dem Château Laurier und dem Parliament Building kündigen das nördliche Ende des 200 km langen Rideau Canal an, der bis nach Kingston führt. Colonel By, der Erbauer des Kanals, richtete hier 1826 sein Hauptquartier ein.

Geht man die Stufen auf der Wellington St hinunter, kommt man zum **Bytown Museum** (☎613-234-4570; www.bytownmuseum.com; Eintritt inkl. Audioführer 6 C$; ⌚Mitte Mai–Mitte Okt. 10–17, Mitte Okt–Nov. & April–Mitte Mai bis 14 Uhr) an der letzten Schleuse; dahinter stürzt das Wasser aus dem Kanal in den Ottawa River. Die wohlgeordneten Ausstellungsstücke und Dokumente zu Ottawas Kolonialgeschichte sind in dem ältesten Steingebäude der Hauptstadt ausgestellt. Im 1. Stock ist eine naturkundliche Ausstellung untergebracht, im 2. Stock steht der beschwerliche Bau des Kanals im Mittelpunkt. Wer Kinder im Schlepptau hat, sollte sich keinesfalls die 3. Etage entgehen lassen; dort kann man sich als Pionier verkleiden.

Royal Canadian Mint GEBÄUDE
(☎613-993-8990; www.mint.ca; 320 Sussex Dr; Führungen wochentags Erw./Kind 5/3 C$, am Wochenende 3,50/2 C$; ⌚Ende Mai–Anfang Sept. Mo–Fr 9–19, Sa & So bis 17.30, Anfang Sept.–Ende Mai 9–17 Uhr) Die kanadische Münzanstalt befindet sich in Winnipeg (s. S. 570), doch auch in der königlichen Münze in Ottawa wurden schon einige besondere Stücke geprägt, z.B. die Medaillen für die Olympischen Winterspielen in Vancouver. Seit 1908 wird nirgendwo in Kanada mehr Geld veredelt als in diesem imposanten Steingebäude, das etwas an den Tower of London erinnert. Regelmäßig (in der Hauptsaison im Sommer teilweise sogar im 15-Minuten-Takt) finden hervorragende Führungen zum Münzprägeprozess statt (es empfiehlt sich zu reservieren). Unter der Woche können Besucher dabei zusehen, wie aus Metallblättern Unmengen von Münzen

DER CULTURE PASSPORT: 9 MUSEEN IN 7 TAGEN

Ottawa trumpft mit einer Fülle fantastischer Museen auf. Der **Culture Passport** (Erw./Familie 30/75 C$) ermöglicht seinen Inhabern den ermäßigten Zutritt zu den neun besten Museen der Stadt. Außerdem bekommt man 20 % Rabatt auf den Eintritt zu Veranstaltungen im National Arts Centre. Das Ticket wird in den teilnehmenden Museen verkauft und ist sieben Tage gültig.

entstehen. Kostenlose „Pröbchen" gibt's leider nicht.

GRATIS **Currency Museum** MUSEUM

(☎613-782-8914; www.currencymuseum.ca; Bank of Canada, 245 Sparks St; ⌚Juni–Aug. Mo–Sa 10.30–17, So ab 13 Uhr, Sept.–Mai Mo geschl.) In dem kleinen Museum in der Lobby der Bank of Canada beleuchten verschiedene Darstellungen die globale Währungsgeschichte, angefangen mit vorsintflutlichen Zahlungsmitteln wie Muscheln und Walzähnen bis hin zu unseren modernen Geldscheinen und Kreditkarten. Auf keinen Fall sollte man den riesigen Yap-Stein zwischen den exotischen Pflanzen nahe dem Eingang verpassen; an ihm konnte früher einmal der Reichtum einer Familie abgelesen werden.

Notre Dame Cathedral-Basilica KIRCHE

(385 Sussex Dr; Eintritt frei; ⌚7–18 Uhr) Die älteste Kirche in Ottawa (erbaut 1841) mit dem glänzenden Zinndach ist der Sitz des städtischen Erzbischofs. Am Eingang findet man eine kleine Broschüre, in der die vielen Eigenheiten des Gotteshauses beschrieben sind, z.B. die aufwendigen Schnitzereien und die schöne indigoblaue Decke mit den funkelnden Sternen. Die Kathedrale steht gegenüber der National Gallery of Canada mit ihren Glastürmen.

GRATIS **Supreme Court of Canada** GEBÄUDE

(☎613-995-5361; www.scc-csc.gc.ca; 301 Wellington St; ⌚9–17 Uhr) Dieses beeindruckende Bauwerk vereint mit seiner Betonhülle und dem Kupferdach moderne und traditionelle Bauelemente auf faszinierende Art und Weise. Besucher können auf dem hübschen Gelände umherspazieren und sich die Lobby mit der Gewölbedecke sowie den Gerichtssaal mit der Verkleidung aus dunklem Eichenholz ansehen. Im Sommer veranstalten Jurastudenten von der University of Ottawa alle 30 Minuten informative Führungen, den Rest des Jahres muss man sich vorab für eine Tour anmelden.

GRATIS **Library & National Archives of Canada** GEBÄUDE

(☎613-996-5115; www.collectionscanada.gc.ca; 395 Wellington St; ⌚8.30–23 Uhr) Dieses riesige „Betonmonster" hat sich dem Sammeln und Bewahren von Dokumenten zu Kanada verschrieben. In den Räumen hinter den winzigen Fenstern sind Unmengen von Unterlagen, aber auch Gemälde, Fotos, Karten, Tagebücher, Briefe, Poster und 60 000 Cartoons und Karikaturen aus den letzten zwei Jahrhunderten untergebracht. Im Erdgeschoss finden Wechselausstellungen statt.

Laurier House National Historic Site HISTORISCHE STÄTTE

(☎613-992-8142; 335 Laurier Ave; Eintritt 3,90 C$; ⌚9–17 Uhr) Das viktorianische Gebäude mit dem Kupferdach, das im Jahr 1878 errichtet wurde, war Wohnsitz zweier bemerkenswerter Premierminister: Wilfrid Laurier und Mackenzie King (Letzterer war ein echter Exzentriker). In dem Haus mit dem eleganten Mobiliar sind Andenken und Gegenstände aus dem persönlichen Besitz der beiden Politiker ausgestellt. Sehenswert ist das Arbeitszimmer im oberen Stockwerk. Am besten kommt man am frühen Morgen her (bevor die Tourbusse anrollen), dann hat man die kundigen Führer ganz für sich allein.

OTTAWA MIT KINDERN

Nein, im **Canada Agricultural Museum** (☎613-991-3044; www.agriculture.technomuses.ca; 930 Carling Ave, Prince of Wales Dr; Erw./Kind 7/4 C$; ⌚März–Okt. 9–17 Uhr) geht es nicht um die Geschichte der Mistgabel. Dies ist vielmehr ein faszinierender Bauernhof zum Anfassen, der von der Regierung betrieben wird. Das 500 ha große Gelände mit Gärten und Ställen südwestlich der Stadt ist ein toller Spielplatz für Kinder. Sie können den netten Mitarbeitern beim Füttern der Tiere helfen. Im Rahmen der Führungen wird man einen Blick auf das Observatorium, das tropische Gewächshaus und einen Baumgarten werfen können. Im Sommer lädt das Freilichtmuseum zum Picknicken ein, im Winter ist Rodeln angesagt. Wer mag, kann das Gelände mit dem Fahrrad erreichen (ist an das Radwanderwegenetz angeschlossen).

Fast alle Museen in Ottawa sind familienfreundlich gestaltet; einige warten sogar mit einem eigenen Bereich speziell für Kinder auf, z.B. das **Canadian Museum of Nature**, das **Canada Science & Technology Museum** und das **Canadian Museum of Civilization**.

DER RIDEAU CANAL

Am 28 Juni 2007 wurde der Rideau Canal zu einem Weltkulturerbe der Unesco ernannt. Er war die 14. Stätte in Kanada, der ein Welterbetitel verliehen wurde. Das 175 Jahre alte und 200 km lange Kanal-Fluss-Seen-System mit 47 Schleusen erstreckt sich zwischen Kingston und Ottawa.

Nach dem Krieg von 1812 befürchtete man, dass es einen weiteren Krieg mit den Amerikanern geben könnte. Der Herzog von Wellington beschloss, eine verlässliche Verbindung zwischen Ottawa und Kingston zu schaffen – als Versorgungsroute und um die Kommunikation zwischen den beiden Militärstützpunkten aufrechterhalten zu können. Zwar ist der Kanal nur 200 km lang, doch sein Bau erwies sich als tückisches Unterfangen, bei dem 4000 Männer mit Malaria und dem Kanadischen Schild, einer der härtesten Gesteinsformationen der Welt, zu kämpfen hatten. Von Ottawa steigt das Gelände an: Der Kanal führt in einer Höhe von 84 m über den Kanadischen Schild, bevor er zum Lake Ontario hin auf 49 m abfällt. Ironie des Schicksals ist, dass der Rideau Canal nie militärischen Zwecken diente.

Als nützlich erwies sich der Kanal später für den Güterverkehr, und heute wird er für die Freizeitschifffahrt genutzt; entlang der historischen Route können Stopps in Parks, kleinen Städten, an Seen usw. eingelegt werden.

Prime Minister's House & Rideau Hall GEBÄUDE

Man kann zwar einen kurzen Blick auf das **Haus des Premierministers** (24 Sussex Dr) werfen, das Grundstück darf allerdings nicht erkundet werden. Die **Rideau Hall** (☎613-991-4422; 1 Sussex Dr; Eintritt frei; ⏲9–Sonnenuntergang) ist Sitz des Generalgouverneurs und wurde im frühen 20. Jh. erbaut. Im Sommer finden den ganzen Tag über 45-minütige Führungen auf dem schicken Anwesen statt, gespickt mit interessanten Anekdoten. Ganzjährig besteht die Möglichkeit, das Gelände bei einem Spaziergang zu entdecken. Von Ende Juni bis Ende August wird am Haupteingang immer zur vollen Stunde die Wachablösung zelebriert.

Beide Gebäude befinden sich im Nordosten (abseits des Sussex Dr). Die Rideau Hall ist über den Princess Dr zu erreichen, die östliche Verlängerung des Sussex Dr. Folgt man dem Sussex/Princess Dr Richtung Osten, kommt man nach **Rockcliffe Village**. Das ist das schickste Viertel von Ottawa. Hier wohnen prominente Kanadier und die meisten ausländischen Diplomaten.

GRATIS **RCMP Musical Ride Centre** HISTORISCHE STÄTTE

(☎613-998-8199; 1 Sandridge Rd; ⏲9–16 Uhr) Der Name könnte fast zu einer Disney-Attraktion gehören. Tatsächlich üben und arbeiten hier die *mounties* (berittene Polizisten) mit ihren Pferden, und die Öffentlichkeit darf dabei zusehen. Wirklich interessant ist dies aber nur für echte Pferdefans. Die Uhrzeiten fürs Training und die Abendritte muss man telefonisch erfragen. Wer mit dem eigenen Wagen unterwegs ist, folgt dem Sussex Dr nach Osten zum Rockcliffe Pkwy und biegt dann rechts in die Birch St ab.

Aktivitäten

Obwohl die Winter in Ottawa endlos lang und hart sind, halten sich die Einheimischen überraschend gern im Freien auf. Das ganze Jahr über werden zahllose Outdoor-Aktivitäten angeboten.

Schlittschuhlaufen

Ottawas berühmteste Outdoor-Attraktion ist der **Rideau Canal**. Im Winter verwandelt er sich in die längste (7,8 km) Schlittschuhbahn der Welt: Die Größe entspricht 90 Eishockeyfeldern mit Olympia-Maßen. Entlang der ganzen Strecke findet man Umkleiden, aber viel wichtiger sind die Holzkiosks, an denen köstliche frittierte Teigstücke, die so genannten *beavertails* (Biberschwänze), verkauft werden. Leihstationen mit Schlittschuhen und Schlitten findet man an den Stufen des National Arts Centre, am Dow's Lake und an der 5th Ave. Mehr zum Thema Leihschlittschuhe erfährt man auch in der Touristeninformation an der Wellington St.

Skifahren

Ein paar Skigebiete ringsum bieten verschiedene Abfahrten und Langlaufloipen. In den Gatineau Hills, ca. 20 km vom Zentrum entfernt, findet man 50 präparierte Hänge zwischen **Camp Fortune** (☎819-827-

1717; www.campfortune.com; 300 Chemin Dunlop, Chelsea) und **Mont Cascades** (☎819-827-0301; www.montcascades.ca; 448 Mont Cascades Rd, Cantley). Mount Pakenham, 60 km westlich von Ottawa, wartet mit ähnlichen Konditionen auf, und Langlauffans werden den Gatineau Park lieben.

Ballonfahren

In der Gegend um die Hauptstadt sind Fahrten mit dem Heißluftballon sehr beliebt. **Sundance Balloons** (☎613-247-8277; www.sundanceballoons.com; ab 175 C$/Pers.) organisiert Sonnenaufgangs- und Sonnenuntergangsflüge. Es gibt verschiedene Startpunkte im Tal von Ottawa.

Geführte Touren

Im Capital Infocentre sind praktische Broschüren mit Beschreibungen von Stadtspaziergängen erhältlich, die auf eigene Faust unternommen werden können. Im HI Ottawa Jail werden kurze Stadtführungen organisiert.

Around About Ottawa STADTSPAZIERGANG
(☎613-599-1016; www.aroundaboutottawa.com; ⏲Mo–Fr) Bei dieser Tour erkundet man die historischen Stätten von Ottawa zwei Stunden lang zu Fuß.

Bytown Trolley Co TROLLEY-TOUR
(☎613-592-7741; Ecke Sparks St & O'Connor St; ⏲Mitte April–Mitte Okt.) Geführte Touren durch die Hauptstadtregion. Man kann nach Belieben aus- und zusteigen.

Gray Line BUSTOUR
(☎613-565-5463; www.grayline.ca; Ecke Sparks St & Metcalfe St; 3-stündige Stadttour 38 C$; ⏲Mai–Mitte Okt.) Abfahrt am Ticketkiosk an der Ecke. 12 ausgewählte Haltestellen sind übers Stadtgebiet verteilt (z. B. am Museum of Civilization und an der National Gallery of Canada), an denen man auf Wunsch aus- bzw. wieder zusteigen kann (Erw. 26,55 C$).

Haunted Walk STADTSPAZIERGANG
(☎613-232-0344; www.hauntedwalk.com; 73 Clarence St; Spaziergänge 13–15 C$) Leicht makabre Stadtspaziergänge, z. B. inklusive des Besuchs im alten Bezirksgefängnis. Neu ist die „Naughty Ottawa"-Kneipentour. Tickets können auch im HI Ottawa Jail Hostel besorgt werden.

Lady Dive Amphibious BUSTOUR
(☎613-223-6211; www.ladydive.com; Ecke Sparks St & Elgin St; Touren 19–30 C$; ⏲Mai–Okt.) Mit einem Gefährt, das halb Bus, halb Boot ist, fährt man zunächst die Sehenswürdigkeiten ab, bevor es auf dem Ottawa River weiter geht. Ein nettes Extra ist der kostenlose Abholservice am Hotel.

Ottawa Walking Tours STADTSPAZIERGANG
(☎613-799-1774; www.ottawawalkingtours.com; Erw./Familie 15/45 C$) Diese informativen Führungen (eignen sich besonders für ältere Besucher) werden von einem hiesigen Highschool-Lehrer organisiert. Los geht's vorm Capital Infocentre.

Paul's Boat Lines BOOTSFAHRT
(☎613-255-6781; www.paulsboatcruises.com; Ottawa Locks oder Rideau Canal Dock; 1½-stündige Ottawa-River-Tour Erw./Kind 20/12 C$, 1¼-stündige Rideau-Canal-Fahrt 18/10 C$; ⏲Mitte Mai–Okt.) Malerische Bootstouren – Kamera bereit halten.

Feste & Events

Die Hauptstadt trumpft mit mehr als 60 jährlich stattfindenden Festivals und Veranstaltungen auf:

Winterlude WINTER
(☎613-239-5000; www.canadascapital.gc.ca/winterlude) An drei aufeinanderfolgenden Wochenenden im Februar wird in Ottawa der Winter gefeiert. Im Mittelpunkt der Feierlichkeiten stehen der zugefrorene Dows Lake und der Kanal. Allenthalben gibt's atemberaubende Eisskulpturen zu sehen.

DER DIEFENBUNKER

Während des Kalten Kriegs gaben paranoide Regierungsbeamte den Bau des **Diefenbunker** (☎613-839-0007; www.diefenbunker.ca; 3911 Carp Rd, Carp; Erw./Kind 14/8 C$; ⏲10–18 Uhr) in Auftrag. Dieser monströse Militär- bzw. Regierungsbunker hat vier unterirdische Etagen und sollte im Fall eines Nuklearangriffs mehr als 300 „wichtigen Persönlichkeiten" 30 Tage lang Schutz bieten können. Im Eintritt inbegriffen ist eine optionale 1-stündige Führung. Die Highlights sind die Suite des Premierministers, das CBC-Radiostudio und der Tresorraum der Bank of Canada. Der Diefenbunker liegt ca. 40 km westlich der Stadt, in dem Dorf Carp. Man muss vorab reservieren. Zukünftig soll der Öffentlichkeit das gesamte 100 000 m² große Gelände zugänglich sein.

Canadian Tulip Festival BLUMEN
(☎613-567-5757; www.tulipfestival.ca) Nach einem langen Winter explodiert die Stadt im Mai in einem Meer aus Farben: Alles liegt unter einem Teppich aus Tulpen (mehr als 200 Arten, ein Großteil stammt aus den Niederlanden), es finden Umzüge, Regatten, Autorallyes, Tänze und Konzerte statt und es gibt Feuerwerke.

Ottawa Bluesfest MUSIK
(☎613-241-2633; www.ottawabluesfest.ca) Anlässlich des zweitgrößten Bluesfestivals der Welt (das größte findet in Chicago statt) treten Ende Juni die berühmtesten Bluesmusiker auf.

Canada Day NATIONALFEIERTAG
(☎613-239-5000; www.canadascapital.gc.ca/canadaday) Der beste Ort, um den kanadischen Nationalfeiertag am 1. Juli zu begehen, ist die Hauptstadt. Über den Parliament Buildings wird ein beeindruckendes Feuerwerk gezündet.

HOPE Volleyball Summerfest SPORT
(☎613-237-1433; www.hopehelps.com) Mitte Juli findet dieses riesige Volleyballturnier statt. Der Erlös geht an lokale gemeinnützige Organisationen.

SuperEX LANDWIRTSCHAFTSMESSE
(☎613-237-2222; www.ottawasuperex.com) Ein gewaltiges, 10-tägiges Event im Lansdowne Park Mitte August. Toll für Kinder.

Capital Pride SCHWULE UND LESBEN
(☎613-421-5387; www.prideottawa.com) Mitte August wird in der Stadt die Regenbogenflagge gehisst und eine Woche lang gefeiert. Höhepunkt ist die bunte, laute Parade.

Schlafen

Die Stadt bietet eine beeindruckende Auswahl an Unterkünften jeder Preisklasse. Im Zentrum, das von Hochhäusern beherrscht wird, locken neben den üblichen Verdächtigen (Kettenhotels usw.) auch ein paar einzigartige Hotels. Im Sommer sollte man reservieren. Auch im Februar und Mai ist wegen der beliebten Festivals einiges los.

Die beiden B&B-Zentren von Ottawa befinden sich in der östlichen Innenstadt. Sandy Hill – ein schickes Viertel mit alten Gebäuden – kann mit einigen architektonischen Perlen aufwarten, und auch um den ByWard Market gibt's ein paar interessante Unterkünfte. Von beiden Vierteln kann man die wichtigsten Sehenswürdigkeiten zu Fuß erreichen.

Für eine mittelgroße Stadt gibt's auch recht viele Budgetunterkünfte, darunter auch Campingplätze – etwa ab 10 km Entfernung von der Stadtgrenze. Auch in Gatineau, am anderen Flussufer in Québec, kann man nach Unterkünften suchen.

Wer nichts anderes findet, kann auf ein preiswertes Motel zurückgreifen. Mehrere Motels in Privatbesitz liegen an der Carling Ave um den Queensway (Hwy 417) und an der Rideau St E (die in die Montréal Rd übergeht).

Fairmont Château Laurier HISTORISCHES HOTEL $$$
(☎613-241-1414, 866-540-4410; www.fairmont.com/laurier; 1 Rideau St; Zi. 250–400 C$; ❄@📶🏊) Dieses Schloss ist ähnlich prachtvoll wie die Parlamentsgebäude. Es ist das bekannteste Hotel Ottawas und ein Wahrzeichen der Stadt. Der Service und die Ausstattung lassen nichts zu wünschen übrig und die Lage ist einfach unschlagbar – wenn Geld keine Rolle spielt, ist dies zweifellos die beste Unterkunft vor Ort. Budgetreisende können immerhin auf den edlen Chaiselongues Platz nehmen und sich wie Graf Koks fühlen.

Hotel Indigo BOUTIQUEHOTEL $$$
(☎613-216-2903; www.ottawadowntownhotel.com; 123 Metcalfe St; Zi. 139–199 C$; ❄@📶) Das Boutiquehotel wurde nach einem reichlich anspruchsvollen Motiv gestaltet: Die Fibonacci-Folge bestimmt hier die visuelle Ästhetik. Das klingt ein wenig kompliziert, heißt aber im Prinzip nur, dass die Bauweise mathematisch harmonisch ist: Das Verhältnis zwischen zwei Größen entspricht dem Verhältnis zwischen der größeren der beiden und den miteinander kombinierten Größen (äh, was? Noch mal, bitte...). Weitere Extras sind die Wandbilder in den Zimmern, die vom Boden bis zur Decke reichen, die Plasma-TVs und die in Haiku-Form verfassten Informationen für die Gäste. Mindestens zwei Wochen im Voraus reservieren.

Barefoot Hostel HOSTEL $
(☎613-237-0335; www.barefoothostel.com; 455 Cumberland St; B 35,50 C$; ❄@📶) Der Name sagt es bereits: Bei der Ankunft heißt es Schuhe ausziehen! Das Barefoot ist ein brandneues Hostel, das von den netten Besitzern des Swiss Hotel betrieben wird. Dicke Bettdecken, ein Breitbild-Plasma-TV und die klimatisierte Luft sind nur ein paar der Extras, die die Unterkunft zur mit

Abstand gemütlichsten und besten Budgetvariante in Ottawa machen.

Bella Notte B&B $$
(☎613-565-0497; www.bellanottebb.com; 108 Daly Ave; Zi. inkl. Frühstück 128–148 C$; 📶) In diesem netten kleinen Schmuckstück von einem B&B wohnte früher Alexander Campbell, ein Politiker aus der Zeit, als Kanada noch eine ganz junge Nation war. Abends spielen die Besitzer, professionelle Musiker, Klavier (einfach traumhaft), morgens tischen sie stolz das „unendliche" Frühstück auf: You can eat till you die, sprich: essen bis zum Umfallen.

McGee's Inn B&B $$
(☎613-262-4337; www.mcgeesinn.com; 185 Daly Ave; Zi. 108–198 C$; @📶) Die weitläufige viktorianische Villa hält, was sie verspricht: Von Blumendrucken über geflochtene Stuhlsitzflächen bis hin zu knopfäugigen Teddybären und Nähmaschinen sieht hier alles so aus „wie damals". Im „John McGee-Zimmer" stehen noch immer ein paar der Originalmöbel, darunter ein Schreibtisch aus Kirschholz und ein Schlittenbett. Beim Frühstücken wird ein ums andere Mal ein Kuckuck aus den antiken Uhren springen.

Arc BOUTIQUEHOTEL $$$
(☎613-238-2888; www.arcthehotel.com; 140 Slater St; Zi. 169–450 C$; ❄@📶) Ein clever ausgestattetes Boutiquehotel mit 112 minimalistisch-eleganten Zimmern; das Design ist dezent und hip. Eine relaxte, erwachsene Atmosphäre herrscht auch im ruhigen Barbereich und in dem angesagten Restaurant.

Swiss Hotel – Gasthaus Switzerland Inn INN $$
(☎613-237-0335; www.gasthausswitzerlandinn.com; 89 Daly Ave; Zi. inkl. Frühstück 118–188 C$; ❄@📶) Besitzerin Sabina stammt aus der Schweiz und hat ein überschäumendes Temperament. Ihr Gasthaus ist wunderschön und hat eine herrlich anheimelnde Atmosphäre. In dem alten Steinhaus sind 22 Zimmer (jeweils mit eigenem Bad) untergebracht. Das leckere Frühstück wird in einem geräumigen Saal serviert und umfasst leckere importierte Kaffeesorten, Müsli, Käse und noch viel mehr.

Ottawa Backpackers Inn HOSTEL $
(☎613-241-3402; www.ottawahostel.com; 203 York St; B/EZ 25/60 C$, Apt. ab 150 C$; @📶) Ein umgebautes Haus aus dem 19. Jh. beherbergt dieses entspannte Hostel mit frisch renovierten Bädern, lichtdurchfluteten Mehrbettzimmern und praktischen Steckdosen an jeder einzelnen Schlafstatt. Martin, der freundliche Besitzer, entstammt einer Backpacker-Familie; seinen Eltern gehört ein beliebtes Hostel in Thunder Bay.

Hostelling International (HI) Ottawa Jail HOSTEL $
(☎613-235-2595; www.hihostels.ca/ottawa; 75 Nicholas St; Mitglieder B/EZ 28/76 C$, Nicht-Mitglieder B/DZ 33/86 C$; @📶) Wer Gefängnisaufenthalte nur vom Monopoly-Spiel her kennt, sollte sich in diesem außergewöhnlichen Hostel einquartieren, die Gäste können im alten Zellenblock der steinernen Haftanstalt schlafen. Die netten Mitarbeiter organisieren regelmäßig spannende Führungen, u.a. eine unheimliche „Crime and Punishment"-Tour im eigentlichen Gefängnis. Man beachte die Galgen vor Ort, an denen zahlreiche Kriminelle gehängt wurden.

Australis Guest House B&B $$
(☎613-235-8461; www.australisguesthouse.com; 89 Goulburn Ave; Zi. 95–109 C$; 📶) Die „grünste" Unterkunft in Ottawa wartet mit Bettlaken aus 100% Baumwolle, wieder verwendbaren Stoffservietten und Toiletten mit Wasserspartaste auf. Außerdem werden ausschließlich umweltfreundliche Reinigungsmittel verwendet.

Avalon B&B $$
(☎613-789-3443; www.avalonbedandbreakfast.com; 539 Besserer St; DZ 95–125 C$; 📶) Eine nette Alternative zu den üblicherweise mit Antiquitäten überladenen B&Bs. Das Avalon präsentiert sich frisch und jung mit einer geschmackvollen Mischung aus schicken und gemütlichen Möbeln. Das Frühstück ist opulent (inkl. Eier Benedikt!), und man wird viel Liebe von Apollo, dem Hund, entgegengebracht bekommen.

Lord Elgin Hotel HOTEL $$$
(☎613-235-3333; www.lordelginhotel.ca; 100 Elgin St; Zi. ab 185 C$; ❄@📶🏊) Das stattliche alte Gebäude von 1941 wurde 1991 renoviert und hat schon diverse Berühmtheiten beherbergt. Die Lage ist super: Zahlreiche Restaurants und Sehenswürdigkeiten sind von hier aus zu Fuß erreichbar. Für Koffeinsüchtige: Es gibt eine Starbucks-Filiale in der Lobby.

Benner's B&B B&B $$
(☎613-789-8320; www.bennersbnb.com; 541 Besserer St; DZ 95–130 C$; 📶) Das gepflegte und geräumige Haus ist 100 Jahre alt und

NICHT VERSÄUMEN

EIN SCHLEMMER-SONNTAG IM PARK

„Wir lieben Sonntage in Ottawa. Die harte Arbeitswoche ist endlich vorbei und wir haben ein bisschen Zeit, unsere grüne Stadt zu erkunden. Unsere liebste Anlaufstelle ist der **Rochester Pub** (502 Rochester St; ☎). Dort gibt's eine umfangreiche Frühstückskarte, die auch Vegetariern zusagen wird. Die Atmosphäre ist superentspannt, ein toller Ort zum Relaxen.

Nach dem Frühstück gehen wir gewöhnlich zum **Farmers Market im Lansdowne Park** (www.ottawafarmersmarket.ca), um Lebensmittel einzukaufen und mit den Bauern aus der Region zu schwatzen. Dies ist auch die richtige Adresse für ein leichtes Mittagessen: Man kann Knoblauch-Dips, Brote von **Art-Is-In** (www.artisinbakery.com), Käse aus der Region, frische Tomaten und Beeren usw. kaufen. Wenn wir ein paar Tüten gefüllt haben, spazieren wir oft zum Rideau Canal, suchen uns eine Bank und schauen den Joggern zu. Dabei füttern wir die neugierigen Enten mit Brotkrumen.

Abends suchen wir uns Restaurants mit entspanntem Flair, gekonnt zubereitetem Essen und raffinierter Weinkarte aus. Unser **ZenKitchen** erfüllt diese Kriterien, aber wir essen nicht immer „zuhause". Eines unserer Lieblingsrestaurants ist das **Shanghai** (www.shanghaiottawa.com; 651 Somerset St W; ☎) auf der anderen Straßenseite. Es ist als das erste Restaurant in Ottawas Chinatown bekannt und wird heute von den Kindern der ursprünglichen Besitzer betrieben. Das Essen – moderne, chinesische Küche mit vielen vegetarischen Optionen – ist hervorragend, doch das eigentliche Highlight sind das trendige Dekor und die hier stattfindenden Wechselausstellungen und Wochenendveranstaltungen (z. B. „Disco Bingo", Karaoke), die von der Transvestiten-Diva/-Göttin China-Doll moderiert werden.

Ein Nachtisch bei **Pure Gelato** (350 Elgin St) ist ein absolutes Muss. Das hausgemachte Eis gibt's in verschiedenen Geschmacksrichtungen wie z. B. Blutorange, Feige oder Drei-Sorten-Schokolade. Keine Sorge angesichts langer Schlangen; die Bedienung ist fix.

Das **Oz Kafe** (www.ozkafe.com; 361 Elgin; ☎) auf der anderen Straßenseite ist super für einen Absacker mit Livemusik-Untermalung. Der Laden ist bei den hiesigen Gastronomen beliebt. Häufig sitzen hier Chefköche aus der Umgebung bei einem Martini zusammen und genießen eine vegetarische Bento-Auswahl.

Köchin Caroline Ishii und Sommelier Dave Loan sind die Besitzer des ZenKitchen, eines noblen veganischen Restaurants im Zentrum von Ottawa, das 2009 zum besten neuen Restaurant der Stadt gekürt wurde. Ein Kamerateam begleitete das Paar ein Jahr lang. Das Ergebnis, die Reality Show „The Restaurant Adventures of Caroline and Dave", wurde Anfang 2010 ausgestrahlt.

liegt im Sandy Hill District, 15 Gehminuten vom Zentrum entfernt. Es ist eine gemütliche Alternative.

Essen

Ottawas bunte Restaurantpalette kann locker mit der gastronomischen Vielfalt von Toronto mithalten. Der ByWard Market ist ein einziger großer Schlemmerbezirk mit stolzen 150 Möglichkeiten, um etwas zu sich nehmen zu können. Während der Sommermonate werden die Restaurantstische auch im Freien an den kopfsteingepflasterten Straßen aufgestellt. Folgt man der Bank St in Richtung Süden in das abwechslungsreiche Viertel Glebe, stößt man zwischen der First St und der Fifth St auf eine Reihe weniger touristischer Kneipen, Restaurants und Cafés.

Bei einem abendlichen Spaziergang auf der Preston St, die auch als „Corso Italia" bekannt ist (das italienische Viertel von Ottawa), hat man die Wahl zwischen zahlreichen tollen Restaurants. Sehenswert ist aber auch die kleine, lebendige Chinatown. Chinesische Restaurants tummeln sich entlang der Somerset St W unweit der Bronson Ave und einige nette vietnamesische Lokale haben sich westlich der Booth St angesiedelt.

Überall in der Stadt gibt's Frittenbuden und kleine Shawarma-Imbisse (vor allem rund um den ByWard Market). Die Mutigeren könnten eine Portion Poutine bestellen:

Pommes frites mit Weichkäse in sämiger, brauner Sauce, eine Spezialität aus Québec.

LP TIPP **ZenKitchen** VEGAN $$

(☎613-233-6404; www.zenkitchen.ca; 634Somerset St W; Hauptgerichte 18–21 C$; ⏲Do–Fr mittags, tgl. abends; ✎) Machen wir uns nichts vor: Das Zen-Kitchen könnte die Fleischindustrie in die Knie zwingen und wird selbst „eingefleischte" Steakfans mit einer cleveren Karte voller köstlicher, veganer Optionen begeistern. Die Besitzer, Caroline und Dave, arbeiten schon seit vielen Jahren als Köche und sind die Helden einer erfolgreichen TV-Serie, in der es um ihre „Restaurantabenteuer" geht. Ihr Betrieb wurde 2009 zum besten neuen Restaurant gekürt. Das ZenKitchen bietet ein einzigartiges kulinarisches Konzept mit gesunden Gerichten, die verschiedene internationale Geschmacksrichtungen kombinieren. Und dann ist da natürlich noch der Wein. Die edlen Tropfen sind wirklich gekonnt ausgewählt. Ein Großteil stammt aus Ontario, und obwohl die hiesigen Weinanbaugebiete nicht gerade weltweit berühmt sind, garantieren wir, dass man nicht enttäuscht sein wird.

Urban Element FUSION $$$

(☎613-722-0885; www.theurbanelement.ca; 424 Parkdale Ave; Kochkurse ab 80 C$; ⏲9–17 Uhr, Gerichte nach vorheriger Absprache) Ist in einer leerstehenden Feuerwache aus Ziegelsteinen untergebracht und überzeugt mit einem tollen Konzept. Nach vorheriger Anmeldung in der „Lernküche" kann man hier mithilfe eines ausgezeichneten Kochs sein eigenes 3-Sterne-Gourmetmenü zubereiten. Das „Lehrerteam" umfasst eine feste, reguläre Kochcrew sowie verschiedene „Gastdozenten", die in den schicksten Restaurants der Stadt arbeiten.

Atelier FUSION $$$

(☎613-321-3537; www.atelierrestaurant.ca; 540 Rochester St; Menü 85 C$; ⏲abends) Hinter diesem Restaurant steht der gefeierte Koch und Fan der Molekülküche, Marc Lépine. Das Atelier ist entsprechend eine Art Labor mit weißen Wänden, in dem man das Ziel verfolgt, die Geschmacksknospen zu reizen. Öfen oder Herde gibt's hier nicht, nur Bunsenbrenner, Flüssigstickstoff und heiße Platten, auf denen das einzigartige 12-gängige Probiermenü serviert wird. Jeder einzelne Gang ist ein kleines wissenschaftliches Experiment, in dem mit Elementen wie Konsistenz, Geschmack und Temperatur gespielt und die „normale" Gastronomie herausgefordert wird (man stelle sich z. B. Taco-Eiscreme vor). Dies ist weit mehr als nur Fusionsküche.

Beckta Dining & Wine FUSION $$$

(☎613-238-7063; www.beckta.com; 226 Nepean St; Hauptgerichte 27–37 C$; ⏲abends) In diesem exzellenten gehobenen Restaurant verpasst man regionaltypischen Gerichten eine originelle Note. Das kreative 5-gängige Probiermenü (79 C$) wird vom Koch und vom Sommelier gemeinsam zusammengestellt. Die Namen der Zutaten kann man nicht aussprechen; das heißt wohl, dass es sich um Feinkost handeln muss. Eine Filiale, Play Food & Wine genannt, wurde kürzlich im Market-Bezirk eröffnet und wartet mit ähnlicher Kost im Tapasstil auf.

Whalesbone Oyster House SEAFOOD $$$

(www.thewhalesbone.com; 430 Bank St; Hauptgerichte 29–35 C$; ⏲abends) Wenn die Köche aus der Gegend ihren Fisch im Großhandel vom Whalesbone kaufen, kann man wohl davon ausgehen, dass dies das beste Fischrestaurant Ottawas ist. Im Restaurant vor Ort wird eine übersichtliche frische Auswahl von Leibspeisen wie Hummer, Heilbutt und Muschel-Ceviche auf kleinen Tellern serviert.

Boulangerie Moulin de Provence BÄCKEREI $

(55 ByWard Market Sq; Hauptgerichte 1–5 C$; ⏲morgens & mittags) Seit Präsident Obamas Besuch ist das Moulin de Provence plötzlich der Star auf dem Markt. Die Auslage quillt förmlich über vor zuckersüßen Leckerbissen. Die „Obama Cookies" sind ein absoluter Renner, aber wir können auch die Croissants empfehlen, die als die leckersten die Stadt gelten.

Brasserie Métropolitain FRANZÖSISCH $$

(www.metropolitainbrasserie.com; 700 Sussex Dr; Hauptgerichte 10–19 C$; ⏲mittags & abends) Dieser angesagte Laden ist die moderne Ausgabe einer traditionellen Brasserie. Man beachte die Zinktheke, die extravagante Ausstattung und die gedämpften Akkordeon-Klänge. Es wird einem vorkommen, als säße man inmitten der Kulisse von *Moulin Rouge*. Zur „Hill Hour" (wochentags 16–19 Uhr) wimmelt es hier von temperamentvollen Politikertypen, die sich angeregt unterhalten, während sie Drinks zu ermäßigten Preisen und Austern zu 1 C$ genießen.

Le Cordon Bleu Bistro @ Signatures FRANZÖSISCH $$$
(☎613-236-2499; 453 Laurier Ave E; Hauptgerichte 20–30 C$; ⊙Di–Fr mittags, tgl. abends) Ein tolles Esserlebnis erwartet einen in diesem Schloss im Tudor-Stil. Das Restaurant ist an die angesehene Cordon-Bleu-Kochschule angeschlossen, aber keine Bange: In der Küche sind keine Amateure am Werk. Die Abendessen à la carte werden von den erfahrenen Kochlehrern zubereitet und das Mittagessen wird von den Studenten im Abschlussjahr zusammengestellt. Manche Menüs sind preisgekrönt und strotzen nur so vor herausragenden Zutaten aus der Region, und die umfangreiche Weinkarte erinnert an eine Enzyklopädie.

Chez Lucien FRANZÖSISCH $$
(137 Murray St; Hauptgerichte 6–14 C$; ⊙mittags & abends) Nackte Ziegelsteinwände, eine kostenlose Jukebox, auf der z.B. Lieder von Sting laufen, butterdurchtränkte Schnecken... Es klingt zwar nicht so, aber irgendwie ergibt all dies im Chez Lucien ein wunderbar stimmiges Bild. Eine der beliebtesten Adressen in Ottawa, wenn man richtig stilvoll relaxen möchte.

St. Hubert FAST FOOD $$
(1754 St. Laurent Blvd; Hauptgerichte 10–18 C$; ⊙mittags & abends) Der Hl. Hubert muss der Schutzpatron des Geflügels sein, denn die Hähnchenfilets sind einfach göttlich. Hat man die panierten Happen in hausgemachte *gravy* (sämige braune Sauce) getunkt, versteht man, warum aus diesem Restaurant ein Franchise-Betrieb gemacht wurde. St. Hubert liegt dem Canada Science & Technology Museum gegenüber, ca. 5 km vom Zentrum entfernt.

Wellington Gastropub STEAK $$$
(www.thewellingtongastropub.com; 1325 Wellington Ave; Hauptgerichte 18–30 C$, 4-Gänge-Menü 60 C$; ⊙Mo–Fr mittags, Mo–Sa abends) Gastropub, das klingt ein wenig nach Verdauungsstörungen, dabei lockt dieses aufstrebende Restaurant mit seinen tollen, herzhaften Fleischkreationen immer mehr Feinschmecker in die Weststadt. Das Menü wechselt täglich; die Gäste werden mit den besten Zutaten aus der Region verwöhnt. Dazu gibt's frisch gebrauten Gerstensaft aus der Mikrobrauerei.

The Works BURGER $$
(580 Bank St; Burger 9,50–13 C$; ⊙mittags & abends) In diesem Laden bekommt man viel mehr als einfache Burger: Die Gäste können ihren saftigen Fleischbratling mit mehr als 60 ausgefallenen Beilagen ausstatten, darunter Spinatblätter, gebratene Eier, Briekäse, ja sogar Erdnussbutter. Danach ist man pappsatt, aber nicht pleite.

Sweetgrass Aboriginal Bistro INDIGENE KÜCHE $$
(www.sweetgrassbistro.ca; 108 Murray St; Hauptgerichte 12–28 C$; ⊙Mo–Fr mittags, tgl. abends) Normalerweise müsste man in ein entlegenes Reservat reisen, um Bannock (eine Art Fladenbrot), Maissuppe oder Elchfleisch zu probieren. Die teure Zugfahrt in die Wildnis kann man sich sparen, seit es das Sweetgrass gibt, ein einzigartiges indigenes Restaurant. Das sollte einem ein extragroßes Trinkgeld wert sein.

Yangtze CHINESISCH $$
(700 Somerset St W; Hauptgerichte 9,75–16,50 C$; ⊙mittags & abends) Ottawas Topadresse für authentische chinesische Küche ist ein Jadepalast im Herzen von Chinatown. Das *bird nest* (Vogelnest) muss man einfach lieben; der „Korb" aus knusprigen Vermicelli-Nudeln kann verschiedene Gerichte enthalten. Das tägliche Dim Sum verwöhnt die Geschmacksknospen mit einer Auswahl gedämpfter Appetithäppchen.

Boulanger Français BÄCKEREI $
(119 Murray St; Gebäck 2–9 C$; ⊙7–17.30 Uhr) Der Geruch nach frisch gebackenem *pain au chocolat* wird selbst die ambitioniertesten Diätpläne zerschlagen. Kuchen, Gebäck & Co. werden nach althergebrachten Originalrezepten aus Frankreich zubereitet.

Lapointe SEAFOOD $$
(www.lapointefish.ca; 55 York St; Hauptgerichte 10–26 C$; ⊙mittags & abends) Der Fischmarkt existiert seit 1867 und ist zweifellos die beste Anlaufstelle für frische Meeresbewohner in Ottawa. Das Marktrestaurant ist Lapointes neueste Offenbarung und verwöhnt die Gäste mit Fisch und Meeresfrüchten in allen Variationen, von Sashimi bis zu Backfisch mit Fritten.

SAVOUR OTTAWA

Unter savourottawa.ca gibt's weiterführende Informationen zu der aufkeimenden regionalen Initiative, die versucht, örtliche Restaurants mit Farmen in der Umgebung zusammenzubringen.

Zak's Diner DINER $
(www.zaksdiner.com; 14 ByWard Market Sq; Hauptgerichte 8–13 C$; ⌚24 Std.) Die Musik aus den 1950er-Jahren passt super zur hiesigen Atmosphäre, die an den Film *Grease* erinnert. Am besten besucht man den kitschigen Diner mitten in der Nacht, wenn es hier von Partygängern mit enormen Hungergelüsten wimmelt. Das Club Sandwich und das Frühstück sind echte Dauerbrenner, es werden aber auch „total moderne" Wraps angeboten – der Laden ist also nicht komplett in der Vergangenheit steckengeblieben.

Horn of Africa AFRIKANISCH $$
(364 Rideau St; Hauptgerichte 9–16 C$; ⌚mittags & abends; 🌿) Das leicht angeschlagen wirkende äthiopische Restaurant ist einen Besuch wert, da hier exotische Eintöpfe und Gerichte zubereitet werden, die man mit *injera*, einem ostafrikanischen Fladenbrot, reicht. Eine Combo-Platte bietet Kostproben aller Gerichte, darunter ein paar vegetarische Speisen und Kreationen mit scharfem Hühnerfleisch.

Market Square FAST FOOD $
(www.bywardmarket.com; 55 ByWard Market Sq, Ecke William St & George St; Gerichte 6–12 C$; ⌚mittags & abends) Das Ziegelsteingebäude ist die richtige Adresse, wenn einen plötzlich der Hunger übermannt. Abgesehen von frischem Obst und Gemüse sowie Käse bekommt man hier internationale Gerichte zum Mitnehmen bei verschiedenen Imbissen, darunter Falafeln, scharfe Currys, Blätterteiggebäck, Sushi usw. Lust auf Nachtisch? An dem Stand an der Ecke William St und George St werden *beavertails* verkauft, Ottawas Vorzeigedessert.

Ausgehen

Von lebhaften Pubs und altersschwachen Kneipen, die es schon seit der Erfindung des Biers gibt, bis zu superstylischen Edelbars zum Sehen und Gesehen werden, in Ottawa findet man einfach alles. Die meisten Lokale öffnen gegen 21 Uhr, und wenn sie schließen (meist um 2 Uhr), eilen die Nachtschwärmer zum Weiterfeiern nach Hull.

Ideal Coffee CAFÉ
(www.idealcoffees.com; 176 Dalhousie St) Dieses Café ist wirklich. Her werden Kaffeemischungen produziert und Bohnen geröstet. Das Dekor ist dabei eher zweitrangig; im Mittelpunkt steht das aromatische, köstliche Gebräu.

Planet Coffee CAFÉ
(24a York St) Man sollte Starbucks Starbucks sein lassen und stattdessen einen Café Latte in dem ruhigen Hof um die Ecke bestellen. Besonders beliebt sind die gesüßten Eiskaffees.

Bridgehead Coffee CAFÉ
(www.bridgehead.ca; 282 Elgin St) Gerade mal 12 Filialen hat diese umweltfreundliche Alternative zu den Mega-Caféketten aus den Staaten.

E18hteen BAR
(www.restaurant18.com; 18 York St) Wenn Ottawa eine heiße Adresse für den Jetset wäre, würde selbiger wohl diese Lounge frequentieren.

Château Lafayette KNEIPE
(42 York St) Viele Stimmen behaupten, dass „the Laff" eine ziemliche Spelunke ist, tatsächlich vermittelt dieses heruntergekommene Relikt jene entspannte Atmosphäre, die dem ByWard Market eigen ist.

Manx BAR
(370 Elgin St) Ein gemütliches Meer aus Samt erwartet einen in dieser Kellerbar mit Kneipen-Atmosphäre. Die meisten Gäste zieht es wegen der tollen Bierauswahl aus kleinen lokalen Brauereien her (darunter das heißgeliebte Creemore), die auf Kupfertischen serviert wird.

Stoneface Dolly's BAR
(www.stonefacedollys.com; 416 Preston St) Dieses beliebte Lokal ist nach der Mutter des Besitzers benannt, die beim Pokern keine Mine zu verziehen pflegte. Man kann z.B. ein Beau- oder ein Hobgoblin-Bier bestellen. Tagsüber wird auch Essen zubereitet.

D'Arcy McGee's KNEIPE
(www.darcymcgees.com; 44 Sparks St) Ein nettes Pub unweit des Parliament Hill. Vielleicht wird man die eine oder andere Unterhaltung zwischen Beratern von Abgeordneten mitverfolgen können.

Clock Tower Brew Pub BAR
(www.clocktower.ca; 89 Clarence St) Hausgemachte Biere wie Raspberry Wheat und Fenian Red, umgeben von nackten Ziegelsteinwänden inmitten des lebendigen Treibens auf dem ByWard Market oder aber in einer der beiden weiteren Filialen in der Stadt.

Social BAR
(www.social.ca; 537 Sussex Dr) Eine schicke Lounge, in der coole DJ-Sounds gespielt

werden. Das Social ködert trendbewusste Typen mit dick gepolsterten Möbeln und überdimensionalen Drinks. Die Cocktails sind so riesig, dass eigentlich ein Rettungsschwimmer Patrouille laufen müsste.

Royal Oak BAR

(www.royaloakpubs.com; 318 Bank St) Das älteste britische Pub der Stadt ist so authentisch, dass man geneigt ist, eine Portion Blutwurst zum Bier vom Fass zu bestellen.

☆ Unterhaltung

In Ottawa gibt's verschiedene Publikationen (gedruckt oder online), in denen man sich bezüglich aktueller Veranstaltungen schlau machen kann. *Express* heißt das kostenlose Unterhaltungsmagazin, das wöchentlich erscheint. Es liegt überall in der Stadt aus, u.a. in Cafés, Restaurants, Bars und Buchläden. Zusätzliche Infos gibt's z.B. unter www.upfrontottawa.com und www.ottawaentertainment.ca. Alternativ bietet auch *Ottawa Citizen* (wird donnerstags veröffentlicht) einen vollständigen Veranstaltungskalender zum Thema Clubbing/Unterhaltung.

Das Nachtleben „tobt" generell in drei Bezirken: am ByWard Market, entlang der Bank St in Glebe und auf der Elgin St, etwa auf halber Strecke zwischen dem Queensway und dem Parlament.

Livemusik

Die Eintrittspreise schwanken zwischen 3 und 20 C$.

Zaphod Beeblebrox LIVEMUSIK

(www.zaphodbeeblebrox.com; 27 York St) Zaphod Beeblebrox, das bedeutet so viel wie „supergeile Bühne für Livemusik" in einer ansonsten völlig unverständlichen, außerirdischen Sprache. Mit einem Gargleblaster-Cocktail in der Hand kann man sich bei schräger Musikuntermalung (von New Age bis zu wummernden afrikanischen Rhythmen) auf die Reise ans Ende des Universums begeben.

Fat Tuesday's LIVEMUSIK

(www.fattuesdays.ca; 62 York St) Ein kleines Stück New Orleans in Ottawa. Dieses Lokal ist in der Stadt für seine Klavierabende (Fr & Sa) bekannt. Die restliche Woche über werden die Gäste mit Happy Hour-Rabatten gelockt. Außerdem kann man sich hier aus der Hand lesen lassen.

Rainbow Bistro LIVEMUSIK

(☎613-241-5123; 76 Murray St) Nirgendwo in Ottawa wird besserer Live-Blues gespielt als in dieser Bar im Obergeschoss.

Irene's Pub LIVEMUSIK

(885 Bank St) Das nette, ausgefallene kleine Pub wartet mit keltischer Musik, Folk und Blues auf (alles live) und hat zudem eine tolle Auswahl an Importbier.

Theater

National Arts Centre THEATER

(NAC; ☎613-755-1111; www.nac-cna.ca; 53 Elgin St) Die Nummer 1 in Sachen darstellende Künste (Oper, Theater, klassische Musik/Symphonieorchester) in der Hauptstadt ist dieser moderne Komplex am Kanal (Confederation Square).

Schwulen- und Lesbenszene

Wer auf der Suche nach einer tollen „Szene" ist, wird in Montréal sicher ein besseres Angebot finden, doch auch in Ottawa gibt's ein paar Lokale für Schwule & Lesben. Im Folgenden sind die beliebtesten Adressen aufgeführt. Weitere Infos findet man unter **Capital Xtra** (www.xtra.ca).

Lookout Bar BAR

(www.thelookoutbar.com; 41 York St) Populäre Bar im ByWard Market, die ein gemischtes Publikum anzieht, vor allem aber Lesben.

Edge NACHTCLUB

(212 Sparks St) Ein eher junges schwules bzw. lesbisches Publikum geht hier zu den Top 40 und House-Klängen ab.

Kinos

Ein tolles Erlebnis bietet das „Saturday Sin-ema" im majestätischen **Mayfair Theatre** (☎613-730-3403; www.mayfair-movie.com; 1074 Bank St), das noch genauso aussieht wie in den frühen 1930er-Jahren. Im **Bytown Cinema** (☎613-789-3456; 325 Rideau St) werden derweil bereits seit mehr als 60 Jahren internationale und Independent-Filme gezeigt.

Sports

Ottawa ist verrückt nach Hockey, und es lohnt sich auch dann, ein paar Tickets zu besorgen, wenn man nicht auf diesen Sport steht, denn die Fans machen eine wirklich umwerfende Show. Das Heimatstadion der Senators aus der NHL (Nationale Hockey-Liga) ist der **ScotiaBank Place** (☎613-599-0100, Tickets 800-444-7367; www.senators.com; Palladium Dr, Kanata) im Westen von Ottawa.

Wer nicht so viel Geld ausgeben möchte, kann den Ottawa 67s, einem weniger bedeutenden Hockeyteam, im **Civic Center** (☎613-232-6767; www.ottawa67s.com; 1015 Bank St) zusehen.

Shoppen

Der **ByWard Market** (www.byward-market.com) an der Ecke George St und ByWard St ist die beste Anlaufstelle, wenn man unterschiedliche Waren an ein und demselben Ort kaufen möchte. Das alte Marktgebäude aus kastanienbraunen Ziegelsteinen, das in den 1840er-Jahren erbaut wurde, beherbergt die verschiedensten Geschäfte, und draußen bieten die Händler das ganze Jahr über von 6 bis 18 Uhr ihre Waren feil. Im Winter geht die Zahl der Verkäufer stark zurück, doch im Sommer sind stolze 175 Stände in den Straßen zu finden; man hat die Wahl zwischen frischen Lebensmitteln von Bauernhöfen aus der Region, Blumen, Fisch und Meeresfrüchten, Käse, Backwaren und kitschigen Souvenirs. Die Dalhousie St, einen Block östlich des Markts, macht sich derzeit einen Namen aufgrund der hier angesiedelten schicken Boutiquen und Modehäuser.

Glebe, ein buntes Viertel gleich südlich des Queensway, quillt förmlich über von ausgefallenen Antiquitätenläden und atmosphärischen Cafés. Am meisten ist auf der Bank St los.

Praktische Informationen

Die Webseite von **Ottawa Tourism** (www.ottawatourism.ca) gewährt einen umfassenden Überblick über die kanadische Hauptstadt und ist daher ein äußerst nützliches Hilfsmittel beim Planen der Reise in die Hauptstadt und beim Reservieren von Unterkünften. Rund um die Sparks Street Mall findet man Banken und Wechselstuben.

Accu-Rate Foreign Exchange (☎613-238-8454; 1. OG, World Exchange Plaza, 111 Albert St; ⏲Mo–Fr 9.15–17.15 Uhr) Bargeld- und Reiseschecktausch sowie bargeldloser Zahlungsverkehr.

Capital Infocentre (☎613-239-5000, TTY 866-661-3530; www.capcan.ca; 90 Wellington St; ⏲Mitte Mai–Anfang Sept. 9–21, Anfang Sept.–Mitte Mai bis 17 Uhr; @📶) Schnittig-modernes Tourismusbüro mit einem riesigen Modell des Stadtzentrums. Gegenüber den Parliament Buildings.

Market Cleaners (☎613-241-6222; 286 Dalhousie St; ⏲Mo–Fr 7–21, Sa & So ab 8 Uhr) Waschsalon und Internetcafé in einem.

Ottawa General Hospital (☎613-722-7000, TTY 613-761-4024; 501 Smyth Rd; ⏲24 Std.) Südöstlich der City in Alta Vista gelegen. Hat eine Notaufnahme.

Post (☎613-844-1545; www.canadapost.ca; 59 Sparks St; ⏲Mo–Fr 9–16 Uhr)

An- & Weiterreise

Auto & Motorrad

Die größten Autovermietungen unterhalten Büros am Flughafen und an anderen Orten in der Stadt, vor allem entlang der Laurier St und der Catherine St.

Bus

Der **zentrale Busbahnhof** (☎613-238-5900; 265 Catherine St) befindet sich 20 Blocks südlich des Parlaments, unweit der Kent St. Dort sind mehrere Busunternehmen zu finden; der größte Anbieter ist Greyhound Canada.

Flugzeug

Der moderne **Ottawa MacDonald-Cartier International Airport** (YOW; ☎613-248-2000; www.ottawa airport.ca; 1000 Airport Rd) liegt 15 km südlich der Stadt und ist sehr klein. Zu den großen Fluggesellschaften, die Ottawa ansteuern, gehören Air Canada, Air Canada Jazz, American Airlines, British Airways, Northwest Airlines, KLM, Porter, US Airways und West Jet. Es gibt so gut wie keine internationalen Direktflüge nach Ottawa.

Zug

Der Bahnhof **VIA Rail Station** (☎888-842-7245; 200 Tremblay Rd) liegt 7 km südöstlich des Zentrums, nahe der Ausfahrt Riverside Dr auf dem Hwy 417. VIA Rail betreibt täglich fünf Züge nach Kingston (2 Std.), die anschließend nach Toronto (4¼ Std.) und Montréal (1¾ Std.) weiterfahren. Bei Fahrten in den Westen der Provinz Ontario (darunter auch Sudbury und Thunder Bay) muss man einen Umweg über Toronto machen.

Ein kleinerer Bahnhof liegt an der 3347 Fallowfield Rd im Westen von Ottawa. Beide Bahnhöfe sind an den öffentlichen Nahverkehr angebunden.

Unterwegs vor Ort

Auto & Motorrad

Die World Exchange Plaza bietet an den Wochenenden kostenlose Parkplätze. Dies ist zudem die praktischste Parkgelegenheit, wenn man die Touristeninformation in der Innenstadt besuchen möchte. Überall im Zentrum gibt's Parkplätze mit Parkuhr. Im Winter ist es verboten, den Wagen über Nacht an der Straße stehen zu lassen. Weitere Infos zum Thema Parken erhält man bei der **City of Ottawa** (☎613-580-2400).

Fahrrad

Die netten Mitarbeiter von **Rent-A-Bike** (☎613-241-4140; www.rentabike.ca; East Arch Plaza Bridge, 2 Rideau St; 4 Std. 25 C$; ⏲Mitte April–Okt.) geben tolle Tipps zu besonders schönen Radwanderrouten.

Zum/Vom Flughafen

Die preiswerteste Transportmöglichkeit zum Flughafen ist der Stadtbus. Die Linie 97 hält an der Ecke Slater und Albert St, westlich der Bronson Ave (darauf achten, dass man Richtung „South Keys & Airport" fährt). Die Fahrt dauert 30 Minuten.

Der **YOW Airporter** (☎613-247-1779; www.yowshuttle.com; 15 C$/Pers.) dreht einmal pro Stunde seine Runde und klappert dabei die meisten großen Hotels ab. Die genauen Fahrtzeiten findet man online. Am besten kalkuliert man 35 Minuten für die Strecke ein und ruft vorher an, um einen Sitzplatz zu reservieren.

Taxis von **Blue Line Taxis** (☎613-238-1111; www.bluelinetaxi.com) und **Capital Taxi** (☎613-744-3333) verkehren zwischen dem Zentrum und dem Flughafen (20–30 C$). Wer Probleme damit hat, ein Taxi anzuhalten, sollte sich zur Metcalfe St begeben; zwischen der Sparks St und der Queen St stehen immer ein paar Taxis bereit.

Öffentlicher Nahverkehr

Ottawa und Hull/Gatineau haben unterschiedliche Busstreckennetze. Wer mit seinem Ticket von einem Netz ins andere wechselt, muss eventuell nach-/draufzahlen.

OC Transpo (☎613-741-4390, 613-741-6440; www.octranspo.com) betreibt neben Nahverkehrsbussen eine Stadtbahn, den O-train. Manchmal sind die öffentlichen Verkehrsmittel überfüllt und ihre Nutzung ist recht umständlich, da man unterwegs meist mindestens einmal umsteigen muss und die Busse manchmal nur unregelmäßig fahren. Im Allgemeinen kommt man im Osten der Stadt am schnellsten ans Ziel. Fahrkarten kosten 1,25 C$ und für jede Strecke werden mindestens zwei Tickets benötigt. In den meisten Kiosken und 24-Stunden-Läden werden Hefte mit sechs Fahrkarten verkauft. Am besten wählt man die Nummern oben und bittet um Auskunft; die Angestellten von OC Transpo sind sehr hilfsbereit und sagen einem auch, wann der nächste Bus wohl an einer beliebigen Haltestelle ankommen wird. Wer in einen Bus steigt, sollte den Fahrer um einen *transfer pass* bitten; diese Pässe sind 90 Minuten lang gültig.

RUND UM OTTAWA

Jenseits des Flusses, in Québec, wird aus dem Ottawa Valley das Outaouais (gesprochen wie Ottawa mit einem starken französisch-kanadischen Akzent). Die weitläufige und in erster Linie ländliche Gegend erstreckt sich vom Ottawa River Richtung Norden bis hinter Maniwaki, im Westen bis hinter Fort Coulonge und im Osten bis nach Montebello.

Gatineau (Hull)

242 000 EW.

Gatineau gehört irgendwie zu Ottawa und ist dabei gleichzeitig eine eigenständige Stadt, die industrieller wirkt als ihr Nachbar in Ontario. Ende 2001 erhielt das frühere „Hull" im Zuge einer administrativen Umstrukturierung den neuen Namen „Gatineau", die Einheimischen zu beiden Seiten des Flusses verwenden jedoch nach wie vor den alten Namen. In Gatineau wohnt ein Großteil der französischsprachigen Bevölkerung aus der Umgebung.

Sehenswertes

Die beliebteste Attraktion von Gatineau ist das umwerfende Canadian Museum of Civilization (S. 209), ein beeindruckendes Gebäude mit gewellten Steinwänden. Von dort hat man einen fantastischen Blick auf die Parliament Buildings.

Casino du Lac Leamy KASINO
(☎819-772-2100; 1 Boul du Casino; Eintritt frei; ⏲11–3 Uhr) Diese elegante Spielhalle mit Bootsanlegestelle und Hubschrauberlandeplatz bietet ein kleines Stück Verruchtheit à la Las Vegas. Der großzügige Casino-Kom-

NICHT VERSÄUMEN

BONNECHERE CAVES

Die **Bonnechere-Höhlen** (☎613-628-2283, www.bonnecherecaves.com; Fourth Chute Rd; Führungen Erw./Kind 16/12 C$; ⏲Juli–Aug. 10–16.30, Ende Mai–Juni & Sept.–Okt. bis 16 Uhr), ca. 130 km westlich von Ottawa gelegen, sind ein besonders schönes Beispiel für eine sogenannte Lösungshöhle: ein Höhlensystem, das durch die zersetzende Kraft von saurem Wasser aus festem Stein „gelöst" wird. Es entstand vor 500 Mio. Jahren auf dem Boden eines tropischen Meeres, und die feuchten Durchgänge beherbergen eine erstaunliche Sammlung von prähistorischen Fossilien, darunter ein deutlich erkennbarer Oktopus. Im Rahmen der unterhaltsamen Führung lernt man mehr über Speläologie (Höhlenforschung) und die ungewöhnliche Geschichte dieses Orts. Geschickte Besucher werden sich mit Freuden durch die extraschmalen und extranassen Passagen quetschen.

plex wartet mit einem großen Hotel, einem Theater, in dem man zu Abend essen kann, glamourösen Shows, einem gehobenen Restaurant und einem Meer aus Spieltischen auf. Von Ottawa kommend nimmt man die dritte Ausfahrt nach der Macdonald-Cartier Bridge. Schicke Kleidung ist ein Muss.

Schlafen

Gatineau wartet mit einer Reihe von Motels und Gästehäusern auf, die über Hull, die Gatineau Hills und das malerische Aylmer verteilt sind. Die netten Mitarbeiter in der Touristeninformation helfen bei der Reservierung von B&Bs.

Essen

Die Küche in Hull ist stark von französischen Einflüssen geprägt. Hier befinden sich zwei der besten Restaurants der Region. Nach 2 Uhr morgens, wenn die Bars in Ontario schließen, zieht es die Nachtschwärmer auf die andere Flussseite nach Hull. Dort wird bis mindestens 3 Uhr weitergefeiert. Auf der schmalen Rue Aubry, mitten im Zentrum, findet man mehrere Bars und Clubs. In einigen davon wird auch Livemusik gespielt.

Le Baccara FRANZÖSISCH $$$
(☎819-772-6210; Boul du Casino; Abendessen Hauptgerichte 30–50 C$; ⌚Mi–So abends) Wie sagt man Schicki-Micki auf Französisch? Wer das Wort nicht weiß, könnte das Baccara als Beispiel anführen. Das herausragende Restaurant im Casino du Lac Leamy wartet mit einem „offenen Speisesaal" auf, in dem die Gäste den Meisterköchen bei der Arbeit zusehen können. Man kann zudem an einer Führung durch den höhlenartigen Weinkeller teilnehmen, in dem mehr als 13 000 Weinflaschen aufbewahrt werden. Die Besucher müssen übrigens mindestens 18 Jahre alt sein.

Le Troquet CAFÉ $$
(☎819-776-9595; 41 Rue Laval; Hauptgerichte 5–15 C$; ⌚mittags & abends) Eigentlich fehlen nur ein oder zwei Baskenmützenträger, dann würde man sich wie in einem Pariser Bistro fühlen. Das stilvolle Café wimmelt nur so von Eingeweihten, die wissen, was gut ist.

Café Aubry CAFÉ $
(☎819-777-3700; 9 Rue Aubry; Hauptgerichte 10 C$; ⌚Mo–Sa mittags & abends) In diesem Café werden mittags leichte Sandwiches serviert. Gegen Abend wird die Atmosphäre lebendiger, actiongeladener. Das Aubry befindet sich in einer kleinen Fußgängerzone, die über die Promenade du Portage zu erreichen ist.

Praktische Informationen

Die Touristeninformation von Gatineau, **La Maison du Tourisme** (☎800-265-7822; 103 Rue Laurier Ecke Boul St Laurent; ⌚Mo–Fr 8.30–17, Sa & So 9–16 Uhr), befindet sich gleich jenseits der Alexandra Bridge. Die netten Angestellten liefern jede Menge Infos zu den regionalen Sehenswürdigkeiten (in erster Linie Naturschutzgebiete mit viel Wald). Das Touristenbüro in Ottawa hält ebenfalls zahllose Informationen über die Umgebung bereit. Auf Bus- und Stadtbahntouren durch Ottawa werden die Teilnehmer häufig auch nach Gatineau geführt.

An- & Weiterreise

Busse des **Outaouais Bus System** (☎819-770-3242) fahren entlang der Rideau St und der Wellington St in Ottawa. Vom Zentrum aus kann man mit den Linien 8, 27 und 40 bis zur Promenade du Portage gelangen.

Gatineau Park

Der Gatineau Park ist verdientermaßen beliebt. Das 36 000 ha große bewaldete Areal ist von Seen durchzogen und liegt in den Gatineau Hills, Provinz Québec. Das **Besucherzentrum** (☎819-827-2020; 33 Scott Rd; ⌚9–17 Uhr) ist 12 km vom Parliament Hill in Ottawa entfernt und über den Hwy 5 zu erreichen.

Im Sommer erwartet einen ein ausgedehntes Netz aus Wander- (insgesamt 150 km) und Radwegen (mehr als 90 km), die durch Zedern- und Ahornwälder führen, im Winter kann man dann die zahlreichen Skipisten hinabsausen. Die Strände der Seen Lac Lapêche, Lac Meech und Lac Phillipe laden zum Schwimmen ein (am Lac Meech gibt's sogar einen Nudistenstrand für Schwule). Achtung: Hin und wieder sind hier auch ein paar Blutegel unterwegs!

Ebenfalls auf dem Parkgelände befindet sich das **Mackenzie King Estate** (☎800-465-1867; Eintritt 10 C$/Fahrzeug; ⌚Mitte Ma–Mitte Okt. 11–17 Uhr), die Sommerresidenz von William Lyon Mackenzie King. Er war in den 1920er-, späten 1930er- und frühen 1940er-Jahren kanadischer Premierminister und ein guter Redner und für seine gesellige Art bekannt. Dabei war er aber auch ein verschrobener Typ; so hielt er Zwiesprache mit seinem toten Hund und seiner verstorbenen Mutter. Sein Zuhause, Moorside, dient heute als Museum mit einer netten Teestube.

Fall Rhapsody (☎800-465-1867; www.canadascapital.gc.ca/gatineau) eröffnet Fotografie- und Naturfans die Möglichkeit, das herbstliche Farbfeuerwerk in den Wäldern zu erleben, bevor alles unter einem pulvrigen Schneeteppich begraben wird. Regelmäßig werden geführte Spaziergänge, Kunstausstellungen und Brunchs mit Livemusik organisiert (mit sinkender Temperatur nehmen aber auch die Teilnehmerzahlen ab). Im September und Oktober gelangt man mit günstigen Bussen von Ottawa aus zu verschiedenen Punkten im Park. Das ist die einzige Zeit, in der das Gelände quasi an das öffentliche Nahverkehrsnetz angebunden ist. Den Rest des Jahres über nutzen Touristen häufig die Busse, die zwischen Ottawa und Maniwaki verkehren.

Wakefield

Voller Charme und malerisch schön präsentiert sich das historische Wakefield mit seinen denkmalgeschützten Häusern, Cafés und Touristenläden. Dieser ruhige Ort nördlich von Gatineau eignet sich gut für einen Tagesausflug.

Nordwestlich des Gatineau Park gibt's mehrere Veranstalter, die Rafting an einem Abschnitt des Ottawa River anbieten (weniger als zwei Autostunden von der Hauptstadt entfernt). Zwischen April und Oktober kann man halb- bis zweitägige Touren buchen (auch für absolute Anfänger geeignet). Unter der Woche können Preisnachlässe ausgehandelt werden. An den Wochenenden sind die Touren tendenziell schnell ausgebucht – unbedingt reservieren.

Esprit Rafting (☎800-596-7238; www.espritrafting.com), in Davidson (bei Fort Coulonge) im Outaouais gelegen und über den Hwy 148 zu erreichen, nutzt kleine Rafts, die über der Wasserlinie liegen (eine holprige Fahrt ist garantiert). Besonders beliebt ist die eintägige Raftingexkursion, doch viele Besucher entscheiden sich auch für eine mehrtägige Tour, die u. a. bis zum Algonquin Park führen. Gegen eine zusätzliche Gebühr werden die Gäste in Ottawa abgeholt und nach dem Trip auch wieder dorthin zurückgebracht. Wer ein bisschen länger bleiben möchte, kann im rustikalen Auberge Esprit Hostel übernachten, das von den Besitzern von Esprit Rafting betrieben wird. Im Preis sind das Frühstück und die Nutzung von Kanus und Kajaks inbegriffen. Auch Zeltplätze sind vorhanden.

Eine Mischung aus adrenalinlastigen und ruhigeren Touren bieten **Wilderness Tours** (☎800-267-9166) oder **OWL Rafting** (☎800-461-7238; www.owl-mkc.ca). Beide Veranstalter versorgen die Kunden mit Mahlzeiten und man kann zelten oder in (teuren) Hütten übernachten (Hütten im Voraus reservieren).

Der **Hull-Chelsea Wakefield (HCW) Steam Train** (☎819-778-7246; www.steamtrain.ca; 165 Rue Deveault, nördlich vom Zentrum Gatineaus; Erw. 45 C$, im Herbst (Indian Summer) 55 C$; ⏲Mai–Mitte Okt.) verkehrt zwischen Gatineau und Wakefield. Die Eisenbahnstrecke ist malerisch! Der 100 Jahre alte Zug schnufft als Teil unterhaltsamer Tagesausflüge durch stille Wälder (Reservierungen empfohlen).

Québec

Inhalt »

Gut essen

» L'Express (S. 255)
» Le Lapin Sauté (S. 295)
» Manoir Hovey (S. 276)
» Visa Versa (S. 309)
» Les Saveurs Oubliées (S. 307)

Schön übernachten

» Auberge Saint Antoine (S. 287)
» Hotel Gault (S. 251)
» Maison Historique James Thompson (S. 292)
» ALT Québec (S. 293)

Auf nach Québec!

Nachdem es lange Zeit als Außenposten des katholischen Konservatismus galt und als abgeschiedene Insel der *francophonie* in einem Meer aus englischsprachiger Kultur unterzugehen drohte, ist Québec nun herangereift und hat seine eigene Kultur entwickelt. Bei all den bunten viktorianischen Fassaden, den sanften Hügeln und den romantischen Bistros versteht man leicht, woher die Einwohner Québecs ihre Lebendigkeit und ihre Gastfreundschaft haben.

Die Vielfalt ist enorm. Montréal und Québec sind geschäftige Metropolen mit der perfekten Mischung aus Eleganz und Verspieltheit und geschichtsträchtigen Ecken. Den rustikalen Charme des alten Québec findet man in den Cantons de l'Est (Eastern Townships). In den Sternerestaurants der Region werden Produkte aus der Umgebung von Charlevoix serviert. In den Laurentides finden sich zahllose Skiorte, während die schroffe Küste der wunderbaren Gaspé-Halbinsel und die hoch aufragenden Steilwände über dem Saguenay nicht minder atemberaubend sind.

Reisezeit

Montréal

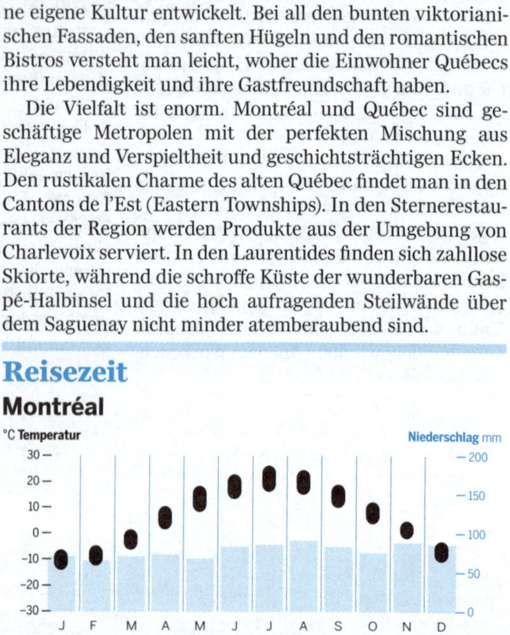

Dezember & Januar Zum Mont-Tremblant fahren – eine der besten Skipisten Nordamerikas

Februar & März In den *cabanes à sucre* ist die Ahornsirup-herstellung in vollem Gange

Juli Mit dem Internationalen Jazzfestival wird Montréals Party-Sommer eingeläutet

Einheimische Kultur

Die Québecer sind ein leidenschaftliches Volk. Wer daran zweifelt, muss nur das Thema Unabhängigkeit ansprechen! Das Leben wird dennoch gemächlich genossen – genau wie der starke aromatische Kaffee, zu dem man gerne ein *chocolatine* (Schokocroissant) verdrückt. In Québec wird im Schnitt mehr Alkohol konsumiert als im übrigen Kanada. Die überwiegend liberale Mentalität schafft eine entspannte Atmosphäre und damit auch beste Voraussetzungen für ein pulsierendes Nachtleben in Montréal und Québec. Am Wochenende sind die Straßen oft bis frühmorgens bevölkert.

QUÉBEC IN ...

... einem Tag

Der Tag beginnt mit einem Brunch im **L'Express** in Montréal. Die aufgenommenen Kalorien werden bei einer kleinen Wanderung hinauf zum **Parc du Mont Royal** wieder abtrainiert. Zurück geht es durchs **Mile End** oder das **Plateau Mont-Royal**, die zahlreiche Optionen für ein Abendessen oder einen Drink bieten.

... drei Tagen

Da bleibt für **Montréals** entspannte Atmosphäre nur ein Tag Zeit. Danach geht's quer durch die Laurentides nach **Mont-Tremblant**. Der dritte Tag ist für **Québec (Stadt)** reserviert: Nach einem Spaziergang zwischen den Stadtmauern der **Alten Oberstadt** stärkt man sich in einem Restaurant der **Alten Unterstadt** mit einem Menü von der *table d'hôte* (Tageskarte).

... sieben Tagen

Nach der Dreitagestour geht's zum **Saguenay**. Für den Weg dorthin kann man sich zwei Tage Zeit lassen und **Charlevoix** genießen. Zur Mittagszeit legt man einen Halt in **Baie St. Paul** oder **La Malbaie** ein. Die letzten beiden Nächte verbringt man im netten **Tadoussac**, mit Walbeobachtungen oder einer Fjordtour.

Wie bitte?

Für fast ein Viertel aller Kanadier ist *français québécois* (Québecer Französisch) die Muttersprache. Es unterscheidet sich vom Standardfranzösischen durch den Akzent und spezielle Ausdrücke. Wer die Sprache neu lernt, ist meistens vom übermäßigen Gebrauch blasphemischer Schimpfwörter beeindruckt. Unanständigkeiten wie *tabernac* (Tabernakel), *câlisse* (Abendmahlskelch) und *ciboire* (Ziborium) dienen als Inspiration für Flüche. Der Urvater aller Schimpfwörter lautet: *câlisse de crisse de tabernac d'ostie de ciboire de testament* (der Kelch Christi des Tabernakels der Hostie des Ziboriums des Testaments). Lustigerweise scheint das englische Lehnwort *fucké* für die Hauptsendezeit harmlos genug zu sein. Es bedeutet „kaputt“ oder „verrückt“.

QUÉBEC ZU FUSS

Montréal und Québec besichtigt man ohne Auto. Im Gegensatz zu anderen nordamerikanischen Städten sind die Metropolen der Provinz Québec europäisch angelegt. Sie sind einfach zu Fuß zu meistern und haben lebhafte, von Straßencafés gesäumte Bürgersteige.

Kurzinfos

» Einwohner: 7 870 000

» Fläche: 1 540 687 km²

» Hauptstadt: Québec

» Schräge Facts: Château Frontenac in Québec (Stadt) ist das am häufigsten fotografierte Hotel der Welt

Typisch Québec

» Geburtsort von: Trivial Pursuit, AM-Radio, Ski-Doo-Schneemobilen, Plexiglas

» Heimat von: Leonard Cohen, Brian Mulroney, Jacques Villeneuve, Rufus Wainwright

» Kitschigstes Souvenir: Ahornsirup-Lollis im Kuhformat

Infos im Internet

» Montréal Lifestyle: www.midnightpoutine.ca

» Spacing Montréal: spacingmontreal.ca

» Tourism Montréal: www.tourism-montreal.org

» Tourism Québec: www.bonjourquebec.com

» Tourism Québec (Stadt): www.quebecregion.com

Highlights in Québec

1 Im nachtaktiven **Montréal** das pulsierende Leben spüren (S. 232)

2 Innerhalb der Stadtmauern **Québecs** die Kultur und Geschichte der charmanten Stadt erleben (S. 280)

3 Sich im Saguenay-Fjord bei **Tadoussac** von Walen nass spritzen lassen (S. 311)

4 Die künstlerische Atmosphäre in **Baie St. Paul** auf sich wirken lassen und lokale Leckereien kosten (S. 304)

5 Oberhalb der Baumgrenze die Gipfel des **Parc de la Gaspésie** erklimmen (S. 326)

6 In actiongeladenen Skiorten wie **Mont-Tremblant** die Pisten unsicher machen (S. 269)

7 Im beeindruckenden **Parc du Bic** zurück zur Natur finden (S. 321)

8 Mit dem Kajak zwischen den abgelegenen Felsinseln des **Mingan Archipelago National Park** umherpaddeln (S. 338)

Geschichte

Québec hat eine turbulente Geschichte, die für kanadische Verhältnisse sehr lang und kompliziert ist.

Zur Zeit der Erkundung durch die Europäer besiedelten und kontrollierten verschiedene indigene Stämme die gesamte Region. Alle sind mittlerweile sesshaft geworden, auch die Mohawks am Sankt-Lorenz-Strom und die Cree etwas weiter oben. Noch weiter nördlich und östlich leben die Innu, und die Inuit sind im abgelegenen hohen Norden zuhause.

Der französische Forschungsreisende Jacques Cartier landete 1535 dort, wo heute die Städte Québec und Montréal liegen. Samuel de Champlain, ebenfalls Franzose, gründete rund 70 Jahre später, 1608, eine Siedlung bei Québec. Dabei hörte er zum ersten Mal das Wort „kebec" und zeichnete es auf. In der Sprache der Algonkin bedeutet es „wo sich der Fluss verengt".

Während des übrigen 17. Jhs. rangen Frankreich und Großbritannien um die Vorherrschaft in Kanada. 1759 siegten die Briten schließlich in der Schlacht auf den Plains of Abraham bei Québec und entschieden so den kanadischen Kolonialpoker für sich. Ab diesem Zeitpunkt schwand Frankreichs politischer Einfluss in der neuen Welt.

Als Tausende von britischen Königstreuen in den 1770er-Jahren vor dem Amerikanischen Unabhängigkeitskrieg flohen, teilte man die neue Kolonie in Upper und Lower Canada – heute Ontario und Québec. In Lower Canada ließen sich fast alle Franzosen nieder. Der Machtkampf zwischen beiden Sprachgruppen hielt bis in die 1800er-Jahre an. 1867 trat Lower Canada der kanadischen Konföderation als Québec bei.

Im 20. Jh. bekam Québecs bisher ländlich geprägte Gesellschaft ein städtisches Gesicht. Bildung und Kultur fußten aber weiterhin auf den Glaubenssätzen der katholischen Kirche, die gewaltige Macht hatte und immer noch hat. Rund 90 % der heutigen Bevölkerung sind römisch-katholisch.

Während der sogenannten „Stillen Revolution" in den turbulenten 1960er-Jahren wurden alle Aspekte der frankophonen Gesellschaft in Frage gestellt und umgekrempelt. Intellektuelle und Extremisten diskutierten über eine mögliche Abspaltung von Kanada, während Québec zunehmend ein Nationalgefühl entwickelte.

Die 1968 gegründete Unabhängigkeitspartei Parti Québécois kam 1976 unter Führung des charismatischen René Lévesque an die Macht. Seit damals wurde die Abspaltung von Kanada jedoch zweimal per Volksentscheid abgelehnt. Und für die jungen Leute von heute sind globale Fragen interessanter als ein unabhängiges Québec.

Geografie & Klima

Von den bergigen Laurentides bis zu den zerklüfteten, windgepeitschten Küsten der Gaspé-Halbinsel ist Québec schlichtweg atemberaubend. Das flache, ländliche Charlevoix ist übersät von Farmen, die im Schachbrettmuster angeordnet sind. Die Landschaft des äußersten Nordens der Provinz ist von wilden Wäldern und Nationalparks geprägt, die in arktische Tundra übergehen.

Die Temperaturunterschiede in der Provinz sind extrem. Innerhalb von sechs Monaten kann das Thermometer in Montréal und Québec alles zwischen +40 °C und –40 °C anzeigen, und selbst im Mai kann es noch kräftig schneien. Die Sommermonate sind meistens angenehm warm, wobei es aufgrund der hohen Luftfeuchtigkeit in Montréal oft recht schwül ist. Die Winter sind sehr schneereich, meist aber klar, sonnig und trocken.

Nationalparks & Naturschutzgebiete

Die Naturschutzgebiete der Provinz sind ein Highlight eines jeden Québec-Trips. Sie bewahren nicht nur bemerkenswert schöne Landschaften, sondern bieten auch unzählige erfrischende Freizeitaktivitäten wie Kanu-, Kajak- oder Radfahren, Raften, Wandern und Campen in der Natur. Besonders empfehlenswert sind der Forillon National Park (S. 328) und die Provinzparks von Saguenay (S. 312), Bic (S. 321), Mont-Tremblant (S. 269) und Gaspésie (S. 326).

Parks Canada (☎888-773-8888; www.pc.gc.ca) verwaltet in Québec drei Nationalparks und 28 National Historic Sites. Diese historischen Stätten, z. B. Festungen oder Leuchttürme, eignen sich hervorragend für Tagesausflüge und bieten einen faszinierenden Einblick in die Geschichte.

Die **Société des Établissements de Plein Air du Québec** (Sépaq; ☎418-890-6527, 800-665-6527; www.sepaq.com) überwacht 22 Provinzparks und 16 Naturschutzgebiete – ein ansehnliches Aufgebot. Verwirrenderweise werden diese auch als Nationalparks bezeichnet. Das Spektrum reicht von Stränden und Vogelschutzgebieten bis hin zu Felsschluchten und umfasst ausgezeichnete

Campingmöglichkeiten, Tierbeobachtung und andere Outdoor-Aktivitäten.

Réserve fauniques (Naturschutzgebiete) dienen dem Erhalt und dem Schutz der Natur, machen diese aber auch gleichzeitig der Öffentlichkeit zugänglich. Die Gebiete werden von Jägern und Anglern (Genehmigung erforderlich) genutzt, wobei mittlerweile immer mehr Besucher sie auch als weniger überfüllte Alternative zu den National- und Provinzparks für sich entdecken.

Anreise & Unterwegs vor Ort

Québec ist per Bus, Bahn, Auto und Flugzeug problemlos zu erreichen. Die Provinz grenzt an die US-Bundesstaaten New York, Vermont, New Hampshire und Maine. Infos zu Grenzübergängen stehen auf S. 984.

AUTO & MOTORRAD

Die US-amerikanischen Highways gehen an vielen Grenzübergängen direkt in ihre kanadischen Gegenstücke über. Diese führen wiederum zum Trans-Canada-Hwy (Hwy 40 innerhalb Québecs), der direkt durch Montréal und die Stadt Québec verläuft.

Der Zustand der Highways ist in der gesamten Provinz recht gut. Ganz im Norden und Osten sind kurvige und teilweise unasphaltierte Abschnitte allerdings keine Seltenheit und es gibt dort nur wenige Raststätten. Im Winter sind die Straßenbedingungen nicht zu vernachlässigen. Sie können unter ☎877-393-2363 erfragt werden. Achtung: Auf der Insel Montréal, in Québec (Stadt) und überall sonst, wo Schilder ausdrücklich darauf hinweisen, ist das Rechtsabbiegen an roten Ampeln verboten!

Allô Stop (www.allostop.com) ist eine Art Mitfahrzentrale und stellt den Kontakt zwischen Fahrern und zahlenden Mitfahrern her – eine kostengünstige Möglichkeit, um in Québec von A nach B zu kommen. Passagiere bezahlen für eine Jahresmitgliedschaft 6 C$. Von den Fahrtkosten geht ein Teil an die Agentur, den Rest bekommt der Fahrer. Filialen gibt's in Montréal, Québec (Stadt), Sherbrooke, Chicoutimi, Tadoussac und Rimouski. Mehr Details finden sich im Abschnitt „An- & Weiterreise" der entsprechenden Ziele

ENTFERNUNGEN

Montréal nach Québec City	260 km
Montréal nach Mont-Tremblant	130 km
Montréal nach Trois-Rivières	134 km
Montréal nach Toronto	540 km
Montréal nach New York City	600 km
Québec City nach La Malbaie	140 km
Québec City nach Tadoussac	240 km

BUS

Greyhound Canada, Megabus, Acadian Lines und weitere Busunternehmen verbinden Québec nahtlos mit Ontario und den atlantischen Provinzen (s. S. 989). Zwischen Montréal und New York City gibt es täglich drei oder mehr Greyhound-Verbindungen (S. 985). Die Provinz verfügt über ein ausgesprochen gutes Busliniennetz, zu dem auch folgende Unternehmen gehören:

Autobus Maheux (www.autobusmaheux.qc.ca) Deckt die Regionen im Nordwesten ab.

Autobus Viens (☎877-348-5599)

Galland (www.galland-bus.com)

Greyhound Canada (www.greyhound.ca)

Intercar (www.intercar.qc.ca)

Limocar (www.limocar.ca)

Megabus (www.ca.megabus.com)

Orléans Express (www.orleansexpress.com)

Voyageur (www.greyhound.ca)

Mehr Details zu bestimmten Verbindungen finden sich in diesem Kapitel im Abschnitt „An- & Weiterreise" der entsprechenden Ziele.

FLUGZEUG

Der wichtigste Flughafen Québecs ist der in Montréal, obwohl in Québec (Stadt) auch sehr viele Flüge abgefertigt werden. Die Provinz Québec wird von den Fluggesellschaften Air Canada, Air Canada Jazz, Air France, Porter Airlines und den Billigfluglinien Air Transat und WestJet (Kontaktadressen finden sich auf S. 984) angeflogen. Flüge in den äußersten Norden bucht man bei First Air, Air Inuit und Air Creebec. Air Canada Jazz bietet ab Québec und Montréal Verbindungen an die North Shore und zu den Îles de la Madeleine an. Kontaktadressen s. S. 990.

SCHIFF/FÄHRE

Es gibt zahlreiche Fährverbindungen über den Sankt-Lorenz-Strom und zu den Inseln im Golf, z. B. zu den Îles de la Madeleine. Boote fahren auch am abgelegenen Lower North Shore entlang in Richtung Labrador.

ZUG

VIA Rail (☎888-842-7245; www.viarail.ca) bietet schnelle und häufige Zugverbindungen entlang des Québec (Stadt)–Windsor-Korridors über Montréal, und Verbindungen zur South Shore und nach Gaspésie. Die Züge von **Amtrak** (☎800-872-7245; www.amtrak.com; 1-mal tgl.) verbinden Montréal und New York City.

MONTRÉAL

3,4 MIO. EW.

Früher war Montréal, faktisch die einzige bilinguale Stadt des Kontinents, in zwei Teile geteilt, wobei die „Main" (St-Laurent-

Blvd) die Trennlinie zwischen den Frankophonen im Osten und den Englischsprachigen im Westen der Stadt war. Heute findet man in allen Stadtgebieten französische Bezirke, und eine ganze Reihe englischsprachiger Kanadier hat sich in ehemals französischen Enklaven niedergelassen. Dank der anhaltenden Welle von Einwanderern ist es für die Bewohner Montréals nicht ungewöhnlich, im täglichen Leben sogar drei Sprachen zu sprechen. Mit dieser neuen Generation, die sich mittlerweile für weltumspannendere Themen interessiert (nämlich die Umwelt), gehören Sprachstreitigkeiten der Vergangenheit an.

Nicht strittig ist auch die Frage, was Montréal so unwiderstehlich macht. Es ist die geheime Mischung aus der von den Franzosen inspirierten Lebensfreude und einer weltoffenen Dynamik. Diesem Zusammenspiel verdankt die Stadt ihre florierende Kunstszene, eine explosionsartige Ausbreitung der Indie-Rock-Szene, ein Potpourri von weltweit renommierten Boutiquehotels, die außergewöhnlichen und schicken Plateau-Restaurants und eine coole Pariser Atmosphäre, die sich auf allen *terrasses* des Quartier Latin breit macht. Da fühlt man sich schnell in eine andere Welt versetzt, in der sich alles nur um den Genuss dreht. Einzig der atemberaubende Blick vom Kondiaronk Lookout im Parc du Mont Royal auf die für Nordamerika so typische Skyline vermag einen da wieder in die Wirklichkeit zurückzuholen.

Geschichte

Im Mai 1642 schipperte eine kleine Bootsflotte den Sankt-Lorenz-Strom hinauf. An Bord waren ein paar Dutzend Missionare, die ihre Heimat Frankreich verlassen und einen kalten Winter auf dem rauen Atlantik überlebt hatten. Schließlich erreichten sie den Ort, den der französische Forscher Jacques Cartier über 100 Jahre zuvor entdeckt hatte. Geführt von Paul Chomedey de

Montréal

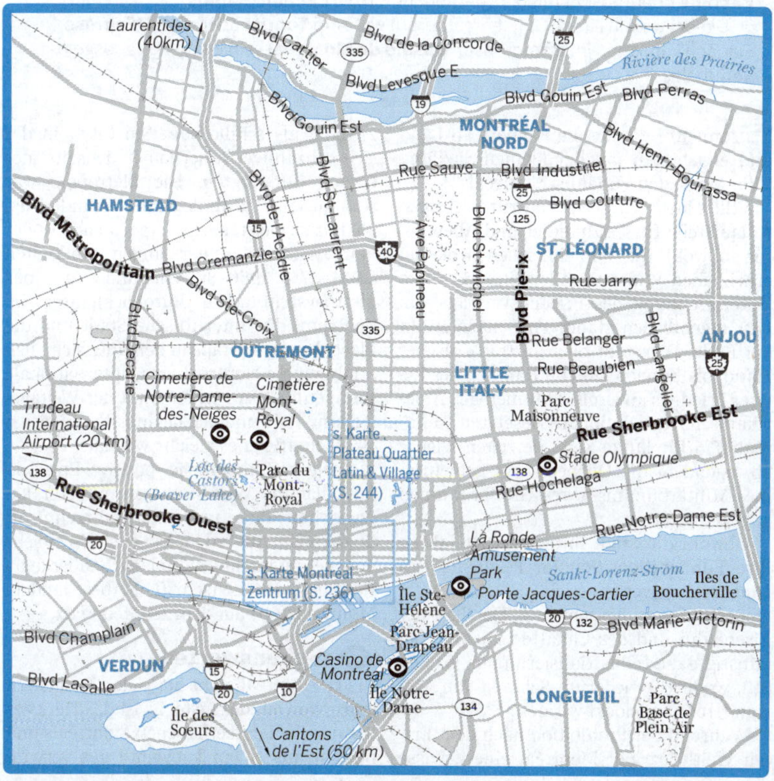

MONTRÉAL IN …

… einem Tag

Der Tag beginnt im **Mile End** mit einem einheimischen Ritual – einem ausgedehnten und entspannten Brunch. Weiter geht's hinauf zum **Mont Royal** mit einer Verschnaufpause am **Kondiaronk Lookout**, von wo man einen schönen Blick über die Stadt hat. Der Tag endet im **Plateau Mont-Royal** mit einem Abendessen und einem Ausflug in Montréals Nachtleben.

… zwei Tagen

Nach Tag 1 (s. oben) werden am Vormittag des zweiten Tages die Kopfsteinpflastergassen von **Vieux-Montréal** erkundet. Eine Dosis Geschichte bekommt man im **Musée d'Archéologie et d'Histoire Pointe-à-Callière** verpasst, oder man widmet sich im **Musée Des Beaux-Arts** der Kultur. In **Little Italy** wird zu Abend gegessen, bevor die Clubs im **Village** unsicher gemacht werden.

… vier Tagen

Am dritten Tag steht ein Besuch im **Parc Olympique** auf dem Programm. Wenn das Wetter mitspielt, lässt sich der Besuch im **Biodôme** wunderbar mit einem Besuch auf dem **Tour de Montréal** verbinden. Alternativ steuert man gleich den **Jardin Botanique** an und lässt sich von den Düften dort verzaubern.

Am letzten Tag deckt man sich auf dem **Marché Atwater** mit allerhand Picknickvorräten ein und mietet sich ein Rad für eine gemütliche Tour entlang des **Canal de Lachine** oder rauscht mit dem Jetboot durch die **Lachine Rapids**.

Diniert wird in einem Spitzenrestaurant wie dem **Toqué!** oder dem **L'Express**. Danach kann man im glamourösen **Casino de Montréal** sein letztes Urlaubsgeld verjubeln.

Maisonneuve gingen die Pioniere an Land und errichteten mit der kleinen Siedlung Ville-Marie den Vorläufer Montréals.

Ville-Marie wurde schnell zur wichtigen Anlaufstelle für Pelzhändler und Abenteurer, obwohl die einheimischen Irokesen erheblichen Widerstand leisteten. Erst die Unterzeichnung des Friedensvertrags von 1701 machte den ständigen Scharmützeln ein Ende. Die Stadt blieb in französischer Hand, bis Kanada 1763 im Rahmen des Pariser Friedens an Großbritannien fiel. Amerikanische Revolutionäre besetzten Montréal 1775 für kurze Zeit. Sie zogen wieder ab, nachdem die Québecer ein gemeinsames Militärbündnis gegen Großbritannien abgelehnt hatten.

Obwohl die Stadt in den 1820er-Jahren ihre Führungsposition im Pelzhandel an Hudson Bay verlor, erlebte sie im 19. Jh. einen kräftigen Aufschwung. Der Bau der Eisenbahn und des Canal de Lachine begünstigte die Industrialisierung im großen Stil, wodurch wiederum Scharen von Einwanderern angelockt wurden.

Während der Prohibition nach dem Ersten Weltkrieg galt Montréal eine gewisse zeitlang als schillernde „Sin City", in der sich unzählige Amerikaner jenseits der Grenze vergnügten. Die Metropole war reif für eine grundlegende Veränderung, als Bürgermeister Jean Drapeau ans Ruder kam. Während seiner langen Amtszeiten (1954–57 & 1960–86) entstanden u.a. das Metrosystem, viele Bürohochhäuser im Zentrum, die unterirdische Stadt und die Place des Arts. Drapeau bemühte sich auch erfolgreich, Montréal ins internationale Rampenlicht zu rücken – mit der Weltausstellung 1967 und den Olympischen Spielen 1976 schaffte er es gleich zweimal.

Seine kontinuierliche, positive Entwicklung hat die Wachstumsrate anderer kanadischer Städte im letzten Jahrzehnt oft übertroffen. Außerdem lebt es sich hier sehr angenehm: Im internationalen Sauberkeits-Ranking der Zeitschrift Forbes landete Montréal 2007 auf dem zehnten Platz.

Sehenswertes

Vieux Montréal steht bei vielen Besuchern ganz oben auf der Liste. Es ist das Herz des historischen und erhabenen Montréals und besteht aus einem Labyrinth aus verwinkelten Gassen. Den Attraktionen am Ufer des Vieux Port kam die kürzliche Sanierung gewaltig zugute. Gegenüber liegt der Parc Jean-Drapeau, dessen Spazierwege und Attraktionen im Sommer eine willkommene Abwechslung zum Großstadtdschungel sind. Im Stadtzentrum finden sich hervorragende Museen und Universitäten, während die Künstlerviertel Mile End und Plateau Mont-Royal zum Flanieren einladen. Das Village und das Quartier Latin erwachen allabendlich zu neuem Leben. Gleich außerhalb der Stadt stellen der Parc Olympique und Lachine die größten Touristenmagnete dar. Und die Aussicht vom Mont Royal schließt all dies mit ein.

Bei Zielen außerhalb der Karten ist der Name der Metrohaltestelle angegeben.

VIEUX-MONTRÉAL

Der älteste Teil der Stadt ist ein Labyrinth aus unebenen Kopfsteinpflastergassen, gesäumt von Steinhäusern aus der viktorianischen und der Kolonialzeit, die mittlerweile in gemütliche Restaurants, Galerien und Boutiquen verwandelt wurden. Bei einem Spaziergang kommen Romantiker und Architekturfans voll auf ihre Kosten, vor allem bei Nacht, wenn die schönsten Fassaden angestrahlt werden. Und auch das Ufer ist nie weit.

Vieux-Montréal erstreckt sich zwischen der lebhaften Place Jacques Cartier und der erwürdigen Place d'Armes; die geschäftige Rue Notre-Dame verbindet die beiden Punkte miteinander. Das südliche Ende der Place Jacques Cartier geht in die Rue St-Paul über, die schönste und älteste Straße des Viertels.

Basilique Notre-Dame KIRCHE
(Karte S. 236; www.basiliquenddm.org; 110 Rue Notre-Dame Ouest; Erw./Kind 5/4 C$; ⏲Mo–Sa 8–16.30, So 12–16.15 Uhr) Die Notre-Dame-Basilika ist Montréals berühmtes Wahrzeichen – eine optisch ansprechende, wenn auch etwas pompös wirkende Symphonie aus Holzschnitzereien, Gemälden, güldenen Statuen und Buntglasfenstern. Sie wurde 1829 am Standort einer älteren und kleineren Kirche errichtet und beherbergt zum einen eine berühmte Casavant-Orgel, zum anderen die Gros Bourdon, die angeblich größte Glocke Nordamerikas. Ihr Innenraum ist besonders eindrucksvoll und kommt bei der ansonsten völlig übertriebenen dramatischen **Sound-and-Lightshow** (Erw./Kind 10/5 C$) voll zur Geltung. Die Shows werden von Dienstag bis Samstag jeden Abend aufgeführt.

Die Basilika machte 1994 Schlagzeilen, als die Sängerin Céline Dion hier unter der hoch aufragenden, mitternachtsblauen Decke den Sänger und Manager René Angélil heiratete. Im Jahr 2000 war die Kirche Schauplatz des Staatsbegräbnisses des ehemaligen kanadischen Premierministers Pierre Trudeau, dem Jimmy Carter und Fidel Castro gemeinsam als Sargträger die letzte Ehre erwiesen.

In der wesentlich kleineren **Chapelle du Sacré Coeur** (Herz-Jesu-Kapelle) hinter dem Hauptaltar geben sich die normalsterblichen Montréaler gerne das Ja-Wort. Nach einem Brand im Jahr 1978 wurde sie

NOCH MEHR SEHENSWERTE KIRCHEN

» Der gigantische Kuppelbau des **Oratoire St-Joseph** (www.saint-joseph.org; 3800 Chemin Queen Mary; Eintritt frei; ⏲6–21.30 Uhr; Ⓜ Côte-des-Neiges) wurde von einem aufopferungsvollen Mönch namens Bruder André gegründet, der die Gabe besessen haben soll, Menschen zu heilen. Die Krücken der ehemals Kranken sind bis heute in einer von Tausenden von Kerzen erhellten Kapelle zu sehen.

» Die wunderschöne, im neogotischen Stil erbaute anglikanische **Cathédrale Christ Church** (Karte S. 236; 635 Rue Ste-Catherine Ouest; Eintritt frei; ⏲7–18 Uhr) wurde 1987 vorübergehend von Betonpfeilern gestützt, während im Untergrund ein Einkaufszentrum gebaut wurde.

» Die **Chapelle Notre-Dame-de-Bonsecours** (Karte S. 236; 400 Rue St-Paul Est; Eintritt frei; ⏲10–17.30 Uhr) hatte einen ganz speziellen Platz im Herzen der Seeleute, die hierher kamen, um für eine sichere Überfahrt zu beten. Von der Decke hängen bis heute noch kleine Modellschiffe von dankbaren Rückkehrern.

» Die **Cathédrale Marie-Reine-du-Monde** (Karte S. 236; 1085 Rue de la Cathédrale; Eintritt frei; ⏲Di–So 7.30–18.15, Mo bis 19.45 Uhr) wurde nach dem Vorbild des Petersdoms in Rom erbaut.

Downtown Montréal

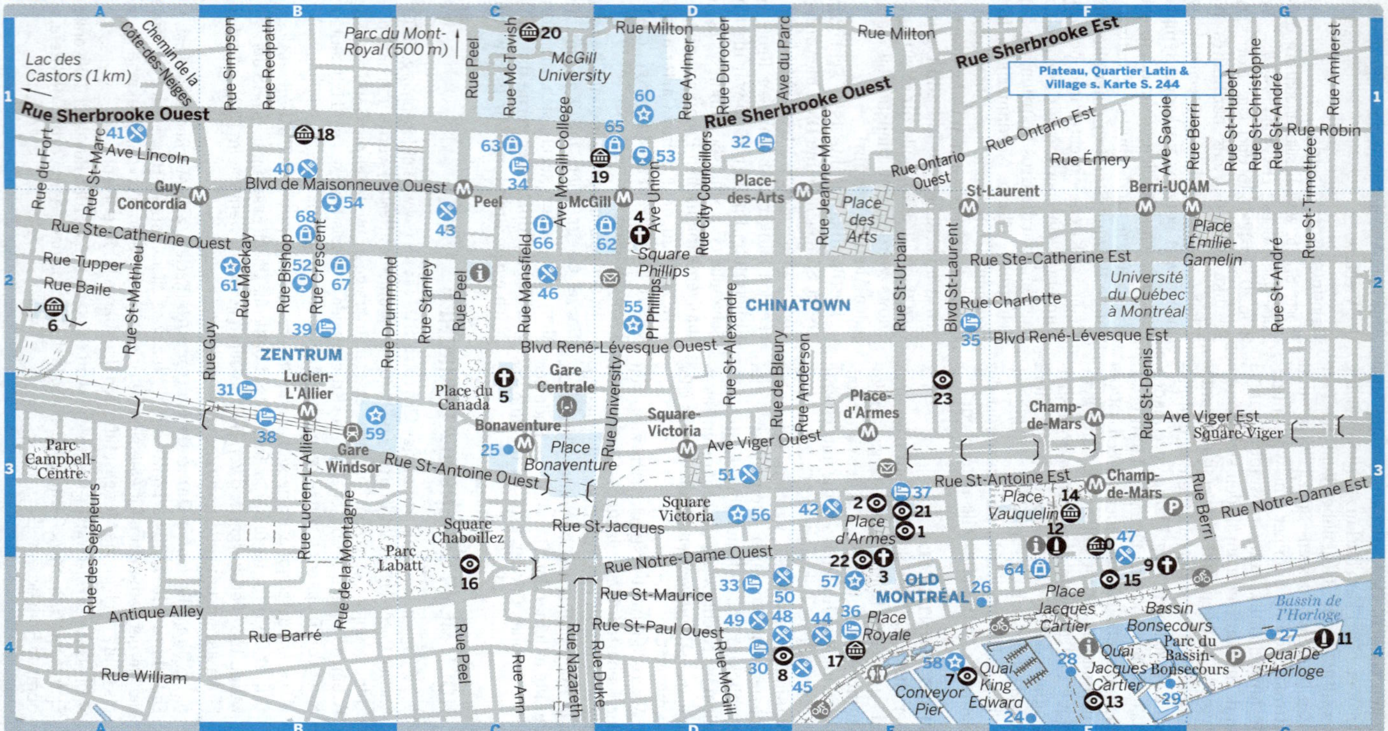

Downtown Montréal

Sehenswertes

1	Aldred Building	E3
2	Bank of Montréal	E3
3	Basilique Notre-Dame	E4
4	Cathédrale Christ Church	D2
5	Cathédrale Marie-Reine-du-Monde	C3
6	Centre Canadien d'Architecture	A2
7	Centre des Sciences de Montréal	E4
8	Centre d'Histoire de Montréal	D4
9	Chapelle Notre-Dame-de-Bonsecours	F4
10	Château Ramezay	F3
11	Uhrenturm	G4
12	Colonne Nelson	F3
13	Fähren zum Parc Jean-Drapeau	F4
14	Hôtel de Ville	F3
15	Marché Bonsecours	F4
16	Montréal Planetarium	C4
17	Musée d'Archéologie et D'Histoire Pointe-à-Callière	E4
18	Musée des Beaux-Arts	B1
19	Musée McCord	D1
20	Musée Redpath	C1
21	New York Life Building	E3
22	Vieux-Séminaire	E4
23	Place Sun-Yat-Sen	E3

Aktivitäten, Kurse & Touren

24	AML Cruises	F4
25	Atrium	C3
26	Ça Roule Montréal	E4
27	Lachine Rapids Tours	G4
28	Le Bateau Mouche	F4
29	Patinoire du Bassin Bonsecours	F4

Schlafen

30	Alternative Backpackers	D4
	Bonaparte	(siehe 57)
31	HI Montréal International Youth Hostel	B3
32	Hilton Garden Inn	D1
33	Hotel Gault	D4
34	Hôtel Le Germain	C1
35	Le 1 René-Lévesque	E2
36	Le Petit Hôtel	E4
37	Le Place d'Armes	E3
38	Les Bons Matins	B3
39	Montréal Y Hotel	B2

Essen

40	Boustan	B1
41	Bronté	A1
42	Eggspectation	E3
43	Ferreira Café	C2
44	Ghandi	E4
45	Gibby's	E4
46	Le Commensal	C2
47	L'Usine de Spaghetti Parisienne	F3
48	Marché de la Villette	D4
49	Olive+Gourmando	D4
50	Titanic	D4
51	Toqué!	D3

Ausgehen

52	Brutopia	B2
53	Caffé ArtJava	D1
54	Sir Winston Churchill Pub	B2

Unterhaltung

55	Altitude 737	D2
56	Bains Douches	D3
57	Centaur Theatre	E4
58	IMAX	E4
59	Montréal Canadiens	B3
60	Pollack Concert Hall	D1
61	Upstairs	B2

Shoppen

62	Centre Eaton	D2
63	Cheap Thrills	C1
64	Galerie Le Chariot	F4
65	Guilde Canadienne des Métier d'Art Québec	D1
66	Indigo	C2
67	Ogilvy	B2
68	Parasuco	B2

als buntes Durcheinander aus historischen und modernen Elementen wieder aufgebaut. Blickfang ist das vom Boden bis zur Decke reichende Altarbild aus Bronze.

Place d'Armes HISTORISCHE STÄTTE

Die Basilique Notre Dame mit ihren Zwillingstürmen erhebt sich über diesem ehrwürdigen Platz, auf dem sich die frühen Siedler einst Schlachten mit den einheimischen Irokesen lieferten. In seiner Mitte steht eine Statue von Maisonneuve, die von einigen der edelsten historischen Gebäuden Vieux-Montréals eingerahmt wird. Das **Vieux-Séminaire** (Karte S. 236) gleich neben der Basilika ist tatsächlich das älteste Gebäude der Stadt. Es wurde 1685 von sulpizianischen Missionaren erbaut und wird heute noch genutzt.

Hinter einer tempelartigen Reihe von Säulen verbirgt sich am nordwestlichen Ende des Platzes die **Bank of Montreal** (Karte S. 236; 119 Rue St-Jacques Ouest; Eintritt frei; ⌚Mo–Fr 10–16 Uhr). Dies ist der Hauptsitz der 1817 gegründeten ältesten Bank Kanadas. Es lohnt sich, einen kurzen Blick in ihr opulentes, mit Marmor verziertes Inneres zu werfen und das kleine **Geldmuseum** zu besuchen.

Am östlichen Ende des Platzes erhebt sich ein rotes Sandsteingebäude. Das **New York Life Building** (1888; Karte S. 236) war Montréals erster Wolkenkratzer. Heute wird es vom **Aldred Building** (1937; Karte S. 236) überragt. Das Gebäude im Art-déco-Stil war eine Nachahmung des Empire State Building. Der Börsenkrach von 1929 setzte diesem ehrgeizigen Vorhaben allerdings ein Ende.

Centre d'Histoire de Montréal MUSEUM

(Karte S. 236; 335 Place d'Youville; Erw./Kind 6/4 C$; ⌚Jan.–Nov. Di–So 10–17 Uhr) Mit einer fesselnden Multimedia-Ausstellung beleuchtet das kleine Museum die Geschichte der Stadt und die ihrer Einwohner. Man kann in der Küche Platz nehmen und zuhören, wie die Menschen von früher erzählen, oder sich vom Filmarchiv der 1940er- bzw. 1960er-Jahre auf eine Zeitreise mitnehmen lassen. Vom Dach aus hat man einen weiten Blick über die Umgebung.

Place Jacques Cartier & Umgebung

Auf der sanft geneigten Place Jacques Cartier im Herzen Vieux-Montréals herrscht immer Hochbetrieb. Vor allem im Sommer ist hier alles voller Blumen, Straßenmusikanten, Händlern und Touristen. Die Cafés und Restaurants am Rand sind weder gut noch günstig, doch von dort lässt sich das Treiben auf dem Platz aus der ersten Reihe beobachten. In der nordwestlichen Ecke gibt's eine Touristeninformation (S. 265).

Die Colonne Nelson (Nelson-Säule; Karte S. 236) am Nordende errichteten die Briten zu Ehren des Generals, der die französisch-spanische Flotte bei Trafalgar besiegte. Die Franzosen konterten mit dem kleinen Standbild von Admiral Vauquelin genau gegenüber.

Mit seinem grünen Kupferdach und dem schmucken Turm wirkt das Hôtel de Ville (Rathaus; Karte S. 236; 275 Rue Notre-Dame Est; Eintritt & Führungen frei; ⌚8.30–16.30 Uhr, Führungen Ende Juni–Mitte Aug.) am Nordostende das Platzes äußerst majestätisch. Das Gebäude von 1878 ist dem Rathaus im französischen Tours nachempfunden. Würdig repräsentiert es den Wohlstand und Stolz der Stadt im 19. Jh. Mit dem Ausruf „Vive le Québec libre!" („Es lebe das freie Québec!") überraschte der französische Präsident Charles de Gaulle 1967 die jubelnden Massen unter dem Balkon. Diese vier kleinen Worte reichten aus, um den Separatismus anzuheizen und die Beziehungen zu Ottawa jahrelang zu belasten. Die sehenswerte **Ehrenhalle** im Rathausinneren zieren Szenen des ländlichen Québecs.

Der kleine Palast gegenüber stammt von 1705. Im Château de Ramezay (Karte S. 236; www.chateauramezay.qc.ca; 280 Rue Notre-Dame Est; Erw./Kind 10/5 C$; ⌚Juni–Sept. 10–18 Uhr, Okt.–Mai Di–So 10–16.30 Uhr) residierte einst Montréals Gouverneur Claude de Ramezay. Während der amerikanischen Unabhängigkeitsbewegung versuchte Ben Franklin hier vergeblich, die Kanadier als Verbündete zu gewinnen. Die Räume des heutigen Museums informieren durch Möbel, Kunstwerke und andere Ausstellungsstücke über die Anfänge Québecs. Die Salle de Nantes mit ihrer Mahagonitäfelung ist eine echte Augenweide. Es gibt auch einen hübschen Garten.

Marché Bonsecours MARKT

(Karte S. 236; 350 Rue St-Paul Est; ⌚Ende Juni–Anfang Sept. 10–21 Uhr, Sept.–März bis 18 Uhr) Die silberne Kuppel des Marché Bonsecours erhebt sich wie ein prächtiger Leuchtturm über Vieux-Montréal. Das neoklassizistische Gebäude war früher das Rathaus und diente lange Zeit als wichtigste Markthalle der Stadt, bis es in den 1960er-Jahren von den Supermärkten verdrängt wurde. Heute sind die Blumen- und Gemüsestände de schicken Boutiquen gewichen, in denen Québecer Kunst, Kunsthandwerk und Kleidung verkauft werden. Auf jeden Fall kein schlechter Ort, um sich mit hochwertigen Souvenirs einzudecken!

Vieux-Port AREAL

Montréals alter Hafen hat sich mittlerweile zu einer 2,5 km langen Park- und Freizeitlandschaft entlang des gewaltigen Sankt-Lorenz-Stroms gemausert und wird von vier großen *quais* (Anlegern) eingerahmt. Sowohl Einheimische als auch Besucher von Montréal zieht es zum Spazierengehen, Radfahren und Inlineskaten hierher. Von den zahlreichen Anlegestellen starten sowohl Ausflugsboote als auch Jet- und Schnellboote zu verschiedenen Rundfahrten (s. S. 248). Im Winter macht man auf der

Eisbahn unter freiem Himmel eine gute Figur (S. 247).

Zu den historischen Überresten zählen der strahlende weiße **Uhrenturm** (Karte S. 236; Clock Tower Pier; Eintritt frei; ⌚Mitte Mai–Sept. 10–21 Uhr) am Nordende des Quai Jacques Cartier. Er wurde 1922 zu Ehren der Matrosen errichtet, die im Ersten Weltkrieg ihr Leben ließen, und gewährt einen weitschweifenden Blick über Fluss und Stadt.

Ein dauerhaftes Lieblingsziel für Familien ist das **Centre des Sciences de Montréal** (Karte S. 236; www.montrealsciencecentre.com; King Edward Pier; Erw./Kind 12/9 C$, mit IMAX-3-D-Film 20/15 C$; ⌚Mo–Fr 9–16, Sa & So bis 17 Uhr). Auf dem Rundgang durch die High-Tech-Ausstellungräume warten zahlreiche Schalter, Knöpfe und Spiele, die man umlegen, drücken und ausprobieren kann. In der Dauerausstellung „Mission Gaia" werden Lösungen für Natur- und gesellschaftliche Katastrophen gesucht und bei „idTV" darf jeder mithilfe eines virtuellen Redakteurs seine eigene Nachrichtenstory gestalten und von dieser dann live und in Farbe berichten.

Zum Museum gehört auch ein IMAX-Kino (S. 261), das tolle Filme zum Thema Natur und Wissenschaft in 2D und 3D zeigt.

Musée d'Archéologie et d'Histoire Pointe-à-Callière MUSEUM

(Museum für Archäologie & Geschichte; Karte S. 236; www.pacmuseum.qc.ca; 350 Place Royale; Erw./Kind 14/6 C$; ⌚Mitte Juni–Mitte Sept. 11–18 Uhr, Mitte Sept.–Mitte Juni 11–17 Uhr) Dieses ausgezeichnete Museum befindet sich in einem beeindruckenden modernen Gebäude in der Nähe der Stelle, an der die frühen Siedler landeten. Hier bekommt man einen guten Überblick über die Anfänge der Stadt. Nach der lohnenswerten Multimediashow geht's hinunter in ein Labyrinth aus freigelegten Fundamenten, einem alten Abwassersystem und den Spuren des ersten europäischen Friedhofs. Artefakte und interaktive Stationen erwecken so die Vergangenheit zum Leben. Die Besteigung des **Aussichtsturms** mit Restaurant ist kostenlos.

CENTRE-VILLE

Das moderne Stadtzentrum Montréals ist typisch nordamerikanisch, mit breiten Durchgangsstraßen, die in das als Gitternetz angelegte Stadtbild aus Wolkenkratzern eine Schneise schlagen. In seinen Straßen finden sich einige der schönsten Kirchen der Stadt sowie andere beeindruckende Gebäude, Museen, Grünflächen und große Einkaufspassagen. Die Cafés, Restaurants und Bars, besonders in der Rue Crescent, verströmen ein südländisches Flair.

> **i MONTRÉAL MUSEUM PASS**
>
> Genau das Richtige für Kulturfans! Dieser praktische **Pass** (45 C$) gilt an drei aufeinanderfolgenden Tagen und ermöglicht den Besuch von 34 Museen. Zudem können das gesamte Bus- und Metronetz kostenlos genutzt werden. Der Pass wird in Touristeninformationen, großen Hotels und von teilnehmenden Museen ausgestellt. Achtung: Die meisten Museen haben montags geschlossen!

GRATIS Musée des Beaux-Arts MUSEUM

(Karte S. 236; www.mbam.qc.ca; 1380 Rue Sherbrooke Ouest; Dauerausstellung Eintritt frei, Sonderausstellungen Erw./Kind 15 C$/frei, Mi nach 17 Uhr halber Preis; ⌚Di, Sa & So 11–17, Mi–Fr bis 21 Uhr) Das Kunstmuseum ist ein echtes Muss für alle Kunstliebhaber. Hier sind Gemälde, Skulpturen, dekorative Kunst, Möbelstücke, Drucke, Zeichnungen und Fotografien aus mehreren Jahrtausenden zusammengetragen. Zu den europäischen Schwergewichten zählen Rembrandt, Picasso und Monet, und dennoch stammen die besten Stücke des Museums aus der Sammlung kanadischer Kunst. Die Höhepunkte sind Arbeiten von Jean-Baptiste Roy-Audy und Paul Kane, Landschaftsbilder der Group of Seven (Siebenergruppe) und abstrakte Werke von Jean-Paul Riopelle. Auch Artefakte der Inuit und anderer Ureinwohner und ausgefallener dekorativer Schnickschnack wie japanische Weihrauchdosen und viktorianische Truhen kommen nicht zu kurz. Die Wechselausstellungen sind oft außergewöhnlich.

Die Ausstellungen verteilen sich auf den klassizistischen, marmornen Michal-et-Renata-Hornstein-Pavilion und den schicken, zeitgenössischen Jean-Noël-Desmarais-Pavilion gegenüber.

Chinatown AREAL

Obwohl es in diesem Viertel an sich nichts Sehenswertes gibt, ist dies doch eine nette Gegend für ein Mittagessen oder eine Shoppingtour. Schräger Krimskrams findet sich hier zuhauf. Montréals Chinatown umfasst nur ein paar Straßen in denen man sich leicht zurechtfindet. Die Hauptdurchgangsstraße, die Rue de la Gauchetière, liegt zwischen dem Blvd St-Laurent und der Rue Jeanne Mance. Hier finden sich lebhafte taiwanesische Läden, die Perlentee verkaufen, Bäckereien mit Hong-Kong-Flair und vietnamesische Suppenrestaurants. Auf dem Hauptplatz, der **Place Sun-Yat-Sen** (Karte S. 236), trifft man jede Menge betagter Chinesen und hier und da auch eine Gruppe von Falun-Gong-Anhängern.

Centre Canadien d'Architecture MUSEUM

(Karte S. 236; www.cca.qc.ca; 1920 Rue Baile; Erw./Kind 10 C$/frei, Do 17.30–21 Uhr Eintritt frei; ⌚Mi & Fr–So 10–17, Do bis 21 Uhr) Architekturfans sollten das Centre Canadien d'Architecture unter keinen Umständen verpassen. Es ist sowohl Museum als auch Forschungszentrum und in einem eleganten, innovativen Komplex untergebracht, der nahtlos an die historische **Maison Shaughnessy** anschließt. Das graue Juwel aus Kalkstein war einst das Wohnhaus wohlhabender Geschäftsmänner und ist Zeugnis des Lebensstils der Oberschicht des 19. Jhs. Der eleganteste aller Räume ist ein Wohnzimmer mit raffinierten Holzarbeiten und einem tollen Kamin.

In den Galerien des Architekturzentrums werden Drucke, Zeichnungen, Modelle und Fotografien bemerkenswerter kanadischer und internationaler Gebäude ausgestellt. Im Außenbereich befindet sich ein **Skulpturengarten** mit einem Dutzend oder mehr Arbeiten, die bei Nacht angestrahlt werden und dann besonders beeindruckend sind. Sie liegen auf einer Terrasse verstreut, von der aus man den Süden der Stadt überblickt.

Das ganze Jahr über werden an den Wochenenden um 13.30 Uhr kostenlose **Rundgänge** auf Englisch angeboten. Zwischen Juli und September gibt es diese außerdem täglich um 10.30 und 13.30 Uhr.

Musée McCord MUSEUM

(Karte S. 236; www.mccord-museum.qc.ca; 690 Rue Sherbrooke Ouest; Erw./Kind 13/5 C$; ⌚Di–Fr 10–18 Uhr, ganzjährig Sa & So & Ende Juni–Anfang Sept. Mo bis 17 Uhr) Die Sammlung des renommierten Musée McCord d'Histoire Canadienne (Musem für kanadische Geschichte) umfasst über 1,2 Mio. Ausstellungsstücke, darunter mit Perlen verzierte Kopfbedeckungen, edles Porzellan, elegante Gewänder, Briefe, Fotografien und Spielsachen. Sowohl in Wechsel- als auch in Dauerausstellungen wird die Geschichte der Menschen erzählt, die dieses Land aufgebaut haben. Besonderes Augenmerk wird dabei auf die außergewöhnlichen Herausforderungen gelegt, denen sie sich stellen mussten, von eisigen Wintern bis zum Multikulturalismus. Besonders bekannt ist das Museum für seine **Archives Photographiques Notman**, ein einzigartiges Fotoarchiv über die Entwicklung Kanadas ab 1840. Nach Führungen und Workshops für Kinder fragen!

Université McGill AREAL

(Karte S. 236; www.mcgill.ca; 845 Rue Sherbrooke Ouest) Eine wahre Talentschmiede! Zu den Absolventen gehören zwei kanadische Premierminister, sechs Nobelpreisträger und der Schauspieler William Shatner. Heute zählt die Universität 30 000 Studenten. Sie alle wollen dem hervorragenden Ruf gerecht werden, besonders in den renommiertesten Fachrichtungen Medizin und Ingenieurwissenschaften. Gegründet wurde die Universität 1821 mit Land und den finanziellen Mitteln des aus Schottland stammenden Pelzhändlers James McGill. Der begrünte Campus lädt mit seinen viktorianischen Bauten zum Spazierengehen oder Picknicken ein.

Das dazugehörige **Musée Redpath** (Karte S. 236; Eintritt frei; ⌚Mo–Fr 9–17, Sa & So 13–17 Uhr, Mitte Juni–Anfang Sept. Fr geschl.) ist eines der ältesten Museen Kanadas – und das sieht man auch. Dennoch sind einige der naturhistorischen Exponate ganz interessant, z. B. das lebensgroße Dinosaurierskelett oder die ägyptischen Mumien.

Musée d'Art Contemporain MUSEUM

(Karte S. 244; www.macm.org; 185 Rue Ste-Catherine Ouest; Erw./Kind 10 C$/frei, Eintritt frei Mi 17–21 Uhr; ⌚Di & Do–So 11–18, Mi bis 21 Uhr) Kanadas einziges bedeutsames Museum zeitgenössischer Kunst verfügt über eine ausgezeichnete Sammlung geballter Kreativität von kanadischen und vor allem auch Québecer Künstlern. Ausgestellt werden zahlreiche Werke lokaler Legenden wie Jean-Paul Riopelle, Paul-Émile Borduas und Génévieve Cadieux. Auch die Sonderausstellungen sind hervorragend. Kostenlose englischsprachige **Führungen** beginnen mittwochs um 18.30 Uhr und am Wochenende um 13 und 15 Uhr.

Montréal Planetarium GEBÄUDE

(Karte S. 236; www.planetarium.montreal.qc.ca; 1000 Rue St-Jacques; Erw./Kind 8/4 C$; ⌚Mo 12.30–17, Di–Do 9.30–17, Fr 9.30–21.30, Sa & So

GEHEIMTIPP

EMMA WONTORRA, STUDENTIN

Es ist einfach toll, in Montréal zu studieren. Hier ist das Leben immer noch relativ günstig und das ganze Jahr über gibt es unzählige kostenlose Festivals. Montréal ist außerdem der beste Ort, um Französisch zu lernen. Beinahe überall wird sowohl Englisch als auch Französisch gesprochen. Selbst wenn man kaum Französisch kann, geben einem die Leute die Chance, es doch zu versuchen. Und wenn man einfach mal zu faul dazu ist, kommt man mit Englisch auch überall durch.

Studentenlokale

Verhungern müssen die Studenten hier beileibe nicht: Für eine Handvoll Dollar wird der tägliche Kalorienbedarf mit einer Portion Poutine – Pommes, Bratensauce und zerlassenem Käsebruch – abgedeckt.

Studententreffs

Die Studenten hier gehen gerne auf dem Sankt-Lorenz-Strom Kajakfahren, radeln am Canal de Lachine entlang und schwimmen eine Runde an der Plage des Îles auf der Île Notre-Dame. Während des Sommersemesters packen meine Freunde und ich unsere Bücher und ein Picknick ein und verbringen den Tag im Parc LaFontaine.

Geheimtipp

Studenten aus der ganzen Stadt treffen sich sonntags gerne bei den „Tamtams" im Parque de Mont Royal. Hier gibt's billiges Essen und man kann den Leuten beim Tanzen und Musikmachen zuschauen. Das macht Spaß und ist kostenlos!

12.30–21.30 Uhr, Anfang Sept.–Mitte Juni Mo geschl.) Die Besucher der 20 m hohen Kuppel in Montréals Planetarium werden während einer 50-minütigen Vorführung, abwechselnd auf Englisch und Französisch, in die Welt der Sterne entführt. Das aktuelle Programm kann telefonisch erfragt werden.

PARC DU MONT ROYAL & UMGEBUNG

Parc du Mont Royal PARK

(außerhalb der Karte S. 236; www.lemontroyal.qc.ca) Die Bewohner Montréals sind stolz auf ihren „Berg" – gestaltet von Landschaftsarchitekt Frederick Law Olmsted, der auch den New Yorker Central Park geplant hat. Der Mont Royal ist ein weitläufiger, üppig grüner Park, der sich hervorragend zum Radfahren, Joggen, Reiten, Picknicken und im Winter zum Langlaufen und Schlittenfahren eignet. Der **Kondiaronk Lookout** befindet sich beim **Chalet du Mont-Royal**, einer großen, alten, steinernen Villa, in der in den Sommermonaten Big-Band-Konzerte abgehalten werden. Das **Observatoire de l'Est** (außerhalb der Karte S. 244) ist beliebter Treffpunkt für Frischverliebte. Lookout und Observatoire sind bei gutem Wetter beide Garant für einen tollen Ausblick. Während des 30-minütigen Fußmarschs zwischen den Aussichtspunkten kann man einen Blick auf das **Croix du Mont Royal** (1924) erhaschen. Das 40 m hohe Wahrzeichen ist bei Nacht beleuchtet und erinnert an Montréals Gründer Maisonneuve. Er hatte im Jahr 1643 ein Holzkreuz eigenhändig auf den Berg geschleppt, um Gott dafür zu danken, dass sein noch junges Dorf von den Überflutungen verschont geblieben war.

Lac des Castors AREAL

Der Lac des Castors (außerhalb der Karte S. 236), auf Englisch Beaver Lake, ist bei Einheimischen sehr beliebt. Im Sommer kann man sich hier Paddelboote mieten, im Winter werden Schlittschuhe und Schlitten verliehen. Nördlich von hier liegen zwei große Friedhöfe. Auf dem katholischen **Cimetière de Notre-Dame-des-Neiges** (Karte S. 233) liegen Bürgermeister, Künstler, Kleriker und Opfer des Titanic-Untergangs begraben. Weiter im Norden liegt der kleinere protestantische **Cimetière Mont-Royal** (Karte S. 233). Hier gibt's weniger Promi-Gräber, dafür aber mehr Vögel zu sehen.

Denkmal für Georges Étienne Cartier STATUE

Am nordöstlichen Ende des Parks steht an der Ave du Parc dieses Denkmal, das jeden Sonntag Hunderte Feierwütige zum sogenannten „Tam Tam Sunday" anzieht

(Tamtams sind bongoähnliche Trommeln). Dabei wird spontan getanzt und Musik gemacht, was mittlerweile zu einer echten Montréaler Institution geworden ist. Entweder man folgt dem Lärm oder seiner Nase – die Schwaden von „wacky tabaccy" sind schon von Weitem zu riechen. Hier bietet es sich außerdem an, bei einheimischen Kunsthandwerkern einige ungewöhnliche Stücke zu erstehen.

Der Mont Royal ist über die Treppen am oberen Ende der Rue Peel erreichbar. Die Route der Busse 80 und 129 verläuft zwischen der Metrostation der Place des Arts und dem Denkmal für Georges Étienne Cartier. Bus 11 startet an der Metrostation des Mont Royal und fährt quer durch den Park.

QUARTIER LATIN & VILLAGE

Das Quartier Latin ist Montréals umtriebigster Stadtteil. Es ist ein etwas heruntergekommenes Vergnügungsviertel, das mit französischer Eleganz aufgewertet wird. Im Gefolge der Université de Montréal (1893) siedelten sich in dem Bezirk noch weitere renommierte Kultureinrichtungen und die reiche französische Bürgerschicht an. Nachdem die Hochschule auf einen größeren Campus nördlich des Mont Royal umzog, kam das Quartier Latin wieder außer Mode, und Kriminalität und Verwahrlosung hielten Einzug. Die Situation verbesserte sich erst wieder mit der Gründung der Université de Québec im Jahr 1969.

Vor allem während des Festival International de Jazz (S. 250), FrancoFolies (S. 250) und Just for Laughs (S. 250) erweist sich das Viertel als actiongeladener Hotspot. Mit gut besuchten Bars, angesagten Bistros, Musikclubs und Plattenläden ist hier rund um die Uhr was los. Das Quartier Latin wird von den Straßen Rue Sanguinet, Rue Sherbrooke, Rue St-Hubert und dem Blvd René-Lévesque begrenzt. Im Süden grenzt unmittelbar Vieux-Montréal an, das am besten über die Rue St-Denis erreichbar ist.

Vor etwa zehn Jahren begann Montréals Schwulen- und Lesbengemeinde, das ehemalige Armenviertel im Osten der Stadt mit neuem Leben zu erfüllen. Mittlerweile ist das Village weit mehr als nur ein Schwulenviertel. In der Rue Ste-Catherine mit ihren Cafés, Bistros und anspruchsvollen Restaurants tummeln sich die Leute unabhängig ihrer sexuellen Neigungen. Das Village ist für sein pulsierendes Nachtleben bekannt, während tagsüber Angestellte der im Viertel ansässigen großen Medienunternehmen das Straßenbild bestimmen. Im Sommer geht es hier am heißesten her, wenn Hunderttausende Besucher aus aller Welt zum Divers/Cité (s. Kasten S. 260) zusammenkommen, eine gigantische, jährlich stattfindende Schwulen- und Lesbenparade.

Lebensadern des (Gay) Village sind die Rue Ste-Catherine Est und deren Seitenstraßen Rue St-Hubert im Westen und Ave de Lorimier im Osten.

PLATEAU MONT-ROYAL

Das Plateau östlich des Parc du Mont Royal ist Montréals jüngstes, lebendigstes und künstlerischstes Viertel. Der ehemalige Arbeiterbezirk änderte in den 1960er- und 1970er-Jahren sein Gesicht, als sich Schriftsteller, Sänger und andere Kreative hier niederließen – darunter der Dramatiker Michel Tremblay, dessen ungeschminkter Blick auf die schrillen Seiten des Viertels den Kultstatus des Plateaus begründete.

Heutzutage träumen viele Montréaler davon, hier zu wohnen – wären da nicht die ständig steigenden Immobilienpreise. Wer bei einem Spaziergang das charakteristische Straßenbild mit den gewundenen Treppenhäusern, kunstvollen schmiedeeisernen Balkonen und viktorianischen Spitzdächern bewundert, versteht schnell, warum.

Das Plateau erstreckt sich grob zwischen Blvd St-Joseph im Norden, Rue Sherbrooke im Süden, Mont-Royal im Westen und Ave de Lorimier im Osten. An allen drei Hauptstraßen – Blvd St-Laurent („The Main"), Rue St-Denis und Ave du Mont-Royal – sind Straßencafés, Restaurants, Nachtclubs und Boutiquen zu finden. Zahlreiche BYOW-Restaurants (*bring your own wine*) gibt's in der Rue Duluth und der Rue Prince Arthur. Letztere war in den 1960er-Jahren die Hochburg der Montréaler Hippieszene.

LITTLE ITALY & MILE END

Das lebendige Little Italy nördlich des Plateaus ist vom Aroma und der Würze seines Mutterlandes geprägt – hier scheinen der Espresso stärker, die Pastasauce dicker und die Küchenchefs runder zu sein. Und italienischer Fußball scheint direkt auf dem Blvd St-Laurent stattzufinden, wo man stolz die grün-weiß-rote Fahne hisst. Bei einem Spaziergang lässt sich die Atmosphäre wunderbar aufsaugen, und ein Abstecher zum stetsgeschäftigen Marché Jean Talon (S. 258) ist quasi Pflicht.

Mile End ist das „neue Plateau“ für Studenten und Künstler, die auf der Suche nach einer erschwinglicheren und weniger polierten Location hierher flüchten. Der Bezirk ist so cool wie sein Vorbild und hat zwei tolle Bagel-Shops. Außerdem gibt es gehobene Restaurants entlang der Ave Laurier. Unmengen immer angesagterer Treffpunkte liegen in der Rue St-Viateur und am Blvd St-Laurent. In diesem Viertel leben chassidische Juden Tür an Tür mit Einwanderern aus ganz Europa. Von der multikulturellen Atmosphäre zeugen auch die traditionellen griechischen Lokale in der Ave du Parc sowie die polnische Kirche St. Michael's in der Rue St-Urbain, die im neobyzantinischen Stil erbaut wurde. Neben *Die Lehrjahre des Duddy Kravitz* spielen noch viele weitere Werke des gefeierten kanadischen Romanciers Mordecai Richler im Mile End.

PARC OLYMPIQUE & UMGEBUNG

1976 war Montréal Gastgeber der Olympischen Sommerspiele, denen das Gebiet östlich des Zentrums eine Menge neuer Attraktionen zu verdanken hat. Eine davon ist der wunderschöne Botanische Garten, den man über die Rue Sherbrooke erreicht.

Jardin Botanique & Insectarium GARTEN

(www2.ville.montreal.qc.ca/jardin; 4101 Rue Sherbrooke Est; Erw./Kind Mai–Okt. 16,50/ 8,25 C$, Nov.–April 14/7 C$, Kombi-Ticket mit Biodôme 28/14 C$; ⌚Mitte Mai–Mitte Sept. 9–18 Uhr, Mitte Sept.–Okt. bis 21 Uhr, Nov.–Mitte Juni Di–So bis 17 Uhr; Ⓜ Pie-IX) Nach den Botanischen Gärten von London und Berlin ist Montréals 1931 angelegter Jardin Botanique mit etwa 22 000 Pflanzenarten in 30 Gartenanlagen der drittgrößte seiner Art. In der Stein- und Wasserlandschaft des beschaulichen **Jardin Japonais** beispielsweise wachsen Rhododendren, Seerosen und Bonsai-Bäume. Weitere Highlights des Gartens sind der **First Nations Garden**, der **Jardin Chinois**, der **Rosengarten** und die zehn Gewächshäuser voller Kakteen, Bananenstauden, Orchideen und anderen herrlichen tropischer Pflanzen.

Mit der Eintrittskarte kommt man auch ins **Insektarium**, in dem es eine ganze Reihe interessanter Krabbeltiere zu bestaunen gibt. Die meisten von ihnen sind tot und in Vitrinen ausgestellt, es gibt aber auch Insektenarten, die noch kräftig umherkrabbeln oder -summen, darunter Taranteln, Bienen und Skorpione. Auf keinen Fall das **Schmetterlingshaus** verpassen!

Bestes Fortbewegungsmittel in diesem gigantischen Garten ist die kleine „Hop on hop off“-Bahn, die (nur im Sommer) etwa alle 35 Minuten ihre Runden dreht. Jeden Tag (Nov.–Mai montags nicht) starten um 10.30 und 13.30 Uhr am Besucherzentrum kostenlose Führungen. Alle Einrichtungen sind auch mit dem Rollstuhl zugänglich.

Biodôme MUSEUM

(www.biodome.qc.ca; 4777 Ave Pierre de Coubertin; Erw./Kind 16,50/8,25 C$, Kombi-Ticket mit Jardin Botanique/Insektarium 28/14 C$; ⌚Mitte Juni–Mitte Sept. 9–18 Uhr, Mitte Sept.–Mitte Juni bis 17 Uhr; Ⓜ Viau) Im wunderbaren Biodôme im ehemaligen olympischen Velodrom sind vier Ökosysteme reich an verschiedenen Tier- und Pflanzenarten nachgebildet. Der Rundgang führt zuerst durch den schwülen tropischen Regenwald, in dem Anakondas, Kaimane und Zweifingerfaultiere die Massen begeistern. Nächste Station sind die gemäßigteren Laurentinischen Wälder, deren Bäume, wie draußen in der Natur, im Herbst ihre Farbe wechseln. Mittelpunkt der Sankt-Lorenz-Golf-Sektion sind ein riesiges Aquarium und eine Felsklippe, wobei die Pinguine im Antarktis-Teil klarer Publikumsliebling sind.

Zwischen dem Biodôme und dem Jardin Botanique verkehrt von Mai bis September ein kostenloses Shuttle.

Parc Olympique AREAL

Herzstück des weitläufigen Parc Olympique ist sein **Stade Olympique** (Olympic Stadium; Karte S. 233; www.rio.gouv.qc.ca; 4141 Ave Pierre de Coubertin; geführte Touren Erw./Kind 8/4 C$; ⌚9–18 Uhr; Ⓜ Pie-IX), das Platz für bis zu 80 000 Zuschauer bietet und heute für verschiedenste Events wie Sportveranstaltungen, Konzerte und Messen genutzt wird.

Bei schönem Wetter lohnt es sich, mit dem doppelstöckigen Aufzug auf den **Tour de Montréal** (Montréal Tower; Erw./Kind 15/7,50 C$; ⌚Juni–Sept. 10–19 Uhr, Okt.–Mai bis 17 Uhr) hinaufzudüsen. Er ist mit 190 m Höhe und einer Neigung von 45° das größte schiefe Bauwerk der Welt. Von der verglasten Aussichtsplattform bietet sich ein Rundumblick über Stadt, Fluss und Land.

Unterhalb davon befindet sich das Centre Sportif (S. 248).

PARC JEAN-DRAPEAU

Auf dem Gelände der äußerst erfolgreichen Weltausstellung von 1967 erstreckt sich heute der **Parc Jean-Drapeau** (Karte S. 233; www.parcjeandrapeau.com). Seine beiden In-

Plateau, Quartier Latin & Village

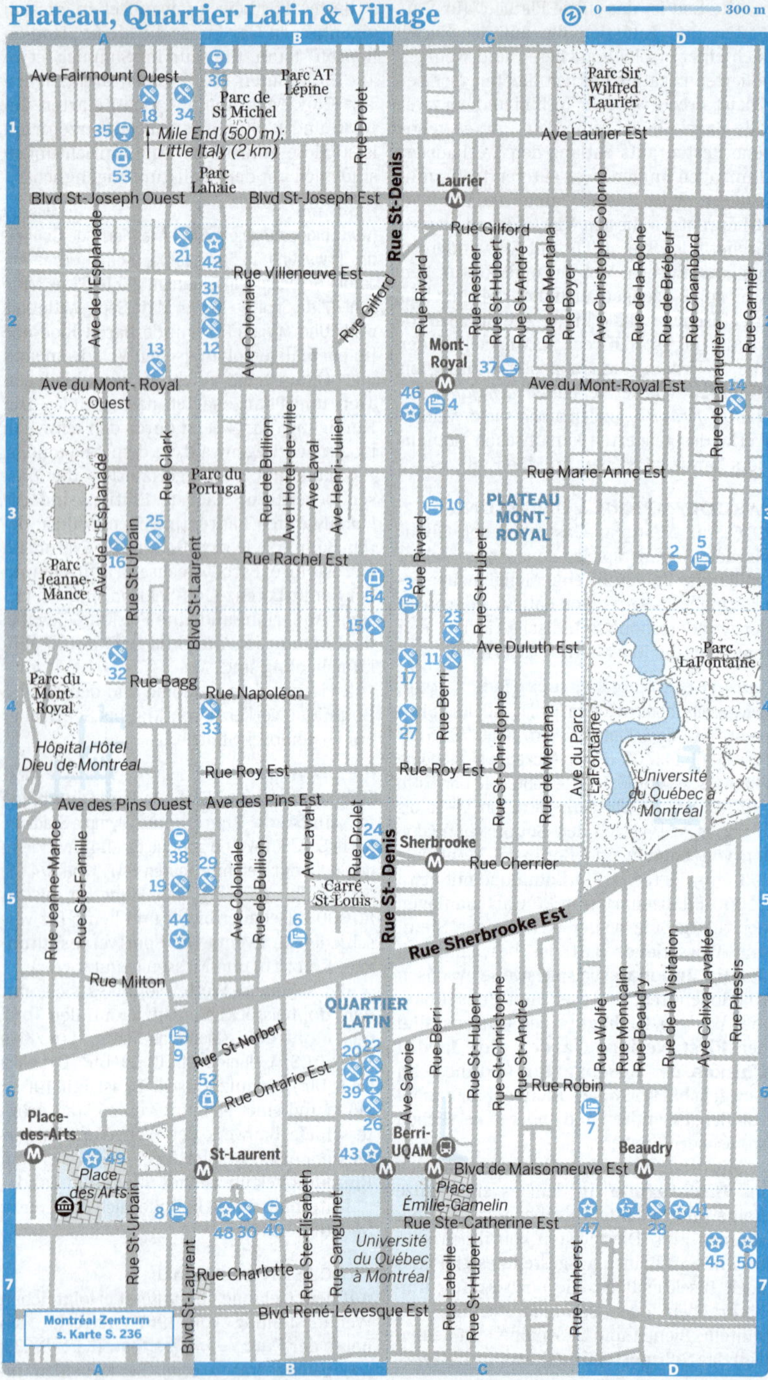

Plateau, Quartier Latin & Village

Sehenswertes
1 Musée d'Art Contemporain ... A7

Aktivitäten, Kurse & Touren
2 La Maison des Cyclistes ... D3

Schlafen
3 Anne ma Soeur Anne ... C3
4 Au Piano Blanc ... C2
5 Auberge de la Fontaine ... D3
6 Gingerbread Manor ... B5
7 La Loggia Art & Breakfast ... D6
8 L'Abri du Voyageur ... A7
9 Opus Montréal ... A6
10 Shézelles ... C3

Essen
11 Au Pied de Cochon ... C4
12 Aux Vivres ... B2
13 Beauty's ... A2
14 Chez Cora ... D2
15 Chu Chai ... B4
16 Crudessence ... A3
17 Eduardo ... C4
18 Fairmount Bagel ... A1
19 Juliette et Chocolat ... A5
20 La Paryse ... B6
21 La Sala Rosa ... A2
22 Le Commensal ... B6
23 Le Jardin de Panos ... C4
24 Le Nil Bleu ... B5
25 Le Roi Du Plateau ... A3
26 Les 3 Brasseurs ... B6
27 L'Express ... C4
28 Liquid Nutrition ... D7
29 Maestro SVP ... B5
30 Ong Ca Can ... B7
31 Robin Des Bois ... B2
32 Santropol ... A4
33 Schwartz's ... B4
34 Wilensky's Light Lunch ... A1

Ausgehen
35 Baldwin Barmacie ... A1
36 Bu ... B1
37 Caffé ArtJava ... C2
38 Gogo Lounge ... A5
39 Le St Sulpice ... B6
40 Le Ste-Elisabeth ... B7

Unterhaltung
41 Aigle Noir ... D7
42 Casa del Popolo ... B2
43 Cinerobothéque ... B6
44 Ex-Centris Cinema ... A5
Foufounes Electriques ... (siehe 30)
45 Le Drugstore ... D7
Les Grands Ballets Canadiens ... (siehe 49)
46 L'Esco ... C2
47 Mado Caberet ... D7
48 Metropolis ... B7
49 Opéra de Montréal ... A6
Orchestre Symphonique de Montréal ... (siehe 49)
50 Sky Pub & Club ... D7
51 Unity II ... D7

Shoppen
52 Eva B ... B6
53 Les Touilleurs ... A1
54 Ulysses ... B3

seln, Île Ste-Hélène und Île Notre-Dame, werden vom Sankt-Lorenz-Strom eingerahmt. Zwar ist die Natur Hauptattraktion des Parks, es gibt hier aber auch ein Kasino à la Las Vegas, eine Formel-Eins-Rennstrecke und ein Museum in einer alten Festung. Im Sommer steht in der Nähe der Metrostation Jean-Drapeau ein **Informationskiosk** (☎514-872-4537).

Die Inseln sind mit dem Auto über die beiden Brücken Pont Jacques Cartier (Île Ste-Hélène) und Pont de la Concorde (Île Notre-Dame) zu erreichen. Fußgänger und Fahrradfahrer gelangen mit den **Fähren** (Quai Jacques Cartier) vom Vieux-Port in den Park (Erw./Kind 6 C$/frei, Mitte Mai–Mitte Okt.). Mit dem Rad oder den Inlineskates kann man aber auch den Schildern nach Cité du Havre folgen und dann vom Radweg entlang des Canal Lachine in Richtung Île Notre-Dame abbiegen.

Bus 167 verbindet die beiden Inseln miteinander.

Île Ste-Hélène
AREAL

An der Nordspitze der Insel liegt der riesige Vergnügungspark **La Ronde** (Karte S. 233; www.laronde.com; Erw./Kind 40/20,50 C$; ⌚Mai & Sept. am Wochenende 11–19 Uhr, Juni wochentags bis 21 Uhr, Juni am Wochenende und Juli & Aug. tgl. bis 23 Uhr). Er gehört zum US-Konzern Six Flags und hat viele nervenaufreibende Attraktionen: In **Le Splash** wird man nass bis auf die Haut, **Le Monstre** ist die höchste Holzachterbahn der Welt und die fünf Loopings der Hänge-Achterbahn

Le Vampire schütteln die wagemutigen Passagiere ganz schön durch. Außerdem gibt es viele Fahrgeschäfte für Kinder, Liveshows und eine Miniaturbahn, aus der man einen schönen Blick auf den Fluss und die Stadt hat. An den Wochenenden im Juni und Juli wird hier der Loto-Québec, ein internationaler Feuerwerkswettbewerb abgehalten (s. S. 292).

In der Nähe von La Ronde steht eine alte Festung aus dem 19. Jh., die die Briten zur Verteidigung Montréals gegen amerikanische Angriffe errichtet haben. Hinter den steinernen Schutzmauern ist das **Musée Stewart** (www.stewart-museum.org; Erw./Kind 12 C$/frei; ⌚Mitte Mai–Anfang Okt. 10–17 Uhr) untergebracht. Zu sehen ist dort eine Sammlung alter Karten, Dokumente, Navigationsgeräte, Feuerwaffen und andere Artefakte, die die Anfänge Kanadas beleuchten.

Die Insel ist von Fußwegen durchzogen, die sich an Gärten und den alten Pavillons der Weltausstellung vorbeischlängeln. Der amerikanische Pavillon innerhalb des kugelförmigen Bucky-Fuller-Dome beherbergt heute die **Biosphère** (www.biosphere.ec.gc.ca; Erw./Kind 12 C$/frei; ⌚Mai–Nov. 10–18 Uhr). Anhand interaktiver Stationen wird dem Besucher das Ökosystem der Großen Seen und des Sankt-Lorenz-Stroms erläutert, das 20 % der weltweiten Trinkwasserreserven ausmacht. Auch Beispiele für Nachhaltigkeit im Alltag und Möglichkeiten zur Senkung des Stromverbrauchs sind zu sehen, und es werden Führungen durch ein versorgungsunabhängiges und mit Solarstrom betriebenes Haus angeboten. Von der Visions Hall aus hat man eine tolle Aussicht über den Fluss.

Île Notre-Dame — AREAL

Die von Kanälen und schönen Fußwegen durchzogene Île Notre-Dame wurde mit den 15 Mio. t Erde und Gestein aufgeschüttet, die beim Bau der Montréaler Metro anfielen. Jedes Jahr wird hier der Große Preis von Kanada (S. 250) auf dem **Circuit Gilles Villeneuve** ausgetragn. Die Rennstrecke ist nach dem aus Québec stammenden Formel-Eins-Piloten benannt, dem Vater von Jacques Villeneuve, der 1982 bei einem Unfall ums Leben kam. Von Mitte April bis Mitte November ist der geschmeidig glatte Asphalt für Radfahrer und Inlineskater geöffnet.

Das ganze Jahr über übt das gigantische, raumschiffartige **Casino de Montréal** (Karte S. 233; 1 Ave du Casino; Eintritt frei; ⌚24 Std.) eine magische Anziehungskraft aus. Es ist im ehemaligen französischen Pavillon der Weltausstellung untergebracht. An 3000 Automaten und 115 Spieltischen kann man sein Glück herausfordern. Der Eintritt ist erst ab 18 Jahren erlaubt und im Spielbereich gilt absolutes Alkoholverbot. Der Pavillon ist über Brücken mit dem **Jardin des Floralies** verbunden, einem entzückenden Rosengarten.

An heißen Sommertagen lockt die **Plage des Îles** (S. 248) Tausende von Besuchern an die Südspitze der Insel. Nicht weit entfernt ist das **Bassin Olympique**, der ehemalige olympische Ruderkurs, auf dem jedes Jahr Ende Juli das beliebte Dragon Boat Race & Festival stattfindet.

Habitat '67 — GEBÄUDE

Eine schmale, künstlich angelegte Landzunge, die Cité du Havre, schützt den Hafen vor Strömungen und Eis. Hier, zwischen Vieux-Montréal und der Île Ste Hélène, entwarf Moshe Safdie im Rahmen der Weltausstellung 1967 das Habitat '67. Der experimentelle Wohnkomplex besteht aus mehreren Betonwürfeln, die auf clevere Weise in bizarren Winkeln angeordnet sind und so allen 150 Wohneinheiten sowohl Privatsphäre als auch eine tolle Aussicht bieten. Obwohl diese Eigentumswohnungen zu den begehrtesten Immobilien Montréals gehören, sind sie mit 350 000 C$ für ein 116 m² großes Apartment aus zwei Würfeln noch relativ günstig.

ÜBRIGES STADTGEBIET

Die Geschichte, Architektur und Atmosphäre des westlichen Vororts Lachine sind auf jeden Fall einen Abstecher wert. Vom Tourismus noch recht unbeeindruckt, sind hier die Kultur und Wurzeln Montréals noch greifbar. Am Blvd St-Joseph stehen sowohl das beeindruckende Nonnenkloster College Ste Anne als auch das Rathaus. Die kleineren Straßen dahinter sind perfekt zum Umherschlendern.

Canal de Lachine — AREAL

Der 1825 fertiggestellte Canal de Lachine hat eine Länge von 14,5 km und verläuft vom Vieux-Port bis zum Lac St-Louis. Ziel war es, die tosenden Lachine-Stromschnellen des Sankt-Lorenz-Stroms zu umgehen. Mit der Fertigstellung des Sankt-Lorenz-Seewegs wurde der Schiffsverkehr hier 1970 eingestellt, woraufhin entlang des Kanalufers ein Park mit tollen Möglichkeiten zum Radfahren und Spazierengehen angelegt wurde. Seit 2002 wird der Kanal mehr und mehr von Ausflugs- und Sightseeing-Booten bevölkert.

Lieu Historique National du Commerce-de-la-Fourrure-à-Lachine HISTORISCHE STÄTTE (www.parkscanada.gc.ca/fourrure; 1255 Blvd St-Joseph; Erw./Kind 3,90/1,90 C$; ⏲Mai–Okt. 9.30–12.30 & 13–17 Uhr; Ⓜ Angrignon, Bus 195) Die Ausstellung in einem alten Steinhaus am Ufer erzählt die Geschichte des kanadischen Pelzhandels. Vor dem Bau des Kanals war Lachine Dreh- und Angelpunkt von Montréals Pelzhandel, da die Stromschnellen zuvor mit Booten nicht zu überwinden waren.

Das nahe gelegene **Besucherzentrum** (500 Rue des Iroquois; Eintritt frei; ⏲Mitte Mai–Anfang Okt. 10–17 Uhr) bietet Führungen an und informiert in einer Ausstellung über die Geschichte des Kanals.

Aktivitäten

Rad fahren & Inlineskaten

Montréal ist ein Traum für jeden Radfahrer. Erst vor Kurzem wurde Bixi eingeführt, ein Fahrradverleih mit Selbstbedienung, dessen über 300 solarbetriebene Stationen in der ganzen Innenstadt verteilt sind. Seither kann jedermann das über 500 km lange Wegenetz nutzen, das Radfahrern und Inlineskatern zur Verfügung steht. Wer eine größere Tour plant, holt sich sein Bike aber lieber in einem normalen Fahrradverleih. Dort gibt's neben einer größeren Auswahl auch Radkarten. Eine beliebte Strecke ist der 14,5 km lange Weg entlang des Canal de Lachine (S. 246). Sie beginnt in Vieux-Montréal und kommt unterwegs an allerlei historischen Stätten vorbei. Um an den zahlreichen Picknicktischen unterwegs nicht leer dazustehen, deckt man sich auf dem fantastischen Marché Atwater (S. 254) rechtzeitig mit ein paar Köstlichkeiten ein.

Ebenfalls cool ist der geschmeidige Fahrbahnbelag des **Circuit Gilles Villeneuve** auf der Île Notre-Dame, auf dem von Mitte April bis Mitte November jedermann kostenlos seine Runden drehen kann. Nur Mitte Juni nicht, dann findet hier nämlich der Große Preis von Kanada statt.

Weitere Anregungen bekommt man in Buchläden, Touristeninformationen oder in einem der folgenden Verleihe für Fahrräder und Inlines:

Bixi (montreal.bixi.com; Kaution 250 C$, Grundgebühr 24 Std./30 Tage/1 Jahr 5/28/78 C$, Nutzungsgebühren 30/60/90 Min. frei/1,50/3 C$; ⏲April–Nov. 24 Std.) Alle paar Blocks und zusätzlich an jeder wichtigen Sehenswürdigkeit bzw. Attraktion findet man eine von 300 Stationen zum Abholen oder Abgeben der Fahrräder.

Ça Roule Montréal (Karte S. 236; www.caroulemontreal.com; 27 Rue de la Commune Est, Vieux-Port; Fahrrad pro Std./24 Std. 9/35 C$, Inlineskates 1./jede weitere Std. 9/4 C$; ⏲April–Okt. 9–20 Uhr)

La Maison des Cyclistes (Karte S. 244; www.velo.qc.ca; 1251 Rue Rachel Est; ⏲Mo–Fr 8.30–19, Sa & So ab 9 Uhr) Café, Buchladen und Verleih.

Schlittschuhlaufen

Atrium (Karte S. 236; www.le1000.com; 1000 Rue de la Gauchetière Ouest; Erw./Kind 6,50/4,50 C$, Schlittschuhverleih 6 C$; ⏲Okt.–April Di–So 11.30–21, Mo bis 18 Uhr, Mai–Sept. Di–Fr 11.30–18, Sa 12–22, So 12–18 Uhr) Hier kann man zu jeder Jahreszeit aufs Eis: Unter der gigantischen, hochmodernen Glaskuppel des höchsten Turms von Montréal verbirgt sich eine Schlittschuhbahn.

Lac des Castors (Karte S. 233; Parc du Mont Royal; Eintritt frei, Schlittschuhverleih 7 C$; ⏲Winter 9–18 Uhr, wetterabhängig) Tolle Eisbahn im Freien. Versteckt sich im Wald in der Nähe eines großem Parkplatzes und Pavillons.

Patinoire du Bassin Bonsecours (Karte S. 236; Parc du Bassin Bonsecours, Vieux-Port; Erw./Kind 5/3 C$, Schlittschuhverleih 6 C$; ⏲Winter 11–18 Uhr, wetterabhängig) Eine der beliebtesten Freilufteisbahnen Montréals.

NICHT VERSÄUMEN

MONTRÉALS HIGHLIGHTS

» **Kondiaronk Lookout** (S. 241) Fantastisches Panorama, vor allem bei Nacht

» **Mile End** (S. 242) Angesagtester neuer Treffpunkt der Stadt

» **Marché Jean Talon** (S. 258) Überwältigende Auswahl an frischen Produkten

» **Canal de Lachine** (S. 246) Radfahrer-Paradies

» **Parc du Mont Royal** (S. 241) Sonntägliche Trommel-Sessions – das Plateau wie es leibt und lebt

Schwimmen

Plage des Îles STRAND

(Île Notre-Dame; Erw./Kind 8/4 C$; ⌚Ende Juni–Ende Aug. 10–19 Uhr) An heißen Sommertagen ist dieser künstlich angelegte Sandstrand genau das Richtige für eine Abkühlung. Erreicht er mit 5000 Besuchern seine maximale Auslastung, ist's mit der Privatsphäre allerdings vorbei. Das Wasser wird gefiltert und mit Chemikalien behandelt und sollte somit sicher, sauber und ideal für Kinder sein. Am Wassersport-Pavillon am nördlichen Zugang zum Strand können Kajaks, Tretboote und weitere Wassersportausrüstung ausgeliehen werden.

Centre Sportif SCHWIMMBAD

(4141 Ave Pierre de Coubertin; Erw./Kind 5,50/4,10 C$; ⌚Mo–Fr 6.30–21.55, Sa & So 9–16.25 Uhr) Wer ungestört seine Bahnen ziehen möchte, macht dies am besten im Centre Sportif des Parc Olympique. Das Centre Sportif ist ein riesiger Bäderkomplex mit sechs Schwimmbecken, Sprungbrettern und einem 20 m tiefen Becken für Sporttaucher.

Geführte Touren

Gray Line/Coach Canada BUSTOUR

(☎514-934-1222; www.grayline.com; Erw./Kind 44/31 C$; ⌚Anfang Mai–Sept. 10, 12, 13 & 15 Uhr, Okt.–Ende Mai 10 & 13 Uhr) Die dreistündige Greater-Montréal-Tour dieses renommierten Anbieters verschafft einen Überblick über Vieux-Montréal, den Parc Olympique, St. Joseph's Oratoire und die Innenstadt. Der Preis für die sechsstündige **Deluxe-Montréal-Tour** (83/57 C$; ⌚Juni–Okt. 10 Uhr) beinhaltet den Eintritt zum Tour de Montréal, in den Biodôme und den Jardin Botanique. Abfahrt der Touren ist vor dem Centre Infotouriste (Karte S. 236).

Lachine Rapids Tours BOOTSFAHRT

(Karte S. 236; ☎514-284-9607; www.jetboatingmontreal.com; Jetboot-Tour Erw./Kind 65/45 C$, Speedboot-Tour 25/18 C$; ⌚Juni–Sept. 10–18 Uhr) Bei einer Jetboat-Tour durch die Lachine-Stromschnellen wird man ordentlich nass. Wer sich für das Schnellboot entscheidet, startet am Quai Jacques Cartier und ist dann eine holprige halbe Stunde rund um den Parc des Îles unterwegs.

Le Bateau Mouche BOOTSFAHRT

(Karte S. 236; ☎514-849-9952; www.bateaumouche.com; 1-stündige Touren Erw./Kind 23/11 C$; ⌚Mitte Mai–Mitte Okt. 11, 14.30 & 16.30 Uhr) Die klimatisierten Boote mit Glasdach starten am Quai Jacques Cartier zu ihren einstündigen Rundfahrten durch den Vieux-Port und zum Parc Jean-Drapeau. Um 12.30 Uhr startet die 90-minütige Variante (27/14 C$).

Guidatour STADTSPAZIERGANG

(☎514-844-4021; www.guidatour.qc.ca; Erw./Kind 19,50/10,50 C$; ⌚Mitte Mai–Ende Juni Sa & So 11 & 13.30 Uhr, Ende Juni–Mitte Okt. tgl.) Die „geschichtsträchtigen" Führungen durch Vieux-Montréal werden von den zweisprachigen Guidatour-Guides mit lustigen Geschichten und Anekdoten aufgelockert. Los geht's an der Basilique Notre-Dame (Karte S. 236).

AML Cruises BOOTSFAHRT

(Karte S. 236; ☎514-842-9300; www.croisieresaml.com; Erw./Kind 27/14 C$; ⌚11.30, 14 & 16 Uhr) Die 90-minütigen AML-Touren steuern den Vieux-Port und die Île Ste-Hélène an. Abgelegt wird am Quai King Edward.

Autobus Viens/Impérial BUSTOUR

(☎514-871-4733; 2-/3-stündige Tour 35/40 C$; ⌚Mai–Okt. 10, 12, 13 & 15 Uhr, Nov.–April 10 & 13 Uhr) Eine umfangreiche Tour, bei der keine der großen Sehenswürdigkeiten Montréals ausgelassen wird. Es geht u.a. nach Vieux-Montréal (mit einer halbstündigen Führung durch die Basilique Notre-Dame), zum Parc Jean-Drapeau und in den Parc Olympique. Die Touren beginnen vor dem Centre Infotouriste (Karte S. 236).

Feste & Events

Während der Hauptsaison im Sommer (Juni–Aug.) wird in Montréal ein Festival nach dem anderen gefeiert. Kostenlose Open-Air-Konzerte und Darbietungen von Straßenkünstlern erfüllen die Straßen der Innenstadt mit Leben. Größere Events, wie das Festival International de Jazz und Just For Laughs, führen rund um das Festivalgelände zu Straßensperrungen.

Fête des Neiges WINTER

(www.fetedesneiges.com; ⌚Ende Jan./Anfang Feb.) Im Parc Jean-Drapeau ist an drei Wochenenden Winterspaß satt angesagt.

Highlights Festival MUSIK, ESSEN

(www.montrealenlumiere.com; ⌚Ende Feb.) Eine Festivalreihe, bei der die lokale Küche, Musik und bildenden Künste präsentiert werden. Höhepunkt des Ganzen ist eine die ganze Nacht andauernde Party mit anschließendem Gemeinschaftsfrühstück. Dabei gibt's Omelette für alle – aus 10 000 Eiern, die in einer riesigen Pfanne gebraten werden.

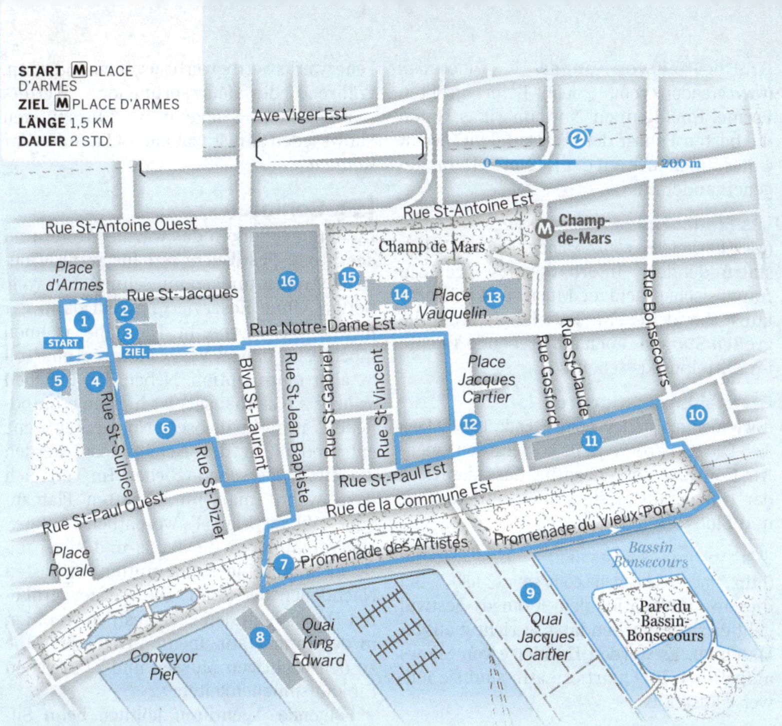

Stadtspaziergang

Montréal

Startpunkt ist die 1 **Place d'Armes** (S. 237), auf der die Schlacht der Irokesen gegen die Siedler unter der Führung Maisonneuves stattfand. Hinter seinem Rücken erheben sich der erste Wolkenkratzer der Stadt, das 2 **New York Life Building** (S. 238) und das tolle Art-déco-Gebäude 3 **Aldred Building** (S. 238).

Ein Blickfang ist die 4 **Basilique Notre-Dame** (S. 235), die auch wegen ihres Promi-Faktors für Aufsehen sorgt: Céline Dion ließ sich hier trauen, und Luciano Pavarotti nahm sein berühmtes Weihnachtskonzert hier auf. Westlich der Kirche liegt das 5 **Vieux-Séminaire** (S. 237).

Von der Rue St-Sulpice zweigt die 6 **Rue Le Royer** ab, in der die ersten Lofts der Stadt über der Passage aufragen. Von dort geht es runter zum sanierten Vieux-Port, der über die 7 **Promenade des Artistes** erreichbar ist. Der Blick auf die Fassaden der viktorianischen Gebäude der Rue de la Commune ist atemberaubend. Anschließend stillt man entweder im 8 **Centre des Sciences de Montréal** (S. 239) seinen Wissensdurst oder schnappt sich eine Fähre zum Parc Jean-Drapeau (S. 243). Abgelegt wird vom 9 **Quai Jacques Cartier**.

An der Ecke Rue Bonsecours und Rue St-Paul steht die älteste Steinkirche der Stadt, die 10 **Chapelle Notre-Dame-de-Bonsecours** (S. 235), und in westlicher Richtung erstreckt sich der 11 **Marché Bonsecours** (S. 238), die ehemalige Markthalle, die heute fest in der Hand von Boutiquen ist.

Die Stände der Seitenstraßen abseits der Rue St-Amable sind einen Blick wert, bevor um die Ecke die 12 **Place Jacques Cartier** (S. 238) erreicht ist. Am Nordende der Straße taucht das atemberaubende 13 **Hôtel de Ville** (S. 238) auf.

Zurück auf der Rue Notre-Dame geht's vorbei am 14 **Vieux Palais de Justice** zum angrenzenden neoklassizistischen 15 **Cour d'Appel du Québec**. Er bildet einen Kontrast zum modernen 16 **Palais de Justice** gegenüber. Endstation des Spaziergangs ist wieder die Place d'Armes.

Großer Preis von Kanada AUTORENNEN
(www.grandprix.com; ⏲Juni) Beim größten Formel-Eins-Rennen Nordamerikas treten die besten Fahrer der Welt auf dem Circuit Gilles Villeneuve auf der Île Notre-Dame gegeneinander an.

Les FrancoFolies FRANZÖSISCHE KULTUR
(www.francofolies.com; ⏲Ende Juni) Jährlich stattfindendes internationales Festival französischsprachiger Musik und Bühnenkunst, bei dem zehn Tage lang sowohl die großen Stars als auch aufstrebende Talente im Mittelpunkt stehen.

Festival International de Jazz JAZZ
(www.montrealjazzfest.com; ⏲Ende Juni/Anfang Juli) Die 650 größtenteils kostenlosen Open-Air-Konzerte sorgen dafür, dass das Herz der Innenstadt elf Tage lang nur für Jazz und Blues schlägt.

Just for Laughs Festival COMEDY
(http://montreal.hahaha.com/en; ⏲Juli) Bei diesem internationalen Comedy-Festival geht es zwei Wochen lang so richtig ausgelassen zu. Es werden Hunderte von Shows aufgeführt; im Quartier Latin sind sie teilweise kostenlos.

L'International Des Feux Loto Québec FEUERWERK
(www.internationaldesfeuxloto-quebec.com/en; ⏲Mitte Juni–Ende Aug.) Die weltbesten Pyrotechniker treten bei diesem internationalen Feuerwerkswettbewerb gegeneinander an. Während des feuersprühenden Wettbewerbs zeigen sie in zehn- bis 30-minütigen Shows jeden Samstagabend in La Ronde ihr Können.

Schlafen

Im Sommer sorgen das warme Wetter und das bunte Festivaltreiben für wahre Touristenströme und somit schnell für volle Betten. Ohne Reservierung geht dann gar nichts. Wer gerne in Ufernähe wohnen möchte, für den ist Vieux-Montréal eine tolle, aber teure Option. Neben den üblichen *auberges* (Gasthäuser) ist hier eine brandneue, ultra-luxuriöse Nobelhotel-Szene entstanden. In der Nebensaison werden die Zimmer erschwinglicher. Im Vergleich dazu wohnt man im lebhaften Plateau- oder Village-Viertel wesentlich billiger. Hier dominieren die B&Bs und gleichzeitig hat man eine Bleibe mitten im besten Nachtleben der Stadt. Die meisten größeren Hotels befinden sich westlich von hier, in der Innenstadt, in unmittelbarer Nähe zu den wichtigen Museen und zahlreichen Einkaufsmöglichkeiten.

Folgende Agenturen können beim Suchen und Buchen von Unterkünften behilflich sein:

BB Select (www.bbselect.com/quebec)

BBCanada (www.bbcanada.com/quebec)

MONTRÉAL MIT KINDERN

Die Kleinen lieben Montréal. Der Parc Olympique ist ein absolutes Kinderparadies: Ein klarer Favorit ist der **Biodôme** (S. 243) mit seinen Stachelschweinen, Pinguinen und anderen einheimischen Zeitgenossen. Und auch das Krabbelgetier im **Insektarium** (S. 243) lässt keinen unberührt – schon beim Gedanken daran juckt und kribbelt es überall.

Angehende Wissenschaftler können im **Centre des Sciences de Montréal** (S. 239) mit seinen unzähligen interaktiven Stationen und Videospielen Feldforschung betreiben, während kleine Raumfahrer sich im **Planétarium de Montréal** (S. 240) eine Show anschauen sollten. Viele Museen bieten Workshops und Führungen die speziell für Kinder gemacht sind an.

An heißen Sommertagen werden durch ein paar Stunden an der **Plage des Îles** (S. 248) nicht zuletzt auch hitzige Köpfchen gekühlt. Der weitläufige Strand auf der Île Notre-Dame ist Teil des Parc Jean-Drapeau. Der Vergnügungspark **La Ronde** (S. 245), der auf der benachbarten Île Ste-Hélène liegt, begeistert mit seinen wilden Achterbahnen und anderen Attraktionen vor allem Teenies. Im sehr beeindruckenden **Atrium** (S. 247) ist Schlittschuhlaufen das ganze Jahr über möglich und sonntags gibt es bis 11.30 Uhr sogar ein spezielles Kinderprogramm. Im Winter laden der gefrorene **Lac des Castors** (S. 247) im Parc du Mont Royal und die überall beliebte Freilufteisbahn **Patinoire du Bassin Bonsecours** (S. 247) in Vieux-Montréal zum Pirouettendrehen auf dem Eis ein.

Viele Hotels können verlässliche, qualifizierte Babysitter empfehlen.

BedandBreakfast.com (www.bedandbreakfast.com/montreal-quebec.html)

Centre Infotouriste (S. 265)

VIEUX-MONTRÉAL

LP TIPP **Hotel Gault** BOUTIQUEHOTEL $$$
(Karte S. 236; ☎514-904-1616, 866-904-1616; www.hotelgault.com; 449 Rue Ste-Hélène; Zi. 220–750 C$; ❄📶) Designliebhaber kommen im Hotel Gault voll auf ihre Kosten. Hier ist alles angenehm minimalistisch gehalten: polierte Betonböden kombiniert mit Akzenten aus Stahl, original gusseiserne Säulen aus dem 19. Jh. und hier und da Details aus warmem Eukalyptusholz. Designerbetten, iPod-Anschlüsse, Flachbildfernseher und beheizte Fußböden im Bad versprühen in jedem einzelnen der 30 hellen, schlichten Zimmer im Loftstil eine warme und komfortable Atmosphäre.

Alternative Backpackers HOSTEL $
(Karte S. 236; ☎514-282-8069; www.auberge-alter native.qc.ca; 358 Rue St-Pierre; B inkl. Steuer 22–24 C$, Zi. 75 C$; @📶) Die Besitzer dieses angesagten Hostels in einem sonnigen Gebäude von 1875 bauen auf einen schicken, lässigen Stil und haben die Räumlichkeiten mit origineller Kunst und bunten Wänden versehen. TV ist hier Fehlanzeige, dafür gibt's Kaffee aus fairem Handel und Bio-Frühstück (6 C$). Wer aufs Geld achten muss, findet hier das beste Angebot in der Stadt.

Bonaparte INN $$$
(Karte S. 236; ☎514-844-1448; www.bonaparte.com; 447 Rue St-François-Xavier; Zi. 145–230 C$, Suite 355 C$; ❄📶) Holzböden, Louis-Philippe-Möbel, Fenster vom Boden bis zur Decke, von denen einige auf die Basilique Notre Dame blicken, und unverputzte Steinwände – diese richtig elegante Unterkunft versprüht ein vornehm-klassisches europäisches Flair. Nach einem ausgiebigen Frühstück mit drei Gängen lohnt sich ein Blick von der Dachterrasse über die Stadt – Kamera nicht vergessen!

Le Petit Hôtel BOUTIQUEHOTEL $$$
(Karte S. 236; ☎514-940-0360, 877-530-0360; www.petithotelmontreal.com; 168 Rue St-Paul Ouest; Zi. 138–268 C$; ❄@📶) Das neueste Mitglied in der Familie der Nobelhotels ist tatsächlich recht *petit* (klein). Es hat nur 24 kleine, mittlere, große und extra-große Zimmer, die Parkettböden, die bunte Möblierung und die vielen modernen elektronischen Geräte sind aber in der Tat *très chic.*

Le Place d'Armes HOTEL $$$
(Karte S. 236; ☎514-842-1887, 888-450-1887; www.hotelplacedarmes.com; 55 Rue St-Jacques; Zi. 126–285 C$, Suite 325–650 C$; ❄📶) Hinter der schmucken Fassade aus dem 19. Jh. verbergen sich moderne Zimmer, die vom frischen Duft des hoteleigenen Wellnessbereichs und Hamams durchströmt werden. Viele davon blicken über die wunderschöne Place d'Armes mit der Basilique Notre-Dame. Tolles Extra sind kostenloser Wein und Käse, der jeden Tag in der gut besuchten Hotelbar gereicht wird.

ZENTRUM

Hôtel Le Germain HOTEL $$$
(Karte S. 236; ☎514-849-2050, 877-333-2050; www.germainmontreal.com; 2050 Rue Mansfield; Zi. 170–475 C$; ❄@📶) Ruhig und elegant – so präsentiert sich dieses unscheinbare ehemalige Bürogebäude, nur einen Steinwurf vom Campus der Université McGill entfernt. Die Zimmer sind ansprechend gestaltet, mit blütenweißer Bettwäsche, dunklen, ausgesprochen schönen und in Québec gefertigten Möbeln und gläsernen Badezimmerwänden (mit Jalousien für schüchterne Badefreunde). Beim kostenlosen Kontinentalfrühstück werden im hauseigenen Restaurant alle Geschütze aufgefahren. Dort zaubert auch Starkoch Laurie Raphaël zur Mittag- und Abendessenszeit ausgefallene regionale Essenskreationen für eine anspruchsvolle Klientel.

Les Bons Matins B&B $$
(Karte S. 236; ☎514-931-9167, 800-588-5280; www.bonsmatins.com; 1401 Ave Argyle; Zi. 129–149 C$, Suite 199–239 C$; ❄📶) Diese Unterkunft hat Klasse und wirkt mit ihren unverputzten Ziegelwänden und lebhaften Farbkompositionen auf Bettwäsche und Wandvorhängen einfach bezaubernd und verführerisch. Es nimmt auch einige benachbarte Reihenhäuser aus der Zeit um die Jahrhundertwende ein. Das Frühstück hat alles, was man sich nur wünscht, mit Gourmet-Quiche, hausgemachten Waffeln und echtem Espresso wie in Italien. Die Parkgebühr beträgt 12 C$ pro Tag.

HI Montréal International Youth Hostel HOSTEL $
(Karte S. 236; ☎514-843-3317, 866-843-3317; www.hostellingmontreal.com; 1030 Rue Mackay; B 28–33 C$, Zi. 76–86 C$; ❄@📶) Diese Jugendherberge ist groß, zentral gelegen und gut geführt und bietet Schlafsäle für vier bis zehn Personen und einige private Zimmer.

Alle haben Klimaanlage und ein eigenes Bad. In der großen Küche, dem Café und den Gemeinschaftsbereichen ist immer was los, vor allem im Sommer, wenn Reservieren Pflicht ist.

Hilton Garden Inn HOTEL $$

(Karte S. 236; ☎877-840-0010; www.hiltongardenmontreal.com; 380 Rue Sherbrooke Ouest; Zi. 179–209 C$; ❄@📶) Dieses Hotel ist nagelneu und Teil des Budgetablegers der beliebten internationalen Hotelkette. Es ist bekannt für großzügige Zimmer, freundlichen Service und eine hervorragende Lage. Der luftige Pool und Fitnessraum auf dem Hoteldach sind ein willkommenes Extra für Familien. Kostenloser Internetzugang, Kühlschränke und Mikrowellen in den Zimmern machen den Deal perfekt. Keines der Zimmer liegt in Hörweite eines Aufzugs oder einer Eismaschine.

Le 1 René-Lévesque HOTEL $

(Karte S. 236; ☎514-871-9696; le1renelevesque.com; 1 Blvd René-Lévesque Est; EZ/DZ 69/89 C$; ❄) Saubere Studio-Suiten ohne viel Schnickschnack, mit Küchenzeilen, eigenem Bad und einem tollen Ausblick. Mit seiner Lage am Rande von Chinatown ist dieses Hotel einer der besten Deals der Stadt. In der Lobby gibt es einen rund um die Uhr geöffneten Laden, in dem bis 23 Uhr Bier verkauft wird und wo man kostenlos (aber mit Kabel) online gehen kann.

Montréal Y Hotel HOTEL $

(Karte S. 236; ☎514-866-9942; www.ydesfemmesmtl.org; 1355 Blvd René-Lévesque Ouest; EZ/DZ 75/85 C$; ❄📶) Das Hotel wird von einer gemeinnützigen Organisation verwaltet, ist aber erfrischend unkonventionell. Die großen, ansprechenden Zimmer werden sowohl an Männer als auch an Frauen vermietet. Gemeinschaftsküche und Waschküche können von allen Gästen genutzt werden. Die Gemeinschaftsbäder sind makellos sauber.

L'Abri du Voyageur HOTEL $

(Karte S. 244; ☎514-849-2922, 866-302-2922; www.abri-voyageur.ca; 9 Rue Ste-Catherine Ouest; Zi. mit Gemeinschaftsbad 75–85 C$, Studio mit Bad 125 C$; ❄📶) Mit großartigen hohen Decken, unverputzten Ziegelwänden und Holzdielenböden bekommt man in diesem beliebten Hotel in Montréals etwas heruntergekommenem „Rotlichtviertel" ein perfektes Preis-Leistungs-Verhältnis geboten. Es werden auch Apartments mit komplett eingerichteter Küche vermietet.

QUARTIER LATIN & THE VILLAGE

La Loggia Art & Breakfast B&B $$

(Karte S. 244; ☎514-524-2493, 866-520-2493; www.laloggia.ca; 1637 Rue Amherst; Zi. ohne Bad 80–130 C$, mit Bad 105–155 C$; @📶) Auch wenn das Reihenhaus aus dem 19. Jh. mitten im Gay Village von außen unscheinbar wirkt, so ist das Innere doch alles andere als durchschnittlich. Miteigentümer Joel hat den fünf modernen Gästezimmern mit seinen Kunstwerken Leben eingehaucht. Das von seinem Partner Rob zubereitete Frühstücksbuffet wird im wunderbar grünen Skulpturengarten hinterm Haus serviert.

PLATEAU MONT-ROYAL

Gingerbread Manor B&B $$

(Karte S. 244; ☎514-597-2804; www.gingerbreadmanor.com; 3445 Ave Laval; Zi. ohne Bad 79–129 C$, mit Bad 109–139 C$; @📶) Die freundlichen Gastgeber Ephraim und Yves haben dieses wunderbar renovierte viktorianische Herrenhaus mit noch erhaltenem Deckenstuck und original Deckenleuchten geschmackvoll-klassisch eingerichtet und es mit modernen Annehmlichkeiten ausgestattet. Auch das Frühstück ist etwas Besonderes – einmal gibt es Quiche mit Biogemüse aus der Region, am nächsten Tag kann aber schon wieder French Toast mit weißer Schokolade und Orange auf dem Frühstücksplan stehen.

Auberge de la Fontaine INN $$$

(Karte S. 244; ☎514-597-0166, 800-597-0597; www.aubergedelafontaine.com; 1301 Rue Rachel Est; Zi. 179–219 C$, Suite 199–360 C$; P@📶) Dieses bezaubernde und elegante Inn zieren kleine Erker. Es liegt am Rand des gigantischen Parc LaFontaine, ist aber dennoch sehr ruhig und entspannt. Das Frühstück ist üppig und man kann sich jederzeit selbst einen Snack oder etwas Süßes aus dem Kühlschrank nehmen. Das besonders schöne Zimmer 21 hat einen Whirlpool und eine Terrasse mit Parkblick.

Opus Montréal HOTEL $$$

(Karte S. 244; ☎514-843-6000, 866-744-6346; www.opusmontreal.com; 10 Rue Sherbrooke Ouest; Zi. 159–239 C$, Suite 399–599 C$; ❄@📶) Glänzendes, minimalistisches Design vermischt sich hier mit luxuriösen Textilien – das lässt selbst in den einfachsten Zimmern dieses Hotels Hochgefühle aufkommen. Die überragende Lage des Apartmentblocks im Jugendstil aus dem Jahr 1914 spricht für sich. WLAN gibt es nur im Gemeinschaftsbereich.

Anne Ma Soeur Anne HOTEL $$
(Karte S. 244; ☎514-281-3187; www.annemasoeuranne.com; 4119 Rue St-Denis; EZ 70–180 C$, DZ 80–210 C$; ❄📶) Der Morgen beginnt hier mit vom Zimmerservice gelieferten Buttercroissants und einem frisch aufgebrühten Kaffee aus der eigenen kleinen Küche. Die etwas kleinen Zimmer sind mit durchdachten Betten ausgestattet, die man so zurückklappen kann, dass ein vollwertiger Esstisch zum Vorschein kommt. Was dieses Hotel allerdings so besonders macht ist seine zentrale Plateau-Lage.

Shézelles B&B B&B $$
(Karte S. 244; ☎514-849-8694; www.shezelles.com; 4272 Rue Berri; EZ 75–85 C$, DZ 90–100 C$, Studio 140–155 C$; 📶) Die rote Tür und ein leuchtend gelber Treppenaufgang lassen die Farbenpracht und das Flair schon erahnen, das den Besucher im Innern dieser bescheidenen Unterkunft erwartet. Die Gastgeber Lucie und Lyne sind besonders freundlich und herzlich. Im riesigen Studio im Untergeschoss kommen bis zu sechs Personen unter, Whirlpool, Balkon, komplett ausgestattete Küche und eigener Eingang inklusive.

Au Piano Blanc B&B $$
(Karte S. 244; ☎514-845-0315; www.aupianoblanc.ca; 4440 Rue Berri; Zi. ohne/mit Bad 80/125 C$; P@) Besitzerin dieses bezaubernden B&B ist die professionelle Sängerin Céline (nein, nicht *die* Céline!). Der kunterbunte Anstrich überall verleiht ihrem Reich eine sympathische, künstlerische Atmosphäre. Zwei der fünf Zimmer haben ein eigenes Bad, in denen romantische Badewannen mit Klauenfüßen stehen.

Essen

Essen ist in Montréal eine ernste Angelegenheit. Die breite Palette an verschiedenen Geschmäckern ist anspruchsvoll – lascher Salat und langweilige Saucen haben keine Chance. Montréals Küchenchefs sind einerseits in der europäischen Tradition verwurzelt, wildern aber andererseits kräftig im innovativen Revier der nordamerikanischen Gastro-Kultur. Ergebnis ist eine Art Nouvelle Cuisine Québécois. Angesichts von über 5000 Restaurants haben hungrige Gäste die Qual der Wahl. Der hohe Konkurrenzdruck wirkt sich allgemein positiv auf das Preis-Leistungs-Verhältnis aus.

Die Innenstadt ist ein echtes Gourmetparadies, vor allem das Plateau. Mehr als jede andere Straße verkörpert der Blvd St-Laurent die gastronomische Vielfalt der Stadt. Das Spektrum reicht von Chinatowns brummenden Suppenküchen und den Rauchfleischläden von Schwartz's bis zu den schrillen Trendlokalen im Plateau. Noch weiter nördlich liegt Mile End, Geburtsort des berühmten Montréaler Bagels. Im benachbarten Little Italy gibt es neben gemütlichen Trattorien den Marché Jean Talon– ein absolutes Highlight.

Im Plateau gilt in vielen Restaurants an den Ecken Rue Prince Arthur/Blvd St-Laurent und Rue Duluth Est/Rue St-Denis die Devise *apportez votre vin* bzw. *bring your own wine* (BYOW; Wein selbst mitbringen). Bei Adressen außerhalb der Karten ist die jeweilige Métrostation angegeben.

VIEUX-MONTRÉAL

Gibby's STEAK $$$
(Karte S. 236; ☎514-282-1837; www.gibbys.com; 298 Place d'Youville; Gerichte 25,50–48,50 C$; ⏲Mo–Fr 17.30–open end, Sa & So ab 17 Uhr) Schon die Location an sich, eine 200 Jahre alte, umgebaute Stallung, ist ein Highlight. Sie wird aber problemlos vom guten Essen, besonders von den perfekt zubereiteten Steaks, überboten. Auf die erstklassige Küche stimmt ein Aperitif an der Bar ein. Unbedingt reservieren!

Olive + Gourmando CAFÉ $
(Karte S. 236; www.oliveetgourmando.com; 351 Rue St-Paul Ouest; Gerichte 5–10 C$; ⏲Di–Sa 8–18 Uhr; 🖉) Zur Mittagszeit muss man sich in diesem kleinen Eckcafé manchmal gegen die Massen durchsetzen. Belohnt wird man aber auf himmlische Art und Weise – nämlich mit warmen Panini und würzigen Suppen aus frischen Zutaten, die oft aus ökologischem Anbau stammen. Trotzdem Platz für die berüchtigten Schoko-Brownies und einen kräftigen Espresso lassen!

Titanic SANDWICHES $
(Karte S. 236; 445 Rue St-Pierre; Gerichte 9,50–15,50 C$; ⏲Mo–Fr 7–16 Uhr; 🖉) Das freundliche Personal hier weiß genau, was zu einem leckeren Sandwich gehört. Das Prachtstück wird aus einem Baguette, einer Riesenportion Brie oder Pâté und einem Hauch frischen Kräutern gezaubert.

Marché de la Villette CAFÉ $
(Karte S. 236; 324 Rue St-Paul Ouest; Gerichte 7–10 C$; ⏲9–18 Uhr) Gourmets unter Zeitdruck können sich hier mit Foie gras (250 C$/kg) und anderen Delikatessen eindecken. Wer etwas mehr Zeit hat, kann sich

bei einem aus regionalen Produkten zubereiteten, sättigenden Mittagessen mit den Einheimischen anfreunden.

Ghandi INDISCH $$
(Karte S. 236; www.restaurantgandhi.com; 230 Rue St-Paul Ouest; Gerichte 15–20 C$; ⌚Mo–Fr 12–14, tgl. 17.30–22.30 Uhr) Die Currys in diesem eleganten, völlig unkitschigen indischen Restaurant sind ein kulinarisches Gedicht. Die Speisekarte gibt aber auch leckere Tandoori-Ente und Huhn in Buttersauce her. Die Portionen sind groß, riechen gut und dampfen vielversprechend. Der Service ist tadellos.

L'Usine de Spaghetti Parisienne ITALIENISCH $
(Karte S. 236; 273 Rue St-Paul Est; Gerichte 9–12 C$; ⌚Mo–Fr 11–23, Sa ab 17 Uhr;) Dieses familienfreundliche italienische Restaurant serviert Pasta in rauen Mengen und zieht ebenso viele Touristen an. Das Preis-Leistungs-Verhältnis ist hier auch bedeutend besser als in den Touristenfallen an der Place Jacques Cartier.

ZENTRUM

Toqué! FRANZÖSISCH $$$
(Karte S. 236; ☎514-499-2084; www.restaurant-toque.com; 900 Place Jean-Paul-Riopelle; Probiermenü 92–171 C$; ⌚Di–Sa 17.30–22.30 Uhr) Das Toqué! wird immer wieder als Montréals bestes Restaurant angepriesen, und die lange Liste an Auszeichnungen bekräftigt das nur. Chefkoch Normand Laprise zaubert für sein siebengängiges Verkostungsmenü aus frischen Zutaten der Region ein einfallsreiches Geschmackserlebnis. Auch das Auge kommt dabei nicht zu kurz. Unbedingt reservieren!

Ferreira Café PORTUGIESISCH $$$
(Karte S. 236; ☎514-848-0988; www.ferreiracafe.com; 1446 Rue Peel; Hauptgerichte 26–45 C$; ⌚Mo–Fr 12–15, Mo–Mi 17.30–23, Do–Sa bis 24 Uhr) Schon zum Durchforsten der Speisekarte bekommt man hier Oliven gereicht. Der Chefkoch dieses wunderschönen portugiesischen Restaurants, Marino Tavares, weiß, wie man aus Sardinen, Seebarsch und Schnapper ein Gourmetmenü zaubert. Auch das Portwein-Angebot ist ausgezeichnet. Unbedingt reservieren!

Le Commensal VEGETARISCH $
(Karte S. 236; 1204 Ave McGill College; Gerichte 1,69 C$/100 g; ⌚11.30–22 Uhr) Diese Filiale einer kleinen Kette von vegetarischen Selbstbedienungsrestaurants bietet mit ihrem Buffet die Möglichkeit, sich mit gesundem Essen den Magen voll zu schlagen. Neben Aufläufen gibt es auch viele Salate und Desserts. Bezahlt wird nach Gewicht, also lieber etwas weniger Kartoffeln aufladen! Eine weitere Filiale gibt's im Quartier Latin (Karte S. 244; 1720 Rue St-Denis; geöffnet 11–22.30 bzw. 23 Uhr, Mo geschl.).

Marché Atwater MARKT $
(138 Ave Atwater; ⌚Mo–Mi 7–18, Do & Fr bis 20, Sa & So bis 17 Uhr; ; Ⓜ Atwater) Ein ausgezeichneter Markt mit vorrangig lokalen und regionalen Produkten, vom perfekt gereiften Käse bis zu Krustenbrot, exquisiten Eisweinen und feurigen Tapenaden. Die Halle aus

FOIE GRAS – EIN DELIKATES THEMA

Québecs Gier nach der fettig-cremigen Köstlichkeit Foie gras (Stopfleber) ist unersättlich. Dem tut auch deren Verbot in Chicago und die Ablehnung durch den Vatikan und Starkoch Wolfgang Puck keinen Abbruch.

Woher rührt eigentlich die ganze Aufregung? Die drei kanadischen Hauptproduzenten der Foie gras sind in Québec angesiedelt, was den Tierschützern der Region, die die *gavage* (Zwangsfütterung) der Vögel anprangern, ein Dorn im Auge ist. Die Produzenten wiederum argumentieren, dass die *gavage* lediglich eine Nachahmung des natürlichen Instinkts der Tiere sei, sich vor dem Winter ein Polster anzufressen.

Ob man dem Thema nun gleichgültig gegenübersteht oder einfach nur süchtig ist – der aktuelle Trend scheint zu beweisen, dass sich die Québecois die delikate Gänseleber nicht mehr nur traditionell zu Weihnachten genehmigen. Foie-gras-Konserven finden im Supermarkt reißenden Absatz und auch die Mitnahmetheken der Feinkostgeschäfte machen mit der Stopfleber ein gutes Geschäft. Der Montréaler Gastronom Martin Picard aus dem Au Pied de Cochon (S. 255) ist mit seiner Eigenkreation, der Foie-gras-*poutine*, noch einen cholesterinhaltigen Schritt weitergegangen. Die Pommes in Bratensauce mit zerlassenem Käsebruch bekommen von ihm noch eine Schicht zartweicher Foie-gras-Pastete verpasst.

Ziegelstein, in der der Markt untergebracht ist, stammt von 1933 und steht westlich der Innenstadt, an der Kreuzung Ave Atwater und Rue Ste-Catherine Ouest.

Brontë FUSION $$$
(außerhalb der Karte S. 236; ☎514-934-1801; www.bronterestaurant.com; 1800 Rue Sherbrooke Ouest; Hauptgerichte 22–40 C$; ⊙Di–Sa 18–23Uhr) Das Dekor ist eine Mischung aus vornehmem Treff der 1920er-Jahre und modernem Technoschuppen. Die kulinarischen Kompositionen von Chefkoch Joe Mercuri sind so verführerisch gut, dass man sich noch lange an sie erinnern wird. Es empfiehlt sich, zu reservieren!

Ong Ca Can VIETNAMESISCH $
(Karte S. 244; 79 Rue Ste-Catherine Est; Hauptgerichte 8–13 C$; ⊙Di–So 11.30–14 & 18 Uhr–open end) Trotz blütenweißer Tischdecken und anspruchsvollen Kunstwerken erweckt dieses vietnamesische Restaurant zu Unrecht den Anschein, teuer zu sein. Die Limonengrasrollen und alle Rindfleisch-Variationen sind bei den treuen Stammgästen besonders beliebt.

Boustan NAHÖSTLICH $
(Karte S. 236; 2020 Rue Crescent; Hauptgerichte 4–9 C$; ⊙11–4 Uhr) Bei den *shawarma*-Kennern der Stadt erreicht dieses kleine libanesische Restaurant Höchstnoten. Durch die langen Öffnungszeiten ist es auch bei Nachtschwärmern sehr beliebt, die während des Barhoppings eine Stärkung brauchen.

QUARTIER LATIN & VILLAGE

Le Nil Bleu AFRIKANISCH $
(Karte S. 244; ☎514-285-4628; 3706 Rue St-Denis; Hauptgerichte 19–28 C$; ⊙18–24 Uhr; 🖉) Nicht nur das Essen an sich ist nicht gerade alltäglich, sondern auch die Art und Weise, wie es hergerichtet wird. So zieren beispielsweise große Kleckse duftend-feurigen Eintopfs die Oberseite eines flachen Sauerteigbrots. Das leichte Plätschern des Brunnens im Hintergrund verleiht diesem kulinarischen Ausflug nach Äthiopien eine gewisse Mystik. Reservierung empfohlen!

Les 3 Brasseurs KNEIPE $$
(Karte S. 244; www.les3brasseurs.ca; 1658 Rue St-Denis; Hauptgerichte 11–14 C$; ⊙11–1 Uhr) Wer nach einem Tag voller Sightseeing das Bedürfnis hat, sich so richtig satt zu essen und sich hinterher noch ein paar Halbe selbstgebrauten Biers zu genehmigen, der ist in diesem geselligen Brauhaus im Lagerhallen-Look und mit Dachterrasse genau richtig. Die Spezialität des Hauses sind Flammkuchen.

Liquid Nutrition SAFTBAR $
(Karte S. 244; liquidnutrition.ca; 1303 Rue St-Catherine Est; Getränke 5–7 C$; ⊙8–22 Uhr) Energieschub gefällig? Die kommen hier in Form von Smoothies und Proteinshakes. Wer gerade erst aufgestanden ist, sollte es mit dem *lève tôt*, einem Mix aus Sojamilch, Beeren und Haferflocken probieren. Für den echten Kick gibt's das koffeinhaltige *matcha skinny* mit Apfel und Mango.

La Paryse BURGER $
(Karte S. 244; 302 Rue Ontario Est; Hauptgerichte 7–10 C$; ⊙Mo–Fr 11–23, Sa & So ab 12 Uhr; 🖉) Mächtig und saftig – in diesem pfiffigen kleinen Retro-Diner versteht man eindeutig was von Burgern. Aber auch wer nicht auf Fleisch steht, kommt auf seine Kosten: Es gibt viele leckere Suppen und Tofu-Kreationen.

PLATEAU MONT-ROYAL

LP TIPP **L'Express** FRANZÖSISCH $$
(Karte S. 244; ☎514-845-5333; 3927 Rue St-Denis; Hauptgerichte 14–29 C$; ⊙8–2 Uhr) Hier ist alles so herrlich französisch, dass nur noch der Eiffelturm vor dem Fenster fehlt. Wer sich ein Gläschen zu viel des exzellenten Weins gegönnt hat, kann ihn dann aber vielleicht doch schemenhaft erkennen. Die Gerichte gleichen denen in einem klassischen Pariser Bistro: Steak frites, Fischsuppe, Estragon-Hähnchen. Auch die Atmosphäre fährt da keine andere Linie. Unbedingt reservieren!

Schwartz's SANDWICHES $
(Karte S. 244; www.schwartzsdeli.com; 3895 Blvd St-Laurent; Gerichte 6–17 C$; ⊙So–Do 9–0.30, Fr bis 1.30, Sa bis 2.30 Uhr) Legendäre Adresse für Rauchfleisch & Co. mit einer bunt gemischten Klientel – von Studenten bis Prominenten. Vor der Tür in der Schlange stehen ist hier üblich, also nicht abschrecken lassen. Ist dann erst einmal ein Platz an einen der Gemeinschaftstische gefunden, darf man beim Bestellen die obligatorischen sauren Gurken, Pommes und den Krautsalat nicht vergessen!

Au Pied de Cochon FRANZÖSISCH $$$
(Karte S. 244; ☎514-281-1114; www.restaurantaupieddecochon.ca; 536 Ave Duluth Est; Hauptgerichte 13,50–40 C$; ⊙Di–So 17–24 Uhr) Mit seiner innovativen Herangehensweise an die klassische Küche der Region hat der in Frankreich ausgebildete Chefkoch Martin

Picard schnell die Herzen und Geschmacksnerven der Montréaler Feinschmecker erobert. Vor seinem Kochtopf ist kein Tier sicher. Es empfiehlt sich, zu reservieren!

La Sala Rosa SPANISCH $$
(Karte S. 244; 4848 Blvd St-Laurent; Gerichte 12–15 C$; ⌚Di–So 17–23 Uhr; 🗷) Die leckeren Tapas und die unzähligen Paellavariationen spült man am besten mit einem großen Schluck Sangria hinunter. Das einzigartige Restaurant teilt sich ein Stockwerk mit dem Spanish Social Club. Donnerstags gibt's eine kostenlose Flamenco-Show.

Crudessence VEGAN $$
(Karte S. 244; www.crudessence.com; 105 Rue Rachel Ouest; Hauptgerichte 8–15 C$; ⌚10–21 Uhr) Roh, vegan *und* biologisch angebaut: Auch wenn es vielleicht nicht jedermanns Geschmack ist, interessant ist es allemal. In den Tag startet man mit einer Schale Müsli mit Chia-Samen und Mandelmilch. Zum Mittagessen vielleicht eine nicht gebackene Lasagne mit Macadamianuss-Ricotta oder eine Olivenkrusten-Pizza mit „crumesan" (Parmesan aus Paranuss)? Die lebhafte, rein biologische Saftbar bedient am laufenden Band Einheimische aus dem Mile End mit Weizengras, Smoothies und Power-Shakes.

Juliette et Chocolat CAFÉ $
(Karte S. 244; www.julietteetchocolat.com; 3600 Blvd St-Laurent; Gerichte 8–12 C$; ⌚11–23, Fr & Sa bis 24 Uhr; 🗷) Die Speisekarte dieses hellen und lebhaften Restaurants bietet eine ansehnliche Auswahl an köstlichen Buchweizen-Crêpes. Ein wahrer Schokoholic wird allerdings nicht der Versuchung widerstehen können, seinen Beilagensalat mit einem würzigen Kakao-Dressing zu verfeinern. Ein Dessert muss sein: Sowohl die salzigen Caramel-Brownies als auch die Lavendel-Trüffel sind eine ausgezeichnete Wahl, aber auch bei keiner der 33 verschiedenen Trinkschokoladen wird man falsch liegen.

Chu Chai VEGETARISCH, THAI $$
(Karte S. 244; 4088 Rue St-Denis; Hauptgerichte etwa 20 C$; ⌚12–22 Uhr) Montréals erstes vegetarisches Spitzenrestaurant serviert würzige Pfannengerichte und Kokosmilch-Suppen. Mit wohlriechenden Kaffernlimetten, Limonengras und Basilikum verleiht das Chu Chai seinen typischen Thai-Gerichten eine eigene Note. Die „falsche" Ente ist selbst für ausgesprochene Fleischliebhaber nur schwer zu entlarven.

Le Roi du Plateau PORTUGIESISCH $$
(Karte S. 244; 51 Rue Rachel Ouest; Hauptgerichte 12–25 C$; ⌚Mo–Sa 17–23 Uhr) Die Tische in diesem äußerst beliebten portugiesischen Lokal sind so eng angeordnet wie die Sardinen auf dem brutzelnden Grill. Ganz klarer *roi* (König) der Speisekarte sind die unschlagbar saftigen Hühnchen (Finger ablecken erlaubt!). Das Restaurant versteckt sich hinter einer unscheinbaren Fassade.

Robin Des Bois FUSION $$
(Karte S. 244; 4403 Blvd St-Laurent; Hauptgerichte 12,50–25 C$; ⌚Mo–Sa 8–23 Uhr) Montréal hat seinen eigenen weiblichen Robin Hood. Judy Servay führt dieses beliebte Restaurant am Blvd St-Laurent und spendet alle Gewinne und Trinkgelder an örtliche wohltätige Einrichtungen. Die ständig wechselnden Menüs werden an der Kreidetafel angeschrieben – z. B. saftiges Hirschsteak oder gebratene Ente mit Apfel-Frühlingsrollen. Dazu gibt's ein freundliches Lächeln von den freiwilligen Helfern.

Eduardo ITALIENISCH $$
(Karte S. 244; 404 Ave Duluth Est; Hauptgerichte 9–15 C$; ⌚Mo–Fr 11–23, Sa & So ab 15 Uhr; 🗷) In diesem gemütlichen kleinen Bistro ist jeden Abend was los. In freundlicher, spärlich beleuchteter Atmosphäre kommen italienische Klassiker auf den Tisch. Diese sind einfach und dennoch spitzenmäßig, wie die mächtigen, gut gefüllten Cannelloni oder die Spaghetti Napoletana.

Aux Vivres VEGAN $$
(Karte S. 244; 4631 Blvd St-Laurent; Hauptgerichte 10–17 C$; ⌚Di–Fr 12–24, Sa & So ab 11 Uhr) Das herkömmliche BLT-Sandwich (mit Speck, Salat und Tomate) ist auch hier ein Renner, heißt aber CLT und ersetzt den Speck durch geräucherte Kokosnuss. Weiteres Highlight sind die kreativen Reisschalen mit frischem Gemüse und pfiffigen Saucen.

Le Jardin de Panos MEDITERRAN $$
(Karte S. 244; www.lejardindepanos.com; 521 Ave Duluth Est; Hauptgerichte 15–22 C$; ⌚12–24 Uhr) Der gemischte Vorspeisenteller in diesem wunderbaren griechischen Restaurant ist eine himmlische Auswahl kulinarischer Höhepunkte. Im blumengeschmückten Hinterhof schmeckt er sogar noch besser.

Maestro SVP SEAFOOD $$$
(Karte S. 244; www.maestrosvp.com; 3615 Blvd St-Laurent; Hauptgerichte 14–40 C$; ⌚Di–Fr 11–22, Sa–Mo ab 16 Uhr) Angesagtes Bistro, in dem die Tische von grellen Halogenstrahlern

beleuchtet werden. Seine Spezialität: eine ständig wechselnde Auswahl von 15 verschiedenen Austernvariationen. Wer nicht auf glibberige Weichtiere steht, weicht auf gebratene Jacobsmuscheln, gegrillte Garnelen oder eines der Nudelgerichte aus.

Santropol SANDWICHES $
(Karte S. 244; www.santropol.com; 3990 Rue St-Urbain; Hauptgerichte 7–10 C$; ⏲10.30–22 Uhr; ✎) Hauptattraktion sind die ausgefallenen, sowohl süßen als auch herzhaften Sandwiches mit zahllosen Schichten frischen Obsts oder Gemüses. Die deftigen Suppen und Kaffeevariationen mit Sojamilch stehen bei den Einheimischen auch hoch im Kurs.

LITTLE ITALY & MILE END

Lucca ITALIENISCH $$$
(☎514-278-6502; 12 Rue Dante; Hauptgerichte 18–36 C$; ⏲Mo–Fr 12–15.30 & 18–22.30, Sa 18–22.30 Uhr; Ⓜ De Castelnau) Dieser heiße kleine Italiener steht bei vielen Feinschmeckern der Stadt hoch im Kurs. Das Angebot wird jeden Tag neu zusammengestellt und auf die Kreidetafel geschrieben – je nachdem, was der Markt an frischen Zutaten hergibt. Die Auswahl reicht vom Klassiker bis hin zum kulinarischen Abenteuer – *la dolce vita* à la Québec. Die Rue Dante liegt unmittelbar abseits des Blvd St-Laurent und südlich der Rue Jean-Talon. Reservierung empfehlenswert!

La Croissanterie Figaro CAFÉ $
(www.lacroissanteriefigaro.com; 5200 Rue Hutchison; Hauptgerichte 8–11 C$; ⏲7–1 Uhr; Ⓜ Place des Arts, dann Bus 80) Das liebenswerte Café hat sich selbst den Beinamen *un petit coin perdu de Paris* (eine kleine, verlorene Ecke von Paris) verpasst. Die Terrasse am Bürgersteig ist zu jeder Tageszeit von

ZUM BRUNCH, S'IL VOUS PLAÎT

Der Sonntagsbrunch gehört in Montréal einfach dazu und beginnt normalerweise gegen 10 Uhr morgens. Manche der angesagten Locations der Stadt sind aber bis 14 Uhr brechend voll – meistens mit Nachtschwärmern, die gerade erst aus dem Bett gekrochen sind. Hier sind ein paar der besten Adressen:

» **L'Express** (Karte S. 244; 3927 Rue St-Denis; Frühstück 7–20 C$) Für Feinschmecker die Adresse schlechthin in Montréal (s. auch S. 255). In klassischer Pariser Bistroatmosphäre kommen einfache Leckerbissen wie Rührei und *pain perdu* (French Toast) auf den Tisch.

» **Beauty's** (Karte S. 244; 93 Ave du Mont-Royal Ouest; Frühstück 5–12 C$) Seit seiner Eröffnung 1942 hat das Lokal eine treue Fangemeinde gewonnen. Die Warteschlangen sind so legendär wie der Laden selbst. Hymie Sckolnick, der Besitzer, ist immer für ein Schwätzchen zu haben. Die getoasteten Sesam-Bagels zum Frühstück sind einfach, aber ausgesprochen gut.

» **Café Souvenir** (1261 Ave Bernard; Frühstück 5–12 C$; Ⓜ Outremont) Von der Veranda aus kann man hervorragend die gutbetuchte Klientel aus Outremont beobachten, die sich zum Sonntagsbrunch unter das Fußvolk mischt. Das Brot, das zu den bezahlbaren Frühstücksangeboten gereicht wird, ist schwer, aromatisch und stammt aus der nahe gelegenen Bäckerei Première Moisson. Zu finden ist das Café unmittelbar nördlich des Mile End.

» **Chez Cora** (Karte S. 244; 1396 Ave du Mont-Royal Est; Frühstück 6–12 C$) Die Frühstückskette ist mit ihrem heiteren, gelben Sonnenscheinlogo kaum zu übersehen. Sie ist für ihre abgefahrenen Kreationen und die kitschige Country-Deko bekannt, z. B. niedliche Porzellanhühner an den Wänden.

» **Senzala** (177 Ave Bernard; Frühstück 8–13 C$; Ⓜ Place des Arts, dann Bus 80) Das angesagte brasilianische Lokal lädt auf seiner Veranda zum Sonnenbad ein. Dazu gibt's interessante Eier-Kreation, z. B. „Tropicana", ein pochiertes Ei auf einer Avocado oder Mango und dazu eine würzige Tomatensauce, garniert mit Kochbananen und Bratäpfeln. Nördlich der Ave Fairmount und westlich des Blvd St-Laurent.

» **Eggspectation** (Karte S. 236; 201 Rue St-Jacques; Frühstück 8–15 C$) Bekannt ist diese kleine Kette für ihre umfangreiche Frühstückskarte, die schon ein ganzes Dutzend verschiedener Benedikt-Ei-Variationen umfasst. Jedes der vier Lokale in der Innenstadt hat eine andere Atmosphäre; die Vieux-Montréal-Filiale ist die beste.

Einheimischen bevölkert, die es sich hier wegen Platzmangel im marmorverzierten, eleganten Inneren bequem machen. Fesche, schwarz gekleidete Kellner servieren dampfende Tassen *Café au lait* und ab etwa 16 Uhr gibt's ein einfaches Tagesmenü. Zu finden ist der Figaro abseits der Ave Fairmount, etwa sieben Blocks westlich des Blvd St-Laurent.

Marché Jean Talon MARKT $
(7075 Ave Casgrain; ⌚Mo–Mi 7–18, Do & Fr bis 20, Sa & So bis 17 Uhr; Ⓜ Jean Talon) Auf diesem kunterbunten Markt, ein kleines Juwel in Little Italy, bekommt man alles Essenzielle für ein echtes Gourmet-Picknick. Alternativ vertreibt man sich den Nachmittag mit einem kleinen Streifzug zwischen den Ständen, unter denen der Marché-des-Saveurs-Stand hervorsticht. Hier werden ausschließlich Spezialitäten aus Québec angeboten, etwa Wein, Cidre, frischer Käse, geräuchertes Fleisch und Konserven. Der Markt erstreckt sich südlich der Rue Jean-Talon zwischen dem Blvd St-Laurent und der Rue St-Denis.

Alep NAHÖSTLICH $$
(199 Rue Jean Talon Est; Hauptgerichte 8–14 C$; ⌚Di–Sa 17–23 Uhr; Ⓜ De Castelnau) Eine verführerische Mischung aus Kreuzkümmel, Koriander und anderen Gewürzen durchdringt dieses beeindruckende Restaurant, dessen Dekor von der berühmten Zitadelle im syrischen Aleppo inspiriert ist. Bestellen kann man z. B. ein Kebab mit gegrilltem Fleisch oder man stellt sich aus den wunderbar leckeren Vorspeisen einfach selbst ein kleines Menü zusammen.

Wilensky's Light Lunch SANDWICHES $
(Karte S. 244; 34 Ave Fairmount Ouest; Gerichte 2,50–5 C$; ⌚Mo–Fr 9–16 Uhr) Seit Generationen schon kommen Fleischliebhaber in dieses Ecklokal und bestellen sich ein „The Special". Dieses zusammengepresste Salami-Lyoner-Sandwich wurde durch Mordecai Richlers Roman *Die Lehrjahre des Duddy Kravitz* unsterblich. Dazu gibt's frisch gezapfte Kirsch-Cola.

Le Jardin du Cari KARIBISCH $
(5554 Blvd St-Laurent; Hauptgerichte 6–8 C$; ⌚Di–Fr 12–22, Sa & So 17–22.30 Uhr; 🖉; Ⓜ Place des Arts, dann Bus 80) Ein Biss in ein prall gefülltes Chapati aus diesem guyanischen Mini-Lokal ist ein Fest für die Sinne: Curry-Kichererbsen, zart gekochtes Hühnchen- oder Ziegenfleisch, das auf der Zunge zergeht, und ein Hauch von süßlichem Kürbisbrei. Nördlich der Ave Fairmont.

Fairmount Bagel BÄCKEREI $
(Karte S. 244; 74 Ave Fairmount Ouest; Bagels 0,50–1,50 C$, Sandwiches 3,50–7 C$; ⌚24 Std.) Der Pionier unter Montréals Bagel-Bäckern verkauft seine Hefekringel immer noch tagtäglich rund um die Uhr. Zur klassischen Zwiebel-Variante sind mittlerweile neumodische Kreationen wie Bagels mit Müsli, sonnengetrockneten Tomaten und Pesto hinzugekommen.

La Maison du Bagel BÄCKEREI $
(263 Rue St-Viateur Ouest; Bagels 0,50–1,50 C$, Sandwiches 4–8 C$; ⌚24 Std.; Ⓜ Place des Arts, dann Bus 80) Auch als St-Viateur-Bagel-Shop bekannt und ebenso berühmt wie Fairmount Bagel, wenn auch noch nicht so lange im Geschäft. Beide testen und selbst urteilen, welcher besser ist! Zu finden ist die Bäckerei nördlich der Ave Fairmount und westlich des Blvd St-Laurent.

ÜBRIGES STADTGEBIET

Maison Indian Curry INDISCH $
(996 Rue Jean Talon Ouest; Hauptgerichte 8 C$; ⌚Mi–Mo 11–22 Uhr; 🖉; Ⓜ Acadie) Das Viertel Parc-Extension, von den Einheimischen „Little India" getauft, ist stark im Kommen. Dort befindet sich dieses Mini-Lokal mit günstigen, herzhaften und überragend leckeren Gerichten. Gekocht wird sowohl nach nord- als auch nach südindischer Tradition. Das Thali zum Mittagstisch mit drei verschiedenen Currys, Reis und Brot (5 C$) ist ein echtes Schnäppchen.

Ausgehen

Die Gegend rund um die stylishen Plateau-Straßen Blvd St-Laurent, Rue St-Denis und Ave du Mont-Royal und die umtriebige, von Straßencafés gesäumte Rue Crescent in der Innenstadt sind die besten Adressen zum Ausgehen. Die Bars in der Rue Ste-Catherine im Village sind schwulen- und lesbenfreundlich, werden aber von jedermann frequentiert.

Bu WEINBAR
(Karte S. 244; www.bu-mtl.com; 5245 Blvd St-Laurent; ⌚17–1 Uhr) Die angenehme Atmosphäre verdankt diese *bar à vins* ihrer relaxten Klientel und dem obercoolen Dekor. Das Personal kennt sich sehr gut aus und ist gerne beim Durchforsten der beachtlichen Weinkarte behilflich. Alternativ verschafft man sich mit drei Probiergläschen einen kleinen Überblick. Wer hier etwas zu trinken bestellen möchte, muss mindestens auch einen Snack (4–9 C$) ordern.

DIE TÄGLICHE DOSIS KAFFEE

Ganz egal, wo man sich in Montréal befindet – für eine Kaffeepause ist immer Zeit. Während die üblichen Ketten wie Tim Hortons oder Starbucks sich in allen anderen kanadischen Städten schon breit gemacht haben, ist Montréal die einzige Stadt, in der dieser Entwicklung durch unzählige tolle italienische Cafébars und entspannte, eigenständige Cafés Einhalt geboten wird. Soll's ein kurzer, starker italienischer Espresso sein? Oder doch eher eine Schale französisch angehauchten Café au Lait in cooler Atmosphäre? Hier ist für jeden Geschmack was dabei:

» **Caffè Italia** (6840 Blvd St-Laurent; Espresso 1,50 C$; ⌚8–16 Uhr; Ⓜ Jean Talon) Eine sehr schlichte Cafébar mit sehr phänomenalem Espresso! Außerdem gibt's dazu einen Einblick in den Alltag Little Italys, dessen Bewohner scharenweise hierher kommen.

» **Café Olimpico** (124 Rue St-Viateur; Espresso 1,50 C$; ⌚8–16 Uhr; Ⓜ Place des Arts, dann Bus 80) Besonders schick ist dieses Mini-Café zwar nicht, die Bewohner des Mile Ende lieben es aber für den Geschmack und die Qualität – der Espresso geht runter wie Öl. Nördlich der Ave Fairmount und westlich des Blvd St-Laurent.

» **Caffè ArtJava** (Karte S. 244; 837 Ave du Mont-Royal Est; Espresso 1,95 C$; ⌚8–16 Uhr) Man sagt, es gäbe hier den besten Espresso in ganz Montréal, aromatisch und stark, und auch der Cappuccino-Schaum ist das reinste Kunstwerk. An der Ecke Rue University und Ave du Président Kennedy (Karte S. 236) gibt's eine etwas kleinere Filiale.

Le Ste-Elisabeth KNEIPE
(Karte S. 244; ste-elisabeth.com; 1412 Rue Ste-Elisabeth; ⌚Mo–Fr 16–3, Sa & So ab 18 Uhr) In diesem schicken und beliebten Pub sorgen selbstgebraute und importierte europäische Biersorten sowie hochwertiger Scotch für Stimmung bei den netten Gästen. Von der Terrasse im oberen Stock kann man den schönen Garten überblicken.

Brutopia BRAUEREI
(Karte S. 236; www.brutopia.net; 1219 Rue Crescent; ⌚Sa–Do 15–3, Fr 12–3 Uhr) Hinter den Backsteinmauern des ausgelassenen Brutopia wird das Bier noch selbst gebraut, und zwar in den blank polierten Kupferkesseln hinter der Theke. Besonders empfehlenswert ist das India Pale Ale. Das freundliche, junge Publikum sorgt jeden Abend für ein volles Haus – nicht zuletzt wegen der Livebands.

Le Saint Sulpice KNEIPE
(Karte S. 244; www.lesaintsulpice.ca; 1680 Rue St-Denis; ⌚11–3 Uhr) Ein cooler Ort für heiße Sommerabende: Der Biergarten ist riesig und eignet sich hervorragend zum Leute beobachten. Das geht aber auch auf den drei Terrassen des Cafés und im Discobereich. Eine stets gut besuchte und, ach ja, gigantisch große Location.

Baldwin Barmacie BAR
(Karte S. 244; baldwinbarmacie.com; 115 Ave Laurier Ouest; ⌚21–3 Uhr) Orangefarbene Retro-Stoffe mit Paisleymuster und blasenförmige Leuchten gehören zur Ausstattung dieser hippen Bar, die ihr junges Publikum mit Trip-Hop- und Ambient-Musik beschallt. Martini, Wein und Cocktails mit Gin oder Wodka sind nur eine kleine Auswahl aus der umfangreichen Getränkekarte.

Gogo Lounge BAR
(Karte S. 244; 3682 Blvd St-Laurent; ⌚15–3 Uhr) Diese Lounge im abgefahrenen Austin-Powers-Look ist für ihre riesige Auswahl an Martinis bekannt. Die Getränkekarten sind alte Vinylschallplatten. Schick anziehen!

Sir Winston Churchill Pub KNEIPE
(Karte S. 236; www.winniesbar.com; 1455 Rue Crescent; ⌚11.30–3 Uhr) Johnny Vale, ein ehemaliger Kampfgefährte Che Guevaras, gründete diese Kneipe 1967. Sie ist mittlerweile eine echte Institution der Rue Crescent. Der verstorbene Montréaler Schriftsteller Mordecai Richler pflegte sich hier im Obergeschoss das eine oder andere kühle Bier zu genehmigen. Wenn es in der Happy Hour (17–20 Uhr) zwei Getränke zum Preis von einem gibt, geht's hoch her.

Whisky Café ZIGARREN-LOUNGE
(www.whiskycafe.com; 5800 Blvd St-Laurent; ⌚Mo–Fr 17–3, Sa ab 18, So ab 19 Uhr; Ⓜ Place des Arts, dann Bus 80) Als Zigarren-Lounge ist sie eine der letzten ihrer Art in Montréal. In eleganter Atmosphäre werden hier über 150

Scotch Whiskys und eine beeindruckende Auswahl kubanischer Zigarren angeboten.

☆ Unterhaltung

Tagsüber ist Montréal ruhig und relaxt. Nach Sonnenuntergang erwacht jedoch die andere Seite der Stadt zum Leben. Die Nightlife-Szene wird ständig jünger und interessanter. Sie ist zweifellos die aufregendste in ganz Kanada und stellt Torontos „Entertainment District" in den Schatten.

Montréals lebendige, überschwängliche Nachtclubszene konzentriert sich vor allem auf den Blvd St-Laurent, die Rue Ste-Catherine Est im Village und die Rue Crescent im Westen. Das vielfältige musikalische Spektrum bietet etwas für jeden Geschmack, von Jazz, Klassik und Pop bis zu New Age und Weltmusik. Dank zahlreicher Theater- und Tanzensembles von internationalem Rang haben auch Fans der darstellenden Künste die Qual der Wahl.

Tickets für große Konzerte, Shows, Festivals und Sportevents gibt's u.a. bei **Admission** (☎514-790-1245, 800-361-4595; www.admission.com), **Ticketmaster** (☎514-790-1111; www.ticketmaster.ca) und den Vorverkaufsstellen der Veranstaltungsorte.

Die im Abschnitt „Medien" (S. 264) aufgeführten Publikationen liefern einen Überblick über die aktuellen Veranstaltungen. Im Hochglanz-Magazin *ME* (Montréal Entertainment) findet man Näheres zu den angesagtesten Nachtclubs und DJs. In Plattenläden, Bars und Nachtclubs liegen Flyer aus, die über örtliche Technopartys informieren. Die Telefon-Hotline **Info-Arts Bell** (☎514-790-2787) hat Auskünfte zu Kulturveranstaltungen, Theateraufführungen und Konzerten.

Nachtclubs

Altitude 737 NACHTCLUB

(Karte S. 236; www.altitude737.com; 1 Place Ville-Marie; ⌚Mo–Sa 17–19, Do–Sa 22–3 Uhr) Diese Mischung aus Restaurant, Bar und Disco verspricht immer Spaß auf „höchstem" Niveau – das Altitude 737 befindet sich im obersten Stock des höchsten Büroturms Montréals. Leider wird hier oben sehr auf Oberflächlichkeiten geachtet, die Getränkepreise sind aber überraschend fair und die Atmosphäre energiegeladen.

Bains Douches NACHTCLUB

(Karte S. 236; www.bainsdouches.ca; 390 Rue St-Jacques Ouest; ⌚Do–Sa 22–3 Uhr) Donnerstags geht's in diesem schicken Club, dem einzigen seiner Art in Vieux-Montréal, am heißesten zu. Bekannte DJs aus aller Welt

SCHWULEN- & LESBENSZENE IN MONTRÉAL

Montréal ist eine der schwulsten Städte Kanadas. Besonders stolz flattert die Regenbogenfahne in der Rue St-Catherine zwischen den Straßen Rue St-Hubert und Rue Dorion. Dutzende lebhafter Bars, Cafés, Restaurants, Saunas und Clubs säumen diese Achse und sorgen zu fast jeder Tages- und Nachtzeit für Unterhaltung. Der Szeneführer schlechthin ist das kostenlose Magazin **Fugues** (www.fugues.com), das monatlich erscheint und überall im Village erhältlich ist. Die Organisation **CAEO Québec** (☎514-866-5090, 888-505-1010; www.caeoquebec.org) wird von Freiwilligen geleitet und bietet Online-Chaträume, eine vertrauliche Telefonhotline und weitere Angebote für Schwule, Lesben, Bisexuelle und Transvestiten in englischer Sprache.

Das Event im Village ist das **Divers/Cité Festival** (www.diverscite.org). Montréals Antwort auf Torontos Pride Week findet für gewöhnlich im Juli statt und zieht 1 Mio. Besucher an. Fast ebenso beliebt ist das im Oktober stattfindende **Black & Blue Festival** (www.bbcm.org) mit riesigen Straßenpartys, Kultur- und Kunstvorführungen und einer Megaparty im Stade Olympique.

Empfehlenswerte Bars und Clubs:

» **Sky Pub & Club** (Karte S. 244; 1474 Rue Ste-Catherine Est) Riesiger Club mit Dachterrasse und sogar einem Whirlpool und Swimmingpool.

» **Aigle Noir** (Karte S. 244; 1315 Rue Ste-Catherine Est) Für Lack- und Leder-Fans.

» **Le Drugstore** (Karte S. 244; 1360 Rue Ste-Catherine Est) Jede der sechs Tanzflächen hat ein anderes Motto – da findet jeder Feierwütige etwas, das ihm Spaß macht.

» **Unity II** (Karte S. 244; 1171 Rue Ste-Catherine Est) Sexy Danceclub voller topless Raver, MuskelprotzInnen und lockerer Heteros.

» **Mado Cabaret** (S. 261)

ziehen die Massen an. Im relaxten Zwischengeschoss kann man sich ganz dem Techno hingeben.

Mado Cabaret NACHTCLUB
(Karte S. 244; www.mado.qc.ca; 1115 Rue Ste-Catherine Est) Skandalöse Travestie-Shows und Standup-Comedy; dienstags wird hier am Ausgelassensten gefeiert.

Kinos

Zwar gibt es in Montréal zahlreiche Multiplex-Kinos, die vor allem Hollywood-Streifen zeigen, daneben haben aber auch jede Menge Independent- und Programmkinos überlebt. Unter www.cinema-montreal.com findet man neben dem aktuellen Programm auch Filmkritiken und Infos zu Ermäßigungen.

IMAX (Karte S. 236; www.montrealsciencecentre.com; Erw./Kind 12/9 C$; ⌚Ende Juni–Ende Sept. 10–22.30 Uhr, Ende Sept.–Ende Juni bis 21.30 Uhr) Gehört zum Centre des Sciences de Montréal (S. 239) und ist besonders für die Kleinen ein tolles Erlebnis. Es gibt Kombitickets für Kino und Museum und für die Double Features.

GRATIS **Cinerobothéque** (Karte S. 244; www.nfb.ca/cinerobotheque; 1564 Rue St-Denis; ⌚Di–So 12–21 Uhr) In diesem glasüberdachten Archiv erfüllt ein Roboter alle Filmwünsche. Einfach einen Streifen aus der umfangreichen Sammlung des National Film Board of Canada auswählen und es sich in einem der Sessel mit Stereo-Soundsystem und eigenem Monitor gemütlich machen.

Beliebte Independent-Kinos sind z. B. das **Cinéma du Parc** (www.cinemaduparc.com; 3575 Ave du Parc; Ⓜ Place des Arts, dann Bus 80) und das **Ex-Centris Cinema** (Karte S. 244; www.excentris.com; 3530 Blvd St-Laurent).

Theater & Tanz

Centaur Theatre THEATER
(Karte S. 236; ☎514-288-3161; www.centaurtheatre.com; 453 Rue St-François-Xavier) Das Centaur ist im wunderschönen Old Stock Exchange in Vieux-Montréal untergebracht und zählt zu den führenden Theaterensembles Kanadas. Hier werden sowohl Shakespeare-Klassiker als auch experimentelle Stücke von einheimischen, englischsprachigen Dramatikern aufgeführt.

Cirque du Soleil THEATER
(☎514-722-2234; www.cirquedusoleil.com) Seit 20 Jahren definiert diese sensationell erfolgreiche Truppe den Zirkus völlig neu. Sie ist in Montréal beheimatet und stellt hier normalerweise alle ein bis zwei Jahre ein neues Programm vor. Weitere Infos gibt's per Telefon oder bei der Touristeninformation.

Les Ballets Jazz de Montréal TANZ
(☎514-982-6771; www.bjmdanse.ca) Diese Modern-Dance-Truppe hat sich mit seinen klassisch ausgebildeten Tänzern und experimentellen Stücken einen ausgezeichneten Ruf erarbeitet. Die Aufführungen finden an verschiedenen Veranstaltungsorten in der ganzen Stadt statt.

Les Grands Ballets Canadiens TANZ
(Karte S. 244; ☎514-849-8681; www.grandsballets.qc.ca; Place des Arts) Québecs führendes Ballettensemble gibt sich viermal pro Jahr die Ehre. Das Programm reicht von klassisch bis modern und findet trotz seiner Innovationsfreudigkeit Zugang zu einem breiten Publikum.

Livemusik

JAZZ, BLUES & ROCK

Casa del Popolo LIVEMUSIK
(Karte S. 244; www.casadelpopolo.com; 4873 Blvd St-Laurent; ⌚ab 12 Uhr) Eine Mischung aus Cafébar, Kunstgalerie und Veranstaltungsort, zurückhaltend und unkonventionell. Normalerweise gibt's hier Livemusik und Spoken Word in drei verschiedenen Locations auf die Ohren. Im Café bekommt man Fair-Trade-Kaffee und vegetarisches Essen.

L'Esco LIVEMUSIK
(Karte S. 244; ☎514-842-7244; 4467a Rue St-Denis; ⌚18–1 Uhr) In diesem verrauchten Plateau-Club stehen in intimer Atmosphäre abgefahrene Jazz- und Indie-Rock-Rhytmen von Montréals Nachwuchs-Hipsters auf dem Programm.

Metropolis LIVEMUSIK
(Karte S. 244; ☎514-844-3500; www.montrealmetropolis.ca; 59 Rue Ste-Catherine Est) Die Konzerthalle fasst 2300 Menschen und hat viele Gesichter – sie diente z. B. schon als Eisbahn, Pornokino und Disco. Am besten steht ihr allerdings das Rockschuppen-Image. Hier gaben sich zu Beginn ihrer Karrieren schon Größen wie Radiohead, David Bowie und Coldplay die Ehre.

Upstairs LIVEMUSIK
(Karte S. 236; ☎514-931-6808; www.upstairsjazz.com; 1254 Rue Mackay; ⌚Di–Fr 12–1, Sa & So 17–1 Uhr) Hier haben schon diverse Musikgrößen aus dem In- und Ausland in die Tasten des Stutzflügels gehauen. Die Shows in diesem

intimen Jazzclub beginnen um 22 Uhr. Die Terrasse ist besonders hübsch und die Abendkarte ganz ansehnlich.

Foufounes Electriques LIVEMUSIK

(Karte S. 244; www.foufounes.qc.ca; 87 Rue Ste-Catherine Est; ⏲16–3 Uhr) Die mit Graffiti besprühten Wände und der Charme einer Fabrikanlage lassen vermuten, dass der „elektrische Hintern" nicht gerade ein Mainstream-Publikum anzieht. Seit zwei Jahrzehnten regieren Punk, Hardcore und Grunge diese Hochburg der alternativen Szene. Günstiges Bier und eine nette Terrasse.

WO BITTE GIBT'S HIER INDIE-ROCK?

In den letzten zehn Jahren hat sich Montréal in Nordamerika zu einem bedeutenden Zentrum für die unterschiedlichsten musikalischen Talente entwickelt. So wie Seattle bekannt ist für seine anrüchige Grunge-Szene und Austin für das dort ausgebrochene Livemusikfieber, so haben Anfang des neuen Jahrtausends der Indie-Pop und -Rock in Montréal ein neues Zuhause gefunden.

Es überrascht vielleicht, dass in der größten französischsprachigen Stadt nach Paris eine solch wichtige englischsprachige Musikszene heranwachsen konnte. Zwar sind 60 % der Bevölkerung Montréals *francophones*, in den typischen Künstler- und Musikervierteln, dem bürgerlichen Plateau und Mile End, ist aber Englisch wieder zur Hauptsprache geworden. Und das trotz der berühmt-berüchtigten politischen Umbrüche, die sich in den 1980er- und 1990er-Jahren in Montréal vollzogen haben und als deren Folge viele englischsprachige Bewohner der Stadt den Rücken zukehrten (was Montréal im Übrigen in eine wirtschaftliche Rezession stürzte). Da ist es fast schon ironisch, dass die Enklaven trotz (oder gerade wegen) dieser schwierigen Zeiten richtiggehend aufblühten.

Bis vor wenigen Jahren gab es hier noch keine nennenswerte Musikindustrie, wodurch die abgebrannte Subkultur der Beatniks befreit von allem Druck arbeiten konnte. Aber auch Montréals größtes Kapital hat bei diesen Entwicklungen sicher eine Rolle gespielt: Die geringen Lebenshaltungskosten haben über die Jahre auch die Anhänger der „brotlosen Kunst" angezogen. Und die Kehrseite der Montréal-Medaille, die bitterkalten Winter, haben dazu geführt, dass viele Musiker sich in ihr stilles Kämmerlein zurückzogen und Zeit hatten, neue Titel zu schreiben und aufzunehmen.

Während die Bands hier noch nicht um alles in der Welt einen Plattenvertrag wollten und die Ruhmes- und Profithungrigen Montréal noch nicht für sich entdeckt hatten, brachte die Untergrundszene einige der berühmtesten Indie-Musiker Kanadas hervor. Wer hätte beispielsweise gedacht, dass es die Band Arcade Fire zu etwas bringen würde? Sie liebten ihre Liveauftritte und lehnten es strikt ab, sich von großen Plattenfirmen unter Vertrag nehmen zu lassen. Sie blieben ihrer Linie treu und sind mittlerweile, vor allem durch die Online-Verbreitung ihrer Musik, international erfolgreich. Gleichzeitig folgte die ursprünglich von der Westküste stammende experimentelle Rockband Wolf Parade dem Ruf ihrer eigenen Musik und ließ sich in Montréal nieder. Die Musik der äußerst erfolgreichen Dears mag eine Folge des Lebens in einer Stadt sein, in der sich so gut wie jeder als Außenseiter fühlen kann, egal ob Französischsprecher, Englischsprecher oder Neuankömmling. Mit ihren Liedern „Whites Only Party" und „You and I are a Gang of Losers" griffen sie Themen wie soziale Ausgrenzung und Rassismus auf. Typisch für die Stars, eine weitere Band, die Montréals Indie-Pop-Genre maßgeblich geprägt hat, sind weiche, bittersüß romantische Balladen, die alle eine andere Geschichte erzählen. The Stills, eine Post-Punk-Revival-Rockband, die 2000 aus französisch- und englischsprachigen Künstlern gegründet wurde, gelang 2003 mit ihrem ersten Album *Logic Will Break Your Heart* der Durchbruch.

Wer Montréals unabhängige Musikszene hautnah erleben möchte, sollte unbedingt zum **Pop Montréal** (www.popmontreal.com) in der Stadt sein. Es ist vor allem dem einheimischen Indie-Pop und -Rock, im Mix mit etwas experimenteller Musik und Folk, gewidmet. Es ist *das* Event des Jahres und findet an fünf Tagen im Oktober statt, wenn Horden von Montréalern die Konzerthallen und die anderen Veranstaltungsorte in der ganzen Stadt stürmen.

KLASSISCHE MUSIK

Opéra de Montréal LIVEMUSIK

(Karte S. 244; ☎514-985-2222; www.operademontreal.com; Place des Arts) Montréals Oper begeistert nun schon seit fast 30 Jahren Liebhaber der Musik von Mozart, Wagner und Bizet. Aufgeführt wird in der jeweiligen Originalsprache; dazu gibt's Untertitel.

Orchestre Symphonique de Montréal LIVEMUSIK

(Karte S. 244; ☎514-842-9951; www.osm.ca; Place des Arts, Salle Wilfrid-Pelletier) Berühmte Dirigenten wie Otto Klemperer, Zubin Mehta und Charles Dutoit haben beim OSM, einem der besten Orchester des Landes, schon den Taktstock geschwungen.

McGill Chamber Orchestra LIVEMUSIK

(☎514-487-5190; www.ocm-mco.org) Dieses exzellente Kammerensemble verzaubert seit 1939 seine Zuhörer und ist eines der ältesten seiner Art in Kanada. Die Konzertreihen werden an verschiedenen Veranstaltungsorten gespielt, darunter auch die **Pollack Concert Hall** (Karte S. 236; 555 Rue Sherbrooke Ouest) und die Place des Arts.

Sport

Die Staatsreligionen Québecs sind Eishockey und Katholizismus, wobei auch Football eine recht große Anhängerschaft hat.

Montréal Canadiens SPORT

(Karte S. 236; ☎514-932-2582; www.canadiens.com; Bell Centre, 1200 Rue de la Gauchetière Ouest; Ticket 29–261 C$) Heimspielort dieses Teams der National Hockey League ist das Bell Centre. Die „Habs" haben schon 24-mal den Stanley Cup gewonnen (zuletzt 1993), sind in den letzten Jahren aber weniger erfolgreich. Die Montréaler sehen ihnen dies aber nach, was die regelmäßig ausverkauften Spiele beweisen. Schon kurz nach dem Anpfiff verkaufen die Tickethändler, die sich am Eingang herumdrücken, die Karten oft zum halben Preis. Wer einen Platz ganz oben unter dem Dach hat, sollte ein Fernglas mitbringen.

Montréal Alouettes SPORT

(☎514-871-2255; www.montrealalouettes.com; Molson Stadium, Ave des Pins Ouest; Ticket 20–75 C$; ⓂSquare Victoria, dann kostenloser Shuttlebus) Das Team hatte sich in der Vergangenheit wiederholt aufgelöst, spielt heute aber wieder in der Canadian Football League und ist, vor allem seit dem Gewinn des nationalen Grey Cup 2009, der heimliche Liebling in Montréals Sportszene. Seit 1999 ist jedes ihrer Spiele ausverkauft, weshalb man früh dran sein muss, um noch ein Ticket zu ergattern. Ab zwei Stunden vor Spielbeginn fahren kostenlose Shuttlebusse.

Shoppen

Wer einige Zeit in dieser stylishen Stadt verbringt, deren Einwohner allergrößten Wert auf das persönliche Erscheinungsbild legen, kann leicht dem Kaufrausch verfallen. Unerschrockene Kaufwütige werden unweigerlich in der Rue Ste-Catherine Ouest enden, an der sich unzählige Kaufhäuser, Handelsketten, originelle, unabhängige Läden und mehrstöckige Malls wie das **Centre Eaton** (Karte S. 236; Rue St-Catherine zw. Ave McGill College & Rue University; ⏲Mo–Fr 10–21, Sa 9–17, So 10–17 Uhr) aneinanderreihen. Und das ist nur der Anfang. Wenn man einen Stock tiefer geht, findet man Hunderte von Einzelhändlern, die alles Mögliche verkaufen, vom Schmuckstein bis zum Tank Top.

Entspannter lässt es sich da in den Plateau-Straßen Blvd St-Laurent, Rue St-Denis und Ave du Mont-Royal einkaufen. Sie sind für ihre einzigartigen Boutiquen bekannt, in denen allerlei essenzielle Trendartikel verkauft werden. Die Rue St-Paul in Vieux-Montréal ist hingegen mit Trödlergeschäften gesäumt, die ganz auf die Touristen eingestellt sind. Dazwischen findet man aber durchaus auch die eine oder andere ansehnliche Kunstgalerie. Antiquitätenliebhaber können problemlos einen ganzen Tag damit verbringen, die Läden entlang der Rue Notre-Dame Ouest, zwischen der Ave Atwater und der als Antique Alley bekannten Rue Guy zu durchstöbern.

Ogilvy BEKLEIDUNG

(Karte S. 236; www.ogilvycanada.com; 1307 Rue Ste-Catherine Ouest) Dieses traditionsreiche Kaufhaus aus viktorianischer Zeit hat alle internationalen Top-Marken im Angebot. Die historische Konzerthalle im 5. Stock nicht verpassen! Seit 1927 marschiert täglich zur Mittagszeit ein Dudelsackspieler im Kilt durch den Laden.

Galerie Le Chariot KUNST

(Karte S. 236; 446 Place Jacques Cartier) Die Galerie auf drei Ebenen hat sich auf die Kunst der Inuit spezialisiert. Die Ausstellungsstücke haben echte Museumsqualität. Es sind vor allem Skulpturen aus Speckstein. Sämtliche Stücke sind von der kanadischen Regierung zertifiziert.

Guilde Canadienne des Métier d'Art Québec KUNST
(Karte S. 236; www.canadianguildofcrafts.com; 1460 Rue Sherbrooke Ouest) In den galerie-artigen Räumen werden die erlesensten Stücke kanadischen Kunsthandwerks ausgestellt.

Parasuco BEKLEIDUNG
(Karte S. 236; www.parasuco.com; 1414 Rue Crescent) Parasuco ist mittlerweile eine der angesagtesten kanadischen Marken für Jeans und Freizeitbekleidung. Produziert wird in Montréal. In der geschäftigen Hauptfiliale findet man alle aktuellen Styles.

Eva B BEKLEIDUNG
(Karte S. 244; www.eva-b.ca; 2013 Blvd St-Laurent) Betritt man diese abgefahrene Retro-Boutique, findet man sich in den '60ern, '70ern und '80ern wieder – und die gehen ganz schön ab! Wer sich hier einkleidet, wird mit absoluter Sicherheit der Star der nächsten Party. Es werden auch Kostüme verliehen.

Les Touilleurs KÜCHENUTENSILIEN
(Karte S. 244; www.lestouilleurs.com; 152 Ave Laurier Ouest) Noch nie waren Küchenutensilien so sexy. Neben der beeindruckend umfangreichen Sammlung von hochwertigsten Markentoastern und -kuchenformen ist auch die minimalistische Innenausstattung erwähnenswert.

Cheap Thrills MUSIKLADEN
(Karte S. 236; cheapthrills.ca; 2044 Rue Metcalfe) Beim Durchstöbern der riesigen Auswahl an gebrauchten Büchern und Tonträgern (CDs und einige Schallplatten) vergisst man schon mal die Zeit. Sowohl Mainstream als auch Unkommerzielles ist hier zum Schnäppchenpreis zu haben.

Indigo (Karte S. 236; www.chapters.indigo.ca; Place Montréal Trust, 1500 Ave McGill College; ⌚9–23 Uhr) Bücher in Hülle und Fülle.

Word (469 Rue Milton; ⌚Mo–Mi 10–18, Do & Fr bis 21, Sa 11–18 Uhr; Ⓜ McGill) Langjähriger Studententreff mit gebrauchten akademischen Werken und moderner Literatur. Nördlich der Rue Sherbrooke Ouest und östlich der Rue University.

Ulysses (Karte S. 244; 4176 Rue St-Denis; ⌚Mo–Mi 10–18, Do–Fr bis 21, Sa bis 17.30, So 11–17.30 Uhr) Guides, Karten, Stadtpläne.

ℹ Praktische Informationen

Geld

Wechselstuben finden sich am Flughafen, im Bahnhof, bei der zentralen Touristeninformation, im Casino (S. 246; 24 Std. geöffnet) und überall in der Innenstadt, vor allem in der Rue Ste-Catherine.

Calforex (1250 Rue Peel; ⌚Mo–Sa 8.30–21, So 10–18 Uhr)

National Bank of Canada Plateau Mont-Royal (www.nbc.ca; 4506 Rue St-Denis); Quartier Latin (801 Rue Ste-Catherine Est) Die Standorte weiterer Filialen findet man auf der Website.

Medien & Infos im Internet

Die *Montréal Gazette* ist die wichtigste englischsprachige Tageszeitung und berichtet umfassend über nationale Angelegenheiten, Politik und Kunst. Die Samstagsausgabe enthält einen Teil mit Veranstaltungshinweisen, obwohl die kostenlosen Wochenzeitungen *Mirror* und *Hour* bessere Infoquellen sind. Sie werden donnerstags herausgegeben und sind in vielen Restaurants, Bars und Läden erhältlich. Die französischsprachigen Gegenstücke heißen *Voir* und *Ici*.

Hilfreiche Websites sind:

City of Montréal (ville.montreal.qc.ca) Offizielle Website der Stadt.

Montréal Clubs (www.montreal-clubs.com) Aktuelle Infos zu Montréals angesagtesten Nightlife-Locations.

Tourism Montréal (www.tourism-montreal.org) Offizielle Website von Montréals Touristeninformation mit unzähligen Infos und einer Suchmaschine für Last-Minute-Hotelbuchungen, die eine Ermäßigung von mindestens 10 % garantiert.

Notfall & Medizinische Versorgung

CLSC (☎514-934-0354; 1801 Blvd de Maisonneuve Ouest) Bei harmlosen Beschwerden bekommt man im Gesundheitszentrum der Gemeinde ohne Voranmeldung Hilfe. Dafür bezahlt man 105 C$ (nur Barzahlung) pro Behandlung; spezifische Gesundheitstests werden extra berechnet.

Montréal Police Station (☎wenn kein Notfall vorliegt 514-280-2222)

Pharmaprix Pharmacy Mont-Royal (www.pharma prix.ca; 5122 Chemin de la Côte-des-Neiges; ⌚24 Std.; Ⓜ Côte-des-Neiges); Downtown (1500 Rue Ste-Catherine Ouest; ⌚8–24 Uhr; Ⓜ Guy-Concordia) Weitere Filialen stehen auf der Website.

Royal Victoria Hospital (☎514-934-1934; 687 Ave des Pins Ouest; ⌚24 Std.) Gehört zur Université McGill, hat eine Notaufnahme und ist die beste Option für Englisch sprechende Patienten.

Sexual Assault Centre (☎514-934-4504) Bei sexuellen Übergriffen.

Post

Hauptpost (Karte S. 236; 677 Rue Ste-Catherine Ouest; ⌚Mo–Fr 7–19, Sa 10–17, So

11–17 Uhr) Das größte Postamt der Stadt, es gibt aber überall in Montréal noch zahlreiche weitere Filialen.

Station Place d'Armes (Karte S. 236; 157 Rue St-Antoine, Montréal, Québec H2Y 1L0) Für postlagernde Sendungen (poste restante).

Reisebüros

Voyages Campus (www.travelcuts.com; 1613 Rue St-Denis; ⌚Mo–Mi 9–18, Do & Fr bis 19, So 11–17 Uhr) Außerhalb Québecs als Travel Cuts bekannt; weitere Filialen in der Stadt findet man auf der Website.

Touristeninformation

Montréal und die Provinz Québec betreiben eine zentrale Info-Hotline für Touristen (☎514-873-2015, 877-266-5687).

Centre Infotouriste(Karte S. 236; www.bonjourquebec.com; 1255 Rue Peel; ⌚März–Mitte Juni 9–18 Uhr, Mitte Juni–Aug. 8.30–19 Uhr, Sept.–Okt. 9–18 Uhr, Nov.–Feb. 9–17 Uhr) Infos über Montréal und den Rest der Provinz Québec. Reserviert kostenlos Hotelzimmer, Ausflüge und Mietwagen und tauscht außerdem Geld um.

Montréal Tourist Office (Karte S. 236; www.tourism-montreal.org; 174 Rue Notre Dame Est; ⌚Jan.–Mai & Anfang Sept.–Okt. 9–17 Uhr, Juni–Anfang Sept. bis 19 Uhr)

Vieux-Port Tourist Kiosk (Karte S. 236; Quai Jacques Cartier; ⌚Mai–Mitte Juni Mo–Fr 10–19, Sa & So bis 20 Uhr, Mitte Juni–Aug. 10–22 Uhr, Sept.–Mitte Okt. Mo–Fr 10–17, Sa & So bis 19 Uhr)

ℹ An- & Weiterreise

Auto & Motorrad

Alle großen internationalen Autovermietungen betreiben Filialen am Flughafen, am Hauptbahnhof und anderswo im Stadtgebiet. Allgemeine Infos & Adressen s. S. 987. **Auto Plateau** (☎514-398-9000, 877-281-5001; www.autoplateau.com; 3585 Rue Berri; Ⓜ Sherbrooke) ist ein angesehener lokaler Anbieter.

Die Mitfahrzentrale **Allô Stop** (☎514-985-3032; www.allostopmontreal.com; 4317 Rue St-Denis; Mont-Royal) hat ein Büro in Plateau. Die Fahrt nach Québec (Stadt) kostet beispielsweise 13 C$.

Bus

Busse zu den Flughäfen und zu Zielen in Kanada und den USA fahren an der **Station Centrale de l'Autobus** (Central Bus Station; Karte S. 244; 505 Blvd de Maisonneuve Est) ab.

Mehrere Anbieter haben Busverbindungen zu allen möglichen Zielen im Angebot. Weitere Details zu diesen Busfirmen stehen auf S. 298. Die Linien- und Expressbusse von Voyageur fahren Ottawa (36 C$, 2¼ Std., 21-mal tgl.) an, während Orléans Express Québec (48 C$, 3¼ Std., bis zu 24-mal tgl.) und die Regionen Mauricie und Gaspésie bedient.

Den besten Deal nach Toronto (30–80 C$, 6¾ Std., 8-mal tgl.) gibt's bei Megabus. Voyageur bedient dieselbe Route, braucht aber ein paar Stunden länger. Greyhound fährt täglich nach New York City (84 C$, 8 Std., bis zu 7-mal tgl.). Galland-Busse fahren in die Urlaubsorte der Laurentides, und Limocar kommt auf dem Weg nach Sherbrooke durch die Cantons de l'Est.

Das Moose Travel Network (S. 991) bedient einen Rundkurs durch den Osten Kanadas. Montréal ist eine der Zwischenstationen.

Flugzeug

Sowohl die nationalen als auch die internationalen Airlines fliegen den **Pierre Elliott Trudeau International Airport** (YUL, ehemals Dorval Airport; ☎514-394-7377, 800-465-1213; www.admtl.com) 20 km westlich der Innenstadt an. Hier gibt's Schließfächer, eine Gepäckaufbewahrung, Geldautomaten und eine Wechselstube. Auf dem Mirabel, Montréals anderem Flughafen, landen keine Passagiermaschinen mehr.

Zug

Montréals **Gare Centrale** (Hauptbahnhof; Karte S. 236; 895 Rue de la Gauchetière Ouest) ist örtlicher Knotenpunkt der VIA Rail. Die neuen, modernen und komfortablen Waggons, die nachts zwischen Montréal und Halifax verkehren, machen die Reise zu einem sehr angenehmen Unterfangen. Täglich fahren sechs tadellose Züge mit WLAN und einem Getränkeservice nach Toronto.

Amtrak bietet täglich einen Zug nach/von New York City (62 US$, 11 Std.).

ℹ Unterwegs vor Ort

Auto & Motorrad

Obwohl es recht einfach ist, sich in Montréal zurechtzufinden, greift man zur Fortbewegung innerhalb der Stadt besser nicht auf das Auto, sondern auf öffentliche Verkehrsmittel zurück. Wer lieber selbst fahren möchte, findet im Zen-

> **WLAN-ZUGÄNGE**
>
> **Île Sans Fil** (http://ilesansfil.org) bietet jedem registrierten Nutzer kostenlosen Internetzugang. Hotspots gibt es außerdem in den Cafés Caffè ArtJava(s.KastenS. 259),JulietteetChocolat (S. 256)undSantropol(S. 257),sowieimLe SaintSulpice(S. 259),MarchéJeanTalon (S. 258) und im Titanic (S. 253).

trum überall gebührenpflichtige Parkplätze mit Parkuhren und, vorwiegend unter den großen Hotels und Einkaufszentren, öffentliche Tiefgaragen. Pro Tag werden dafür zwischen 12 und 20 C$ fällig.

Achtung: Auf der Île de Montréal ist das Rechtsabbiegen an roten Ampeln verboten!

Vom/Zum Flughafen

STM (www.stm.info) ist das öffentliche Transportsystem der Stadt, das zwei Buslinien zwischen Montréal Trudeau und der Innenstadt unterhält. Der Express-Service ins Zentrum ist die Rte 747 (einfache Strecke 7 C$ zusätzlich, 35 Min.), mit Stopps an der Metrostation Lionel-Groulx, dem Hauptbahnhof und der Metrostation Berri-UQAM. Zwischen 8.30 und 20 Uhr fährt er alle 10 bis 12 Minuten, zwischen 5.30 und 8.30 Uhr und zwischen 20 und 1 Uhr jede halbe Stunde und zwischen 2 und 5 Uhr einmal pro Stunde.

Eine Alternative ist Bus 204 Est, der vom Gare Dorval zur Metrostation Lionel-Groulx fährt. Vom Bahnhof Dorval gibt es einen Shuttlebus zum Flughafen und umgekehrt. Die Busse sind zwischen 6 und 24 Uhr unterwegs. Für die Strecke braucht man insgesamt etwa eine Stunde und bezahlt dafür 2,75 C$ (kein Wechselgeld!).

Mit dem eigenen Auto kommt man über die Autoroute 13 Sud in die Stadt. Diese läuft mit der Autoroute 20 Est zusammen, welche wiederum auf die Haupt-Autoroute Ville-Marie (die 720) führt, über die man mitten ins Herz der Innenstadt gelangt. Bei wenig Verkehr dauert die Fahrt etwa 20 bis 30 Minuten, zu Hauptverkehrszeiten braucht man schon mal eine Stunde.

Ein Taxi zum/vom Trudeau-Flughafen kostet pauschal 38 C$.

Öffentliche Verkehrsmittel

Montréal hat ein modernes und bequemes Bus- und Metronetz, das von der **STM** (www.stm.info) betrieben wird. Die Metro düst auf Gummirädern schnell und leise durch die U-Bahn-Schächte. Letzte Fahrt ist um 0.30 Uhr oder später. Es gibt Busse, die die ganze Nacht über fahren.

Mit einem Ticket kommt man in der Stadt überall hin. Wer vom Bus auf die Metro oder umgekehrt oder zwischen zwei Bussen wechselt, holt sich vom Fahrer einen kostenlosen Transfer-Beleg, einen *correspondence*. In der Metro gibt's diese an den Automaten gleich hinter den Drehkreuzen. Die Transfer-Belege gelten für eine Dauer von 90 Minuten und können nur in eine Richtung benutzt werden.

Ein Ticket kostet 2,75 C$, kann aber auch im Sechserpack gekauft werden und ist dann billiger (13,25 C$). Die „Tourist Card" schlägt für einen Tag mit 7 C$, für drei Tage mit 17 C$ zu Buche. Für Wochenkarten (gültig Mo–So) muss man 20,50 C$ zahlen. Achtung: Busfahrer geben kein Wechselgeld!

Taxi

Der Startpreis liegt bei 3,15 C$, danach werden 1,45 C$ pro Kilometer fällig. Taxis können an der Straße herbeigewunken oder telefonisch bestellt werden, z. B. **Taxi Diamond** (☎514-273-6331) oder **Taxi Co-Op** (☎514-636-6666).

RUND UM MONTRÉAL

LES LAURENTIDES

Die Laurentinischen Berge (engl. Laurentians, franz. Les Laurentides) sind vielleicht das bestgehütete Geheimnis der Montréaler Tagesausflügler. Nur eine Autostunde von der Stadt entfernt, ist man auf einmal von einer sanft geschwungenen Berglandschaft voller kristallblauer Seen und sich windender Flüsse umgeben. Dazwischen verteilen sich unbeschreiblich malerische Städte und Dörfer. Ein Abstecher in dieses Naturparadies ist so erholsam wie das Füßehochlegen nach einem harten Tag.

Mont Tremblant wird zwar gelegentlich als übertrieben kommerzialisiert kritisiert, seinen überragenden Skimöglichkeiten kann landesweit jedoch nur Whistler das Wasser reichen. In den Laurentides gibt's noch viele weitere, etwas unbekanntere Skiorte. In ihren winzigen Zentren verbreiten luftige Patios und exklusive, eigenständige Designer-Klamottenläden ein wenig Alpen-Atmosphäre.

In der Hauptsaison sind die Preise höher und der Besucherandrang ist extrem. Dies ist z.B. im Sommer und während der Weihnachtsferien der Fall. Wer in den Wintermonaten herkommen möchte, sollte sich zuvor nach den allgemeinen Öffnungszeiten erkundigen.

Die Laurentides liegen zwischen 60 und 130 km nördlich von Montréal. Fast alle Ortschaften befinden sich am Hwy 15, der Autostrecke durch die Laurentides. Parallel dazu verläuft die alte Rte 117. Auf dieser Strecke kommt man zwar nur deutlich langsamer voran, aber sie ist wesentlich malerischer.

ℹ Praktische Informationen

Neben den genannten lokalen Touristeninformationen findet man auch Filialen in vielen weiteren Ortschaften in den Laurentides. Zwischen Ende Juni und Anfang September haben sie offiziell von 8.30 bis 19 Uhr geöffnet, im übrigen Jahr von 9 bis 17 Uhr. Abhängig von Faktoren wie Wochentag, Wetter oder Besucherzahl können die konkreten Öffnungszeiten aber variieren – daher vorher anrufen!

Association Touristique des Laurentides (Laurentian Tourist Association; ☎450-436-8532, 800-561-6673, Reservierungen 450-436-3507; www.laurentides.com; ⏲9–17 Uhr) Der regionale Tourismusverband beantwortet telefonische Anfragen, verschickt Infos per E-Mail und reserviert kostenlos Hotelzimmer.

La Maison du Tourisme des Laurentides (La Porte du Nord, Ausfahrt 51 am Hwy 15; ⏲Mitte Juni–Mitte Sept. 8.30–20 Uhr, Mitte Sept.–Mitte Juni bis 17 Uhr) Informationsbüro der Association des Laurentides mit hilfsbereitem Personal, das Karten und Broschüren verteilt, u. a. den hervorragenden Official Tourist Guide.

Anreise & Unterwegs vor Ort

Täglich verkehren mindestens vier Galland-Busse (S. 298) zwischen Montréals Station Centrale de l'Autobus und den Laurentides. Angefahren werden u. a. St. Jérôme (16 C$, 1¼ Std.), St. Sauveur (20 C$, 1½ Std.), Val-David (23 C$, 2 Std.) und Mont-Tremblant (29 C$, 2½ Std.).

Von Mitte Mai bis Mitte Oktober bietet **Autobus du P'tit Train du Nord** (www.transportduparclineaire.com) täglich zwei Verbindungen zwischen St. Jérôme und Mont Laurier (Tickets 24–52 C$). Sie halten nach Bedarf und nehmen Fahrräder ohne Aufpreis mit.

Wer mit dem Auto von Montréal anreist, nimmt entweder den Hwy 15 oder die langsamere Rte 117.

ST. JÉRÔME

Etwa 43 km nördlich von Montréal liegt St. Jérôme, das offizielle Tor zu den Laurentides. Obwohl hier vor allem Verwaltungsgebäude und Industriebetriebe zu sehen sind, lohnt ein Abstecher zur im byzantinischen Stil erbauten **Kathedrale** (355 Rue St-George; Eintritt frei; ⏲7.30–16.30 Uhr) und zum nahe gelegenen **La Musée D'Art Contemporain des Laurentides** (101 Place du Curé-Labelle; Eintritt frei; ⏲Di–So 12–17 Uhr), in dem oft hervorragende Ausstellungsstücke regionaler Künstler zu sehen sind.

St. Jérôme markiert außerdem die südliche Endstation des **Parc Linéaire du P'tit Train du Nord** (www.laurentians.com/parclineaire), ein Wegenetz, das sich entlang ehemaliger Bahntrassen bis ins 200 km entfernte Mont Laurier schlängelt. Unterwegs windet es sich durch eine großartige Berglandschaft, vorbei an Bächen, Flüssen, Stromschnellen und Seen. Im Sommer sind hier Radfahrer und Inlineskater unterwegs und überall gibt es Rastplätze, Infostände, Restaurants, B&Bs und Fahrradverleihe und -werkstätten. Im Winter strömen Skilangläufer in das Gebiet zwischen St. Jérôme und Val-David, während der Abschnitt zwischen Val-David und Mont Laurier fest in der Hand der Schneemobil-Fans ist.

ST. SAUVEUR-DES-MONTS

St. Sauveur-des-Monts (kurz St. Sauveur) ist der lebhafteste Ort in den Laurentides und wird wegen seiner Nähe zu Montréal (60 km) oft von Tagesausflüglern überrannt. Restaurants, Cafés und Boutiquen säumen die hübsche Hauptstraße, die Rue Principale, die von einer schönen Kirche dominiert wird. Stadtrundgänge und Infos über Unterkünfte bekommt man im **Pays d'en Haut Tourist Office** (☎450-227-3417; www.lespaysdenhaut.com; 1014 Rue Valiquette, Ste-Adèle). Die **Banque Nationale** (6 Rue de la Gare) hat eine Filiale im Ort. Internetzugang gibt's im **Café Saint-Sau** (Galerie des Monts Mall, Block I-2, 75 Rue de la Gare; 3/5 C$ pro 15/30 Min. ⏲8–17 Uhr).

Sehenswertes & Aktivitäten

Saint-Sauveur Valley Resort SPORT

Die fünf wichtigsten Skihügel der Region (www.mssi.ca) sind von rund 100 Pisten verschiedenster Schwierigkeitsgrade überzogen und machen die Laurentides zu einem Paradies für Abfahrtsskiläufer. Der höchste Berg, der **Mont Saint-Sauveur** (www.montsaintsauveur.com; 25–46 C$/Tag) ist für seine Nachtabfahrten bekannt – viele Hänge sind bis 23 Uhr geöffnet. Im Sommer verwandelt er sich in den **Parc Aquatique** (Water Park; www.parcaquatique.com; 350 Rue St-Denis; Erw./Kind ganzer Tag 32/16 C$, halber Tag 26/14 C$; ⏲Anfang Juni & Ende Aug.–Anfang Sept. 10–17 Uhr, Ende Juni–Ende Aug. bis 19 Uhr). Hier haben Kinder jeder Altersstufe ihren Spaß, ob im Wellenbad, auf einer der verrückten Rutschen (darunter zwei, die in Gipfelnähe beginnen und mit dem Sessellift erreichbar sind) oder bei einer Raftingfahrt. Das über 150 km lange Loipennetz der **Morin Heights** (www.skimorinheights.com; 29–39 C$/Tag) zieht Scharen von Langläufern an.

Feste & Events

Ende Juli fällt der Startschuss für das zwei Wochen andauernde **Festival des Arts** (www.fass.ca), das Dutzende internationaler Tanztruppen nach St. Sauveur holt. Viele der Aufführungen sind kostenlos.

Schlafen

Auberge Sous L'Edredon B&B $$
(☎450-227-3131; www.aubergesousledredon.com; 777 Rue Principale; Zi. 100–190 C$; ❄📶🏊) Ein viktorianisches Gästehaus mit eigenem Flair, etwa 2 km vom Dorfzentrum entfernt. Es liegt ganz in der Nähe eines kleinen Sees und des Mont-Habitant-Skigebiets. Einige der schön dekorierten Zimmer haben eigene Kamine und eigene Bäder.

Le Petit Clocher B&B $$$
(☎450-227-7576; www.lepetitclocher.com; 216 Rue de l'Église; EZ 165–195 C$, DZ 185–215 C$) Dieses großartige Gästehaus ist in einem ehemaligen Kloster an einem kleinen Hügel über dem Dorf untergebracht. Die sieben Zimmer sind im französischen Landhausstil eingerichtet; manche haben einen wunderschönen Ausblick.

Essen

Orange & Pamplemousse MEDITERRAN $$
(www.orangepamplemousse.com; 120 Rue Principale; Hauptgerichte 12–32 C$; ⏲8–22 Uhr) Beim sanften Plätschern des japanischen Bambus-Springbrunnens kann man in ruhiger Atmosphäre raffinierte Pastagerichte und exzellenten Fisch vom Grill genießen. Auch das Frühstücksangebot ist herrlich.

Rio BARBECUE $$
(352 Rue Principale; Hauptgerichte 10–20 C$, Gerichte ab 20 C$; ⏲17–22 Uhr) Es mag etwas komisch anmuten, mitten in den Bergen des ländlichen Québec ein Barbecue zu bestellen. Dieser klassische Diner wird aber von amerikanischen Touristen und Einheimischen gleichermaßen in den höchsten Tönen gelobt. Auf jeden Fall sollte man ein kleines Stück der herrlich saftigen und zarten Mini-Rippchen kosten!

Chez Bernard FEINKOST $
(www.chezbernard.com; 411 Rue Principale; Gerichte 6–15 C$; ⏲Mo–Mi 9–19, Do–Fr bis 20, Sa & So bis 18 Uhr) Ausgezeichnetes Feinkostgeschäft mit lokalen Spezialitäten (einige davon hausgemacht) und kompletten Mahlzeiten – perfekt zum Picknicken.

La Brûlerie des Monts CAFÉ $
(197 Rue Principale; Gerichte 5–10 C$; ⏲7–21 Uhr) Im Ort *das* Café schlechthin zum Frühstücken und für Sandwiches. Die Terrasse ist großartig, der Kaffee wird vor Ort geröstet.

VAL-DAVID

Val-David ist ein winziges Dorf, das sich wunderschön an das Ufer des Rivière du Nord und an den Fuß der Berge schmiegt. Sein fast schon poetischer Charme hat viele Künstler hierher gelockt, deren Ateliers und Galerien die Hauptstraße Rue de L'Église säumen. Hier gibt's auch eine **Touristeninformation** (www.valdavid.com; 2501 Rue de L'Église).

Sehenswertes & Aktivitäten

Von Mitte Juli bis Mitte August zieht das **1001 Pots Festival** (www.1001pots.com), eine riesige Keramikausstellung mit Markt, rund 100 000 Menschen in die Stadt. Es wurde vom japanisch-kanadischen Künstler Kinya Ishikawa ins Leben gerufen, dessen Werke zwar etwas utilitaristisch, aber dennoch stylish sind und das ganze Jahr über in seinem **Atelier du Potier** (2435 Rue de L'Église; ⏲Di–So 10–17 Uhr) ausgestellt werden.

Die Natur ist Val-Davids andere Hauptattraktion. **Phénix Sports and Adventure** (☎819-322-1118; 2444 Rue de L'Église) und **Pause Plein Air** (☎819-322-6880; 1381 Rue de la Sapinière) verleihen Räder, Kajaks und Kanus und bieten Kombi-Pakete aus Rad- und Kanufahren auf dem Rivière du Nord.

Was das Skifahren für andere Dörfer der Laurentides, ist das Klettern für Val-David. Hier gibt es über 500 Touren, von leichten Wänden bis hin zu anspruchsvollen Überhängen. Die Kletterschule **Passe Montagne** (1760 Montée 2e Rang; ⏲Mitte April–Mitte Okt.) hat Kurse für Anfänger und erfahrene Felsbezwinger im Programm. Die Preise beginnen bei 60 C$.

Schlafen

Le Chalet Beaumont HOSTEL $
(☎819-322-1972; www.chaletbeaumont.com; 1451 Rue Beaumont; B 25 C$, Zi. ohne/mit eigenem Bad 60/75 C$; @📶) Dieses privat betriebene Hostel liegt auf einem bewaldeten Hügel. Mit der Ausstattung und den Annehmlichkeiten wirkt die historische Blockhütte eher wie ein luxuriöses Landhaus. Sauna und Internet sind kostenlos und es gibt eine gut ausgestattete Gemeinschaftsküche und eine Bar. Es werden Räder und Skier verliehen und die Angestellten sind äußerst freundlich.

Essen

Le Grand Pa MEDITERRAN $$$
(www.legrandpa.com; 2481 Rue de L'Église; Hauptgerichte 21–30 C$; ⏲11.30–14 & 17–22 Uhr) Geselliges Restaurant mit großer Terrasse und einer angenehmen Mischung aus Einheimischen und Besuchern, die sich an gegrillten

Fleischkreationen oder an Pizza aus dem Holzofen erfreuen. Freitag- und samstagabends trägt ein *chansonnier* während des Abendessens seine Ständchen vor.

La Vagabonde BÄCKEREI **$**
(www.boulangerielavagabonde.com; 1262 Chemin de la Rivière; ⏲Mi–So 8–18 Uhr) In diesem beliebten Café mit Bäckerei wird köstliches Biobrot und -gebäck aus eigener Herstellung verkauft.

ST. FAUSTIN-LAC-CARRÉ

St. Faustin ist das Tor zur Mont-Tremblant-Region und kann sich mit einigen eigenen Attraktionen rühmen. In der **Cabane à Sucre Millette** (1357 Rue St Faustin; Erw./Kind 7/5 C$; ⏲März & April Di–So 11.30–20 Uhr, Mai–Febr. nur auf Anfrage) kann man den verschiedenen Schritten der Ahornsirupherstellung folgen – Pferdewagen spielen immer noch eine wichtige Rolle – und das leckere Ergebnis probieren.

Das **Centre Touristique Éducatif des Laurentides** (www.ctel.ca; 5000 Chemin du Lac Cordon; Erw./Kind 6/3 C$; ⏲Mitte Juni–Anfang Sept. 8–17 Uhr, Mai–Mitte Juni & Anfang Sept.–Mitte Okt. Fr–So 8–17 Uhr) ist ein herrliches Naturschutzgebiet und ein toller Ort, um mehr über die Flora und Fauna der Gegend zu erfahren. Teile des 36 km langen Wegenetzes sind auch mit dem Rollstuhl zugänglich und es gibt einen Kanu- und Kajakverleih. Um hierher zu kommen, Ausfahrt 83 vom Hwy 15 oder Ausfahrt 107 von der Rte 117 North nehmen.

VILLE DE MONT-TREMBLANT

Die Region Mont-Tremblant ist das Kronjuwel der Laurentides. Im Schatten des gleichnamigen, 960 m hohen Gipfels glitzern unberührte Seen und Flüsse. Diese Outdoor-Spielwiese ist das ganze Jahr über äußerst beliebt – von Ende Oktober bis Mitte April vor allem bei Skifahrern. Im übrigen Jahr tummeln sich hier Wanderer, Radfahrer, Golfer, Wassersportler und andere Outdoor-Fans.

Das Gebiet von Ville de Mont-Tremblant unterteilt sich in drei Bereiche. Zu Station Tremblant gehören die Skipiste und die verkehrsberuhigte Touristensiedlung am Fuß des Bergs. Rund 4 km weiter südwestlich befindet sich das winzige Mont-Tremblant Village, eine niedliche Ansammlung von Wohn- und Geschäftshäusern. Als größte Siedlung in dieser Ecke liegt das Gewerbezentrum St. Jovite rund 12 km südlich des Bergs abseits der Rte 117. Ein Shuttlebus (2,25C$, 6–20 Uhr) verbindet alle drei miteinander.

Sehenswertes & Aktivitäten

Der Zeitschrift *Ski* und Scharen treuer Fans zufolge ist **Station Tremblant** (www.tremblant.com; Liftkarte Erw. ganzer/halber Tag 62/48 C$) einer der besten Skiorte im östlichen Nordamerika. Der aus Philadelphia stammende Millionär Joe Ryan träumte von einem Skiresort und setzte diesen Traum 1938 in die Tat um. Seit das in Vancouver ansässige Unternehmen Intrawest, das auch für den Erfolg von Whistler verantwortlich ist, 1991 die Verwaltung übernahm, wurde der Ort gehörig aufpoliert. Das Skigebiet erstreckt sich über 645 Höhenmeter, hat 95 Pisten und zwei Schneeparks und ist mit 14 Skilifts und einer Expressgondel ausgestattet. Skiausrüstung kann ab 32 C$ pro Tag ausgeliehen werden.

In der warmen Jahreszeit ist die **Sommerrodelbahn** (1/3/5 Fahrten 12,50/23/36 C$) ein Riesenhit. Auf einer Strecke von 1,4 km saust man den Berg hinunter und erreicht dabei, etwas Wagemut vorausgesetzt, eine Geschwindigkeit von bis zu 50 km/h. Das nahe gelegene **Activity Center** (☎891-681-4848; www.tremblantactivities.com) organisiert alle möglichen Outdoor-Aktivitäten, von Angeln und Kanufahren bis Reiten.

Am Fuße der Südseite des Berges liegt ein funkelndes **fußgängerfreundliches Touristendorf** mit großen Hotels, Läden, Restaurants und eine Atmosphäre, die der eines Vergnügungsparks gleicht. Die 08/15-Architektur versprüht nicht gerade den rustikalen, europäischen Charme, den die Planer im Sinn hatten. Die 2,5 Mio. Besucher, die sich jährlich durch die gepflasterten Gassen drängen, scheint das jedoch wenig zu stören.

Feste & Events

Jedes Jahr kommt Anfang Juli Leben in den Ferienort, wenn Musikfans die Straßen zehn Tage lang bevölkern, um das **Festival International du Blues** (www.tremblantblues.com), das größte Bluesfestivals des Landes, zu feiern.

Schlafen

HI Mont-Tremblant Hostel HOSTEL **$**
(☎819-425-6008; www.hostellingtremblant.com; 2213 Chemin du Village, Mont-Tremblant Village; B Mitglieder/Nicht-Mitglieder 24,75/28,75 C$, EZ/DZ 63,75/71,75 C$; @📶) Das schicke Hostel

liegt in unmittelbarer Nähe zum Lac Moore (kostenloser Kanuverleih) und ist mit einer geräumigen Küche und einem großen Partyraum mit Bar, Billardtisch und Kamin ausgestattet. Die großen, sauberen Zimmer sind vor allem in der Skisaison oft ausgebucht.

Auberge Le Lupin B&B $$
(☎819-425-5474, 877-425-5474; www.lelupin.com; 127 Rue Pinoteau, Mont-Tremblant Village; Zi. 90–123 C$; @📶) Blockhütte aus den 1940er-Jahren nur 1 km vom Skilift entfernt – eine gemütliche Bleibe mit eigenem Strand am Ufer des glitzernden Lac Tremblant. Besitzer Pierre zaubert in seiner heimeligen, rustikalen Küche ein leckeres Frühstück, das seine Gäste optimal für den Tag rüstet.

Hotel Quintessence BOUTIQUEHOTEL $$$
(☎866-425-3400; www.hotelquintessence.com; 3004 Chemin de la Chapelle, Mont-Tremblant Village; Suite ab 350 C$; ❄@📶🏊) Hier treffen der Glanz der Alten Welt und die Natur Nordamerikas aufeinander und vereinen sich zu einer luxuriösen Übernachtungsoption. Die Suiten dieses kleinen, exklusiven Resorts sind mit einem beruhigenden Kamin, eigenem Balkon mit Blick über den Lac Tremblant, beheizten Marmorfußböden und großen Badewannen ausgestattet. Da geht man gerne in die Vollen!

Country Inn & Suites by Carlson HOTEL $$
(☎819-681-5555, 800-596-2375; 160 Chemin Curé des Lauriers, Station Tremblant; Suite ab 149 C$; ❄@📶🏊) Die moderne Skihütte liegt mitten in der fußgängerfreundlichen Zone – eine wirklich perfekte Lage. Die großen, funktionellen Zimmer bieten viel Komforts und Annehmlichkeiten, die Suiten haben eine voll ausgestattete Küche. Kinder unter 17 Jahren übernachten hier kostenlos.

✕ Essen

Plus Minus Café FUSION $$$
(www.plusminuscafe.com; Station Tremblant; Hauptgerichte 29–40 C$; ⏲6–22 Uhr; 🌶) Die Speisekarte mit ihrer gesunden Avantgarde-Küche kann sich sehen lassen: bunte Salate, kunstvoll hergerichtete Hauptgerichte mit magerem roten Fleisch bester Qualität oder mit Wildgeflügel aus Freilandhaltung, Meeresfisch aus frischem Fang und abgefahrene Geschmackskompositionen wie lokal angebauter Hanf mit Miso-Paste, Sternanis und Blattgrün.

Microbrasserie La Diable PUB $$
(www.microladiable.com; Station Tremblant; Hauptgerichte 10–23 C$; ⏲11.30–2 Uhr) Nach einem langen Tag auf der Piste freut sich der Körper über die herzhaften Würste, Burger und Pastagerichte, die in dieser lebhaften Kneipe in Station Tremblant serviert werden. Und die Freude über die selbstgebrauten Biere ist nicht minder groß.

Coco Pazzo ITALIENISCH $$
(www.coco-pazzo.com; Station Tremblant; Hauptgerichte 12–29 C$; ⏲12–15 & 17–21 Uhr) Moderne italienische Küche mit Pfiff, ein weiches, in orange gehaltenes Ambiente und beruhigende Bluesmusik – das ist das Geheimrezept dieses gehobenen Restaurants mit Blick auf die Place des Lauriers.

ℹ Praktische Informationen

Au Grain de Café (Homewood Suites par Hilton, Station Tremblant; 3 C$/10 Min.; ⏲8–21 Uhr) Internetzugang.

Banque Nationale (Country Inn & Suites, Station Tremblant; ⏲10–17 Uhr)

Clinique Medicale Saint-Jovite (☎819-425-2728; 910 Rue de L'École, St. Jovite)

Mont Tremblant Tourism (☎800-322-2932; www.tourismemonttremblant.com) St. Jovite (48 Chemin de Brébeuf); Mont-Tremblant Village (5080 Montée Ryan, Ecke Rte 327); Station Tremblant (Place des Voyageurs)

PARC DU MONT-TREMBLANT

Der Parc du Mont Tremblant (☎819-688-2281, Reservierungen 800-665-6527; www.parksquebec.com; Chemin du Lac Supérieur; Erw./Kind pro Tag 3,50/1,75 C$) steht für spektakuläre Naturerlebnisse. Québecs größter und ältester Park wurde 1894 eröffnet. Auf seinen 1510 km² Fläche liegen herrliche Seen, Flüsse, Hügel und Wälder mit Kanurouten, Wander- und Radwegen. Neben so seltenen Pflanzenarten wie Silberahorn und Amerikanische Roteiche kann man hier auch Füchse, Hirsche, Elche und Wölfe sichten. Außerdem gibt es in dem Park über 200 verschiedene Vogelarten, darunter eine gewaltige Kolonie von Kanadareihern.

Der Park ist in drei Bereiche unterteilt. Der Bereich Diable mit dem Lac Monroe ist am besten erschlossen. Der Haupteingang liegt 28 km nordöstlich von Station Tremblant. 11 km vom Eingang entfernt befindet sich ein ganzjährig geöffnetes Servicezentrum, das auch Outdoor-Ausrüstung verleiht.

Diables wunderbare Wandermöglichkeiten reichen von leichten, 20-minütigen Spaziergängen vorbei an Wasserfällen bis zu tagelangen Treks mit herrlicher Aussicht auf majestätische Täler. Manche der Pfade kann man mit dem Drahtesel abfahren, oder man schippert den gewundenen Rivière Diable mit einem Kanu hinunter. Der ruhige Abschnitt zwischen Lac Chat und La Vache Noir eignet sich perfekt für Familien.

Der Bereich Pimbina weiter östlich liegt zehn Autominuten von St. Donat entfernt. Neben einem Informationszentrum (⌚Mitte Mai–Mitte Okt. & Mitte Dez.–März) und Campingplätzen mit ein paar Service-Einrichtungen gibt's hier auch Kanu- und Kajakverleiher. Der Lac Provost lädt zum Schwimmen ein, die nahen Pfade zum Wandern und Radfahren. Ein echtes Highlight ist der 14,4 km lange Carcan Trail. Vorbei an Wasserfällen und durch tolle Landschaft führt diese Route zum Gipfel des zweithöchsten Bergs (883 m) im Park.

Der Bereich L'Assomption noch weiter im Osten ist über die Ortschaft St. Côme zugänglich. Im naturbelassensten Teil des Parks findet man weitere Wege, einsame Hütten und abgelegene Campingstellen. Im Winter ist diese Ecke nicht per Auto erreichbar, da die Straßen verschneit sind.

Unbefestigte Pisten, die teilweise alte Holzfällerrouten sind, führen in den Osten des Parks und in die dichtere Wildnis im Inneren. In den abgelegenen, wenig besuchten Bereichen sind unzählige Tier- und Pflanzenarten zuhause. Mit etwas Glück hat man ganze Seen ganz für sich allein und muss sie nur mit den Wölfen teilen, deren Geheul des Nachts ans Ohr dringt.

Ende August werden die Nächte kühler. Ein paar Monate später verleiht eine Schneedecke der Landschaft etwas Magisches. Dann sind die meisten Besucher in Diable und Pimbina auf Langlaufskiern oder Schneeschuhen unterwegs.

Im Park gibt es viele Campingplätze (Stellplatz 19,25–37,75 C$). Manche haben Einrichtungen, doch der Großteil ist eher einfach. Zu Spitzenzeiten empfiehlt sich eine Reservierung. Ein paar der schönsten Stellen sind nur per Kanu erreichbar. Außerdem können Besucher in einer Vier-Personen-Jurte (120 C$/Nacht) und gemütlichen Blockhütten (2–8 Pers. 125–230 C$) schlafen.

VON MONTRÉAL NACH QUÉBEC (STADT)

Der Flickenteppich aus Ackerland, der sich zwischen den beiden großen Metropolen der Region Québec erstreckt, versprüht einen unnachahmlichen, idyllischen Charme. Die Postkartenlandschaft der Cantons de l'Est (Eastern Townships) lädt zum Entspannen und Verweilen ein und vermittelt einen Eindruck von der einzigartigen zweisprachigen Atmosphäre, die die Region dem permanenten Strom amerikanischer Touristen verdankt. Ganz anders die Region Mauricie, die sich, dem Lauf des mächtigen Rivière Saint-Maurice folgend, von Trois-Rivières gen Norden bis zum Lac St. Jean erstreckt. Sie ist dafür bekannt, ahnungslose Besucher auf der Suche nach wilder, unverfälschter und natürlicher Schönheit in ihren Bann zu ziehen.

Der Trans-Canada-Hwy (Hwy 20) führt auf direktem Wege von Montréal nach Québec. Die Cantons de l'Est erstrecken sich von hier bis an die Grenze zu Vermont, vorwiegend entlang des Hwy 10. Maurice liegt nördlich vom Hwy 20, am Hwy 40.

Cantons de l'Est

Saftige, sanft geschwungene Hügel, kristallblaue Seen und ein Schachbrettmuster aus Feldern prägen die Landschaft der Cantons de l'Est. Das auch Estrie genannte Gebiet beginnt 80 km südöstlich von Montréal. Südlich vom Hwy 20 quetscht sich die Region zwischen zahllose kleinere Highways, die bis hinüber nach Vermont und New Hampshire führen. Mit ihren überdachten Brücken und runden Schuppen erinnert die hügelige Landschaft stark an New England. Sie ist Teil des hiesigen Endausläufers der US-amerikanischen Appalachen.

Besuche im Frühling lohnen sich besonders. Dann wird frisch gezapfter Ahornsaft beim so genannten *sugaring off* zu süßem Sirup verarbeitet (s. Kasten S. 273). Im Sommer laden zahlreiche Seen zum Schwimmen und Angeln ein. Auf die bunte Farbenpracht des Herbstlaubs stößt man am besten mit dem frisch gekelterten Apfelwein der örtlichen Kneipen an. Zu den Cantons de l'Est gehört ein florierendes Weinbaugebiet, das neben ordentlichen weißen Sorten auch einen hervorragenden Eiswein produziert. Ein fast 500 km langes Wegenetz in herrlicher Umgebung macht das Radfahren während der wärmeren Monate zu einem äußerst beliebten Zeitvertreib. Die drei größten Skihügel – Bromont, Mont Orford und Sutton – sind im Winter hervorragende Optionen für alpines Pistenvergnügen.

Von Montréal nach Québec (Stadt)

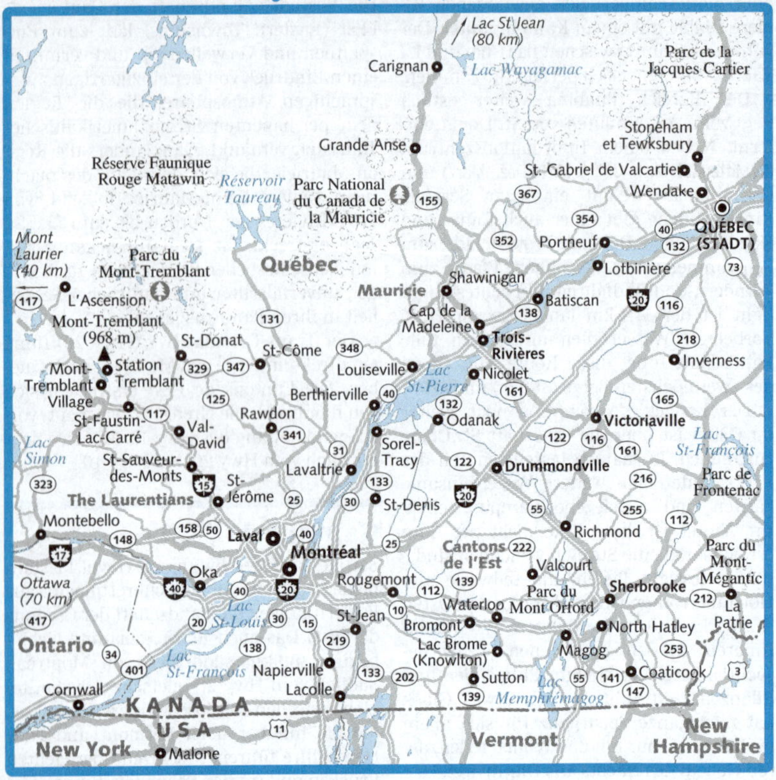

Die indigenen Abenaki siedelten seit jeher im Bereich der Cantons de l'Est. Nach der Amerikanischen Unabhängigkeitsbewegung von 1776 ließen sich hier Königstreue aus New England nieder, die weiterhin der britischen Krone dienen wollten. Danach folgten hintereinander mehrere Wellen irischer und schottischer Einwanderer. Auch Frankokanadier kamen – sie machen bis heute den größten Bevölkerungsanteil aus.

ℹ Praktische Informationen

Association Tourisme Cantons de l'Est (www.cantonsdelest.com; Hwy 10 Ausfahrt 68) An der Abzweigung nach Granby/Bromont.

ℹ An- & Weiterreise

Von Montréal aus folgt man einfach Hwy 10, der direkt durch die Cantons de l'Est östlich von Sherbrooke führt und dort in die Rte 112 übergeht. Wer von Québec aus auf dem Hwy 20 fährt, kommt am schnellsten über den Hwy 55 ans Ziel, auf den man in Drummondville auffährt.

Limocar hat bis zu 15 Busse täglich, die zwischen Montréals Station Centrale de l'Autobus und Magog (31 C$, 1½ Std.) und Sherbrooke (36 C$, 2½ Std.) verkehren. Sieben dieser Busse halten auch in Granby (21 C$, 1–1½ Std.), Bromont wird zweimal täglich angefahren (25 C$, 2¼ Std.). Orléans Express fährt achtmal täglich nach Trois-Rivières (27 C$, 1½ Std.) in der Region Mauricie.

Autobus Viens bietet täglich drei Busverbindungen zwischen Montréals Station Centrale de l'Autobus und den Gemeinden Sutton (18 C$, 1 Std.) und Lac Brome (19 C$, 2¼ Std.) an.

Die Mitfahrzentrale **Allô Stop** (☎819-821-3637; 1204 Rue King Ouest) hat eine Filiale in Sherbrooke. Die Fahrt nach Montréal/Québec (Stadt) kostet 10/13 C$.

BROMONT

Mitten in Bromont liegt das rund ums Jahr geschäftige Feriendorf **Ski Bromont** (www.skibromont.com; 150 Rue Champlain), das sich an die Hänge des Mont Brome (533 m) schmiegt. Das 100 km lange Netz aus markierten Wegen, darunter 15 nervenaufreibende Downhill-Strecken, macht Bromont in den Sommermonaten zum Mekka für Mountainbikefans – auch Weltmeisterschaften wurden hier schon ausgetragen. Im Winter sind die 104 Pisten, von denen 50 für Nachtabfahrten geöffnet sind, fest in der Hand der Skifahrer und Snowboarder.

Bromont hat eine weitere große Attraktion, nämlich seinen riesigen **Flohmarkt** (16 Rue Lafontaine; Eintritt frei; ⌚Sa & So 9–17 Uhr), der jedes Wochenende von April bis Oktober gleich abseits des Hwy 10 stattfindet. Er lockt mit seinen 1000 Verkaufsständen sparsame Schatzjäger aus nah und fern an.

Die Busse von Limocar halten vor dem Dépanneur Shefford (624 Rue Shefford).

LAC BROME (KNOWLTON)

Lac Brome ist der Name der sieben aneinandergereihten Dörfer, die rund um den gleichnamigen See liegen. Das größte und attraktivste Dorf ist Knowlton am Südufer. Es wurde 1802 von den Loyalisten begründet und hat sich bis heute ein nobles, britisches Flair bewahrt. Auch zahlreiche Gebäude aus dem 19. Jh. sind noch intakt. Mit einem Spaziergang durch das hübsche Zentrum, das von Nobelboutiquen, Kunstgalerien, Cafés und Restaurants nur so wimmelt, lassen sich ein bis zwei unterhaltsame Stunden füllen. Eine kostenlose Broschüre mit Stadtrundgängen bekommt man in der Auberge Knowlton. Sie ist seit 1849 ununterbrochen in Betrieb und somit dienstältestes Gästehaus der Cantons de l'Est. An der Ausfahrt 68 des Hwy 10 befindet sich eine **Touristeninformation** (255C Chemin Knowlton; ⌚Juni–Anfang Sept.).

Lokale Geschichte kann man im **Musée Historique du Comté de Brome** (130 Rue Lakeside; Erw./Kind 5/2,50 C$; ⌚Mitte Mai–Mitte Sept. Mo–Sa 10–16.30, So 11–16.30 Uhr) schnuppern, wo beispielsweise ein Gemischtwarenladen und ein Gerichtsgebäude originalgetreu nachgebaut wurden (nur So). Das außerdem hier ausgestellte Fokker-Flugzeug des Typs D-VII aus dem Ersten Weltkrieg ist da etwas fehl am Platz.

Die **Auberge Knowlton** (☎450-242-6886; www.aubergeknowlton.ca; 286 Chemin Knowlton; DZ inkl. Frühstück 142 C$; 📶) gibt es seit 1849. Das viktorianische Gebäude, in dem sie untergebracht ist, ist ein Wahrzeichen der Stadt und hat sich seit den Tagen der Postkutschen stark verändert. Heute treffen in den großen Country-Zimmern Möbel in antikem Stil auf moderne Annehmlichkeiten. Das Frühstück kann man sich selbst zusammenstellen.

AHORNSIRUP & ZUCKERHÜTTEN

Der Ahornsirup ist Kanadas bekanntestes Exportgut – 75 % der weltweiten Produktion entfallen auf Québec. Ursprünglich waren es die Ureinwohner, die ihr Wissen über die Herstellung des süßen Nektars mit den Europäern teilten. Bereits im 19. Jh. war die Gewinnung des Baumsafts und die Umwandlung in Sirup zur lokalen Tradition geworden.

Jeden Sommer bildet der in Nordamerika heimische Zuckerahorn Stärke aus. Fällt das Thermometer unter den Gefrierpunkt, verwandelt sich diese in Saccharose. Um diesen Zucker im Innern des Baums anzuzapfen, haben schlaue Köpfchen ein raffiniertes System entwickelt. Sie pumpen den Baumsaft mit einer Reihe von speziellen Röhren ab, den sogenannten Sysvacs. Diese Schläuche schlängeln sich durch den gesamten Ahornhain und pumpen den Saft direkt in Maschinen, die ihn dann zu Sirup verkochen. Der unterschiedliche Zuckergehalt hängt von der Kochdauer und -temperatur ab. Um Toffee herzustellen, muss der Sirup beispielsweise bei 26 °C über dem Siedepunkt gekocht werden.

Seit dem frühen 20. Jh. ist der Anblick von Zuckerhütten typisch für Québec. In ihnen kann man bis heute die Traditionen rund um den Ahorn und seinen Sirup hautnah erleben. Der *taffy pull* ist am spaßigsten. Dabei wird eine Portion Schnee auf einen Teller geladen und mit dampfendem Sirup aus einem heißen Kessel übergossen. Kaum kommt der Sirup mit dem Schnee in Berührung, wird er fest und kann auf einen Holzstil gewickelt werden. An diesem lutscht oder kaut man so lange, bis man das Ganze nochmal machen will.

Die Zuckerhütten sind nur etwa einen Monat lang im Februar oder März in Betrieb. In diesem Buch werden einige von ihnen erwähnt (z. B. die Cabane à Sucre Millette, S. 269), jede Touristeninformation wird aber noch weitere empfehlen können.

Le Relais (286 Chemin Knowlton; Hauptgerichte mittags 9–20 C$, abends 14–25 C$) gehört zur Auberge Knowlton und ist eine klasse Option, um eine saftige Brome-Ente zu genießen und sich dazu ein Glas einheimischen Weins zu gönnen. Im Sommer sind die Tische der Terrasse im oberen Stock heiß begehrt.

Lac Brome ist bekannt für seine Ente, die hier seit 1912 gezüchtet wird. Die Tiere bekommen eine speziellen Futtermix mit Soja und Vitaminen. Auf der **Brome Lake Duck Farm** (40 Chemin Centre; ⌚Mo–Do 8–17, Fr bis 18, Sa & So 9.30–17 Uhr) kann man sich mit Pâté und anderen Produkten eindecken.

Um vom Hwy 10 hierher zu kommen, nimmt man die Rte 243 in Richtung Süden. Autobus Viens hält am Dépanneur Rouge (483 Rue Knowlton).

SUTTON

Sutton ist ein kleiner, loyalistischer Ort mit einer hübschen Hauptstraße. Hier kann man entweder nach Herzenslust einkaufen oder beim Après-Ski in einer der vielen Bars so richtig aufdrehen. Internetzugang gibt's im **Net Connect** (20 Place Sutton; 5 C$/Std.; ⌚Mo–Sa 10–17.30 Uhr), Infos in der **Touristeninformation** (www.sutton. ca; 11b Rue Principale Sud).

Sutton ist von den Sutton Mountains umgeben, einer Reihe samtig grüner Hügel, deren höchster Gipfel der Sommet Rond (968 m) ist. Da überrascht es nicht, dass Sutton eine wichtige Anlaufstelle für Wintersportfreunde ist. Am **Mont Sutton** (www.montsutton.com; 671 Chemin Maple; Tagespass Erw./Kind 58/33 C$; ⌚Mo–Fr 9–16, Sa & So ab 8.30 Uhr) ist mit 54 Pisten am meisten Action geboten. Auf der längsten von ihnen saust man auf 2,85 km die Hänge hinunter.

Die Sommermonate sind ideal zum Wandern. Dafür bietet sich das Naturschutzgebiet **Parc d'Environnement Naturel** (☎450-538-4085; Tagespass Erw./Kind 5/3 C$; ⌚Juni–Okt.) besonders an, dessen 80 km langes Wegenetz sich quer durch dichten Bergwald zieht. Wer mit dem Rucksack unterwegs ist, kann sein Zelt an drei einfachen Zeltplätzen aufschlagen (der schönste von ihnen ist der am Lac Spruce).

Die **Auberge Le St-Amour** (☎450-538-6188, 888-538-6188; www.innsutton.com; 1 Rue Pleasant; Zi. 60–140 C$; @) ist in einem wunderschön restaurierten historischen Gebäude untergebracht. Das schmucke Gästehaus ist perfekt für Wochenendausflüge oder ein romantisches Stelldichein und aus einigen der hübschen Zimmer kann man sogar den Mont Sutton sehen. Das Frühstück ist ein Erlebnis für sich und im Restaurant werden zum Abendessen mediterran-angehauchte Gerichte serviert.

Sutton liegt 18 km südlich von Knowlton und ist über die Rte 104 und die Rte 215 zu erreichen. Autobus Viens hält an der Esso-Tankstelle (28 Rue Principale).

VALCOURT

Valcourt wäre heute nur ein weißer Punkt auf der Landkarte, wäre Joseph Armand Bombardier, der Erfinder des Ski-Doo-Schneemobils, nicht einer seiner Söhne. Auf diese Errungenschaft sind die Kanadier bis heute außerordentlich stolz. Im **Musée J Armand Bombardier** (www.bombardier museum. com; 1001 Ave J-A Bombardier; Erw./Kind 7 C$/frei; ⌚Mai–Aug. 10–17 Uhr, Sept.–April Di–So 10–17 Uhr) werden die ersten seiner Ski-Doo-Modelle und amüsante historische Mitschnitte von Probefahrten gezeigt. Außerdem gibt's die Originalwerkstatt und eine Sammlung moderner und schon etwas betagter Schneemobile zu bestaunen. Zudem werden auf dem Gelände auch Quads und Sea-Doos (Jetski) hergestellt. Wer sich das alles bei einer Führung ansehen möchte bezahlt zusätzlich 12 bzw. 5 C$.

Nach Valcourt kommt man vom Hwy 10 über die Ausfahrt 90 und dann auf der Rte 243. Busverbindungen gibt es keine.

MAGOG

Magog befindet sich in herrlicher Lage am Nordufer des Lac Memphrémagog, einem See in Bananenform, dessen 44 km langes Ufer sich gen Süden bis über die US-amerikanische Grenze erstreckt. Magog ist die größte Gemeinde am See und hat eine hübsche Hauptstraße mit zahlreichen anständigen Restaurants und Hotels.

Sehenswertes & Aktivitäten

Magogs **Strand** ist im Sommer ganz schön überfüllt, sodass man nur schwer ein Plätzchen findet. Der Rest des Ufers ist größtenteils in Privatbesitz: Den See erkundet man am besten vom Wasser aus. Der **Club de Voile** (☎819-847-3181; Plage des Cantons) ist eine von mehreren Anlaufstellen, die Kajaks, Segelboote und Windsurfausrüstung verleihen. **Croisières Memphrémagog** (☎819-843-8068; Erw. 22–88 C$, Kind 12–88 C$; ⌚Mitte Mai–Okt.) organisiert Bootstouren von eindreiviertel, zweieinhalb und sieben Stunden. Unbedingt nach Memphré Ausschau halten! Das übel gelaunte und dennoch selten gesichtete Monster lebt, ganz wie Nessie, auf dem Grund des Sees.

Schlafen

À L'Ancestrale B&B B&B $$

(☎819-847-5555, 888-847-5507; www.ancestrale.com; 200 Rue Abbott; Zi. inkl. Frühstück 105–145 C$; @📶) Der Tag in diesem heimeligen B&B beginnt mit einem Vier-Gänge-Gourmetfrühstück. Die vier romantischen, in ländlichem Stil eingerichteten Zimmer haben Kühlschrank und Kaffeemaschine. Zentral und dennoch ruhig gelegen.

Auberge du Centre d'Arts Orford INN $

(☎819-843-3981; 3165 Chemin du Parc; Hütte 38 C$, Zi. inkl. Frühstück 68–82 C$) Das Gästehaus auf dem bewaldeten Gelände des Centre d'Arts eignet sich hervorragend als Basisstation für eine Erkundungstour durch den Parc du Mont Orford. Die Zimmer sind einfach, aber modern und komfortabel. Wer es gerne etwas uriger hat, der nimmt sich eine der rustikalen Hütten – eigentlich winzige, feststehende Zelte mit Gemeinschaftsbad. Diese Option gibt's nur im Sommer.

Ô Bois Dormant B&B $$

(☎819-843-0450; www.oboisdormant.qc.ca; 205 Rue Abbott; Zi. inkl. Frühstück 85–120 C$; ❄@) Obwohl das mächtige viktorianische Gebäude nur wenige Gehminuten von der Hauptstraße entfernt ist, fühlt man sich im weitläufigen Garten hinterm Haus wie in einem abgeschiedenen Feriendomizil. Die Zimmer sind gemütlich und hell.

La Belle Victorienne B&B B&B $$

(☎819-847-0476, 888-440-0476; www.bellevic.com; 142 Rue Merry Nord; DZ 99–125 C$; @📶) Viktorianische Anmut und Eleganz im Herzen Magogs. Der Whirlpool steht das ganze Jahr über zur Verfügung.

Essen

Bistro Lady of the Lake MEDITERRAN $$$

(www.bistrolady.com; 125 Plage des Cantons; Hauptgerichte 21–31 C$; ⏲16–22 Uhr) Der Erfolg dieses beliebten Restaurants wird durch seine tolle Lage am Seeufer nur noch verstärkt. Hier gibt's mediterrane Küche mit Pfiff, die manchmal auch experimentierfreudig ist. Da stehen dann interessante Kompositionen wie Dill, Mandeln und frische Forelle auf der Speisekarte. Die Weinauswahl ist auch gut.

Praktische Informationen

CLSC Health Clinic (☎819-843-2572; 50 Rue St-Patrice Est)

La Petite Place (108 Place du Commerce; 6 C$/Std.; ⏲Mo–Fr 8.30–17, Sa bis 14 Uhr) Internetzugang; versteckt sich im UG; am hinteren Ende des Parkplatzes.

Touristeninformation (www.tourisme-memphremagog. com; 55 Rue Cabana) Abseits der Rte 112.

An- & Weiterreise

Limocar-Busse halten an der 768 Rue Sherbrooke.

PARC DU MONT ORFORD

Der nördlich von Magog gelegene **Parc du Mont Orford** (3321 Chemin du Parc; Erw./Kind pro Tag 3,50/1,50 C$; ⏲ganzjährig) kann mit dem Auto in etwa zehn Minuten erreicht werden. In ihm leben Schnappschildkröten und zahllose Vogelarten. Der Park ist recht übersichtlich und verbucht oft sehr viele Besucher. Wer fit genug ist, kann die beiden Gipfel des Parks, den **Mont Chauve** (600 m) und den **Mont Orford** (853 m) besteigen, während sich Wasserratten in einem der drei Seen austoben können. Der größte von ihnen, der Lac Stukely, hat einen Strand, einen Zeltplatz und einen Bootsverleih.

Im Winter kann man im Park Schneeschuhwanderungen und Langlauf unter-

ABSTECHER

ABBAYE ST. BENOÎT-DU-LAC

Etwa 12 km südlich von Magog liegt am Westufer des Sees die **Abbaye St. Benoît-du-Lac** (www.st-benoit-du-lac.com; Eintritt frei; ⏲Kirche 5–20.30 Uhr, Souvernirshop Sept.–Jun Mo–Sa 9–10.45 & 11.45–16.30 Uhr, Juli & Aug. bis 18 Uhr.). Der beeindruckende Klosterkomplex, Heimat von rund 50 Benediktinermönchen, vereint traditionelle und moderne Architektur, beispielsweise gibt es einen Korridor mit farbenfrohen Fliesen und eine edle Kirche mit freiliegendem Gebälk und Backsteinmauern. Beste Zeit für einen Besuch ist um 7.30, 11 oder 17 Uhr, wenn die Mönche ihre gregorianischen Gesänge üben. Im Souvenirladen werden u. a. Musik-CDs, Käse und Apfelwein verkauft

nehmen und auch Abfahrtslauf ist an der **Station de Ski Mont-Orford** (www.orford.com; Liftkarte Erw./Kind 47/27 C$; ⏲9–16 Uhr) möglich. Das Skigebiet erstreckt sich über 540 Höhenmeter und hat 54 Pisten, die vor allem für Anfänger und fortgeschrittene Anfänger ideal sind. Der Schneepark hat eine Halfpipe und weitere spaßversprechende Features.

Unmittelbar außerhalb der Parkgrenzen liegt das **Centre d'Arts Orford** (Orford Arts Center; www.arts-orford.org; 3165 Chemin du Parc; Tickets ab 39 C$), das von Ende Juni bis Mitte August Schauplatz einer Reihe von 40 bis 50 klassischen Konzerten im Rahmen des renommierten **Festival Orford** ist.

NORTH HATLEY

North Hatley ist unter all den reizenden Cantons de l'Est mit Abstand das niedlichste. Es liegt in einer bezaubernden Ecke am nördlichsten Zipfel des kristallklaren Lac Massawippi (garantiert monsterfrei), etwa 17 km östlich von Magog.

Dieser Ort ist bei wohlhabenden US-Amerikanern seit jeher beliebt. Sie begannen schon 1880 damit, hier ihre stattlichen Ferienhäuser zu errichten. Bis heute ist ein gewisser US-amerikanischer Einfluss zu spüren. Wie in New England sind auch hier Kuhzeichnungen und Duftkerzen allgegenwärtig. Sogar eine „Main St" gibt es hier (nun ja, eigentlich heißt sie ja „Rue Main"). Viele der schmucken Heime wurden mittlerweile zu B&Bs, Gästehäusern oder Feinschmeckerrestaurants umgebaut; auch das ultranoble Manoir Hovey gehört dazu. Das **Café North Hatley** (90 Rue Main; 2,95 C$/30 Min.; ⏲9.30–17 Uhr) hat ein kleines Informationszentrum, Internetzugang und tollen Kaffee.

Am besten erkundet man die tolle Umgebung rund um North Hatley auf dem Rücken eines Pferdes. **Randonées Jacques Robidas** (www.randonneesjrobidas.qc.ca) kann das ganze Jahr über Ausritte organisieren.

LP TIPP **Manoir Hovey** (☎819-842-2421; www.manoirhovey.com; 575 Chemin Hovey; Zi. inkl. Frühstück & 3-Gänge-Abendmenü pro Pers. 145–410 C$; ❄@📶🏊) Das Manoir Hovey ist das nobelste Resort in der Gegend. Das hauseigene Restaurant hat sich auf raffinierte Gerichte der Québecer Küche spezialisiert und bereitet diese aus frischen, einheimischen Zutaten zu. Nichtgäste bezahlen für ein Probiermenü 89 C$. Wer sich zu den glücklichen Übernachtungsgästen zählen darf, kann sich in den ausgedehnten Gartenanlagen mit wunderschönen Wildblumen und Seeblick kopfüber in die Natur stürzen. Alternativ findet man in den luxuriösen Zimmern im Innern dieses gigantischen Landhauses Ruhe. Zum Hotel gehören außerdem ein beheizter Pool, eine Eisbahn (nur im Winter) und eine gemütliche Kneipe. Outdoor-Aktivitäten wie Windsurfen, Golfen oder Bootsfahrten auf dem See können arrangiert werden.

Pilsen (www.pilsen.ca; 55 Rue Main; Hauptgerichte 12–27 C$; ⏲Mo–Do 11.30–23, Fr & Sa bis 24 Uhr) Das lebendigste Restaurant im Ort ist für seinen Lachs (geräuchert oder gegrillt) und sein hochwertiges Kneipenessen bekannt. Es gibt zwei Terrassen: Die schönere von beiden geht zum Flussufer hin, die andere zum See.

North Hatley liegt von Magog aus in östlicher Richtung an der Rte 108. Von Sherbrooke nimmt man zuerst die Rte 243, dann die Rte 108. Busverbindungen gibt's keine.

SHERBROOKE

Diese lebendige Stadt ist mit ihren modernen Annehmlichkeiten der ideale Ort, um vor der Rückkehr in die Cantons de l'Est wieder etwas Kraft zu tanken. Das historische Zentrum befindet sich am Zusammenfluss zweier Flüsse und wird von der Rue Wellington und der Rue King, den beiden Hauptgeschäftsstraßen, geteilt. Vieux-Sherbrooke ist mit seinen zahlreichen Spitzenrestaurants und Cafés, die sich vehement gegen die öde Überentwicklung der anderen Stadtteile wehren, die bessere Alternative. Sherbrooke liegt am Hwy 10, etwa 25 km nordöstlich von Magog.

Sehenswertes & Aktivitäten

Bishop's University GEBÄUDE

(Rue du Collège) Wer wissenschaftliche Ambitionen hat, ist im 5 km südlich gelegenen Lennoxville (erreichbar zu Fuß oder mit Bus 2 oder 11) an der richtigen Adresse. Die anglikanische Bishop's University wurde 1843 nach den englischen Vorbildern Oxford und Cambridge gegründet. Die reich verzierte **St. Mark's Chapel** (Eintritt frei; ⏲8.30–17 Uhr) ist mit ihren geschnitzten Sitzbänken und Buntglasfenstern architektonisches Highlight der Hochschule.

Centre d'Interprétation de l'Histoire de Sherbrooke MUSEUM

(www.histoiresherbrooke.com; 275 Rue Dufferin; Erw./Kind 4/2,50 C$; ⏲Mitte Juni–Aug. Di–Fr 9–17, Sa & So 10–17 Uhr, Sept.–Mitte Juni Di–Fr

9–17, Sa & So 13–17 Uhr) Hier wird auf einnehmende Weise ein Einblick in die Geschichte der Stadt vermittelt. Für eine Tour auf eigene Faust, zu Fuß oder mit dem Auto, können MP3-Player geliehen werden (10 C$).

Cathédrale St. Michel HOSTEL
(130 Rue de la Cathédrale; Eintritt frei; ⌚9–12 & 14–16 Uhr) Von ihrem Standort auf dem Hügel überblickt die gewaltige, aus Granit erbaute Cathédrale St. Michel das Treiben der Stadt.

Musée des Beaux-Arts MUSEUM
(www.mbas.qc.ca; 241 Rue Dufferin; Erw./Kind 8/4 C$; ⌚Ende Juni–Aug. Di–So 10–17 Uhr, Sept.–Ende Juni Di–So 12–17 Uhr) Die ansehnliche Sammlung dieses Museums umfasst Werke regionaler Künstler. Auch Wanderausstellungen werden hier gezeigt.

Lac des Nations NATURSCHUTZGEBIET
Etwas weiter südlich mündet der Rivière Magog in den hübschen Lac des Nations. Der befestigte Weg, der um ihn herum verläuft, lädt zum Spazierengehen, Inlineskaten und Radfahren ein. Ausrüstung kann vor Ort geliehen werden.

ℹ Praktische Informationen

Brûlerie de Café (180 Rue Wellington; ⌚10–23 Uhr) Kostenloser Internetzugang.

Hospital Hôtel-Dieu (☎819-346-1110; 580 Rue Bowen Sud; ⌚24 Std.)

National Bank of Canada (3075 Blvd Portland; ⌚Mo & Di 10–15, Mi bis 17, Do bis 20, Fr bis 16 Uhr)

Touristeninformation (www.tourisme sherbrooke.com; 785 Rue King Ouest; Mo–Fr 9–18, Sa & So 10–17 Uhr)

ℹ An- & Weiterreise

Die Limocar-Bushaltestelle befindet sich an der 80 Rue du Depôt.

PARC DU MONT-MÉGANTIC

Im Herzen einer landschaftlich schönen und angenehm menschenleeren Gegend liegt der **Parc du Mont-Mégantic** (189 Rte du Parc; Tagesticket Erw./Kind 3,50/1,50 C$; ⌚Juni–Aug. 9–23 Uhr, Sept.–Mai Sa & So bis 17 Uhr), der eine „megamäßige" Anziehungskraft auf Wildnisfans und Sterneliebhaber ausübt. Es kommt nicht selten vor, dass einem beim Streifzug durch den Park Elche, Weißwedelhirsche, Kojoten oder andere Tiere über den Weg laufen.

Im astronomischen Forschungszentrum des Parks, dem **AstroLab** (☎819-888-2941, 800-665-6527; www.astrolab-parc-national-mont-megantic.org; Erw./Kind 9/5 C$, Gipfeltour tagsüber 13/6 C$, nachts 17/9 C$; ⌚Ende Juni–Ende Aug. 12–23 Uhr, Ende Mai–Ende Juni & Ende Aug.–Anfang Okt. Sa 12–17 & 20–23, So 12–17 Uhr), wird den Besuchern der Weltraum durch interaktive Ausstellungen und Multimedia-Shows ein Stückchen näher gebracht. Eine Führung durch die Sternwarte oben auf dem Gipfel ist ein echtes Highlight. Reservierung erforderlich!

Der Park liegt ca. 60 km östlich von Sherbrooke an der Rte 108 bzw. der Rte 212. Busverbindungen gibt es keine.

> ABSTECHER
>
> **KINDER LIEBEN GRANBY**
>
> Damit kann man bei den Kleinen mächtig punkten! Im **Granby Zoo** (www.zoodegranby.com; 525 Rue St-Hubert; Erw./Kind 26,50/16,50 C$; ⌚Jun 10–17 Uhr, Juli & Aug. bis 19 Uhr, Sept.–Mitte Okt. Sa & So bis 17 Uhr) gibt es Tiger, Kängurus, Elefanten und weitere rund 170 Tierarten mit Flossen, Federn und Fell, die es fast immer schaffen, ein Lächeln in die Gesichter der Kinder zu zaubern. Im Ticket ist auch der Eintritt zum **Parc Aquatique Amazoo** beinhaltet, ein kleiner Wasserpark mit einem wilden Wellenbad und weiteren Attraktionen. Vom Hwy 10 über die Ausfahrt 68 zu erreichen.

Mauricie

Mauricie gehört zu den weniger bekannten Regionen Québecs, obwohl es strategisch gut auf halber Strecke zwischen Montréal und Québec (Stadt) liegt. Es erstreckt sich auf 300 km Länge von Trois-Rivières nach Norden zum Lac St. Jean und folgt dabei dem mächtigen Rivière Saint-Maurice. Jahrhundertelang war der Fluss das Rückgrat des industriellen Erbes. Bis sage und schreibe 1996 wurden auf ihm Baumstämme zu den Zellstoff- und Papierfabriken flussabwärts transportiert. Einige Jahrhunderte zuvor fand hier Kanadas Eisenindustrie ihre Anfänge; das Hüttenwerk von damals ist heute eine National Historic Site. Auch heute noch dominieren Industrieanlagen den unteren Teil der Region. Ist aber erst einmal der Parc National du Canada de La Mauricie erreicht, windet sich der Fluss durch eine malerischere Landschaft.

TROIS-RIVIÈRES

Trois-Rivières wurde 1634 gegründet und ist somit Nordamerikas zweitälteste Stadt nördlich von Mexiko. Leider sieht man ihr das nicht an: 1908 wütete hier ein Feuer und zerstörte so gut wie alle historischen Gebäude. Dennoch versprüht das Stadtzentrum am Nordufer des Sankt-Lorenz-Stroms einen gewissen Charme und kann sogar ein paar tolle Attraktionen für Besucher aufweisen. Der Name der Stadt ist übrigens irreführend, da hier nicht drei, sondern zwei Flüsse zusammenfließen. Die Mündung des Rivière Saint-Maurice wird allerdings durch Inseln in drei kleine Kanäle geteilt.

Sehenswertes & Aktivitäten

Cafés und Bars säumen die Rue Notre Dame und die Rue des Forges, die wichtigsten Straßen von Trois-Rivières übersichtlicher Innenstadt. Eine Uferpromenade führt am Fluss entlang zum ältesten Teil der Stadt, der sich entlang der Rue des Ursulines erstreckt.

En Prison MUSEUM

(Im Gefängnis; www.enprison.com; 200 Rue Laviolette; Erw./Kind 9/5 C$; ⏲Juni–Aug. 10–18 Uhr, Sept.–Mai Di–So bis 17 Uhr) In der zweifellos faszinierendsten Ausstellung der Stadt bringen Ex-Häftlinge den Besuchern die harte Realität eines Lebens hinter Gittern lebhaft näher. In einer 90-minütigen Führung wird das Gefängnis aus dem Jahr 1822, das noch bis 1986 genutzt wurde, besichtigt. Dazu gehört auch ein Zwischenstopp in den dunklen und feuchtkalten unterirdischen Zellen. Die Gefängnis-Ausstellung gehört zum angrenzenden **Musée Québécois de Culture Populaire** (www.culturepop.qc.ca; Erw./Kind 9/5 C$, inkl. En Prison 14/8 C$; ⏲Juni–Aug. 10–18 Uhr, Sept.–Mai Di–So bis 17 Uhr), das für seine Sammlung regionaler Volkskunst und Wechselausstellungen bekannt ist. Letztere haben oft einen schrägen Popkultur-Einschlag.

Musée des Ursulines MUSEUM

(734 Rue des Ursulines; Erw./Kind 4 C$/frei; ⏲März & April Mi–So 13–17 Uhr, Mai–Okt. Di–So 10–17 Uhr) Im Musée des Ursulines kann man ein bisschen religiöse Stadtgeschichte schnuppern. Das ehemalige Krankenhaus wurde 1639 von Nonnen des Ursulinenordens gegründet und bildet eine schöne Kulisse für die Sammlung edler Textilien, Keramiken, Bücher und Drucke aus der Welt der Kirche. Die Kapelle ist mit wunderschönen Fresken bemalt.

Cathédrale de l'Assumption KIRCHE

(362 Rue Bonaventure; Eintritt frei; ⏲7–12 & 14–17 Uhr) Auch diese gigantische Kathedrale ist ein Muss für jeden Kirchenliebhaber. Das hoch aufragende, neogotische Gotteshaus ist mit beeindruckenden Skulpturen und aufwendig gearbeiteten florentinischen Buntglasfenstern versehen.

Sanctuaire Notre Dame du Cap KIRCHE

(626 Rue Notre Dame; Eintritt frei; ⏲8.30–20 Uhr) In Cap de la Madeleine, 4 km nordöstlich des Zentrums (Bus 2 nehmen), steht das gewaltige Sanctuaire Notre Dame du Cap, das aussieht wie ein Raumschiff kurz vor dem Start. Bis zu 1660 Gottesdienstbesucher finden unter seiner Kuppel Platz, wo sie den Klängen der gigantischen Casavant-Orgel lauschen können. Ein Schrein mit einer Wunder vollbringenden Marienstatue zieht das ganze Jahr über Gläubige an.

Les Forges-du-Saint-Mauricie INDUSTRIEMUSEUM

(10 000 Blvd des Forges; Erw./Kind 4/2 C$; ⏲Mitte Mai–Juni Mi–So 9.30–17.30 Uhr, Juli & Aug. 9.30–17.30 Uhr, Sept. & Okt. Mi–So 9.30–16.30 Uhr) Etwa 7 km nordwestlich des Zentrums (Bus 4 nehmen) befindet sich die National Historic Site Les Forges-du-Saint-Mauricie. Sie bewahrt den Ort, an dem die kanadische Eisenindustrie im 18. Jh. ihren Anfang nahm. Verkleidete Guides führen die Besucher über das Gelände und in den Hochofen hinein. Eine Sound-and-Light-Show vermittelt einen Eindruck vom Arbeitsalltag in Kanadas erster Eisenhütte.

Croisières/Cruises BOOTSFAHRT

(☎819-375-3000) Croisières/Cruises hat mehrere Bootstouren im Angebot. Die beliebteste ist die 90-minütige Runde auf dem Sankt-Lorenz-Strom und dem Rivière Saint-Maurice (22 C$). Die Boote legen von der Anlegestelle am unteren Ende der Rue des Forges ab.

Schlafen & Essen

L'Emerillon B&B B&B $$

(☎819-375-1010; www.bbcanada.com/1949.html; 890 Terrasse Turcotte; Zi. 99–129 C$; ᯤ) Zweifellos eines der stilvollsten B&Bs in der Gegend. Über eine gewaltige Holztreppe geht es hinauf zu den vier Zimmern, von denen das schönste ein herrliches Himmelbett und einen Balkon mit Blick auf den Fluss hat. In den zwei großen Gemeinschaftsräumen stehen ein Billardtisch, ein Teleskop und ein Klavier.

Café Morgane CAFÉ $
(100 Rue des Forges; Gerichte 3–7 C$; ⌚8–21 Uhr) Oft ist hier nachmittags so viel los wie sonst nirgendwo in Trois-Rivières. Das helle Café ist vom Duft von Espresso, Kräutertee und dekadentem Naschwerk erfüllt und bietet kostenlosen WLAN-Zugang.

Restaurant Le Grill STEAKHOUSE $$
(350 Rue des Forges; Hauptgerichte 13–32 C$; ⌚tgl. 11.30–21.30 Uhr, Sa & So Brunch) Einheimische strömen in Scharen in dieses angesagte Steakhouse direkt an der Hauptstraße. Besonders toll: das Filet mignon und das lebhafte Treiben am Abend. Die Terrasse geht zur Straße hin und platziert die Gäste mitten im Geschehen.

ℹ Praktische Informationen

Caisse Populaire (5700 Blvd Jean XXIII; ⌚Mo–Mi & Sa 10–15, Do bis 19, Fr bis 16 Uhr) Einzige Möglichkeit, Geld zu wechseln; etwa 2,5 km nördlich des Stadtzentrums.

Hauptpost (Ecke Rue des Casernes & Rue des Ursulines)

Hôpital St-Joseph (☎819-697-3333; 731 Rue Ste-Julie)

Touristeninformation (www.tourismetroisrivieres.com; 1457 Rue Notre Dame; ⌚Mitte Juni–Aug. 9–20 Uhr, Mitte Mai–Mitte Juni & Sept.–Mitte Okt. Mo–Fr 9–17, Sa & So 10–16 Uhr, Mitte Okt.–Mai Mo–Fr 9–17 Uhr)

ℹ An- & Weiterreise

Trois-Rivières liegt etwa 150 km nordöstlich von Montréal bzw. 130 km südwestlich von Québec und ist problemlos über die Hwys 40 und 20 bzw. die Rtes 138 und 132 zu erreichen.

Der **Busbahnhof** (☎819-374-2944; 275 Rue St-Georges) befindet sich hinter dem Hôtel Delta. Orléans Express fährt von hier achtmal täglich nach Montréal (29 C$, 1½–2½ Std.) und fünfmal täglich nach Québec (29 C$, 1¾ Std.).

SHAWINIGAN

Der eigentlich einzige Grund, in Shawinigan Halt zu machen, ist die einzigartige **Cité de l'Énergie** (www.citedelenergie.com; 1000 Ave Melville; Erw./Kind 17/10 C$, Führungen 12 C$; ⌚Juni–Aug. 10–18 Uhr, Sept. Di–So bis 17 Uhr). Zur „Stadt der Energie" gehören ein Wasserkraftwerk von 1901 und der älteste Aluminium-Schmelzofen des Landes. Mit zahlreichen Ausstellungen und Shows wird dem industriellen Erbe der Region Rechnung getragen. In einer Multimedia-Show und durch verschiedene Ausstellungsstücke erfährt man Interessantes über Turbinen, Elektrochemie, Aluminium, Zellstoff und die Papierherstellung. In einem „begehbaren Comic" erfährt man, wie die Wissenschaft daran arbeitet, zum Wohle der Umwelt auf ungiftigen Wasserstoff als Energiequelle umzusteigen.

Man kann außerdem Bootsfahrten und Rundfahrten mit dem Sightseeing-Bus unternehmen, sich auf den 115 m hohen Aussichtsturm wagen oder das nächtliche Spektakel mit dem Namen **Eclyps** (Erw./Kind 49,50/20 C$; ⌚Juli & Aug.) mit Musikern, Tänzern und Akrobaten besuchen. In den Sommermonaten nutzt die Kanadische Nationalgalerie den ehemaligen Aluminium-Schmelzofen und zeigt dort Wechselausstellungen von Weltformat. Die Bildunterschriften sind zwar meist zweisprachig, die Führungen gibt's allerdings nur auf Französisch. Letzter Einlass ist zweieinhalb Stunden vor Schließung.

Shawinigan liegt ca. 40 km nördlich von Trois-Rivières und ist über den Hwy 55 zu erreichen. Ab Trois-Rivières fahren täglich zwei Orléans-Express-Busse (14 C$, 50 Min.).

PARC NATIONAL DU CANADA DE LA MAURICIE

Futter suchende Elche am Ufer eines idyllischen Sees, der klagende Schrei eines Seetauchers, der über das Wasser gleitet, herumtollende Bärenwelpen in einem Mischwald aus Birken, Pappeln, Ahornen und anderen Bäumen, deren herbstliche Farbenpracht einen spektakulären Anblick bietet – solche Szenen bekommt man in diesem **Nationalpark** (☎819-538-3232, 888-855-6673; www.pc.gc.ca/ mauricie; Erw./Kind 7,80/3,90 C$) zu Gesicht. Der wahrscheinlich am besten geführte und organisierte Nationalpark Québecs zählt gleichzeitig zu den meistbesuchten der Provinz. Egal, ob vom Kanu oder Wanderpfad aus betrachtet: Die atemberaubende Schönheit der hiesigen Natur begeistert einfach jeden und gefällt vor allem jenen, die nicht komplett von der Zivilisation abgeschnitten sein möchten.

Der 550 km² große Park erstreckt sich zwischen dem Nördlichen Nadelwaldgürtel und den Laubwäldern des Sankt-Lorenz-Tals weiter südlich. Die flachen Laurentides mit ihren runden Hügeln zählen zu den ältesten Gebirgszügen der Welt. Sie sind Teil des Kanadischen Schilds, der einen Großteil der Provinz einnimmt. Zwischen diesen Hügeln liegen unzählige kleine Seen und Täler. Die kanadische Regierung richtete den Park 1970 ein, um einen Teil der Wälder vor der fortschreitenden Vernichtung durch die Papierindustrie zu bewahren. Eine Zeit lang waren zwei Sägemühlen im Bereich des heutigen Parks in Betrieb. Doch all dies gehört mittlerweile der Vergangenheit an.

Bei St. Jean-des-Piles (Hwy 55, Ausfahrt 226) und St. Mathieu (Hwy 55, Ausfahrt 217) befinden sich die beiden gut ausgeschilderten Haupteingänge. Sie dienen gleichzeitig als **Informationszentren** (Ende Mai–Anfang Sept. 7–22 Uhr, später Mai & Anfang Sept.–Okt. Sa–Do 9–16.30, Fr bis 22 Uhr). Dazwischen verläuft die 63 km lange Rte Promenade quer durch den Park. Der Eingang bei St. Mathieu hat von Ende Oktober bis Anfang Mai geschlossen.

Aktivitäten

Die zahlreichen **Wanderwege** ermöglichen halbstündige bis fünftägige Märsche, bei denen man einen Eindruck von der örtlichen Flora und Fauna bekommt. Unterwegs kommt man an mehreren Bächen und Wasserfällen vorbei (Tipp: Ein Trip zum **Chutes Waber** im Westen des Parks lohnt sich!) und kann einen tollen Panoramablick auf herrliche Täler, Seen und Wasserläufe genießen.

Die längste Route, **Le Sentier Laurentien**, führt über 75 km durch die raue Wildnis in den nördlichen Ausläufern des Parks. Alle 7 bis 10 km sind Campingplätze im Hinterland ausgewiesen. Da nur maximal 40 Wanderer gleichzeitig auf den Pfad dürfen, ist eine Reservierung zwingend erforderlich (819-538-3232). Man zahlt 46 C$ und muss die Transportmittel für den 30 km langen Rückweg vom Pfadende zur Rte Promenade selbst organisieren. Topografische Karten kriegt man vor Ort.

Auch zum **Kanufahren** ist der Park ein super Revier. Seine fünf Kanurouten zwischen 14 und 84 km Länge eignen sich für Anfänger und alte Hasen. Bootsverleiher (Kanu/Kajak pro Tag 23,75/40 C$) gibt's an drei Stellen. Am beliebtesten ist der **Lac Wapizagonke** mit seinen sandigen Stränden, felsigen Steilwänden und Wasserfällen. Im Rahmen eines Tagesausflugs können Besucher vom Campingplatz Wapizagonke zum westlichen See-Ende paddeln und dort eine 7,5 km lange Rundwanderung zum Chutes Waber unternehmen. Anschließend geht's per Kanu wieder zurück. Im Winter ist dank des gepflegten Loipennetzes von rund 85 km Länge der **Skilanglauf** (Erw./Kind 9,80/4,90 C$) die beliebteste Aktivität.

Schlafen & Essen

Campen ist auf ausgewiesenen Zeltplätzen erlaubt (ohne/mit Strom 25,50/29 C$). Während eines Kanutrips kann auch wild gecampt werden (ohne/mit Lagerfeuer-Genehmigung 15/23 C$).

Die beiden **Outdoor-Llodges** (819-537-4555; www.pccamping.ca; 29–35 C$/Pers.) bieten Schlafsäle mit Platz für vier bis zehn Personen. Sie befinden sich 3,5 km vom jeweils nächsten Parkplatz entfernt; man muss also zu Fuß, mit dem Rad, dem Kanu oder auf Skiern kommen.

Im Park gibt's keine Restaurants, deshalb am besten in Trois-Rivières oder Shawinigan die Vorräte aufstocken und erst dann in Richtung Norden losziehen.

QUÉBEC (STADT)

167 000 EW.

Québec ist nördlich von Mexiko City die einzige Stadt Nordamerikas, die von Stadtmauern umgeben ist. Zudem ist sie in vielen Quizsendungen immer wieder für eine Frage gut. Schließlich haben die Gassen und Plätze der Altstadt – heute Unesco-Weltkulturerbe – im Laufe der Jahrhunderte schon viel gesehen: den Bau der ersten Pfarr- und Steinkirche, der ersten anglikanischen Kathedrale, der ersten Mädchenschule und der ersten französischsprachigen Universität des Kontinents. Außerdem entstanden hier das erste Museum und das erste Geschäftsviertel Amerikas. Die meisten der genannten Einrichtungen gibt es noch heute in irgendeiner Form. Spricht man über die Stadt Québec, kommt man am historischen Superlativ einfach nicht vorbei: Wer im *Québec Chronicle-Telegraph* blättert, liest Nordamerikas älteste Zeitung, und wird man ins L'Hôtel Dieu de Québec eingeliefert, so kann man sich wenigstens damit trösten, dass man im ältesten Krankenhaus des Kontinents behandelt wird.

Hat der Québec-Besucher erst einmal das Le Château Frontenac geknipst, das am häufigsten fotografierte Hotel der Welt, merkt er, dass auch jedes der so unterschiedlichen Viertel seinen ganz eigenen Charme versprüht. Die Alte Oberstadt ist Québecs historischer Mittelpunkt, mit vielen hervorragenden Museen und Restaurants. Sie verstecken sich zwischen Kitschläden, die T-Shirts mit dem typischen Lilien-Symbol verkaufen. Am Fuße der steilen Felswände liegt die Alte Unterstadt

– ein Labyrinth, in dem man sich gerne zwischen Straßenkünstlern und gemütlichen kleinen Gästehäusern verläuft, bevor man sich unverhofft am Nordufer des Sankt-Lorenz-Stroms wiederfindet. Außerhalb der Stadtmauern liegt in unmittelbarer Nähe der sternförmigen Zitadelle das angesagte Viertel St. Jean Baptiste. Es ist zwar weniger geschichtsträchtig, aber dennoch interessant und außerdem Zentrum eines pulsierenden Nachtlebens.

Geschichte

Als der französische Forschungsreisende Jacques Cartier 1535 im Rahmen seiner zweiten Entdeckungsreise in die Neue Welt im Gebiet des heutigen Québec landete, fand er lediglich ein Huronen-Dorf, eine *kanata* (Siedlung) mit dem Namen „Stadacona", vor. Dieser Bezeichnung verdankt Kanada seinen Namen. Cartier kehrte 1541 zurück, um einen dauerhaften Posten einzurichten, scheiterte aber und legte dadurch Frankreichs Kolonialbestrebungen erst einmal für 50 Jahre auf Eis. Am Ende war es der Forscher Samuel de Champlain, der die Stadt 1608 im Auftrag Frankreichs gründete. Er nannte sie Kebec, nach dem Algonkin-Wort für „wo sich der Fluss verengt". Somit war die erste nordamerikanische Stadt gegründet die nicht nur als Handelsposten, sondern als permanente Siedlung diente.

Im Jahr 1629 griffen die Engländer die Stadt erfolgreich an, gaben sie aber drei Jahre später im Rahmen eines Abkommens wieder an die Franzosen zurück, die diese daraufhin zum Zentrum Neufrankreichs machten. England setzte seine Angriffe jedoch weiter fort und errang 1759 unter General Wolfe in einer der berühmtesten Schlachten Nordamerikas, der Schlacht auf den Plains of Abraham, den Sieg über Montcalm. Dies setzte dem langjährigen britisch-französischen Konflikt ein Ende. Durch den Pariser Frieden von 1763 wurde Kanada an England abgetreten. Amerikanische Revolutionäre, die 1775 versuchten, Québec zu besetzen, wurden aber umgehend zurückgeschlagen. Im Jahr 1864 wurde eine Reihe von Treffen abgehalten, die schließlich zur Gründung der Kanadischen Konföderation 1867 führten. Québec war nun Provinzhauptstadt.

Im 19. Jh. verlor Québec sein Ansehen und seine Bedeutung zunehmend an Montréal. Als die Weltwirtschaftskrise von 1929 Montréal aber in die Knie zwang, gelangte

EIN SUPERIGLU

Nordamerikas erstes Eishotel mag vielleicht ein gutes Beispiel für die neue, exzentrische Strömung der „Phantastischen Architektur" sein. Und dennoch bezahlen Gäste jedes Jahr im Winter eine Stange Geld, um eine Nacht in seinen frostigen Kammern zu verbringen. Das Hôtel de Glace ist nach skandinavischem Vorbild erbaut und liegt eine halbe Autostunde vom Zentrum Québecs entfernt. 2001 öffnete es erstmals seine coolen, blauen Türen für Übernachtungsgäste.

Ja, hier besteht tatsächlich fast alles aus Eis – abgesehen von den Badewannen und offenen Kaminen, versteht sich. Diese architektonische Meisterleistung trifft den Besucher, der zum ersten Mal die Eingangshalle betritt, wie ein Eispickel: Riesige, behauene Eissäulen stützen eine Decke, von der ein Kristallleuchter hängt. Überall sieht man geschnitzte Skulpturen, Tische und Stühle, die die endlos langen Korridore schmücken. Die Rezeption, der Stift mit dem man sich im Gästebuch einträgt, das Waschbecken im Zimmer – ja selbst das Bett ist aus Eis gemacht. Gästen zufolge ist das Schlaferlebnis aber nicht so eisig wie es sich anhört. Dabei helfen ein dicker Schlafsack und kuschelig weiche Hirschfelle als Unterlage.

Der öffentliche Bereich dieses 3000 m² großen Gebildes umfasst u. a. Ausstellungsräume, ein Kino, eine Kapelle und die Absolut Ice Bar. Jedes Jahr im Frühling schmilzt das Hotel und muss jeden Winter aufs Neue gebaut werden. Dafür braucht man fünf Wochen Zeit, 12 000 t Schnee und 400 t Eis.

Das Eishotel hat mehrere Übernachtungspakete im Angebot: Das günstigste kostet 600 C$ für ein Doppelzimmer mit Abendessen und Frühstück und einen Willkommens-Wodka. Wer nicht übernachtet, schließt sich einfach einer Führung für 15 C$ an. Das **Hôtel de Glace** (☎418-875-4522, 877-505-0423; www.icehotel-canada.com; 143 Rte Duchesnay, Ste Catherine de la Jacques Cartier; ⏲Jan.–April) liegt westlich von Québec, abseits der Rte 376, und kann über den Hwy 40, Ausfahrt 295, erreicht werden.

Québec (Stadt)

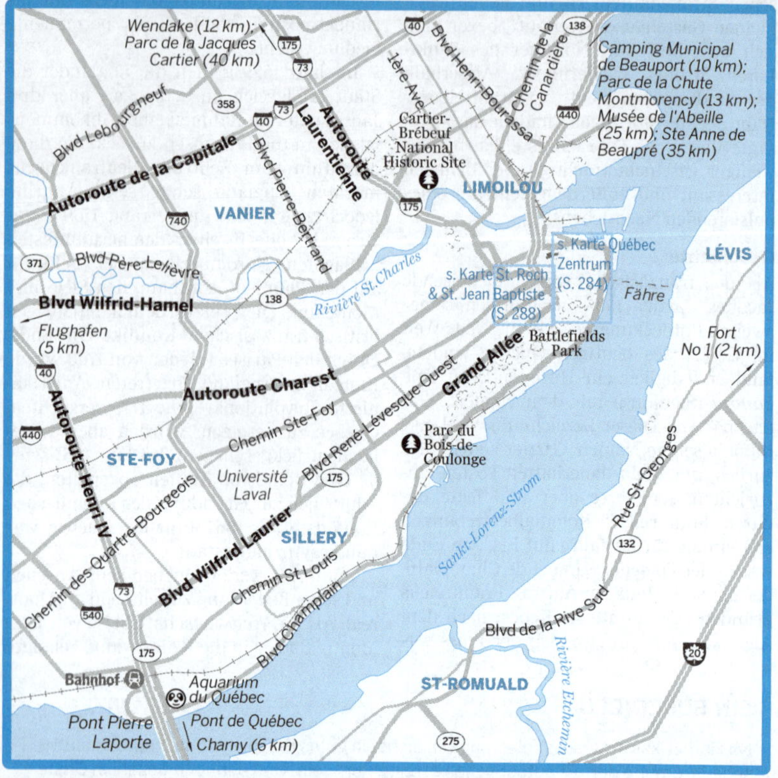

Québec in seiner Rolle als Regierungssitz zu neuen Ehren. Um den Tourismus anzukurbeln, kamen einige geschäftstüchtige Einheimische in den 1950er-Jahren auf die Idee, einen Winterkarneval ins Leben zu rufen. Die heutige Beliebtheit dieser Veranstaltung zeigt, dass das Konzept sich bis heute bewährt hat.

Als Gastgeber des Amerikagipfels von 2001 war Québec auch Schauplatz angeheizter Massendemonstrationen von Globalisierungsgegnern. 2008 feierte die Stadt das 400-jährige Gründungsjubiläum.

Sehenswertes

Ein Teil der Stadt erstreckt sich über die Klippen des Cap Diamant (Cape Diamond), der andere Teil liegt an seinem Fuße. Deshalb ist Québec in Haute Ville (Oberstadt) und Basse Ville (Unterstadt) unterteilt, die sich beide sowohl aus modernen als auch historischen Vierteln zusammensetzen. Die Zitadelle, eine Festung und ein Wahrzeichen der Stadt, erhebt sich stolz am höchsten Punkt des Cap Diamant. Die attraktive Altstadt Vieux-Québec umfasst ein Gebiet von 10 km² und besteht aus den historischen Teilen der Ober- und Unterstadt. Sie ist von steinernen Mauern umgeben.

Die beiden Hauptstraßen, die von der Alten Oberstadt nach Südwesten führen, sind der Blvd René-Lévesque und, südlich davon, die Grande Allée, die schließlich in den Blvd Wilfrid Laurier übergeht. Wer mit dem Auto in der Alten Oberstadt unterwegs ist, sollte sich durch sein Hotel einen Parkplatz organisieren lassen. Ansonsten bietet es sich an, außerhalb der Stadtmauer zu parken, was wesentlich günstiger ist.

ALTE OBERSTADT

Befestigungsanlagen AREAL

Die größtenteils restaurierte alte Stadtmauer ist eine National Historic Site. Bei einem Spaziergang auf der 4,6 km langen Befestigungsanlage umrundet man nicht nur die gesamte Alte Oberstadt, sondern hat auch noch einen kompakten Überblick über einen Großteil der historischen Gebäude der Stadt. Neben der Porte St. Louis ist im alten Pulvermagazin ein **Infozentrum** (Karte S. 284; 100 Rue St-Louis; Erw./Kind 4/2 C$; ⌚Mai–Aug. 10–18 Uhr, Sept.–Mitte Okt. bis 17 Uhr) untergebracht. Anhand seiner Ausstellungsstücke, Modelle und eines Kurzfilms beleuchtet es die Befestigungsanlagen der Stadt. Die hochmotivierten Guides des Museums bieten 90-minütige **Stadtspaziergänge** (Erw./Kind 10/5 C$) an, die hier oder am Kiosk Frontenac (S. 297) beginnen.

Neben der Porte St. Jean liegt mit dem **Parc d'Artillerie** (2 Rue d'Auteuil; Erw./Kind 4/2 C$; ⌚Mai–Aug. 10–18 Uhr, Sept.–Mitte Okt. bis 17 Uhr) eine weitere National Historic Site. Das Gebäude diente schon als Hauptquartier des französischen Militärs, britische Garnison und Munitionsfabrik. In seinem Infozentrum ist u.a. ein maßstabgetreues Modell Québecs aus dem 19. Jh. zu sehen und es gibt eine Geschichtsstunde für Kinder. Im Sommer stehen sogar noch verkleidete Guides und Schießvorführungen mit Musketen auf dem Programm.

Zum Komplex gehören außerdem eine Offiziersmesse aus dem 19. Jh., ein ehemaliges Pulvermagazin und **Les Dames de Soie** (2 Rue d'Auteuil; Eintritt frei; ⌚Mitte Jan.–Dez. Mo–Sa 11–17 Uhr). Dieses *économusée*, eine Mischung aus Werkstatt und Museum, beherbergt eine beeindruckende Anzahl von Puppen. Einige von ihnen tragen volkstümliche Kostüme aus den verschiedenen Regionen Québecs. Außerdem gibt es eine Puppenklinik und man kann in Kursen die Kunst der Puppenherstellung erlernen.

La Citadelle AREAL

Die alles dominierende Zitadelle (Fort; Karte S. 284; www.lacitadelle.qc.ca; Côte de la Citadelle; Erw./Kind 10/5,50 C$; ⌚April 10–16 Uhr, Mai, Juni & Sept. 9–17 Uhr, Juli–Anfang Sept. 9–18 Uhr, Okt. 10–15 Uhr) ist mit einer Fläche von 2,3 km^2 Nordamerikas größte Festung. Sie wurde 1750 von den Franzosen begonnen, 1850 von den Engländern vollendet und war Teil eines Verteidigungssystems gegen eine US-amerikanische Invasion, die aber ausblieb.

Heute dient die Zitadelle als Hauptquartier des kanadischen Armeeregiments, der Royal 22s. Im kanadischen Slang wird dieses auch Van Doos genannt, abgeleitet vom französischen Wort für 22, *vingt-deux*. Das im Ersten Weltkrieg gegründete Regiment verdiente sich in dessen Verlauf und für seinen Einsatz im Zweiten Weltkrieg insgesamt drei Victoria-Kreuze. Die Zitadelle kann nur im Rahmen einer einstündigen Führung besichtigt werden, die auch das Regimentsmuseum, zahlreiche historische Stätten und eine Kanone mit dem Namen Rachel mit einschließt. Die Führungen werden von Mitte April bis Mitte Oktober mehrmals täglich in regelmäßigen Abständen angeboten. Während der restlichen Zeit finden sie nur einmal täglich um 13.30 Uhr statt. Die **Governor-General's Residence** (Karte S. 284; Führungen kostenl.; ⌚Mai & Juni So 10–16 Uhr, Ende Juni–Anfang Sept. 11–16 Uhr, Sept. & Okt. Sa & So 10–16 Uhr.) kann unabhängig davon besichtig werden.

Während der Sommermonate kann man jeden Tag um 10 Uhr das Spektakel der **Wachablösung** verfolgen. Beim **Beating of the Retreat** kündigen Soldaten das Schichtende an und schlagen dabei lautstark auf ihre Trommeln. Dies kann im Juli und August jeden Freitag, Samstag und Sonntag um 19 Uhr beobachtet werden. Ein kleines Stückchen Canadiana mitten im Herzen von Québec!

QUARTIER LATIN

Dieses Viertel in der nordöstlichsten Ecke der Alten Oberstadt ist Québec so wie man es kennt und erwartet. Hellauf begeisterte Touristen schweben durch die engen Gassen in Richtung Le Château Frontenac.

Le Château Frontenac HISTORISCHES GEBÄUDE

(Karte S. 284; 1 Rue des Carrières) Le Château Frontenac, das angeblich meistfotografierte Hotel der Welt, wurde 1893 von der Canadian Pacific Railway (CPR) als eines von mehreren Luxusherbergen erbaut. Im Zweiten Weltkrieg kamen Premierminister MacKenzie King, Winston Churchill und Franklin Roosevelt hier zusammen, um den D-Day

NICHT VERSÄUMEN

» **Le Château Frontenac** (S. 283) Meistfotografiertes Hotel der Welt

» **Battlefields Park** (S. 287) Austragungsort britisch-französischer Auseinandersetzungen

» **Place Royale** (S. 286) Die Wiege Neufrankreichs

» **Befestigungsanlagen**(S. 282)4600 begehbare Mauermeter

» **Lévis ferry** (S. 299) Blick auf Stadt und Steilufer

Downtown Québec

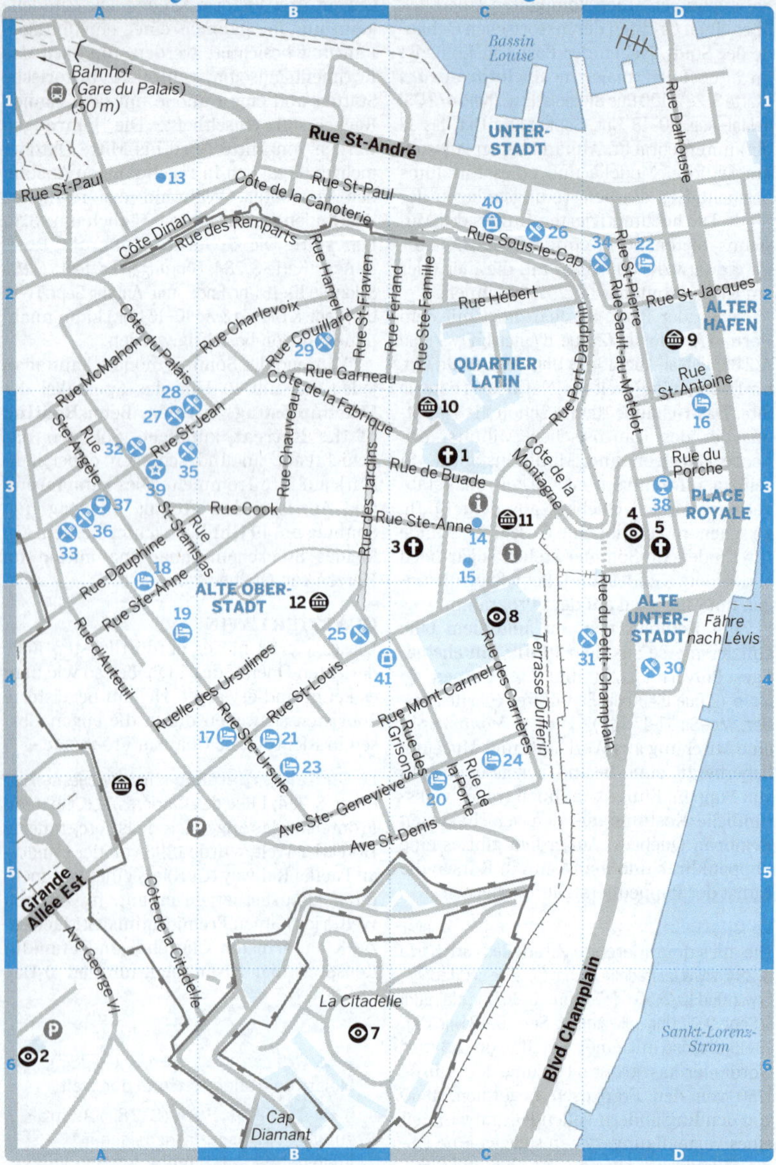

zu planen. Zu jeder vollen Stunde kann man sich hier einer etwas langweiligen **Führung** (Erw./Kind 9,50/6 C$; ⏲Mai–Mitte Okt. 10–18 Uhr, Mitte Okt.–April Sa & So 12–17 Uhr) anschließen und sich ansehen, wie die feine Gesellschaft des späten 19. Jhs. residierte. Auf der anderen Straßenseite, entlang der Rue Mont Carmel, liegen die **Jardins des Gouverneurs**, in denen sowohl Wolfe als auch Montcalm ein Denkmal gestiftet wurde.

Musée de l'Amérique Française MUSEUM
(Museum des französischen Amerikas; Karte S. 284; www.mcq.org; 2 Côte de la Fabrique; Erw./

Downtown Québec

Sehenswertes
1 Basilica Notre-Dame-de-Québec C3
2 Canada Odyssey A6
3 Cathédrale Anglicaine de la Ste-Trinité C3
4 Centre d'Interpretation de Place-Royale D3
Discovery Pavilion .... (siehe 2)
5 Église Notre-Dame-des-Victoires D3
6 Infozentrum der Befestigungsanlage A5
7 Governer-General's Residence B6
8 Le Château Frontenac C4
9 Musée de la Civilisation D2
10 Musée de l'Amérique Française C3
11 Musée du Fort C3
12 Monastère & Musée des Ursulines B4

Aktivitäten, Kurse & Touren
13 Cyclo Services A1
14 Les Promenades Fantômes C3
Les Tours Voir Québec .... (siehe 14)
Old Québec Tours .... (siehe 14)
15 Place d'Armes (Caléches) C3

Schlafen
16 Auberge Saint Antoine D3
17 Chez Hubert B4
Fairmont Le Château Frontenac (siehe 8)
18 HI Auberge Internationale de Québec A3
19 Hôtel Acadia A4
20 La Marquise de Bassano C5
21 Le Clos St Louis B4
22 Le Germain-Dominion D2
23 Maison Historique James Thompson B4
24 Manoir Sur le Cap C4

Essen
25 Aux Anciens Canadiens B4
26 Buffet de l'Antiquaire C2
27 Casse Crêpe Breton A3
28 Chez Ashton A3
29 Chez Temporel B2
30 Le Cochon Dingue D4
31 Le Lapin Sauté D4
32 Le Patriarche A3
33 Le Petit Coin Latin A3
34 L'Échaudé D2
35 Paillard A3
36 Un Thé Au Sahara A3

Ausgehen
37 Bar Ste Angéle A3
38 L'Oncle Antoine D3

Unterhaltung
39 Les Yeux Bleus A3

Shoppen
40 Le Roquet C2
Marché du Vieux-Port .... (siehe 13)
41 Musée d'Art Inuit B4

Kind 8/2 C$; ⌚Juni–Sept. 9.30–17 Uhr, Okt.–Mai Di–So 10–17 Uhr) Es heißt, das Musée de l'Amérique Française, gleich neben der Kathedrale, sei das älteste Museum Kanadas. Hier wird die Stellung französischsprachiger Gruppen in Nordamerika untersucht. Beleuchtet werden sowohl die „petits Canadas" rund um Québec und in ganz Neuengland als auch die Métis im Westen Kanadas und im Mittleren Westen der USA. Neben Artefakten zur französischen Besiedlung der Neuen Welt bietet das Museum auch ständig wechselnde, interaktive Ausstellungen. Es nimmt Teile eines Priesterseminars ein, das im 17. Jh. auf Befehl Ludwigs XIV. von Monseigneur de Laval errichtet wurde.

Basilica Notre-Dame-de-Québec KIRCHE
(Karte S. 284; 16 Rue de Buade; Eintritt frei; ⌚8.30–18 Uhr) An der Stelle, wo Samuel de Champlain 1633 einst eine Kapelle errichtete, ragt heute die Basilica Notre-Dame-de-Québec empor. Nach der Ernennung Monseigneur de Lavals zum ersten Bischof von Québec wurde das Gotteshaus 1674 fertiggestellt und ist somit eine der ältesten Kathedralen in ganz Amerika. Über die Jahre wurde sie immer wieder vergrößert; das letzte Mal 1925. In ihrem prächtigen Innern, wo de Laval begraben liegt, ist immer noch der Geist des 17. Jhs. zu spüren.

Monastère & Musée des Ursulines MUSEUM
Der 1639 gegründete Konvent ist die älteste Mädchenschule des Kontinents. Das **Museum** (Karte S. 284; 12 Rue Donnacona; Erw./Kind 7 C$/frei; ⌚April–Sept. Di–Sa 10–12 & 13–17, So 13–17 Uhr, Okt. & Nov. Di–So 13–17 Uhr) erzählt die allgemein in Vergessenheit geratene Geschichte der Schwestern des Ursulinenordens, dem ersten Nonnenorden, der sich nach Nordamerika aufgemacht hatte. Bis 1965 lebten die Frauen in klösterlicher Abgeschiedenheit. Heute gehören dem Orden noch etwa 50 Nonnen mit einem Durchschnittsalter von 78 Jahren an. In einem

EIN SCHLOSSHUND

Wer zum ersten Mal Le Château Frontenac besucht, staunt nicht schlecht: Über die dicken Teppiche der Eingangshalle schlurft ein freundlicher Hund. Offiziell trägt er den Titel „Hundebotschafter", seine zahlreichen Freunde und Fans kennen ihn aber unter dem Namen „Santol". Der glückliche Köter kam 2007 ins Château, um Werbung für die Blindenhundstiftung „Mira" zu machen. Als Mitarbeiter hat er sein eigenes Namensschild, Visitenkarten und eine E-Mail-Adresse. Das Hotel bietet Übernachtungspakete mit dem Namen „It's a Dog's Life" an, von denen 25 C$ an die Mira-Stiftung gehen. Die Gäste können mit Santol auch Gassi gehen. Einer seiner Verehrer bemerkte: „Er verleiht dem Hotel menschliche Züge." Dafür braucht es also erst einen Hund ...

Raum kann man aufwendige Gold- und Silberstickereien bewundern. Unter derselben Adresse findet man auch eine reizende **Kapelle** (Eintritt frei; ⌚April–Okt. Di–Fr 10–11.30 & 13.30–16.30, So 13.30–16.30 Uhr) von 1902, deren Innenausstattung teilweise aber noch aus dem Jahr 1723 stammt.

Cathédrale Anglicaine de la Ste-Trinité KIRCHE

(Karte S. 284; 31 Rue des Jardins; Eintritt frei; ⌚Mitte Mai–Mitte Okt. 10–17 Uhr, Mitte Okt.–Mitte Mai bis 14 Uhr) Für die hübsche, elegante Cathédrale Anglicaine de la Ste-Trinité von 1804 stand die Londoner Kirche St. Martin-in-the-Fields Modell. Sie war die erste anglikanische Kathedrale außerhalb Großbritanniens. Ihr 47 m hoher Glockenturm buhlt mit dem der Basilica Notre-Dame um die Gunst des Betrachters.

Musée du Fort MUSEUM

(Karte S. 284; www.museedufort.com; 10 Rue Ste-Anne; Erw./Kind 8 C$/frei; ⌚Shows auf Englisch April–Okt. 10–17 Uhr, Febr.–März & Nov.–Dez. 11–16 Uhr, jeweils zur vollen Stunde) Etwas kitschig und etwas überteuert. Dennoch wird hier auf unterhaltsame, audiovisuelle Weise ein leicht verständlicher und genereller Überblick über die Schlachten vermittlt, die die Stadt in ihrer Geschichte schon geschlagen hat. Zu sehen außerdem: ein 1200 m² großes Modell Québecs im Jahr 1750.

ALTE UNTERSTADT

Aus der Oberstadt führen verschiedene Wege in dieses Viertel, das ein absolutes Muss jedes Québec-Besuchs ist. Entweder geht man von der Rue des Ramparts über die Côte de la Canoterie hinunter zum Vieux-Port, oder man nimmt die bezaubernd steile Rue Côte de la Montagne. Auf halbem Weg bietet sich rechterhand eine Abkürzung an – die Escalier Casse-Cou (Genickbruch-Treppe) führt hinunter auf die Rue du Petit-Champlain. Eine weitere Alternative ist die **Standseilbahn** (einfache Strecke 2 C$) an der Terrasse Dufferin.

Die belebte **Rue du Petit-Champlain** soll angeblich, gemeinsam mit der Rue Sous le-Cap, die schmalste Straße Nordamerikas sein. Zudem ist sie das Herzstück des ältesten Geschäftsviertels der Welt. Die zahlreichen Gedenktafeln, Statuen, Straßenkünstler und nicht zuletzt die Wandmalereien aus dem 17. und 18. Jh., die die Gebäude hier verzieren, verleihen diesem Viertel sein unverwechselbares Flair à la Geschichte trifft Ferien.

Die **Place Royale** ist der größte Platz im Herzen der Alten Unterstadt und blickt auf eine ereignisreiche Geschichte von über 400 Jahren zurück. Als Samuel de Champlain die Stadt Québec gründete, wurde dieses kleine Stückchen Ufer als erstes besiedelt. Die Kanonen, die 1690 hier aufgestellt wurden, dienten der Abwehr der Angriffe des englischen Flottenkommandanten Phips und seiner Männer. Die Bezeichnung „Place Royale" meint heute meistens das ganze Viertel.

Der **Vieux-Port** liegt nördlich der Place Royale. Hier wird der alte Hafenbereich saniert und in ein multifunktionelles Ufer-areal umgewandelt.

Musée de la Civilisation MUSEUM

(Museum of Civilization; Karte S. 284; www.mcq.org; 85 Rue Dalhousie; Erw./Kind 12/4 C$, Eintritt frei Nov.–Mai Di & Jan. & Feb. Sa 10–12 Uhr; ⌚Ende Juni–Aug. 10–18.30 Uhr, Sept.–Ende Juni Di–So bis 17 Uhr) In luftigen Hallen werden hier ein Dutzend Ausstellungen gezeigt, darunter auch eine Dauerausstellung über die Kultur der elf Ureinwohnerstämme Québecs. Außerdem erfährt man hier alles über die Geschichte der Provinz, von der Besiedlung durch die Franzosen bis zu den ausgeprägten Gesellschaftsstrukturen von heute. Schräge Ausstellungsstücke, Videos und interaktive Features vermitteln schwierigere Themen auf lebhafte Art und Weise. Das beeindruckende Gebäude besteht aus neuen und bereits vor dem Museumsbau vorhandenen Elementen. So grenzt es z.B. an die Auberge Saint Antoine und teilt sich mit ihr eine Mauer aus dem 18. Jh.

Église Notre-Dame-des-Victoires KIRCHE

(Karte S. 284; 32 Rue Sous le Fort; Eintritt frei; ⊙Mai–Mitte Okt. 9.30–17 Uhr, Mitte Okt.–Mai 10–16 Uhr) Die Église Notre-Dame-des-Victoires ist Nordamerikas älteste Steinkirche. Sie stammt aus dem Jahr 1688, wurde aber 1759 durch Kanonenfeuer verwüstet. Sie steht an der Stelle, an der de Champlain seine „Wohnstätte", ein eingezäuntes Gebiet, errichtet hatte. Im Innern der Kirche sind Kopien von Werken Rubens und Van Dycks zu bewundern. Von der Decke hängt ein Talisman in Form eines Schiffs. Es ist eine Nachbildung der *Brézé,* mit der das Carignan-Salières-Regiment 1664 nach Neufrankreich segelte, um gegen die Irokesen zu kämpfen. Die Goldherzen über dem Altar stammen von 1855. Damals hängte Mutter Marcelle Mallet ein Herz auf, nachdem sie ein Gelübde abgelegt hatte.

Centre d'Interprétation de Place-Royale MUSEUM

(Karte S. 284; 27 Rue Notre-Dame; Erw./Kind 7/2 C$; ⊙Ende Juni–Aug. 9.30–17 Uhr, Sept.–Ende Juni Di–So 10–17 Uhr) Dieses Infozentrum preist die Gegend rund um die Place Royale als Wiege der französischen Geschichte in Nordamerika an und untermauert dies mit einer Reihe von tollen, interaktiven Features. Wer schon mal hier ist, kann sich eine Broschüre über die 27 alten Gewölbekeller der Place Royale holen. Fünf von ihnen können kostenlos besichtigt werden – auch der im Infozentrum selbst, kostümierter Fassbinder inklusive.

AUSSERHALB DER STADTMAUERN

Die meisten Besucher gehen nur kurz durch die Porte St. Louis, um einen Blick auf Québecs wichtigste Sehenswürdigkeit außerhalb der Stadtmauern zu werfen: den Battlefields Park mit den berühmten Plains of Abraham. Leider verzieht sich der Großteil von ihnen gleich wieder in die behütete Märchenwelt innerhalb der Stadtmauern. Dabei sind einige der Sehenswürdigkeiten, insbesondere das Hôtel du Parlement und das Obsérvatoire de la Capitale, mit Sicherheit interessanter, als noch ein weiteres Foto vom Château zu schießen. Die Viertel St. Jean Baptiste und St. Roch gewähren einen Eindruck ins Québecer Alltagsleben und sind nach einer Überdosis historischer Altstadt eine willkommene Abwechslung.

St. Jean Baptiste bildet den modernen Teil der Oberstadt und liegt unmittelbar westlich der historischen, von Mauern umgebenen Alten Oberstadt. Zu erreichen ist das Viertel ganz einfach durch die Porte St. Jean oder Porte St. Louis und dann über die Rue St-Jean bzw. die Grande Allée Est. Südlich der Grande Allée liegt der Battlefields Park, von dem man den Sankt-Lorenz-Strom überblicken kann. Geht man von St. Jean Baptiste nach Nordwesten und dann einen steilen Hügel hinunter, hat man St. Roch in der Unterstadt erreicht. Alle diese Viertel können zu Fuß oder mit dem Fahrrad erkundet werden. Aber nicht vergessen: von St. Roch gibt es nur einen Weg zurück – nämlich bergauf.

Hôtel du Parlement GEBÄUDE

(Parliament Building; Karte S. 288; Ecke Ave Honoré Mercier & Grande Allée Est; Eintritt frei; ⊙Ende Juni–Sept. 9–16.30 Uhr, Sept.–Ende Juni Mo–Fr 9–16.30 Uhr) Gleich gegenüber der Porte St. Louis liegt das Parlamentsgebäude. Das Bauwerk aus der Zeit des Zweiten Kaiserreichs wurde 1886 fertiggestellt und beherbergt das Provinzparlament (die „Assemblée Nationale"). Seine Fassade ist mit 22 Bronzestatuen bedeutender historischer Söhne und Töchter Québecs verziert, die allesamt vom äußerst beliebten Québécer Bildhauer Louis-Philippe Hébert stammen. Wer sich das Parlament von innen ansehen möchte, schließt sich einer halbstündigen Führung (auf Englisch, Französisch oder Spanisch) an. Eingang 3 nehmen!

Obsérvatoire de la Capitale GEBÄUDE

(Capital Observatory; Karte S. 288; 1037 Rue de la Chevrotière; Erw./Kind 5/2 C$; ⊙10–17 Uhr) Vom 31. Stock des Obsérvatoire de la Capitale kann man in einer Höhe von 221 m den Blick über die roten und grünen Dächer St. Jean Baptistes und über die ganze Stadt bis zu den Laurentides schweifen lassen. Die Infotafeln machen einen fit in einheimischer Geschichte.

Battlefields Park HISTORISCHER PARK

(Karte S. 282) Mit seinen Hügeln, Gärten und Monumenten sieht dieser gigantische Park aus wie jeder andere Stadtpark Nordamerikas. Das Areal, auf dem heute Yogagruppen Stretchübungen machen und Jogger ihre Runden drehen, war einst Schauplatz einer blutigen Schlacht, die den Lauf der kana-

St. Roch & St. Jean Baptiste

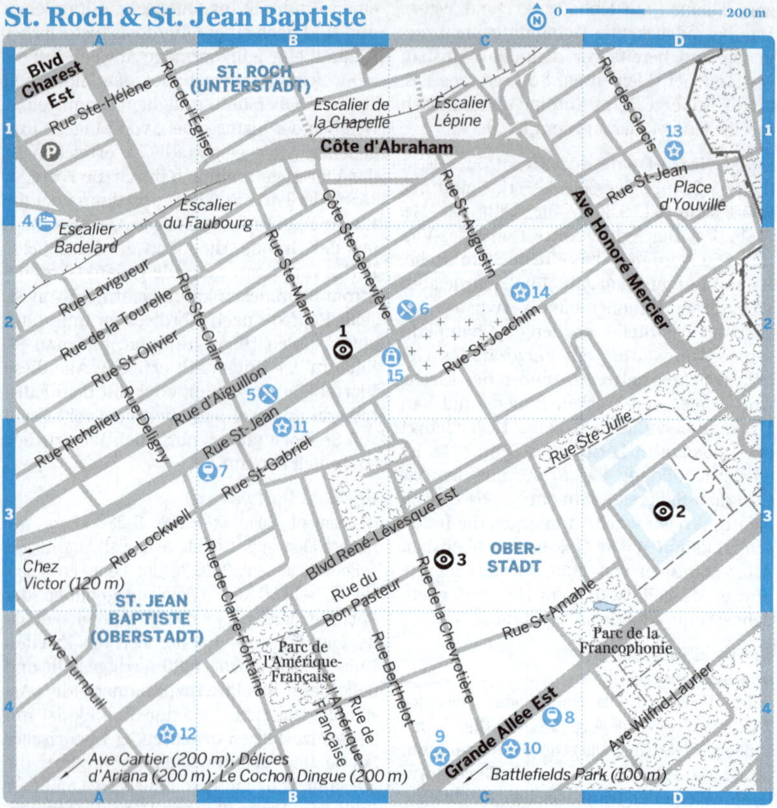

dischen Geschichte entscheidend bestimmt hat. Der den Klippen am nächsten gelegene Teil ist als **Plains of Abraham** bekannt. Hier wurden die Franzosen 1759 endgültig von den Engländern besiegt. Der englische General Wolfe fiel im Kampf, der französische Kommandeur Montcalm starb am nächsten Morgen, während seine Offiziere in Richtung Montréal flohen.

Im Park gibt es verschiedene Sehenswürdigkeiten. Als Ausgangspunkt bietet sich das Empfangszentrum im **Discovery Pavilion** (Karte S. 284; 835 Ave Wilfrid-Laurier; Eintritt frei; ⏲Ende Juni–Anfang Sept. 8.30–17.30 Uhr, Anfang Sept.–Ende Juni Mo–Fr 8.30–17, Sa ab 9, So ab 10 Uhr) an. Es können Busrundfahrten durch den Park und Sightseeing-Kombipakete gebucht werden.

Neben einer Touristeninformation ist im Pavillon auch die **Canada Odyssey** (Karte S. 284; Erw./Kind 14/4 C$; ⏲10–17 Uhr) untergebracht, ein 45-minütiges Multimedia-Spektakel, dessen Schwerpunkt auf den Lebensumständen vor und nach der großen Schlacht liegt. Am Ende der Odyssee informiert eine Ausstellung über die zahlreichen Veteranen und über den Park selbst, der im 18. und 19. Jh. für Hinrichtungen, Pistolenduelle und für die Prostitution missbraucht wurde. Im Eintritt ist auch eine Busrundfahrt und der Besuch des Martello Tower 1 enthalten.

Im weitläufigen **Musée National des Beaux-Arts du Québec** (www.mnba.qc.ca; Erw./Kind 15/4 C$; ⏲Juni–Aug. 10–18 Uhr, Sept.–Mai Di–So bis 17 Uhr, ganzjährig Mi bis 21 Uhr) kann man die Geschichte der Stadt einmal von einer künstlerischen Seite betrachten. Hier ist Québecs bedeutendste Sammlung lokaler Kunst und von Inuit-Skulpturen untergebracht, aber auch internationale Stücke sind dabei. Eine Galerie erzählt vom Zusammenstoß des Akademischen Realismus' und der Moderne in den Salons Québecs zwischen 1860 und 1945. In einer anderen werden die künstlerischen Reakti-

St. Roch & St. Jean Baptiste

Sehenswertes
1 Choco-Musée Érico B2
2 Hôtel du Parlement D3
3 Obsérvatoire de la Capitale C3

Schlafen
Auberge JA Moisan .... (siehe 15)
4 Auberge Le Vincent A1

Essen
5 Le Billig B2
6 Le Hobbit C2

Ausgehen
7 Le Sacrilège B3
8 L'Inox C4

Unterhaltung
9 Chez Dagobert C4
10 Chez Maurice C4
11 Fou-Bar B3
12 Grand Théâtre de Québec A4
13 Le Capitole D1
14 Le Dragu e C2

Shoppen
15 JA Moisan Épicier C2

onen auf den Durham Report der britischen Regierung (1839) aufgezeigt. Dieser tat die Frankokanadier als „geschichts- und kulturlos" ab. Unter den Werken sind Arbeiten von Riopelle, Borduas, Dallaire, Leduc und Peltan, Québecs berühmtem Modernisten.

Ganz in der Nähe steht der **Martello Tower 1** (Erw./Kind 14/4 C$; ⏲Ende Juni–Anfang Sept. 10–17 Uhr). Er ist einer von vier runden Verteidigungsanlagen, die die Briten Anfang des 19. Jhs. errichteten, jedoch nie nutzten. Im Eintritt ist auch eine Busrundfahrt und der Besuch der Canada Odyssey enthalten. Im **Martello Tower 2** (Ecke Ave Taché & Ave Wilfrid-Laurier; Abendessen & Show 39 C$; ⏲Feb., Juli, Aug. & Okt.) finden historische Krimidinner statt, eine spaßige Mischung aus Abendessen und Theater, meistens jedoch auf Französisch (englischer Text als Übersetzung erhältlich).

St. Jean Baptiste — STADTVIERTEL

Das Flair dieses Künstlerviertels liegt bei einem Spaziergang auf der **Rue St-Jean** (Karte S. 288) förmlich in der Luft. Hat man sich nach dem Überqueren der stark befahrenen Ave Honoré Mercier erst einmal vom Schock erholt, bemerkt man sofort die bodenständige Atmosphäre. Die Durchgangsstraße ist bis hinüber zur Rue Racine mit guten Restaurants, angesagten Cafés und Bars und interessanten Läden gesäumt, die zum Teil auf eine homosexuelle Klientel spezialisiert sind.

Über jede der bergabwärts führenden Seitenstraßen (Richtung Nordwesten) erreicht man schmale Anwohnerstraßen, z. B. die Rue d'Aiguillon, Rue Richelieu oder Rue St-Olivier. Viele der winzigen, eng aneinander gebauten Häuser haben reizende Eingänge und sind ein typischer Anblick in Québecer Wohngegenden. Die fantasievollen, erkerähnlichen Fenster werden *oriels* genannt.

Die südwestlich der Rue St-Jean gelegene **Ave Cartier** (außerhalb der Karte S. 288) ist eine farbenfrohe Allee, die von zahlreichen Geschäften gesäumt wird. In den letzten Jahren sind hier angesagte Restaurants, Cafés und Boutiquen wie Pilze aus dem Boden geschossen. Im Sommer geht es noch lebhafter zu, wenn die rund ein Dutzend Terrassen der Restaurants und Cafés auch noch geöffnet und bevölkert sind. Das Herzstück dieses kleinen Feinschmeckerviertels ist rund um die Kreuzung Ave Cartier und Blvd René-Lévesque Ouest zu finden.

St. Roch — STADTVIERTEL

Am Ende der Côte Ste-Geneviève in St. Jean Baptiste erreicht man die Escalier de la Chapelle. Diese steile Treppe führt hinunter nach St. Roch. Mit dem Fahrrad ist die Côte d'Abraham auch über die Côte Ste-Geneviève zu erreichen.

Das traditionelle Fabrik- und Hafenarbeiterviertel bekommt so langsam ein freundlicheres Gesicht. Zwischen den Trödelläden und den Shops mit Secondhand-Kleidung, die die Hauptverkehrsader **Rue St-Joseph** säumen, haben sich mittlerweile auch schicke neue Restaurants und Bars etabliert. Private Kunstgalerien finden sich sowohl hier als auch in der **Rue St-Vallier Est**.

Cartier-Brébeuf National Historic Site — MUSEUM

(Karte S. 282; 175 Rue de l'Espinay; Erw./Kind 4/2 C$; ⏲Anfang Mai–Aug. 10–17 Uhr, Sept. Mi–So 11–16 Uhr) Diese National Historic Site liegt nordwestlich der Stadtmauern am Ufer des Rivière Saint-Charles. Irokesen halfen hier Cartier und seinen Männern, den Winter des Jahres 1535 zu überstehen. Im Museum ist ein Nachbau von Cartiers Schiff in Originalgröße ausgestellt. Zudem sind die Nachbildung eines Langhauses der Ureinwohner und eine Ausstellung über das

Jesuitentum zu sehen, das 1625 von Jean de Brébeuf nach Kanada gebracht wurde.

Parc du Bois-de-Coulonge PARK
(Karte S. 282; 1215 Grande Allée Ouest; Eintritt frei) Dieser Park unmittelbar westlich der Plains of Abraham bietet eine willkommene Abwechslung zum Trubel der Innenstadt und ist mit seinen bunten Gärten eine Ode an die Pflanzenwelt. Das bewaldete Gelände ist mit weitläufigen Gartenanlagen verschönert und diente von 1854 bis 1966 der Elite der kanadischen und Québecer Politik als Residenz. Das Hauptgebäude fiel einem Brand zum Opfer.

Aktivitäten

Terrasse Dufferin PARK
Vor dem Le Château Frontenac verläuft die 425 m lange Terrasse Dufferin parallel zum Lauf des Wassers. Beim Spaziergang am Rande der 60 m hohen Klippe eröffnet sich ein atemberaubender Ausblick über den Fluss. Überall sind exzellente Straßenkünstler damit beschäftigt, die Aufmerksamkeit auf sich zu lenken.

Cyclo Services RADFAHREN
(Karte S. 284; 289 Rue St-Paul; Fahrrad pro Std./24 Std. 14/35 C$; ⌚8.30–20 Uhr) Dieser Laden verleiht Fahrräder und organisiert zudem ausgezeichnete, auf Englisch geführte Radtouren durch Stadt und Vororte. Hat auch sehr gute Radkarten der Umgebung.

Aventure X KLETTERN
(Karte S. 282; 2350 Ave du Colisée; ⌚Juni–Aug. Mo–Fr 10–20, Sa & So bis 18 Uhr, Sept.–Mai Mo–Sa 10–22, So bis 18 Uhr) Bietet sowohl Klettern in der Halle als auch Ausflüge zu Schluchten und Felsspalten rund um Québec. Abends und am Wochenende kann man für 20 C$ an einen 30-minütigen Schnupperkurs teilnehmen.

Geführte Touren

Wer sich einem geführten Stadtspaziergang anschließt, bekommt in relativ kurzer Zeit recht viel Spezialwissen vermittelt. Bei einem Spaziergang beispielsweise wird auf eine Kanonenkugel aufmerksam gemacht, die, von Passanten unbemerkt, in einem Baum direkt an der Rue St-Louis feststeckt.

Les Services Historiques Six Associes STADTSPAZIERGANG
(☎418-692-3033; 2-stündiger Stadtspaziergang 16 C$) Die hervorragenden Rundgänge werden von kostümierten Guides geleitet. Ein beliebter Klassiker ist die Führung „Lust and Drunkenness", die die Leichen im Keller Québecs aufspürt und unbekannte Fakten zum Thema Alkohol und Prostitution preisgibt. Weitere Rundgänge, auf Englisch und Französisch, informieren über Epidemien und Kriminalität. Bei solchen Themen kommt Freude auf! Telefonische Reservierung wird empfohlen.

TOP FIVE: KOSTENLOSE ATTRAKTIONEN

» **Les Dames de Soie** Visite in der Puppenklinik (S. 283)

» **Musée de la Civilisation** Je nach Saison dienstag- und samstagmorgens freier Eintritt (S. 286)

» **Fou-Bar** Jazz am Dienstagabend (S. 297)

» **Marché du Vieux-Port** Einheimische Landwirtschaftserzeugnisse probieren (S. 297)

» **Choco-Musée Érico** Lust auf Schokolade? (S. 291)

Bootstouren BOOTSFAHRT
Die Anbieter Croisières AMV und Groupe Dufour Croisières legen beide in der Nähe der Place Royale ab, um gemütlich flussabwärts zu den Montmorency-Fällen und der Île d'Orléans zu tuckern. Etwas weiter nördlich, in der Nähe der Einfahrt zum Bassin Louise, bietet Croisières Coudres Touren zur Grosse Île (S. 317) an. Wer lediglich einen schönen Blick auf die Stadt sucht, der fährt am besten mit der unschlagbar günstigen Fähre nach Lévis.

Calèches/Kaleschen PFERDEKUTSCHE
Die 40-minütigen Fahrten mit der Pferdekutsche, die an der Place d'Armes (Karte S. 284) beginnen, sind zwar ganz nett, aber mit 80 C$ für bis zu vier Personen auch extrem teuer. Die Kutscher geben während der Fahrt ab und zu ein paar Infos.

Les Tours Voir Québec SPAZIERGANG
(Karte S. 284; www.toursvoirquebec.com; 12 Rue Ste-Anne; Erw./Kind 23/11 C$) Auf den zweistündigen Spaziergängen werden die bedeutenden Gebiete der Altstadt erkundet. Gleichzeitig wird das Augenmerk aber auch auf weniger bekannte Aspekte wie religiöse Gemeinschaften und Innenhöfe gelegt.

Old Québec Tours BUSTOUR
(Karte S. 284; ☎418-664-0460; www.toursvieuxquebec.com; 12 Rue Ste-Anne; 2-stündige Tou-

ren 33 C$) Neben anderen Optionen kann auch eine viereinhalbstündige Tour zur Île d'Orléans, den Montmorency-Fällen und Ste. Anne de Beaupré (43 C$) gebucht werden. Kostenlose Abholung am Hotel.

Les Promenades Fantômes SPAZIERGANG
(Karte S. 284; www.promenadesfantomes.com; 12 Rue Ste-Anne; Erw./Kind 18/15,50 C$; ⌚Mai–Okt. 20 Uhr) Beim nächtlichen Rundgang im Schein einer schaukelnden Laterne erfährt man Wissenswertes über die dunklen Tage in der Geschichte der Stadt.

Feste & Events

Le Carnaval WINTER
(www.carnaval.qc.ca; ⌚Febr.) Dieses berühmte Ereignis ist einzigartig. Es wird als größter Winterkarneval der Welt beworben und wird einmal im Jahr mit Umzügen, Eisskulpturen, einer Schneerutsche, Bootsrennen, Tanz, Musik und jeder Menge Alkohol gefeiert. Überall in der Stadt ist dann etwas geboten. Die Rutsche auf der Terrasse Dufferin hinter dem Château hat mittlerweile Kultstatus erreicht. Wer dabei sein möchte, muss früh planen, da die Unterkünfte schnell voll sind. Auch die warmen Wintersachen sollte man unter keinen Umständen zu Hause vergessen.

Fête Nationale de la St Jean Baptiste KULTUR
(www.snqc.qc.ca, französisch; ⌚23. Juni) An diesem Abend wird in der ganzen Stadt gefeiert bis zum Umfallen. Ursprünglich wurde dieser Feiertag zu Ehren Johannes des Täufers begangen. Mittlerweile ist er aber fast schon zum politischen Statement geworden. Und wenn die Québecer ihre eigenständige Kultur feiern, ist auch ein leichter nationalistischer Touch zu erkennen. Um etwa 20 Uhr geht es (ausgerechnet) auf den Plains of Abraham mit den Hauptfeierlichkeiten los.

Festival d'Été SOMMER
(www.infofestival.com; ⌚Anfang Juli) Während des Sommerfestivals stehen rund 500 kostenlose Shows, Konzerte, Theater- und Tanzvorstellungen auf dem Programm. Fast alle Plätze und Parks der Altstadt sind täglich in die Events eingebunden und wer-

QUÉBEC MIT KINDERN

Natürlich werden in dieser Stadt Geschichte, Architektur und kulinarische Genüsse großgeschrieben. Der Hauptteil der Angebote, Restaurants und Unterkünfte in der Altstadt ist auf ein erwachsenes Publikum gemünzt – aber eben doch nicht alle. Mehrere der im Abschnitt „Essen" aufgeführten Restaurants sind kindertauglich, und die Auswahl an Optionen, an denen auch die Kleinen ihren Spaß haben, ist selbst im Zentrum groß. Weiter außerhalb gibt es sogar Aktivitäten, die ausschließlich für Kinder gemacht sind.

Für einen Spaziergang über die **Befestigungsanlagen** (S. 282) im historischen Zentrum ist man nie zu jung, und auch die Militärzeremonien mit uniformierten Soldaten in La Citadelle (S. 283) kommen gut an. Die Terrasse Dufferin ist bei Kindern wegen des weiten Blicks über den Fluss und wegen der Straßenkünstler beliebt. Auch an der Place d'Armes und der Place Royale trifft man immer wieder auf solche Darsteller. Und hat der Nachwuchs mal die Nase davon voll, über Kanonen zu klettern, gibt's immer noch die günstige **Fähre nach Lévis** (S. 299), **Bootstouren** (S. 290) oder Fahrten mit der **Kalesche** (S. 290; Pferdekutsche).

Im **Choco-Musée Érico** (Karte S. 288; www.chocomusee.com; 634 Rue St-Jean; Eintritt frei; ⌚Mo–Mi & Sa 10–17.30, Do & Fr bis 21, So 11–17.30 Uhr, länger an warmen Sommerabenden) dreht sich alles um Schokolade. Im Museum kann man etwas über ihre Geschichte erfahren, einen Blick in die Küche werfen und es kann sogar ein Stückchen genascht werden. Da fällt es schwer, im Shop der Versuchung zu widerstehen.

Im **Aquarium du Québec** (Karte S. 282; 1675 Ave des Hôtels; Erw./Kind 17/8,50 C$; ⌚Juni–Aug. 10–17 Uhr, Sept.–Mai bis 16 Uhr) tummeln sich Walrösser, Robben, Eisbären und Tausende kleinerer Tiere.

Im **Musée de l'Abeille** (außerhalb der Karte S. 282; 8862 Blvd St Anne; Eintritt frei; ⌚April–Ende Juni & Sept. 9–17 Uhr, Ende Juni–Anfang Sept. bis 18 Uhr, Okt.–März 11–17 Uhr) kommen Kinder bei der „Bienen-Safari" auf ihre Kosten, Erwachsene probieren gerne mal den Honigwein. Das *économusée* (Mischung aus Werkstatt und Museum) mit Bienenzucht liegt nordöstlich der Stadt am Hwy 138.

den von den 900 000 Besuchern bevölkert. Rund um die Place d'Youville kann man das alles am besten auf sich wirken lassen.

Les Grands Feux Loto-Québec FEUERWERK
(www.quebecfireworks.com; ⌚Ende Juli–Anfang Aug.) Beim internationalen Feuerwerkswettbewerb geht es an den Montmorency-Fällen pyrotechnisch so richtig zur Sache.

Fête de Nouvelle France KULTUR
(www.nouvellefrance.qc.ca; ⌚Aug.) An verschiedenen Schauplätzen werden die letzten Tage des französischen Regimes durch historische Aufführungen zum Leben erweckt.

Schlafen

Die vielen Unterkünfte in Québec sind dank der Konkurrenz im Allgemeinen recht günstig. Am besten übernachtet man in einem der kleinen, europäisch angehauchten Hotels in der Altstadt. Sie vereinen Charme und günstige Lage mit etwas Romantik. Die größeren Hotels in der Innenstadt sind meist ziemlich teuer.

Wie in einer dermaßen beliebten Stadt nicht anders zu erwarten, sind die besten Unterkünfte oft ausgebucht. Man sollte sich vor 14 Uhr auf die Suche nach einem Zimmer machen oder im Voraus reservieren. Im Hochsommer und während des Karnevals im Winter ist besonders viel los. Wenn nicht anders vermerkt, haben die meisten Zimmer eigene Bäder. In der Nebensaison sind die Preise erheblich niedriger.

ALTE OBERSTADT

Maison Historique James Thompson B&B $$
(Karte S. 284; ☎418-694-9042; www.bedandbreakfastquebec.com; 47 Rue Ste-Ursule; Zi. 75–135 C$) Geschichtsfreaks werden von einem Aufenthalt in dem ehemaligen Domizil aus dem 18. Jh. von James Thompson, einem Veteran der Schlacht auf den Plains of Abraham, begeistert sein. Neben dem Eingang des wunderschön restaurierten Hauses ist noch eine Originalschießscharte zu sehen. Geräumige, mit heiteren Kunstwerken der Gastgeberin Guitta geschmückte Zimmer. Hier verplauscht man schnell einen ganzen Nachmittag mit Greg, dem Gastgeber, der sein enormes Wissen über die Stadt Québec und ihre Geschichte gern preisgibt.

HI Auberge Internationale de Québec HOSTEL $
(Karte S. 284; ☎418-694-0775; www.aubergeinternationaledequebec.com; 19 Rue Ste-Ursule; B Mitglieder 24–30 C$, Nicht-Mitglieder 28–34 C$, Zi. ohne/mit Bad 74/89 C$; @📶) Beängstigend großes Hostel, aber das beste der Stadt. Das freundliche Personal organisiert verschiedene geführte Touren, Kneipen- und Kinoabende. Im Untergeschoss dröhnt Rockmusik, während Backpacker abends in die Bar strömen (oder morgens am kostenlosen Frühstücksbuffet Schlange stehen). Obwohl Schulklassen die anstaltsartigen Flure unsicher machen, kann man normalerweise anständig schlafen.

La Marquise de Bassano INN $$
(Karte S. 284; ☎418-692-0316, 877-692-0316; www.marquisedebassano.com; 15 Rue des Grisons; Zi. 99–175 C$; P@) Zimmer mit Himmelbetten, Badewannen mit Klauenfüßen und eine Dachterrasse machen nur einen Teil des Reizes dieses fröhlichen viktorianischen Hauses aus, das von jungen, geselligen Leuten betrieben wird. Der süße Duft von frisch gebackenen Croissants lockt jeden noch vor dem Klingeln des Weckers aus dem Bett.

Le Clos Saint Louis INN $$$
(Karte S. 284; ☎418-694-1311, 800-461-1311; www.clossaintlouis.com; 69 Rue St-Louis; Zi. inkl. Frühstück 175–250 C$; 📶) Schwer zu sagen, was mehr beeindruckt: Die durch und durch fürsorglichen Betreiber oder der natürliche Charme des viktorianischen Gebäudes aus 1844. Die 18 großen, aufwändig dekorierten Zimmer haben schön geflieste Bäder mit Whirlpool-Wanne. Abgesehen vom TV in dem winzigen Salon wirken die Suiten wie eine viktorianische Wohnung.

Fairmont Le Château Frontenac HOTEL $$$
(Karte S. 284; ☎418-692-3861, 800-257-7544; www.fairmont.com/frontenac; 1 Rue des Carrières; Zi. ab 360 C$; P❄📶) Das Château mit seinen 618 Zimmern ist viel mehr als nur ein Hotel oder ein Wahrzeichen, es ist ein ewiges Symbol Québecs. Hier wurden Szenen von Filmen wie *Mein Leben auf der Flucht* mit Leonardo DiCaprio und Alfred Hitchcocks *Ich beichte* gedreht. Unter den Gästen waren schon Queen Elizabeth II., Präsident Jacques Chirac, Charlie Chaplin und Grace Kelly. Wer in deren Fußstapfen treten möchte, muss einen dicken Geldbeutel haben.

Hôtel Acadia HOTEL $$$
(Karte S. 284; ☎418-694-0280, 800-463-0280; www.hotelacadia.com; 43 Rue Ste-Ursule; Zi. 99–219 C$; P@📶) Die drei benachbarten, historischen Häuser sind seit Jahren sehr beliebt. Es gibt Zimmer in allen möglichen

Größen, mit verschiedenster Einrichtung und zu unterschiedlichsten Preisen. Das Angebot reicht von kleinen „klassischen“ Quartieren bis hin zu Luxuszimmern mit Kamin. Es gibt einen ruhigen Garten mit Blick auf das Ursulinenkloster.

Chez Hubert B&B **$$**
(Karte S. 284; ☎418-692-0958; www.chezhubert.com; 66 Rue Ste-Ursule; EZ inkl. Frühstück 80–85 C$, DZ 85–100 C$; Ⓟ) Solide Unterkunft in einem viktorianischen Stadthaus mit Kronleuchtern, Buntglasfenstern und Orientteppichen. Von einem der drei geschmackvoll eingerichteten Zimmer blickt man auf das Château. Frühstücksbuffet und Parkplatz sind im Preis enthalten.

Manoir sur le Cap INN **$$**
(Karte S. 284; ☎418-694-1987, 866-694-1987; www.manoir-sur-le-cap.com; 9 Ave Ste-Geneviève; Zi. ab 105 C$; Ⓟ) Von einigen Zimmern in diesem Haus an der Uferpromenade kann man den Blick auf den Jardin des Gouverneurs, das Château oder den Fluss genießen. Viele der modernen Zimmer haben ansprechende Stein- oder Backsteinmauern, einige haben Doppelbetten.

ALTE UNTERSTADT

LP TIPP **Auberge Saint Antoine** BOUTIQUEHOTEL **$$$**
(Karte S. 284; ☎418-692-2211; www.saint-antoine.com; 8 Rue St-Antoine; Zi. 179–989 C$; ❄@📶) Das Hotel vereint historische und moderne Elemente auf großartige Weise – z. B. findet man hier so subtile Details wie eine auf eine Wand projizierte Uhr an einer der bedeutendsten archäologischen Stätten der Stadt. Im Rahmen der täglichen Führung kann man sich 700 Ausstellungsstücke ansehen, die beim Bau der beheizten Tiefgarage entdeckt wurden. Die Zimmer und historischen Suiten im originalen, 250 Jahre alten Gebäudeteil strotzen nur so vor Antiquitäten und Charme. Wegen der fantastischen Aussicht auf das Château wohnt man hier sogar noch besser. Wenn sich die Augen sattgesehen haben, empfiehlt sich ein Besuch des in einem Lagerhaus aus dem 19. Jh. untergebrachten Restaurants mit Blick auf den Sankt-Lorenz-Strom.

Le Germain-Dominion BOUTIQUEHOTEL **$$$**
(Karte S. 284; ☎418-692-2224, 888-833-5253; www.germaindominion.com; 126 Rue St-Pierre; Zi. 169–315 C$; ❄@📶) Das beste Hotel der kanadischen Luxuskette Groupe Germain liegt versteckt in einer ruhigen Ecke mitten in der Unterstadt. Geboten werden eine frische, moderne Ausstattung (Renovierung 2010), unzählige Annehmlichkeiten und ein tadelloser Service.

AUSSERHALB DER STADTMAUERN

Außerhalb der Stadtmauern sind die Zimmerpreise erheblich niedriger und die Zimmer größer. Für Autofahrer stellt sich dort auch nicht das Problem der Parkplatzsuche. Von der Altstadt erreicht man die folgenden Unterkünfte alle in 15 Minuten mit dem Auto oder sogar zu Fuß.

ALT Québec HOTEL **$$**
(☎418-658-1224, 800-463-5253; quebec.althotels.ca; 1200 Ave Germain-des-Prés; Zi. 129–169 C$; Ⓟ@📶) Wer ein Auto zur Verfügung hat, Wert auf Bequemlichkeit legt und die manchmal extrem touristische innere Stadt am Abend hinter sich lassen will, für den ist dieses Hotel am Blvd Laurier (7 km von der Altstadt entfernt) ein seltenes Juwel. Der Service eines Boutiquehotels, die makellose, moderne Ausstattung und der kostenlose Parkplatz sind nur einige der Pluspunkte.

Auberge Le Vincent INN **$$$**
(Karte S. 288; ☎418-523-5000; www.aubergelevincent.com; 295 Rue St-Vallier Est; Zi. 149–279 C$; Ⓟ@📶) Stilbewusste Traveller mit kleiner Reisekasse werden die erschwinglichen Zimmer mit großen Regendüschköpfen, Backsteinmauern und Fenstern (mit Vierfachverglasung), von denen man auf das Zentrum von St. Roch blickt, bestimmt lieben. Im Preis enthalten sind die hervorragenden Tipps des echt netten Personals und ein leckeres warmes Frühstück mit gutem Kaffee im italienischen Stil. Die Altstadt ist nur einen kurzen Spaziergang entfernt.

Auberge JA Moisan B&B **$$**
(Karte S. 288; ☎418-529-9764; www.jamoisan.com; 699 Rue St-Jean; EZ 120–135 C$, DZ 130–145 C$; ❄) Die reizende Unterkunft in dem Gebäude aus dem 18. Jh. versteckt sich oberhalb des ältesten Supermarkts von ganz Nordamerika. Von den gar nicht muffigen, altmodischen Zimmern genießt man den Blick über die Restaurants und Bars des funkigen Bezirks St. Jean Baptiste. Das sättigende Frühstück (mit Schokolade als Nachtisch) wird von den Gastgebern Clément und Nathalie persönlich zubereitet und serviert. In die Altstadt sind es nur ein paar Schritte.

Camping Municipal de Beauport CAMPING $
(außerhalb der Karte S. 282; ☎418-641-6112, 877-641-6113; www.campingbeauport.qc.ca; 95 Rue de la Sérénité; Stellplatz Zelt/Wohnmobil 28/35 C$; ⏲Juni–Anfang Sept.) Ausgezeichneter Campingplatz in der Nähe der Montmorency-Fälle. Er ist grün, ruhig und nur 15 Autominuten von der Altstadt entfernt. Hin kommt man über den Hwy 40 in Richtung Montmorency, dann die Ausfahrt 321 nehmen und nach Norden fahren.

Essen

Québecs unzählige Restaurants bieten im Allgemeinen eine gute Qualität. Die seltsame Mischung aus aufwendigen und einfachsten Gerichten lockt jede Menge Besucher in die Lokale im Zentrum. Viele der Restaurants haben ein gutes Preis-Leistungs-Verhältnis und eine unschlagbare Lage. Erstklassige kulinarische Gaumenfreuden erlebt man aber eher in unscheinbaren Lokalen. Wer das Gericht des Tages (*table d'hôte*) wählt, kann vor allem mittags die Reisekasse schonen.

ALTE OBERSTADT

Le Patriarche FUSION $$$
(Karte S. 284; www.lepatriarche.com; 17 Rue St-Stanislas; Hauptgerichte 26–50 C$; ⏲Do–Fr 11.30–14, tgl. 5.30–22 Uhr) Die Kunstwerke an den Steinwänden dieses 180 Jahre alten Restaurants der Spitzenklasse sind genauso modern wie seine Nouvelle Cuisine. Auf der Speisekarte stehen Gerichte, die fast ausschließlich aus lokalen Produkten hergestellt werden. Als Vorspeise gibt's u.a. Foie Gras und gebratene Froschschenkel, als Hauptgericht Lachsfilet aus New Brunswick, Hirsch aus den Appalachen und Lamm aus Québec.

Paillard BÄCKEREI $
(Karte S. 284; www.paillard.ca; 1097 Rue St-Jean; Frühstück 7 C$; ⏲7–19 Uhr) Das helle, moderne Café à la New York mit den langen Holztischen eignet sich ausgezeichnet für ein schnelles Frühstück oder eine Kaffeepause.

Aux Anciens Canadiens QUÉBECOIS $$$
(Karte S. 284; www.auxancienscanadiens.qc.ca; 34 Rue St-Louis; Gerichte 20–89 C$; ⏲12–21 Uhr) Das schon seit 40 Jahren bestehende Restaurant im historischen Jacquet-Haus von 1676 verdankt seinen Namen einem Roman von Philippe Aubert de Gaspé, der hier während seiner Amtszeit als Québecer Sheriff wohnte. Auf der Speisekarte stehen klassische Québecer Spezialitäten und Country-Kost wie „Trapper's Treat" (Pastete nach Lac-St.-Jean-Art mit Fasanen- und Büffelfleisch) und „Grandfather's Treat" (Ragout aus Wild- und Hausschweinhaxe mit Fleischbällchen). Trotz der vielen Touristen lohnt sich mittags der Besuch dieses Lokals, denn dann gibt es ein Special inklusive einem Glas Bier oder Wein für 20 C$.

Chez Temporel CAFÉ $
(Karte S. 284; 25 Rue Couillard; Gerichte 12,50 C$; ⏲So–Do 7–1.30, Fr & Sa 7–2.30 Uhr) Dieses Café im Pariser Stil ist unschlagbar, wenn man Appetit auf ein Sandwich oder ein gemütliches Frühstück mit perfektem *café au lait* und frischen Croissants hat. Später am Tag lesen hier vereinzelte Gäste bei wehmütiger Musik ihre Bücher.

Le Petit Coin Latin CAFÉ $$
(Karte S. 284; 8 Rue Ste-Ursule; Gerichte 10–25 C$; ⏲7.30–22.30 Uhr) Zum tollen Frühstück gibt's u.a. Obst, Croissants oder Eier und Schinken. All das wird entweder drinnen zu französischer Musik oder draußen auf der Terrasse verspeist. Es kommen aber auch Sandwiches, Suppen und Herzhaftes wie Karibu-Gerichte aus der Küche.

Un Thé au Sahara AFRIKANISCH $$
(Karte S. 284; 7 Rue Ste-Ursule; Gerichte 14–22 C$; ⏲Do & Fr 11.30–14.30 Uhr, tgl. 17 Uhr–open end) In dem einfachen, aber beliebten marokkanischen Restaurant genießt man entweder seinen selbst mitgebrachten Wein oder Pfefferminztee. Auf den Tisch kommen bekannte Klassiker: Tabbouleh, Hummus, Couscous, Schaschlik und *tagine keffa* (Kalbskroketten in Tomatensauce).

Casse Crêpe Breton CAFÉ $
(Karte S. 288; cassecrepebreton.com; 1136 Rue St-Jean; Crêpes 3,50–7,75 C$, Gerichte 10 C$; ⏲7–21.30 Uhr; 🖉) In dem kleinen, unscheinbaren Café bekommt man heiße, frische Crêpes aller Art. Einige Gäste sitzen gern am Tresen und beobachten den Küchenchef bei der Arbeit.

Chez Ashton FAST FOOD $
(Karte S. 284; 54 Côte du Palais; Gerichte 7 C$; ⏲So–Mi 11–2, Do 11–4, Fr & Sa 11–4.30 Uhr) Diese Snackbar ist eine von denen, die *poutine* (Pommes frites mit Käsebruch und Bratensauce; s. Kasten S. 296) erfunden haben wollen. Poutines kommen hier in verschiedenen Varianten auf den Tisch und werden zu jeder Tageszeit gern gegessen, ebenso die Burger und die belegten Baguettes.

ALTE UNTERSTADT

In der Rue St-Paul und der Rue du Petit-Champlain reiht sich ein Restaurant an das nächste; viele haben Plätze im Freien.

Le Lapin Sauté FRANZÖSISCH $$
(Karte S. 284; www.lapinsaute.com; 52 Rue du Petit-Champlain; Hauptgerichte 15–23 C$; ⌚So–Do 11–22, Fr & Sa 9–23 Uhr) Wer sich in Québec mal was richtig Gutes gönnen möchte, sollte in dieses lauschige Restaurant gehen, das sich auf Country-Küche spezialisiert hat. Natürlich stehen *lapin*-Lasagne (Kaninchen-Lasagne) und *lapin*-Würstchen auf der Speisekarte, aber auch Ente, Lachs und Hühnchen fehlen nicht. Als Dessert gibt's Crème brûlée mit Ahornsirup. Bei schönem Wetter kann man auf der romantischen Veranda sitzen und den Blick auf den winzigen Félix-Leclerc-Park genießen.

Le Cochon Dingue FRANZÖSISCH $$
(Karte S. 284; www.cochondingue.com; 46 Blvd Champlain; Gerichte 10–20 C$; ⌚8–23 Uhr) Seit 1979 erfreut das gallische Juwel unter den Touristenrestaurants seine Gäste mit aufmerksamem Service und Tischen im Freien. Für französisches Flair sorgen karierte Tischdecken und Gerichte von *croque monsieur* über Muscheln bis zu Steak frites. Es gibt einen weiteren **Ableger** (Karte S. 288; 46 Blvd René-Lévesque Ouest) im Ave-Cartier-Bezirk im Südwesten der Stadt. Hier gibt's die gleichen Gerichte aus der Küche.

Buffet de l'Antiquaire QUÉBECOIS $
(Karte S. 284; 95 Rue St-Paul; Gerichte 8 C$; ⌚6–22.30 Uhr) Eins der „authentischsten" Restaurants der Stadt und bei Einheimischen sehr beliebt. Die Kellner schreien mit ihren Bestellungen gegen das Geklapper der Töpfe und Pfannen an. Auf den Tisch kommt Québecer Hausmannskost, u.a. sättigende Fleisch- und Fischgerichte. Zu trinken gibt's Boréale vom Fass.

L'Échaudé FRANZÖSISCH $$$
(Karte S. 284; ☎418-692-1299; 73 Rue Sault-au-Matelot; Hauptgerichte 18–38 C$; ⌚Mo–Fr 11.30–14.30 & 18 Uhr–open end, Sa 18 Uhr–open end, So 10–14.30 & 18 Uhr–open end) Das seit 25 Jahren bestehende Bistro ist bei Einheimischen sehr beliebt, auch wenn sie mehr und mehr von Touristen verdrängt werden, die sich von dem Hipe angezogen fühlen. Dennoch sorgen voll besetzte Tische und geschäftige Kellner für ein angenehmes Ambiente. Fleischliebhaber werden an Gerichten wie Entenconfit, gefülltem Perlhuhn und Steak tartare (22 C$) ihre Freude haben.

AUSSERHALB DER STADTMAUERN

Außerhalb der Stadtmauern gibt es drei große Restaurantbezirke. In der Rue St-Jean, abseits der Touristenfallen, gibt es preiswerte BYOW-Lokale (*bring your own wine*). Die Bistros in der Ave Cartier zwischen Grande Allée Ouest und Blvd René-Lévesque Ouest werden gern von Einheimischen besucht. Und schließlich haben sich in den letzten Jahren in dem künstlerisch angehauchten Bezirk St. Roch noch ein paar Bistros und Cafés angesiedelt. Hier werden trendige, moderne Gerichte serviert.

Café du Clocher Penché FRANZÖSISCH $$
(außerhalb der Karte S. 288; 203 Rue St-Joseph Est; Hauptgerichte 16–26 C$; ⌚Di–Fr 11.30–14 & 17–22, Sa 9–14 & 17–22, So 9–14 Uhr) Helles, luftiges Bistro mit einfacher, dezenter Einrichtung und unprätentiöser Speisekarte. Es ist der In-Treff im Bezirk St. Roch für alle, die moderne französische Gerichte und ein Glas Wein genießen möchten. Im Angebot sind viele erstklassige europäische Tropfen.

Délices d'Ariana AFGHANISCH $$
(außerhalb der Karte S. 288; 102 Blvd René-Lévesque Ouest; Hauptgerichte 7–14 C$; ⌚Mo–Fr 11.30–14, tgl. 17–22 Uhr; ⎘) Dieses fast ausschließlich von Insidern besuchte Lokal gehört zu den Geheimtipps in Québec. Auf der exotisch anmutenden Speisekarte stehen nach Sumach duftende Kebabs und traditionelle mittelasiatische Currys wie *borani bodenjan* (in Tomatensauce geschmorte Auberginen mit hausgemachtem Joghurt) und *qorma* (Zwiebelgericht mit Fleisch oder Gemüse), dazu gibt's *qabli pulao* (mit Kardamom gewürzter Reis mit Obst und Nüssen) – einfach perfekt!

Chez Victor BURGER $$
(außerhalb der Karte S. 288; 145 Rue St-Jean; Hauptgerichte 10–15 C$; ⌚8–22 Uhr; ⎘) In diesem viel besuchten Lokal gibt's Burger in Perfektion – alle Zutaten werden einzeln übereinander gestapelt. Und natürlich fehlen auch Berge frisch zubereiteter Pommes nicht. Wer die Wahl hat, hat die Qual: 20 verschiedene Burger – Black Angus, Hirsch, Ente, Schwein, Lachs, Hühnchen, Tofu. Vegetarier kommen auch auf ihre Kosten.

Le Billig CAFÉ $$
(Karte S. 288; 526 Rue St-Jean;Crêpes 3,50–16 C$; ⌚Di–Sa 11–15 & 17–21, So 11–15 Uhr) Das bretonische Bistro hat sich auf Crêpes spezialisiert. Kombinationen wie Entenconfit mit Zwiebelmarmelade und Buchweizen-Krea-

POUTINE, BIEN SÛR

Wie sämtliches Fast Food eignet sich Québecs geliebte *poutine* perfekt zum Auskurieren einer *gueule de bois* (Katers) nach einer Nacht mit jeder Menge Boréale Blonde. Basis dieses hochkalorischen kulinarischen Frankensteins sind die mustergültigen (stets frisch geschnittenen, nie aus der Tiefkühltruhe kommenden, labberig-fettigen) Pommes der Provinz, die mit Käsebruch garniert und in Bratensauce ertränkt serviert werden. Seit seiner Erfindung in den frühen 1980er-Jahren hat sich dieses Gericht wie ein Fettbrand in ganz Québec ausgebreitet.

Poutine steht standardmäßig auf den Karten vieler Diners, *cantines* oder *casse croutes* am Straßenrand. Dort kann man auch aufgepeppte Varianten wie Italienne mit Spaghetti probieren. Fast alle Lokale haben ihr eigenes, wohl behütetes Rezept. In der Cantine d'Amour in Matane gibt's beispielsweise Poutine d'Amour. Solche Spezialitäten des Hauses enthalten meist Hackfleisch und grüne Paprikaschoten. In Großstädten kann man sich der *poutine*-Herausforderung z. B. im La Paryse in Montréal (S. 255) und im Chez Ashton in Québec (S. 294) stellen.

tionen wie Roscoff mit Schinken, Spargel, Schweizer Käse, Apfel und Béchamelsauce sind der Renner.

Le Hobbit KNEIPE $$
(Karte S. 288; 700 Rue St-Jean; Hauptgerichte ab 13 C$; ⌚8–22 Uhr) Beliebter Treffpunkt in St. Jean Baptiste mit Tischen im Freien und lockerer Atmosphäre. Die Mittag- und Abendspecials haben ein gutes Preis-Leistungs-Verhältnis. Das leckere Steak frites (16 C$) sucht in der ganzen Stadt seinesgleichen. Frische Pasta und Salate runden das Angebot ab.

Ausgehen

L'Oncle Antoine KNEIPE
(Karte S. 284; 29 Rue St-Pierre; ⌚11 Uhr–open end) Der Steinkeller in der alten Hafengegend befindet sich in einem der ältesten Stadthäuser (von 1754) Québecs. In dieser Kneipe werden mehrere Fassbiere *(en fût)* und Biere aus Québecer Kleinbrauereien ausgeschenkt (das Stout mit Kaffeezusatz wirkt besonders belebend). Für 7 C$ können vier Sorten probiert werden.

Bar Ste. Angèle BAR
(Karte S. 284; 26 Rue Ste-Angèle; ⌚20 Uhr–open end) Intimer Schlupfwinkel mit Schummerbeleuchtung und genialem Personal, das einem bei der Getränkeauswahl hilft. Auf der Getränkekarte stehen Cocktails, einheimische und europäische Flaschenbiere.

L'Inox KNEIPE
(Karte S. 288; 655 Grande Allée Est; ⌚12–3 Uhr) Québecs einzige Brauereikneipe befindet sich in der von Touristen viel besuchten Restaurantmeile Grande Allée. Sie ist ein Muss für Bierkenner.

Le Sacrilége BAR
(Karte S. 288; 447 Rue St-Jean) Das pulsierende Herz von St. Jean Baptiste beschallt seine Gäste mit Indie-Sound. Zu dem Schuppen gehört außerdem ein Gewächshaus, und im ummauerten Garten stehen ein paar Skulpturen rum.

☆ Unterhaltung

Québec ist zwar klein, doch nach Einbruch der Dunkelheit äußerst lebendig. Der französischsprachige Szeneführer **Voir** (www.voir.ca) erscheint jeden Donnerstag. In der Rue St-Jean und in geringerem Maße auch in der Grande Allée und der Ave Cartier tobt das Leben. Junge Künstlertypen zieht es in die Rue St-Jean. Die Grande Allée Est steht unter dem Motto *„m'a-tu vu?"* (Hast Du mich gesehen?).

Nachtclubs

Chez Maurice NACHTCLUB
(Karte S. 288; 575 Grande Allée Est; ⌚21–3 Uhr) Dieser gewaltige Nightspot in einem viktorianischen Herrenhaus beherbergt einen Nachtclub, eine Zigarren-Lounge, eine „Ultralounge"-Bar und das Restaurant Voo-Doo Grill. Die Disco hat von Mittwoch bis Sonntag geöffnet. Hier werden Latin, Happy House und Live-Pop gespielt.

Chez Dagobert NACHTCLUB
(Karte S. 288; 600 Grande Allée Est; ⌚Mi–So 9.30–3 Uhr) Das Dagobert mit der riesigen Discokugel über der Terrasse mit Blick auf die Grande Allée Est wetteifert mit dem gegenüberliegenden Chez Maurice um die Gunst der Québecer Clubber. Im Inneren wird auf verschiedenen Floors von Rock bis Dance alles gespielt.

Schwulen- & Lesbentreffs

Le Dragüe NACHTCLUB
(Karte S. 288; 815 Rue St-Augustin; ⏲12 Uhr–open end, Shows Do 22.30, Fr 23, So 21.30 & 23 Uhr) Québecs Schwulen- und Lesbenszene ist ziemlich klein, aber diese zehn Jahre junge Institution ist der Renner. Die facettenreiche Bar besteht aus diversen „Zonen" mit unterschiedlicher Atmosphäre. Unabhängig von der eigenen sexuellen Orientierung zählen die Travestieshows am Freitag- und Sonntagabend zu den ausgelassensten und vergnüglichsten Party-Events der Stadt. Von Donnerstag bis Sonntag sind die beiden Dancefloors rappelvoll (Eintritt 4 C$).

Theater

Grand Théâtre de Québec THEATER
(Karte S. 288; ☎418-643-8131; 269 Blvd René-Lévesque Est) Québecs größtes Schauspielhaus präsentiert klassische Konzerte, Tanz- und Theatervorstellungen von meist erstklassiger Qualität. Das Ensemble der Opéra de Québec tritt hier häufig auf.

Le Capitole THEATER
(Karte S. 288; www.lecapitole.com; 972 Rue St-Jean) Kleinerer Veranstaltungsort für darstellende Künste. Auf dem Programm des Theater-Restaurants stehen Kabaretts und Musikrevuen.

Livemusik

Fou-Bar LIVEMUSIK
(Karte S. 288; 525 Rue St-Jean; ⏲15–3 Uhr) In einem von Québecs klassischen Livemusik-Läden treten in lockerem Ambiente gute Bands auf. Besonders toll sind die Jazz-Sessions am Dienstag ab 21 Uhr.

Les Yeux Bleus LIVEMUSIK
(Karte S. 284; 1117 Rue St-Jean) Québecs beste *boîte a chanson* (lockerer Singer-/Songwriter-Club). Hier treten Newcomer auf, manchmal stehen aber auch große französische Namen auf der Bühne oder es wird Québecer Klassik geboten.

Shoppen

In der beängstigend schmalen Rue du Trésor am Château tummeln sich jede Menge Schaulustige. Aber trotzdem lohnt es sich, den Malern mit ihren Staffeleien und den fertigen Werken einen Besuch abzustatten.

Die Mittelalter-Shops in der Rue St-Jean verkaufen Mieder für die Maid, Umhänge für den Ritter, axtförmige Kugelschreiber, Gargoyle-Kerzenhalter und anderen unentbehrlichen Krimskrams.

In der Rue St-Paul in der Alten Unterstadt stapeln sich in etlichen Geschäften Antiquitäten, Kuriositäten und Relikte aus dem alten Québec. **Le Roquet** (Karte S. 284; 141 Rue St-Paul) passt so gar nicht in dieses Bild, denn hier werden abgefahrene T-Shirts des Québecer Labels Vêtements 90 Degrés verkauft.

Marché du Vieux-Port ESSEN & TRINKEN
(Karte S. 284; 160 Quai St André) Etwas dichter am Hafen befindet sich ein Bauernmarkt, wo man sich mich Fisch, *fromage* (Käse), Blumen, Foie Gras, eiskaltem Cidre und Gartenzwergen eindecken kann. Der Markt ist täglich bis 17 Uhr geöffnet. Hochbetrieb herrscht im Sommer am Samstagmorgen, wenn einheimische Bauern hierherströmen und ihre Verkaufsstände vor der Markthalle aufbauen.

JA Moisan Épicier ESSEN & TRINKEN
(Karte S. 288; www.jamoisan.com; 699 Rue St-Jean) Der bereits 1871 eröffnete Lebensmittelladen soll der älteste in ganz Nordamerika sein. Zwischen Kräutertees, parfümierten Toilettenartikeln, Gläsern mit Kaffeebohnen und anderen Leckereien kann man den Hauch längst vergangener Zeiten erahnen.

Musée d'Art Inuit KUNST
(Karte S. 284; 35 Rue St-Louis) In der fantastischen Galerie werden Inuit-Skulpturen aus Speckstein, Serpentin und Basalt verkauft. Die Stücke aus dem nördlichen Québec kosten zwischen 45 und mehreren Tausend Dollar.

Praktische Informationen

Medizinische Versorgung

Gesundheitsinformationen (☎418-648-2626; ⏲24 Std.) Medizinische Beratung durch Krankenschwestern.

L'Hôtel Dieu de Québec (☎418-525-4444; 11 Côte du Palais; ⏲24 Std.) Zentral gelegenes Krankenhaus mit Notdienst.

Touristeninformation

Centre Infotouriste (Karte S. 284; www.bonjourquebec.com; 12 Rue Ste-Anne; ⏲Juni–Aug. 8.30–19.30 Uhr, Sept–Mai 9–17 Uhr) Die geschäftige Zweigstelle erteilt Auskünfte über die Stadt. Hier haben auch die Tourveranstalter ihre Schalter.

Kiosk Frontenac (Karte S. 284) Informationsstand für Touristen an der Terrasse Dufferin gegenüber vom Château Frontenac. Nimmt Reservierungen für sämtliche Aktivitäten in der Stadt vor und ist Ausgangspunkt von einigen geführten Touren.

Québec City Tourist Information (www.quebecregion.com; 835 Ave Wilfrid-Laurier; ⌚Ende Juni–Aug. 8.30–19.30 Uhr, Sept.–Mitte Okt. 8.30–18.30 Uhr, Mitte Okt.–Ende Juni Mo–Sa 9–17, So 10–16 Uhr) Die offizielle Touristeninformation der Stadt im Discovery Pavilion ist weniger überlaufen als das Centre Infotouriste. Hier gibt's auch Infos über das Umland und ein *bureau de change*.

An- & Weiterreise

Auto & Motorrad

Budget (☎418-692-3660; 29 Côte du Palais), **Hertz** (☎418-694-1224; 44 Côte du Palais), **Avis** (☎418-523-1075; 1100 Blvd René-Lévesque) und **Enterprise** (☎418-523-6661; 690 Blvd René-Lévesque) unterhalten Büros im Stadtzentrum.

Es kann sich aber auch lohnen, sich an die günstigen Vermieter **Budget** (☎418-872-9885; 7115 Blvd Wilfrid Hamel) oder **Discount** (☎418-522-3598, 800-263-2355; 240 3e Rue) in Ste-Foy zu wenden. Letzterer bietet auch einen Abhol- und Bringeservice an.

Kangouroute (☎418-683-9000, 888-768-8388; www.kangouroute.net; 6345 Blvd Wilfrid Hamel) ist eine lokale Autovermietung.

Budget (☎418-872-8413), **Avis** (☎418-872-2861), **Enterprise** (☎418-861-8820), **Hertz** (☎418-871-1571) und **Discount** (☎418-877-1717) haben Schalter am Flughafen.

Allô Stop (www.allostop.com; 665 Rue St-Jean) bringt Autofahrer und Fahrgäste zusammen. So kommt man günstig in andere Teile Québecs. Die Fahrt nach Montréal kostet beispielsweise 14 C$.

Innerhalb der Altstadtmauern sind Motorräder verboten.

Bus

Vom **Busbahnhof** (Karte S. 284; ☎418-525-3000; 320 Rue Abraham-Martin) neben dem Hauptbahnhof Gare du Palais starten Busse den ganzen Tag und Abend beinahe stündlich nach Montréal (54 C$, 3–4 Std.). Intercar fährt nach Charlevoix, Saguenay und an die North Shore bis hinauf nach Havre St. Pierre und hält in allen größeren Orten. Orléans Express schickt seine Busse zur South Shore und einmal rund um die Gaspé-Halbinsel. Edmundston in New Brunswick erreicht man mit dem Linienbus nach Rivière du Loup (38 C$, 3 Std.), wo man dann in einen Acadian-Bus umsteigen muss. Reisebusse in die USA fahren über Montréal (s. S. 985).

Flugzeug

Der Flughafen **Jean Lesage** (www.aeroportdequebec.com) liegt westlich der Stadt am Hwy 40, etwa da, wo der Hwy 40 den in Nord-Süd-Richtung laufenden Hwy 73 kreuzt. Air Canada fliegt täglich nach Montréal, Toronto, Gaspé, auf die Magdalenen-Inseln und nach Sept Îles sowie wochentags nach Ottawa. Mit United, Continental und Delta kommt man in die USA, u. a. nach Chicago, Newark, Detroit, Cleveland und Washington.

Schiff/Fähre

Die **Fähre** (☎877-787-7483) zwischen Québec und Lévis verkehrt regelmäßig von 6 bis 2 Uhr, die einfache Fahrt kostet für Erwachsene/Kinder 3/2 C$ und für ein Auto/Fahrrad inklusive Fahrer 6,75/3 C$. Während der zehnminütigen Überfahrt hat man eine grandiose Aussicht auf den Fluss, das Château Frontenac und die Skyline von Québec. Das Terminal ist an der Place Royale.

Taxi

Im Winter fahren die Hiver-Express-Taxis von **Taxi Co-op** (☎418-525-5191) in die umliegenden Skigebiete.

Zug

Québec hat drei **Bahnhöfe** (☎888-842-7245), sie sind alle unter der gleichen Telefonnummer zu erreichen. Der renovierte und einfach nur großartige **Gare du Palais** (außerhalb der Karte S. 284) in der Unterstadt unweit der Rue St-Paul hat eine Bar und ein Café. Von dem zentral und günstig gelegenen Bahnhof fahren täglich Via-Rail-Züge nach Montréal (ab 56 C$, 3 Std.) und zu Zielen weiter westlich. Der Bahnhof ist mit Bus 800 ab der Place d'Youville zu erreichen.

Am südwestlich vom Zentrum gelegenen **Bahnhof Ste-Foy** (Karte S. 282; 3255 Chemin de la Gare) halten dieselben Züge. Er wird von Einheimischen bevorzugt, die auf dieser Seite der Stadt wohnen.

Der dritte Bahnhof liegt auf der anderen Seite des Flusses im Ort **Charny** östlich vom Hwy 73. Züge von hier fahren hauptsächlich zu Zielen im Osten wie zur Gaspé-Halbinsel und zu den Seeprovinzen. Ein paar Züge fahren aber auch nach Montréal. Den Bahnhof Ste-Foy erreicht man mit Bussen. Täglich außer dienstags fahren Nachtzüge nach Moncton in New Brunswick (ab 100 C$, 12½ Std.). Einige Züge aus Richtung Innenstadt fahren weiter nach Charny.

Unterwegs vor Ort

Auto & Motorrad

In Québec lohnt sich ein Auto eigentlich nicht, da man praktisch überall zu Fuß hinkommt. Außerdem sind die Straßen schmal und verstopft. Parkplätze sind nur schwer zu finden. Wer sich aber unbedingt ans Lenkrad setzen will, sollte sich bei der Touristeninformation einen Stadtplan besorgen, in dem erschwingliche städtische Parkplätze verzeichnet sind. Der öffentliche Parkplatz neben dem Discovery Pavilion ist bezahlbar und liegt in Altstadtnähe. Noch besser sind die Parkplätze in St. Roch. Ein paar davon liegen abseits der Rue St-Vallier Est, sie kosten ungefähr nur die Hälfte von denen in der Oberstadt. Wer hier parkt, muss zwar zehn Minuten lang den Berg hinauf marschieren, kann das Gesparte dann aber in etwas Schönes investieren.

Vom/Zum Flughafen

Taxi Co-op (☎418-525-5191) verlangt für Fahrten zwischen Stadt und Flughafen ca. 30 C$. Die Tourveranstalter **Old Québec Tours** (S. 290) und **Dupont Tours** (☎418-649-9226) haben manchmal billigere Shuttlebusse im Angebot.

Fahrrad

In Québec und Umgebung gibt es viele Radwege. Hilfreich sind der *Plan du Réseau Cyclable* und der ausführlichere *Parcours Cyclables*. Cyclo Services (S. 290) verleiht Fahrräder (Std./Tag 14/35 C$), Tandems und Elektrobikes. Kunden müssen ein Ausweisdokument hinterlegen.

Öffentliche Verkehrsmittel

Fahrten innerhalb des **Stadtbusnetzes** (☎418-627-2511) kosten inklusive Umsteigemöglichkeit 2,60 C$. Für eine Tageskarte muss man 6,70 C$ hinblättern. Die Busse fahren bis nach Ste. Anne de Beaupré an der North Shore. Die Touristeninformationen haben Streckenpläne und geben Tipps.

Viele Altstadtbusse halten an der Place d'Youville, direkt vor der Mauer in der Rue St-Jean. Bus 800 fährt zum Gare du Palais, wo Fernzüge und Überlandbusse starten. Die Busse 800 und 801 fahren vom Stadtzentrum zur Université Laval.

RUND UM QUÉBEC

So verlockend es auch sein mag, tagelang durch die Altstadt zu bummeln – Ausflüge in die Umgebung der Stadt lohnen sich ebenso. Abgesehen von Lévis befindet sich alles Sehenswerte auf der Nordseite des Flusses. Wendake, St. Gabriel de Valcartier, Stoneham und der Parc de la Jacques Cartier liegen nördlich der Stadt, der Rest im Nordosten. Die tollen Ziele am Südufer sind unter „South Shore" (S. 317) aufgeführt.

Lévis

Während der 1 km langen Fährüberfahrt (S. 298) nach Lévis ist die Aussicht auf der Québec-Seite des Schiffes zweifellos am schönsten. Zitadelle, Château Frontenac und Séminaire dominieren die Stadtlandschaft oben auf dem Hügel. Wenn man dann an Land ist, erweist sich Lévis als erholsamer Zufluchtsort ohne den Trubel, der in Québecs Altstadt herrscht.

Bei **Tourisme Lévis** (☎418-838-6026; ⌚Mai–Okt.) am Fähranleger gibt's Karten und ein Old-Lévis-Paket (9 C$). Es beinhaltet die Rückfahrt mit der Fähre und eine 30-minütige Bustour mit Führer zu diversen Sehenswürdigkeiten, die teilweise nachstehend aufgeführt sind.

Fahrräder, Tandems und Inlineskates können am Fähranleger günstiger ausgeliehen werden als in Québec.

1939 weihten König George VI. und (die spätere) Königin Elizabeth II. feierlich die **Terrasse de Lévis** in der Nähe des Fähranlegers ein. Von diesem Aussichtspunkt oben auf einem Hügel an der Rue William-Tremblay hat man einen wunderbaren Blick auf Québec und Umgebung.

Zum Schutz Québecs errichteten die Briten zwischen 1865 und 1872 drei Forts am Südufer. Das restaurierte **Fort Nr. 1** (41 Chemin du Gouvernement; Erw./Kind 4/2 C$; ⌚Mai–Aug. 10–17 Uhr) steht unter Denkmalschutz und kann im Rahmen einer Führung besichtigt werden. Es liegt östlich von Lévis direkt neben der Rte 132/Blvd de la Rive Sud.

In der Altstadt von Lévis befinden sich die meisten Geschäfte und Restaurants in der Ave Bégin. Wer noch andere Aussichten auf Québec genießen möchte, sollte den Uferweg südwärts durch den Parc de l'Anse-Tibbits entlangspazieren. Am Jachthafen in rund 2 km Entfernung zum Fähranleger serviert **La Piraterie** (4685 Rue St Laurent; Sandwiches ab 6 C$, Gerichte ab 20 C$; ⌚Mai–Sept. 7–22 Uhr) Clubsandwiches, Fleischspieße, Pasta und Meeresfrüchte.

Wendake

In der Huron-Ouendat-Sprache ist die Zahl Acht ein Buchstabe, der wie „oua" (in etwa wie das englische „wh" in „what") ausgesprochen wird. So erklärt sich der seltsame Name des rekonstruierten Huronendorfs **Onhoüa Chetek8e** (www.huron-wendat.qc.ca; 575 Rue Stanislas Kosca; Erw./Kind 10/7,50 C$; ⌚9–17 Uhr) im kleinen Wendake. Der Ort liegt ca. 15 km nordwestlich der Stadt und ist über den Hwy 73 (Ausfahrt 154) zu erreichen.

Das Dorf kann im Rahmen einer 45-minütigen Führung besichtigt werden. Für 7 C$ mehr bekommt man in der Blockhütte ein Mittagessen: Hirsch-, Karibufleisch und

Pfefferminztee. Das Ganze ist aber eher themenparkmäßig.

Auf der Führung wird u.a. ein Langhaus, eine Schwitzhütte, ein Räucherzelt (ein Wigwam, in dem Fleisch geräuchert wird) und die Hütte eines Schamanen besichtigt, in der man erfährt, wie Traumfänger funktionieren und wie Medizinmänner den Kranken mithilfe von Bärenschädeln einst die bösen Geister austrieben. Dies ist weltweit das einzige Huronendorf. Die indigene Stammesgemeinschaft, die in dem das Dorf umgebenden Reservat lebt, ist ziemlich geschäftstüchtig. Als erstes Reservat hat es seit 1960 eine eigene Bank. Heute sind hier auch Angehörige anderer Stämme beschäftigt.

Mit dem Unterhaltungsprogramm, z.B. Tänze (5,25 C$), kann man hier gut einen ganzen Tag verbringen. Im Laden können huronische Handwerksgegenstände und Souvenirs steuerfrei gekauft werden. Bus 72 fährt alle halbe Stunde von Québec hierher (2,60 C$, 30 Min.).

St. Gabriel de Valcartier

Das **Village Vacances** (1860 Blvd Valcartier; Erw./Kind 31/24 C$, abends 25/22 C$; ⏲Mitte Juni–Mitte Aug. 10–19 Uhr, Anfang Juni & Ende Aug. 10–17 Uhr) ist schon von Weitem an seiner Rutsche namens „Pirate's Den"zu erkennen: Sie überragt den stets voll belegten Parkplatz. Gegen den Wasserpark wirkt das Dorf wie Prinzessin Leia gegen Jabba der Hutte. Für Kinder sind die acht Rutschen, die Wasserspiele, die beheizten Pools und ein Planschbecken das wahre Paradies auf Erden. Außerdem werden Flöße, eine Kartbahn, Kunstspringer und ein Campingplatz geboten. Der Park liegt nordwestlich von Wendake und ist über die Rte 371 zu erreichen.

Stoneham

Jenseits der Vororte Québecs windet sich die Rte 371 entlang des Rivière Jacques Cartier durch die Hügel. Stonehams **Station Touristique** (Bergresort; www.ski-stoneham.com; 600 Chemin du Hibou) mit Unterkünften und einem Restaurant bietet verschiedene Aktivitäten in freundlicher Urlaubsatmosphäre an. Stoneham gehört zu den größten Skiorten in der Provinz Québec. Im Sommer kann man hier wunderbar wandern, klettern und kajakfahren.

Parc de la Jacques Cartier

Der 600 km² große **Naturpark** (☎418-848-3169, 800-665-6527; Erw./Kind 3,50/1,50 C$) liegt ca. 40 km bzw. weniger als eine Stunde Fahrt von Québec entfernt. Er eignet sich perfekt für spontane Trips in die Natur. Abseits der Rte 175 kann man hier wandern, radfahren und Paddeltouren auf dem Rivière Jacques Cartier unternehmen. Auf der Route L'Epéron (5,5 km) kann man einen schweißtreibenden Waldspaziergang zu diversen Aussichtspunkten mit Blick ins Tal unternehmen. Les Loups (10 km) und Du Hibou (13 km) sind anstrengend, aber wirklich toll.

Vom Eingang zum „Valley Sector" am äußersten Südrand des Parks sind es etwa 10 km bis zum Informationszentrum. Hier gibt's u.a. Duschen und einen Anbieter, der Campingausrüstung, Kanus und Fahrräder verleiht. Das Angebot an organisierten Aktivitäten (auf Französisch) reicht von Höhlenwanderungen bis zum Überlebenstraining. Einfache Hütten und Campingplätze (18–37 C$) verteilen sich über den ganzen Park. Im Winter kommen die Skilangläufer auf ihre Kosten; an manchen Strecken gibt es ebenfalls ein paar Schutzhütten.

Das 7861 km² große **Réserve Faunique des Laurentides** (Rte 175; Erw./Kind 3,50/frei C$) weiter nördlich ist wilder und weniger organisiert, dafür aber ein beliebtes Angelrevier.

Die **Domaine la Truite du Parc** (☎418-848-3732; 4 Chemin des Anémones; Stellplatz 22 C$, Wigwam 40 C$, Jurtenzelt für 4 Pers. 100 C$) mit Stellplätzen am Fluss und Restaurant liegt 2 km nördlich vom Valley-Sector-Eingang abseits der Rte 175. Wie die Huskys an der Tür bereits vermuten lassen, sind die Besitzer Pascal und Véronique im Winter mit dem Hundeschlitten unterwegs.

Zwischen Québec und Chicoutimi halten Intercar-Busse auf Wunsch an einem der vier Parkeingänge an der Rte 175.

Île d'Orléans

Zu Ehren des Herzogs von Orleans gab Jacques Cartier der Île d'Orléans ihren Namen. Wegen ihres wilden Weins hieß die Insel zuvor l'Île de Bacchus nach dem Gott des Weines. Félix Leclerc verglich sie 400 Jahre später mit der berühmten Kathedrale von Chartes in Frankreich. Der Québecer Liedermacher starb hier 1988.

Heute gibt's auf dem verschlafenen Eiland keinerlei Anzeichen für dionysische Gelage, dafür aber allerhand Attraktionen für Tagesausflügler und Glückspilze mit etwas mehr Zeit. Die ländlich geprägte Île d'Orléans ist immer noch in erster Linie eine Agrarregion mit einer wunderschönen Landschaft und Aussicht auf beide Ufer des Sankt-Lorenz-Stroms. Eine 60 km lange Straße führt rund um die Insel, zwei weitere verlaufen von Norden nach Süden. An den Inselrändern gibt es Erdbeerfelder, Obstgärten, Cidre-Produzenten, Windmühlen, Galerien und die Werkstätten von Kunsthandwerkern. Manche Dorfhäuser haben bereits 300 Jahre auf dem Buckel. Ein paar Holz- und Steinhäuschen im Stil der Normandie stehen hier auch.

Am besser erschlossenen Südwestende der Insel, wo die Brücke vom North Shore herüberragt, könnte man sich in einem schwimmenden Vorort von Québec wähnen. Sobald es jedoch gen Nordosten geht, ist die Stadt nur noch eine ferne Erinnerung.

Die nützliche **Touristeninformation** (☎418-828-9411, 866-941-9411; www.iledorleans.com; 490 Côte du Pont; ⏲Mitte Juni–Sept. 8.30–19.30 Uhr, Okt.–Mitte Juni 10–17 Uhr) gleich hinter der Brücke verkauft empfehlenswerte Broschüren (1 C$).

Sehenswertes & Aktivitäten

Domaine Steinbach CIDRE
(www.domainesteinbach.com; 2205 Chemin Royal, St-Pierre; ⏲Mai–Okt. 10–19 Uhr) In dem dazugehörigen Laden bekommt man 30 verschiedene landwirtschaftliche Produkte, u.a. fünf Cidre-Sorten, die aus den hier angebauten Bio-Äpfeln hergestellt werden. Ein Cidre ist sogar mit Ahornsirup verfeinert. Falls die großzügigen Probierportionen Appetit auf mehr machen, empfiehlt sich eine Käse- oder Entenplatte (10 C$) auf der Terrasse mit Blick über den Fluss.

Le Vignoble Isle de Bacchus WEIN
(1071 Chemin Royal, St-Pierre; ⏲10–18 Uhr) Eine Führung durch das Weingut und Weinproben sollten unbedingt auf dem Reiseplan stehen. Wer gar nicht vom Roten, Weißen und Rosé lassen kann, legt danach sein müdes Haupt in der *gîte* (B&B) zur Ruhe.

Chocolaterie de Île d'Orléans LADEN
(www.chocolaterieorleans.com; 150 Chemin du Bout-de-Île, Ste-Pétronille; ⏲11–17 Uhr) In diesem 200 Jahre alten Haus zaubern geübte Chocolatiers leckere Kreationen aus belgischen Kakaobohnen, u.a. Schoko-Mandelsplitter und fein aromatisierte Schokoladentrüffel.

La Forge à Pique-Assaut LADEN
(www.forge-pique-assaut.com; 2200 Chemin Royal, St-Laurent; ⏲Juni–Okt. 9–17 Uhr, Okt.–Juni Mo–Fr 9–12 & 13.30–17 Uhr) Im *économusée* stellt der Kunstschmied Guy wunderschöne Geländer und Dekorationsstücke her.

Croisières les Coudrier BOOTSFAHRT
(☎418-692-0107; www.croisierescoudrier.qc.ca; 1515 Chemin Royal, St-Laurent; ⏲Mai–Okt.) Bootstouren von St-Laurent im Südwestzipfel der Insel nach Grosse Île (S. 317).

ÉcoloCyclo RADFAHREN
(www.ecolocyclo.net; 1979 Chemin Royal, St-Laurent; ⏲May–Okt.) Fahrradverleih (Std./Tag 12/30 C$).

Schlafen & Essen

Von Québec aus ist die Insel problemlos mit dem Auto zu erreichen. Wer länger bleiben will, findet hier traumhafte Unterkünfte und Restaurants. Auf www.gitesiledorleans.com sind 25 B&Bs aufgelistet.

Au Toit Bleu B&B $$
(☎418-829-1078; 3879 Chemin Royal, Ste-Famille; Zi. 82–110 C$) Liebevoll eingerichtetes B&B neben der Kleinbrauerei Le Mitan. Die wunderschönen Dekorationsgegenstände in den afrikanisch, indisch, indonesisch und japanisch angehauchten Zimmern hat der Eigentümer von seinen Reisen mitgebracht. Nach einer Erfrischung im Gemeinschaftsbad oder in der eigenen, freistehenden Badewanne kann man sich in einer Hängematte mit Blick über den Fluss den großen Fragen des Lebens zuwenden.

Auberge le P'tit Bonheur HOSTEL $
(☎418-829-2588; www.leptitbonheur.qc.ca; 186 Côte Lafleur, St-Jean; B/EZ/DZ 23/50/70 C$) Die Tür dieses Hostels in einem Herrenhaus oberhalb von St. Jean in der Mitte des Südufers steht (buchstäblich) immer offen. Mit dem Wigwam im Garten erinnert es an das marode Heim eines schrulligen Verwandten. Wer will, kann sich hier auch Fahrräder, Kajaks, Dünenbuggys und Langlaufskier ausleihen.

La Maison du Vignoble B&B $$
(☎418-828-9562; 1071 Chemin Royal, St-Pierre; Zi. 70–110 C$) Ein 300 Jahre altes Bauernhaus auf einem Weingut. Steht man hinter dem Haus, sieht man die Montmorency-Fälle, steht man davor, die Weinberge. Das Leben ist hart ...

Camping Orléans CAMPING $
(☎418-829-2953; www.campingorleans.com; 357 Chemin Royal, St-François; Stellplatz 39–54 C$; ⌚Mai–Okt.; 📶🏊) Grüner Campingplatz am Ufer, von der Brücke aus gesehen auf der anderen Inselseite. Es gibt einen Pool und eine Kneipe.

Le Moulin de St Laurent MEDITERRAN $
(www.moulinstlaurent.qc.ca; 754 Chemin Royal, St-Laurent; Hauptgerichte 16–25 C$, Gerichte 30–40 C$; Chalet ab 120 V; ⌚Mai–Okt. 11.30–20.30 Uhr) Es dürfte schwerfallen, einen angenehmeren Ort als diesen für ein gepflegtes Abendessen zu finden. Gespeist wird auf der Terrasse hinter der Getreidemühle aus dem frühen 19. Jh. Nur ein paar Meter entfernt plätschert ein Wasserfall. Aus der Küche kommen gut zubereitete europäische Speisen mit regionalem Touch, u. a. Forelle und Kalbfleisch. Wer will, kann in einem der Chalets übernachten.

Resto-Kneipe l'O2 Île KNEIPE $$
(1025 Rte Prévost, St-Pierre; Hauptgerichte 8–18 C$; ⌚8–22 Uhr) Dieses Lokal ist der Lieblingstreff der Einheimischen. Auf der langen Speisekarte stehen Grillfleischgerichte, Pizza und Pasta.

Chez Bacchus KNEIPE $$
(1236 Chemin Royal, St-Laurent; Hauptgerichte 8–18 C$; ⌚Mitte Juni-Nov. 11–21.30 Uhr, Nov.–Mitte Juni Mi & So 11–15, Do–Sa 11–21 Uhr) In dem Lokal an der Straße treffen sich einheimische Paare, während Schluckspechte die Bar bevorzugen. Serviert werden Kneipenessen und so aufregende Gerichte wie Hühnchen in Estragonsauce.

Parc de la Chute Montmorency

Der Wasserfall ist 30 m höher als die Niagara-Fälle und ähnlich gut besucht, wenn auch nicht ganz so spektakulär. Man kann ihn von der Hauptstraße aus sehen, und er kann kostenlos besichtigt werden. Im Winter vergnügen sich Snowboarder auf einem riesigen Felsen neben dem Fallbecken, dem so genannten *pain de sucre* (Zuckerbrot). Die Kraft der Kaskade wurde einst genutzt, um Sägemühlen und Baumwollfabriken mit Strom zu versorgen. Davon zeugt eine Ausstellung im Manoir Montmorency am oberen Rand der Steilwand.

Von Mai bis November kostet das Parken am oberen und unteren Ende der Fälle jeweils 9,50 C$. Das **Visitor Centre** des Parks (2490 Ave Royale) liegt abseits der Rte 138 am Fuß der Fälle. Von hier geht's entweder per **Standseilbahn** (einfache Strecke Erw./Kind 9/4 C$) oder über 487 Stufen nach oben. Die beste Aussicht bietet die Hängebrücke direkt oberhalb der Kante.

Der Park liegt 7 km nordöstlich von Québec und kann kostenlos besucht werden – vorausgesetzt, man stellt sein Auto an der Kirche im benachbarten Beauport ab und geht 1 km zu Fuß. Ansonsten fährt Bus 800 von der Place d'Youville in Québec zum Terminal in Beauport. Dort besteht mit den Bussen 50 und 53 Verbindung zum oberen bzw. unteren Ende der Fälle. Eine weitere Alternative sind Radtouren ab Québec.

Ste. Anne de Beaupré

Wer sich Ste. Anne de Beaupré über die Rte 138 nähert, erblickt die **Basilika** (10018 Ave Royale; Eintritt frei; ⌚8.30–16.30 Uhr), deren Zwillingstürme aus den 1920er-Jahren die Motels und *dépanneurs* (kleinen Supermärkte) überragen. Faszinierend ist, dass dies eine der wenigen kanadischen Attraktionen ist, die ihre Popularität weder Natur noch Kunst, sondern dem Glauben verdanken. Seit Mitte der 1600er-Jahre ist das Dorf eine bedeutende christliche Stätte. Ende Juli finden sich alljährlich Tausende Pilger hier ein und verwandeln die ganze Umgebung in eine Art wildes Zigeunerlager.

Leider merkt man schon vor Betreten der Basilika, dass es sich hier um ein Fallbeispiel für das menschliche Talent handelt, Geistliches mit Profanem zu kombinieren. Im Sommer stehen Besucher vor dem Blessings Bureau Schlange und warten darauf, dass ein Priester ihre gerade gekauften Jesus-Schlüsselanhänger segnet. Die sich über Jahrzehnte angesammelten Krücken, die an den Säulen im Inneren der Basilika stehen, sind Dankesopfer von Gläubigen, die nach einem an die hl. Anne gerichteten Gebet darauf verzichten konnten. Bewundern kann man auch beeindruckende Fliesenarbeiten, Buntglasfenster und glitzernde Deckenmosaike mit Szenen aus dem Leben der hl. Anne. Leider fällt der Blick als nächstes auf Schilder und Anzeigen, die „Ruhe" fordern und Pilger darum bitten, das Mauerwerk nicht zu verunstalten – ganz zu schweigen von den Überwachungskameras und den Security-Männern mit Knopf im Ohr. Aber dennoch sind die

Basilika und das Dorf, das praktisch ein religiöser Themenpark ist, so prächtig bzw. surreal, dass sich ein Zwischenstopp lohnt.

In der Nähe befindet sich das **Cyclorama of Jerusalem** (www.cyclorama.com; 8 Rue Régina; Erw./Kind 9/6 C$; ⌚Mai–Ende Okt. 9–18 Uhr). Nein, das ist kein IMAX-Kino, sondern ein 110 m langes, umlaufendes Wandbild von Jerusalem am Kreuzigungstag.

Die kapellenähnliche **Auberge de la Basilique** (☎418-827-4475; Ave Régina; EZ/DZ 43/56 C$; ⌚Nov–Mitte April geschl.) gegenüber der Basilika hat ein SB-Restaurant.

Intercar (☎in Québec (Stadt) 418-627-9108) fährt zweimal täglich von Québecs Busbahnhof das Nordufer hinauf. Die Busse halten im Ort vor dem **Dépanneur Olco** (☎418-827-3621; 9272 Blvd Ste Anne) gegenüber vom Café des Artistes.

Mont Ste. Anne

Die nur 50 km von der Stadt Québec entfernten Hänge des **Skiorts** (www.mont-sainte-anne.com; 2000 Blvd du Beau Pré) gehören zu den besten in ganz Québec. Auf den über 50 Pisten mit mehr als einem Dutzend Liftanlagen fühlen sich sowohl Anfänger als auch Profis und Snowboarder wohl. In St. Ferréol les Neiges, 7 km östlich von Mont Ste. Anne an der Rte 360, können sich Skilangläufer auf ausgezeichneten Loipen von insgesamt 224 km tummeln.

Im Sommer fährt eine malerische Seilbahn (hin & zurück 17 C$) hinauf zum Gipfel, wo auch die kurvigen Fahrrad- und Wanderwege enden. Räder können beim Besucherzentrum ausgeliehen werden. Im April steht hier eine riesige Zuckerhütte. Zu weiteren Aktivitäten gehören Canyoning, Rafting, Golf und Besuche des „Husky-Dorfs" mit 65 Hunden.

Der große, grüne **Camping Mont Ste. Anne** (☎418-826-2323; Rang St Julien; Stellplatz ab 28 C$) in der Nähe von St. Ferréol les Neiges wartet mit Wasserrutschen und Wanderwegen auf Besucher. Östlich von Québec führt die Rte 138 an weiteren Campingplätzen rund um Ste. Anne de Beaupré vorbei.

Chalets Montmorency (☎800-463-2612; www.chaletsmontmorency.com; 1768 Ave Royale; Wohnstudio/Chalet mit 1/2/4 Zimmern 89/99/170/400 C$; 📶) ist ein ganzjährig geöffnetes Touristendorf bei St. Ferréol.

Von Québec aus fahren Intercar-Busse (hin & zurück 11 C$) und der Hiver Express (S. 298) hierher. Letzterer holt seine Fahrgäste im Hotel ab und nimmt für die Hin- und Rückfahrt 24 C$. Von Ende Juni bis Mitte September betreibt das Resort einen Shuttleservice (hin & zurück 12 C$), der vor allem auf Mountainbiker ausgerichtet ist.

Canyon Ste. Anne

Die **Wasserfälle** (206 Rte 138; Erw./Kind 11,50/5,50 C$; ⌚Ende Juni–Anfang Sept. 9–17.30 Uhr, Mai–Ende Juni & Sept.–Okt. 9–16.30 Uhr) etwa 6 km nordöstlich von Beaupré erreicht man über die Rte 138. Sie stürzen 74 m tief in eine Schlucht und können über mehrere Treppen, Felsvorsprünge und Brücken umrundet bzw. überquert werden. Obwohl hier immer viele Besucher sind, ist es dennoch ein wunderbarer Ort – er ist weniger erschlossen und spektakulärer als die Montmorency-Fälle.

Cap Tourmente National Wildlife Area

In diesem **Vogelschutzgebiet** (570 Chemin du Cap Tourmente; Erw./Kind 6/2 C$; ⌚Anfang Jan.–Mitte März 8.30–16 Uhr, Mitte April–Okt. 8.30–17 Uhr) leben 700 Vogelarten, inklusive der Schneegänse, die im Frühling und Herbst in den hiesigen Feuchtgebieten scharenweise Station machen. Das Gebiet befindet sich jenseits der Dörfer St. Joachim und Cap Tourmente. Wenn man auf der Rte 138 aus Richtung Ste. Anne de Beaupré kommt, ist das Vogelschutzgebiet ausgeschildert.

CHARLEVOIX

Wer in Charlevoix einen Grashalm in die Höhe hält, wird bemerken: Er biegt sich in der Brise der Zufriedenheit, die das blumenübersäte Ackerland der Region durchweht. Seit 200 Jahren ziehen sich die Reichen und Privilegierten im Sommer in diese ländliche Gegend mit ihren sanft geschwungenen Hügeln zurück. Rtes 138 und 362 bringen das meiste Leben in die gemütlichen Ortschaften zwischen dem Sankt-Lorenz-Strom und diversen Parks. Der von Taiga bedeckte Parc des Grand Jardins erinnerte die Briten einst so sehr an ihre eigenen Gärten, dass sie ihm diesen Namen verpassten.

Die Unesco hat die gesamte Region als Welt-Biosphärenreservat unter Schutz gestellt, worauf die Einheimischen merklich stolz sind. Zudem sind damit vorbildliche Regelungen verbunden was die Art der Entwicklungsmaßnahmen angeht, die hier erlaubt sind. Allerhand vorzuzeigen haben auch Ortschaften wie das unwahrscheinlich entspannte Baie St. Paul. Die Boutiquen, Ateliers und Galerien an seinen wenigen Straßen stehen in der Tradition der Landschaftsmaler, die im späten 19. Jh. nach Charlevoix strömten und ihr Schaffen als patriotischen Akt betrachteten.

Als Zentrum der Kochkunst bildete Charlevoix vor zehn Jahren die Vorhut der kanadischen Naturkost-Bewegung. Die Route des Saveurs (Straße der Geschmäcker) umfasst 16 Bauernhöfe und Lokale, darunter den Herkunftsort des Éboulmontaise-Lamms und eins der besten Restaurants Québecs. Die Speisekarten hier zeigen meist die ganze Vielfalt des regionalen Lebensmittelangebots.

Trotz seiner 6000 km² hat Charlevoix nur ca. 30 000 Einwohner. Glaziale Klüfte, Felsen und gezackte Steilwände umgeben eine geografische Besonderheit: ein riesiges Tal, das vor ca. 350 Mio. Jahren beim Einschlag eines Meteoriten mit etwa 2 km Durchmesser entstand. Der 15 Mrd. t wiegende Himmelsbrocken krachte mit 36 000 km/h auf die Erde und hinterließ neben einem 56 km großen Krater den heutigen Mont des Éboulements. Er liegt ca. 10 km landeinwärts in der Mitte zwischen Baie St. Paul und La Malbaie.

Eine reizvolle Route führt über den „River Drive" (Rte 362) zum Fluss. Zurück ins Inland geht's über den hügeligen „Mountain Drive" (Rte 138), wobei die Druckschwankungen die Ohren ordentlich malträtieren.

Le Massif

Le Massif (www.lemassif.com; 1350 Rue Principale) außerhalb von Petite Rivière St. Francois ist vielleicht der beste Geheimtipp unter den kanadischen Skiorten. Hier gibt's die meisten Höhenmeter (770 m) und den meisten Schnee (600 cm) östlich der Rocky Mountains – ganz zu schweigen vom spektakulären Blick auf den Sankt-Lorenz-Strom. Das Chalet auf dem Gipfel beherbergt das **Mer & Monts Restaurant** (☎418-632-5276, 877-536-2774; Gerichte ab 20 C$; ⏲Mi–So 11.30–14 Uhr), in dem ein Dreigängemenü aus regionalen Zutaten auf den Tisch kommt und keine Burger aus der Warmhaltetheke

Baie St. Paul

Auch wenn die jonglierende, fliegende und balancierende Artistentruppe Cirque du Soleil in Baie St. Paul gegründet wurde – das hiesige Unterhaltungsprogramm ist meistens eher sanfterer Natur. In dem kleinen Ort gibt's rund 30 Galerien und Ateliers sowie hervorragende Restaurants in historischen Gebäuden und *gîtes*. Die heitere Urlaubsatmosphäre und die Lage in den bewaldeten Hügeln am Zusammenfluss von Gouffre und Sankt-Lorenz-Strom machen Baie St. Paul zu einer der attraktivsten Städte am Nordufer.

Sehenswertes & Aktivitäten

Musée d'Art Contemporain KUNSTGALERIE
(www.macbsp.com; 23 Rue Ambroise-Fafard; Erw./Kind 6 C$/frei; ⏲Di–So 12–17 Uhr) Das architektonisch auffällige Museum mit seiner eleganten Fassade an der Hauptstraße beherbergt zeitgenössische Werke von einheimischen Künstlern und auch einige Leihgaben (Fotografien) der National Gallery of Canada. Im August findet hier ein internationales Symposium über zeitgenössische Kunst statt.

Carrefour Culturel Paul Médéric KUNSTGALERIE
(4 Rue Ambroise-Fafard; Eintritt frei; ⏲10–17 Uhr) Diese Galerie verdankt ihren Namen einem einheimischen Priester und Schriftsteller, der hier eine Jugendbewegung gründete. Die hiesigen Künstler lassen sich bei ihrer Arbeit in den Ateliers gern über die Schulter schauen.

Randonnées Nature-Charlevoix GEFÜHRTE TOUR
(www.randonneesnature.com; 11-1 Rue Ambroise-Fafard; Erw./Kind 29,50/12 C$; ⏲Juli & Aug. 13.30 Uhr) Die gemeinnützige Organisation Randonnées Nature-Charlevoix veranstaltet zweistündige geführte Touren durch den Meteorkrater. Das Büro befindet sich in der Boutique Le Cratère, wo man anhand einer dreidimensionalen Karte und im Gespräch mit dem Führer François alles über den größten bewohnten Krater der Welt erfährt.

Air du Large GEFÜHRTE TOUR
(www.airdularge.com; Quay; ⏲8–17 Uhr) Air du Large organisiert Kajak-, Segel-, Kletter-, Canyon- und Fahrradtouren sowie Gleitschirmflüge. Die erforderliche Ausrüstung kann man sich ausleihen.

Charlevoix, Saguenay & South Shore

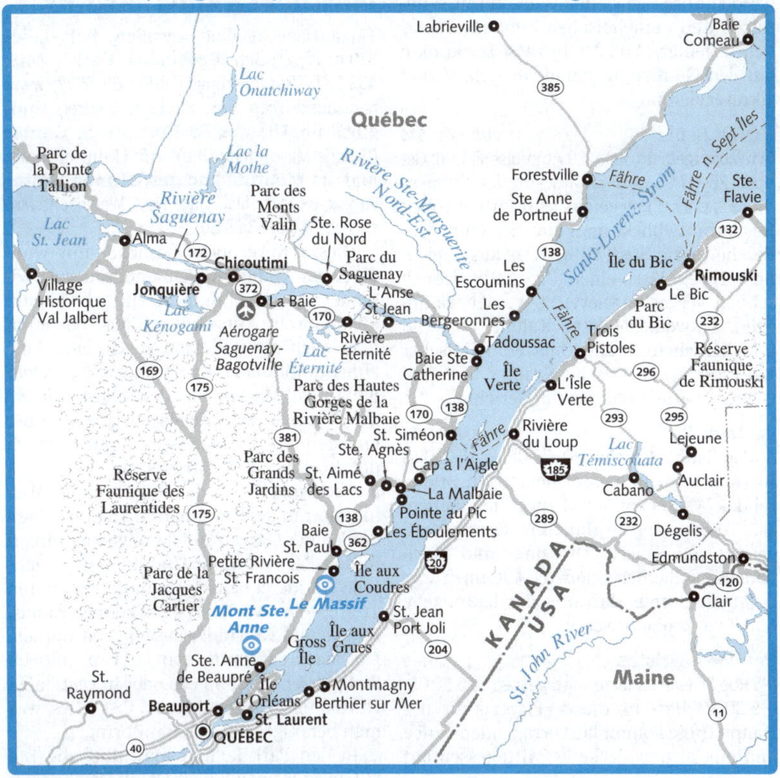

Schlafen

Auberge La Muse B&B $$

(☎418-435-6839, 800-841-6839; www.lamuse.com; 39 Rue St Jean Baptiste; Zi. 109–209 C$; ❄) Dieses in vielen Gelbtönen strahlende B&B hat Relaxen zur Kunst erhoben. In den Superior-Zimmern kommt man u.a. in den Genuss von Heilbädern, Massagen auf bequemen Liegen und Terrassen mit Blick auf den Blumengarten. Zimmer Nr. 1 sollte man nicht nehmen, es liegt direkt neben der Eingangstür und ist daher etwas laut.

Nature et Pinceaux B&B $$

(☎418-435-2366; www.natureetpinceaux.qc.ca; 33 Rue Nordet; Zi. 125–145 C$) Die Aussicht vom geräumigen Zimmer dieses charmanten B&Bs hoch oben über dem Fluss wird nur noch vom phänomenalen Viergängefrühstück getoppt, das die Gastgeberin Francine selbst zubereitet. Das Haus liegt östlich der Stadt und ist von der Rte 362 ausgeschildert.

La Balcon Vert CAMPING $

(☎418-435-5587; www.balconvert.com; 22 Côte du Balcon Vert; Stellplatz/B/DZ 23/23/52 C$; ⏱Mitte Mai–Anfang Okt.) Nächtliche Lagerfeuer machen dieses Refugium auf einem Hügel zu einer reizvollen Angelegenheit. Allerdings sollte man keinen allzu großen Wert auf Komfort legen. Zwischen den Bäumen verstecken sich ein Campingplatz, private und Gemeinschaftshütten, ein Spielezimmer mit Tischtennisplatte und ein Restaurant mit Bar. Der Platz liegt östlich der Stadt und ist von der Rte 362 ausgeschildert.

Essen

Le Mouton Noir FRANZÖSISCH $$$

(☎418-240-3030; 43 Rue Ste Anne; Gerichte 30–36 C$; ⏱Mi–So 11–14 & 17–22 Uhr) Seit 1978 serviert das rustikal eingerichtete „Schwarze Schaf" französische Spitzenküche. Auf der Speisekarte stehen Amerikanischer Zander, der König des kanadischen Süßwassers,

Büffel, Karibu und Steaks. Alle Gerichte werden durch gewieftes Würzen mit Wildpilzen und einheimischen Zutaten ordentlich verfeinert. Von der Terrasse blickt man auf den Gouffre. Es empfiehlt sich, vorher zu reservieren!

L'Orange Bistro FRANZÖSISCH **$$$**
(www.orangebistro.com; 29 Ambroise-Fafard; Gerichte 26–37 C$; ⌚11–21 Uhr) Von der Terrasse dieses zentral gelegenen, sehr farbenfrohen Restaurants blickt man auf die Hauptstraße, die in die Stadt führt. Das ausgezeichnete Essen lässt einen die Autos jedoch schnell vergessen. Serviert werden Hähnchen, Schweinekoteletts, Kalbfleisch, Wild und Muscheln – alles aus einheimischer Bio-Produktion. Frische Kräuter und Bio-Gemüse perfektionieren die Gerichte.

Le Saint Pub KNEIPE **$$$**
(2 Rue Racine; Gerichte 20–30 C$; ⌚11–2 Uhr) Bierfans wird in dieser ehemaligen Brauerei das Wasser im Mund zusammenlaufen. Das Abendessen beginnt mit Gerstensaft, gefolgt von Saucen, Dressings und Marinaden auf Bierbasis. Für 6 C$ können vier regionale Sorten, darunter das hauseigene Malzbier, probiert werden.

Café des Artistes CAFÉ **$**
(25 Rue St Jean Baptiste; Mittagessen ab 6,50 C$; ⌚9.30–24 Uhr) In dieser Pizzeria in der Hauptstraße kommt hervorragender Kaffee und ein leichtes, leckeres Mittagessen auf den Tisch.

ℹ Praktische Informationen

Touristeninformation Charlevoix (www.tourisme-charlevoix.com; 444 Blvd Mgr de Laval; ⌚April–Ende Juni 8.30–16.30 Uhr, Ende Juni–Anfang Sept. 9–19 Uhr, übriges Jahr verkürzte Öffnungszeiten) An der Rte 138 direkt westlich des Orts.

Touristeninformation der Gemeinde (☎418-240-3218; 6 Rue St Jean Baptiste; ⌚April–Ende Juni 8.30–16.30 Uhr, Ende Juni–Anfang Sept. 9–19 Uhr, übriges Jahr verkürzte Öffnungszeiten)

ℹ An- & Weiterreise

Der **Busbahnhof** (☎418-435-6569; 2 Rte de l'Équere) befindet sich auf dem Blvd Mgr de Laval beim Restaurant La Grignotte, ca. 20 Gehminuten vom Zentrum entfernt. Drei Intercar-Busse fahren täglich nach Québec (23 C$, 1¼ Std.), freitags einer mehr. Zwei der Busse in Richtung Norden enden in La Malbaie, zwei andere fahren über Tadoussac bis nach Baie Comeau.

Parc des Grands Jardins

Taiga bedeckt einen großen Teil dieses 310 km² großen **Provincial Park** (☎418-439-1227, Reservierungen 800-665-6527; www.parcsquebec.com; Erw./Kind 3,50 C$/frei). Infos gibt's im **Thomas-Fortin Service Center** (⌚Ende Mai–Anfang Okt.) am Haupteingang und am **Mont du Lac des Cygnes Visitor Kiosk** (⌚Mitte Mai–Mitte Nov., Weihnachtsferien, Febr. & März Sa & So).

Dieses Juwel lockt Besucher mit wunderbaren Wanderwegen und rauer Landschaft. Die Hügel umrahmen mehr als 100 kleine Seen. Mit etwas Glück bekommt man auch einen Karibu zu Gesicht. Eine außergewöhnliche Kurzwanderung ist der halbtätige Marsch auf den **Mont du Lac des Cygnes** (Schwanenseeberg). Eine der längsten und schwierigsten Routen östlich der Rockies ist **La Traversée**. Vom Park aus schlängelt sich der 100 km lange Weg hinunter in die traumhaften Täler des Parc des Hautes Gorges und dann wieder hinauf in den Parc du Mont Grand-Fonds. Erfahrene Wanderer benötigen für den gesamten Trek ca. eine Woche. Vor Ort können Kanus, Kajaks und Fahrräder ausgeliehen werden. Übernachten kann man auf primitiven Stellplätzen (ab 19,75 C$) oder in rustikalen Hütten im Pionierstil (ab 25 C$). Alles, was man benötigt, muss man mitbringen.

In den Park kommt man über die Rte 381, nördlich von Baie St. Paul. Die Stadt ist 30 km vom Besucherzentrum und 46 km vom Haupteingang entfernt.

Île aux Coudres

Wer von der bekannteren Île d'Orléans enttäuscht ist, wird die ruhige, ländliche Île aux Coudres mögen. Wenn man auf der ungeschützten Südwestseite der Insel steht, wo Vögel auf Felsvorsprüngen landen, fühlt man sich, als wäre man auf der entlegensten aller Golfinseln. Dieser Eindruck bestätigt sich im bewaldeten Hinterland oberhalb der 26 km langen Straße, die rund um die Insel führt. Die Hügel am Nordufer sind immer in Sichtweite, aber dennoch vergisst man hier schnell den Rest der Welt.

👁 Sehenswertes & Aktivitäten

Musée Maritime MUSEUM
(305 Rue de l'Église; Erw./Kind 5 C$/frei; ⌚Ende Juni–Aug 9–17 Uhr, Mitte Mai–Ende Juni & Anfang Sept.–Mitte Okt. Mo–Fr 9–16, Sa & So 11–16 Uhr)

Wenn man von der Fähre kommt oder bevor man sie betritt lohnt sich ein Besuch im Musée Maritime in St. Joseph de la Rive. Hier erfährt man alles über die Geschichte des Baus von Schonern in einer Gegend, in der es früher nicht ungewöhnlich war, wenn 20 verschiedene Handelsschiffe den Sankt-Lorenz-Strom entlangsegelten. In der Werft können Besucher an Bord dieser Schmuckstücke gehen. Außerdem gibt es eine Ausstellung über den berühmten Meteorkrater der Region.

Musée les Voitures d'Eau MUSEUM
(203 Chemin des Coudriers; Erw./Kind 4/2 C$; ⌚Mitte Juni–Mitte Sept. 10–17 Uhr, Ende Mai–Mitte Juni & Mitte Sept.–Mitte Okt.Sa & So) Das Musée les Voitures d'Eau ähnelt einem Antiquitätenladen. Bootsmotoren, Bojen, Anker und blubbernde Stimmen aus dem Off erzählen die Schifffahrtsgeschichte der Insel. Auch die Gefahren des Sankt-Lorenz-Stroms werden auf witzige Art und Weise erklärt. Man kann außerdem auf Schiffen herumklettern.

Les Moulins INDUSTRIEMUSEUM
(36 Chemin du Moulin; Eintritt frei; ⌚Mitte Mai–Anfang Okt. 9.30–17.30 Uhr) Das *économusée* Les Moulins ist in zwei restaurierten Mühlen aus dem 19. Jh. untergebracht. Hier wird gezeigt, wie Weizen und Buchweizen früher mit Mahlsteinen zerkleinert wurden.

Gérard Desgagnés FAHRRADVERLEIH
(☎418-438-2332; 36 Chemin de la Traverse; ⌚April–Okt.) Gérard Desgagnés verleiht in der Nähe der Touristeninformation Fahrräder (Std./Tag 3/15 C$) und Tandems.

Schlafen & Essen

Es gibt ein halbes Dutzend Restaurants und zahlreiche Unterkünfte. Das Angebot reicht von Campingplätzen über B&Bs bis hin zu Motels.

Gîte au Vent de l'Isle B&B **$$**
(☎418-438-2649, 877-666-2649; 39 Chemin du Moulin; EZ 75–95 C$, DZ 85–105 C$) Das B&B direkt neben Les Moulins hat vier Zimmer mit abgeschliffenen Holzfußböden, Keramikfliesen in den Duschen und Wandteppichen. Sylvie kommt aus Montréal und spricht gut Englisch. Zum Frühstück serviert sie Muffins, Obstsalat und Crêpes.

Praktische Informationen

Touristeninformation (www.tourismeisleaux-coudres.com; 1024 Chemin des Coudriers; ⌚Ende Juni–Okt. 9–17 Uhr) In der Nähe der Kreuzung gleich hinter dem Hafen.

An- & Weiterreise

Von Mai bis Oktober legen kostenlose **Fähren** (☎877-787-7483) zur vollen und halben Stunde in St. Joseph de la Rive am Nordufer ab. Im übrigen Jahr verkehren sie seltener. Die Überfahrt dauert 15 Minuten.

Les Éboulements

Es gibt nur wenige Zeichen menschlichen Lebens in dieser Agrarregion, in der sich Wellblechschuppen und Holzhütten zwischen den Bäumen entlang der Rte 362 verstecken. Selbst Ateliers sind hier rar gesät. Nur gelegentlich steht eine Schnitzerwerkstatt zwischen Holzstapeln, die in längeren Wintern einem praktischeren Zweck dienen. Am meisten los ist in den schroffen Hügeln und Felsformationen. Sie entstanden 1633 durch ein Erdbeben, dem die Gegend ihren Namen („Felssturz") verdankt.

Das preisgekrönte Restaurant **Les Saveurs Oubliées** (Vergessene Düfte; ☎418-635-9888; 350 Rang St Godefroy; Hauptgerichte ab 27 C$; ⌚Juni–Okt. Mi–Mo 11–21 Uhr) hat sich auf Éboulmontaise-Lamm vom eigenen Bauernhof und Bio-Gemüse spezialisiert. Besucher können durch die Scheune schlendern und den Laden in Augenschein nehmen. Das größtenteils aus eigener Produktion stammende Sortiment umfasst Konfitüren, Marmeladen, Öl, Essig, Würstchen und *(bien sûr)* Lammfleisch, das ab 17.30 Uhr in zehn leckeren Varianten auf den Tischen des Restaurants landet. Reservierung erforderlich!

Ste. Irénée

Von den Cafés in Ste. Irénée, das ein netter Zwischenstopp auf dem Weg vom ländlichen Les Éboulements zum lebendigen La Malbaie ist, kann man seinen Blick über einen der schönsten Strände der Gegend streifen lassen. Zwischen Juni und September organisiert die **Domaine Forget** (www.domaineforget.com) Klassik- und Jazzkonzerte sowie Tanzvorführungen mit Künstlern aus der ganzen Welt.

Katabatik (☎418-665-2332; 180 Rte 362) veranstaltet Seekajaktouren.

Das **Hôtel Le Rustique** (☎418-452-8250; www.charlevoix.qc.ca/lerustique; 102 Rue Principale; EZ/DZ ab 75/85 C$) in einer ehemaligen

Industriellenvilla ist eins der freundlichsten und reizendsten B&Bs in Charlevoix. Die blassen Farben und die Reisefotos der Betreiberin Diane verleihen den Zimmern den Touch einer Künstlerhütte am Strand. Es gibt auch drei Appartements mit Kochecke. Das Restaurant serviert leckere Gerichte nach regionalem Rezept, wie beispielsweise Hühnerbrust mit Migneron-Käse aus Charlevoix.

La Malbaie

La Malbaie ist einer der ersten Ferienorte Kanadas und besteht heute aus fünf ehemals einzelnen Dörfern. Ab Ende des 19. Jhs. legten hier die Dampfschiffe der Richelieu and Ontario Navigation Company und der Canada Steamship Lines an. Heutzutage stammt der „Dampf" hauptsächlich von den vorbeirasenden Autos auf der Rte 138. Aber hier und da gibt es auch noch Spuren der guten alten Zeit, besonders im hügeligen Pointe au Pic.

Wer aus Ste. Irénée entlang des Flusses auf der Rte 362 anreist, erreicht zuerst das Dorf **Pointe au Pic**. Anfang des 20. Jhs. war Pointe au Pic Urlaubsziel der Reichen, selbst die Elite aus dem fernen New York reiste an – so auch der frühere US-Präsident William Howard Taft, der sich hier ein Sommerhaus errichten ließ. Einige der großen, eindrucksvollen „Cottages" am Chemin des Falaises wurden zu komfortablen Gästehäusern umgebaut.

Sainte Agnès liegt weiter nordwestlich abseits des Sankt-Lorenz-Stroms. Nach Pointe au Pic kommt **La Malbaie**, das westlich des Flusses Malbaie beginnt und sich an der anderen Flussseite fortsetzt.

Nördlich von La Malbaie liegt **Rivière Malbaie**. **Cap à l'Aigle** und **Saint Fidèle** befinden sich östlich davon an der Rte 138.

Eine **regionale Touristeninformation** (☎418-665-4454, 800-667-2276; www.tourisme-charlevoix.com; 495 Blvd de Comporté, Pointe au Pic; ⏰8.30–16.30 Uhr) gibt's in La Malbaie.

Sehenswertes & Aktivitäten

Manoir Richelieu GEBÄUDE

Dieses Meghahotel, das zur Fairmont-Kette gehört, ist der kleine Bruder von Québecs Château Frontenac. Der weitläufige, graue, schlossähnliche Hotelkomplex mit seinen Kupferdächern wurde 1928 errichtet und 1999 für 140 Mio. C$ restauriert. Bis heute zeugt er vom langjährigen Wohlstand der Region. Es lohnt sich, durch die Gärten an der Steilküste zu schlendern, einen Drink auf der Terrasse zu nehmen und die Werke einheimischer Künstler in der Galerie zu bewundern. Draußen strömen ganze Busladungen von hoffnungsvollen Spielwütigen in das kräftig beworbene **Casino de Charlevoix** (Point au Pic; Eintritt frei; ⏰10 Uhr–open end).

Maison du Bootlegger GEBÄUDE

(☎418-439-3711; 110 Ruisseau des Frênes, Ste. Agnès; Erw./Kind 8/5 C$, Gericht, Führung & Unterhaltung ab 40 C$; ⏰Mitte Juni–Mitte Sept. 10–18 Uhr) Dieses ungewöhnliche Gasthaus in einem scheinbar gewöhnlichen Bauernhaus aus dem 19. Jh. wurde während der Prohibition von einem amerikanischen Alkoholschmuggler heimlich umgebaut. Führungen offenbaren, wie ein ausgeklügeltes System von Geheimtüren und -zimmern die Sittenwächter einst hinters Licht führte. Um 18 Uhr wird aus dem Ganzen dann ein Restaurant mit Partystimmung. Zu den üppigen Fleischportionen gibt's Al-Capone-Bier in stiefelförmigen Gläsern und ein wildes Unterhaltungsprogramm.

Musée de Charlevoix MUSEUM

(www.museedecharlevoix.qc.ca; 10 Chemin du Havre, Point au Pic; Erw./Kind 7 C$/frei; ⏰Juni–Ende Sept. 9–17 Uhr, Okt–Ende Mai Mo–Fr 10–17, Sa & So 13–17 Uhr) Dieses Museum am Ufer ist teils Kunstgalerie, teils Museum. Mittels verschiedener Medien wird hier die Entwicklungsgeschichte von Charlevoix beleuchtet.

Jardins GARTEN

(625 Rue St Raphael; Erw./Kind 6 C$/frei; ⏰Mai–Okt. 9–17 Uhr) Die Jardins befinden sich in Cap à l'Aigle, einem kleinen Dorf 2 km östlich von La Malbaie. Auf einem Hügel sprießen 800 Fliederarten zwischen einem Wasserfall, einer Fußgängerbrücke und Künstlern, die ihre Werke zum Kauf anbieten.

Katabatik KAJAKFAHREN

(☎418-665-2332; www.katabatik.ca; Yachthafen Cap à l'Aigle; geführte Touren Erw./Kind halbtags 55/36 C$, ganztags 105/70 C$) Veranstaltet halb- bis fünftägige Trips in Seekajaks.

Schlafen

In der Hoffnung, dass ihre Gäste im Kasino das große Los ziehen, säumen zahlreiche *gîtes* die Zufahrtstraße zum Manoir Richelieu. Ansonsten gibt's in Pointe au Pic noch etliche nette, erschwingliche B&Bs am Ufer in der Rue du Quai. Was Dienstleister, Restaurants und Geschäfte betrifft, ist La Malbaie weniger touristisch geprägt, aber dennoch gibt es auch hier ein paar gute Unterkünfte.

Manoir Richelieu HOTEL $
(☎418-665-3703, 866-540-4464; www.fairmont.com/richelieu; 181 Rue Richelieu, Pointe au Pic; Zi. 111–529 C$; ❄📶🏊👪) In diesem riesigen Hotel mit seinen 405 Zimmern, den dunklen, verwinkelten Korridoren, dem altmodischen Dekor und der Lage auf einer Klippe über dem Sankt-Lorenz-Strom hat man schnell das Gefühl, in einem britischen Krimi mitzuspielen. Und genau darin liegt der Reiz dieses schönen, alten Schlosses, das aber noch einiges mehr zu bieten hat: vier Restaurants, ein Spa, ein Kasino, einen Golfplatz und unendlich viele Angebote für Kids, u.a. ein Fitnessraum, Innen- und Außenpools sowie ein Kino. Das Beste für die Kleinen ist aber wahrscheinlich die allabendlich stattfindende Schatzsuche.

Auberge des 3 Canards INN $$
(☎418-665-3761; www.auberge3canards.com; 115 Côte Bellevue, Pointe au Pic; Zi. ab 115 C$; 🏊) Die 50 Jahre alte Institution hat mehr zu bieten, als ihr Anblick von der Rte 138 vermuten lässt. Fotos von historischen Dampfern, einheimische Kunst und Flachbild-TVs schmücken die 49 Zimmer mit Balkon und Blick auf den Tennisplatz. Im **Restaurant** (Gerichte 59 C$) werden kreativ angerichtete Spezialitäten aus der Region serviert. Tipp: Beim aufmerksamen Personal nachfragen, wie der Name der Pension entstanden ist!

Gîte au Soleil Levant B&B $
(☎418-665-4976; www.charlevoix.qc.ca/soleillevant; 469 Rue St Étienne, La Malbaie; Zi. 45–55 C$) Komfortables, fünf Gehminuten vom Zentrum entfernt gelegenes Privathaus mit Privatsphäre, denn die Eingangstür führt direkt in den Aufenthaltsraum der Gäste und die Zimmer.

Camping des Chutes Fraser CAMPING $
(☎418-665-2151; www.campingchutesfraser.com; 500 Chemin de la Vallée, La Malbaie; Stellplatz Zelt & Wohnmobil 23–38 C$, Hütte 90–125 C$; ⏲Camping Mitte Mai–Mitte Okt., Hütten ganzjährig) Idyllischer Campingplatz mit Wasserfall in Richtung Parc Mont Grand-Fonds.

✖ Essen

Visa Versa QUÉBECOIS $$$
(☎418-665-6869; 216 Rue St Étienne, La Malbaie; Gerichte 65 C$; ⏲Juni–Sept. Di–So 18–21.30 Uhr, Okt.–Mai Do–Sa 18–21.30 Uhr) Der spannende Name kommt von der zweigeteilten Speisekarte. Die Betreiber und Küchenchefs Danielle und Eric haben darauf jeweils ihre eigene Spalte mit verschiedenen Gerichten. Sie legen das Angebot immer zwei Wochen im Voraus fest. Die Speisen basieren auf lokalen Erzeugnissen wie Éboulmontaise-Lamm, Kalbsbries mit Grand-Fonds-Austernpilzen, St.-Urbain-Ente, Cornwall-Eintopf mit Bier aus Charlevoix. Wegen der würzig-scharfen Saucen lässt sich jedoch kaum erraten, welche Zutaten nun genau für den göttlichen Geschmack verantwortlich sind.

Le Passe Temps FRANZÖSISCH $$$
(245 Blvd de Comporté, Pointe au Pic; Gerichte 20–40 C$; ⏲Juni–Mitte Sept. 11–23 Uhr, Mitte Sept.–Okt. & Mai 17–23 Uhr, Nov.–April Di–Sa 17–23 Uhr) In dem gemütlichen Restaurant mit viel Naturholz kann man traditionelle französische Gerichte genießen. Unbedingt probieren sollte man die Spezialitäten des Hauses: Crêpes und Fondue!

Pains d'Exclamation BÄCKEREI $
(302 Rue John-Naime, La Malbaie; Sandwiches 5,75 C$; ⏲Di–Sa 7–17.30 Uhr) Genau das Richtige für einen Mittagssnack. Besonders lecker ist das überbackene Sandwich mit Brie, Apfel und Walnüssen.

Parc des Hautes Gorges de la Rivière Malbaie

Belebende Wanderungen durch den 233 km^{2}großen **Provincial Park** (☎Reservierungen 866-702-9202; Erw./Kind 3,50 C$/frei; ⏲Mai–Mitte Okt. 7–21 Uhr) verbrennen alle Kalorien, die man in Charlevoix zu sich genommen hat. Zu den einmaligen Attraktionen des Parks zählt die höchste Steilwand östlich der Rocky Mountains. Über dem ruhigen Rivière Malbaie ragt der nackte Fels bis zu 800 m in den Himmel und bildet so eines der schönsten Flusstäler Québecs.

Die Wanderwege decken sämtliche Schwierigkeitsgrade ab, von gemütlichen Spaziergängen um den Barrage des Érables (Ahornstaudamm) bis zu anspruchsvollen Treks, die aus den Ahornhainen hinauf in Regionen mit Dauerfrostboden führen.

Ein weiteres Highlight sind **Bootsausflüge** (Erw./Kind 31/24 C$; ⏲Ende Mai–Anfang Okt.), bei denen man zwischen den engen Felswänden flussaufwärts schippert. Der Fluss kann auch in einem gemieteten Kanu oder Kajak erkundet werden. Eine Fahrradtour am Fluss ist auch keine schlechte Idee. Tickets für Bootstouren gibt's beim Visitor Center am Parkeingang. Ein Boots- und Fahrradverleih befindet sich am 7 km entfernten Staudamm.

Viele Traveller besuchen den Park im Rahmen eines Tagesausflugs von La Malbaie aus. Es gibt aber auch einfache **Campingplätze** (20–25 C$). Die drei Campingplätze am Fluss sind per Kanu zu erreichen. Alle Vorräte müssen mitgebracht werden.

Der Park liegt ca. 45 km nordwestlich von La Malbaie. Um ihn von dort aus zu erreichen, fährt man auf der Rte 138 zunächst nordwestwärts in Richtung Baie St. Paul, dann biegt man nach St. Aimé des Lacs ab und nach 30 km ist man am Ziel.

St. Siméon

Der 12 km nördlich von St. Siméon an der Rte 170 gelegene **Parc d'Aventure Les Palissades** (1000 Rte 170; ohne Führer Erw./Kind 4,35/2,60 C$; ⌚9–17 Uhr) ist ein Abenteuersportzentrum. Von den Aussichtspunkten an dem 15 km langen Wegenetz kann man die ungewöhnlichen geologischen Formationen bewundern. Außerdem hat der Park Zugang zum **Trans Canada Trail (TCT)**. Die Hauptattraktion sind aber Klettertouren. Es gibt mehr als 150 Routen, eine Hängebrücke, Abseilmöglichkeiten und zwei Klippenwanderwege mit Klettersteigen und Abfangseilen (Erfahrung ist nicht erforderlich). Das Übernachtungsangebot reicht vom Campingplatz über Schlafsäle bis zu Hütten. Es gibt auch ein Spa und eine Sauna direkt am See. **AventureX** (S. 290) mit Sitz in Québec organisiert Trips zum Park.

Eine **Fähre** (Erw./Kind/Auto 18,80/12,70/40 C$, Anfang April–Anfang Januar) schippert zwischen St. Siméon und Rivière du Loup hin und her. Im Sommer legt sie vier- oder fünfmal pro Tag ab, wobei die erste und letzte Überfahrt billiger sind. Reservieren kann man nicht, daher sollte man im Sommer mindestens 90 Minuten vor der Abfahrt vor Ort sein. Tabletten gegen Seekrankheit sollten im Gepäck sein, denn die 65-minütige Überfahrt kann sich manchmal als recht schaukelig erweisen.

Baie Ste. Catherine

Baie Ste. Catherine liegt zwar im Schatten des nahen Tadoussac, ist aber nichtsdestotrotz ein hübscher Ort mit einer Reihe kunterbunter Dächer, die hie und da von schimmernden Scheunen und Grasflächen unterbrochen wird. Ein Großteil der Aktivitäten, die in Tadoussac angeboten werden, lassen sich von hier aus arrangieren.

Das **Centre d'Interprétation et Observation de Pointe-Noire** (Rte 138; Erw./Kind 5,80/2,90 C$; ⌚Mitte Juni–Anfang Sept. 10–17 Uhr, Anfang Sept.–Anfang Okt. Fr–So) oberhalb des Fähranlegers dient zum Whale-Watching an der Mündung des Saguenay in den Sankt-Lorenz-Strom. Das Zentrum hat eine Ausstellung und eine Beobachtungsplattform mit Teleskop. Zudem zeigt es Filme und eine Diashow. Vom Steg lassen sich oft Belugas erspähen, die vor allem bei auflaufendem Wasser sehr nahe ans Ufer des Saguenay kommen.

In Tadoussac gibt's vier Veranstalter, die den Walen im Sankt-Lorenz-Strom einen Besuch abstatten (S. 311) und den Saguenay-Fjord entlangschippern. Drei davon holen Passagiere am Pier von Baie Ste. Catherine ab. **Groupe Dufour** (☎418-692-0222, 800-463-5250), **AML** (☎800-563-4643) und **Croisières 2001** (☎866-373-2001) haben Stände in dessen Umkreis.

Der freundliche, professionelle Anbieter **Azimut Aventure** (☎418-237-4477, 888-843-1100; 185 Rte 138) zieht vor allem leidenschaftliche Seekanuten an. Von den mehrstündigen bis mehrtägigen Trips sind die zweitätigen Ausflüge nach L'Anse St. Jean (265 C$) besonders empfehlenswert. Man kann auch Kajaks ausleihen (35 C$/Tag).

Wenn in Tadoussac Hochbetrieb ist, kann man auf die vielen B&Bs hier ausweichen.

Rund um die Uhr legt die kostenlose Fähre nach Tadoussac (10 Min.) am südlichen Ortsrand ab – werktags und an Sommerwochenenden von 8.20 bis 20.40 Uhr im 20-Minuten-Takt, ebenso samstags (11–17.40 Uhr) und sonntags (13–20.20 Uhr). Außerhalb dieser Zeiten macht sich das Schiff alle 40 bis 60 Minuten auf den Weg über den Saguenay.

SAGUENAY

Manche Fans bezeichnen den Rivière-Saguenay-Fjord als die schönste Gegend der Provinz. Vom Sankt-Lorenz-Strom erstreckt sich ein dramatischer, hoch aufragender Canyon in Richtung Nordwesten. Der 100 km lange Fluss entspringt im Lac St. Jean nördlich von Chicoutimi und erreicht schließlich die gewundenen Straßen des reizvollen Orts Tadoussac. Die majestätischen Felswände über dem dunklen Wasser sind bis zu 500 m hoch. Der südlichste Fjord der Nordhalbkugel ist ein Überbleibsel der letzten Eiszeit. Sein stellenweise 270 m tiefes Flussbett steigt bis zur Mündung bei Tadoussac allmählich an und liegt dort nur noch 20 m unter der Oberfläche. Deshalb bildet das Saguenay-Süßwasser im Sankt-Lorenz-Strom eine relativ warme Schicht oberhalb des kalten Salzwassers – ideale Lebensbedingungen für riesige Krillschwärme, die wiederum das regionale Besucherhighlight anlocken: Wale. Wie die Meeressäuger steht der gesamte Wasserweg mittlerweile unter Naturschutz.

Die Region Saguenay unterteilt sich in zwei Hauptbereiche. Einer besteht aus den Parkgebieten und malerischen Orten entlang beider Flussufer. Den zweiten Bereich nimmt die z.T. städtisch und industriell geprägte Gegend rund um das mittelgroße Chicoutimi ein.

Tadoussac

Innerhalb der Region Québec besuchen viele Touristen neben Montréal und Québec nur Tadoussac mit nicht einmal 1000 Einwohnern. Was die Besucherscharen anzieht, die von den Anwohnern des Gebiets über dem Sankt-Lorenz-Strom bedauernd angestarrt werden, wenn sie mit der Fähre über den Saguenay wieder verschwinden, sind die Wale. Zodiac-Schlauchboote flitzen auf der Suche nach den riesigen Tieren übers Wasser. Kleinere Wale wie Beluga- oder Minkwale kann man auch vom Ufer aus bewundern. Aber es gibt hier auch andere Aktivitäten: Seekajaktouren, „Surfbiking“, Erkunden des Fjords per Boot oder per pedes, Spaziergänge über die Dünen und Landzungen. Wenn die Wale zwischen November und Mai weitergezogen sind, wird's in Tadoussac ruhig. In dieser Zeit gehört der historische, unkonventionelle Ort den Einheimischen, die sich stets Zeit für einen Plausch nehmen.

Geschichte

Acht Jahre vor der Gründung Québecs wurde Tadoussac im Jahre 1600 als erster Pelzhandelsposten im europäischen Nordamerika eingerichtet. Das Wort *tatouskak* bedeutet in der Innu-Sprache (Montagnais) Brust und bezieht sich auf die beiden runden Hügel am Fjord und an der Bucht. Als die Hudson's Bay Company ihre Tore schloss, wurde Tadoussac für kurze Zeit aufgegeben. Mit dem Bau des Hotels Tadoussac im Jahr 1864 erwachte es jedoch als Ferienort zu neuem Leben. Und der Ort entwickelte sich zu einem bedeutenden Zentrum der Papier- und Zellstoffindustrie.

Sehenswertes

Centre d'Interprétation des Mammiféres Marins MUSEUM
(CIMM; 108 Rue de la Cale Sèche; Erw./Kind 9/4,50 C$; Mitte Mai–Mitte Juni & Ende Sept.–Ende Okt. 12–17 Uhr, Mitte Juni–Ende Sept. 9–20 Uhr) Das CIMM vermittelt mit seinen Multimedia-Exponaten ein ausgezeichnetes Hintergrundwissen über die einheimischen Meeresbewohner.

Poste de Traite Chauvin HISTORISCHE STÄTTE
(157 Rue du Bord de l'Eau; Erw./Kind 4 C$/frei; Juni 10–18 Uhr, Juli–Ende Sept. 9–19 Uhr, Ende Sept.–Mitte Okt. 9–12 & 15–18 Uhr) Der Poste de Traite Chauvin ist der Nachbau des ersten Pelzhandelsposten in Nordamerika. Hier lernt man viel über die Geschichte der ersten Geschäfte zwischen Ureinwohnern und Europäern. Die Erklärungen sind auf Französisch, es gibt aber eine englischsprachige Broschüre.

Petite Chapelle HISTORISCHE STÄTTE
(Rue du Bord de l'Eau; Erw./Kind 2/0,50 C$; Mitte Juni–Anfang Sept. 9–20 Uhr, Anfang Sept.–Anfang Okt. 9–18 Uhr) Die 1747 von Jesuiten errichtete Petite Chapelle ist eine der ältesten Holzkirchen Nordamerikas. Sie ist auch unter dem Namen Indian Chapel bekannt und beherbergt eine kleine Ausstellung über das Leben der Missionare.

Aktivitäten

Wale beobachten

Von Mai bis November haben Touristen einen guten Grund, nach Tadoussac zu kommen: Wale beobachten. Das ist insbesondere zwischen August und Oktober phänomenal, denn dann lassen sich hier Blauwale blicken. Im ganzen Ort sind Tickets für Bootstouren erhältlich. Die Pallette reicht von Zodiac-Schlauchbooten für zwölf Personen bis hin zum *Grand Fleuve* für 600 Passagiere. Man sollte die Angebote sorgfältig prüfen. Der lokale Veranstalter **Otis Excursions** (418-235-4197; 431 Rue du Bateau Passeur) ist seit 35 Jahren im Geschäft. In einem Zodiac kommt man am dichtesten an die Tiere heran. Diese Trips sind am aufregendsten, aber auch am unruhigsten, sodass jüngere Kinder nicht mitfahren dürfen. Das Zodiac von **Croisières AML** (www.croisieresaml.com, 177 Rue des Pionniers) ist doppelt so groß wie das der Konkurrenz. Am besten unternimmt man den Ausflug an einem Tag mit ruhigem Wetter, an dem einem der Spaß nicht durch Wellenberge und ein schaukelndes Boot verdorben wird. Frühmorgens und abends sind die Wale am aktivsten und es sind nicht so viele Boote auf dem Wasser. Ein zweistündiger Zodiac-Trip kostet für Erwachsene 59 C$, ein dreistündiger Bootstrip 69 C$. Zodiac-Gäste bekommen wasserdichte Kleidung. Auf jeden Fall sollte man ausreichend warme Klamotten mitbringen!

Abenteuerlustige können mit dem Seekajak-Spezialisten **Mer et Monde** (www.mer-et-monde.qc.ca; 405 Rue de la Mer, Les Bergeronnes; 3 Std. ab 52 C$) Walbeobachtungstouren und Ausflüge auf dem Fjord unternehmen. Azimut Aventure (S. 310) hat ganz Ähnliches zu bieten und im Sommer einen Stand am Strand.

Wandern

In Tadoussac und Umgebung gibt's insgesamt vier Wege von je 1 km Länge. Alle sind auf einer Karte eingezeichnet, die man bei der Touristeninformation bekommt. Auf den Pfaden rund um die Halbinsel **Pointe de l'Islet** beim Anleger lassen sich Wale am besten vom Ufer aus beobachten. Dies gilt auch für die **Pointe Rouge** am anderen Ende des Strands.

Auf beiden Seiten grenzt der **Parc du Saguenay** an den Fjord. In dem Provincial Park mit seinem wunderbaren, über 100 km langen Wegenetz kann man von mehr als 350 m hohen Steilwänden hinunter auf den Fluss schauen. Schutzhütten dienen unterwegs als Übernachtungsmöglichkeit. Am 43 km langen Weg von Tadoussac nach Baie Ste. Marguerite stehen von Mai bis Oktober drei Unterkünfte zur Verfügung. Die Hütten lassen sich über die Lokalverwaltung des Parcs du Saguenay im Maison des Dunes (S. 312) buchen. Die **Maison Majorique** (☎418-235-4372; www.aitadou.com; 158 Rue de Bateau-Passeur, Tadoussac) bietet einen Shuttleservice (12 C$) für Tageswanderungen auf dieser Route an. Die Rückfahrt nach Tadoussac beginnt 13 km weiter westlich am Cap de la Boule.

Im Fall des **Parc marin du Saguenay-Saint-Laurent** (197 Rue des Pionniers) teilten sich Bundes- und Provinzregierung erstmals die Verwaltung eines Québecer Naturschutzgebiets. Der 1138 km² große Meerespark grenzt an die Regionen Saguenay, Charlevoix und North Shore. Er deckt sich z. T. mit dem Parc du Saguenay und schützt beide Flüsse sowie deren Uferzonen – die Sankt-Lorenz-Mündung zwischen Gros Cap à l'Aigle und Les Escoumins und den Saguenay bis hinauf zum Cap à l'Est bei Ste. Fulgence. Der Park ist von mehreren Stellen aus zugänglich.

Das Infozentrum des Parc du Saguenay befindet sich in der **Maison des Dunes** (750 Chemin du Moulin à Baude; Erw./Kind 3,50/1,50 C$; ⏲Ende Mai–Mitte Juni Sa & So 10–17 Uhr, Mitte Juni–Anfang Okt. 10–17 Uhr) 5 km außerhalb des Orts. Auch hier kann man gut Wale beobachten. Eine Ausstellung erklärt, warum es sich bei den Dünen der Region in Wirklichkeit um Meeresablagerungen handelt – im Vergleich zu herkömmlichen Dünen wurden sie von Wellen und nicht vom Wind geschaffen. Hierher kommt man nach einer 7 km langen Uferwanderung ab Tadoussac. Durch die Dünen führen 1 km lange Pfade zu mehreren Aussichtspunkten.

Feste & Events

Seit 24 Jahren läutet das **Festival de la Chanson** (☎418-235-2002; www.chansontadoussac.com; ⏲Mitte Juni) unüberhörbar Tadoussacs geschäftige Sommersaison ein. Es ist nicht nur ein Festival französischsprachiger Musik, die hauptsächlich aus Québec kommt, es ist auch eine wilde Party. In der ganzen Stadt werden Bühnen aufgebaut, und die Unterkünfte sind an diesem langen Wochenende überfüllt.

Schlafen

Auberge la Ste Paix B&B **$$**
(☎418-235-4803; www.aubergelasaintepaix.com; 102 Rue Saguenay; Zi. 98–133 C$) Die Gäste dieses etwas abseits gelegenen B&Bs mit sieben Zimmern können gleichzeitig frühstücken und Wale beobachten. Der gesprächige Denis aus Montréal serviert ein Gourmet-Frühstück, von French Toast bis zu mexikanischen Omeletts gibt's so ziemlich alles.

Hôtel Tadoussac HOTEL **$$**
(☎418-235-4421; www.hoteltadoussac.com; 165 Rue du Bord de l'Eau; Zi. ab 155 C$;) Das rotweiße Wahrzeichen hat 149 Zimmer, ein weitläufiges Gartengelände und einen Pool mit Blick über den Hafen. Die alten Fotos

an den Wänden zeigen Dampfschiffe und das Hotel, das 1870 noch wesentlich kleiner war. Die etwas altmodischen Zimmer mit vornehmen Teppichen, Deckenventilatoren und Blick auf den Fluss haben schon bessere Zeiten gesehen.

Maison Clauphi MOTEL, B&B **$$**
(☎418-235-4303; www.clauphi.com; 188 Rue des Pionniers; B&B Zi. 95 C$, Motel Zi. 119 C$; ⏲Mai–Okt.) Das Haus mit Motel- und B&B-Zimmern, Wohnstudios und Suiten wurde 1932 von den Eltern des jetzigen Besitzers erbaut. Hier kann man sich auch Fahrräder und schwimmfähige „Surfbikes" ausleihen.

Domaine des Dunes CAMPING **$**
(☎418-235-4843; www.domainedesdunes.com; 585 Chemin du Moulin à Baude; Stellplatz Zelt 32 C$, Stellplatz Wohnmobil 45 C$, Chalet ab 150 C$) Der kleinere und grünere der beiden Campingplätze von Tadoussac liegt 3 km außerhalb der Stadt. Es gibt auch Chalets für Selbstversorger.

Essen

Chez Mathilde FUSION **$$$**
(227 Rue des Pionniers; Gerichte mittags & abends ab 25 C$; ⏲Juni–Okt. 11–21.30 Uhr) Der hervorragende Küchenchef dieses kleinen, niedlichen Restaurants zaubert aus lokalen Erzeugnissen kreative Gerichte. Die innovativen, perfekt zubereiteten Speisen werden auf einer luftigen Veranda mit Blick auf den Hafen serviert.

Restaurant Le Bateau QUÉBECOIS **$$**
(246 Rue des Forgerons; Gerichte Mittagessen & Abendessen 11/18 C$; ⏲Mai–Okt. 11–21.30 Uhr) Nettes Restaurant mit toller Aussicht. Auf dem Buffet steht traditionelles Québecer Arbeiteressen wie Fleischpastete Lac St. Jean. Als Nachtisch gibt's Blaubeer-, Zucker- oder Essigkuchen.

Café Bohème CAFÉ **$$**
(239 Rue des Pionniers; Gerichte 14–20 C$; ⏲Mai–Okt. 8–22 Uhr) Hier trifft sich das ganze Dorf. Erstklassige Adresse für ein Frühstück mit Obst und Joghurt, *panini* oder auch nur einen Fair-Trade-Kaffee in Gesellschaft der hier lebenden Intellektuellen. Später am Tag kann man dann u.a. zwischen Bagels mit Räucherfisch und frischer Pasta des Tages wählen.

La Galouine FUSION **$$$**
(251 Rue des Pionniers; Gerichte 22–38 C$; ⏲8–22 Uhr) Das gehobene Naturkostrestaurant über einem Bio-Laden betritt man über einen Balkon voller Lichterketten. Gerichte wie Salat mit geräucherter Ente sind zwar angenehm herzhaft, aber leider lässt der Service manchmal zu wünschen übrig.

Chantmartin FAST FOOD **$$**
(412 Rue du Bateau Passeur; Gerichte 15–25 C$; ⏲5.30–22 Uhr) Das Chantmartin sieht zwar wie ein Lkw-Rastplatz mit typischen Motelzimmern aus, ist aber trotzdem gut für einen schnellen Happen zwischendurch. Auf den Tisch kommen u.a. *poutine*, Pizza, Krabben, Garnelen und Brathähnchen.

Praktische Informationen

Café Bohème (239 Rue des Pionniers; 5 C$/Std.; ⏲8–22 Uhr) Mit Internetzugang im Obergeschoss.

Touristeninformation (☎418-235-4744, 866-235-4744; www.tadoussac.com; 197 Rue des Pionniers; ⏲Juli–Sept. 8–21 Uhr, April–Juni & Okt. 9–18 Uhr) Im Stadtzentrum. Das sehr geduldige Personal hilft bei der Suche von Unterkünften.

An- & Weiterreise

Tadoussac liegt an der Rte 138. Die kostenlose Fähre ab Baie Ste. Catherine in Charlevoix fährt rund um die Uhr (S. 310). Die Überfahrt zum Anleger am Ende der Rue du Bateau Passeur dauert zehn Minuten.

Busse von **Intercar** (☎418-235-4653; 433 Rte 138) verbinden Tadoussac zweimal täglich mit Montréal (99 C$, 8 Std.) und Québec (51 C$, 4 Std.). In Richtung Nordosten fahren sie bis nach Sept Îles. Die Haltestelle ist gegenüber vom Camping Tadoussac an der Petro-Canada-Tankstelle.

Les Bergeronnes

Das gemächliche Tempo der North Shore beginnt in Les Bergeronnes. Nach dem Trubel in Tadoussac erscheint es einem hier wie ausgestorben. Es lohnt sich also, Tadoussac den Rücken zuzukehren und der Handvoll Attraktionen und dem fantastischen Campingplatz einen Besuch abzustatten.

Archéo Topo (498 Rue de la Mer; Erw./Kind 5,50/3,50 C$; ⏲Juni & Sept. 9–18 Uhr, Juli & Aug. 8–20 Uhr) ist ein Forschungs- und Ausstellungszentrum, das sich archäologischen Funden an der North Shore widmet. Von hier führen Wege hinunter zum Strand.

An der Rte 138 weisen Schilder den Weg zum **Cap de Bon Désir Interpretation Centre** (13 Chemin du Cap de Bon Désir; Erw./Kind 7,80/3,90 C$; ⏲Mitte Juni–Anfang Sept.

8–20 Uhr, Anfang Sept.–Anfang Okt. 9–18 Uhr) ein paar Kilometer nordöstlich von Les Bergeronnes. Hier gibt's fesselnde Ausstellungen über das spannende Leben im Meer und regelmäßige Aktivitäten. Die Hauptattraktion ist aber die natürliche Steinterrasse, von der aus man Wale beobachten kann.

8 km weiter nordöstlich befindet sich das **Marine Environment Discovery Centre** (41 Rue des Pilotes; Erw./Kind 7,80/3,90 C$; ⏲Mitte Juni–Anfang Sept. 9–18 Uhr, Anfang Sept.–Anfang Okt. Fr–So 9–18 Uhr) mit raffinierten Einrichtungen. Beispielsweise kann man zusammen mit einem Naturforscher einen virtuellen Video-Tauchgang auf den Grund der Flussmündung unternehmen.

Außerhalb von Les Escoumins und 12 km nordöstlich von Les Bergeronnes an der Rte 138 liegt die Innu-Gemeinde Essipit. Das **Essipit Centre** (☎418-233-2266, 888-868-6666; 46 Rue de la Réserve; ⏲7–23 Uhr) verkauft lokale Kunsthandwerksartikel und nimmt Reservierungen für Hütten und den Campingplatz entgegen. Das Zentrum bietet auch Walbeobachtungstouren, die etwas preiswerter sind als die in Tadoussac (Zodiac-Touren ab 50 C$). Außerdem ist in dieser Gegend die Wahrscheinlichkeit größer, Blauwale zu Gesicht zu bekommen.

Wer nordöstlich des Orts auf dem **Camping Paradis Marin** (☎418-232-6237; 4 Chemin Émile Boulianne; Stellplatz ab 12 C$; ⏲Mitte Mai–Mitte Okt.) an der Rte 138 in einem Zelt (oder Wigwam) übernachtet, kann die Wale blasen hören. Kajakverleih.

L'Anse St. Jean

Richtung Westen kann man tolle Autotouren an beiden Seiten des Fjords unternehmen. An der Südseite gibt's mehr gute Stopps und man hat besseren Zugang zum Fluss. Die Nordseite beeindruckt mit wilder Landschaft und Seen am Straßenrand.

Die erste Zwischenstation am Südufer ist L'Anse St. Jean. In dem verschlafenen Ort scheinen sich auf den ersten Blick die Aktivitäten der Bewohner darauf zu beschränken, sich ab und zu mal eine Zigarette zu drehen. Doch der Schein trügt: In den Ateliers der alternativen Kommune tut sich so einiges, genauso wie auf den Wegen im Parc du Saguenay. Für Betrieb sorgen auch verschiedene Wassersportarten und der **Mont Édouard**, Saguenays höchster Berg. Bei **L'Anse de Tabatière** hat man einen traumhaften Blick auf den Fjord.

Sehenswertes & Aktivitäten

Croisière Personnalisée Saguenay BOOTSFAHRT
(☎418-272-2739; 15 Rue du Faubourg; ⏲Juli–Sept.) Veranstalter von Bootsausflügen, u.a. von ein- bis vierstündigen Touren (35–65 C$) in einem Motorboot mit sieben Plätzen. Die Fahrt geht zu den Beluga-Walen draußen im Fjord.

Fjord en Kayak KAJAKFAHREN
(☎418-272-3024; www.fjord-en-kayak.ca; 359 Rue St Jean Baptiste; 3-stündige Tour 50 C$) Tolle Trips von zwei Stunden bis zu fünf Tagen.

Centre Équestre des Plateaux REITEN
(Equestrian Center; ☎418-242-3231; 34 Chemin des Plateaux; 30 C$/Std.) Das Zentrum hat Pferde, Ponys und sogar einen Pferdeschlitten für winterliches Schneevergnügen. Von der Rue St. Jean den Schildern folgen.

Schlafen & Essen

L'Auberge du BoutduMonde INN $
(☎418-272-9979; www.boutdumonde.ca; 40 Chemin des Plateaux; B/Zi. 25/50 C$) Hier fühlt man sich wahrhaft wie am Ende der Welt. Durch die einsame Lage auf einem steilen Hügel wird sogar die Anreise mit dem Auto zur Herausforderung. Die frühere Öko-Kommune wurde einst aus allen auftreibbaren Materialien gebaut und kürzlich von den Eigentümern renoviert. Die fünf Mittzwanziger stammen aus der Gegend und organisieren u.a. Yogakurse. Direkt vor der Haustür sind außerdem ein Kulturzentrum, ein See, ein Kräutergarten und ein Wald. Da hier kein Frühstück serviert wird, sollte man sich vorher mit Proviant eindecken. Nur Barzahlung.

Auberge des Cévennes INN $$
(☎418-272-3180, 877-272-3180; www.auberge-des-cevennes.qc.ca; Rue St Jean Baptiste; Zi. 57–99 C$) In diesem hübschen Gästehaus ist das Gurgeln des Flusses auf der gegenüberliegenden Straßenseite zu hören. Vom Restaurant (Gerichte 28 C$) sieht man die überdachte Brücke in der Nähe des Anlegers.

Les Gîtes du Fjord INN $$
(☎418-272-3430, 800-561-8060; www.lesgitesdufjord.com; 354 Rue St Jean Baptiste; Wohnstudio/Apt./Cottage ab 81/116/188 C$; ⛵) Diese Unterkunft mit Blick über den Jachthafen bietet unterschiedlich große Wohnstudios, Appartements und Hütten am Hang mit verschiedensten Annehmlichkeiten. Ein

erstklassiges Restaurant (Gerichte 26 C$) fehlt natürlich auch nicht.

Bistro de L'Anse KNEIPE $$
(319 Rue St Jean Baptiste; Gerichte 13–22 C$; ⌚Mitte Mai–Mitte Okt. 15–1 Uhr) Hier trifft sich der halbe Ort. Samstagabends gibt's Livemusik. Auf der Veranda werden Sandwiches, Salate und Pasta serviert.

An- & Weiterreise

L'Autobus L'Anse St. Jean (S. 316) fährt mit einem Minibus nach Chicoutimi.

Rivière Éternité

Bis auf seltsame Sammlungen religiöser Kunst mangelt es in diesem Ort so ziemlich an allem. Dennoch ist er einer der Tore zum Saguenay-St Lawrence Marine Park und zum Parc du Saguenay. In der **Parkinformation** (☎418-272-1556, 800-665-6527; 91 Rue Notre Dame; ⌚Ende Juni–Anfang Sept. 9–18 Uhr, Mitte Mai–Ende Juni & Anfang Sept.–Anfang Okt. 9–16 Uhr) in Rivière Éternité bekommt man Infos über Ausflüge, Wanderwege, Seekajak-, Segel- und Zodiac-Trips und sonstige geführte Touren.

Eine vierstündige Rundwanderung, auf der u.a. eine extrem lange Treppe überwunden werden muss, führt zu einer 8 m hohen Statue der **Jungfrau Maria**. Sie steht auf einer der höchsten Klippen des Fjords und beschützt die Seeleute und Boote unten. Das Standbild wurde 1881 von Charles Robitaille errichtet, der im Winter des Vorjahres nur knapp dem Tod entronnen war, als sein Pferd durch die Eisdecke des Flusses brach. Da Robitaille geschworen hatte, der Jungfrau Maria für seine Rettung zu danken, gab er die 3200 kg schwere Statue in Auftrag. Es dauerte über eine Woche, die Einzelteile heranzuschaffen und zusammenzusetzen.

Die **Kirche** des Orts beherbergt eine bekannte Sammlung von 250 Weihnachtskrippen. In der Nähe führt eine Holzbrücke von der Rte 170 zum **Halte des Artistes**. In dem Park, den man kostenlos mit dem Auto erkunden kann, gibt es Skulpturen in kleinen Krippen zu bewundern.

Chicoutimi

Das Zentrum der Region ist der richtige Ort, um vor der Rückkehr in die Wildnis von Saguenay ein paar Besorgungen zu machen. 1676 entstand hier ein Pelzhandelsposten. Die eigentliche Stadt, die Anfang des 20. Jh. zu den größten Papier- und Zellstoffproduzenten der Welt zählte, wurde aber erst 1842 gegründet. Entlang der Zufahrtsstraßen macht sie einen recht industrialisierten Eindruck, doch in der Innenstadt tummeln sich Studenten von der städtischen Universität und der Cégep (voruniversitäre Hochschule).

Das hilfsbereite Personal in der **Touristeninformation** (☎418-698-3157, 800-463-6565; 295 Rue Racine Est; ⌚Mo–Do 8.30–16.30, Fr 8.30–20, Sa & So 10–16 Uhr) kann Englisch.

Sehenswertes & Aktivitäten

La Pulperie INDUSTRIEMUSEUM
(www.pulperie.com; 300 Rue Dubuc; Erw./Kind 10/4 C$; ⌚Ende Juni–Anfang Sept. 9–18 Uhr, Anfang Sept.–Ende Juni Mi–So 10–16 Uhr) Die Pulperie war einst die größte Zellstoffmühle der Welt. Führungen und Ausstellungen beleuchten die Geschichte des Werks, das die Entwicklung der Stadt maßgeblich beeinflusste. Zwischen 1899 und 1929 stieg die Einwohnerzahl von 708 auf 4255. Hier befindet sich ebenfalls **La Maison Arthur-Villeneuve**, das jetzt ein Museum beherbergt. Der Friseur und Künstler bemalte alle Innen- und Außenwände des Hauses mit einer Art Teppichmuster in seinem fröhlich-naiven Folklorestil.

Musée de la Petite Maison Blanche MUSEUM
(Kleines Weißes Haus; 240 Rue Bossé; Erw./Kind 4,50/3,10 C$; ⌚Juni–Aug. 8–20 Uhr, Sept. 10–16 Uhr) Ganz in der Nähe befindet sich auch das winzige Musée de la Petite Maison Blanche, das hier in der Gegend auch unter dem Namen „Basin" bekannt ist. Das 1900 errichtete Haus hielt 1996 einem Hochwasser von der Wucht der Niagarafälle stand. Die Fluten verursachten in Chicoutimi einen Schaden von 16 Mrd. C$.

Schlafen & Essen

Auberge Racine B&B $$
(☎418-543-1919; 334 Rue Racine Est; EZ/DZ 85/95 C$; P) In den entzückenden Zimmern dieses Hauses aus dem 19. Jh. sind noch viele Details im Originalzustand. Sie sind nach den drei Frauen und zwölf Kindern des Erstbesitzers benannt.

Artis Resto Lounge ITALIENISCH $$
(416 Rue Racine Est; Hauptgerichte 10–18 C$; ⌚Mo–Fr 16 Uhr–open end, Sa & So 8–15 Uhr) Auf der beliebten Terrasse wird typisch Italienisches serviert. Interessanter als die Kneipen im Umkreis.

An- & Weiterreise

Busse von **Intercar** (☎418-543-1403; 55 Rue Racine Est) bedienen Québec, Montréal und Tadoussac. Montags, dienstags, donnerstags und freitags fährt ein Minibus von **L'Autobus L'Anse St. Jean** (☎418-272-1397) am Saguenay entlang hinunter bis nach L'Anse St. Jean.

Lac St. Jean

Wer durch die öden Ebenen zwischen Chicoutimi und Lac St. Jean fährt, wird sich fragen, ob die Einheimischen diese Gegend nur aus rein politischen Gründen lieben – schließlich gilt sie als Mutterland des Québecer Nationalismus. Doch sobald man den See erreicht, offenbart die weite Landschaft ihre zarte Schönheit. Die Linie zwischen Himmel und Wasser wird nur durch helle Holzhäuser und glänzende Kirchtürme unterbrochen. Die Gegend beansprucht für sich auch den Namen „Blaubeer- und *tourtière*-(Fleischpasteten-)Hauptstadt der Provinz". Unbedingt Blaubeeren mit Schoko-Überzug probieren!

Sehenswertes & Aktivitäten

Véloroute des Bleuets WEG

Der See ist von einem 272 km langen Radweg umgeben. Fast alle Orte am **Blueberry Bike Trail** haben Service-Einrichtungen, die den Trip erleichtern: Verleiher, Reparaturwerkstätten, radlerfreundliche B&Bs und Rastplätze. Im **Maison du Vélo** (Touristeninformation für Radfahrer; ☎418-668-4541; www.veloroute-bleuets.qc.ca; 1692 Ave du Pont) in Alma sind Karten, Tourenvorschläge und eine Liste mit hilfreichen Anlaufstellen erhältlich.

Village Historique Val Jalbert HISTORISCHE STÄTTE

(95 Rue St Georges; Erw./Kind 23/11,50 C$; ⌚Juni–Sept. 9.30–17.30 Uhr, letzter Einlass 16 Uhr) Das Village Historique Val Jalbert ist eine Geisterstadt von 1901. Sie war bis einige Jahre nach der Schließung der Zellstoffmühle 1927 bewohnt. Auf der Fahrt im Trolleybus erfährt man von den eifrigen, kostümierten Führern so ziemlich alles über den Ort. Die alte Mühle an einem wilden Wasserfall beherbergt ein nettes Restaurant. An diesem friedlichen Ort gibt's außerdem einen Campingplatz und Hütten.

Mashteuiatsh MUSEUM

Das am besten organisierte Ureinwohnerdorf Québecs liegt nördlich von Roberval am Seeufer. Das **Musée Amérindien de Mashteuiatsh** (www.museeilnu.ca; 1787 Rue Amishk; Erw./Kind 10/6 C$; ⌚Mitte Mai–Mitte Okt. 9–18 Uhr, Mitte Okt.–Mitte Mai Mo–Do 8–12 & 13–16.30, Fr –15 Uhr) zeigt tolle Ausstellungen über die einheimischen Pekuakamiulnuatsh.

Schlafen

Auberge Île du Repos CAMPING/HOSTEL

(☎418-347-5649; 105 Rte Île du Repos; Stellplatz 18,50 C$, B 30 C$, Zi. ab 55 C$) Die Auberge Île du Repos belegt eine ganze kleine Insel vor Péribonka bzw. dem Parc de la Pointe Taillon. Die Ferienanlage bietet Schlafsäle, Küchen, separate Zimmer in Hütten, Campingmöglichkeiten, eine Cafébar und einen Strand. Wer will, kann auch Krocket und Volleyball spielen. Die nächste Intercar-Haltestelle liegt ca. 25 km nordwestlich in Dolbeau-Mistassini, sodass es trotz der rosafarbenen Fassade hier gespenstig einsam sein kann.

Ste. Rose du Nord

Ste. Rose du Nord am weniger besuchten Nordufer des Saguenay gehört zur Association of the Most Beautiful Villages of Québec. Wer vor der Fjordkulisse unterhalb der violettfarbenen Klippen zum Kai spaziert, wird schnell erkennen, warum.

An der Rue de la Montagne oberhalb des Orts beginnen kurze, von Bäumen gesäumte Wanderwege, die zu diversen Aussichtspunkten führen.

An der Rte 172, zwischen Ste. Fulgence und Ste. Anne du Rose, weist ein Schild zur **Pourvoirie du Cap au Leste** (☎418-675-2000; www.capauleste.com; 551 Chemin du Cap à l'Est; EZ 77–142 C$, DZ 104–192 C$). Das Geholper auf der 7 km langen Nebenstraße lohnt sich, denn man wird mit einem herrlichen Blick auf einen großen Fjordabschnitt belohnt. Die einfachen, bezaubernden Hütten haben Holzöfen und Balkone. Im Restaurant kommen leckere regionale Speisen (Gerichte 30 C$) auf den Tisch; wer nicht hier übernachtet, sollte vorab reservieren. Die Betreiber können Wander-, Kanu-, Kajak-, Kletter- und Mountainbiketouren organisieren.

Wer in seinem Zelt auf dem Hügel des **Camping Descente des Femmes** (☎418-675-2581; 154 Rue de la Montagne; Stellplatz 18–23 C$) übernachtet, erwacht morgens mit Blick auf Dorf und Fjord. Duschen und Toiletten befinden sich in einer umgebauten Scheune. Der Betreiber ist ein Plappermaul.

SOUTH SHORE

Auf dem Weg zur Gaspé-Halbinsel ist man versucht, die South Shore mit den Regionen Chaudière-Apalaches und Bas St. Laurent schnell hinter sich zu lassen. Diese Gegend hat aber einen wundersamen Mix aus Attraktionen zu bieten, angefangen von der gruseligen Grosse Île bis hin zum mondänen Rivière du Loup. Sie alle zeugen von den Verlierern und Gewinnern der Kolonialzeit. Außerdem gibt es noch ein bedeutendes Holzschnitzerzentrum, eine ehemalige Schmugglerinsel und mehrere Museen, die sich einer Schiffstragödie von *Titanic*-Ausmaßen, baskischen Walfängern und Quetschkommoden widmen.

Hinzu kommt ein spektakulärer Blick über die Inseln im Sankt-Lorenz-Strom und die leicht hügelige . Am schnellsten kommt man über den Hwy 20 hierher. Die Rte 132 ist aber landschaftlich reizvoller und führt durch zahlreiche Orte am Fluss.

Grosse Île

Der erste Stopp außerhalb des Stadtgebiets von Québec ist zugleich einer der interessantesten der Gegend. Von 1832 bis 1937 diente die Grosse Île als **Quarantänestation** für europäische Einwanderer. Inseltouren beschreiben drastisch diesen wenig bekannten Aspekt der nordamerikanischen Geschichte. Zu besichtigen sind Desinfektionskammern, das Krankenhaus im Original, die Wohnquartiere der Einwanderer und der Gedenkfriedhof mit den sterblichen Überresten von mehr als 7500 Menschen. Die Tragödien, die sich auf der Insel abspielten, werden von den Führern lebendig und z.T. sehr bewegend geschildert. Das größte Keltenkreuz der Welt (14,5 m) gedenkt den 76 000 irischen Immigranten, die von einer Typhusepidemie im Jahr 1847 dahingerafft wurden. Außerdem erfährt man einiges über die 600 Pflanzenarten auf der Insel, von denen 21 sehr selten sind.

Sehenswertes & Aktivitäten

Grosse Île National Historic Site BOOTSFAHRT

Der Jachthafen (☎418-234-8841, 888-773-8888; ⌚Mitte Mai–Mitte Okt.) von Berthier sur Mer, 55 km nordöstlich von Québec an der Rte 132 (auch über den Hwy 20 erreichbar), ist der nächstgelegene Ausgangspunkt für Bootsausflüge zur Grosse Île. Abfahrtzeiten und Preise legen die Veranstalter fest.

Es ist auch möglich, einen Ausflug zu dem aus 21 Inseln bestehenden Archipel **Île aux Grues** (S. 317) zu machen. Für alle Touren empfehlen sich warme Bekleidung und bequeme Schuhe.

Croisières Lachance BOOTSFAHRT

(☎418-259-2140, 888-476-7734; www.croisiereslachance.com; 110 Rue de la Marina, Berthier sur Mer; geführte Touren Erw./Kind 46,50/25 C$) Dieser Veranstalter bietet täglich zwei Kombitrips aus kommentiertem Bootsausflug (inkl. Rückfahrt) und Wanderung unter der Leitung eines Park-Canada-Führers.

Croisières les Coudrier BOOTSFAHRT

(☎418-692-0107, 888-600-5554; www.croisierescoudrier.qc.ca; Pier 19, 180 rue Dalhousie, Vieux Port, Québec (Stadt); geführte Touren Erw./Kind 70/30 C$) Die Touren starten in Québec (Stadt), auf der Île d'Orléans und in Ste. Anne de Beaupré an der North Shore.

Montmagny

Montmagny ist der erste größere Ort östlich von Lévis. Hauptgrund für einen Zwischenstopp unter dem grünen Kupferdach des Kirchturms sind Ausflüge auf die **Île aux Grues**. Auf der 10 km langen Insel, die zu einem ansonsten unbewohnten Archipel mit 21 Inseln gehört, befindet sich eines der größten naturbelassenen Feuchtgebiete Nordamerikas. Im Frühling und Herbst strömen Vogelliebhaber hierher, um Zugvögel, u.a. Schneegänse, zu bewundern. Es gibt mehrere **Wanderwege** auf der Insel. Im Jachthafen von Montmagny legen die **Fähren** (2–4-mal tgl., April–Dez., kostenlos) ab. Die Überfahrt dauert 25 Minuten. Archipel-Ausflüge mit kommerziellen Veranstaltern sind ebenfalls möglich. Das **Centre des Migrations** (Migrationszentrum; 53 Ave du Bassin Nord; Eintritt frei; ⌚Juni–Sept. 10–17 Uhr) in Montmagny informiert in Ausstellungen über die gefiederte und menschliche Besiedlung der Grosse Île und der South Shore.

Das **Musée de l'Accordéon** (301 Blvd Taché; Erw./Kind 6/2 C$; ⌚Ende Juni–Anfang Sept. 10–16 Uhr, Anfang Sept.–Ende Juni Mo–Fr 10–16 Uhr) ist das einzige seiner Art in Nordamerika. Hier erfährt man alles über das Hauptinstrument der gallischen Musikszene, das Akkordeon. Ein paar der ausgestellten Quetschkommoden wurden bereits 1820 aus Materialien wie Elfenbein und Perlmutt hergestellt. Ende August zeigen Akkordeonkünstler aus der ganzen Welt beim viertägigen **Carrefour** ihr Können.

St. Jean Port Joli

Seit St. Jean in den 1930er-Jahren als Kunsthandwerkszentrum bekannt wurde, arbeitet der Ort hart daran, diesen Ruf zu wahren. Der Parc des Trois Berets am Flussufer ist nach drei Brüdern benannt, die stets Baskenmützen trugen und die Ortschaft als Holzschnitzerhauptstadt etabliert haben. Jedes Jahr findet im Juni ein internationales **Skulpturenfestival** statt.

Die unzähligen Ateliers, Boutiquen und Kunstwerke am Straßenrand sind auf einer Karte verzeichnet, die man kostenlos bei der saisonal geöffneten **Touristeninformation** (☎418-598-3747; Rte 132) bekommt. Das **Musée des Anciens Canadiens** (332 Rte 132 Ouest; Erw./Kind 6/3 C$; ⏲Mai–Juni 9–17.30 Uhr, Juli–Anfang Sept. 8.30–21 Uhr, Anfang Sept.–Okt. 9–18 Uhr) beherbergt über 250 Holzfiguren von René Lévesque bis Harry Potter. Hier bekommt man einen guten Einblick in das Werk der Baskenmützen-Bourgaults und der anderen Lokalgrößen.

In der **Kirche** aus dem 18. Jh. ruht Philippe-Aubert de Gaspé, Autor von *Les Anciens Canadiens*.

Schlafen & Essen

La Maison de l'Ermitage B&B $$
(☎418-598-7553; www.maisonermitage.com; 56 Rue de l'Ermitage; Zi. inkl. Frühstück 75–105 C$) Die Zimmer in diesem auffälligen Haus mit den rot-weißen Türmen sind kunstvoll dekoriert und haben entweder eigene oder Gemeinschaftsbäder. Das niedliche Alpaka hinterm Haus ist der Liebling aller Kids.

Gîte La Merveille B&B $$
(☎418-598-3112; www.gite-lamerveille.com; 261 Rue Lionel Groulx; EZ inkl. Frühstück 65 C$, DZ 85–110 C$;) Ein grüner Garten umgibt dieses Hotel in Kainähe. Die Unterkunft in Familienhand ist eine der wenigen, die nicht an der Rte 132 steht.

Camping de la Demi Lieue CAMPING $
(☎418-598-6108, 800-463-9558; 598 Rte 132; Stellplatz ab 26 C$; @) Die riesige Anlage mit guten Einrichtungen liegt näher an der Stadt als die anderen Campingplätze.

La Boustifaille QUÉBECOIS $$
(547 Rte 132 Est; Gerichte 12–20 C$; ⏲Mai–Okt. 8–20 Uhr) Das Restaurant ist für seine großen Portionen bekannt. Aus der Küche kommen Québecer Klassiker wie Schweineragout, *tourtière* und Käse-Quiche. Direkt daneben ist das Theater.

Pizzeria Porto Bellissimo ITALIENISCH $
(318 Rue de l'Église; Gerichte 5–14 C$; ⏲11–20 Uhr;) Wer Appetit auf selbstgemachte Pizza, Sandwiches oder himmlische Desserts hat, ist in diesem hellen, fröhlichen Café im Stadtzentrum an der richtigen Adresse.

An- & Weiterreise

Die Busse von Orléans Express halten im Zentrum an der Épicerie Régent Pelletier, 10 Rte 132. Es verkehren täglich zwei Busse nach/von Québec (33 C$, 2½ Std.).

Rivière du Loup

Der eigenartige Name (Wolfsfluss) bezieht sich entweder auf Seehunde (Seewölfe), einen indianischen Stamm oder ein französisches Schiff aus dem 17. Jh. Egal, Rivière du Loup hat eine gewisse Bedeutung. Dank seiner Schlüsselposition auf den Pelzhandels- und Postrouten zwischen den Seeprovinzen und dem Sankt-Lorenz-Strom war der Ort im 19. Jh. die größte Stadt in Ostquébec. Früher wurde hier Englisch gesprochen. Nach britischem Vorbild entstanden Freiflächen vor Prachtbauten wie der gotischen Kathedrale St. Patrice mit ihrem silbernen Dach. Nach dem Niedergang im frühen 20. Jh. verzeichnet der Ort jetzt wieder einen Boom. Die Geburtenraten gehören zu den höchsten in der ganzen Provinz, Stadtflüchtlinge ziehen hierher und Hochschulabsolventen kehren an ihren wunderschönen Geburtsort zurück.

Die **Touristeninformation** (☎418-862-1981; www.tourismeriviereduloup.ca; 189 Blvd de l'Hôtel de Ville; ⏲Ende Juni–Anfang Sept. 8.30–21 Uhr, Anfang Sept.–Ende Juni Mo–Fr 8.30–16.30 Uhr) hat Internetzugang und hält kostenlose Karten für Spaziergänge durch die Altstadt bereit.

Sehenswertes

Parc des Chutes AREAL
Die kurzen Wege sind das Tolle an dem kleinen, verführerischen Parc des Chutes, der nur ein paar Gehminuten vom Zentrum entfernt am Ende der Rue Frontenac liegt. Wer sich verlaufen hat, folgt einfach dem Geräusch der Autos und der 30 m hohen Wasserfälle, die ein kleines Wasserkraftwerk antreiben.

Parc de la Croix PARK
Nach einer kurzen Autofahrt in den hügeligen Teil der Stadt erreicht man den winzigen Parc de la Croix, wo ein beleuchtetes Kreuz die herrliche Aussicht auf Stadt und Fluss bewacht. Um den Park vom Zentrum aus zu erreichen, folgt man zunächst der Rue Lafontaine in Richtung Süden, bis die Unterführung zur Rue Témiscouata in Sicht kommt. Nun nach links in den Chemin des Raymond und noch mal nach links in die Rue Alexandre abbiegen, dann geht's nach rechts in die Rue Bernier und wieder nach links in die Rue Ste. Claire.

Musée du Bas St. Laurent MUSEUM
(300 Rue St-Pierre; Erw./Kind 5/3 C$; ⌚Ende Juni–Anfang Sept. 9–18 Uhr, Anfang Sept.–Ende Juni Mi–So 13–17 Uhr) Das lebendige Musée du Bas St. Laurent beherbergt u. a. eine Sammlung zeitgenössischer Kunst aus Québec. Das Highlight sind aber die 200 000 historischen Fotos, die die Umgebung zeigen. Im Rahmen interaktiver Themenausstellungen vermitteln sie einen guten Eindruck vom Leben am Sankt-Lorenz-Strom.

Fraser Manor GEBÄUDE
(www.manoirfraser.com; 32 Rue Fraser; Erw./Kind 6/2 C$; ⌚Ende Juni–Sept. 9.30–17 Uhr) Im 19. Jh. hieß Rivière du Loup noch Fraserville – nach der mächtigen schottischen Dynastie, die das prächtige Fraser Manor bewohnte. Hier bekommt man einen Einblick ins Leben der Oberschicht in Zeiten der aufkeimenden Kolonie.

Aktivitäten

La Société Duvetnor BOOTSFAHRT
(☎418-867-1660; www.duvetnor.com; 200 Rue Hayward) Vor der Küste befinden sich einige geschützte Inseln mit Vogelschutzgebieten, auf denen sich aber auch noch andere Tiere tummeln. Die gemeinnützige Société Duvetnor veranstaltet Vogelbeobachtungtouren und naturkundliche Exkursionen zu den Inseln. Dabei bekommt man Belugas zu sehen. Auf der größten Insel, der 13 km langen Île aux Lièvres, gibt es 45 km Wanderwege, Unterkünfte und einen Campingplatz. Eineinhalbstündige Bootsausflüge zum Pot au l'Eau de Vie (Schnapskrug) kosten ab 25 C$. Diese Insel heißt so, weil sie während der Prohibition von Alkoholschmugglern als Zwischenlager benutzt wurde.

Croisières AML BOOTSFAHRT
(☎418-867-3361, 800-563-4643; 200 Rue Hayward; 3-stündige Touren 60 C$; ⌚Mitte Juni–Mitte Okt.) Croisières AML veranstaltet Walbeobachtungstouren. Wer vorhat, über den Fluss nach Tadoussac zu fahren, hebt sich den Besuch der Wale besser für dort auf.

Rivière du Loup/ Saint Siméon Ferry FÄHRE
(www.traverserdl.com; Erw./Kind hin & zurück 15,80/10,50 C$) Bei Hin- und Rückfahrten mit der St.-Siméon-Fähre kann man durchgängig an Bord bleiben (3 Std.). Nicht selten bekommt man auch Belugawale zu sehen.

Parc linéaire interprovincial Petit Témis PARK
Der Parc linéaire interprovincial Petit Témis ist ein malerischer Rad- und Wanderweg mit einer Länge von 135 km. Über größtenteils flaches Gelände folgt er einer alten Bahntrasse bis nach Edmundston in New Brunswick. In der Touristeninformation sind Karten erhältlich. **Hobby Cycles** (278 Rue Lafontaine) verleiht Fahrräder.

Schlafen

In der Rue Fraser gibt's gute Motels. Wer die Morgenfähre nimmt, sollte auf den Campingplätzen und B&Bs in der Nähe des Jachthafens übernachten.

Auberge Internationale HOSTEL $
(☎418-862-7566; www.aubergerdl.ca, französisch; 46 Blvd de l'Hôtel de Ville; B Mitglieder/Nicht-Mitglieder 20/24 C$, Zi. 52/56 C$; P@) Hervorragendes HI-Hostel in zentraler Lage. In dem alten Haus gibt's kleine Schlafsäle mit eigenen Bädern. Das seit vielen Jahren dort arbeitende Personal sorgt für eine gemütliche, einladende Atmosphäre. Ein kontinentales Frühstück ist im Preis enthalten.

Auberge St Patrice MOTEL $$
(☎418-867-4630; 165 Rue Fraser; Zi. 65–115 C$) Ansprechende, neue Unterkunft mit Balkon und Pavillon. Hinter den vielen Blumentöpfen verstecken sich 16 unterschiedlich große Zimmer mit Kühlschränken. Die meisten sind einfache aber saubere Motelzimmer, einige sind rustikaler mit Holzmöbeln eingerichtet und haben einen Kamin und Steinwände.

Au Vieux Fanal MOTEL $$
(☎418-862-5255; www.motelauvieuxfanal.com; 170 Rue Fraser; Zi. 55–120 C$; ⌚Mai–Nov.; ❄🏊) Diese farbenfrohe Unterkunft zählt zu den besten Motels hier. Man hat einen tollen Blick auf den Fluss und es gibt einen beheizten Pool.

L'Innocent INN $
(☎418-714-2096; 460 Rue Lafontaine; Zi. 35 C$) Kunterbunte Pension mit vier einfachen, kleinen Doppelzimmern mit Gemeinschaftsbad.

Essen

Chez Antoine FRANZÖSISCH $$
(433 Rue Lafontaine; Hauptgerichte mittags/abends ab 16/20 C$; ⏲Mo–Fr 11–14 & 17–21, Sa & So 17–21 Uhr) Gilt seit Langem als bestes Restaurant des Orts und wird diesem Ruf auch gerecht. In dem klassischen, holzgetäfelten Speisesaal des alten, weißen Hauses werden Spezialitäten wie Atlantiklachs, Schalentiere und Filet mignon serviert.

L'Innocent CAFÉ $$
(460 Rue Lafontaine; Gerichte 10–15 C$; ⏲Mo–Fr 10–22, Sa & So 8–22 Uhr) Im coolsten Café des Orts gibt's Tagesgerichte mit ausgezeichnetem Preis-Leistungs-Verhältnis. Im Hintergrund läuft Ska. Wer Einheimische treffen will, ist hier genau richtig – auch wer es eilig hat, denn es gibt Kaffee to go.

Picolo Piazza ITALIENISCH $$
(371 Rue Lafontaine; Hauptgerichte 13–25 C$; ⏲Di–So 17–23 Uhr) Hier kann man in toller Atmosphäre aus 14 verschiedenen Pizzas wählen. Empfehlenswert ist auch die mit Jakobsmuscheln und Krebsfleisch gefüllte Seezunge. Am besten bestellt man sich an der Bar einen Bier-Cocktail und setzt sich dann in den baufälligen Wintergarten.

L'Estaminet KNEIPE $$
(299 Rue Lafontaine; Hauptgerichte 10–20 C$; ⏲10–24 oder 1 Uhr) „Bistro du Monde" mit 150 Biersorten, herzhaftem Kneipenessen und Tagesgerichten. Spezialität des Hauses sind Muscheln mit Pommes.

L'Intercolonial FUSION $$
(407 Rue Lafontaine; Hauptgerichte 10–20 C$; ⏲Mitte März–Dez. 11.30–14.30 & 17–21.30 Uhr) Der Name ist eigentlich zurückzuführen auf den Zug, der früher in Rivière du Loup hielt. Er beschreibt aber auch recht gut die Speisekarte, auf der Europäisches, Asiatisches und typische Québecer Kreationen wie Lachs mit Birnenrahm stehen.

An- & Weiterreise

Hwy 20 (Ausfahrt 503), Rte 132 und Hwy 85 führen direkt nach Rivière du Loup.

Orléans-Express-Busse starten am **Busbahnhof** (317 Blvd de l'Hôtel de Ville). Fünfmal täglich besteht Verbindung nach/ab Québec (42 C$, 2¼–4 Std.) und viermal täglich nach/ab Rimouski (33 C$, 1½ Std.), wo man in einen Bus nach New Brunswick umsteigen kann.

Von Rivière du Loup fährt **VIA Rail** (☎418-867-1525, 888-842-7245; 615 Rue Lafontaine) sechsmal wöchentlich zum Bahnhof Charny in Québec (67 C$, 2½ Std.) und nach Halifax (167 C$, 15 Std.) und dreimal wöchentlich nach Percé (112 C$, 11 Std.). Der Bahnhof hat nur geöffnet, wenn Züge ankommen: mitten in der Nacht!

Zwischen dem Jachthafen von Rivière du Loup und St. Siméon (s. S. 310) verkehrt eine Fähre.

Le Témis

Die Region, die liebevoll Le Témis genannt wird, erstreckt sich rund um ihr geografisches Highlight, den 40 km langen Lac Témiscouata. Die verschlafene, wenig besuchte Gegend eignet sich perfekt für eine sonntägliche Autotour.

Die Rte 185 führt durch flache Hügel vorbei an Mühlen und Bauernhöfen, die einen Vorgeschmack auf New Brunswick geben. **St. Louis du Ha! Ha!** verdankt seinen witzigen Namen wahrscheinlich einem alten französischen Wort für etwas Unerwartetes – oder dem Aufschrei der Verblüffung der ersten Siedler beim Anblick dieser schönen Landschaft. Es gibt aber auch noch eine dritte Erklärung: Der Name kommt von einem französischen Ausdruck aus dem 15. Jh., der „Sackgasse" bedeutet.

Fährt man ein Stückchen weiter, erreicht man **Cabano** mit ein paar Motels und einem netten Restaurant am Wasser. **Fort Ingall** (☎418-854-2375, 866-242-2437; 81 Rue Caldwell; Erw./Kind 9/7 C$; ⏲Juni & Sept. Mo–Fr 10–16 Uhr, Juli & Aug. tgl. 9–17 Uhr) wurde 1973 als Rekonstruktion eines britischen Forts von 1839 errichtet, das Amerikaner abwehren sollte, die ein Auge auf die Region geworfen hatten. Unter den sechs Gebäuden befindet sich auch ein Blockhaus mit einem „Auspeitschbock". Wer sich in die bedauernswerten Soldaten, die hier stationiert waren, hineinversetzen will, kann hier auch übernachten (Stellplatz 22 C$, Bett 20 C$).

Im Sommer ist die einstündige Fährpassage zwischen Notre Dame du Lac und St. Juste du Lac eine tolle Abwechslung. Ansonsten hat man auch von der Rte 185 einen schönen Blick auf den schmalen See.

In Auclair an der Nordostseite des Sees kann man im *économusée* **Domaine Acer** (145 Rte du Vieux Moulin; Führung 4 C$; ⏲April–Mitte Okt. 9–17 Uhr, Mitte Okt.–März Mo–Fr 9–17 Uhr) die ersten alkoholischen Getränke Kanadas, die früher aus Ahornsaft hergestellt wurden, probieren. Der Name des hier produzierten Aperitifs ist auf das lateinische Wort für Ahorn *acer* zurückzuführen. Der Souvenirladen verkauft auch Ahorngelee, das auf Toast ganz hervorragend schmeckt. Im Rahmen von Führungen kann man die Reifungskeller besichtigen und erfährt, wie aus Ahornsaft Sirup wird. Im ganzen Werk gibt's englischsprachige Schrifttafeln, einige Führer sprechen auch etwas Englisch.

Île Verte

Zwischen Rivière du Loup und Rimouski verengt sich die Straße auf eine Spur, obwohl dort immer viel Verkehr ist. Etwas erholen kann man sich da auf der Fahrt mit der Fähre zur Île Verte (15 Min.).

Auf der 11 km langen Insel leben dauerhaft nur 45 Menschen. Erst seit Kurzem gibt es ein paar Sommerhäuser. Die Insel ist ein beliebtes Revier für Radler, Vogel- und Walbeobachter und im Winter für Eisangler.

Dank des *l'agneau de pré-salé* (Salzwiesenlamm) ist die Insel während der letzten zehn Jahre kulinarisch bekannt geworden. Die Schafe, die bei Ebbe auf den hiesigen Salzwiesen grasen, haben mehr Muskeln und weniger Fett als ihre Artgenossen, die woanders aufwachsen. Entsprechend ist ihr Fleisch zarter und aromatischer. Beim selbsternannten „Salzwiesenlammbotschafter" **La Maison d'Agathe** (Gerichte ab 31 C$; ⏲Ende Juni–Anfang Sept.) kann man diese Inselspezialität kosten.

Der älteste **Leuchtturm** des Flusses (1809) beherbergt heute ein Museum. Nebenan kann in den Hütten von **Les Maisons du Phare** (☎418-898-2730; EZ/DZ inkl. Frühstück 57/74 C$; ⏲Mitte Mai–Mitte Okt.) übernachtet werden. Einen Campingplatz gibt's auch.

Fähren (☎418-898-2843; Tickets 7 C$) pendeln gezeitenabhängig zwischen Insel und Festland hin und her.

Am besten lässt man sein Auto auf dem Festland zurück und leiht sich einen Drahtesel. Reservierung empfohlen!

Trois Pistoles

Am Dorf Trois Pistoles ist eigentlich nur bemerkenswert, dass so ziemlich alle Geschäfte baskische Namen haben. An seinem Nordrand befindet sich der blau-rote **Parc de l'Aventure Basque en Amérique** (66 Ave du Parc; Erw./Kind 7/3 C$; ⏲Ende Mai–Ende Juni 12–16 Uhr, Ende Juni–Ende Sept. 10–20 Uhr). Hier erzählt eine Ausstellung die Geschichte der baskischen Walfänger, die nach den Wikingern als erste Europäer noch vor Jacques Cartier den Sankt-Lorenz-Strom hinauffuhren. Die Exponate sind nur auf Französisch beschriftet, es ist aber eine englischsprachige Broschüre erhältlich. Im Juli findet hier das **International Basque Festival** mit Musik, einer kleinen Parade und Spielen statt.

Draußen vor der Tür befindet sich Kanadas einziger **Pelota-Platz**. Auf dem sogenannten *frontón* wird die baskische Sportart gespielt, eines der ältesten Schlagballspiele der Welt. *Pelota*-Fans reisen sogar aus dem fernen Montréal an, um den Platz zu benutzen; *palas* (Schläger), *pelotes* (Bälle) und der Platz können für 5 C$ pro Stunde gemietet werden.

Im Parc de l'Aventure Basque en Amérique bekommt man Infos über geführte Touren zur **Île aux Basques** (☎418-851-1202; Jachthafen; Erw./Kind 2 C$/frei; ⏲Juni–Anfang Sept.), die 5 km vor der Küste liegt und nur im Rahmen einer geführten Tour zugänglich ist. Hier gibt's baskische Öfen aus dem 16. Jh., einen 2 km langen Wanderweg und ein Vogelschutzgebiet. **Kayak des Îles** (☎418-851-4637; Ave du Parc) organisiert Touren in Seekajaks.

Camping & Motel des Flots Bleus Sur Mer (☎418-851-3583; Rte 132; Stellplatz Zelt & Wohnmobil 20 C$, Zi. 60 C$; ⏲Mai–Mitte Okt.) Kleiner, ruhiger Campingplatz und schlichtes Motel 5 km westlich der Stadt.

Auf dem Hügel oberhalb der Kirche liegt **La Rose des Vents** (☎418-851-4926, 888-593-4926; 80 2ème Rang Ouest; EZ/DZ inkl. Frühstück 60/80 C$) in der Nähe von Wanderwegen und Wasserfällen. Das reizende alte Haus mit dem ausgebauten Dachbereich hat einen Frühstücksraum mit riesigen Fenstern und Blick auf die North Shore.

Parc du Bic

Der 33 km² große Park ist halb von Wasser bedeckt. Er gehört zwar zu Québecs kleineren Parks, ist aber einer der schönsten. Selbst von der Rte 132 aus wirken seine rund geformten Landzungen noch atemberaubend. Die dazwischenliegenden Buchten und Inseln boten bereits vor 9000 Jahren indigenen Stämmen Schutz, in der Kolonialzeit dann den Schiffen. Zum unglaublichen Artenreichtum tragen 700

Pflanzenarten, Tausende von Seevögeln, Robben (zwischen Juli und Oktober), Hirsche und eine der größten Stachelschweinpopulationen Nordamerikas bei.

Der **Park** (☎418-736-5035; 3382 Rte 132; Erw./Kind 4,80/2,50 C$; ⊙ Ende Mai–Mitte Okt. & Mitte Dez.–März) verfügt über ein fantastisches Informationszentrum. Das nette Personal hilft gern bei der Organisation eines Großteils der angebotenen Aktivitäten wie Wander-, Mountainbike-, Seekajaktouren, geführte Wanderungen und Ausfahrten, Tierbeobachtungen bei Tag und bei Nacht. Auch Schneeschuhfans und Skilangläufer kommen auf ihre Kosten. Wer die Mühen der zweistündigen (hin & zurück) Wanderung zum **Champlain Peak** (346 m) auf sich nimmt, wird mit einer tollen Aussicht auf die Îlet au Falcon belohnt; der Park unterhält einen Shuttleservice.

Im Park gibt es drei Campingplätze, Iglus, eine Hütte und sogar eine Luxus-Jurte. Den lauten Campingplatz an der Rte 132 sollte man lieber meiden!

Rimouski

Der relativ große Ölumschlagplatz Rimouski ist ziemlich wohlhabend und hat ein paar der besten Cafés und Museen zwischen hier und Gaspé. Die vielen Studenten sorgen für eine nette Atmosphäre. Rimouski ist ein idealer Ort, um Besorgungen zu machen oder auf die Fähre zu warten.

Die vielbesuchte, hilfreiche **Touristeninformation** (☎418-723-2322; www.tourisme-rimouski.org; 50 Rue St Germain Ouest; ⊙Mitte Juni–Anfang Sept. 8.30–19.30 Uhr, Anfang Okt.–Mitte Juni Mo–Fr 9–12 & 13–16.30 Uhr) befindet sich an der Place des Veterans, wo sich die Rue St. Germain und die Ave de la Cathédrale treffen.

Sehenswertes & Aktivitäten

Musée de la Mer MUSEUM

(www.shmp.qc.ca; 1034 Rue du Phare; Erw./Kind 14,50/8 C$; ⊙Juni–Aug. 9–18 Uhr, Sept.–Anfang Okt. 9–17 Uhr) Das Musée de la Mer 7 km östlich der Stadt beleuchtet die Tragödie der *Empress of Ireland*, eines der schlimmsten Schiffsunglücke nach der *Titanic*-Katastrophe. Nach der Kollision mit einem norwegischen Kohlefrachter verschwand die *Empress* innerhalb von nur 14 Minuten im Sankt-Lorenz-Strom. 1012 Menschen kamen bei dem Unglück ums Leben. Als zwei Monate später der Erste Weltkrieg ausbrach, geriet das Desaster quasi in Vergessenheit.

Auf demselben Gelände kann man im Rahmen einer geführten Tour die 128 Stufen hinauf zum **Leuchtturm Pointe au Père** (Erw./Kind 4/3 C$) erklimmen. Er ist der höchste Leuchtturm in Westkanada. Das ehemalige Wärterhäuschen beherbergt eine Ausstellung über das Navigieren auf dem Strom und über Tauchgänge zur *Empress* in 45 m Tiefe.

Das Wrack selbst zählt zu den besten, aber auch gefährlichsten **Tauchspots** der Welt. Mehrere unerfahrene Taucher sind hier schon ertrunken. Strömung, Sicht und Wassertemperatur sind wahrhaft eine Herausforderung.

Musée Régional de Rimouski KUNSTGALERIE

(www.museerimouski.qc.ca; 35 Rue St Germain Ouest; Erw./Kind 5/3 C$; ⊙Juni–Sept. Mi–Fr 9.30–20, Sa–Di 9.30–18 Uhr, Okt.–Mai Mi–So 12–17 Uhr) Diese Galerie zeigt in einer renovierten Steinkirche zeitgenössische Kunst und bietet regelmäßig Veranstaltungen wie Kinoabende an.

Le Canyon des Portes de l'Enfer AREAL

(Chemin Duchénier; Erw./Kind 9/5 C$) Wanderer und Mountainbiker können von der höchsten Hängebrücke (62 m) Québecs den Blick über den Canyon des Portes de l'Enfer und die Wasserfälle genießen. Der Canyon liegt in der Nähe von St. Narcisse de Rimouski, 30 km südlich der Stadt an der Rte 232.

Schlafen

Unterkünfte gibt's am Ufer und in der Gegend um die Ave de la Cathédrale.

Auberge de la Vielle Maison INN $

(☎418-723-6010; 35 Rue St Germain Est; Zi. inkl. Frühstück 60–85 C$; P ᯤ) Die Zimmer sind sehr viel schöner, als es die verblasste rote Fassade inmitten von Kneipen und Clubs vermuten lässt. Bademäntel und Hartholzfußböden tragen zum Landhaus-Feeling bei.

Auberge de l'Évêché INN $$

(☎418-723-5411; 37 Rue de l'Évêché Ouest; EZ/DZ inkl. Frühstück 88/99 C$; ᯤ) Die acht Zimmer über einer *chocolaterie* gegenüber vom Rathaus haben TV und hübsche alte Fotos an den Wänden.

Essen

Le Crêpe Chignon CAFÉ $$

(www.crepechignon.com; 140 Ave de la Cathédrale; Gerichte 17–21 C$; ⊙8–22 Uhr) Der leuchtende Stern an Rimouskis Restauranthimmel serviert pikante und süße Crêpes, die einfach himmlisch schmecken. Der einzige Nachteil ist, dass man oft auf einen Tisch warten muss.

La Brûlerie d'Ici CAFÉ $

(91 Rue St Germain Ouest; Sandwiches 6 C$; ⌚8–23 Uhr) Hippes Café, in dem guatemaltekischer und äthiopischer Kaffee sowie Snacks von Bagels bis zu Bananenbrot serviert werden. Es gibt WLAN und im Sommer Livemusik.

Central Café CAFÉ $$

(31 Rue de l'Évêché Ouest; Hauptgerichte 12–16 C$; ⌚Mo–Sa 11–22, So 16–22 Uhr) In diesem Café in dem zweistöckigen Haus von 1947 futtern Einheimische Burger, Pasta, Pizza und Sandwiches mit Rauchfleisch.

An- & Weiterreise

Auto

Allô Stop (☎418-723-5248; www.allostop.com; 106 Rue St Germain Est) vermittelt Mitfahrgelegenheiten z. B. nach Québec (16 C$) und Montréal (32 C$).

Bus

Vom **Busbahnhof** (90 Rue Léonidas) fährt Orléans Express nach Québec (60 C$, 4 Std., 4-mal tgl.), Rivière du Loup (33 C$, 1½ Std., 4-mal tgl.) und Gaspé (81 C$, 7 Std., 3-mal tgl.).

Schiff/Fähre

Zwischen Rimouski und Forestville an der North Shore verkehren von Mai bis Anfang Oktober täglich zwei bis vier **Fähren** (☎418-725-2725, 800-973-2725). Die eindreiviertelstündige Überfahrt kostet pro Erwachsenen/Kind/Auto 25/19/40 C$. Es ist möglich, einen Platz zu reservieren!

Der Frachter von **Relais Nordik** (☎418-723-8787, 800-463-0680; www.relaisnordik.com; 17 Ave Lebrun) fährt einmal pro Woche nach Sept Îles, Île d'Anticosti, Havre St. Pierre, Natashquan und zur Lower North Shore. Von Anfang April bis Mitte Januar legt das Schiff jeden Dienstag um 12 Uhr im Jachthafen von Rimouski ab. Am Freitag um 19 Uhr ist man dann in Blanc Sablon. Die Fahrt kostet mindestens 244 C$. Wer in einer Luxuskabine mit Bullauge, Toilette und Dusche übernachtet, muss dafür bis zu 714 C$ hinblättern. An Bord bekommt man auch Essbares (Frühstück/Mittagessen/Abendessen 6,50/14/19 C$). Autos können zwar mitgenommen werden, doch das ist extrem teuer (einfache Strecke 411 C$). Bei den kurzen Zwischenstopps sind Fahrräder ohnehin praktischer. Wer mitfahren will, sollte am besten Monate im Voraus buchen!

Zug

Der **Bahnhof** (57 Rue de l'Évêché Est) öffnet seine Tore nur, wenn Züge der VIA Rail ankommen. Das ist meist nach Mitternacht. Pro Woche bestehen neun Verbindungen nach/ab Montréal (140 C$, 8 Std.).

GASPÉ-HALBINSEL

Die Landzunge, die von den Einheimischen „La Gaspésie" genannt wird, ist eine der einsamen, ländlichen Gegenden, über die alle möglichen Geschichten kursieren – meistens unter Menschen, die niemals hier waren. Diese urbanen Mythen kann man zwar als Seemannsgarn bezeichnen, sie beweisen aber, dass Gaspé bis heute die Fantasie der Québecer beflügelt.

Die Überbleibsel einer farbenfrohen, kolonialen Vergangenheit säumen die Küste der Halbinsel, die in den Golf hinausragt, wo Schiffswracks vor sich hin rosten und Wale vorbeiziehen. Genau wie die Wale fühlten sich auch die Normannen, Bretonen, Basken, Portugiesen und die Bewohner der Kanalinseln von den reichen Fischgründen angezogen. Nach Ereignissen wie der Großen Hungersnot in Irland und der Amerikanischen Unabhängigkeit ließen sich englische, schottische und irische Flüchtlinge am Südufer nieder. Dort entstanden englischsprachige Gemeinden, deren Dialekt noch heute mehr dem beschwingten Sprachrhythmus der Alten Welt folgt als der klassisch kanadischen Kadenz. Die an der Rte 132 flatternden Fahnen wurden von den Nachfahren akadischer Siedler gehisst.

Die kleinen Gemeinden mit ihren bunten Bauernhäusern und silbern leuchtenden Kirchtürmen liegen in einer herrlichen Landschaft. Hier gibt es den berühmten durchbohrten Felsen von Percé und endlos erscheinende Strände vor eisbedeckten Klippen. Im bergigen, bewaldeten Hinterland befindet sich der atemberaubende Parc de la Gaspésie. Zu den wenigen Routen in dieser Gegend zählen die Straße durch das Matapedia-Tal, der International Appalachian Trail und die Rte 198, eine der einsamsten Strecken der ganzen Provinz.

Im Gegensatz zur geschäftigen Nordküste ist die südlich gelegene Baie des Chaleurs, die ihren Namen dem relativ warmen Wasser zu verdanken hat, eher ruhig. Nach den beeindruckenden Erlebnissen im übrigen Gaspé kann man hier wunderbar relaxen. Auf der ganzen Halbinsel dauert die

Gaspé-Halbinsel

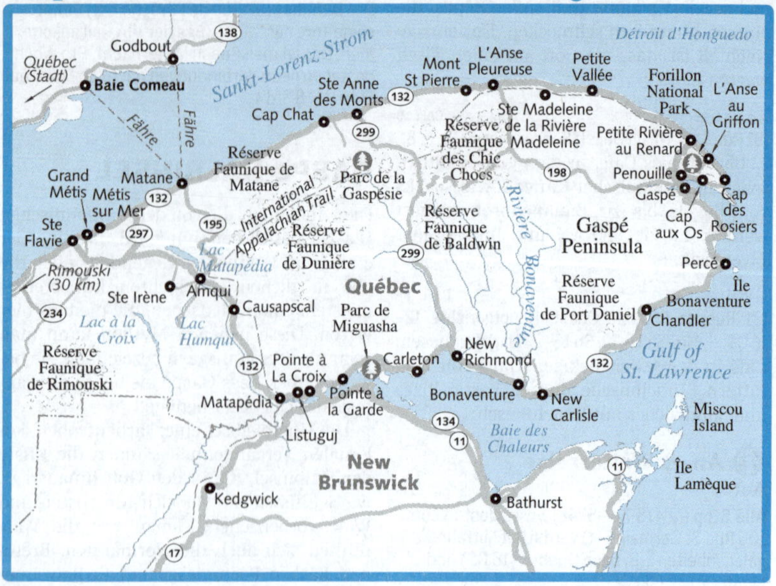

Touristensaison etwa von Juni bis Mitte September. Außerhalb dieser Zeit ist hier bedeutend weniger los, und von November bis Mitte Mai macht hier nur einer Action: die gegen die Felsen donnernden Wellen.

Ste. Flavie

Das Tor zu Gaspé ist auch eine der touristischsten Städte der Halbinsel. Aber dennoch ist es ein lockerer Ort, in dem man gut eine Pause einlegen kann, bevor man die Felsenlandschaft in Angriff nimmt, die nicht weit oberhalb der Rte 132 aufragt.

Das große Büro von **Tourisme Gaspésie** (☎418-775-2223, 800-463-0323; 357 Rte de la Mer; ⏲Mitte Juni–Mitte Sept. 8–20 Uhr, Mitte Sept–Mitte Juni 8.30–16.30 Uhr) an der Rte 132 ist Gaspés Haupttouristeninformation. Wer in der Nebensaison hier ist, sollte sich die Broschüre mit Winterangeboten besorgen.

In der **Vieux Moulin** (141 Rte de la Mer; Eintritt frei; ⏲8–21 Uhr) kann man Shakespeares Lieblingsgetränk probieren: Met. Die Windmühle aus dem 19. Jh. beherbergt auch ein kleines Museum mit Artefakten aus der Ur- und Kolonialzeit.

Hellster Stern am Kunsthimmel des Orts ist das **Centre d'Art Marcel Gagnon** (www.centredart.net; 564 Rte de la Mer; Eintritt frei; ⏲Mai–Mitte Okt. 7.30–22 Uhr, Mitte Okt–April 7.30–21 Uhr). Draußen befindet sich die außergewöhnliche Skulptur *The Great Gathering*, die aus 100 Steinfiguren besteht, die aus dem Sankt-Lorenz-Strom herauszusteigen scheinen. Leider hat die Galerie mit Werken von Gagnon und seinem Sohn einen leicht kommerziellen Touch, denn es werden alle möglichen *Great-Gathering*-Souvenirs zum Kauf angeboten.

Die **Auberge** (☎418-775-2829, 866-775-2829; Zi. inkl. Frühstück 79–109 C$) im Obergeschoss hat schlichte, künstlerisch angehauchte Zimmer mit Bad. Das **Restaurant** (Gerichte 13–25 C$; ⏲7.30–20.30 Uhr) mit der tollen Aussicht serviert Pizza, Pasta und Meeresfrüchte.

Seit 1968 ist das **Capitaine Homard** (180 Rte de la Mer; Gerichte 15–35 C$; ⏲Mai–Sept. 11–23 Uhr) mit Blick über den Sankt-Lorenz-Strom der Treffpunkt überhaupt. Inmitten von Seemannskram kommen ausgesprochen schmackhafte Meeresfrüchte auf den Tisch. Außerdem gibt's Internetzugang, Campingmöglichkeiten und Hütten.

Grand Métis

Die **Jardins de Métis** (www.refordgardens.com; 200 Rte 132; Erw./Kind 16 C$/frei; ⏲Juni & Okt. 8.30–17 Uhr, Juli–Sept. 8.30–18 Uhr) zählen zu Gaspés beliebtesten Attraktionen.

Auf über 90 ha tadellos gepflegten Gartenflächen wachsen 3000 verschiedene Pflanzenarten. Das Gelände wurde 1910 angelegt und ist auch unter dem Namen Reford Gardens bekannt (nach Elsie Reford, die das Land von ihrem Onkel Baron Mount Stephen erbte. Letzterer gründete die Canadian Pacific Railway und wohnte in einer Villa mit 37 Zimmern, die heute ein Museum ist). Von Ende Juni bis September findet hier das International Garden Festival statt. Das Café in der Villa serviert Mittagessen und englischen Tee.

Etwa 10 km östlich von Grand Métis liegen die Strandorte **Métis Beach** und **Métis sur Mer**. Mit den großen Rasenflächen und den britischen Namen auf Straßenschildern und Briefkästen ähneln sie amerikanischen Städten. Als traditionelle Hochburg des englischsprachigen Bürgertums hat die Region einen englischsprachigen Bevölkerungsanteil von 85%.

Matane

Der kommerzielle Fischereihafen Matane ist für seine Shrimps bekannt. Obwohl es nicht gerade der schönste Ort der Halbinsel ist, so kommen die Besucher doch gerne hierher, um Lachse zu angeln oder in den Märkten und Restaurants den Fang des Tages zu probieren.

Die **Touristeninformation** (☎418-562-1065; www.tourismematane.com; 968 Ave du Phare Ouest; ⌚Juni & Sept. 9–18 Uhr, Juli & Aug. 9–21 Uhr) befindet sich im Leuchtturm neben dem Meeresmuseum.

Sehenswertes & Aktivitäten

Observation Center ANGELN

(260 Ave St Jerômé; Erw./Kind 3 C$/frei; ⌚Mitte Juni–Aug. 7.30–21.30 Uhr, Sept. 8–20 Uhr) Im Juni schwimmen bis zu 19 kg schwere Lachse den Rivière Matane zum Laichen hinauf. Vor oder nach dem Abendessen lohnt sich der Besuch des Observation Centers am Damm. Hier bekommt man auch eine Angelgenehmigung, mit der man dann auf einer Strecke von 100 km von der Stadt aus im Fluss angeln darf.

Absolu Écoaventure WANDERN

(www.ecoaventure.com) Dieser Outfitter wandert mit Anfängern und Fortgeschrittenen über ein Teilstück des International Appalachian Trail (s. Kasten S. 334) durch die raue Wildnis der Réserve Faunique de Matane. Online reservieren!

Poissonnerie Boréalis MARKT

(985 Rte 132; ⌚8–18 Uhr) Gute Auswahl an frischem oder geräuchertem Fisch.

Schlafen & Essen

Camping Rivière CAMPING $

(☎418-562-3414; 150 Rte Louis Félix Dionne; Stellplatz Zelt & Wohnmobil 22–30 C$) Der Campingplatz südwestlich des Stadtzentrums bietet 145 ruhige, separate Stellplätze unter Bäumen. Von der Stadt aus der Rue Henri Dunant südwärts in Richtung Amqui folgen.

Hôtel Motel Belle Plage HOTEL $$

(☎418-562-2323; www.hotelbelleplage.com; 1310 Rue Matane sur Mer; EZ 62–118 C$, DZ 67–149 C$; 📶) Gäste können sich hier Räucherlachs und Weißwein aufs Zimmer bringen lassen und das Ganze dann auf dem Balkon verspeisen. Ziemlich nobel für ein Motel! Die Unterkunft liegt in der Nähe des Fähranlegers in einiger Entfernung vom Lärm der Rte 132.

La Seigneurie B&B $$

(☎418-562-0021; 621 Ave St Jérôme; Zi. 99–119 C$) Freundliches B&B in einem Anwesen von 1919 mit Mansardenzimmern und einem großen Klavier. Im „Zimmer für Verliebte" gibt's eine freistehende Badewanne.

Le Rafiot SEAFOOD $$

(1415 Ave du Phare Ouest; Hauptgerichte 9–40 C$; ⌚Mo–Fr 11–14, tgl. 17–21 Uhr) Lockeres Bistro mit maritimem Dekor. Aus der Küche kommen verschiedene Seafood-Duos und -Trios.

An- & Weiterreise

Busse (☎418-562-4085; 521 Rte 132) halten und starten an der Irving-Tankstelle 1,5 km östlich des Stadtzentrums. Es fahren täglich zwei Busse von Orléans Express nach Gaspé (39 C$, 5 Std.) und Rimouski (26 C$, 1½ Std.).

Eine **Fähre** (☎877-562-6560) verbindet Matane mit Baie Comeau und Godbout (s. S. 310). Der Fähranleger ist unweit der Rte 132 etwa 2 km westlich des Stadtzentrums.

Cap Chat

Cap Chat ist ein typisches Gaspé-Dorf ... sieht man mal von den 133 Windrädern oberhalb der weißen Häuser ab. Mit einer Stromproduktion von 100 MW ist Kanadas größter Windpark weltweit der wirtschaftlichste. Auf einer Länge von 100 km verteilen sich die surrealen Monster über die Hügel am Anfang des Sankt-Lorenz-Golfs. Das Obermonster ist das weltweit größte

Vertikalwindrad, das aber nicht mehr in Gebrauch ist.

Wer Interesse an einer einstündigen Führung einschließlich des größten Windrades hat, kann sich an **Éole Cap-Chat** (www.eolecapchat.com; geführte Touren 10 C$; ⌚Ende Juni–Okt. 9–17 Uhr) wenden. Westlich von Cap Chat Ausschau nach den Schildern an der Rte 132 halten! Es werden auch englischsprachige Führungen angeboten.

An der Rte 132 östlich der Brücke bei Cap Chat befindet sich der **Camping au Bord de la Mer** (☎418-786-2251; 173 Rue Notre Dame Est; Zelt- & Wohnmobilstellplatz 20–26 C$). Der einfache Campingplatz bietet einen schönen Blick auf den Fluss.

Ste. Anne des Monts

Als regionales Servicezentrum an der Abzweigung zum Parc de la Gaspésie ist Ste. Anne des Monts ein guter Ort, um sich vor Aufbruch in die Wildnis im Landesinneren mit Proviant und Benzin einzudecken und sich noch einmal mit Meeresfrüchten zu stärken.

Die **Touristeninformation** (☎418-763-7633; 96 Blvd Ste Anne Ouest; ⌚Ende Juni–Sept. 8–20 Uhr) befindet sich an der Rte 132 neben der Orléans-Express-Bushaltestelle.

An der Rte 132 östlich der Stadt steht die abgefahrene HI-Unterkunft **Auberge Festive Sea Shack** (☎418-763-2999; www.aubergefestive.com; Ruisseau Castor; Stellplatz 13–17 C$, B Mitglieder/Nicht-Mitglieder 25/29 C$, Hütte ab 70 C$; @📶), ein Highlight der „Party-Hostel"-Szene. An der Strandbar spielen Bands. Wasserfreaks können Kajaktouren unternehmen oder vom Whirlpool unter freiem Himmel auf den Sankt-Lorenz-Strom schauen.

Im 1864 errichteten **La Seigneurie des Monts** (☎418-763-5308; www.seigneurie-desmonts.com; 21 1-ère Ave Est; Zi. 99–119 C$) sorgen knarrende Dielen, Morgenmäntel für „sie und ihn", antiquarische Bücher und eine Chaiselongue für historisches Ambiente.

Parc de la Gaspésie

Von Ste. Anne des Monts führt die Rte 299 gen Süden zu diesem fantastischen, wilden **Park** (☎418-763-7494, 866-727-2427; www.sepaq.com/pq/gas/en; Erw./Kind 3,50 C$/frei) mit einer Fläche von 802 km². Zu der spektakulären Landschaft mit den vielen Seen gehören auch zwei der schönsten Bergketten Québecs: die Monts Chic-Choc und die Monts McGerrigle mit insgesamt 25 der 40 höchsten Gipfel der Provinz. Hier gibt's außerdem einige der malerischsten Campingplätze Québecs sowie 140 km Wanderwege, darunter einen der besten Abschnitte des International Appalachian Trail. Und was gibt's sonst noch? Im Park lebt die einzige Karibu-Herde südlich des Sankt-Lorenz-Stroms. Mit etwas Glück lassen sich die Tiere in einiger Entfernung blicken. Man sollte aber unbedingt auf den Wegen bleiben, um ihnen und der empfindlichen Vegetation keinen Schaden zuzufügen.

Das sehr engagierte Personal des **Interpretation Center** (⌚Anfang Juni–Mitte Sept. 8–22 Uhr) ist gern bereit, bei der Reiseplanung bezüglich Zeit und Budget behilflich zu sein. Hier kann man sich auch die erforderliche Wanderausrüstung ausleihen.

Sehenswertes & Aktivitäten

Québecs zweithöchster Gipfel, der **Mont Jacques Cartier** (1270 m), ist der höchste, den man besteigen kann. Die dreieinhalbstündige Rundwanderung führt durch eine alpine Landschaft mit herrlicher Aussicht. Unterwegs stehen die Chancen gut, Karibus zu sehen. Weitere tolle Wanderungen sind z. B. der anstrengende Marsch auf den Gipfel des **Mont Albert** und der weniger bekannte, schöne Aufstieg auf den **Mont Xalibu**. Für diese Tour, die an Bergseen und einem Wasserfall vorbeiführt, sollte man hoch und runter insgesamt einen halben Tag einkalkulieren. Am **Mont Ernest Laforce** tummeln sich Elche, die morgens und abends häufig am **Lac Paul** weiden.

Schlafen & Essen

Ste. Anne des Monts ist eine günstige Ausgangsbasis für Trips in den Park. Die vier Campingplätze haben Zelt- und Wohnmobilstellplätze für 25 C$ die Nacht. Die betriebsamsten Plätze befinden sich in der Nähe des Interpretation Center, Lac Cascapédia ist am ruhigsten. Es gibt auch **Hütten** (ab 138 C$) für zwei bis acht Personen.

Gîte du Mont Albert INN $$
(☎418-763-2288, 866-727-2427; Zi. & Cottage inkl. Frühstück ab 73 C$/Pers.; ⌚Jan.–Okt.; ❄@📶🏊) In der großen, gemütlichen Lodge neben dem Interpretation Center lassen sich Naturerlebnis mit Luxus verbinden. Es gibt einen Pool, eine Sauna und ein Spitzenrestaurant mit Fenstern vom Boden bis zur Decke und Blick auf die Berge.

An- & Weiterreise

Von der Touristeninformation in Ste. Anne des Monts fährt ein Bus zum Interpretation Center. Von Ende Juni bis Ende September startet er täglich um 8 Uhr, zurück geht's um 16.45 Uhr (hin & zurück Erw./Kind. 6/4 C$). Es gibt auch eine tägliche Verbindung zwischen dem Interpretation Center und dem Ausgangspunkt der Wanderwege am Mont Jacques Cartier (14/10 C$). Fünfmal täglich verkehrt ein Shuttlebus zwischen dem Mont-Jacques-Cartier-Campingplatz und dem Startpunkt der Wanderwege (6/4 C$).

Die Fahrt vom Interpretation Center zum Mont St. Pierre sollte über die Rte 299 und die Rte 132 an der Küste entlang erfolgen. Diese Strecke ist schneller, sicherer und malerischer als die von Bäumen gesäumte Piste durch den Park.

Réserve Faunique des Chic Chocs

Das Naturschutzgebiet rund um den Parc de la Gaspésie ragt z. T. in diesen hinein. Es ist vor allem Jagd- und Angelrevier, lockt aber auch mit geologischen Kostbarkeiten: Achate sind hier keine Seltenheit. In der **Mont Lyall Mine** (Erw./Kind 8/5 C$; ⌚Juni–Sept. 9–17 Uhr) kann man auf Edelsteinsuche gehen. Um zum Haupteingang zu kommen, fährt man zunächst die Rte 299 nach Süden. 12 km hinter der Gîte du Mont Albert zweigt die Rte du Lac Ste. Anne ab, auf der man dann 1,5 km gen Osten in Richtung Murdochville fährt.

Mont St. Pierre

Östlich von Ste. Anne des Monts wird die Landschaft immer spektakulärer. Die North Shore auf der anderen Seite des Sankt-Lorenz-Stroms verschwindet langsam aus dem Blickfeld und die Straße schlängelt sich um Felsklippen und Wasserfälle. Hinter jeder Kurve offenbart sich ein neues Stück Berglandschaft, die stufenförmig zum Meer hin abfällt.

Hinter einer Haarnadelkurve kommt Mont St. Pierre in Sicht. Der Ort verdankt seinen Namen einem 418 m hohen Berg mit einem Felsvorsprung, der zu den besten Spots für **Drachen-** und **Gleitschirmfliegen** in Amerika zählt. Ende Juli findet hier das zehntägige **Fête du Vol Libre** statt, dann füllt sich der Himmel mit Hunderten von Drachen und Gleitschirmen. In der Nähe des östlichen Ortsrands führen holprige Straßen südlich vom Camping Municipal hinauf zu den Startplätzen am Mont St. Pierre, von wo aus man eine grandiose Aussicht hat. Wem der einstündige Aufstieg zu anstrengend ist, der besorgt sich ein Quad.

Unterhalb der Geröllfelder am Mont St. Pierre befindet sich der gut ausgestattete **Camping Municipal** (☎418-797-2250; 103 Rte 2; Stellplatz Zelt & Wohnmobil 23–30 C$; ⌚Jun–Mitte Sept.; 🅿) mit Waschmaschinen, Pool und Tennisplatz.

Den Parc de la Gaspésie und die Réserve Faunique des Chic Chocs erreicht man über die Rte 2, die ein paar Kilometer südlich der Stadt zur Schotterstraße wird. Unbedingt eine Karte mitnehmen und auf Langholzlaster achtgeben! Zum Interpretation Center fährt man besser über die Hauptstraßen (s. S. 326).

Östlich von Mont St. Pierre

Je weiter man nach Osten kommt, desto majestätischer wird die Landschaft. Die Rte 132 windet sich um Felsen und führt über Landzungen, vorbei an Telegrafenmasten, die aus Geröllhügeln herausragen. Entlang der Straße gibt's ein paar tolle Aussichtspunkte und Picknickplätze. Aber Achtung, die Strecke ist nicht einfach und kann für Motor und Bremsen schnell zur Belastungsprobe werden!

Neben dem Leuchtturm von **Ste. Madeleine de la Rivière Madeleine** gibt's ein Café mit Internetzugang, ein Angelzentrum und ein Museum, das über die hiesige Papiermühle informiert, in der zur Blütezeit im Jahr 1921 mehr als 1200 Menschen arbeiteten. Beim **Grande Vallée** führt die Straße durch tiefe, grüne Täler, wo es Wände aus Schichtgestein gibt, in denen mehr Wellen zu sehen sind als in den ruhigen Buchten auf der anderen Straßenseite.

Petite Vallée ist ein idyllisches Dorf am Ufer, das seinen Charme besonders rund um das blau-weiße **Théatre de Vieille Forge** (☎418-393-2222; 4 Rue de la Longue-Pointe) zur Schau stellt, in dem ein Großteil des **Festival en Chanson** (⌚Ende Juni–Anfang Juli) stattfindet. Es zählt mittlerweise zwar zu Québecs bedeutendsten Folksong-Festivals, hat sich aber dennoch eine familiäre Atmosphäre bewahren können. Kinder und sogar der Metzger vom Ort machen spontan auf der Bühne mit.

Wer nun meint, dass dies eine durch und durch friedliche Gegend sei, liegt falsch.

Das winzige Nest **St. Yvon** wurde im Zweiten Weltkrieg von einem Torpedoirrläufer getroffen.

Wer den Besuch des Forillon National Park nicht auf seinem Reiseplan stehen hat, fährt auf der Rte 197 gleich hinter Petite Rivière au Renard nach Süden und umgeht so das Ende der Halbinsel.

Die Grabsteine auf dem **Cimetière des Ancêtres** am Rand der Steilküste in **Cap des Rosiers**, dem Tor zum Forillon-Park, geben Aufschluss über die Geschichte der Iren, Franzosen und Kanalinselbewohner, die sich einst hier ansiedelten. Der hiesige **Leuchtturm** ist der höchste Kanadas.

Parc National Forillon

Der kleine **Park** (www.pc.gc.ca/forillon; Erw./Kind 7,80/3,90 C$; ⏲Rezeption Anfang Juni–Mitte Okt. 10–17 Uhr, Park 24 Std.) an Gaspés nordöstlichstem Zipfel ist genau der richtige Ort, um Touren durch die obere Hälfte der Halbinsel zu beenden. Die schroffen Klippen ziehen Seevögel an, u.a. Kanadareiher. Draußen vor der Küste werden oft Wale und Robben gesichtet. In den sanft geschwungenen, bewaldeten Hügeln weiter landeinwärts tummeln sich Elche, Hirsche, Füchse und auch immer mehr Schwarzbären.

Karten sind bei den Besucherzentren an den beiden Haupteingängen erhältlich. Einer befindet sich in L'Anse au Griffon östlich von Petite Rivière au Renard an der Rte 132, der andere am südlichen Parkrand in Penouille.

Sehenswertes & Aktivitäten

An der Nordküste gibt es steile Kalksteinklippen, die bis zu 200 m hoch sind. Ein Paradebeispiel für lange Kiesstrände ist das **Cap Bon Ami**. Dort kann man durch ein Teleskop Wale und Robben beobachten. Im **Nordsektor** südlich von Cap des Rosiers ist ein toller Picknickbereich mit einem kleinen, felsigen Strand. Die Südküste hat mehr Strände; manche sind Sandstrände mit kleinen Buchten. Am **Penouille Beach** ist das Wasser angeblich am wärmsten. Für die seltenen Maritime Ringlets (eine Schmetterlingsart) sind die hiesigen Salzwiesen der ideale Lebensraum. Am Ende der Halbinsel kann man den Sonnenuntergang optimal genießen.

Die Wandermöglichkeiten im Park reichen von harmlosen, halbstündigen Rundwanderungen bis zu einem anstrengenden Trek von 18 km Länge (einfache Strecke 6½ Std.). Eine leichte Tour führt Richtung Osten zum **Cap Gaspé**, wo man Aussicht auf die Meeresküste hat. Der International Appalachian Trail endet im Park – hier fallen die Appalachen steil zum Meer ab.

Mindestens einmal pro Tag organisiert Parks Canada verschiedene Aktivitäten wie Whale-Watching, Seekajakausflüge, Angeln, Sporttauchen und Reiten mit englischsprachigen Führern.

Schlafen

Auberge Internationale Forillon HOSTEL $
(☎418-892-5153; www.aubergeforillon.com; 2095 Blvd Grande Grève, Cap aux Os; B Mitglieder/Nicht-Mitglieder 20/24 C$, Zi. 42/50 C$; ⏲Mai–Nov.) Dieses HI-Hostel ist eine fantastische Ausgangsbasis für alle, die den Park erkunden wollen. Das freundliche Personal gibt gerne Wandertipps. Das Essen im Restaurant ist überteuert und ziemlich durchschnittlich. Wenn alle Zimmer belegt sind, ist die Atmosphäre manchmal etwas anstaltsmäßig. Das wird aber durch den Blick über die Bucht wieder wettgemacht. Ganz in der Nähe gibt es einen *dépanneur* (kleinen Supermarkt) sowie einen Fahrrad- und Kajakverleih.

Forillon Campgrounds CAMPING $
(☎866-787-6221; www.pccamping.ca; Stellplatz Zelt/Wohnmobil 26/30 C$; ⏲Ende Mai–Sept.) Der Park hat drei Campingplätze mit insgesamt 367 Stellplätzen, die häufig komplett belegt sind. Petit Gaspé ist der beliebteste, denn er ist windgeschützt und hat warme Duschen. Cap Bon Désir ist mit nur 41 Zeltstellplätzen der kleinste.

Anreise & Unterwegs vor Ort

Zum Park fahren nur wenige öffentliche Verkehrsmittel. Die zwischen Rimouski und Gaspé verkehrenden Busse von Orléans Express halten im Sommer im Park, u. a. in Cap des Rosiers und Cap aux Os. Leider muss man dann noch einen Fußmarsch die Rte 132 entlang in Kauf nehmen, um die Wanderwege und Campingplätze zu erreichen. Auf Wunsch kann man sich vom Fahrer im Park absetzen lassen. Im Sommer verkehrt ein Shuttlebus zwischen Besucherzentrum in Penouille und Strand (1,50 C$).

Gaspé

Die Hauptstadt der Halbinsel gleichen Namens punktet vor allem mit der Aussicht auf den Parc National Forillon, hat aber auch noch zwei weitere interessante Attraktionen zu bieten. Nach ein paar Tagen im Park fällt einem die Rückkehr in die Zivilisation hier möglicherweise leichter als im touristischeren Percé.

Hier landete Jacques Cartier erstmals im Juli 1534. Nachdem er mit den Irokesen der Region Kontakt aufgenommen hatte, stellte er mutig ein Holzkreuz auf und nahm das Land im Namen des französischen Königs in Besitz.

Sehenswertes

Musée de la Gaspésie MUSEUM

(80 Blvd Gaspé; Erw./Kind 7/4 C$; ⌚Juni–Okt. 9–17 Uhr, Nov.–Mai Di–Fr 9–17, Sa 13–17 Uhr) Hier wird man mit der Geschichte der Halbinsel bekannt gemacht. Exponate wie ein Stundenglas aus dem 17. Jh. erinnern an das Seefahrererbe. Am beeindruckendsten ist die Ausstellung über Jacques Cartier, den ehemaligen Schiffsjungen, der die französische Marine davon überzeugen konnte, seine „Reise in das Königreich der Neuen Welt" zu unterstützen. Draußen erinnert ein **Bronzedenkmal** an Cartiers Landung.

Site d'Interpretation de la Culture Micmac de Gespeg MUSEUM

(783 Blvd Pointe Navarre; Erw./Kind 8/3 C$; ⌚Juni–Sept. 9–17 Uhr) Dieses Zentrum nordwestlich des Orts neben der Kirche **Notre Dame des Douleurs**, einer katholischen Pilgerstätte, informiert mit einer Ausstellung über die Kultur und Geschichte der Mi'kmaq. Englisch- und französischsprachige Führungen (10, 11, 14 & 15.30 Uhr) und Workshops.

Schlafen & Essen

Motel Adams MOTEL $$

(☎418-368-2244, 800-463-4242; www.moteladams.com; 20 Rue Adams; Zi. 86–154 C$; P ❄ 📶) Zentral gelegene Unterkunft mit 96 großen Wohneinheiten, einer Bar und einem Restaurant. Die Busse von Orléans Express halten vor der Tür.

Motel Plante MOTEL $$

(☎418-368-2254, 888-368-2254; 137 Rue Jacques-Cartier; Zi. 80–130 C$; @📶) Das Motel oben auf einem kleinen Hügel mit Blick auf das Zentrum von Gaspé hat einfache Suiten und Wohnstudios mit Küche.

Café des Artistes CAFÉ $

(101 Rue de la Reine; Sandwiches 7–11 C$; ⌚7–22 Uhr) Hier dudelt Weltmusik. Die Tee- und Kaffeekarte ist fast so lang wie Gaspé, auf der Speisekarte steht fast alles von Croissants bis Pizza.

Bistro Bar Brise-Bise CAFÉ $$

(135 Rue de la Reine; Gerichte 10–20 C$; ⌚11–22 Uhr) Allabendliche Unterhaltung, zu der Pizza, Burger und Muscheln serviert werden.

An- & Weiterreise

Air Canada fliegt täglich vom kleinen Flugplatz südlich der Stadt zu den Îles de la Madeleine und über Québec nach Montréal. Von Montréal fahren drei VIA-Rail-Nachtzüge, die am Bahnhof Charny in Québec einen Zwischenstopp einlegen, durch das Matapédia-Tal und dann am Südrand der Halbinsel Gaspé entlang (ab 181 C$, 18 Std.).

Percé

Die reizvollen Seiten von Gaspé scheinen hauptsächlich die Nationalparks und nicht so sehr die Städte zu sein, wären da nicht Percé und der berühmte Rocher Percé (durchbohrte Felsen). Der mehrfarbige Kalksteinbrocken ist 88 m hoch und 475 m lang. Seit dem Logbucheintrag von Samuel de Champlain 1603 wurde er in vielen Reisetagebüchern anschaulich beschrieben.

Der Felsen gehört zu Kanadas bekanntesten Wahrzeichen. Er ragt in der Nähe der **Île Bonaventure**, Nordamerikas größtem Zugvögelquartier, aus dem Meer. An dieser Stelle des Golfs warfen unzählig viele europäische Kabeljaufischer schon 1784 ihre Netze aus. Nach dem Verzehr eines Hummers in der schönsten Stadt der Halbinsel kann man die fischigen Kalorien bei Wanderungen durch die Hügel der Appalachen wieder loswerden.

Die **Touristeninformation** (☎418-782-5448, 800-463-0323; 142 Rte 132; ⌚Ende Mai & Okt. 9–17 Uhr, Juni & Sept. 9–18 Uhr, Juli & Aug. 8–20 Uhr) befindet sich im Ortszentrum.

Sehenswertes & Aktivitäten

Die Hauptattraktion des Orts, der **Rocher Percé**, ist vom Festland aus nur bei Ebbe zugänglich. Der Tidenkalender hängt in der Touristeninformation aus. Die Schilder, die vor herunterfallenden Felsbrocken warnen, sollten unbedingt ernst genommen werden. Von dem Riesenfelsen lösen sich jedes Jahr rund 300 000 kg Schutt! Ursprünglich hatte der Fels zwei Löcher. Einer der beiden Bögen brach 1845 aber in sich zusammen. Im Jahr 2003 stürzten 100 000 kg auf einmal ins Meer. Am Ende der Rue du Mont Joli führen Stufen hinunter zum Felsen, der auch im Rahmen der meisten Bootsausflüge zur Île Bonaventure besucht wird.

Der Eintrittspreis zum **Parc National** (4 Rue du Quai; Erw./Kind 3,50 C$/frei; ⌚Juni–Mitte Okt. 9–17 Uhr) mit Blick auf den Felsen beinhaltet eine Begrüßung, die Besichtigung von ein paar umliegenden Gewässern und der Île Bonaventure sowie den Besuch des Infozentrums, in dem man viel über die Lokalgeschichte, die Vogelwelt und die geologischen Gegebenheiten vor Ort erfährt.

Ein **Bootausflug** zur grünen Île Bonaventure (s. Kasten S. 332) mit ihren mehr als 100 000 Basstölpeln ist ein aktives Gegenmittel zu Percés verführerischen Fischplatten. Die Stände und Vermittler der Tourveranstalter befinden sich rund um den Anleger verteilt. Man sollte sich vorher unbedingt erkundigen, ob ein Zwischenstopp auf der Insel eingelegt wird oder ob sie nur umrundet wird. Größere Boote können nicht so nah an die Attraktionen heranfahren.

Der **Club Nautique de Percé** (199 Rte 132) bietet Kajak-, Fahrrad- und Tauchausflüge an. Auch die erforderliche Ausrüstung kann hier geliehen werden. Der beheizte Pool eignet sich für all diejenigen, die sich nicht in die Fluten stürzen wollen.

Oberhalb der Stadt gibt's ein paar traumhafte Wanderwege durch die Hügel der wildesten Gegend im südlichen Gaspé. Hinter der Kirche beginnt der 3 km lange Weg zum **Mont Ste. Anne** (340 m). Nachdem man die Aussicht genossen hat, bietet sich ein Abstecher zu **La Grotte** (The Cave) an. Ein weiterer, 3 km langer Weg führt zur **Great Crevasse**, einer tiefen Felsspalte in der Nähe der Auberge du Gargantua. In der Touristeninformation sind nützliche Karten erhältlich.

Geführte Touren

Les Traversiers de l'Île BOOTSFAHRT
(☎418-782-5526; Rue du Quai; ⌚Mitte Juni–Sept.) Einer der drei Veranstalter, die Hummerfang-Exkursionen und geführte Touren (Erw./Kind 22/7 C$) zur Île Bonaventure anbieten. Die Teilnehmer können an Land gehen und die Insel erkunden.

Taxi Percé JEEPTOUR
(☎418-782-2102; 16 Rue St Michel; ⌚Juni–Sept.) Wer zu faul zum Laufen ist, kann an einer der zweieinhalbstündigen Touren im Geländewagen zu so malerischen Orten wie Mont Ste. Anne, La Grotte und Le Pic d'Aurore (25 C$) teilnehmen.

Schlafen

Unterkünfte sind hier normalerweise recht preiswert. Im Hochsommer schnellen die Preise mit den zunehmenden Besucherzahlen allerdings in die Höhe. Dann ist es unbedingt ratsam, im Voraus zu buchen oder sich bereits am frühen Nachmittag auf Zimmersuche zu begeben. Die Touristeninformation kann dabei behilflich sein. In unmittelbarer Nähe befinden sich zahlreiche Motels und Campingplätze, teilweise mit Traumaussicht. In der ruhigen Rue de l'Église gibt's einige günstig gelegene, erstklassige Gästehäuser mit viel Charme. Die folgenden Unterkünfte sind nur zwischen Mai und Oktober geöffnet.

Gîte au Presbytère B&B $$
(☎418-782-5557; www.perce-gite.com; 47 Rue de l'Église; EZ/DZ inkl. Frühstück 72/109 C$) Das stattliche, alte Pfarrhaus neben der mächtigen Kirche zählt wegen seiner glänzenden Hartholzfußböden und des gepflegten Gartens zu den besten Unterkünften des Orts. Der freundliche, liebenswürdige Gastgeber Michel kann wahrhaft alle Fragen über die Gegend beantworten. Ein Tummelplatz für Kids fehlt hier natürlich auch nicht.

Hôtel La Normandie HOTEL $$
(☎418-782-2112, 800-463-0820; www.normandieperce.com; 221 Rte 132 Ouest; Zi. 89–399 C$) In der vornehmsten Unterkunft der Stadt fühlt man sich fast wie in der Normandie. Es gibt einen Strand, Zimmer mit Balkonen, einen Speisesaal, in dem Meeresfrüchte serviert werden, und einen weitläufigen Garten mit Panoramablick auf den Felsen.

Le Macareux MOTEL $
(☎418-782-2414, 866-602-2414; Ecke Rte 132 & Rte des Failles; EZ/DZ ab 35/70 C$; P📶) Hinter der Fassade zum Meer, die eine kräftige Brise abkriegt, verstecken sich blitzblanke Zimmer mit TV, Gemeinschaftsbädern und einem guten Preis-Leistungs-Verhältnis. Der Souvenirladen im Erdgeschoss gewährt 15 % Rabatt auf Bootsausflüge.

La Maison Rouge HOSTEL $
(☎418-782-2227; www.lamaisonrouge.ca; 125 Rte 132; B/Zi. 25/75 C$; @) Das rote Haus ist eigentlich eine umgebaute Scheune mit drei Schlafsälen für jeweils zehn Personen. Die separaten Gästezimmer befinden sich im benachbarten historischen Wohnhaus aus dem 19. Jh. mit einem schönen offenen Kamin. Es gibt auch eine Waschküche und einen Fahrradverleih.

Le Coin du Banc INN $
(☎418-645-2907; 315 Rte 132; EZ/DZ/Hütte ab 55/60/85 C$) Die Zimmer mit Gemeinschaftsbädern in dem 130 Jahre alten Bauernhaus mit niedrigen Decken und Hufeisen über den Eingängen versprühen eine Art *Heidi*-Charme. In den vier winzigen Speiseräumen des Restaurants werden Steinbutt, Kabeljauzunge und Jakobsmuscheln serviert. Die Unterkunft liegt 7 km nordwestlich von Percé.

Essen

Percé hat zwar auch günstige Restaurants, wer aber mal so richtig in Meeresfrüchten schwelgen will, sollte es hier tun. Brote fürs Picknick bekommt man in der **Bäckerei** (9 Rue Ste Anne).

La Maison du Pêcheur SEAFOOD $$
(☎418-782-5331; maisondupecheur.restoquebec.com; 155 Place du Quai; Pizzas 13–23 C$, Gerichte 18–40 C$; ⊙Juni–Okt. 11–14.30 & 17–22 Uhr) Preisgekröntes Restaurant in einer ehemaligen Fischerhütte, in der in den 1960er-Jahren eine Kommune gewohnt hat (an der Decke sind noch Graffitis aus dieser Zeit zu sehen). Auf der Speisekarte stehen Meeresfrüchte wie Hummer und 15 verschiedene Pizzas (sogar mit Tintenfisch!), die in einem mit Ahornholz befeuerten Ofen gebacken werden. Unten in dem Bistrocafé L'Atlantique kommt man ins Internet. Reservierung erforderlich!

Auberge du Gargantua FRANZÖSISCH $$$
(☎418-782-2852; Rte des Failles; Gerichte 15–50 C$) In dieser Berghütte oben am Ende einer Straße inmitten von Buschwerk (den Schildern an der Rte 132 folgen!) hat man den Eindruck, dass die Zeit stehen geblieben ist. Das rustikale Restaurant bietet französische Spezialitäten und einen tollen Panoramablick. Die Kalorien kann man danach dann auf den Wanderwegen in der Nähe verbrennen. Reservierung empfohlen!

Resto du Village CAFÉ $$
(162 Rte 132; Gerichte 20 C$; ⊙Juni–Sept. 8–21.30 Uhr, übriges Jahr verkürzte Öffnungszeiten) Das lockere, schon lange beliebte Café serviert guten Kaffee und Speisen in angenehmer Atmosphäre. Auf der Karte stehen Meeresfrüchte und Vegetarisches.

An- & Weiterreise

Die Busse von Orléans Express halten vor der Touristeninformation und fahren dann weiter nach Gaspé (55 Min.), wo man Anschluss zum Parc National Forillon und nach Rimouski (81 C$, 8½ Std.) im Westen hat.

Züge aus Montréal und Gaspé (s. S. 328) halten in l'Anse à Beaufils, 10 km südwestlich von Percé (Taxi ca. 15 C$).

New Carlisle

New Carlisle, eine der bedeutendsten englischen Städte der Gegend, wurde von Königstreuen gegründet. Die Häuser mit Schindelfassaden und die protestantischen, anglikanischen und presbyterianischen Kirchen in den gitterförmig angeordneten Straßen erinnern an New Brunswick. René Lévesque (S. 231) wuchs hier in der Rue Mount Sorrel Nr. 16 auf.

Der erste Bürgermeister der Stadt ließ 1852 das **Hamilton Manor** (☎418-752-6498; www.manoirhamilton.com; 115 Rue Gérard Lévesque; Führung 5 C$, Zi. inkl. Frühstück 80 C$; ⊙Mitte Mai–Dez.; @) im palladianischen Stil errichten. Es ist ein wundervolles Beispiel für den Stil der Kolonialzeit, angefangen beim Bild der Queen Victoria über den Brotofen bis hin zu den Dachkammern der Hausmädchen. Die heutigen Gästezimmer sind im Stil des 19. Jhs. eingerichtet. Zwischen Juni und September wird mittwochs bis sonntags Nachmittagstee in Porzellantassen serviert. Im *petit théâtre* im früheren Wohnzimmer werden Kinoklassiker gezeigt.

Bonaventure

Das 1791 von Akadiern gegründete Bonaventure ist eine nichtssagende, weitläufige Stadt. Aber dennoch lohnt sich ein Zwischenstopp, denn hier kann man vieles über den „Großen Aufstand" der Akadier lernen. Auch eine Bootsfahrt auf dem Rivière Bonaventure, einem der saubersten Flüsse Québecs, lohnt sich.

In der **Touristeninformation** (☎418-534-4014; Rte 132; ⊙Juni & Sept. 9–16 Uhr, Juli & Aug. 9–19 Uhr) kommt man ins Internet.

In dem kleinen **Musée Acadien** (95 Ave Port Royal; Erw./Kind 8/5 C$; ⊙Ende Juni–Anfang Sept. 9–18 Uhr) kann man sich kunstvolle Darstellungen des Schicksals der Akadier anschauen (englischsprachige Erklärungen). Im Sommer finden hier mittwochabends die beliebten Freiluftkonzerte mit akadischer Musik statt.

Die fast 500 000 Jahre alte **Grotte de St. Elzéar** (☎418-534-3905, 877-524-7688;

BRUTPLATZ DER BASSTÖLPEL

Von den Hunderten Vogelarten in Québec hat sich der Basstölpel *(fou de bassan)* am tiefsten in das Herz der Québecer eingenistet. Auf der Île Bonaventure leben 110 000 dieser gefiederten Freunde – weltweit eine der größten Populationen und sicherlich die am leichtesten zugängliche. Doch nicht nur die gewaltige Anzahl der Vögel oder deren ohrenbetäubendes Geschrei machen diese Kolonie so bemerkenswert. Ausgewachsene Basstölpel mit ihrem strahlend weißen Gefieder sind ein ausgesprochen schöner Anblick. Die stechend blauen Augen über der Wurzel des eleganten, graublauen Schnabels sind von einem schwarzen Ring umgeben. In der Paarungszeit nimmt das Kopfgefieder ein helles Gelb an, sodass es von innen zu Glühen scheint.

Ausgewachsene Basstölpel haben eine Spannweite von ca. 2 m, wodurch sie einen anmutigen Flugstil haben und fast ohne Flügelschlagen auszukommen scheinen. Basstölpel dabei zu beobachten, wie sie von der tobenden Schar völlig unbeeindruckt zu ihrem lebenslangen Partner zurückkehren und ihn freundlich liebkosen, ist bewegend und amüsant zugleich.

Als Stoßtaucher stürzen sie sich aus etwa 20 m Höhe senkrecht auf ihre Beute und wirbeln dabei ordentlich Gischt auf. Wenn sie danach aus 5 m Tiefe wieder auftauchen, haben sie meistens einen Fisch im Schnabel.

Auf der Île Bonaventure kann man sich den Basstölpeln nähern, ohne sie zu stören. Ein wahrer Höhepunkt der ohnehin schon reizvollen Fahrt zur Insel!

136 Chemin Principal; Erw./Kind 37/27 C$; ⌚geführte Touren Mitte Juni–Mitte Okt. 8–15 Uhr) nordöstlich der Stadt ist eine der ältesten Höhlen Québecs. Weit unten in der kühlen Höhle (warme Kleidung nicht vergessen!) kann man Stalaktiten, Stalagmiten und Mondmilch (eine rätselhafte, halbflüssige Ablagerung, die nur in Höhlen vorkommt) bewundern. Englischsprachige Führungen sollten im Voraus gebucht werden. Um hierher zu kommen, einfach den Schildern hinter Cime Aventure folgen.

Das junge, dynamische Team von **Cime Aventure** (☎418-534-2333; www.cimeaventure.com; 200 Chemin Arsenault) veranstaltet Kanu- und Kajakausflüge, die von zwei Stunden (35 C$) bis zu sechs Tagen (1335 C$) dauern und hauptsächlich auf dem malerischen, ruhigen Rivière Bonaventure stattfinden. Zur Anlage gehört außerdem einer der besten Campingplätze der Provinz (Stellplatz ab 23 C$) mit Tipis (ab 69 C$), Öko-Lodges (ab 139 C$), die man über Laufstege in den Baumwipfeln erreicht, und einem rustikalen Restaurant mit Bar. Von der Rte 132 kommt man über die Ave Gran Pré hierher, die zum Chemin de la Rivière wird. Gleich hinter der Brücke über den Rivière Bonaventure steht das Schild von Cime Aventure.

Das einem Bootsschuppen ähnelnde **Café Acadien** (☎418-534-4276; 168 Rue Beaubassin; Gerichte 25 C$; ⌚10–21 Uhr) mit Blick auf den Jachthafen eignet sich perfekt zum Frühstücken. Aus der Küche kommen Crêpes mit Lachs, Eier mit Schinken und Bagels, aber auch akadische und italienische Speisen sowie Cajun-Gerichte. Im oberen Stockwerk gibt's ein paar **Zimmer** (EZ/DZ inkl. Frühstück 50/60 C$).

New Richmond

Das **British Heritage Village** (351 Blvd Perron Ouest; Erw./Kind 10/7 C$; ⌚Mitte Juni–Mitte Sept. 9–17 Uhr) im englischsprachigen New Richmond demonstriert, wie ein Dorf Ende des 18. Jhs. ausgesehen haben könnte. Besucher können mit Pferdekutschen durch die rekonstruierte Loyalistensiedlung mit Militärmuseum, Schmiede, Schule und Gemischtwarenladen fahren.

Carleton

Carleton ist einer der schönsten Orte an der Baie des Chaleurs. Tagesausflügler von der Gaspé-Halbinsel lieben die Sandbänke und kommen gerne hierher, um Vögel zu beobachten oder in den über 550 m hohen Bergen zu wandern.

Die **Touristeninformation** (☎418-364-3544; 629 Blvd Perron; ⌚Juni–Sept. 8–20 Uhr) befindet sich im Hôtel de Ville. Am Kai starten Boote zu Angel- oder Sightseeing-Touren. Vom **Vogelbeobachtungsturm** an der Banc de Carleton hinter dem Jachthafen kann man Reiher, Seeschwalben, Regenpfeifer und andere Watvögel auf der

Sandbank bewundern. Wanderwege und die Rue de la Montagne führen hinauf auf den Gipfel des **Mont St. Joseph** (555 m), wo eine Kapelle mit blauem Metalldach steht. Von hier hat man einen tollen Blick auf die Bucht bis hinüber nach New Brunswick.

Schlafen & Essen

Camping de Carleton CAMPING $
(☎418-364-3992; Pointe Tracadigash; Stellplatz Zelt & Wohnmobil 21–47 C$; ⊙Juni–Sept.) Campingplatz auf einer Landzunge zwischen der Baie des Chaleurs und der ruhigen Innenbucht mit kilometerlangem Strand, an dem man sein Zelt aufstellen kann.

Le Marin d'Eau Douce SEAFOOD $$
(215 Rte du Quai; Hauptgerichte ab 16 C$, Gerichte 32–37 C$; ⊙11.30–14.30 & 17–21.30 Uhr) Einladendes Hafenrestaurant direkt am Wasser. Hier kommen frische Meeresfrüchte und andere Spezialitäten aus einheimischen Zutaten auf den Tisch.

Gîte Pignon sur Rue B&B $
(☎418-364-3170; 741 Blvd Perron; EZ/DZ inkl. Frühstück 50/70 C$) Von der Terrasse dieser Unterkunft kann man bis nach New Brunswick rübergucken. Hübsche Zimmer mit Gemeinschaftsbad. Für Gäste steht ein Fahrrad bereit.

Le Héron CAFÉ $$
(561 Rte 132; Gerichte 15–25 C$; ⊙8–24 Uhr) Seit 1963 bei Einheimischen und Touristen beliebtes Lokal, das alle bekannten Standardgerichte, ein Kindermenü, Meeresfrüchte und sogar Froschschenkel serviert.

An- & Weiterreise

Busse von Orléans Express halten am 561 Blvd Perron. Tickets gibt's beim Le Héron. Täglich fahren zwei Busse nach Rimouski und Gaspé. Der **VIA-Rail-Bahnhof** (Rue de la Gare) liegt 1 km vom Zentrum entfernt vor der Bergkulisse.

Parc de Miguasha

Die kleine Halbinsel 7 km südlich der Rte 132 bei Nouvelle ist der zweite Nationalpark Québecs, der ins Unesco-Welterbe aufgenommen wurde. Weltweit ist dies der bedeutendste Fundort von Fossilien aus dem Devon oder „Zeitalter der Fische". Damals verwandelten sich Meereslebewesen langsam in Vierfüßler, die an Land laufen konnten. Unter den Fossilien im Museum sind Fische, deren Flossenknochen den menschlichen Arm- und Beinknochen ähneln.

Im **Informationszentrum** (☎418-794-2475; 231 Rte Miguasha Ouest; Erw./Kind 11,50/5,50 C$, nur Park günstiger; ⊙Juni–Aug. 9–18 Uhr, Sept.–Anfang Okt. 9–17 Uhr, Anfang Okt.–Mai Mo–Fr 8.30–16.30 Uhr) kann man sich über Museumsführungen und Spaziergänge entlang der fossilienreichen Klippen erkundigen. Bitte keine Fossilien sammeln!

Pointe à la Garde

Im ansonsten uninteressanten Pointe à la Garde steht ein außergewöhnliches Holzschloss zwischen den Bäumen. Die smaragdgrünen und braunen Türme haben rote Metalldächer. Eigentümer Jean erklärt: „Ich wollte in einem Schloss wohnen, also habe ich mir eins gebaut. Jeder dachte, ich sei verrückt, doch mittlerweile halten mich alle für einen Glückspilz." Seit Baubeginn im Jahr 1983 wird der Komplex ständig erweitert. Jean lässt sich von seinen jährlichen Reisen nach Europa und den 175 Schlossbildern an den Wänden inspirieren. Erst kürzlich hat er eine Bibliothek angebaut, und sein Freund baut jetzt nebenan ein noch größeres Schloss.

Die einfachen Zimmer und Schlafsäle im Schloss, dem **Château Bahia** (☎418-788-2048; 152 Blvd Perron; B 24 C$, EZ/DZ ab 33/66 C$; ⊙Mai–Okt.; @), haben eigene Bäder oder Gemeinschaftsbäder. Sie verteilen sich auf Schlosstürme und einen (natürlich mit Zinnen versehenen) Erweiterungsbau. In der großen Halle finden Bankette (15 C$) statt. Zum Frühstück gibt's Pfannkuchen mit Waldbeeren (im Übernachtungspreis enthalten).

Pointe à La Croix/Listuguj

Bei Listuguj, dem Mi'kmaw-Teil von Pointe à La Croix, läuft die Bucht in einer sumpfigen Mischung aus von Nebel verhüllten Inseln und dichter Vegetation aus. Über die Brücke nach Campbellton in New Brunswick zu fahren, ist relativ uninteressant, mal abgesehen von der Tatsache, dass die Straßenschilder jetzt auf Englisch und nicht mehr auf Französisch sind. Da viele Pendler im Großraum Campbellton arbeiten, ticken die Uhren in Pointe à La Croix oft inoffiziell nach New-Brunswick-Zeit (eine Stunde voraus).

Ein paar Kilometer westlich der Stadt liegt die **Battle of the Restigouche National Historic Site** (Rte 132; Erw./Kind

DIE KANADISCHEN APPALACHEN

Kanadas 1034 km des insgesamt 4574 km langen International Appalachian Trail (IAT) sind noch relativ unbekannt. Dieser Abschnitt wurde 2001 an den amerikanischen Teil angeknüpft und ist für den Zusatz „International" verantwortlich. Nordamerikas längster zusammenhängender Wanderweg führt über die Gipfel und Täler der Appalachen, eines der ältesten Gebirgszüge der Welt. Er erstreckt sich vom Mt. Springer in Georgia, USA, bis zum Parc National Forillon an der Spitze der Gaspé-Halbinsel.

Das kanadische Teilstück beginnt an der Grenze zwischen Maine und New Brunswick, verläuft quer durch New Brunswick und über den höchsten Berg der Provinz, den Mt. Carleton. In Matapédia beginnen die letzten 644 km auf Québecer Boden. Von hier windet sich der Weg zunächst durch das Matapédia-Tal hinauf nach Amqui, wo er einen Schwenk in Richtung Nordosten zum Parc de la Gaspésie und zu den umliegenden Naturschutzgebieten, den Highlights in dieser Gegend, macht. Anschließend geht's von den Bergen runter nach Mont St. Pierre und noch 248 km die Küste entlang zum Cap Gaspé, dem Endziel.

Abgesehen vom Abschnitt im Matapédia-Tal ist der Weg klar gekennzeichnet und in gutem Zustand. An der ganzen Strecke gibt's Schutzhütten und Campingplätze. Einige Abschnitte sollten aber nur von erfahrenen Wanderern in Angriff genommen werden. Für alle ist es ein Muss, sich vorab über potenzielle Gefahren wie Schwarzbären zu informieren. Detaillierte Infos und Karten sind in den Touristen- und Parkinformationen in Orten wie Matapédia erhältlich. Ansonsten kann man ☎418-562-7885 anrufen oder die Website www.sia-iat.com besuchen.

3,90/1,90 C$; ⌚Juni–Anfang Okt. 9–17 Uhr). Hier lernen Besucher alles über die Seeschlacht in der Mündung des Restigouche River, die 1760 den französischen Ambitionen in der Neuen Welt ein Ende setzte. Im Infozentrum wird die Bedeutung der Schlacht für die Briten anhand eines Schiffsnachbaus erklärt. Zu sehen gibt's hier geborgene Gegenstände und sogar Teile einer gesunkenen französischen Fregatte.

Matapédia-Tal

Auf der Fahrt durch das Matapédia-Tal bekommt man einen Eindruck von dem Terrain, das Wanderer auf dem International Appalachian Trail erwartet. Die Wälder an den Berghängen werden lediglich von Flüssen, Felsen und riesigen, in Reih und Glied stehenden Hochspannungsmasten, die aus der Wildnis aufragen, unterbrochen. An Regentagen erinnern die in Nebel gehüllten Wälder an das Hochland eines südostasiatischen Landes. Der Rivière Matapédia ist ein beliebtes Lachsrevier. Auch die früheren US-Präsidenten Nixon und Carter haben hier schon die Angel geschwungen.

MATAPÉDIA

Matapédia grenzt an Causapscal. Es ist zwar das Zentrum für Outdoor-Aktivitäten, aber glücklicherweise noch weit davon entfernt, einem Touristenort zu ähneln. Als Tor zum International Appalachian Trail (s. Kasten) hat es natürlich ein **Reception Center** (www.sia-iat.com; Rte 132; ⌚Mitte Juni–Mitte Okt.), das gleichzeitig als örtliche Touristeninformation fungiert. Dort gibt es eine kostenlose Karte mit Wanderwegen, die sich westwärts über das Hochplateau erstrecken, u.a. die 10 km lange Route, die über St. Alexis zum **Aussichtspunkt Horizon du Reve** führt.

Nature-Aventure (☎418-865-3554; ⌚Mitte Mai–Mitte Nov.) organisiert anstrengende Paddeltouren verschiedener Schwierigkeitsgrade auf Flüssen wie dem Matapédia („der Zugängliche") und dem Restigouche („der Großartige"). Es werden Touren von zwei Stunden (40 C$) und Exkursionen von ein/zwei/drei/vier/fünf Tagen (85/235/315/415/515 C$) angeboten.

CAUSAPSCAL

Wie die gigantische Statue vom „König unserer Flüsse" vermuten lässt, dreht sich in Causapscal alles um **Lachs**. Der größte hier gefangene Lachs wog über 16 kg. Das Outdoor-Angebot umfasst u.a. **Wanderungen** auf Wegen, die sich durch die Hügel schlängeln. Der Ort selbst besitzt eine schöne Steinkirche und viele alte Häuser mit typisch Québecer Silberdächern. Leider trüben aber Gerüche aus der nahen Sägemühle manchmal die malerische Idylle.

Im Ort gibt's eine **Touristeninformation** (53 Rue St Jacques; Ende Juni–Anfang Sept. 8–20 Uhr, Sept. geschl.) und ein Büro der **CGRMP** (1 Rue St Jacques Nord; Juni–Sept.), das (teure) Angelgenehmigungen verkauft.

Lachse lieben das gesunde Wasser des **Rivière Matapédia**. Zu Saisonbeginn zappeln regelmäßig 13 kg schwere Prachtburschen in den Netzen. Südlich der Stadt gibt's ein paar überdachte Brücken, im Zentrum führt eine Fußgängerhängebrücke über den Matapédia. Angler werfen ihre Köder dort aus, wo sich der Matapédia und der Causapscal treffen.

In der **Matamajaw Historic Site** (www.sitehistoriquematamajaw.com; 53 Rue St Jacques; Erw./Kind 7/6 C$; Mitte Juni–Sept. 9–17 Uhr) erfährt man, wie sich die Mitglieder des Angelclubs früher nach einem harten Tag auf dem Fluss in holzgetäfeltem Luxus entspannt haben. Auf der anderen Seite der Rte 132 befindet sich ein Lachsbecken.

Die altmodisch anmutende **Auberge La Coulée Douce** (418-756-5720, 888-756-5270; www.lacouleedouce.com; 21 Rue Boudreau; Zi. 65–99 C$, Chalet 109–159 C$) ist wie für Angler gemacht, aber auch für all die anderen, die im gemütlichen Speiseraum amüsanten Anglergeschichten lauschen möchten.

Der Orléans-Express-Bus, der zwischen Gaspé und Rimouski verkehrt, hält an der 560 Rue St Jacques Nord.

NORTH SHORE

Die Côte Nord (Nordküste) besteht aus zwei Regionen: Manicouagan reicht bis hinüber nach Godbout, Duplessis erstreckt sich ostwärts bis zur Grenze zu Labrador. Die Zahlen und Fakten sind genauso eindrucksvoll wie die Entfernungen, die beim Durchqueren beider Gebiete bewältigt werden müssen. Ihre gewaltige Gesamtfläche beträgt unglaubliche 328 693 km² – damit sind sie fast so groß wie Deutschland. Auf diese Fläche verteilen sich nur etwas mehr als 100 000 hartgesottene Einwohner, die hauptsächlich entlang der 1250 km langen Küstenlinie leben. Somit beträgt die Bevölkerungsdichte in diesem Teil Kanadas nur 0,3 Personen pro Quadratkilometer.

Je weiter der Weg nach Nordosten führt, desto größer werden die Entfernungen zwischen den Dörfern. Man trifft immer weniger Menschen an, und Isolation und ungezähmte Natur gewinnen immer mehr die Oberhand. Dieser Teil des Kanadischen Schilds war einst stark vergletschert, wodurch die vielen Seen und Flüsse entstanden sind.

Baie Comeau

Die unattraktive Stadt verdankt ihre Existenz Robert McCormick, dem früheren Eigentümer der *Chicago Tribune*. Er beschloss 1936, hier eine gigantische Papier- und Zellstofffabrik zu errichten. Für dieses Vorhaben mussten der Manicouagan und der Outardes zur Stromgewinnung aufgestaut werden. Infolgedessen siedelten sich weitere wasserabhängige Industriebetriebe wie Aluminiumhütten dort an.

Baie Comeau liegt am Anfang der Rte 389, die sich nordwärts in Richtung Labrador City und Wabush erstreckt. Die Straße führt vorbei am **Manicouagan Reservoir**, dem fünftgrößten Meteoritenkrater der Welt. Die faszinierende Landschaft besteht aus Ödland voller Seen, Tundra und den **Groulx Mountains**, die ca. 120 km nördlich des Wasserkraftwerks Manic Cinq bis zu 1000 m in den Himmel ragen.

Eine **Fähre** (877-562-6560; 14 Rte Maritime) fährt das ganze Jahr über täglich nach Matane (Erw./Kind/Auto 15/10/35 C$, 2½ Std.), sie bildet die östlichste Verkehrsverbindung zur South Shore.

Godbout

Die Hauptaction in diesem komatös ruhigen Ort bietet die Ankunft der Fähre. Der alte Handelsposten aus dem 17. Jh. boomte dank seiner fischreichen Flüsse. Godbout und Trinité gehören zu Québecs besten Revieren für Lachsangler.

Die **Touristeninformation** (418-568-7462; 115 Rue Pascal Comeau; Ende Juni–Mitte Sept. 7–19 Uhr) befindet sich am Fähranleger. Das **Musée Amérindien et Inuit** (134 Rue Pascal Comeau; Erw./Kind 4/2 C$; Ende Juni–Ende Sept. 9–22 Uhr) beherbergt eine schöne Sammlung von Skulpturen der Inuit und anderer indigener Volksgruppen. Wer **schwimmen** will, geht zum Strand unterhalb des Museums.

Hébergement Cormier (418-568-7535; 156 Rue Pascal Comeau; EZ/DZ 25/30 C$) hat gepflegte Zimmer über einem Lebensmittelladen mit Café. Von hier kann man den Blick auf den Fähranleger genießen. Die Unterkunft organisiert Angelgenehmigungen für Touristen sowie Kajak- und Walbeobachtungstouren.

Die **Fähre** (117 Rue Pascal Comeau) verkehrt zwischen Godbout und Matane.

Pointe des Monts

An dieser Stelle knickt die Küste nach Norden ab und der Sankt-Lorenz-Strom wird zum gleichnamigen Golf. Der **Leuchtturm** auf der malerischen Landzunge stammt von 1830. Er ist einer der ältesten Québecs. Und obwohl er stets gute Dienste geleistet hat, muss er doch auch über Dutzende von Schiffswracks wachen. Heute ist darin ein **Museum** (1830 Chemin du Vieux Phare Casier; Erw./Kind 6 C$/frei; ⌚Mitte Juni–Mitte Okt. 9–17 Uhr) untergebracht, das über das Leben und den Familienalltag der Leuchtturmwärter informiert.

In der **Gîte du Phare de Point** (☎418-939-2332, 866-369-4083; 1937 Chemin du Vieux Phare Casier; Hütte Tag/Woche ab 95/538 C$; ⌚Mitte Mai–Mitte Okt.) neben dem Leuchtturm kann man Hütten tage- und wochenweise mieten. In den Pauschalangeboten sind Angel- und Vogelbeobachtungsausflüge enthalten. Im dazugehörigen Restaurant werden erstklassige lokale Spezialitäten serviert (Gerichte 26–35 C$). Wer nicht hier übernachtet, sollte sich einen Tisch reservieren!

Baie Trinité

Wer ein morbides Interesse an der Geschichte der Schiffswracks im Sankt-Lorenz-Strom hat, kann am **Centre National des Naufrages** (Nationales Zentrum für Schiffswracks; www.centrenaufrages.ca; 27 Rte 138; Erw./Kind 8/6 C$; ⌚Mitte Juni–Mitte Sept. 9–19 Uhr), 34 km nordöstlich von Godbout an der Rte 138, einen Zwischenstopp einlegen.

Rivière Pentecôte

Wenn die Einheimischen den Namen dieses netten Orts aussprechen, weiß man, wie sich der nasale Québecer Akzent wirklich anhört. Am Pier unterhalb der Pfingstkirche fischen Angler dort, wo der Sankt-Lorenz-Strom und der Rivière Pentecôte zusammenfließen.

Zwischen dem Ort und Pointe aux Anglais 12 km weiter südlich gibt's einen langen, öffentlichen **Strand**. In den bewaldeten Dünen kann man kostenlos campen und einen Tag lang die Wale vor der Küste beobachten. Der breite, saubere Sandstrand gehört zu den schönsten an der North Shore. Service-Einrichtungen gibt es nicht. Man kann aber in dem Café **Le Routier de Pentecôte** (☎418-799-2600; 3011 Rte 138; EZ/DZ 35/55 C$; ⌚7–20 Uhr) 5 km nördlich von Pointe aux Anglais duschen. Es vermietet auch preiswerte Zimmer, und die Intercar-Busse halten vor der Tür.

Noch angenehmer ist der einfache Campingplatz am Pier **Abri des Campeurs** (☎418-766-5590; Site Historique de Rivière Pentecôte; Stellplatz 12 C$).

Sept Îles

Sept Îles ist der letzte halbwegs große Ort an der North Shore und zählt zu Kanadas betriebsamsten Häfen. Die Straßen des ruhigen, hübschen Städtchens tragen lediglich Buchstaben. Die Inseln und ausgezeichneten Museen entschädigen für die lange Fahrt.

Die **Touristeninformation** (☎418-962-1238, 888-880-1238; 1401 Blvd Laure Ouest; ⌚Mai–Sept. 7.30–21 Uhr, Okt.–April Mo–Fr 8.30–17 Uhr) befindet sich am Highway westlich der Stadt. Die kleinere Zweigstelle am Hafen hat saisonabhängige Öffnungszeiten.

Sehenswertes

Musée Régional de la Côte Nord MUSEUM
(www.mrcn.qc.ca; 500 Blvd Laure; Erw./Kind 5 C$/frei; ⌚Ende Juni–Anfang Sept. 9–17 Uhr, Anfang Sept.–Ende Juni Di–Fr 10–12 & 13–17, Sa & So 13–17 Uhr) Dieses Museum ist ein absolutes Muss. Anhand von technischen Spielereien und Artefakten wie Landkarten aus dem 17. Jh. erfährt man hier alles über die Geschichte der North Shore, an der bereits vor 8000 Jahren Menschen siedelten.

Musée Shaputuan MUSEUM
(290 Blvd des Montagnais; Erw./Kind 5 C$/frei; ⌚Ende Juni–Anfang Sept. 9–17 Uhr, Anfang Sept–Ende Juni Mo–Fr 9–17 Uhr) Dieses Museum ist das beste Ureinwohner-Museum an der North Shore. Die vier Bereiche der stimmungsvollen Ausstellungshalle symbolisieren jeweils eine Jahreszeit. Sie erklären, wie die Montagnais (Innu) auf die Jagd nach Karibus gingen oder die tückischen Wildwasserflüsse befuhren. Abgerundet wird das Ganze durch Fotos, traditionelle Kleidungsstücke, Skulpturen und mythologische Geschichten.

Le Vieux Poste HISTORISCHE STÄTTE
(Blvd des Montagnais; Erw./Kind 3 C$/frei; ⏲Ende Juni–Ende Aug. 9–17 Uhr) Die Rekonstruktion des Pelzhandelspostens aus dem 17. Jh. besteht aus mehreren Gebäuden. Le Vieux Poste vermittelt den Besuchern einen Eindruck vom Leben der Jäger, die einst hier im Wald zu Hause waren.

Aktivitäten

Vor Sept Îles liegt eine kleine Inselgruppe. Auf der größten Insel, der **Île Grande Basque**, kann man gut einen Tag damit verbringen, die 12 km langen Wanderwege abzulaufen oder an der Küste zu picknicken. Im Sommer schippern die Fähren von **Croisière Petit Pingouin** (☎418-968-9558) und **Les Croisières du Capitaine** (☎418-968-2173) regelmäßig zwischen der Insel und dem Hafen von Sept Îles (Erw./Kind 20/15 C$, 10 Min.) hin und her. Die beiden Unternehmen haben außerdem verschiedene Inseltouren im Programm. Tickets gibt's am Hafen beim Parc du Vieux Quai. Campinggenehmigungen sind bei den Bootstourveranstaltern und in der Touristeninfo erhältlich. **Vêtements des Îles** (☎418-962-7223; 637 Ave Brochu) veranstaltet geführte Kajaktouren durch die Inselgruppe. Île du Corossol ist ein Vogelschutzgebiet.

Schlafen & Essen

Mehrere Motels säumen die Rte 138 (Blvd Laure).

Le Tangon HOSTEL $
(☎418-962-8180; www.aubergeletangon.net; 555 Rue Cartier; Stellplatz 10 C$, B Mitglieder/Nicht-Mitglieder 18/22 C$, EZ mit Gemeinschaftsbad 26–30 C$, DZ 44–48 C$; P@Wi-Fi) Nach der endlos erscheinenden Fahrt auf der Rte 138 ist der Holzbalkon des HI-Hostels ein erbaulicher Anblick. Die Gäste werden vom Personal an der Rezeption freundlich begrüßt. Es gibt starke Duschen, kleine Schlafsäle, einen gemütlichen Aufenthaltsraum und eine Küche.

Gîte de l'Étale B&B $
(☎418-962-1777; 745 Rue de la Rive; Zi. 69–79 C$, Chalet 79–89 C$) Freundliches B&B in einer ruhigen Ecke 7 km östlich des Orts mit Strandblick und netten Zimmern. Auf dem Frühstücksbuffet stehen leckere Spezialitäten aus der Gegend.

Pub St. Marc KNEIPE $$
(588 Ave Brochu; Gerichte 14–25 C$; ⏲Mo–Fr 11–22, Sa & So 16–24 Uhr) Die nette Bar in der Nähe des Hostels hat eine Terrasse mit Heizlampen. Auf der Karte stehen ein Dutzend Biere vom Fass, Pasta und Salate.

Les Terrasses du Capitaine SEAFOOD $$$
(295 Ave Arnaud; Gerichte ab 25 C$; ⏲Mo–Fr 11–14, tgl. 16.30–21 Uhr) In diesem Restaurant hinter dem Fischmarkt lässt sich der Fang des Tages am besten genießen.

An- & Weiterreise

Air Labrador (☎800-563-3042; www.airlabrador.com) bedient die Lower North Shore, Labrador, Newfoundland, Québec und Montréal.

Die **Relais-Nordik-Fähre** (☎418-723-8787, 800-463-0680; www.relaisnordik.com) schippert zur Île d'Anticosti und entlang der Lower North Shore (s. S. 323).

Busse von **Intercar** (☎418-962-2126; 126 Rue Mgr Blanche) fahren täglich nach/ab Baie Comeau (44 C$, 4 Std.). Montags bis freitags besteht auch eine Verbindung nach/ab Havre St. Pierre (37 C$, 2¾ Std.).

Die **Tshiuetin Rail Transportation** (☎418-962-5530; www.tshiuetin.net; 1005 Blvd Laure) wird von Ureinwohnern betrieben und fährt zweimal wöchentlich nach/ab Schefferville. Die einst blühende Bergbaustadt liegt 568 km weiter nördlich und gehört zu den entlegensten Ecken der Provinz. Die Landschaft, die man durchfährt, ist einfach phänomenal. Inmitten dichter Wälder führen die Schienen über Schluchten, in Täler hinein und um Wasserfälle und Stromschnellen herum. Nachdem man ein Bergmassiv durchquert hat, geht es vorbei an Landstrichen mit Seen, Flüssen und Hügeln soweit das Auge reicht. Dann passiert der Zug eine 900 m lange, 50 m hohe Brücke über den Rivière Moisie und die 60 m hohen Tonkas-Fälle. Wer in der Wildnis campen oder angeln will, kann aussteigen und mit dem nächsten Zug zurückfahren.

Mingan

Jenseits von Sept Îles bekommt die Landschaft den urzeitlichen Charakter, der sich bereits vorher angedeutet hat. Die schützende Bewaldung an den Straßenrändern weicht, und Sumpfgebiete kommen in Sicht. Zwar ist hier viel mehr Himmel zu sehen, aber die Ebenen sind keinesfalls leer. Die aus dem Boden ragenden Felsbrocken werden zunehmend größer, während blaue Seen das Ödland sprenkeln und felsige Flüsse, die sich in den Sankt-Lorenz-Strom ergießen, es durchziehen.

Der ehemalige Fischerei- und Handelsposten Mingan wird z. T. von einer dynamischen Innu-Gemeinschaft bewohnt, die das Dorf Ekuanitshit nennt. Die kleine Kirche **Église Montagnaise** (15 Rue Nashipetimit; Eintritt frei; ⌚8–19 Uhr) ist beeindruckend wegen ihrer Mischung aus katholischen und indigenen Elementen. Eine Art Wigwam umgibt das Kruzifix, und die Kanzel besteht aus Geweihen. Das quastenbesetzte Altartuch ist mit Jagdszenen verziert.

Parc National de l'Archipel-de-Mingan

Dieser **Park** (Erw./Kind 5,80/2,90 C$; ⌚Juni–Sept.) ist die Hauptattraktion der Region. Die über 85 km lange Reihe von 40 geschützten Hauptinseln beginnt bei Longue Pointe de Mingan und endet 40 km östlich von Havre St. Pierre. Charakteristisch für die Inseln sind die seltsam erodierten Kalksteinformationen entlang der Küsten. Wegen des Flechtenbewuchses auf der Oberseite und der niedrigen Pflanzen werden sie auch „Blumentöpfe" genannt. Darin verstecken sich manchmal Papageientaucher (*macareux moine*), die wie eine Mischung aus Papagei und Pinguin aussehen. Außerdem leben hier noch etwa 200 andere Vogelarten.

Das **Reception & Interpretation Centre** (☎418-949-2126; Longue Pointe de Mingan; ⌚Juni–Sept. 8–18.30 Uhr) hält viele Infos bereit. Im gleichen Gebäude befindet sich auch das gemeinnützige **Cetacean Interpretation Centre** (Erw./Kind 7,50/3,50 C$), wo man einen guten Einblick in die Walforschung und in das Leben dieser geheimnisvollen Säugetiere bekommt.

Die Touren von einem halben Dutzend Veranstalter starten in Havre St. Pierre und Longue Pointe de Mingan. Als Faustregel gilt: Je kleiner das Boot, desto schöner das Erlebnis. Die drei- bis fünfstündigen Ausflüge kosten zwischen 38 und 60 C$.

Dank der außergewöhnlichen Landschaft, Flora und Fauna gehört die Inselgruppe zu Kanadas besten Seekajak-Gebieten. **Agaguk** (☎418-538-1588, 866-538-1588) und **Odysée Minganie** (☎418-949-2438) veranstalten geführte Kajaktouren von Havre St. Pierre und Longue Pointe de Mingan aus, die auch für unerfahrene Paddler geeignet sind. Agaguk verleiht Ausrüstung.

Campen (Stellplatz ab 15,70 C$) ist auf einigen Inseln erlaubt. Man muss sich aber vorher beim Reception & Interpretation Center oder bei der Touristeninformation in Havre St. Pierre anmelden.

Havre St. Pierre

Wer auf dem Weg in Richtung Nordosten ist, sollte in diesem Fischerdorf unbedingt einen Zwischenstopp einlegen, denn die nächste Tankstelle kommt erst in 124 km. Obwohl der Ort in einem industriellen Gebiet liegt, von dem aus eisenoxid- und titanhaltiges Gestein zur Weiterverarbeitung nach Tracy-Sorel verschifft wird, so hat er doch einigen Charme. Havre St. Pierre wurde 1857 von sechs akadischen Familien gegründet, die die Îles de la Madeleine verlassen hatten und hier im Land der Inuit siedelten.

Die **Touristeninformation** (☎418-538-2512; 1010 Promenade des Anciens; ⌚Mitte Juni–Mitte Sept. 9–21 Uhr) ist auch Anlaufstelle für geführte Touren in den Parc National de l'Archipel-de-Mingan.

Die **Auberge Boréale** (☎418-538-3912; www.aubergeboreale.com; 1288 Rue Boréale; Zi. 55 C$) hat neun coole, blau-weiße Zimmer mit schönem Blick aufs Meer.

Im Obergeschoss der **Gîte Chez Françoise** (☎418-538-3778; www.gitechezfrancoise.has.it; 1122 Rue Boréale; EZ/DZ ab 58/62 C$; @) gibt's vier künstlerisch gestaltete Zimmer.

Die beiden genannten Unterkünfte haben einen **Fahrradverleih**.

Intercar-Busse (s. S. 337) halten am **Variétés Jomphe** (843 Rue de 'Escale).

Île d'Anticosti

Die 7943 km² große Insel offenbart ihre Schönheit erst seit Kurzem einer wachsenden Zahl von Besuchern. Ein französischer Schokoladenhersteller namens Henri Menier (jetziges Nestlé-Imperium) kaufte die Insel 1895 als privates Jagdrevier. Die vielen Weißwedelhirsche und Lachse zogen jahrelang Jäger und Angler an. Heute locken Schutzgebiete die Naturfreunde auf die dicht bewaldete Insel mit Klippen, Wasserfällen, Canyons, Höhlen und Flüssen.

In Port Menier, der größten Siedlung auf der Insel, gibt's eine **Touristeninformation** (☎418-535-0250; 36 Chemin des Forestiers; ⌚Juni–Sept.), ein paar Restaurants und B&Bs. Wer hier übernachten will, sollte im Voraus ein Zimmer buchen. Von hier aus führt die einzige Straße ins Inselinnere.

Es ist möglich, auf eigene Faust auf die Insel zu gelangen und sie zu erkunden. Das erfordert aber eine verdammt gute Planung. Die meisten Touristen besuchen die

Insel deshalb im Rahmen von geführten Touren in kleinen Gruppen. Sépaq (S. 231) hat zwei- und siebentägige Pauschalangebote inklusive Flug im Angebot. Weitere Infos sind in der Touristeninformation in Havre St. Pierre erhältlich. Die einzige regelmäßige Verkehrsverbindung bietet Relais Nordik (S. 323).

Natashquan

Natashquan hat sich immer noch nicht daran gewöhnt, mit dem Rest der Welt verbunden zu sein. Seit 1996 ist das Dorf über die Rte 138 erreichbar, die aber erst 1999 asphaltiert wurde. Etwa 7 km hinter Pointe Parent endet die Straße. Hierher zieht es Romantiker, die die friedliche, windumtoste Schönheit genießen wollen.

Die **Touristeninformation** (☎418-726-3054; 24 Chemin d'En Haut; ⌚Ende Juni–Mitte Okt. 8–19 Uhr, Mitte Okt.–Ende Juni 9–17 Uhr) dient gleichzeitig auch als Infozentrum.

Der berühmte Québecer Singer-Songwriter Gilles Vigneault ist in Natashquan geboren. Eine Ausstellung in der **Vieille École** (Alte Schule; 32 Chemin d'en Haut; Erw./Kind 4/2 C$; ⌚Ende Juni–Anfang Sept. 8.30–18 Uhr) ist lokalen Charakteren gewidmet, die ihn zu seinen Songs inspirierten.

Les Galets ist eine Ansammlung von weißen Hütten mit leuchtend roten Dächern, die sich auf einer windumtosten Halbinsel drängen. Früher salzten und trockneten die Fischer hier ihren Fang – eine wichtige Gemeinschaftsaktivität. Neben schönen Stränden gibt's auch tolle Wanderwege durch ruhige Wälder mit zahlreichen Wasserfällen und Aussichtspunkten. In der Touristeninformation sind kostenlose Karten erhältlich.

ÎLES DE LA MADELEINE

Die Magdalenen-Inseln sind durch und durch faszinierend. Der langgestreckte Archipel, der auf der Karte wie ein Apfelmännchen aussieht, liegt 105 km nördlich von Prince Edward Island. Die 200 km lange Rte 199 verbindet die sechs Hauptinseln miteinander. Zwischen vereinzelten grünen Landzonen windet sich die Straße über Sandnehrungen, die kurz davor zu stehen scheinen, vom allmächtigen Ozean

QUÉBECS TIMBUKTU

Hinter Natashquan erstreckt sich der als **Lower North Shore** bekannte Küstenabschnitt etwa 400 km weit nach Nordosten bis an die Grenze zu Labrador. Vom Rest der Provinz ist dieser Küstenstreifen nur mit der einmal wöchentlich verkehrenden Relais-Nordik-Fähre (S. 323), den Air-Labrador-Fliegern (S. 337) und im Winter auch per Schneemobil zu erreichen. Für die meisten Québecer ist diese Gegend noch immer ein Mysterium. Montréaler können Besucher zwar korrigieren, wenn sie die Namen der entlegenen Dörfer falsch aussprechen – das liegt aber nur daran, dass sie sie schon mal im Wetterbericht gehört haben.

Die zehn englischsprachigen und vier französischsprachigen Siedlungen, die hauptsächlich von neufundländischen Fischern und Akadiern von den Îles de la Madeleine gegründet wurden, sind vollständig voneinander abgeschnitten. Außerdem gibt es ein paar Innu-Gemeinden entlang der Küste. Wenn die Relais-Nordik-Fähre mitten in der Nacht irgendwo für ein paar Stunden festmacht, sind sie für die Passagiere, die kurz an Land gehen, eine ganz eigene Erfahrung. Die Fähre von Rimouski nach **Blanc Sablon**, 2 km westlich der Grenze zu Labrador, braucht dreieinhalb Tage und sichert die Versorgung der Gegend. Wegen des Eises ruht der Schiffsverkehr zwischen Januar und April.

Kegaska, 50 km östlich von Natashquan, ist für seine Straßenbeläge aus zertrümmerten Muschelschalen bekannt. Nach weiteren 100 km kommt **Harrington Harbour**, eins der hübschesten Dörfer Québecs mit leuchtend bunten Häusern, die an den Felsen rund um eine kleine, windgeschützte Bucht kleben. Die Rte 138 beginnt wieder bei **Vieux Fort** und führt 65 km nach Blanc Sablon, wo Europäer seit dem 16. Jh. und indigene Völker seit mehr als 8000 Jahren leben. Zwischen Blanc Sablon und St. Barbe in Newfoundland verkehrt eine **Fähre** (☎866-535-2567; www.labradormarine.com). Über die Rte 510 besteht Verbindung zu mehreren Küstendörfern in Labrador (s. S. 547).

verschluckt zu werden. Die 350 Strandkilometer der Inseln werden von roten Klippen aus eisenhaltigem Gestein unterbrochen. Wind und Meer haben menschenähnliche Formationen und Höhlen in den Fels erodiert, die einfach nach einer Erkundung per Kajak schreien. Trotz ihrer ungeschützten Lage sind die Inseln ein überraschend angenehmer Ort – die Horizontlinie wird nur von anderen Teilen des Archipels unterbrochen. Man muss sich immer wieder vor Augen halten, dass man sich mitten im offenen Meer befindet!

Wer bei der Anreise per Kleinflugzeug über den halbmondförmigen Stränden kreist, hält die Îles de la Madeleine wahrscheinlich für menschenleer. Doch in Wirklichkeit wohnen hier 13 000 Lebenskünstler, und ihre Zahl vervierfacht sich im Sommer. Wie bei der Gaspé-Halbinsel sind die Bewohner der isolierten Gemeinden die Nachkommen akadischer Flüchtlinge und schiffbrüchiger Seeleute. Die Entwicklungsgeschichte der Gemeinden würde Anthropologen schneller auf den Plan rufen, als der Wind über die Sandbänke pfeifen kann. Zur englischsprachigen Minderheit zählt z.B. die irischstämmige Gemeinde auf der Grosse Île. Ihren eigenen Aussagen zufolge tun sich die 600 Mitglieder oft schwer, den Dialekt auf der Île d'Entrée zu verstehen, deren 130 Bewohner größtenteils schottische Wurzeln haben.

Die Insulaner leben in weit verstreut liegenden, hellen Häusern, die sie fast immer unverschlossen lassen, wenn sie abends ausgehen. Kennenlernen kann man sie in *boîtes à chansons*. Das hiesige Nachtleben ist sehr lebendig. Auf Cap aux Meules erklingen an Sommerabenden oft wehmütige akadische Lieder. Wer tagsüber gerade nicht in den Felsenpools planscht oder sturmgepeitschte Sandbänke per Drahtesel bezwingt, kann andere Formen der Kreativität genießen – beispielsweise in Seafood-Restaurants, *économusées* und Boutiquen. Auf den Inseln sind viele Künstler anzutreffen, die als Inspirationsquelle gern mal ein *pot-en-pot* (eine einheimische Spezialität aus verschiedenen Fischsorten, Meeresfrüchten und Sauce im Blätterteigmantel) oder ein Pas Perdus (eine von drei Biersorten, die auf Cap aux Meules gebraut werden) nutzen.

Die Îles de la Madeleine liegen in der Zeitzone der Atlantic Standard Time, sind dem Festland also um eine Stunde voraus.

Anreise & Unterwegs vor Ort

Der Flughafen befindet sich am nordwestlichen Zipfel der Île du Havre aux Maisons. Air Canada Jazz fliegt täglich von/nach Montréal, Québec (Stadt) und Gaspé; **Pascan** (☎888-313-8777; www.pascan.com) steuert Sept Îles und Bonaventure an.

Am preiswertesten und beliebtesten ist die Anreise mit der Fähre von Souris auf der Prince Edward Island zur Île du Cap aux Meules. **CTMA-Fähren** (☎418-986-3278, 888-986-3278; www.ctma.ca) fahren diese Strecke von April bis Januar. Die Überfahrt dauert fünf Stunden (Erw./Kind 5–12 Jahre 45,75/23 C$, Fahrrad/Auto 11/85,50 C$). Von Juli bis September legen die Schiffe täglich ein- oder zweimal ab, außerhalb dieser Zeit seltener. Im Hochsommer sollte man unbedingt reservieren.

Zwischen Juni und Oktober bietet CTMA auch zweitägige Bootsfahrten von Montréal über Québec, Tadoussac und Chandler an. Das ist eine tolle Möglichkeit, den Sankt-Lorenz-Strom kennenzulernen. Wer will, kann auch sein Auto mitnehmen und selbst zurückfahren.

Öffentliche Verkehrsmittel gibt es auf den Inseln nicht. **Le Pédalier** (☎418-986-2965; 500 Chemin Principale) in Cap aux Meules verleiht Fahrräder. Hertz und lokale Autovermieter unterhalten Filialen am Flughafen; so früh wie möglich buchen!

Île du Cap aux Meules

Auf dieser Insel leben mehr als die Hälfte der Bewohner des Archipels. Sie ist als kommerzielles Zentrum leider etwas überentwickelt, hier gibt's auch den einzigen Tim Hortons. Trotzdem ist die Insel noch immer „100% Madelinot" und dank ihrer Service-Einrichtungen, Unterkünfte und des pulsierenden Nachtlebens eine ideale Ausgangsbasis.

Die **zentrale Touristeninformation** (☎418-986-2245, 877-624-4437; www.tourismeilesdelamadeleine.com; 128 Chemin Principale; ⏲Ende Juni–Aug. 7–21 Uhr, Sept. 9–20 Uhr, Okt.–Nov. 9–17 Uhr & bei Fährankunft, Dez.–Ende Juni Mo–Fr 9–17 Uhr) in der Nähe des Fähranlegers ist eine gute Informationsquelle für alle Inseln.

Sehenswertes & Aktivitäten

An der Westseite der Insel kann man die eindrucksvollen roten Klippen bewundern. Vom Klippenwanderweg zwischen La Belle Anse und Fatima sind die Erosionsmuster besonders gut zu erkennen. Der Leuchtturm am **Cap du Phare** (Cap Hérissé) weiter im Südwesten ist ein beliebter Ort, um den Sonnenuntergang zu genießen. Bei **Anse de l'Étang du Nord** gibt's ein paar nette Boutiquen und Cafés mit Blick auf ein Schiffswrack. In der Nähe der Kreuzung mit der Rte 199 weisen Schilder am Chemin de l'Église den Weg zur **Butte du Vent** in der Inselmitte, von wo aus man eine tolle Sicht auf die nord- und südwärts verlaufenden Sandbänke hat.

Aerosport Carrefour d'Aventures KAJAKFAHREN
(☎418-986-6677; www.aerosport.ca; 1390 Chemin Laverniére) Dieser Laden wird von jungen, enthusiatischen Adrenalinjunkies betrieben, die Kajakexpeditionen und Höhlentouren anbieten. Wer sich bei günstigem Wind für eine Fahrt im Power-Kitebuggy entscheidet, wird sich sein Leben lang daran erinnern.

À l'Abri de la Tempéte BRAUEREI
(☎418-986-5005; 286 Chemin Coulombe; Führungen 6 C$; ⏲Führungen Juni–Sept. 11–19 Uhr) In dieser Kleinbrauerei am Strand kann man den Tag in Ruhe ausklingen lassen.

Vert et Mer KAJAKFAHREN
(☎418-986-3555; www.vertetmer.com; 169 Chemin Principale) Umweltfreundliche Exkursionen wie Seekajaktouren und Trips, bei denen auf der Île Brion (S. 332) in Jurten übernachtet wird.

MA Poirier BUSTOUR
(☎418-986-4467; 375 Chemin Petipas; geführte Touren ab 99 C$) Dieser Veranstalter hat siebenstündige geführte Bustouren zu den Hauptsehenswürdigkeiten auf den Inseln im Programm.

Schlafen & Essen

Pas Perdus KNEIPE, INN $$
(☎418-986-5151; 169 & 185 Chemin Principale; Hauptgerichte 12–20 C$; EZ/DZ/3BZ mit Bad 40/50/65 C$; ⏲11–20 Uhr) Wer die unkonventionelle Atmosphäre der Insel in sich aufsaugen will, sollte im Pas Perdus einen Hai-Burger auf der Terrasse verputzen und dabei den Verkehr auf der Rte 199 beobachten oder aber, umgeben von geschwungenen Spiegeln, im rot gestrichenen Inneren essen. Hier kommt so ziemlich jeder hin, um im Internet zu surfen oder ein Pas Perdus von der in der Nähe gelegenen Kleinbrauerei zu trinken. In den hellen Gästezimmern über dem Restaurant kann man jetzt in Ruhe schlafen, denn das musikalische Unterhaltungsprogramm wurde nach nebenan verlegt (185 Chemin Principale). An den meisten Sommerabenden gibt's Livemusik. Montags werden um 19 Uhr Filme über die Insel gezeigt und um 22 Uhr gibt's dann noch eine kostenlose Jamsession. Das Pas Perdus befindet sich auf der Ostseite der Insel, direkt westlich der Touristeninformat

La Factrie SEAFOOD $$
521 Chemin du Gros Cap; Hauptgerichte 15–30 C$; ⏲Mo–Sa 11–22, Mai–Sept. So 16–22 Uhr) Das gibt's wahrhaft nur auf den Îles de la Madeleine. In der Cafeteria über einer Hummerfabrik werden Meeresfrüchte vom Feinsten serviert. Hummer kommt gekocht oder als Thermidor-, Salat-, Sandwich- oder Crêpe-Variante auf den Tisch.

Parc de Gros-Cap HOSTEL, CAMPING $
(☎418-986-4505, 800-986-4505; www.parcdegroscap.ca; 74 Chemin du Camping; Stellplatz Zelt & Wohnmobil 20–27 C$, B Mitglieder/Nicht-Mitglieder 23/27 C$, Zi. Mitglieder 46–70 C$, Nicht-Mitglieder 50–76 C$; ⏲Mai–Sept.; @📶) Das HI-Hostel auf der Halbinsel Gros Cap ist vielleicht das ruhigste dieser Kette weltweit. Von hier schweift der Blick über die Bucht voller Angler in Wathosen. Es herrscht eine familiäre Atmosphäre und ist eine prima Adresse, um Aktivitäten wie Seekajaktouren zu organisieren.

Café la Côte CAFÉ $$
(499 Chemin Boisville Ouest; Hauptgerichte 9–20 C$; ⏲Juni–Sept. 8–22 Uhr) Das strandhüttenartige Café in der Nähe der Fischerstatue von L'Etang du Nord eignet sich perfekt für ein Frühstück oder einen Mittagshappen mit Meeresfrüchten oder Pasta. An Sommerabenden veranstaltet die benachbarte *boîte à chansons* Shows unter freiem Himmel mit akadischer Musik.

Camping Le Barachois CAMPING $
(☎418-986-6065; 87 Chemin du Rivage; Stellplatz Zelt & Wohnmobil 19–26 C$; ⏲Mai–Sept.) Auf diesem Campingplatz mit 120 Stellplätzen inmitten von Bäumen unweit von einem See und dem Meer kann man fantastische Sonnenuntergänge genießen.

Île du Havre Aubert

Zwischen Cap aux Meules und der größten Insel des Archipcls führt die Rte 199 in Richtung Süden durch Dünen. Dahinter liegen der blaue Atlantik und die Baie du Havre aux Basques, die besonders bei Kitesufern sehr beliebt ist.

Das belebteste Viertel von **Havre Aubert** ist La Grave. Seine alten Häuser, die kleinen Handwerksläden und Restaurants versprühen noch heute den rustikalen Charme eines Fischerdorfs. Wer jenseits davon über den **Sandy Hook** schlendert, fühlt sich wie am Ende der Welt (aber nur, wenn nicht gerade August ist und der Sandburgwettbewerb stattfindet).

Das ausgezeichnete **Musée de la Mer** (1023 Rte 199; Erw./Kind 5/2 C$; ⌚Ende Juni–Anfang Sept. 10–18 Uhr, übriges Jahr verkürzte Öffnungszeiten) beleuchtet die Geschichte der Îles de la Madeleine ab dem Zeitpunkt, an dem Jacques Cartier erstmals Walrosse sichtete.

Das *économusée* **Artisans du Sable** (907 Rte 199; ⌚10–17.30 Uhr) verkauft Schachbretter, Kerzenständer und andere Souvenirs … aus Sand.

Im **Le Site d'Autrefois** (3106 Chemin de la Montagne; Erw./Kind 10/4 C$; ⌚Juni–Aug. 9–17 Uhr, Sept. 10–16 Uhr) wahrt der stolze Fischer Claude die Traditionen der Îles de la Madeleine. Hier kann man sich Geschichten und Lieder anhören und ein Museumsdorf besichtigen.

An Regentagen ist das „Streichelbecken" im kleinen **Aquarium** (146 Chemin de la Grave; Erw./Kind 6,50/2 C$; ⌚Juni–Mitte Okt. 10–18 Uhr) ein beliebtes Ziel.

Chez Denis à François (☎418-937-2371; www.aubergechezdenis.ca; 404 Chemin d'en Haut; EZ inkl. Frühstück 55–115 C$, DZ 75–135 C$) befindet sich gegenüber vom (extrem unterbelegten) Gefängnis. Das Haus wurde aus dem Holz eines Schiffswracks errichtet. Die geräumigen Zimmer im viktorianischen Stil haben Ventilatoren an den Decken, Kühlschränke, Sofas und Bäder.

Das **Café de la Grave** (969 Rte 199; Gerichte 9–15 C$; ⌚Ende April–Mitte Okt. 11.30–24 Uhr) ist mehr als eine lokale Institution, es zählt zu den Lebensmittelpunkten der Insel. *Poten-pot, croque monsieur,* Suppen und Kuchen locken die Massen in den ehemaligen Gemischtwarenladen.

Île du Havre aux Maisons

Die Insel, auf der sich auch der Flughafen befindet, ist eine der bevölkerungsreichsten, was aber kaum zu merken ist. Die wahrscheinlich schönste Landschaft der Inselgruppe erstreckt sich hauptsächlich östlich der Rte 199. Die beste Aussicht bietet sich vom Chemin des Buttes, der sich durch grüne Hügel und malerische Hütten schlängelt. Vom Parkplatz am Chemin des Échoueries beim Cap Alright führt ein kurzer Aufstieg zum Kreuz auf der **Butte Ronde**, von wo man einen wunderschönen Blick über die felsige Küste hat.

Schlafen & Essen

Domaine du Vieux Couvent HOTEL $$
(☎418-969-2233; www.domaineduvieuxcouvent.com; 292 Rte 199; Gerichte ab 27 C$; Zi. inkl. Frühstück 125–275 C$; ⌚Ende Feb.–Mitte Dez.; WLAN) Genau in der Mitte des Inselarchipels befindet sich die mondänste Unterkunft der Îles de la Madeleine. Von jedem Zimmer mit den großen Fenstern kann man den Blick aufs Meer genießen. Das äußerst beliebte **Restaurant** (⌚Mai–Okt 18–21 Uhr, Juli & Aug. 18–22 Uhr) ist ein Muss für abenteuerlustige Gourmets, die hier regionale Gerichte mit Meeresfrüchten, Kalbfleisch, Wildschwein, Wildobst und Käse probieren können.

La Butte Ronde B&B $$
(☎418-969-2047; www.labutteronde.com; 70 Chemin des Buttes; Zi. inkl. Frühstück 100–145 C$) Tickende Uhren, klassische Musik, wunderschöne Zimmer mit Tuareg-Fotos und ein Wintergarten mit Blick aufs Meer verleihen dieser fantastischen Unterkunft die ruhige Atmosphäre einer Bibliothek.

Grosse Île

Auf dieser Insel ist ein Großteil der englischsprachigen Minderheit zuhause. Ihre verschiedenen Dialekte ähneln dem von Newfoundland und lassen ihre keltischen Wurzeln erkennen. Die englischsprachige Gemeinschaft hat kein wirklich gutes Verhältnis zu ihren französischsprachigen Nachbarn. Gelegentlich hört man Sätze wie „Wir wollen unsere englischsprachigen Schilder wiederhaben".

Die Grosse Île liegt am Ende einer windumtosten Sandbank, die nur an einer Stelle von der Île de Pointe aux Loups unterbrochen wird. Die Stollen des **Salzbergwerks** verlaufen 300 m unter dem Meeresspiegel.

Die anglikanische **Trinity Church** von Pointe de la Grosse Île spiegelt das Inselleben wider. Ein Buntglasfenster zeigt Jesus in Wollpulli und Stiefeln, der sagt: „Folgt mir nach, und ich will Euch zu Menschenfischern machen".

Zwischen Pointe de la Grosse Île und Old Harry befindet sich das 68 ha große Vogelschutzgebiet East Point mit dem eindrucksvollsten Strand des ganzen Archipels, der **Plage de la Grande Échouerie**. Der 10 km lange, helle Sandstreifen erstreckt sich nordöstlich von Pointe Old Harry. Parkplätze gibt's in Pointe Old Harry und zwischen Old Harry und East Cape.

Das Museum des **Council for Anglophone Magdalen Islanders** (787 Chemin Principale; Eintritt frei; ⌚Mo–Fr 8–16 Uhr) in Old Harry ist in einem ehemaligen Schulgebäude von 1921 untergebracht. Zu den englisch beschilderten Exponaten gehören u.a. Seemannsgrabsteine aus dem 19. Jh. von der 16 km nördlich liegenden **Île Brion**. Brion ist heute ein Naturschutzgebiet mit 140 Vogelarten und einer äußerst interessanten Vegetation.

Die Seacow Rd in Old Harry führt zu der Stelle, an der Walrosse an Land gebracht wurden und wegen ihres Trans abgeschlachtet wurden. Ganz in der Nähe steht die Kirche **St. Peter's by the Sea**, die 1916 aus Holz von Schiffswracks errichtet wurde. Hier befinden sich auch die Gräber von Clarkes und Clarks. Die Geschichte dieses Familiennamens begann mit der falschen Schreibweise in offiziellen Schriftstücken.

Île de la Grande Entrée

Selbst für hiesige Verhältnis ist der „Große Eingang" mit seinen 650 Bewohnern ein abgelegener Außenposten mit einem Fischereihafen, in dem es mehr Masten als auf der Insel Häuser gibt.

Im **Club Vacances Les Îles** (☎418-985-2833, 888-537-4537; 377 Rte 199; Stellplatz Zelt & Wohnmobil 19–24 C$) ist immer was los. Im Angebot sind hier Seekajaktouren, Windsurfen, Höhlenklettern, Naturwanderungen, Inseltouren und Seafoodverkostung. Wer will, kann auch den Geschichten der Fischer lauschen oder sich in einem Schlammbad entspannen. Der Club hat einen Campingplatz und eine langweilige Cafeteria. Gästezimmer sind nur in Verbindung mit geführten Touren buchbar.

Das **Seal Interpretation Center** (Erw./Kind 7,50/4 C$; ⌚Juni–Sept. 10–18 Uhr) widmet sich der Welt der Robben und in der „Controversy Corner" auch dem umstrittenen Robbentöten.

Vom Zentrum hat man Aussicht auf die **Île Bordeau**. Die Insel mit einem schönen Wanderweg erreicht man über den Chemin du Bassin Ouest, der am Ende der Rte 199 beginnt.

In der **Galerie-Boutique Marie Marto** (889 Rte 199) verkauft der Künstler Gegenstände aus am Strand aufgesammelten Naturmaterialien.

Délices de la Mer (907 Chemin Principale; Gerichte 25 C$; ⌚Juni–Sept. 11–20 Uhr) serviert in dem ehemaligen Büro der örtlichen Fischerei-Kooperative erschwingliche Meeresfrüchte wie Hummerbrote mit Pommes.

HOHER NORDEN

Diese Region markiert die äußerste Nordgrenze der Provinz. Das Land wird öder und öder und verschwindet schließlich in den Tiefen des Nordpolarmeers. Mit entlegenen Dörfern, einer starken indigenen Präsenz und atemberaubender Landschaft lockt der herrliche hohe Norden all jene an, die sich weitab von Touristenpfaden bewegen möchten. Hier ist die Erde mit wertvollen Bodenschätzen wie Silber, Gold und Kupfer durchsetzt. Karibus ziehen frei umher, während unzählige Fische die Gewässer bevölkern.

Der Norden Québecs ist zweifellos gigantisch. In den nördlichsten Teilen liegen winzige Siedlungen der Inuit und anderer indigener Volksgruppen, die nur per Kleinflugzeug erreichbar sind. Erschlossene Gebiete verdanken ihr Dasein vor allem gewaltigen Industrieanlagen wie Sägemühlen, Berg- oder Wasserkraftwerken. Reisen in den äußersten hohen Norden bzw. zu den Inuit-Gemeinden von Nunavik sind unweigerlich mit teuren Flügen verbunden. Wer genügend Zeit hat, kann andere Teile von Abitibi-Témiscamingue und James Bay jedoch gut auch per Auto oder Bus besuchen und Kanadas wahren Norden auf sich wirken lassen.

Abitibi-Témiscamingue

Was erwartet einen hier oben? Auf 65 140 km² Fläche können die Menschen den Seen zahlenmäßig kaum das Wasser reichen. Doch trotz seiner geringen Bevölkerungsdichte spielt dieses Gebiet für die Québecer Fantasie eine wichtige Rolle: Als letzte Ecke der Provinz wartet es bis heute darauf, im großen Stil besiedelt und erschlossen zu werden – und wird somit zum Symbol für Träume und Mühen.

Als traditionelles Stammland der Algonkins besteht Abitibi-Témiscamingue aus zwei verschiedenen Bereichen, die beide nach einem jeweils anderen Stamm benannt sind. Témiscamingue ist lediglich über das nördliche Ontario und eine lange Straße zugänglich, die südlich von Rouyn-Noranda verläuft. Seine Vegetation ist vielfältiger, ebenso die Landschaft mit mehreren Tälern und dem mächtigen Lac Témiscamingue. Hierher verirren sich nur wenige Touristen. Abitibi verzeichnet dagegen etwas mehr Besucher und ist größtenteils flach, weshalb die wundervollen Täler und Felsen des Parc d'Aiguebelle umso großartiger wirken.

Die Besiedlung Abitibi-Témiscamingues wurde wie üblich durch das schrittweise Ausbeuten natürlicher Ressourcen vorangetrieben. Vor dem 19. Jh. waren hier lediglich Jäger und Pelzhändler unterwegs. Dann förderten Holzwirtschaft und Kupferbergbau die Entwicklung. Als in den 1920er-Jahren das Goldfieber grassierte und Tausende, die ihr Glück hier versuchen wollten, in die Region strömten, florierten die Städte im Umkreis der Vorkommen.

Bis heute hat dieser riesige Teil Québecs etwas seltsam Exotisches, was teilweise wohl an seiner Abgeschiedenheit liegt. Die meisten Besucher suchen Ruhe in den hiesigen Nationalparks oder sind auf der Durchreise zu noch einsameren Zielen im Norden.

RÉSERVE FAUNIQUE LA VÉRENDRYE

Der riesige, relativ leicht zu erreichende **Park** (☎819-736-7431, 800-665-6527; www.sepaq.com; Hwy 117; Erw./Kind 3,50 C$/frei; ⌚Mitte Mai–Mitte Sept.) ist ideal für Kanuten. Es gibt auch ein paar schöne, unterschiedlich lange Rundkurse, und an den Ufern der Seen finden sich einige fantastische **Campingplätze** (Stellplatz 19–40 C$). Selbst im Hochsommer hat man manchmal einen ganzen See für sich allein. Man muss zum Glück kein Outdoor-Experte oder Sportler sein, um die Ruhe in diesem Park genießen zu können. Wer nicht campen will, kann sich auch eine Hütte mieten. Die Preise beginnen bei 280 C$ pro Woche und Person. Die Wasserfälle am Lac Roland lohnen den Besuch. Obwohl es nicht wirklich auffällt, ist dies keine echte Wildnis, denn die Hauptseen gehören zu einem gigantischen Stausee und sind sehr flach.

Die vier Zugänge zum Park liegen alle am Hwy 117. Wer von den Laurentides kommt, stößt 58 km hinter dem Dorf Grand Remous auf **Le Domaine** (☎819-435-2541). Hier gibt's Infos, einen Kanuverleih und Service-Einrichtungen. Das Personal ist so freundlich, dass einem auch schon mal unerwartet eine Weihnachtskarte ins Haus flattert!

An der 180 km langen Strecke vom Südrand des Parks bis nach Val d'Or gibt's keine Dörfer – daher unbedingt vorher voll tanken!

VAL D'OR

Val d'Or entstand 1933 rund um die Sigma-Goldmine. Heutzutage sieht der Ort mit seinen breiten Avenues und seiner Hauptstraße (Ave 3-ème) aus wie eine boomende Goldgräberstadt aus der guten alten Zeit. Man kann sich leicht vorstellen, was hier während des Goldrauschs auf den Straßen los war. Die Hauptstraße zeigt sich noch heute von ihrer traditionellen, rauen Seite. Die Sigma-Mine ist zwar noch in Betrieb, fungiert aber nicht mehr als lokaler Wirtschaftsmotor. Die **Touristeninformation** (☎819-824-9646; 1070 3-ème Ave Est; ⌚9–17 Uhr) befindet sich am Hwy 117 am Ostrand der Stadt.

La Cité de l'Or (www.citedelor.com; 90 Ave Perreault; Erw./Kind 25/12 C$; ⌚Minenführungen Ende Juni–Anfang Sept. 8.30–17.30 Uhr) bietet Führungen in 91 m Tiefe an. So erfährt man alles über den Goldabbau. Auf dem gleichen Gelände befindet sich die **Village Minier de Bourlamaque** (Erw./Kind 12/5 C$), ein restauriertes Bergbaudorf mit 80 Blockhäusern. Führungen müssen im Voraus telefonisch gebucht werden. Warme Klamotten für den Ausflug in die Unterwelt nicht vergessen!

Air Creebec fliegt von Montréal nach Val d'Or. Autobus Maheux (S. 298) fährt quer durch die Region nach Montréal (7 Std.), Matagami (3½ Std.) und Chibougamau über Senneterre (6 Std.).

PARC D'AIGUEBELLE

In Abitibis ziemlich langweiliger Landschaft ist dieser atemberaubende **Provinzpark** (☎819-637-7322; 1737 Rang Hudson; Erw./Kind 3,50 C$/frei; ⌚ganzjährig) eine doppelt tolle Überraschung. Ganz unverhofft stößt man auf großartige Canyons und Schluchten sowie auf gewaltige Felsklippen mit faszinierenden geologischen Formationen. Hier gibt's auch ausgezeichnete Wanderwege (ca. 60 km), die von 200 Jahre alten Bäumen gesäumt werden.

Der kleine Park (268 km²) hat drei Eingänge: Mont Brun (westlich von Val d'Or und vom Hwy 117 gut ausgeschildert; dieser

Eingang ist am dichtesten bei der Hängebrücke), Destor (an der Rte 101 zwischen Rouyn-Noranda und La Sarre) und Taschereau (südlich der Rte 111 zwischen La Sarre und Amos). In der Nähe aller drei Eingänge gibt's schöne **Campingplätze** (Stellplatz ab 23 C$) sowie Kanu- und Kajakverleihe.

James Bay

Diese Region ist geradezu ein Paradebeispiel für Québecs Hinterland. Im Boden unter dem scheinbar endlosen nördlichen Nadelwaldgürtel voller Fichten liegen wertvolle Metalle in großen Mengen. An vielen Abenden verwandelt das Nordlicht den Himmel in ein Kaleidoskop aus Rosa- und Blautönen, das schließlich dem leuchtenden Orange des Sonnenuntergangs weicht. Die 350 000 km² des weltweit größten Verwaltungsbezirks entsprechen ungefähr der Fläche Deutschlands. Die Hälfte der lediglich 30 000 Einwohner sind Cree. Sie leben in acht Reservaten, die Hunderte Kilometer voneinander entfernt liegen.

Die geradezu legendäre Rte de la Baie James endet bei Radisson, einem Nest 1400 km nördlich von Montréal bzw. 800 km nördlich von Amos. Eine 100 km lange Nebenstrecke führt nach Westen zum Cree-Reservat Chisasibi in der Nähe der James Bay. Diese Gegend steht ganz im Zeichen des gigantischen James-Bay-Wasserkraftprojekts. Die sieben Wasserkraftwerke decken die Hälfte des Energiebedarfs von Québec. Viele Besucher nehmen den Trek hierher nur auf sich, um sich die Anlagen anzusehen.

Obwohl es im Juli und August z.T. bis 30° C heiß wird, ist warme Bekleidung für die Abendstunden ein absolutes Muss. Im Juli beträgt die Durchschnittstemperatur tagsüber 17° C. Der Winter beginnt hier manchmal schon im Oktober. Dann fallen die Temperaturen oft auf –15° C, gelegentlich sogar auf –40° C!

Die meisten Touristen reisen über Abitibi an. Auf 183 km Länge erstreckt sich die Rte 109 nordwärts bis nach Matagami. Jenseits dieser Siedlung wird sie zur Rte de la Baie James und setzt sich über 620 km bis nach Radisson fort. Die Region Lac St. Jean ist der beste Ausgangspunkt für Trips in den Osten von James Bay. Von Chibougamau, der größten Siedlung in dieser Ecke, führt eine mörderische, 424 km lange Schotterpiste (Rte du Nord) durch die Wildnis. Bei Km 274 trifft sie auf die Rte de la Baie James. Zudem kann man über die befestigte Rte 113 von Senneterre nach Chibougamau fahren (351 km) und kommt auf dem Weg an diversen Cree-Dörfern vorbei. Chibougamaus Umgebung ist nicht sonderlich interessant.

MATAGAMI

Für ein eintöniges Nest mitten in Nirgendwo geht es in Matagami ziemlich geschäftig zu. Bei der Gründung des Orts im Jahr 1963 nahmen eine Kupfer- und Zinkmine ihren Betrieb auf. Zugleich ist die Siedlung das nördlichste Forstwirtschaftszentrum von Québec. Beide Industriezweige florieren bis heute und man trifft immer auf Schichtarbeiter, die gerade zur Arbeit oder nach Hause gehen. Außerdem übernachtet hier so ziemlich jeder Autofahrer, der auf der Rte 109 in Richtung Radisson unterwegs ist.

Das ordentliche **Hôtel-Motel Matagami** (☎819-739-2501; 99 Blvd Matagami; Zi. ab 95 C$; ❄) gilt als Top-Unterkunft in diesem Ort und scheint immer gut besucht zu sein – vor allem wegen des Restaurants, das täglich von 5 bis 22 Uhr geöffnet hat.

Das **Motel Le Caribou** (☎819-739-4550, 866-739-4550; 108 Blvd Matagami; EZ/DZ 65/75 C$; ❄) ist etwas abgetakelter, aber für eine Nacht o.k. Die schäbige Bar im vorderen Bereich zieht eine Klientel mit langen Gesichtern und Hängebacken an.

Täglich außer samstags fährt Autobus Maheux nach/von Val d'Or (3½ Std.) und hält am Hôtel-Motel Matagami.

ROUTE DE LA BAIE JAMES

Diese Straße ist die Verlängerung der Rte 109 zum James-Bay-Wasserkraftprojekt. Die breite, befestigte Straße ist in gutem Zustand.

Die **Touristeninformation** (☎819-739-2030) bei Km 6 hat das ganze Jahr rund um die Uhr geöffnet. Hier muss man anhalten und sich über eine Sprechanlage anmelden. Aus Sicherheitsgründen wird jeder registriert, der in Richtung Norden fährt. Es lohnt sich aber sowieso, hier einen Zwischenstopp einzulegen und in die Touristeninformation zu gehen, denn dort sind verschiedene Broschüren und Prospekte über geologische und geografische Gegebenheiten entlang der Strecke erhältlich. Außerdem kann man sich über Waldbrände informieren. An der ganzen Straße stehen zweisprachige Infotafeln. Bei Km 135, 201, 247, 301, 361, 444 und 504 gibt's Notrufsäulen.

Bei Km 38 befindet sich der einzige **Campingplatz** (Stellplatz 22–26 C$; ⏲Mitte Juni–Anfang Sept.) an der Strecke.

Jeder muss bei Km 381, dem sogenannten Relais Routier, anhalten. Die einzige Tankstelle hat rund um die Uhr geöffnet. Außerdem befinden sich hier eine Werkstatt, eine Cafeteria und eine Art **Motel** (EZ/DZ 80/170 C$).

RADISSON

Das Dorf ist nach dem Forschungsreisenden Pierre-Esprit Radisson benannt. Es wurde 1973 als Arbeitersiedlung für das James-Bay-Wasserkraftprojekt gegründet und wirkt größer, als seine 350 Einwohner vielleicht vermuten lassen. Dies liegt wohl auch daran, dass Radisson darauf ausgelegt ist, unterschiedlich große Gruppen von Arbeitern aufzunehmen – die Jungs schuften acht Tage am Stück und fliegen dann für sechs Tage nach Hause. Mittlerweile haben sich ein paar Familien dauerhaft hier niedergelassen und so ein echtes Dorf geschaffen.

Radissons Umgebung ist ein spektakulärer Anblick. Vom ausgebauten Bereich rund um das riesige Wasserkraftwerk LG2 (oder Robert-Bourassa-Kraftwerk) gleich außerhalb der Siedlung schweift der Blick über den majestätischen Rivière La Grande. Wenn die **Touristeninformation** (☎819-638-8687; 98 Rue Jolliet; ⏲Juni–Okt. 8–20 Uhr) am Ortsrand geschlossen hat, hilft das **Rathaus** (☎819-638-7777; 101 Place Gérard Poirier) weiter.

Alle Besucher, die es hierher verschlägt, nehmen an der kostenlosen Kraftwerksführung teil; Details dazu kann man bei der Touristeninformation erfragen. Die hiesige Zentrale von Hydro Québec befindet sich im Pierre Radisson Complex. Nach einer Einführung zum Thema Stromerzeugung durch Wasserkraft wird das gigantische LG2 von innen und außen besichtigt. Zusammen mit LG2A deckt die Anlage 25% des Quebecer Energiebedarfs und zählt weltweit zu den größten ihrer Art. LG2A wiederum ist das größte unterirdische Kraftwerk des Planeten. Es ist so gewaltig wie ein 15- stöckiges Haus, reicht aber 140 m tief in den Felsuntergrund hinein.

Acht Kraftwerke säumen den Rivière La Grande auf 800 km Länge. Das bedeutet, dass dieselbe Wassermenge achtmal verwendet wird, um insgesamt 15244 MW Strom zu erzeugen. Zwanzig Jahre, 185000 Arbeiter und 70 Mio. Arbeitsstunden waren vonnöten, um das rund 23,5 Mrd. C$ teure Mammutprojekt zu vollenden. Am beeindruckendsten ist der Robert-Bourassa-Überlauf am Rand des gigantischen Réservoir Robert-Bourassa (Stausees) der die dreifache Fläche des Lac St. Jean hat. Die in den Fels gesprengte riesige Treppe, die der Überlauf bildet, ist fast 1 km lang. Ihre zehn Stufen sind jeweils 10 m hoch und haben die Fläche zweier Fußballfelder.

Das örtliche Unterkunftsangebot umfasst mehrere zweckmäßige Motels und den **Camping Radisson** (☎819-638-8687; 198 Rue Jolliet; h Mitte Juni–Sept.), der auf einem Hügel hinter der Touristeninformation liegt.

CHISASIBI

In der Nähe der Mündung des Rivière La Grande in die James Bay, 100 km westlich von Radisson, liegt Chisasibi, ein sehenswertes Cree-Dorf in fast gespenstischer Umgebung. Aus Richtung James Bay peitschen hier arktische Böen über die dem Wind ausgesetzte Taiga.

Der Ort, wie er heute aussieht, besteht erst seit 1981. Vor dieser Zeit lebten die Einwohner auf der 10 km entfernten Insel Fort George, wo die Hudson's Bay Company 1837 einen Pelzhandelsposten eingerichtet hatte. Ein Überbleibsel der traditionellen Lebensweise sind die vielen Tipis in den Hinterhöfen, die hauptsächlich zum Räuchern von Fisch dienen.

Fort George Island Tours (☎819-855-2626; fgtours@cancom.net) veranstaltet hervorragende geführte Touren unterschiedlicher Länge nach Fort George, wo die meisten Originalbauwerke wie Kirchen, Schulen und Friedhöfe noch erhalten sind. Besucher können sich auch eine traditionelle Mahlzeit bestellen. Die **Mandow Agency** (☎819-855-3373; mandow@chisasibi.ca) organisiert Angel- und Kanutrips, Kulturaustauschprogramme und Winteraktivitäten. Wer im Voraus eine E-Mail schreibt und seine Wünsche kundtut, dem werden sie meist erfüllt.

Das **Motel Chisasibi** (☎819-855-2838; EZ/DZ 97/122 C$) ist die einzige kommerzielle Unterkunft des Orts.

Nunavik

Nunavik, der trostlose Landstrich an Québecs äußerstem Nordrand, ist fast so groß wie Frankreich. In den 14 Dörfern leben weniger als 10000 Menschen. Die Gemeinden liegen Hunderte Kilometer voneinander entfernt und dazwischen nichts als Tundra. Auch Straßen gibt es zwischen den Orten nicht. Fast 90% der Bevölkerung sind Inuit. Der Rest besteht aus Cree, Naskapi und weißen Québecern. Dieses bizarre Territorium zwischen dem 55. und dem 62. Breitengrad wird im Westen von der Hudson Bay, im Norden von der Hudson Strait und im Osten von der Ungava Bay und Labrador begrenzt.

Da Nunavik nur auf dem Luftweg zu erreichen ist, kommen nur wenige Touristen hierher. Wer sich jedoch persönlich um Kontakte vor Ort bemüht, kann durchaus Trips auf eigene Faust unternehmen. Man muss sich aber auf hohe Preise für Waren und Dienstleistungen gefasst machen. Im Vergleich zu Québec kosten Lebensmittel hier durchschnittlich das Doppelte.

Geografie & Klima

Die geografische Vielfalt ist beeindruckend. Sogar in der Tundra lassen sich viele Facetten landschaftlicher Schönheit entdecken. Diese Region ist alles andere als eine öde Ebene voller Schnee und Eis. Im Südwesten erstrecken sich Strände und Sanddünen bis zum Horizont. Die großartigen Torngat Mountains im Nordosten gehen in eine Kette nackter Felsgipfel und wilder Täler über, die sich auf 300 km Länge entlang der Grenze zu Labrador erstreckt. Hier erhebt sich der Mont d'Iberville (1652 m), Québecs höchster Berg.

Fünf der 144 weltweit bekannten Meteoritenkrater sind in Nunavik zu finden. Der größte namens Pingualuit ist 1,4 Mio. Jahre alt. Mit einem Durchmesser von 3,4 km und einer Tiefe von 344 m zählt er in der Tat zu den gewaltigsten seiner Art auf Erden. Der Kratersee ist einer der saubersten Wasserspeicher überhaupt – nur der japanische Masyuko-See ist noch klarer. Der Pingualuit-Krater liegt 88 km südwestlich von Kangiqsujuaq.

An durchschnittlich 243 Abenden pro Jahr schimmern magische Nordlichter (Aurora borealis) über der ungewöhnlichen Landschaft.

Einheimische Kultur

In gesellschaftlicher Hinsicht sind die Dörfer äußerst interessant. Die Inuit sind allgemein sehr freundlich und umgänglich. Dank ihres guten Anpassungsvermögens konnten sie ihre Lebensweise in kürzester Zeit radikal umstellen. Allerdings könnten Besucher, die nicht auf die riesigen Unterschiede zwischen den Inuit-Gemeinden und den modernen nordamerikanischen Städten gefasst sind, unter Umständen einen heftigen Kulturschock erleiden.

Die Zahl der Dorfbewohner reicht von 160 (Aupaluk) bis 2050 (Kuujjuaq). Die Hälfte der Bevölkerung ist keine 18 Jahre alt, was man wahrscheinlich schon allein aus den vielen herumtollenden Kindern schließen kann. Da sie äußerst genügsam sind, kommen die meisten Inuit hier halbwegs über die Runden. Leider haben manche von ihnen dennoch mit ernsthaften sozialen Problemen, z.B. mit häuslicher Gewalt, Drogenkonsum und Alkoholismus zu kämpfen – und das, obwohl die meisten Dörfer „trocken" sind.

Nach Inuktitut ist Englisch die am weitesten verbreitete Sprache. Verglichen mit ihren Eltern lernen immer mehr Jugendliche Französisch, doch fast alle älteren Inuit sprechen ausschließlich Inuktitut.

ℹ Anreise & Unterwegs vor Ort

First Air verkehrt (für viel Geld) zwischen Montréal und Kuujjuaq (einfache Strecke 980–1260 C$, 2¼ Std., 2-mal wöchentl.). Air Inuit bedient dieselbe Strecke und fliegt auch von Montréal nach Puvirnituq (1600 C$, 3½ Std., tgl.), von wo es Flüge in andere Dörfer wie Whapmagoostui-Kuujjuarapik (620 C$, 2 Std., tgl.) gibt. Weitere Orte sind mit Air Creebec zu erreichen.

Nova Scotia

Inhalt »

Gut essen

- » Fid (S. 360)
- » Jane's on the Common (S. 361)
- » Fleur de Sel (S. 373)
- » Red Shoe Pub (S. 404)
- » Hummeressen (in Kirchen und Rathäusern überall in der Provinz)

Schön übernachten

- » Waverley Inn (S. 359)
- » Desbarres Manor (S. 417)
- » Lightkeeper's Kitchen & Guest House (S. 396)
- » CranberryCoveInn(S. 416)
- » Digby Backpackers Hostel (S. 382)

Auf nach Nova Scotia!

Auf den ersten Blick erscheint Nova Scotia wie aus dem Bilderbuch: bunt leuchtende Lupinenfelder, niedliche Lebkuchenhäuschen, malerische Leuchttürme und sanfte Wellen an sandigen Stränden – am liebsten würde man alles einpacken und einem kleinen Mädchen zum Spielen schenken. Doch da ist noch die andere Seite der Medaille. Nova Scotia ist auch das raue Kanada der Fischer, die der eisigen See trotzen, der Bergarbeiter, Elche, Stechmücken und ruppigen Eishockeyspieler. Die Einheimischen sind liebenswert bodenständig geblieben. Egal, ob schottisch, akadisch oder indigen, sie alle trinken, singen und tanzen gerne und freuen sich über jeden Fremden, der mitfeiert. Selbst tagsüber sind die Wanderwege an der Küste oder die Trampelpfade durch den dichten Mischwald menschenleer. In aller Ruhe kann man die herrlichsten Ausblicke genießen und tief die salzige Seeluft atmen. Und wer mehr Trubel braucht, geht ins kosmopolitische Halifax mit seinen Weltklasse-Restaurants und einer Musikszene, die es in sich hat.

Reisezeit

Halifax

Juni bis August Wildblumenteppiche bedecken das Land, während Wale nahe an die Küste kommen.

September & Oktober In allen Farben leuchtende Wälder bilden die Kulisse für Musikfestivals.

August bis November Mit einem Neoprenanzug auf den eisigen Orkanwellen surfen.

Geschichte

Schon seit langen Zeiten lebt das indigene Volk der Mi'kmaq im heutigen Nova Scotia. Als die Franzosen 1605 in Port Royal (dem heutigen Annapolis Royal) die erste europäische Siedlung gründeten, brachte ihnen Häuptling Membertou große Gastfreundschaft entgegen und war danach häufig zu Gast bei Samuel de Champlain.

Die engen Beziehungen zwischen den Mi'kmaq und den Franzosen führte zu beträchtlichem Argwohn seitens der Briten, nachdem diese die Herrschaft über Nova Scotia erlangt hatten. Sie setzten schließlich Belohnungen für die Skalpe von Mi'kmaq aus. Da sie sich weigerten, den Treue-Eid auf die Britische Krone zu schwören, wurde die Mehrheit der französischsprachigen Akadier von 1755 an nach Louisiana – wo sie „Cajuns" genannt wurden – und anderswo deportiert (s. Kasten S. 390).

Anstelle der Akadier wurden in Nova Scotia etwa 35 000 Loyalisten des United Empire angesiedelt, die vor dem amerikanischen Unabhängigkeitskrieg geflohen waren. Darunter befanden sich auch afrikanische Sklaven der Loyalisten und von den Engländern befreite Black Loyalists. Farmer aus Neuengland gründeten weitere Siedlungen. 1773 erreichte die erste von vielen weiteren Wellen von Einwanderern aus dem schottischen Hochland den Norden von Nova Scotia und Cape Breton Island.

Dass die meisten Bewohner von Nova Scotia britische Vorfahren haben, beweist ein Blick auf die seitenlangen Einträge von Namen mit „Mac" und „Mc" im Telefonbuch. Die französischen Akadier, denen es gelang, nach 1764 aus Louisiana zurückzukehren, fanden ihre Ländereien im Annapolis Valley von anderen in Besitz genommen. Deshalb ließen sie sich an der *French Shore* zwischen Yarmouth und Digby nieder sowie auf Cape Breton Island in der Gegend um Chéticamp und auf der Isle Madame. Heute machen die Akadier etwa 18 % der Gesamtbevölkerung aus, wobei nicht ganz so viele tatsächlich Französisch sprechen. Ungefähr 4 % der Bevölkerung sind Menschen afrikanischer Abstammung und es gibt etwa 20 000 Mi'kmaq, die überwiegend in 18 Gemeinden rund um Truro und den Bras d'Or Lake auf Cape Breton Island leben.

Einheimische Kultur

Bei fast 8000 km Küstenlinie überrascht es nicht, dass sich in der Kultur Nova Scotias alles ums Meer dreht. Historisch gesehen ist es eine von hart arbeitenden Fischern und Bergleuten geprägte Region, die bis heute in vieler Hinsicht eine Arbeiterkultur hat. Allerdings zwingt der Niedergang der Grundstoffindustrie viele junge Leute, ihre Heimatprovinz auf der Suche nach Arbeit zu verlassen.

Vielleicht liegt es an den langen Wintern und den harten Arbeitstagen, dass die Einwohner von Nova Scotia so viel und gerne musizieren. Insbesondere wenn sich akadische und schottische Familien treffen, wird gezupft, gefidelt, gestampft und getanzt, was das Zeug hält.

An- & Weiterreise

Bus

Die Busse von **Acadian Lines** (☎902-454-9321, 800-567-5151; www.acadianbus.com) fahren durch die gesamten Atlantikprovinzen und bieten Anschluss an die Voyager-Busse aus Québec und Ontario sowie die Greyhound-Busse aus den USA (s. S. 989). Direktverbindungen von Halifax gibt's u. a. nach Charlottetown (70 C$, 5½ Std., 2-mal tgl.), Moncton (57 C$, 4 Std., 3-mal tgl.) und Bangor in Maine (105 C$, 11 Std., 1-mal tgl.), wo man Anschluss nach Boston und New York hat. Die Fahrpreise von Acadian Lines sind immer inklusive Steuern und es gibt Preisnachlässe für Kinder von fünf bis elf Jahren (50 %), Studenten (15 %) und Senioren (25 %).

Das über Acadian Lines erreichbare Unternehmen **Trius Lines** (☎902-454-9321, 800-567-5151) verkehrt entlang der Südküste zwischen Halifax und Yarmouth (50 C$, 5½ Std., 1-mal tgl.) und bietet Anschluss an die Fähren. Ermäßigungen gibt's beim Kauf einer Rückfahrkarte sowie für Studenten (15 %) und Senioren (25 %).

Flugzeug

Die meisten Flugverbindungen gibt es von und nach Halifax, aber auch Sydney auf Cape Breton Island hat einen internationalen Flughafen. Air Canada, Air Canada Jazz, Westjet, United, Continental und andere Fluggesellschaften fliegen mehrmals täglich von Toronto, Montreal, Ottawa, St. John, Moncton und Boston in Massachusetts nach Halifax und zurück. Im Sommer und Herbst gibt's auch einen Direktflug nach London.

Schiff/Fähre

NEW BRUNSWICK Die Fähren von **Bay Ferries** (☎888-249-7245; www.bayferries.com; Erw./Kind unter 6 Jahren/Kind 6–13 Jahre/Senior 40/5/25/30 C$, Auto/Motorrad/Fahrrad 80/50/10 C$) setzen in drei Stunden von St. John (in New Brunswick) nach Digby über. Es

Highlights in Nova Scotia

1. In **Halifax** (S. 352) die Leute an der Uferpromenade beobachten und sich ein unvergessliches, kulinarisches Erlebnis gönnen.
2. In der **Louisbourg National Historic Site** (S. 415) kärglich wie die französischen Soldaten oder fürstlich wie die Generäle um 1744 speisen.
3. Durch die Gezeitenwellen bei **Maitland** (S. 392) raften.
4. Mit dem Kajak durch die nebelverhangene Stille der einsamen Inseln und geschützten Buchten rund um **Tangier** (S. 419) paddeln.

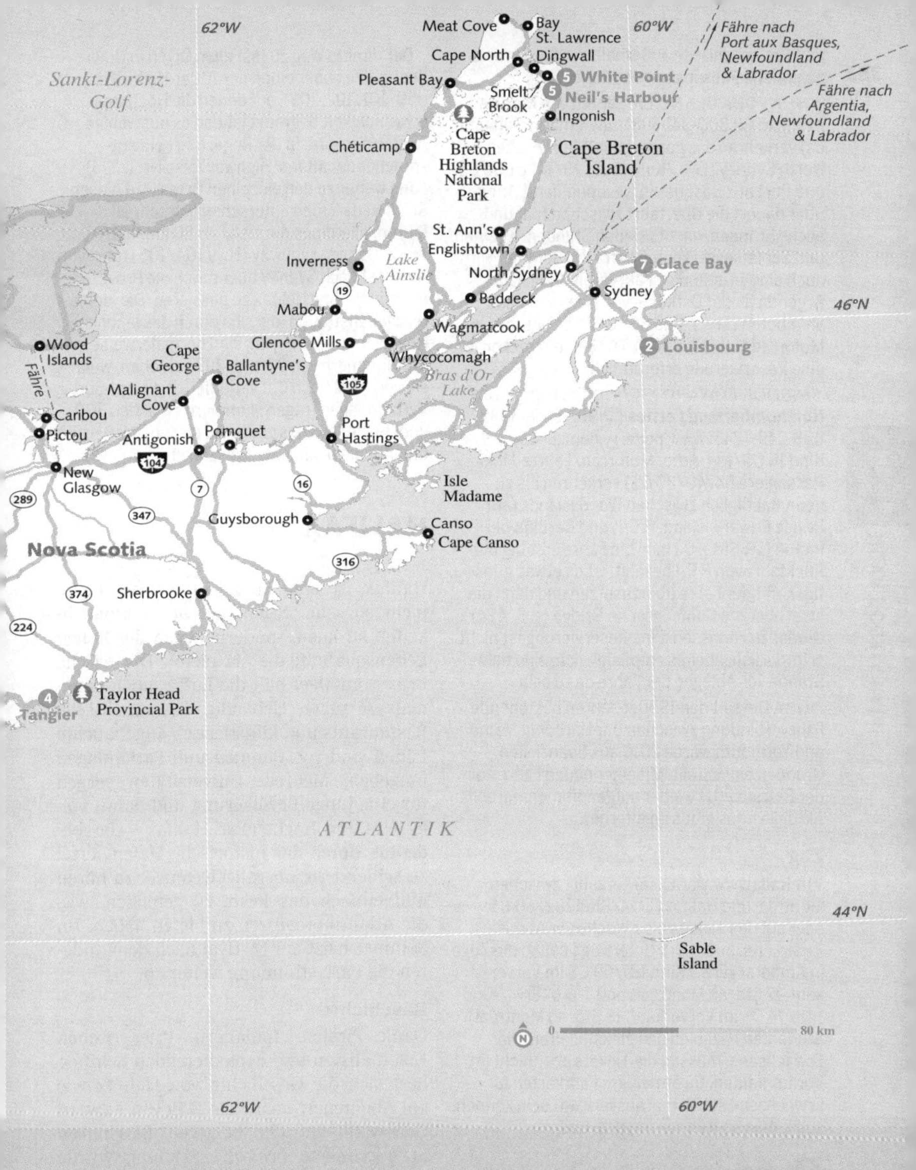

5 Adler und Wale beobachten und dann auf dem Weg von **White Point nach Neil's Harbour** (S. 410) einen heißen Eintopf genießen.

6 Im Sand, der von den extremen Gezeiten in der Bay of Fundy rund um **Parrsboro** (S. 394) angeschwemmt wird, nach Halbedelsteinen suchen.

7 Unter dem Meer in das Kohlebergwerk von **Glace Bay** (S. 415) einfahren und dabei den abenteuerlichen Geschichten eines ehemaligen Kumpels lauschen.

gibt Preisnachlässe außerhalb der Saison und zahlreiche Pauschalangebote.

NEWFOUNDLAND Die Fähren von **Marine Atlantic** (☎800-341-7981; www.marine-atlantic.ca) verkehren das ganze Jahr über zwischen North Sydney (Erw./Kind/Auto 29/14/81,50 C$) und Port aux Basques in Newfoundland. Tagsüber dauert die Überfahrt zwischen fünf und sechs Stunden, nachts sieben Stunden. Kabinen und Schlafsessel kosten extra. Im Sommer wird auch eine 14-stündige Fährverbindung nach Argentia an der Ostküste von Newfoundland angeboten (Erw./Kind 80/40,25 C$, Auto/Motorrad 165/83,50 C$). Für beide Strecken ist eine Reservierung erforderlich.

PRINCE EDWARD ISLAND Die Fähren von **Northumberland Ferries** (☎902-566–3838, 888-249-7245; www.peiferry.com; Erw./Kind 16 C$/frei, Auto/Motorrad/Fahrrad inkl. Passagiere 64/40/20 C$) verkehren bis zu neunmal täglich zwischen Wood Islands (auf Prince Edward Island; P. E. I) und Caribou bei Pictou (1¼ Std.). Da man die Fähre erst bei der Rückfahrt von P. E. I bezahlt, ist es etwas günstiger, mit der Fähre überzusetzen und dann die Insel über die Confederation Bridge (s. S. 424) wieder zu verlassen. Eine Reservierung ist nicht erforderlich, aber es empfiehlt sich, eine halbe Stunde vor Ablegen der Fähre da zu sein.

USA Die seit den 1950er-Jahren bestehende Fährverbindung zwischen Bar Harbor in Maine und Yarmouth wurde 2010 aus finanziellen Gründen eingestellt. Mit einer neuen Fähre soll der Betrieb 2011 wieder aufgenommen werden. Aktuelle Infos gibt's im Internet.

Zug

VIA Rail (www.viarail.ca) verkehrt zwischen Montréal und Halifax (Erw./Kind 182/80 C$ bei Kauf des Tickets bis 1 Woche vor Abreise, 21 Std., tgl. außer Di). Unterwegs halten die Züge in Amherst (Erw./Kind 137/69 C$ im Vorverkauf, 17 Std. ab Montréal) und Truro (Erw./Kind 148/74 C$ im Vorverkauf, 18 Std. ab Montréal). Studenten bezahlen den gleichen Preis wie Erwachsene, müssen die Tickets aber nicht im Voraus kaufen. Da ermäßigte Fahrkarten für Erwachsene schon mal ausverkauft sein können, sollte man so früh wie möglich buchen.

Unterwegs vor Ort

Ein Mietwagen ist bestimmt die unkomplizierteste Art der Fortbewegung und kann sogar günstiger als eine Busfahrt sein. Eine gute Alternative sind Shuttlebusse (S. 364). Die Entfernungen sind gut zu bewältigen. So kann man in Tagesausflügen vom Annapolis Valley aus bequem die Südküste erkunden und umgekehrt. Die längste Fahrt, die die meisten Reisenden wohl unternehmen werden, ist die vierstündige Tour von Halifax nach Cape Breton Island.

Der direkte Weg zu fast allen Orten in Nova Scotia führt über einen der 100er-Highways (z. B. 101, 102, 103), auf denen die Höchstgeschwindigkeit begrenzt ist und es nur wenige Ausfahrten gibt. In der Regel führt ein entsprechender älterer Highway (also Nr. 1, 2, 3) dann weiter zu den einzelnen Orten. Auf diesen Straßen darf man unterschiedlich schnell fahren, allerdings nie mehr als 80 km/h. Der Trans-Canada Highway (Hwy 104/105) führt von Amherst nach Sydney quer durch die Provinz, allerdings ohne Halifax zu passieren. Die kleineren Nebenstraßen, die sich durch das ländliche Nova Scotia schlängeln, sind normalerweise mit Nummern von 200 bis 299 versehen, wenn sie von West nach Ost verlaufen. Die Nord-Süd-Verbindungen tragen Nummern zwischen 300 und 399. Allerdings gibt's auf diesen Straßen mehr Schlaglöcher als Tankstellen.

HALIFAX

360 000 EW.

Halifax ist eine Stadt, in die die Leute nicht so sehr wegen der vielen Möglichkeiten strömen, sondern wegen der hohen Lebensqualität, die sie bietet. Die frische Brise vom Meer hält die Luft sauber, denkmalgeschützte Gebäude, kosmopolitsche Restaurants und künstlerisch angehauchte Läden sind von Bäumen und Parkanlagen umgeben. Mehrere Universitäten sorgen für eine junge Bevölkerung und damit volle Bars und Nachtclubs. Halifax – das bedeutet, durch das historische Hafenviertel zu schlendern, überall Livemusik zu hören und einfach das Beste zu genießen, was die Atlantikprovinzen zu bieten haben. Im Sommer heizt ein Festival nach dem anderen die Partystimmung weiter an.

Geschichte

Dank Piraten, Indianern, kriegerischen Kolonialisten und explodierenden Schiffen liest sich die Geschichte von Halifax wie ein Abenteuerroman. Die 1749 von Edward Cornwallis an der heutigen Barrington St gegründete britische Siedlung wurde

KURZINFOS NOVA SCOTIA

- » Einwohner: 932 966
- » Fläche: 55 491 km²
- » Hauptstadt: Halifax
- » Schräge Facts: Hier steht das einzige Gezeitenkraftwerk in Nordamerika.

schnell groß und wohlhabend. Die Zerstörung der französischen Festung Louisbourg 1760 stärkte und festigte die britische Vorherrschaft in dieser Region und machte Halifax endgültig zur bedeutendsten Stadt in Nova Scotia.

Obwohl es schon zu Beginn des 19. Jhs. zwei Universitäten in Halifax gab, war die Stadt immer noch ein primitives Seemannsnest, das sich während des Krieges von 1812 zu einem Zentrum der Freibeuterei entwickelte. Als die Piraterie und der Schwarzhandel von der Regierung nicht mehr geduldet wurden, verlegte sich Halifax kurzerhand auf den kommerziellen Handel, und in den Straßen der Stadt (insbesondere der Market St und Brunswick St) eröffneten zahllose Tavernen und Bordelle.

Am 14. April 1912 wurden drei Schiffe aus Halifax zu einem Notfall gerufen: Die als unsinkbar geltende *Titanic* hatte einen Eisberg gerammt. Mehr als 1500 Menschen verloren bei dieser Tragödie ihr Leben. Viele von ihnen wurden auf dem Fairview Lawn Cemetery beigesetzt, der sich in der Nähe des Fairview Overpass am Bedford Hwy befindet.

Kurze Zeit später kollidierte während des Ersten Weltkriegs 1917 der französische Munitionsfrachter *Mont Blanc*, der den Sprengstoff TNT und leicht entzündliches Benzol an Bord hatte, mit einem anderen Schiff und explodierte. Die „Halifax-Explosion“, die als größte durch Menschen verursachte Explosion vor dem Abwurf der Atombomben auf Japan 1945 gilt, erschütterte die ganze Stadt. Mehr als 1900 Menschen wurden getötet und 9000 verletzt. Fast der gesamte Norden von Halifax wurde dem Erdboden gleichgemacht.

Auf einer kleinen Halbinsel, die von den Stadtteilen auf dem Festland durch einen Meeresarm, den sogenannten North West Arm, getrennt ist, drängen sich die Innenstadt, drei Universitäten und einige ältere Wohnviertel von Halifax zusammen. Fast alle der für Besucher interessanten Sehenswürdigkeiten befinden sich in dieser Gegend, die man am besten zu Fuß erkundet. Die Südspitze der Halbinsel markiert der Point Pleasant Park, etwa von der Mitte bis zu ihrem nördlichen Ende erstreckt sich das lebendige Wohnviertel North End, in dem viele Einwohner mit afrikanischen Wurzeln sowie Kunststudenten leben und wo die meisten Schwulenbars von Halifax zu finden sind.

Zwei Brücken überspannen den Hafen, die Halifax mit Dartmouth und den Schnellstraßen in Richtung Norden (zum Flughafen) und Osten verbinden, wobei die MacDonald-Brücke am östlichen Ende der North St näher an der Innenstadt ist. Der Flughafen liegt 40 km nordwestlich der Stadt am Highway 102.

Sehenswertes

ZENTRUM

Historic Properties GEBÄUDE

Als Historic Properties bezeichnet man eine Reihe restaurierter Gebäude in der Upper Water St, die zwischen 1800 und 1905 entstanden sind. In den ursprünglich als riesige Lagerhäuser für Waren und Frachtgut errichteten Gebäuden befinden sich heute Boutiquen, Restaurants und Bars. Über die Uferpromenaden sind sie miteinander verbunden. Im Sommer wimmelt es hier nur so von Künstlern, Händlern und Straßenmusikanten.

Das 1814 erbaute **Privateer's Warehouse** ist das älteste Steinhaus in der Gegend. Die *privateers* (Freibeuter) waren von der Regierung geduldete und unterstützte Piraten, die ihre Beute hier einlagerten. Weitere bemerkenswerte Gebäude sind der aus Holz erbaute **Old Red Store**, der einst als Schifffahrtskontor und Segelmacherei diente, und **Simon's Warehouse** von 1854.

Alexander Keith's Nova Scotia Brewery BRAUEREI

(☎902-455-1474; www.keiths.ca; Brewery Market, 1496 Lower Water St; Erw./Kind 16/8 C$;

NICHT VERSÄUMEN

HIGHLIGHTS IN HALIFAX

- **Farmers' Brewery Market** – zum Frühstücken am Samstagmorgen (S. 363)
- **Dartmouth Ferry** – eine lustige Seefahrt zum günstigen Preis (S. 365)
- **Maritime Museum of the Atlantic** – alles über die Halifax-Explosion und den Untergang der *Titanic*
- **Citadel Hill National Historic Site** – einen Blick auf Geschichte und Landschaft werfen (S. 355)
- **Livemusik** – in vielen Kneipen und anderen Veranstaltungsorten (S. 362)

Little Dutch Church (50 m)
Fresh Start B&B (750 m); Maritime Command Museum (750 m)
Jane's on the Common (500 m)
Halifax Common
Heartwood Vegetarian Cuisine & Bakery (1 km)
Dalhousie University, Howe Hall (400 m)
Point Pleasant Park (1,4 km)
Scotia Square
Art Gallery of Nova Scotia
Citadel Hill National Historic Site
Barrington St
Cogswell St
Cornwallis St
Brunswick St
Maitland St
Gottingen St
Creighton St
Maynard St
Agricola St
Bell Rd
Summer St
Upper Water St
Hollis St
Granville St
Duke St
George St
Argyle St
Grafton St
Market St
Sackville St
Blowers St
Spring Garden Rd
Dresden Row
Birmingham St
Queen St
South Park St
Tower Rd
Brenton St
Brenton Pl
Clyde St
Morris St
College St
Robie St

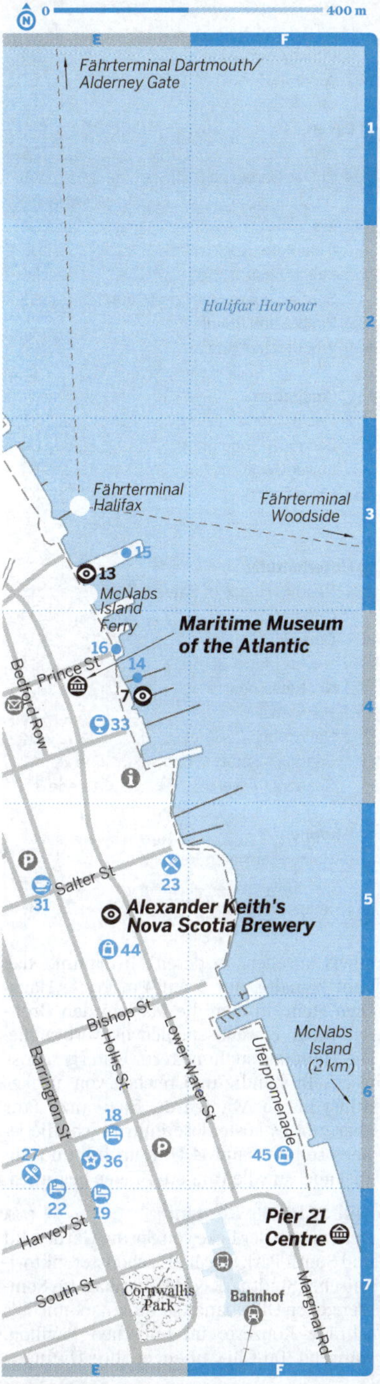

Mo–Do 11–20, Fr & Sa 11–21, So 12–16 Uhr) Mit kostümierten Darstellern, dunklen Gängen und gehaltvollem Bier wird der Rundgang durch die Brauerei zur Zeitreise ins Halifax des 19. Jhs. Den Abschluss der einstündigen Führung bildet eine Party im Kellerpub mit Bier vom Fass und Ale-duseligem Seemannsgarn. Wichtig: Unbedingt den Pass mitnehmen (weil an Minderjährige kein Alkohol ausgeschenkt werden darf)!

Maritime Museum of the Atlantic MUSEUM
(902-424-7490; www.museum.gov.ns.ca/mma; 1675 Lower Water St; Erw./Kind 8,50/4,50 C$; Mi–Mo 9.30–17.30, Di 9.30–20 Uhr) In einem Teil dieses unterhaltsamen Museums direkt am Wasser ging einst ein Schiffsausrüster seiner Arbeit nach. Es riecht noch nach verkohlten Seilen, die mit Teer gegen das Salzwasser geschützt wurden. Eine äußerst beliebte Ausstellung widmet sich dem Untergang der *Titanic*, eine andere der Halifax-Explosion. Der 3-D-Film über die *Titanic* kostet 5 C$. Vor dem Museum liegt die CSS *Acadia*, die in England für den hydrografischen Dienst Kanadas gebaut wurde.

Die **HMCS Sackville** (Erw./Kind 3/2 C$; 10–17 Uhr) direkt daneben ist das letzte, noch erhaltene Konvoibegleitschiff aus dem Zweiten Weltkrieg. Es wird nun von der kanadischen Marine als Museumsschiff gepflegt.

Pier 21 Centre MUSEUM
(902-425-7770; www.pier21.ca; 1055 Marginal Rd; Erw./Kind 8,50/5 C$; 9.30–17 Uhr) Das von der kanadischen Rundfunkanstalt CBC als eines der „Sieben Wunder Kanadas" bezeichnete Pier 21 war für Kanada einst das, was Ellis Island für die USA war. Von 1928 bis 1971 wanderten mehr als 1 Mio. Immigranten über Pier 21 nach Kanada ein. Ihren persönlichen Geschichten und den historischen Hintergründen, die sie veranlassten, ihrer Heimat den Rücken zu kehren, ist dieses Museum gewidmet. Aus ganz Kanada haben Wissenschaftler Berichte und Zeugnisse aus erster Hand von Einwanderern zusammengetragen, die einst über Pier 21 einreisten. Die daraus entstandenen, sehr bewegenden Videofilme werden in Vorführräumen vor einem Triebwagen gezeigt – Taschentücher nicht vergessen!

Citadel Hill National Historic Site HISTORISCHE STÄTTE
(902-426-5080; an der Sackville St; Erw./Kind 11,70/5,80 C$; 9–18 Uhr) Die riesige und ziemlich unheimliche Zitadelle ist die

Halifax

Highlights	
Alexander Keith's Nova Scotia Brewery	E5
Art Gallery of Nova Scotia	D4
Citadel Hill National Historic Site	B4
Maritime Museum of the Atlantic	E4
Pier 21 Centre	F7
Sehenswertes	
1 Anna Leonowens Gallery	D3
2 Rathaus	D3
3 Cornwallis St Baptist Church	A2
4 Discovery Centre	D5
5 Halifax Public Gardens	B6
6 Historic Properties	D3
7 HMCS Sackville	E4
8 Museum of Natural History	A5
9 Old Town Clock	C4
10 St. George's Round Church	B2
11 St. Mary's Cathedral Basilica	D5
12 St. Paul's Church	D4
13 Theodore Too Big Harbour Tours	E3
Aktivitäten, Kurse & Touren	
14 Bluenose II	E4
15 Murphy's Cable Wharf	E3
16 Tall Ship Silva	E4
Tattle Tours	(siehe 9)
Schlafen	
17 Halifax Backpackers Hostel	A2
18 Halliburton	E6
19 HI Nova Scotia	E7
20 Lord Nelson Hotel	C6
21 Prince George Hotel	D4
22 Waverley Inn	E7
Essen	
23 Bish	E5
24 Chives Canadian Bistro	D5
Da Maurizio	(siehe 44)
25 Fid	C6
26 Il Mercato	C6
27 Morris East	E6
28 Scotia Square Mall Food Court	C3
29 Sushi Nami Royal	C6
30 Wooden Monkey	D4
Ausgehen	
31 Cabin Coffee	E5
32 Economy Shoe Shop	D4
33 Lower Deck	E4
34 Menz Bar	A2
35 Onyx	C6
Unterhaltung	
36 Bearly's House of Blues & Ribs	E6
37 Carelton	D4
38 Dome	D4
39 Halifax Metro Centre	C4
40 Neptune Theatre	D5
41 Paragon	B2
42 Reflections Cabaret	D4
43 Seadog's Sauna & Spa	A2
Seahorse Tavern	(siehe 32)
Shoppen	
44 Halifax Farmers' Brewery Market	E5
45 Seaport Market	F6

meistbesuchte historische Stätte Kanadas. Mit dem Bau der sternförmig angelegten Festung, die auf dem zentralen Hügel hoch über Halifax thront, wurde mit der Gründung der Stadt 1749 begonnen. Die heutige, von 1818 bis 1861 errichtete Version ist bereits die vierte. Die Festungsanlage und ihre Geschichte werden im Rahmen von Führungen erläutert. Das Gelände innerhalb der Festungsmauern ist ganzjährig geöffnet und kostenlos zugänglich, wenn die Ausstellungen geschlossen sind.

Art Gallery of Nova Scotia — KUNSTGALERIE

(902-424-7542; www.agns.gov.ns.ca; 1723 Hollis St; Erw./Kind 12/3 C$; Fr–Mi 10–17, Do 10–21 Uhr) Hier sollte man sich unbedingt die rührselige Dauerausstellung zu Maud Lewis ansehen, in deren Mittelpunkt das bunt bemalte, nur 3 auf 4 m große Häuschen steht, in dem die Malerin den Großteil ihres Erwachsenenlebens verbrachte. Die Hauptausstellungen im Untergeschoss wechseln ständig und reichen von antiker Kunst bis zu Avantgarde. Das ganze Jahr über gibt es kostenlose Führungen, die jeweils sonntags um 14 Uhr, im Juli und August auch an allen anderen Tagen beginnen.

Halifax Public Gardens — PARK

Der Park an der Ecke von Spring Garden Rd und South Park St gilt als schönster viktorianischer Stadtpark Nordamerikas. Im Sommer geben Oldiebands sonntagnachmittags schräge Konzerte im hübschen Pavillon, während Tai-Chi-Anhänger ihre Übungen ausführen. Wer sein Dame- oder Schachspiel mitbringt, kann auf den Tischen im Freien spielen.

Gräber der Titanic-Opfer HISTORISCHE STÄTTE
Als die *Titanic* sank, wurden die nicht auf See bestatteten Toten nach Halifax gebracht. Ihre Gräber befinden sich auf folgenden Friedhöfen: 19 Gräber sind auf dem katholischen Mount Olivet Cemetery (7076 Mumford Rd), zehn auf dem jüdischen Baron de Hirsch Cemetery am nördlichen Ende der Windsor St und 121 auf dem benachbarten Fairview Lawn Cemetery. 40 Gräber sind noch immer namenlos. J. Dawson, dessen Name die von Leonardo DiCaprio verkörperte Figur im Film *Titanic* trug, fand ebenfalls auf dem Fairview Cemetery seine letzte Ruhestätte.

GRATIS **Anna Leonowens Gallery** KUNSTGALERIE
(☎902-494-8184; 1891 Granville St; ⏲Di–Fr 11–17, Sa 12–16 Uhr, Vernissagen Mo 17.30–19.30 Uhr) Die Galerie hinter der Fußgängerzone der Granville St zeigt Arbeiten von Studenten und Lehrkräften des Nova Scotia College of Art & Design. Benannt ist sie nach der Begründerin des College, der englischen Lehrerin Anna Leonowens, die durch ihre Beziehung zum König von Siam und den Roman *Der König und ich* (u.a. 1999 verfilmt als *Anna und der König* mit Jodie Foster) unsterblich wurde.

St. Paul's Church KIRCHE
(☎902-429-2240; 1749 Argyle St; ⏲Mo–Fr 9–16 Uhr) Die bereits bei der Gründung von Halifax 1749 errichtete anglikanische Kirche diente einst als Gotteshaus für die Gemeinden von Newfoundland bis nach Ontario. Am anderen Ende des Platzes befindet sich das **Rathaus**. Es ist ein echtes Juwel viktorianischer Architektur.

St. Mary's Cathedral Basilica KIRCHE
(☎902-423-4116; 1508 Barrington St; ⏲kostenlose Führungen Juli–Sept. 10 & 14 Uhr) Die Kathedrale ist wirklich nicht zu übersehen, denn sie hat angeblich den höchsten freistehenden Spitzturm Nordamerikas.

Old Town Clock GEBÄUDE
Am oberen Ende der George St, unterhalb der Zitadelle, zeigt die Old Town Clock (Alte Turmuhr) schon seit 200 Jahren die Zeit an. Das Innenleben des Uhrturms wurde von Prinz Edward, Herzog von Kent, in London in Auftrag gegeben und kam 1803 in Halifax an.

NORTH END

Das in den Anfangszeiten von Halifax entstandene North End war schon immer ein besonderes Viertel. Bereits Anfang der 1750er-Jahre waren die „nördlichen Vororte" recht beliebt und breiteten sich dank größerer Baugrundstücke schnell aus.

Kirchen
Die 1800 erbaute **St. George's Round Church** (☎902-423-1059; http://collections.ic.gc.ca/churchandcommunity; 2222 Brunswick St) ist eine seltene Rundkirche im palladianischen Stil, deren Hauptrotunde einen Durchmesser von 18 m aufweist. Führungen werden nach Vereinbarung durchgeführt. Die Kirchengemeinde von St. George's organisiert auch Führungen durch die 1756 erbaute **Little Dutch Church** (2405 Brunswick St), das zweitältesten Gebäude in Halifax. Die **Cornwallis St. Baptist Church** (5457 Cornwallis St) ist seit 1830 das Gotteshaus der afroamerikanischen Einwohner von Nova Scotia. Beim Gottesdienst am Sonntagmorgen ist Gospelmusik bis nach draußen zu hören.

GRATIS **Maritime Command Museum** MUSEUM
(☎902-427–0550, Durchwahl 6725; 2725 Gottingen St; ⏲Mo–Fr 9.30–15.30 Uhr) Die für ganz Nordamerika zuständigen Admiräle der britischen Marine waren bis 1819 in Halifax stationiert. Im Admiralty House, dem heutigen Maritime Command Museum, veranstalteten sie auch rauschende Feste. Das Museum ist nicht nur wegen der herrlichen georgianischen Architektur sehenswert, sondern auch wegen des bunten Sammelsuriums an Ausstellungsstücken wie Zigarettenanzünder, Tafelsilber und Schiffsglocken – um nur einige zu nennen.

AUSSERHALB DES ZENTRUMS

Point Pleasant Park NATURSCHUTZGEBIET
Gut 39 km an Naturlehrpfaden, mehrere Picknickplätze und der runde **Prince of Wales Martello Tower**, der im 18. Jh. zu Verteidigungszwecken errichtet wurde, befinden sich innerhalb dieses 75 ha großen Schutzgebiets, nur 1,5 km vom Stadtzentrum entfernt. Die Wege rund um den Park bieten einen tollen Ausblick auf die kleine Insel McNabs, das offene Meer und den North West Arm. Bus 9 fährt die Barrington St entlang bis Point Pleasant. Einen großen, kostenlosen Parkplatz gibt's in der Nähe des Point Pleasant Dr.

HALIFAX MIT KINDERN

Discovery Centre MUSEUM

(☎902-492-4422; www.discoverycentre.ns.ca; 1593 Barrington St; Erw./Kind 8,50/6 C$; ⏲Mo–Sa 10–17, So 13–17 Uhr) Mit interaktiven Ausstellungen, Liveshows und Filmvorführungen wird Wissenschaft zum faszinierenden Erlebnis für Groß und Klein.

Museum of Natural History MUSEUM

(☎902-424-7353; http://museum.gov.ns.ca/mnh/index.htm; 1747 Summer St; Erw./Kind 5,75/3,75 C$; ⏲ganzjährig Di–Sa 9–17, Mi 9–20, So 12–17 Uhr, Juni–Sept. Mo 9–17 Uhr) Im Rahmen des täglichen Sommerprogramms lernen die Kinder die Kröte Gus und die Zubereitung von Gerichten mit Insekten kennen. In der Zwischenzeit können sich die Eltern über Natur und Erdgeschichte informieren.

Theodore Too Big Harbour Tours HAFENRUNDFAHRT

(☎902-492-8847; www.theodoretoo.com; 1751 Lower Water St; Erw./Kind 20/15 C$; ⏲Mitte Juni–Sept. tgl. 11, 12.30, 14, 15.30 & 17 Uhr) Die einstündige Hafenrundfahrt auf dem lustigen Boot nach dem Vorbild des Schleppers Theodore aus einer kanadischen Kinderserie ist besonders für Vorschulkinder ein riesiger Spaß.

McNabs Island NATURSCHUTZGEBIET

Sand- und Kieselstrände, Salzmarschen, verlassene Befestigungsanlagen und dichte Wälder kennzeichnen die 400 ha große Insel im Hafen von Halifax. Beim Personal von **McNabs Island Ferry** (☎902-465-4563; www.mcnabsisland.com; Government Wharf; hin & zurück Erw./Kind 12/10 C$; ⏲24 Std.) bekommt man eine Karte und einen ersten Überblick über die insgesamt 30 km langen Wege und Pfade auf der Insel. Einen Zeltplatz muss man beim **Department of Natural Resources** (☎902-861-2560; www.parks.gov.ns.ca/mcnabs.htm) reservieren. Die Fähre legt an der Fisherman's Cove an der Eastern Passage ab, die man nach einer kurzen Autofahrt durch Dartmouth erreicht. Wenn die Crew der Fähre nicht allzuviel zu tun hat, holt sie die Passagiere – für den gleichen Fahrpreis – auch in Halifax ab.

Aktivitäten

Radfahren

Mit dem Fahrrad sind die Sehenswürdigkeiten am Stadtrand von Halifax am besten zu erreichen. Dazu nimmt man das Rad entweder mit auf die Fähre nach Dartmouth oder radelt über die MacDonald Bridge.

Pedal & Sea Adventures (☎902-857-9319, 877-772-5699; www.pedalandseaadventures.com; ab 35/140 C$ pro Tag/Woche inkl. Steuern) liefert das Fahrrad komplett mit Helm, Schloss und Flickzeug an die Haustür. Der Veranstalter organisiert auch preiswerte Touren mit Führung (ein-/zweitägige Tour inkl. Verpflegung und Steuern 105/235 C$) oder selbstgeführte Ausfahrten (ab 69 C$).

Wandern

Überraschend nahe bei der Innenstadt kann man kurze und auch längere Wanderungen unternehmen. **Hemlock Ravine** ist ein 80 ha großes Waldgebiet, in dem es fünf Wanderwege in verschiedenen Schwierigkeitsgraden gibt. Um dorthin zu kommen, verlässt man die Innenstadt von Halifax auf dem Bedford Hwy und biegt auf Höhe der Kent Ave nach links ab. Am Ende der Straße befindet sich ein Parkplatz mit einer Infotafel zum Wanderweg. Eine ausführliche Beschreibung des Wegs und Infos zu weiteren Startpunkten und Wegen finden sich im Internet unter www.novatrails.com. Auch im Point Pleasant Park und auf McNabs Island kann man gut wandern.

Geführte Touren

Bluenose II HAFENRUNDFAHRT

(☎902-634-1963, 800-763-1963; www.schoonerbluenose2.ca; Lower Water St) Sofern sie gerade in Halifax ist, kann man auf der Nachbildung des berühmten, superschnellen Zwei-Mast-Seglers *Bluenose,* der auch die Rückseite der kanadischen 10¢-Münze ziert, eine Hafenrundfahrt unternehmen. Das Schiff wurde 2010 komplett restauriert. Die Preisliste findet sich im Internet.

Tall Ship Silva HAFENRUNDFAHRT

(☎902-429-9463; www.tallshipsilva.com; Queen's Wharf an der Prince St; ⏲Mai–Okt. tgl. 12, 14, 16, 18 & 22.30) Auf dem großen Viermaster kann man an Bord mithelfen oder sich entspannt zurücklehnen, während man in einer Stunde (12 C$/Pers.), eineinhalb Stunden (Erw./Kind 20/14 C$) oder zwei Stunden mit Nachtparty (20 C$/Pers.) durch den Hafen von Halifax segelt.

Tattle Tours STADTSPAZIERGANG
(☎902-494-0525; www.tattletours.ca; 10 C$/Pers.; ⏰Mi–So 19.30 Uhr) Die zweistündigen, sehr unterhaltsamen Rundgänge beginnen an der Old Town Clock und sind gespickt mit Klatsch und Tratsch, Piraten- und Gespenstergeschichten. Weitere Stadtführungen sind auf Anfrage möglich. Infos gibt's bei den Besucherzentren.

Salty Bear Adventure Tours BUSTOUR
(S.992) Diese Bustouren sind eine gute Möglichkeit für Backpacker, die Provinz in geselliger Atmosphäre zu entdecken.

Great E.A.R.T.H Expeditions ÖKOTOUR
(☎902-223-2409; www.greatearthexpeditions.com; Touren ab 60/90 C$ für ½/1 Tag) Die halb- oder ganztägigen Ökotouren starten jeweils in Halifax. Angeboten werden Wandertouren oder Kajakfahrten sowie historische Thementouren. Bei den längeren Touren ist man vier Tage lang auf dem Cabot Trail oder im Kejimkujik-Nationalpark unterwegs.

Murphy's Cable Wharf HAFENRUNDFAHRT
(☎902-420-1015; www.murphysonthewater.com; 1751 Lower Water St) Der Tourismusgigant bietet eine große Auswahl an Touren im Hafen von Halifax an, die von Ausflügen zum Hochseefischen über zweistündige Hafenrundfahrten bis zu den äußerst beliebten, 55-minütigen **Harbour Hopper Tours** (Erw./Kind 26/15 C$) in einem Amphibien-Bus reichen.

Feste & Events

Am lebendigsten ist Halifax während der vielen fröhlichen Festivals, bei denen man auch als Freiwilliger mithelfen kann. Infos gibt's auf den Internetseiten der jeweiligen Veranstaltungen.

Nova Scotia Tattoo KULTUR
(www.nstattoo.ca; Tickets 27-65 C$; ⏰Anfang Juli) Das „größte, jährlich stattfindende Hallen-Festival" der Welt ist eine militärische Paradeveranstaltung, bei der jede Menge Militärkapellen aufspielen.

Atlantic Jazz Festival MUSIK
(www.jazzeast.com; ⏰Mitte Juli) Eine ganze Woche lang gibt's jeden Nachmittag kostenlose Jazzkonzerte im Freien. Bei den kostenpflichtigen Abendveranstaltungen treten neben klassischen Jazztrios auch Pop- und Weltmusiker auf (Karte 15–30 C$).

Halifax International Busker Festival STRASSENKÜNSTLER
(www.buskers.ca; ⏰Anfang Aug.) Akrobaten, Komiker, Parodisten und Musiker aus aller Welt zeigen ihre Künste auf der Uferpromenade von Halifax.

Atlantic Fringe Festival THEATER
(www.atlanticfringe.com; ⏰Mitte Sept.) Sowohl junge, aufstrebende als auch etablierte Künstler zeigen unkonventionelles und experimentelles Theater.

Atlantic Film Festival FILM
(www.atlanticfilm.com; Karten 10–15 C$; ⏰Mitte Sept.) Zehn Tage lang werden tolle Kinofilme aus den Atlantikprovinzen und der ganzen Welt gezeigt.

Halifax Pop Explosion MUSIK
(www.halifaxpopexplosion.com; Armband 50 C$; ⏰Mitte Okt.) Bei den gut 130 Konzerten, die an fünf Tagen in zwölf Clubs stattfinden, gibt's Hip-Hop, Punk, Indie Rock, Folkmusik und vieles mehr. Ein Armband berechtigt zum Eintritt in beliebig viele Veranstaltungen.

Schlafen

LP TIPP **Waverley Inn** INN $$
(☎902-423-9346, 800-565-9346; www.waverleyinn.com; 1266 Barrington St; DZ inkl. Frühstück 130-240 C$; P @) Die Zimmer sind alle einzigartig und fast schon zu üppig mit Antiquitäten und aufsehenerregender Bettwäsche ausgestattet. Sowohl Schriftsteller Oscar Wilde als auch Zirkuspionier P.T. Barnum stiegen hier schon ab und würden es sicherlich wieder tun, wären sie nicht schon lange tot. Und die Lage mitten im Stadtzentrum ist einfach unschlagbar.

Pebble Bed & Breakfast B&B $$
(☎902-423-3369, 888-303-5056; www.thepebble.ca; 1839 Armview Tce; Zi. 110-225 C$; P) Planschfetischisten kommen in diesem luxuriösen B&B voll auf ihre Kosten. Badewanne und Dusche befinden sich in einem riesigen Raum, der auf eine Terrasse mit Blick auf den üppig grünen Garten hinausgeht. Das Schlafzimmer ist ebenso riesig und mit noblen, hohen Betten und einer schönen Mischung aus modernem und antikem Mobiliar eingerichtet. Die irische Besitzerin Elizabeth O'Carroll, deren Familie schon ein Pub geführt hat, erfüllt das Haus

in der vornehmen Wohngegend am Wasser mit der lebhaften, fröhlichen Energie der Grünen Insel.

Halliburton INN $$$

(☎902-420-0658; www.thehalliburton.com; 5184 Morris St; Zi. 145-350 C$; P ⊜ @) Das sehr gemütliche, hervorragend geführte historische Hotel mitten in der Innenstadt ist einfach nur vornehm und angenehm wohltuend, weil es auf den ganzen viktorianischen Schnickschnack verzichtet.

Lord Nelson Hotel HOTEL $$$

(☎902-423–5130,800-565-2020;www.lordnelsonhotel.com; 1515 South Park St; DZ 140-360 C$; P @) Wenn Rockstars wie die Rolling Stones nach Halifax kommen, steigen sie hier ab. Das elegante, aber gar nicht spießige Gebäude aus den 1920er-Jahren befindet sich direkt gegenüber der Halifax Public Gardens. In der Nebensaison fallen die Preise drastisch.

Prince George Hotel HOTEL $$$

(☎902-425–1986, 800-565-1567; www.princegeorgehotel.com; 1725 Market St; DZ 170-300 C$; P @) In dem einzigartig bezaubernden, zuvorkommenden Hotel in zentraler Lage stimmt einfach alles. In den grünen Innenhöfen kann man herrlich sitzen, etwas trinken und essen oder sogar arbeiten – eine tolle Alternative zu den Konferenzräumen im Haus. Ein Parkplatz kostet 15 C$.

Marigold B&B B&B $

(☎902-423-4798;www.marigoldbedandbreakfast.com; 6318 Norwood St; Zi. 70 C$; P) In diesem Künstlerhaus voller freundlicher Blumenbilder und Plüschtiere fühlt man sich wie zu Hause. Die Pension befindet sich in einer schönen, baumbestandenen Wohngegend in North End und ist gut mit öffentlichen Verkehrsmitteln zu erreichen.

Fresh Start B&B B&B $$

(☎902-453–6616, 888-453-6616; freshstart@ns.sympatico.ca; 2720 Gottingen St; Zi. 90-130 C$; P @) Das von zwei Krankenschwestern im Ruhestand geführte, majestätische, aber sehr behagliche Haus im viktorianischen Stil liegt in einer ruhigen Gegend des North End. Die Zimmer mit eigenem Bad bieten das beste Preis-Leistungs-Verhältnis. Das Haus ist außerdem schwulen- und lesbenfreundlich.

Halifax Backpackers Hostel HOSTEL $

(☎902-431–3170, 888-431-3170; www.halifaxbackpackers.com; 2193 Gottingen St; B/DZ/FZ 20/57,50/80 C$; P) Hippes Hostel mit 36 Betten in North End. In den gemischten Schlafsälen stehen nur jeweils sechs Betten. Die überwiegend jungen Gäste sind gut drauf und nutzen das Café im Erdgeschoss, um den starken Kaffee und das preiswerte Frühstück zu genießen und dabei mit den Stammgästen aus der Stadt ins Gespräch zu kommen. Die Stadtbusse halten direkt vor der Haustür. Aber Achtung: Die Wohngegend ist nicht die beste!

HI Nova Scotia HOSTEL $

(☎902-422-3863; www.hihostels.ca; 1253 Barrington St; HI-Mitglieder/Nicht-Mitglieder B27/32 C$, Zi. 57 C$; ⌚Rezeption 14–24 Uhr) In diesem außergewöhnlich zentral gelegenen Hostel mit 75 Betten kann man sich auf eine stille, ruhige Nacht und ein fröhliches Frühstück zum Selbermachen freuen. Das Personal in dem viktorianischen Haus ist freundlich, die Gemeinschaftsküche frisch und lebhaft. Im Sommer unbedingt vorher reservieren!

Dalhousie University HOSTEL $

(☎902-494-8840; www.dal.ca/confserv; EZ/2BZ 45/70 C$; ⌚Mitte Mai–Mitte Aug.; P) Die Schlafräume mit Gemeinschaftsbad sind praktisch keimfrei, will heißen keine Poster an den Wänden und keine Bierflaschen in der Ecke. Beliebt ist das Studentenwohnheim **Howe Hall** (6230 Coburg St), das unmittelbar an die universitären Einrichtungen angrenzt und nur einen Katzensprung von der Gegend um die Spring Garden Rd entfernt ist. Auf der Homepage der Universität sind weitere Unterkünfte in Wohnheimen aufgeführt und die Preise für Studenten und Senioren angegeben.

Essen

Bars und Kneipen (S. 362) bieten in der Regel recht gutes Essen – und das bis gegen 22 Uhr.

LP TIPP **Fid** FUSION $$

(☎902-422-9162; www.fidcuisine.ca; 1569 Dresden Row; Hauptgerichte mittags 14-16 C$, abends 22-27 C$; ⌚Mi–Fr mittags, Di–So abends; ✎) Aus Zutaten, die er ausschließlich auf dem Bauernmarkt der Stadt einkauft, zaubert Slow-Food-Anhänger Dennis Johnston so herrliche Gerichte wie Seeteufel mit Palerbsen und Spargel, Schweinebauch mit Ahornkruste und Süßkartoffeln oder ein fantastisches Pad Thai. Eine tolle Gelegenheit, regionales Essen zu probieren! Auf der wöchentlich wechselnden Speisekarte werden auch Vegetarier fündig.

LP TIPP **Jane's on the Common** KANADISCH $$

(☎902-431-5683; 2394 Robie St; Hauptgerichte mittags 11-13 C$, abends 16-19 C$; ⏲Di–Fr mittags, Di–So abends, Sa & So Brunch) Die schwarzen, glänzenden Tische dieses unglaublich beliebten Restaurants sind immer schnell besetzt. Die Vorspeisen wie Rucola-Tarte mit Äpfeln und Ricotta oder gebratene Jakobsmuscheln in einer Curry-Aprikosen-Vinaigrette sind schon köstlich, aber die Hauptgerichte wie geräuchertes Schweinekotelett gefüllt mit Spinat, Salbei und Cheddarkäse sind einfach nur göttlich!

Bish KANADISCH $$$

(☎902-425-7993; 1475 Lower Water St; Hauptgerichte 30-36 C$; ⏲Mo–Sa abends) Wenn eine dampfende Platte voller Königskrabben, Jakobsmuscheln, Hummer und sonstiger Schalentiere nicht das Nonplusultra der Atlantikküche ist, was dann? Abgesehen davon ist das Restaurant in Bishop's Harbour ideal zum Feiern oder für ein überaus romantisches Abendessen mit Blick aufs Wasser.

Da Maurizio ITALIENISCH $$$

(☎902-423-0859; 1496 Lower Water St; Hauptgerichte 28-34 C$; ⏲Mo–Sa abends) In dem Restaurant, das viele Einheimische als ihr Lieblingsrestaurant bezeichnen, ist das Ambiente so erlesen wie die Küche: Sichtbares Mauerwerk und klare Linien betonen den einzigartigen Charakter des denkmalgeschützten Brauereigebäudes. Unbedingt reservieren!

Epicurious Morcels FUSION $$

(☎902-455-0955; Hydrostone Market, 5529 Young St; Hauptgerichte etwa 12 C$; ⏲Di–Do 11.30–20, Fr & Sa 10.30–20, So 10.30–14.30 Uhr) Die Spezialitäten des Hauses sind geräucherter Lachs, *gravlax* (gebeizter Lachs mit Dill) und etwas ungewöhnliche, aber sehr schmackhafte, hausgemachte Suppen. Aber auch die anderen Gerichte der international ausgerichteten Speisekarte sind fantastisch.

Morris East ITALIENISCH $$

(☎902-444-7663; 5212 Morris St; 25 cm große Pizza 14-17 C$; ⏲Di–Sa mittags, Di–So abends) Die sehr kreativen Holzofenpizzas (z. B. mit Pfirsich, Rosmarin-Aioli und Schinken) sind jeweils mit einem Boden aus Weißmehl-, Vollkorn- oder glutenfreiem Teig erhältlich. Dazu bietet das kosmopolitische Café schicke Cocktails wie Wodkapunsch mit Basilikum und Limone.

Brooklyn Warehouse KANADISCH $$

(☎902-446-8181; 2795 Windsor St; Hauptgerichte mittags 8-14 C$, abends etwa 18 C$; ⏲Mo–Fr mittags, Mo–Sa abends; 🌱) Der beliebte Treffpunkt in North End bietet neben jeder Menge vegetarischer und veganer Gerichte wie dem hervorragenden Auberginen-Moussaka auch eine riesige Bier- und Cocktailauswahl. Das Ganze erinnert stark an die Fernsehkneipe *Cheers*, ist aber viel moderner, hipper und hat wesentlich besseres Essen.

Il Mercato ITALIENISCH $$

(☎902-422-2866; 5650 Spring Garden Rd; Hauptgerichte 10-24 C$; ⏲11–23 Uhr) Da das alteingesessene italienische Restaurant keine Reservierungen annimmt, muss man am Wochenende entweder sehr früh oder sehr spät kommen oder eben warten.

Chives Canadian Bistro KANADISCH $$$

(☎902-420-9626; 1537 Barrington St; Hauptgerichte 17-35 C$; ⏲abends) Die Speisekarte richtet sich nach dem saisonalen Angebot, denn hier werden überwiegend Zutaten aus der Region verarbeitet. Das Essen ist Spitzenklasse, das gemütliche, dezent beleuchtete Ambiente ist gediegen lässig.

Sushi Nami Royal JAPANISCH $$

(☎902-422-9020; 1535 Dresden Row; japanische Bentobox ab 10 C$; ⏲Mo–Sa mittags, Mo–So abends) Die typisch japanischen Bentoboxen, die Hühnchen, Schweinefleisch oder Aal mit Reissalat, Misosuppe und Sushi oder Tempura enthalten, sind eins der günstigsten und besten Mittagessen in Halifax. Die reinen Sushigerichte sind ebenfalls hervorragend.

Wooden Monkey KANADISCH $$

(☎902-444-3844; 1707 Grafton St; Hauptgerichte 14-23 C$; ⏲11–22 Uhr; 🌱) Statt im schummrigen Dämmerlicht im Innern der gemütlichen Kneipe kann man an sonnigen Tagen auch draußen sitzen. Für die hervorragenden glutenfreien, veganen und „fleischigen" Gerichte werden ausschließlich Produkte aus biologischem Anbau und artgerechter Tierhaltung verwendet.

Heartwood Vegetarian Cuisine & Bakery VEGETARISCH $

(☎902-425-2808; 6250 Quinpool Rd; kleine Gerichte ab 5 C$; ⏲Mo–Sa 10–20 Uhr; 🌱) Für die Salatbar werden biologisch erzeugte Produkte aus der Region angerichtet, zu den unglaublichen Backwaren gibt's fair gehandelten Kaffee.

SCHWULEN- & LESBENSZENE IN HALIFAX

Halifax hat eine sehr lebhafte und umtriebige Schwulen- und Lesbenszene. Das entsprechende Nachtleben spielt sich vor allem rund um die Gottingen St ab. Weiter in der Innenstadt befindet sich das **Reflections Cabaret** (☎902-422-2957; 5184 Sackville St), eine heiße Disco mit gemischtem Publikum. Sie öffnet zwar schon um 16 Uhr, aber richtig ab geht's erst um 22 Uhr (und dann bis 3 Uhr morgens).

Eine gute Adresse für lesbische Reisende ist das **Venus Envy** (☎902-422-0004; 1598 Barrington St; ⌚Mo–Mi & Sa 10–18, Do & Fr 10–19, So 12–17 Uhr), wo sie Kontakte knüpfen, in Büchern schmökern und Sexspielzeug begutachten können. **Seadog's Sauna & Spa** (☎902-444-3647; www.seadogs.ca; 2199 Gottingen St; ⌚Mo–Do 16–1, Fr 16–Mo 1 Uhr durchgehend) ist nicht nur blitzsauber, sondern auch der größte private „Men's Club" östlich von Québec. Er hat alles, was Mann zum Wohlfühlen braucht. Die Besitzer des Clubs betreiben auch die **Menz Bar** (2182 Gottingen St; ⌚15–2 Uhr), wo sie ihr eigens gebrautes Menz Pale Ale vom Fass ausschenken.

Jedes Jahr in der zweiten Juliwoche findet die **Halifax Pride Week** (www.halifaxpride.com) statt. Absolutes Highlight ist das Softballspiel der Dykes gegen die Divas, mit dem das Festival in der Regel beginnt.

Scotia Square Mall Food Court FAST FOOD $
(Ecke Barrington St & Duke St) Wer keinen gesteigerten Wert auf Atmosphäre legt, bekommt in diesem Food Court erstaunlich echtes indisches, koreanisches, italienisches Essen und vieles mehr, das Ganze für etwa 5 C$ pro Teller. Am beliebtesten sind **Ray's Falafel** (⌚Mo–Mi 8–18, Do & Fr 8–21, Sa 9–18 Uhr) und das **Cafe Istanbul** (⌚ Mo–Mi 8–18, Do & Fr 8–21, Sa 9–18 Uhr).

Ausgehen

Halifax konkurriert mit St. John's in Newfoundland um den Titel der Stadt mit den meisten Kneipen pro Einwohner. Mit Abstand die meisten interessanten Bars sind in der Argyle St, wo die Bürgersteige im Sommer mit Cafétischen gepflastert sind. Sperrstunde in Kneipen und Bars ist um 2 Uhr, sonntags ein paar Stunden früher.

Lower Deck KNEIPE
(☎902-422-1501; 1869 Lower Water St) Erste Anlaufstelle für typisch witzige Unterhaltung im Nova-Scotia-Stil. Bier in überschäumenden Gläsern, lautstarker Gesang und Livemusik, die in lauen Sommernächten bis auf die Straße hinausdringt. Immer wenn jemand „sociable!" schreit, wird angestoßen.

Economy Shoe Shop KNEIPE
(☎902-423-8845; 1663 Argyle St) Seit bald zehn Jahren ist der „Schuhladen" *die* Kneipe in Halifax, um etwas zu trinken und Leute zu beobachten, denn am Wochenende sind auch viele Schauspieler und Journalisten im Getümmel zu entdecken. Nachmittags kann man in aller Ruhe einen Drink nehmen und dazu Tapas genießen, die die Küche bis um 1.45 Uhr morgens zubereitet.

Onyx BAR
(☎902-428-5680; 5680 Spring Garden Rd) Schwül-erotische, schicke Cocktailbar mit hintergrundbeleuchteter, weißer Onyx-Theke und einer Riesenauswahl an erlesenen Weinen, Single-Malt-Whiskeys, neun Mojitos mit frischen Früchten und vielem mehr. Zum Essen gibt's kleine Gerichte der asiatisch-französischen Küche, die aus Produkten der Region zubereitet werden.

Cabin Coffee CAFÉ
(☎902-422-8130; 1554 Hollis St; ⌚Mo–Fr 6.30–18, Sa 7.30–17, So 9–17 Uhr) Das Café ist wirklich so gemütlich wie das Wohnzimmer eines Ferienhäuschens. Es gibt ausgezeichneten Kaffee, kleine Gerichte und den ganzen Tag über Frühstück ab 4 C$.

☆ Unterhaltung

Im kostenlosen Wochenmagazin *Coast*, das überall in der Stadt erhältlich ist, sind alle Infos über Musik-, Theater-, Film- und sonstige Veranstaltungen zu finden.

Livemusik

Halifax scheint ohne Musik nicht leben zu können, denn jedes Wochenende ist irgendwo Folk, Hip-Hop, Alternative Country und Rock zu hören. Die Höhe des Eintrittspreises hängt von der auftretenden Band ab.

Paragon LIVEMUSIK
(☎902-429-3020; 2037 Gottingen St) Erste Wahl, um Bands auf Tour und lokale Größen der Musikszene zu erleben.

Carleton LIVEMUSIK
(902-422-6335; 1685 Argyle St) Erst gibt's was auf die Ohren und danach etwas Günstiges zu essen, auch bis spät in die Nacht.

Bearly's House of Blues & Ribs LIVEMUSIK
(902-423-2526; 1269 Barrington St; Eintritt 3 C$) Bei unglaublich niedrigem Eintritt treten die besten Blues-Musiker der Atlantikprovinzen auf. Unter den Massen, die jeden Mittwochabend zum Karaoke strömen, sind manchmal auch richtig gute Sänger.

Seahorse Tavern LIVEMUSIK
(902-423-7200; 1665 Argyle St) Hier spielen Punk-, Indie- und Metal-Bands auf.

Nachtclubs

Dome NACHTCLUB
(902-422-5453; 1740 Argyle St) Der sogenannte „Liquordome" (Alkoholdom) vereint gleich vier Etablissements unter einem Dach. Im Attic gibt's Livemusik, die anderen sind Nachtclubs, die bis 3 Uhr offen haben.

Theater

In und um Halifax gibt's zwei professionelle Theater: das Neptune Theatre und das Eastern Front Theatre in Dartmouth. Beide machen eine längere Sommerpause, die letzten Vorstellungen sind normalerweise im Mai. Fürs Sommertheater sorgt deshalb „Shakespeare by the Sea".

Neptune Theatre THEATER
(902-429-7070; www.neptunetheatre.com; 1593 Argyle St) Das Theater in der Innenstadt spielt Musicals und allseits bekannte Stücke auf seiner Hauptbühne (ab 35 C$), während unkonventionelle, hintersinnige Werke im Studio zu sehen sind (ab 15 C$).

Shakespeare by the Sea THEATER
(902-422-0295; www.shakespearebythesea.ca; Point Pleasant Park; empfohlene Spende 15 C$; Juni–Sept.) Die Werke des legendären Barden werden in der Cambridge Battery aufgeführt, einer ehemaligen Festung mitten im Point Pleasant Park. Eine Übersichtskarte und weitere Informationen finden sich im Internet.

Sport

Das Junioren-Eishockeyteam der Halifax Mooseheads spielt im **Halifax Metro Centre** (902-451-1221; 5284 Duke St; Karten 15 C$).

Shoppen

In der Innenstadt von Halifax, zwischen Spring Garden Rd und Duke St, gibt's einige originelle Geschäfte.

Halifax Farmers' Brewery Market ESSEN & TRINKEN
(902-492-4043; 1496 Lower Water St; Jan.–Mitte Mai Sa 8–13 Uhr, Mitte Mai–Dez. Sa 7–13 Uhr) Der älteste Bauernmarkt Nordamerikas, der sich im Gebäude der ehemaligen Brauerei Keith aus den 1820er-Jahren befindet, bietet das ultimative Einkaufserlebnis. Denn man kommt nicht nur hierher, um Bioprodukte, Kunsthandwerk und Schmuck aus der Region, Klamotten und vieles mehr zu kaufen, sondern vor allem, um Leute zu beobachten. Tatsächlich ist der Markt inzwischen so beliebt, dass er 2011 um den neu erbauten **Seaport Market** in der Nähe von Pier 21 erweitert werden soll. Dann soll er auch täglich geöffnet sein, mehr Verkaufsstände und Cafés beherbergen und mehr Parkplätze bieten.

Nova Scotian Crystal KUNSTHANDWERK
(888-977-2797; 5080 George St; Mo–Fr 9–18, Sa & So 10–17 Uhr) Die Glasbläserei ist eine perfekte Kombination aus Kunst und Kommerz: Zuerst dürfen die Kunden den Glasbläsern zusehen, wie sie die herrlichen Kristallgläser und Vasen herstellen. Dann werden sie in den schicken Verkaufsraum geleitet, um sich etwas Hübsches auszusuchen.

Praktische Informationen

Buchläden

Book Room (902-423-8271; 1546 Barrington St; Mi–Fr 9–19.30, Mo, Di & Sa 9–17, So 12–17 Uhr) Seit bald 160 Jahren bietet dieser Buchladen eine gute Auswahl an Karten und Reiseführern sowie Werken von Autoren aus der Region.

John W Doull Bookseller (902-429-1652; 1684 Barrington St; Mo & Di 10–18, Mi–Fr 9.30–21, Sa 10–21 Uhr) In diesem Secondhand-Buchladen stehen mehr Bücher in den Regalen als in so mancher Bibliothek.

Geld

Bankfilialen gibt's vor allem rund um die Barrington St und Duke St.

Infos im Internet

Destination Halifax (www.halifaxinfo.com) Die Homepage der offiziellen Touristeninformation von Halifax informiert über Veranstaltungen, Pauschalangebote und vieles mehr.

Halifax Regional Municipality (www.halifax.ca) Bietet ausführliche Infos über Busfahrpläne und Freizeitangebote.

Studio Map (www.studiorally.ca) Aktuelles Verzeichnis von Ateliers und Kunsthandwerkstätten in der ganzen Provinz sowie eine Auswahl präziser Empfehlungen von Restaurants und B&Bs.

Internetzugang

Viele Cafés, Restaurants und öffentliche Einrichtungen in Halifax haben WLAN.

Spring Garden Road Memorial Library (☎902-490-5723; 5381 Spring Garden Rd; ⏲Di–Do 10–21, Fr & Sa 10–17 Uhr) Die Computer in der Bibliothek werden nach dem Prinzip „Wer zuerst kommt, mahlt zuerst" benutzt.

Medizinische Versorgung

Family Focus (☎902-420-2038; 5991 Spring Garden Rd; Beratung 65 C$; ⏲Mo–Fr 8.30–21, Sa & So 11–17 Uhr) Entweder man kommt ohne Termin oder lässt sich einen für den gleichen Tag geben.

Halifax Infirmary (☎902-473-3383/7605; 1796 Summer St; ⏲24 Std.) In Notfällen.

Post

Hauptpost (☎902-494-4670; 1680 Bedford Row; ⏲Mo–Fr 7.30–17:15 Uhr) Hier kann man postlagernde Sendungen abholen, die an „General Delivery, Halifax, NS B3J 2L3" adressiert sein müssen.

Lawton's Drugs (☎902-429-0088; 5675 Spring Garden Rd; ⏲Mo–Fr 8–21, Sa 8–18, So 12–17 Uhr) In der Drogerie befindet sich eine Postagentur.

Touristeninformation

Im Eingangsbereich der Spring Garden Road Memorial Library gibt's ein Schwarzes Brett mit Plakaten zu Aufführungen und Veranstaltungen.

Tourism Nova Scotia (☎902-425-5781, 800-565-0000; www.novascotia.com) betreibt die Besucherinformationszentren (VIC) in Halifax und anderen Orten der Provinz Nova Scotia und bucht kostenlos Unterkünfte. Der Service ist besonders im Hochsommer interessant, wenn Zimmer knapp sind. Außerdem veröffentlicht die Touristeninformation das Magazin *Doers & Dreamers Guide*, in dem Unterkünfte, Sehenswürdigkeiten und Tourveranstalter stehen.

Visitor Information Centre (VIC) Argyle St (☎902-490-5963; Ecke Argyle St & Sackville St; ⏲Juli & Aug. 8.30–20 Uhr, Mai, Juni & Sept. 8.30–19 Uhr, übriges Jahr Mo–Fr 8.30–16.30 Uhr); Halifax International Airport (☎902-873-1223; ⏲9–21 Uhr); Hafenpromenade (☎902-424-4248; 1655 Lower Water St; ⏲Juni–Sept. 8.30–20 Uhr, Okt.–Mai Mi–So 8.30–16.30 Uhr)

ℹ An- & Weiterreise

Bus

Acadian Lines (☎902-454-9321, 800-567-5151; www.acadianbus.com; 1161 Hollis St) Der Busbahnhof von Acadian Lines befindet sich beim Bahnhof, neben dem Westin Hotel. Die Busse fahren täglich nach Truro (1½ Std.) und Amherst (2¾ Std.), wo sie Anschluss nach Montréal und New York haben. Außerdem fahren Busse nach Digby (4 Std.), die mehrere Stopps im Annapolis Valley einlegen, und nach Sydney (6½ Std.), die in Antigonish (3½ Std.) Zwischenstation machen.

Trius Lines (☎902-454-9321, 800-567-5151) fährt auf der täglichen Route von Halifax nach Yarmouth (4½ Std.) verschiedene Städte an der Südküste Nova Scotias an. Infos über Preise und Abfahrtsorte gibt's bei Acadian Lines.

Flugzeug

Die meisten Flugverbindungen von und nach Nova Scotia gehen über Halifax. Von dort starten mehrmals täglich Flüge nach Toronto, Calgary und Vancouver. Weitere Infos stehen auf S. 349.

Shuttlebus

Eine starke Konkurrenz der großen Busunternehmen sind die privaten Shuttlebusse. Sie holen die Passagiere normalerweise vor der Haustür ab und bringen sie an jeden gewünschten Ort. Dabei machen sie weniger Zwischenstationen und sind schneller am Ziel, dafür sitzt man aber beengter.

Cloud Nine Shuttle (☎902-742-3992, 888-805-3335; www.thecloudnineshuttle.com) Auf der Fahrt von Yarmouth nach Halifax (3½ Std.) und zurück halten die Shuttlebusse in verschiedenen Orten an der Südküste. Die Fahrt vom und zum Flughafen kostet 5 C$ extra.

Campbell's Shuttle Service (☎800-742-6101; www.campbell-shuttle-service.com) Fährt nach Yarmouth.

Inverness Shuttle Service (☎902-945-2000, 888-826-2477; www.invernessshuttle.com) Verkehrt täglich außer samstags und montags zwischen Halifax und Chéticamp auf Cape Breton Island (6 Std.).

Kathleen's Shuttle & Tours (☎903-834-2024; www.digbytoursandshuttle.webs.com) fährt vom Flughafen in Halifax nach Digby und in die Gegend um Annapolis.

PEI Express Shuttle (☎902-462-8177, 877-877-1771; www.peishuttle.com) holt die Passagiere frühmorgens ab und bringt sie nach Charlottetown auf Prince Edward Island.

Scotia Shuttle (☎902-435-9686, 800-898-5883; www.scotiashuttle.com) fährt täglich nach Sydney auf Cape Breton Island (5 Std.).

Zug

Der Bahnhof in der Hollis St ist eines der wenigen Beispiele der monumentalen kanadischen Bahnhofsarchitektur, die in den Atlantikprovinzen erhalten sind. Zu den Angeboten von **VIA Rail** (www.viarail.ca) gehört auch ein Nachtzug nach Montréal (20½ Std., tgl. außer Di).

Unterwegs vor Ort

Auto & Motorrad

In Halifax haben fast immer die Fußgänger Vorfahrt. Deshalb sollte man immer auf plötzlich bremsende Autos gefasst sein!

Außerhalb der Innenstadt kann man oft für bis zu zwei Stunden kostenlos an der Straße parken. Ansonsten empfiehlt sich das private Parkhaus **Impark** (1245 Hollis St; 1,50/8 C$ pro Std./12 Std.) oder der städtische **Metro-Park** (☎902-830-1711; 1557 Granville St; 2,25/15 C$ pro Std./12 Std.). Die Parkuhren in Halifax müssen montags bis freitags von 10 bis 18 Uhr gefüttert werden.

Es ist wesentlich teurer, ein Auto am Flughafen zu mieten als in der Stadt. Alle großen, nationalen Autovermietungen (S. 987) sind am Flughafen vertreten, haben aber auch ein Büro in Halifax.

Vom/Zum Flughafen

Der internationale Flughafen von Halifax liegt 40 km nordöstlich der Stadt am Highway 102 in Richtung Truro. Der **Airbus** (☎902-873-2091; einfache Strecke/hin & zurück 19/27 C$) verkehrt zwischen 5 und 23 Uhr und bringt Passagiere von den größeren Hotels zum Flughafen. Wer mitten in der Nacht landet, was häufig der Fall ist, muss mit dem Taxi in die Innenstadt von Halifax fahren und dafür 54 C$ bezahlen. Da am Flughafen oft nicht genügend Taxis stehen, empfiehlt es sich, eines im Voraus zu reservieren. **Satellite Taxi** (☎902-445-3333) am Flughafen ist rund um die Uhr zu erreichen.

Öffentliche Verkehrsmittel

Metro Transit (☎902-490-6600; einfache Strecke 2,25 CC$) betreibt das städtische Bussystem und die Fähren nach Dartmouth. Der Transfer ist kostenlos, wenn man innerhalb einer kurzen Zeitspanne in eine einzige Richtung fährt. Karten und Fahrpläne sind an den Fährterminals und am Infostand in der Scotia Sq Mall erhältlich.

Bus 7 bahnt sich über die Robie St und die Gottingen St seinen Weg durchs Zentrum sowie das North End von Halifax und passiert dabei beide Hostels. Bus 1 fährt auf der Spring Garden Rd, Barrington St und durch den südlichen Abschnitt der Gottingen St, bevor er über die Brücke nach Dartmouth gelangt. **Fred** ist ein kostenloser Stadtbus, der im Sommer alle 30 Minuten eine Schleife durchs Stadtzentrum dreht.

Eine nette Möglichkeit, sich auf dem Wasser zu bewegen, wenn auch nur für zwölf Minuten, ist die **Fähre nach Dartmouth** (einfache Strecke 2 ,25C$; 6–23.30 Uhr alle 15–30 Min.) von Halifax' Ufer aus. Woodside, wohin es zu Spitzenzeiten eine weitere Fährverbindung gibt, eignet sich gut als Ausgangspunkt für eine Radtour zur Eastern Passage oder nach Lawrencetown.

RUND UM HALIFAX

Dartmouth

Das 1750, also nur ein Jahr später als Halifax, gegründete Dartmouth liegt direkt auf der gegenüberliegenden Seite des Hafens. Es ist eine wesentlich ruhigere Wohnstadt als Halifax, und selbst im Zentrum ist nichts vom Charme und der Geschäftigkeit der Hauptstadt zu spüren. Dennoch ist Dartmouth gut als Basislager geeignet, denn die Bus- und Fährverbindungen nach Halifax sind hervorragend.

Auch wer hier nicht übernachtet, sollte unbedingt eine Hafenrundfahrt mit der Fähre unternehmen; schließlich ist sie die älteste Meeresfährverbindung in Nordamerika. Das Fährterminal von Dartmouth befindet sich im Gebäude des Alderney Gate.

An einem Wochenende Ende Juni geht's rund in der Stadt, wenn beim **Nova Scotia Multicultural Festival** (www.mans.ns.ca) an der Hafenpromenade die kulturelle Vielfalt mit verschiedenen großartigen Darbietungen und noch besserem Essen gefeiert wird.

Das **Dartmouth Heritage Museum** (☎902-464-2300; www.dartmouthheritagemuseum.ns.ca; 26 Newcastle St; Eintritt 3 C$; ⊙Mitte Juni–Aug. Di–So 10–17 Uhr, Sept.–Mitte Juni Mi–Sa 13.30–17 Uhr) ist mit seiner bunten Sammlung im **Evergreen House** untergebracht, dem ehemaligen Wohnhaus der Volkskundlerin Helen Creighton, die Anfang des 20. Jhs. Geschichten und Lieder aus der ganzen Provinz zusammentrug. Die Eintrittskarten berechtigen am gleichen Tag auch zum Eintritt in das 1786 errichtete **Quaker House** (59 Ochterloney St; ⊙Juni-Aug. Di–So 10–17 Uhr), dem ältesten Gebäude in der Gegend um Halifax. Gebaut wurde es von Quäkern aus Nantucket, die vom Walfang lebten und vor dem Amerikanischen Unabhängigkeitskrieg geflohen waren.

Für Unterhaltung sorgt das **Eastern Front Theatre** (☎902-463-7529; www.easternfronttheatre.com; Alderney Gate, Dartmouth; Karten 25 C$), das jedes Jahr mehrere Werke von Autoren aus den Atlantikprovinzen auf die Bühne bringt.

In unmittelbarer Nähe zu verschiedenen Bushaltestellen und dem Fährterminal befindet sich **Caroline's B&B** (☎902-469-4665; 134 Victoria Rd; EZ/DZ 50/60 C$; ⊙April-Dez.), das von einer wirklich bezaubernden Dame geführt wird. Besonders sehenswert sind die coolen Mosaike an den Wänden.

Der **Shubie Campground** (☎902-435-8328, 800-440-8450; www.shubiecampground.com; Jaybee Dr, abseits der Waverley Rd) ist der einzige Campingplatz, der von Halifax aus mit öffentlichen Verkehrsmitteln zu erreichen ist. Er ist im Besitz der Stadt, wird aber als Privatunternehmen geführt. Zu den Einrichtungen gehören Duschen und ein Waschsalon.

Viele „Haligonians", wie sich die Einwohner von Halifax selbst nennen, kommen nur nach Dartmouth, um sich bei **Two If By Sea** (66 Ochterloney St; Schoko-Croissant 3 C$; ⌚Mo–Fr 7–18, Sa &So 8–17 Uhr) mit den mit viel Butter gebackenen, mächtigen Schokocroissants einzudecken. Kein Wunder, dass sie bis 13 Uhr meistens restlos ausverkauft sind! Aber auch ohne die leckeren Backwaren ist das Café ein toller Ort, um einen Kaffee zu trinken, die Leute zu beobachten und die einzigartige Atmosphäre von Dartmouth zu genießen.

Strände an der Eastern Shore

Wenn sich die Innenstadtbewohner an einem heißen Sommertag über die Brücke nach Dartmouth aufmachen, sind sie sehr wahrscheinlich auf dem Weg zum Strand. Entlang der ganzen Eastern Shore erstrecken sich herrliche, endlos lange, weiße Sandstrände. Das Wasser wird nie richtig warm, aber Unerschrockene wagen sich dennoch zum Schwimmen und Surfen hinein, vor allem, wenn der Nebel vor der Küste bleibt.

Der 1 km lange **Rainbow Haven** der Strand, der am nächsten bei Stadt der Stadt liegt – und damit auch der vollste. Hier gibt's auch Toiletten, Duschen, eine Art Cafeteria und eine Promenade mit rollstuhlgerechtem Zugang zum Strand. Der recht große Badebereich wird von Rettungsschwimmern überwacht.

Der beliebteste Surf-Strand ist der kieselige, direkt nach Süden liegende **Lawrencetown Beach**, an dem sich riesige Wellen brechen, die oft von Hurrikanen und anderen tropischen Wirbelstürmen in Hunderten Kilometern Entfernung ausgelöst werden. Auch hier gibt's einen überwachten Badebereich, Toiletten und eine Cafeteria. Zum Surfen, Surfenlernen oder einfach die Aussicht genießen bietet sich das **Lawrencetown Beach House** (☎902-827-2345; www.lawrencetownbeachhouse.com; B/DZ 28/75 C$) als Unterkunft an. Das gemütliche Hostel mit zehn Betten und drei Doppelzimmern versteckt sich im Dünengras hoch über einem der wenigen sandigen Abschnitte des Strandes. Surfbretter (etwa 15 C$/Tag) und Neoprenanzüge (ebenfalls 15 CS$/Tag) kann man in verschiedenen Läden der Gegend leihen. Ein anderthalbstündiger Surfkurs kostet etwa 75 C$ inklusive Ausrüstung. Anbieter sind u. a. **Dacane Sports** (☎902-431-7873; www.hurricanesurf.com), **Nova Scotia Surf School** (www.quiksilvercamps.com) oder die von Frauen geführte **One Life Surf School** (☎902-880-7873; www.onelifesurf.com).

Der längste Strand von Nova Scotia ist der mehr als 3 km lange **Martinique**, der mit feinem, weißen Sand vor grasbewachsenen Dünen auch der schönste der Gegend ist. Wem das Wasser zu kalt zum Baden ist, der kann stundenlang am Strand laufen, Vögel beobachten oder Frisbee spielen.

NICHT VERSÄUMEN

FISHERMAN'S COVE

Fährt man von Dartmouth oder Halifax die Ostküste entlang, lohnt sich ein Umweg über den Hwy 322 nach Fishermen's Cove. In dem bildhübschen Fischerhafen an der Eastern Passage gibt's einige der besten Meeresfrüchte der Region. Bei **Wharf Wraps** (104 Government Wharf Rd; Fish & Chips 12 C$; ⌚Juni-Sept. 10–18 Uhr) kann man die zu Recht berühmten, riesigen Portionen von Fish & Chips auch im Freien genießen. **Fish Basket** (100 Government Wharf Rd; ⌚9–18 Uhr) nebenan verkauft Fisch und Hummer pfundweise, hat aber auch köstliche Sandwiches mit frischem Hummerfleisch (8 C$) zum Mitnehmen.

Sambro

Nur 18 km südlich von Halifax liegt der **Crystal Crescent Beach** am Stadtrand des Fischerorts Sambro. Eigentlich handelt es sich hier um drei Strände in verschiedenen Buchten; am dritten, ganz außen Richtung Südwesten, ist FKK erlaubt und er ist lesben- und schwulenfreundlich. Ein 8,5 km langer **Wanderweg** beginnt ein klein wenig weiter landeinwärts und führt dann durch Ödland, Sumpf und Geröll bis nach

Pennant Point. Hierher nimmt man vom Kreisverkehr in Halifax aus die Herring Cove Rd bis nach Sambro und folgt dann den Schildern.

Prospect

Obwohl es ebenso hübsch ist wie Peggy's Cove, zieht Prospect nicht mal einen Bruchteil des Besucherstroms von dort an. Ein kaum erschlossener **Wanderweg** beginnt am Ende der Indian Point Rd und führt 3 km an der Küste entlang, vorbei an unzähligen Plätzen, die für ein Picknick wie gemacht sind. Am Startpunkt des Weges gibt's nicht besonders viele Möglichkeiten zum Parken, deshalb muss man sein Fahrzeug möglicherweise im Ort am Straßenrand abstellen.

Das **Prospect Village B&B** (☎902-850-1758, 877-850-1758; www.prospectvillagebb.ca; 1758 Prospect Bay Rd; Zi. 135–160 C$) ist in einem restaurierten Nonnenkloster untergebracht, das an der nebelverhangenen Küste schon fast zu leuchten scheint. Die herzlichen Besitzer verwenden für einfach alles Bioprodukte – von der Seife bis zu den Zutaten fürs leckere Frühstück.

Peggy's Cove

Peggy's Cove ist eines der meistbesuchten Fischerdörfer Kanadas, und das aus gutem Grund: Die geschwungene Bucht mit den Granitfelsen und dem rotweißen Bilderbuch-Leuchtturm strahlt – trotz der endlosen Kolonnen von Reisebussen – noch immer die verträumte Ruhe eines malerischen Küstenortes aus. Die meisten Besucher steigen auch nur kurz aus dem klimatisierten Bus aus, schießen ein paar Fotos und fahren wieder ab. Wer ein bisschen länger bleibt, wird überraschend schnell mit den freundlichen Einheimischen, von denen es nur 45 gibt, ins Gespräch kommen und sich im ruhigen Leben eines Fischerdorfes einrichten. Peggy's Cove, das 43 km westlich von Halifax am Hwy 333 liegt, kann man gut im Rahmen eines Tagesausflugs von der Stadt aus besuchen.

Im Sommer sollte man möglichst vor 10 Uhr dasein, denn um die Mittagszeit rücken die Reisebusse an und verursachen das vielleicht größte Verkehrschaos in der ganzen Provinz. Am Ortseingang befindet sich ein kostenloser Parkplatz mit Toiletten und eine **Touristeninformation** (☎902-823-2253; 109 Peggy's Cove Rd; ⏲Juli & Aug. 9–19 Uhr, Mitte Mai–Juni, Sept. & Okt. 9–17 Uhr). Von Mitte Juni bis Ende August werden täglich kostenlose, 45-minütige Rundgänge durchgeführt.

Sehenswertes & Aktivitäten

Peggy's Cove Lighthouse GEBÄUDE
(⏲Mai–Okt. 9.30–17.30 Uhr) Markantes Wahrzeichen der Bucht ist der fotogene Leuchtturm, in dem lange Zeit ein Postamt untergebracht war, in dem mit einem eigenen, weithin berühmten Sonderstempel in Form eines Leuchtturms die Postkarten der Besucher abgestempelt wurden. Wegen Wasserschäden durch die vielen Stürme musste das Amt leider geschlossen werden.

DeGarthe Gallery KUNSTGALERIE
(☎902-823-2256; Eintritt 2 C$; ⏲auf Anfrage) In der Galerie sind die Gemälde des einheimischen Künstlers William deGarthe (1907–1983) ausgestellt, der auch das herrliche, 30 m hohe *Fishermen's Monument* in eine Felsenwand vor dem Museum meißelte.

Schlafen & Essen

Peggy's Cove Bed & Breakfast B&B **$$**
(☎902-823-2265, 877-725-8732; www.nsinns.com; 19 Church Rd; Zi. 100-145 C$) Die einzige Unterkunft in der Bucht selbst befindet sich auch noch in beneidenswerter Lage. Das ehemalige Wohnhaus des Künstlers deGarthe mit Blick auf den Fischereihafen und den Leuchtturm bietet vielleicht die schönste Aussicht in ganz Nova Scotia. Hier muss man auf jeden Fall im Voraus buchen!

Oceanstone Inn & Cottages INN **$$**
(☎902-823-2160, 866-823-2160; www.oceanstone.ns.ca; 8650 Peggy's Cove Rd, Indian Harbour; Zi. 95-145 C$, Hütte 185-265 C$; @) Eine kurze Autofahrt von Peggy's Cove entfernt stehen die skurril eingerichteten Hütten praktisch direkt am Strand. Die Gäste dürfen mit Tretbooten die kleinen Inseln der Umgebung erkunden. Das Rhubarb, zugleich Speiseraum des Gasthauses, gilt als eines der besten Seafood-Restaurants der Gegend.

Wayside Camping Park CAMPING **$**
(☎902-823-2271; wayside@hfx.eastlink.ca; 10295 Hwy 333, Glen Margaret; Stellplatz Zelt/Wohnmobil 20/32 C$) Der Campingplatz auf einem Hügel 10 km nördlich von Peggy's Cove und 36 km südlich von Halifax bietet jede Menge schattiger Plätze. Im Hochsommer ist er entsprechend voll.

☆ Unterhaltung

Old Red School House THEATER
(☎902-823-2099; www.beales.ns.ca; 126 Peggy's Point Rd; empfohlene Spende 10 C$) In der Hochsaison werden hier Komödien gespielt und Konzerte gegeben. Zu einigen Vorstellungen sind kleine Shuttlebusse im Einsatz, die Zuschauer in den Hotels von Halifax abholen. Ausführliche Infos gibt's im Internet.

SOUTH SHORE

Dies ist der meistbesuchte Küstenabschnitt von Nova Scotia, hier befinden sich die typischen Leuchttürme, die unter Naturschutz stehenden, dicht bewaldeten Buchten mit weißen Sandstränden und jede Menge Fischerdörfer, die zu Touristenorten geworden sind. Die Gegend zwischen Halifax und Lunenburg, in der die Landhäuser der städtischen Oberschicht stehen, ist bei ausländischen und einheimischen Tagesausflüglern gleichermaßen beliebt. Dementsprechend langsam kann es auf dem von der offiziellen Tourismuswerbung als Leuchtturm-Route bezeichneten Hwy 3 vorangehen. Nur wer nicht unter Zeitdruck steht und unterwegs nach Antiquitäten und Kunsthandwerk stöbern will, sollte diese landschaftlich reizvolle Strecke wählen. Die Fahrzeit verkürzt sich um die Hälfte, wenn man auf dem Hwy 103 direkt bis zu der Abfahrt fährt, die dem Fahrtziel am nächsten liegt.

Chester

Im 1759 gegründeten Städtchen Chester legen sich immer mehr wohlhabende Amerikaner und Einwohner von Halifax ein Sommerhaus zu. Der ehemalige Schlupfwinkel für Piraten und Alkoholschmuggler in der Zeit der Prohibition ist dank der vielen Künstlerateliers noch heute eine bunte, lebhafte Stadt. Mitte August findet im sonst eher stillen Hafen eine große **Regatta** statt.

Sehenswertes & Aktivitäten

GRATIS **Lordly House Museum** MUSEUM
(☎902-275-3842; 133 Central St; ⏲Di–Sa 10–16 Uhr) Das Gebäude des Lordly House Museum von 1806 ist ein herrliches Beispiel georgianischer Architektur. Die drei im Stil der damaligen Zeit ausgestatteten Räume zeigen das Leben der Oberschicht im 19. Jh. und die Stadtgeschichte von Chester. Das Museum dient auch als Künstleratelier.

Tancook Island NATURSCHUTZGEBIET
Die Insel mit 190 Einwohnern ist in 45 Minuten mit der Fähre von Chester aus zu erreichen (hin & zurück 5 C$, Mo–Fr 4-mal tgl., Wochenende 2-mal tgl.). Die Boote legen am städtischen Anleger ab, den Fahrplan gibt's im Internet unter http://freepages.history.rootsweb.com/~tancook/ferry.htm. Die ganze Insel ist von **Wanderwegen** durchzogen. Bekannt ist sie für Sauerkraut, denn Anfang des 19. Jhs. siedelten sich hier Deutsche und französische Hugenotten an. Die letzte Fähre, die abends in Chester ablegt, bleibt über Nacht auf Tancook Island.

Schlafen & Essen

Mecklenburgh Inn B&B B&B $$
(☎902-275-4638; www.mecklenburghinn.ca; 78 Queen St; Zi. 95-155 C$; ⏲Mai–Jan.) Das zwanglose, 1890 erbaute Gasthaus hat vier Zimmer und eine luftige Terrasse im 2. Stock. Manche Zimmer haben einen daran angrenzenden Balkon, die meisten ein eigenes Bad. Der Inhaber ist ein fabelhafter Koch, man kann sich also auf ein ausgezeichnetes Frühstück freuen.

Graves Island Provincial Park CAMPING $
(☎902-275-4425; www.parks.gov.ns.ca; Stellplatz 24 C$) Der Campingplatz auf einem Inselchen in der Mahone Bay ist über eine Dammstraße mit dem Festland verbunden. Die 64 Plätze liegen teilweise unter Bäumen, teilweise im offenen Gelände. Wohnmobile werden normalerweise in der Mitte des Platzes abgestellt. Einige schattige, einsame Zeltplätze verstecken sich noch an den Hängen des zentralen Hochplateaus. Der Campingplatz befindet sich 3 km nordöstlich von Chester am Hwy 3.

Kiwi Café CAFÉ $
(☎902-275-1492; 19 Pleasant St; leichtes Mittagessen 4-13 C$; ⏲8–16 Uhr) Der neuseeländische Koch bereitet ausgezeichnete Suppen, Salate, Sandwiches und Backwaren zu, die man entweder gleich dort essen oder in wiederverwertbaren Verpackungen mitnehmen kann. Dazu gibt's Bier, Wein und eine freundliche Atmosphäre in kiwigrün.

Rope Loft KNEIPE $$
(☎902-275-3430; 36 Water St; Hauptgerichte etwa 15 C$; ⏲tgl. 11.30–23 Uhr; Essen So–Do 11.30–21, Fr & Sa 11.30–22 Uhr) Es gibt keine schönere Kulisse als diese Kneipe direkt an der Bucht. Das herzhafte Essen wird drinnen und draußen serviert.

Unterhaltung

Chester Playhouse THEATER
(902-275-3933; www.chesterplayhouse.ca; 22 Pleasant St; Karte etwa 25 C$) Das schon etwas ältere Theater hat eine großartige Akustik. Im Juli und August wird jeden Abend außer montags Theater gespielt und teilweise dazu gegessen. Gelegentlich finden im Frühjahr und Herbst auch Konzerte statt.

Praktische Informationen

Die **Touristeninformation** (902-275-4616; Hwy 3; Juli & Aug. 10–16 Uhr, Juni & Sept. 10–18 Uhr, Mai & Okt. 10–17 Uhr) befindet sich im ehemaligen Eisenbahndepot in der Nähe der Abzweigung nach Chester.

Mahone Bay

Hier scheint die Sonne öfter als irgendwo sonst an dieser Küste. Die Bucht mit ihren mehr als 100 Inselchen ist nur 100 km von Halifax entfernt und ein guter Ausgangspunkt für die Erkundung dieses Abschnitts der South Shore. Man kann ein Kajak oder Fahrrad leihen oder einfach durch die Main St in Mahone Bay bummeln, die um den Hafen herumführt und voller Geschäfte mit Antiquitäten, Quilts, Töpferwaren und Werken einheimischer Künstler ist.

Sehenswertes & Aktivitäten

GRATIS **Mahone Bay Settlers' Museum** MUSEUM
(902-624-6263; 578 Main St; Juni–Mitte Okt. Di–So 10–17 Uhr) Die Ausstellung widmet sich der Besiedelung des Gebiets durch „ausländische" (sprich deutsche und französische) Protestanten um 1754 und der regionalen Architektur.

GRATIS **Amos Pewter** LADEN
(800-565-3369; www.amospewter.com; 589 Main St; Juli & Aug. Mo–Sa 9–18.30, So 10–17.30 Uhr, Mai, Juni, Sept. & Okt. Mo–Sa 9–17.30, So 12–17.30 Uhr) In der Werkstatt wird die Kunst des Zinngießens präsentiert, im dazugehörigen Geschäft Zinngeschirr und -schmuck aller Art verkauft.

Geführte Touren

Historic Mahone Bay Walking Tours STADTSPAZIERGANG
5 C$/Pers.; Fr, Sa & So 13 Uhr) Im Juli und August veranstaltet das Besucherzentrum 75-minütige Führungen zu vielen historischen Gebäuden in Mahone Bay. Die Anfangszeiten wechseln von Jahr zu Jahr, deshalb vorher beim Besucherzentrum (VIC) nachfragen!

South Shore Boat Tours BOOTSFAHRT
(902-543-5107; www.southshoreboattours.com; Juli & Aug.) Die Touren führen zu Bootsbauern und in die Natur (1¾ Std., Erw. 35 C$).

Feste & Events

Mahone Bay Regatta REGATTA
(www.mahonebayregatta.wordpress.com) Bei der Regatta am Wochenende vor dem ersten Montag im August finden nicht nur täglich Bootsrennen statt, sondern auch Workshops rund um den Schiffsbau.

Schlafen & Essen

Edgewater B&B B&B $$
(902-624-9382,866-816-8688;www.bbcanada.com/edgewater; 44 Mader's Cove Rd; Zi. 120-165 C$; Juli-Okt.) Am Ortsrand in Richtung Lunenburg thront die Pension hoch über der Bucht. Die drei modern eingerichteten Zimmer sind in hellgrauen und beigen Strandtönen gehalten. Vermietet wird auch eine große, zweistöckige Hütte (225 C$/Nacht), die eigentlich schon ein richtiges Haus ist – bestens geeignet für Gruppen oder Familien.

Hammock Inn the Woods B&B B&B $$
(902-624-0891; www.hammockinnthewoods.com; 198 Woodstock Rd; DZ 75-95 C$) Zwei verlockende Hängematten schaukeln im schattig-grünen Garten des Hauses in einer ruhigen Nebenstraße der Main St. Die Pension ist eine erholsame Mischung aus modernem Luxus und ländlichem Komfort. Neben einem gesunden Frühstück, das aus Bioprodukten zubereitet wird, gibt's jeden Morgen kostenloses Yoga. Ab 2011 soll auch ein Loft-Apartment zur Verfügung stehen.

Three Thistles B&B B&B $$
(902-624-0517; www.three-thistles.com; 389 West Main St; Zi. 90-130 C$) Inhaberin Phyllis Wiseman putzt mit umweltfreundlichen Reinigungsmitteln und bereitet die Mahlzeiten aus Biolebensmitteln zu. Die Zimmer sind wirklich blitzsauber und hinter dem Haus gibt's einen Garten, der sich bis zum Wald erstreckt.

Kiwi Kaboodle Backpackers Hostel HOSTEL $
(902-531-5494, 866-549-4522; www.kiwikaboodle.com; Hwy 3; B 28 C$;) Das freundliche Hostel mit neun Betten in bester Lage ist nur 3 km von den Sehenswürdigkeiten

an der Mahone Bay und 7 km von Lunenburg entfernt. Die Inhaber holen ihre Gäste in der Stadt ab und bieten günstige Touren (www.novascotiatoursandtravel.com) und einen Shuttleservice an. Außerdem geben sie ausgezeichnete Tipps und Infos über die Region. Geplant sind noch ein Fahrradverleih und die Organisation von Radtouren sowie ein weiteres Zimmer.

La Have Bakery FEINKOST $
(Ecke Edgewater St & Main St; Sandwich ab 4 C$; 9–18 Uhr;) Die Bäckerei ist weithin bekannt für ihr herzhaftes Brot, aus dem dicke, üppige Sandwiches gemacht werden. Glutenfreies Brot ist ebenso im Angebot wie Hamburger und Pizzastücke.

Gazebo Café RESTAURANT $$
(902-624-6484; 567 Main St; Hauptgerichte 15–20 C$; April–Okt. mittags & abends) In dem bistroähnlichen Lokal mit Blick aufs Wasser werden die Spezialitäten der Region mit viel Geschmack statt nur mit der Friteuse zubereitet. Auch Vegetarisches steht zur Auswahl.

Praktische Informationen

Biscuit Eater Booktrader & Cafe (902-624-2665; 16 Orchard St; Internetzugang 5 C$/Std.; Mi–Sa 9–17, So 11–17 Uhr;) Die beste Adresse, um bei einem Kaffee aus fairem Handel und einem Bio-Snack seine E-Mails abzurufen. WLAN ist kostenlos.

Mahone Bay (www.mahonebay.com) Die Internetseite bietet jede Menge Links zu Restaurants und Unterkünften.

VIC (902-624-6151; 165 Edgewater St; Mai Sa & So 10–17 Uhr, Juni & Sept. 9–18 Uhr, Juli & Aug. 9–19 Uhr, Okt. 10–17 Uhr) Im Besucherzentrum gibt's Broschüren für Wanderungen und Rundgänge auf eigene Faust.

Lunenburg

Die historische Altstadt von Lunenburg, des größten der Fischerorte an der South Shore, ist die einzige Unesco-Welterbestätte der Region und zugleich die erste britische Siedlung außerhalb von Halifax. Die Stadt ist am malerischsten, wenn man sie bei Sonnenuntergang vom Meer aus betrachtet: Die kastigen, leuchtend bemalten alten Gebäude scheinen dann buchstäblich vor der Kulisse des mit Schiffen gefüllten Hafens zu glühen. Nach dem unverwechselbaren „Lunenburg Bump" Ausschau halten: eine fünfseitige Dachgaube im Obergeschoss, die das Erdgeschoss überragt.

Lunenburg wurde größtenteils von Deutschen, Schweizern und protestantischen Franzosen besiedelt, die erst von den Briten als Arbeitskräfte rekrutiert und dann zu Fischern wurden. Heute leidet Nova Scotia sehr unter den schwindenden Fischbeständen, aber Lunenburgs wachsender Tourismus trägt viel dazu bei, die Wirtschaft wieder zu stärken.

Sehenswertes & Aktivitäten

Fisheries Museum of the Atlantic MUSEUM
(902-634-4794; www.fisheries.museum.gov.ns.ca; 68 Bluenose Dr; Erw./Kind 10/3 C$; Mai–Okt. 9.30–17.30 Uhr) Zum sehr sachkundigen Personal des Fisheries Museum of the Atlantic gehören auch einige Fischer im Ruhestand, die aus eigener Erfahrung über das Fischereiwesen berichten können. Im hübschen Aquarium im ersten Stock tummeln sich Heilbutte, bis zu 6 kg schwere Hummer und sonstiges Meeresgetier. Den ganzen Tag über gibt's immer wieder Vorträge und Filmvorführungen.

Knaut-Rhuland House MUSEUM
(902-634-3498; 125 Pelham St; Eintritt 3 C$; Juni–Sept. Di–Sa 11–17, So 13–17 Uhr) Das Knaut-Rhuland-Haus gilt als das schönste Beispiel der georgianischen Architektur Nova Scotias. Kostümiertes Personal führt die Besucher durch das 1793 erbaute Haus.

Bike Barn RADFAHREN
(902-634-3426; www.bikelunenburg.com; 579 Blue Rocks Rd; Trekking-/Tandemrad 25/40 C$ pro Tag) Der Fahrradverleih befindet sich 2 km östlich der Stadt. Die Gegend auf dieser kleinen Halbinsel ist ein Traum für Radfahrer, denn es gibt nur ein paar sanfte Hügel, wenige Fahrzeuge und immer wieder einen grandiosen Blick aufs Meer. Die Inhaber Merrill und Al helfen gerne bei der Tourenplanung.

Pleasant Paddling KAJAKFAHREN
(www.pleasantpaddling.com; 86 Bluenose Dr; Leihgebühr 2 Std./halber/ganzer Tag 30/50/70 C$, Touren halber/ganzer Tag 65/110 C$) Der Veranstalter bietet alles, was das Kanutenherz begehrt: Kajaks, geführte Touren in Einer- und Zweierkajaks, kompetentes Personal und eine herrliche Gegend zum Paddeln.

Geführte Touren

An der Anlegestelle neben dem Fischereimuseum am Bluenose Dr starten die verschiedenen Touren zum Angeln, Segeln und Wale beobachten. Buchen kann man

Lunenburg

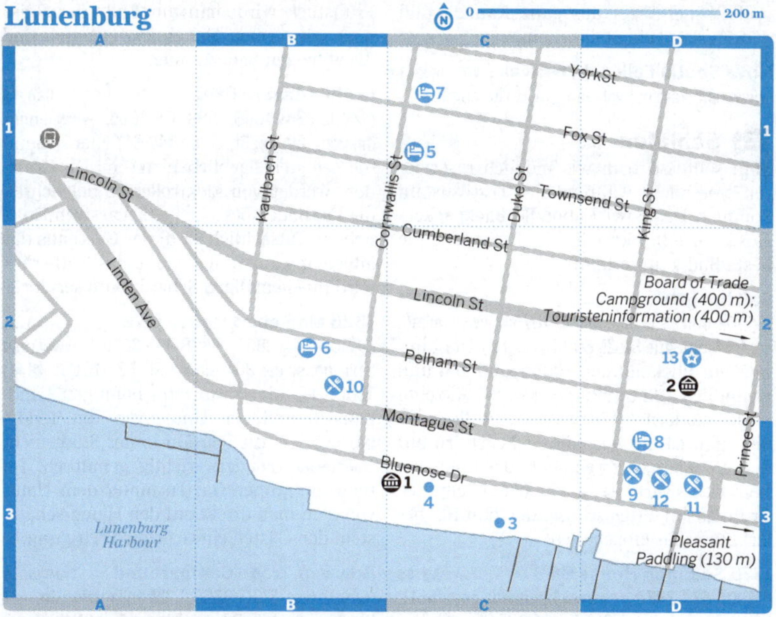

Lunenburg

Sehenwertes

1 Fisheries Museum of the Atlantic ... C3
2 Knaut-Rhuland House ... D2

Aktivitäten, Kurse & Touren

3 Bluenose II ... C3
4 Trot in Time ... C3

Schlafen

5 1775 Solomon House B&B ... C1
6 1826 Maplebird House B&B ... B2
7 Lennox Tavern B&B ... C1
8 Sail Inn B&B ... D3

Essen

9 Fish Cake Café ... D3
10 Fleur de Sel ... B2
11 Magnolia's Grill ... D3
12 Salt Shaker Deli ... D3

Unterhaltung

13 Lunenburg Opera House ... D2

sie direkt am Hafen oder beim Besucherzentrum (VIC).

Bluenose II SEGELN
(☎902-634–1963, 800-763-1963; www.bluenose2.ns.ca; 2-stündige Tour Erw./Kind 20/10 C$) Der detailgetreue Nachbau des Rennschoners *Bluenose* liegt abwechselnd in den Häfen von Halifax und Lunenburg. Das Schiff war 2010 wegen Renovierung gesperrt, sollte aber 2011 wieder im Einsatz sein. Genaue Infos finden sich im Internet.

Gray Line Lunenburg Town Walking Tours STADTSPAZIERGANG
(☎902-634-3848) Mit viel Enthusiasmus und noch mehr Erfahrung führt Eric Croft die Besucher auf gemütlichen Spaziergängen am Tag oder im gespenstischen Laternenlicht bei Nacht durch die Stadt. Ausführliche Infos gibt's am Telefon.

Trot in Time PFERDEKUTSCHE
(Erw./Kind 20/8 C$; ⌚Juni–Mitte Okt.) Die Fahrten mit der Pferdekutsche durch die Stadt dauern 30 Minuten und beginnen vor dem Fisheries Museum of the Atlantic.

Feste & Events

Boxwood Festival MUSIK
(www.boxwood.org; Festivalpass 50 C$; ⌚letzte Woche im Juli) Flötenbläser und Dudelsackpfeifer aus der ganzen Welt spielen in tollen Konzerten auf.

Lunenburg Folk Harbour Festival MUSIK
(☎902-634-3180; www.folkharbour.com; ⌚Aug.) Hier geben sich Liedermacher, Folkmusiker

und Gospelsänger aus ganz Kanada und dem Ausland ein Stelldichein.

Nova Scotia Folk Art Festival VOLKSKUNST
(www.nsfolkartfestival.com; 1. So im Aug.)

Schlafen

Man sollte so früh wie möglich reservieren, vor allem während der Festivals im Sommer. Das Kiwi Kaboodle Backpackers Hostel (S. 369), 7 km nördlich der Stadt, ist die beste Budgetunterkunft.

Sail Inn B&B B&B $$
(902-634-3537, 877-247-7075; www.sailinn.ca; 99 Montague St; Zi. 80-140 C$; @) Die Zimmer mit Blick auf den Hafen sind hell und freundlich, Antiquitäten setzen Akzente in der modernen Einrichtung. Im Preis inbegriffen ist ein kostenloser Segeltörn auf dem 15 m langen Zweimaster des Inhabers. Bemerkenswert ist auch der ehemalige Brunnen im Erdgeschoss, der nun als beleuchteter Fischteich dient

1775 Solomon House B&B B&B $$
(902-634-3477; www.bbcanada.com/5511.html; 69 Townsend St; Zi. 100-125 C$; @) Die herrlich altmodische Pension mit welligen Holzböden und niederen Türstöcken (Kopf einziehen!) gehört den freundlichsten und hilfsbereitesten Leuten, die man sich nur vorstellen kann. Die Zimmer in dem alten Gemäuer sind richtig kuschelig und vom Frühstück wird man am Ende der Reise noch schwärmen. Der einzige Nachteil sind die winzigen Badezimmer.

Lennox Tavern B&B B&B $$
(902-634-4043, 888-379-7605; www.lennoxinn.com; 69 Fox St; Zi. 85-140 C$) Hier scheint die Zeit stehengeblieben zu sein: Die Korridore werden von Elektrokerzen beleuchtet, die Fußböden bestehen aus massiven Holzbohlen. Tatsächlich ist dieses Gasthaus das älteste in ganz Kanada, und das Frühstück wird im ehemaligen Schankraum serviert.

1826 Maplebird House B&B B&B $$
(902-634-3863, 888-395-3863; www.maplebirdhouse.ca; 36 Pelham St; DZ 115 C$; @) Trotz der Einrichtung im blumigen Landhausstil und den Unmengen von Teddybären wirkt die Pension in der Stadt nicht überladen, sondern richtig gemütlich. Im schönen, großen Garten hinter dem Haus, von dem man direkt auf den Hafen schaut, steht den Gästen ein Grill zur Verfügung.

Board of Trade Campground CAMPING $
(902-634-8100/3656; lbt@aliantzinc.ca; 11 Blockhouse Hill Rd; Stellplatz Zelt/Wohnmobil 23/30 C$; @) Der Campingplatz, der direkt neben der Touristeninformation (VIC) liegt, bietet jede Menge Kiesplätze für Wohnmobile und dazu einen tollen Ausblick. Die grasbewachsenen Zeltplätze liegen dicht an dicht und sind ohne jeden Schatten.

DIE SCHATZINSEL

Auf Oak Island, einer Insel in der Mahone Bay, befindet sich die sogenannte *money pit* (Geldgrube), in der bis jetzt mehr als 2 Mio. C$ an Grabungskosten und sechs Menschenleben versunken sind. Dennoch hat niemand den geringsten Schimmer, was es mit dieser Grube auf sich hat, geschweige denn, was darin versteckt wurde.

Die mysteriöse Geschichte begann 1795, als drei Inselbewohner auf eine Vertiefung im Boden stießen. Da sie wussten, dass sich einst Piraten in der Gegend herumgetrieben hatten, begannen sie zu graben, in der Hoffnung auf einen Schatz. In gut einem halben Meter Tiefe stießen sie auf eine Schicht sorgfältig eingepasster Steinplatten. Nach weiteren 2,5 m förderten sie zuerst eine Eichenholzplatte zutage, später noch eine weitere. Als das Loch 9 m tief war, gaben die Männer schließlich auf, kehrten aber acht Jahre später mit einer Grabungsmannschaft der Firma Onslow wieder zurück.

Die Onslow-Leute gruben sich bis in eine Tiefe von 27,5 m vor. Als sie am nächsten Morgen zur Grabungsstelle kamen, hatte sich der Schacht mit Wasser gefüllt und sie mussten die Grabungen einstellen. Im Jahr darauf kamen sie wieder auf die Insel und gruben einen 33,5 m tiefen Parallelschacht, der sich aber auch mit Wasser füllte. Erst 1850 stellte man fest, dass die Grube mit einer Falle aus fünf Abflussrinnen gesichert war, die in Smith Cove, 150 m von der Grube entfernt, zusammenliefen. Außerdem erwies sich der Strand als künstlich angelegt.

Seitdem kamen immer wieder Leute von überall her, um ihr Glück zu versuchen. Gefunden haben sie bis jetzt nur Glieder einer Goldkette, ein paar Pergamentfetzen, eine Zementkammer und einen Stein mit einer Inschrift.

Essen & Ausgehen

Lunenburg ist bekannt für einige ausgefallene Spezialitäten. *Solomon Gundy* etwa sind Salzheringe mit Zwiebeln. Lunenburg-Pudding, für den gewürztes Schweinefleisch im Schweinedarm gekocht wird, passt gut zu Scotch mit Wasser.

Fleur de Sel RESTAURANT $$$
(☎902-640-2121; 53 Montague St; Hauptgerichte mittags 8-12 C$, abends 28-36 C$; ⊙11–14 & 17–22 Uhr; 🍷) Dies ist bei Weitem das vornehmste Restaurant in der Gegend. Die von der französischen Küche inspirierten Meeresfrüchte-, Fleisch- und vegetarischen Gerichte werden aus Bio-Erzeugnissen zubereitet und in einem klassisch-eleganten, hellen Speiseraum serviert.

Fish Cake Café RESTAURANT $$
(☎902-634-9995; 100 Montague St; Mittagessen 10-15 C$; ⊙9–16 Uhr) Die namensgebende Spezialität des Cafés sind Fischkuchen, die z. B. aus Lachs und Jakobsmuscheln mit Knoblauch-Ingwer-Limettensauce und Zwiebelchutney zubereitet werden. Es gibt auch Sandwiches, Suppen, ein Tagesessen, originelle Cocktails und dekadente Desserts.

Salt Shaker Deli FEINKOST $
(☎902-640-3434; 124 Montague St; Gerichte 8-15 C$; ⊙Di–Sa 11–21, So 11–15 Uhr) Ein modernes Ambiente mit klaren Linien, eine Terrasse am Wasser und tolles Essen – kein Wunder, dass dieses neu eröffnete Spezialitätenrestaurant immer voll besetzt ist. Die Pizzas haben einen richtig dünnen, knusprigen Boden, und die Miesmuscheln werden so zubereitet, wie die Gäste es wünschen.

Magnolia's Grill RESTAURANT $
(☎902-634-3287; 128 Montague St; Hauptgerichte 8-16 C$; ⊙mittags & abends) In dem bei Einheimischen sehr beliebten Restaurant im Diner-Stil sind besonders die Tagessuppen zu empfehlen. Außerdem gibt's Meeresfrüchte und Fischgerichte wie Solomon Gundy sowie eine umfangreiche Weinkarte.

Unterhaltung

Lunenburg Opera House THEATER
(☎902-634-4010; 290 Lincoln St; Karten 5–20 C$) Es wird gemunkelt, in dem altersschwachen Theater mit 400 Plätzen treibe ein Geist sein Unwesen. In dem 1907 als Oddfellows Hall errichteten Gebäude finden heute Rock- und Folk-Konzerte statt. Plakate in den Fenstern kündigen die nächsten Veranstaltungen an.

Praktische Informationen

Explore Lunenburg (www.explorelunenburg.ca) Hat Infos über die Stadtgeschichte und touristische Angebote.

Lunenburg Public Library (☎902-634-8008; 19 Pelham St; ⊙Di, Mi & Fr 10–18, Do 10–20, Sa 10–17 Uhr) Bietet kostenlosen Internetzugang.

VIC (☎902-634–8100, 888-615-8305; 11 Blockhouse Hill Rd; ⊙Mai-Okt. 9–18 Uhr, Juli & Aug. 9–20 Uhr) Die Touristeninformation verteilt Wanderkarten und hilft bei der Zimmersuche.

An- & Weiterreise

Die Busse von **Trius Lines** fahren auf ihrer täglichen Route von Halifax nach Yarmouth auch Lunenburg an. Die besten Infos über Preise und Abfahrtszeiten der Trius-Busse bekommt man bei **Acadian Lines** (☎902-454–9321, 800-567-5151; www.acadianbus.com). Eine Alternative sind die privaten Shuttlebusse (s. S. 364).

Liverpool

Es gibt viel zu tun in Liverpool, aber die Stadt ist auch ein guter Ausgangspunkt, um mehrere tolle Strände und den Kejimkujik-Nationalpark (68 km nördlich) plus dazugehörenden Küstenabschnitt des Seaside Adjunct (15 km südwestlich) zu erkunden. Dafür ist Liverpool aber kein so malerischer Küstenort wie die Dörfer nördlich davon.

Sehenswertes & Aktivitäten

Rossignol Cultural Centre MUSEUM
(☎902-354-3067; www.rossignolculturalcentre.com; 205 Church St; Erw./Kind 5/3 C$; ⊙Mo–Sa 10–17.30 Uhr) Die großartigste Errungenschaft des einheimischen Originals Sherman Hines ist ein absolutes Muss für alle, die das Extravagante lieben: Säle voller sehr lebendig wirkender Tierpräparate, Kisten voller prachtvoller Perlenstickereien der Ureinwohner, Wände voller großartiger Werke des Fotografen Hines, inklusive Fotos seiner Reisen in der Mongolei. Ein ganzer Raum ist allein den Latrinen dieser Welt gewidmet. Wer am liebsten für immer dort bleiben möchte, kann in einer echten mongolischen Jurte (mit eigenem Bad) übernachten, die neben dem Museum steht und für eine Spende von 100 C$ pro Nacht vermietet wird. Das Rossignol-Ticket berechtigt auch zum Eintritt ins **Sherman Hines Museum of Photography** (☎902-354-2667; www.shermanhinesphotographymuseum.com; 219 Main St; ⊙Mo–Sa 10–17.30 Uhr).

Perkins House Museum MUSEUM
(☎902-354-4058; www.museum.gov.ns.ca/peh; 105 Main St; Erw./Kind 2/1 C$; ⏲Juni–Mitte-Okt. Mo–Sa 9.30–17.30, So 13–17.30 Uhr) Das Perkins House, in dem Möbel und Gegenstände aus der Kolonialzeit ausgestellt sind, wurde 1766 gebaut und ist das älteste Gebäude im Besitz des Nova Scotia Museum.

Queen's County Museum MUSEUM
(☎902-354-4058; www.queenscountymuseum.com; 109 Main St; Eintritt 1 C$; ⏲Juni–Mitte Okt. Mo–Sa 9.30–17.30, So 13–17.30 Uhr, Mitte Okt.–Mai Mo–Sa 9–17 Uhr) Das Museum zeigt Kunst- und Alltagsgegenstände der First Nations, Dokumente zur Stadtgeschichte und Schriftstücke früherer Einwohner.

GRATIS **Fort Point** LEUCHTTURM
Bei Fort Point markiert ein Natursteindenkmal die Stelle, wo der Franzose Samuel de Champlain 1604 an Land ging. Im **Leuchtturm** (☎902-354-5260; 21 Fort Lane; ⏲Mitte Mai–Mitte Okt. 10–18 Uhr) am Ende der Main St dürfen die Besucher das handbetriebene Nebelhorn ertönen lassen.

Hank Snow Country Music Centre MUSEUM
(☎902-354-4675; www.hanksnow.com; 148 Bristol Ave; Eintritt 3 C$; ⏲Ende Mai–Anfang Okt. Mo–Sa 9–17, So 12–17 Uhr) Hier wird klar, warum Nova Scotia als das Nashville des Nordens gilt. Im ehemaligen Bahnhofsgebäude wird die Geschichte von Hank Snow, Wilf Carter und anderen Schlagersängern und Countrymusikern erzählt.

Feste & Events

Privateer Days GESCHICHTE
(www.privateerdays.com; ⏲Anfang Juli) Die „Freibeutertage" feiern die eng mit der Piraterei verbundene Geschichte der Stadt.

Schlafen & Essen

Geranium House B&B $
(☎902-354-4484; 87 Milton Rd; Zi. 60 C$) Das B&B, das drei Zimmer mit Gemeinschaftsbad hat, liegt auf einem großen Waldgrundstück in der Nähe des Mersey River und ist die ideale Unterkunft für Radfahrer und Familien.

Lane's Privateer Inn INN $$
(☎902-354-3456, 800-794-3332; www.lanesprivateerinn.com; 27 Bristol Ave; Zi. inkl. Frühstück 95–150 C$; @) Das ehemalige Wohnhaus eines verwegenen Freibeuters scheint aus den 1980er-Jahren zu stammen, hat aber tatsächlich schon 211 Jahre auf dem Buckel. Zu der sauberen, angenehmen Herberge gehört auch ein Feinkostgeschäft und ein **Restaurant** (Hauptgerichte 9–25 C$), das von 7 bis 22 Uhr geöffnet ist.

Woodpile Carving Cafe CAFÉ $
(☎902-354-4494; 181 Main St; kleine Gerichte 4–10 C$; ⏲Mo–Sa 8–16 Uhr) Das bei den Einheimischen sehr beliebte Café hat unglaublich viel Atmosphäre, was auch daran liegt, dass der Besitzer mitten im Café seinem Holzschnitzhandwerk nachgeht. Zu Suppen, Sandwiches und Salaten gibt's Kaffeespezialitäten.

Unterhaltung

Astor Theatre THEATER
(☎902-354-5250; www.astortheatre.ns.ca; 59 Gorham St) Das Astor ist das älteste, durchgehend bespielte Theater in Nova Scotia. Das 1902 als „Liverpool Opera House" gebaute Haus bringt heute Kinofilme, Theaterstücke und Livemusik auf die Bühne.

Praktische Informationen

Bei der **Touristeninformation** (☎902-354-5421; 28 Henry Hensey Dr; ⏲Juli & Aug. 9.30–17.30 Uhr, Mitte Mai–Juli & Sept.–Mitte Okt. 10–17 Uhr), die sich in der Nähe der Brücke über den Fluss befindet, bekommt man eine Broschüre für den Stadtrundgang.

Kejimkujik National Park

Weniger als ein Fünftel des 381 km² großen Kejimkujik National Park ist mit dem Auto zugänglich, der überwiegende Teil ist nur zu Fuß oder per Kanu zu erreichen. Vogelbeobachter können sich auf jede Menge Wasservögel, Streifenkauze und Helmspechte freuen. Die Palette der hier lebenden Wildtiere reicht von Stachelschweinen bis zu Schwarzbären. Weniger erfreulich sind die vielen Stechmücken und Moskitos in der Größe von Kolibris und aalähnliche Blutegel in den Seen.

Beim **Besucherzentrum** (☎902-682-2772, 800-414-6765; www.parkscanada.gc.ca/keji; Hwy 8; Erw./Kind 5,80/2,90 C$; ⏲Mitte Juni–Anfang Sept. 8.30–21 Uhr, übriges Jahr 8.30–16 Uhr, Nov.–März am Wochenende geschl.) bekommt man Passierscheine und kann einen der einfachen Zeltplätze reservieren.

Aktivitäten

Der **Hauptwanderweg** ist ein 60 km langer Trekkingweg, der am östlichen Ende des George Lake beginnt und am Big Dam

Lake endet. Ein kürzerer Rundweg, der sich für eine Wanderung mit Übernachtung anbietet, ist der 26 km lange Channel Lake Trail, der am Big Dam Lake beginnt. Die beste Zeit zum Wandern ist September bis Anfang Oktober; im Frühjahr ist es wegen der vielen Stechmücken nicht auszuhalten. Da mehr als ein Dutzend Seen über ein Netz von Portage-Strecken miteinander verbunden sind, kann man mit dem Kanu bis zu sieben Tage am Stück paddeln. Für solche anspruchsvollen Touren ist eine topografische Karte (10 C$) recht nützlich.

Kanus und die gesamte Ausrüstung kann man im Park bei **Jakes Landing** (☎902-682-5253; ⏲Juni–Sept. 8–21 Uhr) leihen. Ein Zweierkajak, Kanu oder Ruderboot kostet 8 C$ pro Stunde, ein Kajak oder Fahrrad 7 C$. Für 24 Stunden beträgt die Leihgebühr 35 bzw. 30 C$, für eine Woche jeweils 130 C$. Außerhalb der Saison ist der Verleih nur nach Vereinbarung geöffnet.

Schlafen & Essen

Insgesamt 45 sehr einfache Zeltplätze (24,50 C$/Pers. inkl. Brennholz) verstecken sich rund um die Seen des Kejimkujik-Nationalparks. Sie müssen im Voraus telefonisch oder im Besucherzentrum des Parks gebucht werden. Die Aufenthaltsdauer im Park ist auf 14 Tage beschränkt und es ist verboten, länger als zwei Nächte auf demselben Campingplatz zu bleiben.

Mersey River Chalets HÜTTEN $$
(☎902-682-2447, 877-667-2583; www.merseyriverchalets.com; 2537 River Rd; Tipi 70 C$, DZ 110 C$, Hütte 150–205 C$; @) Die gemütlichen Hütten haben Fußböden aus hellem Kiefernholz, warme Holzöfen und eine Veranda mit Freisitz und Grill. Die Zimmer in der Lodge verfügen jeweils über eine eigene Terrasse mit Blick auf den See, die behaglichen Indianerzelte über eine voll ausgestattete Küche. Den Gästen stehen kostenlos Kanus und Kajaks zur Verfügung.

Caledonia Country Hostel HOSTEL $
(☎902-682-3266, 877-223-0232; www.caledoniacountryhostel.com; 9960 Hwy 8, Caledonia; B/DZ 25/60 C$; @) Das makellos saubere Hostel befindet sich mitten in Caledonia, der einzigen Stadt in der Nähe des Nationalparks, in der es auch ein Internetcafé, Besucherzentrum, eine Tankstelle und ein Lebensmittelgeschäft gibt. Geschlafen wird im zweiten Stock des herrlichen Hauses im viktorianischen Stil. Die behaglichen Zimmer sind mit Fernseher, Büchern, altmodisch gepolsterten Stühlen und Bettwäsche im Landhausstil ausgestattet. Die Besitzer organisieren auch Touren und bieten einen Shuttle-Service an.

Raven Haven Hostel & Family Park HOSTEL & CAMPING $
(☎902-532-7320; www.annapoliscounty.ns.ca; 2239 Virginia Rd, am Hwy 8, South Milford; B Mitglieder/Nicht-Mitglieder 20/22 C$, Stellplatz Zelt/Wohnmobil 20/24 C$, Hütte 68 C$; ⏲Mitte Juni–Anfang Sept.) Das HI-Hostel mit Campingplatz befindet sich 25 km südlich von Annapolis Royal und 27 km nördlich des Nationalparks. Der Schlafsaal mit vier Betten ist in einer Hütte in der Nähe des weißen Sandstrandes. In den rustikalen Hütten mit zwei Schlafzimmern gibt es zwar eine voll ausgestattete Küche, aber keine Bettwäsche. Außerdem gibt es noch 15 Stellplätze, aber Campen im Park ist schöner. Kanu- und Tretbootverleih.

Jeremy's Bay Campground CAMPING $
(☎902-682-2772, 800-414-6765; Stellplatz 25,50 C$) Von den 360 Stellplätzen wird knapp ein Drittel nach dem Motto „Wer zuerst kommt, mahlt zuerst" vergeben. Da es nur einen einzigen Waschraum für den ganzen Platz gibt, sollte man sich auf längere Wartezeiten einstellen. Die Reservierung eines Platzes kostet 10 C$.

M&W Restaurant & Variety Store RESTAURANT $
(☎902-682-2189; Hwy 8; Hauptgerichte 4-12 C$; ⏲Mitte Mai–Mitte Okt. 9–20 Uhr) Im nur 500 m vom Parkeingang entfernten Restaurant gibt's Frühstück für „hungrige Camper" (6 C$) sowie Mittag- und Abendessen. Gleichzeitig ist es ein Gemischtwarenladen, in dem man alles Notwendige fürs Campen inklusive Brennholz bekommt und Wäsche waschen kann.

Seaside Adjunct (Kejimkujik National Park)

Der auch als „Keji Adjunct" bezeichnete Küstenabschnitt zwischen Port Joli und der Port Mouton (sprich: ma-*tun*) Bay ist eine himmlisch unberührte, unter Naturschutz stehende Landschaft mit leicht hügeligem Buschland, bunten Teppichen aus Wildblumen, kleinen weißen Sandbuchten und Felsenküsten aus Granit. Der einzige Weg in den Park führt über eine 6,5 km lange Schotterpiste, die vom Hwy 103 abzweigt.

Im hilfsbereiten **Park Office** (Erw./Kind 6/3 C$; ⌚Mitte Juni–Sept. 8.30–20 Uhr, Okt.–Mitte Juni 8.30–16 Uhr) neben dem Parkplatz bezahlt man die Eintrittsgebühr und bekommt eine Karte mit den Wanderwegen. Zwei zumeist recht ebene Wege führen von hier aus an die Küste. Der **Harbour Rocks Trail** (hin & zurück 5, 2 km) folgt einem alten Feldweg durch Mischwald bis an einen Strand, an dem oft Robben zu beobachten sind. Der Rundwanderweg um **Port Joli Head** ist 8,7 km lang.

In der Bucht von Port Joli befindet sich das **Point Joli Migratory Bird Sanctuary**, ein Vogelschutzgebiet mit zahllosen Wasser- und Sumpfvögeln. Die in den Besucherzentren erhältliche Broschüre *Nova Scotia Birding on the Lighthouse Route* bietet ausgezeichnete Infos dazu. Gut zu erreichen ist das Schutzgebiet nur mit dem Kajak. Der **Rossignol Surf Shop** (☎902-683-2550; www.surfnovascotia.com; White Point Beach Resort) im nahe gelegenen White Point verleiht nicht nur Kajaks (halber/ganzer Tag 30/45 C$), Surfbretter und Bodyboards (20/40 C$), sondern veranstaltet auch Kajaktouren (65/110 C$) und Surfkurse (65 C$).

Der **Thomas Raddall Provincial Park** (☎902-683-2664; www.parks.gov.ns.ca; Stellplatz 24 C$; ⌚Mitte Mai–Okt.) liegt direkt gegenüber vom Keji Adjunct, auf der anderen Seite von Port Joli Harbour. Acht der großen, abgeschiedenen Stellplätze müssen nicht im Voraus reserviert werden. Der dicht bewaldete Campingplatz reicht bis an die tollen Strände heran.

Das **Port Mouton International Hostel** (☎902-947-3140; www.wqccda.com/PMhostel; 8100 Hwy 3; B 30 C$; @), das nur fünf Minuten vom Keji Adjunct entfernt ist, wird von der Gemeinde mit Hilfe von Freiwilligen geführt. Das in einem ehemaligen Schulhaus untergebrachte Hostel hat 30 Betten und ein Zimmer, eine gut ausgestattete Küche, Waschmaschine und Trockner. Wenn man dort übernachten will, muss man vorher anrufen. Kommt man zwischen 10 und 17 Uhr an, meldet man sich im Kunstgewerbegeschäft nebenan.

Shelburne

Im wunderschönen, historischen Hafen von Shelburne schaukeln Segelboote vor einer Kulisse aus 17 Häusern, die noch vor 1800 errichtet worden sind. In den sehr gut erhaltenen, geduckten Häusern lebten einst die Loyalisten, die vor dem amerikanischen Unabhängigkeitskrieg geflohen waren. 1783 war Shelburne die größte Gemeinde im britischen Nordamerika. Viele der 16 000 Einwohner waren Aristokraten aus New York, die die im benachbarten Birchtown (s. Kasten S. 377) lebenden Black Loyalists als Arbeitskräfte ausbeuteten. Mit den **Founders' Days** feiert Shelburne sich selbst und seine Geschichte jedes Jahr am letzten Wochenende im Juli.

Sehenswertes & Aktivitäten

Von Mitte Juni bis Mitte August ist in Shelburne seit Kurzem jede Menge los. Von kostümierten Einwohnern wird Tag für Tag im alten Stil gekocht, genäht, musiziert, exerziert, geschnitzt und vieles mehr. Die Vorführungen wechseln täglich, beginnen aber immer gegen 13 Uhr. Ausführliche Infos gibt's beim VIC. Der Eintritt zu den folgenden Museen kostet jeweils 3 C$. Im Museumspass für 8 C$ sind alle vier mit drin.

Das 1784 erbaute **Ross-Thomson House** (☎902-875-3141;www.rossthomson.museum.gov.ns.ca; 9 Charlotte Lane; Eintritt frei So 9.30–12 Uhr; ⌚Juni–Mitte Okt. 9.30–17.30 Uhr) gehörte einst wohlhabenden, königstreuen Kaufleuten, die von Cape Cod nach Shelburne gekommen waren. Zu sehen sind Möbel, Gemälde und Originalwaren des damaligen Geschäfts. Auch der Garten rund um das Haus ist wie zur damaligen Zeit angelegt.

In einem anderen Loyalistenhaus, das um 1787 entstand, ist das **Shelburne County Museum** (☎902-875-3219; Ecke Maiden Lane & Dock St; ⌚9.30–17.30 Uhr) untergebracht. Gezeigt werden Möbel und Einrichtungsgegenstände, Ausstellungsstücke zur Geschichte der lokalen Fischerei und einige Kunst- und Alltagsgegenstände der Mi'kmaq.

Die Schiffswerft **Muir-Cox Shipyard** (☎902-875-1114; www.historicshelburne.com/muircox.htm; 18 Dock St; ⌚Juni–Sept. 9.30–17.30) ist seit 1820 fast ununterbrochen in Betrieb und baut noch heute Segelschiffe, Jachten und Fischerboote. Während auf der Werft das ganze Jahr über gearbeitet wird, ist das Infozentrum nur in der Saison geöffnet. Auch die für Shelburne typischen Dorys – kleine, offene Boote, die einst als Hilfsfischerboote von größeren Schoonern aus eingesetzt wurden – werden noch heute im **Dory Shop Museum** (☎902-875-3219; www.museum.gov.ns.ca/dory; 11 Dock St; ⌚Juni–Sept. 9.30–17.30 Uhr) als Rettungsboote auf Kundenwunsch angefertigt.

Ein **Rad- und Wanderweg** führt von Spencer's Garden Centre am südlichen Ende der Main St ins 6 km entfernte Birchtown. Die 90-minütigen historischen **Stadtrundgänge** (10 C$/Pers.; ⏲Di–Fr 14 Uhr, Di & Do 19 Uhr) beginnen jeweils bei der Touristeninformation (VIC).

Schlafen

LP TIPP **Cooper's Inn B&B** B&B $$
(☎902-875-4656, 800-688-2011; www.thecoopersinn.com; 36 Dock St; Zi. 100–150 C$; @) Ein Teil des Gebäudes direkt am Wasser stammt von 1784 und wurde aus Boston hierhergebracht. Heute ist es ein relativ modernes, aber immer noch bezauberndes, historisches Gasthaus mit sechs Zimern und einem üppigen Blumengarten, in dem die Gäste zum Sonnenuntergang eine Flasche Jost-Wein auf Kosten des Hauses genießen können.

Water Street Lighthouse B&B B&B $
(☎902-875-2331; www.shelburnelighthouse.com; 263 Water St; Zi. 60-80 C$; @) Nicht wirklich luxuriös, aber gemütlich und freundlich: Das tolle B&B hat sogar einen Fahrradschuppen. Getreu dem Namen zieht sich das Thema „Leuchtturm" durchs ganze Haus.

The Islands Provincial Park CAMPING $
(☎902-875-4304; www.parks.gov.ns.ca; am Hwy 3; Stellplatz 18 C$) Der Campingplatz, der im dichten Wald gegenüber vom Hafen von Shelburne liegt, hat 65 Stellpätze und einen Badestrand.

Essen & Ausgehen

LP TIPP **Charlotte Lane** RESTAURANT $$$
(☎902-875-3314; 13 Charlotte Lane; Hauptgerichte 16-35 C$; ⏲Di–Sa mittags & abends) Sogar aus Halifax kommen die Leute in dieses Restaurant und sind restlos begeistert. Deshalb geht abends ohne Reservierung gar nichts. Der Schweizer Küchenchef Roland Glauser überprüft ständig die mit Anmerkungen versehene Weinkarte, um sie dem schnell wechselnden Speiseangebot aus regionalen Meeresfrüchten, Fleisch- und Pastagerichten anzupassen.

Bean Dock CAFÉ $
(☎902-875-1302; Sandwiches ab 4 C$; ⏲Mo–Sa 10–16, Mi 10–20 Uhr) An die dicht stehenden Holztische mit Blick auf die Bucht werden Kaffee, warme Sandwiches und kleine Gerichte wie Fischkuchen mit Salat (9 C$) oder Nudelsalat mit getrockneten Tomaten (7 C$) serviert. Der riesige Adirondack-Gartenstuhl sorgt für reichlich Gesprächsstoff.

Praktische Informationen

VIC (☎902-875-4547; 31 Dock St; ⏲Juli & Aug. 8–20 Uhr, Mai–Juni & Sept. 11–17 Uhr) Bei der Touristeninformation gibt's eine kopierte Broschüre für einen Spaziergang durch die Altstadt auf eigene Faust.

DIE BLACK LOYALISTS VON BIRCHTOWN

So wie Shelburne einst die größte Siedlung des britischen Nordamerikas war, so war Birchtown einst die größte Siedlung befreiter afrikanischer Sklaven in Nordamerika. Nach dem Amerikanischen Unabhängigkeitskrieg ließen sich gut 3500 der sogenannten Black Loyalists in der Umgebung von Shelburne, Halifax, Digby und Guysborough auf dem Land nieder, mit dem die Briten sie für ihre Verdienste belohnt hatten. Neun Jahre später, in denen sie die harten Winter kaum überlebt und beständig mit ungleicher Behandlung zu kämpfen gehabt hatten, stachen 1200 dieser ehemaligen Sklaven 1792 an Bord von 15 Schiffen in See und gründeten im westafrikanischen Sierra Leone die Stadt Freetown. Nach dem Krieg von 1812 ließen sich weitere 2000 Black Loyalists aus den USA in den kanadischen Atlantikprovinzen nieder, gefolgt von Einwanderern aus der Karibik, die in den 1890er-Jahren als Minenarbeiter in die Kohlebergwerke auf Cape Breton Island kamen. Deren Zukunft war auch nicht viel rosiger. So gab es die mit unzureichenden finanziellen Mitteln ausgestatteten Schulen mit Rassentrennung bis weit in die 1950er-Jahre. Die **Black Loyalist Heritage Society Historical Site & Museum** (☎902-875-1381, 888-354-0722; www.blackloyalist.com; 104 Birchtown Rd; ⏲Di–Fr 11–18, Sa 12–18, So 12–17 Uhr) in Birchtown besteht aus einem Museum und einem Wanderweg, der zu einem „Grubenhaus" führt, das nach Meinung der Archäologen früher als provisorische Schutzhütte diente. Hier beginnt auch der 6 km lange **Rad- und Wanderweg** nach Shelburne.

Eine virtuelle Tour durch das afrikanische Erbe von Nova Scotia ist im Internet möglich unter www.gov.ns.ca/nsarm/virtual/africanns.

Von Barrington nach West Pubnico

Von Barrington nach Yarmouth kann man entweder auf dem schnellen, landschaftlich nicht sonderlich reizvollen Hwy 103 fahren oder den Kurven der gut 100 km langen, interessanten Küstenstraße Hwy 3 folgen. Ein Abstecher lohnt sich auf jeden Fall nach **Cape Sable Island** (nicht zu verwechseln mit Sable Island auf S. 418). Das kleine, topfebene Anhängsel des Festlands markiert den südlichsten Punkt von Nova Scotia. Viele der windgepeitschten, weißen Sandstrände der Insel gelten als „bedeutende Vogelgebiete", einige dienen dem Regenpfeifer als Brutstätte. Die ganze Insel versinkt immer wieder im dichten Nebel. Deshalb ist der Leuchtturm hier mit 31,10 m auch der höchste in ganz Nova Scotia.

Das nicht mit den vielen anderen Pubnicos der Gegend zu verwechselnde West Pubnico ist eine alte akadische Siedlung. **Le Village Historique Acadien** (☎902-762-2530; Old Church Rd; Erw./Kind 16/11 C$; ⌚Mitte Juni–Sept. 10–18 Uhr) ist die originalgetreue Nachbildung eines akadischen Dorfes mit Fachwerkhaus, Schmiede und Fischladen.

Yarmouth

Yarmouth ist die größte Stadt im südlichen Nova Scotia. Dies verdankt sie hauptsächlich der Fährverbindung nach Bar Harbor im amerikanischen Maine, die seit den 1950er-Jahren besteht. Allerdings wurde der Betrieb 2010 eingestellt, soll aber 2011 mit einem neuen Fährschiff wieder aufgenommen werden. Wenn daraus nichts wird, stehen Yarmouth harte Zeiten bevor. Wirklich schön ist es nur außerhalb der Stadt, in der Gegend rund um den Leuchtturm. Doch wie überall sonst in Nova Scotia sind es die Einwohner, derentwegen es sich lohnt, länger zu bleiben.

Sehenswertes & Aktivitäten

Das 1761 erstmals von Neuengländern aus Massachusetts besiedelte Yarmouth erreichte den Höhepunkt von Wachstum und Wohlstand in den 1870er-Jahren. Viele schöne, viktorianische Häuser aus dieser Zeit stehen im Collins Heritage Conservation District unter Denkmalschutz. Bei der Touristeninformation VIC gibt's eine Broschüre für einen Stadtrundgang auf eigene Faust.

GRATIS **Yarmouth Light** GEBÄUDE
(☎902-742-1433; Hwy 304; ⌚9–21 Uhr) Der Leuchtturm von Yarmouth steht auf der Spitze von Cape Forchu. Um hinzukommen, biegt man von der Main St links ab auf den Hwy 304. Vom Leuchtturm hat man einen tollen Ausblick, unten befindet sich eine Teestube. Unterwegs hält man kurz bei **Stanley Lobster Pound** (Hwy 304; ⌚Mo–Sa 11–19, So 14–19 Uhr) an und kauft frisch zubereiteten Hummer zum aktuellen Tagespreis, den man sich dann am Strand schmecken lässt.

Art Gallery of Nova Scotia KUNSTGALERIE
(☎902-749-2248; www.artgalleryofnovascoatia.com; 341 Main St; Erw./Kind 5/1 C$; ⌚12–20 Uhr) Eigentlich passt die erfrischend weltoffene Kunstgalerie so gar nicht ins nüchtern-pragmatische Yarmouth. In dem neuen, dreistöckigen Gebäude werden sorgfältig ausgewählte Werke gezeigt, großteils von Künstlern aus den Atlantikprovinzen.

Yarmouth County Museum MUSEUM
(☎902-742-5539; yarmouthcountymuseum.ednet.ns.ca; 22 Collins St; Erw./Student 3/1 C$; ⌚Mo–Sa 9–17, So 14–17 Uhr) Das Museum in einer ehemaligen Kirche zeigt in fünf historisch möblierten Räumen alles rund um die Seefahrt und das Meer. Mit einer Kombi-Eintrittskarte (Erw./Student 5/2 C$) kommt man auch ins **Pelton-Fuller House** (Erw./Student 3/1 C$ ⌚Juni–Okt. Mo–Sa 9–17 Uhr) nebenan enthalten. Hier sind Kunstwerke, Glaswaren und Möbel aus verschiedenen Epochen zu sehen.

Schlafen & Essen

LP TIPP **MacKinnon-Cann House Historic Inn** INN $$
(☎902-742-0042; www.mackinnoncanninn.com; 27 Willow St; Zi. 140-185 C$; 🚭@) Jedes der sechs Zimmer ist im Stil eines Jahrzehnts eingerichtet – von der viktorianischen Zeit um 1900 bis zu den wilden 1960er-Jahren. Trotz der sehr stilvollen Gestaltung wirken die Räume gemütlich. Zwei Zimmer können zu einer großen Familiensuite verbunden werden. Schwulen- und lesbenfreundlich.

Clementine's B&B B&B $$
(☎902-742-0079; 21 Clements St; DZ 95 C$; @) Bei Clementine ist auch nach 20 Jahren der Lack noch nicht ab. Die Zimmer mit Gemeinschaftsbad sind einfach eingerichtet, vom Frühstück schwärmt ganz Yarmouth. Die Pension ist nur wenige Gehminuten von der Main St entfernt.

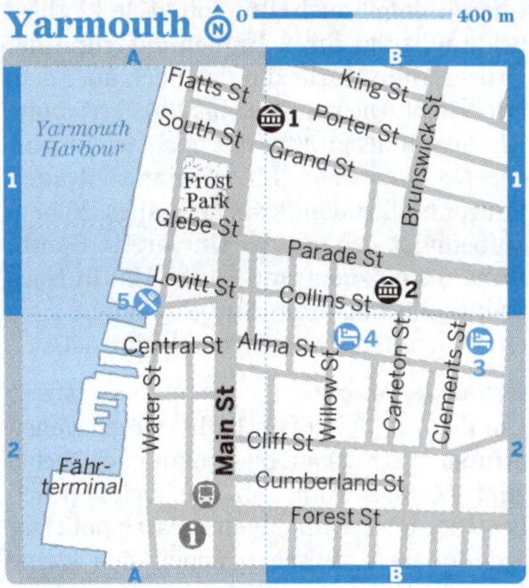

Yarmouth

Sehenswertes
1 Art Gallery of Nova Scotia B1
Pelton-Fuller House ....(siehe 2)
2 Yarmouth County Museum B1

Schlafen
3 Clementine's B&B B2
4 MacKinnon-Cann House Historic Inn B2

Essen
5 Rudder's Brew Pub A1

Rudder's Brew Pub KNEIPE $$
(☎902-742-7311; 96 Water St; Pubessen 8-14 C$, Hauptgerichte abends 14-32 C$) Die 300 Sitzplätze des Pub-Restaurants direkt am Wasser sind schnell besetzt. Das Ale aus der Hausbrauerei ist durchschnittlich, die Speisekarte recht umfangreich. An lebhaften Sommerabenden wird bis in die frühen Morgenstunden ausgeschenkt.

Praktische Informationen

VIC (☎902-742-5033; 228 Main St; ⊙Juli & Aug. 7.30–21 Uhr, Mai–Juni, Sept. & Okt. 7.30–16.30 Uhr) Bei der Touristeninformation kann man auch Geld tauschen.

Yarmouth Public Library (☎902-742-2486; 405 Main St; ⊙Mo–Do 10–20, Fr 10–17, Sa 10–16, So 13–16 Uhr) In der Bibliothek gibt's kostenlosen Internetzugang.

An- & Weiterreise

Die Busse von **Trius Lines** (☎902-454-9321, 800-567-5151) starten montags bis samstags um 6.20 Uhr sowie sonn- und feiertags um 11.20 Uhr vor dem Hotel Rodd Colony und fahren dann die Südwestküste entlang. Infos über private Shuttlebusse gibt's auf S. 364. Wenn der Fährbetrieb wiederaufgenommen wird, kann man von Yarmouth aus nach Maine in den USA übersetzen.

ANNAPOLIS VALLEY & FRENCH SHORE

Wer die French Shore entlang fährt, begegnet immer wieder Stella Maris, der akadischen Flagge in den Farben der französischen Trikolore, der ein einzelner Stern hinzugefügt wurde. Hier kann man viele prachtvolle katholische Kirchen bewundern, in einem Lokal am Straßenrand den typisch akadischen *rappie pie*, eine Art Fleischpastete mit krümeliger Kartoffelkruste, probieren und durch den feinen Sand am Strand spazieren. Wer länger bleibt, sollte unbedingt eine der mitreißenden Musikveranstaltungen besuchen, die im Sommer regelmäßig stattfinden.

Das weiter nordöstlich gelegene Annapolis Valley war in der Kolonialzeit die Kornkammer Kanadas und erzeugt noch heute den Großteil frischer Lebensmittel in Nova Scotia, allen voran Äpfel. Seit Kurzem wird auf dem sandigen Boden auch Wein angebaut. In Annapolis Royal sollte man auf jeden Fall bis zur Küste der Bay of Fundy fahren und der Bucht in Richtung Osten folgen, um vor dem Hintergrund eines Flickenteppichs aus Ackerland, roten Sandflächen und sanften Hügeln den Wechsel der Gezeiten zu beobachten.

Von Cape St. Mary nach Meteghan

Nur 900 m vom Hwy 1 entfernt erstreckt sich der lange, breite Bogen des feinen Sandstrands von **Mavilette Beach**, an dem man herrlich nach Muscheln suchen kann. Das sumpfige Hinterland eignet sich bestens zur Vogelbeobachtung. Der **Smuggler's Cove Provincial Park** im Süden von Meteghan, der größten Gemeinde an der French Shore, verdankt seinen Namen der Beliebtheit der Bucht bei den Piraten des 19. Jhs. Gut hundert Holzstufen führen zu einer Höhle am felsigen Strand hinunter, die sich sicher bestens als Versteck für einen Schatz geeignet hat. Vom oberen Ende der Stufen reicht der Blick über die St. Mary's Bay bis nach Brier Island. Hier wurden schöne Picknickplätze mit Grillstellen angelegt.

La Maison D'Amitié B&B (☎902-645-2601; www.houseoffriendship.ca; 169 Baseline Rd; Zi. ab 175 C$; @) Auf einem 6 ha großen Grundstück auf einer Klippe hoch über dem Strand thront das riesige Haus im amerikanischen Stil mit Decken so hoch wie in einer Kirche und ebenso hohen Fenstern, die einen herrlichen Rundumblick bieten.

Von Church Point nach St. Bernard

Direkt gegenüber von Digby Neck auf der anderen Seite der St. Mary's Bay auf dem Festland findet man die Orte Church Point, Grosses-Coques, Belliveau Cove und St. Bernard, die das Herz der French Shore bilden. Hier ließen sich die Akadier nach ihrer strapaziösen Rückkehr aus dem Exil nieder, weil sie ihre Ländereien im Annapolis Valley im Besitz anderer vorfanden. Die Siedlungen werden durch den Hwy 1 – so ziemlich der einzigen Straße in der Region – miteinander verbunden und sind heute kleine Fischergemeiden.

Das älteste der jährlichen akadischen Kulturfestivals, das **Festival Acadien de Clare** (www.festivalacadiendeclare.ca) wird während der zweiten Juliwoche in Church Point veranstaltet. Im Juli und August wird ebenfalls in Church Point im **Théâtre Marc-Lescarbot** (☎902-769-2114; Erw./Kind 25/15 C$) das Musical *Évangéline* aufgeführt, das auf der gleichnamigen Erzählung in Versform von Henry Wadsworth Longfellow über die Deportation der Akadier beruht. Samstags finden die Aufführungen auf Englisch statt, dienstags und freitags auf Französisch (englische Übersetzung simultan über Kopfhörer) und am Mittwoch im Freien und nur auf Französisch.

Sehenswertes & Aktivitäten

Hinterland Adventures & Gear KAJAKFAHREN
(☎902-837-4092; www.kayakingnovascotia.com; 54 Gates Lane, Weymouth; Leihgebühr 7/40 C$ pro Std./Tag, Führer 10 C$/Std., Tour halber/ganzer Tag 45/115 C$) Der angesehene Kajakausrüster organisiert seit 15 Jahren Touren und hat sich auf Exkursionen in die St. Mary's Bay und auf den Sissiboo River spezialisiert.

Église Sainte-Marie KIRCHE
(☎902-769-2808; Hwy 1; Eintritt inkl. Führer 2 C$; ⏲Mitte Mai–Mitte Okt. 9–17 Uhr) Die Stadt Church Point, auch als „Pointe de l'Église" bekannt, trägt ihren Namen aufgrund der Église Sainte Marie, die sich hoch über dem Ort erhebt. Die von 1903 bis 1905 errichtete Kirche gilt als größte und höchste Holzkirche Nordamerikas. Ein sehr mitteilsamer Führer erklärt den Besuchern alles. Nebenan befindet sich mit der **Université Sainte Anne** die einzige französische Uni in Nova Scotia, die mit ihren 300 Studenten auch ein Zentrum der akadischen Kultur ist.

Belliveau Beach STRAND
Um den im Süden von Belliveau gelegenen Strand zu erreichen, biegt man nach rechts zum Major's Point ab. Belliveau Beach besteht aus Unmengen glatt polierter Steinbrocken, zwischen denen sich kleine Gruppen von unglaublich widerstandsfähigen Tannen behaupten. Direkt hinter dem Strand zeugen ein Friedhof und ein Denkmal vom harten Überlebenskampf der ersten akadischen Siedler an der French Shore.

St. Bernhard Church KIRCHE
(☎902-837-5637; Hwy 1; ⏲Führungen Juni–Sept.) Der Ort St. Bernard ist vor allem für seine große Kirche aus Granitsteinen bekannt, die von Einheimischen errichtet wurde, indem sie von 1910 bis 1942 jedes Jahr immer eine Reihe von Steinblöcken fertigstellten. Die Akustik ist unglaublich, wie Konzertreihen der **Musique Saint-Bernard** (www.musiquesaint bernard.ca; Erw./Kind 15/5 C$) im Sommer eindrucksvoll beweisen.

Schlafen & Essen

Chez Christophe Guesthouse & Restaurant INN & RESTAURANT $$
(☎902-837-5817; www.chezchristophe.ca; 2655 Hwy 1; Frühstück 10 C$, Hauptgerichte abends 12–36 C$; ⏲Di–So 6–21 Uhr) Selbst aus Yarmouth oder Digby reisen die Einheimischen an, um ein Plätzchen in dem Restaurant zu ergattern. Meisterkoch Paul Comeau hat das Haus in Grosses-Coques, das sein Großvater 1837 baute, in ein Gasthaus (Zi. 70–85 C$) mit Restaurant verwandelt, das mittlerweile zu den renommiertesten akadischen Gourmettempeln in Nova Scotia zählt. Akadische Livemusik gibt's im Juli und August fast jeden Abend, im Juni nur donnerstags von 18 bis 20 Uhr.

Roadside Grill RESTAURANT $
(☎902-837-5047; 3334 Hwy 1; Gerichte 7–15 C$; ⏲Juli & Aug. 8–21 Uhr, Sept.–Juni 9–19 Uhr) Das Restaurant in Belliveau Cove ist ein herrlich altmodisches, für die Region typisches

Lokal, in dem es gedämpfte Venusmuscheln und *rappie pie* gibt. Es werden auch drei kleine Hütten (EZ/DZ 55/70 C$) mit Kabelfernsehen und Mikrowelle vermietet. Von Juni bis August gibt's jeden Dienstag von 17.30 bis 19.30 Uhr akadische Livemusik.

Digby Neck

Die schmale Landzunge von Digby Neck, die wie ein langer, dünner Finger in die Bay of Fundy hineinragt, ist ein Paradies für Wal- und Vogelbeobachter. Vor der westlichen Spitze der Halbinsel liegen die kleinen Inseln Long und Brier Islands, die nur mit der Fähre zu erreichen sind.

Das von der starken Gezeitenströmung in der Bay of Fundy aufgewirbelte Plankton zieht Finn-, Mink- und Buckelwale an. Besonders gut ist hier auch der vom Aussterben bedrohte Atlantische Nordkaper zu beobachten. Gelegentlich lässt sich auch das größte Tier der Welt, der Blauwal, blicken. Mit ziemlicher Sicherheit aber sind jede Menge Robben zu sehen.

Für die Bootstour sollte man ordentlich warme Kleidung (egal, wie heiß der Tag auch sein mag), Sonnenschutzmittel und ein Fernglas einpacken. Sehr zu empfehlen sind auch Tabletten gegen Seekrankheit!

LONG ISLAND

Die meisten Besucher strömen direkt nach Brier Island, obwohl Long Island die besseren Angebote zur Walbeobachtung und ein aktiveres Gemeinschaftsleben hat. So ist **Tiverton** an der Nordostküste von Long Island ein sehr lebendiger Fischerort.

GRATIS **Island Museum** (☎902-839-2853; 3083 Hwy 217; ⌚Juli & Aug. 9.30–19 Uhr, Ende Mai–Juni & Sept.–Mitte Okt. 9.30–16.30 Uhr) Das 2 km westlich des Fähranlegers von Tiverton gelegene Inselmuseum beherbergt nicht nur eine Ausstellung zur Ortsgeschichte, sondern auch einen Schalter der Touristeninformation.

Beim Fähranleger selbst startet eine der besten Walbeobachtungstouren von Nova Scotia. Die vom Biologen Tom Goodwin geleiteten **Ocean Explorations Whale Cruises** (☎902-839-2417, 877-654-2341; www.oceanexplorations.ca; Halbtagestour Erw./Kind 59/40 C$; ⌚Juni–Okt.) haben den abenteuerlichen Anspruch, den Walen in einem Schlauchboot so nahe wie irgend möglich zu kommen. Also hinein in den orangeroten, von der Küstenwache abgesegneten Schwimmanzug und immer schön festhalten! Tom Goodwin, der diese Touren schon seit 1980 durchführt, spendet einen Teil seiner Einnahmen an Naturschutzorganisationen und Umweltbildungseinrichtungen. Die Abfahrtszeiten sind von Wetter und Nachfrage abhängig, für Gruppen von drei oder mehr Personen wird's günstiger.

2 km südwestlich des Inselmuseums beginnt ein 4 km langer Rundwanderweg zum **Balancing Rock**. Unterwegs läuft man über Plankenwege mit Seilgeländer und steigt eine endlos lange Reihe von Stufen in den Felsenklippen zur Bucht hinunter. Am Ende des Wegs befindet sich eine Aussichtsplattform, von der aus die 7 m hohe „schwebende" Felsensäule zu sehen ist, die jeden Augenblick in die tosenden Wellen der St. Mary's Bay zu stürzen droht.

Etwa in der Mitte von Long Island führt ein 2 km langer Wanderweg durch den **Central Grove Provincial Park** zur Bay of Fundy. Der etwas ausgefallene **Whale Cove Campground** (☎902-834-2025; www.whalecovecampground.com; Hwy 217; Stellplatz mit/ohne Service 30/25 C$, Hütte od. Wohnwagen 35–62 C$; @) in Tiddville, etwa 5 km vor Freeport, vermietet bei Bedarf auch eine Hütte und einen Wohnwagen.

An der Südwestspitze von Long Island bietet sich das zentral gelegene **Freeport** als Ausgangspunkt für die Erkundung von Long Island und auch Brier Island an.

Lavena's Catch Café (☎902-839-2517; 15 Hwy 217; Hauptgerichte 5-15 C$; ⌚mittags & abends) ist ein ländlich-rustikales Café direkt oberhalb des Hafens von Freeport. Auf dem Balkon mit Blick aufs Meer kann man den herrlichen Sonnenuntergang genießen und vielleicht sogar einen Wal erspähen. Hin und wieder gibt's abends Livemusik.

BRIER ISLAND

Westport ist die einzige Stadt auf Brier Island und Heimatort von Joshua Slocum, der als erster Einhandsegler die Welt umrundete. Das pittoreske, kleine Fischerdorf ist ein guter Ausgangspunkt, um die ausgezeichneten, wenn auch felsigen und windigen Wanderwege rund um die Insel abzulaufen. Unbedingt sehenswert ist der als West Lighthouse bezeichnete Leuchtturm der Insel. Entlang der Küste ragen überall säulenartige Basaltfelsen auf, und an den Stränden kann man Achatsteine sammeln.

Das **Brier Island Backpackers Hostel** (☎902-839-2273; www.brierislandhostel.com; 223 Water St; B Erw./Kind 20/10 C$; 📶) ist eine winzige, makellos saubere Jugendherberge, etwa 1,5 km links vom Fähranleger. Durch die großen Fenster des Gemeinschaftsraums und der Küche blickt man direkt aufs Meer. Im Ort gibt's einen Gemischtwarenladen, eine Tankstelle und ein einfaches **Café** (Hauptgerichte 5-8 C$; ⏲Mo–Sa 8–21, So 10–20 Uhr), die alle vom selben Besitzer betrieben werden. Der sehr umweltbewusste Veranstalter **Brier Island Whale & Seabird Cruises** (☎902-839-2995, 800-656-3660; www.brierislandwhalewatch.com; Erw./Kind 49/27 C$; ⏲Juni–Okt.) organisiert ausgezeichnete Walbeobachtungstouren, die zwischen zweieinhalb und fünf Stunden dauern, je nachdem, wo die Wale gerade sind.

Die 1 km östlich von Westport gelegene **Brier Island Lodge** (☎902-839-2300, 800-662-8355; www.brierisland.com; Zi. 90-150 C$; 📶) steht hoch oben auf den Klippen. Fast alle der nur vier Zimmer bieten einen tollen Blick aufs Meer. Mit Panoramablick auf beiden Seiten, einwandfreiem Service und fabelhaft frischen Meeresfrüchten ist das hoteleigene **Restaurant** (Hauptgerichte 14-33 C$; ⏲morgens & abends) das beste vor Ort. Lunchpakete werden ebenfalls gepackt.

An- & Weiterreise

Zwei Fähren verbinden Long Island und Brier Island mit der Halbinsel Digby Neck. Die kleine Petit-Passage-Fähre verlässt den Hafen East Ferry (auf Digby Neck) jeweils 25 Minuten nach der vollen Stunde, Abfahrt in Tiverton ist zur vollen Stunde. Da die Fähren zeitlich aufeinander abgestimmt sind, kann man direkt von Tiverton nach Freeport (18 km) und von dort – ohne Wartezeit – mit der Grand-Passage-Fähre weiter nach Westport fahren. Beide Fähren verkehren stündlich, rund um die Uhr und das ganze Jahr über. Die Hin- und Rückfahrt kostet 5 C$ für ein Auto und alle Insassen. Fußgänger fahren kostenlos.

Digby

Das für leckere Jakobsmuscheln, das milde Klima und die tägliche Fähre nach Saint John in New Brunswick (S. 380) bekannte Digby liegt versteckt in einer Lagune der Bay of Fundy. Es wurde 1783 von Loyalisten des British Empire gegründet und verfügt heute über die weltweit größte Fischereiflotte für Jakobsmuscheln.

Schon seit mehr als 100 Jahren zieht Digby Touristen an, denn es ist ein guter Ausgangspunkt, um die Halbinsel Digby Neck und einige weniger bekannte Wanderwege der Gegend zu erkunden. Wer auf der Durchreise ist, sollte zumindest einen Spaziergang am Hafen unternehmen, dem Treiben der Muschelfischer auf ihren Booten zusehen und natürlich soviel von ihrem Fang essen, wie nur irgend möglich. Besonders viele der köstlichen Meerestiere gibt's Mitte August bei den groß gefeierten **Digby Scallop Days** (www.townofdigby.ns.ca).

Die einzige richtige Sehenswürdigkeit der Stadt ist das **Admiral Digby Museum** (☎902-245-6322; www.admuseum.ns.ca; 95 Montague Row; Eintritt gegen Spende; ⏲Mitte Juni–Aug. Di–Sa 9–17, So 13–17 Uhr, Sept.–Mitte Okt. Di–Fr 9–17 Uhr, Mitte Okt.–Mitte Juni Mi & Fr 9–17 Uhr), das in einem Mitte des 19. Jhs. errichteten georgianischen Wohnhaus untergebracht ist. Die Ausstellung dokumentiert die Geschichte der Schifffahrt in der Stadt und die Anfänge der Besiedelung.

Schlafen & Essen

LP TIPP **Digby Backpackers Hostel** HOSTEL $
(☎902-245-4573; www.digbyhostel.com; 168 Queen St; B/Zi. 28/65 C$; ⊜@) Wohl das hübscheste Hostel in ganz Nova Scotia. Die Inhaber Saskia und Claude halten die soliden Schlafsäle mit vier Betten makellos sauber und sind bekannt dafür, ihre Gäste spontan zu einer Wanderung zum Sonnenuntergang einzuladen. Das unter Denkmalschutz stehende Haus hat jede Menge Gemeinschaftsbereiche und sogar eine Terrasse mit Grill. Entsprechend gut ist die Stimmung. Internetzugang, ein kleines Frühstück und Handtücher sind im Preis inbegriffen.

Bayside Inn B&B B&B $$
(☎902-245-2247, 888-754-0555; www.baysideinn.ca; 115 Montague Row; Zi. 60-100 C$; @) Das älteste Gasthaus in Digby ist seit Anfang des 19. Jhs. ununterbrochen in Betrieb. Das historische Haus mit elf Zimmern befindet sich mitten in der Stadt und bietet einen tollen Blick auf die Boote der Muschelfischer und den Gezeitenwechsel in der Bay of Fundy. 2010 wurde das Gasthaus komplett renoviert.

Digby Pines Golf Resort & Spa HOTEL $$$
(☎902-245-2511, 800-667-4637; www.digbypines.ca; 103 Shore Rd; Zi. 160-440 C$; ⏲Mai–Okt.; ⊜@) Man wäre wohl nicht allzusehr überrascht, in dem feinen Nobelhotel dem großen Gatsby zu begegnen und von ihm mit einem kräftigen Klaps auf den Rücken begrüßt zu werden. Die Zimmer sind mit

dunklen Holzmöbeln und luxuriösen Betten elegant eingerichtet, für den Preis aber recht klein. Auf dem familienfreundlichen Gelände gibt's neben einem Golfplatz auch einen Wellnessbereich, Swimmingpool, Spielplatz und Wanderwege. Einige Zimmer haben Blick aufs Wasser.

Boardwalk Café CAFÉ $
(☎902-245-5497; www.boardwalkcafe.netfirms.com; 40 Water St; Hauptgerichte 8-15 C$; ⏲Mo–So mittags, Do & Fr abends) Das kleine Café direkt am Wasser bietet leckere kleine Gerichte wie *rappie pie* mit Hühnchen und Salat (8 C$) oder Jambalaya mit Shrimps (9 C$). Zum Abendessen gibt's etwas aufwendigere Gerichte, die um die 18 C$ kosten.

Royal Fundy Seafood Market CAFÉ $$
(☎902-245-5411; 144 Prince William St; Hauptgerichte 6-14 C$; ⏲11–20 Uhr) Die kleine Fischhandlung mit Café verkauft die Meeresfrüchte direkt vom Kutter oder verarbeitet sie zu den üblichen Frittiergerichten oder auch Suppen.

Praktische Informationen

VIC (☎902-245-2201; Shore Rd; ⏲Mitte Juni–Mitte Sept. 8.30–20 Uhr, Mitte Sept.–Okt. & Mai–Mitte Juni 9–17 Uhr) In der großen Touristeninformation, die 2 km vom Fährhafen entfernt ist, gibt's Hunderte von Broschüren über ganz Nova Scotia.

Western Counties Regional Library (☎902-245-2163; 84 Warwick St; ⏲Di–Do 12.30–17 & 18–20, Fr 10–17 Uhr, Sa 10–14 Uhr) Die Bibliothek bietet kostenlosen Internetzugang.

An- & Weiterreise

Die Busse von **Acadian Lines** (☎902-454-9321, 800-567-5151; www.acadianbus.com), die aus Halifax kommen (40 C$, 4 Std., 1-mal tgl.), halten an der **Irving-Tankstelle** (☎902-245-2048; 77 Montague Row). Infos zu den Fährverbindungen gibt's auf S. 349.

Bear River

Das ländliche Rückzugsgebiet für exzentrische Künstler ist nur wenige Minuten von der Küste entfernt, hat aber ein Inlandsklima, das weitgehend vom Nebel verschont bleibt. Hier leben besonders viele Mi'kmaq, die in Kombination mit der schottischstämmigen Bevölkerung dem Ort eine einzigartige Atmosphäre verleihen. Einige Gebäude in Flussnähe stehen auf Stelzen, während viele historische Wohnhäuser an den steilen Hängen des Tales kleben. Außerhalb der Stadt haben ein paar Weingüter ihre Tore geöffnet.

Sehenswertes & Aktivitäten

Bear River Vineyards WEINGUT
(☎902-467-4156; www.wine.travel; 133 Chute Rd) Für die Erzeugung der preisgekrönten Weine dieser kleinen Kellerei wird Sonnenenergie, Biodiesel, Windkraft und das natürliche Gefälle des Geländes genutzt. Die freundlichen Besitzer Chris und Peggy bieten (von Juli bis September) kostenlose Führungen und Weinproben an. Wer länger bleiben und bei einem Workshop zur Weinherstellung mitmachen möchte oder einfach nur abschalten will, kann im einzigen Pensionszimmer (130 C$/Nacht inkl. Frühstück) übernachten.

Annapolis Highland Vineyards WEINGUT
(☎902-467-0917; www.novascotiawines.com; 2635 Clementsvale Rd; ⏲Mo–Sa 10–17, So 12–17 Uhr) Das recht kommerzielle Weingut bietet ebenfalls Gratisverkostungen an, bei denen man unbedingt den mit einer Goldmedaille ausgezeichneten, süßen Dessertwein „White Wedding" probieren sollte. Es werden auch köstliche Fruchtweine hergestellt.

Bear River First Nation RESERVAT
Das Reservat der Bear River First Nation ist nur fünf Minuten Autofahrt vom Stadtzentrum entfernt: Hinter der Brücke links abbiegen und an der nächsten Straßengabelung wieder links fahren. Das **Heritage & Cultural Centre** (☎902-467-0301; 194 Reservation Rd; Eintritt 3 C$; ⏲Mitte Mai–Mitte Okt. 10–18 Uhr), das sich in einem schönen Gebäude mit einer Eingangshalle in Form eines Wigwams befindet, bietet Vorführungen zu traditionellem Kunsthandwerk und Workshops zum Mitmachen. Hinter dem Kulturzentrum beginnt ein 1 km langer **Wanderweg**, auf dem die für die traditionelle Medizin verwendeten Pflanzen erklärt werden.

KINGS TRANSIT

Die Busse des örtlichen Unternehmens **Kings Transit** (☎902-628-7310, 888-546-4442; www.kingstransit.ns.ca) verkehren von 6 bis 19 Uhr alle zwei Stunden zwischen Weymouth und Bridgetown und halten dabei an jeder Milchkanne. Eine Fahrkarte kostet um die 3,50 C$, je nach Fahrstrecke.

Schlafen & Essen

Inn Out of the Fog INN $$
(☎902-467-0268; www.innoutofthefog.com; 1 Wharf Rd; Zi. 75-95 C$) Leuchtend bunte Wandteppiche und alte Kimonos schmücken die hellen Wände des merkwürdig anmutenden, künstlerisch angehauchten Hotels, das sich in einem historischen Lagerhaus für Seefracht befindet. Der sonnige Garten rund ums Haus ist voller üppig blühender Blumen und zwitschernder Vögel. Im EG befindet sich ein toller Laden.

Bear River Cafe CAFÉ $
(☎902-467-3008; 1870 Clementsvale Rd; Hauptgerichte 7-14 C$; ⏲Di–So 10–17 Uhr) Das Café ist der ideale Ort, um einen Schwatz mit den Einheimischen zu halten, Kaffee zu trinken, Fleischpastete zu essen und dabei den Blick auf Bear River zu genießen.

Shoppen

Flight of Fancy SOUVENIRS
(☎902-467-4171; Main St; ⏲Juli & Aug. Mo–Sa 9–19, So 11–19 Uhr, Sept.–Juni Mo–Sa 9–17,So 11–17 Uhr) In dem hervorragend gestalteten Galeriegeschäft für Kunstgewerbe werden die Arbeiten von mehr als 200 Künstlern und Kunsthandwerkern präsentiert und verkauft. Wer ein ganz besonderes, einzigartiges Erinnerungsstück aus Nova Scotia mitnehmen möchte, wird es hier finden.

Bear Town Baskets SOUVENIRS
(☎902-467-3060; 44 Maple Ave, Bear River First Nation; ⏲10–22 Uhr) Die hier verkauften Körbe werden von einem ehemaligen Häuptling der Bear River First Nation hergestellt. Der Weg zu seinem Atelier im Vorgarten, wo er die traditionellen Körbe aus Eschenholz flicht, ist ausgeschildert.

Annapolis Royal & Umgebung

Die Anstrengungen der Gemeinde, ihr Dorf zu verschönern, haben sich gelohnt: Heute ist Annapolis Royal mit seinen 800 Einwohnern einer der schönsten und sehenswertesten Orte der Gegend. Und obwohl das Städtchen dementsprechend gut besucht ist, hat es als einziges dieser Größe in Nova Scotia keine Filiale der allgegenwärtigen Fast-Food-Kette Tim Hortons.

Unter dem Namen Port Royal gründete der französische Forschungsreisende Samuel de Champlain 1605 hier die erste dauerhafte Siedlung der Europäer in Kanada. Während der jahrelangen Kämpfe zwischen Briten und Franzosen wechselte die Siedlung mehrmals den Besitzer, bis die Briten 1710 den entscheidenden Sieg errangen und die Stadt zu Ehren ihrer Königin Anne in Annapolis Royal umbenannten.

Die meisten Sehenswürdigkeiten befinden sich an oder in der Nähe der langen, kurvigen St. George St. Von der Hafenpromenade, die hinter dem King's Theatre in der St. George St direkt am Wasser entlang führt, kann man zum Dorf Granville Ferry am anderen Ufer des Annapolis River hinüberschauen.

Sehenswertes & Aktivitäten

Fort Anne National Historic Site HISTORISCHE STÄTTE
(☎902-532-2397; www.parkscanada.gc.ca/fortanne; Upper St. George St; Erw./Kind 4/2 C$; ⏲9–18 Uhr) Die Überreste der französischen Festung von 1635 erinnern an die Anfänge der Besiedelung dieser Gegend durch die Akadier. Der Eintritt in das weitläufige Gelände der national bedeutsamen historischen Stätte ist kostenlos, im Gegensatz zum Museum, in dem Kunst- und Gebrauchsgegenstände in verschiedenen, im Stil der damaligen Zeit eingerichteten Räumen ausgestellt sind. Auf einem einzigartigen vierteiligen Wandteppich, der von mehr als 100 Freiwilligen gestickt wurde, ist die Geschichte der letzten 400 Jahre dargestellt.

Annapolis Royal Historic Gardens GARTEN
(☎902-532-7018; www.historicgardens.com; 441 St George St; Erw./Student 8/7 C$; ⏲8 Uhr–Sonnenuntergang) Die Annapolis Royal Historic Gardens umfassen eine weitläufige Anlage von 6,5 ha mit unterschiedlich gestalteten Themengärten. Ein typisch akadischer Gemüsegarten des frühen 17. Jhs. ist ebenso zu sehen wie ein innovativer Garten der Moderne. Hier kann man Blaubeeren naschen, das Gemüse begutachten und nach Fröschen Ausschau halten. Im Secret Garden Café gibt's Mittagessen und Backwaren wie in Deutschland.

Delap's Cove Wilderness Trail NATURSCHUTZGEBIET
Der Delap's Cove Wilderness Trail führt von Annapolis Royal durch die Wildnis des North Mountain bis zur Küste der Bay of Fundy. Er besteht aus zwei Rundwanderwegen, die über eine alte Landstraße miteinander verbunden sind. Die Straße gehörte einst zu einer Gemeinde der Black Loyalists, von der aber nur noch alte Fun-

damente und ein paar Apfelbäume im Wald übriggeblieben sind. Beide Rundwanderwege sind insgesamt 9 km lang.

Port Royal National Historic Site HISTORISCHE STÄTTE
(☎902-532-2898; 53 Historic Lane; Erw./Kind 4/2 C$; ⌚9–18 Uhr) Gut 14 km nordwestlich von Annapolis Royal befindet sich die Stelle, wo die erste dauerhafte, europäische Siedelung nördlich von Florida gegründet wurde. Für die heutige historische Stätte wurde die von Champlain 1605 errichtete Niederlassung für den Pelzhandel originalgetreu nachgebaut. Mitarbeiter in historischen Kostümen erläutern die Geschichte dieser frühen Siedlung.

GRATIS **Tidal Power Project** INDUSTRIEMUSEUM
(☎902-532-5454; ⌚10–18 Uhr) Das 1984 eigentlich nur als Prototyp gebaute Wasserkraftwerk am Annapolis River Causeway nutzt immer noch die Energie des gewaltigen Tidenhubs in der Bay of Fundy (s. Kasten unten). Im Besucherzentrum sind verschiedene Modelle, Ausstellungsstücke und ein Videofilm zu sehen.

Geführte Touren

Ein wie ein Leichenbestatter gekleideter Fremdenführer geleitet die Besucher über den **Friedhof** (Fort Anne National Historic Site; Erw./Kind 7/1 C$; ⌚Juni–Sept. Di, Do & So 21.30 Uhr) von Fort Anne. Jeder Teilnehmer bekommt eine Laterne, um im Dunkeln die Inschriften auf den Grabsteinen entziffern zu können. So wird die Geschichte der Stadt lebendig durch die Geschichte der Verstorbenen. Die Erlöse gehen an die Annapolis Royal Historical Society.

Am Leuchtturm in der St. George St beginnen die **Führungen bei Tage** (Erw./Kind 7/1 C$; ⌚Mo–Fr 14 Uhr), die von der gleichen Gruppe veranstaltet werden. Themen sind das akadische Erbe von Annapolis Royal oder die Architektur der Altstadt.

Schlafen

LP TIPP **Queen Anne B&B** B&B $$
(☎902-532-7850, 877-536-0403; www.queenanneinn.ns.ca; 494 St. George St; Zi. 120-180 C$, Remise 209 C$; 📶) Das wohl vornehmste Anwesen in Annapolis Royal ist eine perfekt ausgewogene Mischung aus historischer Ausstattung und raffinierter Anmut. Mit den nachgemachten Tiffanylampen, den gepflegten Außenanlagen und ausladenden Treppenaufgängen ist es so schön, dass es einen fast erdrückt, wären da nicht die freundlichen Besitzer, die einem (fast) das Gefühl vermitteln, man dürfe die Füße auf den antiken Couchtisch legen.

Bailey House B&B B&B $$
(☎902-532-1285, 877-532-1285; www.baileyhouse.ca; 150 Lower St. George St; Zi. 135-145 C$; 📶) Das einzige B&B direkt am Wasser ist zugleich das älteste Gasthaus in dieser Gegend. Den freundlichen Besitzern ist es gelungen, den altmodischen Charme zu bewahren – die Türrahmen sind nur 1,80 m hoch – und dennoch für die erforderlichen, modernen Einrichtungen und Annehmlichkeiten zu sorgen. Außerdem sind sie schwulen- und lesbenfreundlich.

Croft House B&B B&B $
(☎902-532-0584; www.crofthouse.ca; 51 Riverview Lane; Zi. 75 C$; 📶) Das Bauernhaus ist von gut 40 ha Land umgeben und befindet

STROM AUS DEN GEZEITEN

Bei 14 Mrd. t Meerwasser, die Tag für Tag in die Bay of Fundy ein- und ausströmen – was der gesamten Strömungsmenge aller Flüsse dieser Erde entspricht – muss man einfach versuchen, diese Kraft in nutzbare Energie umzuwandeln. Annapolis Tidal wurde 1984 als Versuchsanlage in Betrieb genommen und erzeugt heute mit der größten Straflo-Turbine der Welt mehr als 30 Mio. kWh Strom pro Jahr. Das ist genug, um 4500 Haushalte zu versorgen.

Mittlerweile wurden modernere Wasserkraftwerke entwickelt, bei denen die Turbinen wie Windräder im Meeresboden verankert werden. Nova Scotia wurde als Standort des ersten großen Meeresströmungskraftwerks dieser Art in Nordamerika ausgewählt. In Zusammenarbeit mit der irischen Firma OpenHydro soll eine der größten Einzelmeeresturbinen in der 6 km breiten Minas Passage installiert werden.

Sobald die erste Anlage mit einer Leistung von 1 MW, die wie ein Donut aussieht, fertig gebaut und getestet ist, sollen weitere 300 Anlagen in der Bay of Fundy installiert werden. Die Gesamtleistung der 300 oder mehr Turbinen könnte über 200 000 Haushalte mit Strom versorgen, also etwa 20 % der Bevölkerung von Nova Scotia.

sich am anderen Ufer des Flusses, etwa fünf Minuten Autofahrt von Annapolis Royal entfernt. Einer der sehr engagierten Besitzer ist Koch und zaubert ein tolles Frühstück aus Bioprodukten.

Dunromin Campground CAMPING $
(☎902-532-2808; www.dunromincampsite.com; Hwy 1, Granville Ferry; Stellplatz mit/ohne Service 26/39 C$, Tipi/Wohnwagen 50/55 C$, Hütte 65–110 C$; @📶) Der ungewöhnliche Campingplatz bietet nicht nur einige Stellplätze direkt am Flussufer, sondern auch so originelle Unterkünfte wie ein Indianertipi (für bis zu 6 Pers.) und einen Zigeunerwagen. Kanus werden für 10 C$ pro Stunde verliehen.

Essen

Im Queen Anne und vielen anderen B&Bs kann man auch sehr nobel zu Mittag und Abend essen.

Leo's SANDWICHES $
(☎902-532-7424; 222 St. George St; Hauptgerichte 6–12 C$; ⌚Mo–Sa 9–20, So 12–16 Uhr) Das Lokal inmitten eines Blumengartens ist sehr beliebt bei den Einheimischen. Da dauert es dann schon mal länger, bis das leckere Sandwich auf dem Tisch steht.

Ye Olde Pub KNEIPE $
(☎902-532-2244; 9–11 Church St; Hauptgerichte 5-15 C$; ⌚Mo–Sa 11–23, So 12–20 Uhr) An sonnigen Tagen wird das Pubessen in Gourmet-Qualität auf der Terrasse serviert, an kühleren Tagen in der schummrigen, gemütlichen alten Kneipe. Als Vorspeise sind die marinierten Jakobsmuscheln (7 C$) zu empfehlen.

Unterhaltung

King's Theatre THEATER
(☎902-532-7704; www.kingstheatre.ca; 209 St George St; Kino 6 C$, Liveshow 14-22 C$) Das gemeinnützige Theater direkt am Wasser bringt an den meisten Abenden im Juli und August und manchmal auch sonst Musicals, Theater und Konzerte auf die Bühne. Filmhits aus Hollywood werden das ganze Jahr über am Wochenende, anspruchsvolle Filme zumeist dienstagabends gezeigt.

Shoppen

Farmers & Traders Market MARKT
(Ecke St. George St & Church St; ⌚Mi 10–15, Sa 8–12 Uhr) Auf diesem äußerst beliebten Markt bietet die aufstrebende Gemeinde der Künstler und Kunsthandwerker von Annapolis Royal ihre Waren Stand an Stand mit den Bauern aus der Gegend an. Am Samstagvormittag gibt's meistens noch Live-Unterhaltung dazu.

Praktische Informationen

Annapolis Royal (www.annapolisroyal.com) bietet Links zur Stadtgeschichte und zu Festivals, Veranstaltungen etc.

VIC (☎902-532-5769; 209 St. George St; ⌚Mai–Mitte Okt. 10–18 Uhr) Bei der Touristeninformation am King's Theatre gibt's eine Broschüre für einen historischen Stadtrundgang.

An- & Weiterreise

Die Busse von **Acadian Lines** (☎902-454-9321, 800-567-5151; www.acadianbus.com), die von Halifax (3½ Std., 1-mal tgl.) nach Digby (30 Min.) fahren, halten am **Port Royal Wandlyn Inn** (☎902-532-2323; 3924 Hwy 1).

Kentville

Wenn Anfang Juni die Blumen und Bäume des Tals in voller Blüte stehen, strömen die Massen zum **Annapolis Valley Apple Blossom Festival** (www.appleblossom.com), um den Festumzug, Konzerte, Grillfeste und Kunstveranstaltungen zu erleben. Kentville ist Sitz der Bezirksverwaltung und so befinden sich hier eine Reihe von Regierungsbüros und alte, herrschaftliche Häuser.

Sehenswertes & Aktivitäten

GRATIS **Agriculture Research Station** MUSEUM
(☎902-678-1093; abseits des Hwy 1; ⌚8.30–16.30 Uhr) Zur Agriculture Research Station am Ostrand der Stadt gehört ein Museum, das die Geschichte der Landwirtschaft und insbesondere des Apfelanbaus in der Gegend dokumentiert. Im Sommer finden Führungen durch das Museum statt.

GRATIS **Old King's County Museum** MUSEUM
(☎902-678-6237; 37 Cornwallis Ave; ⌚Mo–Sa 9–16 Uhr) Das Museum zeigt in verschiedenen Ausstellungen Kunst- und Gebrauchsgegenstände aus der Region und informiert über die örtliche Geschichte. Eine Kunstgalerie gehört auch dazu.

Praktische Informationen

Die **Touristeninformation** (☎902-678-7170; 125 Park St; ⌚Juli & Aug. 9.30–19 Uhr, Sept.-Anfang Okt. & Mitte Mai–Juni 9.30–17.30 Uhr) befindet sich westlich vom Stadtzentrum.

An- & Weiterreise

Acadian Lines (☎902-678-2000; www.acadianbus.com; 66 Cornwallis St) hat ein Büro im ehemaligen Bahnhofsgebäude. Die Busse fahren zweimal täglich nach Halifax (2 Std.)

Nördlich des Highway 1

Auf der einen Seite des Gebirgszugs North Mountain, der im atemberaubenden Cape Blomidon endet, erstreckt sich das Annapolis Valley, auf der anderen Seite liegen die Fischerdörfer der Bay of Fundy. Die Talsohle zwischen dem Highway 1 und dem North Mountain ist kreuz und quer von kleinen Landstraßen durchzogen, die von Bauernhöfen und Obstplantagen gesäumt sind. Eigentlich kann man die Straßenkarte aus dem Fenster werfen und einfach ins Blaue oder besser gesagt ins Grüne hineinfahren. Das Abenteuer beginnt westlich von Wolfville, wo man den Hwy 101 bei der Ausfahrt 11 verlässt und in Richtung Norden auf dem Hwy 358 weiterfährt. Auf dem Weg nach Scots Bay, wo der Hwy 358 endet und ein Wanderweg mit Wahnsinns-Blick auf das Minas Basin und die Bay of Fundy beginnt, liegt auch die historische Stadt Canning.

PORT WILLIAMS

Nur einen Katzensprung von Wolfville entfernt befindet sich das **Tin Pan** (☎902-691-0020; 978 Main St; Hauptgerichte 3–9 C$; ⏲Mo–Sa morgens, mittags & abends) am Hwy 358. Das Restaurant ist sehr beliebt bei Motorradfahrern, die sich hier am Samstagmorgen zu einem herzhaften Frühstück treffen.

Das **Prescott House Museum** (☎902-542-3984; www.prescott.museum.gov.ns.ca; 1633 Starr's Point Rd; Erw./Student 3/2 C$; ⏲Juni–Mitte Okt. Mo–Sa 9.30–17.30, So 13–17.30 Uhr) ist eines der schönsten Beispiele der georgianischen Architektur in Nova Scotia. Es wurde um das Jahr 1814 vom Gartenbauexperten Charles Prescott erbaut, der viele der Apfelsorten in Kanada einführte, die bis heute im Annapolis Valley angebaut werden. Um zum Museum zu kommen, biegt man in Port Williams, 2 km nördlich des Hwy 1, bei der Ampel in der Starr's Point Rd rechts ab und folgt der Straße für weitere 3,25 km.

CANNING

Von November bis März kreisen Hunderte von **Weißkopfseeadlern** über Canning und Umgebung, die von den Hühnerfarmen angelockt werden – ein einmaliges Schauspiel für Vogelbeobachter und Fotografen. Am Hwy 221 westlich von Canning bietet die **Blomidon Estate Winery** (☎902-582-7565; www.blomidonwine.com; 10318 Hwy 221; Weinprobe 4 C$; ⏲Juni–Sept. 10 & 18 Uhr) Weinverkostungen und kostenlose Führungen an. Etwas weiter den Hwy 358 entlang lohnt sich ein Stopp am **Look-Off**. Von dem Aussichtspunkt, der 200 m hoch über dem Annapolis Valley liegt, hat man den besten Blick auf die vielen langen Reihen von Obstbäumen und die pittoresken Bauernhöfe dazwischen.

Das **Art Can Gallery & Café** (☎902-582-7071; www.artcan.com; 9850 Main St; Hauptgerichte 11 C$; ⏲Di–Do 10–17, Fr & Sa 10–22, So 10–16 Uhr) ist ein Kunsthandel mit Café, in dem es fair gehandelten Kaffee und köstliche Backwaren mit Blick über das Tal gibt. Infos über Kunstkurse und Workshops findet man auf der Homepage.

SCOTS BAY

Die Wanderung bis zum äußersten Ende von **Cape Split** beginnt in Scots Bay. Dies ist der vielleicht beliebteste Wanderweg in ganz Nova Scotia. Hin und zurück ist er ca. 14 km lang, für die man etwa fünf Stunden braucht. Wenn man der bequemeren Inlandstrecke folgt, gibt's unterwegs kaum Höhenunterschiede; für diese Route folgt man ab der Parkplatzausfahrt dem am Zaun entlangführenden Weg und geht dann bei der nächsten Abzweigung nach rechts (der Weg nach links führt bis zu einer Strecke an der Küste, die schlecht gekennzeichnet ist und stark abgetragen wurde. Wer diesen Weg erkunden möchte, sollte etwas mehr Zeit einplanen und auch besser einen Kompass mitnehmen). Die Wanderung endet auf einer grasbewachsenen Fläche hoch oben auf einer Felsformation über der Bay of Fundy. Hier kann man beobachten, wie die Gezeiten Brandungsrückströme verursachen. Die einzigartige geografische Beschaffenheit der Bay of Fundy führt zu den extremsten Gezeitenströmen der Welt: Auf ihrem Höhepunkt hat der Wasserfluss zwischen Cape Split und der Küste von Parrsboro dieselbe Kraft wie die Strömung aller Flüsse weltweit!

Vor oder nach der Wanderung sollte man sich etwas Zeit nehmen, um am Strand bei der Scots Bay nach Achaten zu suchen.

Der **Blomidon Provincial Park** (☎902-582-7319; www.parks.gov.ns.ca; am Hwy 358; Stellplatz 24 C$) liegt von der Scots Bay aus auf der gegenüberliegenden Seite von Cape

Blomidon. Es gibt einige Routen (alle gut ausgeschildert), über die man vom Hwy 358 aus hierher gelangt. Eine davon beginnt 15 km südlich von Scots Bay und führt u. a. 10 km am Minas Basin entlang. Ein Campingplatz sitzt hoch oben auf den Felsen, die über das Becken wachen. Am Fuß des Berges gibt's einen Strand und einen Picknickbereich sowie innerhalb des Parks ein Netz aus Wanderwegen von insgesamt 14 km Länge.

HALL'S HARBOUR

Fährt man vom Hwy 358 auf einer der Straßen in Richtung Westen, bis man zum Hwy 359 kommt, und überquert dann den North Mountain, erreicht man das weiter südöstlich an der Bay of Fundy gelegene **Hall's Harbour**. Hier kann man einen ganzen Nachmittag am Strand entlanglaufen oder in den Bergen der Umgebung wandern. Und Hummer essen, die zu den besten in Nova Scotia gehören!

Etwa im **Hall's Harbour Lobster Pound** (☎902-679-5299; ⌚Juli & Aug. 12–20 Uhr, Mai, Juni, Sept. & Okt. 12–19 Uhr), wo man sich den Hummer selbst aussuchen darf. Der Preis ist marktabhängig: Ein ganzer Hummer wird kaum unter 28 C$ zu haben sein. Ein Korb mit Jakobs- oder Venusmuscheln und anderen Meeresfrüchten kostet 16 C$.

Auf dem Weg zurück nach Kentville lohnt sich ein Zwischenstopp in dem kleinen Ort Centreville, um den Nachmittagstee im **Delft Haus B&B Inn & Goodchild's Tea Room** (☎902-678-4333; www.delfthaus.com; 1942 Hwy 359; Zi. 90-145 C$; @) einzunehmen. In der bildhübschen weißen Villa aus viktorianischer Zeit, die von einem riesigen, wundervoll angelegten Garten umgeben ist, kann man auch übernachten. Die Teestube bietet kleine Gerichte und Sandwiches ab 4,50 C$, fair gehandelten Tee und Kaffee sowie eine Riesenauswahl Eiscreme.

Wolfville

Die Universitätsstadt Wolfville liegt inmitten von Weingütern. Dementsprechend viele Kneipen, gute Restaurants und kulturelle Angebote gibt's in der Stadt mit 7000 Einwohnern, von denen gut die Hälfte Studenten und Dozenten der Acadia University sind. Etwas außerhalb der Stadt findet man von den Akadiern angelegte Deiche, herrliche Panoramastraßen und genügend Wege für tagelange Wanderungen. Im frühen Herbst rockt beim alljährlichen **Canadian Deep Roots Festival** (www.deeprootsmusic.ca) die ganze Stadt zur Rootsmusik ab.

Sehenswertes

Waterfront Park PARK

(Ecke Gaspereau Ave & Front St) Der Waterfront Park bietet eine atemberaubende Aussicht auf das Watt der Bay of Fundy, das Minas Basin und die roten Klippen von Cape Blomidon. Schautafeln erläutern die Gezeiten, Deichanlagen, Flora und Fauna und auch die Geschichte dieser Gegend. Von hier aus kann man prima auf den Deichen laufen oder radeln.

L'Acadie Vineyards WEINGUT

(☎902-542-8463; www.lacadievineyards.ca; 310 Slayter Rd; ⌚Mai–Okt. 10–17 Uhr) Hoch über dem Gaspereau Valley südlich von Wolfville werden Weintrauben mit Biosiegel angebaut und nach alter Tradition mit Erdwärme zu Sekt und Trockenbeerenauslesen gekeltert. Übernachtet man in einem der drei Ferienhäuschen im Landhausstil (150 C$/Nacht), die jeweils mit zwei Schlafzimmern und Küche ausgestattet sind, bekommt man selbstverständlich eine Flasche Wein gratis.

Gaspereau Vineyards WEINGUT

(☎902-542-1455; www.gaspereauwine.com; 2239 White Rock Rd; ⌚Mitte Mai–Okt. 10–17 Uhr, Führungen tgl. 12, 14 & 16 Uhr) 3 km südlich von Wolfville liegt das wohl bekannteste Weingut von Nova Scotia, das einen preisgekrönten Eiswein produziert.

Muir Murray Winery WEINGUT

(☎902-542-0343; www.muirmurraywinery.com; 90 Dyke Rd; ⌚Ende Juli–Sept. 10–17 Uhr, Weinprobe tgl. 11, 13 & 15 Uhr) Das Gebäude des erst vor Kurzem eröffneten Weinguts 3 km östlich von Wolfville sieht ein bisschen aus wie eine Scheune. Direkt davor erstrecken sich die Weinberge. In einer Teestube soll den Gästen demnächst auch Mittagessen serviert werden. Besonders gut ist der Cape Split Leon Millot.

Randall House Museum MUSEUM

(☎902-542-9775; 171 Main St; Eintritt gegen Spende; ⌚Mitte Juni–Mitte Sept. Mo–Sa 10–17, So 14–17 Uhr) Das Randall House Museum erzählt die Geschichte der Kolonisten und Farmer aus den Neuenglandstaaten, die den Platz der vertriebenen Akadier einnahmen.

EIN PROSIT DEM WEIN AUS NOVA SCOTIA

Die Tradition der Weinerzeugung in Nova Scotia geht auf das frühe 17. Jh. zurück. Vermutlich wurden hier zum ersten Mal überhaupt Weintrauben in Nordamerika angebaut. Heute gibt es in der Provinz sechs ausgewiesene Weinbaugebiete, in denen die Weingüter wie Pilze aus dem Boden schießen. Die meisten befinden sich allerdings im Annapolis Valley und auf der Halbinsel Malagash. Diese lieblichen Gegenden eignen sich daher auch besonders gut, um zwischen Wander- und Besichtigungstouren den regionalen Wein zu verkosten.

Da die französische Hybridrebe Acadie Blanc besonders gut in Nova Scotia gedeiht, wurde sie zum Markenzeichen der Provinz. Der daraus gekelterte, mittelschwere Weißwein schmeckt leicht nach Zitrusfrüchten und passt perfekt zu Jakobsmuscheln und geräuchertem Lachs. Aus der ebenfalls weit verbreiteten Weintraube New York Muscat werden oft ein trockener Weißwein und Eiswein gekeltert.

Die meisten Restaurants in Nova Scotia haben eine recht umfangreiche Weinkarte. Die Weine von Jost, Gaspereau und Blomidon sind überall zu finden, aber es lohnt sich auch, die kleineren, teils ökologisch wirtschaftenden Weingüter zu berücksichtigen, die ebenfalls ausgezeichnete und oft sogar preisgekrönte Tropfen hervorbringen.

Seit 2008 wird Anfang Februar in Halifax und auf den Weingütern überall in der Provinz das **Ice Wine Festival** gefeiert, bei dem zehn Tage lang ausgiebig getestet wird, welcher Wein zu welchem Essen passt.

Aktivitäten

Die Einheimischen kämpften lange um den Erhalt dieser Zuflucht für Hunderte von Schornsteinseglern, die jedes Jahr von Peru nach Wolfville kommen. Heute ist der Schornstein einer mittlerweile abgerissenen Molkerei der Mittelpunkt des **Robie Tufts Nature Centre** gegenüber der Ortsbücherei in der Front St. Ein besonderes Schauspiel ist es, wenn die Vögel im Frühjahr und Sommer spätabends heranrauschen, um ein Plätzchen für die Nacht zu finden.

Valley Stove & Cycle (☎902-542-7280; 234 Main St; halber/ganzer Tag 25/30 C$) verleiht Fahrräder.

Schlafen

LP TIPP **Garden House B&B** B&B $$
(☎902-542-1703; www.gardenhouse.ca; 220 Main St; Zi. 65-110 C$; 🛜) Das altehrwürdige Haus hat sich sein altmodisches Flair auf gemütlichste Art und Weise bewahrt. Knarrende Fußböden, ein rustikaler Frühstückstisch mit Wildblumensträußchen und die Aufforderung, sich die Schuhe auszuziehen, sorgen dafür, dass man sich wie bei Oma zu Hause fühlt. Nur Gemeinschaftsbäder!

Blomidon Inn INN $$
(☎902-542–2291, 800-565-2291; www.theblomidon.net; 195 Main St; DZ 110–160 C$, Suite 160–290 C$; ❄@🛜) Europäische Extravaganz der guten alten Zeit sorgt dafür, dass man sich in der vornehmen viktorianischen Villa wie einer der oberen Zehntausend fühlt. Die Zimmer sind ebenso gepflegt wie der 2,5 ha große Garten rund ums Haus. Infos über Pauschalangebote gibt's im Internet.

Gingerbread House Inn INN $$
(☎902-542-1458; www.gingerbreadhouse.ca; 8 Robie Tufts Dr; DZ 115-135 C$, Suite 145-215 C$; 🛜) Von außen sieht dieses einmalige B&B wie eine riesige Hochzeitstorte in Rosa und Weiß aus. Die Zimmer, von denen einige sogar einen Whirlpool haben, sind richtig kleine Wohlfühloasen im Kerzenschein.

Essen & Ausgehen

Acton's RESTAURANT $$
(☎902-542-7525; 268 Main St; Hauptgerichte mittags 11-18 C$, abends 18-32 C$; ⏲mittags & abends) Der Ruf als eines der besten Restaurants der Gegend reicht bis nach Yarmouth. Sensationelle Salate und kreative Varianten althergebrachter Lieblingsspeisen sind die Spezialitäten des Hauses.

Tempest RESTAURANT $$$
(☎902/866-542-0588; 117 Front St; Hauptgerichte mittags 8-18 C$, abends 22-30 C$; ⏲mittags & abends) Das feine Restaurant serviert leckere Gerichte aus aller Welt wie Hühnchen-Satay mit Kokos und Rettich oder mit Sambuca flambierte Garnelen auf Polenta.

Coffee Merchant & Library Pub CAFÉ & KNEIPE $
(☎902-542-4315; 472 Main St; ⏲Mo–Sa 11.30–24 Uhr) Das Café im Erdgeschoss serviert guten

Kaffee aus fairem Handel und Backwaren, das gemütliche Pub im Obergeschoss ordentliche Mahlzeiten und natürlich Bier.

Ivy Deck RESTAURANT $$
(☎902-542-1868; 8 Elm Ave; Hauptgerichte 9–17 C$; ⊙mittags & abends, Nov.–Juni Mo geschl.) Den grünen Salat mit Blütenblättern oder Nudeln mit Lachs und Shrimps kann man auch auf der schönen Terrasse genießen.

Praktische Informationen

Touristeninformation (☎902-542-7000; 11 Willow Ave; ⊙Juli–Sept. 9–21 Uhr, Mai, Juni & Okt. 9–17 Uhr) Das sehr hilfreiche Büro befindet sich am östlichen Ende der Main St.

Wolfville (www.wolfville.info) Infos über Wolfville, die Acadia University und was es sonst noch in Nova Scotia zu entdecken gibt.

Wolfville Memorial Library (☎902-542-5760; 21 Elm Ave; ⊙Di–Do 11–17 & 18.30–20.30, Fr & Sa 11–17, So 13–17 Uhr) Die Bibliothek bietet auch kostenlosen Internetzugang.

An- & Weiterreise

Die Haltestelle der Busse von **Acadian Lines** (☎902-454-9321, 800-567-5151; www.acadianbus.com) befindet sich vor der Wheelock Hall der Acadia University am Highland Ave. Die zwischen Cornwallis und Wolfville verkehrenden Busse von **Kings Transit** (☎902-678-7310, 888-546-4442; www.kingstransit.ns.ca) halten bei Haus Nr. 209 in der Main St.

Grand Pré

Am Stadtrand von Wolfville, 25 km nordwestlich von Windsor, liegt Grand Pré, das heute ein unbedeutender kleiner englischsprachiger Ort ist. In den 1750er-Jahren war es Schauplatz einer äußerst ergreifenden und tragischen Episode der ostkanadischen Geschichte, über die man alles in der Grand Pré National Historic Site erfährt.

Sehenswertes & Aktivitäten

Grand Pré National Historic Site HISTORISCHE STÄTTE
(☎902-542-3631; 2205 Grand Pré Rd; Erw./Kind 7,80/3,90 C$; ⊙Mai–Okt. 9–18 Uhr) Das moderne Besucherzentrum der Grand Pré National Historic Site erläutert den historischen Hintergrund der Deportation aus der Sicht der Akadier, Mi'kmaq und Briten und folgt den Akadiern auf ihren vielen Wegen aus den kanadischen Atlantikprovinzen und wieder zurück.

Neben dem Besucherzentrum befindet sich ein friedlicher **Park** mit hübschen Gärten und einer Steinkirche im akadischen

DIE AKADIER

Als französische Siedler erstmals in die Gegend rund um das Minas Basin kamen, nannten sie die Region „Arcadia", nach dem griechischen und lateinischen Wort für „ländliches Paradies". Daraus wurde mit der Zeit dann Acadia und schon im 18. Jh. fühlten sich die Akadier enger mit diesem Landstrich verbunden als mit ihrer weit entfernten Heimat im französischen Loiretal.

Für die Engländer waren sie aber nach wie vor Franzosen und die Beziehungen zwischen den beiden Gruppen waren stets von Rivalität und Argwohn geprägt. Als Nova Scotia im Vertrag von Utrecht den Briten zugesprochen wurde, betrachteten die Akadier dies als Affront gegen ihren katholischen Glauben und weigerten sich, den Treue-Eid auf die britische Krone zu schwören. Der 1754 zum Gouverneur ernannte Hardliner Charles Lawrence hatte schließlich genug von den widerspenstigen Akadiern und befahl ihre Deportation. Die Engländer zwangen gut 14 000 Akadier auf die Schiffe und brannten unzählige Dörfer nieder.

Viele Akadier ließen sich in Louisiana und New Orleans nieder, andere flohen in verschiedene Orte der Atlantikprovinzen Kanadas, in die Neuenglandstaaten, nach Martinique in der Karibik, Santo Domingo in der Dominikanischen Republik und sogar zurück nach Europa. Aber nirgends wurden sie mit offenen Armen empfangen. Einige versteckten sich auch und blieben in Akadien. Jahre später kamen dann viele der Deportierten zurück, fanden ihre Häuser und Farmen aber von anderen besetzt. So gründeten die Akadier in Nova Scotia neue Siedlungen in der Gegend um Chéticamp auf Cape Breton Island und an der French Shore nördlich von Yarmouth. Ein Teil der zurückgekehrten Akadier ging nach New Brunswick, wo es bis heute einen großen französischsprachigen Bevölkerungsanteil gibt, der überwiegend an der Ostküste der akadischen Halbinsel rund um Caraquet lebt.

Stil. Nicht zu übersehen ist die Statue des amerikanischen Schriftstellers Henry Wadsworth Longfellow, der die Geschichte der Akadier in seinem Epos *Evangeline: Ein Liebesgesang aus Akadien* verewigte. Die ebenfalls als Statue präsente Evangeline wurde, obwohl frei erfunden, zur romantischen Symbolfigur ihres Volkes.

Außerhalb des Parks ist das Ackerland zu sehen, das die Akadier einst durch den Bau von Deichen entlang der Küste gewonnen haben – genau so, wie sie es im Nordwesten Frankreichs schon Generationen zuvor getan hatten. Das unterhalb des Meeresspiegels liegende Land umfasst insgesamt 12 km² und wird von einem mehr als 9 km langen Deich geschützt.

Domaine de Grand Pré WEINGUT
(☎902-542-1753; www.grandprewines.ns.ca; 11611 Hwy 1; Führung 7 C$; ⏲Führungen 11, 15 & 17 Uhr, kostenlose Weinprobe 10–18 Uhr) Viele Besucher kommen nur wegen des Weinguts und der Weinberge nach Grand Pré. Eine Führung dauert etwa 45 Minuten. Man kann aber auch nur eine Weinprobe machen und auf eigene Faust durch die Weinberge spazieren.

Schlafen & Essen

LP TIPP **The Olde Lantern Inn & Vineyard** INN $$
(☎902-542-1389, 877-965-3845; www.oldlanterninn.com; 11575 Hwy 1; Zi. 100-155 C$; 📶) Klare Linien und ein Augenmerk auf nette Annehmlichkeiten wie kuschelweiche Bettwäsche machen dieses Gasthaus zu einer hervorragenden Unterkunft. Es befindet sich mitten in den Weinbergen und bietet einen tollen Blick auf das Minas Basin und den Wechsel der Gezeiten in der Bay of Fundy.

Le Caveau RESTAURANT $$
(☎902-542-1753; 11611 Hwy 1; Hauptgerichte 16-32 C$; ⏲mittags & abends) Das Schweizer Lokal befindet sich ebenfalls auf dem Gelände der Domaine de Grand Pré und gilt als eins der besten mitteleuropäischen Restaurants in ganz Nova Scotia. Im herrlichen, mit Natursteinen gepflasterten Innenhof sitzt man im Schatten von Weinlaub.

Evangeline RESTAURANT $
(☎902-542-2703; Pastete 3-5 C$; ⏲8–19 Uhr) Das Restaurant, das sich auf dem Gelände des Evangeline Inn & Motel befindet, ist für seine ausgezeichnete regionale Küche und hausgemachten Pasteten bekannt. Kein Wunder, dass es immer rappelvoll ist!

Shoppen

Tangled Garden ESSEN & TRINKEN
(☎902-542-9811; 11827 Hwy 1; ⏲10–18 Uhr) Der Laden passt in keine Schublade, vermittelt aber das wahrscheinlich duftintensivste Einkaufserlebnis in Nova Scotia. Hier kann man mit Kräutern versetzten Essig oder Gelee kaufen oder einfach durch den Garten und das meditative Labyrinth schlendern und dabei ein Kräutereis schlecken.

Windsor

War Windsor einmal das einzige britische Bollwerk im welschen Ozean, fristet das kleine, alte Städtchen heute ein eher tristes Dasein zwischen Highway und Avon River. Ein Abstecher lohnt sich aber für Fans der Country- und Bluegrass-Musik, und zwar nicht nur im Juni und Juli, wenn im Avon River Park zwei große Bluegrass-Festivals stattfinden: Hier wird den ganzen Sommer lang kräftig in die Saiten gegriffen. Die **Touristeninformation** (☎902-798-2690; 31 Colonial Rd; ⏲Juli & Aug. 8.30–18.30 Uhr, Juni, Sept. & Okt. Sa & So 9–17 Uhr) ist direkt an der Ausfahrt 6 des Hwy 101. Vom Deich daneben schaut man aufs endlose Watt.

Wer schon mal in der Stadt ist, sollte sich das **Haliburton House** (☎902-798-2915; 414 Clifton Ave; Erw./Student 3,60/2,55 C$; ⏲Mo–Sa 10–17, So 13–17 Uhr) ansehen. Es ist das Geburtshaus des Richters und Schriftstellers Thomas Chandler Haliburton (1796–1865), der die berühmten Geschichten über Sam Slick schrieb. Viele von Haliburton erfundenen Ausdrücke wie *quick as a wink* (blitzschnell) oder *city slicker* (Großstadtsnob) sind heute noch gebräuchlich.

Übernachten kann man im **Clockmaker's Inn** (☎902-792-2573, 866-778-3600; www.theclockmakersinn.com; 1399 King St; DZ 100-190 C$; 📶), das aussieht wie ein französisches Château, komplett mit hohen Bogenfenstern, jeder Menge Buntglas und ausladenden Treppenhäusern aus Hartholz. Es ist schwulen- und lesbenfreundlich. Jeden Tag gibt's Frühstück und Nachmittagstee.

ZENTRALES NOVA SCOTIA

In dieser touristisch wenig erschlossenen Region kann man herrlich wandern, raften und nach Fossilien suchen. Für alle, die über Land aus dem übrigen Kanada anreisen, ist dies die erste Kostprobe von Nova Scotia – und viel zu schade, um sie einfach auf dem öden Hwy 104 zu durchqueren.

Die Tourismuswerbung der Provinz bezeichnet diese Gegend auch als „Glooscap Trail" nach einer mythischen Figur der Mi'kmaq. Sie soll die einzigartige Geografie der Bay of Fundy geschaffen haben. Leider werden die Geschichten und Darstellungen von Glooscap weit mehr geschätzt und anerkannt als die heutigen Mi'kmaq.

Shubenacadie

Shubenacadie oder einfach Shube ist bekannt wegen des **Shubenacadie Provincial Wildlife Park** (☎902-758-2040; wildlifepark.gov.ns.ca; 149 Creighton Rd; Erw./Kind 4,25/1,75 C$; ⊙Mitte Mai–Mitte Okt. 9–19 Uhr, Mitte Okt.–Mitte Mai Sa & So 9–15 Uhr), in dem man den in Nova Scotia heimischen Wildtieren ganz nahe kommen kann. So kann man z.B. Hirsche und Rehe füttern oder mit etwas Glück einen Elch streicheln. Da die Tiere entweder in Gefangenschaft geboren oder früher als „Haustiere" gehalten wurden, können sie nicht mehr ausgewildert werden und leben daher in riesigen Gehegen. Um zum Parkeingang zu kommen, verlässt man Hwy 102 bei der Ausfahrt 11 und fährt auf Hwy 2 weiter.

Maitland

Das winzige Maitland ist nicht nur eins der ältesten Dörfer Kanadas, sondern auch ideal zum Raften, denn hier trifft der in die Bay of Fundy mündende Shubenacadie River auf die Gewalt der einströmenden Flut.

Die Wellenhöhe ist abhängig von den Mondphasen (s. Kasten S. 393) und sollte beim Raftingveranstalter vorher erfragt werden. Denn davon hängt ganz entscheidend die Qualität der Wildwasserfahrt ab – von langweilig sanft bis atemberaubend turbulent. In den zwei bis drei Stunden, in denen Rafting möglich ist, pflügen Schlauchboote mit Außenbordmotor durch Strudel und Stromschnellen. Dabei kann man ganz schön nass werden. Erfahrung im Raften ist nicht erforderlich.

Aktivitäten

Shubenacadie River Runners RAFTING
(☎902-261-2770, 800-856-5061; www.tidalborerafting.com; 8681 Hwy 215; halber/ganzer Tag Erw. 55/75 C$, Kind 50/70 C$) Der größte Raftingveranstalter ist bestens organisiert und in jeder Hinsicht absolut professionell.

Shubenacadie River Adventures RAFTING
(☎902-261-2222, 800-878-8687; www.shubie.com; 10061 Hwy 15; Tagestour mit Rafting & Barbecue Erw./Kind 75/70 C$) Es wird auch Schlammrutschen angeboten.

Schlafen

In Maitland gibt's eine Handvoll Unterkünfte und nur wenige Restaurants, die zudem keine festen Öffnungszeiten haben. Am besten bringt man das Essen selbst mit oder kommt schon satt an.

LP TIPP **Tidal Life Guesthouse** B&B $
(☎902-261-2583; www.thetidallife.ca; 9568 Cedar St; B 35 C$, Zi. 90-120 C$;) Die Unterkunft in einem hübschen, alten Haus ist eine Mischung aus Jugendherberge und B&B. Die imposanten, luftigen Zimmer mit Riesenfenstern bieten einen schönen Blick auf Wiesen und Felder. Überall gibt's kunstvoll gestaltete Gemeinschaftsbereiche, auf der Veranda hinter dem Haus schaukelt eine Hängematte. Es gibt nur Gemeinschaftsbäder. Im Preis enthalten ist ein großes, gesundes Frühstück.

Cresthaven by the Sea B&B $$
(☎902-261-2001, 866-870-2001; www.cresthavenbythesea.com; 19 Ferry Lane; Zi. 140-150 C$) Von hier hat man vielleicht den besten Blick auf die Gezeiten in der Bay of Fundy. Die makellos saubere, weiße viktorianische Villa steht auf den Klippen über der Mündung des Shubenacadie River in die Bucht. Alle Zimmer sind mit Blick auf den Fluss, die im Erdgeschoss auch behindertengerecht.

Truro

Truro ist als Verkehrsknotenpunkt von Nova Scotia bekannt, denn hier treffen mehrere Highways und eine Eisenbahnlinie der VIA Rail aufeinander und der Busbahnhof ist eine wichtige Umsteigestation. Auch wenn die Stadt ein bisschen wie eine in die Jahre gekommene Einkaufspassage aussieht, ist das Angebot ausgesprochen gut. Hier bekommt man bestimmt dieses eine Teil, das man schon so lange sucht, oder man deckt sich einfach mit Lebensmitteln ein.

Sehenswertes & Aktivitäten

Victoria Park PARK
(Park St bei der Brunswick St) Die 400 ha große Grünfläche mitten in der Stadt ist eine

DIE KRAFT DER WELLEN

Das Phänomen der **Gezeitenwelle** entsteht, wenn beim Einsetzen der Flut die erste Welle des extremen Tidenhubs in der Bay of Fundy flussaufwärts rollt. Manchmal ist die ankommende Welle nur ein sanftes Plätschern, aber zu bestimmten Mondphasen kann sie 1 m oder noch höher werden, sodass man meint, der Fluss fließe rückwärts. Das Spektakel ist nicht besonders aufregend, kann aber von einer Aussichtsplattform an der Tidal Bore Rd aus gut beobachtet werden. Diese befindet sich nordwestlich von Truro am Hwy 236, westlich der Ausfahrt 14 des Hwy 102. Das Personal im **Souvenirladen** (902-893-8951) des Palliser Motel nebenan weiß genau, wann die nächste Gezeitenwelle zu erwarten ist. Eine weitere Aussichtsplattform befindet sich in Moncton in New Brunswick (S. 454).

herrliche Oase der Ruhe im Trubel von Truro. Neben einer tiefen Schlucht und zwei Wasserfällen gibt's hier auch Dutzende Vogelarten zu entdecken.

Feste & Events

Truro International Tulip Festival KANADISCH
(www.townoftruro.ca; Mitte Mai) Das „Tulpenfestival" ist ein tolles Familienfest mit viel Country- und Bluegrass-Musik und einem großen Antiquitätenmarkt.

Millbrook Annual Powwow KULTUR
(902-897-9199; www.millbrookfirstnation.net; 2. Wochenende im Aug.) Die beste Zeit, um nach Truro zu kommen, ist zum jährlichen Powwow der Millbrook First Nation. Campingplätze und Duschen stehen zur Verfügung, Drogen und Alkohol sind verboten.

Schlafen & Essen

Baker's Chest B&B B&B $$
(902-893-4824, 877-822-5655; www.bakerschest.ca; 53 Farnham Rd; Zi./Suite 100/125 C$;) Die frisch renovierte Herberge ist ein klassisches, älteres Haus mit moderner Einrichtung, Fitnessraum und Whirlpool. Die berühmte Teestube war 2010 geschlossen, eröffnet aber hoffentlich bald wieder.

Wooden Hog RESTAURANT $$
(902-895-0779; 627 Prince St; Hauptgerichte mittags 8 C$, abends 11-17 C$; Mo 9–16, Di–Fr 9–21, Sa 11–21 Uhr) An der Wand des beliebten Restaurants hängt eine riesige Harley Davidson aus Holz, auf den Tisch kommen regionale und mexikanische Spezialitäten sowie herrlich dekadente Desserts.

Praktische Informationen

Touristeninformation (902-893-2922; Victoria Sq, Ecke Prince St & Commercial St; Mai & Juni 9–17 Uhr, Juli & Aug. 8.30–19.30 Uhr, Sept. & Okt. 9–17 Uhr) Hier gibt's Internetzugang und eine fantastische Broschüre zu den Baumstammskulpturen, die in der ganzen Stadt zu finden sind. Die Skulpturen entstanden vor mehr als 30 Jahren, als die Holländische Ulmenkrankheit in der Region wütete.

An- & Weiterreise

Vom betriebsamen **Busbahnhof** (902-895-3833; 280 Willow St; 8–22.30 Uhr) fahren die Busse von **Acadian Lines** (902-454-9321, 800-567-5151; www.acadianbus.com) nach Amherst (23 C$, 2 Std., 3-mal tgl.) und Sydney (52 C$, 5 Std., 3-mal tgl.).

Von Economy nach Five Islands

Der Highway 2 verläuft entlang der Küste des Minas Basin, dem nordöstlichen Ausläufer der Bay of Fundy. Der erste größere Ort an dieser Straße ist Economy, wo man herrlich **wandern** und einige interessante Stätten besichtigen kann.

Sehenswertes & Aktivitäten

Wandern

Die anspruchsvollsten Wandermöglichkeiten verteilen sich rund um die Economy Falls. Der **Devil's Bend Trail** beginnt 7 km die River Phillip Rd hinauf in Richtung Cobequid Mountains. Man biegt nach rechts ab und parkt dann dort; der 6,5 km lange Weg (einfache Strecke) folgt dem Flusslauf bis zum Wasserfall. Noch ein Stück weiter die River Phillip Rd hinauf beginnt der **Kenomee Canyon Trail**, direkt oberhalb des Wasserfalls. Der 20 km lange Rundwanderweg führt den Fluss hoch bis zu dessen Oberlauf in einem Wildschutzgebiet. Man überquert dabei mehrere Wasserläufe. Es gibt ausgewiesene Plätze zum Campen, also eignet sich der Weg für einen zweitägigen Abenteuer-Trek.

Der **Thomas Cove Coastal Trail** besteht eigentlich aus zwei 3,5 km langen Rundwanderwegen mit einem Wahnsinnsblick über das Minas Basin und auf die Cobequid Mountains. Sein Startpunkt liegt an der Economy Point Rd, 500 m östlich des Cobequid Informationszentrums; hier der Beschilderung folgen bis zu einem Parkplatz. Zu guter Letzt gibt's nur 7 km westlich von Economy noch mehrere Wandermöglichkeiten, und zwar im **Five Islands Provincial Park** (☎902-254-2980; parks.gov.ns.ca). Der 4,5 km lange **Red Head Trail** hat eine Menge Aussichtspunkte, Bänke und tolle Ausblicke.

Cobequid Interpretation Centre MUSEUM
(☎902-647-2600; 3248 Hwy 2, in der Nähe der River Phillip Rd; Eintritt frei; ⊙ganzjährig Mo–Fr 9–16.30 Uhr, Juli & Aug.Sa & So 9–18 Uhr) Das Museum erläutert in einer schönen Ausstellung die Ökologie und Geschichte der Region. Von einem Beobachtungsturm aus dem Zweiten Weltkrieg kann man die Gegend aus der Vogelperspektive betrachten. Beim Personal des Museums gibt's auch Infos zu den Wanderwegen.

Schlafen & Essen

Four Seasons Retreat RESORT $$
(☎902-647–2628, 888-373-0339; www.fourseasonsretreat.ns.ca; 320 Cove Rd, Upper Economy; Hütte mit 1/2 Schlafzimmern 109/210 C$;) Die voll ausgestatteten Ferienhäuschen sind von Bäumen umgeben und stehen direkt am Minas Basin. Im Sommer wird neben dem Swimmingpool ein Whirlpool aufgestellt, im Winter – und in kalten Sommernächten – wärmen Holzöfen.

Mo's at Five Islands HOSTEL & CAFÉ $
(☎902-254-8088; www.mosatfiveislands.com; 951 Hwy 2, Five Islands; B 28 C$;) In dem blitzsauberen Hostel und dem großen, gemütlichen Café davor (kleine Gerichte ab 4 C$) trifft man eigentlich immer interessante Leute. Dem Besitzer gehört auch eine der fünf Inseln, die die gleichnamige Stadt bilden. Jedes Jahr veranstaltet er einen Wettlauf vom Festland zur Insel, sobald dies bei Ebbe möglich ist. Lauf und Hostel sind nach Moses und der Durchquerung des Roten Meeres benannt.

High Tide B&B B&B $$
(☎902-647-2788; www.hightidebb.com; 2240 Hwy 2, Lower Economy; DZ 85–95 C$;) Der moderne, freundliche Bungalow bietet eine tolle Aussicht. Die Gäste dürfen Besitzerin Janet beim Muschelsuchen fürs Abendessen helfen.

That Dutchman's Farm CAFÉ $
(☎902-647-2751; www.thatdutchmansfarm.com; 112 Brown Rd, Upper Economy; Mittagessen 8 C$; ⊙Ende Juni–Anfang Sept. 11–17 Uhr) In dem netten Café gibt's leckere Sandwiches, Suppen und Käseplatten mit vom exzentrischen Besitzer selbst hergestelltem Gouda. Gegen einen kleinen Obolus kann die Farm besichtigt werden.

Im Sommer stehen an der Schnellstraße entlang des Five Islands Provincial Park mehrere Imbissstände, die gebratene Venusmuscheln verkaufen.

Parrsboro

Von überall her kommen Mineraliensammler, um die Küsten rund um Parrsboro, der größten Stadt am Minas Basin, abzusuchen. Neben einer wunderbaren Ausstellung bietet das Fundy Geological Museum auch interessante, geologische Führungen zu den Stränden an, die als „Jurassic Park" von Nova Scotia bekannt sind. Wer sich ernsthaft mit Mineralien beschäftigt, sollte die jährliche **Gem & Mineral Show** Mitte August nicht verpassen.

Sehenswertes & Aktivitäten

Fundy Geological Museum MUSEUM
(☎902-254-3814; www.museum.gov.ns.ca/fgm; 162 Two Islands Rd; Erw./Kind 6/3,50 C$; ⊙9.30–17.30 Uhr) Das preisgekrönte Museum wurde 2010 für 1 Mio. C$ runderneuert. Mithilfe interaktiver Ausstellungsstücke können die Besucher eine Reise in die Vergangenheit unternehmen, als sich die heutigen Fossilien noch sehr lebendig an den Stränden von Parrsboro tummelten. Ebenso ist ein Labor zu besichtigen, in dem die Knochen von Dinosauriern gereinigt und zusammengesetzt werden. Im Eintrittspreis enthalten sind Führungen am Strand, bei denen Mineralien und Fossilien erläutert werden (Uhrzeit, Dauer und Häufigkeit sind von den Gezeiten abhängig).

Partridge Island NATURSCHUTZGEBIET
Die Küsten der geschichtsträchtigen Insel Partridge sind am beliebtesten, um nach Edel- und Halbedelsteinen sowie Fossilien zu suchen (Achtung: Fossilien darf man nicht mitnehmen!). Die Insel liegt 4 km südlich der Stadt an der Whitehall Rd und ist mit dem Festland über eine Landenge

verbunden. Am Ende des Strandes beginnt ein 3 km langer **Wanderweg** mit Infotafeln, der bis zum höchsten Punkt der Insel ansteigt. Von dort hat man einen tollen Blick auf Cape Blomidon und Cape Split.

Ottawa House Museum MUSEUM
(☎902-254-2376; 1155 Whitehall Rd; Eintritt 2 C$; ⊙10–18 Uhr) Direkt am Strand befindet sich das Ottawa House Museum, ein prachtvolles Herrenhaus mit 21 Zimmern, das einst als Sommerresidenz von Sir Charles Tupper (1821–1915) diente. Er war Premierminister von Nova Scotia und auch von ganz Kanada. Das Museum zeigt Ausstellungen über die Anfänge der Besiedelung von Partridge Island, den Schiffsbau und den Alkoholschmuggel.

Schlafen & Essen

Riverview Cottages INN $
(☎902-254-2388; www.riverviewcottages.ca; 3575 Eastern Ave; Hütte 55-90 C$; 📶) Die hübschen, voll ausgestatteten, ländlichen Hütten sind ein echtes Schnäppchen. Auf dem angrenzenden Fluss kann man Kanu fahren oder angeln, auf dem großen Rasen den Grill anwerfen.

Evangeline's Tower B&B B&B $$
(☎902-254-3383, 866-338-6937; www.evangelinestower.ca; 322 Main St; DZ 70-150 C$; 📶) Die schwulen- und lesbenfreundliche Unterkunft in einer viktorianischen Villa hat drei Zimmer, von denen eins in eine Familiensuite mit zwei Räumen verwandelt werden kann. Mountainbikes werden auch verliehen.

Bare Bones RESTAURANT $$
(☎902-254-3507; 121 Main St; Hauptgerichte 10-22 C$; ⊙Mo–Sa 11–21, So 13–21 Uhr) Ganz im Kontrast zu seinem Namen serviert das Lokal mit Abstand das beste Essen der Stadt. Es gibt gedämpfte Muscheln, Sandwiches mit Hummer und Speck oder Curryhühnchen mit Apfel sowie umfangreichere Gerichte wie Schweinerippchen und gebratene Jakobsmuscheln.

☆ Unterhaltung

Ship's Company Theatre THEATER
(☎902-254-3000, 800-565-7469; www.shipscompany.com; 18 Lower Main St; Karten 12-28 C$; ⊙Juli–Mitte Sept.) Das innovative Theaterensemble bringt Werke moderne Autoren aus den Atlantikprovinzen und ganz Kanada auf die Bühne der MV *Kipawo*, der letzten Fähre, die im Minas Basin verkehrte und nun Teil eines neuartigen Theaterprojekts ist. Dazu gehören auch anspruchsvolle Theateraufführungen für Kinder, Improvisationscomedy, Lesungen und Konzerte.

Shoppen

Parrsboro Rock & Mineral Shop MINERALIEN & FOSSILIEN
(☎902-254-2981; 39 Whitehall Rd; ⊙Mai-Nov. Mo–Sa 9–21, So 9–17 Uhr) Das Geschäft verfügt über eine beeindruckende Sammlung

GEHEIMTIPP

RODD & HELEN TYSON, GEOLOGEN & MINERALIENHÄNDLER

Rodd Tyson gilt als der erfolgreichste Mineralienhändler Kanadas. Er und seine Frau Helen zogen vor einigen Jahren nach Parrsboro und eröffneten dort einen kleinen Laden, in dem sie einige ihrer schönsten Stücke zeigen.

Warum gerade Parrsboro?

Die Gezeiten und die Niederschläge halten alles ständig in Bewegung, sodass wir hier praktisch jeden Tag etwas für unsere private Sammlung finden können.

Wo muss man suchen?

Am einfachsten ist es auf Partridge Island. Allerdings sollte man feste Schuhe anziehen, vorsichtig über die Klippen klettern und auf die Gezeiten achten, damit man nicht vom Wasser eingeschlossen wird.

Wonach soll man suchen?

Immer nach farbigen Steinen suchen. Stilbit ist bernsteinfarben, Chabasit orangerot, Achat hat farbige Streifen und Muster, Jaspis ist ziegelrot oder dunkelgrün. Auch wenn alle es sagen: Amethyst ist hier kaum zu finden, und wenn, dann ist er sehr hell. Es ist verboten, Fossilien mitzunehmen!

von Fossilien prähistorischer Reptilien, Halbedelsteinen aus Parrsboro und der ganzen Welt und sogar einen einzigartigen Fußabdruck des kleinsten Dinosauriers der Welt, den der Besitzer Eldon George höchstpersönlich gefunden hat. Wenn er gerade da ist, sollte man sich unbedingt mit ihm unterhalten, denn er ist einer der bekanntesten und beliebtesten Persönlichkeiten von Parrsboro.

Tysons' Fine Minerals MINERALIEN & FOSSILIEN (☎902-254-2376; 249 Whitehall Rd; ⌚ab 10 Uhr) Das Geschäft ist eher ein Museum, zumindest was die Qualität der großen, in allen Farben glitzernden Mineralien angeht, die hier überall zu sehen sind. Manchmal zeigt Besitzerin Helen Tyson den Besuchern auch ihre Privatsammlung, die noch atemberaubender ist.

ℹ Praktische Informationen

Die **Touristeninformation** (☎902-254-3266; 69 Main St; ⌚Juni-Okt. 10–19 Uhr) bietet Informationen zu den Gezeiten und kostenlosen Internetzugang.

Cape d'Or

Das spektakuläre Kap mit den steil abfallenden Klippen erhielt den Namen „Goldenes Kap" 1604 von Samuel de Champlain, der die glitzernden Adern in den Klippen für Gold hielt – tatsächlich ist es aber Kupfer. Nachdem das Kupfer von 1897 bis 1905 abgebaut worden war, ist von dem „goldenen" Glitzern heute nichts mehr zu sehen.

LP TIPP **Lightkeeper's Kitchen & Guest House** (☎902-670-0534; www.capedor.ca; EZ/DZ mit Meerblick 80/110 C$; (wifi)) Die ehemalige Wohnung des Leuchtturmwärters ist nun eine sehr entspannte Pension mit vier Zimmern, die sich an einem der schönsten Orte in Nova Scotia überhaupt befindet – vor allem, wenn die Sonne scheint. Der Weg ins Paradies führt über eine Nebenstraße des Hwy 209 bis nach Cape d'Or, von dort geht es zu Fuß auf einem Trampelpfad weiter bis zum Leuchtturm. Im kosmopolitischen **Restaurant** (Hauptgerichte mittags 9-16 C$, abends 22-28 C$; ⌚12–19 Uhr; ✎), das Meeresfrüchte, Fleisch und Vegetarisches zu originellen Kreationen verarbeitet, läuft gedämpfte Technomusik im Hintergrund.

> **AGE OF SAIL HERITAGE CENTRE**
>
> In Port Greville, etwa 20 km westlich von Parrsboro an der Rte 209, lohnt es sich, kurz anzuhalten, einen Tee zu trinken, köstliche Backwaren zu essen und das **Age of Sail Heritage Centre** (☎902-348-2030; Rte 209; Erw. 3 C$; ⌚Juni–Sept. 10–18 Uhr) zu besuchen. Das Zentrum bewahrt das Erbe der Schiffsbauer der Region. Auf dem Gelände befindet sich auch eine restaurierte Methodistische Kirche von 1857 und eine alte Schmiede, die noch in Betrieb ist.

Cape Chignecto Provincial Park & Advocate Harbour

Der **Cape Chignecto Coastal Trail** ist ein wild zerklüfteter, 60 km langer Rundwanderweg mit Campingplätzen im Hinterland – oder besser gesagt, in uralten Wäldern. Für die Wanderung sollte man vier Tage und drei Nächte einplanen. Der **Mill Brook Canyon Trail** (hin & zurück 15 km) und die Wanderung zur **Refugee Cove** (hin & zurück 20 km) sind ebenfalls recht anspruchsvoll und erfordern mindestens eine Übernachtung. Es gibt aber auch einfachere Wege und es werden auch immer mehr erschlossen. Der zuletzt eingerichtete Wanderweg ist der **Eatonville Trail** (hin & zurück 5,6 km), der beim Parkeingang der neuen „Phase 2" 15 km nördlich vom Haupteingang beginnt. Manche Wanderer versuchen immer wieder, dem Auf und Ab der Strecken zu entgehen, indem sie bei Ebbe die Abkürzung über den Strand nehmen, doch sie werden oft von den Gezeiten der Bay of Fundy überrascht und von der Küste abgeschnitten. Deshalb sollte man immer eine Gezeitentabelle mitnehmen und die Ratschläge des Parkpersonals befolgen, um nicht auf irgendwelchen Felsen festzusitzen.

Parkbesucher müssen sich im **Visitor Centre** (☎902-392-2085; www.capechignecto.net; 1108 West Advocate Rd; Wandergenehmigung 5/25 C$ pro Tag/Jahr, Stellplatz 24 C$; ⌚Mo–Do 8–19, Fr & Sa 8–20 Uhr) registrieren lassen und die geplante Wegstrecke angeben. Wer im Hinterland campen will, muss den Platz zuvor reservieren. Neben 51 Stellplätzen in freier Natur, die sich auf sechs Stellen entlang des Küstenwegs verteilen, und 27 Plätzen beim Besucherzentrum, für die keine Reservierung erforderlich ist, gibt's noch eine Schlafbaracke (53,40 C$ für bis zu 4 Pers.) und eine Hütte in der Wildnis (53,40 C$ für bis zu 4 Pers.).

Die nächstgelegene Stadt ist **Advocate Harbour**, etwa 2 km südöstlich des Parkeingangs. Die Lage ist einfach atemberaubend: Auf dem 5 km langen Strand stapelt sich das Treibholz, bevor es wieder von den Gezeiten durcheinandergewirbelt wird. Hinter dem Strand erstrecken sich Salzmarschen, die die Akadier mithilfe von Deichen einst dem Meer abtrotzten und die heute von unzähligen Vögeln bevölkert sind.

Nova Shores Adventures (☎866-638-4118; www.novashores.com; Hwy 33, Advocate Harbour; Tagestour 85 C$, 2-tägige Tour inkl. Übernachtung & Essen 350 C$; 📶) bietet Kajaktouren durch den Cape Chignecto Provincial Park an, bei denen man oft Seehunde und Bären zu Gesicht bekommt. In der viktorianischen Villa, in der sich das Hauptbüro befindet, vermietet der Veranstalter auch ein wunderschönes Zimmer mit Blick aufs Meer (110 C$/Nacht).

LP TIPP **Wild Caraway Restaurant & Cafe** (☎902-392-2889; www.wildcaraway.com; 3721 Hwy 209; Gerichte etwa 20 C$, Zi. 80 C$; 📶) In dem ausgezeichneten Restaurant in Advocate Harbour kann man auch übernachten. Vom einladenden, gemütlichen und sehr gepflegten viktorianischen Haus sieht man den Hafen, der aber oft im dichten Nebel verschwindet.

Joggins

Das zwischen Amherst und Advocate Harbour an der Chignecto Bay gelegene Joggins ist berühmt für seine Meeresklippen voller Fossilien, die von der Unesco zum Weltnaturerbe erklärt wurden. Nirgendwo sonst auf der Erde bekommt man eine bessere Vorstellung davon, wie das Leben im Karbon vor mehr als 300 Mio. Jahren ausgesehen hat. Die Unmengen von Fossilien, die in den Klippen der 15 km langen Küste entdeckt wurden, sind in ihrer ursprünglichen Lage erhalten geblieben. Unter ihnen sind viele Versteinerungen von seltenen Landtierarten. Hoch oben auf den Klippen thront das große, nagelneue **Joggins Fossil Centre** (www.jogginsfossilcliffs.net; 100 Main St; Erw./Kind 8/6 C$; ⌚9.30–17.30 Uhr), das mithilfe von Ausstellungen und Filmvorführungen erklärt, was die Besucher an den Fundstätten erwartet. Die günstigste Zeit für eine Besichtigung ist bei Ebbe, wenn alle Strände zugänglich sind und auch die interessanteren Stellen nicht unter Wasser stehen. Die vom Fossil Centre angebotenen Führungen sind sehr zu empfehlen. Sie kosten ab 5 C$ aufwärts und können online gebucht werden. Feste Startzeiten gibt es nicht, da sie sich nach den Gezeiten richten.

Amherst

Amherst ist der geografische Mittelpunkt der Atlantikprovinzen und ein wichtiger Verkehrsknotenpunkt für Reisende, die in Nova Scotia, Prince Edward Island (P.E.I.) und New Brunswick unterwegs sind. Es lohnt sich nicht, allzulange in der Stadt zu bleiben, denn sowohl die Bay of Fundy als auch die Northumberland Strait (zwischen Nova Scotia und P.E.I) sind nur einen Katzensprung entfernt. Aber dennoch sich in der Altstadt einige imposante Gebäude zu bewundern. Ganz in der Nähe – an der Ausfahrt 3 des Trans-Canada-Highway – erstreckt sich das 490 ha große **Amherst Point Migratory Bird Sanctuary**, in dem man unzählige Zugvögel beobachten kann. Die wuchtige Touristeninformation **VIC** (☎902-667-8429; ⌚8.30–20 Uhr) befindet sich an der Ausfahrt 1 des Hwy 104, gleich nach dem Grenzübergang von der Provinz New Brunswick aus.

Die Busse von **Acadian Lines** (☎902-454-9321, 800-567-5151; www.acadianbus.com), die regelmäßig nach Halifax fahren, starten an der **Irving-Mainway-Tankstelle** (☎902-667-8435; 213 S Albion St). Auf dem Trans-Canada-Highway östlich von Amherst wird eine Maut von 4 C$ verlangt. Das soll die Autofahrer veranlassen, auf dem landschaftlich reizvollen Hwy 2 durch Parrsboro statt auf dem öden – aber wesentlich schnelleren – Hwy 104 zu fahren. Auch der Sunrise Trail (Hwy 6) durch Pugwash und Tatamagouche nach Pictou ist mautfrei.

SUNRISE TRAIL

Es heißt, das Wasser in der Northumberland Strait zwischen der Nordküste von Nova Scotia und Prince Edward Island sei das wärmste nördlich von North und South Carolina in den USA: Im Sommer erreicht es eine Durchschnittstemperatur von etwas mehr als 20 °C. Kein Wunder, dass die Gegend eine bevorzugte Gegend für Strandgänger und Radfahrer ist, aber es gibt auch nette Städtchen auf dem Land zu entdecken.

Wallace

Wallace ist der ideale Ort zum Vögel beobachten und Muscheln sammeln. Die Touristeninformation befindet sich im **Wallace Museum** (☎902-257-2191; Hwy 6; ⌚Mo–Sa 9–17, So 13–16 Uhr), das ansonsten eine Sammlung von Flechtkörben der Mi'kmaq, Kleider aus verschiedenen Epochen und Erinnerungsstücke an den Schiffsbau zeigt.

Das 585 ha große Vogelschutzgebiet des **Wallace Bay Wildlife Bird Sanctuary**, 1 km nördlich des Hwy 6 an der Aboiteau Rd, umfasst Salzmarschen und Süßwassersumpfgebiete. Im Frühjahr nisten oft Weißkopfseeadler in der Nähe des Parkplatzes, der sich auf der linken Seite direkt vor dem Damm befindet.

Wentworth

Ein Abstecher ins 25 km südlich von Wallace am Hwy 307 gelegene Wentworth Valley im Landesinneren lohnt sich vor allem im Herbst, wenn das Laub der Bäume in allen Farben leuchtet. Das an eine Berghütte erinnernde **Wentworth Hostel** (☎902-548-2379; www.hihostels.ca; 249 Wentworth Station Rd; HI-Mitglied/Nicht-Mitglied B 20/25 C$, Zi. 40/45 C$) mit 24 Betten liegt 1,3 km westlich des Hwy 4. Von der Valley Rd führt ein steiler, unbefestigter Weg zur Wentworth Station Rd hinauf. Schon seit einem halben Jahrhundert wird das 1866 errichtete, weitläufige Bauernhaus als Jugendherberge genutzt. Es liegt zentral genug, um sich als Basislager für den Sunrise Trail und auch den größten Teil der Minas Bay zu eignen. Wander- und Mountainbikewege beginnen direkt vor der Tür. Besonders im Winter ist das Hostel oft ausgebucht, denn die Gegend ist ein beliebtes Skigebiet für Langlauf und Abfahrt.

Tatamagouche

Die Halbinsel Malagash, die in die geschützte Tatamagouche Bay hineinragt, ist eine bescheidene, ländliche Gegend, die man gut mit dem Auto oder Rad abfahren kann. Unterwegs kann man beim einzigen Winzer den örtlichen Wein probieren, jede Menge Strände erkunden oder einen Blick in einige interessante Museen im Hinterland werfen. Tatamagouche ist der größte Küstenort an der Northumberland Strait westlich von Pictou und eignet sich hervorragend als Basislager für die Erkundung der Gegend. Das **Fraser Cultural Centre** (☎902-657-3285; 362 Main St; ⌚Mitte Juni–Sept. Mo–Fr 10–17, Sa 10–16, So 11–15 Uhr) bietet Infos für Touristen, Internetzugang und eine Ausstellung zur Stadtgeschichte.

Sehenswertes & Aktivitäten

Jost Winery WEINGUT

(☎902-257-2636; www.jostwine.com; am Hwy 6, Malagash; ⌚Führung Mitte Juni–Mitte Sept. 12 & 15 Uhr) Die Führungen auf dem wunderschön gelegenen Weingut Jost sind gratis, ebenso die Verkostung von normalem Wein. Für die Eisweinprobe zahlt man 5 C$. Wer alle drei Eisweinsorten probieren will, sollte nach drei kleinen Gläsern zum Preis von einem großen fragen. Das Weingut liegt etwa 5 km entfernt vom Hwy 6 und ist gut ausgeschildert.

Mühlen

Die **Balmoral Grist Mill** (☎902-657-3016; 660 Matheson Brook Rd; Erw./Kind 3/2 C$; ⌚Mo–Sa 9.30–17.30, So 13–17.30 Uhr) liegt traumhaft schön an dem Fluss, der einst ihr Mühlrad angetrieben hat. Im Sommer wird hier noch immer Weizen gemahlen. Um zur Mühle zu kommen, fährt man am östlichen Ende von Tatamagouche auf den Hwy 311 in Richtung Süden und dann weiter auf dem Hwy 256 nach Osten.

Fährt man nach der Balmoral Grist Mill noch etwas weiter nach Osten auf dem Hwy 256 und danach auf dem Hwy 326 nach Norden, gelangt man zur **Sutherland Steam Mill** (☎902-657-3365; am Hwy 326, Denmark; Erw./Kind 3/2 C$; ⌚Mo–Sa 9.30–17.30, So 13–17.30 Uhr). In der 1894 errichteten Dampfmühle wurden bis 1958 Holzbalken und Bretter zugesägt, Kutschen, Eisenbahnwaggons und Fenster gebaut.

Strände

Der **Blue Sea Beach** auf der Halbinsel Malagash hat feinen Sand und warmes Wasser. Direkt dahinter erstreckt sich ein Sumpfgebiet, in dem man prima Vögel beobachten kann. Am Strand gibt's Picknicktische und Unterstände zum Umziehen. Auf dem **Rushton's Beach** östlich von Tatamagouche in Brule stehen überall kleine Hütten. Ein Abstecher lohnt sich dennoch, denn in den angrenzenden Salzmarschen kann man nach Vögeln und Robben Ausschau halten (am Ende des Plankenwegs nach links bis zum Ende des Strands gehen).

Tatamagouche Centre REFUGIUM
(☎800-218-2220; www.tatacentre.ca; Loop 6) Das schwulen- und lesbenfreundliche Zentrum, das zur United Church of Canada gehört, ist ein Ort des Rückzugs und der Einkehr. In Crashkursen lernen die Gäste biologischen Gartenbau, Yoga (2-tägiger Kurs inkl. Unterkunft 250 C$) und vieles mehr. Absolutes Highlight sind die Exkursionen zu den Powwows der First Nations.

Feste & Events

Oktoberfest ESSEN & TRINKEN
(☎902-657-2380; Eintritt 10-20 C$; ⏲Sept.) Das allseits beliebte Oktoberfest findet bereits am letzten Wochenende im September statt.

Schlafen & Essen

Train Station Inn INN $$
(☎902-657-3222, 888-724-5233; www.trainstation.ca; 21 Station Rd; Waggon 89–179 C$) Museum, schräger Souvenirladen, Restaurant, Hotel ... das alles ist in einem stillgelegten Zug untergebracht. Die einzigartigen, mit Bildern von alten Zügen, Spielzeugeisenbahnen und Lokomotivbildbänden ausgestatteten Suiten in den Waggons sind der Traum eines jeden Jungen. Und auch der von James LeFresne, der gegenüber der Gleise aufgewachsen ist und den Bahnhof vor dem Abriss bewahrte. Damals war er gerade mal 18 Jahre alt. Heute kann man im Speisewagen von 1928 köstliche Meeresfrüchte, Fleischgerichte und Salate genießen. Das Frühstück mit Blaubeerpfannkuchen (6 C$) wird im Stationsgebäude serviert. Eine kostenlose Broschüre für die Besichtigung auf eigene Faust gibt's im Souvenirladen.

Sugar Moon Farm FARM $
(☎902-657-3348, 866-816-2753; www.sugarmoon.ca; Alex Macdonald Rd, am Hwy 311, Earltown; Hauptgerichte 8-13 C$; ⏲Juli & Aug. Do–Mo 9–17 Uhr, Sept.–Juni Sa & So 9–17 Uhr) Das Essen – einfache, aber köstliche Pfannkuchen und Würstchen aus der Region, alles mit Ahornsirup serviert – ist das Highlight dieser Farm mitten im Wald, die Ahornprodukte aller Art herstellt. Via Internet werden die Termine der monatlichen „Chef's Night" bekanntgegeben: Dann verwöhnt der Küchenchef an einem Samstagabend seine Gäste mit einem Menü zum Festpreis (69 C$).

Shoppen

Lismore Sheep Farm SOUVENIRS
(☎902-351-2889; 1389 Louisville Rd, am Hwy 6; ⏲9–17 Uhr) Die Farm mit mehr als 300 Schafen ist auch dann einen Besuch wert, wenn man weder Lammfell noch Decke oder Socken aus Schafwolle kaufen will. Von Mai bis Oktober sind Stall und Scheune für Besucher geöffnet (Erw./Kind 2/1 C$), die alles über die Produktion von Wolle erfahren und die Lämmer streicheln dürfen.

Pictou

Viele Leute kommen nur für einen Tagesausflug nach Pictou (*pik-toh*) oder wechseln die Fähre auf ihrem Weg von und nach Prince Edward Island. Dabei ist das Städtchen ein angenehmer Ausgangspunkt für die Erkundung der Northumberland Strait. Die Hauptstraße Water St ist gesäumt von interessanten Geschäften und wunderbaren, alten Steinhäusern, aber leider wird der Blick aufs Meer durch eine riesige Räucherei in der Ferne verdeckt. Pictou gilt als die „Geburtsstätte Neuschottlands", denn hier landeten die ersten schottischen Einwanderer, die 1773 nach Nova Scotia kamen.

Sehenswertes & Aktivitäten

Im Caribou/Munroe's Island Provincial Park (S. 400) kann man herrlich baden und sich danach mit einem Picknick stärken.

Hector SCHIFF
Im Sommer kann ein Nachbau des Schiffes *Hector*, auf dem die ersten 200 Einwanderer aus dem schottischen Hochland nach Nova Scotia kamen, besichtigt werden. Im **Hector Heritage Quay** (☎902-485-4371; 33 Caladh Ave; Erw./Student 5/2 C$; ⏲Mitte Mai–Anfang Okt. Mo–Sa 9–17, So 12–17 Uhr) wird anhand einer wieder aufgebauten Schmiede, einer Sammlung von Werkzeugen und Ausrüstungsgegenständen für den Schiffsbau sowie einer Ausstellung über die *Hector* und ihre Passagiere die Situation der ersten schottischen Siedler erläutert. Die Führungen durch das Museum beginnen um 10 und 14 Uhr.

Northumberland Fisheries Museum MUSEUM
(☎902-485-4972; 71 Front St; Erw./Student 4/2 C$; ⏲Mo–Sa 10–18 Uhr) Das Museum in einem ehemaligen Bahnhof erzählt die Geschichte der Fischfangindustrie in der Region. Zu den Ausstellungsstücken gehören

seltsame Meereskreaturen und die schicke *Silver Bullet,* eines der ersten Hummerfangboote aus den 1930er-Jahren.

Feste & Events

Pictou Landing First Nation Powwow KULTUR
(☎902-752-4912; ⏱1. Wochenende im Juni) Bei dem jährlich stattfindenden Powwow auf der anderen Seite des Hafens von Pictou, 25 Minuten Autofahrt hinter New Glasgow, wird der Sonnenaufgang mit verschiedenen Zeremonien, Trommelmusik und Kunsthandwerksvorführungen gefeiert. Campingplätze und Essen gibt's auf dem Gelände, das absolut drogen- und alkoholfrei ist.

Lobster Carnival ESSEN & TRINKEN
(☎902-485-5150; www.townofpictou.com; ⏱2. Woche im Juli) Was 1934 als Karneval der Fischer begann, ist heute ein viertägiges Fest, das neben kostenloser Unterhaltung und Bootsrennen jede Menge Möglichkeiten bietet, in Hummer zu schwelgen.

Hector Festival MUSIK
(☎902-485-8848; www.decostecentre.ca; ⏱Mitte Aug.) Mit kostenlosen Freiluftkonzerten, Tänzen aus dem schottischen Hochland und Dudelsackwettbewerben wird der Ankunft der *Hector* gedacht, die natürlich auch nachgespielt wird.

Schlafen & Essen

Pictou Lodge HOTEL $$
(☎902-485-4322, 888-662-7484; www.pictoulodge.com; 172 Lodge Rd, an der Braeshore Rd; Zi./Hütte ab 139/159 C$;) Die stimmungsvolle Ferienanlage aus den 1920er-Jahren liegt in einem mehr als 60 ha großen Waldgebiet zwischen Pictou und dem Caribou/Munroe's Island Provincial Park. In den schön renovierten Blockhütten direkt am Meer sind noch die gemauerten Originalkamine erhalten. Motelzimmer stehen ebenfalls zur Verfügung. Außerdem gibt's ein Schachspiel mit lebensgroßen Figuren, Kajaks, einen hoteleigenen Strand und das beste Restaurant der Stadt.

Customs House Inn INN $$
(☎902-485-4546; www.customshouseinn.ca; 38 Depot St; Zi. inkl. Frühstück 80–170 C$; @) Die hohen Steinmauern hier sind zum einen richtig schick, zum anderen aber auch beruhigend massiv. Ebenso stabil und elegant wie die Mauern ist die Einrichtung mit rustikalen Antiquitäten. Viele Zimmer haben Blick aufs Wasser. Die absolut gleich aussehenden, eineiigen Zwillingsbrüder, die das Haus führen, ließen schon so manchen Gast seinen Augen nicht trauen.

Willow House Inn B&B $$
(☎902-485-5740; www.willowhouseinn.com; 11 Willow St; Zi. mit Gemeinschafts-/eigenem Bad 60/120 C$;) Das historische Gebäude wurde um 1840 errichtet und ist ein Labyrinth aus Treppen und gemütlichen, altmodischen Zimmern. Die gesprächigen Besitzer machen ein tolles Frühstück und haben viele Tipps zu Unternehmungen in der Gegend.

Caribou/Munroe's Island Provincial Park CAMPING $
(☎902-485-6134; www.parks.gov.ns.ca; 2119 Three Brooks Rd; Stellplatz 24 C$) Der Campingplatz liegt direkt an einem fantastischen Strand, keine 5 km von Pictou entfernt. Die Plätze 1 bis 22 grenzen an die Service-Einrichtungen und bieten deshalb kaum Privatsphäre, die Plätze 78 bis 95 sind geschottert und gut für Wohnmobile geeignet. Die übrigen Plätze liegen unter Bäumen und sind recht abgeschieden.

Carver's Coffeehouse & Studio CAFÉ $
(☎902-382-3332; 41 Coleraine St; kleine Gerichte etwa 8 C$; ⏱8–21 Uhr) Das freundliche, einladende Café ist zugleich die Schnitzwerkstatt von Keith Matheson, der die Holzarbeiten auf dem *Hector*-Nachbau ausführte. Seine Lebensgefährtin Anne führt das Café, dessen Spezialitäten aus herrlich dekadenten Desserts, traditionellen schottischen Haferkuchen und starkem Kaffee besteht, der kostenlos nachgeschenkt wird.

Pressroom Pub & Grill RESTAURANT $$
(☎902-485-4041; 50 Water St; Hauptgerichte 8–15 C$; ⏱11–24 Uhr) In dem Pub-Restaurant geht es tatsächlich oft zu wie in einer voll ausgelasteten Druckerei. Standardsalate, Sandwiches, Wraps oder Meeresfrüchteeintopf werden aber auch auf der großen Außenterrasse serviert.

Unterhaltung

deCoste Centre MUSIK & THEATER
(☎902-485-8848; www.decostecentre.ca; 91 Water St; Karte etwa 18 C$; ⏱Kasse Mo–Fr 11.30–17, Sa & So 13–17 Uhr) Das beeindruckende Zentrum der darstellenden Künste gegenüber vom Hafen bringt eine breite Auswahl an Liveshows auf die Bühne. Im Sommer finden von Dienstag bis Donnerstag jeweils um 14 Uhr *ceilidhs* (*kei*-lies) statt, bei denen schottische Musik der Spitzenklasse geboten wird (Erw./Kind 15/7 C$).

Praktische Informationen

Pictou Public Library (☎902-485-5021; 40 Water St; ⊙Di & Do 12–21, Mi 12–17, Fr & Sa 10–17 Uhr) In der Bibliothek kann man kostenlos im Internet surfen.

Town of Pictou (www.townofpictou.com) bietet viele Links zu Sehenswürdigkeiten und Festivals.

VIC (☎902-485-6213; Pictou Rotary; ⊙Juli & Aug. 8–21.30 Uhr, Mai, Juni & Sept.–Mitte Dez. 9–19 Uhr) Die große Touristeninformation nordwestlich der Stadt empfängt die Reisenden, die mit der Fähre von P. E. I. ankommen.

An- & Weiterreise

Von Pictou verkehren Fähren nach Prince Edward Island. Weitere Infos gibt's auf S.349.

New Glasgow

New Glasgow, die größte Stadt an der Northumberland Strait, war schon immer ein Industriezentrum: Das erste Bergwerk wurde 1807 im benachbarten Stellarton eröffnet. Dennoch ist es eine angenehme Stadt mit vielen in Ehren ergrauten Gebäuden, durch deren Zentrum ein Fluss fließt und die einige gute Restaurants zu bieten hat. Die wenigen Sehenswürdigkeiten befinden sich aber in Stellarton, 5 km südlich von New Glasgow.

Sehenswertes & Aktivitäten

GRATIS **Crombie Art Gallery** KUNSTGALERIE
(☎902-755-4440; 1780 Abercrombie Rd; ⊙Führungen Juli & Aug. Mi 9–11 & 13–16 Uhr, jeweils zur vollen Stunde) Die private Kunstgalerie, die sich im Wohnhaus des Begründers der Supermarktkette Sobey befindet, verfügt über eine ausgezeichnete Sammlung kanadischer Kunst des 19. und frühen 20. Jhs., darunter Werke von Cornelius Krieghoff und der *Group of Seven*.

Museum of Industry MUSEUM
(☎902-755-5425; www.industry.museum.gov.ns.ca; Hwy 104, Ausfahrt 24; Erw./Kind 7/3 C$; ⊙Mo–Sa 9–17, So 10–17 Uhr) Ein Paradies für Kinder: Anhand einer interaktiven Ausstellung wird Wasserkraft demonstriert, und an einem Fließband können die Kleinen (und Großen) versuchen, mitzuhalten.

Essen

The Bistro RESTAURANT $$
(☎902-752-4988; 216 Archimedes St; Hauptgerichte 18–27 C$; ⊙Di–Sa abends) Die einzige konstante Größe ist die kreative Verwendung von Gewürzen und Saucen. Die Karte wechselt täglich, je nach saisonalem Angebot. Im Sommer werden nur Bioprodukte verarbeitet. Unbedingt zu empfehlen ist der nach Thai-Art gegrillte Lachs oder die Schweinelendchen mit Feigenbutter. Die ausgestellten Werke lokaler Künstler können auch gekauft werden.

Café Italia RESTAURANT $
(☎902-928-2233; 62 Provost St; Pizza & Salat 8 C$; ⊙Mo–Do 7.30–22, Fr 7.30–24, Sa 11.30–22 Uhr) Zwischen 12 und 13 Uhr ist die kleine Trattoria voll mit Einheimischen, die leckere Salate, Sandwiches, hausgemachte Pasta und Pizzas mit dünnem, knusprigem Boden genießen. Morgens gibt's zwar Kaffee und Snacks, aber kein richtiges Frühstück.

Antigonish

Die herrlichen Strände und tollen Wanderwege nördlich der Stadt sind alleine schon Grund genug, einige Tage hierzubleiben, aber zudem ist Antigonish (Än-tih-guh-*nisch*) selbst eine sehr lebendige Stadt mit einigen ausgezeichneten Restaurants. Hier ließen sich einst katholische Schotten nieder und gründeten die St. Francis Xavier University, die bis heute das Bild der Stadt prägt. Außerdem ist Antigonish bekannt für die Highland Games, die schon seit 1861 alljährlich im Juli stattfinden.

Sehenswertes & Aktivitäten

St. Francis Xavier University GEBÄUDE
Der reizvolle Campus der 125 Jahre alten St. Francis Xavier University befindet sich hinter der romanischen **Kathedrale St. Ninian** (120 St Ninian St; ⊙7.30–20 Uhr). Die **Halle der Clans** befindet sich im 3. Stock des alten Flügels der Angus L. MacDonald Library, direkt hinter dem Parkplatz der Kathedrale St. Ninian. Darin sind alle Wappen der schottischen Klans ausgestellt, die sich in dieser Region niedergelassen haben. Und diese Klans treffen sich auch immer im Juli zu den Highland Games in Antigonish.

Antigonish Landing NATURSCHUTZGEBIET
Ein 4 km langer Rad- und Wanderweg, der in das Naturschutzgebiet von Antigonish Landing führt, beginnt beim Museum, auf der anderen Seite der Eisenbahngleise, 400 m die Adam St hinunter. In dem Gebiet rund um die Flussmündung kann man gut Adler, Enten, Fischadler und viele andere Vögel beobachten.

Feste & Events

Antigonish Highland Games KULTUR
(www.antigonishhighlandgames.ca; Mitte Juli) Bei dem fantastischen Fest wird viel getanzt, auf dem Dudelsack gespielt und Schwergewichtiges wie Baumstämme oder Eisenkugeln gestemmt.

Evolve MUSIK
(www.evolvefestival.com; Ende Juli) Auf insgesamt fünf Bühnen wird Funk, Bluegrass, Hip-Hop und vieles mehr gespielt. Daneben gibt's von Puppentheater bis zum Medienführerschein alle möglichen Workshops.

Schlafen & Essen

Antigonish Highland Heart B&B B&B $$
(902-863-1858, 800-863-1858; www.bbcanada.com/3241.html; 135 Main St; Zi. 85-95 C$;) Die freundliche, stets lächelnde Besitzerin Shebby verleiht ihrem zentral gelegenen Haus von 1854 mit netten Details wie Stoffpuppen auf den Betten den besonderen Touch.

LP TIPP **Gabrieau's Bistro** RESTAURANT $$
(902-863-1925; 350 Main St; Hauptgerichte mittags 8-13 C$, abends 16-30 C$; Mo–Sa 7.30–21.30 Uhr;) Zum Frühstück gibt's Kaffee und Gebäck, mittags und abends eine Auswahl sehr kreativer vegetarischer Gerichte und Salate sowie Fleisch und Meeresfrüchte. Die Einheimischen schätzen Küchenchef Mark Gabrieau dafür, dass er die kulinarische Messlatte in Antigonish so hoch legt. Der auf Zedernholz gebratene Lachs mit Kapuzinerkressebutter und einer feinen Weißweinsauce mit Zitronengras ist einfach göttlich!

Sunshine on Main Café CAFÉ $
(902-863-5851; 332 Main St; Hauptgerichte 8-13 C$; So–Do 7–21, Fr & Sa 7–21.30 Uhr) Wer genug vom ewig gleichen frittierten Essen hat, bekommt in diesem freundlichen Café gesundes Frühstück, Mittag- und Abendessen, das alles mit reichlich Bioprodukten zubereitet wird.

Praktische Informationen

Antigonish Public Library (902-863-4276; 274 Main St; Di & Do 10–21, Mi, Fr & Sa 10–17 Uhr) Die Bibliothek gewährt kostenlosen Internetzugang, der Eingang ist an der College St.

VIC (902-863-4921; 56 West St; Mitte Juni–Anfang Okt. 10–18, Juli & Aug. 10–20 Uhr) Bei der Touristeninformation bekommt man allerlei Broschüren, kann Ortsgespräche führen und kostenlos im Internet surfen. Das Büro befindet sich auf dem Parkplatz des Einkaufszentrums Antigonish Mall, an der Kreuzung der Hwys 104 und 7.

An- & Weiterreise

Die Busse von **Acadian Lines** (902-454-9321, 800-567-5151; www.acadianbus.com) halten vor dem Bloomfield Centre bei der St. Francis Xavier University.

Rund um Antigonish

POMQUET

Das winzige Akadierdorf liegt 16 km östlich von Antigonish an einem atemberaubenden **Strand** mit 13 Dünen, die ständig größer werden, denn die Wellen spülen jedes Jahr gut 4000 LKW-Ladungen von Sand an diesen Strand. In den Salzmarschen hinter den Dünen sind viele Vogelarten zu Hause. Das gemütliche **Sunflower B&B** (902-386-2492; www.bbcanada.com/5382.html; 1572 Monk's Head Rd; Zi. 85-115 C$;) befindet sich direkt am Strand.

Cape George

Eine hübsche Tagestour führt von Antigonish über Malignant Cove rund um Cape George. Die 72 km lange Strecke auf dem Hwy 245 wird auch als Mini-Cabot-Trail (s. S. 405) bezeichnet, doch die Landschaften rund um die beiden Straßen sind doch sehr verschieden: Cape George ist lange nicht so bergig und dicht bewaldet, hat dafür aber mehr Strände.

An einem gut ausgeschilderten Picknickplatz in der Nähe des **Cape George Point Lighthouse** beginnt ein 1 km langer Wanderweg zum Leuchtturm. Der voll automatisierte und eher kleine Leuchtturm selbst ist nicht so sehenswert, dafür aber der Blick auf Cape Breton Island und P.E.I. Die Tafeln am Picknickplatz verweisen auf weitere, längere Wanderwege durch Wälder und an der Küste entlang, darunter auch einen 32 km langen Rundweg.

In alle diese Wege kann man auch am Bootsanleger von **Ballantyne's Cove** einsteigen, einem der schönsten Dörfer in ganz Nova Scotia. Vom Anleger zum Leuchtturm und zurück sind es etwa 8 km. Ein Besuch im **Ballantyne's Cove Tuna Interpretive Centre** (902-863-8162; 57 Ballantyne's Cove Wharf Rd; Eintritt frei; Juli-Sept. 10–19.30 Uhr) lohnt sich, in dem man alles über den Thunfisch und den Thunfischfang erfährt. Fisch zum Essen gibt's im Imbisswagen nebenan.

CAPE BRETON ISLAND

Von oben betrachtet erscheint Cape Breton wie ein Heiligenschein aus Inseln, der über dem Rest von Nova Scotia schwebt. Dieses bewaldete Paradies wird dominiert von Weißkopfseeadlern, wandernden Walen, Geschichte zum Anfassen und mitreißender Musik. Allen voran der Ceilidh Trail die westliche Küstenlinie entlang bringt keltische Musik die Pubs und Gemeindezentren zum Vibrieren. Hat man schließlich den Cabot Trail erreicht, bekommt man rund um Chéticamp weithin hörbar vielseitigere Melodien nach akadischer Art auf die Ohren.

Der 300 km lange Cabot Trail führt rund um den Cape Breton Highlands National Park. Er klettert um und über Küstengebirge, mit tollen Ausblicken aufs Meer an jeder Biegung, Elchen auf den Straßen (Achtung!) und jeder Menge Wege, an denen man Halt machen und wandern kann.

Es gibt viele Möglichkeiten, Abstecher zu machen: beispielsweise nach Glace Bay, um aus erster Hand etwas über die Geschichte des Kohlebergbaus in dieser Region zu erfahren, oder zur historischen Festungsanlage Fortress of Louisbourg im Osten für eine Kostprobe des Militärlebens im 18. Jh. oder auch ins Highland Village Museum in Iona, wo man einen umfassenden Einblick in den Alltag der schottischen Einwanderer bekommt. Die Gegend um den Bras d'Or Lake eignet sich perfekt zur Erkundung von Geschichte und Gegenwart der Mi'kmaq First Nation, und in Baddeck erfährt man endlich all das über Alexander Graham Bell, was man schon immer wissen wollte.

Die meisten Besucher kommen im Juli und August hierher, und viele Restaurants, Unterkünfte und VICs haben deshalb nur von Mitte Juni bis September geöffnet. **Celtic Colours** (www.celtic-colours.com; ⌚Okt.) ist ein tolles jährliches Musikfestival mit jeder Menge Veranstaltungen überall auf Cape Breton Island. Es lockt Spitzenmusiker aus Schottland, Spanien und anderen Ländern mit einer Verbindung zum Keltischen herbei und sorgt mit dafür, dass die Saison bis in den Herbst hinein ausgedehnt wird – ein hervorragender Zeitpunkt, um der Insel einen Besuch abzustatten.

Port Hastings

Seit 1955 die Dammstraße des Canso Causeway über die Strait of Canso fertiggestellt wurde, ist Cape Breton Island eigentlich keine Insel mehr. Die große und geschäftige Touristeninformation **VIC** (☎902-625-4201; 96 Hwy 4; ⌚9–20 Uhr) befindet sich auf der rechten Seite, wenn man in Richtung Cape Breton Island fährt. Hier sollte man unbedingt vorbeischauen, denn es gibt nur wenige Besucherzentren auf Cape Breton Island selbst – und von diesen wenigen sind die meisten auch noch nur im Juli und August geöffnet. Das Personal ist sehr gut informiert, und eine ganze Wand ist mit Plakaten vollgehängt, die Squaredance und Ceilidhs ankündigen.

Ceilidh Trail

Gleich links hinter dem VIC in Port Hastings beginnt der Ceilidh Trail (Hwy 19). Bevor man sich auf die kurvige Strecke entlang der Westküste der Insel begibt, sollte man die Tanzschuhe anziehen: Diese Gegend, die einst von Schotten mit der Fidel in der Hand besiedelt wurde, ist bekannt für *ceilidhs*, für Squaredance und jede Menge Party.

Eine großartige Einführung in die Kultur dieser Region bietet das **Celtic Music Interpretive Centre** (☎902-787-2708; www.celticmusicsite.com; 5473 Hwy 19; Eintritt 12 C$; ⌚Juni–Aug. Mo–Fr 9–17 Uhr). Zur 30-minütigen Führung, die die Besucher auf eigene Faust unternehmen müssen, wenn gerade kein Museumsführer da ist, gehören auch eine kurze Einweisung ins Fidel-Spiel und ein bis zwei Tanzschritte. Rund um die Empfangstheke wird Squaredance angeboten, z. B. samstags in der Gemeindehalle von West Mabou oder donnerstagabends in Glencoe Mills. Im Sommer finden im Musikzentrum selbst auch *ceilidh*-Veranstaltungen statt, und zwar montags bis freitags jeweils um 11.30 Uhr.

Creignish B&B (☎902-625-5709; www.bbcanada.com/159.html; 2154 Hwy 19; EZ/DZ/FZ 30/60/75 C$) Das ehemalige Schulhaus wurde in ein Gästehaus und Künstlerparadies verwandelt. Überall sind Wildblumen, Muscheln und Knochen zu finden, an der Decke hängt ein gut 450 kg schwerer, ausgestopfter Thunfisch. Es werden „improvisierte" Kunst- und Kunsthandwerkskurse angeboten und die Inhaberin Sandra kennt die bestgehüteten Geheimnisse von Cape Breton Island. Die Zimmer sind groß, gemütlich und nur zehn Minuten Autofahrt von der Dammstraße entfernt.

MABOU

Auch wenn es auf den ersten Blick nicht so aussieht, ist das winzige Mabou tatsächlich der Mittelpunkt der keltischen Musikszene von Cape Breton Island. Inmitten von grünen Hügeln und ruhigen Buchten kann man tagelang wandern und danach die Nächte durchtanzen. Dazwischen sollte man nicht vergessen, seine Stimmbänder mit einem ordentlichen Single Malt aus der Whiskey-Destillerie am Ende der Straße zu ölen.

Sehenswertes & Aktivitäten

Mabou ist eher ein Ort, den man entdeckt, als dass man hier bestimmte Sehenswürdigkeiten besichtigt. Am besten verlässt man den Hwy 19 an irgendeiner Ausfahrt und lässt sich überraschen, wo man landet.

Glenora Inn & Distillery INN & DESTILLERIE
(☎902-258-2662, 800-839-0491; www.glenoradistillery.com; Hwy 19; Führung mit Verkostung 7 C$; ⌚Führungen Mitte Juni–Mitte Okt. 9–17 Uhr jeweils zur vollen Stunde) Die Glenora Distillery ist die einzige Destillerie Kanadas, in der Single-Malt-Whiskey gebrannt wird. Nach Führung und Verkostung kann man im ausgezeichneten Pub-Restaurant noch zu Mittag oder Abend essen – jeweils mit *cheilidh*-Begleitung – und sogar über Nacht bleiben. Die höhlenartigen Zimmer (125–150 C$/Nacht) reichen völlig aus, um einen gepflegten Whiskey-Rausch auszuschlafen. Wer es freundlicher haben will, nimmt eine der Hütten (175–240 C$). Das Glenora Inn & Destillery befindet sich 9 km nördlich von Mabou. Führungen finden jeweils zur vollen Stunde statt.

Cape Mabou Highlands NATURSCHUTZGEBIET
Die Cape Mabou Highlands zwischen Mabou und Inverness an der Küste westlich des Hwy 19 sind von unzähligen Wanderwegen durchzogen. Für die 4 bis 12 km langen Wege, die manchmal wegen erhöhter Waldbrandgefahr gesperrt sind, gibt es drei verschiedene Startpunkte. Einen ausgezeichneten Wanderführer (5 C$) verkauft das Lebensmittelgeschäft gegenüber vom Mull Café & Deli, sofern die Wege offen sind. Tafeln mit Wanderkarten sind auch an den Startpunkten vorhanden.

Schlafen & Essen

Clayton Farm B&B B&B $$
(☎902-945-2719; 11247 Hwy 19; EZ/DZ 75/90 C$; @) Die Pension in einem Bauernhaus von 1835 wird vom hart arbeitenden Isaac Smith geführt, der auch die umliegende Rinderfarm bewirtschaftet. In den Gemeinschaftsräumen und gemütlichen Zimmern finden sich überall Erinnerungsstücke an die gute alte Zeit auf Cape Breton und aus dem Familienbesitz. Die perfekte Landidylle!

Duncreigan Country Inn INN $$
(☎902-945-2207, 800-840-2207; www.duncreigan.ca; Hwy 19; Zi. inkl. Frühstück 120-195 C$; WLAN) Das unter alten Eichen am Flussufer versteckte Gasthaus hat sehr großzügige, ruhige Zimmer, einige davon mit eigener Terrasse und Blick aufs Wasser. Den Gästen stehen Fahrräder zur Verfügung. Im Restaurant mit Alkoholausschank wird den Hotelgästen das Frühstück serviert und abends auf Bestellung gekocht (Hauptgerichte 10–23 C$).

LP TIPP **Red Shoe Pub** KNEIPE $$
(☎902-945-2996; www.redshoepub.com; 11533 Hwy 19; Hauptgerichte 9-22 C$; ⌚Mi 11.30–24, Do–Sa 11.30–14, So 12–24 Uhr) Der mitten auf dem Ceilidh Trail gelegene Pub ist der Lebensmittelpunkt von Mabou. Zu Bier und hervorragendem Essen – vor allem die Desserts wie Lebkuchen mit Rum-Karamell-Sauce und Fruchtkompott sind ein Gedicht! – spielt ein einheimischer Fidler auf, zumeist ein Mitglied der Familie Rankin. Nach dem Abendessen kommt man dann schnell mit den Einheimischen und anderen Touristen ins Gespräch. Termine für Veranstaltungen finden sich im Internet.

INVERNESS

Die unzähligen Reihen von Arbeiterhäuschen bezeugen die Tradition des Bergbaus in Inverness, der ersten größeren Stadt an der Westküste der Insel. Der Schriftsteller Alistair MacLeod hat die Menschen und die Geschichte dieser Stadt stimmungsvoll beschrieben. Wer's lesen will, kann alle seine Werke bei **Bear Paw** (☎902-258-2528; Hwy 19) neben der Royal Bank erstehen.

In der Nähe des Fischerhafens beginnt ein kilometerlanger, feinsandiger **Strand**, an dem man zumindest im Spätsommer auch baden kann, ohne zu erfrieren. Am Strand entlang führt ein 1 km langer **Plankenweg**. Im alten Bahnhof, der sich direkt hinter dem Strand befindet, dokumentiert das **Inverness Miners' Museum** (☎902-258-3822; 62 Lower Railway St; Eintritt gegen Spende; ⌚Mo–Fr 9–17, Sa & So 12–17 Uhr) die Geschichte des Ortes. Das **Inverness County Centre for the Arts** (☎902-258-2533;

www.invernessarts.ca; 16080 Hwy 19; ⌚10–17 Uhr) ist eine wundervolle Einrichtung, die in verschiedenen Kunstgalerien und einem hochwertigen Geschenkartikelladen die Werke von Künstlern aus dem Ort und der Region präsentiert. Auch Konzerte finden hier statt und der Boden des Konzertsaales ist – natürlich! – zum Tanzen geeignet.

Macleods Inn B&B (☎902-253-3360; www.macleods.com; Broad Cove Rd, am Hwy 19; Zi. 70–125 C$; 📶) ist ein recht nobles B&B mit nicht ganz so noblen Preisen. Das Haus, das sich etwa 5 km nördlich von Inverness befindet, ist groß und modern, aber die Einrichtung entspricht dem alten Erbe von Cape Breton.

Cabot Trail & Cape Breton Highlands National Park

Der Nationalpark, der einer der spektakulärsten in ganz Kanada ist, und die lebhaften Orte in seiner Umgebung sind über den berühmten Cabot Trail zu erreichen. Am schönsten ist die Strecke entlang der Nordwestküste von Cape Breton und dann weiter zur Pleasant Bay. Da die Straße sehr kurvig und anspruchsvoll ist, sollte man die vielen Haltebuchten nutzen, um von dort das Panorama zu genießen. Noch besser ist es natürlich, diese Bilderbuchlandschaft zu Fuß zu erkunden und dabei ständig auf den endlos weiten, eisig kalten Ozean hinauszublicken.

CHÉTICAMP

Während Mabou das Zentrum der keltischen Musik ist, wird im lebhaften Chéticamp nach akadischen Weisen mit volkstümlichen Melodien und französischen Texten getanzt. Dank der geografischen Abgeschiedenheit – die Zufahrtsstraße wurde erst 1949 gebaut – konnte die Stadt ihr kulturelles Erbe weitgehend bewahren. Heute ist Chéticamp das Tor zum Cape Breton Highlands National Park und hat einige Spitzenmuseen zu bieten. Und es gibt jede Menge Möglichkeiten, Livemusik zu erleben – irgendwo ist immer was los. Die 1893 errichtete Kirche St. Pierre, deren silberfarbener Turm die Stadt überragt, ist mit farbenfrohen Fresken geschmückt. Ansonsten ist der Küstenort sehr modern und trist.

Allerdings ist Chéticamp auch bekannt für sein Kunsthandwerk, vor allem die einzigartigen Häkelteppiche, und als Vorreiter der Genossenschaftsbewegung. Die Teppiche sind im Kulturzentrum Les Trois Pignons ausgestellt, Kooperativen sind überall zu finden, sei es die Bank Credit Union, das Co-op-Lebensmittelgeschäft oder das Co-op Artisanale Restaurant.

Im Les Trois Pignons befindet sich auch die Touristeninformation, die Internetzugang bietet.

👁 Sehenswertes & Aktivitäten

Whale Cruisers WALBEOBACHTUNG
(☎902-224-3376, 800-813-3376; www.whalecruisers.com; Government Wharf; Erw./Kind 32/15 C$) Verschiedene Anbieter starten mit ihren Touren am Government Wharf, der sich unterhalb der Kirche auf der gegenüberliegenden Straßenseite befindet. Die meiste Erfahrung hat Captain Cal, der für seine dreistündigen Fahrten bis zu viermal täglich in See sticht. Im Hochsommer sollte man die Tour einen Tag im Voraus buchen.

Les Trois Pignons MUSEUM
(☎902-224-2642; www.lestroispignons.com; 15584 Cabot Trail; Eintritt 5 C$; ⌚9–17 Uhr) In dem ausgezeichneten Museum wird erklärt, wie sich die Herstellung von Häkelteppichen von einer häuslichen Tätigkeit zu einem internationalem Geschäft entwickelt hat. Zudem wird anhand der Häkelteppiche und anderer Gebrauchsgegenstände das Leben und die Handwerkskunst der ersten Siedler in Chéticamp erläutert. Von den Flaschen bis zu den Teppichen wurden fast

JOE'S SCARECROW THEATRE

Etwa 25 km südlich von Chéticamp lohnt sich ein kurzer Stopp, um einen Blick auf dieses ziemlich makabre **Sammelsurium** (☎902-235-2108; 11842 Cabot Trail; Eintritt gegen Spende; ⌚Mitte Juni–Anfang Okt. 8.30–21 Uhr) zu werfen. Von einem völlig erschöpft wirkenden Richard Nixon im Hausanzug bis zu Michael Jackson mit Entenkopf sind eine ganze Reihe lebensgroßer Stoffpuppen zu sehen, die meistens in einem Kreis angeordnet sind und sich an den Händen halten, als ob sie auf ihr Mutterschiff aus dem Weltall warten würden. Das Ganze begann damit, dass Joe Delany aus den Kostümen des Mi-Carême (s. S. 406) Vogelscheuchen herstellte, die schon bald von den Touristen, die auf dem Cabot Trail vorbeifuhren, fotografiert wurden.

alle Ausstellungstücke von einem einheimischen Exzentriker zusammengetragen.

Centre de la Mi-Carême MUSEUM
(☎902-224-1016; www.micareme.ca; 12615 Cabot Trail; Eintritt 5 C$; ⏱9–17 Uhr) Der Mi-Carême, der in der Mitte der Fastenzeit gefeiert wird, ist Chéticamps Antwort auf den Karneval. Die Einheimischen verkleiden sich, setzen Masken auf und ziehen um die Häuser. Dabei sollen die anderen Leute raten, wer sich hinter der jeweiligen Maske verbirgt. Das Museum erzählt die Geschichte dieser Tradition und zeigt einige historische Masken.

Schlafen & Essen

Im Juli und August wird es bei den Unterkünften eng. Es empfiehlt sich deshalb, vorher anzurufen oder schon am frühen Nachmittag einzutreffen.

Chéticamp Outfitters Inn B&B B&B $$
(☎902-224-2776; www.cheticampns.com/cheticampoutfitters; 13938 Cabot Trail; Zi. 65–100 C$, Hütte mit Küche 110 C$; 📶) Die Pension 2 km südlich der Stadt verfügt über eine gute Auswahl an preiswerten Zimmern im akadischen Stil. Der Blick reicht vom Meer zu den Bergen, der Garten ist übersät mit Wildblumen, und manchmal kommt sogar ein Elch vorbei. Vom Speiseraum, in dem die energischen Besitzer das sehr umfangreiche Frühstück servieren, hat man einen herrlichen Panoramablick.

Laurence Guest House B&B B&B $$
(☎902-224-2184; 15408 Cabot Trail; Zi. 70–100 C$) Das schwulen- und lesbenfreundliche B&B in einem denkmalgeschützten Haus befindet sich gegenüber vom Hafen. Die meisten Sehenswürdigkeiten sind von hier aus gut zu Fuß zu erreichen. Die vier mit Antiquitäten möblierten Zimmer haben alle ein eigenes Bad.

Co-op Artisanale Restaurant RESTAURANT $$
(☎902-224-2170; 15067 Main St; Hauptgerichte 8–16 C$; ⏱9–21 Uhr) Die Spezialität des Restaurants sind typisch akadische Gerichte wie Hühncheneintopf (13 C$) oder *pâté à la viande* (Fleischpastete) für 8 C$. Die köstlichen Kartoffelpfannkuchen (8 C$) mit Apfelsauce, Zuckersirup oder saurer Sahne sind leider die einzige Option für Vegetarier.

All Aboard RESTAURANT $$
(☎902-224-2288; Hauptgerichte 8-15 C$; ⏱11–24 Uhr) Das Lieblingslokal der Einheimischen bietet Meeresfrüchte und mehr zu sehr vernünftigen Preisen. Außerdem hält die Karte auch einige kreative Extras wie eine Vinaigrette mit Ahornsirup zum Salat bereit. Das Ambiente ist nautisch frisch. Zu finden ist das Lokal am südlichen Ortseingang von Chéticamp.

☆ Unterhaltung

Doryman's Beverage Room BAR
(☎902-224-9909; 15528 Cabot Trail) Die Kneipe veranstaltet jeden Samstag von 14 bis 16 Uhr „Sessions" (Eintritt 8 C$) mit einem Fidler und Klavierspielern aus Mabou. Sonntags, dienstags, mittwochs und freitags tritt jeweils ab 20 Uhr eine akadische Akustikgruppe auf.

CAPE BRETON HIGHLANDS NATIONAL PARK

Ein Drittel des Cabot Trail führt durch den ausgedehnten Nationalpark, der aus Wald, Tundra und Moorland besteht und spektakuläre Ausblicke aufs Meer bietet. Der 1936 eingerichtete Park umfasst ein Fünftel der Landmasse von Cape Breton Island und ist damit das Juwel in der Inselkrone von Nova Scotia.

Es gibt zwei Parkeingänge, nämlich einen in Chéticamp und einen in Ingonish. Die **Eintrittsgebühr** (Erw./Kind/bis zu 7 Pers. in 1 Fahrzeug 7,80/3,90/19,60 C$) kann an beiden Eingängen bezahlt werden. Ein Tagespass gilt bis 12 Uhr des nächsten Tages. Auf der kostenlosen Karte des Nationalparks, die ebenfalls an beiden Eingängen erhältlich ist, sind für Rollstuhlfahrer geeignete Wege verzeichnet.

Das **Chéticamp Information Centre** (☎902-224-2306; www.parkscanada.gc.ca; 16646 Cabot Trail; ⏱Juli & Aug. 8–20 Uhr, Mitte Mai–Juni, Sept. & Okt. 9–17 Uhr) informiert mit einer Ausstellung und Reliefkarte über den Nationalpark und betreibt auch einen Buchladen. Das Personal hilft mit Tipps zum Wandern und Campen weiter. Von November bis April ist das Infozentrum in der Regel montags bis freitags von 8 bis 16 Uhr besetzt.

Das **Ingonish Information Centre** (☎902-285-2535; 37677 Cabot Trail; ⏱Juli & Aug. 8–20 Uhr, Mitte Mai–Juni, Sept. & Okt. 9–17 Uhr) am Ostrand des Parks ist wesentlich kleiner als das Büro in Chéticamp und hat auch keinen Buchladen.

Aktivitäten

Wandern

Zwei Strecken an der Westküste des Parks bieten spektakuläre Ausblicke aufs Meer.

Der **Fishing Cove Trail** fällt auf einer Länge von 8 km sanft um 330 m bis zur Mündung des rauen Fishing Cove River ab. Man kann sich auch für eine steilere und kürzere Wanderung – 2,8 km lang – entscheiden, die bei einem zweiten Ausgangspunkt ca. 5 km nördlich des ersten Weges startet. Wenn man noch am selben Tag zurückwandern möchte, muss man die Wegstrecke jeweils verdoppeln. Ansonsten muss man sich vorher beim Informationszentrum von Chéticamp für einen der acht Stellplätze im Hinterland eintragen lassen (9,80C$). Eine Übersicht über die Wege innerhalb und in der Nähe des Parks findet man auf www.cabottrail.com.

Die meisten anderen Wege sind kürzer und liegen praktischer in der Nähe der Straße. Viele von ihnen führen bis zu Bergrücken, von denen aus man einen eindrucksvollen Blick auf die Küste hat. Der **Skyline Trail** ist von allen am meisten zu empfehlen. Die 7 km lange Rundwanderung führt auch über eine Klippe direkt über dem Wasser. Der Ausgangspunkt liegt ungefähr 5,5 km nördlich des Campingplatzes von Corney Brook.

Unmittelbar südlich von Neil's Harbour, an der Ostküste des Parks, erstreckt sich ein 11 km langer Rundwanderweg mit dem Namen **Coastal Trail**, der sich zum Teil an der hier sanfter verlaufenden Küstenlinie entlangzieht.

Radfahren

Man sollte sich die Gegend auf keinen Fall für seine radfahrerische Jungfernfahrt aussuchen! Die Fahrt ist ziemlich anstrengend, es gibt in vielen Abschnitten keine Seitenstreifen, und es ist auch nicht jedermanns Sache, die umwerfende landschaftliche Szenerie mit derart vielen Wohnmobilen zu teilen. Als Alternative bietet sich eine Mountainbiketour auf vier Wegen im Inneren des Parks an. Nur vom **Branch Pond Lookoff Trail** kann man Ausblicke aufs Meer genießen.

Sea Spray Outdoor Adventures (☎902-383-2732; www.cabot-trail-outdoors.com; 1141 White Point Rd; Leihgebühr pro Tag/Woche 40/145 C$; ⏲Juni–Mitte Okt. 9–17 Uhr) in Smelt Brook bei Dingwall verleihen Räder und führen bei Pannen unterwegs auch Notreparaturen an Ort und Stelle durch. Außerdem kann man sich hier Hilfe bei der Planung von Ausflügen holen und es werden geführte Fahrrad-, Kajak- und Wandertouren organisiert.

Schlafen

In den Orten rund um den Nationalpark gibt's eine Vielzahl von Unterkünften. Im **Cape Breton Highlands National Park** (Stellplatz Zelt/Wohnwagen ab 17,60/29,40 C$) gibt's sechs Campingplätze, die für Fahrzeuge geeignet sind. Nach drei Tagen wird's auf allen günstiger. Die meisten Plätze arbeiten zwar nach dem Prinzip „Wer zuerst kommt, mahlt zuerst", aber Plätze für Behinderte, Gruppen und in der Wildnis können für 9,80 C$ reserviert werden. Auf den kleineren Campingplätzen, die weiter von den Parkeingängen entfernt sind, sucht man sich einfach einen Stellplatz und wirft

SCHLAUE KOJOTEN

Angriffe von Kojoten auf Menschen sind weltweit sehr selten, aber im Herbst 2009 wurde eine Frau auf dem Skyline Trail von diesen wilden Hunden getötet. Im August 2010 wurde ein junges Mädchen in ihrem Schlafsack angegriffen und verletzt. Mittlerweile sind 15 Fallensteller jederzeit telefonisch erreichbar, sobald Hinweise auf aggressive Tiere eingehen. Und sollte sich ein Kojote zu nahe an eine menschliche Siedlung wagen, wird er sofort erschossen. Außerdem gibt es eine Prämie von 20 C$ für jedes während der Jagdsaison erlegte Tier. Man geht davon aus, dass sich der Bestand bis 2011 halbiert hat – keine guten Aussichten für die Kojoten.

Da Wachsamkeit immer noch der beste Schutz ist, hier die wichtigsten Regeln:

» Niemals alleine wandern!

» Immer in einem Zelt schlafen!

» Einen stabilen Wanderstock mitnehmen!

» Essensreste immer so entsorgen, dass die Tiere sie nicht aufspüren können!

» Trifft man auf einen Kojoten, langsam zurückgehen, keine Angst zeigen und viel Lärm machen!

» Jeden Vorfall unter ☎877-852-3100 an Parks Canada melden!

einen Umschlag mit der Übernachtungsgebühr in die dafür vorgesehene Box. Wer auf einem der drei größeren Plätze in der Nähe der Parkeingänge übernachten will, muss sich beim nächstgelegenen Informationsbüro anmelden.

Der **Chéticamp Campground** mit 162 Plätzen befindet sich direkt hinter dem Infozentrum. Da es keine Funklöcher gibt, sind Ruhe und Stille nicht garantiert.

Corney Brook 10 km weiter nördlich hat zwar nur 20 Plätze, liegt aber atemberaubend schön hoch über dem Meer. Trotz des Spielplatzes ist er deshalb nicht unbedingt für kleine Kinder geeignet. **MacIntosh Brook** dagegen erstreckt sich im offenen Feld, 3 km östlich von Pleasant Bay. Einige der zehn Plätze sind rollstuhlgerecht. **Big Intervale** mit ebenfalls zehn Plätzen liegt in der Nähe eines Flusses, 11 km westlich von Cape North.

Beim östlichen Parkeingang hat man die Wahl zwischen den 256 Plätzen des **Broad Cove Campground** in Ingonish oder den 90 Plätzen des **Ingonish Campground**, der sich in der Nähe der Keltic Lodge am Strand von Ingonish befindet. Beide Campingplätze haben rollstuhlgerechte Stellplätze. Im Hochsommer sind die großen Campingplätze in Strandnähe auch bei den einheimischen Familien sehr gefragt.

Von Ende Oktober bis Anfang Mai kostet eine Nacht auf den Campingplätzen von Chéticamp und Ingonish jeweils 22 C$, inklusive Brennholz. Bei richtig schlechtem Wetter dürfen sich Camper in die Kochunterstände flüchten und am Holzofen wärmen.

PLEASANT BAY

Pleasant Bay, das wie eine winzige Oase der Zivilisation inmitten der Wildnis liegt, ist ein idealer Ausgangspunkt für die Erkundung des Nationalparks. Der geschäftige Fischerhafen ist nicht nur bekannt für seine Walbeobachtungstouren, sondern auch für ein tibetisches Kloster. Wer um den Canada Day am 1. Juli in der Gegend ist, sollte auf keinen Fall das jährliche Baseballspiel der Mönche gegen die Einwohner der Stadt verpassen. Es gibt zwar jede Menge Läden, die Fish & Chips und Hamburger brutzeln, aber kein wirklich gutes Restaurant.

Sehenswertes & Aktivitäten

Gampo Abbey BUDDHISTISCHES KLOSTER

(☎902-224-2752; www.gampoabbey.org; ⌚Führungen Mitte Juni–Mitte Sept. Mo–Fr 13.30–15.30 Uhr) Die Abtei 8 km nördlich von Pleasant Bay, hinter dem Dorf Red River, ist ein Kloster für Anhänger des tibetischen Buddhismus. Ane Pema Chödrön, die die Abtei gründete und seitdem leitet, ist eine bekannte buddhistische Autorin, die man aber kaum hier antreffen wird: Sie ist viel unterwegs. Das Gelände kann den ganzen Tag über besichtigt werden, aber wer wirklich etwas über das Kloster erfahren will, sollte sich der freundlichen Führung eines Mönchs anvertrauen.

Pollett's Cove WANDERN

Am Ende der Zufahrtsstraße zur Gampo Abbey beginnt der beliebte, anspruchsvolle Wanderweg nach Pollett's Cove (hin & zurück 20 km). Unterwegs bieten sich immer wieder sensationelle Ausblicke. In dem verlassenen Fischerdorf kann man gut campen. Da der Weg nicht von Parks Canada verwaltet wird, kann er in schlechtem Zustand sein.

Captain Mark's Whale & Seal Cruise WALBEOBACHTUNG

(☎902-224-1316, 888-754-5112; www.whaleandsealcruise.com; Erw. 25–39 C$, Kind 12–19 C$; ⌚Mitte Mai–Sept.) Zwei- bis fünfmal täglich, je nach Saison, sticht das günstigere Motorboot *Cruiser* oder das dichter heranfahrende Schlauchboot in See. Captain Mark garantiert den Teilnehmern nicht nur, dass sie Wale zu Gesicht bekommen, sondern auch Zeit haben, Seevögel und Robben zu beobachten sowie die Gampo Abbey zu sehen. Wer sich für die erste (9.30 Uhr) oder letzte (17 Uhr) Tour des Tages entscheidet, zahlt 25 % weniger. Abfahrt der Boote ist am Anleger beim Whale Interpretive Centre.

Whale Interpretive Centre MUSEUM

(☎902-224-1411; www.whalecentre.ca; 104 Harbour Rd; Erw./Kind 4,75/3,75 C$; ⌚Juni–Mitte Okt. 9–17 Uhr) Das Museum sollte man sich unbedingt anschauen, bevor man am benachbarten Bootsanleger zur Walbeobachtung aufbricht. Hier kann man auch die Eintrittsgebühr für den Nationalpark bezahlen und den Internetzugang bei C@P im Erdgeschoss nutzen.

Schlafen

Scottish Hillside B&B B&B $$

(☎877-223-8111, 902-224-21156; scottishhillsidebnb@hotmail.com; 23562 Cabot Trail; Zi. 85–135 C$; 📶) Das von einer netten, jungen Familie geführte neue Haus im viktorianischen Stil liegt direkt am Cabot Trail, was es zu einem bequemen und praktischen Ausgangspunkt für Wanderungen und Walbeobachtungstouren macht. Die üppig ausgestatteten Zimmer sind groß, und das Frühstücksbuffet hat jede Menge zu bieten: von Obst aus der Region bis zu echten Haferkuchen.

Cabot Trail Hostel HOSTEL $
(☎902-224-1976; www.cabottrail.com/hostel; 23349 Cabot Trail; B/Zi. 27/59 C$; @📶) Das helle, sehr freundliche Hostel mit 18 Betten ist zwar einfach, hat aber neben der Gemeinschaftsküche auch einen Grillplatz. Im gleichen Haus befindet sich auch das Büro von Cabot Trail Whale Watching.

BAY ST. LAWRENCE

Bay St. Lawrence ist ein pittoreskes, kleines Fischerdorf ganz im Norden von Cape Breton Island.

Captain Cox (☎902-383-2981, 888-346-5556; Bay St Lawrence Wharf; Erw./Kind 25/12 C$) läuft schon seit 1986 mit der 10,5 m langen *Northern Gannet* zur Walbeobachtung aus. Im Juli und August beginnen die Touren jeweils um 10.30, 13.30 und 16.30 Uhr. Nach den Fahrplänen für Frühjahr und Herbst muss man sich telefonisch erkundigen.

Jumping Mouse Campground (☎902-383-2914; jumpingmousecamping@gmail.com; 3360 Bay St Lawrence Rd; Stellplatz 25 C$, Hütte 40 C$; ⏲Juni–Sept.) Die „springende Maus" ist ein umweltfreundlicher Campingplatz mit zehn Plätzen direkt am Meer, auf dem keine Autos erlaubt sind. Reservierungen werden nur für mehrtägige Aufenthalte und die schöne Hütte mit vier Stockbetten angenommen. Es gibt warme Duschen, einen Kochunterstand und der ganze Platz ist nahezu insektenfrei. Außerdem werden häufig Wale gesichtet.

Wer die Aspy Bay und ihren atemberaubenden Strand nur einen Nachmittag lang genießen will, legt am besten einen Stopp im nahe gelegenen **Cabot's Landing Provincial Park** (www.parks.gov.ns.ca) ein.

MEAT COVE

Die nördlichste Straße Nova Scotias endet an der steil ins smaragdgrüne Meer abfallenden Küste von Meat Cove, 13 km nordwestlich von Bay St. Lawrence – die letzten 7 km der Straße sind nur noch geschottert. Im unglaublich klaren Wasser toben übermütige Wale herum, an Land wachsen einige seltene Orchideenarten, die es nirgendwo sonst in Nova Scotia gibt. Im **Meat Cove Welcome Center** (☎902-383-2284; 2296 Meat Cove Rd; ⏲Juli–Sept. 8–20.30 Uhr) bekommt man ausgezeichnete Broschüren zu den Wanderwegen, kann E-Mails schreiben und sich etwas zu essen besorgen (vom einfachen Sandwich bis zum Hummer vom Buffet). Wenn am Startpunkt des Wanderweges kein Platz ist, kann man sein Auto am Besucherzentrum abstellen.

Von Meat Cove führt ein 16 km langer **Wanderweg** kontinuierlich nach Westen bis zum Leuchtturm von Cape St. Lawrence und Lowland Cove. Wer sich eine Stunde lang Zeit nimmt und das Meer beobachtet, sieht garantiert eine Herde von Grindwalen, denn sie vergnügen sich hier vom Frühjahr bis in den Herbst hinein. Da sich selbst Einheimische in dieser Gegend schon verirrt haben, sollte man unbedingt einen Kompass mitnehmen und auf dem Hauptweg bleiben!

Schlafen & Essen

Meat Cove Lodge B&B $
(☎902-383-2672; 2305 Meat Cove Rd; DZ/FZ 40/50 C$; ⏲Juni–Mitte Sept.) Das von bunten Blumen und allerhand Trödel umgebene Haus direkt gegenüber vom Besucherzentrum ist so klein und in die Landschaft versunken, dass es wie eine Behausung der Hobbits aussieht.

Meat Cove Campground CAMPING $
(☎902-383-2379/2658; 2475 Meat Cove Rd; Stellplatz 25 C$, Hütte 60 C$; ⏲Juni–Okt.) Der Campingplatz liegt atemberaubend schön auf einem grasbewachsenen Steilufer hoch über dem Meer, inmitten von Natur und Wildnis. Von ein paar neuen Hütten, in denen es weder Elektrizität noch fließendes Wasser und auch kein Bettzeug gibt, hat man dieselbe fantastische Aussicht. Im benachbarten **Chowder Hut** (Hauptgerichte 7–16 C$; ⏲11–20 Uhr) kommen zumeist einfache Gerichte mit Meeresfrüchten auf den Tisch. Zum Duschen braucht man Kleingeld (1 C$ für 12 Min.), neun Scheite Brennholz kosten 3 C$. Und es bläst ein stürmischer Wind.

Hine's Ocean View Lodge HOSTEL $
(☎902-383-2512; www.hinesoceanviewlodge.ca; Zi. 60 C$; 📶) Wenn das Meat Cove Lodge voll ist, kann man es in dieser noch einsamer gelegenen Lodge mit eigener Zufahrt versuchen. Die einfachen Zimmer haben den Charme von Schlafsälen, es gibt eine Gemeinschaftsküche und bezahlt wird bar.

INGONISH

Am östlichen Eingang des Cape Breton Highlands National Park liegen die kleinen Städtchen Ingonish und Ingonish Beach, die angesichts der vielen Motels und Ferienhäuschen kaum als solche wahrgenommen werden. Dabei ist Ingonish schon lange ein beliebter Ferien- und Badeort. Er hat zwar kaum echte Sehenswürdigkeiten zu bieten, dafür aber mit dem **Highlands Links Golf Course** (☎902-285-2600, 800-441-1118; www.highlandslinksgolf.com; Greenfee 91 C$) einen der angeblich besten Golfplätze der Welt. Zudem gibt es verschiedene Wanderwege, über die auch das nahe gelegene Besucherzentrum im Nationalpark bei Bedarf informiert (S. 406).

Ingonish Beach ist ein langer, breiter Sandstrand in einer von grünen Hügeln umgebenen Bucht.

Schlafen & Essen

Keltic Lodge HOTEL $$$
(☎902-285-2880,800-565-0444;www.signatureresorts.com; Ingonish Beach; Zi. 155-280 C$, Hütte 315-395 C$; P@) Die 1940 im Tudorstil errichtete pompöse Ferienanlage ist die schönste und beste Unterkunft der Gegend. Zusammen mit dem berühmten **Golfplatz** und dem **Ingonish Campground**. erstreckt sich die Lodge auf der Middle Head Peninsula. Auch wenn man dort nicht übernachten will, lohnt sich ein Blick auf die umwerfende Lage. An der Anlage beginnt auch ein schöner **Wanderweg**, der bis zur Spitze der Halbinsel führt. Allerdings braucht man dafür eine gültige Eintrittskarte für den Nationalpark, denn sowohl die Lodge als auch der Golfplatz und der Wanderweg befinden sich innerhalb des Parks.

Driftwood Lodge INN $
(☎902-285-2558; www.driftwoodlodge.ca; 36125 Cabot Trail, Ingonish; Zi. 50 C$, Suite mit Küche 80–95 C$) Die ungewöhnliche Mischung aus Hüttendorf und Hotel, die sich 8 km nördlich des Nationalparkeingangs von Ingonish befindet, ist ein echtes Schnäppchen. Der Besitzer arbeitet bei der Parkverwaltung und ist eine unerschöpfliche Quelle an Infos über Wanderungen und sonstige Aktivitäten. Direkt unterhalb der Lodge erstreckt sich ein feiner Sandstrand.

Main Street Restaurant & Bakery RESTAURANT $$
(☎902-285-2225; 37764 Cabot Trail, Ingonish Beach; Mittagessen etwa 10 C$, Abendessen 10–20 C$; ⌚Di–Sa 7–21 Uhr) Hier gibt's das mit Abstand beste Frühstück (ab 6 C$) in der Umgebung des Parks, aber auch Mittag- und Abendessen sind hervorragend. Sandwiches und Arme Ritter werden mit frischen, dicken Brotscheiben zubereitet. Abends gibt's Hummer satt zu äußerst vernünftigen Preisen.

VON WHITE POINT NACH NEIL'S HARBOUR

Auf dem Weg in Richtung Süden nach Ingonish lohnt es sich, den Cabot Trail zu verlassen und auf der wilden, windgepeitschten White Point Rd über Smelt Brook zu den Fischerdörfern **White Point** und **Neil's Harbour** zu fahren. Beide sind zähe, graue Arbeiterstädte, haben aber einige schöne Gebäude und farbenfrohe Wohnhäuser. Im Licht des späten Nachmittags erkennt man, leicht verschwommen, die Küstenlinie von Cape North bis Meat Cove. In diesen Orten, wo es ebenso viele Fischerboote wie Wohnhäuser gibt, scheint man sich endgültig abseits aller üblichen Touristenpfade zu bewegen.

Übernachten kann man im heimeligen **Two Tittle** (☎902-383-2817, 866-231-4087; www.twotittle.com; 2119 White Point Rd; Zi. 60–90 C$;), wo es immer nach Abendessen riecht und das alte Besitzerehepaar fast jeden Abend das *Glücksrad* im Fernsehen verfolgt. Ein kurzer, wunderschöner Wanderweg führt zu den Two Tittle Islands, nach denen das B&B benannt ist. Mit etwas Glück bekommt man dort Wale und Adler zu sehen.

Leckeres Mittag- und Abendessen gibt's im **Chowder House** (Meeresfrüchte-Eintopf ab 6 C$, Abendimbiss ab 14 C$; ⌚11–20.30 Uhr) unweit des Leuchtturms von Neil's Harbour. Natürlich ist das Lokal weithin für seinen Meeresfrüchte-Eintopf bekannt, aber auch Eismeerkrabben, Hummer, Muscheln und alles andere sind gut und günstig. Die Einheimischen, die hier immer scharenweise zu Abend essen, halten auch gerne ein Schwätzchen mit Fremden.

ST. ANN'S LOOP

Die ruhige und gelassene Atmosphäre, die einen hier erwartet, ist wie gemalt: gewundene Straßen, stille Seen, Adler, die plötzlich über einem in die Luft steigen, und eine beinahe unendlich erscheinende Aneinanderreihung von Künstlerwerkstätten, die den Weg wie Ostereier sprenkeln. Theoretisch könnte man sich die Fahrt um die St. Ann's Bay herum sparen und für 5 C$ mit einer Fähre nach Englishtown übersetzen, aber dadurch würde man einen Abschnitt des Cabot Trails verpassen, der auf seine Weise absolut einzigartig ist. Wenn man sich intensiver ans Erkunden macht, entdeckt man Wanderwege, die zu Wasserfällen und tollen Aussichtspunkten führen, die Kultur der Mi'kmaq und eine ausgesprochen interessante Mischung von Menschen.

Im **Gaelic College of Celtic Arts & Crafts** (☎902-295-3411; www.gaeliccollege.edu; 51779 Cabot Trail; 5-tägiger Kurs inkl. Unterkunft 705–805 C$; ⏲Juni–Mitte Okt. 9–17 Uhr) am Ende der St. Ann's Bay kann man u.a. Unterricht in schottischem Gälisch, Dudelsackspielen, hochlandtypischem Tanz und Webkunst nehmen. Das **Great Hall of the Clans Museum** des Colleges (Eintritt 3 C$) zeichnet die Geschichte der Kelten nach, von ihren Anfängen bis hin zu den Highland Clearances. Man sollte die Gegend nicht verlassen, ohne Halt bei einer oder zwei der hier ansässigen Künstlerwerkstätten gemacht zu haben; dort trifft man auf Töpfer, Lederer und Schmiede und kann Hutläden und noch vieles mehr besuchen. Die Künstler sind leicht zu finden, wenn man auf die Hinweisschilder entlang der Hauptstraße achtet.

Schlafen & Essen

J. Kerr's B&B B&B $$

(☎902-929-2114; 43627 Cabot Trail, Breton Cove; 📶) Seit 26 Jahren steht das Haus von Joan Kerr Reisenden aus aller Welt offen – und jeder entscheidet selbst, wieviel er dafür bezahlt. Bis jetzt war sie noch nie enttäuscht. Bunte Gemälde schmücken die Wände, und Joan serviert ein absolut einmaliges Frühstück (unbezahlbar!).

Chanterelle Country Inn & Cottages INN $$$

(☎902-929-2263, 866-277-0577; www.chanterelleinn.com; 48678 Cabot Trail, North River; Zi. 145-225 C$; ⏲Mai–Nov.; @📶✈) Die Lage des umweltfreundlichen Hotels ist einfach unschlagbar: Das Haupthaus und die Ferienhäuschen stehen auf einem 60 ha großen Gelände mit Blick auf hügeliges Weideland und ländliche Idylle. Frühstück und Abendessen werden auf der geschützten Veranda serviert. Auch Nicht-Hotelgäste können für den Abend einen Tisch in dem renommierten Restaurant reservieren (Hauptgerichte 20–28 C$, vegetarisches/nichtvegetarisches 4-Gänge-Menü 38/45 C$; geöffnet Mai–Nov. 18–20 Uhr).

Clucking Hen Deli & Bakery CAFÉ $

(☎902-929-2501; 45073 Cabot Trail; Hauptgerichte 4-14 C$; ⏲Juli–Sept. 7–19 Uhr, Mai, Juni & Okt. 7–18 Uhr) Das Schild „No fowl moods in here" spielt mit dem Gleichklang von *foul moods* (schlechte Laune) und *fowl* (Geflügel). Tatsächlich gackern die einheimischen „Hühner" fröhlich vor sich hin, während sie die köstlichen Suppen und Salate mit hausgemachtem Brot verdrücken.

Bras d'Or Lake Scenic Drive

Die Grenze zwischen Highlands und Lowlands markieren die Ufer dieses Binnensees mit Salzwasser, an dem Adler nisten und Papageitaucher brüten. Mit 1099 km² ist er der größte See in Nova Scotia und teilt Cape Breton Island praktisch in zwei Hälften.

BADDECK

Baddeck am nördlichen Ufer des Bras d'Or Lake liegt auf halber Strecke zwischen Sydney und dem Canso Causeway. Der alte Sommerferienort in ländlicher Umgebung ist der beliebteste Ausgangspunkt für eine eintägige Rundfahrt auf dem Cabot Trail.

Sehenswertes & Aktivitäten

LP TIPP **Alexander Graham Bell National Historic Site** MUSEUM

(☎902-295-2069; www.parkscanada.gc.ca; 559 Chebucto St; Erw./Kind 7,80/3,90 C$; ⏲9–18 Uhr) In der Nähe seines Sommerhauses Beinn Bhreaghm, das auf der gegenüberliegenden Seite der Bucht von Baddeck liegt, wurde der Erfinder des Telefons beigesetzt. Das ausgezeichnete Museum der Alexander Graham Bell National Historic Site, die sich im Osten der Stadt befindet, beleuchtet alle Aspekte der Erfindungen und Entdeckungen von Bell. So werden die medizinischen und elektrischen Geräte, Telegrafen, Telefone, Flugdrachen und Wasserflugzeuge nicht nur gezeigt, sondern auch ihre Funktionsweise erklärt. Die Besucher können also noch jede Menge lernen.

Bras d'Or Lakes & Watershed Interpretive Centre MUSEUM

(☎902-295-1675; www.brasdor-conservation.com; 532 Chebucto St; Eintritt gegen Spende; ⏲Juni–Mitte Okt. 11–19 Uhr) Das Bras d'Or Lakes & Watershed Interpretive Centre erforscht das einzigartige Ökosystem des riesigen Salzwassersees.

Schlafen & Essen

Broadwater Inn & Cottages INN $$
(☎902-295-1101,877-818-3474;www.broadwater.baddeck.com; Bay Rd; Zi. 90–140 C$, Suite 199 C$, Hütte 95–200 C$;) Das Haus aus den 1830er-Jahren, das sich in einem ruhigen Ort 1, 5 km östlich von Baddeck befindet, gehörte einst J.A.D. McCurdy, der zusammen mit Alexander Graham Bell die ersten Flugzeuge entwarf. Die Zimmer im Gasthaus sind voller Charme und Atmosphäre. Alle haben Blick auf die Bucht, und an den Wänden hängen geschmackvolle Bilder. Die modernen Hütten für Selbstversorger stehen unter Bäumen und sind ideal für Familien. Bei den Hotelzimmern ist das Frühstück inklusive. Das Haus ist schwulen- und lesbenfreundlich.

Mother Gaelic's B&B $
(☎902-295–2885, 888-770-3970; www.mothergaelics.com; 26 Water St; DZ 90 C$, mit Gemeinschaftsbad 50-75 C$;) „Mother Gaelic" war die Urgroßmutter des heutigen Besitzers, die als Alkoholschmugglerin unter dem Schutz von Alexander Graham Bell lebte. Das hübsche Häuschen gegenüber vom Hafen sieht aus wie ein schlichtes, einfaches Sommerhaus.

Lynwood Inn INN $$
(☎902-295-1995; www.lynwoodinn.com; 441 Shore Rd; Zi. 100-230 C$; P) Mit viktorianischen Echtholzbetten, zarten Farbgebungen und luftigen, großzügigen Wohnräumen liegen die Zimmer des riesigen Gasthauses weit über dem üblichen Hotelstandard. In dem familiären Restaurant im Erdgeschoss gibt's Frühstück, Mittag- und Abendessen, das Frühstück ist aber nicht im Zimmerpreis inbegriffen.

Highwheeler Cafe & Deli CAFÉ $
(486 Chebucto St; Sandwiches 8 C$; ⏲6–20 Uhr) In dem Café gibt's hervorragendes Brot und Gebäck, auch glutenfrei, große, leckere (vegetarische) Sandwiches, gefüllte Tortillas, Suppen und vieles mehr. Das Eis zum Nachtisch lässt man sich auf der sonnigen Terrasse schmecken. Lunchpakete als Wanderproviant werden ebenfalls gepackt.

Baddeck Lobster Suppers SPEISESAAL $$$
(☎902-925-3307; 17 Ross St; Abendessen 30 C$; ⏲Juni–Okt. 16–21 Uhr) Bei der recht teuren Verköstigung in der ehemaligen Veteranenhalle werden lebende Hummer im Akkord gekocht und serviert. Zu den Hummern wird so ziemlich alles gegessen, was man sich vorstellen kann. Auch wenn die Gerichte nicht besonders spektakulär zubereitet sind, ist man noch Tage später davon satt.

HIGHLAND VILLAGE MUSEUM

Im **Highland Village Museum** (☎902-725-2272; www.highlandvillage.museum.gov.ns.ca; 4119 Hwy 223; Erw./Kind 9/4 C$; ⏲9.30–17.30 Uhr), das sich auf einem Hügel hoch über dem Bras d'Or Lake erstreckt, wird die Erinnerung an das schottische Erbe der Insel gepflegt. In dem Museumsdorf gehen Mitarbeiter in alten schottischen Kostümen der alltäglichen Arbeit der Siedler des 18 Jhs. nach. Vom Frühjahr bis zum Herbst werden Workshops rund ums Gälische und Keltische angeboten, die genauen Daten finden sich im Internet.

Unterhaltung

Baddeck Gathering Ceilidhs LIVEMUSIK
(☎902-295-2794; www.baddeckgathering.com; St Michael's Parish Hall, 8 Old Margaree Rd; Erw./Kind 10/5 C$; ⏲Juli & Aug. 19.30 Uhr) Hier gibt's jeden Abend Fidelmusik und Tanz. Die Gemeindehalle befindet sich mitten in der Stadt, direkt gegenüber dem VIC.

Praktische Informationen

VIC (☎902-295-1911; 454 Chebucto St; ⏲Juni-Sept. 9–19 Uhr)

Visit Baddeck (www.visitbaddeck.com) hat Karten und Stadtpläne und informiert über Tourveranstalter, Golfplätze etc.

WAGMATCOOK & UMGEBUNG

In dem Mi'kmaq-Dorf Wagmatcook westlich von Baddeck lohnt sich ein Besuch des **Wagmatcook Culture & Heritage Centre** (☎902-295-2999/2492; www.wagmatcook.com; Hwy 105; ⏲Mai–Okt. 9–20 Uhr, Nov.–April auf Anfrage). Das ziemlich leer wirkende Kulturzentrum bietet einen Einblick in die Geschichte und Kultur der Mi'kmaq.

LP TIPP **Bear on the Lake Guesthouse** (☎902-404-3636; www.bearonthelake.com; 10705 Hwy 105; B/Zi. 30/75 C$;) Das lustige Gästehaus liegt hoch über dem See, zwischen Wagmatcook und dem Nachbarort Whycocomagh. Vom Schwarzen Brett für Mitfahrgelegenheiten über die große

Sonnenterrasse bis zu den einladenden Gemeinschaftsbereichen dient hier alles dem Wohlergehen der Backpacker. Kein Wunder also, dass die Unterkunft so beliebt ist! Zur Zeit der Recherche wurde gerade ein weiterer Schlafsaal mit sechs Betten angebaut. Im obersten Stock des Hauses gibt es auch Zimmer mit eigenem Aufenthaltsbereich. In die ansteckend lebhafte Kat, die das Gästehaus leitet, muss man sich einfach verlieben.

Ebenfalls am Hwy 105, 12 km südwestlich von Baddeck, liegt das **Herring Choker Deli** (☎902-295-2275; Sandwiches ca. 4 C$; ⏱8–18 Uhr). Die Sandwiches, Suppen und Salate des wohl besten Feinkostladens der Region sind vom Feinsten.

North Sydney

North Sydney selbst ist nichts Besonderes, aber es gibt ein paar schöne Orte in der Umgebung.

Wer abends mit einer späten Fähre ankommt oder morgens mit einer frühen abfahren will, sollte eine Unterkunft reservieren. Die Motels und B&Bs in North Sydney sind zumeist das ganze Jahr über geöffnet und daran gewöhnt, dass ihre Gäste zu jeder Tages- und Nachtzeit ankommen und abreisen. Die meisten Unterkünfte befinden sich in der Queen St, etwa 2 km westlich des Fährhafens.

Schlafen & Essen

Highland View Organic Farm & Cottages HÜTTEN $$
(☎902-794-1955, 800-440-5251; www.highlandviewcottages.com; 20 Allen Lane, George's River; Hütte 150–160 C$) Der Bio-Bauernhof in der ländlichen Gemeinde George's River hoch über dem Bras d'Or Lake vermietet luxuriöse Hütten, die aus den Fichten Nova Scotias gezimmert sind. Die Besitzer Cyril und Loretta wissen unglaublich viel über die Natur der Umgebung und erklären ihren Gästen voller Stolz das Wesen der Imkerei, die verschiedenen Heilpflanzen und vieles mehr.

Heritage Home B&B B&B $
(☎902-794-4815, 866-601-4515; www.bbcanada.com/3242.html; 110 Queen St; Zi. 60-95 C$; 📶) Die außerordentlich gepflegte und sehr gut eingerichtete viktorianische Villa ist für diesen Preis eine extrem elegante Unterkunft. Die meisten Zimmer haben ein eigenes Bad.

Alexandra Shebib's B&B B&B $
(☎902-794-4876, 866-573-8294; 88 Queen St; Zi. 50-70 C$; 📶) Einfaches, freundliches B&B mit einem ausgezeichneten Preis-Leistungs-Verhältnis. Alle Zimmer sind mit Gemeinschaftsbad.

Black Spoon RESTAURANT $$
(☎902-241-3300; 320 Commercial St; Hauptgerichte 10-17 C$; ⏱Mo–Do 11–20, Fr & Sa 11–21 Uhr) Das erstaunlich schicke Bistro in Schwarz und Beige serviert typische Gerichte der Region in kreativen Varianten, etwa panierten Schellfisch mit Mango-Salsa oder einen interessanten Salat aus gegrilltem Gemüse mit Ziegenkäse. Dazu gibt's verschiedene Kaffeegetränke, Cocktails und eine ordentliche Auswahl an Weinen.

An- & Weiterreise

Infos zu den Fährverbindungen von **Marine Atlantic** (☎800-341-7981; www.marine-atlantic.ca) nach Newfoundland gibt's auf S. 517 und S. 545.

An der Tankstelle Ultramar in der Blower's St kann man in die Busse von **Acadian Lines** (☎902-454-9321, 800-567-5151; www.acadianbus.com) einsteigen, die in Richtung Halifax (Erw./Kind 64/32 C$) fahren. Bus 5 von **Transit Cape Breton** (☎902-539-8124; Erw./Kind 3,75/3,25 C$) fährt immer montags bis samstags jeweils um 8.40, 12.40, 14.40 und 17.40 Uhr von der Commercial St in North Sydney nach Sydney.

Sydney

24 115 EW.

Die zweitgrößte Stadt Nova Scotias und die einzige richtige Stadt auf Cape Breton Island war einmal der pulsierende Mittelpunkt des Industriegebiets der Insel. Mittlerweile wurden die Kohlebergwerke und die Stahlfabrik geschlossen. Sie waren die größten Arbeitgeber der Region, ohne die Sydney ziemlich verloren wirkt. Obwohl die Stadt selbst nichts Besonderes ist, verfügt sie über eine gute Verkehrsanbindung und eignet sich daher als Ausgangspunkt für die Erkundung von Louisbourg und des Cabot Trail. Außerdem sind die Preise hier günstiger als in der landschaftlich reizvolleren Umgebung.

Die Charlotte St in der Innenstadt wird von Geschäften und Restaurants gesäumt. An der Esplanade Rd führt eine schöne Promenade entlang. Das historische Viertel North End versprüht dagegen den spröden Charme einer Arbeitersiedlung.

Sehenswertes & Aktivitäten

Architektur GEBÄUDE

Im North End stehen innerhalb von zwei Straßenzügen acht Gebäude, die vor 1802 errichtet worden sind. Drei davon sind für die Öffentlichkeit zugänglich:

Das **St. Patrick's Church Museum** (☎902-562-8237; 87 Esplanade; Eintritt frei; ⏲9–17 Uhr) befindet sich in der ältesten katholischen Kirche auf Cape Breton Island.

Das **Cossit House** (☎902-539-7973; www.cossit.museum.gov.ns.ca; 75 Charlotte St; Erw./erm. 2/1 C$; ⏲Juni–Mitte Okt. Mo–Sa 9–17, So 13–17 Uhr) von 1787 ist das älteste Haus in Sydney.

Das **Jost Heritage House** (☎902-539-0366; 54 Charlotte St; Eintritt frei; ⏲Mo–Sa 9–17, So 13–17.30 Uhr), ein paar Häuser entfernt vom Cossit House, beherbergt eine Sammlung von Schiffsmodellen und eine Auswahl von Arzneien, wie sie ein Apotheker Anfang des 20. Jhs. verwendet hat.

Cape Breton Centre for Heritage & Science MUSEUM

(☎902-539-1572; 225 George St; Eintritt frei; ⏲Mo–Sa 9–17 Uhr) Das Zentrum im Lyceum erforscht die Natur- und Sozialgeschichte von Cape Breton Island.

Geführte Touren

Ghosts & Legends of Historic Sydney STADTSPAZIERGANG

(☎902-539-1572; pro Person 10 C$; ⏲Juli & Aug. 19 Uhr) Die empfehlenswerte Stadtführung beginnt an der St. Patrick's Church und führt an den wichtigsten historischen Gebäuden vorbei, bevor sie mit Tee und Kuchen im Lyceum endet.

Schlafen & Essen

Die meisten Unterkünfte in Sydney haben das ganze Jahr über geöffnet.

LP TIPP **Colby House** B&B $$

(☎902-539-4095; www.colbyhousebb.com; 10 Park St; Zi. 100–120 C$; @📶) Allein um in den Genuss des durchaus bezahlbaren Luxus dieses außergewöhnlichen B&B zu kommen, lohnt es sich, in Sydney zu übernachten. Nachdem die Besitzerin von Berufs wegen ganz Kanada bereist hatte, beschloss sie, ihren Gästen all das zu bieten, was sie unterwegs auch gerne gehabt hätte. Das Ergebnis ist eine schöne Mischung aus alten Traditionen und modernem Design, die angenehmste Bettwäsche, die man sich vorstellen kann, Bademäntel für die Gäste, jede Menge köstlich duftender Seifen, Schokolade auf dem Nachtisch und unzählige andere, nette Kleinigkeiten, die man gar nicht alle aufzählen kann.

Gathering House B&B B&B $$

(☎902-539-7172, 866-539-7172; www.gatheringhouse.com; 148 Crescent St; Zi. 60-150 C$; P@) Das einladende B&B in einem baufälligen, viktorianischen Haus befindet sich in der Nähe des Stadtzentrums. Wenn alle Zimmer belegt sind, wird es in den Gemeinschaftsbädern ganz schön eng.

Flavors RESTAURANT $$

(☎902-562-6611; 6 Pitt St; mittags/abends etwa 10/20 C$; ⏲Mo–Sa 8.30–20.30 Uhr; 🖉) Nein, dieses Restaurant wurde eindeutig *nicht* nach den Prinzipien des Feng Shui gestaltet, wie die winzigen Tische und eine ziemlich merkwürdige Ausrichtung der Terrasse zur Straße hin beweisen – doch das tut dem köstlichen Essen, das aus Produkten der Region zubereitet wird, wirklich keinerlei Abbruch. Als Hauptgericht empfehlen sich der in Ahornsirup geschmorte Lachs oder die gebratenen Schweinelendchen mit einer Sauce aus wilden Blaubeeren, zum Nachtisch dann ein hausgemachtes Eiscreme-Sandwich mit Kokoskeksen, die in Karamellstückchen gewälzt wurden. Auf der Speisekarte finden sich auch vegane und glutenfreie Optionen.

Allegro Grill RESTAURANT $$

(☎902-562-1623; 222 Charlotte St; Hauptgerichte 9-25 C$; ⏲Mo–Sa mittags, Di–Sa abends) Fans von Fisch und Meeresfrüchten sind hier genauso richtig wie Fleischesser. Das eher schlichte Lokal ist bekannt für seine alles andere als schlichten Spezialitäten, allen voran die berühmten, hausgemachten Würstchen aus Truthahninnereien.

Unterhaltung

Viele Bands auf Tournee kommen auch nach Sydney, doch hier oder im Savoy in Glace Bay treten auch die Fidler und anderen Folkmusiker von der Westküste der Insel auf. Der Eintritt zu den Konzerten kostet jeweils um die 12 C$.

Upstair's at French Club NACHTCLUB

(☎902-371-0329; 44 Ferry St) In dem tollen, kleinen Club im North End gibt's Rock- und keltische Musik und Jazz. Außerdem werden Kinoabende veranstaltet.

Chandler's BAR
(☎902-539-3438; 76 Dorchester St) Die ganz gewöhnliche Kellerbar bringt Spitzentalente aus der Region und ganz Kanada auf die Bühne.

Praktische Informationen

VIC (☎902-539-9876; 74 Esplanade; ⊙Juli & Aug. 9–19 Uhr, Juni, Sept. & Okt. 9–17 Uhr) Die Touristeninformation befindet sich im Hafen, direkt hinter der größten Fidel der Welt, die nachts beleuchtet wird.

An- & Weiterreise

Auf dem Flughafen von Sydney ist nicht besonders viel los. **Air Canada Jazz** (☎902-873-5000, 888-247-2262; www.aircanada.com) verbindet Sydney mit Halifax, während **Air Saint-Pierre** (☎902-562-3140, 877-277-7765; www.airsaintpierre.com) von Anfang Juli bis Anfang September jeweils donnerstags und sonntags nach Saint Pierre fliegt (einfache Strecke 175 C$, 2 Std.).

Das Busdepot von **Acadian Lines** (☎902-454-9321, 800-567-5151; www.acadianbus.com) befindet sich am 99 Terminal Dr. Außerdem gibt es verschiedene Shuttleverbindungen nach Halifax.

Glace Bay

Glace Bay, 6 km nordöstlich von Sydney, wäre einfach eine weitere, dahinsiechende Bergwerkstadt, gäbe es dort nicht das außergewöhnliche **Cape Breton Miners' Museum** (☎902-849-4522; www.minersmuseum.com; 42 Birkley St; Führung & Grubenbesichtigung Erw./Kind 12/10 C$; ⊙10–18 Uhr). Zu finden ist es an der South St, weniger als 2 km östlich des Stadtzentrums. Höhepunkt der Führung durch das Museum ist das Einfahren in ein stillgelegtes Bergwerk, mit einem Bergarbeiter im Ruhestand als sachkundigem Führer. Das **Restaurant** (Hauptgerichte 8–14 C$; ⊙12–20 Uhr) des Museums wird in den höchsten Tönen gelobt. Neben Meeresfrüchten, Sandwiches und Hamburgern gibt es jeden Tag von 12 bis 14 Uhr ein Mittagsbuffet.

Das großartige, 1920 errichtete **Savoy Theatre** (☎902-842-1577; www.savoytheatre.com; 116 Commercial St) ist der Top-Veranstaltungsort der ganzen Region.

Louisbourg

Das 37 km südöstlich von Sydney gelegene Louisbourg ist berühmt für seine historische Festung. Die Stadt selbst ist sehr lebendig mit ihrem betriebsamen Fischereihafen, den alten Seebären und der freundlich heiteren Stimmung.

Sehenswertes & Aktivitäten

Der Leuchtturm am Ende der Havenside Rd ist der Startpunkt eines 6 km langen, rauen **Wanderwegs** entlang der zerklüfteten Küste, der durch Moor und ödes Land, vorbei an glänzend polierten, präkambrischen Granitfelsen führt. Von hier aus bietet die Festung der nationalhistorischen Stätte ein einmaliges Fotomotiv.

Louisbourg National Historic Site HISTORISCHE STÄTTE
(☎902-733-2280; 259 Park Service Rd; Erw./Kind 17,60/8,80 C$; ⊙9–17.30 Uhr) Für die Besichtigung dieser einzigartigen historischen Stätte sollte man einen ganzen Tag einplanen. Einschließlich der Menschen, die um 1744 hier lebten – dargestellt von kostümierten Schauspielern – wurde die Festung Louisbourg originalgetreu nachgebildet. Ursprünglich gebaut wurde sie, um die französischen Interessen in der Region zu schützen. Sie war aber auch ein wichtiger Hafen der Kabeljaufischerei und Sitz der Regionalverwaltung. Von 1719 bis 1745 wurde Louisbourg kontinuierlich ausgebaut, bis den Briten 1745 nach 46-tägiger Belagerung die Eroberung gelang. Doch die Festung sollte noch zweimal den Besitzer wechseln. Nachdem die britischen Truppen unter General James Wolfe Québec eingenommen hatten, zerstörten sie schließlich 1760 die Festungsmauern von Louisbourg und machten die Stadt dem Erdboden gleich.

Erst 1961, als viele Kohlebergwerke auf Cape Breton Island geschlossen wurden, stellte die Bundesregierung Mittel für das größte historische Wiederaufbauprojekt der kanadischen Geschichte zur Verfügung, um Arbeitsplätze zu schaffen. So entstanden die 50 Gebäude, die die Besucher heute besichtigen können. Arbeiter in zeitgenössischen Kostümen führen das Leben der Bewohner der damaligen Festungsstadt (jedenfalls solange ihnen Touristen dabei zuschauen).

Kostenlose Führungen durch die Anlage finden den ganzen Tag über statt. Reisende mit Behinderungen können sich eine Einfahrgenehmigung für ihr Auto ausstellen lassen. Die meisten Gebäude haben Rampen für Rollstühle. Generell sollte man sich darauf einstellen, ziemlich viel laufen zu müssen, und selbst bei sonnigem Wetter einen Pulli und eine Regenjacke mitnehmen.

Obwohl so viel wiederaufgebaut wurde, liegen drei Viertel von Louisbourg immer noch in Trümmern. Durch dieses ursprünglich belassene Trümmerfeld und weiter bis zur Atlantikküste führt der 2,5 km lange **Ruins Walk**. Auf einem kurzen **Infopfad** gegenüber vom Besucherzentrum wird die Beziehung zwischen den Franzosen und den Mi'kmaq erörtert. Außerdem bietet sich von hier ein großartiger Blick auf die gesamte historische Stätte.

In drei Restaurants kann man das für die damalige Zeit typische Essen probieren. Im **Hotel de la Marine** und dem benachbarten **L'Épée Royale** (Suppe & gegrillter Kabeljau 14 C$, 3-gängiges Menü 20 C$) pflegten die Schiffskapitäne und wohlhabenden Kaufleute mit Silberbesteck von feinem Porzellan zu speisen. Einfacheres Essen bringen die ebenfalls kostümierten Bedienungen im **Grandchamps House** (Gerichte 9-15 C$) auf den Tisch. Im Lokal der Soldaten und Seeleute gibt's zu Bohnen und Würstchen heißen Rum mit Butter (4 C$). Oder man kauft einen Kilolaib Soldatenbrot (4 C$) in der **Destouches Bakery**. Neben den Restaurants gibt's auch ein kleines Café, in dem man heiße Getränke und ein paar Snacks bekommt.

Schlafen & Essen

LP TIPP **Cranberry Cove Inn** INN $$
(☎902-733-2171, 800-929-0222; www.cranberrycoveinn.com; 12 Wolfe St; Zi. 105–160 C$; ⏲Mai–Nov.; 📶) Angefangen von der dunkelrosa Fassade über die perfekte Innenausstattung in Zartlila und Rauchblau bis hin zu den antiken Spitzendeckchen versetzt einen das umwerfende B&B in die gute alte Zeit. Jedes Zimmer ist unterschiedlich gestaltet, einige haben einen Whirlpool und Kamin.

Stacey House B&B B&B $
(☎902-733-2317; www.bbcanada.com/thestaceyhouse; 7438 Main St; Zi. 60-90 C$; ⏲Juni–Mitte Okt.; 📶) Interessanter Kleinkram wie alte Teddybären, Puppen und Schiffsmodelle sind über das ganze hübsche Haus verteilt.

Spinning Wheel B&B B&B $
(☎902-733-3332, 866-272-3222; www.spinningwheelbedandbreakfast.com; DZ mit Gemeinschaftsbad 65-75 C$, DZ mit eigenem Bad 90 C$; ⏲Mai–Nov.; 📶) Dieses B&B sollte man ansteuern, wenn alle anderen Herbergen in der Stadt voll sind (was in der Hochsaison bestimmt der Fall ist). Es ist nicht gerade ein Hingucker, aber Sauberkeit, freundliche Besitzer und individuell zubereitetes Frühstück sind schließlich auch etwas wert.

LP TIPP **Beggar's Banquet** RESTAURANT $$$
(☎888-374-8439; Point of View Suites, 15 Commercial St Extension; Gerichte 35 C$; ⏲Ende Juli–Sept. 18–20 Uhr) Hier darf man endlich selbst in ein zeitgenössisches Kostüm schlüpfen und sich in einer rekonstruierten Taverne des 18. Jhs. über die Meeresfrüchte aus der Region hermachen. Zur Auswahl stehen vier köstliche reichlich bemessene Gerichte, teilweise mit Krebs und Hummer.

Grubstake RESTAURANT $$
(☎902-733-2308; 7499 Main St; Hauptgerichte mittags 7–14 C$, abends 16–28 C$; ⏲mittags & abends) Das zwanglose Restaurant ist das beste der Stadt. Mittags gibt's Hamburger mit Beilagen, abends Pasta und Seafood.

☆ Unterhaltung

Louisbourg Playhouse THEATER
(☎902-733-2996; 11 Lower Warren St; Karte 15 C$; ⏲Ende Juni–Anfang Sept. 20 Uhr) In dem Theater im Stil des 17. Jhs. unterhält ein Ensemble junger Musiker aus der Region den ganzen Sommer lang die Besucher.

ℹ Praktische Informationen

Die **Touristeninformation** (☎902-733-2720; 7535 Main St; ⏲9–19 Uhr) befindet sich mitten im Zentrum.

EASTERN SHORE

Wer von den hochsommerlichen Touristenmassen genug hat, kann sich in den Nebel der Ostküste flüchten. An der Eastern Shore, wie die Ostküste Nova Scotias zwischen Cape Canso an der östlichsten Spitze des Festlands bis zu den Außenbezirken von Dartmouth genannt wird, gibt es keine einzige größere Stadt. Die Hauptverbindungsstraße ist fast ebenso gewunden und verschlungen wie die zerklüftete Küstenlinie, der sie folgt. Das Paradies für alle, die Wildnis pur erleben und tagelang wandern oder Kajak fahren wollen!

Guysborough

Guysborough wurde von Loyalisten des United Empire nach dem amerikanischen Unabhängigkeitskrieg gegründet. Der

26 km lange Guysborough Trail, der zum Trans Canada Trail (TCT) gehört, ist ein hervorragender Rad- und Wanderweg. Im **Old Court House Museum** (☎902-533-4008; 106 Church St; Eintritt frei; ⊙Mo–Fr 9–17, Sa & So 10–16 Uhr) werden Werkzeuge und Utensilien gezeigt, die im 18. Jh. in Landwirtschaft und Haushalt benutzt wurden. Gleichzeitig dient das Museum als Touristeninformation und gibt Broschüren zu den Wanderwegen aus.

Schlafen & Essen

LP TIPP **Desbarres Manor** INN $$$
(☎902-533-2099;www.desbarresmanor.com; 90 Church St; Zi. ab 149 C$) Das großartige, geschmackvoll renovierte Herrenhaus von 1830 mit seinen riesigen, opulent ausgestatteten Zimmern ist Grund genug, um nach Guysborough zu kommen. Es gehört zu den luxuriösesten Anwesen in ganz Novia Scotia. Weitere Pluspunkte sind der außergewöhnliche Service, das ausgezeichnete Restaurant und das große Angebot an Aktivitäten wie Kanufahren, Wandern und Golfen.

Boylston Provincial Park CAMPING $
(☎902-533-3326; www.parks.gov.ns.ca; am Hwy 16; Stellplatz 18 C$) Die 36 schattigen Stellplätze sind nie alle belegt. Vom Picknickplatz am Highway unterhalb des Campingplatzes führt eine Fußgängerbrücke zu einer kleinen Insel vor der Küste, etwa 12 km nördlich von Guysborough.

Rare Bird Pub RESTAURANT & KNEIPE $$
(☎902-533-2128; www.rarebirdpub.com; 80 Main St; Hauptgerichte 9-17 C$; ⊙11–2 Uhr) Der „seltene Vogel" ist ein ganz typischer Pub, in dem das Ale aus der Region in Strömen fließt, die Muscheln topfweise vertilgt werden, jedes Wochenende rockige Livemusik von der Ostküste zu hören ist und mittwochs die Fidler am Bootsanleger vor der Kneipe aufspielen. Das genaue Programm steht im Internet.

Canso

Die älteste Hafenstadt auf dem nordamerikanischen Festland ist eine Anhäufung von kastenförmigen Fischerhäusern an einem baumlosen Ufer der Chedabucto Bay. Canso war schon früh auf den Fischfang angewiesen und die Folgen des drastischen Rückgangs der nördlichen Kabeljaubestände um das Jahr 1990 herum, Abwanderung und Arbeitslosigkeit dezimierten die Einwohnerzahl von Canso.

Das Kap, das die Ortschaft umgibt, bietet einige weniger ausgelatschte, noch größtenteils unentdeckte Möglichkeiten zum Wandern, Kajakfahren, Vögelbeobachten und Surfen. Die Touristeninformation befindet sich im **Whitman House Museum** (☎902-366-2170; 1297 Union St; Eintritt frei; ⊙Ende Mai–Sept. 9–17 Uhr) von 1885, in dem Erinnerungsstücke aus der Stadtgeschichte untergebracht sind. Vom sogenannten *widow's walk* (Witwenpfad, eine Ausgucksplattform, von der aus die Frauen der Fischer und Seemänner nach ihren Männern Ausschau hielten) auf dem Dach hat man eine super Aussicht.

Sehenswertes & Aktivitäten

Grassy Island National Historic Site HISTORISCHE STÄTTE
(☎902-366-3136; 1465 Union St; Eintritt 3 C$; ⊙Juni–Mitte Sept. 10–18 Uhr) Das Informationszentrum direkt am Wasser erzählt die Geschichte der Grassy Island National Historic Site, die unmittelbar vor der Küste liegt und täglich bis 16 Uhr per Boot besucht werden kann. Sie erinnert an ein kleines Fort, das die Briten 1720 errichteten, um die Insel gegen die Franzosen, die ihr Hauptquartier in Louisbourg hatten, zu verteidigen. Doch schon 1744 wurde das Fort komplett zerstört. Für die Besichtigung der Ruinen wurde ein **Wanderweg** mit acht Schautafeln eingerichtet, die die Geschichte der Gegend erläutern. Das Boot nach Grassy Island fährt je nach Bedarf und Wetterlage vor dem Infozentrum ab.

Chapel Gully Trail NATURLEHRPFAD
Der 10 km lange Planken- und Wanderweg führt an einer Flussmündung entlang bis zu Küste. Er beginnt beim Leuchtturm auf dem Hügel hinter dem Krankenhaus am östlichen Ortsende von Canso. Am Startpunkt hängt eine große Wanderkarte.

Feste & Events

LP TIPP **Stan Rogers Folk Festival** MUSIK
(www.stanfest.com; ⊙1. Wochenende im Juli) Die meisten Leute kommen nur wegen des Stan Rogers Folk Festivals nach Canso. Beim größten Folkfestival in Nova Scotia, bei dem sich die Einwohnerzahl der Stadt vervierfacht, wird auf sechs Bühnen Folk-, Blues- und traditionelle Musik aus der ganzen Welt geboten. Eine Unterkunft ist in dieser Zeit praktisch nicht zu finden, es sei

denn, man hat ein Jahr im Voraus gebucht. Für das Festival stellen die Einheimischen 1000 zusätzliche Stellplätze zum Zelten bereit. Ausführliche Infos gibt's im Internet. Wer allerdings wirklich schlafen will, sollte sich einen Campingplatz weit weg vom Festival suchen.

Schlafen

Whitman Wharf House B&B B&B $$
(902-366-2450; www.whitmanwharf.com; 1309 Union St; DZ 95-105 C$; Mitte Mai–Mitte Okt.;) Die einzige Übernachtungsmöglichkeit in der Stadt – auch außerhalb der Festivalzeit – ist dieses ausgezeichnete B&B, das seine Gäste mit eigenen Wellness-Produkten verwöhnt. Auch sonst vermittelt es das Gefühl, sich in einer Sommerresidenz an der See zu befinden. Die Besitzer helfen gerne bei der Organisation von Aktivitäten in der Umgebung.

Sherbrooke

Das hübsche kleine Städtchen Sherbrooke, 123 km westlich von Canso und 63 km südlich von Antigonish, steht im Schatten einer historischen Stätte, die ungefähr ebenso groß ist.

Die Touristeninformation des Ortes befindet sich in **Sherbrooke Village** (902-522-2400; www.museum.gov.ns.ca/sv; Hwy 7; Erw./Kind 9/3,75 C$; 9.30–17.30 Uhr Juni–Mitte Okt.). In den restaurierten Gebäuden des Museumsdorfs leben und arbeiten kostümierte Darsteller wie vor 125 Jahren. Insgesamt 25 Gebäude sind öffentlich zugänglich und versetzen die Besucher wirklich in eine andere Zeit.

In dieser anderen Zeit kann man auch übernachten: Auf dem friedlichen Bauernhof **Days Ago B&B** (902-522-2811, 866-522-2811; www.bbcanada.com/daysago; 15 Cameron Rd; Zi. 65–75 C$;) vergisst man in aller Ruhe die Gegenwart. Man kann auf der Veranda in der Sonne sitzen oder mit dem Kajak lospaddeln. Die Zimmer sind alle mit Gemeinschaftsbad, nur das loftartige Chalet (80–90 C$) hat ein eigenes Bad.

Kaffee gibt's im himmlischen **Village Coffee Grind** (Kaffee 3,25 C$, Sandwiches ab 4 C$; Mo–Fr 8–17, Sa & So 9–16 Uhr), das sich in der winzigen Hauptstraße des Orts befindet.

Taylor Head Provincial Park

Dieser spektakuläre **Park** (902-772-2218; www.parks.gov.ns.ca; 20140 Hwy 7; Mitte Mai–Mitte Okt.) ist ein eher unbekanntes landschaftliches Highlight von Nova Scotia. Er umfasst eine Halbinsel, die 6,5 km in den Atlantik hineinragt. Auf der einen Seite

ABSTECHER

SABLE ISLAND

Die sich ständig verändernde, 44 km lange Sandbank liegt gut 300 km südöstlich von Halifax. Sie wird für mehr als 350 nachgewiesene Schiffsbrüche verantwortlich gemacht. Wirklich berühmt ist Sable Island aber für etwas ganz anderes: Hier lebt eine der wenigen echten Wildpferdeherden dieser Welt.

Die 60 Vorfahren der heute auf Sable Island lebenden Pferde wurden 1760 auf die Insel gebracht, nachdem die Akadier von den Briten aus Nova Scotia deportiert worden waren. Dabei mussten die Akadier ihre gesamten Viehbestände zurücklassen. Angeblich nutzte der Bostoner Kaufmann und Schiffseigner Thomas Hancock die Gunst der Stunde und brachte die Pferde nach Sable Island, um Aufsehen zu vermeiden. Die Pferde, die dieses „Aussetzen" überlebten, wurden zu echten Wildpferden.

Heute gibt es auf der Insel eine Forschungsstation, die Jahr für Jahr von Wissenschaftlern aufgesucht wird, um Vögel, Robben und Pferde zu erforschen. Seit 2003 betreibt Exxon eine Erdgasförderung in nur 10 km Entfernung von der Insel. Bis jetzt haben sich daraus kaum Probleme für die Umwelt ergeben.

Für Nichtwissenschaftler ist es kompliziert und teuer, aber nicht ganz unmöglich, Sable Island zu besuchen – tatsächlich wagen sich jährlich etwa 50 bis 100 unerschrockene Besucher auf die Insel. Am besten fragt man bei der **Sable Island Station** (902-453-9350; gforbes@ca.inter.net) und gleichzeitig bei Environment Canada nach, wo man die erforderlichen Genehmigungen beantragen muss. Um den Transport zur Insel und zurück muss man sich selbst kümmern.

zieht sich ein langer Strand mit sehr feinem Sand entlang, der zu einer geschützten Bucht hinausläuft. Ungefähr 17 km Wanderwege durchbrechen die Fichten- und Tannenwälder. Der **Headland Trail** ist als 8 km langer Rundweg der längste von ihnen und folgt der zerklüfteten Küstenlinie bis zum Taylor Head, von dem aus man einen traumhaften Panoramablick hat. Der kürzere **Bob Bluff Trail** ist eine 3 km lange Rundwanderung bis zu einer Steilküste mit hübscher Aussicht. Im Frühling sieht man überall farbenfrohe Wildblumen und die Gegend eignet sich auch toll zur Vogelbeobachtung. Man sollte seine Kühltasche einpacken und hier einen ganzen Tag zum Wandern, Faulenzen und (wenn man sich ins kalte Wasser traut) Schwimmen einplanen.

Tangier

Etwa 10 km südwestlich des Taylor Head Provincial Park bietet sich bei Tangier eine der besten Möglichkeiten zum Kajakfahren in den Atlantikprovinzen. Der hochgelobte Veranstalter **Coastal Adventures Sea Kayaking** (902-772-2774; www.coastal adventures.com; abseits des Hwy 7; Mitte Juni–Anfang Okt.) gibt eine Einführung ins Meerkajakfahren (halber/ganzer Tag 75/110 C$), verleiht Kajaks (halber/ganzer Tag 35/50 C$) und organisiert geführte Touren. Zum Unternehmen gehört auch das ausgezeichnete, sehr gemütliche B&B **Paddlers Retreat** (EZ 50 C$, DZ 60–80 C$).

Bei **Murphy's Camping on the Ocean** (902-772-2700; www.murphyscampingonthe ocean.ca; 291 Murphy's Rd; Stellplatz Zelt/Wohnmobil 22/33 C$, Wohnmobil zur Miete 65–85 C$;) heißt es raus aus dem Zelt und am Strand Muscheln fürs Abendessen suchen! Die Ausbeute kommt beim Strandbarbecue auf den Grill, dazu spinnt Inhaber Brian ordentlich Seemannsgarn. Neben Stellplätzen für Wohnmobile werden auch Wohnmobile selbst vermietet. Außerdem gibt's abgeschiedene Zeltstellplätze und ein sehr spartanisches Zimmer über dem Bootsschuppen, in dem bis zu vier Leute übernachten können. Die Leihgebühr für ein Boot beträgt 75 C$ pro Stunde. Gäste, die auf den Inseln campen wollen, werden hingebracht und wieder abgeholt.

Etwas zu essen besorgt man sich am besten bei **J. Willy Krauch & Sons Ltd** (902-772-2188; 35 Old Mooseland Rd am Hwy 7; Mo–Fr 10–17, Sa & So 9–17 Uhr), die für den besten Räucherfisch in ganz Nova Scotia bekannt sind. Im Angebot sind Lachs, Aal, Makrele und vieles mehr – die Kräcker dazu muss man selbst mitbringen.

Jedore Oyster Pond

Das winzige **Fisherman's Life Museum** (902-889-2053; www.museum.gov.ns.ca/flm; 58 Navy Pool Loop; Erw./Kind 3/1,50 C$; Mo–Sa 9.30–17.30, So 13–17.30 Uhr), das sich 45 km von Tangier entfernt in Richtung Halifax befindet, sollte dringend umbenannt werden. Während der Hausherr 16 km weit aufs Meer hinausfuhr, um zu seinen Fischgründen zu kommen, mussten Frau und 13 Töchter das Leben zu Hause alleine bewältigen. So zeigt das Museum vor allem das häusliche Leben der Fischerfrauen Anfang des 20. Jhs. Kostümierte Führer bieten Tee und Gastfreundschaft an.

New Brunswick

Inhalt »

Gut essen

» Rossmount Inn Restaurant (S. 438)

» North Head Bakery (S. 444)

» Old City Market (S. 448) in Saint John

Schön schlafen

» Carriage House Inn (S. 426)

» Bear's Lair (S. 431)

» Rossmount Inn (S. 437)

» Fairmont Algonquin (S. 438)

Auf nach New Brunswick!

Im frühen 20. Jh. war New Brunswick schwer angesagt: Steinreiche Geschäftsleute, Baseballspieler der Major League und US-Präsidenten kamen hierher, um Lachse an silbern glitzernden Flüssen zu angeln und in rustikalen Lodges tief im Urwald zu nächtigen. Doch über die Jahrzehnte fiel New Brunswick wieder in ein Dornröschenschlaf. Heute nennt es manch ein Kanadier scherzhaft *drive-thru province* (Durchfahrtsprovinz), da Urlauber meist zu den bekannteren Nachbarn Prince Edward Island (PEI) und Nova Scotia eilen.

Doch warum? Die unberührte Wildnis bietet nach wie vor Flüsse für Fliegenfischer, küstennahe Inseln, herrliche Kajakrouten, verschneite Skiberge und malerische akadische Dörfer für Erkundungsfreudige. Wer dies alles auf der Durchfahrt nicht einfach links liegen lässt, tut sich selbst einen Gefallen. Danach ist Prince Edward Island immer noch da – versprochen!

Reisezeit

Fredericton

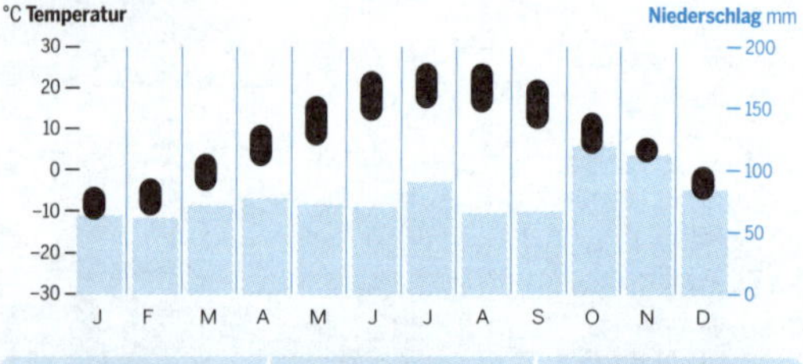

Juli–September Walbeobachter strömen scharenweise nach St. Andrews By-The-Sea

August Das Festival Acadien in Caraquet entfesselt den frankokanadischen Geist der Akadier

November–März Skilangläufer bevölkern die präparierten Loipen im Fundy National Park

Highlights in New Brunswick

1. Auf dem Leuchtturm von **Cape Enrage** (S. 453) die Kraft des höchsten Tidenhubs der Welt spüren
2. Durch die malerischen Orte **St. Andrews By-The-Sea** (S. 435), **Gagetown** (S. 429) und **Sussex** (S. 452) bummeln
3. Per Kanu über die Seen **Chiputneticook** (S. 434) und **Nictau** (S. 431) paddeln
4. Auf dem friedvoll entlegenen **Grand Manan Island** (S. 442) in frischer Meeresluft entspannen
5. Im **Kouchibouguac National Park** (S. 460) oder am **Parlee Beach** (S. 459) auf Sandstränden ausstrecken
6. Im **King's Landing Historical Settlement** (S. 429) und **Acadian Historic Village** (S. 463) Geschichte hautnah erleben
7. Auf den Bauernmärkten von **Fredericton** (S. 424) und **Dieppe** (S. 455) die ersten Erdbeeren der Saison u. v. m. probieren

KURZINFOS NEW BRUNSWICK

- Bevölkerung: 730 000
- Fläche: 73 400 km²
- Hauptstadt: Fredericton
- Schräge Facts: Heimat der weltgrößten Hummerskulptur (Shediac), der Axt (Nackawic) und des Farnwedel (Plaster Rock).

Geschichte

Die heutige Provinz New Brunswick war ursprünglich das Land der Mi'kmaq und der vor allem im Westen und Süden heimischen Maliseet. Viele Orte tragen noch immer die indianischen Namen, obwohl sich der Siedlungsraum der heute noch rund 17 000 Ureinwohner auf einige kleine Landstriche beschränkt.

Mit dem Forschungsreisenden Samuel de Champlain kamen um 1600 die ersten französischen Siedler ins Land. Die Akadier, wie sie genannt wurden, bestellten das Land rund um die Bay of Fundy. Nachdem sie 1755 von den Engländern vertrieben worden waren, kamen viele später an die Baie de Chaleurs zurück. Mit Ausbruch des amerikanischen Unabhängigkeitskrieges suchten in den darauffolgenden Jahren zahlreiche britische Loyalisten aus Boston und New York Zuflucht in der Wildnis von New Brunswick.

Diese Flüchtlinge ließen sich in den Tälern der Flüsse St. John und St. Croix nieder, gründeten die Stadt St. John und verstärkten die Garnisonsstadt Fredericton.

Im 19. Jh. boomte die Holzwirtschaft und der Schiffsbau, mit Beginn des 20. Jhs. kamen andere Industriezweige wie die Fischerei hinzu. Diese Zeit der Blüte endete mit der Weltwirtschaftskrise. Heute zählen die Papier- und Zellstoffproduktion, Mineralölverarbeitung und der Kartoffelanbau zu den wichtigsten Wirtschaftszweigen der Provinz.

Geografie & Klima

Die vielfältige Landschaft der Provinz besteht aus feuchten, felsigen Küstengebieten, Flusstälern mit gemäßigtem Binnenklima und dicht bewaldeten Gebirgen im Landesinneren. Es gibt vier unterschiedliche Jahreszeiten: Die allgemein milden Sommer haben wenige heiße Tage. Vor allem im Frühjahr und -sommer tritt an der Bay of Fundy oft Küstennebel auf. Hauptsaison ist von Ende Juni bis Anfang September. Im übrigen Jahr haben viele touristische Einrichtungen wie Strände, geführte Touren und manche Unterkünfte in Urlaubsgebieten geschlossen.

Sprache

Obwohl nur ca. ein Drittel der Bevölkerung Französisch und Englisch spricht (verglichen mit landesweiten 17%), ist New Brunswick die einzige offiziell zweisprachige Provinz Kanadas. Etwa 34% der Einwohner haben französische Vorfahren. Sie leben hauptsächlich rund um Edmundston, auf der Akadischen Halbinsel, an der Ostküste und bei Mocton. Besucher können sich meist leicht auf Englisch oder Französisch verständigen.

ℹ Anreise & Unterwegs vor Ort

An allen Grenzübergängen und in den meisten Städten gibt's Touristeninformationen, die aber nur von Mitte Mai bis Mitte Oktober geöffnet haben.

Auto & Motorrad

Auto- und Motorradfahrer gelangen vor allem über Edmundston, Calais (Maine), Houlton (Nova Scotia) oder die Prince Edward Island (PEI) nach New Brunswick. Ostwärts gelangt man über die Confederation Bridge gratis von Cape Jourmain zur PEI – bezahlt wird auf der Rückfahrt. Trotz meist geringem Verkehrsaufkommen ist an der Grenze zu Maine oft mit Verzögerungen beim Zoll zu rechnen.

Bus

Acadian Lines (☎800-567-5151; www.acadianbus.com) bedient New Brunswicks Hauptrouten und fährt z. B. nach Nova Scotia, zur PEI oder bis nach Rivière-du-Loup in Québec, wo mit **Orléans Express** (☎888-999-3977; www.orleansexpress.com) Anschlüsse gen Westen bestehen.

Ab St. John fährt Acadian auch südwärts nach Bangor in Maine (55 C$, 3½ Std.); von hier kommt dann weiter nach Boston und New York. Infos zum täglichen Bus zwischen Bangor und Calais gibt's auf S. 434.

ENTFERNUNGEN

Edmundston–Saint John: 375 km

Fredericton–Miramichi: 180 km

St. Andrews By-The-Sea–Moncton: 254 km

NEW BRUNSWICK IN …

… vier Tagen

Der erste Tag gehört dem **King's Landing Historical Settlement**. Nach Ankunft in **Fredericton** am Samstagmorgen heißt es die Stände des **WW Boyce Farmers' Market** abklappern. Es folgt die **Beaverbrook Art Gallery** mit einigen alten Meistern und zeitgenössischer Kunst aus Kanada. Auf der **Old River Road** geht's dann über Gagetown zur Hafenstadt **St. John**; unterwegs laden ein paar Töpferateliers zu Zwischenstopps ein. Am Samstagabend empfehlen sich in St. John z. B. der **O'Leary's Pub** mit Livemusik aus den Seeprovinzen oder ein Stück im **Imperial Theatre**. Am nächsten Morgen folgt man dem Ufer der Bay of Fundy westwärts, um per Fähre nach **Grand Manan Island** überzusetzen: Dort kann man Wale beobachten, wandern, radeln oder einfach mit einem guten Schmöker auf der Veranda relaxen.

… einer Woche

Nach der Rückkehr aufs Festland führt eine Panoramastrecke ostwärts durch **St. Martins**, **Sussex** und den **Fundy National Park**. Am **Parlee Beach** bei Shediac bietet sich ein kurzes erfrischendes Bad im Meer an, bevor es nordwärts in Richtung Bouctouche weitergeht. **Le Pays de la Sagouine** gibt Einblicke in die akadische Kultur, die durch einen Abstecher ins moderne Dorf **Caraquet** und eine Zeitreise ins **Acadian Historic Village** aus dem frühen 19. Jh. abgerundet werden. Alternative: Oben in **Miramichi** einige Tage mit Lachsangeln oder Tubingtouren auf dem berühmten Fluss verbringen.

Outdoor-Abenteuer

Zunächst kann man ein paar Tage am Meer zelten, an den Dünen entlang mit dem Kajak umherpaddeln und die Rad- bzw. Wanderwege im **Kouchibouguac National Park** testen. Dann könnte man für einen Tag oder auch eine Woche auf dem Nordabschnitt des **International Appalachian Trail** bis zum Mt. Carleton marschieren, über die **Grand Manan Island** oder entlang des **Fundy Trail Parkway**. An der **Passamaquoddy Bay** warten Trips mit Seekajaks, gefolgt von einer einwöchigen Kanutour über die **Chiputneticook Lakes**. Alternativ radelt man das **Tal des St. John River Valley** hinauf oder erkundet in Tagesausflügen Grand Manan, **Fredericton** und **Sussex**. Zudem sollte man unbedingt ein paar Tage für Walbeobachtungen und eine Bootsfahrt zu den Papageitauchern von **Machias Seal Island** reservieren!

Kanukarten für die Flüsse Nepisiquit, Restigouche, Southwest Miramichi, St. Croix und Tobique gibt's bei **Service New Brunswick** (www.snb.ca; 7 C$/Karte). Dort sind auch ein Wanderführer für den New Brunswick Trail (13 C$) und eine Gratiskarte mit Schneemobilrouten zu bekommen.

Flugzeug

Ab Halifax, Montréal und Toronto fliegt Air Canada mehrmals täglich nach Moncton, St. John und Fredericton. Nach Moncton geht's auch mit WestJet (ab Toronto) und Continental (1-mal tgl. direkt ab Newark). WestJet verbindet Toronto zudem mit St. John. Kontaktdaten zu Fluglinien stehen auf S. 984.

Schiff/Fähre

Die **Princess of Acadia** (☎506-649-7777, 888-249-7245; www.bayferries.com; Erw./Kind bis 5 Jahre/Kind 6–13 Jahre/Senior 40/5/25/30 C$, Auto/Fahrrad 80/10 C$) von Bay Ferries verkehrt ganzjährig zwischen St. John und Digby in Nova Scotia. Die Passage (3 Std.) kann viel Fahrtzeit ersparen.

Von St. John legt die Fähre zwischen Ende Juni und Anfang September zweimal täglich ab (meistens um ca. 12 & 23 Uhr). Die beiden täglichen Verbindungen ab Digby starten in der Regel morgens und spätnachmittags. Im übrigen Jahr geht's teils nur einmal pro Tag hin und zurück.

Da die Fähre im Juli und August immer sehr voll ist, heißt es früh erscheinen oder Autoplätze telefonisch reservieren. Selbst mit Reservierung sollte man sich eine Stunde vor dem Ablegen einfinden. Fußgänger und Radler können praktisch immer an Bord. Dort gibt's ein Restaurant und eine Bar.

Fähren zu den Fundy Isles werden im betreffenden Abschnitt (S. 439) erwähnt. Auch hier früh da sein bzw. rechtzeitig reservieren!

Zug

Die Passagierzüge von **VIA Rail** (☎888-842-7245; www.viarail.ca) pendeln sechsmal pro Woche zwischen Montréal und Halifax. Moncton (ab Montréal im Abteil/Schlafwagen 211/449 C$, 15½ Std.), Campbellton, und Miramichi sind New Brunswicks wichtigste Bahnhöfe.

FREDERICTON

50 500 EW.

Vorbei an prächtigen Regierungsgebäuden am Ufer und der auf einem Hügel gelegenen Universität schlängelt sich der St. John River träge durch das extrem malerische Fredericton, der verschlafenen Hauptstadt der Provinz. Am von Bäumen gesäumten Fluss erstrecken sich ausgedehnte Rasenflächen, über die sich Springbrunnen, Spazierpfade und Spielfelder verteilen: An warmen Wochenenden erinnert „The Green" an ein Aquarellgemälde mit spazieren gehenden Familien, Fußball spielenden Kindern und picknickenden Paare.

Das kleine Geschäftsviertel der Innenstadt steht auf einem flachen, breiten Areal an einem Knick des Flusses. Hübsche Ladenfassaden aus rotem Backstein und ruhige Wohnstraßen mit mächtigen, ehrwürdigen Ulmen, üppige Blumenbeete und wunderbar erhaltene Villen aus georgianischer oder viktorianischer Zeit prägen das Bild. Einzelne Kirchturmspitzen durchbrechen das Blätterdach über dem Zentrum.

Sehenswertes

1875 erklärte man Fredericton zur Hauptstadt der neu geschaffenen Provinz New Brunswick. Der zwei Blöcke breite Streifen entlang der Queen St zwischen der York und der Regent St bildet den Historic Garrison District: Hier waren britische Soldaten über weite Teile des späten 18. und frühen 19. Jhs. kaserniert. Heute ist die Garnison ein belebter Mehrzweckkomplex in eindrucksvollem Gemäuer.

Old Government House HISTORISCHES GEBÄUDE
(www.gnb.ca/lg/ogh; 51 Woodstock Rd; Eintritt frei; ⌚Mo–Sa 10–16 Uhr, Mitte Mai–Aug. So ab 12 Uhr) Der prächtige Sandsteinpalast wurde 1826 für den britischen Vizegouverneur errichtet. Der Statthalter der Königin zog 1893 aus, nachdem die Provinzverwaltung nicht mehr für seine Ausgaben aufkommen wollte. Über den Großteil des 20. Jhs. diente der Komplex als Hauptquartier der Royal Canadian Mounted Police (RCMP). Heute erinnern Touren mit historisch kostümierten Führern stimmungsvoll an die alten Tage. New Brunswicks aktueller britischer Vizegouverneur lebt im 3. Stock: Graydon Nicholas, ein Angehöriger der Maliseet Nation, ist zugleich der erste Rechtsanwalt des Atlantischen Kanada mit indigener Abstammung.

Beaverbrook Art Gallery MUSEUM
(www.beaverbrookartgallery.org; 703 Queen St; Erw./Senior/Student/Fam. 8/6/3/18 C$, Do ab 17.30 Uhr Eintritt gegen Spende; ⌚Sept.–Juni 9–17.30, Do 9–21, So 12–17 Uhr, Winter Mo geschl.) Die recht kleine, aber tolle Galerie war eins der Geschenke Lord Beaverbrooks an die Stadt. Die außergewöhnliche Sammlung zeigt Werke bedeutender internationaler Meister und ist locker einen einstündigen Besuch wert. Zu sehen gibt's z. B. Werke von Constable, Dali, Gainsborough und Turner, aber auch von kanadischen Künstlern wie Tom Thompson, Emily Carr oder Cornelius Kreighoff. Wechselausstellungen präsentieren zudem zeitgenössische Kunst aus den Seeprovinzen.

Officers' Square HISTORISCHE STÄTTE
(www.downtownfredericton.ca; zw. Carleton & Regent St; Wachwechsel Mitte Juli–3. Woche im Aug. tgl. 11 & 16, Di & Do auch 19 Uhr) Der Officers' Square ist der frühere Paradeplatz des Garrison District. Heute finden hier sommerliche Wachwechsel in traditionellen Uniformen statt. Ebenfalls im Sommer gibt das Calithumpians Outdoor Summer Theatre vor Ort seine lustigen historischen Parodien (kostenlos; Mo–Fr/Sa & So 12.15/14.30 Uhr) zum Besten; abends werden dann auch Konzerte mit Jazz, Rock und keltischer Musik veranstaltet (Details s. Website).

York Sunbury Historical Museum MUSEUM
(www.yorksunburymuseum.com; Officers' Sq; Erw./Kind/Student 3/frei/1 C$; ⌚Mitte Juni–Aug. 10–17 Uhr, April–Mitte Dez. Di–Sa 13–16 Uhr) Das Museum ist in Offiziersquartieren aus dem 19. Jh. auf der Westseite des Officer's Sq untergebracht. Es beleuchtet die Stadtgeschichte z. B. anhand von Militaria, die örtliche Regimenter oder britische bzw. deutsche Armeen im Burenkrieg und beiden Weltkriegen benutzten. Gezeigt werden auch indigene und akadische Stücke und Möbel, die aus dem Wohnzimmer eines Loyalisten und einem viktorianischen Schlafgemach stammen. Unbedingt Frederictons legendären „Coleman Frog" (19 kg) anschauen! Echter Frosch oder Gipsmodell? Tja, das ist eine gute Frage!

Fredericton

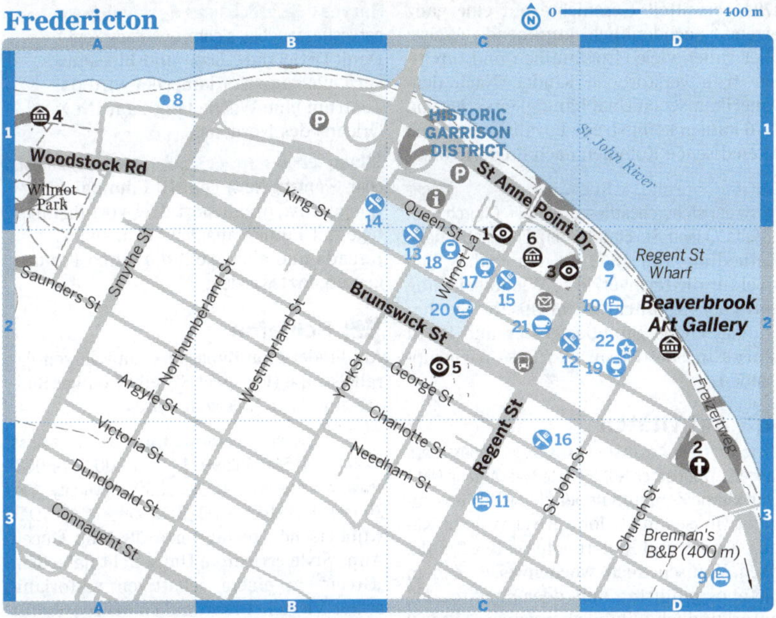

Fredericton

Highlights
Beaverbrook Art Gallery D2

Sehenswertes
1 Barracks Square C2
2 Christ Church Cathedral D3
Guard House .... (siehe 1)
3 Officers' Square C2
4 Old Government House A1
5 Old Loyalist Burial Ground C2
Soldiers' Barracks .... (siehe 1)
6 York Sunbury Historical Museum C2

Aktivitäten, Kurse & Touren
7 Lighthouse on the Green D2
8 Small Craft Aquatic Center A1

Schlafen
9 Carriage House Inn D3
10 Crowne Plaza Lord Beaverbrook D2
11 Fredericton International Hostel C3

Essen
12 Blue Door C2
13 Caribbean Flavas C2
14 Chez Riz B1
15 Racine's C2
16 WW Boyce Farmers' Market C3

Ausgehen
17 Boom! Nightclub C2
18 Garrison District Ale House C2
19 Lunar Rogue Pub D2
20 Second Cup C2
21 Trinitea's Cup C2

Unterhaltung
22 Playhouse D2

Soldiers' Barracks HISTORISCHES GEBÄUDE
(Ecke Queen & Carleton St; Eintritt frei; ⌚Juni–Sept.) Die triste Steinkaserne im Garrison District vermittelt einen Eindruck davon, wie die Soldaten um 1820 mit schlechtem Essen und viel Alkohol ihr Dasein fristeten. Schon die Holzpritschen und dünnen Strohmatratzen im angrenzenden Guard House von 1828 waren sicher kein Spaß, im Vergleich mit den Arrestzellen aber ein Honigschlecken! Unten sind heute Ateliers von Kunsthandwerkern untergebracht.

Old Loyalist Burial Ground FRIEDHOF
(Brunswick St an der Carleton St; ⌚8–21 Uhr) Der atmosphärische Loyalistenfriedhof von

1784 vermittelt Geschichte auf eine ganz eigene, nachdenklich stimmende Weise: Hier ruhen viele Großfamilien und furchtbar früh verstorbene Kinder. Nach dem Amerikanischen Unabhängigkeitskrieg von 1776 kamen königstreue Loyalisten aus den 13 englischen Kolonien nach Fredericton.

Christ Church Cathedral KIRCHE
(www.christchurchcathedral.com; Church St abseits Queen St; Eintritt frei) Die schmucke Kathedrale von 1853 ist ein frühes Beispiel für die reichverzierte Wiederbelebung gotischer Architektur im 19. Jh. Sie hat wunderschöne Buntglasfenster und ist St Mary's in Snettisham (Norfolk) nachempfunden.

Aktivitäten

Small Craft Aquatic Centre BOOTFAHREN
(abseits Woodstock Rd; ⌚Mitte Mai–Anfang Okt.) Das kleine Zentrum neben dem Old Government House am St. John River verleiht Kanus, Kajaks und Ruderboote (je 10 C$/Std.), nach Wunsch auch wochenweise. Zudem bietet es geführte Kanu- oder Kajaktouren, naturkundliche Flussexkursionen (1 Std.–3 Tage) und Kanu- bzw. Kajakkurse an.

Lighthouse on the Green WANDERN, RADFAHREN
(Ecke Regent St & St. Anne Point Dr) Der Leuchtturm am Flussufer ist gleichzeitig Infozentrum und Kleinmuseum. Hier beginnen bzw. treffen sich 70 Spazierwegkilometer, die rund um die Stadt und entlang des Flusses führen. Vor Ort gibt's Wanderkarten und eine Terrasse, auf der im Sommer Wochenendkonzerte und mittwochabends Yogasessions stattfinden.

Geführte Touren

Heritage Walking Tours (kostenlos; ⌚Juli–Okt. tgl. 10, 14.30 & 17 Uhr) Die jungen, engagierten Guides in historischen Kostümen leiten gute Gratisführungen (1 Std.); los geht's am Rathaus. Besucht werden z. B. das Flussufer, das Regierungsviertel und der Historic Garrison District.

Haunted Hikes (Erw./Kind 13/8 C$; ⌚Juli–Aug. Mo–Sa 21.15 Uhr) Mit denselben Mimen geht's ab dem Coach House (796a Queen St) auf eine makabre Tour.

Feste & Events

NotaBle Acts Summer Theatre Festival (www.nbacts.com; ⌚Ende Juli–Anfang Aug.) Präsentiert junge, etablierte Dramatiker bei Theater- oder Straßenaufführungen.

Harvest Jazz & Blues Festival (www.harvestjazzandblues.com; ⌚Anfang Sept.) Dank Dixieland-, Jazz- und Bluesmusikern aus ganz Nordamerika wird das Zentrum eine Woche lang zum „New Orleans des Nordens".

Silver Wave Film Festival (www.swfilmfest.com; ⌚Anfang Nov.) Die NB Filmmaker's Cooperative organisiert drei Vorführungstage mit Filmen aus New Brunswick, Kanada und aller Welt, die durch Lesungen ergänzt werden.

Schlafen

Am Fredericton Bypass bzw. an dessen Parallelstraße (Prospect St) gibt's einige Budget- und Mittelklassemotels.

LP TIPP **Carriage House Inn** B&B $$
(☎506-452-9924, 800-267-6068; www.carriagehouse-inn.net; 230 University Ave; Zi. inkl. Frühstück 99–129 C$; P⊖❄📶) Das wunderschön restaurierte, 1875 im Queen Anne Style errichtete Haus steht nahe dem „Green" in einem schattigen viktorianischen Viertel. Ursprünglich wurde es für einen Holzbaron und Ex-Bürgermeister Frederictons errichtet. Im prächtigen Gemeinschaftsraum gibt's polierte Parkettböden, Antiquitäten, bequeme Sofas, offene Kamine und einen Flügel. Die Gästezimmer im Obergeschoss warten mit hohen Decken, Himmelbetten, zeitgenössischen Tapeten und historischen Illustrationen auf. Eine breite Veranda lädt zum Relaxen ein, während die freundlichen Eigentümer gern Tipps zur Umgebung geben.

Brennan's B&B B&B $$
(☎506-455-7346; www.bbcanada.com/3892.html; 146 Waterloo St; Zi. inkl. Frühstück 95–135 C$; P⊖❄@) Die mit einem kleinen Türmchen geschmückte weiße Villa am Flussufer wurde 1885 für eine reiche Kaufmannsfamilie erbaut. Heute ist sie ein fesches B&B mit vier Zimmern; die besseren punkten mit Parkettböden und Blick aufs Wasser.

Crowne Plaza Lord Beaverbrook HOTEL $$$
(☎506-455-3371; www.cpfredericton.com; 659 Queen St; Zi. 120–260 C$; P❄📶🏊) Lord Beaverbrook hat der Stadt auch dieses Innenstadthotel von 1948 vermacht. Sehenswerte Bibermosaike zieren die Fassade. Hochzeitsgesellschaften, Kongressteilnehmer und Geschäftsreisende sorgen hier stets für Hochbetrieb. Die Lobby verbreitet

einen Hauch von Vintage-Glamour. Die 168 modernen Zimmer sind komfortabel.

Town and Country Motel MOTEL $
(☎506-454-4223; 967 Woodstock Rd; EZ & DZ 90 C$, 2BZ 100 C$; P ❄) In ruhiger Lage am Fluss warten hier blitzblanke, helle und moderne Zimmer mit Kochecken sowie große Panoramafenster mit super Flussblick. Das Motel steht 3 km westlich vom Zentrum an einem Rad- bzw. Spazierweg.

Fredericton International Hostel HOSTEL $
(☎506-450-4417; fredericton@hihostels.ca; 621 Churchill Row; HI-Mitglieder/Nichtmitglieder Zi. 25/30 C$; ⊙Bürozeiten 7–12 & 18–22 Uhr; P @) Das düstere, weitläufige Gebäude ist teils Studentenwohnheim, teils Touristenunterkunft. Im großen, leicht gruseligen Keller gibt's Pooltische und eine Waschküche.

Essen

Für eine so kleine Stadt hat Fredericton eine breite und kosmopolitische Gastroszene. Die meisten Restaurants liegen im fußgängerfreundlichen Zentrum.

WW Boyce Farmers' Market BAUERNMARKT $
(www.boycefarmersmarket.com; 665 George St; ⊙ 6–13 Uhr) Diese Institution von Fredericton ist eine prima Anlaufstelle, wenn man auf der Suche nach frischem Obst, Gemüse, Fleisch, Käse, Kunsthandwerk, Desserts und Blumen ist. Viele der ca. 150 Stände reflektieren das europäische Stadterbe z. B. mit französischer Entenpastete, britischer Marmelade oder Würstchen nach deutscher Art. Im Marktrestaurant stehen Einheimische Schlange, um zu tratschen und Leute zu beobachten.

Racine's FUSION $$$
(www.racinesrestaurant.ca; 536 Queen St; Hauptgerichte 17–33 C$; ⊙abends) Kunstlederne Tischdecken und etwas Neongrün verleihen dem trendigen Innenstadtbistro seinen modern-urbanen Look. Auf der international geprägten Karte stehen vor allem Grillfleisch und Meeresfrüchte. Ob Malpeque-Austern in halber Schale, Curry-Krabbenkuchen, Szechuan-Ente oder Filet Mignon mit Kräuterbutter – wie abstrakte Gemälde werden die Gerichte hier kunstvoll auf weißen Tellern angerichtet.

Schnitzel Parlour DEUTSCH $$$
(☎506-450-2520; www.facklemanschocolateheaven.com; 3136 Woodstock Rd; Hauptgerichte 19–22 C$; ⊙Di–Mi & Fr–Sa abends, Schokolaterie ab 11 Uhr) Das gemütliche Landrestaurant ist Spezialist für herzhafte deutsche Traditionsküche. So serviert es z. B. pikantes Gulasch (Geheimzutat: Schokolade), Wildschweineintopf und sechs verschiedene Schnitzelsorten auf hausgemachten Spätzle. Wein muss man mitbringen. Die **Chocolaterie Fackleman** vor Ort verkauft Trüffelpralinen und traditionelle Torten. Das Ganze liegt ca. 8 km westlich der Stadt an der Woodstock Rd.

Blue Door FUSION $$$
(☎506-455-2583; www.thebluedoor.ca; 100 Regent St; Hauptgerichte 8–20 C$; ⊙11.30–22 Uhr) Dieses angesagte, gehobene Fusionrestaurant kredenzt in einem schummrigen, schick-urbanen Speiseraum z. B. Hühnchencurry, Bruschetta mit Gorgonzola oder Dorsch, Miso und Ahornsirup. Besonders beliebt sind die Oldschool-Cocktails wie Singapore Sling oder Harvey Wallbanger.

Caribbean Flavas KARIBISCH $$
(www.caribbeanflavas.ca; 123 York St; Hauptgerichte 16–23 C$; ⊙Mo–Fr mittags, Mo–Sa abends) Fiedeles, alkoholfreies Lokal mit den Aromen und Farben der Karibik – super für ein lässiges und schmackhaftes Mahl.

Chez Riz INDISCH $$
(☎506-454-9996; 366 Queen St; Hauptgerichte 16–20 C$; ⊙Mo–Fr mittags, Mo–Sa abends) Indische und pakistanische Köstlichkeiten in stilvoll schummrigem, romantisch beleuchtetem Höhlenflair.

Ausgehen

Fredericton huldigt der Koffeinkultur in mehreren reizvollen Cafés. Abends erwachen die Bars, Pubs und Dachterrassen an King und Queen St zum Leben.

Garrison District Ale House KNEIPE
(www.thegarrison.ca; 426 Queen St; ⊙Mo–Sa) Schummerlicht plus Dekor in Leder und Holz lassen den populären Pub an der Queen St wie einen altmodischen britischen Jagdclub wirken. Das adrette Publikum labt sich an Burgern und vielen verschiedenen Fassbieren.

Lunar Rogue Pub KNEIPE
(www.lunarrogue.com; 625 King St; ⊙tgl.) Dieser fröhliche Treff der Einheimischen hat eine große Auswahl an Bieren und prima Single-Malt-Whiskeys. Bei warmer Witterung ist die Terrasse extrem beliebt.

Second Cup CAFÉ
(Kings Place Mall, 440 King St; ⊙Mo–Sa 6.30–22, So 9–22 Uhr) Warmes Licht, Weltmusik-

Beats und der Duft frisch gerösteten Kaffees ziehen ein Stammpublikum aus Büroangestellten, Passanten und laptopquälenden Nachwuchsautoren an.

Boom! Nightclub NACHTCLUB
(www.boomnightclub.ca; 474 Queen St; Grundpreis 5 C$; ⌚Mi–So) Hipper Schwulenclub mit Bar, der Gäste jeglicher Couleur willkommen heißt.

Trinitea's Cup CAFÉ
(www.theatreinthecup.ca; 87 Regent St; ⌚Mo–Mi 8–17.30, Do–Sa bis 20, So 12–17 Uhr) Hinter der Fassade dieser Teestube schreibt man immer das Jahr 1955. Neben typisch englischem Tee mit Sahne gibt's auch Suppen und Sandwiches.

☆ Unterhaltung

Der wöchentlich erscheinende Szeneführer *here* (www.herenb.com) ist gratis in der ganzen Stadt erhältlich. Er informiert umfassend über Konzerte, Galerieeröffnungen und andere örtliche Events.

Outdoor Summer Concerts LIVEMUSIK
(www.tourismfredericton.ca; Eintritt frei; ⌚Di–Fr & So) Im Sommer beschallen lokale Livemusiker diverse Innenstadtvenues vom Officers' Sq bis hin zum Lighthouse on the Green. Dabei reicht das Spektrum von Trommeln und schottischen Dudelsäcken bis hin zu Country und Blues (Details s. Website).

Playhouse THEATER
(www.theplayhouse.nb.ca; 686 Queen St) Veranstaltet ganzjährig Konzerte, Shows, Theater- und Ballettaufführungen.

ℹ Praktische Informationen

Dr. Everett Chalmers Hospital (☎506-452-5400; 700 Priestman St)

Fredericton Public Library (12 Carleton St; ⌚Mo–Sa 10–17, Mi & Fr bis 21 Uhr) Gratis-Internetzugang: Wer zuerst kommt, mahlt zuerst.

Hauptpost (☎506-444-8602; 570 Queen St; ⌚Mo–Fr 8–17 Uhr) Ausgabestelle für postlagernde Sendungen; diese mit „Fredericton, NB E3B 4Y1" adressieren.

Polizei, Rettungsdienst & Feuerwehr (☎911) Für alle Notfälle.

Touristeninformation (☎506-460-2129, 888-888-4768; www.tourismfredericton.ca; City Hall, 397 Queen St; ⌚Okt.–Mai Mo–Fr 8–16.15 Uhr, Sommer verlängerte Öffnungszeiten) Verteilt auch kostenlose Parkausweise fürs Stadtzentrum.

ℹ An- & Weiterreise

AUTO & MOTORRAD Fahrzeuge mit Zulassung außerhalb der Provinz berechtigen zu kostenlosen Parkausweisen fürs Stadtzentrum (Mai–Okt.). Diese gelten für drei Tage und sind bei der Touristeninformation (11 Carleton St) erhältlich. Für Vehikel aus New Brunswick gibt's Tagesausweise. Die Autovermieter Avis, Budget, Hertz und National (s. S. 987) sind allesamt am Flughafen vertreten.

BUS Das neue **Acadian Lines Terminal** (www.acadianbus.com; 150 Woodside Lane) befindet sich ein paar Kilometer südwestlich vom Zentrum. Beispiele für Ziele, Fahrtzeiten und Preise: Moncton (44 C$, 2¼ Std., 2-mal tgl.), Charlottetown (PEI; 68 C$, 5½ Std., 2-mal tgl.), Bangor (Maine; 55 C$, 7½ Std., 1-mal tgl.) und St. John (29 C$, 1½ Std., 2-mal tgl.).

FLUGZEUG Der **Fredericton International Airport** (www.yfcmobile.ca) liegt 14 km südöstlich der Stadt am Hwy 102. Fluginfos stehen auf S. 423.

ℹ Unterwegs vor Ort

Ein Taxi zum Flughafen kostet 16 C$. **Radical Edge** (☎506-459-3478; www.radicaledge.ca; 386 Queen St; pro Std./Tag 7,50/25 C$) verleiht Fahrräder.

Einzeltickets für das passable Stadtbusnetz von **Fredericton Transit** (☎506-460-2200) kosten 2 C$ inklusive Umsteigen. Die Busse verkehren von 6.15 bis 23 Uhr (Mo–Sa). Die meisten Stadtbusrouten beginnen an der King's Place Mall (King St zw. York & Carleton St).

OBERES TAL DES ST. JOHN RIVER

Der St. John River entspringt im US-Bundesstaat Maine, windet sich entlang der westlichen Grenze von New Brunswick durch dichte Wälder und üppig grüne Felder, bahnt sich zwischen baumbestandenen Ufern seinen Weg durch die Provinzhauptstadt Fredericton und fließt zwischen flachen Inseln durch eine sanfte Hügellandschaft, bevor er schließlich nach 700 km in die Bay of Fundy mündet. Der mächtige Strom ist die Hauptattraktion der Provinz und bildete jahrhundertelang deren Hauptverkehrsader. Die malerische Flusslandschaft lässt sich am besten bei der Fahrt mit dem Auto oder mit dem Fahrrad auf dem Trans-Canada-Trail (S. 939) genießen, der dem Fluss über fast die gesamte Länge folgt.

Wer mit dem Auto unterwegs ist, hat die Wahl zwischen zwei Routen durch das

Tal: dem schnelleren, überwiegend am westlichen Flussufer verlaufenden Trans-Canada-Highway (Hwy 2) und dem alten, landschaftlich reizvolleren Hwy 105 am Ostufer, der sich durch viele kleine Dörfer schlängelt. Unterwegs zweigen der Hwy 17 (bei St. Leonard) und die Rte 385 (bei Perth-Andover) ab und führen in Richtung Nordosten durch die Appalachen in den wildromantischen Mt. Carleton Provincial Park.

King's Landing Historical Settlement

Eine der Topsehenswürdigkeiten der Provinz ist dieses detailgetreu wiederaufgebaute **Loyalistendorf** (☎506-363-4999; www.kingslanding.nb.ca; Erw./Kind/Fam. 16/11/38 C$; ⏲Mitte Juni–Mitte Okt. 10–17 Uhr) aus dem frühen 19. Jh., 36 km westlich von Fredericton. 100 Bewohner in historischen Kostümen le-

SCENIC DRIVE: UNTERES TAL DES ST. JOHN RIVER

Der wichtigste Highway (Rte 7) zwischen Fredericton und der Hafenstadt St. John führt südwärts durch ein riesiges Gebiet mit zahllosen Bäumen. Eine wesentlich malerischere, wenn auch ca. doppelt so lange Route folgt den sanften Kurven des St. John River durch hügeliges Ackerland und einige historische Dörfer hinunter zur Bay of Fundy.

Los geht's am nördlichen Flussufer in Fredericton: Zunächst führt die Rte 105 südwärts über Maugerville nach Jemseg. An der Ausfahrt 339 beginnt dort die Rte 715 South zum **Fähranleger Gagetown** (kostenlos; ⏲24 Std., ganzjährig). Dort startet die erste von insgesamt acht kostenlosen Seilfähren, die den majestätischen St. John River auf dem Weg nach St. John überqueren. Auf die Überfahrt (ca. 5–10 Min.) muss man nie länger als ein paar Minuten warten.

Am gegenüberliegenden Ufer kommt nach ein paar Kilometern gen Norden das hübsche Dorf **Gagetown** aus dem 18. Jh. in Sicht – allemal einen Besuch wert: An der Front St warten Kunsthandwerksateliers und diverse einladende Cafés. Das tolle **Queen's County Museum** (69 Front St; Eintritt 2 C$; ⏲Mitte Mai–Mitte Juni 10–17 Uhr) befindet sich in einem Haus von 1736, in dem einst Sir Leonard Tilley aufwuchs. Das sehr sachkundige Personal geleitet einen durch die Ausstellung, die ein Spektrum von den regionalen Ureinwohnern in vorkolonialer Zeit über das Siedlerleben im 18. Jh. bis hin zum Zweiten Weltkrieg abdeckt. Die **Gagetown Cider Company** (☎506-488-2147; 127 Fox Rd; ⏲13–18 Uhr) veranstaltet Führungen nach Vereinbarung.

Den malerischen Gagetown Creek erkundet man am besten per Boot. **Village Boatique** (☎877-488-1992; 50 Front St) verleiht Kanus (pro Std./Tag 10/50 C$) und Kajaks (15/75 C$). Das gemütliche **Step-Aside Inn** (☎506-488-1808; stepamau@nbnet.nb.ca; 58 Front St; EZ/DZ inkl. Frühstück 80/95; C$ ⏲Mai–Dez.;) hat vier helle Zimmer mit Flussblick. Der **Old Boot Pub** (48 Front St; ⏲mittags & abends) am Fluss stärkt Hungrige mit Rauchfleisch-Sandwiches und Bier.

Von Gagetown aus heißt es nun südwärts der Rte 102 folgen, die Einheimische auch „Old River Road" nennen – angelehnt an den Status als Hauptverkehrsader des Tals in guter alter Zeit, in der noch Flussdampfer ihren Dienst verrichteten und der heutige zweispurige Highway noch nicht existierte. Aus diesen Tagen stammen auch die stattlichen alten Bauernhäuser und verwitterten Heuschober, die hier und da entlang des Tals stehen. Der hügelige, 42 km lange Streckenabschnitt zwischen Gagetown und dem **Fähranleger Evandale** (kostenlos; ⏲24 Std., ganzjährig) ist besonders malerisch. Hierfür sorgen herrliche Panoramablicke auf üppige Wildblumenwiesen, weiße Bauernhäuser und grün-goldene Inseln im leuchtend blauen Fluss.

Vor 100 Jahren war Evandale ein belebtes Nest, in dem eine Tanzkapelle die per Flussdampfer angereisten Übernachtungsgäste des **Evandale Resort** (☎506-468-2222; Fähranleger; Zi. 139–199 C$) unterhielt. Letzteres hat sechs Zimmer und ein Nobelrestaurant und erstrahlt nach einer Renovierung nunmehr wieder in viktorianischer Pracht. Am anderen Ufer ist es entlang der Rte 124 nur ein kurzes Stück bis zur **Belleisle Bay Ferry** (kostenlos; ⏲24 Std., ganzjährig). Diese Fähre schippert zur ländlichen Kingston Peninsula; von deren gegenüberliegender Seite setzt die **Gondola Point Ferry** (kostenlos; ⏲24 Std., ganzjährig) direkt nach St. John über.

ben und arbeiten in diesem Museumsdorf. Die elf Wohnhäuser, eine Schule und Kirche, der Laden und die Sägemühle sind Originalgebäude aus dem 19. Jh. und vermitteln einen Einblick in das tägliche Leben (und Essen) der Pioniere in den Seeprovinzen. Den ganzen Tag über finden Vorführungen und Veranstaltungen statt. Die Besucher werden in Pferdekutschen herumgefahren. Das Gegenstück zu diesem lebendigen Dorf der Loyalisten ist das ebenso eindrucksvolle Acadian Historic Village in Caraquet (S. 463). The King's Head Inn, ein Pub aus den 1850er-Jahren, serviert – sehr authentisch bei Kerzenschein – Speisen und Getränke der damaligen Zeit. Besondere Programme und regelmäßige Veranstaltungen für Kinder machen King's Landing zum idealen Ausflugsziel für die ganze Familie. So kann man locker einen halben Tag oder länger hier verbringen.

10 km weiter südlich bietet der recht volle, ferienparkähnliche Mactaquac Provincial Park (Tagesgebühr 5 C$/Fahrzeug) Gelegenheit zum Schwimmen, Angeln und Wandern, Picknick- und Campingstellplätze, Bootsverleih und einen riesigen Campingplatz (☎506-363-4747; 1256 Hwy 105; Zeltplatz/Stellplatz 22/24 C$; ⏲Ende Mai–Mitte Okt.).

Hartland

Zu diesem winzigen Weiler gehört der „Großvater" von News Brunswicks vielen überdachten Holzbrücken: Die 1897 erbaute, sehr fotogene **Hartland Bridge** (390 m) über den St. John River ist heute eine National Historic Site. Dank Blick auf Fluss und Brücke sind die Picknicktische bei der Touristeninformation ein erstklassiger Ort fürs Mittagessen. Proviant gibt es im gegenüberliegenden Lebensmittelladen. Ansonsten ist das Dorf eher trist.

Rebecca Farm B&B (☎506-375-1699; 656 Rockland Rd; DZ inkl. Frühstück 100–130 C$; P ⊖ ❄ ⓦ) Etwa 4 km außerhalb vom Ortszentrum steht inmitten von herrlich hügeligen Kartoffeläckern das tadellos erhaltene Bauernhaus aus dem 19. Jh.

Florenceville & Umgebung

Das schmucke, grüne Flussdorf Florenceville ist das Pommeszentrum des Planeten: Umgeben von Tausenden von Hektar Kartoffeläckern liegt hier die Heimat des Tiefkühlkost-Imperiums McCain Foods.

VORSICHT, ELCHE!

Jedes Jahr ereignen sich in New Brunswick ca. 300 Verkehrsunfälle mit Elchen, die den Tieren fast immer und dazu durchschnittlich fünf Menschen das Leben kosten. Diese Crashs passieren zu 85 % von Mai bis Oktober und meistens bei Dunkelheit. Daher nachts unbedingt Fuß vom Gas nehmen, die Straßenränder genau beobachten und bei fehlendem Gegenverkehr das Fernlicht einschalten! Warnschilder markieren besonders gefährliche Streckenabschnitte.

McCain wurde 1957 von den gleichnamigen Brüdern gegründet und ist immer noch in Familienbesitz. Zusammen mit 54 internationalen Standorten fabriziert das Stammwerk in Florenceville ein Drittel aller Pommes dieser Welt. Mit einer Produktionsmenge von rund 500 000 kg pro Stunde erwirtschaftet das Unternehmen einen jährlichen Reinerlös von 5,8 Mrd. C$.

Einen Besuch wert ist das **Potato World Museum** (www.potatoworld.ca; Rte 110; normale Tour Erw./Kind 5/4 C$, Erlebnistour 10/8 C$; ⏲Juni–Aug. Mo–Fr 9–18, Sa & So bis 17 Uhr, Sept. & Okt. Mo–Fr 9–17 Uhr). Trotz des kitschigen Namens wartet dort ein geschmackvolles und erstklassiges Erlebnis: Die interaktive Ausstellung beleuchtet die Regionalgeschichte der einfachen Kartoffel und deren weiterhin zentrale Bedeutung für die Wirtschaft der Provinz. Hiesige Schulkinder haben bis heute zwei Herbstwochen lang frei, um bei der Ernte helfen zu können. Bei der neuen Erlebnistour des Museums darf man sich die Hände beim Pflanzen von Kartoffelsetzlingen und Pommesschneiden schmutzig machen. Wer danach Hunger hat, besteigt einen Kartoffelfass-Stuhl im angeschlossenen **Harvest Cafe** (Mittagessen 5–7 C$; ⏲Mo–Fr 11–16 Uhr). Um das Museum zu erreichen, den Hwy 2 bei Ausfahrt 152 verlassen und der Rte 110 noch 2 km gen Centreville folgen.

Gleich außerhalb von Florenceville liegt das **Tannaghtyn B&B** (☎506-392-6966/866-399-6966; www.tannaghtyn.ca; 4169 Rte 103, abseits Rte 110, Connell; Zi. inkl. Frühstück 95–140 C$; P ❄ ⓦ) hoch droben auf einem Bergrücken – Garant für einen super Blick auf den St. John River und die grün-gelb leuchtenden Ackerflächen dahinter. Das elegante und gemütliche B&B ist mit toller kanadischer Kunst und bequemen Sofas eingerichtet. Die Bettwäsche trocknet in frischer Landluft, während der Whirlpool unterm Sternenzelt blubbert. Abgesehen vom Harvest Café gibt's in Florenceville noch ein halbes Dutzend unspektakuläre Lokale, die drei Mahlzeiten pro Tag servieren.

Die Busse von **Acadian Lines** (www.acadianbus.com; 8738 Main St) halten an der Irving-Tankstelle in Florenceville.

Mt. Carleton Provinvial Park & Tobique Valley

In seiner Werkstatt in Nictau am bewaldeten Ufer des Tobique River unterhalb des Mt. Carleton schwärmt der Kanubauer Bill Miller: „Wer hier mit dem Himmel telefoniert, führt ein Ortsgespräch." Er könnte recht haben.

Der 17427 ha große Provinzpark ist eine einzige Wildnis aus Bergen, Tälern und Flüssen, in der Elche, Hirsche, Bären und andere Wildtiere wie der eigentlich ausgestorbene, aber regelmäßig gesichtete Puma leben. Hauptattraktionen des Parks sind die abgerundeten, eisbedeckten Berggipfel und Gebirgskämme. Der namensgebende Mt. Carleton ist mit 820 m die höchste Erhebung der Seeprovinzen. Der Gebirgszug ist ein Ausläufer der Appalachen, die sich vom US-Bundesstaat Georgia bis nach Québec erstrecken. Der Mt. Carleton Provincal Park ist relativ unbekannt und relativ wenig besucht, selbst mitten im Sommer. Er könnte das am besten gehütete Geheimnis der Provinz sein.

Der Park ist von Mitte Mai bis Oktober geöffnet. Der Eintritt ist frei. Jagen und Holzfällen sind im Park verboten. Die Straßen sind durchweg Schotterpisten. Die nächste Stadt, Riley Brook, ist 30 km entfernt. Deshalb nur mit ausreichend Lebensmitteln und einem vollen Tank in den Park fahren.

Aktivitäten

Kanufahren

Die Gegend rund um den Mt. Carleton ist ein Paradies für Wildnistouren mit dem Kanu. Im Park selber bieten sich die Seenplatten von Nictau und Nepisiguit für einfache Tagestouren in einer dicht bewaldeten Berglandschaft an. Nur für erfahrene Kanuten geeignet ist der seichte, schnell fließende Little Tobique River, der im Big Nictau Lake entspringt und sich in engen Windungen durch dichte Wälder schlängelt, bevor er bei Nictau in den eigentlichen Tobique River mündet. Der abgelegenere Nepisiguit River fließt aus den Nepisiguit Lakes mitten durch unberührte Wildnis und mündet nach mehr als 100 km bei Bathurst in die Baie de Chaleurs.

Auf dem unteren Flussabschnitt des Tobique River, also von Nictau durch das winzige Riley Brook bis nach Plaster Rock, paddelt es sich einfach und geradeaus durch Wälder und Wiesen, die von Ackerland abgelöst werden, sobald das Tal breiter wird. Am Ufer befinden sich einige Campingplätze. Die 10 km von Nictau zur Anlegestelle Bear's Lair in Riley Brook sind mühelos an einem Nachmittag zu schaffen.

In **Bear's Lair** (☎506-356-8351; www.bearslairhun ting.com; 3349 Rte 385, Riley Brook) verleiht Don McAskill, ein ausgewiesener Spezialist für Kanutouren in dieser Gegend, Boote für 40 C$ am Tag. Im Rahmen seines Shuttle-Services zwischen Ein- und Ausstiegstelle bringt er beispielsweise das Kanu in den Mt. Carleton Provincial Park und fährt das Fahrzeug des Kunden nach Riley Brook zurück (45 C$). Im Park, d.h. auf dem Armstrong Campground am Ufer des Big Nictau Lake, verleiht **Guildo Martel** (☎506-235-2499) tageweise Kanus und Kajaks.

Fiddles on the Tobique (☎506-356-2409; ⏲Ende Juni) ist ein Wochenendfestival, das jedes Jahr in Nictau und Riley Brook gefeiert wird. Die Idee ist genial: Verschiedene Wohltätigkeitsveranstaltungen, Jamsessions und Konzerte finden ihren Höhepunkt in einem Sonntagnachmittags-Konzert auf dem Tobique River zwischen Nictau und Riley Brook. Mehr als 800 Kanus und Kajaks – teilweise ebenfalls mit Musikern besetzt – begleiten jedes Jahr die kleine Flotte, während zehnmal so viele Zuschauer das Spektakel vom Ufer aus verfolgen. Einige Kritiker meinen, die große Beliebtheit habe der Veranstaltung geschadet und sie zu einem feuchtfröhlichen Gelage verkommen lassen. Andere halten sie für eine tolle Party und gute Unterhaltung.

In Nictau (12 Ew.) empfängt **Bill Miller** (☎506-356-2409; www.millercanoes.com; 4160 Route 385, Nictau) die Besucher in seiner chaotischen Kanuwerkstatt, in der schon sein Vater und Großvater seit 1922 hölzerne Kanus von Hand fertigten. Ebenfalls einen Besuch wert und ab Nictau ausgeschildert ist die **Tobique Salmon Barrier** (Eintritt frei; ⌚9–17 Uhr), wo der Little Tobique und Campbell River zusammenfließen. Vom Büro des Fischereiministeriums auf dem Felsen hoch über dem Fluss hat man einen herrlichen Blick auf das Lachswehr. Die Beamten beobachten von hier aus rund um die Uhr die Lachse, die von unterhalb des Mactaquac-Staudamms bei Fredericton in Lastwagen hergebracht werden und hier bis zum Ablaichen bleiben, um sie so vor Wilderern zu schützen

Wandern & Trekken

Das Areal rund um den Mt. Carleton erkundet man am besten zu Fuß: Das 62 km lange Streckennetz besteht zumeist aus Rundwegen, die sich zu den paar felsigen Bergkuppen schlängeln. Durch den Park führt auch der International Appalachian Trail (IAT; s. S. 334).

Der Mt. Bailey (564 m) lässt sich am leichtesten besteigen. Der 7,5 km lange Rundweg zum Gipfel beginnt nahe der *day-use area* und wird meist in drei Stunden bewältigt. Der 10 km lange Mt. Carleton Trail passiert den Feuerturm am höchsten Punkt des Parks (820 m). Für diese Route (3–4 Std.) ist unbedingt ein wetterfester Anorak vonnöten: Oberhalb der Baumgrenze können stürmische Winde wehen.

Am anspruchsvollsten ist der Sagamook Trail (6 km, ca. 3 Std.), eine Rundroute zu einem 777 m hohen Gipfel mit wunderbarer Aussicht auf den Nictau Lake und das Hochland nördlich davon. Über den Mountain Head Trail kann man den Mt. Carleton Trail und den Sagamook Trail und so zu einer längeren Passage des Bergrückens miteinander verbinden.

Alle längeren Wanderungen müssen vor dem Start beim Besucherzentrum oder bei der Parkverwaltung angemeldet werden. Außerhalb der Campingsaison (Mitte Mai–Mitte Sept.) unbedingt vorab telefonisch abklären, dass die Hauptzufahrt zum Park geöffnet ist: Der Ausgangspunkt des Mt. Carleton Trail liegt 13,5 km vom Parkeingang entfernt. Ansonsten einfach am Eingang parken und in den Park hineinmarschieren – vom Tor sind es nur 2,5 km bis zum Beginn des Mt. Bailey Trail.

Schlafen & Essen

In Riley Brook gibt's Unterkünfte, einen Gemischtwarenladen, eine Tankstelle und ein Restaurant. Zu den vier öffentlichen **Campingplätzen** (☎506-235-0793; www.friendsofmountcarleton.ca) des Parks zählen Armstrong Brook (S. 433) sowie die rustikaleren Anlagen Franquelin und Williams Brook, die jeweils nur über Plumpsklos und Feuerstellen verfügen (Trinkwasser selbst mitbringen). Hinzu kommt das extrem abgelegene Headwaters-Gelände an den Hängen des Mt. Carleton.

Der Ort Plaster Rock liegt 54 km flussabwärts in Richtung Trans-Canada Hwy (Rte 385). Auch dort findet man ein paar brauchbare Motels und zwanglose Restaurants.

WELTKLASSE-(POND-)HOCKEY

Man wird keine fünf Minuten in Kanada benötigen, um mitzubekommen, dass Kanadier Eishockeyfans sind. Diese Begeisterung (oder Besessenheit?) basiert oft auf Erinnerungen an die Puckjagden glücklicher Kindertage, die an klaren Winternachmittagen auf zugefrorenen Tümpeln oder Eisflächen im Garten stattfanden.

Etwa 84 km vom Mt. Carleton entfernt steigt im winzigen Waldnest Plaster Rock (1200 Ew.) jeden Februar das viertägige **World Pond Hockey Tournament** (www.worldpondhockey.com; Rte 109, Plaster Rock; Eintritt frei; ⌚2. Februarwoche) . Dazu werden auf dem Roulston Lake 20 Spielfelder abgesteckt. Zwischen den hohen Nadelbäumen rund um den See entstehen zudem Kakaostände und Strohballenbänke für ca. 8000 Besucher. An dem extrem beliebten Turnier nehmen 120 vierköpfige Amateurteams teil, die aus so weit entfernten Ländern wie England, Ägypten oder den Cayman Islands anreisen. Mitmachen kann jeder, muss aber dann gegen die Boston Danglers antreten. Sie scheinen den Turniersieg abonniert zu haben. Auf ihrem Weg zum Titel haben sie Mannschaften mit so Furchteinflößenden Namen wie Skateful Dead, Raggedy Ass River Boys oder Boiled Owls hinweggefegt.

Wer mitspielen möchte, muss sich frühzeitig anmelden. Wer zuschauen möchte, sollten lange Unterhosen und eine Wollmütze einpacken und Zimmer rechtzeitig reservieren. Ist alles ausgebucht, können sich Auswärtige an die Veranstalter wenden, die Wochenendunterkünfte bei Einheimischen vermitteln.

LP TIPP **Bear's Lair** INN $ (☎506-356-8351; www.bearslairhunting.com; 3349 Rte 385, Riley Brook; Zi. 60 C$; P ⊜) Wenn ein Ort in der Provinz den Sinn des Lebens in den Wäldern des Nordens erfasst hat, so ist das Bear's Lair. Die gemütliche Jagdhütte am Ufer des Tobique River ist nicht nur ein beliebtes Ziel in der herbstlichen Jagdsaison, sondern auch ein äußerst relaxtes Basislager für Wanderer, Kanuten und Wildtierbeobachter. Das Haupthaus mit seinen hohen Decken ist mit ausgestopften Tieren und Fotos von strahlenden Jägern und Anglern mit ihrer Beute dekoriert. Außerdem gibt's einen Billardtisch, einen Großbildfernseher, einen gemauerten Kamin, der vom Boden bis zur Decke reicht, ein paar Esstische und riesige Panoramafenster, durch die man auf den nur wenige Meter entfernten Fluss blickt. Die gemütlichen Blockhauszimmer sind blitzblank. Decken im Schottenmuster setzen hübsche Akzente. Eine große, breite Veranda lädt zum Faulenzen nach dem Abendessen ein. Die freundlichen Besitzer des Lodge bieten gutes Essen (mit hausgemachten Pasteten zum Nachtisch), verleihen Kanus und Kajaks und organisieren Jagdausflüge.

Armstrong Brook Campground CAMPINGPLATZ $ (☎506-235-0793; Stellplatz für Zelt & Wohnmobil 9–14 C$; ⊙Mitte Mai–Okt.) Der größte Campingplatz des Parks (89 Stellplätze) liegt 3 km vom Eingang entfernt zwischen den Kiefern auf der Nordseite des Nictau Lake. Hier gibt's Toiletten, Duschen und eine Kochstelle, aber keinerlei Versorgungsanschlüsse. Acht reine Zeltplätze am Armstrong Brook im Norden des Geländes sind vor dem oft recht laut knatternden Wohnmobilgeneratoren geschützt.

ℹ Praktische Informationen

Das **Visitors Center** (☎506-235-0793; www.friendsofmountcarleton.ca; abseits Rte 385; ⊙Mai–Okt. tgl. 8–20 Uhr) am Parkeingang hat Infos und Karten. Ein zweites **Büro** (☎506-235-6040; dnr.Mt.carleton@gnb.ca; 11 Gagnon St) bzw. die Parkverwaltung befindet sich in St. Quentin.

Grand Falls

Wasserfälle mit ca. 25 m Fallhöhe und eine 1,6 km lange Schlucht mit bis zu 80 m hohen Wänden liefern den Grund, diese ansonsten triste Ortschaft zu besuchen. Im Frühjahr oder nach starken Regenfällen wirken die Grand Falls am beeindruckendsten. Die Schlucht ist aber auch dann noch reizvoll, wenn im Sommer das meiste Wasser zur Stromerzeugung abgeleitet wird.

Das **Malabeam Reception Centre** (25 Madawaska Rd; Eintritt frei; ⊙Mai, Juni & Sept. 10–18 Uhr, Juli & Aug. 9–21 Uhr) mit Blick auf die Fälle steht mitten im Ort und dient zugleich als Touristeninformation. Hier findet sich zudem ein Modell der Schlucht mit dem ausgedehnten Wegnetz.

Wer jenseits der Brücke am Reception Centre die Victoria St zur Linken nimmt, erreicht **La Rochelle** (1 Chapel St; geführte Tour Erw./Kind 4/2 C$, selbstgeführt Tour 5 C$/Fam.; ⊙Mitte Mai–Mitte Okt.). Dort führen 253 Stufen hinunter in die Schlucht, wo Tourboote (Erw./Fam. 11/27 C$, 45 Min.) bis zu achtmal täglich gegen den Strom schippern – allerdings nur bei Niedrigwasser im Hochsommer (bei Hochwasser ist es zu gefährlich). Tickets kauft man am besten schon bei La Rochelle, da sie den Treppenabstieg in die Schlucht hinunter beinhalten.

Der **Falls and Gorge Campground** (☎877-475-7769; 1 Chapel St; Stellplatz ohne/mit Service 18/25 C$; ⊙Juni–Mitte Sept.) hat traumhaft gelegene Stellplätze für Zelte und Wohnmobile. Das heimelige B&B **Côté's** (☎877-444-2683; www.cotebb-inn.com; 575 Broadway Blvd West; Zi. inkl. Frühstück 95–175 C$) verfügt über fünf Zimmer, eine Veranda und einen Whirlpool. **Le Grand Saut** (www.legrandsautristorante.com; 155 Broadway Blvd; Hauptgerichte 11–22 C$; ⊙mittags & abends) serviert Salate, Steaks, Pizza und Pasta. Das beliebte, zweistöckige Lokal besitzt eine einladende Frontterrasse.

Die Busse von **Acadian Lines** (www.acadianbus.com; 555 Madawaska Rd) halten an der Esso-Tankstelle unmittelbar westlich des Ortszentrums. Der von Einheimischen „Renous Highway" genannte Hwy 108 verläuft quer durch die Provinz und über Plaster Rock zur Ostküste. Dabei führt er fast nur durch Wälder – zwar eintönig, aber schnell. Achtung: Hirsche und Elche kreuzen!

Edmundston

Mit großer Papierfabrik und zweckmäßigem Zentrum ist die größtenteils zweisprachige französische Arbeiterstadt Edmundston nicht gerade ein Touristenmagnet. Dennoch eignet sie sich gut als Zwischenstation bei Reisen Richtung Osten ab Québec. Erste Anlaufstelle für die meisten Besucher ist die

Touristeninformation der Provinz (Hwy 2; ⌚Ende Mai–Anfang Okt. 10–18 Uhr, Juli & Aug. 8–21 Uhr), deren Büro ca. 20 km nördlich an der Grenze zu Québec liegt. Zwischen Provinzgrenze und Edmundston lädt auf halbem Weg die Kleingemeinde St. Jacques zum Verweilen ein: Im dortigen **New Brunswick Botanical Garden** (www.jardinbotaniquenb.com; abseits Rte 2; Erw./Kind 14/7 C$; ⌚Mai–Sept. 9–18 Uhr, Juli & Aug. bis 20 Uhr) sorgen 80000 Pflanzen und Untermalung mit klassischer Musik für gute Laune. Kinder werden sich eher für die tollen Wechselausstellungen wie den Schmetterlingsgarten begeistern. Edmundston markiert das östliche Ende des **Petis Témis Interprovincial Linear Park** (www.petit-temis.com, französisch), der sich über 134 km bis nach Rivière-du-Loup in Québec erstreckt. Ein Rad- und Wanderweg folgt einer alten Bahntrasse entlang des Madawaska River und des Lake Témiscouata. Unterwegs passiert er einige Campingplätze und kleine Dörfer.

Am besten übernachtet man außerhalb der tristen Stadt in der **Auberge Les Jardins** (☎506-739-5514; www.lesjardinsinn.com; 60 Rue Principale, St. Jacques; Zi. 79–180 C$; 📶🅿): Das freundliche Gasthaus direkt neben dem botanischen Garten besitzt 17 Zimmer, die jeweils mit anderen kanadischen Blumen- oder Baummotiven verziert sind. Hinzu kommen ein modernes Motel im hinteren Bereich sowie ein **Speiseraum** mit Holz- und Buntglasdekor. Das Les Jardins punktet mit wunderbarer Weinkarte und gilt als eins der besten Restaurants der Provinz. Am Highway bzw. am alten Hwy 2 (Blvd Acadie) stehen mehrere Motels. Fürs Essen empfiehlt sich das **Bel Air** (☎506-735-3329; 174 Victoria St, Ecke Blvd Hébert; Hauptgerichte 6–14 C$; ⌚24 Std.), seit den 1950er-Jahren eine lokale Institution. Das durchweg klassische Restaurant hat erfahrene Kellnerinnen in Einheitsuniform und eine sehr vielfältige Speisekarte. Darauf stehen z.B. Meeresfrüchte sowie gute italienische, chinesische und kanadische Gerichte.

Acadian Lines (www.acadianbus.com; 191 Victoria St) startet am Busbahnhof im Stadtzentrum.

DIE WESTKÜSTE DER BAY OF FUNDY

Fast der gesamte Süden von New Brunswick wird vom Wasser der eindrucksvollen Bay of Fundy dominiert, das sich seit Urzeiten ständig hebt und senkt.

Der Ferienort St. Andrews By-The-Sea, die idyllischen Fundy Isles, eine herrliche Küstenlandschaft und eine facettenreiche Geschichte machen diese Gegend zweifellos zu einer der reizvollsten Reiseziele der Provinz. Besonders spannend sind Walbeobachtungen: Am häufigsten lassen sich Finn-, Buckel- und Zwergwale blicken, weniger oft auch die zunehmend seltener werdenden Glattwale, ferner viele Schweinswale und Delfine. Feinschmecker kommen

NICHT VERSÄUMEN

CHIPUTNETICOOK LAKES

An der südwestlichen Provinzgrenze zum US-Staat Maine versteckt sich eine wenig bekannte, aber spektakuläre Seenkette in den Wäldern der Wildnis: Die Chiputneticook Lakes säumen die Landesgrenze auf eine Länge von 180 km. Kanufans finden beste Möglichkeiten vor, um ein paar Wochen lang in der Natur zu verschwinden. Auf Inseln und an Seeufern unterhält die gemeinnützige **St. Croix International Waterway Commission** (www.stcroix.org; 5 Rte 1, St. Stephen) ein Netz von einfachen, abgelegenen Campingplätzen. Die Organisation gibt auch eine detaillierte Karte der ganzen Seenkette (10 C$) heraus. Darauf ist z. B. der St. Croix River vermerkt, auf dem südlich der Seen eine beliebte, drei- bis viertägige Paddeltour beginnt. Am Palfrey Lake (zu erreichen über Rte 630) stehen ein paar Lodges für Angler. Tagesausflügler können die kostenlosen Campingplätze im **Spednik Lake Provincial Park** benutzen. Diese werden von Freiwilligen gepflegt und liegen malerisch am Seeufer. Während Feuerstellen, einfache Toiletten und ein Waldwanderpfad vorhanden sind, muss Trinkwasser selbst mitgebracht werden. Zum Parkeingang folgt man der Rte 3 von St. Stephen nach Norden und nimmt dann die Rte 630 linker Hand. Leihkanus gibt's in St. John und Fredericton. Achtung: Die Seen werden nicht von Parkrangern überwacht, Kanuten sollten unbedingt erfahren und gut ausgerüstet sein!

dank eines riesigen Angebots an leckeren Meeresfrüchten auf ihre Kosten.

St. Stephen

St. Stephen ist vom gegenüberliegenden Calais in Maine nur durch den Fluss getrennt. Das geschäftige charmante Städtchen hat eine leckere Attraktion: In einem Betrieb im Ort produziert die Familie Ganong seit 1873 Schokolade, die im Osten Kanadas jedes Kind kennt. Die Gebrüder Ganong erfanden 1910 den Schoko-Nussriegel für fünf Cent. Zudem sollen sie die herzförmigen Pralinenschachteln entwickelt haben, die überall den Valentinstag prägen.

Die **Touristeninformation** (Ecke Milltown Blvd & King St; ⌚Juni & Sept. 10–18 Uhr, Juli & Aug. 8–21 Uhr) befindet sich im früheren Bahnhof. Die ehemalige Ganong-Schokoladenfabrik an der Hauptstraße beherbergt heute das **Chocolate Museum** (www.chocolatemuseum.ca; 73 Milltown Blvd; Erw./Kind/Fam. 7/6/22 C$; ⌚Juli–Anfang Sept. Mo–Sa 9.30–18.30, So 11–15 Uhr, März–Juni Mo–Fr 10–17 Uhr, Sept.–Nov. Mo–Fr 10–16 Uhr). Dessen interaktive, geschmackvolle (und schmackhafte) Ausstellung reicht von historischen Pralinenschachteln bis hin zu Produktionsanlagen. Der angrenzende Laden hat das ganze Jahr über täglich geöffnet. Er kann kostenlos besucht werden und verkauft handgefertigtes Konfekt von Ganong. Tipp: Die kultigen „Hühnerknochen" (Zimtstangen mit Schokofüllung) oder der altmodische Schokoriegel „Pal-O-Mine". Das Museum veranstaltet zudem einen **historischen Stadtspaziergang** (Erw./Kind/Fam. 13/10/40 C$; ⌚Mitte Mai–Mitte Okt.) durch St. Stephen. Beim alljährlichen **Chocolate Fest** (www.chocolatefest.ca; ⌚1. Woche im Aug.) feiert die Stadt das Schoko-Universum mit einer Parade, Spielen für Kinder und Werksführungen, bei denen alle Produkte probiert werden dürfen.

Das **Blair House** (☎506-466-2233, 888-972-5247; www.blairhouseinn.nb.ca; 38 Prince William St; EZ inkl. Frühstück 75–100 C$, DZ 80–109 C$; P⊖❄📶) in unmittelbare Nähe zur Hauptstraße ist ein toller viktorianischer Bau mit ruhigem Garten und fünf sehr komfortablen Zimmern. Wenn man nichts besseres findet, helfen ein paar heruntergekommene Motels am Stadtrand.

Carman's Diner (☎506-466-3528; 164 King St; Hauptgerichte 4–16 C$; ⌚7–22 Uhr) ist ein Überbleibsel aus den 1960er-Jahren. Hier gibt's Hausmannskost, Barhocker und Tische mit Jukeboxen, von denen manche sogar noch funktionieren.

Acadian Lines (www.acadianbus.com; Hwy 1 an der 5 Old Bay Rd) hält 4 km östlich der Stadt am Red Rooster Country Store. Der tägliche Bus nach St. John (29 C$) bietet Anschluss nach Moncton (55 C$) und Halifax (88 C$). Tickets für die tägliche Verbindung nach Bangor (38 C$) müssen persönlich gekauft werden. In Bangor geht's sofort weiter nach Boston und New York.

Ab Calais im US-Staat Maine rollen die Busse von **West's Coastal Connection** (☎800-596-2823) nach Bangor. Obwohl sie in der Regel vor Carmen's Hometown Pizzeria an der Main St starten, sollte man zur Sicherheit vorher anrufen. In Bangor fahren die Busse über das Terminal von Greyhound zum Flughafen. Greyhound-Pässe gelten jedoch nicht für Trips ab Calais.

St. Andrews By-The-Sea

Der elegante Ferienort St. Andrews wartet mit prima Klima, malerischer Schönheit und facettenreicher Geschichte auf. Er wurde 1783 von Loyalisten gegründet und zählt zu den ältesten Städten der Provinz. Von Juli bis August tummeln sich hier Urlauber und Sommerfrischler, während man im übrigen Jahr mehr Möwen als Menschen antrifft.

St. Andrews liegt auf einer Halbinsel in der Bay of Fundy. An der Hauptstraße (Water St) haben sich Restaurants, Kunsthandwerks- und Souvenirläden angesiedelt.

Sehenswertes

Huntsman Aquarium AQUARIUM
(www.huntsmanmarine.ca; 1 Lower Campus Rd; Erw./Kind 5/3 C$; ⌚Mitte Mai–Ende Sept. 10–17 Uhr) Das beliebte Aquarium gehört zum unabhängigen und gemeinnützigen Huntsman Marine Science Research Centre. Zum Recherchezeitpunkt war es provisorisch untergebracht, während ein neues und größeres Center entstand. Zu sehen gibt's die meisten Meeresbewohner der heimischen Gewässer, auch Robben (Fütterung 11 & 16 Uhr) und Haie. Kinder mögen vor allem das Streichelbecken. Das Zentrum veranstaltet einwöchige, themenspezifische Sommerkurse für Amateurforscher (Schüler & Erw.).

Minister's Island HISTORISCHES GEBÄUDE
(www.ministersisland.ca; Erw./Kind 15/10 C$; ⌚Mai–Okt.) Die malerische Gezeiteninsel war einst das Sommerrefugium von William Cornelius Van Horne, der als Erbauer

St. Andrews By-The-Sea

der Canadian Pacific Railway zu Kanadas reichsten Männern zählte. Hornes eduardianisches Nobelcottage kann heute besichtigt werden: Zu Covenhoven gehören 50 Zimmer, ein turmartiges, aus Stein errichtetes Badehaus, ein Gezeitenschwimmbecken und eine Scheune im Chateaustil. Bei Ebbe kann man übers Watt zur Insel hinüberfahren, -radeln oder -laufen. Doch Vorsicht: Ein paar Stunden später steht das Wasser wieder 3 m hoch! Bei Flut legt eine Fähre an der Bar Rd ab. Um Minister's Island vom Stadtzentrum aus zu erreichen, der Rte 127 nordwärts folgen (ca. 1 km), dann nach rechts in die Bar Rd einbiegen.

Kingsbrae Garden GARTEN

(www.kingsbraegarden.com; 220 King St; Erw./Senior & Student/Familie 12/9/28 C$, Privatführung zzgl. 2 C$/Pers.; ⌚Mitte Mai–Mitte Okt. 9–18 Uhr) Der weitläufige, kunterbunte Kingsbrae Garden zählt zu den schönsten Gartenanlagen Kanadas. Die hiesige Wollemi-Kiefer zählt zu den ältesten und seltensten Bäumen der Welt.

Sunbury Shores Arts & Nature Centre GALERIE, KUNSTKURSE

(www.sunburyshores.org; 139 Water St; Eintritt frei; ⌚ganzjährig Mo–Fr 9–16.30, Sa 12–16 Uhr, Mai–Sept. auch So 12–16 Uhr) Das gemeinnützi-

St. Andrews By-The-Sea

Sehenswertes
1 Kingsbrae Garden ... D2
2 Sheriff Andrew House ... C4
3 St. Andrews Blockhouse ... A3
4 Sunbury Shores Arts & Nature Centre ... B4

Aktivitäten, Kurse & Touren
5 Eastern Outdoors ... C4

Schlafen
6 Fairmont Algonquin Hotel ... B2
7 Picket Fence Motel ... A1
8 Treadwell Inn ... B4

Essen
9 Gables ... B4
Garden Cafe ... (siehe 1)
10 Sweet Harvest Market ... C4

Ausgehen
11 Red Herring Pub ... C4
12 Shiretown Pub ... C4

ge Bildungs- und Kulturzentrum veranstaltet Kunsthandwerkskurse (z. B. Malen, Weben oder Töpfern), die einen Tag, ein Wochenende oder eine Woche dauern. Hinzu kommen naturwissenschaftliche Seminare und wechselnde Sommerausstellungen.

St. Andrews Blockhouse HISTORISCHES GEBÄUDE
(Joe's Point Rd; Eintritt frei; Juni–Aug. 9–20 Uhr, Anfang Sept. 9–17 Uhr) Das restaurierte, denkmalgeschützte Blockhaus ist als einziges von mehreren Gebäuden übrig geblieben, die während des Krieges 1812 als Unterstände entstanden. Bei Ebbe führt ein Pfad vom Blockhaus über das Watt.

Sheriff Andrew House HISTORISCHES GEBÄUDE
(Ecke King & Queen St; Eintritt gegen Spende; Juli–Sept. Mo–Sa 9.30–16.30, So 13–16.30 Uhr) Der restaurierte, neoklassizistische Bau von 1820 repräsentiert ein typisches Mittelschichtwohnhaus der 1800er-Jahre. Kostümierte Mitarbeiter leiten die Führungen.

Atlantic Salmon Interpretive Centre MUSEUM, AQUARIUM
(www.salarstream.ca; Chamcook Lake No. 1 Rd abseits Rte 127; Erw./Kind/Student 5/3/4 C$; 9–17 Uhr) Mit einem Strömungsaquarium, Führungen und Ausstellungen beleuchtet die attraktive Lodge das Leben bzw. Leiden des bedrohten Atlantischen Lachses. In den Flüssen und Buchten der Provinz gab es in früheren Zeiten einen sehr großen Bestand.

Aktivitäten

Eastern Outdoors RADFAHREN, KAJAKFAHREN
(506-529-4662; www.easternoutdoors.com; 165 Water St; Mountainbike pro Std./Tag 20/35 C$, Kajak 55 C$/Tag; Mitte Mai–Okt.) Der Anbieter mit Sitz in St. Andrews organisiert Seekajaktrips – von Ausflügen in der Abenddämmerung (39 C$, 2 Std.) bis hin zu mehrtägigen Ausflügen inklusive Zelten (99 C$/Tag) ist alles im Angebot.

Twin Meadows Walking Trail WANDERN
Der Twin Meadows Walking Trail (800 m) ist ein Fußweg durch Felder und Wälder, der teilweise über Holzbohlen verläuft. Er beginnt an der Joe's Point Rd hinter dem Blockhaus gegenüber Hausnummer 165.

Geführte Touren

Der Kai am Ende der King St ist die Heimat mehrerer Firmen, die Ausflüge und Walbeobachtungen per Boot (jeweils ca. 55 C$/Pers.; Mitte Juni–Anfang Sept.) anbieten. Bei diesen reizvollen Küstentrips sieht man stets viele Seevögel und meistens auch Wale. Weiter draußen in der Bucht lassen sich die Meeressäuger jedoch am besten beobachten. Wer also ohnehin zu den Fundy Isles reist, sollte sich dort einer Tour anschließen.

Jolly Breeze (506-529-8116; www.jollybreeze.com; Erw./Kind 53/38 C$; Touren Mitte Juni–Okt. 9, 12.45 & 16.30 Uhr) Auf der Suche nach Robben und Walen schippert das große, auf alt getrimmte Segelboot über die Passamaquoddy Bay.

Quoddy Link Marine (506-529-2600; Erw./Kind 55/35 C$; Touren Ende Juni–Okt. 1- bis 3-mal tgl.) Wer Wale mit etwas mehr Ernst beobachten will, wählt am besten diesen Katamaran mit professionellen Meeresbiologen an Bord.

Schlafen

LP TIPP **Rossmount Inn** INN $$
(506-529-3351; www.rossmountinn.com; 4599 Rte 127; Zi. inkl. Frühstück 112–138 C$; April–Dez.;) Das stattliche gelbe Sommer-Cottage steht oberhalb eines gepflegten Hanggartens an der Passamaquoddy Bay. Davor flattern Fahnen im Wind, während die 18 Zimmer mit einem stilvollen Mix aus Antiquitäten, modernem Dekor, handgedrechselten Holzmöbeln

und schneeweißen Betttüchern aufwarten. Nicht wenige bezeichnen das Hotelrestaurant als bestes Lokal der Stadt. Das Haus an der Rte 127 liegt ca. 3 km nördlich des Zentrums von St. Andrews.

Fairmont Algonquin Hotel HOTEL $$$
(☎506-529-8823, 888-270-1189; www.fairmont.com/algonquin; 184 Adolphus St; Zi. 159–459 C$;) New Brunswicks dienstältestes Hotel thront seit 1889 auf einem Hügel mit Blick auf die Stadt. Dieses „Meeresschloss" im Tudorstil umschmeichelt Gäste mit Gärten, einer Dachterrasse, Spa, Portiers in Kilts, einer eleganten Veranda und einem Golf- und Tennisplatz. Nett sind auch die diversen Ecken und Plätze für ein Päuschen mit „High Tea" oder Gin. Auch für alle, die hier nicht übernachten, somit einen Blick wert!

Picket Fence Motel MOTEL $
(☎506-529-8985; www.picketfencenb.com; 102 Reed Ave; EZ/DZ 75/85 C$;) In Laufentfernung zur Hauptstraße; moderne, tadellose Zimmer und ein ultrafreundliches Management.

Treadwell Inn B&B $$$
(☎506-529-1011, 888-529-1011; www.treadwellinn.com; 129 Water St; Zi. inkl. Frühstück 145–250 C$;) Die großen, feschen Zimmer im Haus eines Schiffsausrüsters von 1820 bieten teilweise Meerblick und eigene Terrassen.

Kiwanis Oceanfront Camping CAMPINGPLATZ $
(☎877-393-7070; www.kiwanisoceanfrontcamping.com; 550 Water St; Stellplatz für Zelt/Wohnmobil 31/38 C$; ⏲Anfang April–Mitte Okt.) Dieser Campingplatz liegt am Indian Point bzw. dem östlichsten Ende der Stadt. Er hat überwiegend geschotterte Wohnmobilstellplätze, aber auch ein paar Grasflächen.

Essen

Passend zur vornehmen Atmosphäre pflegt man in St. Andrews die Tradition des Nachmittagstees mit Scones, Marmelade und Sahne. Nette Optionen fürs Mittag- und Abendessen warten vor allem entlang der Water St.

Rossmount Inn Restaurant NEUE KANADISCHE KÜCHE $$$
(☎506-529-3351; www.rossmountinn.com; 4599 Rte 127; Hauptgerichte 16–28 C$; ⏲abends) In seinem warmen, mit viel Kunst verzierten Speiseraum zaubert der Schweizer Küchenchef und Eigentümer aus regionalen Produkten komplexe, exquisite Gerichte. Das ständig wechselnde Menü beinhaltet z. B. Kreationen mit selbst gesammelten Strandwegerich, Wildpilzen, Strandschnecken oder Hummer aus New Brunswick. Serviert werden etwa Hummer mit Kapuzinerkresse-Klopsen und Vanillecreme oder Gänsestopfleber mit Kakaosplitter und in Monarda-Tee pochierte Pfirsiche. Unbedingt reservieren!

Clam Digger MEERESFRÜCHTE $
(4468 Hwy 127, Chamcook; Hauptgerichte 6–15 C$; ⏲mittags & abends) In Chamcook (ca. 9 km nördlich von St. Andrews) parken vor der winzigen, rot-weißen Seafood-Bude die Autos in drei Reihen. Deren Besuch ist in dieser Ecke eine regelrechte Sommertradition. Tipp: Muschelteller oder einen saftig-fettigen Cheeseburger bestellen, einen der rot gestrichenen Picknicktische erobern und das Eis nicht vergessen!

Garden Cafe CAFÉ $$
(www.kingsbraegarden.com; 220 King St; Mittagessen 9–15 C$, Tee mit Sahne 13 C$, zzgl. Eintritt zum Kingsbrae Garden; ⏲Mitte Mai–Mitte Okt. 10–18 Uhr) Das Terrassencafé im Kingsbrae Garden (S. 436) serviert mittags Sandwiches und Salate mit einem Glas Wein oder Bier aus der Region. Danach gibt's High Tea (frühes Abendessen mit Brot und Tee).

Gables MEERESFRÜCHTE $$$
(☎506-529-3440; 143 Water St; Hauptgerichte 10–20 C$; ⏲Juli & Aug. 8–23 Uhr, Juni & Sept. 11–21 Uhr) Meeresfrüchte und Seeblick durch eine Reihe großer Fenster prägen dieses gemütliche Lokal. Hinein geht's am Ende einer Gasse, die zu einer gartenähnlichen Uferterrasse führt.

Sweet Harvest Market CAFÉ $
(182 Water St; alles unter 11 C$; ⏲Mo–Sa 8–17, So 9–15 Uhr) Das fröhliche Thekenpersonal kreiert gesunde und außergewöhnlich leckere Suppen, Salate, Sandwiches und Süßspeisen. Die *chowder* (sämige Fischsuppe) ist spitze, der Kaffee klasse.

Ausgehen

Nachmittagscocktails im Fairmont Algonquin Hotel sind Pflicht. Abends gibt's in diversen Innenstadtpubs das übliche Programm: Bier, Musik und Geselligkeit.

Shiretown Pub KNEIPE
(www.kennedyinn.ca; 218 Water St; ⏲11–2 Uhr) Der englische Oldschool-Pub im Parterre

des wunderbar knarrenden Kennedy Inn zieht Feierwütige verschiedener Altersstufen an. Am frühen Nachmittag schlürft man hier halbdunkles Picaroon's-Bier aus New Brunswick auf der Veranda. Später gibt's dann Livemusik und lautes Karaoke.

Red Herring Pub KNEIPE
(211 Water St; ⌚12–2 Uhr) Amüsante, etwas schäbige Innenstadtbar mit Pooltischen, Livemusik und eiskaltem kanadischem Bier.

Praktische Informationen

Das Hauptbüro der **Touristeninformation** (www.townofstandrews.ca; 46 Reed Ave; ⌚Juli & Aug. 8–20 Uhr, Mitte Mai–Juni & Sept.–Anfang Okt. 9–17 Uhr) hat einen kostenlosen Internetzugang. Zudem verteilt es Gratisführer für Stadtspaziergänge, die einen Stadtplan und Kurzbeschreibungen von 34 Attraktionen enthalten.

Anreise & Unterwegs vor Ort

Vor **HMS Transportation** (www.hmstrans.com; 260 Water St) starten die Busse von **Acadian Lines** (www.acadianbus.com) jeweils einmal täglich in Richtung Saint John (28 C$) und Bangor (Maine; 38 C$). HMS Transportation vermietet auch Autos (60 C$/Tag inkl. 200 km), bei denen die Kaskoversicherung aber selbst abzuschließen ist.

FUNDY ISLES

Die dünn besiedelten und unberührten Fundy Isles sind ein idealer Rückzugsort für Ruhe suchende Naturfreunde: Herrliche Landschaft, farbenfrohe Fischereihäfen an kleinen Buchten, super Möglichkeiten für Walbeobachtungen, einsame Wanderwege sowie dampfende Meeresfrüchte machen den Alltagsstress vergessen und senken den Blutdruck. Die drei Hauptinseln sind individuell verschieden und gestatten ein langsames Eintauchen in unvergesslichen Frieden. Außerhalb der Hauptsaison sind kaum Besucher anzutreffen und die meisten Einrichtungen haben geschlossen.

Deer Island

Die 16 km lange und 5 km breite Deer Island ist die der Küste am nächsten liegende Hauptinsel. Mit ihrer Handvoll Bootsanleger wirkt die seit 1770 besiedelte Fischerinsel schlicht und bodenständig. Heute leben etwa 1000 Menschen das ganze Jahr über auf Deer Island. Hirsche, die Namensgeber der Insel, streifen zuhauf durch die dichten Wälder. Hauptfang ist der Hummer.

Deer Island lässt sich locker in einem Tag erkunden. An beiden Küsten verlaufen enge, kurvige Straßen (defensiv fahren!) südwärts in Richtung Campobello Island und Fähranleger.

Sehenswertes & Aktivitäten

In einem riesigen Wassergehege bei Lamberts Cove werden lebendige Hummer gehalten, die gut die größten der Welt sein könnten. In Northern Harbor gibt's eine weitere Monsteranlage dieser Art.

Vor der Küste des 16 ha großen Deer Island Point Park am anderen Inselende erscheint wenige Stunden vor dem Höchstand der Flut der Old Sow als zweitgrößter Gezeitenstrudel des Planeten. Ab und zu ziehen Wale vorbei.

Am Ende der Cranberry Head Rd erstreckt sich ein menschenleerer Strand. Da

Fundy Isles

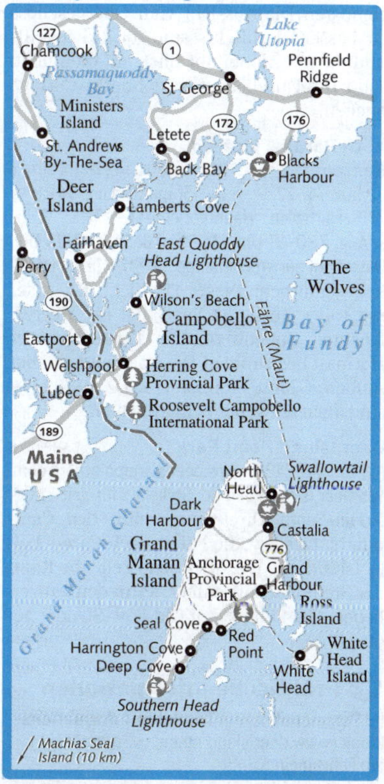

die Insel größtenteils in Privatbesitz ist, gibt es hier keine Wanderwege.

Geführte Touren

Die Wale kommen normalerweise Mitte Juni und bleiben bis Oktober. Alle Inselmotels und -restaurants informieren über saisonale Beobachtungstouren.

Seascape Kayak Tours KAJAKFAHREN
(506-747-1884, 866-747-1884; www.seascapekayaktours.com; 40 NW Harbour Branch Rd, Richardson; Touren halber/ganzer Tag 75/150 C$) Organisiert neben geführten Paddeltrips rund um Deer Island und in der Passamaquoddy Bay auch mehrtägiges Inselhopping mit Camping.

Schlafen & Essen

Sunset Beach Cottage & Suites INN $$
(506-747-2972; www.cottageandsuites.com; 21 Cedar Grove Rd, Fairhaven; Zi. ab 80 C$, Hütte ab 120 C$; Mai–Okt.;) Das zweistöckige Haus an einer ruhigen Bucht hat fünf einfache, saubere Suiten mit Teppichböden und etwas langweiliger Bettwäsche im Karomuster. Die Aussicht vom Obergeschoss ist besser. Highlights sind die Privatgrills und der Whirlpool mit Blick auf die Bucht. Tipp für Familien: das möblierte Cottage buchen.

45th Parallel Motel & Restaurant MOTEL, MEERESFRÜCHTE $
(506-747-2222; www.45thparallel.ca; 941 Hwy 772, Fairhaven; Hauptgerichte 6–25 C$; Juli & Aug. 7.30–21 Uhr, Mai–Juni & Sept. 11–19 Uhr, Okt.–April nur Wochenende; P) Klein, rustikal, gemütlich: Dieser ländliche Klassiker mit toller Küche ist Spezialist für Meeresfrüchte. Unbedingt den Riesenhummer Herman besichtigen! Die knarrenden, aber sauberen Motelzimmer (EZ/DZ 48/62 C$) sind auch ein super Schnäppchen.

Deer Island Point Park CAMPING $
(506-747-2423; www.deerislandpointpark.com; 195 Deer Island Point Rd; Stellplatz für Zelt 22 C$; Juni–Sept.) Direkt unterhalb des Campingplatzes legt die Fähre nach Campobello Island an. Wer hier sein Zelt am Rand der Steilküste aufschlägt, kann den ganzen lieben Abend lang den Old-Sow-Strudel beobachten.

Praktische Informationen

Im Sommer öffnet ein **Touristen-Informationskiosk** (www.deerisland.nb.ca; Sommer tgl.) am Fähranleger.

An- & Weiterreise

Südlich von St. George liegt Letete am Hwy 172 (14,5 km; Fahrt über Back Bay). Dort startet ganzjährig die staatliche Gratisfähre nach Deer Island (6–19 Uhr alle 30 Min, 19–22 Uhr stündl., 25 Min.). An betriebsamen Tagen möglichst früh erscheinen!

Die privaten **East Coast Ferries** (www.eastcoastferries.nb.ca; Ende Juni–Mitte Sept.) schippern von Deer Island Point zur attraktiven Küstenstadt Eastport in Maine. Von 9 bis 18 Uhr legen sie jeweils zur vollen Stunde ab (13 C$/Auto inkl. Fahrer zzgl. 3 C$/weitere Pers.).

Auf S. 442 stehen Infos zu Verbindungen nach Campobello Island.

Campobello Island

Auf Campobello herrscht eine ganz andere Atmosphäre als auf Deer Island. Die Insel ist wesentlich vornehmer und wohlhabender, hat kerzengerade Straßen und bessere Einrichtungen. Denn Campobello ist schon seit langem ein beliebtes Ferienziel reicher Urlauber. Wegen der guten Erreichbarkeit und Nähe zu den Staaten Neuengland fühlen sich die Inselbewohner gleichermaßen zugehörig zu den USA und Kanada, und die meisten Touristen kommen denn auch vom Nachbarn im Süden rüber.

Wie viele andere reiche Familien kauften sich auch die Roosevelts Ende des 19. Jhs. ein Anwesen auf der Insel, die damals wie heute vor allem für ihre himmlische Ruhe bekannt ist. Fast ausschließlich bedecken eine ausgedehnte Parklandschaft und ein Golfplatz die südliche Hälfte von Campobello.

Besucher sollten sich entsprechend vorbereiten: Auf der Insel gibt es zwar zwei Geldautomaten, ein einziges Lebensmittelgeschäft, einen Spirituosenladen und eine Apotheke, aber keine Tankstelle. Zum Tanken fahren die 1200 Inselbewohnerer daher über die Brücke nach Lubec in Maine. Diese Brücke dient ihnen auch als Hauptzugang zum übrigen New Brunswick, da die Fähre nach Deer Island nur im Sommer verkehrt.

Sehenswertes & Aktivitäten

Roosevelt Campobello International Park PARK
(www.fdr.net; Hwy 774; Eintritt frei; ganzjährig Sonnenaufgang–Sonnenuntergang) Südlichste Grünfläche der Insel ist der 1200 ha große Roosevelt Campobello International

Park mit dem für Besucher zugänglichem **Roosevelt Cottage** (Führungen Ende Mai–Anfang Okt.) als Hauptattraktion. Franklin D. Roosevelt wuchs in den 34 Zimmern der Lodge auf (1905–1921) und kehrte während seiner Amtszeit als US-Präsident (1933–45) regelmäßig hierher zurück. Der tomatenrote Bau im „Arts and Crafts"-Stil beherbergt originale Möbel und Besitztümer der Roosevelts. Auch das benachbarte **Hubbard House** von 1898 kann besichtigt werden. Da das Gelände rund um die beiden Gebäude immer zugänglich ist, kann man bei verschlossenen Türen zumindest einen Blick durch die Fenster werfen.

Der Park liegt in 2,5 km von der Brücke nach Lubec entfernt. Von der Veranda des Roosevelt-Anwesens fällt der Blick direkt auf Eastport in Maine. Kaum zu glauben: Man ist immer noch in Kanada!

Im Gegensatz zum makellos gepflegten Museumsbereich verblieb der internationale Park größtenteils in natürlichem Zustand, um die von Roosevelt so sehr geschätzte Flora und Fauna zu erhalten. Durch diesen überraschend wilden und wenig besuchten Teil von Campobello Island führen nur wenige gewundene Schotterpisten zu Stränden und insgesamt 7,5 km lange Naturlehrpfade. Hier sind Hirsche, Elche, Kojoten, Adler und Seetaucher zu Hause. Nahe Lower Duck Pond in 6 km Entfernung zum Besucherzentrum sonnen sich manchmal auch Robben auf Felsbänken vor der Küste.

Herring Cove Provincial Park PARK

(Eintritt frei) Am Nordrand des internationalen Parks beginnt der Herring Cove Provincial Park. Dort gibt's weitere 10 km an Wanderwegen, einen Campingplatz und einen 1,5 km langen geschwungenen Strand mit idyllischem Picknickplatz – super fürs Mittagessen.

Wilson's Beach STRAND

Rund 10 km nördlich des Roosevelt Park liegt die größte Gemeinde auf der Insel: Wilson's Beach hat einen großen Pier, an dem frische Fische verkauft werden. Außerdem gibt es dort diverse Geschäfte, Dienstleister und eine Sardinenfabrik mit dazugehörigem Laden.

East Quoddy Head Lighthouse LEUCHTTURM

Der Leuchtturm von East Quoddy Head steht 4 km nördlich von Wilson's Beach. Auf den Küstenfelsen sitzen hier viele Leute, die draußen vorbeiziehende Wale per Fernglas beobachten und die frische Brise im Gesicht genießen.

Geführte Touren

Island Cruises WALBEOBACHTUNG

(☎506-752-1107, 888-249-4400; www.bayoffundywhales.com; 62 Harbour Head Rd, Wilson's Beach; Erw./Kind 49/39 C$; ⏲Juli–Okt.) Walbeobachtungen (2½ Std.) vom Boot aus.

Schlafen & Essen

Campobello Island hat nur sehr wenige Restaurants. In Lubec (Maine) jenseits der Brücke sieht's kaum besser aus. Selbstversorger steuern den Valufoods-Supermarkt in Welshpool an.

Herring Cove Provincial Park CAMPING $

(☎506-752-7010; www.tourismnewbrunswick.ca; 136 Herring Cove Rd; Stellplatz für Zelt/Wohnmobil 22/24 C$; ⏲Ende Mai–Ende Sept.) In dem Provinzpark auf der östlichen Inselseite gibt es 76 Stellplätze, die teilweise hübsch einsam im Wald liegen. Die Zeit kann man sich am Sandstrand und auf den ausgedehnten Wanderwegen vertreiben. In 3 km Entfernung legt die Fähre nach Deer Island ab.

Pollock Cove Cottages HÜTTEN $$

(☎506-752-2300; senewman@nbnet.nb.ca; 2455 Rte 774, Wilson's Beach; Zi. 75–175 C$; P @) Einfache, saubere Cottages mit ein bis zwei Schlafzimmern und grandioser Aussicht.

Owen House B&B B&B $$

(☎506-752-2977; www.owenhouse.ca; 11 Welshpool St, Welshpool; DZ inkl. Frühstück mit Gemeinschaftsbad 107–112 C$, mit eigenem Bad 121–210 C$) Antikbetten mit gedrechselten Eckpfosten, Steppdecken, behagliche Leseecken und viele Fenster mit Meerblick prägen das klassische Feriendomizil aus vergangenen Zeiten.

Family Fisheries Restaurant MEERESFRÜCHTE $

(Hwy 774, Wilson's Beach; Hauptgerichte 5–23 C$; ⏲8–19.30 Uhr, Sommer verlängerte Öffnungszeiten) Das äußerst zwanglose Meeresfrüchtelokal gehört zu einem Fischmarkt. Es serviert vor allem Fish & Chips, megaleckere *chowders* und Hummerrollen.

Praktische Informationen

Die Website von **Campobello Island Tourism** (www.campobelloislandtourism.com) liefert Details. Im Roosevelt Campobello International Park gibt's ein Besucherzentrum.

An- & Weiterreise

East Coast Ferries (www.eastcoastferries.nb.ca) verbindet Deer Island zwischen 9 und 19 Uhr alle 30 Minuten mit Campobello Island (16 C$/Auto inkl. Fahrer zzgl. 3 C$/weitere Pers., 25 Min.). Vorbei an vielen Insel führt der malerische Fährtrip nach Welshpool, das zentral an der 16 km langen Küste Campobellos liegt.

Grand Manan Island

Zeit für die traditionelle Fiedelmusik aus den Maritimes (Seeprovinzen). Wenn die Fähre die Nordspitze von Grand Manan Island (2700 Ew.) umrundet, kommt auf einer felsigen, moosbedeckten Klippe das Swallowtail Lighthouse in Sicht. Bunte Fischerboote tänzeln auf den Wellen im Hafen. Oberhalb des Fähranlegers erstreckt sich an der Küste entlang der winzige Ort North Head, eine Ansammlung schindelgedeckter Häuser und Geschäfte, dazwischen sorgfältig gepflegte Blumenbeete und hohe Laubbäume.

Grand Manan ist eine friedliche, unberührte Insel. Hier gibt es weder Fast-Food-Restaurants, noch schicke Cafés, Nachtclubs, Verkehrsampeln oder überhaupt Autoverkehr. Nur eine atemberaubend schroffe Küste mit steilen Klippen und sandigen Buchten, Fichtenwäldern und hohem Grasland. An der Ostküste entlang windet sich eine Küstenstraße durch eine Reihe hübscher, wohlhabender Fischerdörfer. Man bekommt jede Menge frische Seeluft ab und erlebt eine ganz seltene Kostbarkeit in unserer modernen Welt: absolute Stille, die nur vom rhythmischen Schlagen der Meereswellen unterbrochen wird. Viele Besucher kommen nur für einen Tag auf die Insel, ein längerer Aufenthalt lohnt sich aber durchaus.

Die Fähre legt in North Head an der Nordspitze der Insel an. Entlang der Ostküste durchquert die Route 776, die 28,5 km lange Hauptstraße, die Insel von Nord nach Süd. Auf ihrem Weg zum Leuchtturm auf der Klippe von South Head passiert sie alle Siedlungen auf Grand Manan. Die Fahrt von der Nord- zur Südspitze dauert etwa 45 Minuten. Die Westküste von Grand Manan ist unbewohnt und mehr oder weniger unzugänglich. Steile Felswände erheben sich aus dem Meer, das Hinterland ist von dichtem Wald und Sumpfgebiet bedeckt und im einzigen Dorf an dieser Küste führt nur ein steiler Weg hinunter zum Wasser. Der einzige Zugang in diese Wildnis ist ein Wanderweg.

Sehenswertes

Swallowtail Lighthouse LEUCHTTURM

Der weißgetünchte Leuchtturm von Swallowtail (1860), der sich 1 km nördlich des Fähranlegers auf einem steilen Felsvorsprung erhebt, ist das markante Wahrzeichen der Insel. Der Zugang erfolgt über steile Stufen und eine leicht schwankende Hängebrücke. Seit der Automatisierung des Leuchtsignals 1986 ist das Gelände den Elementen überlassen. Dennoch lässt sich auf der grasbedeckten Klippe herrlich picknicken. Der Panoramablick reicht bis zum Horizont, während unten im Meer die Seerobben die herzförmigen, an langen Stangen befestigten Fischernetze plündern.

Jedes einzelne Exemplar dieser gut 30 *weirs* (traditionelle aus Holzposten gefertigte Fischernetze) rund um Grand Manan hat einen eigenen Namen; einige stammen noch aus dem 19. Jh. Bezeichnungen wie „Ruin", „Gewinner", „Glück des Außenseiters" und „Trotzdem" spiegeln das harte Los wider, den Lebensunterhalt einem gleichgültig mitleidlosen Meer abringen zu müssen. Durch ein von einer hungrigen Robbe zerrissenes Netz kann ein ganzer Heringsschwarm in einer einzigen Nacht wieder fliehen.

Grand Manan Historical Museum MUSEUM

(www.grandmananmuseum.ca; 1141 Rte 776, Grand Harbour; Erw./Student & Senior 5/3 C$; ⏲Mo–Sa 9–17.30 Uhr) Dieses Museum eignet sich prima für trübe Tage: Seine vielfältige Sammlung von lokalen Gebrauchsgegenständen gibt einen Kurzüberblick über die Inselgeschichte. Zu den Exponaten gehören beispielsweise Berichte über Schiffsunglücke oder die originale Kerosinlampe des nahen Leuchtturms von Gannet Rock (1904). Ein ganzer Raum ist mit 200 ausgestopften Vögeln gefüllt, darunter die nunmehr ausgestorbene Wandertaube. Vor Ort finden zudem diverse Abendvorträge, Gruppenkurse und andere Unternehmungen statt.

Seal Cove HISTORISCHE STÄTTE

Als schönstes Inseldorf bezieht Seal Cove einen Großteil seines Charmes von den Fischerbooten, Anlegestellen und Heringsräucherhütten, die sich rund um eine Prielmündung verteilen. 100 Jahre lang drehte sich auf Grand Manan alles um Räucherhering: In 300 Inselräuchereien waren ca.

1000 Männer und Frauen mit dem Ausnehmen, Auffädeln und Trocknen des Fischs beschäftigt. Die letzte Räucherei machte 1996 dicht. Dennoch sind Heringe, die inzwischen in einer modernen Konservenfabrik verarbeitet werden, immer noch ein wichtiger Wirtschaftszweig. Die Hütten beherbergen heute das zwanglose **Sardine Museum** (Eintritt gegen Spende; ⌚meiste Tage) mit der (angeblich) weltgrößten Sardinenbüchse und einer authentisch riechenden Darstellung des Räuchervorgangs.

Roland's Sea Vegetables MARKT

(www.rolandsdulse.com; 174 Hill Rd; ⌚9–18 Uhr) Grand Manan zählt zu den wenigen verbliebenen Produzenten von Lappentang (*dulse*). Nicht nur im atlantischen Kanada wird die Meerespflanze als leicht nussig schmeckender Snack oder Gewürz geschätzt. Aus Dark Harbour auf der westlichen Inselseite kommt die angeblich beste Variante des Planeten: Seit Jahrhunderten waten dort Tangsammler bei Ebbe zwischen den Felsen herum, um das Kraut zu pflücken und es dann auf Felsbänken zum Trocknen auszulegen. Ein kleiner Straßenmarkt verkauft Lappentang und andere essbare Meerespflanzen aus der Region (z.B. Nori-Algen, Meersalat oder Gemeinen Knorpeltang). Rolands Sohn Sandy empfiehlt, Lappentangpulver auf Spiegeleier oder Bratfisch zu streuen.

Aktivitäten

Sea Watch Tours PAPAGEITAUCHER-BEOBACHTUNG

(☎506-662-8552, 877-662-8552; www.seawatchtours.com; Fischereikai Seal Cove; Erw./Kind 85/45 C$; ⌚Ende Juni–Mitte Aug. Mo–Sa) Auf dem entlegenen Machias Seal Island sind herumwatschelnde und -tollende Papageitaucher zuhause. Da die Besucherzahl auf 15 Personen pro Tag beschränkt ist, sollte man Beobachtungstrips unbedingt rechtzeitig reservieren. Hohe Wellen und glitschige Felsen können einen Fußmarsch über die Insel zur Rutschpartie verwandeln – unbedingt festes Schuhwerk mit guter Sohle tragen!

Whales-n-Sails Adventures WALBEOBACHTUNG

(☎506-662-1999, 888-994-4044; www.whales-n-sails.com; Fischereikai North Head; Erw./Kind 65/45 C$; ⌚Ende Juni–Ende Sept.) Ein Meeresbiologe kommentiert die faszinierenden Walbeobachtungen an Bord des Segelboots *Elsie Menota*. Teilnehmer bekommen oft auch Papageitaucher, Tordalke, Lummen und andere Seevögel zu sehen.

Wanderwege WANDERN

Ein insgesamt 70 km langes Netz an Wanderwegen überzieht und umrundet die ganze Insel. Die meisten Läden auf Grand Manan Island verkaufen den umfassenden Wanderführer *Heritage Trails and Footpaths on Grand Manan* (5 C$). Achtung: unbedingt einen ausreichenden Sicherheitsabstand von den Klippenrändern einhalten – der instabile, unterhöhlte Boden bricht leicht unter den Füßen weg! Der leicht zu meisternde Küstenpfad von Long Pond nach Red Point (1,6 km, hin & zurück 1 Std.) ist auch für Kinder geeignet. Bei Whale Cove ragt ein natürlicher Felsbogen, das Hole-in-the-Wall, ins Meer hinaus; das beliebte Fotomotiv liegt nur wenige Wanderminuten vom Parkplatz entfernt.

Adventure High KAJAKFAHREN

(☎506-662-3563; www.adventurehigh.com; 83 Rte 776, North Head; Touren 45–975 C$; ⌚Mai–Okt.) Der Touranbieter erkundet Grand Manans Küstenlinie mit Seekajaks. Das Angebot reicht von Paddeltouren in der Abenddämmerung (2 Std.) bis hin zu mehrtägigen Abenteuern in der Bay of Fundy.

Schlafen

LP TIPP **Inn at Whale Cove** INN $$

(☎506-662-3181; www.whalecovecottages.ca; Whistle Rd, North Head; EZ/DZ 120/130 C$; ⌚Mai–Okt.) Das Gästehaus „beherbergt Zivilisationsflüchtlinge seit 1910" – darunter z.B. die Schriftstellerin Willa Cather, die hier in den 1920er- und 1930er-Jahre einige ihrer Romane verfasste. Das Haupthaus von 1816 und die Handvoll von Reben umrankter, schindelgedeckter Cottages verbreiten bis heute den Charme der guten alten Zeit. Im Innern warten jeweils polierte Kiefernholzböden, gemauerte Kamine, Antiquitäten, Chintzvorhänge, gut bestückte Bücherregale und teilweise auch eine Küche.

Shorecrest Lodge INN $

(☎506-662-3216; www.shorecrestlodge.com; 100 Rte 776, Seal Cove; Zi. 65–89 C$; ⌚Mai–Okt.; 📶👪) Das große, gemütliche Bauernhaus unweit des Fähranlegers hat zehn sonnige Zimmer mit Steppdecken und antiken Möbeln. Im Freizeitraum findet man einen Fernseher und eine Spielzeugeisenbahn für Kinder vor. Die österreichischen Eigentümer bereiten frische Meeresfrüchte (abends; Hauptgerichte 18–28 C$) und Mittagessen zum Mitnehmen zu – Nicht-Gäste können telefonisch vorbestellen.

WESSEN FELSEN?

Kanada und die USA, die eine fast 9000 km lange gemeinsame Grenze haben, kommen in den allermeisten Fällen gut miteinander aus – so gut, dass sich ihre heutigen Gebietsdispute auf ein unbewohntes Eiland namens Machias Seal Island (8 ha) und dessen noch kleinere Nachbarinsel beschränken. Diese ist so gesichtslos, dass sie lediglich „North Rock" genannt wird. Das neblige, öde und baumlose Machias Seal Island ist als Nistplatz von Papageitauchern bekannt, North Rock dagegen als ... Felsen. Bis heute sind beide Inselchen Teil eines Streits, der auf den Frieden von Paris (1783) zurückgeht. Damals wurde versucht, eine Grenze zwischen den gerade gegründeten USA und dem damaligen „britischen Nordamerika" zu ziehen. Machias Seal Island liegt etwa gleich weit von Maine und Grand Manan Island bzw. New Brunswick entfernt, wurde aber im Vertrag zum Frieden von Paris nicht konkret erwähnt (kaum zu glauben!). Somit gehört es seitdem zu einer „Grauzone". Während Kanada einen Leuchtturm auf der Insel betreibt und sie als Vogelschutzgebiet bewahren möchte, fordern einige amerikanische Anbieter von Papageitaucher-Bootstouren die kanadische Souveränität heraus. Einer davon – der alte Kapitän Barna Nelson aus Jonesport in Maine – umrundete Machias Seal Island einst einmal im Jahr und schwenkte dabei eine US-Flagge. 1984 verzichteten Kanada und die USA vor dem Internationalen Gerichtshof in Den Haag darauf, diesen Konflikt endgültig zu lösen, indem sie sich auf einen südwestlich der Insel gelegenen Grenzziehungspunkt einigten.

Anchorage Provincial Park CAMPINGPLATZ $
(☎506-662-7022; Rte 776 zw. Grand Harbour & Seal Cove; Stellplatz für Zelt/Wohnmobil 22/24 C$; ⊙Mitte Mai–Mitte Sept.) Der große, familienfreundliche Campingplatz, 16 km vom Fähranleger entfernt, wird von hohen Nadelbäumen umgeben, die guten Schutz vor dem Wind bieten. Zum Gelände gehören ein Kinderspielplatz, eine Waschküche, ein langer Kiesstrand und eine überdachte Kochgelegenheit für Regentage. Der Park grenzt an Marschland, das ein Schutzgebiet für Zugvögel und einige kurze Wanderwege umfasst.

Hole-in-the-Wall Campground CAMPING $
(☎506-662-3152, 866-662-4489; www.grandanancamping.com; 42 Old Airport Rd, North Head; Stellplatz für Zelt 25 C$; ⊙Anfang Mai–Ende Okt.) Die spektakulären Stellplätze verstecken sich einzeln zwischen Bäumen und Felsen am Klippenrand. Schlafwandler und Leute mit Höhenangst sollten ihr Zelt weiter landeinwärts aufschlagen! Neben einer grandioser Aussicht gibt's hier auch Feuerstellen, Picknicktische, Duschen und eine Waschküche. Wer lieber ein festes Dach über dem Kopf hat, kann sich in einer der einfachen, sauberen Hütten mit Stockbetten und Mikrowelle einquartieren.

Compass Rose B&B $$
(☎506-662-8570, NS 613-471-1772; www.compassroseinn.com; 65 Rte 776, North Head; Zi. inkl. Frühstück 99–139 C$; ⊙1. Juni–30. Sept.) Die fröhlichen, komfortablen Zimmer in Laufentfernung zum Fähranleger empfangen Gäste mit Küstenmotiven und Hafenblick. Zum Haus gehört eins der stimmungsvollsten Inselrestaurants.

Essen

In der Nebensaison (Okt.–Anfang Juni) sind die ohnehin nicht gerade zahlreichen Restaurants fast alle geschlossen. Trotzdem hat Grand Manan einige tolle Lokale. Abends muss unbedingt reserviert werden.

LP TIPP **Inn at Whale Cove** NEUE KANADISCHE KÜCHE $$$
(☎506-662-3181; www.whalecovecottages.ca; Whistle Rd, North Head; Hauptgerichte 22–28 C$; ⊙Ende Juni–Mitte Okt. & Mai–Juni Wochenende abends) Exzellentes Essen in entspannter, ländlicher Atmo direkt an der Bucht: Die täglich wechselnde Speisekarte enthält edle Köstlichkeiten wie provenzialisches Lammkarree, Ravioli mit Jakobsmuscheln oder göttliche Haselnuss-Karamellcreme zum Nachtisch. Tipp: Früh erscheinen und zuerst einen Cocktail am Kamin des gemütlichen, altmodischen Salons schlürfen.

North Head Bakery BÄCKEREI $
(www.northheadbakery.ca; 199 Rte 776, North Head; Backwaren 1–5 C$; ⊙Mai–Okt. Di–Sa 6.30–17.30 Uhr) Leckeres Plundergebäck, Obsttörtchen und handgemachtes Bio-Brot locken viele Kunden direkt von der Fähre in diese sympathische, rot-weiße Bäckerei. Bei

Kaffee und Sandwich lässt sich das Spektakel von der Mittagstheke aus beobachten.

Wharf Restaurant KANADISCH $
(1 Ferry Wharf Rd, North Head; Hauptgerichte 5–10 C$; ⏲morgens, mittags & abends) Das superschlichte Lokal belegt einen hangarartigen Wellblechbau am Fähranleger. Neben drei anständigen Mahlzeiten pro Tag serviert es auch Eis, Schokoriegel und andere Snacks.

Praktische Informationen

Die **Touristeninformation** (www.grandmanannb.com; 130 Rte 776, North Head; ⏲Mo–Fr 8–16, Sa 9–12 Uhr) liefert Infos zur Region.

An- & Weiterreise

Einzige Verbindung zur Insel ist die staatlich betriebene **Fähre** (☎506-662-3724; www.coastaltransport.ca; Ticketbüro am Fähranleger North Head) vom Festlandshafen Blacks Harbour nach North Head auf Grand Manan. Da man in Blacks Harbour nicht reservieren kann, sollte man spätestens 45 Minuten vor dem Ablegen erscheinen. Während die Autoschlangen vor allem im Juli und August sehr lang sein können, kommen Fußgänger und Radler immer an Bord. Für die Passage zur Insel (Erw./Kind 10,90/5,40 C$, Auto/Fahrrad 32,55/3,70 C$, Sommer 7-mal tgl., einfache Strecke 1½ Std.) ist kein Ticket nötig: Hin- und Rückfahrt werden einen Tag vor der Rückkehr aufs Festland in North Head bezahlt. Unterwegs lassen sich oft Delfine und Wale blicken.

Der Fähranleger liegt in Laufentfernung zu mehreren Hotels, Restaurants, Läden und Touranbietern. Auf der Insel gibt es keine Autovermietung; für eine Rundfahrt muss also ein Auto mitgebracht werden. **Leighton Spicer** (☎506-662-4904) fährt das einzige Inseltaxi und wartet meist schon auf die Fähre. **Adventure High** (☎506-662-3563; www.adventurehigh.com; 83 Rte 776, North Head; ⏲8–21 Uhr) verleiht Fahrräder (halber Tag/Tag/Woche 16/22/99 C$).

New River Provincial Park

Gut 35 km westlich von St. John liegt am Hwy 1 nach St. Stephen dieser große Provinzpark, zu dem einer der schönsten Strände an der Bay of Fundy gehört. Der breite Sandstrand wird nur bei Barnaby Head von der zerklüfteten Felsenküste begrenzt. In der Campingsaison wird für den Besuch des Parks eine Gebühr von 7 C$ pro Tag und Fahrzeug fällig; parken kann man am Strand und am Ausgangspunkt des Barnaby Head Trails.

Wanderer können die Gegend um Barnaby Head in ein paar Stunden auf den insgesamt 6 km langen Naturlehrpfaden erkunden. Der **Chittick's Beach Trail** führt durch Küstenwälder an vier kleinen Buchten vorbei, in denen große und kleine Wanderer die für den Heringsfang ausgelegten Netze begutachten oder die Gezeitentümpel auf darin enthaltenes Meeresgetier untersuchen können. Von diesem Rundwanderweg zweigt der 2,5 km lange **Barnaby Head Trail** ab, der größenteils der Küstenlinie folgt und bis zu einer 15 m hohen Klippe hoch über der Bay of Fundy ansteigt.

Der **Campingplatz** (☎506-755-4042; newriver@gnb.ca; 78 New River Beach Rd; Zeltplatz/Stellplatz 22/24,50 C$; ⏲Mitte Mai–Anfang Okt.) des Parks ist nur durch eine Straße vom Strand getrennt und hat mitten im Wald 100 einsame Stellplätze mit Anschlüssen. Abzüge in der B-Note gibt's für den Schotter auf den Stellplätzen und den Verkehrslärm.

ST. JOHN

68 000 EW.

Als Wirtschaftszentrum der Provinz besitzt die schwer aktive Hafenstadt St. John eine Dynamik, die der zurückhaltenden Hauptstadt etwas abgeht. Ihre Lage ist einzigartig: Ein Ring aus Felsvorsprüngen, steilen Klippen, kleinen Buchten und Halbinseln umschließt einen tiefen Naturhafen an der Stelle, wo der mächtige St. John River und der Kennebecasis River in die Bay of Fundy münden. Angesichts der rauchenden Schornsteine der Zellstofffabriken und Ölraffinerien sowie der städtischen Überwucherung botanischer Vielfalt braucht es jedoch etwas Fantasie, sich die natürliche Schönheit der Kulisse vorzustellen. Rund um die Innenstadt verläuft ein hässlicher Gürtel aus Industrieanlagen und konfus verlaufenden Hochstraßen. Wer sich aber den Weg ins historische Zentrum gebahnt hat, wird mit dem Anblick wunderschön restaurierter Back- und Sandsteingebäude aus dem 19. Jh. belohnt. Zudem erhascht man flüchtige Blicke auf das Meer am Ende der steilen, schmalen Seitenstraßen.

St. John war ursprünglich eine französische Kolonie und wurde nach der Besetzung durch britische Loyalisten (1785) zu Kanadas erster offizieller Stadt. Während der Großen Hungersnot in ihrer Heimat strömten Mitte des 19. Jhs. strömten Tausende irischer Einwanderer nach St. John und leisteten einen beachtlichen Beitrag zu dessen Entwicklung zu einer blühenden Industriestadt. War damals noch der Holzschiffsbau der wichtige Wirtschaftszweig, so arbeiten heute viele Einwohner in der Schwerindustrie (z.B. in Zellstofffabriken, Raffinerien) oder in der Moosehead Brewery.

Uptown, das Zentrum, liegt auf einer viereckigen, hügeligen Halbinsel zwischen der Courtenay Bay und der Mündung des St. John River. Der Kings Sq – seine Fußwege verlaufen im Muster des britischen Union Jack – markiert die Stadtmitte.

Auf der Westseite der Harbour Bridge (Maut 0,50 C$) befindet sich St. John West. Da die dortigen Straßennamen oft denen im eigentlichen St. John entsprechen, wird zur Unterscheidung ein „W" für West (z.B. Charlotte St W) angehängt. In St. John West legen auch die Fähren nach Digby in Nova Scotia ab.

Sehenswertes

New Brunswick Museum MUSEUM

(www.nbm-mnb.ca; 1 Market Sq; Erw./Student/Fam. 6/3,25/13 C$; Mo–Mi & Fr 9–17, Do 9–21, Sa 10–17, So 12–17 Uhr, Nov.–Mitte Mai Mo geschl.) Das tolle vielfältige Museum beherbergt z.B. eine faszinierende meereskundliche Abteilung mit exzellenter Walsammlung, die auch ein lebensgroßes Skelett umfasst. Ferner gibt es Ausstellungsstücke zum Anfassen, Modelle alter Segelschiffe und ein Originalmanuskript des US-Dichters Clement Clarke Moore: *Die Nacht vor Weihnachten* war der Familie seines Paten Jonathan Odell in New Brunswick zugesandt worden.

Reversing Rapids AUSSICHTSPUNKT

Die Region wird stark vom enormen Tidenhub der Bay of Fundy (s. Kasten S. 454) und dessen Auswirkungen geprägt. Als Teil des spannenden Gezeitenspektakels zählen die Reversing Rapids (etwa: „umgedrehte Stromschnellen") zu den bekanntesten Attraktionen der Provinz: Die steigende Flut in der Bay of Fundy drückt das Wasser landeinwärts und dreht so die Strömungsrichtung des Flusses um. Bei Ebbe fließt dieser dann wieder normal. Das Ganze gleicht einer Reihe von Stromschnellen und wird von einer Brücke überspannt. Das **Reversing Rapids Visitors Centre** (200 Bridge Rd; Mitte Mai–Mitte Okt. 8–19 Uhr) nebenan verteilt eine Broschüre mit aktueller Gezeitentabelle.

Loyalist House HISTORISCHES GEBÄUDE

(120 Union St; Erw./Kind/Familie 5/2/7 C$; Mai–Juni Mo–Fr 10–17 Uhr, Juli–Mitte Sept. tgl. 10–17 Uhr) Das georgianische Loyalist House von 1810 zählt zu St. Johns ältesten Bauten, die noch original erhalten sind. Heute ist es ein Museum, das die Loyalistenzeit beleuchtet und ein paar schöne Möbelstücke beherbergt.

Loyalist Burial Ground FRIEDHOF

Mitten im Zentrum direkt liegt neben dem Kings Sq der sehr stimmungsvolle, parkähnliche Friedhof. Die ältesten der verwitterten Grabsteine stammen aus dem Jahr 1784.

Carleton Martello Tower HISTORISCHES GEBÄUDE

(454 Whipple St; Erw./Kind 3,90/1,90 C$; Juni–Anfang Okt. 10–17.30 Uhr) Das runde, auf einem Hügel errichtete Steinfort ist ein Überbleibsel des Britisch-Amerikanischen Kriegs (1812–1814). Zu besichtigen sind eine restaurierte Kaserne und andere historische Ausstellungen. Hauptgrund für einen Besuch ist jedoch der Panoramablick auf St. John und die Bay of Fundy.

Saint John Jewish Historical Museum MUSEUM

(91 Leinster St; Eintritt gegen Spende; Mai–Okt. Mo–Fr 10–16 Uhr, Juli & Aug. auch So 13–16 Uhr) Das schlichte Museum beleuchtet die Geschichte von St. Johns einst blühender jüdischer Gemeinde. Zu deren Mitgliedern zählte auch Louis B. Mayer, der mit Metro-Goldwyn-Mayer (MGM) erlangte Hollywoodruhm.

Aktivitäten

Reversing Falls Jet Boat Rides BOOTSAUSFLÜGE

(506-634-8987; www.jetboatrides.com; Fallsview Ave; Erw./Kind 37/27 C$; Juni–Mitte Okt.) Einer der beiden Bootstrips führt entspannt zu den Reversing Rapids und in den Hafen (1 Std.). Beim „Thrill Ride" (20 Min.) geht's dagegen direkt durch das rauschende Wasser der Reversing Rapids – Nasswerden garantiert.

Irving Nature Park PARK

(Eintritt frei; Anfang Mai–Anfang Nov. 8 Uhr–Sonnenuntergang) Die wilde, unberührte Küstenlandschaft des Irving Nature Park ist Pflicht für (motorisierte) Naturliebhaber und zudem ein toller Ort für Vogelbeobachtungen: Hunderte Arten werden hier regelmäßig gesichtet. Auf den Felsen vor

St. John

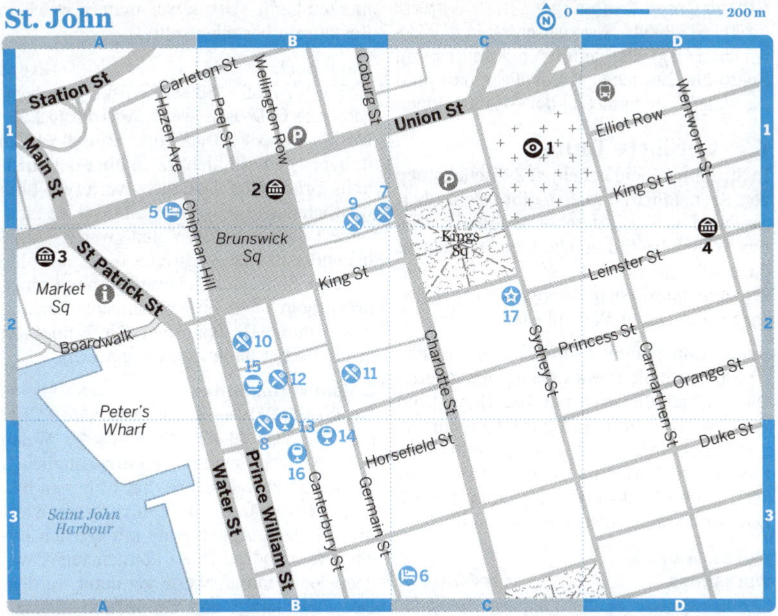

St. John

Sehenswertes
1 Loyalist Burial Ground C1
2 Loyalist House B1
3 New Brunswick Museum A2
4 Saint John Jewish Historical Museum D2

Schlafen
5 Chipman Hill Suites A1
6 Mahogany Manor C3

Essen
7 Billy's Seafood Company B1
8 Bourbon Quarter & Magnolia Cafe B3
9 Old City Market B1
10 Opera Bistro B2
11 Taco Pica B2
12 Thandi B2

Ausgehen
13 Big Tide Brewing Company B3
14 Happinez Wine Bar B3
Infusion .... (siehe 9)
15 Java Moose B2
16 O'Leary's B3

Unterhaltung
17 Imperial Theatre C2

der Küste sind eventuell Robben zu sehen. Sieben unterschiedlich lange Wanderwege führen an Stränden, Klippen und Felsen vorbei und durch Wälder, Schlickflächen und Marschland. Robustes Schuhwerk wird dringend empfohlen! Der sehr sehenswerte Park liegt mit dem Auto 5 km südwestlich vom Zentrum. Anfahrt ab St. John: zunächst dem Hwy 1 westwärts folgen und an der Ausfahrt 107 (Bleury St) Richtung Süden fahren. Über die Sand Cove Rd rechter Hand erreicht man dann nach 2 km den Parkeingang.

Harbour Passage WANDERN

Der Holzsteg am Market Sq hinter dem Hilton Hotel ist Startpunkt der rot gepflasterten Harbour Passage. Der Rad- und Spazierweg umrundet den Hafen, führt die Bennett St hinauf und bringt einen über die Douglas Ave schließlich bergabwärts zur Aussichtsbrücke über den Reversing Rapids. Der Weg (einfache Strecke zu Fuß ca. 60 Min.) ist überall mit Infotafeln versehen und soll 2012 zu großen Teilen neu angelegt werden. Es empfiehlt sich also, vor einer Tour aktuelle Infos einzuholen.

Gibson Creek Canoeing KANUFAHREN
(☎506-672-8964; www.gibsoncreek.ca; Touren 65 C$/Tag) Die geführten Kanutrips in Stadtnähe besuchen friedvolle Flüsse und die vielen Salzmarschen der Gezeitenzone.

Geführte Touren

In St. John, einem beliebten Zwischenstopp von Kreuzfahrtdampfern, gibt es ein überraschend großes Angebot geführter Touren. Walbeobachtungen zählen leider nicht dazu: Bis auf den sehr selten auftauchenden und launischen Zwergwal lassen sich vor St. John keine Wale blicken.

Saint John Transit Commission BUSTOUR
(☎506-658-2855; www.saintjohntransit.com) Die Stadtrundfahrten per Bus (Erw./Kind 20/5 C$, Mitte Juni–Anfang Okt., 2-mal tgl., 2 Std.) beginnen an Reversing Rapids Visitors Centre, Barbour's General Store (Market Sq) und Rockwood Park Campground. Dort sind jeweils auch Tickets erhältlich.

Words, Walks & Workshops STADTSPAZIERGANG
(☎506-672-8601; Stadtspaziergänge frei–5 C$; ⌚Juni–Sept. 19 Uhr) Seit fast 30 Jahren veranstaltet der Reise- und Outdoor-Kolumnist David Goss seine geführten Themenspaziergänge durch Stadt und Natur. Die sind so reizvoll, dass auch Einheimische immer wieder teilnehmen. Die wechselnden Startpunkte und -zeiten erfährt man bei der Touristeninformation.

Roy's Tour TAXITOUR
(www.roystours.webs.com; Touren pro Gruppe 50 C$/Std.) Der kenntnisreiche Roy Flowers kommentiert individuell zugeschnittene Taxitouren (5–6 Std.) durch Stadt und Umland.

Schlafen

St. Johns Motels stehen zumeist 7 km westlich vom Zentrum an der Manawagonish Rd. In der Innenstadt gibt's auch ein paar gehobene Kettenhotels.

LP TIPP **Mahogany Manor** B&B $$
(☎506-636-8000, 800-796-7755; www.sjnow.com/mm; 220 Germain St; DZ inkl. Frühstück 95–110 C$; P⊖@≋) Das Haus im viktorianischen Stil liegt an St. Johns schönster Straße. Die schwulenfreundliche Unterkunft ist mit Antiquitäten vollgestopft und ein herrliches Heim auf Zeit: Die fünf Zimmer punkten mit einem Mix aus Antiquitäten und vornehmen, modernen Betten. Die fröhlichen Eigentümer wissen mehr über die Stadt, als man sich auf die Schnelle merken kann – sogar, was man in welchem Restaurant bestellen sollte!

Homeport B&B $$
(☎506-672-7255, 888-678-7678; www.homeport.nb.ca; 60 Douglas Ave; Zi. inkl. Frühstück 95–175 C$; P⊖❄≋) Das imposante B&B im italienischen Stil klebt hoch über der einstmals prächtigen Douglas Ave, etwa 1 km westlich der Innenstadt-Halbinsel. Es kombiniert die beiden Ex-Villen zweier schiffsbauender Brüder, verbreitet die Atmosphäre eines Boutiquehotels und umfasst einen prächtigen Salon, eine waschechte Bar und zehn sonnige Gästezimmer (Tipp: eines mit altmodischer Badewanne ergattern).

Chipman Hill Suites APARTMENTS $$
(☎506-693-1171; www.chipmanhill.com; 9 Chipman Hill; Suite 49–299 C$; P⊖❄≋) Welch tolles Konzept: Ohne ihren ursprünglichen Charakter zu verändern, hat Chipman historische Gebäude im Zentrum renoviert und in kleine Apartments mit eigenen Küchen verwandelt. Diese können tage-, wochen- oder monatsweise gemietet werden. Der Preis hängt von Größe und Ausstattung ab, ist aber generell sehr anständig.

Rockwood Park CAMPING $
(☎506-652-4050; www.rockwoodparkcampground.com; Lake Dr S; Stellplatz für Zelt/Wohnmobil 22/32 C$; ⌚Mitte Mai–Anfang Okt.; ≋) Ein paar Kilometer nördlich vom Zentrum erstreckt sich der riesige Rockwood Park. In seinen Wäldern verbergen sich kleine Seen, Wanderwege und eine kleine Freifläche mit Campingplatz. Bus 6 (Kings Sq–Mt. Pleasant) hält montags bis samstags ein paar Blocks entfernt davon.

University of New Brunswick Summer Residences STUDENTENWOHNHEIM $
(☎506-648-5755; www.unbsj.ca/hfs; abseits Sandy Point Rd nahe Rockwood Park; EZ/DZ 34/47 C$, Suite 72 C$; ≋) Von Mai bis August vermietet die University of New Brunswick in zwei Studentenwohnheimen auf ihrem Campus einfache Zimmer und recht spartanische Suiten mit Kochecken. Die Wohnheime liegen 6 km nördlich vom Stadtzentrum und sind mit Bus 15 ab Kings Sq zu erreichen.

Essen

LP TIPP **Old City Market** MARKT $
(www.sjcitymarket.ca; 47 Charlotte St; ⌚Mo–Fr 7.30–18, Sa bis 17 Uhr) Zwischen North und South Market St gelegen, betört die Markthalle alle Sinne. In dem eindrucksvol-

len Backsteinbau wird seit 1876 gehandelt und gefeilscht. Für den kleinen oder auch größeren Hunger zwischendurch bieten zahllose Frischwarenstände, Bäckereien, Fischhändler, Metzger und diverse Imbiss- bzw. Restaurantbuden allerlei Leckereien an. Einheimische strömen mittags zu Slocum and Ferris (Mittagessen unter 6 C$). Vor Ort bekommt man auch Tüten mit Lappentang (*dulse*), einer getrockneten Meerespflanze aus dem Atlantik, die man in dieser Ecke Kanadas wie Kartoffelchips isst.

Opera Bistro FUSION **$$$**
(☎506-642-2822; 60 Prince William St; Hauptgerichte 23–33 C$; ⊙mittags & abends) Das Bistro unter europäischer Leitung gehört zu St. Johns trendigsten Lokalen und steht für Maritimes mit internationalem Touch. Die Kreationen (z.B. einheimischer Heilbutt mit Heidelbeeren-Salsa oder New Brunswicker Käsesuppe mit Sesamcroutons) sind aber manchmal etwas zu gewagt. So sollte man möglichst nur einen kleinen Teller bestellen und erstmal zu zweit probieren. Mittags gibt's einfallsreiche Salate und Sandwiches (z.B. eine BLT-Variante mit Hummer aus der Bay of Fundy!). Der stilvolle, schlichte Speiseraum besteht nur aus minimalistischen Plastikstühlen zwischen unverputzten Backsteinwänden.

Thandi INDISCH **$$$**
(☎506-648-2377; www.singhdining.com; 33 Canterbury St; Hauptgerichte 17–33 C$; ⊙Mo–Fr mittags & abends, Sa & So abends) Unverputzter Backstein, schwere Holzbalken, eine schicke Kellerbar mit Hintergrundbeleuchtung und gemütliche Kaminfeuer im Erdgeschoss schaffen eine geniale Atmosphäre bei gedämpftem Licht. Auch das Essen ist prima: Zur Auswahl stehen z.B. indische Klassiker (Lamm Korma, Garnelen-Vindaloo) und Fusion-Spezialitäten wie Schnapper mit Mango-Salsa oder Tandoori-Rinderfilet.

Bourbon Quarter & Magnolia Cafe CAJUN **$$**
(☎506-214-3618; Prince William St; Hauptgerichte 8–30 C$; ⊙Bourbon Quarter abends, Magnolia Café morgens & mittags) Cajun-Küche in Kanada? St. Johns junge Trendsetter scheinen sich an dieser Idee nicht zu stören und futtern hier scharenweise gebackene Austern oder Muffuletta-Sandwiches. In den beiden benachbarten, kürzlich eröffneten Restaurants im New-Orleans-Stil gibt es Livemusik. Im Bourbon Quarter geht's gehobener zu, während das Magnolia ein lässiges Mittagslokal ist.

Taco Pica MEXIKANISCH, GUATEMALTEKISCH **$$**
(96 Germain St; Hauptgerichte 10–17 C$; ⊙Mo–Sa mittags & abends) Die farbenfrohe Cantina serviert Gerichte aus Mexiko und Guatemala. Als günstiger Einstieg empfiehlt sich der einfache, pikante Rindfleischeintopf *pepian*, der dem Original in Guatemala in nichts nachsteht.

Billy's Seafood Company MEERESFRÜCHTE **$$$**
(www.billysseafood.com; 49 Charlotte St; Hauptgerichte 16–30 C$; ⊙mittags & abends) Typisch Ostküste: Das beliebte Lokal über dem City Market tischt leckere Meeresfrüchte in lockerer Atmosphäre auf.

Ausgehen & Unterhaltung

Während Nachtclubs eher Mangelware sind, blühen Kneipenkultur und Livemusikszene in einer Handvoll stimmungsvoller Uferbars im Herz der Innenstadt. Das wöchentliche Szenemagazin *here* (www.herenb.canadaeast.com) informiert über aktuelle Events und ist gratis in ganz St. John erhältlich.

Big Tide Brewing Company BRAUEREI
(www.bigtidebrew.com; 47 Princess St; ⊙Mo–Sa) Die gemütliche Brauereikneipe empfiehlt sich für einen Humpen (Tipp: Confederation Cream Ale oder Whistlepig Stout), in Bier gedünstete Miesmuscheln und Gesellschaftsspiele in freundlicher Runde.

Java Moose CAFÉ
(www.javamoose.com; 84 Prince William St; 📶) Wer einen Koffeinkick benötigt, sollte das Kaffeehaus mit groovig-nordischem Waldvibe ansteuern.

Infusion CAFÉ
(www.infusiontearoom.ca; Old City Market; 📶) Urbaner Chic und warmes Licht im Old City Market: Dieses Café serviert viele seltene und ungewöhnliche Teesorten; dazu gibt's Sandwiches und andere Imbiss-Snacks.

Happinez Wine Bar WEINBAR
(www.happinezwinebar.com; 42 Princess St; ⊙Mi–Sa) Intime kleine Weinbar; dank des eleganten, städtischen Ambientes kann man die guten Tropfen in aller Ruhe genießen.

O'Leary's KNEIPE
(www.olearyspub.com; 46 Princess St) Nette Spelunke und lokale Institution. Wer mit einheimischen Zechfreunden ins Gespräch kommen will, ist hier richtig.

Imperial Theatre THEATER (☎506-674-4100; www.imperialtheatre.nb.ca; 24 Kings Sq S) Das restaurierte Theater glänzt nun wieder in der ursprünglichen Pracht von anno 1913 und ist St. Johns beste Kulturadresse. Das Programm reicht von klassischer Musik bis zu Theatervorstellungen.

Praktische Informationen

Hauptpost (41 Church Ave W, Postal Station B, E2M 4X6) Postlagernde Sendungen; in St. John West.

Polizei, Feuerwehr & Rettungsdienst (☎911) Für alle Notfälle.

Saint John Library (1 Market Sq; ⌚Mo & Sa 9–17, Di & Mi 10–17, Do & Fr 10–21 Uhr) Mit Gratis-Internetzugang.

Saint John Regional Hospital (☎506-648-6000; 400 University Ave; ⌚24 Std.)

Touristeninformation (☎506-658-2990, 888-364-4444; www.tourismsaintjohn.com; Market Sq; ⌚Mitte Juni–Aug. 9.30–20 Uhr, Sept.–Mitte Juni bis 18 Uhr) Das kompetente und freundliche Personal hält Broschüren für Stadtspaziergänge auf eigene Faust bereit.

An- & Weiterreise

BUS Der **Busbahnhof** (300 Union St; ⌚Mo–Fr 7.30–21, Sa & So 8–21 Uhr) liegt fünf Gehminuten außerhalb der Stadt. Von dort fährt Acadian Lines mehrmals pro Tag nach Fredericton (29 C$, 1½ Std.) und Moncton (33 C$, 2 Std.). Tickets für den täglichen Direktbus nach Bangor in Maine (55 C$, 3½ Std.) müssen persönlich gekauft werden.

FLUGZEUG Der Flughafen liegt östlich der Stadt an der Loch Lomond Rd in Richtung St. Martins (Details zu Flügen auf S. 423).

SCHIFF/FÄHRE Einmal pro Tag verkehrt zwischen St. John und Digby in Nova Scotia eine Fähre (Details auf S. 423).

Unterwegs vor Ort

AUTO & MOTORRAD Die Autovermietung **Discount Car Rentals** (☎506-633-4440; www.discountcar.com; 255 Rothesay Ave) befindet sich gegenüber dem Park Plaza Motel. Avis, Budget, Hertz und National unterhalten am Flughafen eine Filiale.

An Werktagen von 8 bis 18 Uhr wird in St. John eine Parkgebühr von 1 C$ pro Stunde fällig. Abends, an Wochenenden und Feiertagen darf das Auto kostenlos abgestellt werden. Jederzeit kostenlos parken kann man außerdem in Seitenstraßen wie der Leinster St und Princess St östlich des Kings Square. Am Wochenende ist auch der städtische Parkplatz (11 Sydney St) gebührenfrei.

BUS Ein Ticket von Saint John Transit (☎506-658-4700) kostet 2,50 C$. Die wichtigste Strecke ist die Ost-West-Verbindung, auf der entweder die Buslinien 1 und 2 zum McAllister Drive in Richtung Osten oder die Linien 3 und 4 nach St. John West im Westen unweit des Fährterminals verkehren. Die Busse halten jeweils in der Stadtmitte am Kings Sq. Ebenfalls recht häufig fahren die Busse der Linien 15 und 16 zur Universität.

VOM/ZUM FLUGHAFEN Die Stadtbuslinie 22 verkehrt zwischen Flughafen und Kings Sq. Für eine Taxifahrt zum Flughafen muss man mit etwa 35 C$ rechnen.

DIE OSTKÜSTE DER BAY OF FUNDY

Zwischen St. John und Hopewell Cape ist die zerklüftete, ursprüngliche Ostküste der Bay of Fundy größtenteils noch unberührt. Die großartige, von den Gezeiten geprägte Küste mit ihren himmelhohen Klippen begeistert vor allem Wanderer, Radfahrer, Kanuten und Naturliebhaber. Es ist jedoch nicht möglich, von St. Martins direkt am Meer entlang zum Fundy National Park zu fahren. Wer nicht wandern will, muss daher einen Umweg über Sussex im Landesinneren machen.

St. Martins

Rund 40 Straßenkilometer östlich von St. John liegt – umgeben von steilen Klippen und üppig blühenden Weideflächen – St. Martins. Das attraktive Küstendorf war einst ein verschlafenes Zentrum des Holzschiffbaus. Heute lockt es Wanderer, Radler und Touristen auf den **Fundy Trail Parkway** (www.fundytrailparkway.com), dessen Windungen einem atemberaubenden Küstenabschnitt auf einer Länge von 11 km folgen. Die imposanten Höhlen in den roten Sandsteinklippen am örtlichen Mac's Beach sind bei Ebbe zu Fuß zu erreichen. Die beiden überdachten Dorfbrücken sind beliebte Fotomotive – Kamera nicht vergessen!

River Bay Adventures (☎506-663-9530; www.riverbayadventures.com; Touren ab 45 C$) veranstaltet geführte Seekajaktrips (2–3 Std.) zu Küstenhöhlen und -inseln. Die Firma verleiht auch Kajaks (halber/ganzer Tag 30/50 C$).

Minihorse Farm B&B (☎506-833-6240; www.stayatminihorsefarm.com; 280 West Quaco Rd; Zi. inkl. Frühstück 70 C$; ⌚Mai–Okt.; 🚭@📶)

Das alte Bauernhaus am Meer empfängt Gäste herzlich mit einfachen Wohlfühlzimmern; die namensgebenden Ponys darf man streicheln. Die Eigentümer kennen den Weg zum versteckten Strand in der Nähe.

St. Martin's Country Inn (☎506-833-4534, 800-566-5257; www.stmartinscountryinn.com; 303 Main St; Zi. 95–165 C$;) Die hoch aufragende Villa mit Blick auf die Bucht ist das luxuriöseste Hotel vor Ort. Sie serviert auch leckeres Essen in einem Speiseraum, in dem die Zeit scheinbar stehengeblieben ist.

Seaside Restaurant (81 Mac's Beach; Hauptgerichte 8–13 C$; ⊙mittags & abends) Endlich Urlaub: Direkt am Mac's Beach tischt das resortähnliche Lokal z. B. Fish & Chips, Jakobsmuscheln oder Fischsuppe auf.

Fundy National Park

Dieser **Nationalpark** (www.pc.gc.ca/fundy; Tagesgebühr Erw./Kind/Fam. 7,80/3,90/19,60 C$) zählt zu den beliebtesten Naturschutzgebieten des Landes. Seine Hauptattraktionen sind der höchste Tidenhub der Welt, bizarr erodierte Sandsteinklippen und ein unendlich breites Watt, auf dem man wunderbar nach kleinem Meeresgetier und angeschwemmtem Material suchen kann. Das Ganze kann man mittels eines ausgedehnten Netzes von attraktiven Wanderwegen erkunden.

Aktivitäten

Radfahren

Mountainbiken ist auf sechs Wegen erlaubt: Goose River, Marven Lake, Black Hole, East Branch, Bennett Brook (nur teilweise offen) und Maple Grove. Seltsamerweise gab es zum Zeitpunkt der Recherchen weder im Fundy National Park noch im nahegelegenen Alma einen Fahrradverleih. In der Touristeninformation nachfragen, ob sich dies inzwischen geändert hat.

Langlaufen

Im Winter verwandeln sich 25 km Wanderwege zu präparierten Langlaufloipen der Spitzenklasse. Gleichzeitig führen Schneeschuhpfade durch die Wälder.

Schwimmen

Der Ozean ist in dieser Ecke ziemlich frisch. Zum Glück gibt's ein beheiztes **Schwimmbad** (Erw./Kind 3/1,50 C$; ⊙Ende Juni–Anfang Sept. 11–18.30 Uhr) mit Meerwasserbecken nahe dem südlichen Parkeingang.

Wandern

Das insgesamt 120 km lange Wegnetz des Nationalparks erlaubt erbauliche Wanderungen von kurzen Spaziergängen bis hin zu dreitägigen Treks. Gut zu wissen: Bei mehreren Routen muss man durch Flüsse waten.

Bei Rucksackwanderern am beliebtesten ist der **Fundy Circuit** (45 km), der in drei Tagesetappen durch das Herz des Parks führt. Dabei übernachten die meisten Wanderer am Marven Lake und am Bruin Lake, bevor es entlang des Upper Salmon River zurück zum Ausgangspunkt der Tour geht. Zeltplätze in der Wildnis (10 C$/Übernachtung) müssen vor dem Start beim Besucherzentrum – am besten telefonisch – reserviert werden.

Auch auf dem **Goose River Trail** muss man zweimal unterwegs übernachten. Er trifft unterwegs auf den Fundy Trail, der von St. Martins aus über eine Straße zu erreichen ist. Die dreitägige Tour durch die unberührte Natur gehört zu den schwierigsten der Provinz. Während man bis zum Goose River radeln kann, geht's danach nur noch zu Fuß weiter.

Schöne Tageswanderungen im Nationalpark sind z. B. der **Coppermine Trail** (hin & zurück 4,4 km) zu einer stillgelegten Mine oder der anspruchsvolle **Third Vault Falls Trail** (einfache Strecke 3,7 km) zu den höchsten Wasserfällen der Region. Im Sommer leiten Ranger z. B. Nachtwanderungen und andere familienfreundliche, lehrreiche Veranstaltungen.

Schlafen

Im Nationalpark gibt es drei Campingplätze und 13 Stellplätze im freien Gelände. **Campingreservierungen** (☎877-737-3783; www.pccamping.ca; Buchungsgebühr 10,80 C$) müssen mindestens drei Tage im Voraus vorgenommen werden. Die separate Eintrittsgebühr für den Park ist bei der Ankunft zu bezahlen.

Dank Duschen und sanitärer Anlagen eignet sich der Platz **Chignecto North** (Stellplatz für Zelt/Wohnmobil 25/35 C$) gut für Familien. Zum **Headquarters Campground** (Stellplatz für Zelt/Wohnmobil 23/35 C$) nahe der Besucherzentrums gehören 131 Stellplätze; die Anlage ist die einzige vor Ort, die auch im Winter geöffnet ist. Weiter entlang der Küste liegt der kühlere **Point Wolfe Campground** (Stellplatz für Zelt 25 C$): Rund 8 km südwestlich vom Besucherzent-

SCENIC DRIVE: TAL DES KENNEBECASIS RIVER

An Samstagen im Sommer sollte man wie die meisten Einwohner St. Johns mit der **Gondola Point Ferry** (ausgeschildert ab Hwy 1, Ausfahrt 141; kostenlos) zur idyllischen Kingston Peninsula übersetzen und dann der Rte 845 ostwärts zum **Kingston Farmers' Market** (Rte 845, Kingston; ⏲ 8–13 Uhr) folgen. Dort kann man frisches Obst, Gemüse und verschiedene heimische Spezialitäten probieren oder im restaurierten **Carter House Tea Room** (874 Rte 845; Kuchen & Tee 4–8 C$; ⏲Di–Sa 9.30–16.30 Uhr) von 1810 zu Mittag essen. In der Teestube spukt natürlich ein Geist herum, der gern aufräumt und die Bücher umstellt. Danach geht es auf der Rte 845 weiter ins geschäftige Hampton: Von dort folgt die Rte 121 dem Nordufer des Kennebecasis River durch Ackerland und die Dörfer Norton bzw. Apohaqui nach **Sussex** (4200 Ew.).

Die Bauernhöfe der Gemeinde Sussex, die von der Milchwirtschaft lebt, liegen in einem grünen Tal. Die altmodische Hauptstraße wäre eine prima Kulisse für einen Herzschmerz-Teeniefilm der 1950er-Jahre – aber bitte nicht noch mehr Wandgemälde! Der hübsche alte Bahnhof beherbergt Sully's Ice Cream Parlour, die Touristeninformation und ein kleines Museum, das sich Geschichte des örtlichen Armeeregiments widmet.

Wer bis zum Abend bleibt, beschließt seine Zeitreise in die 1950er-Jahre am besten mit einem Double-Feature des Autokinos **Sussex Drive-In** (www.sussexdrivein.com; Rte 2; Erw./Kind 10/6 C$; ⏲Filmbeginn Mai–Sept. Fr–So zu Sonnenuntergang). Danach kann man im angeschlossenen **Town & Country Campark** (Stellplatz für Zelt/Wohnmobil 24/31 C$) zelten oder im **Jonah Place B&B** (☎506-433-6978, 866-448-8800; www.jonahplace.com; 977 Main St; Zi. inkl. Frühstück 89–195 C$;) nächtigen.

Das stilvolle, gemütliche **Broadway Cafe** (☎506-433-5414; 73 Broad St; Hauptgerichte mittags 8 C$, abends 18–35 C$; ⏲Mo & Di 10–15, Mi–Sa 10–21 Uhr) ist das beste Restaurant der Stadt.

An einer Landstraße liegt in einem ruhigen, von deutschen und niederländischen Bauern besiedelten Tal der **Gasthof Old Bavarian** (☎506-433-4735; 1130 Knightville Rd; Hauptgerichte 10–24 C$; ⏲Juni–Sept. Fr–So 12–22 Uhr, Feb.–Mai & Okt.–Dez. 12–20 Uhr, Jan. geschl.). Einschließlich der Bierkrüge könnte er so auch mitten im Bayerischen Wald stehen. Das Interieur – niedrige Balkendecken, schwere Holzmöbeln und blau-weiße Karotischdecken – würde auch ganz gut in eine bayerische Jagdhütte passen. Auch an die herzhafte Kost wird man sich gern zurückerinnern: Schnitzel und Würstchen stammen aus der eigenen Landwirtschaft. Dazu gibt's Deftiges wie Rotkohl, frisches Blattgemüse und saftige Semmelknödel. Der Gasthof akzeptiert keine Kartenzahlung. Obwohl er quasi mitten im Nirgendwo steht, herrscht abends immer Hochbetrieb – daher unbedingt reservieren!

Hinter dem Haus nun nach links auf die Knightville Rd fahren, dann bei Anagance Ridge erneut nach links in die Country View Rd einbiegen und der Rte 890 durch die grüne Hügellandschaft nach Petitcodiac folgen. Dieser Abschnitt mit herrlicher Aussicht könnte spontan dazu animieren, daheim alles zu verkaufen und hier als Auswanderer Hühner zu züchten. Wer noch (oder schon wieder) Hunger hat, bekommt im **Cornhill Nursery and Cedar Cafe** (www.cornhillnursery.com; 2700 Rte 890; Hauptgerichte 8–12 C$; ⏲Juni–Sept. mittags) ein gesundes Mittagessen oder Tee und Kuchen; in die Gewächshäuser darf man einen Blick werfen. Abschließend geht's über den Hwy 1 entweder gen Osten nach Moncton oder westwärts zurück zum Fundy Park und nach St. John. Einen tollen Blick hat man auch am Hwy 1 zwischen Hampton und Sussex.

rum punkten die 181 Stellplätze mit frischer Seeluft. Plätze in der Wildnis (10 C$) können telefonisch bei allen Besucherzentren reserviert werden.

Fundy Highlands Inn & Chalets HÜTTEN, MOTEL $$
(☎506-887-2930, 888-883-8639; www.fundyhighlandchalets.com; 8714 Hwy 114; Zi. in Motel 69–89 C$, Hütte 79–105 C$; ⏲Mai–Okt.) Kleine, charmante Hütten mit Veranda, Kochecke und super Aussicht – ergänzt durch ein kleines, gepflegtes Motel.

Praktische Informationen

Headquarters Visitors Centre (☎506-887-6000; ⏲Mitte Juni–Anfang Sept. 10–18 Uhr,

Anfang Sept.–Mitte Juni 9–16 Uhr) Am Südeingang.

Wolfe Lake Information Centre (☎506-432-6026; Hwy 114; ⏰Ende Juni–Anfang Sept. 10–18 Uhr) Am Nordeingang.

Alma

Unterkünfte, Restaurants, eine kleine Tankstelle, ein Waschsalon, ein Lebensmittel- und ein Spirituosenladen machen Alma zum Versorgungszentrum des Parks. Wenn die meisten Einrichtungen im Winter schließen, wird das kleine Nest quasi zur Geisterstadt. Unten am Strand erinnert eine Statue an Molly Kool, Nordamerikas ersten Hochseekapitänin.

Von zweistündigen Trips bis hin zu mehrtägigen Ausflügen veranstaltet **Fresh Air Adventure** (☎506-887-2249, 800-545-0020; www.freshairadventure.com; 16 Fundy View Dr; Touren ab 50 C$; ⏰Ende Mai–Mitte Sept.) zahllose Kajaktouren in der Bay of Fundy.

Das geschäftige, 60 Jahre alte **Parkland Village Inn** (☎506-887-2313; www.parklandvillageinn.com; 8601 Hwy 114; Zi. inkl. Frühstück 95–140 C$) hat gemütliche, frisch renovierte Zimmer, die teilweise eine grandiose Aussicht auf die Bay of Fundy bieten. Sein hauseigenes **Tides Restaurant** (8601 Hwy 114; Hauptgerichte 12–21 C$; ⏰Mitte Mai–Okt. mittags & abends) serviert in noblem Strandambiente tolle Meeresfrüchte und Spareribs. Im zwanglosen Innenhof gibt's kühles Bier und Fish & Chips zum Mitnehmen.

Cape Enrage & Mary's Point

Hinter Alma blickt man von der alten Rte 915 auf zwei relative einsame, spektakuläre Felsvorsprünge hoch über der Bucht:

Das windumtoste **Cape Enrage** (www.capenrage.org; abseits Rte 905; Erw./Kind 4/2,50 C$; ⏰Ende Mai–Mitte Okt. 9–17 Uhr, Juli & Aug. bis 20 Uhr) macht seinem Namen alle Ehre (*to enrage* bedeutet „jemanden in Rage versetzen"). Den renovierten, 150 Jahre alten Leuchtturm halten Highschoolschüler und Freiwillige vom Fach bis heute top in Schuss. Führer leiten **Kletter-** (65 C$/2 Std.) und **Abseiltouren** (65 C$/2 Std.) an den steilen Felsen. Ansonsten kann man bei Ebbe (!) am Strand nach Fossilien suchen. Hunger nach all der Aktivität? Dann auf zum **Cape House Restaurant** (⏰mittags & abends) im originalen Wohnhaus des Leuchtturmwärters: Bei grandioser Aussicht landen dort einheimische Jakobsmuscheln (kurz gebraten), selbst gesammelte Farnsprösslinge oder Käsemakkaroni mit Hummer auf dem Teller.

SCENIC DRIVE: FUNDY TRAIL PARKWAY

Der großartige **Parkway** (www.fundytrailparkway.com; Erw./Kind/Fam. 4/2,50/13 C$; ⏰Mitte Mai–Okt. 6–20 Uhr) durchquert eine raue Landschaft, die lange Zeit das letzte wirklich unberührte Küstengebiet zwischen Florida und Neufundland war. Seit der Einweihung des 11 km langen Parkway zum Big Salmon River ist es damit jedoch vorbei: Stattdessen gibt's hier nun etliche Aussichtspunkte, Picknick- und Parkplätze. Die reizende Panoramastraße sollte einst am Fundy National Park enden. Jenseits der Bucht ist Nova Scotia zu erkennen. Abseits des Parkway verläuft ein sehr steiler bzw. hügeliger Rad- und Wanderweg (16 km).

Ein kostenloser **Shuttlebus** (nur Sa, So & Feiertag 12–18 Uhr, alle 60 Min.) transportiert Wanderer in beiden Wegrichtungen zwischen Parkway-Eingang und Big Salmon River. Wenn das Haupttor in der Nebensaison geschlossen ist, kann man davor parken und zu Fuß bzw. auf dem Fahrrad in den Park.

Am Big Salmon River steht ein recht überflüssiges **Infozentrum** (⏰Mitte Mai–Mitte Okt. 8–20 Uhr) mit Ausstellungen und einer zehnminütigen Videovorführung. Eine Hängebrücke führt in das riesige unberührte Wandergebiet jenseits der Straße. Für den drei- bis fünftägigen Marsch vom Big Salmon River zum Goose River im Fundy National Park waren nach letztem Stand keine Genehmigungen oder Passierscheine erforderlich. Jenseits des Big Salmon River muss man jedoch auf eine raue Wildnis, Felsgeröll und sogar die eine oder andere Strickleiter vorbereitet sein.

Wer etwas gemächlicher mag, kann in der **Hearst Lodge** (Zi. inkl. HP 99 C$/Pers.; ⏰Mitte Juni–Sept.) übernachten, die der Zeitungsmogul J. Randolph Hearst als Luxusblockhütte errichten ließ.

Die **Shepody Bay Shorebird Reserve** (Mary's Point Rd, abseits Hwy 915; Eintritt frei) befindet sich 22 km weiter östlich am Mary's Point. Von Mitte Juli bis Mitte August versammeln sich in dem Schutzgebiet Hunderttausende Küstenvögel (vor allem Strandläufer). Vor Ort führen Naturlehrpfade und Plankenwege an Deichen entlang durch das Marschland. Während das Infozentrum nur von Ende Juni bis Anfang September geöffnet hat, sind die insgesamt 6,5 km langen Wege jederzeit zugänglich.

Hopewell Rocks

Am Hopewell Cape mündet der Petitcodiac River in die Shepody Bay. Die hiesigen **Hopewell Rocks** (www.thehopewellrocks.ca; abseits Hwy 114; Erw./Kind/Fam. 8,50/6,25/23 C$, Shuttle zzgl. 2 C$; ⊙Mitte Mai–Mitte Okt. 9–17 Uhr, Sommer verlängerte Öffnungszeiten; 👪) sind bizarr erodierte Sandsteinformationen, die mehrere Stockwerke hoch aus dem Meeresboden ragen; sie werden passenderweise auch *flowerpots* (Blumentöpfe) genannt. Manche ähneln Bögen oder riesigen Pilzen, andere wiederum gigantischen Eistüten. Die Naturkulisse à la Dr. Seuss fasziniert Besucherscharen aus aller Welt und ist New Brunswicks bekannteste Attraktion – folgerichtig herrscht hier auch der größte Besucherandrang. Spaziergänge zwischen den Felsen sind nur bei Ebbe möglich: vorher unbedingt einen genauen Blick in die Gezeitentabelle werfen; Tipps geben alle regionalen Touristeninformationen und Hotels. Bei Flut kann man die Felsgebilde immer noch gut von den gewundenen Waldwegen oberhalb der Bucht sehen.

Zum Park gehören Picknickplätze, zwei Cafés, mehrere Kilometer stark frequentierter Wanderwege und ein großes Infozentrum mit lehrreichen Ausstellungen. In der Hauptsaison ist der riesige Parkplatz proppevoll und die Treppen zu den Stränden völlig überlaufen.

Alternativ kann man die Felsen vom Kajak aus bestaunen. **Baymount Outdoor Adventures** (☎877-601-2660; www.baymountadventures.com; Touren Erw./Kind 59/49 C$; ⊙Juni–Sept.) bietet zweistündige Touren an.

Zu den Motels im Umkreis der Hopewell Rocks gehört z. B. das familiengeführte **Hopewell Rocks Motel** (☎506-734-2975; www.hopewellrocksmotel.com; 4135 Hwy 114; Zi. inkl. Frühstück HS/NS 105/55 C$; 📶🏊) mit 39 sauberen Zimmern, beheiztem Pool und hauseigenem Hummerrestaurant.

DAS SÜDÖSTLICHE NEW BRUNSWICK

Gezeitenflüsse und Salzmarschen durchziehen die flache Küstenebene in der südöstlichen Ecke New Brunswicks. Moncton alias „Hub City" ist ein wichtiger Verkehrsknotenpunkt mit zwei berühmten Naturattraktionen, die sich anscheinend über die Schwerkraft hinwegsetzen. Südöstlich der Stadt bzw. in Richtung Nova Scotia liegen bedeutsame historische Stätten und interessante Vogelreviere.

Moncton

64 100 EW.

Moncton ist wie der lebenslustige Freund, den man gern der netten Austauschstudentin aus Europa vorstellen würde: Obwohl sich die beiden theoretisch gut verstehen könnten, bleibt zu befürchten, dass der kanadische Kumpel die anspruchsvolle Europäerin mit langweiligen Kaufhausklamotten und nicht gerade tollem Aussehen abschreckt. Dafür kann Moncton sich aber mit inneren Werten – Lebendigkeit, Zweisprachigkeit und Vorliebe für gutes Essen und Musik – in den Vordergrund spielen.

DIE GEZEITEN DER BAY OF FUNDY

Die Bay of Fundy hat den höchsten Tidenhub der Welt. Nach einer Legende der Mi'kmaq entsteht dieser durch den Flossenschlag eines riesigen Wals, der das Wasser hin- und herströmen lässt. Eine weniger poetische Erklärung basiert auf Länge, Tiefe und der Trichterform der Bucht.

Eine komplette Periode von Ebbe und Flut dauert rund zwölfeinhalb Stunden. Am östlichen Ende der Bucht und am Minas Basin ist die Differenz zwischen Höchst- und Tiefststand mit 10 bis 15 m am größten. Bei Burncoat Head nahe Noel (Nova Scotia) erreichte die höchste jemals gemessene Flut 16,6 m!

Das ehemalige Zentrum des Holzschiffbaus ist heute die am schnellsten wachsende Stadt der Seeprovinzen. Die lokale Wirtschaft basiert auf dem Verkehrs- und Transportwesen, dank der zweisprachigen Bevölkerung haben sich zudem etliche Call Center niedergelassen. Das kleine Zentrum des angenehm vorstädtischen Moncton besteht aus roten Backsteinbauten am schlammigen Ufer des Petitcodiac River. Mit Ausnahme einiger anständiger Restaurants, Bars und des brummenden akadischen Bauernmarkts ist vor Ort jedoch nicht viel geboten.

Sehenswertes

LP TIPP Dieppe Farmers' Market MARKT

(www.marchedieppemarket.com; Ecke Acadie Ave & Gauvin Rd, Dieppe; 7–13 Uhr) Der Wochenmarkt gibt buchstäblich einen prima Vorgeschmack auf New Brunswicks lebendige akadische Kultur: An den Ständen türmen sich Käse, Landwein und Eingemachtes aus der Region neben akadischen Spezialitäten wie *tourtière* (Fleischpastete), *fricot à la poule* (traditioneller Hühncheneintopf) oder Kaninchenpastete. Das Durchstöbern der Kunsthandwerksstände ist besonders reizvoll, kann man sich doch immer wieder eine der leckeren süßen Stückchen (z.B. *plogues*, *guaffres*) schmecken lassen. Der Weg vom Zentrum aus: der Main St (später Champlain St) 2 km weit bis zur Acadie Ave folgen und auf das gelbe Dach achten.

Magnetic Hill VERGNÜGUNGSPARK

(www.magnetichill.com; Ecke Mountain Rd & Hwy 2; 5 C$/Auto; Mitte Mai–Mitte Sept. 8–20 Uhr) Magnetic Hill gehört tatsächlich zu Kanadas berühmtesten, wenn auch nicht beliebtesten Attraktionen. Hier scheint die Schwerkraft auf den Kopf gestellt: Vom Fuß des Hügels werden Fahrzeuge und deren Insassen wie von Geisterhand den Berg hinaufgezogen – das Wie und Warum findet man am besten selbst heraus. Außerhalb der Öffnungszeiten und Hauptsaison kostet das alberne Spektakel nichts. Es ist durchaus ein amüsiertes Kopfkratzen wert, während der heutige Rummel und die Geldmacherei rund um den Hügel nicht gerade witzig sind. Immerhin lohnt es sich, mal über optische Täuschungen nachzudenken. Ansonsten haben Familien im Zoo, im Spaßbad und in einem Pseudodorf mit Eis- und Souvenirhändlern ihren Spaß. Der Park liegt 10 km nordwestlich vom Zentrum abseits der Mountain Rd.

Tidal Bore Park PARK

(östliches Ende der Main St; Eintritt frei; 24 Std.) Touristenbroschüren werben kräftig für die Gezeitenwelle, die sich zweimal täglich den Petitcodiac River hinaufschiebt. Theoretisch strömt die Flut als kompakte Einzelwelle in den Fluss und begräbt dessen schlammiges Bett auf einen Schlag unter sich. Auslöser ist der enorme Tidenhub in der Bay of Fundy, der das Meer bei Flut in die trichterförmige Bucht drückt. Dabei türmt sich das Wasser zu einer heranbrandenden Gezeitenwelle auf, deren Höhe angeblich zwischen wenigen Zentimetern und 1 m liegen kann. In Wirklichkeit wirkt das Ganze aber eher wie eine riesige Schlammbrühe und damit recht … langweilig.

Casino New Brunswick SPIELKASINO

(www.casinonb.ca; 21 Casino Dr; Spielautomaten 10–3 Uhr) Auf ca. 2330 m² bringt New Brunswicks erstes Kasino mit Rundumservice einen Hauch von Vegas nach Moncton: Der 2010 eröffnete Zockerpalast lockt die Massen u.a. mit 500 Spielautomaten, einem Pokerraum und vielen Bars und Buffets. Im Veranstaltungssaal treten berühmte Künstler wie Bill Cosby oder die Beach Boys auf. Das Kasino liegt ca. 9 km nordwestlich vom Stadtzentrum abseits der Mountain Rd.

Geführte Touren

Roads to Sea BUSTOUR

(506-850-7623; www.roadstosea.com; Mai–Okt.) Die kürzeren Bustouren besuchen entweder nur die Hopewell Rocks (85 C$, 3½ Std.) oder Monctons Sehenswürdigkeiten (45 C$, 1½). Es ist aber auch eine achtstündige Tour (160 C$) im Angebot, die Abstecher zu den Rocks, dem Fundy National Park und Cape Enrage sowie zu ein paar Leuchttürme und überdachten Brücken macht.

Schlafen

Es ist ratsam zu reservieren, da hiesige Hotels aufgrund häufiger Kongresse oft ausgebucht sind. Die meisten Kettenmotels liegen rund um den Magnetic Hill.

Hotel St. James BOUTIQUEHOTEL **$$$**

(888-782-1414; www.hotelstjames.ca; 14 Church St; Zi. 159–289 C$;) Das Boutiquehotel im Zentrum belegt den 1. Stock eines gemauerten Ladengebäudes aus dem 19. Jh. Mit ihrem urbanen Chic würden die zehn stilvollen Zimmer auch bestens nach Montréal passen. Das noble Interieur besteht aus dezent gefliesten Wänden, gestärkten weißen

Moncton

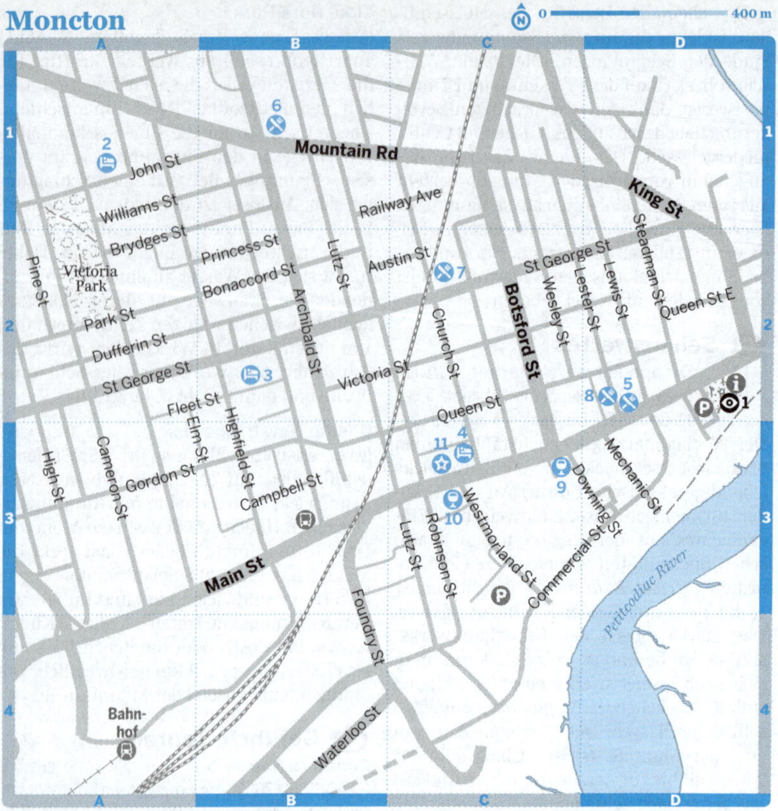

Betttüchern, großen Flachbildfernsehern und iPod-Anschlüssen. Unten befinden sich ein Restaurant und ein populärer Pub.

C'mon Inn HOSTEL $
(☎506-854-8155, 506-530-0905; monctonhostel@yahoo.ca; 47 Fleet St; B/Zi. 33/70 C$; 📶) Monctons einziges Hostel ist in einem weitläufigen viktorianischen Bau untergebracht. Zwei Blocks vom Busbahnhof entfernt, hat es Schlafsäle mit je fünf Stockbetten sowie Einzel- und Doppelzimmer mit Gemeinschaftsbädern – alle nicht besonders schick, aber sauber und komfortabel. Pluspunkte sammeln die Gästeküche und Verandas mit jeder Menge Platz zum Abhängen.

Auberge au Bois Dormant Inn B&B $$
(☎506-855-6767, 866-856-6767; www.aubergeauboisdormant.com; 67 John St; EZ inkl. Frühstück 85–110 C$, DZ 95–120 C$; 🚭❄@📶) Die würdevolle viktorianische Villa an einer ruhigen, baumgesäumten Wohnstraße wurde topmodern renoviert. Manche Zimmer des schwulenfreundlichen B&Bs besitzen eigene Balkone. Obendrein gibt's hier ein fürstliches Drei-Gänge-Frühstück.

Essen

Little Louis' FRANZÖSISCH, NEUE KANADISCHE KÜCHE $$$
(☎506-855-2022; www.littlelouis.ca; 245 Collishaw St; Hauptgerichte 22–28 C$; ⏲abends) Das Nouvelle-Cuisine-Bistro befindet sich im Obergeschoss eines gesichtslosen Einkaufszentrums mit Industrielook. Die seltsame Location trägt jedoch nur zum gemütlichen Flair bei – ebenso das Schummerlicht, die weißen Tischtücher und die jazzige Livemusik. Einheimische Gourmets loben z. B. die Gänsestopfleber mit Apfelweingelee oder die knusprige Regenbogenforelle mit Shiitakepilzen und Safran-Vanille-Butter. Pflichtmäßiger Appetizer sind rohe Austern aus der Region, die in halber Schale mit frischem Meerrettich serviert werden. Die Weinkarte heimst regelmäßig Preise ein.

Moncton

Sehenswertes
1 Tidal Bore Park D2

Schlafen
2 Auberge au Bois Dormant Inn A1
3 C'mon Inn B2
4 Hotel St James C3

Essen
5 Bogart's D2
6 Cafe Archibald B1
7 Calactus C2
8 Pump House D2

Ausgehen
9 Café Cognito C3
Old Cosmo .... (siehe 9)
10 Paramount Lounge C3

Unterhaltung
11 Capitol Theatre C3

Bogart's ITALIENISCH $$$
(www.bogartsmoncton.com; 589 Main St; Hauptgerichte 20–32 C$; Mo–Fr mittags & abends, Sa & So abends) Das schicke Innenstadtlokal steht bei Ortsansässigen hoch im Kurs. Als Spezialist für moderne, italienisch angehauchte Küche serviert es z. B. Hummerrisotto oder Rinderfilet mit Rosmaringlasur. An Sommerwochenenden erklingt Livemusik nach dem Abendessen. Anfang 2011 wurde es komplett renoviert.

Calactus VEGETARISCH $$
(506-388-4833; 125 Church St; Hauptgerichte 10–13 C$; mittags & abends) Ein Paradies für Vegetarier: Die durchweg fleischlose, international geprägte Speisekarte beinhaltet u. a. Falafelteller, Tofukäsepizza oder frittierte indische Pakoras. Naturholz, warme Erdtöne und ein plätschernder Springbrunnen sorgen dabei für beruhigende Atmosphäre.

Cafe Archibald FRANZÖSISCH, KANADISCH $$
(221 Mountain Rd; Hauptgerichte 8–12 C$; mittags & abends) Spezialität des stilvollen Bistros sind Crêpes. Die werden in einer offenen Edelstahlküche gebacken und an Zebrasitzbänken aus Mammutbaumholz oder auf einer einladenden, geschlossenen Veranda serviert. Alternativ empfehlen sich ein Blattsalat und eine Wildpilzpizza mit Basilikum.

Pump House BRAUEREI $$
(www.pumphousebrewery.ca; 5 Orange Lane; Hauptgerichte 8–15 C$; mittags & abends) Hier relaxen Einheimische bei guten Burgern, Steaks oder Holzofenpizzas. Die Biere der Hausbrauerei (z. B. prima Muddy River Stout) kann man sich auch auf einem Probiertablett bringen lassen.

Ausgehen & Unterhaltung

Monctons kleine, aber lebendige Rock- und Independent-Szene konzentriert sich auf mehrere Bars bzw. Clubs entlang der mittleren Main St. Das kostenlose Stadtmagazin *here* (www.herenb.canadaeast.com) informiert detailliert über das pulsierende – sprich lautstarke – Nachtleben vor Ort. Die **Paramount Lounge** (www.paramountlounge.com; 800 Main St) veranstaltet günstige, unterhaltsame Livekonzerte mit lokalen Punk- und Independentbands. Auf der proppevollen Freiluftterrasse vom **Old Cosmo** (700 Main St) wird kräftig mit Molson-Bier gefeiert. Während der Spielpausen des **Capitol Theatre** (www.capitol.nb.ca; 811 Main St) empfiehlt sich dort ein Glas Wein: Das Varietétheater von 1922 erstrahlt nach seiner Renovierung wieder im alten Glanz. Es dient ganzjährig als Veranstaltungsort für Konzerte und Theatervorstellungen. Kaffee und mehr gibt's im Stadtzentrum im kleinen, europäisch anmutenden **Café Cognito** (www.cafecognito.ca; 700 Main St; Mo–Fr 7.30–17.30, Sa 9–16 Uhr) mit unverputzten Backsteinwänden und ein paar Bistrotischen.

Praktische Informationen

Moncton Hospital (506-857-5111; 135 MacBeath Ave) Notfallklinik.

Moncton Public Library (644 Main St; Di–Do 9–20.30, Fr & Sa 9–17 Uhr) Kostenloser Internetzugang.

St. George St After Hours Medical Clinic (506-856-6122; 404 St George Blvd; Mo–Fr 17.30–20, Sa, So & Feiertage 12–15 Uhr) Direkt neben der Apotheke Jean Coutu; hier wird kein Termin benötigt.

Visitors Information Center (www.gomoncton.com; Bore Park, Main St E; Mai–Sept. tgl. 8.30–18.30 Uhr, Okt.–April Mo–Fr 9–17 Uhr)

An- & Weiterreise

AUTO & MOTORRAD Die Autovermieter Avis, Budget, Hertz und National sind allesamt am Flughafen vertreten. Alternative: **Discount Car Rentals** (506-857-2323; www.discountcar.com; 1543 Mountain Rd).

BUS Acadian Lines (www.acadianbus.com; 92 Lester St) hält am **Busbahnhof** in Gehentfernung zum Zentrum. Von dort fahren die Busse mehrmals täglich nach Fredericton (44 C$, 2 Std.), St. John (33 C$, 2 Std.), Halifax (55 C$, 4 Std.) und Charlottetown auf Prince Edward Island (40 C$, 3 Std.).

FLUGZEUG Der **Greater Moncton International Airport** (www.gmia.ca) liegt ca. 6 km östlich des Champlain Place Shopping Centre an der Champlain St (Flugdetails auf S. 423).

Parken kann in Moncton problematisch sein: Parkuhren (1 C$/Std.) und Verbotsschilder sind noch weit außerhalb vom Zentrum zu finden. Am Moncton Market (Westmorland St; pro Std./Tag 1/8 C$, Sa, So & nach 18 Uhr kostenlos) gibt's einen öffentlichen Parkplatz. Die Highfield Sq Mall an der Main St hat kostenlose Kundenparkplätze.

ZUG Am **Bahnhof** (www.viarail.ca; 1240 Main St) gleich westlich des Zentrums hält der *Ocean* von VIA Rail auf dem Weg durch New Brunswicks Norden. Über Miramichi und Campbellton rollt er nach Québec bzw. Montréal (ab 129 C$). Sechsmal pro Woche fährt ein weiterer Zug nach Halifax (ab 38 C$).

Unterwegs vor Ort

Die 40 Stadtbusse von **Codiac Transit** (www.codiactranspo.ca) haben WLAN an Bord und bedienen ganz Moncton (Einzelticket 2 C$).

Werktags geht's mit Bus 20 neunmal täglich vom Champlain Pl zum Flughafen. Von letzterem fahren Taxis für ca. 15 C$ zum Zentrum.

Sackville

Das Universitätsstädtchen Sackville ist eine prima Zwischenstation – für Traveller und Vögel: Gegenüber vom Campus erstreckt sich der **Sackville Waterfowl Park** abseits der East Main St. Er liegt auf einer wichtigen Zugvogelroute und ist zum Teil mit Holzbohlenwegen und Infotafeln versehen. An einem der Eingänge wartet ein Büro des **Wildlife Service** (17 Waterfowl Lane, abseits E Main St; Eintritt frei; ⌚Mo–Fr 8–16 Uhr) mit weiteren Infos und einer Ausstellung über Feuchtgebiete auf. Eingefleischte Ornithologen sollten auch unbedingt das **Tantramar Wetlands Centre** (www.weted.com; 223 Main St; Eintritt frei; ⌚Mo–Fr 8–16 Uhr) mit Infozentrum und Wanderweg hinter der Highschool besuchen.

Mel's Tea Room (17 Bridge St; Hauptgerichte 4–10 C$; ⌚morgens, mittags & abends) im Stadtzentrum bedient Gäste seit 1919 und verbreitet heute den Diner-Charme der 1950er-Jahre – inklusive Jukebox und entsprechenden Preisen.

Fort Beauséjour National Historic Site

1,5 km westlich vom Besucherzentrum direkt an der Grenze zu Nova Scotia liegt diese **National Historic Site** (www.pc.gc.ca/fortbeausejour; Erw./Kind/Fam. 3,90/1,90/9,50 C$; ⌚Infozentrum Juni–Mitte Okt. 9–17 Uhr). Sie bewahrt die Überreste eines französischen Forts von 1751, das den britischen Vormarsch stoppen sollte, was allerdings letztlich scheiterte. Im Amerikanischen Unabhängigkeitskrieg und im Britisch-Amerikanischen Krieg war das Bollwerk erneut ein wichtiger Stützpunkt. Heute sind davon nur noch Erdwälle und Steinfundamente übrig. Allerdings verdeutlicht die grandiose Aussicht, warum gleich zwei Königreiche gerade diesen Ort zur Festung ausbauten.

Weitere Infos liefert das **New Brunswick Visitor Centre** (☎506-364-4090; 158 Aulac Rd; ⌚Juli & Aug. 9–21 Uhr, Mitte Mai–Anfang Okt. 10–18 Uhr) nahe dem Hwy 2 in Aulac. Von der dortigen Kreuzung führen Straßen in alle drei Seeprovinzen.

NORTHUMBERLAND SHORE

Die von Fischerdörfern und Ferienhäuschen gesäumte Northumberland Shore in New Brunswick erstreckt sich zwischen Confederation Bridge und Kouchibouguac National Park. Die Hummerstadt Shediac ist ein beliebter Urlaubsort an diesem Küstenstreifen, an dem sich mehrere hübsche Strände und sommerliche Spielwiesen aneinanderreihen. Ein Großteil der hiesigen Bevölkerung spricht Französisch, Bouctouche ist eine Hochburg der akadischen Kultur. Weiter nördlich schützt der Kouchibouguac National Park eine breite, idyllische Zone mit küstenseitigen Ökosystemen.

Cape Jourimain

Nahe der Brücke zur Prince Edward Island (PEI) liegt das **Cape Jourimain Nature Centre** (www.capejourimain.ca; Rte 16; Eintritt frei; ⌚Mai–Okt. 8–20 Uhr) in einem 675 ha großen Gebiet, das diese unerschlossene Küstenregion und die dortigen Zugvögel schützt. Wanderwege in einer Gesamtlänge von 17 km schlängeln sich vorbei an Salzmarschen, Dünen, Wäldern und Stränden. Vom vierstöckigen Aussichtsturm fällt der Blick auf die Umgebung und die Confederation Bridge.

Unweit der Brücke findet sich das **New Brunswick Visitor Centre** (Hwy 16; ⌚Juli & Aug. 8–21 Uhr, Mitte Mai–Juni & Sept.–Anfang Okt. 9–18 Uhr).

Auf S. 422 gibt's Infos zur Brückenüberquerung zur Prince Edward Island.

Shediac

Die selbsternannte Hummerhauptstadt Shediac ist ein geschäftiger Ferienort und jeden Juli die Heimat des Lobster Festivals. Den Sommer über funkeln viele weiße Lichter in der ganzen Stadt und verleihen ihr ein festliches Gesicht. Besucher sollten sich unbedingt vor der unübersehbaren Skulptur des „größten Hummers der Welt" ablichten.

An heißen Sommerwochenenden aalt sich scheinbar die halbe Provinz auf dem Sand des **Parlee Beach**, bis sie selbst die Farbe gekochten Hummers hat. Weiter südlich erstrecken sich bei Cap Pelé noch mehr breite Sandstrände. Während die herrlichen 5 km des sandigen **Aboiteau Beach** unbewacht sind, gibt's ansonsten überall Einrichtungen und Rettungsschwimmer.

Shediac Bay Cruises (☎506-532-2175, 888-894-2002; www.lobstertales.ca; Erw./Kind 59/39 C$; Bootskai in Pointe-du-Chene) ist einzigartig: Tourteilnehmer schippern aufs Meer hinaus, bergen Hummerfallen und kochen bzw. essen die Tiere unter fachmännischer Anleitung.

Rund um Shediac verteilen sich recht schäbige Wohnmobilplätze mit Blechhütten, deren einziger Reiz die Nähe zum Parlee Beach ist. Deutlich gehobener sind z.B. die neun sonnigen Villenzimmer des luxuriösen **Maison Tait** (☎506-532-4233; www.maisontaithouse.com; 293 Main St; Zi. inkl. Frühstück 179–219 C$; 📶) von 1911 oder das **Auberge Gabriele Inn** (☎506-532-8007, 877-982-7222; www.aubergegabrieleinn.com; 296 Main St; Zi. 99–169 C$; 🚭❄) mit einfachen, ländlich-schicken Quartieren über einem beliebten Restaurant.

Zu den besten Lokalen zählen z.B. **Paturel's Shore House** (☎506-532-4774; Rte 133; Hauptgerichte 18–23 C$; ⌚16–22 Uhr), das stets frische Meeresfrüchte serviert, oder das romantische Edelrestaurant vom Maison Tait. Das immer rappelvolle **Captain Dan's** (www.captaindans.ca; Hauptgerichte 10–24 C$; ⌚mittags & abends) serviert frische Meeresfrüchte und Erdbeer-Daiquiris am betriebsamen Bootskai von Pointe-du-Chene. Nach dem Abendessen kann man noch ins herrlich altmodische Autokino **Neptune Drive-In** (www.neptunedrivein.ca; 691 Main St) kurven und sich einen Film angucken.

Bouctouche

Das überraschend geschäftige Küstennest ist eine akadische Kulturhochburg mit ein paar einzigartigen Attraktionen. Von der **Touristeninformation** (Hwy 134; ⌚Juni–Sept. 9–17 Uhr) am südlichen Dorfeingang führt ein Pfad über Holzbohlen hinaus in die Salzmarschen.

◉ Sehenswertes & Aktivitäten

Le Pays de la Sagouine HISTORISCHES DORF
(www.sagouine.com; 57 Acadie St; Erw./Kind/Familie 16/10/37 C$; ⌚letzte Woche im Juni–1. Woche im Sept. 9.30–17.30 Uhr) Das rekonstruierte Akadierdorf liegt auf einer kleinen Insel im Bouctouche River. Zu den täglichen Veranstaltungen auf Englisch und Französisch gehören z.B. Kunsthandwerks- bzw. Kochdemonstrationen zum Mitmachen, Livekonzerte oder Führungen durch historische Häuser. Mehrere Cafés servieren akadische Traditionsküche. Im Juli und August gibt's auch Theater zum Abendessen (53 C$, Mo–Sa 19 Uhr).

Irving Eco Centre PARK
(www.irvingecocentre.com; 1932 Hwy 475; Eintritt frei; ⌚Infozentrum Juli & Aug. 10–20 Uhr, Mai–Juni & Sept.–Okt. verkürzte Öffnungszeiten) Rund 9 km nordöstlich von Bouctouche erschließt dieses Naturschutzgebiet die herrliche „Dune de Bouctouche", die als lange Sandzunge in die Northumberland Strait hineinragt. Das Infozentrum stellt die örtliche Flora und Fauna vor. Highlight ist jedoch die gewundene **Promenade** (2 km), die auf dem Seegras an den Dünen entlangführt. Der Hin- und Rückmarsch durch den losen Sand der 12 km langen Halbinsel dauert vier bis sechs Stunden. Mehrmals täglich werden naturkundliche Führungen angeboten. Vom Parkplatz des Eco Centre (4 C$) führt ein 12 km langer Rad- und Wanderweg durch den Mischwald nach Bouctouche.

Im Stadtpark steht eine große Bronzestatue von K.C. Irving (1899–1992): Der

Gründer des Irving-Imperiums wurde in Bouctouche geboren.

Olivier Soapery INDUSTRIEMUSEUM
(www.oliviersoaps.com; 831 Rte 505, St-Anne-de-Kent) Ein regionaltypisches Werbeschild am Highway weist auf das „Museum" des alteingesessenen Seifenherstellers hin. Das Ganze ähnelt eher einem Laden, der Tonnen fein duftender, handgepresster Seife beherbergt. Trotzdem gibt's hier ein paar interessante historische Exponate und regelmäßige Betriebsführungen.

Schlafen & Essen

Le Vieux Presbytère INN $$
(☎506-743-5568; www.vieuxpresbytere.nb.ca; 157 Chemin du Couvent; EZ 90–130 C$; 📶) Das ehemalige Priesterwohnhaus war einst ein beliebter religiöser Rückzugsort für Akadier aus der ganzen Provinz. Der ältere Gebäudeteil beherbergt die besten Zimmer mit hohen Stuckdecken und einfacher, fröhlicher Einrichtung.

Chez les Maury CAMPING $
(☎506-743-5347; fermemaury@hotmail.com; 2021 Rte 475; ⏲Mai–Okt.) Der kleine, einfache Campingplatz liegt auf dem Gelände eines familiengeführten Weinguts. Zu der Anlage gehören Toiletten, Duschen und ein privater Ministrand.

Restaurant La Sagouine AKADISCH $
(43 Blvd Irving; Hauptgerichte 8–17 C$; ⏲morgens, mittags & abends) Ob frittierte Muscheln oder akadisches Abendessen – man sollte auf der Freiluftterrasse Platz nehmen.

Kouchibouguac National Park

Strände, Lagunen und auf einer Länge von 25 km vorgelagerte Sandbänke locken hauptsächlich Spaziergänger, Vogelbeobachter oder Muschelsucher an. Die riesigen Wälder und Salzmarschen des Nationalparks werden von Radwegen, Wanderpfaden und präparierten Langlaufloipen erschlossen. Er ist zudem die Heimat von Elchen, Hirschen und Schwarzbären. Das Mi'kmaq-Wort Kouchibouguac (Aussprache etwa *ku*-schi-buh-gwack) bedeutet „Fluss der langen Gezeiten". Das **Visitors Center** (www.pc.gc.ca/kouchibou guac; 186 Hwy 117; Tageseintritt zum Park Erw./Kind/Fam. 7,80/3,90/19,60 C$; ⏲Mitte Mai–Mitte Okt. 9–17 Uhr, Juni–Sept. 8–20 Uhr) liefert weitere Infos.

MR. BIG

Kenneth Colin (K. C.) Irving wurde 1899 in Bouctouche geboren und arbeitete als Autoverkäufer, bevor er einen Megakonzern mit Ölraffinerien, Werften, Massenmedien, Transportgesellschaften, Tankstellen, Supermärkten, Zellstoffwerken, Papierfabriken und vielen weiteren Zweigen aufbaute. Sein Name wurde im 20. Jh. in Kanada allgegenwärtig: Mindestens 8 % aller New Brunswicker Arbeitnehmer sind heute für ein Irving-Unternehmen tätig. Seit dem Tod von K. C. (1992) leiten seine drei Söhne die gigantische Irving Group.

Aktivitäten

Rad- & Kajakfahren

Durch die Wildnis von Kouchibouguac winden sich geschotterte Radwege in einer Gesamtlänge von 60 km. **Ryan's Rental Centre** (☎506-876-3733) nahe dem Campingplatz South Kouchibouguac verleiht Drahtesel (pro Std./Tag 6/28 C$) und Paddelboote (Kanu/Kajak pro Tag 30/50 C$). Von Ryan's aus kann man zudem eine 23 km lange Rundroute abradeln, ohne dabei ein einziges Mal auf die Parkstraße zu kommen. Strand und Dünen erstrecken sich jeweils über 25 km nach Norden bzw. Süden. Dazwischen kann man in seichten Gewässern gemächliche Paddeltouren unternehmen.

Schwimmen

Die warmen, flachen Lagunen sind kindgerechte Badeplätze. Erwachsene werden im tieferen Wasser auf der Seeseite mehr Spaß haben.

Wandern

Die zehn Wanderwege des Parks sind meistens kurz und eben. Der tolle **Bog Trail** (1,9 km) hinter dem Beobachtungsturm ist ein Holzbohlenpfad, der mit ein paar Hundert Metern Schotterpiste beginnt. Auf dem **Cedars Trail** (1,3 km) ist weniger los, der **Osprey Trail** (5,1 km) führt als Rundwanderweg durch den Wald. **Kelly's Beach Boardwalk** (einfache Strecke 600 m) verläuft oberhalb der grasbewachsenen Dünen. Wer sich am Strand nach rechts wendet, kann 6 km weit bis zum Dünenende marschieren. Unbedingt Trinkwasser mitnehmen!

Schlafen & Essen

Die insgesamt 359 Stellplätze von Kouchibouguac verteilen sich auf zwei Campingareale mit Anschluss an die Straße und drei einfache Zeltplätze. Die Campingsaison dauert von Mitte Mai bis Mitte Oktober, an den Wochendenden im Juli und August herrscht jedoch der meiste Betrieb. **Campingreservierungen** (☎877-737-3783; www.pccamping.ca; Buchungsgebühr 10,80 C$) sind für 60 % der Stellplätze möglich. Ansonsten gibt es noch die Warteliste – es kann, dass man sich zwei bis drei Tage gedulden muss, bis man einen Platz bekommt. Der Parkeintritt kostet extra.

South Kouchibouguac (Sommerstellplatz ohne/mit Strom 27/32 C$), der größte Campingplatz des Parks, liegt strandnah in 13 km Entfernung zur Parkgrenze. Auf einer breiten, von Bäumen eingerahmten Freifläche finden sich Duschen, eine überdachte Kochgelegenheit und Stellplätze für Zelte oder Wohnmobile. **Cote-a-Fabien** (Stellplatz 16 C$, keine Reservierung möglich) nördlich des Kouchibouguac River am Startpunkt des Osprey Trail ist die beste Wahl für alle, die etwas Ruhe und Privatsphäre suchen; es gibt Trinkwasser und Plumpsklos, aber keine Duschen. Manche Stellplätze liegen am Meer, andere verstecken sich zwischen den Bäumen; rund zehn Plätze sind nur zu Fuß zu erreichen (100 m; Schubkarren fürs Gepäck vorhanden) – ideal für alle, die mal kein Auto sehen wollen!

Die drei einfachen Campingplätze kosten 10 C$ pro Nacht und Nase und haben nur Plumpsklos. Auf den Plätzen **Sipu** und **Petit-Large** gibt es Wasserpumpen. **Pointe-a-Maxime** ist am schwierigsten bzw. nur per Boot zugänglich – dies bedeutet aber keinesfalls einsame Abgeschiedenheit: Der Fischerkai in der Nähe sorgt für eine stetige Motorbootparade.

Obwohl sich im Park auch einige Imbissbuden und ein Restaurant befinden, kauft man Lebensmittel am besten im nahegelegenen St.-Louis de Kent.

An- & Weiterreise

Ohne Auto oder Fahrrad lässt sich der Park nur schwer erreichen und erkunden: Campingplätze und Strände liegen mindestens 10 km vom Eingangstor entfernt. Die nächste Bushaltestelle befindet sich 16 km weiter südlich in Rexton, wo **Acadian Lines** (www.acadianbus.com; 126 Main St) an der Circle-K-Tankstelle stoppt. Von dort fährt täglich ein Bus südwärts nach Moncton (16 C$), einer nordwärts nach Miramichi (23 C$).

DAS MIRAMICHI RIVER VALLEY

Für die Einwohner von New Brunswick steht das Wort Miramichi nicht nur für eine Stadt und einen Fluss, sondern auch für einen unbestimmten geheimnisvollen Zauber. Der Zauber, der von dieser Region ausgeht, beruht teilweise auf der Mischung aus akadischen und irischen Gebräuchen, Legenden, Aberglaube und Gruselgeschichten, zum anderen aber auch auf den dichten Wäldern, der unberührten Wildnis und dem Wesen der Einwohner, die dieser Landschaft mühsam ihren Lebensunterhalt abringen. Der sagenhafte Fluss trägt mit seinem gewundenen Verlauf durch unwegsames Gelände, den vielen kristallklaren Nebenflüssen und weltbekannten Lachsgründen ebenfalls zu dem Mythos bei. Die Region bringt wundervolle erdige Musik hervor und inspiriert Künstler wie den bekannten Schriftsteller David Adams Richards, der das Wesen dieser Region in seinen Werken so gekonnt beschreibt.

Miramichi

Die Arbeiterstadt Miramichi besteht aus Chatham, Newcastle, Douglastown, Loggieville, Nelson und mehreren anderen Ortschaften, die den Miramichi River unweit seiner Mündung auf einer Länge von 12 km säumen. Dank der irischen Wurzeln ist Miramichi eine englischsprachige Enklave inmitten einer überwiegend frankophonen Region. Die **Touristeninformation** (199 King St; ⏰Juni–Sept.) findet sich am Ritchie's Wharf, einem etwas heruntergekommenen Promenadenpark am innerstädtischen Flussufer.

Newcastles Stadtkern ist zwar von Sägewerken und zwei Papierfabriken umgeben, aber dennoch halbwegs hübsch. Die Statue von Lord Beaverbrook (1879–1964) auf dem zentralen Platz erinnert an einen der mächtigsten britischen Medienzare, der zudem ein großzügiger Wohltäter seiner Heimatprovinz war. Beaverbrooks Asche ruht unter dem Standbild, mit dem die Stadt ihn ehrte. Im **Beaverbrook House** (www.beaverbrookhouse.com; 518 King George Hwy; Eintritt frei; ⏰Mitte Juni–Aug. Mo–Fr 9–17, Sa 10–17, So

13–17 Uhr) von 1879 – heute ein Museum – verbrachte der Lord seine Kindheit.

Miramichi ist eine Industriestadt und wohl kaum ein Touristenmagnet. Fans traditioneller Folkmusik könnten sich aber für das **Irish Festival** (www.canadasirishfest.com; ⌚Mitte Juli) begeistern oder mit dem **Miramichi Folksong Festival** (www.miramichifolksongfestival.com; ⌚Anfang Aug.) die älteste Veranstaltung ihrer Art in Nordamerika besuchen.

Schlafen & Essen

Enclosure Campground CAMPING $

(☎506-622-8638, 800-363-1733; 8 Enclosure Rd; Stellplatz für Zelt/Wohnmobil 26/30 C$; ⌚Mai–Okt.) Ein Geschenk Lord Beaverbrooks. Der ehemalige Provinzpark The Enclosure liegt südwestlich von Newcastle; das Gelände am Fluss abseits des Hwy 8 umfasst auch ein hübsches Wäldchen mit großzügigen, größtenteils der Natur überlassenen Zeltplätzen.

Governor's Mansion B&B $$

(☎506-622-3036, 877-647-2642; www.governorsmansion.ca; 62 St. Patrick's St, Nelson; Zi. inkl. Frühstück 69–109 C$) Die betagte, aber elegante Villa (1860) im viktorianischen Stil am südlichen Flussufer blickt auf Beaubears Island. Einst residierte hier New Brunswicks erster irischer Vizegouverneur.

Cunard CHINESISCH $$

(www.cunardrestaurant.com; 32 Cunard St, Chatham; Hauptgerichte 9–15 C$; ⌚mittags & abends) Klassisches Lackdekor und Drachendrucke bilden den Rahmen für ein überraschend leckeres chinesisches Essen mit kanadischem Touch. Serviert werden z. B. Chow Mein mit Hühnchen oder Spareribs mit Honig-Knoblauch-Aroma.

Saddler's Cafe FUSION $$

(www.saddlerscafe.com; 1729 Water St, Chatham; Hauptgerichte 9–18 C$; ⌚Di–Sa mittags & abends) Hinter der hübschen Innenstadtfassade kommen einfallsreiche Sandwiches und international angehauchte Hauptgerichte (z. B. Ananasreis) auf den Tisch.

An- & Weiterreise

Acadian Lines (www.acadianbus.com; 201 Edward St) startet am Best Value Inn. Je ein Bus täglich fährt täglich nach Fredericton (38 C$, 2½ Std.), St. John (55 C$, 5 Std.) und Campbellton (44 C$, 3 Std.).

Am **VIA-Rail-Bahnhof** (www.viarail.ca; 251 Station St an der George St) in Newcastle halten Züge aus Richtung Montréal und Halifax.

Miramichi River Valley

Der Miramichi River ist eigentlich ein weit verzweigtes Netz verschiedener Flüsse und Nebenflüsse, die das Wasser im Herzen von New Brunswick aufnehmen. Der Hauptarm ist der 217 km lange Southwest Miramichi River, der von Hartland durch die Wälder nach Miramichi fließt und sich dort mit dem zweiten Hauptarm, dem Northwest Miramichi, vereint. Seit über 100 Jahren bestaunen die Menschen voller Ehrfurcht die friedliche Schönheit. Berühmte Wirtschaftsbosse, Politiker, Sport- und Unterhaltungsstars und sogar Prinz Charles haben hier schon ihre Angelrute ausgeworfen und Lachse aus dem Fluss gezogen – Fliegenfischen steht hier so hoch im Kurs, dass selbst Marilyn Monroe angeblich im Fluss gestanden sein soll. Das legendäre Lachsrevier war immer wieder durch Überfischung, Wilderei und unbekannte Ursachen (vielleicht auch die globale Erwärmung) bedroht, doch nun scheint sich der Bestand nachhaltig erholt zu haben. Die Touristeninformation (www.doaktown.com) befindet sich im Salmon Museum in Doaktown, dem Zentrum der meisten Aktivitäten im Tal.

Sehenswertes

Atlantic Salmon Museum MUSEUM

(www.atlanticsalmonmuseum.com; 263 Main St; Erw./Kind 5/3 C$; ⌚Mitte April–Mitte Okt. 9–17 Uhr) Das einer Lodge ähnelnde Museum hat ein Lachs- und Forellenaquarium und widmet sich der berühmten Fischereigeschichte des historischen Doaktown.

Metepenagiag First Nation Heritage Park HISTORISCHE STÄTTE

(☎506-836-6118, 800-570-1344; www.metepenagiag.com; 2202 Hwy 420, Redbank) Auf dem 3000 Jahre alten Grabungsgelände des neuen Heritage Parks am Esk River finden Führungen zu Kultur und Geschichte der Mi'kmaq statt. Details bitte telefonisch erfragen.

Aktivitäten

Angeln ist bis heute die wichtigste Freizeitaktivität der Umgebung. Um den Fischbestand zu schützen, wird der Sport inzwischen streng reglementiert: Sportangler müssen eine Lizenz (Ausländer 60 C$ für 3 Tage) erwerben und dürfen ihre Schnur nur in Begleitung eines offiziell registrierten Führers auswerfen. Alle Fische über

63 cm Körperlänge müssen wieder freigelassen werden. Am Miramichi gefangene Lachse landen meist wieder im Fluss, um diese kostbare und stark gefährdete Art zu schützen. Wenn Lachs in New Brunswick serviert wird, stammt er meist aus Zuchtfarmen in der Bay of Fundy.

W. W. Doak & Sons (www.doak.com; 331 Main St), einer von Kanadas besten Läden für Anglerbedarf, verkauft alljährlich zahllose und teilweise selbst produzierte Fliegen. Ein Paradies für jeden Angler!

Neben der Jagd auf den König des Süßwassers warten aber noch andere Möglichkeiten des Zeitvertreibs: Der **Miramichi Trail** ist ein Rad- und Wanderweg entlang einer stillgelegten Bahntrasse. Von den geplanten 200 km Streckenlänge sind 75 km bereits freigegeben. Bei McNamee überspannt die Priceville Suspension Bridge den Fluss. An dieser Fußgängerbrücke lassen Kanu- und Kajakfahrer gern ihre Boote zu Wasser, um einen halben Tag lang stromabwärts nach Doaktown zu paddeln. Dort und in Blackville bieten mehrere Ausrüster u.a. Leihausrüstung und Shuttleservices; zudem veranstalten sie gemütliche Kanu- und Kajaktouren und Tubing-Trips auf dem Fluss. Bev Gaston vom Atlantic Salmon Museum leitet mit den **Gaston Adventure Tours** (bgaston@nbnet.nb.ca; Wasserfalltour 180 C$, Kanutour 60–180 C$) individuell zugeschnittene Angel- und Wasserfalltouren.

Schlafen & Essen

Hier herrscht kein Mangel an rustikalen, aber schönen Lodges und Campingplätzen. Viele davon erinnern an die glücklichen Tage der 1930er- und 1940er-Jahre. Unter www.miramichirivertourism.com finden sich Links zu Unterkünften und Angelausrüstern. Da Restaurants recht rar sind, heißt es eigene Vorräte mitbringen.

O'Donnell's Cottages & Expeditions MOTEL, HÜTTEN **$$**
(☎506-365-7636, 800-563-8724; www.odonnellscottages.com; 439 Storeytown Rd; Zi. 99–169 C$) Gemütliche Blockhütten am Fluss und diverse Outdoor-Aktivitäten.

DAS NORDÖSTLICHE NEW BRUNSWICK

Die North Shore – auch Acadian Peninsula genannt – ist das Herzland der akadischen Kultur in New Brunswick. Vor 250 Jahren wurde sie von französischen Bauern und Fischern besiedelt, die hier nach der Vertreibung durch die Engländer wieder von vorne anfingen. Mischehen mit den hier ansässigen Mi'kmaq-Indianern waren nichts Ungewöhnliches. Die Küstenstraße beginnt im Norden von Miramichi und führt rund um die akadische Halbinsel und an der Baie de Chaleurs entlang nach Campbellton. Unterwegs warten kleine Fischerdörfer und herrliche Ausblicke auf das ruhige weite Meer. Im Sugarloaf Provincial Park reichen die Ausläufer der Appalachen bis an den Strand. Dahinter erstreckt sich Hunderte von Kilometern weit ins Landesinnere hinein eine riesige, kaum erforschte, unerschlossene Wildnis von Flüssen und dichten Wäldern.

Tracadie-Sheila

Das **Historical Museum of Tracadie** (Rue du Couvent; Erw./Kind 3/1 C$; ⌚Sommer Mo–Fr 9–18, Sa & So 12–18 Uhr) erzählt die wenig bekannte, aber ergreifende Geschichte der hiesigen Leprakolonie (1868–1965). Nirgendwo sonst in Kanada erfährt man so viel über ein Leprosenhaus. Auf dem nahegelegenen Friedhof ruhen 60 Opfer der Hansen-Krankheit (Lepra).

Caraquet

Als ältestes Akadierdorf wurde Caraquet 1757 von Flüchtlingen gegründet, die weiter südlich gewaltsam von ihren Gehöften vertrieben worden waren. Heute ist die ruhige Arbeitersiedlung das Zentrum der französischen Gemeinde auf der Halbinsel. Im farbenfrohen, geschäftigen Fischereihafen am Blvd St. Pierre Est tänzeln bunte vertäute Boote auf dem Wasser. Die Rue le Portage trennt Ost- und Westabschnitt des Blvd St. Pierre.

Der Gebäudekomplex **Carrefour de la Mer** mit Blick aufs hafennahe Ufer der Bucht beherbergt die **Touristeninformation** (www.ville.caraquet.nb.ca; 51 Blvd St Pierre Est; ⌚Mitte Juni–Mitte Sept. 9–17 Uhr), alle örtlichen Tourveranstalter, das Day Adventure Centre und ein Restaurant.

Sehenswertes & Aktivitäten

Acadian Historic Village HISTORISCHER PARK
(www.villagehistoriqueacadien.com; 14311 Hwy 11; Erw./Kind/Senior/Fam. 16/11/14/38 C$; ⌚Anfang Juni–Sept. 10–18 Uhr) In dem großen

Freilichtmuseum wurden 33 historische Gebäude zu einem Dorfensemble wieder aufgebaut. Rund 15 km westlich von Caraquet präsentieren hier zeitgenössisch kostümierte Schauspieler den akadischen Alltag zwischen 1780 und 1880. Für den Museumsbesuch sollte man gut drei bis vier Stunden einplanen. Gegen den unvermeidlichen Hunger danach helfen mehrere Snackbars, La Table des Ancêtres mit akadischer Küche und traditionellen Tischen oder das Château Albert mit seinem Originalmenü von 1910. Beim Kinderprogramm des Dorfs (35 C$) werden die Kleinen in Kostüme gesteckt und sieben Stunden lang mit allerlei Unternehmungen bei Laune gehalten.

Festivals & Events

Das **Festival Acadien** (www.festivalacadien.ca), das größte kulturelle Jahresfest der Akadier, lockt in den ersten beiden Augustwochen ca. 100 000 Besucher nach Caraquet. Das Programm gestalten dabei über 200 Sänger, Musiker, Schauspieler und Tänzer, die aus Akadien und anderen frankophonen Regionen in Kanada oder Übersee stammen. Besonders malerisch ist die alljährliche Segnung der Fangflotte, bei der Fischerboote mit wehendem Bänder- und Flaggenschmuck durch den hiesigen Hafen schippern. Das Festival gipfelt in der höchst lebhaften Tintamarre Parade.

Schlafen & Essen

LP TIPP Hotel Paulin HOTEL $$
(☎506-727-9981, 866-727-9981; www.hotelpaulin.com; 143 Blvd St. Pierre W; Zi. inkl. Frühstück 128 C$, Zi. inkl. Frühstück & Vier-Gänge-Abendmenü für 2 Pers. ab 195 C$) Lieber anderweitig sparen und dafür eine Nacht im exquisiten Paulin verbringen: Das historische Seebadhotel mit Blick auf die Bucht wurde 1891 erbaut und ist seit 1907 im Besitz der Familie Paulin. Die sonnigen, auf Hochglanz polierten Zimmer sind mit gestärkter weißer Bettwäsche, Spitze und Antiquitäten ausgestattet. Wer anderswo übernachtet, sollte sich überlegen, zumindest einen Tisch fürs Abendessen reservieren – die feine Küche (Tagesmenü 45 C$) hat einen super Ruf. Beispiel gefällig? Wie wär's mit einer Suppe aus Fiddleheads (grünen Farnsprösslingen), gefolgt von akadischem Hühnereintopf mit Kräuterklößchen.

Château Albert INN $$$
(Acadian Historic Village; www.villagehistoriqueacadien.com/chateauanglais.htm; Zi. inkl. Abendessen & Theaterkarten für 2 Pers. 257 C$) Für ein authentisches Rundum-Erlebnis im Acadian Historic Village empfiehlt es sich, eines der ruhigen, charmanten und renovierten Zimmer zu buchen. Sie verbreiten den alten Glanz von 1909, auch weil auf Fernseher und Telefone verzichtet wurde; lediglich bei den Bäder hat man sich für moderne Technik entschieden. Das ursprüngliche Albert stand an Caraquets Hauptstraße, bis es 1955 abbrannte. Gebucht werden können auch Pauschalangebote mit Abendessen im zeitgenössischen Erdgeschossrestaurant und einer Fahrt in einem alten Ford Modell T.

Maison Touristique Dugas INN, CAMPING $
(☎506-727-3195; www.maisontouristiquedugas.ca; 683 Blvd St. Pierre W; Stellplatz 20–28 C$, Zi. mit Gemeinschaftsbad 55 C$, DZ mit eigenem Bad & Kochgelegenheit 70 C$, Hütte 70–100 C$) Ein paar Kilometer westlich von Caraquet betreibt die freundliche Familie Dugas dieses geräumige Haus aus dem Jahr 1926 mittlerweile in der fünften Generation. In heimeliger Atmosphäre mit vielen Antiquitäten gibt's hier etwas für jeden Geschmack – beispielsweise elf Zimmer mit Gemeinschaftsbädern oder fünf saubere, behagliche Hütten mit eigenen Bädern und Kochgelegenheiten im Hinterhof. Weitere Alternativen sind der kleine Wohnmobilbereich und ruhige, schattige Zeltplätze.

Le Caraquette KANADISCH $$
(89 Blvd St. Pierre; Hauptgerichte 8–14 C$) Das zwanglose, familiengeführte Hafenlokal serviert Klassiker aus den Seeprovinzen, z. B. gebratene Muscheln und Garnelensalat mit Mayonnaise. Kanadische Spezialitäten wie *poutine* (Pommes mit Käsebruch und Bratensoße) oder Sandwiches mit Rauchfleisch komplettieren das Angebot.

An- & Weiterreise

Da die Busse von Acadien Lines diesen Teil der Provinz nicht bedienen, ist der öffentliche Nahverkehr hier sehr eingeschränkt. Wenn Einheimische in Miramichi oder Bathurst einen Zug bzw. Bus nehmen wollen, benutzen sie verschiedene Shuttlevans. Die Touristeninformation liefert weitere Details.

Campbellton

Campbellton ist eine nette, aber recht gesichtslose Industriestadt an der Grenze zu Québec. Für einen Besuch gibt's eigentlich

SCENIC DRIVE: DIE AKADISCHE HALBINSEL

Im äußersten Nordwesten der Provinz erstreckt sich eine niedrige, flache Inselkette durch den St.-Lorenz-Golf gen Labrador. Ein Abstecher in diese Ecke lohnt sich: Durch Salzmarschen und Buschland führt die Rte 113 zuerst nach **Shippagan**. Im Heimathafen der größten New Brunswicker Fischereiflotte dreht sich alles um den Fang von Krabben. Diese und andere Meeresbewohner tummeln sich im **Aquarium & Marine Centre** (www.aquariumnb.ca; 100 Aquarium St; Erw./Kind 8/5 C$; ⏲Ende Mai–Sept. 10–18 Uhr). Kinder werden dessen Seelöwen (Fütterung 11 & 16 Uhr) und maritime Streichelbecken lieben. Über die Brücke geht's nun hinüber zum schmucken Fischerdorf **Lamèque**, in dem seit über 30 Jahren das **Lamèque International Baroque Festival** (☎506-344-5846, 800-320-2276; www.festivalbaroque.com; ⏲4. Juliwoche) stattfindet. Akadische Flaggen in Rot, Weiß und Blau flattern dort an fast allen Verandas. Zum Schluss führt die Rte 113 nordwärts nach **Miscou Island**, wo sie am Leuchtturm endet. Zuvor kann man sich noch die Füße auf einem Plankenweg durchs Moosbeeren-Moor vertreten.

nur zwei Gründe: die Durchreise auf dem Weg nach bzw. von Québec oder der Sugarloaf Provincial Park, in dem man wandern, Ski fahren und campen kann. In dem Provinzpark mündet der ziemlich lange Restigouche River ins Meer, der sich zuvor durch den Norden von New Brunswick windet und die Grenze zu Québec bildet. Die Stadt an der Bay of Chaleur wird ansonsten von spektakulären grünen Hügeln umgeben. Jenseits der Grenze liegt Matapédia, während der Hwy 132 über 148 km zum Mont Joli in Québec führt.

Der Sugarloaf Mountain erhebt sich fast 400 m über dem Meeresspiegel und ähnelt sogar entfernt seinem berühmten Namensvetter in Rio de Janeiro. Drum herum erstreckt sich der **Sugarloaf Provincial Park** (www.sugarloafpark.ca; 596 Val d'Amours Rd; Eintritt frei), der über die Ausfahrt 415 des Hwy 11 zu erreichen ist. Der Aufstieg zum Gipfel des „Zuckerhuts" (30 Min.) wird mit einer herrlich weiten Aussicht auf die Stadt und einen Teil des Restigouche River belohnt. Ein weiterer Pfad verläuft einmal rund um den Fuß des Bergs.

Die letzte Seeschlacht des Siebenjährigen Kriegs fand 1760 in den hiesigen Küstengewässern statt: Mit der Schlacht von Restigouche endete das britisch-französische Ringen um Kanada. Die hilfreiche **Touristeninformation** (☎506-789-2367; 56 Salmon Blvd; ⏲Mitte Mai–Juni & Sept.–Anfang Okt. 10–18 Uhr, Juli & Aug. 8–21 Uhr) der Provinz findet man neben der City Centre Mall.

Die 76 Stellplätze des **Sugarloaf Provincial Park** (☎506-789-2366; www.sugarloafpark.ca; 596 Val d'Amours Rd; Stellplatz für Zelt/Wohnmobil 22/29 C$; ⏲Mitte Mai–Anfang Okt.) liegen 4 km vom Zentrum Campbelltons entfernt in einem netten Wäldchen. Alternativ empfiehlt sich das komfortable, saubere **Campbellton Lighthouse Hostel** (☎506-759-7044; campbellton@hihostels.ca; 1 Ritchie St; B 21 C$; ⏲Mitte Juni–Aug.; 📶) in einem umgebauten Leuchtturm am Restigouche River. Unweit des kürzlich renovierten Hostel befinden sich Campbelltons 8,5 m hohe **Lachsskulptur** und die Bushaltestelle von Acadien Lines. Ansonsten wäre da auch noch das heimelige, 1910 erbaute **Maison McKenzie House B&B** (☎506-753-3133; www.bbcanada.com/4384.html; 31 Andrew St; Zi. mit Gemeinschaftsbad & Frühstück 75–100 C$; P⊖📶) in praktischer Zentrumsnähe. Dessen Gäste können sich auch flussaufwärts mit hauseigenen Leihkajaks absetzen lassen (60 C$/Pers.).

ℹ An- & Weiterreise

Acadian Lines (www.acadianbus.com; 46 Water St) hält am Gemischtwarenladen Pik-Quik nahe der Prince William St. Täglich fährt ein Bus nach Fredericton (71 C$, 6 Std.) und nach Moncton (65 C$, 6 Std.). Zweimal pro Tag bzw. morgens und nachmittags startet ein Bus von **Orléans Express** (www.orleansexpress.com) vor dem Pik-Quick-Laden in Richtung Gaspé (38 C$, 6 Std.) und Québec City (89 C$, 7 Std.).

Der **VIA-Rail-Bahnhof** (www.viarail.ca; 99c Roseberry St) liegt angenehm zentral. Täglich außer mittwochs rollt ein Zug von dort südwärts nach Moncton (50 C$, 4 Std.) und Halifax (64 C$, 10 Std.). In die andere Richtung gibt es eine Bahnverbindung nach Montréal (146 C$, 12 Std., 1-mal tgl. außer Di).

Prince Edward Island

Inhalt »

Gut essen

» Lot 30 (S. 474)
» Hummeressen in Rathäusern und Kirchen in der gesamten Provinz
» Shipwright's Café (S. 491)
» Ship to Shore (S. 491)
» The Pearl (S. 490)

Schön übernachten

» Fairholm Inn (S. 473)
» Barachois Inn (S. 485)
» Great George (S. 473)
» Maplehurst Properties (S. 479)
» Willow Green Farm B&B (S. 492)

Auf nach Prince Edward Island!

Ziert euch nicht, Mounties, hier kommt Kanadas feminine, feurig-rote Seite! In Prince Edward Island (P.E.I.) trumpft die kleine Anne Shirley, Lucy Maud Montgomerys unsterbliche Heldin ihres Werkes *Anne auf Green Gables*, ganz groß auf. Sie teilt die rote Farbe ihrer Haare mit der Insel: Von einem Ende zum anderen lugt rotbraune Erde unter Kartoffelpflanzen hervor, und die Küste wird von rosa-goldenem Sand gesäumt. Die typische Green-Gables-Landschaft wiederum präsentiert sich als ein ländlicher grüner Flickenteppich aus hügeligen Feldern, hübschen Bauernhäusern mit Giebeldächern und Küstendörfern.

Neben der allgegenwärtigen Schönheit der Landschaft besticht die Region vor allem durch ihren Charme und die entspannte Atmosphäre. Die „Gentle Island" (sanfte Insel) trägt ihren Spitznamen zu Recht, und das einzig nicht-authentische sind wohl die orangefarbenen Kunstzöpfe der kleinen Mädchen, die sich in Touristenorten als Anne verkleiden.

Reisezeit

Charlottetown

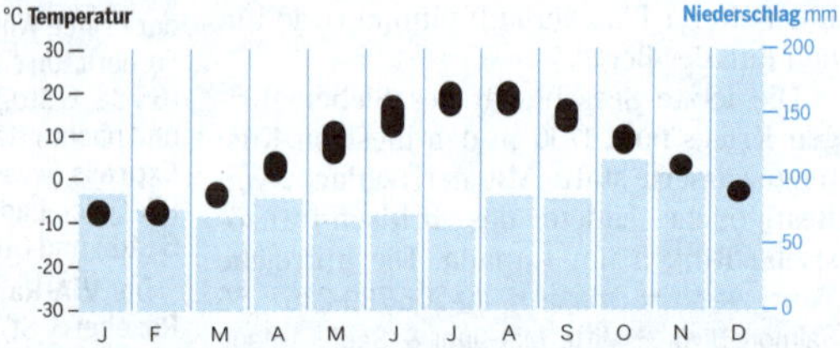

Juni Stille Frühlingsidylle und von blühenden Wildblumen bedeckten Hügel

Juli & August Die Insel ist in Feierlaune und abends trifft man sich zu Livemusik und Hummeressen

September Musik und Essen beim P.E.I. International Shellfish Festival in Charlottetown

KURZINFOS P.E.I.

- » Einwohner: 141000
- » Fläche: 5700 km²
- » Hauptstadt: Charlottetown
- » Schräge Facts: Der jährliche Ertrag aus dem Kartoffelanbau beträgt 1,3 Mrd. kg.

Einheimische Kultur

Die Kultur der Insulaner ist in erster Linie von ihren ländlichen Wurzeln geprägt. Die meisten leben erst seit ein oder zwei Generationen nicht mehr auf der Familienfarm oder von der Fischerei, manche führen noch immer diesen traditionellen Lebensstil. Im Osten und Westen der Provinz leben Nachkommen des indianischen Volks der Mi'kmaq sowie kleine Gemeinschaften französisch sprechender Akadier. Die Vorfahren der Mehrheit der Inselbewohner stammen jedoch aus Großbritannien.

Geschichte

Ihre Ureinwohner, die Mi'kmaq, nannten die Insel „Abegeit": Land, das sich auf den Wellen wiegt.

Obwohl der Franzose Jacques Cartier 1534 zum ersten Mal von der Existenz von P.E.I. berichtete, kamen die ersten Siedler nicht vor 1603 hierher. Die zunächst nur kleine französische Kolonie wuchs kurz nach der britischen Vertreibung der Akadier aus Nova Scotia in den 1750er-Jahren an. 1758 nahmen die Briten die Insel ein, die bis dahin noch unter dem Namen Île St. Jean bekannt war, und vertrieben die 3000 Akadier. Im Pariser Frieden von 1763 wurde die Insel offiziell an die Briten übergeben.

Um die Besiedlung voranzutreiben, teilten die Briten die Insel in 67 Bezirke auf und verlosten die Ländereien. Leider waren die meisten der beschenkten Gewinner Spekulanten, die nichts zur Besiedlung oder Entwicklung der Insel beitrugen. Die fragwürdigen Aktionen dieser abwesenden Landbesitzer verhinderten, dass die Bevölkerung wuchs, und verursachten unglaubliche Unruhen unter den Inselbewohnern.

Einer der Hauptgründe, warum P.E.I. 1867 kein Teil von Kanada wurde, war der, dass dies keine Lösung des Landproblems bieten konnte. 1873 wurden die abwesenden Landbesitzer durch den Compulsory Land Purchase Act schließlich gezwungen, ihr Land zu verkaufen, und für P.E.I. wurde der Weg geebnet, noch im selben Jahr Kanada beizutreten. Doch Landbesitz von Ausländern ist auch heute noch ein heikles Thema in der Provinz. Seit den 1930er-Jahren hält sich die Bevölkerung konstant bei etwa 140000 Einwohnern.

Nach vielen Diskussionen wurde P.E.I. 1997 über die Confederation Bridge mit New Brunswick und dem Festland verbunden. Mit fast 13 km ist die Confederation Bridge die längste künstliche Brücke der Welt, die über Eiswasser führt.

Land & Klima

P.E.I. erstreckt sich über eine Länge von 224 km. Die Insel misst an ihrer schmalsten Stelle 6, an ihrer breitesten 64 km und besteht aus einer flachen Erhebung aus eisenhaltigem roten Sandstein und Erde. Der höchste Punkt liegt 152 m über dem Meeresspiegel und befindet sich bei Springton, mitten in der Provinz.

Juli und August sind die wärmsten und trockensten Monate. Im Winter kann der Schnee meterhoch liegen, die größeren Straßen sind dennoch meistens passierbar. Bis Mai ist die weiße Pracht normalerweise geschmolzen.

ℹ Anreise & Unterwegs vor Ort

Abgesehen von einigen Shuttlebussen (s. S. 470) gibt es auf der Insel keine öffentlichen Verkehrsmittel.

AUTO & MOTORRAD

Über die **Confederation Bridge** (☎902-437-7300, 888-437-6565; www.confederationbridge.com; Auto/Motorrad 43/17 C$; ⏲24 Std.) ab New Brunswick und dem Zentralosten Nova Scotias gelangt man am schnellsten auf die Insel. Leider versperren die 1,1 m hohen Geländer jegliche Aussicht. Die Maut wird erst fällig, wenn man P.E.I. wieder verlässt – und zwar für alle Mitfahrenden.

Wer eine Strecke über die Brücke und die andere per Fähre bewältigen möchte, der fährt günstiger, mit der Fähre auf die Insel zu kommen und für den Rückweg die Brücke zu benutzen.

Infos zu Autovermietungen gibt's auf S. 476.

BUS

Acadian Coach Lines (☎800-567-5151; www.acadianbus.com; 156 Belvedere Ave, Charlottetown) fährt dreimal täglich von Moncton, New Brunswick, (einfache Strecke 38 C$, 3 Std.) über Borden-Carleton und Summerside nach Charlottetown. Täglich verkehrt ein Bus nach Halifax (einfache Strecke 64 C$, 5½ Std.), wobei Passagiere in Amherst, Nova Scotia, umsteigen müssen.

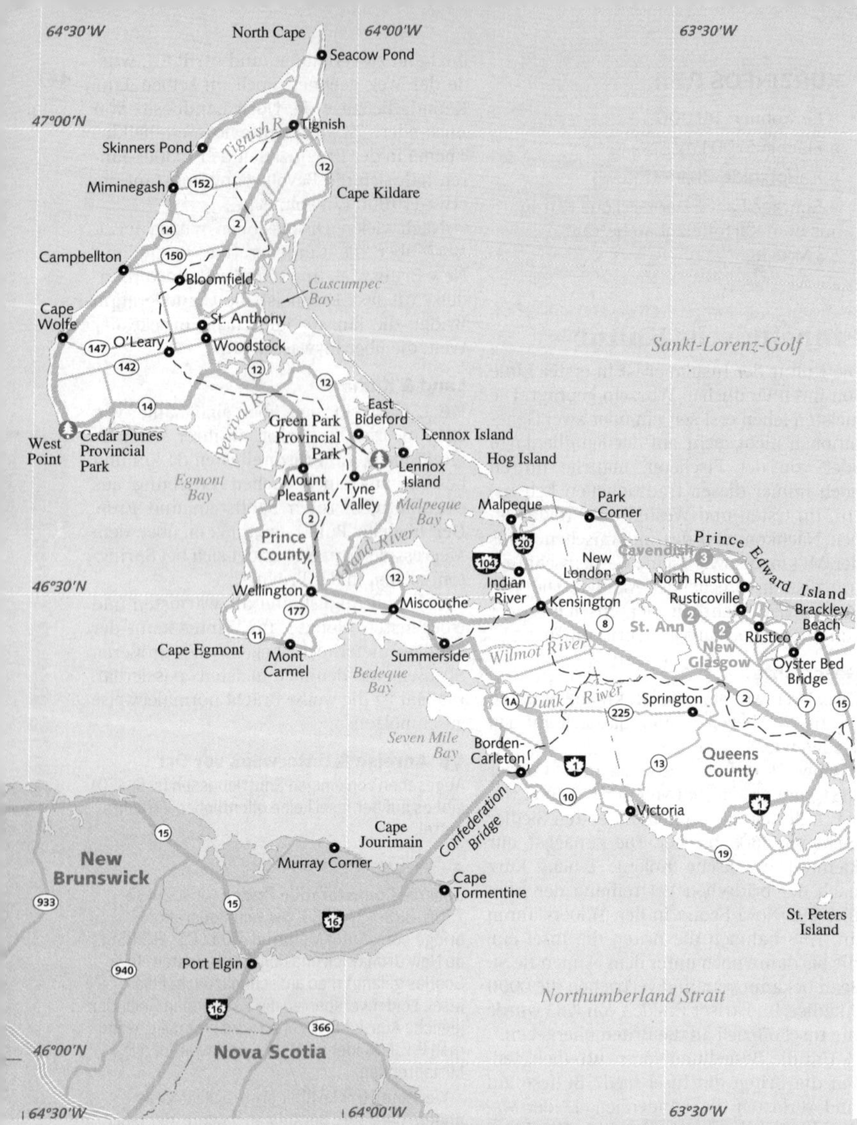

Highlights auf Prince Edward Island

1 Über den Strand im **Basin Head Provincial Park** marschieren und den Sand zum Singen ... äh, Quietschen bringen (Kasten S. 481)

2 Sich den Magen mit Hummer und all den leckeren Beilagen in **New Glasgow** (S. 485) oder **St. Ann** (S. 486) vollschlagen

3 In die Seiten des Buches *Anne auf Green Gables* schlüpfen, während man das Green-Gables-House in **Cavendish** (S. 488) besucht

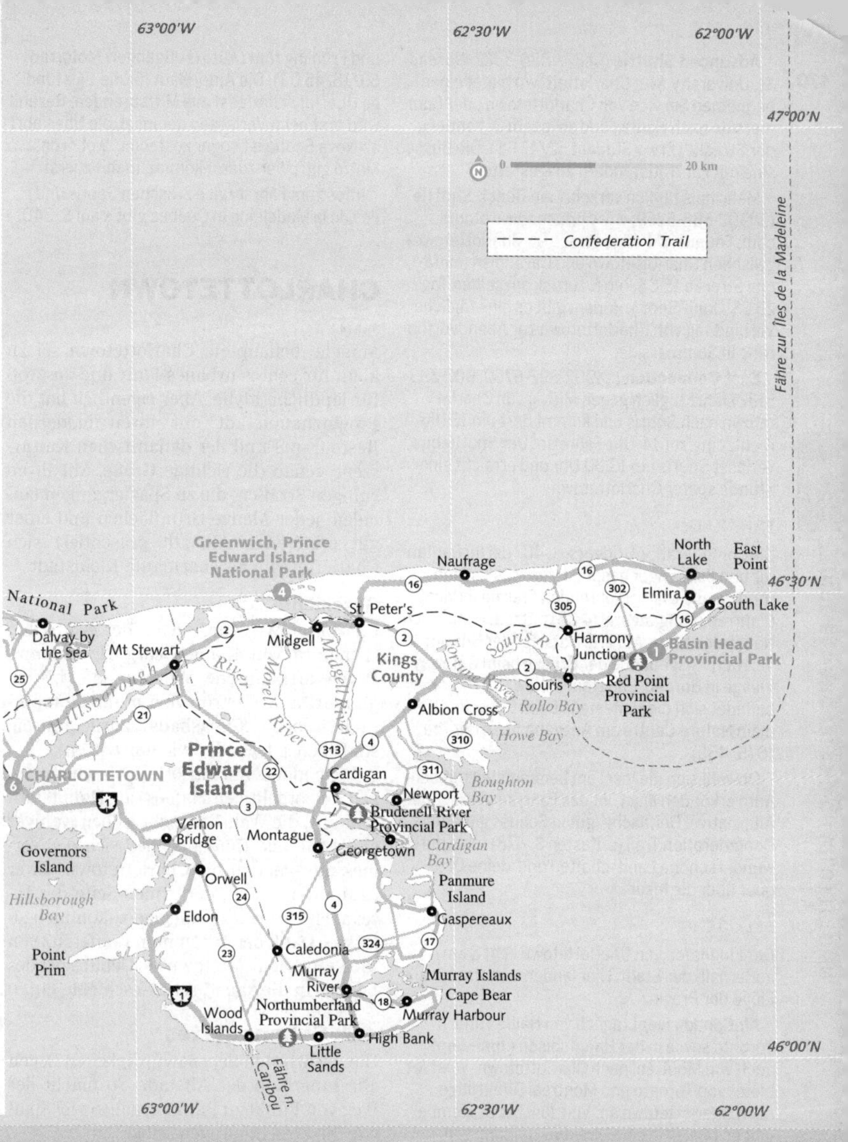

4 Auf den schwimmenden Holzstegen über die Salzmarsch laufen und über Dünen zum leeren Strand von **Greenwich** (Kasten S. 484) gelangen

5 Durch die tolle Landschaft am **Confederation Trail** (Kasten S. 478) wandern

6 Das Tanzbein schwingen beim wöchentlichen *ceilidh* (Zusammenkunft mit Folkmusik), den die Benevolent Irish Society's in **Charlottetown** (S. 470) organisiert

Advanced Shuttle (☎877-886-3322; Nassau St, University Ave, Charlottetown) bietet einen bequemen Service von Charlottetown oder Summerside nach Halifax und zu jedem Ort entlang der Strecke (Erw./Student 52/47 C$). Die Busse sind mit Fahrradständern ausgestattet.

Mehrmals täglich verkehrt ein **Beach Shuttle** (☎902-566-5259; www.princeedwardtours.com; Founders' Hall, 6 Prince St, Charlottetown) zwischen Charlottetown und Cavendish (einfache Strecke 15 C$, hin & zurück am selben Tag 25 C$, Juni–Sept.). Zudem gibt es eine tägliche Verbindung von Charlottetown zur Abendvorführung in Summerside.

East Connection (☎902-892-6760, 902-393-5132) fährt täglich gegen Mittag von Charlottetown nach Souris und kommt dort um 13 Uhr rechtzeitig zur 14-Uhr-Fähre an. Der Shuttlebus verlässt Souris um 13.30 Uhr und erreicht eine Stunde später Charlottetown.

FAHRRAD

Die Confederation Bridge (s. S. 467) ist für Radfahrer und Fußgänger gesperrt. Sie müssen den rund um die Uhr verkehrenden Shuttleservice (Fahrrad/Fußgänger 8/4 C$) nutzen, der je nach Nachfrage fährt. Auf P. E. I. startet der Bus am Verwaltungsgebäude der Brücke beim Gateway Village in Borden-Carleton, in New Brunswick befindet sich die Haltestelle beim Cape Jourimain Nature Centre am Ausgang 51 an der Rte 16 (S. 458).

Obwohl sich die Insel am bequemsten mit dem Auto erkunden lässt, ist das Fahrrad eine schöne Alternative. Der flache, gut in Schuss gehaltene Confederation Trail (s. Kasten S. 478) führt durch wunderschöne Landschaften und kleine Orte quer über die Insel.

FLUGZEUG

Der Flughafen von Charlottetown liegt 8 km außerhalb der Stadt. Hier landen und starten alle Flüge der Provinz.

Air Canada fliegt täglich von Halifax und Toronto sowie in der Hauptsaison (Juni–Sept.) auch von Montréal nach Charlottetown. WestJet bietet von Toronto und Montréal Direktflüge nach Charlottetown an. Von Juni bis September gibt es täglich je eine Direktverbindung von Northwestern Airlines und Delta Airlines von Charlottetown nach Detroit bzw. Boston. Auf S. 984 stehen die Kontaktdaten beider Fluglinien. **Sunwing** (☎877-786-9464; www.flysunwing.com) fliegt im Sommer von Toronto aus.

SCHIFF/FÄHRE

Northumberland Ferries (☎902-566-3838, 888-249-7245; www.peiferry.com) betreibt den Fährservice, der die Wood Islands von P. E. I. von Mai bis Dezember mit Caribou in Nova Scotia verbindet. Im Sommer legen täglich bis zu neun Fähren in jede Richtung ab, im Herbst und Frühling fünf (Auto/Fußgänger/Motorrad 69/18/45 C$). Die Auto-Maut für die 1¼-stündige Überfahrt umfasst alle Mitfahrenden. Bezahlt wird erst beim Verlassen der Insel, die Überfahrt ab Nova Scotia ist sogar kostenlos, wobei das Motto gilt: „Wer zuerst kommt, mahlt zuerst."

Infos zum Fährservice zwischen Souris und Îles de la Madeleine in Québec gibt's auf S. 340.

CHARLOTTETOWN

38 114 EW.

Manche behaupten, Charlottetown sei zu klein für echtes urbanes Flair und zu groß für ländliche Idylle. Aber eigentlich hat die Provinzhauptstadt mit ihren modernen Restaurants und der dynamischen Kulturszene genau die richtige Größe. Mit ihren ruhigen Straßen, die zu Spaziergängen einladen, jeder Menge Grünflächen und einer gut erhaltenen Altstadt präsentiert sich Charlottetown als charmante Kleinstadt.

Geschichte

Charlottetown wurde nach der exotischen Gemahlin von König Georg III. benannt. Deren afrikanische Wurzeln, die bis zu Margarita de Castro y Sousa und dem portugiesischen Königshaus zurückführen, sind ebenso legendär wie umstritten.

Viele glauben, Charlottetown wurde wegen des prächtigen Hafens zur Hauptstadt ernannt, die Wahrheit sieht jedoch weniger glanzvoll aus. 1765 entschied sich der Vermessungsgeneral für Charlottetown, da er es für weise hielt, der armen Seite der Insel auch ein paar Privilegien zukommen zu lassen. Dank der berühmten Konferenz von 1864 ging Charlottetown als Geburtsort des Landes in die kanadische Geschichte ein.

Sehenswertes

Die wichtigsten Sehenswürdigkeiten liegen alle innerhalb der Altstadt. So macht der Weg von Punkt zu Punkt genauso viel Spaß wie die Besichtigungen selbst.

Province House National Historic Site HISTORISCHE STÄTTE
(☎902-566-7626; 165 Richmond St; Eintritt 3,40 C$; ⏲8.30–17 Uhr) Das Schmuckstück

ENTFERNUNGEN

North Cape–East Point: 273 km
Halifax–Charlottetown: 227 km
Charlottetown–Montréal: 1199 km

von Charlottetown ist das imposante und doch einladende, neoklassizistische Province House. Die symmetrische Bauweise zieht sich durch das gesamte Gebäude, einschließlich zweier wunderschöner Dachfenster, die durch das massive Sandsteingebilde nach oben zeigen. Hier diskutierten 1864 innerhalb der Confederation Chamber 23 Repräsentanten der britischen Kolonien in Nordamerika zum ersten Mal über die Gründung Kanadas (S. 932). Dieses Gebäude ist nicht nur die Geburtsstätte, sondern auch Sitz des zweitältesten aktiven Legislativorgans des Landes.

Mehrere Räume wurden restauriert. Im Juli und August ist die Wahrscheinlichkeit groß, den ersten kanadischen Premierminister persönlich zu treffen, denn dann durchschreiten Schauspieler in historischen Gewändern die Hallen und spielen regelmäßig die berühmte Konferenz von 1864 nach. Gezeigt wird außerdem der 17-minütige Film *Great Dream,* der von jenem bedeutenden Ereignis handelt.

Founders' Hall MUSEUM
(☎902-368-1864, 800-955-1864; 6 Prince St; Erw./Kind 7/3,75 C$; ⊙8.30–20 Uhr) Die Hightech-Multimedia-Ausstellung wurde 2001 eröffnet und ist in einem alten Bahnhof untergebracht. Jede Menge unterhaltsam aufbereitete Fakten und Anekdoten zur Geschichte Kanadas ab 1864 bringen das Kind in jedem Besucher zum Vorschein.

Beaconsfield House GEBÄUDE
(☎902-368-6603; 2 Kent St; Erw./Student/Fam. 4,25/3,25/14 C$; ⊙10–17 Uhr) Mit seiner grandiosen Aussicht, der hübschen Fassade und den eleganten Möbeln aus dem 19. Jh. ist das Beaconsfield House das schönste viktorianische Herrenhaus in Charlottetown. Hier kann man spazieren oder auf der Veranda den traumhaften Ausblick genießen.

Government House GEBÄUDE
(☎902-368-5480; Eintritt frei; ⊙Juli & Aug. Mo–Fr 10–16 Uhr) Inmitten der weitläufigen Gärten des Victoria Park. Das eindrucksvolle koloniale Herrenhaus mit seiner großen Halle, den palladianischen Fenstern und dorischen Säulen war ab 1835 Sitz der Vizegouverneure von P.E.I. 2003 brach der ehrenwerte J.L. Bernard mit einer fast 170 Jahre alten Tradition und öffnete die Türen des Gebäudes für die Öffentlichkeit.

St. Dunstan's Basilica GEBÄUDE
(☎902-894-3486; 45 Great George St; Eintritt frei; ⊙9–17 Uhr) Die drei hoch aufragenden Steintürme dieser neugotischen Basilika, die nach einem Feuer 1913 wiederaufgebaut wurde, sind heute das Wahrzeichen von Charlottetown. Die Marmorböden, die Schnitzereien in italienischem Stil und die dekorativ gestaltete Rippendecke überraschen mit ihrer kunstvollen Ausarbeitung.

☞ Geführte Touren

Broschüren zu Spaziergängen in Eigenregie sind für nur einen Loonie (1 C$) in der Touristeninformation erhältlich.

Confederation Players STADTSPAZIERGANG
(☎902-368-1864; 6 Prince St; Erw./Kind 10/5 C$) Es gibt wohl keine bessere Möglichkeit, Charlottetown zu erkunden. Schauspieler in Gewändern des 19. Jhs. schlüpfen in die Rolle der Gründerväter der Konföderation und führen mit unterhaltsamen Erklärungen durch die historischen Straßen der Stadt. Die Spaziergänge beginnen an der Founders' Hall und es gibt drei verschiedene Schwerpunkte: die historische Great George St, Siedler auf der Insel und einheimische Geister.

Peake's Wharf Boat Cruises BOOTSFAHRT
(☎902-566-4458; 1 Great George St; 70-minütige Bootsfahrt 20 C$; ⊙Juni–Aug. 14.30, 18.30 & 20 Uhr) Auf diesen Fahrten können die Teilnehmer das Unterwasserleben beobachten, interessanten Geschichten lauschen und die Stadt aus einer etwas anderen Perspektive, nämlich von den Hafengewässern aus, betrachten. Eine großartige Tour zum Beobachten von Seelöwen (28 C$) startet um 14.30 Uhr und dauert bis 17 Uhr.

Harbour Hippo Hippopotabus BUSTOUR & BOOTSFAHRT
(☎902-628-8687; Lower Prince St Wharf; einstündige Tour Erw./Kind 24/16 C$) Wer das historische Charlottetown erkunden will, ohne dass die Kids sich langweilen, ist in diesem Amphibienfahrzeug bestens aufgehoben. Zunächst geht's zu allen Sehenswürdigkeiten an Land und dann rein ins Wasser.

Abegweit Tours BUSTOUR
(☎902-894-9966; 157 Nassau St; Erw./Kind 11/2 C$) Einstündige Busfahrten in einem Doppeldeckerbus durch Charlottetown starten am Confederation Centre. Bei der sechsstündigen Nordküstentour (Erw./Kind 80/40 C$) werden die Teilnehmer abgeholt, sofern sie in der Stadt übernachten. Zum Programm gehört außerdem eine „Pilgerfahrt" in die Heimat von Anne auf Green Gables (Erw./Kind 65/32,50 C$).

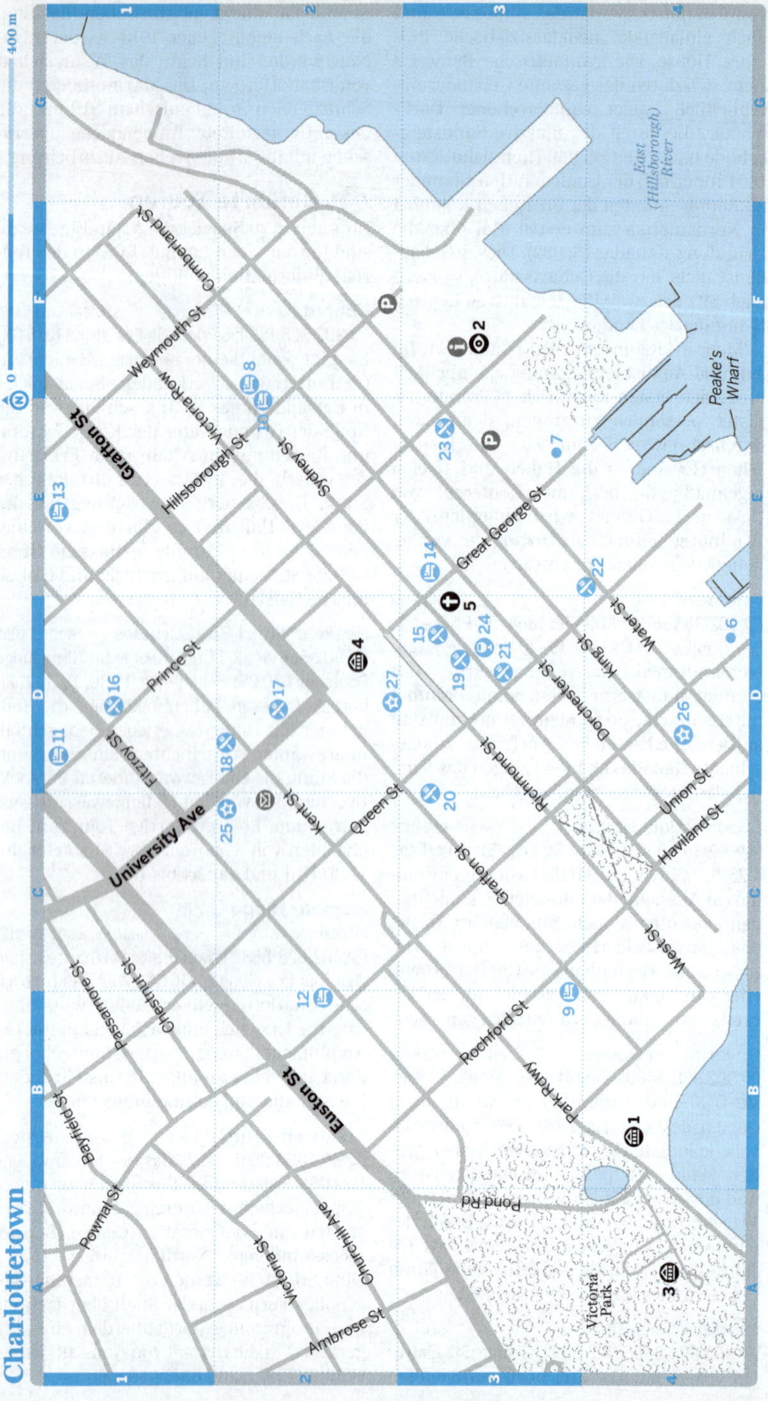
Charlottetown
0
400 m
East (Hillsborough) River
Peake's Wharf
Cumberland St
Weymouth St
Grafton St
Victoria Row
Hillsborough St
Sydney St
Prince St
Fitzroy St
University Ave
Kent St
Queen St
Great George St
Richmond St
Dorchester St
King St
Water St
Grafton St
Union St
Haviland St
West St
Rochford St
Park Rdwy
Pond Rd
Victoria Park
Passmore St
Chestnut St
Bayfield St
Pownal St
Euston St
Churchill Ave
Victoria St
Ambrose St

Charlottetown

Sehenswertes

1	Beaconsfield House	B4
2	Founders' Hall	F3
3	Government House	A4
4	Province House National Historic Site	D2
5	St. Dunstan's Basilica	D3

Aktivitäten, Kurse & Touren

	Confederation Players	(siehe 2)
6	Harbour Hippo Hippopotabus	D4
7	Peake's Wharf Boat Cruises	E3

Schlafen

8	Aloha Tourist Home	F2
9	Charlotte's Rose Inn	B3
10	Charlottetown Backpackers	E2
11	Fairholm Inn	D1
12	Fitzroy Hall B&B	B2
13	Spillet House B&B	E1
14	The Great George	E3

Essen

15	Claddagh Room	D3
16	Formosa Tea House	D1
17	Leonard's	D2
18	Lot 30	D2
19	Off Broadway	D3
20	Pilot House	C3
21	Sim's Corner	D3
22	Sirinella	E4
23	Water Prince Corner Shop	E3

Ausgehen

	42nd St Lounge	(siehe 19)
24	Gahan House	D3

Unterhaltung

25	Baba's Lounge	C2
26	City Cinema	D4
27	Confederation Centre of the Arts	D2
	Olde Dublin Pub	(siehe 15)

Feste & Events

Charlottetown Festival THEATER
(☎902-566-1267;www.confederationcentre.com/festival.asp; ⊙Mitte Mai–Mitte Okt.) Bei dem Theaterfestival gehören kostenlose Vorstellungen im Freien, ein Kindertheater und Tanzvorführungen zum Programm.

Old Home Week KULTUR
(☎902-629-6623; www.peiprovincialexhibition.com; ⊙Mitte Aug.) Bei der auf dem Gelände der Provincial Exhibition stattfindenden Old Home Week werden Fahrgeschäfte, musikalische Unterhaltung, Glücksspiele, Trabrennen und Tiershows geboten.

PEI International Shellfish Festival ESSEN
(☎866-955-2003; www.peishellfish.com; ⊙3. Wochenende im Sept.) Diese riesige Kochparty ist mittlerweile eine der größten Veranstaltungen auf der Insel und serviert im Hafenviertel von Charlottetown traditionelle Musik garniert mit köstlichem Seafood. Zu den Programmhöhepunkten gehören die WM im Austernschälen und das Fischsuppen-Wettessen.

Schlafen

Mit seinem Charme und der Nähe zu den bedeutendsten Sehenswürdigkeiten eignet sich die Altstadt bestens als Nachtquartier. Im Sommer ist der Veranstaltungskalender der Stadt voll, deswegen sollte man im Voraus buchen. In der Nebensaison gibt es genügend freie Betten, und die meisten Unterkünfte senken ihre Preise. In der Nähe von allen Unterkünften sind kostenlose Parkplätze vorhanden.

LP TIPP **Fairholm Inn** B&B $$$
(☎902-892-5022, 888-573-5022; www.fairholm.pe.ca; 230 Prince St; Suite inkl. Frühstück 129–289 C$) Das historische Gasthaus wurde 1838 erbaut und ist ein wunderbares Beispiel für die Picturesque-Bewegung in der britischen Architektur. Die Gäste können ihren Tee im herrlichen Wintergarten in der Morgensonne genießen, durch die Gärten spazieren oder es sich in der Bibliothek mit einem Buch gemütlich machen. Die Suiten schmücken luxuriöse englische Stoffe, wunderschöne Kunstwerke aus P.E.I. und großartige Antiquitäten. Hier kann man sich beim Kaminfeuer in der Badewanne zurücklehnen und sich in die glanzvollen Tage des 19. Jhs. zurückversetzen lassen.

LP TIPP **Great George** INN $$$
(☎902-892-0606, 800-361-1118; www.innsongreatgeorge.com; 58 Great George St; DZ inkl. Frühstück 175–219 C$, Suite 269–899 C$; P ❄@🛜) Eine bunte, hübsche Häuserreihe in Charlottetowns bekanntester Straße beherbergt eindrucksvolle Zimmer, die von elegant-historisch bis schlicht-modern alles bieten. Sowohl Familien als auch schwule

Gäste sind gern gesehen, zudem gibt's einen Babysitterservice und einen Fitnessraum.

Fitzroy Hall B&B B&B $$$
(☎902-368-2077; www.fitzroyhall.com; 45 Fitzroy St; DZ 110–190 C$, Suite 225–300 C$) Die edle Unterkunft bietet Eleganz und Komfort in Perfektion, gepaart mit herzlichem, bodenständigem Service. Die Gäste sollen sich hier richtig wohl fühlen, dafür sorgen kunstvolle Antiquitäten, gedeckte Farben und nette Extras wie Teekannen und in Nischen versteckte Kühlschränke zum Aufbewahren von Getränken.

Charlotte's Rose Inn INN $$
(☎902-892-3699, 888-237-3699; www.charlottesrose.ca; 11 Grafton St; Zi. inkl. Frühstück 155–205 C$, Apt. 180 C$; P ⊖ ❄ @ 📶) In dem eleganten viktorianischen Haus hat man das Gefühl, Miss Marple kommt jeden Moment um die Ecke. Für echt englisches Flair sorgen hübsche Tapeten mit Rosendruck, mit Spitzen verzierte Baldachine, große gemütliche Betten und elegante Bäder. Am offenen Kamin im Aufenthaltsraum können sich Gäste kostenlos Tee und Kekse schmecken lassen. Eine moderne Dachgeschosswohnung bietet Platz für fünf Personen und verfügt über eine eigene Dachterrasse.

LP TIPP **Spillett House B&B** B&B $
(☎902-892-5494; www.spilletthouse.pe.ca; 157 Weymouth St; EZ/DZ ohne Bad inkl. Frühstück 50/60 C$) In der bezaubernden historischen Unterkunft ist penible Sauberkeit angesagt, außerdem polierte Hartholzböden und antike Möbel, selbstgemachte Steppdecken auf den Betten und Spitzenvorhänge an den Fenstern. Kinder sind herzlich willkommen und es gibt Unterstellmöglichkeiten für Fahrräder.

Charlottetown Backpackers B&B $
(☎902-367-5749;www.charlottetownbackpackers.com; 60 Hillsborough St; B/Zi. inkl. Frühstück 32/79 C$; 📶) Die tolle Backpackerunterkunft ist mit ihrem rot-weißen Anstrich und den gut gelaunten jungen Gästen im Garten kaum zu übersehen. Es gibt gemütliche, nach Geschlechtern getrennte und gemischte Schlafsäle, eine gut ausgestattete Küche und einen originellen Aufenthaltsraum mit Plattenspieler und epischer Plattensammlung. Zum Programm gehören außerdem spontane Barbecues und Kneipentrips.

Aloha Tourist Home B&B $$
(☎902-892-9944, 866-892-9944; www.alohaamigo.com; 234 Sydney St; Zi. inkl. Frühstück 40–150 C$; 📶) Das einladende B&B versprüht mit seiner antiken Einrichtung und den gemütlichen Betten jede Menge historisches Flair und ist dazu noch bezahlbar. Das Frühstücksbuffet ist erstklassig, die Lage zentral und der Besitzer freundlich und hilfsbereit. Die billigeren Zimmer haben Gemeinschaftsbäder.

Essen

Die große Anzahl guter Lokale hat die Stadt in erster Linie dem kulinarischen Institut in Charlottetowns Holland College zu verdanken, das am laufenden Band talentierte Köche hervorbringt. Im Sommer bieten sich vor allem die Fußgängerzone Victoria Row und das Hafenviertel an, um etwas essen oder trinken zu gehen. Auch in Kneipen wird leckeres Essen serviert.

LP TIPP **Lot 30** RESTAURANT $$$
(☎902-629-3030; 151 Kent St; Mittagsgerichte 22–55 C$; ⌚Di–So ab 17 Uhr) Wer etwas auf sich hält, speist im Lot 30, doch auch als normaler Gast in legerer Kleidung wird man herzlich behandelt. Die Tische sind so angeordnet, dass man den glückseligen Gesichtsausdruck der anderen Gäste beim Verspeisen der Köstlichkeiten sehen kann. Die Gerichte sind perfekt gewürzt, von der weißen Buttersauce bis zum Curry. Das exzellente Fünf-Gänge-Probiermenü (55 C$) mit kleiner Vorspeise, drei Hauptgängen und einem Dessert-Probierteller ist seinen Preis mehr als wert. Die Kellner sind Weinexperten, die vielseitigen, wechselnden Speisen werden aus saisonalen Zutaten der Region zubereitet und der Küchenchef stellt sich gerne auf Allergiker und Sonderwünsche ein. Ein echtes Highlight!

LP TIPP **Leonard's** CAFÉ $
(University Ave; Sandwiches ab 5 C$; ⌚Di–Sa 9–17 Uhr) Das kleine Café verspricht mit seinem gepolsterten Sitzbereich und den ländlichen Farben Gemütlichkeit par excellence. Serviert werden tolle deutsche Backwaren, Salate, kreative Sandwiches und kalter Aufschnitt, etwa mit Schwarzwälder Schinken. Zudem gibt's eine tolle Käseauswahl, den ganzen Tag über Frühstücksteller mit Eiern von freilaufenden Hühnern und frischen Tee und Espresso.

Water Prince Corner Shop RESTAURANT $$
(☎902-368-3212; 141 Water St; Gerichte 10–17 C$; ⌚9.30–20 Uhr) Einheimische mit Lust auf Seafood gehen in dieses unauffällige meerblaue Lokal in der Nähe des Kais. Es ist be-

kannt für seine Jakobsmuschel-Burger, darüber hinaus kommt hier der beste frische Hummer der Stadt auf den Tisch. Oft muss man Schlange stehen, alternativ kann man seinen Hummer zum Mitnehmen bestellen, das ist um einiges günstiger.

Sirinella RESTAURANT **$$**
(☎902-628-2271; 83 Water St; Hauptgerichte mittags 8–17 C$, abends 15–28 C$; ⏲Mo–Fr mittags & abends, Sa abends) In dem einfachen Restaurant mit seinen kleinen runden Tischen und weißen Tischtüchern, ein paar Bildern mit Mittelmeermotiven und absolut authentischer italienischer Küche fühlt man sich an einen italienischen Küstenort versetzt.

Off Broadway RESTAURANT **$$**
(☎902-566-4620; 125 Sydney St; Hauptgerichte mittags 9–14 C$, abends 15–28 C$; ⏲Mo–Sa 11–23, So bis 22 Uhr) Hinter burgunderfarbenen Vorhängen à la Hollywood versteckt sich jede Menge Art-déco-Flair. Perfekte Begleiter des dunklen und zugleich schicken Ambientes sind feine Vorspeisen wie Hummer-Crêpes oder Meeresfrüchte-Kokos-Curry. In der noch eleganteren Lounge im Obergeschoss werden Cocktails und Desserts serviert.

Sim's Corner RESTAURANT **$$**
(☎902-894-7467; 86 Queen St; Hauptgerichte 12–40 C$; ⏲So–Do 16–21, Fr & Sa bis 22 Uhr) In dem schicken Lokal mit urbanem Flair lässt sich eine ambitionierte, hippe Klientel im gemütlich gepolsterten Sitzbereich draußen oder drinnen Fleisch- und Fischgerichte schmecken. Wer dazu gehören möchte, muss sich schon ein Gläschen von der Weinbar gönnen.

Claddagh Room RESTAURANT **$$$**
(☎902-892-6992; 131 Sydney St; Hauptgerichte 19–45 C$; ⏲Mo–Do 17–22, Fr & Sa bis 22.30 Uhr) Einheimische bezeichnen den Claddagh Room als das beste Fischrestaurant der Stadt, und das zu Recht! Das irisch inspirierte Galway Bay Delight besteht aus Jakobsmuscheln und Shrimps mit einer sahnigen Haube und frischen Gewürzen, die kurz mit Pilzen und Zwiebeln angebraten und dann mit Irish-Mist-Likör flambiert werden.

Pilot House RESTAURANT **$$**
(☎902-894-4800; 70 Grafton St; Hauptgerichte 19–37 C$; ⏲Mo–Sa 11–22 Uhr) Die übergroßen Holzbalken und Backsteinsäulen des historischen Roger's-Hardware-Gebäudes stellen eine originelle Kulisse für feine Küche sowie leichte Pubgerichte dar. Die treue Stammklientel lässt sich hier mit Hummer gefülltes Hühnchen, vegetarische Pizza oder Meeresfrüchte-Torte schmecken. Mittagsangebote gibt's ab 10 C$.

Formosa Tea House RESTAURANT **$**
(☎902-566-4991; 186 Prince St; Hauptgerichte 6–7 C$; ⏲11.30–15 & 17–20 Uhr) In dem gemütlichen viktorianischen Haus wird leckere taiwanesische Küche serviert. Warme Holztäfelungen, gepolsterte Sitzgelegenheiten in rot, grün und gold sowie chinesische Kunst bestimmen das Ambiente. Sehr zu empfehlen ist das würzige Gemüse mit gebratenem Reis und dazu eine dampfende Tasse heiße Mandelmilch.

Farmers' Market MARKT **$**
(☎902-626-3373; 100 Belvedere Ave; ⏲Sa 9–14 Uhr, Juli & Aug. auch Mi) Bei einem Besuch des Marktes nördlich der Innenstadt bei der University Ave sollte man jede Menge Hunger mitbringen. Zur Auswahl stehen regionale Gerichte sowie jede Menge frisches Obst und Gemüse aus biologischem Anbau.

Ausgehen

Charlottetown bietet ausgehtechnisch sowohl Altbewährtes als auch Brandneues. In der Altstadt gibt es viele historische Kneipen. Die meisten Bars und Kneipen verlangen am Wochenende oder wenn Livebands spielen ein geringes Eintrittsgeld (etwa 5 C$). Um 2 Uhr, wenn alles dicht macht, geht die Party auf der Straße weiter.

LP TIPP **Gahan House** KNEIPE
(☎902-626-2337; 126 Sydney St; ⏲So–Do 11–22 od. 23, Fr & Sa bis 24 od. 1 Uhr) Hinter historischen Mauern brauen die Kneipenbesitzer hier die einzigen hausgemachten Ales von P.E.I. Zur Auswahl stehen z.B. Sir John A.'s Honey Wheat Ale und das recht vollmundige Sydney Street Stout. Auch das Essen kann sich sehen lassen!

42nd St Lounge BAR
(☎902-566-4620; 125 Sydney St; ⏲16.30–24 Uhr) Stufen führen zur 42nd St Lounge, die gut für einen Cocktail oder Absacker ist. Wie das Off Broadway (S. 475) ein Stockwerk darunter strahlt die Bar mit viel buntem Samt, goldumrandeten Spiegeln und tiefen, gemütlich platzierten Sofas inmitten von Backsteinwänden jede Menge Glamour aus. Sie schließt normalerweise um Mitternacht, bleibt aber meistens so lange geöffnet, bis die Gäste weniger werden.

Unterhaltung

Vom späten Nachmittag bis in die frühen Morgenstunden steht in Charlottetown eine bunte Mischung aus Theater, Musik, Inselkultur und Spaß auf dem Programm. Die kostenlose Monatszeitschrift *Buzz* informiert über das aktuelle Angebot.

Kinos

City Cinema KINO
(☎902-368-3669; 64 King St) Kleines eigenständiges Kino, in dem kanadische und ausländische Filme laufen.

Theater

Confederation Centre of the Arts THEATER
(☎902-566-1267, 800-565-0278; www.confederationcentre.com; 145 Richmond St) Der moderne Komplex umfasst ein großes Theater und ein Amphitheater im Freien, in denen Konzerte, Comedy-Shows und aufwendig produzierte Musicals stattfinden. *Anne of Green Gables – The Musical* unterhält das Publikum bereits seit 1964, als es als Programmpunkt des Charlottetown Festival uraufgeführt wurde. Somit ist es das am längsten laufende Musical Kanadas und zudem sehr unterhaltsam – man muss es ja niemandem erzählen ...

Livemusik

Auf der gesamten Insel und so auch in Charlottetown finden die traditionellen *ceilidhs* (*kai*-lies) statt. Manche nennen sie Küchenpartys und meistens steht stimmungsvolle keltische Musik und Tanz auf dem Programm. Wer gerade während einer solchen Veranstaltung vor Ort ist, sollte sich das auf keinen Fall entgehen lassen. In der Freitagsausgabe des *Guardian* werden Termine und Orte der anstehenden *ceilidhs* bekannt gegeben.

Olde Dublin Pub KNEIPE
(☎902-892-6992; 131 Sydney St; Eintritt 8 C$) Traditioneller Irish Pub mit geselliger Atmosphäre und abendlichem Liveprogramm im Sommer. Keltische Bands und lokale Prominenz sorgen für unterhaltsame Nächte.

Baba's Lounge BAR
(☎902-892-7377; 81 University Ave; Eintritt 8 C$) In der einladenden, heimeligen Bar über der Cedar's Eatery spielen großartige einheimische Bands ihre eigene Musik. Ab und an finden hier Lyrik-Lesungen statt.

Benevolent Irish Society SAAL
(☎902-963-3156; 582 North River Rd; Eintritt 10 C$; ⌚Mitte Mai–Okt. Fr 20 Uhr) Veranstaltungsort für unterhaltsame *ceilidhs* im Norden der Stadt. Am besten kommt man früh, denn es gibt nur wenige Sitzplätze.

Praktische Informationen

Hauptpost (☎902-628-4400; 135 Kent St)

Polizei, Ambulanz & Feuerwehr (☎911)

Polyclinic Professional Centre (☎902-629-8810; 199 Grafton St; ⌚Mo–Fr 17.30–20, Sa 9.30–12 Uhr) Die Ambulanz nimmt auch außerhalb der normalen Öffnungszeiten Patienten auf. Wer kein kanadischer Staatsbürger ist, muss eine Gebühr von 40 C$ zahlen.

Queen Elizabeth Hospital (☎902-8894-2111; 60 Riverside Dr;⌚24 Std.) Notaufnahme.

Royal Canadian Mounted Police (☎902-368-9300; 450 University Ave) Nur für nicht dringende Fälle.

Visit Charlottetown (www.visitcharlottetown.com) Nützliche Website mit Infos zu anstehenden Festivals und der Geschichte der Stadt sowie mit Tipps für Besucher.

Visitors Centre (☎902-368-4444, 888-734-7529; www.peiplay.com; ⌚Juni 9–20, Juli & Aug. bis 22, Sept.–Mitte Okt. 8.30–18, Mitte Okt.–Mai Mo–Fr 9–16.30 Uhr; @) Das Besucherzentrum befindet sich in der Founders' Hall und fungiert als zentrale Touristeninformation der Insel. Hier gibt's nützliche Tipps, jede Menge Prospekte und Karten sowie kostenlosen Internetzugang.

An- & Weiterreise

Auto & Motorrad

Wegen des Mangels an öffentlichen Verkehrsmitteln bevorzugen die meisten Reisenden Mietautos für Ausflüge nach Charlottetown und Umgebung. Im Sommer sind Leihwagen sehr gefragt, man sollte also im Voraus buchen!

Landesweit vertretene Unternehmen wie Avis, Budget, National und Hertz haben Filialen in der Stadt und am Flughafen. An den Schaltern am Flughafen werden nur Kunden mit Reservierung bedient.

Bus

Infos gibt's auf S. 467.

Flugzeug

Der Flughafen von Charlottetown liegt 8 km nördlich des Zentrums an der Brackley Point Rd und der Sherwood Rd. Ein Taxi in die/aus der Stadt kostet 12 C$, zuzüglich 4 C$ für jeden weiteren Fahrgast.

Unterwegs vor Ort

Auto & Motorrad

Die städtischen Parkplätze in der Nähe der Touristeninformation und des Peak's Wharf kosten 6 C$ pro Tag. Für einen Loonie kann man wochentags zwischen 8 und 18 Uhr in jeder Parkbucht der Stadt zwei Stunden sein Auto abstellen.

Fahrrad

Die malerische Stadt lässt sich bestens mit dem Fahrrad erkunden. **MacQueen's Bicycles** (☎902-368-2453; www.macqueens.com; 430 Queen St; pro Tag/Woche 25/125 C$) verleiht verschiedene Räder, die gut in Schuss sind. Kinderräder kosten die Hälfte. Auch **Smooth Cycle** (☎902-566-5530; www.smoothcycle.com; 330 University Ave; pro Tag/Woche 25/110 C$) bietet einen hervorragenden Service. Beide Anbieter veranstalten ausgezeichnete, auf den jeweiligen Kunden abgestimmte Touren auf dem Confederation Trail quer durch die Insel.

Öffentliche Verkehrsmittel

Trius Tours (☎902-566-5664) betreibt die spärlichen Verbindungen innerhalb der Stadt (einfache Strecke 1,80 C$). Einer der Busse fährt durchs Zentrum und hält sporadisch zwischen 9.20 und 14.40 Uhr am Confederation Centre.

Taxi

Die Gebühren sind einheitlich und werden nach Zonen berechnet. Zwischen dem Hafen und dem Hwy 1 gibt es drei Zonen. Fahrten innerhalb dieses Gebiets kosten etwa 11 C$, plus 3 C$ für jede weitere Person. **City Taxi** (☎902-892-6567) und **Yellow Cab PEI** (☎902-566-6666) bieten einen guten Service.

ÖSTLICHES P.E.I.

Kings County im Osten der Provinz ist der untouristischste Teil der Insel und lässt sich wunderbar auf eigene Faust erkunden. Die Landschaft ist geprägt von gepflegten Gehöften, der gewundenen Ostküste mit ihren geschützten Häfen und Stränden, von viel Natur und Landgasthöfen sowie malerischen historischen Straßen, die sich unter den Kronen majestätischer Bäume in die unendliche Ferne erstrecken. Der 338 km lange Points East Coastal Drive verläuft an der Küste entlang, vorbei an verschiedenen Attraktionen. Am besten entdeckt man diesen Teil der Insel jedoch mit dem Fahrrad, denn hier zeigt sich der Confederation Trail von seiner schönsten Seite.

Orwell

28 km östlich von Charlottetown und über den Hwy 1 zu erreichen, liegt das **Orwell Corner Historic Village** (☎902-651-8510; am Hwy 1; Erw./Kind unter 12 Jahren 7,50 C$/frei; ⌚Juli–Anfang Sept. 9–17, Mitte Mai–Juni & Anfang Sept.–Okt. Mo–Fr 9–17 Uhr), eine zum Leben erweckte Nachbildung einer ländlichen Dorfgemeinde aus dem 19. Jh. inklusive Schmied und Lehrer in typischer Tracht. Mittwochs können Besucher an einem traditionellen **ceilidh** (Eintritt 10 C$; ⌚20 Uhr) teilnehmen. Im **Sir Andrew MacPhail Homestead**, einen weiteren Kilometer die Straße hinunter, trifft man sich an Sommernachmittagen zum Teetrinken.

Point Prim

Die schmale Landzunge ist im Sommer bedeckt von Rosen und Weizenfeldern und bietet schöne Ausblicke auf die umgebenden Küsten samt ihren roten Stränden. An der Spitze thront der älteste **Leuchtturm** (Erw./Kind 7/2 C$; ⌚9–18 Uhr) der Provinz. Vielleicht ist dies einer der hübschesten Fleckchen auf der ganzen Insel. Wer die Stufen erklimmt, kann das Nebelhorn erklingen lassen und wird an sonnigen Tagen mit einem Panorama der Südküste belohnt.

Viele Besucher kommen außerdem, um an einem Kurs von **Seaweed Experience** (☎866-887-3238; Erw./Kind 60/30 C$, min. 4, max. 8 Teilnehmer; ⌚Mo, Di, Do & Fr) teilzunehmen. Dabei wird gezeigt, wie Meeresalgen geerntet werden, und erklärt, welche Typen essbar sind oder medizinische Wirkung haben. Veranstaltet wird das Ganze von einer ortsansässigen Familie, die schon seit Generationen in dem Geschäft tätig ist, sowie einem fachkundigen Meeresbiologen.

Es gibt viele Cottages, die wochenweise vermietet werden. Das einzige, das auch kürzere Aufenthalte im Angebot hat, ist **Gerritson's Cottage** (☎902-659-2418; 1993 Point Prim Rd; Cottages 130 C$). Das moderne, voll ausgestattete Cottage direkt an der Küste hat einen Grill, eine Schaukel für Kinder, Fernseher und Mikrowelle und eignet sich perfekt für Familien.

Für das leibliche Wohl sorgt das **Chowder House** (Fischsuppe mit Brötchen 8 C$; ⌚11–19 Uhr), ein gemütliches Café in der Nähe des Leuchtturms. In ländlichem Ambiente werden hier eine akzeptable Fischsuppe und hausgemachte Pasteten serviert.

Wood Islands

In Wood Islands legen die Fähren nach Nova Scotia ab. Vom Fährhafen den Hügel

EINE RADTOUR AUF DEM CONFEDERATION TRAIL

Der 357 km lange, fast durchgängig flache Confederation Trail folgt dem Schienenbett der ehemaligen Eisenbahnlinie von Prince Edward Island und schlängelt sich um Hügel und Täler. Einige Streckenabschnitte sind komplett von einem dichten Blätterdach bedeckt und Ende Juni/Anfang Juli säumen den Weg leuchtende, blühende Lupinen. Wohl nirgendwo sonst ist der herbstliche Farbenwechsel so schön zu beobachten wie auf dieser Route.

Die 279 km lange Strecke führt von einem Zipfel der Insel in Tignish (S. 495) am North Cape bis zum anderen in Elmira (S. 481) in der Nähe des East Point und hält einen ganz schön auf Trab. In den idyllischen Dörfern entlang der Route können Radler sich stärken oder übernachten. Am leichtesten ist die Strecke natürlich mit Rückenwind zu bewältigen – der Wind bläst auf P. E. I. überwiegend von Westen und Südwesten. Abzweigungen führen zur Confederation Bridge (S. 467), nach Charlottetown (S. 470), Souris (S. 480) und Montague (S. 479).

In den **Touristeninformationen** (www.gov.pe.ca/visitorsguide) der Provinz sind ausgezeichnete Straßenkarten erhältlich und auf der Website gibt's jede Menge Infos über die Strecke sowie Tipps für die Planung. Die Fahrradverleihe in Charlottetown (S. 477) bieten großartige Touren über die ganze Insel.

hinauf liegt eine **Touristeninformation** (902-962-7411; Plough Waves Centre, Ecke Hwy 1 & Rte 4; 10.30–21 Uhr).

Wer am Fährhafen warten muss, sollte die Zeit für einen kurzen Spaziergang zum **Wood Islands Provincial Park** samt seinem Leuchtturm aus dem Jahr 1876 nutzen. Bei **Crabby's Seafood** (Snacks 4–7 C$; Juni–Sept. 12–18 Uhr) beim Fährhafen kann man dann noch ein Taschenkrebssandwich oder ein Hummerbrötchen verdrücken.

Murray River & Umgebung

Von Wood Islands führt die Rte 4 nach Osten an der Northumberland Strait entlang und schlängelt sich bei High Bank landeinwärts in Richtung des geschäftigen Fischerorts Murray River mit seiner erstaunlich lebendigen Kunstszene. Die Küstenstraße wird dann zur Rte 18, umrundet immer am Meer entlang Cape Bear, führt am Leuchtturm vorbei und schließlich zurück durch das Dorf Murray Harbour nach Murray River. Der flache, verlassene Straßenabschnitt bietet Blicke auf eine wunderschön friedliche Landschaft und eignet sich bestens für Radfahrer. Diese folgen einfach der Küstenstraße ab Murray River und fahren dann über die Verlängerung des Confederation Trail bei Wood Islands wieder zurück.

Alternativ kann man sich an Bord eines Schiffes von **Cruise Manada** (902-838-3444, 800-986-3444; www.cruisemanada.com; Erw./Kind unter 13 Jahren 22/11,50 C$; Mitte Mai–Sept.) den Wind durchs Haar wehen lassen. Die zweistündigen Bootsfahrten auf dem Murray River führen vorbei an Muschelfarmen bis zu den Murray Islands, der Heimat hunderter Robben.

Bei Little Sands, 9 km von der Wood-Island-Fähre entfernt, kann man in der **Rossignol Estate Winery** (902-962-4193; Rte 4; Mai–Okt. Mo–Sa 10–17, So 13–17 Uhr) kostenlos Fruchtweine probieren. Der hervorragende Blackberry Mead (Brombeermet) wurde mehrfach ausgezeichnet und auch den Wild Rose Liquor, hergestellt aus Hagebutten, sollte man probieren. Die Winteröffnungszeiten erfährt man telefonisch.

Exzellente Küche gibt's im **Brehaut's Restaurant** (902-962-3141; Murray Harbour; Hauptgerichte abends unter 8 C$; Mo–Sa 8–21, So 11–21 Uhr). In den gemütlichen Sitzecken und Nischen des großen roten Holzhauses lassen sich die Gäste herzhafte Gerichte wie die tolle Seafood-Suppe schmecken.

Panmure Island

Über eine Abzweigung des Hwy 17 geht es auf einer geteerten Straße zur Spitze von Panmure Island. Die Gegend ist bekannt für ihre facettenreichen Strände, so wird das kalte Meer an der Küste von weißem Sand gesäumt, während rund um die St. Mary's Bay wärmeres Wasser und rosafarbene Strände die Landschaft prägen. Die Insel ist über einen Damm mit Prince Edward Island verbunden und bietet wunderschöne Ausblicke auf Sanddünen und die Brandung, auf grasende Pferde und einen hübsch bemalten **Leuchtturm** (☎902-838-3568; Führung 5 C$; ⏱Juli & Aug. 9.30–17 Uhr, Juni & Sept. wechselnde Öffnungszeiten), den Besucher für 4 C$ besteigen können. Einmal im Jahr wird hier ein **Powwow** (☎902-892-5314; www.ncpei.com/powwow-trail.html; ⏱Mitte Aug.) veranstaltet, samt Trommeln, Kunsthandwerk und Schwitzhütte. Bei einer Besucherzahl von rund 5000 kann man abgeschiedene Strandidylle dann getrost vergessen.

Der überwachte Strand im **Panmure Island Provincial Park** (☎902-838-0668; Hwy 347; Stellplatz 21 C$; ⏱Juni–Mitte Sept.) eignet sich bestens für ein Picknick. Der Zeltplatz mit seinen 44 Stellplätzen (die meisten ohne Strom), die unter Bäumen versteckt an der Küste liegen, bietet alle möglichen Annehmlichkeiten. Mehr Luxus verspricht das großartige **Maplehurst Properties** (☎902-838-3959; www.maplehurstproperties.com; Rte 347; DZ 109–190 C$, Cottages 125–190 C$; ⏱Mai–Nov.). Die ursprünglich aus dem Süden stammende und äußerst gastfreundliche Marsha Leftwich hat hier ein außergewöhnliches B&B mit prachtvollen Kerzenleuchtern sowie frisch gebackenen Muffins und anderen Leckereien geschaffen.

Montague & Umgebung

In Montague fühlt man sich fast wie auf dem Festland, schließlich ist es hier ausnahmsweise mal nicht flach. Die geschäftige kleine Stadt erstreckt sich entlang des Montague River und dient als Dienstleistungszentrum des Kings County. Die Straßen führen vom historischen Hafenviertel zu modernen Einkaufszentren, Supermärkten und Fast-Food-Filialen.

Im alten Bahnhof am Flussufer befindet sich das **Island Welcome Center** (☎902-838-0670; Ecke Rte 3 & 4; ⏱Ende Mai–Ende Juni & Ende Aug.–Mitte Okt. 9–16.30, Ende Juni–Ende Aug. 8–19 Uhr). Hier verläuft der Confederation Trail entlang einer ehemaligen Bahnlinie, den man mit einem Leihrad von **Pines Bicycle Rentals** (☎902-838-3650; 31 Riverside Dr; Radverleih halber/ganzer Tag 20/30 C$; ⏱8–20 Uhr) entlangfahren kann. Alternativ kauft man sich bei **Cruise Manada** (☎902-838-3444, 800-986-3444; www.cruisemanada.com; Erw./Kind unter 13 Jahren 22/11,50 C$; ⏱Mitte Mai–Sept.) ein Ticket für eine der beliebten zweistündigen Bootsfahrten zur größten Robbenkolonie von P.E.I.

Am anderen Ufer thront das stattliche Gebäude der ehemaligen Post und Zollstelle (1888) über dem Jachthafen. Heute beherbergt es das **Garden of the Gulf Museum** (☎902-838-2467; 564 Main St S; Erw./Kind unter 12 Jahren 3 C$/frei; ⏱Anfang Juni–Ende Sept. Mo–Fr 9–17 Uhr), in dem Exponate die Geschichte der Gegend veranschaulichen.

Nördlich der Stadt treffen im **Brudenell River Provincial Park** (☎902-652-8966; bei Rte 3; Stellplatz Zelt/Wohnmobil 21/24–28 C$; ⏱Ende Mai–Mitte Okt.), Park und Resort in einem, Natur und Komfort aufeinander. Zum Freizeitangebot gehören Kajakfahrten mit **Outside Expeditions** (☎902-652-2434; www.getoutside.com; Halb-/Ganztagestour 55/100 C$), Wanderungen und Golfpartien auf zwei Championship-Plätzen. **Brudenell Riding Stables** (☎902-652-2396; 1-stündiger Ausritt 25 C$; ⏱Juni–Sept.) bieten zudem einstündige Ausritte durch die sonnendurchfluteten Wälder und zum Strand an.

Schlafen & Essen

LP TIPP **Knox's Dam B&B** B&B $$
(☎902-838-4234, 866-245-0037; knoxdambandb@hotmail.com; Ecke Rte 353 & 320; Zi. inkl. Frühstück 85–100 C$; ⏱Mitte Mai–Okt.; WLAN) Das B&B ist in einem hübschen, roten, viktorianischen Landhaus vor der plätschernden Geräuschkulisse des Knox-Damms am Montague River untergebracht. Die liebevoll gestalteten Gästezimmer sind mit weicher Bettwäsche, altmodisch-eleganter Badewanne samt Klauenfüßen sowie modernem Komfort wie Satellitenfernsehen ausgestattet. Sie überblicken entweder den preisgekrönten Blumen- oder den üppigen Gemüsegarten. Zudem kann man am Damm wunderbar Forellen angeln. Die Gastgeber sind überaus freundlich.

Boudreault's White House B&B $
(☎902-838-2560, 800-436-3220; 342 Lower Montague Rte 17; Zi. inkl. Frühstück 50–65 C$; ⏱Mai–Okt.; WLAN) Im gemütlichen Reich der gastfreundlichen Zita gibt es drei kleine Zimmer mit frischen Handtüchern, Steppdecken und einem Gemeinschaftsbad. Zum Programm gehören Karten, Infos zu Restaurants und Aktivitäten in der Umgebung sowie Unterstellmöglichkeiten für Fahrräder. Kinder sind willkommen.

Windows on the Water Café RESTAURANT $$
(☎902-838-2080; Ecke Sackville & Main St; Hauptgerichte abends 15–27 C$; ⏱Mai–Okt. 11.30–21.30 Uhr) Auf der Terrasse mit Blick auf den Fluss (und teilweise auf die Straße) werden Meeresfrüchte, Hühnchen und

vegetarische Gerichte serviert. Besonders empfehlenswert sind die mit Hummer und Jakobsmuscheln gefüllte Seezunge (C$15) sowie die frisch zubereiteten Ofen-Desserts.

Georgetown

Die vielen historischen Gebäude in Georgetown zeugen von der bedeutenden Rolle, die die Stadt in der viktorianischen Epoche für den Schiffsbau spielte. Heute präsentiert sie sich als verschlafenes Örtchen, das aufgrund seiner ausgezeichneten Restaurants und der schönen Kulisse zunehmend Touristen anzieht. Hier ist außerdem **Tranquility Cove Adventures** (☎902-969-7184; www.tranquilitycoveadventures.com; Fisherman's Wharf, 1 Kent St; Ganz-/Halbtagstour 90/50 C$) ansässig; mit der Agentur kann man sich einen Tag lang wie ein Fischer fühlen und auf Hummerfang gehen, angeln oder Muscheln sammeln. Es erwarten einen körperliche Arbeit, nasse Klamotten und natürlich eine Mahlzeit aus eigenhändig gefangenen Meerestieren. Infos über das interessante Tourangebot gibt's auf der Website.

Schlafen & Essen

Georgetown Inn & Dining Room INN & RESTAURANT $$
(☎902-652-2511, 877-641-2414; www.georgetownhistoricinn.com; 62 Richmond St; Zi. inkl. Frühstück 85–155 C$; 📶) Mitten im Zentrum werden Themenzimmer zu P. E. I. (darunter eine Green-Gables-Version) sowie gute Inselküche in lockerem Ambiente geboten.

Clamdigger's Beach House & Restaurant RESTAURANT $$
(☎902-652-2466; 7 West St; Hauptgerichte 12–40 C$; ⌚11–21 Uhr) Manche behaupten, hier käme die beste Fischsuppe der Provinz auf den Tisch. Ob man nun gleicher Meinung ist oder nicht, die traumhafte Aussicht von der Terrasse und durch die riesigen Fenster im Speisesaal hat bisher alle beeindruckt.

Cardigan Lobster Suppers HUMMER $$
(☎902-583-2020; Rte 311; Erw./Kind 34/20 C$; ⌚Juni–Okt. abends) In einem historischen Gebäude am Cardigan Harbor im nahe gelegenen Cardigan kommen Hummermenüs mit fünf Gängen auf den Tisch.

Souris

Rund um die Colville Bay erstreckt sich der geschäftige Fischerort Souris (*sur*-ri). Seinen Namen verdankt er den Französisch-Akadiern und gefräßigen Mäusen, die immer wieder die Ernte zunichtemachten (frz. Maus = *souris*). Mittlerweile ist die Stadt besser bekannt für ihr jährliches, fröhliches Musikfestival als für die hungrigen Nager aus vergangenen Zeiten. Das **PEI Bluegrass & Old Time Music Festival** (☎902-569-3153; www.bluegrasspei.com/rollobay.htm; Rte 2; ⌚Anfang Juli) zieht sogar Künstler aus Nashville an. Entweder man kommt nur auf einen Abstecher vorbei oder man bleibt gleich für die gesamten drei Tage.

Die Arbeiterstadt ist ein guter Ausgangspunkt für Radtouren entlang der Küstenstraße (Rte 16) und auf dem Confederation Trail, der durch den Ort führt. Zudem legen hier Fähren auf die Îles de la Madeleine in Québec (s. S. 339) ab.

Schlafen & Essen

Inn At Bay Fortune INN & RESTAURANT $$
(☎902-687-3745; www.innatbayfortune.com; 758 Rte 310; Zi. ab 135 C$, Suite 200–335 C$; Gerichte ab 60 C$; ❄📶) Der am Meer gelegene Gasthof, etwa 12 km südlich von Souris, hat mit die schicksten Unterkünfte und eines der besten Restaurants der Insel zu bieten. Küchenchef Warren Barr, der sich 2011 aus der Küche zurückziehen möchte, kreierte eine Speisekarte, die die kulinarische Essenz der Provinz einfängt. Zu den Highlights gehören Tartar von P. E. I.-Jakobsmuscheln an Erdbeer-Balsamico-Sauce und knusprige Rinderrippchen mit gebratenen Shiitake-Pilzen aus biologischem Anbau. Die modernen Zimmer strahlen ländliches Flair aus und die originellsten Unterkünfte, winzige Zimmerchen in einem Turm mit einem Ausblick von fast 360 °, sind die günstigsten. Der Preis steigt mit der Größe, am teuersten sind die privaten Cottages.

McLean House Inn INN $$
(☎902-687-1875; www.mcleanhouseinn.com; 16 Washington St; Zi. 105–120 C$, Suite 190 C$, inkl. Frühstück; 📶) Aussicht und Atmosphäre machen dieses wunderschöne Mansardenhaus zur perfekten Kulisse für einen faulen Nachmittag. Im Wintergarten können Gäste in einem der Korbstühle in Ruhe ein Buch lesen. Besonders schön ist das Colville-Bay-Zimmer (Nr. 303).

Dockside B&B B&B $$
(☎902-687-2829, 877-687-2829; www.colvillebay.ca; 37 Breakwater St; DZ 70 C$; 📶) Das moderne B&B, nur ein paar Schritte vom Fährhafen entfernt, beherbergt einfache, je-

doch große und luftige Doppelzimmer. Das Frühstück wird auf einer hellen, verglasten Veranda mit Hafenblick serviert.

Bluefin Restaurant RESTAURANT $
(☎902-687-3271; 10 Federal Ave; Gerichte 10–14 C$; ⏲Mo–Sa 6.30–19, So 6–20 Uhr) Das Restaurant liegt in der Nähe des McLean House Inn und ist bei Einheimischen wegen seiner großen Portionen und der traditionellen Inselküche beliebt. Mittagsangebote gibt's von 11 bis 13 Uhr.

East Point & Umgebung

Das **East Point Lighthouse** (☎902-357-2106; Erw./Kind 5/4 C$; ⏲Mitte Juni–Aug. 10–18 Uhr) wurde im Jahr der kanadischen Konföderation gebaut und wacht noch immer über die Nordostküste von P.E.I. Nachdem der damalige Standort des Leuchtturms 1882 als Ursache für den Untergang des britischen Schiffes *Phoenix* ausgemacht wurde, versetzte man ihn näher an die Küste. Durch die Erosion des Bodens musste er jedoch wieder zurückversetzt werden. Neben dem Leuchtturm befinden sich ein Geschenkeladen und ein kleines Café, das leckere Hummerbrötchen (5 C$), herzhafte Fischsuppe und gute Sandwiches serviert.

Das bewaldete Meeresufer sorgt für interessante Abwechslung. In der Landschaft stehen gigantische weiße Windmühlen. Die faszinierenden Häfen von **North Lake** und **Naufrage** eignen sich hervorragend für einen Zwischenstopp; wem danach ist, der kann sich hier außerdem in einem Charterboot auf die Suche nach einem 450 kg schweren Thunfisch machen.

Im **Eisenbahnmuseum** (☎902-357-7234; Rte 16A; Erw./Student/Fam. 3/2/10 C$; ⏲Juli & Aug. 10–18, Mitte Juni–Ende Juni & Anfang Sept.–Mitte Sept. Fr–Mi bis 17 Uhr) in Elmira können Besucher eine Fahrt mit einem witzigen Minizug (Erw./Student/Fam. 7/4/15 C$) unternehmen, der sich durch den Wald schlängelt. Der Bahnhof markiert das östliche Ende des Confederation Trail (s. Kasten S. 478).

Von St. Peter's nach Mt. Stewart

Die Strecke zwischen beiden Dörfern eignet sich hervorragend für eine Radtour. Der Abschnitt des Confederation Trail (s. Kasten S. 478), der St. Peter's am nächsten ist, führt an der Küste entlang und hat eine tolle Aussicht zu bieten. In Mt. Stewart laufen am Flussufer drei Abschnitte des Confederation Trail zusammen, somit bietet das relativ kompakte Gebiet Radfahrern und Wanderern viele Möglichkeiten. Sowohl der Confederation Trail als auch das **Provincial Tourist Office** (☎902-961-3540; Rte 2; ⏲Ende Juni–Ende Aug. 8–19, Mitte Juni–Ende Juni & Ende Aug.–Okt. 9–16.30 Uhr) befinden sich neben der Brücke von St. Peter's.

Schlafen & Essen

Inn at St Peters INN & RESTAURANT $$$
(☎902-961-2135, 800-818-0925; www.innatstpeters.com; 1168 Greenwich Rd; DZ 220–265 C$; Hauptgerichte mittags ab 17 C$, abends ab 22 C$; ⏲morgens, mittags & abends; 📶) Neben luxuriösen Zimmern und einem traumhaften Meerblick punktet das Gasthaus in erster Linie mit einem der besten Restaurants der Provinz mit Aussicht auf den Sonnenuntergang. Die Zimmer sind schlicht und elegant und mit antiken Möbeln eingerichtet. Wer hier nicht übernachten möchte, sollte trotzdem die exzellente Küche probieren – das gilt auch für verschwitzte Radfahrer!

Tir na Nog Inn INN $$
(☎902-961-3004, 866-961-3004; www.tirnanoginn.com; 5749 Hwy 2; Zi. inkl. Frühstück 65–115 C$; P🚭) Das Gasthaus ist in einem wunderschön restaurierten viktorianischen Haus in St. Peter's untergebracht und hat

NICHT VERSÄUMEN

BASIN HEAD PROVINCIAL PARK

Obwohl sich im **Park** (abseits der Rte 16; Eintritt frei) das **Basin Head Fisheries Museum** (☎902-357-7233; Erw./Student 4,50/2 C$; ⏲Juni & Sept. 9–17, Juli & Aug. bis 18 Uhr) befindet, ist die Hauptattraktion der **Basin Head Beach** mit seinem goldenen Sand. Zu Recht ist er der Lieblingsstrand vieler Insulaner. Der Sand ist auch für sein Singen – oder besser gesagt Quietschen – bekannt. Leider fällt die Show bei Regen ins Wasser, bei trockenem Wetter wiederum trennen einen nur fünf Minuten singender Fußschritte vom Museum aus in südliche Richtung von abgeschiedener Idylle.

einladende Unterkünfte, köstliches Frühstück und eine große Veranda mit Blick auf die Bucht zu bieten.

Midgell Centre HOSTEL $
(☎902-961-2963; 6553 Rte 2, Midgell; B & EZ mit Gemeinschaftsbad 20 C$; ⏲Mitte Juni–Mitte Sept.) Die kargen Unterkünfte sind eigentlich Gästen des christlichen Zentrums vorbehalten, stehen jedoch auch anderen Besuchern zur Verfügung. Untergebracht wird man im Schlafsaal oder in Privatzimmern. Die preiswerte Option in der Nähe von St. Peter's und Greenwich hat außerdem Gemeinschaftsküchen in jedem Gebäude.

Rick's Fish 'n' Chips & Seafood House RESTAURANT $
(☎902-961-3438; Rte 2, St. Peter's; Gerichte 5–15 C$; ⏲11–22 Uhr) Hier gibt's köstliche, hausgemachte Fish'n'Chips. Für Abwechslung sorgen vegetarische Burger, verschiedene Muschelgerichte und leckere Pizza.

ZENTRALES P. E. I.

Das zentrale P. E. I. hat von allem etwas zu bieten: grüne Felder, malerische Dörfer und Wälder, die wellenförmig Richtung Norden zu den dramatischen, mit Sanddünen übersäten Stränden des Prince Edward Island National Park verlaufen. Anne auf Green Gables, die berühmte Heldin des Romans von Lucy Maud Montgomery aus dem Jahr 1908 hat eine riesige, globale Industrie ins Leben gerufen, in deren Mittelpunkt der einst ländliche Weiler Cavendish steht. Doch auf P. E. I. sind selbst die schlimmsten Touristenfallen und die kommerziellsten Ecken geradezu malerisch – frisch gestrichen und mit Blumen bedeckt.

Wer über die Confederation Bridge ins zentrale P. E. I. kommt, sollte nach der Ankunft in P. E. I. beim **Gateway Village Visitor Information Centre** (☎902-437-8570; Hwy 1; ⏲8.30–20 Uhr) gleich neben der Brücke anhalten, wo es kostenlose Landkarten, Broschüren und Toiletten sowie eine ausgezeichnete, einführende Ausstellung namens „Our Island Home" (Mai–Nov.) gibt. Das Personal weist gerne den Weg zum Confederation Trail (s. Kasten S. 478), der sich ganz in der Nähe befindet.

Victoria

Echte Sehenswürdigkeiten gibt's hier zwar nicht, dafür strahlen die schattigen Alleen des malerischen Fischerdorfs Charme und Charakter aus und laden zu Spaziergängen ein. Der gesamte Ort passt noch immer in die vier Blocks, die bei der Gründung 1819 errichtet wurden. In den farbenfrohen, schindelverkleideten Häusern leben mittlerweile auch einige Besucher, die dem Zauber des Dorfs erlegen und geblieben sind. Es gibt viele Kunstläden, Cafés, Lokale und im Sommer ein tolles Theaterfestival.

ABSTECHER

DESTILLEN

In den letzten Jahren öffneten zwei Destillerien auf der Insel ihre Pforten. Sie erinnern an die Zeiten der Prohibition, als die Provinz berühmtes Zentrum des Alkoholschmuggels war. Noch heute brennen viele Familien ihren Schnaps selbst; er wird auf ländlichen Hochzeiten oder Festen gerne in Cocktails oder Bowle gemischt.

Spezialität der **Prince Edward Distillery** (☎902-687-2586; www.princeedwarddistillery.com; Rte 16, Hermanville; ⏲11–18 Uhr) ist Wodka auf Kartoffelbasis, der bereits im ersten Produktionsjahr exzellente internationale Kritiken erhielt. Besucher können eine Führung (ohne/mit Verkostung 2/10 C$) durch die Destillerie unternehmen und die verschiedenen Wodkasorten (Kartoffel, Weizen und Blaubeere) sowie neuere Produkte wie Bourbon, Rum und einen sehr originellen, aromatischen Gin probieren.

In der **Myriad View Distillery** (☎902-687-1281; www.straightshine.com; 1336 Rte 2, Rollo Bay; ⏲Mo–Sa 11–18, So 13–17 Uhr) wird Kanadas erster (legaler) Schnaps gebrannt. Der superstarke Straight Lightning Shine hat einen Alkoholgehalt von 75 % und fühlt sich auf der Zunge wie flüssiges Feuer an, also erstmal nur ganz leicht nippen – ein kräftiger Schluck könnte einen leicht in andere Sphären befördern! Beim 50 %-igen Straight Shine kann man das Aroma etwas besser genießen. Führungen und Verköstigungen sind kostenlos und der Besitzer beantwortet gerne jede Frage.

Zwischen den beiden Brennereien fährt man zehn Minuten auf dem Hwy 307.

Sehenswertes & Aktivitäten

By the Sea Kayaking KAJAKFAHREN
(☎902-658-2572, 877-879-2572; www.bythesea kayaking.ca; Kajakverleih pro Std./Tag 25/50 C$) Im Rahmen einer Tour oder auf eigene Faust kann man durch die Bucht paddeln und am Strand von **Victoria Harbour Provincial Park** (Eintritt frei), wo es auch Umkleidekabinen gibt, ein erfrischendes Bad nehmen. Der Anbieter hat außerdem beliebte Muschelsammeltouren (70 C$) im Programm und verleiht Fahrräder (pro Std./Tag 15/30 C$).

Victoria Playhouse THEATER
(☎902-658-2025, 800-925-2025; www.victoria playhouse.com; 20 Howard St; Eintrittskarten 26 C$; ⊙Juni–Sept. 20 Uhr) In dem mit viel rotem Samt und Gold geschmückten Theater finden im Sommer viele Aufführungen statt. Montagabends stehen Konzerte der besten Musiker der Region auf dem Programm.

Lighthouse Museum MUSEUM
(Eintritt gegen Spende; ⊙Ende Juni–Aug. 9–17.30 Uhr) Das Museum zeigt eine interessante Ausstellung über die Geschichte der Gegend. Wenn es geschlossen ist, kann man sich den Schlüssel aus dem Laden auf der anderen Straßenseite holen.

Schlafen & Essen

Orient Hotel B&B B&B $$
(☎902-658-2503, 800-565-6743; www.theorienthotel.com; 34 Main St; Zi. 85–105 C$, Suite 125–160 C$, inkl. Frühstück; 📶) Das historische Gasthaus am Meer ist in einem zauberhaften, in rot, blau und butterblumengelb gehaltenen viktorianischen Haus untergebracht und ein echtes Schmuckstück. In **Mrs Proffitt's Tea Room** (⊙Mi–Mo 11.30–16 Uhr) werden leichte Mittagsgerichte und Nachmittagstee serviert.

Victoria Village Inn INN & RESTAURANT $$
(☎902-658-2483; www.victoriavillageinn.com; 22 Howard St; Zi. inkl. Frühstück 80–150 C$; 📶) Die gemütlichen Zimmer und die tolle Familiensuite sind in einem leicht derangierten historischen Gebäude neben dem Theater untergebracht. Im Restaurant (Hauptgerichte 19–27 C$, 17–22 Uhr) werden herrlich dekadente und kreative Speisen kredenzt – etwa Hummer und Spargelrisotto. Zur Auswahl stehen außerdem vegetarische Gerichte sowie Spezialangebote mit Theaterbesuch.

LP TIPP **Landmark Café** CAFÉ $$
(☎902-658-2286; 12 Main St; Hauptgerichte 12–25 C$; ⊙Mitte Mai–Sept. 11.30–22 Uhr) Die wunderbar fantasievolle Küche des familiengeführten Cafés lockt Gäste von weit her an. Jedes der verheißungsvollen und gesunden Gerichte ist ein echter Gaumenschmaus: Lasagne, hausgemachte Suppe, Cajun-Gemüsepfanne oder mit Feta gefüllte Weinblätter. Die Wände schmücken Fotos von den exotischen Reisen, die die Familie jährlich unternimmt, und aus den Lautsprechern tönt abwechslungsreiche Musik.

Island Chocolates SCHOKOLADE $
(☎902-658-2320; 13 Main St; Schokolade 1,25 C$/Stück; ⊙Mo–Sa 10–20, So 12–20 Uhr) Vorsicht, die handgemachte belgische Schokolade, die hier verkauft wird, hat echtes Suchtpotenzial! Die Verandatische des warm beleuchteten Geschäfts alter Schule laden zu einem morgendlichen Kaffee oder einem dekadenten Schokoladendessert ein. Zudem kann man zweistündige Workshops zur Schokoherstellung (45 C$) buchen.

Prince Edward Island National Park

Im **Prince Edward Island National Park** (☎902-672-6350; www.pc.gc.ca/pei; Tagespass Erw./Kind 7,80/3,90 C$) bilden wogende Dünen und rote Sandsteinklippen die atemberaubende Kulisse für einige der schönsten Sandstreifen der Insel. Die dramatische Küste, die schmalen Sumpfgebiete und die Wälder bieten zahlreichen Pflanzen und Tieren ein Zuhause, so z.B. dem Rotfuchs und dem bedrohten Regenpfeifer.

Der Park ist ganzjährig geöffnet, aber die meisten Dienstleistungen stehen nur von Ende Juni bis Ende August zur Verfügung. Zwischen Mitte Juni und Mitte September wird eine Eintrittsgebühr verlangt, die den Zugang zu allen Sehenswürdigkeiten des Parks außer dem House of Green Gables (S. 488) beinhaltet. Wer länger als fünf Tage bleibt, für den könnte sich ein Saisonpass lohnen. Beim Cavendish Visitor Centre (S. 490) gibt es einen Infostand des Parks.

Die folgenden Sehenswürdigkeiten, Unterkünfte und Restaurants sind von Osten nach Westen aufgeführt, wobei zuerst die vom Park unterhaltenen Einrichtungen und dann die privaten innerhalb und außerhalb des Parks aufgelistet sind.

Sehenswertes & Aktivitäten

Von Dünengräsern und wilden Rosen gesäumte Strände erstrecken sich fast über die gesamte 42 km lange Küste des Parks. Die meisten Kanadier gebrauchen die Bezeichnungen Park und Strand fast schon als Synonyme. Beim **Dalvay Beach** im Osten führen einige kurze Wanderwege durch die Wälder. Am **Stanhope Beach** wird es flacher und die Strände werden weiter; ein Steg führt vom Campingplatz ans Ufer. Hinter den Dünen in westlicher Richtung erstreckt sich der weitläufige und beliebte **Brackley Beach**. Ganz im Westen macht seine eindrucksvolle Größe den **Cavendish Beach** zum König aller Strände. Im Sommer ist er stark bevölkert. Wer den Menschenmassen entgehen will, findet im Osten unberührte kleine Strände. Im Hochsommer sind die Strände Cavendish, Brackley und Stanhope bewacht. Ein neu gebauter Radweg führt die ganze Küste entlang.

Schlafen

Parks Canada betreibt drei begehrte **Campingplätze** (☎800-414-6765; Stellplatz Zelt/Wohnmobil 28/36 C$; ⊙Anfang Juni–Ende Aug.), die über die gesamte Länge des Parks verteilt sind. Die Campingplätze haben Kücheneinrichtungen und Duschen. Für 10 C$ extra kann man sich einen Stellplatz reservieren – mindestens drei Tage im Voraus per Telefon oder unter www.pc camping.ca. Dabei kann keine bestimmte Stelle auf dem Platz reserviert werden – man muss nehmen, was bei der Ankunft noch da ist. 80 % der Stellplätze können im Voraus gebucht werden, die anderen werden frei vergeben. Es lohnt sich also, früh da zu sein!

Der **Stanhope Campground** am Gulfshore East Pkwy liegt im Wald hinter dem gleichnamigen Strand verborgen. Vor Ort gibt's einen Laden mit vielen Vorräten.

Der **Robinsons Island Campground**, ebenfalls am Gulfshore East Pkwy, ist ab Ende Juni geöffnet. Er liegt von den drei Campingplätzen am abgeschiedensten, am Ende des Brackley Point. Wenn Wind aufkommt, ist es hier nicht allzu spaßig.

Die Nähe des etwas abseits der Rte 6 gelegenen **Cavendish Campground** zu den Sehenswürdigkeiten macht ihn zum beliebtesten Campingplatz. Er bietet sowohl offene Stellplätze am Meeresufer als auch geschützte Plätze im Schatten der Bäume. Man sollte sich allerdings nicht zu sehr von der Aussicht verleiten lassen – sie ist zwar schön, aber Schlaf ist schöner.

In den im Folgenden genannten Gemeinden gibt es ebenfalls ausgezeichnete Unterkünfte im oder um den Park herum.

Dalvay by the Sea

Das historische Herrenhaus Dalvay thront stolz am östlichen Ende des Parks und überblickt den nach ihm benannten Strand. Das majestätische Gebäude wurde 1895 errichtet und gehört heute der Organisation Parks Canada, die es in ein **Inn** (☎902-672-2048, 888-366-2955; www.dalvaybythesea.com; Gulfshore East Pkwy; Zi. 174–344 C$, Cottages 404–444 C$, inkl. Frühstück; ❄📶🏊) verwandelt hat. Diese Unterkunft ist zweifellos die luxuriöseste und eindrucksvollste an der ganzen Nordküste, und die eleganten Zimmer zeichnen sich durch ihre Aussicht und die antike Möbelierung aus. Im prachtvollen Speisesaal (Hauptgerichte abends 18–36 C$; geöffnet Juli & Aug. morgens, mittags & abends) werden bemerkenswerte Gerichte wie Lammhaxe mit Haselnuss-Salbeikruste und frischer Hummer serviert. Das Restaurant ist nicht nur für Gäste des Hauses geöffnet, und sowohl die Mittagsgerichte als auch der Nachmittagstee (14–16 Uhr) sind erschwinglich. Die Unterkunft verleiht auch Fahrräder (pro Std./Tag 9/26 C$).

ABSTECHER

GREENWICH

Gewaltige, sich ständig verändernde Sanddünen prägen die Landschaft westlich von Greenwich. Die seltenen, parabelförmigen Giganten säumt ein traumhafter Strand – ein Besuch ist ein absolutes Muss! Der 6 km lange Küstenabschnitt wurde 1998 von Parks Canada unter Schutz gestellt und ist mittlerweile Teil des Prince Edward Island National Park.

Das rustikal-avantgardistische **Greenwich Interpretation Centre** (☎902-961-2514; Hwy 13; ⊙Mitte Mai–Ende Juni & Sept.–Mitte Okt. 9.30–16.30, Ende Juni–Aug. bis 19 Uhr) zeigt eine innovative audiovisuelle Präsentation, die die Ökologie des Dünensystems und die archäologische Geschichte der Gegend detailreich erklärt. Ein Spaziergang durch die Bäume verschlingenden Dünen ist jedoch das Highlight. Von den vier Wanderwegen, die durch den Park führen, ist der **Greenwich Dunes Trail** (hin & zurück 4,5 km, 1½ Std.) besonders schön.

Brackley Beach

4 km vor dem Parkeingang befindet sich ein **Welcome Centre** (☎902-672-7474; Ecke Rte 6 & 15; ⏰8–21 Uhr). Bei **North Shore Rentals** (☎902-672-2022; Shaw's Hotel, Rte 15, 99 Apple Tree Rd; Fahrrad pro Std./Tag 7/22 C$) kann man sich Fahrräder, Kajaks und Kanus ausleihen, um die Gegend zu erkunden. Für abendliche Unterhaltung sorgen die Filmvorführungen im **Brackley Beach Drive-In** (☎902-672-3333; www.drivein.ca; 3164 Rte 15; Erw./Kind 9/6 C$; ⏰Mai–Sept.). Das aktuelle Programm gibt's auf der Website.

Shaw's Hotel & Cottages (☎902-672-2022; www.shawshotel.ca; Rte 15, 99 Apple Tree Rd; DZ 75–170 C$, Cottages 120 C$; ⏰Cottages ganzjährig, Inn Juni–Okt.; ❄📶🏊), Kanadas ältestes familiengeführtes Gästehaus, öffnete 1860 seine Tore, also zu einer Zeit, als betuchte Familien den Sommer an der Küste verbrachten. Das Hotel nimmt 30 ha der Familienfarm in Anspruch und hat eine Privatstraße, die zum 600 m entfernten Brackley Beach führt. Die Zimmer strahlen einfache Eleganz der alten Schule aus. Cottages mit einem bis vier Schlafzimmern, von modern bis rustikal eingerichtet, stehen auf dem Anwesen verteilt. Im Juli und August wird ein Kinderprogramm angeboten mit Fahrten auf dem Heuwagen, Spielen, Ausflügen zum Strand und beaufsichtigten Mahlzeiten. Der **Speisesaal** (☎902-672-2022; Hauptgerichte 22–33 C$; ⏰8–10 & 17.45–21.30 Uhr) ist auch für Nicht-Hotelgäste geöffnet. Für das beliebte Sonntagabendbuffet (40 C$; Juli & Aug.) sollte man reservieren!

Für Abwechslung sorgt das einfachere **Dunes Café & Gallery** (☎902-672-2586; Rte 15; Hauptgerichte abends 16–25 C$; ⏰11.30–22 Uhr). Mal ehrlich, wo sonst auf der Insel kann man sich vietnamesischen Reisnudelsalat im Schatten eines gigantischen Buddhas schmecken lassen? Neben der exotischen Küche gibt's außerdem einen ungewöhnlichen Mix aus asiatischer und lokaler Kunst in der Glasgalerie und im Garten.

Rustico

Der Küstenort Rustico wurde 1700 von den Akadiern gegründet. Mehrere schöne, historische Gebäude zeugen von der einstigen Bedeutung des winzigen Dorfes. Am bekanntesten ist die **St. Augustine's Church** (1830), die älteste katholische Kirche auf P.E.I. Sie wird auf der einen Seite vom alten Friedhof, auf der anderen von der massiven, aus rotem Stein gebauten **Farmer's Bank of Rustico** gesäumt. Die Bank hatte hier von 1864 bis 1894 ihren Sitz und war ein Vorreiter der Genossenschaftsbankbewegung in Kanada. Neben ihr steht das **Doucet House**, ein altes Akadiergebäude, das hierher umgesiedelt wurde. Die zwei Profanbauten beherbergen mittlerweile ein **Museum** (☎902-963-2194; Erw./Student 4/2 C$; ⏰Mo–Sa 9.30–17.30, So 13–17 Uhr), das die Siedlungsgeschichte der Gemeinschaft sowie die Gründung der Bank erläutert.

In erstklassiger Lage gegenüber der alten Kirche befindet sich das **Barachois Inn** (☎902-963-2906, 800-963-2194; www.barachoisinn.com; 2193 Church Rd; DZ inkl. Frühstück 125–399 C$; ❄📶), eines der besten B&Bs der Insel. Die prächtige Akadiervilla schmücken hübsche, antike Möbel sowie Gemälde vieler Stilrichtungen, die die Gemeinschaftsräume in eine Art Kunstmuseum verwandeln. Die Bäder sind fast so groß wie die riesigen Zimmer, und im Untergeschoss des neueren Anbaus – ein perfekter Nachbau der alten Villa – verstecken sich ein Fitnessraum, eine Sauna und ein Konferenzraum.

New Glasgow

Das ruhige Städtchen erstreckt sich anmutig entlang des Ufers des River Clyde. Hier gehen die Provinzhauptstädter besonders gerne Hummer essen, zudem erfreuen sich die wunderschönen Naturschutzgebiete zunehmender Beliebtheit.

🛏 Schlafen & Essen

My Mother's Country Inn B&B **$$**
(☎902-964-2508, 800-278-2071; www.mymotherscountryinn.com; Rte 13; DZ 85–225 C$, Cottages 125–250 C$, inkl. Frühstück) Diese Oase inmitten eines 20 ha großen Geländes voller Hügel, rauschender Bäche und verzauberter Wälder ist ein weiterer guter Grund für einen Abstecher nach New Glasgow. Das lichtdurchflutete Gebäude strahlt mit seinen meergrünen und ockerfarbenen Wänden, pastellfarbenen Steppdecken und Holzböden ländliches Flair aus. Der große rote Schuppen neben dem idyllischen Bach eignet sich gut für das perfekte Urlaubsfoto!

New Glasgow Highlands Camping & Cabins CAMPING **$**
(☎902-964-3232; www.campcabinpei.com; Rte 224; Stellplatz Zelt/Wohnmobil 30/35 C$, Hütte 55 C$; ⏰Mai–Okt.; 🏊) Die rund 20 Stellplätze

im Wald haben alle eine eigene Feuerstelle. An Regentagen können Gäste in der einfachen Küche in der Lodge ihr Essen zubereiten. Außerdem bietet der Platz einen Waschautomaten, einen kleinen Laden, einen beheizten Pool und die mysteriöse Abwesenheit von lästigen Insekten. Es gibt auch helle Hütten, die mit zwei Stockbetten, Doppelbett, Sofa und Picknicktisch ausgestattet sind. Bettwäsche und Kissen sind nicht vorhanden und die Waschräume werden von allen gemeinsam benutzt. Nächtlicher Lärm wird gar nicht gerne gehört. Auf jeden Fall im Voraus buchen!

Café on the Clyde RESTAURANT **$$**
(☎902-964-4300; Hauptgerichte abends 13–20 C$; ⏲9–20 Uhr) Das lockere Lokal gehört zu den besseren Optionen in Parknähe, zumindest bevor die Reisegruppen eintreffen. Die sich im River Clyde spiegelnde Sonne lässt die Umgebung in hellem Licht erstrahlen. Lecker sind die vegetarischen Wraps mit einem Hauch Feta und die Spezialität des Hauses: Himbeer-Käsekuchen. Das Café wird von der bekannten **PEI Preserve Company** (⏲9–17, Mitte Juni–Ende Sept. bis 21 Uhr) betrieben. In den Naturschutzgebieten sind die Preise etwas höher, aber die Investition lohnt sich. Wer kein Geld ausgeben möchte, kann zumindest an den kostenlosen Kostproben teilnehmen. Besonders lecker sind der Orangen-Ingwer-Quark und die Himbeer-Champagner-Marmelade.

New Glasgow Lobster Supper HUMMER **$$**
(☎902-964-2870; Rte 258; Hummeressen 26–35 C$; ⏲16–20.30 Uhr) Hier gibt es Hummer satt und leckere Fischsuppe, Muscheln, Salate, Brot und hausgemachte Desserts.

St. Ann

St. Ann ist so klein, dass man es fast übersehen könnte. Sonntagabends machen

P.E.I. National Park & Umgebung

sich Hummerfans zum **St. Ann's Lobster Supper** (☎902-621-0635; Rte 224; Abendessen 26–34 C$; ⏲16.30–20.30 Uhr) auf (immer dem Duft nach!), das New Glasgow echte Konkurrenz macht.

North Rustico

Wenige Minuten nach der Ankunft wird klar, dass dies mehr als nur ein Touristenort ist. Wacklige blau, rot und beige gestrichene Fischerhäuschen säumen den Hafen, in dem Fischerboote für regen Betrieb sorgen. Bei einem Spaziergang an der Uferpromenade entlang vom Pier in Richtung Osten und rauf zum Hafen kann man das Flair, die Geräusche und Gerüche des kleinen Dorfes am besten auf sich wirken lassen.

Aktivitäten

Wer an Bord eines großen Frachters das Meer entdecken möchte, wendet sich an einen der vielen **Hochseeangel-Anbieter** (3–3½-stündige Tour Erw./Kind 38/24 C$) am Harbourview Dr.

Outside Expeditions RAD- & KAJAKFAHREN
(☎902-963-3366, 800-207-3899; www.getoutside.com; 374 Harbourview Dr) Der Anbieter hat in einer hellgelben Fischerhütte am Ende des Hafens sein Büro und veranstaltet einen anderthalbstündigen Anfängerkurs („Beginner Bay", 39 C$), der in die Techniken des Kajakfahrens einführt. Am beliebtesten ist die dreistündige „Harbour-Passage-Tour" (59 C$), die dreimal täglich (9, 14 & 18 Uhr) angeboten wird. Zum Programm gehören außerdem „Land of Anne"-Radtouren (65 C$) und ein Fahrradverleih (halber/ganzer Tag 20/35 C$). In der Nebensaison finden die Touren statt, sobald sich mindestens vier Teilnehmer eingefunden haben.

Montgomery Theatre THEATER
(☎902-963-3963; www.themontgomerytheatre.com; North Rustico Village; Karten 25–32 C$) Das Theater wurde 2008 zu Ehren des 100-jäh-

rigen Jubiläums der Veröffentlichung von *Anne of Green Gables* eröffnet. Die gezeigten Stücke handeln vom Leben von Lucy Maud Montgomery und von der Zeit, in der sie lebte. Aufgeführt werden sie in einer renovierten Kirche aus dem 19. Jh., die Montgomery selbst besuchte. Man sollte sich im Vorfeld um Karten kümmern, denn sie sind schnell ausverkauft.

Schlafen & Essen

Andy's Surfside Inn INN $

(☎902-963-2405; Gulfshore West Pkwy; DZ mit Gemeinschaftsbad inkl. kleines Frühstück 45–75 C$;) Das große Haus mit Blick auf Doyle's Cove liegt im Nationalpark, von North Rustico aus 2,7 km in Richtung Orby, und beherbergt seit den 1930er-Jahren ein Inn. In der Küche können Gäste selbstgefangenen Hummer zubereiten und auf der Veranda wunderbar entspannen.

Blue Mussel Café CAFÉ $$

(☎902-963-2152; Harbourview Dr; Burger ab 14 C$, Hauptgerichte 18–45 C$; ⏲11.30–20 Uhr) Das Café auf dem Weg zu Outside Expeditions ist recht klein und teuer, dafür weiß es mit seiner Lage, den gebratenen Jakobsmuscheln und den gedämpften Muscheln zu beeindrucken. Am schönsten sitzt man auf der überdachten Terrasse mit Blick auf die Bucht.

Fisherman's Wharf Lobster Suppers HUMMER $$$

(☎902-963-2669; 7230 Main St; Hummer 30 C$; ⏲12–21 Uhr) Im Juli und August stehen vor dem riesigen Lokal abends die Leute Schlange – kein Wunder, schließlich hat es jede Menge Ferienspaß und ein ausgezeichnetes Preis-Leistungs-Verhältnis (es sein denn, man ruiniert sein T-Shirt ...) zu bieten. Man sollte jede Menge Hunger mitbringen, denn zu den riesigen Portionen Krustentiere werden Fischsuppe, leckere Muscheln aus der Gegend, Brötchen und viele verschiedene Desserts serviert. Mit ein bisschen Glück ergattert man einen Tisch mit Meerblick.

Cavendish

Wer *Anne auf Green Gables* kennt, stellt sich Cavendish sicherlich als idyllisches, von Blumen gesprenkeltes Dorf mit jeder Menge ländlichem Charme vor. Die Schauplätze von Lucy Maud Montgomerys Roman entspringen jedoch der Fantasie der Autorin und Cavendish präsentiert sich als Stadt ohne echtes Zentrum und mit recht unauthentischen Attraktionen. An der Kreuzung der Rte 6 mit dem Hwy 13 stößt man auf das wirtschaftliche und touristische Zentrum, dort wo sich Tankstelle, Wachsmuseum, Kirche, Friedhof und verschiedene Restaurants befinden. Cavendish ist neben Charlottetown die meistbesuchte Stadt der Provinz. Ästhetisch gesehen stellt sie einen echten Schandfleck in der malerischen Region dar, Kindern hingegen wird hier jede Menge geboten. Um der künstlichen Welt des touristischen Ortes zu entkommen, bietet sich ein Ausflug zum wunderschönen **Cavendish Beach** an; im Sommer wird's hier ziemlich voll, das machen der perfekte Sand und das recht warme Meer jedoch problemlos wett.

Wer den Roman von 1908 nicht gelesen hat, der sollte es spätestens bei einer Reise über die Insel tun – nicht nur aus Spaß, sondern auch, um den ganzen Rummel zu verstehen. Das Buch handelt von Anne Shirley, einem lebhaften elfjährigen Waisenmädchen mit roten Zöpfen und hellem Köpfchen, das fälschlicherweise von Nova Scotia nach P.E.I. geschickt wird. Die Cuthberts, ein älteres Geschwisterpaar, hatten eigentlich einen kräftigen Burschen erwartet, der ihnen bei der Farmarbeit hilft. Am Ende nimmt Anne mit ihrer Charakterstärke schließlich jeden für sich ein, der ihr über den Weg läuft.

Sehenswertes

House of Green Gables HISTORISCHE STÄTTE

(☎902-672-7874; Rte 6; Erw./Kind unter 17 Jahren/Fam. 5,75/3/14,50 C$; ⏲9–20 Uhr) Cavendish ist der Geburtsort von Lucy Maud Montgomery (1874–1942), der Autorin von *Anne auf Green Gables*, die hier einfach Lucy Maud oder L.M. genannt wird. Das mittlerweile berühmte House of Green Gables gehörte einst den Cousins ihres Großvaters und inspirierten die Autorin gemeinsam mit der viktorianischen Umgebung zu den Schauplätzen ihrer fiktiven Geschichte. 1937 wurde das Haus Teil des Nationalparks und wird nun als Nationalerbestätte verwaltet.

Die Stätte hält das Andenken an Lucy Maud und Anne durch Ausstellungen und audiovisuelle Darstellungen lebendig. Die Pfade, die vom Haus durch die idyllische, von Bächen durchzogene Landschaft führen, laden zu einem Spaziergang ein. Der

„Haunted Wood“ und die „Lover's Lane“ entsprechen der idealisierten Vorstellung, die Kinder bei der Lektüre haben.

Avonlea Village THEMENPARK
(☎902-963-3050; www.avonlea.ca; Rte 6; Erw./Kind/Fam. 19/15/65 C$; ⌚9–17 Uhr) In diesem Themenpark versetzen kostümierte Schauspieler, die Charaktere aus dem Roman verkörpern und dramatische Szenen nachspielen, die Besucher in Annes Welt. Neben den theatralischen Auftritten gehören das Melken von Kühen, eine Fahrt in einer Pferdekutsche und andere landwirtschaftliche Aktivitäten zum Programm. Aktuelle Infos gibt's auf der Website.

Site of Lucy Maud Montgomery's Cavendish Home HISTORISCHE STÄTTE
(☎902-963-2231; Rte 6; Erw./Kind 4/2 C$; ⌚9–18 Uhr) Dieser Ort ist quasi heiliger Boden für Anne-Fans aus der ganzen Welt. Lucy Maud wurde von ihren Großeltern aufgezogen und lebte von 1876 bis 1911 in diesem Haus, in dem sie auch *Anne auf Green Gables* schrieb. Das Grundstück gehört heute ihrem Enkel, der es samt einem kleinen Museum und einem Buchladen verwaltet.

Schlafen & Essen

In der Gegend gibt es zwar Unterkünfte en masse, dafür ist hier aber auch am meisten los und die Preise sind dementsprechend hoch. Im Osten Richtung North Rustico gibt's billigere und idyllischere Quartiere.

Kindred Spirits Country Inn & Cottages INN $$
(☎902-963-2434, 800-461-1755; www.kindredspirits.ca; Rte 6; DZ 55–285 C$, Suite 125–285 C$; P❄📶🏊) Die riesige, topgepflegte Anlage hat für jeden etwas zu bieten, vom romantisch-ländlichen B&B bis zur luxuriösen Suite ist alles dabei. Die Zimmer sind mit ihren altmodischen Blumenmustern, glänzenden Holzböden und traumhaft weichen Betten der Traum eines jeden Anne-Fans. Im Untergeschoss sorgt ein Aufenthaltsraum mit Kamin und gemütlichen Sofas für jede Menge heimeliges Flair, das nur noch durch ein bisschen Schnee und eine Tasse Kakao perfektioniert werden könnte.

Parkview Farm Tourist Home & Cottages B&B $$
(☎902-963-2027, 800-237-9890; www.peionline.com/al/parkview; 8214 Rte 6; Zi. mit Gemeinschaftsbad inkl. kleines Frühstück 60–65 C$, Cottage mit 2 Schlafzimmern 160–225 C$; 📶) Die hübsche Unterkunft ist auf einer Farm mit Milchviehbetrieb, 2 km östlich von Cavendish, untergebracht. Meerblick, Badezimmer, die obligatorische Blumentapete und jede Menge Extras sorgen für gemütlichen Komfort. Jedes der sieben Cottages, die von Mai bis Mitte Oktober vermietet werden (das B&B ist dagegen ganzjährig geöffnet) verfügt über eine Küche, einen Grill und einen Balkon mit Ausblick auf die dramatischen Sonnenauf- und -untergänge.

EIN YEN FÜR ANNE

Charmanter als ein Pokémon und fähig, einen Bogen zwischen Kulturen zu schlagen: *Akage no An* (die rothaarige Anne) hat sich einen festen Platz in der japanischen Popkultur gesichert. Der Roman wurde in Japan in den 1950er-Jahren veröffentlicht und fand schnell seinen Weg auf die Lehrpläne der Schulen. Man hoffte, die Harmonie und positive Grundstimmung würden nach dem verheerenden Zweiten Weltkrieg wieder Hoffnung verbreiten. Und mit ihrer Courage und ihrem Freigeist erobert Anne bis heute die Herzen der Japaner. So manch japanisches Mädchen träumt von einer Reise auf die Insel.

Die japanische Verehrung für Anne äußert sich auf verschiedene Weisen. 1979 wurde sie zur Zeichentrickfigur und in den 1980er- und 1990er-Jahren wurde eine Musical-Version von *Akage no An* im ganzen Land aufgeführt. 1981 reisten 23 Anne-Anhänger nach P. E. I. und gründeten später den Fanclub „Buttercups“, der heute über 200 Mitglieder hat. In Büchern wird interessierten japanischen Lesern Annes Philosophie vermittelt und in der „School of Green Gables“, einer Haushaltsschule und einem Zentrum für soziale Arbeit in Okayama, Annes Ideologie gelehrt. Die größte Ehre wurde Anne jedoch mit der Eröffnung von „Canadian World“ auf der Insel Hokkaido zuteil. In dem Themenpark wurde Green Gables nachgebaut, inklusive Patchworkdecken und einem kleinen rothaarigen kanadischen Mädchen. Leider glich der Park, der in einer ehemaligen Minenstadt weitab vom Schuss errichtet wurde, bald zu sehr Kanada selbst – viel Platz und wenig Menschen – und ging bankrott.

LP TIPP **The Pearl** RESTAURANT **$$**
(☎902-963-2111; 7792 Cavendish Rd; Hauptgerichte 22–32 C$, Brunch 8–12 C$; ⏲tgl. Ab 16.30 Uhr, So 10–14 Uhr) Das reizende Restaurant ist in einem von Blumen umgebenen Haus mit Schindeldach vor den Toren von Cavendish untergebracht. Auf der Speisekarte gibt es viele originelle, nach Saison wechselnde Kreationen wie mit Eiswein verfeinerte Leberpastete vom Hühnchen auf Gouda-Brioche als Vorspeise und lokal inspirierte Hauptgerichte wie köstliche in Butter gebratene Jakobsmuscheln.

Carr's Oysters RESTAURANT **$$**
(☎902-886-3355; Stanley Bridge Wharf, Rte 6; Hauptgerichte 14–32 C$; ⏲10–19 Uhr) Hier kommen frisch in der Malpeque Bay gefangene Austern, Hummer und Muscheln auf den Tisch sowie exotischere Meeresfrüchte wie Venusmuscheln aus dem hauseigenen Salzwassertank. Zudem gibt's jede Menge Fisch, von Lachs bis Forelle. Gegessen wird vor einer hübschen Kulisse über der Bucht in geselliger Atmosphäre. Auf dem angeschlossenen Markt gibt's Frisches und Geräuchertes aus dem Meer.

ℹ Praktische Informationen

Cavendish Visitor Centre (☎902-963-7830; Ecke Rte 6 & Hwy 13; ⏲9–21 Uhr)

ℹ Unterwegs vor Ort

Der **Cavendish Red Trolley** (⏲Ende Juni–Aug. 10–18 Uhr) fährt stündlich den Hwy 6 entlang durch Cavendish und hält u. a. am Cavendish Visitor Centre, am Cavendish Beach und am House of Green Gables (Ganztagesticket 3 C$).

New London & Park Corner

New London und Park Corner verbindet viel mit Lucy Maud Montgomery – auch diese zwei Orte können dem Tumult um Anne nicht entgehen.

In New London, 10 km südwestlich von Cavendish, befindet sich das Geburtshaus von **Lucy Maud Montgomery** (☎902-886-2099; Ecke Rte 6 & Rte 20; Eintritt 3 C$; ⏲9–17 Uhr). Heute ist es ein Museum und enthält einige ihrer persönlichen Dinge, u.a. das Hochzeitskleid.

Fast 10 km nordwestlich von New London liegen das Dorf Park Corner und das **Lucy Maud Montgomery Heritage Museum** (☎902-886-2807; 4605 Rte 20; Eintritt 4 C$; ⏲9.30–18 Uhr). Hier soll angeblich Lucy Mauds Großvater gelebt haben – und auch hier findet sich jede Menge Krimskrams mit Bezug zu Anne. Wer an einer Führung teilnimmt und hinterher nicht ganz und gar fasziniert ist, bekommt sein Geld zurück.

Von hier aus 500 m den Hügel hinunter, umgeben von einem üppigen, 44 ha großen Anwesen, liegt das zauberhafte Haus, das Lucy Maud gerne **Silver Bush** nannte. Es lag ihr immer sehr am Herzen, und 1911 wählte sie den Salon für ihre Hochzeit aus. In Silver Bush ist das **Anne of Green Gables Museum** (☎902-886-2884; 4542 Rte 20; Erw./Kind unter 17 Jahren 3/1 C$; ⏲Mitte Mai–Juni & Sept.–Anfang Okt. 9–17 Uhr, Juli & Aug. bis 18 Uhr) untergebracht. Hier sind Ausstellungsstücke wie Lucy Waters Schreibtisch und signierte Bücher der ersten Auflage zu sehen.

GEHEIMTIPP

JOHN BIL, CHEFKOCH & LANDESMEISTER IM AUSTERNÖFFNEN

Der dreimalige kanadische Meister im Austernöffnen und Chefkoch sowie Besitzer des Restaurants Ship to Shore in Darnley, John Bil, wurde von der New York Times *als „einer der Krustentier-Schamanen der Insel" bezeichnet.*

Erzählen Sie uns von den Austern der Gegend! Austern sind wie Weine. Unsere Austern sind die besten der Welt, wegen der Arten, des Klimas, dem Salzgehalt des Wassers und der Tatsache, dass sich die Menschen hier nicht um Qualität und Aufzucht scheren. Schon aus anderen Teilen der Insel schmecken die Austern anders. Die von der Nordküste sind z.B. salziger, weil sie im offenen Atlantik wachsen, wo der Salzgehalt des Meers höher ist; im Süden sind die Austern hingegen süßer. Welche man bevorzugt, ist Geschmackssache, mir schmecken die salzigen besser.

Andere Meeresfrüchte, die Besucher probieren sollten? Die sogenannte *seamer clam* (Sandklaffmuschel), allerdings gibt es sie nur noch in wenigen Restaurants. Die Einheimischen kennen und lieben sie, allerdings ist sie recht selten und teuer, da sie nur zu einer bestimmten Zeit und von Hand wild gesammelt wird.

Essen

LP TIPP **Ship to Shore** RESTAURANT $$
(☎902-836-5475; 2684 Rte 20, Darnley; Hauptgerichte 9–29 C$; ⏲12–23 Uhr) Krustentierliebhaber müssen hier einmal gegessen haben. Serviert wird einfache, ehrliche Küche mit Schwerpunkt auf erstklassigen, fangfrischen Meeresfrüchten, die man sonst nur schwer findet. Von außen wirkt das Restaurant wie eine gewöhnliche Raststätte, hinter der Tür wartet jedoch ein ganz besonderes kulinarisches Erlebnis.

Blue Winds Tea Room RESTAURANT $$
(☎902-886-2860; 10746 Rte 6, New London; Gerichte unter 14 C$; ⏲Mo–Do 11–18, Fr–So bis 20 Uhr) Die hübsche Teestube 500 m südwestlich von Lucy Mauds Geburtshaus steht in einem englischen Garten. Auch hier darf Anne nicht fehlen, also gibt's Gerichte aus Rezeptbüchern ihrer Schöpferin wie Himbeerlikör oder „New Moon Pudding".

Kensington & Umgebung

Die geschäftige Markstadt Kensington liegt auf halbem Weg zwischen Cavendish und Summerside. Hier kann man seine Vorräte auffüllen, zudem dient sie als gutes Basislager für das **Indian River Festival** (www.indianriverfestival.com) von Juni bis September, bei dem einige der besten Musiker Kanadas in der St. Mary's Church mit ihrer klasse Akustik auftreten; das Repertoire reicht von keltischer Musik bis zu Chorgesängen.

Das **Home Place Inn & Restaurant** (☎902-836-5686, 866-522-9900; www.thehomeplace.ca; 21 Victoria St East; DZ inkl. Frühstück 89–109 C$, Suite 149 C$; 📶) verströmt ländliche Eleganz. Morgens erwacht man mit dem Duft frisch gebackener Zimtbrötchen. Auf dem Gelände gibt es eine Kneipe mit Schankkonzession und ein Restaurant.

Das **Shipwright's Café** (☎902-836-3403; Ecke Rte 6 & 233; Hauptgerichte abends 25–35 C$; ⏲Mo–Fr 11.30–15.30, tgl. ab 17 Uhr) im nahe gelegenen Margate ist in einem Bauernhaus aus den 1880er-Jahren mit Blick auf Felder und Blumengärten untergebracht. Die Meeresfrüchte und vegetarischen Gerichte, die aus biologisch angebauten Kräutern und Gemüsesorten aus den Gärten zubereitet werden, erfreuen sich großer Beliebtheit. Besonders empfehlenswert sind der Salat „Salute to Our Greenhouse", eine Paella mit den besten Meeresfrüchten der Insel und Gerichte mit P.E.I.-Rindfleisch.

WESTLICHES P.E.I.

Die Malpeque Bay und die Bedeque Bay laufen aufeinander zu und trennen das westliche Drittel von P.E.I. fast vom Rest der Provinz ab. Dieses Gebiet liegt vollständig im größeren Prince County und vereint die karge Weidelandschaft des inneren Kings County mit der Schönheit der schroffen Küsten des Queens County.

Die kulturelle Geschichte sticht hier mehr hervor als anderswo auf der Insel. Auf Lennox Island arbeitet ein stolzer Stamm der Mi'kmaq daran, das Wissen über seine Vergangenheit zu pflegen, während die Französisch-Akadier dasselbe im Süden tun, an der Egmont und der Bedeque Bay.

Summerside

Dem winzigen Summerside fehlt zwar das urbane Flair und die Eleganz von Charlottetown, dennoch gibt's in dem gepflegten Küstenort alles, was man braucht, und das in angenehm überschaubaren Portionen. Die drittgrößte „Stadt" der Provinz liegt tief in der Bedeque Bay und hat eine hübsche Uferpromenade sowie ruhige, von grünen Bäumen und prächtigen alten Häusern gesäumte Straßen. Die beiden größten Konjunkturaufschwünge verdankt der Ort dem Schiffsbau und der Fuchszucht, die seine Entwicklung im 19. und frühen 20. Jh. ent-

ABSTECHER

MALPEQUE

So manch einer mag sich vielleicht fragen, wo eigentlich die ganzen Austern herkommen. Die Antwort führt in die winzige Bucht des kleinen, inmitten hügeligen Farmlands gelegenen Orts Malpeque, wo sich Fischerboote neben bunt bemalten Lagerschuppen drängen. Authentisches Ambiente verspricht ein Mittagessen im **Malpeque Oyster Barn** (Malpeque Wharf; halbes Dutzend Austern 14 C$; ⏲Mo–Sa 11–21, So 12–21 Uhr); das Café ist im Obergeschoss einer Fischerhütte untergebracht und bietet Ausblicke auf die Bucht und das geschäftige Treiben. Im unteren Stock verkauft ein Händler fangfrische Meeresfrüchte zum Mitnehmen, ein Dutzend Austern kostet dann etwa 6 C$.

Summerside

scheidend geprägt haben. Wie in Charlottetown werden auch hier die Randbezirke leider durch hässliche Bauten verschandelt. Von seiner schönsten Seite zeigt sich Summerside in bzw. in der Nähe der Water St, die parallel zur Küste verläuft.

Sehenswertes & Aktivitäten

Der Confederation Trail (s. Kasten S. 478) führt direkt durch die Stadt und hinter der Bibliothek in der Water St vorbei.

Spinnaker's Landing AREAL

Das sanierte Hafenviertel ist die Hauptattraktion. An der Uferpromenade, die ständig erweitert wird, können Besucher am Hafen entlangspazieren. Es gibt einige gute Lokale, eine Bühne für Livekonzerte im Sommer und mehrere Geschäfte. Ein nachgebauter Leuchtturm bietet eine herrliche Aussicht sowie Informationen über die Region, und ein großes Modellschiff dient als idealer Kinderspielplatz. Hinter all dem thront das moderne **Eptek Exhibition Centre** (☎902-888-8373; 130 Harbour Dr; Eintritt gegen Spende; ⏲10–16 Uhr) mit Ausstellungen einheimischer und internationaler Kunst.

College of Piping & Celtic Performing Arts MUSIK

(☎902-436-5377; 619 Water St E; ⏲Ende Juni–Aug. 9–21 Uhr) In Würdigung des keltischen Tanzes und der zugehörigen Musik organisiert diese Schule von Montag bis Freitag um 11.30, 13.30 und 15.30 Uhr kostenlose, 20-minütige Minikonzerte für Besucher. Zum Programm gehören Dudelsäcke, Gesang und Tanz. Wer Blut geleckt hat, macht sich in warmen Klamotten zu den zweistündigen **ceilidhs** (Erw./Student 12/7 C$; ⏲19 Uhr) auf, die allabendlich im überdachten Amphitheater stattfinden.

Schlafen

LP TIPP **Willow Green Farm B&B** B&B $$

(☎902-436-4420, 888-436-4420; www.willowgreenfarm.com; 117 Bishop Dr; DZ inkl. Frühstück 50–115 C$; 📶) Den Confederation Trail vor der Hinter- und das College of Piping & Celtic Performing Arts vor der Vordertür: Das große Bauernhaus ist eine tolle und preiswerte Unterkunft, die mitten im Zentrums Summersides jede Menge ländliches Flair ausstrahlt. Die hellen, rustikal gestalteten Zimmer bieten eine willkommene Abwechslung zu der sonst üblichen historischen Einrichtung. Der Holzofen lädt zu Lesestunden ein und auf der Farm gibt's verschiedene Tiere zu beobachten.

Comme Chez Nous B&B B&B $$

(☎902-436-8600; anwe@pei.sympatico.com; 161 Fitzroy St; Zi. inkl. Frühstück 90–115 C$; 📶) Das

Summerside

liebevoll restaurierte Haus aus dem frühen 20. Jh. liegt an einer ruhigen Straße in einem Wohngebiet und ist nur ein paar Gehminuten von den Restaurants und Sehenswürdigkeiten entfernt. Die Gästezimmer haben Flachbildfernseher samt Kopfhörer; edle Stoffe, glänzend polierte Antiquitäten und große Fenster schmücken sie. Die freundlichen Gastgeber servieren im holzgetäfelten Speisesaal ein hervorragendes Frühstück, und auf Anfrage bereiten sie abends ein Vier-Gänge-Menü zu.

Silver Fox Inn B&B **$$**

(902-436-1664, 800-565-4033; www.silverfoxinn.net; 61 Granville St; DZ 80–155 C$;) Mit seinem opulenten Dekor inklusive alten Spitzenvorhängen und blau-gold gestreiften Tapeten wirkt das B&B wie ein stilvoller Nachbau eines viktorianischen Gebäudes aus den 1920er-Jahren.

Essen

Deckhouse Pub & Restaurant RESTAURANT **$$**

(902-436-0660; 150 Harbour Dr; Hauptgerichte 7–17 C$; Juni–Mitte Sept. 11–23 Uhr) Vom Steg des Spinnaker's Landing gelangt man direkt auf eine der zwei Terrassen des Deckhouse, wo leckere Gerichte wie hausgemachte Fish'n'Chips vor der Hafenkulisse serviert werden. Am Wochenende sorgt Livemusik für gute Stimmung.

Brothers Two Restaurant RESTAURANT **$$**

(902-436-9654; 618 Water St E; Hauptgerichte 11–26 C$; Mo–Do 11.30–21, Mo–Fr 11.30–21, Sa 16–22, So 16–20 Uhr) Dank des Services, der Pasta, der Steaks und der frischen Meeresfrüchte erfreut sich das Brothers Two seit über 30 Jahren bei Einheimischen großer Beliebtheit. Die vegetarische Gemüsepfanne und die Miesmuscheln von der Insel, die in Knoblauch und Weißwein gedünstet werden, sind exzellent. Das Gelächter kommt übrigens vom Feast Dinner Theatres (S. 493) im Untergeschoss.

Ausgehen & Unterhaltung

Jubilee Theatre THEATER

(902-888-2500, 800-708-6505; www.jubileetheatre.com; 124 Harbour Dr) Das moderne Theater befindet sich im selben Komplex wie das Eptek Exhibition Centre und zeigt das Musical *Anne and Gilbert* (Erw. ab 29 C$, Kind 15 C$; Juli–Sept.). Es setzt dort an, wo das beliebte Musical *Anne of Green Gables* aufhört, und wird wohl noch die nächsten 100 Jahre gespielt werden. Im Jubilee findet auch das Summer on the Waterfront Festival (Juli–Mitte Sept.) statt, bei dem Musikbands aus der Region und aus ganz Kanada auftreten.

Feast Dinner Theatres THEATER

(902-888-2200, 888-748-1010; 618 Water St E; Abendessen & Show 36 C$; Juni–Dez. Mo–Sa 18.30 Uhr) Die meisten Einheimischen können sich das Lachen kaum verkneifen, wenn sie von ihrem letzten Besuch im Feast Dinner Theatres erzählen. Es liegt unterhalb des Restaurants Brothers Two und ist das älteste Theaterrestaurant an der Atlantikküste Kanadas. Improvisation und die Beteiligung des Publikums sorgen für einen unvergesslichen Abend. Das Essen ist übrigens auch nicht zu verachten.

Heritage Pub & Restaurant KNEIPE

(902-436-8484; 250 Water St) Der traditionelle Pub ist der einzige Veranstaltungsort für Livemusik in der Stadt. Eintritt wird nicht verlangt, und freitags, manchmal auch samstags, spielen einheimische Bands.

Praktische Informationen

Provincial Tourist Office (902-888-8364; Hwy 1A; Ende Mai–lEnde Juni & Ende Aug.–Mitte Okt. 9–16.30, Ende Juni–Ende Aug. bis 19 Uhr) In der Broschüre zu den Stadtspaziergängen werden die schönsten Gebäude der Stadt aus dem 19. Jh. beschrieben.

An- & Weiterreise

Busse der Acadian Coach Lines (S. 467) halten an der **Irving-Tankstelle** (902-436-2420; 96

Water St) im Zentrum der Stadt und fahren nach Charlottetown (12 C$, 1 Std.), Moncton (33 C$, 2 Std.) und Halifax (60 C$, 3½ Std.). Auf Anfrage halten Shuttlebusse an der Esso-Tankstelle am Hwy 1A am Ende der Water St E.

Région Évangéline

Hier, zwischen Miscouche und Mont Carmel, leben die meisten Nachkommen der Französisch sprechenden Akadier auf der Insel. Für etwa 6000 Einwohner ist Französisch immer noch Muttersprache, trotzdem unterscheidet sich die Region kaum von anderen Teilen der Provinz – mit einer deutlich sichtbaren Ausnahme: Die blau-weiß-rote Fahne der Akadier mit ihrem gelben Stern hängt stolz vor vielen Häusern. Am 15. August 1884 wurde in Miscouche zum ersten Mal die akadische Flagge gehisst. Der gelbe Stern steht für die Schutzpatronin der Akadier, die heilige Jungfrau Maria. Immer wieder werden neue Initiativen gestartet, um die einzigartige Kultur der Akadier auf der Insel zu bewahren. In den Kapiteln „Nova Scotia" (S. 390) und „New Brunswick" (S. 420) gibt's weitere Infos zu den Akadiern.

Einen Abstecher wert ist das monumentale Kunst-Recycling-Projekt von Edouard Arsenault, die **Bottle Houses** (☎902-854-2987; Rte 11, Cape Egmont; Erw./Kind 5/2 C$; ⏲9–20 Uhr). Über 25 000 vom Künstler gesammelte Flaschen aller Formen und Größen bilden, von weißem Zement zusammengehalten, eine Handvoll Gebäude mit lichtdurchfluteten, mosaikgleichen Wänden.

Das unterhaltsame **Acadian Museum** (☎902-432-2880; 23 Maine Dr E; Eintritt 5 C$; ⏲9.30–19 Uhr) in Miscouche erzählt mit Artefakten, Texten, Bildern und Musik aus dem 18. Jh. die tragische Geschichte der Akadier auf P.E.I. ab 1720. Ein anschauliches Video stellt die interessante Theorie auf, die brutale Behandlung der Akadier durch die Briten habe indirekt geholfen, Teile der akadischen Kultur auf P.E.I. zu erhalten.

Tyne Valley

Die Region ist bekannt für ihre Malpeque-Austern und gehört zu den schönsten Gebieten der Provinz. Das Dorf mit seinen verzierten Häusern, dem plätschernden Bach und den Kunstgalerien lohnt einen Besuch.

Im Green Park Provincial Park 6 km nördlich des Dorfes befindet sich das **Green Park Shipbuilding Museum & Historic Yeo House** (☎902-831-7947; Rte 12; Erw. 5 C$; ⏲9–17 Uhr). Das Museum ist in einem restaurierten viktorianischen Haus untergebracht und erzählt mittels einer rekonstruierten Schiffswerft und einer teilweise nachgebauten, 200 t schweren Brigantine die Geschichte der boomenden Schiffsbauindustrie der glanzvollen Tage des 19. Jh.

Im Park gibt es 58 **Stellplätze** (☎902-831-7912; an der Rte 12; Stellplatz 23–25 C$, mit Anschlüssen 30 C$, Hütten mit Gemeinschaftsbad 45 C$; ⏲Mitte Juni–Mitte Sept.) in einem Mischwald. Die zwölf Hütten hinter dem Campingplatz sind ein Schnäppchen.

Das **Doctor's Inn** (☎902-831-3057; www.peisland.com/doctorsinn; 32 Allen Rd; DZ mit Gemeinschaftsbad inkl. Frühstück 60–75 C$) ist in einem alten Landhaus untergebracht und bietet sich als gemütliches Nachtquartier an. Während unseres Besuchs gab es allerdings Pläne, den B&B-Betrieb einzustellen und sich auf das Restaurant zu konzentrieren – vorher anrufen! Im Speisesaal (3-Gänge-Menü Gäste/Nicht-Gäste 45/55 C$, nach Vereinbarung geöffnet) werden mit die feinsten Gerichte der Region serviert. Die *tournedos rossini* (Rinderfilet und Leberpastete mit Rotweinsauce), *sole almandine* (Seezungenfilet mit Weißwein und gerösteten Mandeln) und das Biogemüse aus dem Garten werden im Holzofen zubereitet und sind allesamt ausgezeichnet. Man kann außerdem eine Führung durch die Gärten unternehmen und frische Produkte kaufen. Freitags ist das Restaurant geschlossen.

Die Spezialität des **Landing Oyster House & Pub** (☎902-831-3138; 1327 Port Hill Station Rd; Hauptgerichte 8–13 C$; ⏲mittags & abends) sind Austern. Serviert werden 15 köstlich gebratene Exemplare. freitagabends – im Juli und August auch samstags – spielen Livebands (Eintritt 3–5 C$).

Lennox Island

In der Mündung der Malpeque Bay, versteckt hinter Hog Island, liegt Lennox Island, wo 250 Angehörige des Stamms der Mi'kmaq (mig-*maw*) leben. Sie kämpfen innerhalb und außerhalb ihrer Gemeinschaft dafür, das Bewusstsein und das Verständnis für ihre Vergangenheit zu stärken und damit ihre Kultur zu erhalten. Die Insel ist durch einen Damm mit dem Festland verbunden und über East Bideford an der Rte 12 zu erreichen.

Der **Lennox Island Aboriginal Ecotourism Complex** (☎866-831-2702; 2 Eagle Feather Trail; Erw./Student 4/3 C$; ⊙Juli & Aug. Mo–Sa 10–18, Ende Juni & Anfang Sept. Mo–Sa 12–18 Uhr) öffnete 2004 seine Pforten. Drinnen gibt es kleine Wechselausstellungen sowie Erläuterungen zu den beiden **Infopfaden**, die über die Insel führen. Die Rundwege sind zusammen 13 km lang, der kürzere (3 km) ist auch für Rollstuhlfahrer geeignet; gegen eine Gebühr von 4 C$ erklärt ein einheimischer Guide die medizinische Wirkung der Pflanzen und führt die Besucher zu einem Biberdamm. Man sollte sich im Zentrum erkunden, was sonst noch angeboten wird, denn das Programm scheint sich ständig zu ändern.

Tignish

Der ruhige Ort Tignish liegt in der Nähe des North Cape und sieht nur wenige Touristen. Die emporragende **Church of St. Simon & St. Jude** (1859) ist die erste Backsteinkirche, die auf der Insel gebaut wurde. Ihr Inneres schmücken eine wunderschön einfache Decke, die möglichst originalgetreu restauriert wurde, sowie eine gigantische Orgel (1882). Die kürzeste der 1118 Pfeifen ist 15 cm lang, die längste misst fast 5 m!

Der Confederation Trail beginnt (bzw. endet) zwei Blöcke südlich der Kirche an der School St. Das **Tignish Cultural Centre** (☎902-882-1999; 305 School St; Eintritt frei; ⊙Mo–Fr 8–16 Uhr) nahe der Kirche zeigt eine interessante Ausstellung von alten Karten und Fotos und hat eine Touristeninformation sowie eine Bibliothek mit Internet.

North Cape

Die Fahrt in Richtung North Cape führt an ländlicher Landschaft vorbei, bis man plötzlich über die malerischen Bauernhäuser hinweg in Richtung Himmel blickt und Dutzende riesiger, weißer Windräder entdeckt. Auch wenn man auf diesen surrealen Anblick vorbereitet ist, tut er seine Wirkung.

Das schmale, windgepeitschte North Cape ist nicht nur die Heimat des **Atlantic Wind Test**, sondern auch des längsten **natürlichen Felsenriffs** auf dem Kontinent. Bei Ebbe kann man 800 m hinauswaten und dabei Gezeitenbecken entdecken und nach Robben Ausschau halten. Das kürzlich erweiterte **Informationszentrum** (☎902-882-2991; Eintritt 6 C$; ⊙9.30–20 Uhr) am nördlichen Ende der Rte 12 zeigt High-Tech-Displays zum Thema Windenergie und informative Schaukästen zur Geschichte der Gegend; das Aquarium ist besonders bei Kindern sehr beliebt. Der **Black Marsh Nature Trail** (2,7 km) führt vom Informationszentrum weg zur Westseite des Kaps. Bei Sonnenuntergang scheinen die purpurroten Felsen im tiefblauen Wasser regelrecht zu glühen.

Über dem Zentrum locken Ausblick und Küche Besucher und Einheimische ins atmosphärische **Wind & Reef Restaurant & Lounge** (☎902-882-3535; Hauptgerichte 9–29 C$; ⊙mittags & abends).

Westküste

In Miminegash lohnt ein Stopp beim **Seaweed Cafe** (Gerichte 5–12 C$), das einen speziellen Meeresalgen-Pie (4,50 C$) serviert. Die luftig-cremige Kreation stinkt wirklich nicht nach Strand!

Landeinwärts bei O'Leary befindet sich das **Prince Edward Island Potato Museum** (☎902-859-2039; 1 Dewar Lane; Eintritt 6 C$; ⊙Mo–Sa 9–17, So 13–17 Uhr). Mit Fluren voller Infotafeln und -bildern erinnert es an ein groß angelegtes Schulforschungsprojekt.

Zwischen Miminegash und West Point verläuft die Rte 14 an der Küste entlang und ist mit ihrem atemberaubenden Ausblick die vielleicht schönste Strecke der Insel. Am Hwy 14 liegt das auffällige, schwarz-weiß gestreifte **West Point Lighthouse** (☎902-859-3605, 800-764-6854; www.westpointlighthouse.com; ⊙8–21.30 Uhr), das von 1875 stammt und restauriert wurde. Zwischen 1875 und 1955 gab es nur zwei Leuchtturmwärter, heute besteht das Personal aus ihren direkten Nachkommen. Es gibt ein kleines **Museum** (Eintritt 4 C$; ⊙9–21 Uhr), von dem aus man auf den Turm steigen und die herrliche Aussicht genießen kann. Teile der ehemaligen Quartiere der Leuchtturmwärter wurden in ein schönes **Gästehaus** (DZ 100–145 C$) mit neun Zimmern umgewandelt. Der Tower Room (145 C$) befindet sich direkt im alten Leuchtturm. Das **Restaurant** (Gerichte 8–18 C$; ⊙Mitte Mai–Sept. 8–20 Uhr) ist bekannt für seine Muschelsuppe.

Der **Cedar Dunes Provincial Park** (☎902-859-8785; Stellplatz Zelt/Wohnmobil 23–25/26–27 C$) bietet Zeltplätze auf einer offenen Wiese, die an das West Point Lighthouse grenzt. Der roter Sandstrand ist ein richtiges kleines Juwel.

Newfoundland & Labrador

Inhalt »

Gut essen

» Lighthouse Picnics (S. 514)

» Norseman Restaurant (S. 538)

» Nicole's Café (S. 529)

» Bacalao (S. 508)

Schön übernachten

» Tuckamore Lodge (Kasten S. 539)

» Artisan Inn (S. 519)

» Tickle Inn (S. 536)

» The Cliffhouse (S. 517)

Auf nach Newfoundland & Labrador!

Kandas östlichste Provinz ist eine Welt für sich. Blaue Eisberge gleiten vorbei. Papageientaucher flattern an der Küste. Wale pusten ihre Fontänen. Die Insel lebt sogar in ihrer eigenen Zeitzone (eine halbe Stunde vor dem Festland) und spricht ihren eigenen Dialekt (das *Dictionary of Newfoundland English* liefert Übersetzungen, *me old cock!*).

Abseits der lustigen Hauptstadt St. John's gibt es hauptsächlich winzige Fischerdörfer, die verstreut an der Küste liegen. Einige davon sind so weit abseits, dass sie nur per Boot erreichbar sind. Hier kann man endlos wandern und Kajak fahren, alleine mit sich, der Familie, die einem ein Bett für die Nacht gibt, und dem einsamen Heulen des Windes.

Wer sich abseits der ausgetretenen Pfade halten möchte – um das Erbe der Wikinger zu sehen, ein Gericht aus Kabeljauzunge mit Preiselbeeren zu essen, und Anglerlatein bei ein paar Gläsern Rum auszutauschen – sollte diesen abgelegenen Haufen Geröll auf jeden Fall ansteuern.

Reisezeit

St. John's

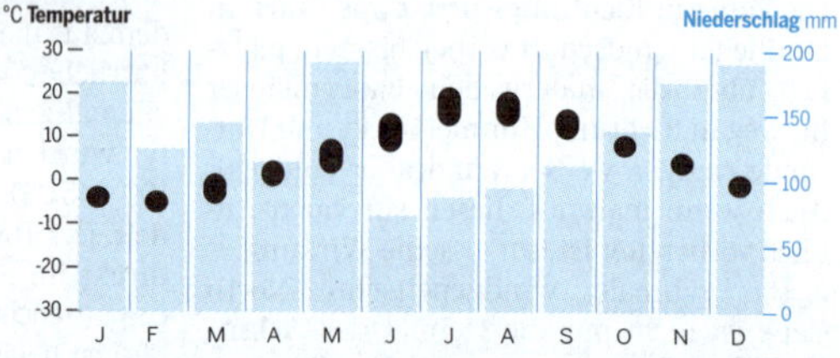

Juni Eisberge glitzern vor der Küste, aber es kann auch nass und neblig sein

Juli & August die Wale sind da, an den Wochenenden steigen Festivals, es ist am sonnigsten

Dezember & Januar die Skifahrer sind los, während der Marble Mountain den meisten Schnee abkriegt

Geschichte

Die Paleoindianer kamen vor 9000 Jahren nach Labrador. Sie jagten Seehunde, angelten Lachse und versuchten, sich warm zu halten. Die Wikinger, angeführt von Leif Eriksson, wurden 1000 v. Chr. etwas weiter südlich in L'Anse aux Meadows an Newfoundlands Strand gespült. Sie gründeten Nordamerikas erste europäische Siedlung – 500 Jahre vor Kolumbus –, aber nach Schwierigkeiten mit den Einheimischen und den harten Umweltbedingungen kehrten sie nach Island zurück.

John Cabot (in Italien als Giovanni Caboto geboren) segelte als nächster um die Küste von Newfoundland. Das war 1497 und er stand im Dienst von Englands Heinrich VII. Er kehrte als Held nach Bristol zurück, mit der Nachricht, dass er eine neue und kürzere Route nach Asien gefunden habe. Während sich Cabot fürchterlich geirrt hatte, verbreiteten sich aber seine Geschichten von den riesigen Kabeljauschwärmen, auf denen man fast über das Wasser laufen konnte, schnell in ganz Europa.

Schon bald angelten auch die Franzosen, Portugiesen, Spanier und Basken an Newfoundlands Küste. Es gab keine festen Siedlungen auf der Insel, und die Fischer kehrten am Ende jeder Saison mit ihrem Fang nach Europa zurück. Die erste Basis der englischen Fischer war St. John's, während sich die Franzosen um Placentia und die Halbinsel Port au Port niederließen. Am Ende sprach der Vertrag von Utrecht 1713 das gesamte Newfoundland England zu.

Das Land blieb für den größten Teil der nächsten beiden Jahrhunderte eine britische Kolonie, und das Leben drehte sich um die blühende Fischereiindustrie. Newfoundlands Ureinwohnern, den Beothuk, ging es nach Beginn der Besiedelung nicht gut. Krankheiten und Landstreitigkeiten trugen zu ihrer Ausrottung 1829 bei.

Aufgrund seines unabhängigen Geistes war Newfoundland die letzte Provinz, die sich 1949 Kanada anschloss. Obwohl Labrador schon immer zum Paket gehörte, dauerte es doch noch bis 2001, bis es auch Teil des Provinznamens wurde.

Sprache

Ein Besucher beschrieb den örtlichen Akzent als Kabeljau-kauender-Ire-trifft-Kanadier. So kann man es auch ausdrücken.

Vor 200 Jahren setzte sich fast die ganze Bevölkerung der Region aus englischen und irischen Fischerfamilien zusammen. Seither sind aufgrund der isolierten Lage 60 verschiedene Dialekte entstanden. Der stark singende Tonfall, eine einzigartige Umgangssprache und bunte Redewendungen prägen die Sprache, die manchmal selbst die Einheimischen verwirrt.

Die maßgebliche Quelle ist das **Dictionary of Newfoundland English** (www.heritage.nf.ca/dictionary). In der Zwischenzeit gibt's hier schon mal ein paar Übersetzungen:

Long may yer big jib draw! Viel Glück!

Newfoundland Spricht man „Nju-Fan-*länd*“ (Betonung auf der letzten Silbe).

Oweshegettinonbys? oder „How's she getting on, Boys?“ heißt Wie geht es dir?

Where you longs to? Wo kommst du her?

Land & Klima

Das Land wird nicht umsonst „The Rock“ genannt. Die Gletscher, die es früher durchzogen haben, hinterließen eine zerklüftete Landschaft aus Felsbrocken, Seen und Sümpfen. Das Landesinnere blieb karg. Städte und Städtchen haben sich eher am Rande der Insel gesammelt, in Meeresnähe.

Die bedeutendste Landschaft Newfoundlands liegt vor der Küste. Die Neufundlandbank (Grand Banks) verläuft bogenförmig um die Südostküste und ist ein unglaublich fruchtbarer Futterplatz. Das Schelf ragt wie ein Daumen genau dort aus dem Meer, wo der gen Süden fließende kalte Labradorstrom auf den warmen, nach Norden fließenden Golfstrom trifft. Der Mix aus warmem und nahrungsreichem arktischen Wasser führt zu einer explosionsartigen Vermehrung des Plankton, das vom kleinsten Fisch bis zum größten Buckelwal alle ernährt. Deshalb war die Fischerei hier jahrelang so ertragreich und deshalb ist dies einer der besten Orte, um Wale und Seevögel zu beobachten.

Labrador ist noch karger als Newfoundland und von Schlamm, Tundra und Bergen im Überfluss bedeckt.

KURZINFOS NEWFOUNDLAND

- » Einwohner: 510 900
- » Fläche: 405 720 km²
- » Hauptstadt: St. John's
- » Schräge Facts: In Newfoundland gibt es 82 Orte namens Long Pond, 42 mit dem Namen White Point und einen, der Jerry's Nose heißt.

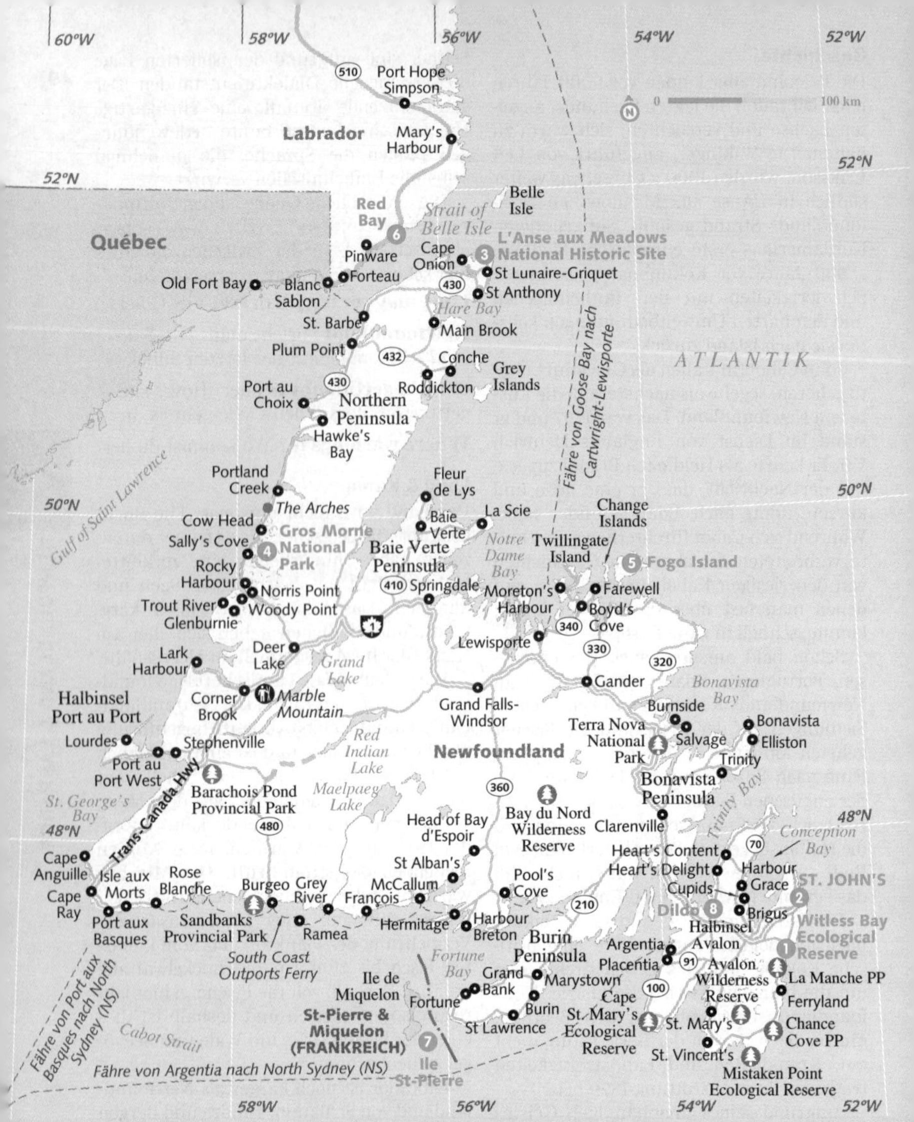

Highlights in Newfoundland & Labrador

1. Sich die Wellen im **Witless Bay Ecological Reserve** (S. 513) mit Walen und Papageientauchern teilen

2. Einen trinken, Livemusik hören, eine Geistertour machen in Nordamerikas ältester Stadt **St. John's** (S. 500)

3. Leif Erikssons 1000 Jahre altes Wikingerschiff an der unglaublichen **L'Anse aux Meadows National Historic Site** (S. 536) erforschen

4. Über die Berge klettern und durch die fjordartigen Seen paddeln im **Gros Morne National Park** (S. 531)

5. Das Outport-Leben in **Fogo** (S. 528) ausgiebig testen

6. Die baskische Walfanggeschichte kennenlernen und an den uralten Walknochen in **Red Bay** (S. 550) entlanglaufen

7. Sich eine Portion Frankreich – Wein, Schokoladeneclairs und Baguettes – in **St-Pierre** (S. 522) abholen

8. Ein Foto mit dem Kapitän in **Dildo** (S. 516) schießen

REISEPLANUNG

» Leihwagen und Unterkünfte sollte man vorab reservieren. Bei Anreise in der Hochsaison zwischen Mitte Juli und Anfang August sollte man sein Auto im April oder Mai gebucht haben und das Zimmer nicht viel später. Bei **Newfoundland & Labrador Tourism** (www.newfoundlandlabrador.com) gibt es Übersichten.

» Die Entfernungen sind groß, man sollte realistisch einschätzen, welche Strecken man zurücklegen kann. Beispielsweise sind es 708 km von St. John's zum Gros Morne National Park. Die **Road Distance Database** (www.stats.gov.nl.ca/DataTools/RoadDB/Distance) ist dabei sehr praktisch.

» Es lohnt sich, die Saison für Papageientaucher (Mai–Aug.), Eisberge (Juni–Anfang Juli) und Wale (Juli–Aug.) zu kennen. Vor allem die Eisberge lassen sich schwer vorhersagen. Der **Iceberg Finder** (www.icebergfinder.com) versucht sein bestes.

Die Tageshöchsttemperatur beträgt im Juli und August 20 °C. Das sind auch die trockensten Monate; sonst regnet oder schneit es im Schnitt an 15 von 30 Tagen. Die Wintertemperaturen liegen bei 0 °C. Die Küste wird einen Großteil des Jahres von Nebel und Wind heimgesucht (viele Flüge werden deshalb gestrichen).

Parks, Tiere & Pflanzen

Wale, Elche und Papageientaucher sind die Stars von Newfoundlands Tierleben, und die meisten Besucher bekommen alle zu sehen. Walbeobachtungstouren starten überall und bringen einen nahe zu den Meeressäugern (normalerweise Buckel- und Zwergwale). Papageientaucher – die lustige Mischung aus Pinguin und Papagei – flattern rund um Witless Bay (S. 513) und Elliston (s. Kasten S. 520). Elche knabbern am Gehölz neben den Straßen der ganzen Provinz, also Augen auf beim Auto fahren! Manche Besucher begegnen auch Karibus in der Nähe des Avalon Wilderness Reserve (S. 514), was etwas Besonderes ist, denn diese Tiere können eigentlich nur in der hohen Arktis beobachtet werden. Große Karibuherden streifen auch durch Labrador.

Anreise & Unterwegs vor Ort

AUTO

Der Trans-Canada Hwy (Hwy 1) ist die Hauptstraße über die Insel. Die Entfernungen täuschen, denn man kommt auf den verschlungenen, einspurigen Straßen oft nur langsam vorwärts. Vorsicht vor den Elchen, vor allem bei Sonnenuntergang! Gefährliche Stellen sind durch Schilder gekennzeichnet (die gelbschwarze Grafik eines Tieres mit Geweih, das ein Auto faltet, ist definitiv ein neufundländisches Foto-Muss!).

BUS

DRL (☎709-263-2171; www.drl-lr.com) schickt einen Bus täglich in jede Richtung zwischen St. John's und Port aux Basques (13½ Std.), mit 25 Stops auf der Route. Abgesehen von DRL besteht der öffentliche Personennahverkehr aus kleinen regionalen Shuttles, die mit einer oder mehreren großen Städten verbinden. Es ist zwar nicht üppig, aber das System funktioniert ziemlich gut und die meisten Leute kommen dahin, wo sie hinwollen.

FLUGZEUG

St. John's Airport (YYT; www.stjohnsairport.com) ist das Drehkreuz der Region. Allerdings ist der **Deer Lake Airport** (YDF; www.deerlakeairport.com) auch eine hervorragende Option für Besucher der nördlichen Halbinsel. Von dort fliegen u. a. **Air Canada** (www.aircanada.com), **Provincial** (www.provincialairlines.com), **Porter** (www.flyporter.com) und **Continental** (www.continental.com).

SCHIFF/FÄHRE

Marine Atlantic (☎800-341-7981; www.marine-atlantic.ca) betreibt zwei große Auto-/Passagierfähren zwischen North Sydney in Nova Scotia und Newfoundland. Es gibt ganzjährig täglich eine sechstündige Überfahrt nach Port aux Basques (westliches Newfoundland), und im Sommer eine dreimal wöchentliche 14-stündige Überfahrt nach Argentia (auf der Halbinsel Avalon). Reservierungen werden empfohlen, vor allem nach Argentia!

Provincial Ferry Service (www.gov.nl.ca/ferryservices) betreibt kleinere Boote, die innerhalb der Provinz die verschiedenen Inseln und Küstenstädte anfahren. Jeder Dienst hat seine eigene Telefonnummer mit aktuellen Informationen. Es empfiehlt sich, bei diesen Nummern einmal anzurufen und die Details zu klären, bevor es an Bord geht.

ENTFERNUNGEN

St. John's nach Port aux Basques: 905 km

St. John's nach Gros Morne: 708 km

Gros Morne nach St. Anthony: 372 km

NEWFOUNDLAND IN …

… fünf Tagen

Start ist in St. John's mit einem Besuch von **Signal Hill** und **Cape Spear**. Beides sind historische Stätten, aber sie bieten auch Wanderstrecken und Aussichten auf den einen oder anderen Eisberg, Wal oder sogar beides gleichzeitig. Am Abend sollte man die verschiedenen Restaurants von St. John's, die coolen Läden und die dröhnenden Pubs ausprobieren.

Nach ein paar Tagen „Großstadtleben" geht's weiter zur Halbinsel Avalon. Hier sieht man Wale und Papageientaucher im **Witless Bay Ecological Reserve**, plant ein Picknick in **Ferryland** oder besucht die Vögel am **Cape St. Mary's**.

Die letzten ein bis zwei Tage verbringt man damit, die historischen östlichen Gemeinden **Trinity** und **Bonavista** zu studieren – und die Küstenwanderwege dazwischen.

… zehn Tagen

Nach der Fünf-Tage-Tour geht's weiter nach Westen, möglicherweise mit einem kurzen Flug zum **Deer Lake**. Zur Belohnung gibt's einen Blick auf die mächtigen Fjorde im **Gros Morne National Park** und die monumentale Wikingergeschichte in **L'Anse aux Meadows**. Wer ein paar Extra-Tage hat, der kann die Strait of Belle Isle durchsegeln und dann gaaanz langsam durch die klitzekleinen Städtchen und hohen Granitklippen die **Labrador Straits** runterkommen.

ST. JOHN'S

100 646 EW.

Das an einem Steilhang am Hafen gelegene und mit bonbonfarbenen Reihenhäusern in den hügeligen Straßen verzierte St. John's wird auch Mini-San-Francisco genannt. Und wie sein amerikanisches Gegenstück ist es Heimat von Künstlern, Musikern, überhöhten Grundstückspreisen und jungen iPhone-Benutzern. Die Atmosphäre von Newfoundlands größter Stadt ist jedoch erfrischend kleinstädtisch, mit Einwohnern, die gerne zu einem Schwätzchen bei einem schaumigen Bierchen bereit sind. Und früher oder später werden sie einen auf jeden Fall wissen lassen, dass St. John's die älteste Stadt Nordamerikas ist.

Highlights sind hier u.a. die Aussicht vom Signal Hill, der am Meer gelegene North Head Trail und die Livemusik in den Kneipen der George St, zusammen mit einem Bier (oder einem Schluck Rum). Viele Besucher, die St. John's als Basislager für Ausflüge zum Rest der Halbinsel Avalon nutzen, erkunden gerne seine unkonventionellen Lokale und Unterkünfte. Cape Spear, das Witless Bay Ecological Reserve und Ferryland sind nur einen Tagesausflug entfernt.

Geschichte

St. John's toller natürlicher Hafen, der die Fischer einst zu wimmelnden Kabeljauschwärmen führte, zog im Jahr 1528 die ersten europäischen Siedler an. Sir Humphrey Gilbert kam 55 Jahre später in der Stadt an und erklärte das Land stolz zum Eigentum von Königin Elisabeth I. Die vielen spanischen, französischen und portugiesischen Siedler, die hier lebten, waren darüber nicht sehr erfreut.

St. John's wurde gegen Ende des 17. und im 18. Jh. mehrmals zerstört und von den Franzosen, den Engländern und den Niederländern eingenommen, die knallhart um die Stadt kämpften. Nach dem endgültigen Sieg der Briten auf dem Signal Hill im Jahr 1762 beruhigte sich die Lage schließlich, und im 19. Jh. begann St. John's, Gestalt anzunehmen.

Seitdem fegten vier Feuer durch die Stadt, das letzte 1892. Jedes Mal bauten die Einwohner ihre Stadt mit Stolz und, was wichtiger war, noch immer vorhandenem Humor wieder auf.

Trotz der jahrhundertelangen Unruhen behauptete der Hafen bis weit ins 20. Jh. seine Position als Welthandelszentrum für gesalzenen Kabeljau. Mitte des 20. Jhs. säumten Lagerhäuser die Water St, und die Kaufmänner, denen sie gehörten, machten ein Vermögen. In den frühen 1960er Jahren hatte St. John's mehr Millionäre pro Kopf als jede andere Stadt Nordamerikas. Viele nannten es in Anspielung auf die Bananenrepubliken Mittelamerikas Kabeljaurepublik und waren der Meinung, dass jene Kaufleute ihren Reichtum den Fischereigemeinden der Vorhäfen (Outports) zu verdanken hätten, die nur immer ärmer zu werden schienen.

St. John's Häfen dienen den Fischkuttern aus aller Welt und gelegentlich auch Kreuzfahrtschiffen noch heute als Ankerplatz, doch die Kabeljauindustrie wurde vom Fischfangverbot von 1992 (s. Kasten S. 523) schwer getroffen. Heute kurbelt die Ölförderung vor der Küste die Wirtschaft an.

Sehenswertes

Die meisten Sehenswürdigkeiten befinden sich in der Innenstadt oder ein paar Kilometer davon entfernt. Es geht dabei aber ordentlich bergauf.

Signal Hill National Historic Site — HISTORISCHER PARK

(☎709-772-5367; www.pc.gc.ca/signalhill; Signal Hill Rd; Gelände Eintritt frei; ⏲Gelände 24 Std.) Eine Tour hoch zum Signal Hill, der berühmtesten Sehenswürdigkeit der Stadt, ist allein schon wegen der Aussicht die Mühe wert. Es gibt aber noch viel mehr zu sehen.

Ein **Informationszentrum** (Erw./Kind 3,90/1,90 C$; ⏲10–18 Uhr, Mitte Okt.–Mitte Mai verkürzte Öffnungszeiten) zeigt interaktive Displays zur Geschichte der Stätte. Die letzte nordamerikanische Schlacht des Siebenjährigen Krieges fand hier 1762 statt, und der Sieg der Briten beendete Frankreichs wiederholte Anstrengungen, die Kontrolle über das östliche Nordamerika zu erlangen.

Kanonen und die Überreste der britischen Geschütze aus dem späten 18. Jh. findet man in den **Queen's Battery & Barracks** etwas weiter den Berg hoch. Das kleine Schloss oben auf dem Berg ist **Cabot Tower** (Eintritt frei; ⏲Juni–Anfang Sept. 9–21, übriges Jahr bis 17 Uhr, Mitte Jan.–März geschl.), erbaut 1900, um sowohl die Ankunft von John Cabot 1497 als auch das Diamantene Jubiläum von Queen Victoria zu ehren. Der italienische Erfinder Guglielmo Marconi empfing hier 1901 fröhlich die erste transatlantische Funknachricht aus Cornwall, England. Es gibt Führer und Displays im Turm. Im Sommer sendet von hier ein Amateurradio.

Im Hochsommer verkleiden sich mehrere Dutzend Soldaten als Royal Newfoundland Company aus dem 19. Jh., um einen **Zapfenstreich** (www.rnchs.ca/tattoo; Eintritt 5 C$; ⏲Juli–Mitte Aug. Mi–Do & Sa–So 11 & 15 Uhr) auf dem O'Flaherty Field neben dem Informationszentrum aufzuführen. Höhepunkt ist das Abfeuern der historischen Kanonen.

Ein toller Weg zurück in die Stadt führt über den **North Head Trail** (1,7 km), der Cabot Tower mit dem Battery Viertel am Hafen verbindet. Der Weg beginnt am Parkplatz des Turms und führt an den Klippen entlang, begleitet von unglaublichen Aussichten aufs Meer und mit Glück sogar auf Wale. Weil ein großer Teil des Weges am äußeren Rand der Klippen entlangführt, sollte man hier nicht bei Eis, Nebel oder Dunkelheit laufen.

Die Stätte befindet sich 1,5 km von der Innenstadt entfernt, die Signal Hill Rd hoch.

The Rooms — MUSEUM

(☎709-757-8000; www.therooms.ca; 9 Bonaventure Ave; Erw./Kind 7,50/4 C$; ⏲Mo–Sa 10–17, Mi bis 21, So 12–17 Uhr, Mitte Okt.–Mai geschl.) Nicht viele Museen bieten die Gelegenheit, unter einem Dach einen riesigen Tintenfisch zu sehen, avantgardistische Soundskulpturen zu hören und alte Waffen zu studieren. Aber das gibt's im The Rooms, dem historischen All-in-one-Museum der Provinz. Ehrlich gesagt sieht das Gebäude von außen beeindruckender aus als von innen, denn die häufig wechselnden Ausstellungen sind weit verteilt. Aber wow! Die Aussicht vom massiven Stein- und Glaskomplex, der auf einem atemberaubenden Hügelvorsprung über der Stadt thront, ist unglaublich. Vom Café im 4. Stock hat man den besten Blick. Mittwochabends ist der Eintritt frei.

Johnson Geo Centre — MUSEUM

(☎709-737-7880; www.geocentre.ca; 175 Signal Hill Rd; Erw./Kind 11,50/5,50 C$; ⏲Mo–Sa 9.30–17, So 12–17 Uhr) Nirgendwo auf der Welt lässt sich Geogeschichte, die zurückgeht bis zur Entstehung der Erde, so einfach nachvollziehen wie in Newfoundland. Und das Geo Centre leistet Großartiges, indem es die einschläfernden geologischen Informationen in unterirdische interaktive Displays verpackt.

Im Centre gibt es auch eine Ausstellung zur *Titanic*, mit Informationen, wie menschliches Fehlversagen und Nachlässigkeiten die Tragödie verursacht haben, und nicht der Eisberg. Beispielsweise gab es zu wenige Rettungsboote an Bord: Die Besitzer wollten das Deck nicht vollstellen. Und die Crew ignorierte unzählige Eisbergwarnungen. Was das alles mit geologischen Überresten zu tun hat, ist nicht ganz klar, aber wen kümmert das schon? Es ist faszinierend!

St. John's

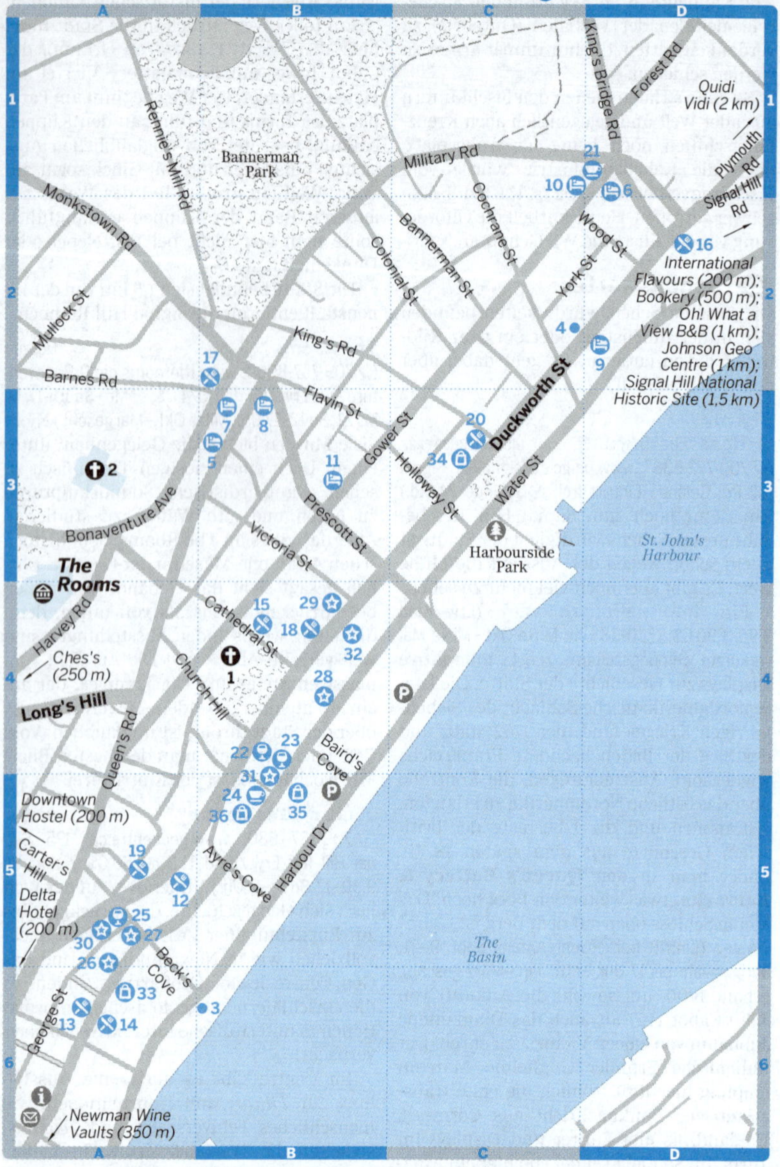

Draußen gibt es Wege mit Infotafeln. Das Geo Centre befindet sich in der Signal Hill Rd, ca. 1 km außerhalb der Stadt.

Basilica of St. John the Baptist KIRCHE
(☎709-754-2170; www.thebasilica.ca; 200 Military Rd; Eintritt frei; ⏰Mo–Fr 8–15, Sa bis 18, So bis 12.30 Uhr) 1855 erbaut, strecken sich die hohen Zwillingstürme der Basilika in den Himmel und sind vom Signal Hill aus komplett sichtbar. Die Bauweise kennzeichnet die Rückkehr der klassischen Architektur in Nordamerika. Innen erleuchten 65 einzigartige Glasfenster die sehenswerte mehr-

St. John's

farbige italienisch anmutende Decke und die Blattgold-Verzierungen. Die Ehre, als „Basilika" bezeichnet zu werden, wurde der Kirche von Papst Pius XII. zum hundertjährigen Jubiläum verliehen. Kostenlose halbstündige Führungen werden im Juli und August von montags bis samstags um 10 und 17 Uhr angeboten, je nach Nachfrage.

Anglican Cathedral of St. John the Baptist KIRCHE
(☎709-726-5677; www.stjohnsanglicancathedral.org; 16 Church Hill; Eintritt frei; ⌚Juli & Aug. Mo–Fr 10–12 & 14–16, Sa 10–12 Uhr) Sie ist zuständig für Kanadas älteste Gemeinde (1699): Die anglikanische Kathedrale ist eines der schönsten Beispiele für gotische Kirchenarchitektur in Nordamerika. Ursprünglich wurde sie in den 1830er-Jahren erbaut, aber alles außer den Außenmauern wurde vom Großen Feuer von 1892 zerstört. 1905 hat man die Kirche wieder aufgebaut. Die gotische Rippendecke, die anmutigen Steinbögen und die hohen dünnen Glasfenster sind zeitlose Wunder. Ein Gargoyle aus dem 12. Jh. – ein Geschenk der Diozöse von Bristol – wacht über das südliche Querschiff. Studenten bieten Führungen an, Organisten spielen **Konzerte** (⌚Mi 13.15 Uhr) und die älteren Kirchendamen servieren Tee und Kuchen (s. Kasten S. 504).

DIE SCHLACHT UM DIE MIETWAGEN

Achtung: Die Mietwagenflotten sind klein (aufgrund der entlegenen Lage der Insel und der Kürze der Tourissaison), und das bedeutet, dass sich sehr viele Besucher im Hochsommer um sehr wenige Autos streiten! Die Kosten belaufen sich auf bis zu 100 C$ pro Tag (inklusive Steuern und Kilometer). Früh im Voraus reservieren – April oder Mai für alle, die zur Hochsaison von Mitte Juli bis Anfang August reisen – und die Buchung vor der Ankunft bestätigen!

GRUFTIGER TEE

Überall in der anglikanischen Kathedrale findet man Schilder mit der Aufschrift „Tee in der Krypta". Hört sich gruselig an? Ist es auch ein bisschen, wenn man im Keller der Kirche ankommt, mit all den Frauen, die in Blumenkleidern und Gesundheitsschuhen hin- und herwuseln. Aber wenn man ihnen eine Chance gibt, wird aus dem **High Tea** (8 C$; ⊙Mitte Juli–Anfang Sept. Mo–Fr 14.30–16.30 Uhr) viel mehr als selbstgebackene Kekse und Plätzchen. Hier kann man mit der älteren Generation über Marmeladerezepte, Tipps für die Sommerferien und die Dinge, wie sie sein sollten, plaudern (genauer gesagt sollte man zuhören und essen, das Reden übernehmen die Damen). Die Krypta wurde übrigens nie für Bestattungen benutzt.

Quidi Vidi BRAUEREI & HISTORISCHE STÄTTE

Oberhalb von Signal Hill, außerhalb der Stadt, liegt das kleine malerische Dorf Quidi Vidi. Die erste Pause macht man an der **Quidi Vidi Brewery** (☎709-738-4040; www.quidividibrewery.ca; 35 Barrows Rd; Führung 10 C$; ⊙Mo–Sa 10–16.30, So 12–16 Uhr), wo Newfoundlands beliebtestes Bier gebraut wird. Sie befindet sich in einer alten Fischfabrik an der kleinen Werft und ist damit ein hübsches Plätzchen, um den Durst zu stillen. Für das Geld bekommt man reichlich zum Testen und eine Flasche zum Trinken während der Führung. Auf jeden Fall die Iceberg Sorte probieren, die mit Wasser der großen Riesen gebraut wird!

In der Nähe befindet sich auch die älteste Hütte Nordamerikas, das **Mallard Cottage** (☎709-576-2266; 2 Barrows Rd; ⊙Mai–Sept. 9.30–16.30 Uhr) aus den 1750er-Jahren, das jetzt ein reizender Antiquitäten- und Trödelladen ist. Die Einnahmen dienen dem Erhalt des Hauses.

Die **Quidi Vidi Battery** (☎709-729-2977; www.seethesites.ca; Cuckhold's Cove Rd; Eintritt 3 C$; ⊙Ende Mai–Mitte Okt. 10–17.30 Uhr) von 1762 auf dem Hügel wurde von den Franzosen gebaut, nachdem sie St. John's eingenommen hatten. Die Briten erhoben rasch Anspruch auf die Geschützbatterie und sie blieb bis ins 19. Jh. hinein im Militärdienst. Originalgetreu kostümierte Führer liefern historische Informationen.

Im Landesinneren vom Dorf aus findet auf dem **Quidi Vidi Lake** die St. John's Regatta statt, zu der die ganze Stadt kommt. Das **Royal St. John's Regatta Museum** (☎709-576-8921; Ecke Lakeview Ave & Clancy Dr, abseits der Forest Rd; Eintritt frei; ⊙Juli & Aug.) befindet sich im 2. Stock des Bootshauses. Die Öffnungszeiten sind flexibel. Um den See herum führt ein beliebter Spazierweg.

Quidi Vidi liegt etwa 2 km von der nordöstlichen Ecke der Innenstadt entfernt. Man nimmt die Plymouth Rd, geht dann nach links in die Quidi Vidi Rd, und weiter nach rechts in die Forest Rd (die zur Quidi Vidi Village Rd wird). Von der Brauerei aus hält man sich rechts in Richtung Barrows Rd. Zur Battery geht's nach links auf der Cuckold's Cove Rd. Zum Regattamuseum biegt man von der Forest Rd links in die Lakeview Ave ab. Man kann auch vom Signal Hill über den Cuckold's Cove Trail laufen, was etwa 30 Minuten dauert.

Newman Wine Vaults HISTORISCHE STÄTTE

(☎709-739-7870; www.historictrust.com; 436 Water St; Eintritt gegen Spende; ⊙Mitte Juni–Aug. 10–17.30 Uhr) In den dunklen, kühlen Weinkellern aus den 1780er-Jahren lagerte bis 1996 der Portwein der Newman Company (dann zwang die EU-Gesetzgebung die Produktion zurück nach Portugal). Führer verraten Geschichten wie die der englischen Adeligen, die, wenn sie in ihrem Heimatland beerdigt werden wollten, während der Überfahrt in Fässern mit Portwein gelagert wurden, weil der Alkohol die Körper konservierte. Es gibt keine Proben, aber man kann Flaschen kaufen. In den Kellern finden öfter Literaturevents statt.

CA Pippy Park PARK

(www.pippypark.com) Der abwechslungsreiche, 1343 ha große CA Pippy Park liegt an der nordwestlichen Ecke der Innenstadt. Zum Freizeitangebot gehören Wanderwege, Picknickanlagen, Spielplätze, ein Golfplatz und ein Campingplatz. Die **Memorial University**, die einzige Universität der Provinz, befindet sich ebenfalls hier.

Der **Botanische Garten** (☎709-737-8590; www.mun.ca/botgarden; Erw./Kind 6/2,50 C$; ⊙Mai–Sept. 10–17 Uhr, übriges Jahr kürzere Öffnungszeiten) der Universität liegt am Oxen Pond, im Westen des Parks in der Mt Scio Rd. Es gibt einen Garten und ein Naturschutzgebiet. Zusammen gesehen bieten der Park und sein **Long Pond** Sumpf einen guten Überblick über Newfoundlands Flora, Lebensräume (darunter boreale Wälder und Sümpfe) und Tiere (vor allem Vögel am Long Pond und der eine oder andere Elch). Die komplette Packung bekommt man auf dem 3 km langen **Long Pond Walk**.

Das **Fluvarium** (☎709-754-3474; www.fluvarium.ca; Nagle's Pl; Erw./Kind/Fam. 7/4/20 C$; ⏱Ende Juni–Anfang Sept. Mo–Fr 9–17, Sa & So ab 10 Uhr, übriges Jahr kürzere Öffnungszeiten), das mit Glas eingefasste Stück eines „lebenden" Flusses, befindet sich auf der anderen Straßenseite gegenüber vom Campingplatz. Besucher können durch die großen Fenster blicken, um das ungestörte Leben unterhalb der Oberfläche von Nagle's Hill Brook zu beobachten. Man sieht zahlreiche Bachforellen und den einen oder anderen Aal. Wenn es stark geregnet hat oder windig war, verschwindet alles im trüben Wasser.

Von der Innenstadt aus nimmt man die Bonaventure Ave nach Norden zur Allandale Rd und folgt dann den Schildern. Ca. 2 km.

Aktivitäten

Informationen zum Wale beobachten und Kajak fahren finden sich unten. Golfer und Skilangläufer haben ihren Spaß im CA Pippy Park.

Durch das gesamte Gebiet schlängeln sich hervorragende Wanderwege. Der **Grand Concourse** (www.grandconcourse.ca) ist ein anspruchsvolles, 95 km langes Netz aus Wanderwegen durch St. John's und Umgebung. Viele Wege befinden sich im CA Pippy Park und um den Quidi Vidi Lake. Auf keinen Fall sollte man den um den See herumführenden North Head Trail am Signal Hill verpassen. Die Concourse-Website hat Streckendetails für alle Wanderungen.

Der epische **East Coast Trail** (www.eastcoasttrail.com) erstreckt sich über 220 km von Fort Amherst im Süden nach Cappahayden; zusätzliche 320 km sind im Bau. Teils leichter Küstenspaziergang, teils harter Marsch durch die Wildnis. Auf der Website gibt's Details zu kostenlosen wöchentlichen geführten Wanderungen. Auf einigen kann man sich freiwillig an der Müllbeseitigung beteiligen. Ein toller Weg geht von der Küste bis zum Cape Spear (S. 512).

Geführte Touren

Boot

Die meisten Touren starten südlich der Stadt an der Witless Bay (s. S. 513).

Iceberg Quest (☎709-722-1888; www.icebergquest.com; Pier 7; 2-stündige Tour Erw./Kind 55/25 C$) Startet am Hafen von St. John's und fährt dann Richtung Cape Spear auf der Suche nach Eisbergen im Juni und Walen im Juli und August.

O'Brien's (☎709-753-4850, 877-639-4253; www.obriensboattours.com; 126 Duckworth St; 2-stündige Tour Erw./3–10 Jahre/11–17 Jahre 55/25/30 C$) Wale, Papageientaucher und Eisberge in der Witless Bay. Die Schiffe legen in Bay Bulls ab, 31 km südlich, aber O'Brien's bietet einen Shuttleservice (hin & zurück 25 C$), der einen am Hotel in St. John's abholt. Tickets gibt's in O'Brien's Laden.

Outfitters (☎709-579-4453, 800-966-9658; www.theoutfitters.nf.ca; 220 Water St; halb-/ganztägige Tour 69/169 C$) Beliebte Kajaktouren in Bay Bulls, mit Shuttleservice (hin & zurück 25 C$) ab dem Outfitters-Laden in der Innenstadt.

Bus

Ann's Tours (☎709-682-0754; www.annstours.ca) Ann bietet eine große Auswahl von Touren, inklusive dem Irish Loop (160 C$ inkl. Walbeobachtung, 7Std.) und Cape St Mary's (110 C$, 7 Std.), dazu kürzere Stadtführungen und individuelle Touren.

HI St. John's Tours (☎709-754-4789; www.hihostels.ca; 8 Gower St) Das Hostel vermittelt tägliche Cape Spear/Ferryland/Witless Bay Touren (99 C$, 5 Std.), wenn sich genügend Leute anmelden.

Legend Tours (☎709-753-1497; www.legendtours.ca; 3-stünd. Touren 59 C$) Dieser preisgekrönte Veranstalter deckt St. John's, Cape Spear und die nordöstliche Halbinsel Avalon ab. Der Kommentar ist voller lustiger und historischer Anekdoten. Zum Reservieren anrufen! Man wird am Hotel oder B&B abgeholt.

Kultur

Cape Race Cultural Adventures (www.caperace.com; 10-Tage-Paket 2600 C$/Pers.) Leben wie die Einheimischen. Man bekommt die Schlüssel für drei Häuser (in St. John's, Heart's Delight und Bonavista), ein Auto und einen Reiseführer, und dann geht's auf eigene Faust los.

Stadtspaziergang

Das Besucherzentrum hat Prospekte für Touren auf eigene Faust durch die Stadt.

LP TIPP **St. John's Haunted Hike** (www.hauntedhike.com; Tour 10 C$; ⌚Juni–Mitte Sept. So–Do 9.30 Uhr) Reverend Thomas Wyckham Jarvis Esq führt im schwarzen Umhang diese super beliebten Entdeckungstouren in die dunklen Ecken der Stadt. Er versucht einen mit Geschichten von kopflosen Kapitänen, Mördern und anderen Geistern zu erschrecken. Start ist am Westeingang der anglikanischen Kathedrale.

East Coast Trail (www.eastcoasttrail.com) Auf der Website gibt's Infos zu kostenlosen geführten Wanderungen.

Feste & Events

St. John's Days (www.stjohns.ca; ⌚Ende Juni) Ein langes Wochenende mit Jazz und Blueskonzerten, Paraden, Straßentänzen und Sportveranstaltungen zum Stadtgeburtstag.

Sound Symposium (www.soundsymposium.com; ⌚Anfang Juli) Findet jedes zweite Jahr statt. Eine große avantgardistische Woche mit Konzerten, Workshops, Tanz, Theater und experimentellem Film. Die nächsten Symposien sind 2012 und 2014.

George Street Festival (www.georgestreetlive.ca; ⌚Ende Juli) Die große George St wird zu einem einzigen Nachtclub während einer herrlichen Woche voller Musikveranstaltungen, sowohl tagsüber als auch nachts.

Newfoundland & Labrador Folk Festival (www.nlfolk.com; ⌚1. Wochenende im Aug.) Dieser intime dreitägige Event im Bannerman Park feiert traditionelle neufundländische Musik, Tanz und Geschichten.

Downtown Busker Festival (www.downtownstjohns.com; ⌚1. Wochenende im Aug.) Jongleure, Zauberer, Akrobaten, Clowns und noch vieles mehr turnen durch die Straßen.

Royal St. John's Regatta (www.stjohnsregatta.org; ⌚1. Mi im Aug.) Die Straßen sind verlassen, die Geschäfte geschlossen und alles wandert an die Ufer des Quidi Vidi Lake. Diese Ruderregatta begann offiziell 1825 und ist jetzt das älteste ohne Unterbrechung stattfindende Sportevent in Nordamerika.

Schlafen

Im Herzen von St. John's gibt es jede Menge kleinere Unterkünfte und B&Bs, die ein echt tolles Preis-Leistungsverhältnis bieten; gewöhnlich sind sie sogar besser als die Hotels und Motels. Sie sind schnell ausgebucht, also muss man früh reservieren! Viele verlangen einen Mindestaufenthalt von zwei Nächten. Die hier aufgeführten Optionen bieten alle ein warmes Frühstück. Wenn nichts anderes angegeben ist, ist die städtische Steuer von 16% in den genannten Preisen nicht enthalten. Alle Unterkünfte haben Parkmöglichkeiten direkt am Haus oder in der Nähe. Weitere Unterkünfte findet man auf der Website der Stadt (www.stjohns.ca/visitors/accommodation/index.jsp).

Balmoral House B&B **$$**
(☎709-754-5721, 877-428-1055; www.balmoralhouse.com; 38 Queen's Rd; DZ 99–179 C$; @) Auf der einen Seite ist das Balmoral ein typisches B&B (Engelsstatuen, lange antike Holztische), andererseits lebt der Besitzer nicht auf dem Gelände und das Frühstück ist mit Selbstbedienung. Damit geht es hier entspannter und privater zu als in manch anderen B&Bs. Die Betten haben super bequeme Matratzen.

ST. JOHN'S MIT KINDERN

St. John's sorgt für die Unterhaltung der Kleinen, bei Regen und bei Sonnenschein. **CA Pippy Park** (S. 504) ist ein Kinderparadies mit großem Spielplatz, vielen Wegen und, natürlich, dem Fluvarium. Die ständig hungrigen Enten im See des **Bowring Park** (Waterford Bridge Rd) lieben Gesellschaft, genauso wie die Meerestiere im **Ocean Sciences Centre** (S. 511). Zu wissen, dass am Ende des Zapfenstreichs die Kanone losballert, sollte die Kleinen auf **Signal Hill** (S. 501) im Bann halten. Die verschiedenen **Bootstouren** (S. 505) sind auch eine sichere Bank, aber man sollte sich vorab erkundigen, ob Eisberge und Wale in der Gegend gesichtet wurden. Geologie mag zwar nicht auf Anhieb für Begeisterung sorgen, aber die Tatsache, dass sich das **Johnson Geo Centre** (S. 501) unter der Erde befindet, könnte helfen. Älteren Kindern werden die Geistergeschichten von **St. John's Haunted Hike** (s. S. 506) gefallen.

Abba Inn B&B $$
(☎709-754-0058, 800-563-3959; www.abbainn.com; 36 Queen's Rd; DZ ab 85–185 C$; @) Das Abba befindet sich im gleichen Gebäude wie das Balmoral, und man teilt sich sogar die Reservierungen (wenn das eine voll ist, wird man ans andere weitervermittelt). Beide B&Bs sind von der Einrichtung und dem Ambiente her ähnlich.

Cantwell House B&B $$
(☎709-754-8439, 888-725-8439; www.cantwellhouse.nf.net; 25 Queen's Rd; Zi. ab 85–110 C$; @) Im Cantwell gibt's den Tee auf der Terrasse mit Blick auf eine bunte Ansammlung von Reihenhäusern bis hin zum blauen Hafen. Die freundliche Atmosphäre des B&B wird ergänzt durch viel Privatsphäre in viktorianischem Ambiente.

HI St. John's HOSTEL $
(☎709-754-4789; www.hihostels.ca; 8 Gower St; B 28–33 C$, Zi. 75–89 C$; @) So, wie ein gutes Hostel sein soll: gute Lage in der Nähe des Trubels, saubere Einrichtung, nicht zu groß (insgesamt 16 Betten) und hilfsbereit. Auf einer Tafel steht alles interessante, was jeden Tag in der Stadt passiert. Vor Ort kann man auch günstige Touren buchen.

Oh! What A View B&B B&B $$
(☎709-576-7063; www.ohwhataview.com; 184 Signal Hill Rd; Zi. ab 90 C$; @) 20 Minuten zu Fuß (bergauf) vom Stadtzentrum entfernt, aber Oh! – wirklich ein toller Ausblick. Mehrere Gemeinschaftsbalkone gehen zum Hafen raus. Die Zimmer sind hell und modern, wenn auch ein bisschen klein. Zimmer Nr. 8 hat einen Julia-Balkon und Nr. 3 geht direkt aufs Wasser raus.

Narrows B&B B&B $$
(☎709-739-4850, 866-739-4850; www.thenarrowsbb.com; 146 Gower St; DZ 95–175 C$;) In den Zimmern dieses einladenden B&B befinden sich warme Farben, eine elegante Einrichtung und große Holzbetten. Die Ausstattung ist durchweg modern und es gibt ein tolles Wohnzimmer und einen Balkon, wo sich die Gäste treffen und Walgeschichten austauschen können.

Bluestone Inn B&B $$
(☎709-754-7544, 877-754-9876; www.theblue stoneinn.com; 34 Queen's Rd; DZ 89–189 C$;) Erbaut aus demselben historischen Gestein wie der Cabot Tower und das Government House. Dieses B&B bietet hohe verputzte Decken, Kamine und echte Kunst in den Zimmern. Zuletzt stand es zum Verkauf, es könnte also mittlerweile einige Veränderungen gegeben haben!

Downtown Hostel HOSTEL $
(☎709-754-7658; www.hostels.com; 25 Young St; B/Zi. 22/55 C$;) Man ist sich nicht einig, wer mehr Charakter hat: die energische Besitzerin Carola oder das Gebäude selbst. Krumme handgezimmerte Möbel widerstehen den schiefen Böden, und elektrische Leitungen und Weltkarten schmücken die Wände. Etwa 1 km nordwestlich der George St, bei Carter's Hill.

At Wit's Inn B&B $$
(☎709-739-7420, 877-739-7420; www.atwitsinn.ca; 3 Gower St; DZ 109–139 C$; @) Polierte Böden, verputzte Decken, verschnörkelte Kamine, bunte Wände und Betten, aus denen man kaum wieder rauskommt, machen dieses B&B zum unvergesslichen Erlebnis. Die Wohn- und Esszimmer sind gleichermaßen protzig wie gemütlich.

Leaside Manor B&B $$
(☎709-722-0387, 877-807-7245; www.leasidemanor.com; 39 Topsail Rd; Zi. 129–249 C$; @) Die teureren Zimmer in dem alten Kaufmannshaus haben Himmelbetten, Kamin und Whirlpool, was erklärt, warum *Globe and Mail* das Leaside zu einem von Kanadas „romantischsten Zielen“ erklärt hat. Es befindet sich etwa eine halbe Stunde zu Fuß von der Innenstadt. Wem das zu weit ist, der sollte sich nach den Stadtapartments erkundigen.

Delta Hotel (☎709-739-6404; www.deltahotels.com; 120 New Gower St; Zi. 189–249 C$; @) Das Delta ist das Haupt-Businesshotel mit den meisten Annehmlichkeiten in der Stadt. Es liegt neben dem Convention Center. Parken kostet 11 C$.

Courtyard St. John's (☎709-722-6636; www.marriott.com/yytcy; 131 Duckworth St; Zi. 159–189 C$; P@) Ein typisches Haus der Marriott-Kette, mit bequemen Betten. Einige Zimmer haben Blick auf den Hafen (etwa 10 C$ extra). WLAN gibt's nur in der Lobby.

Essen

Thai, japanisch, indisch, lateinamerikanisch und sogar vegetarische Restaurants tauchen in den Water und Duckworth Sts auf, mit einer Auswahl, wie man sie sonst selten kriegt. Auf einem kurzen Spaziergang findet man also mit Sicherheit was zum Reinbeißen.

LP TIPP **Bistro Sofia** CAFE $$

(☎709-738-2060; 320 Water St; Sandwiches 7–9 C$, Hauptgerichte 19–28 C$; ⏱8–23 Uhr; 📶) Das Bistro Sofia serviert hochklassiges Essen in einem hellen klassischen Kaffeehausambiente. Bestellt wird an der Theke, dann setzt man sich an einen der großen Tische und wartet bei einem Kaffee oder Wein aufs Mittagessen (perfekt gefüllte Grillsandwiches) oder Abendessen (geschmorte Lammkeule oder Steak mit Fritten).

Hungry Heart CAFÉ $

(☎709-738-6164; www.hungryheartcafe.ca; 142 Military Rd; Hauptgerichte 7–12 C$; ⏱Mo–Sa 10–14 Uhr) In diesem gemütlich eingerichteten Café kann man nicht nur essen, sondern gleichzeitig auch misshandelte Frauen und andere Menschen in Not dabei unterstützen, das Gastronomiegewerbe zu erlernen und wieder auf die Beine zu kommen. Zu empfehlen sind das Curry-Mango-Huhn oder Pulled Pork Sandwiches (Sandwiches mit Schweinegeschnetzeltem). Zum Samstagsbrunch gibt es Käsebrötchen mit *peameal bacon* und Kirsch-Brotpudding. Und dazu viele gebackene Leckereien.

Bacalao SEAFOOD $$$

(☎709-579-6565; www.bacalaocuisine.ca; 65 Lemarchant Rd; Hauptgerichte 28–35 C$; ⏱Di–Fr 12–14.30, Sa & So ab 11, Di–Doo 18–22 Uhr) Das gemütliche Bacalao verwendet einheimische nachhaltige Zutaten für seine „Nouvelle Newfoundland Cuisine". Zu den Gerichten gehören gesalzener Kabeljau *du jour* und Karibu in Preiselbeersauce, die mit einheimischem Bier und Wein genossen werden. Der Laden befindet sich 1,5 km westlich der Innenstaddt. Man nimmt die Water St Richtung Süden zur Waldegrave St, dann die Barters Hill Rd.

International Flavours PAKISTANISCH $

(☎709-738-4636; 4 Quidi Vidi Rd; Hauptgerichte 8–12 C$; ⏱Di–Sa 12–19 Uhr; 🍷) Die pakistanische Besitzerin Talat verteilt ein ganz schön scharfes Dahl oder Curry mit Basmatireis als Tagesgericht (eins mit Fleisch, eins ohne). Knapp vor der Innenstadt, ein paar Minuten zu Fuß die Signal Hill Rd rauf.

Sprout VEGETARISCH $

(☎709-579-5485; 364 Duckworth St; Hauptgerichte 6–12 C$; ⏱Di & Mi 11.30–20, Do & Fr bis 21, Sa 9–21, So 9–15 Uhr; 🍷) Das gibt's nicht oft in Newfoundland: komplett vegetarisches Essen. Also sollte man hier und jetzt einen marinierten Tofuburger, Spinat-Pesto-Sandwiches und *poutine* (Fritten mit Soße und Tofu) essen, bevor man die Stadt verlässt.

Auntie Crae's CAFÉ $

(☎709-754-0661; www.auntiecraes.com; 272 Water St; Sandwiches 6–7 C$; ⏱Di–Sa 8–18 Uhr) In diesem Lebensmittelladen gibt es Kaffee, Backwaren, Lebensmittel oder fertige Sandwiches. Essen kann man ganz entspannt im benachbarten Fishhook Neyle's Common Room.

Casbah FUSION $$

(☎709-738-5293; 2 Cathedral St; Hauptgerichte 13–23 C$; ⏱Do & Fr 11.30–14.30, Sa & So ab

SCRUNCHEONS, TOUTONS & FLIPPER PIE: EIN KULINARISCHER WEGWEISER

Für Newfoundland braucht man ein eigenes kulinarisches Wörterbuch. Lektion 1: *Scoff* heißt hier soviel wie eine große Mahlzeit.

Zwei von Newfoundlands Lieblingsgerichten sind Fish'n'Brewis und Jigg's Dinner. Fish 'n' Brewis ist gesalzener Fisch mit Zwiebeln, Scruncheons (frittiertem Schweinefett) und einem halb gekochten Brot. Jigg's Dinner ist ein wahres Festessen aus einem Braten (Truthahn oder vielleicht auch Elch) mit gekochten Kartoffeln, Karotten, Kohl, gesalzenem Rind und einem Erbsen-und-Brot-Pudding. Ein Touton ist frittierter Teig, der in klebrige Melasse getunkt wird.

Cod Tongues sind die zarten fleischigen Häppchen aus dem Unterkiefer des Kabeljaus, die zerstampft und frittiert werden, während Cod Cheeks Kabeljaubäckchen sind. Fishcake besteht aus einem Brei aus Kabeljau, Kartoffeln und Zwiebeln, der gebraten wird – köstlich. Seal Flipper Pie ist allerdings nur was für die Harten: Der starke Geschmack des Robbenfleischs ist wirklich gewöhnungsbedürftig.

Zum Nachtisch gibt's Figgy Duff, einen dickflüssigen Feigenpudding, der in einem Tuch gekocht wird.

Und die letzte Lektion im Gastronomiekurs: Nach dem Essen klopft man sich auf den Bauch und sagt „I'm full as an egg" (Ich bin voll wie ein Ei).

10.30, tgl. 17.30–23 Uhr) Lustige, freche Kellner servieren im farbenfrohen Casbah lustiges, freches Essen. Für jeden ist was dabei, denn es gibt kleine, mittlere und große Teller, auf denen Ahorn-Kürbissuppe oder Heilbutt-Burger mit Wasabi liegen.

Blue on Water SEAFOOD **$$$**
(☎709-754-2583; www.blueonwater.com; 319 Water St; Hauptgerichte 27–35 C$; ⏲Mo–Fr 7.30–22, Sa 9–23, So 9–21 Uhr) Dieses hippe Restaurant geht sehr einfallsreich mit Meeresfrüchten um, z.B. bei den Cod Tongues und Scruncheons und Maple Salmon mit Bio-Gemüse. Zum Brunch gehören Bananenpfannkuchen mit in Rum gerösteten Walnüssen. Wem das nicht passt, der sollte wenigstens einen Drink in der loungeartigen Bar des Blues nebenan nehmen.

Classic Café East CAFÉ **$$**
(☎709-726-4444; www.classiccafeeast.com; 73 Duckworth St; Sandwiches 8–11 C$, Hauptgerichte 13–21 C$; ⏲8–22 Uhr) Ja, hier essen viele Touristen, aber es ist auch ein toller Laden für einen Blick auf den Hafen, bei dem man sich gleichzeitig die Newfie-Klassiker Toutons, Fish'n'Brewis, Fischsuppe und Fischkuchen schmecken lassen kann, zusammen mit Omlettes und Sandwiches.

India Gate INDISCH **$$**
(☎709-753-6006; www.indiagate.250x.com; 286 Duckworth St; Hauptgerichte 12–16 C$; ⏲Mo–Fr 11.30–14, tgl. 17–22 Uhr; ✎) Ein einheimischer Favorit, mit vielen vegetarischen Gerichten. Unter der Woche kann man sich den Bauch bei den All-you-can-Eat-Mittagsangeboten für 15 C$ vollschlagen.

Sun Sushi JAPANISCH **$$**
(☎709-726-8688; 186 Duckworth St; Sushi 4,50–7,50 C$; ⏲12–22 Uhr, So geschl.) Dieser schmucklose Laden steht ganz oben auf der Liste der Einheimischen für bezahlbares Sushi. Der scharfe Thunfisch wird hoch gelobt.

Ches's FAST FOOD **$**
(☎709-726-2373; www.chessfishandchips.ca; 9 Freshwater Rd; Hauptgerichte 7–12 C$; ⏲So–Do 11–2, Fr & Sa bis 3 Uhr) Ches' und seine Fish'n'Chips sind eine neufundländische Institution. Kein Schnickschnack, nur Kabeljau, der im Mund schmilzt.

Ausgehen

Die George St ist die Partymeile der Stadt. Die Water St und Duckworth St haben auch reichlich Lokale zu bieten, aber dort ist es etwas ruhiger. Die Bars sind bis 2 Uhr geöffnet. Man muss damit rechnen, dass einige Läden an den Wochenenden oder bei Livemusik eine kleine Grundgebühr verlangen (etwa 5 C$). Auf jeden Fall den einheimischen Screech Rum versuchen!

LP TIPP **Duke of Duckworth** KNEIPE
(www.dukeofduckworth.com; McMurdo's Lane, 325 Duckworth St) „The Duke", wie es auch genannt wird, ist ein einfacher englischer Pub, der für alles steht, was toll ist an Newfoundland und seinen Bewohnern. Vor allem freitagabends findet man hier einen Mix aus Arbeitern, Büromenschen, jung und alt, und sogar Bandmitglieder von Great Big Sea, die sich auf die abgewetzten roten Barhocker geknallt haben. 14 Biersorten (darunter auch das lokale Quidi Vidi) fließen durch die Zapfanlage.

Trapper John's Museum & Pub KNEIPE
(www.trapperjohns.com; 3 George St) Es ist nicht gerade die edelste Kneipe der Stadt, aber hier macht es mit Sicherheit am meisten Spaß, ein Newfoundlander ehrenhalber zu werden – was passiert, wenn man Stubby, den Papageientaucher, küsst (in Abwandlung des sonst üblichen Kabeljaus). Die überall ausgestellten Tierfallen sorgen für den Museum-Status.

Hava Java COFFEESHOP
(216 Water St; ⏲Mo–Fr 7.30–23, Sa & So 9–23 Uhr) Die Atmosphäre in diesem Laden ist erfrischend anti-franchise und pro-tattoo. Hier konzentriert man sich darauf, den besten Kaffee der Stadt zu machen.

Bookery COFFEESHOP
(42 Powers Ct; ⏲Mi–Sa 10–18, So 12–17 Uhr) Ja, es ist ein Buchladen (mit einer fantastischen Auswahl einheimischer Autoren), aber man serviert auch leckeren heißen Kakao und Java. Oben drüber ist ein uhrenverrückter Antiquitätenshop. Zu Fuß sind es zehn Minuten die Signal Hill Rd rauf.

Grapevine WEINBAR
(206 Water St) Das dunkle, elegante Grapevine ist eine Wein- und Cocktailbar mit toller Musik und Martinis.

Celtic Hearth (www.thecelthichearth.com; 298 Water St; ⏲24 Std.) Guinness und Pub Grub rund um die Uhr. Unterhalb von Bridie Molloy's.

Coffee Matters (www.coffeematters.ca; 1 Military Rd; ⏲Mo–Fr 7–23, Sa & So ab 8 Uhr; 📶) Der schickste Kaffee- und Teeladen der Stadt.

Unterhaltung

The Scope (www.thescope.ca) hat die täglichen Fakten. Da St. John's eine so intime Stadt ist, dienen Mundpropaganda und Zettel an Laternenmasten ebenfalls als bevorzugte Informationsmöglichkeit für Veranstaltungsinfos. Die Läden liegen nahe beieinander – rumlaufen und Spaß haben!

Livemusik

Der Grundpreis liegt zwischen 5 und 10 C$. **Mighty Pop** (www.mightypop.ca) hat eine Liste der anstehenden Shows.

Ship Pub (☎709-753-3870; 265 Duckworth St) Einstellung und Alter werden an der Türe dieses kleinen Pubs überprüft, der sich in der Solomon's Lane versteckt. Hier hört man alles von Jazz bis Indie und sogar die eine oder andere Dichterlesung. Mittwochs ist Folkmusik-Abend.

Bridie Molloy's (www.bridiemolloys.com; George St) Dieser polierte irische Pub bedient eine ältere Klientel und spielt sechs Abende die Woche irische und neufundländische Musik.

Rose & Thistle (☎709-579-6662; 208 Water St) Eine Kneipe, in der alle bekannten einheimischen Folkmusiker schrammeln.

Fat Cat (www.fatcatbluesbar.com; George St; ⏲Mo geschl.) In den Sommermonaten strahlt jede Nacht der Blues aus dem gemütlichen Fat Cat.

Rock House (☎709-579-6832; George St) Wenn Indie-Bands in die Stadt kommen, stöpseln sie sich hier ein.

Theater

Resource Centre for the Arts (☎709-753-4531; www.rca.nf.ca; 3 Victoria St) Sponsert freies Theater, Tanz und Film von neufundländischen Künstlern, die alle in der ehemaligen Halle der Hafenarbeitergewerkschaft (aka LSPU Hall) auftreten.

Shakespeare by the Sea Festival (www.sbts.info; Tickets 15 C$; ⏲Anfang Juli–Mitte Aug.) Live-Open-Air-Aufführungen in Signal Hill, Bowring Park und anderswo. Karten gibt's vor Ort, nur gegen Barzahlung.

Nachtclubs

St. John's richtige Nachtclubs, die nur freitags und samstags offen haben (23–4 Uhr oder länger) zielen auf energiegeladene Heteros und schwule Gäste ab. Unterschiedlicher Grundpreis, normalerweise zwischen 5 und 10 C$.

Zone (216 Water St) Die beste schwule Tanzbar in ganz Newfoundland. Heteros sind ebenfalls willkommen. Befindet sich oberhalb von Hava Java.

Liquid Ice (186B Water St) Fans von House, Drum und Hip-Hop zieht es zu diesem schwulenfreundlichen Nachtclub.

Shoppen

Traditionelle Musik, Beerenmarmelade und lokale Kunst findet man in den Ecken und Winkeln der Water St und Duckworth St.

Fred's MUSIKLADEN
(☎709-753-9191; www.freds.nf.ca; 198 Duckworth St) Der beste Musikladen in St. John's. Hier bekommt man einheimische Musik wie Hey Rosetta, Buddy Wasisname, Ron Hynes, The Navigators und Great Big Sea.

Living Planet BEKLEIDUNG
(☎709-739-6810; www.livingplanet.ca; 197 Water St) Skurrile Touristen-T-Shirts und Buttons, die sogar die Einheimischen mit Stolz tragen.

Downhome SOUVENIRS
(☎709-722-2070; 303 Water St) Touristisch, aber mit einer guten Auswahl lokaler Spezialitäten: Marmelade, Gestricktes und die begehrte CD *How to Play the Musical Spoons*.

Outfitters OUTDOOR-AUSRÜSTUNG
(☎709-579-4453; www.theoutfitters.nf.ca; 220 Water St) Ein Camping- und Ausrüstungsshop, wo man auch die örtlichen Outdoor-Infos bekommt (die Pinnwand beachten!).

Praktische Informationen

Geld

Banken findet man in der Nähe der Kreuzung Water St und Ayre's Cove.

CIBC (215 Water St)

Scotia Bank (245 Water St)

Internetzugang

Es gibt einen öffentlichen Internetzugang im Besucherzentrum (15 Min. kostenlose Nutzung). Diverse Cafés und Bars haben kostenloses WLAN, darunter das Bistro Sofia, Hava Java und Duke of Duckworth.

Medien & Infos im Internet

City of St. John's (www.stjohns.ca) Die Kategorie „Tourism" enthält Beschreibungen und Links von Attraktionen, Unterkünften, Restaurants und Events.

Downhome (www.downhomelife.com) Eine volkstümliche Reader's-Digest–artige Monatszeitschrift für die Region.

St. John's Telegram (www.thetelegram.com) Die Tageszeitung der Stadt.

The Scope (www.thescope.ca) Kostenlose alternative Zeitung mit Schwerpunkt auf einheimischer Kunst und Politik.

Medizinische Versorgung

Health Sciences Complex (☎709-777-6300; 300 Prince Phillip Dr) 24-Stunden-Notfallambulanz.

Water St Pharmacy (☎709-579-5554; 335 Water St; ⊙So geschl.)

Post

Hauptpost (☎709-758-1003; 354 Water St)

Touristeninformation

Besucherzentrum (☎709-576-8106; www.stjohns.ca; 348 Water St; ⊙9–16.30 Uhr) Hervorragende Anlaufstelle mit kostenlosen Karten für die Provinz und die Stadt. Die Mitarbeiter beantworten alle Fragen und helfen bei Reservierungen.

An- & Weiterreise

Auto & Motorrad

Avis, Budget, Enterprise, Hertz, National und Thrifty (s. S. 987) haben Büros am Flughafen. **Practicar** (☎709-753-2277; www.practicar.ca; 909 Topsail Rd) befindet sich 20 Minuten vom Flughafen entfernt, hat aber öfter günstigere Tarife.

Bus

DRL (☎709-263-2171; www.drl-lr.com) schickt täglich Busse in beide Richtungen zwischen St. John's und Port aux Basques (112 C$, nur Barzahlung, 13½ Std.) über den 905 km langen Hwy 1, mit 25 Zwischenstopps auf der Strecke. Abfahrt ist um 7.30 Uhr vom Memorial University's Student Centre im CA Pippy Park.

Flugzeug

Air Canada (www.aircanada.com), **WestJet** (www.westjet.com), **Provincial Airlines** (www.provincialairlines.com) und **Porter Airlines** (www.flyporter.com) sind die wichtigsten Fluggesellschaften. **Continental Airlines** (www.continental.com) hat nur Direktflüge aus den USA. Air Canada bietet tägliche Flüge nach und aus London.

Sammeltaxis

In diese großen Vans passen normalerweise 15 Personen und man kann auf der Route jederzeit aus- und einsteigen. Vorab telefonisch reservieren! Man wird dann am Hotel abgeholt und wieder abgesetzt. Nur Barzahlung.

Foote's Taxi (☎709-832-0491, 800-866-1181) Fährt täglich die Burin Peninsula entlang bis Fortune (45 C$, 5 Std.).

Newhook's Transportation (☎709-682-4877, in Placentia 709-227-2552) Fährt die südwestliche Halbinsel Avalon runter nach Placentia, in Abstimmung mit dem Zeitplan der Argentia-Fähre (30 C$, 2 Std.).

Shirran's Taxi (☎709-468-7741) Pendelt täglich zur Bonavista Peninsula, mit Stopps u. a. in Trinity (45 C$, 3½ Std.) und Bonavista (40 C$, 4 Std.).

Unterwegs vor Ort

Auto & Motorrad

Die Einbahnstraßen und die ganz besonderen Kreuzungen der Stadt können verwirrend sein. Glücklicherweise sind die Einwohner unglaublich geduldig. Für einen Loonie (1 C$) kann man an den Parkuhren in der Water St und in der Duckworth St eine Stunde lang parken. Die **Sonco Parking Garage** (Ecke Baird's Cove & Harbour Dr; ⊙6.30–23 Uhr) berechnet 1,50 C$ für 30 Minuten oder 11 C$ für den ganzen Tag.

Vom/Zum Flughafen

St. John's Airport (YYT; www.stjohnsairport.com) liegt 6 km nördlich der Stadt an der Portugal Cove Rd (Rte 40). Taxis vom Flughafen zu den Hotels und B&Bs nehmen eine von der Regierung festgelegte Pauschale von 22,50 C$ (plus 3 C$ für jeden zusätzlichen Passagier); **Citywide Taxi** (☎709-722-7777) ist das offizielle Taxiunternehmen. In umgekehrter Richtung – beispielsweise von der Stadt zum Flughafen – wird nach Taxameter abgerechnet, die Fahrt sollte um die 20 C$ kosten.

Öffentliche Verkehrsmittel

Das Netz von **Metrobus** (www.metrobus.com) deckt fast die ganze Stadt (Fahrpreis 2,25 C$) ab. Karten und Fahrpläne gibt's online oder bei der Touristeninformation. Bus Nr. 3 ist praktisch: Er umrundet die Stadt auf der Military Rd und der Water St, bevor er zur Universität fährt.

Taxi

Außer für die Fahrt vom Flughafen rechnen alle Taxis nach Taxameter ab. Eine Fahrt innerhalb der Stadt liegt bei etwa 7 C$. **Jiffy Cabs** (☎709-722-2222; www.iiffvcabs.com) bietet einen zuverlässigen Service an.

RUND UM ST. JOHN'S

Nördlich von St. John's

Das **Ocean Sciences Centre** (☎709-737-3708; www.mun.ca/osc; Eintritt frei; ⊙Juni–Anfang Sept. 10–17 Uhr) könnte direkt dem Roman *20 000 Meilen unter dem Meer* entsprungen sein. Es wird von der Memorial

University geleitet und beschäftigt sich mit dem Lebenszyklus der Lachse, der Orientierung von Robben, Meeresströmungen und dem Leben in kalten Meeresregionen. Im Besucherbereich draußen gibt es Streichelbecken mit Meerestieren aus der Region. Das Zentrum befindet sich 8 km nördlich von St. John's, kurz vor der Logy Bay. Von der Stadt kommend nimmt man die Logy Bay Rd (Rte 30), dann fährt man auf dem Marine Dr weiter bis zur Marine Lab Rd und ganz an deren Ende.

Middle Cove und **Outer Cove** sind abgelegen und felsig. Sie befinden sich etwas weiter nördlich auf der Route 30 – perfekt für ein Strandpicknick.

Am Kopf der **Torbay Bight** im Norden liegt der angenehm kurze **Father Troy Path**, der die Küste umrundet. Die Aussicht vom **Cape St Francis** ist die Fahrt auf der hubbeligen Schotterpiste von Pouch Cove wert. Es gibt eine alte Geschützgruppe, und vielleicht hat man auch das Glück, ein paar Wale zu sehen.

Westlich von St. John's

Wer auf der Topsail Rd (Rte 60) nach Westen fährt, erreicht gleich hinter Paradise den **Topsail Beach** mit Picknicktischen, einem Wanderweg und einem herrlichen Panoramablick auf die Conception Bay und ihre Inseln.

Bell Island (www.bellisland.net) ist die größte von den kleinen Landflecken der Conception Bay – eine interessante Tagestour! Man fährt 14 km nordwestlich von St. John's nach Portugal Cove zur **Fähre** (☎709-895-6931) und hat dann eine 20-minütige Überfahrt (2,25/6,25 C$ pro Passagier/Auto, 6–22.30 Uhr stündl.). Bell Island ist der einzige Ort auf dem Kontinent, der im Zweiten Weltkrieg von den Deutschen angegriffen wurde. Der Anleger und 80 000 Tonnen Eisenerz wurden 1942 von U-Booten torpediert. Bei Ebbe kann man die Folgen immer noch sehen. Die Insel besitzt einen schönen Mix aus Stränden, Küsten mit Ausblick, Leuchttürmen und Wanderwegen. Minenarbeiter haben hier in Schächten unter dem Meer in der weltgrößten Unterwasser-Eisenmine gearbeitet. Das **Iron Ore Mine & Museum** (☎709-488-2880; Erw./Kind 10/3 C$; ⌚Juni–Sept. 11–18 Uhr) beschreibt die Arbeitsweise und gibt den Besuchern die Gelegenheit, unter die Erde zu gehen. Warm anziehen!

Südlich von St. John's

CAPE SPEAR

Eine 15 km lange Fahrt südöstlich der Stadt führt zum östlichsten Fleck Nordamerikas. Die Küste ist spektakulär, und während des ganzen Sommers kann man Wale beobachten. Die Gegend wurde zur **Cape Spear National Historic Site** (☎709-772-5367; www.pc.gc.ca/capespear; Blackhead Rd; Erw./Kind 3,90/1,90 C$; ⌚Gelände ganzjährig) erklärt und umfasst ein **Informationszentrum** (⌚Sommer 8.30–21, Sept.–Mitte Okt. 10–18 Uhr), den restaurierten **Leuchtturm** (⌚Mitte Mai–Mitte Okt. 10–18 Uhr) von 1835 und die schweren Kanonen und Magazine, die 1941 gebaut wurden, um den Hafen im Zweiten Weltkrieg zu schützen. Ein **Pfad** führt am Rand der Landzunge entlang, vorbei an der Aussichtsplattform des „östlichsten Punktes" und hoch zum Leuchtturm. Man kann noch weiter bis nach Maddox Cove und Petty Harbour auf dem East Coast Trail gehen. Es lohnt sich aber auch, dem Weg nur ein kurzes Stück zu folgen.

Die Schilder, die Besucher davor warnen, auf die Felsen am Wasser zu klettern, sollte man Ernst nehmen, denn gemeine Wellen schwappen hier gerne über.

Man erreicht das Cape von der Water St aus, indem man den Waterford River südlich der Stadt überquert und dann 11 km der Blackhead Rd folgt.

GOULDS & PETTY HARBOUR

In **Goulds**, an der Kreuzung von Rte 10 und der Straße nach Petty Harbour, liegt das **Bidgood's** (www.bidgoods.ca; Bidgood's Plaza; ⌚Mo–Sa 9–21, So 11–17 Uhr). Es ist eigentlich ein normaler Supermarkt, abgesehen von den frischen Seal Flippers (in Pies, im Glas oder als trockenfleischartige Streifen) und dem Karibusteak im hinteren Teil des Ladens. Aber auch Zartbesaitete finden hier neufundländische Spezialitäten: Partridgeberrys und Backapfelmarmelade.

Mit dem Rücken zu den steilen steinigen Abhängen steht **Petty Harbour**. Mit seinen verwitterten Booten, Werften und Hütten auf wackeligen Stelzen ähnelt es einer Filmkulisse.

HALBINSEL AVALON

Ausgeworfen nach Osten und festgehalten von nicht mehr als einer schmalen Landenge hat es nicht den Anschein, als ob dieses kleine Anhängsel das Triebwerk der Provinz wäre. Aber der Schein kann trügen, denn auf Avalon lebt nicht nur die Hälfte der Einwohner Newfoundlands, sondern hier befinden sich auch vier der sechs Seevogel-Ökoreservate der Provinz, eines der beiden Wildreservate und 28 von insgesamt 41 historischen Stätten.

Die Landschaft entlang der verschlungenen Küstenstraßen ist klassisches altes Fischerdorf-Newfoundland. Viele Besucher kommen von St. John's aus auf Tagestouren zu den Sehenswürdigkeiten der Halbinsel, was sehr leicht machbar ist. Aber es spricht auch einiges für ein Bett in der Nacht, wo in Cupids, Branch oder Dildo (ja, das heißt so) das Meer vor dem Fenster glitzert.

Ein großer Teil des **East Coast Trail** (www.eastcoasttrail.com) führt durch die Gegend. Nach kostenlosen geführten Wanderungen Ausschau halten! Die Fähre nach Nova Scotia fährt ab Argentia.

Südöstliche Halbinsel Avalon

Dieses Gebiet, manchmal auch South Shore genannt, ist bekannt für seine Tierwelt, Archäologie, Boots- und Kajaktouren und den unnachgiebigen Nebel. Die malerischen Rte 10 und Rte 90 alias **Irish Loop** (www.theirishloop.com) umkreisen die Region.

WITLESS BAY ECOLOGICAL RESERVE

Dies ist ein hervorragendes Gebiet für Wal-, Eisberg- und Vogelbeobachtung, und mehrere Bootstouren bringen einen aus **Bay Bulls** (31 km südlich von St. John's) und der Gegend um **Bauline East** (15 km südlich von Bay Bulls) hierher.

Die vier Inseln vor Witless Bay und südlich davon sind als **Witless Bay Ecological Reserve** (www.env.gov.nl.ca/parks) geschützt und gehören zu den besten Seevogel-Brutgebieten im östlichen Nordamerika. Jeden Sommer treffen sich hier über eine Million Vogelpaare, darunter Papageientaucher, Dreizehenmöven, Sturmschwalben und die pinguinartigen Lummen. Ausflugsboote segeln zu den Inseln, dicht an der Küste entlang unterhalb der Steilklippen. Da wird sowohl den Ohren als auch den Augen etwas geboten.

Die besten Reisemonate sind Juni und Juli, wenn die Buckel- und Zwergwale kommen, um sich zusammen mit den Vögeln auf die Lodden (eine Fischart) zu stürzen. Wer das große Los gezogen hat, für den schwimmt im frühen Sommer auch noch ein Eisberg vorbei.

Touren ab Bay Bulls (z. B. von den großen Anbietern O'Brien's und Gatherall's) besuchen Gull Island, wo es die höchste Vogeldichte gibt. Die Touren, die im Süden rund um Bauline East ablegen, fahren zur benachbarten Great Island, wo sich die größte Papageientaucherkolonie befindet. Bauline East liegt näher am Reservat, daher ist man kürzer unterwegs. Aber man sieht auf allen Touren dieser Art die gleichen Tiere.

Kajak fahren ist in dieser Gegend auch sehr beliebt. Beim Paddeln kann man die Wale nicht nur sehen, sondern sogar ihre Anwesenheit spüren.

Die Tourveranstalter kann man gar nicht übersehen – man muss nur an der Rte 10 nach den Schildern Ausschau halten. Manchmal stornieren kleinere Veranstalter die Tour wieder, wenn nicht genügend Teilnehmer zusammenkommen. Man sollte also besser vorab telefonisch reservieren und solche Überraschungen vermeiden. Im Folgenden werden empfehlenswerte Veranstalter genannt, die alle von Mitte Mai bis Mitte September geöffnet haben. Die meisten fahren mehrmals täglich zwischen 9.30 und 17 Uhr los.

Colbert's Seabird Tours (☎709-334-2098; Rte 10, Bauline East; 1-stündige Tour Erw./5–15 Jahre 30/15 C$) Nach zehn Minuten Fahrt auf einem 12 m langen Boot sieht man Papageientaucher und Wale.

Gatherall's (☎800-419-4253; www.gatheralls.com; Northside Rd, Bay Bulls; 1½ -stündige Tour Erw./1–8 Jahre/9–17 Jahre 56/8/18,50 C$) Der große, schnelle Katamaran lässt einem genauso viel Zeit im Reservat wie O'Brien's. Er ist auch stabiler und eine gute Wahl für Leute, die möglicherweise seekrank werden.

Molly Bawn Tours (☎709-334-2621; www.mollybawn.com; Rte 10, Mobile; 1-stündige Tour Erw./5–16 Jahre 30/25 C$) Diese Touren hüpfen in einem kleinen 10 m-Boot über die Wellen. Mobile liegt auf halber Strecke zwischen Bay Bulls und Bauline East.

O'Brien's (☎709-753-4850, 877-639-4253; www.obriensboattours.com; 2-stündige Tour Erw./3–10 Jahre/11–17 Jahre 55/25/30 C$) O'Brien's, auf der Südseite von Bay Bulls, ist der Großvater aller Touren und bietet auch Geschichten, Musik und noch vieles mehr auf seinem netten großen Boot.

Eine etwas teurere, aber aufregende Option ist die zweistündige Tour in einem Hochgeschwindigkeits-Zodiac (85 C$). Es gibt einen Shuttleservice ab St. John's (hin & zurück 25 C$).

Outfitters (☎709-579-4453, 800-966-9658; www.theoutfitters.nf.ca; Bay Bulls; Halb-/Ganztagestouren 69/169 C$) Beliebte halbtägige Kajaktouren starten um 9 und um 14 Uhr. Die Ganztagestouren gehen um 9.30 Uhr los und es geht aus der inneren Bucht von Bay Bulls hinaus zur Spitze des Ökoreservats. Es gibt einen Shuttleservice (hin & zurück 25 C$) ab St. John's, der bei Outfitters in der 220 Water St losfährt.

Stan Cook Sea Kayak Adventures (☎709-579-6353, 888-747-6353; www.wildnfld.ca; Harbour Rd, Cape Broyle; 2½/4-stündige Tour 59/89 C$) Etwas weiter südlich in der Nähe von Ferryland gelegen bietet dieser Anbieter tolle geführte Touren für Anfänger und fortgeschrittene Paddler.

LA MANCHE PROVINCIAL PARK

Vielfältiges Vogelleben, dazu Biber, Elche und Schneeschuhhasen können in diesem üppigen Park nur 53 km südlich von St. John's beobachtet werden. Ein Highlight ist der 12,5 km lange Wanderweg zu den Überresten von La Manche, einem Fischerdorf, das 1966 durch einen heftigen Wintersturm zerstört worden ist. Bei der Ankunft sieht man die schöne neu gebaute Hängebrücke, die über dem Abgrund schwebt – ein Teil des East Coast Trails. Start ist an der Feuerwehrzufahrt, hinter dem Haupteingang.

Es gibt einen hervorragenden **Campingplatz** (☎709-685-1823; www.nlcamping.ca; Rte 10; Stellplatz 15–23 C$, 5 C$/Fahrzeug; ⏲Mitte Mai–Mitte Sept.) mit vielen Stellplätzen, von denen aus man auf den La Manche Pond schauen kann. In dem See kann man auch toll schwimmen.

FERRYLAND

Ferryland ist eine der ersten Siedlungen Nordamerikas: 1621 gründete George Calvert die Kolonie Avalon. Ein paar neufundländische Winter später trieb es ihn wieder in wärmere Gefilde. Er ließ sich in Maryland nieder und wurde irgendwann zum ersten Lord Baltimore. Danach kamen weitere englische Familien an und hielten die Kolonie am Leben, obwohl sie 1673 von den Holländern und 1696 von den Franzosen vollkommen zerstört worden war.

Die vom Meer umschlossene **Colony of Avalon Archaeological Site** (☎709-432-3200; www.colonyofavalon.ca; Rte 10; Erw./Kind 9,50/7,50 C$; ⏲Mitte Mai–Mitte Okt. 10–18 Uhr) trägt zur tollen Atmosphäre bei. Hier kann man den Archäologen dabei zusehen, wie sie von der Axt bis zur Schüssel alles Mögliche ausgraben. Das **Besucherzentrum** (☎709-432-3207) zeigt informative Displays und viele der ausgegrabenen Funde.

Das frühere Gerichtsgebäude des Dorfes ist jetzt das kleine **Historic Ferryland Museum** (☎709-432-2711; Rte 10; Eintritt 2 C$; ⏲Ende Juni–Anfang Sept. Mo–Sa 10–16, So 13–16 Uhr). Vom Hügel hinter dem Museum hielten die Siedler Ausschau nach herannahenden Kriegsschiffen, oder um den holländischen und französischen Überfällen zu entkommen. Wenn man die Aussicht gesehen hat, versteht man, warum die Siedler den Hügel „The Gaze" genannt haben.

LP TIPP **Lighthouse Picnics** (☎709-363-7456; www.lighthousepicnics.ca; Lighthouse Rd, an der Rte 10; 25 C$/Pers.; ⏲Juni–Sept. Di–So 11.30–17 Uhr) hat das Super-Konzept gefunden: man bekommt eine Decke und ein Bio-Picknick (etwa Curryhuhn-Sandwich, gemischten grünen Salat, und einen Krug Limonade), auf das man sich stürzen kann, während man auf einer Wiese mit Blick aufs Meer sitzt. Der Laden befindet sich an Ferrylands altem Leuchtturm. Man muss parken und 2 km wandern, um hinzukommen, aber das ist es sowas von wert. Vorher reservieren!

AVALON WILDERNESS RESERVE

Im Mittelpunkt des Landesinneren der Region liegt die 1070 km² große **Avalon Wilderness Reserve** (☎709-635-4520; www.env.gov.nl.ca/parks; kostenlose Genehmigung notwendig). Durch Wilderei sank die Zahl der Karibus in der Region in den 1980er-Jahren auf etwa 100. Zwanzig Jahre später wandern wieder Tausende über das Land. Genehmigungen zum Wandern, Kanu fahren und Vögel bobachten im Reservat gibt es beim La Manche Provincial Park (S. 514).

Auch wenn man nicht durch die Wildnis wandert, kann man trotzdem Karibus entlang der Rte 10 zwischen Chance Cove Provincial Park und St Stevens sehen.

MISTAKEN POINT ECOLOGICAL RESERVE

Dieses **Öko-Reservat** (www.env.gov.nl.ca/parks), das auf der Auswahlliste der Unesco zum Weltkulturerbe steht, schützt 575 Mio.

Jahre alte mehrzellige Meeresfossilien – die ältesten der Welt. Man erreicht sie nur mit einer kostenlosen, durch einen Ranger geführten 45-minütigen Wanderung vom **Edge of Avalon Interpretive Centre** (☎709-438-1100; www.edgeofavalon.ca; Rte 10; ⌚Mitte Mai–Mitte Okt.) in Portugal Cove South aus.

Man kann auch über die holprige Schotterstraße von hier nach Cape Race fahren. An ihrem Ende erhebt sich ein Leuchtturm neben einem Nachbau einer Marconi-Funkstation von 1904. Die Leute hier haben die schicksalhafte letzte Nachricht der *Titanic* empfangen.

Der Name „Mistaken Point" kommt übrigens vom undurchdringlichen Nebel, der die Gegend bedeckt und über die Jahre dafür gesorgt hat, dass viele Schiffe ihren Weg verloren haben.

AUF DER ROUTE 90

Auf der Strecke von St Vincent's nach St Mary's hat man gute Chancen, Wale zu sehen, vor allem Buckelware, die ihre Nahrung nahe am Ufer finden. Den besten Blick hat man am **Strand von St. Vincent's**. Auf halber Strecke zwischen den beiden Dörfern befindet sich die **Point La Haye Natural Scenic Attraction**, ein beeindruckender Seitenarm gefüllt mit Kies, der sich über die Mündung von St Mary's Bay erstreckt – perfekt für einen Spaziergang.

GRATIS **Salmonier Nature Park** (☎709-229-7189; www.env.gov.nl.ca/snp; Rte 90; Eintritt frei; ⌚Juni–Anfang Sept. 10–17, Anfang Sept.–Mitte Okt. bis 15 Uhr) Hier päppelt man verletzte und verwaiste Tiere wieder auf, um sie zurück in die Wildnis zu entlassen. Ein 2,5 km langer Weg durch Kiefernwälder führt vorbei an einheimischer Fauna und natürlichen Gehegen mit Elchen, Karibus und umhertollenden Fischottern. Es gibt ein **Informationszentrum** und Displays zum Anfassen für Kinder. Der Park befindet sich an der Rte 90, 12 km südlich der Kreuzung mit dem Hwy 1.

Conception Bay

Fischerdörfer reihen sich endlos am malerischem Westufer der Conception Bay aneinander, nur 80 km von St. John's entfernt. Zu den Highlights gehört Brigus mit seiner ganzen englischen Steinmauernpracht und seiner Nordpolgeschichte und Cupids, eine Siedlung von 1610 komplett mit archäologischer Ausgrabungsstätte, die man sich ansehen kann. **Northern Avalon Tourism** (www.baccalieutourism.com) hat Informationen zu Unterkünften und Wanderwegen.

BRIGUS

Das himmlische Dorf **Brigus** (www.brigus.net) liegt von Felsklippen umgeben am Wasser. Seine idyllischen, von Steinmauern gesäumten Bäche fließen langsam an alten Gebäuden und farbenfrohen Gärten vorbei und münden im ruhigen Harbour Pond. Während des Ersten Weltkriegs lebte hier der amerikanische Maler Rockwell Kent, bevor er 1915 wegen des Verdachts der Spionage für die Deutschen deportiert wurde. Der Weg zu seinem alten Cottage ist toll.

Captain Robert Bartlett, der berühmteste Sohn der Stadt, war einer der führenden Polarforscher des 20. Jhs. Er unternahm mehr als 20 arktische Expeditionen, eine davon 1909, als er im Eis einen Weg ebnete, der dem US-amerikanischen Offizier Robert Peary schließlich seine gefeierte Expedition zum Nordpol ermöglichte. Bartletts Haus, das **Hawthorne Cottage** (☎709-528-4004; www.pc.gc.ca/hawthornecottage; Ecke Irishtown Rd & South St; Erw./Kind 4/3,50 C$; ⌚Mitte Mai–Anfang Okt. 9.30–17.30 Uhr), ist eine national bedeutsame historische Stätte und ein Museum.

Am Wasser, unterhalb der Kirche, liegt der **Brigus-Tunnel**, der 1860 in den Fels geschlagen wurde. Damit konnte Robert Bartlett sein Schiff in der tiefen Bucht auf der anderen Seite leicht erreichen.

Jedes perfekte Dorf braucht ein perfektes Lokal. Im **North St Café** (☎709-528-1350; 29 North St; Snacks 6–9 C$; ⌚Mai–Mitte Okt. 11–18 Uhr) gibt es Quiches, Fischfrikadellen, Scones und Nachmittagstee. Brigus hat ein paar B&Bs, aber es empfiehlt sich, in Cupids zu übernachten.

CUPIDS

Der Händler John Guy segelte 1610 hierher und steckte Englands erste Kolonie in Kanada ab. Es ist jetzt die **Cupids Cove Plantation Provincial Historic Site** (☎709-528-3500; www.seethesites.ca; Seaforest Dr; Erw./Kind 11,50/5,50 C$; ⌚Mitte Mai–Anfang Okt. 10–17 Uhr). Zum Eintritt gehört das neue **Cupids Legacy Centre**, vollgestopft mit Silbermünzen, Flaschenscherben und einigen der anderen 150 000 Artefakte, die man vor Ort ausgegraben hat. Man kann auch die **archäologische Ausgrabungsstätte** besuchen, in der immer noch Schätze gefunden werden.

NICHT VERSÄUMEN

DIE BESTEN KÜSTENWANDERUNGEN

» North Head Trail, St. John's (S. 501)

» Skerwink Trail, Trinity, östliches Newfoundland (S. 518)

» Burnt Head Trail, Cupids, Halbinsel Avalon (S. 516)

» Boney Shore Trail, Red Bay, Labrador (S. 550)

» Copper Mine Trail, bei Corner Brook (S. 543)

» Turpin's Trail, Fogo Island, zentrales Newfoundland (S. 528)

Hinterher geht's zum nördlichen Ende der Stadt und den **Burnt Head Trail** hinunter. Man kann zur steinigen Landzunge klettern, an Blaubeersträuchern und Steinmauern vorbei, die einst die Gärten der Siedler umzäunt haben, und dann über die gleiche raue See blicken, die schon Guy fasziniert hat.

Der Weg beginnt an einer alten anglikanischen Kirche, die zum göttlichen **Cupid's Haven B&B and Tea Room** (☎709-528-1555; www.cupidshaven.ca; 169 Burnt Head Loop; Zi. 99–149 C$;) umgebaut wurde. Jedes der vier Zimmer hat ein eigenes Bad, hohe Decken und gotische Bogenfenster, durch die das Licht strahlt.

HARBOUR GRACE & UMGEBUNG

Eine bunte Mischung an historischen Figuren ist in den letzten 500 Jahren durch Harbour Grace gewandert. Hervorzuheben wären der Pirat Peter Easton und die Fliegerin Amelia Earhart. Über sie kann man etwas im roten Zollhaus lernen, das jetzt als kleines **Conception Bay Museum** (☎709-596-5465; www.hrgrace.ca/museum.html; Water St; Erw./Kind 3/2 C$; ⏲Mitte Juni–Anfang Sept. 10–16 Uhr) fungiert. Man kann die Rollbahn besuchen, von der aus Amelia 1932 gestartet ist – **Harbour Grace Airfield** (www.hrgrace.ca/air.html; Earhart Rd) – als sie als erste Frau alleine den Atlantik überquerte.

Das große Schiff, das in der Hafenmündung auf Grund gelaufen ist, ist kaum zu übersehen. Es ist die **SS Kyle** (1913), 1967 während eines Sturms gesunken. Den Einheimischen gefiel der Anblick so gut, dass sie dafür zahlten, das Schiff zu restaurieren anstatt es wegzuschaffen.

An die Klippen der Nordküste der Halbinsel klammern sich die entlegenen und schönen Dörfer **Bay de Verde** und **Grates Cove**. Hunderte von 500 Jahre alten Steinmauern säumen die Hügel rund um Grates Cove und sind zur National Historic Site erklärt worden. Weiter draußen vor der Küste ist das unzugängliche **Baccalieu Island Ecological Reserve**, auf dem 3 Mio. Pärchen von Wellenläufern leben, die größte Kolonie dieser Vogelart weltweit.

Trinity Bay

Dichtere Wälder, weniger Dörfer und ein flacheres Gelände zeichnen die Küsten von Trinity Bay aus. Das gibt der Westküste der Halbinsel ein viel ruhigeres Ambiente als der Ostküste.

HEART'S CONTENT

Die **Cable Station Provincial Historic Site** (☎709-583-2160; www.seethesites.ca; Rte 80; Erw./Kind 3 C$/frei; ⏲Ende Mai–Anfang Okt. 10–17.30 Uhr) erzählt die Geschichte des ersten permanenten transatlantischen Kabels, das hier 1866 verlegt worden ist. Das Wort „permanent" ist wichtig, denn das erste erfolgreich verlegte Kabel (1858 verbunden nach Bull Arm auf Trinity Bay) fiel aus, kurz nachdem Königin Viktoria und US-Präsident James Buchanan die Leitung mit ihren Glückwunschnachrichten „getauft" hatten.

DILDO

Nun mach schon! Schieß das obligatorische Foto vom Schild! Der Vollständigkeit halber sei gesagt, dass niemand genau weiß, wo der Name herkommt. Einige sagen, dass es an der phallischen Form der Bucht liegt.

Spaß beiseite. Dildo ist ein süßes Dörfchen, und vom Strand aus kann man prima Wale beobachten. Das **Informationszentrum** (☎709-582-3339; Front Rd; Erw./Kind 2/1 C$; ⏲Ende Mai–Mitte Sept. 10–16.30 Uhr) zeigt ein Walskelett und Fundstücke der aktiven archäologischen Ausgrabung Dorset Eskimo auf Dildo Island. Das ist nicht sehr aufregend, aber draußen gibt es hervorragende Fotomotive mit Captain Dildo und einem riesigen Tintenfisch. Auf der anderen Straßenseite verkauft **Kountry Kravins 'n' Krafts** (☎709-582-3888; ⏲Mo–Sa 9–20, Ende Mai–Mitte Sept. 10–18 Uhr) Obstkuchen und Krimskrams (darunter vieles mit dem „Dildo"-Schriftzug – immer ein schönes Mitbringsel für die Freunde zuhause).

Zwei makellos restaurierte Häuser am Meer bilden zusammen das **Inn by the Bay** (☎709-582-3170; www.dildoinns.com; 78 Front Rd; DZ 89–199 C$; ⏲Mai–Dez.; 🚭📶), die luxuriöseste Unterkunft auf der nördlichen Halbinsel Avalon. Im Inn befindet sich der elegante **Veranda Sunroom** (Hauptgerichte 15–19 C$), der Abendessen für Gäste serviert.

Cape Shore

Die Fähre, französische Geschichte und viele Vögel starten vom südwestlichen Teil der Halbinsel Avalon. Newhook's Transportation (S. 511) verbindet die Städte Argentia und Placentia mit St. John's.

ARGENTIA

Argentias Hauptzweck ist es, der **Fähre von Marine Atlantic** (☎800-341-7981; www.marine-atlantic.ca; Erw./5–12 Jahre 80,50/40,25 C$, je Auto/Motorrad 165/83,50 C$) einen Anleger zu bieten, weil sie Argentia mit North Sydney in Nova Scotia verbindet – eine 14-Stunden-Tour. Sie fährt von Mitte Juni bis Ende September dreimal die Woche. Das Boot verlässt North Sydney dienstags um 1, mittwochs um 21.30 und samstags um 1.30 Uhr. Sie kehrt aus Argentia dienstags um 20, donnerstags um 15.30 und samstags um 19.30 Uhr zurück. Kabinen (Vierbett 153 C$) sind verfügbar. In den Preisen für Fahrzeuge sind die Fahrer nicht enthalten.

Ein provisorisches **Besucherzentrum** (☎709-227-5272; Rte 100) befindet sich 3 km von der Fähre entfernt an der Rte 100. Die Öffnungszeiten sind an die Zeiten der Fähre gekoppelt.

PLACENTIA

Im frühen 19. Jh. war **Placentia** (www.placentiatourism.ca) – damals noch Plaisance – die französische Hauptstadt von Newfoundland, und von hier aus griffen die Franzosen die Briten in St. John's an. In der Nähe der Stadt thront über den Stränden die **Castle Hill National Historic Site** (☎709-227-2401; www.pc.gc.ca/castlehill; Erw./Kind 3,90/1,90 C$; ⏲Mitte Mai–Mitte Okt. 10–18 Uhr), wo die Überreste der französischen und britischen Festungen aus dem 17. und 18. Jh. einen Panoramablick über die Stadt und das umgebende Wasser ermöglichen.

Auf dem faszinierenden **Friedhof** an der anglikanischen Kirche liegen die Überreste von Menschen aller Nationalitäten, die hier seit den 1670er-Jahren gesiedelt haben. Das **O'Reilly House Museum** (☎709-227-5568; 48 Orcan Dr; Eintritt 2 C$; ⏲Mitte Juni–Aug. 11.30–19.30 Uhr) in einem jahrhundertealten viktorianischen Hauses vermittelt einen Blick hinter die Kulissen der Stadt und den Luxus der Vergangenheit. Man kann einen Spaziergang an den anderen bemerkenswerten Gebäuden vorbei machen, darunter die **römisch-katholische Kirche** und das **Steinkloster**. Am für Steineflipper idealen Strand führt ein Fußgängerweg entlang.

Das Frühstück ist das Highlight im **Rosedale Manor B&B** (☎877-999-3613; www.rosedalemanor.ca; 40 Orcan Dr; Zi. 79–109 C$; 🚭📶) mit seinen fünf Zimmern. Es wird vom Konditorei-Besitzer mit Bio-Eiern und -Getreide gezaubert. Zehn Minuten Fahrtzeit von der Argentia-Fähre entfernt.

CAPE ST. MARY'S ECOLOGICAL RESERVE & UMGEBUNG

An der Südwestspitze der Halbinsel liegt **Cape St. Mary's Ecological Reserve** (www.env.goy.nl.ca/parks; Eintritt frei), eine der weltweit am besten erreichbaren Vogelkolonien. Vogelliebhaber werden hier selbstredend schwach, und auch für Leute, die nicht vogelverrückt sind, ist das Schauspiel beeindruckend. Am **Informationszentrum** (☎709-277-1666; ⏲Mitte Mai–Mitte Okt. 9–17 Uhr) halten und nach dem 1 km langen Wanderweg zum Bird Rock fragen! Es ist ein angenehmer Fußmarsch, vorbei an Wiesen mit Schafen und blauen Schwertlilien, und dann – hoppla! – steht man am Rande der Klippen vor einem riesigen, beinahe senkrechten Felsen voll kreischender Vögel. Es sind etwa 70 000, darunter Tölpel, Dreizehenmöwen, Lummen und Tordalke. Das Schutzgebiet ist von der Außenwelt isoliert, für eine Unterkunft muss man ein Stück fahren.

LP TIPP **The Cliffhouse** (☎709-338-2055; www.the cliffhouse.ca; Rte 100; Zi. 90 C$) liegt 22 km entfernt in der kleinen Stadt Branch und ist sehr zu empfehlen. Es befindet sich auf einem Hügel, und von überall kann man das Meer und prustende Wale sehen: von den Adirondack-Stühlen im Vorhof aus, von der Veranda, durch das Panoramafenster an der Vorderscite und von allen drei Gästezimmern. Das Cliffhouse gehört einer Familie aus dem Ort – Chris arbeitet als Naturforscher im Schutzgebiet, seine Frau Priscilla ist Bürgermeisterin der Stadt und Mutti Rita macht das Frühstück.

In der Nähe der Abzweigung zum Schutzgebiet liegt das **Gannet's Nest Res-**

taurant (☎709-337-2175; Rte 100; Hauptgerichte 8–15 C$; ⏰8–20 Uhr), in dem es die knusprigsten Fish'n'Chips der Provinz und einen leckeren Rhabarberkuchen gibt.

ÖSTLICHES NEWFOUNDLAND

Zwei Halbinseln greifen merkwürdig nach oben und nach unten ins Meer hinein und bilden das östliche Newfoundland. Die beliebte touristische Bonavista Peninsula reicht nach Norden. Historische Fischerdörfer verteilen sich an den Stränden, und windige Wanderwege schmücken die Küsten. Die **Discovery Trail Tourism Association** (www.thediscoverytrail.org/english/hikediscovery) kümmert sich um die Wanderungen. Mehrere Wege sind bis zu 5 km lang, und im längsten Fall kommt man auf 17 km. **Clarenville** (www.fallfordiscovery.com) ist der Zugangspunkt zur Bonavista Peninsula und ihrem Service Center, auch wenn es hier nicht viel zu sehen gibt.

Nach Süden ragt die massive, aber weniger frequentierte Burin Peninsula heraus, eine weitere Fischerdorfregion. Diese Städtchen kämpfen härter darum, in der Zeit nach dem Kabeljaufang wieder auf die Beine zu kommen. Die Fähre nach Frankreich – ja, Frankreich, mit Wein, Éclairs und Brie – fährt ab Fortune in Richtung der benachbarten französischen Inselgruppe St-Pierre und Miquelon: ein regionales Highlight.

Trinity

250 EW.

Um es ein für alle mal klarzustellen: Trinity ist der beliebteste Ort auf der Bonavista Peninsula, eine historische Stadt mit schiefen Küstenstraßen, alten Häusern wie aus dem Bilderbuch und Gärten mit weißen Lattenzäunen. Trinity Bight heißen zusammengefasst die zwölf Gemeinden in der Umgebung, darunter Trinity selbst, Port Rexton und New Bonaventure.

Obwohl Trinity eine echte Filmschönheit ist, haben sich schon einige Besucher beklagt, dass diese Perfektion langweilig ist. Aber wenn man historische Gebäude und Theater in schöner Landschaft mag – und unbedingt eine Walbeobachtungstour machen möchte –, dann ist man hier auf jeden Fall richtig. Die kleine Stadt kann man leicht zu Fuß erkunden.

Der erste Besucher war 1500 der portugiesische Entdecker Miguel Corte-Real. 1580 wurde Trinity zur Stadt erklärt – damit ist es eine der ältesten Siedlungen des Kontinents.

Sehenswertes & Aktivitäten

Trinity Historic Sites HISTORISCHE STÄTTE
(☎709-464-3599; Erw./unter 12 Jahren 12 C$/frei; ⏰Ende Mai–Anfang Okt. 10–17.30 Uhr) Mit einer Eintrittskarte kommt man in sieben Gebäude, die sich im ganzen Dorf verteilen.

Die **Trinity Historical Society** (www.trinityhistoricalsociety.com) ist für vier der Stätten verantwortlich. Das **Lester Garland House** (West St) wurde wieder aufgebaut, um die Verbindung zwischen Trinity und Dorset in England zu feiern – wichtige Handelspartner im 17., 18. und 19. Jh. Im **Cooperage** (West St) arbeitet ein echter Küfer. Die **Green Family Forge** (West St) ist ein mit Eisenwerkzeugen vollgestopftes Schmiedemuseum und das **Trinity Museum** (Church Rd) zeigt mehr als 2000 Stücke, darunter Nordamerikas zweitältesten Feuerwehrwagen.

Die Provinzregierung betreibt noch drei weitere **Anlagen** (www.seethesites.ca), in denen kostümierte Führer arbeiten. Die **Lester Garland Premises** (West St) zeigen einen Gemischtwarenladen von 1820. Das **Informationszentrum** (West St) bietet eine umfassende Geschichte von Trinity; und **Hiscock House** (Church Rd) ist ein restauriertes Kaufmannshaus von 1910.

Fort Point HISTORISCHE STÄTTE
Etwas abgelegen ist Fort Point (Admiral's Point), wo sich ein schöner Leuchtturm und vier Kanonen, die Reste der britischen Festung von 1745, befinden. Es gibt zehn weitere britische Kanonen im Wasser, alles wegen der Franzosen 1762. Ein Informationsweg erzählt die Geschichte. Man erreicht die Anlage über Dunfield, ein paar Kilometer südlich auf der Rte 239.

Skerwink Trail WANDERN
Der Skerwink Trail (5 km) ist eine tolle (wenn auch matschige) Schleife, auf der man einen fabelhaften Blick über die Küste hat. Man erreicht ihn über die Kirche von Trinity East, abseits der Rte 230.

Geführte Touren

Bootstouren starten am Anleger hinter dem Dock Restaurant.

Atlantic Adventures BOOTSFAHRT
(☎709-464-2133; www.atlanticadventures.com; 2½-stündige Tour 55 C$; ⏰Ende Mai–Anfang

Sept. 10 & 14 Uhr) Walbeobachtungstouren auf einem großen Segelschiff.

Trinity Eco-Tours BOOTSFAHRT
(☎709-464-3712; www.trinityeco-tours.com; Main St; 3-stündige Tour 80 C$; ⏲Mitte Mai–Okt. 10, 13 & 17 Uhr) Waltouren mit dem Schlauchboot. Die Firma bietet auch geführte Kajaktouren an (2-stündige Tour 59 C$) und Wracktauchen für erfahrene Taucher.

Trinity Historical Walking Tours WANDERN
(☎709-464-3723; www.trinityhistoricalwalkingtours.com; Clinch's Lane; Erw./Kind 10 C$/frei; ⏲Ende Juni–Aug. Mo–Sa 10 Uhr) Diese unterhaltsamen und lehrreichen Touren starten hinter dem Hiscock House.

Schlafen & Essen

Es gibt hier zahlreiche schöne Pensionen und B&Bs. Im Sommer wird es ganz schön voll, man sollte also vorher reservieren. Es wurden mehrere Snackshops und Lebensmittelläden eröffnet, in denen man prima ein Sandwich oder eine Käseplatte (5–9 C$) mitnehmen kann, die man dann an einem der Picknicktische an den Lester Garland Premises essen kann.

Artisan Inn & Campbell House B&B B&B $$
(☎709-464-3377, 877-464-7700; www.artisaninntrinity.com; High St; Zi. inkl. Frühstück 125–169 C$, Apartment 250 C$; ⏲Mai–Okt.; ⊜📶) Die Häuser, die nebeneinander stehen und von der gleichen Gruppe geführt werden, sind einfach herrlich. Das Inn mit seinen drei Zimmern schwebt auf Stelzen über dem Meer. Das von Blumen umgebene B&B mit drei Zimmern hat ebenfalls Meerblick. Das Twine Loft Restaurant im Inn serviert ein mehrgängiges Essen zum Festpreis (34 C$) mit einheimischen Spezialitäten. Die Karte draußen ändert sich täglich.

Eriksen Premises B&B $$
(☎709-464-3698, 877-464-3698; www.trinityexperience.com; West St; Zi. inkl. Frühstück 95–160 C$; ⏲Mai–Okt.; ⊜) Das viktorianische Haus hat elegante Unterkünfte und Mahlzeiten (Hauptgerichte 14–22 C$, geöffnet mittags & abends). Es bucht auch zwei benachbarte B&Bs: Kelly's Landing (4 Zimmer) und Bishop White Manor (9 Zimmer).

Village Inn INN $$
(☎709-464-3269; www.oceancontact.com; Taverner's Path; Zi. inkl. Frühstück 90–130 C$) Ein bisschen wie Großmutters gute Stube – die zehn Zimmer sind ein bisschen ausgeblichen, aber groß und hell, mit antiken Möbeln und abgewetzten Holzböden. Der Speisesaal (Hauptgerichte 9–16 C$, abends geöffnet) serviert traditionelle Gerichte. Alles steht zum Verkauf, denn die derzeitigen Besitzer wollen sich zur Ruhe setzen – es ist also mit Änderungen zu rechnen!

Dock Restaurant SEAFOOD $$
(☎709-781-2255; Dock Lane; Hauptgerichte 9–19 C$; ⏲Mai–Okt. 9–21 Uhr) Malerisches Lokal direkt am Anleger. Hier gibt es großartige Fischsuppe und Meeresfrüchte, und dazu Moo Moo's Eiscreme (vom beliebten gleichnamigen Laden in St. John's).

☆ Unterhaltung

Rocky's Place Lounge LIVEMUSIK
(☎709-464-3400; High St) Im Rocky's spielen von Zeit zu Zeit Bands, aber auch wenn die Mikrofone schweigen, kann man hier sehr gut ein Bierchen trinken.

Rising Tide Theatre THEATER
(☎709-464-3232; www.risingtidetheatre.com; Water St; Tickets 25 C$; ⏲Ende Juni–Anfang Sept. Di–So) Auf dem Lester-Garland-Gelände befindet sich das gefeierte Rising Tide Theatre, wo das Theaterfestival „Seasons in the Bight" und der **Trinity Pageant** (Erw./Kind 15 C$/frei; ⏲Mi & Sa 14 Uhr), ein unterhaltsames Open-Air-Drama über Trinitys Geschichte, veranstaltet wird.

ℹ Praktische Informationen

RBC Royal Bank (West St; ⏲Mo–Do 10.30–14, Fr bis 17 Uhr) Kein Geldautomat.

Town of Trinity (www.townoftrinity.com) Touristeninformationen.

ℹ Anreise & Unterwegs vor Ort

Trinity ist 259 km von St. John's entfernt und über die Rte 230 abseits des Hwy 1 zu erreichen. **Shirran's Taxi** (☎709-468-7741) macht die Fahrt täglich von St. John's aus (45 C$).

Bonavista

3770 EW.

„O buona vista!" (Oh, schöne Aussicht!), rief John Cabot, als er am 24. Juni 1497 die Neue Welt von seinem Schiff aus erblickte. So erzählt man es. Einig ist man sich, dass dieser schöne Ort derjenige war, wo er zum ersten Mal den Fuß auf den amerikanischen Kontinent setzte. Heute noch begeistert Bonavistas Küste mit seinem Leuchtturm, den Papageientauchern und Schluchten.

Sehenswertes & Aktivitäten

Cape Bonavista Lighthouse LEUCHTTURM
(☎709-468-7444; www.seethesites.ca; Rte 230; Erw./Kind 3 C$/frei; ⌚Ende Mai–Anfang Okt. 10–17.30 Uhr) Der rot-weiß gestreifte Leuchtturm, eine historische Stätte der Provinz, stammt von 1843. Innen hat man ihn in den 1870er-Jahren restauriert. Eine **Papageientaucherkolonie** lebt direkt vor der Küste. Bei Sonnenuntergang veranstalten die Vögel eine tolle Show.

Dungeon Park PARK
(Cape Shore Rd, an der Route 230; Eintritt frei) Nirgends ist die Kraft des Wassers eindrucksvoller als im Dungeon, einer 90 m tiefen Schlucht, die durch den Zusammenbruch zweier Höhlen entstanden ist, durch die jetzt das Wasser donnernd auf die Küste prallt.

Ryan Premises HISTORISCHE STÄTTE
(☎709-468-1600; www.pc.gc.ca/ryanpremises; Ryans Hill Rd; Erw./Kind 3,90/1,90 C$; ⌚Mitte Mai–Mitte Okt. 10–18 Uhr) Die Ryan Premises National Historic Site ist ein restaurierter Salzfisch-Handelskomplex. In der Ansammlung von weißen, schindelgedeckten Gebäuden werden fünf Jahrhunderte Fischfang in Newfoundland mit Multimediadisplays und informativen Programmen erläutert.

Ye Matthew Legacy HISTORISCHE STÄTTE
(☎709-468-1493; www.matthewlegacy.com; Roper St; Erw./Kind 7,50/3 C$; ⌚Juni–Anfang Okt. 10–18 Uhr) Bei Ye Matthew Legacy findet man einen beeindruckenden originalgroßen Nachbau des Schiffes, auf dem Cabot nach Bonavista gesegelt ist. Zur Zeit der Recherche bestand die Gefahr der Schließung, da Geld für notwendige Reparaturen fehlte.

Natural Wonders WANDERN
(☎709-468-2523; www.puffins.ca; 42 Campbell St; 2-stündige Tour Erw./Kind 30/20 C$; ⌚Juni–Sept.) Wanderungen mit einem Naturforscher, um Papageientaucher zu sehen und etwas über einheimische Pflanzen und Ökologie zu lernen.

Schlafen

Auf www.bonavista.net findet man weitere Übernachtungsmöglichkeiten.

HI Bonavista HOSTEL $
(☎709-468-7741, 877-468-7741; www.hihostels.ca; 40 Cabot Dr; B 26–30 C$, Zi. 74–79 C$; @📶) Dieses aufgeräumte, weiße Hostel ist neu auf dem Markt. Es hat vier private Zimmer, zwei Gemeinschaftszimmer, einen kostenlosen Fahrradverleih, Küche und Waschküche. Zu Fuß ist man schnell im Zentrum. Die geselligen Besitzer betreiben auch Shirran's Taxi, das für den Transport von St. John's aus sorgt (40 C$/Strecke).

White's B&B B&B $$
(☎709-468-7018;www.bbcanada.com/3821.htm; 21 Windlass Dr; Zi. inkl. Frühstück 75–85 C$; 🚭@📶) Das entspannte White's hat drei Zimmer zur Auswahl, alle entweder mit eigenem separatem Bad oder en suite. Spaß machen auch der Fahrradverleih, die Grillbenutzung und der Blick aufs Meer.

Harbourview B&B B&B $
(☎709-468-2572; 21 Ryans Hill Rd; Zi. inkl. Frühstück 70 C$; ⌚Mai–Sept.; 🚭) Der Name lügt nicht. Man hat einen schönen Blick von diesem einfachen B&B mit vier Zimmern, dazu gibt's einen Abendsnack (Crab Legs) mit den Besitzern Florence und Albert.

ABSTECHER

ELLISTON: ERDKELLER & PAPAGEIENTAUCHER

Die Welthauptstadt der Erdkeller, Elliston, liegt 6 km südlich von Bonavista an der Rte 238. Das kleine Städtchen hatte es schwer, bevor es auf die Idee kam, seine 135 unterirdischen Gemüselagerräume zu vermarkten. Ab da kamen die Besucher in Scharen. Eigentlich ist die **Papageientaucherkolonie** vor der Küste viel beeindruckender, denn hier flattern Tausende der pausbäckigen Vögel. Ein kurzer und leichter Weg über die Klippen führt ziemlich nah ran und von hier kann man auch Wale und Eisberge sehen.

Geht man ins **Besucherzentrum** (☎709-468-7117; www.rootcellars.com; Main St) direkt am Anfang der Stadt, dann schubsen einen die netten Leuten dort in die richtige Richtung. Hier kann man auch **Führungen** (4 C$) durch die Keller buchen.

Wer Hunger hat, sollte auf jeden Fall zu **Nanny's Root Cellar Kitchen** (☎709-468-7099; ⌚8–22 Uhr) im historischen Orange Hall gehen. Hier kocht man leckeren Hummer, Jigg's Dinner und andere traditionelle Gerichte. Es gibt eine Ausschanklizenz.

Vom Nachbardorf **Maberly** aus schlängelt sich ein herrlicher 17 km langer **Küstenwanderweg** durch die Landschaft nach Little Catalina.

Essen & Unterhaltung

LP TIPP **Walkham's Gate** CAFE $
(☎709-468-7004; www.walkhamsgatepub.ca; Hauptgerichte 5–9 C$; ⏲24 Std.; 📶) Halb ein Coffeeshop mit riesigen Kuchen und herzhaften Suppen, halb eine angenehme Kneipe, die von Musikliebhaber Harry betrieben wird. In der Nähe vom Stadtzentrum, beim Gericht.

Garrick Theatre KINO/THEATER
(www.garricktheatre.ca; 18 Church St) Das kunstvoll restaurierte Garrick zeigt Mainstream- und Independent-Filme und veranstaltet Livemusikauftritte.

Praktische Informationen

Bonavista Community Health Centre (☎709-468-7881; Hospital Rd)

Town of Bonavista (www.bonavista.net) Touristeninformationen.

Scotiabank (☎709-468-1070; 1 Church St)

Anreise & Unterwegs vor Ort

Bonavista befindet sich eine malerische 50 km lange Fahrt nördlich von Trinity entlang der Rte 230. **Shirran's** (☎709-468-7741) fährt täglich ab St. John's (40 C$) hierher.

Burin Peninsula

Auf der Burin Peninsula tobt nicht gerade das Leben, denn der Untergang der Fischereiindustrie ist spürbar. Die Küstenwanderungen sind aber trotzdem inspirierend, und die Region ermöglicht einen entspannten Aufenthalt für ein bis zwei Tage, bevor man sich in Richtung der französischen Baguettes (St-Pierre) aufmacht.

Marystown ist die größte Stadt. Hier findet man riesige Einzelhandelsgeschäfte, aber das war's dann auch. **Burin** ist die schönste Stadt der Gegend, mit einer netten erhöhten Uferpromenade über dem Wasser an der steinigen Küste. **St. Lawrence** ist bekannt für den Fluor-Abbau und Küstenwanderungen. In **Grand Bank** gibt es einen interessanten Spaziergang durch die historischen Gebäude und am Ufer entlang, den man auf eigene Faust unternehmen kann. Südlich davon liegt das fossilienreiche **Fortune**, der Abfahrtspunkt nach St-Pierre.

Sehenswertes & Aktivitäten

Provincial Seamen's Museum MUSEUM
(☎709-832-1484; www.therooms.ca/museum; Marine Dr, Grand Bank) Das beeindruckend aussehende Seamen's Museum zeigt die Ära der Banking Schooner und die Entwicklung der Fischerei über die Jahre. Es soll 2011 nach Abschluss der Renovierungen wieder eröffnet werden.

GRATIS **Burin Heritage Museums** MUSEUM
(☎709-891-2217; www.burincanada.com; Seaview Dr, Burin; Eintritt frei; ⏲Mo–Fr 9–18, Sa & So 10.30–18 Uhr) Die Ausstellungsstücke in den beiden historischen Häusern zeigen die Vor- und Nachteile des Lebens in einem so entlegenen Außenposten.

Fortune Head Ecological Reserve NATURSCHUTZGEBIET
(www.env.gov.nl.ca/parks; an der Route 220; Eintritt frei; ⏲24 Std.) Das Reservat schützt Fossilien, die aus der wichtigsten evolutionären Periode der Erde stammen, als sich vor etwa 550 Mio. Jahren das Leben von einfachen Organismen zu komplexen Tieren entwickelte. Das Reservat liegt 3 km westlich am Fortune Head Lighthouse. Kindern wird das **Informationszentrum** (☎709-832-2810; Erw./Kind 5/3 C$; ⏲Mitte Juni–Aug. 9–17 Uhr) gefallen, in dem man Fossilien anfassen kann. Es befindet sich in der Stadt am Anleger der St-Pierre-Fähre.

Wanderwege WANDERN
Im Burin Heritage Museum kann man nach dem Startpunkt des Wanderwegs zu **Cook's Lookout** fragen. Man läuft 20 Minuten von der Stadt bis zum Panoramablick. Bei Pollux Cres in St Lawrence winden sich der holprige **Cape Trail** (4 km) und der **Chamber Cove Trail** (4 km) die Klippen entlang und bieten tolle Ausblicke auf die steinigen Strände und die berühmten Schiffswracks aus dem Zweiten Weltkrieg. Ein weiterer guter (und leichter) Weg ist der **Marine Hike** (7 km), der am Admiral's Beach in der Nähe der Grand Bank entlangführt. Er beginnt an der Christian's Rd bei der Rte 220.

Schlafen & Essen

Die Auswahl ist dünn. Für diejenigen mit Ziel St-Pierre sind in Grand Bank und Fortune die besten Basislager. Grand Bank hat bessere Übernachtungsmöglichkeiten, aber liegt weiter entfernt, 8 km vom Fähranleger weg. In Fortune gibt es eine schöne Bäckerei am Hafen. Mehr Tipps gibt es bei **The Heritage Run** (www.theheritagerun.com).

Thorndyke B&B B&B $$
(☎709-832-0820, 877-882-0820; www.thethorndyke.ca; 33 Water St, Grand Bank; Zi. inkl. Frühstück 95 C$; ⏲Mitte Mai–Okt.; 🚭) Dieses hüb-

sche ehemalige Kapitänshaus blickt über den Hafen. Antike Holzmöbel füllen die vier hellen und luftigen Zimmer (jedes mit eigenem Bad). Nach Voranmeldung sorgen die Betreiber auch für ein Abendessen.

Fortune Inn B&B B&B $$
(☎709-832-1774, 888-275-1098; www.grannysmotorinn.ca; Bayview St, Fortune; Zi. inkl. Frühstück 89 C$; ⏲Mitte Juni–Mitte Sept.; ⊜) Antik – wer braucht das schon? Die Zimmer in diesem früheren Apartmentgebäude sind billig möbliert (Linoleumböden, fade Farben, Gemeinschaftsbäder), aber sie sind sauber und zweckmäßig und vor allem nur 750 m von der St-Pierre-Fähre entfernt.

Inn by the Sea B&B B&B $$
(☎709-832-0202, 888-932-0202; www.theinnbythesea.com; 22 Blackburn Rd, Grand Bank; EZ/DZ inkl. Frühstück 79/89 C$; ⏲Juni–Mitte Okt.; ⊜@☎) Jedes der vier Zimmer hat große Betten, ein eigenes Bad und einen Schreibtisch mit Laptopanschluss.

Sharon's Nook & the Tea Room CAFÉ $
(☎709-832-0618; 12 Water St, Grand Bank; Hauptgerichte 7–10 C$; ⏲Mo–Sa 9.30–21, So 11–19.30 Uhr) Das rustikale Restaurant serviert Lasagne, Chili, Sandwiches und einen himmlischen Käsekuchen.

Anreise & Unterwegs vor Ort

Man erreicht die Burin Peninsula über die Rte 210 am Hwy 1. Die Entfernung von St. John's nach Grand Bank beträgt 359 km und dauert etwas mehr als vier Stunden. **Foote's Taxi** (☎709-832-0491, 800-866-1181) fährt von St. John's aus die Halbinsel entlang bis nach Fortune (45 C$, 5 Std.).

ST-PIERRE & MIQUELON

6000 EW.

25 km vor der Küste der Burin Peninsula schwimmt ein Stückchen Frankreich. Die Inseln von St-Pierre und Miquelon erinnern mit ihren Baskenmützen, Baguettes und Bordeauxweinen nicht nur an Frankreich, sie *sind* Frankreich und werden von der *tricolore* regiert und finanziert.

Ihre Bürger nehmen den Nationalstolz ernst – einige halten es für ihre Pflicht, den Stützpunkt Frankreichs in der Neuen Welt zu verteidigen. Die Einheimischen küssen sich auf die Wange und bezahlen mit Euro, überall duftet es nach frischem Gebäck. Peugeots, Renaults und Citroëns verstopfen die schmalen Einbahnstraßen. Man ist in einer völlig anderen Welt, erstaunlich weit weg von den Fischerdörfern Newfoundlands.

St-Pierre ist die dichter besiedelte und weiter entwickelte Insel. Die meisten der 5300 Einwohner leben in der Stadt St-Pierre. Miquelon ist flächenmäßig größer, hat aber insgesamt nur 700 Einwohner.

Die Geschichte der nebligen Inselgruppe ist im 20. Jh. so bunt wie ihre kanariengelben, limettengrünen und lavendelfarbenen Häuser (s. Kasten S. 524). Sehr viel früher, nämlich 1536, nahm Jacques Cartier die Inseln für Frankreich in Besitz, nachdem sie 1520 von den Portugiesen entdeckt worden waren. Nach dem Ende des Siebenjährigen Krieges 1763 fielen sie an Großbritannien, das sie aber 1816 an Frankreich zurückgab. Seither sind sie in französischem Besitz.

Sehenswertes & Aktivitäten

In St-Pierre läuft man am besten rum und genießt – wenn man nicht gerade am Essen ist. In den Läden findet man typisch Französisches. Oder man führt eine Feldforschung zur Bestimmung des besten Schokocroissantherstellers durch. **Wanderwege** starten am Stadtrand nahe dem Kraftwerk.

Île aux Marins AREAL
(3-stündige Tour Erw./Kind 19,50/12,50 €; ⏲Mai–Sept. 9–13.30 Uhr) Die magische Île aux Marins besteht aus einem wunderschönen verlassenen Dorf auf einer Insel vor dem Hafen. Ein zweisprachiger Führer leitet durch die farbenfrohen Häuser, ein kleines Schulmuseum und die große Kirche (1874). Touren bucht man im Besucherzentrum. Man kann auch auf dem Boot (3 €) *sans* Führer übersetzen, aber dann muss einem bewusst sein, dass die meisten Schilder auf Französisch geschrieben sind.

L'Arche Museum MUSEUM
(☎508-410-435; www.arche-musee-et-archives.net; Rue du 11 Novembre; Erw./Kind 4/2,50 €; ⏲Juni–Sept. Di–So 10–12 & 13.30–17 Uhr) Die gut gemachten Ausstellungen über die Geschichte der Insel umfassen auch die Prohibitionszeit. Highlight ist die **Guillotine** – die einzige, die in Nordamerika gefallen ist. Die Inselbewohner ließen den „Balken der Gerechtigkeit" aber nur einmal herabsausen, und zwar 1889 auf einen Mörder. Das Museum organisiert auch zweisprachige **Architekturführungen** (6,50–8,50 €).

Miquelon & Langlade INSELN
Die Insel Miquelon, 45 km entfernt, ist nicht so überlaufen und weniger entwickelt als St-

FISCHEN VERBOTEN

Hunderte von Jahren waren Newfoundlands Gewässer – vor allem die Neufundlandbank im Süden und Osten – überall bekannt als der Ort, wo man seinen Eimer reinhalten konnte, um ihn dann voll mit fettem glitschigem Kabeljau wieder rauszuholen. 1992 änderte sich das. Die Fischbestände hatten sich über die Jahre verringert und die Regierung entschloss sich, zu handeln. Mit einem Federstrich wurde der Kabeljaufang im Umkreis von 320 km um die Küste der Provinz für illegal erklärt. Von einem Tag auf den anderen waren 20 000 Fischer und Fabrikarbeiter arbeitslos.

Es sollte eine zeitlich begrenzte Maßnahme sein, aber die erhoffte Erholung der Kabeljaubestände fand nie statt. Fast zwei Jahrzehnte später warnen Wissenschaftler immer noch, dass die Zahlen weiterhin kritisch niedrig seien und noch Jahre bräuchten, um sich wieder zu erholen. Die Fischer sagen aber, auch wenn das wahr sei, würden sie unfair bestraft. Direkt außerhalb der 320 km-Bannmeile, argumentieren sie, greifen die großen Fangschiffe aus anderen Ländern den Kabeljau ab und deshalb bleiben die Bestände weiter so gering.

Egal ob das Verbot richtig oder falsch ist, sein Einfluss auf das Leben der Einheimischen ist erschütternd. Familien, die seit Generationen vom Fischfang gelebt haben, mühen sich ab, um sich eine neue Existenz zu schaffen. Viele verlassen die Provinz auf der Suche nach Arbeit und begründen damit einen neuen Trend. In mehreren Regionen ist die Bevölkerung seit 1992 um mehr als 20 % geschrumpft.

Fort McMurray in Alberta übt den größten Reiz aus, denn hier bekommen die Menschen Saisonarbeit in der Ölsandindustrie. Auch wenn der Verdienst ganz gut ist, führt dieses Leben zu neuen Problemen: Familien werden getrennt, Drogen sind weit verbreitet und leicht verdientes Geld kann ebenso leicht wieder ausgegeben werden.

Newfoundland kämpft darum, mit diesen Veränderungen zu Recht zu kommen. Einige Gemeinden haben die Boote und Fischfabriken umgebaut, um jetzt Krabben und Shrimps statt Kabeljau zu verarbeiten. Die Provinz hat ihre eigene Ölindustrie vor der Küste von St. John's entwickelt. Und letztendlich schaffen auch viele Gemeinden Arbeitsplätze durch den Tourismus, eine Industrie, die vor dem Kabeljaubann praktisch nicht existierte.

Pierre. Das Dorf **Miquelon** mit einer Kirche als Mittelpunkt befindet sich am Nordrand der Insel. Vom benachbarten **l'Étang de Mirande** verläuft ein Wanderweg zu einem Aussichtspunkt und einem Wasserfall. Ab der Brücke in der Stadt führt eine hübsche, 25 km lange Straße über die Meerenge auf die wilde und unbewohnte Insel **Langlade**. Es gibt dort ein paar Wildpferde, und rund um die steinige Küste und die Lagunen sieht man Seehunde und Vögel. **Chez Janot** (www.chezjanot.fr; Erw./Kind 60/35 €; ⌚Juni–Sept.) bietet ganztägige zweisprachige Touren per Zodiac über beide Inseln. Gebucht wird im Besucherzentrum.

Lohnende Sehenswürdigkeiten:

Friedhof (Ave Commandant Roger Birot) Der Friedhof mit seinen überirdischen Mausoleen hat ein sehr atmosphärisches Ambiente für Spaziergänge.

Les Salines (Rue Boursaint & am Hafen) Die älteren Einwohner versammeln sich rund um diese malerische Ansammlung von bunten Fischerhütten.

Fronton (Rue Maître Georges Lefèvre & Rue Gloanec) Hier kann man die Einheimischen bei einer Runde des baskischen Spiels *pelote* (eine Art Handball) auf dem Außenplatz beobachten.

Feste & Events

Von Mitte Juli bis Ende August werden öfter Volkstänze auf dem Marktplatz von St-Pierre aufgeführt.

Bastille Day (⌚14. Juli) Der größte Feiertag des Jahres.

Basque Festival (⌚Mitte Aug.) Ein einwöchiges Festival mit Musik, Märschen und lebhaftem Spaß auf der Straße.

Schlafen & Essen

Es gibt etwa ein Dutzend Unterkünfte auf St-Pierre, alle mit kontinentalem Frühstück. Im Sommer vorher reservieren! Tolle Restaurants findet man reichlich, was nicht überrascht. Anrufen, um sich einen Tisch zu sichern! Mehrere Bars und Restaurants befinden sich in der Rue Albert Briand.

ST-PIERRE'S ALKOHOLISCHE VERGANGENHEIT

Als die Prohibition die USA in den 1920er-Jahren trockenlegte, entschloss sich Al Capone, seinen Durst – und den des Landes – zu stillen, indem er sich in St-Pierre niederließ. Er und seine Mannen verwandelten das verschlafene Fischerstädtchen in einen geschäftigen Hafen voller Lagerhäuser mit importiertem Alkohol. Die Flaschen wurden aus den Kisten geholt, in kleinere Tragesäcke umgepackt und heimlich von Schmugglern zur US-Küste gebracht. Die Cutty-Sark-Whisky-Kisten stapelten sich so hoch auf den Docks, dass die cleveren Einheimischen das Holz verwendeten, um Häuser zu bauen und zu beheizen. Es gibt heute noch mindestens eines dieser Häuser, es wird „Cutty Sark Cottage" genannt. Die meisten Touren kommen daran vorbei. Zum Zeitpunkt der Recherche war das Besucherzentrum dabei, eine neue Tour zu planen, die alle Prohibitions-Stätten der Insel abdecken soll.

St-Pierre importiert noch genügend Alkohol, um jeden einzelnen Einwohner ein paarmal darin zu konservieren. Für die Newfoundland-Festländer ist es immer noch der legendäre Ort des billigen Alkohols, darunter eine Art Getreideschnaps, der angeblich zum Maschinenreinigen oder, wenn er mit Wasser gemischt wird, als Schwarzgebrannter verwendet wird. Es überrascht nicht wirklich, dass er in Kanada verboten ist.

Auberge Quatre Temps B&B B&B $$
(☎508-414-301; www.quatretemps.com; 14 Rue Dutemple; EZ/DZ 64/72 €; @☎) Also, es gibt schon mal eine Bar hier, und die ist den ganzen Tag geöffnet. Dann gibt es da noch einen Fahrradverleih und ein tolles Restaurant (für alle, aber nur mit Reservierung). Alle sechs Zimmer haben ein eigenes Bad. Das Quatre Temps ist schlappe 15 Minuten vom Fähranleger entfernt, aber davon sollte man sich auf keinen Fall abhalten lassen.

Nuits St-Pierre B&B $$
(☎508-412-720; www.nuits-saint-pierre.com; 10 Rue du Général Leclerc; Zi. 95–155 €; ⊖☎) St-Pierre's teuerste Unterkunft hat 2010 eröffnet und ist auf Hochzeitsreisende ausgerichtet. Die fünf Zimmer, jedes mit eigenem Bad und daunenweichen, übergroßen Betten, sind nach berühmten französischen Autoren benannt. Kostenloser Shuttleservice vom Flughafen oder von der Fähre.

Bernard Dodeman B&B B&B $
(☎508-413-060; www.pensiondodeman.com; 15 Rue Paul Bert; EZ/DZ 45/50 €; ⊖☎) Die drei einfachen Zimmer im Dodeman's teilen sich zwei Bäder und einen Fernsehraum. 15 Minuten zu Fuß von der Fähre entfernt, auf einem Hügel über der Stadt.

Brasserie de l'île FRANZÖSISCH $$
(☎508-410-350; 6 Rue Maître Georges Lefèvre; Hauptgerichte 15–18 €; ⊙12–14 & 19.30–22.30 Uhr) Die kerzenbeleuchete Holzbar, hauchdünne Gardinen, Schnulzensänger im Radio und die Cocktailliste geben diesem Restaurant eine sexy Atmosphäre. Das Tagesmenü steht auf einer Tafel, z. B. frisch gefangener Fisch oder marokkanische Schmorgerichte. Mit einer selbstverständlich guten Weinauswahl kann man alles runterspülen.

LP TIPP **Patisserie Guillard** BÄCKEREI $
(23 Rue Marechal Foch; Teilchen 0,50–1 €; ⊙Mo–Sa 7.30–12.30 Uhr) Heilige Mutter Maria! Diese cremegefüllten Schokoladeneclairs, Makronen und Gateaux sind doch der eigentliche Grund, weshalb man nach Frankreich kommt, oder?

Le Feu de Braise FRANZÖSISCH $$
(☎508-419-160; www.cheznoo.net/feu-de-braise; oben, 14 Rue Albert Briand; Hauptgerichte 11–19 C$; ⊙12–14 & 18.30–23 Uhr) Französisch und italienisch beeinflusste Küche kommt in diesem netten, diner-artigen Restaurant auf den Tisch. Am besten sind die Holzofenpizza und die handgemachte Pasta.

ℹ Praktische Informationen

Alle außer Kanadier brauchen zur Einreise einen Reisepass. EU-Bürger und Schweizer dürfen ohne Visum bis zu drei Monate bleiben.

Geld Viele Händler akzeptieren den Loonie (die kanadische Dollarmünze), aber sie geben das Wechselgeld in Euro zurück. Bleibt man länger als einen Nachmittag, ist es am einfachsten, sich bei einem Geldautomaten Euro zu holen.

Öffnungszeiten Die meisten Geschäfte und Büros schließen zwischen 12 und 13.30 Uhr. Manche Läden schließen auch samstags nachmittags, und die meisten haben sonntags zu.

Sprache Französisch, aber manche Menschen sprechen auch Englisch.

Stromspannung 220 V; in die Steckdosen passen die Stecker-Typen K und M.

Telefon Ein Anruf auf die Inseln ist eine internationale Verbindung, d. h. man muss vor der Nummer die ☎011 wählen. Der Telefondienst verbindet sich zum französischen Netz, dadurch fallen Roaminggebühren fürs Handy an.

Touristeninformation (www.st-pierre-et-miquelon.com) Das Besucherzentrum in der Nähe vom Fähranleger hat Karten, auf denen alle Banken, Restaurants etc. verzeichnet sind. Die Mitarbeiter haben auch Informationen zu den Hotels und Touren der Insel und machen kostenlose Buchungen.

Zeit Eine halbe Stunde vor Newfoundland.

Zoll Damit die Duty-Free-Regel für Alkohol gilt, muss man mindestens 48 Stunden auf der Insel bleiben.

An- & Weiterreise

Flugzeug

Air Saint-Pierre (www.airsaintpierre.com) fliegt nach St. John's, Montréal und Halifax. Es gibt zwei bis drei Flüge wöchentlich in jede Stadt. Taxis vom/zum Flughafen kosten etwa 5 €.

Schiff/Fähre

St-Pierre Tours (☎709-832-0429, 800-563-2006; www.spmexpress.net; 5 Bayview St) betreibt Fähren ab Fortune in Newfoundland (Erw./Kind hin & zurück 107/53,50 C$, 1½ Std.). Von Mitte Juni bis Mitte September fährt eine täglich um 11.30 Uhr und um 14.15 Uhr von St-Pierre zurück. Von Mitte Juli bis Anfang September gibt es einen Tagestourenservice, der um 7.15 Uhr startet und um 14.15 Uhr zurückfährt (außer Sonntag). In der Nebensaison besser telefonisch nach den Zeiten fragen! Die Boote nehmen nur Fußgänger mit. Das Auto kann man auf dem Parkplatz am Anleger stehenlassen (8 C$/Tag).

Unterwegs vor Ort

Das meiste kann man zu Fuß erkunden. Die Straßen sind steil, man kommt also leicht ins Schnaufen. **Auberge Quatre Temps** (14 Rue Dutemple) verleiht Fahrräder (halber/ganzer Tag 10/15 €). Fähren fahren nach Miquelon und Langlade; das Besucherzentrum hat Zeiten und Preise.

ZENTRALES NEWFOUNDLAND

Diese Gegend entlockt seinen Besuchern weniger Wows pro Quadratkilometer als der Rest der Provinz, aber das liegt daran, dass große Teile der Region aus Sumpf und Wald bestehen. Die Inseln der Notre Dame Bay – vor allem Twillingate, wo Eisberge vorbeigleiten – sind rühmliche Ausnahmen.

Terra Nova National Park

Seen, Sümpfe und hügelige Wälder im Rücken, das Salzwasser der Clode and Newman Sounds voraus: Der **Terra Nova National Park** (☎709-533-2801; www.pc.gc.ca/terranova; Erw./Kind/Fam. pro Tag 5,80/2,90/14,70 C$) wird durch den Hwy 1, der durch ihn hindurchführt, in zwei Teile geteilt. Er ist nicht annähernd so dramatisch wie die anderen Nationalparks der Provinz, obwohl hier Elche, Bären, Biber und Weißkopf-Seeadler leben. Man kann entspannt wandern, paddeln, campen und bootfahren.

Erste Anlaufstelle ist das **Besucherzentrum** (☎709-533-2942; Hwy 1; ⏲Juni–Anfang Sept 9–19, übrige Saison Mitte Mai–Anfang Okt. 10–17 Uhr), wo es Tonnen von Parkinfos gibt, von Rangern geführte Programme und ein Aquarium mit Streichelbecken und Unterwasserkameras. Es liegt 1 km vom Hwy 1 entfernt an der Salton's Day-Use Area, 80 km östlich von Gander.

Sehenswertes & Aktivitäten

Terra Novas 14 Wanderwege sind insgesamt fast 100 km lang. Karten gibt's im Besucherzentrum. Sehr empfehlenswert ist der **Malady Head Trail** (5 km), der an der Spitze einer Landzunge liegt, von wo aus man einen unglaublichen Blick auf Southwest Arm und Broad Cove hat. Der **Sandy Pond Trail** (3 km) ist eine einfache Schleife rund um den See – eine gute Chance, Biber zu sehen. Hier kann man auch sehr gut **schwimmen**, es gibt einen Strand, Umkleideräume und Picknicktische. Im Winter werden Loipen für Langläufer durch den Park gezogen.

Der abenteuerliche **Outport Trail** (48 km) bietet Zugang zu den Campingstellen im Hinterland und den verlassenen Siedlungen am Newman Sound. Der Rundweg lohnt sich, aber man muss sich darüber im Klaren sein, dass einige Teile nicht ausgeschildert und matschig sind. Ein Kompass, eine topografische Karte und Ratschläge eines Rangers sind die Grundvoraussetzungen für diese ernstzunehmende Route.

Ocean Quest Adventures (S. 526) verleiht Ausrüstung zum **Fahrrad** und **Kajak fahren**. Nach der **Sandy Pond-Dunphy's Pond Route** (10 km) fragen, einer tollen Paddeltour mit nur einer kurzen Tragestelle.

Etwa 15 km vom westlichen Parkeingang entfernt liegt das **Burnside Archaeology Centre** (☎709-677-2474; www.burnsideheritage.ca; Main St; Eintritt 2 C$; ⏲Juli–Okt. 9–18 Uhr).

Hier werden die Artefakte katalogisiert, die an den Beothuk-Stätten gefunden werden. Nach **Bootstouren** (40 C$/Pers.) zu den weiter entfernten Siedlungen fragen! Ebenfalls in der Region liegt **Salvage**, ein Fischerdorf, von dem jeder Fotograf träumt, mit gut ausgeschilderten Wanderwegen. In der Nähe vom Nordende des Parks an der Rte 310, etwa 26 km von Hwy 1 entfernt.

Geführte Touren

Los geht's am Besucherzentrum.

Coastal Connections BOOTSFAHRT
(☎709-533-2196; www.coastalconnections.ca; 2½-stündige Tour Erw./Kind 65/35 C$; ⏱Mitte Mai–Anfang Okt. 9.30 & 13 Uhr) Alle an Bord für eine Tour durch den Newman Sound, wo man Hummerfangkörbe aus dem Wasser zieht, Plankton unter dem Mikroskop betrachtet und noch an vielen anderen Stellen aktiv eingebunden wird! Adler sieht man hier häufiger, Wale nicht so oft.

Ocean Quest Adventures BOOTSFAHRT
(☎709-422-1111; www.oceanquestadventures.com; ⏱Mitte Mai–Okt.) Ocean Quest nimmt einen mit zum Kabeljau fischen (60 C$, inkl. Ausrüstung). Hier kann man auch Kajaks und Fahrräder leihen.

Schlafen

Camping ist innerhalb des Parks die einzige Möglichkeit. Wer ein Bett will, der sollte nach Eastport fahren. Das liegt am Nordende des Parks an der Rte 310, etwa 16 km vom Hwy 1 entfernt. Campingplatzreservierungen (empfohlen an den Sommerwochenenden) gibt es unter **Parks Canada** (☎877-737-3783; www.pccamping.ca; Reservierungsgebühr 10,80 C$) oder online.

Wildes Zelten CAMPING $
(nur mit kostenloser Registrierung, Stellplatz 16 C$) Es gibt mehrere Zeltplätze rund um den Outport Trail, Beachy Pond, Dunphy's Island und Dunphy's Pond, die man paddelnd, wandernd oder nach beidem erreicht. Registrierung im Besucherzentrum.

Newman Sound Campground CAMPING $
(Stellplatz 24–30 C$) Dies ist der größte (lauteste) Campingplatz im Park mit 343 Stellplätzen, einem Lebensmittelladen und Waschsalon. Auch im Winter geöffnet.

Malady Head Campground CAMPING $
(Stellplatz 17–22 C$) Am Nordende des Parks. Kleiner, ruhiger, einfacher (mit Duschen).

Doctor's Inn B&B B&B $$
(☎709-677-3539; www.doctors-inn.nf.ca; 5 Burden's Rd, Eastport; Zi. 75–100 C$; ⏱Juni–Sept.; 🚭) Ja, es gibt tatsächlich einen Arzt in diesem großen, alten, weitläufigen Haus, und dazu noch eine Veranda mit Blumen, einen Pavillon und fünf schöne Zimmer mit eigenen Bädern. Mit Sicherheit der hellste Fleck in einer sonst eher drögen Kleinstadt.

Gander

9600 EW.

Gander liegt an der Abzweigung der Rte 330 vom Hwy 1. Sie führt nach Notre Dame Bay. Der Ort ist ein bequemer Zwischenstopp mit ein paar Sehenswürdigkeiten für Flugzeugfans.

Die Keimzelle von Gander ist sein Flughafen. Der Ort wurde von den Briten in den 1930er-Jahren wegen seiner Nähe zu Europa und dem fehlenden Nebel als Flughafenstandort ausgewählt. Zuletzt kam Gander in die Schlagzeilen wegen seiner Gastfreundschaft gegenüber Tausenden von Menschen, deren Flugzeuge nach den Anschlägen vom 11. September hierher umgeleitet worden waren.

Es gibt ein **Besucherzentrum** (www.gandercanada.com; ⏱Mitte Juni–Sept. 8–20, Okt.–Mitte Juni Mo–Fr 8.30–17 Uhr) am Hwy 1 an der Haupteinfahrt in die Stadt.

Flugzeugbegeisterte besuchen das **North Atlantic Aviation Museum** (☎709-256-2923; www.naam.ca; Hwy 1; Erw./Kind 5/4 C$; ⏱Juni–Dez. 9–18, Jan.–Mai Mo–Fr bis 16 Uhr) mit Ausstellungen zu Newfoundlands fliegerischer Beteiligung am Zweiten Weltkrieg und der Geschichte der Fliegerei. Direkt östlich am Hwy 1 steht das ernüchternde **Silent Witness Monument** im Gedenken an 248 US-Soldaten, deren Flugzeug hier im Dezember 1985 abstürzte.

Sinbad's Hotel & Suites (☎709-651-2678; www.steelehotels.com; Bennett Dr; Zi. 93–123 C$) hat saubere, bequeme Hotelzimmer im Zentrum von Gander. Essen geht man in **Giovanni's Cafe** (☎709-651-3535; 71 Elizabeth Dr; Hauptgerichte 5–9 C$; ⏱Mo–Do 9–17, Fr & Sa 8.30–17, So 11.30–16.30 Uhr): Kaffee, Wraps, Sandwiches und Salate.

Der **Gander Airport** (YQX; www.gander airport.com) bekommt eine ganze Menge Flugverkehr ab. Busse von **DRL** (☎709-263-2171; www.drl-lr.com) halten am Flughafen auf der Fahrt nach St. John's (4 Std.) und Port aux Basques (9 Std.).

Twillingate Island & New World Island

5835 EW.

Dieser Teil von Notre Dame Bay bekommt die meiste Aufmerksamkeit, und das verdientermaßen. Twillingate (das eigentlich aus zwei kaum getrennten Inseln besteht, North und South Twillingate) liegt nördlich von New World Island. Man erreicht die Inseln vom Festland aus über eine Verflechtung von kurzen Dämmen. Es ist unglaublich schön hier, und jede Biegung der Straße zeigt einem neue Blicke aufs Meer, malerische Fischerhäfen oder nette Gruppen pastellfarbener Häuser über Klippen und Felsen. Die Ankunft von Walen und Eisbergen jeden Sommer trägt zusätzlich zur Attraktivität bei.

Sehenswertes & Aktivitäten

Prime Berth/ Twillingate Fishing Museum MUSEUM

(☎709-884-5925; Walter Elliott Causeway; Eintritt 5 C$, Führung 7,50 C$; ⏲Juli & Aug. 10–17 Uhr) Hier unbedingt als erstes hinkommen! Das private Museum wird von einem bezaubernden Fischer betrieben. Die einfallsreichen und anscheinend einfachen Konzepte (eine Kabeljaufiletiershow!) sind brillant und machen sowohl erwachsenen Gelehrten als auch Schulkindern Spaß. Es ist das erste Haus, das man sieht, wenn man nach Twillingate rüberfährt.

Long Point Lighthouse LEUCHTTURM

(☎709-884-2247; Eintritt frei) Von Long Point aus hat man einen unglaublichen Blick auf die Küstenklippen. Man steigt die Wendeltreppen hinauf, die seit 1876 von den Leuchtturmwärtern abgenutzt werden, und kann nur noch staunen über diesen 360-Grad-Blick. Da der Turm an der Spitze der Nordinsel liegt, ist er ein idealer Punkt, um im Mai und Juni Eisberge zu sehen.

Little Harbour Trail WANDERN

In Little Harbour, auf dem Weg zur Stadt Twillingate, führt ein 5 km langer Weg an den Resten einer umgesiedelten Gemeinde vorbei und durch einen Steinbogen zur abseits gelegenen, malerischen **Jone's Cove**.

Durrell Museum MUSEUM

(☎709-884-2780; Museum St, abseits der Durrell St; Erw./Kind 2/1 C$; ⏲Juni–Sept. 9–17 Uhr) Auf keinen Fall sollte man eine Tour durch das unglaublich malerische Durrell und sein Museum, das sich oben auf Old Maid Hill befindet, auslassen. Mittagessen mitbringen, denn es gibt einige Picknicktische und einen beeindruckenden Blick!

Auk Island Winery WEINGUT

(☎709-884-2707; www.aukislandwinery.com; 29 Durrell St; Weinprobe 3 C$, mit Tour 5 C$; ⏲ 9.30–17.30, Juli–Anfang Sept. Do & Fr bis 20.30 Uhr) Hier werden Moose Joose (Blaubeere-Johannisbeere), Funky Puffin (Blaubeere-Rhabarber) und andere Fruchtweine unter Verwendung von Eisbergwasser und einheimischen Beeren hergestellt.

Twillingate Museum MUSEUM

(☎709-884-2825; www.tmacs.ca; an der Main St; Eintritt gegen Spende; ⏲Mitte Mai–Anfang Okt. 9–17 Uhr) Das Museum in einem ehemaligen anglikanischen Pfarramt erzählt die Geschichte der Insel ab dem Zeitpunkt, als die ersten britischen Siedler hier Mitte des 18. Jhs. angekommen sind. Es werden außerdem Gegenstände gezeigt, die einheimische Schiffskapitäne von ihren Reisen rund um die Welt mitbrachten. Ein weiterer Raum befasst sich mit der Robbenjagd und der Diskussion darum. Nebenan steht eine historische **Kirche**.

Geführte Touren

Lustige zweistündige Touren (Erw./Kind 44/22 C$) zu Eisbergen und Walen starten täglich von Mitte Mai bis Anfang September.

Twillingate Adventure Tours BOOTSFAHRT

(☎709-884-5999;www.twillingateadventuretours.com; abseits der Main St) Startet an Twillingates Werft um 10, 13 und 16 Uhr (manchmal auch 19 Uhr).

Twillingate Island Boat Tours BOOTSFAHRT

(☎709-884-2242; www.icebergtours.ca; Main St) Start ist am Iceberg Shop (selbst auch einen Blick wert, mit Eisbergfotos und Kunsthandwerk) um 9.30, 13 und 16 Uhr.

Feste & Events

Musik und Tanz, von dem einiges bis ins 16. Jh. zurückgeht, erobern Twillingate beim einwöchigen **Fish, Fun & Folk Festivals** (www.fishfunfolkfestival.com; ⏲Ende Juli).

Schlafen

Obwohl es mehr als ein Dutzend Übernachtungsmöglichkeiten gibt, kann Twillingate im Sommer recht voll werden. Früh buchen.

Captain's Legacy B&B B&B $$

(☎709-884-5648; www.captainslegacy.com; Hart's Cove; Zi. 89–114 C$; ⏲Mitte Mai–Okt.;

) Ein echter Kapitän namens Peter Troake besaß einst dieses historische „Outport Mansion", das jetzt ein schönes Vier-Zimmer-B&B mit Blick auf den Hafen ist.

Paradise B&B B&B $$
(☎709-884-5683, 877-882-1999; www.capturegaia.com/paradiseb&b.html; 192 Main St; Zi. 80–99 C$; ⏲Mitte Mai–Sept.;) Das Paradise liegt an einem Steilhang mit Blick auf Twillingates Hafen und hat damit die beste Aussicht der Stadt. Man kann zu Fuß zum Strand gehen oder in einem Liegestuhl entspannen und einfach genießen. Ach ja, die drei Zimmer sind auch sehr komfortabel. Nach Zimmer Nr. 1 fragen! Nur Barzahlung.

Harbour Lights Inn B&B B&B $$
(☎709-884-2763; www.harbourlightsinn.com; 189 Main St; DZ 109–139 C$; ⏲Mai–Mitte Okt.;) Südafrikanische Gastfreundschaft empfängt einen in diesem historischen und beliebten Haus mit seinen neun Zimmern. Es befindet sich direkt am Hafen und ist u. a. mit TV und Whirlpools eingerichtet.

Essen & Unterhaltung

R&J Restaurant SEAFOOD $$
(☎709-884-2212; 110 Main St; Hauptgerichte 8–14 C$; ⏲8–23 Uhr) Hier genießt man Fish'n'Brewis, Shrimps, Muscheln oder panierten Fisch. Pizza und Burger gibt's auch.

All Around the Circle Dinner Theatre THEATER
(☎709-884-5423; Crow Head; Erw./Kind 29/15 C$; ⏲Juni–Mitte Sept. Mo–Sa 18 Uhr) Sechs von Newfoundlands Besten kochen nicht nur traditionelle Gerichte, sie hauen einen auch noch mit ihren talentierten Auftritten vom Hocker. Direkt südlich vom Long Point Leuchtturm.

Praktische Informationen

Town of Twillingate (www.townoftwillingate.ca)
Twillingate Tourism (www.twillingate.com)

An- & Weiterreise

Vom Festland aus verbinden die Dämme der Rte 340 Chapel Island, das kleine Strong's Island, New World Island und Twillingate Island.

Fogo Island & Change Islands

2995 EW.

Fogo wurde 1680 besiedelt. Es ist eine beeindruckende und raue Insel. Man sollte diesen Ort im Auge behalten: hier wurde vor Kurzem ein ambitionierter, kunstorientierter, nachhaltiger Tourismusplan gestartet, der für die Region sehr progressiv ist. Das seltene Neufundlandpony streift über die Change Islands, die im Westen liegen.

Sehenswertes & Aktivitäten

Das Dorf **Joe Batt's Arm** auf Fogo, geschützt durch steinige Hügel, erscheint wie eine Erinnerung aus einer Jahrhunderte zurückliegenden Vergangenheit. Ein **Bauernmarkt** findet samstagmorgens am Eislaufplatz statt.

In der Nähe befindet sich **Tilting**, vielleicht das schönste Dörfchen der Insel. Die Iren haben hier tiefe Spuren hinterlassen, das hört man auch am Akzent. Der Binnenhafen ist umgeben von malerischen Fischfanggerüsten, die bei Flut von altersschwachen Stelzen aufrecht gehalten werden. Es gibt hier auch den tollen Küstenweg **Turpin's Trail** (9 km), der in Tilting beginnt, und zwar in der Nähe des Strands von **Sandy Cove**.

Auf der anderen Seite der Insel liegt das Dorf **Fogo** und der unbezähmbare **Brimstone Head** (s. Kasten, S. 529). Nachdem man den mystischen Stein gesehen hat, kann man eine weitere Wanderung in der Stadt unternehmen: den **Lion's Den Trail** (5 km), mit einem Abstecher zu einer Marconi-Funkstation. Auf der Insel lebt auch eine kleine Gruppe Karibus.

Als Teil des neuen Entwicklungsplans werden auf der Insel **Ateliers** entlang der Wanderwege eingerichtet, und man lädt Maler, Filmemacher und Fotografen aus der ganzen Welt ein, sich hier eine Zeit lang niederzulassen. Man sollte nach dem derzeitigen Standort des **digitalen Kinos** fragen. Und auf jeden Fall die **World's End Theatre Company** (www.worldsendtheatre.org; ⏲Mitte Juli–Mitte Aug.) besuchen. Die Truppe führt Originalfassungen auf und erzählt lokale Geschichten in Kneipen, Kirchen und Orten im Freien auf der ganzen Insel.

Die Change Islands gehören zum **Newfoundland Pony Refuge** (☎709-621-4400; 12 Bowns Rd; Eintritt frei; ⏲nach Vereinbarung), gegründet, um die Zahl der einheimischen gefährdeten Neufundlandponys zu steigern. Es gibt nur noch 88 registrierte Tiere im fortpflanzungsfähigen Alter, und hier befindet sich die größte Herde. Die kleinen Tiere sind bekannt als harte Arbeiter (vor allem im Winter) mit sanftem Wesen.

RUND ODER FLACH?

Trotz Kolumbus' großer Tat 1492 (als er ins blaue Meer segelte, ohne von der Kante der Erde zu fallen) und trotz moderner Satellitenfotos, die bestätigen, dass die Erde wirklich rund ist, sind die Leute der Flat Earth Society nicht zu überzeugen. Eine rotierende, kugelförmige Welt, die durch das Weltall saust, würde nur dazu führen, dass ihre Bewohner ein verwirrtes und orientierungsloses Leben führen, sagen sie.

In Wirklichkeit soll die stabile und ruhige flache Erde fünf Eckpunkte haben: den Michael-See in Tunguska (Sibirien), die Osterinseln, Lhasa (Tibet), die südpazifische Insel Ponape und Brimstone Head auf Fogo Island, direkt hier in Newfoundland. Also klettert man den zerklüfteten Rücken von Brimstone Head rauf, starrt in den Abgrund bis zum entfernten Ende der Erde und entscheidet selbst, ob die Erde rund oder flach ist. Auf jeden Fall hat man von hier aus einen tollen Blick auf die Iceberg Alley.

Feste & Events

Great Fogo Island Punt Race (www.fogoislandregatta.com; Ende Juli) Die Einheimischen rudern in traditionell gebauten hölzernen Booten (sogenannten *punts*) 16 km über das offene Meer zu den Change Islands und zurück.

Brimstone Head Folk Festival (www.townfogo.ca; Mitte Aug.) Ein dreitägiges Folkmusikfest. Irische und newfoundländische Musik.

Schlafen & Essen

Das gehobene, ökologisch einwandfreie Fogo Island Inn mit 29 Zimmern soll 2012 eröffnen.

Peg's B&B B&B **$$**
(709-266-2392; www.pegsbb.com; 60 Main St, Fogo; Zi. 75–85 C$; Mai–Okt.;) Direkt im Herzen von Fogo Village bieten Pegs vier Zimmer eine freundliche Atmosphäre und Blick auf den Hafen.

Foley's Place B&B B&B **$$**
(709-658-7288, 866-658-7244; www.foleysplace.ca; 10A Kelley's Island Rd, Tilting; Zi. 85 C$;) Die vier Zimmer in diesem traditionellen, 100 Jahre alten Haus sind bunt, modern möbliert und haben en-suite-Badezimmer.

Nicole's Café CAFÉ **$$**
(709-658-3663; www.nicolescafe.ca; 159 Main Rd, Joe Batt's Arm; Hauptgerichte 15–20 C$; 9–21 Uhr) Nicole verwendet Zutaten von der Insel – nachhaltig gefangenen Fisch, Wurzelgemüse und wilde Beeren – für ihre zeitgenössischen Abwandlungen von Jigg's Dinner, Karibupâté und der täglichen vegetarischen Platte. Ein sonniges Haus mit großen Holztischen und lokaler Kunst und Quilts an den Wänden.

Praktische Informationen

Change Islands (www.changeislands.ca)

Fogo Tourism (www.fogoisland.net)

An- & Weiterreise

Die Rte 335 bringt einen zur Stadt Farewell, von wo aus die Fähre auf die Change Islands (20 Min.) segelt und dann weiter nach Fogo (45 Min.). Fünf Boote starten zwischen 7.45 und 20.30 Uhr. Die Zeitpläne variieren, man sollte beim **Provincial Ferry Services** (709-621-3150, 709-627-3448; www.gov.nl.ca/ferryservices) nachfragen. Die Hin- und Rückfahrt nach Fogo kostet 16,50 C$ für Auto und Fahrer und 5,50 C$ für weitere Mitreisende. Auf die Change Islands zahlt man 6,50 C$.

Lewisporte

3308 EW.

Das langgezogene Lewisporte, bekannt hauptsächlich für sein Fährterminal, ist die größte Stadt der Notre Dame Bay. Außer dem Schiff nach Labrador gibt's hier nicht wirklich viel, obwohl als regionales Verteilungszentrum alle Waren und Dienstleistungen angeboten werden.

Wer übernachten muss, ist im schlichten **Brittany Inns** (709-535-2533, 800-563-8386; Main St; Zi. 90–110 C$;) noch am besten aufgehoben. Einige der 34 Zimmer haben Küchenzeilen.

Oriental Restaurant (709-535-6993; 131 Main St; Gerichte 6–11 C$; 11.30–23 Uhr) ist ein schnörkelloser Laden, und manchmal gibt es auch Gemüse.

DRL (709-263-2171; www.drl-lr.com) hält am Brittany Inns auf der Strecke nach St. John's und Port aux Basques.

Zwischen Mitte Juni und Mitte September fährt die **MV Sir Robert Bond** (709-535-0810, 866-535-2567; www.labradormarine.com) wöchentlich mit Autos und Passagieren in die Labradorstädte Cartwright (Erw./Kind/Fahrzeug 73/36,50/118 C$, 24 Std.) und Happy Valley-Goose Bay (Erw./Kind/Fahrzeug 118/59.25/194 C$, 39 Std., einschl. 4 Std. Aufenthalt in Cartwright). Die Fähre legt in Lewisporte freitags um 14 Uhr ab.

Grand Falls-Windsor

13 560 EW.

Die Ausdehnung zweier kleiner Papierfabriksiedlungen hat die Gemeinde von Grand Falls-Windsor entstehen lassen. Der Grand-Falls-Teil, südlich des Hwy 1 und nahe des Exploits River, ist für Traveller interessanter. Beim fünftägigen **Salmon Festival** (www.salmonfestival.com; ⌚Mitte Juli) rocken die größten kanadischen Bands.

Sehenswertes

Mary March Provincial Museum MUSEUM
(☎709-292-4522; www.therooms.ca/museum; Ecke St Catherine & Cromer Aves; Erw./Kind 2,50 C$/frei; ⌚Mai–Mitte Okt. Mo–Sa 9–16.45, So ab 12 Uhr) Hier lohnt sich ein Besuch. Die Ausstellungsstücke konzentrieren auf die jüngere und ältere Geschichte der indigenen Völker der Region, einschließlich des Beothuk-Stammes. Die Ausfahrt 18A nach Süden führt hin. Der Eintritt gilt auch für das Holzfällermuseum und umgekehrt.

Loggers' Life Provincial Museum MUSEUM
(☎709-292-0492; www.therooms.ca/museum Ausfahrt 17, Hwy 1; Erw./Kind 2,50/frei; ⌚Mai–Mitte Sept. 9–16.45 Uhr) Hier erfährt man so einiges über das Leben in einem Holzfällercamp in den 1920er-Jahren – Geruch inklusive.

Salmonid Interpretation Centre PARK
(☎709-489-7350; www.exploitsriver.ca; Erw./Kind 6/2.50 C$; ⌚Mitte Juni–Mitte Sept. 8–20 Uhr) Hier beginnen Atlantiklachse ihre beschwerliche Wanderung stromaufwärts zu ihren Laichgründen. Leider tun sie das im Schatten der Papierfabrik. Um hinzukommen, überquert man den Fluss südlich der High St und folgt den Schildern.

Schlafen & Essen

Hill Road Manor B&B B&B $$
(☎709-489-5451, 866-489-5451; www.hillroadmanor.com; 1 Hill Rd; Zi. 109–119 C$; 📶) Elegante Möblierung, Betten mit vielen Kissen (ideal zum Verschlafen) und ein genialer Wintergarten ergeben einen stilvollen Aufenthalt; kinderfreundlich.

Kelly's Pub & Eatery BURGER $
(☎709-489-9893; 18 Hill Rd; Gerichte 7–11 C$; ⌚9–14 Uhr) Gut versteckt hinter dem verqualmten Pub gibt's große Imbisscuisine: den besten Burger der Stadt – und die Fritten sind auch nicht wirklich schlecht.

Praktische Informationen

Town of Grand Falls-Windsor (www.grandfallswindsor.com)

An- & Weiterreise

DRL (☎709-263-2171; www.drl-lr.com) hat seine Haltestellen am Highliner Inn auf einer Nebenfahrbahn des Hwy 1. Die Strecke nach St. John's ist 430 km lang, die nach Port aux Basques 477 km.

Central South Coast

Die Rte 360 führt für 130 km mitten durch die Provinz zur Südküste. Es ist ein langer Weg runter zu den ersten Siedlungen am Ende der **Bay d'Espoir**, einem sanften Fjord. Es gibt keine Tankstelle auf der Strecke, also am Hwy 1 unbedingt volltanken! **St. Alban's** liegt auf der Westseite des Fjords. Am Ende der Bucht gibt es ein paar Motels mit Restaurants und Lounges.

Weiter südlich liegt eine Ansammlung kleiner Fischerdörfer. Die Landschaft an der Rte 364 nach **Hermitage** ist besonders beeindruckend, wie auch die Gegend rund um **Harbour Breton**. Sie ist die größte Stadt (2080 Ew.) der Region und schmiegt sich an die Kante einer sanften Binnenbucht.

Southern Port Hotel (☎709-885-2283; www.southernporthotel.ca; Rte 360, Harbour Breton; Zi. 90–93 C$; 📶) Geräumige Zimmer mit Standardmobiliar; die Zimmer mit geraden Zahlen haben Hafenblick. Zwei Türen weiter serviert **Scott's Snackbar** (☎709-885-2406; Gerichte 7–15 C$; ⌚So–Do 10.30–23, Fr & Sa bis 1 Uhr) Burger und sonstige rustikale Leckereien. Ausschanklizenz vorhanden!

Thornhill Taxi Service (☎709-885-2144, 866-538-3429) verbindet Harbour Breton mit Grand Falls (40 C$, 2½ Std.) um 7.15 Uhr. Staatliche Passagierfähren bedienen Hermitage und machen die westlichen Südküsten-Outports (s. S. 546) zugänglich.

NÖRDLICHE HALBINSEL

Die nördliche Halbinsel steht wie ein ausgestreckter Zeigefinger vom restlichen Newfoundland ab, und man hat beinahe das Gefühl, dass er droht und sagt: „Wag' es ja nicht, die Provinz zu verlassen, ohne hier gewesen zu sein!"

Der geneigte Besucher sollte darauf hören. Die Gegend könnte ohne Zweifel zur attraktivsten in Newfoundland gekrönt werden. Beide Weltkulturerbestätten der Provinz befinden sich hier: Der Gros Morne National Park mit seinen fjordartigen Seen und geologischen Abstrusitäten liegt an der Basis der Halbinsel, während die überragende 1000 Jahre alte Wikingersiedlung in L'Anse aux Meadows von der Spitze der Halbinsel über die See blickt. Verbunden sind die beiden berühmten Stätten durch den **Viking Trail** (www.vikingtrail.org), die Rte 430. Eigentlich ist er eine eigenständige Attraktion und führt immer unbeirrt nah an der See entlang nach Norden, vorbei an den alten Begräbnisstätten von Port au Choix und dem Fähranleger zum großen, brütend-grüblerischen Labrador. Kein Wunder, dass viele Urlauber ihren gesamten Newfoundlandbesuch in diese außergewöhnliche Region verlegen.

Der Tourismus in der Region nimmt immer weiter zu, trotzdem ist nur ein Bruchteil der Menge an Leuten unterwegs, die man etwa in Yellowstone oder Banff antrifft. Dennoch ist es im Juli und August eine gute Idee, im Voraus zu reservieren.

Von Deer Lake am Südende der Halbinsel nach L'Anse aux Meadows an der Nordspitze fährt man vier bis fünf Stunden. Städte und Service-Einrichtungen sind rar, also auf keinen Fall den Tank leerfahren!

Deer Lake

Es gibt für Besucher wenig zu tun in Deer Lake, aber es ist eine ideale Basis für Trips in den Norden und zur Westküste.

Bed- & Breakfaster sind im einfachen **Lucas House** (☎709-635-3622; 22 Old Bonne Bay Rd; Zi. 60–70 C$; ⏲Mai–Sept.; 🚭@) gut aufgehoben; es ist nur fünf Minuten vom Flughafen entfernt. Das erste Haus am Platze ist das **Deer Lake Motel** (☎709-635-2108; www.deerlakemotel.com; Hwy 1; Zi. 89–139; ❄📶) mit seinen 56 Zimmern, am Hwy 1 gegenüber vom **Besucherzentrum** (⏲9–19 Uhr) und der **DRL-Haltestelle** (☎709-263-2171; www.drl-lr.com) an der Irving-Tankstelle. Ein Taxi vom Flughafen kommt auf stolze 7 C$.

Deer Lake Airport (YDF; www.deerlakeairport.com) ist einen Steinwurf vom Hwy 1 weg. Er ist gut ausgerüstet mit Geldautomaten, Essen, kostenlosem WLAN, Internetzugang und Touristeninformation. Flüge kommen regelmäßig von St. John's, Halifax, Toronto und sogar London. Avis, Budget und Hertz vermieten Autos. Preise, Konditionen und Kontaktinformationen s. S. 987.

Gros Morne National Park

Dieser **Nationalpark** (☎709-458-2417; www.pc.gc.ca/grosmorne; Erw./Kind/Familie pro Tag 9,80/4,90/19,60; ⏲ganzjährig) wurde 1987 weltbekannt, als die Unesco ihn zum Weltkulturerbe ernannte. Für seine Besucher sind die beeindruckenden Tafelberge und tief eingeschnittenen Wasserläufe schlicht übernatürliche Spielplätze. Für Geologen ist dieser Park wie ein Bauplan unseres Planeten. Er liefert Beweise für Theorien wie die Plattentektonik. Vor allem die bronzefarbenen Tablelands bestehen aus Gestein, das von tief unten aus der Erdkruste stammt. Nirgendwo auf der Welt ist solches Material so leicht zugänglich wie in Gros Morne (es wird normalerweise nur in unvorstellbaren Meerestiefen gefunden). Solche Dinge haben dem Park den Spitznamen „Galapagos der Geologie" eingebracht.

Im und um den Park herum gibt es genug zu tun, um mehrere Tage zu füllen. Wandern, Kajak fahren, campen, Tiere beobachten und Bootstouren sind fantastisch!

Mehrere kleinere Fischerdörfer stehen vereinzelt am Ufer und bieten Unterkunft. Die Bonne Bay schwingt hinein und teilt das Land auf: im Süden sind die Rte 431 und die Städte **Glenburnie**, **Woody Point** und **Trout River**, im Norden die Rte 430 und **Norris Point**, **Rocky Harbour**, **Sally's Cove** und **Cow Head**. Das zentral gelegene Rocky Harbour ist das größte Dorf und der beliebteste Ort für Übernachtungen. Norris Point und das etwas weiter weg gelegene Woody Point sind auch gute Basislager.

Sehenswertes

Der Park ist sehr weitläufig – es sind 133 km vom Trout River im Süden bis zum Cow Head im Norden –, deshalb braucht man eine Weile, um von einer Sehenswürdigkeit zur nächsten zu kommen. Wir haben im Folgenden die Orte von Süden nach Norden sortiert. Auf jeden Fall in den Besucherzentren des Parks Halt machen (s. S. 535), wo es informative Programme und geführte Wanderungen gibt!

VIKING TRAIL PASS

Gros Morne, L'Anse aux Meadows, Port aux Choix, Red Bay und Grenfell Historic Properties können mit einem gemeinsamen **Eintrittspass** (Erw./Kind/Fam. 44/22/88 C$) besucht werden, der sieben Tage lang gültig ist. Das spart ein paar Dollar, wenn man sowieso vor hat, alles zu sehen.

Tablelands AREAL

(Rte 431, am Trout River) Die südwestliche Ecke des Parks dominieren die unbezwingbaren Tablelands. Dieses Tafelbergmassiv war Teil der Erdkruste, bevor die Tektonik es aus den Tiefen hervorhob und mitten auf den Kontinent setzte. Sein Gestein ist so ungewöhnlich, dass auf ihm noch nicht mal Pflanzen wachsen. Man kann dieses unfruchtbare goldene Phänomen direkt an der Rte 431 sehen oder aus der Ferne von einem der beeindruckenden **Foto-Aussichtspunkte** oberhalb von Norris Point. Westlich der Tablelands kennzeichnen dramatische vulkanische Meeresschächte und Höhlen die Küste von **Green Gardens**.

Bonne Bay Marine Station AQUARIUM

(☎709-458-2550; www.bonnebay.mun.ca; Rte 430, Norris Point; Erw./Kind/Fam. 6,25/5/15 C$; ⌚Ende Mai–Anfang Sept. 9–17 Uhr, übriges Jahr nach Vereinbarung) Am Anleger in Norris Point liegt die Bonne Bay Marine Station, eine Forschungsstation, die zur Memorial University gehört. Jede halbe Stunde gibt es interaktive Touren, und die Aquarien zeigen die Meereslebensräume in Bonne Bay. Für Kinder gibt's Streichelbecken und einen seltenen blauen Hummer.

SS Ethie SCHIFFSWRACK

(Rte 430, hinter Sally's Cove) Den Schildern vom Highway runter folgen bis dahin, wo die Wellen gegen die rostigen und verhedderten Überreste der SS *Ethie* schlagen. Die Geschichte dieses Wracks von 1919 und der versuchten Rettung hat einen berühmten Folksong inspiriert.

Western Brook Pond WEG & GEFÜHRTE TOUR

(Rte 430) Das Auto parkt man auf dem Parkplatz am Highway, dann nimmt man den 3 km langen, flachen, einfachen Weg ins Landesinnere nach Western Brook Pond. „Pond" ist eigentlich ein falscher Name, denn das Wasserbecken ist einfach riesig. Manche Menschen nennen es auch einen Fjord, was aber technisch falsch ist (zu viel Süß-, zu wenig Salzwasser). Worauf sich aber alle einigen können: Der Pond ist schlicht und ergreifend umwerfend! Die steilen 700 m hohen Klippen von Western Brook stürzen in einen blauen Abgrund und schlängeln sich dramatisch in die Berge. Am besten erkundet man das auf einer Bootstour (s. „Bon Tours" S. 533).

GRATIS **Broom Point Fishing Camp** HISTORISCHE STÄTTE

(Rte 430, Broom Point; Eintritt frei; ⌚Mitte Mai–Mitte Okt. 10–17.30 Uhr) Dieses restaurierte Fischercamp befindet sich ein kurzes Stück nördlich des Western Brook Pond. Die drei Mudge-Brüder und ihre Familien haben hier von 1941 bis 1975 gefischt. Danach verkauften sie das gesamte Camp, inklusive Boote, Hummerfallen und Netze, an den Nationalpark. Alles wurde wieder hergestellt und jetzt arbeiten hier Führer.

Shallow Bay STRAND

Der sanfte, sichere Sanddünenstrand von Shallow Bay scheint hier nicht am richtigen Fleck zu sein – als wäre er durch eine abtrünnige Strömung aus der Karibik hierher gebracht worden. Das Wasser holt einen aber wieder in die Realität zurück, denn es wird selten wärmer als 15 °C.

The Arches PARK

Diese malerischen gebogenen Steine an der Rte 430 nördlich von Parsons Pond wurden von stampfenden Wellen geformt und sind einen Blick wert.

Aktivitäten

Wandern und Kajak fahren kann man auch mit geführten Touren.

Wandern

20 gepflegte Wanderwege mit unterschiedlichen Schwierigkeitsgraden und einer Gesamtlänge von 100 km schlängeln sich durch die schönsten Teile des Parks. Besonders toll ist der **James Callahan Gros Morne Trail** (16 km) zum Gipfel von Gros Morne, mit 806 m der höchste Punkt. Teile der Strecke führen über Stufen und Holzstege, sodass man für die anstrengende Wanderung sieben bis acht Stunden braucht. Sogar eine steile Felsschlucht muss man hochklettern, um zum Grat des Berges zu gelangen. Erhaben ist die angemessenste Beschreibung für das Gefühl, auf dem 600 m hohen Vorsprung zu stehen und auf den **10 Mile Pond**, einen klippengesäumten Fjord, zu blicken.

Der **Green Gardens Trail** (16 km) ist fast gleich schön – und gleich schwierig. Der Rundweg hat zwei Startpunkte an der Route 431, die beide an der tollen, aus Lava bestehenden und vom Meer geformten Küste entlang nach Green Gardens hinunterführen. Man muss sechs bis acht Stunden für die Wanderung einplanen, oder man bucht einen der drei Plätze am Meer, wo man wild zelten kann, und macht ein Übernachtungsabenteuer draus. Weniger anstrengend ist der Weg zum Strand und wieder zurück über den Long Pond Trailhead (9 km).

Zu den kürzeren schönen Wegen zählen der **Tablelands Trail** (4 km) zum Winterhouse Brook Canyon, der **Lookout Trail** (5 km), der am Discovery Centre beginnt und zu einem alten Feuerwachturm über der Baumgrenze führt, der **Lobster Cove Head Trail** (2 km), der durch mehrere Gezeitenbecken läuft, und der **Western Brook Pond Trail**, der der beliebteste Pfad ist.

Die Mütter aller Wege sind die **Long Range Traverse** (35 km) und die **North Rim Traverse** (27 km), beide schwierige mehrtägige Wanderwege über die Berge. Man braucht eine Genehmigung und Beratung von den Parkrangern.

Wer mehrere Wanderungen machen will, sollte 20 C$ in den *Gros Morne National Park Trail Guide* investieren, eine wasserfeste Karte mit Wegbeschreibungen auf der Rückseite (im Besucherzentrum erhältlich).

Kajak fahren

Kajak fahren im Schatten der Tablelands und durch das Gespritze der Wale ist wirklich etwas, was man erlebt haben muss. **Gros Morne Adventures** (Einzel/Doppel pro Tag 50/60 C$) verleiht Ausrüstung an erfahrene Paddler. Kontaktdaten s. rechte Spalte.

Skifahren

Viele Loipen des beeindruckenden 55 km langen Langlaufsystems im Park wurden vom kanadischen Olympiasieger Pierre Harvey gestaltet. Im Haupt-Besucherzentrum (S. 535) gibt es Loipeninfos und Reservierungen für Hütten im Hinterland.

Geführte Touren

Die meisten Touren finden zwischen Juni und Mitte September statt. Reservieren! Paddeln geht am besten im Juni und Juli.

Bon Tours BOOTSFAHRT
(☎709-458-2016; www.bontours.ca; Ocean View Motel, Main St, Rocky Harbour) Bon veranstaltet die phänomenale **Bootstour Western Brook Pond** (2-stündige Tour pro Erw./Kind/Fam. 52/25/120 C$) um 10, 13 und 16 Uhr. Der Anleger ist 3 km zu Fuß von der Rte 430 über den einfachen Western Brook Pond Trail zu erreichen. Wer keinen **Parkpass** (9,80 C$) hat, muss einen holen, bevor er an Bord geht. Am besten kauft man die Tickets im Voraus in Bons Büro im Ocean View Hotel oder aber am Bootsanleger (nur Bargeld!). Man fährt etwa 25 Minuten von Bons Büro bis zum Beginn des Wanderweges.

Bon bietet auch **Bonne-Bay-Bootstouren** (2-stündige Tour pro Erw./Kind/Fam. 39/16/90 C$), die von der Norris Point Wharf ablegen, sowie ein Wassertaxi (hin & zurück 12 C$, nur Fußgänger und Fahrräder) von Norris Point nach Woody Point.

Gros Morne Adventures MULTISPORT
(☎709-458-2722, 800-685-4624; www.grosmorneadventures.com; Norris Point Werft) Tägliche geführte Kajaktouren auf dem Meer (2/3 Std. 50/60 C$) in Bonne Bay, dazu ganz- und mehrtägige Kajaktouren und Wanderungen, Skifahren und Schneewandern. Auf der Website gibt's noch weitere Optionen.

Long Range Adventures MULTISPORT
(☎709-458-2828, 877-458-2828; www.longrangeadventures.com; Sally's Cove) Ein weiterer Allround-Ausstatter, der tägliche geführte Kajaktouren auf dem Meer (2½-stündige Tour 55 C$), Wander- und Mountainbiketouren anbietet, und dazu noch Winteraktivitäten. Das einheimische Long Range betreibt auch das **Gros Morne Hostel/Island Traveller Tours** (www.grosmornehostel.com). Die günstige Schwesterfirma hat Ausflüge nach Twillingate und St. John's von Deer Lake aus (3-Tages-Tour ab 279 C$) im Programm und bietet außerdem Touren, die noch weiter durch die Northern Peninsula führen (7-Tages-Tour ab 749 C$).

Feste & Events

Gros Morne Theatre Festival (☎709-243-2899; www.theatrenewfoundland.com; Tickets 15–30 C$; ⊙Ende Mai–Mitte Sept.) Acht Produktionen neufundländischer Stücke werden während des ganzen Sommers drinnen und unter freiem Himmel aufgeführt.

Writers at Woody Point Festival (☎709-453-2900; www.writersatwoodypoint.com; Tickets 20 C$; ⊙Mitte Aug.) Autoren aus ganz Newfoundland, Kanada und der Welt treffen sich am Woody Point Heritage Theatre und lesen vor.

Schlafen

Rocky Harbour bietet die meisten Möglichkeiten. Woody Point, Norris Point und das süße Cow Head sind auch gute Alternativen. Im Juli und August wird es schnell voll.

Middle Brook Cottages HÜTTEN $$
(☎709-453-2332; www.middlebrookcottages.com; abseits der Rte 431, Glenburnie; Hütten 115–129 C$; ⊙Mitte März–Nov.;) Die pieksauberen Hütten komplett aus Kiefernholz sind sowohl romantisch als auch kinderfreundlich. Sie haben eine Küche und TV, und man kann im Teich und dem Wasserfall hinter dem Anwesen herumplantschen.

Aunt Jane's Place B&B B&B $
(☎709-453-2485; www.grosmorne.com/victorianmanor; Water St, Woody Point; Zi. ohne/mit Bad 65/75 C$; ⊙Mitte Mai–Mitte Okt.;) Dieses historische Haus trieft vor Charakter. Es befindet sich am Strand, und das bedeutet, dass man am frühen Morgen vom heftigen Atmen der Wale wach werden kann.

Gros Morne Cabins HÜTTEN $$
(☎709-458-2020; www.grosmornecabins.com; Main St, Rocky Harbour; Hütten 119–189 C$;) Hinten ist Asphalt, aber vor den wunderschönen Holzhütten befindet sich nichts anderes als das Meer (bei der Buchung nach der Aussicht fragen!). Jede hat eine voll ausgestattete Küche, TV und ein Ausziehsofa für Kinder. In Endicotts kleinem Laden nebenan kann man buchen.

Red Mantle Lodge HOTEL $$
(☎709-453-7204, 888-453-7204; www.redmantlelodge.ca; Rte 431, Nähe Woody Point; Zi. 129–159 C$;) Auf einem steilen Hügel mit Blick auf Woody Point. 17 der 18 Zimmer gehen zur Bucht raus. Das sorgt für eine Atmosphäre wie in einer neuen Skilodge. Die Zimmer haben hohe Decken, Holzboden und sanfte Erdtöne. Die Räume oben sind ruhiger. Das Bar-Restaurant mit Schanklizenz ist toll für einen Drink am Abend.

Anchor Down B&B B&B $$
(☎709-458-2901, 800-920-2208; www.theanchordown.com; Pond Rd, Rocky Harbour; Zi. 75–90 C$; @) Das Haus und seine fünf Zimmer sind ziemlich einfach, aber die Gäste sind begeistert von der tollen Gastfreundschaft und den Kochkünsten der Gastgeber.

Gros Morne Hostel HOSTEL $
(☎709-458-2828, 877-458-2828; www.grosmornehostel.com; Sally's Cove; B 25 C$, Zi. mit/ohne Bad inkl. Frühstück 65/50 C$; @) Die Leute von Long Range Adventures vermieten Extra-Zimmer in ihrem Haus. Die Räume sind eng, aber die guten Absichten der Gastgeber glätten so manche Unebenheit. Kostenloser Fahrradverleih für Gäste.

Park Campgrounds CAMPING $
(☎877-737-3783; www.pccamping.ca; Stellplatz 19–26 C$, Reservierungsgebühr 10,80 C$) Vier ausgebaute Campingplätze befinden sich innerhalb des Parks: **Berry Hill** (⊙Mitte Juni–Mitte Sept.), der größte, liegt am zentralsten; **Lomond** (⊙Ende Mai–Mitte Okt.) ist gut und in der Nähe des südlichen Parkeingangs; **Trout River** (⊙Mitte Juni–Mitte Sept.) ist eher durchschnittlich und am nächsten an den Tablelands; und in **Shallow Bay** (⊙Mitte Juni–Mitte Sept.) kann man im Meer schwimmen (und hat Moskitos). Es gibt auch einen **einfachen Campingplatz** (⊙ganzjährig) am herrlichen Green Point. Mehrere **Plätze zum wilden Zelten** (10 C$) verteilen sich entlang der Wanderwege; man reserviert am Main Visitor Centre (S. 535).

Essen

Rocky Harbour und Woody Point haben die meiste Auswahl. Es gibt einen guten Frittenwagen in Sally's Cove.

LP TIPP **Java Jack's** CAFÉ $$
(☎709-458-3004; www.javajacks.ca; Main St, Rocky Harbour; Hauptgerichte 9–19 C$; ⊙Mitte Mai–Ende Sept. 7.30–20.30 Uhr, Di geschl.;) Jack's steckt voller Kunst und verkauft tagsüber Gros Mornes besten Kaffee, Wraps und Suppen. Abends füllt man im oberen Speisesaal die nach einer Wanderung leeren Mägen mit leckerem Fisch, Karibu und vegetarischen Gerichten. Das Gemüse kommt frisch aus dem Biogarten auf dem Gelände.

Earle's Video & Convenience KANADISCH $
(☎709-458-2577; Main St, Rocky Harbour; Hauptgerichte 8–14 C$; ⊙9–23 Uhr) Earle ist eine Institution in Rocky Harbour. Es werden Lebensmittel verkauft und Videos verliehen, außerdem gibt's großartiges Eis, Pizza, Elchburger und traditionell Newfoundländisches, das man auf der Terrasse essen kann.

Lighthouse Restaurant SEAFOOD $$
(☎709-453-2213; Water St, Woody Point; Hauptgerichte 9–15 C$; ⊙Mai–Sept. Mo–Mi 11.30–21, Do–So ab 9 Uhr) Die Damen in diesem Diner kochen sich einen Wolf und servieren die besten Fish'n'Chips, Cod Tongues und andere neufundländische Gerichte in ganz Gros Morne, zusammen mit kaltem Bier.

Old Loft Restaurant SEAFOOD $$
(☎709-453-2294; www.theoldloft.com; Water St, Woody Point; Hauptgerichte 15–21 C$; ⊙Juli & Aug. 11.30–21, Mai, Juni & Sept. bis 19 Uhr) Am Wasser in Woody Point gelegen. Der kleine Laden ist beliebt wegen seiner traditionellen Newfoundland-Gerichte und Seafood.

Praktische Informationen

Der Parkeintritt umfasst die Wanderwege, das Discovery Centre und alle Picknickeinrichtungen.

Discovery Centre (☎709-453-2490; Rte 431, Woody Point; ⊙Ende Mai–Mitte Okt. 9–17, Juli & Aug. Mi & So bis 21 Uhr) Interaktive Ausstellungen und ein Multimediatheater erläutern die Ökologie und Geologie der Gegend. Es gibt auch einen Infoschalter mit Karten, täglichen lehrreichen Aktivitäten und einem kleinen Café.

Hauptbesucherzentrum (☎709-458-2066; Rte 430, Nahe Rocky Harbour; ⊙Ende Juni–Anfang Sept. 9–21, Mitte Mai–Ende Juni & Anfang Sept.–Mitte Okt. bis 17 Uhr) Es werden Tages- und Hinterlandpassierscheine ausgestellt und es gibt Karten, Bücher, Viking-Trail-Material und einen beeindruckenden Infobereich.

Kiosk am Parkeingang (Rte 430; ⊙Mitte Mai–Mitte Okt. 10–18 Uhr) Bei Wiltondale.

Rocky Harbour (www.rockyharbour.ca)

Western Newfoundland Tourism (www.facebook.com/gowesternnewfoundland.com)

Anreise & Unterwegs vor Ort

Der Deer Lake Airport liegt 71 km südlich von Rocky Harbour. Infos zum Shuttlebus-Service nach Rocky Harbour, Woody Point und Trout River stehen im Abschnitt „Corner Brook“ (S. 540).

Port au Choix

In Port au Choix, das an einer öden Halbinsel 13 km vom Viking Trail entfernt baumelt, gibt es eine große Fischereiflotte, ein komisches Museum und eine sehenswerte archäologische Stätte, die sich mit alten Friedhöfen beschäftigt.

Sehenswertes & Aktivitäten

Port au Choix National Historic Site HISTORISCHE STÄTTE
(☎709-861-3522; www.pc.gc.ca/portauchoix; Point Riche Rd; Erw./Kind 7,80/3,90 C$; ⊙Juni–Anfang Okt. 9–18 Uhr) Die Port au Choix National Historic Site befindet sich auf den alten Friedhöfen von drei verschiedenen Ureinwohner-Stämmen, 5500 Jahre alt. Das moderne Besucherzentrum erzählt von den kreativen Überlebensstrategien der Stämme und vom unerklärlichen Verschwinden eines der Stämme vor 3200 Jahren.

Phillip's Garden, ein Gebiet mit Überresten von Paleo-Eskimo-Häusern, ist ein Highlight. Zwei Wanderwege führen hin, einer davon ist der **Phillip's Garden Coastal Trail** (4 km), der am Phillip Dr am Ende der Stadt beginnt. Von hier aus hüpft man über ein Puzzle aus skelettähnlichen Steinen bis zur Stätte, die 1 km entfernt ist.

Geht man weiter, erreicht man nach 3 km das **Point Riche Lighthouse** (1871). Eine Plakette neben dem Turm erinnert an die französisch-britischen Konflikte in der Gegend zwischen 1600 und 1900. 1904 verzichtete Frankreich auf seine Ansprüche im Tausch gegen Vorrechte in Marokko (was waren das für Zeiten, als die Welt ein Monopolyspiel war!). Der Turm ist auch über die Straße zum Besucherzentrum erreichbar.

Ein weiterer Weg zum Phillip's Garden ist der **Dorset Trail** (8 km). Er beginnt am Besucherzentrum und windet sich durch das öde Gelände entlang an verkrüppelten Bäumen, an einer **Begräbnishöhle** der Dorset-Paleo-Eskimos vorbei, bevor man letztendlich die Stätte erreicht und wieder Anschluss an den Coastal Trail bekommt.

Ben's Studio KUNSTGALERIE
(☎709-861-3280; www.bensstudio.ca; 24 Fisher St; Eintritt frei; ⊙Juni–Mitte Sept. Mo–Fr 9–17 Uhr) Am Stadtrand befindet sich Ben Ploughmans unberechenbares Atelier mit Volkskunst. Stücke wie *Crucifixion of the Cod* sind Klassiker. Seine ansteckende und humorvolle Art passt auch zum immer noch in der Entstehung befindlichen Walmuseum, das er baut und das ein beeindruckendes zusammengedrahtetes Walskelett hat.

Schlafen & Essen

Jeannie's Sunrise B&B B&B $
(☎709-861-2254, 877-639-2789; www.jeanniessunrisebb.com; Fisher St; Zi. 55–89 C$; ⊛☜) Jeannies Gastfreundschaft strahlt durch die großen Zimmer, die helle Leseecke – sie ist so süß wie die Frühstücksmuffins. Die günstigeren Zimmer teilen sich ein Bad.

Anchor Café SEAFOOD $$
(☎709-861-3665; Fisher St; Hauptgerichte 12–18 C$; ⊙11–21 Uhr) Den Laden kann man nicht verfehlen – die vordere Hälfte besteht aus einem Schiffsbug –, und das sollte man auch auf keinen Fall, denn hier gibt es das beste Essen der Stadt. Das Mittagsmenü lohnt sich und auf der Abendkarte steht eine große Auswahl an Meeresfrüchten.

Von St. Barbe nach L'anse Aux Meadows

Wo der Viking Trail sich St. Barbe nähert, werden die Gewässer des Golfs schnell eng und geben dem Besucher einen ersten Ausblick auf die trostlosen Gestade Labradors. Fähren verkehren zwischen St. Barbe und den Labrador Straits (s. S. 549). Bei Eddies Cove verlässt die Straße die Küste und führt landeinwärts.

Bei der Anfahrt auf die Nordspitze der Halbinsel biegt die Rte 430 ab in Richtung St. Anthony, und zwei neue Straßen übernehmen die Route zu verschiedenen winzigen Fischerdörfern, die perfekte Ausgangspunkte für einen Besuch der L'Anse aux Meadows National Historic Site sind. Die Rte 436 schmiegt sich an das Ostufer und führt (von Süd nach Nord) durch die Dörfer St. Lunaire-Griquet, Gunners Cove, Straitsview und L'Anse aux Meadows. Die Rte 437 verläuft in einer mehr westlichen Richtung durch Pistolet Bay, Raleigh und Cape Onion.

Sehenswertes & Aktivitäten

L'Anse aux Meadows National Historic Site HISTORISCHE STÄTTE
(☎709-623-2608; www.pc.gc.ca/lanseauxmeadows; Rte 436; Erw./Kind 11,70/5,80 C$; ⏲Juni–Anfang Okt. 9–18 Uhr) Das Gelände mag langweilig aussehen – man steht in einem Moor mitten im Nirgendwo und starrt auf einen Fleck, auf dem einmal ein paar alte Grassodenhäuser standen –, dennoch ist diese Wikingerstätte eine von Newfoundlands bewegendsten Attraktionen.

Ihre historische Bedeutung ist absolut: Es handelt sich um die Heimat der ersten Europäer, die in Nordamerika landeten. Wikinger aus Skandinavien und Grönland segelten schon 500 Jahre vor Kolumbus an diese Küste. Dass sie sich ansiedelten, Häuser bauten, sich ernährten und sogar Eisen schmolzen, um Nägel zu schmieden, ist ein Zeichen ihres Einfallsreichtums. Und dass all das von einer Truppe Burschen in ihren 20ern, angeführt von Leif Eriksson, Sohn von Eric dem Roten, vollbracht wurde, ist noch beeindruckender.

Die Überreste der Ufersiedlung der Wikinger von ca. 1000 n. Chr. – acht Holz- und Grassodengebäude, heute nur noch vage zu erkennen im schwammigen Untergrund – sind alles, was Besucher zu sehen bekommen, plus drei Gebäudenachbauten, bewohnt von kostümierten Schauspielern. Sie tragen Namen wie „Thora" und „Björn" und simulieren Wikingerhausarbeit: Flachsspinnen, Nägelschmieden & Co.

Der Rundgang dauert zwei bis drei Stunden, dann hat man einen Eindruck vom Ambiente der Anlage. Das Infozentrum lohnt einen Besuch allein wegen des Einführungsfilms, der die Geschichte des norwegischen Forschers Helge Ingstad erzählt: Er hat die Anlage 1960 entdeckt und jahrelanges Suchen und Spekulieren beendet.

Auch interessant ist der 3 km lange **Wanderweg**, der sich durch das karge Terrain rund um das Infozentrum windet.

Norstead HISTORISCHES DORF
(☎709-623-2828; www.norstead.com; Rte 436; Erw./Kind/Fam. 10/6/30 C$; ⏲Juni–Ende Sept. 9.30–17.30) Wer von langbärtigen Wikingern nicht genug kriegen kann, sollte in Norstead direkt hinter der Abfahrt zur National Historic Site anhalten. Das Dorf ist die Wiederbelebung einer Wikingersiedlung mit kostümierten Darstellern (mehr als in L'Anse aux Meadows), die in den vier Gebäuden an echten Feuerstellen Metalle schmelzen, weben, backen und Geschichten erzählen. Hört sich zwar etwas abgeschmackt an, aber die Leute hier ziehen das wirklich mit Klasse und Stil durch. Es gibt auch einen großformatigen Nachbau eines Wikinger-Langboots zu bestaunen.

Schlafen

Straitsview, Gunners Cove und St Lunaire-Griquet liegen alle in einem Umkreis von 12 km um die historische Stätte.

Tickle Inn B&B $
(☎709-452-4321; www.tickleinn.net; Rte 437, Cape Onion; Zi. mit Gemeinschaftsbad 65–85 C$;

NICHT VERSÄUMEN

TOP-ORTE ABSEITS DER AUSGETRETENEN PFADE

» Fogo Island, Zentrales Newfoundland (S. 528)

» Cape Onion, Nördliche Halbinsel (S. 536)

» Conche, Nördliche Halbinsel (Kasten S. 539)

» François, Südküsten-Outports (S. 547)

» Torngat Mountains, Nördliches Labrador (S. 551)

DIE DEBATTE ÜBER DIE ROBBENJAGD

Nichts entzündet eine leidenschaftliche Diskussion schneller als Kanadas jährliche Robbenjagd, die im März und April vor Newfoundlands Nordostküste und im Sankt-Lorenz-Golf rund um die Îles de la Madeleine und die Prince Edward Inseln stattfindet.

Gegenüber stehen sich Tierschutzaktivisten und Robbenjäger (im Allgemeinen einheimische Fischer, die außerhalb der Saison Robben jagen), und beide Seiten benutzen Rhetorik, die einem Regierungssprecher alle Ehre machen würde. Die Diskussion dreht sich um die folgenden Fragen.

Werden Robbenbabys getötet? Ja und nein. Jeder hat die süßen, weißen Tierbabys vor Augen, auf Englisch heißen sie *whitecoats*. Es ist illegal, sie zu jagen, und das nun schon seit 20 Jahren. Aber die Jungen verlieren ihr weißes Fell nach zwölf bis 14 Tagen, danach sind sie Freiwild.

Werden die Tiere human getötet? Die Jäger sagen ja: Die Waffen und Knüppel, die sie benutzen, würden sofort töten. Tierschutzaktivisten bestreiten das und sagen, dass die Tiere angeschossen oder erschlagen würden und dann auf dem Eis lägen, bis die Jäger später wiederkämen und ihre Arbeit beendeten.

Ist die Robbenpopulation nachhaltig gesichert? Die kanadische Regierung sagt ja und setzt eine jährliche Quote fest, basierend auf der kompletten Robbenpopulation (geschätzte 6,9 Mio. Tiere). Für 2011 betrug die Fangquote 388 200 Stück, 2010 waren es 330 000 Tiere. Die Aktivisten sagen, dass die Quote nicht die tatsächliche Anzahl der Tiere widerspiegelt, die getötet werden, wie z. B. die „erschlagenen und verlorenen" oder solche, die wegen Fellfehlern aussortiert werden.

Ist die Robbenjagd wirklich so ein wichtiger Teil der lokalen Wirtschaft? Aktivisten sagen nein, es sei nur ein unbedeutender Teil des Einkommens von Newfoundland. Die Provinz stimmt damit nicht überein und sagt, dass für einige Jäger das Ergebnis der Jagd bis zu einem Drittel ihres Jahreseinkommens ausmache. In einer Provinz mit 15 % Arbeitslosigkeit ist das bedeutend.

2009 verbot die EU den Handel mit Robbenprodukten, was der Industrie immens geschadet hat. Wer mehr über die Argumente beider Lager wissen möchte, kann sich auf den Websites der jeweiligen Organisationen informieren: **Canadian Sealers Association** (www.sealharvest.ca) und **Humane Society of the United States** (www.protectseals.org).

Juni–Ende Sept.;) Ein reizendes Gasthaus am Meer, umgeben von einem weißen Lattenzaun und mit Privatstrand. Im Salon genießt man die Wärme eines Franklin-Holzofens und großartige Hausmannskost. Der Ort ist wunderbar abgelegen.

Valhalla Lodge B&B B&B $$
(709-623-2018, 877-623-2018; www.valhalla-lodge.com; Rte 436, Gunners Cove; Zi. 90–100 C$; Mitte Mai–Ende Sept.;) Auf einem Hügel mit Blick auf den Ozean steht das Valhalla nur 5 km von der Wikingeranlage entfernt. Mit hochgelegten Beinen vom Holzdeck aus gemütlich Eisberge vorbeiziehen sehen – ein Traum! Genau dieser Anblick inspirierte die Pulitzerpreisgewinnerin Annie Proulx, hier ihre *Schiffsmeldungen* zu verfassen.

Viking Village B&B B&B $
(709-623-2238; www.vikingvillage.ca; Hay Cove, L'Anse aux Meadows Dorf; Zi. ab 72 C$;) Ein Holzhaus mit Meerblick, das gemütliche Zimmer mit Quilts in nur 1 km Entfernung zur Wikingerstätte vermietet. Nach einem der Zimmer mit Zugang zum Balkon fragen und den Sonnenaufgang genießen!

Snorri Cabins HÜTTEN $$
(709-623-2241; www.snorricabins.com; Rte 436, Straitsview; Hütte 89 C$; Juni–Sept.;) Die modernen Hütten bieten einfachen Komfort und sind ein echtes Angebot. Sie haben Küchenzeilen, Wohnzimmer und Schlafsofas – prima für Familien! Es gibt einen Laden auf dem Gelände.

St. Brendan's Motel MOTEL $
(709-623-2520; www.stbrendansmotel.com; Rte 436, St. Lunaire-Griquet; EZ/DZ 75/80 C$; Juni–Mitte Okt.;) Sieht nach nicht viel aus, aber die Zimmer sind gemütlich (mit TV, Kaffeemaschine und Kühlschrank) und die Lage ist friedlich.

EINFACH MAL TREIBEN LASSEN: DIE ICEBERG ALLEY

Jedes Jahr brechen 10 000 bis 40 000 glitzernde Eisberge von Grönlands Gletschern ab und landen in der Baffin- und Labradorströmung für ihre drei Jahre dauernde Reise Richtung Süden zu Newfoundlands berühmter „Eisbergallee". Dieser 480 km lange und 98 km breite Teil des Ozeans verläuft entlang der Nord- und Ostküste und ist zum späten Frühjahr und Sommeranfang übersät mit Eisbergen. Die Inseln Fogo und Twillingate in der Notre Dame Bay und St. Anthony auf der Nordhalbinsel sind die besten Spots zum Sehen und Staunen. Selbst St. John's ist mit einigen Hundert der blauweißen Wunder gesegnet – jedenfalls in den meisten Jahren (manchmal gehen die Gewässer leer aus wegen der Wetter- und Strömungsverhältnisse).

Um vorher zu wissen, wo die Giganten lauern, kann man sich auf www.icebergfinder.com informieren, der Seite der Tourismusvereinigung der Provinz. Hier wird genau angezeigt, welcher Berg wohin driftet: Man kann den Newsletter abonnieren und dann die eigene Route minutiös planen. Die Homepage der kanadischen Regierung unter www.ice-glaces.ec.gc.ca veröffentlicht täglich Eisbergnachrichten.

Die Einheimischen greifen einige der kleineren Exemplare ab, und wer fragt, bekommt in Restaurants vielleicht ein Stückchen ins Getränk. Angesichts der Tatsache, dass dieses Eis schon mal über 15 000 Jahre alt sein kann, wird der Drink dann ein ganz besonderer Genuss.

Essen

LP TIPP Norseman Restaurant & Art Gallery SEAFOOD $$$

(☎709-623-2018; www.valhalla-lodge.com; Rte 436, L'Anse aux Meadows Dorf; Gerichte 19–38 C$; ⊙Mitte Mai–Ende Sept. 12–21 Uhr) Ein zwangloser Speisesaal am Wasser, der ohne Weiteres das beste Restaurant Newfoundlands sein könnte. Die Butternut Squash Soup (Kürbissuppe) ist ein Genuss, die Lende vom Labradorkaribu ist zart und Vegetarisches gibt's auch. Das Norseman kühlt alle Drinks mit Eisbergeis. Gäste, die Hummer bestellen, bekommen Gummistiefel serviert und werden nach draußen ans Meer gebeten, wo die frisch gefangenen Krustentiere in Kästen ihr Schicksal erwarten.

Daily Catch SEAFOOD $$

(☎709-623-2295; www.thedailycatch.ca; 112 Main St, St. Lunaire-Griquet; Gerichte 11–20 C$; ⊙11–21 Uhr) Direkt am Wasser mit Blick über eine hübsche Bucht. Das Daily Catch ist ein stilvolles kleines Restaurant, das fantastisch zubereiteten Fisch und Meersfrüchte mit gutem Wein serviert. Der Lachs in Basilikumbutter ist aller Ehren wert. Fischfrikadellen, Crab au gratin und Kabeljauburger komplettieren das Angebot.

Northern Delight SEAFOOD $$

(☎709-623-2220; Rte 436, Gunners Cove; Gerichte 9–15 C$; ⊙8–21 Uhr) Hier ergötzt man sich an lokalen Lieblingen wie Cod Cheeks und „Kabeljaupfännchen", frischem Hummer und Muscheln oder einfach an einem „Newfie Mug-up" (Brot, Zuckersirup und eine starke Tasse Tee). An manchen Tagen gibt es Livemusik.

St. Anthony

Yeehaa! Es ist vollbracht. Das Ende der Straße ist erreicht, die Windschutzscheibe hat geholfen, die Insektenpopulation deutlich zu kontrollieren, und es liegen zwei Weltkulturerbestätten hinter einem. Nach soviel Erhabenheit ist St. Anthony vielleicht ein ganz klein wenig enttäuschend. Die Stadt ist nicht hübsch, hat dafür aber einen groben Charme. Und das Angebot an Wanderungen, Eisberg- und Walbeobachtung ist inspirierend.

Grenfell ist ein großer Name in der Gegend. Sir Wilfred Grenfell war ein lokale Legende und, nach dem was man so hört, ein echter Kerl. Der in England geborene und ausgebildete Arzt kam 1892 zum ersten Mal nach Newfoundland und bereiste die Küste von Labrador und um St. Anthony mit Hundeschlitten und Booten, baute Krankenhäuser und Geburtshilfestationen und organisierte dringend benötigte Fischereikooperativen.

Sehenswertes & Aktivitäten

Grenfell Historic Properties HISTORISCHES GEBÄUDE

(www.grenfell-properties.com; West St; Erw./Kind/Fam. 10/3/22 C$; ⊙Mitte Juni–Mitte Sept. 9–18 Uhr) Eine Anzahl von lokalen Plätzen und Orten, mit denen Dr. Wilfred Grenfell etwas zu tun hatte, sind unter dem Namen Grenfell Historic Properties zusammengefasst. Das **Grenfell Interpretation Centre** gegenüber vom Krankenhaus ist eine moderne Ausstellung, die das historische und manchmal dramatische Wirken von Grenfell erzählt. Der **Kunsthandwerksladen** hat einiges an qualitativ hochwertigen Schnitz- und Kunstwerken zu bieten, außerdem eingefasste Parkas, hergestellt von Einheimischen – die Einnahmen fließen in die Erhaltung der historischen Stätten.

Grenfell Museum MUSEUM
(Mitte Juni–Mitte Sept. 9–18 Uhr) Die Eintrittskarte berechtigt auch zum Eintritt in Grenfells wunderschönes Herrenhaus, heute das Grenfell Museum. Es liegt hinter dem Hospital, etwa fünf Minuten zu Fuß vom Ufer entfernt. Gefärbte Sackleinenwände und antike Möbel bilden den Rahmen für Erinnerungsstücke (einschließlich eines Eisbärenfells) und – wenn die Gerüchte stimmen – den Geist von Mrs. Grenfell.

Fishing Point Park PARK
Die Hauptstraße durch den Ort endet am Fishing Point Park, wo ein Leuchtturm und gewaltig hohe Klippen die See überblicken. Der **Iceberg Alley Trail** und der **Whale Watchers Trail** führen beide zu Aussichtsplattformen auf der Spitze der Klippen – die Namen sind Programm.

Auch ein **Besucherzentrum, Café & Kunsthandwerksladen** gibt es hier draußen, im Nebenraum findet man einen **ausgestopften Eisbären** (Eintritt 2 C$). Burschen seines Kalibers tauchen immer wieder mal in St. Anthony auf, wenn im Sommer das Packeis schmilzt.

Geführte Touren

Northland Discovery Tours WALBEOBACHTUNG
(709-454-3092, 877-632-3747; www.discovernorthland.com; Touren 2½ Std. Erw./Kind 55/20 C$; Ende Mai–Ende Sept. 9, 13 & 16 Uhr) Northland bietet vielgepriesene Fahrten zum Wale und Eisberge anschauen, die vom Dock hinter dem Grenfell Interpretation Centre in der West St ablegen. Wer schnell seekrank wird, sollte zur Vermeidung von Auswurf etwas einwerfen.

Schlafen & Essen

Fishing Point B&B B&B $$
(709-454-3117, 866-454-2009; www.bbcanada.com/6529.html; Fishing Point Rd; 85 C$;) Das winzige Haus klebt am Felsen auf dem Weg zum Leuchtturm und bietet den besten Hafenblick der Stadt. Früh aufstehen, ein großzügiges Frühstück genießen und den Booten beim Auslaufen zugucken! Jedes der drei Zimmer hat ein eigenes Bad.

Wildberry Country Inn INN $$
(709-454-2662, 877-818-2662; www.wildberryadventures.com; Rte 430; Zi. inkl. Frühstück 75–

ABSTECHER

RTE 432 & DIE FRENCH SHORE

Die einsame Rte 432 steckt voller Überraschungen. Zuerst kommt die **Tuckamore Lodge** (709-865-6361, 888-865-6361; www.tuckamorelodge.com; Zi. mit Frühstück 140–180 C$;), ein aus Holz gebauter Rückzugsort an einem See mit unverschämt bequemen Betten und leckerer Hausmannskost, direkt im Nirgendwo. Man findet mindestens 20 Elche, bevor man die Lodge findet. Der Besitzer Barb Genge arrangiert alle möglichen Aktivitäten (Angeln, Vögel beobachten, Jagen, Fotokurse) mit erstklassigen Führern.

Die kleinen Dörfchen entlang der Küste sind bekannt als **French Shore** (www.frenchshore.com), benannt nach den französischen Fischern, die in dieser Gegend von 1504 bis 1904 lebten. Ganz oben auf der Liste steht **Conche** mit einem ganzen Haufen Sehenswertem: ein **Flugzeug aus dem Zweiten Weltkrieg**, das 1942 über dem Dorf abgestürzt ist, der **Captain Coupelongue Walking Trail** am Meer, der an alten französischen Grabsteinen vorbeiführt und ein bekloppt großer **Wandteppich** im lokalen Interpretation Centre. Ein Dame namens Delight betreibt das sonnige **Bits-n-Pieces Cafe** (709-622-5400; Gerichte 9–14 C$; 8–20, Do–Sa bis 21 Uhr) und verkauft dort Kabeljaufrikadellen, Thaihuhn und andere leckere Sachen. Die zwei einfachen Zimmer über dem Café gehören dem **Stage Cove B&B** (www.stagecovebandb.ca; Zi. 90 C$;), falls man übernachten möchte – oder muss. Es liegt 68 km von der Tuckamore Lodge entfernt: die Rte 433 nehmen bis zur unbefestigten Rte 434!

95 C$) Der Eigentümer Lyndon Hodge hat die rustikale Lodge selbst gebaut, und das auch noch gut. Hodge versucht sanft zum Land zu sein (z. B. werden in seinem angeschlossenen Restaurant nur lokale Zutaten verwendet) und er kennt die Region wie seine Westentasche, schließlich lebt er schon sein ganzes Leben hier. Es ist schon ein Stück von St. Anthony hierher: etwa 20 km nach Nordwest auf der Rte 430.

Lightkeeper's Café CAFÉ $$
(☎877-454-4900; Fishing Point Park; Gerichte 8–20 C$; ⊙Anfang Juni–Sept. 11.30–20 Uhr) Dieses kleine Juwel verbirgt sich im Schatten des Leuchtturmes und ist oft mit Ausblicken auf Eisberge und Wale gesegnet. Die Chowder (sämige Fischsuppe) und die Jakobsmuscheln sind legendär.

An- & Weiterreise

Nach St. Anthony zu fliegen ist technisch durchführbar, aber der Flughafen ist fast eine Stunde entfernt. Wer St. Anthony mit dem Auto verlassen will, hat zwei Optionen: die Rte 430 oder den Umweg über die Rte 432 (s. Kasten S. 539) entlang der Ostküste und Hare Bay. Das führt wieder zur Rte 430 und zwar Nähe Plum Point, zwischen St. Barbe und Port aux Choix.

WESTLICHES NEWFOUNDLAND

Die meisten Besucher erblicken „The Rock" im Westen Newfoundlands zum ersten Mal, wenn ihre Fähre in Port aux Basques anlegt. Das Gebiet ist groß, felsig und wirkt ein bisschen bedrohlich mit all den Holzhäuschen, die sich im tobenden Wind an die gezackte Küste klammern. Im Osten von Port aux Basques werfen winzige Fischerdörfchen ihre Leinen aus, während im Nordosten Newfoundlands die zweitgrößte Stadt, Corner Brook, ihren windzerzausten Kopf (ein Berg zum Skifahren) erhebt.

Corner Brook

20 100 EW.

Newfoundlands Stadt Nummer Zwei ist ziemlich verschlafen, obwohl Skifahrer, Wanderer und Angler hier viel zu tun kriegen. Im attraktiven Humber Valley, etwa 10 km östlich, tummelt sich alles. Die Gegend im Zentrum des Marble-Mountain-Skigebiets hat einen Reiseboom erlebt – selbst Oprah wollte angeblich eine der Luxuseigentumswohnungen kaufen –, bis der Weltwirtschaft dann die Luft ausging. Vielleicht zieht der Hype ja noch mal an. Jetzt ist das Tal Spielplatz der Sportjunkies, während die Stadt übersät ist mit 1-Dollar-Läden und eine rauchende Papierfabrik ihr Eigen nennt.

Sehenswertes & Aktivitäten

Marble Mountain SKIFAHREN
(☎709-637-7616; www.skimarble.com; Hwy 1; Tagespass 49 C$; ⊙Dez.–Anfang April Di–Do 10–16.30, Fr 9–21.30, Sa–Mo 9–16.30) Marble Mountain ist der erlesene Grund für Besuche in Corner Brook. Mit 35 Loipen, vier Lifts, einer 488 m steil abfallenden Piste und jährlichen Schneemengen von 5 m ist es das Skigebiet im atlantischen Kanada. Es gibt Snowboarding & Tubing Parks, freitägliches Nachtskifahren und jede Menge „Ach Du lieber Gott" (jeder, der den Hang sieht, sagt es!).

Wenn sich das weiße Zeug verflüchtig hat, führt der **Steady Brook Falls Trail** (500 m) vom hinteren Parkplatz des Skigebiets, hinter Tim Hortons, zu einem 30 m hohen Wasserfall.

Marble Zip Tours ZIP-LINE
(☎709-632-5463; www.marbleziptours.com; Thistle Dr; 3-stündige Tour Erw. /Kind 79/69 C$) Diese ist die höchste Zipline Kanadas. Man hakt sich in der Nähe des Gipfels ein und dann geht's im Zickzack von Plattform zu Plattform eine Schlucht runter und über die Steady Brook Falls hinweg. Einfach atemberaubend! Die Touren starten drei- bis viermal täglich. Die Firma organisiert außerdem Felskletter-, Höhlenwander- und Angeltouren. Das Büro ist auf der anderen Seite der Marble Mountain's Lodge, hinter Tim Hortons.

My Newfoundland Adventures MULTISPORT
(☎709-638-0110, 800-686-8900; www.mynewfoundland.ca) Wer Skifahren irgendwie langweilig findet, sollte Snow-Kiting (eine Art Windsurfing-trifft-Snowboarding-Geschichte) versuchen. Oder vielleicht Schneeschuhwandern, Eisfischen oder Eisklettern? Bei diesen geduldigen Menschen geht alles, und es ist keinerlei Erfahrung nötig. Ihr Büro ist am Fuß des Marble Mountain bei Tim Hortons.

Blow-Me-Down Cross-Country Ski Park SKILANGLAUF
(☎709-639-2754; www.blowmedown.ca; Lundigran Dr; Tageskarte 13 C$; ⊙Anfang Dez.–April,

Corner Brook

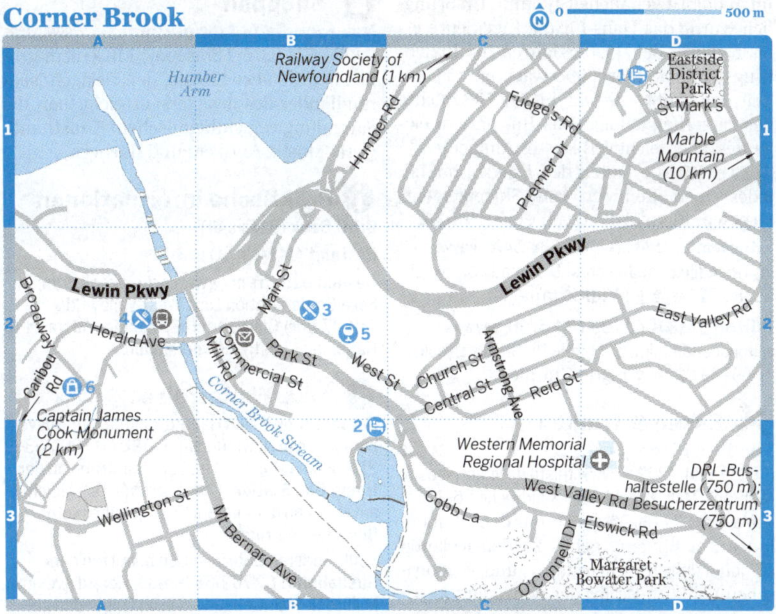

Sonnenaufgang–21 Uhr) Hier gibt es 50 km gespurte Loipen mit Skiverleih (12 C$/Tag). Der Park liegt etwa 6 km südwestlich vom Zentrum.

Captain James Cook Monument PARK
(Crow Hill Rd) Auch wenn das Standbild auf der Spitze der Klippen wunderschön ist – ein Zeichen der Hochachtung für James Cook und seiner Erforschung der Region Mitte der 1760er-Jahre –, so ist der Ausblick über die Bay of Islands der wahre Hingucker. Viele der Namen, die Cook den Inseln, Häfen und Wasserstraßen gab, wie Humber Arm und Hawke's Bay, sind noch immer in Gebrauch. Der Park liegt im Nordwesten und ist über einen verschlungen Weg zu erreichen. Fertig? Dann los: von der Caribou Rd zur Poplar Rd und zur Country Rd, dann rechts auf die Atlantic Ave, links auf die Mayfair Ave und dann den Schildern nach.

Railway Society of Newfoundland MUSEUM
(☎709-634-2720; Station Rd, an der Humber Rd; Eintritt 2 C$; ⊙Juni–Aug. 9–21 Uhr) In der historischen Humbermouth Station zeigt die Railway Society of Newfoundland eine wundervoll ausschende Dampflok und dazu einige Schmalspurwagen, die von 1921 bis 1939 durch das Gebiet der heutigen Provinz getuckert sind.

Corner Brook

Schlafen
1 Bell's Inn D1
2 Glynmill Inn B3

Essen
3 Bay of Islands Bistro B2
4 Gitano's A2
Thistle's Place .... (siehe 4)

Ausgehen
5 Brewed Awakening B2

Shoppen
6 Newfoundland Emporium A2

Schlafen

Bell's Inn B&B $$
(☎709-634-1150, 888-634-1150; www.bellsinn.ca; 2 Ford's Rd; Zi. 80–110 C$;) Gordon Bells weitläufiges grünes Haus sitzt auf einem Hügel, 15 Minuten zu Fuß von der Innenstadt entfernt. Die acht kleinen, gemütlichen Zimmer haben alle ein eigenes Bad. Nr. 1 und 4 haben Hafenblick. Den Morgenkaffee genießt man auf der luftigen Veranda.

Glynmill Inn HOTEL $$
(☎709-634-5181, 800-563-4400; www.glynmill inn.ca; 1 Cobb Lane; Zi. 102–130 C$; @) Rasen, Gärten und Kultiviertheit umgeben das

im Tudorstil gehaltene Glynmill. Ursprünglich wurde das Haus für die Ingenieure erbaut, die in den 1920er-Jahren die Errichtung der Papierfabrik überwachten, zu jener Zeit das größte Projekt in der Geschichte der Papierherstellung. Das Inn hat ein elegantes, aber leicht verblasstes Ambiente.

Zwei B&Bs erhalten den Frieden im Tal, jedes einen Steinwurf vom Skigebiet entfernt (ca. 10 km östlich von Corner Brook).

Edgewater B&B (☎709-634-3474; www.visittheedge.com; 14 Forest Dr, Steady Brook; Zi. 65–85 C$;) Vier Zimmer.

Wilton's B&B (☎709-634-5796; www.wiltonsbandb.com; 57 Marble Dr, Steady Brook; Zi. 69–89 C$;) Drei Zimmer.

Essen & Trinken

Thistle's Place CAFÉ $
(☎709-634-4389; www.thistledownflorist.com; Millbrook Mall, Herald Ave; Sandwiches 6–11 C$; Mo–Sa 9–17 Uhr;) Durch den Blumenladen am Eingang geht's zu den leckeren Räucherfleisch-, Curryhuhn- und vegetarischen Vollkorn-Wraps des winzigen Cafés.

Gitano's MEDITERRAN $$
(☎709-634-5000; www.thistledownflorist.com; Millbrook Mall, Herald Ave; Tapas 7–13 C$, Hauptgerichte18–25 C$; Mo–Fr 11.30–14, tgl. 17–22 Uhr, Sa bis 24 Uhr;) Hinter dem Thistle's und von der selben Familie betrieben tischt das Gitano's spanisch inspirierte Küche auf, z. B. *estofado* (gekochte Süßkartoffeln, Kichererbsen und Feigen an Couscous) und Tapas (die Salzfischfrikadellen probieren!), aber auch Pasta. Am Wochenende rundet Livejazz das Programm dieses Ladens mit Nachtclubatmosphäre ab.

Bay of Islands Bistro NEU-KANADISCH $$$
(☎709-634-1300; www.bayofislandsbistro.com; 13 West St; Sandwiches 11–17 C$, Gerichte 30–37 C$; 11.30–23, Sa bis 24 Uhr, Mo geschl.;) Innovative Gerichte zieren die Teller dieses hippen Bistros – etwa Heilbutt auf Speck und dicken Bohnen zum Abendessen oder ein Hummer und Maisbrot-Sandwich zum Mittag. Vegetarier wird es freuen, zu hören, dass ihre Auswahl auch nicht klein ist.

Brewed Awakening CAFÉ $$
(www.brewedawakening.ca; 35 West St; So–Mi 7–22, Do–Sa 7.30–23 Uhr;) Das kleine abgefahrene Café mit Wandgemälden bietet guten fair gehandelten Biokaffee. Es gehört zu einem Fahrradladen, der auch Rad- und Höhlentouren in der Gegend organisiert.

Shoppen

Newfoundland Emporium SOUVENIRS
(☎709-634-9376; 7 Broadway) Mit einem großen Schritt über Flossie, den riesigen Neufundländer des Besitzers, erreicht man die Sammlung von einheimischem Kunsthandwerk, Musik, Antikem und Büchern.

Praktische Informationen

CIBC Bank (9 Main St)

Postamt (14 Main St)

Besucherzentrum (www.cornerbrook.com; Ecke Confederation Dr & West Valley Rd; 9–17 Uhr) Gleich am Hwy 1 an der Ausfahrt 5. Hat einen Kunsthandwerksladen.

An & Weiterreise

Corner Brook ist ein Hauptdrehkreuz für Busverbindungen in Newfoundland. **DRL** (☎709-263-2171; www.drl-lr.com) hält am Stadtrand an der **Irving Gas Station** (Confederation Dr), gleich am Hwy 1 an der Ausfahrt 5 gegenüber vom Besucherzentrum.

Alle anderen Unternehmen benutzen den **Busbahnhof** (☎709-634-2659; Herald Ave) im Millbrook-Mall-Gebäude. Die im Folgenden genannten sind Shuttlebusse. Die Preise gelten für eine einfache Fahrt. Man muss reservieren.

Burgeo Bus (☎709-886-6162, 709-634-4710) Fährt nach Burgeo (38 C$, nur Barzahlung, 2 Std.) Mo–Fr 15 Uhr. Verlässt Burgeo zwischen 8 und 9 Uhr.

Eddy's (☎709-643-2134) von/nach Stephenville (20 C$, 1¼ Std.), wochentags zweimal täglich, an Wochenenden einmal.

Gateway (☎709-695-2222, 709-695-7777) bis Port aux Basques (33 C$, 3 Std.), wochentags um 15.45 Uhr. Fahrt ab Port aux Basques um 7.45 Uhr.

Martin's (☎709-453-7269) fährt wochentags um 16.30 Uhr nach Woody Point (16 C$, 1½ Std.) und Trout River (18 C$, 2 Std.). Rückfahrt von Trout River um 9 Uhr.

Star Taxi (☎709-634-4343) Holt bei verschiedenen Hotels auf der Strecke zum Deer Lake Airport Gäste ab (22 C$, 45 Min.), drei bis fünfmal täglich.

Viking 430 Shuttle (☎709-458-8186) bedient Rocky Harbour (20 C$, 2 Std.) über Deer Lake wochentags um 16.15 Uhr. Verlässt Rocky Harbour um 9 Uhr.

Rund um Corner Brook

BLOMIDON MOUNTAINS

Die Blomidon Mountains (alias Blow Me Down Mountains) entstanden durch eine Kollision mit Europa vor etwa 500 Mio.

Jahren und erstrecken sich entlang der Südseite des Humber Arm. Sie sind ein Traum für Wanderer, mit ihren vielen Ausblicken aufs Meer und die hier ansässigen Karibupopulationen. Einige der Wege, besonders die oben im Ödland, sind nicht besonders gut markiert, also sind Kompass und topografische Karten für Wanderer unerlässlich!

Viele Wanderwege sind von der Rte 450 aus beschildert, die westlich von Corner Brook für 60 km am Wasser verläuft. Einer der einfachsten und beliebtesten ist der **Blow Me Down Brook Trail** (5 km), der westlich von Frenchman's Cove auf einem Parkplatz beginnt. Man kann dem Weg für etwa eine Stunde folgen. Für geübtere Wanderer geht der Weg dann weiter in die Berge hinein. Dort wird er Teil des International Appalachian Trail (IAT). Der mittelschwere **Copper Mine Trail** (7 km) bei York Harbour hat wunderbare Ausblicke über die Bay of Islands und führt auch zum IAT.

Ein Stück weiter bietet der **Blow Me Down Provincial Park** (☎709-681-2430; www.nlcamping.ca; Rte 450; Stellplatz 15 C$, pro Fahrzeug 5 C$; ⌚Ende Mai–Anfang Sept.) nette Strände und schöne Landschaften.

STEPHENVILLE

Die Fahrt vorbei an verlassenen Hangars, an Bergen von rostigen Rohren und an Wohnblocks lässt vermuten, dass sich Stephenville um den Preis „unansehnlichste Stadt Newfoundlands" beworben hat. Es gibt kaum einen Grund, hier Halt zu machen, außer für das **Stephenville Theatre Festival** (www.stf.nf.ca). Es fegt im Juli und August durch die Stadt, im Schlepptau William S., Broadway und einige führende Newfoundland-Theaterstücke.

PÉNINSULE DE PORT-AU-PORT

Diese große Halbinsel im Westen von Stephenville ist die einzige französischsprachige Gegend der Provinz, ein Erbe der Basken, Franzosen und Akadier, die seit Beginn des 18. Jhs. hier siedelten. Bis heute hat sich diese Kultur am stärksten entlang der Westküste zwischen **Cape St. George** und **Lourdes** erhalten. Hier gehen die Kinder in französische Schulen und erhalten ihren Dialekt, der sich heute ganz anders anhört als das, was in Frankreich oder Québec gesprochen wird.

In **Port au Port West**, nahe Stephenville, verläuft der großartige **Gravels Trail** (3 km) und führt an einem versteckten Strand nach dem anderen vorbei. Im nahe gelegenen Felix Cove kann man sich auf einer Farmtour bei **Alpacas of Newfoundland** (www.alpacasofnfld.ca; Eintritt frei; Rte 460; ⌚9–18 Uhr) zu einem Meet&Greet mit den wuscheligen Wollkameraden einfinden.

NEWFOUNDLANDS APPALACHEN

Wer glaubt, der **International Appalachian Trail** endet in Québec, nur weil am Cap Gaspé (s. Kasten S. 334) kein Land mehr übrig ist, der täuscht sich. In Newfoundland geht's weiter mit munteren 1200 km Wanderwegen von Port aux Basques bis nach L'Anse aux Meadows. Die Provinz hat vorhandene Wege, Holzfällerstraßen und alte Bahnstecken durch die Long Range Mountains angebunden, die Teil der Appalachenkette sind. Es ist noch viel zu tun, aber einige der besten Abschnitte befinden sich rund um Corner Brook und die Blomidon Mountains. Auf www.iatnl.ca gibt's genauere Informationen.

BARACHOIS POND PROVINCIAL PARK

Der beliebte **Park** (☎709-649-0048; www.nlcamping.ca; Hwy 1; Stellplatz 15 C$, pro Fahrzeug 5 C$; ⌚Mitte Mai–Mitte Sept.), gleich südlich der Rte 480 am Hwy 1, ist einer der wenigen der Provinz, die Hinterlandfeeling vermitteln. Vom Campingplatz aus windet sich der **Erin Mountain Trail** (4,5 km) durch den Wald und zum Gipfel auf 340 m, wo es Campingplätze und tolle Aussichten gibt. Der Aufstieg dauert um die zwei Stunden.

Ganz in der Nähe gibt es ein paar einfache Naturwege und eine nette Schwimmmöglichkeit.

Port aux Basques

4320 EW.

In Port aux Basques dreht sich alles um die Fähre. Die meisten Besucher kommen hierher, um von Nova Scotia aus nach Newfoundland zu reisen oder umgekehrt. Das heißt aber nicht, dass die Stadt kein anständiger Ort wäre, um hier etwas Zeit zu verbringen. Traditionelle Holzhäuser, angestrichen in freundlichen Farben wie Aquamarin, Knallrot und Seegrün klammern sich an die felsigen Hügel. Die Wäsche flattert auf den Leinen im Wind, Boote

Port aux Basques

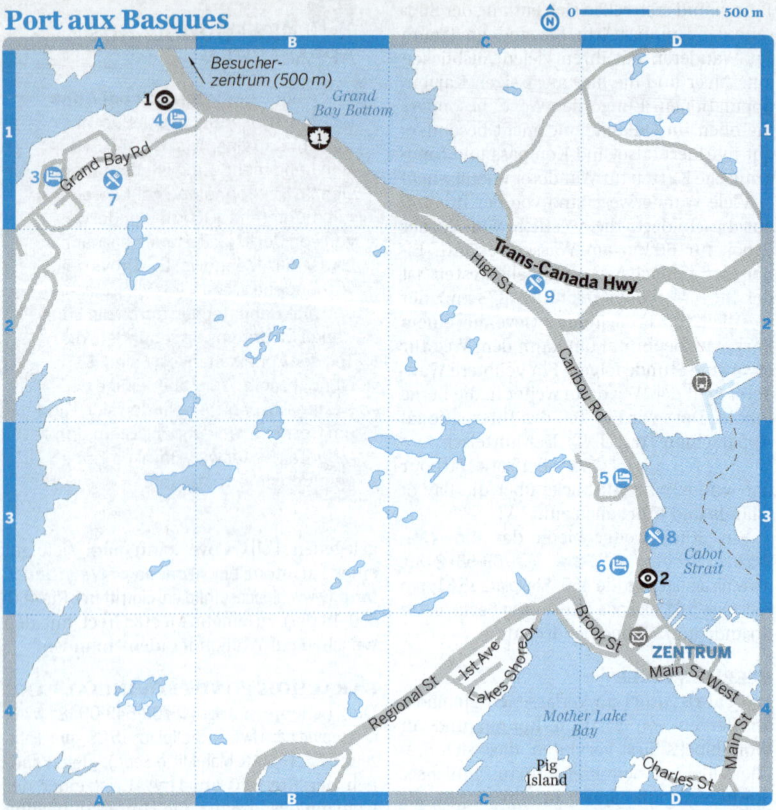

Port aux Basques

Sehenswertes

1 Railway Heritage Centre A1
2 Scott's Cove Park D3

Schlafen

3 Caribou B&B A1
4 Hotel Port aux Basques A1
5 Radio Station B&B D3
6 St Christopher's Hotel D3

Essen

7 Alma's A1
8 Harbour Restaurant D3
9 Tai Hong C2

liegen an hauseigenen Anlegern und die Einheimischen versäumen es nie, den Neuankömmlingen ein Hallo zuzuwinken.

Port aux Basques (auch Channel-Port aux Basques genannt) wurde im frühen 16. Jh. nach baskischen Fischern und Walfängern benannt, die hierherkamen, um in den Gewässern der Strait of Belle Isle zu arbeiten.

Die Stadt ist praktisch, um sich mit Vorräten, Sprit und Geld einzudecken, bevor die Reise weitergeht.

Sehenswertes & Aktivitäten

Im Osten liegen einige malerische Fischerdörfer (s. oben).

Grand Bay West Beach STRAND
(Kyle Lane) Im Westen der Stadt liegt der Strand, eingefasst von langen Grasdünen, wo sich Nistplätze der gefährdeten Regenpfeifer befinden. Der **Cormack Trail** (11 km) beginnt hier und führt an der Küste entlang zum John T. Cheeseman Provincial Park.

Scott's Cove Park PARK
(Caribou Rd) Dieser Park mit seiner restaurierten Uferpromenade, karamellfarbenen Imbissbuden und bootsförmigem Amphitheater ist der Ort, um Einheimische zu treffen und Livemusik zu hören.

Railway Heritage Centre MUSEUM
(☎709-695-7560; abseits des Hwy 1; Museum 2 C$, Waggons 5 C$; ⌚Juli & Aug. 10–20 Uhr) Hier gibt's ein Museum voll mit Artefakten von Schiffswracks. Sein Highlight ist ein Sternhöhenmesser, ein faszinierendes Navigationsgerät aus Messing, das 1682 in Portugal hergestellt wurde. Es ist wahnsinnig gut erhalten und eins von nur etwa drei Dutzend weltweit. Im Zentrum sind außerdem restaurierte Eisenbahnwaggons zu sehen.

Schlafen

Aufgrund des regen Fährverkehrs sind Reservierungen immer eine gute Idee.

Radio Station B&B B&B $
(☎709-695-2906; www.radiostationbedandbreakfast.intuitwebsites.com; 100 Caribou Rd; Zi. 69–79 C$; ⌚Mai–Okt.) Das Fünf-Zimmer-B&B steht auf einer Klippe mit Blick über den Hafen und liegt am nächsten zur Fähre (10 Min. zu Fuß). Drei Zimmer haben eigene Bäder, die beiden anderen teilen sich eins und es gibt eine Küche für die Gäste.

Caribou B&B B&B $
(☎709-695-3408; www.bbcanada.com/2225.html; 42 Grand Bay Rd; Zi. 70–80 C$; ⌚Mai–Sept.; 🚭📶) Es ist nichts Außergewöhnliches, aber die Zimmer sind sauber, hell und haben Teppichboden; zwei teilen sich ein Bad.

St. Christopher's Hotel HOTEL $$
(☎709-695-3500, 800-563-4779; www.stchrishotel.com; Caribou Rd; Zi. 93–140 C$; ❄📶) Die wohl professionellste Unterkunft der Stadt. Es gibt einen kleinen Fitnessraum, ein feines Fischrestaurant namens Captain's Room (Gerichte 10–16 C$, geöffnet morgens, mittags & abends). Zimmer mit ungeraden Zahlen haben Hafenblick.

Hotel Port aux Basques HOTEL $$
(☎709-695-2171, 877-695-2171; www.hotelpab.com; 1 Grand Bay Rd; Zi. 85–120 C$, Suite 130 C$; ❄📶) Der größte Konkurrent des St Christopher. Das Hotel ist zwar älter, hat aber mehr Charakter. Kinder übernachten hier umsonst.

Essen

Harbour Restaurant KANADISCH $
(☎709-695-3238; 121 Caribou Rd; Gerichte 8–15 C$; ⌚20–24 Uhr) Auch wenn Essen und Service woanders besser sind, der Blick auf den Hafen ist unschlagbar. Pizzas und *donairs* (würziges Rindfleisch in Pitabrot) teilen sich die Karte einträchtig mit Brathuhn. Hat eine Schanklizenz.

Alma's KANADISCH $
(☎709-695-3813; Mall, Grand Bay Rd; Gerichte 7–13 C$; ⌚8–20 Uhr, So geschl.) Immer den Einheimischen hinterher in dieses schnörkellose Familienrestaurant mit seinen riesigen Portionen Kabeljau, Jakobsmuscheln, Fischfrikadellen und Beerenkuchen! Es gibt auch Frühstück, Burger und Sandwiches.

Tai Hong CHINESISCH C$
(☎709-695-3116; 77 High St; Gerichte 7–12 C$; ⌚11–22.30 Uhr) Tai Hong frittiert die gesamte Standardpalette. Vegetarier können sich über ein paar Variationen von gebratenem Reis freuen.

Praktische Informationen

Bank of Montréal (83 Main St)

Krankenhaus (☎709-695-2175; Grand Bay Rd)

Postamt (3 Main St)

Besucherzentrum (☎709-695-2262; www.portauxbasques.ca; Hwy 1; ⌚Mitte Mai–Mitte Okt. 6–20 Uhr) Informationen über alle Teile der Provinz; manchmal wegen des Fährverkehrs länger geöffnet.

An & Weiterreise

Die **Marine Atlantic Ferry** (☎800-341-7981; www.marine-atlantic.ca) verbindet Port aux Basques mit North Sydney in Nova Scotia (Erw./Kind/Auto 29/14,50/81,50 C$). Sie fährt das ganze Jahr über, typischerweise mit zwei Touren täglich im Winter und drei bis vier Touren zwischen Mitte Juni und Mitte September. Die Überfahrt dauert etwa sechs Stunden. Die Fähranleger haben weder Geldautomaten noch Essen oder Autovermietungen.

DRL (☎709-263-2171; www.drl-lr.com) hat seine Haltestelle am Fähranleger. Die Busse fahren um 8 Uhr nach Corner Brook (38 C$, 3½ Std.) und St. John's (112 C$, 13½ Std.); nur Barzahlung!

Rund um Port aux Basques

CAPE RAY

An den John T. Cheeseman Provincial Park schließt sich 14 km nördlich die Stadt Cape Ray an. Die Küstenlandschaft ist einnehmend und die Straße führt bis zum windumtosten **Leuchtturm Cape Ray** (Eintritt frei; ⌚Ende Juni–Anfang Sept. 8–20 Uhr, Mo geschl.). Die Gegend ist die südlichste bekannte Dorset-Paleo-Eskimo-Stätte und geht zurück auf die Zeit von 400 v. Chr. bis 400 n. Chr. Tausende Artefakte wurden hier gefunden, und einige Wohnstätten sind zu besichtigen.

Es gibt auch einige großartige **Wanderwege** in der Region. Der **Cormack Trail** (ab Port aux Basques) wird einmal nach Norden bis nach Flat Bay nahe Stephenville führen. Der **Table Mountain Trail** (12 km) ist eher eine holprige Straße (aber bitte gar nicht erst dran denken, sie zu befahren!) und startet am Hwy 1 gegenüber der Ausfahrt nach Cape Ray. Der Weg führt zu einem 518 m hohen Plateau, auf dem Reste einer geheimen US-Radarstation und eines Flugfelds aus dem Zweiten Weltkrieg zu sehen sind. Der Weg ist nicht sehr schwer, aber man sollte schon drei bis vier Stunden einplanen.

Der **John T. Cheeseman Provincial Park** (☎709-695-7222; www.nlcamping.ca; Rte 408; Stellplatz 15–23 C$, pro Fahrzeug 5 C$; ⊙Ende Mai –Mitte Sept.) befindet sich neben dem Strand und hat Spitzeneinrichtungen.

SÜDKÜSTE

Viele Besucher ignorieren die Rte 470. Das ist schade, denn sie ist eine Schönheit. Sie führt ab Port aux Basques 45 km lang westwärts und klebt am Ufer, während sie sich mit dem erodierten, windigen Terrain hebt und senkt; eine Gegend, die aussieht wie gerade eben vom Gletscher gefräst.

Die **Isle aux Morts** (Insel der Toten) verdankt ihren Namen den vielen Schiffbrüchen, die hier seit über 400 Jahren ankamen. Der **Harvey Trail** (7 km), benannt nach einer Familie, die berühmt war für die verwegene Rettung Schiffbrüchiger, schlängelt sich die zerklüftete Küste entlang und sorgt für eine bewegte Wanderung. In der Stadt nach den Schildern schauen!

Ein anderes Highlight ist **Rose Blanche**, die letzte Siedlung an der Straße, ein absolut großartig traditionell aussehendes Dörfchen, angeschmiegt an eine Bucht mit einem herrlichen Naturhafen – ein perfektes Beispiel für eine klassische Newfoundland-Fischergemeinde. Von hier folgt man den Schildern zum restaurierten **Leuchtturm Rose Blanche** (www.roseblanchelighthouse.ca; Erw./Kind 3/2 C$; ⊙Mai–Okt. 9–21 Uhr). Erbaut 1873, ist er der letzte übrig gebliebene Granitleuchtturm an der Atlantikküste. Nebenan im **Friendly Fisherman Cafe** (☎709-956-2022; Gerichte 8–14 C$; ⊙11–21 Uhr) serviert man Riesenportionen Fisch und Pommes mit Blick über die Küstenlandschaft.

Reisenden ohne eigenes Fahrzeug bietet **Gateway** (☎709-695-3333) flexible Touren ab Port aux Basques mit Besuch in Rose Blanche an. Preise beginnen bei 90 C$ und steigen je nach Zahl der besuchten Dörfer.

DIE OUTPORTS DER SÜDKÜSTE

Wer Zeit und Geduld hat, für den ist eine Reise die Südküste entlang mit ihren winzigen Fischerdörfern – Outports genannt – der beste Weg, Newfoundlands einzigartige Kultur kennenzulernen. Diese kleinen Gemeinden gehören zu den abgelegensten Siedlungen Nordamerikas, und sind, dicht an die gewundenen Ufer geklammert, nur mit dem Boot zu erreichen. Eine Ausnahme ist Burgeo (1600 Ew.), das man durch eine Autofahrt erreicht. Es hat immer noch das unverdorbene isolierte Feeling, jedoch mit allen Annehmlichkeiten für Reisende. Ramea (620 Ew.) ist eine weitere unkomplizierte Option. Die Insel direkt vor Burgeo hat Unterkünfte und Aktivitäten.

Andere Outports an der Küste sind Grey River, François und McCallum. Aber Beeilung, die Dörfer verschwinden! Druck der Regierung und Arbeitslosigkeit zwingen die Bewohner, in zugänglichere Gegenden umzusiedeln. Die Gemeinde von Grand Bruit war die letzte, die aufgegeben hat. Die verbliebenen 18 (!) Einwohner haben 2010 zusammengepackt und das Licht ausgemacht.

Sehenswertes & Aktivitäten

Wenn die Sonne scheint und der Ozean zwischen den endlosen Meeresarmen und Inseln schimmert, ist Burgeo ein Traum. Zwecks Bewunderung kann man die Stufen zum **Maiden Tea Hill** hinaufsteigen. Die 7 km weißer Sandstrand im **Sandbanks Provincial Park** mögen die besten der gesamten Provinz sein (jedenfalls meinen das die Regenpfeifer, die hier abhängen).

Bootstouren (2 Std. 25 C$/Pers.) und **Seekajakverleih und -touren** (pro halben Tag Einzel/Doppel 40/50 C$, Führer 20 C$/Std.) sind im Burgeo Haven B&B verfügbar.

Der Autor Farley Mowat lebte einige Jahre in Burgeo, bis er *A Whale for the Killing* schrieb und die Einheimischen vergrätzte. Das Buch erzählt die Geschichte, wie die Bewohner von Burgeo einen 80-t-Finnwal behandelten, der in einer nahen Lagune gestrandet war. Kurzum, das Ende war für den Wal kein erfreuliches. Die Einwohner kennen die Lagune und Mowats altes Haus, finden aber keine freundlichen Worte dafür.

Die anderen Outports sind großartige Gegenden für einsames **Camping**, **Wandern** und **Angeln**; einfach die Bewohner oder am Besucherzentrum von Port aux

Basques nach einem Führer fragen. Das winzige **François**, umgeben von steilen Felswänden, ist besonders hinreißend.

Schlafen & Essen

Burgeo Haven B&B B&B $$
(☎709-886-2544; www.burgeohaven.com; 111 Reach Rd, Burgeo; Zi. 80–100 C$; @) Direkt gegenüber vom Maiden Tea Hill zieht sich das große Haus in einen Meeresarm zurück und bietet ein entspanntes Ambiente. Einige der fünf Zimmer bieten eine Aussicht.

Ramea Retreat HOSTEL, B&B $
(☎709-625-2522; www.ramea.easternoutdoors.com; 2 Main St, Ramea; B/Zi. inkl. Frühstück 30/59 C$; ⏲Mai–Nov.;) Die Besitzer haben zehn Hostelbetten in ihrer Lodge, von der aus sie Vogelbeobachtungen, Kajak-, Wander- und Angeltouren organisieren. Außerdem vermieten sie Zimmer in verschiedenen uralten, schindelverkleideten Häusern, die über Ramea verteilt sind.

Gillett's Motel MOTEL $$
(☎709-886-1284; www.gillettsmotel.ca; 1 Inspiration Rd, Burgeo; Zi. 92 C$;) Das einzige Motel der Stadt ist, na ja, eben „motelig", mit der entsprechenden Raumausstattung. Es ist völlig in Ordnung und das Galley Restaurant (Gerichte 7–15 C$) auf dem Gelände serviert fangfrischen Kabeljau.

Sandbanks Provincial Park CAMPING $
(☎709-886-2331; www.nlcamping.ca; abseits der Rte 480, Burgeo; Platz 15 C$, pro Fahrzeug 5 C$; ⏲Ende Mai–Mitte Sept.) Zwei Drittel der Stellplätze liegen im Wald, der Rest auf einer Wiese. Die Fliegen können brutal werden.

Joy's Place KANADISCH C$
(☎709-886-2569; Reach Rd, Burgeo; Gerichte 6–11 C$; ⏲11–23 Uhr) Nah am Burgeo Haven B&B zaubert Joy Brathähnchen, Chinesisches, Burger und Kuchen zusätzlich zu ihren immer vorhandenen Fischgerichten.

Praktische Informationen

Burgeo (www.burgeonl.com)

An- & Weiterreise

Einsame 148 km lang, zweigt die Rtc 480 südlich von Corner Brook vom Hwy 1 ab und führt schnurstracks nach Burgeo. Es gibt keine Tankstelle und kaum Zivilisation, nur jede Menge eiszeitlicher Felsbrocken und haufenweise Elche.

Der Burgeo-Shuttlebus (S. 542) fährt nur einmal täglich von Corner Brook nach Burgeo.

Alle anderen Städte sind nur mit dem Boot erreichbar. Obwohl die Fähren das ganze Jahr durchfahren, gelten die hier beschriebenen Routen nur für die Zeit von Mitte Mai bis Ende September. Die Fahrpläne ändern sich, also bei **Provincial Ferry Services** (☎709-292-4302; www.tw.gov.nl.ca/ferryservices) fragen, die kennen sich aus. Die Fähren transportieren keine Fahrzeuge (außer von Burgeo nach Ramea).

Mit vernünftiger Planung ist ein Trip über die Inseln machbar.

Burgeo nach Ramea (3,75 C$, 1½ Std.) Fährt zweimal täglich; die Zeiten variieren, aber im Allgemeinen fährt eine gegen 11 Uhr und die andere am Abend.

Burgeo über Grey River nach François (7,50 C$, 5 Std.) Fährt täglich (außer dienstags und donnerstags) um 13.45 Uhr.

François über McCallum nach Hermitage (6,75 C$, 4 Std.) fährt donnerstags, nur um 7 Uhr.

In Hermitage muss die Tour zurück zur Rte 360 ausklamüsert werden. Freundliche Kontaktaufnahme mit dem **Thornhill Taxi Service** (☎709-885-2144, 866-538-3429) ist ein guter Anfang, da diese zwischen Harbour Breton und Grand Falls pendeln, mit Anschluss an DRL in Grand Falls.

LABRADOR

27 000 EW.

Man nennt es auch „Weites Land" und bei seinen Richtung Polarkreis ausufernden 293 000 km² Fläche weiß man auch sofort, warum. Hügelige, felsige Weiten formen die karge urtümliche Landschaft. Wer immer schon mal wissen wollte, wie die Welt vor der Ankunft der Menschen aussah, ist hier genau richtig. Als Zugabe laufen auch noch jedes Jahr vier riesige Karibuherden durch Labrador, einschließlich der Größten der Welt (ca. 750 000 Stück). Sie sind auf dem Weg zu ihren Weide- und Kalbgründen.

Inuit und Innu leben seit Tausenden von Jahren in Labrador, und bis in die 1960er-Jahre gab es hier auch nur sie und ein paar Nachfahren europäischer Siedler, bekannt als „Liveyers". Sie lebten in über die Küste verstreuten Dörfern und besserten ihre karge Existenz mit Jagen und Fischen auf. Das Landesinnere war unberührte Wildnis.

In den letzten Jahrzehnten hat das wirtschaftliche Potenzial von Labradors umfangreichen Naturressourcen eine völlig neue Aufmerksamkeit erfahren. Firmen beuten die riesigen Eisenerzvorkommen in Wabush und Labrador City aus, und in Churchill Falls entstand ein Staudamm zur Stromgewinnung.

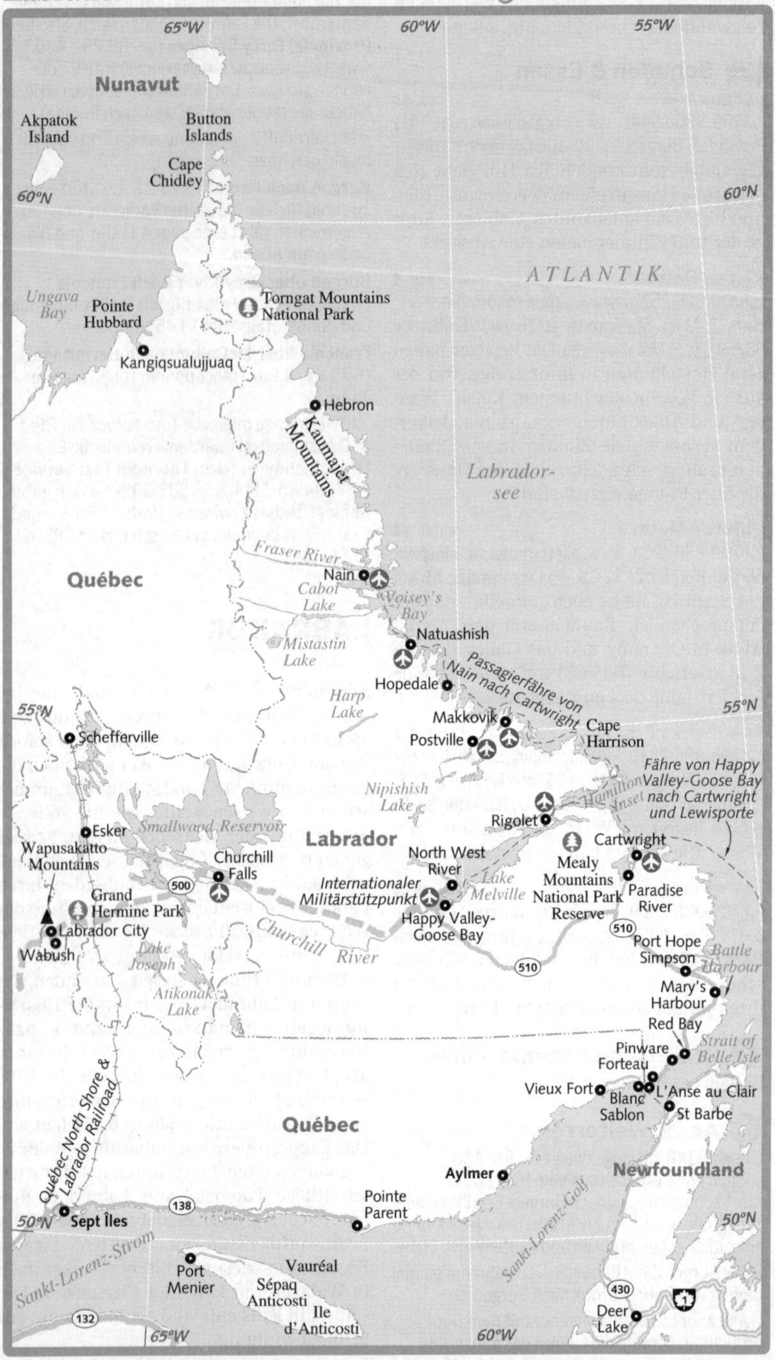
0
200 km
65°W
60°W
55°W
Nunavut
Akpatok Island
Button Islands
Cape Chidley
60°N
ATLANTIK
Ungava Bay
Pointe Hubbard
Torngat Mountains National Park
Kangiqsualujjuaq
Hebron
Kaumajet Mountains
Labrador-see
Fraser River
Québec
Nain
Cabot Lake
Voisey's Bay
Natuashish
Mistastin Lake
Passagierfähre von Nain nach Cartwright
Hopedale
Harp Lake
55°N
Makkovik
Cape Harrison
Schefferville
Postville
Fähre von Happy Valley-Goose Bay nach Cartwright und Lewisporte
Nipishish Lake
Hamilton Inset
Rigolet
Esker
Smallwood Reservoir
Labrador
Cartwright
Wapusakatto Mountains
Churchill Falls
North West River
Mealy Mountains National Park Reserve
500
Internationaler Militärstützpunkt
Lake Melville
Paradise River
Grand Hermine Park
Happy Valley-Goose Bay
Labrador City
Churchill River
510
Port Hope Simpson
Wabush
Lake Joseph
Battle Harbour
Mary's Harbour
Atikonak Lake
Red Bay
Strait of Belle Isle
Pinware
Forteau
Vieux Fort
L'Anse au Clair
Blanc Sablon
St Barbe
Québec North Shore & Labrador Railroad
Québec
Aylmer
Newfoundland
Pointe Parent
138
50°N
Sept Îles
Sankt-Lorenz-Golf
Sankt-Lorenz-Strom
Port Menier
Vauréal
Sépaq Anticosti
Ile d'Anticosti
430
1
Deer Lake
132
65°W
60°W

Der einfachste Weg, ein Stück des „weiten Landes" zu erleben, ist die Gegend um die Labrador Straits, die mit Newfoundland durch eine tägliche Fähre verbunden ist. Von dort führt eine einsame Straße – der raue Trans-Labrador Hwy – zu den wichtigsten Städte im Innern. Die von Ureinwohnern geprägte Nordküste ist nur per Flugzeug oder Versorgungsschiff zu erreichen.

Labrador ist kalt, nass und windig, und die Mücken sind mörderisch. Einrichtungen gibt es nur wenige und sie sind weit voneinander entfernt; in diesem riesigen Areal man muss immer gut vorbereitet sein! Wichtig zu wissen ist, dass die Labrador Straits (abgesehen vom Québecer Teil) Newfoundlandzeit haben, während der Rest von Labrador (ab Cartwright) Atlantikzeit hat, also 30 Minuten hinter Newfoundland zurück ist. Québec liegt in der östlichen Zeitzone und damit einer Stunde hinter der Atlantikzeit. Das kann das Lesen von Verbindungsplänen zum Albtraum machen.

Labrador Straits

Sicher, die nördliche Halbinsel ist eindrucksvoll. Wer jedoch die 28 km der Strait of Belle Isle überquert hat, trifft auf eine Landschaft, die noch windgepeitschter und von noch schwärzeren Felsen durchzogen ist. Wolken schießen am graublauen Himmel entlang und das Wasser, das auf die Küste trifft, ist unbeschreiblich eisig. Im Gegensatz zum restlichen, entlegenen Labrador sind die Straits gut zu erreichen und haben jede Menge Interessantes zu bieten, etwa Red Bay, Battle Harbour und viele tolle Wanderwege, die sich an Schiffswracks und alten Walknochen vorbeischlängeln.

Die Orte an Labradors Südküste heißen im Volksmund zusammen „Labrador Straits". Der erste Halt hier ist nicht in Labrador, denn Fähr- und Flughafen befinden sich in Blanc Sablon, Québec. In Labrador führt die Rte 510 zu den Straits. Südlich von Red Bay ist die Straße asphaltiert und ganzjährig nutzbar. Von Red Bay an besteht sie aus Schotter und ist im Winter meistens gesperrt, je nach Wetter. Beim **Department of Transportation & Works** (☎709-729-2300; www.roads.gov.nl.ca) nachfragen!

VON BLANC SABLON NACH L'ANSE AU CLAIR

Nach der Ankunft in Blanc Sablon mit Flugzeug oder Fähre und einer Fahrt von 6 km nordöstlich auf der Rte 510 erreicht man Labrador und sein Tor L'Anse au Clair. Hier findet man die exzellente **Touristeninformation** (☎709-931-2013, 877-931-2013; www.labradorcoastaldrive.com; Rte 510, L'Anse au Clair; ⏲Juni–Mitte Okt. 9–17 Uhr) in einer alten Kirche, die auch als kleines Museum dient. Unbedingt an Wanderweginformationen für die Region denken!

In der Stadt kann man vor oder nach der Überfahrt übernachten. Im **Beachside Hospitality Home** (☎709-931-2338; normanletto@yahoo.ca; 9 Lodge Rd; Zi. mit Gemeinschaftsbad 48–58 C$) spielt Norm abends für seine Gäste Akkordeon. Quilts warten auf den Betten und selbstgemachte Marmelade in der Küche. Ein tolles B&B mit drei Zimmern und zwei Bädern.

Das moderne gut geführte **Northern Light Inn** (☎709-931-2332, 800-563-3188; www.northernlightinn.com; 56 Main St; EZ/DZ 89/109 C$; ❄📶) ist bei Tourbusreisenden beliebt. Zimmer mit gerader Nummer haben Hafenblick.

Der **Speisesaal** (Hauptgerichte 12–18 C$; ⏲So–Do 19–21, Fr & Sa bis 22 Uhr) im Northern Light Inn ist der beste Ort zum Essen in der ganzen Stadt.

Die **MV Apollo** (☎709-535-0810, 866-535-2567; www.labradormarine.com; Erw./Kind/Auto 750/6/15,25 C$) fährt die zwei Stunden zwischen St. Barbe in Newfoundland und Blanc Sablon in der Zeit von Mai bis Anfang Januar. Das Schiff läuft ein bis dreimal täglich zwischen 8 und 18 Uhr aus. Die Fahrpläne ändern sich täglich. Im Juli und August ist man gut beraten, im Voraus zu reservieren (auch wenn es 10 C$ Gebühren kostet). Das Fährterminal in Blanc Sablon hat Newfoundlandzeit und nicht Eastern!

Provincial Airlines (www.provincialairlines.com) fliegt nach Blanc Sablon von St. John's und St. Anthony aus. Nur um zur weiteren Verwirrung beizutragen: Die Abflugzeiten sind in Eastern Time angegeben und nicht in Labrador-Straits-Ortszeit (also Newfoundlandzeit).

Zeitzonenunabhängige Mietwagen bekommt man am Flughafen bei **Eagle River Rent-a-Car** (☎709-931-3300, 709-931-2352).

VON FORTEAU BIS PINWARE

Fährt man auf der Rte 510 weiter nordöstlich, kommt man an Forteau, L'Anse Amour, L'Anse au Loup, West St. Modeste und Pinware vorbei.

Die in Forteau ansässigen **Labrador Adventures** (☎709-931-2055; chancock@tour labrador.ca; Tour 15–85 C$) haben wirklich sachkundige Führer für straitsbezogene SUV-Touren oder Wanderungen. Das Unternehmen arrangiert auch Übernachtungspakete (ab 240 C$). Ein klasse Weg, die Gegend zu erkunden, besonders wenn man wenig Zeit hat oder kein Auto!

In Forteau wirft der **Overfall Brook Trail** (4 km) seinen Schatten auf die Küste und endet an einem 30 m hohen Wasserfall.

Sechs Häuser bilden das Dorf L'Anse Amour, aber es gibt reichlich zu sehen. **L'Anse Amour Burial Mound** (L'Anse Amour Rd), ein Haufen Steine, die hier von den maritimen archaischen Ureinwohnen abgelegt wurden, ist das älteste Grabmonument Nordamerikas. Eine kleine Plakette an der Straße markiert die 7500 Jahre alte Stätte.

An der gleichen Straße liegt der **Leuchtturm Point Amour** (☎709-927-5825; www.seethesites.ca; L'Anse Amour Rd; Eintritt 3 C$; ⏲Mitte Mai–Ende Sept. 10–17.30 Uhr). Nach vier Jahren Bauzeit entstand hier der mit 127 Stufen höchste Leuchtturm am kanadischen Atlantik. Oben angekommen, wird man mit einem fantastischen Panorama der Küste belohnt. Das Leuchtturmwächterhaus beherbergt eine kleine Ausstellung mit maritimem Thema. Die HMS *Raleigh* lief hier 1922 auf Grund und wurde 1926 endgültig zerstört. Der **Raleigh Trail** (2 km) führt zur Stelle der Katastrophe und zu Wrackteilen des Kriegsschiffes am Strand.

Hinter L'Anse au Loup liegt der **Battery Trail** (4 km), der sich durch einen Tuckamorewald (aus leicht windschiefen Fichten und Tannen) bis zur Spitze der Battery windet und dabei wunderbare Aussichten aufs Meer eröffnet.

Die Straße dreht bei Pinware ins Landesinnere und führt an der Westseite des Pinware River entlang, bis sie eine einspurige Eisenbrücke überquert und dann an der Ostseite weiterläuft, hoch über brodelnden Stromschnellen. Dieser Abschnitt des Pinware ist bekannt für gutes **Lachsangeln**. Etwa 10 km vor Red Bay wird das Land felsig und öde, abgesehen vom Überfluss an Blaubeeren und Moltebeeren (nebst Pflückern) im August.

Forteaus **Grenfell Louie A Hall B&B** (☎709-931-2916; www.grenfellbandb.ca; Willow Ave; Zi. 60–70 C$; ⏲Mai–Okt.) ist eine alte Geburtshilfestation, in der Generationen von Labrador-Straits-Einwohnern zur Welt gekommen sind. Die fünf einfachen Zimmer (einige mit Meerblick) teilen sich zwei Bäder.

Das **Seaview Restaurant** (Rte 510; Hauptgerichte 8–17 C$; ⏲9–20 Uhr) ist ganz in der Nähe. Brathuhn und zartes Karibu sind der Renner. Dazu gehören noch ein Gemischtwarenladen und eine Marmeladenfabrik.

Hinter den Hügeln in L'Anse au Loup hat **Dot's Bakery** (☎709-927-5311; Rte 510; Frühstück 4–6,50 C$, Pizzas 23 C$; ⏲Mo–Sa 7–23 Uhr) alles, was der Körper aus den vier Nahrungsgruppen Donuts, Kuchen, Frühstück und Pizza benötigt.

RED BAY

Die **Red Bay National Historic Site** (☎709-920-2051; www.pc.gc.ca/redbay; Rte 510; Erw./Kind/Fam. 7,80/3,90/19,60 C$; ⏲Juni–Mitte Okt. 9–18 Uhr) ist auf zwei Orte aufgeteilt und benutzt verschiedene Medien, um die Entdeckung von drei baskischen Walfanggaleonen aus dem 16. Jh. aufzuarbeiten, die hier auf dem Grund der See liegen. Gut erhalten im eiskalten Wasser erzählen die Überreste der Schiffe eine bemerkenswerte Geschichte über das Leben an diesem Ort vor 400 Jahren. Red Bay war einmal der größte Walfanghafen der Welt mit über 2000 Einwohnern. Im Museum gibt es eine rekonstruierte *chalupa* (ein kleines baskisches Ruderboot für den Walfang) und einige andere Relikte zu bestaunen. Dann geht es in einem kleinen Boot (2 C$) zur nahe gelegenen **Saddle Island**, auf der eine selbstgeführte Infotainment-Tour durch die Ausgrabungsstätten führt. Man sollte zwei bis drei Stunden für Museum und Insel einplanen.

Auf der anderen Seite der Bucht verläuft der erstaunliche **Boney Shore Trail** (2 km) die Küste entlang. An dem Weg liegen uralte Walknochen (die wie Felsen aussehen) verstreut. Der **Tracey Hill Trail** klettert über eine Uferpromenade 670 Stufen hinauf zur Spitze des American Rockyman Hill. Von dort hat man einen klasse Überblick. Auf- und Abstieg dauern jeweils ca. 20 Minuten.

Zwischen den Wanderwegen und der historischen Stätte liegt ein 15 m langes, 400 Jahre altes Skelett eines **Atlantischen Nordkapers** (Glattwalart) im **Selma Barkham Town Centre** (Eintritt 2 C$; ⏲Juli–Mitte Sept. 9–17 Uhr).

Basinview B&B (☎709-920-2022; blanche earle@hotmail.com; 145 Main St; Zi. 50–80 C$) ist ein einfaches B&B mit vier Zimmern und Gemeinschaftsbad direkt am Wasser.

Um es noch mal zu sagen, in Red Bay ist Schluss mit geteerten Straßen, von hier geht es nur noch über Schotterpisten bis nach Labrador City.

ABSTECHER

SCENIC DRIVE: QUÉBECS ROUTE 138

Ja, is' klar, das hier ist das „Newfoundland & Labrador"-Kapitel, aber diese Tour ist wirklich am einfachsten von Québec aus zu erreichen.

Die Route 138 (Québecs Antwort auf Labradors Rte 510) führt die Lower North Shore entlang, ein wildes, entlegenes Fleckchen der Belle Province, das sich südlich von Blanc Sablon erstreckt. Vom Fähranleger bis zu ihrem sehr plötzlichen Ende 65 km später in Vieux Fort macht die Rte 138 eine wundervolle Kurve. Dabei kommt sie an einigen **Wasserfällen** und Aussichtspunkten vorbei, von denen aus man einen traumhaften Blick auf die donnernde Brandung und die vorgelagerten Papageientaucherkolonien hat.

Wer mehr tun möchte als nur durch die Gegend zu fahren, für den hat **Tourism Lower North Shore** (www.tourismlowernorthshore.com) Informationen zu Attraktionen und Unterkünften. Infos über Gemeinden, die weiter südlich in Québec liegen (nur per Boot oder Flugzeug zu erreichen), gibt's im Kasten auf S. 339.

BATTLE HARBOUR

Mitten auf einer Insel in der Labradorsee liegt das exquisit restaurierte Dorf mit seiner Fischpökelfabrik namens **Battle Harbour** (☎709-921-6216; www.battleharbour.com; Erw./Kind 9/4,50 C$; ⊙Mitte Juni–Mitte Sept.). Heute ist es ein historischer Bezirk, im frühen 19. Jh. war es einmal die inoffizielle Hauptstadt Labradors, als Schoner sich an den Docks aufreihten. Weitere Berühmtheit erlangte das Fleckchen, als Robert E. Peary 1909 nach der Entdeckung des Nordpols hier seine erste Pressekonferenz abhielt.

Zugänglich ist Battle Harbour per Boot (hin & zurück 60 C$) von Mary's Harbour (Abfahrt 11 & 18 Uhr, 1 Std.). Man kann ein paar Stunden bleiben oder mehrere Tage. Unterkunft findet man in verschiedensten historischen Häusern und Hütten, alle betrieben vom **Battle Harbour Inn** (☎709-921-6325; www.battleharbour.com; Zi. inkl. Frühstück 125–155 C$; ⊙Mitte Juni–Mitte Sept.). Einen Laden und ein **Restaurant** (Hauptgerichte 9–18 C$; ⊙serviert um 8, 12 & 18 Uhr) gibt's auch.

VON MARY'S HARBOUR NACH CARTWRIGHT

Nachdem man Mary's Harbour verlassen hat, fährt man 53 km die Schotterpiste hoch, dann kommt man durch Port Hope Simpson, dann kommt für 186 km nichts und dann Cartwright.

Das in Cartwright ansässige **Experience Labrador** (☎877-938-7444; www.experiencelabrador.com; ⊙Jul & Aug.) bietet Kajaktouren von Tagestrips (6-stündige Tour 120 C$) bis zu mehrtägigen Routen die Nordküste entlang. Dabei gleitet man am schier endlosen Sand der „Wonderstrands" vorbei, die schon die Wikinger vor so langer Zeit fasziniert haben. Im Angebot sind außerdem Wandern, Angeln und Beerenpflücken.

Vor Kurzem hat die Bundesregierung den **Mealy Mountains National Park Reserve** gegründet: 11 000 km² karibufreundlicher borealer Wald zwischen Cartwright und Happy Valley-Goose Bay. Ist der Park erst einmal fertig eingerichtet, haben Paddler, Schneeschuhläufer, Langläufer und Wanderer Zugang zu unberührter Wildnis.

Das einfache **Cartwright Hotel** (☎709-938-7414; www.cartwrighthotel.ca; 3 Airport Rd, Cartwright; Zi. 88–130 C$; 📶) hat zehn Zimmer, einen **Speisesaal** (Hauptgerichte 7–17 C$; ⊙6–22 Uhr) und eine Lounge.

Davon abgesehen gibt's in Cartwright noch die Fähre. Passagierdampfer fahren zu den versteckten Dörfern, die sich über die Nordküste verteilen. Autofähren halten hier auf ihrem Weg zwischen Goose Bay und Lewisporte (s. S. 529). **Labrador Marine** (☎709-535-0810, 866-535-2567; www.labradormarine.com) hat alle Fahrpläne.

Die Rte 510 führt weiter Richtung Westen nach Happy Valley-Goose Bay. Das **Department of Transportation & Works** (☎709-729-2300; www.roads.gov.nl.ca) hat die aktuellen Straßenverhältnisse parat.

Nordküste

Nördlich von Cartwright bis hoch zur Ungava Bay gibt es an der zerklüfteten, unberührten Küste ein halbes Duzend kleiner halbtraditioneller Inuitgemeinden, die nur übers Meer oder aus der Luft erreicht werden können. Der Torngat Mountains National Park ist der (wortwörtliche) Höhepunkt.

1993 haben Geologen an den Stränden der Voisey's Bay, nahe Nain, unglaublich reiche Kupfer-, Kobalt- und besonders Nickelvorkommen entdeckt. Eine gigantische Mine wurde errichtet, um die Bodenschätze zu fördern, und man geht davon aus, dass das Unternehmen in den nächsten 30 Jahren 11 Mrd. C$ in die provinzielle Wirtschaft der Region pumpt. Das wird den Norden garantiert öffnen – zum Guten oder Schlechten.

Sehenswertes & Aktivitäten

Der erste Hafen an der Nordküste ist **Makkovik**, eine frühe Fellhandelsstation und eine traditionelle Fisch- und Jagdgemeinde. Hier kann altes und neues Kunsthandwerk erstanden werden.

Weiter im Norden in **Hopedale** können sich Besucher eine alte, hölzerne, mährische Missionskirche von 1782 anschauen. Diese **nationale historische Stätte** (Eintritt 5 C$; ⏲Juni–Sept. 8.30–20 Uhr) beherbergt auch einen Laden, Wohnhäuser, ein paar Hütten und eine Museumssammlung; alles wird betrieben von der **Agvituk Historical Society** (☎709-933-3777).

Natuashish ist eine neue Stadt, die gebaut wurde, als das in Schwierigkeiten geratene Dorf Utshimassit (Davis Inlet) 2002 aufs Festland umgesiedelt wurde. Der Umzug wurde beschlossen, nachdem eine Studie aus dem Jahr 2000 zeigte, dass 154 von 169 Jugendlichen Lösungsmittel geschnüffelt haben und 60 davon sogar täglich.

Der letzte Stopp der Fähre ist **Nain**, und Nain ist auch letzte einigermaßen große Ortschaft in Richtung Norden. Fischerei ist die wichtigste Industrie hier, aber das ändert sich gerade aufgrund der Nickelvorkommen in der Voisey's Bay.

Von Nain aus kann man versuchen, ein Schiff in den jenseitig anmutenden **Torngat Mountains National Park** (☎709-922-1290; www.pc.gc.ca/torngat) zu organisieren, direkt an Labradors frostiger Spitze. Die Parkverwaltung befindet sich in der Stadt und die Angestellten vermitteln einheimische Inuit-Führer. Die Berge sind bei Kletterern wegen ihrer Höhe sehr beliebt (es sind einige der höchsten Gipfel östlich der Rockies) und wegen ihrer Einsamkeit. Die **Kaumajet Mountains** südlich des Parks sind ebenfalls eine unglaubliche Wanderregion.

Schlafen & Essen

Die meisten Traveller benutzen die Fähre als schwimmendes Hotel. Für diejenigen, die aussteigen und auf das nächste Schiff warten, heißt das normalerweise improvisieren, denn nur Postville, Hopedale und Nain haben offizielle Unterkünfte.

Atsanik Lodge HOTEL $$
(☎709-922-2910; atsaniklabrador@msn.com; Sand Banks Rd, Nain; Zi. 138–165 C$; 📶) Die große 25-Zimmer Lodge und ihr Restaurant (Gerichte 14–19 C$) sind das beste Angebot.

Amaguk Inn HOTEL $$
(☎709-933-3750; Hopedale; Zi. 130–180 C$; 📶) Hier gibt's 18 Zimmer und einen Speisesaal (Gerichte 11–16 C$) und eine Lounge, in der man ein kühles Bier bekommt.

An- & Weiterreise

Provincial Airlines (www.provincialairlines.com) fliegt den Großteil der Nordküstenstädte von Goose Bay aus an.

MAGISCHE MOLTEBEEREN

Man kann ihnen nicht entkommen: Moltebeermarmelade, Moltebeerkuchen, Moltebeersirup. Aber was sind Moltebeeren?

Soviel vorab: Es sind keine – wie ihr englischer Name *bakeapple* vermuten lassen würde – leckeren roten Früchte, die man in den Ofen geschoben hat. Vielmehr handelt es sich um eine orangefarbene Frucht, die in Form und Größe eher einer Brombeere gleicht. Sie wächst wild auf kleinen Pflanzen in der feuchten nördlichen Tundra und in Mooren, z. B. in Labrador. Der Geschmack wird oft mit Aprikose und Honig verglichen.

Moltebeeren reifen Mitte August, und das ist die Zeit, in der Kenner der Frucht über Labrador ausschwärmen und anfangen zu pflücken was das Zeug halt. Traveller können sich einen krummen Rücken ersparen und die Früchte wunschgemäß – zum Frühstück, Mittag- oder Abendessen – in Forteau beim **Bakeapple Folk Festival** (Erw./Kind 5/3 C$; ⏲Mitte Aug.) genießen, einem dreitägigen Fest inklusive Musik, Tanz, Kunsthandwerk und Eimern voll mit diesen Früchten. Oder man kauft diverse Moltebeerenprodukte ganz einfach im Seaview Restaurant, wo sie auch hergestellt werden (s. S. 550).

Der Passagierdampfer MV *Northern Ranger* befährt diesen Küstenabschnitt regelmäßig von Mitte Juni bis Mitte September. Er fährt einmal die Woche für ihre Dreitagestour (einfache Strecke) zwischen Happy Valley-Goose Bay und Nain, mit Stopps in Makkovik, Hopedale und Natuashish. **Labrador Marine** (☎709-535-0810, 866-535-2567; www.labradormarine.com) kennt sich mit den ständig wechselnden Fahrplänen und Preisen gut aus.

Zentrales Labrador

Die Zentralregion bildet den Großteil Labradors und besteht aus einer gigantischen, kaum bewohnten Wildnis. Paradoxerweise liegt hier aber auch die größte Stadt Labradors, **Happy Valley-Goose Bay** (www.happyvalley-goosebay.com), Heimat eines Militärstützpunktes. Die Stadt selbst (7570 Ew.) hat alle üblichen Ausstattungsmerkmale, aber wenn man nicht angelt oder jagt, gibt's hier nicht viel zu sehen oder tun, und es ist ziemlich isoliert.

Goose Bay wurde während des Zweiten Weltkriegs als Sammelstelle für Flugzeuge auf ihrem Weg nach Europa gegründet und ist seitdem ein Luftfahrtzentrum geblieben. Der Flughafen ist auch ein offizieller Ausweichlandeplatz der NASA für das Space Shuttle.

Sehenswertes & Aktivitäten

GRATIS **Northern Lights Building** MUSEUM
(☎709-896-5939; 170 Hamilton River Rd; Eintritt frei; ⌚Di–Sa 10–17.30 Uhr) Das Northern Lights Building beherbergt ein Militärmuseum, interessante lebensechte Naturszenen und simulierte Nordlichter.

GRATIS **Labrador Interpretation Centre** MUSEUM
(☎709-497-8566; www.therooms.ca/museum; 2 Portage Rd, North West River; Eintritt frei; ⌚Juni–Mitte Sept. 12–16.30, übriges Jahr Mi–So 13–16 Uhr) Das Provinzmuseum wurde 1997 von Queen Elizabeth II. offiziell eröffnet. Hier wird mit die beste Kunst Labradors ausgestellt. Man findet es in North West River, erreichbar über die Rte 520.

Schlafen & Essen

Alles, was hier aufgelistet ist, befindet sich in Happy Valley-Goose Bay.

Royal Inn & Suites HOTEL $$
(☎709-896-2456; www.royalinnandsuites.ca; 5 Royal Ave; Zi. inkl. Frühstück 94–149 C$; ❄📶) Das hübsche Royal hat unterschiedliche Zimmer zum Aussuchen, viele davon mit Küche Die „Inn"-Seite hat WLAN; die „Suites"-Seite hat kabelgebundenen High-Speed Zugang.

Davis' B&B B&B $
(☎709-896-5077; www.bbcanada.com/davisbb; 14 Cabot Crescent Rd; Z 50–70 C$; 📶) Familiäre Atmosphäre und Karibuwürstchen warten in Davis Vier-Zimmer-Haus. Es ist nicht weit zu den Restaurants und anderen Vergnügungen.

El Greco PIZZAS $$
(☎709-896-3473; 133 Hamilton River Rd; Pizzas 16–22 C$; ⌚So–Mi 16–1, Do–Sa bis 3 Uhr) Ein anständiger Pizzaladen in der Nähe des Royal Inn.

An- & Weiterreise

Auto & Motorrad

Von Happy Valley-Goose Bay führt die Schotterpiste Rte 500 westlich nach Churchill Falls und weiter nach Labrador City. Die Fahrt dauert gerade mal zehn Stunden. Es gibt keine Tank- und Raststellen bis Churchill Falls, also vorher unbedingt alles auffüllen! Die Straße kann außerdem äußerst holprig sein. Die Rte 510 ist eine neu angelegte Schotterstraße Richtung Südosten nach Cartwright (383 km) und L'Anse au Clair (623 km). Vor der Abfahrt sollte man das **Department of Transportation & Works** (☎709-729-2300; www.roads.gov.nl.ca) bezüglich des aktuellen Pistenzustands befragen.

Man kann am Flughafen bei **National** (☎709-896-5575) Trucks mieten, aber aufgrund der Straßenverhältnisse gibt's keine Versicherung.

Flugzeug

Air Canada (www.aircanada.com) fliegt nach St. John's und Gander. **Provincial Airlines** (www.provincialairlines.com) fliegt nach St. John's, Deer Lake und zu den meisten Städten in Labrador.

Schiff/Fähre

Goose Bay ist mit zwei verschiedenen Fähren zu erreichen: mit der Autofähre MV *Robert Bond* (S. 529) und der Passagierfähre MV *Northern Ranger* (s. oben).

Westliches Labrador

9000 EW.

Nur 5 km voneinander und 15 km von Québec entfernt liegen die Zwillingsbergbaustädte Labrador City (7250 Ew.) und Wabush (1750 Ew.), gemeinsam auch Labrador West genannt. Hier konzentriert sich auch die Bevölkerung der gesamten Region.

Der größte Eisenerztagebau der Welt befindet sich in Labrador City, und ein weiteres Abbaugebiet ist in Wabush. Die Landschaft ist gewaltig und die himmlischen polychromatischen Kunstwerke (Polarlichter!) können schon mal den gesamten Nachthimmel bedecken.

Sehenswertes & Aktivitäten

Gateway Labrador MUSEUM
(☎709-944-5399; www.gatewaylabrador.ca; Erw./Kind 3/2 C$; ⏲Mitte Juni–Aug. 9–21 Uhr, übriges Jahr kürzer) Im gleichen Gebäude wie das Besucherzentrum befindet sich das Gateway Labrador mit seiner Montague Exhibit Hall, in der 3500 Jahre menschlicher Kulturgeschichte, einschließlich des Fellhandels, durch beeindruckende Artefakte und Ausstellungen dargestellt werden.

Wapusakatto Mountains SKIFAHREN
Die Wapusakatto Mountains sind 5 km von der Stadt entfernt und wachsen einfach so aus der weiten Tundralandschaft heraus. Hier fällt von Ende Oktober bis Ende April guter, trockener Schnee – das bedeutet eine deutlich längere Skisaison als im restlichen Kanada. Für Informationen zu Loipen und Gebühren in diesem Weltklasselanglaufrevier (hier trainiert die kanadische Nationalmannschaft) kontaktiert man den **Menihek Nordic Ski Club** (☎709-944-5842; www.meniheknordicski.ca); für alpines Schifoan ist der **Smokey Mountain Ski Club** (☎709-944-2129) zuständig.

Grande Hermine Park PARK
(☎709-282-5369; Eintritt 3 C$; ⏲Juni–Mitte Sept.) Von Wabush aus 39 km nach Osten auf der Rte 500 liegt der Grande Hermine Park, ausgestattet mit Strand und schöner Landschaft. Der **Menihek Hiking Trail** (15 km) führt durch waldige Gegenden mit Wasserfällen und offener Tundra. Ansässige Ausrüster führen ihre Kunden gern zu ausgezeichneten **Angelplätzen**.

Minen MINENTOUR
(Toure 10 C$; ⏲ Jul–Sept. Mi–So 13 Uhr) Wessen Herz bei riesigen Löchern und Lastwagen von der Größe eines Mietshauses anfängt zu rasen, kann über das Besucherzentrum eine Tour durch den Tagebau buchen.

Schlafen & Essen

PJ's Inn by the Lake B&B $
(☎709-944-3438; www.pjsinnbythelake.com; 606 Tamarack Dr, Labrador City; Zi. 70–95 C$; 📶) Pete und Jos Haus ist euer Haus: Hier darf man die persönlichen Fitnessgeräte mitbenutzen und/oder auch die Gitarre. Die sechs Zimmer des B&B haben eigene Bäder und der Green Room zusätzlich einen Whirlpool.

Wabush Hotel HOTEL $$
(☎709-282-3221; www.wabushhotel.com; 9 Grenville Dr, Wabush; Zi. 119–124 C$; ❄📶) Im Zentrum von Wabush bietet dieses 68-Zimmer Hotel im Chalet-Stil geräumige und komfortable Zimmer. Der Speisesaal (Gerichte 9–21 C$, geöffnet 18.30–24 Uhr) hat ein beliebtes Abendbuffet.

Carol Inn MOTEL $$
(☎709-944-7736, 888-799-7736; 215 Drake Ave, Labrador City; DZ 110 C$; ❄📶) Alle 20 Zimmer haben eine Küchenzeile. Es gibt auch einen tollen Speisesaal (Gerichte 20–30 C$, geöffnet Di–Sa ab 17.30 Uhr), eine Kneipe (Speisen 8–12 C$, geöffnet 20–24 Uhr) und eine kleine Pizzeria.

Praktische Informationen

Destination Labrador (www.destinationlabrador.com)

Besucherzentrum (☎709-944-5399; www.labradorwest.com; 1365 Rte 500) Westlich von Labrador City, im Gateway-Labrador-Gebäude.

An & Weiterreise

Auto & Motorrad

15 km westlich von Labrador City entlang der Rte 500 liegt Québec. Ab hier ist die Rte 389 die meiste Strecke geteert (einige Abschnitte mit feinem Schotter) und führt 581 km nach Süden nach Baie Comeau. Happy Valley-Goose Bay ist eine harte Zehnstundenfahrt auf der Rte 500 Richtung Ost entfernt.

Budget (☎709-282-1234) hat eine Station am Flughafen; es kann sein, dass Mietautos nicht auf die Rte 500 dürfen.

Flugzeug

Air Canada (www.aircanada.com), **Provincial Airlines** (www.provincialairlines.com) und **Air Inuit** (www.airinuit.com) bedienen den Flughafen der Zwillingsstädte (in Wabush).

Manitoba

Inhalt »

Gut essen

» Tall Grass Prairie (S. 574)

» Segovia (S. 575)

» Reykjavik Bakery (S. 580)

» Gypsy's Bakery (S. 588)

Schön übernachten

» Fort Garry Hotel (S. 572)

» River Gate Inn (S. 572)

» Solmundson Gesta Hus Bed & Breakfast (S. 519)

Auf nach Manitoba!

Die beiden Highlights Manitobas sind das großstädtische, elegante Winnipeg und Churchill, das voller Naturwunder ist. Aber was diese oft unterschätzte Provinz wirklich ausmacht, ist das, was dazwischen liegt. Die Ebenen der Prärieprovinz scheinen endlos – überall sieht man sanft gewellte Felder mit Getreide, Sonnenblumen und Wildblumen, die sich bis zur Tundra oben im Norden erstrecken.

Dies ist eine unprätentiöse Region, geprägt vom ebenso unprätentiösen Gemüt der Einheimischen. Ihre Größe kann nur wirklich erahnen, wer an einem leuchtenden Rapsfeld steht und am Horizont drei verschiedene Stürme aufziehen sieht oder wer über die raue Küste der Hudson Bay blickt, wo sich Eisbären tummeln und in der Ferne Weißwale im Wasser spielen. Um die verborgenen Mysterien des Landes zu entdecken, sollte man die leeren Straßen abfahren, in den hübschen Kleinstädten rasten und stets mit Überraschungen rechnen – das kann ein röhrender Elch im Moor sein oder aber eine aufstrebendes Pop-Sternchen auf der Bühne.

Reisezeit

Winnipeg

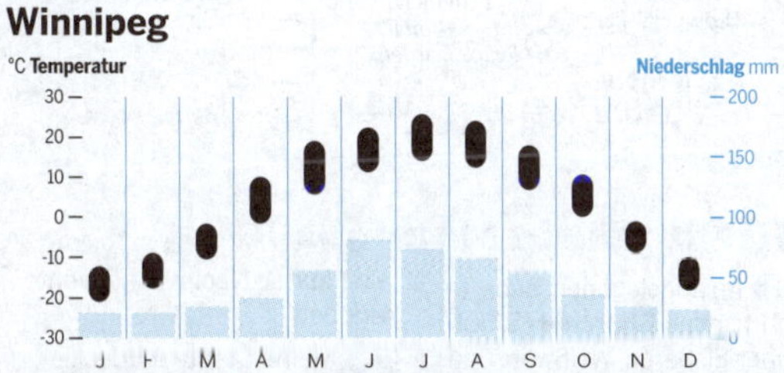

Mai Wildblumen säumen die Straßen und signalisieren das Ende des langen Winters.

Juni–August Die Tage *können* mild sein, die Nächte sind immer kalt; in Churchill gelten 18 °C als heiß.

September Der Herbst kommt früh, und die Tage sind kühl. Ab Oktober liegt im Norden Schnee.

Highlights in Manitoba

1. Im abgelegenen, subarktischen **Churchill** (S. 585) über Eisbären, Weißwale und das alte Fort staunen
2. Im **Riding Mountain National Park** (S. 582), dem schönsten Teil Manitobas, wandern und paddeln
3. Im von Prärien umgebenen **Winnipeg**(S. 558)Großstadt-Fun und klasse Nachwuchstalente erleben
4. Kleine Städte entdecken, z. B. das charmante **Neepawa** (S. 581), wo die Zeit in idyllischer Vergangenheit stehen geblieben zu sein scheint
5. Nördlich des Riding Mountain National Park beim ältesten Fest Kanadas, dem **Country Fest** (S. 583), mit der halben Provinz mitjubeln
6. Im fast völlig vom Lake Winnipeg umgebenen **Hecla-Grindstone Provincial Park** (S. 580) Natur genießen
7. Einsame Straßen abfahren und bei Naturwundern wie den **Pisew Falls** (S. 585) halten

Geschichte

Die frühen europäischen Entdecker waren es leid, als Softies angesehen zu werden. Sie verließen den milderen Süden und nahmen es mit der kalten, zerklüfteten Nordküste der Hudson Bay auf. Bald nachdem die Hudson's Bay Company (HBC) im 17. Jh. hier Handelsposten eingerichtet hatte, mischten die einheimischen Dene im Pelzhandel mit.

Britische Bauern siedelten sich 1811 in dem Gebiet des heutigen Winnipeg an. Dadurch kam es im Zusammenhang mit den Landrechten immer wieder zu Spannungen mit den dort lebenden Métis. Als die HBC einen Teil der Ländereien an die Kanadische Konföderation verkaufte, initiierte der Métis-Führer Louis Riel einen Aufstand und bildete eine provisorische Regierung. Nach Verhandlungen zwischen Riel und der kanadischen Regierung trat Manitoba 1870 als fünfte Provinz der Kanadischen Konföderation bei.

Geografie & Klima

Manitobas Landschaft ist so facettenreich wie die übrige Nation. Das flache Ackerland im Süden geht in die Wälder am Rand der größten kanadischen Seen über. Kleine eiszeitliche Seen, struppige Vegetation und der nackte Fels des Kanadischen Schilds charakterisieren den Norden. Und über allem erstreckt sich ein endloser Himmel.

Die Wetterverhältnisse sind genauso vielschichtig und völlig unberechenbar. Im Norden bewegt sich die Durchschnittstemperatur zwischen -50 °C im Winter und 20 °C im Sommer, im Süden zwischen 25 °C und -15 °C. Der ganzjährig starke Wind erzeugt im Sommer Staubstürme und gelegentlich einen Tornado. Während winterlicher Schneestürme lässt der Wind die gefühlte Temperatur z.T. nochmals um ca. 30 °C fallen. Im Süden sind Frühjahrshochwasser an der Tagesordnung. Die Intensität der Sommergewitter in der Prärie ist kaum zu überbieten.

Parks, Tiere & Pflanzen

Es stimmt – hier lassen sich alle bekannten und beliebten Tierarten Kanadas sichten: Elche, Biber, Bären, Luchse, Hirsche, Rentiere, Füchse, Hasen usw. Und selbstverständlich auch die eigentlichen Stars: die Eisbären von Churchill.

Der Riding Mountain National Park ist ein Mikrokosmos des gesamten Ökosystems Manitobas, während der Wapusk National Park von rauer Wildnis geprägt ist.

TOURISTEN-INFORMATION

Travel Manitoba (☎800-665-0040; www.travelmanitoba.com) ist eine gute Infoquelle. Neben den saisonal besetzten **Kiosken** (⏲Ende Mai–Anfang Sept. 8–21 Uhr) an den großen Autobahnzubringern zur Provinz betreibt die Einrichtung auch das Explore Manitoba Centre (S. 578) in Winnipeg.

Bed & Breakfast of Manitoba (www.bedandbreakfast.mb.ca) listet Dutzende von B&Bs auf.

Der von **Manitoba Parks** (☎800-214-6497; www.manitobaparks.com; Fahrzeuggebühr pro Tag/Jahr 6/25 C$, Stellplatz Zelt 7–14 C$, Stellplatz Wohnmobil 11–18 C$) herausgegebene *Manitoba Provincial Parks Guide* ist an Visitor Information Centers erhältlich. Die Campingplätze sind oft voll – besser rechtzeitig über das **Parks Reservation System** (☎888-482-2267; www.manitobaparks.com) reservieren.

Anreise & Unterwegs vor Ort

Die größeren **Fluglinien** verbinden Winnipeg mit den wichtigsten Städten in Kanada und im mittleren Westen der USA. Calm Air bedient die Ortschaften im Norden, Kivalliq Air fliegt von Winnipeg nach Churchill und Nunavut, Bearskin Airlines nach Ontario. Weitere Infos s. S. 990.

Manitoba hat mehr als ein Dutzend Grenzübergänge nach North Dakota und Minnesota in den USA. Es gibt mehrere Routen nach Saskatchewan, aber nach Ontario führt nur der Trans-Canada Hwy (Hwy 1). Das engmaschige Straßennetz im südlichen Manitoba dünnt aus, je weiter man gen Norden kommt. Dort gibt es dann nur noch den Hwy 10 und den Hwy 6 – und auch nur wenige Tankstellen (Tankanzeige beachten!).

Dreimal pro Woche fährt der VIA-Rail-Zug *Canadian* (S. 993) durch Winnipeg und die südlichen Ortschaften. Von Winnipeg fährt auch zwei- oder dreimal pro Woche ein Bummelzug ins subarktische Churchill. Details gibt's auf S. 589.

KURZINFOS MANITOBA

» Bevölkerung: 1178 500

» Fläche: 552 369 km²

» Hauptstadt: Winnipeg

» Schräge Facts: Die Einwohner Manitobas haben den weltweit größten pro-Kopf-Verbrauch von 7-Eleven-Getränken

Downtown Winnipeg

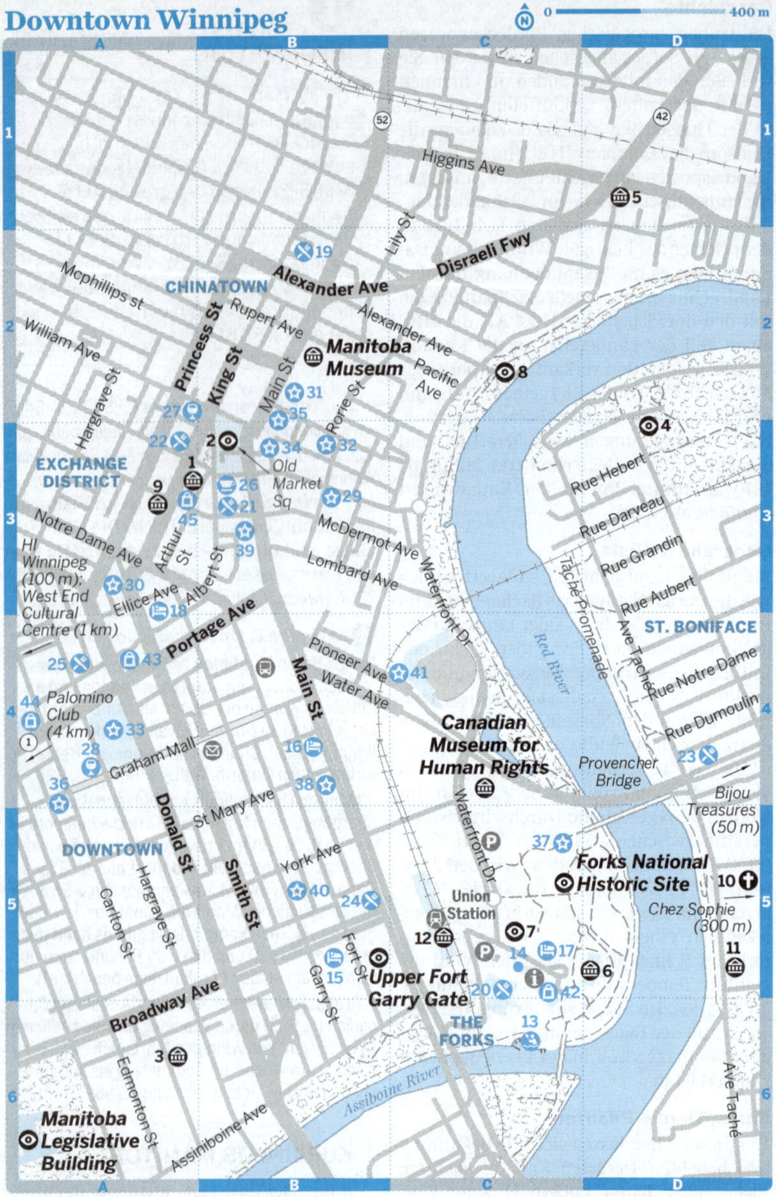

WINNIPEG

657 900 EW.

Winnipeg überrascht. Da, wo man es am wenigsten erwarten würde, erhebt sich eine Metropole aus der Prärie. Das kultivierte, selbstbewusste und hinreißende Winnipeg ist nicht nur ein Boxenstopp am Trans-Canada Hwy, sondern durchaus ein eigenes Reiseziel. Man kann durch die historischen Viertel schlendern, den hiesigen Humor kennenlernen, der einen *Simpsons*-Kalauer („That's it! Back to Winnipeg!"), aber auch Guy Maddin zu seinem surrea-

Downtown Winnipeg

Highlights
Canadian Museum for Human Rights C4
Forks National Historic Site C5
Manitoba Legislative Building A6
Manitoba Museum B2
Upper Fort Garry Gate B5

Sehenswertes
Ace Art .... (siehe 9)
1 Artspace A3
2 Cube B3
3 Dalnavert Museum A6
4 Fort Gibraltar D3
5 Graffiti Gallery D1
6 Manitoba Children's Museum D5
7 Manitoba Theatre for Young People C5
8 Paddlewheel Riverboats C2
9 Plug In Institute of Contemporary Arts A3
10 St. Boniface Basilica D5
11 St. Boniface Museum D5
Urban Shaman .... (siehe 9)
12 Winnipeg Railway Museum C5

Aktivitäten, Kurse & Touren
13 Splash Dash C6
14 The Forks Walking Tours C5

Schlafen
15 Fort Garry Hotel B5
Fyxx .... (siehe 26)
16 Humphry Inn B4
17 Inn at the Forks C5
18 Marlborough Hotel A3

Essen
19 Kum-Koon Garden B2
20 Markthalle C5
21 Mondraggón B3
22 Oui A3
23 Step 'N Out D4
Sydney's .... (siehe 20)
Tall Grass Prairie .... (siehe 20)
24 VJ's Drive-In B5
25 Wagon Wheel A4

Ausgehen
26 Fyxx B3
27 King's Head Pub A2
28 Tavern United A4

Unterhaltung
29 Alive in the District B3
30 Burton Cummings Theatre A3
31 Centennial Concert Hall B2
Cinémathèque .... (siehe 1)
Manitoba Moose .... (siehe 33)
Manitoba Opera .... (siehe 31)
32 Manitoba Theatre Centre B3
33 MTS Centre A4
34 Mystique B3
35 Pantages B2
Prairie Theatre Exchange .... (siehe 44)
36 Royal Winnipeg Ballet A4
37 Scotiabank Stage C5
38 Times Chang(d) High & Lonesome Club B4
39 Whisky Dicks B3
40 Windsor Hotel B5
41 Winnipeg Goldeyes C4
Winnipeg Symphony Orchestra .... (siehe 31)

Shoppen
42 Johnston Terminal C5
43 Mountain Equipment Co-Op A4
44 Portage Place A4
45 Red River Books A3

len, beeindruckenden Film *My Winnipeg* (2007) inspirierte, und eines der weltweit besten Theaterfestivals für experimentelle Stücke miterleben.

Geschichte

6000 Jahre lang war das Gebiet am Zusammenfluss des Assiniboine River und des Red River von Ureinwohnern besiedelt. Im 19. Jh. wurde es zwischen der HBC und der North West Company zum umkämpften Zentrum des Pelzhandels. Eigentlich ist es nur logisch, dass dieser Ort als offiziellen Namen die europäisierte Variante des lokalen Cree-Ausdrucks *win nipee* („schlammiges Wasser") erhielt.

Französische Siedler errichteten das Viertel St. Boniface, wo der umstrittene Métis-Anführer Louis Riel zur Welt kam.

Der Anschluss ans Eisenbahnnetz im Jahr 1886 festigte Winnipegs Bedeutung für den Handel. Diese schwand jedoch mit der Eröffnung des Panamakanals. Winnipeg geriet etwas ins Abseits, rückte aber mit dem Generalstreik von 1919 wieder auf die Bildfläche, der zur Anerkennung der Gewerkschaften in ganz Kanada beitrug. Heute kann Winnipeg eine vielseitige Wirt-

PU DER BÄR

Winnie Pu bekam seinen Namen eigentlich durch Winnipeg. Im Ersten Weltkrieg hatte ein kanadischer Soldat ein Bärenjunges als Maskottchen. Sein Weg an die Front führte ihn durch London, wo er das Junge dem Londoner Zoo anvertraute. Dort wurde das Bärenbaby als Symbol für die Heimatstadt des Soldaten, Winnipeg, berühmt. In den 1920er-Jahren besuchte A. A. Milne mit seinem Sohn Christopher Robin den Zoo und nannte den Bären, der die Hauptfigur in seinem Kinderbuch war, Winnie Pu.

schaft und ein bescheidenes Wirtschaftswachstum vorweisen. Die beiden wichtigsten Unternehmen sind Canwest, ein konservativer Medienkonzern, und Old Dutch, ein Kartoffelchipshersteller.

Sehenswertes & Aktivitäten

Die meisten Attraktionen Winnipegs konzentrieren sich in der Innenstadt, die zu Fuß gut zu erkunden ist. Weitere Sehenswürdigkeiten sind per Auto zu erreichen.

Die beiden Straßen Portage und Main markieren das Stadtzentrum. Die Gegend ist bekannt für den starken Wind und die Minustemperaturen, die hier oft herrschen. Randy Bachman und Neil Young schrieben darüber das Lied „Prairie Town“, in dem es heißt: „Portage and Main, 50 below“.

Weiter nördlich prägen Sandsteingebäude aus dem frühen 20. Jh. den Exchange District mit seinen Lagerhäusern und Künstlerateliers. Südlich der Innenstadt liegt The Forks und auf der anderen Seite des Red River das französische Viertel St. Boniface. Westlich von dort finden sich das nette Osborne Village und die Corydon Ave.

STADTZENTRUM

Manitoba Legislative Building GEBÄUDE
(Karte S. 558; ☎204-945-5813; 450 Broadway Ave; Eintritt frei; ⏲Mo–Fr 9–18 Uhr, Führungen Juli–Anfang Sept. stündl.) Das Anfang des 20. Jhs. während des hoffnungsvollen Booms von Winnipeg oberhalb des Red River errichtete neoklassizistisch-gründerzeitliche Sandsteingebäude demonstriert die Bedeutsamkeit des Parlaments. Das Parlamentsgebäude ist von herrlichen Rasenflächen und Grünanlagen umgeben, in denen antike Götter und zeitgenössische Helden verewigt sind. Dazu gehört auch ein Louis-Riel-Denkmal, das Richtung St. Boniface blickt. Oben auf der oxidierten Kupferkuppel des Parlamentsgebäudes thront der „Golden Boy“, eine mit 23½-karätigem Gold überzogene Statue mit dem offiziellen Namen „Eternal Youth and the Spirit of Enterprise“.

Winnipeg Art Gallery KUNSTGALERIE
(WAG; Karte S. 579; ☎204-786-6641; www.wag.ca; 300 Memorial Blvd; Erw./Kind 8/4 C$; ⏲Di, Mi & Fr–So 11–17, Do bis 21 Uhr) Die Kunstgalerie in Form eines Schiffes zeigt Arbeiten zeitgenössischer Künstler aus Manitoba und ganz Kanada und hat die weltweit größte Sammlung von Werken der Inuit. Das hübsche Café oben lädt zum Relaxen ein.

Plug In Institute of Contemporary Arts KUNSTGALERIE
(Karte S. 558; ☎204-942-1043; www.plugin.org; 460 Portage Ave) Die Galerie steht ganz im Zeichen moderner Kunst. Sie hat eine neue Adresse und befindet sich jetzt in der Nähe der WAG. Öffnungszeiten erfragen!

Dalnavert Museum MUSEUM
(Karte S. 558; ☎204-943-2835; www.mhs.mb.ca/info/museums/dalnavert; 61 Carlton St; Erw./Kind 5/3 C$; ⏲Mi–Fr 10–17, Sa 11–18, So 12–16 Uhr) Das Museum ist im früheren Wohnhaus von Sir Hugh John MacDonald, dem Sohn von Kanadas erstem Premierminister, untergebracht. Es wurde getreu dem Originalbau von 1895 im Queen-Anne-Revival-Stil restauriert und mit Originalmöbeln eingerichtet.

Upper Fort Garry Gate HISTORISCHE STÄTTE
(Karte S. 558; 130 Main St) Mitten im modernen Winnipeg trotzt das aus den 1830er-Jahren stammende Tor aus Eichenholz, Stein und Mörtel bis heute der Stadtneugestaltung. An dieser Stelle standen zuvor seit 1738 vier verschiedene Forts. Es gibt gute Infotafeln und schattige Bänke zum Entspannen.

THE FORKS

Der Zusammenfluss des kleinen, schlammigen Assiniboine River und des großen,

WINNIPASS

Sparfüchse besorgen sich den **Winnipass** (www.heartlandtravel.ca/winnipass; Erw. 30 C$), der für sechs der wichtigsten Sehenswürdigkeiten der Stadt gilt.

(Fortsetzung auf S. 569)

Nationalparks

Andere Länder mögen mit mittelalterlichen Schlössern oder antiken Ruinen prahlen, Kanada aber hat sein eigenes „großes Wunder“: den ersten Nationalparkservice der Welt. Er wurde eingerichtet, um die Balance zwischen Umweltschutz und dem Recht aller auf Erholung zu wahren. Die stetig wachsende Organisation fing 1911 mit sechs Parks an und umfasst mittlerweile 42 Naturschutzgebiete, die zusammen so groß sind wie Italien.

Peyto Lake, Banff National Park, Alberta

Top 5 Geschichtsträchtige Parks

Kanada war schon früh Vorreiter in Sachen Umweltschutz und schenkte der Welt 1885 neben anderen Schutzgebieten wie Yoho, Jasper und Waterton ihren dritten Nationalpark: Banff. Seltsamerweise sind es oft die jüngeren Parks des Landes, in denen sich die ältesten archäologischen Überreste finden.

Gwaii Haanas

1 Die Kultur der Ureinwohner lebt auf den Haida Gwaii (Queen Charlotte Islands; S. 837) in British Columbia am besten entwickelt weiter. Als Erbe werden verlassene Dörfer, Totempfähle und Grabungsstätten geschützt.

Banff

2 Nur der Yellowstone (USA) und der Royal National Park (Australien) sind älter als der Banff National Park (S. 644). Dessen Geschichte ist mit der der Nationalparkbewegung und des Eisenbahnbaus eng verknüpft.

Ukkusiksalik

3 Einer der jüngsten Parks Kanadas (S. 919; 2003 eröffnet) ist auch einer der interessantesten. Über 500 archäologische Stätten zeigen die Entwicklung der Inuit-Kultur vom 11. Jh. bis in die 1960er-Jahre.

Jasper

4 Jaspers Yellowhead Museum (S. 669) stammt vom Anfang des 20. Jhs. und erzählt von den Taten europäischer Entdecker, von Pelzhandelsposten und von einem kontinentübergreifenden Eisenbahnsystem.

Terra Nova

5 Newfoundlands Park (S. 525) zeigt an einem Pfad am Newport Sound Siedlungsgeschichte aus dem frühen 20. Jh. mit Resten von Sägemühlen, Schiffsbau und Wohnvierteln.

GARETH MCCORMACK

FIRST LIGHT

Rechts

2. Mt. Chephren, Banff National Park, Alberta

3. Sila River, Ukkusiksalik National Park, Nunavut

1

4

Top 5 Parks in der Wildnis

„Der Weltraum: unendliche Weiten", waren Captain Kirks Worte. Anscheinend war er nie im Norden Kanadas, wo mehrere Wildnisparks den Südpol übervölkert aussehen lassen. In jedem dieser fünf Parks kann man sich seiner Platzangst stellen und die Abgeschiedenheit genießen.

Quttinirpaaq

1 Frostig: Der nördlichste Park der Welt (S. 917) war nie als Besuchermagnet gedacht. Die ersten Europäer kamen erst 1875 hierher, und der Park ist eine Ausgangsbasis für wissenschaftliche Untersuchungen und für Touren zum Nordpol.

Auyuittuq

2 Ein Name, den nur wenige Kanadier kennen (und aussprechen können): Auyiuttuq (S. 914; Land, das nie auftaut) ist ein weiterer autofreier Park. Er liegt auf Baffin Island und bietet tolle Bedingungen für Skitouren, zum Klettern oder zum Campen.

Aulavik

3 Es waren schon mehr Menschen auf dem Mond, als jährlich den Aulavik National Park (S. 904) besuchen. Kaum ein Dutzend kommen im Jahr. Der Park liegt auf der arktischen Banks Island, wo Moschusochsen Futter suchen und es im Sommer 24 Stunden lang hell ist – wirklich das Ende der Welt!

Torngat Mountains

4 Für Bewohner von Labrador sind die Wörter „Torngat" (S. 552) und „Wildnis" Synonyme. Am besten kommt man mit einem Flugzeug in diese Einöde mit Gletschern und herumstreifenden Karibus.

Ivvavik

5 Keine Service-Einrichtungen, kein Klo, nur ungezähmte Tundra, soweit das Auge reicht. Etwas Geld sparen, ein Survival-Training machen und dann Entdeckerfantasien ausleben (S. 877)!

Links

1. Wanderer, Quttinirpaaq National Park **4.** Saglek Fjord, Torngat Mountains National Park, Newfoundland

Top 5 Parks mit Wildtieren

Traveller aus Ländern, in denen die ursprünglichen Ökosysteme so gut wie verschwunden sind, sind oft überwältigt von ihrer ersten Begegnung mit der Serengeti des Nordens, in der riesige Karibuherden über weite, kalte Tundra ziehen und Bären an der Spitze einer urzeitlichen, aber ökologisch sinnvollen Nahrungskette stehen.

Wapusk

1 Eisbären waren der Grund für die Einrichtung des Wapusk National Park (S. 586; in der Sprache der Cree „weißer Bär"). Hier kann man diese riesigen Kreaturen in freier Wildbahn am besten bestaunen. Eine geführte Tour buchen und ab nach Churchill, Manitoba!

Wood Buffalo

2 Abgesehen davon, dass er der zweitgrößte Nationalpark der Welt ist, schützt der Wood Buffalo National Park (S. 896) die letzte freilebende Waldbisonherde auf einer Fläche so groß wie die Schweiz.

Forillon

3 In Gaspé Bay (S. 328) in der Provinz Québec sind Wildtiere auch im Meer zu sehen. Sieben Walarten ziehen hier vorbei. Im Sommer werden Touren entlang der spektakulären Küste mit schroffen Klippen angeboten.

Yoho

4 Der gleich neben dem Banff National Park gelegene und ebenso spektakuläre Yoho National Park (S. 819) bietet die Begegnung, auf die alle Wanderer aus sind (zumindest aus sicherer Entfernung): den vom Aussterben bedrohten Grizzlybär.

Aulavik

5 Nur wenige Menschen bekommen sie je zu Gesicht, aber sie existieren: Im abgeschiedenen Aulavik National Park (S. 904) lebt die weltgrößte Moschusochsenherde neben Karibus, Polarfüchsen und Schneehasen.

Rechts
5. Moschusochse **4.** Grizzlybär

OHN SCHWIEDER

5

4

CHRISTOPHER HERWIG

Top 5 Parks zum Wandern

Kanadas Nationalparks sind abgeschottete Flecken, in denen die Natur regiert und moderne Technik nichts zu suchen hat. Um sie wirklich kennen und verstehen zu lernen, lässt man das Auto/ Motorboot/Flugzeug am besten stehen und erkundet sie wie früher die Ureinwohner und Inuit: zu Fuß.

Waterton Lakes

1 Die vergessene Ecke der kanadischen Rockys ist ein Fortsatz des amerikanischen Glacier National Park. Der Park ist für seine leicht zugänglichen Wanderwege bekannt, von denen viele direkt beim winzigen Ort Waterton (S. 681) beginnen.

Riding Mountain

2 Unzählige Wege – von insgesamt über 400 km Länge – durchziehen dieses bewaldete Unesco-Biosphärenreservat (S. 582), das wie eine Insel inmitten fruchtbaren Ackerlands in Süd-Manitoba liegt. Im Winter sind viele Wege für Langläufer präpariert.

Cape Breton Highlands

3 Wo heute der Cape Breton National Park (S. 405) liegt, entstand die einst ausgeprägte französisch-akadische Kultur von Nova Scotia. In 25 mittelschweren Tageswanderungen nahe dem malerischen Cabot Trail an der Küste entlang kommt man hierher.

Jasper

4 Skyline Trail, Tonquin Valley, Whistlers und Path of the Glacier: Die Namen sind legendär, die Wege hart, und die Landschaft ist der Wahnsinn – selbst für die spektakulären Rocky-Mountains-Maßstäbe (S. 644).

Pacific Rim

5 Diesen Park (S. 769) teilt der West Coast Trail, ein alter Küstenpfad auf Vancouver Island, der früher als Rettungsweg für Schiffbrüchige diente. In der westlichen Küstenzone wandert es sich großartig.

Links
3. Cape Breton Highlands National Park, Nova Scotia
4. Wandern, Jasper National Park, Alberta

MICHAEL GEBICKI
PHILIP & KAREN SMITH

Top 5 Parks für Outdoor-Aktivitäten

Es ist es schon anstrengend genug, in und durch die Nationalparks Kanadas zu kommen. Aber wem es nicht reicht, sich ein paar Tage durch Nadelwald zu schlagen, der kann auch andere anspruchsvolle Aktivitäten in eigenem Tempo (und auf eigene Gefahr) ausprobieren.

Kootenay

1 Europäische Kletterpioniere, denen in den Alpen die Gipfel ausgingen, zog es zur Kootenay-Kette (S. 812). Hier gab es eine fast grenzenlose Auswahl von technisch anspruchsvollen Bergen. Drei Generationen später sind ihre Urenkel immer noch hier.

Fundy

2 Der Fundy National Park (S. 451) ist einer der wenigen Parks, in denen man es als Kontrast zur Wildnis auch ruhig angehen lassen kann: auf Wegen durch akadische Wälder, auf Tennis-, Golf- und sogar Bowls-Plätzen.

Grasslands

3 Prärie in Saskatchewan: Im Grasslands National Park (S. 601) kann man gut reiten und z. B. den Spuren von Sitting Bull (der nach der Schlacht am Little Bighorn hierher kam) folgen – auf eigene Faust oder im Rahmen einer organisierten Tour.

Prince Albert

4 Im mit Seen gesprenkelten Prince Albert National Park (S. 609) in Saskatchewan trifft der Nadelwaldgürtel auf Prärie. Hier kann man Forellen, Hechte und Amerikanische Zander angeln.

Glacier

5 Die rustikale Alternative zu Skiresorts ist der Glacier National Park (S. 817): Der legendäre Pulverschnee ist ideal zum Heliskiing, Telemarken und für Touren abseits der Pisten.

Rechts

4. Anglin Lake, Prince Albert National Park, Saskatchewan
1. Flow Lake, Kootenay National Park, British Columbia

OLIVER GERHARD

4

SEAN CAFFREY

1

Top 5 Kleine Parks

Im zweitgrößten Land der Welt, dessen weitläufigster Nationalpark (Wood Buffalo) größer ist als die Schweiz, erscheint der Ausdruck „klein, aber oho" fast lächerlich. In einigen Teilen des ausgedehnten Parksystems wurden jedoch winzige, aber ökologisch vielfältige Landschaften in großartige Naturschutzgebiete verwandelt.

Gulf Islands

1 Der südlichste Fleck auf dem Archipel der Southern Gulf Islands zwischen Vancouver Island und dem Lower Mainland British Columbias ist der dringend benötigte Platz zum Atmen zwischen den wachsenden Metropolen Vancouver und Victoria (S. 687).

St. Lawrence Islands

2 Kanadas kleinster Nationalpark (S. 205) ist nur 4 km^2 groß und besteht aus zwei Dutzend Inseln im St.-Lorenz-Strom. Er spielt eine Schlüsselrolle, wenn es darum geht, die Balance zwischen biologischer Vielfalt und Erholung zu finden.

Point Pelee

3 Winzig, aber lebensnotwendig für Vögel (und Vogelbeobachter): Point Pelee (S. 142) am südlichsten Zipfel Kanadas ist für mehr als 360 Vogelarten ein wichtiger Stopp auf ihrer Reise.

Prince Edward Island

4 Prince Edward Island (S. 483) veredelt seine winzige Fläche mit Dünen und Stränden, kleinen Sümpfen und dem großen literarischen Erbe von *Anne auf Green Gables*.

Georgian Bay Islands

5 Buchstäblich wie Flecken auf der Landkarte verteilen sie sich über den Lake Huron in Ontario und sind nur übers Wasser erreichbar. Man muss also auf jeden Fall rudern, um zu den 59 kleinen Inseln zu gelangen, die zum Park (S. 158) gehören.

Links

3. Boardwalk, Point Pelee National Park, Ontario
1. Seestern, Gulf Islands National Park, British Columbia

Top 5 Unesco-Welterbe-Parks

Hört man „Unesco-Welterbe", denkt man an die Pyramiden oder das Kolosseum, aber seit der Eröffnung des Nahanni National Park 1978 würdigt das UN-Gremium auch Naturerbe. Neun kanadische Parks werden von der Unesco geschützt.

Kluane

1 Der wegen seiner Gletscher (mind. 100 sind noch unbenannt) in die Liste aufgenommene Kluane National Park (S. 860) umfasst das Dreiländereck zwischen Alaska, British Columbia und Yukon. Hier lässt sich die Landschaftsformung durch Eis nachvollziehen.

Nahanni

2 Der Nahanni National Park (S. 898) war eine der ersten Weltnaturerbestätten, eingetragen 1978. Der Park steht wegen der tosenden Flüsse, tiefen Schluchten, ursprünglichen Wälder und der Tundra unter Schutz.

Gros Morne

3 Ein spektakulärer Mix aus Fjorden, Landzungen, Klippen und Wasserfällen an der Küste Newfoundlands: Dieser Park (S. 531) steht wegen der Bedeutung, die er für die Erkenntnisse über die Kontinentalverschiebung hat, auf der Unesco-Liste.

Banff

4 Der Banff National Park (S. 644) ist das Herz der Rocky-Mountain-Parks und ein Juwel, das die frühen Entdecker beeindruckt hat. Mit den spitzen Bergen, dem Hotel aus der Zeit des Eisenbahnbaus und den Thermalquellen begeistert er auch heute noch.

Yoho

5 Der nach dem Cree-Wort für „Schock" oder „Ehrfurcht" benannte Yoho National Park (S. 819) ist mit seinem an Fossilien reichen Burgess-Schiefer eines der geologischen Highlights der Rocky-Mountain-Parks. Hier finden sich 120 Arten von Meeresgetier aus 500 Mio. Jahren Erdgeschichte.

MARK NEWMAN

JIM WARK

Rechts

1. Vereiste Küste, Kluane National Park, Yukon Territory
2. Virginia Falls, Nahanni National Park Reserve, Northwest Territories

(Fortsetzung von S. 560)

schlammigen Red River ist ein strategisch und historisch bedeutendes Gebiet, das die Menschen seit Jahrtausenden anzieht.

Das Gebiet vereint die verschiedensten Areale und steht auch für viele Besucher im Mittelpunkt. Parks Canada verwaltet mitten auf dem wunderschönen Parkgelände eine historische Stätte. In der Nähe wurden alte Eisenbahnwerkstätten renoviert und in touristische Läden, Cafés und Restaurants umgewandelt. Das ganze Gebiet wird **The Forks** (☎204-957-7618; www.theforks.com) genannt.

In der Nähe der Provencher Bridge entsteht derzeit an einem prominenten Standort eine weitere Großattraktion: das **Canadian Museum for Human Rights** (Karte S. 558; www.humanrightsmuseum.ca). Das Museum soll 2012 eröffnet werden und wird das erste Nationalmuseum außerhalb Ottawas sein. Untergebracht wird es in einem atemberaubenden Glasgebäude, dessen Bau 310 Mio. C$ kostet. Wie der Name schon sagt, dreht sich hier alles um die Menschenrechte, ihre Geschichte und ihre Entwicklung in Kanada und im Rest der Welt.

Forks National Historic Site HISTORISCHER PARK
(Karte S. 558; ☎204-983-6757; www.parkscanada.ca/forks) In wunderschöner Lage am Fluss bietet dieser Park moderne Aufführungsstätten und informative Ausstellungen zur Geschichte der Region. Fußwege säumen das Flussufer und Informationstafeln erklären den historischen Kontext.

Im Frühjahr treten regelmäßig die Flüsse über die Ufer und überfluten nicht selten die Fußwege – das ist so aufregend wie gefährlich. Wer eine Fahrt auf dem Fluss machen will, kann sich bei **Splash Dash** (Karte S. 558; ☎204-783-6633; Leihgebühr pro 30/60 Min. 10/18 C$; ⏰Juni–Aug. 11–21 Uhr) ein Kanu mieten.

Angeboten werden auch Touren zu Fuß oder per Boot (s. S. 572).

Im Winter gibt's Möglichkeiten zum **Schlittschuhlaufen** auf dem Fluss und zum **Skilanglaufen** auf den Fußwegen.

Winnipeg Railway Museum MUSEUM
(Karte S. 558; ☎204-942-4632; www.wpgrailwaymuseum.com; 123 Main St, Erw./Kind 5/3 C$; ⏰Mai–Okt. tgl. 11–16 Uhr, April & Okt. Sa & So 11–16 Uhr) Winnipegs prächtige und wenig genutzte Union Station (der 1911 eröffnete Bahnhof wurde von derselben Firma entworfen wie das New Yorker Grand Central Terminal) beherbergt eine Sammlung historischer kanadischer Eisenbahnwagen, Ausrüstungsgegenstände und Modellzüge.

EXCHANGE DISTRICT

Die 100 Jahre alten restaurierten Backsteingebäude bilden die Kulisse für das lebendigste Viertel in der Innenstadt Winnipegs, des **Exchange District** (www.exchangedistrict.org). In den denkmalgeschützten Gebäuden sind Restaurants, Clubs, Boutiquen und Kunstgalerien untergebracht, in denen sich Szeneleute und Rumtreiber treffen. Das Viertel wurde zur National Historic Site erklärt. Wer mehr erfahren will, kann sich einer Stadtführung (s. S. 571) anschließen.

Der begrünte **Old Market Square** ist das Zentrum des Viertels. Im neuen **Cube** (Karte S. 558), dessen moderne Architektur ziemlich umstritten ist, gibt's Livemusik.

Manitoba Museum MUSEUM
(Karte S. 558; ☎204-956-2830; www.manitobamuseum.ca; 190 Rupert Ave; Hauptgalerien Erw./Kind 8,50/7 C$, Kombiticket 19/13,50 C$; ⏰Juni–Aug. tgl. 10–17 Uhr, Sept.–Mai Di–Fr 10–16, Sa & So 11–17 Uhr) In dem Museum kann man sich auf eine Reise durch die subarktische Natur mitnehmen lassen, das Winnipeg der 1920er-Jahre wiederentdecken oder einen Kulturtrip durch die vergangenen 12 000 Jahre machen. Was auch immer sich in Manitoba je ereignet hat, wird hier beschrieben. Zu den hervorragenden Angeboten hier gehören auch ein Planetarium und eine fesselnde Wissenschaftsgalerie. Eine neue Ausstellung zeigt, was Churchill vor rund 450 Mio. Jahren war – tropischer Urwald.

Im Exchange District gibt's jede Menge Galerien.

Ace Art KUNSTGALERIE
(Karte S. 558; ☎204-944-9763; www.aceart.org; 290 McDermot Ave; ⏰Di–Sa 12–17 Uhr) Eine von mehreren Galerien, die auf zeitgenössische Kunst spezialisiert sind.

Artspace KUNSTGALERIE
(Karte S. 558; ☎204-947-0984; 100 Arthur St; ⏰Di–Sa 9–18 Uhr) In einem renovierten Lagerhaus wurden Ateliers und Galerien für talentierte einheimische Künstler eingerichtet.

Graffiti Gallery KUNSTGALERIE
(Karte S. 558; ☎204-667-9960; www.graffitigallery.ca; 109 Higgins Ave; ⏰Mo–Sa 12–17 Uhr) Möchte als Vandalen verschrieene junge Graffiti-Künstler wieder auf den richtigen Weg bringen.

Urban Shaman KUNSTGALERIE
(Karte S. 558; ☎204-942-2674; www.urbanshaman.org; 290 McDermot Ave; ⊙Di–Sa 12–17 Uhr) Bekannte Galerie mit Kunstwerken zeitgenössischer kanadischer Ureinwohner.

ST. BONIFACE

Kanadas älteste französische Gemeinde außerhalb von Québec hat sich gegenüber von The Forks auf der anderen Seite des Red River angesiedelt.

In den Visitor Information Centers gibt's eine ausgezeichnete geschichtsorientierte Karte, mit der man auf eigene Faust losziehen kann. Die **Taché Promenade** folgt dem Verlauf des Red River entlang der Ave Taché und führt an vielen historischen Stätten von St. Boniface vorbei.

St. Boniface Basilica HISTORISCHE STÄTTE
(Karte S. 558; 151 Ave de la Cathédrale) An die gottesfürchtige Basilika, die 1968 bei einem Feuer fast völlig zerstört wurde, erinnert heute die noch erhaltene 100 Jahre alte, imposante Originalfassade. Über den Ruinen wurde ein neueres Gebäude errichtet. Auf dem Friedhof liegen auch die sterblichen Überreste von Louis Riel (S. 571).

St. Boniface Museum MUSEUM
(Karte S. 558; ☎204-237-4500; msbm.mb.ca; 494 Ave Taché; Erw./Kind 5/4 C$; ⊙Mitte Mai–Sept. Mo–Fr 9–17, Sa & So 12–16 Uhr, Okt.–Mitte Mai Mo–Fr 9–12, So 12–16 Uhr) Der Konvent neben der Basilika stammt aus der Mitte des 19. Jhs. und ist das älteste Gebäude in Winnipeg und das größte aus Eichenholz errichtete Blockhaus auf dem Kontinent. Das darin untergebrachte Museum widmet sich der Gründung von St. Boniface, der Entstehung der Métis-Nation und der 3000 km langen Reise der Grauen Nonnen, eines römisch katholischen Frauenordens.

Fort Gibraltar HISTORISCHER PARK
(Karte S. 558; ☎204-237-7692; www.fortgibraltar.com; 866 Rue St. Joseph; Erw./Kind 5/4 C$; ⊙Mitte Mai–Aug. Mi–So 10–18 Uhr) Hinter dem Palisadenzaun wurde der historische Handelsposten der Pelzjäger (von 1809) nachgebaut. Neben den gut gelaunten Fremdenführern erwecken Originalkleidungsstücke, Werkzeuge, Pelze, Schlafbaracken, Brotbäckereien und Schmieden das The Forks von 1810, wo das Fort ursprünglich stand, wieder zum Leben.

GROSSRAUM WINNIPEG

Royal Canadian Mint MUSEUM
(Karte S. 579; ☎204-257-3359; www.mint.ca; 520 Blvd Lagimodière; Führung Erw./Kind 5/3 C$; ⊙Juni–Aug. tgl. 9–17 Uhr, Sept.–Mai Mo–Fr 9–17 Uhr) Die mit viel High-Tech ausgerüstete

DER GEIST DER PRÄRIE: LOUIS RIEL

Der 1844 nahe dem heutigen Winnipeg am Red River geborene Louis Riel wurde zum Anführer der Métis – von Menschen, die wie er indianisch-europäischer Abstammung waren. Die Rechte der Métis wurden bei der Expansion Kanadas Richtung Westen oft mit Füßen getreten, und Riel kämpfte (im wahrsten Sinne des Wortes) für sie. Er war einer der Anführer der Red River Rebellion, die Manitoba schließlich 1870 den Anschluss an die Kanadische Konföderation einbrachte und den Métis politische Macht verschaffte, während er selbst in die USA flüchten musste.

Riel kehrte 1884 nach Kanada zurück, diesmal nach Saskatchewan, um die Ureinwohner und die Métis bei ihrem Kampf um ihre Rechte in Batoche zu unterstützen. Er war ein faszinierender Redner, aber mittlerweile auch ein religiöser Prophet, der Stimmungsschwankungen unterlag. 1885 wäre es ihm fast gelungen, die kanadische Armee zu schlagen, aber er wurde festgenommen, wegen Hochverrats verurteilt und gehenkt.

Riels Erbe ist komplex. Wegen seiner französischen Wurzeln genießt er in Québec hohes Ansehen, und auch in Manitoba wächst inzwischen sein Ruhm. Ihm zu Ehren wurde 2008 der dritte Montag im Februar zum Feiertag der Provinz erklärt.

In Manitoba und in Saskatchewan gibt es zahlreiche Stätten, die an Riel erinnern:

» seinen Geburtsort und sein Haus, in das er nach seiner Hinrichtung gebracht wurde (S. 571),

» sein Grab (S. 570),

» ein Theaterstück über den Hochverratsprozess (S. 595), das jedes Jahr aufgeführt wird,

» Batoche, die beklemmende Stätte seiner letzten Schlacht (S. 610).

WINNIPEG MIT KINDERN

Direkt in The Forks dürfen Kinder im **Manitoba Children's Museum** (Karte S. 558; ☎ 204-924-4000; www.childrensmuseum.com; 45 Forks Market Rd; Eintritt 7 C$; ⌚9.30–18 Uhr) selbst Hand anlegen. Die bunte, interaktive Ausstellung ermutigt Kids, sich als Zugführer, Astronauten und TV-Produzenten zu versuchen. 2011 soll eine riesige neue Ausstellung eröffnet werden, zu der auch ein cooler Spielplatz nebenan gehört.

Ebenfalls in The Forks liegt das viel gepriesene **Manitoba Theatre for Young People** (Karte S. 558; ☎204-942-8898; www.mtyp.ca; 2 Forks Market Rd; Karten 10–12 C$; ⌚Okt.–Mai). Vor bunten Kulissen finden hier tolle Aufführungen für Kinder statt, die auch Erwachsenen gefallen.

Im **Western Canadian Aviation Museum** (Karte S. 579; ☎204-786-5503; www.wcam.mb.ca; 958 Ferry Rd; Erw./Kind 7,50/3 C$; ⌚Mo–Sa 10–16, So 13–16 Uhr) können Kinder sich zwischen Flugzeugen aus den letzten 90 Jahren als Piloten oder Fluglotsen fühlen.

Rund 1800 Tiere leben im **Assiniboine Park Zoo** (Karte S. 579; ☎204-986-2327; www.zoosociety.com; 460 Assiniboine Park Dr; Erw./Kind 5/2,50 C$; ⌚Juli & Aug. 10–18 Uhr, sonst kürzere Öffnungszeiten), der sich auf Tiere spezialisiert hat, die in rauem Klima heimisch sind. Heftig umstritten ist allerdings der Plan, ein neues Eisbärenzentrum zu bauen und dafür wilde Eisbären einzufangen und sie an andere Zoos weiterzuverkaufen.

Kinder lieben auch die Tiere und Aktivitäten im Fort Whyte (S. 571).

Die Science Gallery im Manitoba Museum (S. 569) ist bei Kids ebenfalls ein Hit. Dasselbe gilt für die Oak Hammock Marsh mit ihren interaktiven Ausstellungen und Computerspielen.

Münzanstalt produziert Geld für Kanada und 60 andere Länder. Man kann an einer Führung durch das pyramidenförmige, verglaste Gebäude teilnehmen und beobachten, wie Geld hergestellt wird (das sieht man vor allem an Werktagen). Die Münzanstalt liegt 9 km südöstlich vom Zentrum.

Riel House HISTORISCHE STÄTTE

(Karte S. 579; ☎204-257-1783; www.parkscanada.ca/riel; 330 River Rd; Erw./Kind 4/2 C$; ⌚Mitte Mai–Anfang Sept. 10–17.30 Uhr) Nachdem Louis Riel 1885 wegen Hochverrats hingerichtet worden war (S. 571), brachte man seine Leiche zum Haus seiner Familie und begrub sie dann in der St. Boniface Basilica. Riel wuchs auf dieser Farm in einer Hütte am Fluss auf. Das aus den 1880ern stammende Haus war bis in die 1960er-Jahre hinein von Riels Nachkommen bewohnt, kann heute aber besichtigt werden. Das Haus steht 9 km südlich vom Zentrum und ist heute von Wohnsiedlungen umgeben.

GRATIS **Living Prairie Museum** NATURSCHUTZGEBIET

(Karte S. 579; ☎204-832-0167; www.livingprairie.ca; 2795 Ness Ave; ⌚Juli & Aug. 10–17 Uhr, Mai & Juni So 10–17 Uhr) Hier steht ein 12 ha großes Stück der ursprünglichen, unberührten, inzwischen rar gewordenen Prärie mit hohem Gras unter Naturschutz. Wer vom Besucherzentrum aus auf eigene Faust durchs mit Wildblumen übersäte Gelände zieht, kann sich vielleicht vorstellen, wie das bunte Pflanzenmeer, das sich einst über alle Prärieprovinzen erstreckte und Lebensraum für Millionen von Bisons war, früher ausgesehen haben muss.

Fort Whyte NATURSCHUTZGEBIET

(Karte S. 579; ☎204-989-8355; www.fortwhyte.org; 1961 McCreary Rd; Erw./Kind 6/4 C$; ⌚Mo–Fr 9–17, Sa & So 10–17 Uhr) Auf dem riesigen, umweltorientierten und von Wanderwegen durchzogenen Gelände sieht man Bisons, Hirsche und andere Wildtiere. Wer will, kann mehr über Grassodenhäuser erfahren und **Ausrüstungen für saisonale Aktivitäten** (Buggy/Schneeschuhe/Kanu/Ruderboot pro Std. 12/1/10/10 C$) mieten. Noch besser: Schlitten gibt's im Winter gratis! Fort Whyte liegt 13 km südwestlich vom Zentrum.

Ross House HISTORISCHES GEBÄUDE

(Karte S. 579; ☎204-943-3958; www.mhs.mb.ca; Joe Zuken Heritage Park, 140 Mead St N; Eintritt frei; ⌚Juni–Aug. Mi–So 10–17 Uhr) In dieser hübsch gelegenen kleinen Blockhütte betrieb William Ross einst die erste Poststation im Westen. Heute ist hier das Leben der Pioniere in den 1850er-Jahren dokumentiert.

Geführte Touren

Destination Winnipeg und Tourisme Riel bieten Infos für selbstgeführte Touren zu verschiedenen Themen. Anregungen gibt auch die Website von **Routes on the Red** (www.routes onthered.ca), wo man sich verschiedene Touren in der Region Winnipeg herunterladen kann.

Historic Exchange District Walking Tours (☎204-942-6716; www.exchangedistrict.org; Erw./Kind 7 C$/frei; ⌚Termine telefonisch erfragen) Die Themen- und Geschichtstouren beginnen am Old Market Sq.

Muddy Water Tours (☎204-898-4678; www.muddywatertours.ca; Erw./Kind ab 10/4 C$; ⌚Termine & Treffpunkt telefonisch erfragen) Bietet viele unterhaltsame geschichtliche Stadtführungen. Die beliebten Touren „Murder, Mystery & Mayhem" und „Pestilence, Shamans & Doctors" stehen den ganzen Sommer über auf dem Programm. Die begehrte Tour „Symbols, Secrets & Sacrifices Under the Golden Boy" gewährt einen Einblick in die Geheimnisse der Provinzhauptstadt.

Paddlewheel Riverboats (Karte S. 558; ☎204-944-8000; www.paddlewheelcruises.com; Ecke Alexander Ave & Waterfront Dr; Erw./Kind 18/9,25 C$; ⌚Mai–Okt.) Im Angebot sind Flussfahrten mit einem Schaufelradboot am frühen Nachmittag (13 Uhr), zu Sonnenuntergang und bei Mondschein.

Splash Dash (Karte S. 558; ☎204-783-6633; Erw./Kind 10/9 C$; ⌚Mitte Mai–Mitte Okt. 10 Uhr–Sonnenuntergang) Bietet 30-minütige Touren auf dem Fluss ab The Forks.

The Forks Walking Tours Parks Canada bietet zwei Stadtrundgänge an: die Tour **6000 Years in 60 Minutes** (☎204-983-6757; www.parkscanada.ca/forks; Erw./Kind 4 C$/frei; ⌚Juli & Aug. Di, Do & So 10, 13 & 15 Uhr), bei der kostümierte Darsteller den Teilnehmern die 6000 Jahre alte Geschichte der Region nahebringen, und die Tour **The Forks Uncovered** (⌚Juli & Aug. Mo, Fr & Sa 10, 13 & 15 Uhr), bei der vor allem die Archäologie im Mittelpunkt steht. Die Touren beginnen am Explore Manitoba Centre.

Festivals & Events

Festival du Voyageur (☎204-237-7692; www.festivalvoyageur.mb.ca; ⌚Mitte Feb.) Das wichtigste Ereignis in Winnipeg: An dem zehntägigen Festival zu Ehren von Trappern und französischen *voyageurs* nehmen alle teil. Zentrum des Geschehens ist Fort Gibraltar; es gibt Konzerte, Schlittenhunderennen und *joie de vivre*.

Winnipeg Pride (www.pridewinnipeg.com; ⌚Anfang Juni) Zehn Tage lang feiern Schwule und Lesben.

Winnipeg Fringe Festival (☎204-943-7464; www.winnipegfringe.com; ⌚Mitte Juli) Nordamerikas zweitgrößtes Fringe-Fest. Die Comedy-, Theater-, Musik- und Kabarettaufführungen sind oft wild-kreativ, rau und herrlich lustig. Nach dem Dauerstar Jason Brasher Ausschau halten!

Winnipeg Folk Festival (☎204-231-0096; www.winnipegfolkfestival.ca; ⌚Mitte Juli) Mehr als 200 Konzerte auf sieben Bühnen im Birds Hill Provincial Park.

Folklorama (☎204-982-6230; www.folklorama.ca; ⌚Anfang Aug.) Das weltweit älteste multikulturelle Event seiner Art. Überall in der Stadt stehen Pavillons, die verschiedene Kulturen repräsentieren und in denen Aufführungen u. ä. stattfinden oder Geschichten erzählt werden.

Manito Ahbee (☎204-956-1849; www.manitoahbee.com; ⌚Anfang Nov.) Aus aller Welt kommen die Leute zu diesem riesigen Festival zu Ehren der Kultur der Ureinwohner.

Schlafen

An den Hauptstraßen rund um Winnipeg und in der Nähe des Flughafens finden sich jede Menge Kettenmotels. Es spricht aber nichts dagegen, im Zentrum abzusteigen, zumal man von dort aus alles leicht zu Fuß erkunden kann.

LP TIPP **Fort Garry Hotel** HOTEL $$
(Karte S. 558; ☎204-942-8251, 800-665-8088; www.fortgarryhotel.com; 222 Broadway Ave; Zi. 120–200 C$; ❄@📶🏊) Das von Einheimischen geführte Sandsteingebäude im Chateau-Stil (1913) wirkt geradezu filmreif und verströmt Winnipeg-Geschichte. Das prachtvolle Foyer des als eines der ersten Eisenbahnhotels in Kanada errichteten Hauses zeigt den Geist des Hauses: Die Wände zieren historische Fotos. Die Zimmer oben sind komfortabel, wenn auch etwas verstaubt – aber das trägt noch zum Charme bei. Zu den aus alten Tagen stammenden Extras zählt die Vorrichtung an der Tür, an der man seine Kaffeebestellung festmacht. Das kostenlose Frühstücksbüfett ist herrlich.

River Gate Inn B&B $$
(Karte S. 579; ☎204-474-2761; www.rivergateinn.com; 186 West Gate; Zi. 80–140 C$; P❄📶🏊)

Das wäre genau die richtige Villa, wenn man in Winnipeg lebte und reich wäre: Das Anwesen von 1919 hat einen großen, von riesigen Ulmen umgebenen Pool sowie diverse Veranden und Gemeinschaftsräume. Zu den Extras zählen kostenlose Getränke und Snacks rund um die Uhr. Die fünf Zimmer sind traditionell eingerichtet. Ein schöner Spaziergang führt über den Fluss nach Corydon und Osbourne Village.

Humphry Inn HOTEL **$$**
(Karte S. 558; ☎204-942-4222, 877-486-7479; www.humphryinn.com; 260 Main St; Zi. 80–160 C$;) Das ehemalige Hampton Inn ist ein modernes, sechsstöckiges Hotel mit perfekter Lage im Zentrum. Die großen Zimmer sind mit Kühlschrank und Mikrowelle ausgestattet. Den besten Blick bieten die Zimmer Richtung Osten. Das kostenlose Frühstücksbüfett ist riesig.

Norwood Hotel HOTEL **$$**
(Karte S. 579; ☎204-233-4475, 888-888-1878; www.norwood-hotel.com; 112 Marion St; Zi. 80–120 C$;) Das fünfstöckige moderne Hotel wird von einer netten Familie betrieben. Es gibt 52 große Zimmer mit recht neuem, ruhigem Dekor. Das Hotel liegt einen kurzen Fußmarsch über die St. Mary's Road Bridge Richtung The Forks und Innenstadt.

Malborough Hotel HOTEL **$$**
(Karte S. 558; ☎204-942-6411, 800-667-7666; www.themarlborough.ca; 331 Smith St; Zi. 70–100 C$;) Ein Stilmix mit Gotik- und Renaissanceelementen sowie offene Gemeinschaftsbereiche charakterisieren dieses denkmalgeschützte Gebäude. Teilweise riecht es zwar etwas muffig, aber dafür ist es 90 Jahre alt und super gelegen. Das Hotel wird nach und nach renoviert (der Pool hat inzwischen eine Rutsche!), deshalb sollte man sich ein paar der 148 Zimmer zeigen lassen, bevor man eines nimmt.

Inn at the Forks HOTEL **$$$**
(Karte S. 558; ☎204-942-6555, 877-377-4100; www.innforks.com; 75 Forks Market Rd; Zi. 150–250 C$;) Es wirkt ein wenig *Mad Men*-mäßig, wenn der ältesten Immobilie Winnipegs ein moderner Look verpasst wird. Alle der 117 geräumigen Zimmer haben schicke Bäder und sind in kräftigen Farben gehalten. Der Flussblick und das hochmoderne Spa sind klasse.

HI Winnipeg HOSTEL **$**
(Karte S. 558; ☎204-772-3022, 866-762-4122; www.hihostels.ca; 330 Kennedy St; B/Zi. 33/77 C$;) Das umgebaute alte Hotel im Zentrum bietet Budgettravellern 100 Betten – es gibt zwei Etagen mit Schlafsälen und eine mit privaten Zimmern. Ein Restaurant und eine etwas zwielichtige Kneipe sind ebenfalls vorhanden. Angeboten werden auch Touren nach Churchill.

Backpackers Winnipeg Guest House International HOSTEL **$**
(Karte S. 558; ☎204-772-1272, 800-743-4423; www.backpackerswinnipeg.com; 168 Maryland St; B/Zi. 27/55 C$;) Westlich vom Zentrum, an einer ruhigen, von Bäumen gesäumten Straße liegt dieses viktorianische Haus mit knarrenden Böden, das zu einem Hostel umgebaut wurde. Im muffigen Untergeschoss gibt's ein stark genutztes Spielezimmer und kleine Duschen. Insgesamt ist das Hostel aber gemütlich und sicher.

Essen

In Winnipeg lässt es sich hervorragend speisen, und es gibt eine große Auswahl interessanter Lokale. In den Vierteln Exchange District, St. Boniface, Osborne Village und an der Corydon Ave gibt es jede Menge Restaurants. Wer sich hier an Sommerabenden umschaut, wird es schwierig finden, sich zu entscheiden.

Im Exchange District wird am Old Market Sq ein kleiner **Bauernmarkt** (Karte S. 558; ⌚Juli–Sept. Do & Sa 10–14 Uhr) abgehalten. Wer aber unter den Produkten aus der ganzen Provinz wählen will, sollte zum **St. Norbert Farmers' Market** (Karte S. 579; www.stnorbertfarmersmarket.ca; 3514 Pembina Hwy; ⌚Juni–Okt. Sa 8–15 Uhr) 14 km weiter südlich fahren, wo an unzähligen Ständen Obst und Gemüse der Saison, Speisen, Kunsthandwerk und vieles mehr angeboten werden.

STADTZENTRUM

VJ's Drive-In FAST FOOD **$**
(Karte S. 558; ☎204-943-2655; 170 Main St; Hauptgerichte 4–9 C$; ⌚10–1 Uhr) Das gegenüber der Union Station gelegene VJs ist vor allem wegen der Take-aways sehr beliebt. Mittags stehen die Leute manchmal Schlange, denn die prall gefüllten Chili-Hotdogs, die saftigen Cheeseburger und die bronzefarbenen Pommes gelten als die besten Winnipegs – dafür lohnt sich das Warten. Es gibt nur wenige Sitzplätze an den Picknicktischen im Freien.

Wagon Wheel SANDWICHES **$**
(Karte S. 558; ☎204-942-6695; 305 Hargrave St; Hauptgerichte 5–9 C$; ⌚Mo–Fr 6–18 Uhr)

Der kleine, schlichte Diner im Zentrum ist eine Institution in Winnipeg: ganz ohne Schnickschnack, dafür aber mit jeder Menge Resopal. Für die hammermäßigen getoasteten Club-Sandwiches wird Putenfleisch täglich frisch gebraten, und auch die Suppen sind köstlich.

THE FORKS

Im Geschäftsviertel The Forks finden sich mehrere ziemlich ähnliche Restaurants, in denen die Massen in der und rund um die **Markthalle** (Karte S. 558) und das Johnston Terminal abgefüttert werden. Straßenverkäufer, die fertiges Essen anbieten, gibt's aber auch – ideal für ein Picknick im Freien. Außerdem bieten viele Imbissbuden günstiges, leckeres Essen aus aller Herren Länder.

Tall Grass Prairie BÄCKEREI $
(Karte S. 558; ☎204-957-5097; www.tallgrassbakery.ca; 1 Forks Market Rd; Hauptgerichte ab 4 C$) Die lokale Legende hat zwei Stände in der Markthalle und nutzt nur aus Manitoba stammende Produkte aus biologischem Anbau für seine ausgezeichneten Backwaren, Sandwiches und Gerichte.

Sydney's FUSION $$
(Karte S. 558; ☎204-942-6075; www.sydneysattheforks.com; One Forks Market Rd; Hauptgerichte mittags 15–20 C$, Abendmenü 50 C$; ⏲Mo–Sa 11.30–14 & 17–22 Uhr) Das Sydney's im 2. Stock der Markthalle ist den anderen Restaurants in jeder Hinsicht haushoch überlegen. Abends gibt's Viergängemenüs zu Fixpreisen, zu denen internationale Gerichte wie geräucherter Lachs, Schnecken, Muscheln und Steak gehören.

EXCHANGE DISTRICT & UMGEBUNG

Es ist toll, an Sommerabenden in den historischen Straßen des Exchange District draußen an den Restauranttischen zu sitzen. Der Pub Kings Head bietet gutes Kneipenessen an. Weiter nördlich liegt Winnipegs kleine Chinatown mit den üblichen Gerüchen und Speisen.

Mondraggón CAFÉ $
(Karte S. 558; ☎204-946-5241; www.mondragon.ca; 91 Albert St; Hauptgerichte 6–11 C$; ⏲Mo 11–14, Di–Sa 10–22 Uhr; ✎) Das Mondragón ist den Anfängen des Exchange District immer treu geblieben. Es wird von einer Arbeitergemeinschaft betrieben und verkauft die Art linksgerichteter Bücher, die man bei Amazon nicht findet. Das Veganer-Café hat ein täglich wechselndes Angebot von kreativen, frischen Gerichten. Es gibt sogar einen kleinen Supermarkt, der nach Sacco & Vanzetti benannt ist.

Kum-Koon Garden CHINESISCH $$
(Karte S. 558; ☎204-943-4655; 257 King St; Gerichte 2–4 C$; ⏲11.30–22 Uhr) Das ausgezeichnete Dim Sum zieht Legionen treuer Fans in dieses chinesische Lokal. Die Bedienung lässt manchmal etwas zu wünschen übrig, aber das spielt angesichts der umfangreichen Karte keine große Rolle. Die Hauptgerichte sind so groß, das mehrere Personen davon satt werden. Was man nicht schafft, lässt man sich einpacken.

Oui FRANZÖSISCH $$$
(Karte S. 558; ☎204-989-7700; 283 Bannatyne Ave; Hauptgerichte 25–30 C$; ⏲Di–Fr mittags, Di–Sa abends) Das Oui ist in einem prominent an einer Ecke gelegenen ehemaligen Lagerhaus von 1907 mit hohen Decken untergebracht. Auf der Karte des klassisch französischen Bistros stehen Steak und Pommes, *fruits de mer* (Meeresfrüchte), viele andere solide Fleischgerichte und super-frische Salate. Draußen auf dem Bürgersteig stehen Tische, an denen man bei einem der vielen einfallsreichen Cocktails abhängen kann.

Fyxx CAFÉ $
(Karte S. 558; ☎204-944-0045; 92½ Albert St; Hauptgerichte ab 6 C$; 📶) Diese Filiale einer lokalen Kaffeehauskette hat alles, was man vom Exchange District erwartet. Der Kaffee und die Sandwiches sind ausgezeichnet.

Alycia's CAFÉ $$
(☎204-582-8789; 559 Cathedral Ave; Hauptgerichte 9–14 C$; ⏲Mo–Sa 8–20 Uhr) Dies ist eines jener Lokale, die man gesehen haben muss, die aber nicht wirklich etwas Besonderes sind – außer vielleicht das beliebteste ukrainische Restaurant vor Ort. Alles ist lecker, und die täglich frischen Piroggen sind schnell ausverkauft. Beim Borschtsch vergisst man die Kälte draußen.

ST. BONIFACE

Das charmante, alte Viertel St. Boniface besitzt ein paar hübsche, kleine Restaurants, die – was nicht überrascht – die hiesige französischen Note widerspiegeln. Keines liegt mehr als einen 20-minütigen Fußmarsch über den Fluss vom Zentrum entfernt.

Step 'N Out FUSION $$
(☎204-956-7837; www.stepnout.ca; 157 Blvd Provencher; Hauptgerichte Mittagessen 9–12 C$, Abendessen 18–25 C$; ⏲Di–Fr mittags & abends,

Sa abends) Das romantische Lokal mag etwas überladen sein, ist aber schön ruhig und hat eine mit Blumen geschmückte Außenterrasse. Die Karte wird täglich handgeschrieben. Das Angebot verbindet die asiatische mit der westlichen Küche und nutzt frische Produkte aus der Region. Auch die Weinkarte kann sich sehen lassen.

Chez Sophie FRANZÖSISCH, ITALIENISCH **$$**
(Karte S. 558; ☎204-235-0353; www.chezsophie.net; 248 Av de la Cathédrale; Gerichte 9–15 C$; ⌚Di–Sa 11–21 Uhr) Seit Jahrzehnten eine Institution in diesem Viertel: Das Haus war einst ein Eckladen, dann ein Waschsalon, und ist inzwischen ein beliebtes Bistro. Das Chez Sophie ist gemütlich und bietet günstige, klassisch französische Gerichte wie Salat, Crêpes und Quiche sowie Herzhafteres wie Muscheln und Pommes. Für das italienische Flair sorgen Pizza und Pasta.

Resto Gare FRANZÖSISCH, FUSION **$$**
(☎204-237-7072; www.chezsophie.net; 630 Rue des Muerons; Hauptgerichte 13–25 C$) Das lecker knusprige Brot überzeugt: Mit diesem Restaurant in der Nähe des Blvd Provencher im alten Bahnhof hat man eine gute Wahl getroffen. Gäste können wählen, ob sie auf der riesigen Terrasse oder im angeschlossenen Eisenbahnwagen in einer der romantischen Sitzecken Platz nehmen. Der Chefkoch Scott Bagshaw ist eine hiesige Legende. Er bietet kreative Varianten von Standardgerichten sowie eine Reihe internationaler Spezialitäten an. Donnerstagabends gibt's Livejazz.

OSBORNE VILLAGE

Einige der trendigsten Restaurants Winnipegs befinden sich in diesem zentrumsnahen Viertel.

Segovia MEDITERRAN **$$**
(☎204-477-6500; www.segoviatapasbar.com; 484 Stradbrook Ave; kleine Hauptgerichte 8–12 C$; ⌚Mi–Sa 11.30–14, Mi–Mo 17–24 Uhr) Das derzeit angesagteste Restaurant in Winnipeg ist ein Tapas-Lokal, das so authentisch ist wie die hausgemachte Aioli. Es ist in einem stilvoll renovierten alten Haus untergebracht, liegt abseits der lauten Osborne St und hat eine umfangreiche Getränkekarte mit Weinen und Cocktails, die man zu den ausgezeichneten kleinen Gerichten auf dem Hof genießen kann.

Baked Expectations CAFÉ **$$**
(☎204-452-5176; www.bakedexpectations.ca; 161 Osborne St; Hauptgerichte 8–16 C$; ⌚12–24 Uhr) Schon beim Betreten des stilvollen Dessertpalasts läuft einem beim Anblick der vielen Kuchen das Wasser im Mund zusammen. Aber auch das kulinarische Vorspiel kann sich sehen lassen: Es gibt ausgezeichnete Burger, Pasta, Omelettes und mehr. Auch für Kinder ist Einiges im Angebot. Ganz ehrlich: Für die Backwaren hinter der Glastheke könnte man sterben.

CORYDON AVENUE & LITTLE ITALY

In der trendigen Corydon Ave, die durch eines der ältesten und hübschesten Viertel Winnipegs verläuft, findet man alle möglichen Lokale. Ungefähr in der Mitte liegt ein Streifen mit Cafés – Little Italy. Die meisten haben tolle Terrassen und sind perfekt, um einen starken Kaffee zu trinken, während man über Gott und die Welt nachdenkt.

Colloseo ITALIENISCH **$$**
(☎204-284-4977; 670 Corydon Ave; Hauptgerichte 13–20 C$; ⌚Mo–Sa 11–22, So ab 15 Uhr) Bei dem seit Langem beliebten Italiener gibt's zeitlose, klassisch italienische Speisen von Pizza und Pasta bis zu Hühnchen und Meeresfrüchten. Drinnen herrscht 1970er-Jahre-Flair vor – alles ist dunkel, mit gedämpften Farben und schweren Möbeln. Draußen befindet sich unter Schatten spendenden Bäumen ein großer Hof, dessen Wände italienische Motive schmücken.

Tandoori Hut INDISCH **$$**
(☎204-415-4021; 645 Corydon Ave; Hauptgerichte 9–16 C$) Auf den ersten Blick wirkt das schlichte Backsteingebäude unauffällig, aber es gibt eine Treppe, die auf eine riesige, himmlische Dachterrasse führt, auf der man im Sommer unter Sternen das beste indische Essen in ganz Winnipeg genießen kann. Hier bekommt man all die indischen Standardgerichte aus hervorragenden, frischen Zutaten und vielen Gewürzen.

Ausgehen

Überall in Winnipeg findet man ordentliche Kneipen und Bars, die meisten mit fröhlichem Nachbarschaftsflair. Unbedingt probieren sollte man das Bier der ortseigenen Kleinbrauerei Fort Garry. In einigen der Restaurants, die im Kapitel „Essen" aufgeführt sind, kann man auch gut etwas trinken, z. B. im Oui und im Segovia.

LP TIPP **King's Head Pub** KNEIPE
(Karte S. 558; ☎204-957-7710; 120 King St) Der britisch anmutende Pub im Exchange District hat Tische auf dem Fuß-

weg – genau der richtige Ort, um laue Abende gesellig zu verbringen. Drinnen herrscht rustikales Holz vor. Die übliche Kneipenkost (Burger und Fish & Chips) ist recht gut.

Tavern United BAR
(Karte S. 558; ☎204-944-0022; 260 Hargrave St) Sehr geräumiger Innenraum und eine ebenfalls riesige Dachterrasse mit tollem Ausblick aufs Stadtzentrum. Sportsbar-Atmosphäre liegt in der Luft.

Toad in the Hole Pub & Eatery KNEIPE
(☎204-284-7201; 108 Osborne St) Gemütliche Kneipe in Osborne Village mit einheimischem Publikum.

☆ Unterhaltung

Winnipegs ziemlich eindrucksvolle Kunst- und Kulturszene verdient Applaus.

Livemusik

Die **Centennial Concert Hall** (Karte S. 558; ☎204-956-1360; 555 Main St) ist die Spielstätte des **Winnipeg Symphony Orchestra** (☎204-949-3999; www.wso.mb.ca; Karten 20–60 C$; ⊙Sept.–Mai) und der gefeierten **Manitoba Opera** (☎204-942-7479; www.manitobaopera.mb.ca; Karten 30–99 C$; ⊙Nov.–April), deren Aufführungen untertitelt sind.

Wie es sich für die Stadt gehört, aus der Neil Young hervorgegangen ist, spielen in fast allen Bars und Clubs mindestens einmal pro Woche Livebands.

Times Chang(d) High & Lonesome Club (Karte S. 558; ☎204-957-0982; 234 Main St) Am Wochenende treten Honky-Tonk-, Country-, Rock- und Blues-Bands auf. Bier und Whiskey fließen in dieser kleinen, rauen, altmodischen Kneipe in Strömen.

Windsor Hotel (Karte S. 558; ☎204-942-7528; 187 Garry St) Das ziemlich schäbige Windsor ist eindeutig Winnipegs beste Bar, um Liveblues zu hören. An manchen Abenden steht die Bühne allen offen; Bands treten am Wochenende auf.

West End Cultural Centre (☎204-783-6918; www.wecc.ca; 586 Ellice Ave) Früher eine Kirche, heute eine trauliche Location, in der auch Folk und Jazz gespielt werden. Viele aufstrebende Künstler haben ihren Durchbruch geschafft, weil die Freiwilligen, die diesen Schuppen betreiben, immer für neue Musik zu begeistern sind.

Nachtclubs

Wie in den meisten Großstädten kommen und gehen Clubs auch in Winnipeg ständig. Was gerade in ist, verrät ein Blick in die Zeitungen oder auf die Website www.winnipegnightlife.ca. Achtung: Viele Clubs sind nur freitag- und samstagabends geöffnet.

Empfehlenswerte Locations:

Alive in the District (Karte S. 558; ☎204-989-8080; www.aliveinthedistrict.com; 40 Bannatyne Ave) Cooler Glitzerschuppen im Exchange District. Dresscode!

Mystique (Karte S. 558;☎204-943-2623; 441 Main St) Die majestätische alte Imperial Bank beherbergt heute den Glamour-Club, der sich den „vier Elementen des Clubbing" verschrieben hat: Erde, Wind, Feuer und Wasser.

Whiskey Dix (Karte S. 558; ☎204-944-7539; 436 Main St) Die Ausgehklamotten anziehen und am Wochenende so gegen 22.30 Uhr hier aufkreuzen! Der äußerst beliebte Club hat draußen eine ebenfalls äußerst beliebte riesige Terrasse (mit Feuerkanone) und drinnen hohe Decken über der bebenden Tanzfläche.

Palomino Club (☎204-772-0454; 1133 Portage Ave) Das Pal ist ein wilder, lustiger Tanzclub mit Musik von AC/DC oder den hierzulande sehr beliebten Atomic Candy.

Theater & Kino

Cinémathèque (Karte S. 558; ☎204-925-3457; www.winnipegfilmgroup.com; 100 Arthur St) Zeigt kanadische und internationale Streifen – von Kunstfilmen bis hin zu Klassikern.

Manitoba Theatre Centre (Karte S. 558; ☎204-942-6537; www.mtc.mb.ca; 174 Market Ave) Das Ensemble zeigt beliebte Shows auf der Hauptbühne und gewagtere Inszenierungen im MTC Warehouse (140 Rupert Ave).

Prairie Theatre Exchange (Karte S. 558; ☎204-942-5483; www.pte.mb.ca; 393 Portage Ave) Die Theatertruppe der Gemeinde bringt im Einkaufszentrum Portage Place innovative und anspruchsvolle Produktionen auf die Bühne.

Royal Winnipeg Ballet (Karte S. 558; ☎204-956-2792; www.rwb.org; 380 Graham Ave) Der ausgezeichnete internationale Ruf bedeutet natürlich auch, dass die Aufführungen in der Centennial Concert Hall sehr beliebt sind.

Spielstätten

Burton Cummings Theatre (Karte S. 558; ☎204-956-5656; 364 Smith St) Der Name verrät, wer das ehemalige Kino von 1907 vor dem Abriss bewahrt hat. Heute finden hier Theaterabende und Konzerte statt.

MTS Centre (Karte S. 558; ☎204-987-7825; www.mtscentre.ca; 260 Hargrave St) Moderne Arena im Zentrum, in der Konzerte und Sportveranstaltungen stattfinden.

Pantages (Karte S. 558; ☎204-989-2889; www.pantagesplayhouse.com; 180 Market Ave) Die legendäre Spielstätte war einst ein Vaudeville-Theater. Heute gibt's das ganze Jahr über alle möglichen Veranstaltungen.

Scotiabank Stage (Karte S. 558; www.theforks.com) Konzerte und Theaterstücke im Freien in The Forks.

Sport

Die Einwohner Winnipegs lieben ihre Sportmannschaften. Um die Atmosphäre hautnah zu erleben, schaut man sich am besten ein Spiel an.

Manitoba Moose
(Karte S. 558; ☎204-780-7328; www.moosehockey.com; ⏲Sept.–März) Das in der American Hockey League spielende (und mit dem NHL-Team Vancouver Canucks verbandelte) Team füllt die Zeit bis zur ersehnten Rückkehr der Jets. Es spielt im MTS Centre.

Winnipeg Blue Bombers
(☎204-784-2583; www.bluebombers.com; 1430 Maroons Rd; ⏲Juni–Okt.) Das fanatischen Massen feuern frenetisch ihre CFL Bombers im Canad Inns Stadium an.

Winnipeg Goldeyes
(Karte S. 558; ☎204-982-2273; www.goldeyes.com; Mill St; ⏲Mai–Sept.) Was gibt es Besseres, als an einem Sommerabend für wenig Geld im Canwest Stadium am Fluss ein Spiel der unteren Liga anzuschauen?

Shoppen

Der Exchange District brummt nur so vor Kunstgalerien und interessanten Läden. Osborne Village und die Corydon Ave eignen sich hervorragend zum Herumstöbern (vor allem rund um Lilac an der Corydon Ave). Selbst in The Forks gibt es außer dem üblichen touristischen Schnickschnack ein paar besuchenswerte Antiquitätenläden im Gebäude des **Johnston Terminal** (Karte S. 558).

Portage Place EINKAUFSZENTRUM
(Karte S. 558; ☎204-925-4636; www.portageplace.mb.ca; Portage Ave, an der Vaughan St) Das Einkaufszentrum in der Innenstadt erstreckt sich über drei Häuserblocks und beherbergt 160 Geschäfte.

Bijou Treasures ACCESSOIRES
(Karte S. 558; ☎204-233-9722; 190 Blvd Provencher) Mit Edelsteinen aus der ganzen Welt fertigen die hiesigen Juweliere Schmuck im ortsüblichen, französisch angehauchten Stil.

Mountain Equipment Co-Op OUTDOOR-AUSRÜSTUNG
(MEC; Karte S. 558; ☎204-943-4202; www.mec.ca; 303 Portage Ave) Kanadas beliebtester Outdoor-Laden hat auch einen Ausrüstungsverleih.

Red River Books BUCHLADEN
(Karte S. 558; ☎943-956-2195; 92 Arthur St) Eine literarische Fundgrube mit Unmengen von antiquarischen Büchern.

OB DIE JETS ZURÜCKKOMMEN?

Die meisten Einheimischen beschäftigt es, die Anrufer in Radiosendungen fragen danach, und Zeitungen titeln Schlagzeilen, schreiben Kommentare und füllen ihren Sportteil damit: Die mögliche Rückkehr von Winnipegs altem NHL-Eishockeyteam, den Jets, ist immer ein Thema. 1996 verlor Winnipeg sein geliebtes Team ausgerechnet an Phoenix. Erfolgsbesessene US-Amerikaner und der Traum von TV-Einnahmen lockten die Jets in die Pampa Arizonas, wo sich – oh Wunder! – kein Mensch für Eishockey interessiert. Jetzt stecken die Phoenix Coyotes, wie das Team heute heißt, in echten finanziellen Schwierigkeiten und könnten vielleicht auf die Idee kommen, aus der Wüste in kältere Gefilde abzuwandern – dorthin, wo man Eishockey wirklich liebt.

In Winnipeg hofft man jedenfalls auf die Rückkehr der Jets. Überall sieht man Leute mit dem rechteckigen Logo der Jets aus den 1970er-Jahren. Im MTS Centre (der Spielstätte der in der Minor League spielenden Beavers) stehen die Mieter der glamourösen Stadionlogen, eine Menge örtlicher Promis sowie Politiker bereit, um dem Team finanziell unter die Arme zu greifen. Bleibt nur die Frage: Wann endlich wird das Team von Gordie Howe zurückkehren?

Praktische Informationen

Geld

Custom House Currency Exchange (☎204-987-6000; 243 Portage Ave; ⏲Mo–Sa 9–16 Uhr)

Internetzugang

Millennium Library (☎204-986-6450; www.millenniumlibrary.com; 251 Donald St; ⏲Mo–Do 10–21, Fr & Sa bis 17 Uhr; 📶) Kostenloses WLAN und Computer mit Internetzugang.

Medien

Uptown Magazine (www.uptownmag.com) Kostenloses alternatives Wochenblatt.

Winnipeg Free Press (www.winnipegfreepress.com) Die größte Tageszeitung hat eine gute Freitagsbeilage mit Infos zur Unterhaltung.

Medizinische Versorgung

St. Boniface General Hospital (Karte S. 558; ☎204-233-8563; 409 Ave Taché; ⏲24 Std.)

Post

Viele Drogerien besitzen einen Postschalter mit verlängerten Öffnungszeiten.

Hauptpost (☎800-267-1177; 266 Graham Ave)

Touristeninformation

Destination Winnipeg (☎204-943-1970, 800-665-0204; www.destinationwinnipeg.ca; 259 Portage Ave; ⏲Mo–Fr 8.30–16.30 Uhr).

Explore Manitoba Centre (☎204-945-3777, 800-665-0040; 25 Forks Market Rd; ⏲Sept.–Mai 10–17 Uhr, Juni–Aug. bis 18 Uhr) Informationszentrum der Provinz in The Forks mit Infos über Parks Canada und Winnipeg.

Tourisme Riel (☎204-233-8343; www.tourismeriel.com; 219 Blvd Provencher; ⏲Juni–Aug. tgl. 9–17 Uhr, Sept.–Mai Mo–Fr 9–17 Uhr) Visitor Information Center in St. Boniface, das sich auf frankophone Attraktionen spezialisiert hat. Im Sommer steht normalerweise ein Infokiosk am Ende der Esplanade Riel, der Fußgängerbrücke über den Fluss.

An-& Weiterreise

Bus

Die Busse von Greyhound halten an dem neuen **Terminal** (Karte S. 579; 2015 Wellington Ave) am Winnipeg International Airport. Es gibt u. a. Busverbindungen nach Regina (87 C$, 9 Std., 2-mal tgl.), Thunder Bay (88 C$, 9 Std., 2-mal tgl.) und Thompson (110 C$, 9 Std., 2-mal tgl.). Ein kostenloser Shuttlebus bringt die Fahrgäste in die Innenstadt zur 299 Fort St.

Flugzeug

Der **Winnipeg International Airport** (YWG; Karte S. 579; www.waa.ca; 2000 Wellington Ave) liegt 10 km westlich der Innenstadt und hat ein nagelneues Terminal. Es gehen Flüge zu Städten in ganz Kanada und zu wichtigen Zentren der USA. Regionale Fluglinien (s. S. 557) bedienen abgelegenere Ziele.

Zug

Der transkontinentale VIA-Rail-Zug *Canadian* fährt dreimal pro Woche von der **Union Station** (Karte S. 558; 123 Main St) in beide Richtungen. Sonst gibt es noch eine unbequeme Zugverbindung nach Churchill (2- od. 3-mal wöchentl.) über Thompson, die 40 Stunden oder länger dauert.

Unterwegs vor Ort

Von der Innenstadt kommt man zu Fuß leicht in die umliegenden Viertel. Bei schlechtem Wetter kann man die ober- und unterirdischen Fußgängerwege benutzen, die die Gebäude im Zentrum miteinander verbinden. Ein Stadtplan ist bei Destination Winnipeg erhältlich.

Auto & Motorrad

Im Stadtzentrum gibt es viele Parkplätze an der Straße (nach 18 Uhr kostenlos) und Parkhäuser. An der Union Station werden häufiger mal Autos aufgebrochen, deshalb sind bewachte Parkanlagen die bessere Option, wenn man das Auto abstellen und mit dem Zug weiterfahren will.

Wer mit dem Auto auf der Durchreise durch Winnipeg ist, kann auf dem Trans-Canada Hwy (Hwy 1) durchs Zentrum fahren. Wenn man genau das aber vermeiden will, ist der Hwy 100 eine gute Alternative. Die Ringstraßen östlich und westlich der Stadt sind allerdings auch oft überfüllt.

Vom/Zum Flughafen

Ein Taxi vom Flughafen in die Innenstadt kostet 20 C$; manche Hotels haben kostenlose Shuttles. Bus 15 von Winnipeg Transit verkehrt alle 20 Minuten zwischen Flughafen und Zentrum und braucht für die Strecke eine halbe Stunde.

Öffentliche Verkehrsmittel

Winnipeg Transit (☎204-986-5700; www.winnipegtransit.com; Erw./Kind 2,35/1,85 C$) betreibt ein umfangreiches Busnetz. Die meisten Buslinien treffen an der Fort St zusammen. Umsteigefahrscheine kaufen und passend zahlen! Das Unternehmen betreibt auch den kostenlosen *Downtown Spirit*, der auf vier Routen durchs Zentrum fährt.

Wassertaxi

Bei einer Fahrt mit einem Wassertaxi kann man die Stadt aus einer gänzlich neuen Perspektive sehen. **Splash Dash** (Karte S. 558; ☎204-783-6633; einfache Strecke/Tageskarte 3/15 C$; ⏲Juli–Aug. tgl. 12–23 Uhr, Sept.–Mitte Okt. Sa & So 12–18 Uhr) betreibt Wassertaxis zwischen

The Forks, dem Parlamentsgebäude, Osborne Village, St. Boniface und dem Exchange District.

RUND UM WINNIPEG

Lower Fort Garry

Am Ufer des Red River umgeben gewaltige Mauern das einzige aus Stein gebaute und noch erhaltene **Fort** (☎204-785-6050; www.parkscanada.ca/garry; 5925 Hwy 9; Erw./Kind 8/4 C$; ⏱Mitte Mai–Sept. 9–17 Uhr), das noch aus der Zeit des Pelzhandels stammt. Das Fort ist gründlich restauriert worden und versetzt einen in die Mitte des 19. Jhs. zurück; dazu tragen u.a. kostümierte Darsteller bei. Die hübsche Parkanlage befindet sich 32 km nordöstlich von Winnipeg.

Oak Hammock Marsh

Mitten im Sumpfland des südlichen Manitoba liegt die **Oak Hammock Marsh** (☎204-467-3300; www.oakhammockmarsh.ca; Rte 200, am Hwy 67; Erw./Kind 6/4 C$; ⏱Nov.–Aug. 10–16.30 Uhr, Sept. & Okt. bis 20 Uhr), eines der besten Reservate in der Umgebung mit Hunderttausenden von Vögeln und Zugvögeln. Im Frühjahr herrscht hier eine unglaubliche Artenvielfalt, und im Herbst kommen 200000 bis 400000 Gänse her. Um alles von so nah wie möglich zu sehen, gibt es Plankenwege, Fernrohre, ferngesteuerte Kameras und Kanus.

LAKE WINNIPEG

Seit den 1920er-Jahren ist das Südende von Kanadas fünftgrößtem See ein beliebtes Ferienziel. Angesichts sandiger Strände, konstanten Sonnenscheins und einer Wasserfläche in Ozeangröße verbringen Winnipegs Einwohner hier quasi ihren „Urlaub am Meer“. Im Sommer herrscht Hochbetrieb, während im Winter die verschneiten weißen Strände am zugefrorenen See praktisch menschenleer sind.

Beliebt sind u.a. Winnipeg Beach am westlichen und Grand Beach am östlichen Ufer. Hierbei handelt es sich eigentlich um typische Strandorte – nicht völlig reizlos, aber als sommerliche Vergnügungszentren relativ berechenbar. Umgeben von Säulengängen, Strandpromenaden, Eisdielen und Burger-Takeaways genießen Familien, Jugendliche und Urlauber scharenweise Sonne und Wasser.

In der Nähe des Grand Beach Provincial Park (☎204-754-2212; Hwy 12; Stellplatz Zelt/

Großraum Winnipeg

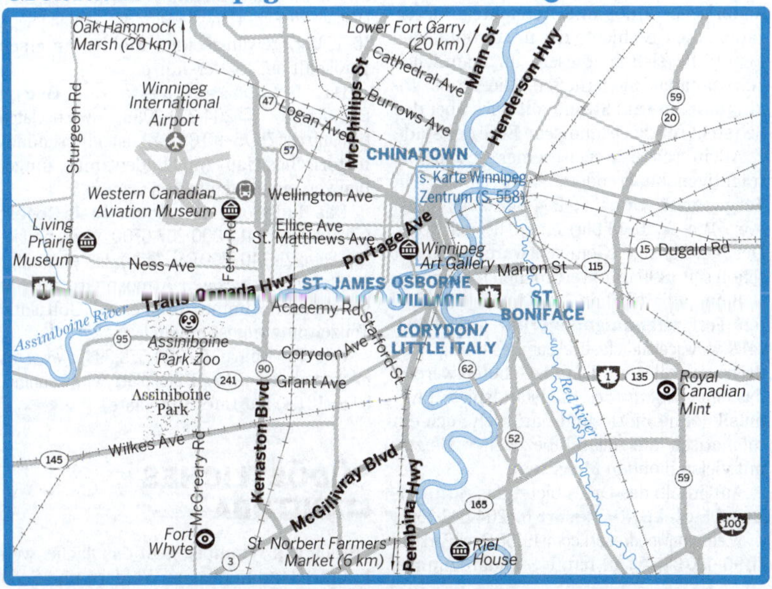

Wohnmobil 14/18 C$) mit Wandermöglichkeiten erheben sich bis zu 12 m hohe Dünen. Hunderte von Vogelarten tummeln sich in der Lagune hinter dem Strand. Dies ist einer von Manitobas geschäftigsten Campingplätzen, man sollte sich auf einen hohen Lärmpegel einstellen.

Das meiste Land zwischen bzw. rund um Lake Winnipeg, Manitoba und Winnipegosis (alias Interlake) ist in Privatbesitz. Hier kann man in Hütten übernachten. Da viele kleine Ortschaften und Dörfer ganzjährig bewohnt sind, warten überall auch Standard-Motels und -B&Bs auf Gäste.

Gimli

Auf den ersten Blick wirkt Gimli (isländisch für „Haus der Götter") wie eine typische Touristenfalle. Aber hinter dem abgeschmackten Kitsch entdeckt man eine hübsche, historische Kleinstadt. 1875 ließen sich isländische Siedler hier nieder und nannten den Ort Neu-Island, und bis heute hat sich Gimli sein faszinierendes Erbe bewahrt.

Das **Lake Winnipeg Visitor Centre** (204-642-7974; 97 1st Ave; Mai–Sept. 10–18 Uhr) beantwortet Fragen und bietet eine Ausstellung zur Naturgeschichte von Lake Winnipeg. Es gehört zum **New Iceland Heritage Museum** (204-642-4001; www.nihm.ca; 94 1st Ave; Erw./Kind 5/4 C$; Mo–Fr 10–16, Sa & So 13–16 Uhr), das vollgestopft ist mit historischen Infos und Artefakten. Sie erzählen die Geschichte der ungewöhnlichen Leute, die sich in diesem ungemütlichen Teil Kanadas niederließen. Die große **Wikingerstatue** am Strand mit Blick über den See steht für das isländische Erbe der Stadt.

Allein schon wegen seiner geschichtsträchtigen knarrenden Böden ist das **HP Tergesen & Sons** (204-642-5958; 82 1st Ave; Mo–Sa 10–18 Uhr) einen Besuch wert. Der geschäftige Gemischtwarenladen ist schon seit 1899 ununterbrochen im Einsatz.

Beim alljährlichen, provinzweit beliebten Fest **Islendingadagurinn** (204-642-7417; www.icelandicfestival.com; Anfang Aug.) dreht sich alles um Island. Geboten werden das *Islendingadance*, die Islandspiele, Livemusik (ohne Björk) und natürlich auch ein thematisch auf Island bezogener Umzug mit vielen blonden Menschen.

Außerhalb des Ortes bietet das **Autumnwood Motel & RV Resort** (204-642-8565; www.autumnwoodresort.com; 19150 Gimli Park Rd; Zi. 90–120 C$;) 18 bunte Standardzimmer in ruhiger Lage unter Bäumen. Das **Lakeview Resort** (204-642-8835; www.lakeviewhotels.com; 10 Centre St; Zi. 120–150 C$;) ist ein beliebtes, architektonisch ungewöhnliches Resort am See mit 99 Zimmern.

Am See gibt's schlichte Buden, an denen man frischen Hecht aus dem See bekommt.

LP TIPP **Reykjavik Bakery** (Lighthouse Mall, Centre St; 7–18 Uhr) verkauft sensationelles, in Island beliebtes Gebäck. Unbedingt *kleina* probieren, eine Art trapezförmigen Donut.

Hecla-Grindstone Provincial Park

Abseits des wenig stilvollen Strandtrubels am Lake Winnipeg befindet sich eine Naturoase, die Manitobas Schokoladenseite repräsentiert. Die Inseln, Sümpfe und Wälder hier sind voller Hirsche, Elche, Biber und Bären. Es empfiehlt sich, einen Zwischenstopp an der **Grassy Narrows Marsh** einzulegen. In der Nähe vom Parkeingang gibt es Wanderwege, die zu Schutzhütten und Türmen führen, von denen man hervorragend das Treiben in dem Habitat beobachten kann.

Das fast schon unwirklich idyllische Hecla Village ist eine isländische Siedlung, die seit 1876 bewohnt ist. Bei einem **Spaziergang** kann man sich den 1 km langen Uferstreifen mit den schönen Gebäuden dort ansehen. Das **Heritage Home Museum** (Village Rd; Eintritt frei; Mitte Mai–Anfang Sept. 10–16 Uhr) gewährt einen Einblick in einen Haushalt der 1930er-Jahre.

Das **Solmundson Gesta Hus Bed & Breakfast** (204-279-2088; www.heclatourism.mb.ca; Zi. 75–90 C$;) ist ein schönes historisches Haus (mit Badewanne), umgeben von einem gepflegten Garten.

Das Radisson-Hotel **Hecla Oasis Resort** (204-279-2041, 800-267-6700; www.heclaoasis.com; Zi. 140–200 C$;) ist ein edler Kontrast zur hiesigen Atmosphäre: Es hat 90 stilvolle Zimmer und einen Golfplatz. Teilzeitnutzung ist möglich.

Das **Parkbüro** (204-378-2945; www.manitobaparks.com; Hwy 8; Stellplatz Zelt/Wohnmobil 14/18 C$) hat Infos für Gäste.

SÜDÖSTLICHES MANITOBA

Östlich von Winnipeg geht das flache, weite Prärieland in die von Wäldern und Seen geprägte Region der Great Lakes über. Die meisten Traveller kommen hier nur auf der Durchreise Richtung Kenora durch. Der Osten Manitobas bietet aber die gleiche Waldlandschaft wie Ontario nebenan.

Mennonite Heritage Village

Mitten im Sonnenblumenland liegt südöstlich von Winnipeg das idyllische Mennonite Steinbach. Das Ende des 19. Jhs. gegründete **Dorf** (☎204-326-9661; www.mennoniteheritagevillage.com; Hwy 12; Erw./Kind 10/2 C$; ⌚Juli & Aug. Mo–Sa 10–18, So 12–18 Uhr, Mai, Juni & Sept. bis 17 Uhr, Okt.–April Di–Fr bis 16 Uhr) hat ein super Museum und ist perfekt für einen stimmungsvollen Spaziergang. Das **Livery Barn Restaurant** (Hauptgerichte 6–9 C$; ⌚Mai–Sept. Mo–Sa 10–16, So 11.30–16 Uhr) serviert Borschtsch, *kielkje* (hausgemachte Eiernudeln, meist mit Schinken angerichtet) und noch andere herzhafte Mennoniten-Gerichte mit unaussprechlichem Namen.

Whiteshell Provincial Park

Wie ein Vorgeschmack auf die grünen Wälder, die klaren Seen und den Kanadischen Schild in Nord-Ontario erheben sich in diesem **Park** (www.manitobaparks.com) plötzlich kiefernbedeckte Hügel aus den Ebenen.

Leider ist dieser Nationalpark ziemlich kommerzialisiert. Alle paar Kilometer gibt es Ferienanlagen und Geschäfte, und in allen größeren Zentren sind **Parkbüros** (⌚Mo–Fr 8–12 & 13–16 Uhr; Falcon Lake ☎204-349-2201; Rennie ☎204-369-5246; Seven Sisters ☎204-348-4004; West Hake Lake ☎204-346-2245) eingerichtet. Trotzdem weht hier ein Hauch von großer, weiter Natur. Es gibt auch diverse Wanderwege unterschiedlicher Länge, auf die man sich flüchten kann; der längste ist der sechs Tage in Anspruch nehmende, 60 km lange Mantario. Beliebt sind auch die Kanustrecken, vor allem die Tunnel des **Caddy Lake**.

Das **Natural History Museum** (☎204-348-2846; Nutimik Lake; ⌚Ende Mai–Anfang Sept. 9–17 Uhr) ist in einem hübschen Blockhaus untergebracht und zeigt Ausstellungen zur Geschichte des Nationalparks. Keinesfalls versäumen sollte man die **kommentierte Führung** (☎204-348-2806; Führung frei; ⌚Juni–Aug. 11 & 14 Uhr) zu den Felsen, bei der man mehr über spirituelle Verbindungen zu uralten Felsformationen erfährt.

Es gibt Hunderte von **Campingplätzen** (Stellplatz 12–19 C$) im Park. Der baumbewachsene, abgeschiedene **Falcon Lakeshore Campground** ist nur einen kurzen

BLUMEN DER PRÄRIE: MANITOBAS KLEINSTÄDTE

Die Landstraßen Manitobas sind ideal für ein paar Abstecher aufs Land. Viele führen zu kleinen Orten, die den Umweg wirklich lohnen. Hier ein paar unserer Favoriten:

Carman Der idyllisch am Fluss gelegene Ort befindet sich nur eine Stunde südwestlich von Winnipeg. Ein 5 km langer Wanderweg führt um den Ort herum.

Minnedosa Hier gibt's eine perfekte kleine Main St mit einer Eisdiele, Dairy Isle genannt, und einer Bowlingbahn.

Morden Eine südlich gelegene Kleinstadt mit Backsteingebäuden, einem Getreidesilo, dem Canadian Fossil Discovery Centre und der Manitoba Baseball Hall of Fame.

Neepawa Die mit Bäumen gesäumten Straßen und die alten Häuser sind der Grund dafür, dass diese Kleinstadt immer wieder zur hübschesten in ganz Manitoba gekürt wird. Hier gibt es auch Farmen, auf denen man selbst Beeren pflücken kann.

Norway House Am isolierten Nordufer des Lake Winnipeg lebt eine große, geschichtsträchtige Cree-Gemeinde.

Snow Lake Witziges, kleines Städtchen am Ufer des Snow Lake, gleich nördlich des Hwy 10, mit einem Bergbaumuseum und Bärendreck am Straßenrand.

Stonewall Nur eine Stunde nördlich von Winnipeg findet sich dieser Ort mit Blumenampeln, einer friedlichen Atmosphäre und einem Badesee in einem Kalksteinbruch.

Victoria Beach Am Ostufer des Lake Winnipeg liegt das wohl grünste Dorf weit und breit. Es hat Cottages im Zentrum, die sandigsten Strände der Umgebung und nur wenig Fahrzeugverkehr (am besten geht man zu Fuß oder fährt Rad).

Spaziergang von den Stränden am See entfernt.

Die **Big Whiteshell Lodge** (☎204-348-7623; www.bigwhiteshelllodge.com; Hwy 309; Cottages 100–190 C$) bietet Cottages in ruhiger Waldlage am Ufer des Big Whiteshell Lake am Ende der Rte 309.

WESTLICHES MANITOBA

Zwischen Winnipeg und Saskatchewan ist Manitoba ein scheinbar endloses landwirtschaftliches Gebiet. Wer aber ein paar Abstecher macht, entdeckt oft übersehene herrliche Natur und charmante Orte.

Spruce Woods Provincial Park

Die wandernden Dünen in diesem 27000 ha großen **Park** (☎204-827-8850; www.manitobaparks.com; Hwy 5) wirken untypisch für Manitoba. Neben außergewöhnlichen Kakteen gibt es hier auch seltene Tiere, darunter die einzige Eidechsenart der Provinz: den 20 cm langen Nördlichen Prärieskink. Wer sich die Beine vertreten will, kann den 1,6 km langen Weg bis zu den Dünen von Spirit Sands in Angriff nehmen.

Brandon

44 900 EW.

Manitobas zweitgrößte Stadt hat attraktive Wohngebiete und eine Altstadt, durch die der Assiniboine River fließt.

Das **Daly House Museum** (☎204-727-1722; 122 18th St; Erw./Kind/Fam. 5/4/10 C$; ⏲Juni–Sept. tgl. 10–12 & 13–17 Uhr, Okt.–Mai Di–Sa 10–12 & 13–17 Uhr) ist in dem Backsteingebäude untergebracht, in dem Brandons erster Bürgermeister lebte und das nach ihm benannt ist. Es ist vollgestopft mit viktorianischem Zeug und Artefakten aus der Lokalgeschichte.

Auf dem Gelände von CFB Shilo, einem aktiven Militärstützpunkt östlich von Brandon, ist das **Royal Canadian Artillery Museum** (☎204-765-3000; Hwy 340; Eintritt frei; ⏲ganzjährig Mo–Fr 10–17 Uhr, Juni–Aug. Sa & So 10–17 Uhr) untergebracht. Es zeigt Uniformen, Waffen, Munition und mehr als 60 Fahrzeuge aus der Zeit von 1796 bis zum Kalten Krieg. Leider gibt's keine praktische Vorführung des Kanonenfeuers.

Kettenmotels säumen die Ausfahrten vom Hwy 1, und in der Innenstadt findet man ortsübliche Lokale. Regelmäßig fahren Greyhound-Busse über den Highway und halten am **Busdepot** (☎204-727-0643; 141 6th St) im Zentrum.

Das **Riverbank Discovery Centre** (☎204-729-2141; www.tourism.brandon.com; 545 Conservation Dr; ⏲Mo–Fr 8.30–17, Sa & So 12–17 Uhr) ist eine Touristeninformation und der Startpunkt der Wanderwege am Flussufer.

International Peace Garden

Die Lage an einem sehr ruhigen Grenzübergang zwischen Manitoba und North Dakota ist absolut passend für diesen grenzübergreifenden **Garten** (☎204-534-2510; www.peacegarden.com; Canada Hwy 10/US281; 10 C$/Fahrzeug; ⏲Mitte Mai–Mitte Sept. tagsüber) – er repräsentiert die friedlichen Beziehungen zwischen Kanada und den USA. Allerdings ist seit dem 11. September nichts mehr so, wie es mal war (um zu dem Garten zu kommen, muss man den Zoll und die Einwanderungsbehörde beider Länder passieren); außerdem erinnern die Türme, die den 49. Breitengrad markieren, unabsichtlich, aber unheimlich ans World Trade Center.

Gleich westlich liegt der **Turtle Mountain Provincial Park** (☎204-945-6784; www.manitobaparks.com; Hwy 10) mit einem tollen Blick von den Hügeln sowie Seen und hübschen Plätzchen, wo man zelten und picknicken kann.

Riding Mountain National Park

Wie eine Fata Morgana erscheint über den Ebenen der mehr als 3000 km² große **Riding Mountain National Park** (☎204-848-7275; www.parkscanada.ca/riding; Erw./Kind 8/4 C$) mit nördlichem Nadelwald, tiefen Tälern, hohen Bergen und Gebirgsseen. Er ist einen Besuch wert – sei es für eine Stunde oder aber für eine Woche. Wer Glück hat, sieht hier auch Bären oder Elche.

Im Nationalpark herrscht überwiegend Wildnis. **Wasagaming** am Südufer des Clear Lake ist ein perfektes Sommerstädtchen, das fast schon ein Klischee sein könnte, wenn es eben nicht so perfekt wäre.

Das wunderschöne **Visitors Centre** (☎204-848-7275; Wasagaming Rd; ⏲Ende Mai–Juni & Sept.–Mitte Okt. 9.30–17 Uhr, Juli & Aug. bis 20 Uhr) aus den 1930er-Jahren zeigt eindrucksvolle Dioramen und versorgt Traveller mit dem unbezahlbaren *Visitor's Guide* und Campinggenehmigungen.

Sehenswertes & Aktivitäten

Hwy 10 führt über 53 km mitten durch den Nationalpark. Wer nur wenig Zeit hat, kann sich mit einer Fahrt auf der malerischen Route begnügen. Aber die Schokoladenseite des Parks sind seine insgesamt 400 km langen **Wander-**, **Rad-** und **Reitwege**. Die Wandermöglichkeiten reichen vom 1 km langen Lakeshore Trail bis zum 17 km langen anstrengenden Marsch durch Wald und Wiesen bis zur Hütte des Naturforschers Grey Owl. **Elkhorn Riding Adventures** (204-848-4583; Ausritt ab 30 C$) neben dem Elkhorn Resort macht dem Namen des Parks alle Ehre und gibt Besuchern die Möglichkeit, die Gegend auf dem Rücken eines Pferdes zu erkunden.

Es gibt hier auch ausgezeichnete Möglichkeiten zum **Kanu- und Kajakfahren**. Dabei erspäht man am Ufer vielleicht sogar Wildtiere. Der Clear Lake ist allerdings windig und auch für Motorboote zugänglich. Der Bootsverleih ist **Clear Lake Marina** (204-848-1770; www.theclearlakemarina.com; Wasagaming Pier; 12 C$/Std.).

Schlafen & Essen

Wer sich vorher beim Visitor Center eine Genehmigung geholt hat, kann in der Wildnis campen. In Wasagaming finden sich jede Menge Motels und Hütten; manche sind ganzjährig geöffnet.

Es gibt 600 **Campingplätze** (Stellplatz 16–40 C$) im Park. Der **Wasagaming Campground** ist der beliebteste, am **Lake Audy** sieht man viele Wildtiere, und am **Whirlpool Lake** gibt's mitten in dichtem Wald Stellflächen am See, die man vom 50 m entfernten Parkplatz aus zu Fuß erreicht.

Das **Elkhorn Resort** (204-848-2802; www.elkhornresort.mb.ca; Mooswa Dr W, Wasagaming; Zi. 110–225 C$) steht für bescheidenen Luxus in der Wildnis. Noch besser sind die **Idylwylde Cabins** (204-848-2383; www.idylwylde.ca; 136 Wasagaming Dr; Hütte ab 100 C$), die nur einen kurzen Spaziergang von den Eisdielen im Ort entfernt sind. In der Nebensaison kann man hier auch für weniger als eine Woche absteigen.

An- & Weiterreise

Wenn man nur durch den Park fährt, ohne anzuhalten, kann man den Hwy 10 kostenlos benutzen. Es ist aber besser, die Gebühr zu bezahlen und sich im Park einen schönen Tag zu machen.

Rund um den Riding Mountain National Park

Gleich nördlich des Nationalparks sorgen in der Gegend von Dauphin zwei Sommerfeste für jede Menge Spaß. Das **Country Fest** (204-622-3700, 800-361-7300; www.countryfest.ca; Ende Juli) findet in einem prächtigen, von Wald umgebenen Amphitheater statt. Vier Tage lang stehen Countrymusik, Trinkgelage, Camping und viel Spaß auf dem Programm. Das **Canada's National Ukrainian Festival** (877-747-2683; www.cnuf.ca; Anf. Aug.) steht ganz im Zeichen von Folkloretänzen, traditionellen Trachten und Kulturausstellungen. Außer mit Alkohol kann man sich auch mit Piroggen, Kohlrouladen und ukrainischen Würstchen vollstopfen.

NÖRDLICHES MANITOBA

Nördlich des 53. Breitengrades weicht Bequemlichkeit einer wilden Schönheit, dort wo die seenreichen Wälder in die baumlose Tundra des Nordens übergehen. Hier ist man ganz auf sich allein gestellt, es gibt keinen Handyempfang, und alles dreht sich ums Abenteuer, manchmal auch ums nackte Überleben. Churchill ist zu Recht der größte Magnet hier und schon allein ein Grund, die Reise in diese unwirtliche Gegend zu machen.

The Pas

Als traditioneller Treffpunkt indianischer und europäischer Pelzhändler ist The Pas (sprich: Pah) ein praktischer Zwischenstopp auf der Reise in den Norden.

Das **Northern Manitoba Trappers' Festival** (204-623-2912; www.trappersfestival.com; Mitte Feb.) in The Pas gehört zu den bekanntesten Festen Manitobas. Am chaotischen Festwochenende mitten im tiefsten Winter werden Hundeschlittenrennen, Schneemobile, Eisskulpturen, Fackelumzüge und Trapperspiele geboten.

In der Nähe des Flughafens liegt der **Clearwater Lake Provincial Park** (204-624-5525; www.manitobaparks.ca; Stellplatz 14–18 C$), wo man campen kann. Das unglaublich klare Wasser ist von nördlichem Nadelwald umgeben, und man sieht auch

Pelikane. Der malerische Caves Trail folgt tiefen Schluchten und verfallenden Klippen.

Motels säumen den Hwy 10. Das **Wescana Inn** (☎204-623-5446; www.wescanainn.com; 439 Fischer Ave; Zi. ab 80 C$; ❄) im Zentrum bietet schlichte Zimmer. Mit köstlichem, herzhaftem Essen kann man sich im **Miss The Pass** (☎204-623-3130; 158 Edwards St; Hauptgerichte ab 6 C$; ⏰Mo–Sa 7–19 Uhr) aufs nächste Abenteuer vorbereiten.

Der VIA-Rail-Zug zwischen Winnipeg und Churchill hält am hiesigen **Bahnhof** (380 Hazelwood Ave).

Flin Flon

Bei der Fahrt über den einsamen, hübschen Hwy 10 Richtung Norden nach Saskatchewan lohnt es sich, in Flin Flon (www.cityofflinflon.com) einen Zwischenstopp einzulegen. In den 1930er-Jahren florierte der Ort im Zuge des boomenden Bergbaus, und das damalige Flair ist teilweise immer noch spürbar. Weil Flin Flon in der Nähe der Grenze liegt, findet man hier die ganze Palette an Service-Einrichtungen.

Thompson

Das in den 1950er-Jahren im Zusammenhang mit dem Bergbau aus dem Boden des nördlichen Nadelwalds gestampfte Thompson ist ein notwendiges Übel auf der Reise in den Norden, denn alle Wege führen hier durch. Dem Ort fehlt zwar jeglicher Charme, aber der Bergbauboom hat auch etwas Gutes: Es gibt hier rund um die Uhr geöffnete Fast-Food-Läden, einen Wal-Mart und jede Menge Service-Einrichtungen.

Am Ortseingang betreibt das **Visitor Information Centre** (☎204-677-2216; www.heritagenorthmuseum.ca; 162 Princeton Dr; ⏰Juni–Sept. Mo–Sa 9–17, So 12–17 Uhr, sonst kürzere Öffnungszeiten) das in einer Blockhütte untergebrachte **Heritage North Museum** (Erw./Kind 3,25/1 C$). Es ist zwar klein, aber vollgestopft mit Infos zur hiesigen Flora und Fauna und zur Lokalgeschichte.

Der auf Wohnwagen ausgerichtete **McReedy Campground** (☎204-778-8810; 114 Manasan Dr; Stellplatz 17 C$; ⏰Mai–Sept.) gleich nördlich vom Fluss hat auch ein paar Zeltstellplätze unter den Bäumen.

Das zentral gelegene **Interior Inn** (☎204-778-5535; www.interiorinn.ca; 180 Thompson Dr N; Zi. ab 80 C$; ❄📶) ist ein typisches schlichtes Motel, wie es sie hier zuhauf gibt.

Der **Thompson Airport** (YTH; ☎204-778-5212; www.thompsonairport.ca) liegt 10 km nördlich der Stadt. Calm Air (S. 991) bedient ganz Manitoba und fliegt u.a. nach Churchill. Zweimal am Tag fahren Greyhound-Busse von/nach Winnipeg (105 C$, 9 Std.) und zu anderen Zielen am Hwy 6. Abfahrt und Ankunft ist am **Busbahnhof** (☎204-677-0360; 81 Berens Rd) in der Nähe des Visitor Centers.

Thompson liegt am Ende der asphaltierten Straßen. Deshalb nehmen viele Traveller ab hier den VIA-Rail-Bummelzug nach

ABSTECHER

SCHLÖSSER DER NEUEN WELT

Scheunenrot oder traktorgrün, einfach, aber eindrucksvoll, eine Verbindung von Form und Funktion – wie der Weizen die Prärie prägt, bestimmten einst die Getreidesilos ihr Erscheinungsbild.

Die in die Höhe ragenden „Lagerhäuser" wurden 1880 eingeführt, 1930 säumten mehr als 7000 von ihnen die kanadischen Bahnstrecken. Sie waren unbezahlbar und machten die Prärien zum „Brotkorb der Welt". Kanadische Maler, Fotografen und Schriftsteller ließen sich von der stoischen Schlichtheit der Getreidesilos zu lebendigen Kunstwerken inspirieren.

Mittlerweile haben langweilige Betonbunker, die genauso nichtssagend sind wie die Fast-Food-Lokale neben ihnen, die alten Silos abgelöst. Wer einen Abstecher in die Vergangenheit machen will, sollte sich die **Inglis Grain Elevators National Historic Site** (☎204-564-2243; www.ingliselevators.com; Eintritt frei; ⏰Juni Mi–Sa 10–18, So 12–17 Uhr, Juli & Aug. Mo & Di) anschauen, wo noch eine Reihe der alten Getreidesilos erhalten ist. Die Prachtbauten wurden originalgetreu restauriert und beherbergen Ausstellungen über das Leben der Bauern, deren Schicksal von der Warenbörse abhing.

Inglis liegt 20 km nördlich des Yellowhead Hwy (Hwy 16) nahe der Grenze zu Saskatchewan.

Churchill. Der **Bahnhof** (1310 Station Rd) liegt in einem Industriegebiet und ist kein sicherer Ort zum Parken. Stattdessen kann man sein Auto am McReedy Campground abstellen (8 C$/Tag) und von dort mit dem Shuttle zum Bahnhof fahren.

Pisew Falls

Ungefähr 80 km südwestlich von Thompson liegt am Hwy 6 der **Pisew Falls Provincial Park** (www.manitobaparks.ca) – ein Muss für jeden, der hier vorbeifährt. Vom Parkplatz führt ein kurzer Plankenweg hinab zu einem Aussichtspunkt auf den Wasserfall. Das Wasser stürzt über den breiten Felsen 13 m in die Tiefe und strömt dann, Nebel erzeugend, tosend durch eine Schlucht.

Von hier führt ein Wanderweg zu den abgelegenen **Kwasitchewan Falls**. Die teilweise als Rundweg angelegte Strecke dorthin und zurück ist 22 km lang. Unterwegs kann man prima wandern und campen.

Churchill

950 EW.

Churchill lockt mit Eisbären, Weißwalen, einer alten Steinfestung und endloser subarktischer Erhabenheit Besucher an die Küste der Hudson Bay. All das wäre schon Grund genug für eine Stippvisite, aber da ist noch etwas weniger Greifbares, das die Leute länger hier festhält und sie zum Wiederkommen verleitet: die herzliche Atmosphäre, dank derer der Rest der Welt noch weiter entfernt wirkt, als er tatsächlich ist.

Geschichte

Beim langsamen Abtauen des Permafrostbodens (pro Jahrtausend ca. 2,5 cm) kommt die Vergangenheit der uralten Küste wieder ans Licht. So wurden in der Nähe die Überreste einer 3000 Jahre alten Ureinwohnersiedlung entdeckt. Im Zusammenhang mit den europäischen Entdeckungsreisen zählt Churchill zu den ältesten Orten in Kanada. Hier gründete die HBC – Hudson's Bay Company, verballhornt eine Abkürzung für „Here Before Christ" – 1717 einen Außenposten. Dieser diente Entdeckern wie Samuel Hearne und Lord Churchill (dem Gouverneur der HBC, nach dem die Stadt benannt wurde) bei ihrer Suche nach der legendären Nordwestpassage als Zwischenlager.

Aufgrund seiner strategischen Lage ist Churchill seit Jahrhunderten ein wichtiger Militärposten. Mit dem Anschluss ans Eisenbahnnetz und der Eröffnung des riesigen Hafens im Jahr 1929 wurde die Stadt ein bedeutender Getreideumschlagplatz für die Prärieprovinzen.

Sehenswertes

Die Stadt selbst ist eine für den Norden typische Ansammlung ramponierter Gebäude. Am besten schlendert man durch die Straßen, checkt den Strand ab (!), besucht das Museum und erkundet dann das Umland und das Wasser, um die Natur von ihrer herrlichsten Seite zu entdecken.

LP TIPP **Eskimo Museum** MUSEUM

(☎204-675-2030; 242 La Verendrye Ave; empfohlene Spende 2 C$; ⏲Juni–Okt. Mo 13–17, Di–Sa 9–12 & 13–17 Uhr, Nov.–Mai Mo–Sa 13–16.30 Uhr) Das Museum ist eigentlich nicht mehr als ein unspektakulärer Raum mit Linoleumboden, in dem sich allerlei Kram stapelt. Aber wie Churchill selbst zieht es Besucher in seinen Bann und hält sie eine oder zwei Stunden lang fest. Die offensichtlichen Highlights sind ein ausgestopfter Eisbär und ein Moschusochse, Stoßzähne von Narwalen sowie originale, mit Tierfellen bespannte Kajaks. Bei näherer Betrachtung entdeckt man winzige Pfeilspitzen, große Harpunenklingen und Hunderte von aufwändigen Schnitzereien, die Szenen aus dem Alltag wiedergeben (die mit dem Titel „First Airplane" ist wirklich einen Blick wert). Außerdem werden hier eine Menge Bücher über den Norden verkauft.

Parks Canada MUSEUM

(☎204-675-8863; Bahnhof; ⏲Juni–Nov. 9–20.30 Uhr, an manchen Tagen & Dez.–Mai bis 17 Uhr) Im Bahnhof gibt es neben dem Infoschalter von Parks Canada ein kleines, aber feines Museum und ein Naturzentrum. Dort sind ein gutes Modell des Forts zu sehen und ausgezeichnete Infos über die vielen Tiere erhältlich, derentwegen man von so weit her angereist ist. In der Saison finden auch fast täglich Vorträge über die Region statt.

Fort Prince of Wales National Historic Site HISTORISCHE STÄTTE

Parks Canada (☎204-675-8863; www.parkscanada.ca; ⏲Juli & Aug.) betreut drei Stätten in der Region, die Zeugnisse der facettenreichen Geschichte Churchills sind. Die Anreise erfolgt jeweils mittels lizensierter Tourveranstalter über das Wasser, wobei der Eintritt im Preis für die Tour inbegriffen ist.

Seit den 1770er-Jahren thront das steinerne Bollwerk majestätisch auf dem felsigen Eskimo Point und blickt über den Churchill River. Der Bau des sternförmigen Fort Prince of Wales dauerte 40 Jahre. Aus seinen Kanonen wurde nie ein Schuss abgefeuert. Als in den 1720er-Jahren die Spannungen zwischen Briten und Franzosen zunahmen, wählte die HBC für den Bau der Festung diese strategisch wichtige Stelle, um Präsenz zu demonstrieren. Aber schon beim ersten Angriff der Franzosen 1782 wurde die Festung aufgegeben und so zu einer Art englischem Vorläufer der Maginot-Linie. Die ganze Anlage ist ein sumpfiger Ort voller Insekten – trotz des Ausblicks würde man hier nicht dienen wollen.

ZU JEDER JAHRESZEIT...

Klimatisch gesehen gibt es in Churchill drei Jahreszeiten: den Juli, den August und den Winter. Für Besucher sind es vier: Vögel und Blumen, Weißwale, Eisbären sowie Nordlichter.

Vögel (Hauptsaison: Mitte Mai–Sept.) Churchill ist der Nistplatz für mehr als 200 Vogelarten, u. a. für die seltenen Rosenmöwen, und ein Zwischenstopp für Zugvögel auf ihrem Weg weiter in den Norden. Granary Ponds am Hafen, Cape Merry oder Bird Cove sind gute Plätze zum Beobachten.

Wildblumen (Juni–Aug.) Wenn die Sonne das erste Mal seit Monaten den Boden berührt und das Eis schmilzt, explodiert ganz Churchill in verschiedenen Farben und Düften.

Weißwale (Mitte Juni–Aug.) Die glänzend weißen, 4 m langen Kreaturen sind so neugierig wie Delfine und so stimmgewaltig, wie ihr Spitzname „Kanarienvögel des Meeres" vermuten lässt. Etwa 3000 von ihnen bevölkern jeden Sommer den Churchill River. Vom Cape Merry aus wirken sie wie Schaumkronen auf den Wellen. Einfach schnorcheln, Kajak fahren oder sie von einem Boot aus beobachten!

Eisbären (Sept.–Anfang Nov.) Die Hauptsaison ist am Jahresende, aber schon ab Juli sind Eisbären zu sehen.

Nordlichter (Okt.–März) Der Tanz der türkisblau-gelben Aurora Borealis ist einfach spektakulär.

Die **Sloop's Cove**, 4 km südlich vom Fort, diente während Churchills strenger Winter als Hafen für europäische Schiffe. Die einzigen Hinweise auf frühe Entdecker sind schlicht, aber nicht zu übersehen: Eingemeißelt in die Uferklippen findet man u. a. den Namen von Samuel Hearn, dem hiesigen Gouverneur aus dem 18. Jh., der die erste Überlandreise zum Nordpolarmeer unternahm.

LP TIPP **Cape Merry** ist nur noch in Form einer einsamen Kanone hinter bröckelnden Mauern erhalten. Aber von hier bietet sich ein herrlicher Blick auf die Bucht und den Fluss. Zur richtigen Jahreszeit sieht man sogar die wie Schaum wirkenden Weißwale. Ein netter Spaziergang von der Stadt 2 km Richtung Nordwesten führt hierher. Vor dem Aufbruch die Warnhinweise wegen der Eisbären beachten!

Wapusk National Park PARK

(☎204-675-8863, 888-748-2928; www.parkscanada.ca/wapusk) Der entlegene Nationalpark erstreckt sich 45 km südöstlich von Churchill entlang der Hudson Bay. Gegründet wurde er in erster Linie zum Schutz der Eisbären, die hier ihre Jungen zur Welt bringen (*wapusk* ist Cree für „weißer Bär"). Aufgrund seiner Lage zwischen nördlichem Nadelwald und arktischer Tundra ist der Nationalpark auch für die Beobachtung der Auswirkungen des Klimawandels von Bedeutung. Ein Parkbesuch ist nur mit lizensierten Tourveranstaltern möglich und konzentriert sich auf die Eisbären.

York Factory National Historic Site HISTORISCHE STÄTTE

(⏲Juni–Sept. wechselnde Öffnungszeiten) Noch entlegener ist dieser 250 km südöstlich von Churchill gelegene HBC-Handelsposten in der Nähe des Hayes River, der bis 1957 273 Jahre lang aktiv und ein wichtiges Tor zum Landesinneren war. Die verblüffend reinweißen Gebäude stehen im Kontrast zur vermeintlichen Lage mitten im Nirgendwo.

York Factory ist nur per Boot oder Flugzeug zu erreichen.

Kurse

Churchill Northern Studies Centre FORSCHUNG

(CNSC; ☎204-675-2307; www.churchillscience.ca; Launch Rd; Kurs ab 900 C$) Das CNSC ist ein Forschungszentrum für Wissenschaftler aus aller Welt und befindet sich 23 km östlich von Churchill auf einem alten Raketentestgelände. In der Ferienzeit werden hier mehrtägige Kurse (inkl. Unterbringung in Schlafsälen, Verpflegung und Transport vor Ort) angeboten, bei denen man die Forscher bei ihren Projekten zu Weißwalen, Wildblumen, Vögeln und Eisbären unterstützt. Es gibt auch Kurse zum Überleben im Winter, zu Nordlichtern und zur Astronomie. 2011 soll ein neues Zentrum eröffnet werden.

☞ Geführte Touren

Auf eigene Faust sollte man in Churchill nicht losziehen – nicht nur wegen der Sicherheit, sondern wegen der fehlenden Erfahrung. Erfahrung haben die hiesigen Fremdenführer aber jede Menge zu bieten. Sie bringen die Tourteilnehmer an die richtigen Stellen zur Tierbeobachtung und versorgen sie mit nötigen Hintergrundinfos.

Eisbären-Touren

Die Eisbären stellen alle anderen Highlights Churchills in den Schatten. Im Sommer sieht man sie auch an Land, wenn man gerade anderweitig unterwegs ist. Manchmal erwischt man sie sogar beim Baden im Fluss. Den größten Spaß hat man aber später im Jahr, wenn die Eisbären sich auf dem Eis tummeln und Schnee liegt. Mit speziellen Leichtfahrzeugen, die zum Schutz der Tundra mit großen Reifen versehen sind, geht's hinaus zu einem eintägigen Abenteuertrip (rund 350 C$/Pers.). Dank der beheizten Fahrzeugkabinen und dem offenen Dach kann man die Raubtiere gut beobachten.

Great White Bear Tours (☎204-675-2781, 866-765-8344; www.greatwhitebeartours.com; 266 Kelsey Blvd)

Lazy Bear Lodge (☎204-675-2869, 866-687-2327; www.lazybearlodge.com; Tour ab 400 C$) Bietet ein- und zweitägige Touren.

Tundra Buggy Adventure (☎204-949-2050, 800-663-9832; www.tundrabuggy.com; 124 Kelsey Blvd) Bei den längeren Trips mit Übernachtung werden aus den Karawanen von Tundra-Fahrzeugen mobile Camps mit Hütten und Gemeinschaftsbereichen (ab 3000 C$).

Touren zu Land & auf dem Wasser

Mehrere Tourveranstalter bieten im Sommer Trips übers Land an. In der Regel geht es zum Cape Merry, zum CNSC und zur stillgelegten Raketentestanlage. Neuerdings stehen auch andere Ziele wie ein Flugzeugwrack und ein auf Grund gelaufenes Schiff auf dem Programm. Eine Tour kostet durchschnittlich 75 C$ für mehrere Stunden; unterwegs sieht man vielleicht auch einen oder zwei Bären.

LP TIPP **Sea North Tours** (☎204-675-2195; www.seanorthtours.com; 39 Franklin St; Tour ab 100 C$) Mike Macri veranstaltet Weißwalbeobachtungstouren mit einem speziellen Boot, mit Schlauchbooten und mit Kajaks. Weißwale sind von Natur aus neugierig, und die Leute, die gekommen sind, um sie zu sehen, sind für sie

HERRSCHER DER TUNDRA

Kolossal und anmutig, furchterregend und majestätisch, fleischfressend und neugierig zugleich: Eisbären sind Churchills größte Attraktion und doch die am stärksten missverstandenen Kreaturen. Sie sind so robust, dass sie den Winter damit verbringen, auf dem tiefgefrorenen Ozean Ringelrobben zu jagen, und so clever und stark, dass sie diese trotz der meterdicken Eisschicht erwischen. Wenn das Eis schmilzt, kehren die Eisbären an Land zurück, wo sie sich paaren. Während die Weibchen in Höhlen die Jungen gebären, ziehen die Männchen nach Norden und warten darauf, dass sich das Eis wieder bildet. Churchill liegt direkt auf ihrer Wanderroute.

Jahr für Jahr kommen die Eisbären immer früher, bleiben länger und werden in der Nähe der Stadt zahlreicher. Ursache dafür ist vor allem die Klimaerwärmung: Die Winter werden kürzer, das Eis schmilzt früher, und dadurch verkürzt sich die Jagdsaison der Eisbären. Von den ca. 20 000 Eisbären weltweit leben etwa 900 in der Gegend von Churchill. Diese Gruppe gilt als besonders gefährdet, weil sie am weitesten südlich lebt.

Ausgewachsene Eisbären wiegen 600 kg und mehr (die Bären, die man am Straßenrand im Süden sieht, bringen es selten auf 300 kg), haben rasierklingenscharfe Krallen und können bis zu 50 km/h schnell rennen. Sie sind von Natur aus neugierig und greifen aus Hunger oder Langeweile auch Menschen an. Auf jeden Fall sollte man den von Parks Canada herausgegebenen Führer *You Are in Polar Bear Country* lesen und überall in der Stadt die Eisbärwarnschilder beachten. Die Warnschüsse, die man hier rund um die Uhr hört, kommen von den Eisbärwachen.

genauso spannend wie umgekehrt. Man kann sogar mit diesen sanften, 4 m langen Riesen schnorcheln. Viele Trips beinhalten auch einen Besuch des Prince of Wales Fort.

Die **Lazy Bear Lodge** (☎204-675-2869, 866-687-2327; www.lazybearlodge.com; 313 Kelsey Blvd; Tour ab 125 C$) bietet im Sommer diverse Touren an: Kajak fahren oder Vögel bzw. Tiere beobachten.

Die Touren von **Nature 1st** (☎204-675-2147; www.nature1sttours.ca; Tour ab 85 C$) durch die vier Ökosysteme um Churchill kombinieren Wandern, Trekken und Fahren.

Dave Daley von **Wapusk Adventures** (☎204-675-2887; www.wapuskadventures.com; 321 Kelsey Blvd; Tour ab 90 C$) ist ein legendärer Hundeschlittenfahrer. Im Winter kann man bei ihm lernen, wie man sich den Weg durch die frostige Wildnis bahnt.

Schlafen

In der Eisbärensaison steigen die Preise für Unterkünfte rasant. Die Nachfrage ist so groß, dass die Leute bis zu zwölf Monate im Voraus buchen. Manchmal sagen Reisegruppen ab, sodass ausgebuchte Unterkünfte wieder freie Zimmer haben – aber dafür gibt's keine Garantie. Luxusunterkünfte darf man in Churchill nicht erwarten, aber man wohnt doch komfortabel, und alle Unterkünfte liegen in Gehweite vom Zentrum. Prinzipiell ist Campen nicht gestattet, weil man sich den Bären nicht absichtlich zum Fraß vorwerfen sollte.

Das CNSC (S. 586) unterhält ein Freiwilligenprogramm, bei dem Besucher sechs Stunden pro Tag gegen Kost und Logis im Forschungszentrum arbeiten.

Tundra Inn MOTEL $$

(☎204-675-2850, 800-265-8563; www.tundrainn.com; 34 Franklin St; Zi. ab 100 C$, Eisbärensaison ab 180 C$; @) Die 31 großen Zimmer im Motelstil sind komfortabel und mit schnellem Internet, Kühlschrank und Mikrowelle ausgestattet. Es gibt eine Waschküche und eine Gemeinschaftsküche, in der man morgens Müsli und Toast bekommt.

Lazy Bear Lodge INN $$

(☎204-675-2869, 866-687-2327; www.lazybearlodge.com; 313 Kelsey Blvd; Zi. ab 110 C$, Eisbärensaison ab 200 C$; ⏲Juni–Nov.; 📶) Diese Lodge ist eine solide Holzkonstruktion (fast alles ist aus Holz) und bietet Touren sowie Paketangebote an. Außerdem befindet sich hier eines der beiden ordentlichen Restaurants der Stadt. Die 33 Zimmer sind nicht groß, aber man schläft gut.

Polar Inn MOTEL $$

(☎204-675-8878; www.polarinn.com; 153 Kelsey Blvd; Zi. ab 100 C$, Eisbärensaison ab 180 C$; 📶) Die einfachen Wohneinheiten im Motelstil sind mit Kühlschränken ausgestattet. Es gibt auch Wohnstudios mit kleinen Küchen sowie voll eingerichtete Apartments. Das Frühstück zum Selbermachen ist inklusive.

Weitere schlichte, saubere Unterkünfte (Zi. ab 80 C$, in der Eisbärensaison 150 C$):

Bear Country Inn MOTEL $$

(☎204-675-8299; bearcinn@mts.net; 126 Kelsey Blvd)

Churchill Motel MOTEL $$

(☎204-675-8853; churchillmotel@hotmail.com; 120 Kelsey Blvd)

Essen & Ausgehen

In den meisten Lokalen steht Rentier und/oder Moschusochse auf der Karte, was schon darauf hindeutet, dass sich das Menü stark auf Wild konzentriert – zur Freude aller Fleischesser. Auf jeden Fall sollte man Seesaibling probieren; der schmackhafte Fisch aus hiesigen Gewässern schmeckt wie eine Mischung aus Lachs und Forelle.

Es gibt hier ein paar Restaurants für Touristen; die Qualität ist aber sehr unterschiedlich.

LP TIPP **Gypsy's Bakery** KANADISCH $$

(☎204-675-2322; 253 Kelsey Blvd; Hauptgerichte 7–25 C$; ⏲7–21 Uhr) Die Familie Da Silva betreibt das beste Lokal in Churchill. Hinter der Theke warten köstliche Backwaren (herrlich: Zimtbrötchen mit Frischkäse); man kann aber auch von der umfangreichen Karte bestellen. Besonders gut ist der Seesaibling, aber auch die Sandwiches, Burger und alles andere sind lecker. Wer mit dem Zug weiter will, kann sich hier mit Proviant versorgen, um nicht auf das dürftige Angebot bei Via Rail angewiesen zu sein.

Lazy Bear Café KANADISCH $$

(☎204-675-2869; 313 Kelsey Blvd; Hauptgerichte 8–25 C$; ⏲12–22 Uhr) In dem zur Lodge gleichen Namens gehörenden Café bilden Holztische und -stühle die Kulisse für Standardgerichte und regionale Spezialitäten. Beliebt sind die genialen Milchshakes, die man auf der abgeschirmten Veranda genießt.

Pier Bar BAR

(☎204-675-8807; Kelsey Blvd; Hauptgerichte 7–18 C$; ⏲12–1 Uhr) Die Bar des Seaport Hotel ist beliebt bei den jüngeren Leuten, die im Sommer hier arbeiten, und bei allen, die

Lust auf ein Bier haben. Manchmal spielt die hiesige Band C Flats Coversongs von Tom Petty. Und wenn der große Hunger kommt: Nebenan ist der Reef Dining Room.

Shoppen

Northern (☎204-675-8891; 171 Kelsey Blvd) ist der hiesige Lebensmittel- und Gemischtwarenladen. Hier kann man sich mit massenweise Getränkepulverkonzentrat eindecken und darüber nachdenken, ob es wirklich ein Liter Milch für stolze 5,09 C$ sein muss.

Der Handelsposten der **Arctic Trading Company** (☎204-675-8804; www.arctictradingco.com; 141 Kelsey Blvd; ⏲Mo–Sa 9–18 Uhr) verkauft lokal hergestellte Schnitzereien, Bekleidung, Malereien und Cribbage-Bretter aus Rentiergeweihen.

Gefahren & Ärgernisse

Im Sommer kämpfen alle gegen Moskitos und Kriebelmücken. Da hilft nur Insektenspray mit einem DEET-Gehalt von mindestens 30 %. Praktisch sind auch Kopfnetze, aber die sind vor Ort oft ausverkauft. Immer warme Kleidung dabeihaben – auch im Sommer wird es schnell kalt!

Wesentlich schlimmer ist aber der Biss eines Eisbären (s. Kasten S. 587).

Praktische Informationen

Geld

Royal Bank (☎204-675-8894; La Verendrye Ave)

Infos im Internet

Everything Churchill (www.everythingchurchill.com)

Town of Churchill (www.churchill.ca)

Internetzugang

Bibliothek (☎204-675-2731; Town Centre Complex; ⏲Mo–Sa 13–17 Uhr)

Medizinische Versorgung

Churchill Regional Health Authority (☎204-675-8881; Town Centre Complex)

Notfall

Eisbäralarm (☎204-675-2327)

Feuerwehr (☎204-675-2222)

Krankenwagen (☎204-675-8880)

Polizei (☎204-675-8821)

Post

Post (☎204-675-2696; La Verendrye Ave)

Touristeninformation

Chamber of Commerce (☎204-675-2022; 211 Kelsey Blvd; ⏲Juli–Nov. Mo–Sa 11–15 Uhr) Nahe dem Bahnhof.

Parks Canada (☎204-675-8863; Bahnhof; ⏲Juni–Nov. 9–20.30 Uhr) Wichtige Anlaufstelle. An manchen Tagen und von Dezember bis Mai schließt das Büro aber schon um 17 Uhr.

An- & Weiterreise

Es gibt keine Straße nach Churchill; man erreicht es nur per Flugzeug oder Zug. Beliebt ist die Option, von Manitoba nach Thompson zu fahren und dort den Zug oder das Flugzeug zu nehmen.

Flugzeug

Calm Air (☎800-839-2256; www.calmair.com) bedient Thompson und Winnipeg, **Kivalliq Air** (☎877-879-8477; www.kivalliqair.com) Winnipeg und die Ortschaften in Nunavut. Ein Flug nach Winnipeg kostet hin und zurück 950 bis 1000 C$, nach Thompson 550 C$ (einfache Strecke 270 C$). Der **Churchill Airport** (YYQ; ☎204-675-8868) befindet sich 11 km östlich der Stadt. Die meisten Unterkünfte bieten einen Zubringerservice. Eine Taxifahrt schlägt mit heftigen 20 C$ zu Buche.

Zug

Der Via-Rail-Zug nach Churchill ist eine Zumutung! Er ist langsam, hat immer Verspätung, und regelmäßig sind an Bord Essen und Getränke ausverkauft. Der Bummelzug fährt gerade mal zwei oder dreimal die Woche und braucht 40 Stunden und länger ab Winnipeg und 20 ab Thompson (mit dem Auto schafft man die Strecke von Winnipeg nach Thompson in sieben Stunden). Trotzdem hat die endlose, leere Strecke ab Thompson mit den Bäumen, Sümpfen und Seen etwas Bestechendes. In die eine Richtung kann man fliegen, in die andere mit dem Zug zuckeln (das US-amerikanische Bahnunternehmen Omni-Trax verdient für die Wartung der Strecke aber nicht gerade einen Orden).

Der durchschnittliche Preis für eine Hin- und Rückfahrt im Liege-/Schlafwagen (Letzterer ist vorzuziehen) in der Economy Class kostet ab Winnipeg 350/950 C$ und ab Thompson 125/470 C$. Für die einfache Strecke zahlt man ungefähr die Hälfte.

Der renovierte historische **Bahnhof** (☎204-675-2149; Hendry St) beherbergt auch eine Filiale von Parks Canada und ein Naturkundemuseum.

Unterwegs vor Ort

Die meisten Leute hier sind zu Fuß oder mit dem Rad unterwegs. Allerdings sollte man sich immer vor Eisbären in Acht nehmen. **Polar Inn** (☎204-675-8878; 15 Franklin St; 20 C$/Tag) vermietet Fahrräder. Über **Tamarack Rentals** (☎204-675-2192; www.tamarackrentals.ca; 299 Kelsey Blvd; 75–95 C$/Tag) kann man sich einen Pick-up organisieren, der einen schon am Flughafen erwartet.

Saskatchewan

Inhalt »

Gut essen

» Fainting Goat (S. 596)
» Blue Bird Cafe (S. 598)
» Souleio (S. 606)
» Park Cafe (S. 606)

Schön übernachten

» Radisson Plaza Hotel Saskatchewan (S. 595)
» The Convent (S. 601)
» Hotel Senator (S. 605)
» Sturgeon River Ranch (S. 610)

Auf nach Saskatchewan!

Um mal ein altes Sprichwort umzuformulieren: „Es gibt keine langweiligen Gegenden in Saskatchewan, nur langweilige Besucher". Ja, das Land ist flach, hier leben nicht viele Menschen, und selbst die beiden größten Städte lassen sich höchstens als „nett" beschreiben. Das bedeutet aber nur, dass Besucher sich auf diese Provinz einlassen müssen, um ihrem Charme zu erliegen.

Saskatchewan ist eine ebene Region mit endlosen Getreidefeldern, die sich im Wind wiegen. Die ruhige Bewegung wirkt auf den Betrachter fast hypnotisierend. Das Gezwitscher der Vögel untermalt das Rauschen des Windes. Wer auf der Suche nach Ruhe und Einsamkeit ist, biegt einfach auf die nächste unbefestigte Straße ab und zieht los.

Traveller sollten die Menschen kennenlernen, nicht nur die Städter, sondern auch die Landbewohner, die in den Geschichten Saskatchewans beschrieben werden. Die Belohnung dafür wird zwar unspektakulär sein, aber auch auf ihre ganz eigene Art befriedigend.

Reisezeit

Saskatoon

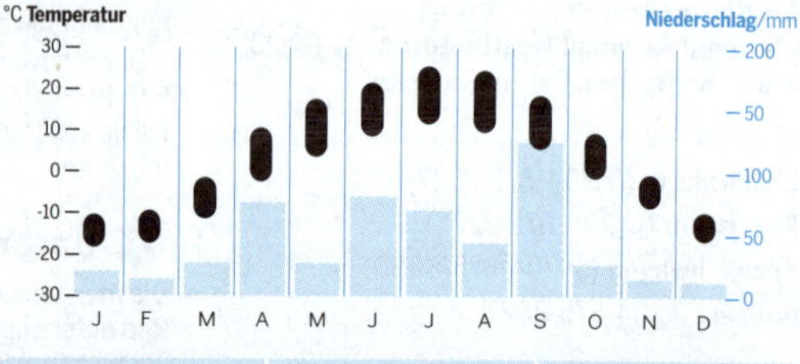

Mai Wunderschöne Wildblumen säumen die Straßen und kündigen das Ende des Winters an

Juni–August Tagsüber *kann* es mild sein, nachts ist es in der Regel aber kühl

September Der Herbst mit seinen traumhaften Farben kommt früh, und tagsüber ist es schon frisch

Highlights in Saskatchewan

1. Den tapferen Revolutionären in **Batoche** (S. 610), wo Riel fast die kanadische Armee geschlagen hätte, die Ehre erweisen
2. In Regina ein kühles **Bushwakker** (S. 597) aus einheimischer Gerste genießen
3. Bei einem der Wahnsinnsspiele der **Roughriders** (S. 597) in Regina wie die leidenschaftlichen kanadischen Football-Fans einen aus Wassermelonen geschnitzten Helm tragen
4. Sich im **Grasslands National Park** (S. 601) den Wind um die Ohren wehen lassen
5. Im reizenden **Saskatoon** (S. 602), dem Paris der Prärie, am Fluss entlangschlendern
6. Bei Saskatoon in der kurzen Sommerzeit, wenn die Natur quasi explodiert, leckere **Saskatchewan-Beeren** (S. 608) sammeln
7. In **Moose Jaw** (S. 599) in die dunkle Vergangenheit zu Zeiten Al Capones eintauchen

KURZINFOS SASKATCHEWAN

» Bevölkerung: 960 400

» Fläche: 586 561 km²

» Hauptstadt: Regina

» Schräge Facts: Kapuzenpullis werden in der ganzen Provinz *bunny hugs* genannt, und keiner weiß, warum.

Geschichte

Die Geschichte Saskatchewans ist voller Elend, Beharrlichkeit, Triumph und Tragödie. Die Ureinwohner lebten schon 10 000 Jahre hier, als die ersten Europäer Mitte des 17. Jhs. eintrafen. Die Cree, Dene und Assiniboine führten ein einfaches Leben und bekamen alles, was sie brauchten, vom Land.

Die Beziehung zwischen den beiden Kulturen war häufig angespannt. Die Europäer wollten mehr Land für die Landwirtschaft, woraus Konflikte entstanden, die nur allzu oft zu Blutvergießen führten. Zeugnisse dieser Kämpfe sind in ganz Saskatchewan zu finden – man kann zahlreiche historische Schlachtfelder besichtigen, z. B. das Fort Batoche, wo der Métis-Führer Louis Riel (S. 570) gefangen genommen wurde.

Als mehr Europäer in die Region kamen, wuchs der Druck auf die kulturellen Beziehungen und das Ökosystem. 1865 gab es geschätzte 60 Mio. Büffel in Saskatchewan; 1876 war ihre Zahl auf gerade mal noch 500 gesunken. Schuld daran waren Massenschlachtungen durch die Siedler und Jäger.

1890 lebten die meisten Ureinwohner in Reservaten. Dank der nun hier verkehrenden Eisenbahn kamen immer mehr Einwanderer in diese Gegend, und Saskatchewan erhielt 1905 den Status einer Provinz. Nach der Weltwirtschaftskrise und dem Ausbruch des Zweiten Weltkriegs erreichte die Weizenproduktion ihre einträglichste Phase. Heute werden hier viele Getreidearten angebaut, u. a. Raps (das sind die gelb leuchtenden Felder, die man im Sommer überall sieht).

Geografie & Klima

Die (manchmal bis zu 35 °C) heißen, kurzen Sommer in Saskatchewan bieten gutes Reisewetter und auch die Möglichkeit, Wahnsinnsgewitter zu beobachten. Es gibt nichts, was dem Anblick eines heraufziehenden Gewitters gleichkommt: Der strahlend blaue Himmel wird erst grau wie Abwaschwasser und schließlich schwarz wie ein Hockeypuck, und dann prasselt der Regen auch schon runter. Aber Achtung: der Regen kann schnell zu Hagel werden – man ist halt im „Land der lebendigen Himmel".

Der Winter kann schon im Oktober hereinbrechen. Bis April bleibt es oft so kalt, dass einem die Finger abfrieren (bis zu −40 °C). Es schneit nicht viel, aber wenn, dann früh, und der Schnee bleibt lange liegen. Es hat schon seinen Grund, dass an den Parkplätzen überall Steckdosen sind, an die die Heizvorrichtung für den Motorblock angeschlossen werden kann!

Parks

Saskatchewan hat zwei völlig unterschiedliche Nationalparks. Der Prince Albert National Park (S. 609) im Norden ist ein bewaldetes Naturschutzgebiet mit Seen, unberührter Natur und vielen Tieren. Outdoor-Möglichkeiten wie Kanufahren, Wandern und Campen gibt's hier en masse. Tief im Süden liegt der Grasslands National Park (S. 601), dem es im Gegensatz zu seinem Bruder im Norden an Bäumen mangelt. Dieser hügelige Park mit Wiesen, Wildblumen und viel Einsamkeit ist ein unglaublicher Ort, um sich in der großen Ordnung der Dinge ganz klein zu fühlen.

Es gibt auch zahlreiche **Provinzparks** (☎306-953-3751, 800-205-7070; www.saskparks.net; 1-Tages-/3-Tages-/Wochen-/Jahrespass 7/17/25/50 C$, Stellplatz Zelt 11–17 C$, Stellplatz Wohnmobil 16–26 C$). Die meisten haben Campingplätze, einige davon in totaler Abgeschiedenheit. In manchen Parks kann man Stellplätze online reservieren.

ℹ Anreise & Unterwegs vor Ort

Saskatchewan ist die Provinz, durch die die meisten nur fahren, um woanders hinzukommen. Der Trans-Canada Hwy (Hwy 1) führt durch den Süden, Regina und eine faszinierende Getreidefelderlandschaft. Der Yellowhead Hwy (Hwy 16) durchquert die Provinz diagonal und führt nordwestlich von Saskatoon durch eine recht schöne Gegend. Einige Entfernungen zur Orientierung: Saskatoon–Regina, 260 km; Saskatoon–Winnipeg, 780 km; Regina–Calgary, 760 km. Die Straßen durch Saskatchewan führen mitunter auch durch Montana und North Dakota, USA.

Viele Straßen sind nicht befestigt, sondern eher Schotterstraßen. Sie sind aber ganz o. k. (wenn auch nicht für den Lack des Autos), wenn es nicht gerade regnet oder schneit.

Die Buslinien nach Alberta oder Winnipeg und weiter werden von **Greyhound Canada**

(☎800-661-8747; www.greyhound.ca) betrieben. Innerhalb der Provinz bedienen Busse der **Saskatchewan Transportation Company** (STC; ☎800-663-7181; www.stcbus.com) über 200 Gemeinden. Im Sommer kosten Monatspässe für unter 26-Jährige nur 40 C$.

Der *Canadian* (S. 993) von VIA Rail fährt dreimal pro Woche durch Saskatoon.

REGINA

180 300 EW.

Regina hat es weit gebracht seit der Zeit, als die Stadt noch Jagdrevier der Cree war und Wascana genannt wurde, was so viel heißt wie „Knochenstapel". Immens viel Geld wurde in die Provinzhauptstadt gesteckt, um aus ihr eine Oase in der Prärie zu machen – üppig grüne Parks wie das Wascana Centre nehmen jetzt das ehemalige Weideland ein. Dennoch ist die Stadt kein Muss, wenn auch ein guter Zwischenstopp auf der Fahrt durch Saskatchewan. Alles Interessante ist zu Fuß erreichbar, so auch das aufgepeppte Cathedral Village direkt westlich des Zentrums. Man ist auch nie mehr als ein paar Blocks von der Albert St, der wichtigsten Nord-Süd-Achse, entfernt.

Sehenswertes & Aktivitäten

Wascana Centre PARK

Das geografische und kulturelle Zentrum von Regina ist das Wascana Centre. Wo einst ein kleiner Fluss vor sich hinplätscherte, wurde 1908 der **Wascana Lake** und mit ihm der Mittelpunkt dieser Präriestadt geschaffen. Der riesige Park ist mit seinen Spazierwegen, einem Musikpavillon und jeder Menge Grünflächen ein großartiger Ort, um einen schönen Tag zu verbringen. 2004 wurde der See im Rahmen eines groß angelegten Projekts vertieft und das übelriechende Seegras entfernt. In dem klaren Wasser spiegelt sich u.a. das tolle Provincial-Legislature-Gebäude. Mit Glück bekommt man auch Nerze, Biber, Feldhasen und den guten, alten Elch zu sehen.

Im **Wascana Place** (☎306-522-3661; www.wascana.sk.ca; 2900 Wascana Dr; ⌚Mo–Fr 8–16 Uhr) bekommt man Infos über den Park und nützliche Karten. **Marina Rentals** (☎306-757-2628; Wascana Marina; Kanu/Kajak/Tretboot pro Std. 15/10/15 C$; ⌚Mitte Mai–Mitte Sept. 12–20 Uhr) vermietet Kanus, Kajaks und Tretboote. **Spruce Island** ist ein Vogelschutzgebiet, das man vom Ufer aus sehen kann.

Provincial Legislature GEBÄUDE

(☎306-787-2376; Legislative Dr; Eintritt frei; ⌚Ende Mai–Anfang Sept. 8–21 Uhr, Anfang Sept.–Ende Mai 8–17 Uhr) Die wunderschöne, 1912 fertiggestellte „Leg" im Beaux-Arts-Stil erhebt sich stolz mitten im Wascana Centre. Die vielen großartigen Marmor- und Holzarbeiten sollte man im Rahmen einer der kostenlosen Führungen (die alle 30 Minuten stattfinden) bewundern. Der große Rasen vor dem Haus eignet sich perfekt zum Frisbeespielen oder für politische Demonstrationen – je nachdem, wonach einem ist.

Royal Saskatchewan Museum MUSEUM

(☎306-787-2815; www.royalsaskmuseum.ca; 2445 Albert St; Eintritt gegen Spende; ⌚Mai–Anfang Sept. 9–17.30 Uhr, Anfang Sept.–Mai 9–16.30 Uhr) Das Royal im Wascana Centre gibt einen großartigen Überblick über Land und Leute, die zusammen Saskatchewan ausmachen. Die drei Hauptausstellungsräume haben je ein eigenes Thema: Erde, Tiere und Ureinwohner. Prärie-Dioramen erzählen die Geschichte der einheimischen Tiere und Kulturen, die von diesem kargen Land lebten. Schwitzhütten, Dinosaurier und Rotwild – sie alle sind hier zu sehen.

GRATIS **MacKenzie Art Gallery** KUNSTGALERIE

(☎306-584-4250; www.mackenzieartgallery.ca; 3475 Albert St; ⌚Mo–Do 10–17.30, Fr 10–21, Sa & So 12–17.30 Uhr) Diese Galerie am Südrand des Wascana Centre lohnt einen Spaziergang. Der Schwerpunkt liegt auf alter und zeitgenössischer kanadischer Kunst. Es finden auch unzählige Sonderausstellungen statt. Draußen einen Blick auf eine der Kuh-Statuen von Joe Fafard werfen!

Saskatchewan Science Centre MUSEUM

(☎306-522-4629; www.sasksciencecentre.com; 2903 Powerhouse Dr; Erw./Kind 8/4 C$, mit IMAX od. Planetarium 13/6 C$; ⌚Mo–Fr 9–18, Mi 9–21, Sa & So 11–18 Uhr) Naturwissenschaften haben noch nie so viel Spaß gemacht. In dem interaktiven Wissenschaftszentrum kann

> **TOURISTEN-INFORMATION**
>
> **Tourism Saskatchewan** (☎877-237-2273; www.tourismsaskatchewan.com) hat ausgezeichnete Karten und Führer. Am Hwy 1 und Hwy 16 gibt's in der Nähe des Grenzübergangs Infozentren. In den Touristeninformationen in größeren Städten sind ebenfalls Infos über die Provinz erhältlich.

Regina

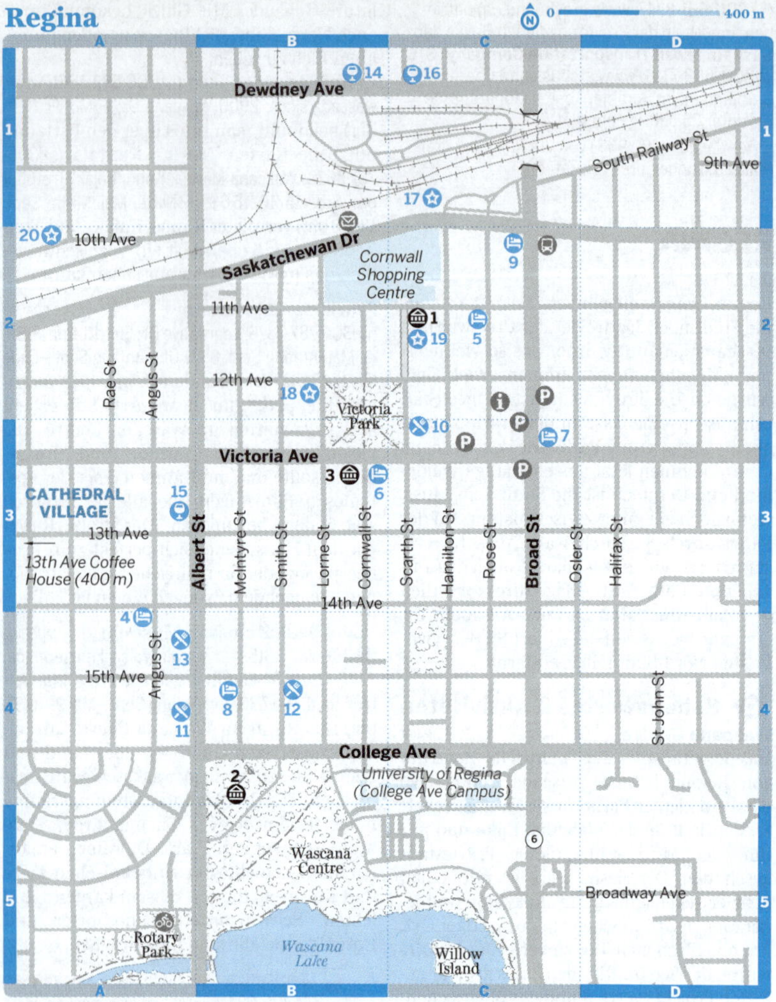

man gegen einen virtuellen Torhüter antreten und Tore schießen, Seifenblasen von der Größe eines Autos blasen und den Geheimnissen des Rülpsens auf die Spur kommen. Es darf Hand angelegt werden – folglich ist das Haus ein Hit bei Kids. Ein IMAX-Kino und eine Sternwarte sind auch vorhanden.

GRATIS **Regina Plains Museum** MUSEUM
(☎306-780-9435; www.reginaplainsmuseum.com; 1. OG, 1835 Scarth St; ⏲Mo–Fr 10–16 Uhr) Das kleine Geschichtsmuseum ist ziemlich vollgepackt. Die Attraktion ist das Weizenfeld aus Glas, bei dem Tausende von einzelnen Glashalmen einen auf den Kopf stehenden Kronleuchter aus Weizen bilden. Sonderausstellungen bieten einen spannenden Einblick in das Leben der Bewohner dieser Stadt in längst vergangenen Zeiten.

RCMP Heritage Centre MUSEUM
(☎306-522-7333; www.rcmpheritagecentre.com; 5907 Dewdney Ave W; Erw./Kind 12/10 C$; ⏲Juni–Aug. tgl. 9–18 Uhr, Sept.–Mai Mo–Fr 10–17, Sa & So 12–17 Uhr) Mehrere Ausstellungsräume beleuchten die Vergangenheit, Gegenwart und Zukunft der kultigen Canadian Mounties (die Darstellung der arktischen Polizei ist hervorragend). Hier befindet sich auch ein Teil des Ausbildungszentrums der

Regina

Sehenswertes
1 Regina Plains Museum ... C2
2 Royal Saskatchewan Museum ... B4
3 Saskatchewan Sports Hall of Fame & Museum ... B3

Schlafen
4 Dragon's Nest B&B ... A4
5 Holiday Inn Express ... C2
6 Radisson Plaza Hotel Saskatchewan ... B3
7 Regina Inn Hotel ... C3
8 Turgeon International Hostel ... B4
9 Wingate by Wyndham ... C2

Essen
10 Copper Kettle ... C3
11 Fainting Goat ... A4
12 Fireside Bistro ... B4
13 La Bodega ... A4

Ausgehen
14 Bushwakker Brewpub ... B1
15 Cathedral Village Free House ... A3
16 Drink ... C1
O'Hanlon's ... (siehe 10)

Unterhaltung
17 Casino Regina ... C1
18 Central Library Repertory Cinema ... B2
19 Globe Theatre ... C2
20 Saskatchewan Roughriders ... A2

RCMP (Royal Canadian Mounted Police), in dem Rekruten ihre Grundausbildung erhalten (von Montag bis Freitag kann man um 12.45 Uhr der Prüfung der Kadetten beiwohnen). Es gibt interessante Sachen zu sehen, aber sie sind nicht allzu weit vom Stereotyp des Dudley Do-Right entfernt. Skandale, die die Polizei in der letzten Zeit erschüttert haben, werden hier nicht erwähnt.

Saskatchewan Sports Hall of Fame & Museum MUSEUM
(☎306-780-9232; www.sshfm.com; 2205 Victoria Ave; erbetene Spende 2 C$; ⌚ganzjährig Mo–Fr 9–17 Uhr, Ende Mai–Anfang Sept. Sa & So 13–17 Uhr) Dieses Museum mit Schwerpunkt auf Volkssportarten erzählt die Geschichte von Sportlern wie Gordie Howe, einem von mehr als 425 Saskatchewanern (kanadischer Provinzrekord), die in der NHL gespielt haben.

Festivals & Events

Eine Auflistung aller Events findet man unter www.tourismregina.com. Nachstehend einige Festival-Highlights:

First Nations University of Canada Annual Powwow KULTUR
(☎306-790-5950; www.firstnationsuniversity.ca; ⌚letztes Wochenende im März) Tänzer aus ganz Nordamerika, traditionelles Kunsthandwerk und Essen der indigenen Bevölkerung.

Trial of Louis Riel THEATER
(☎306-728-5728; www.rielcoproductions.com; ⌚Juli) Echte Dokumente von Riels Prozess im Jahr 1885 und seiner Hinrichtung (S. 570) sind Grundlage dieses nichts beschönigenden Stücks, das 1967 zum ersten Mal aufgeführt wurde. Mit Guy Michaurd ist die Rolle des Riel perfekt besetzt.

Queen City Ex FESTIVAL
(Buffalo Days; ☎306-781-9200; www.thequeencityex.com; ⌚Anfang Aug.) Saskatchewans beliebtestes Festival, zu dem sich fast jeder in Schale wirft und ein Pioniersgewand anlegt. Sechs Tage lang gibt's Konzerte, Pfannkuchenfrühstück, Karussellfahrten, Bartwuchswettbewerbe und Paraden.

Schlafen

In der Victoria Ave im Osten der Stadt und in der Albert St im Süden stehen diverse Kettenmotels. Im Zentrum finden sich interessante Übernachtungsmöglichkeiten.

Radisson Plaza Hotel Saskatchewan HOTEL $$$
(☎306-522-7691; www.hotelsask.com; 2125 Victoria Ave; Zi. 150–300 C$; ⊖❄@📶) Die Grande Dame von 1927 mit Blick über den Victoria Park im Zentrum ist die schickste Unterkunft in ganz Regina. Hotelpagen, glänzendes Messing und edle Teppiche sind nur einige Gründe, warum man sich schnell wohl fühlt. Die 224 Zimmer sind hell und gediegen eingerichtet. Den Single Malt genießt man selbstverständlich vor dem Kaminfeuer in der Monarch's Lounge.

Dragon's Nest B&B B&B $$
(☎306-525-2109; www.bbcanada.com/8361.html; 2200 Angus St; Zi. 70–140 C$; ⊖❄📶) Dieses coole B&B mit nur drei Zimmern wird

von einem Feng-Shui-Berater betrieben, sodass alles dort steht, wo es hingehört. Die Zimmer sind mit modernen Möbeln eingerichtet und überall stößt man auf Außergewöhnliches, z.B. eine große Drachenstatue über dem Eingang. Üppiges Frühstück!

Turgeon International Hostel HOSTEL $
(☎306-791-8165; www.hihostels.com; 2310 McIntyre St; B Mitglied/Nichtmitglied 24/28 C$; ⊙Rezeption Feb.–Dez. 8–10 & 18–22 Uhr; @📶) Das alte viktorianische Haus nahe Cathedral Village und Wascona Centre wurde in ein Hostel mit 18 Betten umgebaut. Hier fühlt man sich nicht nur zu Hause, diese Unterkunft ist auch gut gelegen und die einzig preiswerte Bleibe in Regina.

Regina Inn Hotel HOTEL $$
(☎306-525-6767; www.reginainn.com; 1975 Broad St; Zi. 120–170 C$; ❄@📶) O.k., das Haus erweckt den Eindruck, als hätte der Architekt gerade an einen Fünfjahresplan gedacht, als er das neo-sowjetische Äußere designt hat. Wer aber etwas genauer hinschaut, wird eine Rarität in Saskatchewan entdecken: Balkone vor allen 235 Zimmern. Im Winter friert man sich auf ihnen zwar die Hacken ab, im Sommer sind sie dafür aber recht angenehm. Man sollte versuchen, eines der renovierten Zimmer zu bekommen, die sind geschmackvoller eingerichtet.

Wingate by Wyndham HOTEL $$
(☎306-584-7400; www.wingatebywyndhamregina.com; 1700 Broad St; Zi. inkl. Frühstück 90–160 C$; ❄@📶) Siebenstöckiges, modernes Hotel mitten im Zentrum. Das Wingate hat 118 große, gemütliche Zimmer. Achtung: von den Zimmern, die gen Westen zeigen, blickt man auf ein Parkhaus – der Blick gen Osten ist nicht ganz so düster: Man sieht die lodernden Schlote einer Raffinerie. Zum Frühstück kann man sich seine eigenen Waffeln backen.

Holiday Inn Express HOTEL $$
(☎306-667-9922; www.hiexpress.com; 1907 11th Ave; Zi. inkl. Frühstück 90–170 C$; ❄@📶) Fünfstöckiges Hotel mitten im Zentrum mit 78 öden Zimmern. Aber man ist ja nicht wegen des Dekors hier, sondern wegen der guten Lage! Die meisten Highlights von Regina sind von hier aus zu Fuß zu erreichen. Mittelmäßiges Frühstück.

Essen

Im Umkreis von 10 Gehminuten von Zentrum und Cathedral Village finden sich einige recht gute Restaurants.

LP TIPP **Fainting Goat** FUSION $$
(☎306-352-4628; www.thefaintinggoat.ca; 2330 Albert St; Hauptgerichte 11–24 C$; ⊙Di–Sa 11–24 Uhr) Die kreative Familie, die diese Mischung aus Bistro und Kulturzentrum betreibt, zaubert aus lokalen Zutaten mediterrane und nordafrikanische Köstlichkeiten. Auf der Veranda hinten ist man weit entfernt vom Lärm der Albert St, sodass man die Folkmusik, die hier oft live geboten wird, umso besser genießen kann. Die Wände sind mit Werken einheimischer Künstler geschmückt.

Copper Kettle PIZZA $
(☎306-525-3545; www.ckpizza.ca; 1953 Scarth St; Hauptgerichte 10 C$) Reginas beliebteste Pizzeria gegenüber vom Victoria Park ist groß, stylish und hat eine nette Terrasse. Die Auswahl von Pizzabelägen ist schon fast angsteinflößend. Wer sich für die Pizza mit Wurst, Pilzen und sonnengetrockneten Tomaten entscheidet, wird in Verzückung geraten. Die Pizzas haben einen leckeren, knusprigen Rand.

13th Ave Coffee House CAFÉ $
(☎306-522-3111; www.13thavecoffee.com; 3136 13th Ave; Hauptgerichte 10 C$; ⊙Di–Sa 11–21 Uhr; 🌿) Kochbananenchips zieren die Jivin Jerk Bowl (pikantes Tempeh und viel Gemüse) und verkünden, dass dies kein Durchschnittscafé ist. Klar, der Kaffee ist gut. Aber vor allem das Testen eines der Gerichte von der langen vegetarischen Speisekarte ist cool. Der beliebte Treffpunkt in Cathedral Village hat vorn eine schöne Terrasse.

Crushed Grape CAFÉ $$
(☎306-352-9463; 2118 Robinson St; Hauptgerichte 16–25 C$; ⊙Di–Sa 12–23, So 10–16 Uhr) Dieses Bistro bringt mit einheimischer Kunst und Livejazz an vielen Abenden Leben in das unscheinbare Backsteinhaus in Cathedral Village. Wie der Name schon vermuten lässt, werden hier viele verschiedene Weine glasweise ausgeschenkt. Auf der Speisekarte stehen zahlreiche originelle Speisen, der Sonntagsbrunch ist ebenfalls hervorragend. Im Sommer gibt es einen wahren Kampf um die Plätze auf der Terrasse.

La Bodega MEDITERRAN $$
(☎306-546-3660; www.labodegaregina.com; 2228 Albert St; kleine Hauptgerichte 10–16 C$) Die dreistöckige Veranda wickelt sich wie ein Baumhaus um einen riesigen, alten Baum. Unter funkelnden Lichtern kann man ganz romantisch kleine Platten mit Leckereien und gute Weine genießen. Im

Winter gibt es draußen eine wunderschöne in Eis gemeißelte Bar.

Fireside Bistro FUSION $$

(☎306-761-2305; www.firesidebistro.ca; 2305 Smith St; Hauptgerichte 14–26 C$) Dieses umgebaute, ehemalige viktorianische Gästehaus, das an einer ruhigen Vorortstraße liegt, hat Stil. Auf der umfangreichen Speisekarte stehen Steaks, Pasta und Meeresfrüchte. Auf der traumhaften Terrasse kann man Kleinigkeiten wie saftige Burger verputzen. Nicht vergessen, nach dem Geist zu fragen!

Ausgehen

Die Albert St ist die Ausgehmeile in Regina. In der Dewdney Ave direkt nördlich des Zentrums gibt es ein paar witzige Pubs und Clubs, ansonsten ist in dem farblosen Old Warehouse District aber nicht viel los. Egal wo man einkehrt, das ausgezeichnete Bushwakker von der hiesigen Kleinbrauerei sollte man unbedingt probieren.

LP TIPP **Bushwakker Brewpub** KNEIPE

(☎306-359-7276; www.bushwakker.com; 2206 Dewdney Ave) Dieser Pub in einem Lagerhaus von 1913, das genauso toll ist wie das Bier, ist es wert, die Gleise zum Old Warehouse District zu überqueren. Im Bushwakker werden Werke einheimischer Künstler ausgestellt, an vielen Abenden gibt's Livemusik, und auf der Speisekarte stehen gute Sandwiches, Burger und Pizzas. Der wahre Grund hierher zu kommen, sind aber die vielen hausgebrauten Biere, u.a. das süchtig machende, saisonal erhältliche Blackberry Mead und das sensationelle Trephination Double IPA.

O'Hanlon's KNEIPE

(☎306-566-4094; 1947 Scarth St) Das O'Hanlon's mit seiner typisch irischen Pub-Atmosphäre teilt sich mit dem Copper Kettle ein und dieselbe schöne Terrasse. Im Angebot sind viele gute irische und britische Biere vom Fass, und natürlich fehlt auch der Gerstensaft der lokalen Kleinbrauerei nicht. An den Wochenenden wird Livemusik geboten, die bestimmt jeder gut findet, der auf Modest Mouse steht. Essen gibt's bis spät in die Nacht.

Cathedral Village Free House BAR

(☎306-359-1661; www.thefreehouse.com; 2062 Albert St) Auf der riesigen Terrasse hinterm Haus trifft sich an lauen Sommerabenden ganz Regina. Essen kann man hier bis spät in die Nacht. Die Speisekarte hat weitaus mehr zu bieten als nur die üblichen Fish & Chips. Es gibt zahlreiche Fassbiere von Kleinbrauereien – manchmal auch Specials für 5 C$. Am Wochenanfang kann man hier Acoustic hören, an den Wochenenden geht's entschieden härter zu.

Drink BAR

(☎306-543-7475; www.thedrinknightclub.ca; 2044 Dewdney Ave) Für die einen befindet sich diese hippe Bar auf der richtigen Seite der Gleise des Old Warehouse Districts, für die anderen auf der falschen. Samstags ist hier die Hölle los: DJs, Themenabende und ausgelassene Feten.

Unterhaltung

In dem muschelförmigen Musikpavillon am nördlichen Ende des Wascana Centre werden **Sonntagskonzerte** (www.wascana.sk.ca; Eintritt frei; ⏲Juni–Aug. 14–16 Uhr) veranstaltet.

Theater

Globe Theatre THEATER

(☎306-525-6400; www.globetheatrelive.com; 1801 Scarth St; Tickets 20–50 C$; ⏲Sept.–Mai) Das einheimische Schauspielerensemble zeigt zeitgenössische Theaterstücke. Das Globe Theatre ist eine anerkannte Kulturinstitution in Regina und bekommt durchgängig gute Kritiken.

Conexus Arts Centre THEATER

(☎306-565-4500; www.conexusartscentre.ca; 200 Lakeshore Dr) Das Kunstzentrum ist die Heimat der Sinfoniker und Anlaufstelle für tourende Musiker. Es erinnert etwas an ein altes Saskatchewaner Getreidesilo.

Sport

Saskatchewan Roughriders FOOTBALL

(☎306-525-2181, 888-474-3377; www.saskriders.com; Mosaic Stadium, 2940 10th Ave; ⏲Juni–Nov.) Bitte nicht mit den Ottawa Rough Riders verwechseln! Die Green Riders, wie sie liebevoll genannt werden, haben Kultstatus in der Canadian Football League (CFL). Das Mosaic Stadium ist meist ausverkauft und die Fans tragen u.a. aus Wassermelonen geschnitzte Helme.

Regina Pats EISHOCKEY

(☎306-543-7800; www.reginapats.com; Brandt Centre, Exhibition Park; ⏲Sept.–März) Die jüngeren, härteren, ehrgeizigeren Spieler der Western Hockey League (WHL) spielen aufregendes Eishockey. Fanatische, sich prügelnde Fans haben sie auch – eben alles, was zu einem Eishockeyspiel dazugehört. Das Brandt Centre liegt ca. 3 km westlich des Stadtzentrums.

Kinos

Central Library Repertory Cinema KINO

Das (☎306-777-6027; www.reginalibrary.ca; 2311 12th Ave; Erw./Kind 6/3 C$) im unteren Stockwerk der Bibliothek zeigt Kunstfilme. Im Saskatchewan Science Centre gibt's ein IMAX-Kino.

Kasinos

Casino Regina KASINO

(☎306-565-3000; 1880 Saskatchewan Dr; ⌚9–4 Uhr) Was soll man dazu sagen? Die Prioritäten wurden eben so gesetzt … Der wunderschöne, alte Bahnhof wurde in ein riesiges Kasino umgebaut, in dem man sein Geld schnell loswerden kann.

ℹ Praktische Informationen

Überall im Zentrum und im Cathedral Village gibt's kostenloses WLAN.

Central Library (☎306-777-6000; 2311 12th Ave; ⌚Mo–Do 9.30–21, Fr 9.30–18, Sa 9.30–17, So 13.30–17 Uhr) Hier steht ein kostenloser Internetzugang zur Verfügung.

Hauptpost (☎866-607-6301; 2200 Saskatchewan Dr)

Prairie Dog (www.prairiedogmag.com) Alle zwei Wochen erscheinende, kostenlose, witzige Zeitung mit gutem Veranstaltungskalender.

Regina General Hospital (☎306-766-4444; 1440 14th Ave; ⌚24 Std.) Notaufnahme.

Tourism Regina (☎306-789-5099, 800-661-5099; www.tourismregina.com; 1925 Rose St; ⌚Mo–Fr 9–17 Uhr) Nützliche Führer und Karten.

ℹ An- & Weiterreise

Der neue **Busbahnhof** (☎306-787-3340; 1717 Saskatchewan Dr) liegt im Stadtzentrum. Dort gibt's Schließfächer. Greyhound Canada fährt in Richtung Osten nach Winnipeg (93 C$, 9 Std., 1-mal tgl.) und in Richtung Westen nach Calgary (71 C$, 11 Std., 2-mal tgl.). **STC** (☎306-787-3340; www.stcbus.com) fährt in alle Richtungen, u. a. nach Saskatoon (40 C$, 3 Std., 3-mal tgl.).

Vom **Regina International Airport** (YQR; ☎306-761-7555; www.yqr.ca; 5200 Regina Ave) 5 km westlich des Zentrums kommt man in alle wichtigen Städte Kanadas sowie nach Minneapolis und Chicago in den USA.

ℹ Unterwegs vor Ort

Der Flughafen ist nur zehn Autominuten vom Zentrum entfernt. Die Fahrt im Taxi kostet 10 C$. Mit öffentlichen Verkehrsmitteln kommt man nicht zum Flughafen.

Regina Transit (☎306-777-7433; www.reginatransit.com; Erw./Kind 2,50/2 C$, Tageskarte 7 C$) betreibt Stadtbusse. Die meisten Linien treffen in der Innenstadt auf die 11th St.

Die gebührenpflichtige **Parkzeit** (1–2 C$/Std., 8–18 Uhr) im Innenstadtbereich ist auf eine Höchstdauer von zwei Stunden begrenzt. Es gibt zahlreiche Parkhäuser.

Co-op Taxi (☎306-525-2727) kommt auf Anruf.

RUND UM REGINA

Qu'Appelle Valley

Wenn man Regina auf dem Hwy 10 in nordöstlicher Richtung verlässt, erwartet einen ein besonderes Erlebnis. Die Schönheit Saskatchewans liegt in seiner Vielfalt, und das Qu'Appelle Valley ist nur ein Beispiel dafür. Das weite Tal mit Seen und kleinen Ortschaften breitet sich vor einem aus, und im blauen Wasser des Qu'Appelle River spiegeln sich die umliegenden grünen Hügel. Traveller brauchen keine Angst davor zu haben, die Hauptstraße zu verlassen – später werden sie vielmehr froh sein, es getan zu haben.

Wer in **Abernethy** vom Hwy 10 nach Süden abbiegt, erreicht nach 9 km die **Motherwell Homestead National Historic Site** (☎306-333-2116; www.parkscanada.gc.ca/motherwell; Erw./Kind 8/4 C$; ⌚Ende Mai–Anfang Sept. 9–17 Uhr), eine faszinierende, alte Saskatchewaner Farm, auf der man mit kräftigen Zugpferden das Heu einfahren kann und auf viele Menschen in altertümlichen Trachten trifft. In dem kleinen Café wird selbstgemachtes Mittagessen serviert.

Regina Beach

Dieser kleine, idyllische Badeort nordwestlich von Regina liegt kaum eine einstündige Autofahrt vom Zentrum entfernt. Im Sommer planschen die Kids hier glücklich im klaren, blauen Wasser des Last Mountain Lake; Picknickfans genießen den schattigen Park am Wasser.

LP TIPP **Blue Bird Cafe** (☎306-729-2385; 108 Centre St; Hauptgerichte ab 7 C$; ⌚Mai–Sept. 10–20 Uhr) Dieses Café stammt aus der guten alten Zeit, es hat Holzfußböden und Türen mit Fliegengittern. Das Fish & Chips ist legendär – hauchdünner, knuspriger Teig umhüllt zarte, weiße Fischstückchen. Ebenso verlockend sind auch die Eisbuden in der Nähe.

Um nach Regina Beach zu kommen, fährt man zunächst 32 km auf dem Hwy 11 und biegt dann nach Norden in den Hwy 54 ab. Nach 16 km ist man am Ziel.

SÜDLICHES SASKATCHEWAN

Der Trans-Canada Hwy (Hwy 1) führt durch das typische Saskatchewan – die weiten, offenen Flächen, die in unzähligen Countrysongs beschrieben werden. Wenn man das labyrinthartige Netz einsamer, unbefestigter Nebenstraßen erkundet, vergisst man schnell das moderne Leben. Es ist nicht schwer, sich vorzustellen, wie Tausende von Bisons über die nahe gelegenen Hügel donnern, wie das Leben der Ureinwohner in den Dörfern aussieht oder wie die North West Mounted Police (NWMP) zu Pferd durch die Prärie patrouilliert. Vielfalt und Grenzenlosigkeit lautet hier das Motto: hügeliges Weideland, schroffe Berge und Ödland – wie in einem einen klassischen Western.

Moose Jaw

32 200 EW.

„Moose Jaw ist keine Stadt oder Gemeinde, es ist noch nicht einmal ein Punkt auf der Landkarte! Moose Jaw ist ein verdammter Virus, der Regina immer und immer wieder heimsucht und gegen den es kein Mittel gibt."

Diese Sätze schrieb ein Zeitungsredakteur aus Regina vor etwa 100 Jahren. Und wenn es überhaupt irgendeinen Ort gibt, der von sich behaupten kann, er habe eine schäbige Vergangenheit, dann ist das Moose Jaw. Seit den einfachen Anfängen als Außenposten der Canadian Pacific Railway hat nicht nur die Größe, sondern auch die Ehrlosigkeit der Stadt stetig zugenommen. Der Ort war rebellisch, voller Bordelle, und KKK-Hetzjagden waren hier genauso an der Tagesordnung wie Korruption und Sklaverei.

In den 1920er-Jahren war Moose Jaw das Paradies für Al Capone und seine Mannen, die diesen Ort als Ausgangsbasis für den Whiskeyschmuggel in die USA benutzten.

Kanadische Kleinstädte, die aus ihrer dubiosen Vergangenheit Profit schlagen wollen, können sich ein Beispiel an Moose Jaw nehmen, das sich selbst als „Little Chicago" bezeichnet. Mit den bemerkenswert gut erhaltenen Art-déco-Gebäuden, den vielen Wandgemälden und seinen freundlichen Einheimischen ist Moose Jaw unbedingt sehenswert.

ABSTECHER

MANITOU BEACH

Unterirdische Quellen haben den „See der heilenden Wasser" (wie er von den Cree getauft wurde) 180 km nördlich von Regina und 120 km südöstlich von Saskatoon in der Nähe des Orts Watrous geschaffen. Das Wasser des **Manitou Lake** (www.watrousmanitou.com) ist ähnlich wie das des Toten Meers voller Mineralien und Salze, was dazu führt, dass es dreimal so dicht ist wie Meerwasser – mit anderen Worten: Man schwimmt von allein.

Wer dem merkwürdig riechenden See nicht traut, kann sich auch im **Manitou Springs Resort & Mineral Spa** (☎306-946-2233, 800-667-7672; www.manitousprings.ca; Ecke Lake Ave & Watrous St; Bäder 11 C$) in die Fluten stürzen. Wenn man hier übernachtet (Zi. 115–170 C$), kann man das salzige Nass gleich mehrmals genießen.

Sehenswertes & Aktivitäten

Hauptziel der Besucher sind die Main St und die historische Innenstadt, in der man gut und gerne mehrere Stunden herumschlendern kann.

Western Development Museum MUSEUM
(WDM; ☎306-693-5989; www.wdm.ca; 50 Diefenbaker Dr; Erw./Kind 8,50/2 C$; ⏲tgl. 9–17 Uhr, Jan.–März Mo geschl.) Alles, was fährt, fliegt bzw. sich mit Pedalen oder Paddeln fortbewegt, findet man in dieser Zweigstelle des WDM. Das Museum, das dem Verkehr Saskatchewans gewidmet ist, beherbergt Flugzeuge, Züge, Automobile und sogar einen Eisenbahnwaggon.

GRATIS **Yvette Moore Gallery** KUNSTGALERIE
(☎306-693-7600; www.yvettemoore.com; 76 Fairford St W; ⏲10–17 Uhr) Gleich westlich der Main St zeigt die bekannte, einheimische Künstlerin in einem schönen, unter Denkmalschutz stehenden Gebäude ihre wachrüttelnden und hyperrealistischen Werke über Saskatchewan und seine Menschen. Das Café eignet sich hervorragend für einen Mittagssnack in künstlerischer Umgebung.

Temple Gardens Mineral Spa SPA
(☎306-694-5055; www.templegardens.sk.ca; 24 Fairford St E; Erw./Kind Mo–Do 7/6 C$, Fr–So 16/11 C$; ⌚So–Do 9–23, Fr & Sa 9–24 Uhr) In dem modernen Komplex gibt's einen Pool, der halb unter freiem Himmel und halb überdacht ist. Das dampfende, mineralhaltige Wasser kommt tief aus der Erde. Es werden viele Einzelbehandlungen angeboten.

Geführte Touren

Mehr als drei Dutzend **Wandgemälde**, die Augenblicke aus Moose Jaws Vergangenheit zeigen, zieren die Mauern in der ganzen Stadt. In der Touristeninformation gibt's eine fantastische Karte mit Spaziergängen und Beschreibungen der einzelnen Gemälde. Die **Moose Jaw Trolley Company** (☎306-693-8537; Erw./Kind 12/6 C$; ⌚10.30, 11.45, 14.00, 15.15 & 16.30 Uhr) bietet ab dem Besucherzentrum Touren in „Straßenbahnwagen" an.

Schlafen & Essen

Nördlich der Stadt am Hwy 1 befinden sich viele Kettenmotels. Die Yvette Moore Gallery beherbergt eines der zahlreichen guten Cafés im Zentrum.

Temple Gardens Mineral Spa Resort HOTEL $$
(☎306-694-5055, 800-718-7727; www.templegardens.sk.ca; 24 Fairford St E; Zi. 120–260 C$; ❄@☎≋) Das zum Spa gehörende elegante Hotel liegt mitten im Stadtzentrum und hat einen direkten Zugang zum Kasino (was sollte man in Moose Jaw auch anderes erwarten?). Die meisten Zimmer haben Balkone oder Terrassen. Die Top-Zimmer haben sogar Jacuzzis, in denen das mineralhaltige Wasser blubbert.

Capone's Hideaway Motel MOTEL $
(☎306-692-6422; www.caponeshideawaymotel.com; 1 Main St; Zi. 60–90 C$; ❄☎) Das alte Motel gegenüber vom stillgelegten Bahnhof, an dem Al und seine Kumpel früher vielleicht angekommen sind, ist schon etwas gewöhnungsbedürftig. Die 08/15-Möbel gefallen bestimmt allen, die auf der Flucht sind, und die Blumentöpfe mit den getrockneten Blumen passen wunderbar an einen Ort, der nach dem Typen benannt ist, der darauf aus war, seine Rivalen auszulöschen.

Deja Vu Cafe KANADISCH $
(☎306-692-6066; 16 High St E; Hauptgerichte 10 C$; ⌚11–22 Uhr) Dieses Restaurant in einem beeindruckenden alten Gebäude in der Innenstadt hat sich auf zwei Dinge spezialisiert: Chicken Wings in vielen unterschiedlichen Varianten (Lust auf ein „Knoblauch-Inferno"?) und Milchshakes in noch mehr Varianten (von Tuttifrutti bis hin zu Lakritze).

Hopkins Dining Parlor KANADISCH $$
(☎306-692-5995; www.hopkinsdining.com; 65 Athabasca St W; Hauptgerichte 14–30 C$; ⌚So & Mo 16–22, Di–Sa 11.30–22 Uhr) Das dreistöckige, denkmalgeschützte Haus beherbergt ein zwangloses Restaurant. Hier gibt es herzhafte kanadische Gerichte wie Rippchen und Chicken Wings. Wer den Nachtisch verpasst hat, kann sich in dem Souvenirladen Sahnebonbons für später kaufen.

NICHT VERSÄUMEN

DIE ECHTE UNTERWELT

In den **Tunnels of Moose Jaw** (☎306-693-5261; www.tunnelsofmoosejaw.com; 18 Main St; Führung f. Erw./f. Kind 14/7,50 C$, beide Führungen 23/12 C$; ⌚Juni–Sept. 10–19 Uhr, restliches Jahr wechselnde Öffnungszeiten) gibt es sogar einen Tunnel nach „China". Tief unter den Straßen der Stadt befinden sich Tunnel mit tragischer und faszinierender Vergangenheit. Wer will, kann an einer Führung teilnehmen und etwas über das Elend und die Diskriminierung erfahren, denen die chinesischen Arbeiter bei ihrer „Passage to Fortune" ausgesetzt waren. Sie wurden gezwungen, unter der Erde zu arbeiten und zu leben und in dampffeuchten Wäschereien zu schuften, um für ihre Freiheit zu bezahlen. Eine andere Führung lässt die Besucher die „Chicago Connection" ein paar Jahrzehnte später erleben. Angeblich war Al Capone in den 1920er-Jahren in Moose Jaw, um seine Schmuggeloperation zu überwachen – eine Gaunerei, die genau von diesen Tunneln aus organisiert wurde.

Praktische Informationen

Neben dem beeindruckenden **Visitor Center** (☎306-693-8097; www.moosejawtourism.com; Thatcher Dr E am Hwy 1; ⌚9–18 Uhr) sollte man unbedingt einen Blick auf die riesige, anatomisch korrekte Statue eines Elchs werfen. Im Sommer gibt's dazu noch die „Little Chicago Info Booth" in einem Bus in der Main St unweit der Tunnel.

An- & Weiterreise

STC-Busse fahren vom **Busbahnhof** (☎306-692-2345; 63 High St E) im Stadtzentrum nach Regina (15 C$, 1 Std., 5-mal tgl.).

Cypress Hills Interprovincial Park

Das östliche Ende dieses **Provinzparks** (☎306-662-4411; www.cypresshills.com), der sich entlang der Grenze zwischen Alberta und Saskatchewan erstreckt, ist eine topografische Oase, die keine Rücksicht auf Provinzgrenzen nimmt. Der Gegensatz zwischen der platten Prärie und der Hügellandschaft ist einfach faszinierend. Grüne Grashügel weichen Bäumen und Seen. Rotwild, Elche und andere wilde Tiere tummeln sich in dieser bewaldeten Ecke der Provinz.

CENTRE BLOCK

Wenn man sich von Osten her dem Park nähert, landet man direkt in dem bei einheimischen Wochenendurlaubern beliebten Ferienort mit unzähligen Eisbuden und Souvenirläden. Der **Campingplatz** (Stellplatz 17–32 C$) inmitten von Bäumen ist an den Wochenenden und in der Ferienzeit meist rappelvoll. Der Eingang zum Park befindet sich 37 km südlich des Hwy 1 am Hwy 21.

WESTERN BLOCK

In den Western Block, der sich bis nach Alberta erstreckt, kommen weniger Besucher als in den Centre Block. Folglich ist es hier viel angenehmer. Zwischen den schönen, grünen Hügeln befindet sich die **Fort Walsh National Historic Site** (☎306-662-3590; www.parkscanada.ca/fortwalsh; Erw./Kind 8/4 C$; ⏲Ende Mai–Anfang Sept. 9.30–17.30 Uhr). Der Außenposten, der 1875 errichtet wurde und die folgenden acht Jahre in Betrieb war, spielte jedoch nur eine kleine, wenn auch nicht unbedeutende Rolle in der Geschichte des Westens. Nach der Schlacht am Little Bighorn (alias Custers letzte Schlacht), kamen Häuptling Sitting Bull und 5000 seiner Anhänger in das Gebiet von Cyprus Hills. Die NWMP verlegte ihr Hauptquartier nach Fort Walsh und unterhielt friedliche Beziehungen mit den Sioux, während diese in Kanada weilten.

Abgeschiedener und ruhiger campen als im Western Block kann man kaum irgendwo. Der Eingang liegt 50 km südlich des Hwy 1 am Hwy 271. Die Gap Rd, die den Western Block mit dem Centre Block verbindet, ist über die Jahre zu einem holprigen Weg für Allradfahrzeuge geworden.

Eastend

Ganz im Südwesten von Saskatchewan ist Eastend. Der ruhige, charmante Ort liegt eingebettet in einem kleinen Tal etwa 80 km südlich des Hwy 1. Die wenigen Straßen des Örtchens sind von älteren Gebäuden gesäumt. Im netten **Visitor Center** (☎306-295-4144; www.dinocountry.com; Red Coat Dr; ⏲Mo–Fr 9–17 Uhr) steht ein Dinosaurierskelett.

1994 entdeckte man in Saskatchewan eines der vollständigsten Skelette eines *Tyrannosaurus rex*, das jemals irgendwo auf der Welt gefunden wurde. Das **T-Rex Discovery Centre** (☎306-295-4009; www.trexcentre.ca; T-Rex Dr; Erw./Kind 9/6 C$; ⏲Juli & Aug. 9–21 Uhr, Sept.–Juni 9–17 Uhr) ist ein tolles Laboratorium, das in den Berghang gemeißelt wurde. Es werden mehrere unterschiedliche Führungen angeboten sowie die Möglichkeit, nach Dinosaurierknochen zu graben, wenn einem danach ist.

Val Marie

Am Eingang zum Grasslands National Park liegt das Dörfchen Val Marie. Es ist winzig klein, hat Ecken und Kanten und ist ganz reizend.

Wer mal anders übernachten will, sollte ins **The Convent** (☎306-298-4515; www.convent.ca; Hwy 4; EZ/DZ inkl. Frühstück 55/75 C$) mit seinem klassischen Mauerwerk und den wunderschönen Hartholzfußböden gehen. Das ehemalige Internat wurde 1935 errichtet, hat hübsch renovierte Zimmer, ein Labyrinth von Treppenaufgängen und sogar einen Beichtstuhl (für alle, die nachts ihr Gelöbnis gebrochen haben). Ein einfaches Restaurant darf natürlich auch nicht fehlen.

Das Dorf liegt 140 km südlich vom Hwy 1 am Hwy 4.

Grasslands National Park

In diesem grünen **Park** (www.parkscanada.ca/grasslands; Eintritt frei, einfacher Stellplatz 16 C$) zwischen Val Marie und Killdear direkt an der amerikanischen Grenze wird man sich schnell wohlfühlen. Hier trifft die baumlose, grüne Hügellandschaft den endlosen Himmel. Am besten fährt man auf eigene Faust durch, oder aber – und das ist noch besser – man campt hier. Schatten darf man aber nicht erwarten. Der moschusartige Geruch stammt wahrscheinlich nicht vom Zeltnachbarn, sondern von einem der 75 hier lebenden Bisons.

Im **Visitor Center** (☎306-298-2257; Hwy 4 & Centre St, Val Marie; ⏱Juni–Aug. tgl. 8–17 Uhr, April–Mai & Sept.–Okt. Mo–Fr 8–16.30 Uhr) bekommt man gute Tipps, wo man sein Zelt am besten aufstellt und wie man den majestätischen Park wirklich genießen kann.

Moose Mountain Provincial Park

Moose Mountain ist ein massives Plateau, das übersät ist von eiszeitlichen Seen, Teichen, Tümpeln und vor allem Espen; einiges davon ist in diesem **Park** (☎306-577-2600; www.tpcs.gov.sk.ca/moosemountain; Hwy 9), ca. 70 km südlich vom Hwy 1 und 150 km südöstlich von Regina, unter Naturschutz gestellt. Der Park ist im Sommer ein beliebtes Erholungsgebiet mit vielen Serviceangeboten. Camping-Preise s. S. 592.

Das **Kenosee Inn** (☎306-577-2099; www.kenoseeinn.com; Hwy 9; Zi. 95–160 C$, Hütte 100–170 C$; @) ist ein einfaches Hotel inmitten vieler Bäume am Ufer des Lake Kenosee. Statt der Standardzimmer sollte man lieber eine Hütte nehmen. Die sind zwar etwas rustikal, aber der Duft der Zedern, der sich mit dem Aroma der Steaks auf dem Grill vermischt, ist genau das, was man eigentlich von einem Urlaub am See erwartet.

Yorkton

Die Menschen in Yorkton haben ihre Wurzeln in Osteuropa, genauer gesagt in der Ukraine. Daher beleuchtet die große Zweigstelle des **Western Development Museum** (WDM; ☎306-783-8361; Hwy 16 W; Erw./Kind 5/2 C$; ⏱ganzjährig Mo–Fr 9–17 Uhr, Mai–Aug. Sa & So 12–17 Uhr) vor allem das Leben dieser Siedler, aber auch der Menschen aus 50 anderen Ländern, die der rauen Landschaft hier ihre Existenz abtrotzten. Schaukästen drinnen und draußen erzählen ihre Geschichte.

An der Decke der fast 17 m hohen Kuppel der **St. Mary's Ukrainian Catholic Church** (☎306-783-4549; 155 Catherine St) befindet sich ein atemberaubendes Kunstwerk. Dieses Fresco wurde zwischen 1939 und 1941 von Stephen Meuhsh gemalt und kann mit allem, was sonst in großen Kathedralen zu sehen ist, mithalten.

Kanadische Filmemacher und Produzenten wetteifern um Kanadas Golden Sheaf Awards beim angesehenen **Yorkton Short Film & Video Festival** (☎306-782-7077; www.yorktonshortfilm.org; ⏱Ende Mai), das es jetzt schon über 60 Jahre gibt. Zu den preisgekrönten Filmen zählen u.a. der 2010 in Saskatchewan gedrehte Dokumentarfilm *Silent Bombs: All for the Motherland* über die sowjetischen Atombombentests in Kasachstan.

Yorkton liegt 187 km östlich von Regina am Hwy 10 und 333 km östlich von Saskatoon am Hwy 16.

Mehr Infos gibt's unter www.tourismyorkton.com.

Veregin

Vor einem Jahrhundert lebten im Mutterland Russland die Duchoborzen, eine Gemeinschaft, die wegen ihrer pazifistischen Neigungen und ihrer Opposition zur orthodoxen Kirche unterdrückt wurde. 1899 wanderten daher 7500 Duchoborzen nach Kanada aus. Und wer war ihr Wohltäter? Lew „Krieg und Frieden" Tolstoi.

Im **National Doukhobour Heritage Village** (☎306-542-4441; www.ndhv.ca; Hwy 5; Erw./Kind 5/1 C$; ⏱Mitte Mai–Mitte Sept. 10–18 Uhr) erfährt man die ganze Geschichte. Das Dorf ist ein lebendiges Relikt des Lebens in der Provinz Anfang des 20. Jhs. Vor der Kulisse historischer Getreidesilos gibt es Gebäude im Stil der damaligen Zeit, die für die Öffentlichkeit zugänglich sind. Wenn man Glück hat, wird gerade frisches Brot gebacken und es folgt ein Mittagessen.

Veregin liegt etwa 70 km nordöstlich von Yorkton und ist über die Hwys 9 und 5 oder über mehrere unbefestigte Straßen durch fruchtbares Farmland zu erreichen.

SASKATOON

208 100 EW.

„Sonnenuntergang im Paris der Prärie. Die Weizenkönige haben all ihre Schätze vergraben."

Die Tragically Hip haben es ziemlich gut getroffen. Saskatoon, das Paris der Prärie, ist voller verborgener Schätze. Der South Saskatchewan River, der sich durch das vitale Stadtzentrum schlängelt, verstärkt noch das vornehme Flair dieser Stadt, das Regina, der Rivalin im Süden, fehlt. Saskatoon ist zwischen Winnipeg und Edmonton der Stopp, der die meiste Kultur bietet.

Trotz des Vermächtnisses als Siedlung der Temperance Colonization Society, die 1883 aus Ontario hierher kam, weiß man in dieser Stadt, wie man kalten Wintertagen und kurzen Sommernächten Leben einhaucht.

Sehenswertes

Es führen mehrere Brücken über den Fluss, an denen man die Geschichte des Orts ablesen kann, beispielsweise die klapprige **Victoria Bridge** von 1907 und die hoch aufragende **Canadian Pacific Railway Bridge** von 1908. Das Flussufer ist gesäumt von Wegen, die nette Parks im Zentrum miteinander verbinden, u.a. den **Kiwanis Memorial Park** und die erst kürzlich eröffnete **Riverfront at River Landing**.

Western Development Museum MUSEUM
(WDM; ☎306-931-1910; www.wdm.ca; 2610 Lorne Ave S; Erw./Kind 8,50/2 C$; ⏲9–17 Uhr) Wer in Saskatchewan nur ein Museum besuchen will, sollte in diese Zweigstelle des WDM gehen. Hier gibt's eine originalgetreue Nachbildung von Saskatoon aus dem Jahr 1910 – da wurde wahrhaft nichts ausgelassen. Auf der längsten Straße, die in einem Museum in Kanada je rekonstruiert wurde, kann man durch Gebäude schlendern und zahllose Schätze entdecken – von einer Zahnarztpraxis, die aussieht, als sei sie einem Horrorfilm entsprungen, bis hin zu einer Apotheke, in der Hunderte von alten Flaschen in den Regalen stehen. Es gibt Züge, Dampftraktoren, ein Grassodenhaus, Kutschen, Schlitten und sogar ein Gefängnis. Jenseits der Straße ist die ausgezeichnete Ausstellung „Winning the Prairie Gamble" zu sehen, die den Aufstieg aus dem Elend und die Geburt der Provinz chronologisch dokumentiert. Das Museum befindet sich 4 km südlich der Stadt.

Ein Muss für Autofreaks ist die **Transportation Gallery** mit Dutzenden von Autos, z.B. einem Peerless von 1912 und einem Cadillac von 1972.

Meewasin Valley & Centre NATURSCHUTZGEBIET & PARK
Wo der South Saskatchewan eine große Schneise ins Stadtzentrum schlägt, befindet sich eine Senke, die Meewasin Valley genannt wird. „Meewasin" ist das Cree-Wort für hübsch, und sie macht ihrem Namen alle Ehre. Bäume säumen das Flussufer, und Wege, u.a. der 60 km lange **Meewasin Trail**, schlängeln sich vom Stadtzentrum durch Wälder, am Ufer entlang und bilden ein großes Netz. Der bei Spaziergängern, Radlern und Wanderurlaubern beliebte Park hat mehrere Picknickplätze.

Weiter im Norden kann man **Mendel Island** besichtigen. Augen auf: Hier gibt es Tiere und Pflanzen im Überfluss!

Das informative **Meewasin Valley Centre** (☎306-665-6887; www.meewasin.com; 402 3rd Ave S; Eintritt frei; ⏲ganzjährig Mo–Fr 9–17 Uhr, Juni–Aug. Sa & So 10.30–17 Uhr) wird von derselben Behörde betrieben, die auch die Naturschutzgebiete des Tals verwaltet. Hier erfährt man alles über die Geschichte des Flusses und der Stadt. Außerdem gibt's Karten und einen ausgezeichneten Führer für Spaziergänge auf eigene Faust. Im Sommer werden oft hervorragende **geführte Wanderungen** angeboten.

Ukrainian Museum of Canada MUSEUM
(☎306-244-3800; www.umc.sk.ca; 910 Spadina Cres E; Erw./Kind 4/2 C$; ⏲Di–Sa 10–17, So 13–17 Uhr) Dieses Museum beleuchtet die Immigrationsgeschichte der Ukrainer in Kanada. Mit Schwerpunkt auf traditioneller Kleidung und zeitgenössischer Kunst bietet es einen Einblick in die Welt der ukrainischen Kanadier. Im Souvenirladen kann man sich *pysanka* (bemalte Holzeier) kaufen.

GRATIS **Mendel Art Gallery** KUNSTGALERIE
(☎306-975-7610; www.mendel.ca; 950 Spadina Cres E; ⏲9–21 Uhr) Ein kurzer Spaziergang von der Innenstadt am Fluss entlang in nordöstlicher Richtung führt zu dieser Galerie. In häufig wechselnden Ausstellungen werden vor allem einheimische Künstler vorgestellt – genau das Richtige nach einem Spaziergang am Fluss! Im Zengarten des Konservatoriums kann man die Seele baumeln lassen.

Saskatchewan Railway Museum MUSEUM
(☎306-382-9855; www.saskrailmuseum.org; 202 Ave M S; Erw./Kind 4/3 C$; ⏲Ende Mai–Anfang Sept. Do–Mo 12–17 Uhr) Die Eisenbahn öffnete nicht nur Siedlern den Weg nach Saskatchewan, sie war auch lebenswichtig, um Getreide auf die Märkte zu befördern. Die kleine Sammlung veranschaulicht auf nette Art und Weise, wie es war, als Schienen und

Saskatoon

nicht Straßen die Verbindung zum Rest der Provinz herstellten. Das Museum befindet sich westlich des Zentrums. Hin kommt man über den Hwy 7 und dann noch 2 km gen Süden auf dem Hwy 60.

Geführte Touren

Shearwater Boat Cruises BOOTFAHREN
(☎888-747-7572; www.shearwatertours.com; Spadina Cres E; Erw./Kind ab 17/10 C$; ⏲Ende Mai–Anfang Sept. 12.30–19 Uhr) Die offenen Boote schippern im Sommer auf dem Fluss herum. Mit einem kühlen Drink in der Hand kann man die tollen Brücken bewundern. Das Dock liegt hinter der Mendel Art Gallery.

Festivals & Events

Sasktel Saskatchewan Jazz Festival MUSIK
(☎800-638-1211; www.saskjazz.com; Tickets 5–50 C$; ⏲Ende Juni–Anfang Juli) Auf diesem Jazzfestival kann man sein Unterlippenbärtchen zur Schau stellen. Verschiedene Veranstaltungsorte in der ganzen Stadt. Viele gute Acts von nah und fern.

Taste of Saskatchewan ESSEN & TRINKEN
(☎306-975-3175; www.tasteofsaskatchewan.ca; Kiwanis Memorial Park; Eintritt frei; ⏲Mitte Juli) Eine Woche lang verkaufen mehr als 30 Restaurants der Stadt verschiedene kalorienreiche Gerichte. Künstler bieten Appetitanregendes.

Saskatoon Fringe Theatre Festival THEATER
(☎306-664-2239; www.saskatoonfringe.org; Tickets ab 10 C$; ⏲Ende Juli/Anfang Aug.) Livetheater für Leute, die eigentlich gar kein Livetheater mögen. Avantgardistisches, Musik und Unterhaltung für Kinder.

Shakespeare on the Saskatchewan THEATER
(☎306-652-9100; www.shakespeareonthesaskatchewan.com; Erw./Kind ab 24/10 C$; ⏲Juli & Aug.) Nur ein paar Glückliche kommen

Saskatoon

Sehenswertes
1 Meewasin Valley Centre B4
2 Mendel Art Gallery D1
3 Shearwater Boat Cruises D1
4 Ukrainian Museum of Canada D2

Schlafen
5 Delta Bessborough Hotel C3
6 Hotel Senator B3
7 Park Town Hotel D2

Essen
8 2nd Ave Grill B2
9 Jake's on 21st B3
10 John's C3
11 Red Pepper B2
12 Saskatoon Farmers Market A3
13 Souleio B3

Ausgehen
14 Spadina Free House C3

Unterhaltung
15 Persephone Theatre B4
16 Saskatchewan Native Theatre Co A3
17 TCU Place B2

Shoppen
18 Midtown Plaza Mall B2
19 Vinyl Exchange B2
20 White Cat B2

in den Genuss, das Beste des Dichters am Flussufer zu erleben.

Saskatoon Ex KARNEVAL
(☎306-931-7149; www.saskatoonexhibition.ca; Erw./Kind 13 C$/frei; ⌚Mitte Aug.) Livemusik, Schweinerennen, Planwagenrennen und -fahrten, um sich auf das Mittagessen einzustimmen.

Schlafen

Der nördliche Teil des Circle Dr in der Nähe des Flughafens und der Hwy 16 sind von Kettenmotels gesäumt.

LP TIPP **Hotel Senator** HOTEL $$
(☎306-244-6141; www.hotelsenator.ca; 243 21st St E; Zi. 90–160 C$;) Das ehemalige Flanagan Hotel von 1908 wurde oft umgemodelt. Obwohl es überall in den Ecken knarrt, ist das Haus gut erhalten. Viele der 38 gepflegten Zimmer sind etwas ungewöhnlichen geschnitten, was aber viel zum Charme der ansonsten langweiligen Ketten in Familienhand beiträgt. In der kleinen Lobby bekommt man eine Ahnung von der schnörkeligen Vergangenheit dieses Hotels. In der dazugehörigen Kneipe lässt sich gut der Abend vertrödeln.

Delta Bessborough Hotel HOTEL $$
(☎306-244-5521, 800-268-1133; www.deltahotels.com; 601 Spadina Cres E; Zi. ab 130 C$;) Das in der großen Tradition der berühmten Canadian Railway Hotels stehende Bessborough kann mühelos mit dem Standard eines Schlosses mithalten. Architektonisch ist es das Highlight der Skyline von Saskatoon. Das Innere reflektiert die luxuriöse Gesinnung, die 1935 bei der Eröffnung in Zeiten der Weltwirtschaftskrise besonders fantasievoll war. Die 225 Zimmer kommen in vielen Formen und Größen daher. Leider wurden einige Dinge etwas vernachlässigt; der Garten hinterm Haus ist leicht schäbig, obwohl da doch eigentlich ein super Café am Flussufer sein sollte.

Park Town Hotel HOTEL $$
(☎306-244-5564; www.parktownhotel.com; 924 Spadina Cres E; Zi. 100–170 C$;) Das architektonisch fragwürdige Hotel in erstklassiger Lage direkt am Fluss und in der Nähe der Parks ist genau das Richtige, um das naturverbundene Ambiente dieser Stadt zu genießen. Komfortable Zimmer (172 an der Zahl) und ein überdachter Pool sind ein weiterer Pluspunkt. Die Zimmer an der Ostseite bieten einen schönen Blick auf den Fluss.

Gordon Howe Campground CAMPING $
(☎306-975-3328; www.saskatoon.ca; 1640 Ave P S, südlich der 11th St; Stellplatz für Zelt/Wohnmobil 17/28 C$; ⌚Mitte April–Mitte Okt.; @) 135 Stellplätze zwischen Bäumen, die für etwas Privatsphäre sorgen. Die Zeltstellplätze sind relativ groß. Seinen Namen verdankt der Platz Mr. Eishockey höchstpersönlich, dem aus Saskatoon stammenden Gordie Howe. Der Platz befindet sich ca. 2 km südwestlich des Zentrums.

Essen & Ausgehen

In der Innenstadt gibt es viele gute Speise- und Ausgehmöglichkeiten. Interessant ist auch die Broadway Ave in Nutana südlich des Flusses. Hier gibt es unzählige Angebote mit coolem, nachbarschaftlichem Flair.

Der **Saskatoon Farmers Market** (☎306-384-6262; www.saskatoonfarmersmarket.com; Ecke Ave B South & 19th St W; ⊙Sa 8–14 Uhr) wird in der langsam entstehenden Gegend um River Landing abgehalten. Die kleine Markthalle ist ganzjährig geöffnet, die Action findet im Sommer aber samstags im Freien statt.

LP TIPP **Souleio** CAFÉ $

(☎306-979-8102; www.souleio.com; 265 3rd Ave S; Hauptgerichte ab 8 C$; ⊙Mo–Sa 7–19 Uhr) Im Souleio treffen sich die Feinschmecker der Provinz und genießen die aus lokalen Produkten zubereiteten Gerichte. Es gibt auch einen großen Bereich, in dem leckere Delikatessen und andere Lebensmittel zum Kauf angeboten werden. Paninis, Suppen, Salate und die täglich wechselnden, warmen Specials können vor Ort verputzt oder mitgenommen werden.

Park Cafe CAFÉ $

(☎306-652-6781; 515 20th St W; Hauptgerichte 8 C$; ⊙8–16 Uhr) Wer auf dem Weg in den wilden Norden ist und sich für das Abenteuer noch nicht gestärkt hat, sollte diesem preisgekrönten, schlichten Lokal einen Besuch abstatten. Die hier servierten Frühstücksplatten sind legendär. Die Röstis gleichen einem Kunstwerk.

Yard & Flagon Pub KNEIPE $$

(☎306-653-8883; 718 Broadway Ave; Hauptgerichte ab 12 C$) Nichts wie rauf auf die Dachterrasse und den Blick über die Dächer des historischen Viertels Nutana genießen! Im Inneren fühlt man sich in die gute, alte Zeit zurückversetzt. Auf der Speisekarte stehen die üblichen Klassiker. Die Burger und Chicken Wings sind eine fantastische Grundlage für die nachfolgenden Bierchen.

John's STEAK $$$

(☎306-244-6384; 401 21st St E; Hauptgerichte 15–55 C$; ⊙Mo–Fr 11.30–23, Sa 16.30–23 Uhr) Genau der richtige Ort für Fleischliebhaber: Es gibt große, dicke Steaks, Prime Ribs und extrem leckere Hummer. Das riesige, dunkle, schicke John's ist ein guter Ort, um sich im Winter ein Abendessen in lockerer Atmosphäre zu gönnen. Man sollte auf jeden Fall durch den Weinkeller gehen und sich den perfekten Shiraz zum Filet aussuchen.

2nd Ave Grill KANADISCH $$

(☎306-244-9899; www.2ndavegrill.com; 10-123 2nd Ave S; Hauptgerichte 10–30 C$) Dunkles Restaurant mit lockerer, leicht clubartiger Atmosphäre. Auf der langen Speisekarte stehen gut zubereitete Steaks, Burger, Pasta, Salate, und, und, und. Überraschungen gibt es hier nicht, was ja auch ein Kompliment sein kann. An der Bar trifft man sich gern auf einen After-Work-Drink.

Red Pepper ASIATISCH, FUSION $

(☎306-477-1977; 145 3rd Ave S; Hauptgerichte 7–10 C$; ⊙Mo–Sa 11–21 Uhr) In diesem Winzling mit altmodischen Nischen konkurriert das Geklapper der Woks mit dem Geplapper der Stammkunden. Ausgezeichnete asiatische Gerichte (von Korea bis China über Thailand bis nach Malaysia) kommen auf uralten Tellern aus der Küche.

Jake's on 21st CAFÉ $

(☎306-373-8383; 307 21st St E; Hauptgerichte 8–10 C$; ⊙Mo–Fr 8–17 Uhr; 📶@) Das raue Zischen der Espressomaschine sagt alles über das Jake's. Es gibt fantastischen Kaffee, ein hippes Ambiente, Unmengen Sandwiches und Backwaren und werktags Mittagsgerichte, die zu Recht beliebt sind.

☆ Unterhaltung

Nachtclubs & Livemusik

Nachteulen treffen sich in der Broadway Ave in Nutana. Das **Credit Union Centre** (☎306-975-3155; www.creditunioncentre.com; 3535 Thatcher Ave) ist die Location, in der Konzerte bekannter Künstler stattfinden; es liegt 12,5 km nördlich des Zentrums.

Lydia's Pub LIVEMUSIK

(☎306-652-8595; 650 Broadway Ave) Diese beliebte zweistöckige Kneipe in der Broadway Ave in Nutana ist ein In-Treff. An den meisten Abenden wird Livemusik geboten. Unter den 15 Biersorten vom Fass und nochmals 40 in der Flasche findet man – früher oder später – bestimmt eines, das man mag.

Bud's LIVEMUSIK

(☎306-244-4155; 817 Broadway Ave) Klassischer Blues und guter alter Rock 'n' Roll sind hier die Devise. Es gibt jede Woche eine Jam-Session, bei der sich jeder auf der Bühne dem Groove hingeben kann.

Fez NACHTCLUB

(☎306-665-7479; 834B Broadway Ave) Hier wird die ganze Nacht gerockt – Cover-Bands, einheimische Bands und preiswerte Drinks sorgen für Unterhaltung.

Spadina Freehouse LIVEMUSIK

(☎306-668-1000; 608 Spadina Cres E) Diese Location in dem sanierten Viertel des Zentrums nördlich des Flusses ist von außen nicht wirklich anziehend. Es gibt aber eine gute Auswahl an Bieren und Livemusik von Soul bis Rock. Sitzt man im Sommer vorn auf der Terrasse, vergisst man schnell die Architektur dahinter.

Theater & Kinos

Persephone Theatre THEATER

(☎306-384-7727; www.persephonetheatre.org; 100 Spadina Cres E; Tickets ab 22 C$) Das altbewährte Spitzentheater ist stolz auf die neue Spielstätte im Remai Arts Centre an der River Landing. Komödien, Dramen und Musicals sind fester Bestandteil des Programms.

Broadway Theatre KINO

(☎306-652-6556; www.broadwaytheatre.ca; 715 Broadway Ave; Erw./Kind 10/5 C$) Das historische Kino in Nutana bietet neben Klassikern mit Kultstatus und Kunstfilmen auch gelegentlich Liveauftritte von einheimischen Künstlern.

Saskatchewan Native Theatre Co THEATER

(☎306-933-2262; www.sntc.ca; 220 20th St W; ⌚Feb.–Juni) Zeigt zeitgenössische Produktionen kanadischer Ureinwohner-Künstler. Kulturelle Themen werden sowohl in Form von Komödien als auch von Dramen behandelt.

TCU Place THEATER

(☎306-975-7770; www.tcuplace.com; 35 22nd St E) Hier werden zahlreiche Konzerte, Lesungen, Tanzaufführungen und Theaterstücke geboten. Die **Saskatooner Sinfoniker** (☎306-665-6414; www.saskatoonsymphony.org; Tickets 15–55 C$) spielen hier regelmäßig.

Sport

Saskatoon Blades EISHOCKEY

(☎306-938-7800; www.saskatoonblades.com; Credit Union Centre; ⌚Sept.–März) Diese WHL-Mannschaft legt einen schnellen, rauen und scharfen Eishockey-Stil an den Tag.

Shoppen

Die Broadway Ave in Nutana ist von witzigen Läden und Boutiquen gesäumt. Die **Midtown Plaza Mall** (☎306-653-8844; www.midtownplaza.ca; 201 1st Ave S) im Zentrum ist ein großes überdachtes Shoppingcenter mit allen bekannten Ketten.

White Cat BUCHLADEN

(☎306-652-2287; 129 2nd Ave N) Klasse Antiquariat, in dem man sich mit guter Lektüre für den anschließenden Trip gen Norden in die Tundra eindecken kann.

Vinyl Exchange MUSIK

(☎306-244-7090; 128 2nd Ave N) In diesem Laden mit gebrauchten Schallplatten und CDs kann man seine Sammlung durch schwer auffindbare Sounds vervollständigen. Das Stöbern lohnt sich, allein um die Beschreibungen über Künstler zu lesen, z.B. über Tragically Hip: „Eine beliebte kanadische Institution – wir bevorzugen jedoch die allgemeine Gesundheitsvorsorge".

Turning the Tide BUCHLADEN

(☎306-955-3070; 525 11th St E) Dieser kleine Buchladen in Nutana unweit der Broadway Ave ist buchstäblich revolutionär. Er hat sich auf Bücher spezialisiert, die von der breiten Masse gemieden und von vielen anderen verbrannt werden.

Praktische Informationen

Central Library (☎306-777-6000; 311 23rd St E; ⌚ganzjährig Mo–Do 10–21, Fr & Sa 10–18 Uhr, Sept.–Mai So 13–17.30 Uhr) Kostenloser Internetzugang.

Hauptpost (☎866-607-6301; 215 Ontario Ave)

Planet S (www.planetsmag.com) Respektlose, alle zwei Wochen erscheinende Gratiszeitung mit gutem Veranstaltungskalender.

Saskatoon City Hospital (☎306-655-8000; 701 Queen St; ⌚24 Std.)

Tourism Saskatoon (☎306-242-1206, 800-567-2444; www.tourismsaskatoon.com; 101-202 4th Ave N; ⌚Sept.–Mai Mo–Fr 8.30–17 Uhr, Juni–Aug. tgl. 8.30–17.30 Uhr) In den Sommermonaten gibt es auch einen Stand der Touristeninformation mit gleichen Öffnungszeiten an der Ecke Ave C North und 47th St W (in der Nähe des Flughafens und des Hwy 16 nördlich des Zentrums).

An- & Weiterreise

BUS STC deckt vom **Busbahnhof** (☎306-933-8000; 50 23rd St E) aus die ganze Provinz ab. Drei Busse fahren täglich gen Süden nach Regina (40 C$, 3 Std.) und Norden nach Prince Albert (25 C$, 2 Std.). Greyhound Canada schickt täglich zwei Busse nach Winnipeg (138 C$, 12 Std.), einen nach Calgary (77 C$, 8 Std.) und drei nach Edmonton (74 C$, 7 Std.).

FLUGZEUG Der **John G. Diefenbaker International Airport** (YXE; ☎306-975-8900; www.yxe.ca; 2625 Airport Dr) befindet sich 5 km nordöstlich der Stadt beim Idylwyld Dr und Hwy 16. Es gibt Flüge in die wichtigsten kanadischen Städte und nach Minneapolis in den USA.

ZUG Der **Bahnhof** (Chappell Dr) befindet sich leider mitten im Nirgendwo (8 km von der Innenstadt entfernt). Der dreimal wöchentlich verkehrende *Canadian* von VIA Rail fährt ca. um Mitternacht gen Westen und morgens gen Osten.

Unterwegs vor Ort

Ein Taxi zum Flughafen kostet 15 C$. Eine direkte Verbindung zu **Blueline Taxi** (☎306-653-3333) gibt's am Bahnhof; eine Fahrt in die Innenstadt kostet 20 C$.

Die Linien der **Stadtbusse** (☎360-975-7500; www.saskatoon.ca; Erw./Kind 2,75/1,65 C$) treffen sich alle an der 23rd St E (zwischen 2nd Ave N und 3rd Ave N).

Bike Doctor (☎306-664-8555; 623 Main St; 25 C$/Tag) Fahrradverleih.

RUND UM SASKATOON

Wanuskewin Heritage Park

Die meisten Museen in Saskatchewan widmen einen Teil ihrer Ausstellung der Geschichte der ersten Bewohner der Provinz, aber dieser **Heritage Park** (☎306-931-6767; www.wanuskewin.com; Penner Rd, am Hwy 11; Erw./Kind 8,50/4 C$; ⌚Ende Mai–Anfang Sept. 9–20 Uhr, Anfang Sept.–Ende Mai 9–17 Uhr) hat sich gänzlich diesem Thema verschrieben. Er erstreckt sich etwa 17 km nördlich von Saskatoon entlang des South Saskatchewan River und präsentiert und erklärt auf 116 ha die vielfältige, 7000-jährige Geschichte der Ureinwohner in dieser Gegend. In Wanuskewin (wah-nus-*kay*-win, Cree für „nach dem Seelenfrieden suchend") kann man auf **Lehrpfaden** über grüne Hügel und Wiesen im Tal spazieren und nebenbei einige der 19 historischen Stätten entdecken. Das Museum ist gut aufgebaut, es hat große, interaktive Exponate, und die Besucher werden dazu ermuntert, Büffelfelle anzufassen und ihre Köpfe in ein Tipi zu stecken.

Buchstäblich unsichtbar von der umgebenden Prärie ist das Opamihaw („derjenige der fliegt") Valley. Es ist unberührt geblieben und offenbart einem, weshalb dies ein spiritueller und heiliger Ort war. Kulturelle **Tanzaufführungen** finden an Sommernachmittagen statt, und man kann hier sogar in einem Tipi übernachten (Erw./Kind 125/75 C$). Das dazugehörige **Café** (Hauptgerichte 5–12 C$) serviert Bisonpastete, Eintopf mit Hasenfleisch, Fladenbrot (ungesäuertes, auf dem offenen Feuer gebackenes Brot), Saskatoon-Beeren-Desserts und allseits beliebte Gerichte wie Chicken Nuggets und Burger.

Wasser, Wanderschuhe und Insektenschutzmittel nicht vergessen, die Moskitos sind hier ungefähr so groß wie Bisons!

NÖRDLICHES SASKATCHEWAN

Nördlich von Saskatoon ist man, abgesehen von der überproportionalen geografischen Entfernung, tatsächlich in der Gegend, die man als Norden bezeichnet. Von hier aus führen alle Straßen in Richtung Norden, die Landschaft verändert sich. Vorbei ist es mit den weiten Weizenfeldern des Südens, sie werden nun von wilden Nadelwäldern und unzähligen Seen abgelöst. Es gibt auch eine andere Kultur hier oben – der unabhängige Geist, der dieser rauen Landschaft

IN BEEREN SCHWELGEN

Die Valley Rd verläuft westlich des Flusses von Saskatoon gen Süden. Die fruchtbare Gegend rechts und links des Flusses ist flach – hätte man etwas anderes erwartet? – und mit einigen der besten Beerengärten Saskatchewans gesprenkelt. Im Sommer ist die Straße gesäumt von unzähligen Ständen, an denen körbeweise rote, blaue, violette und schwarze Beeren verkauft werden.

Einer der bekanntesten Bauernhöfe, auf denen man sich seine Beeren selbst pflücken kann, ist die sehr kommerziell ausgerichtete **Berry Barn** (☎306-978-9797; 830 Valley Rd; ⌚April–Mitte Dez. 10–20 Uhr) 7 km südlich der Stadt. Natürlich gibt's hier auch den unvermeidlichen Souvenirladen und ein nettes, im Sommer stets überfülltes Café (wer nicht Schlange stehen will, sollte sich einen Tisch reservieren). Hierher kommt man hauptsächlich, um sich ein paar der saftigen Saskatoon-Beeren zu pflücken – das sind dicke, dunkelblaue Beeren, die wie süße Boysenbeeren schmecken. Ein Kübel mit selbstgepflückten Beeren kostet 10 C$. Nach getaner Arbeit kann man sich dann mit einem Stück des köstlichen Beerenkuchens belohnen. Die Hauptpflückzeit ist im Juli und August.

ein Leben abtrotzte, brodelt noch immer direkt unter der Oberfläche.

Die Battlefords

Die Battlefords (Battleford und North Battleford) sind durch eine Brücke über den North Saskatchewan River miteinander verbunden und scheinen aus einer Zeit zu stammen, als hier in der Prärie die ersten Siedler vor 100 Jahren ihre harte Existenz begründeten.

Die nachgebaute Stadt in der North-Battleford-Niederlassung des **Western Development Museum** (WDM; ☎306-445-8083; www.wdm.ca; Hwy 16, am Hwy 40; Erw./Kind 8,50/2 C$; ⏲tgl. 9–17 Uhr, Jan.–März Mo geschl.) vermittelt einen interessanten Einblick in die schwere Aufgabe der Pioniere, Prärie in Ackerland umzuwandeln. Wenn man auf den mit Holzplanken befestigten Straßen und durch die erhaltenen Häuser spaziert, kann man sich gut vorstellen, wie hart das Leben hier gewesen sein muss. Kinder lieben das Telefonsystem, das die Gebäude verbindet – wenn man kurbelt, weiß man nie, mit wem man gleich sprechen wird.

In der **Fort Battleford National Historic Site** (☎306-937-2621; www.parkscanada.ca/battleford; Erw./Kind 8/4 C$; ⏲Ende Mai–Anfang Sept. 9–17 Uhr) bekommt man einen wirklich enormen Knall für sein Geld. Die kostümierten Führer und die **Kanonenschüsse** (11, 13 & 15 Uhr) bringen richtig Leben in das NWMP-Fort, das 1876 gebaut wurde.

Kunstliebhaber werden von der fantastischen **Allen Sapp Gallery** (☎306-445-1760; www.allensapp.com; 1 Railway Ave; erbetene Spende 2 C$; ⏲Juni–Sept. tgl. 11–17 Uhr, Okt.–Mai Mi–So 13–17 Uhr) begeistert sein. Das Werk Sapps zeigt sein Cree-Erbe und ist ein atemberaubender Mix aus Landschaften und Porträts, die in einem realistischen Stil gemalt sind.

Die Battlefords liegen 140 km nordwestlich von Saskatoon am Yellowhead Hwy (Hwy 16) und verfügen über unzählige Motels und Campingplätze.

Mehr Infos stehen unter www.battlefordstourism.com.

Prince Albert

34 100 EW.

Prince Albert (PA) hat ein baufälliges, wenn auch atmosphärisches Zentrum mit alten Backsteinhäusern in hübscher Lage am North Saskatchewan River. Dies ist der Ort, um sich auf Ausflüge in den bewaldeten und mit Seen gesprenkelten Norden vorzubereiten. Nach seiner Gründung 1776 als Pelzhandelsposten, wurde er 1904 zu einer richtigen Stadt, die nach dem Ehemann von Queen Victoria benannt wurde.

In dem netten **Tourism & Convention Bureau** (☎306-953-4385; www.princealberttourism.com; 3700 2nd Ave W; ⏲Ende Mai–Anfang Sept. tgl. 9–18 Uhr, Anfang Sept.–Ende Mai Mo–Fr 9–16 Uhr) sind Broschüren für Spaziergänge und Autotouren durch die Stadt, den Prince Albert National Park und andere Orte im Norden erhältlich.

Gegenüber vom Parkplatz befindet sich das kleine **Rotary Museum of Police & Corrections** (☎306-953-4385; 3700 2nd Ave W; Eintritt frei; ⏲Juni–Aug. 10–18 Uhr). Es erzählt die Geschichte des Prince-Albert-Gefängnisses, der Gefangenen und der RCMP, die sie bewachte. Die Ausstellung über selbstgemachte Waffen ist besonders schockierend – man sollte sich auf jeden Fall das Messer ansehen, das aus der Rippe seines Herstellers gemacht ist!

Das **Historical Museum** (☎306-764-2992; Ecke Central Ave & River St E; Eintritt 2 C$; ⏲Juni–Aug. 10–18 Uhr) direkt am Fluss in der alten Feuerwache beleuchtet die Stadtgeschichte und beherbergt eine überraschend große und abwechslungsreiche Sammlung.

Viele Kettenhotels gibt's in der Hauptgeschäftsstraße, der 2nd Ave W (Hwy 2).

In einem Meer von Fastfood ist **Amy's on Second** (☎306-763-1515; 2990 2nd Ave W; Hauptgerichte 8–25 C$; ⏲Mo–Sa 11–21 Uhr) eine Insel kulinarischer Freuden. Die köstliche Suppe aus einheimischem Wildreis sollte man unbedingt probieren.

Wer die unglaubliche Eishockey-Begeisterung einer Kleinstadt erleben will, sollte sich ein Spiel der fast schon oberligareifen **Prince Albert Raiders** (www.raiderhockey.com) im **Art Hauser Centre** (☎306-764-4263; 690 32nd St E) anschauen.

STC-Busse fahren dreimal täglich nach Saskatoon (24 C$, 2 Std.) und einmal täglich in Richtung Norden. Los geht's in der Innenstadt am **Busbahnhof** (☎306-953-3700; 99 15th St E).

Prince Albert National Park

Dieser **Nationalpark** (☎306-663-4522; www.parkscanada.ca/princealbert; Erw./Kind 8/4 C$)

ist ein Juwel in der Wildnis. Gerade wenn man denkt, die Prärie würde nie ein Ende nehmen, ragen Bäume aus der Erde, die den Anfang des Nadelwaldes verkünden. Dieser Park bringt mit seinem ausgedehnten, unerschlossenen Land, den Seen und den Flüssen die Wildheit in die Wildnis zurück. Hier kann man sich in zahlreiche Abenteuer stürzen, von Wanderungen über Kanufahrten bis zum Relaxen am Strand. Der Park ist einer dieser besonderen Orte, die man nie vergessen wird, sei es nun wegen der **Grey Owl's Cabin** (einer Wanderung von 20 km) oder schlicht wegen des Gefühls, wirklich am Ende der bekannten Welt zu sein.

Waskesiu ist ein malerischer Außenposten und die Ausgangsbasis für Entdeckungstouren im Park. Der Ort mit nur wenigen kleinen Straßen, einigen Geschäften und ein paar urigen Cafés liegt perfekt an einem See in der Wildnis. Die **Chamber of Commerce** (☎306-663-5410; www.waskesiulake.ca; 35 Montreal Dr; ⏱Mitte Mai–Anfang Sept. 9–17 Uhr) kann bei der Suche nach einer Unterkunft behilflich sein. Auch das **Visitor Center** (Waskesiu Dr; ⏱Mitte Mai–Anfang Sept. 8–20 Uhr) ist eine gute Anlaufstelle.

Waskesiu Marina (☎306-663-5994; www.waskesiumarina.com; Kajak ab 15 C$/Std.) verleiht Kanus, Kajaks und Motorboote. **Canoeski Discovery** (☎306-653-5693; www.canoeski.com; geführte Touren ca. 250 C$/Tag) veranstaltet mehrtägige Paddeltouren mit unterschiedlichen Themen wie „Die Magie der Seetaucher".

Es gibt viele **Campingplätze** (☎877-737-3783; www.pccamping.ca; Stellplatz Wohnmobil/im Hinterland/Zelt 36/16/26 C$) im Park. Der bewaldete **Beaver Glen** in Waskesiu, der sich gut für Wohnmobile eignet, ist oft schnell voll. Wer zeltet, kann bei der Vielzahl von Möglichkeiten sicher sein, ein ruhiges Plätzchen zu finden.

Unter den Lodges in der Gegend hat die **Sturgeon River Ranch** (☎306-469-2356; www.sturgeonriverranch.com; Big River; ab 200 C$/Tag) direkt außerhalb der Westgrenze des Parks einen guten Ruf, denn hier wird Natur großgeschrieben. Die Gäste können Reitausflüge bis tief in die Wildnis unternehmen. Man kann auch nach Osten reiten und in Waskesiu übernachten (ab 100 C$).

Achtung: Ohne Auto kommt man nur schwer in alle Ecken des Parks!

NICHT VERSÄUMEN

BATOCHE NATIONAL HISTORIC SITE

Als Louis Riel 1885 die Métis anführte, um ihr Land vor den kanadischen Truppen zu schützen, brach hier ein wahrer Bürgerkrieg aus. Und obwohl sie stark unterbesetzt waren (200 gegen 800), gelang es ihnen beinahe, einen Sieg zu erringen.

Als Kinder französischer Pelzhändler und indianischer Mütter wurden die Métis in der Mitte des 19. Jhs. aus Manitoba vertrieben und ließen sich in Batoche nieder. Da die Métis und viele Cree von den ständigen Vertragsbrüchen der Regierung in Ottawa die Nase voll hatten, erklärten sie ihre Unabhängigkeit von Kanada. Daraufhin stand schnell das Militär unter der Führung von Major General Frederick Middleton auf der Matte, das vier Tage kämpfen musste, bevor es schließlich siegte. Riel wurde gefangen genommen (und später wegen Hochverrats gehängt; s. S. 570). Ein weiterer Führer der Métis, Gabriel Dumont, musste in die USA fliehen und wurde dort Mitglied der Buffalo Bill's Wild West Show.

Die Ortsgemeinschaft hatte aufgehört zu existieren. Von dem einst florierenden Batoche war nach wenigen Jahren nicht mehr viel übrig, sieht man mal von der Kirche ab. Die **historische Stätte** (☎306-423-6227; www.parkscanada.ca/batoche; Rte 225; Erw./Kind 8/4 C$; ⏱Mitte Mai–Mitte Sept. 9–17 Uhr) eignet sich wunderbar für einen Spaziergang durch die Ereignisse des Jahres 1885. Schilder und eine interessante Broschüre vermitteln Hintergrundwissen, und kostümierte, ehrenamtliche Führer bringen Farbe in das Geschehen. Hier, wo jetzt der Wind durch Präriegras und alte Bäume pustet, kann man sich gut vorstellen, wo einst die Läden und Häuser gestanden haben. 2011 soll ein größeres Besucherzentrum seine Pforten öffnen.

Batoche liegt auf halber Strecke zwischen Saskatoon und Prince Albert westlich des Hwy 11 (ca. 70 km nördlich von Saskatoon). An den Landstraßen sieht man hier und da alte **Ukrainische Kirchen mit Kuppeln**, u. a in der Nähe von Wakaw am Hwy 312.

La Ronge & Umgebung

La Ronge ist der südliche Knotenpunkt des Nordens und die letzte Möglichkeit, sich Proviant und Ausrüstung zu besorgen, bevor es weiter in die Wildnis geht. Es ist eine raue, kleine Stadt, die bei Anglern, Jägern und anderen seltsamen Gestalten beliebt ist.

Man sollte auf keinen Fall auf einen Besuch in **Robertson's Trading Post** (☎306-425-2080; 308 La Ronge Ave; ⌚Mo–Sa 8–17 Uhr) verzichten. Wenn man eine Bärenfalle, einen Wolfspelz oder eine Dose Backed Beans kaufen will, dann ist man hier genau richtig. Die Wände zieren nostalgische Erinnerungen aus der Pionierzeit – was noch gar nicht so lange her ist. Hier kann man so ziemlich alles kaufen, was man jemals brauchen könnte, und so manches, was man nie benötigen wird. Das hier ist noch immer ein wirklicher Trading Post, wer also ein paar Felle hat ...

Der **Lac La Ronge Provincial Park** (☎306-425-4234, 800-772-4064; Hwy 2) erstreckt sich rund um den riesigen, mit Inseln bestückten Lac La Ronge, der sich ausgezeichnet zum Angeln und Kanufahren eignet. Man kann zwischen verkrüppelten Kiefern, über karge Felsen oder auf Holzbohlenwegen über Sümpfe wandern. Im Park gibt es sechs ganzjährig geöffnete Campingplätze und Hunderte von Hektar Abgeschiedenheit zum Campen. Weitere Infos zu Unterkünften stehen auf S. 592. Die Service-Einrichtungen sind nur von Mitte Mai bis Anfang September geöffnet.

Das **Visitor Information Centre** (☎306-425-3055; www.townoflaronge.ca; 207 La Ronge Ave; ⌚Ende Mai–Anfang Sept. tgl. 8–20 Uhr, Ende Mai–Anfang Sept. Mo–Fr 8–17 Uhr) hat viele Infos über die Gegend und Tipps für Touren in den Norden. Eine weitere gute Informationsquelle ist auch www.northern.sask.info.

Transwest Air (☎800-667-9356; www.transwestair.com) bietet Charterflüge in Wasserflugzeugen in nördlich von La Ronge gelegene Orte an. Täglich fährt ein STC-Bus nach Prince Albert (40 C$, 3 Std.) und nach Saskatoon (55 C$, 6½ Std.).

Der hohe Norden

Es ist immer wieder verblüffend, sich vor Augen zu halten, dass selbst wenn man schon in La Ronge ist, fast die Hälfte von Saskatchewan noch weiter im Norden liegt. Hier ist man im „Frontier Territory"; die befestigte Straße endet. Wer aber ein Auto in gutem Zustand hat und sich nicht scheut, von den ausgefahrenen Wegen abzuweichen, kann in dieser Gegend Abenteuer erleben. Die Landschaft ändert sich dramatisch, die hohen, dürren Bäume weichen einer niedrigeren Vegetation. Tausende von Seen und das schroffe Terrain sind Zeugnis des letzten Rückzugs der Gletscher.

Man kommt durch winzige Örtchen wie Southend und vorbei am riesigen Reindeer Lake, bevor man nach ca. zwölfstündiger Autofahrt von La Ronge gen Norden am nur im Winter passierbaren Abschnitt bei Stony Rapids ankommt. Autarkie ist hier das Schlüsselwort: Man sollte immer tanken, wenn sich die Möglichkeit bietet, auf Campen vorbereitet und vorsichtig sein.

Bevor man seine Reise antritt, sollte man sich mit den Leuten im Visitor Information Centre von La Ronge unterhalten, um einen aktuellen Straßenzustandsbericht und Tipps zu Camping, Benzin und Sehenswertem zu bekommen. Diese abgeschiedene Gegend hat schon viele Schreiberlinge inspiriert, zahllose Geschichten über Fische und insbesondere den großen, laichfreudigen **Glasaugenbarsch** niederzuschreiben, der sich in den einsamen Seen tummelt.

SASKATCHEWANS BURNING MAN

Im Sommer machen sich ein paar tausend Leute auf den Weg in die Wälder westlich des Prince Albert National Park. Hier findet das viertägige **Ness Creek Festival** (www.nesscreek.com; Festivalpass 100 C$; ⌚3. Wochenende im Juli) statt, das als Art Mini-Burning-Man des Nordens gilt. Mücken fehlen natürlich auch nicht. Mehr als 200 Bands spielen Folk und auch neuere Musik für eine moderne Gemeinde, die an einem von Bäumen gesäumten See ihre Zelte aufschlägt. Hier hat alles einen Öko-Touch, und es herrscht ein glücklicher Vibe unter dem Motto „Leben und leben lassen". Das Highlight des Festivals ist eine Parade, an der so ziemlich jeder teilnimmt. An diesem Samstag wird die ganze Nacht gesungen und getanzt.

Alberta

Inhalt »

Gut essen

» Da-De-O (S. 625)

» Catch (S. 638)

» Coyote's Deli & Grill (S. 659)

» Last Chance Saloon (S. 677)

Schön übernachten

» Prince of Wales Hotel (S. 682)

» Moraine Lake Lodge (S. 666)

» Fairmont Banff Springs (S. 657)

» Centro Motel (S. 636)

Auf nach Alberta!

In Alberta trügt der erste Eindruck oft. Mitten im spektakulären Hinterland Zentralkanadas nähern sich Wilder Westen und Naher Osten einander an, und Scheichs mit blauen Augen und Stetson-Hüten schließen Freundschaft mit umweltbewussten Snowboardern. Kanadas am meisten verspottete und widersprüchlichste Provinz kann man nur erleben, wenn man seinen Blick von den gigantischen Ölvorkommen abwendet. Hier sind schließlich der drittälteste Nationalpark der Welt (Banff), das zweitgrößte Naturschutzgebiet (Wood Buffalo), zahlreiche Unesco-Welterbestätten und genügend Dinosaurierüberreste zu finden, um noch einen weiteren Teil von *Jurassic Park* zu drehen.

Albertas Städte sind noch abwechslungsreicher. Das zu schnellem Reichtum gelangte Calgary ist eine junge, wagemutige und bewegliche Metropole, die dennoch oft vergebens ihre Identität sucht. Ihr Erzrivale Edmonton ist ein kultureller Geheimtipp und feiert mehr Festivals pro Jahr als jede andere kanadische Stadt.

Reisezeit

Edmonton

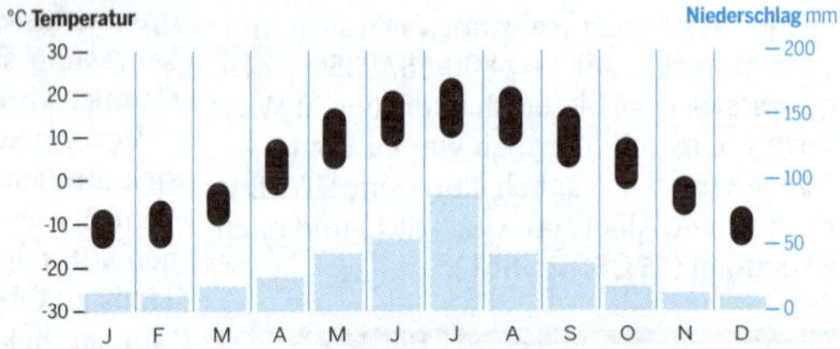

Juli Festival-Hoch mit dem Edmonton Street Performers Festival und der Calgary Stampede

Juli–September Die zahlreichen Wanderwege rund um Banff und Jasper sind nun schneefrei

Dezember–Februar Wintersportsaison in den Rocky Mountains

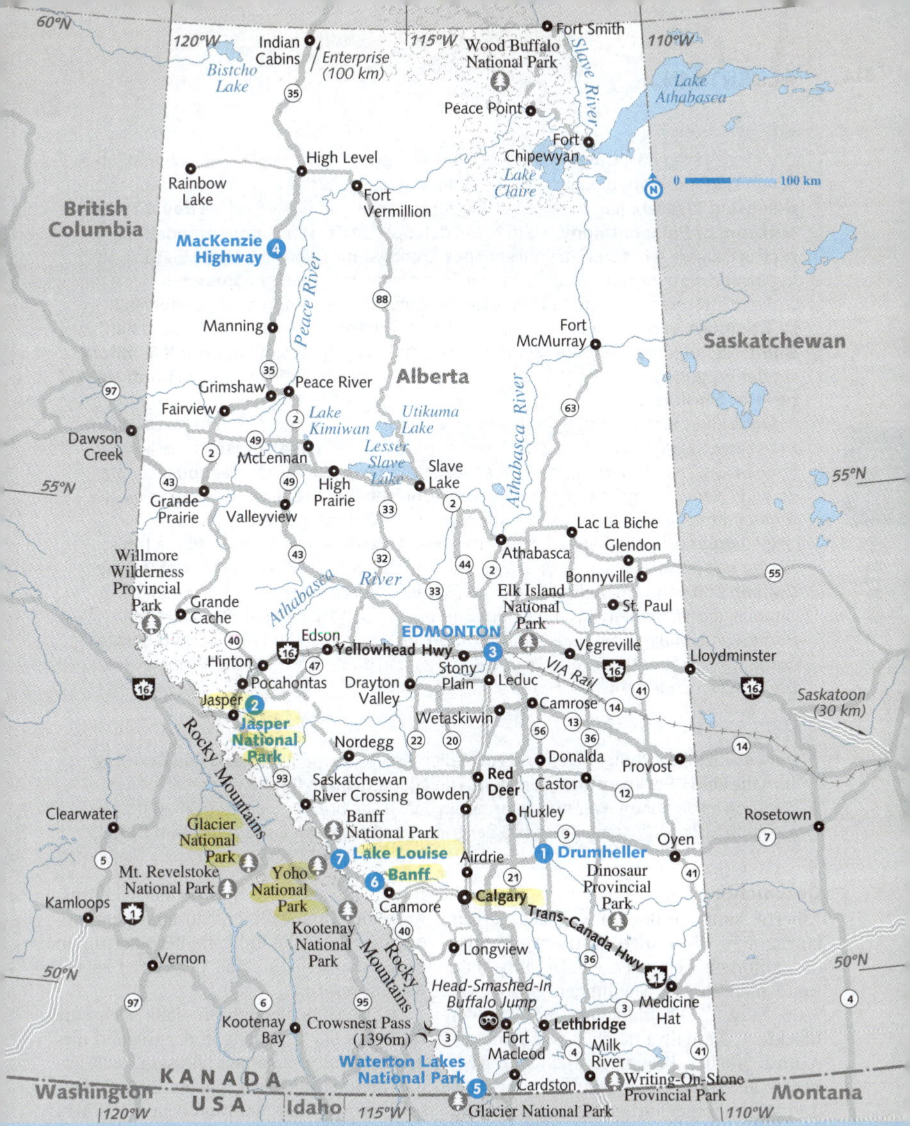

Highlights in Alberta

1 In **Drumheller** (S. 675) auf den Spuren der Dinos wandeln und das **Royal Tyrrell Museum of Palaeontology** (S. 614) besuchen

2 Am frühen Morgen den Langlaufski als Erster in eine der frischen Loipen im wilden **Jasper National Park** (Kasten S. 671) setzen

3 Sich in Edmonton bei einem Festivals vergnügen und die Künstler des historischen **Old Strathcona** (Kasten S. 614) besuchen

4 Dem **MacKenzie Highway** (S. 684) nach Norden folgen und sich in der unverfälschten und ungezähmten Wildnis der Borealen Zone wiederfinden

5 Beim **Carthew-Alderson Trail** (S. 682) im Waterton Lakes National Park die Baumgrenze hinter sich lassen

6 Nach dem Wandern ein Bad in den **Banff Upper Hot Springs** (S. 654) nehmen

7 Hoch über dem Lake Louise im **Lake Agnes Teahouse** (S. 667) pausieren

ALBERTA IN ...

... einer Woche

Der erste Tag gehört **Calgary**. Hier werden die Sportstätten der Olympischen Winterspiele 1988 besichtigt, danach geht's in die angesagte 17th Ave, um einen Happen zu essen. Ein Tagesausflug am zweiten Tag führt nach Drumheller und ins **Royal Tyrrell Museum of Palaeontology**, wo man auf den Spuren der Dinosaurier wandelt. Zurück in Calgary lohnt sich sowohl ein Spaziergang durch die Viertel Kensington und Inglewood als auch der Kampf um einen Tisch im spitzenmäßigen **Rouge**.

Am dritten Tag früh aufstehen und in Richtung Westen aufbrechen! Erster Halt ist **Canmore**, danach führt der Weg zum Banff National Park und in das Städtchen **Banff**. Nachdem der Sulphur Mountain erklommen ist, geht's mit der **Banff Gondola** wieder bergab . Unten angekommen, lockt ein Bad in den Thermalquellen **Banff Upper Hot Springs**.

Nach einer Übernachtung in Banff wartet auf dem Weg nach Norden das Chateau mit seiner tollen Aussicht und, noch weiter nördlich, der **Lake Louise**. Unbedingt auch etwas Zeit für den kurzen, steilen Aufstieg zum **Lake Agnes Teahouse** einplanen! Mit dem Auto geht's dann in Richtung **Columbia Icefield**, wobei unterwegs alle fünf Minuten ein Halt mit einer einzigartigen Foto-Gelegenheit ansteht.

Ist **Jasper** erreicht, kann man sich mit einer Übernachtung im **Park Place Inn** so richtig was gönnen. Nach einer erholsamen Nacht steht zuerst ein Halt am **Maligne Canyon** und dann am **Maligne Lake** an. Bei einer kurzen Wanderung hat man die Chance, die Bekanntschaft mit einem Bären oder Elch zu machen. Raus aus den Bergen und hinein in die Hauptstadt **Edmonton**! Dort wartet das Viertel **Old Strathcona**, wo das Abenteuer Alberta mit einer Portion dampfend heißem Jambalaya im **Da-De-O** zu Ende geht.

Die gesamten Rockies

Der einwöchigen Route folgen und zusätzlich Abstecher nach **Kananaskis Country**, zum **Icefields Parkway** und ins nördlich gelegene **Grande Cache** einschieben, wo die Rockies beginnen. Wer noch einmal ein paar Tage dranhängen kann, macht sich auf nach Süden ins wenig besuchte Bergparadies **Waterton Lakes National Park**.

Geschichte

Alberta kam zu Beginn vielleicht etwas langsam in die Gänge, mittlerweile wird die verlorene Zeit aber wieder aufgeholt. Erste menschliche Siedlungen gab es vor 7500 Jahren: Die indigenen Stämme der Blackfoot, Kainaiwa (auch Blood Tribe genannt), Siksika, Peigan, Atsina (auch Gros Ventre genannt), Cree, Tsuu T'ina (Sarcee) und Assiniboine hatten sich alle in prähistorischer Zeit hier niedergelassen. Ihre Nachkommen leben noch heute hier. Diese Nomadenvölker durchstreiften die südlichen Ebenen der Provinz relativ unbehelligt und friedvoll bis zur Mitte des 17. Jhs., als die ersten Europäer schließlich die Gegend erreichten.

Mit der Ankunft der Europäer begann Alberta, sich zu verändern und zu entwickeln – der Einfluss der Neuankömmlinge war unmittelbar zu spüren. Tauschgeschäfte mit billigem Whiskey und Büffelleder markierten den Niedergang sowohl des Büffels als auch der traditionellen Lebensweise der Ureinwohner. Nur eine Generation später war die indigene Bevölkerung in Reservate verbannt und der Büffel so gut wie ausgerottet.

In den 1820er-Jahren ließ sich die Hudson's Bay Company in der Gegend nieder, und mit ihr kamen langsam auch immer mehr europäische Siedler. Bis 1870 hatte die North West Mounted Police (NWMP) – Vorgänger der Royal Canadian Mounted Police (RCMP) – Forts in der Provinz errichtet, um den Whiskeyhandel zu kontrollieren und die Ordnung aufrechtzuerhalten. Und das war auch nötig, denn als die Eisenbahn zehn Jahre später Alberta erreichte, ergoss sich ein wahrer Strom von Siedlern über die Region.

Die neuen Bewohner Albertas waren größtenteils Bauern, und so wurde die Landwirtschaft zur Wirtschaftsgrundlage des folgenden Jahrhunderts. Zu Beginn des 20. Jhs. hat man große Erdöl- und Erdgasvorkommen entdeckt, deren Erschließung aber nur langsam voranschritt. Am Ende des Zweiten Weltkriegs gab es 500 Ölquellen, 1960 waren es schon 10 000 und die Erdölindustrie war der wichtigste Wirtschaftssektor der Region.

Alberta scheint alles richtig gemacht zu haben, denn aus der bescheidenen, ländlichen Provinz wurde eine der stärksten Wirtschaftsregionen der Welt.

Land & Klima

Die Prärie im Osten weicht den hoch aufragenden Rocky Mountains, die die westliche Grenze Albertas sind. Diese Bergkette bildet die fast schon ikonenhafte Landschaft, für die die Provinz so bekannt ist. Die Gebirgsausläufer im Osten gehen schließlich ins Flachland über.

Alberta ist ein sonniges Fleckchen Erde; die Sonne zeigt sich hier zu jeder Jahreszeit. Im Winter kann es aber ganz schön kalt werden – da zeigt das Thermometer schon mal frostige –20 °C. Doch auch hier spürt man langsam die Auswirkungen des Klimawandels: In den Städten fällt Jahr für Jahr weniger Schnee.

Der Sommer ist für gewöhnlich heiß und trocken. Im Juli und August, den wärmsten Monaten, pendelt sich die Quecksilbersäule auf angenehme 25 °C ein. Wie der Name schon vermuten lässt, bringt der sogenannte Juni-Monsun oft viel Regen, während der September mit kühleren Temperaturen und herbstlichen Farben spektakulär ist.

Die Wintermonate bringen oft warme und feuchte, von der Westküste herkommende Chinook-Fallwinde mit sich. Sie entladen sich in den Bergen und verschaffen den Bewohnern Albertas eine Atempause im sonst so kalten Winter. Dabei kann es an einem Tag Temperaturunterschiede von bis zu 20 °C geben!

Anreise & Unterwegs vor Ort

Alberta ist leicht mit Bus, Auto, Zug oder Flugzeug zu erreichen. Die Provinz hat eine internationale Grenze mit dem US-Bundesstaat Montana (Details zum Grenzübergang stehen auf S. 985) und teilt sich seine Provinzgrenzen mit den Northwest Territories (NWT), British Columbia (BC) und Saskatchewan.

Auto

Alberta wurde für das Auto geschaffen und die Planer hatten dabei wohl niemals versiegende Erdölquellen im Hinterkopf. Es gibt hervorragende und sehr gut instand gehaltene Highways und zahlreiche gut vernetzte Landstraßen. Auch die meisten noch so kleinen Städte haben eine Tankstelle und weitere Serviceleistungen. Die Orte können allerdings in den abgelegeneren Gegenden, vor allem im Norden, weit auseinander liegen. Man sollte bei jeder Gelegenheit tanken und für den Notfall gerüstet sein!

Im Winter kann das Autofahren zu einer echten Herausforderung werden. Die Straßen werden grundsätzlich zwar gut gewartet, wenn frischer Schnee gefallen ist sind sie allerdings meistens auch schneebedeckt. Die Autofahrer hier sind einiges gewohnt, und so werden Straßen nur selten gesperrt. Hier ist gesunder Menschenverstand gefragt: Langsam fahren und vor einer Tour die Wetter- und Straßenbedingungen prüfen!

Bus

Greyhound Canada (S. 989) verbindet Alberta mit den umliegenden Provinzen, aus den USA wird Alberta von Greyhound (S. 985) angefahren. Von Edmonton geht es u. a. nach Winnipeg (148 C$, 18 Std., 3-mal tgl.), Vancouver (133 C$, 17 Std., 5-mal tgl.), Prince George (84 C$, 10 Std., tgl.), Hay River (173 C$, 16 Std., 6-mal wöchentl.) und Whitehorse (191 C$, 29 Std., 1-mal tgl.). Ab Calgary werden u. a. Kamloops (82 C$, 10 Std., 4-mal tgl.), Regina (71 C$, 10 Std., 2-mal tgl.), Saskatoon (87 C$, 9 Std., 4-mal tgl.), Vancouver (90 C$, 15 Std., 5-mal tgl.) und Winnipeg (152 C$, 20 Std., 2-mal tgl.) bedient. Je nach Anschluss können die Fahrtzeiten sehr unterschiedlich sein. Bei frühzeitiger Buchung können die Tickets billiger werden.

Moose Travel Network (S. 991) bietet im Westen Kanadas zahlreiche Touren an. Die meisten beginnen und enden in Vancouver, klappern unterwegs aber die Highlights der Bergparks und noch weitere Sehenswürdigkeiten Albertas ab, die man einfach nicht verpassen darf. Im Winter organisieren sie ski-lastige Ausfahrten, die perfekt für alle Wintersportfans sind, die sich nicht um viel kümmern wollen. Im Sommer fahren die Busse täglich, in den Wintermonaten ein paar Mal die Woche.

Flugzeug

Die zwei wichtigsten Flughäfen sind Edmonton und Calgary. Sie werden täglich von den bedeutendsten Flughäfen überall auf der Welt ange-

KURZINFOS ALBERTA

» Einwohner: 3,724 Mio.

» Fläche: 642 317 km²

» Hauptstadt: Edmonton

» Schräge Facts: Der Albertosaurus war ein Verwandter des T-Rex; erstmals wurde er 1884 im Horseshoe Canyon entdeckt.

ENTFERNUNGEN

Calgary–Banff: 130 km
Banff–Jasper: 290 km
Edmonton–Calgary: 300 km

flogen. Air Canada, American Airlines, British Airways, Delta, Horizon Air, KLM, United Airlines und WestJet sind einige dieser Fluggesellschaften. Detailliertere Infos finden sich auf S. 984 und S. 990.

Zug

Trotz jahrelanger harter Arbeit, zahlloser tödlicher Arbeitsunfälle und der Aura, eine der Meisterleistungen des 19. Jhs. zu sein, umfasst Albertas heutiges Schienennetz lediglich zwei reguläre Personenverkehrsverbindungen. Der *Canadian* von **VIA Rail** (www.via.ca) fährt dreimal pro Woche von Vancouver nach Toronto und kommt auf beiden Richtungen unterwegs durch Jasper und Edmonton. Die Fahrt von Edmonton nach Vancouver kostet 225 C$ und dauert 27 Stunden; für Edmonton–Toronto bezahlt man 405 C$ und ist 55 Stunden unterwegs. In Richtung Toronto wird in Saskatoon, Winnipeg und Sudbury Junction Halt gemacht.

Dreimal pro Woche fährt der *Skeena* von Jasper nach Prince Rupert, BC (117 C$, 32 Std.).

Die legendäre Canadian Pacific Railway, deren westlicher Abschnitt von Calgary über Banff nach Vancouver verläuft, wird heute vorrangig für den Gütertransport genutzt. Einzige Personenverkehrsoption ist die von **Royal Canadian Pacific** (www.royalcanadianpacific.com) und **Rocky Mountaineer** (www.rockymountaineer.com) angebotene Luxus-Zugreise. Für die sechstägige Fahrt muss man mindestens 2000 C$ hinlegen.

EDMONTON

730 000 EW.

Wer zum ersten Mal nach Alberta kommt und sich seelisch und moralisch auf eine weitere enttäuschende Stadt in Zentralkanada einstellt, wird von Edmonton vermutlich überrascht sein. Oft hat man im Voraus nur vom dreckigen Ölsand oder Nordamerikas größtem Einkaufszentrum gehört. Was viele Nichteingeweihte allerdings nicht wissen: Albertas Hauptstadt ist weitaus kultivierter als gedacht! Natürlich gibt es auch hier in der Innenstadt schillernde, vom Erdöl-Boom finanzierte Wolkenkratzer, es gibt die übliche Zersiedelung und mit Geländewagen verstopfte Highways. Aber im Gegensatz zu seinem langjährigen Erzrivalen Calgary im Süden hat sich in Edmonton eine ausgeprägte Kulturlandschaft herausgebildet. Hier erwartet den Besucher das ganze Jahr über ein umfangreicher Festivalkalender, das aus rotem Backstein erbaute und künstlerisch angehauchte Stadtviertel Old Strathcona, ein wenig bekanntes ukrainisches Erbe und eine riesige Parklandschaft am Flussufer, die sich wie eine grüne Lunge durch die Stadt zieht.

Edmonton wird vom North Saskatchewan River in zwei Teile geteilt. Das Stadtzentrum liegt im Norden, rund um die 101st Ave oder Jasper Ave, wie sie auch genannt wird. In Old Strathcona, einst eine eigene Stadt und heute ein auf Individualität bedachtes Stadtviertel, sucht man Hochhäuser vergebens, stößt dafür aber auf allerlei Kunst, Kultur und Modebewusstsein.

Die gigantische West Edmonton Mall liegt in den westlichen Vororten – man genießt sie am besten in kleinen Dosen!

Geschichte

Die Vorfahren der Stämme der Cree und der Blackfoot lebten schon vor 5000 Jahren im Gebiet rund um Edmonton. Die Europäer kamen erst im späten 18. Jh. hierher und errichteten 1795 einen Handelsposten der Hudson's Bay Company, der Fort Edmonton genannt wurde.

Das Fort wurde zwar von Fallenstellern, Händlern und Abenteurern frequentiert, den ersten echten Anstieg der Einwohnerzahl gab es allerdings erst 1870, als die Regierung Fort Ed kaufte und das Gebiet für Pioniere freigab. Als die Eisenbahnstrecke 1891 Calgary erreichte, schritt das Wachstum dann tatsächlich mit rasantem Tempo voran.

Der erste Boom in der Region war dem Gold zu verdanken. Es wurde zwar nicht in Alberta, sondern in Yukon gefunden. Edmonton war aber der letzte Halt in der Zivilisation, bevor die Träumer gen Norden zum Klondike aufbrachen. Die wenigsten von ihnen machten dort das große Geld. Einige ließen sich in Edmonton nieder und so begann der kleine Ort zu wachsen.

In den 1940ern führte der Zweite Weltkrieg zum Bau des Alaska Hwy und der Arbeiterzustrom ließ die Einwohnerzahl weiter in die Höhe steigen. Die Einwanderer aus der Ukraine und aus anderen osteuropäischen Ländern, die auf der Suche nach Arbeit nach Edmonton gekommen waren, bereicherten die Stadt zusehends.

Auch heute ist Edmonton das Ziel derjenigen, die auf der Suche nach Wohlstand in

Edmonton

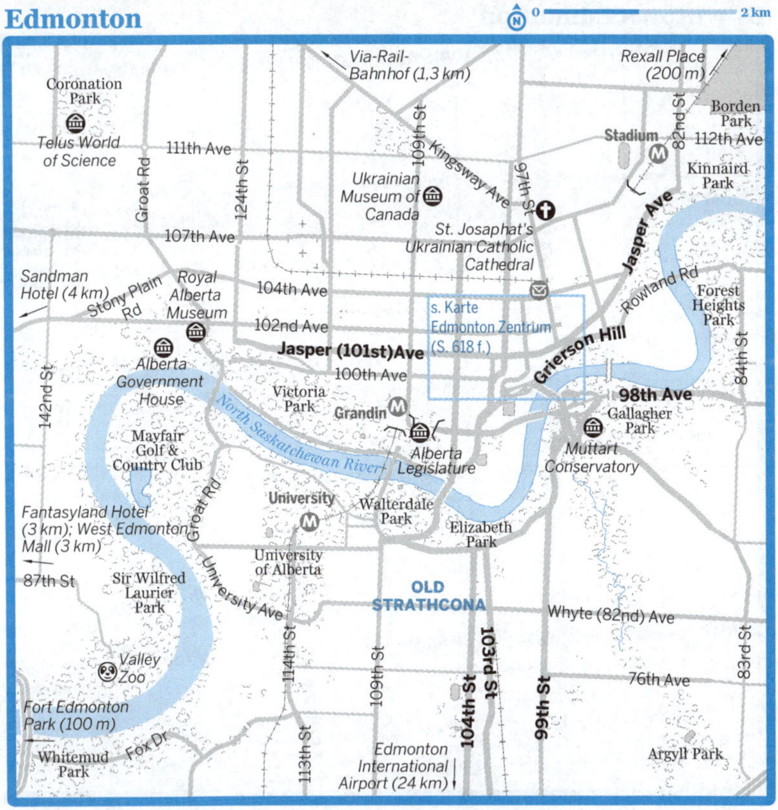

den Norden kommen. Was sie anzieht, ist aber heute weder das Gold noch der Straßenbau. Es ist das Erdöl.

Sehenswertes & Aktivitäten

Royal Alberta Museum MUSEUM

(Karte S. 617; www.royalalbertamuseum.ca; 12845 102nd Ave; Erw./Kind 10/5 C$; 9–17 Uhr) Im führenden Museum von Edmonton sind u.a. Insekten, Diamanten und eine vielgepriesene Sammlung zur Kultur der First Nations von Alberta zu sehen. Highlight ist aber die „Wild Alberta"-Galerie, die Pflanzen und Tiere aus den unterschiedlichen geografischen Zonen der Provinz ausstellt. Das Museum öffnete 1967 zum ersten Mal seine Pforten und liegt westlich der Innenstadt hoch oben auf einem Felsen. Es ist in einem modernen, aus Granit erbauten Gebäude untergebracht und wurde im Rahmen des 100-jährigen Jubiläums von Alberta 2005 von Queen Elizabeth II. besucht und umbenannt.

LP TIPP **Art Gallery of Alberta** KUNSTGALERIE

(Karte S. 618 f.; www.youraga.ca; 2 Sir Winston Churchill Sq; Erw./Kind 12,50/8,50 C$; Di–Fr 11–19, Sa & So 10–17 Uhr, Mo geschl.) Mit der Eröffnung dieser fantastischen neuen Kunstgalerie im Januar 2011 hat Edmonton nun endlich auch ein modernes architektonisches Erkennungsmerkmal, das es mit jeder großen Stadt aufnehmen kann. Zudem hat sich die zur Verfügung stehende Ausstellungsfläche im Gegensatz zu seinem bescheideneren Vorgänger, der Edmonton Art Gallery, verdoppelt. Das neue futuristische Bauwerk am Churchill Sq sieht wie der riesige Helm eines Raumanzugs aus. Das Gebäude, aus Glas und Metall erbaut, ist selbst ein Ausstellungsstück und beherbergt über 6000 historische und moderne Kunstwerke, von denen viele einen starken kanadischen Einfluss zeigen. Zur vornehmen Ausstattung des Museumskomplexes gehören auch ein Theater mit 150 Plätzen, ein Shop und ein Restaurant.

Downtown Edmonton

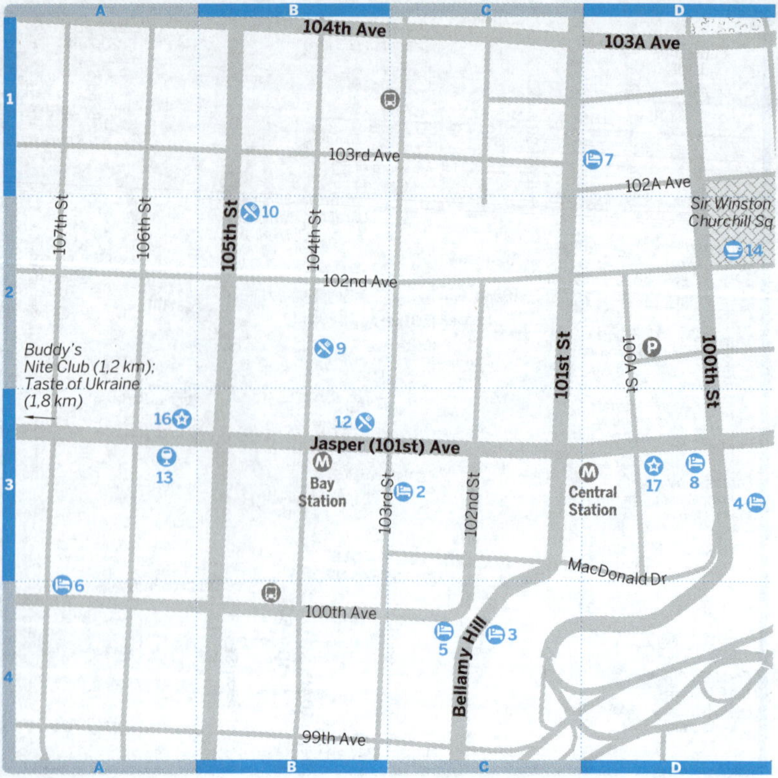

GRATIS **Alberta Government House** HISTORISCHES GEBÄUDE
(Karte S. 617; 12845 102nd Ave; kostenlose Führungen; ⏲So & Feiertage 11–16.30 Uhr) Nach dem Besuch des Royal Alberta Museum bietet sich (nur sonn- und feiertags) auch noch die Besichtigung des Government House gleich nebenan an. Das beeindruckende und geschichtsträchtige Herrenhaus diente früher dem Vizegouverneur als Residenz. Da es wieder und wieder renoviert wurde, sieht man ihm seine fast 100 Jahre (erbaut 1913) nicht an. Schon allein wegen der Kunstwerke lohnt der Besuch: Überwältigende Arbeiten von aus Alberta stammenden Künstlern zieren die Wände.

GRATIS **Alberta Legislature** GEBÄUDE
(Karte S. 617; www.assembly.ab.ca; Ecke 97th Ave & 107th St; Eintritt frei; ⏲8.30–17 Uhr) Dort, wo einst Fort Edmonton stand, befindet sich heute dieses große, alte Gebäude. Im Alberta Legislature sind Politiker, Debatten und überraschend hochwertige Kunst zu Hause. Die Kuppel und das marmorne Innere des „Leg" sind äußerst prägnant und ein Wahrzeichen der Stadt. Es werden 45-minütige Führungen (stündl.) angeboten, bei denen man einen Blick hinter die Kulissen werfen kann. Das Gelände selbst ist an einem warmen Tag der perfekte Rückzugsort. Um sich einer Führung anzuschließen, schaut man im Info/Souvenirladen im Fußgängerbereich (10820 98th Ave) vorbei.

Fort Edmonton Park HISTORISCHE STÄTTE
(außerhalb der Karte S. 617; www.fortedmontonpark.ca; Ecke Fox Dr & Whitemud Dr; Erw./Kind 13,75/7 C$; ⏲Mai–Sept. 10–18 Uhr; 👪) Das ursprünglich 1795 von der Hudson Bay Company erbaute Fort Edmonton wurde mehrere Male umplatziert, bevor es 1915 letztendlich abgebrochen wurde. Hier am Flussufer steht nun eine neuere Rekonstruktion. Sie wurde in den 1960er-Jahren geschaffen und stellt das Fort und seinen

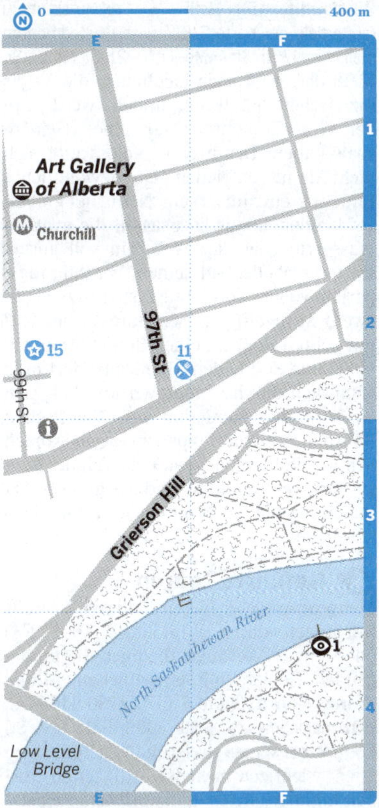

Downtown Edmonton

Highlights

Art Gallery of Alberta E1

Sehenswertes

1 Edmonton Queen F4

Schlafen

2 Alberta Place Suite Hotel C3
3 Crowne Plaza C4
4 Fairmont Hotel Macdonald D3
5 Go Backpackers C4
6 Matrix A4
7 Sutton Place Hotel D1
8 Union Bank Inn D3

Essen

9 Blue Plate Diner B2
10 Characters B2
11 Hardware Grill E2
Madison's Grill ..... (siehe 8)
12 Russian Tea Room B3

Ausgehen

13 Pub 1905 ..... A3
14 Three Bananas D2

Unterhaltung

15 Citadel Theatre E2
16 Halo Lounge A3
17 New City Suburbs D3

Anbau von 1846 dar. Auf dem Gelände sind außerdem die Straßen Edmontons in den drei Etappen ihres historischen Werdegangs nachgebaut: 1885, 1905 und 1920. Zwischen den Ausstellungsflächen verkehren ein historischer Dampfzug und eine Straßenbahn, und kostümierte Guides beantworten Fragen und verleihen dem Ganzen etwas Schwung.

Muttart Conservatory GARTEN

(Karte S. 617; www.muttartconservatory.ca; 9626 96A St; Erw./Kind 10,50/5,25 C$; Mo–Fr 10–17 Uhr, Sa, So & Feiertage 11–17 Uhr) Eigentlich ist er ein Botanischer Garten, aber von außen sieht das Muttart Conservatory aus wie eine Art gläserner Bunker in Pyramidenform. Es befindet sich südlich des Flusses, gleich an der James MacDonald Bridge. Jede der vier Pyramiden beherbergt eine andere Klimazone und die entsprechenden Laubbäume dazu. Es ist ein interessanter Ort zum Herumschlendern, besonders für Gartenfreunde, Pflanzenliebhaber und alle, die mal Lust auf etwas Ruhigeres haben.

Sir Winston Churchill Square AREAL

(Karte S. 618 f.) Im Rahmen des 100-jährigen Bestehens der Stadt 2005 wurde dieser Platz in einem umstrittenen Projekt neu gestaltet. Nach europäischem Vorbild ist er jetzt ein Ort, um Leute zu treffen, Zeit zu verbringen und sich zu entspannen (wenn es die Außentemperaturen zulassen). Die ehemaligen Grünflächen des Platzes wurden durch ein kleines Amphitheater, einen Brunnen und ein Café ersetzt. Rund herum steht eine Reihe wichtiger Gebäude, darunter das Rathaus, das Provinzgericht und die beeindruckende neue Kunstgalerie Art Gallery of Alberta (S. 617).

Ukrainsches Erbe HISTORISCHE STÄTTE

Aufgrund des großen ukrainischen Bevölkerungsanteils und einer langen Einwanderungsgeschichte gibt es in der Stadt einige Orte, an denen man etwas über die ukrainische Kultur hier und im Mutterland erfahren kann. Diese Stätten liegen nördlich vom Zentrum, einen Mini-Ausflug weit weg:

St. Josaphat's Ukrainian Catholic Cathedral (Karte S. 617; www.stjosaphat.ab.ca; 10825 97th St/108th Ave; Eintritt frei; ⌚auf Anfrage)

Ukrainian Canadian Archives & Museum of Alberta (9543 110th Ave; Eintritt gegen Spende; ⌚Di–Fr 10–17, Sa 12–17 Uhr)

Ukrainian Museum of Canada (Karte S. 617; 10611 110th Ave; Eintritt frei; ⌚Mai–Aug. Mo–Fr 9.30–16 Uhr)

Alberta Railway Museum MUSEUM
(www.railwaymuseum.ab.ca; 24215 34th St; Erw./Kind 5/2 C$; ⌚Mitte Mai–Anfang Sept. 10–17 Uhr) Dieses Museum am nordöstlichen Ende der Stadt stellt über 50 Eisenbahnwaggons aus, darunter auch Dampf- und Diesellokomotiven und weitere Schienenfahrzeuge, die zwischen 1877 und 1950 gebaut und eingesetzt wurden. Außerdem ist hier eine Sammlung von Eisenbahnanlagen, alten Bahnhöfen und dazugehörenden Gebäuden zu sehen. An den Wochenenden werden die alten Maschinen von freiwilligen Helfern wieder angeworfen, und für 4 C$ kann man bei einer Fahrt dabei sein (die Dieselloks fahren in der Saison jeden Sonntag, die Dampflok von 1913 wird nur an Ferienwochenenden angefeuert). Um hierher zu kommen, fährt man auf der 97th St (Hwy 28) in nördlicher Richtung bis zum Hwy 37. Dort rechts abbiegen und der Straße 7 km lang in Richtung Osten folgen. An der 34th St wieder rechts abbiegen und 2 km weit nach Süden fahren.

North Saskatchewan River Valley PARK
Edmonton hat eine größere ausgewiesene Parkfläche als jede andere nordamerikanische Stadt. Der Großteil dieser Grünfläche ist ein zusammenhängender Gürtel, der sich am Fluss entlangzieht und die Stadt in zwei Teile teilt. In dieser grünen Zone finden sich Seen, Brücken, naturbelassene Gebiete, Golfplätze, kleine Schluchten und ein Wegenetz aus etwa 160 km Fuß- und Radwegen. Von der Innenstadt aus ist das Gelände leicht zugänglich.

Eine Tour auf der **Edmonton Queen** (Karte S. 618 f.; www.edmontonqueen.com; 9734 98th Ave; 1-stündige Bootsfahrt ab 17,95 C$, Dinner-Cruise 49,95 C$; ⌚Mai–Sept.) ist eine schöne Möglichkeit, vom Fluss aus einen Blick auf die Innenstadt zu werfen. Auf dem modernen Raddampfer fährt man, je nach Laune des Kapitäns, eine Stunde lang flussauf- oder -abwärts. An Bord gibt's oft Liveunterhaltung, um die Passagiere zu erheitern.

West Edmonton Mall EINKAUFSZENTRUM
(außerhalb der Karte S. 617; www.westedmontonmall.com; 170th St; ⌚Mo–Fr 10–21, Sa bis 18, So 12–18 Uhr; 👪) Kitsch-Liebhaber, die Vegas inzwischen langweilig finden, werden in der West Edmonton Mall einen Heidenspaß haben. Der urbane Koloss gibt sich nicht damit zufrieden, ein gewöhnliches Einkaufszentrum zu sein. Nein, hier gibt es, als kleinen Bonus sozusagen, die größten Wasserrutschen der Welt, ein voll ausgestattetes Wellenbad, einen Vergnügungspark in voller Größe, eine Eisbahn, zwei (ja, zwei!) Minigolfplätze, ein künstliches Riff mit echten Robben, einen Streichelzoo, ein Hotel und 800 Läden. Hier schlendert man gemütlich durch Chinatown und holt sich dann in der wunderbar unauthentischen Bourbon St einen Happen zu essen. Danach Schlittschuhlaufen oder eine Runde Bungeespringen gefällig? Und zu guter Letzt taucht man in das Meer der Einzelhandelsketten ein.

Geführte Touren

Mehrere Anbieter bieten halbtägige Stadtführungen durch Edmonton (40–65 C$) oder längere Ausflüge, die auch die umliegenden Gebiete mit einschließen. **Magic Times Tours** (Karte S. 617; ☎780-940-7479; www.magictimes.ca; Suite 309B, 9815 96A St) kommt bei seinen dreistündigen Touren an allen wichtigen Sehenswürdigkeiten vorbei, inklusive River Valley, Alberta Legislature und Old Strathcona.

Edmonton Ghost Tours (www.edmontonghosttours.com; 10 C$/Pers.; ⌚Juli & Aug. Mo–Do 21.30 Uhr) Hier werden gruselige Stadtspaziergänge organisiert. Los geht's in der 10322 83rd Ave in Old Strathcona. Reservierung ist nicht erforderlich – einfach 15 Minuten vorher dort sein!

Feste & Events

In Edmonton finden das ganze Jahr über zahlreiche Festivals statt. Zu den Highlights gehören:

International Street Performers Festival THEATER
(www.edmontonstreetfest.com; ⌚2. Juliwoche) Manchmal wartet das beste Theater auf der Straße – internationale Darsteller spielen hier unter freiem Himmel.

Edmonton's Capital Ex VOLKSFEST
(www.capitalex.ca; ⌚Ende Juli) Jahrelang hieß das große Sommerfest in Edmonton Klon-

dike Days und hatte vor allem die Geschichte des Goldrauschs im Visier. Mittlerweile wurde das Event in Capital Ex umbenannt und hat sich auf zeitgenössischeres Vergnügen fokussiert. Livemusik, Fahrgeschäfte und viel Spaß wie zu alten Zeiten – und das für wenig Geld – sind die Höhepunkte dieses sich immer weiter entwickelnden Events.

Edmonton Fringe Theatre Festival THEATER
(www.fringetheatreadventures.ca; ⌚Mitte Aug.) An elf Tagen wird hier auf drei Freiluftbühnen im Park und in den Straßen ein Programm aus alternativem Theater dargeboten. Viele Shows sind kostenlos, und kein Ticket kostet mehr als 10 C$. Reservieren kann man nicht – einfach eine Show aussuchen und anstehen. Das Festival zieht jedes Jahr eine halbe Million Besucher nach Old Strathcona.

Canadian Finals Rodeo RODEO
(www.canadianfinalsrodeo.ca; Tickets 16–46 C$; ⌚Anfang Nov.) Das Canadian Finals Rodeo ist das größte in einer Halle stattfindende Profi-Rodeo in Kanada. Hier zeigen hervorragende Cowboys auf bockigem Vieh, was sie draufhaben. Wer die Calgary Stampede verpasst hat, sollte sich diese Möglichkeit nicht entgehen lassen, das Ganze mal aus der Nähe zu betrachten.

Schlafen

Die Auswahl an unabhängigen Unterkünften ist in Edmonton besser als in vielen anderen kanadischen Städten. Es gibt z. B. gleich drei Boutiquehotels, ein paar billige Hostels und ein zentral gelegenes B&B. Die Innenstadt ist vorrangig auf Geschäftsleute eingestellt und bietet die typischen 0815-Optionen. Wer Edmonton vor allem wegen der West Edmonton Mall besucht, der kann sich im oder nahe dem Einkaufszentrum einquartieren. Allerdings ist hier alles doch ziemlich touristisch. Für ein komfortables Zimmer in einer Mittelklasseunterkunft bezahlt man zwischen 80 und 125 C$.

LP TIPP **Matrix** BOUTIQUEHOTEL $$
(Karte S. 618 f.; ☎780-429-2861; www.matrixedmonton.com; 10001 107th St; Zi. Mo–Fr 135 C$, Sa & So 170 C$; P @ ☎) Als eines von drei Boutiquehotels in Edmonton (neben dem Varscona und dem Metterra), ist das Matrix das Nesthäkchen (2007 eröffnet) des Dreigestirns. Seine coole und minimalistische Architektur mit bunten Akzenten aus Holz und zahlreichen modernen Annehmlichkeiten richtet sich an den „anspruchsvollen Traveller". Ganz wie es sich für ein Boutiquehotel gehört, gibt es jeden Nachmittag um 17.30 Uhr kostenlosen Wein und Käse.

Fairmont Hotel Macdonald HOTEL $$$
(Karte S. 618 f.; ☎780-424-5181; www.fairmont.com; 10065 100th St; Zi. ab 300 C$; P @ ≋) Den besten Winkel der Stadt hat sich (wie seit jeher) Edmontons historisches Fairmont Hotel ausgesucht. Aufwendige Stuckarbeiten, italienischer Marmor, reich verzierte Kronleuchter und luxuriöse Teppiche – alles ist Teil der standardmäßigen Ausstattung. Zu Beginn des 20. Jhs. gehörte es zu einer Kette luxuriöser Eisenbahnhotels, die entlang der von Ost nach West verlaufenden transkontinentalen Bahnstrecke lagen. Es hat sich all seine majestätische Pracht bewahrt und ist immer noch eine würdige Unterkunft für einen König – und einen Traveller, der mal eben 300 C$ oder mehr locker machen kann. Die Zimmer werden regelmäßig renoviert, sind mit allen zu erwartenden Annehmlichkeiten ausgestattet und ihren hohen Preis beinahe wert.

Varscona BOUTIQUEHOTEL $$
(☎780-434-6111; www.varscona.com; 8208 106th St, Ecke Whyte Ave; Zi. ab 145 C$; P @ ☎) Mitten im Herzen von Old Strathcona (Karte S. 618 f.) liegt dieses bezaubernde Hotel, das sich selbst als „légère-elegant" beschreibt und sowohl Gäste im Trainingsals auch im Businessanzug gerne bei sich aufnimmt – oder wie wär's mit einer Kombination aus beidem? Mit dem angesagtesten Viertel der Stadt gleich vor der Haustür ist es noch leichter, sich in Edmonton immer am Puls der Zeit zu bewegen. Das Angebot wird durch kostenloses Frühstück, Parken und das abendliche Wein-Käse-Angebot noch versüßt.

Metterra BOUTIQUEHOTEL $$
(☎780-465-8150; www.metterra.com; 10454 Whyte Ave; Zi. Mo–Fr 149 C$, Sa & So 179 C$; P @ ☎) Wer sich durch den reichlich unkreativen Werbetext des Hotelprospekts gequält hat („urbane Oase", „moderne Ausstattung", „traditionelle Gastfreundschaft"), stellt fest, dass das Met doch eine ganz annehmbare Unterkunft und ein passendes Pendant zum actiongeladenen Vergnügungsviertel ist, in dem es sich befindet (Old Strathcona). Die moderne und luxuri-

NICHT VERSÄUMEN

OLD STRATHCONA

Als unkonventionelle Alternative zur gigantischen West Edmonton Mall und ihren Möchtegern-Satellitenorten ist Old Strathcona (Karte S. 617) ein guter Grund, immer wieder nach Edmonton zurückzukehren. Das Viertel besteht aus sich ständig weiterentwickelnden Straßenzügen mit „viktorianischen" Backsteingebäuden, die in den 1970er-Jahren von den Bulldozern der Stadtentwickler verschont blieben. Sie hat sich neu erfunden, als Gegenpol zu den anonymen Einkaufszentren, die anderswo allgegenwärtig sind. Die als Whyte Ave bekannte 82nd Ave ist das Zentrum von Old Strathcona. Hier schlägt das kollektive Herz Edmontons in von Künstlern frequentierten Spelunken, Cocktailbars, vegetarisch orientierten Restaurants und Fringe-Theatern, beim Second-Hand-Zeitschriftenhändler und überall dort, wo sich Trends, Ideen und Modestatements gegen gängige Tendenzen auflehnen.

Das 800 m südlich des North Saskatchewan River gelegene Old Strathcona wurde 1880 mit der Ankunft der Canadian Pacific Railway als eigenständige Siedlung gegründet. Nach einer Reihe von verheerenden Bränden in anderen Städten der umliegenden Prärie wurde in Strathcona 1902 ein Dekret erlassen, das alle neuen Gebäude aus Backstein erbaut werden müssen. Als Folge davon haben die ursprünglichen Mauern der meisten Gebäude bis heute in intaktem Zustand überlebt.

Als 1905 die Canadian Northern Railway Edmonton erreichte, verlagerte sich ein Großteil des Geschäftslebens der Stadt nach Norden, und 1912 sprachen sich die Bewohner Strathconas in einer Abstimmung widerwillig für einen Zusammenschluss mit dem hochnäsigen neuen Nachbarn aus. Strathconas schwindender Einfluss erwies sich allerdings als Glück im Unglück. Als in den 1970er-Jahren die Innenstadt Edmontons mit den Geldern des Öl-Booms neu aufgebaut wurde, hat man Strathcona einfach vergessen. Diese Nachlässigkeit rettete das Viertel letztendlich, und so erlebte es Ende der 1980er-Jahre eine kulturelle Renaissance. Im Jahr 2007 wurde seiner historischen Bedeutung Rechnung getragen und es wurde zum Provincial Heritage Site erklärt.

öse Innenausstattung ist mit indonesischen Kunstwerken aufgelockert, ein Indiz für des Besitzers heimliche Vorliebe für alles Fernöstliche.

Union Bank Inn BOUTIQUEHOTEL **$$$**
(Karte S. 618 f.; ☎780-423-3600; www.unionbankinn.com; 10053 Jasper Ave; Zi. ab 199 C$; P ❄ @ ☎) Dieses noble Boutiquehotel in der Jasper Ave, ein wahrlich exklusives Glanzstück, ist in einem ehemaligen Bankgebäude von 1910 untergebracht. Es hat nur 34 Zimmer, und so liest das Personal seinen Gästen jeden Wunsch von den Augen ab. Durch die Kamine in den Zimmern werden Edmontons frostige Winter fast schon erträglich, und im Erdgeschoss erfüllt ein ebenso schickes Restaurant, das Madison's (S. 624), kulinarische Wünsche.

HI-Edmonton Hostel HOSTEL **$**
(☎780-988-6836, 877-467-8336; www.hihostels.ca; 10647 81st Ave; B/DZ 29/65 C$; P @ ☎) Ein beliebtes und sicheres Hostel mitten im Herzen von Old Strathcona. In den Zimmern stehen vielleicht ein paar Etagenbetten zu viel und man fühlt sich ein bisschen wie in einem umgebauten Altersheim (recht passend wenn man weiß, dass das Hostel früher ein Kloster war), Lage und Preis sind aber einfach unschlagbar.

Hotel Selkirk HOTEL **$$**
(☎780-496-7227; www.hotelselkirk.com; 1920 St, Fort Edmonton Park; Zi. ab 124 C$; P ❄ ☎) Wer gerne im Fort Edmonton auf den Spuren der Vergangenheit wandeln möchte, der kann auch noch einen Schritt weiter gehen und gleich noch die Nacht dort verbringen. Die Zimmer dieses historischen Hotels sind im Stil der Goldenen 20er eingerichtet. Wer hier übernachtet, bezahlt für das Fort und das umliegende Gelände keinen Eintritt. Zum Hotel gehört auch ein Restaurant. Im Sommer gibt's außerdem am Nachmittag einen ausgiebigen *high tea* nach englischem Vorbild.

Alberta Place Suite Hotel HOTEL **$$**
(Karte S. 618 f.; ☎780-423-1565; www.albertaplace.com; 10049 103rd St; Studio/Suite 112/137 C$; P @ ☎ ≋) Was früher ein Apart-

mentgebäude war, ist heute ein Suite-Hotel zu Mittelklasse-Preisen mit einer großen Auswahl an Hotelzimmern im Apartment-Stil. Von Studios bis zu Familiensuiten ist alles dabei. Die Lage ist topp, und alle Zimmer haben eine eigene Küche, Schreibtische und eine stilistisch anspruchsvolle, wenn auch etwas minimalistische Grundausstattung. Auf einem Stockwerk befindet sich der Gemeinschaftsbereich mit Swimmingpool und Fitnesscenter.

Glenora Inn B&B B&B $$
(☎780-488-6766; www.glenorabnb.com; 12327 102nd Ave; Zi. ohne/mit Bad 70/100 C$; P @) Ein B&B im typischen viktorianischen Schnörkel-Stil im immer beliebter werdenden westlichen Teil der 124th St. Im Gebäude von 1912 (das bedeutet für hiesige Standards „historisch“; allerdings ist es natürlich genau genommen nicht „viktorianisch“) sind auch ein Laden und im Erdgeschoss ein Bistro untergebracht, in dem die B&B-Gäste ihr kostenloses Frühstück einnehmen können. Es gibt ein gemeinschaftlich genutztes Wohnzimmer und eine Veranda – wenn die Außentemperaturen mal weniger arktisch sind.

Sutton Place Hotel HOTEL $$
(Karte S. 618 f.; ☎780-428-7111; www.suttonplace.com; 10235 101st St; EZ & DZ ab 159 C$; P @) Das exklusive Sutton Place ist Teil einer kleinen Hotelkette. Dadurch geht ihm die bei kleineren Hotels übliche Heimeligkeit verloren. Neben den eleganten Zimmern voller Glanz und Glamour hat es zahlreiche weitere Annehmlichkeiten zu bieten. Der Indoor-Wasserpark ist einfach fantastisch, und zudem gibt es im Gebäude Restaurants, Cocktailbars und ein Spielcasino. Oft helfen preiswerte Spezialangebote beim Sparen.

Crowne Plaza HOTEL $$
(Karte S. 618 f.; ☎780-428-6611; www.chateaulacombe.com; 10111 Bellamy Hill; Zi. ab 120 C$; P ❄ @) Dieses saubere Hotel hat sich auf Geschäftsleute spezialisiert und ist dennoch immer gut für ein Schnäppchen. Beim Buchen darauf achten, dass das Zimmer hoch oben liegt – dann ist der Blick auf den Fluss inklusive! Die Zimmer sind hübsch und haben teilweise einen Balkon, der im Sommer zwar toll, im Winter aber eher nutzlos ist.

Fantasyland Hotel HOTEL $$$
(außerhalb der Karte S. 617; ☎780-444-3000, 800-737-3783; www.fantasylandhotel.com; 17700 87th Ave; Zi. 188–288 C$; P ❄ @) Als ob die West Edmonton Mall nicht schon surreal genug wäre, setzt dieses benachbarte Hotel noch einen drauf. Es gibt auch Standardzimmer, das Highlight sind aber die Themenzimmer, die dem Gast mit einer Auswahl von Afrika bis Iglu und von römisch bis polynesisch die Entscheidung nicht gerade leicht machen. Knapp an der Grenze von cool zu kitschig: ein echter Hit

EDMONTON MIT KINDERN

Wenn Edmonton nicht kinderfreundlich ist – welche Stadt ist es dann? Es gibt zahllose auf Familien zugeschnittene Aktivitäten. Das **Telus World of Science** (Karte S. 617; www.edmontonscience.com; 11211 142nd St; Erw./Kind 13,95/11,95 C$; ⏲10–19 Uhr;) ist schon einmal die erste großartige Option. Durch zahlreiche interaktive Schaukästen gibt es hier eine Million Dinge zu entdecken – und das alles unter einem Dach. Mithilfe neuester Technologien geht man auf Verbrecherjagd, das Leben in einem Raumschiff wird genauestens unter die Lupe genommen, bei der Ausgrabungsstätte sucht man nach Dinosaurierskeletten und man kann lernen, was den menschlichen Körper am Leben erhält. Ein Riesenspaß für Jung und Alt, und dabei können beide noch was lernen. Zum Telus gehören auch ein IMAX-Kino (kostet extra) und eine Sternwarte mit Teleskopen (im Eintrittspreis inbegriffen).

Eine weitere Option ist der **Valley Zoo** (Karte S. 617; www.valleyzoo.ca; 13315 Buena Vista Rd; Erw./Kind 10,50/5,25 C$; ⏲9.30–16 Uhr, Mai–Sept. bis 18 Uhr;), der mit über 100 exotischen, bedrohten und einheimischen Tierarten aufwartet. Besonders toll für die Kids sind Streichelzoo, Kamel- und Ponyreiten, Miniatureisenbahn, Karussell und Tretboote. Wer der Kälte trotzt und sich im Winter in den Zoo wagt, darf sich über reduzierte Preise freuen.

Im Fort Edmonton Park (S. 618) gibt es einen kleinen Vergnügungspark für Kinder, während die West Edmonton Mall (S. 620) selbst hyperaktive Siebenjährige wochenlang beschäftigen kann.

bei Familien. Es gibt auch alle möglichen Schlafplatzkombis, sodass für alle Eventualitäten vorgesorgt ist: Stockbetten für die Kinder, eine Sitzecke gleich neben dem Whirlpool, ein rundes King-Size-Bett für Mama und Papa und einen Spiegel an der Decke, damit man sich gegenseitig im Auge behalten kann – nett!

Go Backpackers HOSTEL $
(Karte S. 618 f.; ☎780-423-4146; www.gohostels.ca; 10209 100th Av NW; B/DZ 30/88 C$; P @) Neu im Geschäft und unmittelbar südlich der Jasper Ave gelegen, bietet das Go mehr Platz als das HI. In den Schlafsälen stehen vier bis sechs Betten, es gibt private Zimmer, einen TV-Raum, Küche und eine Kneipe im selben Gebäude.

Sandman Hotel HOTEL $$
(außerhalb der Karte S. 617; ☎780-483-1385; www.sandmanhotels.com; 17635 Stony Plain Rd; Zi. ab 119 C$; P @) O.k., es ist eine Kette, aber doch wenigstens eine kanadische. Dieser Ableger befindet sich in der Nähe der West Ed Mall. Für einen guten Preis bekommt man einen Swimmingpool, ein Restaurant und anständige Zimmer.

Rainbow Valley Campground & RV Park CAMPING $
(☎780-434-5531, 888-434-3991; www.rainbowvalley.com; 13204 45th Ave; Stellplatz Zelt/Wohnmobil 28/32 C$; ⏲Mitte April–Mitte Okt.; P) Für einen Campingplatz mitten in der Innenstadt ist dieser hier ziemlich gut. Perfekte Lage, um die „Mall" zu erreichen und ihr gleichzeitig nicht zu nahe zu kommen.

Essen

In der Restaurantszene spiegelt sich der Multikulturalismus der Stadt, aber auch Edmontons Liebe für Rindfleisch aus Alberta. Wer sich ein bisschen umsieht, der wird ein Essen von guter Qualität zu jedem Preis bekommen, ohne auch nur einen Fuß in eine der Restaurantketten zu setzen. Am abwechslungsreichsten und günstigsten isst man in Old Strathcona in der oder rund um die Hauptverkehrsader Whyte Ave (Karte S. 617). Hier begibt man sich auf eine kulinarische Weltreise, von Iran bis Indien, und hat zudem die Wahl zwischen zahlreichen vegetarischen Optionen. In der Innenstadt ist die Hauptstraße Jasper Ave, die sich durchs gesamte Zentrum zieht, die beste Adresse. Ganz neu in der Restaurantszene ist die frisch sanierte Speicherstadt nördlich der Jasper Ave rund um die 104th St.

Zentrum

Taste of Ukraine UKRAINISCH $$
(außerhalb der Karte S. 618 f.; www.tasteofukraine.com; 12210 Jasper Ave) Die Mama steht in der Küche, der älteste Sohn hinter der Bar, die gesprächige Tochter bedient die Gäste und der Vater sitzt im Hinterzimmer und macht die Buchhaltung. Eine echte Familienangelegenheit also – und eine freundliche noch dazu. Die Bewährungsprobe ist aber natürlich das Essen. Und da muss man kein kosakischer Tolstoi-Leser sein, um zu merken, dass Kohlrouladen, Sauerkraut, Buchweizen, frisches Brot und der Wodka spitze sind!

Blue Plate Diner FUSION, VEGETARISCH $$
(Karte S. 618 f.; www.blueplatediner.ca; 10145 104th St; Hauptgerichte 12–18 C$;) In der sanierten Speicherstadt in der 104th St kommen in diesem vegetarisch orientierten, stilvollen Diner deftiges gesundes Essen auf den Tisch. Die coole farbige Beleuchtung und die unverputzten Backsteinmauern verschönern das stimmungsvolle Innere noch, sodass sich die Gäste bei ihrem Tofu und den Linsen nicht wie in einer Hippiekommune fühlen. Empfehlenswert sind die gemischte Tofupfanne oder das Tofusteak-Sandwich. Die Portionen knackiges Gemüse sind überdurchschnittlich groß und kommen aus der Umgebung.

Madison's Grill FUSION $$$
(Karte S. 618 f.; ☎780-401-2222; www.unionbankinn.com; 10053 Jasper Ave; Hauptgerichte ab 26 C$; ⏲Mo–Do 8–22, Fr & Sa bis 23, So bis 20 Uhr) Im selben Gebäude wie das Union Bank Inn untergebracht. Hier gelten für Service und Qualität auch dieselben hohen Standards. Serviert werden köstliche Fleischgerichte und Meeresfrüchte. Der Speisesaal ist elegant eingerichtet und der Service ist erstklassig. Das Menü mit speziell ausgewählten Weinen geht mit 50 C$ ganz schön ins Geld.

Characters FUSION $$$
(Karte S. 618 f.; ☎780-421-4100; www.characters.ca; 10257 105th St; Hauptgerichte ab 27 C$; ⏲Mo–Sa 11.30–14 & 17.30–22.30 Uhr) Wer hier an ein lautes, lärmendes Familienrestaurant voller betagter Mafiosi denkt, liegt falsch. In Wirklichkeit erwartet die Gäste ein erstklassiges Bistro mit 20-seitiger Speisekarte, professionellem Service und Gerichten wie chilenischem Seebarsch und Gelbflossen-Thun. Nicht viele Charaktere, dafür aber jede Menge Delikatessen.

Hardware Grill
STEAK $$$

(Karte S. 618 f.; ☎780-423-0969; www.hardwaregrill.com; 9698 Jasper Ave; Hauptgerichte 36–48 C$; ⌚Mo–Sa 17 Uhr–open end) Diese vornehme Oase hoch oben an einem Steilhang über dem Fluss beeindruckt wirklich jeden. Hier, in einem traditionell eher schäbigen Teil der Stadt, ist das Hardware in einem (für Edmonton) alten Backsteingebäude untergebracht. Die eleganteren Details hat man beibehalten, der Rest wurde schick herausgeputzt. Schilder versprechen eine ehrgeizige Dreierkombination aus „Komfort, Geschmack und Eleganz". Ein Eigenlob, dem wenigstens teilweise durch meisterhaft zubereitete Entenbrust, Lammrücken und Rindfleisch aus Alberta entsprochen wird.

Russian Tea Room
RUSSISCH $$

(Karte S. 618 f.; www.therussiantearoom.ca; 10312 Jasper Ave; Hauptgerichte 11–18 C$) Schüsseln voller Borschtsch, eine große Auswahl an Teesorten und einige ganz gute Snacks sind nur die eine Seite der Medaille. Bei spärlicher Beleuchtung kommt eine etwas unheimliche, bordellähnliche Atmosphäre auf, denn der Russian Tea Room ist auch Treffpunkt mehrerer Hellseher, die an düsteren Tischen sitzen und abergläubischen Kunden die Zukunft vorhersagen (Tarotkarten, Teeblätter und Handlesen). Der Laden ist überraschend populär.

High Level Diner
KANADISCH $

(www.highleveldiner.com; 10912 88th Ave; Hauptgerichte 6–15 C$; ⌚Mo–Do 8–22, Fr & Sa bis 23, So 9–21 Uhr) Wer beim Frühstücken gerne ein paar Einheimische kennenlernen möchte, ist hier genau richtig. Dieser freundliche und beliebte Treff gleich am Flussufer verspricht einen tollen Start in den Tag.

Old Strathcona & Umgebung

LP TIPP Da-De-O
CAJUN $$

(www.dadeo.ca; 10548A Whyte Ave; Hauptgerichte 10–16 C$; ⌚Mo, Di & Do–Sa 11.30–23, So 12–22 Uhr, Mi geschl.) Der klassische Diner serviert Cajun-Gerichte und ist sicher eines der unvergesslichsten kulinarischen Erlebnisse in Edmonton. Die Ausstattung mit Retro-Jukeboxen, Art-déco-Beleuchtung und Kunstwerken an der Wand ist auffällig und interessant, während das Essen – Austern, Jambalaya und sättigende Po'boy-Sandwiches – legendär ist. Der Dauerbrenner sind die würzig-scharfen Pommes frites aus Süßkartoffeln. Da kann man sich den Flug nach New Orleans sparen und die leckere Cajun-Küche einfach hier genießen!

Café Mosaics
VEGETARISCH $

(10844 Whyte Ave; Hauptgerichte 6–12 C$; ⌚Mo–Sa 9–21, So 11–14.30 Uhr) Künstlerisch angehaucht, bei Aktivisten sehr beliebt und mit vegetarisch-veganen Gerichten auf der Speisekarte: Diese fleischfreie Zone, die sich von San Francisco einiges in Bezug auf interessante und gleichzeitig köstliche Gemüsegerichte abgeschaut hat, ist eine echte Institution in Strathcona. Das Ergebnis ist ausnahmslos gut. Das beweisen schon die zahlreichen Fleischliebhaber unter den Gästen, die ihre Vorliebe für Steaks gerne für einen Tag vergessen. Nicht verpassen: das Tofu-Curry, Cowgirls' Breakfast und die marokkanische Kichererbsensuppe. Es gibt sogar ein spezielles fleischloses Kindermenü.

Upper Crust Café
KANADISCH $

(www.cafeuppercrust.ca; 10909 86th Ave; Hauptgerichte 8–16 C$; ⌚Mo–Fr 11–21, Sa 9–21 Uhr) Der guten alten Hausmannskost wurde mittlerweile die neue Bezeichnung „Wohlfühl-Kost" verpasst, d.h. authentischer Geschmack und Gerichte, die Erinnerungen an Mamas oder Omas Kochkünste wachrufen. Das Upper Crust ist sich dieser nostalgischen Bedürfnisse bewusst und hat sich im vorderen Teil eines unauffälligen, etwas heruntergekommenen Apartmentgebäudes eingemietet. Dort werden nun ohne viel Tamtam einfache Speisen wie Chili con Carne, gebratenes Hähnchenfleisch in Pilzsauce und Regenbogenforelle serviert.

Origin India
INDISCH $$

(www.theoriginindia.com; 10511 Whyte Ave; Hauptgerichte 13–16 C$) Auch hier hat man das neu aufkommende, erfolgreiche Konzept der Indian Fusion erkannt und genutzt. Im Origin India erwartet den Gast eine schicke und moderne Atmosphäre, während die Küche ihren Wurzeln treu bleibt– *dal makhani,* Hähnchen in Buttersauce und würziger Panir.

Tokyo Noodle Shop & Sushi Bar
JAPANISCH $

(10736 Whyte Ave; Hauptgerichte ab 7,25 C$; ⌚Mo–Do 11.30–21.30, Fr & Sa bis 22.30, So 12–21 Uhr) Leckeres Sushi und Nudeln en masse. Nichts Ausgefallenes, aber gerade das ist das Tolle daran.

Ausgehen

Ins Nachtleben stürzt man sich hier am besten entweder in der künstlerisch angehauchten Whyte Ave (Karte S. 617) oder im

Zentrum in den typisch innerstädtischen Kneipen der Jasper Ave. Die Stimmung hier ist spaß- und energiegeladen und die Einheimischen freuen sich, Besucher daran teilhaben zu lassen.

Three Bananas CAFÉ
(Karte S. 618 f.; www.threebananas.ca; Sir Winston Churchill Sq, 9918 102nd Ave) Die Wände des Cafés am Churchill Sq sind mit Mosaiken und Warhol-ähnlichen Bananen-Drucken übersät. Der Koffeinkick mit einer intellektuell angehauchten Klientel liegt in der Nähe des neuen Kunstmuseums.

Black Dog Freehouse KNEIPE
(www.blackdog.ca; 10425 Whyte Ave) Das Black Dog ist unheimlich beliebt und wird von den unterschiedlichsten Charakteren frequentiert. Natürlich kommt diese Beliebtheit nicht von ungefähr. Zur Location gehören eine Dachterrasse mit Heizstrahlern (klar, dies ist schließlich Alberta), eine traditionelle Bar im Erdgeschoss (unter der Woche meistens gerammelt voll) und ein Raum für Livemusik und gelegentliche Partys im Untergeschoss – eine echte, feierwütige Institution von Edmonton.

Elephant & Castle KNEIPE
(www.elephantcastle.com; 10314 Whyte Ave) In London würde sich dafür niemand interessieren (dort ist Elephant & Castle ein groteskes Einkaufszentrum), in Edmonton jedoch steht dieser Name für sonderbare Exotik: Eine rote Telefonzelle, mit Samt überzogene Barhocker und ein intensiver Biergeruch, der aus dem dicken Teppichboden aufsteigt, verleihen dieser sportlichen, trinkfreudigen Kneipe ein echt britisches Flair. Hier werden die Spiele der englischen Premier League gezeigt.

Block 1912 CAFÉ
(10361 Whyte Ave) Dieses echte Turiner Café in der Whyte Ave gibt sich unglaubliche Mühe. Seine Gäste können bei typisch europäischer Einrichtung mit Sofas und Sesseln ihren Kaffee, eine Reihe von Snacks und sogar ein Gelato genießen. Abends öffnet die kleine Bar ihre Pforten.

Two Rooms Cafe CAFÉ
(10324 Whyte Ave) Und noch ein relaxter Treff in Strathcona, der ebenso in einer freigeistigen europäischen Metropole angesiedelt sein könnte. Die winzigen Räumlichkeiten sind mit viel Holz verkleidet, es gibt eine Terrasse zur Straße hin und, was am wichtigsten ist: Der Kaffee ist richtig gut!

Devlin's Martini Lounge BAR
(10507 Whyte Ave) Ob alt, ob jung, ob Pärchen oder Mädelsabend – alle lieben das trendige Devlin's mit den schwarzen Ledersofas und fruchtigen Cocktails. Es gibt ein überschaubares Angebot an Tapas und riesige Fensterscheiben, durch die man das nie endende Treiben auf der Whyte Ave beobachten kann.

O'Byrne's KNEIPE
(10616 Whyte Ave) Die Räume dieses beliebten Irish Pub sind ein wahres Labyrinth. Bei vielen verschiedenen Biersorten vom Fass und Livemusik wird es hier nie langweilig.

Pub 1905 KNEIPE
(Karte S. 618 f.; 10525 Jasper Ave) Bei Einheimischen beliebte Kneipe mit einer noch beliebteren Happy Hour und unzähligen Fernsehern. Da kann man die Eishockeyspiele der Edmonton Oilers prima mitverfolgen.

☆ Unterhaltung

See und *Vue* sind kostenlose Wochenzeitungen mit einem umfangreichen Verzeichnis von Kunst- und Unterhaltungsveranstaltungen. Was täglich los ist, erfährt man im Unterhaltungsteil der Tageszeitung *Edmonton Journal*.

Wer so viele Clubs wie möglich unsicher machen möchte, ist auf der Whyte Ave und in Old Strathcona (Karte S. 617) an der richtigen Adresse.

Princess Theatre KINO
(10337 Whyte Ave; Eintrittskarten Mo & Wochenendmatineen 5 C$, sonst Erw./Student & Kind 8/6 C$) Das Princess ist ein großes, altes Kino, das sich beharrlich gegen die Multiplex-Kinos in den Einkaufszentren durchsetzt, die anderswo oft Überhand nehmen. Es stammt noch aus der Zeit der Stummfilme (1915) und hat sowohl Erstaufführungen als auch Arthaus- und Kultfilme im Programm.

Blues on Whyte LIVEMUSIK
(www.bluesonwhyte.ca; 10329 Whyte Ave) Davor haben einen die Eltern immer gewarnt: schmutzig, derb und doch irgendwie cool. Genialer Ort für Livemusik (vor allem Rock und Blues) und um auf der Tanzfläche ein wenig abzurocken

Halo Lounge NACHTCLUB
(Karte S. 618 f.; 10538 Jasper Ave) Kleiner Nachtclub im Keller mit erhöhtem Lärmpe-

gel. Die Musik ist sehr britisch angehaucht, von Mod bis Alternative Rock, und irgendwie versprüht das Halo ein typisches 70er-Jahre-Lavalampen-Flair. Die kleine Tanzfläche ist so gut wie nie leer.

New City Suburbs NACHTCLUB
(Karte S. 618 f.; www.newcitycompound.com; 10081 Jasper Ave) Der in einem alten Theater untergebrachte Nachtclub ist eine tolle Location für live gespielten Punkrock, moderne Musik, britische Punkmusik und den guten allen Rock'n'Roll. Hier gibt's oft Livebands, Comedy- und Themennächte, die vor allem bei College-Studenten sehr beliebt sind.

Citadel Theatre THEATER
(Karte S. 618 f.; www.citadeltheatre.com; 9828 101A Ave; Karten ab 45 C$; ⌚Sept.–Mai) Das Repertoire von Edmontons führendem Schauspielensemble umfasst moderne und klassische Stücke.

New Varscona Theatre THEATER
(www.varsconatheatre.com; 10329 83rd Ave; Karten ab 14 C$) Das in Strathcona ansässige Varscona hebt sich von der Masse ab und zeigt ausgefallenere Produktionen.

Jubilee Auditorium THEATER
(1455 87th Ave) Hier sind die Aufführungen der **Edmonton Opera** (☎780-424-4040; www.edmontonopera.com; Karten ab 24 C$; ⌚Okt.–April) zu sehen. Ansonsten beherbergt dieser tolle Veranstaltungsort aber auch andere Liveaufführungen jeglicher Art.

Schwulen- & Lesbentreffs

Buddy's Nite Club NACHTCLUB
(außerhalb der Karte S. 618 f.; www.buddysedmonton.com; 11725B Jasper Ave) Synonym für Wet-T-Shirt-Contests, Travestie-Shows und ominöse „Tanzen bis die Hosen fallen"-Abende und vor allem bei Schwulen sehr beliebt.

Sport

Edmonton Oilers SPORT
(www.edmontonoilers.com; Tickets ab 38,50 C$) Die Oilers sind das hiesige Team der National Hockey League (NHL) und spielen zwischen Oktober und April im **Rexall Place** (außerhalb der Karte S. 617; 7424 118th Ave NW). Diese Sportarena, die schon zahlreiche Male umbenannt wurde, war einst das Revier von „The Great One", dem ehemaligen Eishockeyprofi Wayne Gretzky.

Edmonton Eskimos SPORT
(www.esks.com; Erw./Kind ab 43/21,50 C$) Die Eskimos spielen in der Canadian Football League (CFL). Ihre Spiele werden von Juli bis Oktober im **Commonwealth Stadium** (11000 Stadium Rd) ausgetragen.

Shoppen

Beste Adresse für einzigartige Shops – mit Second-Hand-Zeitschriften, alten Platten, Retro-Möbeln und Ähnlichem – ist Old Strathcona (Karte S. 617). Wer nach großen Ladenketten und den üblichen Markennamen sucht, der kann sich in den über 800 Läden der West Edmonton Mall (S. 620) austoben.

Avenue Guitars MUSIKLADEN
(10550 Whyte Ave) Mal probeweise das Intro von „Stairway to Heaven" zupfen kann man im führenden Musikladen Old Strathconas. Hier werden Spezialanfertigungen, Sammlerstücke und herkömmliche Gitarren verkauft.

Old Strathcona Farmers' Market ESSEN & TRINKEN
(10310 83rd Ave /103rd St; ⌚Sa 8–15 Uhr, Juli & Aug. Di 12–17 Uhr) In dieser Markthalle sollte man auf jeden Fall vorbeischauen. An etwa 130 Ständen gibt's alles, von Biokost bis zu Kunst und Kunsthandwerk. Hier lässt sich samstagmorgens jeder blicken – da ist ganz schön was los.

Movie Poster Shop SOUVENIRS
(8126 Gateway Blvd NW) Ein Muss für jeden, der schon immer davon geträumt hat, einen seltenen Schwarz-Weiß-Druck von Steve McQueen/Natalie Wood/Mick Jagger an der Wand hängen zu haben.

Junque Cellar ACCESSOIRES
(10442 Whyte Ave) Was für die einen nutzloser, alter Schund, ist für die anderen ultra angesagter Retro-Kitsch. Hier wühlt man sich durch Schreibmaschinen, Lavalampen, alte Telefonapparate, Comichefte, Klamotten und andere nostalgische Stücke einer längst vergangenen Popkultur.

Praktische Informationen

Café Dabar (10816 Whyte Ave; Internet 5 C$/Std.; ⌚Mo–Sa 9–22, So 11–19 Uhr) Wer etwas konsumiert, der bekommt kostenloses WLAN.

Custom House Global Foreign Exchange (10104 103rd Ave) Goldwechsel.

Edmonton Tourism (9990 Jasper Ave; ⌚8–17 Uhr) Freundliche Touristeninformation mit Tonnen von Flyern und Broschüren.

Hauptpost (9808 103A Ave)

Polizei, Krankenwagen & Feuerwehr (☎911)

Polizeiruf (☎780-423-4567) Wenn kein Notfall vorliegt.

ALBERTA

Royal Alexandra Hospital (☎780-477-4111; 10240 Kingsway Ave) 24-Std.-Unfallklinik.

Stanley A Milner Public Library (7 Sir Winston Churchill Sq; ⊙Mo–Fr 9–21, Sa bis 18, So 13–17 Uhr) Viele Terminals mit kostenlosem Internetzugang.

An- & Weiterreise

Auto

Alle großen Autovermietungen (S. 987) haben eine Filiale sowohl am Flughafen als auch in der Stadt. Bei **Driving Force** (www.thedrivingforce.com; 11025 184 St) können Autos gemietet, geleast oder gekauft werden. Auf der Website finden sich häufig gute Angebote.

Bus

Vom großen **Busbahnhof** (Karte S. 618 f.; 10324 103rd St) aus bietet Greyhound Canada Verbindungen zu mehreren Zielen an, darunter Jasper (67 C$, 4½ Std., 4-mal tgl.), Calgary (51 C$, min. 3½ Std., min. 10-mal tgl.) und Yellowknife (22 Std., 1-mal tgl.). Weitere Infos zu Bussen in einige andere kanadische Provinzen finden sich auf S. 615.

Busse von **Red Arrow** (www.redarrow.ca) halten am Holiday Inn Express Hotel (10010 104th St) und fahren nach Calgary (67 C$, 3–3½ Std., min. 4-mal tgl.), Fort McMurray (81 C$, 5 Std., 1-mal tgl.) und Banff (127 C$, 7 Std., 2-mal tgl.). Mit Steckdosen für Laptops, Ledersitzen und mehr Beinfreiheit für größere Leute sind sie eine Klasse besser als herkömmliche Busse.

Flugzeug

Der **Edmonton International Airport** (YEG; www.edmontonairports.com) liegt etwa 30 km südlich der Stadt an der Straße nach Calgary. Mit dem Auto ist man aus der Innenstadt etwa 45 Minuten unterwegs.

Zug

Der kleine **VIA-Rail-Bahnhof** (www.viarail.ca; 12360 121st St) liegt recht unpraktisch 5 km nordwestlich der Stadt in der Nähe des Edmonton City Centre Airport. Von hier fährt der *Canadian* dreimal wöchentlich gen Osten nach Saskatoon, Winnipeg und Toronto und in Richtung Westen nach Jasper, Kamloops und Vancouver. In Jasper besteht die Möglichkeit nach Prince George und Prince Rupert umzusteigen. Infos zu Fahrpreisen finden sich auf S. 615.

Unterwegs vor Ort

Auto & Motorrad

Überall in der Stadt gibt es gebührenpflichtige Parkplätze. Wer in Old Strathcona übernachtet, bekommt von seiner Unterkunft meist eine kostenlose Parkmöglichkeit. Besucher stellen ihr Auto am besten einen Tag lang dort ab und erkunden das Viertel zu Fuß. Edmonton hat auch öffentliche Parkplätze, die etwa 12 C$ pro Tag bzw. 1,50 C$ je halbe Stunde kosten; nach 18 Uhr kann für einen Pauschalpreis von etwa 2 C$ geparkt werden.

Vom/Zum Flughafen

Die Stadtbusse fahren leider nicht bis ganz zum Flughafen, deshalb steigt man am besten in den **Sky Shuttle Airport Service** (www.edmontonskyshuttle.com; Erw./Kind 18/10 C$). Dieses Airport-Shuttle klappert drei verschiedene Routen ab und bedient die Hotels der meisten Stadtviertel, darunter auch die im Zentrum und in Strathcona.

Eine Taxifahrt vom Flughafen ins Stadtzentrum kostet um die 50 C$.

Öffentliche Verkehrsmittel

Stadtbusse und ein Straßenbahnsystem mit zehn Haltestellen – der Light Rail Transit (LRT) – decken einen Großteil der Stadt ab. Der Ticketpreis beträgt 2,75 C$ (Tagespass 8,25 C$). Die Busse fahren zwischen 5.30 Uhr morgens und 1.30 Uhr nachts im 30-Minutentakt. Die Website www.edmonton.ca ist optimal, um sich einen Fahrplan zusammenzustellen. Tagsüber ist die Fahrt im LRT zwischen den Haltestellen Churchill und Grandin kostenlos.

Zwischen Mitte Mai und Anfang Oktober kann die High Level Bridge mit einer Straßenbahn (4 C$ hin & zurück, 11–22 Uhr alle 30 Min.) überquert werden. Sie ist eine tolle Möglichkeit, zum Old Strathcona Market (103rd St/94th Ave) zu gelangen. Die historischen Straßenbahnwaggons bedienen auch die Strecke von Old Strathcona in die Innenstadt und halten neben der LRT-Station Grandin (109th St zw. 98th Ave und 99th Ave).

Taxi

Zwei der zahlreichen Taxiunternehmen sind **Yellow Cab** (☎780-462-3456) und **Alberta Co-Op Taxi** (☎780-425-2525). Die Fahrt vom Zentrum zur West Edmonton Mall kostet etwa 25 C$. Der Startpreis liegt bei 3,60 C$, danach bezahlt man 0,20 C$ je 150 m.

RUND UM EDMONTON

Östlich von Edmonton

Wenn die Bewohner von Edmonton mal eine Auszeit brauchen und sich in die Natur zurückziehen wollen, fahren die meisten von ihnen in den **Elk Island National Park** (www.pc.gc.ca/eng/pn-np/ab/elkisland/index.aspx; Erw./6–16 Jahre/Senior 7,80/3,90/6,80 C$; ⊙Sonnenaufgang–Sonnenuntergang). In diesem 194 km² großen Nationalpark leben jede Menge heimische Tiere in freier Wildbahn, darunter auch Wapitis, Präriebisons und eine kleine Herde des bedrohten Waldbisons. Der 45 km östlich von Edmonton gelegene und über den Yellowhead Hwy (Hwy 16) erreichbare Park ist ein ideales Ziel für Wochenendausflügler. Das bedeutet allerdings auch, dass die **Campingplätze** (Stellplatz Zelt & Wohnmobil 25,50 C$, Lagerfeuergenehmigung 8,80 C$) ziemlich voll werden können. Einige von ihnen sind zwischen Anfang Oktober und Mai geschlossen.

Auch sportliche Betätigung kommt hier nicht zu kurz: Wandern, Kanufahren und Radfahren sind im Sommer sehr beliebt, während es in den schneereichen Wintermonaten vor allem Schneeschuhwanderer und Langläufer in den Nationalpark zieht. Bei der Ankunft erst einmal im Visitor Center am Parkeingang vorbeischauen! Hier gibt's alle Infos, die man braucht, um den Park richtig genießen zu können.

Das **Ukrainian Cultural Heritage Village** (8820 112th St; Erw./7–17 Jahre/Senior 8/4/7 C$; ⏲Mitte Mai–Anfang Sept. 10–18 Uhr, Anfang Sept.–Mitte Okt. Sa & So 10–18 Uhr) befindet sich 50 km östlich von Edmonton am Hwy 16 (3 km östlich vom Elk Island National Park) und ist eine originalgetreue Nachbildung eines ukrainischen Dorfs um 1900. Es ist eine Hommage an die 250 000 ukrainischen Einwanderer, die Ende des 19. und Anfang des 20. Jhs. nach Kanada kamen. Viele von ihnen ließen sich in Zentralalberta nieder, wo die Landschaft sie an die schneebedeckten Steppen ihrer Heimat erinnerte. Auf dem Ausstellungsgelände stehen etwa ein Dutzend Gebäude, darunter auch ein restauriertes Pionierhaus und eine beeindruckende ukrainische griechisch-orthodoxe Kirche. Die Mitarbeiter sind in die Gewänder von damals gekleidet und stellen verschiedene Charaktere da, die das Erlebnis noch wirklichkeitsnäher und vergnüglicher machen.

Südlich von Edmonton

Auf halbem Weg zwischen Edmonton und Calgary liegt am Hwy 2 **Red Deer**. Diese wachsende Gemeinde kann stolz auf eine lange landwirtschaftliche Tradition zurückblicken. Zudem profitiert sie von ihrer Nähe zu den beiden urbanen Zentren. Hier kann man sich etwas vom Trubel der Städte erholen oder, wenn in der Hochsaison alle Stricke reißen, sich eine Unterkunft suchen. Ansonsten gibt's für Reisende wenig zu sehen. Red Deer liegt von beiden Städten etwa anderthalb Stunden entfernt, und so sind die Übernachtungsmöglichkeiten hier weniger knapp und weniger teuer. Weitere Infos gibt's beim **Red Deer Visitor & Convention Bureau** (www.tourismreddeer.net; 30 Riverview Park). Oder man schaut sich einfach im Ort um und wählt aus einer der zahlreichen Hotelketten seinen Favoriten.

Westlich von Edmonton

Wer von Edmonton auf dem Hwy 16 in westlicher Richtung nach Jasper fährt, den erwartet eine traumhafte Strecke durch eine sanfte, bewaldete Hügellandschaft, die im Herbst besonders schön ist. Unterwegs gibt's Übernachtungsmöglichkeiten. Die Strecke wird von Greyhound-Bussen bedient.

Hinton ist ein nettes kleines und doch schroffes Dorf, das mitten in den Wald hineingebaut wurde. Ein Großteil der Bewohner verdankt seinen Arbeitsplatz direkt oder indirekt der allgegenwärtigen Holzindustrie. In der Umgebung gibt es tolle Mountainbikemöglichkeiten; das Infocenter kann Auskünfte zu den Strecken geben. Wenn Schnee liegt, bietet das **Athabasca Lookout Nordic Centre** sehr gut instand gehaltene Loipen von bis zu 25 km Länge an. Auf einer 1,5 km langen Strecke kann man auch nachts bei Flutlicht fahren. Es gibt auch eine 1 km lange Rodelbahn. Die Nutzungsgebühr beträgt 5 C$. Mehr Infos hat das **Hinton Tourist Information Centre** (☎780-865-2777, abseits des Hwy 16).

Unmittelbar nördlich von Hinton liegt das winzige **Grande Cache**. Diese kleine Industriestadt hat außer überteuerten Hotels nichts zu bieten. Die Zimmer werden vorwiegend an Mitarbeiter der Rohstoffindustrie vermietet, die die Kosten vom Spesenkonto bezahlen können. Die Fahrt auf dem Hwy 40 zwischen Hinton und Grande Cache ist allerdings spektakulär: Man passiert sanfte, bewaldete Hügel, Seen und unzählige wilde Tiere.

CALGARY

1,065 MIO. EW.

Unerschrocken, kühn und strotzend vor Geld aus der Ölindustrie – da gibt es viele, die das grelle Calgary mit Hohn und

Spott überhäufen. Diese Stadt mitten in der Prärie gibt sich vage und ist nur schwer zu fassen. Sie ist eine weniger frenetische, dafür eine um einiges kältere Version der Wüstenstadt Dubai und wächst so schnell, dass das, was vor einer Woche (ganz zu schweigen von einem Monat!) noch aktuell war, heute schon längst der Vergangenheit angehören kann.

Lebenswert und manchmal doch charakterlos, wohlhabend und wirtschaftlich doch instabil, super modern, aber nicht immer hübsch anzusehen – das Calgary des 21. Jhs. ist keine Stadt, die man als unvoreingenommener Auswärtiger sofort lieben wird (obwohl die Einheimischen manchmal fanatisch loyal sind). Die meisten Besucher sind entweder Geschäftsleute, die sich in einem der unzähligen typischen Businesshotels einmieten, oder Outdoor-Fans, die die Stadt als Ausgangspunkt für den Besuch der weitaus verlockenderen Attraktionen in Kananaskis und Banff nutzen. Aber auch wer für längere Zeit hier feststeckt (aus welchen Gründen auch immer), kann sich den Angstschweiß sparen. In der mit Geländewagen und Cowboyhüten voll gepackten Innenstadt gibt es eine ganz annehmbare Gastronomieszene, ein ausgezeichnetes Museum, Überbleibsel der Olympischen Winterspiele 1988 und – entgegen der landläufigen Meinung – ein gutes (und expandierendes) öffentliches Verkehrsnetz.

Die erste Erfolgsstory Calgarys ist den Cowboys zu verdanken. Sie ebneten Anfang des 20. Jhs. den Weg für das heute größte Rodeo der Welt: der Calgary Stampede. Nach den ersten großen Ölfunden 1947, erschienen die Ölbarone auf der Bildfläche und initiierten einen Boom-Bust-Wirtschaftszyklus, der sowohl Segen als auch Fluch der Stadt war. Heutzutage haben es die meisten Neuankömmlinge auf das schnelle Geld abgesehen und interessieren sich herzlich wenig für die Kultur von Calgary. Die Suche nach der Seele der Stadt könnte also mühsam und vergebens sein. Wer allerdings ein schwungvolles Nachtleben, schicke Restaurants, saubere Straßen und einen gut bezahlten Job sucht, der könnte hier sein Glück finden.

Geschichte

Die recht junge Stadt hat sich von ihren bescheidenen Anfängen zu einer weltoffenen und modernen Großstadt entwickelt, in der schon Olympische Spiele abgehalten wurden und die weiterhin eine enorme Wirtschaftskraft aufzuweisen hat. Vor dieser explosionsartigen Entwicklung war das Gebiet jahrhundertelang Heimat des Stammes der Blackfoot gewesen. Später dann kamen auch die Sarcee und Stoney an die Ufer des Bow und des Elbow River.

Zu jener Zeit, zu Beginn der 1870er Jahre, errichtete die North West Mounted Police (NWMP) ein Fort und benannte es nach der Calgary-Bucht auf der schottischen Isle of Mull. Einige Jahre später erreichte auch die Eisenbahnlinie Fort Calgary und, angezogen vom Versprechen, kostenloses Land zu bekommen, machten sich Siedler auf den Weg nach Westen, um sich in Calgary niederzulassen.

Die Stadt war lange Zeit eine Hochburg der Viehzucht und so schien es außer Frage, dass ihre Geschichte auf immer eng mit der Cowboykultur verflochten sein würde. Zu Beginn des 20. Jhs. ging es in Calgary nur ganz langsam voran, und so wuchs auch die Stadt nur langsam. Die 1960er-Jahre sollten alles verändern. Von heute auf morgen wurde die Landwirtschaft als überholt angesehen und das Öl war plötzlich allgegenwärtig. Das „schwarze Gold" schien überall in Alberta förmlich aus dem Boden zu sprudeln und es war naheliegend, Calgary zum regionalen Hauptquartier der Ölindustrie zu machen.

Die Bevölkerungszahl explodierte und die Stadt begann mit alarmierender Geschwindigkeit zu wachsen. Mit den ins Unermessliche steigenden Ölpreisen erlebten die Bewohner von Cowtown, wie Calgary auch genannte wird, einige fette Jahre. Der Boom der 1970er wurde aber in den 1980ern jäh durch das Zerplatzen der Ölblase gestoppt. Die Stadt stagnierte und es musste ein breiteres wirtschaftliches Spektrum gesucht werden.

Das 21. Jh. ist mit einem noch größeren Boom eingeläutet worden. Die Immobilienpreise sind ins Unermessliche gestiegen, die Arbeitslosigkeit liegt nahezu bei null und die Wirtschaft wächst hier 40% schneller als im Rest des Landes. Gar nicht schlecht für so einen Haufen Cowboys!

Sehenswertes

LP TIPP **Glenbow Museum** MUSEUM
(www.glenbow.org; 130 9th Ave SE; Erw./Student & Jugendl./Senior 14/9/10 C$; ⌚Fr–Mi 9–17, Do bis 21 Uhr) Obwohl die Geschichte der Stadt noch ziemlich jung ist, schafft es Calgary hervorragend, sie interessant zu

verpacken. Das bemerkenswerte Glenbow Museum beleuchtet Calgarys und Albertas Vermächtnis aus der Zeit vor und nach dem Ölboom. Ausstellungen moderner Kunst und atemberaubende, jahrhundertealte Artefakte füllen die Korridore und Galerien. Die umfangreiche Dauerausstellung und ein ständig wechselndes Spektrum an Wanderausstellungen sorgen dafür, dass hier alle auf ihre Kosten kommen: Geschichtsinteressierte, Kunstliebhaber und Popkultur-Fans. Zweifellos das beste Museum Albertas!

Fort Calgary Historic Park HISTORISCHER PARK
(www.fortcalgary.com; 750 9th Ave SE; Erw./Kind/Senior 10,50/6,50/9,50 C$; 9–17 Uhr) Die Geburtsstunde Calgarys schlug 1875 im Fort Calgary. Wenn doch nur die NWMP, die Fort Calgary als erste bewohnte, es heute sehen könnte! Glücklicherweise ist ihre großartige Leistung durch Restaurationsarbeiten der Nachwelt erhalten geblieben. Man kann durch noch erhaltene Gebäude gehen, sich als Mountie (kanadischer Polizist) verkleiden und sich sogar ins Gefängnis stecken lassen.

Calgary Zoo ZOO
(www.calgaryzoo.ab.ca; 1300 Zoo Rd NE; Erw./Kind/Senior 18/10/16 C$; 9–18 Uhr) Über 900 Tiere aus aller Welt sind hier größtenteils in Gehegen untergebracht, die ihrem natürlichen Lebensraum nachempfunden sind. Das macht den Zoo zu Calgarys beliebtester Attraktion, die neben den Tieren auch noch einen **Botanischen Garten** mit wechselnden Gartenausstellungen, einen **tropischen Regenwald**, ein ganz gutes **Schmetterlingshaus** und einen 6½ ha großen **prähistorischen Park** mit ausgestellten Fossilien und lebensgroßen Dinosauriernachbildungen in ihrer natürlichen Umgebung zu bieten hat. Überall im Zoo gibt's Picknicktische, ein Café gehört auch zum Gelände dazu. Im Winter, wenn weder Tiere noch Besucher Lust haben, sich lange draußen aufzuhalten, gibt's ermäßigten Eintritt. Um hinzukommen, nimmt man den C-Train in östlicher Richtung und steigt bei der Haltestelle „Zoo" aus.

Heritage Park Historical Village HISTORISCHER PARK
(www.heritagepark.ab.ca; 1900 Heritage Dr SW/14th St SW; Erw./Kind 19/14 C$; Mitte Mai–Anfang Sept. 9.30–17 Uhr, Anfang Sept.–Mitte Okt. Sa & So 9.30–17 Uhr) Wer sehen möchte, wie Calgary einst aussah, der wird in diesem Geschichtspark auf eine Reise in die Vergangenheit mitgenommen. Alle Gebäude innerhalb des Dorfes stammen garantiert von 1915 oder früher – das krasse Gegenteil zum modernen Calgary. Zu erkunden gibt es eine 10 ha große nachgebaute Stadt mit Fort, Getreidemühle, Kirche, Schule und vielem mehr. Außerdem stehen eine Rundfahrt mit der Dampflok, mit dem Bus und sogar mit dem zum Park gehörenden Raddampfer SS *Moyie* auf dem Glenmore Stausee zur Auswahl. Der Geschichtspark ist seit jeher bei Kindern sehr beliebt und der perfekte Ort, um die Kultur des Westens in sich aufzusaugen. Um hinzukommen, nimmt man den C-Train bis zur Haltestelle Heritage, dann Bus 20.

GRATIS **Inglewood Bird Sanctuary** NATURSCHUTZGEBIET
(2425 9th Ave SE; Eintritt frei; Sonnenaufgang–Sonnenuntergang) Dieses Naturschutzgebiet mit über 260 hier lebenden Vogelarten ist ein Paradies für Vogelliebhaber, denn es ist immer ein gefiederter Freund in Sicht. Ein friedvoller Ort mit Wanderwegen und Bänken, von denen aus man die Bewohner beobachten kann. In dem kleinen **Interpretive Center** (Eintritt frei, Spenden willkommen; 10–16 Uhr) bekommt man einige Infos zu den Vögeln, die durch Schaukästen ergänzt werden. Sie sind bei den Kleinen besonders beliebt.

GRATIS **Calgary Chinese Cultural Centre** MUSEUM
(197 1st St SW; Eintritt frei; 9–21 Uhr) Eine Gruppe geschickter chinesischer Künstler gestaltete 1993 dieses Wahrzeichen, dessen 21 m hohe, prachtvolle Kuppel von innen mit 561 Drachen und anderen Bildern kunstvoll verziert ist. Sein Design ist dem Himmelstempel in Peking nachempfunden. Stock 2 und 3 beherbergen regelmäßig Kunst- und Kulturausstellungen, während das **Museum** (Erw./Senior & Kind 2/1 C$; 11–17 Uhr) im Untergeschoss chinesische Kunst und Artefakte zeigt, darunter auch eine Sammlung nachgebildeter Terrakotta-Soldaten.

Prince's Island Park PARK
Überquert man die Brücke, die auf diese Insel führt, so findet man sich, mitten in Cowtown, in einem kleinen Central Park wieder. Hier gibt es Radwege, jede Menge Platz zum Ausspannen und schöne Wiesen, die zum Frisbeespielen einladen. Während der Sommermonate werden auf der Ra-

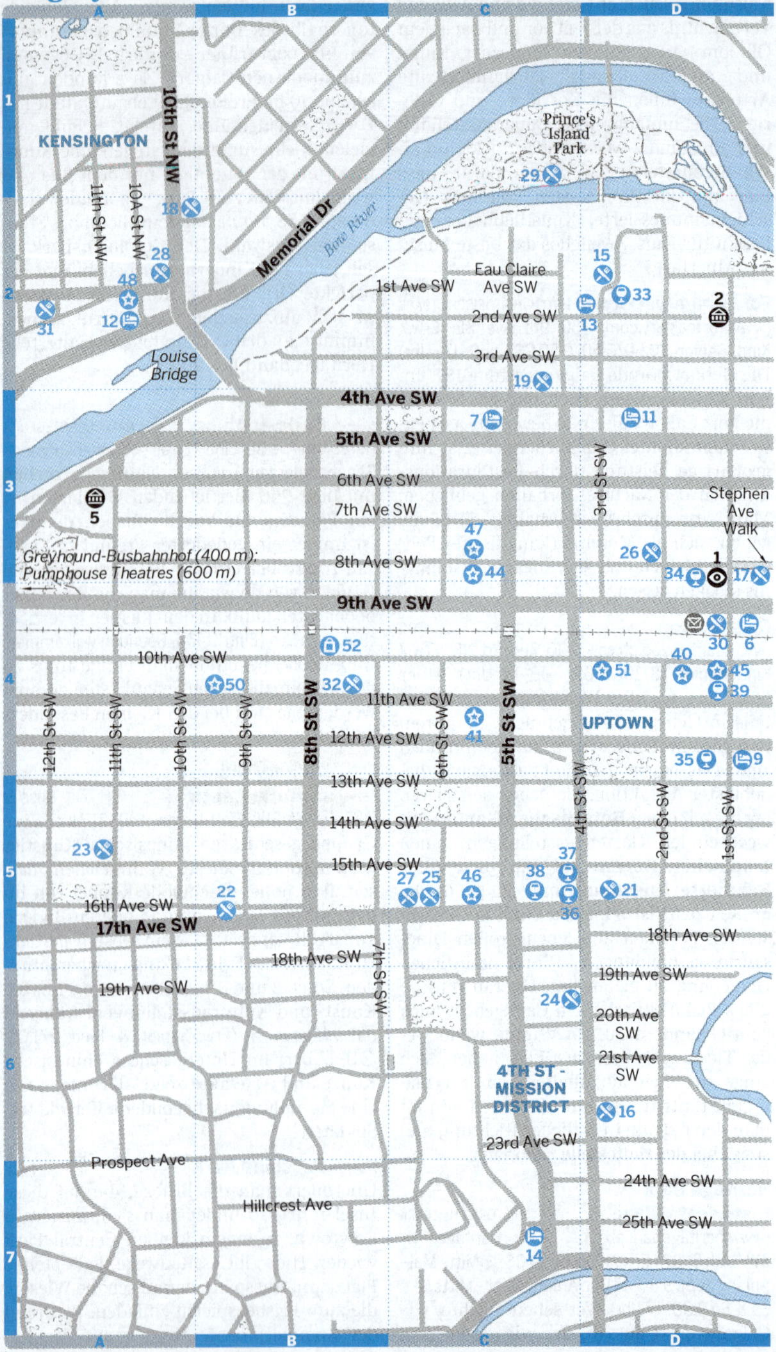
A
B
C
D
1
2
3
4
5
6
7
KENSINGTON
10th St NW
11th St NW
10A St NW
Memorial Dr
Bow River
Prince's Island Park
Eau Claire Ave SW
1st Ave SW
2nd Ave SW
3rd Ave SW
4th Ave SW
5th Ave SW
6th Ave SW
7th Ave SW
8th Ave SW
9th Ave SW
10th Ave SW
11th Ave SW
12th Ave SW
13th Ave SW
14th Ave SW
15th Ave SW
16th Ave SW
17th Ave SW
18th Ave SW
19th Ave SW
20th Ave SW
21st Ave SW
23rd Ave SW
24th Ave SW
25th Ave SW
Louise Bridge
Stephen Ave Walk
Greyhound-Busbahnhof (400 m); Pumphouse Theatres (600 m)
12th St SW
11th St SW
10th St SW
9th St SW
8th St SW
7th St SW
6th St SW
5th St SW
4th St SW
3rd St SW
2nd St SW
1st St SW
UPTOWN
4TH ST - MISSION DISTRICT
Prospect Ave
Hillcrest Ave
1
2
5
6
7
9
11
12
13
14
15
16
17
18
19
21
22
23
24
25
26
27
28
29
30
31
32
33
34
35
36
37
38
39
40
41
44
45
46
47
48
50
51
52

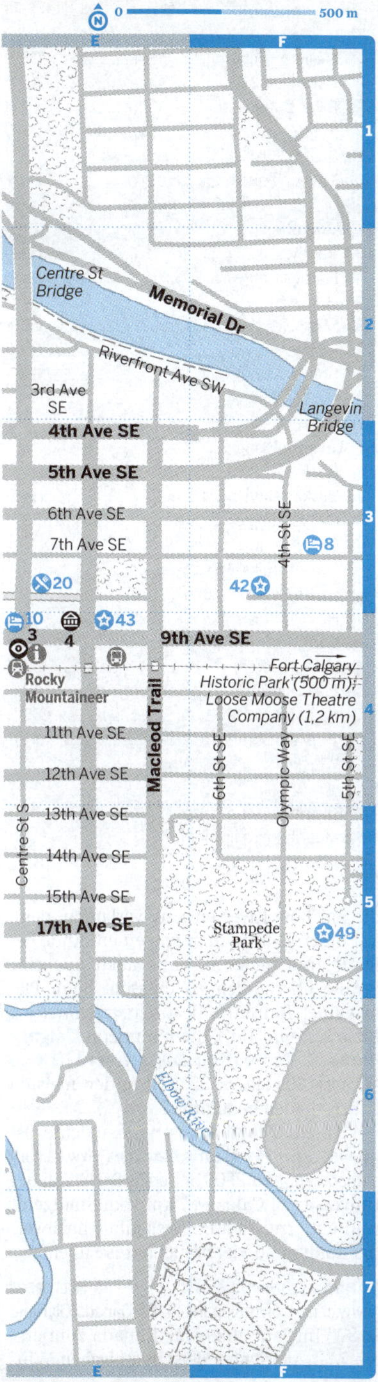

senfläche des natürlichen Amphitheaters Shakespeare-Stücke aufgeführt. Achtung am Fluss: Durch das kalte Wasser und die starke Strömung ist er nicht zum Schwimmen geeignet! Die Brücke, die aus der Innenstadt auf die Insel führt, liegt am nördlichen Ende der 3rd St SW, in der Nähe des Einkaufsviertels Eau Claire Market.

Fish Creek Provincial Park PARK

(Eintritt frei; ⏲8 Uhr–Sonnenuntergang) In der südwestlichen Ecke von Calgary liegt dieser riesige Park – ein Naturschutzgebiet mitten in der Stadt, das von zahllosen Wegen durchzogen ist. Sie werden von Spaziergängern, Mountainbikern und auch vielen im Park lebenden Tieren mit Freude genutzt. Schwere Überschwemmungen spülten 2005 viele Brücken weg und hinterließen große Schäden in der Landschaft. Mithilfe der Stadtverwaltung und Mutter Natur erholt sich der Park nun langsam wieder. Er erstreckt sich über eine Länge von 20 km zwischen der 37th St im Westen und dem Bow River im Osten und hat mehrere Zugangspunkte. Aus der Innenstadt bringt einen Bus 3 über den Elbow Dr hierher.

Calgary Tower GEBÄUDE

(101 9th Ave SW; Erw./Jugendl. 14/10 C$; ⏲Aussichtsbalkon 9–21 Uhr) Obwohl dieser 1968 erbaute Turm mittlerweile von sechs höheren Gebäuden überragt wird, ist er ein echtes Wahrzeichen und bildhaftes Merkmal der Skyline Calgarys. Es ist nicht zu leugnen, dass die Architektur dieses einst so stolzen Betonbauwerks mittlerweile eher kitschig wirkt. Aber, ob man ihn nun liebt oder hasst, der 191 m hohe, leicht phallisch angehauchte Turm ist fester Bestandteil der Innenstadt. Der Ausblick von oben ist einfach fantastisch und es gibt sogar ein Drehrestaurant, damit man auch beim Essen nichts verpasst. Während der Winterspiele 1988 loderte das Olympische Feuer hoch oben auf der Spitze des Turms.

Noch mehr Museen MUSEEN

Atemberaubende moderne Kunst gibt's in der **Art Gallery of Calgary** (www.artgallerycalgary.org; 117 8th Ave SW; Erw./Kind 5/2,50 C$; ⏲Di–Sa 10–17 Uhr) zu sehen. Zwar ist die Ausstellungsfläche sehr begrenzt, dafür entschädigt aber der hohe Standard der ausgestellten Werke.

Über die Geschichte der ersten Einwohner Calgarys, der Tsuu T'ina (Sarcee), informiert das **Tsuu T'ina Culture Museum** (3700 Anderson Rd SW; Eintritt 3 C$; ⏲Mo–Fr

Calgary

Sehenswertes

1 Art Gallery of Calgary D3
2 Calgary Chinese Cultural Centre D2
Calgary Parks & Recreation Department Office .... (siehe 43)
3 Calgary Tower E4
4 Glenbow Museum E4
5 Telus World of Science A3

Schlafen

6 Fairmont Palliser D4
7 Five C3
8 HI-Calgary F3
9 Hotel Arts D4
10 Hotel Le Germain E4
11 International Hotel D3
12 Kensington Riverside Inn A2
13 Sheraton Suites Calgary Eau Claire D2
14 Twin Gables B&B C7

Essen

15 1886 Buffalo Cafe D2
16 Antonio's Garlic Clove D6
17 Blink D3
18 Broken Plate A2
19 Caesar's Steak House C2
20 Catch E3
21 Cilantro D5
22 Farm B5
23 Galaxie Diner A5
24 Le Chien Chaud C6
25 Melrose Café & Bar C5
26 Metropolitan Grill D3
27 Nellie's Kitchen C5
28 Osteria de Medici A2
29 River Café C1
30 Rush D4
31 Sushi Club A2
32 The King and I B4

Ausgehen

33 Barley Mill D2
34 Flames Central D3
35 Hop in Brew D4
36 Ming C5
37 Rose & Crown C5
38 Ship & Anchor C5
39 Vicious Circle D4

Unterhaltung

40 Back Lot D4
41 Broken City C4
42 Calgary Eagle F3
43 Epcor Centre for the Performing Arts E4
44 Globe Cinema C3
45 HiFi Club D4
46 Kaos C5
47 Marquee Room C3
48 Plaza Theatre A2
49 Saddledome F5
50 Twisted Element B4
51 Whiskey D4

Shoppen

52 Mountain Equipment Co-Op B4

9–16 Uhr). Zum Museum nimmt man den MacLeod Trail South bis zur Anderson Rd, biegt dort nach Westen ab und folgt der Straße 5 km weit.

Wer sich für Kriege interessiert, der wird sich gerne im **Museum of the Regiments** (4520 Crowchild Trail SW; Erw./Student 6/3 C$; ⌚9.30–16 Uhr) umsehen. Hier bekommt man einen sehr groben Überblick über den militärischen Hintergrund der Stadt und Calgarys Rolle in den kanadischen Konflikten des vergangenen Jahrhunderts. Dem Crowchild Trail bis zur etwa 3 km südlich des Zentrums gelegenen Flanders Ave folgen.

Aktivitäten

Obwohl Calgary für Autofahrer wie geschaffen scheint, durchzieht auch ein autofreies Wegenetz von über 400 km Länge das Stadtgebiet. Am schönsten sind die Wege, die am Bow River entlang verlaufen, denn auf ihnen kommt man von einem Ende der Stadt zum anderen, ohne auch nur eine Straße überqueren zu müssen. Beim Planen einer Tour hilft die *Calgary Pathway & Bicycle Route Map,* die man beim **Calgary Parks & Recreation Department Office** (3. Stock, 205 8th Ave SE) und in den meisten Fahrradläden bekommt.

Wer ein Fahrrad ausleihen möchte, ist im **Outdoor Programs Centre** (www.calgaryoutdoorcentre.ca; 2500 University Dr NW) an der University of Calgary, 7 km vom Stadtzentrum entfernt, richtig. Hier gibt's hochwertige Räder und viel brauchbares Zubehör.

Canada Olympic Park MULTISPORT
(www.canadaolympicpark.ca; 88 Canada Olympic Rd SW) Im Jahr 1988 war Kanada zum ersten Mal Ausrichter der Olympischen Win-

terspiele. Calgary war damals Austragungsstätte, und viele der Wettkämpfe fanden im Canada Olympic Park statt. Das Sportareal erhebt sich mit seinen unverwechselbaren Skisprungschanzen von 70 bzw. 90 m Höhe hoch über die Skyline und befindet sich unübersehbar in der Nähe der westlichen Stadtgrenze am Hwy 1. In der **Olympic Hall of Fame** (Eintritt 6 C$; ⌚Mai–Sept. 9–17 Uhr, Okt.–April 10–16 Uhr) erhält man Infos zu Größen des kanadischen Sports und zur Geschichte der Spiele in Calgary. Der Adrenalinkick schlechthin und die vielleicht aufregendste und teuerste Minute im Leben erwarten einen bei einer **Bobfahrt** (135 C$/Fahrt) mit einem professionellen Fahrer auf der 120 km/h schnellen olympischen Bobstrecke. Alternativ steht auch eine Runde mit der **Zipline** (Seilrutsche; 55 C$) vom oberen Ende der Skischanze zur Auswahl. Im Winter kann man die **Skier** oder das **Snowboard** anschnallen und sich in die Furcht einflößende Super-Pipe wagen. Der Sommer ist dem **Mountainbiken** (Sessellift/Unterricht 22 C$) vorbehalten. Da kann man die mit dem Sessellift erreichbaren Hügel hinunterdüsen, bis die Bremsen schlapp machen.

Olympic Oval EISLAUFEN
(www.ucalgary.ca/oval; Eislaufen Erw./Kind 6/4 C$) Und weiter geht's mit dem olympischen Geist. Auf dem Gelände der University of Calgary kann man im Olympic Oval eine Runde Schlittschuhlaufen. Diese Sportstätte wurde bei den Olympischen Spielen für die Wettkämpfe im Eisschnelllauf genutzt und ist heute eine öffentliche Eisbahn. Schlittschuhe kann man am Olympic Oval ausleihen.

Geführte Touren

Die günstigste Stadtrundfahrt startet an der 6th Ave mit der öffentlichen Buslinie 10 (2,75 C$). Während der zweieinhalbstündigen Rundfahrt kommt er durch alte und neue Stadtgebiete und passiert den höchsten Punkt Calgarys, von dem aus man einen schönen Blick auf die Gebirgsausläufer, die Universität und einige gehobene Wohnviertel im Nordwesten hat.

Hammerhead Tours KULTUR
(☎403-590-6930; www.hammerheadtours.com; geführte Touren 45–135 C$) Der Anbieter organisiert eine große Auswahl an geführten Touren, z. B. Stadtrundfahrten und Ausflüge zum Columbia Icefield, nach Drumheller, Banff und mehr.

Feste & Events

Den Veranstaltungskalender für das ganze Jahr kann man unter www.tourismcalgary.com/e-cvb/coe/main.cfm einsehen. Das Festival in Calgary schlechthin ist die jeden Juli stattfindende Calgary Stampede.

Calgary International Children's Festival KINDER
(www.calgarychildfest.org; Epcor Centre for the Performing Arts, 205 8th Ave SE; Eintritt 9 C$; ⌚Ende Mai) Bei dieser jährlich stattfindenden Veranstaltung mit Musik, Schauspielern und jeder Menge Jux und Tollerei kommen Kinder voll auf ihre Kosten.

Carifest KARIBISCH
(www.carifestcalgary.com; Stephen Ave & Prince's Island Park; ⌚Anfang Juni) Hier wird mitten in Calgary die Karibik zum Leben erweckt. Konzerte, Essensstände, Straßenpartys und allerlei Angebote für die Kleinen.

Calgary Stampede RODEO
(www.calgarystampede.com; Tickets ab 24 C$; ⌚2. Juliwoche) Die als weltweit größtes Outdoor-Event angepriesene Calgary Stampede ist heute, fast 100 Jahre nach dem ersten kleinen Rodeo, weltberühmt. Zu den Veranstaltungen zählen ein tägliches Rodeo mit bockenden, halbwilden Pferden, „Steer Wrestling" (Ringen mit einem Bullen), „Barrel Racing" (um Fässer herumreiten) und natürlich „Bull Riding" (Bullenreiten). Abends gibt's eine große Bühnenshow und die stets beliebten Planwagenrennen. Das ist die beste Zeit für einen Besuch in Calgary, denn die allgemeine Stimmung erreicht bei Livemusik, Massenfrühstück und ausgelassener Partyatmosphäre ihr Jahreshoch. Unterkünfte für die Zeit des Festivals sollten im Voraus reserviert werden.

Calgary Folk Music Festival MUSIK
(www.calgaryfolkfest.com; ⌚Ende Juli) Ray Charles sagte einst, dass jede Musik eine Art Volksmusik sei, und dieses Statement wird jedes Jahr im Sommer vier Tage lang mit großartiger Livemusik auf Prince's Island gefeiert. Top-Musiker aus der ganzen Welt kommen für dieses coole Festival nach Cowtown. Einfach im Gras liegen, den Klängen des Sommers lauschen und diese Erfahrung mit 12 000 engen Freunden teilen – was will man mehr?

Schlafen

Früher war es in Calgary eine schier unlösbare Aufgabe, ein familienbetriebenes Hotel zu finden, das noch nicht Teil einer Hotelkette war. Durch die Neueröffnung von gleich drei Boutiquehotels zwischen 2009 und 2010 gestaltet sich die Unterkunftssuche nun dankbarerweise etwas einfacher.

Die Hotels der Innenstadt sind berühmt für ihre hohen Preise, obwohl viele von ihnen auch oft Spezialangebote haben. Business-Hotels bieten ihre Zimmer an den Wochenenden oft zu günstigeren Preisen an. Die Hotels im Westen der Stadt liegen alle in einem Gebiet, das passenderweise Motel Village genannt wird (Ecke Crowchild Trail NW/Banff Trail NW). Jede nur erdenkliche Hotelkette hat hier einen Ableger an den Start geschickt, sodass sich in dieser Umgebung durchaus Schnäppchen finden lassen.

Die in diesem Abschnitt aufgeführten Preise sind im Sommer üblich; während der Stampede sorgt die hohe Nachfrage für steigende Zimmerraten und fallende Verfügbarkeit – wer also in dieser Zeit hierher kommt, sollte auf jeden Fall im Voraus buchen!

LP TIPP **Centro Motel** MOTEL $$

(☎403-288-6658; www.centromotel.com; 4540 16th Ave NW; Zi. ab 99 C$; P ❄ @ 📶) Der Ausdruck „Boutiquemotel" hört sich nach einer nicht miteinander zu vereinbarenden Kombination an. Dieses Vorurteil wird allerdings in dem Moment widerlegt, in dem das brandneue Centro am Trans-Canada-Hwy (Hwy 1) 7 km nordwestlich der Innenstadt in Sicht kommt. Das ursprüngliche Motel wurde im März 2010 von privaten Besitzern übernommen und mit allen möglichen modernen, dem Namen „Boutique" gerecht werdenden Annehmlichkeiten ausgestattet. Dabei hat man auch wirklich an alles gedacht, von der Beleuchtung über die Bademäntel bis zum Blumenschmuck in den Korridoren. Tolle Extras sind das im Preis inbegriffene Frühstück und kostenlose Telefongespräche innerhalb Kanadas und in die USA.

Hotel Alma BOUTIQUEHOTEL $$

(☎403-220-3203; www.hotelalma.ca; 169 University Gate NW; Zi. ab 129 C$; 📶) Das ist mal was ganz anderes! Das Alma wird von der University of Calgary betrieben und befindet sich auf dem Campusgelände (7 km von der Innenstadt entfernt). Es wurde im Oktober 2009 eröffnet und bietet kleine Zimmer nach europäischem Vorbild, die nach typischer Boutique-Manier eingerichtet und in einem alten Studentenwohnheim untergebracht sind. Die Gäste können alle zum Campus gehörenden Einrichtungen nutzen, vom Sportangebot bis zum Floristen. Zudem kann man innerhalb Nordamerikas kostenlose Ferngespräche führen.

Hotel Le Germain BOUTIQUEHOTEL $$$

(☎403-264-8990; www.germaincalgary.com; 899 Centre St SW; DZ ab 279 C$; P @ 📶) Endlich mal ein schickes Boutiquehotel, das der faden Auswahl an Konzessions-Hotels in Calgarys Innenstadt etwas entgegenzusetzen hat. Dabei ist das Germain selbst ein

CALGARY MIT KINDERN

Calgary ist ein sehr kinderfreundliches Urlaubsziel. Die meisten Attraktionen haben einen Teilbereich, der speziell auf ein jüngeres Publikum abzielt. Hier sind einige dieser „kleinen" Highlights.

Wenn doch alle naturwissenschaftlichen Fächer so viel Spaß machen würden wie das **Telus World of Science** (www.calgaryscience.ca; 701 11th St SW; Erw./Kind/Fam. 15/12/49 C$; ⏲9.30–17.30 Uhr)! Die Kinder lernen in diesem benutzerfreundlichen und überaus interaktiven Wissenschaftszentrum eine ganze Menge. Es gibt nicht nur eine gigantische Kuppel, auf die in Lichtshows das Weltall projiziert wird, sondern noch eine ganze Palette anderer Dinge, die erforscht werden wollen. Aktuell gibt es Pläne, den derzeitigen Standort des Telus am Bow River zu verlegen – also am besten vorher anrufen!

Kinder jeden Alters werden im **Calaway Park** (www.calawaypark.com; Erw./Kind/Fam. 27/21/70 C$; ⏲Juli–Anfang Sept. 10–19 Uhr, Ende Mai–Juli Fr 17–21, Sa & So 10–19 Uhr, Anfang Sept.–Anfang Okt. Sa & So 11–18 Uhr), dem größten Outdoor-Vergnügungspark im westlichen Kanada, ihren Spaß haben. Hier kann man 30 verschiedene Fahrgeschäfte von mild bis wild ausprobieren. Außerdem gibt es Bühnenshows, 22 Essensoptionen, 28 verschiedene typische Jahrmarktsbuden, einen Forellenteich, in dem man angeln kann, und einen interaktiven Irrgarten. Um dorthin zu kommen, auf dem Hwy 1 in Richtung Westen fahren; der Park liegt 10 km außerhalb der Stadt.

Franchisenehmer, allerdings eines kleinen frankokanadischen Unternehmens. Der Stil hier (diese riesige Glaswand im Eingangsbereich!) ist fast schon opulent, während das rund um die Uhr geöffnete Fitnessstudio, Massagen auf dem Zimmer, kostenlose Zeitungen und eine flippige Lounge für den nötigen Luxus sorgen. Und was fast noch besser ist: Das Hotel ist energieeffizient gebaut und hat sich der Nachhaltigkeit verschrieben.

Hotel Arts BOUTIQUEHOTEL $$$

(☎403-266-4611, 800-661-9378; www.hotelarts.ca; 119 12th Ave SW; Suite ab 250 C$; P ❄ @ ᯤ ≋) Dieses Boutiquehotel legt Calgarys Messlatte ein kleines Stück höher und ist besonders stolz darauf, keiner der internationalen Hotelketten anzugehören. Seine Zielgruppe sind die modernen, anspruchsvollen Reisenden mit Sinn für Ästhetik. Es gibt Parkettböden, Stoffe mit einer Fadenzahl, die selbst die Ägypter vor Neid erblassen ließe, und Kunstwerke an der Wand, die genauso gut in einer Galerie hängen könnten.

Fairmont Palliser HOTEL $$$

(☎403-262-1234, 800-441-1414; www.fairmont.com/palliser; 133 9th Ave SW; Zi. ab 200 C$; P @ ≋) Aus demselben eleganten Holz geschnitzt wie andere Fairmont Hotels, ist das Palliser eindeutig der atemberaubendste Ort, um sich in Calgary schlafen zu legen. Die Kristallleuchter, Marmorsäulen, Deckenkuppeln mit Holzintarsien und antiken Möbel verleihen dem Interieur des Hotels eine wahrhaft königliche Atmosphäre. So etwas gibt es innerhalb der Stadtgrenzen kein zweites Mal. Klassisch, wunderschön und jeden Penny wert.

Twin Gables B&B B&B $$$

(☎403-271-7754; www.twingables.ca; 611 25th Ave SW; EZ/DZ 185/225 C$; P @) Ein reizendes altes Haus beherbergt dieses B&B mit Parkettböden, Buntglasfenstern, Tiffany-Lampen und antiken Möbeln. Die drei Zimmer sind geschmackvoll eingerichtet und durch seine Lage jenseits des Elbow River ist das Haus ein perfekter Ausgangspunkt für ruhige Spaziergänge.

International Hotel HOTEL $$$

(☎403-265-9600; www.internationalhotel.ca; 220 4th Ave SW; Suite ab 250 C$; P @ ᯤ ≋) Erst kürzlich wurde die gesamte Immobilie mit all ihren 35 Stockwerken renoviert. Das Ergebnis kann sich sehen lassen: Großzügige Wohnräume mit tollem Blick über die Stadt sind Standard, während die süßen Suiten vielleicht die bequemsten Betten der Welt haben – abgesehen vom eigenen natürlich.

Sheraton Suites Calgary Eau Claire HOTEL $$$

(☎403-266-7200, 800-325-3535; www.sheraton.com; 255 Barclay Pde SW; Suite ab 299 C$; P ❄ @ ᯤ ≋) Selbst den anspruchvollsten Traveller sollte diese Option in toller Lage und mit unzähligen Annehmlichkeiten überzeugen. Die Angestellten dieses vorrangig auf Geschäftskunden eingestellten Hotels sind überaus zuvorkommend. Parkservice, Pool und ein wunderbares Interieur setzen dem Ganzen die Krone auf.

HI-Calgary HOSTEL $

(☎403-269-8239; www.hostellingintl.ca/Alberta; 520 7th Ave SE; B ab 30 C$, Zi. ab 75 C$; @ ᯤ) Wer nach einer günstigen Bleibe sucht, hat in Calgary keine große Auswahl. Dieses nette Hostel ist eine der wenigen Optionen. Im Angebot sind ziemlich durchschnittliche Zimmer mit Etagenbetten und ein paar Doppelzimmer. Küche, Waschküche, ein Spieleraum und Internet gehören zur Grundausstattung – ein beliebter Treffpunkt für Traveller und ein guter Ort, um neue Leute kennenzulernen, eine Mitfahrgelegenheit zu finden oder sich einfach auszutauschen! Nachts ist in dieser Gegend Vorsicht geboten – das Hostel liegt nur ein paar Blocks von einem Obdachlosenheim und der verruchtesten Bar der Stadt entfernt.

Carriage House Inn INN $$

(☎403-253-1101; www.carriagehouse.net; 9030 Macleod Trail S; Zi. ab 135 C$; P ❄ @ ≋) Von außen scheint das Ganze doch etwas heruntergekommen, von innen sieht die Sache aber schon anders aus. Kürzliche Renovierungsarbeiten haben nämlich Wunder vollbracht und das Carriage House wieder wunderbar in Schuss gebracht. Die Zimmer sind sauber, und in der Nähe gibt es zahlreiche Möglichkeiten, essen und shoppen zu gehen.

Kensington Riverside Inn BOUTIQUEHOTEL $$$

(☎403-228-4442; www.kensingtonriversideinn.com; 1126 Memorial Dr NW; Zi. ab 260 C$; P ᯤ) Dieses beeindruckende Nobelhotel in Kensington ist eine wahre Freude – ein Hauch von Raffinesse durchdringt das schicke, wunderbar vollendete Anwesen. Die Zimmer sind äußerst elegant und bieten zudem einen Blick auf den Fluss. Wärmstens zu empfehlen!

Five HOTEL **$$**
(☎403-451-5551; www.5calgary.com; 618 5th Ave SW; Zi. ab 89 C$; P @ Wi-Fi) Das Five liegt überaus zentral, mitten in der Innenstadt. Pluspunkte sammelt es durch freundliche Angestellte, ein Fitnessstudio und eine Kochnische in den Zimmern, negativ fallen relativ abgewohnte Zimmer und eine fragwürdige 1970er-Jahre-Architektur auf. Da muss jeder selbst abwägen und entscheiden.

Calaway RV Park CAMPING **$**
(☎403-240-3822; www.calawaypark.com; Hwy 1; Stellplatz Zelt & Wohnmobil ab 24 C$; P Wi-Fi) Die Kleinen werden die Idee lieben, im Vergnügungspark zu campen! Er liegt nur eine kurze Autofahrt vom Zentrum entfernt und während der Stampede gibt's ein Shuttle in die Stadt.

Calgary West Campground CAMPING **$**
(☎403-288-0411; www.calgarycampground.com; Hwy 1; Stellplatz Zelt & Wohnmobil 29/42 C$; P @ Wi-Fi Pool) Unmittelbar westlich von Calgary und in der Nähe des Canada Olympic Park liegt dieser Campingplatz recht nah an der Stadt und hat gute Einrichtungen.

Essen

Wenn Calgary eine schnelllebige Stadt ist, so entwickelt sich ihre aufkeimende Restaurantszene mit Lichtgeschwindigkeit. Essensoptionen kommen und gehen hier in Windeseile, und eine gastronomische Top-10-Liste ist schneller überholt, als die Kritiker sie online stellen können. Allgemein ist aber ein klarer kulinarischer Trend nach oben zu erkennen, sowohl in der Qualität als auch in der Vielseitigkeit. Wo einst Rinder beharrlich ihr Revier verteidigten, gedeihen nun auch Gemüse und Kräuter. Will heißen: Das gute alte Alberta-Rind ist nicht mehr das einzige, was auf der Speisekarte zu finden ist.

Wahre „Fressmeilen" gibt es in den Vierteln Kensington, Inglewood, Mission, in der 17th Ave und im Zentrum in der Stephen St.

Zentrum

LP TIPP **Catch** SEAFOOD **$$**
(☎403-206-0000; www.catchrestaurant.ca; 100 8th Ave SW; Hauptgerichte 17–27 C$) Das Problem haben alle Fischrestaurants im küstenlosen Calgary: Wer mit frischem Fisch wirbt, der kann ihn nicht aus der Region beziehen. Diese Wortklauberei umgeht das in einem alten Bankgebäude in der Stephen St untergebrachte Catch, indem es seinen „Fisch aus frischem Fang" täglich von beiden Küsten (BC und den Maritimes) einfliegen lässt. Den CO_2-Rucksack seines Hummers, der Garnelen oder der Austern berechnet man in aller Ruhe auf einer der drei verschiedenen Ebenen: Es gibt eine Austernbar, einen Speisesaal und ein Atrium im Obergeschoss.

Rush FUSION **$$$**
(☎403-271-7874; www.rushrestaurant.com; 207 9th Av SW; Hauptgerichte ab 25 C$) Definitiv um einiges cooler als die kanadische Rockband gleichen Namens (die ist so schlecht, dass sie schon fast wieder gut ist). Das Rush-Restaurant hat eben keinen langhaarigen Headbanger, dafür aber gläserne Wände und mit Gold verzierte Dekorationen. Was das Kulinarische betrifft, so spielt das Rush in der ersten Liga – mit gut gewählten Essen-Wein-Kombis und einem Probiermenü des Chefkochs, das so gut wie jeden überzeugt. Empfehlenswert sind die Foie gras und der Heilbutt. Auch lecker sind die kostenlosen Häppchen und Petit Fours, die jeder Gast gereicht bekommt.

Blink FUSION **$$**
(☎403-263-5330; www.blinkcalgary.com; 111 8th Ave SW; Hauptgerichte ab 20 C$) Diese angesagte, zentral gelegene Gastro-Oase ist nicht zu übersehen. Hier ist ein sehr beliebter britischer Küchenchef Herr über das ständig wechselnde Angebot exquisiter Gerichte. Das Mantra vieler bewährter moderner Restaurants, nämlich „frisch, saisonal und regional", trifft auch für die Speisekarte des Blink zu. Die Küche ist offen und die Backsteinmauern unverputzt und wer noch tiefer in die Welt der kulinarischen Genüsse eintauchen möchte, der nimmt einfach an einem der regelmäßig stattfindenden Kochkurse teil (letzter Sonntag im Monat; 125 C$).

Peter's Drive-In BURGER **$**
(www.petersdrivein.com; 219 16th Ave NE; Hauptgerichte 2,50–5 C$; ⏲9–24 Uhr) Seit Peter's 1962 eröffnet wurde, kommen die Einheimischen in Scharen hierher. Das Angebot hat sich kaum verändert: fette Shakes, Burger frisch vom Grill und Pommes, die gar nicht erst so tun, als seien sie gesund. Das hier ist ein echter Drive-in, also entweder mit dem Auto kommen oder sich mit einem Platz auf dem Rasen davor zufriedengeben!

1886 Buffalo Cafe FRÜHSTÜCK **$**
(187 Barclay Pde SW; ⏲Mo–Fr 6–15, Sa & So 7–15 Uhr) Calgary braucht eindeutig mehr solcher Läden wie das Buffalo. Der altbewährte Di-

ner hat in dem von Wolkenkratzern dominierten Stadtzentrum nur überlebt, weil die Immobilienhaie damals vergessen hatten, es abzureißen. Der Holzverschlag stammt aus dem späten 19. Jh. und gehörte einst der Bow River Lumber Company. Heutzutage ist das Buffalo eher für seine „Huevos rancheros" (Spiegelei mit Maistortilla und Tomaten-Chili-Sauce) bekannt.

Metropolitan Grill MEDITERRAN $$
(☎403-263-5432; www.themetropolitangrill.ca; 317 8th Ave SW; Hauptgerichte ab 15 C$; ⌚11–1 Uhr) Mit seiner 1a-Lage auf dem Stephen Ave Walk ist der Met Grill ein angesagter und überaus leckerer Ort, um sich sein Abendessen schmecken zu lassen. Die Spezialität ist die Küche Nordamerikas, verfeinert mit einer Note Raffinesse. Die Terrasse zur Straße hin ist für ein Mittagessen perfekt geeignet – und um all die schönen Menschen zu beobachten.

River Café FUSION $$$
(☎403-261-7670; www.river-cafe.com; Prince's Island Park; Hauptgerichte 24–50 C$; ⌚Mo–Fr 11–23, Sa & So 10–23 Uhr) Hier kommen nur Bio-Produkte und Tierprodukte aus Freilandhaltung auf den Tisch. Dieses wahrlich gehobene Restaurant hat schon Unmengen an Gastro-Auszeichnungen gewonnen und liegt am überraschend grünen Ufer der Prince's Island, mitten im Bow River. Die Speisekarte ist sehr abwechslungsreich und nach Jahreszeiten und Verfügbarkeit der Zutaten unterteilt, die alle entweder aus Alberta oder BC kommen. Auf Vorbestellung (24 Std.) stellt die Küche im Sommer einen Picknickkorb zusammen, dessen Köstlichkeiten gleich im nahe gelegenen Park verzehrt werden können.

Caesar's Steak House STEAKHAUS $$$
(512 4th Ave SW; Steaks ab 35 C$; ⌚11–24 Uhr) Warum eigentlich nicht? Wenn man sich mitten im Land des Rindfleischs aufhält, gehört es fast schon zum guten Ton, seine Beißer in ein erstklassiges Alberta-AAA-Steak zu hauen.

The King and I THAI $$
(www.kingandi.ca; 822 11th Ave SW; Hauptgerichte ab 12 C$; ⌚Mo–Do 11.30–22.30, Fr bis 22.30, Sa 16.30–22.30, So 16.30–21.30 Uhr) Einerseits ein Film mit Yul Brynner, andererseits aber auch ein authentisch gutes thailändisches Restaurant. Dieser Klassiker liegt in der Innenstadt, versprüht eine exotische Atmosphäre und ist bei Gruppen sehr beliebt. Sowohl die Curry-Gerichte als auch das Phat Thai schmecken fantastisch!

17th Avenue & Mission

Le Chien Chaud FAST FOOD $
(www.lechienchaud.com; 3-2015 4th St SW; Hotdogs 5 C$; ⌚Mo–Sa 11–20, So 12–18 Uhr) Die Bezeichnung „Gourmet-Hotdog" hört sich an wie ein schlechter Scherz. Diese hier sind aber echt lecker. Sogar Vegetarier kommen auf ihre Kosten, denn der Chien Chaud zaubert mehr Varianten der gefüllten Röhre, als man sich hätte träumen lassen.

Nellie's Kitchen FRÜHSTÜCK $
(738B 17th Ave SW; Hauptgerichte 6,50–9 C$; ⌚Mo–Fr 7.30–15.30, Sa & So 8–15.30 Uhr) Lange Zeit war Nellie's einer der angesagtesten Orte, um in den Tag zu starten, sich mich Freunden zu treffen und seinen Kater zu kurieren. Ein gigantisch großes Frühstück, Kaffee ohne Ende und ein abgefahrenes Design sind Markenzeichen dieses 17th-Ave-Platzhirsches. Nellie's Imperium breitet sich heute immer weiter aus, das Original ist aber immer noch am besten.

Melrose Café & Bar KANADISCH $$
(www.melrosecalgary.com; 730 17th Ave SW; Hauptgerichte 9–15 C$; ⌚Mo–Fr 11–24, Sa & So 10–1 Uhr) Im Epizentrum von Calgarys cooler 17th Ave-Szene angesiedelt: Das Melrose ist bei Partygängern absolut angesagt – und das war es auch schon zu Zeiten, als hier noch *Melrose Place* geschaut wurde (wie sich die Zeiten doch ändern!). Die Gourmet-Pizzas genießt man am besten mit einem der zahlreichen Fassbiere, die hier angeboten werden. Die Terrasse ist legendär und bei Einheimischen sehr beliebt zum Entspannen und Posieren.

Farm FUSION $$
(www.farm-restaurant.com; 1006 17th Ave SW; Gerichte zum Teilen 12–19 C$; ⌚Mo–Fr 11.30–22, Sa 10.30–23, So 10.30–22 Uhr) Das macht die 17th Ave gleich um einiges reizvoller. Die Farm ist eine neue „Probierküche" für feine Fleischspezialitäten, Bier, Wein und außergewöhnlichen Käse. Die Speisekarte beweist einen Hang zum Detail, ein Zurückkehren zu den Wurzeln der Reinheit (auf das Land) und eine aufrichtige Leidenschaft für gutes Essen.

Antonio's Garlic Clove ITALIENISCH $$
(www.garlicclove.net; 2206 4th St SW; Hauptgerichte ab 20 C$; ⌚17 Uhr–open end) Die Sache mit dem Knoblauch wird hier ganz schön ernst genommen – wirklich alles, von der

Vorspeise bis zum Nachtisch, ist mit den edlen Zehen veredelt. Geschmackvolle und – natürlich – aromatische Gerichte sind das Markenzeichen dieses authentischen italienischen Restaurants. Nicht vergessen, das Knoblauch-Bier zu kosten!

Galaxie Diner FRÜHSTÜCK **$**
(www.galaxiediner.com; 1413 11th St SW; Hauptgerichte 5–9 C$; ⌚Mo–Fr 7–15, Sa & So bis 16 Uhr) Ein Klassiker ohne viel Schnickschnack im Stil der '50er Jahre, der den ganzen Tag Frühstücksvariationen serviert. Entweder quetscht man sich an einen der sechs Tische oder sichert sich einen Platz an der Bar.

Cilantro ITALIENISCH **$$**
(www.crmr.com; 17th Ave SW; Hauptgerichte ab 16 C$; ⌚Mo–Do & So 11–22, Fr bis 22, Sa 17–23 Uhr) Eine fantastische italienische Küche, große Weingläser und hübsche Dekoration – alles, was man für ein tolles Essenserlebnis im kleinen und intimen Cilantro braucht.

Kensington

Osteria de Medici ITALIENISCH **$$$**
(☎403-283-5553; www.osteria.ca; 201 10th St NW; Hauptgerichte ab 21 C$) Italienische Restaurants gibt es in Nordamerika nun wirklich zuhauf, aber nur wenige sind auch tatsächlich so gut wie die zu Hause in Bella Italia. Glücklicherweise gehört das grandiose Medici dieser authentischen Minderheit an und bringt einfache italienische Klassiker wie Kalbfleisch in Marsala und *linguine alla vongole* (mit Muscheln) auf den Tisch. Was das Geheimnis ist? Der Besitzer stammt aus Molise (östlich von Rom) und die Hälfte seiner Gäste kommt aus Hollywood (wenn man den Anpreisungen Glauben schenken kann).

Sushi Club JAPANISCH **$$**
(1240 Kensington Rd NW; Hauptgerichte ab 10 C$; ⌚Mo, Mi, Do & Fr 11.30–14 & 17–21 Uhr) Hier gibt's mit das beste Sushi der Stadt, wenn nicht sogar das beste. Die Preise sind vielleicht etwas happig, man bekommt aber auch was für sein Geld. Zur Mittagszeit gibt's immer tolle Angebot, dann kosten viele Portionen auch unter 10 C$.

Broken Plate MEDITERRAN **$$**
(www.brokenplate.ca; 302 10th St NW; Hauptgerichte ab 15 C$) Es gibt in der Stadt mittlerweile schon drei dieser griechisch angehauchten Restaurants (alle mit dem gleichen Namen). Dieses hier, das erste unter ihnen, ist im auf Individualität bedachten Kensington-Viertel beheimatet und die beste Wahl. Hervorragende Pasta, Pizza und traditionelle griechische Küche sind der Renner im offenen und hellen Speisebereich. Freitags und samstags tanzen hier die Kellner und, ja, dann werden auch Teller zertrümmert!

Inglewood

Rouge FUSION **$$$**
(☎403-531-2767; www.rougecalgary.com; 1240 8th Ave SE; Hauptgerichte 36–80 C$) Dies ist eines von zwei tollen „R"-Restaurants, auf die die Gastronomieszene Calgarys mächtig stolz sein kann (das andere ist das Rush; s. S. 638). Das Rouge hat sich seit seiner Platzierung in der renommierten Liste der „2010 S. Pellegrino World's Top 100 Restaurants" (mit Platz 60 das beste Ergebnis in Kanada) zum berühmtesten Restaurant der Stadt entwickelt. Als Kulisse dient ein historisches Herrenhaus von 1891 in Inglewood. Es ist sehr teuer, und ein Tisch ist nur schwer zu bekommen. Hat man es aber erst einmal geschafft, betritt man einen heiligen Ort und kann sich dem Genuss eines beseelten, kreativen und nachhaltigen Speisenangebots hingeben. Der außergewöhnliche Service ist wirklich königlich.

Ausgehen

Wer Calgarys Bars unsicher machen möchte, der sollte die 17th Ave NW ansteuern, wo eine ganze Reihe von Martini-Lounges und gut besuchten Kneipen zu finden ist. Ebenso angesagt ist die 4th St SW, die für ihre After-Work-Szene bekannt ist. Auch die Gegend rund um die Kensington Rd NW und Stephen Ave (sechs Häuserblocks der innerstädtischen 8th Ave) ist eine gute Option.

Hop in Brew KNEIPE
(www.hopinbrew.com; 213 12th Ave SW) Man nehme ein altes Haus, verwandle es in eine Bar und gebe jedes Wochenende eine tolle Party – fertig ist das Hop in Brew. Es verbirgt sich in einer ruhigen Straße, nicht weit von der Hauptverkehrsader weg, und ist irgendwie ganz stylish. Das umgebaute Haus hat oben und unten eine Bar, ganz oben einen Billardtisch und eine Wendeltreppe, die das Ganze verbindet. Gute Musik, eine unkonventionelle Atmosphäre und viel Bier vom Fass!

Ming BAR
(520 17th Ave SW) Das Schild mit der Aufschrift „Genossen werden bis 2 Uhr bedient" deutet schon an, dass dies nicht

gerade die Stammkneipe der Konservativen Calgarys ist. Querdenker, Linke und Hardcore-Ironiker versammeln sich hier unter Pop-Art-Bildern von Mao Zedong an den Wänden und schlürfen Che-Guevara-Cocktails. Eine der angesagtesten Kneipen der 17th Ave.

Barley Mill KNEIPE
(www.barleymill.net; 201 Barclay Pde SW) Nach Feierabend schauen viele Angestellte in diesem freistehenden Bau direkt neben dem Eau Claire Market im Zentrum auf einen After-Work-Drink vorbei. In den Sommermonaten ist die große Terrasse toll, die gute Stimmung zieht die Leute aber das ganze Jahr über hierher.

Ship & Anchor KNEIPE
(534 17th Ave SW) The Ship ist selbst unter den Institutionen Calgarys ein Klassiker. Es ist ein Dauerbrenner unter Studenten, Pseudo-Coolen und Indie-Musik-Liebhabern. Im Winter ist es im spärlich beleuchteten Innern echt gemütlich, während sich im Sommer auf der Terrasse mit den Picknicktischen alles ums Sehen und Gesehenwerden dreht. Es gibt eine große Auswahl an Fassbieren.

Flames Central BAR
(www.flamescentral.com; 219 8th Ave SW) Der perfekte Ort, um sich ein Eishockeyspiel auf Großbildleinwand anzuschauen. Der riesige Innenraum dieses ehemaligen Kinos wurde zur ultimativen Sports-Bar umgebaut. Hier gibt's mehr Fernseher als in einem Elektrogeschäft, sodass man das Spielgeschehen immer im Blick hat, selbst wenn bei den Oilers-Spielen alles voll ist. Zur Bar gehört ein Restaurant und ab und zu finden hier auch Konzerte statt.

Rose & Crown KNEIPE
(www.roseandcrowncalgary.ca; 1503 4th St SW) Dieses britisch angehauchte Pub ist einfach gigantisch groß. Es hat mehrere Ebenen und ist extrem beliebt – optimal, um neue Leute zu treffen.

Vicious Circle BAR
(www.viciouscircle.ca; 1011 1st St SW) Dunkel und stimmungsvoll, Cocktails und Martinis, bequeme Sofas und eine stylishe Atmosphäre – das schaut man sich am besten selbst an.

✩ Unterhaltung

Nach Einbruch der Dunkelheit betreten die Reichen von Calgary die Bühne: schöne, gutgekleidete Twens in Stretchlimos, ausgelassene Junggesellenabschiede in angesagten Bars, Mädels mit High Heels und knappem Partyoutfit, die Temperaturen von –20 °C trotzen. Die Menschen hier gehen gerne aus und sie machen sich auch gerne schick. Das Fleece-Zeug also in Vancouver lassen und zusehen, wie man die Falten aus dem schicken Top bekommt!

Ausführliche Infos zum Unterhaltungsangebot gibt's im *ffwd,* dem größten auf Unterhaltung spezialisierten Wochenmagazin der Stadt.

Whiskey NACHTCLUB
(www.thewhiskeynightclub.com; 341 10th Ave SW) Das Whiskey hat alles zu bieten, was einen mega-angesagten Nachtclub ausmacht: mürrische Türsteher, eine lange Liste von Eintrittsbeschränkungen, lange Schlangen bei eiskalter Witterung, eine chillige Bar, Musik von den '80ern bis heute und massenhaft schöne Menschen, die auf der Tanzfläche ihre Show abziehen.

Broken City LIVEMUSIK
(www.brokencity.ca; 613 11th Ave SW) Wer auf Rock'n'Roll steht und einen Club sucht, dessen Herz im Viervierteltakt schlägt, der ist hier am richtigen Ort. Mit einem abwechslungsreichen Mix aus Indie-Rock, alternativer Countrymusik und Punk kommt das Publikum richtig in Schwung. Konzerte gibt's normalerweise donnerstags und freitags.

HiFi Club NACHTCLUB
(www.hificlub.ca; 219 10th Ave SW) Das HiFi ist so etwas wie ein Hybrid-Club. Hier gibt's Rap, Soul und House, Electro und Funk auf die Ohren. Die Live-DJs sind auf schweißtreibende Rhythmen spezialisiert und bringen die Tanzfläche Abend für Abend zum Beben. Warum nicht mal beim Sunday Skool, den wöchentlichen Soul- und Jazz-Sessions oder den am Samstag stattfindenden Events vorbeischauen, bei denen tourende Bands und DJs ihr Können unter Beweis stellen?

Kaos LIVEMUSIK
(718 17th Ave SW) Jazzliebhaber auf der Suche nach abendlicher Livemusik treffen sich im Kaos. Das hippe, schon etwas ältere Publikum ist eine angenehme Abwechslung zu den zahlreichen Nachtclubs der Stadt, die von einer pubertierenden Masse belagert werden.

Marquee Room LIVEMUSIK
(www.theuptown.com; 612 8th Ave SW) Über dem Uptown Cinema befindet sich diese

stylishe Location, die auf dem besten Weg ist, einer von Calgarys In-Treffs zu werden. Toll auch wegen der Livebands und DJs!

Epcor Centre for the Performing Arts THEATER
(www.epcorcentre.org; 205 8th Ave SE) Das Zentrum von Calgarys Theaterszene. Es umfasst vier Theatersäle und eine der besten Konzerthallen Nordamerikas.

Loose Moose Theatre Company THEATER
(1229 9th Ave SE) Im Loose Moose stehen vorwiegend Improvisations-Comedy und Stücke, bei denen das Publikum einbezogen wird, auf dem Spielplan. Das verspricht, ein vergnüglicher Abend zu werden!

Plaza Theatre KINO
(1113 Kensington Rd NW) Mitten in Kensington werden Arthaus-Filme und Kultklassiker gezeigt. Let's do the Time Warp again!

Globe Cinema KINO
(617 8th Ave SW) Das Globe hat sich auf anspruchsvolle ausländische Filme und kanadisches Kino spezialisiert. Beides ist in herkömmlichen Kinos kaum zu finden.

Paramount Chinook KINO
(6455 MacLeod Trail SW) Im Einkaufszentrum Chinook Centre untergebracht und mit 17 Kinosälen ausgestattet – da findet jeder einen Film, der ihn interessiert. Ein IMAX-Kino gehört auch dazu.

Pumphouse Theatres THEATER
(www.pumphousetheatres.ca; 2140 Pumphouse Ave SW) Dieses Theaterensemble spielt in einem ehemaligen Pumpenhaus und hat Avantgardestücke und ausgefallene und unterhaltsame Produktionen auf dem Programm.

Jubilee Auditorium THEATER
(www.jubileeauditorium.com/southern; 1415 14th Ave NW) Ob man sich mit der Schickeria der Stadt beim Ballett vergnügt oder bei einem Konzert so richtig abrockt – das Jubilee vereint beides unter einem Dach.

Schwulen- & Lesbentreffs

Am besten holt man sich *Outlooks* (www.outlooks.ca), eine Monatszeitung für Schwule und Lesben, die überall in Alberta erhältlich ist. Auf der Website findet sich ein umfangreicher Schwulen- und Lesbenführer für die Region Calgary und darüber hinaus.

Twisted Element NACHTCLUB
(www.twistedelement.ca; 1006 11th Ave SW) Jahrein, jahraus von der einheimischen Gay-Community zur besten Dancelocation für Schwule- und Lesben gewählt. Hier gibt's jede Woche Travestieshows und Karaokeabende, und allabendlich stehen DJs am Plattenteller.

Calgary Eagle BAR
(www.calgaryeagle.com; 424A 8th Ave SE) Diese als „Calgarys erste Leder-Bar" angepriesene Kneipe zählt vor allem Fetisch-Freunde zu ihren Gästen.

Back Lot BAR
(209 10th Ave SW) Hier trifft man vorrangig auf Männer. Es gibt eine Terrasse und immer spezielle Drinks im Angebot – tolle Aussicht inklusive.

Sport

Calgary Flames SPORT
(☎403-777-0000; Tickets ab 15 C$) Die Eishockeyspiele der Calgary Flames, Erzrivalen der Edmonton Oilers, werden zwischen Oktober und April im **Saddledome** (Stampede Park) ausgetragen. Zum Spiel trägt man am besten Rot und trifft sich danach in der 17th Ave bzw. der „Red Mile", wie sie während der Playoffs auch genannt wird.

Calgary Stampeders SPORT
(☎403-289-0258; Tickets ab 27 C$; ⏲Juli–Sept.) Die Calgary Stampeders spielen in der Canadian Football League (CFL). Ihre Heimspielstätte ist das **McMahon Stadium** (1817 Crowchild Trail NW) im Nordwesten Calgarys.

Shoppen

Calgary hat nicht *die* typische Einkaufsmeile. Es gibt zwar mehrere gute Gegenden, sie liegen aber recht weit auseinander. Eine gute Auswahl an interessanten, modischen Klamottenläden und flippigen Schmuckgeschäften findet man in Kensington und in der 17th Ave SW. Der Stephen Ave Walk ist auch ein kleines Highlight; die Fußgängerzone bietet gute Shops, Buchläden und ein gewisses Flair.

Alberta Boot Co BEKLEIDUNG
(www.albertaboot.com; 50 50th Ave S; Stiefel 235–1700 C$) Fabrik und Laden des einzigen Cowboystiefelherstellers der Provinz. Die Stiefel werden aus Känguru-, Straußen-, Python-, Klapperschlangen-, Eidechsen-, Alligatoren oder, ganz langweilig, Rindsleder gefertigt.

Chinook Centre EINKAUFSZENTRUM
(www.chinookcentre.com; 6455 Macleod Trail SW) Wer an akutem Shopping-Entzug leidet, der

wird im unmittelbar südlich des Stadtzentrums gelegenen Chinook ganz sicher geheilt. Einzelhandelsketten, Kaufhäuser, ein Kino und viel fettiges Essen stehen für die Therapie bereit.

Mountain Equipment Co-Op OUTDOOR-AUSRÜSTUNG
(MEC; 830 10th Ave SW) MEC ist der optimale Laden, um sich für sein Outdoor-Erlebnis in den Bergen auszustatten. Hier gibt's eine riesige Auswahl an Outdoor- und Reiseausrüstung, Sportbekleidung und Büchern.

Smithbilt Hats BEKLEIDUNG
(www.smithbilthats.com; 1103 12th St SE) Wer schon immer mal wissen wollte, wie Cowboyhüte hergestellt werden, der kann es hier rausfinden. Die Hutmachertradition von Smithbilt reicht bis in die Zeit zurück, als man noch draußen sein Pferd parkte.

Praktische Informationen

Alberta Children's Hospital (☎403-955-7211; 2888 Shaganappi Trail NW) 24-Std.-Notaufnahme.

Calforex (304 8th Ave SW) Geldwechsel. In der Innenstadt gibt's Banken wie Sand am Meer. Ist mal keine in Sicht, wird man in der 17th Ave oder dem Stephen Ave Walk fündig. Viele Filialen haben auch samstags geöffnet; an Geldautomaten bekommt man rund um die Uhr Geld.

Hard Disk Café (638 11th Ave SW; Internet 5 C$/Std.; ⌚Mo–Do 7–19, Fr bis 21 Uhr)

Hauptpost (207 9th Ave SW)

Polizei, Krankenwagen & Feuerwehr (☎911)

Polizeiruf (☎403-266-1234) Wenn kein Notfall vorliegt.

Rockyview General Hospital (☎403-943-3000; 7007 14th St SW) 24-Std.-Notaufnahme.

Tourism Calgary (www.tourismcalgary.com; 101 9th Ave SW; ⌚8–17 Uhr) Betreibt am Fuße des Calgary Tower eine Touristeninformation. Das Personal ist bei der Suche nach einer Unterkunft behilflich. Auf der Ankunfts- und Abflugebene des Flughafens gibt es Infostände.

An- & Weiterreise

Auto

Am Flughafen und in der Innenstadt sind alle großen Autovermietungen vertreten. Weitere Infos zum Mieten von Autos finden sich auf S. 987.

Bus

Vom Greyhound-Canada-**Busbahnhof** (877 Greyhound Way SW) fahren Busse nach Banff (29 C$, 2 Std., 6-mal tgl.) und Edmonton (51 C$, ab 3½ Std., 10-mal tgl. oder öfter). Es werden auch Verbindungen nach Drumheller und Lethbridge angeboten. Weitere Infos zu Fahrpreisen in andere Regionen Kanadas finden sich auf S. 628. **RedArrow** (www.redarrow.pwt.ca; 205 9th Ave SE) schickt Luxus-Busse nach Edmonton (60 C$, 3½ Std., 7-mal tgl.).

Flugzeug

Der **Calgary International Airport** (YYC; www.calgaryairport.com) liegt etwa 15 km nordöstlich des Zentrums am Barlow Trail, eine 25-minütige Autofahrt von Calgary entfernt. Weitere Infos über Flüge nach Calgary finden sich auf S. 615.

Zug

Aus unerfindlichen Gründen wird Calgary nicht von Personenzügen angefahren (dafür aber Edmonton und Jasper). Stattdessen bietet **Rocky Mountaineer Railtours** (www.rockymountaineer.com) teure, einer Kreuzfahrt ähnelnde Zugreisen (2-tägige Trips ab 1400 C$/Pers.) an.

Unterwegs vor Ort

Auto & Motorrad

Im Zentrum von Calgary einen Parkplatz zu suchen, ist ein wahrer Albtraum. Zum Glück haben die meisten Hotels der Innenstadt eine Tiefgarage. Zudem kann man sein Fahrzeug auf exorbitant teuren privaten Parkplätzen für 20 C$ pro Tag abstellen. Es gibt auch gebührenpflichtige öffentliche Parkmöglichkeiten, für die man etwa 1 C$ pro 45 Minuten (nach 18 Uhr und sonntags kostenlos) berappen muss. Außerhalb des Stadtkerns ist das Parken kostenlos und eine freie Parklücke einfacher zu finden.

Vom/Zum Flughafen

Zwischen etwa 8.30 und 21.45 Uhr pendelt **Sundog Tours** (☎403-291-9617; Tickets Erw./Kind 15/8 C$) jede halbe Stunde zwischen den großen Hotels der Innenstadt und dem Flughafen hin und her.

Zwischen dem Flughafen und der Innenstadt verkehren auch öffentliche Verkehrsmittel. Vom Flughafen aus Bus 57 bis zur Haltestelle Whitehorn (nordöstlich vom Stadtzentrum) nehmen und in den C-Train umsteigen; vom Zentrum aus gilt dasselbe andersherum. Das kostet lediglich 2,75 C$ und man ist zwischen 45 Minuten und einer Stunde unterwegs.

Für eine Taxifahrt aus der Innenstadt zum Flughafen werden rund 35 C$ fällig.

Öffentliche Verkehrsmittel

Calgary Transit (www.calgarytransit.com) ist effizient und sauber. Zur Auswahl stehen das Netz des Light Rapid Transit (LRT), auch C-Train genannt, und herkömmliche Busse. Mit einem Fahrticket kann man auch zwischen verschiedenen Bussen und C-Trains hin und her wechseln.

Im Zentrum entlang der 7th Ave, zwischen der 10th St SW und der 3rd St SE ist die Fahrt im C-Train kostenlos. Wer weiterfährt oder umsteigen muss, der holt sein Ticket an einem der Automaten auf den C-Train-Bahnsteigen. Die meisten Busse fahren täglich in Abständen von 15 bis 30 Minuten. Nachtbusse oder Ähnliches gibt es nicht. Fahrkartenpreise für C-Train und Bus belaufen sich auf 2,75/8,25 C$ pro Fahrt/Tag. Momentan wird die C-Train-Linie bis in den Westen der Stadt ausgebaut. Geplante Inbetriebnahme der Strecke ist 2012.

Taxi

Bei **Checker Cabs** (☎403-299-9999) oder **Yellow Cab** (☎403-974-1111) kann man sich ein Taxi rufen. Für die ersten 150 m fallen 3 C$ an, danach sind es 0,20 C$ für jede weiteren 150 m.

BANFF & JASPER NATIONAL PARKS

Italien hat vielleicht Venedig und Florenz, Frankreich hat Paris und die Provence und die Sesamstraße Ernie und Bert. Dafür kann Kanada mit Banff und Jasper aufwarten. Diese legendären Wunderwerke der Natur sind unglaublich eindrucksvoll und lebendig. Und diese Naturschutzgebiete sind auch geschichtsträchtig: Von den Tausenden von Nationalparks, die es heute überall auf der Welt gibt, ist der 1885 gegründete Banff National Park der drittälteste und der angrenzende Jasper National Park ist nur 22 Jahre jünger. Die zwei Nachbarparks an der Ostseite der kanadischen Rocky Mountains wurden 1984, gemeinsam mit Yoho und Kootenay in BC, für ihre außergewöhnliche natürliche Schönheit in Verbindung mit wichtigen geologischen Glazial- und Schwemmprozessen zum Unesco-Weltnaturerbe erklärt. Im Gegensatz zu einigen der abgeschiedeneren Parks von Nordamerika gibt es hier kleine Dörfer, die jedes Jahr zwischen 2 und 5 Mio. Besucher anlocken. Trotz alledem wird das wertvolle Gleichgewicht zwischen Mensch und Natur weiterhin mühevoll aufrechterhalten – so gerade noch …

Parkbesuch

Besucher der Parks kommen aus zahlreichen Gründen hierher: zum Skifahren, Klettern und Wandern in den Bergen, zum Raften und Kajakfahren auf den Flüssen, zum Campen zwischen den Bäumen oder zum Erforschen des Gebiets per Mountainbike. Die meisten kommen allerdings einfach nur, um die Schönheit dieses beeindruckenden Orts zu bestaunen.

Wer sich in dem so besonderen Gebiet aufhält, befindet sich unter ständiger Beobachtung der Tiere, die hier leben. Hier bekommt man die „Big Five" der kanadischen Rockies zu Gesicht: Hirsch, Wapiti, Elch, Wolf und Bär (etwas Glück vorausgesetzt: Die Tiere posieren nicht für jedermanns Kamera).

Der Parkeintritt kostet (für beide Parks zusammen) für einen Tag 9,80/4,90 C$ pro Erwachsenem/Kind; das Ticket gilt bis 16 Uhr des Folgetags.

Geschichte

Der Banff National Park, Kanadas erster Park überhaupt, diente als Vorbild für den Naturschutz. Als Jasper vor über 100 Jahren dem Parksystem angeschlossen wurde, war der Naturschutzkorridor perfekt. Innerhalb des Schutzgebiets entstanden die Ortschaften Banff und Jasper. In diesen beiden Dörfern, in denen die Entwicklung aufgehalten wurde und der Begriff Ökotourismus schon seit den 1880er-Jahren ein Schlagwort ist, leben die Menschen seit Jahrzehnten in Einklang mit der sie umgebenden Wildnis.

Heute ist Banff schon längst kein Geheimtipp mehr – die Massen sind allgegenwärtig und man muss die tollen Aussichtspunkte meistens mit anderen teilen. Das ist allerdings ein vergleichsweise geringer Abstrich, wenn man bedenkt, dass einem der Anblick der Berge noch viel länger im Gedächtnis bleiben wird, auch nachdem man diesem Teil Kanadas längst Goodbye gesagt hat.

Kananaskis Country

Kananaskis oder K-Country, wie die Einheimischen es nennen, ist ein Gebirgs-Shangri-La mit all den Naturhighlights des Banff National Park, aber ohne die Menschenmassen. Wer den malerischen und kaum befahrenen Hwy 40 entlangfährt, der wird mit Blicken auf Kiefernwälder, zwischen denen schroffen Felsen hervorblitzen, und einem gelegentlichen Elch am Straßenrand belohnt. Mit einer beeindruckenden Fläche von 4000 km² ist das K-Country ein wunderbares Stückchen Land, das darauf wartet, erkundet zu werden. Ein Netz aus Wanderwegen hilft glücklicherweise dabei, weg von den Straßen und hinein ins Hinterland zu kommen. Wanderer, Langläufer,

Banff National Park

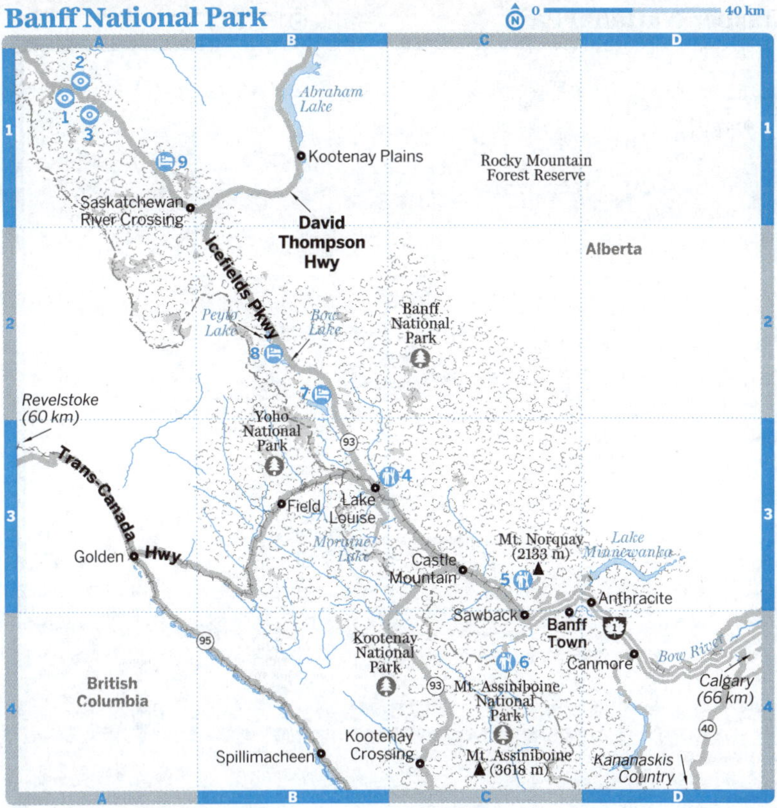

Biker und Kletterer – die meisten von ihnen eingeweihte Naturliebhaber aus Alberta – lieben diese Hügel, die eine perfekte Kombination aus wild, zugänglich, unberührt und einladend sind.

Vom Ostrand der Berge führt der asphaltierte Hwy 40 bis zu den Seen von Kananaskis, bevor man auf die unbefestigte Smith-Dorian Rd abbiegt und das letzte Stück bis nach Canmore zurücklegt. Wer kann, sollte dem Hwy 40 bis ganz nach Highwood House folgen – eine landschaftlich umwerfende Fahrt, die garantiert abseits der Touristenpfade verläuft und einen Abstecher wert ist. Achtung: Dieses Teilstück ist im Winter nicht geöffnet!

Aktivitäten

K-Country ist auch C-Country, das Land der Cowboys. Die **Boundary Ranch** (☎403-591-7171; www.boundaryranch.com; Hwy 40; Ausritte ab 40 C$; ⏲Mitte Mai–Mitte Okt.) hilft einem in

Banff National Park

Sehenwertes

1 Athabasca Glacier A1
Athabasca Glacier Icewalks .... (siehe 2)
Brewster .... (siehe 2)
2 Icefield Centre A1
3 The Weeping Wall A1

Aktivitäten, Kurse & Touren

4 Lake Louise Ski Area C3
5 Ski Banff@Norquay C3
6 Sunshine Village C4

Schlafen

Columbia Icefield Chalet .... (siehe 2)
7 Mosquito Creek International Hostel B2
8 Num-Ti-Jah Lodge B2
9 Rampart Creek International Hostel A1

Jasper National Park

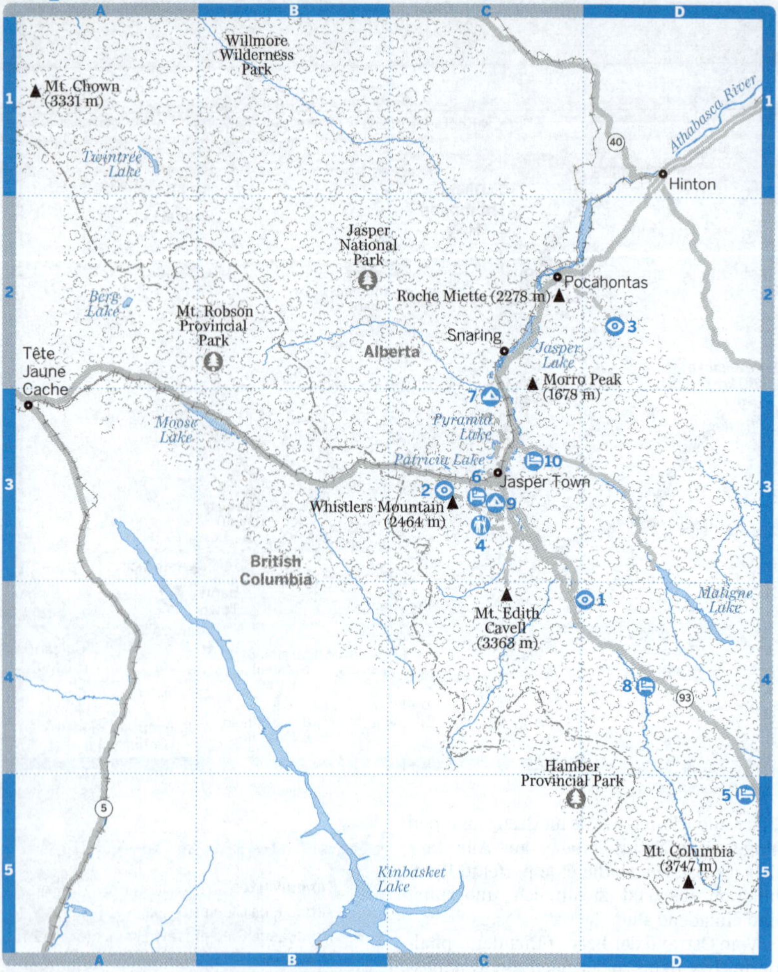

den Sattel und organisiert Ausritte in die Natur. Diese können zwischen einer Stunde und mehreren Tagen dauern.

Nakiska (www.skinakiska.com; Hwy 40), eine fünfminütige Autofahrt südlich von Kananaskis Village, wurde eigens für die alpinen Skiwettbewerbe der Olympischen Spiele von 1988 gebaut. Für Abfahrtsfans ist es ein Traum, und die besten kanadischen Skifahrer trainieren immer noch hier. Der zweite Skiort in K-Country, Fortress Mountain, ist seit 2004 mal geöffnet, mal geschlossen (meistens Letzteres).

Die Stromschnellen des Kananaskis River erreichen die Kategorien II und III und machen ihn zum Ziel vieler in Banff ansässiger Rafting-Anbieter (s. S. 655).

Schlafen & Essen

Wie sehr man in Kananaskis von aller Welt abgeschieden ist, zeigte sich einmal mehr, als es als Gastgeber des ersten G8-Gipfels nach den Anschlägen vom 9. September auserwählt wurde: Schließlich waren dort besonders hohe Sicherheitsvorkehrungen notwendig. Keine Geringeren als Tony Blair, Jacques Chirac und Vladimir Putin haben schon in der **Delta Lodge at Kananaskis** (☎403-591-7711; www.deltahotels.com; Zi. ab 219 C$) genächtigt. Eine unglaubliche

Jasper National Park

Sehenswertes

Aktivitäten, Kurse & Touren

Schlafen

Landschaft, einwandfreie Einrichtungen und die Abgeschiedenheit kamen bei den ganz Großen der Welt bestens an. Nur nicht beim Texaner George W. Bush. Er entschied sich unverständlicherweise dafür, Cowboy Country jeden Abend mit dem Flieger zu verlassen und auf US-amerikanischem Boden zu übernachten. Das zur Delta Lodge gehörende **Fireweed Grill** (Delta Lodge; Hauptgerichte 20–30 C$) ist recht teuer und serviert gebackenen Süßwasserfisch und erstklassiges Alberta „AAA" Steak.

Wer sich die G8-Preise nicht leisten kann, macht das Kananaskis-Erlebnis komplett und verbringt eine Nacht unter freiem Himmel. Das geht auf dem **Boulton Creek Campground** (☎403-591-7226; Kananaskis Lakes Rd; Stellplatz ohne/mit Strom 20/30 C$; ⏲Mitte Mai–Okt.).

Praktische Informationen

Fährt man vom Hwy 1 ab und etwa 8 km auf dem Hwy 40, erreicht man das **Barrier Lake Information Centre** (☎403-673-3985; www.tpr.alberta.ca/parks; Hwy 40; ⏲9–16 Uhr, Mai–Sept. bis 17 Uhr), das massenhaft Infos bereithält und gegen Bezahlung Campinggenehmigungen fürs Hinterland vergibt.

Canmore

Das ehemalige Bergarbeiterstädtchen Canmore war einst eine ruhige Alternative zum Massentourismus in Banff. Nachdem diese Insiderinfo aber allzu publik gemacht wurde, kommt nun jeder hierher, um Ruhe und Abgeschiedenheit zu genießen. Trotz der Unruhe, die Einzug gehalten hat, hat sich der Ort seine Seele bewahrt und wurde, obwohl er nicht unter den Schutz des Nationalparks fällt, mit Verstand und Nachhaltigkeit weiterentwickelt – bisher zumindest. Canmore liegt nur 26 km von Banff entfernt und am Rande von Kananaskis Country. Hier treffen einige der herrlichsten Landschaftsbilder überhaupt aufeinander. Wer einen Urlaub in den Bergen plant und statt Glamour eher das Einfache und authentisch Wilde sucht, der ist hier genau an der richtigen Stelle.

Sehenswertes & Aktivitäten

Canmore zeichnet sich in zwei Sportarten besonders aus: im Skilanglauf und im Klettern.

Langlauf

Das **Canmore Nordic Centre** (www.canmorenordic.com; 1988 Olympic Way) hat zu jeder Jahreszeit Hochsaison. Bei der Olympiade von 1988 wurde es für Langlauf-Wettkämpfe genutzt – es ist das wohl beste Sportzentrum seiner Art in ganz Kanada. Noch heute wird es von vielen nationalen Champions zu Trainingszwecken genutzt. Es gibt einen Verleih von Langlaufskiern und Anfängerkurse. Das Angebot an Loipen würde selbst einen Olympioniken tagelang bei Laune halten.

Mountainbiken

Die Mountainbike-Trails, die in den Sommermonaten unter den einst schneebedeckten Loipen zum Vorschein kommen, gehören zu den besten der Gegend. Auf über 80 km kann man im Gelände sein Können unter Beweis stellen. Hier in der Nähe verlaufen die Routen Rundle Riverside und Spray River/Goat Creek, die beide gen Norden nach Banff führen (s. S. 655).

Klettern

Canmore gehört in den Rockies zu den Topzielen für Kletterfans. Im Sommer stehen hier zahlreiche Kletterfelsen zur Auswahl, z.B. Cougar Creek, Grassi Lakes und Grotto Canyon, die alle in relativer Nähe zueinander liegen. Wer verschiedene Herausforderungen an einer Wand sucht, ist am Kalkstein des Mt. Rundle und des Mt. Yamnuska, den hiesigen Klassikern für alle Schwierigkeitsgrade, genau richtig. In den kalten Monaten ist Canmore der ideale Ort, um an den gefrorenen Wasserfällen sein Können im Eisklettern auszutesten – Anfänger versuchen sich am Junkyards, Fortgeschrittene ziehen sich die Grotto Falls hoch und Experten bezwingen The Terminator.

DIE NATIONALPARKS ALBERTAS – EIN WEGWEISENDES QUINTETT

Die fünf Nationalparks in Alberta sind wirklich bemerkenswert. Und zwar nicht nur wegen ihrer Rolle in Sachen Umweltschutz, sondern auch wegen ihrer Pionierarbeit bei der Entwicklung des kanadischen (und weltweiten) Engagements zur Bewahrung unberührter Natur für die nachfolgenden Generationen. Banff wurde 1885 zu Kanadas erstem und weltweit dritten Nationalpark erklärt und war eine Bewährungsprobe, die das weitere ökologische Vorgehen bestimmen sollte. Die vier Nationalparks Waterton (1895), Jasper (1907), Elk Island (1913) und Wood Buffalo (1922) waren ihrerseits im ersten Viertel des 20. Jhs. Teil eines Testlaufs für Kanadas noch in den Kinderschuhen steckenden National Parks Service.

Außer Elk Island sind alle Parks in Alberta als Unesco-Weltnaturerbe gelistet. Doch trotz dieser beeindruckenden Titel verfügen Banff, Jasper und Waterton über eine Infrastruktur, die in den meisten Nationalparks Nordamerikas, vor allem in den USA, undenkbar wäre. In allen drei Parks gibt es Urlaubsorte von beachtlicher Größe, kommerzielle Skigebiete, Golfplätze, die bewässert werden wollen, beliebte Kettenrestaurants und langwierige und oft konfliktträchtige Debatten darüber, wie sich ökologische Integrität und das Recht aller auf Erholung miteinander vereinbaren lassen. Der Streit ist noch längst nicht geschlichtet, und so könnte das Schicksal der Nationalparks in Alberta vielleicht sogar ein Vorbote dessen sein, was die Naturschutzgebiete der Welt in Zukunft zu erwarten haben.

Wer sich, in welcher Form auch immer, im Klettern versuchen möchte, wendet sich an **Yamnuska Mountain Adventures** (www.yamnuska.com; Suite 200, Summit Centre, 50 Lincoln Park). Hier gibt's professionelle Einweisungen, qualifizierte Guides und die komplette Ausrüstung. Es werden auch längere und ausführlichere Kurse angeboten, in denen man alles Notwendige lernt, um sich alleine in die Berge wagen zu können.

Schlafen

Canmore Clubhouse HOSTEL $
(☎403-678-3200; www.alpineclubofcanada.ca; Indian Flats Rd; B ab 36 C$; P) Die Geschichte des Kletterns und die Geheimnisse des Bergs sind in dieser wunderschönen Herberge des Alpine Club of Canada förmlich greifbar. Sie liegt auf einer Anhöhe mit Blick auf das Tal und bietet die für Hostels üblichen Einrichtungen plus eine Sauna. Der Alpine Club hat Bergsteigerkurse im Programm und unterhält mehrere Hütten im Hinterland. Das Clubhouse ist ein toller Ort, um Kletterpartner zu finden oder einfach nur Abenteuerluft zu schnuppern. Es liegt 5 km südlich des Orts – unbequeme 45 Gehminuten bzw. gemütliche fünf Autominuten entfernt.

Windtower Lodge & Suites HOTEL $$
(☎403-609-6600; www.windtower.ca; 160 Kananaskis Way; DZ/Suite 169/239 C$; P @) Das moderne und gut ausgestattete Hotel ist eine gute Option und verdankt seinen Namen einer tollen Felsformation nur ein paar Kilometer östlich. Die Zimmer sind etwas klein, weshalb sich der höhere Preis für eine Suite durchaus lohnt. Aus einigen Zimmern hat man einen schönen Blick auf die Three Sisters. Alle Gäste haben Zugang zum Whirlpool und zum Fitnesscenter.

Essen

The Wood STEAK $$
(www.thewood.ca; 838 8th St; Hauptgerichte 12–29 C$) Viel Holz und ein großer Kamin verleihen diesem Blockhaus mitten in Canmore eine entspannte und gehobene Atmosphäre. Wer sich einen Tag Auszeit vom erstklassiges Alberta „AAA" Steak gönnen möchte (auch wenn das hier schwer fällt), sollte sich für den ausgezeichneten Lachsburger mit Dijon-Tartar-Sauce entscheiden.

Grizzly Paw KNEIPE $$
(www.thegrizzlypaw.com; 622 Main St; Hauptgerichte 13–20 C$) In dieser Kleinbrauerei mit sechs ganzjährig gebrauten Bieren im Angebot bekommt man tatsächlich auch was zwischen die Zähne, z.B. frittierte Hähnchenflügel, Burger und Shepherd's Pie. Das macht den unkonventionellen Gastro-Pub zu einer Seltenheit der Rocky Mountains.

Quarry KNEIPE $$$
(www.quarrydininglounge.com; 718 Main St; Hauptgerichte 17–32 C$) Vom Tresen dieser

schicken Brasserie kann man direkt in die offene Küche schauen, die europäisch angehauchte Gerichte zubereitet. Darunter sind auch einige raffinierte Überraschungen, beispielsweise nicht ganz europäische marokkanische Tajines, hausgemachte Terrinen und Spaghetti Carbonara.

Praktische Informationen

Canmore Library (950 8th Ave) Hier gibt's kostenloses Internet und WLAN; um einen Computer zu bekommen, am besten im Voraus reservieren!

Canmore Visitor Information Centre (www.discoveralberta.com; 2801 Bow Valley Trail; ⌚8–20 Uhr) Gleich am Hwy 1.

An- & Weiterreise

Canmore kann von Banff und Calgary einfach über den Hwy 1 erreicht werden. Der **Banff Airporter** (www.banffairporter.com) bietet täglich bis zu zehn Busse an, die Canmore mit dem Flughafen in Calgary (52 C$) und mit Banff (15 C$) verbinden. Etwas günstiger ist da **Greyhound Canada** (www.greyhound.ca) mit Busverbindungen ins Zentrum von Calgary (25 C$), nach Banff (12,50 C$) und zu allen weiter westlich gelegenen Orten bis Vancouver (138 C$). Zum Zeitpunkt der Recherche gab es in Canmore kein offizielles Busdepot; die Busse halten in der 8th St. Tickets müssen online gekauft werden!

Icefields Parkway

Der gute alte Hwy 93, der 230 km lang an der kontinentalen Wasserscheide zwischen Lake Louise und Jasper verläuft, wurde nicht von ungefähr in Icefields Parkway umbenannt (auf Französisch klingt das etwas romantischer: „Promenade des Glaciers"). Dieser Name bereitet den ahnungslosen Besucher auf die majestätische Landschaft vor, die ihn hier erwartet. Wahrlich hoheitsvoll! Das Highlight ist zweifellos das gigantische Columbia Icefield mit seinen zahlreichen Gletschern. Die dynamische Lektion in Sachen Erosion und Geografie wird von plätschernden Wasserfällen, tiefblauen Seen, dramatischen Bergen und einem vorbeihuschenden Bären oder Wapiti – oder war es doch ein Elch? – abgerundet.

Über den 1940 fertiggestellten Parkway düsen heute vor allem Autos, was im Juli und August zu einem recht hohen Verkehrsaufkommen führt. Einen besseren Blick verspricht die Fahrt mit dem Bus oder, noch besser, mit dem Fahrrad. Die Straße ist breit, nie allzu steil und hat zahlreiche, strategisch gut platzierte Campingplätze, Herbergen und Hotels zu bieten.

Sehenswertes

Hinter jeder Biegung offenbart sich ein Anblick, der scheinbar noch atemberaubender ist als der davor. Es gibt Seen und Gletscher en masse – wirklich zu viele, um sie alle aufzuzählen. Die folgenden sind besonders wunderbar:

Peyto Lake NATUR

Genau diese Landschaft ist der Grund, warum es so viele Menschen in die kanadischen Rockies zieht. Die unfassbar blauen, von Gletschern gespeisten Seen sind als Fotomotiv beliebter als Brangelina. Die unvermeidbaren Menschenmassen sollten einen nicht vom Wesentlichen ablenken – der Ausblick ist so gut wie unübertroffen. Die beste Zeit, den See zu besuchen, ist ganz früh morgens, zwischen den ersten Sonnenstrahlen, die das Wasser berühren und dem ersten Touristenbus, der irgendwann unweigerlich um die Ecke biegt. Vom Parkplatz direkt am See führt ein gepflasterter Weg langsam bergauf. Nach 15 Minuten erreicht man eine hölzerne Aussichtsplattform, von der aus man den See überblickt. Wer möchte, kann dem Pfad noch weiter nach oben folgen. Er führt direkt am Grat entlang und kommt zu einer Weggabelung mit drei Abzweigungen, an der man dem mittleren Weg bis zu einer nicht beschilderten und unbefestigten Straße folgt. Geht man diese Straße 2,5 km lang nach unten, findet man sich in einem ruhigen Felsenbecken wieder, durch dessen Mitte ein kleiner Fluss fließt.

Weeping Wall NATUR

Kurz vor dem Big Bend – diese „große Kurve" erkennt man, wenn man da ist – passiert man die Weeping Wall. Die hoch aufragende Felswand erhebt sich östlich des Highways. In den Sommermonaten ist sie ein Meer aus Wasserfällen, die sich von oben über die Wände ergießen und sie in einen Dunstschleier hüllen. Im Winter sieht alles ganz anders aus: Das Wasser gefriert und bildet eine dicke Eisschicht, die die Wand überzieht. Wie ein vertikales Fußballfeld ist die Felswand dann ein beliebtes Ziel für Eiskletterer, die aus der ganzen Welt herkommen, um ihren Mut unter Beweis zu stellen. Jeder Alpinist, der das Glück hat, heil oben anzukommen, darf auf seine Leistung stolz sein. Herunterfallende Eisbrocken von der Größe eines Kühlschranks sind nicht selten, deshalb beobachtet man das Ganze besser vom Aussichtspunkt an der Straße aus sicherer Entfernung.

Columbia Icefield MUSEUM

Etwa auf halbem Weg zwischen Lake Louise Village und Jasper liegt das einzige zugängliche Stück des gewaltigen Columbia Icefield, das aus über 30 Gletschern besteht. Sie sind bis zu 350 m dick. Diese Überbleibsel der letzten Eiszeit bedecken eine Fläche von 325 km² des Plateaus zwischen Mt. Columbia (3747 m) und Mt. Athabasca (3491 m). Es ist das größte Eisfeld in den Rockies und speist mit seinem Schmelzwasser die Flussnetze des North Saskatchewan River, Columbia River, Athabasca River, Mackenzie River und Fraser River.

Die bergigen Flanken dieses enormen Eisbeckens gehören mit ihren neun Gipfeln über 3000 m zu den höchsten Erhebungen der Rockies.

Hier sollte man auf jeden Fall dem **Icefield Centre** (☎780-852-6288; Eintritt frei; ⌚Mai–Mitte Okt. 9–18 Uhr) einen Besuch abstatten. Im Untergeschoss informiert die **Glacial Gallery** über Gletscher und gibt einen ausführlichen Einblick in die Geschichte der Gegend. Im Erdgeschoss stehen die Ranger von **Parks Canada** (☎780-852-6288) Rede und Antwort, können Tipps zu Campingoptionen und Kletterbedingungen geben und auch sonst jede Frage rund um den Nationalpark beantworten. Es gibt hier außerdem eine recht fade Cafeteria und ein Hotel (s. S. 651).

Athabasca Glacier NATUR

Die Gletscherzunge des Athabasca Glacier erstreckt sich vom Columbia Icefield bis fast zur Straße gegenüber dem Icefield Centre. Sie kann zu Fuß oder mit speziell dafür entwickelten Bussen besichtigt werden. Der Gletscher ist in den letzten 150 Jahren um etwa 1,6 km zurückgegangen. Um an sein Ende zu gelangen, geht oder fährt man 1 km bis zu einem kleinen Parkplatz, an dem auch der 0,6 km lange **Forefield Trail** beginnt. Ein kleines, abgesperrtes Stück der Eisfläche darf betreten werden. Auf keinen Fall über diese Absperrung klettern! Es kommt fast jedes Jahr zu Todesfällen, da viele Besucher die Warnhinweise ignorieren und in eine der zahlreichen Gletscherspalten fallen.

Die beste Art, das Columbia Icefield zu erkunden, ist eine kleine Wanderung auf dem Eis. Das geht allerdings nur mit der Hilfe von **Athabasca Glacier Icewalks** (☎780-852-5595, 800-565-7547; www.icewalks.com; Icefield Centre), die die notwendige Ausrüstung zur Verfügung stellen und einen Guide mitschicken, der genau weiß, wo die Seile verlaufen. Im Angebot sind eine dreistündige Tour (Erw./Kind 60/30 C$; Juni–Sept. tgl. 10.40 Uhr) und ein sechsstündiger Ausflug (70/35 C$), auf dem man sich sonntags und donnerstags etwas weiter auf den Gletscher vorwagen kann.

Die viel einfachere (und weitaus beliebtere) Art, den Gletscher zu erkunden, ist mittels der von **Brewster** (☎877-423-7433; www.brewster.ca; Erw./Kind 49/24 C$; ⌚Mai–Okt. 9–17 Uhr, Touren alle 15–30 Min.) angebotenen „Snocoach"-Eistour. Für viele Leute ist dies die Erfahrung schlechthin während ihres Besuchs auf dem Columbia Icefield. Die riesigen Fahrzeuge (eine Mischung aus Bus und Lkw) fräsen eine Spur ins Eis und fahren bis zu einer Stelle auf dem Gletscher, an der man in einer abgesicherten Zone ein bisschen herumlaufen kann. Warme Kleidung und gutes Schuhwerk sind Pflicht. Tickets gibt's im Icefield Centre oder im Internet.

Vom Athabasca Glacier nach Jasper PANORAMASTRASSE

Auf dem Weg nach Jasper schlängelt sich die Straße an einigen sehenswerten Orten vorbei. Sowohl die **Sunwapta Falls** als auch die **Athabasca Falls**, näher an Jasper gelegen, sind einen Halt wert. Der letztgenannte Wasserfall führt mehr Wasser und erreicht im Sommer seinen tosenden Höhepunkt, wenn er vom Schmelzwasser der Gletscher gespeist wird. Der idyllische, grünblaue **Horseshoe Lake** zieht weniger Besucher an und ist bei leichtsinnigen Klippenspringern beliebt. Man sollte auf keinen Fall hinterherspringen!

An den Athabasca Falls macht sich der Hwy 93A unauffällig nach links davon. Diese Abzweigung nehmen, dann ist man wirklich auf einer unbekannten Route. Diese alte Straße nach Jasper zieht sich anmutig durch tiefe, dunkle Wälder und an kleinen, friedlichen Seen und Wiesen vorbei – eine herrlich verkehrsberuhigte Erfahrung!

Schlafen & Essen

Überall am Icefields Parkway finden sich, gut getarnt, Hostels und Lodges. Die meisten von ihnen liegen nah am Highway und bieten tolle Ausblicke. Zudem gibt es zahlreiche einfache **Campingplätze** (15,70 C$/Nacht) in der Gegend. Empfehlenswert sind die am Honeymoon Lake, Joans Creek, Mt. Kerkeslin, Waterfowl Lakes und Wilcox Creek.

Mosquito Creek International Hostel HOSTEL $
(☎403-670-7589; www.hihostels.ca; B Mitglied/Nicht-Mitglied 23/27 C$; P) Auch wenn der Name abschreckend wirkt: Mosquito Creek, 26 km nördlich vom Lake Louise, ist der perfekte Ausgangspunkt für Erkundungstouren durchs Hinterland. Die Sauna lädt nach einem langen Tag zum Entspannen ein und der angrenzende Fluss verleiht dem Gelände nur noch mehr Flair. Im Winter ist das Hostel manchmal geschlossen; also vorher anrufen!

Rampart Creek International Hostel HOSTEL $
(☎403-670-7589; www.hihostels.ca; B Mitglied/Nicht-Mitglied 23/27 C$; P) Rampart liegt 11 km nördlich der Saskatchewan River Crossing und ist schon lange bei Kletterern, Radfahrern und anderen Draufgängern beliebt. Am kleinen Felsen hinter dem Haus lässt es sich ganz gut Bouldern, die zwölf Schlafsäle mit Stockbetten und die Einrichtungen sind sauber und gemütlich. Und dann ist da noch die Sauna, die für noch mehr Entspannung sorgt. Im Winter vorher anrufen; es könnte geschlossen sein!

Beauty Creek International Hostel HOSTEL $
(Karte S. 646; ☎780-852-3215; www.hihostels.ca; Icefields Parkway; B Mitglied/Nicht-Mitglied 23/27 C$; ⌚Check-in 17–22 Uhr) Kein Strom, Propangaslampen, Toiletten im Freien und Wasser aus dem Brunnen? Kein Problem. Das Pancake-Frühstück (All you can eat) und die tolle Kulisse (da wird jeder zum Poet) entschädigen für alles.

Sunwapta Falls Resort HOTEL $$$
(Karte S. 646; ☎888-828-5777; www.sunwapta.com; Zi. ab 209 C$; P @) Das Sunwapta ist ein willkommener Zwischenstopp 53 km südlich von Jasper und bietet in einer gemütlichen und natürlichen Umgebung eine komfortable Mischung aus Suiten und Zimmern im Lodge-Stil. Das zum Hotel gehörende gutbürgerliche Restaurant und der Souvenirladen sind bei den Passagieren der Touristenbusse sehr beliebt.

Columbia Icefield Chalet HOTEL $$$
(☎877-423-7433; Icefield Centre, Icefields Parkway; Zi. ab 260 C$; ⌚Mai–Okt.; P) Der Panoramablick, den dieses Chalet bietet, ist einfach unglaublich – wenn doch nur die Fenster größer wären! Das Hotel liegt im selben Komplex wie das turbulente Icefield Centre, wodurch man sich hier manchmal wie im Einkaufszentrum fühlt. Sind die ganzen Busse abends aber einmal abgefahren, kann man diesen Ort, einen der spektakulärsten der Umgebung, in aller Ruhe auf sich wirken lassen. Die Cafeteria, die außerdem zum Komplex gehört, ist nicht erwähnenswert.

Num-Ti-Jah Lodge INN $$$
(☎403-522-2167; www.num-ti-jah.com; DZ 275 C$; P) Die historische Num-Ti-Jah Lodge steht wie ein Wächter über dem Bow Lake. Sie hat einen ganz eigenen Charakter und versprüht eine gewisse Hinterland-Nostalgie. Das Interieur ist mit Holzschnitzereien, Tierköpfen und Fotografien aus der Blütezeit der Lodge dekoriert. Die Zimmer sind sauber, wenn auch etwas klein. Das dazugehörige Restaurant (Hauptgerichte ab 14 C$, Drei-Gänge-Menü zum Abendessen 45 C$) wartet mit einer umfangreichen Weinkarte auf.

Banff Town

Ebenso wie die Provinz, in der es liegt, ist auch Banff irgendwie ein Mysterium. Ein Urlaubsort mit Souvenirläden, Nachtclubs und schicken Restaurants ist nicht gerade das, worauf eingefleischte Nationalpark-Fans stolz wären. Äußerlichkeiten können aber täuschen und so sei zuallererst gesagt, dass Banff kein gewöhnlicher Ort ist. Er hat sich im Laufe der Geschichte entwickelt und zwar nicht als Wohnbezirk, sondern als Versorgungszentrum für den umliegenden Park. Außerdem trügt der kommerzielle Eindruck der Banff Ave. Wer fünf Minuten in die eine oder in die andere Richtung schlendert, findet sich schnell, ohne es vielleicht gleich zu merken, mitten in der Wildnis, der urzeitlichen Nahrungskette von Bären, Wapitis, Elchen, Wölfen und Dickhornschafen wieder. Banff und zivilisiert? Das ist nichts weiter als ein Gerücht!

Geschichte

Während die meisten Bergdörfer ihre Wurzeln in der Rohstoffindustrie haben, hatten Banffs Gründer im späten 19. Jh. schon den Tourismus im Hinterkopf. Zuerst erreichte die Eisenbahnlinie den Ort, dann wurden die Thermalquellen Cave und Basin entdeckt und es wurde schnell klar, dass sich

Banff Town

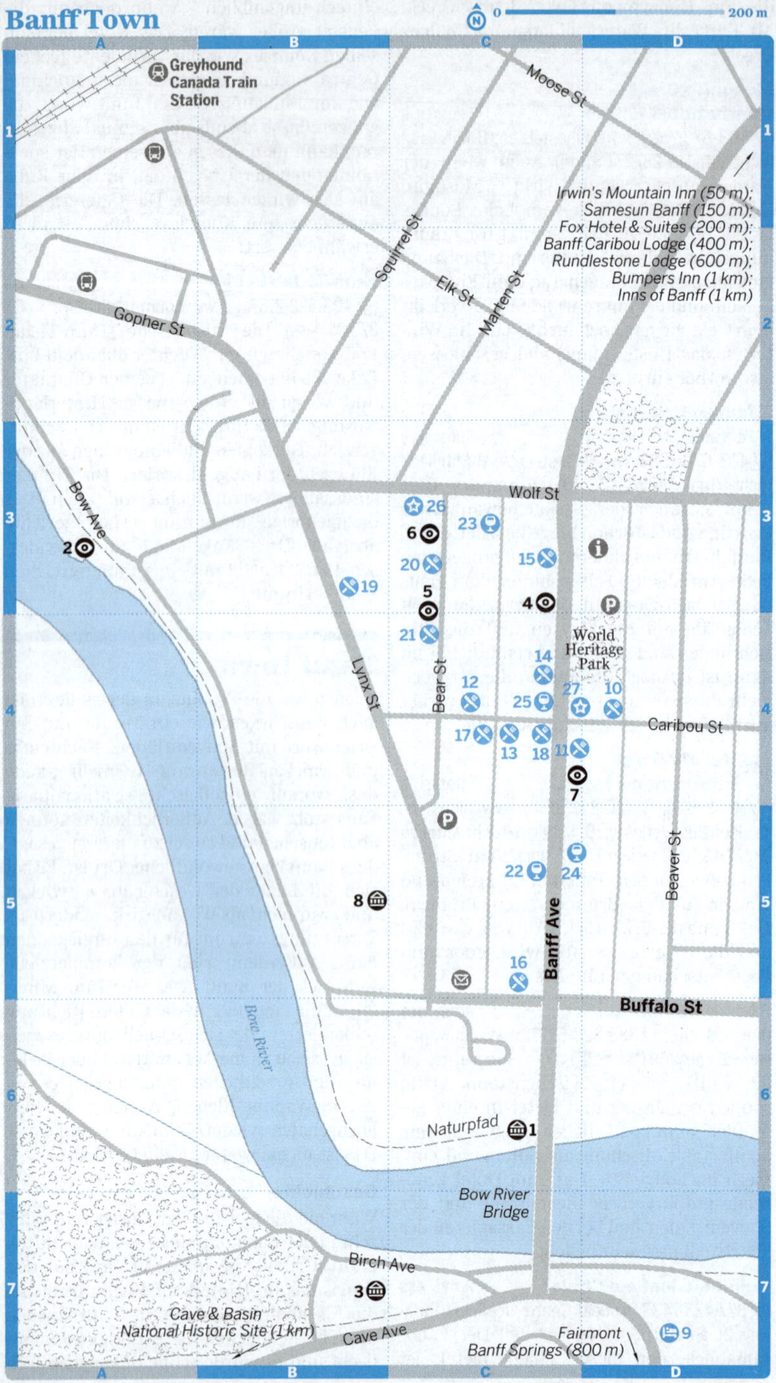
0
200 m
Greyhound Canada Train Station
Moose St
Squirrel St
Elk St
Marten St
Irwin's Mountain Inn (50 m); Samesun Banff (150 m); Fox Hotel & Suites (200 m); Banff Caribou Lodge (400 m); Rundlestone Lodge (600 m); Bumpers Inn (1 km); Inns of Banff (1 km)
Gopher St
Bow Ave
Wolf St
Lynx St
Bear St
World Heritage Park
Caribou St
Beaver St
Banff Ave
Buffalo St
Bow River
Naturpfad
Bow River Bridge
Birch Ave
Cave & Basin National Historic Site (1 km)
Cave Ave
Fairmont Banff Springs (800 m)

Banff Town

Sehenswertes

1 Banff Park Museum C6
2 Blue Canoe A3
3 Buffalo Nations Luxton Museum B7
Canadian Rockies Rafting Company .... (siehe 4)
Discover Banff Tours .... (siehe 4)
4 GyPSy Guide C3
5 Hydra River Guides C3
6 Snowtips/Bactrax C3
7 Warner Guiding & Outfitting C4
8 Whyte Museum of the Canadian Rockies B5

Schlafen

9 Banff Y Mountain Lodge D7

Essen

Bison Mountain Bistro .... (siehe 21)
10 Bruno's Cafe & Grill D4
11 Cows C4
12 Coyote's Deli & Grill C4
13 Eddie Burger & Bar C4
14 Evelyn's Coffee Bar C4
15 Giorgio's Trattoria C3
16 Le Beaujolais C5
17 Magpie & Stump C4
18 Maple Leaf Grille C4
19 Melissa's Restaurant B3
20 Saltlik C3
21 Wild Flour C4

Ausgehen

22 Elk & Oarsman C5
23 St. James's Gate Old Irish Pub C3
24 Tommy's Neighbourhood Pub C5
25 Wild Bill's Legendary Saloon C4

Unterhaltung

Hoodoo Club .... (siehe 18)
26 Lux Cinema Centre C3
27 Rose & Crown C4

hier Geld verdienen ließ. Zunächst kamen Horden von wohlhabenden Besuchern aus dem viktorianischen England, die im Banff Spring Hotel abstiegen und in den wohltuenden Wassern der Quellen badeten. Als die Straße dann 1911 endlich auch Banff erreichte, wurde alles anders, und dem Massenansturm waren Tür und Tor geöffnet.

Banff wurde mit dem wachsenden Zustrom von Touristen immer größer, und es siedelten sich immer mehr Dienstleister an, die nicht mehr nur auf die Oberschicht ausgerichtet waren. Die Stadtentwickler waren noch nie erfreut darüber, dass der Ort in das Gebiet des Nationalparks einbezogen wurde. Dies bringt strikte Bebauungsauflagen mit sich und hat die Weiterentwicklung praktisch zum Stillstand gebracht. Die Zukunft des Bauens in Banff ist sowohl politisch als auch ökologisch ein heißes Eisen, und hier leben zu wollen, ist eine wahre Herausforderung: Das gesamte Land gehört dem Staat und nur wer hier arbeitet, darf auch hierher ziehen. Zudem muss jedes Unternehmen für seine Angestellten Unterkünfte bereitstellen.

Obwohl die Infrastruktur und die Größe des Orts unverändert bleiben, wächst die Anzahl der Besucher weiterhin exponentiell an. Seit Banff in den Nationalpark integriert wurde, wird unter den Einwohnern das Thema Tourismus kontrovers diskutiert. Während ihnen die Besucher einerseits den Lebensunterhalt sichern, überrennen sie den Ort andererseits auch förmlich und machen aus Banff alles andere als das friedliche Bergdorf, das es einst war.

Sehenswertes

LP TIPP Whyte Museum of the Canadian Rockies MUSEUM
(www.whyte.org; 111 Bear St; Erw./Kind 8/5 C$; 10–17 Uhr) Das Whyte Museum hat schon über 100 Jahre auf dem Buckel und ist weitaus mehr als nur ein Zeitvertreib für Regentage. In einer wunderschönen Galerie werden in einer Wechselausstellung großartige Kunstwerke gezeigt. Die Dauerausstellung erzählt die Geschichte von Banff und den beherzten Männern und Frauen, die sich mitten in den Bergen eine neue Heimat geschaffen haben. Direkt nebenan befindet sich ein Archiv mit Tausenden von Fotografien, die die Geschichte des Ortes und des Parks dokumentieren; sie sind als Abzüge erhältlich. Im Museum bekommt man außerdem ein Faltblatt für einen **Banff Culture Walk** in Eigenregie.

Sulphur Mountain AREAL
(Mountain Ave; Erw./6–15 Jahre 29/14 C$; Sommer 8.30–21 Uhr, übriges Jahr kürzere Öffnungszeiten) Ob Sommer oder Winter – der Gipfel des Sulphur Mountain in der Nähe von Banff liegt dank der **Banff Gondola** immer in greifbarer Nähe. Sie bringt innerhalb von zehn Minuten vier Passagiere pro

Gondel sanft hinauf auf den Berg. Dieser verdankt seinen Namen den Thermalquellen, die an seinem Fuße aus dem Boden strömen (*sulphur* = Schwefel). Der Sulphur Mountain ist ein toller Aussichtspunkt und eine Attraktion Banffs, die auf jeden Fall auf der To-do-Liste stehen sollte. Oben gibt es eine Reihe von Restaurants und eine längere Wanderung auf einem Bohlenweg bis zur alten Wetterstation Sanson Peak. Wer möchte, kann auch den gesamten Weg nach oben wandern; ein 5,6 km langer Pfad führt im Zickzack ans Ziel. Die Talfahrt mit der Gondel kostet nur die Hälfte und dann ist in den Thermalquellen erst einmal Entspannung pur angesagt.

Cave & Basin National Historic Site

HISTORISCHE STÄTTE

(Cave Ave; Erw./Kind 4/3 C$; ⌚Mai–Okt. 9–18 Uhr, Nov.–April Mo–Fr 11–16, Sa & So 9.30–17 Uhr) Den Ureinwohnern ist dieser Ort schon seit 10 000 Jahren bekannt. Die Cave & Basin ist ein wundervoller Ort, um in der Geschichte herumzuschnüffeln und etwas über die Entstehung des Banff National Park zu erfahren. Die heißen Quellen wurden 1883 von drei Eisenbahnarbeitern entdeckt, die damit auf eine thermale Goldgrube gestoßen waren. Nachdem sie schnell einen Bretterverschlag aufgestellt hatten, in der sich die zahlenden Gäste für ihre Thermalbehandlungen umkleiden konnten, trat auch schon bald die Regierung auf den Plan und entschied zum Schutz der Quellen, Banff zum ersten Nationalpark Kanadas zu erklären. Schwimmen kann man hier mittlerweile nicht mehr, aber es gibt ein Museum (das zum Zeitpunkt der Recherche vorübergehend geschlossen war) und einen Lehrpfad, der auf einem Bohlenweg zu den Quellen und zur Höhlenöffnung führt. Der 2,5 km lange **Marsh Loop Trail** durch das einzige natürliche Sumpfgebiet des Parks beginnt auch hier.

Banff Upper Hot Springs

SPA

(Mountain Ave; Erw./Student 7,30/6,30 C$; ⌚Mai–Sept. 9–23 Uhr, Okt.–April So–Do 10–22, Fr & Sa 10–23 Uhr) Diese Thermalquellen in der Nähe der Banff Gondola und 4 km südlich des Orts haben ein entspannendes (wenn auch oft recht volles) Heißwasserbecken, ein Dampfbad, einen Whirlpool und einen hervorragenden Blick auf die Berge zu bieten. Das Wasser sprudelt mit einer Temperatur von 47 °C aus der Quelle, sodass es im Winter auf 39 °C heruntergekühlt werden muss; im Frühjahr wird dies von der Schneeschmelze erledigt. Neben einem Bad im Pool kann man sich auch durch eine Massage oder Aromatherapie verwöhnen lassen. Badebekleidung und Handtücher können geliehen, Schließfächer gemietet werden.

Lake Minnewanka

NATUR

Der Lake Minnewanka, ausgesprochen wird er *mini-uonka*, liegt 13 km östlich von Banff und ist daher ein beliebtes Ziel, um dem ganzen Trubel zu entkommen. Das malerische Erholungsgebiet bietet zahlreiche Möglichkeiten, um wandern, schwimmen, segeln oder angeln zu gehen oder mit dem Boot hinauszufahren. Um den See herum führt ein schöner und einfacher Weg, der leicht zu finden und daher auch sehr beliebt ist. **Minnewanka Lake Cruises** (www.explorerockies.com/minnewanka; Erw./Kind 44/19 C$; ⌚Mitte Mai–Anfang Okt. 10–18 Uhr, 5–9 Touren) hat 60-minütige, lehrreiche Rundfahrten auf dem See im Angebot, die einen großartigen Einblick in die Geschichte und Geologie der Region geben. Hier kann geangelt oder zum Alymer Lookout gewandert werden. Unterwegs bietet sich ein spektakulärer Ausblick auf See und Berge. Ein Brewster-Bus übernimmt gegen zusätzliche Bezahlung den Transport hierher. Weitere Infos gibt's auf der Website von Minnewanka Lake Cruises.

Banff Park Museum

MUSEUM

(93 Banff Ave; Erw./Kind 3,95/1,95 C$; ⌚Mai–Sept. 10–18 Uhr, Okt.–April 13–17 Uhr) Das Museum ist in einem alten Holzgebäude der Canadian Pacific Railway von 1903 untergebracht und deshalb eine National Historic Site. Die Ausstellungsstücke – eine Sammlung von präparierten Tieren aus dem Park, darunter ein Grizzly- und ein Schwarzbär, und ein alter Baum von 1841, in dessen Rinde alles mögliche eingeritzt ist – haben sich nur wenig verändert, seit das Museum vor über 100 Jahren erstmals seine Pforten öffnete.

Buffalo Nations Luxton Museum

MUSEUM

(www.buffalonationsmuseum.ca; 1 Birch Ave; Erw./6–12 Jahre/Senior & Student 8/2,50/6 C$; ⌚11–18 Uhr) Das Luxton Museum erweckt die Geschichte der ersten Einwohner des Gebiets rund um Banff mithilfe von interessanten Schaukästen und Artefakten zum Leben. In den Ausstellungsräumen sind vor allem traditionelle Kleidung und historische Fotografien zu sehen. Darüber hinaus gibt es eine lebensgroße Nachbildung einer

Sonnentanzzeremonie und weitere gute Arrangements.

Aktivitäten

Kanu- & Kajakfahren

Trotz der in jüngster Zeit entflammten Vorliebe für große Autos ist das Kanu immer noch ein wichtiges kanadisches Fortbewegungsmittel. Beste Optionen rund um Banff, um dabei mitzumachen, sind die beiden nordöstlich des Ortes gelegenen Seen **Lake Minnewanka** und **Two Jack Lake**, oder – noch näher – die **Vermilion Lakes**. Wer kein eigenes Kanu hat, kann sich bei **Blue Canoe** (☎403-760-5007; Ecke Wolf St & Bow Ave; Verleih 1. Std./jede weitere Std. 34/20 C$) eines leihen.

Radfahren

Radfahrer haben rund um Banff zahlreiche Möglichkeiten, sich auszutoben – sowohl auf der Straße als auch auf ausgewählten Pfaden. Beliebte Routen in der Umgebung sind der **Sundance** (hin & zurück 7,4 km) und der **Spray River Loop** (12,5 km); beide sind auch für Familien geeignet. **Spray River & Goat Creek** (einfache Strecke 19 km) und **Rundle Riverside** (einfache Strecke 14 km) haben beide unterschiedliche Start- und Endpunkte, von denen einer jeweils in der Nähe von Canmore liegt. Ersterer ist recht einfach, während das Auf und Ab der Rundle-Strecke schon eine größere Herausforderung darstellt – Nervenkitzel und gelegentlich eine brenzlige Situation inklusive. **Bactrax** (www.snowtips-bactrax.com) kann Shuttles zu den Anfangs- bzw. Endpunkten organisieren.

Wer sich aufs Rennradfahren versteht, der sollte den Hwy 1a zwischen Banff und Lake Louise in Angriff nehmen. Die sanften Hügel und die wenig befahrene Straße ist der Traum eines jeden Rennradlers. Parks Canada hat eine Broschüre mit dem Namen *Mountain Biking & Cycling Guide – Banff National Park* herausgegeben, in der Wege und Regeln beschrieben sind.

Snowtips/Bactrax (www.snowtips-bactrax.com; 225 Bear St; Verleih pro Std./Tag ab 10/35 C$) verleiht Fahrräder und hat Unmengen verschiedener Modelle im Angebot. Es werden auch Touren zu einem der unzähligen Radwege rund um Banff organisiert (20 C$/Std.).

Rafting

Die beste Rafting-Option findet man außerhalb des Parks (und der Provinz) auf dem Kicking Horse River im Yoho National Park in BC. Hier gibt's Stromschnellen der Kategorie IV, was große Wellen, Wasserstrudel und garantiert nasse Kleidung mit sich bringt. Die Stromschnellen des Kananaskis River und des Abschnitts des Bow Rivers, der im Horseshoe Canyon verläuft, sind weniger wild. Bei Banff eignet sich der Bow River bloß für eine gemütliche Bootsfahrt.

Die im Folgenden genannten Unternehmen sind auch im Park vertreten. Sie bieten Touren ab 79 C$ an. Wer in Banff abgeholt werden will, muss mit 15 C$ Aufschlag rechnen.

Canadian Rockies Rafting Company (☎403-763-2007; www.chinookraft.com; 215 Banff Ave)

Hydra River Guides (☎403-762-4554; www.raftbanff.com; 211 Bear St)

Wild Water Adventures (☎403-522-2211; www.wildwater.com) Hat im Chateau Lake Louise einen Infoschalter, organisiert gegen eine Gebühr aber auch einen Abholservice aus Banff.

Reiten

Die ersten Europäer, die Banff erreicht haben – Pelzhändler und Eisenbahnbauer – erkundeten die Region vorwiegend hoch zu Ross. Auf den geführten Ausritten von **Warner Guiding & Outfitting** (☎403-762-4551; www.horseback.com; 132 Banff Ave; 1-stündige Ausritte ab 40 C$) wird dieser Pioniergeist zu neuem Leben erweckt. Die Pferde sind zuverlässig, und die Touren führen teilweise über enge Pfade. Eine Einführung und die Guides sind Teil des Pakets, Anfänger bekommen dazu wohl noch einen wunden Hintern, aber da muss man durch. Wer es wirklich wissen will, der entscheidet sich für die sechstägigen Wildlife Monitoring Adventure Expeditions, die durch Sperrgebiete führen und von einem Forscher von Parks Canada begleitet werden.

Skifahren & Snowboarden

Im Nationalpark gibt es gleich drei Skigebiete, von denen zwei in der Nähe von Banff liegen. Dem großen, schneereichen Sunshine Village wird Weltklasseniveau bescheinigt. Das winzige Norquay befindet sich dagegen nur 6 km vom Ortskern entfernt und ist gut für einen halben Tag und für Familien.

Sunshine Village (www.skibanff.com; Tagesskipass 75 C$) schmiegt sich an die Grenze zwischen Alberta und BC. Das

Skigebiet selbst ist zwar etwas kleiner als Lake Louise, dafür bekommt es viel mehr Schnee, oder „Champagner-Puder", wie ihn die Menschen hier nennen, ab (bis zu 9 m pro Jahr). Skifans lieben dieses Gebiet für seine anspruchsvollen Abfahrtspisten und die lange Skisaison, die bis zum Wochenende des Victoria Day Ende Mai andauert. Mit einer Hochgeschwindigkeitsgondel flitzt man in 17 Minuten hinauf zum Sunshine Village, wo auch Banffs einziges direkt an der Piste gelegenes Wintersporthotel steht, die Sunshine Mountain Lodge.

Ski Banff@Norquay (www.banffnorquay.com; Mt Norquay Rd; Liftkarte 46 C$) 6 km nördlich von Banffs Zentrum gehört schon lange zum Inventar des Parks. Es ist der kleinste und am wenigsten besuchte der drei Hügel hier und ein toller Ort, um den Angebern in den großen Gebieten aus dem Weg zu gehen und einfach mal einen gemütlichen halben Tag im Schnee zu toben.

In der Skisaison bringen Shuttlebusse die Skifahrer und Snowboarder im 30-Minuten-Takt von den Hotels in Banff zu beiden Skigebieten (und nach Lake Louise).

Wandern

Banffs Königsdisziplin ist das Wandern. Es ist das Hauptinteresse vieler Traveller, die in diese Gegend kommen. Die Wanderwege sind einfach zu finden, gut ausgeschildert und gut genug instand gehalten, um sie bequem begehen zu können und doch naturbelassen genug, um ein echtes Wildnis-Feeling aufkommen zu lassen.

Allgemein gilt, dass man mit wachsender Entfernung zum Ort immer weniger Menschen treffen wird und dass auch die Wege weniger gut erschlossen sind. Aber ganz egal, wohin im Park man sich aufmacht, Wanderer werden für ihre Mühen immer belohnt.

Bevor es losgeht, ist es ratsam, sich im Banff Information Centre (S. 661) nach dem Zustand der Wege und möglichen Schließungen zu erkundigen. Es gilt zu bedenken, dass die Wege oft bis in die Sommermonate hinein noch schneebedeckt sind und manche Pfade geschlossen werden, wenn gerade Bären in der Gegend unterwegs sind. Das kann vor allem in der Beerensaison (Juni–Sept.) vorkommen.

Eine der besten Wanderungen, die mitten im Ort starten, ist der **Bow River Falls and the Hoodoos Trail**, der an der Bow River Bridge beginnt und an den Wasserfällen vorbei zu den Hoodoos führt. Das sind seltsame hohe Felsformationen, die ihre Form dem Wind und der Wassererosion zu verdanken haben. Der Weg verläuft an der Rückseite des Tunnel Mountain und durchquert Wälder und einige Auen. Er endet nach 10,2 km dort, wo er begonnen hat.

Der Weg, der entlang des Nordufers des Lake Minnewanka verläuft, ist mehrere Kilometer lang und wartet nur darauf, erkundet zu werden. Man muss ihn sich mit Radfahrern, Reitern und manchmal sogar mit einem Bären teilen. Deshalb ist er zeitweise geschlossen. Ein Klassiker ist die Wanderung bis zum **Alymer Lookout**. Schon die einfache Strecke ist fast 10 km lang. Weniger anstrengend ist der 5,6 km lange Weg (hin & zurück) zum **Stewart Canyon**, wo man über Felsen und Geröllbrocken bis zum Ufer des Cascade River hinunterkraxeln kann.

Einige der besten mehrtägigen Wanderungen beginnen am Sunshine-Parkplatz, dort, wo sich die Skifahrer im Winter in die Gondel schwingen. Von hier können zwei- bis viertägige Ausflüge hinauf zum Healy Pass und über den **Egypt Lake** zurück ins Tal in Angriff genommen werden. Alternativ steigt man in einen Bus hinauf zum Sunshine Village und überquert die Grenze nach BC. An den Sunshine Meadows vorbei geht es zum **Mount Assiniboine Provincial Park**.

Unumstrittene Nummer eins aller Hinterland-Erfahrungen ist der **Sawback Trail**. Er verläuft von Banff bis zum Lake Louise hinauf und ist insgesamt 74 km lang. Unterwegs kommt man an sechs einfachen Zeltplätzen und drei spektakulären Bergpässen vorbei.

Im englischsprachigen Guide *Banff, Jasper & Glacier National Parks* von Lonely Planet finden sich weitere Infos zu Tagesausflügen und mehrtägigen Wanderungen.

☞ Geführte Touren

GyPSy Guide AUTOTOUR
(☎403-760-8200; www.gpstourscanada.com; Sundance Mall, 215 Banff Ave; 40 C$/Tag) Die Zukunft geführter Reisen beginnt direkt hier in Banff. Das tragbare Navigationsgerät GyPSy wird einfach mit ins Auto genommen. Während der Fahrt hört man über das Audiosystem des Fahrzeugs lebendige Kommentare. Das Navi zeigt einem die Umgebung und weist außerdem auf Highlights hin. Der Fahrer muss nur den Anweisungen folgen und schon hat er seine eigene groß-

artige Tour durch die Gegend. Sie schließt Ziele wie Banff, Lake Louise, Columbia Icefield, Jasper und Calgary mit ein. Und das Allerbeste: Wenn man mal keine Lust mehr hat, kann man den Reiseleiter einfach abschalten.

Discover Banff Tours NATUR, SEHENSWÜRDIGKEITEN
(☎403-760-5007; www.banfftours.com; Sundance Mall, 215 Banff Ave; Touren 39–145 C$) Discover Banff bietet eine tolle Auswahl an Ausflügen. Es gibt dreistündige Führungen durch den Ort, Wildlife-Touren (bei Sonnenaufgang oder abends), Tagesausflüge zum Columbia Icefield und sogar zehnstündige Grizzly-Touren, bei denen die Sichtung eines Bären garantiert ist – sonst gibt's das Geld zurück.

Feste & Events

Das größte jährliche Event im Ort ist das Doppel aus **Banff Mountain Book Festival** und **Banff Mountain Film Festival** (www.banffcentre.ca/mountainfestival). Die beiden Festivals finden direkt nacheinander Ende Oktober und Anfang November statt. Sie ziehen die Crème de la Crème der Bergkulturfans an und sind ein Muss – sowohl für Sofa-Abenteurer als auch für echte Berggurus.

Schlafen

Verglichen mit anderen Orten in der Region sind die Unterkünfte in Banff ganz schön teuer und im Sommer teils sehr knapp. Hier greift mal wieder das alte Sprichwort „Der frühe Vogel fängt den Wurm" – es wird ausdrücklich empfohlen, vorab zu reservieren!

Das Banff/Lake Louise Tourism Bureau aktualisiert täglich die Verfügbarkeiten; Ein Blick auf die Aushänge in der Touristeninformation in Banff lohnt sich. Manchmal kann auch **Enjoy Banff** (☎1-888-313-6161; www.enjoybanff.com) weiterhelfen: Die Agentur kann Zimmer in über 75 verschiedenen Unterkünften buchen.

Campen im Banff NP ist sehr beliebt und unkompliziert. Es stehen 13 Campingplätze zur Auswahl, von denen ein Großteil entlang des Bow Valley Parkway oder in der Nähe von Banff Town zu finden ist.

LP TIPP **Fairmont Banff Springs** HOTEL $$$
(☎403-762-2211; www.fairmont.com/banffsprings; 405 Spray Ave; Zi. ab 337 C$; P @ 🛜 🏊) Man nehme eine Mischung aus schottischem Schloss und französischem Chateau und setze es mitten in eine der spektakulärsten (und am besten zugänglichen) Wildnisgebiete der Welt. Und voilà: das Fairmont Banff Springs. Dieses gälische Balmoral erhebt sich am Fuße des Sulphur Mountain hoch über die Baumwipfel und ist kilometerweit zu sehen. Es ist ein kleines Wunder der neuen Architektur der frühen 1920er-Jahre und unter den Bauwerken Kanadas eine echte Ikone. Wandelt man durch das museumsartige Innere, vergisst man leicht, dass dies eigentlich ein Hotel ist. Die ausgezeichneten Zimmer stehen den opulenten Gemeinschaftsbereichen in nichts nach, auch wenn die Preise eher in die Kategorie „budget-sprengend" fallen.

Banff Rocky Mountain Resort HOTEL $$
(☎403-762-5531; www.bestofbanff.com; 1029 Banff Ave; Zi. ab 119 C$; P 🛜 🏊) Für die Lage 4 km außerhalb des Orts und am alleräußersten Ende der Banff Ave entschädigen gute Preise und eine ausgezeichnete Ausstattung (z. B. Whirlpool, Schwimmbecken, Tennisplätze und ein Café-Restaurant). Hinzu kommen das noch größere Gefühl der Abgeschiedenheit, ein ruhiges, mit Bäumen bewachsenes Gelände (man kommt sich hier nie wie in einem Urlaubsort vor) und großzügige Zimmer mit Sofas, Schreibtischen und zusätzlichen Betten. Einmal pro Stunde fährt ein kostenloses Shuttle in den Ort. Alternativ kann man aber auch das 4 km lange Stück des Legacy Trails zu Fuß oder mit dem Rad zurücklegen.

Rimrock Resort Hotel HOTEL $$$
(☎403-762-3356; www.rimrockresort.com; 300 Mountain Ave; Zi. Queen-/King-Size 275/365 C$; P @ 🛜 🏊) Etwas weiter bergauf, aber dafür auf der Preisskala etwas weiter unten angesiedelt wie das Fairmont ist das Rimrock, ein weiteres Nobelhotel in spektakulärer Lage gleich neben den Thermalquellen. Verständlicherweise steht es immer im Schatten seines berühmten Nachbarn. Trotz der kontroversen Lage an den Hängen des Sulphur Mountain, mitten in einem Korridor, der normalerweise von wilden Tieren genutzt wird – die Sicht von hier oben ist etwas Besonderes. Das Innere erinnert an ein Chalet und ist für eine Bergresidenz ganz schön dekadent ausgestattet. Das Restaurant (Eden) ist erstklassig und die Zimmer sind fast so spektakulär wie der atemberaubende Blick aus den Fenstern. Definitiv jeden Penny wert.

Tunnel Mountain Village CAMPING $
(☎877-737-3783; www.pccamping.ca; Tunnel Mountain Rd; Stellplatz Zelt/Wohnmobil

27,40/38,20 C$; P) Kaum zu glauben, dass die fast 1000 Plätze manchmal voll sein sollen. Ist der Sommer aber erst da, platzt der Campingplatz tatsächlich aus allen Nähten, wenn Urlauber aus allen Ecken der Welt hier ihr Lager aufschlagen. Die Lage auf dem Gipfel des Tunnel Mountain mit Stellplätzen zwischen den Bäumen ist weitaus weniger düster, als sich das anhört. Ein Teil des Platzes hat auch im Winter geöffnet. Wer also bei –20 °C unter einem Segeltuch schlafen will, der ist hier richtig.

HI-Banff Alpine Centre HOSTEL $

(403-762-4122; www.hihostels.ca; 801 Hidden Ridge Way; B/DZ ab 40/135 C$; P @) Das beste Hostel im Ort liegt fast ganz oben auf dem Tunnel Mountain und in ausreichender Entfernung vom verrückten Treiben auf der Banff Ave. Der Weg in den Ort ist ein gutes Training für Wanderfreunde, und die Anstrengungen werden reich belohnt. Die Gebäude versprühen das klassische Flair einer Gebirgs-Lodge – die Preise zum Glück nicht. Die Zimmer, Schlafsäle und ein paar Doppelzimmer, sind sauber und komfortabel. Zur Krönung gibt's Kamine in den Gemeinschaftsräumen und einen tollen Ausblick. Ein öffentlicher Bus hält direkt vor der Tür, sodass man sich von der Lage nicht abschrecken lassen darf.

Fox Hotel & Suites HOTEL $$$

(800-760-8500; www.bestofbanff.com; 461 Banff Ave; DZ ab 220 C$; P @) Das jüngste Hotel in Banff wurde 2007 eröffnet. Seine vier Sterne verdient es sich durch den Blick für das Schöne und seine Liebe zum Detail. Die Wände der hellen, modernen Zimmer schmücken Retro-Tapeten und einzigartige, interessante Wandbilder, während die plätschernden Wassermassen der Eingangshalle unweigerlich an Rom erinnern. Absolutes Highlight ist die geniale Nachbildung der „Cave & Basin"-Thermalquellen im Whirlpool-Bereich, über dem eine Öffnung im Dach den Blick auf den Himmel frei gibt. Das Bar-Restaurant nennt sich „Chilis" und hat u.a. hervorragende Margaritas. Nach Banff sind es zehn Minuten zu Fuß.

Banff Caribou Lodge HOTEL $$

(403-762-5887; www.bestofbanff.com; 521 Banff Ave; DZ/Suite 149/229 C$; P @) Als eines der schickeren Hotels im Repertoire des lokalen Imperiums der Banff Lodging Co. (von eben dieser mit dreieinhalb Sternen versehen) wird das Caribou dem klassischen Stereotyp einer Gebirgs-Lodge gerecht. Dazu tragen seine Fassade aus Holz und Stein, ein riesiger Kamin in der Eingangshalle und seine allgemeine alpine Gemütlichkeit bei. Neben den 189 komfortablen Zimmern gibt's kostenlos eine öffentliche Busverbindung, eine beheizte Tiefgarage, ein Keg-Steakhouse und einen einladenden Wellnessbereich mit mehreren Pools und Räumen für Spa-Anwendungen.

Inns of Banff HOTEL $$

(403-762-4581; www.bestofbanff.com; 600 Banff Ave; Zi. ab 129 C$; P @) Das letzte Hotel auf der Banff Ave wird vom Trubel des Ortskerns verschont und hat oft recht gute Angebote. Die Architektur ist zwar etwas überholt, dafür gibt es zahlreiche Annehmlichkeiten wie einen Pool drinnen und draußen, einen Ski- und Fahrradverleih und ein japanisches Restaurant.

Rundlestone Lodge HOTEL $$$

(403-762-2201; www.rundlestone.com; 537 Banff Ave; DZ/Suite ab 179/339 C$; P) Dieser Ort ist von einem pseudo-britischen Charme erfüllt, den die Theatersitze in der Lobby noch unterstreichen. Die Standardzimmer sind, nun ja, standardmäßig eben. Deshalb lieber einen draufsetzten und eine Familien- oder Flitterwochen-Suite nehmen, dann bekommt man eine Küche, einen Kamin und eine Loft obendrein. Der zentral gelegene Pool im Innern des Gebäudes ist ein nettes Extra, und das in Banff obligatorische Hotelrestaurant – das hier heißt Tooloulou's – zaubert Gerichte mit kreolischem Einschlag.

Samesun Banff HOSTEL $

(403-762-5521; www.banffhostel.com; 449 Banff Ave; B/DZ 32/129 C$; P @) Das Samesun gehört einer Fünfergruppe von Hostels im Westen Kanadas an (die anderen fünf liegen in BC) und ist frecher, individueller und etwas günstiger als die anderen hiesigen Budgetunterkünfte. Hier gibt es einen großen Innenhof mit Grillstelle, kompakte Schlafsäle für vier bzw. acht Personen, eine Bar, kostenloses Frühstück und ein paar Zimmer im Hotelstil im angrenzenden „Chalet" (sie werden zwar als Vier-Sterne-Zimmer angepriesen, der Brüller sind sie aber nicht). Hier trifft man alle Nationalitäten, Backpacker und junge Leute (und im Herzen Junggebliebene).

Irwin's Mountain Inn HOTEL $$

(403-762-4566; www.irwinsmountaininn.com; 429 Banff Ave; DZ ab 149 C$; P @) Macht man am obersten Ende der Banff-Ave-

Leiter einige preisliche und qualitative Abstriche, so landet man hier, wo die Zimmer eher an ein Motel erinnern und das Dekor mehr Plastik als Granit ist. Das Hotel ist bei Familien sehr beliebt, die sich über den Whirlpool, das Dampfbad, den Fitnessraum und das kostenlose kontinentale Frühstück freuen.

Banff Y Mountain Lodge HOSTEL **$**
(☎403-762-3560; www.ymountainlodge.com; 102 Spray Ave; B 33 C$, DZ mit Gemeinschaftsbad/eigenem Bad 88/99 C$; P @) Die eleganteste Hostel-Option in Banff hat sowohl Schlafsäle als auch private, auf Familien ausgerichtete Unterkünfte direkt am Fluss.

Bumpers Inn MOTEL **$$**
(☎403-762-3386; www.bumpersinn.com; 603 Banff Ave; Zi. ab 125 C$; P) Ein Motel ohne jeglichen Schnickschnack – das findet man in Banff sehr selten. Das Bumpers ist ein 08/15-Motel ohne Ansprüche, dafür aber mit hohem Sparpotenzial für seine Gäste. In den Ort sind es zu Fuß 15 Minuten.

Two Jack Lakeside CAMPING **$**
(Minnewanka Loop Dr; Stellplatz ab 27,40 C$; ⏰Mitte Mai–Mitte Sept.; P) Die landschaftlich schönste Lage rund um Banff ist diesem Campingplatz am Ufer des Two Jack Lake sicher. Die 74 nicht reservierbaren Plätze werden schnell voll.

Essen

Die Restaurantszene Banffs kann weit mehr als nur hungrige Wanderer sattmachen. Sushi und Foie gras haben in den Restaurants der Banff Ave schon längst Einzug gehalten, und einige der eleganteren Optionen bringen selbst den naturbelassensten Wanderfreund dazu, sich vor dem Essen erst einmal eine Dusche zu genehmigen. Neben den unten genannten Optionen haben viele der Hotels ihre eigenen ausgezeichneten Restaurants, in denen auch Nicht-Gäste willkommen sind. Selbst auf der ausgefallendsten Speisekarte darf ein Alberta „AAA" Steak nicht fehlen.

LP TIPP **Coyote's Deli & Grill** FUSION **$$**
(www.coyotesbanff.com; 206 Caribou St; Hauptgerichte mittags 8–14 C$, Hauptgerichte abends 20 C$; ⏰7.30–22.30 Uhr) Wer sich mal einen Tag vor dem Wandern drücken möchte, ist hier zur Mittagszeit am besten aufgehoben. Die Feinkost und Grillspezialitäten der Speisekarte haben einen starken südwestlichen Einschlag. Während man sich also einen Barhocker schnappt und sich auf ein paar Scherze mit dem Barmann einlässt, bestellt man Fladenbrot, Pie mit Meeresfrüchten, Quesadillas oder eine der interessante Suppen (z. B. die mit Süßkartoffeln oder mit Mais und Fisch).

Eddie Burger & Bar BURGER **$$**
(www.theeddieburgerbar.ca; Caribou St; Burger 13 C$) Vorurteile bitte draußen lassen! Mit seinen schwarzen Ledersitzen und dem stimmungsvollen Licht mag das Eddie vielleicht anmaßend wirken und, ja, das Wort „Burger" kommt im Namen vor. Hier sind aber alle willkommen (auch ausgepowerte Wanderer und Kinder) und die Gourmethappen-im-Brötchen sind hochwertiger und bei Weitem weniger fettig als der Alberta-Standardburger. Der Spicy Italian und der Mexican sind gut scharf, was aber mit einem Kokanee-Bier in der Hand halb so wild ist.

Melissa's Restaurant STEAK **$$**
(www.melissasrestaurant.com; 218 Lynx St; Pizzen/Steaks ab 18/21 C$; ⏰7–22 Uhr) Das Melissa's gehört zu der Art von lässigem Restaurant, in dem die Ketchupflasche auf dem Tisch nie fehlen darf. Es ist in einem historischen Gebäude von 1928 untergebracht und bei den Einheimischen äußerst beliebt. Die Auswahl an Gerichten in allen möglichen Preiskategorien ist enorm groß. Dennoch sind der Brunch, die Steaks des Mittagstischs und die dicken fetten Pizzas die Aushängeschilder.

Maple Leaf Grille KANADISCH **$$$**
(www.banffmapleleaf.com; 137 Banff Ave; Hauptgerichte 20–40 C$) Das „Ahornblatt" hat schon viel nationalen und internationalen Beifall geerntet und verzichtet zugunsten des „Kanadisch-Seins" auf alle sonstigen Ambitionen. Das bedeutet wiederum, dass die Speisekarte auf Lachs aus BC, Kabeljau von der Ostküste, Alberta-Rind und Okanagan-Wine-Country-Salat fußt. Prinzip verstanden? Hier geht's sehr patriotisch, aber auch sehr lecker zu.

Giorgio's Trattoria ITALIENISCH **$$**
(www.giorgiosbanff.com; 219 Banff Ave; Hauptgerichte ab 16 C$; ⏰17–22 Uhr) In einem schickeren Ambiente als beim durchschnittlichen Lieblings-Italiener werden authentische Klassiker wie Ossobucco-Risotto oder eine exquisite Birnen-Gorgonzola-Pizza serviert. Aber auch der Alberta-Einschlag darf natürlich nicht fehlen (Büffel-Papardelle!). Das Interieur ist elegant – und so sind die Preise (vor allem die auf der Weinkarte).

Bison Mountain Bistro FUSION $$
(www.thebison.ca; 211 Bear St; Hauptgerichte mittags ab 11 C$, Hauptgerichte abends ab 18 C$; ⏲Mo–Fr 11 Uhr–open end, Sa & So 10 Uhr–open end) Das Bison erweckt vielleicht den Anschein, als ob hier nur schicke, wohlhabende Leute aus Calgary mit teurer Wanderausrüstung ein und aus gingen, in Wirklichkeit sind die Preise aber sehr human (nichts über 20 C$). Die Speisekarte ist hier nicht mit dem üblichen Alberta-Rind überladen, sondern bietet auch große Salate und etwas merkwürdige stärkehaltige Pizzas, belegt mit Butternusskürbis und Rosmarinkartoffeln. Zum modernen Dekor kommen noch eine Terrasse im Freien und ein Feinkostladen im Untergeschoss, in dem Gourmetkäse und andere Delikatessen über die Theke gehen.

Le Beaujolais FRANZÖSISCH $$$
(☎403-762-2712; www.lebeaujolaisbanff.com; Banff Ave at Buffalo St; 3-/6-Gänge-Menüs 68/95 C$; ⏲18–22 Uhr) Kaum ist das Wort „Französisch" in die Marketingstrategie eingebaut, kommen gebügelte Servietten, Kellner mit Krawatten, Schnecken (bzw. *escargot*, denn das klingt doch viiiiel leckerer) und erhöhte Preise dabei raus. Nach einer Wanderung ist das Beaujolais vielleicht nicht jedermanns Sache, wer allerdings nur hier ist, um die Romantik der Berge aus sicherer Entfernung zu bestaunen, der kann sich nebenbei ruhig Wildschwein, Bison und Foie gras schmecken lassen.

Evelyn's Coffee Bar CAFÉ $
(201 Banff Ave; Hauptgerichte 6 C$; ⏲6.30–23 Uhr) Da kann Starbucks einpacken, denn Evelyn's belegt gleich vier Top-Locations im Ortskern, die alle in oder in unmittelbarer Nähe der Banff Ave liegen. Alle haben sie wunderbare Wraps, Kuchen und – jetzt kommt das definitiv Beste – eine eigene Auswahl an hausgemachten Riesen-Cookies im Angebot.

Bruno's Cafe & Grill FRÜHSTÜCK, BURGER $
(304 Caribou St; Hauptgerichte ab 10 C$; ⏲8–22 Uhr) Während es woanders nur bis 11 Uhr Frühstück gibt, werden hungrige Bergfreunde im Bruno's den ganzen Tag über damit versorgt. Einer von ihnen war einst auch sein Schweizer Besitzer, der Bergführer Bruno Engler. Die Wände in dieser Mischung aus Schnellrestaurant und Pub sind mit uralter Skiausrüstung dekoriert, und am Tisch nebenan sitzt nicht selten die Liveband vom Abend zuvor, die sich für den nächsten Auftritt stärkt. Das beachtliche Mountain Breakfast (17 C$) wird in einem Korb serviert. Um es zu verdrücken, braucht man schon einen Appetit von der Größe des Mt. Rundle.

Saltlik STEAK $$
(www.saltliksteakhouse.com; 221 Bear St; Hauptgerichte ab 18 C$; ⏲11–2 Uhr) Hier steht beispielsweise Rib-Eye-Steak in Zitrus-Rosmarin-Butter mit Pfefferkörnern auf der Speisekarte – das Saltlik ist ganz offensichtlich kein 08/15-Steakhaus mit immer faden T-Bone-Steaks. Der herausgeputzte Speiseraum ist voller rustikaler Eleganz, und schon die Liste der Steaks ist so lang wie die komplette Speisekarte vieler anderer Restaurants. Unter den zahlreichen Steakhäusern des Orts ist dieses vielleicht sogar die Nummer eins.

Magpie & Stump MEXIKANISCH $$
(203 Caribou St; Hauptgerichte 9–14 C$; ⏲12–2 Uhr) Die typische, etwas stickige Cantina ist voller sonnengebräunter Snowboarder mit Dreadlocks. Hier überkommt einen unweigerlich das Gefühl, man müsse zum Abendessen einen überladenen Teller überbackener Hähnchen-Enchiladas mit würziger Sauce vernichten.

Wild Flour CAFÉ $
(www.wildflourbakery.ca; 211 Bear St; Hauptgerichte ab 5 C$; ⏲7–19 Uhr; ✎) Banffs Antwort auf Tim Hortons sind biologisch angebaute, vegane und ganz offen gesagt etwas seltsam aussehende Kuchen, Backwaren und Zimtschnecken, serviert mit fair gehandeltem Bio-Kaffee. Hier gibt's auch selbstgebackenes Brot.

Cows EIS $
(www.cows.ca; 134 Banff Ave; Eis ab 3,50 C$; ⏲11–21 Uhr) Die Eiscreme von Cows stammt ursprünglich von der Prince Edward Island und ist im Osten legendär. Im Westen Kanadas ist dies eine von nur zwei Filialen. Anstelle des kitschigen T-Shirts holt man sich lieber seine Lieblingseissorte – man kann aus 32 extra-cremigen Geschmacksrichtungen wählen.

Ausgehen & Unterhaltung

In der Banff Ave ist die Wahrscheinlichkeit, einen Australier auf Weltreise zu treffen größer, als einem Einheimischen über den Weg zu laufen. Wer einen Drink und Unterhaltung sucht, der folgt also entweder dem typischen Aussi-Akzent in die hiesigen Kneipen oder durchforstet die Rubrik

„Summit Up" der Wochenzeitung *Banff Crag & Canyon*.

LP TIPP **St. James's Gate Olde Irish Pub** KNEIPE
(www.stjamesgatebanff.com; 205 Wolf St; Hauptgerichte ab 10 C$; ⏲So–Do 11–1, Fr & Sa bis 2 Uhr) Da es die Kelten waren, die den Westen Kanadas erschlossen und dem Ort Banff auch seinen Namen gegeben haben, verwundert es nicht, dass es im Park auch einen Irish Pub gibt – und einen sehr guten noch dazu. Neben Starkbier vom Fass und einer ansehnlichen Auswahl an Malzbieren wird hier außerdem typisches Kneipenessen wie Burger und Eintopf serviert.

Tommy's Neighbourhood Pub KNEIPE
(www.tommysneighbourhoodpub.com; 120 Banff Ave) Das Kneipenessen im Tommy's umfasst auch Dinge wie Krabbenpuffer und einen Spinat-Artischocken-Dip. Wer mehr auf das Althergebrachte steht, den wird interessieren, dass das Fassbier sehr gut ist und es eine Dartscheibe gibt. Man wird hier immer auf zahlreiche eigenbrötlerische Weltenbummler treffen, die Banff vorübergehend zu ihrer Heimat erklärt haben.

Wild Bill's Legendary Saloon BAR
(www.wbsaloon.com; 201 Banff Ave) Cowboys – was wäre Alberta ohne sie? Wer den Line Dance, „Calf-Roping" (Fangen von Kälbern mit einem Lasso), Karaoke und Livemusik à la Willy Nelson mag, sollte hier mal vorbeischauen. Der Saloon ist nach Wild Bill Peyto benannt, einem schrägen „lokalen" Charakter, der eigentlich in der für Cowboys eher untypischen Grafschaft Kent in England geboren und aufgewachsen ist.

Elk & Oarsman KNEIPE
(www.elkandoarsman.com; 119 Banff Ave) Die schickste Kneipe des Orts. Sie ist im Obergeschoss untergebracht und überblickt die Banff Ave. Die Dachterrasse ist im Sommer Gold wert, und die Küche hält für hungrige Zeitgenossen gute Kost bereit.

Rose & Crown KNEIPE
(www.roseandcrown.ca; 202 Banff Ave) Banffs älteste Kneipe (seit 1985!) ist ein ziemlich normaler Laden im britischen Stil mit Billardtischen und einer Dachterrasse. Unter den ganzen Kneipen im Ort ist das Rose & Crown besonders für seine Livemusik bekannt, die hier sieben Abende die Woche für Stimmung sorgt. Da ist alles dabei, vom Schlager, den jeder mitsingen kann, bis zum Seattle-Grunge.

Hoodoo Club NACHTCLUB
(137 Banff Ave) Der Ort schlechthin, um Banffs Nachtleben etwas aufzumischen. Trinken, tanzen und sich ein bisschen zur Schau stellen, dort, wo gerade mal 2 km weiter wilde Tiere brüllen? Dieser schicke Laden macht's möglich!

Banff Centre THEATER
(www.banffcentre.ca; 107 Tunnel Mountain Dr) Und dann noch ein Kulturzentrum mitten im Nationalpark? Banff ist immer für noch eine Überraschung gut. Hier schlägt das kulturelle Herz des Bow Valley, mit Konzerten, Kunstausstellungen und dem beliebten Banff Mountain Film Festival.

Lux Cinema Centre KINO
(229 Bear St) Das Kino zeigt aktuelle Filme.

Praktische Informationen

Überall im Ort gibt es in Einkaufszentren und Hotels Internetterminals (6 C$/Std.) mit Münzeinwurf.

Banff Information Centre (www.parkscanada.gc.ca/banff; 224 Banff Ave; ⏲Juni–Sept. 8–20 Uhr, Okt.–Mai 9–17 Uhr) Büros von Parks Canada.

Banff/Lake Louise Tourism Bureau (www.banfflakelouise.com; ⏲Mai–Sept. 8–20 Uhr, Okt.–April 9–12 & 13–17 Uhr) Im selben Gebäude wie das Banff Information Centre untergebracht; Infos zu Serviceeinrichtungen und Aktivitäten in und um Banff.

Banff Warden Office Dispatch Line (☎403-762-1470) 24-Stunden-Hotline bei Problemen im Hinterland. Keine Notfälle!

Custom House Currency Exchange (211 Banff Ave; ⏲9–22 Uhr) Wechselstube in der Park Ave Mall.

Hauptpost (204 Buffalo St; ⏲Mo–Fr 8.30–17.30, Sa 9–17 Uhr)

Mineral Springs Hospital (☎403-762-2222; 301 Lynx St; ⏲24 Std.) Medizinische Notfallversorgung.

Underground (211 Banff Ave; Internet 6 C$/Std.) Hat zahlreiche Terminals.

An- & Weiterreise

Der nächstgelegene Flughafen ist der Calgary International Airport.

Greyhound Canada (327 Railway Ave) unterhält Busse nach Calgary (29 C$, 2 Std., 6-mal tgl.), Vancouver (130 C$, 14 Std., 5-mal tgl.) und zu Zielen dazwischen.

Brewster Transportation (www.brewster.ca) holt einen vom Hotel ab und fährt nach Jasper (66 C$, 4¾ Std., tgl.) und Lake Louise (15 C$, 1 Std., mehrere Busse tgl.).

SunDog Tour Co (www.sundogtours.com) bietet Verbindungen zwischen Banff und Jasper (Erw./Kind 59/35 C$, 4 Std., tgl.) an.

Alle großen Autovermietungen (s. S. 987) haben auch eine Filiale in Banff. Im Sommer kann es passieren, dass alle Autos schon reserviert sind, deshalb vorher anrufen! Wer mit dem Flugzeug in Calgary landet, nimmt sich am besten schon dort ein Auto (die Flotten sind riesig). Das kann günstiger sein, als erst in Banff eines zu mieten.

Unterwegs vor Ort

Es gibt das ganze Jahr über tägliche Shuttleverbindungen zwischen dem Calgary International Airport und Banff. Im Frühjahr und Herbst fahren diese Busse seltener. Busunternehmen sind z. B. **Brewster Transportation** (www.brewster.ca) und **Banff Airporter** (www.banffairporter.com). Für die einfache Fahrt zahlen Erwachsene jeweils um die 50 C$, die Fahrt hin und zurück kostet 98 C$.

Banff Transit (403-762-1215) betreibt vier Hybridbusse, die zwei Hauptrouten abklappern. Haltestellen sind u. a. Tunnel Mountain, das Rimrock Resort Hotel, Banff Upper Hot Springs, Fairmont Banff Springs und alle Hotels entlang der Banff Ave. Die Routen hängen an allen Haltestellen aus. Die Busse fahren ab 6.30 bzw. bis 23 Uhr; der Fahrpreis beträgt 2/1 C$ pro Erw./Kind.

Taxis können einfach an der Straße, vor allem in der Banff Ave, herangewunken werden. Sonst kann man bei **Banff Taxi** (403-762-4444) anrufen. Alle haben ein Taxameter.

Lake Louise

Berühmt ist der Ort für seine Teehäuser, Grizzlybären, sein Grand Hotel, den Victoria Glacier, fürs Skifahren und Wandern und für seine Seen (ja, im Plural). Lake Louise macht den Banff NP zu dem Phänomen, das er ist: ein atemberaubender Naturschauplatz, den man nicht beschreiben kann, ohne schamlos alle Klischee-Register zu ziehen. Ja, hier liegt ein friedvoller türkisfarbenen See; ja, die Natur scheint (und ist) so unsagbar nah; und, ja, die Wasser sind umgeben von kunstvoll gemeißelten Bergen, denen selbst Michelangelo nicht mehr Ästhetik hätte verleihen können. Und dann gibt es hier natürlich noch die „Menschenmassen“, von denen man so viel gehört hat, und eine seltsam harmonische (oder unharmonische – je nach Blickwinkel) Gruppe von hoch aufragenden Betonblöcken, die als Chateau Lake Louise bekannt sind. Aber, ganz ehrlich, wen kümmert schon, wie eng es hier am Ufer zugeht? Wer an den Lake Louise kommt, tut das nicht, um den Touristen zu entkommen. Er tut es, um den unglaublich wunderbaren Anblick zu genießen, auf den schließlich jeder Bewohner dieses Planeten ein Anrecht hat.

Hat man genug am schillernden Ufer gestanden und gegafft, geschwärmt und dem Partner ewige Liebe geschworen, geht's hinauf ins bergige Amphitheater, das sich im Hintergrund erhebt. Lake Louise hat auch ein viel gelobtes Skigebiet und einige ebenso verlockende Langlaufloipen. Folgt man der gewundenen, nur in den wärmeren Monaten geöffneten Straße 13 km lang in Richtung Südosten, gelangt man an einen weiteren See in spektakulärer Lage. Für manche Abtrünnigen ist der Moraine Lake noch bezaubernder als sein berühmter Bruder.

Der Ort Lake Louise liegt direkt am Hwy 1 und ist nicht viel mehr als ein Einkaufszentrum unter freiem Himmel, eine Tankstelle und eine Handvoll Hotels. Das eigentliche Objekt der Begierde liegt mit dem Auto oder zu Fuß 5 km entfernt. Der Fußmarsch auf dem von Bäumen gesäumten Louise Creek Trail ist sehr angenehm – wenn die Bären hier nicht gerade auf Patrouille sind. Vorab beim Visitor Center nachfragen!

Im **Lake Louise Visitor Centre** (Samson Mall, Lake Louise ; Mai–Sept. 9–20 Uhr, Okt. & April bis 17 Uhr, Nov.–März bis 16 Uhr) gibt es einige gute Schaukästen zur Geologie des Parks, einen Infostand von Parks Canada und ein kleines Kino, in dem Videos gezeigt werden.

Auf dem Bow Valley Parkway zwischen Banff und Lake Louise kommt man zwar etwas langsamer voran, die Strecke ist aber weitaus malerischer als der Hwy 1.

Sehenswertes

Lake Louise NATUR

Der nach der ansonsten wenig bekannten vierten Tochter Königin Victorias benannte (Prinzessin Louise Caroline Alberta gab auch der Provinz ihren Namen) Ort Lake Louise hat viele Gesichter. Neben dem typischen Postkarten-Bild (blauer Himmel und noch blauerer See) lohnt sich auch mal ein Besuch um 6 Uhr morgens, im August in der Dämmerung, im Oktober, wenn es regnet oder nach einem schweren Wintersturm.

Im **Lake Louise Boathouse** (45 C$/Std.; Juni–Okt. 9–16 Uhr) kann man sich ein unerhört überteuertes Kanu leihen und eine

GEHEIMTIPP

ANN MORROW, PRESSESPRECHERIN DES BANFF NATIONAL PARK

Welchen Herausforderungen sieht sich der Banff NP gegenübergestellt?

Wie jeder Nationalpark hat auch Banff die Aufgabe, die Gesundheit und die Nachhaltigkeit seines Naturerbes zu schützen. Gleichzeitig soll er Möglichkeiten bieten, diesen wilden und wunderbaren Ort aktiv zu entdecken und zu erleben. Wir haben hier im Park Grizzlybären, Pumas und Wölfe und über 3 Mio. Besucher pro Jahr. Somit ist eine der Herausforderungen, den Menschen den intelligenten Umgang mit der Natur der Rocky Mountains nahezubringen: Wie kann man wilden Tieren den Lebensraum lassen, den sie zum Überleben brauchen? Um sicherzustellen, dass die wilden Tiere unbeeinträchtigt durch ihr natürliches Verbreitungsgebiet streifen können, hat Parks Canada überall entlang dem Trans-Canada Hwy, der den Park durchquert, Über- und Unterführungen für die Tiere geschaffen.

Wirbt der Park aktiv um neue Besucher?

Für Banff wird schon sehr viel Werbung gemacht, von den nationalen, regionalen und lokalen Touristenorganisationen über Parks Canada bis hin zu Reiseführern. Wir haben hier etwas ganz Besonderes, und unsere Aufgabe ist es, diese Kostbarkeiten mit allen Kanadiern und mit der Welt (wir sind ja auch eine Unesco-Weltnaturerbestätte) zu teilen. Gleichzeitig haben wir den gesetzlichen Auftrag, die ökologische Gesundheit des Parks für die kommenden Generationen zu bewahren. Der Management-Plan des Parks, der in Zusammenarbeit mit Umweltschützern und Vertretern der Tourismusbranche, der Gemeinde und der Ureinwohner entstanden ist, hält uns dazu an, im Park hohe Standards im Bereich der Sicherung der Ressourcen, eines positiven Besuchererlebnisses und der Weiterbildung zu verfolgen.

Ist Banff zu kommerzialisiert?

Das ist das, was manche Leute denken. Für viele sind es aber gerade die einfache Erreichbarkeit Banffs und die Serviceleistungen des Orts, die ihn zu Kanadas beliebtestem (und berühmtesten) Nationalpark machen. Was die Einheimischen an Banff so lieben, ist die Tatsache, dass hier direkt vor der Tür ein 1500 km weites Wegenetz und eine beeindruckende Naturerfahrung mitten in der Wildnis auf sie warten. Abends geht man dann einfach nach Hause zum Sushi essen oder zur Ballettaufführung.

Und wie stehen Sie zum Park?

Für mich ist es wichtig, die Geschenke, die die Natur für uns bereithält, mit offenen Armen zu empfangen: die magischen Momente, die zu jeder Jahreszeit, bei jedem Wetter und in jeder Ecke des Parks auf einen warten. Die Natur der Rocky Mountains folgt ihren eigenen Regeln und Rhythmen. Mit diesen kann man nur vertraut werden, wenn man sich über eine längere Zeit hinweg auf sie einlässt – das ist ein Punkt, der den Park so reizvoll für mich macht. Obwohl ich den größten Teil meines Lebens hier verbracht habe, werde ich jedes Mal, wenn ich vor die Tür gehe, neu inspiriert.

Runde über den See paddeln. Vom Kentern wird abgeraten – das Wasser ist eisig kalt!

Moraine Lake NATUR

Die Landschaft überwältigt schon lange bevor das spektakuläre tieftürkisblaue Wasser des Moraine Lake in Sicht kommt. Der See befindet sich im Valley of the Ten Peaks, und von der engen, kurvenreichen Straße, die dorthin führt, hat man einen tollen Blick auf diese in der Ferne liegenden, beeindruckenden Gipfel. Da es hier weitaus weniger hektisch zugeht als am Lake Louise, bevorzugen viele die etwas schroffere und abgelegenere Schönheit des Moraine Lake. Der See ist Ausgangspunkt für eine Reihe von ausgezeichneten Tageswanderungen. Alternativ verleiht das **Moraine Lake Boathouse** (40 C$/Std.; ⏲Juni–Okt.

9–16 Uhr) Boote, mit denen man durch das vom Gletscher gespeiste Wasser des Sees paddeln kann.

Sowohl die Moraine Lake Rd als auch alle Serviceeinrichtungen sind nur von Juni bis Oktober geöffnet.

Mt. Whitehorn AREAL
(www.lakelouisegondola.com; 1 Whitehorn Rd; hin & zurück Erw./Kind 25,95/12,95 C$; ⌚9–17 Uhr) Die **Lake Louise Sightseeing Gondola** östlich vom Hwy 1 transportiert die Besucher hinauf auf den Mt. Whitehorn, von dem aus der Blick auf den See und den Victoria Glacier einfach phänomenal ist. Auf seiner Spitze befinden sich ein Restaurant und ein Wildlife-Informationszentrum, das 45-minütige **geführte Wanderungen** (5 C$/Pers.; ⌚11, 13 & 15 Uhr) anbietet.

Aktivitäten

Klettern & Bergsteigen

Der **Back of the Lake** ist einer der klassischen Felsen der kanadischen Rockies. Das Kennzeichen dieses traumhaften Klettergebiets ist steiler, kantiger Kalkstein. Allein der Weg dorthin ist ein Traum: Einfach am Ufer entlangschlendern, bis eine Route in Sicht kommt, bei der es in den Fingern juckt – und schon kann's losgehen. Es gibt hier sowohl herkömmliche Routen als auch solche für Sportkletterer. Für alle, die sich selbst nicht in den Fels wagen, gibt es einen kleinen Aussichtspunkt, von dem aus man die Kletterexperten aus der Nähe beobachten und ihnen sogar ein paar Fragen stellen kann. Aus der Sicht der Kletterer ist der einzige Nachteil dieses ansonsten so genialen Kletterfelsens dann auch die Tatsache, dass man von den Touristen wie ein Affe im Zoo begafft und mit teils blöden Fragen bombardiert wird.

Im Gebiet rund um den Lake Louise warten auch alpine Bergabenteuer. Klassische Schnee- und Eiswanderungen sind z.B. auf Mt. Temple und Mt. Fairview möglich, die das ganze Jahr über Bergsteiger anziehen. Bei Parks Canada Infos zu den Verhältnissen und Zugangsbeschränkungen einholen! Wer eine geführte Bergtour machen will, kann sich mit **Yamnuska Mountain Adventures** (☎866-678-4164; www.yamnuska.com) in Canmore in Verbindung setzen. Den Bergführer trifft man dann in Lake Louise.

Skifahren & Snowboarden

Die **Lake Louise Ski Area** (www.skilouise.com; Lifttickets ab 75 C$) liegt 60 km westlich von Banff und ist nur geringfügig kleiner als Sunshine Village, bekommt aber weit weniger echten Schnee ab. Die zahlreichen Pisten schließen auch viele einfache und mittelschwere Abfahrten mit ein. Sie erstrecken sich über vier verschiedene Hügel, so dass dieses Skigebiet so nah an seinen europäischen Gegenstücken ist wie kein anderes in Kanada. Die vorderen Hänge sind optimal, um sich wieder an die Bretter unter den Füßen zu gewöhnen: einfache Abfahrten und eine tolle Aussicht. Die hinteren Hänge bieten einige recht anspruchsvolle Pisten, vom knietiefen Pulverschnee des Paradise Bowl bis zur Hochgeschwindigkeitsabfahrt rund um Larch. Ein Burger auf dem Sonnendeck der Temple Lodge rundet das Skierlebnis ab.

Wandern

Die Schönheit des Lake Louise ist nicht nur oberflächlich. Die Wanderungen jenseits der atemberaubenden Ausblicke sind ebenso beeindruckend. Die meisten der klassischen Wanderungen beginnen am Lake Louise bzw. am Moraine Lake. Manche Wege sind sehr einfach, während andere selbst den erfahrendsten Bergwanderer aus der Puste bringen werden.

Am Chateau Lake Louise beginnen zwei beliebte Tageswanderungen, deren Ziel die alpin anmutenden Teehäuser hoch über dem See sind. Der kürzere, aber etwas anstrengendere Weg ist die 3,4 km lange Wanderung am **Mirror Lake** vorbei hinauf zum Lake Agnes Teahouse (s. S. 667), das an einem See gleichen Namens liegt. Nach Tee und Gebäck geht es je nach Lust und Laune weitere 1,6 km bergauf zum **Big Beehive**. Es gibt wohl keinen zweiten Pavillon in Kanada, der an so unerwarteter Stelle auftaucht wie dieser Aussichtspunkt. Weiter unten stößt der Weg auf den Highline Trail, welcher wiederum zur **Plain of Six Glaciers** führt. Sie kann vom Chateau Lake Louise aber auch unabhängig angesteuert werden – über einen 5,6 km langen Weg (einfache Strecke), der am Ufer entlang verläuft. Egal, welchen Weg man wählt – man sollte auf jeden Fall nahe genug herankommen, um einen atemberaubenden Blick auf den Victoria Glacier zu erhaschen. Auf dieser Strecke bittet noch ein weiteres Teehaus zu Tisch und serviert neben dem Heißgetränk auch dicke Sandwiches und belebende heiße Schokolade mit Marshmallows.

Vom Moraine Lake führt eine Wanderung durch das atemberaubende **Larch Valley**

Lake Louise & Umgebung

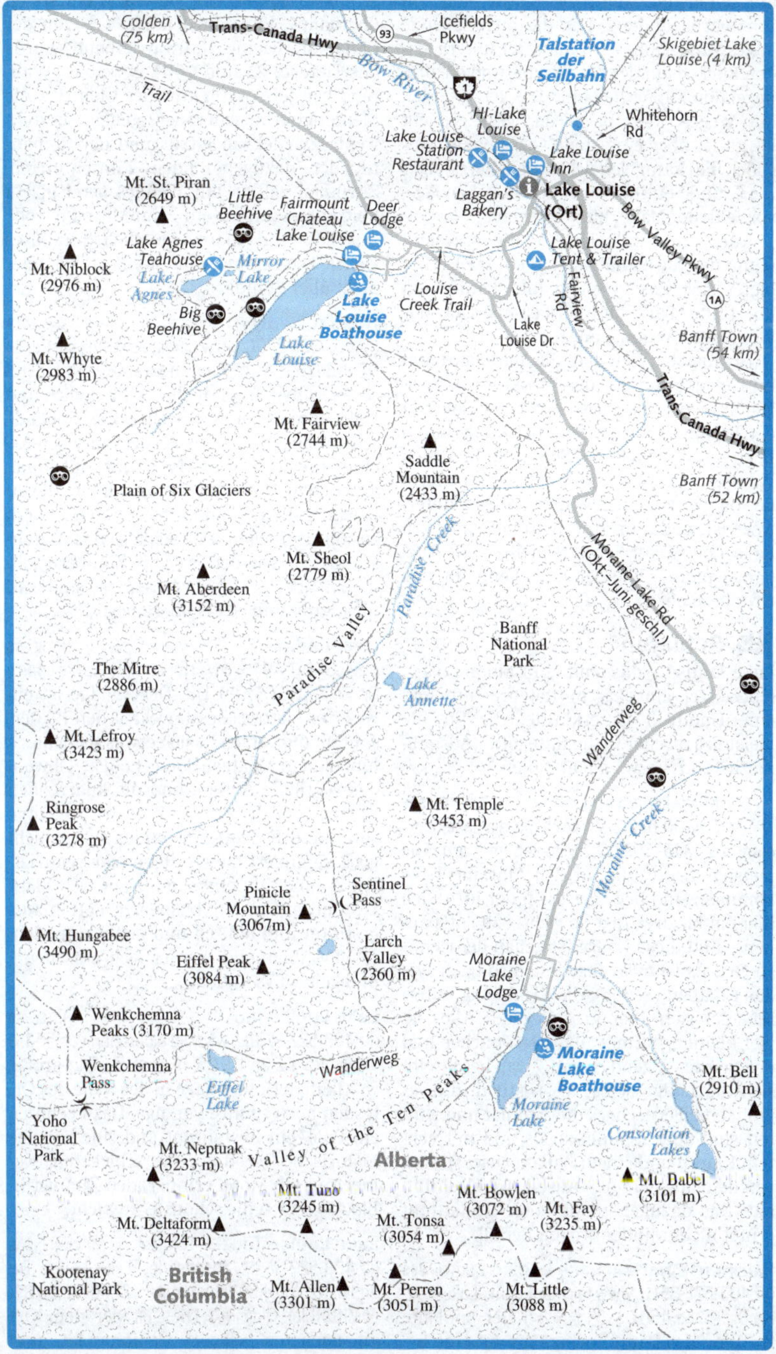

zum **Sentinel Pass**. Der Weg ist im Herbst am schönsten, wenn die Blätter langsam ihre Farbe ändern. Für die anstrengende Tageswanderung wird man mit überragenden Blicken auf den Mt. Temple und die umliegenden Gipfel belohnt. Das letzte Stück des Weges, kurz bevor der Pass erreicht ist, führt über eine steile Geröllhalde. Wer Glück hat, kann vielleicht einige Bergsteiger am Grand Sentinel, einer 200 m hohen Felsspitze in der Nähe, klettern sehen.

Kürzer und einfacher sind die insgesamt 6 km des **Consolation Lakes Trail**. Hier bietet sich das typische Bild Banffs: ein überfüllter Parkplatz, der fast übergangslos an die raue Wildnis angrenzt.

In jüngster Zeit hat die Bärenaktivität im Gebiet rund um den Moraine Lake zugenommen. Aus diesem Grund schreibt der Park nun für die Zeit, in der die Bären Beeren sammeln (Juni–Sept.), auf manchen Wanderungen eine minimale Gruppengröße von vier Personen vor. Wer alleine unterwegs ist, findet im Information Center von Lake Louise am Schwarzen Brett oft Aushänge anderer Wanderer, die Leute für eine Gruppe suchen.

Schlafen

Lake Louise – das sind ein Campingplatz, ein Hostel, ein paar mittelteure Inns und eine Handvoll Unterkünfte, die für die meisten Traveller in die Kategorie „Ausnahmezustand" (bzw. -nacht) fallen.

LP TIPP **Moraine Lake Lodge** HOTEL $$$
(☎800-522-2777; www.morainelakelodge.com; DZ 345–599 C$; ⏲Juni–Sept.; P) Die meisten Leute, die an den Moraine Lake kommen, sind begeistert von der Idee, sich hier ein bis drei Tage so richtig zu entspannen – und diese Lodge ist genau der richtige Ort. Es ist zwar fast genau so teuer wie das Chateau (S. 666), die Erfahrung unterscheidet sich aber grundlegend: Alles ist viel kleiner, intimer und persönlicher und der Service legendär gut. Zwar beschreibt sich die Lodge selbst als rustikal (d.h. es gibt keine Fernseher), die Zimmer und Hütten sind aber alpin-luxuriös und mit echtem Kamin und einem Balkon ausgestattet, von dem aus man den Ausblick schlechthin hat. Das dazugehörende noble Restaurant erntet nicht minder großen Beifall.

Fairmont Chateau Lake Louise HOTEL $$$
(☎403-522-3511; www.fairmont.com; Lake Louise Dr; DZ ab 450 C$; P @ ≋) Der opulente Zwilling des Banff Springs nimmt eine beneidenswerte Lage am Ufer des Lake Louise ein – weltweit eine der spektakulärsten überhaupt. Einst in den 1890ern von der Canadian Pacific Railway erbaut, wurde das Hotel 1925 und 2004 erweitert. Während bei der Architektur des Chateaus die Meinungen auseinander gehen, besteht wenig Zweifel am Luxus und der Romantik der dazugehörenden Einrichtungen. Zu ihnen zählen ein Wellnessbereich, ein Spitzenrestaurant, ein Mini-Museum, tolle Ausblicke und ein unvergesslich grandioses Dekor. Die Zimmer sind komfortabel, aber nicht über Standard.

HI-Lake Louise HOSTEL $
(☎403-522-2200; www.hihostels.ca; Village Rd; B/DZ ab 34/99 C$; P) Genau so sollte ein Hostel sein – sauber, freundlich, erschwinglich und voller interessanter Traveller. Das Gebäude selbst ist ein tolles Beispiel der typischen Architektur der Rocky Mountains, mit unbearbeitetem Holz und Steinakzenten, die zu einem rustikalen und schönen Meisterwerk zusammenfließen. Der Schlafsaal ist durchschnittlich, von den privaten Zimmern sollte man aber die Finger lassen: Sie sind echt nicht groß und etwas überteuert.

Deer Lodge HOTEL $$
(☎403-410-7417; www.crmr.com; 109 Lake Louise Dr; Zi. ab 119 C$; P) Die Deer Lodge ist ein weiteres historisches Juwel aus den 1920er-Jahren und versteckt sich etwas schüchtern hinter dem Chateau Lake Louise. Obwohl das rustikale Äußere und die knarrenden Korridore sich seit der Zeit der Pagenfrisuren und F. Scott Fitzgeralds sicher nicht groß verändert haben, stehen die renovierten Zimmer auf einem ganz anderen Blatt. Sie sind mit neuen, bequemen Betten ausgestattet und hübsch und nobel eingerichtet. TV-Abhängige werden sich umsehen – und keine TVs finden.

Lake Louise Inn HOTEL $$
(☎403-522-3791; www.lakelouiseinn.com; 210 Village Rd; DZ ab 119 C$; P @ ≋) Die große, weitläufige Hotelanlage in der Nähe des Ortes hat auch so ihre Vorzüge. Dazu gehören ein Pool, ein Restaurant und eine winzige historische Teestube. Die schickeren, weniger an ein Motel erinnernden Zimmer in Block 5 bieten die schönste Aussicht.

Lake Louise Tent & Trailer CAMPING $
(☎403-522-3833; abseits des Lake Louise Dr; Stellplatz Zelt/Wohnmobil 27,40/32,30 C$; ⏲Mitte Mai–Okt.; P) Dies ist der dem Ort am nächsten gelegene Campingplatz und

die beste Option für eine Millionen-Sterne-Unterkunft. Das Gelände ist weitläufig und bietet einen tollen Blick auf den Mt. Temple. Auf jeden Fall die Plätze in der Nähe der Bahnschienen meiden – sonst tut man nachts kein Auge zu!

Essen

Wem 39 C$ für einen Nachmittagstee in der Lakeview Lounge des Chateau Lake Louise zu viel sind, der kann folgende Alternativen ausprobieren:

LP TIPP **Lake Agnes Teahouse** CAFÉ $
(Lake Agnes Trail; Snacks ab 3 C$; ⌚Juni–Okt.) Wer schon den Anblick des Lake Louise umwerfend fand, der soll erst mal hier hoch kommen. Das scheinbar unbedacht an den Berg gebaute, alpin anmutende Teehaus scheint neben dem himmlischen Lake Agnes und dem angrenzenden Wasserfall geradezu in den Wolken zu schweben. Energie wird in dieser kleinen Blockhütte mithilfe eines Gasbrenners erzeugt und sie ist zudem nur zu Fuß erreichbar (vom Chateau 3,4 km bergauf). Vielleicht hat es etwas mit der dünnen Luft hier oben oder mit der verführerischen Landschaft zu tun, aber der rustikale Tee mit Gebäck für 6 C$ mundet ebenso gut wie das 39-C$-Angebot im Chateau Lake Louise.

Lake Louise Station Restaurant KANADISCH $$
(Hauptgerichte ab 14 C$; ⌚11.30–21.30 Uhr) Themen-Restaurants sind für gewöhnlich mit Vorsicht zu genießen. Zum Glück hat dieses „Bahnhofs"-Restaurant am Ende der Sentinel Rd alles richtig gemacht. Entweder nimmt man sein Essen im Bahnhof selbst zwischen herumstehenden Gepäckstücken ein oder man macht es sich in einem der überraschend eleganten Speisewagen gemütlich. Die Gerichte sind einfach, aber effektiv. Ein Muss für Eisenbahn-Liebhaber!

Laggan's Bakery BÄCKEREI $
(☎403-522-2017; Samson Mall; Hauptgerichte ab 5 C$; ⌚6–20 Uhr) Laggan's (benannt nach dem ursprünglichen Namen der Siedlung am Lake Louise) ist eine Cafeteria/Bäckerei mit beschränkten Sitzgelegenheiten, die im Sommer fast schon legendär voll ist. Das Gebäck ist zwar nicht besonders legendär, aber ein praktischer Snack für Wanderer. Es schmeckt mit wachsendem Hunger immer besser. Die Pizza-Bagels sind hingegen so gut, dass sie eine besondere Erwähnung verdienen.

Anreise & Unterwegs vor Ort

Der Busbahnhof besteht im Grunde genommen aus einer gekennzeichneten Haltestelle an der Samson Mall. Am einfachsten kommt man aus Banff mit dem Auto oder Greyhound-Bus hierher. Nähere Infos zu Busverbindungen finden sich im Abschnitt Banff (S. 661).

Jasper Town & Umgebung

Man nehme Banff, halbiere die jährliche Besucherzahl, vergrößere die Gesamtfläche um 40 % und nehme die Anzahl der Bären, Wapitis, Elche und Karibus mal drei. Das Ergebnis lautet Jasper, eine größere, weniger eingeengte und tierreichere Version der anderen Nationalparks der Rocky Mountains. Sein schroffes Hinterland erntet mit seinen schwindelerregenden Flusstälern, Adrenalin treibenden Mountainbike-Routen, wie Schutzwalle anmutenden Gebirgszügen und seinem empfindlichen Ökosystem anerkennenden Beifall von allen Seiten.

Die meisten Besucher kommen aus dem Süden über den wunderbaren Icefields Parkway nach Jasper. Dieser schlängelt sich vom Lake Louise bergauf und passiert auf seinem Weg tosende Wasserfälle und von Gletschern geformte Berge, zu denen auch der prägnante Mt. Edith Cavell gehört, der vom Ort leicht auszumachen ist. Eine Alternative ist der legendäre VIA-Zug. Er fährt ab Edmonton oder BC und durchquert die geschichtsträchtigen Gebirgsausläufer, die einst das Zuhause der Pelzhändler und Ureinwohner waren.

Im Vergleich zu den anderen kanadischen Parks erntet der Jasper NP Anerkennung für seine Wandermöglichkeiten, die geleistete Pionierarbeit (er ist der achtälteste Park im Land), eine einfach zu beobachtende Tierwelt und die Möglichkeit, mit Tourenskiern von Hütte zu Hütte zu „wandern". In ähnlich hohen Tönen wird er auch von Mountainbikefans für eines der besten Singletrail-Netzwerke in ganz Nordamerika gelobt.

Sehenswertes

Jasper Tramway AREAL
(Karte S. 646; www.jaspertramway.com; Whistlers Mountain Rd; Erw./Kind 29/15 C$; ⌚April–Okt.) Wen der durchschnittliche, etwas langweilige Blick von Jasper aus nicht vom Hocker haut, der sollte in diese Bergbahn steigen. Sie ist von Juni bis August von 9 bis 20 Uhr geöffnet, in der Zwischensaison schließt sie

früher. Diese Aussicht lässt nun wirklich keinen kalt – an klaren Tagen kann man sogar das Columbia Icefield 75 km weiter südlich erkennen. Von der Bergstation führt ein 1,5 km langer steiler Weg zum Gipfel des Whistlers Mountain, von wo aus der Blick sogar noch atemberaubender ist. Die Talstation befindet sich 7 km südlich von Jasper an der Whistlers Mountain Rd, gleich am Icefields Parkway.

Miette Hot Springs SPA

(Karte S. 646; www.parkscanada.gc.ca/hotsprings; Miette Rd; Erw./Kind/Fam. 6,05/5,15/18,45 C$; ⏲Ende Mai–Juni 10.30–21 Uhr) Die abgelegenen Miette Hot Springs, 61 km nordöstlich von Jasper, abseits vom Hwy 16 und an der Grenze des Parks, sind ein toller Ort, um sich mal so richtig zu entspannen. Die wohltuenden Wasser werden auf angenehme 39 °C heruntergekühlt und sind besonders gemütlich, wenn der Schnee einem auf den Kopf rieselt und die anderen Badegäste im aufsteigenden Dampf verschwinden. Es gibt einige Thermalpools und ein Kaltwasserbecken, um den Kreislauf ab und zu wieder in Schwung zu bringen. Vor der Arschbombe also lieber erst einmal mit dem Zeh die Temperatur testen. Im Hochsommer etwas länger geöffnet!

Vom Parkplatz aus kann man bis zur **Quelle** des Heilbads gehen (1 km), an der auch das ursprüngliche Aquacenter aus den 1930er-Jahren steht.

Patricia & Pyramid Lakes NATUR

Nichts ist so schön wie Berge, die sich in einem kleinen, friedlichen Bergsee spiegeln. Diese beiden Seen liegen angenehme 7 km außerhalb des Orts. Hier wartet neben der optischen Idylle jede Menge Wasseraction: Kanus, Kajaks und Surfbretter können ausgeliehen werden. Wer dem Wasser lieber fern bleiben möchte, kann wandern oder reiten. Nach wilden Tieren Ausschau halten – hier hat man beste Chancen, welche zu sehen!

Lakes Annette & Edith NATUR

Auf dem Weg in den Ort liegen auf der anderen Seite des Highways Lake Annette und Lake Edith. Im Sommer sind sie bei Wassersportlern sehr beliebt, im Winter kann man hier prima Schlittschuhlaufen. Wenn es sehr heiß ist, kann man all seinen Mut zusammennehmen und ganz kurz im Lake Annette abtauchen – nicht vergessen: Das Wasser war bis vor Kurzem noch ein Gletscher! Der Lake Edith ist beliebter zum Kajak- und Bootfahren. Um beide Seen herum verlaufen Rad- und Wanderwege und es sind Picknickplätze vorhanden. Der Weg, der einmal rund um den Lake Annette führt, ist auch für Rollstuhlfahrer geeignet.

Jasper zum Maligne Lake PANORAMASTRASSE

Die 46 km lange Strecke zwischen Jasper und Maligne Lake beflügelt das Gemüt und lohnt sich auf jeden Fall. Die Straße windet und schlängelt sich und es scheint fast so, als könne man hinter jeder Biegung ein wildes Tier erspähen. Dies ist einer der besten Orte in Jasper, um Hirsche, Wapitis, Elche oder, mit etwas Glück, einen Bären zu Gesicht zu bekommen. Die beste Zeit für die Wildtier-Pirsch ist früh am Morgen.

Maligne Canyon NATUR

Eine steile, enge Schlucht, in deren Tiefe der Fluss fließt, der sie geformt hat. Der Canyon ist an seiner schmalsten Stelle nur ein paar Meter breit und fällt abrupt um 50 atemberaubende Meter ab. Er wird von sechs Brücken überspannt, die Teil mehrerer Wanderwege sind. Sie starten alle am Parkplatz an der Maligne Lake Rd. Im Winter gefrieren die Wasserfälle und überziehen die Wände mit einer Eisschicht, weshalb die Schlucht auch bei Eiskletterern beliebt ist.

Maligne Lake NATUR

Am Ende der Straße gleichen Namens liegt, fast 50 km von Jasper entfernt, der 22 km lange Maligne Lake, um den ein ziemlicher Hype gemacht wird. Es heißt, es sei einer der schönsten Seen des Parks – und das kann ihm auch keiner aberkennen: Das Himmelblau seines Wassers und die ringsherum aufragenden felsigen und fotogenen Gipfel sind wahrlich schön anzuschauen. Obwohl das nördliche Ende des Sees im Sommer bei Reisebussen ganz hoch im Kurs steht, ist ein Großteil des restlichen Ufers nur zu Fuß oder mit dem Boot erreichbar – und somit auch ruhiger. Überall am See gibt es Campingplätze, die für abenteuerlustige Kajakfahrer und Wanderer wie geschaffen sind. Auch Elche und Grizzlys wurden hier schon gesichtet.

Das **Maligne Lake Boathouse** (Bootsverleih pro Std./Tag 30/90 C$) verleiht Kanus, mit denen man eine Runde auf dem See drehen kann. Nur wenige Leute paddeln bis zur Spirit Island, denn dafür ist man den ganzen Tag unterwegs. Wer es wirklich wissen will, der lässt sich von **Maligne Tours** (Karte S. 669; ☎780-852-3370; www.maligne

Jasper Town

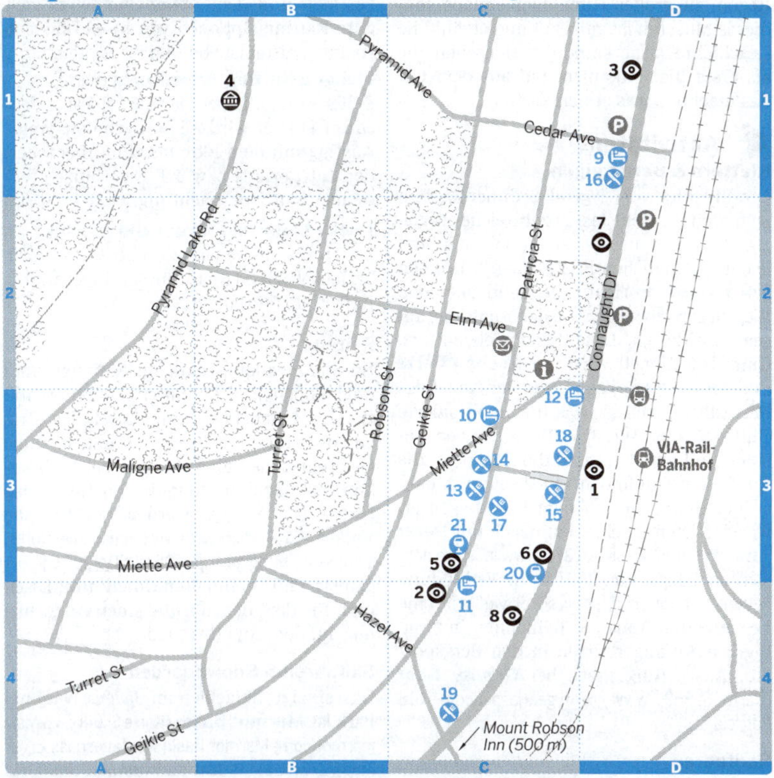

Jasper Town

Sehenswertes

1 Brewster Gray Line D3
2 Gravity Gear C4
3 Jasper Adventure Centre D1
Jasper Walks & Talks .... (siehe 6)
4 Jasper-Yellowhead Museum & Archives B1
5 Maligne Rafting Adventures C3
Maligne Tours .... (siehe 6)
6 Rocky Mountain River Guides C3
7 SunDog Tour Company D2
8 Vicious Cycle C4

Schlafen

9 Astoria Hotel D1
10 Athabasca Hotel C3
11 Park Place Inn C4
12 Whistlers Inn C3

Essen

13 Andy's Bistro C3
14 Coco's Café C3
15 Fiddle River Seafood Co C3
16 Jasper Pizza Place D1
17 Something Else C3
18 The Other Paw C3
19 Villa Caruso C4

Ausgehen

Atha-B Pub .... (siehe 10)
20 Jasper Brewing Co C3
21 Pete's On Patricia C3

lake.com; 627 Patricia St; Erw./Kind 55/27,50 C$; ⏲Mai–Okt. 10–17 Uhr) dorthin schippern. Das Unternehmen bietet eine anderthalbstündige Bootstour zur Insel an.

Jasper-Yellowhead Museum & Archives MUSEUM

(Karte S. 669; www.jaspermuseum.org; 400 Pyramid Lake Rd; Eintritt 5 C$; ⏲Sommer 10–17

Uhr, übriges Jahr Do–So 10–17 Uhr) Bei Schnee, Regen, zu großer Hitze oder einfach so – dieses Museum ist ganz gut und erzählt die Geschichte Jaspers und der Menschen, die als erste hier ankamen und aus dem Ort das machten, was er heute ist.

Aktivitäten

Klettern & Bergsteigen

Obwohl hier vorwiegend Sedimentgestein zu finden ist, zieht Jasper zahlreiche ehrgeizige Kletterer an. Wer einen beliebten und leicht zugänglichen Felsen sucht, ist in den **Rock Gardens** richtig. Sie sind über den Weg zu erreichen, der von der 5th Bridge abseits der Maligne Lake Rd nach oben führt. Ganz traditionell wird am **Roche Miette** und **Morro Peak** geklettert. Der Gipfel des Mt. Edith Cavell ist was für ambitionierte Gipfelstürmer. Wie fast überall in den Rockies sind ein Helm und die Fähigkeit, die Route selbst zu finden, ein absolutes Muss.

Wer die Sache mit dem Bergsteigen etwas vertiefen möchte, kann sich mit **Peter Amann** (☎780-852-3237; www.incentre.net/pamann; 2-Tages-Kurs 160 C$) in Verbindung setzen. Er ist in Jasper so etwas wie eine Legende und führt die Teilnehmer in zweitägigen Anfängerkursen in den Bergsport ein. Ausrüstung gibt's bei **Gravity Gear** (Karte S. 669; www.gravitygearjasper.com; 618 Patricia St).

Radfahren

Singletrail-Mountainbiken ist in Jasper ganz groß, und die meisten Routen liegen in Reichweite des Ortes. Wem ein flacheres Terrain und eine echte Fahrbahn lieber sind, der findet z. B. entlang des Icefields Parkway die passende Langstrecke. Der Heilige Gral erfahrener Mountainbiker ist das **Valley of the Five Lakes**. Es ist sehr abwechslungsreich, landschaftlich wunderschön und hat zahlreiche Strecken, auf denen man es krachen lassen kann. Mehr Infos dazu gibt's im *Mountain Biking Guide, Jasper National Park*, das beim Jasper Information Centre erhältlich ist.

Bei **Vicious Cycle** (Karte S. 669; www.viciouscyclecanada.com; 630 Connaught Dr; ab 24 C$/Tag; ⏲9–18 Uhr) können Bikes geliehen werden und man bekommt zusätzlich noch gute Tipps zu den Strecken.

Rafting

Gegen die Hitze des Sommers hilft nichts besser als ein Abkühlung im kühlen, von Gletschern gespeisten Nass. Rund um Jasper gibt es auf dem **Maligne River**, **Sunwapta River** und dem **Athabasca River** viele gute Rafting-Optionen von tosend bis entspannt. Saison ist von Mai bis September.

Maligne Rafting Adventures (Karte S. 669; www.raftjasper.com; 616 Patricia St; Tour ab 59 C$) Hier wird alles angeboten, vom Ausflug mit dem Floß bis zum Abenteuer der Kategorie II bzw. III. Das Ganze gibt es auch mit Übernachtung.

Rocky Mountain River Guides (Karte S. 669; www.rmriverguides.com; 626 Connaught Dr; Tour ab 59 C$) Spaß für Anfänger und Rafting-Erfahrene.

Reiten

Im Sommer kann man im Rahmen eines unglaublichen, komplett durchorganisierten Reitausflugs mit Führer das straßenlose Tonquin Valley erkunden. Eine abgeschiedene (aber komfortable) Unterkunft ist dabei die Tonquin Amethyst Lake Lodge. Die Ausritte werden von **Tonquin Valley Adventures** (www.tonquinadventures.com; 3-/4-/5-tägige Trips 795/1050/1295 C$) organisiert und beinhalten Unterkunft, Essen und, für den, der möchte, einen Angelausflug auf dem Amethyst Lake.

Skifahren & Snowboarden

Das einzige Skigebiet im Jasper National Park ist **Marmot Basin** (Karte S. 646; www.skimarmot.com; Marmot Basin Rd; Tagespass Erw./Kind 72/58 C$), 19 km südwestlich des Orts und direkt am Hwy 93A. Es ist zwar nicht gerade legendär, mit seinen 86 Abfahrten und dem längsten Hochgeschwindigkeits-4er-Sessellift der Rockies kann sich Marmot aber durchaus sehen lassen. Zudem garantiert die relativ isolierte Lage im Gegensatz zum Skigebiets-Trio in Banff kürzere Liftschlangen.

Zum Gelände gehören auch ein paar Langlaufloipen und eine (natürlich teure) Tageslodge; Übernachtungsmöglichkeiten gibt's aber keine. Von den Bergen weht manchmal ein nicht zu unterschätzender, eisiger Wind. An warme Kleidung denken!

Wandern

Selbst im Vergleich zu anderen kanadischen Nationalparks ist das Wegenetz Jaspers recht ansehnlich, und mit weniger Besuchern als sein Bruder im Süden (Banff) ist die Chance hier auch größer, statt Menschen wilde Tiere zu Gesicht zu bekommen.

Zu Beginn bietet sich der lehrreiche **Discovery Trail** an, ein 8 km langer, einfacher

ABSTECHER

JASPER IM WINTER

Die eine Hälfte von Jasper macht im Winter dicht, die andere Hälfte passt sich einfach an und verwandelt sich in etwas, das ebenso gut wie (wenn nicht besser als) sein sommerliches Gegenstück ist. Aus Seen werden Schlittschuhbahnen, Wander- und Radwege (und einige Straßen) werden zu Loipen, an Wasserfällen sieht man plötzlich Eiskletterer und – last but not least – die Preise werden zumutbarer.

Die beste natürliche Eisbahn unter freiem Himmel befindet sich auf dem Lac Beauvert. Sie liegt bei der Fairmont Jasper Park Lodge und wird nach Einbruch der Dunkelheit mit Flutlicht beleuchtet. Eine weitere Option für Schlittschuhläufer ist der 6 km nordöstlich des Ort gelegene Pyramid Lake.

Der Park kann sich mit einem unglaublichen Netz aus 200 km Langlaufloipen rühmen. Routen, die am Ende des Winters recht spät abtauen, sind die **Pyramid Lake Fire Road**, **Meeting of the Waters** (entlang eines geschlossenen Teilstücks des Hwy 93A), der **Moab Lake Trail** und die **Mt. Edith Cavell Road**. Relativ sicher und doch dramatisch schön ist das Tourenskifahren im Tonquin Valley, wo man in einigen Lodges übernachten kann. Unter www.tonquinvalley.com gibt's mehr Infos dazu.

Nicht ganz so athletisch geht's beim dreistündigen **Maligne Canyon Ice-walk** mit Kultstatus zu, der vom **Jasper Adventure Centre** (Karte S. 669; www.jasperadventurecentre.com; 618 Connaught Dr; Erw./Kind 55/25 C$) angeboten wird. Dabei wandert man an Wasserfällen vorbei, die von Dezember bis April gefrorenen sind. Extreme Wintersportler erklimmen die glatten Riesen mit Sicherungsseilen und Eispickeln.

Wanderweg, der den Ort umspannt und sein natürliches und geschichtliches Erbe beleuchtet und die hiesige Geschichte der Eisenbahn erzählt.

Weitere kurze, einfache Routen sind u.a. der 3,2 km lange **Mary Schäffer Loop** am Maligne Lake, der nach einer der ersten europäischen Besucherinnen in diesem Gebiet benannt wurde; der **Old Fort Loop** (3,5 km), der zu einem alten Handelsposten führt; und der 9 km lange **Mina and Riley Lakes Loop**, der direkt im Zentrum Jaspers beginnt und dann aus dem Ort hinausführt.

Weiter weg liegt der etwas anstrengendere **Path of the Glacier Trail**. Er ist 9,1 km lang und sehr bekannt. Er verläuft unterhalb der beeindruckenden Bergwand des Mt. Edith Cavell und führt durch die von Blumen übersäten Cavell-Wiesen zum Fuße des Angel Glacier.

Der mehrtägige **Skyline Trail** ist durch blaue Bänder gekennzeichnet und 46 km lang. Ungewöhnlich ist, dass fast der gesamte Weg oberhalb der Baumgrenze verläuft, was tolle Aussichten über den ganzen Park ermöglicht. Normalerweise wird die Wanderung auf zwei Tage aufgeteilt. Startpunkt ist der Maligne Lake, Endpunkt in der Nähe des Maligne Canyon an der Maligne Lake Rd. Entweder schlägt man sein Zelt auf dem Campingplatz auf oder übernachtet in der historischen Shovel Pass Lodge.

In der Broschüre *Day-Hikers' Guide to Jasper National Park* sind die meisten der einfachen Wanderungen im Park beschrieben, während im Parkführer für Besucher des Hinterlands, dem *Jasper National Park*, längere Wanderungen und Campingplätze im Hinterland aufgeführt sind und Wanderrouten von zwei bis zehn Tagen vorgeschlagen werden. Wer während seiner Wanderung auch übernachten möchte, der braucht eine *backcountry permit* (10 C$/Nacht & Pers., ein Saisonpass kostet 69 C$), eine Genehmigung, die bei Parks Canada im Jasper Information Centre erhältlich ist.

☞ Geführte Touren

In Jasper gibt es zahlreiche Touranbieter und Reisebüros. Sie haben zahlreiche Möglichkeiten im Programm, darunter Ausflüge zu den Eisfeldern, Zugfahrten, Bootsausflüge, Tierbeobachtung, Rafting, Reiten und vieles mehr.

Brewster Gray Line SEHENSWERTES
(Karte S. 669; www.brewster.ca; 607 Connaught Dr)

Jasper Walks & Talks WANDERUNG
(Karte S. 669; www.walksntalks.com; 626 Connaught Dr)

SunDog Tour Company SEHENSWERTES
(Karte S. 669; www.sundogtours.com; Connaught Dr)

Schlafen

Trotz seines Rufs als ruhiges Gegenstück zu Banff wird es in den Sommermonaten auch in Jaspers Straßen und Gassen ganz schön voll. Entweder vorab reservieren oder vielleicht besser in der ruhigeren Zwischensaison (Ende des Winters/Anfang des Frühjahrs) vorbeikommen, wenn man in der verlassenen Berglandschaft (am besten mit Langlaufskiern bewaffnet) eine ganz neue Seite des Parks entdecken kann.

Unterkünfte sind in Jasper grundsätzlich günstiger als in Banff, aber das sagt ja noch nicht wirklich viel. Die zehn zum Park gehörenden Campingplätze sind von Mitte Mai bis September/Oktober geöffnet. Einer von ihnen (Wapiti) hat das ganze Jahr über teilweise offen. Vier der Campingplätze nehmen Reservierungen an. Infos bekommt man bei **Parks Canada** (☎780-852-6176; 500 Connaught Dr) im Jasper Information Centre.

Mehrere Optionen außerhalb der Stadt haben auch Bungalows (meistens Holzhütten) im Angebot, die nur im Sommer vermietet werden. Im Winter gibt es oft beträchtliche Preisnachlässe.

LP TIPP **Park Place Inn** BOUTIQUEHOTEL $$$
(Karte S. 669; ☎780-852-9970; www.parkplaceinn.com; 623 Patricia St; Zi. ab 229 C$; @) Die recht eintönige Außenfassade des Park Place reiht sich im Ortskern in ein Heer von Geschäften ein und ließe nie vermuten, dass sich dahinter ein echter Hingucker verbirgt. Das wird erst klar, wenn man die Stufen zu seiner schicken, offenen Lobby erklommen hat. Die 14 selbsternannten Boutiquezimmer werden diesem Ehrentitel mit Marmorverkleidungen, Werken einheimischer Künstler, Badewannen mit Klauenfüßen und einem allgemeinen Flair voller Raffinesse und Luxus gerecht. Der Service ist ebenso tadellos.

Fairmont Jasper Park Lodge HOTEL $$$
(☎780-852-3301, 800-441-1414; www.fairmont.com/jasper; 1 Old Lodge Rd; Zi. ab 500 C$; P @ Wi-Fi) Am Ufer des Lake Beauvert und umgeben von wohlgetrimmten Gärten und hohen Gipfeln ist diese alte Lodge ein Klassiker und nicht umsonst so beliebt. Die Atmosphäre gleicht der einer Mischung aus Country Club und Ferienlager der 1950er; die mit allerlei Annehmlichkeiten ausgestatteten Hütten und Chalets erinnern allerdings an eine opulentere Ära. Das Juwel der Lodge ist der große Salon, der auch für Nicht-Gäste zugänglich ist und einen fantastischen Blick auf den See gewährt. Im Innern finden sich überall rustikale Holzmöbel sowie Kronleuchter und Kamine. Nirgendwo im Ort kann man bei einem Cocktail so wunderbar seine Postkarten schreiben wie hier. In der Nebensaison ist oft ein Preisnachlass drin.

Tekarra Lodge HOTEL $$
(☎780-852-3058; www.tekarralodge.com; Hwy 93A; DZ ab 169 C$; ⏲Mai–Okt.; P) Die stimmungsvollsten Hütten des Parks stehen am Ufer des Athabasca River zwischen hohen Bäumen und inmitten herrlicher Beschaulichkeit. Parkettböden, getäfelte Wände, Kamine und kleine Kochnischen machen dieses Erlebnis so richtig schön gemütlich. Obwohl man sich wie im Hinterland fühlt, steht diese Lodge nur einen Kilometer außerhalb des Orts.

Whistlers Inn HOTEL $$$
(Karte S. 669; ☎780-852-9919; www.whistlersinn.com; Ecke Connaught Dr & Miette Ave; Zi. 195 C$; @ Wi-Fi Pool) Aufgrund seiner zentralen Lage und der Zimmer, die deutlich über dem Standard liegen, hat das Whistlers einen deutlichen Vorteil zu vielen seiner Rivalen. Schon allein wegen des Whirlpools auf der Dachterrasse lohnt es sich, hier eine Nacht zu verbringen – einfach toll, wenn man im wohltuenden Wasser einen stressigen Tag vergessen und dabei der Sonne zuschauen kann, wie sie hinter den Hügeln verschwindet. Was will man mehr?

Astoria Hotel HOTEL $$$
(Karte S. 669; ☎780-852-3351; www.astoriahotel.com; 404 Connaught Dr; DZ ab 207 C$; Wi-Fi) Mit seinem Giebeldach gehört das Astoria zu den architektonischen Meisterwerken des Orts und ist zudem Teil eines in Jasper ansässigen Dreiergespanns von Hotels, das seit den 1920er-Jahren im Besitz derselben Familie ist. Die einfachsten der Zimmer sind funktionell und komfortabel und bekommen durch die Bar (De'd Dog) und das Restaurant (Papa George's) im Erdgeschoss zusätzlichen Zulauf.

Athabasca Hotel HOTEL $$
(Karte S. 669; ☎780-852-3386; www.athabascahotel.com; 510 Patricia St; Zi. ohne/mit Bad 99/175 C$; P @ Wi-Fi) Wer sich von ausgestopften Elchköpfen, einer lärmenden Bar mit Nachtclub im Erdgeschoss und einem Service, der manchmal so launisch wie das Wetter in den Bergen ist, nicht aus der Ruhe bringen lässt, der wird sich im Athabasca (oder Atha-B, wie es auch genannt

wird) wohl fühlen. Es ist zentral gelegen und hat ein angrenzendes Restaurant und kleine, aber komfortable Zimmer (viele davon mit Gemeinschaftsbad). Das Atha-B gibt's schon seit 1929 und ist vielleicht der beste Deal im Ort.

Coast Pyramid Lake Resort HOTEL **$$$**
(☎780-852-4900; www.coasthotels.com; Pyramid Lake Rd; DZ ab 249 C$; P) Diese riesige Anlage bietet einen fantastischen Blick auf den See, zu dem man von hier aus auch einen optimalen Zugang hat. Das Design ist etwas seltsam und ein breiter betonierten Zufahrtsweg teilt das Gelände in zwei Hälften. Die Gebäude im Chalet-Stil liegen alle am Hang verteilt, sodass die meisten der Zimmer freien Blick auf den See haben. Das Hotel bietet auch zahlreiche Möglichkeiten, sich am und im Wasser zu vergnügen. Es können Kanus geliehen werden und es gibt einen kleinen Strand. Die Preise sind allerdings ganz schön weit oben angesiedelt und es könnte nicht schaden, wenn das eine oder anderer Detail noch verbessert würde. Zwischen Oktober und April ist die Anlage geschlossen.

YHA Maligne Canyon HOSTEL **$**
(Karte S. 646; ☎1-877-852-0781; www.hihostels.ca; Maligne Lake Rd; B 23 C$; P) Optimale Lage, um auf dem Skyline Trail im Winter langlaufen und im Sommer spazieren zu gehen. Das Hostel ist sehr einfach und liegt etwas zu nah an der Straße, um sich das Prädikat „rustikal" in vollem Umfang zu verdienen. Hartgesottene dürfen sich bei Sechsbettzimmern, Toiletten im Freien und selbst gepumptem Wasser der Natur so richtig verbunden fühlen.

Whistlers Campground CAMPING **$**
(Karte S. 646; Whistlers Rd; Stellplatz Zelt/Wohnmobil 22/36 C$; ⏲Anfang Mai–Mitte Okt.; P) Schon mal die Nacht mit 780 anderen Campern verbracht? Dann ist das die Chance. Dies ist eine kleine Campingstadt, in der Privatsphäre ein Fremdwort ist. Der Platz ist allerdings die Jasper am nächsten gelegene Campingoption. Kaum zu glauben, aber in der Hochsaison ist hier regelmäßig alles voll. Es gibt Veranstaltungen, bei denen man etwas über den Park lernt, Toiletten mit Spülung und Feuerstellen.

HI-Jasper HOSTEL **$**
(Karte S. 646; ☎780-852-3215; www.hihostels.ca; Whistlers Mountain Rd; B /DZ 26/65 C$; P @ ᯤ) Dieses Hostel nicht zu mögen wäre eigentlich relativ einfach. In die Schlafsäle werden 40 Personen und mehr gestopft, sodass man sich gegen den Eindruck, in einem Flüchtlingslager untergekommen zu sein, kaum wehren kann, und es liegt gerade weit genug vom Ort entfernt, dass der Fußmarsch einen umbringt – zwei absolute Minuspunkte. Trotzdem ist es eine tolle Übernachtungsoption, denn die Nähe zum Bettnachbarn und die relative Abgeschiedenheit tragen dazu bei, dass hier ein echtes Gemeinschaftsgefühl entsteht. Eine nette Innenausstattung, freundliche Angestellte und eine unberührte Umgebung machen das HI-Jasper nur noch besser.

Mount Robson Inn MOTEL **$$$**
(außerhalb der Karte S. 669; ☎780-852-3327; www.mountrobsoninn.com; 902 Connaught Dr; Zi. ab 255 C$; P ❄ @ ᯤ) Eine saubere, vornehme Unterkunft im Motelstil am Ortsrand von Jasper mit Whirpool, Restaurant und einem beachtlichen, im Preis enthaltenen Frühstück.

Snaring River Campground CAMPING **$**
(Karte S. 646; Hwy 16; Stellplatz 15 C$; ⏲Mitte Mai–Mitte Sept.; P) Dieser nur mit dem Nötigsten ausgestattete Campingplatz 17 km nördlich von Jasper – es ist der einfachste und abgeschiedenste des Parks – ist der perfekte Gegenpol zu den betriebsamen Campingplätzen, die man sonst im Park findet.

Essen

In Jasper kommt vor allem eine herzhafte Küche auf den Tisch – nach einem langen Wandertag genau das Richtige! Es gibt aber auch einige Spitzenrestaurants. Die meisten Restaurants befinden sich im Ort rund um den Connaught Dr und die Patricia St. Außerhalb davon findet man an Fixpunkten wie Maligne Lake und The Whistlers Restaurants im Cafeteria-Stil, die im Winter allerdings zu haben.

LP TIPP **The Other Paw** CAFÉ, BÄCKEREI **$**
(Karte S. 669; 610 Connaught Dr; Hauptgerichte 2 C$; ⏲7–22 Uhr) Dies ist eine Filiale von The Bear's Paw, einem größeren Café gleich um die Ecke. Hier gibt's dieselbe unglaubliche und süchtig machende Auswahl an Broten, Gebäck, Muffins und Kaffee, dieses Paw hat aber länger geöffnet als sein großer Bruder und liegt dazu noch direkt gegenüber vom Bahnhof. Die aromatische Aussicht auf weiße Schokolade und Himbeerschnitten wird ausreichen, um einen auf den letzten paar Kilometern einer langen Wanderung/Radtour/Loipe anzutreiben.

Fiddle River Seafood Co SEAFOOD $$
(Karte S. 669; 620 Connaught Dr; Hauptgerichte ab 18 C$; ⌚17–22 Uhr) Bei einer Entfernung von fast 1600 km zur Küste wird so mancher verständlicherweise etwas misstrauisch. Dieses Fischrestaurant, das beste in Jasper, muss sich aber nicht verstecken. An einem Tisch am Fenster schmecken innovative Kreationen wie Forelle im Kürbiskernmantel noch besser.

Coco's Café CAFÉ $
(Karte S. 669; 608 Patricia St; Hauptgerichte ab 5 C$; ⌚8–16 Uhr) Das Duell Coco's gegen The Other Paw endet unentschieden, obwohl dieses Café beim Frühstück ganz leicht vorne liegt. Drinnen ist nicht sonderlich viel Platz, die meisten Gäste zwängen sich aber gerne rein, um Wanderungen zu planen, ihre Erfahrungen mit Bären auszutauschen und ihre Wehwehchen zu vergleichen. Wer beim Essen noch ein gutes Gewissen haben möchte, ist bei geschnetzeltem Tofu und Kaffee aus fairem Handel genau richtig.

Andy's Bistro FUSION $$$
(Karte S. 669; ☎780-852-3323; 622 Patricia St; Hauptgerichte ab 22 C$; ⌚17–23 Uhr) Das Andy's steht ganz im Zeichen eines neuen Trends, Spitzenrestaurants auch in Gebieten zu eröffnen, wo eigentlich Abenteuer und Outdoor-Aktivitäten an erster Stelle stehen (Trendsetter war Whistler). Das Bistro ist eines von zwei Nobeloptionen in Jasper, in denen man die verdreckten Wanderschuhe lieber mal zu Hause lässt und gepflegt einen von 70 verschiedenen Weinen pichelt. Die europäisch angehauchte Speisekarte (Schnecken, Blätterteigpasteten, Kalbfleisch aus der Pfanne) setzt auch einige indische und asiatische Akzente.

Something Else MEDITERRAN, STEAK $$
(Karte S. 669; 621 Patricia St; Hauptgerichte 13–24 C$) Das im Grunde genommen griechische Restaurant wagt sich oft auch an andere Spezialitäten (Amerikanisch, Italienisch, Cajun) und ist damit nicht immer erfolgreich. Dafür ist es sehr groß und bietet sogar samstagabends noch Platz. Zudem gibt es ganz gutes Bier, eine abwechslungsreiche Speisekarte, viel Auswahl für die kleinen Gäste und gute griechische Hausmacherspezialitäten. Das Souvlaki mit Lamm oder Hähnchen muss man probiert haben!

Jasper Pizza Place PIZZA $
(Karte S. 669; 402 Connaught Dr; Hauptgerichte ab 8 C$; ⌚11–23 Uhr) Fragt man einen Einheimischen (vorausgesetzt man findet einen), wo man günstig essen kann, so bekommt man auch von Wohlbetuchten diesen Ort genannt. Wer hier lange genug ausharrt, um sich dann im richtigen Moment auf einen Tisch zu stürzen, der wird für die Mühen belohnt. Die so heiß begehrten Pizzas sind ganz schön lecker – aber das versteht sich ja von selbst.

View Restaurant FAST FOOD $
(Maligne Lake Lodge; Snacks ab 4 C$; ⌚9–19 Uhr) Auf den ersten Blick scheint dieses Restaurant mit dem so passenden Namen (man schaue und staune!) oben am Maligne Lake nur eine weitere überteuerte Cafeteria für Touristen zu sein. Aber außer Sandwiches, Suppen und Ferienjobbern erwarten einen hier die besten Gebäckstücke, Muffins und Zimtschnecken im ganzen Park.

Villa Caruso STEAK $$
(Karte S. 669; 640 Connaught Dr; Hauptgerichte ab 21 C$; ⌚11–22.30 Uhr) Fleischliebhaber, Fischesser und Vegetarier – hier ist für alle gesorgt. Vornehme Holzverzierungen und ein toller Ausblick sind die perfekten Appetithäppchen für ein tolles Mahl.

Edith Cavell FUSION $$$
(☎780-852-6052; Jasper Park Lodge, 1 Old Lodge Rd; 2-/3-/4-Gänge Gerichte 90/110/130 C$; ⌚18–21 Uhr) Ein Spitzenrestaurant im wunderschönen Rahmen der Jasper Park Lodge mit einem atemberaubenden Blick und einer ähnlich beflügelnden Speisekarte.

Ausgehen

Pete's On Patricia NACHTCLUB
(Karte S. 669; 614 Patricia St) In Jaspers authentischstem Nachtclub gibt es manchmal gruselige Themenabende, bei denen Heavy Metal gespielt wird. Ansonsten legen die DJs hier alles auf, von Hip-Hop bis zu den neuesten Charts. Wenn ab 22 Uhr langsam Stimmung aufkommt, ist es oben am besten.

Jasper Brewing Co BRAUEREI, KNEIPE
(Karte S. 669; www.jasperbrewingco.ca; 624 Connaught Dr) Seit 2005 wird in diesem Brauhaus mit Gletscherwasser feines Ale gebraut, darunter auch das Aushängeschild Rockhopper IPA oder – ein bisschen abenteuerlicher mit Himbeere – das Rocket Ridge Raspberry Ale. Es gibt gemütliche Sitzgelegenheiten, TVs und eine gute Speisekarte.

Atha-B Pub BAR, NACHTCLUB
(Karte S. 669; Athabasca Hotel, 510 Patricia St) Nachtclubs und Nationalparks passen etwa

so gut zusammen wie die Beobachtung von wilden Tieren im Stadtzentrum von Toronto. Daran sollte man denken, wenn man sich ins Atha-B aufmacht, ein Pub mit Nachtclub, das an die Lobby des Athabasca Hotel angrenzt und in dem Vokuhilas immer noch schwer in Mode sind. Der Teppichboden verströmt wahrscheinlich schon radioaktive Strahlung.

ℹ Praktische Informationen

Jasper Information Centre (www.parkscanada.gc.ca/jasper; 500 Connaught Dr; ⌚Juni–Sept. 8–19 Uhr, Okt.–Mai 9–16 Uhr) Informiert über die historische „Parkitektur".

Jasper Municipal Library (500 Robson St; Internet 5 C$/Std.)

Post (Karte S. 669; 502 Patricia St, Ecke Elm Ave; ⌚Mo–Fr 9–17 Uhr)

Seton General Hospital (Karte S. 669; ☎780-852-3344; 518 Robson St)

ℹ Anreise & Unterwegs vor Ort

Auto

In Jasper gibt es Filialen internationaler Autovermietungen (S. 987).

Wer ein Taxi sucht, ruft bei **Jasper Taxi** (☎780-852-3600) an; alle Fahrzeuge haben Taxameter.

Bus

Der **Busbahnhof** (www.greyhound.ca; 607 Connaught Dr) befindet sich am normalen Bahnhof. Es gibt Greyhound-Busse nach Edmonton (59 C$, ab 4½ Std., 4-mal tgl.), Prince George (64 C$, 5 Std., 1-mal tgl.), Kamloops (70 C$, 6 Std., 2-mal tgl.) und Vancouver (115 C$, ab 11½ Std., 2-mal tgl.).

Brewster Transportation (www.brewster.ca) fährt von derselben Haltestelle ab und bietet Expressbusse nach Lake Louise (60 C$, 4½ Std., min. 1-mal tgl.) und Banff (70 C$, 5½ Std., min. 1-mal tgl.) an.

Das **Maligne-Valley-Shuttle** (www.malignelake.com) verkehrt von Mai bis Oktober zwischen Jasper und Maligne Lake und hält auch am Maligne Canyon. Die einfache Fahrt kostet 20 C$ (hin & zurück 40 C$).

Zug

VIA Rail (www.viarail.ca) schickt wöchentlich drei Züge in Richtung Westen nach Vancouver (168 C$, 20 Std.) und in Richtung Osten nach Toronto (456 C$, 62 Std.). Zusätzlich gibt es noch, auch dreimal pro Woche, einen Zug nach Prince Rupert, BC (117 C$, 32 Std.). Anrufen oder am **Bahnhof** (607 Connaught Dr) nach genaueren Details zum Fahrplan und zu den Fahrpreisen fragen!

SÜDLICHES ALBERTA

Für Schlagzeilen sorgen in Alberta vor allem die Nationalparks Banff und Jasper und die Städte Calgary und Edmonton, wodurch der weitläufige Süden größtenteils vernachlässigt wird. Das flache Farmland wird hier nur durch steile Täler oder Schluchten unterbrochen, die durch Überflutungen am Ende der letzten Eiszeit entstanden sind. Ein weiteres typisches Landschaftsbild sind die hoch aufragenden Hoodoos, merkwürdige, trockene Gesteinsformationen, die den Horizont beherrschen und wie sandfarbene, von Dr. Seuss entworfene Skulpturen aussehen. Auch historisch gesehen war hier viel los. Davon zeugt der noch relativ junge Head-Smashed-In Buffalo Jump und der nicht mehr ganz so junge Dinosaur Provincial Park. Diese beiden Gebiete bewahren eine Vergangenheit, die von der Unesco zum Welterbe ernannt wurde.

Naturwunder gibt es in dieser verschlafenen Ecke der Provinz zuhauf. Die trockenen und staubigen Badlands rund um Drumheller öffnen sich gen Osten zu weitläufigen Prärien, die sich bis zu den Cyprus Hills im westlichen Saskatchewan erstrecken. Im Westen befindet sich der Waterton Lakes National Park, dessen Landschaft zu den spektakulärsten der Rockies zählt – und dennoch von den meisten Besuchern links liegen gelassen wird.

Drumheller

Während hier früher noch Kohle die am meisten gefragte unterirdische Ressource war, so sind es heute Dinosaurierknochen. Drumheller ist ein kleiner (und nach Meinung vieler ein dem Niedergang geweihter) Ort mitten in Albertas geheimnisvollen Badlands, einer Zentralachse des sogenannten Dinosaur Trail. Während die Sache mit der Paläontologie hier einerseits sehr ernst genommen wird (das nahe gelegene Royal Tyrrell Museum ist sowohl Forschungszentrum als auch Touristenziel), hat Drumheller mächtig von seinem Jurassic-Park-Erbe profitiert – und es teilweise schamlos zu Geld gemacht. Neben den Stegosaurierattrappen, die beinahe an jeder Straßenecke stehen, und den zahlreichen Firmennamen mit Dino-Präfix, ist einer unübertroffen: der 26 m hohe T-Rex aus Glasfaser, der weite Teile des Stadtkerns bedrohlich überblickt (s. S. 676).

Aber man sollte sich nicht vom paläontologischen Kollektivstolz abschrecken lassen – schafft man es, dem Kitsch keine Beachtung mehr zu schenken, erkennt man im Ort eine gewisse, nicht greifbare Ästhetik. Die Sommer sind heiß und das tief eingeschnittene Flusstal, in dem Drumheller liegt, ist eine willkommene Abwechslung zur eintönigen Prärie. Die Szenerie der Badlands wird von Hoodoos beherrscht, die schon in vielen Filmen, vorrangig Western, als Kulisse dienten.

Die **Touristeninformation** (60 1st Ave W; ⏲10–18 Uhr) liegt ganz in der Nähe des oben erwähnten T-Rex.

Sehenswertes & Aktivitäten

Dinosaur Trail, Horseshoe Canyon & Hoodoo Drive PANORAMASTRASSE

Drumheller liegt am Dinosaur Trail, einem 48 km langen Rundweg, der nordwestlich des Ortes entlangführt und auch über den Hwy 837 und Hwy 838 verläuft. Allein schon der Landschaft wegen ist die Fahrt lohnenswert. An jeder Ecke gibt's eine tolle Aussicht auf die Badlands und den Fluss. Der Rundweg führt am **Midland Provincial Park** (Campen verboten!) vorbei, wo man sich auf eigene Faust zu einer Wanderung aufmachen kann. Weiter geht's mit der kostenlosen, seilbetriebenen **Bleriot Ferry**, die schon seit 1913 in Betrieb ist, über den Red Deer River. Man kommt unterwegs zu verschiedenen Aussichtspunkten – darunter auch der hoch oben liegende **Orkney Viewpoint** –, von denen man die Canyons der Umgebung bewundern kann.

Den Horseshoe Canyon, die beeindruckendste Schlucht weit und breit, bestaunt man am besten während einer kurzen Autofahrt auf dem Hwy 9 westlich von Drumheller. Ein großes Schild am Parkplatz informiert über die geologischen Formationen des Gebiets. Einige Pfade führen hinunter in den Canyon, wo man noch mehr erfährt. Wer das nötige Kleingeld hat, der kann sich das Ganze bei einem Helikopterflug aus der Vogelperspektive anschauen.

Der 25 km lange Hoodoo Drive beginnt etwa 18 km südöstlich von Drumheller auf dem Hwy 10; es gibt nur eine Straße in diese Richtung, man muss also dieselbe Strecke zurückfahren. Entlang dieser Route bekommt man die besten **Hoodoos** zu Gesicht: bizarre, erodierte, pilzartige Sandsteinsäulen. In dieser Gegend florierte einst der Kohlebergbau; die alte **Atlas Mine** ist heute als Provincial Historic Site erhalten. In Rosedale kann man einen Abstecher über den Hwy 10X (der auf 6 km über elf Brücken führt) zur kleinen Gemeinde **Wayne** machen, die mit 27 Einwohnern schon fast als Geisterstadt durchgeht.

LP TIPP **Royal Tyrrell Museum of Palaeontology** MUSEUM

(www.tyrrellmuseum.com; Erw./Jugendl. 10/6 C$, ⏲Mitte Mai–Sept. 9–21 Uhr, Okt.–Mitte Mai 10–17 Uhr) Dieses fantastische Museum gehört zu den hervorragendsten Dinosauriermuseen der Welt. Es ist nicht übertrieben, zu sagen, dass zu jedem echten Alberta-Erlebnis ein Besuch dieser beeindruckenden Einrichtung unbedingt dazugehört. Kinder werden die interaktiven Schaukästen lieben, und alle werden staunend vor den zahlreichen komplett vollständigen Dinosaurierskeletten stehen. Es gibt die Möglichkeit, die Badlands im Rahmen einer geführten Tour zu erkunden und seine eigenen Dino-Schätze entweder auf einer geführten Wanderung oder bei einer Dinosaurierausgrabung zu entdecken. Da fühlt man sich wie am Set von *Jurassic Park* – und dabei ist dies die *echte* Dinowelt.

World's Largest Dinosaur AREAL

(60 1st Ave W; Eintritt 3 C$; ⏲10–18 Uhr) Achtung: kitschige Touristenattraktion voraus! In einem Ort, in dem an jeder Ecke ein Dinosaurier steht, ist dieser T-Rex der Star. Er taucht sogar im *Guinness-Buch der Rekorde* auf. Der 26 m hoch über einem Parkplatz aufragende Koloss dominiert die gesamte Skyline Drumhellers. Er ist groß, kein bisschen furchteinflößend und hat mal eben über 1 Mio. Dollar gekostet. Da überrascht es auch nicht, dass man dafür bezahlen muss, die 106 Stufen hinaufzugehen, um sich aus seinem Maul die Umgebung anzusehen. Kinder fahren voll drauf ab und, das muss man dem Dino lassen, der Ausblick ist wirklich ganz schön. Ironischerweise hat dieser T-Rex nicht einmal die korrekten Maße: Mit 46 m Länge ist er etwa 4,5-mal größer als sein ausgestorbenes Vorbild.

Schlafen

Gute Unterkünfte sind in Drumheller rar und so sollte man am besten im Voraus reservieren, um nicht in irgendeinem Loch zu landen oder, schlimmer noch, auf der Straße zu sitzen.

Heartwood Inn & Spa INN $$

(☎403-823-6495; www.innsatheartwood.com; 320 N Railway Ave E; DZ 119–279 C$; @) Dieses entzückende Inn ist bei Weitem eine der besten Unterkünfte im Ort. Die kleinen Zimmer sind luxuriös, komfortabel und geschmackvoll eingerichtet. Im hauseigenen Wellnessbereich wird man wie ein König behandelt. Alle Zimmer haben Whirlpools, und wer sich für das Romantik-Paket entscheidet, dessen Raum wird mit Kerzen und Rosenblättern dekoriert und die Angestellten lassen sogar kurz vorher ein Bad für zwei ein – und überlassen einem den Rest.

River Grove Campground & Cabins CAMPING $
(☎403-823-6655; www.camprivergrove.com; 25 Poplar St; Stellplatz ab 26 C$, Hütte ab 80 C$, Tipi 60 C$; ⌚Mai–Sept.; P) Mitten im Ort und in der Nähe des großen Dinosauriers liegt dieser hübsche Campingplatz mit einer Fülle von Einrichtungen. Die Ausstattung der Zeltplätze ist o.k. und es gibt auch ein paar schattenspendende Bäume, die einen im Sommer vor der Hitze schützen. Man kann sogar in Tipis übernachten, obwohl das Stoney-Volk damals wohl keine betonierten Böden hatte.

Taste the Past B&B B&B $$
(☎403-823-5889; 281 2nd St W; EZ/DZ 95/115 C$; P) Dieses Haus stammt aus der Zeit um 1900 und wurde zu einem gemütlichen B&B mitten im Ortskern umgewandelt. Alle Zimmer haben ein eigenes Bad und im Erdgeschoss gibt es gemeinschaftliche Einrichtungen. Bei nur drei Zimmern fühlt man sich eher wie zu Besuch bei Freunden – und wenn man wieder abreist, ist oft auch so etwas wie eine Freundschaft entstanden.

Essen

LP TIPP **Last Chance Saloon** BAR $
(Hwy 10X, Wayne; Hauptgerichte ab 4,50 C$; ⌚11.30–24 Uhr) In einer Gegend, die den Fast-Food-Restaurants freundlich gesinnt ist, ist die Beschreibung „weiter weg geht gar nicht“ nur ein heimliches Kompliment. Eine ganz neue Erfahrung erwartet den Besucher im winzigen Ort Wayne, eine 15-minütige Autofahrt von Drumheller entfernt. Diese früher sehr ruppige Bar mit Hotel ist mittlerweile zum Treffpunkt von Harley-Davidson-Fans geworden. Ohne die geringste Spur von Touri-Kitsch ist das Last Chance ein klassischer Western-Saloon. Man sollte sich Zeit nehmen, um sich die Bergbau-Relikte, antiken Kameras, alten Zigarrenboxen, die voll funktionstüchtige Musikbox und den Ziegelstein anzuschauen, den, vermutlich so um das Jahr 1913, wahrscheinlich jemand durchs Fenster geworfen hat. Da ist das Essen – standardmäßige Burger mit entweder Pommes oder Bohnen – fast zweitrangig, macht aber satt und gibt einem mehr Zeit, die unkonventionelle Atmosphäre auf sich wirken zu lassen.

Whif's Flapjack House KANADISCH $
(801 N Dinosaur Trail; Hauptgerichte 6–10 C$; ⌚6–14 Uhr) Der Name ist Programm: Waffeln, Hamburger, Eis, Flapjacks (fette Pancakes) und Salat. Große Portionen, eine Modelleisenbahn an der Decke und ein gutes Preis-Leistungs-Verhältnis – das gibt's in diesem einheimischen Schnellrestaurant.

Sizzling House CHINESISCH, THAI $
(www.sizzlinghouse.com; 160 Centre St; Hauptgerichte ab 9 C$; ⌚11–21 Uhr) Von außen sieht diese ungewöhnliche Mischung aus thailändischem und chinesischem Restaurant wirklich zum Weglaufen aus, das renovierte Innere ist aber eigentlich o.k. und das Essen überraschend gut. Mit einer exotischen Mischung aus Wonton- und Tom-Yam-Suppen, mandschurischem Rind und Chiang-Mai-Gemüse ist das Essen hier ein super Deal. Fast wie in Bangkok – oder doch Peking?

O'Shea's Eatery & Ale House KNEIPE $
(www.osheasalehouse.com; 600B, 680 2nd St; Hauptgerichte ab 10 C$; ⌚11–23 Uhr) Bei einem Angebot, das von irischem Pubessen bis zu Steaks und Pasta reicht, findet jeder etwas, das ihm schmeckt. Parkettböden, Buntglasfenster und hohe Decken verleihen dem kulinarischen Erlebnis eine gotische Note. Für alle, die etwas Lockeres suchen, gibt's auch ein Pub.

An- & Weiterreise

Die Busse von Greyhound Canada fahren am **Busbahnhof** (308 Centre St) nach Calgary (38 C$, 1¾ Std., 2-mal tgl.) und Edmonton (68 C$, 7 Std., 2-mal tgl.) ab.

Hammerhead Tours (S. 635) bieten von Calgary aus einen Ganztagesausflug (90 C$) in die Drumheller Badlands und ins Royal Tyrrell Museum an.

Dinosaur Provincial Park

Hier trifft *Jurassic Park* auf *Unsere kleine Farm*. Der **Dinosaur Provincial Park** (www.dinosaurpark.ca; am Hwy 544; Eintritt frei; ⌚Mitte Mai–Mitte Sept. 9–18 Uhr, Mitte Sept.–Mitte Mai 10–17 Uhr) ist aber nicht einfach eine Miniaturausgabe des Grand Canyon, sondern zudem von der Unesco zum Welterbe erklärt worden. Als letzte Ruhestätte für Tausende von Dinosauriern ist dies der Ort schlechthin, um mal ein paar Fossilien unter die Lupe zu nehmen. Der Park liegt auf halber Strecke zwischen Calgary und Medicine Hat und etwa 48 km nordöstlich von Brooks. Vom Hwy 1 auf den Secondary Hwy 873 abfahren und weiter auf den Hwy 544.

Der Park taucht plötzlich aus dem Nichts auf, denn die Schlucht, in der er liegt, fällt ohne Vorwarnung von der grasbewachsenen Ebene in die Tiefe ab. In dieser ausgetrockneten Traumlandschaft ragen zahllose Hoodoos und bunte Felsformationen auf. Dort, wo vor 75 Mio. Jahren Dinosaurier durch eine tropische Umgebung streiften, ist heute nichts als Hitze und Dürre zu sehen. Für dieses Wetter muss man sich unbedingt wappnen – mit Sonnencreme und genügend Wasser.

Der 81 km² große Park schreit förmlich danach, erkundet zu werden. Es gibt zahlreiche Wildblumen, hier und da eine Klapperschlange zwischen den Felsen, und wenn man Glück hat, bekommt man vielleicht sogar einen T-Rex zu sehen. Der Park ist nämlich nicht nur eine Touristenattraktion, sondern auch ein echter wissenschaftlicher Brennpunkt: Paläontologen haben hier unzählige Skelette ausgegraben, die nun weltweit in vielen exzellenten Museen ausgestellt sind.

Es stehen fünf kurze **Wanderwege** mit Infotafeln zur Auswahl; zusätzlich führt ein **Autorundweg** durch einen Teil des Parks. Zum Schutz der Fossilien sind allerdings 70 % des Parks für Besucher nur beschränkt zugänglich. Diese Gebiete können im Rahmen einer geführten Wanderung (Erw./Kind 14/8 C$) oder einer Bustour (Erw./Kind 12/8 C$) besichtigt werden, die zwischen Ende Mai und Oktober angeboten werden. Sowohl die Wanderungen als auch die Bustouren sind sehr beliebt – also besser die 403-378-4344 anrufen und einen Platz reservieren.

Im **Besucherzentrum** (☎403-378-4342; Erw./Kind 3/2 C$; ⏲Mitte Mai–Sept. 8.30–17 Uhr, Okt.–April 9–16 Uhr) des Parks sind kleine, aber eindrückliche Dino-Schaukästen zu sehen. Man sollte sich ruhig die vollständigen Skelette und Ausstellungen über praktische Aspekte der Paläontologie ansehen.

Der **Campingplatz** (☎403-378-3700; Stellplatz Zelt/Wohnmobil 23/29 C$, Reservierung 10 C$; Ⓟ) des Parks liegt in einer kleinen Senke direkt an einem Bach. Die zahlreichen schattigen Plätzchen zwischen den Bäumen bieten einen willkommenen Schutz vor der gleißenden Sonne. Hier kann man Wäsche waschen und sich eine warme Dusche genehmigen; ein Laden versorgt die Camper mit allem Nötigen, was man zu Hause vergessen haben könnte. Dieser Platz ist, vor allem aufgrund seiner Wohnmobilstellplätze, sehr beliebt – also lieber vorher anrufen!

Head-Smashed-In Buffalo Jump

Hinter dem wohl seltsamsten Namen aller Attraktionen Albertas (wörtlich bedeutet er etwa „Kopf-bei-Büffelsprung-zertrümmert") steckt eine Geschichte voller Geschick und Einfallsreichtum. Sie ist der Schlüssel zum kulturellen Erbe der First Nations (und Kanadas). Tausende Jahre nutzte der Stamm der Blackfoot die Abgründe nahe dem Ort Fort Macleod für die Büffeljagd. Die Idee des **Head-Smashed-In Buffalo Jump** (www.head-smashed-in.com; Spring Point Rd/Secondary Hwy 785; Erw./Kind 9/5 C$; ⏲10–17 Uhr) war so simpel wie genial: Wenn sich die Büffel in der weitläufigen Prärie sammelten, kamen die tapfersten Jäger des Stammes zusammen und trieben die Tiere in Richtung der tief abfallenden Steilwand. Waren sie nahe genug, wurden sie in Panik versetzt, sodass sie in ihr Verderben stürzten. Dies sicherte dem Stamm das Überleben. Da der Büffel für die Blackfoot ein heiliges Tier war, wurden die gestürzten Tiere gewürdigt, indem jeder Teil der Beute verarbeitet wurde.

Die Schaukästen im Informationszentrum dieser Welterbestätte sind wirklich faszinierend und gut arrangiert. Obwohl der Besuch dieses Orts einen kleinen Umweg bedeutet, lohnt sich der Abstecher auf jeden Fall. Die Stätte liegt etwa 18 km nordwestlich vom Fort Macleod und 16 km westlich vom Hwy 2 und hat eine Snackbar und eine Reihe von Wanderwegen.

Lethbridge

Im südlichen Alberta liegt mitten im Farmland die ehemalige Minenstadt Lethbridge, die vom markanten Flusstal des Oldman River in zwei Teile geteilt wird. Obwohl es eigentlich nichts Großartiges zu sehen gibt, halten einen die vielen Parks, einige gute Historic Sites und der bewundernswert ausgeprägte Stolz der Einwohner auf ihre Stadt vielleicht länger hier als gedacht. Das Oldman River Valley bietet zahlreiche Wandermöglichkeiten. Dieses 100 m tiefe Flusstal wird von einer Eisenbahnbrücke auf gewaltigen Stahlpfeilern geteilt, die irgendwie an den Eiffelturm erinnert. Sie ist weltweit die größte Brücke ihrer Art. Im Stadtkern, wie in vielen nordamerikanischen Stadtzentren, wurden erfolgreich Anstrengungen unternommen, die noch nicht ganz so historische Seite der Stadt zu bewahren. Im Osten befindet sich der weniger tolle Mayor McGrath Dr (Hwy 5), eine von Einkaufsketten verseuchte Straße, die in jeder Stadt Nordamerikas liegen könnte.

Sehenswertes & Aktivitäten

Nikka Yuko Japanese Garden GARTEN
(www.nikkayuko.com; Ecke Mayor Mcgrath Dr & 9th Ave S; Erw./Jugendl. 7/4 C$; ⌚9–17 Uhr, Juli & Aug. bis 20 Uhr) Der Japanische Garten Nikka Yuko ist ein perfekter Gegenpol, wenn man so langsam von den stressigen Straßen genug hat. Das makellose Gelände mit Teichen, Bächen, Brücken, Bonsaibäumen und authentischen japanischen Gebäuden zwischen den grasbewachsenen Hügeln ist eine Oase der Ruhe im sonst so hektischen Alltag. Man sollte sich Zeit nehmen, sich eine Weile hinsetzen und die Zen-Atmosphäre auf sich wirken lassen.

Indian Battle Park PARK
(3rd Ave S) Im Tal, das den Osten vom Westen trennt, liegt westlich des Scenic Dr der Indian Battle Park. Er ist nach der berühmten Schlacht zwischen den Blackfoot und den Cree im Jahr 1870 benannt und keine gewöhnliche Grünanlage. Dies ist ein weitläufiges, überraschend wildes Fleckchen Erde am Oldman River, in dem überall kleine Wege, wilde Tiere und Überreste einer längst vergessenen Bergbaugeschichte zu finden sind. Nicht zu übersehen ist die 96 m hohe und 1623 m lange **High Level Bridge**, die den ganzen Park einmal durchquert und die größte Trestle-Brücke der Welt ist. Sie wurde 1909 erbaut, um die Züge über das tiefe Tal auf die andere Seite der Prärie zu bringen.

Fast ummittelbar unter der Brücke befindet sich das **Helen Schuler Coulee Centre & Lethbridge Nature Reserve** (Eintritt frei; ⌚Juni–Aug. 10–18 Uhr, Sept.–Mai 13–16 Uhr), in dem ein kleines Informationszentrum untergebracht ist. Es bildet den Ausgangspunkt für eine Reihe von Lehrpfaden, die sich durch die 80 ha Waldgebiet entlang des Flusses schlängeln. Im Sommer werden spezielle Naturerlebnis-Programme angeboten. Am anderen Ende des Parks liegt der **Coalbanks Interpretive-Kiosk**, ein zu den Seiten hin geöffnetes Infohäuschen mit einer beeindruckenden Anzahl an Informationen über die frühe Bergbaugeschichte Lethbridges. Die umliegenden Pfade führen zu kleinen Pavillons, Picknickbereichen und Aussichtspunkten.

Auch das **Fort Whoop-Up** (www.fortwhoopup.com; Erw./Kind 7/3 C$; ⌚Di–Sa 10–17 Uhr) liegt innerhalb der Parkgrenzen. Es ist ein Nachbau des ersten und berüchtigtsten illegalen Handelspostens für Whiskey in Alberta. Zwischen 1869 und 1874 wurden in der Provinz rund 25 dieser Außenposten errichtet, um mit den Blackfoot-Stämmen Whiskey, Waffen, Munition und Decken gegen Büffelleder und Pelze zu tauschen. Als Folge dieser Entwicklung wurde recht schnell die NWMP gegründet, die 1874 Fort Macleod erreichte und für Recht und Ordnung im kanadischen Westen sorgte.

Sir Alexander Galt Museum MUSEUM
(www.galtmuseum.com; 320 Galt St; Erw./Kind 5/3 C$; ⌚10–18 Uhr) Im Sir Alexander Galt Museum, das in einem alten Krankenhausgebäude von 1910 hoch oben auf dem Steilufer über dem Fluss untergebracht ist, wird die Geschichte Lethbridges erzählt. Die interaktiven Schaukästen sind speziell auf Kinder ausgerichtet und befinden sich neben einer kleinen Galerie mit zeitgenössischer und historischer Kunst, die bei den erwachsenen Kindern gut ankommt. Die Aussicht von der Lobby über das Flusstal ist großartig und kostenlos.

Schlafen

Am Hwy 5 gibt es eine riesige Auswahl an Hotelketten von schick bis billig.

Lethbridge Lodge HOTEL $$
(☎403-328-1123; www.lethbridgelodge.com; 320 Scenic Dr S; Zi. ab 109 C$; P @) Wie in den meisten kanadischen Hotels sind die Zimmer zwar sauber, aber nichts Besonderes. Das Atrium ist da schon was anderes. Alle Zimmer blicken auf das mit künstlichen Pflanzen geschmückte Innere. Hinzu kommen gewundene Fußwege aus Ziegelsteinen, ein Pool in Nierenform und Wasserspiele. Die Cotton Blossom Lounge liegt mitten in diesem Dschungel und macht richtig Spaß – mit einem Klavierspieler, der

in seiner eigenen kleinen Welt lebt. Mit der pseudo-italienischen Fassade der Zimmer ist die bizarre Mischung komplett.

Ramada Hotel & Suites HOTEL $$
(☎403-380-5050; www.ramadalethbridge.ca; 2375 Hwy 5 S; Zi. ab 110 C$; @☜☒) Raus aus dem Dschungel (Lethbridge Hotel) und rein in ein Wasserparadies mit 400 000 l kühlem Nass! Das Ramada tickt etwas anders und verfügt über einen kompletten Indoor-Wasserpark mit Doppel-Wasserrutschen, Wellenbad und einem speziellen Kinderbereich. Hier gibt's zudem die üblichen Standardeinrichtungen, und trotz ein paar schrulliger Anwandlungen bewahrt sich das Ramada seine Klasse. Nicht-Gäste können den Wasserpark gegen eine Gebühr nutzen (Erw./Kind 10/6 C$).

Henderson Lake Campground CAMPING $
(☎403-328-5452; www.hendersoncampground.com; 3419 Parkside Dr; Stellplatz Zelt & Wohnmobil ab 25 C$; P) Dieser Campingplatz ist zwar etwas heruntergekommen, seine zentrale Lage ist aber unschlagbar. Er liegt gleich neben dem See gleichen Namens und zudem in Stadtnähe, sodass man hier immer am Geschehen dran ist. Es gibt Zeltplätze, einen Laden und eine Gelegenheit zum Wäschewaschen.

Essen

Ric's Grill STEAK $$$
(☎403-317-7427; www.ricsgrill.com; 103 Mayor Mcgrath Dr; Hauptgerichte 19–40 C$) Schon mal in einem Wasserturm (naja, einem ehemaligen Wasserturm) gespeist? Dann ist dies die Gelegenheit dazu. Das Ric's hat seinen Sitz 40 m hoch über der Prärie im alten Wasserturm von Lethbridge (stillgelegt 1999). Der 2004 in ein Restaurant umgebaute Turm bietet mit seinen gekrümmten Wänden einen tollen Blick auf die Stadt. Auf der ersten Ebene befindet sich eine Lounge, oben gibt's einen stilvollen Speisesaal. Die Steaks sind ordentlich dick und die Weinkarte ist umfangreich. Um einen guten Platz zu bekommen, sollte man vorab reservieren – das Ric's ist aus gutem Grund sehr beliebt.

Mocha Cabana Café CAFÉ $$
(www.mochacabana.ca; 317 4th St; Mittagessen ab 12 C$; ⏲7–21, Fr & Sa bis 23 Uhr; ☜) Während das vielseitige Mocha von außen eher schmucklos erscheint, ist sein Inneres das genaue Gegenteil davon. Selbst bezeichnet es sich als Kaffee-Lounge, Weinbar, Patio und Livemusik-Location – und liegt in jeder dieser Kategorien in Lethbridge auf dem ersten Platz. Das helle Interieur versprüht ein ansprechendes europäisches Flair, und die reichhaltigen Salate des Mittagstischs sind einfach fantastisch.

Round Street Café CAFÉ $
(427 5th St S; Sandwiches 7 C$; ⏲Mo–Sa 7–18 Uhr) Einfach, aber effektiv. Diese unabhängige Kaffeebar in der Nähe des Greyhound-Depots hat ausgezeichnete Zimtschnecken und dicke Sandwiches; zudem kann man umsonst im Internet surfen.

Praktische Informationen

Hauptpost (☎403-382-4604; 704 4th Ave S)

Haupttouristeninformation (www.chinookcountry.com; 2805 Scenic Dr S, am Mayor Mcgrath Dr S; ⏲9–17 Uhr)

Anreise & Unterwegs vor Ort

Bus

Greyhound Canada (☎403-327-1551; 411 5th St S) hat Busse nach Calgary (48 C$, 3 Std., 5-mal tgl.) und Regina (103 C$, ab 14½ Std., 2-mal tgl.).

Mehr Infos zu lokalen Busverbindungen gibt's telefonisch bei der **Lethbridge Transit Infoline** (☎403-320-4978/3885). Der Busterminal der Innenstadt befindet sich in der 4th Ave an der 6th St. Der Fahrpreis beträgt 2 C$.

Flugzeug

Der **Lethbridge Airport** (☎403-329-4474; 417 Stubb Ross Rd) liegt eine kurze Autofahrt südlich der Stadt am Hwy 5 und wird von regionalen Tochtergesellschaften der Air Canada angeflogen. Zwischen sechs und sieben Flüge gehen täglich nach Calgary.

Writing-On-Stone Provincial Park

Das Beste an diesem **Park** (Eintritt frei; ⏲Touren Mitte Mai–Mitte Sept. 9–18 Uhr, Mitte Sept.–Mitte Mai 10–17 Uhr) ist vielleicht die Tatsache, dass er auf dem Weg nach *Nirgendwo* liegt. Wer bereit ist, die Hauptroute zu verlassen und dieses versteckte Juwel zu erkunden, der wird reich belohnt. Seinen Namen verdankt er den zahlreichen Petroglyphen und Felsmalereien, die hier vor über 3000 Jahren von den Prärieindianern entlang des Milk River im Sandstein des Steilufers verewigt wurden. Es gibt einen ausgezeichneten Infopfad, der spektakuläre Aussichtspunkte einschließt und auf eigene Faust unternommen werden kann. Unterwegs kommt man auch nah an einige Piktogramme heran.

Die besten Kunstwerke befinden sich in einem Sperrgebiet (um sie vor Vandalismus zu schützen), das nur im Rahmen einer geführten Tour mit einem Parkranger betreten werden darf. Im Sommer kann man im Park außerdem Kanufahren und im Fluss schwimmen, im Winter ist Langlaufen angesagt. In dem Gebiet leben über 160 Vogelarten, 30 Säugetier- und vier Amphibienarten und drei verschiedene Reptilien, ganz zu schweigen von den vielen Fischen im Fluss. Tickets für die geführte Tour können am Parkeingang bei der Naturforschungsabteilung gekauft werden. Für gewöhnlich starten die Touren von Mai bis Oktober samstags und sonntags um 14 Uhr (Erw./Kind 12/8 C$).

Der zum Park gehörende **Campingplatz** (☎403-647-2877; Stellplatz Zelt/Wohnmobil ab 21/27 C$) direkt am Fluss hat über 64 Stellplätze, fließendes Wasser und Toiletten mit Spülung. Am Wochenende ist hier viel los.

Der Park befindet sich südöstlich von Lethbridge und nahe an der US-amerikanischen Grenze. Im Süden kann man die Sweetgrass Hills des nördlichen Montanas erkennen. Um zum Park zu kommen, biegt man in Milk River vom Hwy 4 auf den Hwy 501 ab und folgt ihm für 42 km nach Osten.

Waterton Lakes National Park

Wer? Wie? Wo? Was? Dem Namen des **Waterton Lakes National Park** (Erw./Kind & Senior pro Tag 7,80/3,90 C$) folgt meistens eher eine verständnislose Frage als ein zufriedener Ausruf der Wiedererkennung. Während seine Kollegen im Norden – Canmore, Banff und Jasper – von Touristen und Wochenendausflüglern förmlich überrannt werden, ist Waterton eine Oase der Ruhe und Beschaulichkeit. Grandios. Der 1895 gegründete Park gehört heute zu einer Unesco-Welterbestätte, einem Unesco-Biosphärenreservat und einem Internationalen Friedenspark (zusammen mit dem Glacier National Park in den USA). Er hat eine Größe von 525 km² und liegt in der südwestlichsten Ecke Albertas. Hier trifft die Prärie auf die Berge, und das Gefühl, das platte Land hinter sich zu lassen, ist in höchstem Maße erhebend. Der Park ist Schutzgebiet für eine Vielzahl von wahrzeichenhaften Tieren – Grizzlys, Wapitis, Hirschen und Pumas – und zudem Heimat von über 800 Arten von Wildblumen.

Der Ort **Waterton**, ein bezauberndes alpines Dorf, das im Winter um die 40 Einwohner zählt, hebt sich deutlich vom größeren und kitschigeren Banff und, etwas weniger krass, auch von Jasper ab. Hier gibt es so viele Outdoor-Aktivitäten zu entdecken, dass man jahrelang damit beschäftigt wäre, sie auszuprobieren. Zu den Highlights des Parks gehören der friedliche Waterton Lake, das königliche Prince of Wales Hotel aus den 1920er-Jahren und die Nähe zu verschiedenen Höhenwanderwegen; die Baumgrenze ist vom Ortskern aus in weniger als einer Stunde zu erreichen.

Hier ist man direkt an der US-amerikanischen Grenze und in unmittelbarer Nähe zum gewaltigen **Glacier National Park**. Ein guter Ort also, um die nachbarschaftlichen Beziehungen mit den Leuten aus dem Süden zu pflegen. Eine Hinterland-Erlebnistour durch gleich zwei Länder macht sich auch im Reisepass gut. Die beiden Parks ergeben zusammen den Waterton-Glacier International Peace Park. Obwohl dieser Name den Eindruck binationaler Harmonie erweckt, hat jeder der beiden eine separate Verwaltung – somit braucht man auch zwei unterschiedliche Eintrittskarten.

Mehr Infos zum Glacier National Park gibt's auf der hervorragenden Website des US National Park Service unter www.nps.gov/glac.

Sehenswertes & Aktivitäten

Highlight für viele Besucher ist eine Bootsfahrt mit **Waterton Shoreline Cruises** (www.watertoncruise.com; einfache Strecke Erw./Kind 23/12 C$; ⏲Mai–Okt.) über den schillernden See zum gegenüberliegenden Ufer Goat Haunt, Montana, USA. Während der 45-minütigen, landschaftlich sehr schönen Fahrt gibt's über die Lautsprecher unterhaltsame Kommentare zu hören. Man muss vor dem Betreten der oft randvollen Boote sicherstellen, dass auch der Reisepass mit an Bord ist, die Tour dockt nämlich für etwa 30 Minuten in den USA an.

Auch wer sich gerne die Beine etwas vertreten möchte, ist hier im Park genau richtig – Waterton ist ein Paradies für Wanderfreunde. Mit einem Wegenetz von über 225 km Länge werden vielleicht die zeitlichen Kapazitäten, nie aber die Optionen knapp. Die Wege werden außerdem (dort, wo es erlaubt ist) von Radfahrern und Reitern genutzt, und sobald der erste Schnee gefallen ist, bringen einen auch Langlaufskier ans Ziel. Die 17 km lange Wanderung zum **Crypt Lake** ist mal was anderes – hier gilt es einen 20 m langen Tunnel, einen Strom, der plötzlich aus dem Nichts hervorquillt, und eine Leiter zu bewältigen. Den Ausgangspunkt der Wanderung erreicht man nur mit dem Boot. Waterton Shoreline Cruises fährt morgens an der Anlegestelle des Ortes ab und sammelt die erschöpften Wanderer nachmittags wieder am Endpunkt des Wegs am Crypt Lake ein (Erw./Kind 18/9 C$).

Ein weiteres Beispiel des Watertonschen „klein aber oho"-Prinzips sind die 19 km des **Carthew-Alderson Trail**, der oft als eine der besten Hochgebirgs-Tageswanderungen Nordamerikas beschrieben wird. Im Sommer fährt das Tamarack Shuttle jeden Morgen zum Ausgangspunkt am Cameron Lake (Reservierung empfohlen!). Von dort aus führt der Weg über die Berge zurück ins Dorf.

Schlafen

Im Park gibt es drei Campingplätze von Parks Canada, die mit dem Auto erreichbar sind. Reservierungen sind nicht möglich. Die Anzahl der Zeltplätze im Hinterland ist begrenzt, weshalb man über das Visitor Center reservieren sollte.

LP TIPP **Prince of Wales Hotel** HOTEL $$$
(☎403-859-2231; www.princeofwaleswaterton.com; Prince of Wales Rd; Zi. ab 234 C$; ⏲Mitte Mai–Sept.; P 📶) Jeder, der nach Waterton kommt, sollte zumindest einen Blick auf dieses Wahrzeichen der Bergwelt werfen. Aufgrund seiner Lage, die den Gästen den besten Ausblick im ganzen Ort garantiert, ist dieses Hotel mehr als nur spektakulär. Betrachtet man die friedliche Umgebung aus einiger Entfernung, steht man vielleicht vor der fotogensten Kulisse der kanadischen Rockies. Von Nahem werden mittlerweile schon die ersten Alterserscheinungen deutlich, wobei dieses Älterwerden dem eines guten Weins gleicht. Die riesige Lobby wird von Kronleuchtern erhellt, die aus einem schottischen Schloss stammen könnten, und der Aufzug ist das älteste noch genutzte Exemplar seiner Art in Nordamerika. Die Zimmer sind klein, haben sich aber die klassische Atmosphäre dieses geschichtsträchtigen Hotels bewahrt. In den Badezimmern findet man antikes Porzellan – und der Ausblick ist seine über 200 C$ wirklich wert.

Bayshore Inn HOTEL $$$
(☎403-859-2211; www.bayshoreinn.com; 111 Waterton Ave; Zi. 199 C$; ⏲April–Mitte Okt.; P @ 📶) Das Bayshore gewinnt den Preis für die größte Unterkunft im Ortskern – und wenn dieses Hotel nicht zentral gelegen ist, dann ist es keines. Die Zimmer gehen direkt zum See hin und die Läden des Orts sind nur einen Steinwurf entfernt. Das macht diese Unterkunft zu einer sehr beliebten Option. Die Aussicht auf den See ist großartig, wer sie genießen möchte, sollte aber früh genug buchen!

Aspen Village Inn HOTEL $$
(☎403-859-2255; www.aspenvillageinn.com; 111 Windflower Ave; Zi. ab 135 C$; P 📶 👪) Das Aspen ist die günstigere und familienfreundlichere Version des Bayshore. Die Zimmer sind in zwei Hauptgebäuden untergebracht, aber es gibt auch mehrere Cottages. Zu den netten Extras zählen ein Spielbereich für Kinder, eine Grillstelle mit Picknicktischen und der Anblick von grasenden wilden Hirschen direkt vor dem Zimmerfenster.

Waterton Glacier Suites HOTEL $$$
(☎403-859-2004; www.watertonsuites.com; 107 Windflower Ave; Suite ab 225 C$; P @ 📶 ❄) Die Suiten hier haben Annehmlichkeiten in Hülle und Fülle, dazu gehören zwei Kamine, Whirlpools, Mikrowellen und Kühlschränke. Die Zimmer sind makellos und sehen auch von außen mit ihren Akzenten aus Holz und Stein schick aus. Das Hotel ist das ganze Jahr über geöffnet – im Winter weiß man dann die beiden Kamine zu schätzen.

Waterton Townsite Campground CAMPING $
(☎877-737-3783; Hwy 5; ohne/mit Service 22,50/38,20 C$; ⏲Mitte Mai–Mitte Okt.; P) Am südlichen Ende von Waterton, also noch im Ort, liegt dieser Campingplatz. Er ist zwar nicht gerade überragend, seinen Zweck erfüllt er aber. Das riesige Feld, das er in Beschlag nimmt, ist mit Löchern förmlich übersät (den Erdhörnchen sei Dank). Deshalb ist der Campingplatz eher für Wohnmobile geeignet. Der Charme dieses Orts kommt dem eines Zeltplatzes bei einem Musikfestival gleich. Am Rand findet man ein paar schattige Plätzchen, im Hochsommer muss man allerdings froh sein, wenn man überhaupt noch was bekommt. Im Voraus buchen wird empfohlen!

HI-Waterton HOSTEL $
(☎403-859-2151; Cameron Falls Dr an der Windflower Ave; B ab 31 C$, Zi. ab 93 C$, ⌚Mitte Mai–Nov.; P @) Wer eine günstige Übernachtungsmöglichkeit im Park sucht, die Nacht aber nicht unbedingt unter einer Zeltplane verbringen will, für den ist dieses Hostel die einzige Möglichkeit. Die kleinen Schlafsäle, in denen vier erschöpfte Traveller unterkommen, sind sauber und haben gleich nebenan ein Bad. Es gibt auch eine kleine Gemeinschaftsküche. Immer vorher anrufen, da dieses Hostel manchmal wochenweise ausgebucht ist!

Bear Mountain Motel MOTEL $$
(☎403-859-2366; www.bearmountainmotel.com; 208 Mount View Rd; Zi. ab 95 C$; P) Kleine, langweilige Standard-Motelzimmer in zentraler Lage. Die Besitzer sind sehr freundlich und kompetent – da macht der Weg zum Geldautomaten gleich ein bisschen mehr Spaß.

Crandell Mountain Campground CAMPING $
(☎403-859-5133; Red Rock Pkwy; Stellplatz Zelt & Wohnmobil 22 C$; ⌚Mitte Mai–Sept.; P) Eine etwas urigere Alternative zum Campen im Ort ist dieser abgeschiedene Campingplatz, der mit dem Auto nur ein paar Minuten vom Parkeingang entfernt ist.

Essen

Watertons Spezialität ist die schlichte und sättigende Küche, die den Energiespeicher sowohl vor als auch nach dem Wandern bis zum Anschlag füllt. Alle Essensoptionen sind im Ort zu finden.

Zum's Eatery KANADISCH $$
(116B Waterton Ave; Hauptgerichte ab 13 C$) Gute, hausgemachte Gerichte der Kategorie Burger, Pizza und Fish & Chips werden hier von Studenten serviert, die sich in ihrer Sommerpause etwas dazuverdienen müssen. Die fehlende Raffinesse bei den Gerichten wird von der eigenwilligen Deko wieder wettgemacht: Hunderte nordamerikanische Nummernschilder verschönern fast jeden Zentimeter der Wand.

Waterton Bagel & Coffee Co CAFÉ $
(309 Windflower Ave; Bagels ab 5 C$; ⌚10–22 Uhr) Dieses Café schickt der Himmel, vor allem, wenn man gerade aus der Wildnis kommt. An ein paar Barhockern am Fenster kann man sich einen Bagel mit Erdnussbutter und Marmelade gönnen und dazu einen erfrischenden Frappuccino schlürfen.

Pizza of Waterton PIZZA $
(103 Fountain Ave; Pizzas ab 10 C$) Leckere Pizza zum Mitnehmen (an warmen Sommerabenden lockt das Seeufer) oder leckere Pizza zum „Hieressen" in lockerer Atmosphäre, wo man sie gleich mit einem kühlen kanadischen Bier hinunterspülen kann.

Ausgehen & Unterhaltung

Thirsty Bear Saloon KNEIPE
(www.thirstybearsaloon.com; Main St) Für wilde Nächte in der Wildnis hält man sich am besten an diese große Kneipe mit Bühne, in der Livemusik, Karaoke, gutes Bier und leicht angeheiterte junge Damen mit Cowboyhüten für Stimmung sorgen.

Praktische Informationen

Das **Waterton Visitor Centre** (☎403-859-5133; www.parkscanada.gc.ca/waterton; ⌚Anfang Mai–Anfang Okt. 8–19 Uhr) liegt gegenüber dem Prince of Wales Hotel. Es ist zentrale Anlaufstelle für Informationen jeglicher Art.

Anreise & Unterwegs vor Ort

Waterton liegt im Südwesten von Alberta, 130 km von Lethbridge und 156 km von Calgary entfernt. Die einzige Straße, die in den Park führt, zweigt im Nordosten vom Hwy 5 ab. Die meisten Besucher, die aus dem Glacier Park und aus den USA kommen, erreichen diese Kreuzung über den Hwy 6 (Chief Mountain International Hwy) aus südwestlicher Richtung. Von Calgary im Norden führt der Hwy 2 in südlicher Richtung direkt zum Hwy 5, der wiederum in den Park führt. Aus Cardston im Osten führt der Hwy 5 zuerst nach Westen und dann nach Süden hinein in den Park.

Es gibt aus keiner kanadischen Stadt außerhalb des Parks eine öffentliche Verkehrsverbindung in den Park. **Glacier Park Inc** (www.glacierparkinc.com) bietet allerdings einen täglichen Shuttledienst an, der von Mai bis September zwischen dem Prince of Wales Hotel und der Glacier Park Lodge in Montana, USA, verkehrt. Von dort hat man Anschluss an das Amtrak-Schienennetz.

Im Sommer gibt es zwischen Cameron Lake, Waterton und der US-amerikanischen Grenze am Chief Mountain ein Shuttle für Wanderer. Abfahrtspunkt im Ort ist **Tamarack Outdoor Outfitters** (214 Mount View Rd).

Crowsnest Pass

Im Westen von Fort Macleod verläuft der Crowsnest Hwy (Hwy 3), der durch die Prärie in die Rocky Mountains, von dort zum Crowsnest Pass (1396 m) und dann zur Grenze mit British Columbia führt. The Pass, wie er genannt wird, ist eine Reihe kleiner Gemeinden, die unmittelbar östlich der Grenze zwischen BC und Alberta liegen. Beachtenswert ist dabei die Geschichte des Örtchens **Frank**, das 1903 fast vollständig verschüttet wurde, als 30 Mio. m^3 (das entspricht etwa einem Gewicht von 82 Mio. t) des nahe gelegenen Turtle Mountain abgingen und etwa 70 Menschen unter sich begruben. Es heißt, das Kohlebergwerk am Fuße des Berges sei der Grund dafür gewesen. Dennoch wurde der Kohleabbau nicht eingestellt, denn das schwarze Gold war Anfang des 20. Jhs. für die gesamte Region die Eintrittskarte in ein Leben voller Wohlstand. Als die Nachfrage nach Kohle sank und nachdem sich unter Tage weitere Tragödien ereignet hatten, wurden die Minen für immer geschlossen.

Das **Frank Slide Interpretive Centre** (www.frankslide.com; Erw./Kind 9/5 C$; ⏲10–17 Uhr) liegt 1,5 km abseits vom Hwy 3 und 27 km östlich der Grenze mit BC und überblickt das Crowsnest Valley. Es ist ein ausgezeichnetes Informationszentrum, das der Tragödie des Erdrutsches von Frank eine menschliche Dimension verleiht. Zudem gibt es zahlreiche interessante Schaukästen zum Thema Bergbau, Eisenbahn und zu den Anfängen dieser Gegend. In einem fantastischen Film werden die tragischen Ereignisse von 1903 auf dramatische Weise dargestellt. Die meisten der Angestellten haben hier ihre Wurzeln und fühlen sich dadurch auch mit der Geschichte des Erdrutsches verbunden.

NÖRDLICHES ALBERTA

Obwohl hier der immer mehr in Verruf geratene Ölsand zu finden ist, ist dieser nördliche Teil Albertas so gut wie unbekannt und verzeichnet nur wenige Besucher. Hat man Edmonton erst einmal in Richtung Norden verlassen, so sinkt die Bevölkerungsdichte auf sibirische Werte und ein fast schon unheimliches Gefühl der Abgeschiedenheit macht sich breit.

Wer die Einsamkeit sucht, findet hier sein persönliches Paradies. Endlose Kiefernwälder so weit das Auge reicht, nächtliche Polarlichter, die jedes chemische Halluzinogen in den Schatten stellen, und Büffelherden in freier Wildbahn.

Hier findet man auch den wirtschaftlichen Motor Albertas. Der Ölsand in der Nähe von Fort McMurray gehört zu den größten Erdölreserven der Welt. Diese Tatsache zieht Arbeitskräfte aus allen Winkeln Kanadas an, und zudem bringen die Ölexporte der Provinz Millionen von Dollar ein – pro Stunde.

Die ersten Volksstämme, die diese Region bewohnten, waren die Cree, Slavey und Dene und viele von ihnen leben immer noch vom Fischen, Jagen und Fallenstellen. Der Nordosten hat so gut wie keine Straßen und wird vom Wood Buffalo National Park, dem Athabasca River und dem Lake Athabasca beherrscht. Der Nordwesten ist leichter zugänglich und verfügt über ein Netzwerk aus Highways, die Alberta mit dem Norden von BC und den NWT verbinden.

Peace River & Umgebung

Alaska volle Kraft voraus! Nach Nordwesten hin führt der Hwy 43 nach Dawson Creek, BC, und zum Beginn des Alaska Hwy. Dawson liegt unglaubliche 590 km von Edmonton entfernt, wodurch man gewaltige Strecken zurücklegen muss, um diesen abgelegenen Teil des nördlichen Albertas zu erkunden. Unterwegs kommt man durch **Grande Prairie**, dem Zentrum der lokalen Landwirtschaft und Heimat der Chuckwagon-Legende Kelly Sutherland. Wer hier übernachten möchte, findet die meisten Unterkünfte in der 100th St und der 100th Ave.

Seinen Namen erhielt Peace River, da die sich bekriegenden Indianerstämme Cree und Beaver hier am Flussufer Frieden schlossen. Der Ort **Peace River** liegt dort, wo der Heart, Peace und Smoky River zusammenfließen. Es gibt einige Motels und zwei Campingplätze. Busse von Greyhound Canada fahren von hier täglich nach Yukon und NWT. Der Hwy 2 verläuft nach Westen zum Mackenzie Hwy.

MacKenzie Highway

Der kleine Ort **Grimshaw** ist der offizielle Beginn des MacKenzie Hwy (Hwy 35), der in nördlicher Richtung in die NWT führt. Außer einem Schild mit der Aufschrift „Km 0" und ein paar Läden gibt es hier nicht viel. Die relativ flache und gerade Straße ist größtenteils asphaltiert; dort jedoch, wo sie gerade erneuert wird, gibt es auch Abschnitte mit unbefestigtem Schotter oder mit Erde.

Das vorwiegend landwirtschaftlich geprägte Gebiet zwischen Grimshaw und Manning geht in endlose Fichten- und Kiefernwälder über. Wer hierher kommt, sollte gut ausgerüstet sein, denn in dieser Grenzregion gibt es, je weiter man der Straße in Richtung Norden und durch die Wildnis folgt, immer weniger (und immer teurere) Service-Einrichtungen. Eine gute Grundsatzregel ist, ab hier an jeder Tankstelle, die man sieht, den Tank vollzumachen.

High Level ist die letzte Siedlung von nennenswerter Größe, bevor die Grenze zu den NWT erreicht ist. Es ist ein Zentrum der Holzindustrie, und unter der Woche wohnen die Arbeiter oft in den Motels im Ort. Die einzige Tankstelle zwischen High Level und Enterprise (in den NWT) befindet sich in Indian Cabins.

Lake District

Zwischen St. Paul, über 200 km nordöstlich von Edmonton, und der Grenze zu den NWT liegt Albertas riesiges Seengebiet. Hier wird gerne geangelt (selbst im Winter, wenn man zum Eisfischen übergeht), wobei viele der Seen, vor allem diejenigen weiter nördlich, an kein Straßennetz angebunden sind und nur fliegenderweise erreicht werden können.

Wer gerne mal die Bekanntschaft mit Außerirdischen machen möchte, der sollte nach St. Paul kommen. Das **Flying-Saucer Landing Pad** (Landeplatz für fliegende Untertassen) ist geöffnet und wartet immer noch auf seine ersten Kunden. Anwohner bauten das 12 m hohe, kreisrunde Landepodest 1967 als Teil eines Jahrhundertprojekts und mit der Absicht, den Tourismus in dieser abgelegenen Region etwas anzukurbeln (es ist immerhin die größte – und einzige – UFO-Landebahn der Welt). Und es hat funktioniert: Seither ist es eine Pilgerstätte für UFO-Fans.

Der Hwy 63 ist die Hauptroute, die mitten in die nordöstlichste Ecke von Albertas Wildnis führt. Der Highway, der unterwegs an einigen wenigen kleinen Siedlungen und Campingplätzen vorbeikommt, führt nach **Fort McMurray**, das 439 km nordöstlich von Edmonton liegt. An diesem ehemaligen Pelzhandelsposten befindet sich heute eines der größten Ölfelder der Welt. Hier geht es ziemlich ruppig zu und die Unterkünfte sind auf heimatlose Ölfeld-Arbeiter ausgerichtet – also nichts, um gemütlich Urlaub zu machen. Infos über die Förderung des Rohöls aus den weitläufigen Ölsandgebieten bekommt man im **Oil Sands Discovery Centre** (515 MacKenzie Blvd; Erw./Kind 6/4 C$; ⌚Di–Sa 9–17 Uhr).

Wood Buffalo National Park

Diesen riesigen Park erreicht man am besten aus Fort Smith in den NWT. Mehr Infos dazu finden sich auf S. 896.

Von Alberta aus gibt es nur eine Möglichkeit, in den Park zu kommen, und zwar per Flugzeug zum Fort Chipewyan. Im Winter führt eine Eisstraße gen Norden nach Peace Point (von dem aus man nach Fort Smith weiterfahren kann), und eine weitere Straße verbindet den Park mit Fort McMurray.

British Columbia

Inhalt »

Gut essen

» C Restaurant (S. 711)
» Araxi (S. 737)
» Bishop's (S. 715)
» Red Fish Blue Fish (S. 751)
» Tojo's (S. 715)

Schön übernachten

» Wickaninnish Inn (S. 773)
» Lake O'Hara Lodge (S. 820)
» Free Spirit Spheres (S. 767)
» Nita Lake Lodge (S. 735)
» Loden Vancouver (S. 707)

Auf nach British Columbia!

British Columbia ist so reich an Superlativen! Wie sollte man angesichts herrschaftlicher Berge, dichter Wälder, wilder Tiere und einer endlosen Küste nicht ins Schwärmen geraten? Wo wenn nicht hier, kann man so wunderbar die Seele baumeln lassen? Dabei hat die westlichste Provinz Kanadas viel mehr als nur eine wunderschöne Landschaft zu bieten.

Das kosmopolitische Vancouver ist ein Schmelztiegel der Kulturen und Kochschulen aus Asien und aller Welt. Aber auch kleinere, pulsierende Städte wie Victoria und Kelowna sind schwer im Kommen. Und der unverfälschte Charakter der Provinz ist dank uriger kleiner Gemeinden, des überwiegend ländlich geprägten Nordens und der relaxten Stimmung auf den Southern Gulf Islands ohnehin nur schwer zu toppen.

Wohin man auch fährt, überall lockt die Natur mit ihren Outdoor-Abenteuern. Klar, auch tolle Fotos erinnern an einen Urlaub, aber eine Ski-, Kajak-, Wander- oder Radtour machen ihn zu einem unvergesslichen Erlebnis.

Reisezeit

Vancouver

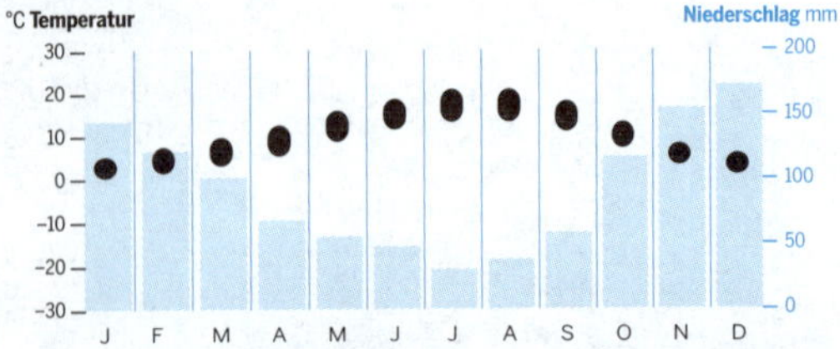

Dezember–März Spaß im Pulverschnee an den Hängen von Whistler-Blackcomb

Juli & August Strände, Grillpartys und unzählige Freiluftfestivals in Vancouver

September & Oktober Surfen und der Beginn der herbstlichen Sturmsaison in Tofino

Anreise & Unterwegs vor Ort

Kaum ein Besucher, der nicht von der unermesslichen Weite von BC verblüfft wäre – z. B. ist Vancouver von Prince Rupert erschreckende 1508 km entfernt. Die meisten Traveller landen auf dem Flughafen von Vancouver. Es ist zwar verlockend, einfach gleich in dieser pulsierenden Großstadt zu bleiben. Doch es wäre wirklich jammerschade, Kanadas Westküste abseits der Städte nicht gesehen zu haben!

Aufgrund der großen Entfernungen sollte man sich nach Möglichkeit ein Auto organisieren. Eine gute Hilfe bei der Tourplanung sind die **Websites** von **Drive BC** (www.drivebc.ca) und der Fährgesellschaft **BC Ferries** (www.bcferries.com), die insgesamt 36 Verbindungen unterhält.

VIA Rail (www.viarail.com) bedient in BC drei Strecken: im Norden von der Küste nach Jasper, von Jasper nach Vancouver und von Victoria quer über die halbe Insel nach Courtenay.

PARKS, TIERE & PFLANZEN

Zu den insgesamt acht Nationalparks von British Columbia gehören der schneebedeckte **Glacier Nationalpark** und die Unesco-Welterbestätten **Kootenay** und **Yoho**. Das neuere **Gulf Islands National Park Reserve** schützt die empfindliche Küstenregion. Tipp: **Parks Canada** (www.pc.gc.ca) betreibt eine tolle Website.

In den 850 Provinzparks der Region gibt es 3000 km Wanderwege. Besonders erwähnenswert sind **Strathcona** und das abgelegene **Cape Scott**, der für Kanuten wie geschaffene **Bowron Lake** im Distrikt Cariboo und der dem Matterhorn ähnelnde **Mt. Assiniboine** in Kootenays. Auf der Website von **BC Parks** (www.bcparks.ca) stehen nützliche Details.

Höchstwahrscheinlich werden Besucher auch faszinierende Tiere und Pflanzen zu sehen bekommen. Wer sich am Meer aufhält, sollte Ausschau nach Grauwalen halten. An Land laufen einem u. a. Hirsche, Elche, Wölfe, Grizzlybären und Schwarzbären vor die Kamera. Von den etwa 500 Vogelarten wurde der Diademhäher zum Wappenvogel von British Columbia erkoren.

Einheimische Kultur: Prost!

In BC gibt's unzählige Kleinbrauereien. Die leckeren Biere sollte man unbedingt probieren. Das milde, malzhaltige Red Racer ESB von der **Central City Brewing** (www.centralcity-brewing.com) in Surrey stärkt die Geschmacksnerven. **Tree Brewing** (www.treebeer.com) in Kelowna braut ein Hop Head IPA, bei dem einem die Sinne vergehen. Und dass es ein Genuss sein kann, ein Gläschen Bier zu trinken, zeigt das Heatherdale Ale von der **Gulf Islands Brewing** (www.gulfislandsbrewery.com) in Salt Spring Island – ein aromatisches, nach Heidekraut duftendes Gebräu mit einem feinen, vollmundigen, verführerischen Geschmack.

FISH & CHIPS OHNE REUE

Nahezu jedes Restaurant in BC serviert Seafood. Damit das Gleichgewicht in den Gewässern der Region nachhaltig bestehen bleibt, sollte man nur Lokale besuchen, die dem Ocean Wise System (www.oceanwise.ca) angehören.

Kurzinfos

- Bevölkerung: 4,5 Mio.
- Fläche: 944735 km²
- Hauptstadt: Victoria
- Schräge Facts: Heimat des größten Hockeyschlägers der Welt (Duncan)

Offizielles

Die offizielle Blume von BC ist der Kanadische Hartriegel, der offizielle Edelstein Jade und das offizielle Säugetier der Kermodebär.

Infos im Internet

- Tourism BC (www.hellobc.com)
- Cycling BC (www.cyclingbc.net)
- British Columbia Beer Guide (www.bcbeer.ca)
- BC Government (www.gov.bc.ca)
- BC Wine Institute (www.winebc.com)
- WaveLength Magazine (www.wavelengthmagazine.com)
- Van Dop Arts & Cultural Guide (www.art-bc.com)
- Go BC (www.gobc.ca)
- Surfing Vancouver Island (www.surfingvancouverisland.com)

Highlights in British Columbia

1. Auf dem Uferdamm um den **Stanley Park** (S. 694) von Vancouver spazieren gehen und danach den Sonnenuntergang am Third Beach genießen
2. In **Tofino** (S. 771) an der wilden Westküste von Vancouver Island die Brandung (oder einen Sturm) beobachten
3. Auf einer Weintour durch das abwechslungsreiche **Okanagan Valley** (S. 794) edle Tropfen probieren
4. Die Olympia-Pisten am **Whistler** (S. 732) herunterwedeln und beim Après-Ski den Muskelkater mit einem heißen Getränk vertreiben
5. Den uralten, unwirklichen Regenwald im **Gwaii Haanas National Park Reserve** (S. 837) erkunden und die Küstenlinie vom Kajak aus bewundern
6. Auf der **Salt Spring Island** (S. 784) über den lebendigen Samstagsmarkt bummeln und saftiges Obst und leckere Backwaren probieren
7. Auf dem **Summer Night Market** (S. 727) in Richmond köstliche asiatische Gerichte testen und ein paar scharfe Leckereien mit nach Hause nehmen

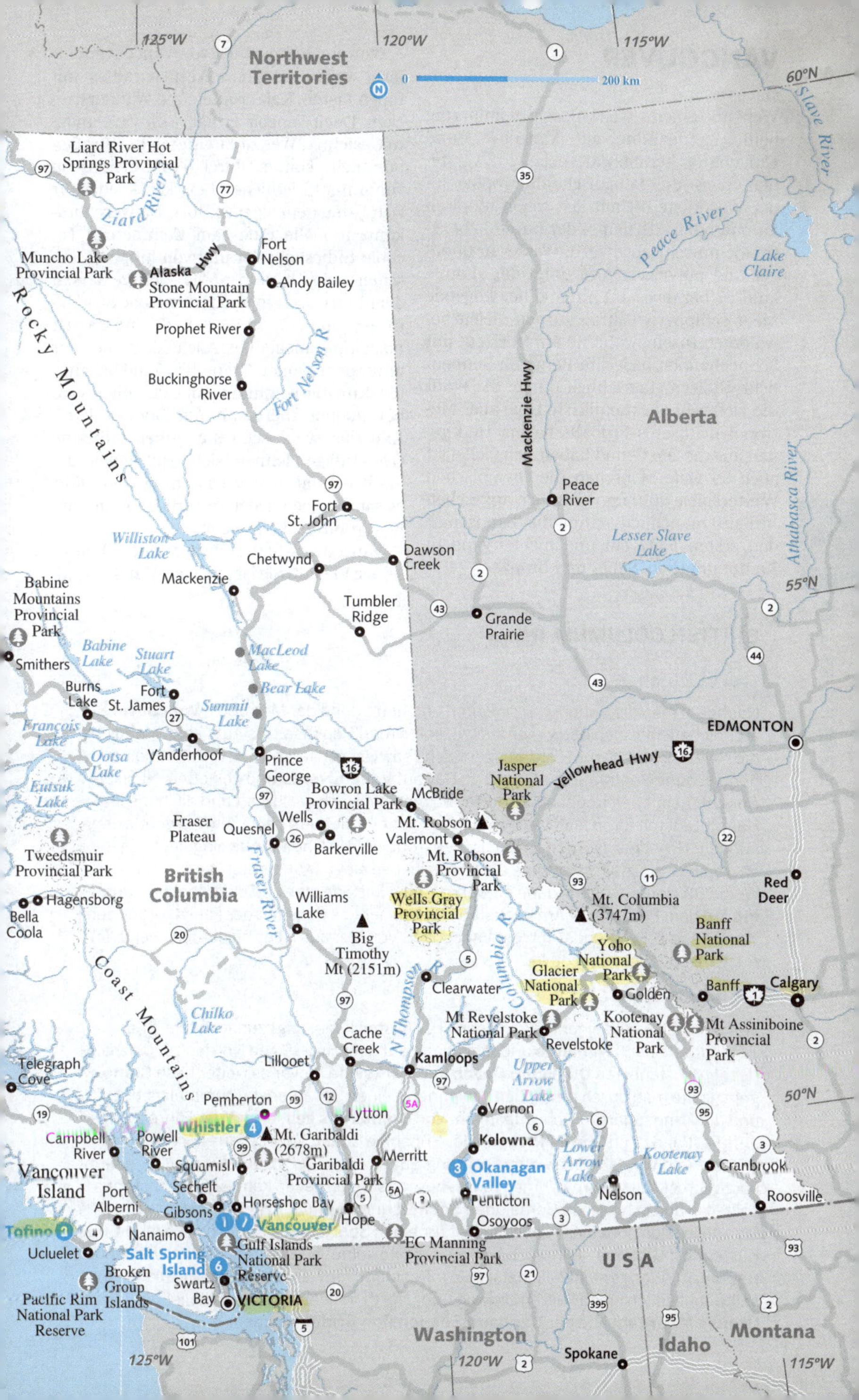

Northwest Territories
0
200 km
125°W
120°W
115°W
60°N
55°N
50°N
Slave River
Liard River Hot Springs Provincial Park
Liard River
Muncho Lake Provincial Park
Alaska Hwy
Stone Mountain Provincial Park
Fort Nelson
Andy Bailey
Prophet River
Buckinghorse River
Fort Nelson R.
Rocky Mountains
Peace River
Lake Claire
Mackenzie Hwy
Alberta
Athabasca River
Peace River
Lesser Slave Lake
Fort St. John
Williston Lake
Chetwynd
Dawson Creek
Mackenzie
Tumbler Ridge
Grande Prairie
Babine Mountains Provincial Park
Smithers
Babine Lake
Stuart Lake
MacLeod Lake
Bear Lake
Burns Lake
Fort St. James
Summit Lake
Francois Lake
Vanderhoof
Ootsa Lake
Eutsuk Lake
Prince George
EDMONTON
Yellowhead Hwy
Jasper National Park
Bowron Lake Provincial Park
McBride
Fraser Plateau
Quesnel
Wells
Barkerville
Mt. Robson
Valemont
Mt. Robson Provincial Park
Tweedsmuir Provincial Park
British Columbia
Fraser River
Hagensborg
Bella Coola
Williams Lake
Wells Gray Provincial Park
Mt. Columbia (3747m)
Red Deer
Big Timothy Mt (2151m)
Coast Mountains
N Thompson R.
Columbia R.
Clearwater
Banff National Park
Yoho National Park
Glacier National Park
Golden
Banff
Calgary
Chilko Lake
Mt Revelstoke National Park
Revelstoke
Kootenay National Park
Mt Assiniboine Provincial Park
Cache Creek
Telegraph Cove
Lillooet
Kamloops
Upper Arrow Lake
Pemberton
Lytton
Vernon
Whistler 4
Mt. Garibaldi (2678m)
Campbell River
Powell River
Kelowna
Lower Arrow Lake
Kootenay Lake
Cranbrook
Vancouver Island
Squamish
Garibaldi Provincial Park
Merritt
3 Okanagan Valley
Port Alberni
Sechelt
Horseshoe Bay
Penticton
Nelson
Roosville
Tofino
Gibsons
Nanaimo
1 7 Vancouver
Hope
Osoyoos
Ucluelet
Salt Spring Island 6
Gulf Islands National Park Reserve
EC Manning Provincial Park
USA
Broken Group Islands
Swartz Bay
VICTORIA
Pacific Rim National Park Reserve
Washington
Spokane
Idaho
Montana
7
1
35
97
77
27
16
26
20
5
11
22
93
43
44
2
19
99
12
5A
6
3
4
21
395
95
101

VANCOUVER

578 000 EW.

Wer an einem wolkenlosen Sommertag beim Landeanflug auf Vancouver und Umgebung herabblickt, der wird verstehen, dass die kanadische Metropole an der Westküste oft mit fast schon utopisch anmutenden Attributen der puren Lebensfreude umschrieben wird. Wasser in flüssiger und pulvriger Form prägt das „Lotusland“: Über das sanft hin und her wogende Meer schippern Fähren zu den vielen bewaldeten Inseln, während am Horizont mit Schneehauben bedeckte Berge im Sonnenlicht glitzern. Tatsächlich dürfte die Stadt die vielleicht spektakulärste Lage aller Metropolen unseres Erdballs haben. Und genau aus diesem Grund haben sich vielleicht auch so viele Menschen die Olympischen Winterspiele 2010 im Fernsehen angesehen – denn manchmal nahm die Landschaft den ersten Platz ein und nicht irgendein Kampf um Gold, Silber und Bronze.

Nur einen Steinwurf von Vancouver entfernt wartet also ein Naturparadies mit tollen Pisten, Kajakrouten und Wanderstrecken. Doch Vancouver hat noch viele andere Gesichter. Wer zu Fuß durch die Straßen bummelt, kommt durch ein Kaleidoskop von unterschiedlichen Bezirken – jeder für sich ist fast ein eigenes Dorf: Da wären unkonventionelle Cafés am Commercial Dr, coole Indieshops für und von hippen Menschen in South Main (SoMa), deftige Bars in der alten Gastown und farbenfrohe Straßen in der *gayborhood* West End. Und das ist noch lange nicht alles. Auch der Besuch der unter dem Namen Granville Island bekannten Künstlerkommune oder der Blick vom bewaldeten Uferdamm im Stanley Park, Kanadas wohl schönste, innenstädtische Grünanlage, lohnen sich. Hat einen die Stadt einmal in ihren Bann gezogen, fällt es schwer, sie wieder zu verlassen, um den Rest von BC zu erkunden.

Vancouvers Stärke liegt zweifelsohne in seiner Vielfalt. Sie ist auch der Hauptgrund,

BRITISH COLUMBIA IN ...

... drei Tagen

Nachdem man die Sehenswürdigkeiten und den Sound der Metropole **Vancouver** ausreichend auf sich hat wirken lassen, sollte man sich rasch ins Auto setzen und über die Hwys 99 und 17 zum Fähranleger nach Tsawwassen fahren und die atemberaubend schöne Bootsfahrt nach Swartz Bay auf **Vancouver Island** genießen. Nach der Ankunft geht es weiter nach **Victoria**, wo man die Nacht verbringt und die hübsche Hauptstadt mit ihren historischen Gebäuden erkundet. Am nächsten Tag geht's dann auf dem Hwy 1 gen Norden. Ein Zwischenstopp wird in **Chemainus** eingelegt, einer ehemaligen Holzfällersiedlung, die sich selbst zu einer „Kunststadt“ gemausert hat. Weiter im Norden stehen dann ein verspätetes Mittagessen und eine Nacht in **Nanaimo** auf dem Programm. Am nächsten Morgen geht es dann mit der Fähre zurück zum Horseshoe-Bay-Terminal in West Vancouver. Von hier aus ist es nicht mehr weit zum Ausgangspunkt in Vancouver.

... einer Woche

Wer sich den Luxus einer einwöchigen Tour leisten kann, folgt zunächst der Drei-Tages-Route nach **Nanaimo** und fährt dann auf dem Hwy 19 gen Norden zu den malerischen Küstenorten **Qualicum Beach** und **Parksville**. Bevor es weiter nach **Comox** geht, sollte man durch diese Orte schlendern, einen Schaufensterbummel machen und die Atmosphäre in sich aufsaugen. Von **Comox** aus geht es mit der Fähre zurück aufs Festland nach **Powell River** an der Sunshine Coast. Von hier aus kurvt man auf Küsten- und Waldstraßen weiter Richtung Süden nach Earl's Cove, wo man für eine kurze Strecke die Fähre nehmen muss, bevor es weitergehen kann. Zwischenstopps sollten in den schrulligen Gemeinden **Sechelt** und **Roberts Creek** eingelegt werden. Man sollte sich unbedingt auch die Zeit für einen Spaziergang durch das bezaubernde Küstendorf **Gibsons** nehmen, bevor man die 45-minütige Überfahrt nach Horseshoe Bay antritt. Wer es nicht eilig hat, in die Innenstadt von Vancouver zurückzukehren, sollte schließlich einen kurzen Umweg über North Vancouver zu dem beliebten **Grouse Mountain** und der **Capilano Suspension Bridge** machen.

Vancouver

0
4 km
Bowen Island
Horseshoe Bay (2 km);
Bowen Island (7 km);
Whistler (105 km)
Upper Levels Hwy
Grouse Mountain (1 km)
Capilano Suspension Bridge
Lynn Canyon Park
Mt Seymour Provincial Park
Indian Arm Provincial Park
Indian Arm
Coquitlam River
Sandy Cove
West Bay
Lighthouse Park
Marine Dr
Lions Gate Bridge
NORTH VANCOUVER
Lynn Creek
Mt Seymour Pkwy
Dollarton Hwy
BELCARRA
Belcarra Regional Park
ANMORE
Massam River
Noons Creek
Burrard Inlet
Stanley Park
First Narrows
Vancouver Harbour
Burrard Inlet
Spanish Banks Beach Park
Point Grey
Jericho Beach
English Bay
S. Karte Downtown Vancouver (S. 696 f.)
Confederation Park
E Hastings St
Burnaby Mountain Conservation Area
Buntzen Lake (10 km)
Museum of Anthropology
University Of British Columbia
KITSILANO
W Broadway
16th Ave W
Wreck Beach
UBC Botanical Garden
Pacific Spirit Regional Park
WEST SIDE
Granville St
SOUTH MAIN
Commercial Dr
Nanaimo St
Rupert St
Boundary Rd
BURNABY
Como Lake Ave
Burnaby Village Museum
Lougheed Hwy
COQUITLAM
Mundy Park
Austin Ave
Marine Drive Foreshore Park
Queen Elizabeth Park
Kingsway
Burnaby Lake Regional Nature Park
PORT COQUITLAM
Mary By-Pass
Barnston Island
W 41st Ave
Musqueam Indian Reserve 2
Oak St
Cambie St
Main St
Knight St
Kerr St
Central Park
Deer Lake Park
Canada Way
10th Ave
Douglas Island
Iona Island
Strait of Georgia
Kingsway
NEW WESTMINSTER
Sea Island
Mitchell Island
North Arm Fraser River
Marine Way
Fort Langley (8 km)
Vancouver International Airport
Bridgeport Rd
1
Green Timbers Urban Forest
Tynehead Regional Park
Richmond Nature Park
Richmond Fwy
Annacis Island
96th Ave
Westminster Hwy
RICHMOND
91
1A
88th Ave
176th St
Annacis Hwy
Nordel Way
168th St
Fraser Hwy
No 1 Rd
Blundell Rd
Fraser River
River Rd
120th St
128th St
King George Hwy
SURREY
DELTA
Delta Nature Reserve
152nd St
99
72nd Ave
Serpentine River
Gulf of Georgia Cannery
Steveston Hwy
Kuan Yin Temple
Tsawwassen (15 km);
Seattle (USA, 190 km)
STEVESTON
91

warum einige Besucher immer wieder hierher zurückkommen. Wer zum ersten Mal in der größten Stadt BCs ist, genießt am besten in vollen Zügen die atemberaubende Aussicht und fährt so oft wie möglich in die grünen Wälder. Jeder Traveller aber sollte mit den Einheimischen quatschen und abseits der Touristenpfade wandern – denn genau an diesen Orten wird man erst die Geheimnisse lüften, die diese wunderschöne Metropole so besonders machen.

Geschichte

Die First Nations besiedelten diese Gegend schon rund 16 000 Jahre, bevor sich die spanischen Entdecker im 16. Jh. anschickten, Nordamerika zu erkunden. Als Captain George Vancouver von der British Royal Navy 1792 an der Pazifikküste entlangsegelte, traf er auf ein paar spanische Kapitäne, die ihn über ihre Landrechte aufklärten. Der Strand, an dem sie aufeinander trafen, heißt heute Spanish Banks. Letztlich aber setzte die britische Krone ihre Ansprüche durch und bekam die Region immer besser unter ihre Fittiche, als Anfang des 19. Jhs. die ersten Siedler aus Europa eintrafen.

Der Pelzhandel und ein fieberhafter Goldrausch verwandelten die Gegend bald in eine reiche Höhle des Aladin. Bis um 1850 strömten Tausende Goldsucher ins Land, was die Briten schließlich dazu veranlasste, das Gebiet offiziell als Kolonie zu beanspruchen. Der einheimische Unternehmer „Gassy" Jack Deighton ergriff 1867 die Initiative und eröffnete an dem bewaldeten Ufer des Burrard Inlet eine Bar. Dies löste eine Reihe von Bauprojekten aus – und so wurde „Gastown" hochgezogen, die Wiege des heutigen Vancouver.

Aber nicht alles verlief nach Plan. Während Vancouvers Bevölkerung schnell auf 1000 Einwohner anwuchs, vernichtete 1886 ein Feuer fast alle Gebäude: Der Brand hat als „Great Fire" Eingang in die Geschichtsbücher gefunden – obwohl es nur 20 Minuten wütete. Es wurde unverzüglich mit dem Neuaufbau begonnen und die neue Innenstadt nahm bald Gestalt an. Die Gebäude aus dieser Zeit existieren noch heute, ebenso der Stanley Park, dessen Areal ursprünglich militärisch genutzt und 1888 zum öffentlichen Erholungsgebiet erklärt wurde.

Durch ihren Hafen wurde die Stadt bald zum Industriezentrum, das Tausende Immigranten anlockte. Diese halfen dabei, die wirtschaftliche Entwicklung voranzutreiben. Die aus dieser Zeit stammende ist noch immer eine der größten in ganz Nordamerika. Der Erste Weltkrieg und der Börsencrash an der Wallstreet 1929 bereiteten dem Boom jedoch ein jähes Ende, es folgten

VANCOUVER IN ...

... einem Tag

Beginnen sollte man den Tag mit einem üppigen Frühstück im **Templeton**, bevor es dann in die **Vancouver Art Gallery** geht. Als Nächstes folgt ein Schaufensterbummel in der Robson St und ein Spaziergang zum Ufer, von wo aus man einen herrlichen Panoramablick auf das Meer und die Berge hat. Dann spaziert man am **Coal Harbour Seawalk** in Richtung Westen bis zum **Stanley Park** mit seinen vielen Bäumen. Am Nachmittag stehen dann die Erkundung der Strände und Totempfähle sowie das **Vancouver Aquarium** auf dem Programm. Danach geht es zum Abendessen ins **West End**.

... zwei Tagen

Am ersten Tag folgt man der oben beschriebenen Tour. Am Morgen des zweiten Tages geht's dann zuerst in die lärmende **Chinatown**. Nach einem kurzen Stopp am gewaltigen **Millennium Gate** ist der Besuch des nahe gelegenen **Dr. Sun Yat-Sen Classical Chinese Garden** angesagt, in dem man die himmlische Ruhe in sich aufsaugen sollte. Bei einem Bummel durch diesen Bezirk verwöhnen farbenfrohe Geschäfte und Teigtaschen mit Schweinefleisch Auge und Gaumen. Dann schlendert man auf der Main St gen Süden zur **Science World** mit ihren interaktiven Ausstellungen. An der nahe gelegenen Haltestelle springt man dann in den SkyTrain und fährt bis zur Waterfront Station. Von dort befördert einen der SeaBus auf einer herrlichen Fahrt nach North Vancouver zum **Lonsdale Quay Public Market**. Auf dem Rückweg empfiehlt sich der **Alibi Room** in Gastown für ein kühles Blondes aus einer Kleinbrauerei.

die Weltwirtschaftskrise und Arbeitslosigkeit. Erst der Zweite Weltkrieg brachte einen neuerlichen Aufschwung, neben den natürlichen Ressourcen entwickelten sich auch der Schiffsbau und die Waffenherstellung zu einem Standbein der Wirtschaft.

In den 1950er- und 1960er-Jahren wuchs Vancouver kontinuierlich. Mit einer Mannschaft in der National Hockey League (NHL) und allem, was sonst so dazugehört, entwickelte es sich zu einer mittelgroßen nordamerikanischen Stadt. In den 1970er-Jahren wurde Gastown – zu dieser Zeit ein Armenviertel – vor der Gentrifizierung bewahrt und 2010 schließlich unter Denkmalschutz gestellt.

1986 war Vancouver Gastgeber einer sehr erfolgreichen Weltausstellung, die den Bau vieler neuer Gebäude zur Folge hatte. Die ersten verspiegelten Wolkenkratzer schossen in die Höhe, die heute so typisch sind für Vancouvers Innenstadt. Einen nachhaltiger Aufschwung erhofft man sich von den Olympischen Winterspielen und den Paralympics 2010 – das Megaevent war weit bedeutsamer als die Expo und eine einmalige Chance, sich der Welt zu präsentieren.

Sehenswertes

Die meisten Hauptattraktionen Vancouvers liegen in Vierteln, die gut zu Fuß zu erreichen sind: Gastown, Chinatown, Stanley Park und Granville Island. Das Schickimicki-Viertel Yaletown zieht modebewussten Jetset an, während sich echte Hipster und Bohemiens eher in SoMa und am Commercial Dr tummeln. Das lockere Viertel Kitsilano bietet tollen Zugang zu den Stränden. Es geht in den von Bäumen gesäumten Campus der University of British Columbia (UBC) über – eine Stadt in der Stadt.

DOWNTOWN

Das Zentrum von Vancouver wird an zwei Seiten von Wasser und an der dritten vom Stanley Park begrenzt. In der Innenstadt ragen glitzernde Wohn- und Bürotürme in den Himmel. Die Robson St ist die Hauptpromenade mit vielen Geschäften und Attraktionen.

Vancouver Art Gallery KUNSTGALERIE

(Karte S. 696 f.; www.vanartgallery.bc.ca; 750 Hornby St; Erw./Kind 22,50/7,50 C$, Di 17–21 Uhr Eintritt gegen Spende; ⌚Mi–Mo 10–17, Di 10–21 Uhr) Seit 2000 wurde die VAG umstrukturiert und zu einem wichtigen Bestandteil der Kulturszene Vancouvers ausgebaut. Die Galerie verbindet Ausstellungen zeitgenössischer Kunst – oft auch von Vancouvers renommierten Foto-Konzeptualisten – mit großen internationalen Wanderausstellungen. Auf der vierteljährlich stattfindenden Late-Night-Party **Fuse** (Eintritt 19,50 C$) kann man zusammen mit jungen Künstlern der Stadt ein Gläschen Wein genießen und bei Livemusik über Kunst fachsimpeln.

Canada Place GEBÄUDE

(Karte S. 696 f.; www.canadaplace.ca; 999 Canada Place Way) Das am Hafen gelegene Gebäude beherbergt das Terminal für Kreuzfahrtschiffe und das Kongresszentrum. Es gleicht mehreren in den Himmel ragenden Segeln. Von der Pier – sie ist ein nettes Plätzchen für einen Spaziergang – hat man einen umwerfenden Blick auf die Berge an der North Shore. Wer Kids im Schlepptau hat, sollte dem **Port Authority Interpretation Centre** (www.portvancouver.com; Eintritt frei; ⌚Mo–Fr 8–17 Uhr) einen Besuch abstatten, in dem die Kleinen spielerisch den Seehandel der Stadt erforschen können. Interessant ist auch der Anbau mit Rasendach und der einem Stativ ähnelnde **Olympic Cauldron**, ein Überbleibsel der Olympischen Spiele 2010.

Bill Reid Gallery of Northwest Coast Art KUNSTGALERIE

(Karte S. 696 f.; www.billreidgallery.ca; 639 Hornby St; Erw./Kind 10/5 C$; ⌚Mo–So 11–17 Uhr) Hier kann man Holzschnitzereien, Gemälde und Schmuck von Kanadas viel geliebtem Haida-Künstler bewundern. Es ist eine umfassende Einführung in das Werk Reids und seiner Kollegen der First Nations. Im Zwischengeschoss steht man vor einer 8,5 m langen Bronzeskulptur aus ineinander verschlungenen Kreaturen mit beeindruckend langen Zungen.

BC Place Stadium GEBÄUDE

(Karte S. 696 f.; www.bcplacestadium.com; 777 Pacific Blvd) In dem Stadion fanden die Eröffnungs- und die Abschlussfeier der Olympischen Winterspiele 2010 statt. Zum Zeitpunkt der Recherchen erhielt das bedeutendste Stadion Vancouvers gerade ein neues einfahrbares Dach. Nach Abschluss der Bauarbeiten werden in dem Rund dann die Spiele der **BC Lions** und **Vancouver Whitecaps** steigen. Auch die kinderfreundliche **BC Sports Hall of Fame & Museum** (www.bcsportshalloffame.com), in der man alles über die sportlichen Errungenschaften der Provinz erfährt, wird ihre Tore nach einer Generalüberholung wieder öffnen.

NICHT VERSÄUMEN

GÄRTEN

» Dr. Sun Yat-Sen Classical Chinese Garden (S. 698)

» VanDusen Botanical Garden (S. 702)

» Bloedel Floral Conservatory (S. 702)

» UBC Botanical Garden (S. 702)

» Nitobe Memorial Garden (S. 702)

Marine Building HISTORISCHES GEBÄUDE

(Karte S. 696 f.; 335 Burrard St) Das kunstvolle Art-déco-Juwel mit 22 Stockwerken ist eine Hommage an die maritime Vergangenheit der Stadt. Wenn man die Fassade unter die Lupe nimmt, entdeckt man Seepferdchen, Hummer und stromlinienförmige Schiffe. In der Eingangshalle gibt's Buntglaspaneele, der Boden ist mit Sternzeichen verziert und die Fahrstuhltüren sind mit Messing verkleidet. Heute sind in dem Gebäude, das bei seiner Fertigstellung 1930 das größte des British Empire war, Büros untergebracht.

Vancouver Lookout GEBÄUDE

(Karte S. 696 f.; www.vancouverlookout.com; 555 W Hastings St; Erw./Kind 15/7 C$; ⌚Mitte Mai–Sept. 8.30–22.30 Uhr, Okt.–Mitte Mai 9–21 Uhr) Von der Spitze dieses wie eine Nadel in den Himmel ragenden, 169 m hohen Aussichtsturms hat man einen tollen Rundumblick auf die Stadt, das Meer und die Berge. Die Tickets sind ziemlich teuer – dafür gelten sie jedoch einen ganzen Tag, sodass man in einem der zwei gläsernen Aufzügen abends bequem nochmal hinauffahren und sich den Sonnenuntergang über der Skyline anschauen kann.

STANLEY PARK

Der traumhafte, 404 ha große Park verbindet super Attraktionen mit einer mystischen, natürlichen Aura. Unbedingt den 8,8 km langen Uferdamm entlangspazieren oder -radeln (Leihräder gibt's in der Nähe des Eingangs an der W Georgia St). Wellness pur für die Augen: ein gemäßigter Regenwald mit 150 000 Bäumen und Totempfähle zeugen von der Vergangenheit.

Vancouver Aquarium AQUARIUM

(www.vanaqua.org; Erw./Kind 27/17 C$, Winter günstiger; ⌚Juli & Aug. 9.30–19 Uhr, Sept.–Juni 9.30–17 Uhr) Hier sind 9000 Wasserlebewesen beheimatet, u. a. Seewölfe, Belugawale und faszinierende Quallen. Man kann durch einen Regenwald mit Vögeln, Wasserschildkröten und einem reglos daliegenden Faultier spazieren. Spannend sind auch die Tierfütterungen und die **Animal Encounter Trainer Tour** (ab 24 C$). Die neueste Attraktion ist die 4D Experience: ein 3D-Kino mit einer vierten Dimension: Wind, Dunst und Wohlgerüchen.

Miniature Railway EISENBAHN

(☎604-257-8531; Erw./Kind 6,19/3,10 C$; ⌚Juli–Anfang Sept. 10–18 Uhr, übriges Jahr verkürzte Öffnungszeiten) Familien mit Kids, die auf der Suche nach einer netten kinderfreundlichen Abwechslung sind, nehmen an einer 15-minütigen Bahnfahrt durch den Park teil. Ganz besonders schön ist die Fahrt zur Weihnachtszeit, wenn das Gelände mit weihnachtlichen Dekorationen und Dioramen geschmückt ist.

Second Beach & Third Beach STRAND

Der Second Beach ist ein immer gut besuchter, familienfreundlicher Strand im westlichen Teil des Parks. Es gibt einen Spielplatz, Imbiss und einem „Pitch & Putt"-Golfplatz. Topattraktion ist das im Sommer geöffnete **Freibad** direkt am Meer. Am Third Beach geht es ziemlich relaxt zu. Viele angeschwemmte Baumstämme dienen als Rückenlehne beim Betrachten des Sonnenuntergangs.

GRATIS **Lost Lagoon** NATURSCHUTZGEBIET

Die ruhige Wasseroase ist über einen Küstenweg zu erreichen. Sie gehörte ursprünglich zum Coal Harbour. Heute haben sich hier heimische Pflanzen und knopfäugige Vögel angesiedelt. Im **Nature House** (Karte S. 696 f.; www.stanleyparkecology.ca; Eintritt frei; ⌚Mai–Sept. Di–So 10–19 Uhr) bekommt man eine Einführung in die Ökologie des Parks und Infos über die **Wanderwege** (Erw./Kind 10/5 C$) in der Umgebung.

WEST END

Das dicht mit älteren, flachen Wohnhäusern bebaute West End bildet mit seinem Wirrwarr aus gut erhaltenen Wohnstraßen das lebendige Herz der Stadt. Immer wieder stößt man auf alte Holzhäuser, die Uferpromenade ist von Restaurants und Geschäften gesäumt. West End ist auch das Zentrum der schwul-lesbischen Gemeinde Vancouvers.

Roedde House Museum MUSEUM

(Karte S. 696 f.; www.roeddehouse.org; 1415 Barclay St; Eintritt 5 C$; ⌚Di–Sa 10–17, So 14–16 Uhr)

In dem stattlichen Fachwerkhaus von 1893 bekommt man einen Eindruck davon, wie die Pionierstadt Vancouver einst ausgesehen hat. In dem mit Antiquitäten vollgestopften Museum kann man nachempfinden, wie die betuchten Einwohner Vancouvers früher gelebt haben. Sonntags kostet der Eintritt 1 C$ mehr, dafür gibt's dann Tee und Kekse. Auch am **Barclay Heritage Sq** stehen viele gut erhaltene Fachwerkhäuser.

English Bay Beach STRAND

(Karte S. 696 f.; Ecke Denman St & Davie St) Dem schön geschwungenen Strandabschnitt sollte man unbedingt einen Besuch abstatten – egal, ob nun an einem faulen Spätnachmittag im August, an dem sich Straßenmusikanten, Sonnenanbeter und Volleyballspieler am Wasser treffen, oder an einem stürmischen Novembertag, an dem sich nur ein paar Leute mit ihren Hund hierher verirren. Ein tolles Fotomotiv ist die **Inukshuk-Skulptur** direkt am Strand. Nach einem Spaziergang über den trubeligen Uferdamm erreicht man den benachbarten Stanley Park.

YALETOWN

Das fußgängerfreundliche Yaletown war einst ein Viertel mit Lagerhallen aus Ziegelsteinen, die in den 1990er-Jahren in schicke Bars, Restaurants und Boutiquen umgemodelt wurden. Heute zieht es die Schönen und Reichen der Stadt hierher, getreu dem Motto „Sehen und gesehen werden". Das Viertel wird grob von der Nelson St, Homer St, Drake St und Pacific St eingerahmt. Alte Eisenbahnschienen durchziehen noch immer viele Straßen und erinnern an längst vergangene Zeiten.

Roundhouse Community Arts & Recreation Centre GEBÄUDE

(Karte S. 696 f.; www.roundhouse.ca; 181 Roundhouse Mews, Ecke Davie St & Pacific Blvd) Yaletowns bedeutendstes Kultur- und Veranstaltungszentrum ist in einem umgebauten Reparaturschuppen der Canadian Pacific Railway untergebracht. Auf dem Gelände gibt's auch ein kleines **Eisenbahnmuseum** (www.wcra.org/engine374; Eintritt frei) mit einem der geschichtsträchtigsten Exponaten der Stadt: der Lok Nr. 374, die 1887 den ersten Personenzug nach Vancouver brachte.

David Lam Park PARK

(Karte S. 696 f.; www.vancouverparks.ca; Ecke Drake St & Pacific Blvd) Der landschaftlich schön gestaltete Park hat die Form eines abgeknickten Ellenbogens. Hier am Wasser treffen sich im Sommer gern die Bewohner von Yaletown. Der Park ist ein idealer Ausgangspunkt für den 2 km langen Spaziergang am Nordufer des False Creek entlang zur Science World. Auf dem Weg dorthin passiert man Kunstobjekte und glitzernde Glastürme. Auch Vögel wie den Amerikanischen Graureiher bekommt man unterwegs zu Gesicht.

GRATIS **Contemporary Art Gallery** KUNSTGALERIE

(Karte S. 696 f.; www.contemporaryartgallery.ca; 555 Nelson St; ⌚Mi–So 12–18 Uhr) Der Schwerpunkt dieser kleinen Galerie liegt auf moderner Kunst kanadischer und internationaler Künstler. Besonders die Fotos werden hervorragend in Szene gesetzt.

GASTOWN

In den inzwischen unter Denkmalschutz stehenden Kopfsteinpflasterstraßen von Gastown wurde die Stadt geboren. Hier steht auch die Bronzestatue des damaligen Bewohners „Gassy" Jack Deighton, der fesch auf seinem Whiskeyfass thront. Viele historische Gebäude haben der Abrissbirne erfolgreich getrotzt. In ihnen befinden sich heute coole Bars, Restaurants oder trendige Boutiquen. Das dampfende Wahrzeichen, die **Steam Clock** (Karte S. 696 f.), steht in der Mitte der Water St. Das beliebte Fotomotiv wird mittlerweile allerdings elektrisch angetrieben.

Vancouver Police Museum MUSEUM

(Karte S. 696 f.; www.vancouverpolicemuseum.ca; 240 E Cordova St; Erw./Student 7/5 C$; ⌚9–17 Uhr) Hier wird die düstere, kriminelle Vergangenheit der Stadt nachgezeichnet und anhand von konfiszierten Waffen, Falschgeld und einer Leichenhalle mit Gewebemustern an den Wänden illustriert. Das ausgezeichnete, kleine Museum veranstaltet auch die empfehlenswerten **Stadtspaziergänge „Sins of the City"** (Erw./Kind 15/10 C$) und abends die **Workshops „Forensics for Adults"** (12 C$).

Science World at TELUS World of Science MUSEUM

(Karte S. 696 f.; www.scienceworld.ca; 1455 Quebec St; Erw./Kind 21/14,25 C$; ⌚Mo–Fr 10–17, Sa & So 10–18 Uhr) Die auf zwei Etagen verteilten wissenschaftlichen und naturkundlichen Exponate zum Anfassen wecken das Kind in jedem. Hier amüsiert sich bestimmt die ganze Familie, zumal es auch noch ein **Om-**

Downtown Vancouver

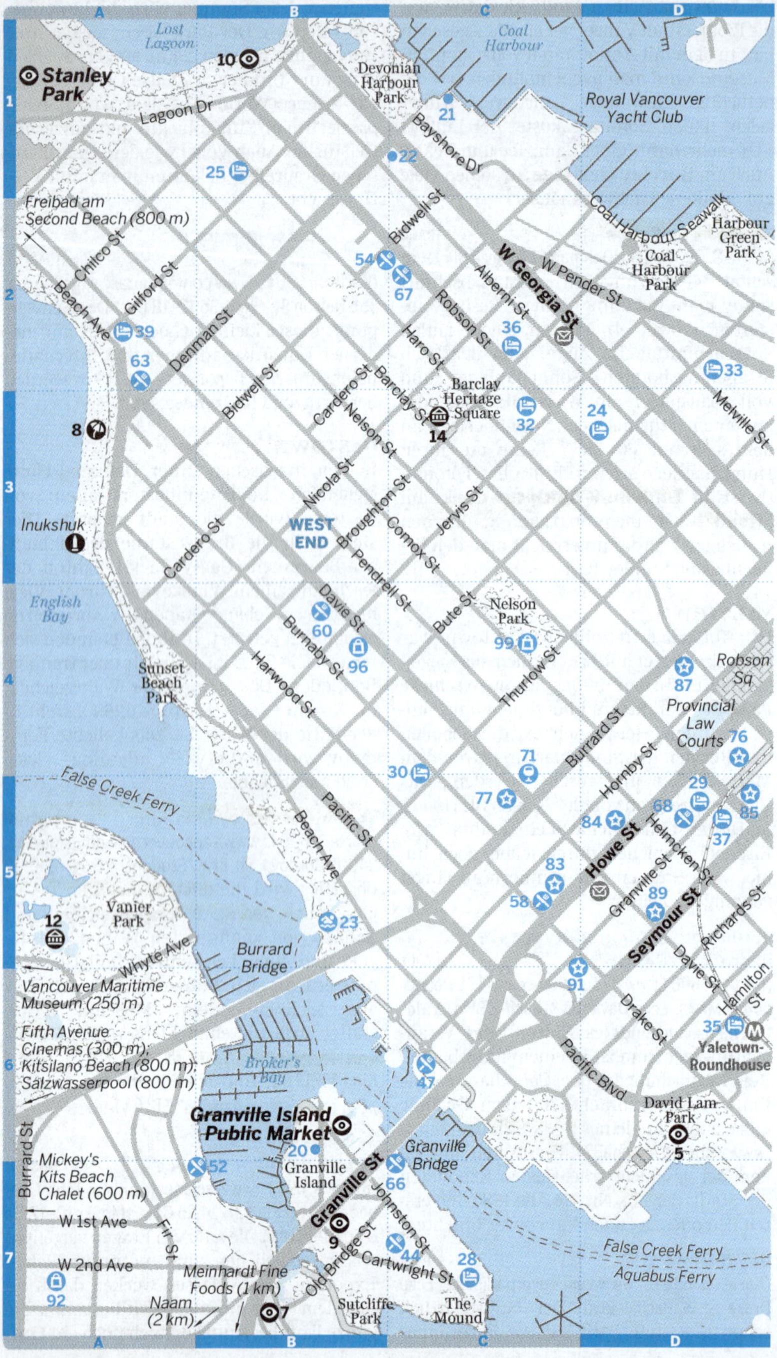

BRITISH COLUMBIA VANCOUVER

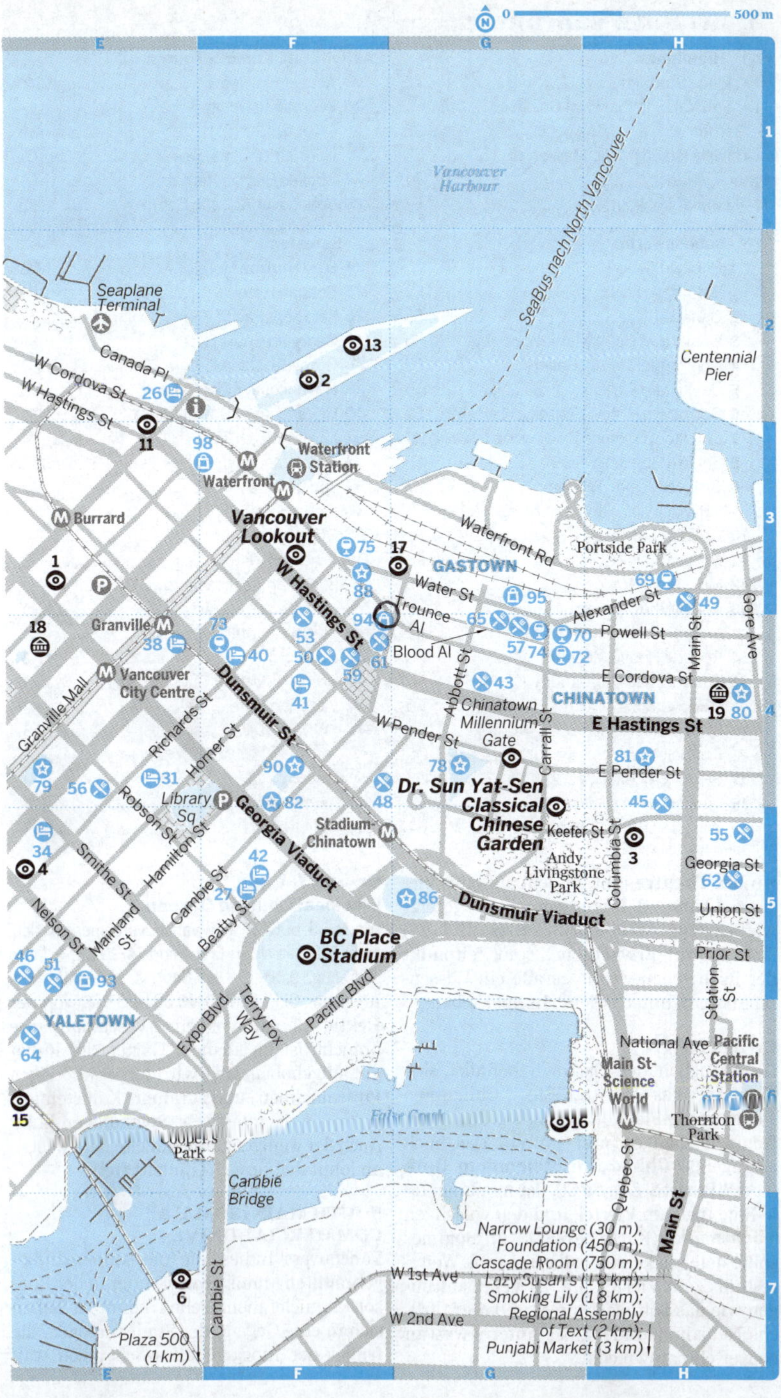
0
500 m
E
F
G
H
1
2
3
4
5
6
7
Vancouver Harbour
SeaBus nach North Vancouver
Seaplane Terminal
Canada Pl
W Cordova St
W Hastings St
26
11
13
2
98
Waterfront Station
Waterfront
Burrard
Vancouver Lookout
75
17
Waterfront Rd
Portside Park
Centennial Pier
GASTOWN
Water St
88
95
69
49
Alexander St
Gore Ave
1
18
Granville
38
73
40
W Hastings St
94
Trounce Al
53
50
59
61
Blood Al
65
57
74
70
72
Powell St
Main St
Vancouver City Centre
Dunsmuir St
41
Abbott St
43
E Cordova St
CHINATOWN
19
80
Granville Mall
Richards St
Homer St
Chinatown Millennium Gate
Carrall St
W Pender St
E Hastings St
81
E Pender St
79
56
31
90
78
Robson St
Library Sq
Georgia Viaduct
82
48
Dr. Sun Yat-Sen Classical Chinese Garden
45
34
Hamilton St
Stadium-Chinatown
Keefer St
Columbia St
3
55
4
Smithe St
42
Andy Livingstone Park
Georgia St
62
Cambie St
27
86
Dunsmuir Viaduct
Union St
Nelson St
Mainland St
Beatty St
BC Place Stadium
Prior St
46
51
93
Terry Fox Way
Pacific Blvd
Station St
YALETOWN
Expo Blvd
64
National Ave
Pacific Central Station
Main St-Science World
15
False Creek
16
Thornton Park
Coopers' Park
Cambie Bridge
Quebec St
Main St
Narrow Lounge (30 m), Foundation (450 m); Cascade Room (750 m); Lazy Susan's (1.8 km); Smoking Lily (1.8 km); Regional Assembly of Text (2 km); Punjabi Market (3 km)
W 1st Ave
W 2nd Ave
6
Cambie St
Plaza 500 (1 km)

Downtown Vancouver

nimax Theatre gibt, in dem auf einer riesigen Leinwand Dokumentarfilme gezeigt werden. Die **After-Dark-Events** (19,75 C$) sind nur für Erwachsene. Zum Zeitpunkt der Recherchen wurde gerade ein Wissenschaftspark unter freiem Himmel gebaut.

CHINATOWN

Direkt neben der Gastown befindet sich Nordamerikas drittgrößte Chinatown – eine wahre Flut von Sehenswürdigkeiten, fremden Klängen und Düften. Das hoch aufragende **Chinatown Millennium Gate** (Ecke W Pender St & Taylor St), der monumentale Eingang zum Viertel, und den wuseligen **Nachtmarkt** (Karte S. *696* f.) im Sommer sollte man auf keinen Fall verpassen. Weitere Infos zum Viertel, u.a. zu Veranstaltungen wie das Sommerfestival und die jährliche Neujahrsparade, gibt's unter www.vancouver-chinatown.com.

Dr. Sun Yat-Sen Classical Chinese Garden GARTEN

(Karte S. 696 f.; www.vancouverchinesegarden.com; 578 Carrall St; Erw./Kind 14/10 C$; Mitte Juni–Aug. 9.30–19 Uhr, Sept. & Mai–Mitte Juni 10–18 Uhr, Okt.–April 10–16.30 Uhr) Wer von der Hektik Chinatowns eine Veschnaufpause braucht, ist im kleinen „Garten der Ruhe" gut aufgehoben. Hier wird hinter knorrigen Pinienbäumen und uralten Kalksteinformationen die taoistische Symbolik enthüllt. Auch der weniger ausgeklügelte Park nebenan lohnt den Besuch (Eintritt frei).

SOUTH MAIN (SOMA) & COMMERCIAL DRIVE

Vancouvers Indies, die die sonnenstudiogebräunten Mainstream-Käufer in der Robson St nicht mehr sehen konnten, haben sich in eine Gegend der Stadt verzogen, die früher der Inbegriff alles Schäbigen war.

- 45 Bao Bei ... H4
- 46 Blue Water Café ... E5
- 47 C Restaurant ... C6
- 48 Chambar ... F4
- 49 Deacon's Corner ... H3
- 50 Finch's ... F4
- Gallery Café ... (siehe 18)
- 51 Glowbal Grill Steaks & Satay ... E5
- 52 Go Fish ... B7
- 53 Gorilla Food ... F4
- 54 Guu With Garlic ... B2
- 55 Hon's Wun-Tun House ... H5
- 56 Japadog ... E4
- 57 Judas Goat ... G4
- 58 La Bodega ... C5
- 59 La Taqueria ... F4
- 60 Lolita's ... B4
- 61 Nuba ... F4
- 62 Phnom Penh ... H5
- 63 Raincity Grill ... A2
- 64 Regional Tasting Lounge ... E6
- 65 Salt Tasting Room ... G4
- 66 Sandbar ... C7
- 67 Sushi Mart ... C2
- 68 Templeton ... D5

Ausgehen

- 69 Alibi Room ... H3
- 70 Diamond ... G4
- 71 Fountainhead Pub ... C4
- 72 Irish Heather ... G4
- 73 Railway Club ... F4
- 74 Six Acres ... G4
- 75 Steamworks Brewing Company ... F3
- UVA ... (siehe 34)

Unterhaltung

- 76 Caprice ... D4
- 77 Celebrities ... C5
- 78 Cinemark Tinseltown ... G4
- 79 Commodore ... E4
- 80 Firehall Arts Centre ... H4
- 81 Fortune Sound Club ... H4
- 82 Media Club ... F4
- 83 Odyssey ... C5
- 84 Pacific Cinémathéque ... D5
- 85 Republic ... D5
- 86 Rogers Arena ... G5
- 87 Scotiabank Theatre ... D4
- 88 Shine ... F3
- 89 Vancity Theatre ... D5
- 90 Vancouver Playhouse ... F4
- 91 Yale ... C6

Shoppen

- 92 Barbara-Jo's Books to Cooks ... A7
- 93 Coastal Peoples Fine Arts Gallery ... E5
- 94 Deluxe Junk ... F4
- 95 John Fluevog Shoes ... G3
- 96 Little Sister's Book & Art Emporium ... B4
- 97 Main Street Station Farmers Market ... H6
- 98 Mink Chocolates ... F3
- 99 West End Farmers Market ... C4

South Main – auch SoMa genannt – beginnt an der Kreuzung Main St und Broadway. Hier wohnen jetzt junge Alternative – die Jungs tragen hautenge Jeans und karierte Hemden, die Frauen Retroklamotten und Brillen mit dicken Fassungen. Unkonventionelle Cafés, supercoole Bars, vegetarische Restaurants und einzigartige Boutiquen sprießen vor allem hinter der Kreuzung mit der 20th Ave wie Pilze aus dem Boden.

Abenteuerlustige Stadtfreaks sollten an der Broadway-Commercial SkyTrain Station aussteigen und den verrückten Commercial Dr (www.thedrive.ca) gen Norden entlangschlendern. Über Jahrzehnte hinweg haben europäische Immigranten – vor allem Italiener, Griechen und Portugiesen – hier eine Art Vereinte Nationen der Restaurants, Cafés und exotischen Feinkostläden geschaffen. Wer zusammen mit eingefleischten Fans Fußball-Länderspiele im Fernsehen ansehen will, wird in der ganzen Stadt keinen besseren Platz dafür finden. Es macht auch Spaß, sich an einem faulen Nachmittag mit einem Espresso bewaffnet auf einer Terrasse gemütlich niederzulassen und die vorbeiziehenden jungen Bohemiens und alternativen Studenten zu beobachten.

Punjabi Market SHOPPEN

In der Main St unter der 10th Ave befindet sich der Punjabi Market. Diese Enklave mit Sari-Läden, Bhangra-Musikshops und einigen der preisgünstigsten Curryrestaurants der Region ist auch als „Little India" bekannt – eine tolle Adresse für ein scharfes „All you can eat"-Mittagessen gefolgt von einem kleinen Verdauungsspaziergang.

GRANVILLE ISLAND

Die mondäne, ehemals industriell geprägte Halbinsel – sie ist nicht wirklich eine

GRÜNER AUFENTHALT IN VANCOUVER

Zu Fuß zu gehen, mit öffentlichen Verkehrsmitteln zu fahren und den **Green Zebra Guide** (www.greenzebraguide.ca), ein Gutscheinheftchen mit Angeboten der örtlichen Bioläden, zu benutzen, ist eine Sache. Man kann aber noch einiges mehr tun, um den Aufenthalt in Vancouver grüner zu gestalten: **Ocean Wise** (www.oceanwise.ca) wurde vom Vancouver Aquarium gegründet und schon bald schlossen sich zahlreiche Restaurants dieser Bewegung an, die Wert auf ökologisch überwachte Fangmethoden legt, um die Fischbestände vor der Küste nachhaltig zu schützen. Auf der Website von Ocean Wise kann man sich über die ständig größer werdende Liste der an diesem Programm teilnehmenden Restaurants Vancouvers informieren; zudem sollte man auf Speisekarten nach Gerichten Ausschau halten, die mit Symbolen von Ocean Wise gekennzeichnet sind. **Green Table Network**, eine ähnliche, kleinere Bewegung, (www.greentable.net) ist eine gute Quelle, um herauszufinden, welche Restaurants in der Umgebung versuchen, all ihre Lieferungen – nicht nur Meeresfrüchte – von einheimischen Ökolieferanten zu bekommen.

Nachhaltigkeit kann auch eine unterhaltsame Seite haben. **Green Drinks** (www.greendrinks.org) ist der Name eines monatlich stattfindenden Treffens von Leuten, die an der Umwelt interessiert sind. Die Treffen finden in der Steamworks Brewing Company (S. 717) statt. Mehr als 100 Personen nehmen regelmäßig an den bierlastigen Diskussionen über alternative Energien, Klimaerwärmung und die zu hohen Eintrittspreise für Al-Gore-Events teil.

Mehr Infos darüber, wie man seinen Trip grüner gestalten kann, gibt's online im vor grünen Ideen nur so strotzenden **Granville Magazine** (www.granvilleonline.ca). Besondere Inspirationen bekommt man auch beim Lesen der folgenden, von Einheimischen geschriebenen Bücher: *100-Mile Diet: A Year of Local Eating* von Alisa Smith und J. B. Mackinnon (2007), *Greater Vancouver Green Guide* vom UBC Design Centre for Sustainability (2009) und *The Greenpeace to Amchitka* von Robert Hunter (2004), ein Bericht aus erster Hand über die von Vancouver ausgehende Protestreise, die die größte Umweltschutzorganisation der Welt begründen sollte.

Insel – breitet sich unter den riesigen Eisenbögen der Granville Bridge aus. Sie eignet sich hervorragend für einen faulen Nachmittag. Der Mix aus Restaurants, Bars, Theatern und Kunsthandwerksläden lockt vor allem an Sommerwochenenden viele Besucher an, die sich von den Straßenmusikanten unterhalten lassen oder ihre Fish & Chips gegen freche Möwen verteidigen. Infos zu Veranstaltungen stehen unter www.granvilleisland.com.

Granville Island Public Market MARKT

(Karte S. 696 f.; Johnston St; ⏲9–19 Uhr) Das Highlight von Granville Island ist der überdachte Public Market, eine die Sinne betörende Gourmethalle, die sich auf Fisch, Käse, Obst und Backwaren spezialisiert hat. Einfach ein paar Leckereien kaufen und im nahe gelegenen Vanier Park ein Picknick veranstalten. Der internationale Food-Court hat auch einige Schlemmereien zu bieten (wer nicht genau zur Mittagszeit kommt, hat vielleicht sogar das Glück, einen Tisch zu ergattern). **Edible BC** (www.edible-britishcolumbia.com; geführte Touren 49 C$) bietet für Feinschmecker ausgezeichnete Probiertouren über den Markt an.

Granville Island Brewing BRAUEREI

(Karte S. 696 f.; www.gib.ca; 1441 Cartwright St; Führungen 9,75 C$; ⏲12, 14 & 16 Uhr) Die kurze Führung durch Kanadas älteste Kleinbrauerei endet in der Schankstube, wo vier Biere verkostet werden. Meistens gibt's den Sommerhit Hefeweizen, das milde Brockton IPA oder das empfehlenswerte Kitsilano Maple Cream Ale. Im benachbarten Laden kann man sein Lieblingsbier auch gleich kaufen. Manchmal gibt's spezielle Angebote wie das beliebte Ginger Ale.

Downtown Historic Railway EISENBAHN

(Karte S. 696 f.; www.trams.bc.ca; Erw./Kind 2/1 C$; ⏲Juni–Mitte Okt. Sa, So & Feiertags 12–18 Uhr) Wer keine Lust mehr hat, durch die Läden zu bummeln, steigt einfach in die Downtown Historic Railway. Die klappernden, alten Straßenbahnwagen verkehren zwischen dem Zugang zur Granville Island und der Station des Canada Line Olympic Village SkyTrain.

KITSILANO

„Kits" ist ein ehemaliges Hippie-Paradies, in dem die Blumenkinder der Gegenkultur inzwischen erwachsen wurden und richtige Jobs ergattert haben. Heute präsentiert es sich als angenehmes Viertel mit historischen Holzhäusern, netten Cafés und interessanten Geschäften. Vor allem die mit Läden gesäumte W 4th Ave eignet sich für einen Nachmittagsbummel. Nur einen kurzen Uferspaziergang von Granville Island entfernt befindet sich der Vanier Park mit drei Museen und einem beliebten Picknickplatz.

HR MacMillan Space Centre MUSEUM

(www.hrmacmillanspacecentre.com; 1100 Chestnut St; Erw./Kind 15/10,75 C$; ⏲Juli & Aug. 10–17 Uhr, Sept.–Juni Mo–Fr 10–15, Sa & So 10–17 Uhr) High-Tech-Weltraumzentrum, das besonders bei Kindern beliebt ist. Die kleinen Abenteurer stürzen sich voller Elan auf die interaktiven Ausstellungsstücke, kämpfen gegen Außerirdische oder machen sich in Richtung Mars auf den Weg. Es gibt außerdem eine **Sternwarte** (Eintritt frei; ⏲ Wochenende, je nach Wetter) und ein **Planetarium**, in dem an den Wochenenden Lasershows (10,75 C$) mit Musik von Pink Floyd und Konsorten stattfinden.

Museum of Vancouver MUSEUM

(MOV; www.museumofvancouver.ca; 1100 Chestnut St; Erw./Kind 12/8 C$; ⏲Di–So 10–17, Do 10–20 Uhr) Das vor Kurzem umgebaute MOV wurde etwas aufgepeppt und hat jetzt coole, zeitgenössische Kunst und Abendveranstaltungen für Erwachsene im Angebot. Es gibt auch viele bunte Exponate über die hiesige Kultur in den 1950er- und die Gegenkultur der Hippies in den 1960er-Jahren sowie viel Krams für Kids zum Anfassen und Mitmachen, u.a. eine Schnitzeljagd an den Wochenenden.

Vancouver Maritime Museum MUSEUM

(www.vancouvermaritimemuseum.com; 1905 Ogden Ave; Erw./Kind 11/8,50 C$; ⏲Mai–Aug. 10–17 Uhr, Sept.–April Di–Sa 10–17, So 12–17 Uhr) Das Schifffahrtsmuseum kombiniert Dutzende von komplizierten Schiffsmodellen mit detailgetreu nachgebauten Schiffsräumen und ein paar historischen Wasserfahrzeugen. Das Highlight ist jedoch die *St. Roch*, ein arktisches Patrouillenboot, das die Nordwestpassage als erstes in beiden Richtungen befahren hat.

Kitsilano Beach STRAND

(Ecke Cornwall Ave & Arbutus St) Hier tummeln sich junge, muskulöse Frisbeespieler und kichernde Volleyballspieler. Das Wasser ist für eine Abkühlung ganz o.k. Wer will, kann aber auch in dem gigantischen Salzwasserpool im Freiem planschen.

UNIVERSITY OF BRITISH COLUMBIA

Westlich von Kits liegt auf einer 400 ha großen, bewaldeten Halbinsel die **UBC** (www.ubc.ca), die Universität der Provinz. Ihren betonlastigen Campus umgeben die University Endowment Lands mit Zugang zum Strand, einem Waldgebiet und einigen netten Besucherattraktionen.

LP TIPP **Museum of Anthropology** MUSEUM

(Karte S. 691; www.moa.ubc.ca; 6393 NW Marine Dr; Erw./Kind 14/12 C$; ⏲Mi–Mi 10–17, Di 10–21 Uhr, Mitte Okt.–Mitte Jan. Mo geschl.) Vancouvers bestes Museum wurde erst kürzlich renoviert und erweitert. Es beherbergt Originalartefakte der Ureinwohner der Nordwestküste, u.a. Haida-Häuser und Totempfähle, des Weiteren Ausstellungsstücke, die nicht von den First Nations stammen, z.B. europäische Keramikgegenstände und kantonesische Opernkostüme. Die kostenlosen Führungen und der ausgezeichnete

BUMMEL ENTLANG DER COAL-HARBOUR-UFERPROMENADE

Der idyllische Spaziergang am Wasser vom **Canada Place** zum **Stanley Park** (ca. 2 km) lässt an einem sonnigen Nachmittag bestimmt jeden ins Schwärmen geraten. Es geht vorbei am neuen Erweiterungsbau des Kongresszentrums, an Wasserflugzeugen und dem **Harbour Green Park**, von wo aus man einen atemberaubenden Blick auf die Berge hat. Wo, wenn nicht hier sollte man die Kamera zucken, um das fantastische Panorama Vancouvers festzuhalten. Weiter geht's zur netten *Light Shed* – dem Nachbau einer von vielen auf Stelzen stehenden Wasserhütten, die es einst in dieser Gegend gab. Danach schweift der Blick auf die gemütlichen Hausboote, die im Yachthafen unweit der Westin Bayshore dümpeln. 1972 nistete sich Howard Hughes drei Monate lang in diesem Hotel ein. Von hier sind es nur noch wenige Schritte bis zum Stanley Park, von wo aus man den Marsch um weitere 8,8 km an der Küste fortsetzen kann. Wer Hunger verspürt, kann in eines der vielen Restaurants in der Denman St einkehren.

Souvenirladen sind äußerst empfehlenswert. Tipp: für den Besuch dieses Museums mehrere Stunden einplanen!

UBC Botanical Garden GARTEN

(Karte S. 691; www.ubcbotanicalgarden.org; 6804 SW Marine Dr; Erw./Kind 8/4 C$; ⌚Mo–Fr 9–16.30, Sa & So 9.30–16.30 Uhr, außerhalb der Saison verkürzte Öffnungszeiten) Die Highlights dieses 28 ha großen Komplexes mit Themengärten sind eine riesige Sammlung an Rhododendren, ein faszinierender Apothekergarten und ein Wintergarten mit Pflanzen, die auch in der kalten Jahreszeit blühen. Auf dem **Greenheart Canopy Walkway** (www.greenheartcanopywalkway.com; Erw./Kind 20/6 C$; ⌚9–17 Uhr) können Besucher bis zu 17 m über dem Waldboden an einer 308 m langen geführten Ökotour teilnehmen. Ein Kombiticket, das auch den Nitobe Memorial Garden einschließt, kostet pro Erwachsener/Kind 12/6 C$.

Nitobe Memorial Garden GARTEN

(www.nitobe.org; 1895 Lower Mall; Erw./Kind 8/4 C$; ⌚10–16 Uhr, außerhalb der Saison verkürzte Öffnungszeiten) Der schöne, von einem japanischen Top-Landschaftsarchitekten entworfene Garten ist ein perfektes Beispiel für die symbolische Gartenbaukunst Asiens. Trotz des Verkehrslärms und der Touristenbusse im Sommer ist die Anlage ein ruhiger Zufluchtsort, der sich ideal zum Meditieren eignet. Ein Kombiticket, das auch den Botanical Garden einschließt, kostet pro Erwachsener/Kind 12/6 C$.

Pacific Spirit Regional Park PARK

(Karte S. 691; Ecke Blanca Ave & W 16th Ave) Traumhafte, 763 ha große Grünanlage, die sich vom Burrard Inlet bis zum North Arm Fraser River erstreckt. Der idyllische Park mit seinen Bäumen bietet 54 km lange Wander-, Jogging- und Radwege. Im Park Centre an der W 16th Ave, gibt's Karten und Infos.

WEST SIDE

Es gibt viele gute Gründe für einen Besuch des vielseitigen Stadtteils: z. B. die City Hall, die historischen Häuser in Fairview oder die Shopping-Meile in South Granville mit vielen Geschäften und Restaurants. Seit 2009 besteht Anschluss an den Canada Line SkyTrain, sodass die Anreise aus der Innenstadt sehr viel einfacher geworden ist.

Queen Elizabeth Park PARK

(www.vancouverparks.ca) Die 52 ha große Grünanlage mit Sportplätzen, gepflegten Rasenflächen und schön angelegten Gärten ist bei Einheimischen extrem beliebt. An der höchsten Stelle des Parks befördern Springbrunnen ihr Wasser im Takt in die Höhe. Außerdem steht hier die schwergewichtige Bronzeskulptur *Knife Edge – Two Piece* von Henry Moore. Wer ein paar Bälle werfen will, kann sich an einem schönen Sommernachmittag den Baseballfans anschließen. Sportbegeisterte können es an einem sommerlichen Nachmittag den Baseballfans gleichtun und in das kürzlich restaurierte **Nat Bailey Stadium** pilgern.

TIPP FÜR SPARFÜCHSE

Wie mit der Kombikarte für den Botanical Garden und den Nitobe Memorial Garden (s. S. 702) auf dem Unigelände kann man auch mit dem neuen **UBC Attractions Passport** (Erw./Kind/Fam. 24/20,50/60 C$) ein paar Dollar sparen. Mit ihm kommt man in beide Gärten und in das beliebte Museum of Anthropology. Außerdem bekommt man bei Vorlage des Tickets einen Rabatt für den Greenheart Canopy Walkway sowie fürs Parken, Essen und Shoppen auf dem Campus. Der Pass ist überall dort erhältlich, wo er Gültigkeit hat.

Bloedel Floral Conservatory GARTEN

(www.vancouverparks.ca; Erw./Kind 4,76/2,43 C$; ⌚Mai–Aug. Mo–Fr 9–20, Sa & So 10–21 Uhr, Sept.–April tgl. 10–17 Uhr) Der Hügel im Queen Elizabeth Park wird gekrönt von einem Gewächshaus. Unter der Kuppel gibt's in drei kontrollierten Klimazonen 400 Pflanzenarten, Dutzende Koi-Karpfen und viele frei herumfliegende tropische Vögel wie Papageien und Aras. Zum Zeitpunkt der Recherchen hieß es, dass das Gewächshaus möglicherweise geschlossen wird – also Infos einholen, bevor man sich auf den Weg macht.

VanDusen Botanical Garden GARTEN

(www.vandusengarden.org; 5251 Oak St; Erw./Kind 9,75/5,25 C$; ⌚Nov.–Feb. 10–16 Uhr, März & Okt. 10–17 Uhr, April 10–18 Uhr, Mai 10–20 Uhr, Juni–Aug. 10–21 Uhr, Sept. 10–19 Uhr) Vier Blocks westlich vom Queen Elizabeth Park bietet dieser Garten einen tollen Mix aus Skulpturen, unter Naturschutz stehenden kanadischen Blumen und seltenen Pflanzen aus der ganzen Welt und ein beliebtes He-

VANCOUVER MIT KINDERN

Das familienfreundliche Vancouver bietet etliche Möglichkeiten, damit es auch den Kids nicht langweilig wird. In der ganzen Stadt ist die kostenlose Broschüre *Kids' Guide Vancouver* erhältlich. Unter www.kidsvancouver.com bekommt man Tipps über familiengerechte Veranstaltungen. In Autos sind Kindersitze Vorschrift; Autovermieter verleihen solche Sitze für ein paar Dollar pro Tag, eine Reservierung ist aber erforderlich. Wer ohne Auto in der Stadt unterwegs ist, sollte eine Fahrt mit dem SkyTrain, dem SeaBus oder der Minifähre Granville Island einplanen. Kinder lieben diese Fahrten, vor allem in den neuen SkyTrain-Waggons, wo sie ganz vorne sitzen und Fahrer spielen können. Kleinkinder unter fünf Jahren fahren in den öffentlichen Verkehrsmitteln umsonst. Kinderwagen, -stühle und -betten sowie Baby-Phones, Spielzeug usw. kann man sich bei **Wee Travel** (☎604-222-4722; www.weetravel.ca) ausleihen. Die Hotelangestellten können meistens einen offiziell zugelassenen Babysitterdienst empfehlen.

Im **Stanley Park** (S. 694) können Familien gut und gern einen ganzen Tag verbringen. An heißen Tagen bietet der Wasserpark am Lumberman's Arch oder das Freibad am Second Beach Abkühlung. Auch eine Fahrt in der **Mini-Eisenbahn** (S. 694) kommt beim Nachwuchs meistens gut an. Der Park eignet sich perfekt für ein Picknick, die Strände – vor allem der Third Beach – sind extrem kinderfreundlich. Auf jeden Fall sollte man sich auch Zeit für das **Vancouver Aquarium** (S. 694) nehmen und – wenn die Kleinen brav genug waren – eine Trainertour hinter die Kulissen mitmachen.

Zu den weiteren pädagogisch wertvollen, familienfreundlichen Attraktionen der Stadt gehören die **Science World** (S. 695) und das **HR MacMillan Space Centre** (S. 701). Wenn es regnet, kann man sich im Inneren des Canada Place im interaktiven **Port Authority Interpretation Centre** (S. 693) die Zeit vertreiben.

Wer seinen Besuch richtig plant, kann in den Genuss von mehreren familienfreundlichen Veranstaltungen kommen, z. B. die **Pacific National Exhibition** (S. 705), das **Vancouver International Children's Festival** (S. 705) oder das Feuerwerkevent **Celebration of Light** (S. 705).

ckenlabyrinth. Besonders zur Weihnachtszeit ist der Garten eines der beliebtesten Ausflugsziele in Vancouver – Tausende von blinkenden Lichtern verzaubern dann nicht nur die kleinen Besucher.

Aktivitäten

Die Bewohner Vancouvers genießen den Ruf, eingefleischte Outdoor-Freaks zu sein, die nichts lieber tun, als frühmorgens erst mal 20 km zu joggen und zum Frühstück Reiswaffeln zu verputzen. Vancouver ist und bleibt aktiv. Beliebte Sportarten sind u.a. Laufen, Radeln und Kajakfahren. Wintersportler kommen nur einen Katzensprung entfernt in North Vancouver und West Vancouver auf ihre Kosten.

Wandern, Trekken & Laufen

Der 8,8 km lange Uferdamm am Stanley Park ist größtenteils flach – an den wenigen Steigungen kann man ja versuchen, auf ein vorbeifahrendes Rad aufzuspringen. Er eignet sich daher perfekt für sportliches Walken oder anstrengende Dauerläufe. Auch auf den markierten, von Bäumen gesäumten Wegen im Pacific Spirit Regional Park (S. 702) der UBC wird gern gejoggt. Wer es wirklich wissen will, sollte den **Grouse Grind** in North Vancouver in Angriff nehmen. Die steile, schweißtreibende Strecke hinauf auf den Grouse Mountain hat auch den Spitznamen „Mother Nature's Stairmaster". Oben angekommen, hat man als Entschädigung freien Eintritt in die dortigen Einrichtungen. Allerdings muss man für die Fahrt nach unten in der Skyride-Gondel 10 C$ hinblättern.

Radfahren

Da sich Jogger den belebten Uferdamm des Stanley Park mit Radlern und Inline-Skatern teilen müssen, ist ein Einbahnstraßensystem erforderlich, damit es nicht zu blutigen Karambolagen kommt. Die Ausblicke sind atemberaubend, im Winter jedoch kann der ungeschützte Weg von krachenden Wellen und eisigen Winden heimgesucht werden. Da die Wege im Sommer von trödelnden, Kamera schwenkenden Touris bevölkert sind, sollte man seine sportliche Betätigung auf den frühen Morgen oder späten Nachmittag legen.

Wer den Park bis zur English Bay umrundet hat und noch bei Kräften ist, kann an der Nordseite des False Creek in Richtung Science World weiterradeln, wo dann die Strecke südlich des False Creek zur Granville Island, zum Vanier Park, zum Kitsilano Beach und schließlich zur UBC führt. Die ausgedehnte Route inklusive Stanley Park ist etwa 25 km lang. Wer jetzt noch immer Energie hat, kann im Pacific Spirit Regional Park (S. 702) der UBC die tollen, mitunter recht steilen Radwege in Angriff nehmen.

In der W Georgia St rund um den Eingang in den Stanley Park und vor allem an der Ecke zur Denman St gibt's jede Menge Verleiher von Fahrrädern und Inlineskates. Bei **Spokes Bicycle Rentals** (Karte S. 696 f.; www.vancouverbikerental.com; 1798 W Georgia St) gibt's einen praktischen Streckenplan gratis. Wer viel mit dem Radel unterwegs ist, sollte sich die in Convenience-Shops erhältliche *Greater Vancouver Cycling Map* (3,95 C$) besorgen. Darin sind Touren in der Region beschrieben und praktische Tipps für Radler enthalten.

Kajakfahren & Windsurfen

Es ist schwer, das Hochgefühl zu toppen, das einen packt, wenn man am frühen Abend an der Küste entlangpaddelt und zusieht, wie die Sonne langsam die verspiegelten, modernen Totempfählen gleichenden Glastürme hinabgleitet. Dank der sanften Gewässer ist Vancouver sowohl bei Profis als auch bei Greenhorns sehr beliebt.

Der Hauptsitz vom **Ecomarine Ocean Kayak Centre** (Karte S. 696 f.; www.ecomarine.com; 1668 Duranleau St; Verleih 2 Std./Tag 36/69 C$; ⏲Juni–Aug. So–Do 9–18, Fr & Sa 9–21 Uhr, Sept.–Mai tgl. 10–18 Uhr) befindet sich auf Granville Island. Die freundlichen Mitarbeiter verleihen Ausrüstungen und bieten geführte Touren an. Die **Filiale** am **Jericho Beach** (Jericho Sailing Centre, 1300 Discovery St; ⏲Mai–Aug. tgl. 9 Uhr–Sonnenuntergang, Sept. Sa & So 9 Uhr–Sonnenuntergang) organisiert Veranstaltungen und Seminare, bei denen man einheimische Paddelfreaks kennenlernt.

Wer eins werden will mit dem Seewind, ist bei **Windsure Adventure Watersports** (www.windsure.com; Jericho Sailing Centre, 1300 Discovery St; Surfboard-/Skimboardverleih 18,58/4,64 C$ pro Std.; ⏲April–Sept. 9–20 Uhr) gut aufgehoben. Das Unternehmen hat sich auf Kiteboarden, Windsurfen und Skimboarden spezialisiert. An seinem Sitz am Jericho Beach bietet es Kurse an und verleiht Ausrüstungen.

Schwimmen

Die schönsten **Strände** von Vancouver – English Bay, Kitsilano Beach, Jericho Beach sowie Second Beach und Third Beach im Stanley Park – sind im Sommer rappelvoll. Wer sich gern hüllenlos in die Fluten stürzt, sollte zum Wreck Beach gehen, dem FKK-Strand der UBC.

In der Nähe des Second Beach im Stanley Park befindet sich ein ausgezeichnetes, wenn auch oft aus allen Nähten platzendes **Freibad**, das bei Familien hoch im Kurs steht. Am Kitsilano Beach gibt's einen großen, beheizten **Salzwasserpool** (2305 Cornwall Ave; Erw./Kind 5,10/2,52 C$; ⏲Mitte Mai–Mitte Sept. 7–20.45 Uhr) im Freien. Wenn es regnet, geht man einfach ins **Vancouver Aquatic Centre** (Karte S. 696 f.; 1050 Beach Ave; Erw./Kind 5,10/2,52 C$; ⏲Mo–Fr 6.30–21.30, Sa & So 8–21 Uhr), das auch eine Sauna, einen Whirlpool und ein Tauchbecken hat.

☛ Geführte Touren

Architectural Institute of BC SPAZIERGANG
(☎604-683-8588 ext 333; www.aibc.ca; Spaziergänge 5 C$; ⏲Juli & Aug. Di–Sa 13 Uhr) Zweistündige Spaziergänge mit Schwerpunkt auf Häuser in historischen Vierteln; es werden sechs verschiedene Touren angeboten.

Vancouver Urban Adventures FAHRRAD
(☎604-451-1600, 877-451-1777; www.vancouverurbanadventures.com; geführte Touren ab 25 C$) Neben ausgedehnten Spaziergängen bietet der Veranstalter auch fünfstündige geführte Radtouren (75 C$) durch die Stadt an.

Accent Cruises BOOT
(Karte S. 696 f.; ☎604-688-6625; www.accentcruises.ca; 1698 Duranleau St; Dinner-Bootstour 60 C$; ⏲Mai–Mitte Okt.) Beliebte Bootsausflüge bei Sonnenuntergang mit optionalem Lachsbuffet. Abfahrt ab Granville Island.

Vancouver Trolley Company BUS
(☎604-801-5515, 888-451-5581; www.vancouvertrolley.com; Erw./Kind 38/20 C$) Rote, nachgebaute Trolleybusse fahren im „Hop on, Hop off"-System zu den beliebtesten Attraktionen der Stadt.

Vancouver Tour Guys SPAZIERGANG
(☎604-690-5909; www.tourguys.ca) Die regelmäßig stattfindenden Spaziergänge durch drei Stadtviertel sind zwar kostenlos, eine kleine Anerkennung (5–10 C$) wird allerdings stets gern entgegengenommen. Infos über die oft wechselnde Streckenführung gibt's im Internet.

Harbour Cruises BOOT
(Karte S. 696 f.; ☎604-688-7246, 800-663-1500; www.boatcruises.com; am Nordende der Denman St; Erw./Kind 30/10 C$; ⊙Mai–Okt.) Auf der 75-minütigen Hafenrundfahrt kann man die Stadt und vielleicht auch ganz unerwartet einige Tiere vom Wasser aus betrachten. Dinner-Touren sind ebenfalls im Angebot.

Big Bus BUS
(☎604-299-0700, 877-299-0701; www.bigbus.ca; Erw./Kind 38/20 C$) „Hop on, Hop off"-Bus für Touristen. Es werden 23 Attraktionen angefahren. Es gibt auch Tickets, die zwei Tage gültig sind.

Feste & Events

Dine Out Vancouver ESSEN
(www.tourismvancouver.com) Zwei Wochen lang werden in den Restaurants der Stadt dreigängige Probiermenüs angeboten (18, 28 od. 38 C$). Mitte Januar.

Chinesisches Neujahrsfest KULTUR
(www.vancouver-chinatown.com) Festliche Mischung aus Tanz, Paraden und leckerem Essen. Januar oder Februar.

Winterruption KUNST
(www.winterruption.com) Granville Island macht dem Winter-Blues mit Musik und Vorführungen den Garaus. Etwa Mitte Februar.

Vancouver Playhouse International Wine Festival WEIN
www.playhousewinefest.com) Das älteste und beste Weinfest der Stadt. Ende März.

Vancouver Craft Beer Week BIER
(www.vancouvercraftbeerweek.com) Bierverkostung, Abendessen mit auf die einzelnen Speisen abgestimmten Bieren und bierlastiger Unfug. Erste Maiwoche.

Vancouver International Children's Festival KINDER
(www.childrensfestival.ca) Geschichten, Vorführungen und Aktivitäten in den Zelten im Vanier Park. Mitte Mai.

Bard on the Beach KUNST
(www.bardonthebeach.org) Theatersaison (Juni–Sept.) mit vier Shakespeare-Stücken in den Zelten im Vanier Park.

Vancouver International Jazz Festival MUSIK
(www.coastaljazz.ca) Konzerte mit Superstars und kostenlose Open-Air-Events finden ab Mitte Juni in der ganzen Stadt statt.

Car Free Vancouver Day SOMMER
(www.carfreevancouver.org) Bezirke in der ganzen Stadt sperren ihre Hauptstraßen für Essenstände, Musikbühnen und Marktbuden. Etwa Mitte Juni.

Dragon Boat Festival BOOT
(www.dragonboatbc.ca) Zweitägiger Wassermarathon mit witzigen Bootsrennen. Dritte Juniwoche.

Vancouver Folk Music Festival MUSIK
(www.thefestival.bc.ca) Folk und Weltmusik am Jericho Beach. Mitte Juli.

Celebration of Light FEUERWERK
(www.celebration-of-light.com) Kostenlose, internationale Feuerwerksshows in der English Bay. Ende Juli/Anfang August.

Pride Week SCHWULENFESTIVAL
(www.vancouverpride.ca) Partys, Konzerte und Modeschauen gipfeln in der gigantischen Pride Parade. Ab Ende Juli.

MusicFest Vancouver MUSIK
(www.musicfestvancouver.com) Vorführungen mit Chor-, Opern-, klassischer, Jazz- und Weltmusik. Mitte August.

Pacific National Exhibition GEMEINDE
(www.pne.bc.ca) Familienfreundliche Shows, Konzerte und Jahrmarkt. Ab Mitte August.

Vancouver International Fringe Festival KUNST
(www.vancouverfringe.com) Wildes und verrücktes Amateurtheater an etablierten und unkonventionellen Veranstaltungsorten auf Granville Island. Mitte September.

Vancouver International Film Festival KUNST
(www.viff.org) Beliebte, zweiwöchige Präsentation von kanadischen und internationalen Filmen. Ab Ende September.

Vancouver International Writers & Readers Festival KUNST
(www.writersfest.bc.ca) Einheimische und internationale Schreiberlinge bevölkern Literaturseminare, Galas und öffentliche Foren. Ab Mitte Oktober.

Eastside Culture Crawl KUNST
(www.eastsideculturecrawl.com) Künstler in East Vancouver öffnen drei Tage lang ihre Studios für Besucher. Ende November.

Santa Claus Parade WINTER
(www.rogerssantaclausparade.com) Eine Weihnachtsprozession mit dem Weihnachtsmann höchstpersönlich. Mitte November.

START COAL HARBOUR
ZIEL ENGLISH BAY
STRECKE 8,8 KM
DAUER 3 STD.

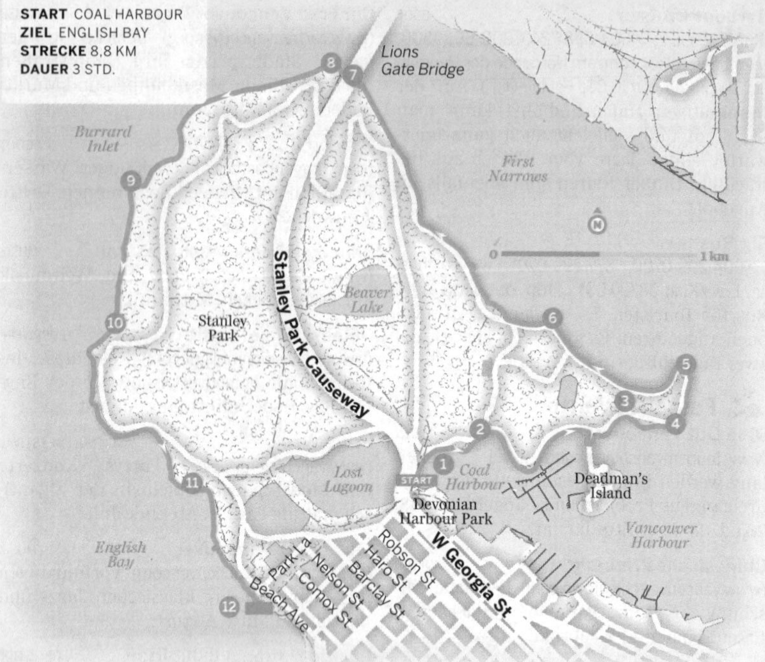

Stadtspaziergang durch den

Stanley Park

Mit Blick auf den ❶ **Coal Harbour** geht es den kurvigen Uferweg entlang zum Park. Dabei sollte man auf Radler und Inlineskater achten, von denen einige das zweispurige System noch nicht verinnerlicht haben. Auf dem Weg zum ❷ **Stanley Park Information Centre** bekommt man vielleicht auch einen Amerikanischen Graureiher zu sehen. Im Infocenter kann man sich eine Karte (und vielleicht ein Eis) für die restliche Strecke besorgen. Die bunten ❸ **Totempfähle** ganz in der Nähe sind unbedingt ein Foto wert, ebenso wie die Skyline der City und vielleicht auch ein oder zwei Wasserflugzeuge, die über den Hafen düsen. Weiter geht's zur ❹ **Nine O'clock Gun**, deren Schläge noch immer jede Nacht durch die Stadt hallen. Richtung Norden kommt man zum ❺ **Brockton Point** mit einem kleinen Leuchtturm. Im Vorfeld der Olympischen Winterspiele 2010 überreichte an dieser Stelle Arnold Schwarzenegger das Olympische Feuer an Sebastian Coe. Der angrenzende Weg nach unten führt zu der oft fotografierten Skulptur ❻ **Girl in a Wetsuit** und zum Sockel der in die Höhe ragenden ❼ **Lions Gate Bridge**. Sobald man den ❽ **Prospect Point** umrundet hat, bläst einem der Wind um die Ohren und man hat einen spektakulären Blick übers Meer. Ein kleines Innehalten ist an dieser Stelle angemessen, entwurzelte doch 2006 ein Sturm hier viele alte Bäume. Danach heißt es wieder, die Kamera zücken – der schlanke ❾ **Siwash Rock** vor der Küste, der in den Mythen der First Nations eine Rolle spielt, ist ein super Motiv. Wer sich jetzt langsam wackelig auf den Beinen fühlt, kann ein Päuschen einlegen – eine gute Gelegenheit, das (hoffentlich) mitgebrachte Picknick auszupacken. Danach spaziert man weiter zum ❿ **Third Beach**, wo man sich an einen Baumstamm gelehnt ausruhen und die Aussicht aufs Meer genießen kann. So erholt geht's am ⓫ **Freibad des Second Beach** vorbei zum Endpunkt des Spaziergangs, der ⓬ **English Bay**, wo unzählige Eisläden und Restaurants auf Gäste warten.

Schlafen

Im Großraum Vancouver gibt es ca. 25 000 Hotel-, Hostel- und B&B-Zimmer, sodass es für jeden Geschmack und Geldbeutel die passende Bleibe gibt. In den Sommermonaten sind die Zimmerpreise am höchsten, während es im Herbst und zu Frühlingsbeginn gute Angebote gibt. In dieser Zeit ist das Wetter oft recht angenehm und die Touristenmassen halten sich in Grenzen. Auf der Website von **Tourism Vancouver** (www.tourismvancouver.com) sind Optionen und Pauschalangebote aufgelistet. Der Provinzservice von **Hello BC** (www.hellobc.com) bietet weitere Infos und Buchungsmöglichkeiten. Wer mit dem Auto unterwegs ist, sollte bedenken, dass viele Hotels für den Parkplatz 10 bis 20 C$ verlangen.

DOWNTOWN

Loden Vancouver BOUTIQUEHOTEL **$$$**
(Karte S. 696 f.; ☎604-669-5060, 877-225-6336; www.theloden.com; 1177 Melville St; Zi. ab 249 C$; ❄📶) Eine Klasse für sich. Das elegante Loden ist das Meisterwerk eines Designers. Die 70 Zimmer verbinden einen vielsagenden zeitgenössischen Stil mit allerlei Luxusannehmlichkeiten wie Marmorbad und Fußbodenheizung. Superaufmerksames Personal. Das schicke Voya ist die beste Hotelbar der ganzen Stadt. Wer hier übernachtet, wird stilgerecht in einem Londoner Taxi abgeholt.

Fairmont Pacific Rim HOTEL **$$$**
(Karte S. 696 f.; ☎604-695-5300, 888-264-6877; www.fairmont.com/pacificrim; 1038 Canada Pl; Zi. ab 350 C$; ❄📶🏊) Das schicke Hotel mit 400 Zimmern hat genau pünktlich zu den Olympischen Spielen seine Pforten geöffnet. Bevor man sich in die elegante, weiße Lobby begibt, sollte man unbedingt draußen einen Blick auf die Rundum-Kunstinstallation werfen. Von vielen Zimmern kann man den Blick auf die Stadt genießen– sitzt man jedoch im Whirlpool in einem der Zimmer mit Blick aufs Wasser, verschlägt es einem die Sprache. Zur Hightech-Ausstattung der Zimmer gehören iPod-Docking-Stations und Nespresso-Maschinen.

Victorian Hotel HOTEL **$$**
(Karte S. 696 f.; ☎604-681-6369, 877-681-6369; www.victorianhotel.ca; 514 Homer St; Zi. mit Bad ab 149 C$, Zi. mit Gemeinschaftsbad ab 129 C$) Die Zimmer mit den hohen Decken in diesem alten, schön renovierten Haus mit glänzenden Hartholzfußböden und Antiquitäten versprühen den Charme der guten alten Zeit. Einige der Zimmer haben Erkerfenster, die meisten ein eigenes Bad und TV. Im Sommer wird ein Ventilator ins Zimmer gestellt. Die besten Zimmer sind im neuen Erweiterungsbau, sie haben Bäder mit Marmorfußboden.

Urban Hideaway Guesthouse PENSION **$$**
(Karte S. 696 f.; ☎604-694-0600; www.urbanhideaway.com; 581 Richards St; DZ/2BZ/Loft 109/129/149 C$; @) Die äußerst gemütliche Unterkunft ist ihr Geld unbedingt wert und vielleicht nicht mehr allzu lang ein Geheimtipp. Hier fühlt man sich schnell wie zu Hause: Man kann sich entweder in eins der sieben gemütlichen Zimmer (das Loft ist am besten) verkriechen oder seine Zeit unten in der Lounge verbringen. Das Frühstück muss man sich in der gut ausgestatteten Küche selbst machen, die Zutaten (Eier, Schinken etc.) werden bereitgestellt. Das Loft ausgenommen, haben die meisten Zimmer Gemeinschaftsbäder.

St. Regis Hotel BOUTIQUEHOTEL **$$$**
(Karte S. 696 f.; ☎604-681-1135, 800-770-7929; www.stregishotel.com; 602 Dunsmuir St; Zi. ab 220 C$; ❄@📶) Die künstlerisch gestalteten Zimmer des Boutiquehotels mitten im Stadtzentrum haben lederartige Tapeten an den Wänden, erdfarbene Tagesdecken, Flachbildfernseher und Multimedia-Anschlüsse. Die aufpolierten Möbel stammen größtenteils aus dem alten Hotel Georgia. Im Preis enthalten sind das Frühstück, die Benutzung der Computer im Business-Center und der Eintritt ins nahe gelegene Fitnessstudio.

Samesun Backpackers Lodge HOSTEL **$**
(Karte S. 696 f.; ☎604-682-8226, 877-972-6378; www.samesun.com; 1018 Granville St; B/Zi. 29,50/71 C$; @📶) In dem lebhaften Hostel im Herzen der Nachtclubszene von Granville ist Partystimmung garantiert. Wer es nicht raus schafft, kann sich an Ort und Stelle an die Bar setzen. Die bunt bemalten Schlafsäle sind nicht zu überdimensioniert. Es gibt eine große Küche und ein vielfältiges Angebot an Veranstaltungen. Kontinentales Frühstück im Preis enthalten.

Moda Hotel BOUTIQUEHOTEL **$$**
(Karte S. 696 f.; ☎604-683-4251, 877-683-5522; www.modahotel.ca; 900 Seymour St; DZ ab 159 C$; 📶) Nur einen Block von der Partyszene der Granville St entfernt. Das alte Dufferin Hotel hat sich mit diesem weiß gestrichenen, trendigen Anwesen neu erfunden. Die Zimmer sind in kräftigen Farben

gehalten und komfortabel mit modernen Möbeln eingerichtet. Die Bäder verströmen einen Hauch von Eleganz.

HI Vancouver Central HOSTEL $
(Karte S. 696 f.; ☎604-685-5335, 888-203-8333; www.hihostels.ca/vancouver; 1025 Granville St; B/Zi. 33,50/83 C$; ❄@📶) Das ehemalige, labyrinthartige Hotelgebäude gegenüber vom Samesun hat kleine Schlafsäle mit Waschbecken und viele Zimmer – einige davon sogar mit Bad. Kontinentales Frühstück im Preis enthalten. Ruhige Atmosphäre.

L'Hermitage Hotel BOUTIQUEHOTEL $$$
(Karte S. 696 f.; ☎778-327-4100, 888-855-1050; www.lhermitagevancouver.com; 788 Richards St; Zi. ab 190 C$; ❄) Neues Boutiquehotel in typischem Designerlook. Einige Suiten haben eine komplett eingerichtete Küche.

WEST END

LP TIPP **Sylvia Hotel** HOTEL $$
(Karte S. 696 f.; ☎604-681-9321; www.sylviahotel.com; 1154 Gilford St; EZ/DZ/Suite ab 110/165/195 C$) Ganze Generationen von zufriedenen Gästen kehren immer wieder in das von Efeu umrankte Juwel mit dem Charme der guten alten Zeit zurück. Hier wurde nie vergessen, was guter Service heißt. Die Lobby mit Buntglasfenstern und dunklen Holzpaneelen ist im Stil einer bayerischen Pension eingerichtet. Die gemütlichen Zimmer sind recht unterschiedlich gestaltet, sodass für jeden Geschmack etwas dabei ist. Am besten sind die zwölf Apartmentsuiten mit kompletter Küche und Blick auf die English Bay. Wer von seinem Zimmer aus keinen so tollen Blick hat, kann in der Lounge mit einem Bier in der Hand den Sonnenuntergang genießen.

Listel Vancouver BOUTIQUEHOTEL $$
(Karte S. 696 f.; ☎604-684-8461, 800-663-5491; www.thelistelhotel.com; 1300 Robson St; DZ ab 169 C$; ❄) Beschreibt sich selbst als Vancouvers „Kunsthotel" und hebt sich wirklich elegant von den anderen Unterkünften an diesem Ende der Robson St ab. Mit seinen galerieartigen Kunstinstallationen – neben der Lobby findet sich ein kleiner Ausstellungsraum – zieht es Damen und Herren von Welt an. Die schönen, lichtdurchfluteten Zimmer haben ein stimmungsvolles Westküstenambiente. In dem Restaurant mit Bar wird allabendlich Livejazz geboten.

Buchan Hotel HOTEL $$
(Karte S. 696 f.; ☎604-685-5354, 800-668-6654; www.buchanhotel.com; 1906 Haro St; Zi. ab 86 C$) In der fröhlichen, sauberen, preiswerten Unterkunft in der Nähe vom Stanley Park gibt es günstige Zimmer – viele mit Gemeinschaftsbad, betagten Möbeln und älteren Decken – und auch qualitativ hochwertige, teurere Zimmer mit Bad. Das freundliche Personal an der Rezeption ist wirklich spitze. Es gibt Unterstellmöglichkeiten für Fahrräder und Skier.

Riviera Hotel HOTEL $$
(Karte S. 696 f.; ☎604-685-1301, 888-699-5222; www.rivieraonrobson.com; 1431 Robson St; Zi. ab 119 C$; 📶) Das beste, wenn auch leicht ramponierte, aber gut gelegene Apartmenthotel in einem mittelgroßen Betonklotz an der Ecke Robson St/Broughton St hat geräumige Apartments mit komplett eingerichteter Küche – genau das richtige für kleine Gruppen und Familien. Das Mobiliar ist schon etwas abgewetzt. Kostenloser Parkplatz.

HI Vancouver Downtown HOSTEL $
(Karte S. 696 f.; ☎604-684-4565, 888-203-4302; www.hihostels.ca/vancouver; 1114 Burnaby St; B/Zi. 33,50/83,25 C$) Das ruhige, zweckmäßig eingerichtete Hostel hat ein institutionelleres Flair als sein Bruder in der Granville St (S. 708). Kleine Schlafsäle. Kontinentales Frühstück ist im Preis enthalten.

Blue Horizon Hotel HOTEL $$
(Karte S. 696 f.; ☎604-688-1411, 800-663-1333; www.bluehorizonhotel.com; 1225 Robson St; DZ ab 159 C$; ❄@🏊) In den gepflegten, businessmäßig eingerichteten Zimmern in dem schlanken Hochhaus fühlt man sich sicher wohl. Die Ecksuiten haben einen Balkon.

YALETOWN

Opus Hotel Vancouver BOUTIQUEHOTEL $$$
(Karte S. 696 f.; ☎604-642-6787, 866-642-6787; www.opushotel.com; 322 Davie St; DZ/Suite ab 210/400 C$; ❄📶) Promis, die sich zeigen wollen, sind hier richtig. In diesem Designer-Boutiquehotel haben schon Größen wie Justin Timberlake und der kahlköpfige Typ von R.E.M., auch als Michael Stipe bekannt, genächtigt. Die schicken Suiten mit Feng-Shui-Anordnung der Betten und Luxusbädern haben große Fenster zur Straße (Exhibitionisten aufgepasst). Ein gestyltes Restaurant mit Bar und ein kleiner Fitnessraum fehlen natürlich auch nicht.

YWCA Hotel HOTEL $$
(Karte S. 696 f.; ☎604-895-5830, 800-663-1424; www.ywcahotel.com; 733 Beatty St; EZ/DZ/3BZ 69/86/111 C$; ❄📶👪) Der beliebte Turm in der Nähe von Yaletown ist eine der besten

YWCA-Unterkünfte Kanadas und besonders für Leute mit kleinem Geldbeutel gedacht. Das belebte Hotel, in dem Männer, Frauen, Paare und Familien gleichermaßen übernachten, hat auf jedem Flur eine Gemeinschaftsküche. Von Einzelzimmern bis zu gruppenfreundlichen, größeren Quartieren ist alles dabei. Sie sind zwar alle etwas steifer Einheitsbrei – man stelle sich Studentenbuden mit Schreibtisch und Bett vor –, haben aber ein Waschbecken und einen Kühlschrank.

Georgian Court Hotel HOTEL **$$**
(Karte S. 696 f.; ☎604-682-5555, 800-663-1155; www.georgiancourt.com; 773 Beatty St; Zi. ab 160 C$; ❄📶) Eine kürzliche Umgestaltung des diskreten europäischen Anwesens hat den Hang des Georgian zu hohen Standards und beständigen, verlässlichen Annehmlichkeiten nicht verändert. Die geschniegelten Standardzimmer haben neue Teppiche und Vorhänge. Die Ecksuiten im Apartmentstil sind mit ihren ruhigen, zurückgesetzten Schlafzimmern besonders zu empfehlen. Es gibt einen kleinen Fitnessraum. Und das schweizerische William Tell Restaurant zieht auch jede Menge Gäste von draußen an.

GRANVILLE ISLAND & KITSILANO

Granville Island Hotel BOUTIQUEHOTEL **$$**
(Karte S. 696 f.; ☎604-683-7373, 800-663-1840; www.granvilleislandhotel.com; 1253 Johnston St; DZ ab 159 C$; ❄@🐾) Die Unterkunft am ruhigen Ostzipfel von Granville Island liegt nur einen Steinwurf vom Marktplatz entfernt. Direkt vor der Tür gibt's Restaurants, Geschäfte und Theater. Das Hotel im Westküstenstil ist modern eingerichtet. Die vorwiegend in Erdtönen gehaltenen Zimmer sind mit vielen Holzelementen geschmückt. Auf der Dachterrasse gibt es einen coolen Jacuzzi, der Pub hat leckeres, selbst gebrautes Bier zu bieten (das Jamaican Lager ist besonders empfehlenswert).

Kitsilano Suites APARTMENTS **$$**
(☎778-833-0334; www.kitsilanosuites.com; 2465 W 6th Ave; Suite 149–229 C$; 📶) In diesem hübschen, mit Schindeln verkleideten Haus mit drei tollen Apartments für Selbstversorger fühlt man sich wie ein echter „Kits-ianer". Die Wohnungen in dem 100 Jahre alten Haus versprühen dank Parkettböden, Badewannen mit Krallenfüßen und Buntglasfenstern trotz ihrer modernen Einrichtung den Charme vergangener Zeiten. Jedes Apartment hat eine komplett ausgestattete Küche. Neuankömmlinge erhalten ein Willkommenspaket – für das erste Frühstück ist also schon mal gesorgt. In der W 4th Ave ganz in der Nähe gibt's Geschäfte und Restaurants.

HI Vancouver Jericho Beach HOSTEL **$**
(☎604-224-3208, 888-203-4303; www.hihostels.ca/vancouver; 1515 Discovery St; B/Zi. 20/76,25 C$; ⊙Mai–Anfang Okt.; @📶) Das riesige Hostel in toller Lage ähnelt von außen einem viktorianischen Krankenhaus. Wer auf der Suche nach dem typischen, sonnigen Kitsilano-Vibe und den Aktivitäten am nahe gelegenen Jericho Beach ist, dem wird es hier bestimmt gefallen – auch wenn die Fahrt in Vancouvers Innenstadt mit dem Bus 20 Minuten dauert. Einfache Zimmer, große Küche, Jerry's Cove Café mit Schanklizenz und Fahrradverleih. Wer in einem der neun separaten Zimmer übernachten will, sollte rechtzeitig buchen.

Mickey's Kits Beach Chalet B&B **$$**
(☎604-739-3342, 888-739-3342; www.mickeysbandb.com; 2142 W 1st Ave; DZ 135–175 C$; 📶👪) Diese Unterkunft ist anders als die meisten B&Bs in Kitsilano. Das moderne Chalet im Whistler-Stil hat drei Zimmer und eine ruhige, von Hecken umgebene Gartenterrasse. Die Zimmer – so auch der York Room direkt unter dem Giebel – sind komfortabel und modern eingerichtet. Nur im York Room gibt's ein eigenes Bad. Die familienfreundlichen Gastgeber stellen auf Wunsch Spielzeug und Kinderbetten zur Verfügung und organisieren Babysitter. Kontinentales Frühstück im Preis enthalten.

UBC & WEST SIDE

Shaughnessy Village HOTEL **$$**
(☎604-736-5511; www.shaughnessyvillage.com; 1125 W 12th Ave; EZ/DZ 79/101 C$; ❄) Die einmalig kitschige Unterkunft – rosa Teppiche, Blumensofas und allerlei Krimskrams aus der Schifffahrt – beschreibt sich selbst als „B&B-Resort" in einem Hochhaus. Trotz des Retro-Looks hat das Hotel die perfekte Form eines Schiffes, die sich auch auf die gepflegten, Schiffskabinen ähnelnden Zimmer überträgt. Sie sind mit Holzschränken, Mikrowelle, Kühlschränken und winzigen Bädern ausgestattet. Weitere Pluspunkte sammeln das warme Frühstück, ein Pool im Freien und ein großer Waschsalon.

University of British Columbia Housing HOSTEL, HOTEL **$**
(☎604-822-1000, 888-822-1030; www.ubcconferences.com; Hostel Zi. ab 35 C$, Apt. ab

SCHWULEN- & LESBENSZENE IN VANCOUVER

Die Schwulen- und Lesbenszene Vancouvers ist ein fester Bestandteil der Kultur in dieser Stadt und nicht nur eine Randbewegung. Die Legalisierung gleichgeschlechtlicher Ehen in BC hat dazu geführt, dass unzählige Paare Vancouver als schwul-lesbisches Las Vegas betrachten. Weitere Infos für all diejenigen, die hier den Bund fürs Leben schließen wollen, stehen unter www.vs.gov.bc.ca/marriage/howto.html.

Das Viertel West End mit seinen pinkfarbenen Bushäuschen, den im Wind flatternden Regenbogenfahnen und den Händchen haltenden Pärchen ist die größte *gayborhood* Westkanadas. Die lesbische Gemeinde konzentriert sich eher auf die Gegend rund um den Commercial Dr.

Das kostenlose Magazin *Xtra!* führt in die örtliche Szene ein. Unter www.gayvancouver.net, www.gayvan.com und www.superdyke.com findet man einschlägige Infos. Die Nacht sollte im **Fountainhead Pub** (www.thefountainheadpub.com; 1025 Davie St), der lautesten und stolzesten Schwulenbar in West End, eingeläutet werden. Auf der dazugehörigen Terrasse geht es manchmal etwas rau zu. Später geht's dann in den größten Club: **Celebrities** (Karte S. 696 f.; www.celebritiesnightclub.com; 1022 Davie St). Das größte schwul-lesbische Event ist die riesige, alljährlich Ende Juli stattfindende **Pride Week** (S. 705) mit Vancouvers größtem Straßenumzug.

In dem Online-Verzeichnis und in der kostenlosen Hochglanzbroschüre der **Gay & Lesbian Business Association of BC** (www.glba.org) findet man so ziemlich alles, vom Zahnarzt über Spas bis hin zu Hotels. Im **Little Sister's Book & Art Emporium** (Karte S. 696 f.; www.littlesisters.ca; 1238 Davie St) kommt man schnell mit der hiesigen schwul-lesbischen Gemeinde in Kontakt.

49 C$, Suite ab 179 C$; 📶) Wer auf dem Campus der UBC übernachtet, kann so tun, als sei er noch Studi. Es ist eine Vielzahl verschiedener Unterkünfte im Angebot: preiswerte Ein- und Zweibettzimmer im Pacific Spirit Hostel, Zimmer in Wohnungen mit vier bis sechs Betten in den Gage Towers (meist mit tollem Blick) und ansehnliche, hotelartige Zimmer in den West Coast Suites mit Flachbildfernsehern und viel glänzendem Holz und Stein. Die meisten Zimmer können nur von Mai bis August gemietet werden.

Plaza 500 HOTEL **$$**
(☎604-873-1811, 800-473-1811; www.plaza500.com; 500 W 12th Ave; Zi. ab 159 C$; ❄📶) Die modernen, auf Geschäftsreisende zugeschnittenen Zimmer bieten einen tollen Blick auf die Hochhaustürme der Innenstadt und die sich an der North Shore abzeichnenden Berge. Der moderne Look zeigt sich besonders im FigMint, dem europäisch angehauchten Restaurant mit Bar. Im Zimmerpreis ist der Eintritt in ein Fitnessstudio enthalten. Der Canada Line SkyTrain bringt einen in wenigen Minuten in die Innenstadt.

Essen

Vancouver wird wegen seiner internationalen Vielfalt gefeiert, mit der es selbst konkurrierende Gourmetstädte wie Toronto und Montréal nicht aufnehmen können. Die Besucher dieser Stadt können sich mit großartigem Ethno-Food die Mägen vollschlagen, noch bevor sie überhaupt anfangen, die emporstrebende Küche der Westküste zu probieren. Am besten vereint man einfach beide Ansätze: mittags das beste Sushi Nordamerikas, abends eine Ente aus dem Fraser Valley oder ein Lamm von Vancouver Island. Wofür auch immer man sich letztlich entscheidet, die Meeresfrüchte sollte man jedenfalls nicht verpassen – sie sind Vancouvers größter kulinarischer Schatz.

Da sich die Stadt inmitten einer Restaurant-Renaissance befindet – es vergeht kaum eine Woche, in der kein neues Lokal aufmacht –, sollten sich Besucher unter www.urbandiner.ca oder in den kostenlosen Magazinen *Eat Magazine* und *City Food* die neuesten Kritiken ansehen.

DOWNTOWN

Chambar EUROPÄISCH **$$**
(Karte S. 696 f.; ☎604-879-7119; www.chambar.com; 562 Beatty St; Hauptgerichte 14–29 C$) Der romantische Ziegelsteinkeller mit vielen Kerzen ist ein beliebter Yuppie-Treffpunkt. Auf der Speisekarte stehen raffinierte europäische Gerichte wie in der Pfanne sautierte Jakobsmuscheln und zarte Lammkeulen, der Renner sind aber die leckeren *moules frites*. Neben einer beeindruckenden Wein-

und Cocktailkarte – unbedingt einen Blue Fig Martini probieren – gibt es auch eine große Auswahl an belgischen Bieren. Wer es etwas lockerer mag, geht nach nebenan ins Medina Café, die nur tagsüber geöffnete Schwester der Chambar.

Templeton FRÜHSTÜCK, BURGER **$**
(Karte S. 696 f.; www.thetempleton.blogspot.com; 1087 Granville St; Hauptgerichte 8–12 C$) Unkonventioneller 1950er-Jahre-Diner mit viel Chrom und Vinyl und dem gewissen Etwas. Hier gibt's riesige Bio-Burger, süchtig machende Pommes, vegetarische Quesadillas und das vielleicht beste Katerfrühstück der Stadt – das „Big Ass Breakfast". Leider funktionieren die Mini-Jukeboxen auf den Tischen nicht, dafür kann man sich mit einem Schokoladeneisbecher trösten und so die Falten glätten. Die hier ausgeschenkten Biere kommen aus lokalen Kleinbrauereien. Wer nicht stundenlang Schlange stehen will, sollte die Spitzenzeiten an den Wochenenden meiden.

C Restaurant SEAFOOD **$$$**
(Karte S. 696 f.; ☎604-681-1164; www.crestaurant.com; 1600 Howe St; Hauptgerichte 28–40 C$) Dieses bahnbrechende Pazifik-Seafood-Restaurant mit Blick auf den False Creek ist alles andere als billig (mittags muss man etwas weniger löhnen). Dafür machen es die innovativ zubereiteten Fische und Schalentiere zum vielleicht besten Meeresfrüchte-Restaurant der Stadt. Besseren Räucherlachs mit Gurkengelee wird man wohl nirgendwo finden. Aber es kommt auch Einfacheres auf den Tisch, z. B. delikat zubereitete Garnelen und Jakobsmuscheln aus dem Norden von British Columbia.

Finch's CAFÉ **$**
(Karte S. 696 f.; www.finchteahouse.com; 353 W Pender St; Hauptgerichte 3–8 C$) Wer nicht gerade zur Hauptzeit kommt, ergattert vielleicht sogar einen Platz an einem der ramponierten, alten Tische, die dieses viel besuchte Eckcafé schmücken. Das Ambiente erinnert an Großmutters Zeiten: knarrende Holzfußböden und jede Menge Schnickschnack. Das Café ist seit Jahren der Lieblingstreff der Hippen und Kreativen. Hier gibt's gutes, preiswertes Frühstück (weich gekochtes Ei mit Brotstreifen ab 2,50 C$) und eine große Auswahl an frisch zubereiteten Baguettes und hausgemachten Suppen.

La Bodega MEDITERRAN **$$**
(Karte S. 696 f.; www.labodegavancouver.com; 1277 Howe St; kleine Gerichte 8–12 C$) In der rustikalen Tapasbar, dem wohl authentischsten spanischen Restaurant der Stadt, dreht sich alles um die kleinen Happen. Hier macht man es sich auf einem Stuhl bequem, bestellt eine Karaffe Sangria und sucht sich aus der umfangreichen Speisekarte eine Tapas-Platte für mehrere Personen aus. Wer Appetit auf Scharfes hat, kann mit der Chorizo nichts falsch machen. Auch die spanischen Fleischbällchen erfreuen sich zu Recht größter Beliebtheit. In dieser Kneipe herrscht eine tolle Stimmung, man sollte sich also nicht wundern, wenn man hier länger hängen bleibt.

Japadog ASIA-FUSION **$**
(Karte S. 696 f.; www.japadog.com; 520 Robson St; Hotdogs 8–12 C$) Jeder hat natürlich schon die geduldig Schlange stehende Menge vor einem der drei Hotdog-Buden gesehen. Die kreativen Japaner haben jetzt einen kleinen Laden mit ein paar Tischen eröffnet. Die Speisekarte ist ähnlich wie das Angebot an den Imbissbuden – geräucherte Putenwürste mit Miso-Majo-Sauce und Bratwürste mit Zwiebeln, Daiko- und Sojasauce. Und als Nachtisch gibt's Schoko-Bananen-Dogs. Nur Barzahlung.

Gallery Café CAFÉ **$**
(Karte S. 696 f.; www.thegallerycafe.ca; 750 Hornby St; Hauptgerichte 5–10 C$) Im Zwischengeschoss der Vancouver Art Gallery treffen sich abends Leute, die immer für einen Plausch zu haben sind. Zu dem großen Speisesaal gehört eine der besten und größten Open-Air-Terrassen der Stadt. Auf den Tisch kommen hauptsächlich Salate und Sandwiches. Aber eigentlich geht es den Gästen vor allem darum, es sich mit einem Kaffee oder einem Bier draußen unter den Sonnenschirmen gut gehen zu lassen.

Gorilla Food VEGETARISCH **$**
(Karte S. 696 f.; www.gorillafood.com; 436 Richards St; Hauptgerichte 4–7,50 C$; 🥕) Tolles, kleines Kellerlokal mit viel Baumdeko. Wenn man sich die strahlenden und gesund lebenden Veganer so anschaut, bekommt manch einer Lust, seinen Lebensstil zu ändern. Hier kommt rohe Biokost auf den Tisch, d. h. Algenwraps und Pizza aus Dörrsamenkruste mit Tomatensauce, weich geklopfte Zucchini und Avocadomus.

WEST END

Raincity Grill WESTKÜSTE **$$$**
(Karte S. 696 f.; ☎604-685-7337; www.raincitygrill.com; 1193 Denman St; Hauptgerichte

17–30 C$) Das ausgezeichnete Restaurant an der English Bay verwendete die einzigartigen Zutaten British Columbias lange bevor sich der Trend zu Fanny-Bay-Austern und Lamm von der Salt Spring Island durchsetzte. Hier gibt es hervorragende kanadische Westküstenküche: Das Drei-Gänge-Probiermenü für 30 C$, das zwischen 17 und 18 Uhr serviert wird, ist ein echt guter Deal. Und der Wochenendbrunch ist unter den Einheimischen ohnehin schon legendär. Wer gerade in der Gegend ist, kann kurz reinschauen und sich mit Fish & Chips für 10 C$ eindecken. Genau das Richtige für ein Feinschmecker-Picknick am English Bay Beach. Ausgezeichnete Weine.

Guu With Garlic JAPANISCH **$$**
(Karte S. 696 f.; www.guu-izakaya.com; 1689 Robson St; Hauptgerichte 8–14 C$) Eines der vielen authentischen asiatischen Bistros, Sushi-Restaurants und Nudellokale am westlichen Ende der Robson St. In dem supercoolen, ultraeinladenden *izakaya* (japanischen Pub) treffen sich hauptsächlich Studenten, die gerade Englisch lernen. Hier gibt's Feuertöpfe und dampfende Nudelgerichte, aber am besten probiert man die japanischen Tapas wie schwarzer Kabeljau mit Miso-Majo, frittierte Eier-Kürbis-Bällchen oder *tori-karaage*-Hühnchen. Hat man diese leckeren Hühnchenteile verputzt, wird man nie wieder einen KFC betreten.

Lolita's MEXIKANISCH **$$**
(Karte S. 696 f.; www.lolitasrestaurant.com; 1326 Davie St; Hauptgerichte 18–25 C$) Seit Langem bei den West-Endlern beliebte, peppige *cantina*. Hier trifft man sich noch spät am Abend – dank der netten, heiteren Partystimmung gewinnt man schnell den Eindruck, als sei man mit guten Freunden in einer Strandbar. Nach ein paar Tequilas oder fruchtigen Cocktails sollte man aber eine Trinkpause einlegen und etwas Feuriges essen – die Heilbutt-Tacos sind hervorragend.

Sushi Mart JAPANISCH **$**
(Karte S. 696 f.; www.sushimart.com; 1686 Robson St; Hauptgerichte 6–10 C$) An den langen Tischen sitzt man Seite an Seite mit gesprächigen, jungen Asiaten und schwelgt in lockerer Atmosphäre in Sushi. Besseren rohen Fisch gibt's in Vancouver kaum. Erst kurz lesen, was auf der Tafel steht und sich dann eine der absolut perfekt zubereiteten, preisgünstigen Platten für mehrere Personen mit Nigiri, Maki und Sashimi bestellen.

YALETOWN

Blue Water Café SEAFOOD **$$$**
(Karte S. 696 f.; ☎604-688-8078; www.bluewatercafe.net; 1095 Hamilton St; Hauptgerichte 22–44 C$) Unter dem kritischen Auge des Küchenchefs Frank Pabst wurde dieses erstklassige Seafood-Restaurant zu Vancouvers vornehmster Austern-Bar und zum Inbegriff eines gehobenen Restaurants in Yaletown. Gedämpfte Musik durchdringt das kobaltblaue Innere mit Ziegelsteinwänden. Unmengen Meeresfrüchte, arktischer Saibling und Skilfisch aus BC schmücken die Tische im Innenraum und draußen auf der Terrasse. Abenteuerlustige können sich auch an die halbkreisförmige Raw Bar setzen und zuschauen, wie mit wirbelnden Klingen köstliches Sushi und Sashimi zubereitet wird, das dann mit der Spezialität des Hauses, einem Soja-Seegras-Dip, serviert wird.

Glowbal Grill Steaks & Satay FUSION **$$**
(Karte S. 696 f.; www.glowbalgrill.com; 1079 Mainland St; Hauptgerichte 17–40 C$) In dem hippen, ungekünstelten Lokal mit lockerem Ambiente treffen sich Modefans zum Power-Lunch, After-Work- oder Late-Night-Dinner. Auf der Speisekarte stehen Klassiker mit Zutaten von der Westküste, denen ein asiatischer oder mediterraner Touch verpasst wird. Die Linguine mit Garnelen sind nicht zu toppen. Als Vorspeise sollte man sich die superleckeren Satay-Spießchen bestellen. Das Fleisch wird in einer Glasvitrine am Tresen präsentiert, sodass man sich sein Steak selbst aussuchen kann.

Regional Tasting Lounge FUSION **$$**
(Karte S. 696 f.; www.r.tl; 1130 Mainland St) Intimes Restaurant mit stimmungsvoller Beleuchtung und innovativer Speisekarte, die alle drei Monate eine andere Region beleuchtet. So kommt man in den Genuss von köstlichen Speisen aus den verschiedensten Teilen der Welt. Feinschmecker lieben besonders die Gerichte aus Italien, Spanien, Griechenland und New Orleans. Es gibt aber auch immer eine Auswahl an Klassikern à la Pacific Northwest für alle, die kulinarisch nicht so weit in die Ferne schweifen wollen. Jeden Tag gibt's auch ein Drei-Gänge-Probiermenü für 29 C$.

GASTOWN

LP TIPP **Judas Goat** FUSION **$$**
(Karte S. 696 f.; www.judasgoat.ca; 27 Blood Alley; kleine Gerichte 6–10 C$) Geniales Restaurant mit 28 Sitzplätzen, viel Marmor

und Mosaiken, das schon bald nach der Eröffnung 2010 zum Liebling der hiesigen Feinschmeckergemeinde wurde. Der Name geht auf die Ziegen zurück, die früher die Schafe zum Schlachthaus führten. Aus der Küche kommen kleine, einfach zubereitete, aber verlockende Gourmet-Tapas wie Rinderbrustbällchen, Lammbäckchen in Wirsingkohl und Jakobsmuscheln mit Schweineschwarte. Wie im Salt Tasting Room nebenan gibt's auch hier eine gute – wenn auch sehr viel kürzere – Weinkarte, auf der auch zahlreiche spanische Sherrys stehen. Wer zu den Stoßzeiten kommt, muss sich auf Warten einstellen. Gäste dürfen nur 90 Minuten an einem Tisch verweilen.

Acme Café CAFÉ **$**
(Karte S. 696 f.; www.acmecafe.ca; 51 W Hastings St; Hauptgerichte 8–10 C$) Liegt es nun am schwarz-weißen Interieur im Art-déco-Stil oder an dem coolen U-förmigen Tresen im Retrostil, dass man sich hier selbst an regnerischen Tagen schnell wohlfühlt. In das neue Café um die Ecke kommen hippe Leute – jedoch nicht nur um gesehen zu werden, sondern auch wegen des preisgünstigen, herzhaften Frühstücks und der leckeren Hausmannskost, die mittags in großen Portionen auf die Teller kommt. Hackbraten, Clubsandwiches mit Hühnchen und Shrimps-Guacamole-Sandwiches schmecken großartig. Und nachmittags lohnt sich der Besuch für ein Tässchen Kaffee mit einem Stück hausgemachten Obstkuchen.

La Taqueria MEXIKANISCH **$**
(Karte S. 696 f.; www.lataqueria.ca; 322 W Hastings St; Taco-Platten 7,50–9,50 C$; ✎) Wer außerhalb der Stoßzeiten in das nette winzige Lokal kommt, kann sich mit etwas Glück vielleicht einen Hocker am türkisfarbenen Tresen ergattern. Die mexikanische Hintergrundmusik passt ganz wunderbar zu den hervorragend zubereiteten Soft Tacos. Unbedingt die Vierer-Kombi (ca. 10 C$) probieren oder sich seinen eigenen Taco mit gegrilltem Fisch, Schweinebäckchen oder mariniertem Rindfleisch zusammenstellen. Auch für Vegetarier ist gesorgt (die Veggie-Kombi ist billiger). Achtung: Platz für den Nachtisch lassen – die Zimt-*horchata* ist super.

Salt Tasting Room KÄSE & WURST **$$**
(Karte S. 696 f.; www.salttastingroom.com; Blood Alley; kleine Gerichte 8–15 C$) Die stimmungsvolle Weinbar mit unverputzten Backsteinwänden versteckt sich in einer finsteren Seitengasse mit Kopfsteinpflaster, die ihren Namen den früher hier ansässigen Schlachtern verdankt. Hier sind etwa 100 interessante Tropfen im Angebot, von denen man die meisten sogar glasweise bestellen kann. Auch Biertrinker bleiben nicht durstig und können u.a. das ausgezeichnete Anchor Liberty Ale probieren. Wer einen Hocker an dem langen Tisch abgekriegt hat, wählt eines der an der Tafel angeschriebenen Gerichte wie Selchfleisch oder Käse aus der Region. Die Probierplatte für 15 C$ mit pikanten Leckereien ist super – am besten sind die *piccalillis* (scharfe Gemüsestückchen).

Nuba NAHÖSTLICH **$$**
(Karte S. 696 f.; www.nuba.ca; 207 W Hastings St; Hauptgerichte 8–19 C$; ✎) Das libanesische Restaurant im Untergeschoss zieht Leute mit kleinem Geldbeutel, die nur einen Snack verputzen wollen, und coole Hippe gleichermaßen an. Unbedingt die preiswerte Falafel-Platte (9 C$) mit Hummus, Tabbouleh, Salat, Pita und braunem Reis probieren. So bekommt man einen kleinen Vorgeschmack darauf, wie lecker gesundes, einfaches Essen schmecken kann. Seit dem Umzug in größere Räume stehen jetzt auch gehaltvollere Gerichte wie Lammfleisch vom Grill, Huhn nach Cornwall-Art etc. auf der Speisekarte. 1a-Service.

Deacon's Corner CAFÉ **$**
(Karte S. 696 f.; www.deaconscorner.ca; 101 Main St; Hauptgerichte 6–13 C$) Perfekte Gastown-Kombi: großstädtisch und altmodisch zugleich. Schon am Eröffnungstag lockte das Diner zahlreiche Gäste in die etwas zwielichtige Ecke Vancouvers. Nachtschwärmer schätzen das üppige Katerfrühstück – die Brötchen mit Wurst, Bratensauce und Eiern sind recht empfehlenswert, wenn man seine wöchentliche Kalorienration an einem Tag in sich reinstopfen will. Mittags gibt's u.a. preiswerte, warme Sandwiches (z.B. mit Schweinefleisch) und große Portionen Fish & Chips.

CHINATOWN

Bao Bei ASIA-FUSION **$$**
(Karte S. 696 f.; www.bao-bei.ca; 163 Keefer St; Hauptgerichte 10–18 C$) Die schicke, einladende chinesische Brasserie war sofort nach Eröffnung 2010 bei den Hipstern der Stadt angesagt. Die servierten Speisen – von Garnelen über Schnittlauch-Knödel bis hin zu süchtig machenden Rippchen in Brotteig – haben die Gastroszene der Gegend eindeutig bereichert. Für die kreativen Fleisch-

und Fischgerichte werden ausschließlich exzellente Biozutaten verwendet. In der lockeren Candlelight-Atmosphäre lässt sich jeder schnell verführen, vor allem von der guten Cocktailkarte.

Phnom Penh VIETNAMESISCH $$
(Karte S. 696 f.; 244 E Georgia St; Hauptgerichte 8–18 C$) Wer nicht Schlange stehen will, sollte ganz früh oder ganz spät vorbeischauen. In dem beliebten Lokal werden kambodschanische und vietnamesische Klassiker serviert, u. a. knusprige Froschschenkel, scharfe Krabben mit Knoblauch und Pfannkuchen mit Garnelen und Sojabohnensprossen. Unbedingt den gedämpften Reiskuchen mit Schweinefleisch, Garnelen, Kokosnuss und Frühlingszwiebeln probieren und ein eiskaltes Tsingtao dazu trinken.

Hon's Wun-Tun House CHINESISCH $$
(Karte S. 696 f.; www.hons.ca; 268 E Keefer St; Hauptgerichte 6–18 C$) Das Hon's gehört zu Vancouvers beliebtester Minikette chinesischer Restaurants. Die Hauptfiliale in Chinatown wird von appetitanregenden Düften und dem Gemurmel der Gäste erfüllt. Gigantische Speisekarte mit über 300 Gerichten. Die Bandbreite reicht von guten Dim Sums bis zu dampfenden Wonton-Suppen, in denen saftige Knödel schwimmen. Wer Appetit auf was Ausgefallenes hat, sollte unbedingt das Reis-Congee probieren: ein leckeres, traditionelles Gericht mit Meeresfrüchten, Hühnchen oder Rindfleisch.

SOUTH MAIN (SOMA) & COMMERCIAL DRIVE

Chutney Villa INDISCH $$
(www.chutneyvilla.com; 147 E Broadway; Hauptgerichte 8–18 C$) Nicht überrascht sein, wenn man von dem Betreiber dieses südindischen Restaurants mit einem Schmatz begrüßt wird. Die Menschen des SoMa-Viertels lieben die köstlich gewürzten Currys (Lamm-*poriyal* ist der Renner) mit fluffigen Dosas zum Auftunken der Sauce. Sonntags gibt's einen hervorragenden Brunch mit vegetarischen Currys, kochend heißem indischen Kaffee, indischem Flaschenbier, kanadischem Bier vom Fass und frischem Limettensirup. Am besten kommt man mit Freunden und bleibt lange.

Foundation VEGETARISCH $$
(2301 Main St; Hauptgerichte 6–14 C$; 📶) In dem quirligen, hauptsächlich veganen Restaurant treffen sich Kunststudenten und junge Denker. Doch keine Sorge, es geht nicht absolut intellektuell zu – sieht man mal von den philosophischen Sprüchen an den Wänden ab. Auf den unpassenden Resopaltischen werden bergeweise Utopian Nachos, würzige Burger mit schwarzen Bohnen oder herzhafte, hausgemachte Currys serviert, die man auf der Speisekarte unter Revolutionary Rations findet. Zu trinken gibt's Biere aus Vancouvers Brauerei Storm Brewing.

Havana LATEINAMERIKANISCH, FUSION $$
(www.havanarestaurant.ca; 1212 Commercial Dr; Hauptgerichte 10–20 C$) Das alteingesessene Lokal ist noch immer der Renner – folgerichtig ist die Terrasse an den meisten Sommerabenden rappelvoll. Rustikales, lateinamerikanisches Ambiente. In dem Lokal, an dessen Wänden sich die Gäste mit ihren Signaturen verewigt haben, kommt eine Vielzahl von sättigenden, traditionellen afrokubanischen Gerichten auf den Tisch. Zu den Highlights zählen Süßkartoffelfritten, langsam gebratenes Lammcurry und hervorragende Seafood-Platten mit Venusmuscheln, Miesmuscheln und Austern.

Reef KARIBISCH $$
(www.thereefrestaurant.com; 1018 Commercial Dr; Hauptgerichte 11–17 C$) Das funky, helle Lokal ist genau der richtige Unterschlupf an einem verregneten Abend. Auf der traditionell karibischen Karte stehen Speisen wie Brathähnchen nach Bajan-Art und lecker gewürzte jamaikanische Currys. Die Johnny-Haferkekse kommen einfach so auf den Tisch. Noch nicht mit dem Essen fertig, plant man schon den nächsten Besuch in diesem Restaurant.

GRANVILLE ISLAND

Go Fish SEAFOOD $$
(Karte S. 696 f.; 1505 W 1st Ave; Hauptgerichte 8–13 C$) Vom Zugang nach Granville Island ist es nur ein zweiminütiger Spaziergang auf dem Uferdamm bis zu diesem extrem beliebten Fischlokal. Hier werden die besten Fish & Chips von ganz Vancouver serviert. Man kann wählen zwischen knusprig goldbraunem Heilbutt, Lachs oder Kabeljau. Auch die leckeren, weniger üppigen Fisch-Tacos sind sehr empfehlenswert. Das täglich wechselnde Special, das sich nach dem Tagesfang richtet, besteht oft aus Jakobsmuschel-Burgern oder Ahi-Thunfisch-Sandwiches. Es gibt nicht viele Sitzgelegenheiten. Man sollte sich also sein Essen einpacken lassen und es im Vanier

Park unter den wachsamen Augen der Möwen verputzen (und verteidigen).

Agro Café CAFÉ **$**

(Karte S. 696 f.; www.agrocafe.org; 1363 Railspur Alley; Hauptgerichte 6–10 C$) Das anscheinend nur bei Einheimischen und Studenten der Emily Carr Uni bekannte Café serviert umwerfenden Fair-Trade-Kaffee. Aber es gibt noch weitaus mehr als nur Kaffee, z. B. das in BC gebraute Back Hand of God Stout oder dick belegte Ciabattas. Und wer nicht hungrig in den Tag starten will, kann auch wunderbar frühstücken (ein rundum guter Deal). Im Sommer kann man draußen einen Caffè Americano schlürfen und die Welt bzw. Granville Island an sich vorüberziehen lassen.

Sandbar SEAFOOD **$$$**

(Karte S. 696 f.; ☎604-669-9030; www.vancouverdine.com; 1535 Johnston St; Hauptgerichte 18–35 C$) Dieses Restaurant unterhalb der Granville St Bridge ist eher eine Angelegenheit für Erwachsene. Es gibt überwiegend Meeresfrüchte von der Westküste. Die empfehlenswerten Austern genießt man am besten auf der Dachterrasse. Und auf der Postkarte an die Lieben zu Hause darf die Weinkarte mit 1800 Weinen einfach nicht unerwähnt bleiben. Donnerstags bis samstags gibt's Livemusik. Dann lockern die Yuppies sogar ihre Krawatten.

KITSILANO & WEST SIDE

Maenam THAILÄNDISCH **$$**

(www.maenam.ca; 1938 W 4th Ave; Hauptgerichte 15–18 C$) Todschicke, moderne Neuerfindung eines Thai-Restaurants, das seinesgleichen sucht. Die niveauvollen, raffinierten, aufwendigen, traditionell und international beeinflussten Speisen werden in lockerem, modernem Ambiente mit Lounge-Feeling serviert. Wer einen neuen Geschmack kennenlernen will, bestellt sich *geng panaeng neua*, ein süß-salzignussiges Rindercurry mit aromatischem Basilikum. Die Hauptgerichte sind ihr Geld wert. Aber noch besser ist es, sich ein paar kleinere Gerichte (ca. 8–10 C$) zu bestellen und sie mit mehreren zu teilen.

Bishop's WESTKÜSTE **$$$**

(☎604-738-2025; www.bishopsonline.com; 2183 W 4th Ave; Hauptgerichte 28–38 C$) Das Restaurant mit ausgezeichneter Westküstenküche gab's schon Urzeiten, bevor es in Mode kam, nur einheimische Zutaten zu verwenden. Der bescheidene Betreiber und Küchenchef John Bishop, der ziemlich sicher an jedem Tisch vorbeischaut und Hallo sagt, hat bereits einen legendären Ruf. In dem charmanten, kleinen, künstlerisch angehauchten Restaurant mit weiß gedeckten Tischen kommen Gerichte wie gefüllte Kaninchenlende, gedünsteter und geräucherter Skilfisch sowie knackig-frische Gemüse der Saison aus der Küche. Wöchentlich wechselnde Speisekarte.

Tojo's JAPANISCH **$$$**

(☎604-872-8050; www.tojos.com; 1133 W Broadway; Hauptgerichte 19–26 C$) Hidekazu Tojos legendäre Fertigkeit beim Umgang mit dem Sushi-Messer hat eins der meist gelobten Sushi-Restaurants in Nordamerika hervorgebracht. Zu seinen exquisiten Gerichten zählen Favoriten wie leicht gedünsteter Seeteufel, sautierte Heilbuttkiemen und gebratener roter, mit Seegras umwickelter Thunfisch an Pflaumensauce. Die Plätze an der Sushibar sind begehrter als ein paar Karten für die erste Reihe beim Stanley Cup. Also unbedingt so früh wie möglich reservieren und ein oder zwei Sachen von der Sake-Karte probieren.

Vij's INDISCH **$$**

(www.vijs.ca; 1480 W 11th Ave; Hauptgerichte 18–26 C$) Das Vij's unweit der S Granville St ist ein Highlight moderner ostindischer Küche. Aus regionalen Zutaten und raffinierten Gewürzen aus aller Welt werden zahlreiche innovative Klassikervarianten gezaubert. Das einmalige Ergebnis sind z. B. in Wein marinierte Lammspieße, leckere Fischgerichte, Muscheln oder Krebsfleisch in Tomaten-Ingwer-Curry-Sauce.

Naam VEGETARISCH **$$**

(www.thenaam.com; 2724 W 4th Ave; Hauptgerichte 8–14 C$; ☐) Das lockere, rund um die Uhr geöffnete Lokal strahlt noch immer die Atmosphäre eines gemütlichen Hippietreffs aus. Seit nunmehr 30 Jahren lockt es die Vegetarier der Stadt an. Aber die Speisekarte und die Schlangen vor dem Wochenendbrunch belegen, dass die Zeiten sich geändert haben. Scharen von Menschen werden dazu animiert, immer wieder zurückzukommen und gefüllte Quesadillas, Bauernfrühstück und in Sesam gebratene Kartoffeln mit Miso-Sauce zu futtern. Jeden Abend gibt es Livemusik; die gesellige Veranda ist überdacht.

Bistrot Bistro FRANZÖSISCH **$$**

(www.bistrotbistro.com; 1961 W 4th Ave; Hauptgerichte 14–19 C$) Nettes, unversnobtes Bistro mit lockerer Atmosphäre. Aus der Küche kommen nicht nur traditionelle französische Speisen, die aus saisonalen Produkten der Region zubereitet werden, sondern auch einfache, nicht minder leckere Gerichte. Man sollte sich auf Herzhaftes gefasst machen, z.B. Schweinefilet mit Äpfeln, das noch brodelnd in einer gusseisernen Pfanne serviert wird, oder deftiges Boeuf Bourguignon, das Hobbyköchen Tränen in die Augen treibt.

Ausgehen

In Vancouver schießen neue Lounges und Kneipen wie Pilze aus dem Boden. Wo auch immer man aufschlägt, man muss unbedingt die ausgezeichneten Biere der Region probieren, z.B. eins von Driftwood Brewing, Howe Sound Brewing und Central City Brewing. Die Partymeile ist die Granville St zwischen Robson St und Davie St. Die besten Bars mit unverputzten Backsteinwänden und viel Charme sind aber in Gastown.

LP TIPP **Alibi Room** KNEIPE

(Karte S. 696 f.; www.alibi.ca; 157 Alexander St) Eine der beliebtesten Bierbars von Vancouver. In der modern eingerichteten Kneipe mit Backsteinwänden gibt's eine wechselnde Getränkekarte mit etwa 25 Bieren, die meistens aus Brauereien in British Columbia stammen, u.a. Phillips, Driftwood, Old Yale, Crannog oder Central City. Probierwütige, hippe Leute aus der Main St und zaudernde Camra-Trinker (für „Campaign for Real Ale") treffen sich hier auf ein „Frat Bat", vier verschiedene Biere für 9 C$. Man kann sich die Sorten selbst aussuchen oder sich überraschen lassen. Zu Essen gibt's dünn geschnittene Pommes mit Chili-Knoblauch-Essig oder dicke Pemberton-Burger.

Six Acres BAR

(Karte S. 696 f.; www.sixacres.ca; 203 Carrall St) Perfekte Location, um eine Platte mit Fingerfood für mehrere Personen zu bestellen. Unter der riesigen Auswahl an Bieren ist bestimmt für jeden Geschmack etwas dabei. Vor der Kneipe gibt es eine kleine, gut besuchte Veranda. Innen kann man sich in einer mit Kerzen beleuchteten Ecke verstecken und sich durch die vielen exotischen Flaschenbiere trinken, z.B. London Porter oder großartiges Draft Dodger von Phillips Brewing. Das Six Acres ist eine der gemütlichsten Kneipen Vancouvers; wer länger hier verweilen will, kann sich auch ein Brettspiel aus dem Regal nehmen und mit seinen Tischnachbarn eine Runde spielen.

Railway Club KNEIPE

(Karte S. 696 f.; www.therailwayclub.com; 579 Dunsmuir St) Eine der nettesten Kneipen der Stadt. Man betritt sie durch eine unscheinbare Holztür neben einer 7-Eleven-Filiale – sobald man drinnen ist, fühlt man sich wohl. Hier bestellt man am Tresen, was für Vancouver recht ungewöhnlich ist. Ausgeschenkt werden Biere aus regionalen Kleinbrauereien wie Tree Brewing und Central City (unbedingt das ESB probieren). Aus der winzigen Küche kommen bis spät in die Nacht Burger, Quesadillas und Ähnliches. Abends treten gute Bands auf.

Three Lions Café KNEIPE

(www.threelionscafe.ca; 1 E Broadway) Der kleine, von Briten betriebene Gastropub hat eine passionierte Anhängerschaft. Hier gibt's Tetley und London Pride vom Fass, viele Cider-Sorten (in Flaschen), einen ausgezeichneten Service und aus einheimischen Zutaten zubereitete Speisen wie leckere Pasteten, indische Currys und wahrhaft umwerfende Lammburger. Am Wochenende wird ein hervorragendes Frühstück serviert und jeden zweiten Dienstag ist Quiz Night. Gute Adresse, um Fußballübertragungen anzuschauen.

Cascade Room BAR

(www.thecascade.ca; 2616 Main St) Die angenehme Bar mit plaudernden Gästen ist die moderne Variante einer traditionellen Eckkneipe. Die Auswahl an Bieren ist nicht schlecht, der Renner ist aber die Getränkekarte mit 50 starken Cocktails. Wie wär's mit einem Cascade Room Cocktail aus Bourbon, Apfelsaft, Limettensaft, Vanilleschote, Kräuterschnaps und Eiweiß. Gutes Kneipenessen. Besonders empfehlenswert sind das in Wein geschmorte Rindfleisch und die Gemüse-Kartoffel-Pfanne. Montags ist Quiz Night.

Irish Heather KNEIPE

(Karte S. 696 f.; www.irishheather.com; 210 Carrall St) Einer der besten Gastropubs von Vancouver. Das Holz auf dem Fußboden stammt von alten Guinness-Fässern. Man schnappt sich einfach einen Stuhl am Tresen und schon kann man eintauchen in die vielen irischen Biere vom Fass. Aber auch Flaschenbiere aus der halben Welt sind im Angebot. Wer will, kann in den schmalen Raum nebenan gehen, wo regelmäßig Long Table Series – Bier und Abendessen für weniger als 15 C$ – steigen, ein echter Renner. Genau der richtige Ort für leckere Wurstplatten oder herzhafte, hausgemachte Speisen wie Würstchen mit Kartoffelbrei oder Steak und Guinness-Pastete

Narrow Lounge BAR
(www.narrowlounge.com; 1893 Main St) Der Eingang befindet sich an der Ecke Main St/3rd Ave. Das rote Licht über der Tür bedeutet, dass Vancouvers coolste, kleine Bar im Untergeschoss geöffnet hat. Sie ist kaum größer als ein Eisenbahnwaggon, überall hängen ausgestopfte Tierköpfe und alte Fotos rum – ein stimmungsvoller Laden, in dem man immer das Gefühl hat, dass schon Mitternacht ist, gibt es doch keine Fenster. Die freundlichen Barkeeper sprechen gern Empfehlungen aus. Sehr beliebt sind Cocktails wie der Bramble oder Biere wie das Blue Buck Ale.

UVA BAR
(Karte S. 696 f.; www.uvawinebar.ca; 900 Seymour St) Das Uva ist wahrscheinlich die beste Weinbar der Stadt. Ein alter Mosaikfußboden kombiniert mit eleganten, weißen Vinylstühlen verleiht der Bar einen gewissen modernen Touch. Trotz des coolen Inventars treffen sich hier keine Snobs, sodass man sich in aller Ruhe durch die Getränkekarte mit sorgfältig ausgewählten Tropfen aus der alten und neuen Welt trinken kann. Passend zum Wein kann man sich eine Wurst- oder Käseplatte bestellen.

Steamworks Brewing Company BRAUEREI
(Karte S. 696 f.; www.steamworks.com; 375 Water St) Eine riesige Kleinbrauerei in Gastown, die sich in einer umgewandelten, aus Ziegeln errichteten Lagerhalle befindet. Unser Tipp ist das Lions Gate Lager, ein gutes Gebräu für den Sommer. Da nach der Arbeit viele Leute vorbeischauen, ist es im pubartigen Untergeschoss oft ziemlich laut, während man ihm oberen Stockwerk in Ruhe die Aussicht auf die North Shore genießen kann. Auf der Speisekarte stehen Kneipenklassiker; die Pizzas sind hervorragend.

St. Augustine's KNEIPE
(www.staugustinesvancouver.com; 2630 Commercial Dr) In der von außen wie eine typische Sports Bar aussehenden Eckkneipe gibt's die größte Auswahl an Fassbieren aus Kleinbrauereien in ganz Vancouver. Die meisten stammen aus BC, es gibt jedoch auch einige Biere vom südlichen Nachbarn. Montags findet die sogenannte „Fassnacht" statt, bei der jeweils ein besonderes Bier im Angebot ist. Zu essen gibt's normales Kneipenessen.

Diamond BAR
(Karte S. 696 f.; www.di6mond.com; 6 Powell St) Ausschau halten nach einem unscheinbaren Eingang, dann die Treppe hoch und schon steht man in einer der besten Cocktailbars von Vancouver. Der schöne alte Raum mit der hohen Decke ist zwar gerade bei den hippen Leuten aus der Gegend angesagt, hochnäsige Typen wird man hier dennoch nicht antreffen. Die Cocktails und die asiatisch angehauchten Tapas sind einfach nur perfekt.

☆ Unterhaltung

Was in der Stadt alles los ist, steht in der kostenlosen *Georgia Straight* – oder im Internet unter www.straight.com. Die Tickets für Veranstaltungen bekommt man bei **Ticketmaster** (www.ticketmaster.ca). **Tickets Tonight** (www.ticketstonight.ca) verkauft Eintrittskarten für Veranstaltungen am gleichen Tag zum halben Preis. Infos über Clubs findet man unter www.clubvibes.com und www.clubzone.com. Livemusik-Veranstaltungen stehen in der *Straight* und unter www.livevan.com. Das aktuelle Kinoprogramm erfährt man auf der Website www.cinemaclock.com.

Nachtclubs

Fortune Sound Club NACHTCLUB
(Karte S. 696 f.; www.fortunesoundclub.com; 147 E Pender St) Der beste Club Vancouvers hat einen schäbigen, alten Eastside-Laden – das einst legendäre Ming's Chinese Restaurant – in eine schicke Location verwandelt. Super Personal und jüngere, coolere Gäste als in jedem anderen Club der Stadt. Auf dem riesigen Dancefloor tummeln sich partywütige Einheimische und amüsieren sich prächtig. An den Wochenenden muss man sich auf lange Schlangen gefasst machen. Das lohnt sich aber, vor allem an den Happy Ending Fridays, an denen bis zum Umfallen getanzt wird.

Caprice NACHTCLUB
(Karte S. 696 f.; www.capricenightclub.com; 967 Granville St) Das exklusive Caprice befindet sich in einem ehemaligen Kino, was die riesige Leinwand und den Hollywood-Touch erklärt. Es ist einer der etabliertesten Schuppen in Granville. Der riesige, zweistöckige Nachtclub wirkt auf adrett gekleidete Typen und ihre Freundinnen in kurzen Röcken anscheinend wie ein Monstermagnet. Das dazugehörige Restaurant mit Lounge eignet sich hervorragend, wenn man den

Ohren eine kleine Pause gönnen will und Appetit auf einen stärkenden Cocktail oder etwas Essbares hat. An Wochenenden muss man mit Warteschlangen rechnen – dann dominieren die unter 25-Jährigen aus den Vororten das Geschehen.

Republic NACHTCLUB

(Karte S. 696 f.; www.donnellynightclubs.ca; 958 Granville St) Wer es bis in diese Ecke von Granville geschafft hat, erfährt einen wahren Tempowechsel gegenüber den lauten Clubs rund um die Robson St. Im Republic gibt sich das etwas gesetztere Publikum ab 25, das sich wohl von Yaletown hierher verirrt hat, weltmännisch. Als erstes sollte man sich im Obergeschoss einen Cocktail holen und von der Veranda die durch die Gegend wankenden Nachteulen beobachten. Der Dancefloor ist jeden Abend offen. Sonntags wird Reggae und Ska aufgelegt, samstags ist das Musikprogramm bunt gemisch.

Shine NACHTCLUB

(Karte S. 696 f.; www.shinenightclub.com; 364 Water St) Mit Musik von Electro bis Funky House und Hip Hop lockt das unterirdische Shine in Gastown ein jüngeres Publikum an. Der Laden ist unterteilt in einen blauen, lauten Hauptraum und in eine intime, gemütliche, rote „Höhle" mit einem 12 m langen Sofa zum Chillen. Der Bonafide Saturday mit Indie-Disko und die Electro Rave Night sind sehr beliebt, mittwochs geht's etwas chilliger zu – dann stehen Reggae, Glitch und Dubstep auf dem Programm.

Livemusik

Biltmore Cabaret LIVEMUSIK

(www.biltmorecabaret.com; 395 Kingsway) Das Biltmore Cabaret gehört zu den besten alternativen Veranstaltungsorten der Stadt. Obwohl es in dieser Form erst seit ein paar Jahren besteht, so ist es doch schon äußerst beliebt. Die Leute aus SoMa treffen sich hier, um einheimische und tourende Indie-Bands zu hören. Jeden Abend tritt eine andere Band auf – von den Wintermitts bis hin zu Tribal Soiree und Attack in Black (diese Bands kennt man doch, oder?). Wenn mal keine Bands spielen, stehen DJs am Plattenteller oder es werden Literatur- und Filmabende veranstaltet. Sonntags findet die extrem beliebte Varietévorstellung Kitty Nights statt.

Commodore LIVEMUSIK

(Karte S. 696 f.; www.livenation.com; 868 Granville St) Nachwuchsbands wissen, dass sie es geschafft haben, wenn sie in diesem mittelgroßen Veranstaltungsort der Stadt einen Gig haben. Das Commodore ist ein liebevoll restaurierter Art-déco-Ballsaal mit der schwingendsten Tanzfläche der ganzen Stadt. Das liegt an den Unmengen Reifen unter dem Parkett. Wem die Füße weh tun, der kann sich mit einer Flasche Stella – die gibt's in der hinteren Bar – an einem der Tische ausruhen, die rund um die Tanzfläche angeordnet sind.

Media Club LIVEMUSIK

(Karte S. 696 f.; www.themediaclub.ca; 695 Cambie St) Intimer Indie-Schuppen hinter dem Queen Elizabeth Theatre. Hier wird ein innovativer Mix der Genres geboten. Mit etwas Glück kommt man in ein Konzert von Electro-Symphonic- oder Acoustic-Metal-Bands oder auch Pop-, Hip-Hop- und Country-Bands. Die spielen natürlich nicht alle an einem Abend gleichzeitig. Im Media Club geht es laut zu (Ohrstöpsel werden nicht zur Verfügung gestellt), und wenn es um musikalische Newcomer geht, ist dieser Club die Konkurrenz zum Railway Club und zum Rickshaw.

Yale LIVEMUSIK

(Karte S. 696 f.; www.theyale.ca; 1300 Granville St) Blues-Fans sollten auf der Granville St das Yale ansteuern, einen lausigen, unprätentiösen Laden mit großer Bühne, treu ergebener Stammkundschaft und einer von Bier verklebten Tanzfläche. Für viele der Veranstaltungen braucht man keinen Eintritt zu bezahlen (Infos auf der Website).

Cellar Restaurant & Jazz Club LIVEMUSIK

(www.cellarjazz.com; 3611 W Broadway) In Gedanken versunkene Jazzliebhaber werden sich im Cellar Restaurant & Jazz Club wohlfühlen, in dem ehrfurchtsvoll ernste Klänge ertönen. Dienstags freier Eintritt, gute Bier-Specials.

Kinos

Scotiabank Theatre KINO

(Karte S. 696 f.; www.cineplex.com; 900 Burrard St) Modernes Multiplexkino mit neun Sälen.

Cinemark Tinseltown KINO

(Karte S. 696 f.; www.cinemark.com; 88 W Pender St) Beliebtes Multiplexkino, das Blockbuster und Arthouse-Filme im Programm hat.

Pacific Cinémathèque KINO

(Karte S. 696 f.; www.cinematheque.bc.ca; 1131 Howe St) Programmkino, das ausländische Filme und Undergroundfilme zeigt.

Vancity Theatre KINO
(Karte S. 696 f.; www.viff.org; 1181 Seymour St) Modernes Kino mit Festival- und Arthouse-Filmen.

Fifth Avenue Cinemas KINO
(www.festivalcinemas.ca; 2110 Burrard St) Beliebtes Kino, in dem Indie-Filme, ausländische Streifen und Blockbuster gezeigt werden.

Theater & Klassische Musik

Vancouver Playhouse THEATER
(Karte S. 696 f.; www.vancouverplayhouse.com; Ecke Hamilton St & Dunsmuir St) Pro Saison werden abwechselnd sechs Stücke in diesem großen, städtischen Theater aufgeführt.

Arts Club Theatre Company THEATER
(www.artsclub.com) In drei über die Stadt verteilten Theatern sind beliebte Klassiker und Stücke von modernen kanadischen Bühnenautoren zu sehen.

Firehall Arts Centre THEATER
(Karte S. 696 f.; www.firehallartscentre.ca; 280 E Cordova St) Kleine Studiobühne mit „schwerer" Kost für Kenner.

Vancouver Symphony Orchestra LIVEMUSIK
(www.vancouversymphony.ca) Komplexe, aufwühlende Konzertabende und Darbietungen von Filmmusik, Opern und sogar Shakespeares Sonetten. Mehrere Veranstaltungsorte in der ganzen Stadt.

Sport

Vancouver Canucks SPORT
(www.canucks.com) Die NHL-Mannschaft steht in Vancouver in der Beliebtheitsskala ganz oben. Karten für Spiele in der Rogers Arena, auch als GM Place (Karte S. 696 f.) bekannt, muss man rechtzeitig bestellen.

Vancouver Whitecaps SPORT
(www.whitecapsfc.com) Bis die Renovierungsarbeiten des BC Place abgeschlossen sind, spielen die Whitecaps im Empire Field Stadium. Die Profifußballer spielen 2011 in der MLS-Liga.

BC Lions SPORT
(www.bclions.com) Auch die Lions spielen im Empire Field Stadium, bis der BC Place fertig ist. Vancouvers Canadian Football League (CFL) ist immer wild entschlossen, den Grey Cup zu erkämpfen.

Vancouver Canadians SPORT
(www.canadiansbaseball.com) An einem sonnigen Tag einem Baseballspiel im Nat Bailey Stadium zuzuschauen, mit einem Bier in der einen und einem Hotdog in der anderen Hand, macht einfach nur Spaß.

Shoppen

Die Robson St ist ideal für alle diejenigen, die große Ketten lieben. Wer sein Geld in unabhängigen Boutiquen lassen will, ist hier jedoch fehl am Platz. Für Freunde eines etwas durchgeknallten Looks sind die schrägen Läden in SoMa zwischen der 19th und 23rd Ave sicher ein Volltreffer. Zum Schaufensterbummel eignen sich Granville Island, South Granville (besonders ab Broadway) und die W 4th Ave in Kitsilano. Gastown ist die Gegend für Newcomer – vor allem in den Straßen um den Maple Tree Sq gibt's viele hippe Boutiquen.

Regional Assembly of Text ACCESSOIRES
(www.assemblyoftext.com; 3934 Main St) Das ironische Gegengift zum digitalen Zeitalter im exzentrischen South Main wurde von Bleistift und Papier liebenden Abgängern der Kunsthochschule gegründet. Tintenbefleckte Kunden decken sich hier mit Little-Otsu-Heften, handgemachten Griffelkästen und mit „American Apparel"-T-Shirts mit Schreibmaschinenaufdrucken ein. In dem winzigen Leseraum unter der Treppe kann man coole Underground-Kunst bewundern. Auch den Briefeschreiber-Club (am 1. Do im Monat um 19 Uhr) sollte man nicht verpassen; an diesen Abenden kann man bei einem Tässchen Tee und Keksen auf alten Schreibmaschinen rumtippen.

John Fluevog Shoes BEKLEIDUNG
(Karte S. 696 f.; www.fluevog.com; 65 Water St) Der riesige Vorzeigeladen von Vancouvers beliebtestem Schuhdesigner befindet sich in Gastown (die kleinere Stammfiliale in Granville ist auch noch in Betrieb). Die abgefahrenen Schuhe, Sandalen und schenkelhohen Stiefel von Fluevog sind seit 1970 legendär. Es ist verlockend, einige Schuhe anzuprobieren – einige sehen aus wie Doc Martens auf LSD-Trip, an anderen kann man sich noch aus 20 Schritt Entfernung die Augen ausstechen. Aber Achtung, es besteht die Gefahr, sich ratzfatz zu verlieben.

Mountain Equipment Co-op OUTDOOR-AUSRÜSTUNG
(www.mec.ca; 130 W Broadway) Riesiger, alteingesessener Laden für Outdoorbedarf. Er führt eine sagenhafte Auswahl an Klamotten, Kajaks, Schlafsäcken und raffinierten Campingartikeln: MEC hat aus Campern

eingefleischte Naturenthusiasten gemacht. Um hier einzukaufen, muss man Mitglied werden – das ist aber keine große Sache und kostet nur 5 C$. Kanus, Kajaks, Campingsachen etc. kann man sich hier auch ausleihen.

Smoking Lily BEKLEIDUNG
(www.smokinglily.com; 3634 Main St) Spleeniger Laden in SoMa, der bestimmt nicht nur Kunststudenten gefällt. Röcke, Gürtel und Trägertops sind skurril mit Ameisendrucken, Totenköpfen oder dem Periodensystem verziert. Die Herrenbekleidung schließt sich diesem Trend langsam an, so gibt es u.a. T-Shirts und Krawatten mit Fisch-, Totenkopf- und Traktormotiven. Toller Laden zum Stöbern (das Personal ist freundlich und immer zu einem Schwätzchen aufgelegt). Gibt es ein besseres Mitbringsel als einen Teewärmer aus Seide mit dem Abbild von Pierre Trudeau (ehemaliger kanadischer Premier)?

Deluxe Junk closed BEKLEIDUNG
(Karte S. 696 f.; www.deluxejunk.com; 310 Cordova St) Eine mit antiken Herrlichkeiten prall gefüllte Schatzkiste. In dem besten Klamottentrödelladen der Stadt gibt's von Kleidern aus den Zwanzigern über funkelnde Abendschuhe bis hin zu alten Hochzeitskleidern so ziemlich alles. Hier wird hauptsächlich die anspruchsvolle Dame fündig, aber auch Männer haben schon das eine oder andere Kleinod gefunden, z.B. Kummerbunde und Hawaii-Hemden (die allerdings nicht so furchtbar gut zusammenpassen). Die alten Zigarettenspitzen eignen sich perfekt für eine Dinner-Party im Stil der 1940er-Jahre.

Mink Chocolates ESSEN & TRINKEN
(Karte S. 696 f.; www.minkchocolates.com; 863 W Hastings St) In dem dekadenten Schokoladengeschäft im Herzen von Downtown sollte man die üblichen kanadischen Souvenirs wie Ahornsirupkekse und vakuumverpackten Lachs links liegen lassen. Vorsichtig Suchtgefahr: Erst wird man mit einer Handvoll Choccy Bonbons – kleine, essbare Kunstwerke, in die Bäume und Kaffeetassen eingeprägt sind – geködert, um sich kurz darauf an der Bar wiederzufinden, um eine samtige Heiße Schokolade zu trinken. Das Dumme ist nur: Irgendwann muss man ja wieder nach Hause ...

Gravity Pope BEKLEIDUNG
(www.gravitypope.com; 2205 W 4th Ave) Zu den vielen Klamottenläden in der zum Einkaufsbummel einladenden W 4th Ave in Kitsilano gehört auch der Unisex-Laden Gravity Pope mit seinen ultracoolen Schuhen und Designer-Klamotten (u.a. witzige Tweed-Krawatten und bedruckte Trägerhemden). Aber man sollte nicht sein ganzes Vermögen hier ausgeben, **Vivid** und **Urban Rack** ganz in der Nähe haben auch Tolles zu bieten.

Rubber Rainbow Condom Company ACCESSOIRES
(3851 Main St) In dem witzigen, abgefahrenen Laden mit Kondomen und Gleitcremes in South Main herrscht immer ein ordentlicher Betrieb. Hier gibt's jede Art von Accessoires, die zum Experimentieren einladen, u.a. mit Nippeln besetzte, vibrierende und nach Erdbeere schmeckende Varianten. Einfach ein buntes Sortiment kaufen – man weiß ja nie, was einem bei einem längeren Aufenthalt in dieser Stadt noch so alles erwartet.

Coastal Peoples Fine Arts Gallery SOUVENIRS
(Karte S. 696 f.; www.coastalpeoples.com; 1024 Mainland St) In der prächtigen Galerie in Yaletown findet man eine schöne Auswahl an Schmuck, Schnitzereien und Drucken der Inuit und der Ureinwohner der Nordwestküste. Da sich der Laden auf das hochwertigste Kunsthandwerk der kanadischen Ureinwohner spezialisiert hat, werden einige der exquisiten Gegenstände die Kreditkarten der Kunden innerhalb weniger Minuten arg strapazieren.

Meinhardt Fine Foods ESSEN & TRINKEN
(www.meinhardt.com; 3002 Granville St) In dem Feinschmeckertempel in South Granville gibt's einen tollen Gourmetladen und nebenan einen praktischen Takeaway – für Liebhaber guten Essens das kulinarische Gegenstück zu einem Sexshop. Die schmalen Gänge mit Gewürzen aus aller Herren Länder sind wirklich sehenswert. In der beeindruckenden Abteilung für Brot, Käse und Aufschnitt kann man sich ein fantastisches wie exquisites Picknick zusammenstellen.

Red Cat Records MUSIK
(www.redcat.ca; 4332 Main St) Plattenladen im *High-Fidelity*-Stil. Die beste Einführung in Vancouvers Underground-Musikszene.

Wanderlust BUCHLADEN
(www.wanderlustore.com; 1924 W 4th Ave) Große Auswahl an Reiseführern, Karten und Zubehör.

BAUERNMÄRKTE

Leckere landwirtschaftliche Produkte aus BC füllen Vancouvers Märkte; die meisten haben von Mai/Juni bis September/Oktober geöffnet. Saisonale Highlights sind knackige Äpfel, saftige Pfirsiche und Blaubeeren, die oft auch auf hausgemachten Kuchen landen oder als Beilagen angeboten werden. Auch pikante Käsesorten aus der Region und Kunsthandwerksgegenstände schmücken die Märkte. Was, wann, wo, auf welchem Markt angeboten wird, erfährt man unter www.eatlocal.org.

» **East Vancouver Farmers Market** (Trout Lake Park, Parkplatz Nord; ⌚Mitte Mai–Mitte Okt. Sa 9–14 Uhr)

» **Kitsilano Farmers Market** (Kitsilano Community Centre, 2690 Larch St; ⌚Mitte Mai–Mitte Okt. So 10–14 Uhr)

» **Main Street Station Farmers Market** (Karte S. 696 f.; Thornton Park, 1100 Station St; ⌚Anfang Juni–Sept. 15–19 Uhr)

» **UBC Farm Market** (UBC; ⌚Mitte Juni–Sept. 9–13 Uhr)

» **West End Farmers Market** (Karte S. 696 f.; Nelson Park, zw. Bute St & Thurlow St; ⌚Mitte Juni–Mitte Okt. Sa 9–13 Uhr)

» **Winter Farmers Market** (Wise Hall, 1882 Adanac St; ⌚Nov.–April am 2. & 4. Sa des Monats 10–14 Uhr)

Lazy Susan's ACCESSOIRES
(www.lazysusansonline.com; 3467 Main St) Fantastischer Kitsch, den man einfach haben muss – von Grußkarten aus den 1950er-Jahren bis hin zu Bauklötzen in Sushi-Form und Ringen und Manschettenknöpfen mit Scrabble-Steinen.

Barbara-Jo's Books to Cooks BÜCHER
(Karte S. 696 f.; www.bookstocooks.com; 1740 W 2nd Ave) Kochbuchladen und Kochkurse.

ℹ Praktische Informationen

Geld

RBC Royal Bank (www.rbc.com; 1025 W Georgia St; ⌚Mo–Fr 9–17 Uhr) Hauptfiliale mit Geldwechselschalter.

Vancouver Bullion & Currency Exchange (www.vbce.ca; 800 W Pender St; ⌚Mo–Fr 9–17 Uhr) Hat oft die besten Wechselkurse der Stadt.

Internetzugang

Internet Coffee (104 Davie St; 3,25 C$/Std.; ⌚9–1.30 Uhr) 20 Terminals sowie Fax-, CD-Brenn- und Druckservice.

Vancouver Public Library (www.vpl.vancouver.bc.ca; 350 W Georgia St; frei; ⌚Mo–Do 10–21, Fr & Sa 10–18, So 12–17 Uhr; @📶) Freier Internetzugang an den Computern der Bibliothek und kostenloser WLAN-Zugang mit Gästekarte, die man am Infoschalter bekommt.

Medien & Infos im Internet

CBC Radio One 88.1 FM (www.cbc.ca/bc) Canadian Broadcasting Corporation – Nachrichten, Unterhaltung und Musik ganz ohne Werbung.

City of Vancouver (www.vancouver.ca) Offizielle Website der Stadt mit unzähligen Infos und Karten zum Downloaden.

CKNW 980AM (www.cknw.com) Radiosender mit Nachrichten, Verkehr und Unterhaltung.

Georgia Straight (www.straight.com) Kostenlose Zeitung mit Anzeigen.

Inside Vancouver (www.insidevancouver.ca) Geschichten über Aktivitäten in der Stadt und Umgebung.

Miss 604 (www.miss604.com) Vancouvers beliebtester Blog.

Tyee (www.thetyee.ca) Lokale Nachrichtenquelle im Netz.

Vancouver is Awesome (www.vancouverisawesome.com) Super Onlinemagazin mit einer Menge Kunst.

Vancouver Magazine (www.vanmag.com) Hochglanzmagazin mit den neuesten Trends.

Vancouver Sun (www.vancouversun.com) Größte Tageszeitung der Stadt.

Medizinische Versorgung

St. Paul's Hospital (1081 Burrard St; ⌚24 Std.) Unfallstation und Notaufnahme in der Innenstadt.

Shoppers Drug Mart (www.shoppersdrugmart.ca; 1125 Davie St; ⌚24 Std.) Apothekenkette.

Ultima Medicentre (www.ultimamedicentre.ca; Bentall Centre, Plaza Level, 1055 Dunsmuir St; ⌚Mo–Fr 8–17 Uhr) Ambulanz, bei der keine vorherige Terminabsprache nötig ist.

Post

Canada Post, Hauptstelle (349 W Georgia St; ⌚ Mo–Fr 8.30–17.30 Uhr)

Georgia Post Plus (1358 W Georgia St; ⌚ Mo–Fr 9.30–18, Sa 10–16 Uhr)

Howe Street, Postfiliale (732 Davie St; ⌚ Mo–Fr 9–19, Sa 10–17 Uhr)

Touristeninformation

Tourism Vancouver Visitor Centre (www.tourismvancouver.com; 200 Burrard St; ⌚Juni–Aug. tgl. 8.30–18 Uhr, Sept.–Mai Mo–Sa 8.30–17 Uhr) Kostenlose Karten, Reiseführer über die Stadt und BC und Schalter für Theaterkarten zum halben Preis.

An- & Weiterreise

Auto & Motorrad

Wer aus dem US-Bundesstaat Washington kommend anreist, befindet sich bis zur Grenzstadt Blaine auf der I-5, auf kanadischer Seite geht es dann auf dem Hwy 99 weiter. Von hier aus dauert die Fahrt etwa eine Stunde bis ins Zentrum von Vancouver. Der Hwy 99 führt durchs Zentrum über die Lions Gate Bridge weiter zur Horseshoe Bay, nach Squamish und nach Whistler.

Wer aus dem Osten kommt, befindet sich höchstwahrscheinlich auf dem Trans-Canada Hwy (Hwy 1), der sich durch das östliche Ende der Stadt schlängelt und schließlich auf die Hastings St trifft. Um in die Innenstadt zu gelangen, biegt man links in die Hastings ein und folgt dieser ins Zentrum. Oder man fährt weiter auf der North Shore in Richtung Whistler.

Von der Horseshoe Bay aus führt der Hwy 1 durch West Vancouver und North Vancouver, bevor er über die Second Narrows Bridge nach Burnaby gelangt. Richtung Downtown verlässt man den Highway an der Ausfahrt Taylor Way in West Vancouver und folgt diesem über die Lions Gate Bridge ins Zentrum.

Alle bekannten Autovermietungen haben auch Filialen in Vancouver. Avis, Budget, Hertz und Thrifty sind auch am Flughafen vertreten.

Bus

Die meisten Überlandbusse enden an Vancouvers **Pacific Central Station** (1150 Station St). **Greyhound Canada** (www.greyhound.ca) kommt hier u. a. aus Whistler (ab 25 C$, 2¾ Std.), Kelowna (ab 48 C$, 6 Std.) und Calgary (ab 79 C$, 14–17 Std.) an. Über die BC-Ferries-Strecke Swartz Bay–Tsawwassen treffen hier regelmäßig Busse der **Pacific Coach Lines** (www.pacificcoach.com) aus dem Zentrum von Victoria (ab 28,75 C$, 3½ Std.) ein. PCL verkehrt auch zwischen Whistler, Vancouver und dem Vancouver International Airport (ab 35 C$, ab 3½ Std.). Im Winter fahren Ski-Busse von **Snowbus** (www.snowbus.com) nach Whistler (30,95 C$, 3 Std.).

Quick Coach Lines (www.quickcoach.com) betreibt einen Express-Shuttle zwischen Seattle und Vancouver, der im Zentrum von Seattle (40,85 US$, 4 Std.) und am Sea-Tac International Airport (54,15 US$, 3½ Std.) startet.

Flugzeug

Der **Vancouver International Airport** (www.yvr.ca) ist der Hauptverkehrsknotenpunkt an der Westküste für Fluglinien aus Kanada, den USA und anderen Ländern. Er befindet sich in Richmond, 13 km (30 Min. Autofahrt) vom Stadtzentrum entfernt.

Innerkanadische Flüge bieten **Westjet** (www.westjet.com) und **Air Canada** (www.aircanada.com) an. Der South Terminal, an dem kleine Flieger aus BC und Wasserflugzeuge landen, ist durch einen kostenlosen Airport-Shuttlebus mit dem Hauptflughafen verbunden.

Wasserflugzeuge von diversen Gesellschaften bringen einen auch direkt zum Seaplane Terminal im Hafen von Vancouver. Dazu gehören die häufig fliegenden **Harbour Air Seaplanes** (www.harbour-air.com) und **West Coast Air** (www.westcoastair.com) mit Sitz im Inner Harbour in Victoria.

Schiff/Fähre

Fähren von **BC Ferries** (www.bcferries.com) kommen in Tsawwassen an, das eine Autostunde vom Zentrum entfernt ist. Sie verkehren zwischen Vancouver und Vancouver Island: Swartz Bay (Pers./Auto 14/46,75 C$, 1½ Std.) und Duke Point (Nanaimo) (Pers./Auto 14/46,75 C$, 2 Std.). Auch Fähren von den Southern Gulf Islands (S. 783) legen hier an.

In Horseshoe Bay in West Vancouver – 30 Minuten vom Zentrum entfernt – legen weitere Fähren an; diese verbinden Vancouver mit Departure Bay in Nanaimo (Pers./Auto 14/46,75 C$, 1½ Std.), Bowen Island (Pers./Auto 9,75/27,90 C$, 20 Min.) und Langdale (Pers./Auto 12,85/43,20 C$, 40 Min.) an der Sunshine Coast.

Zug

Züge aus ganz Kanada und den USA trudeln an der **Pacific Central Station** (1150 Station St) ein. Die SkyTrain-Station Main Street-Science World befindet sich direkt gegenüber auf der anderen Straßenseite. Der SkyTrain fährt sowohl in die Innenstadt als auch in die Vororte.

VIA Rail (www.viarail.com) verbindet Vancouver u. a. mit Kamloops North (86 C$, 10 Std.), Jasper (179 C$, 20 Std.) und Edmonton (241 C$, 27 Std.).

Züge der amerikanischen Gesellschaft **Amtrak** (www.amtrak.com) fahren ab/nach Eugene (ab 67 US$, 13½ Std.), Portland (ab 50 US$, 8 Std.) und Seattle (ab 35 US$, 3½ Std.).

Unterwegs vor Ort

Auto & Motorrad

Zur Hauptverkehrszeit stehen Autos, die über die Lions Gate Bridge zur North Shore wollen, oft bis weit in die W Georgia St hinein im Stau. Eine Alternative stellt die Second Narrows Bridge dar. Andere Strecken, die zur Rush Hour gemieden werden sollten, sind der George Massey Tunnel und der Hwy 1 nach Surrey.

In der Innenstadt kostet die Parkplatzsuche eine Menge Nerven: Die wenigen freien Plätze befinden sich in Wohngegenden, und Politessen sind erwartungsgemäß wie Raubtiere auf der Pirsch. In einigen Straßen stehen Parkuhren, doch gebührenpflichtige Parkplätze (ab 4 C$/Std.) sind die bessere Wahl – vor 9 Uhr gibt es Preisnachlässe für Frühaufsteher. Wer in den Tiefgaragen des Einkaufszentrums Pacific Centre oder der Central Library parkt, ist gleich mitten in der Innenstadt.

Vom/Zum Flughafen

Die Canada Line des SkyTrains hat 16 Bahnhöfe (Erw. einfache Strecke ins Zentrum 7,50–8,75 C$). Die Schnellzüge verkehren zwischen dem Flughafen und dem Stadtzentrum. Die Züge fahren im Acht- bis 20-Minuten-Takt. Die Fahrt vom Flughafen bis zur Waterfront Station im Zentrum dauert ca. 25 Minuten.

Wer lieber mit dem Taxi fährt, muss mit 30 bis 40 C$ für die 30-minütige Fahrt vom Flughafen zu einem der Hotels in der Innenstadt rechnen. Wer nur 10 bis 20 C$ drauflegt, kann sich eine Limousine **Aerocar Service** (www.aerocar.ca) leisten und wird so wirklich stilvoll vor seinem Hotel abgesetzt.

Bus

Das Busnetz in der Innenstadt ist gut ausgebaut; viele Busse haben Fahrradständer, alle sind für Rollstuhlfahrer zugänglich. Man muss immer den genauen Fahrpreis parat haben, da alle Busse mit Fahrkartenautomaten ausgestattet sind, die kein Wechselgeld geben.

Die Expressbusse der Linie 99B verkehren zwischen der SkyTrain-Station Commercial-Broadway und der UBC. Diese Busse haben ihre eigenen Stopps und halten nicht an den üblichen Haltestellen.

Es gibt auch ein recht praktisches Nachtbusnetz. Zwischen 1.30 und 4 Uhr fahren Busse alle 30 Minuten durch Lower Mainland. Der letzte Bus startet in Vancouver Downtown um 3.10 Uhr. Die jeweiligen Haltestellen sind mit Nachtbussymbolen gekennzeichnet.

Fahrrad

Dank der Radwege quer durch die Stadt ist Vancouver eine relativ fahrradfreundliche Stadt. Man sollte sich in einem Minimarkt (Convenience Store) die *Greater Vancouver Cycling Map* (3,95 C$) besorgen. Radfahrer können ihre Räder in SkyTrains, SeaBuses und Bussen mit entsprechender Vorrichtung kostenlos mitnehmen. Weitere Karten und Infos gibt's auf der Website der **City of Vancouver** (www.vancouver.ca/cycling).

Öffentliche Verkehrsmittel

Auf der Website des für Bus, Seabus und Skytrain verantwortlichen Unternehmens **TransLink** (www.translink.bc.ca) gibt es eine nützliche Fahrplanauskunft. Gemischtwarenläden überall in der Stadt verkaufen die praktische Streckenkarte *Getting Around* (1,95 C$).

Ein Ticket für eines der genannten Verkehrsmittel ist eineinhalb Stunden für die gesamte Zone gültig, in der man umherfahren möchte. Tickets für eine Zone kosten pro Erwachsener/Kind 2,50/1,75 C$, für zwei Zonen 3,75/2,50 C$ und für drei Zonen 5/3,50 C$. Ein Tagespass für alle Zonen kostet 9/7 C$. Nach 18.30 Uhr und an Wochenenden und Feiertagen kann man mit Tickets für eine Zone (2,50/1,75 C$) im ganzen Netz umherfahren. Kinder unter 5 Jahren müssen nichts bezahlen.

Schiff/Fähre

Aquabus Ferries (www.theaquabus.com) verkehren mit Minischiffen (von denen einige groß genug sind, um Räder mitzunehmen) vom unteren Zipfel der Hornby St über Granville Island mit mehreren Zwischenstopps am False Creek bis zur Science World. Die Konkurrenz **False Creek Ferries** (www.granvilleislandferries.bc.ca) bieteneinen ähnlichen Service zwischen der Granville Island und dem Aquatic Centre mit mehreren Haltestellen am False Creek an.

SeaBus

Der SeaBus-Shuttle überquert tagsüber alle 15 bis 30 Minuten das Burrard Inlet zwischen Waterfront Station und Lonsdale Quay. Die Fahrt dauert zwölf Minuten. Am Lonsdale Quai gibt es einen Busbahnhof, vom dem aus Busse durch North Vancouver und West Vancouver fahren. Der Seabus verkehrt ab der Waterfront Station montags bis samstags zwischen 6.16 und 1.22 Uhr (So zw. 8.16 & 23.16 Uhr). Die Schiffe sind für Rollstuhlfahrer zugänglich; Fahrradmitnahme möglich.

SkyTrain

Das SkyTrain-Netz besteht aus drei Linien. Die Schnellzüge sind ideal für Fahrten durch den Großraum Vancouver. Auch wenn man kein bestimmtes Ziel hat, sollte man eine Fahrt mit diesen Zügen in Betracht ziehen.

Die Expo Line fährt via Burnaby und New Westminster von Downtown Vancouver nach Surrey (35 Min.) und zurück. Die Millennium Line bedient nahe Einkaufszentren und vorstädtische Wohngebiete in Coquitlam und Burnaby. Die Ende 2009 eröffnete Canada Line verbindet die Stadt mit dem Flughafen und Richmond.

Die Züge der Expo Line verkehren ab der Waterfront Station montags bis freitags zwischen 5.35 und 1.15 Uhr (Sa zw. 6.50 & 1.15 Uhr, So zw. 7.15 & 0.15 Uhr) alle zwei bis acht Minuten, die Züge der Millennium Line montags bis freitags ab der Waterfront Station zwischen 5.54 und 0.31 Uhr (Sa zw. 6.54 & 0.31 Uhr, So 7.54 & 23.31 Uhr) im Fünf- bis Acht-Minuten-Takt. Die Züge der Canada Line fahren täglich alle acht bis 20 Minuten – zwischen 5.10 und 0.57 Uhr geht's vom Flughafen ins Zentrum und zwischen 4.50 und 1.05 Uhr von der Waterfront Station zum Flughafen. Wer aus der Innenstadt zum Flughafen will, muss in einen Zug Richtung „YVR" steigen, da einige Züge nach Richmond und nicht zum Flughafen fahren.

Die Ticketpreise des SkyTrain entsprechen den Zonen des TransLink-Netzes, allerdings mit einer Ausnahme: Fahrgäste, die am Flughafen in einen Zug der Canada Line einsteigen, müssen an den Automaten einen Zuschlag (AddFare) von 5 C$ zahlen. Wer jedoch von der Innenstadt zum Flughafen unterwegs ist, braucht diesen Aufschlag nicht zu berappen.

Taxi

Es sollte nicht lange dauern, in der Innenstadt ein Taxi per Handzeichen zu ergattern. Es ist aber einfacher, sich vom Hotel eines rufen zu lassen. Zu den hiesigen Taxiunternehmen zählen **Vancouver Taxi** (☎604-871-1111), **Black Top & Checker Cabs** (☎604-731-1111) und **Yellow Cab** (☎604-681-1111). Die Taxameter starten bei 3,05 C$, pro Kilometer kommen 1,73 C$ dazu.

LOWER MAINLAND

Metro Vancouver, das oft auch als Greater Vancouver oder Lower Mainland bezeichnet wird, lockt Besucher mit unzähligen Bergen, Küstenparks, Naturschutzgebieten, historischen Attraktionen und charmanten Gemeinden aus der Metropole heraus – und das alles in einer Entfernung zur Innenstadt von nur 45 Autominuten. North Vancouver und West Vancouver bilden zusammen die North Shore – von Vancouver aus gesehen auf der gegenüberliegenden Seite des Burrard Inlet. Weitere Infos über die North Shore gibt's unter www.vancouversnorthshore.com.

Richmond (und die bezaubernde Enklave Steveston) befinden sich direkt südlich von Vancouver und sind über den Hwy 99 zu erreichen. Der Ort ist von Vancouver aus aber auch einfach mit einem Zug der Canada Line (SkyTrain) zu erreichen.

North Vancouver

45 000 EW.

„North Van" – ein Vorort, von dem aus Berufstätige in die Innenstadt pendeln – liegt direkt am Wasser. Der SeaBus hält am Lonsdale Quay, wo auch gleich einer der beliebten Märkte liegt. Doch das ist noch lange nicht alles – was man hier alles unternehmen kann, steht auf der Website (www.cnv.org) oder in einer der kostenlosen Ausgaben der *North Shore News*.

Sehenswertes & Aktivitäten

Capilano Suspension Bridge PARK

(Karte S. 691; www.capbridge.com; 3735 Capilano Rd; Erw./Kind 29,95/10 C$; ⌚Juni–Aug. 8.30–20 Uhr, Mai & Sept. 9–19 Uhr, außerhalb der Saison verkürzte Öffnungszeiten) Als eine der längsten (140 m) und höchsten (70 m) Seilbrücken der Welt führt sie die über das tosende Wasser des Capilano Canyon. Wer beim Überqueren weiche Knie bekommt, kann sich damit trösten, dass die Stahlseile, an denen man sich festklammert, an beiden Seiten des Canyons an riesigen Betonblöcken befestigt sind. Also immer cool bleiben, selbst wenn Teenager wild über die Brücke toben. Neben dieser Hauptattraktion, die im Sommer verständlicherweise die Massen anzieht, gibt's Pfade durch den Regenwald, Totempfähle und ein paar kleinere Brücken zwischen Bäumen.

Grouse Mountain PARK

(www.grousemountain.com; 6400 Nancy Greene Way; Erw./Kind 39/13,95 C$; ⌚9–22 Uhr) Dieser Berg gehört zu den beliebtesten Ausflugszielen der Gegend. Im Sommer sind im Fahrkartenpreis der Skyride-Gondel Holzfällershows, der Zugang zu alpinen Wanderwegen und einem Grizzlybär-Gehege enthalten. Für 105 C$ kann man in einer Seilrutsche durch die Lüfte schweben. Die Tour „Eye of the Wind" (25 C$) befördert Teilnehmer zur Plattform einer Windanlage in schwindelerregende Höhe hinauf, von wo aus man einen spektakulären Blick hat. Im Winter ist Grouse ein beliebtes Ziel für Skiläufer und Snowboarder.

GRATIS **Lynn Canyon Park** PARK

(Karte S. 691; Park Rd; ⌚Mai–Aug. 7–21 Uhr, Sept.–April 7–19 Uhr) Dieser Park ist die kostenlose Alternative zum Capilano Park. Das grüne Fleckchen in North Van hat eine eigene, nur geringfügig kleinere Seilbrücke, zahlreiche tolle Wanderwege und einige großartige Picknickplätze unter Bäumen zu bieten. Im **Ecology Centre** (www.dnv.org/ecology; 3663 Park Rd; Eintritt gegen Spende; ⌚Juni –Sept. 10–17 Uhr, Okt.–Mai Mo–Fr 10–17, Sa & So 12–16 Uhr) des Parks gibt es Ausstellungen zur vielfältigen Flora und Fauna der Region.

Mt. Seymour Provincial Park PARK
(Karte S. 691; www.bcparks.ca; 1700 Mt Seymour Rd) Das beliebte Ausflugsziel im Grünen liegt direkt vor den Toren der Stadt. Durch den felsigen, von Bäumen gesäumten Park verlaufen etliche Sommerwanderwege, die für Wanderer aller Fitnessgrade geeignet sind. Wie auch der Mt. Grouse verwandelt sich dieser Park im Winter in ein Skigebiet. Dann betreiben die **Mt. Seymour Resorts** (www.mountseymour.com) drei Lifte, die Ski- und Snowboardfahrer zu den 21 Pisten befördern. Es gibt auch eine Rodelbahn und einen Snow-Tubing-Parcours.

Vancouver Eco Tours BUSTOUR
(☎604-290-0145; www.vancouverecotours.com; Erw./Kind 65/55 C$) Die Touren in grünen, mit Biogas betriebenen Fahrzeugen führen zu sehenswerten Plätzen an der North Shore, u.a. Deep Cove, Grouse Mountain etc. Auf der Website werden auch kostenlose Touren angeboten.

Schlafen & Essen

Pinnacle Hotel at the Pier HOTEL $$
(☎604-986-7437; www.pinnaclehotelatthepier.com; 138 Victory Ship Way; Zi. ab 169 C$; ❄📶🏊) Das elegante, neue Pinnacle in North Van ist eine ausgezeichnete Wahl, wenn man auf dieser Seite des Wassers übernachten will. Das Stadtzentrum ist mit dem SeaBus schnell zu erreichen. Die Haltestelle ist nur einige Minuten zu Fuß vom Hotel entfernt. Unaufdringlich elegante Zimmer in sanften Pastelltönen mit farbenfrohen Accessoires. Hier fühlen sich sowohl Geschäftsreisende als auch Urlauber wohl. Fitnessfreaks können sich in dem großen dazugehörigen Fitnessstudio und im Pool austoben. Die Zimmer mit Blick auf den Hafen sind sehr empfehlenswert, aber auch etwas teurer.

Grouse Inn MOTEL $$
(☎604-988-1701, 800-779-7888; www.grouseinn.com; 1633 Capilano Rd; EZ/DZ/Suite ab 79/99/129 C$; 🏊👪) Obwohl es von außen wie ein kleines Einkaufszentrum aussieht, ist dieses familienfreundliche Motel im Winter bei Skifahrern und im Sommer bei Naturfreaks beliebt. Außerdem hat es eine Menge Annehmlichkeiten zu bieten, etwa einen Spielplatz, einen Pool im Freien und ein im Preis enthaltenes kontinentales Frühstück. Die Betten in den hellen, luftigen Zimmern haben Tagesdecken im Stil der 1980er-Jahre. Das Angebot reicht von Suiten mit Whirlpool bis hin zu größeren Zimmern für Gruppen.

Burgoo Bistro FUSION $$
(www.burgoo.ca; 3 Lonsdale Ave; Hauptgerichte 8–16 C$) Das Bistro hat das Flair einer gemütlichen, rustikalen Hütte. Auf der Speisekarte steht Hausmannskost, genau das Richtige für kalte Winterabende in North Van. Wie wär's mit einem mit Guinness verfeinerten Irish Stew, einem pikanten, in der Tagine zubereiteten Aprikosen-Lamm oder einem wahrhaft himmlischen Butterhähnchen mit Basmatireis? Wer zum Essen ein Bier trinken will, sollte das dunkle, hopfige Burgoo Brew oder das nach schwarzer Johannisbeere schmeckende Middle Mountain Black Mead probieren. Sonntagabends Livejazz.

Observatory WESTKÜSTE $$$
(☎604-998-4403; www.grousemountain.com; Grouse Mountain; Hauptgerichte 35–40 C$) Das ausgezeichnete Restaurant klebt wagemutig am Gipfel des Grouse Mountain. Gerichte wie gedünstete Jakobsmuscheln und Rinderfilet werden zusammen mit der besten Aussicht auf das nächtliche Vancouver serviert, das weit unten im Tal glitzert.

Altitudes Bistro BURGER, KANADISCH $$
(www.grousemountain.com; Grouse Mountain; Hauptgerichte 8–17 C$) Da dieses Lokal direkt an das Observatory grenzt, ist die Aussicht fast genauso gut, die Atmosphäre aber entschieden lockerer: gutes Kneipenessen in einer Art Ski-Lodge.

Anreise & Unterwegs vor Ort

Tagsüber kommen alle 15 bis 30 Minuten SeaBus-Schiffe von der Waterfront Station in Vancouver am Lonsdale Quay an (3,50 C$, 12 Min.). Vom dortigen Busbahnhof fährt Bus 236 zur Capilano Suspension Bridge und weiter zum Fuß des Grouse Mountain.

Rocky Mountaineer Vacations betreibt den beliebten Zug **Whistler Sea to Sky Climb** (www.rockymountaineer.com), der von Whistler nach North Vancouver fährt (ab 129 C$, 3 Std., Mai–Mitte Okt. 1-mal tgl.).

West Vancouver

42 000 EW.

Gleich neben North Vancouver liegt das deutlich wohlhabendere „West Van". Es ist von terrassenartig angelegten Herrenhäusern geprägt, die hier oben auf den Klippen stehen und – in mehr als einem Sinn – auf die Gegend unter sich blicken. Diese Ecke eignet sich gut für einen Zwischenstopp, wenn man auf dem Weg von der Innenstadt zum Fähranleger in Horseshoe Bay und zu Orten wie Whistler im Norden ist. Auf der Website der Stadtverwaltung gibt es alle erdenklichen Infos über die Aktivitäten der Gemeinde (www.westvancouver.ca).

Sehenswertes & Aktivitäten

Cypress Provincial Park PARK
(www.bcparks.ca; Cypress Bowl Rd) Etwa 8 km nördlich von West Van liegt der über den Hwy 99 zu erreichende Cypress Provincial Park. Im Sommer kann man sich auf tollen Wanderwegen austoben, u.a. auf dem ziemlich anstrengenden Black Mountain Loop. Im Winter zieht der **Cypress Mountain** (www.cypressmountain.com) im Park mit 38 Skipisten und beliebten Schneeschuhwegen gut eingemummelte Sportler an. Auf diesem beliebten Wintertummelplatz Vancouvers fanden während der Olympischen Winterspiele und der Paralympics 2010 die Snowboard- und Freestyle-Wettbewerbe statt.

Lighthouse Park PARK
(Karte S. 691; Ecke Beacon Lane & Marine Dr) In dem 75 ha großen Lighthouse Park wachsen einige der ältesten und spektakulärsten Bäume der Region, u.a. seltene Küstenbäume und jede Menge Erdbeerbäume mit ihren kupferroten Stämmen. Ungefähr 13 km Wanderwege durchziehen den Park. Die Tour zum Point Atkinson Lighthouse ist besonders zu empfehlen. Unterwegs hat man einige Blicke über die hübsche Burrard Inlet. Wer mit dem Auto aus der Innenstadt kommt, biegt nach der Lions Gate Bridge links auf den Marine Dr ab.

Sewell's Sea Safari GEFÜHRTE TOUR
(☎604-921-3474; www.sewellsmarina.com; 6409 Bay St; Erw./Kind 79/69 C$; ⏲April–Okt.) Am Yachthafen in der Nähe von Horseshoe Bay kann man sich einen Platz in einem Festrumpfschlauchboot sichern und an einer zweistündigen Hochgeschwindigkeitstour übers Meer teilnehmen. Auf dieser spritzt einem die Gischt ins Gesicht und der Wind zerrt an der Sonnenbrille. Mit etwas Glück sieht man Wale, mit fast 100%iger Sicherheit Seehunde und sich in die Lüfte erhebende Adler.

Schlafen & Essen

Lighthouse Park B&B B&B $$
(☎604-926-5959, 800-926-0262; www.lighthousepark.com; 4875 Water Lane; Suite ab 175 C$) Die elegante Unterkunft hat zwei Suiten mit je einem eigenen Eingang. Der mit Blumen bepflanzte Innenhof vermittelt Gästen ganz schnell das Gefühl, ein Aristokrat aus West Van zu sein. Jede Suite ist mit Kühlschrank, DVD-Player und einer Karaffe mit Sherry ausgestattet, dem unentbehrlichen Abenddrink im Freien. Bei einem Spaziergang zum nahe gelegenen Point Atkinson Lighthouse bekommt man dann wieder einen klaren Kopf.

Fraiche WESTKÜSTE $$$
(www.fraicherestaurant.ca; 2240 Chippendale Rd; Hauptgerichte 28–40 C$) Bevor man in dem eleganten, bei Einheimischen sehr beliebten Lokal auch nur einen Happen zu sich genommen hat, hat man sich bestimmt schon in die Aussicht über die Stadt verliebt. Das Motto der Küche lautet „Pacific Northwest" – und so verwundert es nicht, dass auf der Speisekarte je nach Saison die für diese Gegend typischen Highlights stehen, z. B. gebratene Steelhead- oder Qualicum-Bay-Jakobsmuscheln mit Hummer-Ravioli. Wer gerne mal auf großem Fuß leben möchte, die Reisekasse aber nicht völlig schröpfen will, kommt zum Mittagessen her – dann kosten viele Gerichte weniger als 20 C$. Auch der Wochenendbrunch ist erschwinglich (die Dungeness-Crab-Cakes sind sehr zu empfehlen).

Salmon House on the Hill SEAFOOD $$$
(www.salmonhouse.com; 2229 Folkestone Way; Hauptgerichte 22–30 C$) Die butterweichen Lachsgerichte sind immer ein Genuss. Außerdem sind auf der ständig wechselnden

NICHT VERSÄUMEN

UFERSPAZIERGANG

Von Downtown Vancouver fährt man zunächst mit Bus 250 nach West Van und steigt am Marine Dr Ecke 24th St aus. Vorbei an den netten Geschäften und Cafés im Dundarave Village schlendert man hinunter ans Ufer und genießt dort vom Dundarave Pier den Blick übers Wasser. Weiter geht's auf dem Centennial Seawalk in Richtung Osten. Die beliebte, 2 km lange Uferpromenade von West Van muss man sich mit Joggern, Blaureihern und Skulpturen teilen. Wenn man das Ende erreicht hat, geht man zurück zum Marine Dr oder schlendert durch den Ambleside Park, in dem man von einer riesigen, aufs Wasser blickenden Figur der First Nations begrüßt wird.

Speisekarte saisonale Meeresfrüchte aus BC vertreten, darunter köstliche Austern aus der Fanny Bay und Heilbutt aus der Hecate Strait.

Thai Pudpong THAILÄNDISCH $
(www.thaipudpong.com; 1474 Marine Dr; Hauptgerichte 8–14 C$) Bei Einheimischen beliebtes Lokal. Auf der Speisekarte stehen Süß-Sauer-Klassiker, kurz gebratener Tintenfisch und ein leckeres rotes Rindfleischcurry.

Burnaby

203 000 EW.

Östlich von Vancouver liegt das geradlinige Burnaby, ein Wohnviertel am Stadtrand mit der Atmosphäre eines Shoppingcenters. Eine Handvoll Attraktionen versuchen allerdings, die Besucher von den Läden fernzuhalten.

Der **Deer Lake Park** (Karte S. 691) bietet eine friedliche Umgebung abseits der Hektik von Downtown. Die Fußwege des Parks verlaufen durch Wiesen und Waldgebiete und umrunden den See, an dem Vögel und andere Wildtiere leben. Das angrenzende **Burnaby Village Museum** (Karte S. 691; www.burnabyvillagemuseum.ca; 6501 Deer Lake Ave; Erw./Kind/Jugendl. 10/5/7,50 C$; ⌚Mai–Aug. 11–16.30 Uhr) beherbergt eine bunte Pionierstadt British Columbias mit nachgebauten Häusern, Geschäften und einem hübschen Karussell aus dem Jahr 1912. Wer über den Hwy 1 anreist, nimmt die Ausfahrt Sperling Ave und folgt den Schildern zum Museum.

Das **Metropolis at Metrotown** (www.metropolisatmetrotown.com; ⌚Mo–Fr 10–21, Sa 9.30–21, So 11–18 Uhr) ist eine stetig weiterwachsende Hommage an den Materialismus – und mit 470 Geschäften das größte Shoppingcenter in ganz British Columbia. Wer clever ist, rückt nach Möglichkeit gleich morgens an, um den Massen zu entgehen. Wer der strapazierten Kreditkarte eine Pause gönnen will, steuert den weitläufigen Food Court an – besonders zu empfehlen sind die Gerichte an den indischen, japanischen und chinesischen Ständen. Das Einkaufszentrum liegt mit dem SkyTrain 20 Minuten von Downtown Vancouver entfernt. Die Mall ist so groß, dass sie gleich eine eigene Haltestelle bekommen hat.

Infos zur Gegend gibt's bei **Tourism Burnaby** (☎604-419-0377; www.tourismburnaby.com).

Richmond & Steveston

174 000 EW.

Mit der neuen Canada Line des SkyTrain kommt man von Downtown Vancouver aus sehr viel schneller und einfacher in die moderne Chinatown. Hier kann man gut einen halben Tag lang die asiatischen Einkaufszentren in der Nähe des Golden Village abklappern. Anschließend empfiehlt sich der Besuch eines chinesischen, japanischen oder vietnamesischen Restaurants.

Unbedingt besuchen sollte man auch das reizende, am Wasser gelegene, historische Dorf Steveston. Einheimische schätzen es als Ausflugsziel, um abends den Sonnenuntergang und leckere Fish & Chips zu genießen. Infos über beide Orte gibt's unter www.tourismrichond.com.

Sehenswertes & Aktivitäten

LP TIPP **Gulf of Georgia Cannery** MUSEUM
(Karte S. 691; www.gulfofgeorgiacannery.com; 12138 4th Ave; Erw./Kind 7,80/3,90 C$; ⌚Feb.–Okt. 10–17 Uhr) Das ausgezeichnete Museum in einer ehemaligen Konservenfabrik widmet sich allem Sehens-, Hörens- und Riechenswerten der früher hier ansässigen Fischverarbeitungsindustrie. Die meisten Maschinen befinden sich noch an Ort und Stelle – Besucher können so einen guten Eindruck gewinnen, wie die Menschen hier einst gearbeitet haben. Auf Band aufgezeichnete Stimmen schallen geisterhaft durch die Luft und auf großen Schwarz-Weiß-Fotos sieht man Arbeiter, die Tag für Tag in den Eingeweiden der Fische rumwühlen mussten. Stündlich werden kostenlose Führungen angeboten, die oft von ehemaligen Fabrikarbeitern geleitet werden.

Summer Night Market MARKT
(www.summernightmarket.com; 12631 Vulcan Way; ⌚Mitte Mai–Anfang Okt. Fr & Sa 19–1, So 19–24 Uhr) Der sommerliche Nachtmarkt ist deutlich größer als die Version in der Chinatown im Zentrum Vancouvers. An jedem Wochenende strömen die Massen zu den kitschigen Verkaufsbuden und nicht zuletzt zu den unzähligen Essensständen, an denen man sich auf eine kulinarische Reise durch Malaysia, Korea, Japan und China begeben kann.

Britannia Shipyard MUSEUM
(www.britannia-hss.ca; 5180 Westwater Dr; ⌚Mai–Sept. Di–So 10–18 Uhr, Okt.–April Sa 10–16 & So 12–

ABSTECHER

IDYLLISCHER INSELAUSFLUG

Nur weil es an der Küste von West Vancouver keine Straßen mehr gibt, bedeutet das noch lange nicht, dass hier das Abenteuer zu Ende sein muss. Vom Fähranleger in Horseshoe Bay ist man – mit oder ohne Auto – schnell drüben auf der **Bowen Island**. Der einstige Sommerferienort, an dem sich früher Kolonisten vom harten Aufbau der Provinz etwas erholten, wird heute von sympathischen Schriftstellern und Künstlern in Beschlag genommen.

Die atemberaubend schöne Fahrt dauert nur 20 Minuten. Und kaum hat man die Insel betreten, steht man auch schon mittendrin in der kleinen, netten Gemeinde – und man will es kaum wahr haben, dass man nur einen Katzensprung von einer pulsierenden Großstadt entfernt ist. Im **Besucherzentrum** (www.bowenchamber.com; 432 Cardena Rd; ⌚Mitte Mai–Anfang Sept. Do–So 10–17 Uhr, außerhalb der Saison verkürzte Öffnungszeiten) erfährt man, was man hier alles unternehmen kann.

Bowen Island Sea Kayaking (☎604-947-9266, 800-605-2925; www.bowenisland kayaking.com; Verleih 3 Std./Tag 45/70 C$, geführte Touren ab 65 C$) bietet landschaftlich schöne Kajaktouren an. Es gibt auch viele relativ einfache Wanderwege durch den Wald und Picknickplätze mit Blick aufs Wasser.

Ein gemütlicher Zeitvertreib ist ein Spaziergang an der Uferpromenade rund um den Fähranleger. Von den geselligen Terrassen des **Doc Morgan's Restaurant & Pub** (Hauptgerichte 8–22 C$) hat man einen tollen Blick auf Park und Hafen. Hier gibt's in erster Linie typisches Kneipenessen; die Fish & Chips sind besonders zu empfehlen. Wem es auf der Insel so gut gefällt, dass er hier übernachten will, braucht vom Fähranleger nur ein paar Schritte zur **Lodge at the Old Dorm** (☎604-947-0947; www.lodgeattheolddorm.com; 460 Melmore Rd; Zi. 95–150 C$) gehen, einem charmanten B&B mit vielen Art déco und Kunsthandwerk. Die sechs Zimmer sind hell und gemütlich – das Lady-Alexandra-Zimmer mit eigenem Garten ist der absolute Hit. Und das kontinentale Frühstücksbuffet, das auf einem Tresen in der Küche angerichtet wird, quillt nur so über vor leckeren, selbst gebackenen Köstlichkeiten. Eigentlich möchte man für immer hier bleiben.

16 Uhr) Das faszinierende Museum besteht aus knarrenden, alten Schuppen, in denen verstaubte Werkzeuge, Boote und Memorabilien aus der kargen, maritimen Vergangenheit der Region untergebracht sind.

Kuan Yin Temple GEBÄUDE
(Karte S. 691; www.buddhisttemple.ca; 9160 Steveston Hwy; Eintritt frei; ⌚9.30–17.30 Uhr) Der Tempel wurde nach dem Vorbild des Tempels in der Verbotenen Stadt in Peking erschaffen. Höhepunkt ist die prächtige Gracious Hall mit ihren dunkelroten und goldfarbenen Außenmauern und dem dezent orange schimmernden Porzellandach.

Schlafen & Essen

Fairmont Vancouver Airport HOTEL $$
(☎604-207-5200, 866-540-1414; www.fairmont.com/vancouverairport; Vancouver International Airport; Zi. ab 169 C$; ❄📶🏊) Man kann nicht näher am Flughafen übernachten als in diesem luxuriösen, mit allem Schnickschnack ausgestatteten Hotel, das über einen Fußweg von der US-Abflughalle zu erreichen ist. Eine gute Option, seinen Langstreckenflug in einem tranceartigen Zustand der Ruhe zu beginnen. Die elegant eingerichteten Zimmer verfügen über so mondäne Features wie per Fernsteuerung zu bedienende Gardinen und marmorverkleidete Bäder.

Stone Hedge B&B B&B $$
(☎604-274-1070; www.thestonehedge.com; 5511 Cathay Rd; EZ/DZ ab 125/140 C$; 🏊) Das überraschend friedliche B&B ist nach der riesigen Steinmauer und den eindrucksvollen Zedernhecken benannt, die das Grundstück umgeben. Die Zimmer sind geschmackvoll mit gefakten Antiquitäten und Landschaftsgemälden geschmückt. Das beste Quartier ist die kitschige Gäste-Lounge, die direkt auf einen großen, abgeschiedenen Swimmingpool hinausführt.

Pajo's SEAFOOD $
(www.pajos.com; the Wharf, Steveston; Hauptgerichte 6–9 C$) Es gibt kaum einen besseren Ort für Fish & Chips als das auf dem Wasser vor sich hin dümpelnde Lokal in Steveston.

Der Familienbetrieb ist schon längst eine lokale Legende. Erst schaut man sich auf den Fischerbooten in der Nähe den Fang des Tages an, dann geht's immer der Nase nach die Rampe runter bis zu Pajos kleiner Bestellbude. Dort wird man dann mit einem Lächeln und einer Speisekarte begrüßt, die alles in den Schatten stellt: traditionell gebratener frischer Kabeljau, Lachs oder Heilbutt (mit Tartarsauce nach geheimem Rezept), Gelbflossenthunfisch-Burger mit Zucchini-Stäbchen.

Shanghai River Restaurant CHINESISCH $$
(7381 Westminster Hwy; Hauptgerichte 6–18 C$) Wer in dem riesigen, modernen Nordchina-Restaurant einen Platz mit Blick auf die Küche ergattert, wird von der Arbeit der Köche schnell fasziniert sein. Die hier servierten Dim-Sums gehören zu den besten weit und breit. Man sollte sich verschiedene Gerichte – eins pro Person – bestellen, die man dann mit mehreren teilt. Achtung: Die Garnelen-Knödel sind so saftig, dass man beim Reinbeißen aufpassen muss, dass die Nachbarn nicht auch was abbekommen. An kalten Wintertagen sind die geschmorte Ente und die Schinkensuppe genau das Richtige.

SEA TO SKY HIGHWAY

Die malerische Straße oben auf den Klippen, etwas profaner auch als Hwy 99 bekannt, verbindet die Gemeinden zwischen West Vancouver und Lillooet und ist gleichzeitig die Hauptroute von Vancouver und Lower Mainland nach Whistler. An der vor Kurzem für die Olympischen Spiele auf Vordermann gebrachten, kurvenreichen Straße gibt es zahlreiche Orte, an denen sich ein Halt lohnt, besonders für Outdoor-Freaks, Geschichtsfans oder Liebhaber der vielfältigen Berglandschaft von BC. Der Radiosender „The Mountain" (107,1 MHz in Squamish, 102,1 Mhz in Whistler) sendet nützliche Verkehrsnachrichten und Infos über die Straßenbedingungen.

Squamish & Umgebung

15 000 EW.

Auf halber Strecke zwischen Vancouver und Whistler treffen in Squamish Ozean, Fluss und Bergwälder aufeinander. Die einst schäbige Holzfällerstadt ist jetzt vor allem im Sommer ein beliebter Ausgangspunkt für Aktivitäten im Freien. Unbedingt der schicken Touristeninformation **Squamish Adventure Centre** (☎604-815-4994, 866-333-2010; www.tourismsquamish.com; 38551 Loggers Lane; ⏰Juni–Sept. 8–20 Uhr, Okt.–Mai 9–18 Uhr) einen Besuch abstatten – hier erfährt man, was gerade los ist, und bekommt Wander- und Fahrradkarten für die Gegend.

Sehenswertes & Aktivitäten

Das **Britannia Mine Museum** (www.britanniaminemuseum.ca; Erw./Kind 19,75/12,75 C$; ⏰9–16.30 Uhr), kurz vor der Ortschaft am Hwy 99 gelegen, ist ein beliebter Stopp. Die einst größte Kupfermine des britischen Empires wurde durch eindrucksvolle Restaurierungsarbeiten gerettet und erhalten. Die Fahrt mit der unterirdischen Bahn durch die pechschwarzen Tunnel ist das Highlight des Besuchs. Kinder können hier Gold waschen, Erwachsene in dem großen Souvenirladen Geld ausgeben. Für die nächsten Jahre sind noch mehr Attraktionen geplant, sodass es sich durchaus lohnt, vor einem Besuch einen Blick auf die Website zu werfen.

Etwa 4 km vor Squamish hört man bereits von Weitem das Plätschern des Wassers: Am **Shannon Falls Provincial Park** (www.bcparks.ca) sollte man unbedingt anhalten und das Auto auf dem Parkplatz abstellen. Es ist nur ein kurzer Spaziergang zum drittgrößten Wasserfall BCs, der 335 m in die Tiefe stürzt. An den Picknicktischen in der Nähe kann man wunderbar die mitgebrachten Snacks vertilgen.

Nach kurzer Fahrt kommt man an eine 652 m hohe Granitfelsenwand, ein Revier für ehrgeizige Kletterer: „The Chief" ist das Highlight des **Stawamus Chief Provincial Park** (www.bcparks.ca). Man muss kein erfahrener Klettermaxe sein, um die Aussicht vom Gipfel genießen zu können – auf der Rückseite der Wand gibt's Wanderwege für jedermann. **Squamish Rock Guides** (www.squamishrockguides.com; Klettertouren halber/ganzer Tag ab 75/115 C$) bietet Klettertouren und -kurse an.

Die rund 100 Wege rund um Squamish Rock sind ein Paradies für Mountainbiker. Der **Cheekeye Fan Trail** in der Nähe von Brackendale ist ein leichter Weg durch den Wald. Wer steile Downhills liebt, sollte die Gegend rund um **Diamond Head/Power Smart** ansteuern. Die Routen haben hier so einladende Namen wie **Dope Slope**

NICHT VERSÄUMEN

WO ALLES BEGANN

Die von Bäumen gesäumten Straßen und Ladenfassaden aus dem 19. Jh. machen das kleine Fort Langley zu einem der malerischsten historischen Dörfer im Lower Mainland. Hier kann man wunderbar einen ganzen Nachmittag verweilen. Unbestrittenes historisches Highlight ist die farbenfrohe **Fort Langley National Historic Site** (www.pc.gc.ca/fortlangley; 23433 Mavis Ave; Erw./Kind 7,80/3,90 C$; ⌚Juli & Aug. 9–20 Uhr, Sept.–Juni 10–17 Uhr), das vielleicht bedeutendste Wahrzeichen der Region.

In dem seit 1827 bestehenden, befestigten Handelsposten gab James Douglas 1858 die Gründung British Columbias bekannt. Fort Langley kann also einen legitimen Anspruch darauf erheben, die Wiege der Provinz zu sein. Mit kostümierten Schauspielern, nachgebauten Künstlerwerkstätten und einem bei Kindern sehr beliebten Goldwäschebetrieb ist dies ein idealer Ort für Familien, die bei ihren Ausflügen auch ein bisschen was erfahren möchten. Die Kids werden es aber auch einfach nur lieben, über die hölzernen Festungsmauern zu toben.

Wer vor der Besichtigung der einzelnen Gebäude eine kleine Einführung wünscht, kann sich einen Film anschauen, der die Zuschauer mit auf eine erstaunlich unterhaltsame Zeitreise nimmt. Bevor man sich auf den Weg hierher macht, sollte man auch einen Blick auf die Website werfen: Es gibt zahlreiche Veranstaltungen, die die Vergangenheit auf spannende Art und Weise wieder zum Leben erwecken, z. B. das im Sommer abends stattfindende Lagerfeuer, das den Besuchern vermittelt, wie das Leben hier in den Pioniertagen des 19. Jhs. war.

Wer von Vancouver mit dem Auto anreist, fährt auf dem Hwy 1 zunächst 40 km ostwärts bis zur Ausfahrt 232nd St. Dann folgt man der 232nd in Richtung Norden bis zum Stoppschild an der Glover Rd, in die man nach rechts abbiegt. Diese Straße führt in den Ort. Vor den Eisenbahnschienen dann noch einmal nach rechts in die Mavis Ave abbiegen, an deren Ende sich der Parkplatz des Forts befindet.

Alternativ kann man den SkyTrain bis zur Surrey Central Station nehmen und dort in Bus 501, 502 oder 320 nach Langley steigen. In Langley geht's dann weiter mit dem C62 bis zur Ecke 96 Ave und Glover Rd. Von hier ist der Weg zum Fort (400 m) ausgeschildert.

oder **Icy Hole of Death**. Wer sich ein Rad ausleihen will oder Infos benötigt, sollte einen Abstecher zu **Corsa Cycles** (www.corsacycles.com; 830-1200 Hunter Pl; Fahrrad 45 C$/Tag; ⌚9.30–17.30 Uhr) machen. Auch auf der Website der **Squamish Off Road Cycling Association** (www.sorca.ca) stehen viele nützliche Tipps.

Wer sich für historische Züge interessiert, sollte den fantastischen **West Coast Railway Heritage Park** (www.wcra.org; 39645 Government Rd; Erw./Kind 15/10 C$; ⌚10–17 Uhr) auf der anderen Seite der Stadt ansteuern. Das große Freiluftmuseum ist die letzte Ruhestätte der legendären Dampflok *Royal Hudson* aus BC. Außerdem kann man hier noch ca. 90 weitere Schienenfahrzeuge bewundern, u.a. auch zehn noch funktionierende Maschinen und den originalen Prototyp eines SkyTrain-Waggons. Sehenswert ist auch das neue stattliche Roundhouse mit den wertvollsten Zügen und Artefakten des Parks.

Squamish Spit ist der Treffpunkt für Kiteboarder und Windsurfer. Saison ist von Mai bis Oktober. Die Website der **Squamish Windsports Society** (www.squamishwindsports.com) sollte die erste Anlaufstelle für Wetter- und Wasserinfos und den Zugang zur Nehrung sein.

Schlafen & Essen

Howe Sound Inn & Brewing Company INN $$

(☎604-892-2603; www.howesound.com; 37801 Cleveland Ave; Zi. 119 c4; 📶) Das Motto der gemütlichen Unterkunft lautet „gut und rustikal". Viel Holz verleiht den Zimmern einen warmen, einladenden Touch. Es gibt eine Kletterwand, an der die Gäste für den nahe gelegenen Stawamus Chief trainieren können, und eine Sauna fürs Relaxen danach. Nette Kneipe im Untergeschoss, die sich auch lohnt, wenn man nicht hier übernachtet. Die Pommes aus Süßkartoffeln und das Oatmeal Stout sind sehr empfehlenswert.

Alice Lake Provincial Park CAMPING $
(☎800-689-9025; www.discovercamping.ca; Stellplatz ab 24 C$) Der große, familienfreundliche Campingplatz mit über 100 Stellplätzen liegt 13 km nördlich von Squamish. Es gibt zwei Duschräume und Toiletten mit Wasserspülung. Camper können hier schwimmen, wandern und radeln (Fahrradverleih vor Ort). Bei einer informativen Rangertour durch die Wälder (nur Juli & Aug.) erfährt man vieles über die Gegend. Dieser Campingplatz ist einer der beliebtesten in ganz BC, weshalb man unbedingt rechtzeitig ein Plätzchen reservieren sollte.

Squamish Inn on the Water HOTEL $$
(☎604-892-9240, 800-449-8614; www.innonthewater.com; 38222 Hwy 99; B/Zi./Suite ab 28,50/79/139 C$; 📶) Das schöne Hotel im Stil einer Lodge mit Hartholzfußböden und einer sonnenverwöhnten Terrasse am Fluss ist nur ein paar Schritte (durch einen Tunnel) vom Stadtzentrum entfernt. Die modernen Suiten und Zimmer sind gemütlich eingerichtet. Es gibt auch ein paar kleine, preisgünstige Schlafsäle mit großen Bädern. Nach diesen muss man jedoch ausdrücklich fragen, da das Hotel für diese Zimmer keine Werbung macht (rechtzeitig buchen).

Grilled Fromage SANDWICHES $
(www.grilledfromage.com; 38134 Cleveland Ave; Hauptgerichte 4–9 C$) Wer meint, dass ein Käsetoast nichts Besonderes ist, war noch nicht in diesem abgefahrenen Käselokal. Auf der Speisekarte stehen mehr als 50 Varianten. Das Napoleon-Sandwich (Camembert und Schinkenspeck auf Sauerteigbrot) ist sehr beliebt, wird aber noch vom dekadenten High Roller (Hummer und geräucherter Gruyère) getoppt.

Sunflower Bakery Café CAFÉ $
(www.sunflowerbakerycafe.com; 38086 Cleveland Ave; Hauptgerichte 4–9 C$) In dem hellen, fröhlichen Café gibt's frisch zubereitete Wraps, Bagels und Sandwiches, leckere Kekse und kalorienreiche Obstkuchen. Allein der Kaffee ist schon einen Zwischenstopp wert.

ℹ An- & Weiterreise

Busse von **Greyhound Canada** (www.greyhound.ca) fahren von Vancouver (17 C$, 1½ Std., 7-mal tgl.) und Whistler (14 C$, 1 Std., 8-mal tgl.) nach Squamish. Von Downtown Vancouver kommt man auch mit den bequemeren Bussen von **Pacific Coach Lines** (www.pacificcoach.com) hierher (39,20 C$, 1½ Std., bis zu 8-mal tgl.).

Garibaldi Provincial Park

Outdoor-Freaks fahren oft schnurstracks in den 1950 km² großen **Garibaldi Provincial Park** (www.bcparks.ca), der zu Recht für seine Wanderwege, die üppige Pflanzen- und Tierwelt und die Panoramablicke über die raue Wildnis bekannt ist. Im Sommer werden Wanderer anscheinend geradezu magisch angezogen. Im Winter dienen die Wege als Langlaufloipen. Es gibt fünf Hauptwanderwege, die vom Hwy 99 aus durch blau-weiße Schilder markiert sind.

Zu den beliebtesten Wegen des Parks gehört der relativ einfache und wenig ansteigende **Cheakamus Lake Hike** (3 km). Ebenfalls in dieser Gegend und unmittelbar außerhalb des Provinzparks befindet sich der 30 km² große **Whistler Interpretive Forest** vom BC Forest Service, der sich für viele Sommeraktivitäten wie Kajakfahren, Angeln und Mountainbiken eignet. Der Startpunkt ist gegenüber der Function Junction am südlichen Ende von Whistler, 8,5 km vom Hwy 99 entfernt.

Der **Elfin Lakes Trail** (11 km) ist eine reizende und relativ einfache Strecke für eine Tageswanderung. Wer übernachten will, kann auf dem Weg weiter zum erloschenen Vulkan von Opal Cone wandern. In Elfin gibt es eine Unterkunft ohne Reservierungsmöglichkeit und bei Red Heather – 5 km vom Parkplatz entfernt – darf wild gezeltet werden (5 C$). Der Ausgangsparkplatz liegt 16 km östlich vom Hwy 99.

Der **Garibaldi Lake Trek** (9 km) ist mit seinem Mix aus wunderschönen Bergwiesen und atemberaubenden Aussichten auf die Berge so etwas wie ein Prolog für alle, die die Schönheit der wilden Seite BCs entdecken wollen. Das hellblaue Wasser des Sees bildet einen wunderbaren Kontrast zu dem dunklen, gezackten Gipfel des Black Tusk, der sich dahinter erhebt. Plätze zum Wildcampen (5 C$) befinden sich den Pfad weiter hoch bei den Taylor Meadows am westlichen Ufer des Sees.

Brandywine Falls Provincial Park

Ein paar Kilometer nördlich von Squamish liegt direkt am Hwy 99 der von Bäumen gesäumte, 143 ha große **Park** www.bcparks.

ca), in dessen Mitte ein 70 m hoher, spektakulärer Wasserfall plätschert. Ein kurzer Spaziergang durch den Wald führt zu einem Furcht einflößenden Plateau mit Blick auf die Kante des Wasserfalls, wo das Wasser unvermittelt wie aus einem riesigen Wasserhahn zwischen den Bäumen hervorströmt. Von hier aus hat man auch eine großartige Aussicht über den Daisy Lake und die Berge des Garibaldi Provincial Park. Ein 7 km langer Rundweg führt weiter durch den dichten Wald und die ehemaligen Lavafelder bis zur Cal-Cheak Suspension Bridge.

WHISTLER

9200 EW.

Das hübsche Bergdorf ist eines der beliebtesten Skiresorts der Welt. Es wurde nach den pelzigen Murmeltieren benannt, die die Gegend bevölkern und wie ein Ballon pfeifen, dem die Luft ausgeht. In Whistler fanden zahlreiche Wettkämpfe der Olympischen Winterspiele und Paralympics 2010 statt. Skifahrer sollten sich also die Bretter anschnallen und getreu dem Motto „Dabeisein ist alles" die Hänge hinunterwedeln.

Der im Schatten der spektakulären Berge Whistler und Blackcomb gelegene Ort bietet im Winter einen wahrhaftig „cooles" Postkartenidyll. Aber auch im Sommer kommen viele Einheimische und Traveller aus der ganzen Welt hierher, die sich von den Seen und Klippen magisch angezogen fühlen. Es werden alle nur erdenklichen Unternehmungen geboten – von Mountainbiketouren bis hin zu atemberaubenden Fahrten in einer Seilrutsche.

Von Süden über den Hwy 99 kommend gelangt man zuerst nach Creekside, dem ersten der vier Ortsteile von Whistler. Whistler Village mit seinen vielen Hotels, Restaurants und Geschäften ist der Hauptort. Preiswertere B&B-Unterkünfte findet man im ruhigeren Village North. Im Upper Village am Fuß des Blackcomb hingegen warten elegante Hotels auf Gäste. Neuankömmlinge können sich hier leicht verlaufen – doch keine Sorge, es gibt viele Straßenschilder und jede Menge Leute, die einem den Weg verraten.

Sehenswertes

Das fantastische, mit vielen Holzbalken geschmückte **Squamish Lil'wat Cultural Centre** (www.slcc.ca; 4854 Blackcomb Way; Erw./Kind/Jugendl. 18/8/11 C$; 9.30–17 Uhr) widmet sich zwei recht unterschiedlichen Gruppen der First Nations – eine an der Küste und eine im Landesinneren. Gezeigt werden diverse Exponate und Handwerksvorführungen. Im Eintrittspreis enthalten sind ein 15-minütiger Film und ein Audioguide, der viel Wissenswertes über die Vergangenheit und Gegenwart der indigenen Gemeinschaften in der Region verrät. Es gibt eine Unmenge an Kunst und Kunsthandwerk zu bewundern – unbedingt unweit des Eingangs einen Blick auf die geschnitzte Seeschlange mit zwei Köpfen werfen. Das dynamische, junge Personal gibt gern Auskunft über die beiden Kulturen.

Auf dem Blackcomb direkt oberhalb des Orts befindet sich das **Whistler Sliding Centre** (www.whistlerslidingcentre.com; 4910 Glacier Lane; Erw./Kind 7 C$/frei; 10–17 Uhr), Schauplatz der von einem tragischen Todesfall überschatteten olympischen Bob-, Rennrodel- und Skeletonwettkämpfe. Das Zentrum ist für Besucher geöffnet, die sich diverse Ausstellungsstücke und Videos über die Bahn anschauen, an einer allgemeinen Tour (Erw./Kind 15 C$/frei) oder an einer Führung hinter die Kulissen (Erw./Kind 69/59 C$) teilnehmen können.

Das erst vor Kurzem umgebaute **Whistler Museum** (www.whistlermuseum.org; 4333 Main St; Erw./Kind 7/4 C$; 11–17 Uhr) beleuchtet die rasante Entwicklung der Gegend anhand von einigen farbenfrohen Exponaten, alten Fotos und Impressionen aus der Zeit, als Whistler noch weit vom Dasein eines Skiresorts entfernt war. Natürlich gibt's auch eine Menge Infos über die Olympischen Spiele 2010 (und Material, das bei der Bewerbung als Austragungsort verwendet wurde).

Wer im Sommer hier ist, sollte unbedingt dem lebendigen **Whistler Farmers Market** (www.whistlerfarmersmarket.org; Mitte Juni–Mitte Okt. So 11–16 Uhr) vor dem Fairmont Chateau Whistler im Upper Village einen Besuch abstatten. Hier kann man allerlei Kunst- und Kunsthandwerksgegenstände bewundern und sich den Bauch mit Obst und Backwaren vollschlagen.

Aktivitäten

Skifahren & Snowboarden

Erst 2009 wurden die beiden Berge **Whistler** und **Blackcomb** (www.whistlerblackcomb.com, Tagesliftkarte Erw./Kind/Jugendl. 93/46/78 C$) zu einem Skigebiet zusammengefasst. Dieses wartet mit 38 Lifts, einer Pistengesamtfläche von fast 34 km² und mehr als 200 Pisten auf, von denen über 100 für mittelgute Skiläufer geeignet sind. Die spektakuläre, 4,4 km lange **Peak 2 Peak Gondola** besitzt die derzeit größte Spannweite aller Luftseilbahnen weltweit. Die atemberaubende Fahrt von Gipfel zu Gipfel dauert elf Minuten. Skifahrer können sich so an einem Tag auf den Pisten beider Berge amüsieren.

Die Wintersaison beginnt Ende November und dauert am Whistler bis April, am Blackcomb bis Juni. Hauptsaison ist von Dezember bis Februar. Wer seine olympischen Lieblingsskihelden nachahmen will, kann das in Whistler Creekside, wo 2010 die Abfahrtsläufe stattfanden.

Wer den Massen entkommen will, besorgt sich ein **Fresh Tracks Ticket** (Erw./Kind 17,25/12,60 C$) für frühmorgens. Das muss man sich rechtzeitig beim Whistler Village Gondola Guest Relations kaufen. Im Preis enthalten ist ein Frühstücksbuffet in der Roundhouse Lodge oben auf dem Berg. Nachteulen bevorzugen hingegen vielleicht die **Night Moves** (Erw./Kind 18/12 C$), ein Programm nach 17 Uhr, das von der Liftanlage Magic Chair am Blackcomb organisiert wird.

Snowboarder können in Freestyle-Parks wie Snow Cross und Big Easy Terrain Garden am Blackcomb zeigen, was sie drauf haben. Auf dem Whistler gibt's außerdem einen beliebten Habitat Terrain Park.

Wer keine eigene Ausrüstung dabei hat, kann sie sich bei Filialen der **Mountain Adventure Centres** (www.whistlerblackcomb.com/rentals; Ski- od. Snowboard für 1 Tag Erw./Kind ab 46/32 C$) in der ganzen Stadt ausleihen. Man kann sich seine Lieblingsausrüstung auch vorab online reservieren. Für blutige Anfänger werden Ski- und Snowboardkurse angeboten.

Skilanglauf & Schneeschuhwandern

Der **Lost Lake** (www.crosscountryconnection.bc.ca; Tagespass Erw./Kind/Jugendl. 17/8,50/10 C$; ⌚8–21 Uhr) ist nur einen kurzen Spaziergang oder eine Fahrt mit dem kostenlosen Shuttlebus vom Dorf entfernt und Mittelpunkt von 22 km Langlaufloipen durch den Wald, die sowohl für Anfänger als auch für Fortgeschrittene geeignet sind. Etwa 4 km der Strecke sind abends bis 22 Uhr beleuchtet. Außerdem gibt's eine „Warming Hut", wo man sich die erforderliche Ausrüstung leihen und Unterricht bekommen kann. Schneeschuhwanderer kommen in dieser Gegend auch auf ihre Kosten. Man kann allein oder in Begleitung eines Führers auf den 10 km langen Wegen rumstapfen. Schneeschuhe kann man sich natürlich leihen.

Der **Whistler Olympic Park** (www.whistlerolympicpark.com; 5 Callaghan Valley Rd, Callaghan Valley) liegt 16 km südwestlich des Orts und ist über den Hwy 99 zu erreichen. Hier fanden 2010 die Wettbewerbe im Biathlon, in der Nordischen Kombination, im Langlauf und im Skispringen statt. Zum Zeitpunkt der Recherchen war gerade alles im Umbau begriffen. Es ist zu erwarten, dass der Park in ein großartiges Skilanglauf- und Schneeschuhgebiet für jedermann umgewandelt wird. Aktuelle Infos stehen auf der Website.

Schneeschuhtouren, darunter auch ein dreistündiger Fondueausflug, bietet **Outdoor Adventures Whistler** (www.adventureswhistler.com; 4205 Village Sq; Erw./Kind ab 69/39 C$) an. Die Ausrüstung ist im Preis enthalten. Der Veranstalter hat auch eine breite Palette anderer Touren und Aktivitäten im Angebot.

Mountainbiken

Ist der Schnee geschmolzen, erwacht der **Whistler Mountain Bike Park** (www.whistlerbike.com; Tagespass Erw./Kind/Jugendl. 53/29/47 C$; ⌚Mitte Juni–Aug. 10–20 Uhr, Mai–Mitte Juni & Sept.–Mitte Okt. 10–17 Uhr) aus seinem Winterschlaf. Der Park ist über den Lift am Südrand des Orts zu erreichen und bietet insgesamt 200 km Abfahrten durch den Wald mit unzähligen Jumps, Beams und Brücken. Man muss aber nicht durchtrainiert sein wie ein Fahrradkurier. Es gibt drei Schwierigkeitsgrade – grün gekennzeichnete Strecken sind leicht, blau bedeutet mittelschwer und die Strecken mit einem schwarzen Diamanten sind für absolute Cracks. **Crank It Up** heißt die beliebteste Strecke. Montags und mittwochs finden die beliebten **Women's Nights** statt.

Außerhalb des Parks gibt es auch noch ein paar kurvige Wege, u.a. den **Comfortably Numb** (ein schwerer, 26 km langer Parcours mit steilen Anstiegen und Brücken), **A River Runs Through It** (für jedes Niveau, mit Wippen und Baumstammhindernissen) und den sanften **Valley Trail**, ein einfacher 14 km langer Rundkurs um den Ort und den See, der durch Wiesen und eine Hügellandschaft führt. Genau das Richtige für Anfänger.

Whistler

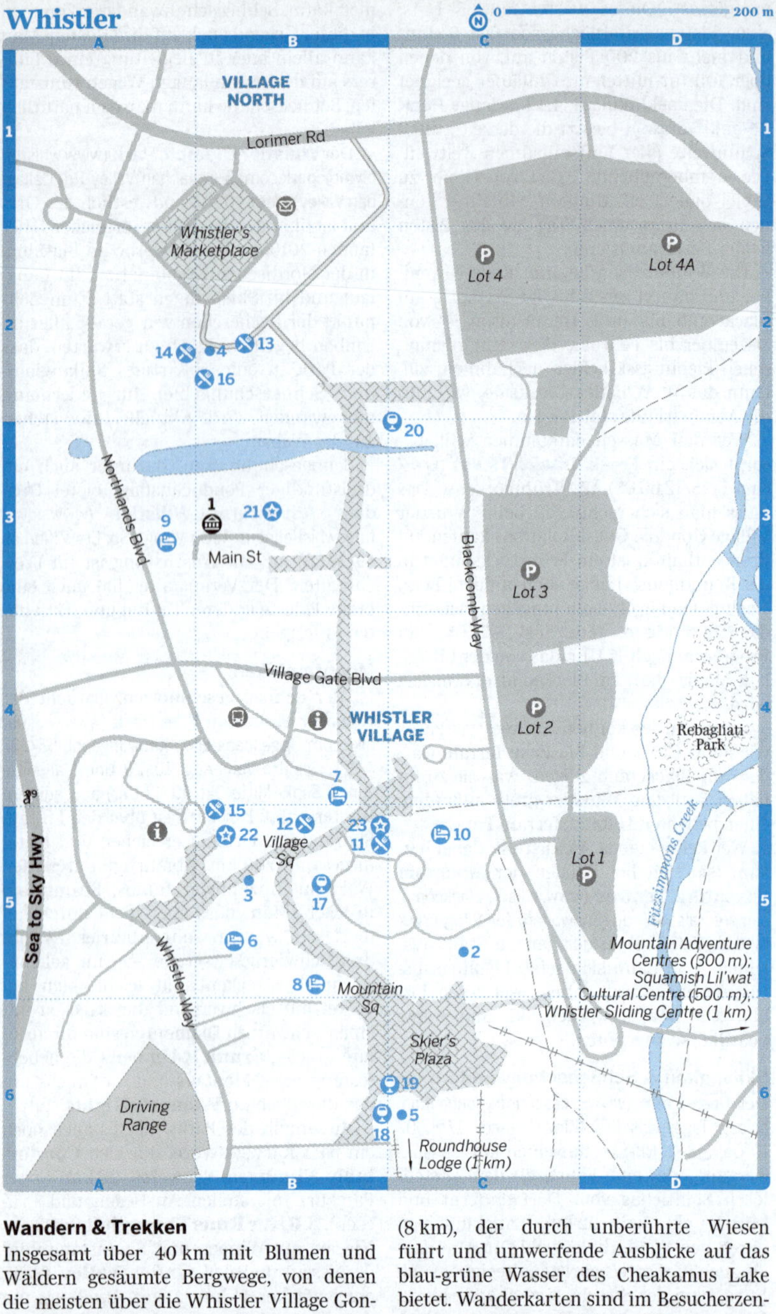

Wandern & Trekken

Insgesamt über 40 km mit Blumen und Wäldern gesäumte Bergwege, von denen die meisten über die Whistler Village Gondola zu erreichen sind, machen die Region ideal für Naturliebhaber. Zu den beliebtesten Strecken gehört der **High Note Trail** (8 km), der durch unberührte Wiesen führt und umwerfende Ausblicke auf das blau-grüne Wasser des Cheakamus Lake bietet. Wanderkarten sind im Besucherzentrum erhältlich. Geführte Wanderungen, Klettertouren und Rap-Jumping-Ausflüge bieten die netten Leute im **Whistler Al-**

Whistler

Sehenswertes
1 Whistler Museum B3

Aktivitäten, Kurse & Touren
2 Mountain Adventure Centres C5
3 Outdoor Adventures Whistler B5
4 Whistler Alpine Guides Bureau B2
5 Whistler River Adventures C6

Schlafen
6 Adara Hotel B5
7 Blackcomb Lodge B4
8 Crystal Lodge B5
9 Pinnacle International Hotel A3
10 Whistler Village Inn & Suites C5

Essen
11 21 Steps Kitchen & Bar B5
12 Araxi Restaurant & Lounge B5
13 Beet Root Café B2
14 Crepe Montagne A2
15 Gone Village Eatery B5
16 Sachi Sushi B2

Ausgehen
17 Amsterdam Café Pub B5
18 Garibaldi Lift Company B6
19 Longhorn Saloon & Grill C6
20 Whistler Brewhouse C3

Unterhaltung
21 Garfinkels B3
22 Moe Joe's B5
23 Village 8 Cinema B5

pine Guides Bureau (www.whistlerguides.com; 19-4314 Main St; geführte Touren Erw./Kind 79/59 C$) an.

Rafting

Tosende Wasserfälle, dichte Wälder und unzählige einheimische Tiere und Pflanzen gehören zu den Highlights eines adrenalingeladenen halb- oder ganztägigen Raftingausflugs auf dem Elaho River oder dem Squamish River. **Whistler River Adventures** (www.whistlerriver.com; Whistler Village Gondola; Erw./Kind/Jugendl. ab 95/59/75 C$) hat fünf Ausflüge im Programm, bei denen man wie wild paddeln muss, um durchzukommen. Einer davon ist der beliebte Green River Trip, eine Wildwasser-Achterbahn, die alle Teilnehmer dazu bringt, wie ein Baby zu schreien, das sich vor Angst in die Windeln gemacht hat.

Feste & Events

WinterPRIDE SCHWULENFESTIVAL
(www.gaywhistler.com) Eine Woche voll schwulenfreundlicher Action im Schnee und Partys bis spät in die Nacht. Anfang Februar.

TELUS World Ski & Snowboard Festival SKIFAHREN
(www.wssf.com) Neun Tage mit Ski- und Snowboardwettkämpfen. Mitte April.

Kokanee Crankworx RADFAHREN
(www.crankworx.com) Adrenalingeladenes Fest mit Bike-Stunts, Geschwindigkeit und allerlei Spielchen. Mitte Juli.

Cornucopia ESSEN, WEIN
(www.whistlercornucopia.com) Bacchantisches Essen- und Weinfest. Mitte November.

Whistler Film Festival KUNST
(www.whistlerfilmfestival.com) Vier Tage lang Vorführungen von kanadischen und Independent-Filmen. Obendrein bekommt man den neuesten Tratsch aus der Filmindustrie mit. Ende November.

Schlafen

Im Winter schnellen die Preise in die Höhe. Mit etwas Glück bekommt man jedoch eine bezahlbare Last-Minute-Unterkunft, wenn man sich in Vancouver spontan für einen Ausflug nach Whistler entschließt. Es kann sich also durchaus lohnen, die Website von **Tourism Whistler** (www.whistler.com) nach Last-Minute- und Pauschalangeboten zu durchforsten. Die meisten Hotels verlangen Parkgebühren (bis zu 20 C$/Tag) , einige sogar Resortgebühren (bis zu 25 C$/Tag) – vor der Buchung nachfragen.

LP TIPP **Nita Lake Lodge** HOTEL $$$
(☎604-966-5700, 888-755-6482; www.nitalakelodge.com; 2135 Lake Placid Rd; Zi. ab 250 C$; 📶) In der eleganten Fachwerklodge am See kann man es sich gut gehen lassen. Sie liegt direkt neben dem Bahnhof von Creekside, was recht praktisch ist, wenn man mit dem Rocky Mountaineer Sea to Sky Climb ankommt. Die schicken, gemütlichen Zimmer haben Balkone, Kamine und Bäder mit Fußbodenheizung und großen Wannen. Auch eine Kochnische mit Mikro-

welle und Kühlschrank ist vorhanden. Zur Lodge gehört ein gutes Restaurant; wer aber dennoch im Ort zu Abend essen will, kann sich von dem kostenlosen Shuttlebus dorthin bringen lassen. Die Lifts von Creekside sind in ein paar Minuten zu Fuß zu erreichen.

Adara Hotel HOTEL $$

(☎604-905-4665, 866-502-3272; www.adarahotel.com; 4122 Village Green; Zi. ab 160 C$; ❄📶) Das anspruchsvolle, zentral gelegene Adara ist anders als diese ganzen kleineren Lodges, die sich jetzt Boutiquehotels nennen wollen. Es ist mit wenigen, aber schönen Designerstücken geschmückt, u. a. mit unechten Geweihen in der Lobby. Die Zimmer haben Riesenbäder, Flachbildfernseher und iPod-Dockingstations (wer seinen iPod zu Hause vergessen hat, kann sich an der Rezeption einen ausleihen). Trotz der ultracoolen Ästhetik ist das Personal hier herzlich und locker.

HI Whistler Hostel HOSTEL $

(☎604-962-0025; www.hihostels.ca; 1035 Legacy Way; B/Zi. 39/153 C$; 📶@) Da Whistlers früheres HI aus allen Nähten geplatzt ist, wurde dieses tolle, neue Hostel 2010 als Teil des Olympischen Dorfs in der Nähe der Function Junction eröffnet. Es befindet sich 7 km südlich der Stadt und ist per Bus zu erreichen. Das Innere des großen, an eine Lodge erinnernden Gebäudes könnte einem IKEA-Katalog entsprungen sein. Es gibt 188 Betten in Vier-Bett-Schlafsälen und 14 heiß begehrte Doppelzimmer mit Bad. Auf Gäste warten außerdem eine gut ausgestattete Küche, eine Terrasse mit Grillplatz und ein Café.

Riverside RV Resort & Campground CAMPING $

(☎604-905-5533; www.whistlercamping.com; 8018 Mons Rd; Stellplatz Zelt/Hütte/Jurte 35/159/99 C$; 👪) Die nette, freundliche Wohnmobilanlage liegt am Hwy 99 nur wenige Autominuten hinter Whistler. Hier wurden erst vor Kurzem die Zeltstellplätze auf Vordermann gebracht, zudem gibt es gemütliche Hütten und ein paar neue, coole und einfach eingerichtete Jurten mit Strom. Einen Sanitärblock mit heißen Duschen gibt's natürlich auch. Im Junction Café auf dem Gelände wird ein hervorragendes Frühstück (z. B. Lachs mit Eggs Benedict) serviert.

Crystal Lodge HOTEL $$

(☎604-932-2221, 800-667-3363; www.crystallodge.com; 4154 Village Stroll; DZ/Suite ab 130/175 C$; ❄🏊👪) Nicht alle Zimmer im Crystal, einer zentralen Unterkunft aus zwei ziemlich unterschiedlichen Hoteltürmen, sind gleich. Die günstigeren Zimmer im Südturm sind im Stil eines Standardmotels ausgestattet – Bad und Kühlschrank sind die Highlights. Die im Lodge Wing passen mit ihren kleinen Balkonen perfekt zur glanzvollen Lobby aus Stein und frei liegenden Balken. Beide Türme liegen in der Nähe der Restaurants im Dorf und sind weniger als 100 m vom Hauptskilift entfernt.

Chalet Luise B&B $$

(☎604-932-4187, 800-665-1998; www.chaletluise.com; 7461 Ambassador Cres; Zi. ab 125 C$; 📶) Die vor Kurzem renovierte Pension im bayerischen Look liegt fünf Gehminuten vom Dorf entfernt. Sie hat acht helle und sonnige Zimmer mit Möbeln aus Kiefernholz, weiße Federbetten und einen Blumengarten, der sich als hervorragende Kulisse für ein Gläschen Wein am Abend eignet. Oder man legt sich einfach in den warmen Whirlpool und träumt von dem großen Frühstücksbuffet am nächsten Morgen. Parkplatz kostenlos.

Edgewater Lodge HOTEL $$

(☎604-932-0688, 888-870-9065; www.edgewater-lodge.com; 8020 Alpine Way; Zi. ab 150 C$; 📶) Diese Unterkunft mit zwölf Zimmern und einem Top-Restaurant liegt direkt an einem See nur wenige Autominuten hinter Whistler (zu erreichen über Hwy 99). Die Edgewater Lodge ist ein Paradies für Naturliebhaber. Jedes Zimmer erlaubt durch ein riesiges Panoramafenster den Blick auf das glasklare Wasser. Wohl kaum ein Gast wird sich da nicht auf die breiten, mit Kissen ausgelegten Fensterbänke setzen und den Fischadlern bei ihrer Beutejagd zuschauen. Man kann sich auch ein Kajak leihen und über das ruhige Wasser paddeln.

Blackcomb Lodge HOTEL $$

(☎604-935-1177, 888-621-1117; www.whistlerpremier.com; 4220 Gateway Dr; Zi./Suite ab 109/139 C$; ❄@🏊) Hotel in ausgezeichneter Lage am Village Sq. Die Top-Zimmer sind mit tiefen Ledersofas, dunklen Holzmöbeln und kompletter Küche eingerichtet. Die Standard-Zimmer sind fast genauso gemütlich, haben aber keine Küche. Lebensmittel- und Alkoholläden befinden sich in unmittelbarer Nähe.

UBC Whistler Lodge HOSTEL $

(☎604-822-5851; www.ubcwhistlerlodge.com; 2124 Nordic Dr; B Sommer/Winter 30/40 C$)

NICHT VERSÄUMEN

NERVEN WIE DRAHTSEILE

70 m über dem Waldboden durch die dünne Luft zu jagen, ist ja eigentlich eher etwas für Zeichentrickfiguren, doch dank Seilrutschen ist es auch für Traveller aus Fleisch und Blut die beste Möglichkeit, mit der Wildnis von Whistler in Berührung zu kommen. Dabei gleitet man mit einem Klettergurt befestigt an einem Stahlseil durch die Lüfte. Schon bald hat man die Angst überwunden, allein über den Boden hinwegzusausen. Neigt sich die Zeit in den Bäumen dem Ende zu, wagen die Teilnehmer Purzelbäume mitten in der Luft und schreien wie die Verrückten. Die beiden coolen Parcours, die von **Ziptrek Ecotours** (www.ziptrek.com; Erw./Kind ab 99/79 C$) betrieben werden, sind in einem Areal zwischen dem Whistler Mountain und dem Blackcomb Mountain gespannt und sind sowohl in der Sommer- als auch in der Wintersaison geöffnet. Der neuere geführte **TreeTrek-Parcours** (Erw./Kind 39/29 C$) ist ein behutsames Netz aus Übergängen und Hängebrücken und eignet sich besonders für diejenigen, denen nur Luft unter den Füßen nicht ausreicht. Ideal für Familien.

Die Lodge befindet sich auf einem Berg in dem Nordic-Wohngebiet. Die Zimmer sind einfach und nichts Besonderes, dafür aber günstig. Die schmalen Schlafkojen sind an den Wänden befestigt, die Zimmer nur durch Vorhänge abgetrennt.

Fairmont Chateau Whistler HOTEL **$$$**
(☎604-938-8000, 800-606-8244; www.fairmont.com/whistler; 4599 Chateau Blvd; Zi. ab 350 C$) Großherrschaftliche Lobby und gemütliche, palastartige Zimmer, viele davon mit Blick auf die Berge. Nahe genug am Lift, um alle Annehmlichkeiten des Skifahrens am Blackcomb genießen zu können.

Whistler Village Inn & Suites HOTEL **$$**
(☎604-932-4004, 800-663-6418; www.whistlervillageinnandsuites.com; 4429 Sundial Pl; DZ/Suite 119/139 C$;) Vor Kurzem renovierte Unterkunft in einer Zwillingslodge mit rustikalen, schicken Zimmern und kostenlosem Frühstücksbuffet. Gute, zentrale Lage.

Pinnacle International Hotel HOTEL **$$**
(☎604-938-3218, 888-999-8986; www.whistlerpinnacle.com; 4319 Main St; DZ ab 139 C$;) Freundliche, etablierte, an Erwachsenen orientierte Lodge mit Whirlpool in den meisten Zimmern.

Essen

RimRock Café WESTKÜSTE **$$**
(☎604-932-5565; www.rimrockwhistler.com; 2117 Whistler Rd; Hauptgerichte 16–22 C$) Das Lieblingsrestaurant der Einheimischen am Rand von Creekside ist über den Hwy 99 zu erreichen. Auf der Speisekarte stehen Highlights wie sautierte Jakobsmuscheln, Hirschfilet und ein empfehlenswertes Meeresfrüchtetrio mit gegrillten Garnelen, Ahi-Thunfisch und Skilfisch in Nusskruste. Gespeist wird in einem gemütlichen Raum mit zwei Kaminen und auf einer großen, von Blumen gesäumten Terrasse, von wo aus man über die gestressten Autofahrer auf dem Highway lästern kann.

Araxi Restaurant & Lounge WESTKÜSTE **$$$**
(☎604-932-4540; www.toptable.ca; 4222 Village Sq; Hauptgerichte 30–45 C$) Das charmante, höfliche Personal in Whistlers bestem Restaurant serviert eine exquisite und innovative Westküstenküche. Unbedingt den Heilbutt aus BC probieren und dazu eine der 15 000 Weinflaschen leeren. Und unbedingt noch Platz für ein Dessert lassen: Wie wär's mit einer Käseplatte oder dem umwerfenden Käsekuchen mit Äpfeln aus dem Okanagan Valley ... oder beidem?

Christine's Mountain Top Dining KANADISCH **$$**
(☎604-938-7437; Rendezvous Lodge, Blackcomb Mountain; Hauptgerichte 12–22 C$) Das Beste der wenigen Lokale, die sich bei einem sommerlichen Spaziergang auf dem Gipfel oder einem winterlichen Skitag auf den Hängen des Blackcomb Mountain zur Einkehr anbieten. Das zur Rendezvous Lodge gehörende Christine's hat eine Terrasse mit fantastischem Blick, auf der man gegrillte Meeresfrüchte der Saison oder ein Sandwich mit lieblichem Cheddar-Käse genießen kann, der über Apfelholz geräuchert wurde. Reservierung empfohlen.

Crepe Montagne FRANZÖSISCH **$$**
(www.crepemontagne.com; 4368 Main St; Hauptgerichte 8–14 C$) Die kleine, authentische Crêperie – daher auch der französische Akzent des Personals – serviert eine ver-

blüffende Vielzahl an süßen und pikanten Buchweizen-Crêpes, u.a. mit Schinken, Brie, Spargel, Bananen, Erdbeeren und anderen Leckereien gefüllt. Hier kann man auch gut Frühstücken – nach ein paar Waffeln ist man fit für einen Tag auf der Piste.

Beet Root Café CAFÉ $
(29-4340 Lorimer Rd; leichte Hauptgerichte 6–11 C$) Das beste gutbürgerliche Lokal in der Stadt. Man sollte es sich an einem Platz am Fenster gemütlich machen und sich eine frisch zubereitete Suppe, ein dick belegtes Sandwich oder die ausgezeichneten Frühstücks-Burritos bestellen. Es lohnt sich, solange zu warten, bis einem der Duft der fertigen Kekse aus dem Ofen in die Nase steigt. Ein Bissen reicht und man ist süchtig danach.

Gone Village Eatery KANADISCH $
(www.gonevillageeatery.com; 4205 Village Sq; Hauptgerichte 6–12 C$; 🛜) In dem geselligen Lokal mit Parkettboden, das sich hinter Armchair Books versteckt, gibt's herzhaftes Frühstück (gutes Omelett mit Burritos) und Mittagsspecials (Sandwiches, Falafeln oder den Burger-and-Beer-Deal für 10 C$). Den ganzen Tag über werden gebackene Leckereien wie weiche Toffee-Kekse serviert. Hier kann man auch seinen Laptop anschmeißen und seinen Travel-Blog auf den neuesten Stand bringen.

Roundhouse Lodge FAST FOOD $
(Whistler Mountain; Hauptgerichte ab 6 C$) Da das Roundhouse praktischerweise direkt an mehreren Liften liegt, kehrt quasi jeder Skifahrer, der sich auf dem Whistler Mountain austobt, mindestens einmal pro Tag hier ein. Das riesige, einem Food Court ähnelnde Lokal bietet eine enorme Auswahl, u.a. Burger, Pizza und Fish & Chips. Wer es etwas gediegener mag, geht ins **Steeps Grill** mit Bedienung. Der Blick von hier ist phantastisch und die Meeresfrüchtesuppe ein Gedicht.

Sachi Sushi JAPANISCH $$
(106-4359 Main St; Hauptgerichte 8–22 C$) Whistlers bestes Sushi-Restaurant hat mehr zu bieten als nur California Rolls. Das helle, luftige Lokal ist ein lockerer Ort, an dem man nach einem Tag auf Skiern von knusprigen Popcorn-Shrimps über Meeresfrüchtesalat bis hin zu magenwärmenden Udon-Nudeln (die Tempura-Nudeln sind die besten) alles serviert bekommt. An einem kalten Wintertag kommt ein Glas mit heißem Sake wie gerufen.

21 Steps Kitchen & Bar KANADISCH $$
(www.21steps.ca; St Andrews House; Hauptgerichte 14–22 C$) Mit kleinen Tellern für Feinschmecker vermitteln die Hauptgerichte in dem gemütlichen, im Obergeschoss gelegenen Lokal die Atmosphäre eines Gourmetrestaurants. Die Speisekarte ist nicht gerade was für Vegetarier – außer man mag gefüllte Portobello-Pilze. Sie zeichnet sich vielmehr durch Steaks, Koteletts und Meeresfrüchte aus. Die tolle Attic Bar ist bei Einheimischen äußerst beliebt.

Ausgehen & Unterhaltung

Garibaldi Lift Company KNEIPE
(Whistler Village Gondola) Das GLC liegt am dichtesten an den Hängen – Pulverschneefans und Mountainbiker vom Whistler Mountain kommen kurz vor der Veranda zum Stehen. Das riesige Lokal mit groben Steinwänden eignet sich ausgezeichnet, um sich ein Kootenay Mountain Ale und einen dicken GLC-Burger schmecken zu lassen. Und dabei reibt man sich natürlich die Muskeln und erzählt von seinen waghalsigen Abenteuern auf der Piste.

Whistler Brewhouse BRAUEREI
(www.markjamesgroup.com; 4355 Blackcomb Way) Die Kneipe im Stil einer Lodge braut direkt vor Ort ihr eigenes Bier. Und wie bei Künstlern so üblich, lässt man sich von der natürlichen Umgebung inspirieren und verleiht seinen Werken so klangvolle Namen wie Lifty Lager und Twin Peaks Pale Ale. Der ideale Pub, um Selbstgespräche zu führen oder sich auch einfach nur ein Spiel in einem der TVs anzuschauen. Das Essen, u.a. Pasta, Pizza und Fish & Chips, ist für Kneipenessen überdurchschnittlich gut.

Amsterdam Café Pub KNEIPE
(www.amsterdampub.com; Village Sq) Eine Party-Location mit der Atmosphäre einer Eckkneipe. Die Bar liegt mitten im Geschehen und hat viele Getränke-Specials: Das Alexander Keith's Pale Ale ist besonders zu empfehlen. Mit einem preiswerten, üppigen Frühstück am späten Vormittag kann man am nächsten Tag seien Kater auskurieren.

Longhorn Saloon & Grill KNEIPE
(www.longhornsaloon.ca; 4290 Mountain Sq) Mit ihrer alles beherrschenden Veranda am Fuß des Whistler Mountain vermittelt einem diese legendäre Kneipe das Gefühl, dass sie schon da war, bevor die ersten Skifahrer hier auftauchten. Das Kneipenessen ist nichts Besonderes, dafür aber ist die

ABSTECHER

EIN ABSTECHER INS COWBOY-LAND

Die nächste Ortschaft, die nach Whistler am Hwy 99 folgt, ist das freundliche **Pemberton** (www.pemberton.ca), eine Siedlung mit einladender Atmosphäre, die ihre ländlichen Cowboy-Wurzeln nicht verleugnet. Dies erklärt auch, warum das kitschig-coole Maskottchen des Orts Potato Jack ist, eine Kartoffel mit Halstuch. Beim Schlendern durch Pemberton wird man schnell feststellen, dass es hier dank der Tallage deutlich wärmer ist als in Whistler, und zwar sowohl im Sommer als auch im Winter. Die Besucher, überwiegend Outdoor-Begeisterte, verbringen ihre Zeit hauptsächlich zu Pferd: Ausritte organisieren Veranstalter wie **Pemberton Stables** (www.pembertonstables.ca; Tour 45–120 C$) oder **Adventures on Horseback** (www.adventuresonhorseback.ca; 2-std. Tour ab 75 C$). Aber auch Abenteuer in der Luft sind möglich: Das **Pemberton Soaring Centre** (www.pembertonsoaring.com) bietet 15-minütige Schnuppertouren in einem Zwei-Personen-Segelflugzeug für 94 C$ (der Pilot übernimmt das Steuern), während ein spektakulärer, 50-minütiger Gleitflug über die Gletscher und schneebedeckten Gipfel mit 237 C$ zu Buche schlägt. Lautlos über die spielzeugkleinen Wiesen zu gleiten und die imposanten Berge ganz aus der Nähe zu sehen, wird bestimmt eines der Highlights der Reise nach British Columbia sein. Vorschläge zu weiteren Aktivitäten stehen auf der Website des Ortes. Noch besser ist es, im stets munteren **Pony Espresso** (www.ponyespresso.ca; 1392 Portage Rd; Hauptgerichte 8–14 C$) einzukehren, in dem die Einheimischen bei frisch zubereiteter Pizza und Sandwich-Gerichten abhängen und miteinander plaudern. Wer donnerstags zum Bier- und Pizzaabend hereinschaut, dürfte so ziemlich alle Einwohner von Pemberton hier kennenlernen.

Atmosphäre an einem wilden Winterabend unschlagbar.

Garfinkels NACHTCLUB
(www.garfswhistler.com; 1-4308 Main St) Das Garfinkels ist Whistlers größter Club und anscheinend ein Dauerbrenner. Hier werden angesagte Dance Grooves und manchmal auch Livemusik geboten. An den Wochenenden ist es immer rappelvoll – dann sollte man früh kommen.

Moe Joe's NACHTCLUB
(www.moejoes.com; 4155 Golfer's Approach) Dieser Nachtclub ist intimer als das Garfinkels und für diejenigen ideal, die bis zum Umfallen tanzen wollen. Freitagabends ist es immer voll.

Village 8 Cinema KINO
(www.village8.ca; Village Stroll) Aktuelle Kinofilme mitten im Ort.

Praktische Informationen

Infos über den Ort gibt's in den Zeitungen *Pique* oder *Whistler Question*.

Armchair Books (www.whistlerbooks.com; 4205 Village Sq; ⌚9–21 Uhr) Zentral gelegener Buchladen mit guter Reisebuchabteilung.

Custom House Currency Exchange (4227 Village Stroll; ⌚Mai–Sept. 9–17 Uhr, Okt.–April 9–18 Uhr) Praktische Wechselstube im Zentrum.

Northlands Medical Clinic (www.northlandsclinic.com; 4359 Main St; ⌚9–17.30 Uhr) Ambulanz.

Post (106-4360 Lorimer Rd; ⌚Mo–Fr 8–17, Sa 8–12 Uhr)

Öffentliche Bibliothek (www.whistlerlibrary.ca; 4329 Main St; ⌚Mo–Sa 11–19, So 11–16 Uhr; 📶) Wer ins Internet will, muss für zehn Minuten 2,50 C$ zahlen und sich an der Rezeption anmelden.

Whistler Activity Centre (4010 Whistler Way; ⌚10–18 Uhr) Empfehlungen und Buchung von Unternehmungen in der Gegend.

Whistler Visitor Center (www.whistler.com; 4230 Gateway Dr; ⌚8–20 Uhr) Mit Flyern überhäufte Touristeninformation; nettes Personal.

Anreise & Unterwegs vor Ort

Die meisten Besucher kommen mit dem Auto aus Vancouver über den Hwy 99. Man kann aber auch mit einem Wasserflugzeug von **Whistler Air** (www.whistlerair.ca) zum Green Lake fliegen (ab 149 C$, 30 Min., Mai–Sept. 2-mal tgl.).

Die Busse von **Greyhound Canada** (www.greyhound.ca) fahren von Vancouver (ab 25 C$, 2¾ Std., 7-mal tgl.) und Squamish (14 C$, 1 Std., 8-mal tgl.) nach Creekside und Whistler Village.

SkyLynx-Reisebusse von **Pacific Coach Lines** (www.pacificcoach.com) steuern von Vancouver (ab 35 C$, 3½ Std., 6-mal tgl.) und vom Vancouver International Airport aus die Hotels in Whistler an. Der **Snowbus** (www.snowbus.com)

fährt nur im Winter von Vancouver (21 C$, 3 Std., 2-mal tgl.) hierher.

Zugliebhaber können mit dem **Whistler Sea to Sky Climb** (www.rockmountaineer.com) von Rocky Mountaineer Vacations nach Whistler zuckeln. Dieser Zug fährt auf einer malerischen Küstenstrecke von North Vancouver (ab 129 C$, 3 Std., Mai–Mitte Okt. 1-mal tgl.) in den Ort.

Die öffentlichen Busse von **WAVE** (www.busonline.ca) in Whistler (Erw./Kind/Tageskarte 2/1,50/5 C$) sind mit Ski- und Fahrradträgern ausgestattet. Im Sommer verkehren die Busse kostenlos zwischen dem Ort und dem Lost Lake.

SUNSHINE COAST

Die Sunshine Coast – durch die Coast Mountains und die Strait of Georgia vom Lower Mainland getrennt – erstreckt sich über 139 km am Küstenabschnitt von Langdale nach Lund. Sie hat ein eigenständiges, inselartiges Flair, obschon Horseshoe Bay nur eine 40-minütige Fährfahrt entfernt ist. Dank dem Hwy 101, der die wichtigsten Ortschaften wie Gibsons, Sechelt und Powell River miteinander verbindet, lässt sich die gastfreundliche Region leicht erkunden. Das große Freizeitangebot stellt sicher, dass es nie langweilig wird – man kann z. B. Kajak fahren, tauchen oder Künstlerateliers besuchen. Infos gibt's auf der Website von **Sunshine Coast Tourism** (www.sunshinecoastcanada.com); die in der Region angebotenen Aktivitäten finden sich in der Broschüre *Recreation Map & Attractions Guides* (3 C$).

Anreise & Unterwegs vor Ort

Die Fähren von **BC Ferries** (www.bcferries.com) aus Horseshoe Bay in West Vancouver (Pers./Fahrzeug 12,85/43,20 C$, 40 Min., 8-mal tgl.) legen in Langdale 6 km nordöstlich von Gibsons an; im Sommer reservieren. Vom Anleger fahren Busse von **Sunshine Coast Transit System** (www.busonline.ca; Erw./Kind 2,25/1,75 C$) nach Gibsons, Roberts Creek und Sechelt.

Busse von **Malaspina Coach Lines** (www.malaspinacoach.com) fahren zweimal täglich (NS 1-mal tgl.) von Vancouver mit Fährüberfahrt nach Gibsons (30 C$, 2 Std.), Roberts Creek (32 C$, 2½ Std.), Sechelt (40 C$, 3 Std.) und Powell River (58 C$, 5–6 Std.). Die Fähre ist im Fahrpreis enthalten.

Gibsons

4100 EW.

Die erste Anlaufstelle nach der Landung in Langdale und der Fahrt zum Ort ist der hübsche Uferstreifen Gibsons Landing, wo ein Kaleidoskop bunter Holzhäuser über dem Bootshafen thront. Das Bild ist in ganz Kanada als Kulisse der Fernsehserie *Die Strandpiraten* vertraut, die in den 1970er-Jahren gedreht wurde und einen Ort voller Exzentriker zeigte. Seither hat sich am Erscheinungsbild nicht viel geändert. Vom Wasser aus den Hang hinauf erreicht man die Läden in der Hauptstraße von Upper Gibsons und den Hwy 101.

Sobald man die Ortserkundung abgeschlossen hat, kann man sich den freundlichen Leuten im **Sunshine Kayaking** (www.sunshinekayaking.com; Molly's Lane; Kajak 4 Std./24 Std. 40/75 C$; ⌚Mo–Fr 9–18, Sa & So 8–18 Uhr) zuwenden, die Kajaks verleihen und Touren organisieren. Besonders empfehlenswert sind die geführten Touren in der Abenddämmerung (65 C$) und an Vollmondabenden (65 C$).

Zu den besten Unterkünften der Gegend zählt das **Soames Point B&B** (☎604-886-8599, 877-604-2672; www.soamespointbb.com; 1000B Marine Dr; DZ ab 159 C$), eine makellose und ruhige Herberge mit atemberaubendem Blick aufs Wasser. Die große Suite hat einen separaten Eingang, gewölbte Decken und eine eigene Terrasse, auf der man prima frühstücken kann. Wenn die Sonne im Ozean versinkt, bietet sich unten am Wasser eine weitere Terrasse mit Sitzen und Grill als wunderbarer Ort für ein Glas Wein an.

Der beste Ort für ein herzhaftes Frühstück oder einfache Gerichte à la Fish & Chips ist **Molly's Reach** (www.mollysreach.ca; 647 School Rd; Hauptgerichte 7–12 C$); man sollte sich einen Fensterplatz ergattern. Meeresfrüchtefans sollten unterhalb davon **Smitty's Oyster House** (www.smittysoysterhouse.com; 643 School Rd; Hauptgerichte 12–26 C$) nicht versäumen. Zu den perfekt zubereiteten Köstlichkeiten zählen Austern aus der Fanny Bay und goldbraun frittierter Heilbutt.

Infos und Material gibt's in der **Touristeninformation** (☎604-886-2374, 866-222-3806; www.gibsonschamber.com; 417 Marine Dr; ⌚Juli & Aug. 9–17 Uhr, NS verkürzte Öffnungszeiten).

Roberts Creek

3100 EW.

Die Roberts Creek Rd, die vom Hwy 101 abgeht, führt ins Zentrum der ehemaligen Hippie-Enklave, in der immer noch eine sehr relaxte Atmosphäre herrscht. Nachdem man der Straße durch das Dorf gefolgt ist, gelangt man an den **Roberts Creek Pier**, wo man einen Blick hinaus auf die Strait of Georgia hat. Hinter dem Pier liegt ein großer Uferpark mit viel idyllischer Natur – bei Ebbe gibt es sogar einen Strand. Westlich der Ortschaft liegt der **Roberts Creek Provincial Park** (www.bcparks.ca), der sich ebenfalls für ein Picknick am Strand eignet.

Das entspannte **Up the Creek Backpackers** (☎604-885-0384, 877-885-8100; www.upthecreek.ca; 1261 Roberts Creek Rd; B/Zi. 26/75 C$; @) hat alles, was ein tolles Hostel ausmacht: kleine Schlafsäle, ein Privatzimmer und eine Vorliebe für Recycling. Der Regionalbus hält gleich um die Ecke, man kann also mit öffentlichen Verkehrsmitteln anreisen. Wenn man ausgepackt hat, ist man dank der Leihfahrräder mobil.

Für etwas gehobenere Ansprüche empfiehlt sich das **Artist & the Quiltmaker B&B** (☎604-741-0702, 866-570-0702; www.theartistandthequiltmaker.com; 3173 Mossy Rock Rd; DZ ab 125 C$), ein Anwesen im viktorianischen Stil mit drei Zimmern, das einen Halt lohnt. Die große, bei Familien beliebte Suite im Obergeschoss verfügt über eine Einbauküche. Der hübsche Renaissance Room eignet sich ideal für ein paar romantische Stunden zu zweit.

Verpflegen kann man sich im allezeit beliebten **Gumboot Restaurant** (1041 Roberts Creek Rd; Hauptgerichte 7–14 C$). Hier sitzt man mit den Einheimischen zusammen und bekommt ein herzhaftes Abendessen: z. B. Bio-Büffelburger oder die gewaltigen, vegetarischen „Gumboot Garden Sandwiches".

Weitere Infos über das Gebiet finden sich im Netz unter www.robertscreek.com.

Sechelt

8500 EW.

Sechelt ist die zweitgrößte Ortschaft an der Sunshine Coast und eine gute Option für Aktivurlauber mit vielen Optionen zum Wandern, Radfahren, Kajakfahren und Tauchen. Aber auch wer nur kurz bei der Durchfahrt einen netten Zwischenstopp einlegen will, kommt auf seine Kosten.

Der mit Tannen und Riesenlebensbäumen bewaldete **Porpoise Bay Provincial Park** (www.bcparks.ca) liegt 4 km nördlich von Sechelt an der East Porpoise Bay Rd. Hier gibt es einen guten Startpunkt für Kajaktouren und einen Sandstrand, der zum Spazierengehen einlädt, ferner Wege durch den Park und einen **Campingplatz** (www.discovercamping.ca; Stellplatz 24 C$) mit 84 Stellplätzen und sehr willkommenen Warmwasserduschen.

Paddler und Tretbootfahrer können sich bei **Pedals & Paddles** (www.pedalspaddles.com; Tillicum Bay Marina; Leihgebühr 4/24 Std. 40/75 C$) ein passendes Boot leihen oder sich einer geführten Tour auf dem wunderbar ruhigen Wasser des Meeresarms anschließen.

Auf dem **Sechelt Farmers & Artisans Market** (www.secheltmarket.com; ⊙April–Sept. Sa 8.30–13.30 Uhr), der in den Sommermonaten auf dem Parkplatz des Raven's Cry Theatre stattfindet, kann man mit einheimischen Künstlern und Farmern ein Schwätzchen halten. Mitte August ist er Schauplatz des **Sunshine Coast Festival of the Written Arts** (www.writersfestival.ca).

Wer mal wieder luxuriöser übernachten will, sollte auf dem Hwy 101 über Sechelt hinaus bis zum **Rockwater Secret Cove Resort** (☎604-885-7038, 877-296-4593; www.rockwatersecretcoveresort.com; 5356 Ole's Cove Rd; Zi./Hütte/Suite/Zelt 209/209/249/419 C$; 📶🏊) weiterfahren. Das Highlight der dortigen Unterkünfte sind die Luxuszelt-Suiten, die wie Nester oben auf einer steilen Klippe thronen. Mit Camping hat das nichts mehr zu tun – jede dieser Hütten mit Zeltwänden hat einen beheizten Felsfußboden, einen Whirlpool und eine Terrasse mit Blick über die Bucht. Das Resort besitzt zwar ein gutes Restaurant mit Westküstenküche (Hauptgerichte 16–28 C$). Wer allerdings lieber mit Einheimischen abhängen will, ist im **Lighthouse Pub** (5764 Wharf Rd; Hauptgerichte 8–16 C$) richtig, einem munteren Nachbarschaftstreff, wo man bei herzhaftem Kneipenessen den Debatten darüber lauschen kann, ob Gibsons oder Powell River besser ist, während die Boote am Ufer sanft auf den Wellen hin und her schaukeln.

Weitere Auskünfte erteilt die **Touristeninformation** (☎604-885-1036, 877-885-1036; www.secheltvisitorcentre.com; 5790 Teredo St; ⊙Juli & Aug. tgl. 9–17 Uhr, Juni & Sept. Mo–Sa 9–17 Uhr, Okt.–Mai Mo–Sa 10–16 Uhr).

Powell River

13 000 EW.

Vom Hwy 101 bringt einen eine kurze Fährfahrt hinüber in die vor Leben strotzende

GALERIE-HOPPING AN DER SUNSHINE COAST

Während man den Hwy 101 entlanggondelt, sollte man auf die im Wind flatternden lila Flaggen achten. Diese signalisieren, dass auf dem zugehörigen Grundstück ein Künstler arbeitet. In den Besucherzentren und Galerien der Gegend gibt's den *Sunshine Coast Purple Banner*, in dem steht, wo die Ateliers zu finden sind – falls man die Flaggen übersieht – und ob man einfach auf einen Besuch hereinschneien darf; einige Künstler legen Wert auf eine vorherige telefonische Anmeldung. In der Region leben viele Künstler und Kunsthandwerker, die Schmuck herstellen oder mit Holz, Glas, Lehm oder anderen Materialien arbeiten. Weitere Infos finden sich unter www.suncoastarts.com.

Stadt, die einst von den hiesigen Bodenschätzen lebte und heute gewissermaßen das Herz und die Seele der Sunshine Coast ist. Powell River ist schriller als Sechelt und belebter als Gibsons – es bietet sich also am ehesten für einen Aufenthalt an, zumal es auch ein Zentrum für Freizeitunternehmungen unter freiem Himmel ist. Ausführliche Infos dazu gibt es in der **Touristeninformation** (☎604-485-4701, 877-817-8669; www.discoverpowellriver.com; 111-4871 Joyce Ave; ⊙Mai–Sept. Mo–Fr 9–21, Sa & So 10–16 Uhr, Okt.–April Mo–Fr 9–17 Uhr).

Der **Willingdon Beach City Park** westlich des Ortszentrums ist ideal für ein Picknick am Ufer. Das nahe gelegene **Powell River Museum** (www.powellrivermuseum.ca; 4798 Marine Ave; Erw./Kind 2/1 C$; ⊙Juni–Aug. 9–16.30 Uhr, Sept.–Mai Mo–Fr 9–16.30 Uhr) ist in einer Hütte untergebracht, in der anfangs des vorigen Jahrhunderts der Einsiedler Billy Goat Smith hauste, und zwar mit seinen Ziegen. Wer mehr Unternehmungslust verspürt, geht auf Paddeltour; Kajaks verleiht **Powell River Sea Kayak** (www.bcseakayak.com; Vermietung 3/12 Std. 35/44 C$).

Urig übernachtet man im stimmungsvollen **Old Courthouse Inn** (☎604-483-4000, 877-483-4777; www.oldcourt houseinn.ca; 6243 Walnut St; EZ/DZ 94/109 C$), dem früheren Gerichtsgebäude des Ortes, in dem auch die Polizeiwache ihren Sitz hatte. Das historische Ambiente unterstreichen die knarrenden Dielen und die hübsch mit antiquarischen Möbeln eingerichteten Zimmer.

Am Ende eines langen Erkundungstages kann es nichts Besseres geben als ein Bier und ein herzhaftes Essen im **Shinglemill Pub & Bistro** (www.shinglemill.net; 6233 Powell Pl; Hauptgerichte 8–16 C$). Wer einen verwöhnteren Gaumen hat, kann das **Alchemist Restaurant** (www.alchemistrestaurant.com; 4680 Marine Ave; Hauptgerichte 19–33 C$) ausprobieren, wo mit saisonalen und regionalen Zutaten und französisch-mediterraner Kochkunst leckere Hauptgerichte wie in der Pfanne gebratene Muscheln oder Lammkarree mit Ziegenkäseravioli gezaubert werden. Man sollte allerdings etwas Platz und Zeit übrig lassen, um anschließend noch der Platte mit traditionell gereiftem Käse zuzusprechen.

VANCOUVER ISLAND

Vancouver Island ist die größte bewohnte Insel vor der nordamerikanischen Küste. Die Insel ist rund 500 km lang und 100 km breit und mit bunten, oft urigen Gemeinden besetzt, von denen viele auf Holzfäller- oder Fischerdörfer zurückgehen und das Wort „Port" (Hafen) in ihrem Namen führen.

Wenngleich die meisten Einwohner das „ach so hektische" Festland meiden – viele haben noch nie einen Fuß von der Insel gesetzt –, sind die Insulaner doch im Allgemeinen freundlich und aufgeschlossen, aber auch stolz auf ihre Region und deren ausgeprägte Eigenart. Wer einen guten Eindruck schinden will, sollte es unterlassen, von „Victoria Island" zu sprechen – häufig machen Besucher diesen Fehler und ernten dafür ein Augenrollen und eine kaum wahrnehmbare Abkühlung des herzlichen Empfangs.

Sicherlich ist Victoria, die geschichtsträchtige, nie langweilige Hauptstadt von British Columbia, für viele Inselbesucher die erste Anlaufstelle. Traveller sollten aber auch über den Tellerrand hinausschauen: Freunde von Wein und gutem Essen werden in dem landwirtschaftlich geprägten, grünen Cowichan Valley auf ihre Kosten kommen. Wer eine entspannte, familienfreundliche Enklave sucht, ist in den Zwillings-Hafenstädtchen Parksville und Qualicum richtig, während die Brandung an der Westküste Freunde von Aktivitäten in der freien Natur anlockt. Und wer Abgeschiedenheit fern der Massen sucht, sollte sich in den Norden aufmachen, wo mit einem der herrlichsten Wildnisgebiete in British Columbia ein unentdecktes Juwel wartet.

Infomaterial für einen ersten Überblick über die Insel gibt's bei **Tourism Vancouver Island** (☎250-754-3500; www.vancouver island.travel).

Victoria

78 000 EW.

Fast 350 000 Menschen wohnen im Großraum von Vicotria, der postkartenreifen Provinzhauptstadt, die lange Zeit als englischste Stadt Nordamerikas galt. Für Besucher aus Großbritannien war diese sicher eine faustdicke Überraschung, entsprach doch Victoria dem Traumbild eines Englands, das es so nie gegeben hatte: Alle Gärten (in denen sogar hin und wieder Palmen standen) waren makellos, an allen Fahnenmasten flatterte der Union Jack und an allen Nachmittagen wurde Tee aus feinem Porzellan getrunken.

Glücklicherweise ist das abgedroschene Old-England-Bild in den letzten Jahren etwas verblasst. Beflügelt von der Verjüngung der Bevölkerung haben sich in einer sanften Revolution langweilige Touristenpubs, Restaurants und Läden in bunt angestrichene Bohemeläden, Kaffeebars mit Parkettböden und erstaunlich innovative Restaurants verwandelt - also in Orte, auf die jede Stadt stolz sein kann. Es lohnt sich, die Enklaven zu Fuß zu erkunden. Sportfans können jedoch genauso gut in die Pedale treten: Victoria nennt mehr Radwege sein Eigen als jede andere kanadische Stadt. Nach der Erkundungstour locken dann noch das beste Museum British Columbias, ein Park mit einer windigen Uferfront und viele Outdooraktivitäten, darunter Walbeobachtungs- und Kajaktouren.

Sehenswertes

LP TIPP Royal BC Museum MUSEUM

(Karte S. 748; www.royalbcmuseum.bc.ca; 675 Belleville St; Erw./Kind 14,29/9,06 C$; ⏲10–17 Uhr) Den Besuch im besten Museum der Provinz sollte man mit der naturkundlichen Sammlung im 2. Stock beginnen, an deren Eingang ein knopfäugiges, wollhaariges Mammut Wache schiebt. Hier finden sich realistische Dioramen – sehr stimmungsvoll ist der Wald, hinter dessen Bäumen Elche und Grizzlybären hervorspähen. Anschließend lohnt ein gründliches Studium der Ausstellung über die Ureinwohner und ihre Kultur. Faszinierend ist in diesem Abschnitt besonders die Maskengalerie, u.a. mit der frettchenartig wirkenden Maske eines Weißen. Das eigentliche Highlight ist aber die Nachahmung einer Straße aus der Kolonialzeit, in der man herumspazieren kann. Es erwarten einen ein lautes Chinatown, detailgetreu nachgebaute Läden und ein kleines Filmtheater, in dem Charlie-Chaplin-Filme laufen. Zum Museum gehört auch ein **IMAX-Kino**.

GRATIS Parliament-Buildings HISTORISCHES GEBÄUDE

(Karte S. 748; www.leg.bc.ca; 501 Belleville St; ⏲Mai–Sept. tgl. 8.30–17 Uhr, Okt.–April Mo–Fr 8.30–17 Uhr) Gegenüber vom Museum befindet sich das Provinzparlament, ein trotz der Überfülle an Türmchen, Kuppeln und Buntglasfenstern erstaunlich hübsches Gebäude. Das Parlament steht nicht nur den Abgeordneten offen, sondern auch geschichtsinteressierten Besuchern. Kostümierte Angestellte leiten eine abwechslungsreiche 30-minütige **Führung,** bei der man einen Blick hinter die Kulissen des parlamentarischen Betriebs werfen kann. Anschließend bietet sich ein Mittagessen im „geheimen" Politikerrestaurant (s. S. 752) an. Tipp: abends noch einmal vorbeischauen, wenn die hübschen Fassaden wie ein Christbaum beleuchtet sind.

Art Gallery of Greater Victoria KUNSTGALERIE

(Karte S. 746; www.aggv.bc.ca; 1040 Moss St; Erw./Kind 13/2,50 C$; ⏲Mo–Mi, Fr & Sa Fr 10–17, Do 10–21, So 12–17 Uhr) Östlich der Downtown die Fort St nehmen und dann der Ausschilderung zur Galerie folgen: Dort findet man eine der besten Sammlungen von Gemälden Emily Carrs in Kanada. Zu sehen sind deren wirbelnden Landschaftsbilder und häufige Wechselausstellungen. Welche Events gerade geplant sind – u.a. Vorträge, Präsentationen und sogar Single-Abende für einsame Kunstfreunde –, erfährt man auf der Website.

Craigdarroch Castle MUSEUM

(Karte S. 746; www.thecastle.ca; 1050 Joan Cres; Erw./Kind 13,75/5 C$; ⏲Mitte Juni–Aug. 9–19 Uhr, Sept.–Mitte Juni 10–16.30 Uhr) Wer gerade ohnehin für einen Galeriebesuch in dieser Ecke der Stadt ist, sollte sich dieses nur ein paar Gehminuten entfernte elegante Landhaus mit seinen Türmchen nicht entgehen lassen. 39 Zimmer umfasst das hübsche

Vancouver Island

Wahrzeichen, das ein reicher Kohlekönig im 19. Jh. erbauen ließ. Drinnen finden sich viele Antiquitäten und architektonische Details aus seiner Entstehungszeit. Wer die 87 Stufen des Turms erklimmt – unterwegs auch die Buntglasfenster bewundern –, genießt von oben einen wunderschönen Ausblick auf die schneebedeckten Olympic Mountains.

Victoria Bug Zoo ZOO

(Karte S. 748; www.bugzoo.com; 631 Courtney St; Erw./Kind/Jugendl. 9/6/8 C$; ⏲Mo–Sa 10–17, So 11–17 Uhr, NS verkürzte Öffnungszeiten) Ein großer und nicht minder lehrreicher Spaß für Kinder wird der Besuch im farbenfrohen Hauptsaal dieses Insektariums sein, in dem ihnen ausgezeichnete Guides interessante Krabbeltiere wie Froschkäfer, Grillen oder die erschreckend großen dreihörnigen Blatthornkäfer präsentieren. Anschließend steht noch ein Besuch im Souvenirshop an.

Beacon Hill Park PARK

(Karte S. 748) Die vom krachenden Ozean dramatisch eingerahmte Grünfläche ist ein wunderbarer Ort, um die Gewalten der Natur hautnah zu erleben. Bei Sturm peitscht der Wind die Bäume, die oben auf der Klippe stehen. Hier finden sich überdies einige der größten Totempfähle der Welt, ein viktorianisches Cricketfeld, der Meilenstein 0 des Hwy 1 und eine Statue von Terry Fox, dem einbeinigen Läufer, dessen Versuch, ganz Kanada zu durchqueren, die Nation im Jahr 1981 elektrisierte. Wer mit Kindern unterwegs ist, sollte auch der **Kinderfarm** mit ihren Zicklein und stolzen Pfauen einen Besuch abstatten.

Emily Carr House MUSEUM

(Karte S. 746; www.emilycarr.com; 207 Government St; Eintritt gegen Spende; ⏲Mai–Sept. Di–Sa 11–16 Uhr) Die berühmteste Malerin British Columbias wuchs in diesem leuchtend gelben Haus auf, dessen Zimmer im Stil der damaligen Zeit eingerichtet sind und Ex-

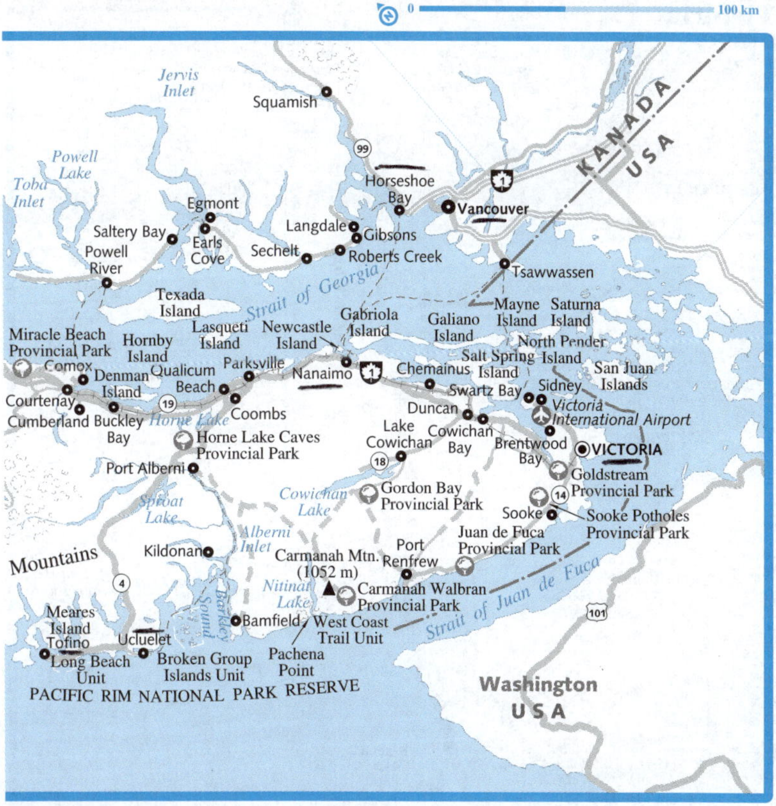

ponate zu Leben und Werk der Künstlerin enthalten. Außerdem wird eine Wechselausstellung zeitgenössischer Künstler aus der Region gezeigt. Wer weitere Bilder von Carr sehen möchte, sollte die **Art Gallery of Greater Victoria** (S. 743) besuchen.

Aktivitäten

Walbeobachtung

Während der Whale-Watching-Saison von Mai bis Oktober fahren diverse Veranstalter Schiffsladungen von in Regenkleidung gehüllten Touristen von Victoria aus aufs Meer hinaus. Die riesigen Meeressäuger lassen sich nicht immer blicken, die meisten Exkursionen schippern jedoch auch zu den Seeelefanten- und Seelöwenkolonien in der Umgebung.

Zu den Veranstaltern gehören:

Prince of Whales (Karte S. 748; ☎250-383-4884, 888-383-4884; www.princeofwhales.com; 812 Wharf St; Erw./Kind 100/80 C$) Alt eingesessener örtlicher Veranstalter.

Springtide Charters (Karte S. 748; ☎250-384-4444, 800-470-3474; www.springtide-charters.com; 1111 Wharf St; Erw./Kind 99/69 C$) Beliebter Veranstalter.

Kajakfahren

Eine Kajaktour vor der Küste von Vancouver Island eignet sich perfekt dazu, die Region kennenzulernen – unterwegs hat man vielleicht sogar das Glück, einen durch die Lüfte schwebenden Adler, herumtollende Robben oder einen von Seesternen übersäten Strand zu erblicken. Man kann sich eine Ausrüstung leihen und auf eigene Faust lospaddeln oder sich einer organisierten Tour zu den Highlights der Wasserwelt anschließen.

Einige Anbieter:

Ocean River Sports (Karte S. 748; ☎250-381-4233; www.oceanriver.com; 1824 Store St; Vermietung 2/24 Std. 30/48 C$; ⏲Mo–Mi & Sa 9.30–18, Do & Fr 9.30–20, So 10–17 Uhr) Beliebte zweieinhalbstündige Hafentouren (65 C$).

Victoria

Sports Rent (Karte S. 748; ☎250-385-7368; www.sportsrentbc.com; 1950 Government St; Kanu 5/24 Std. 39/49 C$; ⏲Mo–Do 9–17.30, Fr 9–18, Sa 9–17, So 10–17 Uhr) Verleiht Ausrüstung, u. a. Kanus, Fahrräder, Zelte und Neoprenanzüge.

Tauchen

Die Unterwasserwelt der Region wartet mit vielen beliebten Tauchspots auf, darunter Ogden Point Breakwater und 10 Mile Point.

Einige etablierte Tourveranstalter und Ausrüstungsverleiher:

Frank Whites Dive Store (Karte S. 748; ☎250-385-4713; 1620 Blanshard St; www.frankwhites.com; ⏲9–17.30 Uhr) Verleiht Tauchausrüstung und veranstaltet Kurse.

Ogden Point Dive Centre (☎250-380-9119, 888-701-1177; www.divevictoria.com; 199 Dallas Rd; ⏲9–18 Uhr) Ein paar Minuten vom Inner Harbour entfernt; verleiht Tauchausrüstung und veranstaltet Kurse.

☞ Geführte Touren

Architectural Institute of BC STADTSPAZIERGANG
(Karte S. 748; ☎604-683-8588, Durchwahl -333, 800-667-0753; www.aibc.ca; 1001 Douglas St; Tour 5 C$; ⏲Juli & Aug. Di–Sa 13 Uhr) Fünf groß-

NICHT VERSÄUMEN

EIN BUMMEL DURCH DIE VIERTEL

Manchmal sollte man den Reiseführer in der Unterkunft lassen und einfach ziellos ein bisschen umherschlendern. Die kompakte, gut zu Fuß zu erkundende Innenstadt von Victoria eignet sich perfekt für einen Spaziergang. Beginnen kann man den Streifzug in **Chinatown** an dem hübschen Tor nahe der Kreuzung Government und Fisgard St. Die kleine Ladenzeile mit Neonschildern und Lebensmittelgeschäften ist eines der ältesten asiatischen Viertel in Kanada; die **Fan Tan Alley** – ein enger Verbindungsweg zwischen der Fisgard St und der Pandora Ave – präsentiert sich als ein Gewirr traditioneller und trendiger Läden, in denen billiger und spaßiger Krimskrams, coole Secondhand-Schallplatten und schräge Kunst angeboten werden. Bei der dreistündigen, abendlichen „Laternentour" von **Hidden Dragon Tours** (www.oldchinatown.com; Erw./Kind 29/14,50 C$) erfährt man alles über die historischen Opiumhöhlen in der Gegend und die Entbehrungen, die die Einwanderer im 19. Jh. zu erdulden hatten.

Von Chinatown geht es dann zum **Bastion Sq** zwischen der Government und der Wharf St. Diese Fußgängerzone mit geschrubbten kolonialzeitlichen Vorzeigebauten befindet sich an der Stelle des alten Fort Victoria. Hier steht auch das **Maritime Museum of British Columbia** (Karte S. 748; www.mmbc.bc.ca; 28 Bastion Sq; Erw./Kind/Jungendl. 12/6/7 C$; ⏲Mitte Juni–Mitte Sept. 9.30–17 Uhr, Mitte Sept.–Mitte Juni 9.30–16.30 Uhr), dessen 400 Schiffsmodelle die reiche nautische Vergangenheit der Region ins rechte Licht setzen.

artige Stadtspaziergänge widmen sich vor allem der Architektur Victorias; sie decken alle Bereiche von Art déco bis zum Kirchenbau ab.

Harbour Air Seaplanes RUNDFLUG
(Karte S. 748; ☎800-665-0212, 604-274-1277; www.harbour-air.com; Rundflug ab 99 C$) Bei dem 30-minütigen Rundflug mit einem Wasserflugzeug vom Inner Harbour aus genießt man einen sagenhaften Blick aus der Vogelperspektive auf Victoria – die Landung auf dem Wasser ist ein echtes Erlebnis.

Radtouren FAHRRAD
(Karte S. 748; ☎250-386-2277, 877-733-6722; www.cycletreks.com; 1000 Wharf St; Tour ab 99 C$; ⏲Mo–Sa 9.30–18 Uhr) Sechsstündige Radtouren am Meeresufer.

Vancouver Island Brewery BRAUEREI
(Karte S. 746; ☎250-361-0005; www.vanislandbrewery.com; 2330 Government St; Führung 6 C$; ⏲ Fr & Sa 15 Uhr) Nach der 30-minütigen Werksbesichtigung kann man vier Biere probieren.

Big Bus Victoria BUS
(Karte S. 748; ☎250-389-2229, 888-434-2229; www.bigbusvictoria.ca; 811 Government St; Erw./Kind 35/17 C$) Bei der 90-minütigen Bustour, bei der man beliebig aus- und zusteigen kann, werden rund 22 interessante Punkte angefahren.

Feste & Events

Dine Around Stay in Town ESSEN
(www.tourismvictoria.com/dinearound) Mitte Februar erhält man drei Wochen lang in vielen Restaurants der Stadt Menüs zu Fixpreisen.

Victoria Day Parade STRASSENFEST
Straßenumzug Mitte Mai mit Tänzerinnen und Musikkapellen.

Victoria SkaFest MUSIK
(www.victoriaskafest.ca) Kanadas größtes Event in Sachen Ska-Musik findet Mitte Juli statt.

Victoria International Jazzfest JAZZ
(www.jazzvictoria.ca) Ende Juni gibt's neun Tage lang Jazz-Performances.

Moss Street Paint-In KUNST
(www.aggv.bc.ca) Mitte Juli stellen bei dem eintägigen Event 100 Künstler ihr Können unter Beweis.

Victoria Fringe Theater Festival THEATER
(www.victoriafringe.com) Ende August werden zwei Wochen lang überall in der Stadt abgefahrene kurze Stücke aufgeführt.

Schlafen

Von traditionellen B&Bs über Mittelklassemotels bis hin zu schicken Quartieren der Spitzenklasse – in Victoria gibt es eine Fülle an Unterkünften für jeden Geldbeutel. In der Nebensaison warten tolle Son-

Downtown Victoria & Inner Harbour

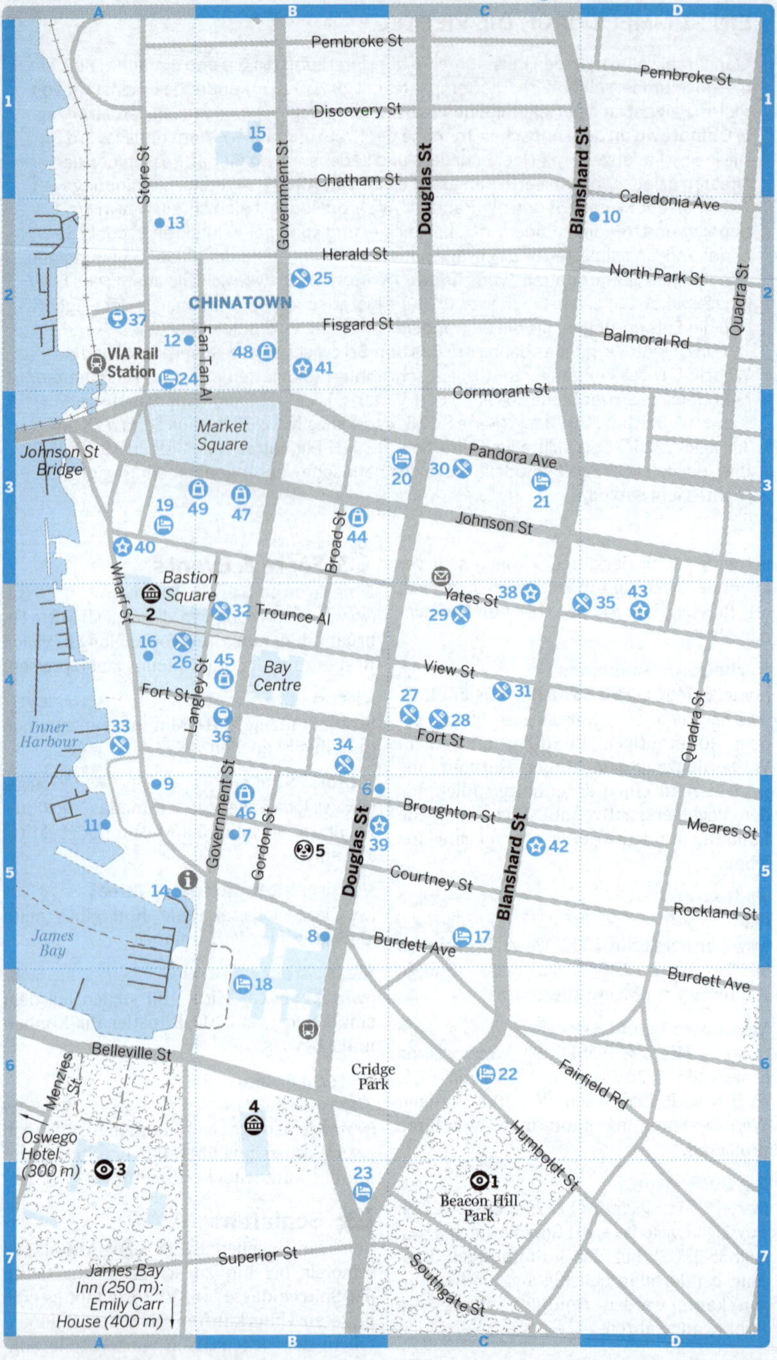

Downtown Victoria & Inner Harbour

Sehenswertes
- 1 Beacon Hill Park C7
- 2 Maritime Museum of British Columbia A4
- 3 Parliament Buildings A7
- 4 Royal BC Museum B6
- 5 Victoria Bug Zoo B5

Aktivitäten, Kurse & Touren
- 6 Architectural Institute of BC B5
- 7 Big Bus Victoria B5
- 8 Cycle BC Rentals B5
- 9 Cycle Treks A5
- 10 Frank Whites Dive Store D2
- 11 Harbour Air Seaplanes A5
- 12 Hidden Dragon Tours A2
- 13 Ocean River Sports A2
- 14 Prince of Whales A5
- 15 Sports Rent B1
- 16 Springtide Charters A4

Schlafen
- 17 Chateau Victoria Hotel & Suites C5
- 18 Fairmont Empress Hotel B6
- 19 HI Victoria Hostel A3
- 20 Hotel Rialto C3
- 21 Ocean Island Inn C3
- 22 Parkside Victoria Resort & Spa C6
- 23 Queen Victoria B7
- 24 Swans Suite Hotel A2

Essen
- 25 Brasserie L'Ecole B2
- 26 Camille's A4
- 27 Dutch Bakery C4
- 28 Fort Café C4
- 29 Hernandéz C4
- 30 John's Place C3
- Legislative Dining Room .... (siehe 3)
- 31 Pig BBQ Joint C4
- 32 ReBar B4
- 33 Red Fish Blue Fish A4
- 34 Tibetan Kitchen B4
- 35 Zambri's D4

Ausgehen
- 36 Bard & Banker B4
- Big Bad John's .... (siehe 39)
- 37 Canoe Brewpub A2
- Swans Brewpub .... (siehe 24)

Unterhaltung
- 38 Cineplex Odeon C4
- IMAX Theatre .... (siehe 4)
- 39 Element B5
- 40 Lucky Bar A3
- 41 McPherson Playhouse B2
- 42 Royal Theatre C5
- 43 Sugar D4

Shoppen
- 44 Ditch Records B3
- 45 Munro's Books B4
- 46 Rogers' Chocolates B5
- 47 Salt Spring Soapworks B3
- 48 Silk Road B2
- 49 Smoking Lilly B3

derangebote. Die **Zimmerreservierung** (☎250-953-2033, 800-663-3883; www.tourismvictoria.com) von Tourism Victoria vermittelt freie Zimmer.

Swans Suite Hotel BOUTIQUEHOTEL $$$
(Karte S. 748; ☎250-361-3310, 800-668-7926; www.swanshotel.com; 506 Pandora Ave; DZ/Suite 199/289 C$; 📶) Auf der anderen Straßenseite vom winzigen Bahnhof – zweimal pro Tag hört man den Zug tuten – befindet sich dieses alte Lagerhaus aus Backstein, das in ein mit reichlich Kunst verziertes Boutiquehotel umgewandelt wurde. Die meisten Zimmer sind geräumige Loftsuiten: Man klettert nach oben in das in einer Giebelnische untergebrachte Schlafzimmer. Alle Zimmer haben Holzbalken, rustikal-schicke Möbel und schwere Ledersofas. Die voll ausgestatteten Küchen sind ein feines Extra, wenngleich ein kontinentales Frühstück ohnehin im Preis inbegriffen ist.

Fairmont Empress Hotel HOTEL $$$
(Karte S. 748; ☎250-384-8111, 866-540-4429; www.fairmont.com/empress; 721 Government St; Zi. ab 189 C$; ❄@≋) Die Zimmer in diesem efeubewachsenen, 100 Jahre alten Wahrzeichen am Inner Harbour sind zwar elegant, aber konservativ und teilweise recht klein. Trotzdem hat das Haus insgesamt Stil und Klasse – vom Curry-Restaurant im britisch-indischen Kolonialstil bis hin zum High Tea mit Blick auf die Uferkulisse. Selbst wenn man hier nicht wohnt, sollte man einmal vorbeischauen und das Ambiente genießen.

Parkside Victoria Resort & Spa HOTEL $$$
(Karte S. 748; ☎250-716-2651, 866-941-4175; www.parksidevictoria.com; 810 Humboldt St; Suite ab 269 C$; 📶≋) Das schicke neue Hotel im

Apartmentstil liegt nur ein paar Block vom Inner Harbour entfernt und bietet komfortable, gut ausgestattete Zimmer, die ideal sind, wenn man zentrumsnah und heimelig wohnen will. Voll ausgestattete Küchen, Balkone und ein Fitnessraum lassen den Wunsch aufkommen, gleich ganz hier einzuziehen. Und dann gibt es da noch ein kleines Kino, das abends kostenlos Filme zeigt.

Hotel Rialto HOTEL $$

(Karte S. 748; ☎250-382-4157, 800-332-9981; www.hotelrialto.ca; 653 Pandora Ave; Zi. 139–249 C$; 📶) Das ehemals gammelige Budgethotel wurde rundum aufgemöbelt und präsentiert sich nun als gut gelegene Unterkunft im Zentrum, die in einem attraktiven, 100 Jahre alten Gebäudedenkmal untergebracht ist. Die 38 modern dekorierten Zimmer sind mit Kühlschrank, Mikrowelle und Flachbild-TV ausgestattet, einige haben neben der Dusche auch eine Badewanne. Die Tapas-Lounge in der Lobby ist zu Recht beliebt und lohnt einen Besuch, auch wenn man nicht hier wohnt.

Oswego Hotel HOTEL $$

(☎250-294-7500, 877-767-9346; www.oswegovictoria.com; 500 Oswego St; DZ/Suite ab 159/229 C$) Victorias schickstes neueres Hotel ist ein von Innenarchitekten designtes Haus in einem ruhigen Wohnviertel. Die Zimmer haben Granitböden und freiliegende Deckenbalken aus Zedernholz, die meisten auch kleine Balkone. In allen findet man Edelstahlküchen und geräumige Badezimmer vor, sodass man meinen könnte, man sei in einer Etagenwohnung und nicht in einer Hotelsuite. Die kleineren Doppelzimmer haben praktische hochwertige Schrankbetten.

Spinnakers Guesthouses B&B $$

(☎250-384-2739; www.spinnakers.com; 308 Catherine St; Zi./Suite ab 159/259 C$; 📶) In Torkelweite vom eigenen, berühmten Brewpub (S. 752) – das Ensemble von nur auf Erwachsene ausgerichteten Gästehäusern bietet Luxus und Komfort ganz wie zu Hause. Das Heritage House ist ein restauriertes Wohnhaus von 1884 mit Antiquitäten, Kaminen und privaten Terrassen. Die größeren Garden Suites wirken modern und haben eine asiatisch inspirierte Dekoration. Im Preis inbegriffen ist ein kontinentales Frühstück der Gourmetklasse.

James Bay Inn INN $$

(☎250-384-7151, 800-836-2649; www.jamesbayinn.com; 270 Government St; Zi. ab 129 C$) Ein paar Gehminuten vom Emily Carr House liegt dieses idyllisch-charmante, gepflegte, altmodisch gestylte Haus. Weniger charmant mag mancher es finden, dass es keinen Aufzug gibt. Wenn man sein Gepäck die Treppe hochgewuchtet hat, wird man aber mit einer großen Auswahl unterschiedlicher Zimmer entschädigt. Die meisten haben einen etwas unruhig gemusterten Teppichboden und Möbel, die zwar alt, aber keine Antiquitäten sind. Es gibt auch einige Einbauküchen, überdies serviert die Nachbarschaftsbar im Erdgeschoss ordentliche Kneipengerichte.

Ocean Island Inn HOSTEL $

(Karte S. 748; ☎250-385-1788, 888-888-4180; www.oceanisland.com; 791 Pandora Ave; B/EZ/DZ ab 27,50/30/55 C$; @📶) Die schrille, farbenfrohe Herberge ist ein Labyrinth von Schlafsälen und Privatzimmern – man sollte eines mit Fenster verlangen. Es gibt eine große Gemeinschaftsküche im Erdgeschoss und eine Lounge mit Alkoholausschank, in der Quizabende und Open Mics stattfinden. Im Angebot stehen auch private Suiten für Selbstversorger am anderen Ende der Stadt, untergebracht in einem charakteristischen Haus in James Bay (ab 128 C$) – Infos dazu findet man unter www.oisuites.com.

HI Victoria Hostel HOSTEL $

(Karte S. 748; ☎250-385-4511, 888-883-0099; www.hihostels.ca; 516 Yates St; B/DZ 31,50/78 C$; @📶) Das gut gelegene, ruhige Hostel bietet zwei große, nach Männlein und Weiblein getrennte und drei kleine gemischte Schlafsäle sowie eine Reihe von Privatzimmern. Aktuell wirkt das Gebäude mit seinen einfachen Schlafsälen, einem großen Spielzimmer und einem mit Bücherwänden versehenen Lesebereich noch etwas steif, es war aber zum Recherchezeitpunkt gerade eine Komplettrenovierung geplant. Wöchentlich gibt's kostenlose Stadtführungen.

Abbeymoore Manor B&B $$

(☎250-370-1470, 888-801-1811; www.abbeymoore.com; 1470 Rockland Ave; Zi. ab 165 C$; 📶) Das romantische Arts-and-Crafts-Stadthaus von 1912 hat ein hübsches, koloniales Äußeres und sieben mit alten Möbeln und viktorianischem Nippes dekorierte Zimmer, von denen einige mit Küche und Whirlpool-Badewanne ausgestattet sind.

Queen Victoria HOTEL $$

(Karte S. 748; ☎250-386-1312, 800-663-7007; www.qvhotel.com; 655 Douglas St; D/Suite ab

133/152 C$; ❄🏊) Ein gepflegter Hochhausblock nahe dem Inner Harbour mit Zimmern wie in einem Businesshotel. Alle sind mit Balkonen und praktischen Kühlschränken ausgestattet, manche auch mit einer Einbauküche.

Chateau Victoria Hotel & Suites HOTEL $$
(Karte S. 748 ☎250-382-4221, 800-663-5891; www.chateauvictoria.com; 740 Burdett Ave; DZ/Suite/Penthouse ab 152/202/400 C$; ❄@🏊) Das perfekt gelegene, gepflegte Hochhaushotel atmet das Flair der Achtziger. Die Zimmer sind sauber, viele davon haben praktische Küchen. Vom Hotelrestaurant im obersten Stock hat man einen atemberaubenden Ausblick.

Essen

Dominierten früher noch Touristenfallen mit armseligen Fish & Chips die hiesige Restaurantszene, so hat Victoria in den letzten Jahren eine radikale kulinarische Kehrtwende hingelegt. Will man wissen, was so auf den Speisekarten steht, lohnt ein Blick ins kostenlose *Eat Magazine*. Im Sommer werden die Öffnungszeiten oft spontan verlängert.

LP TIPP **Fort Café** KANADISCH $
(Karte S. 748; 742 Fort St; Hauptgerichte 6–10 C$; 📶) Der warme und einladende Hipster-Keller bietet genau die richtige Mischung aus tollen Schnellgerichten und coolen Sitzen. Unter den bergeweise aufgehäuften Leckereien ragen die Truthahn-Avocado-Wraps und die Pfeffersteak-Sandwichs heraus. Außerdem gibt's hier alle Biere von Salt Spring Brewing vom Fass. Hinten um die Ecke stehen Atari-Spielautomaten. Sehr beliebt ist der Quizabend (Fr ab 19.30 Uhr). Zu anderen Zeiten kann man sich eines der ausgelegten Brettspiele schnappen. Auch die angeschlossene coole Kaffeestube **Picnic** (506 Fort St) ist sehr nett.

Hernandéz MEXIKANISCH $
(Karte S. 748; www.hernandezcocina.com; abseits 750 Yates St; Hauptgerichte 5–8 C$) Victorias bestes mexikanisches Lokal versteckt sich unauffällig in einer Passage zwischen der Yates und der View St. Schon kurz nach Ladenöffnung bilden sich Schlangen von Einheimischen, denen schon das Wasser im Mund zusammenläuft. Es gibt viele vegetarische Angebote, das *huarache de pollo* – dicke Hähnchentortilla – ist jedoch legendär! Dazu passt perfekt ein Bier der lokalen Phillips Brewing. Die Sitzplätze reichen nie aus, am besten nimmt man sein in Papier gewickeltes Lunchpaket mit und macht ein Picknick im Beacon Hill Park. Nur Barzahlung.

Red Fish Blue Fish SEAFOOD $
(Karte S. 748; www.redfish-bluefish.com; 1006 Wharf St; Hauptgerichte 6–10 C$) An der Uferpromenade zu Füßen der Broughton St liefert der in einem Frachtcontainer untergebrachte Imbiss der treuen Kundschaft frisch zubereitete, gesunde Meeresfrüchte. Highlights wie die Muschelfleisch-Tacos, die Wildlachs-Sandwichs, die Fish &Chips mit Tempura und das Markenzeichen, die sämige Pazifische Fischsuppe, sind allesamt lecker. Man sucht sich dann einfach ein Plätzchen am Strand zum Essen, sollte dabei aber unbedingt die gierigen Möwen im Auge behalten.

Camille's WESTKÜSTE $$
(Karte S. 748; ☎250-381-3433; www.camillesrestaurant.com; 45 Bastion Sq; Hauptgerichte 18–26 C$) Ein charmantes Kellerrestaurant mit einer stets wechselnden Speisekarte, die sich auf saisonale und regionale Zutaten stützt. So gibt es in der Pfanne angebratene Ente aus British Columbia, Garnelen aus heimischen Gewässern oder leckere Desserts aus Früchten und Beeren der Region. Da auch noch die Weinkarte großartig ist, halten sich hier Gourmets gerne auf. Für ein romantisches Abendessen ist das Restaurant auch sehr zu empfehlen.

John's Place FRÜHSTÜCK, KANADISCH $$
(Karte S. 748; www.johnsplace.ca; 723 Pandora Ave; Hauptgerichte 7–17 C$) Der holzgetäfelte, altehrwürdige Speisesaal mit hohen Decken und vielen kuriosen Erinnerungsstücken an den Wänden ist der beste Ort in Victoria für einen Wochenendbrunch, zumal das Essen etwas besser ist als das übliche Diner-Angebot. Beginnen kann man mit den Körben voll leckeren, hausgemachten Brots, sollte aber noch Platz lassen für die reichhaltigen Pastagerichte oder ein belgisches Waffelfrühstück. Und nicht vergessen, sich noch ein dickes Stück Kuchen aus der Vitrine vorne zu bestellen.

Brasserie L'Ecole FRANZÖSISCH $$
(Karte S. 748; ☎250-475-6260; www.lecole.ca; 1715 Government St; Hauptgerichte 20–24 C$) Das französische, rustikale Bistro hat eine freundliche, zwanglose Atmosphäre und leckere Gerichte. Weil Lebensmittel aus der Region im Mittelpunkt stehen, wech-

seln die Gerichte ständig, um saisonale Leckereien wie Feigen, Lachsbeeren oder alte Tomatensorten gebührend zu berücksichtigen. Wir empfehlen die Lammkeule mit Wurzelgemüse in Senf-Sahnesauce und geschmortem Mangold. Biertrinker werden die französischen, belgischen und aus Québec stammenden Flaschenbiere zu schätzen wissen.

Dutch Bakery BÄCKEREI **$**
(Karte S. 748; www.thedutchbakery.com; 718 Fort St; Hauptgerichte 4–7 C$) Die charmante Institution in Downtown mit ihren Resopaltheken, altmodischem Charme, einfachen kleinen Gerichten und Cremekuchen ist seit Jahrzehnten gut besucht. Spricht man mit Stammgästen, empfehlen sie einem vielleicht die Rindfleischpastete mit Tomatensalat und danach ein Stück Obstkuchen. Auch den selbstgemachten Süßigkeiten am Eingang sollte man einen Blick gönnen und sich vielleicht ein Stück Marzipan oder ein paar Schokoladenplätzchen für unterwegs spendieren.

Pig BBQ Joint SANDWICHES **$**
(Karte S. 748; www.pigbbqjoint.com; 749 View St; Sandwichs 5–6 C$) Vegetarier sind in dem Sandwichladen absolut fehl am Platz. Hier steht Fleisch im Mittelpunkt. Besonders begehrt sind die dicken Sandwiches mit langsam gegartem Schweinefleisch nach texanischer Art, es gibt aber auch Sandwichs mit Rinderbrust oder geräuchertem Hähnchen. Zur Mittagszeit bilden sich Warteschlangen, daher lieber früher oder später kommen. Zum Sandwich sollte man ein großes Stück saftiges Maisbrot oder einen Humpen Eistee bestellen. Zum Zeitpunkt der Recherchen war die Eröffnung einer zweiten, größeren Filiale gleich um die Ecke geplant – einfach mal vorbeischauen.

Tibetan Kitchen ASIATISCH **$**
(Karte S. 748; www.tibetankitchen.ca; 680 Broughton St; Hauptgerichte 7–15 C$) Die Mittagsmenüs (draußen auf der Tafel angeschrieben) in dem gemütlichen, mit Holz verkleideten südasiatischen Lokal sind ein echtes Schnäppchen. Als Vorspeise, die man sich teilen kann, bieten sich vegetarische Pakora oder Schoten mit Panir an, als Hauptgang frisch zubereitete Nudeln und Currys. Es gibt viele vegetarische Optionen. Unser Tipp: Das langsam gegarte, mit Ingwer gewürzte Shepta-Rind schmeckt besonders lecker. Als Getränk einen leckeren Litschi-Lassi bestellen.

Legislative Dining Room KANADISCH **$$**
(Karte S. 748; Raum 606 Parlamentsgebäude; Hauptgerichte 6–16 C$) Eines der am besten gehüteten kulinarischen Geheimnisse von Victoria ist das subventionierte Restaurant im Parlamentsgebäude, in dem Abgeordnete und Normalsterbliche von Silbertabletts regionale Gerichte verspeisen, von Salaten mit geräuchertem Tofu über zarte Steaks bis hin zu Shrimp-Quesadillas. Nur Barzahlung; der Zugang führt durch die Sicherheitsschleuse im Haupteingang des Gebäudes.

Zambri's ITALIENISCH **$$**
(Karte S. 748; www.zambris.ca; 820 Yates St; Hauptgerichte 20–25 C$) Das von einem italienischen Koch in zweiter Generation geführte, von außen unscheinbare Restaurant beschränkt sich nicht auf traditionelle Trattoria-Gerichte. Auf der stets wechselnden Karte stehen Gerichte wie herzhafte Kürbissuppe mit in Butter gedünstetem Salbei bis hin zu leckerem Kohlenfisch mit Stängelkohl und pochierten Eiern. Empfehlenswert ist das abendliche Drei-Gänge-Probiermenü. Preisbewusstere begnügen sich mit einem Mittagessen.

ReBar VEGETARISCH, FUSION **$$**
(Karte S. 748; www.rebarmodernfood.com; 50 Bastion Sq; Hauptgerichte 9–16 C$;) Das entspannte, bunt eingerichtete Lokal ist eine Institution. Auf der schicken Speisekarte stehen überwiegend vegetarische Gerichte. Herzhaftes wie Jiaozi mit Shiitake-Tofu oder grünes Thai-Curry wird aber auch Nicht-Vegetarier zufriedenstellen. Gut sind die riesigen Brunchgerichte, vor allem der Bagel mit Schmelzkäse und Lachs. Es gibt hier auch eine reiche Saftauswahl (den Saft aus Orange, Birne und Preiselbeere probieren!).

Ausgehen

Als eine der besten Bierstädte in British Columbia hat Victoria nach allen Regeln der Kunst gebraute Biere und eine ganze Menge ansprechender Kneipen zu bieten. Unbedingt mal die Produkte der im Ort ansässigen Phillips Brewing und der Driftwood Brewery probieren. Im Zuge der Recherche haben wir intensive Feldforschung betrieben.

Spinnakers Gastro Brewpub KNEIPE
(www.spinnakers.com; 308 Catherine St) Der tolle Pub mit Holzdielen liegt ein kurzes Stück vom Inner Harbour entfernt, lohnt aber die Anfahrt, weil dieser Pionier unter den

Kleinbrauereien Spezialitäten ausschenkt: u.a. das kupferfarbene Nut Brown Ale oder das hopfige Blue Bridge Double IPA – benannt nach der himmelblauen Brücke, über die die meisten Zecher ankommen. Auch ruhig Platz für eine Mahlzeit lassen: Zu den saisonalen Gerichten – zu denen oft ein passendes Bier empfohlen wird – gehören Wildlachs genauso wie Muscheln von Cortez Island. Von den riesigen Portionen wird meistens mehr als einer satt.

Big Bad John's KNEIPE

(Karte S. 748; www.strathconahotel.com; 919 Douglas St) Es kann schnell passieren, dass man die kleine, stimmungsvolle Hillbilly-Bar verfehlt, schlichtweg weil man sie wegen der vielen Stammgäste übersieht, die in den deutlich größeren, aber recht uninteressanten Sticky Wicket Pub strömen. Auf den ersten Eindruck fühlt man sich vielleicht, als sei man in einer Kneipe voll Hinterweltler gelandet. Aber keine Sorge: Hier klampfen keine zwielichtigen Figuren auf dem Banjo, sondern Einheimische amüsieren sich einfach in dem höhlenartigen Ambiente mit Erdnussschalen auf dem Fußboden und schmuddeligen BHs, die von der Decke hängen. Der Laden ist wahrscheinlich die lustigste Bar in Victoria.

Canoe Brewpub KNEIPE

(Karte S. 748; www.canoebrewpub.com; 450 Swift St) Die Kneipe hat einen höhlenartigen Schankraum mit unverputzten Backsteinwänden. Das eigentliche Highlight ist aber die Terrasse, die vielleicht schönste der Stadt – an sonnigen Tagen hat man von hier einen herrlichen Ausblick hinüber zur Johnson St Bridge. Zu den flüssigen Spezialitäten des Hauses gehören das hopfige Red Canoe Lager oder das sommerlich-leichte Siren's Song Pale Ale. Auch das hiesige Essen kann sich sehen lassen – besonders zu empfehlen sind die reichhaltige Lammpastete und die Tacos mit Wildlachs.

Bard & Banker KNEIPE

(Karte S. 748; www.bardandbanker.com; 1022 Government St) Der große, altmodisch viktorianisch aufgemachte Pub sieht mit den Kristallleuchtern, Kaminen und der langen Granitbar mit drei Messing-Zapfhähnen schon prächtig aus. Man schnappt sich einen Hocker und bestellt ein Phillips Blue Buck, ein Alexander Keith's aus Nova Scotia oder die Hausmarke Robert Service Ale. Abends spielt Livemusik. Auf der Karte stehen gute Kneipengerichte, knusprig panierter Tintenfisch und eine Platte mit traditionell gereiften Käsesorten.

Swans Brewpub KNEIPE

(Karte S. 748; www.swanshotel.com; 506 Pandora Ave) Das muntere, mit frei liegenden Holzbalken ausgestattete Brauhaus war früher ein Lagerhaus für Weizen, in das die Frachtzüge direkt hineinfuhren. Zu den tollen Bieren des Hauses zählt das malzige Appleton Brown Ale, das einen endgültig vom Budweiser abbringen kann. Aber Platz lassen für die abgefahrene Verbindung von Riley Scotch Ale und dunklen Schokoladentrüffeln.

☆ Unterhaltung

Was ansteht, kann man dem kostenlosen Wochenblatt *Monday Magazine* entnehmen sowie der Website www.livevictoria.com.

Livemusik & Nachtclubs

Lucky Bar NACHTCLUB

(Karte S. 748; www.luckybar.ca; 517 Yates St) Eine Institution in Victorias Downtown ist die Lucky Bar mit Livemusik von Ska und Indie bis Electroclash. Mindestens zweimal die Woche treten Bands auf, an den übrigen Tagen gibt's Clubabende auf dem Dancefloor, darunter mittwochs das „Mode Fest" und samstags eine „Mix Night".

Logan's Pub LIVEMUSIK

(www.loganspub.com; 1821 Cook St) Zehn Gehminuten außerhalb der Downtown in Cook St. Village. Die Sportkneipe wirkt von außen ziemlich durchschnittlich, ist aber mit seinen vielen Gigs eine feste Größe der örtlichen Indie-Szene. Die meisten Auftritte gibt's freitags und samstags, aber auch an vielen anderen Tagen kann auf der Bühne etwas los sein – einfach online einen Blick in den Veranstaltungskalender werfen.

Sugar LIVEMUSIK

(Karte S. 748; www.sugarnightclub.ca; 858 Yates St) In dem beliebten alteingesessenen Club treten schon seit Jahren lokale und tourende Bands auf – hier kann man alles von Bob Marley Tribute Acts bis zu einem ohrenbetäubenden Gastspiel der Dayglo Abortions erwarten. In der Regel ist der zweistöckige Laden nur donnerstags bis samstags geöffnet. Wenn keine Live Acts angesagt sind, legen DJs auf.

Element NACHTCLUB

(Karte S. 748; www.elementnightclub.ca; 919 Douglas St) Der bequem unter den Pubs Sticky Wicket und Big Bad John's zu findende Mainstreamclub ist bekannt für seine samstäglichen Top 40, Hip-Hop und R&B Nights . Auch am Freitag kommt man gerne her. Außerdem treten ziemlich regelmäßig Livebands auf.

Theater & Kinos

In Victorias wichtigsten Schauspielhäusern, dem **McPherson Playhouse** (Karte S. 748; www.rmts.bc.ca; 3 Centennial Sq) und dem **Royal Theatre** (Karte S. 748; www.rmts.bc.ca; 805 Broughton St) mit seinem Rokokointerieur, sind Mainstream-Gastspiele und -Aufführungen die Regel. Im Royal Theater sind auch die **Victoria Symphony** (www.victoriasym phony.bc.ca) und die **Pacific Opera Victoria** (www.pov.bc.ca) zu Hause. 20 Gehminuten von der Downtown entfernt, zeigt das von der Kritik gelobte **Belfry Theatre** (www.belfry.bc.ca; 1291 Gladstone Ave) zeitgenössische Stücke in seiner hübschen Spielstätte, einer ehemaligen Kirche.

Das wichtigste Premierenkino der Stadt ist das **Cineplex Odeon** (Karte S. 748; www.cineplex.com; 780 Yates St). Anspruchsvolle Streifen laufen in UVic's **Cinecenta** (www.cinecenta.com; University of Victoria), während im **IMAX Theatre** (Karte S. 748; www.imaxvictoria.com) des Royal BC Museum monumentale Dokumentationen und Hollywood-Blockbuster laufen.

Shoppen

Die Government St zieht Souvenirjäger magisch an. Wer jedoch auf der Pirsch nach etwas Originellerem ist, sollte sich in der Johnson St zwischen der Store St und Government St umtun. Das heute „LoJo" (Lower Johnson) genannte Altstadtgebiet wimmelt von unabhängigen Läden.

Smoking Lilly KLEIDUNG
(Karte S. 748; www.smokinglily.com; 569 Johnson St) LoJos imageprägender Laden ist eine winzige Boutique mit einem Sammelsurium an Klamotten und Accessoires von künstlerischem Schick. Die Tops und Röcke mit Insektenmustern sind heiß. Aber auch die schicken Handtaschen, Socken und Broschen könnte das Reisebudget belasten.

Ditch Records MUSIKLADEN
(Karte S. 748; www.ditchrecords.com; 635 Johnson St) In dem engen, retromäßig aufgemachten Laden gibt's viele verführerische Scheiben. Musikfans durchstöbern in dem höhlenartigen Ambiente mit den zerschlissenen Teppichen stundenlang die selbstgezimmerten Regale nach Musik von Bands wie den Meatmen oder den Nightmares on Wax. Wie könnte man besser einen verregneten Montagnachmittag überstehen? Und wenn man dann meint, man sollte auch mal unter Leute kommen, kauft man einfach eine Karte für einen anstehenden Gig.

Munro's Books BUCHLADEN
(Karte S. 748; www.munrobooks.com; 1108 Government St) Die hohe Bücherkathedrale ist eine Institution und verlockt zum ziellosen Stöbern. Es gibt eine gute Auswahl an Titeln zur Stadt und zur Region sowie hinten links eine gut sortierte Reiseliteraturabteilung. Die Regale mit Sonderangeboten lohnen sich – da sind nicht nur abgeranzte Ratgeber von anno Tobak zu finden.

Rogers' Chocolates LEBENSMITTEL & GETRÄNKE
(Karte S. 748; www.rogerschocolates.com; 913 Government St) Die charmante, museumsartige Konditorei hat nicht nur die besten Eiscremeriegel der Stadt, sondern vor allem auch eine reiche Auswahl an Sahneschnitten, die süchtig machen und gut und gern ein Mittagessen ersetzen. Die Geschmacksrichtungen reichen von Pfefferminz bis Schoko-Nuss. Die Sachen sind ein tolles Mitbringsel ... wenn sie es überhaupt bis nach Hause schaffen.

Silk Road ESSEN & TRINKEN
(Karte S. 748; www.silkroadtea.com; 1624 Government St) In der Pilgerstätte für Stammkunden und Fans exotischer Tees findet man alles rund um die aromatischen Blätter. Man kann ein paar ausgefallene Mischungen einfach an der Probierbar versuchen. Zum Laden gehört noch ein kleines Wellnessbad mit Ölbehandlungen und Aromatherapie.

Salt Spring Soapworks ACCESSOIRES
(Karte S. 748; www.saltspringsoapworks.com; 575 Johnson St) In dem Bonbonladen für Seifenfans gibt's ein großes, buntes Kaleidoskop an Badekugeln, Körperbutter und Seifen. Alles wird gleich jenseits des Wassers drüben in Salt Spring hergestellt. Und wenn frau ihrem Schatz was Ausgefallenes mitbringen will: Die herb-würzige Rhabarberseife ist der Topseller für Männer.

Praktische Informationen

Downtown Medical Centre (622 Courtney St; ⌚8.30–17 Uhr) Praktisch gelegene Ambulanz.

Hauptpost (Karte S. 748; 706 Yates St; ⌚Mo–Fr 9–17 Uhr) Unweit der Kreuzung Yates St/ Douglas St.

Stain Internet Café (609 Yates St; 3,50 C$/Std.; ⌚10–2 Uhr) Zentral gelegenes Internetcafé mit langen Öffnungszeiten.

Touristeninformation (Karte S. 748; www.tourismvictoria.com; 812 Wharf St; ⌚Juni–Aug. 8.30–20.30 Uhr, Sept.–Mai 9–17 Uhr) Geschäftige Touristeninformation mit vielen Flyern zum Inner Harbour.

An- & Weiterreise

Auto & Motorrad

Budget (www.budgetvictoria.com; 757 Douglas St)

Hertz (www.hertz.ca; 2253 Douglas St)

Bus

Vom städtischen **Hauptbusbahnhof** (Karte S. 748; 700 Douglas St) fahren u. a. Busse von **Greyhound Canada** (www.greyhound.ca) nach Nanaimo (23,30 C$, 2½ Std., 4-mal tgl.) und Port Alberni (40,30 C$, 4–5 Std., 2-mal tgl.). Überdies verkehrt **Pacific Coach Lines** (www.pacificcoach.com) häufig ab/nach Vancouver (ab 28,75 C$, 3½ Std.) sowie vom/zum Vancouver International Airport (40,25 C$, 4 Std.).

Flugzeug

Der **Victoria International Airport** (www.victoriaairport.com) liegt 26 km nördlich der Stadt, zu erreichen über den Hwy 17. **Air Canada** (www.aircanada.com) verbindet Victoria mit Vancouver (ab 73 C$, 25 Min., tgl. bis zu 21 Flüge), **Westjet** (www.westjet.com) mit Calgary (ab 129 C$, 1½ Std., 6-mal tgl.). Beide Fluglinien bieten konkurrierende Verbindungen zu Orten in ganz Kanada an.

Den ganzen Tag über landen im Inner Harbour Wasserflugzeuge von **Harbour Air Seaplanes** (www.harbour-air.com), die in der Downtown von Vancouver starten (145 C$, 35 Min.). Ab/nach Vancouver (ab 149 C$, 35 Min.) fliegen auch Helikopter von **Helijet** (www.helijet.com).

Schiff/Fähre

BC Ferries (www.bcferries.com) fährt von Tsawwassen (Erw./Kind/Fahrzeug 14/7/46,75 C$, 1½ Std.) auf dem Festland nach Swartz Bay, das 27 km nördlich von Victoria am Hwy 17 liegt. Im Sommer fahren die Fähren tagsüber stündlich, in der Nebensaison nach eingeschränktem Fahrplan.

Fähren von **Victoria Clipper** (www.clippervacations.com) verkehren zwischen dem Inner Harbour und Seattle (Erw./Kind 93/46 US$, 3 Std., bis zu 3-mal tgl.). Fähren von **Black Ball Transport** (www.ferrytovictoria.com) fahren auch ab Port Angeles (Erw./Kind/Fahrzeug 15,50/7,75 US$/55 C$, 1½ Std., bis zu 4-mal tgl.), ebenso die Passagierfähren von **Victoria Express** (www.victoriaexpress.com) (10 US$, 1 Std., bis zu 3-mal tgl.).

Zug

Der reizende *Malahat Train* von **VIA Rail** (www.viarail.com) fährt von Courtenay zu Victorias Station an der Johnson St Bridge (53 C$, 5 Std., tgl.). Weitere Haltepunkte auf der Insel sind u. a. Nanaimo, Parksville und Chemainus.

Unterwegs vor Ort

Fahrrad

Victoria ist eine Radfahrerstadt. Die vielen Radwege verlaufen kreuz und quer durchs Stadtgebiet und darüber hinaus. Infos für Radler gibt's auf der Website der **Greater Victoria Cycling Coalition** (www.gvcc.bc.ca). Fahrräder verleiht **Cycle BC Rentals** (Karte S. 748; www.cyclebc.ca; 685 Humboldt St; pro Std./Tag 7/24 C$; ⌚9–18 Uhr).

Vom/Zum Flughafen

Die Minibusse von **AKAL Airporter** (www.victoriaairporter.com) verkehren zwischen dem Flughafen und den Hotels in der Gegend (19 C$, 30 Min.) und bedienen alle An- und Abflüge. Die Fahrt mit einem Taxi nach Downtown kostet rund 50 C$, die Fahrt mit der ganztägig verkehrenden Transit-Buslinie 70 dauert rund 35 Minuten und kostet 2,50 C$.

Öffentliche Verkehrsmittel & Taxi

Die Busse (Fahrkarte Erw./Kind 2,50/1,65 C$) von **Victoria Regional Transit** (www.busonline.ca) decken ein großes Gebiet von Sidney bis nach Sooke ab, auf einigen Strecken fahren auch Doppeldecker. Tageskarten (Erw./Kind 7,75/5,50 C$) erhält man auch in Minimärkten und Lebensmittelläden. Kinder unter fünf Jahren kostenlos.

Verlässliche Taxiunternehmen:

BlueBird Cabs (☎250-382-2222, 800-665-7055; www.taxicab.com)

Yellow Cab (☎250-381-2222, 800-808-6881; www.yellowcabofvictoria.ca)

Schiff/Fähre

Victoria Harbour Ferry (Karte S. 748; www.victoriaharbourferry.com; Tickets ab 5 C$) legt mit seiner bunten Armada badezimmergroßer Kleinboote am Inner Harbour, am Songhees Park (zu Spinnakers Brewpub), bei Reeson's Landing (zur LoJo-Einkaufsmeile) und an anderen Stellen am Gorge Waterway an.

Südliche Vancouver Island

Gar nicht fern vom Gewimmel in Victoria bildet der Süden von Vancouver Island eine entspannte Region mit idyllischen Kleinstädten, baumgesäumten Radwegen, Wanderwegen am Ufer und Felsvorsprüngen, auf denen knorrige Garry-Eichen stehen.

NICHT VERSÄUMEN

AUF DAS FAHRRAD, FERTIG, LOS!

Wenn man sein Fahrrad mit der Fähre vom Festland mitbringt und in Swartz Bay ankommt, kann man gleich auf dem gut zugänglichen und gut markierten **Lochside Regional Trail** bis in die Downtown von Victoria radeln. Die 29 km lange, überwiegend ebene Strecke ist wahrlich keine sportliche Herausforderung – man muss nur ein paar Überführungen überwinden. Die idyllische Fahrt verläuft vorwiegend auf befestigten Wegen durch idyllische Kleinstadtgebiete, durch sanft hügeliges Farmland, Waldstücke und am Meeresufer entlang. Unterwegs kann man sich an mehreren Stellen etwas zu essen kaufen und ist bei gemächlicher Fahrt nach ungefähr vier Stunden in der Stadt. Wenn man schon mal beim Radeln ist, kann man gleich ab Victoria den 55 km langen **Galloping Goose Regional Trail** in Angriff nehmen, eine zum Radweg umgebaute alte Bahnstrecke aus den 1920er-Jahren. Er ist eine der beliebtesten Fahrradstrecken auf der Insel und bringt einen bis in das rustikale, am Ufer gelegene Sooke. Die Strecke ist zwar länger als der Lochside Regional Trail, doch ebenso fast durchgängig eben und daher auch für weniger geübte Radfahrer bestens geeignet. Den Anfang des Trails erreicht man von Victorias Downtown aus über die Johnson St Bridge – unmittelbar rechts dahinter beginnt der Fahrradweg.

Man findet eine reiche und beeindruckende Tierwelt und hat gute Chancen, Weißkopfseeadler zu sehen, die sich in die Lüfte erheben, an den Stränden herumtollende Seeotter und gelegentlich sogar draußen vor der Küste einen vorbeigleitenden Großen Schwertwal.

SAANICH PENINSULA & UMGEBUNG

Auf dieser Halbinsel nördlich von Victoria liegen der wichtigste regionale Flughafen von Vancouver Island sowie der viel stärker frequentierte Fährhafen. Die Gegend hat jedoch mehr zu bieten als nur Verkehrsverbindungen. Einen entspannten Tagesausflug von Victoria entfernt kann man in Sidney, einem Ort am Wasser, in Buchläden stöbern. Noch weiter draußen liegen die beliebtesten Gärten von British Columbia.

SIDNEY

Das am nördlichen Ende der Saanich Peninsula gelegene Küstenstädtchen Sidney besitzt rund ein Dutzend Antiquariate, sodass es sich mit Fug und Recht als „Bücherstadt der Region“ bezeichnen darf.

Wer also nach Büchern stöbern will, kann im Ort z. B. bei **Tanner's** (2436 Beacon Ave) mit seinem großen Angebot an Zeitschriften und Reiseführern einen gemütlichen Nachmittag verbringen. Eine große Auswahl an gebrauchten Büchern bietet auch der Laden **Beacon Books** (2372 Beacon Ave), der von der würdevollen Katze Rosabelle bewacht wird.

Das tolle **Shaw Ocean Discovery Centre** (www.oceandiscovery.ca; 9811 Seaport Pl; Erw./Kind 12/6 C$; ⌚12–17 Uhr) ist das Highlight des Ortes für die Kids. Man betritt es durch einen dramatischen, an Disney erinnernden Eingang, der einem das Gefühl gibt, ins Meer abzutauchen. Anschließend gelangt man in eine Galerie voller Meeresbewohner, darunter verwirrend schillernde Quallen und stachelige Seegurken. In einem Streichelbecken tummeln sich u. a. purpurrote Seesterne und glitschige Seeanemonen. Noch mehr über das Meer erfährt man bei einer Walbeobachtungstour mit Sidney's **Sea Quest Adventures** (www.seaquestadventures.com; 2537 Beacon Ave; Erw./Kind 95/79 C$), dessen Büro nur ein paar Schritte entfernt ist.

Wenn einen der Anblick von Meeresgetier hungrig gemacht haben sollte, kann man sich am Ende des kurzen Piers der Ortschaft im **Pier Bistro** (2550 Beacon Ave; Hauptgerichte 10–16 C$) stärken. Zu Heilbutt und Chips bekommt man gratis einen hübschen Blick aufs Wasser mit dazu. Eine willkommene Alternative zu gebratenen Meeresfrüchten gibt's ganz in der Nähe im munteren **Carlos Express** (2527 Beacon Ave; Hauptgerichte 8–10 C$), das authentische mexikanische Speisen anbietet. Tipp: die Taco-Platte mit drei verschiedenen Stücken für 9,95 C$. Der Imbiss betreibt ein paar Blocks weiter auch ein richtiges Restaurant, wo man zu Abend essen kann. Wer mit Einheimischen ins Gespräch kommen will, sollte einen Abstecher in das mit Kunst geschmückte **Red Brick Café** (2423 Beacon Ave; Hauptgerichte 4–8 C$) machen: Das Café bietet sich für einen Zwischenstopp auf einen Kaffee und eine große Ingwerwaffel an; auch die selbstgemachten Suppen, Chilis und Pizzas sind zu Recht beliebt – vor der Bestellung erst mal einen Blick auf die Tafel mit den Tagesgerichten werfen.

Wenn man in der Gegend absteigen will, bietet sich das neue **Sidney Pier Hotel and Spa** (☎250-655-9445, 866-659-9445; www.sidneypier.com; 9805 Seaport Pl; DZ/Suite 159/299 C$; @) am Wasser an, das ein für die Westküste typisches Wohnflair hat. Passend zum Strand dominieren Pastellfarben. Viele Zimmer haben einen Blick auf den Strand, manche nur einen Seitenblick, aber alle sind mit Werken von regionalen Künstlern geschmückt. Nicht zu übersehen ist das Artefakt in der Lobby: Ein großes Wrackstück des Greenpeace-Boots *Sea Shepherd*.

Auf dem Weg in die „Bücherstadt" informiert das **Visitor Centre** (☎250-656-7102; www.sidney.ca; 2295 Ocean Ave; ⏲10–16 Uhr) über alles, was mit Büchern und sonstigen interessanten Sachen vor Ort zu tun hat.

Der Bus 70 von **Victoria Regional Transit** (www.busonline.ca) verkehrt den ganzen Tag über zwischen Sidney und Victoria (2,50 C$, 1 Std.).

BRENTWOOD BAY

Das sanft gewellte Farmland des am Meer gelegenen Brentwood Bay liegt 30 Autominuten entlang der West Saanich Rd von Victoria entfernt. Es ist vor allem für die **Butchart Gardens** (www.butchartgardens.com; 800 Benvenuto Ave; Erw./Kind/Jugendl. 28,10/2,86/14,05 C$; ⏲Juni–Aug. 9–22 Uhr, NS verkürzte Öffnungszeiten) bekannt, die Top-Besucherattraktion von Vancouver Island. Das makellose Anwesen verteilt sich auf separate blühende Gärten. Im Sommer herrscht ein Riesenansturm, unaufhörlich spucken Reisebusse neue Besucher aus. Dank der abendlichen Musikdarbietungen und des Feuerwerks (Juli & Aug. Sa abends) lohnt sich ein Besuch allemal. Im **Dining Room Restaurant** wird ein toller Nachmittagstee mit Gemüsequiches und Grand-Marnier-Trüffeln angeboten – die guten Vorsätze für die eigene Figur lässt man also am besten außer Acht.

Hat man genügend Zeit, sollte man noch einen Abstecher zu den nahe gelegenen **Victoria Butterfly Gardens** (www.butterflygardens.com; 1461 Benvenuto Ave; Erw./Kind/Jugendl. 12,50/6,50/11,50 C$; ⏲Mai–Aug. 9–17.30 Uhr, NS verkürzte Öffnungszeiten) unternehmen: In einer Freiflughalle ist ein bunter Schwarm Tausender flatternder Falter (rund 75 Arten) zu bewundern. Während die Schmetterlinge kreuz und quer durch die Luft schwirren und sich einem schon mal auf den Kopf setzen, erfährt man Wissenswertes über Lebenszyklen in Ökosystemen, und kann exotische Fische, Pflanzen und Vögel kennenlernen. Ein Auge auf den rotschopfigen Puna-Ibis Spike haben, der auf den Wegen herumstolziert, als gehörten sie ihm.

GEHEIMTIPP

ZEIT FÜR EINE WANDERUNG?

Rund 16 km von Victoria entfernt liegt am Fuß des Malahat Mountain der absolut malerische **Goldstream Provincial Park** (www.bcparks.ca), der über den Island Hwy zu erreichen ist. Er eignet sich für einen relaxten Tagesausflug in die Natur ab Victoria. In dem Park findet man uralte, bemooste Nadelbäume und ein reiches pflanzliches Leben am Boden vor. Bekannt ist der Park als Laichgrund der Ketalachse (Ende Okt.–Dez.). Hungrige Weißkopfseeadler stürzen sich auf die Fische – ein Schauspiel, das sich die Vogelbeobachter mit ihren Kameras nicht entgehen lassen. Naturkundliche Ausstellungen und Infos über das Gebiet gibt es im **Freeman King Visitor Centre** (☎250-478-9414; ⏲9–16.30 Uhr).

Der Park ist nicht nur ein großartiges Gebiet für Naturbeobachter, auch Wandersleut kommen voll auf ihre Kosten: Die markierten Wege sind teils schwer, teils leicht, und einige auch für Rollstuhlfahrer geeignet. Zu den empfohlenen Strecken gehören die Wanderung zu den 47,5 m hohen Niagara Falls (nein, natürlich nicht die berühmten Niagarafälle!) und die abschüssige, anspruchsvolle Route auf den Gipfel des Mt. Finlayson, einer der höchsten Felsvorsprünge in der Region. Das Besucherzentrum kann einem Auskünfte zu den Trails geben und weist einem – sofern man im Park übernachten will – auch den Weg zum bewaldeten **Campingplatz** (☎604-689-9025, 800-689-9025; www.discovercamping.ca; Stellplatz 24 C$).

SOOKE & UMGEBUNG

Auf dem Weg um die ländliche einsame Südspitze von Vancouver Island in Richtung Sooke (von Victoria aus eine 45-minütige Autofahrt) ist der Hwy 14 von zerzausten Garry-Eichen und struppigen Hecken gesäumt. Die Häuser – überwiegend Künstlerateliers und gemütliche B&Bs – verstecken sich gespenstisch im Schatten der Wälder.

Das faszinierende **Sooke Region Museum** befindet sich im gleichen Gebäude wie das Sooke Visitor Centre, mit dem es sich auch die Öffnungszeiten teil. Hier erfährt man alles über die rauen Pionierzeiten, die hier einst herrschten. Anschauen sollte man sich das auf dem Museumsgelände stehende Moss Cottage von 1869, das älteste Wohnhaus westlich von Victoria.

Wer etwas Nervenkitzel braucht, kann sich an den Parcours mit acht Seilrutschen und zwei Hängebrücken von **Adrena LINE** (www.adrenalinezip.com; 5128 Sooke Rd; Erw./Kind 95/85 C$) wagen. Die jeweils zu Vollmond stattfindenden nächtlichen Rutschtouren sind ein großer Spaß; wer keinen eigenen fahrbaren Untersatz hat, kann sich in Victoria abholen lassen.

Entspannter mit der Natur in Kontakt kommen kann man im **Sooke Potholes Provincial Park** (www.bcparks.ca), der über eine 5 km lange Zufahrtsstraße vom Hwy 14 aus zu erreichen ist (die Abzweigung befindet sich östlich von Sooke). Mit seinen Felsteichen und Strudellöchern, die die letzte Eiszeit in das Flussbett gegraben hat, ist der Park ein beliebter Badeort. Man kann sich ferner in Reifenschläuchen übers Wasser treiben lassen oder ein hübsches Plätzchen für ein Picknick suchen. Zeltplätze werden über die Website der **Land Conservancy** (www.conservancy.bc.ca; Stellplatz 21 C$; ⌚Mai–Sept.) vergeben.

Entlang der gesamten Strecke finden sich B&Bs. Das bei Whiffen Spit gelegene **Sooke Harbour House** (☎250-642-3421, 800-889-9688; www.sookeharbourhouse.com; 1528 Whiffen Spit Rd; Suite ab 399 C$) ist eine der hübschesten Unterkünfte in der Provinz, die dem recht happigen Preis auf jeden Fall gerecht wird. Die Räume sind mit Malereien, Skulpturen und Holzschnitzereien geschmückt. Einige der 28 Zimmer haben Kamine und Dampfduschen, alle einen Ausblick über das Ufer mit seinem reichen Tierleben, zu dem herumtollende Seeotter und jagende Kraniche gehören.

Das gefeierte Restaurant des Hotels wird einen gewiss nicht enttäuschen, aber auch das **Edge Restaurant** (6686 Sooke Rd; Hauptgerichte 9–19 C$) lohnt einen Besuch. Das unscheinbar wirkende Lokal ist ein wahrer Gourmettempel, in dem saisonale Zutaten aus der Region frisch zubereitet werden. Die Speisekarte wechselt ständig – man sollte also die Kreidetafel gründlich studieren –, bietet aber oft Köstlichkeiten wie knusprig panierten Thunfisch oder geschmorte Rippchen vom Rind. Die Nachspeisen (z. B. Apfel-Teigtaschen mit geschlagenem Frischkäse) sind hervorragend.

Infos über den Ort und die Umgebung geben die freundlichen Mitarbeiter des **Sooke Visitor Centre** (☎250-642-6351, 866-888-4748; www.sooke-portrenfrew.com; 2070 Philips Rd; ⌚9–17 Uhr, Winter Mo geschl.).

JUAN DE FUCA PROVINCIAL PARK

Der 47 km lange **Juan de Fuca Marine Trail** (www.juandefucamarinetrail.com) im **Juan de Fuca Provincial Park** (www.bcparks.ca) kann es bei Outdoorfans mit dem West Coast Trail (S. 771) aufnehmen. Die Zugangspunkte zum Trail sind – von Osten nach Westen – der China Beach, Sombrio Beach, Parkinson Creek und der Botanical Beach.

Für die gesamte Strecke braucht man rund vier Tage. Der schwierigste Abschnitt befindet sich zwischen dem Bear Beach und dem China Beach – selbstverständlich kann man sich aber auch mit Teilstrecken begnügen. Bitte beachten: Einige Abschnitte sind oft sumpfig und anspruchsvolle, schnelle Wetteränderungen nicht ungewöhnlich; und auch Bären werden hier gesichtet.

An der Strecke gibt es mehrere Zeltplätze in offenem Gelände. Die Campinggebühr (5 C$/Pers.) zahlt man an den Zugangspunkten zur Strecke. Am beliebtesten ist der etwas bequemere, familienfreundliche **China Beach Campground** (☎604-689-9025, 800-689-9025; www.discovercamping.ca; Stellplatz 24 C$); hier gibt es Plumpsklos und Kaltwasser, aber keine Duschen. Am westlichen Ende dieses Strands plätschert ein Wasserfall. Im Sommer sollte man unbedingt reservieren.

Vorab reservieren muss man auch seinen Platz in dem Kleinbus von **West Coast Trail Express** (☎250-477-8700, 888-999-2288; www.trailbus.com), der zwischen Victoria, den Ausgangspunkten des Trails und Port Renfrew fährt (ab 55 C$, Mai–Sept. tgl. in beide Richtungen).

PORT RENFREW

Port Renfrew liegt günstig zwischen dem Juan de Fuca Marine Trail und dem West

Coast Trail und eignet sich daher prima als Zugangspunkt für beide Strecken. In der Nebensaison geht es hier trotz des stürmischen Wetters sehr ruhig zu, während sich im Sommer die kommenden und gehenden Wanderer drängen.

Wer genug von seinem Schlafsack hat, kann in den **Port Renfrew Resorts** (☎250-647-5541; www.portrenfrewresorts.com; 17310 Parkinson Rd; DZ ab 159 C$) absteigen, einer kürzlich renovierten kleinen Ferienanlage am Ufer mit ein paar Zimmern im Motelstil und einigen luxuriösen, holzvertäfelten Hütten. Auch Nicht-Gäste können sich ein Abendessen und ein paar Bier auf der Terrasse des hiesigen Kneipenrestaurants schmecken lassen.

Willkommene Abwechslung von den immer gleichen Pizzas der Campingplätze gibt's im nahe gelegenen **Coastal Kitchen Café** (17245 Parkinson Rd; Hauptgerichte 8–14 C$): frische Salate, Sandwiches, Burger und – falls man noch nicht genug hat – auch Pizzas. Die Hauptattraktion sind die Meeresfrüchte, besonders die Dungeness-Krabben mit Chips. Die Picknicktische draußen nehmen oft Wanderer in Beschlag.

In Port Renfrew gibt's mehrere Läden, in denen man seine Vorräte aufstocken oder auch nur mit anderen Wanderern ins Gespräch kommen kann. Auch im **Besucherzentrum** (www.portrenfrew.com; ⌚Mai–Sept. 10–18 Uhr) gleich links am Ortseingang sollte man vorbeischauen.

Cowichan Valley

Eine flotte Fahrt auf dem Hwy 1 von Victoria Richtung Nordwesten bringt einen in das grüne Cowichan Valley, eine Region, die vor allem für Feinschmecker und Outdoorfans interessant ist. Karten und Infos gibt's bei **Tourism Cowichan** (☎250-746-1099, 888-303-3337; www.tourismcowichan.com).

DUNCAN

5000 EW.

Duncan war einst ein abgelegener Haltepunkt für die Holzwirtschaft – in dem Bahnhof mit dem Giebeldach ist heute ein kleines Museum untergebracht. Der Hauptort im Cowichan Valley, der sich ganz offiziell „City" nennen, dient als nützlicher Ausgangspunkt zur Erkundung der Region. Bekannt ist der Ort auch für Dutzende von Totempfählen, die wie Wachtposten im Ortskern stehen. Sportfans sollten auch einen Blick auf das Gemeindezentrum werfen, vor dem ein „modernes Totem" steht: der kürzlich aufpolierte größte Eishockeyschläger der Welt (mit Puck).

Wenn angesichts der Totempfähle ein Interesse für die Kultur der Ureinwohner erwacht ist, lohnt sich ein Besuch im **Quw'utsun' Cultural & Conference Centre** (www.quwutsun.ca; 200 Cowichan Way; Erw./Kind 13/6 C$; ⌚Juni–Sept. Mo–Sa 10–16 Uhr). Hier erfährt man Wissenwertes über Holzschnitzerei, Perlenstickerei und die traditionellen Lachswanderungen. Im zugehörigen **Riverwalk Café** gibt's authentische indianische Gerichte.

Als Alternative kann man auch zu dem 3 km nördlich der Ortschaft gelegenen **BC Forest Discovery Centre** (www.discoveryforest.com; 2892 Drinkwater Rd; Erw./Kind 15/10 C$; ⌚Juni–Anfang Sept. 10–16.30 Uhr, NS verkürzte Öffnungszeiten) fahren, wo einen Gebäude aus der Pionierzeit, Maschinen der Holzfällerindustrie und ein Dampfzug erwarten.

Hungrige können sich am Wochenende auf dem riesigen **Duncan Farmers Market** (www.marketinthesquare.net; Ecke Ingram St & Market Sq; ⌚Mai–Nov. 9–14 Uhr) im Ortskern mit dem besten Obst und Gemüse der Region und allerlei Gebäck eindecken.

Der gesellige Treff in dem Gebiet ist die **Duncan Garage** (3330 Duncan St; Hauptgerichte 4–9 C$). In dem umgestalteten denkmalwürdigen Gebäude locken ein Buchladen, ein Bioladen und ein munteres Café mit Brunch, Backwaren und kleinen Mittagsgerichten die Einheimischen an. Deftigere Kost in Form von guten Kneipengerichten wie Jambalaya-Pizza sowie ausgezeichnetes Bier aus eigener Herstellung – das Shawnigan Irish Ale probieren – gibt's im **Craig Street Brew Pub** (www. craigstreet.ca; 25 Craig St; Hauptgerichte 11–15 C$), einer Restaurantbar mit urigem Parkett.

LAKE COWICHAN & UMGEBUNG

Westlich von Duncan liegt am Hwy 18 der Uferort Lake Cowichan, der ein ideales Ziel für Outdoorfreaks ist. Der Ort liegt am östlichen Ende des Sees und am angrenzenden Cowichan River und markiert das Ende des **Trans-Canada Trail**, jener gewaltigen Fahrrad- und Wanderroute, die von Newfoundland aus quer durchs Land führt. Auch wer sich nicht an die ganze Strecke wagt, kann sich natürlich mit der großen hölzernen Wegemarkierung auf ein Foto bannen und dann zu Hause die wildesten Geschichten von dem langen und entbehrungsreichen Weg durch Kanada erzählen.

An dem sauberen, von Bäumen gesäumten See kann man einmal richtig durchatmen und erblickt vielleicht Elche und den einen oder anderen Schwarzbären. Der eine oder andere wird auch baden oder ein bisschen wandern. Auch ein Kajakausflug mit den freundlichen Leuten vom **Warm Rapids Inn & Kayak Centre** (☎250-709-5543; www.warmrapidsinn.com) ist eine gute Idee; die Gegend eignet sich prima, um zu lernen, wie man richtig paddelt. Der ganztägige Kurs (inkl. Ausrüstung 150 C$) auf dem nahe gelegenen Fluss wird auf das Leistungsniveau der Teilnehmer abgestimmt. Das Unternehmen vermietet auch gute und heimelige **B&B-Unterkünfte** (Zi. 65–110 C$) und eine coole, freistehende Jurte in den Wäldern (150 C$).

COWICHAN BAY

„Cow Bay", wie die Einheimischen die Siedlung nennen, ist der attraktivste Boxenstopp in der Region und besteht aus einer Reihe bunter Holzhäuser, die auf Stelzen über einem von Bergen eingerahmten Meeresarm stehen. Hier kann man gut einen Nachmittag verbringen, doch könnte sich an manchen Sommertagen bei großem Andrang die Parkplatzsuche schwierig gestalten. Hungrige finden bei **Hilary's Artisan Cheese** (www.hilaryscheese.com; 1737 Cowichan Bay Rd) und **True Grain Bread** (www.truegrain.ca; 1725 Cowichan Bay Rd) alle Zutaten für ein wunderbares Picknick.

Natürlich kann man auch andere für sich arbeiten lassen und sich einfach im **Rock Cod Café** (www.rockcodcafe.com; 1759 Cowichan Bay Rd; Hauptgerichte 8–16 C$) mit herzhaften Fish & Chips eindecken oder auf dem Deck des hübschen **Masthead Restaurant** (www.themastheadrestaurant.com; 1705 Cowichan Bay Rd; Hauptgerichte 22–29 C$) in See stechen – allerdings nur metaphorisch. Hier gibt's ein mehrgängiges Verkostungsmenü mit regionalen Spezialitäten, darunter Meeresfrüchte wie Schnapper im Schinkenmantel, eine erstklassige Aussicht und tolle Weine aus dem Cowichan Valley.

Nach dem Auftanken kann man sich im **Maritime Centre** (www.classicboats.org; 1761 Cowichan Bay Rd; Eintritt gegen Spende; ⌚9 Uhr–Sonnenuntergang) eine Ausstellung zum Bootsbau und fein gearbeitete Schiffsmodelle anschauen. Wer sich vom Ort nicht losreißen kann, übernachtet im freundlichen **Cowichan Oceanview B&B** (☎250-746-5669; www.cowichanoceanviewbb.com; 1778 Fenwick Rd; DZ 85–130 C$;) mit Ausblick aufs Meer. Die wunderbare Gastgeberin Lorraine serviert ein tolles Frühstück; mit etwas Glück kredenzt sie dazu einen Brombeer-Smoothie mit Früchten aus der Umgebung. Das Haus hat zwei Gästezimmer; zu empfehlen ist der Lighthouse Room, der mit seiner Panoramasicht auf die Bucht und dem gigantischen Badezimmer punktet.

CARMANAH WALBRAN PROVINCIAL PARK

Die alten Fichten und Rotzedern in diesem prachtvollen, aber abgelegenen **Park** (www.bcparks.ca) zählen mit nicht selten mehr als 1000 Jahren zu den ältesten Lebewesen in British Columbia. Man muss eine halbe Stunde in das Tal hinunterwandern, um mit den höchsten und ältesten Gesellen

COWICHAN WINE (& CIDER) COUNTRY

Als sich das Cowichan-Valley vor ein paar Jahren zur Provence von Vancouver Island proklamierte, zogen Weinkenner ungläubig die Augenbrauen hoch. Aber das hat sich inzwischen geändert.

Zu den beliebtesten Zielen der Weinregion zählen die **Cherry Point Vineyards** (www.cherrypointvineyards.com; 840 Cherry Point Rd, Cobble Hill; ⌚10–17 Uhr) mit ihrem leckeren Brombeerwein, **Averill Creek** (www.averillcreek.ca; 6552 North Rd, Duncan; ⌚Mai–Okt. 11–17 Uhr) mit seiner tollen Schankterrasse und wunderbaren Pinot Noirs sowie die allzeit beliebte **Merridale Estate Cidery** (www.merridalecider.com; 1230 Merridale Rd, Cobble Hill; ⌚10.30–16.30 Uhr), ein einladender Ciderproduzent, der neuerdings auch Brandy herstellt.

Wer kann, sollte seinen Besuch auf das dreitägige **Cowichan Wine & Culinary Festival** (www.wines.cowichan.net) im September abstimmen, wenn die regionalen Produzenten ihre Produkte bei einer Reihe von Events mit Verkostungen präsentieren.

Weitere Infos über die Weingüter in der Gegend und auf ganz Vancouver Island findet man unter www.wineislands.ca.

mystische Zwiesprache zu halten. Die Wege führen aber über Stock und Stein und sind nur für geübte Wanderer zu empfehlen.

Zum Hauptausgangspunkt des Carmanah Valley Trail nimmt man von Lake Cowichan die South Shore Rd bis zur Nitinat Main Rd und biegt dort links ab; die Nitinat Main bis Nitinat Junction fahren und dort links in die South Main bis zur Caycus River Bridge. Unmittelbar südlich der Brücke nach rechts abbiegen und der Rosander Main 29 km bis zum Ausgangspunkt des Trails folgen (blauweiße Schilder von BC Parks weisen den Weg und bestätigen einem, dass man richtig ist). Achtung: Es handelt sich um Forststraßen! Man hat es also mit holperigen, oft engen Fahrbahnen zu tun und kann ziemlich sicher sein, auf bedrohlich aussehende, mit Baumstämmen beladene Laster zu stoßen – die haben Vorfahrt, die man ihnen aus eigenem Interesse auch gewähren sollte.

CHEMAINUS

4500 EW.

Nachdem 1983 die letzte Sägemühle geschlossen worden war, wurde das winzige Chemainus zum Modell für Gemeinden in British Columbia, die durch den Strukturwandel mit Arbeitsplatzverlusten zu kämpfen haben. Statt sich in einen langsamen Tod zu fügen, bestellten die Verantwortlichen in der Gemeinde eine riesiges Wandbild, das die Geschichte des Ortes darstellt. Später kamen noch mehr als drei Dutzend Kunstwerke hinzu und zogen den Tourismus an. Heute kommen Tagesausflügler von Victoria aus mit dem Zug in den Ort, der 2010 eine eigene Währung einführte: Man erhält den Chemainus Dollar bei den örtlichen Banken … und diese Währung wird in der ganzen Gegend tatsächlich als Zahlungsmittel akzeptiert.

Während man durch die Straßen von Chemainus schlendernd nach den Wandbildern Ausschau hält, kommt man an künstlerisch angehauchten Boutiquen und verführerischen Eisdielen vorbei. Abends gibt's im überraschend großen **Chemainus Theatre** (www.chemainustheatrefestival.ca; 9737 Chemainus Rd) professionelle Produktionen überwiegend von populären Stücken und Musicals – es ist also auch für Unterhaltung gesorgt.

Das in Kooperation mit dem Theater geführte **Chemainus Festival Inn** (☎250-246-4181, 877-246-4181; www.festivalinn.ca; 9573 Chemainus Rd; Zi. 139–249 C$;) – nach Pauschalangeboten mit Eintrittskarten fragen – wirkt wie ein Businesshotel der Mittelklasse in einer weit größeren Stadt. Die Zimmer sind schick und komfortabel; viele haben auch Küchen.

Bei einem Kaffee kann man im **Dancing Bean Café** (www.dancing bean.ca; 9885 Maple St; Hauptgerichte 6–9,50 C$) mit Einheimischen ins Gespräch kommen. Der muntere Treff hat kleine Gerichte (Tipp: das Hühnchensandwich), Livemusik an den meisten Samstagabenden und ein gutes, preisgünstiges Frühstück für 2,22 C$.

Eine Karte mit dem Standort der Wandmalereien und weitere Infos erhält man im **Visitor Centre** (☎250-246-3944; www.chemainus.bc.ca; 9796 Willow St; ⏲Mai–Okt. 9–17 Uhr, NS verkürzte Öffnungszeiten).

Nanaimo

79 000 EW.

Seit Jahren als die schäbige, zweite Stadt auf Vancouver Island verspottet, wird Nanaimo auf Besucher niemals so anziehend wirken wie der Touristenmagnet Victoria. Doch die „Harbour City" hat seit den 1990er-Jahren eine stille Renaissance erlebt: In der Downtown sind einige gute Läden und Restaurants und ein schickes neues Museum entstanden. Mit einer eigenen Fährlinie vom Festland ist die Stadt auch ein Verkehrsknoten, von dem aus sich die Insel erkunden lässt.

Sehenswertes & Aktivitäten

Nanaimo Museum MUSEUM

(www.nanaimomuseum.ca; 100 Museum Way; Erw./Kind/Jugendl. 2/0,75/1,75 C$; ⏲Mitte Mai–Aug. 10–17 Uhr, Sept.–Mitte Mai Di–Sa 10–17 Uhr) Gleich abseits der Hauptverkehrsader, der Commercial St, setzt das glänzende neue Museum das Erbe der Region ins rechte Licht. Es spannt den Bogen von den Ureinwohnern über die Kolonialzeit und der Schifffahrt bis hin zum Sport. Zu den Highlights zählen die Ausstellung über die Küsten-Salish und die nachgebaute, begehbare Kohlenzeche, die bei Kindern sehr beliebt ist. Am Eingangsschalter nach den im Sommer stattfindenden „Kneipen- und Friedhofstouren" fragen.

Newcastle Island Marine Provincial Park PARK

(www.newcastleisland.ca) Nanaimos Naturjuwel – man kann in Ruhe wandern und radfahren, es gibt Strände und die Möglichkeit,

Nanaimo

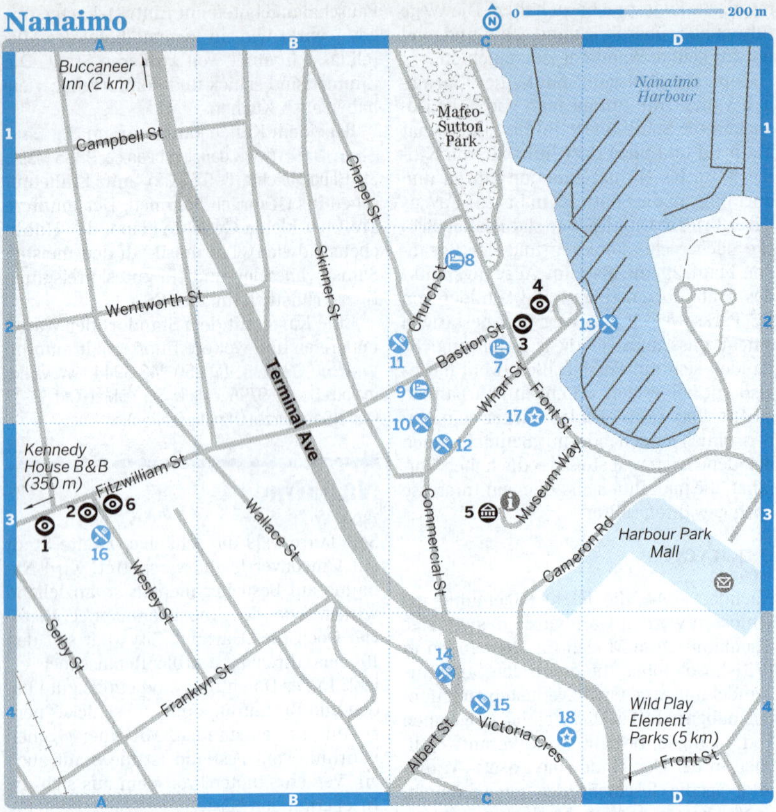

Tiere in freier Wildbahn zu beobachten. Das Gelände wurde von den Küsten-Salish besiedelt, zu deren traditionellem Territorium es immer noch gehört. Später war es dann der Standort von Schiffswerften und Kohlenminen, ehe es in den 1930er-Jahren zu einem beliebten sommerlichen Ausflugsziel umgewandelt wurde und ein Teehaus bekam. Man erreicht den Park vom Hafen aus mit einer zehnminütigen Fährfahrt (Erw./Kind 4/3 C$). Im Sommer gibt es ein Ausfluglokal und regelmäßig Tanzdarbietungen der Ureinwohner.

Bastion HISTORISCHES GEBÄUDE

(www.nanaimomuseum.ca; Ecke Front & Bastion St; Erw./Kind 1 C$/frei; ⏲Juni–Aug. 10–15 Uhr, Mai & Sept. verkürzte Öffnungszeiten) Der Holzturm am Ufer wurde zum Zeitpunkt der Recherchen renoviert. Er wurde 1853 als Befestigungsanlage von der Hudson's Bay Company errichtet und 1974 an die heutige Stelle versetzt. Für die Touristen wird um 12 Uhr in einer kurzen, aber netten Zeremonie eine der Kanonen abgefeuert – selbst die „Kanonenkugeln" aus Styropor könnten einem schon die Rippen brechen. Ganz in der Nähe findet der wöchentliche **Nanaimo Downtown Farmers Market** (www.nanaimofarmersmarket.com; ⏲Mai–Okt. Fr 10–14 Uhr) statt.

Old City Quarter STADTVIERTEL

(www.oldcityquarter.com; Ecke Fitzwilliam & Wesley St) Geht man vom Ufer den Hügel hinauf, gelangt man in wenigen Minuten zu den ein paar Straßenblocks einnehmenden denkmalgeschützten alten Gebäuden, in denen heute unabhängige Läden, Galerien und Restaurants ihren Sitz haben. Zu den Highlights zählen **Artzi Stuff** (309B Wesley St) mit Schmuck aus der Region und selbstgefertigten Seidenschals und **A Wee Cupcakery** (www.aweecupcakery.com; 407 Fitzwilliam St) mit ihren unwiderstehlichen Butterkuchen, u.a. dem tollen „Nanaimo Bar".

Nanaimo

Just Dive In Adventures GEFÜHRTE TOUR
(☎250-754-2241; www.justdiveinadventures.com; Tauchexkursionen/Bootstouren 95/79 C$) Die beliebteste und wohl auch lustigste Exkursion, die dieser Veranstalter im Angebot hat, ist die Schnorcheltour an der Seite von Pelzrobben. Man trifft dabei höchstwahrscheinlich auf Dutzende der verspielten Gesellen und sieht vielleicht auch ein, zwei Große Schwertwale. Auch Tauchgänge werden veranstaltet: Die Gewässer in der Region gehören zu den besten Sporttauchgründen Kanadas – oft lassen sich sogar Meerwölfe und pazifische Riesenkraken blicken. Wer die Meereswelt etwas müheloser erleben will, kann sich einer Bootssafari anschließen.

Wild Play Element Parks VERGNÜGUNGSPARK
(www.wildplay.com; 35 Nanaimo River Rd; Erw./Kind ab 40/20 C$; ⏲Mitte Juni–Aug. 10–18 Uhr, NS verkürzte Öffnungszeiten) Die frühere Bungee-Jumping-Anlage wurde zu einem fünfteiligen Hindernisparcours in den Baumwipfeln ausgebaut. Sobald man angeschirrt ist, kann man sich an die Seilrutschen, Seilbrücken, Tunnels und Schwungseile wagen, die unterschiedliche Grade körperlicher Fitness verlangen.

Schlafen

Painted Turtle Guesthouse HOSTEL $
(☎250-753-4432, 866-309-4432; www.paintedturtle.ca; 121 Bastion St; B 26,12 C$, Zi. 45–98 C$; @📶) Die beispielhafte Budgetherberge im Herzen der Downtown hat Schlafsäle für vier Personen, Familien- und Privatzimmer. Das Haus ist mit Dielenböden und Möbeln im IKEA-Look ausgestattet. Als Extras gibt es eine große, einladende Küche, eine Waschküche und in den Zimmern eingebaute Duschen. Vorn an der Rezeption kann man Aktivitäten im Ort buchen – aber vielleicht faulenzt man ja auch lieber nur am Kamin in der Lounge und spielt Tischfußball.

Kennedy House B&B B&B $$
(☎250-754-3389, 877-750-3389; www.kennedyhouse.ca; 305 Kennedy St; Zi. 85–125 C$) Das vom Ufer den Hügel hinauf gelegene B&B ist eines der wenigen in Nanaimo, das halbwegs nahe beim Stadtzentrum liegt – genau gesagt, in der Nähe der VIA-Rail-Station und des Old City Quarter. In der restaurierten, von außen imposanten alten Stadtvilla von 1913 gibt es zwei hübsche Gästezimmer voll altem Schnickschnack und einigen modernen Features. In dem eleganten, ruhigen, auf Erwachsene ausgerichteten Haus erhält man ein tolles warmes Frühstück, sodass man gestärkt in den Tag startet.

Buccaneer Inn MOTEL $$
(☎250-753-1246, 877-282-6337; www.buccaneerinn.com; 1577 Stewart Ave; EZ/Suite ab 79/149 C$; 📶) Das von einer Familie geführte Motel liegt in bequemer Nähe zum Fähranleger an der Departure Bay und präsentiert sich mit einem makellos weißen Anstrich. Nett und ordentlich sind auch die mit nautischen Motiven gestalteten Zimmer, von denen viele Einbauküchen haben. Die geräumigen Suiten bieten darüber hinaus einen Kamin, eine voll ausgestattete Küche sowie einen Flachbildfernseher.

Coast Bastion Inn HOTEL $$
(☎250-753-6601, 800-663-1144; www.coasthotels.com; 11 Bastion St; Zi. ab 139 C$; 📶) Das führende Hotel in der Downtown hat eine unschlagbare Lage über dem Hafen, auf

den man von den meisten Zimmern aus einen guten Blick hat. Die Zimmer wurden in den letzten Jahren stilvoll-modern möbliert und bieten jetzt Flachbild-TVs und vielfach auch einen kleinen Kühlschrank. Das Barrestaurant in der Lobby ist ein beliebter Treff. Überdies gibt es ein Spa zum Entspannen.

Dorchester Hotel HOTEL $$
(☎250-754-6835, 800-661-2449; www.dorchesternanaimo.com; 70 Church St; Zi./Suite ab 119/129 C$;) Am Ufer gelegenes Hotelhochhaus mit Zimmern im Business-Style und einem extrem lahmen Aufzug.

Grand Hotel Nanaimo HOTEL $$
(☎250-758-3000, 877-414-7263; www.thegrandhotelnanaimo.ca; 4898 Rutherford Rd; Zi. ab 149 C$; @) Am Stadtrand gelegenes Hotel im Business-Style mit einigen Luxussuiten.

Essen

Gabriel's Café FUSION $
LP TIPP (183 Commercial St; Hauptgerichte 4–8 C$;) Das Ladenlokal in guter Lage ist eine echte Offenbarung. Nach einem Schwätzchen mit dem Besitzer, der selber hinter der Theke steht, widmet man sich den frisch zubereiteten Köstlichkeiten: Sandwiches mit langsam gegartem Schweinefleisch und Apfel-Cider-Barbecuesauce oder dem beliebten thailändischen Kokoscurry mit grünem Chili. Zu seinen Gerichten hat sich der Koch bei seinen Reisen inspirieren lassen. Auch für Vegetarier ist bestens gesorgt – den Burger mit schwarzen Bohnen probieren. Veganische Gerichte stehen zwar nicht auf der Karte, werden auf Wunsch aber ebenfalls zubereitet. Da es im Laden nicht viel Platz gibt, nimmt man seinen Snack wie das Frühstücksbrötchen mit Räucherlachs und Frischkäse vielleicht einfach mit und verzehrt es am nahen Ufer. Unbedingt auch den hausgemachten Himbeer-Eistee mit frischer Minze probieren.

Penny's Palapa MEXIKANISCH $$
(10 Wharf St H Dock; Hauptgerichte 8–12 C$; ⏲April–Okt.) Die kleine, mit Blumen und Flaggen geschmückte schwimmende Hütte mit Terrasse ist ein hübscher Ort für ein Essen unter freiem Himmel inmitten der dicht an dicht liegenden Boote. Die einfallsreiche, preisgünstige mexikanische Karte enthält saisonales Seafood – empfehlenswert sind die Heilbutt-Tacos als Markenzeichen des Lokals – und einige gute vegetarische Optionen. Man sollte früh kommen, da sich an lauen Sommerabenden die Terrasse schnell füllt. In puncto Drinks dreht sich hier alles um Margaritas.

Wesley Street Restaurant WESTKÜSTE $$
(www.wesleycafe.com; 321 Wesley St; Hauptgerichte 15–29 C$; ⏲Di–Sa mittags & abends) Nanaimos bestes Nobelrestaurant gäbe auch in Victoria eine gute Figur ab. Für die Gerichte werden regionale Zutaten verwendet, die pfiffig-modern zubereitet und angerichtet werden. Die oft wechselnde Speisekarte ist saisonal zugeschnitten und bietet beispielsweise Lachs aus den Gewässern von Haida Gwaii, Muscheln aus der Qualicum Bay und Ente aus dem Cowichan Valley. Das Essen sollte man in aller Ruhe genießen. Ein Schnäppchen ist das Drei-Gänge-Menü für 30 C$, das von Dienstag bis Donnerstag angeboten wird.

Pirate Chips FAST FOOD $
(1 Commercial St; Hauptgerichte 4–10 C$) Die Einheimischen kommen vor allem wegen der besten Fritten vor Ort – die mit Curry sind zu empfehlen –, schätzen aber auch das schrille Ambiente und das kuriose Piratendekor. Der Laden ist eine perfekte Anlaufstelle, wenn man spätabends noch was essen will: sogar Poutine und frittierte Schokoladenriegel sind erhältlich. Wer meint, beides auf einen Schlag verdrücken zu müssen, findet auf S. 765 die Adresse des örtlichen Krankenhauses.

Thirsty Camel Café NAHÖSTLICH $$
(www.thirstycamelcafe.ca; 14 Victoria Cres; Hauptgerichte 8–14 C$) Ein leckeres orientalisches Festmahl kann man sich in dem sonnigen kleinen, von einer Familie geführten Lokal gönnen, das sich an der Ecke der Victoria Cres versteckt. Alle Speisen sind frisch zubereitet, man bekommt herzhafte Falafel, leckeren Hummus und einige stark gewürzte Wintersuppen. Zu empfehlen sind die Teller für zwei (besonders das persische Hühnchen mit würziger Kruste); es gibt auch ein paar ausgezeichnete vegetarische Optionen, die sogar Fleischfreunden zusagen werden.

Mon Petit Choux Café & Bakery BÄCKEREI $
(120 Commercial St; Hauptgerichte 7–9 C$) Der muntere Nachbarschaftstreff hat erstaunlich gute kleine Gerichte. Zu den französisch inspirierten Favoriten zählen die Sandwiches mit gebratenem Hähnchen oder mit Preiselbeeren sowie die erstaunliche Flammkuchen mit geräuchertem Schinken und karamellisierten Zwiebeln. Am Nachmittag kann man hier gut einen

DIE SCHNELLSTE WANNE IM WESTEN

Das **World Championship Bathtub Race** (www.bathtubbing.com) wurde 1967 anlässlich des 100. Jahrestags der Stadt erstmals durchgeführt. Inzwischen ist das größte regionale Event im Sommer fester Bestandteil im Festkalender und wird von der Loyal Nanaimo Bathtub Society veranstaltet. Zu den viertägigen Feierlichkeiten Ende Juni, bei denen die Schifffahrt im Mittelpunkt steht, gehören ein Straßenfest, ein Umzug und ein riesiges Feuerwerk. Das Hauptereignis bleibt aber ohne Frage das große Rennen, bei dem Hunderte von Seebären in ihre eigens gefertigten, badewannengroßen Gefährte springen – in den Umbau einiger Boote werden mehr als 3000 C$ gesteckt. Die 58 km lange Strecke hat es ganz schön in sich. Die rasante Fahrt geht um Entrance und Winchelsea Island und endet – sofern man ankommt – an der Departure Bay. Für den 90-minütigen Sprint sind Rennbootmotoren Standard. Tausende von Zuschauern erwarten an der Bucht den Einlauf der Gladiatoren in einem begeisternden Finish. Hat man das Rennen gesehen, wird man das nächste Mal wahrscheinlich mit viel Ehrfurcht in eine Badewanne steigen.

Kaffee trinken und dazu gebackene Leckereien wie Kirsch-Schoko-Strudel oder *pain au chocolat* essen.

Modern Café' KANADISCH $$
(221 Commercial St; Hauptgerichte 9–19 C$; ⌚9–23 Uhr) Die umgestaltete alte Kaffeestube bietet ein cooles, gemütliches Ambiente mit unverputzten Backsteinwänden und bequemen Sitzecken. Bei warmem Wetter kann man draußen auf der Terrasse etwas Sonne tanken. Auf der Speisekarte stehen Wraps, Burger und Sandwiches, die ein wenig besser als die übliche Diner-Kost sind. Es gibt auch kleine Portionen für Zwischendurch. Vor Kurzem wurde im oberen Stock ein Nachtclub eröffnet.

Ausgehen & Unterhaltung

Longwood Brewpub BRAUEREI
(www.longwoodbrewpub.com; 5775 Turner Rd) Das Brauhaus in einem hübschen Steingebäude mit Giebeldach befindet sich unpassenderweise in einer neuen Einkaufszone. In dem Pub gibt's erstaunlich gutes Essen und dazu leckere Biere der hauseigenen Brauerei. Man sollte einen Tisch auf der Terrasse ergattern und dann seine Wahl zwischen so leckeren Gerichten wie Cajun-Chicken-Quesadilla oder Wraps mit Heilbutt und Krabben treffen – Vegetarier halten sich an die Gemüselasagne. Passionierte Biertrinker machen mit den vier Probiergläsern zu 0,18 l (6,63 C$) sicher nichts falsch – dabei unbedingt das Russian Imperial Stout mitbestellen!

Dinghy Dock Pub KNEIPE
(www.dinghydockpub.com; 8 Pirates Lane) Das muntere Kneipenrestaurant liegt vor der Küste von Protection Island vor Anker und ist mit einer kurzen Fährfahrt zu erreichen. Wo, wenn nicht hier könnte man besser mit ein paar Teerjackenträger ins Gespräch kommen und an Deck ein paar Biere kippen? Die Speisekarte bietet nicht viel mehr als die üblichen Kneipenklassiker, doch am Wochenende hält einen ohnehin Livemusik in Schwung. Man erreicht den Pub mit der Fähre vom Hafen aus (hin & zurück 9 C$, 10 Min.).

Queen's Hotel LIVEMUSIK
(www.thequeens.ca; 34 Victoria Cres) Der beste Livemusik- und Tanzschuppen der Stadt hat eine bunte Palette an Veranstaltungen und Clubabenden im Programm, von Indie bis zu Jazz und Country.

Port Theatre THEATER
(www.porttheatre.com; 125 Front St) Präsentiert Aufführungen lokaler und tourender Theatertruppen.

Avalon Cinema Centre KINO
(Woodgrove Centre, 6631 N Island Hwy) Nanaimos beliebtestes Blockbuster-Kino; Multiplex mit zehn Sälen.

Praktische Informationen

Nanaimo Maps & Charts (☎250-754-2513; 8 Church St; ⌚Mo–Sa 9–17.30, Sa 10–16 Uhr) Ausgezeichneter Buchladen mit einer guten Auswahl an Karten und Reiseführern.

Nanaimo Regional General Hospital (☎250-754-2121; 1200 Dufferin Cres)

Post (☎250-267-1177; Harbour Park Mall; ⌚Mo–Fr 8.30–17 Uhr)

Tourism Nanaimo (☎250-754-8141; www.tourismnanaimo.com; 2290 Bowen Rd; ⌚Mai–Aug. 9–18 Uhr, NS verkürzte Öffnungszeiten)

Am Stadtrand; es gibt aber eine Downtown-Zweigstelle im Gebäude des Museums.

An- & Weiterreise

Bus

Busverbindungen von **Greyhound Canada** (www.greyhound.ca) gibt es ab Victoria (23,30 C$, 2½ Std., 4-mal tgl.), Campbell River (30,80 C$, 3 Std., 2-mal tgl.), Port Alberni (25,80 C$, 1½ Std., 2-mal tgl.) und Tofino (46,30 C$, 4 Std., 2-mal tgl.).

Flugzeug

Der **Nanaimo Airport** (www.nanaimoairport.com) liegt 18 km südlich der Stadt, zu erreichen über den Hwy 1. **Air Canada** (www.aircanada.com) fliegt ganztägig ab Vancouver (ab 98 C$, 25 Min.) nach Nanaimo.

Zahlreiche Wasserflugzeuge von **Harbour Air Seaplanes** (www.harbour-air.com) landen im Inner Harbor; sie starten in Downtown Vancouver (79 C$, 25 Min.) und am Vancouver International Airport (67 C$, 20 Min.).

Schiff/Fähre

Die Fähren von **BC Ferries** (www.bcferries.com) aus Tsawwassen (Pers./Fahrzeug 14/46,75 C$, 2 Std.) legen am Duke Point 14 km südlich von Nanaimo an. Die Fähren aus Horseshoe Bay in West Vancouver (Pers./Fahrzeug 14/46,75 C$, 95 Min.) legen in Departure Bay 3 km nördlich des Stadtzentrums an, zu erreichen über den Hwy 1.

Zug

Täglich trudelt der Zug *Malahat* von **VIA Rail** (www.viarail.com) ein. Er kommt aus Victoria (27 C$, 2½ Std.) und hält u. a. in Parksville (20 C$, 35 Min.) und Courtenay (27 C$, 2 Std.).

Unterwegs vor Ort

Die Downtown von Nanaimo rund um den Hafen ist leicht zu Fuß zu erkunden, ansonsten aber werden die Wege weit und man braucht ein Auto oder muss ein geübter Radfahrer sein. Achtung: Taxifahrten sind ein teurer Spaß!

Die Busse von **Nanaimo Regional Transit** (www.busonline.ca; Einzel-/Tagesticket 2,25/5,75 C$) halten an der Gordon St westlich der Harbour Park Mall. Bus 2 fährt zum Fähranleger in Departure Bay. Zum Duke Point gibt es keine städtischen Busse.

Nanaimo Airporter (www.nanaimoairporter.com) Tür-zu-Tür-Shuttle (26 C$) von beiden Fähranlegestellen in die Downtown.

Parksville & Qualicum

Die Region im Zentrum der Insel, die eine Zeit lang Oceanside hieß, ist wieder dazu zurückgekehrt, sich nach ihren beiden zusammenhängenden Hauptorten zu benennen, da niemand so recht wusste, wo Oceanside zu finden sein sollte.

Sehenswertes & Aktivitäten

Coombs Old Country Market MARKT
(www.oldcountrymarket.com; 2326 Alberni Hwy, Coombs; ⌚Juli & Aug. 9–19 Uhr, NS verkürzte Öffnungszeiten) Mittelpunkt der immer größer werdenden Ansammlung von Lebensmittel- und Kunsthandwerksständen ist ein großer Laden voller Backwaren und frischen Gemüsen. An lauen Sommertagen lockt er viele Besucher an. Gern fotografiertes Motiv sind die Ziegen, die in der warmen Jahreszeit auf dem grasbewachsenen Dach leben. Drinnen findet man riesige Eiswaffeln, dick belegte Pizzas und alle Leckereien für ein tolles Picknick. Nachdem man hier eingekauft hat, kann man sich noch gut eine Stunde in den Läden umsehen, die sich drum herum angesiedelt haben.

Milner Gardens & Woodland GARTEN
(www.milnergardens.org; Erw./Kind/Jugendl. 10 C$/frei/6 C$; 2179 W Island Hwy, Qualicum Beach; ⌚Mai–Aug. tgl. 10–17 Uhr, April & Sept. Do–So 10–17 Uhr) Das attraktive Sommeridyll verbindet ausgedehnte Waldwege, die im Schatten jahrhundertealter Bäume liegen, mit Gartenbeeten voller Blumen und prächtiger Rhododendren. Ein verschlungener Pfad führt hinunter zu dem aus den 1930er-Jahren stammenden **Teehaus,** das auf einer spektakulären Klippe über dem Wasser thront. Hier kann man sich auf der Veranda einen Nachmittagstee (8,75 C$, 13–16 Uhr) gönnen, während man den Strand mit seinen vielen Vögeln und die schneebedeckten Berggipfel am Horizont im Blick hat.

World Parrot Refuge NATURSCHUTZGEBIET
(www.worldparrotrefuge.org; 2116 Alberni Hwy, Coombs; Erw./Kind 12/8 C$; ⌚10–16 Uhr) In der ausgezeichneten Einrichtung werden exotische Vögel gepflegt und aufgepäppelt, die aus der Gefangenschaft erlöst wurden. Besuchern wird das Mantra gepredigt, dass Papageien und Sittiche keine Schoßtiere sind. An der Rezeption sollte man sich Ohrenstöpsel geben lassen und dann die gesunden, sehr stimmkräftigen Vögel besuchen, von denen der eine oder andere einem ein deutliches „Hello" entgegenkrächzt.

Horne Lake Caves Provincial Park PARK
(www.hornelake.com; Führung Erw./Kind ab 20/17 C$; ⌚Juli & Aug. 10–17 Uhr, NS verkürzte Öffnungszeiten) Der Horne Lake Caves

Provincial Park liegt 45 Autominuten von Parksville entfernt (den Hwy 19 Richtung Courtenay und dann die Ausfahrt 75 nehmen und von dort noch 12 km über die Schotterpiste rumpeln). Der Abstecher lohnt sich dennoch, gibt es hier doch die besten Möglichkeiten zum Höhlenwandern in British Columbia. Zwei Höhlen können Besucher auf eigene Faust erkunden. Alternativ nimmt man an einer Führung durch die spektakuläre Riverbend Cave teil, in der man die Felsformationen „Heulender Wolf" und „Lächelnder Buddha" bestaunen kann.

Schlafen & Essen

LP TIPP **Free Spirit Spheres** HÜTTEN $$
(250-757-9445; www.freespiritspheres.com; 420 Horne Lake Rd, Qualicum Bay; Hütte ab 125 C$) In den drei kugelförmigen, mit Seilen in den Bäumen befestigten Behausungen können sich die Gäste gewissermaßen im Blätterdach des Waldes einspinnen. „Eve" ist klein und einfach ausgestattet, während „Eryn" und „Melody" wie kleine Boote mit eingebauten Kabinen, Nischen und mp3-Lautsprechern versehen sind. Bei der Übernachtung hält man Zwiesprache mit der Natur – statt Fernseher gibt's Bücher. Das bedeutet aber nicht, dass man auf allen Komfort verzichten muss: Die Gäste erhalten bei der Ankunft einen Korb mit Backwaren. Und vor Ort – und zwar auf festem Untergrund – gibt es einen Komplex mit Sauna, Grillplatz und Duschen wie im Hotel. Für einen Aufenthalt im Sommer rechtzeitig reservieren!

Inn the Estuary B&B $$
(250-468-9983; www.inntheestuary.com; 2991 Northwest Bay Rd, Nanoose Bay; Suite 175 C$;) Das versteckt abseits der Straße liegende hübsche B&B-Refugium ist der Natur ganz nah. Die beiden freistehenden Suiten haben riesige Panoramafenster, durch die man auf das sumpfige Vogelschutzgebiet der Bucht blickt. Man hört die zwitschernden Vögel und gelegentlich das Rascheln von Hirschen im Wald. Die Zimmer bieten modernen Schick: Kamine, Küchen und Badewannen mit Whirlpool. Gäste können kostenlos Fahrräder und Kajaks ausleihen.

Crown Mansion BOUTIQUEHOTEL $$
(250-752-5776; www.crownmansion.com; 292 E Crescent Rd, Qualicum Beach; Zi. ab 145 C$;) Die hübsche, weiß gestrichene Villa wurde 1912 als ein aufwendiger Familiensitz errichtet und 2009 nach einer glanzvollen Renovierung als Hotel eröffnet. Während man am Kamin in der Bibliothek sitzt, kann man die Geschichte der Familie Revue passieren lassen und sich erinnern, dass hier schon Bing Crosby und John Wayne zu Gast waren. Die eleganten Zimmer haben gewaltige Betten und Badezimmer mit Fußbodenheizung. Im Preis ist ein kontinentales Frühstück inbegriffen – Frühaufsteher ergattern den Tisch am Fenster.

Blue Willow Guest House B&B $$
(250-752-9052; www.bluewillowguesthouse.com; 524 Quatna Rd, Qualicum Beach; EZ/DZ/Suite 120/130/140 C$) Das liebenswerte B&B ist ein überraschend geräumiges Cottage im viktorianischen Stil mit Bücherwänden im Wohnzimmer, frei liegenden Deckenbalken und einem duftenden Landgarten. Die beiden Gästezimmer und die eine Suite mit separatem Eingang sind mit Antiquitäten ausgestattet und sehr gemütlich. Die Liebe zum Detail gilt auch für das Gourmetfrüh-

ABSTECHER

BEI KUH & KÄSE

Auf der **Morningstar Farm** (www.morningstar farm.ca; 403 Lowry's Rd, Parksville; Eintritt frei; Mo–Sa 9–17 Uhr) kann man erfahren, was es mit den örtlichen Produkten so auf sich hat. Die kleine Farm ist auch eine kinderfreundliche Besucherattraktion – kleine Entdecker werden sich im Kuhstall umgucken und mit den freilaufenden Schweinen, Ziegen und Hühnern Freundschaft schließen. Aber auch die Erwachsenen kommen auf ihre Kosten. Im Laden **Little Qualicum Cheeseworks** werden die Frischkäsespezialitäten und der selbst geräucherte Schinken der Farm verkauft, einem leckeren Picknick steht also nichts im Wege. Der cremige, leicht pilzige Brie ist ein Renner, noch empfehlenswerter ist aber der Qualicum Spice, eine mit Zwiebeln, Knoblauch und süßer Paprika gewürzte Käsespezialität. Und zu allem Überfluss hat die Farm vor Kurzem auch noch die **Mooberry Winery** eröffnet, wo man zum Käse Blaubeer-, Preiselbeer- oder Stachelbeerwein genießen kann.

stück, das im Gewächshaus aufgefahren wird und zu dem es selbstgebackene Leckereien gibt.

Fish Tales Café SEAFOOD **$$**

(www.fishtalescafe.com; 336 W Island Hwy, Qualicum Beach; Hauptgerichte 8–21 C$) Die Institution von Qualicum mutet wie ein englisches Teehaus alter Schule an, lockt aber schon seit Jahren die Einheimischen mit seinen perfekten Fish & Chips an. Es lohnt sich aber auch, die nicht frittierten Gerichte zu probieren: Empfehlenswert ist der Teller für zwei mit Muscheln, Garnelen und Räucherlachs. Wer früh kommt, findet noch einen Tisch draußen im Garten.

Shady Rest KANADISCH **$$**

(3109 W Island Hwy, Qualicum Beach; Hauptgerichte 10–19 C$) Der entspannte Nachbarschaftstreff thront hoch über dem von Muschelschalen übersäten Strand an der Hauptdurchfahrtsstraße von Qualicum und ist bei Einheimischen und Besuchern gleichermaßen beliebt. Es punktet mit perfekt zubereitetem Kneipenessen – zu empfehlen ist der ausgezeichnete Heilbutt-Burger –, das man sich bei ein paar entspannenden Bierchen wie einem leckeren Sea Dog Amber Ale schmecken lassen kann. Am Wochenende gibt's einen herzhaften Brunch

Praktische Informationen

Mehr über die Region – zu der auch das ländlich geprägte Coombs gehört – erfährt man bei der örtlichen **Tourismusvereinigung** (☎250-248-6300, 888-799-3222; www.visitparksvillequalicumbeach.com) oder von den freundlichen Mitarbeitern des **Qualicum Beach Visitor Centre** (☎250-752-95326; www.qualicum.bc.ca; 2711 W Island Hwy; ⌚Mitte Mai–Mitte Sept. 8.30–18.30 Uhr, Mitte Sept.–Mitte Mai Mo–Sa 9–16 Uhr).

An- & Weiterreise

Busse von **Greyhound Canada** (www.greyhound.ca) fahren ab Victoria (35,80 C$, 3–4 Std., 5-mal tgl.) u. a. über Nanaimo (14,90 C$, 40 Min., 4-mal tgl.) und Campbell River (27,30 C$, 2 Std., 2-mal tgl.) nach Parksville. Die gleichen Busse fahren ähnlich häufig und zu ähnlichen Preisen auch nach Qualicum Beach.

Der täglich verkehrende Zug Malahat von **VIA Rail** (www.viarail.com) *Malahat* fährt ab Victoria (34 C$, 3½ Std.) u. a. über Nanaimo (20 C$, 40 Min.) und Courtenay (20 C$, 80 Min.) nach Parksville. Der Zug bedient auch Qualicum Beach zu vergleichbaren Fahrtzeiten und Preisen.

Port Alberni

17 500 EW.

Die wichtigsten Wirtschaftszweige der Stadt, die Fischerei und die Forstwirtschaft, sind seit Jahrzehnten im Niedergang begriffen. Dafür eignet sich das bequem am Hwy 4 zwischen der Ost- und der Westküste der Insel gelegene Port Alberni gut für Outdoor-Exkursionen. Ferner gibt es noch ein paar interessante historische Attraktionen und ein überraschend gutes Weingut.

Sehenswertes & Aktivitäten

Cathedral Grove PARK

(www.bcparks.ca) Der Hain zwischen Parksville und Port Alberni bildet den mystischen Höhepunkt des MacMillan Provincial Park. In dem im Sommer oft von Besuchern überlaufenen Park – Vorsicht, die queren auch schon mal den Highway! – winden sich zugängliche Forststraßen durch ein dichtes Blätterdach. Hier stehen einige der ältesten Bäume von British Columbia, darunter jahrhundertealte Douglasien mit einem Stammdurchmesser von mehr als 3 m. Man kann ja mal versuchen, solch einen Baumriesen zu umarmen ...

Alberni Valley Museum MUSEUM

(www.alberniheritage.com; 4255 Wallace St; Eintritt gegen Spende; ⌚Di–Sa 10–17, Do bis 20 Uhr) Das mit einem Sammelsurium von Artefakten der Ureinwohner und der Pioniere gefüllte Museum ist eine faszinierende Lokalattraktion. In der Ausstellung über den West Coast Trail erfährt man, dass diese Route einst ein wichtiger Rettungsweg für die Opfer von Schiffbrüchen war. Geschichtsfans sollten sich auch die Fahrt mit der städtischen **Alberni Pacific Railway** (Erw./Kind/Jugendl. 30/15/22,50 C$) zur **McLean Mill** nicht entgehen lassen, einem nationalen Geschichtsdenkmal und der einzigen noch in Betrieb befindlichen, dampfgetriebenen Sägemühle Kanadas.

Emerald Coast Vineyards Wine Shop WEINGUT

(www.emeraldcoastvineyards.ca; 2787 Alberni Hwy; ⌚Mai–Sept. Di–So 12–17 Uhr, Okt.–April Do–Sa 12–16 Uhr) Das hübsche, von einer Familie geführte Weingut mit seinem Holzgiebel wirkt wie an den falschen Ort versetzt, ist aber ein Zeichen dafür, dass sich Alberni von seiner Vergangenheit als Industriestadt lösen will. Drinnen werden kostenlose Kostproben aus den hier angebauten Reben geboten – der süße Blaubeer-Portwein macht Lust auf mehr.

Wild West Watersports WASSERSPORT
(www.wildwestwatersports.com; 4255 Wallace St) An der Ecke eines schäbigen früheren Fabrikgeländes am Wasser macht sich dieser örtliche Veranstalter die oft herrschenden kräftigen Winde zunutze und bietet Kiteboard- und Windsurfing-Unterricht. Verleiht Bretter und Kajaks.

MV Francis Barkley GEFÜHRTE TOUR
(www.ladyrosemarine.com; 5425 Argyle St; hin & zurück 50–74 C$) Nach dem Verkauf der altehrwürdigen *Lady Rose* finden die idyllischen Tagesausflüge zum Barkley Sound heute auf der *MV Francis Barkley* statt.

Batstar Adventure Tours GEFÜHRTE TOUR
(www.batstar.com; 4785 Beaver Creek Rd) Veranstalter mit bunt gemischtem Programm: von geführten Fahrradtouren in die Wildnis bis hin zu mehrtägigen Kajaktouren rund um die Broken Group Islands. Abenteuer pur.

Schlafen & Essen

Hummingbird Guesthouse B&B $$
(☎250-720-2111, 888-720-2114; www.hummingbirdguesthouse.com; 5769 River Rd; Suite 125–160 C$;) Das moderne B&B wirkt mit seinen vier großen Suiten und der riesigen Terrasse, auf der es auch eine Badewanne gibt, ausgesprochen heimelig – hierzu trägt auch der faule Hauskater Jasper sein Scherflein bei. In beiden Stockwerken steht eine Gemeinschaftsküche zur Verfügung – angesichts des üppigen warmen Frühstücks wird man aber ohnehin nicht hungern müssen. Alle Suiten haben Satelliten-TV, eine ist sogar mit eigener Sauna ausgestattet. Nach hinten hinaus gibt's ein Spielzimmer für Jugendliche.

Fat Salmon Backpackers HOSTEL $
(☎250-723-6924; www.fatsalmonbackpackers.com; 3250 Third Ave; B 21–25 C$; @) Das von munteren, netten Gastgebern geführte schicke, abwechslungsreich eingerichtete Hostel hat Schlafsäle mit vier bis acht Betten. Im Haus gibt es viele Bücher, kostenlos Tee und Kaffee sowie eine gut ausgestattete Küche. Lily, die freundliche Hündin des Anwesens, freut sich, wenn Gäste ihr kurz Hallo sagen.

Arrowvale Riverside Campground & Cottages CAMPINGPLATZ $
(☎250-723-7948; www.arrowvale.ca; 5955 Hector Rd; Stellplatz/Hütte 25/149 C$) Rund 6 km westlich von Alberni. Der Campingplatz am Somass River punktet mit Duschen, einem Spielplatz und einem Café, das bergeweise Obstkuchen auftischt. Wer nicht zelten mag, kann sich in einer der beiden vergleichsweise luxuriösen Hütten mit Kamin, Whirlpool und Flussblick einquartieren. Kinder werden ihre Freude an den Haustieren haben (besser das Gepäck durchgucken, ob sie nicht ein Zicklein mit hinausschmuggeln wollen).

All Mex'd Up MEXIKANISCH $
(5440 Argyle St; Hauptgerichte 3–9 C$; ⊙Mai–Sept.) Netter, farbenfroher mexikanischer Imbiss in Ufernähe, der mit chiliförmigen Lampen dekoriert ist. Die Speisen werden alle frisch zubereitet. Man schnappt sich einen Hocker und stürzt sich auf die mit viel Liebe gemachten Tacos, Quesadillas und riesigen Burritos.

Praktische Informationen

Alberni Valley Visitor Centre (⊙250-724-6535; www.albernivalleytourism.com; 2533 Port Alberni Hwy; ⊙Mitte Mai–Aug. 8–18 Uhr, NS verkürzte Öffnungszeiten) Am Ortseingang.

An- & Weiterreise

Busse von **Greyhound Canada** (www.greyhound.ca) fahren u. a. ab Victoria (46,30 C$, 4–5 Std., 3-mal tgl.), Nanaimo (25,80 C$, 1½ Std., 2-mal tgl.) und Tofino (29,40 C$, 2 Std., 2-mal tgl.) hierher.

Pacific Rim National Park Reserve

Ein Ufer mit tosenden Wellen und vor sich hin grübelnde, in Nebel gehüllte Wälder machen das **Pacific Rim National Park Reserve** (www.pc.gc.ca/pacificrim; Parkeintritt Erw./Kind 7,80/3,90 C$) zu einer der beliebtesten Wildnisgebiete in British Columbia. Der 500 km² große Park besteht aus der Long Beach Unit zwischen Tofino und Ucluelet, den Broken Group Islands im Barkley Sound und dem stets beliebten West Coast Trail im Süden.

LONG BEACH UNIT

Die meisten Besucher verzeichnet die Long Beach Unit, die per Auto über den Pacific Rim Hwy gut zu erreichen ist. Gründe für einen Abstecher hierher gibt es genug: weite Sandstrände, ungezähmte Wellen, lauschige Badeplätze und ein lebendes „Museum" aus einem uralten Regenwald.

Das **Wickaninnish Interpretive Centre** (Wick Rd; Eintritt in Parkgebühr enthalten) wurde zum Zeitpunkt unseres Besuchs gerade umgestaltet: Es lohnt sich zu erfragen, ob es wieder geöffnet ist und gegebenenfalls einen Besuch einzuplanen – man bekommt hier eine großartige Einführung in den Park.

Wer zu einem Spaziergang inspiriert wurde, sollte einen der folgenden Wanderwege ausprobieren. Unterwegs sieht man mit etwas Glück in die Tiefe stürzende Weißkopf-Seeadler und schockierend große Bananenschnecken. Die Sicherheitsvorkehrungen gelten für alle Pfade in der Gegend: vorsichtig über glitschige Oberflächen laufen und der gefährlichen Brandung niemals den Rücken kehren!

Long Beach Großartige Landschaft entlang der sandigen Küste (1,2 km; einfach).

Rainforest Trail Zwei informative Rundwege durch uralte Wälder (1 km; mittel).

Schooner Trail Durch Primär- und Sekundärwald, mit Zugang zum Strand (1 km; mittelschwer).

Shorepine Bog Rundweg um einen moosbedeckten Sumpf (800 m; einfach und für Rollstuhlfahrer geeignet).

South Beach Durch Wald zu einem Kieselstrand (800 m; einfach bis mittelschwer).

Spruce Fringe Trail Rundweg entlang winterfester Sitka-Fichten (1,5 km; mittel).

Wickaninnish Trail Wanderweg an der Küste und durch den Wald (2,5 km; einfach bis mittelschwer).

Schlafen & Essen

Green Point Campground CAMPING $
(☎250-689-9025, 877-737-3783; www.pccamping.ca; Stellplatz 34,40 C$; ⌚Mitte März–Mitte Okt.) Der am Pacific Rim Hwy zwischen Ucluelet und Tofino gelegene Zeltplatz verführt viel Neulinge in der Campergemeinde dazu, das erste Mal unter den Sternen zu übernachten. Die 105 Zeltplätze liegen auf einem bewaldeten Plateau und sind im Sommer extrem beliebt (vorab reservieren); der Strand ist über Wege erreichbar. Die Einrichtungen sind sehr einfach: Es gibt nur Kaltwasser, aber immerhin WCs.

Wickaninnish Restaurant WESTKÜSTE $$
(www.wickaninnish.ca; Hauptgerichte 16–28 C$) Für die Anstrengungen kann man sich im Wickaninnish Restaurant im Interpretive Centre mit einem lohnenden Mahl verwöhnen. Hier genießt man frisch gefangene Meeresfrüchte aus der Gegend und blickt dabei auf die tosenden Wellen. Wenn man nur vorbeifährt, kann man sich im angeschlossenen **Beachfront Café** (Snacks 3–5 C$; ⌚März–Sept. 9–18 Uhr) einen Snack oder einen eiskalten Wickaccino holen.

Praktische Informationen

Wer das erste Mal hier ist, sollte sich im **Pacific Rim Visitor Centre** (☎250-726-4600; www.pacificrim visitor.ca; 2791 Pacific Rim Hwy; ⌚10–16 Uhr, NS verkürzte Öffnungszeiten) mit Karten und Ratschlägen zur Erkundung dieser spektakulären Region eindecken. Wenn man im Park anhält, muss man sich eine Eintrittskarte kaufen und diese nach Aufforderung vorzeigen. Man erhält sie hier oder an den gelben Automaten, die überall am Highway stehen.

Anreise & Unterwegs vor Ort

Tofino Bus (www.tofinobus.com; einfache Strecke /hin & zurück/Tageskarte 10/15/21 C$) betreibt einen „Strandbus", der die einzelnen Punkte in der Gegend abklappert.

BROKEN GROUP ISLANDS UNIT

Die Broken Group besteht aus rund 300 Inseln und Felsen, die sich über ein Gebiet von 80 km² am Eingang des Barkley Sound verteilen. Dieses beschauliche, unberührte Naturgebiet ist bei Kajakfahrern beliebt, zumal man bei den Ausflügen aus der Nähe einen Blick auf Grauwale, Schweinswale und die vielen Vögel werfen kann. Wer keine Lust hat, gleich bis nach Hawaii zu paddeln, sollte unbedingt einen Kompass mitnehmen.

Wer auf Tour gehen will, kann sich und sein Kajak vom Veranstalter **Lady Rose Marine Services** (www.ladyrosemarine.com) von Port Alberni zu dessen Sechart Whaling Station Lodge (3 Std.) im Barkley Sound bringen lassen (3 Std.); die Überfahrt erfolgt auf der *MV Francis Barkley*. Wer kein Kajak dabei hat, kann hier auch eines leihen (40–60 C$/Tag). Es gibt Einzel- und Doppelzimmer (150/235 C$, inkl. aller Mahlzeiten).

Von dort aus gehört zu den beliebten Paddelzielen die eine Stunde entfernte Gibraltar Island, auf der es einen geschützten Campingplatz, Strände und Gezeitenpools gibt. Beliebt ist auch Willis Island (1½ Std. ab Sechart). Dort gibt es ebenfalls einen Campingplatz. Bei Ebbe kann man zu den umliegenden Inseln wandern. Auch auf der abgelegenen Benson Island (4 Std. ab Sechart) gibt es einen Campingplatz, ferner grasende Hirsche und ein Blowhole (Blasloch).

Die Campinggebühren betragen 9,80 C$ pro Übernachtung. Man bezahlt sie in Sechart oder bei den Patrouillen, die per Schiff durch die Region unterwegs sind; bei ihnen kann man auch nachzahlen, falls man sich entschließt, länger zu bleiben. Die Campingplätze sind – wie nicht anders zu erwarten – sehr einfach und haben Solar-Komposttoiletten; alle Abfälle müssen wieder mitgenommen werden. Unbedingt eigenes Trinkwasser mitbringen, weil die Bäche auf den Inseln im Sommer oft ausgetrocknet sind.

WEST COAST TRAIL UNIT

Der nach einem großen Sturm (2006) wiederhergestellte, 75 km lange West Coast Trail ist die bekannteste Wanderroute in British Columbia ... und auch eine der schwierigsten. Unerfahrene Wanderer sollten sich eine andere Route aussuchen. Und auch Cracks müssen wissen: Wer sich an sie heranwagt, wird sich schinden, nur um nächstes Jahr gleich wiederkommen zu wollen.

Die Strecke windet sich entlang der von Wellen umtosten und von Regenwald bedeckten Küste zwischen den beiden Streckeninfozentren bei Pachena Bay (5 km südlich von Bamfield) am nördlichen und bei Gordon River (5 km nördlich von Port Renfrew) am südlichen Ende. Für die Gesamtstrecke braucht man sechs bis sieben Tage. Sie ist von Mai bis September geöffnet. Höchstens 60 Wanderer, die unterwegs übernachten wollen, werden pro Tag auf die Strecke gelassen; diese müssen eine Streckenbenutzungsgebühr von 127,50 C$ zuzüglich 30 C$ für die beiden kurzen Fährfahrten unterwegs bezahlen. Eine **Reservierung** (☎250-387-1642, 800-435-5466; www.parks canada.gc.ca/pacificrim; nicht verrechenbare Reservierungsgebühr 24,50 C$) ist für die Hochsaison von Mitte Juni bis Mitte September erforderlich, nicht aber in der Nebensaison. Alle Wanderer, die den mehrtägigen Marsch in Angriff nehmen wollen, müssen an einem eineinhalbstündigen Orientierungskurs teilnehmen.

Auch ohne Reservierung hat man die Chance, eine Wandergenehmigung zu ergattern, da ein begrenztes Kontingent auf eine tägliche Warteliste gesetzt wird: Sechs der 26 verfügbaren Plätze pro Tag werden an jedem Trailhead um 13 Uhr nach dem Prinzip „Wer zuerst kommt, mahlt zuerst" vergeben. Wer bei dieser Lotterie Glück hat, kann noch am selben Tag auf die Strecke gehen, aber in der Hauptsaison kann es schon ein, zwei Tage dauern, ehe man auf diese Weise zum Zuge kommt.

Wer sich die ganze Strecke nicht zutraut oder zumuten will, kann auch eine Tageswanderung unternehmen oder von Pachena Bay aus die halbe, als leichter geltende Strecke wandern. Übernachtungswanderer, die nur diesen Teil der Strecke in Angriff nehmen wollen, können am Nitinat Lake starten. Tageswanderer brauchen die Benutzungsgebühr nicht zu entrichten, müssen sich aber an einem Trailhead eine kostenlose Erlaubnis zu einer Tageswanderung ausstellen lassen.

West-Coast-Trailers sind abgehärtete Typen und müssen in der Lage sein, mit rauem, schlüpfrigen Terrain, zu durchwatenden Bächen und widrigem, schnell umschlagendem Wetter zurechtzukommen. Unterwegs gibt es auch noch 100 kleine und einige größere Brücken und 70 Leitern, an denen man hinauf- oder hinabklettern muss. Trinkwasser muss chemisch gereinigt oder abgekocht werden; man braucht einen leichten Campingkocher zur Zubereitung seiner Mahlzeiten und muss seine gesamte Verpflegung mitführen. Übernachten kann man auf allen einfachen Campingplätzen an der Strecke, von denen die meisten über Solar-Komposttoiletten verfügen. Es wird empfohlen, zu den jeweiligen Etappen mindestens fünf Stunden vor Sonnenuntergang aufzubrechen, damit man noch vor Einbruch der Nacht einen Campingplatz erreicht: Das Herumstolpern in der Dunkelheit ist die Hauptursache für Unfälle auf der Strecke.

West Coast Trail Express (www.trailbus.com) betreibt einen täglichen Shuttlebus (Mai–Sept.) von Victoria (85 C$, 6 Std.) und Nanaimo (95 C$, 4 Std.) nach Panchena Bay. Von Victoria (60 C$, 2½ Std.) und Bamfield (75 C$, 3½ Std.) gibt es Shuttleverbindungen nach Gordon River. Weitere Haltepunkte des Shuttles stehen auf der Website; im Sommer vorab reservieren.

Tofino

1650 EW.

Tofino hat sich in den letzten Jahren schnell von einem verschlafenen Nest für Hippies zu einem Ökotourismusresort gemausert (es ist quasi das „Whistler" von Vancouver Island). Heute zählt es zu den beliebtesten Zielen für Aktivurlauber in der Region, Surfer und andere Bewegungssüchtige kommen in Scharen her. Tofino liegt am Clayoquot (sprich: Klei-kwot) Sound – bewaldete Hügel erheben sich aus den tosenden Wogen, die in einem dramatischen, unaufhörlichen Schauspiel gegen die Küste peitschen. Es gibt ein unerschöpfliches Angebot an Freizeitunternehmungen und etliche wunderschöne Strände. Eine kurze Autofahrt südlich der Ortschaft liegt das **Besucherzentrum** (☎250-725-3414; www.tourismtofino.com; 1426 Pacific Rim Hwy; ⌚Mai–Sept. 10–18 Uhr, NS verkürzte Öffnungszeiten), das detaillierte Infos zu Unterkünften, Wanderwegen und tollen Surfstränden in der Gegend bereithält. Im Ort gibt es noch eine Zweigstelle (455 Campbell St).

Sehenswertes

Tofino Botanical Gardens GARTEN
(www.tbgf.org; 1084 Pacific Rim Hwy; 3-Tages-Karte Erw./Kind/Jugendl. 10 C$/frei/6 C$; ⌚9 Uhr–Sonnenuntergang) Bei der Erkundung der Flora und Fauna in den Tofino Botanical Gardens erfährt man, was es mit dem Regenwald der gemäßigten Breiten auf sich hat. Im Park gibt es einen Froschteich, Holzplankenwege durch den Wald, endemische Pflanzen und ein reiches Angebot an Workshops und Exkursionen. Wer ohne Auto kommt, erhält auf den Eintritt 1 C$ Rabatt. Neuerdings hat auch das **Raincoast Interpretive Centre** (www.raincoasteducation.org) hier seinen Sitz.

Maquinna Marine Provincial Park PARK
(www.bcparks.ca) Der Park ist eines der beliebtesten Tagesausflugsziele ab Tofino. Highlight ist die **Hot Spring Cove**. Wanderer, die Ruhe und Frieden suchen, fahren mit dem Schlauchboot oder fliegen mit einem Wasserflugzeug hierher und können unterwegs Wale und andere Meerestiere entdecken. Vom Bootsanleger aus führen 2 km lange Holzplankenwege zu den Thermalquellen.

Meares Island PARK
Meares Island, schemenhaft vom Ufer in Tofino aus durch den Nebel zu erkennen, erreicht man per Kajak oder mit einem Ausflugsboot. Auf der Insel befindet sich der Big Tree Trail, ein 400 m langer Holzplankenweg durch alte Wälder, in denen u.a. eine wunderbare, 1500 Jahre alte Rotzeder zu Hause ist. 1984 war die Insel der Hauptschauplatz der Proteste gegen die Abholzung am Clayoquot Sound, mit der die Umweltschutzbewegung der Region ihren Anfang nahm.

Ahousat PARK
Der Park auf der abgeschiedenen Flores Island kann nur per Ausflugsboot oder Kajak erreicht werden. Auf dieser mystischen Insel liegt auch der spektakuläre Wild Side Heritage Trail, eine etwas anspruchsvollere Wanderung, die zwischen Ahousat and Cow Bay 10 km durch Wälder und über Strände und Landzungen führt. Auf der Insel gibt es eine natürliche Thermalquelle, zudem ist eine Gruppe der First Nations hier beheimatet. Vor allem für Kajakfahrer ist die Insel ein beliebtes Ziel. Auch Wildcamping im ursprünglichsten Sinn des Wortes ist erlaubt.

Aktivitäten

Windsurfen

Live to Surf (www.livetosurf.com; 1180 Pacific Rim Hwy; Surfbrettverleih 25 C$/6 Std.) Tofinos erster Surfladen verleiht auch Skate- und Skimboards.

Pacific Surf School (www.pacificsurfschool.com; 430 Campbell St; Surfbrettverleih 15/20 C$ pro 6/24 Std.) Verleiht Surfbretter und veranstaltet Zeltlager und Unterricht für Surfanfänger.

Surf Sister (www.surfsister.com; 625 Campbell St) Anfängerkurse für Jungs und Mädchen und mehrtägige Kurse nur für Frauen.

Kajakfahren

Rainforest Kayak Adventures (www.rainforestkayak.com; 316 Main St; mehrtägige Kurse & Touren ab 685 C$) ist spezialisiert auf vier- bis sechstägige Touren und Kurse.

Remote Passages (www.remotepassages.com; Wharf St; Touren ab 64 C$) veranstaltet kurze geführte Kajaktouren rund um den Clayoquot Sound und die Inseln.

Tofino Sea Kayaking Co (http://tofinseakayaking.com/; 320 Main St; Touren ab 60 C$) Organisiert kurze geführte Paddeltouren, u.a. den beliebten vierstündigen Meares-Island-Trip, und verleiht Kajaks (ab 40 C$).

Bootstouren

Jamie's Whaling Station
(www.jamies.com; 606 Campbell St; Erw./Kind 99/65 C$) Touren zur Beobachtung von Walen, Bären und Seelöwen.

Ocean Outfitters
(www.oceanoutfitters.bc.ca; 421 Main St; Erw./ Kind 79/59 C$) Beliebte Whale-Watching-Touren, ferner Wanderungen mit der Beobachtung von Bären und einem Besuch von Thermalquellen.

Tla-ook Cultural Adventures
(www.tlaook.com; Touren ab 44 C$) Beim Paddeln in echten Einbäumen erfährt man auch Wissenswertes über die Kultur der Ureinwohner.

Schlafen

Wickaninnish Inn HOTEL $$$
(☎250-725-3100, 800-333-4604; www.wickinn.com; Chesterman Beach; Zi. ab 399 C$) Im Winter, wenn man gemütlich im Warmen sitzende die Stürme draußen beobachten kann, ist das „Wick" die erste Wahl im Ort. Ein Aufenthalt lohnt sich hier aber zu jeder Jahreszeit. Mit seinen Möbeln aus wiederverwertetem Holz, der Natursteinblenden und einem Ambiente, das eher gewachsen als gebaut scheint, gibt das Haus sich naturnah. Die üppigen Gästezimmer haben mit Knopfdruck bedienbare Gaskamine, Badewannnen für zwei und geschosshohe Fenster. Das Haus ist die romantischste Unterkunft der Region, hochklassig, aber nicht hochnäsig, und besitzt zudem ein prächtiges Restaurant am Ufer.

Pacific Sands Beach Resort HOTEL $$$
(☎250-725-3322, 800-565-23224; www.pacificsands.com; 1421 Pacific Rim Hwy; Zi./Villa ab 220/450 C$) Das schicke, aber entspannte Pacific Sands hat tolle Zimmer in der Lodge, die wunderbaren Villen am Wasser sind aber sogar noch besser. Diese großen Fachwerkhäuser sind ideal für Gruppen; sie öffnen sich direkt zum Strand und bieten Küchen, rustikale Kamine, Schiefer- und Holzböden sowie Schlafzimmer mit privaten Terrassen und Ausblick zum Ozean. Überdies stehen die Gebäude auf Stelzen, um den Regenwaldboden zu erhalten, und verfügen über eine energieeffiziente Heizung. Gäste werden mit dem Auto kostenlos in der Stadt abgeholt bzw. dort abgesetzt.

Chesterman Beach B&B B&B $$$
(☎250-725-3726; www.chestermanbeach.net; 1345 Chesterman Beach Rd; Suite ab 185 C$; WLAN) Inmitten einer Reihe von mehreren B&Bs hat das auf Erwachsene ausgerichtete Haus mit Klasse die Nase vorn. Die beiden größten Zimmer haben separate Eingänge und direkten Zugang zu dem nur wenige Schritte entfernten Strand (man kann sich also von den Wellen in den Schlaf lullen lassen). Unser Favorit ist die kleinere „Lookout" mit gemütlicher Holzvertäfelung und fantastischem Blick auf den Strand. Hinten auf dem Grundstück steht noch ein separates Cottage, das gut für Kleingruppen geeignet ist.

Inn at Tough City HOTEL $$
(☎250-725-2021; www.toughcity.com; 350 Main St; DZ 169–229 C$; WLAN) Dicht am Zentrum des Geschehens. Das Hotel, das den alten Spitznamen des Ortes in seinem Namen trägt, ist eine unkonventionelle Backsteinherberge am Ufer, in der acht Zimmer mit Bad und Holzböden zur Auswahl stehen; die meisten haben Balkone, einige auch die allseits geschätzten Whirlpools. Den besten Ausblick hat man in Zimmer 5: Jenseits des Wassers sieht man das leuchtend rote Langhaus der Ureinwohner. Für den Bau der Unterkunft verwendete man wiederverwertetes Holz, Backsteine und Buntglasfenster, die – wie Miteigentümer Crazy Ron verrät – eigens aus Schottland herbeigeschafft wurden. Vor Ort gibt es eine ausgezeichnete Sushi-Bar.

Sauna House B&B B&B $$
(☎250-725-2113; www.saunahouse.net; 1286 Lynn Rd; Zi./Hütte 115/135 C$) An einer von Bäumen gesäumten Straße mit lauschigen B&Bs gleich gegenüber dem Chesterman Beach. Das rustikale Anwesen vermietet ein Loft im Giebel des Haupthauses und nach hinten hinaus eine kleine, separate, holzgetäfelte und ruhige Hütte. Diese ist sehr empfehlenswert: Sie hat eine kleine Einbauküche und eine Sonnenterrasse, die ideal zum Frühstücken ist (das Frühstück ist im Preis inbegriffen, in den meisten Fällen gibt es sogar selbstgebackene Muffins). Zudem verfügt die Hütte noch über eine eigene kleine Sauna – kurz, sie ist ideal zum Entspannen nach einem anstrengenden Wandertag.

Whalers on the Point Guesthouse HOSTEL $
(☎250-725-3443; www.tofinohostel.com; 81 West St; B 32 C$, Zi. 85–135 C$; @WLAN) Das ausgezeichnete HI-Hostel ist der Cadillac unter den Backpackerunterkünften. Das unweit dem Ortszentrum, aber dennoch in abgeschiedener Uferlage stehende Haus ist einladend mit Holz getäfelt. Von der Lounge aus kann man den idyllischen Strand überblicken und die Natur beobachten. Die Schlafsäle sind erfreulich klein. Ferner gibt

es auch einige Privatzimmer mit Doppelbetten. Zu den Einrichtungen gehören eine Küche mit Granittheke, eine Grillterrasse, eine Spielzimmer und eine Sauna. Im Sommer unbedingt reservieren!

Clayoquot Field Station HOSTEL $$
(☎250-725-1220; www.tbgf.org; 1084 Pacific Rim Hwy; B/Zi. 32/85 C$; @📶) Auf dem Gelände des botanischen Gartens. In der makellosen und ruhigen, aus Holz errichteten Bildungseinrichtung gibt es einige Schlafsäle mit je vier Betten, eine große Küche und eine Waschküche sowie zwei private Suiten (die größere mit Küche ist für Familien ideal). Für Naturfreunde eine prima Unterkunft; der Eintritt in den Park ist im Preis inbegriffen.

Essen

LP TIPP **TacoFino** MEXIKANISCH $
(www.tacofino.com; 1180 Pacific Rim Hwy; Hauptgerichte 4–10 C$) Zu dem sehr beliebten, orange angestrichenen Taco-Laster sollte man rechtzeitig aufbrechen, will man nicht eine Weile auf das frisch zubereitete Essen warten. Es lohnt sich jedoch auf jeden Fall, für die einfachen, mexikanischen Spezialitäten etwas Geduld zu investieren. Man schnappt sich also einen gelben Kübel, die zu Stühlen umfunktioniert wurden, und widmet sich den nahrhaften Fisch-Tacos und mächtigen, mit Hühnchen gefüllten Burritos. Noch besser sind die leckeren *gringas* mit geschmortem Schweinefleisch und die stets begehrte Tacosuppe. Zum Hinunterspülen eine prickelnde Zitronen-Minz-Limonade bestellen – die ist so minzig, dass einem die Augen tränen.

Sobo MEERESFRÜCHTE $$
(www.sobo.ca; 311 Neill St; Hauptgerichte 6–14 C$) Bevor das TacoFino die Herrschaft über die Imbissbudenwelt antrat, war der purpurrote Truck von Sobo – für „sophisticated bohemian" – der König und so erfolgreich, dass es jetzt ein eigenes, sehr beliebtes Restaurant im Bistrostil eröffnet hat. Fischtacos und knusprige Shrimp-Cakes gibt es weiterhin, hinzugekommen sind aber neue leckere Sachen wie der Eintopf mit Meeresfrüchten von Vancouver Island und die Pizza mit gebratenem Enten-Confit.

Shelter PAZIFISCH-AMERIKANISCH $$$
(www.shelterrestaurant.com; 601 Campbell St; Hauptgerichte 25–39 C$) Ein exquisites Lokal mit international beeinflusster Küche der amerikanischen Pazifikküste. Zu unseren Favoriten zählen die Klöße mit Shrimps- und Krabbenfleisch. Großer Wert wird auf regionale, nachhaltig erwirtschaftete Zutaten gelegt. So kommen u.a. Wildlachs und der aus Fallenfischerei stammende Kohlenfisch auf den Tisch. Auch wer lieber Fleisch isst, kommt voll auf seine Kosten, etwa mit dem leckeren Schweinekotelett vom Holzkohlengrill.

Schooner on Second MEERESFRÜCHTE $$
(www.schoonerrestaurant.ca; 331 Campbell St; Hauptgerichte 12–28 C$) Das seit 50 Jahren im Besitz einer Familie befindliche Lokal ist eine örtliche Institution. Hier werden immer wieder neue Zubereitungsarten für die regionalen Meeresfrüchte kreiert. Empfehlenswert ist beispielsweise Heilbutt, gefüllt mit Shrimps, Brie und Pinienkernen; auch die riesigen Frühstücksgerichte sind prima. Für den großen Hunger gibt's die „Captain's Plate" mit Lachs, Muscheln und allem Drum und Dran.

Anreise & Unterwegs vor Ort

Orca Airways (www.flyorcaair.com) fliegt vom South Terminal des Vancouver International Airport zum Tofino Airport (206 C$, 55 Min., 1- bis 4-mal tgl.).

Greyhound Canada (www.greyhound.ca) fährt u.a. ab Port Alberni (29,40 C$, 2 Std., 2-mal tgl.), Nanaimo (46,30 C$, 4 Std., 2-mal tgl.) und Victoria (70,70 C$, 6–7 Std., 3-mal tgl.) nach Tofino.

Der „Strandbus" von **Tofino Bus** (www.tofinobus.com) kommt über den Hwy 4 aus Ucluelet (15 C$, 40 Min., bis zu 3-mal tgl.).

Ucluelet

1500 EW.

Wer auf dem kurvenreichen Gebirgsabschnitt des Hwy 4 Richtung Westküste fährt, gelangt an eine Kreuzung, an der es rechts nach Tofino (33 km) und links nach Ucluelet (8 km) geht. Leider folgen die meisten Besucher immer noch der rechten Abzweigung. Das ist schade, denn das ruhigere „Ukee" gilt zwar oft als hässliches Entlein, hat aber durchaus seine eigenen Reize und vermittelt einen Eindruck davon, wie Tofino war, ehe der Tourismus diese Ecke der Insel entdeckte. Informationen bekommt man im **Visitor Centre** (☎250-726-2485; www.ucluelet.travel; 200 Main St; ⏲9.30–16.30 Uhr), das sich hinten im Gebäude die Rampe hinauf, versteckt.

Sehenswertes & Aktivitäten

In einer kleinen Hütte am Wasser verbirgt sich das ausgezeichnete **Ucluelet Aquarium** (www.uclueletaquarium.org; Main St Waterfront Promenade; Erw./Kind 5/2 C$; ⌚März–Okt. 10–18 Uhr), in dem sich oft die staunenden kleinen Besucher drängen. Es widmet sich vor allem der marinen Artenvielfalt. Toll sind die von Meerestieren wimmelnden Streichelbecken mit purpurroten Seesternen und seltsam ausschauenden Seeanemonen, die Hauptattraktion ist jedoch der Krake. Alle Tiere werden hier nur zeitweise gezeigt und später wieder in die Freiheit entlassen. Der Bau einer viel größeren Einrichtung ist geplant – die Webseite enthält genauere Informationen.

An der Kreuzung von Peninsula Rd und Coast Guard Rd beginnt der 8,5 km lange **Wild Pacific Trail** (www.wildpacifictrail.com), der an den von Wellen umtosten Klippen entlang und am Leuchtturm (ein hübsches Fotomotiv) vorbei zur Küste am Ortsrand führt. Unterwegs haben Wanderer einen prächtigen Ausblick auf den Barkley Sound und die Broken Group Islands. Man sieht viele Meeresvögel und kann herannahende Stürme bestaunen. Aber Vorsicht: unbedingt auf dem Weg bleiben, da einen die Brecher von den Klippen spülen könnten.

Wer noch Energie besitzt, kann mit **Majestic Ocean Kayaking** (www.oceankayaking.com; 1167 Helen Rd; Touren ab 67 C$) eine geführte Kajaktour im Hafen oder im Barkley Sound unternehmen. Windsurfer oder solche, die es werden wollen, können im **Relic Surf Shop** (www.relicsurfshop.com; 1998 Peninsula Rd; 3 Std. Kurs/Leihgebühr pro Tag ab 74/40 C$) Surfboards leihen oder Surfunterricht nehmen. Fahrräder verleiht das freundliche Team von **Ukee Bikes** (www.ukeebikes.com; 1559 Imperial Lane; pro Std./24 Std. 5/25 C$) – dann kann man nach Tofino radeln und mal schauen, was es mit dem Wirbel um diese Stadt auf sich hat.

Schlafen & Essen

Surfs Inn Guesthouse HOSTEL $
(☎250-726-4426; www.surfsinn.ca; 1874 Peninsula Rd; B/Suite/Cottage 28/159/259 C$; 📶) Das freundliche, blau gestrichene Schindelhaus auf dem kleinen Hügel bietet drei gemütliche kleine Schlafsäle und eine gut ausgestattete Küche, vor allem aber locken die beiden neu möblierten Hütten hinten auf dem Grundstück: die eine ist größer, in sich abgeschlossen und für Gruppen von bis zu sechs Personen geeignet, die andere ist in zwei Suiten mit Einbauküchen unterteilt. Jede Hütte hat einen Grillplatz; wer sich in die Wellen stürzen will, kann Surfpakete buchen.

Black Rock Oceanfront Resort HOTEL $$$
(☎250-726-4800, 877-762-5011; www.blackrockresort.com; 596 Marine Dr; Zi. ab 179 C$) Der lebende Beweis, dass nicht nur Tofino schicke Ferienanlagen hat. Die fesche neue Anlage hat Quartiere in einer Lodge, einer Hütte und einem Strandhaus. Alle Gebäude haben einen modernen Westküstenlook. Von vielen Zimmern wie auch von dem auf regionale Gerichte spezialisierten Restaurant aus hat man eine grandiose Aussicht auf die oft dramatisch stürmische See.

C&N Backpackers HOSTEL $
(☎250-726-7416, 888-434-6060; www.cnnbackpackers.com; 2081 Peninsula Rd; B/Zi. 25/65 C$; 📶) Hier legt man Wert auf die Holzdielen, also Schuhe ausziehen beim Betreten dieses ruhigen und gepflegten Hostels. Die Schlafsäle sind überwiegend klein und einfach ausgestattet, es gibt aber auch Privatzimmer und eine geräumige Küche im Erdgeschoss. Das Highlight ist der landschaftlich gestaltete, zum Verweilen einladende Garten mit Hängematten, einer Seilrutsche und einem Blick über den Meeresarm.

Ukee Dogs KANADISCH $
(1576 Imperial Lane; Hauptgerichte 4–7 C$) Das helle und luftige, preisgünstige Lokal ist auf Backwaren und Snacks spezialisiert. Es serviert Gourmet-Hotdogs (Tipp: der „Canuck Dog") und großartige Pies, z.B. mit Currysteak oder Lachs Wellington als Füllung. Nachmittags gibt's Kaffee und Kuchen mit Schokostreuseln, am Morgen das beste Frühstück vor Ort: Würstchen mit Rührei. Nur Barzahlung.

Anreise & Unterwegs vor Ort

Busse von **Greyhound Canada** (www.greyhound.ca) kommen u. a. aus Port Alberni (27,30 C$, 1½ Std., 2-mal tgl.), Nanaimo (46,30 C$, 3–4 Std., 2-mal tgl.) und Victoria (64,70 C$, 5–7 Std., 3-mal tgl.).

Der „Strandbus" von **Tofino Bus** (www.tofinobus.com) fährt über den Hwy 4 von Tofino aus (15 C$, 40 Min., bis zu 3-mal tgl.) nach Ucluelet.

Denman & Hornby Island

Die beiden wichtigsten Inseln der Northern Gulf Islands, **Denman** (www.denmanisland.com) und **Hornby** (www.hornbyisland.net), verbinden das entspannte, künstlerisch angehauchte Flair und ein ähnliches relaxtes Freizeitangebot. Man kommt mit der Fähre von Buckley Bay auf Vancouver Island zunächst nach Denman und setzt dann von dort nach Hornby über. Im **Denman Village** unweit des ersten Fähranlegers Halt machen, um sich eine kostenlose Karte beider Inseln zu holen.

Auf Denman gibt es drei von der Provinz verwaltete Parks: den **Fillongley** mit einfachen Wanderwegen und Badestränden, **Boyle Point** mit einem wunderschönen Wanderweg zum Leuchtturm und **Sandy Island**, das nur vom Norden Denman Islands aus über das Wasser zu erreichen ist. Samstags kann man an der kostenlosen Führung durch die **Denman Island Chocolate Factory** (www.denmanislandchocolate.com) mitmachen, muss sich dazu aber vorab angemeldet haben. Kostproben gibt's leider keine.

Auf Hornby Island liegen die Provinzparks **Tribune Bay** mit einem langen Sandstrand und sicheren Badestellen und **Helliwell** mit schönen Wanderwegen. An der **Ford's Cove** an der Südküste von Hornby können Taucher mit Sechskiemerhaien schwimmen. Wander- und Mountainbike-Wege ziehen sich kreuz und quer durch den großen **Mt. Geoffrey Regional Park**.

Kajaks verleihen **Denman Hornby Canoes & Kayaks** (www.denman paddling.ca; 4005 East Rd, Denman Island; pro 3/6 Std. 35/50 C$) und **Hornby Island Outdoor Sports** (www.hornbyoutdoors.com; 5875 Central Rd, Hornby Island; 42 C$/3 Std.); der letztgenannte Laden hat auch Fahrräder (pro Std./Tag 15/45 C$).

Schlafen & Essen

Sea Breeze Lodge HOTEL $$
(☎250-335-2321, 888-516-2321; www.seabreezelodge.com; 5205 Fowler Rd, Hornby Island; Erw./Kind/Jugendl. 165/75/115 C$;) Das 4,9 ha große Refugium mit 16 auf den Ozean blickenden Cottages hat das Flair einer spanischen Villa mit Westküstenlook. Die Zimmer sind komfortabel, aber nicht pompös; einige haben Kamine und komplett ausgestattete Küchen. Man kann schwimmen, Kajak fahren und angeln oder auch nur faul im Whirlpool an den Klippen abhängen. Die Preise – Ermäßigung für Jugendliche unter 17 Jahren – gelten pro Person. Drei Mahlzeiten pro Tag sind inbegriffen.

Hawthorn House B&B B&B $$
(☎250-335-0905; 3375 Kirk Rd, Denman Island; Zi. 95–110 C$) Liegt günstig unweit des Fähranlegers und einen Steinwurf von den Läden und Dienstleistern von Denman Village entfernt. Das rustikale Gartenanwesen bietet drei gemütliche Zimmer, in denen auch kleine Gruppen untergebracht werden können. Die beste Option ist der „Cottage Room", eine separate Hütte mit kleiner Einbauküche und Veranda mit Meerblick. Im Preis ist ein warmes Frühstück inbegriffen.

Cardboard House BÄCKEREI $
(2205 Central Rd, Hornby Island; Hauptgerichte 4–8 C$) In dem alten, mit Schindeln verkleideten Bauernhaus kann man leicht das Gefühl für die Zeit verlieren. Es ist herzhafte Bäckerei, Pizzaladen und gemütliches Café in einem. Man kann sich mit ofenfrischen Muffins, Cookies und Croissants für unterwegs eindecken oder im Obstgarten zu Mittag essen. Im Sommer spielen mittwoch- und sonntagabends Bands.

Island Time Café CAFÉ $
(3464 Denman Rd, Denman Island; Hauptgerichte 7–9 C$) Der lokale Treff ist auf ofenfrische Backwaren wie Muffins und Scones, Biokaffee, gehaltvolle Frühstücks-Wraps und herzhafte Suppen spezialisiert. Besonders zu empfehlen ist die Pizza. Zu den Gerichten bekommt man den neusten Dorfklatsch gleich mit serviert. Falls die Sonne mitspielt, kann man draußen sitzen.

An- & Weiterreise

Die Fähren von **BC Ferries** (www.bcferries.com) setzen tagsüber von Buckley Bay nach Denman (Pers./Fahrzeug 8,35/19,55 C$, 10 Min.) über. Von Denman aus geht's dann mit der Fähre nach Hornby Island (Pers./Fahrzeug 8,35/19,55 C$, 10 Min.).

Comox Valley

Die Region mit den Ortschaften Comox, Courtenay und Cumberland hat ein gemäßigtes Klima und eine bergige Landschaft Gebirgsseen und bunte Gemeinden zu bieten. Hier sind Aktivitäten im Freien angesagt, besonders rund um den Mt. Washington. Tipps erhält man in der **Touristeninformation** (☎250-334-3234, 888-357-4471; www.discovercomoxvalley.com; 2040 Cliffe Ave, Comox; ⊙Mitte Mai–Aug. 9–17 Uhr, Sept.–Mitte Mai 9–17 Uhr) der Gegend.

Sehenswertes & Aktivitäten

Der Hauptgrund für einen Besuch im Winter ist das **Mt. Washington Alpine Resort** (www.mountwashington.ca; Liftticket Winter Erw./Kind 59/31 C$, Sommer 37,50/25 C$), das Skifahrermekka auf der Insel mit 60 Pisten, einem Park zum Schneeschuhlaufen und 55 km Langlaufloipen. Auch im Sommer werden hier tolle Aktivitäten in der Natur angeboten, darunter Ausritte und Angelpakete. Außerdem gibt es Rad- und alpine Wanderwege, die zu den besten in der Region zählen. Weitere Anregungen für den Aktivurlaub findet man unter www.discovermountwashington.com.

Das ausgezeichnete **Courtenay & District Museum & Palaeontology Centre** (www.courtenaymuseum.ca; 207 Fourth St; Eintritt gegen Spende; ⏲Mitte Mai–Mitte Sept. Mo–Sa 10–17, So 12–16 Uhr, Mitte Sept.–Mitte Mai Di–Sa 10–17 Uhr) ist für die lebensgroße Nachbildung eines Elasmosaurus bekannt, eines prähistorischen Meeresreptils, dessen Fossilien erstmals hier in der Gegend gefunden wurden. Darüber hinaus stellt das Museum auch Exponate zu den kanadischen Ureinwohnern aus und gibt eine facettenreiche Einführung in die Pioniervergangenheit der Region. Bei einer geführten **Fossilientour** (Erw./Kind 25/15 C$) kann man sich im Sommer an den Ufern des Puntledge River selber auf Fossiliensuche begeben.

Naturbegeisterte sollten auch den **Miracle Beach Provincial Park** (www.bcparks.ca) mit seinen tollen Wanderwegen und beschaulichen Stränden besuchen. In Courtenay verleiht **Pacific Pro Dive & Surf** (www.scubashark.com; 2270 Cliffe Ave; Tauch-Pauschalpaket 75 C$/Tag) Tauchausrüstung und veranstaltet Tauchkurse, in Comox verleiht **Simon's Cycles** (www.simoncycle.com; 1841 Comox Ave; Leihgebühr 30 C$) Fahrräder.

Schlafen & Essen

Riding Fool Hostel HOSTEL $
(☎250-336-8250, 888-313-3665; www.ridingfool.com; 2705 Dunsmuir Ave, Cumberland; B/Zi. 23/55 C$; @📶) Eine der besten Backpackerherbergen auf Vancouver Island. Das Hostel ist in einem alten restaurierten Gebäude mit makellosen Holzinterieurs, einer großen Küche und einer Lounge untergebracht. Es hat auch nette, ordentliche, hotelähnliche Privatzimmer. Der Laden im Erdgeschoss verleiht Fahrräder. Kurz: Ein tolles Hostel, wo man mit anderen Mountainbikern abhängen kann.

Shantz Haus Hostel HOSTEL $
(☎250-703-2060, 866-603-2060; www.shantzhostel.com; 520 Fifth St, Courtenay; B/Zi. 25/58 C$; @📶👪) Das friedliche kleine Hostel wirkt ein bisschen wie das Haus einer netten, älteren Tante, ist aber durchaus cool. Die beiden Schlafsäle sind klein und gemütlich, die zwei privaten Zimmer ideal für Familien geeignet. Die Badezimmer präsentieren sich nicht im üblichen 08/15-Look anderer Hostels, außerdem gibt's eine voll ausgestattete Küche, einen Gemeinschaftsraum mit Kamin und eine Sonnenterrasse zum Grillen. Der Hauskater Jake mag etwas Zuwendung.

Mad Chef Café KANADISCH, FUSION $$
(www.madchefcafe.net; 492 Fitzgerald Ave, Courtenay; Hauptgerichte 8–20 C$) Das helle und farbenfrohe Nachbarschaftslokal bietet eine gute Auswahl an eigens zubereiteten Gerichten. Besonders die Salate kommen in großen Portionen und knackig-frisch auf den Tisch. Den mediterranen Teller mit Oliven, Hummus, Pita und selbstgemachter Bruschetta können sich zwei Personen teilen. Beliebt sind auch die leckeren Burger mit Ente oder Lachs.

Atlas Café FUSION $$
(www.atlascafe.ca; 250 Sixth St, Courtenay; Hauptgerichte 12–18 C$) Courtenays beliebtestes Restaurant ist ein angenehm modernes Bistro mit einer Speisekarte, auf der sich asiatische, mexikanische und mediterrane Einflüsse wiederfinden. Empfehlenswert sind die Fisch-Tacos, die auch Feinschmecker zufriedenstellen, und die stets wechselnden saisonalen Angebote. Es gibt auch gute vegetarische Gerichte.

Kingfisher Oceanside Resort HOTEL $$
(☎250-338-1323, 800-663-7929; www.kingfisherspa.com; 4330 Island Hwy, Courtenay; Zi./Suite 145/220 C$; @📶) Die komfortable Lodge mit Wellnessbad liegt am Ufer. Viele Zimmer haben komplett ausgestattete Küchen und Balkone zum Strand.

Cona Hostel HOSTEL $
(☎250-331-0991, 877 490-2662; www.theconahostel.com; 440 Anderton Ave, Courtenay; DZ/Zi. 25/58 C$; @📶) Das gemütliche, orange angestrichene Hostel am Fluss punktet mit einer großen Küche und Grillterrasse. Im Winter betreibt es einen Shuttle zum Mt. Washington.

Waverley Hotel Pub BURGER $$
(www.waverleyhotel.ca; 2692 Dunsmuir Ave, Cumberland; Hauptgerichte 8–14 C$) Herzhaftes Kneipenessen. Auf der winzigen Bühne treten Bands auf.

Campbell River

29 500 EW.

Die Leute aus dem Süden werden einem sagen, Campbell River markiere das Ende der Zivilisation. Doch die Stadt ist nicht nur ein bequemer Ausgangspunkt für Ausflüge in die Wildnis des Strathcona Provincial Park, sondern bietet auch viele eigene Attraktionen und Dienstleistungen. Alle Infos gibt's im **Visitor Centre** (☎250-830-1115, 877-286-5705; www.campbellriver.travel; 1235 Shoppers Row; ⏲Mo–Sa 9–18, So 10–16 Uhr).

Sehenswertes & Aktivitäten

Das lohnende **Museum at Campbell River** (www.crmuseum.ca; 470 Island Hwy; Erw./Kind 6/4 C$; ⏲Mai–Sept. tgl. 10–17 Uhr, Okt.–April Di–So 12–17 Uhr) zeigt Masken der Ureinwohner, eine Pionierhütte aus den 1890er-Jahren und Videobilder der größten, künstlichen, nicht nuklearen Explosion: 1958 wurde in einer kontrollierten Sprengung ein Unterwasserberg in den Seymour Narrows aus dem Weg geschafft, an dem zuvor Dutzende von Schiffen gescheitert waren.

Da die Einheimischen ihre Stadt als „Lachs-Welthauptstadt" anpreisen, sollte man seine Angelschnur am **Discovery Pier** (Angelleihgebühr 6 C$/Tag) in der Downtown auswerfen oder einfach herumspazieren und schauen, was die Angler so an Land ziehen. Sein Mittagessen braucht man allerdings nicht zu fangen, da hier auch Fish & Chips angeboten werden.

Schlafen & Essen

Heron's Landing HOTEL $$

(☎250-923-2848, 888-923-2849; www.heronslandinghotel.com; 492 S Island Hwy; Zi. ab 145 C$; @📶) Die Unterkunft im Stil eines besseren Motels hat renovierte Zimmer, u.a. große zweistöckige Suiten, die für Familien ideal sind.

Heritage River Inn MOTEL $$

(☎250-286-6295, 800-567-2007; www.heritageriverinn.com; 2140 N Island Hwy; Zi. ab 80 C$; ❄) Ein ruhiges Motel nördlich der Downtown mit Sauna, Whirlpool und überdachten Grillpavillons. Im Preis ist ein kontinentales Frühstück inbegriffen.

Royal Coachman Inn BURGER $$

(84 Dogwood St; Hauptgerichte 8–18 C$) In dem Pub britischen Stils gibt es Biere aus British Columbia und dem übrigen Kanada und

ABSTECHER

ABSTECHER NACH QUADRA ISLAND

Von Campbell River gelangt man in einer kurzen Überfahrt mit der Fähre von **BC Ferries** (www.bcferries.com; Pers./Fahrzeug 8,35/19,55 C$) hinüber auf die ländliche Quadra Island, die bei Städtern als Ausflugsziel hoch im Kurs steht. Einige Tipps zum Besuch erhält man in der **Visitor Information Booth** (www.quadraisland.ca; ⏲Juni–Sept. 9–16 Uhr), die auf dem Parkplatz der Quadra Credit Union nahe des Fähranlegers steht.

Auf der Insel beleuchtet das faszinierende **Nuyumbalees Cultural Centre** (www.nuyumbalees.com; 34 Weway Rd; Erw./Kind 10/5 C$; ⏲Mai–Sept. 10–17 Uhr) das Erbe und die Traditionen der hiesigen Kwakwaka'wakw-Ureinwohner. Man kann Schnitzereien und Artefakte begutachten und sich traditionelle Tanzvorführungen anschauen. Idyllische Bademöglichkeiten bieten die Sandstrände und die sauberen Gewässer im **Rebecca Spit Provincial Park** (www.bcparks.ca). Mit den Booten von **Quadra Island Kayaks** (www.quadraislandkayaks.com; Touren ab 59 C$, Leihkajak 40 C$/Tag) kann man auf die klaren Gewässer rund um die Küste hinauspaddeln: Der Veranstalter verleiht Kajaks, veranstaltet aber auch Kurse und geführte Touren – die Tour in der Abenddämmerung ist besonders reizvoll. Wer einfach nur unter den Einheimischen abhängen will, kann sich zum **Spirit Sqare** aufmachen, wo im Sommer Straßenkünstler ihr Können präsentieren.

Wem die Insel so gefällt, dass er gleich über Nacht bleiben will, findet in dem hübschen **Heriot Bay Inn & Marina** (☎250-285-3322, 888-605-4545; www.heriotbayinn.com; Heriot Bay; Zi./Stellplatz ab 99/24 C$) motelähnliche Zimmer, rustikale Hütten und Stellplätze. Das liebenswerte, holzgetäfelte **Quadra Island Boutique Hostel** (☎250-285-3198; www.quadraislandhostel.com; 653 Green Rd; B/Zi. 28/60 C$) hat kleine Zimmer, freundliche Gastgeber, einen heißen Whirlpool und eine von Bäumen umgebene Grillterrasse. Was will man mehr?

eine große Auswahl an Speisen von Burgern bis zu thailändischem Ingwer-Salat.

Anreise & Unterwegs vor Ort

Auf dem **Campbell River Airport** (www.crairport.ca) landen Maschinen von **Pacific Coastal Airlines** (www.pacific-coastal.com), die am Vancouver International Airport (208 C$, 45 Min., bis zu 7-mal tgl.) gestartet sind.

Busse von **Greyhound Canada** (www.greyhound.ca) fahren die Stadt u. a. von Port Hardy, (48,30 C$, 3½ Std., tgl.), Nanaimo (35,80 C$, 3 Std., 2-mal tgl.) und Victoria (57,60 C$, 6–10 Std., 3-mal tgl.) aus an.

Campbell River Transit (www.buslonline.ca; Erw./Kind 1,75/1,50 C$) betreibt die Nahverkehrsbusse in der Gegend.

Strathcona Provincial Park

Fährt man von Campbell River auf dem Hwy 28 ins Landesinnere, gelangt man schnell in das älteste Naturschutzgebiet British Columbias, das zugleich der größte **Park** (www.bcparks.ca) auf Vancouver Island ist. Im Mittelpunkt des Strathcona erhebt sich der Mt. Golden Hinde, mit 2200 m der höchste Berg auf der Insel. Der Park ist eine prächtige, unberührte Wildnis, durch die sich kreuz und quer Wege ziehen. Wanderer werden unterwegs Wasserfälle, Gebirgswiesen, Gletscherseen und hochragende Steilwände zu sehen bekommen.

Bei der Ankunft am Haupteingang kann man sich im **Strathcona Park Lodge & Outdoor Education Centre** (www.strathcona.bc.ca) alle nötigen Infos einholen, u.a. zum kompletten Freizeitangebot im Park: Man kann Kajak fahren, an geführten Wanderungen teilnehmen, Yogacamps besuchen, an Seilrutschen durch die Luft rauschen und klettern. Es gibt auch Adventure-Pauschalangebote, von denen einige speziell auf Familien zugeschnitten sind. Außerdem kann man hier prima mit anderen Outdoor-Begeisterten in Kontakt kommen, wenn man in den hiesigen Restaurants, dem **Whale Dining Room** oder dem **Canoe Club Café,** auftankt.

Die Lodge bietet auch gute **Unterkünfte** (Zi./Hütte ab 136/175 C$), die – in Einklang mit dem ökologischen und ökopädagogischen Engagement der Einrichtung – weder Telefon noch Fernseher haben. Die Zimmer reichen von einfachen Schlafräumen, die an Studentenheime erinnern, bis hin zu abgeschiedenen Fachwerkhütten. Echte Fans des rustikalen Lebens können sich auch für einen von mehreren Campingplätzen im Park entscheiden oder ihr Zelt auf dem **Buttle Lake Campground** (☎604-689-9025, 800-689-9025; www.discovercamping.ca; Stellplatz 24 C$) aufschlagen. Dieser ist wegen seines Badebereichs und des Spielplatzes eine gute Alternative für Familien.

Zu den bemerkenswerten Wanderstrecken im Park zählen der **Paradise Meadows Loop** (2,2 km), ein leichter Spaziergang durch das von Wildblumen und Nadelbäumen geprägte Ökosystem, und der Weg zum **Mt. Becher** (5 km), von dem aus man eine wunderbare Aussicht über das Comox Valley und die von Bergen eingerahmte Strait of Georgia hat. Der 9 km lange **Comox Glacier Trail** ist ein echtes Abenteuer, aber nur erfahrenen Wanderern zu empfehlen. Rund um den Buttle Lake gibt es auch einfachere Routen: den Weg zu den **Lady Falls** (900 m) und die Strecke zum **Karst Creek** (2 km), der an Dolinen, aussickernden Bächen und reißenden Wasserfällen vorbeiführt.

Nördliche Vancouver Island

Die Insulaner des Südens – also alle, die südlich von Campbell River leben – schwören Stein und Bein, dass es oben im Norden absolut nichts zu sehen gäbe. Im Norden erwidern die Leute darauf trocken: „Die haben's nötig." Abseits der nachbarschaftlichen Rivalitäten wird man jedoch feststellen: Was der riesigen, fast die Hälfte der Insel umfassenden Region an Ortschaften, Infrastruktur und Leben fehlt, macht sie durch ihre raue Naturschönheit mehr als nur wett. Und wenngleich abgelegen, sind übrigens einige Gebiete für abgehärtete Wanderer bemerkenswert gut erschlossen, besonders die Gebiet am North Coast Trail.

Schwarzbären, die am Straßenrand genüsslich Beeren vertilgen, sind ein vertrauter Anblick. Auch die urigen Einwohner geben der Region Farbe: Sie sind abgehärtet und auf ihre Selbständigkeit bedacht – eben ganz anders als die „Softies" im Süden. Weitere Infos über die Region kann man unter **Vancouver Island North** (www.vancouverislandnorth.ca) nachlesen.

TELEGRAPH COVE

Die charmante Telegraph Cove, ursprünglich nur eine einsame Telegrafenstation in einer Baracke, hat sich in den letzten Jahrzehnten zur einem Besuchermagneten gemausert. Dutzende von Holzgebäuden, die auf Pfählen rund um den Hafen stehen, verstärken den Eindruck, man befände sich in einem Vorposten der Pioniere. Im Sommer aber wandelt sich das Bild und es herrscht eine Menge Betrieb. Die Straße in das Gebiet wurde vor einigen Jahren asphaltiert, kurz darauf entstanden neue Hotels und Wohnanlagen.

Zunächst geht es über einen Holzplankenweg zum eindrucksvollen **Whale Interpretive Centre** (www.killerwhalecentre. org; empfohlene Spende 2 C$; ⏲Mai–Sept.), das voller Exponate ist, die man mit den Händen anschauen darf. Ferner sind Skelette von Pumas, Seeotter und einem riesigen Finnwal kunstvoll ausgestellt.

Lebendige Wale kann man gleich vor der Küste sichten: Kaum anderswo auf der Insel kann man die marine Tierwelt besser beobachten als hier. **Stubbs Island Whale Watching** (www.stubbs-island.com; Erw./Kind 94/84 C$; ⏲Mai–Sept.) geht bei seinen Bootstour mit Großen Schwertwalen auf Tuchfühlung – auch Buckelwale, Delfine und Seelöwen lassen sich mitunter blicken. Eine Highlight sind die Touren in der Abenddämmerung. Eher an Bären interessiert? Dann kann man mit **Tide Rip Grizzly Tours** (www.tiderip.com; 288 C$; ⏲Mitte Mai–Sept.) geführte ganztägige Touren zu den örtlichen Stränden und Meeresarmen auf der Suche nach Meister Petz unternehmen.

Das alteingesessene **Telegraph Cove Resorts** (☎250-928-3131, 800-200-4665; www.telegraphcoveresort.com; Stellplatz/Hütte ab 27/115 C$) hat Stellplätze im Wald und einige rustikale Pfahlhütten mit Blick auf den Bootshafen. Das nahe gelegene, wesentlich neuere **Dockside 29** (☎250-928-3163, 877-835-2683; www.telegraph cove.ca; Zi. 140–175 C$) ist eine gute Alternative mit motelartigen Zimmern, die Parkettböden, Einbauküchen und einen Ausblick aufs Ufer haben.

Das **Killer Whale Café** (Hauptgerichte 14–18 C$; ⏲Mai–Sept.) ist das beste Lokal vor Ort – die Lachs-, Muschel- und Garnelen-Linguini sind sehr zu empfehlen. Der angrenzende **Old Saltery Pub** ist eine stimmungsvolle, holzgetäfelte Pinte mit einem behaglichen zentralen Kamin und leckerem Killer Whale Pale Ale. Hier kann man gut in einer Ecke hocken und einen auf Seebär

ENDLICH: DER NORTH COAST TRAIL

Wem der berühmte West Coast Trail (S. 771) nur ein müdes „Kenne ich schon" entlockt, der sollte seine Wanderstiefel schnüren und sich an das Äquivalent im Inselnorden wagen. Die 43 km lange Route wurde 2008 für ausdauernde Wanderer eröffnet. Man kann am westlichen Ende bei Nissen Bight losmarschieren, muss dafür aber zunächst einmal 15 km auf dem schon lange eingerichteten (relativ leichten) Cape Scott Trail hinlaufen. Von Nissen Bight schlängelt sich der Weg ostwärts zur Shushartie Bay. Unterwegs kommt man vorbei an sandigen Buchten, verlassenen Stränden und dichtem, vom Wind gepeitschtem Regenwald und muss ein paar Flüsse mit kurzen Seilrutschen überqueren. Die Strecke ist mancherorts schlammig und sumpfig, Holzplankenwege erleichtern jedoch das Vorankommen. In dem Gebiet leben Elche, Hirsche, Pumas, Wölfe und Schwarzbären – man sollte sich vor der Wanderung schlaumachen, wie man sich verhält, wenn einem wilde Tiere über den Weg laufen. Draußen vor der Küste tummeln sich Seehunde, Seelöwen, Seeotter und Grauwale. Wie der West Coast Trail ist auch der North Coast Trail nur für erfahrene und gut ausgerüstete Wanderer geeignet. Campingplätze auf der Strecke gibt es an der Nissen Bight, am Laura Creek und an der Shuttleworth Bight. Insgesamt muss man für die Wanderung fünf bis acht Tage einplanen.

Der Holberg Cape Scott Trailhead ist 63 km von Port Hardy entfernt und über ausgefahrene Holzfällerstraßen zu erreichen. Man kann mit dem eigenen Auto dorthin fahren oder den eigens eingerichteten **North Coast Trail Shuttle** (www.northcoast-trailshuttle.com; 70 C$) nehmen. Sobald man das Ende der Strecke an der Shushartie Bay erreicht hat, bringt einen **Cape Scott Water Taxi** (www.capescottwater taxi.ca; 80 C$) zurück nach Port Hardy. Sowohl der Platz im Shuttle wie das Wassertaxi müssen reserviert werden – der Shuttlebetreiber kann bei der Buchung des Wassertaxis behilflich sein.

Für den North Coast Trail selbst ist keine Reservierung erforderlich.

NICHT VERSÄUMEN

DIE BESTE „KANTINE" IM NORDEN

Der kurvenreiche, von Bäumen gesäumte Abschnitt des Hwy 19 zwischen Campbell River in der Inselmitte und Port Hardy im Norden führt durch eine Reihe kleiner Gemeinden (und vorbei an ein paar Schwarzbären, die sich am Rand der Straße über Früchte hermachen). Falls man gerade zur Essenszeit durch das winzige Sayward kommt, sollte man in das legendäre **Cable Cookhouse** (1741 Sayward Rd; Hauptgerichte 8–20 C$) hineinschauen. Die Fassade des scheinbar uralten Cafés, ein Überbleibsel der Holzfällerei in der Region, besteht aus insgesamt 2,7 km langen Stahltrossen. Drinnen schmücken coole Wandbilder aus den 1950er-Jahren, die Szenen aus einem Holzfällercamp zeigen, die hinteren Wände. Aber natürlich gibt's nicht nur Futter für die Augen, sondern auch was zu essen – also den Gürtel lockern und einen Blick in die Speisekarte werfen. Mit dem mächtigen Holzfällerfrühstück aus Eiern, Speck und allem Drum und Dran startet man kräftig in den Tag. Noch besser aber sind die Aussichten zur Mittagszeit, wenn das exzellente Sandwich mit Lachs und Schmelzkäse und der Austernburger locken. Nur sehr Willensstarke können anschließend den großen Stücken Obstkuchen widerstehen, die in der Theke auf einen warten. Im Cable Cookhouse ist schon so mancher Diätplan torpediert worden.

machen – Augenklappe und Holzbein müssen aber vielleicht doch nicht sein.

PORT MCNEILL

2600 EW.

Port McNeill, das fast den Hügel hinab in die Broughton Straight kullert, ist die zweitgrößte Gemeinde im Norden der Insel und daher ein nützlicher Zwischenstopp für Traveller.

Das auf der Hügelspitze thronende **Black Bear Resort** (☎250-956-4900, 866-956-4900; www.port-mcneill-accommodation.com; 1812 Campbell Way; DZ/2BZ/Suite 135/155/235 C$; @📶🏊) ist mehr ein besseres Motel als ein Resort. Es blickt auf die Stadt hinab und befindet sich in praktischer Nähe zu den Läden und Restaurants gegenüber. Die Standardzimmer sind klein, aber sauber und mit Mikrowelle und Kühlschrank ausgestattet. Es gibt auch Wohneinheiten mit voll ausgestatteten Küchen und ein neues Spa. Im Preis ist ein großes kontinentales Frühstücksbuffet enthalten.

Hungrige finden im nahegelegenen **Bo-Banees** (1705 Campbell Way; Hauptgerichte 7–15 C$) Burritos, Burger und Lucky Lager – das Lieblingsbier der Holzfäller. Die Hähnchen-Quesadilla ist die Spezialität des Hauses.

Im **Visitor Centre** (☎250-956-3131; www.portmcneill.net; 1594 Beach Dr; ⏲Mo–Fr 9–17, Sa 10–15 Uhr, NS verkürzte Öffnungszeiten), zu erkennen an seinem Giebeldach, erhält man Infos zur Region, im **Museum** (351 Shelley Cres; ⏲Juli–Sept. 10–17 Uhr, Okt.–Juni Sa & So 13–15 Uhr) erfährt man Wissenswertes über die frühere Bedeutung der Holzwirtschaft.

Busse von **Greyhound Canada** (www.greyhound.ca) nach Port McNeill fahren ab Port Hardy (14,90 C$, 30 Min., tgl.), Campbell River (42 C$, 2½ Std., tgl.) und Nanaimo (70,70 C$, 6 Std., tgl.).

Regelmäßig legen Fähren von **BC Ferries** (www.bcferries.com) aus Alert Bay und Sointula (Pers./Fahrzeug 9,75/22,75 C$) an. Die Abfahrtzeiten und Fahrpläne ändern sich und finden sich auf der Website.

ALERT BAY

550 EW.

Das Besuchern gegenüber freundliche, aufgeschlossene Dorf auf Cormorant Island wirkt uralt und mythisch. Immer noch herrschen die Traditionen der Ureinwohnergemeinschaft vor. In Pionierzeiten gründeten Fischer hier eine Siedlung, was das Ganze noch reizvoller macht – ein lohnender Tagesausflug ab Port McNeill. Einführende Infos erhält man im **Visitor Centre** (☎250-974-5024; www.alertbay.ca; 116 Fir St; ⏲Mo–Fr 9–16.30 Uhr, NS verkürzte Öffnungszeiten).

Im sehr empfehlenswerten **U'mista Cultural Centre** (☎250-974-5403; www.umista.ca; 1 Front St; Erw./Kind 8/1 C$; ⏲Mai–Aug. tgl. 9–17 Uhr, Sept.–April Di–Sa 9–17 Uhr) ist eine tolle Sammlung mit Masken der Kwakwaka'wakw und Gegenständen für Potlatch-Zeremonien ausgestellt, die einst von der kanadischen Bundesregierung beschlagnahmt worden waren. In dem Kulturzentrum finden häufig Gesangs-, Tanz-

und Grillfeste statt. Draußen vor dem Haus gehen Totempfahlschnitzer ihrer faszinierenden Arbeit nach. In den 1960er-Jahren entstand hier einer der weltweit höchsten Totempfähle. Er nimmt heute einen gebührenden Platz auf dem Rasen vor dem **Big House** ein, in dem im Juli und August traditionelle Tänze veranstaltet werden. Ausgezeichnete kunstvolle Souvenirs findet man in der **Culture Shock Interactive Gallery** (www.cultureshockgallery.ca; 10A Front St).

Wer dem Lockruf der Meere folgen will, kann auf der Jacht von **Seasmoke Whale Watching** (www.seaorca.com; Erw./Kind 95/85 C$) eine fünfstündige Walbeobachtungstour unternehmen. Im Preis enthalten ist der Nachmittagstee.

PORT HARDY

3800 EW.

Der Anfang des 19. Jhs. von Europäern besiedelte kleine Ort im Norden der Insel ist vor allem als Start und Ziel der Inside-Passage-Touren von BC Ferries bekannt. Port Hardy ist außerdem gut geeignet, um sich hier für den North Coast Trail einzudecken.

Sehenswertes & Aktivitäten

Bevor man zu einer langen Wanderung aufbricht, kann man sich im neuen **Quatse Salmon Stewardship Centre** (www.thesalmoncentre.org; 8400 Byng Rd; Erw./Kind 5/2 C$; ⏲Mitte Mai–Sept. 10–17 Uhr) gründlich über den Lebenszyklus der Lachse in der Region informieren. In der kinderfreundlichen Einrichtung leben viele Meerestiere in Aquarien (zum Zeitpunkt der Recherchen wurde zudem an einem neuen Kinosaal gewerkelt). Die freundlichen Mitarbeiter beantworten alle Fragen rund um Lachse.

Port Hardy ist ein erstklassiger Ausgangspunkt zur Erkundung der Wildnis im Norden der Insel. Wanderer können bei den freundlichen Leuten von **North Island Daytrippers** (www.islanddaytrippers.com) maßgeschneiderte geführte Touren buchen. Bei **Odyssey Kayaking** (www.odysseykayaking.com; Leihkajak/Touren ab 40/99 C$) kann man sich tageweise Kajaks ausleihen oder sich einer geführten Tour rund um Malei Island, der Bear Cove und der Alder Bay anschließen. Tauchfans können mit **Catala Charters** (www.catalacharters.net; Tauchtour ab 150 C$) u.a. zur Browning Passage hinausfahren. Die Heimat von unzähligen Kraken, Seewölfen und Korallen gehört zu den besten Kaltwasser-Tauchspots in British Columbia.

Schlafen & Essen

Ecoscape Cabins HÜTTE $$
(☎250-949-8524; www.ecoscapecabins.com; 6305 Jensen Cove Rd; Hütten 125–175 C$; 📶) Einige makellose Hütten aus Zedernholz, ausgestattet mit Flachbildfernsehern, Mikrowelle und für Pärchen ideal geeigneten Sonnenveranden, verteilen sich auf drei kompakte Einheiten. Drei weitere geräumigere Einheiten auf dem Hügel haben schickere Möbel, Grillplätze und eine bessere Aussicht. Die Anlage ist ein ruhiges Refugium – während Adler um die Baumwipfel kreisen, lassen sich am Boden auch mal Hirsche blicken.

North Coast Trail Backpackers Hostel HOSTEL $
(☎250-949-9441, 866-448-6303; www.porthardyhostel.webs.com; 8635 Granville St; B/Zi. ab 24/58 C$) Hostel in einem früheren Ladenhaus in der Downtown. Über das Labyrinth aus kleinen und größeren Schlafsälen wacht ein freundliches Ehepaar, das viele Tipps zur Erkundung der Region parat hat. Wer sich telefonisch meldet, wird auch vom Fähranleger abgeholt. Der gesellige Mittelpunkt des Hostels – und auch das Revier von Haushund Luke – ist der große Erholungsraum. Die Küche ist recht klein, zum Zeitpunkt unserer Recherchen wurde jedoch gerade eine zusätzliche Kaffeestube eingerichtet.

Bear Cove Cottages HÜTTE $$
(☎250-949-7939, 877-949-7339; www.bearcovecottages.ca; 6715 Bear Cove Hwy; DZ 149 C$; 📶) Die acht gemütlichen Hütten haben Kochnischen und von ihren Terrassen einen Blick über das Wasser (und auf die Straße). Die Anlage wirkt wie ein gepflegtes Motel, die Zimmer bieten jedoch nette Extras wie Whirlpools und Eckkamine – man kann sich auch einen Grill ausleihen, wenn man auf seiner Terrasse grillen möchte.

Escape Bistro & Gallery KANADISCH $$
(8405 Byng Rd; Hauptgerichte 16–22 C$) Gleich gegenüber vom Salmon Stewardship Centre. Das Bistro, ein einst schäbiges, wunderbar aufgemöbeltes Barrestaurant, hat einen altmodischen Speisesaal, in dem man vielleicht eine Sitznische ergattern kann. Werke einheimischer Künstler hübschen das Ambiente auf, freitags und samstags sorgt Gitarrenmusik für Schwung. Auf der Speisekarte stehen neben simpler Hausmannskost leckere europäische Gerichte wie ungarisches Gulasch oder Wiener Schnitzel

– am Freitag ist Schweinebraten angesagt. Der Service ist ausgezeichnet.

Café Guido CAFÉ $

(7135 Market St; Hauptgerichte 5–7 C$; 📶) Ein freundlicher Treff, wo man unter Einheimischen gut ein, zwei Stunden zubringen kann – vor allem wenn man es sich auf einem der Sofas mit einem Buch gemütlich macht, das man unten im Buchladen erstanden hat. Mittags sind die gebratenen Panini (unser Tipp: die Variante „Nero") eine gute Wahl, es gibt aber auch immer eine leckere Tagessuppe. Anschließend kann man sich dann im oberen Stock in dem großen und vielseitigen Kunstgewerbeladen umschauen.

ℹ Praktische Informationen

Infos zum Ort und zur Gegend gibt's im **Visitor Centre** (☎250-949-7622; www.porthardy.travel; 7250 Market St; Juni–Aug. 9–17 Uhr, Sept.–Mai Mo–Fr 9–17 Uhr). Dort findet man auch detaillierte Karten des North Coast Trail (9,95 C$). Während man seine E-Mails am Computer checkt (2,50 C$/30 Min.), kann man mit dem ausgestopften Otter plaudern.

ℹ Anreise & Unterwegs vor Ort

Pacific Coastal Airlines (www.pacific-coastal.com) fliegen aus Vancouver ein (235 C$, 1¼ Std., bis zu 3-mal tgl.).

Busse von **Greyhound Canada** (www.greyhound.ca) fahren den Ort von Port McNeill (14,90 C$, 45 Min., tgl.), Campbell River (48,30 C$, 3½ Std., tgl.) und Nanaimo (73 C$, 7 Std., tgl.) aus an.

Fähren aus Prince Rupert (Pers./Fahrzeug 170/390 C$, 15 Std., wechselnder Fahrplan) von **BC Ferries** (www.bcferries.com) schippern durch die spektakuläre Inside Passage.

North Island Transportation (nit@island.net) betreibt einen praktischen Shuttle zwischen dem Fährhafen und den Hotels in der Gegend (8 C$).

CAPE SCOTT PROVINCIAL PARK

Von den vergleichsweise großstädtischen Straßen Victorias unten im Süden bis zu dem abgelegenen **Park** (www.bcparks.ca) an der schroffen Nordspitze von Victoria Island sind es mehr als 550 km. Wer aber die raue, wilde Schönheit von British Columbia richtig kennenlernen will, sollte unbedingt hierher kommen: schroffe Gestade, luftige Regenwälder und Buchten mit atemberaubenden Sandstränden, eine rauschende, mächtige Brandung und knopfäugige Meeresvögel – willkommen in der unberührten Natur Kanadas!

Bei der Wanderung auf dem gut gepflegten, vergleichsweise leichten, 2,5 km langen San Josef Bay Trail tritt man aus schattigen Wäldern direkt hinaus an einen der schönsten Strände British Columbias – eine atemberaubende, windumtoste Weite aus mächtigen Wellen, bewaldeten Klippen und uralten Höhlen, in denen sich gut und gern Schmuggler versteckt haben könnten. Man kann hier direkt am Strand zelten oder sich auch wieder in die Wälder verdrücken, nachdem man die Fischadler bewundert hat.

Im Wald gibt es mehrere reizvolle Wanderwege, die überwiegend auf erfahrene, gut trainierte Wanderer ausgelegt sind. Unterwegs trifft man moosüberwachsene Eiben, jahrhundertealte Rotzedern und Farne, die jeden einzigen Quadratzentimeter des Waldbodens bedecken, der einen Sonnenstrahl abbekommt.

Zwischen den riesigen Schnecken, die den Ort für sich erobert haben, erblickt man auch historische Schilder. Diese verraten dem aufmerksamen Betrachter, dass diese Gegend – so unglaublich es scheint – einst von skandinavischen Pionieren besiedelt wurde. Sie hatten das Versprechen für bare Münze genommen, dass eine Fernstraße den Norden mit dem Süden der Insel verbinden sollte. Die meisten suchten wieder das Weite, als die Straße einfach nicht kommen wollte. Versteckt im dichten Unterholz stehen die malerischen, verfallenen Hütten der Siedler, die überwiegend der Wald überwuchert hat.

Einer der kürzesten Wanderwege der Gegend (2 km) führt im angrenzenden **Raft Cove Provincial Park** (www.bcparks.ca) an den weiten, halbmondförmigen Strand und zu den schönen Lagunen der Raft Cove. Höchst wahrscheinlich hat man den weiten, 1,3 km langen Strand ganz für sich allein, auch wenn die Einheimischen hier gerne surfen (das aber keinem verraten).

Ortsunkundige oder unvorbereitete Wanderer sollten sich nicht noch weiter in die Wildnis vorwagen. Wer auf der Suche nach einem Abenteuer ist, kann den relativ neuen **North Coast Trail** (S. 780) angehen.

SOUTHERN GULF ISLANDS

Wenn gestresste Stadtbewohner aus Vancouver ihren Lieblingsstrand im Stanley Park nicht mehr sehen können und keine

Lust mehr haben, das beste Sushirestaurant in ihrer Stadt zu entdecken, suchen sie oft Trost und Zuflucht in den erholsamen Armen der rustikalen Südlichen Gulf Islands. Wie eine Kette bezaubernder Perlen erstrecken sie sich zwischen dem Festland und Vancouver Island. Die Inseln Salt Spring, Galiano, Mayne, Saturna sowie North und South Pender wurden einst von hippig-flippigen kanadischen Aussteigern und US-Amerikanern besiedelt, die sich der Einberufung in den Vietnamkrieg entziehen wollten, und sind heute für viele in der Region ein beliebtes Refugium.

Natürlich gleichen sich die Inseln nicht wie ein Ei dem anderen. Salt Spring ist für all diejenigen die erste Anlaufstelle, die nicht auf großartige Restaurants verzichten möchten. Galiano wird bei Travellern hoch im Kurs stehen, die rustikale Holzhütten, tolle Landschaften und Unternehmungen unter freiem Himmel mögen. Und das abgelegene Saturna mag einem wie ein Paradies erscheinen, wenn man den Touristenmassen mal wirklich entfliehen will. Für welche Insel man sich auch entscheidet – das so beruhigende Relaxen beginnt in dem Augenblick, in dem man einen Fuß auf die Fähre setzt. Die Zeit vergeht urplötzlich langsamer, der Puls sinkt auf das Niveau eines Winterschlafes und die Landschaften der bewaldeten Inseln und das glasige Wasser ziehen vorüber wie die Zeitlupenaufnahme einer Naturdokumentation.

Während der Überfahrt sollte man sich eine kostenlose Ausgabe der *Gulf Islands Driftwood* (www.gulfislandsdriftwood.com) holen, in der Infos über die Gegend, Programme und Veranstaltungen stehen.

Anreise & Unterwegs vor Ort

Die **BC Ferries** (www.bcferries.com) fahren vom Fährhafen Swartz Bay auf Vancouver Island direkt nach Salt Spring und North Pender, den Hauptinseln der Southern Gulf Islands. Von North Pender gibt es Verbindungen nach Mayne, Galiano oder Salt Spring. Und von Mayne wiederum gelangt man nach Saturna.

Vom Festland aus gibt es eine direkte Verbindung von Tsawwassen nach Galiano; von dort geht es weiter nach North Pender. Am Wochenende fahren auch Fähren von Tsawwassen direkt nach Mayne (nur So) und Salt Spring (Fr–So). Für häufigere Verbindungen auf diese und auf andere Inseln muss man von Tsawwassen aus zur Swartz Bay fahren und dann auf eine weitere Fähre umsteigen. Wer von einer Insel zur nächsten hoppen möchte, sollte sich den praktischen SailPass (4-/7-Tagespass 199/239 C$) zulegen, der für 20 verschiedene Fährrouten in dieser Umgebung gilt.

Gulf Islands Water Taxi (www.saltspring.com/watertaxi) betreibt von September bis Juni zweimal täglich sowie im Juli und August einmal täglich Personenfähren zwischen Salt Spring, North Pender und Saturna (einfache Strecke/hin & zurück 15/25 C$) sowie zwischen Salt Spring, Galiano und Mayne (einfache Strecke/hin & zurück 15/25 C$).

Die Wasserflugzeuge von **Salt Spring Air** (www.saltspringair.com) fliegen von der Downtown Vancouvers und dem Vancouver International Airport zu allen Südlichen Gulf Islands. Abflugzeiten und Preise stehen auf der Website. Ähnliche Flüge bietet auch **Seair Seaplanes** (www.seairseaplanes.com) an.

Salt Spring Island

10 500 EW.

Heute prägen die vielen Ferienhäuser von wohlhabenden Leuten das Bild der ehemaligen Hippie-Enklave Salt Spring Island. Die hübsche Insel empfängt zu Recht das Gros der Besucher der Gulf Islands. Das Zentrum der Gemeinde ist Ganges; dort befindet sich auch das **Visitor Centre** (☎250-537-5252; www.saltspringtourism.com; 121 Lower Ganges Rd; ⏲Juli & Aug. 9–17 Uhr, NS verkürzte Öffnungszeiten).

Sehenswertes & Aktivitäten

Wer an einem Sommerwochenende auf der Insel ist, kann in das muntere Treiben auf dem **Saturday Market** (www.saltspringmarket.com; Centennial Park, Ganges; ⏲April–Okt. Sa 8–16 Uhr) eintauchen. Angeboten werden leckeres, auf der Insel angebautes Obst, pikanter Käse und Produkte einheimischer Kunsthandwerker. Die kann man auch besuchen – hierzu die kostenlose **Studio Tour Map** (www.saltspringstudiotour.com) herunterladen. Eine der interessantesten Galerien ist die rustikale **Blue Horse Folk Art Gallery** (www.bluehorse.ca; 175 North View Dr; ⏲März–Dez. So–Fr 10–17 Uhr), wo es neben anderen coolen Kreationen schrille Schnitzereien mit Pferdemotiven zu kaufen gibt. Die freundlichen Betreiber haben unlängst vor Ort noch ein **B&B** (www.bloomorganicbandb.com; DZ 150 C$) eröffnet, wo man gut übernachten kann.

Southern Gulf Islands

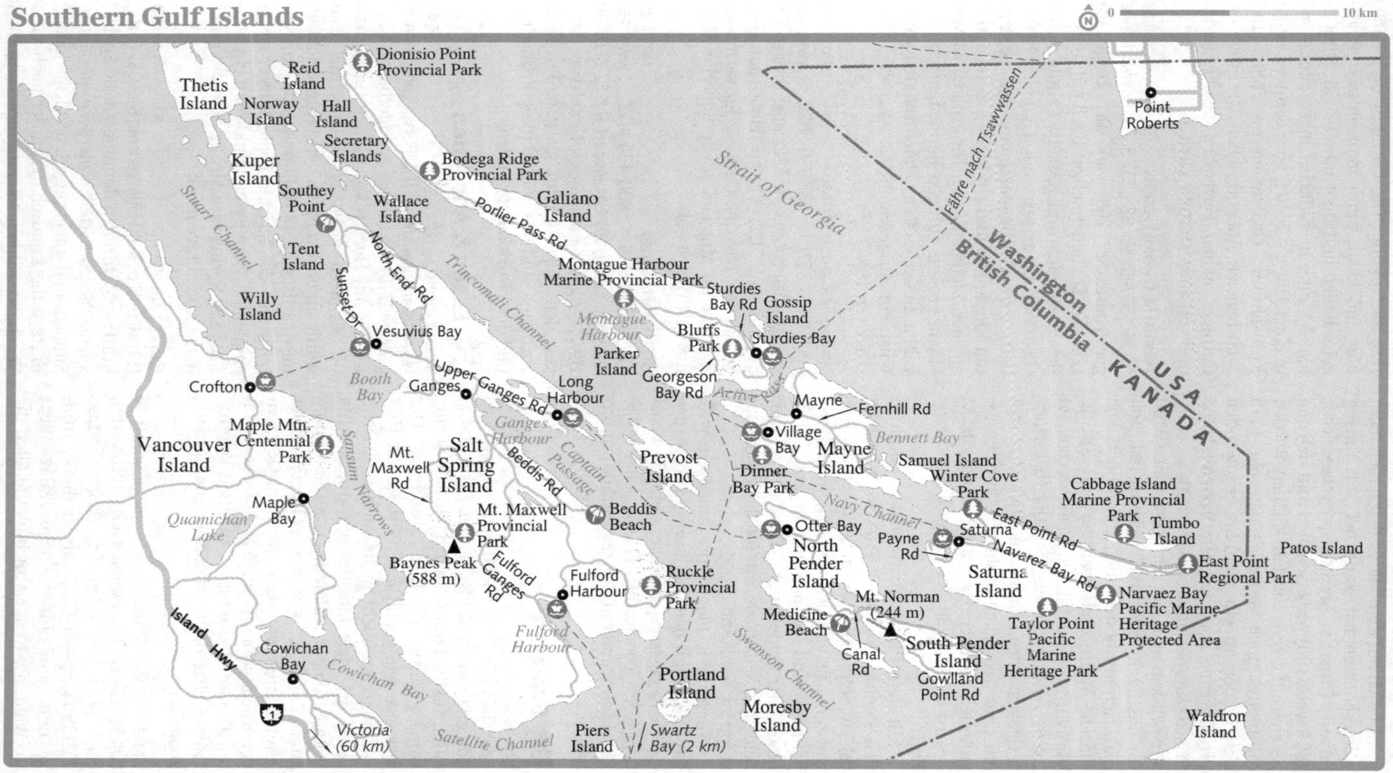

Wer sich auf dem Markt den Bauch nicht vollgeschlagen hat, kann bei **Salt Spring Island Cheese** (www.saltspringcheese.com; 285 Reynolds Rd) vorbeischauen und sich den Betrieb auf eigene Faust anschauen. Bei den Miniponys noch vorbeischauen, ehe man sich in der an ein Weingut erinnernden Probierstube über die zehn verschiedenen Frischkäsespezialitäten hermacht.

Nachdem man sich den Käse seiner Wahl für das nächste Picknick gekauft hat, holt man sich am besten auch gleich noch eine Flasche Wein, und zwar bei **Salt Spring Vineyards** (www.saltspringvineyards.com; 151 Lee Rd; ⏲Mitte Juni–Aug. 11–17 Uhr, NS verkürzte Öffnungszeiten). Man kann auch gern erst ein paar Tröpfchen probieren, um herauszufinden, welcher einem am meisten zusagt – wird es vielleicht der schwere Brombeer-Port?

Mit dem Picknickkorb geht es dann in den **Ruckle Provincial Park** (www.bcparks.ca), ein Schmuckstück im Südosten mit zerzausten Küstenlinien, knorrigen Erdbeerbäumen und sonnenverwöhntem Farmland. Hier findet man Wanderwege aller Schwierigkeitsgrade, ein idealer Zwischenstopp ist Yeo Point.

Wenn man nicht nur faulenzen will, kann man mit der **Salt Spring Adventure Co** (www.saltspringadventures.com; 124 Upper Ganges Rd; Touren ab 50 C$) eine schaukelige Kajaktour rund um Ganges Harbour unternehmen.

Schlafen

Love Shack HÜTTE $$

(☎250-653-0007, 866-341-0007; www.oceansidecottages.com; 521 Isabella Rd; Hütte 135 C$) Falls Austin Powers mal nach Salt Spring käme, würde er hier absteigen. Das groovige wie gemütliche Cottage am Ufer will man gar nicht mehr verlassen. Drinnen gibt's viele künstlerisch angehauchte Details, eine Lavalampe, eine Sammlung alter Kameras und einen Plattenspieler samt Platten (von Abba bis Stan Getz). In der Küche gibt's Biokaffee. Auf der privaten Terrasse kann man – in einen Velours-Overall eingehüllt – den Sonnenuntergang genießen.

Lakeside Gardens HÜTTE $$

(☎250-537-5773; www.lakesidegardensresort.com; 1450 North End Rd; Cabana/Cottage 75/135 C$; ⏲April–Okt.) Die rustikale, ruhige und familienfreundliche Anlage liegt im Wald, die freie Natur bildet folglich die Hauptattraktion. Die Cottages und Cabanas sind ideal, wenn man entspannt angeln, baden und Boot fahren will. Die Cabanas sind sehr einfach – man zeltet quasi in einer Hütte –, bieten aber dennoch einen Kühlschrank, Grillstellen im Freien und solar beheizte Außenduschen. Die größeren Cottages haben Fernseher, eigene Bäder und voll ausgestattete Küchen.

Wisteria Guest House B&B $$

(☎250-537-5899, 888-537-5899; www.wisteriaguesthouse.com; 268 Park Dr; Zi./Cottage 129/159 C$) Ein heimeliges B&B mit freundlichen Hunden und Katzen: Es gibt sechs Gästezimmer (einige mit Gemeinschaftsbad), zwei Studioapartments mit separaten Eingängen und ein kleines Cottage mit eigener, kleiner Küche. Die Anlage ist von einem großen, ruhigen Blumengarten umgeben. In der großen Gemeinschaftslounge wird ein ausgezeichnetes warmes Frühstück serviert.

Harbour House Hotel HOTEL $$

(☎250-537-5571, 888-799-5571; www.saltspringharbourhouse.com; 121 Upper Ganges Rd; EZ & DZ ab 129 C$; 📶) Das Hotel hat eine großartige Lage in Ganges. Es vermietet Zimmer im Motelstil sowie Superior-Zimmer mit Whirlpools.

Seabreeze Inne MOTEL $$

(☎250-537-4145, 800-434-4112; www.seabreezeinne.com; 101 Bittancourt Rd; EZ & DZ ab 119 C$; 📶) Ein makelloses Motel von Ganges, den Hügel hinauf gelegen. Im Preis enthalten sind das kontinentale Frühstück und der Whirlpool im Freien.

Essen & Ausgehen

Tree House Café CAFÉ $$

(www.treehousecafe.ca; 106 Purvis Lane; Hauptgerichte 11–18 C$) In dem wunderbaren Gartencafé im Herzen von Ganges sitzt man im Schatten eines Pflaumenbaums und wählt unter den einfachen Pastagerichten, mexikanischen Spezialitäten und Gourmetburgern – der Teriyaki-Lachs-Burger ist zu empfehlen. Zum Essen trinkt man ein hopfiges Salt Spring Pale Ale. Im Sommer gibt's jeden Abend Livemusik.

Barb's Buns CAFÉ $

(121 McPhillips Ave; Hauptgerichte 6–9 C$) Gute, kräftige Mahlzeiten dominieren die Speisekarte. Dick belegte Pizzastücke, herzhafte Suppen und mächtige Sandwichs locken mittags die Kundschaft, zu der auch viele Vegetarier zählen. Nachmittags kann man

dann dem Biokaffee, den Kuchen und Torten und natürlich Barb's hochgeschätzten Brötchen nicht widerstehen.

Raven Street Market Café KANADISCH $$
(www.ravenstreet.ca; 321 Fernwood Rd; Hauptgerichte 8,50–18 C$) Ein beliebter Treffpunkt der Einheimischen, die die Hausmannskost mit Feinschmeckernote zu schätzen wissen. Zu den gewagteren Pizzabelägen zählt Lamm mit Kräutern und Artischocken. Beim wunderbaren Meeresfrüchte-Würstchen-Gumbo werden Muscheln Riesengarnelen und Chorizo-Würstchen nach einem kreolischen Geheimrezept kombiniert. Es gibt auch einen kleinen Laden, der u.a. Wein aus der Region verkauft.

Restaurant House Piccolo WESTKÜSTE $$$
(www.housepiccolo.com; 108 Hereford Ave; Hauptgerichte 20–28 C$) Hier speist man an weiß eingedeckten Tischen; Tipp: die leckere Ente. Die Weinkarte gehört zu den besten auf Salt Spring.

Oystercatcher Seafood Bar & Grill SEAFOOD $$
(100 Manson Rd; Hauptgerichte 8–16 C$) Lecker sind die Meeresfrüchte aus heimischen Gewässern, besonders die Austern und der Lachs.

Anreise & Unterwegs vor Ort

BC Ferries, Gulf Island Water Taxis und Salt Spring Air sorgen für Verbindungen nach Salt Spring (s. S. 784). Die drei Fähranleger der Insel befinden sich am Long Harbour, am Fulford Harbour und an der Vesuvius Bay. Die Wassertaxis und Wasserflugzeuge kommen am Ganges Harbour an.

Wer ohne eigenen fahrbaren Untersatz unterwegs ist, kommt mit den Shuttle-Kleinbussen von **Salt Spring Island Transit** (www.busonline.ca; Erw./Kind unter 5 Jahren 2 C$/frei) auf fünf Strecken über die gesamte Insel; es werden alle drei Fähranleger bedient. Bus 4 fährt von Long Harbour nach Ganges. **Amber Taxi Co** (☎250-537-3277) ist das örtliche Taxiunternehmen.

North & South Pender Island

2200 EW.

Die einst durch einen sandigen Isthmus verbundenen Inseln North und South Pender sind weit ruhiger als Salt Spring und ziehen die an, die im Urlaub vor allem eines suchen: Ruhe und Abgeschiedenheit. Dank der Farmen aus der Pionierzeit, der altmodischen Obstgärten und der fast 40 Strände und Buchten, sind die beiden, heute durch eine einspurige Brücke verbundenen Inseln ein nettes Plätzchen für Radfahrer und Wanderer. Besucherinfos gibt's unter www.penderislandchamber.com.

Sehenswertes & Aktivitäten

Man kann den Sandstrand am **Medicine Beach** und der **Clam Bay** auf North Pender sowie beim **Gowlland Point** an der Ostküste von South Pender genießen. Gleich hinter der Brücke nach South Pender beginnt der **Mt. Norman Regional Park** mit einigen Wanderwegen, die eine großartige Aussicht auf die umliegenden Inseln versprechen. Samstags findet im Gemeindesaal ein **Bauernmarkt** (April–Nov.) statt, einen kleineren gibt es im Driftwood Centre, dem recht übersichtlichen Geschäftsviertel der Region.

Dutzende von Künstlern nennen Pender ihr Zuhause. Man kann sich mit ihnen in ihren Galerien und Ateliers unterhalten: Auf der Website von **Pender Creatives** (www.pendercreatives.com) kann man die beiden kostenlosen Pläne herunterladen, die verraten, wo sie zu finden sind. Die meisten leben – wen wundert's – auf North Pender.

Man kann sich im Rahmen einer geführten Paddeltour des freundlichen Teams von **Pender Island Kayak Adventures** (www.kayakpenderisland.com; Otter Bay Marina; Touren Erw./Kind ab 45/30 C$) aufs Wasser wagen. Genussmenschen können an einer Verkostung im **Morning Bay Vineyard** (www.morningbay.ca; 6621 Harbour Hill; Mi–So 10–17 Uhr, NS verkürzte Öffnungszeiten) teilnehmen, einem Weingut mit hübschem Fachwerkhaus, wo die Weine auf einer steilen, 20 Stufen umfassenden Terrasse wachsen. Der empfohlene Verschnitt aus Gewürztraminer und Riesling ist leicht und frisch.

Schlafen

Poet's Cove Resort & Spa HOTEL $$$
(☎250-629-2100, 888-512-7638; www.poetscove.com; 9801 Spalding Rd, Bedwell Harbour, South Pender; Zi. ab 250 C$;) Die meisten Zimmer der luxuriösen, künstlerisch akzentuierten Lodge am Hafen bieten eine wunderbare Aussicht über das glasklare Wasser. Zu den luxuriösen Extras zählen ein Spa mit dem vollen Programm an Anwendungen und ein Center, in dem man Ökotouren und Angelausflüge in die Umgebung buchen kann. In dem eleganten Restaurant Aurora, das auf die Küche der amerikanischen Westküste

spezialisiert ist, kann man stilvoll speisen. Darüber hinaus bietet das Resort Kajaktouren und ein Wellnessprogramm an, zu dem auch eine Dampfgrotte gehört.

Inn on Pender Island HOTEL **$$**
(☎250-629-3353; 800-550-0172; www.innonpender.com; 4709 Canal Rd; Zi./Hütte 99/149 C$) Die rustikale Lodge mit Zimmern im Motelstil und ein paar behaglichen, holzgetäfelten Hütten liegt im Wald, weshalb auch immer mal wieder Hirsche vorbeschauen. Die Zimmer sind ordentlich und sauber, Gäste dürfen den Whirlpool im Freien benutzen. Die Hütten am Wasser haben Gewölbedecken, voll ausgestattete Küchen und kleine Veranden. Zur Anlage gehört auch ein Restaurant.

Shangri-La Oceanfront B&B B&B **$$$**
(☎250-629-3808, 877-629-2800; www.penderislandshangrila.com; 5909 Pirate's Rd; DZ ab 185 C$) Anwesen mit drei Wohneinheiten, in denen man den Alltag hinter sich lässt und einfach nur entspannt. Zu jedem Zimmer gehört ein Whirlpool im Freien, von dem aus man der zwischen den Bäumen untergehenden Sonne hinterherträumen kann. Die Zimmer haben separate Eingänge und bieten Extras wie flauschige Bademäntel, große, private Terrassen und ein üppiges Frühstück. Uns gefiel besonders die Suite „Lost in Space", deren Wände mit einem leuchtenden Sonnensystem bemalt sind.

Arcadia by the Sea HÜTTE **$$**
(☎250-629-3221, 877-470-8439; www.arcadiabythesea.com; 1329 MacKinnon Rd; DZ 125–225 C$; ⊙Mai–Sept.; 🏊) Ein ruhiges, ausschließlich erwachsenen Gästen vorbehaltenes Anwesen mit drei gemütlichen Cottages (jeweils mit Küche und Terrasse). Kostenlose Abholung von der Fähre.

Pior Centennial Park CAMPING **$**
(☎604-689-9025, 800-689-9025; www.discovercamping.ca; Stellplatz ab 15 C$; ⊙Mitte Mai–Mitte Okt.) Der recht einfache Campingplatz versteckt sich im Dickicht der Bäume. Er hat eine Kaltwasserpumpe, Plumpsklos und Picknicktische.

Essen

Pender Island Bakery Café BÄCKEREI **$**
(Driftwood Centre, 1105 Stanley Point Dr; Hauptgerichte 6–16 C$) In der Lieblingskaffeestube der Einheimischen gibt's mehr als nur Kaffee und einen Plausch. Der Kaffee wie auch viele der Backwaren, darunter die gewaltigen, alle Kräfte fordernden Zimtbrötchen, sind Bioprodukte. Ein Highlight sind die Gourmetpizzas, unter denen die „Gulf Islander" mit geräucherten Austern, Sardellen, Spinat und drei Sorten Käse die beste Wahl ist. Zu den herzhaften Gerichten zählen die Pastete mit Spinat und Pinienkernen und die riesige Meeresfrüchtelasagne.

Hope Bay Café MEERESFRÜCHTE **$$**
(4301 Bedwell Harbour Rd; Hauptgerichte 16–24 C$) Meeresfrüchte und der erstklassige Blick über den Plumper Sound sind die Markenzeichen des lässigen bistroartigen Lokals, das ein paar Minuten vom Fähranleger Otter Bay entfernt ist. Wie nicht anders zu erwarten, sind die Fish & Chips schmackhaft. Es lohnt sich allerdings, die interessanteren Gerichte nicht außer Acht zu lassen. Da gibt es z. B. gefüllten Schweinenacken, regionalen Wildlachs mit Kräuterkruste und eine ausgezeichnete Bouillabaisse mit verschiedenen Muscheln, Lachs und Kabeljau.

Aurora WESTKÜSTE **$$$**
(☎250-629-2115; www.poetscove.com; Poet's Cove Resort & Spa; Hauptgerichte 18–34 C$) Saisonal und regional heißen die Zauberworte in dem eleganten Restaurant. Als Vorspeise gibt es Ziegenkäse von Salt Spring Island – doch sollte man Platz lassen für Hauptgerichte wie das Meeresfrüchte-Medley aus regionalen Krabben und diversen Muscheln. Abends sollte man besser reservieren; findet man keinen Platz, kann man immer noch in das Syrens gehen, die Loungebar des Resorts.

ℹ Anreise & Unterwegs vor Ort

BC Ferries, Gulf Island Water Taxis und Salt Spring Air sorgen für Verkehrsverbindungen nach Pender (s. S. 784). Die Fähren legen in Otter Bay auf North Pender an, wo auch die meisten Einwohner der beiden Inseln leben. Wer kein Auto hat und von der Unterkunft nicht abgeholt wird, kann ein Taxi von **Pender Island Taxi** (☎250-629-3555) bestellen.

Saturna Island

325 EW.

Die kleine, absolut ruhige Saturna Island ist ein bezauberndes, grünes Refugium, das so weit abseits vom Schuss liegt, dass Touristen wohl kaum zufällig hier stranden werden. Fast die halbe Insel, die von runden Buchten, eindrucksvollen Felsklippen und hohen Erdbeerbäumen geprägt ist, gehört zum Gulf Islands National Park Reserve. Die einzigen Massen, denen man begegnen wird, sind Wildziegen, die hier seit Jahrzehnten mampfend durch die Gegend stapfen. Wer also einmal der Zivilisation den Rücken zukehren will, ist auf Saturna Island genau richtig. Auf der Website der **Saturna Island Tourism Association** (www.saturnatourism.com) steht eine Karte zum Download bereit. Unbedingt Bargeld mitbringen: Auf der Insel gibt es keine Geldautomaten und gerade einmal zwei Läden.

Im Norden der Insel gibt es im **Winter Cove Park** einen weißen Sandstrand, der zum Baden, Angeln und Bootfahren beliebt ist. Falls man zufällig am Canada Day (1. Juli) hier ist, bekommt man das Hauptevent der Insel mit. Beim **Lamb Barbeque** (www.saturnalambbarbeque.com; Erw./Kind 20/10 C$) der Gemeinde auf dem angrenzenden Hunter Field spielen Bands, es gibt Sackhüpfen, einen Biergarten und einen Gaumenschmaus für Fleischesser: Rund um ein heidnisches Feuer werden zwölf Schafe am Spieß langsam gebraten.

Die überzähligen Kalorien kann man am nächsten Tag bei einer Wanderung auf den Gipfel des **Mt. Warburton Pike** (497 m) verbrennen. Unterwegs kann man Wildgänse und durch die Lüfte schwebende Adler beobachten und genießt einen Panoramablick auf die umliegenden Inseln – mit dem Feldstecher kann man vielleicht auch ein, zwei Wale sehen, die vor der Küste vorbeiziehen.

Weinfans können an Verkostungen und Führungen in der **Saturna Island Winery** (www.saturnavineyards.com; 8 Quarry Rd; ⌚11.30–16.30 Uhr) teilnehmen. Hier gibt es auch ein nur mittags geöffnetes **Bistro**.

Wenn Ruhe und Gemächlichkeit zu längerem Verweilen animieren, kann man sich im **Breezy Bay B&B** (☎250-539-5957; www.saturnacan.net/breezy; 131 Payne Rd; DZ 95 C$) einquartieren. Die rund 100 Jahre alte Farm wird immer noch bewirtschaftet und hat einen Privatstrand. Im Haupthaus gibt es Parkettböden, Steinkamine und sogar eine alte Bibliothek; die Gästezimmer (mit Gemeinschaftsbad) sind einfach, aber sauber und gemütlich. Frühstück gibt's in einem Raum mit Ausblick in den Garten. Eine Alternative ist die **Saturna Lodge** (⌚250-539-2254, 866-539-2254; www.saturna.ca; 130 Payne Rd; DZ 119–149 C$; 📶), ein eleganter Landgasthof mit sechs Zimmern in einem Landschaftspark, der auch mit der Nähe zum Wasser punkten kann. Das Frühstück ist im Preis inbegriffen.

ℹ Anreise & Unterwegs vor Ort

BC Ferries, Gulf Island Water Taxis und Salt Spring Air verbinden das Festland mit Saturna (s. S. 784). Der Fähranleger befindet sich in Lyall Harbour im Westen der Insel. Ein Auto braucht man nicht, da einige Unterkünfte in der Nähe des Fährhafens liegen; es gibt allerdings auch keine Taxis oder Shuttlebusse, die einen durch die Gegend kutschieren könnten. Eine Alternative ist die Fortbewegung per Fahrrad – sofern man sich den Herausforderungen stellen will, die die hügelige Insel stellt.

Mayne Island

900 EW.

Mayne Island ist die historisch bedeutsamste Insel der Southern Gulf Islands: Sie war einst eine Zwischenstation für Goldgräber auf dem Weg zum Festland – sie tauften die Insel „Little Hell". Ihre Zeit als Handelspunkt ist aber längst vorbei. Heute wohnt hier ein buntes Künstlervölkchen. Weitere Infos gibt's online unter www.mayneislandchamber.ca.

In der altehrwürdigen **Agricultural Hall** in Miners Bay findet ein lebhafter **Bauernmarkt** (⌚Juli–Sept. Sa 10–13 Uhr) mit regionalen Lebensmitteln und Kunsthandwerk statt. Das nahe gelegene **Plumper Pass Lock-up** (⌚Ende Juni–Anfang Sept. Fr–Mo 11–15 Uhr), einst das Gefängnis der Insel, beherbergt heute ein winziges Museum.

Zu den lohnendsten Galerien und Ateliers auf der Insel zählt die **Mayne Island Glass Foundry** (www.mayneislandglass.com; ⌚Juni–Sept. 10–17 Uhr, NS verkürzte Öffnungszeiten), wo aus Altglas Schmuck und Ornamente fabriziert werden – wie wäre es mit einer coolen, flaschengrünen Schnecke als Souvenir?

Der **Dinner Bay Park** im Süden hat einen hübschen Sandstrand und einen **japanischen Garten**. Er wurde von Einheimischen zum Gedenken an die japanischen Einwohner angelegt, die im frühen 20. Jh. hier lebten. Der Garten ist makellos gestaltet; in der Weihnachtszeit werden Lampions aufgehängt.

Mayne Island Kayaking (www.kayakmayneisland.com; 563 Arbutus Dr; Leihgebühr ab 40/60 C$ für 2/8 Std., Touren ab 50 C$) verleiht Kajaks und Fahrräder und veranstaltet Touren.

Essen kann man im **Wild Fennel Restaurant** (574 Fernhill Rd; Hauptgerichte 16–

20 C$), das auf frische saisonale Zutaten setzt. Die Speisekarte ändert sich ständig, man darf aber auf „Crab Three Ways“ hoffen: Krabben als Salat, als Cremesuppe und als „Lollipop“.

Wenn man einfach keine Lust hat, so schnell wieder aufs Festland zu fahren, findet man im **Mayne Island Resort** (☎866-539-5399; www.mayneislandresort.com; 494 Arbutus Dr; Zi./Cottage ab 99/225 C$;) Zimmer mit Meerblick in einem 100 Jahre alten Gasthof und schicke neue Luxus-Strandhäuser. In der Ferienanlage gibt es auch ein großes Barrestaurant und ein neues Spa.

Anreise & Unterwegs vor Ort

BC Ferries, Gulf Island Water Taxis und Salt Spring Air verbinden Mayne mit dem Festland (s. S. 784). Taxis von **MIDAS Taxi** (☎250-539-3132) bringen einen auf der Insel herum.

Galiano Island

1100 EW.

Die Galiano Island wurde nach einem spanischen Entdecker benannt, der Ende des 18. Jhs. hier vorbeischipperte. Der belebte Fährhafen von Galiano unterscheidet sich stark von der restlichen Insel, die bewaldeter und ruhiger wird, je weiter man sich vom Anleger entfernt. Die schmale Landmasse ist die Heimat der größten ökologischen Vielfalt der Southern Gulf Islands. Und nicht wenige betrachten sie auch als die schönste Insel. Sowohl Wasser- als auch Landratten wird es sicherlich nicht langweilig.

Gleich nach dem Landen der Fähre geht es auf zum **Montague Harbour Marine Provincial Park** mit Wegen, die zu Stränden, Wiesen und einer von Gletschern geformten Klippe führen. Der **Bodega Ridge Provincial Park** ist hingegen für seine spektakulären Aussichtspunkte und sein reiches Vogelleben berühmt; u.a. sind in der Gegend Adler, Taucher und Kormorane heimisch.

Die geschützten Gewässer des **Trincomali Channel** und die wilderen des **Active Pass** erlauben Paddeltouren aller Schwierigkeitsgrade. **Gulf Island Kayaking** (www.seakayak.ca; Leihgebühr ab 38/75 C$ für 3 Std./Tag, Touren ab 55 C$) verleiht Kajaks und veranstaltet geführte Touren.

Wenn man kein Auto hat oder sich körperlich betätigen will, kann man die Insel mit einem Fahrrad von **Galiano Bicycle** (www.galianoisland.com/galianobicycle; 25/30 C$ für 4 Std./Tag) erkunden.

Essen und örtlichen Klatsch bekommt man im **Daystar Market Café** (96 Georgeson Bay Rd; Hauptgerichte 4–10 C$), einem urigen Treff, wo es herzhafte Salate, dicke Sandwichs und Smoothies gibt. Im altehrwürdigen **Hummingbird Pub** (www.hummingbirdpub.com; 47 Sturdies Bay Rd; Hauptgerichte 8–12 C$) kann man ein paar Biere kippen und auf der Terrasse das Kneipenessen genießen.

Zu den Unterkünften auf der Insel zählt das **Galiano Inn** (☎250-539-3388, 877-530-3939; www.galianoinn.com; 134 Madrona Dr; Zi. 249–299 C$;), eine Villa in toskanischem Stil mit zehn eleganten Zimmern, jeweils mit Kamin und romantischer Terrasse zum Ozean – für Anspruchsvolle genau das Richtige. Die ruhige, elegante Anlage – sie ist Erwachsenen vorbehalten – befindet sich in der Nähe des Fähranlegers Sturdies Bay. Wer eine Zuflucht in freier Natur sucht, wird das **Bodega Ridge** (☎250-539-2677, 877-604-2677; www.bodegaridge.com; 120 Manastee Rd; DZ 200 C$;) am anderen Ende der Insel lieben, eine ruhige Unterkunft im Wald mit sieben Hütten. Alle haben jeweils drei Schlafzimmer und sind ländlich-rustikal ausgestattet.

Geschäfte und Dienstleistungen konzentrieren sich rund um den Fährhafen in Sturdies Bay. Es gibt eine Autowerkstatt, eine Post, einen Buchladen und einen **Besucherinformationskiosk** (www.galianoisland.com; 2590 Sturdies Bay Rd; ⏲Juli & Aug.).

Anreise & Unterwegs vor Ort

BC Ferries, Gulf Island Water Taxis und Salt Spring Air verbinden Galiano mit dem Festland (s. S. 784). Die Fähren legen im Fährhafen von Sturdies Bay an.

FRASER & THOMPSON VALLEYS

Die Städter aus Vancouver, die auf dem Weg zum Kurzurlaub im Binnenland sind, lassen die fruchtbaren Ebenen um Orte wie Abbotsford links liegen. Wer nicht gerade Rüben auf dem Acker bestaunen will, sollte sich nicht weiter aufhalten und dem Strom der Einheimischen auf Hwy 1 in östlicher Richtung folgen.

Hope, rund 150 km östlich von Vancouver, verfügt über ein gutes **Visitor Centre**

(☎604-869-2021; www.hope.ca; 919 Water Ave; ⏲9–17 Uhr) mit vielen Infos zu der Region und den hiesigen Parks, die von der Provinz verwaltet werden. In Hope teilt sich die Straße in drei: Der Hwy 1 führt spektakulär entlang der Steilwände des wunderschönen Fraser Canyon nach Norden. Von Lytton folgt er dem Thompson River; das Gelände wird langsam flacher und die Landschaft trockener – ein Vorgeschmack auf das Weideland der Karibu-Region nördlich von Cache Creek. Der mehrspurige Hwy 5 führt 200 km weit Richtung Nordosten in das Wirtschaftszentrum Kamloops. Der Crowsnest Hwy (Hwy 3) schließlich beschreibt eine gewundenen, hübschen Kurs nach Osten durch den zerklüfteten EC Manning Provincial Park und weiter nach Osoyoos und in das südliche Okanagan Valley.

Achtung: An Wochenenden und zu anderen Stoßzeiten kommt es auf dem Hwy 1 westlich von Hope öfters zu Staus!

EC Manning Provincial Park

Nach dem Farmland im Lower Mainland gibt der 708 km² große **Park** (☎604-795-6169; www.bcparks.ca) 30 km südöstlich von Hope einen Vorgeschmack auf die viel größeren Dinge (von Rocky-Mountains-Dimensionen), die einen weiter im Osten erwarten. Hier findet man trockene Täler, dunkle Gebirgswälder, rauschende Flüsse und Gebirgswiesen. Man kann hier auf der Fahrt über den Hwy 3 gut einen Zwischenstopp einlegen, sollte aber nicht allzu viel Ruhe erwarten, weil viele Leute aus den Städten im Westen genau dasselbe wollen.

Die folgenden Wanderrouten sind leicht vom Hwy 3 aus zu erreichen:

Dry Ridge Trail Führt aus trockenem Binnenland- in Hochgebirgsklima; herrliche Ausblicke und Wildblumen (hin & zurück 3 km, 1 Std.).

Canyon Nature Trail Netter Rundweg, auf dem ein Fluss auf einer Brücke überquert wird (2 km, 45 Min.).

Lightning Lake Loop Eine perfekte Einführung: der Rundweg um den zentral gelegenen See. Abends kann man Tiere beobachten (9 km, 2 Std.).

In Manning ist zu jeder Jahreszeit etwas los. Im **Manning Park Resort** (☎250-840 8822, 800-330-3321; www.manningpark.com) gibt's Pisten für Skifahrer und Snowboarder (Tagespass Erw./Kind 45/30 C$) und 100 km präparierte Loipen für Skilangläufer und Schneeschuhläufer. Zudem haben sich hier auch die einzigen Unterkünfte im Park angesiedelt, in denen man ein festes Dach über dem Kopf hat. Die 73 recht teuren Einheiten (ab 150 C$) bestehen aus Zimmern in der Lodge und in Hütten. Der obligatorische Whirlpool darf natürlich nicht fehlen

Sein Zelt kann man auf den Campingplätzen bei **Coldspring**, **Hampton** oder **Mule** (Stellplatz 21 C$) oder auf dem beliebteren **Lightning Lake Campground** (☎Reservierung 800-689-9025; www.discovercamping.ca; Stellplatz 28 C$) aufschlagen; letzterer nimmt Reservierungen an. Außerdem gibt es für Wanderer zehn Plätze zum **Wildcampen** (Stellplatz 5 C$/Pers.), die normalerweise erst ab Ende Juni zur Verfügung stehen.

Das **Besucherzentrum** (⏲Juni–Sept. 8.30–16.30 Uhr, Okt.–Mai Mo–Fr 8.30–16 Uhr) des Parks liegt von der Westgrenze aus 30 km innerhalb des Parks. Es hat detaillierte Wegebeschreibungen und ein Reliefmodell des Parks und der nahen Biberteiche.

Busse von **Greyhound Canada** (☎800-661-8747; www.greyhound.ca) fahren von Vancouver aus her (46 C$, 3–4 Std., 2-mal tgl.).

Fraser River Canyon

Schon der Name allein macht Spuzzum zu einem lustigen Stopp am Hwy 1 auf dem Weg nach Cache Creek, das 85 km westlich von Kamloops liegt. Die Straße folgt dem Lauf des schnell fließenden Fraser River, auf dem Raftings angesagt sind. Die majestätische Landschaft und mehrere gute, von der Provinz verwaltete Parks lassen keine Langeweile aufkommen.

Gleich nördlich von Spuzzum bietet sich der **Alexandra Bridge Provincial Park** (☎604-795-6169; www.bcparks.ca) als malerisches Ausflugsziel an – mit der Aussicht auf die historische Hängebrücke von 1926 schmeckt das Picknick gleich nochmal so gut. Weiter nördlich liegt der von der Lytton First Nation verwaltete, ökologisch vielfältige **Stein Valley Nlaka'pamux Heritage Park** (www.bcparks.ca). Hier kann man ausgezeichnete Langstreckenwanderungen durch trockene Täler und über schneebedeckte Gipfel unternehmen. In dem Gebiet befindet sich außerdem eine der am besten erhaltenen Wasserscheiden im südlichen British Columbia.

Ein beliebtes Abenteuer in der Region sind Raftings über die reißenden Stromschnellen des Fraser River und seiner Nebenflüsse; eine Reihe von Veranstaltern in der Nähe von Lytton bieten Touren an. Eine Tagestour gibt's für Erwachsene ab 120 C$.

Im **Kumsheen Rafting Resort** (☎800-663-6667; www.kumsheen.com) werden eine Reihe von Touren angeboten. Es gibt schicke Unterkünfte in Zelthütten (100 C$). **Hyak River Rafting** (☎800-663-7238; www.hyak.com) organisiert Raftingtouren auf allen interessanten Wasserwegen in der Gegend.

Kamloops

83200 EW.

Falls man dem Hwy 1 ostwärts in die Rockys und bis nach Banff folgen will, eignet sich Kamloops ideal für einen Zwischenstopp. Es gibt viele Motels und ein historisches Zentrum, das sich zu Fuß erkunden lässt. Einst nutzten die Shuswap-Ureinwohner die vielen Flüsse und Seen der Region als Transportweg und für die Lachsfischerei. Händler errichteten 1811 ein Lager für die Jagd auf Pelztiere.

Der Hwy 1 zerschneidet die Stadt in Ost-West-Richtung und verbindet Vancouver mit den Rockys, während der Yellowhead Hwy (Hwy 5) nordostwärts nach Jasper und südwestwärts über Merritt nach Vancouver führt (dieser Straßenabschnitt heißt Coquihalla Hwy). Die von Bäumen gesäumte Victoria St markiert das Zentrum, an sonnigen Tagen ist sie munter und belebt. Stark genutzte Schienenstränge trennen den breiten Thompson River von der Downtown. Lizenzgeschäfte und Malls säumen das hochgelegene Gelände am Hwy 1.

Fraser & Thompson Valleys

Sehenswertes & Aktivitäten

Beim Erkunden der Downtown sollte man sich an der Victoria St orientieren und einen Besuch in der Kunstgalerie und dem Museum einlegen.

Kamloops Museum MUSEUM
(☎250-828-3576; www.kamloops.ca/museum; Ecke Seymour St & 2nd Ave; Erw./Kind 3/1 C$; ⏲Di–Sa 9.30–16.30, Do bis 19.30 Uhr) Das Kamloops Museum ist in einem historischen Gebäude untergebracht und zeigt eine nicht minder geschichtsträchtige Sammlung alter Fotos. Man erfährt alles über David Thompson, dem der Fluss seinen Namen verdankt. Ein neues Geschoss zeigt eine Ausstellung für Kinder.

Kamloops Heritage Railway MUSEUMSBAHN
(☎250-374-2141; www.kamrail.com; 510 Lorne St; Erw./Kind ab 17/10 C$) Auf der anderen Seite der Gleise betreibt Kamloops Heritage Railway 70-minütige Zugfahrten mit einer historischen Dampflok.

Kamloops Art Gallery KUNSTGALERIE
(☎250-377-2400; www.kag.bc.ca; 465 Victoria St; Erw./Kind 5/3 C$; ⏲Mo–Mi, Fr & Sa 10–17, Do 10–21 Uhr) Die passenderweise wie ein Loft eingerichtete Kamloops Art Gallery widmet sich zeitgenössischen Arbeiten aus dem Westen des Landes und Werken von Künstlern der hiesigen Ureinwohner-Völker.

British Columbia Wildlife Park ZOO
(☎250-573-3242; www.bczoo.org; Erw./Kind 13/10 C$; ⏲9.30–16.30 Uhr) Eltern könnten schon mal sehnsüchtig auf die Käfige schauen, in denen widerspenstige Tiere im British Columbia Wildlife Park 17 km östlich von Kamloops am Hwy 1 zur Raison gebracht werden. Zu den Insassen zählen Bären und Pumas.

Paul Lake Provincial Park PARK
(☎250-819-7376; www.bcparks.ca) An den vielen heißen Sommertagen drängen sich die Massen am Strand im Paul Lake Provincial Park, wo man Falken und Kojoten erspähen kann. Es gibt einen 20 km langen Rundweg

für Mountainbiker. Der Park liegt 24 km nördlich von Kamloops, zu erreichen über den Hwy 5.

Schlafen

Ältere und billigere Motels finden sich an einem Abschnitt des Hwy 1 östlich der Downtown. An der Columbia St, die vom Zentrum aus nordwärts zum Hwy 1 führt, drängen sich ebenfalls eigenständige Motels und Ketten von Filialen. In den nahe gelegenen Parks gibt's gute Campingmöglichkeiten.

LP TIPP **Plaza Heritage Hotel** HOTEL $$
(250-377-8075, 877-977-5292; www.plazaheritagehotel.com; 405 Victoria St; Zi. 110–250 C$;) Das sechsstöckige klassische Hotel mit 66 Zimmern wirkt wie eine Krabbelkiste mit Laura-Ashley-Tüchern. Seit der Eröffnung 1928 hat es sich nur unwesentlich verändert. In einer Stadt, wo sonst in puncto Unterkünften die kahle Moderne herrscht, beweist dieses Hotel Charakter. Im Übernachtungspreis ist ein ausgezeichnetes Frühstück enthalten.

South Thompson Inn INN $$
(250-573-3777, 800-797-7713; www.stigr.com; 3438 Shuswap Rd; Zi. 140–300 C$;) Unweit vom Hwy 1 thront rund 20 km westlich der Stadt das einer Ranch ähnelnde Anwesen, eingerahmt von der hügeligen Graslandschaft am Ufer des South Thompson. Die 57 Zimmer verteilen sich auf das urige Hauptgebäude, ein kleineres Gutshaus und einige umgebaute Ställe.

Scott's Inn MOTEL $$
(250-372-8221; www.scottsinn.kamloops.com; Ecke 11th Ave & Columbia St; Zi. ab 90 C$; @) Anders als viele Konkurrenten im Budgetbereich liegt das Scott's in Zentrumsnähe. Die 51 Zimmer haben Motelstandard, als Extras gibt es ein kleines Schwimmbecken, einen Whirlpool, ein Café und eine Sonnenterrasse auf dem Dach.

Essen & Ausgehen

In der kostenlosen Broschüre *Farm Fresh* sind viele der hiesigen Produzenten aufgeführt. Bauernmärkte finden am Mittwochvormittag (Ecke 5th Ave & Victoria St) und am Samstag (Ecke 2nd Ave & St Paul St) statt. Das Nachtleben konzentriert sich in der Victoria St.

Hello Toast CAFÉ $
(250-372-9322; 428 Victoria St; Hauptgerichte 5–9 C$; Mo–Sa 8–17 Uhr;) Das vegetarierfreundliche Café setzt voll auf Biozutaten. Es kommen Vollkornprodukte, aber auch Schinken und Eier und Burger auf den Tisch. Hübsche offene Front mit Plätzen auf dem Bürgersteig.

Chapter's Viewpoint Restaurant FUSION $$
(250-374-3224; 610 Columbia St; Hauptgerichte 14–24 C$; Mo–Fr 11.30–22, Sa & So 17–22 Uhr) Die Terrasse mit Blick über Kamloops ist perfekt für laue Sommerabende. Auf der Karte stehen Filetsteaks und gedämpfter Lachs; besonders empfehlenswerte sind jedoch die Gerichte aus New Mexico

Commodore KNEIPE $$
(250-851-3100; 369 Victoria St; Mo–Mi & Sa 17 Uhr–open end, Do & Fr ab 11 Uhr) Die traditionelle Kneipe hat eine Speisekarte, die einen Schwerpunkt auf Fondues legt. Freitagabends gibt's Livejazz und -funk auf die Ohren. An den anderen Abenden legen DJs Musik aller Genres auf.

Kelly O'Bryan's KNEIPE $
(250-828-1559; 244 Victoria St; Gerichte 8–10 C$; 12 Uhr–open end) Ein klassischer „unechter" irischer Pub (so was ist heute schon eine Kategorie): Der Laden hat immerhin solides Kneipenessen, gute Biere und eine lachhafte Schar von Kellnerinnen in Kilts. Schottisch? Irisch? Was solls!

Praktische Informationen

Das **Visitor Centre** (250-374-3377, 800-662-1994; www.tourismkamloops.com; 1290 W Hwy 1, Ausfahrt 368; Sommer tgl. 8–18 Uhr, übriges Jahr Mo–Fr 9–18 Uhr;) liegt abseits des Hwy 1 mit Ausblick auf die Stadt. Hat auch einen Internetzugang (1 C$/10 Min., kostenloses W-Lan).

Anreise & Unterwegs vor Ort

Der **Kamloops Airport** (YKA; 250-376-3613; www.kamloopsairport.com) liegt 7 km nordwestlich der Stadt und bietet tägliche Verbindungen ab/nach Vancouver und Calgary.

Der Busbahnhof von **Greyhound Canada** (800-661-8747; www.greyhound.ca) liegt ungefähr 1 km südwestlich vom Zentrum an der Columbia St W.

An der Kamloops North Station – 11 km außerhalb der Stadt – hält dreimal wöchentlich der Canadian von **VIA Rail** (888-842-7245; www.viarail.ca) auf der Fahrt von Vancouver (9½ Std.) nach Jasper (9½ Std.) und darüber hinaus. Die Preise unterscheiden sich stark nach Saison und Wagenklasse.

Kamloops Transit System (250-376-1216; www.transitbc.com/regions/kam; Erw./Kind 2/1,50 C$) betreibt die Nahverkehrsbusse.

Taxis bei **Yellow Cabs** (250-374-3333) rufen.

BUSSE AB KAMLOOPS

ZIEL	PREIS	DAUER	HÄUFIGKEIT (TGL.)
Vancouver	64 C$	5 Std.	7-mal
Calgary	90 C$	10 Std.	4-mal
Jasper	61 C$	6 Std.	2-mal
Prince George	77 C$	7 Std.	4-mal
Kelowna	34 C$	2½–4 Std.	3-mal

Rund um Kamloops

In den Hügeln nordöstlich von Kamloops liegt das **Sun Peaks Resort** (☎800-807-3257; www.sunpeaksresort.com; Liftpass Erw./Kind 73/36 C$). Das ständig wachsende Resort wartet mit 122 Skipisten (davon rund 8 km mit Pulverschnee), elf Skilifts und einem netten Dorf als Basislager im Tal auf. Im Sommer befördern die Lifts (Erw./Kind 39/23 C$) Cyclisten zu mehr als zwei Dutzend Mountainbikewegen.

Wer sich sein Geld für die Hänge und/oder Trails sparen will, macht am besten einen Bogen um die diversen Lodges, B&Bs und Luxusapartments und quartiert sich stattdessen im **Sun Peaks Hostel** (☎250-578-0057; www.sunpeakshostel.com; 1140 Sun Peaks Rd; B/DZ ab 30/70 C$; 📶) ein.

Hinter der Straße zum Resort führt der Hwy 5 weiter nach Norden zur Grenze mit Alberta und zum 440 km von Kamloops entfernten Jasper National Park. 125 km hinter Kamloops führt er am Wells Gray Provincial Park (S. 831) vorbei, einem der schönsten Parks in British Columbia – ein Paradies für alle diejenigen, die die Zivilisation einmal ganz weit hinter sich lassen wollen.

OKANAGAN VALLEY

Es ist schwer zu sagen, was in diesem fruchtbaren, wunderschönen Tal die Oberhand hat: Touristen oder Obst. Sicher ist nur eines: In diesem immer beliebter werdenden, reizenden Landstrich zwischen Vancouver und Alberta gibt es beides in Hülle und Fülle. Und irgendwie passt auch der oft wiederholte Spitzname „Canada's Napa Valley". In dem 180 km langen Okanagan Valley gibt's Dutzende ausgezeichnete Weingüter, deren Weinstöcke sich über terrassenförmige Hügel ausbreiten und das sonnigste Wetter Kanadas genießen.

Die anspruchsvollen „Erfrischungsgetränke" für Genießer stehen ein wenig im Kontrast zur traditionellen Rolle des Tals als sommerliches Refugium für Generationen von Kanadiern. Ausgelassen tollen diese an den Seen herum, die zwischen den Ortschaften im Okanagan Valley liegen. Und während Rentner sich träge in der Sonne aalen, reifen auf den Obstplantagen Pfirsiche, Aprikosen und anderes Obst. Sie haben vielleicht nicht das Prestige des hiesigen Weins, verleihen im Hochsommer aber der Luft eine duftende Note.

Osoyoos nahe der US-Grenze ist fast völlig ausgedörrt, je weiter man aber nach Norden kommt, desto grüner wird es. Ziemlich in der Mitte liegt Kelowna, eine der am schnellsten wachsenden Städte Kanadas, die eine berauschende Mischung aus Kultur, wunderschöner Natur am See und Spaß bietet. Im Juli und August ist das Tal allerdings völlig überlaufen. Die beste Reisezeit ist daher der Spätfrühling und der Frühherbst, wenn die Massen sich in Grenzen halten.

Im Sommer sind die Tage meistens trocken und heiß, die Nächte angenehm kühl. Die Winter sind verschneit, aber trocken; der Big White Mountain ist dann ein beliebtes Revier für Skifahrer und Snowboarder.

Osoyoos

5100 EW.

Das einst bescheidene Osoyoos steht an der Schwelle eines großen Wandels. Den Ort erwartet eine exklusive Zukunft als Teil des neuen, erschlossenen Okanagan Valley. Der Name hat seinen Ursprung in dem indigenen Wort „soyoos", das „auf einer Sandbank" bedeutet. Und tatsächlich liegt der Ort größtenteils auf einer schmalen Sandbank, zu beiden Seiten eingekeilt vom Osoyoos Lake. Osoyoos ist umringt von

Okanagan Valley

BRITISH COLUMBIA OSOYOOS

Stränden. Und mit dem Wasser werden die Farmen, üppig bewachsenen Plantagen und Weinberge bewässert, die beim Verlassen der Kleinstadt Richtung Norden den Hwy 97 säumen.

Ungeachtet der Schönheit der Natur, ist es hier am Ende des Tals sehr trocken. Einheimische scherzen daher, der Ort markiere das Nordende der mexikanischen Sonora-Wüste. Das Aussehen der Stadt kennt zwei Extreme: Da gibt es einerseits Sandstreifen mit Kakteen und andererseits die Gebäude der Stadt mit ihrer kitschigen Ziegel- und Stuckverzierungen. Beides hat so gar nichts mit dem typischen, von Kiefern, Wäldern und Bergen geprägten British Columbia zu tun, das einen beim Verlassen der Stadt über den Hwy 3 in beide Richtungen erwartet.

Sehenswertes & Aktivitäten

Der Osoyoos Lake ist einer der wärmsten Seen des Landes. Nimmt man dann noch die sandigen Strände hinzu, wird klar, dass es sich hier prima baden lässt. Viele der Motels und Campingplätze am See verleihen Kajaks, Kanus und kleine Boote. Fährt man auf dem Hwy 3 vom Ort 3 km gen Osten, hat man einen tollen Blick auf das Tal. Ebenfalls am Hwy 3 ungefähr 8 km westlich vom Ort sollte man nach dem **Spotted Lake** Ausschau halten. Das bizarre Naturphänomen wäre früher allenfalls eine kitschige Attraktion am Straßenrand gewesen. Unter der heißen Sommersonne verdunstet das Wasser des Sees, was eine hohe Konzentration an Mineralien und die Entstehung von weiß umrandeten Ringen auf dem grünen Wasser verursacht.

LP TIPP **Osoyoos Desert Centre** NATURPARK
(☎250-495-2470; www.desert.org; abseits des Hwy 97; Erw./Kind 7/5 C$; ⏰Mitte Mai–Mitte Sept. 9.30–16.30 Uhr, ansonsten anrufen) In dem 3 km nördlich vom Ort gelegenen Center hört man Klapperschlangen klappern und Vögel zwitschern. An den erhöhten Plankenwegen, die sich durch das trockene Land schlängeln, finden sich Informationsstände. Das gemeinnützige Center bietet den ganzen Tag über jeweils 90-minütige Führungen an. In speziell angelegten Gärten stehen solch schöne Dinge wie grazile Wildblumen im Mittelpunkt. Aber selbst hier schießen die Neubauwohnungen wie Pilze aus dem Boden.

Nk'Mip Desert & Heritage Centre MUSEUM
(☎250-495-7901; www.nkmipdesert.com; 1000 Rancher Creek Rd; Erw./Kind 12/8 C$; ⏰Juli & Aug. 9.30–20 Uhr, Juni & Sept. bis 16 Uhr, ansonsten anrufen) Das Nk'Mip Desert & Heritage Centre liegt nördlich des Hwy 3 in einer Seitenstraße der 45th St. Es wird von den First Nations betrieben und hat kulturelle Vorführungen und Führungen zu den sandigen Highlights im Programm. Zudem gibt's auch einen Wüstengolfplatz, ein bekanntes Weingut, ein Resort und mehr.

Schlafen

Das östliche Seeufer ist gesäumt mit Campingplätzen. Mehr als ein Dutzend bescheidene Motels haben sich auf dem schmalen Landstreifen mitten im Osoyoos Lake angesiedelt (um die schäbigen, älteren Anwesen sollte man besser einen Bogen machen). Viele findet man entlang des Hwy 3 und ein weiteres „Nest" am Südwestufer nahe der Grenze. An der Kreuzung stehen ein paar Kettenhotels. Im Winter sinken die Preise.

Avalon Inn MOTEL $$
(☎250-495-6334, 800-264-5999; www.avaloninn.ca; 9106 Main St; Zi. 100–180 C$; ❄@📶) Das Motel liegt zwar nicht am See, aber in der Nähe der besten Restaurants. Die 20 Wohneinheiten haben große Zimmer und Gärten, auf denen in den warmen Jahreszeiten hübsche Blumen blühen. Manche Zimmer haben Küchen.

Sandy Beach Motel MOTEL $$
(☎250-495-6931, 866-495-6931; www.sandybeachmotel.com; 6706 Ponderosa Dr; Zi. 140–280 C$; ❄@) Kostenlose Ruderboote und ein Volleyballplatz sind die netten Extras in diesem mit 25 Wohneinheiten bestückten Motel am Strand, gleich nördlich des Hwy 3. Bungalows und ein zweistöckiger Block stehen rund um eine schattige Rasenfläche mit Grillstellen.

White Horse B&B B&B $$
(☎250-495-2887; www.thewhitehorsebb.com; 8000 Hwy 3 East; Zi. 90–130 C$; ❄) Das Gourmetfrühstück schmeckt gleich noch besser, wenn man es auf der Terrasse mit Blick aufs Tal genießt. Die drei schicken Zimmer haben jeweils einen separaten Eingang. Das Ganze liegt ungefähr 2 km östlich vom Ort oben auf dem Hügel.

Nk'Mip Campground & RV Resort CAMPINGPLATZ $
(☎250-495-7279; www.campingosoyoos.com; Stellplatz Zelt/Wohnwagen ab 29/38 C$) Das Resort abseits der 45th St nördlich von Hwy 3 hat das ganze Jahe über geöffnet und bietet mehr als 300 Stellplätze.

Essen

Wildfire Grill FUSION $$
(☎250-495-2215; 8526 Main St; Hauptgerichte 15–25 C$; ⏲Mo–Fr 11–22, Sa & So 9–23 Uhr) Das mit einer offenen Küche ausgestattete Wildfire serviert Gerichte der internationalen Küche. Die Tische im Hof sind heiß begehrt, vor allem an langen Sommerabenden. Es gibt auch einen hübschen Loungebereich mit Weinausschank.

Bibo MEDITERRAN $$
(☎250-495-6686; 8316 Main St; Hauptgerichte 10–25 C$; ⏲11–22 Uhr) Das stimmungsvolle, dunkle Bibo ist wie ein samtiger Cabernet. Die Stars sind die Tapas, der offene Wein und nicht zuletzt die Wurstplatte mit Produkten aus der Region. Am Wochenende legen DJs bis Mitternacht auf.

Diamond Steakhouse STEAKHAUS $$
(☎250-495-6223; 8903 Main St; Hauptgerichte 15–25 C$; ⏲abends) Das Restaurant im zeitlosen Look der Sixties serviert griechisch zubereitete Steaks und Meeresfrüchte, während die Gäste in den gemütlichen Sitznischen vergnügt zu den Songs von Dean Martin summen. Die Steaks, die Meeresfrüchte und die endlos lange Weinkarte locken die Leute von weit her an.

Osoyoos Gelato EISDIELE $
(☎250-495-5425; Watermark Beach Resort, Ecke Main St & Park Place; Kugel ab 2 C$; ⏲Sommer 10–22 Uhr) Die Eisdiele in der Nähe des Sees hat immer mindestens 24 hausgemachte Eissorten.

Praktische Informationen

Touristeninformation (☎250-495-5070, 888-676-9667; www.destinationosoyoos.com; Ecke Hwy 3 & Hwy 97; ⏲9–17 Uhr) Das große Zentrum hat Internetzugang, Karten und Bücher. Hier werden auch regionale Touren und Unterkünfte gebucht.

An- & Weiterreise

Greyhound Canada (☎800-661-8747; www.greyhound.ca; Touristeninformation, Ecke Hwy 3 & Hwy 97) fährt nach Vancouver (70 C$, 8 Std., 2-mal tgl.) und durchs Tal nach Kelowna (25 C$, 2½ Std., 1-mal tgl.).

Rund um Osoyoos

Westlich von Osoyoos folgt der Hwy 3 dem felsigen Similkameen Valley. Nach 47 km gelangt man nach **Keremeos**, einer reizenden Kleinstadt, die von Obstplantagen umgeben ist.

Ungefähr 30 km westlich von Keremeos befindet sich der 330 km² große **Cathedral Provincial Park** (☎604-795-6169; www.bcparks.ca). Die Wildnis in den Bergen ist die perfekte Spielwiese für echte Abenteurer. In dem Park warten alpine Weiden, die von Wildblumen übersät sind, so weit das Auge reicht, und türkisblaues Wasser – ein ideales Revier, um im freien Gelände zu campen (5 C$) und zu wandern.

Oliver

4500 EW.

Oliver war einst ein eintöniger Obstpflückerort, hat aber als Zentrum für Bioprodukte und Wein eine neue Berufung gefunden. Auf der Fahrt 20 km nach Norden trifft man am Hwy 97 kurz hinter Osoyoos auf mehrere Obstplantagen mit saftigen Früchten. Am Straßenrand wird an Ständen das Obst einladend feilgeboten; in manchen Plantagen kann man auch selbst die Früchte von den Bäumen holen. Wegen dem Obst- und Weinanbau hat die Strecke auch den Spitznamen „The Golden Mile" erhalten. Infos zum Weinanbau gibt's im Kasten auf S. 804 f.

Die **Touristeninformation** (☎250-498-6321; www.sochamber.ca; 36250 93rd St; ⏲Mai–Sept. tgl. 9–17 Uhr, Okt.–April Mo–Fr 9–17 Uhr) ist in dem alten Bahnhof nahe dem Stadtzentrum untergebracht. Sie hat ausgezeichnete Infos über die Region und Wander- bzw. Radkarten, u.a. zum 10 km langen **Golden Mile Walking Trail**.

Die kleinen Straßen durch die Weinberge rund um Oliver sind wie gemacht, um die Gegend per Rad zu erkunden. Fahrräder und tonnenweise Infos bekommt man bei **Double O Bikes** (☎250-498-8348; www.doubleobikes.com; 35653 Main St; ab 15 C$/Tag; ⏲Di–Sa 9.30–17 Uhr).

Schlafen & Essen

Auf Olivers lebhaftem **Bauernmarkt** (Lion's Park; ⏲Juli–Sept. Sa 8.30–12.30 Uhr) gleich abseits vom Hwy 97 werden alle möglichen Nahrungsmittel aus der Region angeboten.

Burrowing Owl Guest House BOUTIQUEHOTEL $$$
(☎250-498-0620, 877-498-0620; www.bovwine.ca; Road 22; Zi. 180–350 C$; ❄@📶≋) In einem der besten Weingüter des Okanagan Valley gibt es zehn im Missionsstil eingerichtete Zimmer mit kleiner Terrasse, die

ZEIT FÜR OBST

Zwischen Osoyoos und Penticton reihen sich am Hwy 97 Straßenstände und Obstplantagen, wo man sich auch selber als Pflücker betätigen kann. Das wichtigste Obst im Okanagan Valley und seine Erntezeit:

Erdbeeren Mitte Juni–Anf. Juli

Himbeeren Anf.–Mitte Juli

Kirschen Mitte Juni–Mitte Aug.

Aprikosen Mitte Juli–Mitte Aug.

Pfirsiche Mitte Juli–Mitte Sept.

Birnen Mitte Aug.–Ende Sept.

Äpfel Anf. Sept.–Ende Okt.

Tafeltrauben Anf. Sept.–Ende Okt.

Richtung Südwesten auf die Weinberge blicken. Weitere Pluspunkte sammeln ein großer Pool, ein Whirlpool und riesige Betten. Der **Sonora Room** (Hauptgerichte 12–25 C$) ist für seine gute Fusion-Küche bekannt. Das Weingut liegt 13 km südlich von Oliver, abseits vom Hwy 97.

Mount View Motel MOTEL $

(☎250-498-3446; www.mountviewmotel.net; 34426 97th St; Zi. 70–120 C$; ❄📶) Das Motel in der Nähe des Stadtzentrums bietet sieben sonnendurchflutete Wohneinheiten rund um die mit Blumenbeeten geschmückte Anlage. Alle Zimmer haben Küchen ... und Korkenzieher.

Cantaloupe Annie's CAFÉ $

(☎250-498-2955; 34845 97th St; Gerichte ab 6 C$; ⌚Sommer Mo–Sa 9.30–17.30, So 11–15 Uhr; 📶) Wer Lust auf ein tolles Picknick hat, sollte sich in diesem beliebten Café an den Feinkostauslagen mit lokalen Spezialitäten, geräucherten Würsten und Obstdesserts eindecken.

Medici's Gelateria EISDIELE $

(☎250-498-2228; 9932 350th Ave; Kugel ab 2 C$; ⌚8–18 Uhr) Das Eis hier ist einfach göttlich – nicht nur weil die Eisdiele in einer alten Kirche untergebracht ist. Es gibt auch guten Kaffee, ferner Suppen, Panini und andere Dinge aus regionalen Erzeugnissen.

Von Oliver nach Penticton

Ungefähr 10 km nördlich von Oliver gewinnt am Hwy 97 die Natur wieder die Oberhand. Das **Vaseux Wildlife Centre** (☎250-494-6500; ⌚Sonnenaufgang–Sonnenuntergang) hat einen 300 m langen Holzplankenweg, von dem aus man gut die vielen Vögel, Dickhornschafe, Bergziegen oder ein paar der 14 Fledermausarten beobachten kann (ja, nicht nur Menschen treiben sich hier herum). Wer will, kann auch bis zur **Bighorn National Wildlife Area** und zum **Vaseux Lake National Migratory Bird Sanctuary** wandern, wo mehr als 160 Vogelarten heimisch sind. Der See selber ist ein himmelblaues Juwel, umringt von kahlen Granitklippen.

Wer nicht in Eile ist, sollte den Hwy 97 links liegen lassen und an der Ostseite des Skaha Lake die viel interessanteren kleinen Seitenstraßen zwischen den Okanagan Falls und Penticton erkunden. Es gibt ein paar Weingüter und einen tollen Ausblick zu entdecken.

Penticton

32 900 EW.

Penticton ist nicht so hektisch wie Kelowna und kombiniert die Vorzüge eines müßiggängerischen Badeorts mit einer ihm eigenen trendigen Atmosphäre. Penticton war lange Zeit ein Rückzugsort für kanadische Rentner – ob das an dem Ortsnamen hängt, der sich vom Salish-Wort Pen-Tak-Tin ableitet und „Ort, wo man für immer bleibt" bedeutet? Der Ort wächst heute genauso schnell wie das übrige Tal.

Penticton ist ein gutes Basislager für Ausflüge im Tal. Selbst wenn man nicht weiter hinausfährt, erwarten einen hier jede Menge unterschiedliche Aktivitäten, mit denen man die Tage ausfüllen kann. Am besten lässt man den Hwy 97, der westlich vom Zentrum verläuft, links liegen und hält sich an die Main St und die attraktive Downtown. Diese erstreckt sich vom malerischen Seeufer ungefähr zehn Blocks nach Südwesten und ist problemlos zu Fuß zu erkunden. Die lange Einkaufsmeile und die Hochhäuser weiter im Süden kann man getrost ignorieren.

Sehenswertes

Der **Okanagan Beach** ist ein herrlicher, 1300 m langer Sandstrand, das hiesige Wasser ist im Sommer durchschnittlich 22 °C warm. Wenn hier zu viel Betrieb herrscht, findet man südlich vom Zentrum am 1,5 km langen **Skaha Beach** oft ruhigere Stellen.

SS Sicamous HISTORISCHE STÄTTE
(☎250-492-0405; 1099 Lakeshore Dr W; Erw./Kind 5/1 C$; ◷Mai–Okt. 9–21 Uhr, Nov.–April Mo–Fr 10–16 Uhr) Direkt auf dem Sandstrand liegt die SS *Sicamous*, die zwischen 1914 und 1936 Passagiere und Fracht auf dem Okanagan Lake befördert hat. Mittlerweile restauriert und an Land gesetzt, hat sie inzwischen Gesellschaft von dem ähnlich alten Schleppdampfer *SS Naramata* bekommen.

Casabella Princess BOOTSFAHRT
(☎250-492-4090; www.casabellaprincess.com; Erw./Kind 20/10 C$; ◷wechselnde Zeiten, Mai–Sept.) Wer nach dem Besuch der *Sicamous* mal selber Seemann spielen will, kann an Bord des nachgebauten Schaufelraddampfers auf dem offenen Deck eine einstündige Tour auf dem See machen. Im Hochsommer sticht das Boot mehrmals am Tag in See.

Penticton Museum MUSEUM
(☎250-490-2451; 785 Main St; Eintritt gegen Spende; ◷Di–Sa 10–17 Uhr) Das Penticton Museum in der Bibliothek zeigt eine herrlich bunte Ausstellung, u.a. eine wirklich sehenswerte Sammlung zur Naturgeschichte mit ausgestopften Tieren und Vögeln. Ferner erfährt man hier alles über das Peach Festival.

Art Gallery of Southern Okanagan KUNSTGALERIE
(☎250-493-2928; 199 Marina Way; Eintritt 2 C$; ◷Di–Sa 10–17 Uhr) Die Kunstgalerie am Strand stellt diverse Werke von Künstlern aus der Region, der Provinz und dem ganzen Land aus.

Aktivitäten

Der gepflasterte **Okanagan River Channel Biking & Jogging Path** folgt dem ziemlich ausgetrockneten Kanal zwischen dem Okanagan Lake und dem Skaha Lake. Aber warum die Beine beanspruchen, wenn man sich doch einfach treiben lassen kann? Am westlichen Ende des Okanagan Beach erwartet die Besucher klassisch kitschiger Freizeitspaß wie Minigolf.

Wassersport

Coyote Cruises (☎250-492-2115; 215 Riverside Dr; Verleih & Shuttleservice 11 C$; ◷Juni–Aug. 10–16.30 Uhr) verleiht Gummireifen, mit denen man sich bis zu einer bestimmten Stelle auf dem Kanal treiben lassen kann. Die unternehmenseigenen Busse bringen einen dann zurück zum Startpunkt in der Nähe des Okanagan Lake (wer sein eigenes Floßgefährt hat, zahlt für die Busfahrt 5 C$).

Am Okanagan Lake gibt's mehrere Verleiher von Wassersportausrüstungen wie Kajaks (20 C$/Std.) und Wasserskiboote (280 C$/4 Std.).

Castaways (☎250-490-2033; Penticton Lakeside Resort, 21 Lakeshore Dr)

Pier Water Sports (☎250-493-8864; Rotary Park, Lakeshore Dr W)

Mountainbiken & Radfahren

Die langen, trockenen Tage und die sanft geschwungenen Hügel sind perfekte Voraussetzungen fürs Mountainbiken. Beliebte Radstrecken findet man östlich der Stadt Richtung Naramata (S. 801). Folgt man den Schildern zur Mülldeponie und zum Campbell's Mountain, gelangt man zu einem einspurigen Radweg und einer Dual-Slalom-Strecke, die beide nicht zu schwierig sind. Anfangs muss man sich rechts halten; hinter der Viehweide öffnet sich das Gelände, und man kann querfeldein fahren.

Für Radfahrer bietet sich die Strecke durch Naramata und weiter bis zum Kettle Valley Rail Trail (S. 801) an. Weitere gute Optionen sind die von Weingütern gesäumten kleinen Straßen südlich der Stadt und östlich des Skaha Lake.

Fahrräder und bergeweise Infos gibt's bei **Freedom – The Bike Shop** (☎250-493-0686; www.freedombikeshop.com; 533 Main St; Fahrrad 40 C$/Tag). **Fun City** (☎250-462-1151; 1070 Lakeshore Dr; Fahrrad 40 C$/Tag) hält, was sein Name verspricht, und hat Karten für Radtouren auf eigene Faust.

Klettern

Von dem trockenen Wetter und den kompakten Gneisfelsen angelockt, kommen Kletterer aus aller Welt zu den **Skaha Bluffs**. Hier kann man sich während der siebenmonatigen Klettersaison an mehr als 400 Routen austoben. Die Website der ortsansässigen Klettergruppe **Skaha.org** (www.skaha.org) hat umfangreiche Infos über die Felsen am Smythe Dr, abseits der Lakeside Rd auf der Ostseite des Skaha Lake. 2010 übernahm **BC Parks** (www.bcparks.ca) die Verwaltung des Geländes; online gibt's Näheres zu den Zukunftsplänen.

Skaha Rock Adventures (☎250-493-1765; www.skaharockclimbing.com; 1-tägige Einführung ab 120 C$) bietet Kurse für Anfänger und Fortgeschrittene.

Skifahren & Snowboarden

Das 37 km westlich von Penticton abseits der Green Mountain Rd gelegene **Apex**

Mountain Resort (☎877-777-2739, Schnee- & Wetterbericht 250-487-4848; www.apexresort.com; Liftticket Erw./Kind 60/37 C$) ist eines der besten kleinen Skiresorts Kanadas. Es gibt dort mehr als 68 Abfahrtspisten aller Schwierigkeitsgrade; besonders bekannt ist der Berg aber für seine vielen extrem schwierigen Abfahrtspisten (Schwierigkeitsgrad Double Black Diamond), auf denen mehr als 600 Höhenmeter bewältigt werden. In der Regel herrscht hier weniger Andrang als auf dem nahe gelegenen Big White Mountain.

Feste & Events

Es macht den Anschein, als wäre Penticton den ganzen Sommer über ein einziges Festival, das Menschenmassen anzieht.

Elvis Festival KULTUR
(www.pentictonelvisfestival.com) Dutzende von Elvis-Presley-Imitatoren verkörpern Ende Juni die Vorstellung von – je nachdem, wie man's findet – Himmel oder Hölle. Am Nachmittag steht das Mikro den selbsternannten Sängern offen.

Peach Festival OBST
(☎800-663-5052; www.peachfest.com) Das wichtigste Event der Stadt ist eine große Party, die Anfang August eine ganze Woche dauert und seit 1948 gefeiert wird. Das Ganze dreht sich mehr oder weniger um die Krönung der Peach Queen (Pfirsichkönigin).

Pentastic Jazz Festival MUSIK
(☎250-770-3494; www.pentasticjazz.com) Anfang September treten drei Tage lang mehr als ein Dutzend Bands auf fünf verschiedenen Bühnen auf.

Schlafen

Die meisten Motels liegen am Lakeshore Dr West und an der South Main St/Skaha Lake Rd. Der Abschnitt am Okanagan Beach ist die beliebteste Gegend. Eine lange Liste mit B&Bs bekommt man bei der Touristeninformation. Außerhalb der Saison kann man mit Preisnachlässen rechnen.

Spiller Estate B&B B&B $$
(☎250-490-4162, 800-610-3794; www.holmanlangwineries.com; 475 Upper Bench Rd; Zi. 140 C$; ⌚Mai–Okt.; ❄) Nur 2 km östlich vom Zentrum befindet sich an der Straße nach Naramata dieses Fachwerkhaus aus den 1930er Jahren mit vier Zimmern. Es steht auf dem Anwesen des namensgebenden Weinguts. Von dem schattigen Grundstück aus kann man die reifenden Pfirsiche riechen, nur einen Katzensprung vom Munson Mountain entfernt.

Rochester Resort MOTEL $$
(☎250-493-1128, 800-567-4904; www.penticton.com/rochester-resort; 970 Lakeshore Dr W; Zi. 140–300 C$; ❄📶🏊) Das bescheidene 1970er-Jahre-Design erstreckt sich bis hin zur schlichten beige- und avocadofarbenen Einrichtung. Bei all dem Spaß, der vor der Tür wartet, wird man aber sowieso nur wenig Zeit drinnen verbringen. Alle 36 Wohneinheiten haben eine Küche, manche zwei Schlafzimmer und wieder andere vom Balkon aus einen Blick auf den See.

Tiki Shores Beach Resort MOTEL $$
(☎250-492-8769, 866-492-8769; www.tikishores.com; 914 Lakeshore Dr W; Wohnung 140–300 C$; ❄📶🏊) Das lebendige Resort hat 40 Wohneinheiten im Apartment-Stil mit separaten Schlafzimmern und Küchen. In den thematisch römisch gestalteten Zimmern kann man seine eigene Toga-Party steigen lassen und anschließend praktischerweise die schmutzige Wäsche in der Gästewaschküche waschen.

Park Royal RV Resort CAMPING $
(☎250-492-7051; www.parkroyal.ipenticton.com; 240 Riverside Dr; Stellplatz Wohnwagen ab 45 C$) Der Campingplatz direkt am turbulenten Ende des Okanagan Beach hat 40 Stellflächen auf schattigem Rasen.

HI Penticton Hostel HOSTEL $
(☎250-492-3992; www.hihostels.ca; 464 Ellis St; B/Zi. ab 24/60 C$; ❄@📶) Das mit 47 Betten ausgestattete Hostel befindet sich in der Nähe des Zentrums in einem ziemlich abgenutzten alten Haus. Hier werden etliche Unternehmungen arrangiert, u.a. Weintouren.

Essen

In Penticton gibt es definitiv einige gute Lokale – einfach im Zentrum die Main St und die Front St entlangschlendern. Auf dem **Bauernmarkt** (☎250-583-9933; Main St; ⌚Mai–Okt. Sa 8–12 Uhr), ein paar Blocks südlich des Sees, bieten viele Biobauern aus der Umgebung ihre Produkte an.

LP TIPP **Amante Bistro** FUSION $$
(☎250-493-1961; www.amantebistro.com; 483 Main St; Hauptgerichte 10–30 C$; ⌚Mo–Sa 11–14 & 17–22 Uhr) In intimer Atmosphäre gibt's hier eine abwechslungsreiche Speisekarte mit sorgfältig zubereiteten Gerichten aus saisonalen Produkten, z.B. kleine Pizza mit Poplar-Grove-Blauschim-

melkäse oder langsam gerösteten Schweinebauch mit Muscheln. Tolle Getränkekarte mit Weinen aus dem Okanagan Valley.

Salty's Beachouse SEAFOOD $$
(☎250-493-5001; 1000 Lakeshore Dr W; Hauptgerichte 12–25 C$; ⊙April–Okt. 17–22 Uhr) Man erwartet Frittiertes, erhält aber ein differenziertes Seafoodmenü mit internationalen Anklängen. Eine Spezialität ist der Cayman Island Chowder, eine dicke, reichhaltige Fischsuppe. Gegessen wird auf der Terrasse unterm Sternenhimmel oder im oberen Stock mit Blick auf den See.

Il Vecchio Deli DELI $
(☎250-492-7610; 317 Robinson St; Sandwichs 5 C$; ⊙Mo–Sa 10–16 Uhr) Der Duft, der einen schon beim Betreten empfängt, verrät, dass man die richtige Wahl getroffen hat. Denn in dem atmosphärischen Deli gibt's mittags die besten Sandwichs der Stadt. Man kann sie gleich an den paar Tischen verschmausen; besser schmecken sie aber bei einem Picknick. Die Auswahl ist unglaublich: Unser Favorit ist das Sandwich mit Knoblauchsalami und marinierter Aubergine.

Fibonacci CAFÉ $
(☎250-770-1913; 219 Main St; Gerichte ab 7 C$; ⊙Mo–Sa 8–22 Uhr;) Beim Betreten dieses Cafés in der Downtown fällt einem sofort der große Kaffeeröster aus Messing auf. Serviert werden jede Menge gesunde mediterrane Gerichte. Die dünnkrustige Pizza wird mit Produkten aus der Region gemacht. Abends gibt's abwechselnd Kunstfilme, Comedy und Open Mics.

Dream Café FUSION $$
(☎250-490-9012; 67 Front St; Hauptgerichte 8–26 C$; ⊙Di–So 8 Uhr–open end) Die würzigen Düfte betören die Gäste schon beim Betreten des mit Kissen bedeckten, eleganten und doch legeren Bistros. Auf der Karte stehen asiatische, indische und viele vegetarische Gerichte. An vielen Abenden spielen tourende Profis Gitarre. Die Tische draußen sind im Sommer heiß begehrt.

Theo's GRIECHISCH $$
(☎250-492-4019; www.eatsquid.com; 687 Main St; Hauptgerichte 10–25 C$; ⊙11–22 Uhr) Das bei Einheimischen beliebte Restaurant serviert authentische griechische Inselküche, die man entweder in dem stimmungsvoll dunkel gehaltenen Speisesaal mit Kaminfeuer oder draußen auf der Terrasse genießt. Das Garithes Uvetsi ist eine Komposition aus Vorspeisen und reicht für zwei.

NICHT VERSÄUMEN

SCENIC DRIVE: NARAMATA

Wer an belebten Sommerwochenenden den Scharen von Penticton entkommen will, kann die weniger befahrene Straße am Okanagan Lake 18 km Richtung Norden fahren. Entlang der Strecke gibt es mehr als 20 Weingüter und Farmen, die Bio-Lavendel und Ähnliches anbauen. Außerdem findet man hier viele Stellen zum Wandern, Picknicken, Vogelbeobachten oder was immer man in der wunderschönen, oft abgeschiedenen Natur machen will. **Naramata** selber ist ein reizendes kleines Dorf. Die Straße eignet sich auch als gute Radstrecke und an verschiedenen Punkten hat man Zugang zum **Kettle Valley Railway** (S. 802 & 808).

Ausgehen & Unterhaltung

Man sollte sich nach den Bieren der hiesigen Brauerei Cannery Brewing umschauen; das saisonale Blackberry Porter ist frisch und samtig. In vielen Restaurants gibt's an manchen Abenden auch Liveunterhaltung; die meisten haben gute Lounges.

Das **Hooded Merganser** (☎250-493-8221; Penticton Lakeside Resort, 21 Lakeshore Dr) ist ein edler, ganzjährig beliebter Pub über dem Wasser mit gläsernen Wänden, durch die man auf die Docks und den See blickt. Gleich am Strand bietet das **Barking Parrot** (☎250-493-8221; Penticton Lakeside Resort, 21 Lakeshore Dr) eine große Terrasse mit Heizstrahlern, dank derer man fast bis in den Winter hinein draußen sitzen kann. Am Wochenende rocken hier Coverbands.

Shoppen

Das beste Kunsthandwerk aus der Region bekommt man in der **Lloyd Gallery** (☎250-492-4484; 18 Front St; ⊙Mo–Sa 9.30–17.30 Uhr), die ein buntes Sammelsurium an regionaler Kunst hat und eine von mehreren Galerien im Block ist. Lesestoff findet man in den vielen Regalen voller antiquarischer Bücher im passend benannten **Book Shop** (☎250-492-6661; 242 Main St).

Praktische Informationen

Die hiesige **Touristeninformation** (☎250-493-4055, 800-663-5052; www.tourismpenticton.com; 553 Railway St, Ecke Hwy 97 & Eckhardt

Ave W; ⌚Mai–Sept. 8–20 Uhr, Okt.–April 10–18 Uhr) zählt zu den besten in British Columbia. Es gibt hier kostenloses Internet und einen ganzen Raum, der sich dem BC Wine Information Centre widmet und Auskünfte zu regionalen Weingütern, Weinproben und zum Weinverkauf erteilt.

Anreise & Unterwegs vor Ort

Penticton Regional Airport (YYF; ☎250-492-6042; www.cyyf.org) Air Canada Jazz fliegt täglich nach Vancouver (1 Std.).

Greyhound Canada (☎800-661-8747; www.greyhound.ca; 307 Ellis St) Unterhält Busverbindungen innerhalb des Okanagan Valley sowie nach Vancouver (76 C$, 7 Std., 2-mal tgl.) und Kamloops (50 C$, 4 Std., 1-mal tgl.).

Penticton Transit (☎250-492-5602; www.bctransit.com; einf. Fahrt/Tageskarte 2/4 C$) Verbindet beide Seeufer.

Von Penticton nach Kelowna

Das 18 km nördlich von Penticton am Hwy 97 gelegene **Summerland** ist ein schönes Resort am See mit ein paar hübschen Häusern aus dem 19. Jh. am Hügelhang oberhalb des immer breiter werdenden, ständig rauschenden Highways. Die **Kettle Valley Steam Railway** (☎877-494-8424; www.kettlevalleyrail.org; 18404 Bathville Rd; Erw./Kind 21/13 C$; ⌚Mitte Mai–Mitte Okt.) ist ein 16 km langes Teilstück einer berühmten alten Eisenbahnstrecke (S. 801), das heute als Museumsbahn genutzt wird. In offenen Waggons tuckert man hinter einer alten Dampflok durch die Gegend und genießt den Blick auf die Obstplantagen.

Rund 25 km südlich von Kelowna liegt unterhalb des Hwy 97 am See die Kleinstadt **Peachland**. Sie eignet sich perfekt für einen kurzen Abstecher und einen luftigen Spaziergang. Wer eine längere Pause einlegen will, kehrt im **Blind Angler Grill** (☎250-767-9264; 5899A Beach Ave; Hauptgerichte 8–25 C$; ⌚9–21 Uhr) ein. Das wie ein Schuppen aussehende Lokal blickt auf einen kleinen Jachthafen. Was vielleicht an architektonischem Chic fehlt, wird mit dem ausgezeichneten Essen wettgemacht: Es gibt herrliches Frühstück, tolle Burger und abends leckere Rippchen und Heilbutt.

Zwischen Peachland und Kelowna ist die Urbanisierung beim besten Willen nicht mehr zu übersehen, vor allem an der albtraumhaft mit Werbetafeln überhäuften **Westbank**.

Kelowna

120 300 EW.

Ein Kajakfahrer auf dem See, und dahinter ein mit neuen Reihenhäusern bedeckter Hügelhang – dieses Bild ist charakteristisch für das schnell wachsende Kelowna, die inoffizielle „Hauptstadt" und das ausgedehnte Zentrum des Okanagan Valley.

Wenn man von Norden kommend in die Stadt reinfährt, scheint sich die immer weiter ausufernde Urbanisierung an dem von Bäumen gesäumten Hwy 97 alias Harvey Ave endlos fortzusetzen. Aber hat man die Kettenfilialen und Einkaufszentren endlich hinter sich gelassen, erwartet einen die einladende Downtown mit Museen, Kultur, Nachtleben und einer Parkanlage am Seeufer. Ungefähr 2 km südlich vom Zentrum liegt an der Pandosy Ave Pandosy Village, eine reizende, vornehme Enklave am See.

Kelowna – das Wort der Inland-Salish bedeutet „Grizzlybär" – verdankt seine Besiedlung einer Handvoll Missionare, die hier 1858 in der Hoffnung ankam, die Ureinwohner bekehren zu können. Ihnen folgten Siedler und 1892 wurde schließlich die Stadt gegründet. Obstanbau im großen Stil war an der Tagesordnung, bis vor 20 Jahren die Weinindustrie das Heft in die Hand nahm.

Sehenswertes

CITY PARK & PROMENADE

Der Blickfang der städtischen Küste ist dieser wunderschöne Park in der Downtown. Hier findet man getrimmte Grünanlagen, Wasserspiele und den **Hot Sands Beach**, an dem man sich im Sommer im Wasser abkühlen kann. Unter den vielen Statuen (die Touristeninformation hat einen guten Führer) findet sich eine des mythischen (erfundenen) Seemonsters **Ogopogo**. Die Restaurants und Pubs nutzen den uneingeschränkten Blick auf den See und das gegenüberliegende bewaldete Ufer voll aus. Nördlich des Jachthafens befindet sich der **Waterfront Park** mit einer vielfältigen Küste und einer beliebten Freiluftbühne.

CULTURAL DISTRICT

In der Touristeninformation erhalten Besucher Broschüren für Stadtspaziergänge im Kulturviertel und über die dort zu sehende öffentliche Kunst. Einen Blick wert ist auch die Website www.kelownamuseums.ca.

Das in dem alten Laurel Packing House untergebrachte **BC Orchard Industry Museum** (☎250-763-0433; 1304 Ellis St; Eintritt gegen Spende; ⌚Mo–Sa 10–17 Uhr) erzählt die Geschichte des Okanagan Valley von seiner Vergangenheit als Weideland für Kühe bis zur Gegenwart als Spielwiese für Touristen. Die alten Aufkleber auf den Obstkisten sind richtige Kunstwerke. Nach umfangreichen Restaurierungsarbeiten soll es 2011 wiedereröffnet werden.

Im selben Gebäude empfehlen die fachkundigen Angestellten im **Wine Museum** (☎250-868-0441; Eintritt frei; ⌚Mo–Sa 10–18, So 11–17 Uhr) den Besuchern Touren, die besten Weingüter und -proben und verkaufen viele Weine aus der Region.

In der luftigen **Kelowna Art Gallery** (☎250-979-0888; www.kelownaartgallery.com; 1315 Water St; Eintritt 3 C$; ⌚Di, Mi, Fr & Sa 10–17, Do 10–21, So 13–16 Uhr) sind Arbeiten einheimischer Künstler ausgestellt. In der Nähe zeigt und verkauft die **Turtle Island Gallery** (☎250-717-8235; 115-1295 Cannery Lane) Werke von Ureinwohnern.

Das engagierte **Okanagan Heritage Museum** (☎250-763-2417; 470 Queensway Ave; Eintritt gegen Spende; ⌚Mo–Sa 10–17 Uhr) nimmt die jahrhundertealte regionale Kultur unter die Lupe und zeigt z. B. ein Grubenhaus der Ureinwohner, einen chinesischen Lebensmittelladen und einen Handelsposten aus der Pandosy-Zeit.

Hinter dem Museum kann man auf dem großen Anwesen der friedlichen **Kasugai Gardens** (Eintritt frei; ⌚9–18 Uhr) prima herumschlendern.

Aktivitäten

Das milde Klima macht Kelowna zu einem idealen Ort für Spaß an der frischen Luft, egal ob auf dem See oder in den umliegenden Hügeln.

Bei **Kelowna Marina** (☎250-861-8001; www.kelownamarina.ca) am seeseitigen Ende der Queensway Ave kann man Schnellboote (ab 60 CC$/Std.) und Windsurfequipment ausleihen sowie Angelausflüge und Bootsfahrten organisieren. Windsurfer sollten das alte Terminal für Wasserflugzeuge nahe der Ecke Water St/Cawston Ave ansteuern.

Rund um die Stadt kann man sehr gut wandern und mountainbiken. Der 17 km lange **Mission Creek Greenway** ist ein gewundener, bewaldeter Pfad, der am Bach entlang der südlichen Stadtgrenze verläuft. Der westliche Teil bietet eine weite und unkomplizierte Strecke, die Route in Richtung Osten wird dagegen sehr kurvenreich, sobald es die Hügel hinaufgeht.

Knox Mountain am nördlichen Ende der Stadt ist ein weiterer guter Ort zum Wandern oder Radfahren. Der 235 ha große Park mit gut erhaltenen Wegen ist die Heimat von Rotluchsen und Schlangen. Besucher werden auf dem Gipfel mit einer herrlichen Aussicht belohnt.

Geführte Touren

LP TIPP **Monashee Adventure Tours** (☎250-762-9253; www.monasheeadventuretours.com) Zahllose Rad- und Wandertouren führen durch das Tal, die Parks, über den Kettle Valley Rail Trail (ab 80 C$) und zu Weingütern. Viele Touren werden von spaßigen einheimischen Fremdenführern begleitet. Im Preis enthalten sind Fahrrad, Mittagessen und der Transport zur Strecke. Den Shuttlebus können auch Individualreisende buchen, die ein Transportmittel für die einfache Strecke suchen. Im Winter stehen auch Touren mit Schneeschuhen im Angebot.

Schlafen

Wie im restlichen Okanagan Valley kann es auch hier im Sommer problematisch sein, eine Bleibe zu finden, wenn man nicht im Voraus gebucht hat. Zu anderen Zeiten kann man sich auch spontan nach Schnäppchen umzuschauen. Die Touristeninformation hat Dutzende B&Bs in der Umgebung gelistet. Motelketten beherrschen die Harvey Ave (Hwy 97) in Richtung Osten. Die Preise werden immer günstiger, je weiter man dieser Straße folgt – dafür befindet man sich dann nicht gerade in der nettesten Gegend.

Hotel Eldorado HOTEL **$$$**
(☎250-763-7500, 866-608-7500; www.hoteleldoradokelowna.com; 500 Cook Rd; Zi. 180–400 C$; ❄@🛜≋) Das südlich vom Pandosy Village am See gelegene historische Refugium hat 19 Zimmer voller Antiquitäten, wo man in Luxus schwelgen kann. In dem moderat modern gestalteten Flügel gibt es noch 30 weitere Zimmer und sechs opulente Suiten am Wasser. Die ganze Anlage ist erstklassig, kunstvoll und leger zugleich. Sucht man eine Luxusoase, ist dies eindeutig die beste Wahl.

Royal Anne Hotel HOTEL **$$**
(☎250-763-2277, 888-811-3400; www.royalannehotel.com; 348 Bernard Ave; Zi. 100–200 C$; ❄@🛜) Die Top-Lage reißt das sonst nicht so aufregende, ältere fünfstöckige Motel mitten im Zentrum der Stadt raus. Die Zimmer sind standardmäßig mit modernem Dekor, Kühlschrank und großen Fenstern, die man auch öffnen kann, ausgestattet.

WEINGÜTER IM OKANAGAN VALLEY

Dank der vielen Sonnenstunden, des fruchtbaren Bodens und der kühlen Winter steht der Weinanbau der Region in voller Blüte. Kelowna und das Gebiet nördlich davon sind bekannt für Weißweine wie Pinot Grigio. Im Süden, in der Nähe von Penticton und Oliver, sind die Rotweine die Stars, vor allem die allzeit beliebten Merlots.

Die meisten der über 100 Weingüter liegen in der Nähe des Hwy 97, sodass man schnell mal auf eine Weinprobe vorbeischauen kann. Oft bieten sie auch Führungen an und verkaufen einem gern eine Flasche Wein oder auch 20 (tatsächlich bekommt man die richtig guten Weine nur auf den Weingütern). Immer öfter betreiben die Weingüter auch ausgezeichnete Cafés und Bistros, die zu dem offenen Wein neben der schönen Aussicht eine umfangreiche Karte mit regionalen Gerichten bieten.

Festivals

Die saisonalen **Weinfeste** (www.thewinefestivals.com) im Okanagan sind riesige Events, vor allem das Herbstfest. Mehr Infos zum Winterfest und zum Eiswein gibt's auf S. 956.

Die üblichen Termine sind: Anfang Oktober, Mitte Januar, Anfang Mai und Anfang August.

Praktische Informationen

Gute Infos über den Wein aus dem Okanagan Valley gibt's im **BC Wine Information Centre** (S. 802) in der Touristeninformation von Penticton und im **Wine Museum** (S. 803) in Kelowna. *John Schreiner's Okanagan Wine Tour Guide* ist ein zuverlässiger Weinführer.

Geführte Touren

Diverse Veranstalter bieten Touren mit Fahrer an, damit die Teilnehmer sich ohne Bedenken dem Wein widmen können.

Club Wine Tours (☎250-762-9951, 866-386-9463; www.clubwinetours.com; Tour 3–7 Std. 65–125 C$) Bei der Tour besucht man vier Weingüter und isst mitten in den Weinbergen zu Mittag.

Distinctly Kelowna Tours (☎250-979-1211, 866-979-1211; www.wildflowersandwine.com; Tour 3–7 Std. 80–140 C$) Veranstaltet Weintouren in der Talregion und Wanderungen in den malerischen Hügeln mit anschließendem Mittagessen auf einem Weingut und Führung durch die Anlagen.

Weingüter besuchen

Für Besucher zugängliche Weingüter bieten normalerweise auch Weinproben an. Diese können sehr unterschiedlich ausfallen. Manche Weingüter haben nur ein paar Weine im Angebot, andere Dutzende. Manche Verkostungsräume sind nichts weiter als Verkaufsläden, andere haben eine herrliche Aussicht auf die Weinberge, das Tal und die Seen. Bei manchen Weinproben muss man etwas zahlen, bei anderen nicht.

Es gibt Dutzende von Optionen; empfehlenswert sind folgende (von Nord nach Süd). Die beiden Weingüter Summerhill Pyramid und Cedar Creek Estate liegen südlich von Kelowna am Ostufer des Sees. Die anderen Weingüter erreicht man über den Hwy 97:

Travelodge Kelowna MOTEL $$
(☎250-763-7771, 800-578-7878; www.travelodge.com; 1627 Abbott St; Zi. 90–180 C$; ❄@📶🏊) Perfekt in der Downtown gegenüber vom City Park gelegen. Das mit 52 Zimmern ausgestattete Motel ist so kahl wie die Weinstöcke im Winter. Es gibt einen ordentlichen Pool im Freien und einen Whirlpool.

Prestige Hotel MOTEL $$
(☎250-860-7900, 877-737-8443; www.prestigeinn.com; 1675 Abbott St; Zi. 120–250 C$; ❄@📶🏊) Das Prestige mit 66 Zimmern hat eine tolle Lage gegenüber vom City Park. Und ist man erst mal drinnen, vergisst man schnell das scheußliche Äußere. Die Zimmer sind recht gut, etwa wie in einem gehobenen Motel (mit feiner Seife, LCD-TV, stapelweise Zierkissen usw.).

Willow Creek Family Campground CAMPING $
(☎250-762-6302; www.willowcreekcampground.ca; 3316 Lakeshore Rd; Stellplatz Zelt/Wohnwagen

Calona Vineyards (☎250-762-3332; www.calonavineyards.ca; 1125 Richter St, Kelowna; ⌚Sommer 9–18 Uhr, Winter 10–17 Uhr) Das allererste Weingut im Okanagan Valley (es besteht seit 1932). Es befindet sich nahe dem Cultural District von Kelowna und ist einer der größten Weinproduzenten in British Columbia.

Summerhill Pyramid Winery (☎250-764-8000; www.summerhill.bc.ca; 4870 Chute Lake Rd, Kelowna) Am Ostufer in Kelowna. Die Weine lagern in einer riesigen Pyramide.

Cedar Creek Estate Winery (☎250-764-8866; www.cedarcreek.bc.ca; 5445 Lakeshore Rd, Kelowna; ⌚April–Okt. 10–18 Uhr, Nov.–März 11–17 Uhr) Das Weingut ist bekannt für seine exzellenten Führungen und den Ehrenfelser, einen erfrischend fruchtigen Weißwein. Die **Vineyard Terrace** (Hauptgerichte 10–15 C$; ⌚Juni–Mitte Sept. 11.30–15 Uhr) ist perfekt fürs Mittagessen.

Quails' Gate Winery (☎250-769-4451; www.quailsgate.com; 3303 Boucherie Rd, Kelowna; ⌚10–17 Uhr) Ein kleines Weingut mit großer Reputation, das für seinen Pinot Noir und den Sauvignon Blanc bekannt ist. Das **Old Vines Restaurant** (Hauptgerichte 10–20 C$; ⌚11–21 Uhr) zählt zu den besten.

Mission Hill Family Estate (☎250-768-7611; www.missionhillwinery.com; 1730 Mission Hill Rd, Westbank; ⌚10–17 Uhr) Hier kann man verschnittene Rotweine (empfehlenswert ist der Bordeaux) und den durstlöschenden Pinot Gris probieren. Das Mittagessen in dem im Sommerhalbjahr geöffneten **Terrace** (Hauptgerichte 24–27 C$; ⌚Mitte Mai–Mitte Sept. 11–15 Uhr) ist ein echter Genuss.

Tinhorn Creek Vineyards (☎250-498-3743; www.tinhorn.com; 32830 Tinhorn Creek Rd, Oliver; ⌚9–17 Uhr) Nahe der Kreuzung des Hwy 97 mit der Road 7 an der Golden Mile. Zu den bemerkenswerten Rot- und Weißweinen gehört die erstklassige Oldfield-Reihe, benannt nach der Inhaberin Sandra Oldfield.

Inniskillin Okanagan Vineyards (☎250-498-6663; www.inniskillin.com; Road 11 W, Oliver; ⌚Mai–Okt. 10–18 Uhr, Nov.–April Mo–Fr 10–17 Uhr) Der erste Zinfandel-Hersteller in British Columbia keltert auch einen herrlichen Eiswein.

Road 13 Vineyards (☎250-498-8330; www.road13vineyards.com; 13140 316A Ave, Road 13, Oliver; ⌚April–Okt. 10–17.30 Uhr) Die leckeren Rot- und Weißweine verdienen Beifall. Das Ambiente ist schlicht: Draußen stehen lediglich einfach Picknicktische, die Aussicht ist dafür aber prachtvoll.

Burrowing Owl Estate Winery (☎250-498-0620; www.bovwine.ca; 100 Burrowing Owl Pl, Oliver; ⌚April–Okt. 10–17 Uhr) Das Weingut setzt zum Teil auf ökologischen Anbau und bietet dementsprechend auch Bioweine. Das Wahrzeichen auf der Golden Mile betreibt auch ein Hotel und das Restaurant Sonora Room (S. 798).

Nk'Mip Cellars (☎250-495-2985; www.nkmipcellars.com; 1400 Rancher Creek Rd, Osoyoos; ⌚ganzjährig) Exzellentes Weingut, das von pfiffigen Ureinwohnern geführt wird. Im **Patio** (Hauptgerichte 16–18 C$; ⌚Mai–Sept. 11.30–20 Uhr) werden einfache Gerichte serviert, darunter auch Speisen der Ureinwohner (z. B. Maisbrot).

30/45 C$; 📶) Unweit des Pandosy Village und des Strands. Der Campingplatz hat 87 Stellplätze, eine Waschküche und Rasenflächen, auf denen man sein Zelt aufschlagen kann.

Kelowna SameSun International Hostel HOSTEL $
(☎250-763-9814, 877-562-2783; www.samesun.com; 245 Harvey Ave; B/Zi. ab 28/80 C$; ❄@📶) Das Hostel nahe dem Zentrum und dem See ist ein Zweckbau mit privaten Zimmern und 88 Betten in Schlafsälen. Zu den Aktivitäten gehört auch das ganzjährig angebotene Barbecue.

Essen

Viele der Restaurants in Kelowna haben die vielen in der Region angebauten Produkte für sich entdeckt. Von dem großstädtischen Flair im Stile von Vancouver East darf man sich allerdings in puncto Essenszeit nicht täuschen lassen: 20 Uhr ist schon zu spät. Die hiesige Kleinbrauerei **Tree Brewing** hat

Kelowna

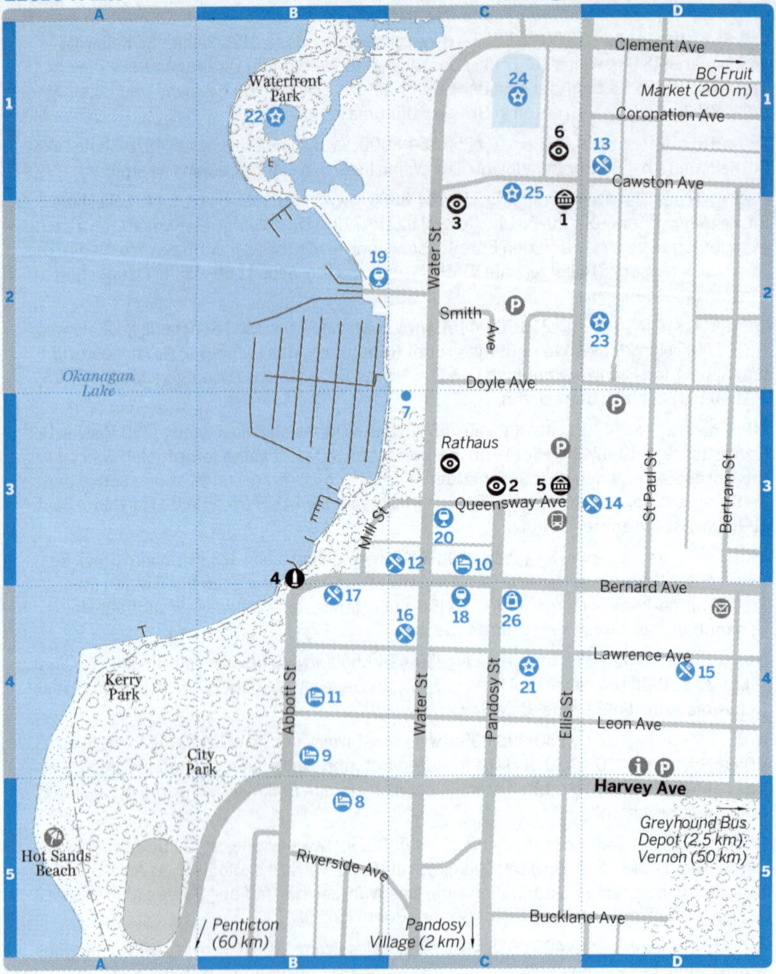

eine ausgezeichnete Auswahl an Bieren, die überall in der Gegend verkauft werden.

Lebensmittelhändler

Auf dem **Bauernmarkt** (☎250-878-5029; Ecke Springfield Rd & Dilworth Dr; ⏲April–Okt. Mi & Sa 8–13 Uhr) abseits des Hwy 97 gibt es mehr als 150 Stände, u.a. auch viele mit fertig zubereitetem Essen. Auch hiesige Künstler bieten hier ihre Waren an. Ein weiterer **Markt** (⏲Do 16–20 Uhr) findet auf dem Parkplatz an der Dolphins-Statue statt.

LP TIPP Der **BC Fruit Market** (☎250-763-8872; 816 Clement Ave; ⏲Mo–Sa 9–17 Uhr) ist wie ein Jahrmarkt. Bei der hiesigen Genossenschaft gibt's das beste Obst aus dem Okanagan Valley; es ist zu riesigen Haufen aufgestapelt, man kann alles kosten und bekommt es sogar zum halben Preis wie im Supermarkt.

Auf den ersten Blick wirkt das **Guisachan Village** (2355 Gordon Dr) vielleicht wie eine langweilige Einkaufsmeile. Beim genaueren Hinsehen entpuppt es sich aber als ein kulinarisches Mekka mit ausgezeichneten Lebensmittelläden, u.a. den folgenden:

Codfathers Seafood Market SEAFOOD$
(☎250-763-3474; ⏲9–19 Uhr) Natürlich gibt's hier frischen Fisch, Picknicker schätzen

Kelowna

Sehenswertes
1 BC Orchard Industry Museum ... C2
2 Kasugai Gardens ... C3
3 Kelowna Art Gallery ... C2
4 Ogopogo-Statue ... B3
5 Okanagan Heritage Museum ... C3
6 Turtle Island Gallery ... C1
Wine Museum ... (siehe 1)

Aktivitäten, Kurse & Touren
7 Kelowna Marina ... C3

Schlafen
8 Kelowna SameSun International Hostel ... B5
9 Prestige Hotel ... B4
10 Royal Anne Hotel ... C3
11 Travelodge Kelowna ... B4

Essen
12 Bean Scene ... C3
13 Bean Scene North ... D1
14 La Bussola ... D3
15 Mamma Rosa ... D4
16 RauDZ ... C4
17 Rotten Grape ... B4

Ausgehen
18 Doc Willoughby's ... C4
19 Rose's Waterfront Pub ... B2
20 Sturgeon Hall ... C3

Unterhaltung
21 Blue Gator ... C4
22 Island Stage ... B1
23 Kelowna Actors Studio ... D2
24 Prospera Place Arena ... C1
25 Rotary Centre for the Performing Arts ... C1

Shoppen
26 Mosaic Books ... C4

aber auch die große Auswahl an Räucherlachs und anderen geräucherten Delikatessen. Ein kleines Café serviert Fischsuppe, Fisch & Chips usw.

L&D Meats & Deli FEINKOST $
(☎250-717-1997; ⌚Mo–Sa 9.30–18 Uhr) Hat haufenweise geräucherte Fleischerzeugnisse und andere Delikatessen und eine gute Auswahl an köstlichen Sandwichs.

Okanagan Grocery BÄCKEREI $
(☎250-862-2811; ⌚Di–Sa 9.30–17.30 Uhr) Biobäckerei mit eigener Backstube, aus der Brote, Baguettes und Croissants kommen.

Restaurants & Cafés

LP TIPP **RauDZ** FUSION $$
(☎250-868-8805; www.raudz.com; 1560 Water St; Hauptgerichte 12–25 C$; ⌚17–22 Uhr) Der gefeierte Koch Rod Butters kehrt mit dem gemütlichen Bistro – einem wahren Tempel! – zurück zu den Produkten und dem Wein aus dem Okanagan. Der Speisesaal ist luftig und offen wie auch die Küche. Auf der saisonalen, international-mediterran inspirierten Speisekarte stehen Steaks, Meeresfrüchte und Gerichte, die auch für zwei reichen. Zu den Lieferanten gehört der angesehene Ziegenkäsehersteller Carmelis.

Rotten Grape TAPAS $$
(☎250-717-8466; 231 Bernard Ave; Hauptgerichte 8–15 C$; ⌚Mi–So 17–24 Uhr) Hier kann man mitten in der Stadt Weine aus der Region ohne das ganze Brimborium rundherum genießen. Wenn man irgendwann genug hat vom „Gerbstoff, dem Kobold des Pinots", Ruhe bewahren und sich vergnügt den leckeren Tapas (ab 10 C$) zuwenden.

Mamma Rosa ITALIENISCH $$
(☎250-763-4114; 561 Lawrence Ave; Hauptgerichte 12– 25 C$; ⌚Di–So 17–22 Uhr) Na ja, die rot-weiß karierten Tischdecken sind zwar aus Plastik, aber angesichts der riesigen Schüsseln ausgezeichneter hausgemachter Pasta – es gibt über 100 verschiedene Gerichte – und der anderen Speisen läuft einem das Wasser im Mund zusammen. Auf Wunsch kommen auch Fleischbällchen, Broccoli, Sardellen usw. auf den Teller.

Bean Scene CAFÉ $
(☎250-763-1814; 274 Bernard Ave; Kaffee 2 C$; ⌚6.30–22 Uhr; 📶) Hat eine großartige Pinnwand, an der man die Happenings in der Stadt checken kann, während man einen Muffin mampft. Ruhiger geht's im **Bean Scene North** (☎250-763-4022; 1289 Ellis St; ⌚6–18 Uhr; 📶) im Cultural District zu, wo man eine Kaffeepause machen kann.

La Bussola ITALIENISCH $$
(☎250-763-3110; 1451 Ellis St; Hauptgerichte 15–30 C$; ⌚Mo–Sa 17–22 Uhr) Die Lage im Cultural District ist top. Seit 1974 perfektionieren Franco und Lauretta Coccaro

NICHT VERSÄUMEN

KETTLE VALLEY RAILWAY

Der berühmte **Kettle Valley Railway** kämpft gegen die Weingüter und Obstplantagen um die Gunst der Besucher (clevere Leute wählen das Triple).

Die einst 525 km lange, kurvenreiche Eisenbahnstrecke wurde für den Transport von Silbererz von den südlichen Kootenays nach Vancouver gebaut. Die 1916 fertiggestellte Strecke ist – gemessen an den Kosten pro Kilometer – eine der teuersten aller Zeiten. 1989 wurde die gesamte Strecke stillgelegt. Nicht lange danach wurden die Trassen mit ihren sanften Steigungen (nie über 2,2 %) und Dutzenden von Brücken in den Trans Canada Trail integriert.

Der spektakulärste Abschnitt des KVR Trail liegt in der Nähe von Kelowna. Die 24 km lange Strecke durch den **Myra Canyon** bietet einen fantastischen Blick auf die kurvenreiche Schlucht. Insgesamt **18 Gerüstpfeilerviadukte** (Trestle-Brücken) überspannen die Schlucht, an deren Felswand der Wander- und Radweg verläuft. Dass man heute noch die gesamte Strecke absolvieren kann, grenzt an ein Wunder, wurden doch 2003 zwölf Holzgerüste bei einem Feuer zerstört. Der Wiederaufbau ist vor allem der **Myra Canyon Trestle Restoration Society** (www.myratrestles.com) zu verdanken. Der weite Blick reicht bis Kelowna und zum See. Man sieht zwar noch die große Zerstörung, die das Feuer angerichtet hat, aber auch alpine Wiesen, die langsam die Landschaft wieder zurückerobern.

Um die Gegend rund um die spektakulärsten Holzgerüste zu erreichen, folgt man der Harvey Ave (Hwy 97) ostwärts bis zum Gordon Dr, biegt nach Süden ab und fährt dann auf der KLO Rd 2,6 km ostwärts. An einer Weggabelung zweigt halbrechts die McCulloch Rd ab, deren Zickzackkurs man noch weitere 7,4 km folgt. An der Myra Forest Service Rd biegt man nach Süden ab und fährt über eine kurvenreiche, autofreundliche Schotterstraße 8,7 km den Hügel hinauf bis zum Parkplatz.

Der Myra Canyon ist nur ein kleiner Teil des insgesamt 174 km umfassenden Wanderwegnetzes im Okanagan Valley, das der alten Bahnstrecke folgt und durch Tunnel, vorbei an Naramata und südwärts bis nach Penticton und darüber hinaus führt. Einfachen Zugang zum Trail hat man von vielen Punkten aus. Wer will, kann auch an Wander- und Radtouren teilnehmen (S. 803). **Myra Canyon Bike Rentals** (☎250-878-8763; www.myracanyonrental.com; halber Tag ab 40 C$; ⏲Mai–Mitte Sept.) verleiht Fahrräder; im Voraus telefonisch anmelden.

ihr italienisches Restaurant. Auf der Karte steht alles von Pesto und Tomatensauce bis Kalbfleisch und Meeresfrüchte. Man isst an den mit Blumen geschmückten Tischen auf dem Bürgersteig oder im eleganten Speiseraum.

Ausgehen

Sturgeon Hall KNEIPE
(☎250-860-3055; 1481 Water St; ⏲Mo–Sa 11–24 Uhr) Fanatische Eishockeyfans der Kelowna Rockets genießen die ausgezeichneten Burger und die Pizzas mit dünner Kruste, während sie an der Bar oder draußen an den Tischen auf dem Bürgersteig ein paar Biere kippen. Während der Eishockeysaison laufen die Spiele auf allen Fernsehern.

Doc Willoughby's KNEIPE
(☎250-868-8288; 353 Bernard Ave; ⏲11.30–2 Uhr) Perfekt für einen Drink oder ein Essen: Die Kneipe mitten in der Downtown hat einen gewölbten, holzgetäfelten Innenraum und Tische im Freien. Die Auswahl an Bieren ist spitze; es gibt auch Biere von Tree Brewing und Cannery Brewing in Penticton.

Rose's Waterfront Pub KNEIPE
(☎250-860-1141; Delta Grand Okanagan Hotel, 1352 Water St) Die riesige Terrasse am Seeufer liegt am vornehmen Ende der Uferfront und ist genau das Richtige für ein paar Drinks und Snacks bei Sonnenuntergang (und natürlich auch davor oder danach).

Unterhaltung

In der Downtown von Kelowna gibt es mehrere ständig wechselnde Clubs. Die meisten liegen am Westende der Leon Ave und der Lawrence Ave. Im Sommer finden zahlreiche kostenlose Abendkonzerte statt – freitags und samstags im **Kerry Park**

BUSSE AB KELOWNA

ZIEL	PREIS	DAUER	HÄUFIGKEIT (TGL.)
Penticton	22 C$	1¼ Std.	4-mal
Kamloops	39 C$	3 Std.	3-mal
Vancouver	78 C$	6 Std.	6-mal
Calgary	110 C$	10 Std.	1-mal

und mittwochs auf der **Island Stage** im Waterfront Park.

Blue Gator LIVEMUSIK
(☎250-860-1529; www.bluegator.net; 441 Lawrence Ave; ⌚Di–So) In dem stickigen Livemusik-Tempel gibt's neben dem kalten Bier Blues, Rock, Acoustic Jam u. v. m.

Kelowna Rockets SPORT
(☎250-860-7825; www.kelownarockets.com; Karten ab 20 C$) Die Kelowna Rockets sind das heiß geliebte WHL-Eishockeyteam der Stadt. Sie spielen in der glanzvollen, mit 6000 Sitzplätzen ausgestatteten **Prospera Place Arena** (☎250-979-0888; Ecke Water St & Cawston Ave).

Kelowna Actors Studio THEATER
(☎250-862-2867; www.kelownaactorsstudio.com; 1379 Ellis St; Karten ab 45 C$) In dem Dinner-Theater mit seriösen Ambitionen kann man sich diverse Aufführungen wie *The Producers* oder *Same Time Next Year* anschauen.

Rotary Centre for the Performing Arts SPIELSTÄTTE
(☎250-717-5304, Karten 250-763-1849; 421 Cawston Ave) Hier gibt es Galerien, ein Theater, ein Café, Künstlerateliers und klassische Musik.

Shoppen

Viele Lebensmittelhändler verkaufen auch lokal hergestellte Produkte, die sich ausgezeichnet als Geschenke machen. **Mosaic Books** (☎250-763-4418; 411 Bernard Ave) ist ein exzellenter unabhängiger Buchladen, der Karten (u.a. auch topografische), Reiseführer und Bücher zur Geschichte und Kultur der Ureinwohner verkauft.

Praktische Informationen

Viele Cafés in der Innenstadt haben WLAN.

Kelowna General Hospital (☎250-862-4000; 2268 Pandosy St, Ecke Royal Ave; ⌚24 Std.)

Kelowna Library (☎250-762-2800; 1380 Ellis St; ⌚Okt.–März Mo, Fr & Sa 10–17.30, Di–Do 10–21, So 12–16 Uhr) Bibliotheksbesucher können eine Stunde lang kostenlos das Internet nutzen.

Post (☎250-868-8480; 571 Bernard Ave; ⌚Mo–Sa 9–17 Uhr)

Touristeninformation (☎250-861-1515, 800-663-4345; www.tourismkelowna.com; 544 Harvey Ave; ⌚Sommer tgl. 8–19 Uhr, Winter Mo–Fr 8–17 & Sa & So 10–15 Uhr) Die Auskunft an der Ecke zur Ellis St hat u. a. ausgezeichnete Tourenkarten.

An- & Weiterreise

Vom **Kelowna Airport** (YLW; ☎250-765-5125; www.kelownaairport.com) fliegt **Westjet** (www.westjet.com) nach Vancouver, Victoria, Edmonton, Calgary und Toronto, **Air Canada Jazz** (www.aircanada.com) nach Vancouver und Calgary und **Horizon Air** (www.alaskaair.com) nach Seattle. Der Flughafen befindet sich 20 km nördlich vom Zentrum am Hwy 97.

Greyhound Canada (☎800-661-8747; www.greyhound.ca; 2366 Leckie Rd) liegt wenig günstig östlich der Innenstadt abseits des Hwy 97. Die Stadtbusse 9 und 10 fahren von der Haltestelle Queensway in der Downtown (6.30–21.45 Uhr, alle 30 Min.).

Unterwegs vor Ort

Auto & Taxi

Am Flughafen sind alle großen Autoverleiher vertreten. Zu den Taxiunternehmen gehört **Kelowna Cabs** (☎250-762-4444/2222).

Bus

Das **Kelowna Regional Transit System** (☎250-860-8121; www.busonline.ca) betreibt das lokale Busnetz. Eine einfache Fahrt in der zentralen Zone kostet 2 C$, eine Tageskarte für alle drei Zonen 5,50 C$. Alle Busse in der Innenstadt fahren über die **Haltestelle Queensway** (Queensway Ave, zw. Pandosy St & Ellis St). Die Busse sind nicht gerade sehr bequem.

Vom/Zum Flughafen

Der **Kelowna Airport Shuttle** (☎250-888-434-8687; www.kelownashuttle.com) kostet 12 bis 15 C$ pro Person. Für ein Taxi zahlt man ungefähr 30 C$.

Big White Ski Resort

Perfekter Pulverschnee ist das Markenzeichen des **Big White Ski Resort** (☎250-765-8888, 800-663-2772, Schneebericht 250-765-7669; www.bigwhite.com; Lift-Tageskarte Erw./Kind 71/35 C$), das 55 km östlich von Kelowna abseits des Hwy 33 liegt. Bei einem Höhenunterschied von 777 m bieten die 118 Pisten und 16 Lifte ausgezeichnete Möglichkeiten zum Skifahren und Langlaufen, während in den tiefen Rinnen Extrem-Snowboarder voll auf ihre Kosten kommen. Da das Skigebiet ziemlich abgelegen ist, suchen sich die meisten Leute hier ein Nachtquartier. In dem Resort gibt es zahlreiche Restaurants, Bars, Hotels, Apartments, Ferienhäuser und ein Hostel. Im Resort selber erhält man auch Infos über Unterkünfte und den Kelowna-Shuttle, der in der Skisaison verkehrt.

Vernon

59 200 EW.

Der Glanz des Okanagan Valley beginnt kurz vor Vernon zu verblassen. Vielleicht liegt es am Wetter. Die Winter hier sind so kalt wie die im Landesinneren British Columbias und es gibt nur wenige Weingüter. Das bedeutet aber nicht, dass die ganze Gegend gänzlich ohne Charme wäre. Das nach Obstplantagen duftende Tal ist von drei Seen umgeben, die den ganzen Sommer über Besucher auf der Suche nach Freizeitspaß anlocken: Kalamalka, Okanagan und Swan. In der Innenstadt von Vernon gibt's ein paar gute Lokale. Belebt wird das Zentrum durch mehr als 30 Wandmalereien – von kitschig bis zu kunstvoll. Die meisten Geschäfte findet man an der 30th Ave (die Main St). Für Verwirrung sorgt die Tatsache, dass die 30th Ave mitten in der Downtown von der 30th St gekreuzt wird – also nicht die Straßen und Avenues durcheinanderbringen.

Sehenswertes & Aktivitäten

Der schöne 9 km² große **Kalamalka Lake Provincial Park** (☎250-545-1560; www.bcparks.ca) südlich der Stadt liegt am Ostufer des warmen, seichten Sees. Der Park eignet sich an den Stränden Jade und Kalamalka super zum Baden; es gibt Möglichkeiten zum Angeln und ein Netz aus Mountainbike- und Wanderwegen. Im Cougar Canyon kann man ausgezeichnet klettern.

Der **Ellison Provincial Park**, 16 km südwestlich von Vernon am Okanagan Lake gelegen, ist der einzige Süßwasserpark im Westen von Kanada. Es ist sehr beliebt bei Tauchern. Ausrüstung (Atemgeräte, Schnorchel und Kajaks) gibt es bei **Innerspace Watersports** (☎250-549-2040; www.innerspacewatersports.com; 3103 32nd St). Der Ellison Park ist auch bekannt für seine erstklassigen Bedingungen zum Klettern. Um vom Stadtzentrum hierher zu gelangen, fährt man auf der 25th Ave in Richtung Westen, die schon bald zur Okanagan Landing Rd wird. Dieser folgt man und hält nach Schildern zum Park Ausschau.

Es gibt zwei spaßige Attraktionen, mit der sich hiesige Bauern ein paar Dollar dazuverdienen. **Davison Orchards** (☎250-549-3266; www.davisonorchards.ca; 3111 Davison Rd; ⏲Mai–Okt. tagsüber) bietet Traktorfahrten, selbstgemachtes Eis, frischen Apfelsaft und einnehmende Tiere. Gleich nebenan liegt **Planet Bee** (☎250-542-8088; www.planetbee.com; 5011 Bella Vista Rd; Eintritt frei; ⏲Mai–Okt. tagsüber), eine Honigfarm, auf der die Gäste alle süßen Geheimnisse des Nektars erfahren und einem Bienenstock aus der Nähe bei der Arbeit zuschauen können. Der 25th Ave Richtung Westen folgen, dann kurz nach Norden auf die 41st St abbiegen, und anschließend Richtung Westen auf der Bella Vista Rd nach Schildern Ausschau halten.

Schlafen

Unterkünfte gibt's in allen Preisklassen. Infos zu hiesigen B&Bs erhält man in der Touristeninformation.

Beaver Lake Mountain Resort CAMPING, INN $

(☎250-762-2225; www.beaverlakeresort.com; 6350 Beaver Lake Rd; Stellplatz ab 27 C$, Hütte 55–170 C$; @) Ungefähr auf halber Strecke zwischen Vernon und Kelowna liegt östlich des Hwy 97 oben in den Bergen das Postkartenidyll am Seeufer. Es bietet eine Reihe rustikaler Blockhütten und luxuriösere Hütten für bis zu sechs Personen.

Tiki Village Motel MOTEL $$

(☎250-503-5566, 800-661-8454; www.tikivillagevernon.com; 2408 34th St; Zi. 80–150 C$; ❄📶🏊) Wenn man hier den Game Boy des Bruders in der Poolwand versteckt, findet der ihn nie wieder. Das Tiki ist eine weitere Hinterlassenschaft der ruhmreichen Tage der Betonklötze. Es bietet 20 Zimmer mit einer

BUSSE AB VERNON

ZIEL	PREIS	DAUER	HÄUFIGKEIT (TGL.)
Kelowna	19 C$	1 Std.	6-mal
Kamloops	30 C$	2 Std.	3-mal
Vancouver	75 C$	7½ Std.	3-mal
Calgary	85 C$	9 Std.	1-mal

unbeabsichtigten *Mad-Men*-Atmosphäre und viele Grünanlagen.

Schell Motel MOTEL $
(250-545-1351, 888-772-4355; www.schellmotel.ca; 2810 35th St; Zi. 70–140 C$;) Noch eine architektonisch-künstlerische Verwirklichung in Beton. Das makellose, unabhängige Motel hat einen einladenden Pool, Grillstellen, eine Sauna, Kühlschränke und ein paar Küchen. Die 32 Zimmer haben eine ideale zentrale Lage, sind aber weit genug vom Trubel der 32nd St entfernt.

Ellison Provincial Park CAMPING $
(800-689-9025, nur Infos 250-494-6500; www.discovercamping.ca; Stellplatz 30 C$; April–Okt.) Der tolle Campingplatz liegt rund 16 km südwestlich von Vernon an der Okanagan Landing Rd. Die 71 Stellplätze sind schnell voll – also vorher reservieren.

Essen

Der abendliche **Bauernmarkt** (250-546-6267; Ecke 48th Ave & 27th St; Fr 16–20 Uhr) bringt Stimmung auf den Parkplatz der Village Green Mall am Nordende der Stadt. Es gibt auch vormittags **Märkte** (3445 43rd Ave; Mo & Do 8–12 Uhr) gleich westlich des Hwy 97.

Talkin Donkey CAFÉ $
(250-545-2286; 3923 32nd St; Gerichte 7 C$; 7–21, Fr bis 23 Uhr;) Eine hiesige Institution: Wenn hier von „verantwortungsbewusstem Trinken“ die Rede ist, dann ist damit der Fair-Trade-Kaffee gemeint. Ein großer Teil der Einnahmen des abgefahrenen Kaffeehauses geht an karitative Organisationen. Freitagabends gibt's Folk – dazu wippen die Gäste mit den Zehen in den Birkenstocks.

Blue Heron Waterfront Pub CAFÉ $$
(250-542-5550; 7673 Okanagan Landing Rd; Hauptgerichte 8–25 C$; April–Okt. 11 Uhr–open end) Südwestlich der Stadt hat man von der großen, den ganzen Sommer über heißbegehrten Terrasse aus einen atemberaubenden Blick auf den Okanagan Lake. Zu den Fleischgerichten gehören ausgezeichnete Steaks und Burger, ferner gibt's Käsegerichte wie Nachos.

Eclectic Med MEDITERRAN $$
(250-558-4646; 2915 30th Ave; Hauptgerichte 12–25 C$; 12–21 Uhr) Der Name verrät, was auf der Karte steht: mediterran beeinflusste lokale Standardgerichte wie Alberta-Steaks, Fisch aus dem See und viel Gemüse aus dem Tal. Die Teller sind kunstvoll angerichtet.

Shoppen

Bookland BUCHLADEN
(250-545-1885; 3400 30th Ave) Hier gibt's topografische Karten, Reiseführer und Bücher zu Aktivitäten im Okanagan Valley und in British Columbia, eine ausgezeichnete Auswahl von Arbeiten einheimischer Autoren, Zeitschriften und Zeitungen.

Praktische Informationen

Touristeninformation (250-545-3016, 800-665-0795; www.tourismvernon.com; 701 Hwy 97 S; Mai–Okt. 8.30–18 Uhr, Nov.–April 10–16 Uhr) Das Büro befindet sich 2 km südlich vom Stadtzentrum.

Anreise & Unterwegs vor Ort

Greyhound Canada (800-661-8747; www.greyhound.ca; 3102 30th St, Ecke 31st Ave) betreibt folgende Busverbindungen:

Busse von **Vernon Regional Transit System** (250-545-7221; Fahrkarte 2 C$) fahren im Zentrum von der Haltestelle Ecke 31st St und 30th Ave ab. Zum Kalamalka Lake nimmt man den Bus 1 oder 6, zum Okanagan Lake den Bus 7.

Nördlich von Vernon

Attraktionen gibt es nur wenige in dieser Gegend, die eher wegen der Anbindung an die wichtigen Highways eine Rolle spielen. Gleich nördlich von Vernon führt der schöne Hwy 97 durch baumreiche, von Seen durchzogene Täler nordwestwärts nach Kamloops. Auf dem ebenso schönen Hwy 97A geht's nordostwärts nach Sicamous und zum Hwy 1. **Armstrong**, 23 km nördlich von Vernon, ist ein reizendes kleines Dorf.

SILVER STAR

Dank des fürs Landesinnere von British Columbia typischen trockenen Pulverschnees ist **Silver Star** (☎250-542-0224, 800-663-4431, Schneebericht 250-542-1745; www.skisilverstar.com; Lift-Tageskarte Erw./Kind 71/35 C$) ein sehr beliebtes Skigebiet. Die 115 Pisten haben einen maximalen Höhenunterschied von 760 m; für Snowboarder gibt's eine Halfpipe und einen Terrainpark. Im Juni befördern die Lifte Mountainbiker und Wanderer hinauf in die luftigen, grünen Höhen mit tollem Ausblick.

Sämtliche Varianten von Unterkünften kann man über das Resort reservieren. Die **Samesun Lodge** (☎250-545-8933, 877-562-2783; www.samesun.com; 9898 Pinnacles Rd; B/Zi. ab 30/80 C$; @📶) betreibt ein sehr beliebtes und fast schon nobles Backpackerhotel.

Anfahrt ins Skigebiet über die 48th Ave vom Hwy 97. Das Resort liegt 20 km nordöstlich von Vernon.

DIE REGION SHUSWAP

Der **Shuswap Lake** ähnelt aus der Luft einem Muster aus einem Rorschachtest. Er liegt in einer etwas langweiligen, aber angenehmen Gegend mit grünen, bewaldeten Hügeln, Farmen und den zwei Kleinstädten Sicamous und Salmon Arm. Im letztgenannten Ort befindet sich die zentrale **Touristeninformation** (☎250-832-2230, 877-725-6667; www.shuswap.bc.ca; 200 Hwy 1; ⏲Mai–Aug. tgl. 8–20 Uhr, Sept.–April Mo–Fr 10–17 Uhr).

In der Region gibt es mehrere Provinzparks mit Seen, die ein beliebtes Ausflugsziel für Familien und all diejenigen sind, die ihren Urlaub gerne aktiv verbringen. Hauptattraktion ist allerdings die jährliche Laichsaison der Rotlachse im **Roderick Haig-Brown Provincial Park** (☎250-851-3000; www.bcparks.ca), hinter Squilax gleich abseits des Highways. Der 10,59 km² große Park schützt beide Seiten des Adams River zwischen dem Shuswap Lake und dem Adams Lake; die hellroten Lachse, die jeden Oktober flussaufwärts schwimmen, müssen hier durch ein natürliches Nadelöhr. Die Fischpopulation erreicht alle vier Jahre ihren Höchststand. Dann strömen rund 4 Mio. Lachse durch das seichte Flussbett des Adams River. Das nächste Mal wird dies 2014 der Fall sein.

In einem **Hausboot** über den See zu tuckern, ist eine gesellige Art, die Region Shuswap zu erkunden, vor allem im Hochsommer, wenn die Leute scharenweise an den See pilgern, um ihre städtischen Alltagssorgen im Wasser zu ertränken. Hausboote werden meistens wochenweise vermietet (ab 2000 C$) und bieten Platz für mindestens zehn Leute. Eine Liste mit Hausbootbetreibern erhält man bei der Touristeninformation.

DIE KOOTENAYS & DIE ROCKY MOUNTAINS

Normalerweise gibt man nur noch ein zufriedenes Grunzen von sich, wenn man den Blick über die schier unendlichen, schneebedeckten Gipfel in der Region Kootenay schweifen lässt und ins Nachdenken gerät. Wildwasserflüsse, die tiefe Täler durchziehen, unglaubliche Felswände, Almwiesen und sägezahnartige, gefleckte Berge am Horizont rufen Ehrfurcht, Tatendrang oder einfach nur Staunen hervor.

Wenn man von Westen anreist, erscheinen einem die majestätischen Berge, als wären sie von Gottes Hand genau so platziert worden. Die fast parallelen Bergketten der Monashees und der Selkirks streifen die West Kootenays mit den Arrow Lakes. Hübsche Orte wie Revelstoke und Nelson schmiegen sich an die Berge und bieten das ganze Jahr über Spaß und Action in der freien Natur. Die East Kootenays erstrecken sich rund um den Purcell Mountain unterhalb von Golden. Dort liegen auch die Radium Hot Springs und das entzückende Fernie. Und an der Grenze zu Alberta ragen die Rocky Mountains hoch in den Himmel hinauf.

Die Parks in den Rocky Mountains auf der Seite von British Columbia (Mt. Revelstoke, Glacier, Yoho und Kootenay) finden zwar nicht so große Beachtung wie die von Banff und Jasper auf der anderen Seite der Grenze – doch das muss ja nicht schlecht sein: Jeder Park hat seine eigenen spektakulären Ecken, die oft von den auf den Banff National Park fixierten Horden relativ verschont bleiben. Tierfreunde jedenfalls werden ein Paradies vorfinden: In der vielfältigen Region lassen sich nicht selten

Grizzlys, Schwarzbären, Rothirsche, Elche, Rehe, Biber, Bergziegen und etliche andere Tiere blicken. Man sollte unbedingt eine Pause einlegen, um seine eigenen Entdeckungen zu machen.

Revelstoke

8000 EW.

Revelstoke ist ein guter Ausgangspunkt für Reisende, die in die Berge wollen. Der Ort hat es eigentlich nicht nötig, für sich selbst ordentlich ins Horn zu blasen – das erledigen schon die endlosen Züge, die hier mitten durch die Stadt rattern.

Revelstoke wurde als wichtiger Ort an der Canadian-Pacific-Eisenbahnstrecke errichtet, die erstmals den Westen und den Osten Kanadas miteinander verband. Aber in der Stadt hört man nicht nur das Echo der Zugsirenen, sondern auch den Widerhall der Geschichte. Das kompakte Zentrum ist zwar voller historischer Gebäude, gehört aber noch lange nicht ins Museum: Hier gibt es eine lebhafte, einheimische Kunstszene und die meisten Bewohner schöpfen die unzähligen Möglichkeiten voll aus, wandern zu gehen, Kajak zu fahren und vor allem auf schmalen Brettern die Pisten herunterzudüsen. Wer auf dem Hwy hier vorbeikommt, sollte unbedingt eine ausgedehnte Pause einlegen.

Sehenswertes

Die **Grizzly Plaza** zwischen der Mackenzie Ave und der Orton Ave ist eine Fußgängerzone und quasi das Herz der Innenstadt. Dort gibt's zwischen Juli und August abends kostenlos Livemusik. Zwar sind die Freizeitunternehmungen in der Natur der größte Trumpf von Revelstoke, aber auch ein Spaziergang durch das Zentrum und ein Besuch in den Museen kann man durchaus einplanen.

LP TIPP **Revelstoke Railway Museum** MUSEUM
(☎250-837-6060; www.railwaymuseum.com; Erw./Kind 10/2 C$; ⏲Sommer 9–20 Uhr, Winter Fr–Di 11–16 Uhr) Das Eisenbahnmuseum ist vom Zentrum aus auf der anderen Seite der Bahngleise in einem attraktiven Gebäude untergebracht. Es zeigt restaurierte Dampflokomotiven, darunter eine der größten, die jemals auf den Strecken der Canadian Pacific Railway (CPR) zum Einsatz kam. Fotos und Artefakte dokumentieren den Bau der CPR, wodurch erstmals eine Verbindung zwischen dem Osten und dem Westen Kanadas geschaffen wurde.

Revelstoke Museum MUSEUM
(☎250-837-3067; 315 1st St W; Erw./Kind 4/2 C$; ⏲Mai–Sept. Mo–Sa 9–17, So 13–16 Uhr, Okt.–April Mo–Fr 13–16 Uhr) Das Museum beherbergt eine Dauerausstellung von Mobiliar und historischem Krimskrams, darunter Artefakte aus dem Bergbau, der Holzfällerei und dem Eisenbahnbau, die bis zur Gründung der Stadt in den 1880er-Jahren zurückreichen. Auch sollte man Ausschau halten nach den vielen historischen Schildern, die überall in der Stadt an den Gebäuden angebracht sind.

Aktivitäten

Winter

Eingekeilt zwischen den weiten, aber relativ unbekannten Gebirgszügen der Selkirk und der Monashee Mountains lockt Revelstoke echte Pistenfreaks an, die auf der Suche nach einer weiten, mit Pulverschnee bedeckten Landschaft ohne Massenbetrieb sind. Und für die Sporthistoriker: Hier wurde 1915 die erste Skisprungschanze Nordamerikas erbaut.

Nur 6 km südöstlich der Stadt arbeit das **Revelstoke Mountain Resort** (☎888-837-2188; www.revelstokemountainresort.com; Lift-Tageskarte Erw./Kind 75/26 C$) daran, das größte Skigebiet westlich der Alpen zu werden. Bis dahin ist es aber noch ein weiter Weg, auch wenn die scheinbar endlosen, jungfräulichen Skipisten 2008 eröffnet wurden. Derweil können Gäste auf immerhin 52 Strecken ins Tal hinuntersausen. Der Höhenunterschied beträgt 1713 m und damit mehr als in Whistler.

Das Resort hat zwar die einst nur per Hubschrauber oder Kettenfahrzeug erreichbaren Schneehänge erschlossen, aber es gibt noch unzählige andere unentdeckte Stellen. **Mica Heliskiing** (☎877-837-6191; www.micaheli.com; 207 Mackenzie Ave) ist eines von mehreren Unternehmen, die Trips (ab 1200 C$/Tag) anbieten.

Wer Lust auf **Skilanglauf** (www.revelstokenordic.org) hat, sollte zum Skigebiet Mt. MacPherson fahren, 7 km südlich der Stadt am Hwy 23. Für die Nutzung der insgesamt 22 km langen instandgehaltenen Wege zahlt man nur 6 C$.

Free Spirit Sports (☎250-837-9453; 203 1st St W) verleiht die passende Ausrüstung für viele verschiedene Wintersportarten, u. a. auch Lawinen-Equipment.

Die Kootenays & Die Rocky Mountains

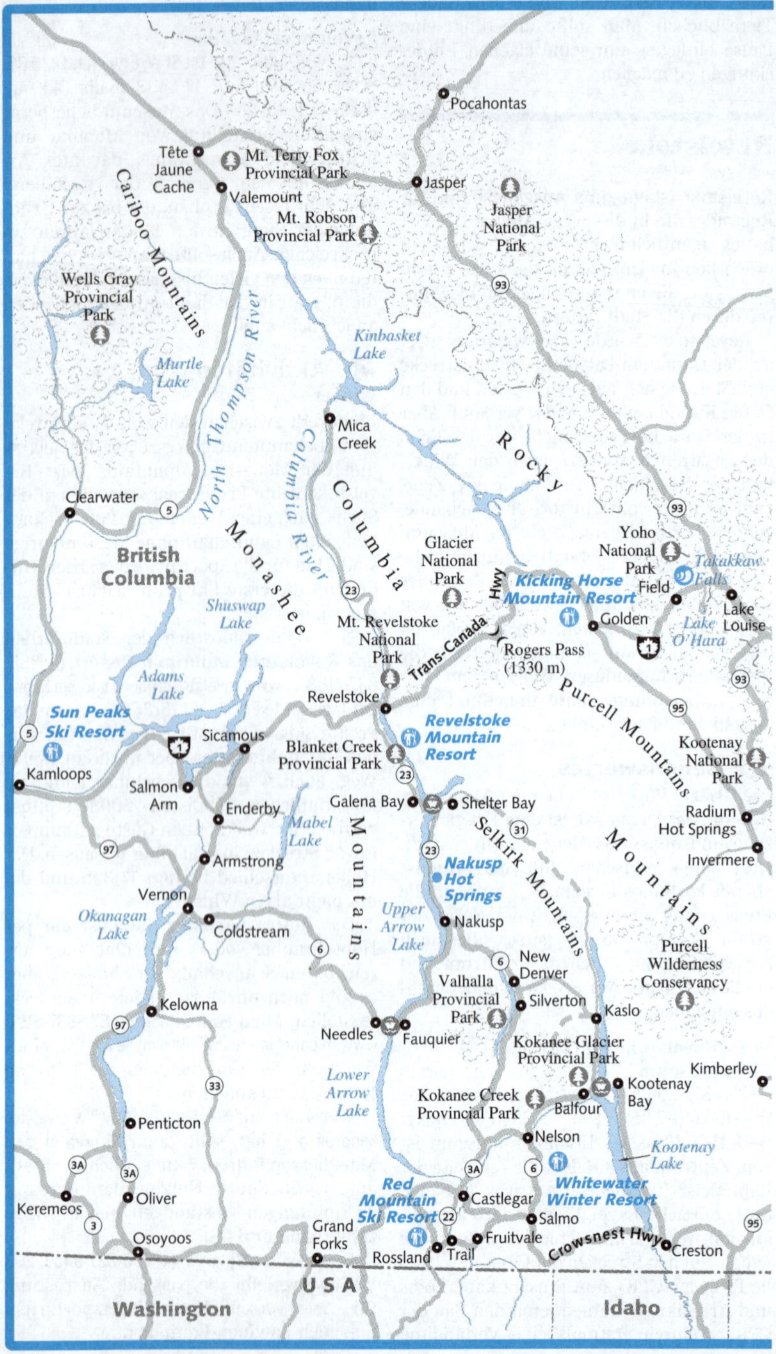

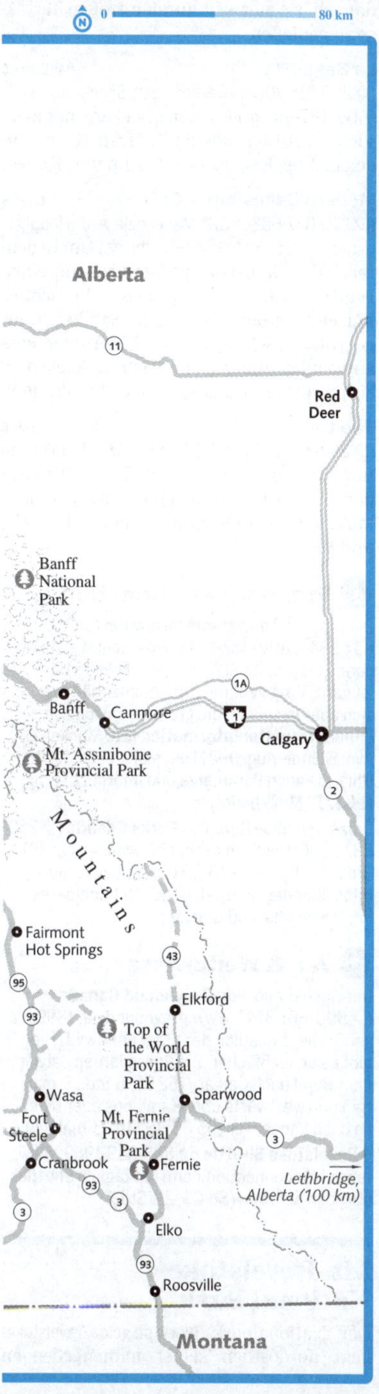

Sommer

Sobald es Frühling wird, verwandelt sich der ganze weiße Schnee in wildes Wasser und Rafting ist angesagt. **Apex Rafting Co.** (☎250-837-6376, 888-232-6666; www.apexrafting.com; 112 1st St E; Erw./Kind 85/69 C$) organisiert im Frühling und Sommer kinderfreundliche, zweistündige geführte Touren auf dem Illecillewaet River. **Natural Escapes Kayaking** (☎250-837-7883; www.naturalescapes.ca) bietet Touren und Kurse an und verleiht Kajaks (35 C$/2 Std.).

Auch Mountainbiken steht hier – wie überall in der Region – hoch im Kurs. In der Touristeninformation oder bei **Skookum Cycle & Ski** (☎250-814-0090; www.skookumcycle.com; 118 Mackenzie Ave) erfährt man, wo man sich Räder ausleihen kann; ferner gibt es hier die kostenlose *Biking Trail Map*.

Schlafen

Revelstoke hat eine gute Auswahl an Unterkünften. Nur Lkw-Fans halten sich an die Absteigen draußen am Hwy 1. Denn direkt im Zentrum gibt es mehrere Motels und hübsche B&Bs (Infos dazu erhält man in der Touristeninformation).

Swiss Chalet Motel MOTEL **$$**

(☎250-837-4650, 888-272-4538; www.swisschaletmotel.com; 1101 Victoria Rd; Zi. 80–160 C$; ❄@📶) Von diesem gemütlichen, familienbetriebenen Motel ist es ins Zentrum nur ein kurzer Spaziergang. Im Preis inbegriffen ist ein besonders üppiges kontinentales Frühstück – aus der Teigmenge eines Muffins im Swiss Chalet könnte man ein Dutzend in den diversen Kettenläden backen. Die 22 Zimmer sind mit Kühlschränken ausgestattet.

Regent Inn HOTEL **$$**

(☎250-837-2107, 888-245-5523; www.regentinn.com; 112 1st St E; Zi. 120–200 C$; ❄📶🏊) Das schickste Hotel in der Stadt ist zwar nicht luxuriös, aber komfortabel. In den 50 modernen Zimmern erinnert nichts mehr an die Wurzeln und die Fassade des Hotels von 1914. Das Restaurant und die Lounge sind gut und beliebt. Viele Gäste vergnügen sich abends in dem Whirlpool im Freien.

Revelstoke Lodge MOTEL **$$**

(☎250-837-2181; 888-559-1979; www.revelstokelodge.com; 601 1st St W; Zi. 70–150 C$; ❄@📶🏊) Das mit 42 Zimmern ausgestattete rosafarbene Motel macht mit seiner Lage all seine Mängel wie den flächendeckenden Parkplatz und den Betonbau wieder wett.

Zunächst ein oder zwei Zimmer anschauen, damit man ein frisch gestrichenes findet und keines der dunklen erwischt.

Blanket Creek Provincial Park CAMPING $
(☎800-689-9025; www.discovercamping.ca; Stellplatz 21 C$) Der Park, 25 km südlich von Revelstoke am Hwy 23 gelegen, hat mehr als 60 Stellflächen, Spültoiletten und fließendes Wasser. Es gibt auch einen Spielplatz und einen Wasserfall in der Nähe.

SameSun Budget Lodge HOSTEL $
(☎250-837-4050, 877-562-2783; www.samesun.ca; 400 2nd St W; B/Zi. ab 25/60 C$; @) In der seit Langem beliebten Backpackerunterkunft sollte man erst einen Streifzug durch die zahlreichen Zimmer machen. Das Hostel mit seinen 80 Betten ist oft ausgebucht; also im Voraus buchen. Auf den ausgedehnten Terrassen treffen sich gut gelaunte Menschen aus aller Welt.

Essen & Ausgehen

Der **Bauernmarkt** (Sa 8–13 Uhr) wird auf der Grizzly Plaza abgehalten. Mt. Begbie Brewing macht gute Biere, die in der ganzen Stadt erhältlich sind.

LP TIPP **Woolsey Creek** FUSION $$
(☎250-837-5500; 604 2nd St W; Hauptgerichte 10–20 C$; 17–22 Uhr) Für das künstlerisch angerichtete Essen in dem lebendigen, spaßigen Lokal sind Sylvie und Sophie und deren Leidenschaft für innovative Gerichte verantwortlich. Durch die ganze Speisekarte zieht sich ein internationaler Einfluss. Mit dem Hühnchen mit Prosciutto-Füllung kann man nichts falsch machen. Es gibt auch eine gute Weinkarte. Die exzellenten Vorspeisen verlangen geradezu danach, sie zu zweit auf der großen Terrasse zu genießen.

La Baguette BÄCKEREI $
(☎250-814-7088; Garden St; Snack ab 3 C$; Do–Di 7–19 Uhr) Die neue Bäckerei nahe der Victoria Rd hat köstliches, französisch angehauchtes Essen sowie Panini und Kaffee.

Modern Bakeshop & Café CAFÉ $
(☎250-837-6886; 212 Mackenzie Ave; Hauptgerichte ab 5 C$; Mo–Sa 7–17 Uhr) Um in dem reizenden, kunstvoll modernen Café einen Hauch von Europa zu genießen, braucht es nur einen *croque monsieur* (Sandwich mit gegrilltem Schinken und Käse) oder eine aufwendig zubereitete Pastete. Viele Gerichte enthalten ausschließlich Bio-Zutaten.

The Cabin BAR $
(☎250-837-2144; 200 E 1st St; 17–24 Uhr) Eine Bowlingbahn, eine Bar, ein Laden für Outdoor-Ausrüstung und eine Kunstgalerie – kurz: ein toller Ort zum Chillen bei Snacks und Bier.

Praktische Informationen

Die zentrale **Touristeninformation** (☎250-837-5345, 800-487-1493; www.seerevelstoke.com; 206 Campbell Ave; Mo–Fr 9–16 Uhr) ist ganzjährig geöffnet. Im Sommer hält man sich aber besser an die größere, saisonal geöffnete **Touristeninformation** (110 Mackenzie Ave; Juni–Aug. 9–21 Uhr, Mai & Sept. 10–18 Uhr), die auch Parkplätze und Internetzugang (1 C$/10 Min.) bietet.

Das regionale Büro von **Parks Canada** (☎250-837-7500; revglacier.reception@pc.gc.ca; 301 3rd St; Mo–Fr 8–16.30 Uhr) hat umfangreiche Infos über die nahe gelegenen Nationalparks Mt. Revelstoke und Glacier.

An- & Weiterreise

Der Busbahnhof von **Greyhound Canada** (☎800-661-8747; www.greyhound.ca; 1899 Fraser Dr) liegt westlich der Stadt am Hwy 1. Hier gibt es Schließfächer. Die Busse fahren ostwärts über Banff nach Calgary (62 C$, 6 Std., 3-mal tgl.) und westwärts über Kamloops oder Kelowna nach Vancouver (95 C$, 10 Std., 3-mal tgl.).

Revelstoke Shuttle (☎888-569-1969; www.revelstokeconnection.com) hat täglich Shuttles ab/nach Kelowna (84 C$, 2½ Std.).

> NICHT VERSÄUMEN
>
> **ZWEI PERFEKTE WANDERWEGE**
>
> Der **Skunk Cabbage Trail**, der 28 km östlich von Revelstoke am Hwy 1 liegt, ist ein leicht zugänglicher, 1,2 km langer Uferweg am Ille-cillewaet River. Wie der Name schon verrät, ist der Plankenweg von Stinktierkohl gesäumt. Weitere 4 km östlich schlängelt sich der **Giant Cedars Boardwalk** über hügelige 500 m um einen Hain aus gewaltigen alten Riesen-Thujas.

Mt. Revelstoke National Park

Der Nationalpark (www.pc.gc.ca/revelstoke) liegt nordöstlich seiner namengebenden

LAWINENWARNUNG

Die Kootenays liegen mitten im Lawinengebiet. Jedes Jahr fordern Lawinen in British Columbia mehr Menschenleben als jeder andere Naturkatastrophe. 2010 forderte eine Lawine während eines Treffens von Extrem-Schneemobilfahrern in der Nähe von Revelstoke drei Tote und mindestens 30 Verletzte – der Tribut der Natur für das Vergnügen im Schnee ist hoch.

Lawinen können jederzeit und selbst in flachen Gegenden losbrechen. Rund die Hälfte der Menschen, die von einer Lawine erwischt werden, überlebt das nicht. Jeder, der sich hinaus auf den Schnee wagt, muss sich vorher unbedingt über die Schneebedingungen informieren. Ist ein Abschnitt gesperrt, auf keinen Fall trotzdem betreten! Unabhängig davon, ob man in abgelegenen Gegenden langlaufen oder nur eine Wanderung in den Bergen machen will, man sollte immer eine Notfunkbake anmieten; die meisten Outdoor-Läden haben die Geräte auf Lager.

Das Canadian Avalanche Centre in Revelstoke wird von der **Canadian Avalanche Association** (CAA; ☎250-837-2435, Infos 24 Std. 800-667-1105; www.avalanche.ca) betrieben. Es untersucht die Lawinen- und Wetterentwicklung und gibt Prognosen für die Kootenays und andere Gebiete heraus.

Stadt und ist – wenn auch nicht gerade groß (nur 260 km²) – wunderschön. Hier gibt es unzählige Gipfel und Täler, von denen viele beinahe unberührt sind.

Vom 2223 m hohen Mt. Revelstoke ist die Aussicht über die Berge und das Tal des Columbia River geradezu atemberaubend. Um hier hoch zu kommen, nimmt man den 26 km langen **Meadows in the Sky Parkway**, der 1,5 km östlich von Revelstoke vom Trans-Canada Hwy (Hwy 1) abzweigt. Diese gepflasterte Straße ist nach dem Tauwetter (normalerweise Juni–Sept.) geöffnet und windet sich durch üppige Zedernwälder und Bergwiesen, bevor sie am Balsam Lake 2 km vom Gipfel entfernt endet. Von hier aus kann man auf den Gipfel marschieren oder den kostenlosen Shuttlebus nehmen, der täglich zwischen 10 und 16 Uhr verkehrt.

Vom Gipfel führen mehrere gute Wanderwege hinab. Zelten kann man nur auf Plätzen im freien Gelände. Zudem benötigt man – neben dem Parkpass – einen Wilderness Pass für 10 C$. Diese Campinggenehmigung erhält man wie auch viele nützlichen Informationen von **Parks Canada in Revelstoke** (S. 702) oder vom **Rogers Pass Centre** (S. 817) im Glacier National Park. Der Eintritt für die beiden Nationalparks Mt. Revelstoke und Glacier, die beide gemeinsam verwaltet werden, beträgt für Erwachsene bzw. Kinder jeweils 8 bzw. 4 C$ pro Tag.

Glacier National Park

Um genau zu sein, müsste der gewaltige, 1350 km² große Park „430 Glaciers National Park“ (www.pc.gc.ca/glacier) heißen. Der jährliche Schneefall kann hier bis zu 23 m betragen! Wegen der steilen Berghänge gehört diese Region zu den Gebieten mit den häufigsten Lawinenabgängen weltweit. Daher sind Skifahren, Höhlenwanderungen und Bergsteigen nur begrenzt möglich. Man muss sich bei den Parkwächtern melden, bevor man sich ins Hinterland wagt. Während der Saison gibt es täglich einen **Lawinenbericht** (☎250-837-6867). Der Eintritt zu diesem Park und zum Mt. Revelstoke National Park (sie werden zusammen verwaltet) beträgt pro Erwachsenem/Kind 8/4 C$ am Tag.

Egal ob mit Auto, Bus, zu Fuß oder per Rad, der Rogers Pass ist wahrscheinlich einer der schönsten Bergpässe, die man je überqueren wird. Man sollte unbedingt am **Hemlock Grove Trail** 54 km westlich von Revelstoke eine Pause einlegen: Ein 400 m langer Pfad schlängelt sich durch einen alten Regenwald mit Hemlocktannen.

Im informativen **Rogers Pass Centre** (☎250-814-5233; ⏲Mitte Juni–Aug. 8–20 Uhr, ansonsten 7–17 Uhr) 72 km östlich von Revelstoke sollte man sich die CPR Dioramen anschauen. Das Zentrum zeigt auch Filme über den Park und organisiert im Sommer geführte Wanderungen. Obendrein betreiben die **Friends of Mt. Revelstoke & Glacier National Parks** (www.friendsrevglacier.com) hier einen ausgezeichneten Buchladen.

Gegenüber vom Zentrum gibt's in der **Glacier Park Lodge** (☎250-837-2126, 888-567-4477; www.glacierparklodge.ca; Zi. 100–140 C$; ❄📶🏊) 50 Zimmer und ein Café. Ebenfalls nützlich: die Tankstelle und der Waschsalon.

STRASSENVERHÄLTNISSE IM WINTER

Aktuelle Infos zu den Straßenbedingungen des Trans-Canada Hwy (Hwy 1) und überall in der Provinz erhält man bei **DriveBC** (☎800-550-4997; www.drivebc.ca). Dies ist vor allem im Winter unerlässlich, wenn aufgrund von Stürmen die Straßen auf unbegrenzte Zeit gesperrt sein können.

Nicht weit von hier befinden sich die zwei Campingplätze des Nationalparks: **Illecillewaet** und **Loop Brook** (22 C$/Stellplatz; ⌚Juli–Sept.). Beide haben fließendes Wasser und Toiletten mit Wasserspülung.

Golden

3900 EW.

Golden liegt günstig für Ausflüge in diverse Nationalparks – im näheren Umkreis sind es sechs – und für eine Menge Spaß wie Wildwasserrafting (hier mündet der Kicking Horse River in den Columbia River). Auf dem Hwy 1 nicht zu schnell an dem Streifen mit hässlichen Geschäften vorbeifahren, sonst verpasst man das nette kleine Ortszentrum unten am donnernden Fluss.

Wer von Golden auf dem Hwy 1 nach Osten weiterfahren will, wird Pech haben: Die Straße wird komplett neu errichtet, was noch ein paar Jahre dauern wird (s. www.kickinghorsecanyon.ca).

Aktivitäten

Golden ist das Zentrum für rauschende **Raftings** auf dem turbulenten, eisigen Kicking Horse River. Die kraftvollen Stromschnellen der Kategorie III und IV und die atemberaubende Erscheinung der steilen Hänge im Kicking Horse Valley machen das Raften hier zu einer der aufregendsten Erfahrungen Nordamerikas. Ein ganztägiger Trip auf dem Fluss kostet rund 105 C$, ein halbtägiger 65 C$. Einer der hiesigen Veranstalter ist **Alpine Rafting** (☎250-344-6778, 888-599-5299; www.alpinerafting.com).

Von den 106 Skipisten im **Kicking Horse Mountain Resort** (☎250-439-5400, 866-754-5425; www.kickinghorseresort.com; Lift-Tageskarte Erw./Kind ab 74/35 C$) sind mehr als 60% nur für erfahrene Cracks und Profiskifahrer geeignet. Mit einem Höhenunterschied von bis zu 1260 m und der schneereichen Lage zwischen den Rocky Mountains und den Purcells gewinnt das Resort von Jahr zu Jahr mehr Popularität. Das Resort liegt am Kicking Horse Trail, 14 km von Golden entfernt.

Schlafen & Essen

Am Hwy 1 gibt es eine Menge Kettenmotels. Infos zu B&Bs erhält man bei der Handelskammer. Das Zentrum ist gut zu Fuß zu erkunden; dort findet man an der 9th Ave N Cafés, Bäckereien und Geschäfte. Der **Bauernmarkt** (⌚Juli & Aug. Mi 14–19 Uhr) ist direkt neben der Handelskammer.

Chancellor Peak Chalets INN **$$$**
(☎800-644-8888, 250-344-7038; www.chancellorpeakchalets.com; 2924 Kicking Horse Rd; Hütte 195–265 C$) „Was für eine Entdeckung!" Da sind sich alle einig, die in dem Refugium am Fluss abgestiegen sind. Die 18 Blockhütten für bis zu sechs Personen haben zwei Stockwerke, riesige Badewannen, voll ausgestattete Küchen und rundherum freie Natur. Die Hütten befinden sich 25 km östlich von Golden, abseits des Hwy 1.

Mary's Motel MOTEL **$$**
(☎250-344-7111, 866-234-6279; www.marysmotel.com; 603 8th Ave N; Zi. 80–140 C$; ❄📶🏊) Im Ort, direkt am tosenden Fluss, bietet das Mary's 81 auf mehrere Gebäude verteilte Zimmer. Am besten nimmt man eines mit Terrasse. In der Nähe gibt es noch andere Motels.

Sander Lake Campground CAMPING **$**
(☎250-344-6517; www.rockies.net/~bsander; Stellplatz 15–18 C$) Der idyllische Campingplatz 12 km südwestlich von Golden liegt abseits des Hwy 95 in hügeliger Landschaft. Es gibt hier 27 Stellplätze im Schatten der Bäume und drei Blockhütten (80 C$).

Kicking Horse Grill KANADISCH **$$**
(☎250-344-2330; www.thekickinghorsegrill.ca; 1105 9th St S; Hauptgerichte 20–30 C$; ⌚17–21 Uhr) Die kreativen Gerichte des in einer Blockhütte untergebrachten Lokals variieren je nach Saison, das ausgezeichnete Steak und die Forelle stehen aber immer auf der Karte. Am besten sind die Tische draußen unter dem großen Baum.

Praktische Informationen

Seltsamerweise ignoriert die glänzende **Touristeninformation** (☎250-344-7711; ⌚9–18 Uhr) am Hwy 1, rund 1 km östlich der Abzweigung zum

Hwy 95 nach Golden gelegen, leider größtenteils die Region in unmittelbarer Umgebung. Infos über die Gegend erhält man daher am besten bei der **Golden Chamber of Commerce** (☎250-344-7125, 800-622-4653; www.goldenchamber.bc.ca; 500 10th Ave N; ⏲Juni–Aug. Mo–Sa 10–18 Uhr, Sept.–Mai Mo–Fr 10–16 Uhr).

An- & Weiterreise

Greyhound Canada (☎800-661-8747; www.greyhound.ca; Husky Travel Centre, 1050 Trans-Canada Hwy) fährt nach Vancouver (124 C$, 11–13 Std., 3-mal tgl.) und Calgary (48 C$, 4 Std., 3-mal tgl.) über Banff.

Yoho National Park

Von den Gletschern gespeist, gräbt sich der eisblaue Kicking Horse River durch das gleichnamige Tal. Das wogende Wasser ist ein passendes Bild für diesen dramatischen **Nationalpark** (☎250-343-6783; www.pc.gc.ca/yoho; Erw./Kind 10/5 C$) mit hohen Gipfeln, hinabstürzenden Wasserfällen, Gletscherseen und hübschen Wiesen.

Der kleinste (1310 km²) der vier Nationalparks in den Rocky Mountains ist ein echter, wenn auch ungeschliffener Diamant. Hier herrscht noch echte Wildnis, ist doch der Nationalpark einer der letzten noch unberührten auf dem nordamerikanischen Kontinent.

Östlich von Field am Hwy 1 findet man die Straße zu den **Takakkaw Falls** (⏲Ende Juni–Anf. Okt.). Mit 254 m gehören diese zu den höchsten Wasserfällen in Kanada. Von hier führt der 20 km lange Rundweg **Iceline** an vielen Gletschern vorbei durch eine spektakuläre Landschaft.

Die Welterbestätte schützt die unglaublichen **Fossillagerstätten** aus dem Kambrium auf dem Mt. Stephen und dem Mt. Field. In den 515 Mio. Jahre alten Versteinerungen sind die Überreste von Meerestieren eingeschlossen, die zu den frühesten Lebensformen auf der Erde zählen. Zu den Fossillagerstätten gelangt man nur im Rahmen einer Wanderung unter der Führung von Naturwissenschaftlern der **Yoho Shale Geoscience Foundation** (☎800-343-3006; www.burgess-shale.bc.ca; Tour ab 75 C$). Reservierung erforderlich.

Vom Südtor des Parks erreicht man über einen 2,4 km langen Wanderweg die hübschen **Wapta Falls**. Die einfache Wanderung dauert hin und zurück 90 Minuten.

Die drei Campingplätze im Nationalpark Yoho sind zwischen Oktober und April geschlossen. Nur auf dem **Kicking Horse Campground** (Stellplatz 28 C$) gibt es Duschen, weshalb die 88 Stellplätze hier die begehrtesten sind. Der ruhigere **Monarch Campground** (Stellplatz 18 C$) mit seinen 44 einfachen Stellplätzen liegt in der Nähe, direkt an der Abzweigung zur Yoho Valley Rd. Zum reizenden **Takakkaw Falls Campground** (Stellplatz 18 C$) fährt man 13 km über die Schotterstraße Yoho Valley Rd. Am Ende muss man 200 m bis zu den 35 Zeltstellplätzen laufen.

Der isolierte **HI-Yoho National Park** (Whiskey Jack Hostel; ☎403-670-7580, 866-762-4122; www.hihostels.ca; B 26–28 C$; ⏲Juli–Sept.) hat 27 Betten in Schlafsälen. Die Herberge liegt 13 km abseits des Hwy 1 an der Yoho Valley Rd, gleich vor dem Takakkaw Falls Campground und in der Nähe des Wasserfalls.

LAKE O'HARA

Der **Lake O'Hara** liegt hoch in den Bergen, eingebettet in den Rocky Mountains, östlich von Field. Er lohnt aber allemal die beachtlichen Mühen, die es erfordert, zu ihm vorzustoßen. Kompakte, bewaldete Hänge, Bergwiesen, schneebedeckte Pässe, Gletscher und eine herrliche Aussicht auf die Berge umgeben diesen überwältigenden See. Ein einfacher Tagesausflug ist zwar auch schon ein herrliches Erlebnis, doch

NICHT VERSÄUMEN

NORTHERN LIGHTS WOLF CENTRE

Das mitten in der Wildnis gelegene **Northern Lights Wolf Centre** (☎250-344-6798; www.northernlightswildlife.com; Erw./Kind 10/6 C$; ⏲10–18 Uhr) ist ein Refugium für Wölfe, die in Gefangenschaft geboren wurden. Besucher können auf einen oder zwei der hier lebenden Wölfe treffen und mehr über ihre komplexen, menschenähnlichen Familienstrukturen erfahren. Das Ziel des Zentrums ist es, den Menschen die Wölfe näherzubringen. Immer noch werden Wölfe mit der Behauptung, das Vieh oder sogar bedrohte Tierarten zu schützen, bis zur Ausrottung gejagt. Das Zentrum liegt gleich westlich von Golden, 5 km abseits des Trans-Canada. Der Ausschilderung folgen oder anrufen.

wer über Nacht im Hinterland bleibt, kann noch viel mehr Wanderwege entdecken: einige davon ziemlich schwierig, alle aber äußerst spektakulär. Der **Alpine Circuit** (12 km) bietet von allem etwas.

Um zum See zu gelangen, kann man den **Shuttlebus** (Erw./Kind 15/7,50 C$; ⌚Mitte Juni–Anfang Okt.) vom Lake-O'Hara-Parkplatz, 15 km östlich von Field am Hwy 1 gelegen, nehmen. Ein Quotensystem reguliert den Buszugang zum See und beschränkt die Genehmigungen für die 30 Zeltplätze in dieser Gegend. Der 11 km lange Weg kann kostenlos genutzt werden, Fahrräder sind allerdings nicht erlaubt. Das Gebiet um den Lake O'Hara herum ist normalerweise bis Mitte Juli schneebedeckt oder ein sehr matschiges Terrain.

Für die **Busfahrt** (☎250-343-6433) oder fürs **Campen** (Erlaubnis zum Wildzelten 10 C$/Erw.) muss man bis zu drei Monate im Voraus reservieren. Wegen der Beliebtheit des Lake O'Hara sind Reservierungen grundsätzlich zwingend erforderlich (es sei denn, man will laufen). Ohne Reservierung kann man auf gut Glück vorbeikommen, da sechs Tageskarten für den Bus und drei bis fünf Stellplätze fürs Campen für kurzentschlossene Besucher zurückgelegt werden. Allerdings sollte man selbst dann am Vortag, am besten gleich um 8 Uhr, unter ☎250-343-6433 anrufen.

Lake O'Hara Lodge (☎250-343-6418; www.lakeohara.com; für die Nacht 280 C$/Pers., mind. 2 Nächte). Gäste kommen hier schon seit über 80 Jahren aus dem Staunen nicht mehr heraus. Die auf rustikale Weise luxuriöse Lodge ist die einzige Möglichkeit, am See ohne Zelt zu übernachten. Ihre umweltfreundlichen Praktiken werden viel gepriesen.

FIELD

Auf keinen Fall an Field vorbeifahren, ohne anzuhalten! Der historische Eisenbahnort gleich abseits des Hwy 1 bietet einen dramatischen Blick auf den Fluss und ist ein idyllischer, wenn auch schlichter Ort. Viele der Gebäude stammen noch aus der Pionierzeit der Eisenbahn. Anfangs war Field das Hauptquartier der Canadian Pacific Railway für Erkundungen, später dann für strategische Planung: Ingenieure suchten einen Weg, wie sie Züge über den Kicking Horse Pass bekommen sollten. Das Ergebnis kann man 8 km östlich von Field von einem Aussichtspunkt am Hwy 1 in Augenschein nehmen.

Field hat mehr als 20 B&Bs. Das **Fireweed Hostel** (☎250-343-6999, 877-343-6999; www.fireweedhostel.com; 313 Stephen Ave; B 30–40 C$, Zi. 80–160 C$; @📶) bietet vier makellose Zimmer.

LP TIPP **Truffle Pigs Bistro and Kicking Horse Lodge** (☎250-343-6303; www.trufflepigs.com; 100 Centre St; Zi. 100–200 C$, Hauptgerichte 8–25 C$; 📶) ist ein legendäres Café, das einfallsreiche, ambitionierte Bistrospeisen serviert. Diese werden mit Zutaten zubereitet, die aus der Gegend und normalerweise auch aus biologischem Anbau stammen. Die Unterkunft auf der anderen Straßenseite hat 14 Zimmer mit ähnlich kessem Stil wie das Bistro.

Die Busse von Greyhound Canada halten am Parkinfocenter am Hwy 1 und fahren dann weiter Richtung Westen nach Golden (20 C$, 1½ Std., 3-mal tgl.) und darüberhinaus bzw. Richtung Osten nach Banff (25 C$, 1½ Std., 3-mal tgl.).

ℹ Praktische Informationen

Im **Yoho National Park Information Centre** (☎250-343-6783; abseits des Hwy 1, Field; ⌚Sept.–April 9–16 Uhr, Mai & Juni 9–17 Uhr, Juli & Aug. 9–19 Uhr) bekommt man den kostenlosen *Backcountry Guide* mit einer Karte und Wegbeschreibungen, die einen guten Überblick verschaffen. Die Parkwächter geben Travellern gerne Hinweise zu Reiserouten und aktuelle Lageberichte. Im Sommer betreibt Alberta Tourism hier einen Schalter.

Mt. Assiniboine Provincial Park

Zwischen den Nationalparks Kootenay und Banff liegt dieser weniger bekannte, kleinere (39 km²) Provinzpark (www.bcparks.ca), der zur Unesco-Welterbestätte der Rocky Mountains gehört. Der spitze Mt. Assiniboine (3618 m) – oft auch Kanadas Matterhorn genannt – und seine Nachbarn sind inzwischen ein Magnet für erfahrene Kletterer und Bergsteiger. Und die Wanderer schwärmen von den hiesigen Wiesen und Gletschern.

Im Mittelpunkt des Parks steht der kristallklare **Lake Magog**, der vom Banff National Park über einen 27 km langen Wanderweg zu erreichen ist. Am See findet man die privat betriebene **Mt. Assiniboine Lodge** (☎403-678-2883; www.canadianrockies.net/assiniboine; Zi. ab 260 C$/Pers.), einen **Campingplatz** (Stellplatz 10 C$) und ein paar

Hütten (20 C$/Pers.), die man über die Lodge reserviert. Der Flug mit dem Hubschrauber kostet hin und zurück jeweils 130 bis 160 C$.

Kootenay National Park

Das Areal des Kootenay National Park (☎250-347-9505; www.pc.gc.ca/kootenay; Erw./Kind 10/5 C$) gleicht aus der Luft betrachtet einem Blitz. Das Herz des 1406 km² großen Park ist ein langes, breites, mit Bäumen bedecktes Tal, das im Schatten der kalten, grauen Berge liegt. Er gehört zu einer gemäßigteren Klimazone als die anderen Nationalparks in den Rocky Mountains. Vor allem in den südlichen Regionen können die Sommer heiß und trocken sein (es kommt daher häufiger zu Waldbränden). Und so ist Kootenay der einzige Nationalpark in Kanada, in dem es sowohl Gletscher als auch Kakteen gibt. Von British Columbia kann man eine schöne Rundfahrt durch die Nationalparks Kootenay und Yoho machen. Infos zur zentralen Touristeninformation des Parks gibt's auf S. 820.

Der kurze, informative Fireweed Trail macht eine Runde durch den umliegenden Wald am Nordende des Hwy 93. Auf den Infotafeln kann man nachlesen, wie sich die Natur von dem Waldbrand von 1968 wieder erholt hat. Noch 7 km weiter gibt's im Marble Canyon einen plätschernden Bach, der durch den langsam wieder aufkeimenden Wald fließt. Weitere 3 km südlich führt von der Hauptstraße ein kurzer, leichter Weg durch den Wald zu ockerfarbenen Becken namens Paint Pots. Die Tafeln erklären die Bergbaugeschichte dieser rostigen Erde und deren einstige Bedeutung für die Ureinwohner.

Am Kootenay Valley Viewpoint konkurrieren die Infotafeln mit der herrlichen Aussicht. Sie erläutern, wie sich das Aussehen des Parks mit der Zeit verändert hat. Nur 3 km südlich davon befindet sich der Olive Lake, der wie geschaffen ist für ein Picknick oder eine kleine Pause. Ein Informationspfad am See verweist auf einige der Besucher, die vorher hier gewesen sind.

Radium Hot Springs

Radium Hot Springs liegt direkt jenseits der südwestlichen Grenze des Kootenay National Park und ist ein zentraler Ausgangspunkt für Ausflüge in die Nationalparks der Rocky Mountains. Das mit Parkwächtern von Parks Canada besetzte Kootenay National Park & Radium Hot Springs Visitor Center (☎250-347-9331, 800-347-9704; www.radiumhotsprings.com; 7556 Main St E/Hwy 93/95; ⏲Mai–Sept. 9–19 Uhr, Okt.–April 9–17 Uhr) hat einen Internetzugang und eine ausgezeichnete Ausstellung über den Park.

Rund um Radium ist eine große Herde von **Dickhornschafen** zu Hause, die oft durch den Ort ziehen. Die größte Attraktion sind allerdings die Thermalquellen (☎250-347-9485; Erw./Kind 7/6 C$; ⏲Mitte Mai–Anf. Okt. 9–23 Uhr, übriges Jahr 12–21 Uhr) 3 km nördlich vom Ort. Die Thermalbecken sind recht modern und im Sommer ein sehr beliebtes Ziel. Das Wasser kommt mit einer Temperatur von 44°C aus dem Boden, fließt mit 39°C ins erste Becken und hat sich beim letzten Becken bis auf 29°C abgekühlt.

In Radium gibt's Unterkünfte in Hülle und Fülle; bei der letzten Zählung waren es um die 30 Motels. Sehr zu empfehlen ist die Misty River Lodge B&B (☎250-347-9912; www.mistyriverlodge.bc.ca; 5036 Hwy 93; Zi. 60–100 C$) direkt vor dem Parkeingang. Das B&B hat fünf Zimmer; die Besitzer sind begeisterte Parkgänger und teilen ihr Wissen gerne mit den Gästen. Auch Radfahrer sind willkommen.

Von Radium Hot Springs nach Fernie

Südlich von Radium Hot Springs folgt der Hwy 93/95 dem weiten Flusstal des Columbia River zwischen den Purcell Mountains und den Rocky Mountains. Wenn man sich nicht gerade für die Industrie in der Gegend (den Bau von Skiresorts), für ihre Landwirtschaft (Golfplätze) oder für ihre Fauna (Käufer von Eigenheimen) interessiert, ist das Ganze nicht sonderlich spektakulär.

Bei Skookumchuk, 90 km südlich von Radium Hot Springs, führt eine Schotterpiste ostwärts zum Top of the World Provincial Park (☎250-422-4200; www.bcparks.ca), in dem Wanderwege, rustikale Zeltplätze (5 C$) und Hütten (15–30 C$) Naturbegeisterte bei Laune halten. Das Highlight ist die 6 km lange Wander- oder Radtour vom Ende der Straße zum schlicht benannten **Fish Lake**, in dem es – Nomen est Omen – von Fischen wimmelt.

Südlich von Skookumchuk gabelt sich die Straße. Fährt man nach links, gelangt man nach 31 km zum Hwy 3, der nach Fernie führt. Fährt man links auf den Hwy 95A, gelangt man zur **Fort Steele Heritage Town** (☎250-426-7342; www.fortsteele.ca; Erw./Kind Sommer 15/5 C$, übriges Jahr weniger; ⊙Juli & Aug. 9.30–18.30 Uhr, April–Juni, Sept. & Okt. 9.30–17 Uhr, Nov.–März 10–16 Uhr), einem nachgebauten Ort aus den 1880er-Jahren, der durch seine übersichtliche Größe weniger irritierend als viele andere ähnliche Orte ist.

Von hier sind es über den Hwy 93 und den Hwy 3 bis nach Fernie 95 km.

Fernie

4700 EW.

Das von allen vier Seiten von Bergen eingerahmte Fernie – im Westen erhebt sich die steile Lizard Range – ist der Inbegriff von Coolness. Einst drehte sich hier alles nur um Holz und Kohle. Inzwischen aber hat sich Fernie dank seiner sensationellen Lage auf grandiose Weise neu erfunden. Skifahrer lieben den Pulverschnee, von dem jedes Jahr bis zu 8 m auf die Pisten herabschneien – Fernie hat wahrhaftig ein verführerisches Antlitz. Im Sommer lockt die gleiche dramatische Lage zahllose Wanderer und Mountainbiker an.

Auch wenn spaßsuchende Traveller Fernie inzwischen für sich entdeckt haben, hat sich der Ort seine bodenständige Atmosphäre erhalten. Das spürt man am besten in den Cafés, Bars, Shops und Galerien an der Victoria/2nd Ave im historischen Zentrum, drei Blocks südlich vom Hwy 3/7th Ave. In Fernie wurde 2010 die Komödie *Hot Tub – Der Whirlpool ist 'ne verdammte Zeitmaschine* mit John Cusack und Chevy Chase in den Hauptrollen gedreht.

Sehenswertes

In Fernie wütete 1908 ein verheerendes Feuer (nur eine von vielen Katastrophen). Es wurde daher ein Gesetz erlassen, dass Häuser nur aus Ziegeln und Steinen gebaut werden dürfen – dies ist der Grund für die zahlreichen schönen **Gebäude aus dem frühen 20. Jh.**, die es hier zu sehen gibt. Viele von ihnen bestehen aus den für die Gegend typischen gelben Backsteinen, was dem Ort ein in den East Kootenays einzigartiges Erscheinungsbild verleiht. Wer sie bei einem Spaziergang in aller Ruhe besichtigen will, sollte sich unbedingt die vom **Fernie Museum** (☎250-423-7016; 491 2nd Ave; Eintritt gegen Spende; ⊙10–17.30 Uhr) herausgegebene tolle Broschüre *Heritage Walking Tour* (5 C$) besorgen.

Die im alten CPR-Bahnhof untergebrachte **Arts Station** (☎250-423-4842; 601 1st Ave; ⊙variiert) hat eine kleine Bühne, Galerien und Ateliers für viele lokale Künstler.

Aktivitäten

Im Herbst richten sich langsam alle Augen auf die Berge – nicht nur, weil sie so schön sind, sondern weil es dann jeden Moment schneien könnte. Nur eine fünfminütige Fahrt vom Zentrum Fernies entfernt liegt das schnell wachsende **Fernie Alpine Resort** (☎250-423-4655, 877-333-2339, Schneebericht 250-423-3555; www.skifernie.com; Tageskarte Erw./Kind 75/25 C$) mit 114 Skipisten, fünf Bowls und fast endlos viel Pulverschnee. Von den meisten Hotels fahren täglich Shuttlebusse hierher.

Mountainbiken ist rund um Fernie fast genauso angesagt wie Skifahren. Radfahrer können aus einem breiten Streckenangebot wählen – von einfachen Touren im **Mt. Fernie Provincial Park** (www.bcparks.ca), der nur 3 km vom Ort entfernt ist, bis hin zu legendären Wegen, die man an den Bergen des Skigebiets rauf- und runterfahren kann (die Lifts sind auch im Sommer in Betrieb). Viele kommen nur her, um den legendären **Al Matador** in Angriff zu nehmen, bei dem ein Höhenunterschied von über 900 m downhill zu bewältigen ist, bevor die Strecke am grandiosen Three Kings Trail endet. Am besten schnappt man sich ein Exemplar der überall erhältlichen *Fernie Mountain Bike Map* und wirft auch einen Blick auf die Website von **Crank Fernie** (www.crankfernie.com). **Ski & Bike Base** (☎250-423-6464; www.skibase.com; 432 2nd Ave) ist einer von vielen exzellenten Ausrüstungsverleihern an der 2nd Ave. Mountainbikes gibt's ab 30 C$ pro Tag.

Der Elk River ist wie geschaffen zum Wildwasserrafting – es warten drei Stromschnellen der Kategorie IV und elf weitere der Kategorie III. Er fließt durch eine wunderschöne Landschaft, in der sich auch viele Tiere blicken lassen. Mehrere Veranstalter wie **Mountain High River Adventures** (☎250-423-5008, 877-423-4555; www.raftfernie.com) organisieren Tagestrips für rund 120 C$ und halbtägige Trips für 60 C$.

Im Umkreis von Fernie gibt's wundervolle Wanderwege. Der ausgezeichnete wie anspruchsvolle **Three Sisters Hike** (20 km) windet sich durch Wälder und mit Wildblumen bedeckte Wiesen, vorbei an Kalksteinfelsen und Geröllhängen. Infos erhält man in der Touristeninformation.

Schlafen

Wie in jedem großen Skiort ist die Hauptsaison in Fernie der Winter. Am meisten Spaß hat man, wenn man im Zentrum absteigt. Ansonsten kann man über **Fernie Central Reservations** (800-622-5007; www.ferniecentralreservations.com) ein Zimmer im Skiresort buchen.

HI Raging Elk Hostel HOSTEL $
(250-423-6811; www.ragingelk.com; 892 6th Ave; B/Zi. ab 26/60 C$; @) Die breiten Terrassen gewähren eine weite, inspirierende Aussicht auf die Berge. Das gut geführte, zentral gelegene Hostel hat auch jede Menge Tipps für Leute auf Lager, die nicht nur Zeit auf den Skipisten oder Trails verbringen wollen, sondern nebenbei auch noch Saisonarbeit suchen. Die Kneipe ist der Hammer!

Mt. Fernie Provincial Park CAMPING $
(800-689-9025; www.discovercamping.ca; Stellplatz 21 C$) Nur 3 km vom Ort entfernt. Der Campingplatz hat 40 Stellplätze, Spültoiletten, Wasserfälle und Zugang zu Mountainbike-Strecken.

Park Place Lodge HOTEL $
(250-423-6871, 888-381-7275; www.parkplacelodge.com; 742 Hwy 3; Zi. 90–200 C$; @) Die hübscheste Unterkunft in der Nähe des Zentrums ist dieses Hotel mit 64 komfortablen Zimmern, schneller Internetverbindung, Kühlschränken, Mikrowellen und einem Pool im Gebäude. Manche Zimmer haben auch Balkone und eine schöne Aussicht.

Red Tree Lodge MOTEL $$
(250-423-4622, 800-977-2977; www.redtreelodge.com; 1101 7th Ave; Zi. 80–150 C$;) Unscheinbar, aber ideal gelegen. In dem zweistöckigen Motel quartiert man sich in renovierten Zimmern (manche mit Balkon) ein, die einen Hauch von Stil verströmen. Es gibt einen Whirlpool, eine voll ausgestattete Gemeinschaftsküche und von fast überall einen schönen Blick auf die Berge.

Essen & Ausgehen

Der Cincott Farms Organic Market
(250-423-5564; 851 7th Ave; 8–20 Uhr) ist wie ein täglich stattfindender Bauernmarkt. In den meisten Kneipen hier gibt's die guten Ales aus der Fernie Brewing Co. Im Arts Station treten manchmal lokale Bands auf.

Blue Toque Diner CAFÉ $
(250-423-4637; 500 Hwy 3; Hauptgerichte 8 C$; 8.30–15.30 Uhr) Das Café gehört zur Arts Station und hat auf seiner Speisekarte viele Spezialitäten aus saisonalem Biogemüse. Hier lässt sich auch hervorragend frühstücken.

Rip 'n' Richards Eatery PIZZA $$
(250-423-3002; 301 Hwy 3; Hauptgerichte 10–15 C$; 11–23 Uhr) Von der Veranda hat man einen tollen Blick auf den Elk River und die Berge rundherum. Aber auch die lange Speisekarte mit guten Burgern, Salaten und Pizza verdient Aufmerksamkeit.

Mug Shots Bistro BÄCKEREI $
(250-423-8018; 591 3rd Ave; Hauptgerichte 5 C$; 8–17 Uhr; @) Hier herrscht immer Hochbetrieb. In der Bäckerei wandern Kaffee, Backwaren und Sandwichs über den Ladentisch. Es gibt einen Internetzugang.

Shoppen

Polar Peek Books BUCHLADEN
(250-423-3736; 592 2nd Ave) Der sehr empfehlenswerte Buchladen hat eine bunte Mischung an Büchern und eine gute Abteilung zur Lokalgeschichte.

Praktische Informationen

Die **Touristeninformation** (250-423-6868; www.ferniechamber.com; 102 Commerce Rd; Sommer 9–18 Uhr, Winter Mo–Fr 9–17 Uhr) befindet sich abseits des Hwy 3 östlich vom Ort, unmittelbar hinter dem Elk-River-Übergang. Das Fernie Museum hat eine gute Ausstellung über die Gegend und ist auch eine gute Infoquelle.

Anreise & Unterwegs vor Ort

Zwischen dem Ort und dem Skiresort fahren Shuttlebusse.

Airport Shuttle Express (www.airportshuttleexpress.com) Verbindet in der Skisaison Fernie mit dem Flughafen von Calgary (Erw./Kind 114/94 C$, 4 Std.).

Greyhound Canada (250-423-6811; HI Raging Elk Hostel, 892 6th Ave) Die Busse fahren westwärts über Cranbrook und Nelson (68 C$, 6 Std., 2-mal tgl.) nach Kelowna (115 C$, 11½ Std., 2-mal tgl.) sowie ostwärts nach Calgary (70 C$, 5½–7 Std., 2-mal tgl.).

The Shuttle (250-423-4023; theshuttlefernie@hotmail.com) Verbindet in der Skisaison Fernie mit dem Flughafen von Calgary (Erw./Kind 120/90 C$, 4½ Std.).

Kimberley

5900 EW.

Als der Bergbau 1973 Kimberley den Rücken zukehrte, wurden Pläne geschmiedet, das kleine Bergdorf (Höhe 1113 m) in ein Touristenziel mit bayerischem Flair zu verwandeln. Der Ortskern wurde zu einer Fußgängerzone mit dem Namen **Platzl** umgemodelt und die Einheimischen ermutigte man, in Lederhosen und Dirndln herumzulaufen. Außerdem tauchten auf vielen Speisekarten Würschtel auf. Heute, über 30 Jahre später, verblasst diese Masche so schleichend wie die Erinnerung an einen Albtraum. Es gibt immer noch einige nachgebaute Fachwerkhäuser, Besucher können ein Schnitzel bestellen und im Sommer werden Tänze für die Busreisenden angeboten – doch im Großen und Ganzen ist Kimberley ein facettenreicher Ort, der es durchaus lohnt, auf dem Hwy 95 zwischen Cranbrook und Radium Hot Springs einen Umweg zu fahren.

Die **Touristeninformation** (☎250-427-3666; www.kimberleychamber.com; 270 Kimberley Ave; ⊙Juni–Aug. tgl. 10–18 Uhr, Sept.–Mai Mo–Sa 10–18 Uhr) befindet sich auf dem großen Parkplatz hinter dem Platzl.

Mit der winzigen **Kimberley's Underground Mining Railway** (☎250- 427-7365; www.kimberleysundergroundmining railway.ca; Gerry Sorensen Way; Erw./Kind 18/7 C$; ⊙Mitte Mai–Mitte Sept. 11–15.30 Uhr) kann man eine 15 km lange Fahrt durch das enge Mark Creek Valley machen und die herrliche Aussicht auf die Berge genießen. Am Ende der Zugstrecke kann man den Sessellift hinauf zum **Kimberley Alpine Resort** (☎250-427-4881, 877-754-5462; www.skikimberley.com; Lift-Tageskarte Erw./Kind 65/18 C$) nehmen. Im Winter verspricht das mehr als 700 ha große Skigebiet mildes Wetter und 80 Pisten.

UHREN-VERGLEICH

Es sorgt immer für Verwirrung, dass die East Kootenays sowie Alberta in der Mountain Time Zone liegen, während das restliche British Columbia zur Pacific Time Zone gehört. Fährt man von Golden auf dem Hwy 1 nach Westen, muss man am Zugang zum Glacier National Park die Uhr umstellen. Fährt man dagegen auf dem Hwy 3 nach Westen, ändert sich die Uhrzeit zwischen Cranbrook und Creston. Die Mountain Time ist der Pacific Time um eine Stunde voraus.

Cranbrook

19 800 EW.

Das größte Zentrum der Region ist das 31 km südöstlich von Kimberley gelegene **Cranbrook**. Auch wenn die Stadt nicht viel mehr als ein staubiger Verkehrsknotenpunkt ist, gibt es einen guten Grund für einen Zwischenstopp hier: das **Canadian Museum of Rail Travel** (☎250-489-3918; www.trainsdeluxe.com; Erw./Kind 16/8 C$; ⊙Sommer 10–18 Uhr, Winter Di–Sa 10–17 Uhr). Das Eisenbahnmuseum zeigt ein paar schöne Beispiele klassischer kanadischer Züge, darunter die Luxusausgabe des *Trans-Canada Limited* von 1929, einem legendären Zug, der zwischen Montréal und Vancouver unterwegs war.

Der mitten durch die Stadt verlaufende Hwy 3/95 ist ein trauriger Anblick: ein grauer, baumloser Streifen voller Motels. Ein wenig südlich davon glänzt jedoch die **Elizabeth Lake Lodge** (☎250-426-6114; www.elizabethlakelodge.com; 590 Van Horn St S/Hwy3/95; Stellplatz/Zi. ab 24/90 C$; ❄@📶) mit ihrer Lage am See, den stilvollen Zimmern und einem Minigolfplatz, dessen Bahnen die Geschichte British Columbias illustrieren und der für viel Spaß sorgt.

Von Cranbrook nach Rossland

Der Hwy 3 windet sich über 300 km von Cranbrook nach Osoyoos am Südende des Okanagan Valley. Auf seinem Weg schmiegt er sich an die Berge an der US-Grenze und führt an acht Grenzübergängen vorbei. Insofern ist die Straße sehr nützlich, selbst wenn die Attraktionen nicht ganz halten, was sie versprechen.

Creston, 123 km westlich von Cranbrook, ist bekannt für seine Plantagen und das von der Columbia Brewing Co. gebraute Kokanee True Ale. Die meisten Produkte werden jedoch ohnehin exportiert – und so sollte man es ebenfalls halten. Von hier führt der Hwy 3A über eine malerische, 80 km lange Strecke nach Norden zur Kootenay Lake Ferry (s. Kasten S. 828), mit der man nach Nelson übersetzen kann. Der Trip mit der Fähre ist ein großer Spaß.

Die **Creston Valley Wildlife Management Area** (☎250-402-6900; www.crestonwildlife.ca; Eintritt frei; ⌚Sonnenaufgang–Sonnenuntergang), 11 km westlich von Creston, bietet einen 1 km langen Plankenweg, von dem aus man hervorragend die vielen Vögel beobachten kann, darunter Kanadareiher.

Ungefähr 85 km westlich von Creston liegt **Salmo**, das man eigentlich nur wegen der dortigen Highway-Kreuzung wahrnimmt: Hwy 6 führt über trostlose 40 km nordwärts nach Nelson. Gen Westen verläuft hingegen der Crowsnest Hwy (Hwy3), der sich nach 10 km teilt. Hwy 3 führt weiter durch **Castlegar**, das nur deshalb interessant ist, weil es den größten Flughafen in der Nähe von Nelson und eine sehr große Zellstofffabrik sein Eigen nennt. Der Hwy 3B führt hinunter durch den reizenden, mit Cafés übersäten kleinen Ort **Fruitvale** und das industrielle **Trail**.

Rossland

3500 EW.

Etwa 10 km westlich von Trail landet man in Rossland in einer scheinbar anderen Welt. Das alte Bergbaudorf hoch oben in den Southern Monashee Mountains (1023 m) ist eines der Topziele Kanadas für passionierte Mountainbiker. Die lange Vergangenheit des Bergbaus hat in den Bergen ihre Spuren hinterlassen: Kreuz und quer verlaufen alte Wege und stillgelegte Bahngleise, die sich heute prima zum Radeln eignen.

Die **Touristeninformation** (☎250-362-7722, 888-448-7444; www.rossland.com; ⌚Mitte Mai–Mitte Sept. 9–17 Uhr) ist im Gebäude des **Rossland Museum** untergebracht; dieses findet sich an der Kreuzung des Hwy 22 (der von der US-Grenze kommt) mit Hwy 3B.

Die meisten Leute kommen zum **Mountainbiken** nach Rossland. Freeriding ist der letzte Schrei: Die Gebirgskämme sind leicht zugänglich und es gibt jede Menge felsige Wege, auf denen man sich hinunterstürzen kann. Der **Seven Summits Trail** ist ein 30,4 km langer einspuriger Track, der am Kamm der Rossland Range entlangführt. Die **Kootenay Columbia Trails Society** (www.kcts.ca) hat tonnenweise Infos, darunter auch Karten, die man sich herunterladen kann.

Das **Red Mountain Ski Resort** (☎250-362-7384, 800-663-0105, Schneebericht 250-362-5500; www.redresort.com; Lift-Tageskarte Erw./Kind 64/32 C$) lockt im Winter Unmengen Skifahrer, im Sommer kaum weniger Radfahrer an. Zum „Red" gehören der 1590 m hohe Red Mountain und der 2040 m hohe Granite Mountain – an den Hängen der beiden Berge erstreckt sich ein insgesamt 485 ha großes anspruchsvolles und mit viel Pulverschnee gesegnetes Skigebiet.

Der Hwy 3B schlängelt sich durch die Ehrfurcht gebietende Berglandschaft und trifft 28 km nordwestlich von Rossland auf den Hwy 3. Die kurvenreiche Straße führt durch immer trockener werdendes Land 170 km westwärts nach Osoyoos.

Nelson

9300 EW.

Nelson ist Grund genug, die Kootenays zu besuchen, und gehört eigentlich zum Pflichtprogramm in der Region. Winzige Backsteinhäuschen kleben am Hügelhang mit Blick auf den westlichen Teil des tiefblauen Kootenay Lake, während das Seeufer von Parks und Stränden gesäumt wird. Die aufkeimende Café-, Kunst- und Nachtszene ist nur ein weiterer Pluspunkt. Doch besonders der Charakter ist es, was Nelson wirklich auszeichnet: eine irre Mischung an Hippies, echten Unikums, kreativen Typen und wilden Individualisten. Sie alle findet man in der Baker St, der fußgängerfreundlichen Hauptstraße, in der sich Schwaden von Patschuli mit dem Duft von frisch geröstetem Kaffee vereinen.

Nelson wurde am Ende des 19. Jhs. als Bergbauort errichtet. 1977 legte man ein jahrzehntelanges Projekt auf, das das Kulturerbe bewahren soll. Die Bilanz: mehr als 350 sorgfältig erhaltene und restaurierte historische Gebäude. Nelson ist ein exzellenter Ausgangsort für alle, die in der Region wandern und Ski oder Kajak fahren wollen.

Sehenswertes

Fast ein Drittel der **historischen Gebäude** Nelsons wurde restauriert und erstrahlt heute wieder in spätviktorianischem Glanz. In der Touristeninformation gibt es die hervorragende Broschüre *Heritage Walking Tour*, die mehr als zwei Dutzend der Gebäude im Zentrum detailliert beschreibt und eine gute Einführung in die viktorianische Architektur gibt. In der Broschüre *Artwalk* sind viele öffentliche Kunstwerke aufgelistet.

Touchstones Nelson (☎250-352-9813; 502 Vernon St; Erw./Kind 10/4 C$; ⌚Juni–Aug. Mo–Mi, Fr & Sa 10–17, Do bis 20, So 12–16 Uhr, Sept.–Mai Mo geschl.) im prächtigen alten Rathaus (1902) von Nelson zeigt fesselnde historische Exponate und Kunstwerke.

Der **Lakeside Park** an der kultverdächtigen Nelson Bridge ist schattige, blumenbedeckte Parkanlage und Strand zugleich. Vom Zentrum aus führt der **Waterfront Pathway** an der Küste entlang (das westliche Ende hinter dem Flughafen liegt abgeschieden am Fluss). Man kann in die eine Richtung zum Park laufen und zurück mit der **Streetcar 23** (Erw./Kind 3/2 C$; ⌚Juni–Mitte Sept. tgl. 11–17 Uhr, Mai & Mitte Sept.–Mitte Okt. Sa & So) fahren. Die 2 km lange Straßenbahnstrecke verläuft vom Lakeside Park bis zum Kai an der Hall St.

Aktivitäten

Kajakfahren

Die natürlichen – soll heißen: nicht eingedämmten – Gewässer des Kootenay Lake sind ein begehrtes Ziel von Kajakfahrern. **ROAM** (☎250-354-2056; www.roamshop.com; 639 Baker St) verkauft Ausrüstungen, gibt Tipps und arbeitet mit der anerkannten **Kootenay Kayak Company** (☎250-505-4549; www.kootenaykayak.com; Verleih ab 40 C$/Tag, Tour ab 80 C$) zusammen. Kajaks bekommt man bei ROAM oder am Lakeside Park.

Wandern

Der zweistündige Aufstieg auf den praktisch im Ort gelegenen **Pulpit Rock** wird mit einer tollen Aussicht auf Nelson und den Kootenay Lake belohnt. Hervorragend wandern lässt es sich auch in den beiden Parks in den nördlich am anderen Seeufer gelegenen Selkirk Mountains. Im **Kokanee Creek Provincial Park** (☎250-825-4212; www.bcparks.ca), 20 km nordöstlich des Hwy 3A, gibt es mehrere Wanderwege, die an der Touristeninformation beginnen. Im **Kokanee Glacier Provincial Park** (☎Wegezustand 250-825-3500; www.bcparks.ca) finden sich insgesamt 85 km der besten Wanderwege in der Region. Die fantastische, 4 km lange Wanderung (2 Std.) zum Kokanee Lake auf dem gut markierten Trail kann man noch bis zur baumlosen, mit Felsbrocken übersäten Fläche rund um den Gletscher ausweiten.

Mountainbiken

Vom Kootenay Lake winden sich Radwege die steilen, herausfordernden Berge hinauf und dann in schwindelerregender Geschwindigkeit wieder hinab. In der Broschüre *Roots Rocks Rhythm* (15 C$) sind 70 Trails detailliert beschrieben; man erhält sie bei **Sacred Ride** (☎250-362-5688; www.sacredride.ca; 213B Baker St; Leihrad 45–55 C$/Tag).

Skifahren & Snowboarden

Das für seinen vielen Pulverschnee bekannte **Whitewater Winter Resort** (☎250-354-4944, 800-666-9420, Schneebericht 250-352-7669; www.skiwhitewater.com; Lift-Tageskarte Erw./Kind 57/35 C$) liegt 12 km südlich von Nelson abseits von Hwy 6. Es besitzt den gleichen kleinstädtischen Charme wie Nelson. Es gibt nur wenige Lifts, wird aber auch von weniger Skifahrern besucht. Diese werden auf insgesamt 46 Pisten mit einem Höhenunterschied von 396 m bei Laune gehalten.

Schlafen

Auf jeden Fall sollte man mitten im Zentrum von Nelson absteigen, damit man die Stadt in vollen Zügen genießen kann. Die Touristeninformation hat Listen mit B&Bs in alten Häusern nahe dem Zentrum.

LP TIPP **Hume Hotel** HOTEL **$$**
(☎250-352-5331, 877-568-0888; www.humehotel.com; 422 Vernon St; Zi. 80–150 C$; @ 📶) Das klassische Hotel von 1898 gewinnt gerade seine alte Pracht zurück. Die 43 Zimmer unterscheiden sich in ihrer Qualität. Von den an schwülen Abenden stickigen Zimmern mit Blick auf die Küche sollte man lieber Abstand nehmen und stattdessen nach einem der riesigen Eckzimmer mit Blick auf die Berge und den See fragen. Im Preis inbegriffen ist das leckere Frühstück. Außerdem gibt es mehrere ansprechende Nachtclubs (s. S. 827).

HI Dancing Bear Inn HOSTEL **$**
(☎250-352-7573, 877-352-7573; www.dancingbearinn.com; 171 Baker St; B 22–26 C$, Zi. 50–60 C$; 🚭 @ 📶) Die brillanten Betreiber haben jede Menge praktische Tipps auf Lager und machen ihren Gästen den Aufenthalt in den 14 Gemeinschafts- und privaten Zimmern (alle mit Gemeinschaftsbad) so angenehm wie möglich. Es gibt auch eine gute Küche und eine Bibliothek.

Cloudside Inn INN **$$**
(☎250-352-3226, 800-596-2337; www.cloudside.ca; 408 Victoria St; Zi. 100–160 C$; ❄ @ 📶) In der alten Villa mit sechs nach Bäumen

benannten Zimmern schwelgt man wie ein Silberbaron in purem Luxus. Der hübsche Patio blickt auf den in Terrassen angelegten Garten.

Victoria Falls Guest House INN $$
(☎250-352-2297; www.victoriafallsguesthouse.com; Ecke Victoria St & Falls St; Zi. 110–130 C$; 📶) Das festlich gelb renovierte viktorianische Haus hat eine breite, um das ganze Gebäude gehende Veranda. Die vier Zimmer sind mit Sitzbereichen und Kochmöglichkeiten ausgestattet. Die Einrichtung reicht von gemütlich altmodisch bis zu familienfreundlichen Etagenbetten.

Mountain Hound Inn PENSION $$
(☎250-352-6490, 866-452-6490; www.mountainhound.com; 621 Baker St; Zi. 80–110 C$; ❄ @) Die 19 Zimmer sind klein, aber bieten – passend zu den Betonwänden – ein industrielles Design. Außerdem sind die Zimmer mit einer flotten Internetverbindung ausgestattet.

White House Backpacker Lodge HOSTEL $
(☎250-352-0505; www.white-house.ca; 816 Vernon St; B 25 C$, Zi. ab 50–60 C$; @📶) In dem komfortablen Traditionshaus kann man auf der großen Veranda mit Blick auf den See richtig gut relaxen. Zum Frühstück bekommt man leckere Pfannkuchen.

City Tourist Park CAMPING $
(☎250-352-7618; campnels@telus.net; 90 High St; Stellplatz ab 20 C$; ⌚Mai–Okt.) Der kleine Campingplatz mit 40 schattigen Stellplätzen liegt nur fünf Gehminuten von der Baker St entfernt.

Essen

Einfach die Baker St entlangschlendern, wo man einen bunten Mix an Lokalen findet.

In Nelson gibt es zwei **Bauernmärkte**: einen im **Zentrum** (Ecke Josephine St & Baker St; ⌚Juli–Sept. Mi 9.30–15 Uhr), den anderen im **Cottonwood Falls Park** (⌚Mai–Okt. Sa 8–14 Uhr). Letzterer liegt direkt neben einem Wasserfall und ist der größte Bauernmarkt in der Region.

LP TIPP **All Seasons Café** FUSION $$
(☎250-352-0101; www.allseasonscafe.com; 620 Herridge Lane; Hauptgerichte 15–30 C$; ⌚Mo–Sa 17–22 Uhr) Auf der Terrasse unter dem riesigen Ahornbaum mit Blinklichtern zu sitzen, ist ein Highlight in Nelson (im Winter sorgen Kerzen für die romantische Atmosphäre). Die bunt gemischte Speisekarte ist saisonal ausgerichtet. Auch die Weinkarte kann sich sehen lassen.

Bibo FUSION $$
(☎250-352-2744; 518 Hall St; Hauptgerichte 10–25 C$; ⌚12–23 Uhr) Das Bibo hat drinnen unverputzte Backsteinwände und draußen eine Terrasse am Berghang mit Blick hinunter auf den See. Die kleinen Speisen würdigen ausschließlich lokale Produkte. Man kann sich sogar seine eigene Käse- und Wurstplatte zusammenbasteln. Es gibt nur wenige Hauptspeisen, darunter aber Steaks und Meeresfrüchte.

Dominion Café BÄCKEREI $
(☎250-352-1904; 334 Baker St; Hauptgerichte 5 C$) Die Bäckerei mit Café ist ein kleines Juwel. Die Stühle sind so wacklig wie das altmodische Dekor. Das setzt sich auch im Speiseraum fort, der so klein ist wie die Speisekarte. Aber das Essen ist durchweg ausgezeichnet, z. B. das biologische, veganische Bumbleberry Square (Kuchen mit vier Obstsorten).

Oso Negro CAFÉ $
(☎250-532-7761; 604 Ward St; Kaffee ab 2 C$; ⌚7–17 Uhr; @) Das bei Einheimischen beliebte Eckcafé röstet seinen Kaffee selbst. Draußen im Garten stehen Tische inmitten von Statuen und blubbernden Wasserspielen.

Busaba Thai Café THAILÄNDISCH $$
(☎250-352-2185; 524 Victoria St; Hauptgerichte 10–20 C$; ⌚11–22 Uhr) Der thailändische Eiskaffee hier ist genau das Richtige für einen heißen Tag. Das mit viel Liebe zum Detail eingerichtete Innere hat die üppige Eleganz eines Bangkoker Souvenirladens, wo man tatsächlich etwas kaufen würde. Das authentische Essen genießt man am besten auf der Terrasse unter den Sternen.

Ausgehen

Auf jeden Fall sollte man nach den Bio-Ales der Nelson Brewing Co. Ausschau halten.

Library Lounge BAR
(☎250-352-5331; Hume Hotel, 422 Vernon St; ⌚11 Uhr–open end) Die raffinierte Bar in dem klassischen Hotel (S. 826) stellt auf dem Bürgersteig ein paar gute Tische auf, von denen aus man die flanierenden Leute beobachten kann. An den meisten Abenden spielen Jazzbands. Der Nachtclub Spiritbar unten gibt sich etwas großstädtischer.

The Royal PUB
(☎250 352-1269; 330 Baker St; ⌚11–2 Uhr) Beliebte Bar direkt an der Baker St. Unter den hohen Decken kann man den Bands lauschen oder geht nach hinten auf die Terrasse.

DIE FÄHREN IN DER REGION

Die lang gezogenen Seen in der Region – der Kootenay Lake sowie der Upper und der Lower Arrow Lake – drängen sich regelrecht für einen malerischen Ausflug mit der Fähre auf. Alle **Fähren** (www.th.gov.bc.ca/marine/ferry_schedules.htm) sind kostenlos. Im Sommer muss man an geschäftigen Wochenenden mit langen Warteschlangen rechnen.

Die **Kootenay Lake Ferry** (☎250-229-4215) verkehrt zwischen Balfour am westlichen Arm des Kootenay Lake (34 km nordöstlich von Nelson) und Kootenay Bay; von hier aus kann man dann dem Hwy 3A durch eine hübsche Landschaft 80 km südwärts nach Creston folgen. Die Überfahrt dauert 35 Minuten. Im Sommer legt die Fähre in Balfour zwischen 6.30 und 21.40 Uhr alle 50 Minuten ab, zwischen 7.10 und 22.20 Uhr in Kootenay Bay.

Die **Needles Ferry** (☎250-837-8418) überquert alle halbe Stunde den Lower Arrow Lake zwischen Fauquier (57 km südlich von Nakusp) und Needles (135 km östlich von Vernon) am Hwy 6. Die Überfahrt dauert nur fünf Minuten. Die Fähre bietet auch eine gute Anbindung ans Okanagan Valley und in die Kootenays.

Die **Upper Arrow Lake Ferry** (☎250-837-8418) pendelt ganzjährig zwischen der Galena Bay (49 km südlich von Revelstoke) und der Shelter Bay (49 km nördlich von Nakusp) am Hwy 23 hin und her. Die Überfahrt dauert 20 Minuten. Die Fähre legt zwischen 6 und 23 Uhr zu jeder vollen Stunde an der Shelter Bay ab, zwischen 6.30 und 23.30 Uhr immer um halb von der Galena Bay.

Shoppen

Otter Books BUCHLADEN
(☎250-352-7525; 398 Baker St) Neue Bücher und Karten.

Isis Exotica ACCESSOIRES
(☎250-352-0666; 582 Ward St) Hier spürt man die lokalen Vibes: Sexspielzeug und Öle, und das alles in feministischer Aufmachung.

Praktische Informationen

Die **Touristeninformation** (☎250-352-3433, 877-663-5706; www.discovernelson.com; 225 Hall St; ⌚Mai–Okt. tgl. 8.30–18 Uhr, Nov.–April Mo–Fr 8.30–17 Uhr) hat gute Infos über die Region.

Viele Cafés haben Internetzugang; in der **Nelson Library** (☎250-352-6333; 602 Stanley St; ⌚Mo & Mi 11–20, Di & Do–Sa 11–18 Uhr) kommt man kostenlos ins Internet.

Kootenay Co-op Radio (93.5 FM) spielt Nelsons Musik.

Anreise & Unterwegs vor Ort

Castlegar Airport (YCG; www.castlegar.ca/airport.php) Der Nelson am nächsten gelegene Flughafen.

Greyhound Canada (☎250-352-3939; Chahko-Mika Mall, 1128 Lakeside Dr) Busse fahren über verschiedene südliche Städte in den Kootenays nach Calgary (120 C$, 11–13 Std., 2-mal tgl.) und über Kelowna (65 C$, 5½ Std.) nach Vancouver (130 C$, 12–13 Std., 2-mal tgl.)

Nelson Transit System Buses (☎250-352-8201; www.bctransit.ca; Fahrkarte 1,75 C$) Die Haupthaltestelle ist an der Ecke Ward St und Baker St. Die Busse 2 und 10 fahren zur Chahko-Mika Mall und zum Lakeside Park.

Queen City Shuttle (☎250-352-9829; www.kootenayshuttle.com; einf. Fahrt Erw./Kind 24/12 C$) Fährt zum Castlegar Airport (1 Std.).

Von Nelson nach Revelstoke

Fährt man von Nelson nach Norden, gibt es zwei landschaftlich reizvolle Möglichkeiten, nach Revelstoke zu gelangen. Der Hwy 6 führt 16 km Richtung Westen, bevor er bei South Slocan nach Norden abzweigt. Die Straße verläuft dann am hübschen Slocan Lake und erreicht nach 30 km New Denver. Auf dieser Route bekommt man dramatische Felswände und schneebedeckte Gipfel zu sehen, die hinter dem See aufragen. Die Strecke zwischen Nelson und New Denver beträgt 97 km.

Die wahrscheinlich interessantere Strecke verläuft von Nelson auf dem Hwy 3A in Richtung Osten. Nach 34 km gelangt man zur Anlegestelle der **Kootenay Lake Ferry** (S. 828) in Balfour. Allein wegen der schönen Aussichten auf die blauen Berge, die sich hinter dem Wasser des Sees scharf abzeichnen, lohnt sich diese Fahrt unbedingt – selbst dann, wenn es gleich wieder nach Nelson zurückgeht.

In Balfour wird die Straße zum Hwy 31 und folgt dem See für 34 km in nördlicher Richtung nach **Kaslo**, vorbei an niedlichen, kleinen Orten.

KASLO

Kaslo ist eine reizende Kleinstadt am See, ein relaxtes Juwel, das sich auf jeden Fall für einen Zwischenstopp lohnt. Die **Touristeninformation** (☎250-353-2525; www.klhs.bc.ca; 324 Front St; ⏲Mitte Mai–Mitte Okt. 9–17 Uhr) hat Infos über die unzähligen Möglichkeiten zum Kajak- und Kanufahren auf dem schillernden blauen Wasser, das direkt vor der Tür liegt. Unmittelbar daneben liegt die restaurierte **SS Moyie** (Erw./Kind 8/4 C$; ⏲Mitte Mai–Mitte Okt. 9–17 Uhr) von 1898. Im Ort und im Umkreis gibt's eine Reihe von Unterkünften und ein paar gute Eisdielen.

NEW DENVER

Wilde Gebirgsflüsse sind nur einige der Highlights der wunderbaren Natur entlang des Hwy 31A, der über mehrere raue Hügel führt. Am Ende der kurvigen, 47 km langen Straße gelangt man nach **New Denver**, das fast einer Geisterstadt gleicht. Das muss aber nicht unbedingt schlecht sein, immerhin liegt das historische Kleinod hübschverschlafen am klaren Wasser des Slocan Lake. Das **Silvery Slocan Museum** (☎250-358-2201; www.newdenver.ca; 202 6th Ave; ⏲Mitte Juni–Sept. 9–17 Uhr) beherbergt auch die nützliche Touristeninformation. Es ist in einem aus dem Jahr 1897 stammenden Gebäude der Bank of Montreal untergebracht und zeigt eine gelungene Ausstellung aus den boomenden Tagen des Bergbaus, ein winziges Gewölbe und eine unversehrte Zinndecke.

Sowohl in New Denver als auch in dem ebenso verschlafenen, alten Bergbaustädtchen **Silverton** südlich davon gibt es ausgezeichnete Cafés. Von den beiden Orten gelangt man auch gut in den **Valhalla Provincial Park** (www.bcparks.ca). Das 496 km² große Areal zählt zu den schönsten Parks British Columbias und wird dennoch oft von Travellern übersehen. Man fühlt sich ein wenig an das berühmte Foto von Lady Di erinnert, wie sie allein vor dem Taj Mahal sitzt, wenn man sich die absolut isolierte Lage des Parkufers am Westufer des Slocan Lake vergegenwärtigt. Ein Boot ist notwendig, um zu den vielen Wanderwegen und abgelegenen Zeltplätzen zu gelangen.

Die Rundfahrt von Nelson über den Hwy 6 und den Hwy 31 durch New Denver ist ein ausgezeichneter Tagesausflug. Andernfalls – wenn man auf dem Weg nach Revelstoke ist – sollte man 47 km weiter in nördlicher Richtung auf dem Hwy 6 durch die etwas eintönige, sanft geschwungene Landschaft von New Denver nach **Nakusp** fahren.

NAKUSP

Direkt am Upper Arrow Lake veränderten die vielen Dämme, die in den 1950er- und 1960er-Jahren in British Columbia gebaut wurden, Nakusp und die Seenkette für immer. Der Wasserstand stieg, weshalb die Stadt umgesiedelt werden musste. Deshalb haftet ihr auch ein Look an, der deutlich an die Sixties erinnert. Es gibt hier ein paar nette Cafés und ein winziges Museum.

Die **Nakusp Hot Springs** (☎250-265-4528; www.nakusphotsprings.com; Erw./Kind 9 C$/frei; ⏲9.30–21.30 Uhr), 12 km nordöstlich von Nakusp abseits des Hwy 23 gelegen, wirken nach einer Umgestaltung ein wenig künstlich. Das vergisst man aber schnell, wenn in dem runden, von Bäumen eingerahmten Becken sämtliche Sorgen weggespült werden. Das Auto in Nakusp abstellen und von dort aus über den wunderschönen, 8 km langen **Kuskanax Interpretive Trail** bis hierher marschieren.

Von Nakusp aus könnte man gen Westen auf dem Hwy 6 nach Vernon (S. 810) ins Okanagan Valley fahren – eine 245 km lange Fahrt, zu der auch die Passage mit der Needles Ferry gehört. Man kann aber auch 55 km auf dem Hwy 23 nach Norden zur Upper Arrow Lake Ferry (S. 828) fahren und dann noch mal 48 km bis nach Revelstoke.

CARIBOO, CHILCOTIN & DIE KÜSTE

Die weit ausgedehnte, wunderschöne Region nördlich der touristischen Hotspots von Whistler nimmt eine riesiges Areal von British Columbia ein. Sie umfasst drei voneinander sehr verschiedene Gebiete. Die Region **Cariboo** mit ihren zahlreichen Ranches hat sich seit den 1850er-Jahren, als der „Gold Rush Trail" von Lillooet nach Barkerville hier durchführte, kaum verändert. Sie ist die Heimat zweier bemerkenswerter Provinzparks: des wilden Wells Gray

Park und des bei Kanuten beliebten Bowron Lake Park.

In der Region **Chilcotin** leben mehr Elche als Menschen. Sie liegt westlich des Hwy 97, der Nord-Süd-Achse der Region. In der überwiegend wilden, hügeligen Landschaft gibt es ein paar Ranches und einige Dörfer von Ureinwohnern. Der Hwy 20 führt in westlicher Richtung von Williams Lake zum spektakulären Bella Coola Valley. An der Küste des Meeresarms wimmelt es nur so von Bären und anderen wilden Tieren.

Der Großteil der Region ist über den Hwy 97 erreichbar. Traveller können über Prince George im Norden eine Rundfahrt zu anderen Teilen British Columbias machen. Das Bella Coola Valley wird von Fähren aus Port Hardy auf Vancouver Island (S. 742) angefahren. Dadurch ergeben sich viele Möglichkeiten für eine tolle Rundreise.

Greyhound Canada (☎800-661-8747; www.greyhound.ca) fährt täglich über den Hwy 97 ab/nach Prince George.

Von Williams Lake nach Prince George

Viehzucht und Holzwirtschaft haben **Williams Lake**, das Zentrum der Region, geprägt. Der kleine Ort liegt ungefähr 206 km nördlich der Kreuzung von Hwy 1 und Hwy 97 und hat ein paar kleine Museen und zahlreiche Motels. Der Hauptgrund für einen Zwischenstopp dürfte allerdings das erstklassige **Discovery Centre** (☎250-392-5025; www.williamslakechamber.com; 1660 Broadway S, abseits des Hwy 97; ⌚Sommer 9–17 Uhr, übriges Jahr 9–16 Uhr) sein, die in einer riesigen Blockhütte untergebrachte Touristeninformation. Hier gibt es die besten Infos über die Region und zu Ausflügen über den Hwy 20 zur Küste im Westen.

In **Quesnel**, 124 km nördlich von Williams Lake am Hwy 97 gelegen, dreht sich alles ums Holzfällen. Es gibt ein paar gute Motels und Cafés in dem schmucken, von

BOWRON LAKE PROVINCIAL PARK

Der **Bowron Lake Provincial Park** (www.bcparks.ca) ist ein Wunderland, das aus zehn schneebedeckten Bergen und Seen besteht – ein Eldorado für passionierte Kanuten. Hier bilden Abschnitte der drei Flüsse Isaac, Cariboo und Bowron einen 116 km langen Rundkurs, der fraglos zu den besten Kanustrecken des Planeten zählt.

Unterwegs müssen acht gut ausgewiesene Transferwege gemeistert werden; der längste ist 2 km lang. Für den ganzen Rundkurs braucht man sechs bis zehn Tage; auf der Strecke muss man sich gänzlich selbst versorgen. In der Regel kann man zwischen Mitte Mai und Oktober auf den Flüssen paddeln. Die beste Wahl ist der September – dann leuchtet das Laub der Bäume in bunten Farben und man entgeht den Menschenmassen, die im Sommer einfallen.

Die Website von BC Parks hält Unterlagen zum Download bereit, die alle nötigen Infos für die Planung eines Trips beinhalten, darunter auch Wissenswertes zu den vorgeschriebenen Reservierungen, die oft Monate im Voraus getätigt werden müssen.

Wer die Planung und die Erledigung der Formalien lieber anderen überlässt, kann sich an **Whitegold Adventures** (☎250-994-2345, 866-994-2345; www.whitegold.ca; Hwy 26, Wells) wenden, die vier- bis achttägige Paddeltouren auf dem Bowron Lake anbieten. Die gesamte Rundtour kostet 1800 C$ pro Person.

Anreise mit dem Auto: Unmittelbar vor Barkerville nimmt man die Ausfahrt vom Hwy 26 und folgt der 28 km langen Schotterpiste Bowron Lake Rd.

Schlafen

Die im Folgenden genannten Unterkünfte liegen in der Nähe vom Anfang des Rundkurses. Die Lodges verleihen Ausrüstungen, Kajaks und Kanus.

» **Bowron Lake Provincial Park Campground** (Stellplatz 16 C$) 25 einfache Stellplätze.

» **Bowron Lake Lodge** (☎250-992-2733, 800-519-3399; www.bowronlakelodge.com; Stellplatz 28 C$, Zi. 40–80 C$; ⌚Mai–Sept.) Die Lodge direkt am See gleicht einem Postkartenidyll und hat Hütten und Motelzimmer.

» **Becker's Lodge** (☎250-992-8864, 800-808-4761; www.beckerslodge.ca; Zi. 2 Übernachtungen 80–220 C$) Die Blockhütten sind drinnen wie draußen einladend.

Blumen gesäumten Zentrum. Von Quesnel führt der Hwy 26 nach Osten zu den größten Attraktionen in dem Gebiet: dem Barkerville Historic Park (s. unten) und dem Bowron Lake Provincial Park (Kasten S. 830).

Fährt man von Quesnel aus über den Hwy 97 nach Norden, gelangt man nach 116 km nach Prince George (S. 841).

Barkerville & Umgebung

Im Jahr 1862 stieß der aus Cornwall stammende Billy Barker tief verborgen in Cariboo auf Gold. Schon bald entstand Barkerville, das praktisch über Nacht mit Horden von Freudenmädchen, Gaunern und Goldsuchern besiedelt wurde. Heute kann man in der **Barkerville Historic Town**(☎888-994-3332; www.barkerville.ca; Erw./Kind 14/4,25 C$; ⏲Mitte Mai–Sept. 8–20 Uhr) mehr als 125 restaurierte historische Gebäude besichtigen. Im Sommer laufen die Leute in historischen Gewändern durch die Straßen – und wenn man sich die Menschenmassen wegdenkt, erscheint das Ganze weniger gekünstelt. Es gibt hier Cafés und ein paar B&Bs. Außerhalb der Saison kann man die Altstadt kostenlos besuchen. Allerdings ist dann das meiste geschlossen – aber das ist vielleicht gar kein Nachteil.

In der Nähe von Barkerville bietet das skurrile **Wells** Unterkünfte, Restaurants und einen Gemischtwarenladen. Die in einer alten Ladenzeile untergebrachte **Touristeninformation** (☎250-994-2323, 877-451-9355; www.wellsbc.com; 4120 Pooley St; ⏲Mai–Sept. 9–18 Uhr) hat detaillierte Infos.

Barkerville liegt 82 km östlich von Quesnel am Ende des Hwy 26.

Wells Gray Provincial Park

Die **Helmcken Falls** – der vierthöchste Wasserfall in Kanada – stürzen 141 m in die Tiefe und sind nur eine der unentdeckten Facetten des **Wells Gray Provincial Park** (www.bcparks.ca), der selber auch ein unentdecktes Juwel ist.

Der viertgrößte Nationalpark British Columbias wird eingegrenzt vom Clearwater River und seinen Nebenflüssen. Zu den Highlights für Besucher zählen fünf große Seen, zwei große Flüsse, zahlreiche Wasserfälle und fast alle Vertreter der in British Columbia beheimateten Fauna.

Die meisten Leute reisen auf dem Hwy 5 über das 123 km nördlich von Kamloops gelegene **Clearwater** an. Von dort führt eine 36 km lange asphaltierte Straße zum Südeingang des Parks, von wo aus die teilweise mit Kies bedeckte Wells Gray Rd über 29 km ins Zentrum des Parks führt und am Clearwater Lake endet. Von dieser Straße aus sind viele Wanderwege und Naturspektakel wie die Helmcken Falls zu erreichen.

Im Park gibt es mehr als 20 unterschiedliche lange Trails, die viele Möglichkeiten zum **Wandern**, **Skilanglaufen** und **Reiten** bieten. Rund um die vier Seen gibt es primitive Zeltplätze im offenen Gelände. Kanus verleiht **Clearwater Lake Tours** (☎250-674-2121; www.clearwaterlaketours.com; Kanu ab 50 C$/Tag), die auch geführte Wanderungen organisieren.

Im Park gibt es drei **Campingplätze** (☎250-674-2194; Stellplatz 14 C$), die mit dem Auto zu erreichen sind. Alle haben Komposttoiletten, aber keine Duschen. Der 50 Stellplätze bietende **Pyramid Campground** (⏲Mai–Okt.) ist einer der baumreichsten Anlagen und liegt nur 5 km nördlich vom Südeingang des Parks und in der Nähe der Helmcken Falls. Es gibt auch viele **Backcountry-Campingplätze** im offenen Gelände (5 C$/Pers.).

In Clearwater gibt es Geschäfte, Restaurants und eine Menge Motels, darunter das **Dutch Lake Resort** (☎250-674-3351, 888-884-4424; www.dutchlake.com; 361 Ridge Dr, Clearwater; Stellplatz ab 25 C$, Zi. 100–220 C$) mit Hütten, Moteleinheiten und 65 Campingstellen. Passender Zeitvertreib: ein Kanu leihen und sich im Park in den Spaß stürzen!

Die **Wells Gray Guest Ranch** (☎250-674-2792, 866-467-4346; www.wellsgrayranch.com; Stellplatz 15 C$, Zi. 75–130 C$) hat zwölf gemütliche Zimmer, die sich auf Hütten und das Hauptgebäude verteilen. Sie liegt 27 km nördlich von Clearwater.

Die **Touristeninformation von Clearwater** (☎250-674-2646; www.wellsgray.ca; 425 E Yellowhead Hwy, Ecke Clearwater Valley Rd; ⏲Juli & Aug. tgl. 9–19 Uhr, April–Juni & Sept.–Dez. Mo–Fr 9–19 Uhr; 📶) ist eine nützliche Infoquelle im Park, die auch Zimmer bucht.

Chilcotin: Highway 20

Der Hwy 20 mäandert über 450 km durch einsame Hügel westlich von Chilcotin von Williams Lake ins Bella Coola Valley. Autofahrer sprachen über diese Straße lange Zeit so wie Ärzte über eine beunruhigende

DER GREAT BEAR RAINFOREST

Hier ist er also, der letzte große Regenwald in gemäßigtem Küstenklima, den es auf unserem Planeten noch gibt. Der Great Bear Rainforest ist eine unberührte Region mit Inseln, Fjorden und hoch aufragenden Bergen. Das Gebiet umfasst 64 000 km^2 (7 % von BC) und erstreckt sich von Alaska entlang der Küste in den Süden British Columbias, von der Inselgruppe Haida Gwaii bis zum Campbell River auf Vancouver Island (die nicht mehr zum Regenwald gehört). Die Wälder und Gewässer hier sind bemerkenswert artenreich: Hier leben Wale, Lachse, Adler, Wapitis, Otter und andere Tiere. Die abgelegenen Flusstäler sind gesäumt von Wäldern aus uralten Sitka-Fichten, Pazifik-Silbertannen und diversen Zedernarten, die oft 100 m hoch und 1500 Jahre alt sind.

Trotz seiner überwältigenden Größe ist der Great Bear in großer Gefahr. Weniger als 40 % des Regenwalds stehen unter Naturschutz – und die Regierung British Columbias macht keine Anstalten, das zu ändern. Unterdessen haben Unternehmen, die die Ressourcen möglichst profitabel ausbeuten wollen, ein Auge auf den Wald geworfen, während andere eine riesige Pipeline planen. Zu den vielen Gruppen, die sich für die Erhaltung des unersetzlichen Habitats einsetzen, gehört die **Raincoast Conservation Foundation** (www.raincoast.org). Die Website www.savethegreatbear.org ist eine gute Infoquelle.

Von Bella Coola aus kann man Bootsausflüge und Wanderungen zu magischen Orten im Great Bear arrangieren, darunter auch zu Flüssen tief in der Wildnis. Vielleicht bekommt man sogar einen der seltenen Kermodebären zu Gesicht. Der Bär mit dem weißen Pelz ist eine Unterart des Schwarzbären, der in den Legenden der Indianerstämme auch „Geisterbär" genannt wird und dem Park seinen Namen gab.

Stuhlprobe. Doch die Strecke wurde kontinuierlich verbessert und ist heute zu über 90 % gepflastert. Der Abschnitt, der es nicht ist, hat es allerdings in sich. Das riskante, 30 km lange Stück Schotterpiste beginnt 386 km westlich von Williams Lake und ist auch bekannt als der **Hill**. Es führt vom Heckman's Pass auf 1524 m ins Tal fast auf Meereshöhe hinunter, unterwegs sind mehrere Serpentinen und Steigungen von 10 bis 18 % zu meistern. Doch wer sich Zeit nimmt und im ersten Gang fährt, kann sogar die atemberaubende Aussicht genießen – man sollte nur aufpassen, dass man dabei auch immer festen Boden unter den Rädern hat. Die restlichen 420 km stellen für alle Fahrzeuge keinerlei Problem dar – mit Testosteron vollgepumpte Touristen in ihren SUVs und schweren Jeeps wirken angesichts der Einheimischen in ihren Chevys eher etwas verloren.

Wenn man die Strecke an einem Stück zurücklegt, braucht man ungefähr sechs Stunden. Dabei kommt man an einigen Dörfern der Ureinwohner und an Schotterstraßen vorbei, die zu den wenigen Provinzparks der Region und zu verlassenen Seen führen. Informationen darüber und über vorhandene Einrichtungen gibt es in der Touristeninformation von Williams Lake (S. 830).

Bella Coola Valley

Verlässt man die trockenen Weiten der Chilcotin-Region und kommt am Fuß der Berge an, erwartet Traveller eine große Überraschung: Das Bella Coola Valley ist das Herz des Great Bear Rainforest (S. 832), einem üppigen Landstrich mit großen Waldflächen, reißenden Flüssen und vielen Bären. Es ist fast wie in Shangri-La – nur die Mönche fehlen. Ein spiritueller Ort ist das aber allemal: Hier sind Künstler der Nuxalk-Indianer aktiv und für viele kreative Leute hat das Suchen hier ein Ende.

Das Tal erstreckt sich über 53 km bis an die Küste des North Bentinck Arm, eines tiefen, von Gletschern gespeisten Fjords, der vom Pazifik 40 km ins Landesinnere hineinragt. Die zwei größten Orte hier, **Bella Coola** am Wasser und das 15 km weiter östlich gelegene **Hagensborg**, erscheinen fast wie einer, befinden sich doch die meisten interessanten Plätze in oder zwischen den Orten. Die touristischen Hotspots sind in der Regel zwischen Mai und September geöffnet. Das restliche Jahr sollte man sich nach den Öffnungszeiten erkundigen. Sowohl die Touristeninformation als auch die Mitarbeiter in den Unterkünften können Auskunft geben über Fremdenführer und Läden, die Ausrüstungen zum Skifahren, Mountainbiken, Angeln, Raften usw. verleihen. Auch Einrichtungen wie Autowerkstätten, Geldautomaten, Waschsalons und Lebensmittelläden sind problemlos zu finden.

Sehenswertes & Aktivitäten

Der **Tweedsmuir Provincial Park** (☎250-398-4414; www.bcparks.ca) ist der zweitgrößte Provinzpark in British Columbia. Sein südlicher Abschnitt erstreckt sich über die gesamte Chilcotin-Region und das östliche Ende des Tals. Das kaum kartografierte Gebiet ist perfekt für herausfordernde Abenteuer in der Wildnis. Viele Wanderwege und Kanustrecken sind nur mit dem Wasserflugzeug zu erreichen. Infos erhält man in den Touristeninformationen von Williams Lake (S. 830) und Bella Coola Valley (S. 832). Wer vom Hwy 20 aus **Tageswanderungen** im Tal machen will, kann sich über die Pfade in den üppigen, unberührten Regenwald an der Küste schlagen.

Eine gute, kurze Wanderroute verläuft unmittelbar westlich von Hagensborg im **Walker Island Park** am Rand der weiten, steinigen Flussauen des Bella Coola River. Verlässt man den Parkplatz, ist man schon mitten in einem Zedernhain mit 500 Jahre alten Bäumen. Doch auch sonst sind den Ausflügen in der freien Natur keine Grenzen gesetzt. Man kann von den Straßen aus Wanderungen in den Bergen und Tälern unternehmen oder man startet an Punkten an der schroffen Küste, die nur per Boot zu erreichen sind.

Das Tal ist bekannt für seine vielen Bären. **Kynoch West Coast Adventures** (☎250-982-2298; www.coastmountainlodge.com) bietet Bootsausflüge auf den hiesigen Flüssen (ab 80 C$) und Wanderungen durch die Wildnis an und hat sich dabei auf Bärensichtungen spezialisiert.

Schlafen & Essen

Am Hwy 20 gibt's Dutzende von B&Bs und kleinen Lodges. Viele bieten auch ein Abendessen an. Außerdem finden sich in Bella Coola ein paar Cafés und Motels.

Coast Mountain Lodge INN **$$**
(☎250-982-2298; www.coastmountainlodge.com; 1900 Hwy 20, Hagensborg; Zi. 95–150 C$; @📶) Die 14 Zimmer sind riesig; viele haben auch Küchen. Es gibt auch eine nette Kaffeebar mit Internetzugang. Die Inhaber betreiben das Kynoch West Coast Adventures; Gäste können Minivans (55 C$/Tag) mieten.

Bella Coola's Eagle Lodge PENSION **$$**
(☎250-799-5587, 866-799-5587; www.eaglelodgebc.com; 1103 Hwy 20, Bella Coola; Stellplatz 10–18 C$, Zi. 80–190 C$; @📶) Die Besitzer kennen sich in der Region wie in ihrer Westentasche aus. Die Lodge mit drei Zimmern und zehn Stellflächen blickt auf eine weite Grünfläche.

Bailey Bridge Campsite & Cabins CAMPING **$**
(☎250-982-2342; www.baileybridge.ca; Salloompt River Rd; Stellplatz 18–25 C$, Hütte ab 70 C$) In der Nähe der gleichnamigen Brücke. Zu der Anlage gehören 27 hübsche, schattige Stellplätze und sechs Hütten am Flussufer. Ein kleiner Laden verkauft Ausrüstungen und Zubehör.

Praktische Informationen

Die **Bella Coola Valley Visitor Information** (☎250-799-5202, 866-799-5202; www.bellacoola.ca; 628 Cliff St, Bella Coola; ⊙Mitte Juni–Mitte Sept. So–Fr 8–16.30 Uhr) hilft bei der Organisation der vielen Unternehmungen im Tal.

An- & Weiterreise

BC Ferries (☎888-223-3779; www.bcferries.com; Erw./Kind 170/8 C$, Auto ab 340 C$) betreibt die Fähre an der Discovery Coast, die im Sommer mehrmals pro Woche zwischen Bella Coola und Port Hardy auf Vancouver Island verkehrt. Die Fahrt dauert je nach Anzahl der Zwischenstopps 13 bis 34 Stunden. Am besten entscheidet man sich für die 13-stündige Direktfahrt, zumal die gewöhnliche Fähre, die in die Jahre gekommene *Queen of Chilliwack*, keine Kajüten hat. Leider tut BC Ferries aber scheinbar alles, um diese Strecke zu ignorieren (die Preise werden freilich trotzdem stetig erhöht).

Es fahren keine Busse über den Hwy 20 nach Williams Lake. Dafür kann man aber ein Charterflugzeug nehmen. **Pacific Coastal Airlines** (☎800-663-2872; www.pacificcoastal.com) hat täglich Flüge ab/nach Vancouver (einfache Strecke ab 234 C$, 1 Std.).

DER NORDEN BRITISH COLUMBIAS

Im Norden von British Columbia fühlt man sich, als hätte man die himmlische Grenze zu einer anderen Welt überschritten. Nirgendwo anders ist die reiche Kultur der Ureinwohner Kanadas so dominant wie hier – von den Haida auf Haida Gwaii bis zu den Tsimshians auf dem Festland. Nirgendwo anders ist das Land so geheimnisumwoben wie hier – von sturmgepeitschten Küsten und Inseln bis zu stillen, majestätischen Gletschern, die sich durch ganze Bergketten graben. Und nirgendwo anders ist es so vielversprechend wie hier: Highways wie der sagenhafte Alaska Hwy oder der ehrfurchtgebietende Stewart-Cassiar Hwy schreien nach Abenteuern, Entdeckungen oder sogar einem neuen Leben. Hier besteht nicht der Hauch eines Zweifels, welchen Platz die Menschen neben der Natur einnehmen – und die sind sich ihrer eigenen Bedeutungslosigkeit bewusst.

Prince Rupert

14 700 EW.

Viele wollen Prince Rupert immer noch „entdecken". Und was das für eine Entdeckung ist! Die faszinierende Stadt mit ihrem hinreißenden Hafen ist nicht nur ein wichtiger Verkehrsknotenpunkt – Fähren fahren Richtung Süden nach Vancouver Island, Richtung Westen zu den Haida Gwaii und Richtung Norden nach Alaska. Sie ist vielmehr ein Reiseziel, das sich nicht hinter anderen verstecken muss, sondern zwei ausgezeichnete Museen, schöne Restaurants und ein von den Ureinwohnern geprägtes Kulturerbe vorzuweisen hat.

Es mag zwar 220 Tage im Jahr regnen, robuste Einheimische kann dies aber nicht davon abhalten, in den nebligen Bergen und auf den dunstigen Gewässern Spaß zu haben. Rupert (wie die Stadt kurz genannt wird) war ursprünglich der Traum von Charles Hays, der die Eisenbahn hierher brachte, bevor er auf der *Titanic* sein nasses Grab fand. Irgendwie scheint Rupert immer einen Schritt einer glänzenden Zukunft hinterherzuhinken. Aber schließlich könnte das Schiff doch den sicheren Hafen erreicht haben – im wahrsten Sinne des Wortes: Ein neuer Containerhafen beschleunigt den Transport von Billigschrott aus China in die schnäppchenhungrigen USA, und jedes Jahr setzen riesige Kreuzfahrtschiffe Horden von Touristen auf ihrer Route durch die Inside Passage hier ab, damit diese den wahren Reiz von Rupert „entdecken" können.

Sehenswertes

Die **Cow Bay** liegt in Gehweite zum Zentrum und ist ideal für einen anregenden Spaziergang. Um dem Namen der Bucht alle Ehre zu machen, steht überall entsprechendes Dekor – irgendwie gelingt es dabei, nicht ins Klischeehafte abzugleiten. Außerdem finden sich hier Geschäfte und Cafés und man hat einen herrlichen Blick aufs Wasser – vor allem vom Atlin Terminal aus, wo die Kreuzfahrtsschiffe anlegen.

NICHT VERSÄUMEN

NORTH PACIFIC HISTORIC FISHING MUSEUM

Ungefähr 20 km südlich von Prince Rupert widmet sich das **North Pacific Historic Fishing Museum** (☎250-628-3538; www.cannery.ca; 1889 Skeena Dr; Erw./Kind 12/6 C$; ⌚Mai, Juni & Sept. Di–So 12–16.30 Uhr, Juli & Aug. 11–17 Uhr) in der Nähe von Port Edward der Geschichte der Fischerei auf dem Skeena River und der Konservenindustrie. Der faszinierende, gänzlich aus Holz errichtete Komplex wurde von 1889 bis 1968 genutzt. Die Ausstellung dokumentiert die miserablen Bedingungen, unter denen die Leute hier arbeiten mussten. Auf die Öffnungszeiten kann man sich nicht wirklich verlassen; daher vor dem Besuch nachfragen. Prince Rupert Transit betreibt einen Bus hierher.

LP TIPP **Museum of Northern BC** MUSEUM

(☎250-624-3207; www.museumofnorthernbc.com; 100 1st Ave W; Erw./Kind 6/2 C$; ⌚Mitte Mai–Aug. 9–17 Uhr, Sept.–Mitte Mai Di–Sa 9–17 Uhr) Das Museum sollte man keinesfalls versäumen. Es residiert in einem Gebäude, das im Stil der Langhäuser der Ureinwohner erbaut ist. Es zeigt, wie die hier ansässigen Zivilisationen über Jahrtausende hinweg im Einklang mit der Natur lebten – man könnte sogar sagen, dass sie ihrer Zeit voraus waren. Zur Ausstellung zählen viele ausgezeichnete Kunstwerke der Haida, Gitksan und Tsimshian und eine Menge Infos über Totempfähle. Die speziellen Museumsführungen und der Buchladen sind exzellent.

Totempfähle DENKMAL

Überall in der Stadt sieht man Totempfähle: Zwei flankieren die Statue von Charlie Hays neben dem Rathaus an der 3rd Ave. Wer sehen will, wie Totempfähle hergestellt werden, sollte in die **Carving Shed** (Schnitzhütte) neben dem Gerichtsgebäude reinschauen. Weiteres dazu auf S. 839.

BRITISH COLUMBIA DER NORDEN BRITISH COLUMBIAS

Aktivitäten

Skeena Kayaking (☎250-624-5246; www.skeenakayaking.ca; Leihgebühr 90 C$/24 Std.) verleiht Kajaks und organisiert maßgeschneiderte Touren in dem Gebiet. Dabei stehen scheinbar endlos viele Stellen zur Wahl, wo man das Kajak zu Wasser lassen kann.

Vom Parkplatz am Yellowhead Hwy, 3 km südlich der Stadt, führt ein mit Informationstafeln versehener, 4 km langer Rundweg über flaches Terrain zu den **Butze Rapids**. Es gibt noch andere, allerdings anspruchsvollere Wanderstrecken.

Pike Island (Laxspa'aws) ist eine kleine Insel hinter Digby Island außerhalb des Hafens. Schon vor 2000 Jahren gab es hier blühende Dörfer, deren Überreste und Zeugnisse man heute noch sehen kann. Im Umland befindet sich das **Khutzeymateen Grizzly Bear Sanctuary**, das mehr als 50 dieser Giganten beheimatet. Beide Ziele können nur im Rahmen einer Tour erreicht werden.

Geführte Touren

Prince Rupert Adventure Tours BOOTSFAHRTEN, TIERE
(☎250-627-9166; www.adventuretours.net; Atlin Terminal; Erw./Kind ab 55/50 C$) Veranstaltet Bootstouren rund um Kaien Island (Mai–Okt.) und Walbeobachtungstouren. Die Trips zum Khutzeymateen-Schutzgebiet sind herrlich.

Seashore Charters BOOTSFAHRTEN, TIERE
(☎250-624-5645, 800-667-4393; www.seashorecharters.com; Atlin Terminal; Erw./Kind ab 60/44 C$) Die halbtägigen Ausflüge nach Laxspa'aws beinhalten auch die jeweils 40-minütige Bootsfahrt hin und zurück. Im Angebot stehen auch Touren zum Khutzeymateen-Schutzgebiet, Hafenrundfahrten sowie Wal- und Tierbeobachtungstouren.

Schlafen

In Rupert gibt es ein gutes Angebot an Unterkünften, u.a. mehr als ein Dutzend B&Bs. Wenn aber alle Fähren eingetrudelt sind, wird's eng – also im Voraus buchen.

Crest Hotel HOTEL $$
(☎250-624-6771, 800-663-8150; www.cresthotel.bc.ca; 222 1st Ave W; Zi. 100–300 C$; ❄@📶) Prince Ruperts bestes Hotel bietet Zimmer mit Blick auf den Hafen, die bis hin zu den Sesseln an den Erkerfenstern jeden Penny wert sind. Auf die recht kleinen Zimmer mit Blick auf den Parkplatz sollte man verzichten. Die Suiten sind ausgesprochen opulent.

Eagle Bluff B&B B&B $$
(☎250-627-4955; www.eaglebluff.ca; 201 Cow Bay Rd; Zi. 50–120 C$; @) Das ideal an der Cow Bay gelegene B&B am Pier ist in einem historischen Gebäude mit auffallender rot-weißer Fassade untergebracht. Drinnen gibt es sieben Zimmer, deren Einrichtung bestenfalls mit gutbürgerlich beschrieben werden kann. Manche Zimmer teilen sich das Bad.

Inn on the Harbour MOTEL $$
(☎250-624-9107, 800-663-8155; www.innontheharbour.com; 720 1st Ave W; Zi. 85–160 C$; 📶) Der überwältigende Sonnenuntergang lässt einen vielleicht die langweilige Fassade des modernen Motels mit Blick auf den Hafen vergessen. Die 49 Zimmer sind renoviert.

Pioneer Hostel HOSTEL $
(☎250-624-2334, 888-794-9998; www.pioneerhostel.com; 167 3rd Ave E; B 25–30 C$, Zi. 50–60 C$; 🚭📶) Die makellosen, kompakten Zimmer sind mit lebendigen Farben akzentuiert. Hinten gibt es noch eine kleine Küche und Grillstellen. Zudem stellt das Hostel kostenlos Fahrräder und einen Shuttle von der Fähre bzw. vom Bahnhof zur Verfügung.

Black Rooster Roadhouse HOSTEL $
(☎250-627-5337; www.blackrooster.ca; 501 6th Ave W; B 25 C$, Zi. 25–85 C$; @📶) Das renovierte Haus liegt vom Zentrum aus etwas den Hügel hinauf. Es hat eine Terrasse und einen hellen Gemeinschaftsraum. Wer mit dem Shuttle abgeholt werden will, sollte vorher kurz anrufen.

Prince Rupert RV Campground CAMPING $
(☎250-624-5861; www.princerupertrv.com; 1750 Park Ave; Stellplatz Zelt/Wohnwagen ab 27/35 C$; @) Der Campingplatz nahe des Fährhafens hat 88 Stellplätze, warme Duschen, eine Waschküche und Spültoiletten.

Essen & Ausgehen

Auf allen Speisekarten in der ganzen Stadt findet man frischen Heilbutt und Lachs von der Fischereiflotte.

Charley's Lounge KNEIPE $$
(☎250-624-6771; Crest Hotel, 222 1st Ave W; Hauptgerichte 8–20 C$; ⊙12 Uhr–open end) Die Einheimischen halten hier gerne ein Schwätzchen, während sie von der beheizten Terrasse aus dem Treiben im Hafen zuschauen. Auf der Karte stehen ein paar der besten Meeresfrüchte, die es in Rupert gibt.

Cow Bay Café FUSION $$
(☎250-627-1212; 205 Cow Bay Rd; Hauptgerichte 10–20 C$; ⏰11.30–21 Uhr) Das kreative Menü des bekannten Bistros wird täglich zweimal geändert. Es stehen aber immer ein halbes Dutzend Hauptspeisen und Nachspeisen zur Auswahl. Gegessen wird draußen am Hafen.

Smiles Seafood SEAFOOD $
(☎250-624-3072; 113 Cow Bay Rd; Hauptgerichte 6–20 C$; ⏰11–21 Uhr) Das Smiles serviert seit 1934 klassische, bodenständige Meeresfrüchte-Gerichte. Man kann sich in einer der Vinyl-Sitzecken niederlassen oder sitzt draußen auf der Terrasse.

Cowpuccino's CAFÉ $
(☎250-627-1395; 25 Cow Bay Rd; Kaffee 2 C$; ⏰7–20 Uhr) Ein uriges Café, dessen Kaffee den Regen vergessen lässt.

Breakers Pub KNEIPE $
(☎250-624-5990; 117 George Hills Way; Gerichte 8 C$; ⏰11 Uhr–open end; 📶) In der Kneipe direkt am Wasser an der Cow Bay hat man einen prächtigen Blick auf die Fischerboote, während die Fischer an der Bar lärmen. Das Essen ist gut (gute Fisch-Sandwichs), und man kann Dart oder Billard spielen.

Shoppen

Die Freigiebigkeit der lebhaften, kreativen Gemeinde von Rupert schlägt sich in der von Künstlern betriebenen **Ice House Gallery** (☎250-624-4546; Atlin Terminal; ⏰Di–So 12–17 Uhr) nieder. **Rainforest Books** (☎250-624-4195; 251 3rd Ave W) hat eine gute Auswahl an neuen und gebrauchten Büchern.

Praktische Informationen

Java Dot Cup (☎250-622-2822; 516 3rd Ave W; 3 C$/Std.; ⏰7.30–21 Uhr; 📶) Ordentliches Café mit Internetzugang.

Touristeninformation (☎250-624-5637, 800-667-1994; www.tourismprincerupert.com; Museum of Northern BC, 100 1st Ave W; ⏰Mitte Mai–Aug. tgl. 9–17 Uhr, Sept.–Mitte Mai Di–Sa 9–17 Uhr) Der Service für Touristen begrenzt sich auf ein Regal mit Broschüren und einen Schalter vorne im Museum.

An- & Weiterreise

Der Fährhafen und der Bahnhof befinden sich 3 km südwestlich vom Zentrum.

Bus

Greyhound Canada (☎800-661-8747; www.greyhound.ca; 112 6th St) Ein Bus pro Tag fährt nach Prince George (120 C$, 10 Std.).

Fähre

Alaska Marine Highway System (☎250-627-1744, 800-642-0066; www.ferryalaska.com) Eine oder zwei Fähren pro Woche schippern nach Haines (Fahrgast/Auto 160/374 C$, Kajüte ab 120 C$) und Skagway in Alaska, den Toren ins Yukon-Territorium. Eine spektakuläre, aber unregelmäßig angebotene Fahrt (s. Kasten S. 844).

BC Ferries (☎250-386-3431; www.bcferries.com) Dank einer spektakulären Szenerie ist die Fahrt durch die Inside Passage nach Port Hardy (Erw. 100–170 C$, Kind –50 %, Auto 220–390 C$, Kajüte ab 85 C$, 15–25 Std.) äußerst beliebt. Im Sommer gibt es pro Woche drei Fahrten, im Winter eine mit der neuen *Northern Expedition*. Die *Northern Adventure* steuert Skidegate Landing (Erw. 33–39 C$, Kind –50 %, Auto 115–140 C$, 7 Std.) auf Haida Gwaii im Sommer sechsmal pro Woche an, im Winter dreimal pro Woche.

Flugzeug

Der **Prince Rupert Airport** (YPR; ☎250-622-2222; www.ypr.ca) liegt auf Digby Island jenseits des Hafens. Um zum Flughafen zu gelangen, muss man Bus und Fähre nehmen. Abgeholt wird man zwei Stunden vor Abflugzeit am Highliner Hotel (815 1st Ave). Alle Details von der Fluglinie oder am Flughafen bestätigen lassen.

Der Check-in für **Air Canada Jazz** (☎888-247-2262; www.aircanada.com) erfolgt am Flughafen, für **Hawkair** (☎800-487-1216; www.hawkair.ca) am Highliner Hotel.

Zug

VIA Rail (www.viarail.ca; BC Ferries Terminal) betreibt drei Züge pro Woche ab/nach Prince George (12½ Std.) und, nach einer Übernachtungspause, weiter nach Jasper in den Rocky Mountains.

Unterwegs vor Ort

Prince Rupert Transit (☎250-624-3343; www.bctransit.com; Erw./Kind 1,25/1 C$) Betreibt unregelmäßige Busverbindungen zum Fährhafen und zum North Pacific Historic Fishing Village (2,50 C$). Die zentrale Bushaltestelle liegt an der verlotterten Rupert Square Mall an der 2nd Ave.

Skeena Taxi (☎250-624-5318) Die Taxifahrt zur Fähre oder von dort in den Ort kostet rund 12 C$.

Haida Gwaii

Haida Gwaii (Inseln des Volkes) ist ein magisches Reiseziel für diejenigen, denen der Aufwand nicht zu viel ist. Lange Zeit hat sich die Aufmerksamkeit vor allem auf die einzigartige Artenvielfalt der Flora und

Fauna beschränkt, woraus auch der beliebte Spitzname „Galapagos Kanadas“ entstanden ist. Doch jedes Jahr zeichnet sich deutlicher ab, dass die eigentliche Seele der Inseln die Haida-Kultur selbst ist. Die Haida waren lange das fortschrittlichste und mächtigste Volk der Ureinwohner; sie litten besonders schrecklich unter der Ankunft der Menschen aus dem Westen.

Mittlerweile jedoch blüht ihre Kultur wieder auf und ist über die ganzen Inseln hinweg auf verschiedenste Arten zu erkennen – es gibt weitaus mehr als ihre ikonischen Totempfähle. Ihre Ehrerbietung gegenüber ihrer Umwelt geben die Haida durch den Schutz der letzten Bäume des herrlichen, uralten Regenwalds einen Ausdruck. Die Fichten und Zedern gehören zu den ältesten der Welt. Ferner bietet der spärlich besiedelte, wilde und regnerische Flecken Erde auch Weißkopf-Seeadlern, Bären und noch vielen anderen wilden Tiere ein Zuhause, während sich vor der Küste unzählige Seelöwen, Wale und Killerwale tummeln.

Im Jahr 2010 trugen noch zwei weitere Ereignisse zur Renaissance der Inseln bei: Erstens wurde der von den Europäern seit ihrer Ankunft im 18. Jh. verwendete Name Queen Charlotte Islands offiziell abgeschafft. Und zweitens hat sich die kanadische Regierung endlich dazu durchgerungen, die Pläne zum Aufbau eines Meeresschutzgebiets in den Gewässern vor Haida Gwaii voranzutreiben.

Ein Besuch der Inseln wird besonders dann unvergesslich, wenn man sich die Zeit nimmt, den Reiz, die Kultur und die Menschen hier zu verstehen – man sollte also einen längeren Aufenthalt einplanen. Die größte Attraktion ist das abgelegene **Gwaii Haanas National Park Reserve**, das das untere Drittel der Inselgruppe umfasst. Der *National Geographic Traveler* hat den Park wegen seiner Schönheit und Unberührtheit zum besten in ganz Nordamerika erkoren. Er ist eine verlorene Welt, in der es Zeugnisse der Haida-Kultur und eine herrliche Natur zu bewundern gibt.

Die Haida Gwaii bilden einen dolchförmigen Archipel aus 450 Inseln; der östlichste Punkt liegt 80 km westlich der Küste British Columbias, der nördlichste Punkt 50 km südlich der Südspitze Alaskas. Fähren vom Festland legen in Skidegate Landing auf der Hauptinsel Graham Island an, auf der 80 % der 5000 Einwohner leben und das wirtschaftliche Herz der Inselgruppe schlägt. Die Hauptstadt ist Queen Charlotte City (QCC), 7 km westlich von Skidegate. Die größte Straße auf Graham Island ist der vollständig befestigte Hwy 16. Er verbindet Skidegate mit Masset, das 101 km weiter nördlich liegt, und führt an den kleinen Orten Tlell und Port Clements vorbei.

Eine Fähre verbindet Skidegate Landing mit Moresby Island im Süden. Der Flughafen befindet sich bei Sandspit auf Moresby Island, 12 km östlich des Fährenanlegers in Aliford Bay. In das im südlichen Teil von Moresby Island gelegene Gwaii Haanas National Park Reserve gelangt man nur mit dem Schiff oder Wasserflugzeug.

Sehenswertes & Aktivitäten

Der 110 km lange Abschnitt des **Yellowhead Hwy** (Hwy 16) auf Haida Gwaii verläuft von QCC Richtung Norden nach Skidegate, Tlell und Port Clements. In Port Clements stand einst die berühmte Goldene Fichte am Ufer des Yakoun River, die 1997 von einem verrückten Förster gefällt wurde. Diesen Vorfall erzählt John Vaillant in seinem Bestseller *The Golden Spruce*, einem der besten Bücher über die Inseln und die Kultur der Haida.

An der Straße nach **Masset** sieht man überall entlang der Strecke kleine Rastplätze am Wasser, schrullige Boutiquen und schrille Cafés, die typisch für den Charakter der Inseln sind.

LP TIPP Gwaii Haanas National Park Reserve & Haida Heritage Site PARK

Der riesige, zum Unesco-Weltkulturerbe gehörende Park umfasst Moresby und 137 kleinere Inseln weiter südlich. Hier kann man einen Blick auf verlassene Haida-Dörfer erhaschen und so eine Zeitreise in die Vergangenheit erleben. Es gibt Thermalquellen, eine atemberaubend schöne Natur und einige der besten Kajakrouten des ganzen Kontinents.

Archäologen haben über 500 Jahre alte Haida-Stätten auf den Inseln freigelegt, u. a. Dörfer und Grabhöhlen. Das berühmteste Dorf ist **SGaang Gwaii (Ninstints)** auf Anthony Island, wo reihenweise wettergegerbte Totempfähle unheimlich auf den Ozean hinausblicken. Zu den weiteren wichtigen Sehenswürdigkeiten gehören das alte Dorf **Skedans** auf Louise Island und **Hotspring Island**, auf der man in natürlichen Quellen den vor Kälte bibbernden Knochen etwas Gutes tun kann. Die Stätten werden von

NICHT VERSÄUMEN

DAS HAIDA HERITAGE CENTRE AT QAY'LLNAGAAY

Das fantastische **Kulturzentrum** (☎250-559-7885; www.haidaheritagecentre.com; Skidegate; Erw./Kind 15/5 C$; ⌚Juni–Aug. 9–18 Uhr, Sept.–Mai Di–Sa 11–17 Uhr) zählt zu den hiesigen Top-Attraktionen. Mit seinen Ausstellungen zur Geschichte, Flora & Fauna und Kultur würde es alleine schon den Besuch der Inseln lohnen. Die Ausstellungssäle, Vortragsprogramme und nicht zuletzt die Ateliers, in denen Künstler neue Werke wie die am Strand stehenden Totempfähle schaffen, vermitteln einen gründlichen Einblick in die vielfältigen Traditionen der Haida.

Stammesangehörigen der Haida bewacht, die im Sommer auf den Inseln leben.

In den Park gelangt man nur per Schiff oder Flugzeug. Ein Besuch erfordert jede Menge Planung und nimmt normalerweise einige Tage in Anspruch. Von Mai bis September müssen Besucher reservieren, es sei denn, sie sind mit einem Veranstalter unterwegs.

Fragen beantwortet **Parks Canada** (☎250-559-8818; www.pc.gc.ca/gwaiihaanas; Haida Heritage Centre at Qay'llnagaay, Skidegate; ⌚Mo–Fr 8.30–12 & 13–16.30 Uhr). Auf der Website gibt es Links zum **Essential Annual Trip Planner**. Sofern man den Park nicht innerhalb der letzten drei Jahre besucht hat, muss man an einer kostenlosen Einführungsveranstaltung im Parkbüro teilnehmen, wo sich auch alle Besucher registrieren müssen.

Die Anzahl der täglichen **Reservierungen** (☎877-559-8818) ist begrenzt – daher den Besuch möglichst frühzeitig planen. Pro Übernachtung wird eine Benutzungsgebühr von 20/10 C$ pro Erwachsenem/Kind fällig. Diese entfällt für Inhaber des Parks Canada Season Excursion Pass. Ein paar der heiß begehrten Plätze werden immer wieder durch Absagen frei und kurzfristig vergeben – bei Parks Canada anrufen.

Am leichtesten kann man den Park mit einem Tourveranstalter besuchen. Parks Canada kann einem eine Liste der Anbieter zur Verfügung stellen. Die Touren dauern von einem Tag bis zu zwei Wochen. Die meisten Veranstalter verleihen auch **Kajaks** (rund 60/300 C$ pro Tag/Woche) und Ausrüstung an Individualreisende.

Moresby Explorers (☎250-637-2215, 800-806-7633; www.moresbyexplorers.com; Sandspit) hat eintägige Touren (ab 205 C$), aber auch deutlich längere im Programm und verleiht auch Kajaks und Ausrüstung.

Queen Charlotte Adventures (☎250-559-8990, 800-668-4288; www.queencharlotteadventures.com) veranstaltet eine Reihe von ein- bis zehntägigen Schiffs- und Kajaktouren. Der sechstägige Kajaktrip in den fernen Süden kostet 1620 C$. Auch dieser Veranstalter verleiht Kajaks und Ausrüstung.

Yakoun Lake — NATUR

Ein rund 20-minütiger Weg durch einen alten Wald aus Fichten und Riesen-Lebensbäumen führt zum idyllischen **Yakoun Lake**, einem großen See in der Wildnis im Westen von Graham Island. An dem kleinen Strand nahe dem Weg spenden knorrige Sitka-Erlen Schatten. Mutige wagen den Sprung ins kalte Wasser ... man kann sich aber auch einfach mit der schier endlosen Aussicht begnügen.

Der Ausgangspunkt des Wegs, der zum See führt, liegt am Ende einer rauen Piste; diese zweigt von der unbefestigten Schotterstraße zwischen QCC und Port Clements ab, die der Holzfällerindustrie dient. Es sind 70 km; nach den Schildern zum See Ausschau halten. Werktags wird die Straße von Holzlastern befahren, weshalb man sich telefonisch anmelden muss (☎250-557-6810).

Naikoon Provincial Park — PARK

(☎250-626-5115; www.bcparks.ca) Den Großteil des Nordostens von Graham Island nimmt der wunderschöne 726 km² große Naikoon Provincial Park ein. Die Szenerie prägen Sanddünen und von niedrigem Torfmoos bedeckte Sümpfe, verkümmerte, knorrige Küsten-Kiefern, Nootka-Scheinzypressen und Riesen-Lebensbäume. Die **Strände** der Nordküste sind peitschenden Winden und donnernden Wellen ausgesetzt, die vom Pazifik her Treibgut anschwemmen. Man erreicht sie über die eindrucksvolle 26 km lange Tow Hill Rd östlich von Masset. Ein 21 km langer **Rundweg** durchquert vom Fife Beach am Ende der Straße aus ein gutes Stück des Parks.

Schlafen

Kleine Gasthäuser und B&Bs findet man hauptsächlich auf Graham Island. Zahlreiche Unterkünfte gibt es in QCC und Masset, viele auch dazwischen und an der spektakulären Nordküste. Im Naikoon Provincial Park befinden sich zwei **Campingplätze** (Stellplatz 16 C$), darunter der spektakuläre, windzerzauste Platz am einsamen Agate Beach, 23 km östlich von Masset.

Premier Creek Lodging INN $
(250-559-8415, 888-322-3388; www.qcislands.net/premier; 3101 3rd Ave, QCC; B 25 C$, Zi. 35–100 C$; @) In der freundlichen Lodge von 1910 gibt es acht Betten in einem hinten liegenden Hostelgebäude und zwölf Zimmer im Haupthaus, darunter winzige, aber sehr preisgünstige Einzelzimmer und geräumige Zimmer mit Veranden und Ausblick. Schnelle Internetverbindungen vorhanden.

All The Beach You Can Eat HÜTTEN $$
(604-313-6192; www.allthebeachyoucaneat.com; Tow Hill Rd, bei Km 15; Hütte 85–120 C$) Am wunderschönen North Beach stehen zwei Hütten in den Dünen vor dem weiten Sandstrand, der sich kilometerweit gen Osten und Westen ausbreitet. Von der niedlichen kleinen Hütte „Sweety Pie“ hat man einen so weiten Ausblick, das man meinen könnte, er reiche bis nach Japan. Wie auch bei den beiden anderen Anwesen, die hier Hütten vermieten, gibt es keinen Strom; zum Kochen und zur Beleuchtung ist man auf Propangas angewiesen. Man befindet sich außerhalb der Versorgungsnetze am Ende der Welt.

Copper Beech House B&B $$
(250-626-5441; www.copperbeechhouse.com; 1590 Delkatla Rd, Masset; Zi. ab 100 C$) David Phillips hat in einem großen alten Haus am Masset Harbour ein legendäres B&B geschaffen. Es hat drei einmalige Zimmer. Und in der Küche wird auch immer etwas Überraschendes zubereitet.

Essen & Ausgehen

Die beste Auswahl an Restaurants gibt es in QCC. Ansonsten gibt es auch in Skide-

GESCHICHTE AUF EINEN BLICK

Zwar besitzen die meisten Völker der Ureinwohner der Nordwestküste keine geschriebene Geschichte in unserem Sinne, künstlerische Schöpfungen wie die Totempfähle halten aber jahrhundertealte Traditionen fest.

Die aus dem Stamm eines einzigen Lebensbaums geschnitzten Totempfähle halten die Abstammung eines Geschlechts in ungefähr der gleichen Weise fest wie in Großbritannien beispielsweise ein Familienwappen. Allerdings enthält der Totempfahl darüber hinaus eine Bilderschrift, die die gesamte Abstammungsgeschichte verzeichnet.

Wenn man kein Experte ist, wird man einen Totempfahl kaum richtig „lesen“ können. Immerhin kann man sich die dargestellten Tiere anschauen, die den Schlüssel zu der Erzählung bilden. Beachtenswert sind u. a. folgende Tiere:

Adler stehen für Klugheit und Macht.

Biber symbolisieren Fleiß, Weisheit und entschlossenen Unabhängigkeitssinn.

Donnervögel sind die mythischen „Thunderbirds“ und stehen für die Weisheit stolzer Urahnen.

Frösche stehen für Anpassungsbereitschaft und die Fähigkeit, in der Natur und in übernatürlichen Welten zu leben.

Große Schwertwale verkörpern Würde und Stärke (und stellen oft die Reinkarnation eines großen Häuptlings dar).

Hale bedeuten eine unheilverkündende, raue Einöde.

Kolibris stehen für Liebe, Schönheit und Einheit mit der Natur.

Lachse bedeuten verlässliche Versorgung, Langlebigkeit und Ausdauer.

Raben symbolisieren Schadenfreude und List.

Schwarzbären dienen als Beschützer, Wächter und spirituelle Verbindung zwischen Menschen und Tieren.

Zwei ausgezeichnete Orte, um Totempfähle zu besichtigen und mehr über sie zu erfahren, sind das Haida Heritage Centre at Qay'llnagaay (S. 838) in Skidegate und das Museum of Northern British Columbia (s. S. 834) in Prince Rupert.

gate, Tlell und Masset ein paar Optionen. In den Besucherzentren nach den hiesigen Haida-Festen fragen, bei denen man u.a. den besten Lachs und die besten Blaubeeren bekommt, die man je gegessen hat. Gute Supermärkte finden sich in Skidegate und Masset.

Queen B's CAFÉ $
(☎250-559-4463; 3201 Wharf St, QCC; Hauptgerichte 3–10 C$; ⏰9–17 Uhr) Das flippige Café zeichnet sich durch seine Backwaren aus, die den ganzen Tag lang frisch aus dem Ofen kommen. Draußen stehen Tische mit Blick aufs Wasser, drinnen ist eine Menge einheimischer Kunst zu bewundern.

Ocean View Restaurant SEAFOOD $$
(☎250-559-8503; Sea Raven Motel, 3301 3rd Ave, QCC; Hauptgerichte 10–25 C$; ⏰11–21 Uhr) Gute, frische Meeresfrüchte – den Heilbutt verkosten – sind die Spezialität in diesem zwanglosen Lokal. Von einigen Tischen hat man einen Blick auf den Hafen.

Rising Tide Bakery BÄCKEREI, CAFÉ $
(☎250-557-4677; ⏰Juni–Aug. Mi–So 8–17 Uhr; 📶) Das Lokal ist bei Einheimischen und Besuchern gleichermaßen wegen der Zimtrollen beliebt, die alle Vorstellungen übertreffen – ob dies an dem vor Ort gemahlenen Mehl liegt? Außerdem gibt's köstliche Suppen und Sandwichs.

Moon Over Naikoon BÄCKEREI $
(☎250-626-5064; Tow Hill Rd, bei Km 17; ⏰Juni–Aug. 8–17 Uhr) Das winzige Gemeindezentrum mit Bäckerei verkörpert so etwas wie den Geist der Straße auf dem Weg nach Nirgendwo. Drinnen gibt's eine bunte Sammlung von Kunstwerken und Treibgut, das am Strand gefunden wurde.

ℹ Praktische Informationen

Man sollte sich unbedingt ein Exemplar des allumfassenden, jährlich erscheinenden *Guide to the Haida Gwaii* (www.queencharlotteislandsguide.com) beschaffen, den es kostenlos gedruckt oder als Download gibt. Eine gute, informative Website ist www.haidagwaiitourism.ca. **Parks Canada** (www.pc.gc.ca/gwaiihaanas) bietet online ebenfalls viele Infos.

Die **Touristeninformation von QCC** (☎250-559-8316; www.qcinfo.ca; 3220 Wharf St, QCC; ⏰Juli & Aug. tgl. 8.30–21 Uhr, Okt.–April Di–Sa 9–17 Uhr, Mai, Juni & Sept. 9–17 Uhr) ist hilfreich, auch wenn hier in letzter Zeit nahezu alle erdenklichen Souvenirs verhökert werden. Man sollte sich ein kostenloses Exemplar des *Art Route* holen; in dem Führer sind mehr als 40 Ateliers und Galerien beschrieben. Bei ankommenden Flügen ist ein Infoschalter am Sandspit Airport geöffnet.

ℹ An- & Weiterreise

Die Fähre von BC Ferries ab Prince Rupert ist die beliebteste Verbindung zu den Inseln.

Fähre

BC Ferries (☎250-386-3431; www.bcferries.com) Die Fähre *Northern Adventure* zwischen Prince Rupert und Skidegate Landing (Erw. 33–39 C$, Kind –50 %, Auto 115–140 C$, 7 Std.) verkehrt im Sommer sechsmal pro Woche, im Winter dreimal. Bei Fahrten über Nacht ist eine Kajüte ratsam (ab 85 C$).

Flugzeug

Der wichtigste Flughafen für Haida Gwaii ist der **Sandspit Airport** (YZP; ☎250-559-0052) auf Moresby Island. Achtung: Es ist zeitaufwändig, den Flughafen von Graham Island aus zu erreichen. Wenn der Flug um 15.30 Uhr startet, muss man sich schon um 12.30 Uhr (im Sommer früher) für die Autofähre in Skidegate Landing anstellen! Es gibt außerdem noch einen kleinen Flugplatz in **Masset** (YMT; ☎250-626-3995).

Air Canada Jazz (☎888-247-2262; www.aircanada.com) Tägliche Flüge zwischen Sandspit und Vancouver.

Hawkair (☎800-487-1216; www.hawkair.ca) Ein täglicher Flug von Sandspit nach Vancouver.

North Pacific Seaplanes (☎800-689-4234; www.northpacificseaplanes.com) Fliegt von Prince Rupert nach Masset (ab 260 C$) und überall hin, wo ein Wasserflugzeug landen kann.

Pacific Coastal Airlines (☎800-663-2872; www.pacific-coastal.com) Mehrmals wöchentlich Flüge von Masset nach Vancouver.

ℹ Unterwegs vor Ort

Abseits des Hwy 16 gibt es meistens bestenfalls Schotterpisten.

BC Ferries (Erw./Kind 9/4,50 C$, Auto ab 20 C$, 20 Min., 7–22 Uhr fast immer 1-mal stündl.) betreibt eine kleine Autofähre, die die beiden Hauptinseln verbindet. Die Landestellen sind Skidegate Landing und Alliford Bay. Die Fahrpläne scheinen darauf ausgerichtet zu sein, Flugpassagiere zu ärgern.

Eagle Transit (☎877-747-4461; www.haidagwaii.net/eagle) holt die Leute von den Flügen und von der Fährstelle ab. Der Fahrpreis vom Flughafen nach QCC beträgt 27 C$.

Sich ein Auto auf der Insel zu mieten (60–100 C$/Tag), kann so teuer sein wie die Überführung eines Autos mit der Fähre. **Budget** (☎250-637-5688; www.budget.com) hat Filialen am Flughafen und in QCC. **Rustic Car**

Rentals (☎250-559-4641, 877-559-4641; citires@qcislands.net; 605 Hwy 33, QCC) ist auch in Masset vertreten.

Von Prince Rupert nach Prince George

Man kann die 725 km auf dem Hwy 16 zwischen den zwei Prinzen von British Columbia an einem Tag oder in einer Woche schaffen. Es gibt nichts, was man unbedingt gesehen haben müsste – und dennoch finden sich viele Plätze, an denen man eine Pause einlegen und etwas Zeit totschlagen kann. Die Landschaft entlang der Strecke ist nicht gerade unvergesslich (mit einer erwähnenswerten Ausnahme), aber sie bietet eine angenehme Abwechslung zwischen all den Bergen und Flüssen.

VON PRINCE RUPERT BIS SMITHERS

Auf den ersten 150 km führt der Hwy 16 am breiten und wilden Skeena River entlang. Hier ist die Landschaft noch äußerst reizvoll: Die Reisenden bekommen Gletscher und schroffe Gipfel auf der anderen Seite des Flusses zu sehen. Der schäbige Ort **Terrace** am Ende der Strecke wird jedoch keine Schönheitswettbewerbe gewinnen.

Von Terrace führt der Hwy 16 auf weiteren 93 km in östliche Richtung nach Kitwanga, wo der **Stewart-Cassiar Hwy** (Hwy 37) Richtung Norden ins Yukon Territory und nach Alaska verläuft.

Gleich östlich von Kitwanga kommt man in die Gegend von **Hazelton** (New Hazelton, Hazelton und South Hazelton), das Zentrum einiger interessanter Stätten der Ureinwohner, darunter auch das **'Ksan Historical Village & Museum** (☎250-842-5544; www.ksan.org; Eintritt 2 C$; Okt.–Mai Mo–Fr. 9.30–16.30 Uhr, April.–Sept. 9–17 Uhr). In dem nachgebildeten Dorf der Gitksan gibt es Langhäuser, ein Museum, verschiedene Nebengebäude und Totempfähle.

SMITHERS

Smithers, eine recht große Ortschaft mit einem netten alten Zentrum, liegt ungefähr auf halber Strecke zwischen Prince Rupert und Prince George. Die **Touristeninformation** (☎250-847-5072, 800-542-6673; www.tourismsmithers.com; 1411 Court St; ⌚Mai–Sept. 9–18 Uhr, Okt.–April Mo–Fr 9–17 Uhr) weist einem den Weg zu den ausgezeichneten Mountainbike-, Rafting- und Kletterzielen. Wunderbar wandern lässt es sich im nahegelegenen **Babine Mountains Provincial Park** (☎250-847-7329; www.bcparks.ca; Stellplatz im offenen Gelände 5 C$/Pers.), einem 324 km² großen Areal, in dem Wege zu Gletscherseen und subalpinen Wiesen führen.

Das **Smithers Guesthouse** (☎250-847-4862; www.smithersguesthouse.com; 1766 Main St; B ab 24 C$, Zi. 60–82 C$; @📶) liegt in der Nähe des Zentrums. Die Zimmer sind einfach, aber man wird sehr freundlich empfangen. An der Main St gibt es mehrere gute Cafés. Im **Mountain Eagle Books & Bistro** (☎250-847-5245; 3775 3rd St; ⌚Mo–Sa 9–18 Uhr; 📶) findet man Bücher und Infos über die muntere Folk-Music-Szene der Gegend. In dem winzigen Café bekommt man vegetarische Suppen und Mittagsgerichte.

VON SMITHERS NACH PRINCE GEORGE

Südwestlich von Smithers kommt man nach 146 km durch **Burns Lake**, das Zentrum eines beliebten Angelgebiets. Nach weiteren 128 km führt bei **Vanderhoof** der Hwy 27 auf 66 km nordwärts zur **Fort St. James National Historic Site** (☎250-996-7191; www.pc.gc.ca; Erw./Kind 8/4 C$; ⌚Mai–Sept. 9–17 Uhr), einem früheren Handelsposten der Hudson's Bay Company am ruhigen Südostufer des Stuart Lake. Die Anlage wurde restauriert und originalgetreu im Zustand von 1896 hergerichtet. Von Vanderhoof aus führt die 100 km lange Strecke nach Prince George. Die Strecke verläuft durch eine Region voller toter Bäume, wie man sie überall im Norden sieht. Diese leuchtend roten Bäume sind Opfer des Bergkiefernkäfers. Die explosionsartige Vermehrung dieser Borkenkäferart hängt mit den vergleichsweise milden Wintern zusammen, die wiederum eine Folge des Klimawandels sind.

Prince George

84 300 EW.

Ehe die Zuwanderer kamen, hieß Prince George bei den Ureinwohnern Lheidli T'Enneh, „Volk der Mündung" – ein angemessener Name, mündet doch hier der Nechako in den Fraser River. Auch heute noch wäre der Name passend, wohl aber eher, weil heute hier die Highways zusammenlaufen. Die seit 1807 bestehende Holzfällerstadt ist eine wichtige Kreuzung im Straßennetz von British Columbia – wer den Norden besucht, wird hier zumindest einmal bestimmt durchkommen.

Der Hwy 97 führt aus dem Süden kommend auf seinem Weg nordwärts nach Dawson Creek (360 km) und zum Alaska Hwy mitten durch das Zentrum der Stadt. Hwy 16, der westwärts nach Prince Rupert (724 km) und ostwärts nach Jasper (380 km) und Edmonton verläuft, heißt innerhalb der Stadt Victoria St. Der Ortskern hat sicherlich keine Chance in einem Schönheitswettbewerb, ist aber kompakt und bietet einige gute Restaurants. Man ist also gut beraten, hier ein Nickerchen zu machen, etwas zu essen und dann weiterzufahren.

Sehenswertes

Im **Exploration Place** (☎250-562-1612; www.theexplorationplace.com; Fort George Park; Erw./Kind 9/6 C$; ⊙9–18 Uhr) südöstlich des Zentrums – von der Gorse St die 20th Ave nach Osten nehmen – gibt es mehrere auf Kinder ausgerichtete Ausstellungssäle zu Technik, Naturkunde und Kulturgeschichte.

Im **Cottonwood Island Nature Park** führen Wanderwege am Fluss entlang; das hiesige kleine **Prince George Railway & Forestry Museum** (☎250-563-7351; www.pgrfm.bc.ca; 850 River Rd; Erw./Kind 6/3 C$; ⊙Mitte Mai–Mitte Okt. 10–17 Uhr) widmet sich Dampfzügen, Bibern und dem lokalen Brauchtum.

Schlafen

Der Hwy 97/Central St beschreibt einen Bogen um das Zentrum. An der Straße liegen zahlreiche Motels und Einkaufszentren. Bei der **Bed & Breakfast Hotline** (☎250-562-2222, 877-562-2626; www.princegeorgebnb.com) kann man recht günstige Zimmer (50–100 C$) reservieren. Die meisten Motels holen einen auch vom Bahnhof oder Busbahnhof ab.

Economy Inn MOTEL $

(☎250-563-7106, 888-566-6333; www.economyinn.ca; 1915 3rd Ave; Zi. 60–95 C$; ❄📶) Das zentrumsnahe schlichte blau-weiße Motel hat 30 saubere Zimmer und einen Whirlpool. Dank der günstigen Unterkunft kann man sich gleich auf der anderen Straßenseite bei Dairy Queen ein üppiges Peanut Buster Parfait gönnen.

Esther's Inn MOTEL $$

(☎250-562-4131, 800-663-6844; www.esthersinn.com; 1151 Commercial Cres; Zi. 80–120 C$; ❄@🏊) Lust auf ein Tiki? Die nachgemachte Südsee-Atmosphäre macht vor keinem der 118 Zimmer Halt. Drei Whirlpools versprechen prickelnde Erlebnisse. Das Motel liegt draußen in einer Parallelstraße von Hwy 97.

Travelodge Goldcap MOTEL $$

(☎250-563-0666, 800-663-8239; www.travelodgeprincegeorge.com; 1458 7th Ave; Zi. 75–130 C$; ❄@📶) Von außen wirkt das Travelodge etwas marktschreierisch, innen ist es aber ganz ordentlich. Die 77 Zimmer bieten zwar nur den üblichen Motelstandard, sind aber sehr groß. Pluspunkt: Das Haus ist nur ein paar Schritte von guten Restaurants und Bars entfernt.

Bee Lazee Campground CAMPING $

(☎250-963-7263, 866-679-6699; www.beelazee.ca; 15910 Hwy 97S; Stellplatz 20–27 C$; ⊙Mai–Sept.; 📶🏊) Rund 10 km südlich der Stadt bietet dieser auf Wohnmobile ausgerichtete Platz die volle Ausstattung inklusive kostenloser warmer Duschen, eines Pools und einer Waschküche.

Essen & Ausgehen

Der **Bauernmarkt** (Ecke George St & 3rd Ave; ⊙Mai–Sept. Sa 8.30–14 Uhr) ist ein guter Ort, um sich mit Gemüse und Lebensmitteln aus der Region einzudecken.

Cimo MEDITERRAN $$

(☎250-564-7975; 601 Victoria St; Hauptgerichte 10–25 C$; ⊙Mo–Fr 12–14, Mo–Do 17–22, Fr & Sa bis 23 Uhr) Das Pesto und die ausgezeichneten mediterranen Gerichte enttäuschen nie. Man kann in dem stilvollen Innenraum oder draußen auf der Terrasse zu Abend essen (oder auch nur ein Glas Wein aus British Columbia trinken). An vielen Abenden gibt's Livejazz.

Thanh Vu ASIATISCH $

(☎250-564-2255; 1778 Hwy 97 S; Hauptgerichte 8–15 C$; ⊙11–21 Uhr) Das bei Einheimischen sehr beliebte Lokal liegt etwas außerhalb am Hwy 97. Die frisch zubereiteten vietnamesischen Gerichte sind lecker und besser als das meiste, was asiatische Restaurants nördlich des Großraums Vancouver so anbieten.

White Goose Bistro FUSION $$

(☎250-561-1002; 1205 3rd Ave; Hauptgerichte 8–25 C$; ⊙11.30–22 Uhr) Das Restaurant mit weißen Tischdecken verleiht dem Zentrum einen Hauch von Klasse. Der Chefkoch Ryan Cyre zaubert überraschende Leckerbissen wie Hummer-Nachos, ist sich aber auch für klassische Bistrogerichte nicht zu schade. Mittags gibt's Salate, Sandwichs und Pasta.

BUSSE AB PRINCE GEORGE

ZIEL	PREIS	DAUER	HÄUFIGKEIT (TGL.)
Dawson Creek	72 C$	5–6½ Std.	2-mal
Jasper	65 C$	5 Std.	1-mal
Prince Rupert	120 C$	10 Std.	1-mal
Vancouver	96 C$	12 Std.	2-mal

Shoppen

Books & Company BUCHLADEN
(☎250-563-6637; 1685 3rd Ave; ⏲Mo, Mi & Sa 8–18, Do 8–21, Fr 8–22, So 10–17 Uhr; 📶) Der beste Buchladen im Norden British Columbias hat auch ein lebhaftes Café.

Praktische Informationen

Touristeninformation (www.tourismpg.com) Bahnhof (☎250-562-3700, 800-668-7646; VIA Rail Station, 1300 1st Ave; ⏲Mai–Sept. 8–20 Uhr, Okt.–April 8.30–17 Uhr); Zweigstelle (☎250-563-5493; Ecke Hwy 97 & Hwy 16; ⏲Mai–Aug. 8–20 Uhr) In der ausgezeichneten Touristeninformation im Bahnhof kann man u. a. Fährtickets buchen. Der Internetzugang kostet 3,50 C$ pro 30 Minuten.

An- & Weiterreise

Der **Prince George Airport** (YXS; ☎250-963-2400; www.pgairport.ca) liegt an der Airport Rd, die vom Hwy 97 abzweigt. **Air Canada Jazz** (www.aircanada.com) und **Westjet** (www.westjet.com) fliegen nach Vancouver.

Greyhound Canada (☎800-661-8747; www.greyhound.ca; 1566 12th Ave)

VIA Rail (www.viarail.ca; 1300 1st Ave) fährt dreimal wöchentlich westwärts nach Prince Rupert (12½ Std.) und ebenfalls dreimal wöchentlich ostwärts nach Jasper (7½ Std.) und weiter. In beide Richtungen gilt: Wer mit der Bahn hier durchfährt, muss in Prince George übernachten.

Unterwegs vor Ort

Die größeren Autoverleiher haben Büros am Flughafen.

Prince George Transit (☎250-563-0011; www.busonline.ca; Fahrkarte 2 C$) Betreibt die Regionalbusse.

Prince George Taxi (☎250-564-4444)

Von Prince George nach Alberta

An dem 380 km langen Abschnitt des Hwy 16 zwischen Prince George und Jasper, das gleich hinter der Grenze in Alberta liegt, wird man unterwegs viele Wildtiere zu sehen bekommen. Die Hauptattraktion der Region grenzt unmittelbar an den Jasper National Park an, liegt aber noch in British Columbia: Im **Mt. Robson Provincial Park** (☎250-964-2243; www.bcparks.ca) gibt es steile Gletscher, viele Wildtiere und Wanderwege durch die Wildnis – unberechtigterweise steht er im Schatten seines berühmteren Nachbarn. **McBride** ist ein guter Ort für eine Pause.

Der Stewart-Cassiar Highway

Wie die Versprechen von Politikern wird auch der Stewart-Cassiar Hwy (Hwy 37) jedes Jahr besser – doch anders als die Versprechen ist er nicht löchrig wie ein Schweizer Käse. Die bereits stark ausgebesserte 700 km lange Straße ist eine brauchbare und immer beliebter werdende Route zwischen British Columbia, dem Yukon Territory und Alaska (s. Kasten S. 844) – und mehr als nur das Mittel zum Zweck, um vom Hwy 16 (bei Kitwanga) in British Columbia zum Alaska Hwy in Yukon (7 km westlich von Watson Lake) zu gelangen: Entlang der Strecke öffnet sich ein Fenster zu einer der größten noch unberührten Wildnis der Provinz. Und schließlich führt ein lohnender Abstecher nach Stewart und unterwegs vorbei an Gletschern und anderen Attraktionen (s. Kasten S. 845).

Weniger als 2% der Straße, die für alle Fahrzeugtypen geeignet sind, bestehen aus unbefestigtem Schotter. Man sollte jederzeit damit rechnen, Bären, Elchen und anderen großen Säugetieren zu begegnen.

Mindestens alle 150 km kommt man an einer Tankstelle vorbei, und es ist kein Problem, immer mal wieder eine Lodge oder Zeltplätze aufzutreiben. Einige Einrichtungen haben allerdings unberechenbare Öffnungszeiten und sind nur im Sommer geöffnet. Der **Stewart-Cassiar Tourism Council** (www.stewartcassiar.com) ist eine gute Informationsquelle. Und die Verwaltung von British Columbia stellt **Berichte über den Straßenzustand** (☎800-550-4997; www.drivebc.ca) zur Verfügung. Wenn es im Sommer trocken und sehr lange hell ist, kann man die Strecke von Stewart oder sogar Smithers nach Watson Lake an einem einzigen Tag schaffen. Trotzdem: Die Strecke ist kein Kinderspiel.

Dease Lake, 488 km nördlich von Kitwanga bzw. 331 km nördlich der Meziadin Junction gelegen, ist der größte Ort an der Strecke. Hier gibt es ganzjährig geöffnete Motels, Läden und sonstige Einrichtungen.

Zu den vielen Naturwundern unterwegs zählt auch der **Spatsizi Plateau Provincial Wilderness Park** (☎250-771-4591; www.bcparks.ca), der von Tatogga aus über eine unebene, 28 km lange Schotterstraße zu erreichen ist; diese zweigt rund 216 km nördlich der Meziadin Junction ab. Der Park ist unerschlossen und von der Außenwelt abgeschirmt. Die Pfade durch die unberührte Landschaft sind oft nur vage auszumachen. Deshalb sollte man sowohl sehr erfahren als auch in der Lage sein, in der Wildnis zu überleben, um diese Herausforderung in Angriff zu nehmen.

Der **Boya Lake Provincial Park** (☎250-771-4591; www.bcparks.ca; Stellplatz 16 C$) liegt weniger als 90 km von der Provinzgrenze entfernt. Der ruhige, kleine Park umgibt den türkis leuchtenden Boya Lake. An dessen Ufer kann man ein Zelt aufschlagen.

Alaska Highway

Auf seinem Weg von Prince George aus in den Norden gibt der Hwy 97 den Blick auf

NORDWÄRTS BIS NACH YUKON

In British Columbia gibt es drei Hauptstraßen, um nach Norden (und nach Süden!) zu gelangen. Sie eignen sich prinzipiell alle für Traveller. Man hat also mehrere Optionen, sich eine Strecke ins Yukon Territory oder sogar bis nach Alaska zurechtzulegen.

Der Alaska Highway

Der sagenhafte, historische Alaska Hwy (S. 844), der von seinem Startpunkt in Dawson Creek (364 km nordöstlich von Prince George) durch den Nordosten von British Columbia bis nach Watson Lake (944 km) führt, wird heute durch den Stewart-Cassiar Hwy etwas in den Schatten gestellt. Aber die Fahrt ist immer noch ein wunderbares Erlebnis, lediglich der erste Abschnitt bis Fort Nelson ist ziemlich öde. Der Alaska Hwy eignet sich vor allem für Traveller, die aus Edmonton und dem Osten des Landes kommen.

Der Stewart-Cassiar Highway

Der Stewart-Cassiar (Hwy 37; s. S. 843) führt von der Kreuzung mit dem Hwy 16 – bei Kitwanga 240 km östlich von Prince Rupert und 468 km westlich von Prince George – über 700 km weit durch eine wilde, unberührte Landschaft. Ein Abstecher zu den unvergesslichen Gletschern rund um Stewart ist leicht machbar. Diese Route bietet sich für Traveller an, die aus den meisten Teilen von British Columbia, aus Alberta oder aus dem Westen der USA kommen. Die Straße endet am Alaska Hwy in der Nähe von Watson Lake in Yukon.

Der Alaska Marine Highway

Wir lieben die Autofähren, die der US-Bundesstaat Alaska auf der **Inside Passage** (www.ferryalaska.com) betreibt. Auf ihnen gibt es keinen Schnickschnack. Man kann entspannen und eines der wunderbarsten Küstengebiete auf sich wirken lassen. Man genießt die gleiche Kulisse wie auf den Kreuzfahrtdampfern, zahlt aber sehr viel weniger. Man kann die dreitägige Fahrt von Bellingham im US-Bundesstaat Washington (nördlich von Seattle) nach Haines (S. 863) und Skagway (S. 864) im Südosten von Alaska (an der Grenze zu Yukon) mitmachen. Alternativ gelangt man auch in Prince Rupert (s. S. 834) auf die Fähren zu den beiden genannten Orten (von Prince Rupert aus ist auch die Weiterfahrt mit Schiffen von BC Ferries nach Port Hardy möglich). Im Sommer sind die Fähren – und ganz besonders die Kajüten – schnell ausgebucht: also rechtzeitig reservieren.

NICHT VERSÄUMEN

ABSTECHER: STEWART & HYDER

Ehrfurcht gebietend – zugegeben, ein Klischee, aber beim Blick auf den **Salmon Glacier** begreift man hautnah, was das Wort eigentlich bedeutet. Die ungeheure Eiswüste, die sich bis zum Horizont erstreckt, ist wahrlich ein guter Grund, den 67 km langen Abstecher vom Hwy 37 auf sich zu nehmen (die Strecke startet an der Meziadin Junction, 157 km nördlich von Kitwanga). Dass sich die Fahrt gelohnt hat, ahnt man bereits, wenn man die bläulich schimmernde Eisfläche des **Bear Glacier** über dem Hwy 37A aufragen sieht.

Die beiden benachbarten Grenzorte **Stewart** in British Columbia und **Hyder** in Alaska liegen am Ende des Portland Canal. Stewart, der lebendigere der beiden Orte, hat eine **Touristeninformation** (250-636-9224, 888-366-5999; www.stewart-hyder.com; 222 5th Ave; Juni–Sept. 9–18 Uhr, Winter verkürzte Öffnungszeiten) und ausgezeichnete Unterkünfte und Restaurants.

Unter den diversen Campingplätzen und Motels ragt der **Ripley Creek Inn** (250-636-2344; www.ripleycreekinn.com; 306 5th Ave; Zi. 55–125 C$; @) eindeutig heraus. Die 39 Zimmer sind stilvoll mit neuen und alten Stücken dekoriert; erwähnenswert ist auch die prächtige Sammlung alter Toaster (!) und das ausgezeichnete **Bitter Creek Café**.

Hyder fristet seine Existenz als „Geisterstadt". In jedem Sommer kommen rund 40 000 Touristen durch, die so jedes Gedränge am US-Zoll vermeiden – weil der hier nämlich nicht existent ist. (Auf dem Weg zurück nach Stewart wirft allerdings der kanadische Zoll einen Blick auf die Reisenden). Hyder hat schlammige Straßen und nur zwei bemerkenswerte Geschäfte: das **Glacier Inn** – eine spaßige Bar, wenn man sich die blöde Touristenanmache („get Hyderized") wegdenkt – und den **Seafood Express** (250-636-9011) mit den leckersten Meeresfrüchten, die in einem Schulbus zubereitet werden. Doch das war's dann schon mit Hyder.

Der Salmon Glacier 33 km hinter Hyder ist über eine kurvenreiche, unbefestigte Piste zu erreichen, über die sich auch normale Autos hinaufquälen können (sofern die Strecke trocken ist). Nach rund 3 km kommt man am **Fish Creek Viewpoint** vorbei; im Spätsommer wimmelt es hier von Lachsen und Bären, die sich die Fische angeln.

Berge und Wälder, sanft geschwungene Hügel und Ackerland frei. Nähert man sich Dawson Creek (360 km), gleicht die Landschaft den Prärien von Alberta. Es besteht kein Grund, das Tempo zu drosseln.

Von **Chetwynd** aus kann man auf dem Hwy 29 mit dem weiten Blick über das Peace River Tal via Hudson's Hope Richtung Norden fahren, um dann nördlich von Fort St. John auf den Alaska Hwy zu treffen.

Dawson Creek ist bemerkenswert als Ausgangspunkt (Mile 0) des Alaska Hwy – mit dem **Alaska Highway House** (250-782-4714; 10201 10th St; Eintritt gegen Spende; Mai–Sept. tgl. 9–17 Uhr, Okt.–April Mo–Fr 9–17 Uhr) zieht es daraus denn auch seinen Nutzen. Das reizende kleine Museum ist in einem alten Gebäude mit Blick auf den Meilenstein untergebracht. (Weitere Infos zum Alaska Hwy gibt's auf S. 858.) Die nahe gelegenen Häuserblocks im Zentrum bieten sich zu einem Stadtbummel an; es gibt auch einen historischen Rundgang zu den alten Gebäuden. In der **Touristeninformation** (250-782-9595, 866-645-3022; www.tourismdawsoncreek.com; 900 Alaska Ave; Mai–Aug. 8–17.30 Uhr, Sept.–April Di–Sa 10–17 Uhr) findet man die übliche Liste der Unterkünfte. Achtung: In diesem Teil von British Columbia gilt ganzjährig die Mountain Standard Time – im Winter ist es hier also genauso spät wie in Alberta, nämlich eine Stunde später als im sonstigen British Columbia! Im Sommer hingegen befindet man sich in der gleichen Zeitzone wie in Vancouver.

In Dawson Creek beginnt die große Fahrt (s. Kasten S. 844) Richtung Nordwesten. Man sollte nicht gleich in Fort St. John den ersten Stopp einlegen – genau genommen ist die 430 km lange Strecke bis nach **Fort Nelson** langweilig und gibt kaum einen Vorgeschmack auf die Naturwunder, die einen noch erwarten.

In der **Touristeninformation** (250-774-2541; www.northernrockies.ca; 5500 50th Ave N; Mai–Sept. tgl. 8–20 Uhr, Okt.–April Mo–Fr 8.30–16.30 Uhr) von Fort Nelson findet man gute regionale Informationen zu dem bevorstehenden Abenteuer. Der Ort selbst erlebt gerade einen Boom, den er der Ausbeutung der Ölfelder in der Region verdankt. Fort Nelson ist der letzte eigentliche Ort am Alaska Hwy bis hin nach Whitehorse – die meisten „Ortschaften", die unterwegs an der Strecke liegen, bestehen aus kaum mehr als einer Tankstelle und ein oder vielleicht zwei Motels.

Rund 140 km westlich von Fort Nelson warten im **Stone Mountain Provincial Park** (☎250-427-5452; www.bcparks.ca; Stellplatz 14 C$) einige Wanderwege; sein Zelt kann man auf einem Campingplatz und an diversen Stellen im freien Gelände aufstellen. Auf diesem Abschnitt der Strecke wimmelt es von Wildtieren, u. a. sind die Wälder das Zuhause von Elchen, Bären, Bisons, Wapitis und sogar Wölfen. Hier lohnt der Alaska Hwy reichlich die lange Anfahrt.

Nach weiteren 75 km ist der **Muncho Lake Provincial Park** (www.bcparks.ca; Stellplatz 16 C$) erreicht, dessen Mittelpunkt der gleichnamige smaragdgrüne See bildet. Naturfreunde dürfen sich auf Fichtenwälder, hohe Berge und eine wahrlich atemberaubende Landschaft freuen. Zwei Campingplätze liegen am See; außerdem verteilen sich ein paar an dem durch den Park führenden Highway, darunter die **Northern Rockies Lodge** (☎250-776-3481, 800-663-5269; www.northern-rockies-lodge.com; Stellplatz ab 35 C$, Zi. 80–200 C$).

Last, not least gelangt man zum **Liard River Hot Springs Provincial Park** (☎250-427-5452; www.bcparks.ca), in dessen feuchtwarmem Ökosystem sage und schreibe 250 Pflanzenarten gedeihen. Nach einem langen Tag im Auto wird man die warmen Quellen als Wohltat empfinden. Der **Campingplatz** (☎800-689-9025; www.discovercamping.ca; Stellplatz 17 C$) des Parks hat 52 Stellplätze. Von hier sind es dann noch 220 km bis nach Watson Lake (S. 857), das bereits im Yukon Territory liegt.

Yukon Territory

Inhalt »

Gut essen

» Drunken Goat Taverna (S. 873)

» Klondike Kate's (S. 873)

» Klondike Rib & Salmon Bake (S. 855)

» Giorgio's Cucina (S. 855)

Schön übernachten

» High Country Inn (S. 854)

» Edgewater Hotel (S. 854)

» Bombay Peggy's (S. 872)

» Klondike Kate's (S. 873)

Auf ins Yukon Territory!

Abenteuer, Wildnis, Elche, der hohe Norden – dafür steht Yukon. Schon der Begriff allein löst ein Kribbeln in der Magengegend aus. Die weite, einsame Landschaft, in der es weit weniger Menschen als Vierbeiner gibt, strahlt eine Erhabenheit aus, die man selbst erlebt haben muss.

Es gibt nur noch wenige Orte, die sich eine solche Ursprünglichkeit bewahrt haben. Die Ureinwohner, seit Jahrtausenden im Kampf ums Überleben geübt, jagen und stellen Fallen auf wie eh und je. Die größte Bevölkerungsdichte im Territorium herrschte während des Klondike-Goldrauschs 1898, doch jene Zeiten sind längst Vergangenheit.

Eine Reise durch das Yukon Territory bedeutet, viel draußen zu sein. Kanadas fünf höchste Berge und die nach der Arktis weltweit größten Eisfelder liegen im Kluane National Park. Kanufahrten entlang des malerischen Yukon River, freundliche Menschen, das unkonventionelle Dawson City und das quirlige Whitehorse versprechen ein unvergessliches Urlaubserlebnis.

Reisezeit

Dawson City

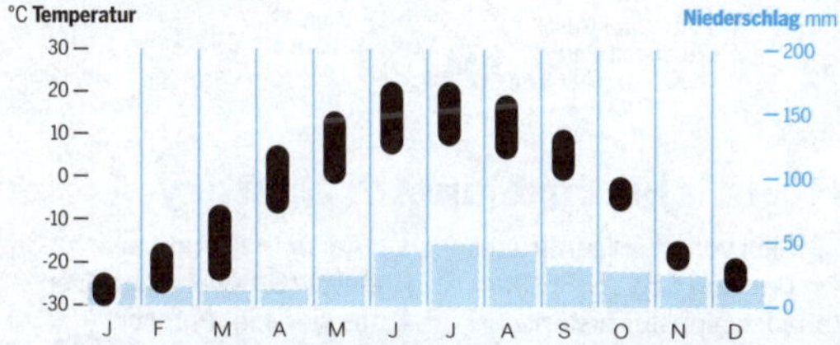

Winter Die kalte Jahreszeit von November bis April endet, wenn das Eis der Flüsse aufbricht.

Sommer Die Sommermonate von Juni bis August sind kurz, aber warm bis heiß.

September Nordwinde kommen, die Bäume verfärben sich; eine ruhige Einsamkeit greift um sich.

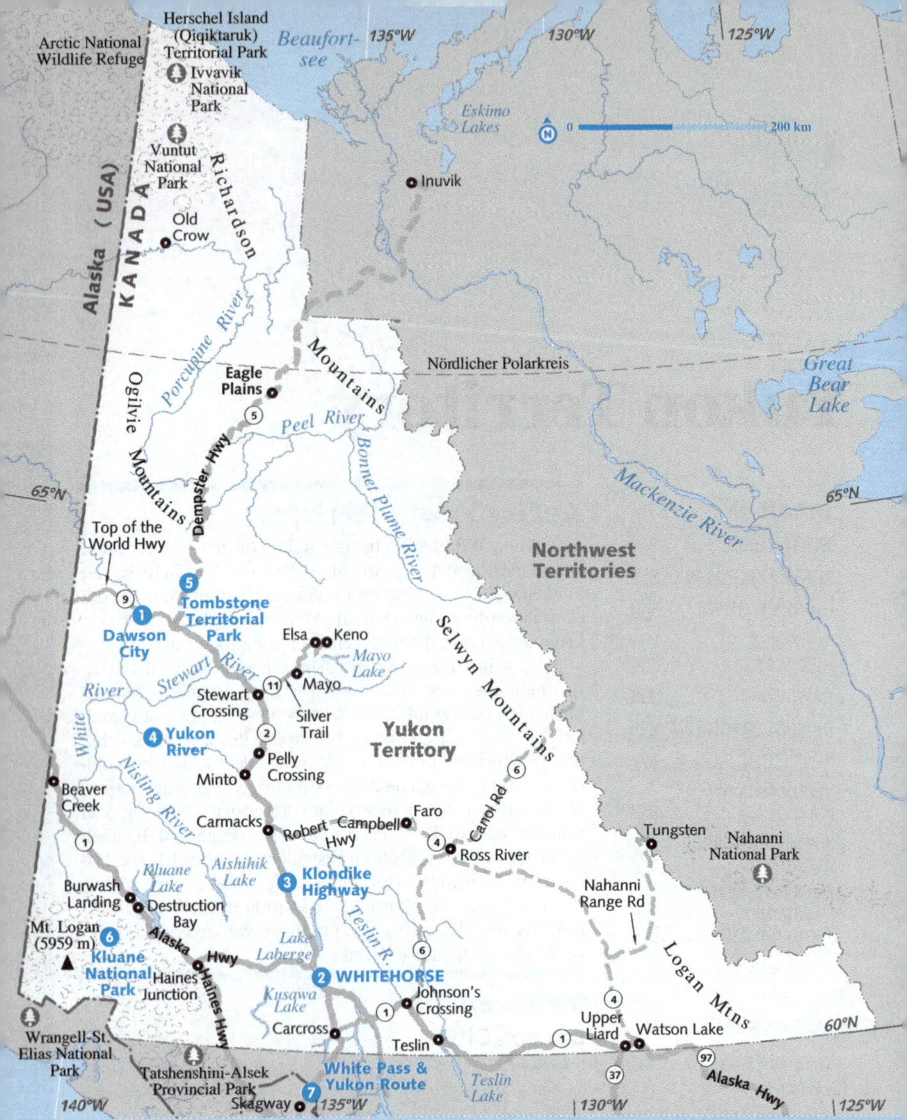

Highlights im Yukon Territory

1 Sich vom quirligen Trubel von **Dawson City** (S. 868), Kanadas hippster historischer Stadt, anstecken lassen

2 Einen zusätzlichen Tag mit der Erkundung des überraschend vielseitigen **Whitehorse** (S. 851) und seines reichen kulturellen Angebots zubringen

3 Auf dem **Klondike Highway** (S. 864) Elchezählen – Autos sind hier nämlich zahlenmäßig oft in der Minderheit

4 Mit dem Kajak oder dem Kanu eine Tour auf dem **Yukon River** (S. 854) unternehmen

5 Die überwältigende Schönheit des Nordens im **Tombstone Territorial Park** (S. 875) auf sich wirken lassen

6 Einen der 100 namenlosen Gletscher im **Kluane National Park** (S. 860) finden und mit einem Namen versehen

7 Die Fahrt entlang der legendären **White Pass & Yukon Route** (S. 864) genießen

KURZINFOS

» Bevölkerung: 32 000

» Fläche: 483 450 km^2

» Hauptstadt: Whitehorse

» Schräge Facts: Heimat von Robert Service; Der Dichter machte das Yukon Territory durch Werke wie *The Shooting of Dan McGrew* und *The Cremation of Sam McGee* unsterblich.

Geschichte

Es gibt Hinweise darauf, dass sich Menschen bereits vor etwa 15 000 bis 30 000 Jahren im Yukon-Gebiet von Tieren ernährten, wobei die ungefähre Zeitspanne je nach Methode der Kohlenstoffdatierung schwankt. Es herrscht allerdings allgemein Einigkeit darüber, dass diese Menschen von jenen abstammten, die vom heutigen Sibirien aus über die damals existierende Landbrücke auf den amerikanischen Kontinent gelangten. Ansonsten ist geschichtlich gesehen kaum etwas dokumentiert, obwohl man heute weiß, dass ein Vulkanausbruch 800 n. Chr. einen Großteil des südlichen Yukon-Gebiets mit Asche bedeckte. Ähnlichkeiten mit dem Volk der Athabasken im Südwesten der USA deuten darauf hin, dass diese Gruppen möglicherweise das Yukon-Gebiet verließen, nachdem durch den Vulkanausbruch dort Jagen und Fischen unmöglich geworden war.

Robert Campbell, ein Forschungsreisender der Hudson's Bay Company, bereiste den Distrikt in den 1840er-Jahren als erster Europäer. Pelzhändler, Goldschürfer, Walfänger und Missionare folgten ihm auf dem Fuße. 1870 wurde das Gebiet zu einem Teil der Northwest Territories (NWT). Weltweite Berühmtheit erlangte Yukon dann 1896, nachdem in einem Nebenfluss des Klondike River in der Nähe dessen, was später einmal zu Dawson City werden sollte, Gold gefunden worden war. Der folgende Goldrausch zog über 40 000 Hoffnungsfrohe aus der ganzen Welt an. Städte schossen über Nacht aus dem Boden, um die zahlreichen Glücksritter zu versorgen, die so gut wie gar nicht darauf vorbereitet waren, dass sie sich geradewegs in ihr Verderben stürzten (s. Kasten S. 866).

1898 wurde Yukon ein eigenständiges Territorium mit Dawson City als Hauptstadt. Der Bau des Alaska Hwy (Hwy 1) 1942 öffnete das Yukon Territory für Erschließungsmaßnahmen. 1953 wurde Whitehorse zur Hauptstadt, da sich hier die Eisenbahn und der Highway befanden. Der Bergbau ist noch immer der Hauptindustriezweig, an zweiter Stelle folgt der Tourismus.

Einheimische Kultur

Die etwas über 30 000 wettergegerbten Seelen, die im Yukon Territory leben, werden der Bezeichnung „krasse Individualisten" wirklich gerecht. Es lassen sich nicht alle über einen Kamm scheren, aber man kann mit einiger Sicherheit sagen, dass der durchschnittliche Bewohner des Yukon Territory den Aufenthalt im Freien genießt (bei jedem Wetter!), gern Fleischsorten isst, die man auf den Speisekarten weiter südlich selten findet, und einen Riss in der Windschutzscheibe hat (verursacht durch eine der vielen kaputten Straßen hier).

Natürlich hat die Unabhängigkeit der Yukon-Bewohner ihren Preis für das restliche Kanada. Über 70 % der jährlichen Einnahmen des Territory stammen von der Bundesregierung, und sie werden vornehmlich dafür eingesetzt, um alle Arten

YUKON VON SEINER EXTREMEN SEITE

Extreme Bedingungen lassen extreme Wettkämpfe entstehen.

» **Yukon Quest** (www.yukonquest.com) Das legendäre 1600 km lange Hundeschlittenrennen führt durch die Dunkelheit des Februars bei Temperaturen von −50 °C von Whitehorse nach Fairbanks in Alaska. Rekord: zehn Tage, zwei Stunden, 37 Minuten.

» **Yukon River Quest** (www.yukonriverquest.com) Das weltbekannte, im Juni stattfindende Kanu- und Kajakrennen wird auf der klassischen 742 km langen Route entlang des Yukon River von Whitehorse nach Dawson City ausgetragen. Rekorde: 39 Std., 32 Min. mit Zuhilfenahme des Kanus, 44 Std., 14 Min. nur mit dem Kajak.

» **Klondike Trail of '98 Road Relay** (www.klondikeroadrelay.com) Rund 100 zehnköpfige Laufteams nehmen im September das Nachtrennen von Skagway nach Whitehorse in Angriff.

ERLEGE DEIN ABENDESSEN ...

Als Reaktion auf die Befürchtung, das zunehmend kultivierte Whitehorse könnte die Einwohner des Yukon Territory zu sehr verweichlichen (also zu Südstaatlern oder Südlich-der-Grenze-von-Yukon-Lebenden machen), verordnete *Up Here*, ein preisgekröntes Magazin Nordkanadas, folgende Gegenmaßnahmen:

Lebe den Norden. Baue dein Haus außerhalb der Stadt. Trage Elch- und Robbenfell. Parke dein Auto in deinem Garten. Pinkle am Highway. Nimm deinen Hund mit zur Arbeit. Tu, wonach dir der Sinn steht. Sage „the Yukon" (welches Weichei von Bürokrat konnte das „the" streichen?). Missachte rote Ampeln. Fahre mit dem Quad zur Arbeit. Schau den Leuten in die Augen. Rasier dich nicht – Ladys, damit seid ihr gemeint. Fluche. Spucke. Klopfe niemals an. Iss Bannock und Dörrfleisch und trinke Tee. Mach ein Lagerfeuer in deinem Vorgarten. Geh auf der Müllkippe shoppen. Nenne den Rest der Welt „Outside". Vernichte dein Handy. Erlege dein Abendessen. Und benimm dich endlich nicht mehr wie ein verdammter Südstaatler!

Up Here (www.uphere.ca)

von Serviceeinrichtungen auf einem ziemlich komfortablen Level zu finanzieren. Whitehorse verfügt beispielsweise über ein Angebot von Kultur- und Freizeiteinrichtungen, um das es von so manch einer um ein Vielfaches größeren Gemeinde im Süden Kanadas beneidet wird. Über 5000 Personen arbeiten hier für die Regierung.

Dank der langen Isolation des Yukon vor dem Zweiten Weltkrieg haben sich die 14 Gruppen von First Nations im Vergleich zu denen, die in anderen Teilen von Kanada zur Assimilation gezwungen wurden, ihre Beziehung zum Land und zu ihrer traditionellen Kultur bewahrt. Man findet die Gruppen überall in der Region verstreut und an isolierten Orten wie Old Crow, wo ihre Lebensweise sich über Jahrhunderte nicht grundlegend verändert hat. Es ist nicht ungewöhnlich, dass man von den älteren Ureinwohnern verschiedene indianische Dialekte zu hören bekommt.

Licht – oder eher der Mangel daran – spielt für das Leben hier eine wichtige Rolle. Viele Menschen gewöhnen sich prima an die extremen Schwankungen, die das Tageslicht im Lauf des Jahres durchmacht, aber andere schaffen das einfach nicht. Jedes Jahr hört man von Alteingesessenen ebenso wie von Neuankömmlingen, die eines schönen Tages (häufig im Februar) verkünden „Genug ist genug!" und danach für immer in Richtung Süden verschwinden.

Parks

Das Territorium besitzt eine bedeutende Unesco-Weltnaturerbestätte. Der raue, unwegsame Kluane National Park befindet sich im Yukon und grenzt an den Tatshenshini-Alsek Provincial Park in British Columbia (BC). Die Nationalparks Glacier Bay und Wrangell-St. Elias befinden sich dagegen im benachbarten Alaska.

Im Territorium gibt es vier Territorial Parks (www.yukonparks.ca), aber der Großteil des Gebiets ist für sich schon eine Art Naturpark. Überall sind öffentliche Campingplätze zu finden. Der Tombstone Territorial Park ist zwar abgelegen, aber trotzdem gut über den Dempster Hwy erreichbar. Auf der Strecke kann man die Schönheit der Tundra, die sich am Horizont abzeichnet, und die Erhabenheit der gewaltigen Gebirgszüge genießen.

ℹ Praktische Informationen

Es gibt ausgezeichnete Visitor Information Centers (VICs) an jedem Grenzübergang zum Yukon Territory: in Beaver Creek, in Carcross, in Dawson City, Haines Junction, Watson Lake und auch in Whitehorse.

Yukons Regierung produziert dank der großzügigen Unterstützung durch den kanadischen Steuerzahler genügend Literatur und Informationsmaterial, um Lesestoff für den ganzen Urlaub zu liefern. Zu den Highlights darunter gehören *Camping on Yukon Time, Art Adventures on Yukon Time* sowie aufwändige Wanderführer zu fast jeder Stadt mit einer Einwohnerzahl über 50. In den zahlreichen Besucherzentren kann man schon mal mit dem Sammeln anfangen, oder aber man surft einfach online durch (www.travelyukon.com). Eine weitere gute Internetquelle ist www.yukoninfo.com.

Wer so richtig in das Yukon Territory und in die großartige Welt seiner Erzählungen eintauchen möchte, sollte einige der zahlreichen Yukon-Romane lesen. Beginnen sollte man auf jeden Fall mit Jack Londons *Ruf der Wildnis*. Das Werk kann unter www.online-literature.com auch kostenlos online abgerufen und gelesen werden (allerdings nur auf Englisch).

An- & Weiterreise

Whitehorse ist per **Flugzeug** von Vancouver, Calgary, Edmonton und Alaska aus zu erreichen. Im Sommer gibt es Direktflüge von Deutschland aus. Ab Dawson City werden dann auch Inuvik in den Northwest Territories sowie Alaska angeflogen.

Ansonsten gibt es drei Hauptrouten, die ins Yukon Territory führen: per **Fähre** bis zu den Grenzübergängen von Skagway und Haines in Alaska, über den Alaska Hwy ab Dawson Creek in British Columbia und über den Stewart-Cassiar Hwy aus dem Nordwesten von British Columbia, der in der Nähe von Watson Lake auf den Alaska Hwy trifft.

In British Columbia gibt es Busverbindungen nach Whitehorse. Von dort bieten verschiedene Unternehmen Fahrten nach Skagway und Alaska (Dawson ausgenommen!) an. Mietautos und -wohnmobile sind teuer und nur in Whitehorse zu bekommen. Der Alaska Hwy und der Klondike Hwy sind asphaltiert und alle 100 bis 200 km mit Service-Einrichtungen ausgestattet.

Es empfiehlt sich, Infos über die aktuellen Straßenbedingungen einzuholen (☎511; www.511yukon.ca).

WHITEHORSE

23 800 EW.

Die Hauptstadt des Yukon Territory wird auf einer Reise in diese Region immer eine bedeutende Rolle spielen. Die beiden großen Highways des Yukon Territory – der Alaska Hwy und der Klondike Hwy – treffen hier aufeinander. Whitehorse ist ein wichtiger Dreh- und Angelpunkt für den Verkehr. Für Trips in die gesamte Region findet man hier alle möglichen Arten von Ausrüstern und Dienstleistungen. Die meisten Einwohner haben hier Jobs, die irgendetwas mit der Regierung zu tun haben, nur um nicht in die freie Wildbahn hinaus zu müssen – gleichgültig zu welcher Jahreszeit.

Auch abgesehen vom reinen Nutzwert dieser Stadt kann man Whitehorse durchaus mögen. Es gibt hier eine nachhaltig geförderte Kunstszene, gute Restaurants und eine Reihe Motels. Man kann locker einen oder mehrere Tage damit verbringen, die Sehenswürdigkeiten in Hörweite des tosenden Yukon River zu erkunden. Wenn man hinter die Kulisse aus eher gesichtslosen Geschäftshäusern schaut, wartet da eine stolze Anzahl von denkmalgeschützten Gebäuden darauf, entdeckt zu werden.

Whitehorse war schon immer ein Knotenpunkt für den Transport, erstmals im frühen 19. Jh. als Endstation für die Bahn der White Pass & Yukon Route von Skagway aus. Während des Zweiten Weltkriegs war die Stadt ein bedeutendes Zentrum für die Arbeiten am Alaska Hwy. 1953 wurde Whitehorse zur Hauptstadt des Territory, auch heute noch zum Leidwesen des sehr viel kleineren und isolierteren Dawson City.

Sehenswertes

Museen

SS Klondike HISTORISCHE STÄTTE
(☎867-667-4511; South Access Rd & 2nd Ave; Erw./Kind 6/2 C$; ⏲Mitte Mai–Mitte Sept. 9–17 Uhr) Die sorgfältig restaurierte *SS Klondike* war einer der größten Heckraddampfer, die auf dem Yukon River verkehrten. Sie wurde 1937 gebaut und ging 1955 auf ihre letzte Fahrt den Fluss hinauf nach Dawson. Heute ist sie eine nationale historische Stätte, die Besuchern interessante Einblicke bietet. Am liebsten würde man gleich eine Fahrt mit der alten Lady unternehmen …

MacBride Museum MUSEUM
(☎867-667-2709; www.mcbridemuseum.com; Ecke 1st Ave & Wood St; Erw./Kind 8/4,50; ⏲Mitte Mai–Sept. 9–18, Okt.–Mitte Mai Di–Sa 12–16 Uhr) Das Museum, quasi die Dachkammer des Yukon, widmet sich dem Goldrausch, den First Nations, furchtlosen Mountys und vielem mehr. Unter einem Grasdach wetteifern alte Fotos mit ausgestopften Tieren um die Gunst der Besucher.

Old Log Church HISTORISCHES GEBÄUDE
(☎867-668-2555; www.oldlogchurchmuseum.ca; 303 Elliott St; Erw./Kind 6/5 C$; ⏲Mitte Mai–Aug. 10–18 Uhr) Dieses Juwel von 1900 mitten im Zentrum ist die weltweit einzige Kirche im Blockhüttenstil. Die Ausstellung erzählt u.a. die fesselnde Geschichte des Missionars Isaac Stringer: Er kochte seine Stiefel und verspeiste sie, als er für 51 Tage in der Wildnis verschollen war – dementsprechend ist auch nur die verbliebene Sohle zu sehen.

Yukon Beringia Interpretive Centre MUSEUM
(☎867-667-8855; www.beringia.com; km1473 Alaska Hwy; Erw./Kind 6/4 C$; ⏲9–18 Uhr) Das Zentrum unmittelbar südlich des Flughafens hat seinen Schwerpunkt auf Beringia, einer größtenteils eisfreien Landbrücke, die während der letzten Eiszeit das Yukon territory, Alaska und Ostsibirien miteinander

Whitehorse

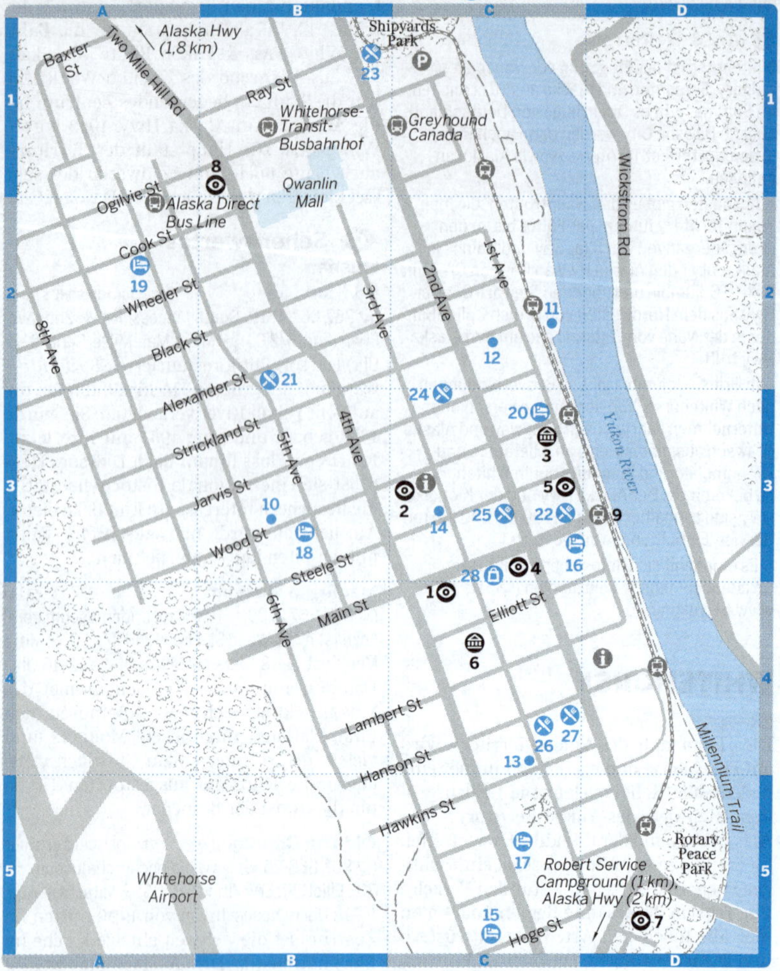

verband. Die faszinierenden Exponate lassen diese Zeit wieder lebendig werden, so z.B. der Riesenbiber, der die Besucher an der Tür begrüßt.

Yukon Transportation Museum MUSEUM
(☎867-668-4792; www.goytm.ca; 30 Electra Circle; Erw./Kind 6/3 C$; ⊙Mitte Mai–Aug. 10–18 Uhr) Hier wird u.a. gezeigt, wie der Alaska Hwy früher aussah – und eines sei gesagt: Schlamm spielte damals eine nicht unbedeutende Rolle. Zu den Ausstellungsstücken gehören außerdem Flugzeuge, Züge und Hundeschlitten. Das Museum grenzt an das Beringia Centre.

Flussufer

Ein Blick auf den majestätischen Yukon River reicht schon aus, um zu verstehen, warum das Gebiet am Flussufer momentan eine Wiedergeburt erlebt. Die wunderschöne **White Pass & Yukon Route Station** (Front St) wurde aufwendig restauriert und bildet den Ankerpunkt der Gegend.

Am nördlichen Ende des Ufers sammeln sich im **Shipyards Park** immer mehr historische Bauwerke, die aus allen Teilen des Territory stammen. Außerdem gibt's eine Skateboard-Bahn und einen Rodelberg. Alles ist durch den entzückenden kleinen **Waterfront Trolley** (Erw./Kind 2 C$/frei; ⊙Juni–

Whitehorse

Sehenswertes

1	Arts Underground	C4
2	LePage Park	C3
3	MacBride Museum	C3
4	Midnight Sun Gallery & Gifts	C3
5	North End Gallery	C3
6	Old Log Church	C4
7	SS Klondike	D5
8	Sundog Carving Studio & Gallery	B1
9	White Pass & Yukon Route Station	D3

Aktivitäten, Kurse & Touren

10	Cadence Cycle	B3
11	Kanoe People	C2
12	Up North Adventures	C2
13	Yukon Conservation Society	C4
14	Yukon Historical & Museums Association	C3

Schlafen

15	Beez Kneez Bakpakers	C5
16	Edgewater Hotel	C3
17	High Country Inn	C5
18	Historical House B&B	B3
19	Midnight Sun Inn	A2
20	River View Hotel	C3

Essen

21	Alpine Bakery	B2
22	Baked Café	C3
23	Fireweed Community Market	B1
24	Giorgio's Cucina	C3
25	Klondike Rib & Salmon Bake	C3
26	Sanchez Cantina	C4
27	Yukon Meat & Sausage	C4

Ausgehen

	Coaster's	(siehe 24)

Shoppen

28	Mac's Fireweed Books	C3

Aug. 9–21 Uhr) miteinander verbunden, eine Straßenbahn, die gemächlich am Ufer des Yukon River entlangzuckelt.

Whitehorse Fishway

Einem Lachs tief in die Augen schauen kann man am Fischpass von Whitehorse, dem **Whitehorse Fishway** (867-633-5965; Eintritt gegen Spende Juni–Aug. 9–21 Uhr), einer 366 m hohen hölzernen Fischaufstiegshilfe (der längsten der Welt), die südlich der Stadt am Wasserkraftwerk vorbeiführt. Durch große Fenster kann man hier ab Ende Juli Königslachse vorbeischwimmen sehen (davor ziehen Äschen durch). Draußen steht gewöhnlich ein Zelt, in dem man mitten im donnernden Getöse am Überlauf des Flusses alles über die ausgefeilten Fischfangmethoden der Ureinwohner erfahren kann. Interessant ist, dass die Lachsmengen und die durchschnittliche Größe der Fische permanent abnehmen, was eine Folge des Klimawandels ist.

Der Fischpass ist von der Stadt aus leicht zu Fuß zu erreichen; s. S. 854.

Kunstgalerien

Whitehorse ist der Dreh- und Angelpunkt der soliden Kunstszene des Yukon.

Arts Underground GALERIE
(867-667-4080; Hougen Centre, UG, 305 Main St; Mo–Sa 9–17.30 Uhr) Wird von der Yukon Arts Society betrieben. Die monatlich wechselnden Exponate sind sorgfältig ausgewählt und ansprechend präsentiert.

Yukon Artists@Work GALERIE
(867-393-4848; 120 Industrial Rd; Juni–Aug. tgl. 12–17 Uhr, Sept.–Mai Fr–So) Hier präsentieren 35 einheimische Künstler in Eigenregie ihre Werke. Einige der Künstler erwischt man bei einem Besuch vielleicht gerade beim kreativen Schaffen. Die Galerie liegt nördlich des Einkaufsviertels.

Midnight Sun Gallery & Gifts GALERIE, LADEN
(867-668-4350; 205C Main St; 9–20 Uhr) Hier gibt's Kunst, Kunsthandwerk und andere Produkte aus der Gegend.

North End Gallery GALERIE
(867-393-3590; 1116 1st Ave; Mo–Sa 10–18 Uhr) Hochwertige kanadische Kunst.

Sundog Carving Studio & Gallery GALERIE
(867-633-4186; 4194 4th Ave; Mo–Fr 9–16.30 Uhr) In dem als Kooperative aufgebauten Geschäft verkaufen Künstler der First Nations ihre eigenen Werke.

Aktivitäten

Das VIC informiert ganzjährig über Wanderungen und Aktivitäten vor Ort. Zudem kann man sich in Whitehorse mit der nötigen Ausrüstung für Abenteuer auf dem Yukon River eindecken.

Kanu- & Kajakfahren

Whitehorse ist der Ausgangspunkt für die beliebten Kanu- und Kajakexkursionen nach Carmacks oder weiter nach Dawson City. Zum erstgenannten Ziel benötigt man etwa acht, zum zweiten 16 Tage. Die Ausrüster bieten alles an, was für einen solchen Trip nötig ist – der Rücktransport nach Whitehorse ist dabei im Preis enthalten. Kanu-/Kajaktouren nach Carmacks kosten etwa 210/300 C$, nach Whitehorse 350/500 C$. Die meisten Teilnehmer haben die Karte *The Yukon River: Marsh Lake to Dawson City* im Gepäck, erhältlich unter www.yukonbooks.com.

Kanoe People ABENTEUERTOUR
(☎867-668-4899; www.kanoepeople.com; Ecke 1st Ave & Strickland St) Der Anbieter befindet sich direkt am Flussufer und organisiert alle möglichen Touren, darunter Fahrten den Teslin River und Big Salmon River hinunter. Zudem kann man Ausrüstung und Karten kaufen, Guides buchen und Fahrräder leihen.

Up North Adventures ABENTEUERTOUR
(☎867-667-7035; www.upnorthadventures.com; 103 Strickland St) Verleiht Ausrüstung und bietet einen Transportservice zu den größeren Flüssen an, außerdem sind Paddelunterricht, geführte Mountainbiketouren und Wintersportaktivitäten im Angebot.

Radfahren

In Whitehorse gibt es viele **Radwege** entlang des Yukon River und in die umliegenden Berge; im VIC sind Karten erhältlich. **Cadence Cycle** (☎867-633-5600; 508 Wood St) verleiht gute gebrauchte Mountainbikes ab 20 C$ pro Tag und bietet außerdem einen Reparaturservice an.

Wandern & Trekken

Toll wandern lässt es sich auf dem landschaftlich abwechslungsreichen, 5 km langen Rundweg, der um die Gewässer von Whitehorse herumführt und einen Zwischenstopp am Fischpass ermöglicht. Von der *SS Klondike* aus hält man sich auf dem **Millennium Trail** in Richtung Süden, bis man den Robert Service Campground und die Rotary Centennial Footbridge über den Fluss erreicht. Der Whitehorse Fishway befindet sich gleich südlich davon. Danach geht's am Wasser entlang in Richtung Norden und über die Robert Campbell Bridge – und schon ist man wieder zurück im Stadtzentrum.

Geführte Touren

Yukon Historical & Museums Association STADTSPAZIERGANG
(☎867-667-4704; 3126 3rd Ave; Eintritt 4 C$; ⏲Juni–Aug. Mo–Sa 9–15 Uhr) Bietet viermal am Tag sehr originelle und interessante Stadtrundgänge durchs Zentrum an. Treffpunkt ist im Büro im Donneworth House aus dem Jahr 1904. Auf Nachfrage zeigt einem der Guide die nicht gerade appetitliche Latrine der Amerikaner aus der Zeit des Zweiten Weltkriegs.

GRATIS **Yukon Conservation Society** WANDERUNG
(☎867-668-5678; www.yukonconservation.org; 302 Hawkins St; ⏲Juli & Aug.) Die Naturschönheiten rund um Whitehorse lassen sich im Rahmen einer von der Yukon Conservation Society organisierten kostenlosen Wanderung entdecken. Es gibt zehn verschiedene Routen, von leicht bis schwer.

Festivals & Events

Infos zu legendären Events im Yukon, darunter auch in Whitehorse, gibt's auf S. 849.

Schlafen

In Whitehorse wird's im Sommer ziemlich voll, es empfiehlt sich also, im Voraus zu reservieren. Im VIC sind Listen von B&Bs erhältlich. Vor Ort gibt es zahlreiche Mittelklassehotels, die schon etwas in die Jahre gekommen sind, deswegen sollte man sich vor dem Einchecken ein paar Zimmer zeigen lassen.

High Country Inn HOTEL **$$**
(☎867-667-4471, 800-554-4471; www.highcountryinn.ca; 4051 4th Ave; Zi. 90–220 C$; ❄@📶) Das über Whitehorse thronende, vierstöckige High Country ist auf Geschäftsreisende und Besserverdienende ausgerichtet. Die 84 Zimmer sind geräumig, einige haben riesige Whirlpools. Den Parkplatz bewacht ein etwas verwirrt dreinblickender, 12 m großer Mounty.

Edgewater Hotel HOTEL **$$**
(☎867-667-2572, 877-484-3334; www.edgewaterhotelwhitehorse.com; 101 Main St; Zi. 90–190 C$; ❄@📶) Nach einem groß angelegten Umbau kann man dem Edgewater einen gewissen Stil nicht absprechen. Die 30 Zimmer sind zwar klein und teilweise nicht klimatisiert, dafür aber mit Flachbildfernsehern ausgestattet. Die besseren verfügen über Blick auf den Fluss und manche über eine Küche.

Robert Service Campground CAMPING $
(☎867-668-3721; www.robertservicecampground.com; Robert Service Way; Stellplatz 18 C$; ⌚Mitte Mai–Sept.; @📶) Der Campingplatz 1 km südlich von Whitehorse liegt einen hübschen 15-minütigen Fußmarsch den Millennium Trail entlang von der Stadt entfernt und hat ausschließlich Stellplätze für Zelte (insgesamt 70). Im Café kommen exzellenter Kaffee, leckere Backwaren und Eis auf den Tisch.

Historical House B&B B&B $$
(☎867-668-2526; www.yukongold.com; Ecke 5th Ave & Wood St; Zi. 85–110 C$; ❄@) Das klassische Holzhaus aus dem Jahr 1907 beherbergt drei Zimmer. Die im Obergeschoss verfügen über eigene Bäder auf dem Flur und Dachschrägen; ein größeres Zimmer ist außerdem mit einer riesigen Küche ausgestattet. Es gibt einen Aufenthaltsraum mit Holzofen sowie schnelles Internet und einen hübschen Garten.

Midnight Sun Inn B&B $$
(☎867-667-2255, 800-284-4448; www.midnightsunbb.com; 6188 6th Ave; Zi. 100–135 C$; ❄@) Das moderne B&B liegt in der Innenstadt, versprüht einen leicht spießigen Vorstadtcharme und verfügt über vier Themenzimmer. Zum Angebot gehören eine schnelle Internetverbindung und ein großzügiges Frühstück.

Beez Kneez Bakpakers HOSTEL $
(☎867-456-2333; www.bzkneez.com; 408 Hoge St; B/Zi. 30/65 C$; @📶) In dem einladenden Hostel mit Garten, Dachterrasse, Grill und kostenlosen Leihrädern fühlt man sich schnell wie zu Hause. Die beiden Bungalows (65 C$) sind äußerst gefragt.

River View Hotel MOTEL $$
(Canada's Best Value Inn; ☎867-667-7801, 888-315-2378; www.riverviewhotel.ca; 102 Wood St; Zi. 90–150 C$; @📶) Ganz wie der Name verspricht, haben viele der 53 großen Zimmer einen Ausblick auf den Fluss zu bieten. Das Motel liegt an einer ruhigen Straße in kurzer Entfernung zu allem Wesentlichen.

Hi Country RV Park CAMPING $
(☎867-667-7445; www.hicountryrvyukon.com; 91374 Alaska Hwy; Zelt/Wohnmobil 18/36 C$; @📶) Der bewaldete Campingplatz liegt am oberen Ende des Robert Service Way und bietet Wasser- und Stromanschluss sowie Duschen, eine Wäscherei und sogar einen Spielplatz.

Essen

Die wachsende Zahl der Fast-Food-Ketten-Filialen kann man geflissentlich ignorieren und sich stattdessen in einem der ausgezeichneten Restaurants in der Innenstadt verwöhnen lassen. Die Auswahl ist groß; in der entsprechenden Saison ist frischer Yukon-Lachs besonders zu empfehlen. Auf dem **Fireweed Community Market** (Shipyards Park; ⌚Mitte Mai–Mitte Sept. Do 15–20 Uhr) verkaufen Händler aus der Region ihre Ware. Die Beeren sind grandios.

LP TIPP **Klondike Rib & Salmon Bake** KANADISCH $$
(☎867-667-7554; 2116 2nd Ave; Hauptgerichte 12–25 C$; ⌚16–21 Uhr) Das riesige Lokal mit zwei Terrassen und ungezwungener Atmosphäre sieht nicht nur touristisch aus – es ist auch touristisch. Dennoch überzeugt das Essen auf ganzer Linie. Neben gegrillten Rippchen und Lachs kommt hier auch leckerer frischer Heilbutt auf den Tisch.

Giorgio's Cucina ITALIENISCH $$
(☎867-668-4050; 206 Jarvis St; Hauptgerichte 12–30 C$; ⌚11.30–14 & 17–22 Uhr) Das beste italienische Restaurant vor Ort serviert kreative Gerichte. Die halboffene Küche gibt Einblicke ins Kochgeschehen, die Steaks sind erstklassig und die Portionen riesig – wer einen Kühlschrank im Hotel hat, ist klar im Vorteil.

Yukon Meat & Sausage FEINKOST $
(☎867-667-6077; 203 Hanson St; Sandwiches 6 C$; ⌚Mo–Sa 9–17.30 Uhr) Einfach dem Duft von Geräuchertem folgen und aus den vielen verschiedenen Köstlichkeiten, darunter nach Wunsch des Kunden belegte Sandwiches, wählen. Entweder man isst direkt vor Ort oder deckt sich für ein Picknick ein.

Sanchez Cantina MEXIKANISCH $$
(☎867-668-5858; 211 Hanson St; Hauptgerichte 10–20 C$; ⌚11.30–15 & 17–21.30 Uhr) Authentischere mexikanische Küche als hier gibt's wohl nur in Mexiko selbst. Spezialität des Hauses sind Burritos mit einer würzigen Mischung aus roten und grünen Saucen. Im weitläufigen Patio lässt es sich gemütlich aufs Essen warten.

Baked Café CAFÉ $
(☎867-633-6291; 100 Main St; Snacks 4 C$; ⌚7–19 Uhr; 📶) Im Sommer sind die Tische im Freien des schicken Cafés durch ein trendbewusstes Publikum besetzt. Zur Auswahl stehen Smoothies, Suppen, Tagesmenüs, Backwaren und vieles mehr.

Alpine Bakery BÄCKEREI $
(☎867-668-6871; 411 Alexander St; Snacks ab 6 C$; ⏲Mo–Sa 8–18 Uhr) In der empfehlenswerten Bäckerei ist alles bio, und täglich sind verschiedene Mittagsmenüs und Vollkornbackwaren im Angebot. Die frischen Säfte sorgen an einem heißen Sommertag für Erfrischung.

Ausgehen

In Whitehorse gibt es recht viele heruntergekommene, alte Kneipen. Man findet jedoch auch atmosphärischere, hübschere Bars, z.B. im Edgewater Hotel und im High Country Inn. Empfehlenswert sind die Brauereierzeugnisse der ortsansässigen Yukon Brewing Co.

Im Sommer geben zur Mittagszeit Musiker und Künstler aus dem Yukon im **Le-Page Park** (Ecke Wood St & 3rd Ave; ⏲Mai–Sept. Mo–Fr 12 Uhr) ihr Können zum Besten.

Im **Coasters** (☎867-633-2788; 206 Jarvis St; ⏲15 Uhr–open end) sorgen DJs und Bands mit Rockabilly, Hip-Hop oder in Vancouver angesagten Hits für Stimmung. Sonntags finden Open-Mike-Abende statt.

Shoppen

Zum Shoppen eignen sich auch viele der Galerien, die im Abschnitt „Sehenswertes" aufgeführt sind.

LP TIPP **Mac's Fireweed Books** BUCHLADEN
(☎867-668-2434; www.yukonbooks.com; 203 Main St; ⏲Mai–Sept. 8–24 Uhr, Okt.–April bis 21 Uhr) Im Mac's gibt's eine unschlagbare Auswahl von Büchern über das Territorium, außerdem topografische Karten, Straßenkarten, Magazine und Zeitungen.

Praktische Informationen

Unter den lokalen Zeitungen gehört die *Yukon News* zu den unterhaltsameren, in *What's Up Yukon* (www.whatsupyukon.com) findet man wiederum einen Veranstaltungskalender.

Tourism Whitehorse (☎867-668-8629; www.visitwhitehorse.com; 3128 3rd Ave; ⏲Mo–Fr 9–16.30 Uhr) Ist in einem Haus aus dem Jahr 1905 neben der Yukon Historical & Museums Association untergebracht und hat ausschließlich Informationen über die Stadt; gute Website.

VIC (☎867-667-3084; 100 Hanson St; ⏲Mai–Mitte Sept. 8–20 Uhr, Mitte Sept.–Mai Mo–Fr 9–16.30 Uhr) Mit seinen Infos zum gesamten Territory äußerst hilfreich.

Whitehorse General Hospital (☎867-393-8700; 5 Hospital Rd; ⏲24 Std.)

An- & Weiterreise

Whitehorse ist der Verkehrsknotenpunkt des Yukon Territory.

Bus

Die Busverbindungen ändern sich ständig, die aktuellen Fahrpläne gibt's im VIC.

Alaska Direct Bus Line (☎867-668-4833; www.alaskadirectbusline.com; 501 Ogilvie St) Verbindungen (Winter/Sommer 2-/3-mal wöchentl.) nach Fairbanks und Anchorage sowie über den Alaska Hwy nach Alaska, u. a. nach Haines Junction (75 US$, 2 Std.) und Tok (135 US$, 9½ Std.).

Greyhound Canada (☎867-667-2223, 800-661-8747; www.greyhound.ca; 2191 2nd Ave) Die Verbindung in Richtung Süden entlang des Alaska Hwy nach Dawson Creek (240 C$, 20 Std., 3-mal wöchentl.) ermöglicht Anschlüsse zu Zielorten im übrigen British Columbia und Kanada.

White Pass & Yukon Route (☎867-633-5710; www.wpyr.com; Ticketschalter in Whitehorse, 1109 Front St; ⏲Mitte Mai–Mitte Sept. Mo–Sa 9–17 Uhr) Bietet eine malerische Route mit Zug und Bus nach/ab Skagway (Erw./Kind ab 116/58 US$, 4½ Std.) über Fraser, British Columbia, an. Als Alternative dazu gibt es eine längere Zugreise, bei der man erst in Carcross in den Bus umsteigt.

Flugzeug

Whitehorse Airport (YXY; ☎867-667-8440; www.gov.yk.ca/yxy/) Der Flughafen liegt fünf Minuten westlich vom Stadtzentrum am Alaska Hwy.

Air Canada (☎888-247-2262; www.aircanada.com) Fliegt Vancouver an.

Air North (☎800-661-0407; www.flyairnorth.com) Das ortsansässige Unternehmen fliegt Dawson City, Old Crow, Inuvik in den NWT, Fairbanks in Alaska, Vancouver, Edmonton und Calgary an.

Condor (☎800-364-1667, in Germany 01805 707 202; www.condor.com) Die Fluglinie bietet im Sommer zweimal wöchentlich Flüge nach/ab Frankfurt.

Unterwegs vor Ort

Auto & Wohnmobil

Es ist ratsam, den veranschlagten Mietpreis gründlich zu überprüfen, da gewöhnlich nach den ersten 100 km eine Kilometerpauschale aufgeschlagen wird, die einen im Yukon nicht weit bringen wird. Zudem sollte man sich genau über den Umfang des Versicherungsschutzes informieren; Schäden am Auto aufgrund der unwegsamen Straßen im Yukon sollten abgedeckt sein. Schließlich gibt es einen Grund für all die Werbung für Windschutzscheibenreparaturen ...

Budget (☎867-667-6200; www.budget.com), **Hertz** (☎867-668-4224; www.hertz.com) und **National/NorCan** (☎867-456-2277; www.national.com) haben Niederlassungen am Flughafen.

Whitehorse Subaru (☎867-393-6550; www.whitehorsesubaru.com; 17 Chilkoot Way) Unterbietet die großen Anbieter meist preislich.

Fraserway RV Rentals (☎867-668-3438; www.fraserwayrvrentals.com; 9039 Quartz Rd) Vermietet Wohnmobile in allen Formen und Größen für 80 bis 300 C$ am Tag, je nach Größe und Saison. Die Kilometer werden extra berechnet.

Bus

Whitehorse Transit System (☎867-668-7433; ⏲Mo–Sa) Die zentrale Umsteigestation befindet sich bei der Qwanlin Mall. Die Linie 2 (Ticket 2,50 C$, alle 30–70 Min.) fährt zum Flughafen, ins Zentrum und zum Robert Service Campground.

Vom/Zum Flughafen

Yellow Cab (☎867-668-4811) berechnet für die zehnminütige Fahrt ab dem Zentrum 18 C$.

ALASKA HIGHWAY

Die Straße wird vielleicht Alaska Hwy genannt, aber angesichts der Tatsache, dass ihr längster Abschnitt im Yukon Territory verläuft (958 km), wäre vielleicht ein anderer Name angebrachter ...

Dem Alaska Hwy, der sich über etwa 2450 km von Dawson Creek, British Columbia, bis nach Delta Junction tief im Inneren Alaskas erstreckt, kommt eine Bedeutung zu, die weit über die irgendeiner x-beliebigen Straße hinausgeht. Klar, der Highway ist ein Weg, um von A nach B zu kommen, es gilt aber auch als besondere Errungenschaft und ehrenvolle Auszeichnung, ihn befahren zu haben. Obwohl er heutzutage eine moderne Straße ist, beschwört allein sein Name noch immer Bilder von großem Abenteuer und von der Chance herauf, hier einfach alles hinter sich lassen zu können.

Wer den Alaska Hwy im Yukon Territory befährt, der sollte wissen, dass es sich hier um den landschaftlich schönsten und vielseitigsten Abschnitt der Straße handelt. Von den kleinen Dörfern bis hin zur Stadt Whitehorse, von den sich dahinschlängelnden Flüssen bis zu den St. Elias Mountains, die sich dramatisch in den Himmel auftürmen – die Landschaftskulisse haut einen total um.

Von BC nach Whitehorse

Dieser Abschnitt der Straße bietet unzählige reizvolle Gelegenheiten, den einen oder anderen Zwischenstopp einzulegen. In regelmäßigen Abständen kommt man an Städten, kleinen Parks und verschiedenen Attraktion vorbei. Für sich genommen lösen diese zwar beim Betrachter nicht gerade Begeisterungsstürme aus, zusammen ergeben sie jedoch eine wirklich hübsche Route. Weitere Infos zum Alaska Hwy in British Columbia gibt's auf S. 860.

WATSON LAKE

Watson Lake wurde ursprünglich nach Frank Watson, einem britischen Trapper, benannt, und ist die erste Stadt am Alaska Hwy im Yukon. Sie liegt direkt hinter der Grenze zu British Columbia. Hier kann man vor allem prima Rast machen und es gibt ein erstklassiges **VIC** (☎867-536-7469; www.watsonlake.ca; ⏲Sommer 8–20 Uhr) mit einem guten Museum zum Highway und einem Haufen Infos zum gesamten Territory. Die Stadt hat Campingplätze, Motels, das volle Programm von Dienstleistungen und eine Haltestelle von Greyhound Canada.

Watson Lake ist berühmt für seinen **Sign Post Forest** (Schilderwald) gleich beim VIC. Der erste Wegweiser mit der Aufschrift „Danville, Illinois" wurde 1942 aufgestellt. Ständig wurden neue hinzugefügt, mittlerweile gibt's insgesamt 68 000 Schilder aus Städten in aller Welt – viele davon vermutlich heimlich nachts entwendet.

26 km westlich von Watson Lake stößt man auf die Abzweigung zum Stewart-Cassiar Hwy (Hwy 37), der in Richtung Süden bis nach British Columbia führt (S. 845). Auf S. 844 werden die verschiedenen Routen ins Yukon Territory beschrieben.

Gleich westlich der Kreuzung bietet das familiengeführte **Nugget City** (☎867 536-2307, 888-536-2307; www.nuggetcity.com; Stellplatz ab 20 C$, Hütte ab 80 C$; 📶) Unterkünfte und Essen, das um mindestens drei Längen über der Alaska-Hwy-Norm liegt. Allein schon wegen der Backwaren lohnt sich ein Besuch, besondere Empfehlung: der Beeren-Pie.

110 km weiter westlich, nach der Kilometermarkierung 1112, sollte man nach der **Rancheria Falls Recreation Site** Ausschau halten. Eine Promenade führt bis zu den gewaltigen Zwillingswasserfällen. Ein toller Zwischenstopp!

TESLIN

Teslin liegt 272 km westlich von Watson Lake an einem langen See desselben Namens. Es war lange Heimat der Tlingits (lin-*kits*). Der Alaska Hwy brachte den Ureinwohnern Wohlstand und schnellen Wandel. Das fesselnde **George Johnston Museum** (☎867-390-2550; www.gjmuseum.yk.net; Km 1294 Alaska Hwy; Erw./Kind 6/3 C$; ⏲Mitte Mai–Anfang Sept. 9–17 Uhr) stellt mit Fotos, Exponaten und Artefakten das Leben und die Kultur eines Tlingits-Führers aus dem 20. Jh. dar.

JOHNSON'S CROSSING

Ungefähr 53 km nördlich von Teslin liegt Johnson's Crossing an der Gabelung des Alaska Hwy und der Canol Rd (Hwy 6).

ABSTECHER

UND DER MENSCH SCHUF DEN HIGHWAY

Heutzutage ist der Ruf, der dem Alaska Hwy zukommt, eher psychologischer als physischer Natur. Die moderne zweispurige Straße mit ihren sanften Kurven und der weiten Sicht ist vollständig asphaltiert. Das war allerdings nicht immer so. Ein berühmtes Foto von 1943 zeigt einen Jeep, der tief in einem schlammigen Morast versinkt, während Soldaten hilflos dabei zusehen müssen.

Mit dem Ausbruch des Zweiten Weltkriegs beschlossen Kanada und die USA, die jahrelangen Diskussionen zu beenden und Alaska und das Yukon Territory mit dem restlichen Kanada und den USA durch eine ordentliche Straße zu verbinden.

Es grenzt an ein Wunder, dass es gelang, in etwas über einem Jahr durch die ungezähmte Tundra und Wildnis des Nordens eine Straße zu bauen. Entscheidend für den Erfolg waren der praktisch unbegrenzte Einsatz von Geldern und Arbeitskraft (Soldaten aus den USA und kanadische Zivilisten, u. a. Ureinwohner). Der 2450 km lange Highway aus Schotter verlief zwischen Dawson Creek in British Columbia und Fairbanks in Alaska. Die Route, die man für den Highway wählte, folgte einer Kette vorhandener Luftstützpunkte – Fort St. John, Fort Nelson, Watson Lake und Whitehorse – bekannt unter dem Namen Northwest Staging Route.

Im April 1946 wurde der kanadische Abschnitt der Straße (1965 km) offiziell an Kanada übergeben. In der Zwischenzeit waren bereits private Bauunternehmer damit beschäftigt, den Highway zu verbreitern, zu schottern und zu begradigen, wobei auch die starken Straßensteigungen nivelliert und provisorische Brücken durch dauerhafte Stahlbrücken ersetzt wurden – ein Prozess, der bis jetzt andauert und die moderne Straße hervorgebracht hat, auf der man heute fährt.

Der Highway war ursprünglich unter verschiedenen Namen bekannt: Alaskan International Hwy, Alaska Military Hwy und Alcan (kurz für Alaska-Canada) Hwy. Heute wird er Alaska Hwy genannt. Er hat sowohl das Yukon Territory als auch Alaska nachhaltig verwandelt, indem er den Norden ganzjährig für Reisende zugänglich machte und damit die Lebensweise der First Nations entlang der Route ein für allemal veränderte.

Der Alaska Hwy beginnt bei „Mile 0" in Dawson Creek im nordöstlichen British Columbia und führt bis nach Fairbanks, Alaska, obwohl der offizielle Endpunkt bei Delta Junction liegt, ungefähr 155 km südöstlich von Fairbanks.

Lange Zeit dienten Meilensteine als Orientierungspunkte. Da Straßenerneuerungen jedoch den Highway verkürzten und Kanada das metrische System einführte, sind die Meilenangaben inzwischen nur noch ein Relikt aus der Vergangenheit. Erhalten geblieben sind die historischen Längenmaße in den Namen einiger Unternehmen und Sehenswürdigkeiten.

Um mehr über den Alaska Hwy und seine bewegte Vergangenheit zu erfahren, lohnt sich ein Besuch des **Watson Lake VIC** (S. 857), des **Yukon Transportation Museum** (S. 852) in Whitehorse oder des **Alaska Highway House** in Dawson Creek, British Columbia (S. 845). Wer nach einem minutiös detaillierten Straßenplan sucht, der auf fast alle Besonderheiten des Highways (jedes Schlagloch und jedes bisschen Elchkot) eingeht, sollte sich die *Milepost* besorgen, eine inzwischen legendäre, jährlich erscheinende Publikation.

Während des Zweiten Weltkriegs baute die US-Armee hier mit enormem menschlichen und finanziellen Einsatz die Canol-Pipeline, um Öl von Norman Wells in den Northwest Territories bis nach Whitehorse zu pumpen. Wie jedes ordentliche militärische Zeitverschwendungsunterfangen wurde die Pipeline letztendlich aufgegeben, nachdem bereits Hunderte von Millionen Dollar (1943 war das nicht gerade wenig Geld) in das Projekt geflossen waren.

ABSTECHER

ROBERT CAMPBELL HWY

Wer sich weit abseits ausgetretener Pfade bewegen möchte, dem wird diese einsame Schotterstraße gut gefallen. Der Hwy 4 erstreckt sich über 588 km von Watson Lake in Richtung Norden und Westen bis nach Carmacks (S. 867), wo er auf den Klondike Hwy trifft, der wiederum nach Dawson City führt. Auf der gesamten Strecke verläuft der Highway parallel zu verschiedenen Flüssen und Seen. Passionierte Wildniscamper werden begeistert sein!

Ross River, 373 km von Watson Lake entfernt an der Kreuzung mit der Canol Rd (Hwy 6), ist die Heimat der Kaska First Nation und ein Versorgungszentrum für die Bergbauindustrie der Region. In der Stadt gibt's Campingplätze und Motels.

Von Whitehorse nach Alaska

Westlich von Whitehorse wurde der Alaska Hwy über eine lange Strecke hinweg bis zur Eintönigkeit modernisiert. Glücklicherweise ist diese langweilige Strecke aber in Haines Junction abrupt zu Ende. Von hier aus verläuft die Straße parallel zum legendären Kluane National Forest und zu den St. Elias Mountains. Die 300 km bis nach Beaver Creek sind der landschaftlich schönste Teil des gesamten Highways.

HAINES JUNCTION

Wenn man Haines Junction erreicht, heißt es Abschied nehmen vom Flachland – ein Bergpanorama mit imposanten Gipfeln türmt sich hoch über der Stadt auf. Hier liegt das Tor zum umwerfenden Kluane National Park. Haines Junction eignet sich gut als Ausgangsbasis, um den Park zu erkunden oder um ein echtes Vier-Sterne-Abenteuer beim Bergsteigen, in der Wildnis oder auf dem Fluss zu erleben. Und außerdem kommen hier fast heimatliche Gefühle auf: Überall in der Stadt trifft man auf Leute, die Deutsch sprechen.

Der herrliche Haines Hwy führt von hier aus in Richtung Süden bis nach Alaska (S. 862).

Yukon Tourism (☎867-634-2345; www.hainesjunctionyukon.com; ⌚Mai & Sept. 10–18, Juni–Aug. 8–20 Uhr) und **Parks Canada** (☎867-634-7250; www.parkscanada.gc.ca/kluane; ⌚Mitte Mai–Aug. 10–18, Sept.–Mitte Mai bis 16 Uhr) teilen sich das **VIC** (Logan St) im Verwaltungsgebäude des Kluane National Park. Beide haben nützliche Infos, außerdem gibt's hier ein gut gemachtes Modell von der Umgebung zu sehen. Im Sommer halten Ranger Vorträge zu Thema Natur.

Alle Geschäfte, Unterkünfte und andere Einrichtungen liegen rund um die Kreuzung der Highways Alaska und Haines. Und was bitte soll dieses skurrile Ding sein, das an einen Muffin erinnert? Es handelt sich um eine **Skulptur**, die ein lebendiges Bild von den Einwohnern und den heimischen Tierarten vermitteln soll.

Aktivitäten

Nicht einmal die spektakuläre Bergkette, die Haines Junction umgibt, deutet auch nur ansatzweise auf die tiefe Schönheit des Kluane National Park hin. Aber auch wenn der Park im Mittelpunkt eines Besuchs stehen sollte, gibt es trotzdem noch einige weitere tolle Aktivitäten vor Ort.

Für eine Wanderung nach einer stundenlangen Autofahrt bietet sich ein hübscher 5,5 km langer **Naturpfad** entlang des Dezadeash River an, wo der Hwy 3 ihn am südlichen Ende der Stadt überquert.

Paddlewheel Adventures (☎867-634-2683; www.paddlewheeladventures.com; 116 Kathleen St), gegenüber vom VIC, organisieren Raftingtouren auf dem Tatshenshini River (125 C$/Pers., inkl. Mittagessen), Wildwasserfahrten und geführte Infowanderungen (55–125 C$). Man kann hier auch Mountainbikes oder Kanus leihen (30 C$/Tag), und die Firma übernimmt bei Bedarf auch den Transport vor Ort.

Kruda Ché Boat Tours (☎867-634-2378; www.krudache.com), dessen Besitzer ein langjähriger Parkwächter und Guide ist, organisiert individuell maßgeschneiderte Touren mit dem Boot oder zu Fuß innerhalb des Kluane National Park. Mögliche thematische Schwerpunkte sind beispielsweise Tiere und Pflanzen oder die Geschichte und Kultur der Ureinwohner.

Schlafen & Essen

In Haines Junction findet man zahlreiche Motels und Wohnmobilparks. Einen Strand und schattige Stellplätze bietet **Pine Lake**, ein vom Territory verwalteter Campingplatz 6 km östlich der Stadt am Alaska Hwy. **Kathleen Lake** (Stellplatz 15 C$), ein Zeltplatz von Parks Canada 24 km südlich von Haines Junction am Haines Hwy, punktet wiederum mit einem himmelblauen See.

Raven Motel INN $$
(☎867-634-2500; www.ravenhotelyukon.com; 181 Alaska Hwy; Zi. 130–160 C$; ❄📶) Hier gibt's zwölf komfortable Zimmer im Motelstil und ein riesiges Frühstücksbüfett nach deutscher Manier. Eigentliches Highlight ist jedoch das Restaurant, das die beste Küche zwischen Whitehorse und Alaska serviert. Die europäisch geprägten Gerichte sind aufwändig zubereitet (Gerichte 35–50 C$).

Alcan Motor Inn MOTEL $$
(☎867-634-2371, 888-265-1018; www.alcanmotorinn.com; EZ & DZ 90–150 C$; ❄📶) Das moderne zweistöckige Alcan hat 23 große Zimmer mit toller Aussicht auf die zerklüfteten Berge der Auriol Range zu bieten, manche davon mit komplett ausgestatteter Küche. Zudem gibt's ein Café.

Village Bakery & Deli BÄCKEREI/CAFÉ $
(☎867-634-2867; Logan St; Hauptgerichte 6–10 C$; ⏲Mai–Aug. 7–21 Uhr; 📶) Die Bäckerei gegenüber dem VIC stellt exzellente Backwaren her. Die Delikatessentheke bietet eine große Auswahl von leckeren Sandwiches, die man auf der großen Terrasse genießen kann. Freitags gibt's einen beliebten Grillabend mit kanadischer Livemusik.

Frosty Freeze BURGER $
(☎867-634-7070; Alaska Hwy; Hauptgerichte 6 C$; ⏲Mai–Sept. 11–22 Uhr) Das Frosty Freeze wirkt zwar wie eine langweilige Fast-Food-Bude, hat jedoch echte Qualität zu bieten. Die Shakes werden mit echtem Speiseeis zubereitet, die Eisbecher sind mit frischen Beeren verfeinert und die riesigen Burger (besonders lecker: die Schweizer Variante mit Pilzen) schön saftig.

Praktische Informationen

Parks Canada hat zwei Informationszentren, eines in Haines Junction und das andere beim **Tachal Dhal** (Sheep Mountain; Alaska Hwy; ⏲Ende Mai–Anfang Sept. 9–15.30 Uhr), 130 km westlich von Haines Junction. Am besten besorgt man sich eine Ausgabe des *Recreation Guide*, der einen Überblick über die Größe des Parks gibt und zeigt, wie wenig davon problemlos zugänglich ist. Auf der Karte sind Wanderungen von zehn Minuten bis zu zehn Stunden verzeichnet.

An- & Weiterreise

Alaska Direct Bus Line (☎867-668-4833; www.alaskadirectbusline.com; 501 Ogilvie St) Zum Programm gehören Verbindungen (Winter/Sommer 2-/3-mal wöchentl.) nach Fairbanks und Anchorage in Alaska über den Alaska Hwy via Tok (125 US$, 7½ Std.) und östlich nach Whitehorse (75 US$, 2 Std.).

KLUANE NATIONAL PARK & RESERVE

Der Kluane National Park & Reserve, von der Unesco als „Reich aus Bergen und Eis" bezeichnet, erstreckt sich südlich des Alaska Hwy bis zur Grenze Alaskas. Seine raue, wunderschöne Wildnis umfasst 22 015 km² und liegt im Südwesten des Yukon Territory. Der Name wurde recht bescheiden gewählt: Kluane (kluh-wäi-nie) stammt aus der Sprache der südlichen Tutchone und bedeutet „See mit vielen Fischen".

Zusammen mit dem Tatshenshini-Alsek Provincial Park im Süden in British Columbia und Alaskas Wrangell-St. Elias National Park im Westen bildet er eines der größten Naturschutzgebiete der Welt. Jenseits der Berge, die man vom Alaska Hwy aus sehen kann, erstrecken sich über 200 Gletscher, etwa die Hälfte davon noch ohne Namen.

Der Winter ist lang und hart. Der kurze Sommer dauert von Mitte Juni bis Anfang September und eignet sich am besten für einen Besuch. Mit einem Wintereinbruch ist allerdings das ganze Jahr über zu rechnen, vor allem im Hinterland. Im Kapitel „Haines Junction" ist der Zeltplatz im Park aufgeführt.

Sehenswertes

Der Park setzt sich hauptsächlich aus den **St. Elias Mountains** und den größten nicht-polaren **Eisfeldern** der Welt zusammen. Zwei Drittel des Parks bestehen aus Gletschern, hier und da durchsetzt mit Tälern, Gletscherseen, Bergwäldern, Bergwiesen und Tundra-Landschaft. Die **Kluane Ranges** (mit einer durchschnittlichen Höhe von 2500 m) kann man vom westlichen Rand des Alaska Hwy aus erkennen. Ein grüner Gürtel umhüllt den Fuß der Berge, der der Lebensraum für die meisten Tiere und Pflanzen ist. Der türkisfarbene **Kluane Lake** ist der größte See im Yukon. Versteckt gelegen sind die immensen Eisfelder und hoch emporragenden Gipfel, u. a. der **Mt. Logan** (5959 m), Kanadas höchster Berg, und der **Mt. St. Elias** (5488 m), der zweithöchste. Einen flüchtigen Blick auf einen Teil der Gipfel im Inneren kann man beim **Aussichtspunkt** bei Km 1622 auf dem Alaska Hwy und auch rund um die Donjek River Bridge erhaschen, aber die beste Aussicht hat man von der Luft aus. In Haines Junction lassen sich Charterflüge per Flugzeug oder Hubschrauber arrangieren.

Aktivitäten

Die bewaldeten Gebiete am Fuß der Berge bieten ausgezeichnete **Wandermöglichkeiten**, entweder auf markierten Wanderwegen oder auf weniger festgelegten Routen. Es gibt ungefähr ein Dutzend in jeder Kategorie – einige davon folgen alten Bergbaustraßen, andere traditionellen Pfaden der Ureinwohner. Detaillierte Führer zu Wanderwegen und topografische Karten bekommt man in den Informationszentren. Bevor man sich auf den Weg macht, sollte man allerdings mit den Rangern sprechen. Sie helfen einem, die geeignete Wanderung zu wählen, weil sie immer über die aktuellen Infos zu den einzelnen Gebieten verfügen – beispielsweise könnten Teilbereiche gesperrt sein, weil zu viele Bären unterwegs sind. Für Wanderungen über Nacht braucht man Backcountry-Genehmigungen (10 C$/Pers. & Nacht).

Das Informationszentrum am Tachal Dhal ist der Ausgangspunkt für den **Slims West**, einem beliebten, 60 km langen Rundweg zum **Kaskawulsh Glacier** – das ist einer der wenigen Gletscher, die man zu Fuß erreichen kann. Die Strecke ist anspruchsvoll, man muss drei bis fünf Tage dafür einplanen. Highlights auf der Tour sind die umwerfenden Ausblicke vom Observation Mountain (2114 m). Eine leichte Wanderung, die man zu einem Trip mit Übernachtung ausdehnen kann, ist der 15 km lange **Auriol**-Rundweg, der durch Fichtenwald und subalpines Grasland und an einem Wildnis-Campingplatz vorbeiführt. Los geht's 7 km südlich von Haines Junction.

In der Gegend kann man auch toll **angeln** und **Tiere und Pflanzen beobachten**. Besonders beeindruckend sind Tausende von Dallschafen, die man im April, Mai und September am Sheep Mountain sieht. Es gibt eine große und vielfältige Population von Grizzlybären, außerdem Schwarzbären, Elche, Karibus, Ziegen und 150 verschiedene Vogelarten, u. a. Adler und den seltenen Wanderfalken.

Viele Leute haben ab Februar Spaß beim **Skifahren** oder **Schneeschuhlaufen**.

DESTRUCTION BAY

Dieses kleine Dorf am Ufer des riesigen Kluane Lake liegt 107 km nördlich von Haines Junction. Sein sinnträchtiger Name

DIE KÄFERPLAGE

Käfer haben in den Wäldern in ganz British Columbia und den Rocky Mountains verheerende Schäden angerichtet; die Lage für die Bäume im Yukon scheint sich jedoch zu entschärfen. Auf einer Fahrt entlang des Alaska Hwy sind die Verwüstungen dennoch nicht zu übersehen: Millionen von toten Bäumen, die der 1994 einsetzenden Plage zum Opfer fielen, ziehen braune Streifen durch den Kluane National Park

Der Hauptgrund für diese Katastrophe ist der Klimawandel: Es überleben viel mehr Käfer als früher die wärmeren Winter.

In den letzten Jahren machten es verschiedene Faktoren den Käfern jedoch zunehmend schwer: Tote Bäume bedeuten weniger Futter, ein sehr kalter Winter hat viele der Käfer getötet, und die Anzahl käferfressender Tiere steigt ständig. Die letzte Käfergeneration hat zahlenmäßig einen historischen Tiefststand erreicht. Indessen reagiert die Natur auf ihre Weise: Neue, schnell wachsende Baumarten wie Birke und Erle breiten sich aus, eine Entwicklung, die wiederum das Wachstum der Populationen von Elchen und anderen Tieren begünstigt.

Bei einer Wanderung entlang des kurzen **Spruce Beetle Loop**, 17 km nordwestlich von Haines Junction gleich am Highway, bekommt man einen Eindruck von den verheerenden Käferplagen in den letzten zehn Jahren.

wurde ihm in Gedenken an einen Sturm gegeben, der während der Bauarbeiten am Highway durch die Gegend fegte. Die meisten Einwohner gehören den First Nations an und ernähren sich das ganze Jahr über von dem, was die Natur hergibt. **Congdon Creek** liegt 17 km östlich der Stadt am Alaska Hwy. Hier gibt's einen vom Territory verwalteten Campingplatz mit 81 Stellplätzen und einer tollen Landschaftskulisse am Seeufer.

BURWASH LANDING

Im exzellenten **Kluane Museum** (☎867-841-5561; Erw./Kind 4/2 C$; ⏲Mitte Mai–Anfang Sept. 8–18.30 Uhr) macht man mit einem riesigen – wenn auch ausgestopften – Elch Bekanntschaft. Es gibt faszinierende Ausstellungen zu Tieren und Pflanzen, außerdem Schaukästen zur Naturgeschichte und zur Geschichte der Ureinwohner zu sehen. Auf dem Kluane Lake hat man verschiedene Möglichkeiten zum **Bootfahren**, u. a. kann man eine Paddeltour über gut 10 km bis zur Mündung des Kluane River unternehmen.

BEAVER CREEK

Beaver Creek ist nicht viel mehr als ein unbedeutender Fleck auf der Landkarte, dient aber als Rettungsanker für schläfrige Reisende und alle, die auftanken wollen – Letzteres jedenfalls kann man in den langweiligen Lokalen hier. Der kanadische Grenzübergang liegt unmittelbar nördlich der Stadt, der US-amerikanische Grenzkontrollpunkt 27 km weiter westlich. Beide sind rund um die Uhr geöffnet.

Das **VIC** (☎867-862-7321; Km 1202 Alaska Hwy; ⏲Mai–Sept. 8–20 Uhr) hat Infos zu allem und jedem im ganzen Yukon Territory. Unmittelbar nördlich davon gibt's einen etwas skurrilen **Skulpturengarten**.

Von den vier Motels in der Stadt ist das **1202 Motor Inn** (☎867-862-7600, 800-661-0540; 1202 Alaska Hwy; Zi. ab 60 C$) das am wenigsten abstoßende. Die 30 Zimmer sind einfach und zweckmäßig. Unbedingt nach einem Zimmer fragen, das nicht unbedingt neben dem Parkplatz liegt, auf dem Lastwagenmotoren brummen!

ALASKA

Man sollte darauf vorbereitet sein, dass die unglaubliche Szenerie des Alaska Hwy etwas an Reiz verliert, sobald man in den namensgebenden Staat fährt. Das Straßenbauamt von Alaska lässt die Strecke in einem wesentlich schlechteren Zustand, als man das von den tadellosen Straßenverhältnissen im Yukon Territory gewöhnt ist.

Von der Grenze zu den USA aus sind es 63 km bis zum **Tetlin National Wildlife Refuge** (tetlin.fws.gov) am Alaska Hwy. Etwa 117 km hinter Tetlin kommt man an die Abzweigung zum Taylor Hwy (Hwy 5), der im Norden in den Top of the World Hwy (S. 874) nach Dawson City mündet.

HAINES HIGHWAY

Wenn man nur eine kurze Rundfahrt zwischen Haines und Skagway über Whitehorse unternimmt, könnte sich diese 259 km lange Straße als Highlight der Reise entpuppen. Eigentlich spielt es keine Rolle, wie lang das Yukon-Abenteuer ausfällt, der Haines Hwy (Hwy 3) wird immer ein Höhepunkt sein. In relativ kurzen Abständen sieht man Gletscher, hoch aufragende schneebedeckte Gipfel, üppige und wilde Flusstäler, windgepeitschte Bergwiesen und ein Flussdelta, in dem es von Weißkopfseeadlern nur so wimmelt.

Wenn man sich von Haines Junction aus weiter in südliche Richtung bewegt, sollte man sich den Blick auf die St. Elias Mountains im Westen nicht entgehen lassen. Die Gletscher, die man ganz oben vage erkennt, erstrecken sich bis zum Pazifik. Ungefähr 80 km südlich kommt der **Aussichtspunkt auf den Tatshenshini River**. Dieser ungezähmte Fluss fließt durch ein Bärenschutzgebiet und durch ein Tal, das völlig unberührt zu sein scheint.

Ungefähr 10 km weiter gelangt man zu den **Million Dollar Falls**. Hier donnert das Wasser durch eine schmale Schlucht in die Tiefe. Auf dem nahe gelegenen Territory-**Campingplatz** kann man sich von dem Getöse in den Schlaf lullen lassen.

Der Highway führt auf 70 km weit durch British Columbia, aber man möchte einfach mehr sehen, wenn man die hoch gelegene, karge Bergwildnis durchquert, in der es das ganze Jahr über zu plötzlichen Schneestürmen kommen kann. In einer Höhe von 1070 m fällt die Straße plötzlich beim Chilkat Pass, einem alten Weg der Ureinwohner ins Yukon Territory, steil ab bis hinunter nach Alaska. Die Grenze zu den USA liegt 72 km nördlich von Haines am breiten **Chilkat River Delta**.

Das ganze Jahr hindurch sind hier unzählige **Weißkopfseeadler** anzutreffen. Die stattlichen Vögel versammeln sich wie

Tauben in großen Gruppen und sitzen dann in den Bäumen, die über das Ufer hängen. Angezogen werden sie vom vergleichsweise milden Wetter und dem konstanten Fischnachschub.

Haltebuchten säumen den Haines Hwy (in Alaska: Hwy 7), vor allem zwischen den Markierungen 19 und 26. Man sollte sich Zeit lassen und einen Platz zum Parken suchen. Nur ein Paar Schritte abseits der Straße ist es schön ruhig. Wenn man einen kleinen Baum erblickt, der von 20 nachdenklich dreinblickenden – und ziemlich großen – Weißkopfseeadlern bevölkert ist, dann hat man seine ganz eigene Raubvogel-Version von *Die Vögel* …

Haines (Alaska)

Anders als Skagway direkt auf der anderen Seite des Lynn Canal bleibt Haines von den Kreuzfahrtschiffspassagieren verschont – und das ist nur zum Besten der Stadt. Sie ist eine ursprüngliche Gemeinde geblieben, eine mit einer echten Innenstadt, die in der Nähe des geschäftigen Hafenviertels liegt. Es gibt gute Läden, ein paar kleine Museen und eine historische Festungsanlage. Man kann den Großteil der Stadt locker in ein paar Stunden im Rahmen eines malerischen Spaziergangs erkunden. Wenn man über das wunderschön anzuschauende Wasser mit der Bergkulisse im Hintergrund blickt – vielleicht mit einem erfrischenden Getränk in der Hand – wird man kaum neidisch auf diejenigen sein, die an Bord eines der Schiffe in der Kreuzfahrtschiffpolonaise bis zum nächsten Hafen dampfen (und dampfen ist hier wörtlich gemeint, denn die dadurch verursachte Umweltverschmutzung ist wirklich grausam).

Kommt man mit einer der Fähren des Alaska Marine Highway aus Richtung Süden an, ist Haines definitiv der Hafen der ersten Wahl, um ins Yukon Territory weiterzureisen. Weitere Details zu Haines und zum Südosten Alaskas sind in den Lonely Planet Bänden *Alaska* (englischsprachig) und *USA* zu finden.

Sehenswertes & Aktivitäten

Am besten läuft man zuerst ein wenig im Zentrum und im Hafenviertel herum und schlendert dann hinüber zum Fort Seward, einem ehemaligen Armeestützpunkt, der vor 100 Jahren errichtet wurde. Die heutige National Historic Site besteht aus vielen Gebäuden, die eine ganze Palette von neuen Funktionen erfüllen: von Kunstgalerien über flippige Läden bis hin zu B&Bs.

Haines macht das Beste aus seinen gefiederten Mitbewohnern und veranstaltet jeden November zu ihren Ehren ein **Adlerfest** (baldeaglefestival.org). Von zahlreichen Guides angeleitet kann man die Vögel auf eine Weise sehen, wie es vom Rand des Haines Hwy aus niemals möglich ist.

Schlafen & Essen

Das CVB bietet eine große Auswahl von Unterkünften in allen Preisklassen.

Captain's Choice Motel MOTEL **$$**
(907-766-3111, 800-478-2345; www.capchoice.com; 108 2nd Ave N; Zi. 100–180 US$;) Das Hotel mitten im Zentrum mit seinen 37 großen Zimmern, die größtenteils über einen grandiosen Meerblick verfügen, ist wirklich eines Kapitäns würdig.

Portage Cove State Recreation Site^t CAMPING **$**
(Beach Rd; Stellplatz Zelt 5 US$; 15. Mai–Aug.) Um auf diesem radfahrer- und backpackerfreundlichen Campingplatz, direkt am Wasser 1,6 km südlich der Stadt gelegen, übernachten zu können, verzichtet man liebend gern auf sein Auto. Abendliche Lagerfeuer bei aufziehendem Nebel versprechen jede Menge Flair.

Fireweed FUSION **$$**
(907-766-3838; Bldg 37 Blacksmith Rd; Hauptgerichte 10–20 US$; 11–22 Uhr;) Das Firewood in Fort Seward zaubert biologisch-kreative Speisen auf den Tisch. Auf der Terrasse mit Blick auf den Lynn Canal lassen sich Gäste erstklassige Pizzas, Salate, Fischsuppen und Meeresfrüchte schmecken. Ein echter Genuss ist das Spruce Tip Ale der Haines-Brauerei, ein Ale-Bier mit zugesetzten jungen Fichtentrieben.

Mountain Market & Spirits MARKT **$**
(907-766-3340, 151 3rd Ave; Gerichte 4–10 US$; 7–19 Uhr;) Hier kann man sich für ein Picknick am Haines Hwy oder mit Proviant für die Alaska-Fähre eindecken. Zum Angebot gehören exzellenter Kaffee, Backwaren, große Sandwiches und jede Menge biologisch erzeugte Lebensmittel.

Praktische Informationen

Die Preise für Haines sind in US-Dollar angegeben. Achtung: In Haines gilt die Alaska Standard Time, d. h. es ist hier eine Stunde früher als im Yukon Territory!

Haines Convention & Visitors Bureau (☎907-766-2234, 800-458-3579; www.haines.ak.us; 122 2nd Ave; ⊙Mai–Sept. 9–17 Uhr) Gibt einen überaus nützlichen Urlaubsplaner heraus und bietet zudem Wanderkarten und Infos zum Yukon Territory.

An- & Weiterreise

Es gibt keine öffentlichen Verkehrsmittel von Haines ins Yukon Territory.

Alaska Maritime Highway System (☎800-642-0066; www.ferryalaska.com) Der hervorragende Dienst verbindet Haines und Yukon mit British Columbia und den USA. Die Autofähren fahren Skagway, die Inside Passage, Prince Rupert in British Columbia (S. 837) sowie Bellingham, Washington, in den USA an. Mehr Infos gibt's auf S. 844. Der Fährhafen liegt 6,5 km südlich der Stadt.

Haines-Skagway Fast Ferry (☎907-766-2100, 888-766-2103; www.hainesskagwayfastferry.com) befördert nur Passagiere (Erw./Kind 35/18 US$, 45 Min., 3-mal tgl. od. öfter), Juni–Sept.) und legt nahe dem Zentrum ab bzw. an.

KLONDIKE HIGHWAY

Der 716 km lange Klondike Hwy beginnt an der Küste in Skagway, Alaska, und führt dann in luftige Höhen hinauf bis zum furchteinflößenden Chilkoot-Pass, bevor er auf dem Weg nach Carcross eine tolle Berglandschaft durchquert. Auf einem großen Teil der Strecke folgt die Straße in etwa dem **Gold Rush Trail**, der Route der Klondike-Goldsucher. Man hat es heute aber deutlich leichter als diese damals (S. 866). Nördlich von Whitehorse führt die Straße durch sanft geschwungenes Gelände, auf dem Waldbrände über die Jahre Spuren hinterlassen haben. Es gibt dort Schilder mit Datumsangaben, durch die man zeitlich nachvollziehen kann, inwieweit sich die Natur inzwischen wieder erholt hat.

Skagway (Alaska)

Seit über 100 Jahren begeistert Skagway seine Besucher und erschreckt sie zugleich. 1898 machten Verbrecher aller Arten Jagd auf ankommende Minenarbeiter, die unterwegs nach Dawson waren. Heute sind es T-Shirt-Verkäufer, die sich auf die Touristen stürzen, denn wenn mehrere riesige Kreuzfahrtschiffe kurz hintereinander anlegen, wimmelt es auf den Straßen nur so von Tagesausflüglern.

Aber trotz allem existiert hinter dem ganzen Tand auch noch eine echte Stadt, die sich viele Reize bewahrt hat. Abends, wenn die Kreuzfahrtschiffe abgelegt haben, hat sie ihren ganz eigenen, friedlich-ruhigen Charme. Trotzdem gibt es keinen Grund, sich längere Zeit dort aufzuhalten, schließlich ruft das Yukon Territory. Obwohl Skagway in den USA liegt, kann man es mit dem Auto nur über den Klondike Hwy von Yukon aus erreichen (ein kurzer Abschnitt führt durch British Columbia). Skagway ist der Ausgangspunkt für den berühmten Chilkoot Trail und für die White Pass & Yukon Route.

Skagway ist der letzte Halt für die Fährverbindung des Alaska Marine Highway System entlang der sogenannten Inland Passage von Süden her und ist als solcher ein wichtiger Zugangspunkt zum Yukon Territory. Der Lonely Planet Band *Alaska* beschreibt Skagway und andere Regionen im Südosten Alaskas detailliert.

Sehenswertes

Ein Teil des **Klondike Gold Rush National Historic Park**, der sich wie ein Korridor aus sieben Häuserblocks am Broadway entlang erstreckt, besteht aus restaurierten Gebäuden, Bauten mit falschen Fassaden und hölzernen Bürgersteigen aus Skagways Goldrauschzeit. Der Park Service hat geführte Touren, eine Ausstellung und eine Menge Infos.

Die **White Pass & Yukon Route** (WP&YR; ☎907-983-2217, 800-343-7373; www.wpyr.com; Ecke 2nd Ave & Spring St; Erw./Kind 110/55 US$; ⊙Anfang Mai–Ende Sept.) ist für die meisten das schlagende Argument, um nach Skagway zu reisen (und nicht etwa die T-Shirts). Die Zugroute windet sich hinauf bis zum namengebenden White Pass und zeichnet dabei den berühmt-berüchtigten White Pass Trail nach, der während des Klondike-Goldrauschs rege genutzt wurde.

Schlafen

Im Juli und August sind Reservierungen äußerst empfehlenswert. Beim CVB liegen umfangreiche Unterkunftslisten aus.

Sergeant Preston's Lodge MOTEL **$$**
(☎907-983-2521; www.sgtprestonslodge.com; 370 6th Ave; Zi. 80–120 US$; 📶) Die 40 hellen und sauberen Zimmer findet man direkt im historischen Stadtkern. Einfach anrufen! Dann wird man bei der Ankunft mit der Fähre abgeholt.

Pullen Creek RV Park CAMPING $
(☎907-983-2768, 800-936-3731; www.pullencreekrv.com; 501 Congress St; Zelt/Wohnmobil 22/36 US$) Der Wohnmobilpark liegt direkt neben dem Fährhafen.

North Eden CAFÉ $
(☎907-983-2784; 21st Ave at State St; Gerichte 4–8 C$; ⏲7–14 Uhr) Das Café befindet sich in dem Geschäft You Say Tomato Natural Foods und ist ideal für einen stärkenden Kaffee vor einem Trip den Klondike Hwy hoch oder einen gesunden Energieschub, bevor es mit der Fähre Richtung Süden geht.

Praktische Informationen

Chilkoot Trail Centre (Ecke Broadway & 2nd Ave; ⏲Juni–Aug. 8–17 Uhr) Das Zentrum wird gemeinsam von Parks Canada (☎800-661-0486; www.pc.gc.ca/chilkoot) und dem US National Park Service (☎907-983-3655; www.nps.gov/klgo) geführt. Hier gibt's Tipps, Genehmigungen, Karten und eine Liste der Transportmöglichkeiten zum/vom Chilkoot Trail.

Skagway Convention & Visitors Bureau (☎907-983-2854, 888-762-1898; www.skagway.com; 245 Broadway; ⏲8–18 Uhr) Das Büro ist in einem prächtigen Gebäude untergebracht und verfügt über detaillierte Infos zur Region.

US National Park Service (☎907-983-2921; Ecke Broadway & 2nd Ave; ⏲8–18 Uhr) Bei Wanderungen in der Region ist eine *Skagway Trail Map*, die umfangreiche Infos über den Klondike Gold Rush National Historic Park enthält, von großem Nutzen.

An- & Weiterreise

Die Entfernung zwischen Skagway und Whitehorse beträgt über den Klondike Hwy (Hwy 2) 177 km. Die Zollabfertigung an der Grenze geht meist recht schnell vonstatten.

Bus & Zug

White Pass & Yukon Route (☎907-983-2217, 800-343-7373; www.wpyr.com; Ecke 2nd Ave & Spring St; Erw./Kind ab 116/58 US$, 4½ Std.; ⏲Mitte Mai–Mitte Sept. Mo–Sa) Die malerische Zug- und Busstrecke führt von/nach Whitehorse über Fraser, British Columbia. Alternativ gibt's eine Verbindung mit längerer Zugfahrt, bei der man erst in Carcross in den Bus umsteigt.

Schiff/Fähre

Alaska Maritime Highway System (☎800-642-0066; www.ferryalaska.com) Die ausgezeichnete Verbindung verknüpft Haines und das Yukon Territory mit British Columbia und den USA. Die Autofähren fahren Haines, die Inside Passage, Prince Rupert in British Columbia (S. 834) sowie Bellingham, Washington, in den USA an. Mehr Infos gibt's auf S. 844. Der Fährhafen liegt mitten im Zentrum.

Haines-Skagway Fast Ferry (☎907-766-2100, 888-766-2103; www.hainesskagwayfastferry.com) befördert nur Passagiere (Erw./Kind 35/18 US$, 45 Min., 3-mal tgl. od. öfter, Juni–Sept.) und legt in der Nähe des Zentrums ab.

Chilkoot Trail

Den Chilkoot Trail, 1898 im besten Fall ein beschwerlicher, im schlimmsten Fall ein tödlicher Weg, wählten die meisten Goldsucher, um von Skagway aus über den 1110 m hohen Chilkoot Pass ins Yukon zu kommen. Heutzutage müssen Wanderer Monate im Voraus einen Platz reservieren, um den Spuren der Goldsucher von einst zu folgen.

Der gut markierte, 53 km lange Wanderweg beginnt in der Nähe von **Dyea**, 14 km nordwestlich von Skagway, und führt dann in nordöstlicher Richtung über den Pass. Er folgt dem Taiya River bis zum Lake Bennett in British Columbia. Insgesamt braucht man für die Wanderung drei bis fünf Tage. Es ist schon bei gutem Wetter eine schwierige Strecke, und bei schlechten Wetterbedingungen wird sie oft noch tückischer. Man sollte in guter körperlicher Verfassung und komplett ausgerüstet sein. Mehrere Schichten warme Klamotten und Regenzeug sind ein Muss.

Noch immer liegen am Wegrand verstreut Teile der Ausrüstung oder Werkzeuge, die von den Goldsuchern zurückgelassen wurden. An mehreren Stellen stehen Holzschuppen, in denen man über Nacht unterkommen kann, aber sie sind meist belegt. Unbedingt ein Zelt und einen Schlafsack mitnehmen! Es gibt zehn ausgewiesene Campingplätze auf der Strecke, die alle mit *bear caches* (Vorrichtungen zur bärensicheren Aufbewahrung von Lebensmitteln etc.) ausgestattet sind.

Am kanadischen Ende des Wegs kann man entweder die historische Schmalspurbahn White Pass & Yukon Route Railroad von Bennett aus zurück nach Skagway nehmen oder auf der Strecke weiter in Richtung Norden nach Fraser in Bristish Columbia fahren, wo man Anschluss an einen Bus nach Whitehorse hat.

Der Chilkoot Trail ist eine der Hauptattraktionen des **Klondike Gold Rush International Historic Park**, einer Reihe von Stätten, die gemeinsam von Parks Canada und dem US National Park Service verwaltet werden und die sich von Seattle in Washington bis nach Dawson City erstrecken. Jeder Chilkoot-Wanderer muss sich eine Genehmigung einholen, von denen im Sommer insgesamt nur 50 pro Tag ausgeteilt werden; unbedingt im Voraus reservieren! Parks Canada bzw. der US National Park Service verlangt 53 C$ für eine Genehmigung plus 12 C$ für die Reservierung. Jeden Tag werden acht Genehmigungen vergeben nach dem Motto: Wer zuerst kommt, mahlt zuerst. Für weitere Informationen sollte man das **Trail Centre** in Skagway kontaktieren (S. 864) oder online nachsehen. Bei der Planung unbedingt an die Campingplätze denken, auf denen man die Nächte verbringen möchte!

Carcross

Eine lange vergessene Goldrauschstadt ist das beschauliche kleine Carcross 74 km südöstlich von Whitehorse, das gerade einen Aufschwung erlebt. Im Sommer gibt's

VERHÄNGNISVOLLES GOLDFIEBER

Der Klondike-Goldrausch, durch den die Bevölkerungsdichte der Region ihren Höhepunkt erreichte, bleibt einer der prägendsten Momente in der Geschichte des Yukon Territory. Damals machten sich an die 40 000 Menschen auf den Weg nach Skagway, in der Hoffnung, auf den Goldfeldern von Dawson City, etwa 700 km weiter nördlich, den ganz großen Wurf zu landen.

Die Goldsucher als größtenteils schlecht vorbereitet zu bezeichnen, wäre eine glatte Untertreibung. Einige hatten zwar schon mehr als einen Goldrausch hinter sich, bei einem hohen Prozentsatz handelte es sich jedoch um abenteuerlustige Amerikaner. Büroangestellte, Rechtsanwälte oder auch Kellner erlagen der Versuchung, mal schnell eine kleine Reise in den Norden zu unternehmen und reich zurückzukehren. Die Realität sah anders aus. Bei ihrer Ankunft stürzten sich allerlei Betrüger auf sie, die meisten davon im Auftrag des unverbesserlichen Soapy Smith. Danach musste die mehrere hundert Kilo schwere Ausrüstung über den gefrorenen Chilkoot Pass transportiert werden und es mussten eigenhändig Boote gebaut werden, um das letzte Stück über den Yukon River nach Dawson zu überwinden. Viele Menschen starben dabei.

In Dawson mussten sich die Goldgräber nicht nur Betrugsversuchen erwehren, sondern sich einer weiteren harten Tatsache stellen: Als im Sommer 1897 die ersten Schiffe die Westküste der USA mit Nachricht von den Goldfunden an Dawsons Bonanza Creek erreichten, waren die besten Schürfgebiete bereits vergeben. Der Großteil der Goldsucher kam so mindestens ein Jahr zu spät. Krank und pleite kehrten die Überlebenden in die USA zurück. Nur wenige fanden überhaupt Gold, und die meisten mussten ihre Ausrüstung an Geschäftsleute verscherbeln, die sie wiederum zu horrenden Preisen an neu ankommende Goldsucher verkauften. Das Vermögen einiger Familien aus dem Yukon geht auf diese Art der Geschäftemacherei zurück.

Mit diesen haarsträubenden Schicksalen können heute nicht einmal die Hartgesottensten mithalten. Die bösen Taten, das Elend und der Herzschmerz der Dandys jener Tage bieten Stoff für fesselnde Leseerlebnisse. Unter den vielen Büchern zum Goldrausch von Klondike sind die folgenden besonders empfehlenswert und zudem überall im Yukon Territory zu bekommen:

» *Abenteuer Alaska* von Pierre Berton ist der Klassiker zum Thema Goldrausch.

» In *Sailor on Snowshoes* erzählt Dick North von Jack Londons Zeit im Yukon Territory und der Suche nach seiner Hütte. Londons Erzählungen zum Goldrausch begründeten seinen Ruf als Schriftsteller.

» *Soapy Smith* von Stan Sauerwein ist eine amüsante Erzählung über den Tunichtgut von Skagway, für den der Begriff „unverbesserlich" neu erfunden werden müsste.

Der **Klondike Hwy** von Skagway über Whitehorse bis nach Minto folgt der von Parks Canada „Gold Rush Trail" genannten Route. Wer von dort aus weiter auf den Spuren der Goldsucher wandeln möchte, muss per Kanu den Yukon River überqueren.

von Skagway aus täglich Zugverbindungen auf der Strecke **White Pass & Yukon Route** (S. 864; einfache Strecke Erw./Kind 170/85 C$), die 2007 nach 30 Jahren wieder an die Stadt angeschlossen wurde. Einige ältere Gebäude werden momentan restauriert, und die Lage am Lake Bennett ist einfach super. (Auch wenn Klondike-Goldsucher, die hier zur Überquerung des Sees Boote bauen mussten, das wohl eher nicht so gesehen haben.)

Das **VIC** (☎867-821-4431; ⌚Mai–Sept. 8–20 Uhr) befindet sich im ehemaligen Bahnhofsgebäude und hat eine ausgezeichnete Broschüre zu einem Rundgang durch die Stadt. Im Zentrum gibt es außerdem schöne Ausstellungen zur Lokalgeschichte, und direkt dahinter befindet sich eine Halle, in der einheimische Künstler ihre Werke präsentieren und zum Kauf anbieten.

Bei der **Carcross Desert**, der kleinsten Wüste der Welt, handelt es sich um den heute freiliegenden Sandgrund eines früheren Gletschersees. Die Wüste liegt 2 km nördlich der Stadt.

Von Whitehorse nach Carmacks

Besonders aufregend ist es nicht, Whitehorse über den Klondike Hwy zu verlassen. Man sieht eine Landschaft mit niedrigen Bäumen und ein paar Farmen mit Rindern. Nach ungefähr 40 km lohnt es sich dann aber, nach dem friedlichen **Lake Laberge** Ausschau zu halten, an dem es auch einen Strand gibt. 24 km weiter im Norden folgt der **Fox Lake**, und 23 km südlich von Carmacks liegen die **Twin Lakes**. An allen drei Orten gibt's einen staatlich verwalteten Campingplatz mit Unterständen und Wasserpumpen.

Carmacks

Dieses Dorf mit 400 Einwohnern liegt direkt am Yukon River und wurde nach George Washington Carmacks benannt, einem der Leute, die hier 1896 Gold fanden. Carmacks war ein raubeiniger Seemann, der im Yukon umherstreifte und nur durch einen glücklichen Zufall (gemeinsam mit Robert Henderson, Tagish Charlie und Keish – alias Skookum Jim Mason) einen *claim* am Bonanza Creek absteckte. Schon bald lebte er auf großem Fuße, doch es dauerte nicht lange, bis er seine Frau, eine Indianerin vom Stamm der Tagish, und die gemeinsame Tochter verließ, und sich in die USA aufmachte.

In Anbetracht seines Rufs als schlechter Ehemann und Vater ist es eigentlich passend, dass Carmacks in Form dieser einfallslosen Ansammlung von Tankstellen und Unterkünften ein Denkmal gesetzt wird. Der Hauptgrund, hier einen Zwischenstopp einzulegen, ist das ausgezeichnete **Tage Cho Hudan Interpretive Centre** (☎867-863-5830; Eintritt gegen Spende; ⌚Mai–Sept. 9–16 Uhr). Ehrenamtliche Mitarbeiter erläutern das Leben der Ureinwohner früher und heute. Wie auch anderswo im Territory sind die Ortsansässigen stark mit dem Land verbunden, das sie das ganze Jahr über mit Jagdwild und Fisch versorgt. Ein hübscher Informationspfad am Fluss, den abzulaufen etwa 15 Minuten dauert, verschafft einem einen kleinen Einblick in dieses Leben.

In Carmacks befindet sich die Abzweigung zum Robert Campbell Hwy (S. 859).

Etwa 25 km nördlich von Carmacks liegt das Erholungsgebiet **Five Finger Recreation Site**, in dem man einen tollen Blick auf den tückischen Flussabschnitt mit Stromschnellen hat. Er stellte einst das Können der Flusskapitäne auf die Probe, die die Schiffe zwischen Whitehorse und Dawson navigieren mussten. Es gibt einen steil abfallenden, 1,5 km langen Pfad, der bis hinunter zu den Stromschnellen führt.

Minto

In Minto, an dem man leicht vorbeifährt – außer man schleppt ein Kanu oder Kajak mit – verlässt der Klondike Hwy den Verlauf des Gold Rush Trail. Minto ist ein beliebter Ort zum Einstieg, wenn man eine vier- bis fünftägige Tour den Yukon River hinunter bis nach Dawson City plant. Es liegt ungefähr 72 km nördlich von Carmacks.

Stewart Crossing

Ein weiterer beliebter Ort, um sein Kanu zu Wasser zu lassen, ist Stewart Crossing am Stewart River. Der Fluss ist schmaler und etwas wilder, bevor er im Westen in den Yukon River mündet, auf dem man dann den Rest der Strecke bis nach Dawson zurücklegt.

Der Ort, der ansonsten nichts Besonderes zu bieten hat, liegt an der Kreuzung zwischen Klondike Hwy (Hwy 2) und Silver Trail (Hwy 11).

Nördlich von Stewart Crossing führt der Klondike Hwy auf 139 eher eintönigen Kilometern bis zur Abzweigung zum Dempster Hwy. Von hier sind es nur noch 40 km bis Dawson City.

DAWSON CITY

Diese Stadt eignet sich perfekt, um eine Weile Pause zu machen, in ihr skurriles Kulturtreiben einzutauchen und ihrer unwiderstehlichen, flippigen Atmosphäre zu verfallen. Dass es auch noch eine der geschichtsträchtigsten und schönsten Städte Kanadas ist, lässt sich mit Goldstaub auf einer Torte vergleichen: nicht unbedingt notwendig, aber wirklich schön.

Dawson thront auf einer schmalen Felsbank – genau an der Stelle, wo der Yukon River und der Klondike River zusammenfließen, nur 240 km südlich des Polarkreises – und war einst das Zentrum des Klondike-Goldrauschs.

Heute kann man durch die unbefestigten Straßen von Dawson schlendern, vorbei an alten Gebäude, die auf zweifelhaftem Untergrund aus Permafrostboden gebaut

Dawson City

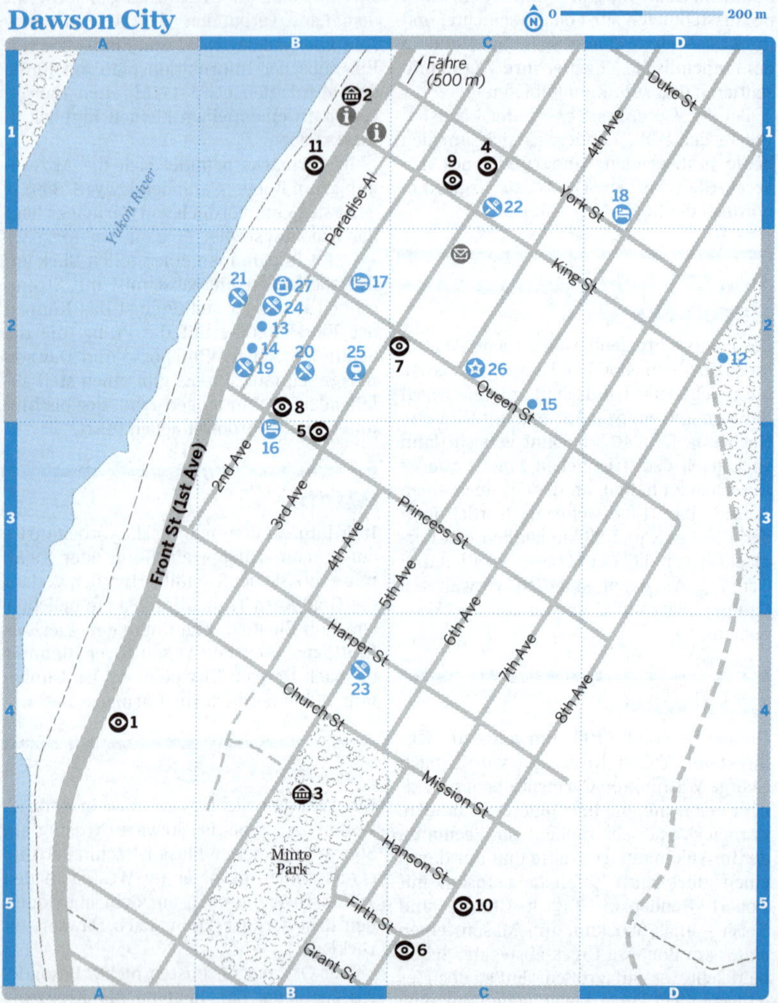

sind und sich stützend aneinanderlehnen (vergleichbar mit den Betrunkenen, die sich vor den Saloons gegenseitig stützen). Es gibt ein buntes kulturelles Angebot, das die unterschiedlichsten Leute anzieht, die in Dawson den perfekten Ort für ihre freie, individuelle, künstlerische Entfaltung sehen. So könnte die Person, die in der nächsten Bar neben einem sitzt, ein Tänzer, ein Filmproduzent, ein Maler oder auch ein Minenarbeiter sein – wer weiß?

Dawson ist im Sommer oft ziemlich überfüllt, vor allem während der Festivals. Wenn aber die Tage im September wieder kürzer werden, sind die Saisonarbeiter bereits in den Süden geflohen und die 2000 dauerhaften Bewohner der Stadt (Fachpersonal, Minenarbeiter, First-Nations-„Ureinwohner", Träumer, Künstler und solche, die selbst nicht genau wissen, welcher Gruppe sie wohl am besten zuzuordnen sind) bereiten sich wieder auf einen langen und ruhigen Winter vor.

Geschichte

1898 walzten über 30 000 Goldsucher durch die Straßen von Dawson – einigen wenigen war das Glück beschieden, das schnelle Geld zu machen, doch die meisten waren völlig ohne Perspektive und mit sich und der Welt unzufrieden. Geschäfte, Bars und Prostituierte zogen diesen armen Teufeln dann noch den letzten Rest Geld aus der Tasche. Die glücklichen Tage von Dawson waren eng mit dem Schicksal der Goldminenarbeiter verbunden: Als der Boom der Goldsuche vorbei war, begann ein jahrzehntelanges schleichendes Dahinwelken der Stadt.

Die territoriale Hauptstadt wurde 1952 nach Whitehorse verlegt. Dawson konnte durch den stark reduzierten, aber weiterlaufenden Goldbergbau mehr schlecht als recht überleben. Bis 1970 sank die Bevölkerungszahl unter 900. Doch dann geschah etwas Unerwartetes auf Dawsons Weg in den Untergang: Die Stadt wurde wiederentdeckt. Erneuerungsarbeiten am Klondike Hwy und die Anbindungen an Alaska ermöglichten den ersten größeren Zustrom von Sommertouristen, die hier ein verfallenes, aber reizvolles Kleinod aus längst vergangenen Goldrauschzeiten vorfanden. Parks Canada erklärte den Großteil der Stadt zur historischen Stätte und begann mit Restaurierungsarbeiten.

Dawson City

Sehenswertes

1 Commissioner's Residence ... A4
2 Dänojà Zho Cultural Centre ... B1
3 Dawson City Museum ... B4
4 Fortymile Gold Workshop/Studio ... C1
5 Harrington's Store ... B3
6 Jack London Interpretive Centre ... C5
7 Klondike Institute for Art & Culture ... C2
8 ODD Gallery ... B2
9 Palace Grand Theatre ... C1
10 Robert Service Cabin ... C5
11 SS Keno ... B1

Aktivitäten, Kurse & Touren

12 Circle Cycle ... D2
13 Dawson Trading Post ... B2
14 Goldbottom Tours ... B2
15 Klondike Spirit Tickets (Triple J Hotel) ... C2

Schlafen

Aurora Inn ... (siehe 23)
16 Bombay Peggy's ... B3
17 Downtown Hotel ... B2
18 Gold Rush Campground RV Park ... D1
Klondike Kate's ... (siehe 22)

Essen

19 Cheechako's Bake Shop ... B2
20 Drunken Goat Taverna ... B2
21 Bauernmarkt ... B2
22 Klondike Kate's ... C1
23 La Table on 5th ... B4
24 River West ... B2

Ausgehen

25 Bars im Westminster Hotel ... B2
Billy Goat ... (siehe 20)
Bombay Peggy's ... (siehe 16)
Downtown Hotel ... (siehe 17)

Unterhaltung

26 Diamond Tooth Gertie's Gambling Hall ... C2

Shoppen

Dawson Trading Post ... (siehe 13)
27 Maximilian's ... B2

Sehenswertes

Auch wenn man für einen Rundgang durch das überschaubare Dawson nur wenige Stunden benötigt, lassen sich locker drei oder mehr Tage mit den Dingen füllen, die man vor Ort sehen und unternehmen kann. Wem die Besucherhorden im Sommer zu viel werden, der findet oberhalb am Hang gelegen einige Viertel mit zeitlosen alten Gebäuden und Straßen.

Hausnummern sind in Dawson so rar gesät wie Goldklumpen in einem abgegrasten Schürfgebiet. Wenn nicht anders angegeben, gelten die aufgeführten Öffnungszeiten für den Zeitraum von Mitte Mai bis Anfang September. Im Rest des Jahres, also in den kalten Monaten, haben die meisten Sehenswürdigkeiten, Attraktionen und viele Geschäfte geschlossen.

Eine gute Nachricht für Familien: Fast alle Sehenswürdigkeiten sind für Kinder bis einschließlich zwölf Jahren kostenlos.

Klondike National Historic Sites — HISTORISCHER PARK

Der Goldrausch wird an unzähligen erhaltenen und restaurierten Stätten wieder zum Leben erweckt. **Parks Canada** (www.pc.gc.ca/dawson) bietet hierzu ausgezeichnete Informationen und geführte Touren. Neben den einzelnen Preisen für die verschiedenen Sehenswürdigkeiten und Führungen, die hier aufgelistet sind, gibt's außerdem viele lohnende Parks-Canada-**Pässe** (Erw. 14–32 C$). Tickets und Pässe sind im wunderschönen **Palace Grand Theatre** (King St; ⏲9.30–17.30 Uhr) zwischen 2nd und 3rd Ave erhältlich.

Weitere Infos gibt's am Schalter von Parks Canada im VIC. Wissenswertes zum Goldbagger „Dredge No 4" ist auf S. 871 nachzulesen.

Robert Service Cabin

(Ecke 8th Ave & Hanson St; Eintritt frei; ⏲14.30–16.30 Uhr) Der Dichter und Schriftsteller Robert W. Service, auch der „Barde des Yukon" genannt, lebte von 1909 bis 1912 in dieser für die Goldrauschzeiten typischen Hütte. Die **Lesungen** (Erw. 7 C$; ⏲13.30 & 19 Uhr) sind einen Besuch wert.

Commissioner's Residence

(Font St; Erw. 7 C$; ⏲10–17 Uhr, Besichtigungszeiten unterschiedl.) Das prachtvolle Gebäude wurde 1901 zur Unterbringung des Territorial Commissioners in einer Bauweise errichtet, die potenziellen Investoren Vertrauen in die Stadt vermitteln sollte. Lange Zeit lebte in dem Gebäude Martha Black, die 1898 ins Yukon-Gebiet kam, Inhaberin eines Holzlagerplatzes war und im Alter von fast 70 Jahren ins kanadische Parlament gewählt wurde. (Das englischsprachige Buch *Martha Black* von Flo Whyard erzählt die Geschichte dieser beeindruckenden Frau.)

SS KenoYukon

(Erw. 7 C$; ⏲10–18 Uhr) Die SS *Keno* gehörte zu einer Flotte von Schaufelraddampfern, die über ein halbes Jahrhundert lang auf den Flüssen des Yukon verkehrten. Das am Flussufer vertäute Schiff lässt eine Zeit aufleben, in der es noch keine Highways gab.

Harrington's Store

(Ecke 3rd Ave & Princess St; Eintritt frei; ⏲9–16.30 Uhr) In dem alt eingesessenen Geschäft sind historische Fotos aus Dawsons Glanzzeiten erhältlich.

LP TIPP Jack London Interpretive Centre — MUSEUM

(Firth St; Eintritt 5 C$; ⏲11–18 Uhr) Jack London lebte 1898 im Yukon, dem Schauplatz seiner bekanntesten Erzählungen (u.a. *Ruf der Wildnis* und *Wolfsblut*). In der Hütte des Autors finden täglich Infovorträge statt. Das Zentrum wurde mit viel Herzblut von dem Historiker Dick North, Dawne Mitchell und anderen gestaltet und ist eine wahre Fundgrube für Geschichten rund um den berühmten Schriftsteller – u.a. wird hier die Suche nach dessen Hütte dokumentiert.

Dänojà Zho Cultural Centre — KULTURZENTRUM

(☎867-993-6768; www.trondek.com; Front St; Erw. 5 C$; ⏲Mo–Sa 10–18 Uhr) In dem wunderschönen Holzgebäude am Flussufer gibt es Exponate und informative Vorträge über die First Nations *Hän Hwëch'in* (Flussmenschen). Die Sammlung umfasst traditionelle Artefakte und einen Nachbau eines Fischercamps aus dem 19 Jh. Zum Programm gehören außerdem kulturelle Führungen und Vorführungen traditioneller Tänze.

Dawson City Museum — MUSEUM

(☎867-993-5291; 5th Ave; Erw. 9 C$; ⏲10–18 Uhr) Umgeben von den 25 000 Goldrausch-Artefakten können Besucher hier auf ihre eigene Entdeckungsreise gehen. Die eindrucksvollen Exponate zeichnen das harte Leben der Minenarbeiter nach. Das Museum ist in dem symbolträchtigen Old Territorial Administration Building (ehemaliges Gebäude der Territorialverwaltung) von 1901 untergebracht.

Midnight Dome PARK

Die abgerutschte, vernarbte Seite des Berges überragt die Stadt im Norden, aber um auf den Gipfel zu gelangen, muss man von der Stadt aus gesehen ungefähr 1 km in südliche Richtung fahren, dann vom Klondike Hwy nach links in die New Dome Rd einbiegen und danach noch etwa 7 km weiterfahren. Der Midnight Dome hat eine Höhe von 880 m über dem Meeresspiegel und bietet einen tollen Ausblick auf das Klondike Valley, auf den Yukon River und auf Dawson City. Es gibt auch einen ziemlich steilen **Wanderweg**, für den man ab der Judge St in der Stadt ungefähr 90 Minuten braucht; Karten bekommen Interessierte im VIC.

Crocus Bluff & Friedhöfe DENKMÄLER

Ein 15-minütiger, stadtnaher Spaziergang die King St und Mary McCloud Rd hinauf, führt zu zehn **Friedhöfen**, auf denen viele namhafte Persönlichkeiten ihre letzte Ruhe fanden – unter ihnen Joe Vogler, der mit Leib und Seele für die Abspaltung Alaskas von den USA gekämpft hat. Er hatte verfügt, nur in einem befreiten Alaska beerdigt werden zu wollen und wurde 1993 hier begraben. Todd Palin (Sarahs Mann) gehört zu seinen treuesten Anhängern.

In der Nähe der Friedhöfe führt ein kurzer Weg die King St hinauf zum hübschen **Crocus Bluff**, der eine traumhafte Aussicht auf Dawson, den Klondike River und den Yukon River zu bieten hat. Mit dem Auto biegt man auf der New Dome Rd bei der Mary McLeod Rd ab – die Schilder „No Exit“ (Keine Ausfahrt) dabei einfach ignorieren!

Alte Minen

Die von tiefen Narben durchzogenen Täler rund um Dawson künden von den enormen Anstrengungen, die einst in die Jagd nach dem Gold investiert wurden. **Dredge No. 4** (Bonanza Creek Rd; Erw. 7 C$; ⌚10–16 Uhr, Startzeit der Führungen unterschiedl.), 13 km vom Klondike Hwy entfernt, ist eine gewaltige Baggermaschine, mit der das Klondike Valley aufgewühlt wurde. Die verwüsteten, wellenförmigen Flächen prägen die Landschaft bis heute. Parks Canada veranstaltet spannende geführte Touren mit Schwerpunkt auf diesem Thema.

Nur 1,5 km weiter das Tal hinauf stößt man auf die **Discovery Site** (Fundstelle) am Bonanza Creek. Sie markiert die Stelle, an der 1897 zum ersten Mal Gold gefunden wurde. Wer heute hierher kommt, findet ein ruhiges Fleckchen mit einem kleinen Gewässer vor, das munter durch den Schotter plätschert.

Galerien

In Dawson ist eine florierende Künstlerszene ansässig. Das **Klondike Institute for Art & Culture** (KIAC; ☎867-993-5005; www.kiac.org; Ecke 3rd Ave & Queen St) kann mit einem eindrucksvollen neuen Ateliergebäude, diversen Galerien und Bildungsprogrammen aufwarten.

In den Ausstellungsräumen des KIAC, der **ODD Gallery** (☎867-993-5005; Ecke 2nd Ave & Princess St; ⌚Öffnungszeiten unterschiedl.), werden die Werke einheimischer Künstler gezeigt.

Im **Fortymile Gold Workshop/Studio** (☎867-993-5690; 3rd Ave zw. York & King St) sind die Goldschmiedearbeiten von 30 Künstlern aus der Region ausgestellt. Besucher können dabei zusehen, wie Schmuck aus regional gewonnenem Gold hergestellt wird. Das seidig glänzende Edelmetall mit seinem tiefgelben Farbton hat wenig Ähnlichkeit mit dem funkelnden Zeug, das einem in Verkaufssendungen im Fernsehen gerne angedreht wird.

Aktivitäten

Viele Besucher kommen nicht nur per **Kanu** oder **Kajak** in Dawson an, sondern verlassen die Stadt auch wieder auf dem Wasserweg. Eine beliebte Route, die sich besonders gut für Anfänger eignet, führt von Dawson aus über 168 km den Fluss hinab nach Eagle City in Alaska und nimmt etwa drei Tage in Anspruch.

Dawson Trading Post (☎867-993-5316; Front St; Kanu 30 C$/Tag) verleiht Kanus und organisiert längere Touren. Das Dawson City River Hostel (S. 872) auf der anderen Uferseite fungiert als lokale Vertretung von **Eagle Canoe Rentals** (www.eaglecanoerentals.com), das Kanus für die drei- bis viertägige Tour nach Eagle für 125 US$ (inkl. Hin- und Rücktransport) verleiht.

Neben den diversen Spaziergängen oberhalb der Stadt, die unter „Sehenswertes“ beschrieben werden, lohnt sich auch die dreistündige **Wanderung nach Moosehead**, zu jenem alten First-Nations-Dorf. Der Wanderweg verläuft oberhalb des Flusses nördlich der Stadt an den Berghängen entlang; bevor es losgeht, sollte man sich allerdings unbedingt eine Karte im VIC besorgen.

Der Großteil der Gegend rund um Dawson lässt sich gut mit dem Fahrrad erkunden, u.a. auf dem **Ridge Road Heritage Trail**, der sich durch die Goldfelder südlich der Stadt windet. Fahrräder verleihen **Circle Cycle** (☎867-993-6270; Ecke King St & 7th Ave; Fahrrad 30 C$/Tag) sowie das Dawson City River Hostel.

Geführte Touren

Sachkundige Experten von Parks Canada bieten – häufig in historischer Kleidung – ausgezeichnete **Stadtführungen** (Erw. 7 C$; ⊙tgl.) durch Dawson an. Dabei erfährt man Wissenswertes zu einzelnen Gebäuden sowie zu verschiedenen Persönlichkeiten, die einst die Straßen unsicher machten. Alternativ kann man die Stadt auch auf eigene Faust per **Audiotour** (Erw. 7 C$; ⊙9.30–16.30 Uhr) erkunden.

LP TIPP **Goldbottom Tours** (☎867-993-5750; www.goldbottom.com; Kartenverkauf Front St; ⊙tgl.) wird von der legendären Goldgräberfamilie Millar betrieben. Wer sich dafür interessiert, kann ihre Mine, 15 km die Hunker Creek Rd hinauf (an der Kreuzung mit dem Hwy 2 unmittelbar nördlich des Flughafens), besichtigen. Die dreieinhalbstündige Tour kostet 30 C$ (Kind frei), für 10 C$ mehr ist der Transport nach/ab Dawson inbegriffen. Wer etwas findet, darf es behalten. Außerdem verkehrt ein Shuttle (40 C$) zu verschiedenen Stätten außerhalb von Dawson (Midnight Dome, Dredge No. 4, etc.).

Auf dem modernen umgebauten Schaufelraddampfer **Klondike Spirit** (☎867-993-5323; www.klondikespirit.com; Tickets Triple J Hotel, Ecke 5th Ave & Queen St; Touren ab 50 C$) kann man tagsüber oder abends Fahrten auf dem Yukon River unternehmen.

Festivals & Events

Auf S. 849 sind verschiedene Events im Yukon Territory aufgelistet, darunter auch welche in Dawson.

Dawson City Music Festival (☎867-993-5384; www.dcmf.com) Das Ende Juli stattfindende Festival ist weithin bekannt und überaus beliebt – schon zwei Monate im Voraus sind die Karten ausverkauft, und die Stadt ist schnell überlaufen, also unbedingt rechtzeitig reservieren!

Discovery Days Die Stadt feiert – na was wohl? – die ersten Goldfunde im Jahr 1896. Am dritten Montag im August werden große Paraden und Picknicks veranstaltet. Schon Tage im Voraus beginnen die Feierlichkeiten mit verschiedenen Events, u.a. gibt's eine ausgezeichnete Kunstausstellung.

Schlafen

Man tut gut daran, für den Juli und August im Voraus zu reservieren, ansonsten kann das VIC weiterhelfen. Viele Unterkünfte bieten auf Anfrage einen Abholservice vom Flughafen an. Sofern nicht anders angegeben, sind folgende Übernachtungsmöglichkeiten ganzjährig geöffnet.

LP TIPP **Bombay Peggy's** INN $$
(☎867-993-6969; www.bombaypeggys.com; Ecke 2nd Ave & Princess St; Zi. 90–200 C$; ⊙März–Dez.; ❄📶) Das Peggy's ist in einem umgebauten Bordell untergebracht und punktet mit originalgetreuer historischer Einrichtung, beherztem Personal und einer einladenden, stilvoll gehaltenen Bar. Die Zimmer versprühen ein elegant-verruchtes Flair, die günstigeren haben Gemeinschaftsbäder.

Klondike Kate's INN $$
(☎867-993-6527; www.klondikekates.ca; Ecke King St & 3rd Ave; Hütten 120–140 C$; ⊙April–Sept.; @) Die 15 Hütten liegen hinter dem exzellenten Restaurant des gleichen Namens und strahlen ein rustikales Flair aus, ohne dabei Komfort vermissen zu lassen – dafür sorgen schnelles Internet, Mikrowellen und Kühlschränke. Die Veranden eignen sich prächtig zum Entspannen. Umweltbewusstes Verhalten wird hier großgeschrieben.

Dawson City River Hostel HOSTEL $
(Sommer ☎867-993-6823; www.yukonhostels.com; B 18–22 C$, Zi. ab 46 C$; ⊙Mitte Mai–Sept.) Das wunderbar exzentrische Hostel liegt auf der anderen Seite des Flusses, fünf Minuten vom Fährhafen aus den Berg hinauf. Hier werden eine schöne Aussicht, Hütten, Stellplätze für Zelte (14 C$) und Gemeinschaftswaschräume geboten. Der ursprünglich aus Kiel stammende Betreiber des Hostels, Dieter Reinmuth, hat es als Autor von Büchern zum Yukon Territory zu einiger Bekanntheit gebracht.

Aurora Inn INN $
(☎867-993-6860; www.aurorainn.ca; 5th Ave; Zi. 120–170 C$; @) Die großen 20 Zimmer des im europäischen Stil gestalteten Gasthauses sind gemütlich und es herrscht eine fast schon penible Sauberkeit; am Eingang müssen sich Gäste daher ihrer (naturgemäß immer schmutzigen) Schuhe entledigen.

Downtown Hotel HOTEL $$
(☎867-993-5346, 800-661-0514; www.downtownhotel.ca; Ecke Queen St & 2nd Ave; Zi. 95–150 C$; ❄@📶) Das auffällige Hotel, das seinem Namen alle Ehre macht, liegt an einer belebten Ecke mitten im Zentrum. 34 der Zimmer sind im denkmalgeschützten Hauptgebäude untergebracht, 25 weitere in einem modernen Anbau. Nicht alle sind klimatisiert und manche klein und/oder recht schäbig, am besten lässt man sich also vor dem Einchecken ein paar zeigen.

Yukon River Campground CAMPING $
(Stellplatz 12 C$) Der vom Territory verwaltete Campingplatz liegt am Westufer des Flusses, bei Ankunft mit der Fähre ab dem Anleger etwa 250 m die Straße hoch auf der rechten Seite. Zur Auswahl stehen 98 schattige Stellplätze.

Gold Rush Campground RV Park CAMPING $
(☎867-993-5247; 866-330-5006; www.goldrushcampground.com; Ecke 5th Ave & York St; Stellplatz 20–40 C$; ⏲Mitte Mai–Mitte Sept.; 📶) In diesem 83 Stellplätze umfassenden Wohnmobilpark wird mehr Wert auf Bequemlichkeit als auf Atmosphäre gelegt.

Essen

Vor Ort finden Picknicker, Wanderer und Camper zwei gute Lebensmittelgeschäfte. Ein **Bauernmarkt** (⏲Mitte Mai–Mitte Sept. Sa 11–17 Uhr) erstreckt sich entlang des bekannten Aussichtspavillons am Flussufer; die Karotten verdanken ihre spezielle Süße übrigens den kalten Nächten. Außerdem empfehlenswert ist der Birkensirup.

Wenn nicht anders angegeben, sind die meisten Lokale außerhalb des Sommers geschlossen.

LP TIPP **Drunken Goat Taverna** GRIECHISCH $$
(☎867-993-5800; 2nd Ave; Hauptgerichte 12–25 C$; ⏲12–21 Uhr) Blumen, agäische Musik und ausgezeichnete griechische Küche – hier werden viele verschiedene Sinne angesprochen. Das Restaurant wird ganzjährig von Tony Dovas betrieben. Draußen, auf der Rückseite des Gebäudes, kann man sich an einem kleinen Imbissstand abends mit Pizza (10 C$) und Bier versorgen.

Klondike Kate's FUSION $$
(☎867-993-6527; Ecke King St & 3rd Ave; Hauptgerichte 8–25 C$; ⏲April–Sept. 8–21 Uhr) Woher man weiß, dass der Frühling gekommen ist? Der vereiste Fluss bricht auf und das Kate's öffnet wieder – über Letzteres freuen sich die Einheimischen am meisten. Auf der vielfältigen, einfallsreichen Speisekarte stehen leckere Sandwiches, Pasta, frischer Yukon-Fisch und ein grandioses Frühstück. Tipp: Immer auf die tollen Spezialangebote achten!

La Table on 5th FUSION $$
(☎867-993-6860; Aurora Inn, 5th Ave; Hauptgerichte 15–35 C$; ⏲17–21 Uhr) In dem recht förmlichen Restaurant mit europäischem Touch kommen Schnitzel und Steaks auf den Tisch. Wenn man im Voraus reserviert, leistet einem ein Geschichtenerzähler aus der Stadt bei Tisch Gesellschaft.

Cheechako's Bake Shop BÄCKEREI $
(☎867-993-6590; Ecke Front & Princess St; Gerichte 4–8 C$; ⏲7–19 Uhr) In der richtig guten Bäckerei an der Hauptstraße gibt's Muffins, Gebäck und andere Leckereien wie Sandwiches mit hausgemachtem Brot.

River West CAFÉ $
(☎867-993-6339; Nähe Ecke Front & Queen St; Gerichte 4–7 C$; ⏲März–Okt. 7–19 Uhr) Die exzellente Mischform aus Kaffeehaus, Bäckerei und Café mit Blick auf das lebendige Treiben auf der Front St ist immer gut besucht. Besonders schön sitzt es sich an den Tischen im Außenbereich.

Ausgehen

Der Geist der Goldgräber bleibt in mehreren Saloons in Dawson lebendig. An Sommerabenden herrscht bis zum Morgengrauen reger Betrieb – nun ja, hell ist es sowieso die ganze Nacht.

LP TIPP **Bombay Peggy's** KNEIPE
(☎867-993-6969; Ecke 2nd Ave & Princess St; ⏲11–23 Uhr) In Dawsons einladendster Bar ist ein unterhaltsamer Abend quasi garantiert. Sowohl drinnen als auch draußen werden gutes Bier, Wein und leckere Cocktails serviert.

Bars im Westminster Hotel BARS
(3rd Ave; ⏲12 Uhr–open end) Diese beiden Bars werden mit den meist liebevoll gemeinten Spitznamen „Snakepit" (Schlangengrube), „Armpit" (Achselhöhle) oder einfach nur „Pit" (Grube) betitelt. Hier verkehren die wirklich großen Alkoholliebhabern; an vielen Abenden wird in den Bars sogar Livemusik geboten.

Billy Goat KNEIPE
(☎867-993-5800; 2nd Ave; ⏲17–1 Uhr) Hübsche, ruhige Bar im Stil des bekannten Originals aus Chicago.

Downtown Hotel KNEIPE
(☎867-993-5346; Ecke Queen St & 2nd Ave; ⊙11 Uhr–open end) Diese unscheinbare Bar erwacht im Sommer um 21 Uhr zum Leben, wenn ein Event stattfindet, das man wohl am ehesten die „Sourtoe-Werbemasche" nennen könnte. Touristen stehen Schlange, um ein Glas Schnaps (10 C$) zu trinken, in dem ein eingelegter menschlicher Zeh schwimmt. Dieser makabre Scherz hält sich seit Langem und wird sehr amüsant in dem von Dieter Reinmuth herausgegebenen Buch *The Saga of the Sourtoe* beschrieben (dass der Zeh – ja, er *ist* echt – sehr starke Ähnlichkeit mit einem Stück gedörrtem Rindfleisch hat, wird wohl selbst passionierten Trockenfleischfans für eine Weile den Appetit verderben ...)

Unterhaltung

LP TIPP **Diamond Tooth Gertie's Gambling Hall** KASINO
(☎867-993-5575; Ecke Queen St & 4th Ave; 6 C$; ⊙Mai–Mitte Sept. 19–2 Uhr) Diese megabeliebte Rekonstruktion eines Saloons aus der Zeit um 1898 ist komplett ausgestattet mit diversen Glücksspielstationen, einem Honky-Tonk-Klavier und Tänzerinnen. Das Kasino leistet einen nicht zu unterschätzenden Beitrag als Werbung für die Stadt und ihr kulturelles Leben. Jeden Abend stehen drei verschiedene Shows auf dem Programm; dann fließt Maiswhiskey in rauen Mengen und die Röcke der Cancan-Tänzerinnen wirbeln durch die Luft.

Shoppen

Maximilian's BUCHLADEN
(☎867-993-6537; Front St; ⊙8–20 Uhr) Hier wird eine hervorragende Auswahl an Büchern über die Region, Zeitschriften, überregionalen Zeitungen und topografischen Karten sowie Flusskarten angeboten.

Dawson Trading Post KURIOSES/OUTDOOR-AUSRÜSTUNG
(☎867-993-5316; Front St; ⊙9–19 Uhr) Verkauft interessante alte Goldminen-Gerätschaften, Bärenfallen (500 C$) und Mammutstoßzähne; zudem gibt es hier ein informatives Schwarzes Brett.

Praktische Informationen

Von Oktober bis Mai ist in Dawson so gut wie alles geschlossen. Die alle zwei Wochen erscheinende, ehrenamtlich herausgegebene *Klondike Sun* informiert über besondere Events und Aktivitäten.

CIBC ATM (2nd Ave) In der Nähe der Queen St.

Dawson City Community Library (☎867-993-5571; Ecke 5th Ave & Queen St; ⊙Di–Sa 11–20 Uhr, Öffnungszeiten können variieren) Hier gibt's Internetzugang.

Dawson Medical Clinic (☎867-993-5744; Church St; ⊙Mo–Fr 9–12 & 13–17 Uhr) Eine Privatklinik in der Nähe der 6th Ave; in der benachbarten staatlichen Klinik gibt es einen rund um die Uhr erreichbaren Bereitschaftsdienst (☎867-993-4444).

Post (☎867-993-5342; 3rd Ave; ⊙Mo–Fr 8.30–17.30, Sa 11.30–14.30 Uhr) Zwischen King und Queen St.

TastyByte Internet Cafe (☎867-993-6105; Front St; 12 C$/Std.; ⊙8–16 Uhr) Guter Kaffee und WLAN.

VIC (☎867-993-5566; Ecke Front & King St; ⊙Mai–Sept. 8–20 Uhr) Parks Canada ist hier und im Palace Grand Theatre (King St zw. 2nd & 3rd Ave) vertreten.

Western Arctic Information Centre(☎867-993-6167; Front St; ⊙Mitte Mai–Mitte Sept. 8–20 Uhr) Hier gibt's Karten sowie Informationen zu den Northwest Territories und zum Dempster Hwy.

An- & Weiterreise

Dawson City liegt 527 km von Whitehorse entfernt. Es gibt kaum öffentliche Verkehrsverbindungen von/nach Whitehorse, so erklären sich auch die vielen Mitfahrgesuche am Schwarzen Brett beim River West. Wer per Flugzeug kommt, sollte wissen, dass es hier keinerlei Autovermietungen gibt.

Dawson City Airport (YDA) Der Flughafen befindet sich ungefähr 19 km östlich vom Klondike Hwy.

Air North (☎800-661-0407; www.flyairnorth.com) Fliegt Whitehorse, Old Crow, Inuvik in den Northwest Territories und Fairbanks, Alaska, an.

Alaska/Yukon Trails (☎800-770-7275; www.alaskashuttle.com) Betreibt Shuttles zwischen Dawson und Tok, Alaska, über den Top of the World Hwy sowie über Chicken, Alaska; alle Infos sollten trotzdem im Voraus überprüft werden.

Von Dawson City nach Alaska

Von Dawson City aus überquert eine kostenlose Fähre den Yukon River bis zum landschaftlich reizvollen **Top of the World Hwy** (Hwy 9). Die auf weiten Strecken asphaltierte 106 km lange Straße, die auf einem Gebirgskamm entlangführt und sich bis an die Grenze zu den USA erstreckt, ist nur im Sommer befahrbar und bietet einen wunderbaren Ausblick über die ganze Region.

Auch nachdem man die Grenze überquert hat, wird man sich weiterhin fühlen, als wäre man auf dem Dach der Welt unterwegs. Die Landschaft besteht aus kargen Bergwiesen mit hoch aufragenden Felsen und grasenden Karibus. Für den **Grenzübergang** (⌚15. Mai–15. Sept. Pacific Standard Time 9–21 Uhr/Alaska Standard Time 8–20 Uhr) gelten strenge Öffnungszeiten: Wer zu spät kommt, muss mit der Überquerung bis zum nächsten Tag warten.

Auf der in den USA gelegenen Seite zeigt Alaska sein raues Gesicht. So ist die 19 km lange Verbindungsstraße zum Taylor Hwy (Hwy 5) größtenteils nicht asphaltiert und nach Stürmen meist nicht befahrbar (außer man ist gewillt, sich auf ein wahrhaft schlammiges Abenteuer einzulassen). Die alte Goldgräberstadt **Eagle** liegt am Yukon River 105 km weiter nördlich. In Richtung Süden führen etwas bessere Straßen nach 47 km nach **Chicken**. In diesem entzückenden Ort leben Freidenker, die einem begeistert an Tankstellen oder in Cafés irgendwelche albernen T-Shirts verkaufen wollen oder sich in ausschweifenden Tiraden über die momentane Regierung auslassen. Nach weiteren 124 km in Richtung Süden erreicht man den Alaska Hwy, wo eine Ausfahrt nach Osten ins Yukon Territory führt. Ein bisschen weiter westlich findet man in **Tok** eine Auswahl von verschiedenen Dienstleistungen und Motels. In Alaska ist es durch die Zeitverschiebung eine Stunde früher als im Yukon Territory.

DEMPSTER HIGHWAY

Anstatt diese Straße nach einem eher unbedeutenden Mountie (William Dempster) zu benennen, hätte man ihr besser den Namen Firestone Hwy oder Goodyear Hwy geben sollen – wenn man die vielen geplatzten Reifen bedenkt, die er schon auf dem Gewissen hat ... Die Strecke, eine der größten Highwayabenteuer Nordamerikas, ist 736 km lang – jede Menge Nervenkitzel inklusive. Sie windet sich durch kahle Gebirgszüge und smaragdgrüne Täler, quer durch riesige Tundragebiete und am Tombstone Territorial Park vorbei.

Der Dempster (im Yukon Hwy 5, in den NWT Hwy 8) zweigt 40 km südöstlich von Dawson City vom Klondike Hwy ab und führt dann in Richtung Norden über die

ABSTECHER

TOMBSTONE TERRITORIAL PARK

Grüne und graue Schattierungen prägen die Täler, die steilen Felsgrate sind gespickt mit kleinen Gletschern und Bergseen. Der Sommer beginnt verhalten, erstrahlt aber im Juli mit Feldern voller lila Wildblumen. Wolken ziehen über die Tundra hinweg, begleitet von Windböen, die von Zeit zu Zeit die Sonne hervorblitzen lassen. Inmitten dieses Naturspektakels wird man den wahren Klang der Stille erleben.

Der **Tombstone Territorial Park** (www.yukonparks.ca) zieht sich über 50 km am Dempster Hwy entlang. Zum einzigen offiziellen **Campingplatz** (Stellplatz 12 C$) des Parks gehört ein exzellentes **Interpretive Centre** (⌚Ende Mai–Mitte Sept. 9–17 Uhr), das Wanderungen und Vorträge anbietet. Der Zeltplatz liegt 71 km vom Beginn des Highways entfernt und verläuft am Oberlauf des Yukon River, direkt vor **Tombstone Mountain**, wo die Bäume sich lichten und die echte nordische Wildnis beginnt.

In der Nähe des Campingplatzes gibt es gute Strecken für **Tageswanderungen** sowie längere, anspruchsvollere **Routen** für erfahrene Wildniswanderer. Fürs Campen im Backcountry benötigt man Genehmigungen, besonders an einigen im Sommer beliebten Seen. (Der Backcountry-Campingführer des Parks legt in seiner Antwort auf folgende häufig gestellte Frage eine erfrischende Ehrlichkeit an den Tag: „Wird jemand nach mir suchen, wenn ich nicht zurückkomme?" „Nein.")

Tombstone eignet sich als gemütlicher Tagesausflug ab Dawson City (einfache Strecke 112 km). Mit den nötigen Vorbereitungen kann eine mehrtägige Abenteuertour durch den Park allerdings durchaus zum Highlight der ganzen Reise werden. Teile des Films *The Big Year* von 2011 mit Steve Martin, Owen Wilson und Jack Black wurden in dem Park gedreht.

Ogilvie und die Richardson Mountains jenseits des Polarkreises und weiter nach Inuvik in den Northwest Territories ganz in die Nähe der Beaufortsee.

Straßenzustand

Der Dempster ist auf einem dicken Fundament aus Schotter gebaut, um den Permafrostboden darunter zu isolieren. Der würde sonst schmelzen und dadurch die Straße vollständig versinken lassen. Der Highway ist zwar die meiste Zeit des Jahres über geöffnet, doch die beste Reisezeit liegt zwischen Juni und Anfang September, wenn die Fähren über die Flüsse Peel und Mackenzie in Betrieb sind. Im Winter bildet das Eis eine natürliche Brücke über die Flüsse, die sich dann in Eisstraßen verwandeln. Während des Tauwetters im Frühling und der Frostperiode im Winter, wenn alles zuzufrieren beginnt, ist der Dempster gesperrt – der Zeitraum dafür variiert jedes Jahr und kann zwischen Mitte April bis Juni und Mitte Oktober bis Dezember liegen.

Der Highway ist fast über seine gesamte Länge geschottert und steht aus gutem Grund in dem Ruf, ziemlich tückisch zu sein. Man sollte sich ausreichend mit Benzinreserven und Ersatzreifen eindecken und sich darauf einstellen, auch Gebrauch davon machen zu müssen. Es ist ratsam, vorher die Straßenverhältnisse in Yukon (☎511; www.511yukon.ca) und den Northwest Territories (☎800-661-0750; www.dot.gov.nt.ca) abzuklären. Das Western Arctic Information Centre in Dawson City (S. 874) ist ebenfalls eine gute Informationsquelle. Man braucht ohne Pause zehn bis zwölf Stunden für die Fahrt nach Inuvik. (Bedenkt man, dass William Dempster häufig bei Temperaturen unter 0 °C 700 km lange Fahrten mit dem Hundeschlitten unternommen hat, trägt diese raue und anspruchsvolle Straße letztendlich vielleicht doch den richtigen Namen.)

Schlafen & Essen

Auf der Strecke gibt es nur wenige Unterkünfte, Tankstellen oder Werkstätten. Die **Klondike River Lodge** (☎867-993-6892) an der Südkreuzung verleiht Benzinkanister, die man auf seiner Fahrt nach Norden mitnehmen und auf dem Rückweg wieder abgeben kann.

Die nächsten Dienstleistungseinrichtungen findet man 369 km nördlich in Eagle Plains. Das **Eagle Plains Hotel** (☎867-993-2453; eagleplains@northwestel.net; Zi. 100–130 C$) ist ganzjährig geöffnet und hat 32 Zimmer. Die nächste Tankstelle erreicht man nach weiteren 180 km bei **Fort McPherson** in den NWT. Von dort sind's noch 216 km bis nach Inuvik.

Yukons Territorialregierung verwaltet drei Campingplätze am Dempster Highway: bei **Tombstone Mountain** (ab Highwaybeginn 72 km), **Engineer Creek** (194 km) und **Rock River** (447 km). Es gibt außerdem auch einen staatlichen Campingplatz der Northwest Territories beim **Nitainlaii Territorial Park,** 9 km südlich von Fort McPherson. Die Stellplätze auf diesen Campingplätzen kosten 12 C$.

DAS DAHINSCHMELZENDE YUKON TERRITORY

Das Yukon Territory ist zweifellos ein Paradebeispiel für die Folgen des Klimawandels. Überall sind die rapide fortschreitenden Veränderungen der Umwelt zu spüren. Das Gebiet erwärmt sich wesentlich schneller als angenommen; so schmilzt z. B. im hohen Norden Herschel Island (S. 877) buchstäblich dahin, da der Permafrostboden auftaut. Begleitet wird der Vorgang von einem unheimlichen Anblick: Särge, die schon Ewigkeiten unter der Erde lagen, kommen nun an die Oberfläche des schmelzenden Bodens. Die Unesco nahm die Insel in die Liste des gefährdeten Welterbes auf.

Seit Jahrzehnten schließen die Einwohner von Dawson City im Frühjahr Wetten darauf ab, an welchem Tag die Eisdecke des Yukon River aufbricht und der Fluss zu strömen beginnt. Detaillierte Aufzeichnungen zeigen, das sich dieser Zeitpunkt im letzten Jahrhundert im Durchschnitt um eine Woche bis hin zum 5. Mai vorverschoben hat, und das mit wachsendem Tempo.

Das augenfälligste Zeichen für die Veränderungen sind wohl die eklatanten Schäden durch den Käferbefall im Kluane National Park (S. 860). Wie man das Yukon Territory auf eine sich drastisch verändernde, wärmere Zukunft vorbereiten kann, wird von den Politikern heftig diskutiert. Eine wirkliche Lösung des Problems hat jedoch noch niemand parat.

ARKTISCHE PARKS

Nördlich des Polarkreises haben sich nur wenige hundert Menschen angesiedelt. Das hier ist ein sehr einsamer Landstrich – weit und breit gibt es kaum Anzeichen menschlichen Lebens, und nur die Mutigsten wagen sich während der kurzen Sommermonate hier hinaus.

Old Crow (www.oldcrow.ca) mit 280 Einwohnern ist die Heimat der First-Nations-Gruppe Vuntut Gwitch'in – ein kleiner Ort, der nicht mit Fahrzeugen erreichbar ist. Die Lebensgrundlage der Bewohner sind Karibus aus der legendären, 130 000 Tiere starken Alaska-Herde, die jedes Jahr zwischen dem Naturschutzgebiet Arctic National Wildlife Refuge (ANWR) in Alaska und dem Yukon Territory hin- und herzieht. Es verwundert deshalb nicht, dass die Ortsansässigen sich heftig gegen die ständige Bedrohung durch die Ölbohrungen im ANWR auf der US-amerikanischen Seite der Grenze zur Wehr setzen.

Auf der Yukon-Seite dieser riesigen, flachen arktischen Tundra steht heute ein breiter Landstrich unter Schutz, der in zwei aneinandergrenzende Nationalparks aufgeteilt wurde: Vuntut und Ivvavik. Infos zu beiden Parks bekommt man im Büro von Parks Canada in Inuvik, Northwest Territories (S. 903). Dort kann man auch Erkundigungen darüber einholen, welche – allerdings begrenzten – Möglichkeiten bestehen, einen Besuch im Park zu organisieren (Flugzeuge chartern, lange Treks über den Land- und Wasserweg planen). Aber Achtung: Hier ist jeder ganz auf sich allein gestellt! In den Parks gibt's keinerlei Anlagen oder Einrichtungen.

Vuntut National Park

Vuntut, was in der Sprache der Gwitch'in „inmitten der Seen" bedeutet, liegt etwa 100 km nördlich von Old Crow. In dem Dorf gibt es auch ein Ein-Mann-**Parkbüro** (☎867-667-3910; www.pc.gc.ca/vuntut). Der 4345 km² große Park wurde 1993 zum Nationalpark erklärt. Er wird mit seiner großen Zahl von Seen und Teichen seinem Namen absolut gerecht: Im Spätsommer bietet er Lebensraum für 500 000 Wasservögel. Man stößt im Park auch auf Fundstätten mit Überresten längst ausgestorbener Tierarten wie Mammuts und mit Hinweisen auf frühes menschliches Leben.

Ivvavik National Park

Der Ivvavik, was übersetzt „ein Ort, an dem man Junge zur Welt bringt und sie aufzieht" bedeutet, erstreckt sich an den Ufern der Beaufortsee und grenzt an Alaska. Der 10 170 km² große Park (www.pc.gc.ca/ivvavik) ist einer der „Kreißsäle" für die Alaska-Karibu-Herde: Tausende Kälber kommen hier ab Ende Mai innerhalb von drei Wochen zur Welt.

Im Park findet man einen der tollsten Wildwasserflüsse der Welt vor, den **Firth River**. Man kann ihn auf einer 130 km langen Strecke vom Margaret Lake in der Nähe der Grenze zu Alaska nach Norden bis zur Beaufortsee befahren. Ab der Stelle, wo der Fluss auf den Joe Creek trifft, verengt sich das Tal zu einer Felsschlucht. Dort gibt's zahlreiche Wildwasserzonen, die in die Klassen II und III+ eingestuft werden.

Herschel Island (Qiqiktaruk)Territorial Park

Der Name der Ureinwohner für die Insel bedeutet so viel wie „es ist Insel" – und in der Tat, das ist sie auch. **Herschel Island** (☎867-667-5648; www.yukonparks.ca) ragt nur knapp aus dem Wasser der Mackenzie Bay in der Beaufortsee und kann auf eine lange Besiedlungsgeschichte zurückblicken. Die Inuvialuit lebten über einen Zeitraum von Tausenden von Jahren hier und nutzten alle Vorteile der erstklassigen Lage an diesem robbenreichen Gewässer. Im späten 19. Jh. schlugen amerikanische Walfänger ihr Quartier bei **Pauline Cove** auf, einem natürlichen Hafen, der tief genug für Seeschiffe ist und geschützt vor Nordwinden und treibendem Packeis liegt.

Das Lager wurde 1907 aufgegeben, und die Walfänger hinterließen mehrere Holzgebäude, die heute noch zu sehen sind und oft gespensterhaft unmittelbar vor einem aus der Dunkelheit auftauchen. Es gibt auch Hinweise darauf, dass Missionare hier tätig waren, die als selbsternannte Seelenretter jedoch nie mit großer Begeisterung empfangen wurden. Heute nutzen Inuvialuit Familien die Insel noch für die traditionelle Jagd.

Es gibt auf Herschel Island keine ständigen Bewohner mehr, obwohl im Sommer immer häufiger Wissenschaftler ihr Lager hier aufschlagen, um die kontinuierlich voranschreitende Auflösung der schmelzenden Insel zu überwachen (S. 877).

Im Sommer gibt es die Möglichkeit, Herschel Island von Inuvik aus im Rahmen einer Tagestour zu besuchen. Der Flug über das Mackenzie Delta bis zur Insel ist spektakulär, und Park-Ranger bieten häufig geführte Touren an. Das Campen im Backcountry ist während der kurzen Sommersaison möglich (Ende Juni–Aug.). Feuerstellen, Windunterstände, Plumpsklos und begrenzte Mengen von Wasser sind vorhanden. Eine Alternative ist es, der Insel am Ende einer Kajaktour durch den Ivvavik National Park einen Besuch abzustatten.

Northwest Territories

Inhalt »

Gut essen

» Bullocks (S. 888)
» Fuego International Restaurant (S. 888)
» Wildcat Café (S. 885)
» Tonimoes (S. 903)

Schön übernachten

» Arctic Chalet (S. 902)
» Fort of the Forks (S. 897)
» Embleton House B&B (S. 887)
» Heritage Hotel (S. 900)

Auf in die Northwest Territories!

Auf der Erde leben 7 Mrd. Menschen – kaum vorstellbar, dass es noch Gebiete gibt, die so dünn besiedelt sind wie die Northwest Territories (NWT), ein riesiges Gebiet mit borealem Nadelwald und arktischer Tundra, das über dreieinhalbmal so groß ist wie Deutschland, aber nur die Bevölkerungszahl einer kleinen Provinzstadt hat. Die Goldsucher des 19. Jhs. ließen die Region als zu fern links liegen, bei den modernen Kanadiern (wenn sie überhaupt nach Norden reisen) wecken eher das mythische Nunavut oder das grandiose Yukon Territory romantische Gefühle, und pro Jahr umkreisen mehr Menschen die Erde als sich in den einsamen Aulavik National Park, einen von vier Nationalparks hier, verirren.

Wer nicht kommt, verpasst ein geheimnisvolles, einmaliges Erlebnis, denn hier finden sich ein ungeheuer weites, gut zugängliches Gelände, eine einzigartige Ureinwohnerkultur, einer der größten Wasserfälle der Welt, Nordamerikas tiefster See und so viel raue Wildnis, dass ein moderner David Livingstone seine Freude daran hätte.

Reisezeit

Yellowknife

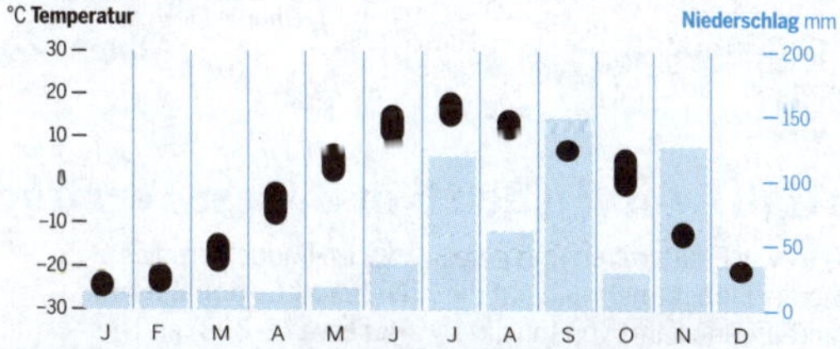

Juni Beim Summer Solstice Festival in Yellowknife die Mitternachtssonne erleben

Juli–August Die geschäftige Sommersaison: Angeln und Kanu fahren in bzw. auf Seen und Flüssen

Dezember–März Lange Nächte, dunkler Himmel – perfekt, um die Nordlichter zu bestaunen

Highlights in den Northwest Territories

1 Zwei Ersatzreifen und jede Menge Film mitnehmen auf die hinreißende Fahrt von Inuvik über den **Dempster Highway** (S. 901)

2 Ein Kajak mieten und zwischen bunten Hausbooten und Wasserflugzeugen auf dem **Great Slave Lake** (S. 885) herumpaddeln

3 Im Paddelparadies **Nahanni National Park Reserve** (S. 898) an Thermalquellen, Schluchten und Bären vorbeistaken

4 Im **Wood Buffalo National Park** (S. 896) sich paarende Schlangen, verschwindende Flüsse und Bisons bestaunen

5 Nahe **Yellowknife** (S. 883) unter Polarlichtern oder der Mitternachtssonne Hundeschlitten fahren

6 Eine Sommerexkursion auf dem **Ingraham Trail** (S. 890) machen

7 Pionier spielen und den **Canol Heritage Trail** (S. 901) ganz oder teilweise abwandern

KURZINFOS NORTHWEST TERRITORIES

- Bevölkerung: 43 529
- Fläche: 1 346 106 km²
- Hauptstadt: Yellowknife
- Schräge Facts: Der erste „Grolarbär" (Mischung aus Grizzly und Eis- bzw. Polarbär) in freier Wildbahn wurde 2006 in den Northwest Territories entdeckt.

Geschichte

Archäologen gehen davon aus, dass die ersten Bewohner der Northwest Territories, die Vorfahren der heutigen Dene, vor mehr als 14 000 Jahren aus Asien einwanderten. Wesentlich später kamen die Inuvialuit aus Alaska.

In der Hoffnung, durch den Pelzhandel reich zu werden, kamen im 18. und 19. Jh. die ersten Europäer in den Norden Kanadas und schon bald folgten ihnen die Missionare. Anfang des 20. Jhs. war die Region fest in Händen der Hudson's Bay Company und mehrerer miteinander konkurrierender Glaubensgemeinschaften.

Nachdem man in den 1920er-Jahren in der Nähe von Tulita Erdöl entdeckt hatte, wurde eine Territorialregierung gebildet. Als in den 1930er-Jahren bei Yellowknife Gold und am Great Bear Lake Radium gefunden wurde, strömten noch mehr weiße Einwanderer ins Land. In den 1950er- und 1960er-Jahren führte die Zentralregierung die dringend erforderliche Gesundheits- und Sozialfürsorge ein und startete ein Ausbildungsprogramm. In den 1970er-Jahren traten die Dene und Inuvialuit als politische Kraft in Erscheinung und forderten nicht nur ein Mitspracherecht, sondern auch die finanzielle Beteiligung an der Nutzung ihrer Bodenschätze.

1999 wurde das riesige Territorium geteilt und aus der Ost- und Zentralarktis wurde das neue Territorium Nunavut. Die verbliebene Bevölkerung besteht zu gleichen Teilen aus Ureinwohnern und Weißen, wobei vor allem Letztere von der Erschließung der Öl-, Gas- und Diamantvorkommen profitieren, die die Wirtschaft des Territoriums in letzter Zeit kräftig ankurbeln.

Geografie & Klima

Die unendliche Wildnis der Northwest Territories reicht vom 60. Breitengrad bis fast an den Nordpol. Im Süden erstreckt sich immergrünes Tiefland, im Osten liegt die Hügellandschaft des Kanadischen Schilds und im Westen erheben sich scharfzackige Gebirge. Mitten durch die Region fließt der mächtigste Strom Kanadas, der Mackenzie, der die beiden größten Seen des Landes, den Great Slave Lake und den Great Bear Lake, entwässert. Im Norden geht das Territorium über die Baumgrenze hinaus bis zu einigen kahlen Inseln des Arktischen Archipels.

Was das Wetter betrifft, können die Sommer miserabel bis umwerfend toll sein. In Yellowknife und Inuvik liegen die Höchsttemperaturen bei durchschnittlich 20 °C, es kann aber auch an einem einzigen Tag bitterkalt und brütend heiß sein. Nur auf eines ist immer Verlass: Zwischen Mai und Juli geht die Sonne hier nicht unter. Der Juni ist der trockenste Sommermonat, doch die Seen können bis Ende des Monats von Eis bedeckt sein. Die meisten Besucher kommen im Juli und August.

Der Winter im Norden ist lang, dunkel und hart. Im Januar sinken die Temperaturen in Yellowknife bis auf –40 °C, und es wird kaum hell. Wer unbedingt im Winter kommen will, sollte bis März oder April warten, dann werden die Tage länger und die Temperaturen angenehmer.

An- & Weiterreise

AUTO & MOTORRAD

Nur zwei Straßen führen in den Süden der Northwest Territories: Von Edmonton kann man einen Tag lang auf dem – zugegebenermaßen

INFOS IM INTERNET

Northwest Territories Tourism (www.explorenwt.com) ist das Portal der offiziellen Touristeninformation. Diese hat eine packende und detaillierte Website, kann die abwegigsten Fragen beantworten und verteilt Reiseliteratur aller Art, darunter den jährlich erscheinenden *NWT Explorers' Guide*. Wer vorhat, in den Northwest Territories viel mit dem Auto unterwegs zu sein, sollte sich unbedingt ein Exemplar des beeindruckend umfassenden *Milepost Guide* besorgen, der Bibel der Autofahrer im Norden. Das Werk ist in den meisten Buchhandlungen erhältlich.

extrem eintönigen – Hwy 35 bis zur Territoriumsgrenze, 84 km südlich von Enterprise, fahren. Die Alternative ist der Liard Trail, der als Teil des Alaska Hwy von Fort Nelson in British Columbia über 137 km gepflasterte Straße voller Schlaglöcher ebenfalls zur Grenze führt. Nach Fort Liard im Norden sind es dann noch 38 km.

Wer ins Mackenziedelta will, fährt von Dawson City in Yukon auf dem landschaftlich überwältigenden Dempster Hwy 465 km weit nach Nordwesten.

BUS

Die einzige Busverbindung in den Süden der Northwest Territories bietet Greyhound Canada (S. 989). Die Busse fahren das ganze Jahr über von Edmonton nach Hay River. Die einfache Strecke kostet 173 C$. In Hay River übernimmt eine regionale Busgesellschaft den Transport in die anderen Orte (s. S. 890).

FLUGZEUG

Die meisten Besucher kommen über den Flughafen Edmonton in die Northwest Territories. **First Air** (www.firstair.ca), **Canadian North** (☎800-661-1505; www.canadiannorth.com) und **Air Canada** (www.aircanada.com) fliegen von dort täglich weiter nach Yellowknife. Hin- und Rückflug kosten ab 600 C$ aufwärts. Canadian North fliegt auch von Edmonton nach Hay River (hin & zurück 670 C$). **Northwestern Air Lease** (www.nwal.ca) bietet einen Direktflug von Edmonton nach Fort Smith an (hin & zurück 1010 C$).

Von Whitehorse im Yukon Territory fliegt **First Air** über Fort Simpson nach Yellowknife (hin & zurück 1100 C$) und **Air North** (www.flyairnorth.com) direkt nach Inuvik (hin & zurück 570 C$).

Von Iqaluit in Nunavut aus haben sowohl First Air als auch Canadian North Flüge nach Yellowknife (hin & zurück 1800 C$).

ℹ Unterwegs vor Ort

AUTO & MOTORRAD

Die Northwest Territories lassen sich am besten mit einem fahrbaren Untersatz erkunden. In allen größeren Orten können Autos gemietet werden. Mietwagenfirmen in Yellowknife sind auf S. 890 aufgeführt. Die Angebote in den anderen Orten kann man bei der örtlichen Touristeninformation erfragen.

Das Territorium hat nur zwei Highway-Netze: eines im Süden, das die Gemeinden in den Regionen North Slave, South Slave und Deh Cho miteinander verbindet, und eines im Norden, den Dempster Hwy, der sich durch das Mackenziedelta schlängelt. Um vom Süden der Northwest Territories in das Delta zu gelangen, muss man einen zweitägigen Umweg durch British Columbia und Yukon in Kauf nehmen.

Im Sommer verkehren auf einigen Flüssen kostenlose Fähren, im Winter kann man mit dem Auto über das 1,20 m dicke Eis fahren. Während des „Eisbrechens" (April & Mai) und meistens auch während des Zufrierens (Dez. od. Jan.) wird der Verkehr hier für mehrere Wochen ganz

NORTHWEST TERRITORIES IN ...

... einer Woche

Nach der Landung in **Yellowknife** holt man sich vormittags die neusten Infos über die Northwest Territories im **Prince of Wales Northern Heritage Centre**. Dann folgen ein Bummel durch die **Old Town**, ein Mittagessen im berühmten **Wildcat Café** und die Besteigung des **Bush Pilot's Monument**. Der See lockt? Dann ein Kanu mieten, gemütlich um Latham Island paddeln und sich die Schuppen, Strandhäuser, Wasserflugzeuge und Hausboote anschauen. Von der Anstrengung ermüdet, isst man abends in **Bullock's Bistro** Felchen, nippt an einem Bierchen und genießt den Sonnenuntergang.

Am nächsten Morgen mietet man ein Auto, packt Wanderstiefel und Angelroute ein und macht sich auf zur Erkundung des von Seen gesäumten **Ingraham Trail**. Bei den Cameron Falls ist es Zeit, den Picknickkorb auszupacken.

Dann geht es mit dem Auto westwärts zum **Mackenzie Bison Sanctuary,** wo man die wolligen Riesen aus der Nähe fotografieren kann. Danach geht es im Auto die **Waterfalls Route** entlang – mit Übernachtung im Auto – und anschließend zurück nach **Fort Simpson**. Zum Abschluss gibt's einen Ausflugflug in die **Nahanni National Park Reserve** mit Mittagessen an den legendären Virginia Falls.

... zwei Wochen

Die Fahrerei auf der Straße fällt aus. Einfach von Yellowknife nach Fort Simpson fliegen, dort den richtigen Veranstalter finden und dann zehn Tage lang auf dem paradiesischen **South Nahanni River** paddeln.

eingestellt. Informationen zum Fährverkehr gibt's unter ☎800-661-0750. Die wichtigste Fährverbindung über den Mackenzie (Hwy 3) dürfte bald durch eine 150 Mio. C$ teure Brücke ersetzt werden.

Vor dem Losfahren sollte man sich unter ☎800-661-0750 nach dem aktuellen Straßenzustand erkundigen. Allgemeine Informationen zum sicheren Autofahren in Kanada gibt's auf S. 988.

BUS

Frontier Coachlines (frontiercoach@nt.sympatico.ca) übernimmt die Passagiere der Greyhound-Busse in Hay River und bringt sie nach Yellowknife (5-mal wöchentl.), Fort Smith (3-mal wöchentl.) und Fort Simpson (2-mal wöchentl.).

FLUGZEUG

Die Hälfte der 32 Ortschaften in den Northwest Territories sind nur mit dem Flugzeug über die Verkehrsknotenpunkte Yellowknife, Norman Wells und Inuvik zu erreichen. Die Gegend nördlich des Great Slave Lake wird von **Air Tindi** (www.airtindi.com), das Gebiet entlang des Mackenzie von **North-Wright Air** (www.north-wrightairways.com) und das Mackenziedelta von **Aklak Air** (www.aklakair.ca) angeflogen.

Yellowknife

Wenn man zwischen dröhnenden Kleinflugzeugen und Hausbooten, deren Farbe schon abblättert, auf dem Wasser um die Old Town Yellowknifes herumschippert, weckt das noch immer ein gewisses Pionierzeitgefühl. Man scheint sich am Rand einer riesigen, unentdeckten und kaum erfassbaren Wildnis zu befinden – und genauso ist das ja auch! Zieht man von Yellowknife eine gerade Linie nordwärts bis zum Nordpolarmeer, kreuzt diese nicht eine einzige Straße.

Im subpolaren Yellowknife leben 50% der Bewohner der Northwest Territories (20 000 Menschen) – das ist eine bunte, bisweilen unharmonische Mischung aus Dene und Métis, die von überallher aus dem Territorium kommen, aus Inuit und Inuvialuit aus dem höchsten Norden, abgehärteten einheimischen Weißen, neureichen Kanadiern aus dem Süden und aus Armeniern, Somaliern und anderen erst vor Kurzem eingewanderten Menschen.

Die in der Sprache der Tlicho, der örtlichen Ureinwohner, Somba K'e (Ort des Geldes) genannte Ortschaft ist seit 1967 die Hauptstadt der Northwest Territories und schon etwa 30 Jahre länger ein Zentrum des Bergbaus. Diamanten haben inzwischen das Gold als Haupteinnahmequelle ersetzt, aber insgesamt ist man hier froh, in einer Art eisiger Zeitschleife festzustecken und geografisch viel isolierter zu sein, als es auf den ersten Blick aussieht.

Die finsteren, eiskalten Winter können einen deprimieren, aber in den hektischen Sommern kommt man in Yellowknife mit Shorts und Unmengen Insektenschutzmittel durchaus zurecht. In der Stadt ist – wen wundert's? – die größte Auswahl von Läden und Restaurants des ganzen Territoriums.

Geschichte

Als die ersten Europäer 1771 am Great Slave Lake ankamen, gaben sie den am Nordufer lebenden Tetsot'ine den Spitznamen *Yellowknives* (gelbe Messer), weil diese bevorzugt Waffen aus Kupfer verwendeten. Kriege und eingeschleppte Krankheiten löschten den Stamm aus, doch der Name blieb.

Mehr als ein Jahrhundert später fanden Schürfer, die eigentlich zum Klondike River unterwegs waren, in der Yellowknife Bay ein anderes gelbes Metall: Gold. Mitte der 1930er-Jahre ermöglichte der Einsatz von Kleinflugzeugen den kommerziellen Goldabbau. Yellowknife wurde zur „Boomtown".

Als die Zentralregierung in Ottawa 1967 die Verwaltung der Northwest Territories abgab, wurde Yellowknife als bevölkerungsreichste Stadt zur Hauptstadt ernannt. Seitdem hat sie sich von einem unwirtlichen Außenposten in eine moderne Verwaltungsmetropole verwandelt. Dieser Wandel beschleunigte sich 1992 noch dramatisch, als bei einem Bombenanschlag während eines erbitterten Arbeitskampfs in der Giant Mine neun Streikbrecher getötet wurden. Der arbeitslose Bergmann Roger Warren wurde dafür zu lebenslanger Haft verurteilt.

Kurz danach wurde der Goldabbau in Yellowknife eingestellt. Die vier nur per Flugzeug erreichbaren Kimberlit-Minen nördlich der Stadt sorgen heute für neuen Aufschwung und nun heißt es: „Diamonds are the city's best friend."

Sehenswertes

STADTZENTRUM

Yellowknifes Zentrum wurde in den 1940er- und 1950er-Jahren auf dem Hügel oberhalb der Old Town buchstäblich auf Gold aufgebaut. Richtig in Fahrt kam die Entwicklung erst 1967, als der Ort zur Hauptstadt der Northwest Territories erklärt wurde.

Yellowknife

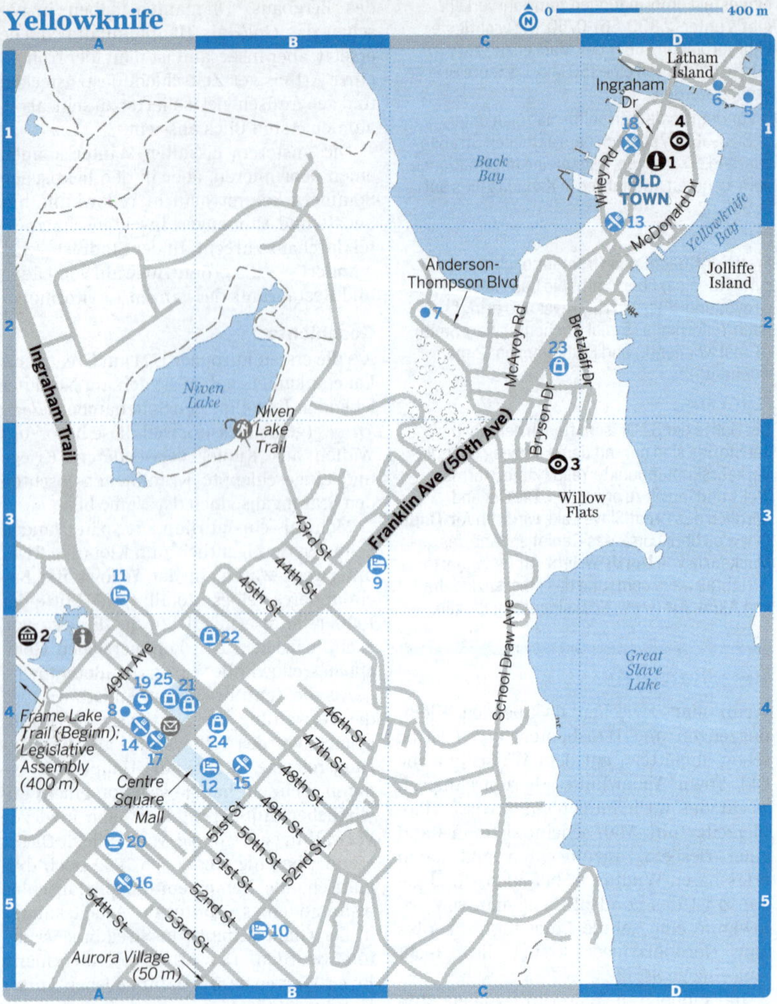

GRATIS **Prince of Wales Northern Heritage Centre** MUSEUM
(www.pwnhc.ca; ⌚Sept.–Mai Mo–Fr 10.30–17, Sa & So 12–17 Uhr) Das gut gestaltete, informative Northern Heritage Centre dient als historisches und kulturelles Archiv für die gesamten Northwest Territories und wurde 1979 von Prinz Charles persönlich eröffnet. Das Zentrum ist schön mit Blick auf den Frame Lake gelegen. Die Exponate decken Naturkunde, die Entdeckungsreisen der Europäer und die Luftfahrt im Norden ab, doch im Mittelpunkt stehen die Dene und die Inuit. Der Eintritt ist frei – eine Seltenheit im superteuren Yellowknife.

GRATIS **Legislative Assembly** GEBÄUDE
(www.assembly.gov.nt.ca; ⌚Mo–Fr 9–18 Uhr, Führung 10.30 Uhr) Im Jahr 1993 raffte die Regierung der Northwest Territories 25 Mio. C$ zusammen, um in der Nähe der 48th St und des Frame Lake ein eindrucksvolles, igluförmiges Gebäude für das Parlament zu errichten. Im Rahmen der kostenlosen einstündigen Führung erfahren Traveller alles Wichtige über die hiesige besondere, an den Kulturen der indigenen Bevölkerung orientierte Regierungsform. Im gesamten Gebäude sind überall ausgezeichnete Beispiele der arktischen Kunst zu bewundern.

Yellowknife

Sehenswertes
1 Bush Pilot's Monument ... D1
2 Prince of Wales Northern Heritage Centre ... A4
3 Ragged Ass Rd ... C3
4 Rock ... D1

Aktivitäten, Kurse & Touren
5 Air Tindi ... D1
6 Bluefish Services ... D1
7 Narwal Adventure Training & Tours ... C2
8 Overlander Sports ... A4

Schlafen
9 Arnica Inn ... B3
10 Embleton House B&B ... B5
11 Explorer Hotel ... A3
12 Yellowknife Inn ... B4

Essen
13 Bullock's Bistro ... D1
14 Fuego International Restaurant ... A4
15 Le Frolic Bistro Bar ... B4
16 Le Stock Pot ... A5
Surly Bob's ... (siehe 17)
17 Sushi North ... A4
18 The Wildcat Café ... D1

Ausgehen
19 Black Knight Pub ... A4
20 Javaroma ... A5

Shoppen
21 Birchwood Gallery ... A4
22 Dawn Oman Art Studio ... B4
23 Gallery of the Midnight Sun ... C2
24 Northern Images ... B4
25 Yellowknife Book Cellar ... A4

OLD TOWN

Zwar leben hier noch viele Menschen, die älter sind als das Stadtrecht von Yellowknife, und die planlos angelegte „Old Town" ist auch erst Mitte der 1930er-Jahre entstanden, aber immerhin sorgen die holprigen Straßen zwischen der Back Bay und der Yellowknife Bay für echte Goldgräberatmosphäre. Abgefahrene Hütten und auffällige Stadthäuser im subpolaren Stil teilen sich hier den Platz mit B&Bs, Hausbooten und ein paar legendären Fischbuden, nämlich dem Wild Cat und dem Bullock's. Das ganz am Ende der Old Town gelegene N'Dilo („Ende der Straße") ist Yellowknifes Ureinwohnersiedlung.

Ein Faltblatt mit der Beschreibung eines Stadtspaziergangs durch die Old Town mit Schwerpunkt Geschichte ist im Northern Frontier Visitor Centre erhältlich.

Bush Pilot's Monument DENKMAL
Die auf dem „Rock", einem großen Felsvorsprung direkt vor der Brücke nach Latham Island, stehende schmucklose Nadel soll jenen wagemutigen Piloten die Ehre erweisen, die die Northwest Territories erschlossen haben. Die Treppe führt hinauf zu einem Aussichtspunkt, von dem aus man die modernen Wasserflugzeuge beobachten und die Besitzer der bunten Hausboote in der Bucht unten beneiden kann. Die Sonnenuntergänge im Sommer sind atemberaubend – wenn man es denn schafft, so lange aufzubleiben.

The Wildcat Café HISTORISCHES GEBÄUDE
Die kleine Blockhütte von 1937 gehört zu den ältesten Gebäuden der Stadt. Man hat sie erhalten und in eines der bekanntesten Restaurants der Stadt verwandelt, das Wildcat. Kürzlich gab es heftige Diskussionen, als der neue frankokanadische Betreiber versuchte, dessen Namen in „Le Wild Cat" zu ändern. Was das lehrt? Traditionen sollten besser nicht angetastet werden.

Ragged Ass Rd AREAL
Die Straße, die von glücklosen und abgebrannten (nichts anderes bedeutet „ragged ass") Goldsuchern der Goldrauschära so benannt ist, wurde 1995 durch einen Song und ein Album des kanadischen Rockmusikers Tom Cochrane (der selbst Sohn eines Piloten ist) bekannt. Das Straßenschild wurde anschließend so oft geklaut, dass die Stadtverwaltung sich schließlich entschloss, es in Serie produzieren zu lassen und als Souvenir anzubieten. Heute stehen an der Straße mehr Villen als windschiefe Hütten aus der Goldrauschzeit.

Aktivitäten

Kajakfahren

An heißen Tagen flüchtet man vor den nervigen Insekten am besten aufs Wasser. **Narwal Adventure Training & Tours** (www.narwal.ca; 4702 Anderson-Thompson Blvd), das seinen Sitz in einem B&B an der Back Bay (einem Teil des Great Slave Lake) hat, vermietet Kanus, Kajaks (45 C$/Tag) und

Fahrräder (pro Std./Tag 5/20 C$) und veranstaltet auch geführte Touren und Kurse. Vorher anrufen!

Overlander Sports (www.overlandersports.com; 4909 50th St; ⌚Mo–Sa 9.30–18 Uhr), Yellowknifes wichtigster Ausstatter, vermietet im Sommer Kanus und Kajaks (pro Tag/Woche 45/200 C$) und im Winter Langlaufskis (25 C$/Tag).

Skilanglauf

Zentrum der Skifahreraktivitäten ist der **Yellowknife Ski Club** (www.skiyellowknife.com), der seinen Hauptsitz am Hwy 3 hat, 2 km nördlich des Explorer Hotel im Norden der Stadt. Hier gibt es 14 km gepflegter und beleuchteter Loipen. Wer will, kann sich auch einfach die Skier anschnallen und sich auf der zugefrorenen Yellowknife Bay vergnügen.

Wandern

Es gibt diverse Wanderwege in der Stadt und in ihrer Umgebung. Der längste und beste ist der 9 km lange **Frame Lake Trail**, der um den namensgebenden See herumführt. Vom Startpunkt im Capital Area Park geht es im Uhrzeigersinn vorbei am Northern Heritage Centre und dem Legislative-Assembly-Gebäude. An der Nordseite des Sees führt der Weg querfeldein über Felsvorsprünge und durch borealen Nadelwald, wie er für den Kanadischen Schild typisch ist. In der Nähe des Krankenhauses an der Westseite des Sees kann man auf den 1,2 km langen **Range Lake Trail** abbiegen. Weitere Abzweigungen führen zum steilen **Jackfish Lake Trail** und zum gepflegten **Niven Lake Trail**, der eher ein Vorstadtspazierweg ist.

Im beliebten **Fred Henne Territorial Park** (⌚Mitte Mai–Mitte Sept.), am Hwy 3 gegenüber dem Flughafen, kann man im – allerdings kalten – Wasser am **Long Lake Beach** baden und auf dem 4 km langen **Prospector's Trail** wandern. Im Parkbüro eine Karte holen, weil der Weg nicht durchgängig deutlich markiert ist!

Müde Backpacker können im **Ruth Inch Memorial Pool** (6001 Franklin Ave; ⌚Mo–Do 6–23, Fr 6–22.30, Sa 12–21.30, So 12–23 Uhr) duschen. Hier gibt es einen Whirlpool und eine Dampfsauna.

☞ Geführte Touren

Fahrten mit dem Hundeschlitten, eine Einladung zu einem Fisch-Barbecue bei den Dene, eine Übernachtung in einem Trapperzelt, ein Rundflug mit einem Kleinflugzeug ... Yellowknife hat vieles zu bieten, das man nur in den Northwest Territories erleben kann. Weitere Anregungen finden sich im *Explorers' Guide*, der im Northern Frontier Visitors Centre erhältlich ist.

Air Tindi SIGHTSEEING

(☎867-669-8200; www.airtindi.com; 35 Mitchell Rd) Air Tindi bietet ausgezeichnete halbstündige Touren durch die Stadt und auf dem Ingraham Trail bis zur Yellowknife Bay (bis zu 3 Pers. 225 C$, 4–9 Pers. 495 C$) an. Eine fantastische vierstündige Tour führt zu dem von steilen Felsklippen gesäumten östlichen Ausläufer des Great Slave Lake und beinhaltet eine einstündige Wanderung (bis zu 3 Pers. 1565 C$, 4–8 Pers. 3015 C$).

Arctic Escapes SIGHTSEEING

(☎867-445-2829; www.aetravel.ca) veranstaltet einen entspannten eineinhalbstündigen Stadtspaziergang durch die historische Old Town (29 C$/Pers.) und bietet halbstündige Rundflüge mit einem Kleinflugzeug (85 C$/Pers.) an.

North Star Adventures ABENTEUERTOUR

(☎867-446-2900; www.northstaradventures.ca) Das Unternehmen, das Ureinwohnern gehört und von ihnen geführt wird, hat ausgezeichnete Trips mit Kulturbezug im Programm, darunter ein Pauschalangebot mitsamt Angeln und Zelten (199 C$/Pers.), eine Tour mit Übernachtung in einem Trapperzelt (249 C$/Pers.), dreistündige Bootstouren mit Nordlichtbeobachtung (150 C$/Pers.) sowie Schneemobilfahrten auf dem Great Slave Lake (50 C$/Std.).

Beck's Kennels HUNDESCHLITTENFAHRT

(☎867-873-5603; www.beckskennels.com; 124 Curry Dr) Die Becks sind die Hundeschlittenspezialisten in den Northwest Territories. Im Winter kann man eine 8 km lange, geführte Hundeschlittenfahrt (60 C$) mitmachen oder lernen, selber ein Gespann zu führen (85 C$). Im Sommer ziehen die Hunde dann Karren mit Rädern.

Bluefish Services ANGELN

(☎867-873-4818; www.bluefishservices.ca) Bluefish bringt Angler hinaus auf den Great Slave Lake, wo sie Äschen, Hechte und Amerikanische Seesaiblinge fangen können. Der Preis dafür liegt zwischen 125 C$ für eine viereinhalbstündige und 275 C$ für eine zehnstündige Tour. Angeboten werden auch einfache einstündige Bootsausflüge

(39 C$) sowie zweieinhalbstündige Vogelbeobachtungstouren (110 C$).

Aurora Village NORDLICHTTOUR
(☎867-669-0006; www.auroravillage.com; 5203 54th St) Der Veranstalter ist spezialisiert auf Nordlicht-Beobachtungstrips, bei denen spezielle beheizte Sitze zum Einsatz kommen (inkl. Transport, Getränken & Snacks 120 C$). Angeboten werden auch Hundeschlittenfahrten (90 C$), Motorschlittenfahrten (95 C$) und Schneeschuhwanderungen (95 C$).

Festivals & Events

Für eine Hauptstadt hat Yellowknife nur wenige gute Festivals zu bieten. Eine rühmliche Ausnahme ist das Groove-Festival **Folk on the Rocks** (☎867-920-7806; www.folkontherocks.com; Tages-/Wochenendpass 45/65 C$; ⏲3 Tage Mitte Juli) am Long Lake, bei dem von Hip-Hop bis Dene-Trommeln alles Mögliche zu hören ist. Musiker aus dem Norden und Süden Kanadas reisen zu dem Festival an.

Das **Summer Solstice Festival** (www.solsticefestival.ca; ⏲Ende Juni) besteht eigentlich aus mehreren, voneinander unabhängigen Events, zu denen die kulturellen Darbietungen am National Aboriginal Day (21. Juni) und, zumindest in den meisten Jahren, das große Straßenfest Raven Mad Daze gehören.

Das offizielle Winterfest der Stadt, der **Caribou Carnival** (www.cariboucarnival.com; ⏲März), wirkt ein wenig wie eine müde Selbstparodie. Bei der Veranstaltung auf dem Frame Lake messen sich die Einheimischen u.a. im Elchgebrüllnachmachen. Wesentlich mehr los ist beim **Snowking Winter Festival** (www.snowking.ca; ⏲März), das von einem älteren Hausbootbesitzer organisiert wird, der dafür eigens einen riesigen Eispalast an der Yellowknife Bay baut. Dort finden dann Konzerte, Theatervorstellungen und Eishockeyspiele statt.

Ebenfalls im März messen sich die Schlittenhunde beim **Diavik 150**, dem bedeutendsten Hundeschlittenrennen der Northwest Territories, das über drei Tage am Great Slave Lake ausgetragen wird.

Schlafen

Die Unterkünfte in Yellowknife sind bestenfalls als zweckmäßig zu bezeichnen. Die Stadt besitzt nur wenige Unterkünfte, die eine Erwähnung wert wären, und überhaupt keine Hostels, sodass Campen die einzige Option für Budgettraveller ist. Im Allgemeinen bieten B&Bs, von denen es in der Old Town eine ganze Reihe gibt, das beste Preis-Leistungs-Verhältnis. Auskünfte bekommen Traveller in der Touristeninformation.

LP TIPP **Embleton House B&B** B&B $$
(☎867-873-2892; 5203 52nd St; EZ/DZ mit Gemeinschaftsbad 85/125 C$, mit eigenem Bad 148/170 C$; @📶) In diesem gut ausgestatteten B&B in komfortabler Nähe zum Stadtzentrum gibt es zwei Möglichkeiten: Entweder übernachtet man in einem von drei Zimmern mit Gemeinschaftsbad und einer Küche oder in einer der vier thematisch gestalteten Suiten mit eigenen Whirlpools, kostenlos benutzbaren Computern und Einbauküchen (samt Zutaten fürs Frühstück). Die Gastgeber sind sehr sympathisch, und in Sachen Preis und Ausstattung übertrifft dieses Haus alle Hotels in der Innenstadt.

Arnica Inn MOTEL $$
(☎867-873-8511; www.arnicainn.com; 4115 Franklin Ave; Zi. 149 C$; ❄📶) Das frühere Red Coach Inn sieht nach einigen noch nicht lange zurückliegenden Aufbesserungen etwas schicker aus und wird immer noch von Einheimischen geführt. Die Zimmer sind sauber, groß und wirken motelmäßig; der Service ist entspannt und freundlich. Die Herberge liegt günstig auf halbem Wege zwischen Zentrum und Old Town.

Explorer Hotel HOTEL $$$
(☎867-873-3531; www.explorerhotel.ca; 4825 49th Ave; Zi. 198–210 C$; 📶) Das über das Stadtzentrum aufragende Hochhaus bietet komfortable, moderne Zimmer, eine großartige Aussicht, ein Restaurant und eine Lounge. Ein Shuttle steht bereit, um Gäste vom Flughafen abzuholen.

Yellowknife Inn HOTEL $$
(☎867-873-2601; www.yellowknifeinn.com; 5010 49th St; Zi. ab 150 C$; 📶) Dieses Inn wurde kürzlich aufgemöbelt, damit es endlich als Yellowknifes schickstes Hotel gelten kann, kommt aber an ein Boutiquehotel noch lange nicht heran. Das an die Centre Square Mall angefügte Haus hat die gleichen Betreiber wie das angrenzende Restaurant Latitudes und die MacKenzie Lounge.

Fred Henne Territorial Park CAMPING $
(☎867-920-2472; www.campingnwt.ca; abseits des Hwy 3; Stellplatz für Spontanentschlossene/ohne Strom/mit Strom 15/22/28 C$; ⏲Mitte

Mai–Mitte Sept.) Dieser Campingplatz liegt der Stadt am nächsten und befindet sich gegenüber dem Flughafen. Er verfügt über sämtliche Einrichtungen, auch über Duschen und Toiletten. Über den Jackfish und den Frame Lake Trail erreicht man das Stadtzentrum zu Fuß in weniger als 40 Minuten. Wer mit dem eigenen Fahrzeug unterwegs ist, kann auch am Ingraham Trail campen.

Essen

Zuerst die schlechte Nachricht: Fast die Hälfte aller Restaurants in Yellowknife wird vom selben Küchenchef geführt. Nun aber die gute: Er ist ein Frankokanadier aus Québec – und das ist ja fast so, als wäre er ein Koch aus Frankreich. Für eine Stadt mit knapp 20 000 Einwohnern ist die Qualität des Essens gut, aber die Preise sind ziemlich happig. Einfache Sandwiches oder Salate gibt's erst ab 12 C$!

Abgesehen von ein paar urigen Juwelen in Old Town liegen die meisten Restaurants an der und rund um die Franklin Ave.

LP TIPP Bullock's Bistro SEAFOOD $$
(Ecke Ingraham Dr & Wiley Rd; Hauptgerichte 17–28 C$; Mo–Sa 12–21, So 14–21 Uhr, Okt. häufig geschl.) Das Bullock's ist aus Yellowknife gar nicht wegzudenken: Trotz der kurz angebundenen (fast unhöflichen) Bedienung, eines Kühlschranks, aus dem man sich die Getränke selbst holen muss, Preisen, die schon lächerlich überzogen sind und des Fehlens einer gedruckten Speisekarte ist diese schmuddelige, alte Fischbude unheimlich beliebt. Das ganze Geheimnis besteht in fantastisch frischem Fisch, riesengroßen Portionen, viel Lokalkolorit und der gespannten Erwartung, was hier wohl als nächstes passieren wird. Die Einrichtung ist eine Mischung aus Hinterweltlerhütte und *Hell's Kitchen,* und die Kundschaft setzt sich aus Kleinflugzeugpiloten und stoischen Einheimischen zusammen. Man sollte zeitig kommen und sich nicht daran stören, angeschnauzt zu werden.

Fuego International Restaurant MEDITERRAN $$$
(4915 50th St; Hauptgerichte ab 25 C$) Dieses recht neue und für Yellowknife absolut untypische Restaurant ist ein deutlicher Kontrast zu den Fischbuden in Old Town: Das schicke Fuego wäre mit seiner noblen Einrichtung und der stimmungsvollen Beleuchtung auch in Toronto nicht fehl am Platz. Die Küche ist modern-international mit spanischen Einflüssen, und an den meisten Abenden gibt es zwischen den Gängen Livemusik. Im Obergeschoss befindet sich die zwanglosere Twist Lounge.

The Wildcat Café KANADISCH $$
(Ecke Wiley Rd & Doornbos Ln; Juni–Sept.) Das Wildcat ist schon an sich ein sehenswertes Stück Geschichte: Seit 1937 werden die Gäste in dieser bescheidenen Blockhütte in Old Town mit Essen versorgt. 1976 wurde das Haus vor dem Abriss gerettet und wird heute jeden Sommer von einem anderen Pächter bewirtschaftet, was natürlich bedeutet, dass Speisekarte, Preise und Öffnungszeiten variieren. Es gibt eine nette Sommerterrasse und einen beliebten Eisverkauf.

Nico's Café CAFÉ $
(480 Range Lake Rd; Mo–Fr 7–18, Sa 9–18 Uhr) Das neue Café im ebenfalls neuen Centre Ice Plaza gehört zu Nico's Market. Das muntere Lokal in Chefkoch Pierres weiter wachsendem kulinarischen Imperium serviert schmackhafte Snacks europäischer Art und Cappuccino in echten Porzellantassen.

Surly Bob's KANADISCH $$
(4910 Franklin Ave; Hauptgerichte ab 12 C$) Ja, der Betreiber heißt Bob und ja, er ist manchmal griesgrämig (also *surly*), aber schließlich kommt man ja auch nicht in diese Kellersportsbar, um sich mit Bitte und Danke betüddeln zu lassen, sondern doch wohl eher wegen der legendären Chicken Wings, der abwechslungsreichen Speisekarte und ein bisschen jovialem Yellowknife-Flair.

Le Frolic Bistro Bar FRANZÖSISCH $$
(5019 49th St; Hauptgerichte 12–35 C$; Mo–Sa 11–23 Uhr) Toujours Français: Das Bistro europäischer Art wirkt wie eine traditionelle Kneipe – jedenfalls bis das Essen kommt. Es gibt Schnecken, kreative Salate, einen denkwürdigen Artischocken-Dip und ausgezeichnete (aber teure) Desserts.

Le Stock Pot SANDWICHES $
(5012 53rd St; Sandwiches 7–10 C$, Mo–Mi 8–18, Do & Fr 8–20, Sa 10–18 Uhr) Yellowknifes bestes Deli bietet frische Sandwiches, Wraps, Salate, Backwaren und – das Warten lohnt sich – Croque-Monsieurs. All das und der sonnige Patio machen den Laden zum besten Plätzchen in der Stadt für ein schnelles Mittagessen.

Sushi North JAPANISCH $$
(4910 Franklin Ave; Hauptgerichte 8–14 C$; Mo–Sa 11–19 Uhr) Das zur Mittagszeit immer vollgestopfte, ausgezeichnete Lokal

serviert Sushi mit arktischer Note: Der rohe Fisch, den man hier verarbeitet, ist Seesaibling.

Ausgehen

Vielleicht liegt es an der Kälte, der winterlichen Dunkelheit oder auch daran, dass in den benachbarten Siedlungen und Minen der Alkoholausschank eingeschränkt ist. Wie auch immer – durstige Yellowknifer finden schon seit Langem Trost in den Bars der Stadt. Von denen gibt es daher eine ganze Menge, von nobel bis anrüchig. Man braucht nur dem warmen Bierdunst zu folgen …

Sam's Monkey Tree Pub KNEIPE
(483 Range Lake Rd) Das abseits von der Barzone in der Innenstadt gelegene Monkey ist etwas weniger raubeinig als die anderen Bars in Yellowknife und bietet zum Kneipenessen eine gute Auswahl von Bieren an. Der große Innenraum ist mit entsprechend großen Fernsehern ausgestattet, auf denen Gäste den Sportereignissen folgen können.

Black Knight Pub KNEIPE
(4910 49th St; ⌚11–2 Uhr) Unter den typischeren Kneipen ist das Black Knight der Lokalfavorit, das sich in Sachen Bier und Dekor englisch-irisch-schottisch gibt. Der Danceclub Top Knight befindet sich im Obergeschoss.

Javaroma CAFÉ
(5201 Franklin Ave; ⌚Mo–Fr 7–22, Sa 9–22, So 10–22 Uhr; @📶) Die einzige Kaffeestube, in der man länger verweilen möchte, hat guten Kaffee, bequeme Sofas, WLAN, einen Fernseher, Sandwiches und große glasierte Zimtrollen. Raus aus der Kälte und rein ins gemütlich Warme!

Shoppen

Überraschung! Yellowknife bietet zahllose Geschäfte und Galerien und hat die beste Auswahl von nordischer Kunst, Kunsthandwerk und Kleidung in ganz Kanada. Wer nicht findet, was er sucht (z.B. eine Elchlederweste in Größe XL), besorgt sich die Adressen von Kunsthandwerkern, die auch Auftragsarbeiten ausführen.

Northern Images ACCESSOIRES
(www.northernimages.ca; 4801 Franklin Ave; ⌚Mo–Sa 10–18 Uhr) Das von verschiedenen Kooperativen für Kunst und Kunsthandwerk der nordischen Ureinwohner gemeinsam betriebene Geschäft verkauft die berühmten Steindrucke der Inuit aus Cape Dorset, Pangnirtung und Ulukhaktok sowie traditionelle Produkte der Dene wie Körbchen aus Birkenrinde.

Gallery of the Midnight Sun SOUVENIRS
(www.gallerymidnightsun.com; 5005 Bryson Dr, ⌚Mo–Sa 10–18, So 12–17 Uhr) Die Galerie bietet ein breites Spektrum von Kunstwerken der Ureinwohner an, darunter auch reich verzierte Mokassins und Jacken von den Dene. Außerdem werden auch Souvenirs aus dem Süden Kanadas verkauft.

Dawn Oman Art Studio SOUVENIRS
(www.dawnoman.com; 4911 47th St; ⌚12–18 Uhr) Die landesweit hoch geschätzte Métis-Malerin Dawn Oman verarbeitet Themen und Motive des Nordens in kräftigen Grundfarben. Ihre Werke malt sie auf Leinwand, Seide, Mousepads etc. und stellt sie in ihrer Galerie zu Hause aus.

Birchwood Gallery SOUVENIRS
(www.birchwoodgallery.com; 4810 Franklin Ave; ⌚Mo–Sa 10–18 Uhr) Die Spitzengalerie in der YK Centre Mall stellt nicht nur großformatige Bilder einheimischer Künstler aus, sondern zeigt auch Gastkünstler bei ihrer Arbeit in der Galerie.

Yellowknife Book Cellar BUCHLADEN
(4923 49th St; ⌚Mo–Mi & Sa 9.30–18 , Do & Fr 9.30–20, So 12–17 Uhr) Hier findet man die beste Auswahl von Büchern aus dem Norden und zu den Ureinwohnern.

Praktische Informationen

Bibliothek

Yellowknife Public Library (2. Stock, Centre Square Mall; ⌚Mo–Do 10–21, Fr bis 18, Sa bis 17 Uhr) Große Auswahl von Büchern über den Norden, kostenloses Internet, lärmende Jugendliche.

Geld

Alle großen Banken (Scotia Bank, TD Bank und CIBC) sind in der Franklin Ave im Stadtzentrum vertreten.

Medizinische Versorgung

Stanton Territorial Hospital (☎867-669-4111; an der Old Airport Rd; ⌚24 Std.) Gleich hinter dem Frame Lake Trail.

Notfall

Achtung: ☎911 ist in den Northwest Territories nicht die Notfallnummer!

Ambulanz & Feuerwehr (☎867-873-2222) Für Notfälle.

Polizei (☎Notfälle 867-669-1111, sonstige Anliegen 867-669-5100; 5010 49th Ave)

Polizei (☎Notfälle 867-669-1111, sonstige Anliegen 867-669-5100; 5010 49th Ave)

Post

Hauptpost (4902 Franklin Ave)

Touristeninformation

Northern Frontier Visitors Centre (www.northernfrontier.com; 4807 49th St; Internetzugang 1 C$/15 Min.; ⏲Mai–Sept. 8.30–18 Uhr) In der Touristeninformation sind viele Karten und Broschüren sowie der unverzichtbare *Explorers' Guide* erhältlich, der jährlich von NWT Arctic Tourism herausgegeben wird. Drinnen finden sich Ausstellungen zum Thema Umwelt in den Northwest Territories, doch das aussagekräftigste Ausstellungsstück ist der Parkplatz, der vom auftauenden Permafrostboden verformt wurde.

ℹ An- & Weiterreise

Auto

In Yellowknife sind Mietwagen ein teures Vergnügen. Ein Kleinwagen kostet normalerweise 75/450 C$ pro Tag/Woche *plus* 0,30 C$ für jeden gefahrenen Kilometer. Nur bei einer Mietdauer von einer Woche sind 250 km inklusive.

Rent-a-Relic (☎867-873-3400; 356 Old Airport Rd; ⏲wechselnde Öffnungszeiten, vorher anrufen) ist zwar sehr günstig, aber man braucht schon ein Auto, um hinzukommen. Eine Alternative in der Innenstadt ist **Yellowknife Motors** (☎867-766-5000; Ecke 49th Ave & 48th St). Niederlassungen von großen Mietwagenfirmen (s. S. 988) wie National und Hertz befinden sich am Flughafen.

Bus

Dummerweise befindet sich die Haltestelle von Frontier Coachlines im Industriegebiet weit außerhalb von Yellowknife (113 Kam Lake Rd). Busse fahren montags bis freitags über Rae (30 C$, 80 Min.), Fort Providence (74 C$, 4 Std.) und Enterprise (90 C$, 7 Std.) nach Hay River (98 C$, 8 Std.). Von dort geht es weiter nach Edmonton, Fort Smith und Fort Simpson.

Flugzeug

Yellowknife ist das Drehkreuz für Flüge in den Northwest Territories. Die meisten Flüge von außerhalb des Territoriums landen hier, und die meisten Flüge in kleinere Ortschaften des Territoriums starten vom hiesigen Flughafen. Fliegen ist teuer! **First Air** (www.firstair.ca) fliegt nach Hay River (einfache Strecke 283 C$, 45 Min., So–Fr), Fort Simpson (einfache Strecke 453 C$, 1 Std., So–Fr) und Inuvik (einfache Strecke 593 C$, 1¾ Std., So, Mo, Mi & Fr), **Canadian North** (www.canadiannorth.com) nach Inuvik (einfache Strecke 593 C$, 2½ Std., tgl.) und Norman Wells (einfache Strecke 506 C$, 1 Std., tgl.). Kleinere Fluglinien haben manchmal gute Sonderangebote. **Northwestern Air Lease** (www.nwal.ca) fliegt nach Fort Smith (einfache Strecke 350 C$, 1 Std., So–Fr) und **Buffalo Airways** (www.buffaloairways.com) nach Hay River (einfache Strecke 200 C$, 45 Min., So–Fr). **Air Tindi** (www.airtindi.com) landet in Fort Simpson (einfache Strecke Mo–Fr 385 C$, Sa & So nur 180 C$, 80 Min.) und in den kleinen Tlicho- und Chipewyan-Gemeinden um den Great Slave Lake.

ℹ Unterwegs vor Ort

Der Großteil Yellowknifes ist leicht zu Fuß (im Sommer auch mit dem Fahrrad) zu erkunden. Von Stadtzentrum bis Old Town sind es ungefähr 2 km oder 20 Gehminuten. Von Juni bis August vermietet Narwal Adventure Training & Tours Fahrräder.

AUTO

Dank den unübersehbaren Landmarken ist es einfach, sich in Yellowknife zurechtzufinden. Die Parkplätze rund um die Franklin Ave sind gebührenpflichtig. In den nur wenige Blocks entfernten Seitenstraßen parkt man dagegen für lau. Wenn man fragt, stellt das Visitors Centre einem einen Parkausweis für drei Tage aus.

Bus

Yellowknife City Transit (☎867-873-4693; Erw./Kind 2/1,50 C$) betreibt drei Linien. Linie 1 fährt in die Old Airport Rd und in die Innenstadt. Linie 2 verbindet die Innenstadt mit Old Town. Die nur im Sommer verkehrende Linie 3 mischt die Routen der Linien 1 und 2. Die meisten Busse fahren alle 30 Minuten und zwar montags bis freitags von 6.30 bis 19.30 Uhr. Samstags sind sie nur wenige Stunden im Einsatz.

Vom/zum Flughafen

Yellowknifes Flughafen liegt gegenüber vom Long Lake, ein paar Kilometer westlich des Stadtzentrums. Taxis fahren rund um die Uhr; die Fahrt vom Flughafen in die Innenstadt kostet rund 15 C$. Es gibt auch einen regelmäßig verkehrenden, kostenlosen Shuttleservice, der die Passagiere am Explorer Hotel, dem Yellowstone Inn und dem Arnica Inn absetzt.

Taxi

Taxis gibt es mehr als genug in Yellowknife. Eine Fahrt kostet 3 C$ plus 1,60 C$ pro Kilometer. Das größte Taxiunternehmen ist **City Cab** (☎867-873-4444).

RUND UM YELLOWKNIFE

Ingraham Trail

Der 69 km lange Ingraham Trail (Hwy 4) windet sich durch den Nordosten von Yellowknife. Hier verbringen die Einheimischen ihre Freizeit. Der Weg erschließt die reizvolle, von Seen gesprenkelte und mit Strauchkiefern bewachsene Landschaft des Kanadischen Schilds, die zum Angeln, Wandern, Campen, Kanufahren, Picknicken und im Winter zum Ski- und Schneemobilfahren einlädt.

Der Anfang des Weges ist nicht so schön, denn es geht am verfallenden Gelände der **Giant Mine** vorbei. Ein paar Kilometer weiter beginnt dann die 11 km lange Straße nach **Dettah**, das eine winzige, friedliche Dene-Siedlung ist.

Prelude Lake, 28 km von Yellowknife entfernt, ist ein geschäftiger, familienfreundlicher Ausflugsort mit einem riesigen **Campingplatz** (Zelt/mit Strom 15/28 C$; ⌚Mitte Mai–15. Sept.), einer Bootsrampe und Naturlehrpfaden.

Im **Hidden Lake Territorial Park**, 46 km von Yellowknife entfernt, führt ein 1,2 km langer Wanderweg zu den bekannten **Cameron Falls**. Jenseits der Fußgängerbrücke können Mutige flussaufwärts bis zum Rand des fantastischen Wasserfalls vorkrabbeln. 9 km weiter, kurz vor der Highway-Brücke, zweigt ein 400 m langer Weg zu den Cameron River Ramparts ab, einer kleineren, aber bezaubernden Ausgabe der Cameron Falls.

Der **Reid Lake**, der 61 km von Yellowknife entfernt liegt, lädt zum Schwimmen, Kanufahren und Angeln ein. Man kann hier Hechte, Forellen und Felchen fangen. Der **Campingplatz** (Zelt/mit Strom 15/28 C$; ⌚Mitte Mai–15. Sept.) ist an den Wochenenden voll, sonst aber meist leer. Er verfügt über einen guten Strand und einen Wanderweg. Von den höher gelegenen Plätzen sieht man den Pickerel Lake.

Im Sommer endet der Ingraham Trail am **Tibbitt Lake**, wo passenderweise auch ein Stoppschild steht. Der fischreiche See ist der Ausgangspunkt für schöne Kanutouren. Ausführliche Infos gibt's beim Northern Frontier Visitors Centre. Im Winter beginnt hier die 570 km lange Straße übers Eis zu den Diamantminen. Entlang dieser Straße gibt es keinerlei Service-Einrichtungen, und Privatautos sind höchst unerwünscht.

NORTH SLAVE

Die Gegend zwischen dem Great Slave Lake und dem Great Bear Lake ist felsig, voller Seen und reich an Mineralien. Abgesehen von den Menschen in Yellowknife leben hier die meisten Tlicho-Indianer. Sie üben noch ihre alten Traditionen aus – und das nicht wegen der Touristen.

Highway 3

Von Yellowknife führt der geteerte Hwy 3 zunächst ins 98 km nordwestlich gelegene Behchokó (das ehemalige Rae-Edzo), umrundet den Nordzipfel des Great Slave Lake und geht dann nach Süden ins 214 km entfernte Fort Providence über.

Der Weg zwischen Yellowknife und Behchokó schlängelt sich durch Sümpfe, Taiga und durch die rötliche Felsenlandschaft des Kanadischen Schilds. In **Behchokó** (1834 Ew.), das 10 km nördlich an einer Zufahrtsstraße zum Hwy 3 liegt, gibt es nicht viel zu sehen. Obwohl er zu den größten Orten der Northwest Territories gehört – und die bei Weitem größte Siedlung der Ureinwohner ist –, wirkt er doch sehr abgeschottet. Touristen fühlen sich hier eher fehl am Platze. Es gibt eine einfache Tankstelle, ein Café und einen Gemischtwarenladen.

Jenseits der Highway-Brücke wird die Felsenlandschaft von dem im Süden der Northwest Territories allgegenwärtigen borealen Nadelwald verdrängt. Auch die Straße verändert sich und wird breit, gerade und eben. Wer hier Gas geben will, sei aber gewarnt: Östlich der Straße erstreckt sich das **Mackenzie Bison Sanctuary**. In dem Schutzgebiet lebt die weltweit größte Herde reinrassiger Waldbisons in freier Wildbahn. Die am Straßenrand grasenden Tiere sind schwerer als ein Auto und ausgesprochen launisch. Im ganzen Schutzgebiet gibt es weder Wege noch Einrichtungen für Besucher.

Südlich des Schutzgebiets zweigt die 5 km lange Straße nach Fort Providence ab. Wer geradeaus weiterfährt, kommt zu einer Tankstelle, einem zeitweise geöffneten Visitors Centre und nach ein paar weiteren Kilometern zur kostenlosen Autofähre **MV Merv Hardie** (☎800-661-0750; ⌚6–24 Uhr). Im Winter gibt es eine Eisbrücke. 2008 wurde mit dem Bau der Deh Cho Brücke begonnen, auf der man den Mackenzie River ganzjährig überqueren kann – wegen der hohen Kosten ist dieses Vorhaben jedoch sehr umstritten. Sie soll Ende 2011 eröffnet werden.

WO DAS GOLD MIT STRASSEN GEPFLASTERT WAR

In der planen Topografie der Region um den Great Slave Lake sticht die aufgelassene Giant-Goldmine als ein krasses Zeugnis einer kurzlebigen, aber stürmischen Vergangenheit heraus. Die Goldsucher der 1890er-Jahre, die auf dem Weg zum Klondike waren, ließen die Gegend als zu schlecht erreichbar links liegen, und 1935 machten zwei Kanuten, Johnny Baker und Herb Baker, hier den ersten größeren Goldfund in den Northwest Territories. Doch erst nach dem Zweiten Weltkrieg brach das Goldfieber aus, und schnell wurden Claims abgesteckt. Grund war die Entdeckung von Goldadern, die direkt unter der Stadt verliefen, weshalb trocken kommentiert wurde, Yellowknife sei eine Stadt, „in der das Gold mit Straßen gepflastert" sei.

Yellowknifes (wortwörtlich) goldene Jahre hatten zwei ausgeprägte Höhepunkte mit einem längeren Einbruch in den 1970er-Jahren, als der internationale Goldpreis im Keller war. Als in den frühen 1990er-Jahren die Preise stärker schwankten, erlebte die Branche einen der schlimmsten Arbeitskämpfe Kanadas. Kontrahenten waren der damalige Minenbetreiber Royal Oak und die Smelter and Allied Workers Union. Der traurige Höhepunkt der Streitigkeiten war 1992 ein Bombenanschlag auf einen Minenschacht, bei dem neun eingeflogene Streikbrecher ums Leben kamen. Ein ehemaliger Minenarbeiter, der Gewerkschaftsmitglied war, wurde schließlich als Urheber des Attentats verurteilt; offensichtlich hatte er allein gehandelt.

Die Streitigkeiten setzten sich auch noch in den späten 1990er-Jahren fort. Die Ausbeute wurde kleiner, um 1999 ging die Giant-Mine in Konkurs und wurde von Miramar, dem Betreiber der nahegelegenen Con-Mine, aufgekauft. Con schloss 2003, und die Giant-Mine stellte ein Jahr später den Betrieb ein, weil die Goldgewinnung nicht mehr rentabel war. Doch wundersamerweise wurde die Wirtschaft Yellowknifes durch die Entdeckung einer anderen wertvollen Ware gerettet: der Diamanten.

Trotz laufender Kontroversen um die die Umwelt verschandelnden Abraumhalden und die Kontamination mit Arsenik pflegt die NWT Mining Heritage Society das Erbe der Goldära. Die 2000 gegründete Gruppe beabsichtigt, auf dem Gelände der früheren Giant-Goldmine am Hwy 3 ein NWT Mining and Geological Museum zu eröffnen.

Fort Providence

Diese einfache Siedlung (750 Ew.) am Ausfluss des Mackenzie River aus dem Great Slave Lake wurde 1861 als katholische Mission gegründet. Auf halber Strecke vom Hwy 3 zur Siedlung liegt der hübsche (und meist ziemlich überfüllte) Campingplatz **Fort Providence Territorial Park** (Stellplatz mit Strom 28 C$; ⏲Mitte Mai–15. Sept.) mit Stellplätzen direkt am Fluss sowie Plumpsklos.

Fort Providence ist ein idyllischer Ort – das finden auch die Büffel, die friedlich vor der Haustür grasen. Am 10 m breiten Flussufer gibt es gute Picknickplätze. Hinter der schönen Holzkirche ist eine Bootsrampe. Hechte, Zander und auch Äschen können bequem vom Ufer aus geangelt werden. Wenn hier nichts anbeißt, lässt man sich von einem der Ausrüster aufs Wasser hinausfahren.

Am Ortseingang bietet das **Snowshoe Inn** (☎867-699-3511; www.ssimicro.com/snowshoe; EZ/DZ 140/170 C$; 📶) moderne ordentliche Zimmer mit Blick aufs Wasser. Im **Snowshoe Inn Restaurant** (Gerichte 6–18 C$ ⏲Mo–Sa 7–20, So 10–20 Uhr; 📶), dem Schnellrestaurant direkt gegenüber, werden Sandwiches und Milchshakes serviert. Die Fotos an den Wänden erzählen die Geschichte des Ortes. Das feine Kunsthandwerksgeschäft direkt daneben verkauft vor allem die örtliche Spezialität: Elchhaarquasten.

SOUTH SLAVE

Das Gebiet südlich des Great Slave Lake ist überwiegend von Wald bedecktes Flachland, das von großen Flüssen mit zahlreichen spektakulären Wasserfällen durchzogen wird. Die Siedlungen hier wirken viel „südlicher" – und weniger geprägt von der Kultur der Ureinwohner – als anderswo im Territorium.

Mackenzie Highway

Der Hwy 3 stößt 23 km südlich des Mackenzie River auf den Mackenzie Hwy (Hwy 1), der nach Westen in die Region Deh Cho und nach Südosten in das Gebiet südlich des Great Slave Lake führt. Die letztgenannte Strecke ist gut ausgebaut und relativ stark befahren. Die Straße erreicht nach 186 km die Grenze zu Alberta (und führt dann weiter bis nach Edmonton). Wegen der zahlreichen überwältigenden Wasserfälle am Straßenrand wird dieser Streckenabschnitt oft auch als **Waterfalls Route** bezeichnet.

Die erste mögliche Station ist der **Lady Evelyn Falls Territorial Park** (Stellplatz ohne Strom/mit Strom 22.50/28 C$; ⏲Mitte Mai–15. Sept.), der 7 km abseits des Mackenzie Hwy an der Straße nach Kakisa liegt. Ein kurzer Fußweg führt zu dem 17 m hohen Wasserfall, der über ein altes, halbmondförmiges Korallenriff herunterstürzt. Man kann aber auch zum Kakisa River unterhalb des Wasserfalls wandern und angeln. Auf dem Campingplatz gibt es Duschen, turmhohe Kiefern und am Wochenende jede Menge Angler. Nach weiteren 6 km erreicht man die winzige Siedlung **Kakisa** (52 Ew.).

Von der Abzweigung nach Kakisa sind es noch 83 km bis zum Tankstellendorf **Enterprise** (97 Ew.). Genau an der Kreuzung von Hwy 1 und Hwy 2 liegt das **Twin Falls Inn** (☎867-984-3711; EZ/DZ 94/99 C$), das Tankstelle, Snackbar und zweckmäßiges Hotel in einem ist. Hinter der Kurve befindet sich **Winnie's** (☎867-984-3211; Gerichte 5–10 C$; ⏲Mo–Sa 7–17, So 8–17 Uhr), wo das fettige Frühstück die einheimischen Klatschmäuler schmiert.

Danach verläuft der Mackenzie Hwy in Richtung Süden am beeindruckenden **Twin Falls Gorge Territorial Park** (⏲Mitte Mai–15. Sept.) entlang. Die beiden Wasserfälle sind über einen 2 km langen Waldweg miteinander verbunden, auf dem es sich gut wandern und radeln lässt. Am nördlichen Ende des Weges stürzt das Wasser der 15 m hohen **Louise Falls** über mehrere Stufen in den Hay River. Auf einer Lichtung im dichten Nadelwald befinden sich hier mehrere **Campingplätze** (Zelt/Stellplatz ohne Strom/mit Strom 15/22.50/28 C$) mit Toiletten und Duschen. An den 33 m hohen **Alexandra Falls** am Südende des Weges gibt es einen Aussichtspunkt und eine Picknickhütte für hungrige Wanderer.

72 km weiter südlich, an der Grenze zu Alberta, befindet sich der **60th Parallel Territorial Park**. Die Mitarbeiter des **Visitor Centre** (⏲Mitte Mai–15. Sept. 8.30–20.30 Uhr) geben Prospekte aus und verteilen Kaffee und konfuse Ratschläge. Außerdem sind Kunsthandwerksgegenstände der Ureinwohner, z. B. mit Perlen bestickte Mokassins, ausgestellt. Der **Campingplatz** (Stellplatz ohne Strom 22.50 C$) verfügt über Toiletten und Duschen.

Hay River

3648 EW.

Das derbe Hay River mit seiner hart arbeitenden Bevölkerung hat Besuchern oberflächlich betrachtet wenig zu bieten. Aber es gibt hier gute Möglichkeiten zum Angeln, Bootfahren, Hundeschlittenfahren und sogar einen Golfplatz mit 18 Löchern! Hay River ist die zweitgrößte Siedlung in den Northwest Territories und das wichtigste Frachtverladezentrum im Norden: Hier endet die nördlichste Bahnstrecke Kanadas, und hier befinden sich auch das Depot für die Lastkähne in die Arktis und der Hafen für die Handelsfischereiflotte des Great Slave Lake.

Sehenswertes & Aktivitäten

An warmen, sonnigen Tagen lockt der **Vale Island Beach** am Ufer des meeresgroßen Great Slave Lake. Der mit Erläuterungen versehene **Kiwanis Nature Trail** beginnt am Riverview Drive und führt an den Ufern des Hay River und des West Channel des Great Slave Lake entlang. Infos zu Wanderwegen, Rundflügen, Angeltouren, Golf und Kanuvermietungen erhält man in der Touristeninformation. Wenn es draußen nicht so schön ist, kann man sich im **Hay River Heritage Centre** (☎867-874-3872; Ecke Mackenzie Dr & 102nd Ave; ⏲vorher anrufen) ein bisschen umschauen, das in dem alten Handelsposten der Hudson's Bay Company untergebracht ist.

Schlafen

Ptarmigan Inn HOTEL $$

(☎867-874-6781; www.ptarmiganinn.com; 10J Gagnier St; Zi. 139 C$; ❄📶) Das im Zentrum der Innenstadt gelegene einzige wirkliche Hotel von Hay River hat saubere, gut eingerichtete Zimmer, eine Kneipe, ein Restaurant (das „Keys") und ein Fitnesscenter zu bieten.

Hay River Territorial Park Campground CAMPING $

(☎867-874-3772; Stellplatz ohne/mit Strom 22,50/28 C$; ⏲Mitte Mai–Mitte Sept.) Der stark bewaldete Campingplatz ist nur einen

Frisbee-Wurf vom Strand entfernt und verfügt über Duschen mit Warmwasser, einen Grillbereich sowie einen Kinderspielplatz. Die Anlage befindet sich abseits der 104th St auf Vale Island.

Paradise Gardens & Campground CAMPING $
(☎867-875-4430; 82 Paradise Rd; Stellplatz Zelt/ohne Strom/mit Strom 15/22,50/28 C$) Der Campingplatz mit 15 Stellplätzen befindet sich eine halbe Stunde südlich der Stadt auf dem Gelände einer der wenigen Farmen in den Northwest Territories. Wer will, kann hier selbst Beeren pflücken.

Harbour House B&B B&B $$
(☎867-874-2233; 2 Lakeshore Dr; EZ/DZ 80/90 C$) Das auf einem Grundstück am Strand stehende B&B wurde auf Pfeilern errichtet, um es vor Überflutungen zu schützen. Die sonnendurchflutete Anlage bietet acht Zimmer und hat einen merkwürdig nautisch-arktisch-religiösen Touch. Das kontinentale Frühstück ist gut.

Essen

Back Eddy Cocktail Lounge & Restaurant SEAFOOD $$
(☎867-874-6680; 6 Courtoreille St; Hauptgerichte 15–20 C$; ⏲Mo–Sa 11–14.30 & 17 Uhr–open end) Dieses schummrig beleuchtete Restaurant ist wahrscheinlich das beste vor Ort. Auf der Karte steht frisch gefangener Fisch aus dem Great Slave Lake, z. B. gebratene Felchen mit Muscheln und Shrimps (18 C$).

Fisherman's Wharf MARKT $
(Ecke 101st St & 100th Ave; ⏲Mitte Juni–Mitte Sept. Sa 10–14 Uhr) Auf dem Wochenmarkt unter freiem Himmel werden frischer Fisch sowie Obst und Gemüse aus dem Norden angeboten.

Sub on the Hub FAST FOOD $
(☎867-874-6898; 73 Woodland Dr; Fastfood 5–8 C$; ⏲Mo–Fr 9–21, Sa 10–21, So 12–21 Uhr) An diesem Fastfoodschalter des Freizeitkomplexes in der Innenstadt bekommt man Pizza und Burger. Hier wird nicht gekocht, sondern nur warm gemacht.

Praktische Informationen

Das **Visitor Information Centre** (Ecke Mackenzie Hwy & McBryan Dr; ⏲Mai–Sept. Sa–Mi 9–21 Uhr) hat Broschüren und veranstaltet im Sommer Wandertouren auf Naturpfaden in der Gegend. In der Nebensaison erhält man Infos im Rathaus einen Block weiter nördlich am Commercial Dr. In der **Bibliothek** (⏲Mo–Do 10–17 & 19–21, Fr–So 13–17 Uhr) gleich nebenan gibt's kostenlosen Internetzugang.

An- & Weiterreise

Auto & Motorrad

Eine asphaltierte Straße verbindet Hay River mit dem 38 km entfernten Enterprise. An der Strecke liegen die Farmsiedlung Paradise Garden und die Abzweigung zum Hwy 5, der über 267 teilweise asphaltierte Kilometer nach Fort Smith führt.

Bus

Greyhound Canada fährt fast jeden Tag nach Edmonton (einfache Strecke 165 C$, 16 Std.). Frontier Coachlines hat Busse nach Yellowknife (98 C$, 8 Std.), Fort Smith (71 C$, 3 Std.) und Fort Simpson (91 C$, 6 Std.). Der Busbahnhof befindet sich gleich nördlich der Vale Island Bridge.

Flugzeug

Die örtlichen Anbieter Buffalo Airways und First Air fliegen fast täglich nach Yellowknife (einfache Strecke ca. 200 C$, 45 Min.). Northwestern Air Lease fliegt nach Edmonton (ab 350 C$).

Unterwegs vor Ort

An der Stadtgrenze wird der Hwy 2 zum Mackenzie Hwy und gleichzeitig zur Hauptstraße von Hay River. Auf Vale Island ändert sich der Name noch einmal, dort heißt die Straße 100th Ave. Sowohl auf Vale Island als auch in der Innenstadt ist alles zu Fuß erreichbar, aber die beiden Stadtteile sind einige Kilometer voneinander entfernt, deshalb ist ein fahrbarer Untersatz durchaus von Vorteil. Eine Straßenkarte gibt es beim Visitors Centre am Ortseingang. **Reliable Cabs** (☎867-974-4444) ist ein Taxiunternehmen.

Fort Smith

2360 EW.

Auf einem Felsen hoch über dem Slave River liegt das seltsam freundliche, idyllische – und irgendwie „unnordische" – Fort Smith. Vielleicht liegt es an den Backsteinhäusern, den Spielfeldern, am Wasserturm oder ganz einfach an der Tatsache, dass die Stadt die Grenze zu Alberta markiert. Jahrelang war sie das Tor zum Norden, denn sie liegt am Ende der Transportroute rund um die Stromschnellen des Slave River. 1874 errichtete die Hudson's Bay Company hier eine Niederlassung. Bis 1967, als Yellowknife die Hauptstadt des Territoriums wurde, war Fort Smith das Verwaltungszentrum für den größten Teil des kanadischen Nordens. Noch heute ist die Stadt ein friedliches, attraktives Regierungszentrum und der Sitz der Parkverwaltung des Wood Buffalo National Park. Zwei Drittel der Einwohner sind Cree, Chipewyan und Métis.

Sehenswertes

GRATIS **Northern Life Museum** MUSEUM
(☎867-872-2859; Ecke King St & McDougal Rd; ⌚13–17 Uhr) Das Northern Life Museum ist das beste der kleinstädtischen Museen im Norden. Traveller finden hier interessante Exponate zur Lokalgeschichte und zur Kultur sowie den ausgestopften Körper von Canus, einem Schreikranichmännchen, das als Zuchttier viel dazu beitrug, das Aussterben dieser Vogelart zu verhindern.

Fort Smith Mission Historic Park HISTORISCHER PARK
(Ecke Breynat St & Mercredi Ave; Eintritt frei; ⌚Mai–Sept.) Der zugewucherte Fort Smith Mission Historic Park erinnert an jene Zeit, als dieser Ort eine Wehranlage der römisch-katholischen Mission im Norden Kanadas war. Im Visitors Center gibt's einen Plan, mit dem man das Gelände auf eigene Faust erkunden kann; im Museum lässt sich aber auch eine Führung vereinbaren.

Aktivitäten

Neben einem Besuch des Wood Buffalo National Park bieten sich noch andere Aktivitäten in der Umgebung der Stadt an. Die **Stromschnellen** der Gegend sind aus zwei Gründen berühmt: Hier ist nicht nur die nördlichste Nistkolonie von Nashornpelikanen – sie gehen auf den Inselchen im Fluss auf Fischfang –, sondern auch ein **Paddelrevier** der Extraklasse.

Die Rapids of the Drowned vor der Stadt sind über eine Treppe zu erreichen, die von der Wolf Ave abgeht. Stromaufwärts erblickt man die Mountain Rapids, die Pelican Rapids und die Cassette Rapids, während man auf dem 30 km langen Teilstück des Trans Canada Trail (TCT) **wandert** oder einen der kürzeren **Spaziergänge** unternimmt, die an der 24 km langen Straße nach Fort Fitzgerald ihren Startpunkt haben. Wanderführer gibt's bei der Touristeninformation.

Schlafen & Essen

Thebacha B&B B&B $$
(☎867-872-2060; www.taigatour.com/bandb.htm; 53 Portage Ave; EZ/DZ 80/100 C$; @) Das von Kiefern beschattete Thebacha ist eines von drei örtlichen B&Bs und hat saubere, holzgetäfelte Zimmer nahe dem Ortszentrum. Die Besitzer betreiben auch die Taiga Tour Company (S. 896) und vermieten Outdoor-Ausrüstung. Fahrräder ausleihen ist kostenlos.

Pelican Rapids Inn HOTEL $$
(☎867-872-2789; 152 McDougal Rd; Z. 125–155 C$) Gegenüber dem Visitors Center des Parks vermietet das einzige Hotel der Stadt 31 Standardzimmer. Der Service ist freundlich. Im Restaurant (Hauptgerichte 7–20 C$) gibt's einigermaßen ordentliche Gerichte von Steaks bis chinesisch.

Queen Elizabeth Territorial Park CAMPING $
(☎867-872-2607; Stellplatz mit Strom 28 C$; ⌚Mitte Mai–15. Sept.) Der idyllische, meist leere Campingplatz liegt am Ende des Tipi Trail, 4 km westlich des Stadtzentrums, nahe der Klippe über dem Fluss. Es gibt Duschen und Feuerholz.

Ed's Express FAST FOOD $
(195 McDougal Rd; Hauptgerichte 5–9 C$; ⌚Mo–Sa 11–23 Uhr). Glücklicherweise sind die Burger, Pizzas und Döner in diesem spartanisch eingerichteten Fast-Food-Laden besser als die Inneneinrichtung …

Praktische Informationen

Das **Visitor Information Centre** (www.fortsmith.ca; 108 King St; ⌚8.30–18 Uhr) befindet sich im Freizeit- und Erholungskomplex. Es hat eine Menge Reiseliteratur, Computer mit kostenlosem Internetzugang und einen redefreudigen Geschäftsführer. Die meisten Restaurants, Hotels und Läden finden sich in der McDougal Rd und der Portage Ave, darunter auch **North of 60 Books** (66 Portage Ave; ⌚Di–Sa 13–17.30 Uhr). Im Ort befindet sich auch das Visitors Reception Centre des Wood Buffalo National Park.

Anreise & Unterwegs vor Ort

Northwestern Air Lease fliegt nach Yellowknife (einfache Strecke 350 C$, 1 Std., So–Fr) und Edmonton (einfache Strecke 497 C$, 2 Std., 5-mal wöchentl.). Frontier Coachlines betreibt Busse nach Hay River (71 C$, 3 Std., 3-mal wöchentl.). In den Wintermonaten gibt es eine Eisstraße nach Fort McMurray in Alberta.

Von Hay River kommend führt der teilweise asphaltierte Hwy 5 durch den oberen Teil des Wood Buffalo National Park. Das Zentrum von Fort Smith lässt sich zu Fuß erkunden; die Hauptverkehrsstraße ist die McDougal Rd. Taxis gibt's bei **Portage Cabs** (☎867-872-3333).

Wood Buffalo National Park

Der größte Nationalpark Kanadas, der auf der Grenze zwischen Alberta und den Northwest Territories liegt, ist nicht wirklich spektakulär, aber ziemlich ungewöhnlich. Auf dem borealen Flachlandgebiet, das so groß ist wie die Schweiz, überziehen Salzkrusten die Ebene, verschwinden Flüsse im Untergrund und paaren sich Schlangen in wilden Knäueln.

Der Park wurde 1922 zum Schutz der Waldbisons eingerichtet. Gut 5500 Exemplare dieser großen, dunklen, unverkennbar nordischen Unterart des amerikanischen Bisons leben heute in dem Gebiet und Besucher des Parks können sie oft beim Grasen am Straßenrand oder Wälzen im Staub erspähen.

Auch Schreikraniche werden hier geschützt; dies ist ihr letztes Refugium in freier Wildbahn weltweit. Die riesigen Vögel waren fast ausgestorben, konnten sich aber dank internationaler Arterhaltungsmaßnahmen wieder erholen. Zusammen mit Millionen von Enten und Gänsen bevölkern sie die Feuchtgebiete des Parks, z. B. die ausgedehnten Deltas des Peace River und des Athabasca River. Elche, Karibus, Bären, Luchse und Wölfe leben hier ebenso wie zahllose Stechmücken und Bremsen. Besucher sollten sich entsprechend wappnen.

Sehenswertes & Aktivitäten

Interessante Punkte entlang des Hwy 5 sind die Karstlandschaft beim **Angus Sinkhole**, der im Erdboden verschwindende **Nyarling River** und, direkt auf der anderen Seite der Parkgrenze, die schäumenden **Little Buffalo River Falls**. Ein Stück weiter zweigt die 13 km lange Schotterpiste zum **Salt Plains Lookout** ab. Nach einem Fußmarsch von 500 m blickt man von dem Aussichtspunkt auf eine riesige, weiße Salzfläche, die durch das an die Erdoberfläche drängende Salzwasser eines früheren Meeres entstanden ist.

Entlang der Straße nach Peace Point erstreckt sich die **Salt River Day-Use Area**, das nördlichste Überwinterungsgebiet für Schlangen des Kontinents (Gruppensex haben sie aber nur Ende April) und der Ausgangspunkt für herrliche **Tageswanderungen** zu Salzflächen und Dolinen. Nach weiteren 36 km lädt der beliebte **Pine Lake Campground** (Stellplatz Zelt 15,70 C$; ⌚Ende Mai–Mitte Sept.) zum Schwimmen und Sonnenbaden am weißen Sandstrand ein. Dies ist der einzige Campingplatz an der Straße im Park.

Abenteuerlustige begeben sich auf einen der wenigen **Wanderwege ins Hinterland** und folgen per **Kanu** den ehemaligen Pelzhändlerwegen auf den Athabasca, Peace und Slave Rivers. Die Parkverwaltung hat ausführliche Infos und Passierscheine und gibt Auskünfte zu geführten Wanderungen und Outdoorprogrammen.

Geführte Touren

Die **Taiga Tour Company** (☎867-872-2060; www.taigatour.com; 53 Portage Ave) ist der einzige lizenzierte Tourveranstalter im Park. Angeboten werden Tierbeobachtungs-, Hundeschlitten- und Angeltouren.

Reliance Airways (☎867-872-4004; www.relianceairways.ca) veranstaltet Rundflüge über den Park, darunter halbstündige Flüge zu den Salzebenen und Dolinen sowie zweistündige Flüge über das Delta des Peace River, bei denen Waldbisons und Schreikraniche beobachtet werden können.

Praktische Informationen

Der Eintritt in den Park ist frei. In seiner Hauptverwaltung in Fort Smith wurde ein ausgezeichnetes **Visitors Reception Centre** (☎867-872-7960; www.pc.gc.ca/buffalo; 149 McDougal Rd; ⌚Mo–Fr 9–12 & 13–17, Sa & So 13–17 Uhr) eingerichtet. Dort gibt es eine Diaschau, Wanderkarten und Ausstellungen über die einmaligen Besonderheiten des Parks.

DEH CHO

Deh cho bedeutet in der Sprache der Slave-Indianer „großer Fluss", und durch dieses Gebiet im Südwesten der Northwest Territories fließen wahrhaftig große Flüsse, allen voran der Mackenzie River, der Liard River und der Nahanni River. Außerdem ist die Gegend mit Bergen, vergleichsweise warmen Temperaturen und jeder Menge Indianerkultur gesegnet.

Mackenzie Highway

30 km südlich von Fort Providence zweigt der geschotterte Mackenzie Hwy (Hwy 1) vom Hwy 3 ab und führt direkt nach Westen durch die borealen Nadelwälder ins 288 km entfernte Fort Simpson. Auf der ganzen einschläfernd eintönigen Strecke

gibt es kaum schöne Ausblicke oder interessante Wegmarken.

Einzige Ausnahme ist der **Sambaa Deh Falls Territorial Park** (Stellplatz ohne Strom 22.50 C$; ⌚Mitte Mai–15. Sept.), der auf halbem Weg nach Fort Simpson liegt. Zum Park gehören ein herrlicher Wasserfall an der Straße, ein Angelplatz, den man nach einem zehnminütigen Fußmarsch durch das nuancenreiche Moor erreicht (wo sich noch ein weiterer Wasserfall versteckt), und die kleineren Coral Falls. Der schöne, saubere Campingplatz hat auch Duschen.

90 km weiter, an der Einmündung des Hwy 7 in den Mackenzie Hwy, ist der **Checkpoint**, eine Tankstelle mit Restaurant und Motel. Dort kann geöffnet sein – muss aber nicht.

Ab hier ist der Mackenzie Hwy geteert. Die kostenlose Autofähre **MV Lafferty** (☎800-661-0750; ⌚Mitte Mai–Ende Okt. 8–11.45 Uhr) schippert südlich von Fort Simpson über den Liard River. Im Winter fährt man übers Eis. Während der Fluss zufriert und wieder auftaut, wird der Verkehr eingestellt.

Hinter Fort Simpson geht es auf dem holprigen Mackenzie Hwy noch weitere 222 km in Richtung Norden, bevor sanft ansteigende Berge und die Dene-Siedlung **Wrigley** (122 Ew.) in Sicht kommen. Jagen, Angeln und Fallenstellen sind noch immer die Lebensgrundlage in diesem überwiegend aus Blockhütten bestehenden Dorf. Im Winter führt eine Straße übers Eis nach Tulita.

Fort Simpson

Die Slave-Indianer nennen Fort Simpson (1216 Ew.) *Liidlii Kue* – „wo sich zwei Flüsse treffen". Tatsächlich treffen sich hier die beiden mächtigen Flüsse Liard River und Mackenzie, genauso wie sich auch die Menschen des Südwestens der Northwest Territories seit Jahrtausenden an diesem Ort versammeln. Die dauerhafte Besiedlung begann mit der Errichtung eines Pelzhandelspostens 1803. Schon bald wurde Fort Simpson zur regionalen Zentrale der Hudson's Bay Company. Heute ist die Stadt mit ihrer unbekümmerten Mischung aus Slave-, Métis- und europäischer Kultur das Verwaltungszentrum, der Verkehrsknotenpunkt der Region und das Tor zum nahegelegenen Nahanni National Park.

Das **Visitor Information Centre** (☎867-695-3182; ⌚Mai–Sept. Mo–Fr 9–20, Sa & So 12–20 Uhr) am Ortseingang hat hilfsbereites Personal und informative Broschüren. Außerdem gibt es in der Stadt einen Lebensmittelladen, eine Tankstelle, einen Kunsthandwerksladen, Geldautomaten, eine Bibliothek mit kostenlosem Internetzugang und eine Bank.

Sehenswertes & Aktivitäten

Bei einem **Spaziergang** am Ufer des Mackenzie erblickt man jede Menge Treibholz im Wasser und die Papal Flats, wo sich 1987 Tausende von Menschen versammelten, um Papst Johannes Paul II. zu begrüßen. Das historische **McPherson House** und die **Hütte** des exzentrischen Trappers Albert Faille sind auch nicht weit. Allerdings sind beide nur im Rahmen einer **historischen Führung** (⌚So tgl. 13 Uhr) auch von Innen zu besichtigen. Das Visitors Centre hat weitere Informationen.

Um den Canada Day (1. Juli) herum zieht das dreitägige **Open Sky Festival** (www.openskyfestival.ca) mit Musik und Kunst eine Vielzahl von Künstlern und Kunsthandwerkern aus dem ganzen Nordwesten an.

Schlafen & Essen

Fort of the Forks HOTEL **$$**
(☎867-695-2700; www.fortoftheforks.com; Mackenzie Hwy 1; Zi. 175 C$; 📶) In den Northwest Territories eröffnet selten mal ein neues Hotel, deshalb ist diese einmalige Fernfahrerherberge echt sehenswert – die „Executive Rooms" sind moderne Wohnwagen. Vor Ort gibt es noch einen Laden, eine Tankstelle und das Restaurant Dehcho Grill.

Bannockland Inn B&B **$$**
(☎867-695-3337; www.bbcanada.com/1831.html; EZ/DZ 155/165 C$; ❄📶) Von dem schicken B&B, das sich 4,6 km östlich des Ortes abseits des Mackenzie Hwy befindet, hat man einen weiten Blick auf den Treffpunkt der Flüsse. Die Lage ist erstklassig, wenn man ein Auto oder sonst irgendeine Möglichkeit hat, in den Ort zu kommen.

Fort Simpson Territorial Campground CAMPING **$**
(Stellplatz ohne/mit Strom 22,50/28 C$; ⌚Mitte Mai–15. Sept.) In den Wäldern zwischen dem Visitors Centre und den Papal Flats liegt dieser Campingplatz mit Duschen, Plumpsklos und 32 netten Stellplätzen.

Dehcho Grill KANADISCH **$$$**
(www.fortoftheforks.com; MacKenzie Hwy 1; Menüs 20–40 C$) Die Gerichte im Restaurant

des Fort of the Forks verbinden internationale (Club-Steak und Parmesanhähnchen) und regionale Einflüsse (Seesaibling und Lachs). Wer kein ganzes Menü möchte, kann sich mit den Frühstücksgerichten mit viel Ei oder den (anscheinend berühmten) Burgern begnügen.

Anreise & Unterwegs vor Ort

Von Yellowknife nach Fort Simpson fliegen Air Tindi (Mo–Fr einfache Strecke 325 C$; Sa & So einfache Strecke 180 C$; 80 Min.) und First Air (einfache Strecke 333 C$, 1 Std., So–Fr). Letztere fliegt auch von Whitehorse aus (einfache Strecke 687 C$, 2 Std., 3-mal wöchentl.). Die Frontier Coachline fährt ab Hay River (einfache Strecke 91 C$, 6 Std., 2-mal wöchentl.). In Fort Simpson lässt sich alles gut zu Fuß erreichen.

Nahanni National Park Reserve

Für viele ist der Nahanni National Park ein Synonym für Wildnis. Der 4766 km² große Park nahe der Grenze zum Yukon Territory im Südwesten der Northwest Territories erstreckt sich beiderseits seines Namensgebers, des wildromantischen South Nahanni River. Der unbändige Fluss tost mehr als 500 km durch die zerklüfteten Mackenzie Mountains.

Die Dene-Legenden über Riesen in dieser Gegend existieren schon seit Jahrtausenden. Seit Beginn des 20. Jhs. haben Neuankömmlinge ihre eigenen Geschichten über wilde Stämme, verlorene Goldschätze und mysteriöse Todesfälle wie die legendäre Enthauptung zweier Brüder auf Goldsuche hinzugefügt. Diese Legende spiegelt sich in Ortsnamen wie Headless Range und Deadmen Valley wider.

Zu Recht gilt der Nahanni River als kanadisches Naturerbe. Der Nationalpark war auch das erste Objekt in Kanada, das die Unesco zum Weltnaturerbe erklärte. 2007 kündigte die kanadische Zentralregierung an, das Stromgebiet des Nahanni River durch eine Verdoppelung der Parkgröße noch besser zu schützen. Wenn die Frage nach den Landansprüchen der Ureinwohner geklärt ist, könnte der Park sogar noch größer werden.

Sehenswertes & Aktivitäten

Etwa auf halber Länge stürzt sich der Nahanni River 30 Stockwerke in die Tiefe: Hier befinden sich die gewaltigsten Wasserfälle Kanadas, die **Virginia Falls**. Ansonsten tost der Fluss durch tiefe Canyons und vorbei an dunklen Höhlen. Gewärmt wird er von Thermalquellen wie den **Rabbitkettle Hot Springs**. Elche, Wölfe, Grizzlys, Dallschafe und Schneeziegen streifen durch die Landschaft.

Der Nahanni River ist ein wahres Paradies für **Kanufahrer**. Wer auf eigene Faust paddeln will, muss ein erfahrener Wildwasser-Rafter sein (es gibt Stromschnellen mit Schwierigkeitsgrad IV). Das ist keine Fahrt auf dem Vergnügungsdampfer: Es gab hier schon Tote. Die Parkverwaltung weiß Rat, gibt Warnungen heraus und empfiehlt gute Karten und Bücher. Wer ein Kanu oder Raft ausleihen möchte, wendet sich an die Tourveranstalter.

Geführte Touren

Paddeln

Rafting- oder Kanutouren können bei einem lizensierten Ausrüster gebucht werden. Die Preise bewegen sich zwischen 3600 und 5700 C$, je nach Streckenlänge. Die Touren sollten möglichst schon Monate im Voraus gebucht werden. Kanufahren ist nur etwas für erfahrene Paddler. Eine Tour in einem von einem Führer gesteuerten Raft ist deutlich entspannter und für alle Leistungsstufen geeignet.

Nahanni Wilderness Adventures WILDNISTOUR
(☎403-678-3374www.nahanniwild.com) Die meisten Touren beginnen an den Moose Ponds, am Rabbitkettle Lake oder an den Virginia Falls, weil dort die Wasserflugzeuge landen können. Von den Moose Ponds zum Rabbitkettle Lake sind es etwa 160 km, größtenteils mit Wildwasser des Schwierigkeitsgrads III. Auf dem 118 km langen Abschnitt von Rabbitkettle zu den Wasserfällen schlängelt sich der Fluss wesentlich ruhiger durch ein breites Tal. Nachdem die Boote um die Wasserfälle herumgetragen wurden, geht es weitere 252 km auf dem Fluss zum Blackstone Territorial Park. Dabei kommt man zuerst durch tief eingeschnittene, atemberaubende Schluchten, bevor der breite Liard River erreicht wird. Die Tour auf dem unteren Flussabschnitt dauert sieben bis zehn Tage. Ab Rabbitkettle sind es 14 Tage, ab Moose Ponds 21 Tage.

Black Feather WILDNISTOUR
(☎705-746-1372; www.blackfeather.com) Hat auch Familien- und Frauentouren.

Nahanni River Adventures WILDNISTOUR
(☎867-668-3180; www.nahanni.com)

Rundflüge

Die einfachste Art, den Park zu besuchen, ist an Bord eines Sightseeing-Flugzeuges zu gehen. Bei der typischen sechsstündigen Tour startet ein Wasserflugzeug in Fort Simpson und folgt dem Nahanni durch die tief eingeschnittenen Canyons stromaufwärts, um oberhalb der Virginia Falls zu landen. Dort haben die Teilnehmer zwei Stunden Zeit, um zu wandern und zu picknicken. Bei diesen Touren bezahlt man das Flugzeug: Etwa 1900 C$ kostet eine Maschine für vier, 2800 C$ eine für sechs Passagiere. Um genügend Mitflieger zu finden, kann man vorab die Fluggesellschaft anrufen oder sich in der Stadt umhören. Sightseeing-Fluggesellschaften mit Sitz in Fort Simpson haben ihre Hangars alle am Antoine Drive in der Nähe des Flugfeldes in der Stadt.

Simpson Air RUNDFLUG
(☎867-695-2505; www.simpson-air.ca)

Wolverine Air RUNDFLUG
(☎867-695-2263; www.wolverineair.com)

Schlafen

Am Flussufer zu campen, ist erlaubt. Es gibt nur vier ausgewiesene Campingplätze. Der Platz bei den Virginia Falls ist mit Personal besetzt und hat eine Anlegestelle für Kanus und Wasserflugzeuge. Seinen menschlichen Bedürfnissen kommt man inmitten der grandiosen Natur auf Plumpsklos nach. Der Campingplatz am Rabbitkettle Lake hat ebenfalls Personal.

Praktische Informationen

Es ist nicht möglich, über eine Straße herzukommen, dennoch besuchen jährlich rund 1000 Personen den Park. Die Hälfte davon sind Paddler auf langen Wildwasserfahrten, die anderen überwiegend einfliegende Touristen, die im Rahmen von Tagestouren zu den Wasserfällen und Thermalquellen wollen. Es herrschen strenge Zugangsbeschränkungen: Auf dem Campingplatz Virginia Falls dürfen zwölf Besucher im Rahmen von Touren übernachten und zwölf Besucher, die auf eigene Faust unterwegs sind. Der Aufenthalt ist auf zwei Übernachtungen beschränkt. Besucher, die auf eigene Faust reisen (vor allem in größeren Gruppen), sollten ihren Aufenthalt Monate im Voraus reservieren.

Infos zum Park und die Eintrittsgenehmigung erhält man in Fort Simpson bei **Parks Canada** (☎867-695-3151; www.parkscanada.gc.ca/nahanni; Ecke 100 St & 100 Ave; ⏲15. Juni–15. Sept. 8.30–12 & 13–17 Uhr, 16. Sept.–14. Juni Mo–Fr 8.30–12 & 13–17 Uhr). Die Tagesgebühr beträgt 24,50 C$; für Besucher, die länger bleiben, gilt eine Pauschale von 147,20 C$.

An- & Weiterreise

Besucher, die den Park auf eigene Faust besuchen wollen, müssen bei einer der Sightseeing-Fluggesellschaften ein Buschflugzeug chartern.

Liard Trail

An der Tank- und Raststelle Checkpoint 63 km südlich von Fort Simpson zweigt der geschotterte Liard Trail (Hwy 7) vom Mackenzie Hwy (Hwy 1) ab und führt durch das Liard Valley nach Süden. Im Westen erheben sich die Mackenzie Mountains, in denen sich Schwarzbären und Bisons tummeln. Die einzige Tankmöglichkeit ist in Fort Liard. Südlich davon, ab der Grenze zu British Columbia, ist die Straße wieder befestigt. In der Nähe von Fort Nelson trifft der Liard Trail auf den Alaska Hwy, auf dem man durch British Columbia und Alberta wieder in die Northwest Territories zurückfahren könnte. Von Fort Simpson nach Fort Nelson sind es 487 km. Aber Achtung: Bei Regen verwandelt sich die Straße in eine schmierige Schlammpiste.

Auf halbem Weg zwischen dem Checkpoint und Fort Liard liegt der **Blackstone Territorial Park** (Stellplatz ohne Strom 22,50 C$; ⏲Mitte Mai–15. Sept.). Hier gibt's Infomaterial, einen Campingplatz, kurze Wanderwege und eine atemberaubende Aussicht auf die Berge und den Zusammenfluss von Liard River und Nahanni River. Die meisten Touren auf dem South Nahanni River enden hier.

Am anderen Ufer des Liard River liegt die Slave-Siedlung **Nahanni Butte** (115 Ew.), die nur per Flugzeug oder Boot und im Winter übers Eis zu erreichen ist. In dem Dorf gibt es einen Gemischtwarenladen, ein Motel, einen Bootstaxidienst – und mehr Stechmücken als irgendwo sonst auf der Welt.

FORT LIARD

Fort Liard hat dichte Wälder, saubere Holzhäuser und das mildeste Klima der Northwest Territories zu bieten. Die hier wohnenden Dene pflegen ihre alten Traditionen und stellen noch die mit Stachelschweinborsten verzierten Birkenrindenkörbchen her. Verkauft werden die Körbchen mitten im Ort bei **Acho Dene Native Crafts** (www.adnc@.ca; Ecke Main St & Poplar Rd; ⌚Mo–Sa 9–19, So 9–17 Uhr), einem der besten Kunsthandwerksläden der NWT, der zugleich als Visitors Centre dient.

Kurz vor dem Dorf mit den knapp 600 Einwohnern ist der kostenlose, sehr primitive **Hay Lake Community Campground**, in dem es Trinkwasser und eine Außentoilette gibt. Das **Liard Valley General Store & Motel** (⌚867-770-4441; Ecke Main St & Black Water Rd; EZ/DZ 125/150 C$) befindet sich am anderen Ende des Dorfes und hat zwölf Zimmer. Da es oft voll belegt ist, sollte man vor seinem Besuch reservieren.

Gegenüber von Acho Dene Native Crafts sind ein Café und eine Tankstelle. 38 km weiter südlich beginnt British Columbia.

SAHTU

Leider – oder vielleicht auch glücklicherweise – ist die von Bergen beherrschte Region Sahtu die einzige der Northwest Territories, die nicht durch Straßen erschlossen ist. Mitten hindurch fließt der Mackenzie River, der hier ein Fünftel des gesamten Flusswassers Kanadas führt und an manchen Stellen mehr als 3 km breit ist. An beiden Ufern erheben sich die kahlen Gipfel hoher Gebirge, in denen sich die ursprünglichste Landschaft – und die besten Wander- und Kanureviere – der Welt verbergen.

Norman Wells

Die historische Erdölstadt ist eine seltene Erscheinung in den Northwest Territories, denn die Siedlung am Rand der arktischen Grenze, die auf halbem Weg zwischen Fort Simpson und Inuvik liegt, wurde nicht von Ureinwohnern gegründet. Heute ist der Ort vor allem für Wanderer interessant, die auf dem Canol Heritage Trail wandern wollen. Außer zu Fuß auf dem Trail kommt man nur per Flugzeug oder Boot in den Ort.

Den Bewohnern zuliebe sollte man das **Norman Wells Historical Centre** (www.normanwellsmuseum.com; Mackenzie Dr; Eintritt frei; ⌚Juli & Aug. Mo–Fr 10–17.30, Sa bis 16 Uhr) besuchen. Das Mini-Museum informiert über Geschichte, Geologie, Kunst und Kunsthandwerk der Region, die Flüsse und den Canol Heritage Trail. Und der Souvenirshop ist richtig gut!

Sehenswertes & Aktivitäten

Wanderer können Areale voller Fossilien erkunden, z.B. den **Fossil Canyon**; picknicken und Kanu fahren kann man am bzw. auf dem **Jackfish Lake**. Wer noch überschüssige Energie hat, kann in der Abenddämmerung zur städtischen Müllkippe laufen, um Schwarzbären zu beobachten.

Der Ort ist das Sprungbrett zu mehreren für Kanufahrer geeigneten Flüssen wie dem Mountain River, dem Keele River und dem Natla River. **Canoe North Adventures** (www.canoenorthadventures.com), das von zwei Leuten aus Ontario geführt wird, die aber vom Juni bis September in Norman Wells sitzen, hat 20 Jahre Erfahrung mit dem Organisieren rauer Kanutrips. Neuerdings sind auch Wanderungen im Angebot, darunter Erkundungstouren auf dem Canol Heritage Trail (s. S. 901).

Schlafen & Essen

Ärgerlicherweise liegt der **Campingplatz** (Stellplatz frei) ein paar Kilometer von der Stadt flussaufwärts. Aber viele Camper schlagen ihr Zelt einfach am Flussufer direkt vor dem Ort auf.

Heritage Hotel HOTEL $$$
(☎867-587-5000; www.heritagehotelnwt.com; Mackenzie Dr; Zi. 245 C$; 📶) Das saubere, minimalistische, ziemlich schicke Hotel wirkt in dem rauen Arbeiterort recht fehl am Platz. Viele der 32 superedlen Zimmer bieten einen Blick auf den Fluss, außerdem gibt's ein Wellnessbad, einen Golfplatz mit vier Löchern und das Restaurant Ventures, das mit Hauptgerichten wie thailändisch mariniertem Steak (22 C$) das konkurrenzlos beste vor Ort ist.

Mackenzie Valley Hotel HOTEL $$$
(☎867-587-3035; www.mackenzievalleyhotel.com; Mackenzie Dr; Zi. ab 180 C$) Das Hotel hat einen recht schäbigen älteren Teil und teurere, makellose Zimmer mit Blick auf den Fluss in einem neuen Flügel. Das Restaurant serviert ordentliche Karibu-Burger sowie Pizzas und hat auch einige ordentliche Weine.

Anreise & Unterwegs vor Ort

Canadian North (www.canadiannorth.com) macht auf Flügen zwischen Yellowknife und Inuvik täglich hier Zwischenstation. **North-Wright Airways** (www.north-wrightairways.com) verbindet den Ort mit Yellowknife und Inuvik (inkl.

Zwischenlandung) sowie mit den abgelegeneren Siedlungen am Fluss.

WESTLICHE ARKTIS

Mit dem Mackenzie-Delta, den Richardson Mountains und einigen Inseln des Arktischen Archipels ist diese Region die vielfältigste in den Northwest Territories. Sie begeistert mit mehreren Nationalparks, Siedlungen der Ureinwohner und der Planstadt Inuvik, die man über den schönen Dempster Hwy erreicht.

Inuvik

3484 EW.

Inuvik, das ein paar Kilometer südlich der Mündung des Mackenzie River liegt, ist die drittgrößte Stadt der Northwest Territories und das Paris (ähem ...) der Westlichen Arktis. Die Stadt wurde 1955 als Verwaltungszentrum der Regierung aus dem Boden gestampft. Mit den in allen Regenbogenfarben leuchtenden Häuserreihen und dem Labyrinth aus oberirdisch verlegten Heizungsrohren sieht sie aber immer noch wie eine riesige Baustelle aus. Wenn von Ende Mai bis Ende Juli die Sonne in Inuvik nicht untergeht, können Besucher über den holprigen, aber ungeheuer eindrucksvollen Dempster Hwy aus dem 747 km entfernten Yukon Territory anreisen. Wenn der Winter kommt, entstehen weitere Straßen auf den zugefrorenen Wasserwegen; es führt z.B. ein „Superhighway" nach Tuktoyaktuk im Norden.

Sehenswertes & Aktivitäten

Our Lady of Victory Church AREAL

(Mackenzie Rd) Das Wahrzeichen der Stadt ist die Our Lady of Victory Church, die auch als Iglu-Kirche bezeichnet wird. Sie hat eine blendend weiße Kuppel und einen hübschen Innenraum, ist allerdings oft abgeschlossen.

Jàk Park PARK

Im Jàk Park 6 km südlich der Stadt gibt es einen netten Aussichtsturm, von dem aus man einen Blick über die subarktische Landschaft werfen kann.

Northern Images KUNSTGALERIE

(☎867-777-2786; 115 Mackenzie Rd; ⏲Mo–Fr 9–17.30, Sa 10–17.30 Uhr) Northern Images residiert in einer achteckigen Blockhütte und ist die wichtigste Kunstgalerie der Stadt. Man findet hier jede Menge Kunsthandwerk aus dem hohen Norden, darunter Biberfellmützen für 170 C$ und Schnitzereien der Inuit für 3600 C$.

Dempster Highway PANORAMASTRASSE

Wenn man die oben genannten Sehenswürdigkeiten abgeklappert hat, findet sich alles Weitere außerhalb. Am einfachsten ist es

ABSTECHER

CANOL HERITAGE TRAIL

Die Hauptattraktion von Norman Wells ist der **Canol Heritage Trail**, eine nationale historische Sehenswürdigkeit. Der Weg führt 372 km in südwestlicher Richtung bis zur Grenze zum Yukon Territory. Von dort geht eine Straße weiter nach Ross River und zum Highway-Netz Yukons. Der Trail wurde unter hohen Kosten und mit großen Mühen während des Zweiten Weltkriegs geschaffen, um Öl nach Whitehorse zu transportieren; „Canol" steht kurz für „Canadian Oil". 1945 wurde das gewaltige Projekt eingestellt, da der Krieg vor dem Ende stand und es billigere Bezugsquellen für Öl gab.

Die Route führt über Gipfel, durch Schluchten und Ödnis. Unterwegs trifft man auf viele Wildtiere und zahlreiche tiefe Flussübergänge. Es gibt keinerlei Einrichtungen, allenfalls kann man in einigen der alten Quonset-Hütten (Behelfsbaracken) etwas Schutz finden. Die ganze Strecke zu wandern, dauert drei bis vier Wochen; die meisten Wanderer werden dafür vorab arrangieren müssen, dass Nahrungsmittel für sie abgeworfen werden. Der erste Abschnitt des Trails führt durch flaches, sumpfiges Gelände, deswegen wird von Tageswanderungen ab Norman Wells abgeraten. Einige Traveller nutzen die Hubschrauber, die in Norman Wells zur Verfügung stehen, um zu den interessantesten Abschnitten der Strecke zu gelangen; in der **Dorfverwaltung** (☎867-587-3700; www.normanwells.com) kann man nach der Liste örtlicher Veranstalter fragen, die diesen Service anbieten. Nur wenige verwegene Abenteurer wagen sich pro Jahr an eine Wanderung über den gesamten Trail.

dafür, eine Fahrt auf dem Dempster Hwy zu machen, einer Schotterstraße, die westwärts in eine sehr eindrucksvolle Gebirgslandschaft führt. Einen für den Dempster tauglichen Jeep-Cherokee-Pick-up mit Allradantrieb kann man bei **Arctic Chalet** (www.arcticchalet.com; 25 Carn St) mieten (95 C$/Tag inkl. 100 km). Das Unternehmen vermietet auch Kajaks (100 C$/Woche) und Kanus (200 C$/Woche).

Geführte Touren

Die meisten Touren beinhalten Flüge über das ausgedehnte Delta des Mackenzie und die wilde Küste des Nordpolarmeers, wo die Baumgrenze erreicht ist und Pingos, Hügel mit einem Eiskern, der aus der Tundra aufbricht, die Landschaft prägen. Wer fotografieren will, sollte sich einen Platz im Heck des Flugzeugs suchen.

Arctic Chalet ABENTEUERTOUR
(☎867-777-3535; www.arcticchalet.com; 25 Carn St) Das Unternehmen veranstaltet das ganze Jahr über Abenteuertouren und vermietet außerdem gemütliche Hütten. Im Winter finden täglich Touren mit Hundeschlitten statt (125 C$), wobei die Teilnehmer Gelegenheit bekommen, die Gespanne der schneeweißen Huskies auf den Trails selbst zu lenken.

Up North Tours SEHENSWÜRDIGKEITEN
(☎867-777-2204; www.upnorthtours.ca; 69 MacKenzie Rd) Up North bietet zahlreiche Touren an. Die Flüge nach Tuktoyaktuk an der Küste des Polarmeers (385 C$/Pers.), bei denen man Pingos und Iglus zu sehen bekommt, sind aber von allen am beliebtesten. Im Programm sind außerdem Bootsexkursionen im Mackenzie-Delta (165 C$/Pers.) im Sommer und Motorschlittenfahrten im Winter.

Festivals & Events

Sunrise Festival FEUERWERK
(☎867-777-2607; ⌚Anfang Jan.) Mit einem Feuerwerk auf dem Eis begrüßen die Einheimischen den ersten Sonnenaufgang nach 30 Tagen Dunkelheit.

Great Northern Arts Festival KUNST
(www.gnaf.org; ⌚Ende Juli) Das wichtigste Kunstfestival des Nordens zieht ganze Scharen von Schnitzern, Malern und sonstigen Künstlern aus der gesamten Nordpolarregion an. Hier kann man dann Kunstwerke aus der Arktis kaufen, zuschauen, wie die Werke geschaffen werden, und an Workshop oder an Kulturpräsentationen teilnehmen.

Schlafen

LP TIPP **Arctic Chalet** HOTEL $$
(☎867-777-3535; www.arcticchalet.com; 25 Carn St; Zi. mit Gemeinschaftsbad/mit eigenem Bad 110/130 C$ 📶) Mit seinen sonnig gelegenen Hütten auf einer Lichtung des borealen Nadelwalds ist das Arctic Chalet die beste Unterkunft in Inuvik. Jedes Gebäude hat eine einfache Küche. Die dynamischen Betreiber vermieten Kanus, Kajaks und Autos, veranstalten Hundeschlittenfahrten und geben objektiv Auskunft über örtliche Gegebenheiten. Das Chalet liegt ungefähr 3 km außerhalb der Stadt. Für Traveller, die wie echte Pioniere hausen möchten, gibt's auch eine Hütte ohne Einrichtungen (50 C$).

Mackenzie Hotel HOTEL $$$
(☎867-777-2861; www.mackenziehotel.com; 185 Mackenzie Rd; EZ/DZ 189/204 C$; @) Das kürzlich renovierte Haus ist das Spitzenklassehotel der Stadt mit Kronleuchtern in der Lobby und hübschen Kunstwerken in den eindrucksvollen, neuen Zimmern. Vor Ort befinden sich auch das Restaurant Tonimoes und die Shivers Lounge. Dieselben Betreiber führen auch das preisgünstigere **Eskimo Inn** (EZ/DZ 119/129 C$) ein Stück weiter die Straße hinunter.

Jàk Park Campground CAMPING $
(☎867-777-3613; Stellplatz ohne/mit Strom 22,50/28 C$; ⌚Juni–Aug.) Auf dem hübschen, staatlich betriebenen Campingplatz rund 6 km südlich der Stadt am Dempster Hwy stehen Gästen Warmwasserduschen und Feuerholz zur Verfügung. Man hat von hier einen guten Blick auf das Delta, und die leichte Brise hält die Mücken einigermaßen auf Abstand.

Polar B&B B&B $$
(☎867-777-2554; www.inuvik.net/polar; 75 Mackenzie Rd; Zi. ab 95 C$) In diesem B&B über dem Buchladen warten vier große Zimmer mit Gemeinschaftsbad, Gemeinschaftsbereich und Küche auf Gäste. Das Haus liegt sehr zentral, vielleicht schon ein bisschen zu sehr im Zentrum.

Happy Valley Campground CAMPING $
(☎867-777-3652; Franklin Road; Stellplatz ohne/mit Strom 22,50/28 C$; ⌚Juni–Aug.) Der praktisch im Ortszentrum gelegene Campingplatz bietet die gleichen Einrichtungen wie der Jàk Park. Wer kein Auto hat und knapp

bei Kasse ist, sollte hierbleiben, ansonsten ist der Jàk die bessere Wahl.

Essen & Ausgehen

In den letzten Jahren ist über die kulinarische Lage in Inuvik nichts Erfreuliches zu vermelden. Am besten versorgt man sich selbst. Northmart, der einen ganzen Block im Zentrum einnimmt, ist das große Lebensmittelgeschäft vor Ort.

LP TIPP **Tonimoes** KANADISCH $$
(185 Mackenzie Rd; Hauptgerichte mittags 10–13 C$, abends 12–36 C$; ⏲7–14 & 17–21 Uhr) Mit den üblichen Frühstücksgerichten, Burgern und Ähnlichem zu Mittag und mit Abendgerichten aus Fleisch und Meeresfrüchten ist dieses Lokal mit Stimmungsbeleuchtung das einzige anständige Restaurant in der Stadt.

Shivers KNEIPE $$
(185 Mackenzie Rd; ⏲Mo–Sa 11–0.30 Uhr) Trotz des bescheuerten Namens ist die geräumige, entspannte Kneipe im Mackenzie Hotel gegenüber dem Tonimoes ein nettes Plätzchen, wenn man was trinken will.

Café Gallery CAFÉ $
(90 Mackenzie Rd; Gerichte 5–12 C$; ⏲Mo–Fr 9–17, Sa 12–17 Uhr) Anders als der Name nahelegt kommen die Einheimischen nur in diesen charmefreien Laden, um einen Kaffee zu trinken. Man bekommt auch Espresso, Muffins, Suppen und Sandwiches.

Praktische Informationen

CIBC Bank (134 Mackenzie Rd) Hat einen Geldautomaten.

Inuvik Centennial Library (100 Mackenzie Rd; ⏲Mo–Do 10–18 & 19–21, Fr 10–18, Sa & So 13–17 Uhr) Hier gibt's kostenlosen Internetzugang, eine Bücherbörse und eine ausgezeichnete Auswahl von Büchern über den Norden.

Inuvik Regional Hospital (☎867-777-8000; 285 Mackenzie Rd; ⏲24 Std.) Das blau-rot-gelbe Lego-Gebäude gegenüber dem Visitors Centre.

Parks Canada (☎867-777-8800; 187 Mackenzie Rd; ⏲Juni–Aug. 8.30–17 Uhr, restl. Jahr vorher anrufen) In diesem Büro sind Infos über die Nationalparks Tuktut Nogait, Ivvavik und Aulavik sowie über das Pingo Canadian Landmark zu bekommen. Parkbesucher müssen sich hier an- und abmelden.

Post (187 Mackenzie Rd)

Western Arctic Visitors Centre (www.inuvik.ca; 284 Mackenzie Rd; ⏲Juni–Mitte Sept. 9–19 Uhr) Hier findet man Reiseliteratur, engagiertes Personal sowie ein ausgestopftes Karibu und andere Ausstellungsstücke vor. Parks Canada hat hier im Sommer naturkundliche Veranstaltungen; die Termine erfragt man besser.

An- & Weiterreise

Auto

Arctic Chalet Car Rental (www.arcticchalet.com; 25 Carn St) verleiht Fahrzeuge aller Art und hat auch einen Schalter am Flughafen. **NorCan** (☎867-777-2346) hat ebenfalls einen Schalter am Flughafen. Wer mit dem Auto unterwegs ist, sollte sich unbedingt regelmäßig über den aktuellen Straßenzustand des Dempster Hwy und über die nötigen Fährverbindungen informieren (☎800-661-0750).

Flugzeug

Der Mike Zubko Airport befindet sich 14 km südlich der Stadt. **Town Cab** (☎867-777-4777) verlangt 25 C$ für die Taxifahrt von dort in die Innenstadt.

Air North fliegt nach Dawson City, Old Crow und Whitehorse. **Aklak Air** (www.aklakair.ca) bietet Linienflüge nach Tuktoyaktuk, Paulatuk und Sachs Harbour sowie Charterflüge in die Nationalparks an. Canadian North fliegt (tgl.) nach Norman Wells und Yellowknife (ebenfalls tgl.), von wo die Anschlussflüge nach Calgary und Edmonton starten. First Air fliegt nach Yellowknife; von dort gibt es Flüge in den gesamten Norden.

Tuktoyaktuk

870 EW.

Etwa 140 km nordöstlich von Inuvik liegt an der sturmgepeitschten Küste der vielleicht meistbesuchte Ort der kanadischen Arktis: Tuktoyaktuk. Fast überall heißt der Ort einfach „Tuk" (daher auch die vielen T-Shirts mit der Aufschrift „Tuk U", denen man im ganzen Territorium begegnet). Er ist seit Jahrhunderten die Heimat der Walfänger und neuerdings auch der Stützpunkt für die Öl- und Gasförderung in der Beaufortsee.

Von Juli bis Anfang August kann man hier manchmal ganze Herden von Belugas beobachten. Das ganze Jahr über zu sehen sind dagegen die Pingos – die weltweit größte Ansammlung von ihnen befindet sich auf dieser Halbinsel. Gut 1400 der großen Erdhügel, die sich über einem Kern aus Eis wölben, gaben dem **Pingo Canadian Landmark** seinen Namen. Im **Dorfbüro** (☎867-977-2286) gibt es ausführliche Informationen über die Gegend und ihre Service-Einrichtungen.

Es gibt hier noch einen ehemaligen **Militärstützpunkt** aus dem Kalten Krieg, der neben alten **Walfangstationen** und zwei hübschen kleinen **Kirchen** aus der Zeit steht, als sich die katholische und die anglikanische Kirche um die Missionierung der Ureinwohner stritten. Auf dem Landweg ist der Ort nur im Winter über eine Eisstraße zu erreichen. Die Besucher, die im Sommer kommen, fliegen meist im Rahmen einer Halbtagestour von Inuvik (S. 901) aus ein.

Paulatuk

Die kleine Inuvialuit-Siedlung mit 300 Einwohnern liegt an der arktischen Küste in der Nähe der Mündung des Hornaday River, 400 km östlich von Inuvit. Paulatuk bedeutet „Ruß der Kohle". Eine der Hauptattraktionen der Gegend sind die **Smoking Hills,** in denen schwefelhaltiger Schiefer schwelt. Das **Dorfbüro** (☎867-580-3531) hält weitere Informationen bereit.

TUKTUT NOGAIT NATIONAL PARK

Paulatuk ist die einzige Siedlung in der Nähe des Nationalparks und liegt 45 km östlich dieser unberührten Wildnis, in die sich die Bluenose-Karibus zum Kalben zurückziehen. In dem Park gibt es keinerlei Infrastruktur. Nur ein kleines Visitors Centre in der Stadt kann im Sommer besichtigt werden. Weitere Auskünfte erteilt **Parks Canada** (☎867-777-8800; 187 Mackenzie Rd; ⊙Juni–Aug. 8.30–17 Uhr, sonst vorher anrufen) in Inuvik.

Banks Island

Die im Polarmeer nördlich von Paulatuk liegende Insel Banks Island dürfte nun schon seit 3500 Jahren bewohnt sein. Der Wildtierbestand ist für arktische Verhältnisse geradezu üppig. Vor allem Moschusochsen sind hier eher mal zu sehen als irgendwo sonst auf der Welt. In die beiden Vogelschutzgebiete der Insel kommen im Sommer riesige Schwärme von Schneegänsen und Seevögeln. Die Inuvialuit-Siedlung **Sachs Harbour** mit 120 Einwohnern ist der einzige Ort auf der Insel. Das **Dorfbüro** (☎867-690-4351) hat weitere Informationen zur Insel. Es gibt eine regelmäßige Flugverbindung zwischen Inuvik und Sachs Harbour.

AULAVIK NATIONAL PARK

Der nur sehr selten besuchte Nationalpark – weniger als ein Dutzend Besucher kommen jährlich hierher – erstreckt sich über 12 275 km² im Norden von Banks Island. In dem Park lebt die größte Population von Moschusochsen, die es auf der ganzen Welt gibt. Außerdem können Besucher eine Menge Ödland, Tundra und einige archäologische Stätten erkunden. Aulavik bedeutet „Ort, zu dem die Menschen reisen". Und der Weg hierher ist tatsächlich fast schon eine Weltreise. Bei **Parks Canada** (☎867-777-8800; 187; www.pc.gc.ca; Mackenzie Rd; ⊙Juni–Aug. 8.30–17 Uhr, sonst vorher anrufen) in Inuvik erhält man ausführliche Informationen.

Nunavut

Inhalt »

Gut essen

- » Granite Room (S. 911)
- » Water's Edge Restaurant (S. 911)
- » Gallery (S. 911)
- » Sugar Rush Café (S. 919)

Schön übernachten

- » Frobisher Inn (S. 910)
- » Nova Inn (S. 910)
- » Cape Dorset Suites (S. 915)
- » Nanuq Lodge (S. 918)

Auf nach Nunavut!

Man stelle sich eine baumlose, eisbedeckte Wildnis vor, die vom unerbittlich rauen Wetter dominiert wird und die so dünn besiedelt ist, dass Grönland daneben überfüllt wirkt. Dazu kommen Polarbären, Belugas und verstreute hartgesottene Einheimische, denen es gelungen ist, in einer Landschaft zu überleben, die so harsch ist, dass kein Fremder wagte, sie zu kolonialisieren.

Nunavut (1999 von den Northwest Territories getrennt) ist der jüngste, größte und am dünnsten besiedeltste geografische Teil Kanadas – ein mythisches Gebiet aus unbewohnten Inseln und eisigem Ozean, in dem klimatische und geografische Extreme herrschen. Besucher stehen hier vor vielen Hindernissen, von Schneestürmen über ein nichtexistentes Straßennetz bis zu den hohen Reisekosten. Doch diejenigen, die es bis hierher schaffen, genießen das Privileg, Teil der unerschrockenen Pioniere zu sein, und das Wissen, dass nur wenige Menschen vor ihnen hier waren.

Reisezeit

Iqaluit

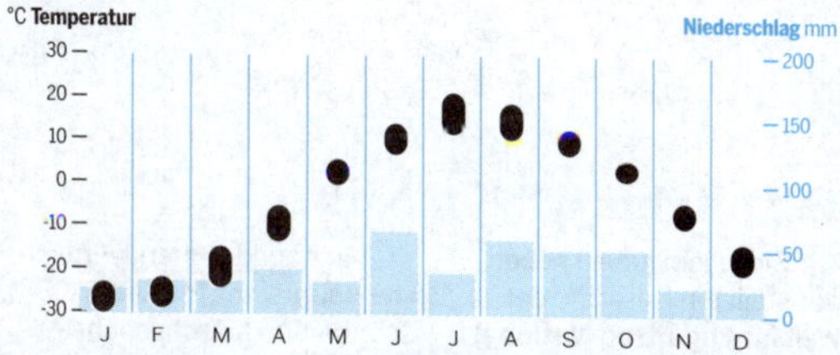

Juli & August Die beste Zeit für einen Besuch ist der kurze, hyperaktive Sommer.

April & Mai Die ideale Jahreszeit für Hundeschlittenfahrten und andere Schneesportarten.

Juni Zur Zeit der Mitternachtssonne findet in Iqaluit das Alianait Arts Festival statt.

Highlights in Nunavut

1 Sich klein fühlen neben der steilsten Felswand der Welt im **Auyuittuq National Park** (S. 914)

2 In **Cape Dorset** (S. 914), dem Mekka der Inuit-Kunst, Eisbären aus Speckstein begegnen – und nach echten Ausschau halten

3 In Kanadas merkwürdigster Hauptstadt, **Iqaluit** (S. 908), Karibu und Moschusochse essen

4 Durch die beeindruckende Mondlandschaft von **Resolute** (S. 916) spazieren, in der trotz vier Monaten Mitternachtssonne nichts wächst

5 Zwischen Wasserfällen, Karibus und den zum Kanufahren einladenden Stromschnellen des paradiesischen **Soper River** (S. 913) planschen

6 In Pond Inlet Ausflüge zu den Vogelschutzgebieten im **Sirmilik National Park** (S. 916) organisieren

Geschichte

Nunavut ist seit etwa 4000 Jahren bewohnt, die Inuit kamen jedoch erst vor einem Jahrtausend aus Alaska hierher. Zahllose Generationen lebten als Nomaden, folgten ihrer Jagdbeute im Rhythmus der Jahreszeiten und entwickelten eine raffinierte Materialkultur, um mit den Bedingungen zurechtzukommen.

Obwohl Wikinger schon auf Baffin Island („Helluland" in deren Sagen) gewesen sein dürften, gilt Martin Frobisher, der 1576 auf der Suche nach der Nordwestpassage hierher gelangte, als der erste Europäer, der in diese Region kam. Während der nächsten 375 Jahre trafen weitere Forschungsreisende in der Arktis ein (darunter Sir John Franklin, der 1845 hier verschwand), Walfänger, Händler und Missionare. In einem so großen Land hatten diese Besuche relativ wenig Einfluss auf die Inuit.

Nach dem Zweiten Weltkrieg überschlugen sich die Ereignisse in Nunavut. Als Kanada die strategische Bedeutung dieses riesigen Gebiets erkannt hatte, begann es schließlich Interesse an der Arktis zu zeigen. In den 1950er- und 1960er-Jahren wurden die Inuit in Dörfer und in einigen Fällen auch in die Hocharktis umgesiedet, um die Souveränität des Landes zu sichern.

In den 1960er- und 1970er-Jahren erwachte mit dem wachsenden politischen Bewusstsein der Inuit auch der Traum von der Selbstverwaltung. Nach jahrelangen Verhandlungen wurde Kanadas Landkarte im Jahr 1999 neu gestaltet. Nunavut wurde nicht nur von den Northwest Territories abgetrennt, sondern auch ein eigenständiges Territorium. Viele der Inuit, die heute hier regieren, wurden in Iglus geboren und wuchsen als Nomaden auf.

Sprache

Die Frage, ob Englisch oder Französisch gesprochen wird, kann man getrost vergessen, denn hier regiert Inuktitut. Das ist die Muttersprache von 70 % der Einwohner Nunavuts. Viele ältere Menschen und Kinder beherrschen nur sie. Da es sich um eine gutturale und polysynthetische Sprache handelt (letzteres bedeutet, dass die Wörter zu ewig langen Ungetümen zusammengezogen werden), ist sie schwer zu verstehen. Auch das Lesen gestaltet sich nicht einfach, da sie meist in Silben geschrieben wird (ein undurchschaubares orthografisches System, das auf Silben statt wie gewohnt auf Buchstaben basiert).

Mit Englisch, Gesten und Humor kommt man gut über die Runden. Und ein paar einheimische Wörter helfen immer, eine Brücke über kulturelle Grenzen hinweg zu schlagen:

Wie geht es dir?	*Qanuippit?*	ka-*nui*-piht?
Mir geht es gut	*Qanuingi*	ka-*nuing*-ih
Danke	*Qujannamiik*	coj-*ahn*-nah-mihk
Bitte	*Ilaali*	ih-*lah*-lih
Ja	*Ii*	ih
Nein	*Aakka*	*ah*-kah
Guten Morgen	*Ullaakkut*	uhd-*lahk*-kut
Guten Tag (nachmittags)	*Unnusakkut*	uh-nuh-*sahk*-kuht

Geografie & Klima

Das riesige Nunavut erstreckt sich über die Nordostflanke Nordamerikas. Die „Barren Lands" – das Stück kanadischen Festlands – machen ungefähr die Hälfte der Fläche aus. Sie sind ein ausgedehntes, ödes Gelände aus unregelmäßigen Felsen und Tundra, durch das so legendäre Flüsse wie der Thelon River und der Kazan River fließen. Der Rest von Nunavut ist noch öder – vor allem der arktische Archipel kurz vor dem Pol, der sich im Norden Richtung Ellesmere Island hin ausbreitet, und der Osten bis Baffin Island, in dem hochhaushohe Berge liegen und die Hälfte der Einwohner Nunavuts lebt.

Es wird kaum überraschen, dass das Gebiet eisig ist. Von September bis Anfang Juni wird es vom Schnee beherrscht; unbarmherzige Winde verursachen kaum vorhersagbare Kälte, auch die –92 °C, die einst in Kugaaruk gemessen wurden. Sommer ist von Juli bis Mitte August. Dann tauen die Meere unter der ständigen Sonneneinstrahlung auf. Während dieser Zeit beträgt die durchschnittliche Höchsttemperatur in Iqaluit 12 °C und weiter nördlich in Reso-

KURZINFOS NUNAVUT

» Bevölkerung: 32 900

» Fläche: 2 093 190 km²

» Hauptstadt: Iqaluit

» Schräge Facts: Die Hans-Insel, ein lediglich 1,3 km² großes Fleckchen Land, das zwischen Ellesmere Island (Nunavut) und Grönland eingezwängt ist, ist der Gegenstand eines endlosen Grenzstreits zwischen Kanada und Dänemark.

NUNAVUT IN ...

... einer Woche

Nach der Ankunft in **Iqaluit** bewundert man zeitgenössische Inuit-Kunst im **Nunatta Sunakkutaangit Museum** und besucht das **Parlament** und die **Galerien**. Wenn man jetzt ausgehungert und durstig ist, gesellt man sich im **Storehouse Bar & Grill** zu halb Iqaluit, um Bier zu trinken und Burger zu essen.

Am zweiten Tag geht's raus aus der Stadt – zuerst auf einer Bootstour in den **Qaummaarviit Historic Park** und dann auf der Suche nach Füchsen und Schnee-eulen im **Sylvia Grinnell Territorial Park**.

Am dritten Tag begibt man sich im **Katannilik Territorial Park aufs Wasser:** Man mietet sich in Igaluit ein Kanu und fliegt dann zum **Soper River**. In den nächsten fünf Tagen lässt man sich durch ein polares Paradies treiben, badet unter Wasserfällen und gleitet geräuschlos an Karibus am Ufer vorbei.

... zwei Wochen

Nachdem man auf dem Soper die Arme trainiert hat, sind nun die Beine dran. Man fliegt nach **Pangnirtung**, besucht das **Uqqurmiut Centre for Arts & Crafts** und nimmt dann ein Boot zum **Auyuittuq National Park**. Hier wandert man unter Eiszapfen und den höchsten Klippen, die man im Leben sehen wird, zum unberührten, surrealen **Akshayuk Pass**.

lute 7°C. Die Quecksilbersäule kann zwar auch sehr viel höher klettern – sogar auf über 30°C –, genauso gut kann es Mitte Juli aber noch heftige Schneestürme geben.

Anreise & Unterwegs vor Ort

Vom Auto kann man sich hier verabschieden, denn in Nunavut gibt es praktisch keine Straßen. Man erreicht es nur mit dem Flugzeug (zu Preisen, bei denen einem der Atem stockt). In Iqaluit landen fast täglich Flugzeuge von **First Air** (www.firstair.ca) und **Canadian North** (www.canadiannorth.com) aus Montréal und Ottawa, Rückflugtickets gibt's ab 1900 C$. Beide Fluggesellschaften fliegen auch von Yellowknife nach Iqaluit, Returntickets kosten ca. 2500 C$.

Calm Air (www.calmair.com), **Kivalliq Air** (www.kivalliqair.com) und First Air fliegen von Winnipeg nach Rankin Inlet, Hin- Rückflüge gibt es ab 1300 C$. Cambridge Bay erreicht man von Yellowknife mit First Air und Canadian für ca. 1400 C$/hin & zurück.

Kleinere Gemeinden sind mit dem Flugzeug von drei Knotenpunkten aus erreichbar. Von Iqaluit aus fliegen First Air und **Kenn Borek Air** (www.borekair.com) in die Hocharktis und nach Baffin Island. Von Rankin Inlet bedienen Calm Air und Kivalliq Air die Region Kivalliq. Von Cambridge Bay gibt es Flüge mit First Air und Canadian North in die Region Kitikmeot.

INFOS IM INTERNET

Nunavut Tourism (☎866-686-2828; www.nunavuttourism.com) in Iqaluit ist das offizielle Orakel der Touristeninformation und hat eine spritzige und umfangreiche Website. Die Mitarbeiter beantworten auch Anfragen und mailen den tollen *Nunavut Travel Planner* zu. Eine andere gute Website ist **Explore Nunavut** (www.explore nunavut.com).

IQALUIT

Nunavuts Regierungssitz, Iqaluit (ih-*kal*-u-iht), ist Kanadas Hauptstadt des Kontrasts zwischen den Kulturen. Sie ist futuristisch und urzeitlich, weltlich und drittweltlich, vollkommen bizarr und zugleich langweilig und banal. Im Gegensatz zu den Provinzdörfern des Territoriums ist dies eine Boomtown für Nachzügler: Bürohengste aus Ottawa, Billiglohnarbeiter aus Newfoundland, Inuit-Fachleute und Politiker aus der Arktis. Viele dieser Inuit bewegen sich in zwei Welten (ganz klischeemäßig). Sie tragen Seehundwesten über maßgeschneiderten Anzügen und jammern am Handy über den Walfang.

Das staubige, schuttübersäte Iqaluit mit seinen Gebäuden auf Steinfundamenten und dem Gewirr oberirdisch verlaufender Röhren ist paradoxerweise eine Zeit lang faszinierend. Außerdem gibt es einige Sehenswürdigkeiten, Restaurants und Geschäfte, die einen Besuch wert sind. Und trotzdem, das wahre Leben findet hier auf dem Land statt. Die meisten Besucher kehren der Stadt bald den Rücken, wandern den Sylvia Grinnell River entlang oder machen einen Bootsausflug zum Qaummaarviit Historic Park.

Geschichte

Jahrhundertelang zogen nomadische Inuit jeden Sommer zum Sylvia Grinnell River, um im fließenden Wasser mit dem Speer Saiblinge zu fangen. Sie nannten diesen Ort Iqaluit: Ort des Fisches.

Im Jahr 1576 kreuzte dann Martin Frobisher auf. Der englische Marinekapitän war auf der Suche nach der sagenumwobenen Nordwestpassage. Nachdem er eine falsche Richtung eingeschlagen hatte, landete er an jener Stelle, die heute Frobisher Bay heißt. Dort stieß er auf glitzerndes gelbes Erz, das er abbaute und verlud. Mit einer Million Pfund wertlosen Katzengolds segelte er wieder nach Hause.

Weitere 350 Jahre lang konnten die Inuit auf Fischfang gehen. Nur gelegentlich wurden sie dabei von Walfängern, Forschungsreisenden und Missionaren gestört. Während des Zweiten Weltkriegs errichteten amerikanische Soldaten hier einen Luftwaffenstützpunkt. Nach dem Krieg blieben die kanadischen Streitkräfte hier, und der Außenposten Frobisher Bay wurde das Verwaltungszentrum der östlichen Arktis.

Im Jahr 1987 änderte die Gemeinde ihren Namen offiziell in Iqaluit und 1995 wählten die Einwohner sie (und nicht Rankin Inlet) zur Hauptstadt Nunavuts. Im letzten Jahrzehnt hat sich die Einwohnerzahl verdoppelt (über mehr als 6000).

Sehenswertes

GRATIS **Legislative Assembly** GEBÄUDE
(Federal Rd; ⌚ Mo–Fr 9–17 Uhr, Führungen Juni–Aug. Mo–Fr 13.30 Uhr oder nach Vereinbarung) Nunavuts in Fertigbauweise errichtetes Parlament kann zwar keine Marmorsäulen aufweisen, aber immerhin schöne Details wie Seehundlederbänke und einen Zeremonienstab aus einem Narwal-Stoßzahn. Im Foyer ist lokale Kunst ausgestellt.

GRATIS **Nunatta Sunakkutaangit Museum** MUSEUM
(Sinaa St; ⌚13–17 Uhr) Das Nunatta Sunakkutaangit Museum ist zwar sehr klein, lohnt aber dennoch einen Besuch, denn hier gibt es eine Dauerausstellung mit Inuit-Artifakten und einen hübschen kleinen Souvenirladen. Das beste sind aber die Sonderausstellungen, z. B. Pangnirtungs berühmte jährliche Kunstgrafik-Kollektionen.

Uferpromenade AREAL
An der Uferpromenade zwischen der Mole und der Station der Küstenwache gehen die Inuit ihren traditionellen Aktivitäten nach. Zwischen den alten Schneemobilen und Treibstoffkanistern töten Jäger Seehunde und bauen Boote und Schlitten. Bevor man Fotos macht, sollte man die Leute um Erlaubnis bitten.

Apex Beach GEBÄUDE
(Bill Mackenzie Rd) Am Apex Beach befindet sich der fotogene rot-weiße Komplex der **Hudson Bay Trading Post**. Besucher können allerdings nur die renovierte Gallery By the Red Boat (S. 912) betreten.

Aktivitäten

Trotz des schwammigen Bodens, der die Gelenke beansprucht, ist das **Wandern** in den weiten offenen Landschaften Iqaluits eine einzige Freude. Es gibt zwar nur wenige Wanderwege, doch weil hier keine Bäume wachsen, besteht kaum Gefahr, sich zu verirren. Im **Sylvia Grinnell Territorial Park** (Iqaluit Rd; Eintritt frei), in dem die Wege zu einem Wasserfall, Stromschnellen und Steilhängen führen, werden manchmal Karibus und Füchse gesichtet. Der Park liegt 2 km vor der Stadt: Man muss erst Richtung Flughafen fahren und dann der Ausschilderung folgen. Eine weitere ausgezeichnete Möglichkeit, sich die Füße zu vertreten, ist der Küstenlinie von der Innenstadt bis nach Apex zu folgen oder bei Ebbe den Tarr Inlets jenseits des Apex zu erkunden.

Keine Lust zum Wandern? **Qairrulik Outfitting** (☎867-979-6280; www.qairrulikoutfitting.com; Schneemobil/Quad ab 220/275 C$ pro Tag) verleiht Geländefahrzeuge und im Winter Schneemobile. Leider gibt es zur Zeit keinen Kajakverleih, doch das könnte sich bald ändern. Es lohnt sich zu fragen, denn die Inlets Koojesse und Tarr bieten ausgezeichnete Möglichkeiten zum Kajakfahren.

Beim **Blaubeerenpflücken** kann man sich auf leckere Art mit der außergewöhnlichen – und köstlichen – Tundra vertraut machen. Beeren wachsen in der Nähe des Flusses und oberhalb von Apex. Man sollte zum Pflücken einen Behälter mitnehmen –

oder man verspeist die Beeren gleich beim Wandern.

Geführte Touren

Die Touranbieter wechseln zwar von Jahr zu Jahr, doch normalerweise gibt es immer eine Handvoll regelmäßig durchgeführter Touren, von Helikopterflügen bis zu Fahrten mit dem Hundeschlitten. Für nähere Infos kann man den *Nunavut Travel Planner* zu Rate ziehen oder sich an das Personal des Visitors Centres wenden. Bei den meisten Touren gibt es eine Mindestteilnehmerzahl – also am besten Freunde mitnehmen oder möglichst früh buchen, sodass andere Besucher sich anschließen können.

Polynya Adventure OUTDOOR-AKTIVITÄTEN
(☎867-979-6260; www.polynya.ca) Polynya Adventure bietet eine Vielzahl von Touren an, darunter Führungen zur Stadtgeschichte, im Sommer Bootsausflüge in der Frobisher Bay und im Winter Hundeschlittenfahrten. Man kann mit diesem oder einem anderen Anbieter zum berühmten Qaummaarviit Historic Park fahren, der 12 km außerhalb der Stadt liegt. Im Park kann man ein 750 Jahre altes Winterlager der Inuit besichtigen. Grassodenhäuser und menschliche Knochen sind dort ebenfalls noch zu sehen.

Northwinds Arctic Adventures OUTDOOR-AKTIVITÄTEN
(☎867-979-0551; www.northwinds-arctic.com) Diese erfahrenen Profis leiten Expeditionen in die Arktis und Hundeschlittentouren und haben mit allen zusammengearbeitet, die Rang und Namen haben, von der BBC-Serie *Top Gear* bis zum *Canadian Geographic*.

Feste & Events

Alianait Arts Festival KUNST, KULTUR
(www.alianait.ca; ⏲Ende Juni) Dieses Mittsommernachtsfest widmet sich der Inuit-Kultur mit Kunstausstellungen, Konzerten, Filmen, Geschichtenerzählen, kulinarischen Genüssen und einem Zirkus. Aus ganz Kanada kommen Menschen zu diesem anderthalb Wochen dauernden Ereignis, das Ende Juni stattfindet.

Schlafen

Die einzige preiswerte Übernachtungsmöglichkeit ist das Campen. Alle anderen Unterkünfte muss man im Voraus reservieren und darauf gefasst sein, horrende Preise zu bezahlen.

LP TIPP **Frobisher Inn** HOTEL $$$
(☎867-979-2222; www.frobisherinn.com; Astro Hill Terrace; Zi. 260 C$; 📶) Das auf einem Hügel gelegene „Frobe" hat moderne Zimmer zur Bucht hin mit großartigen Aussichten. Außerdem gibt's ein gutes Restaurant sowie im Astro Hill-Komplex ein Café, einen Pool, eine Bar und ein Kino.

Nova Inn HOTEL $$$
(☎867-979-6684; www.novainniqaluit.com; 923 Federal Rd; DZ/Suite 195/250 C$; P@) Was im Süden ein stinknormales Geschäftshotel der unteren Preisklasse wäre, wird hier zum kaum bezahlbaren Luxus, und die Preise würden eher zu einem Fünf-Sterne-Nobelhotel passen. Das Nova Inn im „Zentrum" bietet immerhin kostenlose Zeitungen, einen Laden mit Inuit-Kunsthandwerk und sogar ein Fitnessstudio, damit man sich beim morgendlichen Joggen keine Frostbeulen holt.

Discovery Lodge Hotel HOTEL $$$
(☎867-979-4433; www.discoverylodge.com; 1056 Mivvik St; EZ/DZ 230/245 C$; @) Das beste Hotel der Stadt hat komfortable Zimmer ohne viel Schnickschnack und lenkt den Blick mal wieder auf das Paradox der Hotels in Nunavut, die oft den Standard eine Motels haben, aber Preise wie im Ritz verlangen. Das Highlight hier ist das Restaurant (s. S. 911). Außerdem gibt's ein praktisches Shuttle zum Flughafen.

Rannva's Bed & Breakfast B&B $$
(☎867-979-3183; Bldg 3102, Helen Maksagak Dr; Zi. inkl. Frühstück 125 C$/Pers.; 📶) In der hellen „alten Schwesternstation" im stimmungsvollen, aber abgelegenen Apex, näht die färöische Schneiderin Rannva Simonsen flotte Kleidungsstücke aus Seehundfell und beherbergt Gäste.

Sylvia Grinnell Territorial Park CAMPING $
(Iqaluit Rd; Stellplatz kostenl.) Außer primitiven Plumpsklos gibt es hier keinerlei Einrichtungen.

Essen

Iqaluit hat das vielfältigste kulinarische Angebot in Nunavut, darunter sind auch einige Lokale, die „Landküche" servieren. Die meisten der besseren Restaurants befinden sich in den teuren Hotels. Man bekommt zwar große Portionen, allerdings zu total überzogenen Preisen (die meisten Sachen werden eingeflogen). Jeder Arktisbesucher sollte wenigsten einmal Karibufleisch essen!

LP TIPP **Granite Room** FUSION $$$
(☎867-979-4433; www.discoverylodge.com; Mivvik St; Hauptgerichte 30–47 C$) Nunavuts bestes Restaurant im Discovery Lodge Hotel bietet eine umfangreiche Weinkarte und köstliche lokale Küche, z.B. pochierten arktischen Saibling (44 C$) und Karibusteak in Pfefferkornsauce (45 C$). Die hausgemachte Eiscreme ist ein Hit.

Water's Edge Restaurant STEAK $$$
(www.novainniqaluit.com; 923 Federal Rd; Hauptgerichte ab 22 C$) Dieses Steakhaus ist ein starker Anwärter auf den Titel „Bestes Restaurant in Nunavut", auch wenn dies keine Reporterschar in den Norden zu locken vermag. Dafür bekommt man hier aber die leckere Hausmannskost, die im Süden so typisch ist. Und zwar riesige Portionen!

Gallery KANADISCH $$$
(☎867-979-2222; The Astro Hill Terrace; Hauptgerichte 25–42 C$; ⏲Mo–Fr 7–14 & 17–20.30, Sa & So 8–14 & 17–20.30 Uhr) Im beliebten Speisesaal des Frobisher Inn sind Pasta, Steaks und Gerichte des Nordens wie Karibu-Eintopf (27 C$) und gegrillter Saibling aus der Davis Strait (34 C$) im Angebot. Abends bieten hier Künstler ihre Werke zum Verkauf an.

Snack FAST FOOD $$
(Nipisa St; ⏲6–20 Uhr) Das ungeniert fettige Snack ist in den vergangenen Jahren zweimal abgebrannt, zuletzt im Juni 2007, doch es ist immer wieder aus der Asche auferstanden. Der französischsprachige Laden ist wieder im Geschäft und serviert in kitschigem Ambiente der 1950er-Jahre preiswerte Gerichte für den Massengeschmack auf Papptellern. Poutine gibt es ebenfalls.

Café Northern Lights CAFÉ $
(Ecke Queen Elizabeth Way & Niaqunngusiaq Rd; Mittagessen 6–12 C$; ⏲Mo–Fr 8–17 Uhr) Im Gebäude der Royal Bank befindet sich dieses preiswerte, schnelle und beliebte Mittagslokal, in dem es Tagesangebote für Suppen und Sandwiches (9 C$) sowie Pfannengerichte (12 C$) gibt.

Caribrew Café CAFÉ $
(www.frobisherinn.com; The Astro Hill Terrace; Snacks ab 5 C$; ⏲Mo–Fr 7–17, Sa & So 9–16 Uhr) Dieses einladende, warme Café im Frobisher Inn kommt in Nunavut einem Starbucks am nächsten, was je nach persönlicher Haltung ein Schock oder eine Erleichterung sein kann. Mittagessen ist ebenfalls im Angebot.

Ausgehen

Fast alle Straftaten und auch die astronomisch hohe Selbstmordrate in Iqaluit stehen im Zusammenhang mit Alkohol. Um dem entgegenzuwirken, geht die Stadt strikt gegen Alkohol vor. In mehreren Restaurants kann man zwar zum Essen ein Glas Bier oder Wein trinken, es gibt aber kein Spirituosengeschäft und nur eine öffentliche Bar (und auch das könnte sich bald ändern).

Grind & Brew CAFÉ
(Sinaa St; ⏲7–17.30 oder 18 Uhr) Zum Teufel mit den Cappuccinos: In diesem Arbeiter-Café am Ufer, nur ein kleines Stück vom Museum entfernt, gibt's einfache Dinge, darunter auch ein paar Pasteten, und Picknicktische, von denen aus man das Treiben am Ufer beobachten kann.

Fantasy Palace CAFÉ
(Bldg 1085E, Mivvik St; ⏲Mo–Fr 7–17, Sa 10–17, So 11–17 Uhr) In diesem ordentlichen Café in der Nähe des Flughafens bekommt man Wraps, guten Kaffee und Eistüten (2,25 C$) für die wenigen heißen Tage.

Storehouse Bar & Grill BAR
(The Astro Hill Terrace; ⏲17–1 Uhr) Wie es sich für die einzige Kneipe in der Stadt ziemt, bietet dieses große, neue, gut eingerichtete Lokal im Frobisher Inn von allem etwas: Kneipe, Billardhalle, Sportsbar und Disko. Auch das Essen (Pizza und Burger) ist gut.

Shoppen

Die Kunstdrucke, Skulpturen und Wandteppiche der Inuit sind weltberühmt. Man bekommt sie überall in Iqualit. Wer ein günstiges, nicht ganz so edles Stück sucht, sollte im Frobisher Inn essen; hier bieten Künstler ihre Werke im Speisesaal zum Verkauf an.

Iqaluit Fine Arts Studio SOUVENIRS
(☎867-979-5578; www.iqaluitfinearts.com; Bldg 1127 Mivvik St; ⏲Mo–Sa 11–17 Uhr) Diese Galerie direkt gegenüber vom Flughafengebäude bietet ein Vielfalt an Skulpturen an. Die Bandbreite reicht von Inuksuks für 12 C$ (Kitsch!) bis zu Speckstein-Schamanen für 7000 C$ (erstklassig!).

Malikkaat ACCESSOIRES
(☎867-979-6426; 1083, Mivvik St; ⏲Mo–Fr 10-18, Sa 10–16 Uhr) Der winzige, aber vielfältige Souvenirladen verkauft traditionelle Seehundfellhandschuhe und Strickmützen sowie einige unorthodoxe Skulpturen.

Rannva Design BEKLEIDUNG, ACCESSOIRES
(☎867-979-3183; www.rannva.com; Bldg 3102 Helen Maksagak Dr; ⏲Mo–Fr nach Vereinbarung, Sa & So 14–17 Uhr) Rannva Simonsen verbindet in ihrem Studion in Apex Traditionelles mit modernem Chic und kreiert so hippe Fellkleidungsstücke.

Gallery By the Red Boat SOUVENIRS
(☎867-979-2055; www.bytheredboat.ca; Bill Mackenzie Rd; ⏲variierend oder nach Vereinbarung) Diese spartanische Galerie befindet sich in einem alten Gebäude am Strand von Apex und stellt die meisterhaften, wenn auch recht teuren Skulpturen von Saila Kipanek aus.

ℹ Praktische Informationen

Arctic Ventures (Queen Elizabeth Way; ⏲Mo–Sa 10–22 & So 13–22 Uhr) Oben befindet sich etwas versteckt eine grandiose Sammlung von Büchern und CDs über die Arktis.

Baffin Regional Hospital (☎867-979-7300; Niaqunngusiaq Rd; ⏲24 Std.)

Iqaluit Centennial Library (Sinaa St; ⏲Mo & Mi 13–18, Di & Do 15–20, Fr 15–18, Sa & So 13–16 Uhr) Im Gebäude des Besucherzentrums, hier kann man auch kostenlos ins Internet.

Krankenwagen & Feuerwehr (☎867-979-4422) Für Notfälle. Achtung: In Nunavut ist die 911 nicht die Notfallnummer!

Polizei (☎Notfälle 867-979-1111, keine Notfälle 867-975-0123) Achtung: In Nunavut ist die 911 nicht die Notfallnummer!

Royal Bank of Canada (Ecke Queen Elizabeth Way & Niaqunngusiaq Rd) Diese Bank liegt an der Kreuzung Four Corners. In der Nähe befindet sich auch die CIBC-Bank.

Unikkaarvik Regional Visitors Centre (☎867-979-4636; Sinaa St; ⏲Mo–Fr 9–18, Sa & So 13–16 Uhr) Das Personal ist vielleicht nicht das kenntnisreichste, doch dafür gibt's zahlreiche Broschüren, ein informatives Minimuseum und eine Sammlung von Büchern und Videos über Nunavut.

ℹ Anreise & Unterwegs vor Ort

Die meisten Flüge von außerhalb des Territoriums kommen hier an (S. 908) und Flüge zu den kleineren Gemeinden in der Region Baffin gehen von hier ab. First Air fliegt alle Gemeinden auf der Insel an und zusätzlich Resolute und Rankin Inlet. Kenn Borek Air fliegt weniger Städte an, ist dafür aber billiger. Canadian North fliegt nach Rankin.

Da in Iqaluit alles dicht beieinander liegt, kann man die Stadt gut zu Fuß erkunden. Selbst der Flughafen ist nur einen kurzen Fußweg vom Zentrum entfernt, man kommt hin, indem man die Mivvik St. etwa einen halben Kilometer entlang geht. In der Stadt gibt es außerdem jede Menge Taxis, die 6 C$ für jedes Fahrziel in der Stadt berechnen. Wer mit dem Taxi fahren will, sollte sich auf Mitfahrer einstellen: Die Taxifahrer lassen oft so viele Leute wie möglich einsteigen, bevor sie losfahren. Ein Anbieter ist **Pai-Pa Taxi** (☎867-979-5222).

DIE REGION BAFFIN

Die Region Baffin umfasst Nunavuts östliche Inseln und die der Hocharktis. Sie erstreckt sich von den in der James Bay

EXTREME FAKTEN

- » Mit einer Fläche von 2093190 km² ist Nunavut deutlich größer als einige der bevölkerungsreichsten Länder der Erde, darunter beispielsweise Mexiko und Indonesien. Wenn es ein unabhängiges Land wäre, so wäre es das fünfzehntgrößte der Welt.
- » Die Gesamtbevölkerung wird auf 30 000 Personen geschätzt und entspricht damit der des britischen Überseegebiets Gibraltar, das nur 6,8 km² groß ist.
- » Nunavut hat die höchste Geburtenrate aller kanadischen Provinzen und Territorien.
- » Im Territorium gibt es nur 21 km Straßen, Bäume sind ähnlich karg gesät.
- » Fast die Hälfte aller Eisbären der Welt lebt hier.
- » Alert auf Ellesmere Island ist mit nur fünf angemeldeten Einwohnern die nördlichste ständig bewohnte Siedlung der Erde.
- » Lediglich etwa 800 Besucher verschlägt es jährlich in die vier weitläufigen Nationalparks von Nunavut. Viele von ihnen kommen mit dem Boot und gehen nicht an Land.

liegenden sumpfigen, bewaldeten Inseln bis hin zu den hohen Gipfeln des 3000 km nördlich gelegenen Ellesmere Island. In dieser Region lebt die Hälfte der Bevölkerung Nunavuts. Traveller finden hier die herrlichste Landschaft, die besten Outdoormöglichkeiten und eine sehr gute touristische Infrastruktur vor.

Katannilik Territorial Park

Einer der schönsten Parks von Nunavut liegt nur ein paar Dutzend Kilometer – die zu Fuß oder mit dem Schneemobil zurückgelegt werden können – von Iqaluit entfernt. *Katannilik* bedeutet „Ort der Wasserfälle". Der Park hat zwei Hauptattraktionen die sich lohnen: den Soper River und den Itijjagiaq Trail.

Der aquamarinblaue **Soper River**, ein Canadian Heritage River, ist schiffbar und zieht sich über 50 km durch ein tiefes, fruchtbares Tal, vorbei an Wasserfällen, Karibus, Edelsteinvorkommen und Zwergweidenwäldern bis hin zur Gemeinde Kimmirut (411 Ew.). Paddler nehmen sich für die Strecke normalerweise drei Tage bis eine Woche Zeit.

Wanderer und Skifahrer dagegen können den **Itijjagiaq Trail** nehmen, einen traditionellen, 120 km langen Wanderweg, der über die Hochebenen der Meta Incognita Peninsula und durch das Soper-Tal führt. Für die Wanderung benötigt man zehn bis zwölf Tage. Sie beginnt an der Frobisher Bay, etwa 10 km westlich von Iqaluit. Nähere Infos erteilt **Parks Nunavut** (☎867-975-7700; www.nunavutparks.com).

Die meisten Paddler chartern in Iqaluit ein Flugzeug zur Anlegestelle Mount Joy, lassen sich von dort aus bis nach Kimmirut treiben und steigen dann wieder in ein Flugzeug, um nach Iqaluit zurückzufliegen. Kenn Borek Air berechnet etwa 1300 C$ für den Flug von Iqaluit bis nach Mount Joy und kann ungefähr 1100 kg an Personen und Ausrüstung mitnehmen. Wanderer können sich mit dem Schiff von einem Anbieter aus Iqaluit bis zum Anfang des Wanderwegs bringen lassen. Im **Unikkaarvik Visitors Centre** (☎867-979-4636; Sinaa St; ⌚Mo–Fr 9–18, Sa & So 13–16 Uhr) in Iqaluit nachfragen!

First Air fliegt viermal wöchentlich von Kimmirut aus nach Iqaluit (einfache Strecke 178 C$).

Pangnirtung

Unter den Gemeinden rund um Nunavut ist Pangnirtung oder „Pang" (1325 Ew.) das beste Reiseziel, da es hier jede Menge Kunst und unzählige Möglichkeiten für Outdoorfans gibt. Pang liegt 40 km südlich des Polarkreises, umfasst auch einen beeindruckenden Fjord und ist das Tor zum Auyuittuq National Park.

Sehenswertes

Uqqurmiut Centre for Arts & Crafts KUNSTGALERIE
(☎867-473-8870; www.uqqurmiut.com; ⌚Mo–Fr 9–12 & 13–17 Uhr) Die Stadt ist berühmt für ihre Wandteppiche, Drucke und gewebten Hüte. Man bekommt all dies im Uqqurmiut Centre for Arts & Crafts gegenüber vom Interpretive Centre. In der Druckerei und im Webstudio zeigen oft Künstler ihre Arbeitstechniken und Werke; ehe man Fotos macht, sollte man fragen!

Kekerten Historic Park HISTORISCHER PARK
Etwa 50 km südlich der Stadt liegt der Kekerten Historic Park, eine alte Walfangstation auf einer Insel. Ein Weg führt zu den Resten eines Hauses aus dem 19. Jh. sowie zu Werkzeugen und Gräbern. Eine Bootsfahrt hierher (ca. 180 C$ bei min. 4 Pers.) ist eine Tagestour. Veranstalter bieten auch Tierbeobachtungstouren und Angeln an. Sehr zu empfehlen für solche Aktivitäten ist Joavee vom Anbieter **Alivaktuk Outfitting Services** (☎867-473-8721; jalivaktuk@nv.sympatico.ca).

Aktivitäten

In Pang gibt es theoretisch zwei **Wanderwege**, für die man im Interpretive Centre genaue Karten bekommt. Ein schlecht gekennzeichneter Weg folgt dem Duval River auf der Nordseite, der andere beginnt am Campingplatz am Südufer, folgt dem Fluss bis zu einem Wasserfall und führt dann landeinwärts.

Schlafen & Essen

Man sollte meinen, dass unter allen Kleinstädten Nunavuts gerade Pangnirtung anständige Übernachtungsmöglichkeiten hätte, doch leider sind die ziemlich eingeschränkt.

Auyuittuq Lodge (☎867-473-8955; www.pangnirtunghotel.com; Zi. 225 C$/Pers.) Pangs einziges Hotel liegt in derselben Straße wie das Interpretive Centre. Geboten werden sehr einfache Zimmer, Gemeinschaftsbäder, nachlässiger Service und widerliches Essen.

Weitere Übernachtungsmöglichkeiten sind u.a. ein Campingplatz oberhalb der Stadt am Flussufer (Vorsicht vor Diebstahl und den pfeifenden Windstürmen, die die Zelte zerlegen!) und der **Aufenthalt bei einer Gastfamilie** (80 C$/Pers., inkl. Verpflegung 120 C$), bei dem man bei einer Inuit-Familie aus der Region einquartiert wird; nähere Infos hat das Interpretive Centre.

Kluge Köpfe decken sich im **Northern Store** (☎867-473-8935; ⌚Mo–Sa 10–18, So 12–17 Uhr) ganz in der Nähe des Hotels mit ausreichend Lebensmitteln ein.

ℹ Praktische Informationen

Angmarlik Interpretive Centre (☎867-473-8737; oarnaqaq1@gov.nu.ca; ⌚Mo–Fr 8.30–20, Sa 10.30–20, So 11.30–20 Uhr) Hier gibt es Ausstellungen zu den Inuit und der Geschichte des Walfangs, einen großen Walschädel und Informationen zu lokalen Führern und Veranstaltern.

Parks Canada (☎867-473-2500; www.parkscanada.gc.ca; ⌚Juli & Aug. 8.30–12 & 13–17 Uhr, Sept.–Juni Mo–Fr 8.30–12 & 13–17 Uhr) Gleich neben dem Interpretive Centre.

Qimiruvik Library (☎867-473-8678; ⌚Mo–Fr 16–20 Uhr; @) Im Angmarlik Centre; kostenloser Internetzugang.

ℹ An- & Weiterreise

Kenn Borek Air und First Air fliegen täglich von Iqaluit nach Pang (hin & zurück 438 C$).

Auyuittuq National Park

Zu den unglaublichsten Orten dieser Erde zählt Auyuittuq (ah-ju-*ih*-tuk), dessen Name „Land, das niemals auftaut" bedeutet. Das trifft's dann auch ziemlich genau, denn es gibt in diesem 19 500 km² großen Park jede Menge Gletscher, zerklüftete Berge, schwindelerregende Felswände und tiefe Täler. Von Ende Juni bis Anfang September können Wanderer den 97 km langen **Akshayuk Pass** (durchquert den Polarkreis) abwandern – dann ist der nämlich schneefrei –, und Kletterer den nahe gelegenen **Mount Thor** (1500 m), die höchste Steilklippe der Welt, erklimmen. Wo immer es sicher, windgeschützt und ökologisch unbedenklich ist, darf man sein Zelt aufschlagen. Allerdings liegen entlang dem Pass auch neun Notunterkünfte.

> ### ℹ EISBÄREN
> Eisbären gibt es keineswegs nur auf den Nummernschilder der Autos in Nunavut. Der *Nanuq* (so der Inuit-Name) ist ein ausdauernder Wanderer und kann zu jeder Zeit des Jahres praktisch überall auftauchen. Noch schlimmer ist, dass Eisbären im Gegensatz zu Grizzly- und Schwarzbären aktiv Jagd auf Menschen machen. Ehe man die Stadt verlässt, sollte man sich unbedingt erkundigen, ob Bären gesehen wurden oder mit einem Guide gehen, der ein Jagdgewehr dabei hat.

Parks Canada (☎867-473-2500; www.parkscanada.gc.ca; ⌚Juli & Aug. 8.30–12 & 13–17 Uhr, Sept.–Juni Mo–Fr 8.30–12 & 13–17 Uhr) befindet sich in Pangnirtung, neben dem Angmarlik Interpretive Centre. Man muss sich hier registrieren und eine Parkeintrittsgebühr zahlen (die haarsträubende 24,76 C$ pro Nacht und bis zu 148 C$ betragen kann).

Das südliche Ende des Passes liegt 30 km von Pangnirtung entfernt. Im Sommer kann man in zwei oder mehr Tagen hierher wandern oder sich, was die meisten Besucher tun, von einem Touranbieter mit dem Schiff nach Pangnirtung fahren lassen (ca. 110 C$ min. 2 Pers.). Für etwa 175 C$ pro Nase kann man sich, wenn man durch den Park gewandert ist, am anderen Ende von einem Touranbieter aus Qikiqtarjuaq abholen lassen, das von First Air und Kenn Borek Air angeflogen wird.

Doch der wunderbare Auyuittuq National Park kann auch erbarmungslos und von der Außenwelt abgeschnitten sein und von Eisbären nur so wimmeln. Nur erfahrene Veteranen der Wildnis sollten hier auf eigene Faust losziehen; alle anderen können eine geführte Tour beim einzigen lizenzierten Tourenanbieter **Black Feather** (www.blackfeather.com) buchen, der zehn-, 14- und 16-tägige Wanderungen für 3100 bis 3800 C$ anbietet.

Cape Dorset

Cape Dorset (1236 Ew.) an der steinigen Küste der Foxe Peninsula im Südwesten von Baffin Island ist das Epizentrum der Inuit-Kunst. Vor einem halben Jahrhundert leisteten die Bewohner hier Pionierarbeit in Sachen moderne arktische Schnitzerei-

NETTE PAUSCHALTOUREN

Unabhängiges Reisen eröffnet die Möglichkeit, neue Wege zu erkunden, Geld zu sparen und das reale Leben an einem Ort kennenzulernen. Außer vielleicht in Nunavut. Mehr als sonst irgendwo in Kanada sollte man hier eine Pauschaltour in Betracht ziehen, denn nur in großen Gruppen wird die Wirtschaftlichkeit erzielt, die die Arktis bezahlbar macht. Natürlich ist 4000 C$ für eine Kreuzfahrt auch eine Menge Geld, doch unterm Strich ist es pro Tag nicht viel teurer – aber sehr viel angenehmer –, als in der Hocharktis in einem Hotel zu hocken. In Nunavut sind zahlreiche Pauschaltouren im Angebot, von geführten Wanderungen im Auyuittuq National Park bis zur Fahrt zum Nordpol mit einem Atomeisbrecher. Einen Überblick über Tourveranstalter und Outfitter bietet der jährliche Reiseplaner von **Nunavut Tourism** (☎867-979-6551, 866-686-2888; www.nunavuttourism.com).

en und Drucke. Sie verkaufen ihre Werke mit außerordentlichem Erfolg in die ganze Welt.

Das **Mallikjuaq Park Visitor Centre** (☎867-897-8996) zeigt Artefakte zur Geschichte von Cape Dorset und Mallikjuaq Island und ist Travellern bei der Organisation eines Besuchs im Nationalpark behilflich.

Sehenswertes & Aktivitäten

West Baffin Eskimo Cooperative KUNSTGALERIE
(☎867-897-8944; ⌚Mo–Fr 9–17 Uhr) Inzwischen werden in vielen Inuit-Gemeinden erstklassige Kunstwerke geschaffen, doch die aus Cape Dorset werden noch immer am meisten geschätzt. Gleich um die Ecke vom Hotel hat die West Baffin Eskimo Cooperative eine schöne Galerie und ein Studio, in dem man den Künstlern bei der Arbeit zusehen kann. Im Sommer ist hier aber oft wenig los und manchmal sogar ganz geschlossen, darum sollte man vorher anrufen. Das Kingnait Inn verkauft ebenfalls Skulpturen, und oft sieht man Künstler, die sogar vor ihren Häusern schnitzen.

Mallikjuaq Historic Park HISTORISCHER PARK
Den Weg zum Mallikjuaq Historic Park kann man in ca. 45 Minuten zu Fuß bewältigen, allerdings nur bei Ebbe. Ansonsten kommt man nicht drumherum, bei einem Veranstalter eine Bootsfahrt zu arrangieren. Trockenen Fußes im Park angekommen, kann man die Ruinen tausendjähriger Steinhäuser aus der Zeit vor den Inuit bestaunen. Außerdem gibt es Wanderwege, Tiere und Tundrapflanzen. Darüber hinaus erhält man im Visitor Centre oder im Kingnait Inn weitere Infos über andere Wanderwege in der Nähe der Stadt.

Geführte Touren

Huit Huit Tours OUTDOOR-AKTIVITÄTEN
(☎867-897-8806; www.capedorsettours.com) Huit Huit Tours bietet im Winter mehrtägige Hundeschlittenabenteuer und im Sommer Exkursionen mit Schwerpunkt Tierwelt und Inuit-Kultur an.

Schlafen & Essen

Kingnait Inn HOTEL $$$
(☎867-897-8863; EZ/DZ 200/325 C$, inkl. Mahlzeiten 260/385 C$) Gleich um die Kurve bei der Eskimo Cooperative befindet sich das örtliche Hotel von Cape Dorset mit spartanischen Zimmern. Es bietet auch Mahlzeiten an. Wenn das Hotel voll wird, muss man das Zimmer schon mal mit jemandem teilen.

Cape Dorset Suites HOTEL $$$
(☎867-897-8806; www.dorsetsuites.com; Zi. 200 C$/Pers.; 📶) Nach jüngsten Erweiterungsarbeiten im Cape Dorset gibt es nun an einem neuen Standort Suiten mit einem Schlafzimmer und Konferenzräume. Das Guest House mit drei Schlafzimmern, im White House mit zwei Schlafzimmern und das surrealistisch angehauchte Beach House überraschen Gäste mit warmen Holzmöbeln und viel Platz. In allen Suiten gibt es Küchen, Waschmaschinen und Kabelfernsehen.

An- & Weiterreise

First Air bietet an Werktagen Flüge von Iqaluit (hin & zurück 610 C$); Kenn Borek fliegt an sechs Tagen in der Woche auf der selben Route.

Pond Inlet

1315 EW.

Pond Inlet liegt an der Nordküste von Baffin Island und wird von den Inuit Tununiq genannt, „das Land, das von der Sonne wegschaut". Vielleicht wirken die Einwohner deshalb eigensinniger und unfreundlicher als die anderer Städte Nunavuts. Nicht-Inuit kamen hier ursprünglich her, um auf Walfang zu gehen und Handel zu treiben; heute kommen sie zum Kajakfahren, Jagen und um die beeindruckende Gebirgslandschaft zu bestaunen. Man sollte sich vor der Anreise mit den Touranbietern absprechen, denn dies ist wahrlich kein Ort, an dem man improvisieren kann.

Aktivitäten

Wandern & Trekken

Wer nur eine kurze Wanderung machen will, sollte ein paar Kilometer aus der Stadt heraus nach Salmon Creek gehen, wo es die Überreste eines alten Inuit-Dorfes zu betrachten gibt. Der anspruchsvollere Wanderweg führt zum **Mount Herodier** (765 m), 15 km östlich der Stadt. Entlang der Küste werden hier im Juli und August Saiblinge gefischt.

Boot- & Kajaktouren

Polar Sea Adventures (☎867-899-8870; www.polarseaadventures.com) führt Paddelexpeditionen durch und verleiht Kajaks und Paddelausrüstung. Dieser und andere Veranstalter bieten Walbeobachtungstouren an sowie im Spätherbst abenteuerliche Tierbeobachtungen auf dem Treibeis, in einer artenreichen Gegend, in der das Meereseis auf die offene See trifft. Dauer und Kosten variieren; normalerweise zahlt man bis zu 4000 C$ für eine Woche auf dem Treibeis.

Schlafen & Essen

Tamaarvik Park CAMPING $
(Stellplatz kostenlos) 4 km südlich der Stadt an der Water Lake Rd kann man zelten.

Sauniq Inn HOTEL $$$
(☎867-899-6500; www.pondinlethotel.com; Zi. ab 225 C$; 📶) Das Sauniq ist ein Hotel der Kette Inns North, die von der Arctic Cooperatives Ltd (ACL), einer Ureinwohnerorganisation, betrieben wird. Es bietet die gewohnt netten, wenn auch ein wenig nüchternen Zimmer zu den typischen überteuerten Preisen von Nunavut. Das Hotel organisiert die Fahrt zum Flughafen und Mietautos und kann den Kontakt zu allen örtlichen Outfittern und Tourveranstaltern herstellen. Außerdem gibt es vor Ort ein Restaurant, eine Wäscherei und einen Sitzungssaal.

Praktische Informationen

Das Nattinnak Centre (☎867-899-8225; ⏰Di, Do & Fr 10–12 & 13–17, Mi 13–17 & 19–21, So 14–16 Uhr) bietet Informationen zu Aktivitäten in der Gegend und zu Veranstaltern, einen winzigen Souvenirladen sowie ein hübsches Minimuseum mit Informationen, Karten und Auslagen zur Tier- und Pflanzenwelt und zur lokalen Kultur. Auch lebensgroße Dioramen und tolle Körbe aus Fischhaut sind zu sehen. Wenn man Glück hat, erlebt man Kehlkopfgesang und Trommeltänze.

An- & Weiterreise

First Air fliegt fast täglich von/nach Iqaluit (hin & zurück 1400 C$), Kenn Borek Air bedient Resolute (hin & zurück 792 C$) zweimal in der Woche.

Sirmilik National Park

Der 1999 eingeweihte Sirmilik National Park liegt in der Nähe von Pond Inlet. Er ist mit Gletschern, Säulen und Hoodoos (bizarren erodierten roten Sandsteintürmen) übersät. Die Gegend ist ein Brutgebiet für zahlreiche Meeresvögel, auch der größte Schneegänseschwarm der Erde brütet hier. Der Park besteht aus drei Hauptteilen: der Bylot Island, einem Vogelschutzgebiet und einer der größten unbewohnten Inseln der Welt; dem Oliver Sound, einem Fjord mit tollen Möglichkeiten zum Kanufahren, und der Borden Peninsula mit ihren auffälligen Hoodoos.

Es ist ziemlich schwierig, Sirmilik individuell zu erkunden, darum schließen sich die meisten Besucher irgendeiner organisierten Tour an. **Parks Canada** (☎867-899-8092; www.parkscanada.gc.ca; ⏰Mo–Fr 8.30–12 & 13–17 Uhr) unterhält in Pond Inlet ein Büro, wo es eine Liste von Veranstaltern gibt, hier muss man sich registrieren und den Eintrittspreis bezahlen (24,50 C$/Nacht, bis zu 147,20 C$).

Resolute

229 EW.

In Resolute auf Cornwallis Island zu leben, hat den Vorteil, dass man seinen Rasen nicht mähen muss. Alles andere sind eher Nachteile. Ein paar winzige Häuser stehen auf dem windgepeitschten Kies-Ödland. Die Gemeinde mit dem schlimmsten Klima Kanadas wurde gegründet, als die Verfassungsschützer die Inuit hierher lockten, um die nationale Souveränität zu stärken. Die meisten Besucher kommen hier nur auf ihrem Weg zum Quttinirpaaq National Park, zum Nordpol oder zum malerischen Grise Fiord vorbei, der einzigen Gemeinde, die noch nördlicher liegt.

Wer Zeit hat, sollte hier wandern oder zur 80 km weiter östlich gelegenen **Beechey Island** fliegen, einer nationalen historischen Stätte; Charterflüge für etwa zehn Personen kosten mindestens 2100 C$. An diesem verlassenen Ort überwinterten die vom Pech verfolgten Mitglieder der Franklin-Expedition von 1845 bis 1846, bevor sie für immer verschwanden. Spuren der 128 Männer und ihrer erfolglosen Retter sind noch heute zu sehen. Die Hotels in Resolute haben Infos zu Touren und Touranbietern.

Weil es relativ wahrscheinlich ist, wegen des Wetters in Resolute tagelang eingeschlossen zu sein, sind die zwei tollen Hotels hier ein echter Glücksfall. Das **Qausuittuq Inns North** (☎867-252-3900; www.resolutebay.com; Zi. 225 C$, inkl. Verpflegung 430 C$, @) ist eine Lodge mit fast schon peinlich zuvorkommendem Service und einer ausgezeichneten bürgerlichen Küche. Das labyrinthartige, schön gelegene **South Camp Inn** (☎867-252-3737; www.southcampinn.com; Zi. 245 C$; @📶) ist das Zentrum des Lebens in Resolute. Das Hotel wird von Aziz Kheraj geführt, einem Tansanier, der die Nummer eins der Hocharktis ist – kaum zu glauben! Das überraschend gute Essen ist im Zimmerpreis inbegriffen.

First Air fliegt viermal wöchentlich zwischen Iqaluit und Resolute (hin & zurück 2800 C$) hin und her, während Kenn Borek Air die kleineren Städte der Hocharktis anfliegt und Charterflüge anbietet.

Quttinirpaaq National Park

Wer Geld wie Heu hat, kann durch einen Besuch des zweitgrößten Parks Kanadas, ganz im Norden von Ellesmere Island, eine Menge davon loswerden. Ein Charterflug für etwa sechs Personen kostet von Resolute aus 23 500 C$ (einfache Strecke). Wer abgeholt werden will, muss doppelt so viel einplanen.

Zu den Highlights zählen **Cape Columbia**, der nördlichste Punkt des Kontinents, **Mount Barbeau**, der mit seinen 2616 m der höchste Berg im östlichen Teil Nordamerikas ist, und das **Lake Hazen Basin**, eine Thermaloase, wo die Tiere ungewöhnlich

ABSTECHER

DIE KULTUR DER INUIT

In Kanadas kultureller Vielfalt ist Nunavut der exotischste Bestandteil. Die meisten Einwohner sind Inuit – die legendären „Eskimos" (der Begriff wird heute als peinlich altertümlich empfunden), die nur zwei Generation jünger sind als *Nanuk, der Eskimo*.

Heute sind sie – zumindest oberflächlich – in der modernen Welt angekommen. Touristen auf der Suche nach kindlich wirkenden Ureinwohnern, die ihre Nasen aneinander reiben, werden kein Glück haben. Die Stadt hat das Nomadenleben besiegt: Sperrholzhäuser haben die Iglus ersetzt und auf ein Schlittenhundegespann kommen wohl hundert Schneemobile. Und jeder sieht nun dasselbe blödsinnige Fernsehprogramm wie wir alle.

Und dennoch ist dies hier die Wildnis. In ihrem Herzen sind die Inuit noch immer Jäger und Sammler. Ihre Werkzeuge haben sich zwar verändert, doch noch immer herrscht hier der Rhythmus der Natur. Die Schlachtung von Tieren ist nach wie vor ein geheiligtes Ritual. Gespräche mit den Einwohnern drehen sich unvermeidlich um die Natur und das Wetter, und es wird deutlich, dass sie gemischte Gefühle darüber haben, nicht mehr „auf dem Land" zu sein.

Nunavuts Kultur wird nicht nur von den Inuit geprägt, sie ist auch zutiefst ländlich. Mit Ausnahme von Iqaluit gibt es nirgends auch nur die geringsten Zeichen städtischer Moderne. Die Gemeinden bestehen aus wackligen Häusern, die Straßen sind schlammig und zerfurcht, die Höfe mit Abfällen übersät. Überall gibt es Dysfunktion, von Graffitis bis zu Selbstmorden. Die Menschen wirken oft mürrisch oder reserviert, selten jedoch feindselig. Am meisten kann man Nunavut abgewinnen, wenn man sein Tempo verlangsamt, sich entspannt und seine südlichen Standards einfach mal zu Hause lässt.

zahm zu sein scheinen, weil sie den Kontakt mit Menschen nicht gewohnt sind. Infos über den Nationalpark erteilt **Parks Canada** (☎867-975-4673; nunavut.info@pc.gc.ca).

DIE REGION KIVALLIQ

Die Region Kivalliq umfasst die Küste der Hudson Bay und die Barrenlands im Westen. Sie ist ein flaches, windgepeitschtes und von wilden Flüssen wie dem Back River, dem Kazan River und dem Thelon River durchzogenes Gebiet voller Karibus und Wasservögel. Nunavuts neuester Nationalpark Ukkusiksalik, in dem Bären und Wale gesichtet werden können, liegt hier. Er hat bisher aber kaum Infrastruktur und Besucher.

Rankin Inlet

2358 EW.

Das schlammige, schmutzige, müllübersäte und geschäftige Rankin wurde 1955 als Bergbauzentrum gegründet und ist heute Kivalliqs größte Gemeinde, das Transportzentrum und der Sitz der Bezirksregierung. Von hier aus kommt man zum Angeln an die Bucht oder an die vielen Flüsse und Seen.

Sehenswertes & Aktivitäten

Inuksuk & Hafengebiet DENKMAL

Rankins brühmter Inuksuk (Steinmann aus einzelnen geschichteten Steinen) dürfte wohl der meistfotografierte von Nunavut sein. Er thront über der Gemeinde wie ein steingewordener Gigant. Dies und das Hafengebiet machen in Rankin Inlet die Sehenswürdigkeiten des Ortes aus.

Iqalugaarjuup Nunanga Territorial Park NATURSCHUTZGEBIET

Früher war dieser Park mit dem unaussprechlichen Namen (er bedeutet „das Land rund um den Fluss des kleinen Fisches") schlicht und einfach als Ijiraliq Territorial Park bekannt. Er liegt 10 km von der Stadt entfernt und ist sehr beliebt zum Wandern und Beeren sammeln. In der Nähe der Flussmündung des Meliadine befinden sich archäologische Stätten, wo die Dorset-Eskimos, die den Inuit vorausgingen, lebten.

Marble Island HISTORISCHE STÄTTE

In der Hudson Bay 50 km östlich von Rankin liegt die unbewohnte Insel Marble Island. Sie wurde zum Friedhof für James Knight und seine Mannschaft, die im 18. Jh. nach der Nordwestpassage suchten. Auch einige Schiffswracks von Walfangschiffen aus dem 19. Jh. sind hier zu sehen. Bei der Touristeninformation oder im Hotel erfährt man, ob irgendjemand Touren dorthin anbietet.

Schlafen & Essen

Nanuq Lodge B&B $$$

(☎867-645-2650; www.nanuqlodge.com; EZ/DZ 150/200 C$; @) Das große, freundliche,

DER THELON RIVER

Von den großen Flüssen von Barrenland in der Region Kivalliq ist der bemerkenswerteste und der am ehesten schiffbare der legendäre Thelon. Der Fluss wurde zum kanadischen Naturerbe erklärt und windet sich von den Northwest Territories gleich östlich des Great Slave Lake etwa 1000 km durch eine gänzlich wilde Landschaft, bis er in der Nähe der Inuit-Gemeinde Baker Lake ins Meer mündet. Ein großer Teil dieser Strecke befindet sich im Thelon Wildlife Sanctuary, und es ist im Gespräch, das Quellgebiet des Flusses mit einem Nationalpark zu schützen. Hier leben zahlreiche Karibus, Grizzlybären, Wölfe, Moschusochsen und Jagdfalken, und erstaunlicherweise gibt es sogar weit nördlich der Baumgrenze Fichten. Die Inuit sind zwar nur noch selten auf dem Fluss unterwegs, doch am Ufer sieht man ihre uralten Lagerplätze.

In jedem Sommer – d. h. von Mitte Juli bis Mitte August – paddeln rund 100 Menschen den Thelon entlang. Wer es ihnen gleichtun will, muss sorgfältig planen. Für eine Kanufahrt auf dem Fluss benötigt man zwar keine besonderen Paddelkünste, aber man braucht Erfahrung in der Wildnis. Es würde mehrere Wochen dauern, den gesamten Fluss mit dem Kanu zu befahren; die meisten paddeln nur einen Abschnitt des Flusses hinab und chartern ein Flugzeug, das sie absetzt und abholt. Einfacher ist es, eine Tour bei einem Veranstalter zu buchen, etwa bei **Canoe Arctic** (☎867-872-2308; www.canoearctic.com) oder einem anderen, der im jährlichen Reiseplaner von **Nunavut Tourism** (☎867-979-6551, 866-686-2888; www.nunavuttourism.com) aufgeführt ist.

ABSTECHER

AM ENDE DER WELT

Rund um die Wager Bay, einen großen Meeresarm der Hudson Bay, liegt der jüngste der vier Nationalparks von Nunavut, der **Ukkusiksalik National Park** (www.pc.gc.ca), der 2003 eröffnet wurde. Er erstreckt sich über 20500 km² öde, unbewohnte Tundra. Es ist außerordentlich schwierig und sehr teuer, den Park zu besuchen. Abhängig vom Wetter finden im Juli und August manchmal Touren dorthin statt. Herfliegen kann man von Winnipeg, Rankin Inlet und Baker Lake. Die einzige Unterkunft hier ist die einsame **Sila Lodge**, eine warme, aber einfache Unterkunft aus Lehm, die 1987 von drei befreundeten Inuit gebaut wurde und 2003 vom Nationalpark übernommen wurde. Sie besteht aus einem Hauptgebäude und fünf individuellen Bungalows mit je drei Schlafzimmern und einem Wohnbereich. In der umliegenden Wildnis, einer endlosen Tundra, in der nur wenige Zwergbirken für Abwechslung sorgen, gibt es erstaunlich viele Tiere, darunter Karibus, Polarhasen, Wanderfalken und vor allem Eisbären. Tatsächlich dürfte dieser Park – von Churchill in Manitoba einmal abgesehen – einer der besten Orte der Welt sein, um diese Jagdtiere in ihrer natürlichen Umgebung zu erleben. Eine andere Kuriosität ist der isolierte ehemalige Versorgungsposten der Hudson's Bay Company am nahe gelegenen **Ford Lake**, der in den 1940er-Jahren aufgegeben wurde. In der Saison 2010 blieb Ukkusiksalik geschlossen, 2011 soll der Park aber wieder öffnen. Um Genaueres zu erfahren, ruft man ☎867-462-4500 an.

sonnige B&B ist die beste Übernachtungsmöglichkeit in der Region. Es verleiht Kajaks und Fahrräder und arrangiert auch gerne Touren, z.B. mit Hundeschlitten. Die komfortablen Zimmer sind mit Inuit-Kunst dekoriert und haben Fernseher. Im Aufenthaltsraum kann man seine Eisbärenerlebnisse mit anderen austauschen. Zum Frühstück gibt es auch frischgebackenes Brot.

Siniktarvik Hotel HOTEL $$$
(☎867-645-2807; www.siniktarvik.ca; EZ/DZ 205/250 C$; 📶) Das weitläufige, aluminiumverkleidete Hotel in der Hauptstraße der Stadt ist gewissermaßen das Zentrum der Action hier und an Polarstandards gemessen immerhin akzeptabel. Die Mahlzeiten kosten ab 60 C$ pro Tag.

Sugar Rush Café CAFÉ $
(☎867-645-3373; Sandwiches 7–10 C$) Dies dürfte wohl das einzige Diner der Welt sein, wo es sowohl Rock'n'Roll-Kitsch als auch Karibu-Dörrfleisch gibt (2,50 C$).

Shoppen

Richtig anständig Shoppen kann man hier: Die **Matchbox Gallery** (☎867-645-2674; www.matchboxgallery.com; ⏲Öffnungszeiten unterschiedlich) ist eine kleine Galerie, die berühmt ist, weil sie der Keramikkunst der Inuit (die man hier für sehr viel Geld auch kaufen kann) den Weg bereitete. **Ivalu** (☎867-645-3400; ⏲Mo–Fr 10–17 Uhr) ist eher ein Geschenkeladen, hier gibt es von gefrorenem Moschusochsensteak bis zu Seehundfellhandschuhe für 300 C$ fast alles.

Praktische Informationen

Das **Rankin Inlet Visitors Centre** (☎867-645-3838; ⏲Mo–Fr 8.30–19 Uhr) befindet sich am Flughafen und bietet oberflächliche Infos und historische Schaukästen, und der Service ist noch oberflächlicher.

An- & Weiterreise

Canadian North und First Air fliegen von/nach Yellowknife (hin & zurück 1600 C$) und Iqaluit (hin & zurück 1600 C$). First Air, Calm Air und Kivalliq Air haben Flüge nach Winnipeg (hin & zurück ab 1300 C$). Calm Air und Kivalliq Air bedienen auch die kleineren Ortschaften der Region.

DIE REGION KITIKMEOT

Kitikmeot ist die am dünnsten besiedelte und wahrscheinlich am seltensten besuchte Region von Nunavut. Sie umfasst die arktische Küste des Festlands und die Inseln, die nördlich davon liegen. Dazwischen liegt die berühmte und meist zugefrorene Nordwestpassage.

Cambridge Bay

1477 EW.

Wenn man „Cambridge Bay" erwähnt, fangen selbst die Einwohner Nunavuts an zu zittern. Die windgepeitschte Siedlung im Südosten von Victoria Island ist das Verwaltungszentrum und der Verkehrsknotenpunkt der Region.

Entdecker, die damals auf der Suche nach der Nordwestpassage waren, fanden hier oft Schutz. Wer herkommt, kann sich das, was von Roald Amundsens Segelschoner *Maud* übrig geblieben ist, am Hafen anschauen. Der **Ovayok Territorial Park** (früher Mount Pelly Territorial Park) ist über eine holprige Straße oder zu Fuß innerhalb eines halben Tages (15 km) erreichbar. Es ist der beste Ort, um Moschusochsen zu beobachten. Außerdem bietet der Park schöne Aussichten vom **Mount Pelly** (200 m). Er hat Infotafeln, Wanderwege und Campingplätze. Auf der Südseite der Passage liegt das **Queen Maud Bird Sanctuary**, welches als das größte Zugvogelschutzgebiet der Welt gilt.

Das **Arctic Coast Visitors Centre** (☎867-983-22224; 1 Omingmak St; ⌚Mo–Fr 9–17 Uhr) organisiert geführte Touren, zeigt Ausstellungen zur Erkundung des Gebiets, verleiht Fahrräder und hat Duschen. Die **Arctic Island Lodge** (☎867-983-2345; www.cambridgebayhotel.com; EZ/DZ 225/325 C$) ist an Nunavut-Standards gemessen protzig. Die Verpflegung kostet allerdings zusätzliche 35 C$ pro Tag

Canadian North und First Air bieten Flüge nach/von Yellowknife für etwa 1400 C$ (hin & zurück). First Air fliegt von Cambridge Bay zu den anderen Gemeinden in der Region Kitikmeot.

Kanada verstehen

Einwohner pro km²

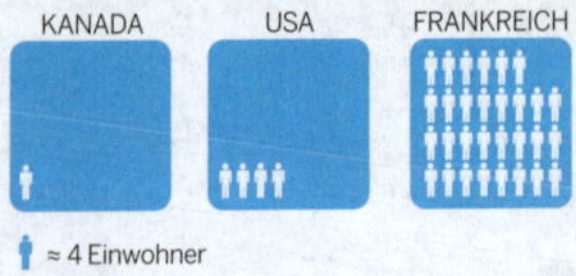

Kanada aktuell

Ein Auf und Ab

Die kanadische Wirtschaft gewann von 1993 bis 2007 an Boden. In jenem Jahr erreichte der kanadische Dollar erstmals seit dreißig Jahren den Gleichstand mit dem US-Dollar. Der Grund waren die Erdöl- und Erdgasvorräte des Landes. Doch wie in vielen Ländern brachte auch hier die weltweite Finanzkrise die Dinge zum Stillstand. Die Wirtschaft erlebte eine Rezession, und Ottawa musste nach zwölf Jahren der Überschüsse 2009 erstmals wieder ein Haushaltsdefizit eingestehen.

Dann aber kamen die kanadischen Banken dank ihrer traditionell konservativen Kreditvergabe schnell wieder auf die Beine. Trotz des lästigen Defizits behauptet sich Kanada im Vergleich zu anderen Ländern ziemlich gut. Laut Prognosen des Internationalen Währungsfonds wird Kanada das einzige der sieben wichtigsten demokratischen Industrieländer sein, das bis 2015 wieder einen Haushaltsüberschuss erreichen wird.

Der hohe Preis des Öls

Voltaire konnte in der Mitte des 18. Jhs. Kanada noch als ein „paar Morgen Schnee" beschreiben, aber diese „paar Morgen" enthalten gewaltige Mengen an Erdöl, Bauholz und weiteren natürlichen Ressourcen, dank derer Kanada einen beneidenswerten hohen Lebensstandard erlangte.

Allerdings: die Förderung und Erschließung dieser Ressourcen hat einen hohen ökologischen Preis, und die Kanadier streiten, wie dabei zu verfahren ist. Im Öl liegt das Dilemma. Die Athabasca Tar Sands im nördlichen Alberta sind die zweitgrößten Ölreserven weltweit, und sie haben erheblich zum Aufschwung der Wirtschaft beigetragen. Gleichzeitig sind sie aber auch für 5% der kanadischen Treibhausgasemissionen verantwortlich, erklärt Environment Canada. Umweltschützer

Top-Kulturadressen

» **Canadian Broadcasting Corporation** (CBC; www.cbc.ca) Die landesweit größte Gesellschaft für Nachrichtensendungen und Kultur in Fernsehen und Radio.

» **Polaris Music Prize** (www.polarismusicprize.ca) Feiert die (nach Qualität) besten kanadischen Musiker; auf der Website gibt's Links zum Download cooler Alben.

» **Juno Awards** (www.junoawards.ca) Ehrt die (nach Verkaufszahlen) besten kanadischen Musiker – ein guter Indikator dafür, was gerade angesagt ist.

Religionen
(% der Bevölkerung)

Gäbe es nur 100 Kanadier, wären …

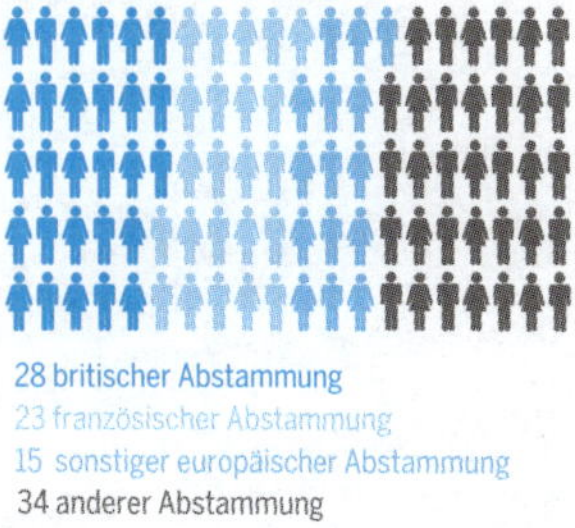

behaupten, die Ölsande seien eine massive Verschmutzungsquelle. Das Lager, das die Industrie unterstützt, verweist auf die Fortschritte und darauf, dass die Förderung, verglichen mit anderen Ölproduzenten wie Saudi-Arabien und Venezuela, insbesondere in Menschenrechtsfragen und wegen der kurzen Transportwege (das meiste kanadische Öl geht in die USA) gar keine so schlechte Bilanz aufweist.

Ein heißes Thema

Das sehr geschätzte, aber in Schwierigkeiten befindliche System der allgemeinen Gesundheitsversorgung sorgt landesweit für Gesprächsstoff. Zwar will es niemand zugeben, aber auch in Kanada hat sich ein Zwei-Klassen-System herausgebildet, bei dem Gutbetuchte eine zusätzliche und oft schnellere Versorgung in privaten Einrichtungen finden – beispielsweise Danny Williams, der Premierminister von Newfoundland, der zugleich Millionär ist. Er unterzog sich 2010 in Florida einer Herzoperation, die auch in Kanada hätte vorgenommen werden können, und sorgte damit in der kanadischen Öffentlichkeit für Empörung.

Immerhin ist ein kostenloses, für alle verfügbares Gesundheitssystem immer noch eine feine Sache. Und für viele Kanadier ist das ein Grund, auf ihr Land stolz zu sein. Gleiches gilt auch für die progressive Einstellung zu gleichgeschlechtlichen Ehen, zu Einwanderung und der Legalisierung des Marijuanakonsums.

Politik

2006 gelangte erstmals seit zwölf Jahren die Konservative Partei wieder an die Regierung und schickte die Liberalen in die Opposition. Stephen Harper wurde neuer Premierminister, führte aber die schwächste Minderheitsregierung, die Kanada seit Gründung der Konföderation

» Bevölkerung: 33,5 Mio.

» Arbeitslosenquote: 8,3 %

» mittleres Familieneinkommen: 63 900 C$

» Fernsehkonsum pro Woche: 21,4 Std.

» Lebenserwartung: Frauen 83,9 Jahre, Männer 78,7 Jahre

Top-Filme

» **National Film Board of Canada** (www.nfb.ca) Produziert hochwertige Dokumentar- und Animationsfilme; diese Filme kann man sich online oder auf dem Smartphone anschauen.

» **Bon Cop, Bad Cop** (2006, Regie: Eric Canuel) Ein anglokanadischer und ein frankokanadischer Polizist tun sich zusammen; der kommerziell erfolgreichste kanadische Film aller Zeiten.

» **Das süße Jenseits** (1997, Regie: Atom Egoyan, Originaltitel: *The Sweet Hereafter*) Eine kleine Stadt in British Columbia muss sich den Folgen eines tödlichen Busunfalls stellen.

» Kanadier, die nur Französisch sprechen: 13,3 %

» Jährlicher Bierkonsum pro Person (über 15 Jahre): 77 l

» Jährlicher Kartoffelkonsum pro Person: 15,8 kg

» Anteil an der weltweiten Diamantenproduktion: 15 %

gesehen hatte. Im Jahr 2008 rief er vorzeitige Neuwahlen aus, um die Stellung seiner Partei auszubauen. Das gelang auch, aber die Wahlbeteiligung war mit nur 22 % die niedrigste, die es je gegeben hatte.

Inmitten der politischen Streitigkeiten ließ Harper 2009 zweimal das Parlament auflösen. Das erste Mal, um einem Misstrauensvotum der Oppositionsparteien zuvorzukommen, was auch gelang. Das zweite Mal tat er es, weil er sich – nach eigenen Angaben – ganz um die Wirtschaft kümmern wollte. Gegner meinen, um Anschuldigungen wegen Foltervorwürfen in Afghanistan im Keim zu ersticken (Berichte enthüllten, dass die kanadische Regierung und die Truppen vor Ort von der Folterpraxis afghanischer Einheiten wussten, aber nichts dagegen unternahmen). Dass das Parlament ausgerechnet vor dem Beginn der Olympischen Spiele in Vancouver geschlossen wurde, goss zusätzlich Öl ins Feuer.

Und zur Ruhe kommt die Geschichte noch lange nicht: Anfang 2011 wurde Harpers Regierung vorgeworfen, dem Parlament verschiedene Informationen vorenthalten zu haben. Die Opposition blockierte Harpers Haushaltsplan und erzwang per Misstrauensvotum Neuwahlen, die für Mai geplant waren.

Top-Bücher

» **An ihrer Seite** (2006, Regie: Sarah Polley, Originaltitel: *Away from Her*) Die Ehe eines in Ontario auf dem Land lebenden Paars zerbricht an der Alzheimer-Krankheit.

» **Schöne Verlierer** (Leonard Cohen, Originaltitel: *Beautiful Losers*) Ein experimenteller Roman um Liebe, Sex und Ureinwohner.

» **Die Lehrjahre des Duddy Kravitz** (Mordechai Richler, Originaltitel: *The Apprenticeship of Duddy Kravitz*) Ein junger Jude aus Montréal will reich werden.

Geschichte

In Kanadas Geschichte spielen die Ureinwohner, die Franzosen, Briten und Amerikaner die Hauptrolle. Die Handlung beginnt vor etwa 15000 Jahren, als sich Indianerstämme herausbildeten und allmählich das Land besiedelten. Viel später betraten die Europäer die Szene, der Großteil von ihnen im späten 15. Jh. Mitte des 18. Jhs. befand sich das Land bereits voll auf Kurs Richtung Industrialisierung.

Über die Jahrhunderte tauchten immer wieder ähnliche Themen auf: Konflikte zwischen Ureinwohnern und europäischen Siedlern, koloniale Kämpfe um das Land und seine Ressourcen und die Frage, wie solch eine multikulturelle Gesellschaft zur Zufriedenheit aller funktionieren kann. All dies hat die Geschichte Kanadas von Anfang an geprägt und spielt auch heute noch eine wichtige Rolle.

Die Regierung erklärte 956 Stätten im ganzen Land zu National Historic Sites, von Festungen über Schlachtfelder bis hin zu bekannten Gebäuden. Parks Canada verwaltet rund ein Fünftel davon, viele sind sehr unterhaltsam aufbereitet – inklusive kostümierter Schauspieler.

Die ersten Bewohner

Kanadas erste Bewohner waren höchstwahrscheinlich Nomaden, die hungrig auf der Jagd nach Karibus, Elchen und Bisons über die Landbrücke aus Asien einwanderten, die einst Sibirien und Alaska verband. Als sich die Erde erwärmte und die Gletscher schmolzen, ließen sich diese Einwanderer auf den beiden amerikanischen Kontinenten nieder.

Vor rund 4500 Jahren brachte eine zweite große Migrationswelle aus Sibirien die Vorfahren der Inuit nach Kanada. Diese Neuankömmlinge blickten nach Norden, sahen eine Kühlbox voller schmackhafter Fische und Robben und entschieden sich zu bleiben. Diese ersten Inuit waren Angehörige der (Prä-)Dorset-Kultur, benannt nach Cape Dorset auf Baffin Island, auf dem ihre Zeugnisse zuerst entdeckt wurden. Um 1000 n.Chr. bahnte sich eine weitere Inuit-Kultur, die walfangenden

Top Historic Sites

- » L'Anse aux Meadows, Newfoundland
- » Louisbourg, Nova Scotia
- » Batouche, Saskatchewan
- » Province House, Prince Edward Island
- » Québec (Stadt), Québec
- » Klondike-Stätten, Yukon
- » Head-Smashed-In Buffalo Jump, Alberta
- » Alexander Graham Bells Wohnhaus, Nova Scotia

ZEITLEISTE

ca. 70 Mio. v. Chr.

Dinosaurier genießen das warme Küstenklima, das zu dieser Zeit in Süd-Alberta herrscht – die mächtigen Riesen müssen sich wie im Paradies gefühlt haben.

ca. 25000 v. Chr.

Auf der Fährte saftiger Karibus und Bisons gelangen die ersten Menschen nach Kanada, indem sie die Landzunge überqueren, die damals Sibirien mit Nordamerika verband.

1000 v. Chr.

Das Tausende Jahre alte Volk der Maritim-Archaischen Indianer, bekannt für seine rituellen Begräbnisse an Orten wie Port aux Choix, verschwindet aus ungeklärten Gründen.

Thule aus Nord-Alaska, ihren Weg Richtung Osten durch die kanadische Arktis. Durch die Ausbreitung dieser Volksgruppe wurde die Dorset-Kultur in den Hintergrund gedrängt. Die Thule sind die direkten Vorfahren der heutigen Inuit.

Die 17-teilige CBC-Fernsehserie *Canada: A People's History* (2000/01) widmet sich ausführlich der kanadischen Geschichte. Wer nicht mal eben 32 Stunden erübrigen kann, findet unter www.cbc.ca/history verdaulichere Häppchen.

Als im späten 15. Jh. die ersten Europäer nach Kanada kamen, hatten sich die Ureinwohner über die Arktis hinaus auf vier weitere Gebiete im ganzen Land verteilt: auf die Pazifikküste, die Prärie, das südliche Ontario bzw. das Gebiet rund um den Sankt-Lorenz-Strom sowie auf die nordöstlichen Wälder. Mehr zu ihrer Geschichte gibt's im Kapitel zu den Kulturen der Ureinwohner (S. 945).

Das Zeitalter der Entdeckung

Der berühmte Wikinger Leif Eriksson war der erste Europäer, der in Kanada an Land ging. Genau genommen waren er und seine Crew aus skandinavischen Seefahrern die ersten Europäer in ganz Nordamerika. Um das Jahr 1000 herum sahen sie sich an der Ostküste Kanadas um und errichteten Winterlager und Wegstationen für die Reparatur von Schiffen und das Auffüllen von Vorräten, so beispielsweise in L'Anse Aux Meadows (S. 536) in Newfoundland. Die dort heimischen Stämme bereiteten den Eindringlingen keinen wirklich herzlichen Empfang, und schließlich wurden denen die Feindseligkeiten zu viel und sie segelten zurück nach Hause. In den nächsten 300 bis 400 Jahren schauten dann keine anderen auswärtigen Besucher mehr vorbei.

Brenzlig wurde es erst wieder im späten 15. Jh. 1492 begab sich Christoph Kolumbus mit Unterstützung der spanischen Krone auf die Suche nach einem westlichen Seeweg nach Asien und stieß stattdessen auf einige kleine Inseln, die späteren Bahamas. Andere europäische Königshäuser waren von Kolumbus' „Entdeckung" begeistert und begannen umgehend, eigene Expeditionen zu finanzieren. 1497 segelte Giovanni Caboto – besser bekannt als John Cabot – unter der britischen Flagge nach Westen bis nach Newfoundland und Cape Breton.

In *Canadian History for Dummies* nutzt der Bestsellerautor Will Ferguson den ihm eigenen respektlosen und dynamischen Stil für eine unterhaltsame Reise durch die wilde und ereignisreiche Vergangenheit seines Landes.

Cabot fand zwar keine Passage nach China, wohl aber Kabeljau – zu dieser Zeit eine heiß begehrte Ware in Europa. Kurz darauf pendelten Hunderte von Schiffen zwischen Europa und den neuen ergiebigen Fischgründen hin und her. Ihnen folgten bald baskische Walfänger aus Nordspanien. Viele waren in der Red Bay (S. 550) in Labrador stationiert, die sich im 16. Jh. schließlich zum größten Walfanghafen der Welt mauserte.

König Franz I. von Frankreich sah über den Zaun hinüber zu seinen Nachbarn, kratzte sich am Bart, schnippte mit den Fingern und ließ Jacques Cartier zu sich bringen. Zu dieser Zeit war nicht nur die Suche nach der Nordwestpassage in vollem Gang, sondern auch die nach Gold, ausgelöst durch die Entdeckungen spanischer Eroberer in den

1000

Der Wikinger Leif Eriksson und seine Mannschaft werden bei L'Anse aux Meadows an Land gespült, wo sie Grassodenhäuser bauen. Sie sind die ersten Europäer in Nordamerika – lange vor Kolumbus.

1497

John Cabot segelt aus Großbritannien herüber und findet Newfoundland statt China. Eigentlich kein schlechter Tausch, denn die Gewässer sind voll mit fettem, leckeren Kabeljau.

1528

St. John's auf Newfoundland wird die erste Siedlung Nordamerikas. Sie gehört zu keiner Nation, vielmehr dient sie Fischern aus ganz Europa als Angelrevier.

1534

Jacques Cartier segelt in das heutige Québec. Er ist auf der Suche nach Gold, findet aber nur karge Felsen. Trotzdem beansprucht er das Land für Frankreich.

Überresten der Kulturen der Azteken und Inka. Franz hoffte auf ähnliche Reichtümer im kalten Norden.

Nach seiner Ankunft in Labrador fand Cartier jedoch nur „Steine und schreckliche zerklüftete Felsen", wie er 1534 in sein Tagebuch schrieb. Er suchte gehorsam weiter und ging bald darauf auf der Gaspé-Halbinsel in Québec an Land, um dieses Gebiet für Frankreich in Beschlag zu nehmen. Die dort lebenden Irokesen sahen in ihm anfangs den guten Nachbarn, bis er zwei Söhne des Häuptlings entführte und sie mit nach Europa nahm. Man kann Cartier zugutehalten, dass er sie ein Jahr später zurückbrachte, als er den Sankt-Lorenz-Strom hinauf nach Stadacona (heute die Stadt Québec) und Hochelaga (heute Montréal) segelte. Hier erfuhr er von einem Land namens Saguenay, das legendäre Gold- und Silberschätze bergen sollte. Das Gerücht war der Grund für Cartiers dritte Reise im Jahr 1541 – die sagenumwobenen Schätze fand er jedoch nicht.

Der Pelzhandel flammt auf

König Franz I. langweilte seine ferne Kolonie bald, denn der erhoffte materielle Gewinn blieb aus. Sein eingeschlafenes Interesse erwachte jedoch einige Jahrzehnte später wieder, als Pelzhüte große Mode wurden. Alle Frauen und Männer, die etwas auf sich hielten, trugen plötzlich Pelzhüte. Und nicht nur Modeexperten wussten: Die schönsten waren aus Biberpelz. Da die Biber in der Alten Welt aber so ziemlich ausgestorben waren, stieg die Nachfrage nach dem neuem Angebot rasant.

1588 gewährte die französische Krone das erste Handelsmonopol in Kanada, ein Anspruch, den andere Händler sofort anfochten. Und so begann das offizielle Wettrennen um die Kontrolle des Pelzhandels. Der wirtschaftliche Wert dieses Unternehmens und seine Rolle in der kanadischen Geschichte sind nicht zu unterschätzen. Der Pelzhandel war der Hauptgrund für die europäische Besiedelung des Landes, für den Machtkampf zwischen Franzosen und Briten und für die Konflikte und Meinungsverschiedenheiten zwischen den Ureinwohnern. Und das alles wegen eines komischen Hutes!

Um die Kontrolle über das ferne Land zu gewinnen, war der erste Punkt auf der Tagesordnung also dessen Besiedlung durch Europäer. Im Sommer des Jahres 1604 errichtete eine Gruppe französischer Pioniere eine vorübergehende Siedlung auf der Île Ste-Croix, einem winzigen Eiland auf dem Fluss entlang der heutigen Grenze zwischen Kanada und dem US-Bundesstaat Maine. Im folgenden Frühjahr zogen sie weiter nach Port Royal (heute Annapolis Royal) in Nova Scotia. Doch beide Orte waren ungeschützt und schwer zu verteidigen und boten keine gute Ausgangsbasis für die Kontrolle des Pelzhandels im Landesinneren. Als die Möchtegernkolonialisten den Sankt-Lorenz-Strom

Kanadische Erfindungen

- Nebelhorn (1854)
- Basketball (1892)
- Insulin (1922)
- Easy-Off-Ofenreiniger (1932)
- Mülltüte aus Plastik (etwa 1950)
- Blackberry Smartphone (1999)

Der Forscher Jacques Cartier gab Kanada seinen Namen. Nach Ansicht von Wissenschaftlern leitet sich der Begriff von *kanata* ab, der Bezeichnung der Huron-Irokesen für „Dorf" oder „Siedlung", die in Cartiers Tagebuch gefunden und von Kartografen später in „Kanada" verwandelt wurde.

1603

Nachdem Jakob I. den britischen Marineoffizier Peter Easton ohne Bezahlung in Newfoundland stranden lässt, wird aus diesem Kanadas erster Pirat. Bald befehligt er 40 Schiffe mit 5000 Mann.

1608

Nachdem er vier Jahre lang vergebens nach einem geeigneten Ort gesucht hat, schlägt Samuel de Champlain seine Zelte am heutigen Standort von Québec auf und gründet Neufrankreichs erste dauerhafte Siedlung.

1610

Die Briten sind am Zug: Der Händler John Guy errichtet eine Plantage bei Cupids, Newfoundland, die zur ersten englischen Kolonie in Kanada und damit nach Jamestown zur zweiten in der Neuen Welt wird.

1670

Karl II. gründet die Hudson's Bay Company, um den örtlichen Pelzhandel für die Briten zu sichern. Jahre später wird aus dem Unternehmen eine Kaufhauskette.

hinaufsegelten, entdeckten sie schließlich einen Platz, dessen Lage ihr Anführer Samuel de Champlain als unschlagbar erachtete – den heutigen Standort von Québec (Stadt). Man schrieb das Jahr 1608: „Neufrankreich" war Wirklichkeit geworden.

Frankreich gegen England

Mehrere Jahrzehnte genossen die Franzosen ihr exklusives Pelzmonopol, doch 1670 wurden die Briten zu einer enormen Herausforderung. Diese hatten unverhofftes Glück, als ihnen die beiden desillusionierten französischen Forscher Radisson und Des Groseilliers anvertrauten, dass der beste Biberpelz tatsächlich nördlich und westlich des Lake Superior zu finden sei, der leicht über die Hudson Bay zu erreichen war. König Karl II. gründete ohne zu zögern die Hudson's Bay Company und gewährte ihr ein Handelsmonopol für alle Gebiete, deren Flüsse und Bäche in die Bucht flossen. Dieses riesige Gebiet namens Rupert's Land umfasste rund 40 % des heutigen Kanada, darunter Labrador, der Westen Québecs, der Nordwesten Ontarios, Manitoba, der Großteil von Saskatchewan und Alberta und ein Teil der Northwest Territories.

Verständlich, dass sich die Engländer mit solchen Aktionen bei den Franzosen nicht gerade beliebt machten. Und diese rächten sich dann auch prompt, indem sie zusätzliche Siedlungen im Landesinneren errichteten. Beide Länder hatten Ansprüche auf das Land, beide strebten sie nach der regionalen Vormachtstellung. Das Geplänkel zwischen den Streithähnen ging hin und her, und letztlich waren die Feindseligkeiten eine Fortsetzung von jenen in Europa, wo die gesamte erste Hälfte des 18. Jhs. von Kriegen gekennzeichnet war.

Die Auseinandersetzung erreichte einen vorläufigen Höhepunkt mit dem Vertrag von Utrecht. Er beendete den Spanischen Erbfolgekrieg (1701–1713/14) und sein Pendant in Übersee, den Queen Anne's War (1702–1713). In den Vertragsbedingungen mussten die Franzosen die Ansprüche Großbritanniens an der Hudson Bay und an Newfoundland offiziell anerkennen und Nova Scotia (damals Acadia) – mit Ausnahme der Cape Breton Island – aufgeben.

Doch der Konflikt schwelte unter der Oberfläche einige Jahrzehnte weiter und erreichte 1754 einen neuen Höhepunkt, als sich die beiden Länder im Franzosen- und Indianerkrieg (auch bekannt als Siebenjähriger Krieg) gegenüberstanden. Das Blatt wendete sich schnell zu Gunsten der Briten, die sich mit der Eroberung der Festung von Louisbourg (S. 415) die Kontrolle eines strategisch wichtigen Zugangs zum Sankt-Lorenz-Strom sicherten.

1759 belagerten die Briten Québec, erklommen die Klippen in einem Überraschungsangriff und überwältigten die verdutzten Franzosen. Die Aktion mündete in einer der blutigsten und berühmtesten Schlach-

Inoffizielle kanadische Nationalhymnen

- „The Hockey Song" (Stompin' Tom Connors)
- „Lovers in a Dangerous Time" (in der Version des Verfassers Bruce Cockburn oder der Barenaked Ladies)
- „Mon Pays" (Gilles Vignault)

1713

Und es hätte alles so schön sein können: Frankreich erleidet seinen ersten Dämpfer und muss im Vertrag von Utrecht die britischen Ansprüche an der Hudson Bay und Newfoundland offiziell anerkennen.

1755

Die Engländer deportieren französischsprachige Akadier aus der Bay of Fundy. Rund 14 000 werden auf Schiffe verfrachtet, viele landen in Louisiana (USA).

1759

Es kommt zu Kanadas berühmtester Schlacht auf den Plains of Abraham bei Québec zwischen den Franzosen und den Engländern. Sie dauert weniger als eine Stunde, Frankreich verliert.

1763

Der Vertrag von Paris vertreibt Frankreich endgültig aus Kanada, nachdem das Land den Siebenjährigen Krieg verloren hat. Kanada ist so nicht mehr Spielball zwischen Franzosen und Engländern.

ten in der kanadischen Geschichte – die Generäle beider Seiten ließen auf dem Schlachtfeld ihr Leben. Im Vertrag von Paris (1763) übergab Frankreich Kanada schließlich an Großbritannien.

Anfangsschwierigkeiten

Die Verwaltung des neu erworbenen Gebietes war für die Briten eine ziemlich große Herausforderung. Zunächst mussten sie Aufstände mehrerer Ureinwohnerstämme niederschlagen, z.B. den Angriff des Ottawa-Häuptlings Pontiac auf Detroit. Deshalb erließ die britische Regierung 1763 die „Royal Proclamation", die Kolonialisten untersagte, westlich der Appalachen zu siedeln, und außerdem den Kauf von Ureinwohnerland regelte. Dieser königliche Erlass war gut gemeint, wurde aber weitgehend ignoriert.

Kopfzerbrechen bereiteten den Briten auch die Französisch-Kanadier. Die Spannungen wuchsen, als die neuen Herrscher das britische Recht verhängten, das die Rechte der römisch-katholischen (also französischen) Bevölkerung stark einschränkte, beispielsweise das Recht zu wählen und gewählt zu werden. Mit dieser Diskriminierungspolitik wollten die britischen Herren einen Massenexodus auslösen, der dann die Anglisierung der verbleibenden Siedler einfacher machen sollte. Doch diese Rechnung machten sie ohne den Wirt: Die Franzosen zeigten sich trotzig und blieben erst recht.

Als ob die Ureinwohner und Franzosen nicht schon genug Probleme bereiteten, begannen die amerikanischen Kolonien im Süden revolutionäre Töne anzuschlagen. Der britische Gouverneur Guy Carleton urteilte weise, dass es wichtiger sei, die politische Loyalität der französischen Siedler zu gewinnen, als sie in Teetrinker zu verwandeln. Dies führte zur Verabschiedung des Québec Act im Jahr 1774, der das Recht der Französisch-Kanadier auf Ausübung ihrer Religion bestätigte, ihnen erlaubte, politische Ämter zu bekleiden, und das französische Zivilrecht wieder einsetzte. Und nun ging der Plan auf: Tatsächlich weigerten sich die meisten Französisch-Kanadier während des Amerikanischen Unabhängigkeitskriegs (1775–83), die Waffe für die amerikanische Sache zu ergreifen, auch wenn natürlich nur wenige von ihnen die britische Krone willig verteidigten.

Nach dem Krieg wuchs die englischsprachige Bevölkerung explosionsartig an: Rund 50 000 Siedler aus dem nun unabhängigen Amerika zogen gen Norden. Die wegen ihrer vorgeblichen Treue zu Großbritannien als United Empire Loyalists titulierten Zuwanderer lockte allerdings weniger die Liebe zu König und Krone als das billige Land. Die Mehrheit der Neuankömmlinge ließ sich in Nova Scotia und New Brunswick (Neubraunschweig) nieder, während eine kleinere Gruppe am Nordufer des Lake Ontario und im Tal des Ottawa River siedelte

Peter C. Newmans Buch *Empire of the Bay: The Company of Adventurers That Seized a Continent* (2000) erzählt die ereignisreiche Geschichte der Hudson's Bay Company, von ihren Wurzeln im Pelzhandel bis zur heutigen Kaufhauskette The Bay.

1775
Die Amerikanische Revolution bricht aus und die Rebellen versuchen, Québec zu überreden, sich der Revolte gegen die Briten anzuschließen – ohne Erfolg.

1793
Der Entdecker Alexander Mackenzie unternimmt die erste transkontinentale Reise und kritzelt „from Canada by land" (von Kanada über den Landweg) auf einen Felsen in der Nähe von Bella Coola, BC.

1812–1814
Die USA unternehmen einen letzten Versuch, die britischen Besitzungen im Norden des amerikanischen Kontinents zu erobern – und scheitern.

1818
Die USA und Großbritannien schließen den Vertrag von 1818: Der 49. Breitengrad wird vom Lake of the Woods bis zu den Rocky Mountains als Grenze zwischen den USA und Kanada festgelegt.

DAS AHORNBLATT

Man findet es auf dem Penny, auf den Flugzeugen von Air Canada, auf den Trikots des Eishockeyteams von Toronto – das Ahornblatt ist allgegenwärtig. Seit fast zwei Jahrhunderten gilt es nun als Nationalsymbol. 1836 bezeichnete *Le Canadien*, eine in Lower Canada herausgegebene Zeitung, das Ahornblatt als passendes Wahrzeichen des Landes. Bis 1868 war es das Wappen von Ontario und Québec, und die kanadische Armee nutzte es in den beiden Weltkriegen. Nach vielen Diskussionen über das genaue Erscheinungsbild (Ein Blatt? Drei Blätter? 13 Zacken?) wurde das heutige elfzackige Blatt schließlich zum Nationalsymbol ernannt und schmückt seit 1965 die kanadische Flagge.

(und so den Grundstein für das heutige Ontario legte). Rund 8000 Siedler zogen nach Québec und gründeten die erste größere anglofone Gemeinde in der Französisch sprechenden Bastion.

Die Teilung in Upper & Lower Canada

Auch um den Interessen der Loyalisten entgegenzukommen, verabschiedete die britische Regierung 1791 den Constitutional Act, der die Kolonie in Upper Canada (heute Süd-Ontario) und Lower Canada (heute Süd-Québec) teilte. Lower Canada behielt das französische Zivilrecht bei, doch beide Provinzen unterlagen dem britischen Strafrecht.

Die britische Krone setzte einen Gouverneur zur Leitung jeder Kolonie ein. Dieser wiederum ernannte die Mitglieder seines Kabinetts, des sogenannten Executive Council (Exekutivrat). Der gesetzgebende Zweig bestand aus einem ernannten Legislative Council (Legislativrat) und einer gewählten Versammlung, die angeblich die Interessen der Kolonialisten vertrat. In Wirklichkeit hatte die Versammlung jedoch nur wenig Macht, da der Gouverneur ein Veto gegen ihre Entscheidungen einlegen konnte. Es überrascht nicht, dass dieses System für Spannung und Unmut sorgte, vor allem in Lower Canada, wo ein englischer Gouverneur und ein von Engländern beherrschter Rat eine von Franzosen dominierte Versammlung in Schach hielt.

Ungezügelte Vetternwirtschaft machte alles nur noch schlimmer. Mitglieder der konservativen britischen Händlerelite dominierten die Exekutiv- und Legislativräte und zeigten wenig Interesse an französischkanadischen Angelegenheiten. Der Family Compact in Upper Canada und die Château Clique in Lower Canada hatten prominente Mitglieder wie den Brauer John Molson und den Universitätsgründer James McGill. Der Einfluss dieser Gruppen wuchs besonders nach dem Britisch-Amerikanischen Krieg von 1812, einem letztlich vergeblichen Versuch der Vereinigten Staaten, den nördlichen Nachbarn einzunehmen.

1858

Goldsucher werden im Fraser River in British Columbia fündig. Tausende von Menschen, die vom schnellen Reichtum träumen, ziehen in den Norden, um Gold zu schürfen. Die meisten bleiben arm.

1864

Die Väter der Konföderation treffen sich in Charlottetown auf Prince Edward Island und formen aus einigen lose miteinander verbundenen Kolonien eine neue Nation – Kanada ist geboren.

1867

Jetzt ist es offiziell: Der British North America Act vereint die Kolonien unter dem Dominion of Canada, Mitglied des Britischen Weltreichs. Zur Feier des Tages verspeist Victoria kanadischen Frühstücksspeck.

1873

Die Mounties gehen erstmals auf Streife und zeigen der Welt, dass eine höfliche Verbrechensbekämpfung möglich ist.

1837 erreichte die Enttäuschung über diese etablierten Eliten den Höhepunkt. Der Führer der Parti Canadien, Louis-Joseph Papineau aus Lower Canada, und sein Amtskollege der Reform Party, William Lyon Mackenzie, begannen mit offenen Rebellionen gegen die Regierung. Obwohl beide Aufstände schnell niedergeschlagen wurden, mussten die Briten doch erkennen, dass die Tage des Status quo gezählt waren.

Zusammenschluss mit Vorbehalt

Die Briten entsandten John Lambton, den Earl of Durham, der die Gründe für die Aufstände vor Ort untersuchen sollte. Richtigerweise identifizierte dieser ethnische Spannungen als Ursache und bezeichnete die Franzosen und Briten als „zwei Völker, die sich im Schoße eines einzigen Staates bekriegen". Seinen Spitznamen Radical Jack erwarb Lambton mit der Behauptung, die französische Kultur und Gesellschaft seien minderwertig und stünden Expansion und Erfolg im Weg. Nur die Übernahme der britischen Sprache, Gesetze und Institutionen würden dem französischen Nationalismus ein Ende bereiten und die Kolonien langfristig befrieden. Seine Gedanken fanden schließlich im Union Act von 1840 Ausdruck.

Aus Upper und Lower Canada wurde kurze Zeit später die Province of Canada, die von nur einer Legislative – dem neuen Parlament von Kanada – regiert wurde. Jede der beiden ehemaligen Kolonien entsandte die gleiche Anzahl von Vertretern. Das war nicht unbedingt fair gegenüber Lower Canada (d.h. Québec), das den größeren Bevölkerungsanteil stellte. Das neue System hatte jedoch auch gute Seiten: Es schuf eine verantwortliche Regierung, beschränkte die Macht des Gouverneurs und machte der Vetternwirtschaft ein Ende.

Während die meisten britischstämmigen Kanadier das neue System begrüßten, waren die Franzosen weniger begeistert. Wenn überhaupt hatte das unterschwellige Ziel, die französische Kultur, Sprache und Identität zu verdrängen, die Folge, dass es die Französisch-Kanadier noch enger zusammenschweißte. Die Bestimmungen des Gesetzes hinterließen tiefe Wunden (s. Kasten S. 936).

Die frisch vereinigte Provinz stand also auf wachsweichem Untergrund, und das folgende Jahrzehnt war geprägt von politischer Instabilität und schnell wechselnden Regierungen. Während das britische Nordamerika noch immer einem Flickwerk aus unabhängigen Kolonien glich, hatten sich die USA zwischenzeitlich zu einer selbstbewussten Wirtschaftsmacht entwickelt. Der Amerikanische Bürgerkrieg (1861–1865) und der Erwerb Alaskas durch die USA 1867 schürten die kanadische Angst vor einer amerikanischen Annexion. Deutlich zeichnete sich ab, dass nur ein stabileres politisches System diesen Herausforderungen gerecht werden könnte – die Idee einer föderalen Union war geboren.

An Frankreichs frühe Eroberungszüge in Kanada erinnern Saint-Pierre und Miquelon, zwei kleine Inseln vor der Küste von Newfoundland, die bis heute zu 100 % französisch geblieben sind.

1885

Kanadas erster Nationalpark öffnet in Banff, Alberta. Unterdessen stellen Arbeiter in Craigellachie (BC) die Canadian Pacific Railway fertig.

1893

Das Hockeyteam Montréal AAA gewinnt den ersten Stanley Cup aller Zeiten, gestiftet von Baron Stanley of Preston. Heute ist der Cup die älteste Trophäe, um die nordamerikanische Teams spielen.

1896

Goldgräber werden erneut fündig, diesmal im Yukon. Der Klondike-Goldrausch beginnt und 40 000 Menschen machen sich voller Hoffnung und mit Pickeln und Pfannen bewaffnet auf nach Dawson City.

1913

Die Einwanderung nach Kanada erreicht einen Höhepunkt. Mehr als 400 000 Menschen, die meisten Amerikaner und Osteuropäer, können dem Ruf der fruchtbaren Prärien des Landes nicht widerstehen.

Die kanadische Konföderation

1864 wurde Charlottetown auf Prince Edward Island (P.E.I.) zur Geburtsstätte des heutigen Kanada. Im Province House (S. 470), dem Parlamentsgebäude der Stadt, versammelten sich die „Väter der Konföderation" – eine Gruppe von Vertretern aus Nova Scotia, New Brunswick, P.E.I., Ontario und Québec – und verhandelten die Rahmenbedingungen für eine neue Nation. Zwei weitere Versammlungen waren erforderlich, bevor das Parlament 1867 den British North America Act verabschiedete. Und so erblickte der moderne, selbstverwaltete Staat Kanada, anfangs unter dem Namen Dominion of Canada, das Licht der Welt. Der 1. Juli, an dem das Gesetz in Kraft trat, ist kanadischer Nationalfeiertag. Ursprünglich hieß er Dominion Day, ehe er 1982 in Canada Day umbenannt wurde.

Die Homepage von Acadian Genealogy (www.acadian.org) hat Volkszählungsberichte zusammengetragen, die bis ins Jahr 1671 zurückreichen, inklusive Karten und Geschichten einheimischer Akadier-Gemeinden.

Die Eroberung des Westens

Ganz oben auf der To-do-Liste des jungen Dominions stand die Einbindung der restlichen Gebiete und Kolonien in die Konföderation. Unter ihrem ersten Premierminister John A. Macdonald erwarb die Regierung 1869 das riesige Rupert's Land für die lächerliche Summe von 300 000 £ (was heute rund 7,3 Mio. € entspräche) von der Hudson's Bay Company. Das Land, das inzwischen als Northwest Territories (NWT) bekannt ist, war nur dünn besiedelt, überwiegend von den sogenannten First Nations und mehreren Tausend Métis (may-*tie*), einer ethnischen Mischung aus Cree, Ojibwe oder Saulteaux und französisch-kanadischen oder schottischen Pelzhändlern, die Französisch als Hauptsprache sprachen. Ihre größte Siedlung war die Red River Colony bei Fort Garry (heute Winnipeg).

Zwischen der kanadischen Regierung und den Métis entbrannte sofort ein Streit über Landnutzungsrechte, was Letztere dazu veranlasste, eine provisorische Regierung unter der Führung des charismatischen Louis Riel zu bilden. Riel schickte den von Ottawa ernannten Gouverneur nach Hause, übernahm im November 1869 die Kontrolle über das Upper Fort Garry und zwang Ottawa dadurch an den Verhandlungstisch. Jedoch exekutierte Riel aus einer Laune heraus und ohne triftigen Grund einen kanadischen Gefangenen, den er im Fort festhielt, als sich dessen Delegation bereits auf dem Weg befand. Obwohl der Mord in weiten Teilen Kanadas für Empörung sorgte, war die Regierung so versessen darauf, den Westen in den Schoß der Familie zu holen, dass sie den meisten Forderungen Riels nachgab und die Sprache und Religion der Métis unter Schutz stellte. Infolgedessen wurde die Provinz Manitoba aus den Northwest Territories herausgeschält; im Juli 1870 trat sie dem Dominion bei. Macdonald ließ Riel von Truppen verfolgen, doch der schaffte es, in die USA zu entkommen. 1875 wurde er offiziell verbannt.

1917

Während des Ersten Weltkriegs führt Kanada die Wehrpflicht ein, um seine für England kämpfenden Truppen aufzustocken. Vor allem bei Franko-Kanadiern ist die Maßnahme unpopulär und bringt Konflikte.

1922

Joseph-Armand Bombardier erfindet in Valcourt, Québec, den Prototyp eines Schneemobils. Das erste Modell hat einen Propeller. Sein Unternehmen widmet sich schließlich dem Flugzeugbau.

1931

Die Residential Schools greifen um sich. Kinder von Ureinwohnern, Inuit und Métis müssen ihre Heimat verlassen und werden gezwungen, weit entfernte Schulen zu besuchen, um sich zu „assimilieren".

1933

Als Folge der Weltwirtschaftkrise sind rund 30 % der Kanadier arbeitslos. Die Prärien werden besonders hart von den Staubstürmen, ausgelöst durch Dürreperioden, getroffen.

British Columbia (BC), das 1866 aus dem Zusammenschluss der Kolonien New Caledonia und Vancouver Island hervorgegangen war, bildete eine weitere Front. Die Entdeckung von Gold im Fraser River 1858 und in der Region Cariboo 1862 hatte eine gewaltige Zuwanderung von Siedlern in Goldminen-Boomstädte wie Williams Lake und Barkerville (S. 831) zur Folge gehabt. Als die Goldminen allmählich erschöpft waren, stürzte die Provinz jedoch in Armut. 1871 trat BC dem Dominion bei. Im Gegenzug übernahm die kanadische Regierung die Schulden der Provinz und versprach, sie innerhalb der nächsten zehn Jahre über eine transkontinentale Eisenbahn mit dem Osten zu verbinden.

Der Bau der Canadian Pacific Railway ist eines der beeindruckendsten Kapitel der kanadischen Geschichte. Macdonald betrachtete die Eisenbahn völlig zu recht als zentralen Baustein eines vereinten Hauses Kanada, da sie sowohl die Einwanderung als auch den Handel und das produzierende Gewerbe förderte. Der Bau war ein kostspieliges Unterfangen, das durch das unwirtliche und unebene Terrain, auf das die Schienen gelegt werden mussten, noch erschwert wurde. Um Investoren anzulocken, bot die Regierung umfassende Leistungen an, beispielsweise Landzuteilungen im Westen Kanadas. Am 7. November 1885 trieben schließlich Arbeiter bei Craigellachie (BC) den letzten Nagel in die Schienen.

Um im Wilden Westen für Recht und Ordnung zu sorgen, schuf die Regierung 1873 die North-West Mounted Police (NWMP), die später zur Royal Canadian Mounted Police (RCMP) wurde. Die berittenen Polizisten mit dem Spitznamen „Mounties" dienen bis heute in Kanadas nationaler Polizei. Obwohl sie effektiv arbeitete, konnte die NWMP nicht verhindern, dass sich Ärger über den Prärien zusammenbraute. Die First Nations waren gezwungen worden, Verträge zu unterzeichnen, die sie in Reservate einpferchten. Und es dauerte nicht lange, bis diese Gruppen begannen, ihren Status anzufechten.

Unterdessen waren viele Métis nach Saskatchewan übergesiedelt und hatten sich in der Nähe von Batoche (S. 610) niedergelassen. Wie in Manitoba entfachte sich auch hier schnell ein Streit über Landnutzungsrechte zwischen den Métis und Landvermessern der Regierung. Nachdem ihre wiederholten Appelle an Ottawa ignoriert worden waren, überredeten die Métis Louis Riel 1884, aus dem Exil zurückzukehren, um ihre Sache zu vertreten. Nach einer Zurückweisung durch die Regierung reagierte Riel auf die einzige Weise, die er kannte: Er formte eine provisorische Regierung und führte die Métis in einen Aufstand. Riel besaß die Rückendeckung der Cree, aber die Zeiten hatten sich geändert: Dank der fast fertigen Eisenbahn erschienen innerhalb weniger Tage Regierungstruppen auf der Bildfläche. Riel ergab sich im Mai und wurde im selben Jahr wegen Hochverrats gehängt.

Die USA sind zweimal, 1775 und 1812, in Kanada einmarschiert – beide Male erfolglos.

Auf der Website des Canadian Military History Gateway (www.cmhg.gc.ca) findet man digitalisierte Quellen zu Kanadas Militärgeschichte, beispielsweise Audiolinks zu alten CBC-Kriegsberichterstattungen.

1942

Newfoundland wird als einziges Gebiet auf nordamerikanischem Boden während des Zweiten Weltkriegs direkt von deutschen Truppen angegriffen: Auf Bell Island schlägt ein U-Boot-Torpedo ein.

1960er-Jahre

Zeit für Veränderungen: Die „stille Revolution" modernisiert, säkularisiert und liberalisiert Québec. Ureinwohnern wird endlich die Staatsangehörigkeit zugestanden.

1961

Die freundlichen Menschen aus Saskatchewan führen das erste allgemeine Gesundheitssystem ein – eine brillante Idee, die bald im Rest Kanadas umgesetzt wird.

1962

Mit dem Start des Alouette-Satelliten wird Kanada nach den USA und der Sowjetunion zur dritten Nation im All.

Der Bruch mit England

Das 20. Jh. begann für Kanada vielversprechend: Die Industrialisierung war in vollem Gang, Goldsucher wurden in Yukon fündig, und die Nachfrage nach kanadischen Rohstoffen – von Weizen bis Holz – stieg. Darüber hinaus öffnete die neue Eisenbahn die Tore für Einwanderer.

Zwischen 1885 und 1914 kamen rund 4,5 Mio. Menschen nach Kanada, darunter viele Amerikaner und Osteuropäer (vor allem aus der Ukraine), die begannen, die Prärien zu besiedeln. Es herrschte Optimismus allerorten. Und ein gut gelaunter Premierminister Wilfrid Laurier verkündete gar: „Das 19. Jh. war das Jahrhundert der Vereinigten Staaten. Ich glaube, wir können behaupten, dass das 20. Jh. Kanada gehören wird." Fast schon zwangsläufig musste dieses neu gewonnene Selbstbewusstsein das Land auf die Unabhängigkeit von Großbritannien einstimmen. Diese Frage gewann noch an Brisanz, als 1914 der Erste Weltkrieg ausbrach.

Die Delegierten der Charlottetown-Konferenz von 1864 mussten auf ihren Dampfschiffen übernachten, da der Zirkus in der Stadt gastierte und alle Gasthäuser belegt waren.

Als Mitglied des British Empire wurde Kanada automatisch in den Konflikt hineingezogen. In den ersten Kriegsjahren kämpften über 300 000 kanadische Freiwillige auf den Schlachtfeldern Europas. Als sich der Krieg immer mehr zog und Tausende Soldaten in Särgen zurückkehrten, geriet die Rekrutierung jedoch ins Stocken. Die Regierung, die beabsichtigte, ihre dezimierten Truppen wieder aufzustocken, führte 1917 die Wehrpflicht ein. Dies erwies sich – vorsichtig formuliert – als äußerst unpopuläre Maßnahme, besonders unter den Franko-Kanadiern. Die Feindseligkeit gegenüber Ottawa hatte bereits kurz zuvor ihren Höhepunkt erreicht, als die Regierung zweisprachige Schulen in Manitoba abschaffte und die Verwendung von Französisch in Schulen in Ontario einschränkte. Die Einführung der Wehrpflicht schürte die Flammen des Nationalismus noch mehr – Tausende Qué-

DIE TOTALE VERWANDLUNG: DAS IMAGE DES LOUIS RIEL

Rebell, Mörder, Verräter – der Métis-Führer Louis Riel hatte viele Beinamen, und nicht viele von ihnen waren als Kompliment gemeint, als er 1885 wegen Hochverrats gehängt wurde. Doch heute sehen immer mehr Kanadier in ihm einen Helden, der die Rechte der Unterdrückten gegen eine ungerechte Regierung verteidigte. Statuen von Riel stehen heute auf dem Parlamentshügel in Ottawa und vor dem Parlament von Manitoba in Winnipeg, wo sein Elternhaus und sein Grab zu Wallfahrtsorten geworden sind. Die Versöhnungserklärung an Kanadas Ureinwohner, die die Regierung 1998 veröffentlichte, beinhaltete sogar eine Entschuldigung für Riels Hinrichtung. Mehr zu Riels Leben und zu den historischen Stätten, die mit ihm zu tun haben, steht auf S. 570.

1963

Nach endlosen Kilometern Asphaltglätten stellen Arbeiter den Trans-Canada-Highway fertig, der von St. John's (Newfoundland) 7821 km nach Victoria (BC) führt.

1964

Tim Horton's, gegründet vom gleichnamigen Eishockeyspieler, serviert seinen ersten Donut und Kaffee in Hamilton, Ontario. Heute ist Timmy's Kanadas größte Restaurantkette.

1967

Das Werk Great Canadian Oil Sands nimmt bei Fort McMurray (Alberta) seine Arbeit auf und beginnt, Schwarzes Gold aus der Erde zu fördern. Angeblich gibt es hier mehr Öl als in ganz Saudi-Arabien.

1980

Ein großes Jahr für die Musik: Die zwölf Jahre alte Céline Dion schickt eine Demoaufnahme an den Produzenten Rene Angelil, Bryan Adams veröffentlicht sein erstes Album und „O Canada" wird Nationalhymne.

becer zogen protestierend durch die Straßen. Die Problematik spaltete Kanada und verstärkte das Misstrauen der Kanadier gegenüber ihrer Regierung.

Als die Waffen des Ersten Weltkriegs 1918 endlich verstummt waren, hatten die meisten Kanadier die Nase voll davon, ihre Söhne und Männer in fernen Kriegen für Großbritannien kämpfen zu sehen. Unter der Regierung von William Lyon Mackenzie King, einem exzentrischen Kerl, der mit Geistern kommunizierte und seine tote Mutter anbetete, begann Kanada, sein Streben nach Unabhängigkeit durchzusetzen. Mackenzie King stellte klar, dass Großbritannien nicht länger automatisch Zugriff auf das kanadische Militär hatte, begann Verträge ohne Zustimmung Großbritanniens zu unterzeichnen und entsandte einen kanadischen Botschafter nach Washington. Diese Hartnäckigkeit führte zum Statut von Westminster, das das britische Parlament 1931 ratifizierte. Es bestätigte formell die Unabhängigkeit Kanadas und anderer Länder des Commonwealth, obgleich sich Großbritannien das Recht vorbehielt, Änderungen der Verfassungen dieser Länder vorzunehmen.

Mehr als 1 Mio. der damals etwa 11,5 Mio. Kanadier dienten im Zweiten Weltkrieg in der Armee – 42 000 starben.

Seltsamerweise hatte dieses Recht weitere 50 Jahre Bestand. Erst 1982 wurde es im Canada Act aufgehoben, den Königin Elisabeth II. am 17. April auf dem Parlamentshügel in Ottawa zum Gesetz erhob. Heute ist Kanada eine konstitutionelle Monarchie mit einem Parlament, das aus einem ernannten Oberhaus oder Senat und einem gewählten Unterhaus besteht. Die Queen in Schloss Windsor ist noch immer das kanadische Staatsoberhaupt, obwohl dies eine überwiegend zeremonielle Rolle ist, die nichts an der vollen Souveränität des Landes ändert. In Kanada selbst agiert der ernannte Generalgouverneur als Stellvertreter des Monarchen. Dessen Funktionen sind aber nur symbolischer Natur und sehr beschränkt.

Kleines Kanada ganz groß

Die Zeit nach dem Zweiten Weltkrieg brachte eine weitere Wirtschaftsexpansion und Einwanderungswelle, die vor allem aus Europa herüberschwappte.

1949 schloss sich Newfoundland Kanada an. Der Politiker Joey Smallwood, der die Insel zur Unterzeichnung überredete, behauptete, der Schritt werde zu wirtschaftlichem Wohlstand führen. Sobald er Premierminister von Newfoundland war, half er dem versprochenen Aufschwung nach, indem er seinen Bürgern ein Umsiedlungsprogramm aufzwang. Menschen, die in kleinen, abgelegenen Fischergemeinden (d.h. Außenhäfen; Outports) lebten, wurden mit Nachdruck „ermutigt", zusammenzupacken und ins Landesinnere umzuziehen, wo die Regierung Schulen, medizinische Versorgung und andere Dienstleistungen kostengünstiger zur Verfügung stellen konnte. Eine Methode dieser

1982
Queen Elizabeth II. unterzeichnet den Canada Act, durch den Kanada volle Souveränität erlangt. Jedoch behält sie sich das Recht vor, bei den Finanzen mitzureden und einen Generalgouverneur zu ernennen.

1990
Die Oka-Krise, eine Auseinandersetzung zwischen der Regierung und Mohawk-Indianern, entzündet sich nahe Montréal um einen Golfplatz, der auf Mohawk-Gebiet gebaut werden soll. Eine Person stirbt.

1992
Die Regierung verhängt das Kabeljau-Moratorium – Tausende Fischer verlieren ihren Lebensunterhalt. Das Fischverbot sollte später aufgehoben werden, aber die Kabeljaubestände erholten sich nie.

1995
Das war knapp! Mit einer hauchdünnen Mehrheit entscheiden sich die Québecer gegen eine Loslösung ihrer Provinz von Kanada.

ES LEBE DAS FREIE QUÉBEC!

1968 wurde es Ernst mit Québecs Unabhängigkeitsbewegung, als René Lévesque die separatistische Parti Québecois (PQ) gründete. Danach spitzte sich die Angelegenheit schnell zu. Im Oktober 1970 entführte der radikale Flügel der Unabhängigkeitsbewegung, die Front de Libération du Québec (FLQ; Québec-Befreiungsfront), Québecs Arbeitsminister Pierre Laporte und einen britischen Handelsbeamten, um eine Entscheidung in der Unabhängigkeitsfrage zu forcieren. Premierminister Pierre Trudeau verhängte den Ausnahmezustand. Zwei Wochen später wurde Laportes Leiche im Kofferraum eines Autos gefunden. Der Mord diskreditierte die FLQ selbst in den Augen vieler ehemaliger Anhänger und die Bewegung verlief schnell im Sande.

1976 gewann Lévesques PQ die Provinzwahlen in Québec und boxte umgehend einen Gesetzentwurf durch, der Französisch zur einzigen Amtssprache der Provinz machte. Lévesques Referendum im Jahr 1980 über die Abspaltung der Provinz wurde jedoch abgelehnt – fast 60 % der Québecer stimmten mit „Non". Und in den 1980er-Jahren geriet das Thema vorübergehend in Vergessenheit.

Lévesques Nachfolger Robert Bourassa stimmte einer konstitutionellen Lösung zu, machte jedoch dafür zur Bedingung, das Québecs Bewohnern als „andersartiger Gesellschaft" Sonderrechte eingeräumt würden. 1987 verkündete Premierminister Brian Mulroney ein Abkommen, das die meisten Forderungen Québecs erfüllte. Um in Kraft treten zu können, musste der sogenannte Meech Lake Accord bis zum Jahr 1990 von allen zehn Provinzen und beiden Parlamentshäusern ratifiziert werden. Die ursprünglich anders gesinnten Premierminister dreier Provinzen sicherten schließlich ihre Unterstützung zu, doch unfassbarerweise scheiterte das Abkommen an dem Widerstand eines einzigen Parlamentsmitglieds von Manitoba. Ein neues, erweitertes Abkommen, das Mulroney und Bourassa auf den Weg brachten, wurde von den Separatisten zerpflückt – und so scheiterte auch dieser Versuch.

Die Beziehungen zwischen Anglo-Kanadiern und Franko-Kanadiern erreichten einen neuen Tiefpunkt, die Unterstützung für die Unabhängigkeit bekam neue Nahrung. Nur ein Jahr nach der Rückkehr an die Macht 1994 initiierte die PQ unter Premierminister Lucien Bouchard ein zweites Referendum. Und diesmal war das Ergebnis denkbar knapp: Die Québecer entschieden sich mit gerade einmal 52 000 Stimmen – einer hauchdünnen Mehrheit von unter 1 % – gegen die Unabhängigkeit von Kanada.

In den letzten Jahren flauen die separatistischen Bestrebungen mal ab, mal bäumen sie sich wieder auf. Das Thema wird auf jeden Fall auf der Agenda bleiben.

„Ermutigung" war, die Fährverbindungen zu den Fischergemeinden zu kappen und sie so aufgrund fehlender Straßen von der Außenwelt abzuschneiden.

Die einzige Provinz, die im Aufschwung der 1950er-Jahre wirklich auf der Strecke blieb, war Québec. Ein Vierteljahrhundert blieb es in den festen Händen des ultrakonservativen Maurice Duplessis und

1996

Die Mitglieder der Band Rush – Geddy Lee, Alex Lifeson und Neil Peart – werden für ihr Lebenswerk und ihre Verdienste um das Vaterland zu Mitgliedern des Order of Canada geschlagen.

1998

Die kanadische Regierung entschuldigt sich bei den Ureinwohnern: „Die Haltung ethnischer und kultureller Überlegenheit hat zu einer Unterdrückung der Kultur und Werte der Ureinwohner geführt."

1999

Kanadas jüngste Provinz Nunavut wird aus der eisigen Arktis herausgemeißelt. Die 28 000 einheimischen Inuit erhalten somit rund ein Fünftel Kanadas.

2001

Kanada legalisiert den Gebrauch von Marihuana für medizinische Zwecke. Patienten können gebrauchsfertige Knospen oder Samen für die Selbstzucht kaufen.

seiner Partei Union Nationale, unterstützt von der katholischen Kirche und unterschiedlichen Geschäftsinteressen. Erst nach Duplessis Tod begann die Provinz in der „stillen Revolution" der 1960er-Jahre, das Versäumte nachzuholen. Fortschritte umfassten den Ausbau des öffentlichen Sektors, Investitionen in die öffentliche Bildung und die Verstaatlichung der Wasserkraftunternehmen der Provinz. Dennoch war das Tempo der Fortschritte nicht schnell genug für radikale Nationalisten, die behaupteten, Unabhängigkeit sei der einzige Weg, die Rechte der frankofonen Bevölkerung zu gewährleisten. Mehr als einmal liebäugelte Québec in den folgenden Jahren mit der Unabhängigkeit von Kanada (s. Kasten S. 936).

1960 wurden den Ureinwohnern Kanadas endlich die Staatsbürgerrechte gewährt. 1985 wurde Kanada das erste Land der Welt, das ein nationales multikulturelles Gesetz verabschiedete und ein Bundesamt für Multikulturalismus einrichtete. Heute haben 40 % aller Kanadier andere Wurzeln als britische oder französische.

Chinesische Arbeiter bauten den größten Teil des westlichen Abschnittes der Eisenbahnstrecke. Sie verdienten zwischen 0,75 und 1,25 C$ am Tag, abzüglich ihrer Ausgaben, und wurden oft mit den gefährlichsten und wahrhaft explosivsten Aufgaben betraut.

2003

Dank der Schätze, die in den NWT entdeckt werden, avanciert Kanada zum drittgrößten Diamantenhersteller. Die Steine verursachen einen Boom, der an den Goldrausch in BC erinnert.

2005

Kanada legalisiert die gleichgeschlechtliche Ehe landesweit. Die meisten Provinzen und Territorien gestatteten sie ohnehin schon, doch nun schließen sich auch Alberta, P. E. I., Nunavut und die NWT an.

2006

Stephen Harper wird Premierminister von Kanada und versucht, eine konservative Kurswende einzuläuten. Seine politischen Gegner kritisieren vor allem seine Annäherung an die Bush-Regierung.

2010

In und rund um Vancouver finden die XXI. Olympischen Winterspiele statt. Mit 14 Goldmedaillen sichert sich Kanada vor Deutschland und den USA den ersten Rang im Medaillenspiegel.

Outdoor-Aktivitäten

Egal was man kann und was man mag, Kanada hat die passende Action für jeden Traveller. Und tagelang fahren, um hinzukommen, muss man auch nicht (außer man ist in Saskatchewan und will zum Meer…).

Top-Pisten

- Whistler-Blackcomb, Whistler, British Columbia
- Le Massif, Baie-Saint-Paul, Québec
- Sunshine Village, Banff, Alberta
- Big White, Kelowna, British Columbia
- Fernie Resort, Fernie, British Columbia

Skifahren & Snowboarden

Die Adrenalinschubauslöser Skifahren und Snowboarden sind die Topattraktionen in Kanada. Die passenden hohen Berge finden sich in zwei großen Regionen: im Westen (kanadische Rockys, Columbia Mountains und Coast Mountains) und in Québecs östlichem Bergland.

Québec bietet großartige Hänge – Le Massif nahe Québec (Stadt) hat eine 770 m lange Abfahrt –, in der Nähe von Städten. Die meisten der nichtalpinen Berge, z. B. der Mont Tremblant, sind eine Tagesfahrt von Toronto und weniger als eine Stunde von Québec (Stadt) und Montreal entfernt. In Skigebieten in den östlichen Stadtteilen Québecs wie Sutton und Owl's Head gibt es die bekannten „Gladed Runs" – Abfahrten durch einen ausgedünnten Wald.

Im Westen gibt's dann die großen Berge und jede Menge alpines Terrain. Whistler-Blackcomb hat gigantische Pisten mit den längsten Abfahrten (und den höchsten Preisen) und der beeindruckendsten Geländevielfalt von ganz Nordamerika. Atemberaubende Bilderbuchskiarenen findet man auch in den kanadischen Rockys (z. B. Sunshine, Lake Louise, Marmot). Zwischen den 2500 m hohen Gipfeln von Whistler und den Rockys liegen Unmengen von Ski- und Snowboardgebieten mit Liften.

Die längste Schlittschuhbahn der Welt ist der 7 km lange Abschnitt des Rideau Canal, der durch Ottawa führt. Winnipeg und Manitoba, berüchtigt für kalte Winter, machen 3 km lange Teile des Assiniboine und Red River zu Schlittschuhbahnen.

Skigebiete wie Big White und Apex im Okanagan Valley in British Columbia sind immer schneesicher. Die Schneehöhen erreichen locker 2 bis über 6 m, je nachdem wie nah man dem Pazifik ist.

Für Traveller auf der Suche nach dem tiefsten Pulverschnee lohnt sich die Kootenay Region British Columbias mit Whitewater in Nelson, Red Mountain in Rossland oder dem Alpine Resort in Fernie. Pulverschneefreaks, die ein paar Flocken mehr locker machen, finden dank den weltbekannten Heli- und Schneeraupen-Skiunternehmen British Columbias (angeführt von www.canadianmountainholidays.com) garantiert unberührten Tiefschnee. Es gibt die verschiedensten Touren für mittelgute und erfahrene Skifahrer.

Langläufer sollten sich in Canmore, Alberta (www.canmorenordic.com) umtun; die Region ist von beliebten Loipen durchzogen, die von den Winterspielen von 1988 stammen. Stadtgebiete, die viel Winter abbekommen, z. B. Montreal, Winnipeg, Edmonton und Ottawa, verwandeln die Wanderwege ihrer Parks in Skirouten, und viele Fahrradläden satteln um auf Langlaufski und vermieten die passende Ausrüstung.

Das Canadian Ski Council (www.skicanada.org) hat noch mehr Informationen.

Wandern

Wanderwege, von kurzen Ausflügen auf einem Waldlehrpfad bis hin zu anstrengenden Strecken durch Kanadas National- und Provinzparks, gibt's zuhauf. Selbst die faulsten Couchpotatoes finden hier das Richtige.

Kanadas Wanderhochburg ist Lake Louise im Banff National Park (Alberta). Von hier aus kann man durch Fichtendickicht und durch Pinienwälder marschieren, deren Laub sich jeden Herbst traumhaft hellgelb färbt. Weiter oben liegen alpine Wiesen, bedeckt mit Wildblumen und umgeben von Gletschern und azurblauen Seen. Auch schön: Wilcox Ridge und Parker Ridge nahe Jasper mit ihren unglaublichen Gletscherpanoramen!

Im Yoho National Park in British Columbia geht dieses Wanderparadies mit dem Lake O'Hara weiter (zugänglich nur mit Busreservierung). Das Wegenetz verbindet glasklare Seen mit einigen der höchsten Gipfel der Rockys. British Columbias Provinzparksystem (www.bcparks.ca) umfasst über 100 verschiedene Parks. Zu den besten gehören der Garibaldi Park mit seiner urtümlichen Vulkanlandschaft (nahe Whistler) und der Mt. Robson Park mit seinem beliebten „Berg Lake Alpine Trail" (in British Columbia, aber nahe Jasper, Alberta).

Im Osten winden sich ebenfalls viele tolle Wege durch die Landschaft. Der Cape Breton Highlands National Park hat ausgezeichnete Strecken durch die öde, dramatische Küstenlandschaft. Newfoundlands Routen sind fantastisch, da die meisten an der Küste entlang verlaufen und man häufig Wale sichtet. Der East Coast Trail (www.eastcoasttrail.com) auf der l Avalon Peninsula ist bekannt für schöne Ausblicke.

In Süd-Ontario verläuft der Bruce Trail (www.brucetrail.org) von den Niagarafällen bis Tobermory. Er ist der älteste und mit über 850 km längste Fußweg Kanadas. Obwohl Teile des Weges nah an Städten wie Hamilton und Toronto vorbeiführen, ist die Tour erstaunlich friedlich.

Zwar gibt es viele naturbelassene Orte und Parks in ganz Kanada, doch man muss die urbanen Zentren nicht verlassen, um durch einen Wald zu spazieren. Es gibt zahllose gute Wege im Parc du Mont-Royal in

Top-Tagestouren

» Lake Louise, Banff, Alberta

» Skyline Trail, Cape Breton Highlands, Nova Scotia

» Parker Ridge, Jasper, Alberta

» Stanley Park, Vancouver, British Columbia

» Bruce Trail, Ontario

DURCHS HINTERLAND

Kanada hat mehr großartige Mehrtagestouren zu bieten, als man zählen kann. Hier sind einige unserer Favoriten:

» **Skyline Trail** (Jasper National Park, Alberta) Die vier Tage oberhalb der Baumgrenze auf diesem mittelschweren Bergkammweg gehören zu Kanadas Klassikern.

» **Long Range Traverse** (Gros Morne National Park, Newfoundland) Der schwierige Viertagestrip beginnt am Ufer eines magischen, fjordartigen Sees. Kompass und GPS mitbringen; das alpine Plateau ist übersät mit Karibupfaden.

» **Donjek Route** (Kluane National Park, Yukon Territory) Diese Herausforderung dauert Wochen und ist eher eine 100 km lange Suche nach sich selbst in der wildesten alpinen Gletscherlandschaft Kanadas.

» **Crypt Lake Trail** (Waterton National Park, Alberta) Es geht durch einen Tunnel und zu einem unheimlichen, klaren See. Die anstrengenden 18 km sind eigentlich eine komplette Tagestour. Hin kommt man nur mit der Fähre!

» **West Coast Trail** (Pacific Rim National Park Reserve, British Columbia) Sechs bis acht raue, salzlastige Tagestouren auf der wilden Seite von Vancouver Island, wo die tosende See auf Wildnis trifft.

» **Trans Canada Trail** (www.tctrail.ca) Eine der ambitioniertesten Strecken, die je geschaffen wurden, verläuft über 18 078 km von Cape Spear in Newfoundland bis nach Victoria, British Columbia. Der Weg ist noch nicht fertig, aber die Trails einiger Provinzen folgen derselben Route.

Montreal oder auf den 361 km^2 bewaldeten Hügelgeländes im Gatineau Park gleich außerhalb von Ottawa. Edmonton ist als Kanadas grünste Stadt bekannt und wird vom North Saskatchewan River zweigeteilt – die Ufer sind ideal, um sich vor der Hektik der Stadt unter grüne Bäume zu flüchten. Am bekanntesten aber ist Vancouvers Stanley Park: Dieses baumbestandene Halbinselchen liegt direkt neben großen Firmengebäuden und wird an drei Seiten vom Ozean eingerahmt.

Paddeln

Paddling Canada (www.paddlingcanada.com) informiert über Kajak- und Kanusportoptionen und hat Links zu Strecken und Events.

Kajakfahren & Raften

Die kanadische Arktis, die Heimat des Kajaksports, ist immer noch etwas Besonderes: Bei einer Tour durch die Fjorde von Ellesmere Island kann man im kurzen Sommer Narwale und Walrosse beobachten. Weiter südlich gleitet man im Gwaii Haanas National Park Reserve in British Columbia an alten Wäldern und Totempfählen vorbei. Oder man beobachtet Orcas, die in der Johnstone Strait im Meer tollen. Die Ostküste hat unendlich viele Kajakabenteuer zu bieten. Paddler in der Witless Bay oder in Gros Morne, Newfoundland, werden oft von Walen begleitet.

Top-Paddel-optionen

» South Nahanni River, Northwest Territories

» Kicking Horse River, Golden, British Columbia

» Beachburg, Ottawa River, Ontario

» Johnstone Strait, British Columbia

» Gwaii Haanas National Park, British Columbia

Im Gegensatz zu Seekajaks haben sich die Flusskajaks stark verändert. Playboats – winzige Plastikkajaks flach wie Surfbretter – wurden entworfen, um auf Wasserwalzen und -kreiseln zu reiten. Das Playboat-Mekka des bekannten Universums mit einigen der größten Wellen und Hunderten von anfängerfreundlichen Warmwasserstrudeln ist der Ottawa River flussaufwärts der Hauptstadt nahe Beachburg.

Der etwas stabilere Bruder des Playboats heißt Creekboat. Er ist runder und hat mehr Auftrieb, um den Paddler steile, enge, wasserfalllastige Flüsse runterzutragen. Die Eskimorolle sollte man schon beherrschen und wirklich immer mit einem vorsichtigen Team unterwegs sein, wenn man sich z. B. am Callaghan Creek (nahe Whistler), am Kuskanax Creek (in Nakusp, nahe Revelstoke) oder am Kicking Horse River (in Golden) in British Columbia in die Fluten stürzt. Wer will, kann sich auch am Taureau in der Nähe von Québec (Stadt) auf dem Jacques-Cartier River versuchen, dem „härtesten Ritt im Osten".

Ähnlichen Nervenkitzel auch ohne jahrelange Übung bringen geführte Raftingtouren. Man kann sich an Ottawas großen Stromschnellen versuchen, den Kicking Horse River in British Columbia runterjagen oder eine Woche auf dem eiszeitlichen Tatshenshini River (nahe Whitehorse) in Yukon verbringen.

Kanufahren

So alt wie das Kajak und ebenso kanadisch ist das Kanu. Dank der „feuchten" Geografie kann man einmal quer durchs Land paddeln und muss nur an zwei Stellen umtragen: an der Methye und der Grand Portage.

Anfänger beginnen in den flachen Gewässern des Algonquin oder des Quetico Provincial Park in Ontario (www.ontarioparks.com) oder im Schatten der Berge der Bowron-Lakes-Kette (www.bowronlakes.com) in British Columbia.

Wer den Bogen raushat, kann sich auf einem der 33 kanadischen Heritage Rivers versuchen (www.chrs.ca). Zu den besten gehören der South Nahanni River (bei Fort Simpson) in den Northwest Territories und der French River (nahe Sudbury) in Ontario.

Mountainbiken & Radfahren

Kalte Winter und große Entfernungen haben das Radfahren in Kanada geprägt: Es ist weniger Teil des Alltags als Sport. Das vorausgeschickt, kann man sagen, dass Kanada das Mountainbiken revolutioniert hat und einzigartige Landschaften zum Erforschen auf zwei Rädern bietet.

Als leichter Einstig bietet sich British Columbias Kettle Valley Rail Trail (KVR; www.kettle valleyrailway.ca) bei Kelowna mit nicht mehr als 2% Steigung an. Dieser spektakuläre Teil eines 600 km langen ehemaligen Bahndamms beinhaltet hölzerne Bockbrücken und Canyontunnels. Der Weg gehört zu einem immer weiter ausgebauten Radwegenetz auf Bahndämmen, das Radlern die Möglichkeit bietet, ruhige Ecken ohne störenden Verkehr oder allzu steile Anstiege zu erkunden.

Der KVR ist nur ein winziger Teil von etwas viel Größerem: dem Trans Canada Trail (www.tctrail.ca). *Der* Trail – eines der ambitioniertesten Wegeprojekte, das je begonnen wurde – ist noch nicht fertig, aber Tausende Kilometer dieses zukünftigen Rekordtrails wurden schon angelegt. Die gesamten 18 078 km (einige davon werden von Flüssen gebildet) werden von Küste zu Küste zu Küste 600 Gemeinden miteinander verbinden und für jede Form der Fortbewegung geeignet sein, ob nun Fahrradfahren, Schneemobilfahren, Reiten und Wandern.

Doch lieber in die Vertikale? An Vancouvers North Shore (www.nsm ba.ca) gibt es sehr viele enge und steile Strecken. Als Geburtsort des „Freeriding" (einer Kombination aus Downhill und Dirt Jump) bietet die Region einzigartige Innovationen: erhöhte Brücken, Baumstämme und schmale Bretter über nassem Unterholz. Seitdem solche Parcours so beliebt sind, haben viele Skigebiete in British Columbia Mountainbiken in ihr Programm aufgenommen und bieten jetzt Routen à la North Shore mit Liftservice. Beliebte Skigebiete wie Panorama (www.panora maresort.com), Apex (www.apexresort.com) und Sun Peaks (www.sun peaksresort.com) bieten gute Trails mit vernünftigen Preisen.

Wer seine Abfahrten gerne mal mit Kletterstrecken aufpeppt, ist in den Hardwood Hills (www.hardwoodhills.ca) in Ontario, eine Stunde von Toronto entfernt, richtig. Einen der „Epic Rides" der International Mountain Biking Association (www.imba.com/epics) runterbolzen geht natürlich auch, z. B. Rossland, den 30 km langen „Seven Summits Ridge Top Trail" (www.kcts.ca) in British Columbia.

Für Straßenradfahrer ist Kanadas Ostküste ideal, da es hier mehr kleine Städte gibt und weniger einsam ist. Man kann Tagesausflüge oder Mehrtagestouren machen. Schön ist es rund um den Lac St. Jean in Québec oder auf jedem anderen Teil der 4000 km langen Route Verte (www.routeverte.com), dem längsten Fahrradwegenetz Amerikas. Die ländlichen roten Straßen der Prince Edward Island und der Confederation Trail (www.tourismpei.com/pei-cycling) sind ebenfalls herrlich.

Top-Radelstrecken

- » Heritage Roads & Confederation Trail, Prince Edward Island
- » Kettle Valley Rail Trail, Kelowna, British Columbia
- » North Shore, Vancouver, British Columbia
- » Seven Summits, Rossland, BC
- » Route Verte, Québec

Klettern

Wo viele Berge sind, gibt's auch viele gute Kletterrouten, besonders in den Rockys. Peak Finder (www.peakfinder.com) kategorisiert 1500!

Felsklettern

Canmore, direkt außerhalb des Banff National Park, ist ideal für Anfänger und Fortgeschrittene. Kletterläden, eine Kletterschule (www.yam nuska.com) und Tausende von Sportrouten in Kalkstein in einem Umkreis von 30 Minuten um die Stadt machen einen Urlaub unvergesslich.

Die Skaha Bluffs (www.skaha.org) in British Columbias halbaridem Okanagan Valley locken Sportkletterer aller Couleur zu den über 700 Gneisrouten.

Von Kanadas zweiter Weinregion in Niagara, Ontario, verläuft ein Kalksteinsteilhang nach Nordwesten, der übersät ist mit Sportrouten. Man klettert am Rattlesnake Point, im Kelso Park oder über dem azurblauen Wasser der Georgian Bay in Lion's Head auf der Bruce Peninsula (www.thebruce peninsula/lionshead).

Wer bereit – und zwar wirklich bereit – ist, sich einer Herausforderung zu stellen, kann sich am Granitmonolithen „The Chief" versuchen. Wie die Faust eines wütenden Gladiators ragt er in Squamish, British Columbia, Kanadas Kletterhauptstadt, aus dem Pazifik. Wer den Chief's Apron gepackt hat, steht vor der Grand Wall, der gigantischen senkrechten Wand dieses „Yosemite des Nordens". Nicht grämen, wenn der Chief *too much* ist – es gibt viele Klippen mit vielen weiteren Routen rundum. Squamish Rock Guides (www.squamishrockguides.com) hat Infos.

Ähnliche Steilwände in alpiner Region bieten die Granit-Bugaboo Spires in der Purcell Range bei Golden, British Columbia.

Top-Klettertouren

- The Chief, Squamish, British Columbia
- Mt. Logan, Yukon Territory
- Canmore, Alberta
- Pont-Rouge, Québec
- Skaha Bluffs, Okanagan Valley, British Columbia
- Bugaboo Spire, near Golden, British Columbia

Eisklettern

Wenn die sommerliche Klettersaison endet, hören Kanadier nicht mit dem Klettern auf. Sie ziehen einfach ein paar warme Handschuhe und eine Daunenjacke an, greifen sich Steigeisen und Eispickel und freuen sich auf ausgiebiges Eisklettern bei gleichbleibend guten Bedingungen.

Nord-Ontarios Orient Bay (nahe Thunder Bay) ist ein spektakulärer, mit Eis überzogener Steilhang mit mehr als 100 Einseillängenrouten aller Schwierigkeitsgrade. Aus Pont-Rouge nordwestlich von Québec (Stadt) kommen einige der besten Eiskletterer der Welt. Das jährlich hier stattfindende Festiglace (www.festiglace.com) hebt die Vorzüge der Region nochmal hervor.

Aber der Eispalast der Welt sind eindeutig die kanadischen Rockys. Die Nationalparks Banff, Kootenay, Yoho and Jasper sind sechs Monate im Jahr frostig, und schon Anfang November sind so berüchtigte Routen wie der Polar Circus und der Curtain Call bereit. Zu heftig? Dann ab zu den Louise Falls (Lake Louise) oder den Professor Falls (Banff). In Canmore kann man sich erste Fertigkeiten aneignen.

Bergsteigen

Bergsteigen wurde in Kanada in den späten 1800er-Jahren etabliert, als die Canadian Pacific Railway, die ein paar todschicke Hotels im Banff National Park hatte, Schweizer Bergführer anheuerte, damit auch abenteuerlustigere Gäste wieder von ihren Touren zurückkehrten und ihre Rechnungen bezahlten. Berge wie der Mt. Victoria in Lake Louise sind immer noch beliebte Gipfel in einer der beeindruckendsten Bergsteigerregionen der Welt.

Wer es gern auf die europäischen Art mag, nimmt sich das Matterhorn Kanadas vor, den Mt. Assiniboine in British Columbia – komplett mit schicker Lodge und Berghütte. Andere Klassiker des Westens sind

EISHOCKEY: DER NATIONALE ZEITVERTREIB

Kanadier albern nicht bloß herum, wenn es um Eishockey geht. Sie spielen viel und sie spielen gut – wie die olympische Goldmedaille von 2010 beweist.

Grassroots Hockey, alias Teichhockey, wird in den Gemeinden des Landes jeden Abend auf irgendeiner gefrorenen Fläche gespielt. Man braucht dazu nur einen Puck, einen Schläger und ein paar Freunde. Plaster Rock, New Brunswick, richtet die jährliche Teichhockey-WM aus (www.worldpondhockey.com), bei der man sich – wenn man sich und die Kumpels früh genug anmeldet – mit Teams wie den Boston Danglers, Skateful Dead, Boiled Owls und anderen Amateuren messen kann.

Wer lieber zuguckt als spielt, für den haben Vancouver, Edmonton, Calgary, Toronto, Ottawa und Montreal NHL-Teams (www.nhl.com), bei denen es richtig zur Sache geht – gern auch mal Zahn um Zahn. Kleinere Profiteams und Juniormannschaften locken ebenfalls fanatische Anhänger in ihre Stadien. Lokale Teams findet man über die Websites der Canadian Hockey League (www.chl.ca) und der American Hockey League (www.theahl.com).

ABENTEUER IM SCHNEE

Die Saison ist lang! Um sicherzustellen, dass sich keiner beim guten alten Normalo-Wintersport langweilt, hier ein paar außergewöhnliche Winteraktivitäten:

» **Hundeschlitten fahren** Auf ein- oder zweitägigen geführten Touren kann man sein eigenes Gespann fahren lernen. In Yellowknife in den Northwest Territories bellen die Huskys genauso wie in Temagami im nördlichen Ontario.

» **Snowkiten** Windsurfen trifft Snowboarden: Es gibt Ausrüster am Marble Mountain an der Westküste Newfoundlands, die einem ins Geschirr und in den Wind helfen.

» **Skitouren** Für die Skitour „The Canadian Haute Route" bieten der Banff und der Yoho National Park vier Berghütten (www.alpineclubofcanada.ca) auf dem Wapta Icefield. Québecs Parc de la Gaspésie hat 14 Skihütten in den Chic Choc Mountains.

Albertas Mt. Edith Cavell bei Jasper, der Mt. Robson in British Columbia und der Sir Donald in den Rockys sowie der Garibaldi Peak im Garibaldi Provincial Park nahe Whistler.

Der legendärste Aufstieg ist auch der höchste: Mt. Logan im Yukon Territory. Man braucht ein paar Wochen Zeit, um den 5959 m hohen Gipfel des eisgekrönten Massivs im Kluane National Park zu besteigen.

Schweizer Bergführer sind kaum noch da, aber man kann kanadische (www.alpineclubofcanada.ca) anheuern, die zu den besten im Geschäft gehören und in die Fußstapfen ihrer Vorgänger getreten sind.

Angeln

In Kanada wimmelt es nur so von Amerikanischen Zandern, Hechten, Regenbogen- und Seeforellen sowie Muskys (einer Hechtart). Im nördlichen Saskatchewan liegen einige der fischreichsten Seen, viele davon mit angeschlossenen Angel-Lodges. Nördlich des 60. Breitengrads fängt man sein Abendessen ebenfalls problemlos, wenn auch auf etwas kostspieligere Art. Und doch ist es immer wieder erstaunlich, wie viel Glück man haben kann, wenn man im See neben der Straße angelt…

Angler sollten sich unbedingt über die lokalen, provinzeigenen und nationalen Angelregelungen informieren; die meisten Ausrüster können einem alles erzählen, was man wissen muss.

Kanada besitzt außerdem die längste Küstenlinie aller Länder und über 52000 Inseln – also ist auch Hochseeangeln beliebt. Im Pazifik wird gerne Pazifischer Lachs gefangen, während an vielen Atlantikbuchten gleich dutzendweise Makrelen oder Flundern herausgezogen werden, z. B. in Lunenburg, Nova Scotia. Es ist immer gut, einen Führer anzuheuern, denn Wetter und See sind launisch. Die einheimischen Experten helfen auch gern, den ersehnten großen Fang zu machen.

Top-Angelspots

» Miramichi River, New Brunswick

» La Ronge & Far North, Saskatchewan

» Lunenburg, Nova Scotia

» Great Slave Lake, Northwest Territories

Surfen, Windsurfen & Kiteboarden

Die Wind- und Wellensportarten in Kanada haben eines gemeinsam: kaltes Wasser. Aber bei einer so großen Auswahl von hochwertiger Ausrüstung nimmt man die Kälte kaum wahr, während man die tollen Bedingungen an einsamen Stränden und Seen genießt.

Surfen

In der Pacific Rim National Park Reserve an der Westküste von Vancouver Island kommt es nicht zu Drängeleien. Die Einheimischen nehmen's lässig, denn wenn sich der Nebel verzieht, erscheint ein endloser Sandstrand und dahinter ein gigantischer, dunkler Zedernwald. Juni und September sind für Normalsterbliche die besten Monate; wer aber immer mal wissen wollte, was Pazifikstürme so draufhaben, sollte im Winter surfen. Tofino außerhalb des Parks hat eine exzellente Auswahl von Surfschulen. Surfing Vancouver Island (www.surfingvancouverisland.com) gibt die aktuellsten Infos bekannt.

8000 km östlich bietet Nova Scotia ebenfalls gute Surfspots. Die Hurrikan-Saison der US-Südküste (Aug.–Nov.) beschert den Kanadiern steile Fast Breaks, knackige Right und Left Point Breaks, sowie Reef und Shoal Breaks im offenen Meer. Die besten Gegenden sind Lawrencetown, gleich außerhalb von Halifax, und die gesamte Südküste. Hier gibt's auch ein paar Surfschulen. Scotia Surfer hat die Fakten (www.scotiasurfer.com).

Top-Spots zum Surfen & Windsurfen

» Tofino, Vancouver Island, British Columbia

» Lawrencetown, Nova Scotia

» Nitinat Lake, Vancouver Island, British Columbia

» Howe Sound, Squamish, British Columbia

» Magdalen Islands, Québec

Windsurfen & Kiteboarden

Der Süßwassersee Nitinat Lake auf Vancouver Island bietet dank täglicher warmer Luftströme, die vom Meer herüberkommen, sehr beständige Windverhältnisse. Squamish in British Columbia profitiert von einem windleitenden Venturi-Effekt, wodurch es im Howe Sound ordentlich zur Sache geht.

In Albertas Oldman River Reservoir behindern nicht übermäßig viele Bäume den Wind, nur ein paar Windfarmen nutzen das Lüftchen. Im Herzen Kanadas haben Surfer vier Große Seen und die riesige Georgian Bay (über Midland, Ontario, hinfahren!) zur Auswahl.

Es scheint, als wären die Magdalen Islands in Québec – eine kleine Inselkette im Gulf of St. Lawrence, erreichbar per Fähre von Québec oder Prince Edward Island – wie gemacht für Windsportarten. Sollte der Wind hier in die falsche Richtung wehen, muss man nur ein paar Kilometer zu einem anderen Strand fahren, an dem die Bedingungen dann wieder perfekt sind. In geschützten Lagunen kann man das Kiteboarden sicher ausprobieren oder Schutz bei schlechtem Wetter suchen.

Reiten

Alberta ist ein toller Anlaufpunkt um Aufzusitzen. In den Nationalparks Banff und Jasper bieten Veranstalter einwöchige Wanderritte, bei denen in großen Zelten mit Öfen übernachtet wird und reißende Bäche überquert werden. Man lernt den Diamantknoten, hört Musik aus guter alter Zeit und bekommt das wohl beste Essen außerhalb von Mamas Küche. Wer will, kann auch auf dem Cowboy Trail (www.thecowboytrail.com) in den Porcupine Hills reiten. Im Süden von Calgary gibt's echtes Ranchfeeling, komplett mit Einfangen der Tiere und Viehtrieb.

SOMMER-HIGHLIGHTS

» **Raften in der Brandung** Die explosive Kraft der berühmten Fundy-Brandung macht dieses Erlebnis in Maitland, Nova Scotia, zu einem einzigartigen. Abhängig von der jeweiligen Mondphase kann der Ritt (www.tidalborerafting.com) wild oder mild sein. Auf jeden Fall wird man sehr, sehr nass.

» **Seilrutschen** Ab ins Geschirr und schon gleitet man hoch über der Erde durch Baumwipfel (feenhafte Geräusche machen ist kein Muss). Mehrere Provinzen haben Zipline-Unternehmen, z. B. Ziptrek Ecotours (www.ziptrek.com) in Whistler, British Columbia, und Marble Zip Tours (www.marbleziptours.com) nahe Corner Brook in Newfoundland.

» **Tauchen** In der „Smaragdsee" vor British Columbia finden Taucher Top-Spots wie Race Rocks (www.racerocks.com) in Victoria oder den Porteau Cove Provincial Park (www.bcparks.ca) nahe Vancouver. Zu sehen gibt's Wale, Seewölfe, Seelöwen, Tintenfische, Seehunde, Delfine und noch viel mehr. Süßwassertauchen geht auch, z. B. im Fathom Five National Marine Park (www.pc.gc.ca/fathomfive) in Ontario. Er liegt vor der Bruce Peninsula und bietet kristallklares Wasser, Unterwasserklippen und -höhlen sowie über 20 Wracks.

Indigene Kulturen

Die Ureinwohner Kanadas besiedelten das Land erstmals vor über 15000 Jahren. Der Begriff „indigen" bezieht sich auf die Nachfahren dieser ersten Kanadier, die heute drei verschiedene Volksgruppen bilden: Die First Nations bzw. nordamerikanischen Indianer, die Métis mit „gemischten" Wurzeln und die arktischen Inuit machen zusammen fast 4% der kanadischen Gesamtbevölkerung aus.

Indigene Volksgruppen

First Nations

Diese weit gefasste Bezeichnung gilt für alle indigenen Volksgruppen *außer* für die Métis und die Inuit, die auf S. 947 jeweils gesondert vorgestellt werden. Die fast 700000 Angehörigen der First Nations repräsentieren heute ca. 2% der kanadischen Gesamtbevölkerung; 40% von ihnen leben in Reservaten. Ihre über 600 Gemeinschaften werden manchmal auch als *bands* (Klans) bezeichnet.

Mit 198 Volksgruppen sind die First Nations in British Columbia am stärksten vertreten. Dahinter rangiert Ontario mit 126 Stämmen. Die übrigen Gruppen verteilen sich vor allem auf Saskatchewan, Manitoba, Alberta, Québec und die Northwest Territories.

Zwischen den einzelnen Volksgruppen bestehen je nach Region große Unterschiede.

Pazifikküste

Die Menschen an der Pazifikküste bauten einst Häuser aus Zedernholzbohlen und schnitzten aufwendige Totempfähle oder Kanus. Viele örtliche Kulturen sind u.a. für das sogenannte Potlatch berühmt: Bei diesem rituellen Fest werden großzügig Geschenke und Besitztümer verteilt. Von 1885 bis 1951 verbot Kanadas Regierung diesen Brauch als „unzivilisiert".

Das vielleicht bekannteste First-Nations-Volk der Region lebt auf der Inselgruppe Haida Gwai vor der Nordküste British Columbias: Als außergewöhnliche Kunsthandwerker sind die Haida für ihre Holzschnitzereien, Totempfähle und stilisierten Tierdrucke bekannt.

Ähnliche Kunstformen gibt es bei den Tsimshian auf dem Festland ebenso bei den Tlingit, die eine matrilineare Gesellschaftsform (Definition des sozialen Rangs über die Abstammung von der Mutter) pflegen und bis hinüber nach Alaska verbreitetet sind.

Ebenen

Als First Nations der Ebenen besiedelten vor allem Sioux, Cree und Blackfoot traditionell das Prärieland zwischen dem Lake Winnipeg und den Ausläufern der Rocky Mountains. Diese Stämme waren vor allem gewiefte Büffeljäger, die ihre Beute über Steilkanten wie den Head-Smashed-In Buffalo Jump im südlichen Alberta trieben. Das Büffel-

Indigene Gruppen

- » Pazifikküste: Haida, Tsimshian, Tlingit
- » Ebenen: Sioux, Cree, Blackfoot
- » Great Lakes/ St.-Lorenz-Strom: Ojibwe, Huron
- » Seeprovinzen: Mi'kmaq, Maliseet
- » Nördliches Québec & Labrador: Innu
- » Nördliches Ontario, Manitoba und Saskatchewan: Cree
- » Yukon & Northwest Territories: Dene, Gwich'in
- » Arktis: Inuit

The Long Exile (2007) von Melanie McGrath porträtiert drei Inuit-Familien, die im Rahmen der Durchsetzung von Kanadas Gebietsansprüchen im Kalten Krieg zum Umzug auf das extrem öde Ellesmere Island in der hohen Arktis gezwungen wurden.

Städte mit den meisten indigenen Bewohnern

» **Winnipeg** 68380

» **Edmonton** 52100

» **Vancouver** 40310

» **Calgary** 26575

» **Toronto** 26575

» **Saskatoon** 21535

» **Ottawa** 20590

» **Montréal** 17865

» **Regina** 17105

» **Prince Albert** 13565

Anteile an indigener Bevölkerung

» **Nunavut** 85 %

» **Northwest Territories** 50 %

» **Yukon Territory** 25 %

» **Manitoba** 15 %

» **Saskatchewan** 15 %

» **Alberta** 6 %

» **British Columbia** 5 %

» **Ontario** 2 %

fleisch diente der Ernährung und aus den Häuten wurden Tipis und Bekleidung gefertigt.

In den Ebenen leben auch heute noch viele Angehörige der First Nations und Métis.

Winnipeg ist landesweit die größte Hochburg der First Nations. Dicht dahinter folgt Edmonton. Die First Nations University of Canada (www.firstnationsuniversity.ca) in Regina ist die einzige Hochschule Kanadas unter Leitung dieser indigenen Ethnie.

Great Lakes & St.-Lorenz-Strom

Der Süden des heutigen Ontario und die Region entlang des St.-Lorenz-Stroms bilden die traditionelle Heimat der Irokesisch sprechenden Stämme – einst getrennt in Five Nations (u.a. Mohawk, Oneida, Seneca), Wyandot, Erie und die Neutralen (eine Konföderation verschiedener Ethnien). Trotz häufiger kriegerischer Konflikte untereinander waren dies allesamt kultivierte Stämme, die solide Langhäuser in großen Agrargemeinden bauten bzw. bewohnten und miteinander Handel trieben.

Auf Manitoulin Island im Lake Huron bewahren mehrere Reservate die Kultur der Ojibwe: Besucher können an Pow-Wows (indianischen Festen) teilnehmen und dem Great Spirit Circle Trail (www.circletrail.com) folgen. Außerhalb von Québec City liegt mit Wendake ein bewirtschaftetes Reservat der Wyandot, das 1960 als erstes seiner Art eine eigene Bank bekam. Heute arbeiten hier Angehörige anderer Stämme.

Seeprovinzen

Als zahlenmäßig größte First-Nations-Vertreter in den Seeprovinzen stellen Mi'kmaq und Maliseet kaum mehr als 1 % der dortigen Gesamtbevölkerung. Traditionell fischten die Angehörigen dieser Stämme im Sommer an der Küste, zogen aber zur winterlichen Karibu- und Elchjagd landeinwärts.

Das obere St. John River Valley im Westen New Brunswicks ist die Heimat der Maliseet, die berühmte Korbmacher sind. Die Mi'kmaq leben dagegen im Osten der Provinz. Zudem haben sie 14 Gemeinden in Nova Scotia, die hauptsächlich nahe Truro und rund um den See Bras d'Or am Cape Breton liegen. Auch Prince Edward Island hat eine kleine Mi'kmaq-Gemeinde.

In den letzten 20 Jahren ist eine Wiederbelebungsbewegung entstanden. Tänze, Gesänge, Heilrituale, religiöse Bräuche und die Sprache der Vorfahren werden inzwischen mit neuer Motivation gepflegt. Vor allem bei Truro finden oft öffentliche Pow-Wows statt.

Nordöstliches Québec & Labrador

Die Innu bevölkern seit ewigen Zeiten die kalten Gebiete mit borealem Nadelwald im Norden Québecs und Labradors. Sie werden oft mit den Inuit verwechselt, sind aber mit diesen nicht verwandt. Die Innu setzen sich aus den beiden First Nations der Naskapi und der Montagnais zusammen. Früher lebten sie meist nomadisch vom Fleisch und den Fellen erlegter Elche bzw. Karibus. Eine traditionelle und beliebte Kunsthandwerksform der Innu sind sogenannte Teepuppen aus Karibuhaut – sie sind gleichzeitig Spielzeug und Transportbehältnis für Teeblätter auf langen Reisen.

Etwa 80 % der Innu leben in Québec, 20 % in Labrador.

Nördliches Ontario, Manitoba & Saskatchewan

Die Cree dominieren diesen kühlen Landesteil. Als eine der größten kanadischen First Nations bewohnen sie auch teilweise die Ebenen weiter westlich und das östlich gelegene Québec. In Ontario unterhielt die Hudson Bay Company einst den Pelzhandelsposten Moose Factory. In dessen Nähe befindet sich heute ein berühmtes Reservat, das einst die erste indigene Öko-Lodge der westlichen Hemisphäre einrichtete. Viele Cree sind auch in der Eisbärenhochburg Churchill (Manitoba) zu Hause, wo sie etwa ein Drittel der örtlichen Einwohnerschaft ausmachen. Ihre Sprache hört man hier also häufiger.

Traditionell gelten die Cree als begabte Heiler.

Yukon Territory & Northwest Territories

Die Dene besiedelten als erste Menschen die heutigen Northwest Territories. Heute leben viele von ihnen in Yellowknife und in Dörfern im ganzen Mackenzie-Delta. Richtung Westen findet man Dene in Teilen Yukons und Alaskas, ostwärts in Richtung Nunavut und im Süden bis in die Prärien hinein. Diese traditionellen Jäger, Fischer und Fallensteller sind für ihre Flechtkörbe aus Birkenrinde bekannt.

Weiter nördlich leben die Gwich'in, deren Ernährung und Lebensweise größtenteils auf dem Karibu basiert. Diese First Nation hat aktiv gegen die Öl- und Gassuche im Arctic National Wildlife Refuge protestiert – mit dem Argument, dass durch die Bohrungen der für sie lebenswichtige Karibubestand dezimiert werde. Jagd und Fischerei sind die wichtigsten Wirtschaftsfaktoren der Gwich'in-Gemeinden.

Métis

Métis ist das französische Wort für „Mestizen". Ursprünglich bezeichnete es die Kinder von französischen Pelzhändlern und Cree-Frauen in den Prärien bzw. den Nachwuchs von englischen oder schottischen Händlern und Dene-Frauen oben im Norden. Heute sind Métis allgemein Kanadier mit europäischen und First-Nations-Wurzeln.

Mittlerweile stellen die Métis etwa ein Drittel der indigenen Landesbevölkerung und leben vor allem in Westkanada. Winnipeg und Edmonton sind die beiden Großstädte mit den meisten Métis.

Als bekannteste Persönlichkeit dieser Ethnie kämpfte Louis Riel einst für die Rechte der Métis, die während der kanadischen Westexpansion häufig diskriminiert wurden. Riel führte zwei Widerstandsbewegungen gegen die Regierung an. Nach seiner letzten Aktion bei Batoche in Saskatchewan (1885) wurde er verhaftet und als Landesverräter verurteilt. Inzwischen ist Riel für die meisten Kanadier jedoch ein Held.

Im Gegensatz zu anderen First Nations haben die Métis nie in Reservaten gelebt.

Inuit

Die Ureinwohner der kanadischen Arktis, die 56000 Inuit, repräsentieren ca. 4% der indigenen Landesbevölkerung. Sie verteilen sich auf insgesamt vier arktische Regionen: Nunavut, Nunavik (nördliches Québec), Nunatsiavut (Labrador) und die Gegend um Inuvialuit (Northwest Territories). Somit ist ein ganzes Drittel der Fläche Kanadas die Heimat der Inuit.

Diese indigene Gruppe hat nie in Reservaten gelebt und bevorzugt seit jeher kleine Gemeinden. 38% dieser Gemeinden zählen weniger als 500 Köpfe. In ca. 29% aller Inuit-Dörfer leben 500 bis 999 Menschen, und 33% der Siedlungen haben 1000 oder mehr Einwohner.

Traditionell jagten die Inuit Wale und Großwild, verbrachten den Winter in Iglus und nutzten Kanus oder Hundeschlitten zur Fortbewegung. Inzwischen ersetzen Schneemobile und Häuser die Schlitten und Iglus. Dennoch ist Jagen für den Eigenbedarf immer noch ein wichtiger

Top-Kulturzentren der First Nations

» Haida Heritage Centre (www.haidaheritagecentre.com), British Columbia

» Dänojà Zho Centre (www.trondek.com), Yukon Territory

» Museum of Northern BC (www.museumofnorthernbc.com), British Columbia

» Wanuskewin Heritage Park (www.wanuskewin.com), Saskatchewan

Wirtschaftsfaktor – ebenso die traditionelle Specksteinschnitzerei und das Anfertigen von Drucken.

Die Inuit-Sprache Inuktitut ist polysynthetisch: Solche Grammatiksysteme kombinieren ein Wurzelwort (ein zentrales Lexem) mit verschiedenen Nachsilben.

Zeitgeschichte

Aussöhnungsschritte

Anders als in den USA beinhalteten Kanadas europäisch-indigene Konflikte keine Vernichtungskriege. Nichtsdestotrotz litt die indigene Bevölkerung während der gesamten Landesgeschichte unter Diskriminierung, Landraub und Bürgerrechtsverletzungen.

Chester Browns außergewöhnlicher Comic-Roman *Louis Riel: A Comic Strip Biography* (2003) ist ein machtvolles Werk, in dem die faszinierende Geschichte des charismatischen Métis-Anführers im Manitoba des 19. Jhs. erzählt wird.

Der Frust der indigenen Bevölkerung über diese Zustände gipfelte 1990 in der Oka-Krise. Ein Gebietsanspruch war der Auslöser dieses gewaltsamen Zusammenstoßes zwischen der Regierung und einer Mohawk-Aktivistengruppe bei Montréal: Die Kleinstadt Oka wollte damals einen Golfplatz auf ein heiliges Gelände der Mohawk ausdehnen. Daraufhin entbrannte ein 78-tägiger Konflikt, in dessen Verlauf ein Polizist infolge von Schussverletzungen starb. Das Ereignis erschütterte ganz Kanada. Zudem lenkte es die nationale Aufmerksamkeit auf weitere Landkonflikte und die Verletzung der Menschenrechte der indigenen Bevölkerung.

Infolge der Vorfälle von Oka empfahl ein Bericht der Royal Commission on Aboriginal Peoples, die Beziehungen zwischen Regierung und Ureinwohnern vollständig aufzuarbeiten. Nach einem gewissen Zögern veröffentlichte das Department of Indian and Northern Affairs 1998 eine Versöhnungserklärung, in der es offiziell die Verantwortung für vergangene Ungerechtigkeiten gegenüber den Ureinwohnern übernahm. Das Ministerium entschuldigte sich vor allem für die Praxis, indigene Kinder aus ihren Familien zu reißen und sie im Namen der Integration an unterfinanzierten staatlichen Schulen zu unterrichten. Am wichtigsten war jedoch, dass es den indigenen Ethnien mehr Kontrolle über deren Ländereien, Ressourcen, Verwaltungs- und Wirtschaftsangelegenheiten zusicherte.

Landkonflikte

Die meisten Ureinwohner sahen Land nicht als ihr eigenes Gut an, als sie Verträge mit den ersten europäischen Siedlern schlossen. Vielmehr dachten sie, das Land und dessen Ressourcen würden gerecht geteilt. Die Kolonisten betrachteten die Verträge jedoch als einen Tausch von Land gegen Entschädigung.

Europäische Forschungsreisende bezeichneten die Inuit erstmals als „Eskimos". Dieser Begriff ist von einem Algonkin-Wort abgeleitet, das „Rohfleischesser" bedeutet. Er wird im heutigen Kanada kaum noch verwendet und gilt weithin als Beleidigung.

Über 50 Verträge wurden zuerst mit der britischen und dann mit der kanadischen Regierung geschlossen. Nicht alle First Nations, Inuit oder Métis unterzeichneten Verträge. Von denen, die es taten, erhielten aber nur wenige die versprochenen Grundstücke, Medikamente, Häuser, Gelder oder Nahrungsmittel. Deshalb machen die Ureinwohner seit den 1970er-Jahren Landansprüche gegen den Bundesstaat und die Provinzregierungen geltend. Dieses Thema wurde immer dringlicher, als Pläne zur Ressourcenförderung im Norden geschmiedet wurden. Wo keine Verträge geschlossen wurden, betreffen die Landansprüche fast die Hälfte der kanadischen Gesamtfläche. Verträge sind wichtig: Gemäß dem Constitution Act von 1982 räumen sie den indigenen Kanadiern als den ursprünglichen Bewohner des Landes bestimmte Rechte ein.

Eine effektive Beilegung der Landkonflikte ist sehr kompliziert, da dies zwei verschiedene Regierungsebenen betrifft – inklusive aller resultierenden Besitzdebatten und der Frage, wie die Verträge zu interpretieren sind. Einige Fälle sind auch nach 50 Jahren noch ungeklärt, und die Frustration diesbezüglich steigt weiter. In den 1980er- und 1990er-Jahren wurde der Kampf um eine Lösung der Landstreitigkeiten immer heftiger und teilweise gewalttätig. 1985 blockierten British Columbias Haida die Abholzung eines uralten Waldes und beendeten so ein 13-jähriges Ringen um Landansprüche. Zwischen Ureinwohnern und Staatsmacht kam es zu bewaffneten Zusammenstößen – beispielsweise 1995 im Reservat Camp Ipperwash (Ontario), als die Polizei den Chippewa-Aktivisten Anthony Dudley George erschoss.

Andernorts wehrten sich die Cree und Inuit des nördlichen Québec gegen Baupläne für mehrere Staudämme zur Stromgewinnung. Nach Beilegung dieses Konflikts unterzeichneten die Regierungsvertreter Kanadas und Québecs im November 1975 das James Bay and Northern Québec Agreement: Als erste moderne Einigung über Landansprüche räumte das Abkommen den Ureinwohnern exklusive Jagd- und Fischereirechte auf 170 000 km² Fläche ein. Doch 1988 unterschrieb Hydro-Québec einen Vertrag mit der New York Power Authority über 17 Mrd. C$, in dem es darum ging, dass Strom aus einem zweiten Dammbauprojekt namens Great Whale Project exportiert werden sollte. Dieses Projekt hätte jedoch das Vertragsland der Cree und Inuit teilweise überflutet. So entfachte Oberhäuptling Matthew Coon Come 1990 eine vielbeachtete Mediendiskussion, die u.a. von Robert Kennedy Jr. unterstützt wurde. Cree und Inuit paddelten in einem traditionellen Kanu von der Hudson's Bay bis nach Manhattan. Daraufhin annullierte der Staat New York den Deal und Québec stellte das Projekt ein.

1993 endete Kanadas größter Landstreit, als Premierminister Brian Mulroney offiziell das neue Territorium Nunavut ausrief. Die Bestimmung trat 1999 in Kraft und verschaffte den Inuit nach über 20 Verhandlungsjahren endlich Autonomie. Seitdem haben die 28 000 Einwohner des hohen Nordens die Kontrolle über rund ein Fünftel der kanadischen Gesamtfläche inne.

Die Einrichtung von Nunavut führte dort zu einer groß angelegten Suche nach Mineralienvorkommen, die dem Territorium dringend benötigte Einnahmen verschaffen könnten. 2002 waren auch die meisten Landkonflikte mit den Dene, Inuit und Métis im Mackenzie Valley (Northwest Territories) beigelegt, wo eine Öl- und Gaspipeline entstehen soll.

Indigene Landansprüche füllen weiterhin die Titelseiten kanadischer Zeitungen. Um auf ihren Kampf und die schlechten Lebensbedingungen in den Reservaten aufmerksam zu machen, blockierten die First Nations am Canada-Day-Wochenende 2007 den Haupthighway zwischen Toronto und Montréal.

Dennoch gibt's Grund zur Hoffnung: Noch im selben Monat unterzeichnete Québecs Regierung ein Abkommen, das den Cree im Norden der Provinz ein Selbstverwaltungsrecht für Justiz- und Gemeindeangelegenheiten einräumte.

Newfoundlands Beothuk bemalten ihre Gesichter zu zeremoniellen Zwecken mit Ocker. Deshalb wurden sie von eintreffenden Europäern als „Rothäute" bezeichnet – ein Name, der wenig später für alle Ureinwohner Nordamerikas verwendet wurde. Die letzten Beothuk starben 1829.

Arktische Abbitte

2010 absolvierte Kanada einen weiteren wichtigen Akt der Abbitte: Es entschuldigte sich offiziell für die Umsiedlung von Inuit-Familien in den hohen Norden während der 1950er-Jahre. Damals hatte die Regierung den Familien ein besseres Leben durch den Umzug in diese Region versprochen. Allerdings blieb die versprochene und notwendige Unterstützung in Form von angemessenen Unterkünften oder Lebensmittellieferungen aus. Infolgedessen mussten die Familien schwer ums Überleben kämpfen. Viele behaupteten, dass die Regierung die Inuit nur aus scheinbarer Hilfsbereitschaft zum Umzug überredet habe. Dieser habe vielmehr dazu gedient, Kanadas Souveränität in der Aktis im

Kalten Krieg zu stärken. Der Entschuldigung war 1996 ein Abkommen vorausgegangen, bei dem die Regierung 10 Mio. C$ für einen Entschädigungsfonds zugunsten der betroffenen Familien freigab.

Indigene Kunst

Die bildenden Künste zeigen die gemeinsame Geschichte von Kanadas indigenen und anderen Kulturformen am deutlichsten. Mitte des 19. Jhs. malten Paul Kane und Cornelius Krieghoff Bilder mit Ureinwohner-Motiven. Ihre Werke sind im Royal Ontario Museum (Toronto; www.rom.on.ca) und in der National Gallery (Ottawa; www.gallery.ca) ausgestellt. Emily Carr besuchte Dörfer der First Nations im nördlichen British Columbia. Ihre lebendigen Gemälde mit Totempfählen, Architektur- und Naturmotiven – geprägt von Kunst und Spiritualität der Ureinwohner – sind teilweise in der Vancouver Art Gallery (www.vanartgallery.bc.ca) zu sehen. „Die indianische Kunst erweiterte meine Wahrnehmung", schrieb sie in ihrer Autobiografie, die 1946 posthum veröffentlicht wurde.

Top-Museen mit indigener Kunst

- Art Gallery of Ontario (www.ago.net), Toronto
- Museum of Civilization (www.civilization.ca), Gatineau
- National Gallery (www.gallery.ca), Ottawa
- UBC Museum of Anthropology (www.moa.ubc.ca), Vancouver

Seit Mitte des 20. Jhs. wird indigener Kunst eine hohe Anerkennung zuteil. Vor allem für Skulpturen der Inuit hat sich ein Markt aufgetan. Epizentrum der Produktion ist die verschneite Kleinstadt Cape Dorset auf Baffin Island (Nunavut): In den dortigen Ateliers und Kooperativen kann man Specksteinschnitzern bei ihrer Arbeit zusehen. Der allergrößte Teil der landesweit verkauften Inuit-Kunst stammt aus Cape Dorset.

Während manche indigene Kreative in Gruppen zusammenarbeiten, gehen andere einen eher individualistischen Weg. In Vancouver zeigen die Bill Reid Gallery of Northwest Coast Art (www.billreidgallery.ca) und das Museum of Anthropology (University of British Columbia) die atemberaubenden Skulpturen des einflussreichen Haida-Künstlers Bill Reid. Ebenfalls sehenswert sind Norval Morriseaus farbenfrohe Gemälde zu Legenden der Ojibwe, der Medien-Mix von Edward Poitras aus Saskatchewan und die Werke jüngerer Künstler wie Marianne Nicholson oder Brian Jungen.

Indigener Tourismus

Dass der indigene Tourismus sich wachsender Beliebtheit erfreut, zeigt, dass Kanadas Ureinwohner ihre traditionellen kulturellen Wurzeln heute bewusst zu bewahren oder wiederzufinden versuchen. Besucher können z. B. in Tofino (British Columbia) das Paddeln mit traditionellen Kanus erlernen, Fladenbrot in einem Mi'kmaq-Café auf Lennox Island (Prince Edward Island) probieren oder versuchen, eigenhändig einen Hundeschlitten in Nunavut zu steuern. Vor allem in entlegenen Regionen mit nur wenigen „Stadtjobs" sind Unternehmen im Besitz bzw. unter der Leitung von First Nations, Métis und Inuit eine wichtige Einkommensquelle: 2001 beschäftigten sie über 10 000 Menschen bei einem Umsatz von 862 Mio. C$.

Kürzlich reiste ein Wissenschaftlerteam per Hundeschlitten über Baffin und Ellesmere Island in Kanadas hohen Norden, um Inuit-Familien zu befragen und deren persönliche Eindrücke vom Klimawandel zu dokumentieren. Fotos und Podcasts gibt's unter www.globalwarming101.com.

Je weiter man in Kanada Richtung Norden reist, umso mehr profitieren die Ureinwohner von den Touristendollars. First Air (www.firstair.ca) und Air Creebec (www.aircreebec.ca) sind in indigenem Besitz – ebenso die Hotelkette Inns North (www.innsnorth.com), deren Standorte sich auf 19 Gemeinden in ganz Nunavut und den Northwest Territories verteilen. Mit Cruise North (www.cruisenorthexpeditions.com) betreiben die Inuit eine Firma für Freizeitkreuzfahrten, die „eisige" Trips wie Natursafaris im Herzen des Torngat Mountains National Park (Labrador) anbietet.

Zunehmend machen die Ureinwohner auch ihren Alltag für Besucher zugänglich. So kann man z. B. *maktaaq* (Walschwarte), geräucherte Renke und Karibu-Eintopf im Wohnhaus eines traditionellen

Jägers in Tuktoyaktuk genießen oder bei Familien in Iqaluit übernachten. Ansonsten reicht das äußerst facettenreiche Erlebnispotential von Wanderungen im Sylvia Grinnell Territorial Park (Iqaluit; www.nunavutparks.com) und einem Kulturbummel beim Great Northern Arts Festival in Inuvik (Northwest Territories; www.gnaf.org) bis hin zu Workshops über Mokassinherstellung am Head-Smashed-In Buffalo Jump (Alberta; www.head-smashed-in.com). Nk'Mip in Osoyoos (British Columbia; www.nkmip.com) ermöglicht außerdem Weinproben und sogar eine Runde Golf.

INDIGENE MEDIEN

Nachrichten

» **First Nations Drum** (www.firstnationsdrum.com) Landesweit erscheinende Zeitung.

» **First Perspective** (www.firstperspective.ca) News im Internet.

» **CBC Aboriginal** (www.cbc.ca/Aboriginal) CBC-Website, die sich indigenen Nachrichten und Kulturaspekten widmet – inklusive Links zu Regionalprogrammen in den Sprachen der Ureinwohner.

TV

» **Aboriginal Peoples Television Network** (APTN; www.aptn.ca) Landesweites Kabel- bzw. Satellitennetz, das Programme für die indigene Bevölkerung produziert und sendet.

» **Cooking with the Wolfman** (www.cookingwiththewolfman.com) Bei seiner Show auf APTN bereitet Küchenchef David Wolfman traditionelle Gerichte mit modernem Touch zu (z. B. Wapiti-Medaillons mit Jakobsmuscheln oder Elch-Moussaka). Rezepte stehen auf der Website.

Kino

» **Octobre** (1994) Drama des provokativen Filmemachers Pierre Falardeau aus Québec, das die terroristische Entführung und Ermordung von Pierre Laporte während der Oktoberkrise 1970 aus dem Blickwinkel der Kidnapper zeigt.

» **Rocks at Whiskey Trench** (2000) Dokumentation von Alanis Obomsawin, die die Ereignisse rund um die Oka-Krise von 1990 und deren Auswirkungen auf die Mohawk-Gemeinde beleuchtet.

Musik

» **CBC Radio 3** (www.radio3.cbc.ca) Independent-Musiksender, der über Internet- oder Satellitenradio empfangbar ist. Tipp: Der wöchentliche Podcast „Ab-Originals" unter dem Motto „A Musical Podlatch" (ein musikalisches Podlatch).

» **Canadian Aboriginal Music Awards** (www.canab.com) Präsentiert u. a. die Preisträger in den Albumkategorien Rock, Blues, Hiphop, traditionelle Flötenklänge, Pow-Wow-Musik und Handtrommel-Sounds. Links führen zu den Künstlern und deren kreativen Produkten.

Bücher

» **Theytus Books** (www.theytus.com) In British Columbia ansässiger Verlag, der z. B. mit Belletristik, Kinderbüchern, Memoiren und Poesie bzw. Kurzgeschichten in Journalform diverse Literaturgenres abdeckt.

Allgemeine Informationen

» **Aboriginal Canada Portal** (www.aboriginalcanada.gc.ca) Website der kanadischen Bundesregierung mit umfassenden Links und Infos zu allen erdenklichen Themen rund um die indigene Bevölkerung.

John Vaillants Sachbuch *The Golden Spruce* (2005) handelt von der Fällung eines uralten Baums. Zudem porträtiert es die Kultur der Haida und die Inselgruppe Haida Gwaii hervorragend.

Mehrere Orte laden zum längeren Eintauchen in die hiesigen Kulturen ein: Auf die über 100 Inseln der Gwaii Haanas National Park Reserve & Haida Heritage Site (www.pc.gc.ca/gwaiihaanas) verteilen sich uralte Haida-Dörfer, Bestattungshöhlen und gruselige Totempfähle. Viele Besucher erkunden diese Welt über mehrere Tage mit dem Kajak. Moose Factory im nördlichen Ontario ist ein munteres Cree-Reservat mit geführten Touren und der ersten Öko-Lodge der Nordhalbkugel, die ausschließlich Ureinwohnern gehört (www.creevillage.com). Deren Einrichtungsdesign spiegelt die traditionellen Werte der Cree wieder, denn es wurden umweltfreundliche Materialien wie Biowolle oder -baumwolle verwendet und es gibt noch viele weitere Öko-Details.

Prima Links zu indigenen Tourismusangeboten in ganz Kanada gibt's unter http://canada.travelall.com/promos/Aboriginal.htm. British Columbias eigene Aboriginal Tourism Association (www.aboriginalbc.com) liefert Fakten zu 60 regionalen Firmen im Besitz von Ureinwohnern.

Weinregionen

Viele Besucher – besonders die, die glauben, ganz Kanada liege das ganze Jahr über unter einer dicken Schneedecke – überrascht es, dass hier Wein angebaut wird. Die Vorurteile legen sich jedoch nach dem ersten oder zweiten Glas. Kanadische Weine haben in den vergangenen Jahren zunehmend an Ansehen gewonnen. Da sie nur im kleinen Stil angebaut werden und die Dominanz anderer Länder zu groß ist, wird Kanada zwar nie zu den Marktführern gehören, dennoch warten auf Liebhaber des Rebensafts einige köstliche Überraschungen.

Am besten probiert man einen Wein mit seinen spezifisch regionalen Eigenschaften direkt an der Quelle. Bei den Reisevorbereitungen kann man beispielsweise Besuche von Weingütern der Umgebung mit einplanen. Empfehlenswert sind die vielen erstklassigen Weinkellereien in der Niagara-Region in Ontario oder im Okanagan Valley in British Columbia, den führenden Anbaugebieten der Region. Die kleineren, meist rustikalen Winzerbetriebe in Québec und die exklusiveren Kellereien in Nova Scotia und im Cowichan Valley auf Vancouver Island lohnen jedoch ebenso einen Besuch.

Welche Weinroute man auch wählt, es erwarten einen literweise Rebensaft (den Fahrer bestimmt man am besten per Los ...) sowie die ein oder andere unerwartete Begegnung. Wichtig ist, genug Platz in seinem Koffer für Mitbringsel zu haben (Verpackungsmaterialien sind vor Ort vorhanden) – allerdings ist die Versuchung groß, alles selbst zu trinken, bevor es zum Flughafen geht!

Auf der Website von Wines of Canada (www.winesofcanada.com) werden hunderte kanadische Weinkellereien vorgestellt; außerdem informiert sie über Weingeschichte und regionale Rebsorten.

DOCH LIEBER EIN BIER?

Bevor der Eindruck entsteht, in Kanada werde nur Wein getrunken: Bier ist mindestens genauso beliebt. Schnell stößt man auf die recht unspektakulären, in Massen produzierten Biersorten der Brauereigiganten Labatt und Molson. Allerdings gibt es auch eine aufstrebende regionale und lokale Szene von Kleinbrauereien zu entdecken, die fantastische Ales, Bitter und Lagerbiere produzieren.

Mittelgroße Unternehmen wie Moosehead in New Brunswick, Alexander Keith's in Nova Scotia, Sleemans in Ontario, Big Rock in Alberta und Okanagan Springs in BC brauen süffige, fast überall erhältliche Sorten. Ein Teil der Brauereien wurde in den letzten Jahren von den zwei Marktführern aufgekauft, allerdings waren die Riesen clever genug, an den Erfolgsrezepten nicht viel zu ändern.

Die leckerste Wahl trifft man aber immer noch mit lokalen Bieren. In Kanada gibt es jede Menge ausgezeichnete kleine Brauereien; am besten lernt man sie kennen, indem man beim Bestellen einfach nach der einheimischen Sorte fragt. Ausgezeichnete Gerstensäfte produzieren beispielsweise Boréale in Québec, die Wild Rose Brewery in Alberta und Propeller Brewing in Nova Scotia. In Ontario bieten die Wellington Brewery, Kawartha Lake Brewing Company und Steam Whistler Brewing hohe Qualität, in BC wiederum Phillips Brewing, Tree Brewing, Central City Brewing und noch viele mehr. Na dann: Prost!

Die regionale Weinkarte

Egal wie durstig man ist, das nächste Weinanbaugebiet ist in Kanada selten allzu weit entfernt. Wer also ein paar der Kellereien kennenlernen und die leckeren lokalen Rebsorten probieren möchte, kann problemlos eine kleine Weintour in seinen Reiseplan einbauen. Im Folgenden gibt's einen Überblick über die besten Anbaugebiete, von den gigantisch großen bis zu den winzig kleinen. Am besten bleibt man gleich den ganzen Sommer und besucht sie alle!

Weitere Infos zu Weinanbaugebieten in Nova Scotia und zu Kursen und Festen gibt's unter www.winesofnovascotia.ca.

Okanagan Valley

Die Hügel der von Seen eingerahmten Region in BC lohnen die fünfstündige Fahrt ab Vancouver. Auf die Weinberge verteilen sich über 100 Kellereien, die vom facettenreichen Klima profitieren, das sowohl frische Weiß- als auch kräftige Rotweine hervorbringt. Von Pinot Noir über Pinot Gris und Pinot Blanc bis zu Merlot und Chardonnay – hier ist für jeden Geschmack etwas dabei. Die meisten Besucher schlagen ihr Quartier in Kelowna auf, der Weinhauptstadt des Okanagan Valley, und besichtigen dann renommierte Großkellereien wie Mission Hill, Quail's Gate, Cedar Creek und Summerhill Pyramid Winery (ja, es ist tatsächlich eine Pyramide!). An viele sind ausgezeichnete Restaurants mit traumhaftem Ausblick angeschlossen; mehr dazu auf S. 804.

Unter www.winebc.com gibt es weitere Infos zu den Weinanbaugebieten BCs und zu jährlichen Festen, außerdem stehen Karten zum kostenlosen Download bereit.

Golden Mile

Einige der besten Weinkellereien des Okanagan Valley in BC befinden sich im Süden rund um die historische Stadt Oliver. Dort schafft das warme Klima der Region Golden Mile ideale Bedingungen für eine lange Anbausaison. In den Kies-, Ton- und Sandböden gedeihen Rebsorten wie Merlot, Chardonnay, Gewürztraminer und Cabernet Sauvignon. Die etwa 20 hier ansässigen Weingüter, darunter so renommierte Winzerbetriebe wie Burrowing Owl, Tinhorn Creek und Road 13 Vineyards, liegen in einem Umkreis von etwa 20 km, wodurch sich die Gegend ideal für eine Weintour eignet. Und wer immer noch nicht genug hat, fährt weiter Richtung Süden zu den Nk'Mip Cellars in Osoyoos; die Weinkellerei der First Nations liegt am Rande einer Wüste.

Niagara Peninsula

In der malerischen Landschaft Ontarios mit ihren Landgasthöfen und zauberhaften alten Städten sind über 60 Kellereien ansässig, die mehr als drei Viertel der kanadischen Weine anbauen. Die Region teilt sich in das niedrig gelegene Gebiet rund um Niagara-on-the-Lake und das höher gelegene Niagara Escarpment. Das komplexe Zusammenspiel von Boden und Klima, das oft mit dem des Loire-Tals verglichen wird, eignet sich ideal für den Anbau von Chardonnay, Riesling, Pinot Noir und Cabernet-Franc. Zudem wird hier das Gros der kanadischen Eis-

BRITISH COLUMBIAS INSEL-APERITIF

Das grüne Cowichan Valley auf Vancouver Island ist schon lange landwirtschaftliches Anbaugebiet und Heimat einiger wunderbarer kleiner Weingüter. Eine kurze Fahrt von Victoria entfernt liegen die Kellereien Averill Creek, Blue Grouse, Cherry Point Vineyards und Venturie-Schulze. Für Abwechslung sorgt die Merridale Estate Cidery, die auf ihren leicht gewellten Obstplantagen Äpfel für sechs verschiedene Apfelweine anbaut. Infos zu den genannten Weingütern gibt's unter www.wineislands.ca.

weine angebaut; der süße Dessertwein wird aus am Rebstock gefrorenen Trauben hergestellt. Neben den größten und besten Weingütern des Landes wie Inniskillin, Jackson-Triggs und Peller Estates sind hier auch kleinere Kellereien ansässig, so z. B. Magnotta und die Cave Spring Cellars im Niagara Escarpment.

Prince Edward County

Nicht alle Weingüter Ontarios befinden sich in der Niagara-Region – das beweist dieses recht neue Anbaugebiet im Südosten der Provinz, etwa drei Autostunden von Toronto entfernt. Der Prince Edward County ist eine charmante Alternative, wenn man den Reisegruppen in den Hauptanbaugebieten entgehen will. In der Region wird traditionell Obst angebaut und in dem im Vergleich mit Niagara kühlen Klima gedeihen Rebsorten wie Chardonnay und Pinot Noir. Zu den interessantesten Weinkellereien gehören Closson Chase, Black Prince Winery und Grange of Prince Edward. Für Abwechslung in Ontario sorgen zudem weitere Anbaugebiete wie Pelee Island und Lake Erie North Shore.

Cantons de l'Est

Etwa 80 km südöstlich von Montréal beginnt diese idyllische Ackerbauregion Québecs mit ihren ruhigen Dörfern, grünen Wäldern, kristallklaren Seen und sich windenden Landstraßen. In den letzten Jahren haben sich vermehrt Weinkellereien zu den traditionellen Farmen gesellt, wobei das kalte Klima und der Boden in erster Linie die Rebsorten Riesling und Chardonnay hervorbringen. Die eigentlichen Spezialitäten der Region sind jedoch Eis-, Dessert- und Fruchtweine – wer es süß mag, ist hier also richtig. Für wahre Gaumenfreuden sorgen dabei Kellereien wie Domaine Félibre, Vignoble de L'Orpailleur und Vignoble le Cep d'Argent.

Montérégie

Führendes Anbaugebiet von Québecs erweiterten Cantons de l'Est ist diese hügelige, ländliche Region voller Weinberge und Obstgärten und mit jeder Menge Ahornbäume. Hier gibt es zahlreiche Obstplantagen und eine dementsprechend große Auswahl an aromatischen Apfel- und Fruchtweinen. Angebaut werden auch alle möglichen roten und weißen Rebsorten, Spezialität der Region sind jedoch Roséweine. Zu den empfehlenswerten Kellereien gehören Domaine St.-Jacques, Les Petits Cailloux und Vignoble des Pins. Übrigens: In vielen Restaurants in Québec dürfen Gäste ihre eigenen Weine mitbringen – es lohnt sich also, ordentlich einzukaufen!

Nova Scotia

Die sechs kleineren Weinanbauregionen Nova Scotias erstrecken sich von der warmen Küstenlinie der Northumberland Strait bis zum grünen Annapolis Valley. Die etwa zwei Dutzend Weingüter liegen größtenteils nur ein paar Autostunden von Halifax entfernt. Die Region gehört zu den weltweit kältesten Anbaugebieten, so werden hier vor allem Weißweine produziert, darunter die einzigartige Rebsorte l'Acadie Blanc. Innovative Schaumweine sind die Spezialität der Provinz und der Fokus der verschiedenen Kellereien wie der exzellenten Benjamin Bridge Vineyards. Köstliche Tropfen stellen außerdem Gaspereau Vineyards, Jost Vineyards und Domaine De Grand Pre her.

Weinfeste

Da in Kanada jede Menge Weinfeste stattfinden, lohnt es sich, seine Reise durch die Weinregionen mit den entsprechenden Daten abzustimmen. Schließlich sind diese geselligen Zusammenkünfte eine per-

Lektüre

» *John Schreiner's Okanagan Wine Tour Guide* von John Schreiner (2010)

» *Crush on Niagara: The Definitive Wine Tour Guide for Niagara, Lake Erie North Shore, Pelee Island and Prince Edward County* von Andrew Brooks (2010)

» *Wine Atlas of Canada* von Tony Aspler (2006)

» *Wineries and Wine Country of Nova Scotia* von Sean Wood (2006)

» *British Columbia Wine Country* von John Schreiner und Kevin Miller (2007)

Süffige Weinblogs

» Basic Juice (www.basicjuice.blogs.com)

» Canadian Wine Guy (www.canadianwineguy.com)

» John Schreiner on Wine (www.johnschreiner.blogspot.com)

» Dr. Vino (www.drvino.com)

» Grape Guy (www.ontheroadwithgrapeguy.blogspot.com)

fekte Gelegenheit, Land und Leute kennenzulernen. In BC ist es recht wahrscheinlich, eines der großen vier Weinfeste im Okanagan Valley – für jede Jahreszeit eins – mitzuerleben. Dazu gehören das zehntägige **Fall Wine Festival** im Oktober mit insgesamt 165 Programmpunkten und das äußerst vergnügliche **Winter Festival of Wine**, das jeden Januar im Wintersportort Sun Peaks stattfindet. Weitere Infos zu diesen Veranstaltungen gibt's unter www.thewinefestivals.com. Wer sich lieber an die Großstädte hält, kann im März das **Vancouver Playhouse International Wine Festival** (www.playhousewinefest.com) oder im Juli das **Victoria's Festival of Food and Wine** (www.victoriataste.com) besuchen.

Auch die Niagara-Region in Ontario feiert mehrmals im Jahr ihre Weine, beispielsweise beim **Icewine Festival** im Januar, beim **New Vintage Festival** im Juni und beim neuntägigen **Niagara Wine Festival** im September. Weitere Informationen findet man unter www.niagarawinefestival.com.

Québec widmet seinen Rebensäften einmal im Jahr das **Montréal Passion Vin** (www.montrealpassionvin.ca). Bei dieser noblen Wohltätigkeitsveranstaltung dreht sich alles um einzigartige und seltene alte Rebsorten. In der Region Magog-Orford in den Cantons de l'Est wiederum wird im September die mehrtägige **Fête des Vendanges** (www.fetedesvendanges.com) mit Speis und Trank aus der Region gefeiert.

Auch die Ostküste lässt sich diesen Spaß nicht entgehen. Im Februar findet in Nova Scotia das **Winter Icewine Festival** (www.nsicewinefestival.ca) statt und Mitte September das längere, 50 Veranstaltungen umfassende **Fall Wine Festival** (www.nsfallwinefestival.ca).

Prickelnde Weintouren

Wer sich auf seiner Suche nach guten Tropfen etwas mehr Planung wünscht, kann sich an einen der verschiedenen Anbieter wenden. In Nova Scotia organisieren die freundlichen Mitarbeiter von **Go North Tours** (www.gonorthtours.com) fünf Weintouren durch die Region, dabei werden kleine Gruppen durch Weingüter in der Provinz geführt. In Ontario gibt's Touren der anderen Art, nämlich per Fahrrad. **Niagara Wine Tours International** (www.niagaraworldwinetours.com) veranstaltet mehrere Radausflüge für verschiedene Fitnessniveaus. In British Columbia bietet **Top Cat Tours** (www.topcattours.com) verschiedene Tagestouren durch das Okanagan Valley an. Dazu gehören die Great-

EISWEIN IM SCHNEE

Es gibt viele gute Gründe, Okanagans **Winter Festival of Wine** zu besuchen – erschwingliche Weinseminare, köstliches Abendessen, ein gemütlich-alpines Skihüttenambiente und einige der besten Wintersportaktivitäten von BC. Getoppt wird das alles jedoch vom abendlichen „Progressive Tasting". Dabei bieten 20 Kellereien an Ständen in der weihnachtlichen Stadt über 100 Weinsorten an, während sich zunehmend unkoordiniert agierende Besucher ihren Weg durch die Menge bahnen und dabei versuchen, noch das ein oder andere Gläschen abzubekommen.

Die Veranstaltung findet alljährlich in der dritten Januarwoche statt. Sie ist vor allem für eine Weinsorte bekannt, die mittlerweile ein echtes Aushängeschild der kanadischen Weinproduktion ist: Eiswein höchster Qualität. Der zuckersüße Dessertwein wird aus Trauben hergestellt, die bei unter −8 °C an der Rebe gefroren sind. Auf dem Markt gibt es übrigens viele Fälschungen, die diesem Kriterium gar nicht entsprechen. Verkauft wird er in speziellen schmalen Flaschen, die ab 50 C$ zu haben sind. Natürlich werden auch in Deutschland, Österreich und anderen Ländern Eisweine produziert – doch nur in Kanada reflektiert der edle Tropfen das internationale Image des Landes als verschneites Winterparadies.

Estates-Tour, die zu den größten Weinkellereien der Region führt, sowie die South-Okanagan-Tour, bei der das Anbaugebiet Golden Mile auf dem Programm steht.

Schmackhafte Kurse

Wer schon immer etwas neidisch auf diejenigen war, die wie selbstverständlich ihr Glas schwenken, um ihren Wein dann als eichig mit leicht würzigem Geschmack und einem Hauch von Pinienkernen zu bezeichnen, kann sich solch Eindruck schindende Techniken selbst aneignen. Wer über die nötige Zeit und das Geld verfügt, bucht einen umfassenden Sommelierkurs. Weniger anspruchsvoll und billiger sind die unterhaltsamen und erschwinglichen Kurzlehrgänge, die Weingeschäfte im ganzen Land anbieten.

Firefly Fine Wines & Ales (www.fireflyfinewinesandales.com) in Vancouver bietet regelmäßige abendliche Veranstaltungen an. Dabei werden Weininfos zu bestimmten Themen – meistens zu einem Land wie Spanien oder Chile – in geselliger Runde gegeben und Verköstigungen durchgeführt.

In Toronto wird ein Großteil der Wein- und Spirituosengeschäfte von Liquor Control Board of Ontario (www.lcbo.com) betrieben. Läden in der gesamten Region bieten verschiedene, ständig variierende Weinseminare an. Sie richten sich vor allem an Laien, die sich ein wenig Grundwissen aneignen möchten. So gehören Einführungen zur Kunst der Weinverköstigung oder Themen wie Weine der Alten Welt zum Programm. Die lohnenden Kurse müssen im Voraus gebucht werden. Ferner gehören Weinproben mit Anleitung sowie Kochkurse zum Angebot.

Unter www.winesofontario.org stehen eine Karte und ein Weinführer zu Ontario zum kostenlosen Download bereit.

Die kanadische Küche

Als die Zeitung *Globe and Mail* kürzlich die Kanadier dazu aufrief, ihr Nationalgericht zu bestimmen, ging es auf dem Forum ihrer Website noch heißer zur Sache als in der Pfanne eines frisch gebratenen Spiegeleis. Poutine – Pommes Frites mit geschmolzenem Käse, getränkt in Bratensauce – führte die Liste an, wobei sich dahinter Bagels im Montréal-Stil, Räucherlachs, Piroggen, Donairs, California-Rolls und sogar Kartoffelchips mit Ketchup ein hartes Rennen lieferten. Die (unwissenschaftliche) Umfrage zeigte die Liebe der Kanadier für einfaches rustikales Essen und verdeutlichte, dass die Küche ihren Bewohnern in Sachen Facettenreichtum in nichts nachsteht. So präsentiert sie sich als bunter Kulturenmix, entstanden durch jahrhundertelange Einwanderungsvergangenheit.

Wer nun aber denkt, der Kanadier als solcher esse nur, um sich genügend Winterspeck anzulegen, oder ein gehobenes Abendessen sei gleichbedeutend mit einem Besuch der Donut-Kette Tim Hortons (der Donut mit Ahorncreme ist ein Genuss!), sei eines Besseren belehrt. In Großstädten wie Montréal, Toronto und Vancouver haben sich international renommierte Gastronomieszenen entwickelt, die es mit denen anderer Metropolen locker aufnehmen können. Zudem wurde überall im Land der unschätzbare Wert von Produkten wiederentdeckt, die vor der Haustür angebaut oder produziert werden. Als Folge können sich experimentierfreudige Feinschmecker auf unverwechselbare Meeresfrüchte, pikante Käsesorten und leckeres Obst und Gemüse freuen. Diese Entwicklung erklärt übrigens auch, warum jede auch noch so kleine Ortschaft in Kanada ihren eigenen Markt hat.

Doch es gilt: Probieren geht über Studieren. Überall warten jede Menge regionaler Leckereien darauf, entdeckt zu werden. Die kanadische Küche ist es wert, zu einem wichtigen Programmpunkt jeder Reise zu werden. Und jetzt heißt es: Gürtel lockern und rein ins kulinarische Vergnügen!

Leckere Essens-Blogs

- » National Nosh (www.thenationalnosh.blogspot.com)
- » Dinner With Julie (www.dinnerwithjulie.com)
- » Seasonal Ontario Food (www.seasonalontariofood.blogspot.com)
- » With Bite (www.withbite.ca)
- » Vancouver Foodster (www.vancouverfoodster.com)

Lokale Küchen

Sei es nun Hummer an der Ostküste, Piroggen aus den Prärien oder Garnelen von der Westküste – Kanadas Regionen haben ihre ganz eigenen spezifischen Gerichte und Zutaten, die sie auszeichnen. Diese und die Einflüsse der jeweiligen Köche finden sich in den rustikalen Küchen der Provinzen wider. Für hungrige Reisende mit Lust auf Deftiges macht genau diese Hausmannskost die kanadische Küche aus.

Spezialität der Seeprovinzen im Osten ist Hummer, gekocht und mit ein bisschen Butter serviert. Den besten gibt's auf den sogenannten Küchenpartys auf Prince Edward Island, die in Gemeindesälen stattfinden. Die Wartezeit lässt sich mit saftigem Kartoffelsalat und herzhaften

Meeresfrüchten versüßen – aber bloß genug Platz lassen für die Berge von Obstkuchen, die einen zum Nachtisch erwarten!

Nebenan in Nova Scotia erwarten Besucher butterweiche Digby-Jakobsmuscheln und herzhafte Lunenbergwurst, während im nahe gelegenen Newfoundland und Labrador mit Vorliebe sättigende Dorschbacken und süße Eismeerkrabben verspeist werden. Gegen den ganz großen Hunger hilft ein Stück Robbenpastete, ein Gericht, das man wohl nicht so schnell vergisst.

Neben gegrilltem Atlantischem Lachs (wer in Streitlaune ist, ergreift einfach gegenüber einem Bewohner der Ostküste Partei für Lachs von der Westküste – oder umgekehrt) kommt in der von französischen Einflüssen geprägten Region New Brunswick *poutine râpée* auf den Tisch, mit Schweinefleisch gefüllte Kartoffelknödel, die mehrere Stunden gekocht werden. Einheimische schwören schon seit Jahrzehnten auf das Gericht, das geradezu dazu prädestiniert ist, hungrige Mägen zu füllen.

„Wer in Streitlaune ist, ergreift einfach gegenüber einem Bewohner der Ostküste Partei für Lachs von der Westküste – oder umgekehrt."

Québec ist der weltweit größte Hersteller von Ahornsirup. Jährlich werden dort etwa 25 Mio. Liter des süßen Begleiters von Pfannkuchen produziert. Ohnehin hat in der französisch geprägten Provinz Québec gutes Essen einen hohen Stellenwert: So wird die *joie de vivre* (Lebensfreude) mit vierstündigen Abendessen samt Wein und gepflegten Gesprächen zelebriert.

Montréal, der Kosmopolit der Provinz, beansprucht schon lange den Status der Gourmethauptstadt Kanadas für sich. Dabei beschränkt sich das Angebot nicht nur auf gehobene Küche; es kommt auch deftige Erbsensuppe auf den Tisch und auf den betriebsamen Märkten werden exquisiter Käse und leckere Pasteten verkauft. Außerdem wartet noch das inoffizielle Nationalgericht Poutine darauf, die Arterien seiner Esser zu verstopfen. Und last, not least gibt es feinste Sandwiches mit Räucherfleisch, bei deren Größe akute Kieferschmerzen beim Verzehr nicht auszuschließen sind.

Ontario – besonders Toronto – ist ein Mikrokosmos der facettenreichen Küche Kanadas. Wie in Québec ist supersüßer Ahornsirup allgegenwärtiger Begleiter, ob nun bei dekadenten Desserts wie *beavertails*, einer Art süßer Krapfen, oder handtellergroßen Frühstückspfannkuchen. Weiter südlich auf der Niagara-Halbinsel, einem Weinanbaugebiet, gibt es Restaurants, die moderne Kochtechniken mit traditionellen Zutaten aus der Region, beispielsweise Fisch aus den Great Lakes, kombinieren.

Nunavut weit oben jenseits des nördlichen Polarkreises ist Kanadas jüngstes Territorium. Das Essen der Inuit hat hingegen eine lange Tra-

UNTERWEGS IN BRITISH COLUMBIAS AGRARREGION

Fragt man die Bewohner Vancouvers, wo denn ihr Essen herkommt, werden die meisten auf irgendeinen Supermarkt zeigen, andere stolz vom Fraser Valley erzählen. Die grüne Region im Landesinneren, in der sich in den letzten Jahrzehnten zahlreiche Farmen angesiedelt haben, beginnt etwa 50 km außerhalb der Stadt. Seit ein paar Jahren haben Verbraucher und Farmer die Möglichkeit, sich im Rahmen von insgesamt sechs „Circle Farm Tours" kennenzulernen. Diese werden auf eigene Faust unternommen und führen zu den Ortschaften Langley, Abbotsford, Chilliwack, Mission, Agassiz & Harrison Mills und Maple Ridge & Pitt Meadows, wobei Tipps zu empfehlenswerten Farmen, Märkten, Weingütern und Restaurants gegeben werden. Die Touren sind eine kulinarische Bereicherung einer jeden Reise durch BC, die entsprechenden Routen stehen unter www.circlefarmtour.ca zum kostenlosen Download bereit.

dition und garantiert Experimentierfreudigen ein echtes kulinarisches Abenteuer. Zu den regionalen Spezialitäten gehören gekochte Robbe, roher, gefrorener Saibling und Maktaaq, kleine Häppchen Walhaut, die im Ganzen heruntergeschluckt werden. Serviert werden die Gerichte in ein paar wenigen Restaurants, am besten freundet man sich jedoch einfach mit Einheimischen an – vielleicht wird man dann zu ihnen nach Hause zum Essen eingeladen.

Kanadas Ureinwohner verfügen generell über faszinierende und für Besucher greifbare kulinarische Traditionen. Neben viel Fleisch und Meeresfrüchten – besonders lecker ist der saftige Heilbutteintopf auf Haida Gwaii in BC – gibt es das für die First Nations typische Fladenbrot. Ursprünglich von den Schotten ins Land gebracht, fand es schnell Anklang unter Kanadas Ureinwohnern. Dessertexperten sollten außerdem indianische Eiscreme probieren. Sie wird aus schaumig geschlagenem Büffelbeerenmus und Zucker hergestellt, der dem bitteren Geschmack der Früchten entgegenwirkt.

Die zentralkanadischen Provinzen Manitoba, Saskatchewan und Alberta haben wiederum ihr ganz eigenes kulinarisches Erbe. Alberta, Heimat von Kanadas Cowboys, ist die Rindfleischmetropole des Landes; die erstklassigen Steaks aus der Provinz findet man auf den Speisekarten führender Restaurants im ganzen Land. Werden einem hier „Prärieaustern" angeboten, sollte man – am besten vor dem Probieren – wissen, dass damit Stierhoden gemeint sind. Sie werden auf verschiedene Weisen zubereitet, die wohl von der eigentlichen Grundzutat ablenken sollen.

Beim Nachbarn Manitoba spiegeln sich alte osteuropäische Einflüsse wider. Ukrainische Hausmannskost fand in Form von Piroggen und dicken würzigen Würsten im Schlapptau der Einwanderer ihren Weg auf den Speiseplan. Als nächstes geht's in die Prärie, ins süße Saskatchewan. Üppiger Obstkuchen ist der leckerste Beitrag der Provinz zur kulinarischen Landschaft, besonders wenn er aus den herben Saskatoon-Beeren besteht. Diese sind in der regionalen Küche allgegenwärtig, man findet sie sowohl in süßen als auch in herzhaften Gerichten (und manchmal an den eigenen Schuhen!).

„Hummer, eine ostkanadische Spezialität, enthält weniger Cholesterin und gesättigte Fettsäuren als Rind oder Schweinefleisch."

Im fernen Westen dienten den Einwohnern von British Columbia traditionell die See und das fruchtbare Farmland im Landesinneren als Nahrungsquelle. Tatsächlich enthält Hummer, eine ostkanadische Spezialität, weniger Cholesterin und gesättigte Fettsäuren als Rind oder Schweinefleisch ... natürlich nur, bevor man ihn in Butter tunkt.

Die Pfirsiche, Kirschen und Blaubeeren aus dem Okanagan Valley sind von der sommerlichen Speisekarte kaum wegzudenken. In der Erntesaison sind die Früchte an Straßenständen in der gesamten Region erhältlich. So kann einem schon ein Einheimischer begegnen, der sich mit obstverschmierten Lippen und einem Lächeln unter einem Baum ausruht. Es sind jedoch in erster Linie Fisch und Meeresfrüchte, die Feinschmecker locken. Saftiger Wildlachs, leckere Austern von der Fanny Bay und butterweiche Jakobsmuscheln sind die Garanten für ein wahres Feinschmeckerparadies.

Geoduck (guie dack ausgesprochen) ist das exotischste Meeresfrüchtegericht von BC. Die riesige Salzwassermuschel gilt in der chinesischen Küche als Delikatesse und wird an Küchenchefs weltweit geliefert.

Die Website von **100 Mile Diet** (www.100milediet.org) klärt über die boomende kulinarische Bewegung auf und informiert über die Vorzüge von einheimischen Produkten.

Und schließlich noch ein Tipp für nordamerikanische Grenzgänger: *Canadian Bacon* (Kanadischer Speck) bezeichnet in ganz Nordamerika schinkenähnlichen Rückenspeck. Allerdings ist der Begriff in den USA weitaus gebräuchlicher als in Kanada.

Kulinarische Hotspots

Fragt man in Toronto, Montréal oder Vancouver nach Kanadas kulinarischer Hauptstadt, wird man wahrscheinlich hören, dass man sie gerade gefunden hat. Doch auch wenn jede der drei Städte diesen Titel für sich beansprucht, sind ihre Stärken doch so unterschiedlich, dass sie sich vielmehr wunderbar zu einem mehrgängigen Menü ergänzen. Und wer zwischen ihnen hin- und herjoggt, verliert vielleicht sogar ein paar der im Urlaub angegessenen Pfunde.

Für den kulinarischen Einstieg sorgt Montréal. Lange bevor eine neue Gastroszene das Donut-Schuppen-Image Kanadas verdrängte, galt die Stadt mit der feinsten Küche Nordamerikas französischer Prägung als Gourmetzentrum des Landes. Und diesen Titel überlässt sie nicht kampflos. Viele Küchenchefs genießen den Status von Rockstars und kombinieren alte Traditionen mutig mit originellen Ideen – das Resultat ist eine kreative Fusionküche. Zudem wartet hier ein echtes kulinarisches Fachpublikum, so sind die Einwohner Montréals passionierte Restaurantbesucher, die sich in den verschiedenen Lokals wie zu Hause fühlen – egal ob nun in gemütlich-historischem Ambiente, auf den lebhaften Terrassen der Rue St. Arthur oder in den schicken, hippen Restaurants in Plateau-Mont-Royal.

War Montréal für die Vorspeise zuständig, sorgt Toronto für den Hauptgang. Damit wird der Tatsache Tribut gezollt, dass die Stadt erst vor Kurzem den Sprung auf die kulinarische Bühne geschafft hat, weniger ihrem Bekanntheitsgrad. Auch in Kanadas zweitgrößter Stadt heißt das Zauberwort Fusion, allerdings geht man hier noch einen Schritt weiter: Moderne asiatische Einflüsse – Ergebnis neuerer Einwanderungsströme – vereinen sich mit der britischen, griechischen und italienischen Küche zu besonderen Kreationen. Bei der eindrucksvollen Anzahl von 7000 Restaurants fällt die Entscheidung, in welchem Gourmettempel man sein Geld lässt, gar nicht so leicht. Am besten guckt man sich ein bisschen um, wobei im Financial District und in Old York die größte Dichte an erstklassigen Edelrestaurants mit der gewissen Brise Glamour zu finden sind.

Bleibt für Vancouver das Dessert , wobei die gläserne Metropole an der Westküste zweifellos auch den Spitzenplatz verdient hätte. In den vergangenen Jahren haben sich hier einige der innovativsten Küchenchefs des Landes niedergelassen, inspiriert von dem vielfältigen Angebot, das die hiesige Speisekarte mit ihren einzigartigen Aromen und der kosmopolitischen, stark asiatisch geprägten Gesellschaft zu bieten hat. In edleren Gefilden wie Yaletown und Kistilano gilt ebenfalls Fusion als das Gebot der Stunde. Allerdings wird auch erstklassige und authentische asiatische Küche geboten. Die besten Sushibars und japanischen Izakayas außerhalb Tokios konkurrieren so mit exzellenten vietnamesischen und koreanischen Lokalen, die scheinbar direkt ihren Heimatländern entsprungen sind.

„War Montréal für die Vorspeise zuständig, sorgt Toronto für den Hauptgang."

Festivals & Events

Gutes Essen bedeutet in Kanada Lebensqualität und viele Regionen würdigen ihre Küche mit Festen. Wer kann, sollte auf jeden Fall eines besuchen; es gibt kaum eine bessere Möglichkeit, mit Einheimischen in Kontakt zu treten und Spaß zu haben.

Gourmetlektüre

- » *An Edible Journey: Exploring the Islands' Fine Food, Farms & Vineyards* von Elizabeth Levinson (2009)
- » *Flavours of Canada* von Anita Stewart (2006)
- » *Ocean Wise Cookbook* von Jane Mundy (2010)
- » *The Boreal Gourmet: Adventures in Northern Cooking* von Michele Genest (2010)
- » *Flavours of Prince Edward Island: A Culinary Journey* von Jeff McCourt, Alan Williams und Austin Clement (2010)

SELBST IST DER KOCH

Kulinarischer Tourismus hat in den letzten Jahren einen regelrechten Boom erlebt. Wer sich auf seiner Reise gastronomisch weiterbilden möchte, besucht einen der folgenden Kurse oder fragt bei der jeweiligen Touristeninformation nach dem Angebot.

Sowohl Anfänger als auch Fortgeschrittene werden in Vancouvers beliebter **Dirty Apron Cooking School** (www.dirtyapron.com) fündig. Der Schwerpunkt liegt auf ständig variierender regionaler Küche. Die Kurse werden größtenteils vom französisch geprägten Chefkoch David Robertson geleitet und vermitteln den Teilnehmern einen sicheren Umgang mit nötigen Techniken für die Zubereitung verschiedener Gerichte.

In Toronto sind die zweistündigen praxisorientierten Kurse von **Great Cooks** (www.greatcooks.ca) empfehlenswert. Zum Programm gehören mitteilungsfreudige Gastköche und gesellige Feinschmecker, die den Teilnehmern die Zubereitung von Soßen, Gerichte der frankokanadischen Bistroküche und das Rollen japanischer Sushis beibringen.

Umfassende Einblicke in die Geheimnisse kanadischer Kochkunst geben wiederum die Wochenendkurse der renommierten **Trout Point Cooking and Wine School** (www.troutpoint.com) in Nova Scotia. Zum Programm gehören Meeresfrüchtegerichte aus Nova Scotia sowie die Herstellung von Käse. Die Kurse werden in einem üppig bewachsenen Naturresort abgehalten und gehören zu den beliebtesten in ganz Kanada.

Wem es die Landwirtschaft von Vancouver Island angetan hat, der kann eine informative Tour durch das Anbaugebiet des grünen Cowichan Valley unternehmen, die von **Travel With Taste** (www.travelwithtaste.com) angeboten wird. Das Programm umfasst Treffen mit traditionellen Käsemachern und Winzern inklusive Verköstigungen; zum Mittagessen gibt es einen erstklassigen Wildlachs aus BC. Der Veranstalter bietet außerdem kulinarische Touren durch Victoria und Salt Spring Island an.

Zu den empfehlenswerten – kleinen und großen – Events gehören das **Prince Edward Island's International Shellfish Festival** (www.peishellfish.com), das **New Brunswick's Shediac Lobster Festival** (www.shediaclobsterfestival.ca), die **Québec's Fête du Chocolat de Bromont** (www.feteduchocolat.ca), das **Toronto's Salut Wine & Food Festival** (www.salutwinefestival.com) und das **Cowichan Wine & Culinary Festival** (www.wines.cowichan.net) auf Vancouver Island.

Die Kanadier geben sich aber auch im privaten Kreis kulinarischen Gaumenfreuden hin. Ob beim entspannten Sommerbarbecue, beim herbstlichen Festessen zu Thanksgiving oder zu Weihnachten – traditionell werden Familienfeste mit Tischen voller Salatschüsseln, leckerer Fleischgerichte und sündhafter Fruchtdesserts begangen. Wer das Glück haben sollte, eingeladen zu werden, fragt am besten, was er zu der kulinarischen Orgie beisteuern kann.

Tiere

Ob Wale, Elche, Grizzlys oder Eisbären: In Kanada bekommt man sie alle zu Gesicht. Boreale Wälder bedecken 35 % der Landesfläche. Zudem gibt es an der längsten Küstenlinie der Welt (202 000 km) zahllose Habitate und damit Gelegenheiten zum Beobachten von Tieren.

Auf dem Land

Elche

Elche knabbern in ganz Kanada an Büschen. Sie gehören zur Familie der Hirsche, sind aber wesentlich größer als ihre Verwandten. Ein mächtiger Rumpf, dünne, ballerinaartige Beine und ein Gewicht von über 500 kg – Elchbullen sind wahrhaft imposante Erscheinungen. Die Tiere ernähren sich von Zweigen und Blättern. Trotz ihrer etwas unförmigen Gestalt können sie bei Bedarf ungemein schnell unterwegs sein: Elche erreichen auf festem Untergrund Geschwindigkeiten von bis zu 56 km/h und schwimmen zudem so schnell wie ein Kanu mit zweiköpfiger Paddlerbesatzung.

Die Bullen entwickeln jeden Sommer gewaltige Geweihe, die sie im Januar oder Februar des folgenden Jahres wieder abwerfen. In der Nähe von Seen, Mooren und Wasserläufen kann man grasende Elche beobachten – ebenso in den westlichen Gebirgswäldern der Rocky Mountains oder des Yukon Territory. Den wohl größten Elchbestand nennt Newfoundland sein Eigen: Erst 1904 importierte die Provinz vier Tiere und entließ sie in die Wildnis. Nach ihrer Auswilderung vermehrten sie sich auch dank dem guten Futter so stark, dass heute 120 000 „Bullwinkles" durch die regionalen Wälder ziehen.

Elche sind nicht aggressiv und „posieren" oft bereitwillig für Fotos. Dennoch bleiben sie unberechenbar und man sollte sie nicht erschrecken. In der Paarungszeit (Sept.) können die Männchen angriffslustig werden – dann unbedingt ausreichend Abstand einhalten!

Elche beobachten

- » Northern Peninsula, Newfoundland
- » Cape Breton Highlands National Park, Nova Scotia
- » Algonquin Provincial Park, Ontario
- » Maligne Lake im Jasper National Park, Alberta

Schwarz- & Grizzlybären

Wer das Glück hat, Meister Petz in freier Wildbahn zu begegnen, ist höchstwahrscheinlich auf einen Schwarzbären gestoßen. Rund 500 000 der pelzigen Tiere durchstreifen fast überall Kanadas Wälder – lediglich auf Prince Edward Island oder im Süden von Alberta und Saskatchewan wird man vergeblich nach Bären Ausschau halten.

Ursus arctos horribilis, auch besser bekannt als Grizzlybär, lebt in den höheren Lagen der Rocky bzw. Selkirk Mountains in British Columbia, Alberta und Yukon. Die bedrohte Art mit dem charakteristischen Schulterbuckel ist aufgerichtet bis zu drei furchteinflößende Meter hoch. Grizzlys sind Einzelgänger und haben – bis auf den Menschen – keine natürlichen Feinde. Normalerweise ernähren sie sich von Beeren und Pflanzen, genießen aber gelegentlich auch einen Happen Wapiti, Elch oder Karibu.

Verwirrenderweise sind Schwarzbären teilweise braun und manche Grizzlys fast schwarz. Dennoch lassen sie sich anhand typischer Merkmale unterscheiden: Der Grizzly hat ein schüsselförmiges Gesicht, den bereits erwähnten Schulterbuckel und kleine, rundliche Ohren.

1994 wurde bei Prince Rupert an British Columbias Küste das Khutzeymateen Grizzly Bear Sanctuary eingerichtet. Ein paar Anbieter von Ökotouren sind berechtigt, die über 50 Grizzlys des 45000 ha großen Schutzgebiets zu beobachten. Die seltenen Allesfresser kann man ansonsten mit etwas Glück auch bei regionalen Auto- oder Wandertrips in den Gebirgsnationalparks Banff, Jasper, Kootenay und Yoho erspähen.

Bären beobachten

» Churchill, Manitoba – Eisbären

» Prince Rupert, British Columbia (Khutzeymateen Grizzly Bear Sanctuary) – Grizzlys

» Nationalparks in den Rocky Mountains (Banff/Jasper, Alberta; Kootenay/Yoho, British Columbia) – Grizzlys, Schwarzbären

Eisbären

Als wildestes Mitglied der Bärenfamilie hat der Eisbär ein Geburtsgewicht von weniger als 1 kg, wiegt aber ausgewachsen bis zu 600 kg oder mehr. Die besten Beobachtungsmöglichkeiten bieten sich von Ende September bis Anfang November in Churchill an der Hudson Bay (Manitoba). Über die dortige Tundra trotten ca. 900 der rund 20000 auf dem Planeten noch existierenden Eisbären – denn dies ist eines ihrer wichtigsten Aufzuchtgebiete.

In Tundra-Buggys mit extra hohen Fahrwerken transportieren Tourveranstalter ihre Kunden durch die Welthauptstadt der Eisbären. Auf gar keinen Fall aussteigen: Die Raubtiere sehen in Menschen eine Art wandelndes Filet Mignon und im Gegensatz zu Grizzlys und Schwarzbären machen Eisbären auch gezielt Jagd auf Zweibeiner!

In Nunavut ist beinahe die Hälfte der weltweiten Eisbärenpopulation zu Hause. Andere bärenreiche Gebiete wie der Ukkusiksalik National Park sind jedoch extrem schwer zu erreichen.

Auf treibenden Packeisschollen erreichen die Tiere gelegentlich auch Newfoundlands Northern Peninsula und die Küstenorte Labradors.

Karibus, Wapitis & Hirsche

Das Verbreitungsgebiet der Wapitis und Weißwedelhirsche reicht von Cape Breton (Nova Scotia) bis zum Great Slave Lake (Northwest Territores). Als ihr größerer Verwandter ist das Rentier – in Kanada als Karibu bekannt – insofern ungewöhnlich, dass Männchen wie Weibchen mächtige Geweihe tragen. Grönland-Rentiere *(barren-ground caribous)* ernähren sich von Flechten. Den größten Teil des Jahres bevölkern sie die Tundra zwischen Baffin Island und Alaska. Weiter südlich leben Waldrentiere *(woodland caribous)*, deren größte Herden teilweise durchs nördliche Québec und Labrador traben. Auch Besucher der Gebirgsnationalparks von British Columbia und Newfoundland bekommen diese Karibu-Art oft zu Gesicht.

Die hohlen, weißen Fellhaare des Eisbären speichern die Wärme des Sonnenlichts und schützen die Bären so vor der klirrenden Kälte.

Ebenfalls zur Hirschfamilie gehört der eindrucksvolle Wapiti, dessen Gebrüll im Stil eines Signalhorns einem das Fürchten lehren kann. In Westkanada ziehen relativ kleine Herden von Weißwedelhirschen durch die Kootenays und über Vancouver Island (British Columbia). Einige wenige Tiere leben auch in den Nationalparks Banff, Jasper und Waterton Lakes (alle Alberta), Riding Mountain (Manitoba) oder Prince Albert (Saskatchewan). Sofern nicht gerade Paarungszeit (Sept./Okt.) ist, sind Wapitis wie Elche allgemein nicht aggressiv.

Bisons

Die mächtigen, zottigen Bisons (Büffel) mit ihren kräftigen Schultern donnerten einst in gigantischen Herden über die Prärien. Heute existieren sie nur noch in Parks. Angeblich soll es in Nordamerika einmal 60 Mio. Bisons gegeben haben, die Herden zogen oft tagelang an einem einzigen Ort vorbei. Für das Abschlachten der Tiere im 19. Jh. waren oft ganze Züge voller „Jäger" verantwortlich, die die Kadaver einfach verwesen ließen – eine der großen Tragödien des nordamerikanischen Westens, die sich extrem negativ auf das Überleben der Ureinwohner auswirkte. Nahe der Grenze zwischen Alberta und den Northwest Territories kann man die größte Bisonherde im Wood Buffalo National Park bewundern. Kleinere Herden durchstreifen die Nationalparks Waterton Lakes und Elk Island (beide Alberta), Prince Albert (Saskatchewan) oder Riding Mountain (Manitoba).

Die verflixten Kriebelmücken plagen nicht nur Menschen mit ihren schmerzhaften, juckenden Stichen: Von April bis Juli (in kühleren Klimazonen etwas später) befallen sie auch Elche, Karibus und andere Tiere am ganzen Körper.

Wölfe

Wölfe können zwar genauso wild und gerissen wie im Märchen sein, greifen aber kaum Menschen an. Sie jagen in Rudeln und trauen sich auch furchtlos an Tiere heran, die wesentlich größer sind als sie selbst (z. B. Elche oder Bisons). In den dünn besiedelten Gebieten zwischen Labrador und dem Yukon Territory kommen Wölfe bis heute recht häufig vor. Draußen in der Wildnis hört man sie eventuell den Mond anheulen. An verschiedenen Sommerabenden dürfen Besucher des Algonquin Provincial Park (Ontario; www.algonquinpark.on.ca) persönlich „mitheulen“: Bei Gemeinschaftssessions unter Leitung des Parkpersonals antworten die dortigen Wölfe gern auf menschliche Imitationen ihrer Rufe.

Im Wasser

Ostküste

Vor Kanadas gesamter Atlantikküste leben über 22 Wal- und Tümmlerarten. Die fischreichen Gebiete haben auf die Meeressäuger dieselbe Lockwirkung wie Donuts auf Homer Simpson. Zu den Highlights gehören z. B. Buckelwale, die durchschnittlich 15 m lang und 36 t schwer werden – ein ganz schönes Gewicht, das sie beim neckischen Springen, Auftauchen und Hochschießen aus dem Wasser stemmen müssen. Mit einem geschätzten Bestand von 350 Tieren ist der Atlantische Nordkaper die bedrohteste Walart der Welt. Eine Länge von 25 m und gute 100 t Gewicht machen den mächtigen Blauwal zum größten Säugetier

BEDROHTE TIERARTEN

Das Committee on the Status of Endangered Wildlife nennt 602 in Kanada lebende bedrohte Tierarten. Für deren Dezimierung sind vor allem Überjagung, Umweltverschmutzung und die Zerstörung des Lebensraums verantwortlich. Zu den gefährdetsten Spezies gehören z. B.:

» **Vancouver-Murmeltier** Das Familienmitglied der Echten Erdhörnchen kommt nur auf Vancouver Island (British Columbia) vor. Zwischen Mitte der 1980er-Jahre und 2001 sank die Population von 300 auf weniger als 75 Tiere. Davon lebten nur noch 25 in freier Wildbahn. Dank eines Zuchtprogramms in Gefangenschaft und anderer Artenschutzmaßnahmen ist der Wildbestand wieder auf ca. 220 Murmeltiere gewachsen. Die Auswilderung erfolgt z. B. im Strathcona Provincial Park.

» **Schreikranich** An der Grenze zwischen Alberta und den Northwest Territories brüten ca. 220 Schreikraniche im Wood Buffalo National Park. Von dort ziehen sie jedes Jahr südwärts an die texanische Golfküste. Artenschutzmaßnahmen haben die Kranichschar in den letzten zehn Jahren um 35 % vergrößert.

» **Östlicher Puma** Diese Puma-Unterart pirschte einst durch die Wälder von Ontarios, Québec, New Brunswick und Nova Scotia – und tut's trotz fehlender wissenschaftlicher Beweise eventuell bis heute: Kürzliche (wenn auch unbestätigte) Sichtungen in New Brunswick wecken die Hoffnung, dass sie nicht für immer ausgestorben ist. Aktuell leben normale Pumas noch in Westkanada.

des Planeten. Finnwale sind nicht viel kleiner und leicht an ihrer asymmetrischen Kieferzeichnung (rechts: weiß oder gelblich, links: schwarz) zu erkennen. Da wäre auch noch der maximal 10 m lange Zwergwal, der sich oft Booten nähert und deren Passagiere ebenfalls mit spielerischen Kunststücken erfreut.

Beim überall angebotenen Whale-Watching kommt man den Meeressäugern sehr nahe. Ein beliebtes Areal für Walbeobachter ist Cape Bretons Küste entlang des Cabot Trail, wo über 20 regionale Veranstalter vor allem an der Pleasant Bay ansässig sind. Hier werden am häufigsten Buckel-, Zwerg- und Grindwale gesichtet. Die super Sichtungsmöglichkeiten in der Bay of Fundy konzentrieren sich auf die Fundy Isles (New Brunswick) und die Umgebung des Digby Neck (Nova Scotia); die Chancen, Blauwale und die seltenen Nordkaper vors Kameraobjektiv zu bekommen, stehen hier jeweils am besten. Wale – in erster Linie Buckel- und Zwergwale – tummeln sich auch fast überall vor Newfoundland. Dortige Touranbieter sind vor allem bei Twillingate und nahe der Witless Bay Ecological Reserve beheimatet.

Auch am St.-Lorenz-Strom liegt ein tolles Whale-Watching-Revier: Vor Tadoussac (Québec) ziehen Finn- und Blauwale, Buckel- und Zwergwale vorbei. Selbst die niedlichen Belugas (Weißwale), die sich nur in polaren und subpolaren Gewässern heimisch fühlen, lassen sich mitunter blicken.

Trotz all der tollen Waltouren per Boot sind auch Beobachtungsposten an der Küste nicht zu unterschätzen – vor allem bei Tadoussac (Québec), auf der Avalon Peninsula (Newfoundland) oder entlang des Cabot Trail von Cape Breton (Nova Scotia).

Wale beobachten

» Witless Bay, Newfoundland

» Grand Manan Island, New Brunswick

» Digby Neck, Nova Scotia

» Cabot Trail, Nova Scotia

» Victoria, British Columbia

» Tofino, British Columbia

» Tadoussac, Québec

Westküste

Kanadas Westküste ist für Orcas, Grau- und Buckelwale berühmt.

Als einziges Meereslebewesen hat der Orca (Killerwal) außer dem Menschen keine natürlichen Feinde. Sein Zweitname verdankt er der Tatsache, dass er sich u. a. von Seehunden, Belugas und anderen Walen ernährt. Ihr stromlinienförmiger Körper mit der typischen schwarz-weißen Zeichnung und ihre unglaubliche Geschwindigkeit (bis zu 40 km/h) machen Orcas zu den Ferraris der Wasserwelt. Im Sommer tummeln sie sich rund um Vancouver Island und dort vor allem in der Johnstone Strait. Ein Großteil dieses Wasserwegs gehört zur Robson Bight Ecological Preserve, die über Telegraph Cove zu erreichen ist und als Kanadas einziges Schutzgebiet für Killerwale die besten Sichtungschancen bietet. Die örtlichen Orcas schwimmen auch an der Küste von Victoria vorbei, wo diverse geführte Touren starten.

Dem schweren Atmen der Westküsten-Orcas kann man unter www.orcasound.net lauschen. Walgesänge der Ostküste gibt's unter http://new-brunswick.net/new-brunswick/whales/avi.html zu hören.

Jeden Winter verläuft eine Hauptzugroute der Grauwale an der Westküste von Vancouver Island nahe Tofino vorbei: Rund 20000 Exemplare der Meeresriesen kommen auf ihrer Reise von der Baja Peninsula nach Alaska vorbei – und zwar so nahe an der Küste, dass man sie direkt vom Ufer aus beobachten kann. Das Pacific Rim Whale Festival (Ende März; www.pacificrimwhalefestival.com) markiert den Höhepunkt dieses Spektakels. Mehrere Grau- und Buckelwalschulen verbringen gemeinsame Sommermonate im Clayoquot Sound, wo Seehunde und -löwen am Gestade dösen.

Nordküste

Als eine der kleinsten Walarten gleiten Belugas durchs Nordpolarmeer: Im Durchschnitt werden Weißwale maximal 4 m lang und ca. 1 t schwer. Die mitteilsamen Zeitgenossen quieken, stöhnen und pfeifen, während sie in engen Familienverbänden umherziehen. In Churchill (Manitoba) kann man sie bei Kajak- bzw. Bootsausflügen beobachten oder ihnen im Neonprenanzug schnorchelnd Gesellschaft leisten.

LACHSWANDERUNGEN

In British Columbia lässt sich dieses bizarre, alljährliche Spektakel am besten beobachten.

» Jeden Herbst (Okt.–Dez.) kämpfen Ketalachse im Goldstream Provincial Park (Vancouver Island; www.goldstreampark.com) gegen die Strömung, um abzulaichen und dann unausweichlich zu sterben. Anschließend laben sich Adlerscharen bis Februar an den Fischkadavern.

» Alle vier Jahre ziehen einige der ca. 15 Mio. Rotlachse in den Adams River bei Chase. Wer im Herbst 2014, 2018, 2022 ... dort weilt, wird somit rot sehen.

» Als größte pazifische Lachsart werden Königslachse bis zu 152 cm lang. Jeden August schwimmen die Fische über 1200 strapaziöse Kilometer den Fraser River hinauf. Dabei müssen sie die Rearguard Falls bei Valemount mit verblüffenden Sprüngen überwinden. Dank einer Aussichtsplattform im Rearguard Falls Provincial Park kann man diesen Kraftakt aus nächster Nähe bewundern.

Frühe Forschungsreisende bezeichneten Narwale – inspiriert von deren langem Stoßzahn, der eigentlich ein Oberkiefer-Eckzahn ist – als „Einhörner der Meere". Narwale leben im Hohen Norden und lassen sich nur sehr selten blicken.

In der Luft

In Kanadas Lüften sind 462 Vogelarten zu Hause, wobei Ontario und British Columbia den größten Reichtum an Spezies aufweisen. Deren berühmtester Vertreter ist der Eistaucher, Kanadas Nationalvogel. Der klagende, aber schöne Schrei dieses Wasservogels schallt in der Wildnis oft frühmorgens oder spätabends über stille Seen.

Und wozu all das Geflatter? Nun, als Kanadagans legt man damit bis zu 1000 km pro Tag zurück. In ihrer typischen V-Flugformation haben einige dieser Gänse die Strecke vom nördlichen Québec bis in die USA schon an einem einzigen Tag geschafft!

Seevögel brüten in Kanadas Atlantikprovinzen, u.a. Tordalken, Dreizehenmöwen, Küstenseeschwalben, Trottellummen und natürlich auch Papageitaucher, die ihre Nester vor allem in Neufundland bauen: Wie sollte man diese niedlichen kleinen Kerle nicht mögen? Man erkennt sie an ihrem schwarz-weißen Federkleid und orangefarbenen Schnabel – und an ihrem watschelnden Gang, dem unverwechselbaren Merkmal der Vögel.

Bis zu 1 Mio. Tiere füllen die Seevogelkolonien mit ohrenbetäubendem Geschrei und strengem Geruch. Der Anblick ist dennoch unvergesslich. Die attraktivsten Ziele für Hobbyornithologen sind Grand Manan Island (New Brunswick) sowie die Witless Bay und das Cape St. Mary's unweit von St. John's Newfoundland auf der Avalon Peninsula. Bevor die Vögel ihre Winterreise antreten, lassen sie sich von Mai bis August am besten erspähen.

Landesweiter Herrscher des Himmels ist jedoch der Weißkopf-Seeadler, dessen Flügelspannweite über 2 m betragen kann. Zu den besten Beobachtungsplätzen zählt z.B. Brackendale bei Squamish (British Columbia), wo im Winter bis zu 4000 Adler brüten. Ebenfalls toll sind der Bras d'Or Lake auf Cape Breton (Nova Scotia) sowie die West- und Ostküste von Vancouver Island (British Columbia).

Der Point Pelee National Park (Ontario) wird im Frühling und Herbst zum Paradies für Vogelbeobachter: Dann flitzen dort singende Zugvögel umher, von denen bereits über 370 verschiedene Arten gesichtet wurden.

Vögel beobachten

» Cape St. Mary's, Newfoundland

» Witless Bay, Newfoundland

» Point Pelee National Park, Ontario

» Grand Manan Island, New Brunswick

» Brackendale, British Columbia

Ernsthafte Vogelbeobachter können die Forschung sinnvoll unterstützen, indem sie z.B. ihre Zählungen unter www.ebird.org protokollieren.

Praktische Informationen

Allgemeine Informationen

Aktivitäten

Ob Snowboarden, Mountainbiken oder Trips mit dem Seekajak: Kanadas gigantisches Outdoor-Angebot füllt ein ganzes Extrakapitel (s. S. 938). Weitere Infoquellen: **Parks Canada** (www.pc.gc.ca) Aktivitäten in Nationalparks.

Canada Trails (www.canadatrails.ca) Wandern, Radfahren und Skilanglauf.

Canadian Ski Council (www.skicanada.org) Skifahren und Snowboarden.

Paddling Canada (www.paddlingcanada.com) Kajak- und Kanufahren.

Alpine Club of Canada (www.alpineclubofcanada.ca) Klettern und Bergsteigen.

Arbeiten in Kanada

Arbeitsgenehmigung

Um in Kanada zu arbeiten, braucht man so gut wie immer eine gültige Genehmigung. Die ist eventuell recht schwer zu bekommen: Offene Stellen werden grundsätzlich zuerst an Einheimische vergeben. Bereits vor Antragsstellung muss außerdem die Zusage eines kanadischen Arbeitgebers vorliegen. Letzterer braucht wiederum die behördliche Erlaubnis, den Job an einen Ausländer vergeben zu dürfen. Ausgefüllte Antragsformulare sind bei der Visumabteilung einer kanadischen Auslandsvertretung in der eigenen Heimat einzureichen. Bestimmte Tätigkeiten sind aber von dieser Regelung ausgenommen. **Citizenship & Immigration Canada** (www.cic.gc.ca/english/work/index.asp) informiert online über alle Details.

Hotels, Bars, Restaurants oder Ferienanlagen heuern zum Teil Servicekräfte an, ohne nach deren Genehmigungen zu fragen. Dasselbe gilt für manche Bauunternehmer, Farmer und Forstbetriebe – doch Vorsicht: Wer beim illegalen Arbeiten erwischt wird, kann Kanada sofort Lebewohl sagen!

Jobsuche

Deutsche und österreichische Studenten zwischen 18 und 30 Jahren dürfen am **Student Work Abroad Program** (SWAP; www.swap.ca) teilnehmen. Ihre Schweizer Kommilitonen können sich an ähnliche Organisationen wenden. Nach erfolgreicher Anmeldung werden nicht verlängerbare Visa mit sechs- bis zwölfmonatiger Gültigkeit ausgestellt, dank denen man beliebige Jobs in ganz Kanada annehmen darf. Die meisten „SWAPper" arbeiten als Servicekräfte in Restaurants oder Bars.

Auch Nichtstudenten zwischen 18 und 35 Jahren können über das „Working Holiday Program" von **International Experience Canada** (www.international.gc.ca/iyp-pij/intro_incoming-intro_entrant.aspx) maximal einjährige Arbeitsferien in Kanada verbringen: Die kanadische Regierung unterhält entsprechende Abkommen mit mehreren Ländern (Liste auf der Website). Alle kanadischen Auslandsvertretungen liefern verbindliche Infos und beteiligen sich an dem Programm. Für letzteres gelten jedoch bestimmte Quoten – wer zuerst kommt, mahlt zuerst.

Botschaften & Konsulate

Deutschland, Österreich und die Schweiz haben Botschaften in Ottawa und Konsulate in Städten wie Montréal, Vancouver, Calgary oder Toronto, deren Adressen sich über die jeweilige Botschaft ermitteln lassen.

Deutschland (☎613-232-1101; www.ottawa.diplo.de; 1 Waverley St, Ottawa, ON K2P 0T8)

Österreich (☎613-789-1444; www.bmeia.gv.at/botschaft/ottawa; 445 Wilbrod St, Ottawa, ON K1N 6M7)

Schweiz (☎613-235-1837; www.eda.admin.ch/canada; 5 Marlborough Ave, Ottawa, ON K1N 8E6)

USA (☎613-238-5335; ottawa.usembassy.gov; 490 Sussex Dr, Ottawa, ON K1N 1G8)

PRAKTISCH & KONKRET

» Kanadier lesen vor allem die *Globe and Mail* mit Sitz in Toronto. Andere große Tageszeitungen sind z. B. *Montréal Gazette, Ottawa Citizen, Toronto Star* und *Vancouver Sun*.

» Das kanadische Nachrichtenjournal *Maclean's* (www.macleans.ca) erscheint wöchentlich.

» Die Canadian Broadcasting Corporation (CBC) bietet landesweit die meisten Fernseh- und Radioprogramme an. Hauptkonkurrent ist das Canadian Television Network (CTN).

» Obwohl in Kanada offiziell das metrische System gilt, werden im Alltag oft britische Maße und Gewichte verwendet. Die Umschlaginnenseite hilft bei der Umrechnung.

» Rauchen ist landesweit in allen Restaurants, Bars und öffentlichen Einrichtungen verboten.

Ermäßigungen

Senioren, Kinder, Familien und Reisende mit Behinderung erhalten in Kanada überall Rabatt. Auch Mitglieder der AAA bzw. angeschlossener Automobilclubs (z. B. ADAC) erhalten diverse Reiserabatte.

International Student Identity Card (ISIC; www.isiccard.com) Inhaber eines Internationalen Studentenausweises erhalten ermäßigte Tarife bei Reiseversicherern und können Sehenswürdigkeiten wie Museen günstiger besuchen. International Youth Travel Cards (IYTC) für Nichtstudenten unter 26 Jahren und International Teacher Identity Cards (ITIC) für hauptberufliche Lehrer funktionieren so ähnlich.

Parks Canada Discovery Pass (www.pc.gc.ca/voyage-travel/carte-pass/index_e.asp; Erw./Kind 6–16 Jahre/Fam. 68/33/136 C$) Der Pass gilt ein Jahr lang für 27 Nationalparks und 77 historische Stätten. Er rechnet sich schon ab sieben Besuchen mit Tageseintritt und beschleunigt auch den Zutritt zum jeweiligen Ziel.

In vielen Städten gibt's Sparpässe für lokale Attraktionen (Details s. Regionenkapitel).

» Montréal Museum Pass

» Ottawa Culture Passport

» UBC Attractions Passport (Vancouver)

» Winnipass (Winnipeg)

Feiertage & Ferien

Kanada kennt zehn Nationalfeiertage, deren Zahl je nach Provinz noch steigt. Banken, Schulen und Behörden haben dann geschlossen.

Nationalfeiertage

Neujahr 1. Januar

Karfreitag März oder April

Ostern März oder April

Victoria Day Montag vor dem 25. Mai

Canada Day 1. Juli; Memorial Day in Newfoundland

Labour Day Erster Montag im September

Thanksgiving Zweiter Montag im Oktober

Remembrance Day Waffenstillstandstag; 11. November

Christmas Day 1. Weihnachtstag; 25. Dezember

Boxing Day 2. Weihnachtstag; 26. Dezember

Provinzfeiertage

Manche Provinzen begehen eigene Feiertage, wobei Newfoundland das Feld anführt.

Family Day Dritter Februarmontag in Manitoba (dort Louis Riel Day), Alberta, Ontario und Saskatchewan

St. Patrick's Day Montag vor dem 17. März

St. George's Day Montag vor dem 23. April

National Day Montag vor dem 24. Juni in Newfoundland; 24. Juni in Québec (dort Fête Nationale de la St. Jean Baptiste)

Orangemen's Day Montag vor dem 12. Juli in Newfoundland

Civic Holiday Erster Augustmontag; landesweit *außer* in Newfoundland, Québec, Yukon Territory und auf Prince Edward Island

Discovery Day Dritter Augustmontag im Yukon Territory

Schulferien

Kanadische Kids genießen ihre Sommerferien von Ende Juni bis Anfang September. Studenten haben noch länger frei und bleiben ihren Universitäten meist von Mai bis Anfang oder Mitte September fern. Während dieser Monate nehmen die meisten Einheimischen ihren Haupturlaub.

Frauen unterwegs

Selbst bei (Großstadt-)Trips ohne Begleitung ist Kanada für Frauen allgemein ein sehr sicheres Reiseland: Es reicht aus, den gesunden Menschenverstand einfach wie zu Hause zu benutzen.

In Bars und Nachtclubs erregen Singlefrauen even-

WICHTIGE KANADISCHE FEIERTAGE

» **National Flag Day** (15. Feb.) Erinnert an das erstmalige Hissen der Ahornflagge auf dem Parliament Hill in Ottawa – geschehen Punkt Zwölf am 15. Februar 1965.

» **Victoria Day** (Ende Mai) Ab 1845 wurde mit diesem Feiertag ursprünglich der Geburtstag Königin Viktorias begangen. Heute ehrt er auch den jeweils amtierenden britischen Monarchen, der immer noch Kanadas nominelles Staatsoberhaupt ist. Mit dem Victoria Day, an dem manche Gemeinden ein Feuerwerk veranstalten, beginnt offiziell die Sommerzeit (Ende: Labour Day am ersten Septembermontag).

» **National Aboriginal Day** (30. Juni) Seit 1996 ehrt dieser Feiertag die Beiträge indigener Gemeinden zur kanadischen Nation. Die Feierlichkeiten werden jeweils lokal zur Sommersonnenwende organisiert. Dazu zählen z. B. traditionelle Tänze und Gesänge. Mancherorts werden auch Geschichten erzählt, Trommeln geschlagen und Kunsthandwerksausstellungen oder Kanurennen veranstaltet.

» **Canada Day** (1. Juli) Der ehemalige Dominion Day (bis 1982) wurde 1869 eingerichtet, um an die Gründung Kanadas zwei Jahre zuvor zu erinnern. Das ganze Land feiert ihn mit Grillpartys, Paraden, Konzerten und Feuerwerk.

» **Thanksgiving Day** (Mitte Okt.) Der Entdecker Martin Frobisher beging das erste Thanksgiving 1578 im heutigen Newfoundland, um Gott für seine heil überstandene Atlantiküberquerung zu danken. Thanksgiving wurde 1872 zum offiziellen kanadischen Feiertag, nachdem der damalige Prince of Wales nach langer Krankheit genesen war. Heute gleicht es größtenteils einem Erntedankfest nach US-Vorbild: Familien futtern ein spezielles Mahl mit Truthahnbraten und Kürbis.

tuell eine Menge Aufmerksamkeit. Unerwünschte männliche Gesellschaft lässt sich aber so gut wie immer mit einem entschlossenen „no thank you" (nein danke) beenden. Im Ernstfall sorgt lautstarker Protest meist dafür, dass sich der Missetäter beschämt verzieht oder zumindest andere Personen zu Hilfe eilen. Achtung: Das Mitführen von Schlagwaffen oder Pfefferspray ist in Kanada verboten!

Körperliche Angriffe sind extrem selten. Falls es dennoch dazu kommt, heißt es sofort die Polizei unter ☎911 rufen. Wichtig: Yukon, Nunavut und die Northwest Territories haben andere Notrufnummern (s. jeweilige Regionenkapitel)! Opfer sexueller Gewalt können sich auch an die **Canadian Association of Sexual Assault Centres** (☎604-876-2622; www.casac.ca) wenden, die Verzeichnisse mit örtlichen Krisenzentren führt. Hinzu kommen Hotlines in diversen Großstädten:

Calgary (☎403-237-5888)

Halifax (☎902-425-0122)

Montréal (☎514-934-4504)

Toronto (☎416-597-8808)

Vancouver (☎604-255-6344)

Gute Infoquellen für weibliche Traveller:

Journeywoman (www.journeywoman.com)

Her Own Way (www.voyage.gc.ca/publications/woman-guide_voyager-feminin-eng.asp) Das gratis herunterladbare PDF-Dokument der kanadischen Regierung ist für Einheimische gedacht, enthält aber viele tolle Allgemeininfos.

Freiwilligenarbeit

Im Rahmen von Freiwilligenjobs lernt man Land und Leute in einer Weise kennen, wie es bei der reinen Durchreise kaum möglich ist. Viele Freiwilligenorganisationen verlangen Gebühren, die je nach Programmdauer, Verpflegungs- und Unterkunftsart variieren. Normalerweise muss die Anreise selbst bezahlt werden. Folgende Gruppen setzen Freiwillige in Kanada ein:

Churchill Northern Studies Centre (www.churchillscience.ca) Wer pro Tag sechs ehrenamtliche Stunden für dieses Eisbären- und Naturforschungszentrum arbeitet (z. B. Drähte aufspannt oder putzt), hat Kost und Logis frei.

Earthwatch (www.earthwatch.org) Freiwillige helfen Wissenschaftlern z. B. bei Walstudien vor British Columbia, beim Beobachten von Elchen und Hirschen in Nova Scotia oder beim Überwachen der Kimawandel-Konsequenzen in Churchill, Manitoba und den Mackenzie Mountains (Northwest Territories). Die ein- bis zweiwöchigen Trips kosten zwischen 2250 und 5050 C$.

» **Volunteers for Peace** (www.vfp.org) Lehrerjobs in indigenen Gemeinden des Hohen Nordens und Projekte in Québec.

World-Wide Opportunities on Organic Farms (www.wwoof.ca; Anmeldegebühr 45 C$) Für die freiwillige Mitarbeit auf Bio-Bauernhöfen gibt's normalerweise Unterkunft und Verpflegung umsonst. Die Website informiert über Möglichkeiten in ganz Kanada.

Geld

» Sofern nicht anderweitig vermerkt, sind alle Preise in diesem Buch in Kanadischen Dollar (C$) angegeben.

» Kanadische Münzen gibt's im Wert von 1 (Penny), 5 (Nickel), 10 (Dime) und 25¢ (Quarter) sowie 1 (Loonie) und 2 C$ (Toonie oder Twoonie). Den goldfarbenen Loonie ziert der Seetaucher (*loon*), ein in Kanada häufig vorkommender Wasservogel. Den zweifarbigen Toonie schmückt ein Eisbär.

» Banknoten kursieren im Wert von 5 (blau), 10 (violett), 20 (grün) und 50 C$ (rot). Scheine über 100 C$ (braun) oder mehr sind weniger weit verbreitet und schwer einzutauschen.

» Trotz mehrerer Kursschwankungen in den letzten zehn Jahren zieht der Kanadische Dollar seit 2007 fast wieder mit seinem US-Pendant gleich.

» In puncto Geldumtausch in Großstädten bieten manche Wechselstuben bessere Konditionen als Banken.

» Auf S. 19 gibt's eine allgemeine Wechselkurs- und Preisübersicht.

Bargeld & Barschecks

Die meisten Kanadier führen im Alltag keine großen Barbeträge mit sich. Stattdessen verlassen sie sich auf Kredit- oder Lastschriftkarten. Dennoch ist es ratsam, für kleinere Spontankäufe immer etwas Bargeld in der Tasche zu haben (max. 100 C$). Manche ländlichen B&Bs und Shuttlebusbetreiber bestehen auf Barzahlung – daher immer vorher nachfragen, um unangenehme Überraschungen zu vermeiden. Läden und Geschäfte akzeptieren Barschecks so gut wie nie.

Geldautomaten

Geldautomaten findet man in vielen Lebensmittel- bzw. Gemischtwarenläden, (Bus-) Bahnhöfen, Flug- und Fährhäfen. Die meisten Geräte sind an bekannte internationale Netzwerke wie Cirrus, Plus, Star oder Maestro angeschlossen.

Die meisten Geldautomaten geben Bares auch gegen bekannte Kreditkarten aus. Allerdings ist dies vergleichsweise teurer: Im Gegensatz zum Einkaufen auf Kreditkarte werden die Beträge plus entsprechende Servicegebühr sofort und direkt vom eigenen Konto abgebucht. Die jeweilige Kreditkartenfirma oder die eigene Bank informieren über genaue Konditionen.

In entlegenen Regionen wie Newfoundland sind Geldautomaten relativ rar. Wer dorthin reist, deckt sich am besten vorher mit ausreichend Bargeld ein.

Die Scotiabank ist in Kanada überall vertreten und Mitglied der Global ATM Alliance. Wenn das heimische Finanzinstitut ebenfalls zu diesem internationalen Unternehmensverband gehört, sind die Abhebegebühren an Automaten der Scotiabank eventuell niedriger.

Kreditkarten

Bekannte Kreditkarten wie MasterCard, Visa und American Express werden in Kanada flächendeckend akzeptiert. Nur in entlegenen ländlichen Gemeinden ist Bares grundsätzlich Wahres. Telefonisches Buchen von Mietwagen, Hotelzimmern oder Tickets ist ohne Plastikgeld schwierig oder gar unmöglich. Achtung: Manche Kreditkartenfirmen erheben eine Transaktionsgebühr von ca. 3 % des jeweiligen Kaufpreises – daher lieber rechtzeitig beim Anbieter informieren!

Bei Diebstahl oder Verlust helfen folgende Nummern rund um die Uhr:

American Express (☎866-296-5198; www.americanexpress.com)

MasterCard (☎800-307-7309; www.mastercard.com)

Visa (☎800-847 2911; www.visa.com)

Reiseschecks

Im Zeitalter der Geldautomaten werden Reiseschecks immer überflüssiger. Geschäfte betrachten Reiseschecks in Kanadischen Dollar allgemein als Bargeld. Varianten in anderen Währungen müssen meist bei Banken oder Wechselstuben in Kanadische Dollar umgetauscht werden. Hauptanbieter von Reiseschecks:

American Express (www.americanexpress.com)

MasterCard (www.mastercard.com)

Visa (www.visa.com)

Steuern & Rückerstattungen

Bei fast allen Geldgeschäften kassiert der kanadische Staat eine Mehrwertsteuer von 5 %. Diese Goods and Services Tax (GST) trägt Spitznamen wie „gouge and screw" (Abzocke und Betrug) oder „grab and steal" (Raub und Diebstahl). Obendrein erheben die meisten Provinzen eine zusätzliche Verkaufssteuer (Provincial Sales Tax, PST). Mehrere Provinzen kombinieren GST und PST in Form einer abgestimmten Verkaufssteuer (Harmonized Sales Tax, HST). Ob separat oder zusammengefasst: Der Steuerzuschlag beträgt insgesamt 10 bis 15 %. Sofern nicht anderweitig vermerkt, verstehen sich alle aufgeführten Preise ohne Steuern.

STEUERTABELLE

Alberta	5 %
British Columbia*	12 %
Manitoba	12 %
New Brunswick*	13 %
Newfoundland*	13 %
Nova Scotia*	15 %
Ontario*	13 %
PEI	15 %
Québec	13,5 %
Saskatchewan	10 %

*hat eine kombinierte HST

Touristen können sich einen Teil der Steuern eventuell zurückerstatten lassen: Wenn man das Hotelzimmer in Verbindung mit Mietwagen, Flugtickets oder anderen Dienstleistungen bucht (z. B. wenn alles zusammen auf der Rechnung eines Touranbieters steht), werden theoretisch bis zu 50 % des Steuerbetrags von der jeweiligen Unterkunft wieder ausbezahlt. Zu diesem Zweck muss man einen speziellen Rückerstattungsantrag (GST/HST Refund Application for Tour Packages) der **Canada Revenue Agency** (☎902-432-5608, 800-668-4748; www.cra-arc.gc.ca/E/pbg/gf/gst115) ausfüllen.

TRINKGELD

WO?	WIE VIEL?
Bedienung Restaurant	15–20 %
Bedienung Bar	1 C$/Drink
Hotelpage	1–2 C$/Gepäckstück
Zimmerservice im Hotel	2 C$/Tag
Taxi	10–15 %

Trinkgelder

In Kanada sind Trinkgelder üblich (s. Kasten linke Spalte unten).

Gesundheit

VOR DER REISE

EMPFOHLENE IMPFUNGEN

Für Kanadatrips sind keine speziellen Impfungen erforderlich oder ratsam. Dennoch sollten alle Reisenden die Standard-Schutzimpfungen haben und gegebenenfalls auffrischen lassen (s. Kasten S. 975).

INFOS IM INTERNET

Kanadische Gesundheitswebsites:

Public Health Agency of Canada (www.publichealth.gc.ca)

Allgemeine Infoquellen:

MD Travel Health (www.mdtravelhealth.com)

World Health Organization (www.who.int)

Nützliche Reiseseiten der eigenen Regierung:

Deutschland (www.auswaertiges-amt.de; „Länder, Reise, Sicherheit", „Reisen und Gesundheit")

Österreich (www.bmeia.gv.at/aussenministerium)

Schweiz (www.eda.admin.ch)

VERSICHERUNG

Kanada hat eins der weltweit besten Gesundheitssysteme. Allerdings sind Behandlungen für ausländische Besucher fast unbezahlbar. Somit ist eine Reisekrankenversicherung absolut Pflicht, falls die eigene Standardpolice keine Auslandsreisen abdeckt. Weitere wichtige Versicherungsinfos gibt's unter www.lonelyplanet.com/travel_services.

Benötigte Medikamente sollte man stets in den etikettierten Originalverpackungen mitbringen. Sinnvoll ist auch ein unterschriebener und datierter Brief des eigenen Arztes, der den allgemeinen Gesundheitszustand plus alle verordneten Medikamente (inkl. generische Bezeichnungen) dokumentiert.

REISEAPOTHEKE

» Acetaminophen (z. B. Tylenol) oder Aspirin
» Entzündungshemmer (z. B. Ibuprofen)
» Antihistaminika bei Heuschnupfen und Allergien
» Antibakterielle Salbe (z. B. Betaisodona) für Schnitt- und Schürfwunden
» Steroid- oder kortisonhaltige Salbe gegen Giftsumach und allergische Ausschläge
» Verbandszeug, Mullbinden
» Heftpflaster und medizinisches Klebeband (z. B. Leukoplast)
» Schere, Taschenmesser, Pinzette, Sicherheitsnadeln
» Fieberthermometer
» DEET-haltiges Insektenschutzmittel für die Haut
» Permethrinhaltiges Insektenspray zum Imprägnieren von Bekleidung, Zelten und Moskitonetzen
» Sonnenschutzmittel
» Medikamente gegen Reiseübelkeit

IN KANADA

MEDIZINISCHE VERSORGUNG & KOSTEN

Die medizinische Versorgung ist flächendeckend. Bei akuten Notfällen sucht man am besten die Notaufnahme des nächstgelegenen Krankenhauses auf. Wenn es nicht eilt, sollte man sich vom Krankenhaus telefonisch einen Arzt empfehlen lassen: Der ist meistens günstiger als Ausflüge in die Notaufnahme, bei denen noch vor Untersuchungsbeginn bis zu 500 C$ fällig werden können.

Apotheken sind in Kanada überall vorhanden. Allerdings gibt's hier manche Medikamente, die zu Hause frei verkäuflich sind, nur auf Rezept. Somit wird's eventuell richtig teuer, falls die Reisekrankenversicherung nicht alle Rezeptkosten abdeckt. Verschreibungspflichtige Medikamente für maximal 90 Einnahmetage dürfen zu persönlichen Gebrauchszwecken legal ausgeführt werden.

INFEKTIONSKRANKHEITEN
In Kanada werden die meisten Infektionen durch Moskitostiche, Zeckenbisse oder Umwelteinflüsse ausgelöst. Die **Public Health Agency of Canada** (www.publichealth.gc.ca) informiert umfassend über alle im Folgenden genannten Risiken.

Giardiasis Um diese Darminfektion zu vermeiden, sollte man niemals direkt aus stehenden oder fließenden Gewässern trinken.

Lyme-Borreliose wird vor allem im südkanadischen Spätfrühling und Sommer durch Hirschzecken übertragen. Daher nach Outdoor-Aktivitäten unbedingt den Körper nach Zecken absuchen!

Schweres Akutes Atemwegssyndrom (SARS) Zum Recherchezeitpunkt war SARS in Kanada unter Kontrolle.

Tollwut Diese Gehirn- und Rückenmarksinfektion verläuft fast immer tödlich. Der Virus lauert in infiziertem Tierspeichel und wird meist durch Bisse, aber auch durch Wundkontakt mit befallenem Speichel übertragen. Deshalb sollte man freilebende Wildtiere (z.B. Fledermäuse, Waschbären, Stinktiere, Füchse), unbekannte bzw. ungeimpfte Haustiere oder deren Kadaver nie berühren! Schon beim geringsten Infektionsverdacht ist unbedingt eine Präventivbehandlung nötig, die relativ gut wirkt und neben einer Tollwutimpfung auch ein entsprechendes Immunglobulin umfasst.

West-Nil-Virus Wird im Spätsommer und Frühherbst durch Moskitos übertragen, gegen die man sich am besten mit größtmöglicher Körperabdeckung (lange Ärmel und Hosenbeine, Hüte, geschlossene Schuhe statt Sandalen) wappnet. Zusätzlich sollte ein gutes Insektenschutzmittel (am besten mit DEET) auf die Kleidung und freiliegende Körperpartien aufgetragen werden.

GESUNDHEITSRISIKEN
Hitze löst Erschöpfungszustände mit Dehydration als Hauptursache aus. Zu den Symptomen zählen z.B. Schwächeanfälle, Kopfschmerzen, Schweißausbrüche und Übelkeit bzw. Erbrechen. Am besten bringt man den Patienten sofort an einen schattigen und/oder kühlen Ort und legt ihm kühle, feuchte Tücher auf die Haut. Dann mit erhöhten Beinen flach lagern und den Flüssigkeitshaushalt schnellstmöglich ausgleichen.

Kälte Sie kann vor allem in nördlichen Regionen zu einem großen Problem werden. Daher alle Körperpartien (inklusive Kopf und Hals) entsprechend warm einhüllen! Wirre oder unverständliche Äußerungen weisen wie unkoordinierte Bewegungen bzw. Handlungen auf eine drohende Unterkühlung hin.

Internetzugang

» Dank des staatlichen **Community Access Program** (C@P) geht's überall leicht ins Netz: Die Bibliotheken, Schulen und Gemeindezentren fast aller Städte haben kostenlose Highspeed-Internetterminals, die öffentlich und somit auch von Travellern genutzt werden können. Einziger Wermutstropfen ist das Zeitlimit (meist 30 Min.). Zudem muss man mit uneinheitlichen Öffnungszeiten

EMPFOHLENE SCHUTZIMPFUNGEN

IMPFUNG	EMPFOHLEN FÜR	DOSIERUNG	NEBENWIRKUNGEN
Tetanus/Diphterie	alle Reisenden, die in den letzten zehn Jahren keine Auffrischung hatten	Eine Impfung wirkt zehn Jahre	Wundschmerz an der Einstichstelle
Masern	nach 1956 geborene Reisende, die nur eine Masernimpfung hatten	eine Impfung	Fieber, Ausschlag, Gliederschmerzen, allergische Reaktionen
Windpocken	Reisende, die noch nie Windpocken hatten	zwei Impfungen im Monatsabstand	Fieber, leichte Windpocken, Wundschmerz an der Einstichstelle
Grippe	alle Reisenden in der Grippezeit (Nov.–März)	eine Impfung	Fieber, Wundschmerz an der Einstichstelle

rechnen und kann eventuell keine Fotos hochladen.

» Richtige Internetcafés (ca. 3–4 C$/Std.) gibt's nur in Touristenhochburgen.

» Die meisten Unterkünfte bieten schnelle WLAN-Verbindungen direkt im Zimmer. Drahtlos-Zugänge sind auch flächendeckend in vielen städtischen Cafés und Bars vorhanden. In diesem Buch kennzeichnet das WLAN-Symbol (📶) entsprechende Unterkünfte, Restaurants und Ausgehoptionen. Das Internetsymbol (@) weist auf Unterkünfte mit Gästeterminals hin.

» Die Regionenkapitel empfehlen jeweils Einrichtungen vor Ort mit Internetzugängen.

Karten & Stadtpläne

» Die meisten Touristeninformationen geben kostenlose Straßenkarten zur jeweiligen Provinz aus.

» Für längere Wanderungen und mehrtägige Wildnistreks empfehlen sich topografische Karten. Am besten sind die Versionen des staatlichen **Centre for Topographic Information** (http://maps.nrcan.gc.ca) im Maßstab 1:50 000. Sie sind erhältlich bei ca. 900 Fachgeschäften im ganzen Land, die sich über die Website des Herstellers ausfindig machen lassen.

» Ansonsten stellt z. B. **GeoBase** (www.geobase.ca) herunterlad- und ausdruckbare Karten ins Netz.

Öffnungszeiten

Alle im folgenden aufgeführten allgemeinen Angaben gelten für die Hauptsaison, können aber je nach Jahreszeit variieren. Die Regionenkapitel geben Öffnungs- bzw. Geschäftszeiten jeweils nur bei Abweichungen von den hier genannten Standards an.

POSTALISCHE ABKÜRZUNGEN

PROVINZEN & TERRITORIEN	ABKÜRZUNG
Alberta	AB
British Columbia	BC
Manitoba	MB
New Brunswick	NB
Newfoundland & Labrador	NL
Northwest Territories	NT
Nova Scotia	NS
Nunavut	NU
Ontario	ON
Prince Edward Island	PE
Québec	QC
Saskatchewan	SK
Yukon Territory	YT

Banken Mo–Fr 10–17, Sa teilweise 9–12 Uhr

Behörden Mo–Fr 9–17 Uhr

Museen tgl. 10–17 Uhr, teilweise Mo geschl.

Restaurants morgens 8–11, mittags Mo–Fr 11.30–14.30, abends tgl. 17–21.30 Uhr, teilweise Sa & So Brunch 8–13 Uhr

Bars tgl. 17–2 Uhr

Nachtclubs Mi–Sa 21–2 Uhr

Geschäfte Mo–Sa 10–18, So 12–17, teilweise Do und/oder Fr bis 20 oder 21 Uhr

Supermärkte 9–20 Uhr, teilweise 24 Std.

Post

Die **Canada Post/Postes Canada** (www.canadapost.ca) ist weder schnell noch günstig, aber dafür wirklich zuverlässig. Briefmarken gibt's bei Postfilialen, Drogerien, Hotels und Gemischtwarenläden.

Postkarten und normale Briefe kosten 0,57 C$ innerhalb Kanadas bzw. 1,70 C$ nach Europa. Achtung: Traveller müssen oft hohe Zölle auf Gegenstände entrichten, die sie sich während ihres Kanada-Trips zuschicken lassen. Man muss genau prüfen, ob sich das lohnt.

Rechtsfragen

Polizei

» Wer verhaftet oder einer Straftat bezichtigt wird, kann die Aussage verweigern und einen beliebigen Rechtsanwalt engagieren. Im Notfall hilft dabei die eigene Botschaft. Wenn ein normaler Anwalt zu teuer ist, kann ein Pflichtverteidiger verlangt werden. Allgemein gilt die Unschuldsvermutung.

Drogen & Alkohol

» In Kanada liegt die Promillegrenze bei 0,8. Das Steuern von Autos, Motorrädern, Booten und Schneemobilen unter Alkoholeinfluss gilt als Straftat. Verstöße ziehen hohe Bußgelder, Führerscheinentzug und andere unangenehme Konsequenzen nach sich.

» Alkoholkonsum ist ausschließlich in Privatwohnungen und Einrichtungen mit Ausschanklizenz gestattet. Somit sind Parks, Strände und der Rest der großen weiten Wildnis diesbezüglich tabu – zumindest offiziell.

» Von illegalen Drogen lässt man am besten komplett die Finger. Andernfalls ist mit schweren Geldstrafen, Gefängnisaufenthalten und Einträgen ins Strafregister zu rechnen. Seit 2001 besteht die einzige Ausnahme im

MINDESTALTER

» Alkoholkonsum: 19 Jahre (18 in Alberta, Manitoba und Québec)

» Autofahren: 16 Jahre

» Einverständlicher Sex unter Männern: 18 Jahre

» Einverständlicher Sex in allen anderen Fällen: 16 Jahre

» Tabakkonsum: 18 Jahre (19 in British Columbia, Ontario und den Seeprovinzen)

» Wahlrecht: 18 Jahre

medizinischen Marihuanakonsum. Aktuell diskutieren Kanadas Öffentlichkeit und Parlamentarier weiterhin heiß darüber, ob der Besitz von Marihuana zum Eigengebrauch entkriminalisiert werden soll.

Sonstiges

» Abtreibung ist in Kanada legal.

» Traveller sollten wissen, dass sie auch im Ausland gemäß der Strafmündigkeitsbestimmungen ihres eigenen Heimatlands belangt werden können.

Reisen mit Behinderung

Kanada tut einiges, um den Alltag behinderter und vor allem körperbehinderter Menschen zu erleichtern.

» Viele öffentliche Gebäude (z. B. Museen, Touristeninformationen, Bahnhöfe, Einkaufszentren, Kinos) haben Rollstuhlrampen und/oder -lifte. Die meisten öffentlichen Toiletten besitzen behindertengerechte Kabinen mit Haltegriffen. An Fußgängerüberwegen sind die Bordsteine oft abgesenkt.

» Neuere und frisch renovierte Hotels (vor allem Kettenhäuser) verfügen über Zimmer mit breiten Türen und geräumigen Bädern.

» Die Infozentren der National- und Provinzparks sind normalerweise problemlos zugänglich. Viele Parks haben zudem rollstuhlgerechte Wege.

» Autovermieter (Übersicht auf S. 988) verlangen für handgesteuerte PKWs und Vans mit Rollstuhlliften keinen Aufpreis. Allerdings müssen solche Fahrzeuge rechtzeitig reserviert werden.

» Die staatliche Mobilitätswebsite **Access to Travel** (www.accesstotravel.gc.ca) informiert über behindertengerechte Einrichtungen im Flug-, Bus-, Zug- und Fährverkehr. Die meisten Verkehrsunternehmen gehen gern auf die Bedürfnisse von Reisenden mit Handicap ein, wenn sie beim Buchen rechtzeitig davon in Kenntnis gesetzt werden.

Auch diese Organisationen widmen sich den Bedürfnissen von Reisenden mit Behinderung:

Access-Able Travel Source (www.access-able.com) Verzeichnis behindertengerechter Unterkünfte, Verkehrsmittel, Sehenswürdigkeiten und Ausrüstungsverleiher; nach Provinzen sortiert

Canadian National Institute for the Blind (www.cnib.ca) Kanadische Blindenorganisation.

Canadian Paraplegic Association (www.canparaplegic.org) Informationen über kanadische Einrichtungen für körperbehinderte Traveller.

Mobility International Schweiz (✆062-212-6740; www.mis-ch.ch; Amthausquai 21, 4600 Olten)

MyHandicap Deutschland (✆089-7677-6970; www.myhandicap.de; Steinheilstr. 6, 85737 München-Ismaning)

MyHandicap Schweiz (✆043-211-4949; www.myhandicap.ch; Weinbergstr. 29, 8006 Zürich)

Nationale Koordinierungsstelle Tourismus für Alle e. V. (Natko; ✆0211-3368-001; www.natko.de; Fleher Str. 317a, 40223 Düsseldorf)

Society for Accessible Travel & Hospitality (www.sath.org) Tipps und Blogs von Reisenden mit Handicap für Reisende mit Handicap.

Schwule & Lesben

Schwule und Lesben werden in Kanada allgemein toleriert – allerdings eher in Großstädten als im ländlichen Raum. Als eine von nur zehn Nationen der Welt gestattet Kanada landesweit gleichgeschlechtliche Ehen.

Die Schwulenszenen von Montréal, Toronto und Vancouver sind bei Weitem am größten. Damit einher gehen ein brummendes Nachtleben, diverse Medien und viele Organisationen bzw. Anlaufstellen. In allen drei Städten steigen zudem große Schwulenfestivals mit zahllosen Zuschauern. Weitere Details stehen in den Kästen auf S. 260, S. 71 und S. 710.

Kanadas Norden ist vergleichsweise konservativer: In ganz Nunavut und manchen indigenen Gemeinden der Northwest Territories herrscht ein gewisser rückständiger Hass auf Homosexuelle. Ähnlich wie British Columbia pflegt das Yukon Territory dagegen eher „leben und leben lassen" im Stil der Westküste.

Es folgen ein paar prima Infoquellen für schwule Traveller, die jedoch nicht alle landesspezifisch sind:

Damron (www.damron.com) Veröffentlicht diverse Reiseführer (z.B. *Men's Travel Guide, Women's Traveller, Damron Accommodations*) und informiert online auch über schwulenfreundliche Touranbieter.

Gay Canada (www.gaycanada.com) Die schwulenfreundlichen Infoquellen und Einrichtungen auf der Website sind nach Städten bzw. Provinzen sortiert.

Gay Travel News (www.gaytravelnews.com) Online-Verzeichnis schwulenfreundlicher Ziele und Unterkünfte.

Out Traveler (www.outtraveler.com) Schwules Reisemagazin.

Purple Roofs (www.purpleroofs.com) Website mit schwulenfreundlichen Unterkünften, Reisebüros und Tourveranstaltern in aller Welt.

Queer Canada (www.queercanada.ca) Universelle Szene-Infoquelle.

Xtra (www.xtra.ca) Landesweite News für Schwule und Lesben.

Strom

Wie die kanadischen Stecker und Steckdosen aussehen, ist in der mittleren Spalte zu sehen.

120 V/60 Hz

120 V/60 Hz

Telefon

Vorwahlen, In- & Auslandsgespräche

Kanadische Telefonnummern bestehen aus einer dreistelligen Ortsvorwahl und einer siebenstelligen Anschlussnummer. In vielen Landesteilen muss selbst bei direkten Ortsgesprächen die ☎1 vor der zehnstelligen Zahlenfolge gewählt werden. Anderswo reicht innerhalb derselben Ortsvorwahl die siebenstellige Anschlussnummer aus. Diese uneinheitliche Praxis ändert sich jedoch allmählich. Öffentliche Telefonzellen bzw. örtliche Telefonbücher sollten Angaben zur anzuwendenden Methode liefern.

Bei direkten Auslandsgesprächen heißt es hintereinander ☎011, Ländercode (Deutschland/Österreich/Schweiz ☎49/43/41), Ortsvorwahl und Anschlussnummer wählen.

Gebührenfreie Nummern beginnen mit ☎800, ☎877 oder ☎866, wobei zuerst eine ☎1 eingegeben werden muss. Manche dieser Optionen funktionieren in ganz Nordamerika, andere dagegen nur in Kanada oder bestimmten Provinzen.

Notrufnummern

Achtung: Die allgemeine Notrufnummer ☎911 gilt *nicht* im Yukon Territory, in den Northwest Territories und in Nunavut. Die Regionenkapitel informieren über die dortigen Pendants.

Handys

Kanadische SIM-Karten funktionieren in europäischen Handys, wenn diese entsperrt sind und als Triband-Geräte den Standard GSM 1900 abdecken. Andere Mobiltelefone müssen per Roaming genutz werden.

Kanadische SIM-Karten gibt's von lokalen Anbietern wie **Telus** (www.telus.com), **Rogers** (www.rogers.com) oder **Bell** (www.bell.ca).

Unabhängig vom jeweiligen Netzbetreiber ist der Handy-Empfang im ländlichen Raum sehr schlecht.

Öffentliche Telefone

Öffentliche Münzfernsprecher sind flächendeckend vorhanden. Ortsgespräche kosten 0,25, manchmal auch 0,35 C$. Viele Geräte akzeptieren zudem Prepaid- oder Kreditkarten. Mit öffentlichen Telefonen kann man kostenlos Vermittlung (☎0) und Auskunft (☎411 für Ortsgespräche, ☎1 + Ortsvorwahl + 555-1212 für Ferngespräche) kontaktieren – ebenso die Notrufzentrale (☎911, nicht in Yukon Territory, Northwest Territories, Nunavut). Wenn ein Privatanschluss genutzt wird, wird außer beim Notruf aber eine Gebühr fällig.

Telefonkarten

Prepaid-Karten bieten bei Fern- und Auslandsgesprächen in der Regel die besten Minutenpreise. Mit Gesprächsguthaben von 5, 10 oder 20 C$ sind sie in Drogerien, Gemischtwarenläden und Supermärkten erhältlich. Vorsicht vor Varianten mit versteckten Aktivierungsgebühren (*activation fees*) oder separaten Verbindungsgebühren! Bei Kartenbenutzung an öffentlichen Telefonen beträgt der Zuschlag 0,30 bis 0,85 C$.

Touristeninformation

» Die Website der **Canadian Tourism Commission** (www.canada.travel) bietet viele Allgemeininfos, Pauschalangebote und Links.

» Auch alle Provinz-Touristeninformationen erleichtern die Reiseplanung mit umfangreichen Internetauftritten. Das Personal beantwortet telefonische Anfragen und verschickt auf Wunsch kostenlose Karten – ebenso Verzeichnisse mit Unterkünften, Sehenswürdigkeiten und Veranstaltungen. Manche Büros helfen auch beim Buchen von Hotelzimmern oder geführten Touren.

» Für detaillierte, spezifische Regionalinfos empfehlen sich die lokalen Touristeninformationen: In fast allen Groß- und Kleinstädten hat zumindest ein Büro saisonal geöffnet. Dort warten Ständer voller Gratisprospekte und hilfsbereites Personal, das Bücher und Karten verkauft. In den Regionenkapiteln finden sich die Adressen unter „Praktische Informationen", Touristeninformationen der Provinzen:

Travel Alberta (☎800-252-3782; www.travelalberta.com)

Tourism British Columbia (☎800-435-5622; www.hellobc.com)

Travel Manitoba (☎800-665-0040; www.travelmanitoba.com)

Tourism New Brunswick (☎800-561-0123; www.tourismnewbrunswick.ca)

Newfoundland & Labrador Tourism (☎800-563-6353; www.newfoundlandlabrador.com)

Northwest Territories (NWT) Tourism (☎800-661-0788; www.spectacularnwt.com)

Tourism Nova Scotia (☎800-565-0000; www.novascotia.com)

Nunavut Tourism (☎866-686-2888; www.nunavuttourism.com)

Ontario Tourism (☎800-668-2746; www.ontariotravel.net)

Prince Edward Island Tourism (☎800-463-4734; www.peiplay.com)

Tourisme Québec (☎877-266-5687; www.bonjourquebec.com)

Tourism Saskatchewan (☎877-237-2273; www.sasktourism.com)

Yukon Department of Tourism (☎800-661-0494; www.travelyukon.com)

Unterkunft

Kanada bietet eine große Auswahl an B&Bs, Kettenmotels, Hotels und Hostels. Die Touristeninformationen der Provinzen geben umfassende Unterkunftsverzeichnisse heraus und nehmen zum Teil Online-Reservierungen entgegen.

Hauptsaison

» Während der Hauptsaison im Sommer (Ende Mai–Anfang Sept.) sind die Preise am höchsten und Zimmer eventuell rar.

» Dann sollte man im Voraus buchen – ebenso an Feiertagen sowie während großer Festivals, der Ferienzeit oder der Skisaison in Winterresorts.

Preise

» Die Preise in diesem Buch gelten für die Hauptsaison. Soweit nicht anders vermerkt, fallen bis zu 17 % Steuer separat an. Wenn das Frühstück im Preis enthalten und/oder lediglich ein Gemeinschaftsbad vorhanden ist, finden sich entsprechende Hinweise im Text.

» Die Campingplätze, Hostels, einfachen Hotels und B&Bs im Budgetbereich (meistens DZ max. 80 C$) haben normalerweise Gemeinschaftsbäder.

» Die meisten B&Bs, Inns (frz. *auberges*), Motels und manche Hotels fallen in den Mittelklassebereich. Hier ist das Preis-Leistungs-Verhältnis allgemein am besten: Für 80 bis 180 C$ gibt es ein komfortables, ausreichend großes Doppelzimmer mit eigenem Bad und einem Fernseher.

» Spitzenklassehotels (ab 180 C$/DZ) bieten internationale Einrichtungsstandards wie Fitnessräume, Business-Zentren und andere gehobene Extras.

Einrichtungsstandards & Extras

» Die meisten Zimmer haben WLAN, das im Budget- und Mittelklassebereich normalerweise gratis ist. Spitzenklassehotels verlangen dafür oft eine Gebühr.

UNTERKÜNFTE ONLINE BUCHEN

Weitere Unterkunftsbewertungen und -empfehlungen von Lonely Planet Autoren gibt's unter http://hotels.lonelyplanet.com/Canada. Hier findet man echte Insiderinfos zu den besten Adressen, wie immer gründlich und unabhängig recherchiert. Außerdem kann online gebucht werden.

HOTELKETTEN

Budgetunterkünfte

Days Inn (☎800-329-7466; www.daysinn.com)

Econo Lodge (☎877-424-6423; www.econolodge.com)

Super 8 (☎800-800-8000; www.super8.com)

Mittelklassehotels

Best Western (☎800-780-7234; www.bestwestern.com)

Clarion Hotel (☎877-424-6423; www.clarionhotel.com)

Comfort Inn (☎877-424-6423; www.comfortinn.com)

Fairfield Inn (☎800-228-2800; www.fairfieldinn.com)

Hampton Inn (☎800-426-7866; www.hamptoninn.com)

Holiday Inn (☎888-465-4329; www.holidayinn.com)

Howard Johnson (☎800-446-4656; www.hojo.com)

Quality Inn & Suites (☎877-424-6423; www.qualityinn.com)

Travelodge/Thriftlodge (☎800-578-7878; www.travelodge.com)

Spitzenklassehotels

Delta (☎877-814-7706; www.deltahotels.com)

Fairmont (☎800-257-7544; www.fairmont.com)

Hilton (☎800-445-8667; www.hilton.com)

Hyatt (☎888-591-1234; www.hyatt.com)

Marriott (☎888-236-2427; www.marriott.com)

Radisson (☎888-201-1718; www.radisson.com)

Ramada (☎800-272-6232; www.ramada.com)

Sheraton (☎800-325-3535; www.sheraton.com)

Westin (☎800-937-8461; www.westin.com)

» Viele kleinere Unterkünfte (vor allem B&Bs) verbieten das Rauchen komplett – ebenso die Hotelketten Marriott und Westin. Alle anderen Optionen haben spezielle Nichtraucherzimmer. Das Rauchverbotssymbol (⊜) bedeutet, dass das Qualmen in *allen* Zimmern einer Unterkunft untersagt ist.

» Budget- und Mittelklassezimmer sind meist nicht klimatisiert. Wer darauf Wert legt, sollte somit unbedingt bereits beim Buchen nachfragen.

Ermäßigungen

» Außer in Skiorten können die Preise im Winter um bis zu 50 % fallen.

» Mitglieder der American Automobile Association (AAA) bzw. angeschlossener Automobilclubs (z. B. ADAC) erhalten manchmal einen kleinen Rabatt von 10 %.

» Es lohnt sich, die aufgeführten Hotelwebsites in diesem Buch nach Online-Sonderangeboten zu durchforsten. Ansonsten findet man vergünstigte Hotelzimmer in ganz Kanada auch über die üblichen Verdächtigen:

Expedia (www.expedia.de)

Hotwire (www.hotwire.com)

Priceline (www.priceline.com)

Reisevergleich24 (www.reisevergleich24.de)

Travelocity (www.travelocity.de)

Tripadvisor (www.tripadvisor.de)

B&Bs

» **Bed & Breakfast Online** (www.bbcanada.com) ist die größte Buchungsagentur für B&Bs im ganzen Land.

» Kanadische B&Bs (frz. *gîtes*) sind meistens umgebaute Privathäuser, deren Eigentümer auch vor Ort wohnen. Privatsphärenfans sind mit B&Bs eventuell weniger gut bedient: Bei oft dünnen Wänden besteht hier üblicherweise enger Kontakt zu den Gastgebern und anderen Gästen.

» Selbst innerhalb desselben B&Bs kann der Einrichtungsstandard kräftig variieren. Die günstigsten Quartiere sind meist recht klein, haben wenige Extras und teilen sich das Bad. Nettere bzw. teurere Varianten besitzen manchmal einen Balkon, einen offenen Kamin und ein eigenes Bad. Das Frühstück ist immer im Preis enthalten und eventuell kontinental statt warm bzw. typisch nordamerikanisch.

» B&Bs nehmen manchmal keine Kinder auf.

» Sie bestehen meistens auf einem Mindestaufenthalt mit zwei Übernachtungen und haben oft nur saisonal geöffnet.

Camping

» Kanadas zahllose Campingplätze werden von der Bundesregierung, der jeweiligen Provinz oder Privatpersonen betrieben.

» Die Länge der Campingsaison (offiziell Mai–Sept.) kann lokal variieren.

» Das Einrichtungsspektrum ist höchst unterschiedlich: Stellplätze in der Wildnis haben keine Trinkwasserversorgung sowie wenig mehr als Plumpsklos und Feuerstellen. Auf unbetreuten (Zelt-)Plätzen („ohne Service") gibt's Trinkwasser, sanitäre Anlagen mit Toiletten und manchmal auch Duschen. Campingplätze mit dem höchsten Standard („mit Service") bieten WCs, Warmwasser(duschen) sowie Strom- und Abwasseranschlüsse für Freizeitfahrzeuge wie Wohnmobile.

» Privatplätze sind manchmal nur auf Wohnmobile bzw. -wagen eingerichtet. Ansonsten verfügen sie eventuell über Gemischtwarenläden, Pools und Kinderspielplätze. Am besten ruft man immer vorher an, um Einrichtungsstandards, Stellplatzgröße und Eignung für das jeweilige Fahrzeug zu ermitteln.

» Die meisten staatlich verwalteten Campingplätze sind reservierungsfrei und vor allem von Juli bis August schnell ausgebucht. Dank des praktischen **Camping Reservation Program** (Stellplatz-Reservierungsprogramm; ☎877-737-3783; www.pccamping.ca; Reservierungsgebühr 10,80 C$) von Parks Canada lassen sich Stellplätze in mehreren Nationalparks sicher ergattern. Die Regionenkapitel informieren über Reservierungsmöglichkeiten in den einzelnen Provinzparks.

» National- und Provinzparks verlangen pro Übernachtung unterschiedliche Stellplatzgebühren (Zelt ca. 20–30 C$, Wohnmobil inkl. aller Anschlüsse max. 39 C$). Genehmigungen fürs Feuermachen kosten oft ein paar Dollar extra. Für eine Nacht in der Wildnis zahlt man ca. 14 C$. Private Campingplätze sind meistens etwas teurer. Vor allem die Parks von British Columbia verzeichnen in den letzten Jahren heftige Preiserhöhungen.

» Manche Campingplätze sind aus Wartungsgründen ganzjährig geöffnet und nehmen Gäste während der Nebensaison manchmal günstiger auf – super im Spätherbst oder zu Frühlingsbeginn, wenn kaum Betrieb herrscht. Wintercamping ist aber nur etwas für Hartgesottene.

Hostels

Neben eigenständigen Hostels gibt's in Kanada auch die Herbergen von Hostelling International (HI). Alle haben Schlafsäle (ca. 25–35 C$/Pers.) für zwei bis zehn Personen. Oft sind auch separate Zimmer (ab 60 C$) für Paare und Familien vorhanden. HI-Hostels trennen ihre Schlafsäle nach Geschlechtern und verbieten den Alkohol- oder Tabakkonsum. Nicht-Mitglieder bezahlen einen Zuschlag (4 C$/Nacht).

Hostels besitzen normalerweise Gemeinschaftsbäder. Hinzu kommen Einrichtungen wie (Wasch-) Küchen, Schließfächer, Internetzugänge und gemeinschaftlich genutzte Fernsehzimmer. Besonders in Großstädten ist die Tür meistens rund um die Uhr offen. Falls nicht, heißt es bei einer später Ankunft rechtzeitig nach Sonderregelungen fragen.

Websites für weitere Details und Online-Reservierungen:

Backpackers Hostels Canada (www.backpackers.ca) Eigenständige Hostels.

Hostelling International Canada (www.hihostels.ca)

Hostels.com (www.hostels.com) Eigenständige Hostels und HI-Herbergen.

Hotels & Motels

Die meisten kanadischen Hotels gehören zu internationalen Ketten. Neuere Optionen zielen entweder auf Geschäftsleute oder wohlhabende Touristen ab. Die Zimmer mit Fernseher und WLAN werden oft durch Pools, Fitness- und Business-Zentren ergänzt. In den Varianten mit zwei Doppel- oder übergroßen Betten finden bis zu vier Gäste Platz. Für die dritte und vierte Person wird normalerweise ein kleiner Zuschlag fällig. Obwohl viele Hotels mit „kostenlosen Kinderaufenthalten" werben, kosten Kinder- oder Tragebetten (*rollaways*) manchmal extra.

Kanada ist ein Autoland. Seine ebenso zahllosen Motels stehen an den Highways oder konzentriert an den Rändern von Groß- und Kleinstädten. Die meisten Motelzimmer gewinnen zwar keinen Designpreis, sind aber normalerweise sauber, komfortabel und ihr Geld wert. Viele kanadische Motels sind noch typische Familienunternehmen, während man heute landesweit auch auf zahlreiche nordamerikanische Ketten stößt.

Privatunterkünfte

Wie wär's, auf dem Sofa völlig fremder Leute zu schlafen? Wer damit kein Problem hat, kann einer Vermittlungsorganisation für Privatunterkünfte beitreten. Die folgenden Optionen verlangen keine Aufnahmegebühr. Der Aufenthalt ist ebenfalls gratis.

Couch Surfing (www.couchsurfing.com)

Hospitality Club (www.hospitalityclub.org)

Studentenwohnheime

Während der sommerlichen Semesterferien vermieten manche Unis und Hochschulen ihre Schlafsaalbetten an Reisende jeden Alters. Die meisten Zimmer sind recht einfach ausgestattet. Obwohl der Preis (25–40 C$/Nacht) oft das Frühstück beinhaltet, entspricht das Ganze natürlich nicht dem Ritz. Studenten erhalten oft einen kleinen Rabatt.

Versicherung

Details zur Kranken- und Kfz-Versicherung stehen auf S. 981 bzw. S. 988.

Reiseversicherung

Unabhängig von der Reisedauer ist unbedingt eine

entsprechende Reiseversicherung vonnöten. Diese sollte zumindest alle medizinischen Behandlungen, Krankenhausaufenthalte und Notfallflüge in die Heimat abdecken. Andernfalls müssen Nichtkanadier heftige Summen zahlen.

Ebenfalls ratsam ist eine Police für gestohlenes oder verloren gegangenes Gepäck. Vom jeweiligen Anbieter erfährt man, wie vorhandene Hausratsversicherungen entsprechend bzw. sinnvoll (!) aufgestockt werden können. Wer einen Großteil des Urlaubs im Voraus bezahlt, sollte auch über eine Reiserücktrittsversicherung nachdenken.

Die weltweit gültige Reiseversicherung unter www.lonelyplanet.com/travel_services kann jederzeit online abgeschlossen, erweitert und in Anspruch genommen werden – selbst dann, wenn der Trip schon begonnen hat. Auch folgende Anbieter sind eine Recherche wert:

Insure.com (www.insure.com)

Travel Guard (www.travelguard.com)

Travelex (www.travelex.com)

Visa

Infos zu Reisepassbestimmungen stehen auf S. 984.

Für rein touristische Aufenthalte bis zu 180 Tagen benötigen EU-Bürger und Schweizer kein Visum. Dennoch empfiehlt es sich, die neuesten Bestimmungen sorgsam auf der Website von **Citizenship & Immigration Canada** (CIC; www.cic.gc.ca) durchzulesen – vor allem, wenn man in Kanada arbeiten oder studieren möchte und dafür ein separates Visum braucht.

Reisen in die USA

Da sich die strengen amerikanischen Einreisebestimmungen jederzeit ändern können, sollte man den aktuellen Stand unbedingt rechtzeitig bei einem US-Konsulat im eigenen Heimatland erfragen. Zudem lohnt sich ein Blick auf die Reisewebsite des **US State Department** (www.travel.state.gov). Das eigene Außenministerium kann ebenfalls nützliche Hinweise liefern.

Dank bilateraler Abkommen dürfen auch Deutsche, Österreicher und Schweizer visumfrei in die USA einreisen (Visa Waiver Program). Die maximale Aufenthaltsdauer von 90 Tagen kann dabei jedoch nicht verlängert werden. Grundvoraussetzung ist ein maschinenlesbarer Reisepass, der allen aktuellen Bestimmungen des **Electronic System for Travel Authorization** (ESTA; www.cbp.gov/esta) entspricht. Zudem muss man sich spätestens 72 Stunden vor Ankunft registrieren lassen sowie eine Bearbeitungs- und Genehmigungsgebühr von 14 US$ bezahlen. Achtung: Ohne entsprechend maschinenlesbaren Reisepass ist bereits vor der Ankunft in Kanada ein US-Visum im eigenen Heimatland zu beantragen!

Wer die US-Grenze als Nichtkanadier auf dem Landweg überquert, muss standardmäßig eine „Einreisegebühr" von 6 US$ hinblättern. Sofern in der Zwischenzeit kein Drittland besucht worden ist, kann man wiederholt von den USA nach Kanada einreisen.

Zeit

Kanada erstreckt sich über sechs der 24 Weltzeitzonen. Die Newfoundland Time im Osten unterscheidet sich von der nächsten Zone seltsamerweise nur um 30 Minuten. Die Gesamtdifferenz zwischen Atlantik- und Pazifikküste beträgt viereinhalb Stunden.

Zu Beginn der kanadischen Sommerzeit am zweiten Märzsonntag werden die Uhren eine Stunde vorgestellt. Mit dem Anfang der Winterzeit am ersten Novembersonntag wandern die Zeiger dann wieder eine Stunde zurück. Saskatchewan sowie kleine Teile von Québec, Ontario und British Columbia stellen als einzige Regionen nicht auf Sommerzeit um.

Vor allem in Québec gilt allgemein die 24-Stunden-Skala (z. B. bei Öffnungszeiten, Kinovorstellungen oder Zugfahrplänen), ansonsten wird mit *pm* und *am* gearbeitet.

ZEITZONEN

ZEITUNTERSCHIED ZWISCHEN STÄDTEN

Vancouver	15 Uhr
New York City	18 Uhr
Montréal	18 Uhr
Newfoundland	19.30 Uhr
Berlin	0 Uhr

Zoll

Die **Canada Border Services Agency** (CBSA; www.cbsa.gc.ca) informiert über alle Zollbestimmungen. Auszug:

Alkohol 1,5 l Wein oder 1,14 l Spirituosen oder 24 Bierflaschen à 355 ml sind bei der Einreise zollfrei.

Geld bis zu einem maximalen Gesamtwert von 10 000 C$ kann man nach Belieben ein- oder ausführen. Größere Summen sind anzumelden.

Geschenke im maximalen Gesamtwert von 60 C$ müssen nicht verzollt werden.

Haustiere Für Katzen oder Hunde ist der offizielle tierärztliche Nachweis einer Tollwutimpfung vonnöten, die maximal 36 Monate zurückliegen darf.

Persönliche Besitztümer Laptops, Camping-, Sport- und Fotoausrüstung lassen sich relativ problemlos einführen. Dennoch ist es ratsam, solche Gegenstände bei der Ankunft anzugeben. Ansonsten gibt's eventuell Probleme bei der Ausreise – vor allem, wenn die kanadisch-amerikanische Grenze mehrmals überquert wird.

Tabak 200 Zigaretten, 50 Zigarren, 200 g loser Tabak und 200 Tabaksticks sind bei der Einreise zollfrei.

Verschreibungspflichtige Medikamente für maximal 90 Einnahmetage dürfen zu persönlichen Gebrauchszwecken legal ein- und ausgeführt werden. Hinweis: Eine Ausfuhr in die USA ist zwar verboten, wird aber bei Einzelpersonen geduldet.

Verkehrsmittel & -wege

AN- & WEITERREISE

Geführte Touren, Flug- und Zugtickets können online unter www.lonelyplanet.com/travel_services gebucht werden.

Einreise

Nach Kanada einzureisen, geht recht schnell und einfach: Man muss zuerst den Reisepass und gegebenenfalls das Visum (s. S. 982) vorzeigen. Dann stellen die Beamten ein paar Fragen zur Länge und zum Zweck des Besuchs. Zum Schluss geht's durch die Zollkontrolle. **Going to Canada** (www.goingtocanada.gc.ca) hat Näheres dazu.

Achtung: Wer auf dem Landweg aus den USA kommend nach Kanada einreist, muss mit schärferen Kontrollen und Fahrzeugdurchsuchungen rechnen!

Vor allem bezüglich der Einreise auf dem Landweg ist es ratsam, alle aktuellen Bestimmungen über die Websites des **US State Department** (www.travel.state.gov) und von **Citizenship & Immigration Canada** (www.cic.gc.ca) zu ermitteln.

Flugzeug

Flughäfen

Torontos Flughafen ist bei Weitem am geschäftigsten – gefolgt von dem Vancouvers. Die meisten Traveller reisen über eines der folgenden internationalen Luftkreuze ein:

Calgary (YYC; www.calgaryairport.com)

Edmonton (YEG; www.flyeia.com)

Halifax (YHZ; www.hiaa.ca)

Montréal (Trudeau; YUL; www.admtl.com)

Ottawa (YOW; www.ottawa-airport.ca)

St. John's (YYT; www.stjohnsairport.com)

Toronto (Pearson; YYZ; www.gtaa.com)

Vancouver (YVR; www.yvr.ca)

Winnipeg (YWG; www.waa.ca)

Fluglinien

Kanadas führende nationale Fluglinie, Air Canada, gehört weltweit zu den sichersten ihrer Art. Auch der Billiganbieter Westjet, die Kurzstreckenlinie Porter sowie die Chartergesellschaften Air Transat und Sunwing sind in Kanada ansässig und bedienen von hier aus Ziele in aller Welt.

Air Canada (www.aircanada.com)

Air France (www.airfrance.com/ca)

Air Transat (www.airtransat.com) Charterflüge von kanadischen Großstädten zu Ferienzielen (z. B. südliche USA und Karibik im Winter, Europa im Sommer).

Alaska Air & Horizon Air (www.alaskaair.com)

Alitalia (www.alitalia.com/ca_en)

American Airlines (www.aa.com)

Austrian Airline (www.austrian.com)

British Airways (www.ba.com)

Continental Airlines (www.continental.com)

Condor (www.condor.com) Deutsche Chartergesellschaft mit Flügen nach Vancouver und Whitehorse.

Delta Airlines (www.delta.com)

KLM (www.klm.com)

Lufthansa (www.lufthansa.com)

Porter Airlines (www.flyporter.com) Flüge im östlichen Kanada sowie international nach Boston, Chicago und New York.

Sunwing Airlines (www.flysunwing.com) Charterflüge von kanadischen Großstädten zu Ferienzielen in Mexiko, den USA und der Karibik.

Swiss Air (www.swiss.com)

United Airlines (www.united.ca)

US Airways (www.usairways.com)

WestJet (www.westjet.com)

Auf dem Landweg

Auto & Motorrad

Entlang der Grenze ist das US-amerikanische Highwaynetz an mehreren Stellen direkt mit dem kanadischen verbunden. Die kanadischen

REISEN & KLIMAWANDEL

Der Klimawandel stellt eine ernste Bedrohung für unsere Ökosysteme dar. Zu diesem Problem tragen Flugreisen immer stärker bei. Lonely Planet sieht im Reisen grundsätzlich einen Gewinn, ist sich aber der Tatsache bewusst, dass jeder seinen Teil dazu beitragen muss, um die globale Erwärmung zu verringern.

Fast jede Art der motorisierten Fortbewegung erzeugt CO_2 (die Hauptursache für die globale Erwärmung), doch Flugzeuge sind mit Abstand die schlimmsten Klimakiller – nicht nur wegen der großen Entfernungen und der entsprechend großen CO_2-Mengen, sondern auch weil sie diese Treibhausgase direkt in hohen Schichten der Atmosphäre freisetzen. Die Zahlen sind erschreckend: Zwei Personen, die von Europa in die USA und wieder zurück fliegen, erhöhen den Treibhauseffekt in demselben Maße wie ein durchschnittlicher Haushalt in einem ganzen Jahr.

Die englische Website www.climatecare.org und die deutsche Internetseite www.atmosfair.de bieten sogenannte CO_2-Rechner. Damit kann jeder ermitteln, wie viel Treibhausgase seine Reise produziert. Das Programm errechnet den zum Ausgleich erforderlichen Betrag, mit dem der Reisende nachhaltige Projekte zur Reduzierung der globalen Erwärmung unterstützen kann, beispielsweise Projekte in Indien, Honduras, Kasachstan und Uganda.

Lonely Planet unterstützt gemeinsam mit Rough Guides und anderen Partnern aus der Reisebranche das CO_2-Ausgleichs-Programm von climatecare.org. Alle Reisen von Mitarbeitern und Autoren von Lonely Planet werden ausgeglichen.Weitere Informationen gibt's auf www.lonelyplanet.com.

Highways münden wiederum weiter nördlich in den Trans-Canada Hwy, der in Ost-West-Richtung verläuft. Alaska, Klondike und Haines Hwy sind die drei Hauptverkehrsadern zwischen dem Yukon Territory und Alaska.

Wer mit einem eigenen Fahrzeug nach Kanada einreisen möchte, benötigt dafür alle Zulassungspapiere, einen Versicherungsnachweis und seinen heimischen Führerschein. In den USA gemietete Fahrzeuge können normalerweise ein- und ausgeführt werden. Allerdings muss dies explizit im Mietvertrag stehen – so lässt sich Ärger mit den Grenzbeamten vermeiden. Wenn man ein Auto fährt, das auf jemand anderen gemeldet ist, empfiehlt sich eine schriftliche Bestätigung des Eigentümers, die den Gebrauch des Gefährts in Kanada gestattet. Auf S. 987 steht Näheres zum Straßenverkehr vor Ort.

Bus

Greyhound (www.greyhound.com) und sein kanadisches Pendant **Greyhound Canada** (www.greyhound.ca) betreiben zusammen das größte Busnetz Nordamerikas. Bei Direktverbindungen zwischen amerikanischen und kanadischen Großstädten muss an der Grenze normalerweise das Fahrzeug gewechselt werden. Bis die Zoll- und Einreiseformalitäten für alle Passagiere erledigt sind, vergeht eine gute Stunde. Die meisten internationalen Fernbusse haben kostenlosen WLAN-Zugang. Der Kasten unten nennt Strecken- und Preisbeispiele für Greyhound-Busrouten. Folgende große Fernbusfirmen mit Bord-WLAN fahren ebenfalls über die Grenze:

Megabus (www.megabus.com) Verbindet Toronto mit New York City oder Philadelphia und ist in der Regel günstiger als Greyhound; nur Online-Ticketkauf.

Quick Coach (www.quickcoach.com) Pendelt meist schneller als Greyhound zwischen Seattle und Vancouver.

Grenzübergänge

Zwischen New Brunswick und British Columbia teilen

GREYHOUND-BUSROUTEN & PREISE

STRECKE	DAUER (STD.)	HÄUFIGKEIT	PREIS (US$)
Boston–Montréal	ab 7	max. 8-mal tgl.	105
Detroit–Toronto	ab 5½	max. 5-mal tgl.	73
New York–Montréal	10	max. 2-mal tgl.	84
Seattle–Vancouver	4	max. 5-mal tgl.	38

sich Kanada und die USA insgesamt 22 offizielle Grenzübergänge.

Die **Canadian Border Services Agency** (www.cbsa-asfc.gc.ca/general/times/menu-e.html) informiert online über die jeweiligen Wartezeiten. Über das WLAN-Portal der Regierung (www.wap.gc.ca) oder über Twitter (@CBSA_BWT) sind sie auch abrufbar.

Meistens kann die Reise spätestens nach 30 Minuten fortgesetzt werden. Anders sieht's jedoch in der Hauptsaison im Sommer sowie am Freitag- und Sonntagnachmittag aus: Vor allem an Ferien- und Feiertagswochenenden hängt man dann oft für mehrere Stunden an der Grenze fest. Besonders stark frequentierte Übergänge sind:

» Windsor (Ontario)/Detroit (Michigan)

» Fort Erie (Ontario)/Buffalo (New York State)

» Niagara Falls (Ontario)/Niagara Falls (New York State)

» Saint-Bernard-de-Lacolle (Québec)/Rouse's Point bzw. Champlain (New York State)

» Surrey (British Columbia)/Blaine (Washington State)

Anderswo ist teilweise weniger los – manchmal so wenig, dass die Beamten das Gepäck aus Langeweile komplett durchsuchen. Beim Grenzübertritt sollte man unbedingt jegliche Musik abstellen, die Sonnenbrille abnehmen und sich ausgesprochen höflich verhalten. Auf Smalltalk, Witze oder sonstige geistreiche Bemerkungen reagieren die meisten Grenzer sehr allergisch.

Vor der Rückkehr in die USA ist es ratsam, die aktuellen Wartezeiten an der Grenze über die Website des US Department for Homeland Security (http://apps.cbp.gov/bwt) zu ermitteln.

Wer als Nichtkanadier auf dem Landweg in die USA einreist, muss eine „Einreisegebühr" von 6 US$ in bar berappen – Kreditkarten werden nicht akzeptiert.

Auf S. 984 stehen Details zu den erforderlichen Dokumenten bei der Einreise nach Kanada.

Zug

Zusammen mit der amerikanischen **Amtrak** (www.amtrak.com) unterhält **VIA Rail Canada** (www.viarail.ca) drei Bahnstrecken zwischen den USA und Kanada (zwei im Osten, eine im Westen). Der Zoll kontrolliert Passagiere nicht beim Einsteigen, sondern direkt an der Grenze.

Übers Meer

Frachtschiffe

Frachtschiffe sind eine abenteuerliche, wenn auch nicht unbedingt günstige Option für Seereisen nach oder ab Kanada. Frachter mit Kabinen für drei bis zwölf Passagiere sind im Vergleich zu Kreuzfahrtpötten weitaus weniger komfortabel ausgestattet. Dafür vermitteln sie einen salzgeschwängerten Eindruck vom Leben an Bord auf hoher See.

Details zu den ständig wechselnden Frachterrouten gibt's z. B. hier:

Cruise & Freighter Travel Association (www.travltips.com)

Freighter World Cruises (www.freighterworld.com)

Schiff/Fähre

Verschiedene Küstenfähren verbinden die USA mit Kanada.

Bar Harbor, Maine–Yarmouth, NS Der Verkehr wurde 2010 eingestellt, soll aber 2011 wieder beginnen. Bay Ferries (www.nfl-bay.com) hat aktuelle Details.

Eastport, Maine–Deer Island, NB East Coast Ferries (www.eastcoastferries.nb.ca); s. S. 440.

Seattle–Victoria, BC Victoria Clipper (www.clippervacations.com); s. S. 755.

Alaska–Port Hardy, BC Alaska Marine Highway System (www.ferryalaska.com); s. S. 836.

Alaska–Prince Rupert, BC BC Ferries (www.bcferries.com); s. S. 837.

UNTERWEGS VOR ORT

Auto & Motorrad

Automobilclubs

Die Mitgliedschaft in einem Automobilclub ist für Traveller, die selbst fahren, eine praktische Sache. Das Servicespektrum der **Canadian Automobile Association** (CAA; ☎800-268-3750; www.caa.ca) kann auch von Mitgliedern internationaler Partnerorganisationen wie AAA (USA) oder ADAC (Deutschland)

INTERNATIONALE FERNZÜGE & PREISE

STRECKE	DAUER (STD.)	HÄUFIGKEIT	PREIS (US$)
New York–Toronto *(Maple Leaf)*	14	1-mal tgl.	125
New York–Montréal *(Adirondack)*	11	1-mal tgl.	62
Seattle–Vancouver *(Cascades)*	4	2-mal tgl.	44

genutzt werden. Neben Pannenhilfe rund um die Uhr umfasst es z. B. auch Tipps für die Reiseplanung, Gratiskarten, Reisebürodienste und diverse Rabatte auf Unterkünfte oder Mietwagen.

In ganz Kanada und den USA hat sich der **Better World Club** (☎866-238-1137; www.betterworldclub.com) inzwischen als Alternative etabliert. Er spendet 1% seines Jahresgewinns für Umweltschutzmaßnahmen und bietet auch einen Pannenservice für Radfahrer an (s. S. 990).

Benzin

Kanadische Benzinpreise gelten pro Liter. Zum Recherchezeitpunkt kostete 1 l Normalbenzin ca. 1,08 C$. In entlegenen Ecken ist der Sprit teurer, wobei Yellowknife normalerweise den Landesrekord hält. In Calgary kommen Autofahrer meist am günstigsten weg.

Da Benzin in Kanada meist mehr kostet als in den USA, lohnt sich das Volltanken vor dem Grenzübertritt.

Führerschein

In den meisten Provinzen können Autofahrer drei Monate lang legal ihren heimischen Führerschein benutzen. Teilweise geht dies auch länger (z. B. sechs Monate in British Columbia).

Bei längeren Aufenthalten empfiehlt sich dennoch ein Internationaler Führerschein (International Driving Permit, IDP) mit einjähriger Gültigkeit – vor allem, wenn die eigene „Pappe" mangels Erläuterungen auf Englisch bzw. Französisch die Kommunikation mit kanadischen Verkehrspolizisten oder Autovermietern erschwert. Zuhause gibt's eine IDP gegen eine geringe Gebühr bei Automobilclubs oder der zuständigen Führerscheinstelle. Sie gilt aber grundsätzlich nur in Verbindung mit der eigenen, heimischen Fahrerlaubnis.

Mieten

AUTO

Wer in Kanada ein Auto mieten möchte, muss:

» mindestens 25 Jahre alt sein,

» eine gültige Fahrerlaubnis haben (eventuell auch einen Internationalen Führerschein, falls man nicht aus einem englisch- oder französischsprachigen Land stammt),

» eine bekannte Kreditkarte besitzen.

Gegen Aufpreis verleihen manche Firmen auch an Kunden zwischen 21 und 24 Jahren.

Die meisten Mittelklassefahrzeuge kosten ca. 35 bis 65 C$ pro Tag. Kindersitze (ca. 8 C$/Tag) sind in Kanada gesetzlich vorgeschrieben und sollten unbedingt beim Buchen reserviert werden.

Große internationale Autovermieter sind normalerweise in Flughäfen, Bahnhöfen und Stadtzentren vertreten.

Avis (☎800-437-0358; www.avis.com)

Budget (☎800-268-8900; www.budget.com)

Dollar (☎800-800-4000; www.dollar.com)

Enterprise (☎800-736-8222; www.enterprise.com)

Hertz (☎800-263-0600; www.hertz.com)

National (☎800-227-7368; www.nationalcar.com)

Thrifty (☎800-847-4389; www.thrifty.com)

Practicar (☎800-327-0116; www.practicar.ca) Die Firma hieß früher Rent a Wreck und hat oft günstigere Preise. Sie kooperiert auch mit Backpackers Hotels Canada und Hostelling International (HI).

Im Vergleich zu Optionen direkt vor Ort sind vorab gebuchte Pauschalangebote (z. B. Flugticket plus Leihwagen) oft günstiger.

MOTORRAD

Verschiedene Firmen bieten Leihmotorräder und geführte Touren an. Inklusive Haftpflichtversicherung und 200 km Fahrt kostet eine Harley Heritage Softail Classic ca. 210 C$ pro Tag. Manche Unternehmen bestehen auf einer Mindestleihdauer von teilweise bis zu sieben Tagen. In British Columbia sind Bikes von Boss Hoss (Hogs) besonders beliebt.

Coastline Motorcycle Tours & Rentals (☎250-335-1837, 866-338-0344; www.coastlinemc.com) In Victoria und Vancouver (British Columbia).

McScoots Motorcycle & Scooter Rentals (☎250-763-4668; www.mcscoots.com) Große Harley-Auswahl und geführte Motorradtouren; sitzt in Kelowna (British Columbia).

Open Road Adventure (☎250-494-5409; www.canadamotorcyclerentals.com) Mietbikes und geführte Touren in Summerland bei Kelowna (British Columbia).

WOHNMOBILE

Westkanada hat das größte Angebot von Wohnmobilen (Recreational Vehicles, RVs). Spezielle Verleiher sind z. B. in Calgary, Edmonton, Whitehorse und Vancouver ansässig. Während der sommerlichen Hauptsaison heißt es so früh wie möglich buchen. Dann liegt der Grundpreis für mittelgroße Gefährte bei ca. 160 bis 265 C$ pro Tag. Versicherungen, Steuern und andere Zusatzgebühren treiben die Rechnung aber noch einmal kräftig in die Höhe. Bei Wohnmobilen mit Dieselmotoren sind die Betriebskosten deutlich niedriger.

Empfehlenswerte Vermieter in Kanada:

Canadream Campers (☎403-291-1000, 800-461-7368; www.canadream.com) In Calgary ansässiger Anbieter mit Filialen in acht Städten (z. B. Vancouver, Whitehorse, Toronto, Halifax). Fahrzeuge können auch am Ziel zurückgegeben werden.

Go West Campers (☎800-661-8813; www.go-west.com) Verleiht Wohnmobile in Calgary und Coquitlam bei Vancouver (British Columbia).

Mit dem eigenen Auto einreisen

Wer alle Fahrzeugpapiere, den Versicherungsnachweis und seinen heimischen Führerschein dabei hat, kann recht stressfrei von den USA aus nach Kanada rüberfahren.

Straßenzustand & Gefahren

Obwohl Kanadas Straßen allgemein ganz gut in Schuss sind, sollte man bedenken:

» Die strengen Winter verursachen bisweilen Schlaglöcher in Granattrichtergröße, die das Fahrzeug unvermittelt ausbrechen lassen. Im Winter besteht generell Gefahr durch Eis und starke Schneefälle. Viele Straßen und Brücken sind dann eventuell vorübergehend gesperrt. Die Website von **Transport Canada** (☎800-387-4999; www.tc.gc.ca/road) liefert Links zu Straßenbedingungen und Baustellen in allen Provinzen.

» Im Winter oder in entlegenen Gegenden benötigt man unbedingt Allwetter- bzw. Winterreifen und eine entsprechende Notfallausrüstung.

» In dünn besiedelten Regionen wie dem Yukon Territory, Newfoundland oder dem nördlichen Québec liegen die Tankstellen mitunter weit auseinander. Da sollte man den Spritvorrat bei jeder Gelegenheit auffüllen.

» Vor allem nachts treiben sich Elche, Hirsche und Wapitis oft auf ländlichen Straßen herum. Gegen einen Elchbullen mit 534 kg hat ein Subaru kein Chance – daher immer wachsam sein!

Verkehrsregeln

» In Kanada fährt man auf der rechten Straßenseite.

» Landesweit herrscht Gurtpflicht. Kinder mit weniger als 18 kg Körpergewicht müssen sicher in erhöhten Kindersitzen angeschnallt werden. Säuglinge gehören grundsätzlich in rückwärts gerichtete Spezialsitze.

» Motorradfahrer müssen Schutzhelme tragen und die Beleuchtung immer eingeschaltet haben.

» Entfernungen und Tempolimits sind in Kilometern angegeben. Allgemeine Höchstgeschwindigkeiten:

- 40–50 km/h innerhalb geschlossener Ortschaften
- 90–110 km/h außerhalb geschlossener Ortschaften

» Wenn Einsatzfahrzeuge (z. B. Polizei, Ambulanz) mit blinkenden Warnlichtern am Straßenrand stehen, dürfen sie mit maximal 60 km/h passiert werden.

» In allen Provinzen kann an roten Ampeln rechts abgebogen werden, wenn man zuvor vollständig angehalten hat. Ausgenommen hiervon sind Kreuzungen mit entsprechenden Verbotsschildern und die ganze Insel Montréal. Da Kanadier rote Ampeln aber gern mal missachten, sollte man an Kreuzungen nicht unbedingt davon ausgehen, ungehinderte Vorfahrt zu haben.

» In British Columbia, Newfoundland, Nova Scotia, Ontario, Québec, Saskatchewan und auf Prince Edward Island sind Handys am Steuer verboten.

» Bis auf Alberta, British Columbia und Saskatchewan untersagen alle Provinzen das Benutzen von Radarwarnern. Bei Verstößen kann es Bußgelder von bis zu 1000 C$ hageln. Selbst wenn das Gerät nicht eingeschaltet war, wird es eventuell beschlagnahmt.

» Die Promillegrenze liegt bei 0,8. Fahren unter Alkoholeinfluss gilt als Straftat.

Versicherung

In Kanada benötigen Fahrzeugführer grundsätzlich eine Haftpflichtversicherung für Sach- und Personenschäden.

» Bis auf Québec (dort 50 000 C$) schreiben alle Provinzen eine gesetzliche Mindestdeckung von 200 000 C$ vor.

» Wer bereits zu Hause eine Auto- oder Reiseversicherung abgeschlossen hat, sollte alle Konditionen und Deckungssummen unbedingt rechtzeitig vor Reisebeginn checken. Zudem empfiehlt sich ein Internationaler Versicherungsschein („Grüne Karte"). Der wird zwar nicht offiziell benötigt, erleichtert aber im Ernstfall die Schadensabwicklung. Nähere Details liefert die eigene Autoversicherung.

» Auch Autovermieter bieten Haftpflichtschutz an. Durch eine optionale Teil- oder Vollkaskoversicherung (Collision Damage Waiver, CDW) lässt sich die Selbstbeteiligung bei Sachschäden senken oder komplett vermeiden. Manche Kreditkarten decken Voll- oder Teilkasko bei bestimmten Mietzeiträumen automatisch ab – vorausgesetzt, man bezahlt damit den Mietwagen und lehnt das Versicherungsangebot des jeweiligen Verleihers ab. Daher sämtliche Details unbedingt rechtzeitig vor Reisebeginn mit der jeweiligen Kreditkartenfirma klären und unabhängig davon alle in Kanada angebotenen Versicherungsverträge stets genauestens auf deren Inhalte prüfen!

» Eine private Unfallversicherung (Personal Accident Insurance, PAI) kommt für die Kosten einer medizinischen Behandlung auf, falls Fahrer und/oder Passagiere bei einem Unfall verletzt werden. Wenn die eigene Kfz-, Kranken- oder Reiseversicherung diese Option bereits beinhaltet (ebenfalls rechtzeitig nachfragen!), kann man auf einen separaten Versicherungsabschluss verzichten.

Bus

Als absoluter Marktführer unterhält **Greyhound Canada** (☎800-661-8747; www.greyhound.ca) im zentralen und westlichen Kanada ein umfangreiches Liniennetz und verbindet das Land außerdem mit den USA. In Ostkanada gehören Greyhound, Orléans Express (Québec) und Acadian Lines (Seeprovinzen) zu einem Verbund von regionalen Anbietern. In der Regel kann man mit ein und demselben Ticket zwischen den Fahrzeugen dieser Unternehmen wechseln.

Kanadische Busse sind im Allgemeinen sauber, komfortabel und zuverlässig. Sie verfügen teilweise über Extras wie Bordtoiletten, Klimaanlagen (Pullover mitbringen!), ausklappbare Liegesitze und Videoanlagen. Rauchen ist stets verboten. Bei langen Trips gibt's alle paar Stunden eine Imbisspause – üblicherweise an einer Highwaytankstelle.

Acadian Lines (☎800-567-5151; www.acadianbus.com) Deckt ganz New Brunswick, Nova Scotia und Prince Edward Island ab.

Autobus Maheux (☎888-797-0011; www.autobusmaheux.qc.ca) Fährt ab Montréal ins nordöstliche Québec.

Coach Canada (☎800-461-7661; www.coachcanada.com) Linienbusse innerhalb Ontarios bzw. zwischen Toronto und Montréal.

DRL Coachlines (☎709-263-2171; www.drl-lr.com) Bedient ganz Newfoundland.

Intercar (☎888-861-4592; www.intercar.qc.ca) Ist innerhalb der Provinz Québec z. B. zwischen Québec City, Montréal und Tadoussac unterwegs.

Limocar (☎866-700-8899; www.limocar.com) Betreibt Regionalbusse in Québec.

Malaspina Coach Lines (☎604-886-7742, 877-227-8287; www.malaspinacoach.com) Verbindungen zwischen Vancouver und Sunshine Coast (British Columbia).

Megabus (www.megabus.com) Pendelt über Kingston zwischen Toronto und Montréal; Tickets nur online.

Ontario Northland (☎800-461-8558; www.ontarionorthland.ca) Schickt Busse und Züge ab Toronto ins nördliche Ontario.

Orléans Express (☎888-999-3977; www.orleansexpress.com) In Ost-Québec.

Pacific Coach Lines (☎250-385-4411, 800-661-1725; www.pacificcoach.com) Pendelt zwischen Vancouver Island und dem Festland British Columbias.

Saskatchewan Transportation Company (STC; ☎800-663-7181; www.stcbus.com) Routen innerhalb Saskatchewans.

Voyageur (☎800-661-8747; www.greyhound.ca) Fährt innerhalb Ontarios und Québecs.

Auf S. 989 gibt's Infos zu Busreisen mit verschiedenen Tourveranstaltern.

Buspässe

Der **Discovery Pass** (www.discoverypass.com) von Greyhound gilt in Kanada und den USA. Achtung: Im Vergleich zu Einzeltickets ist er bei kürzeren Busreisen nicht automatisch eine günstigere Alternative! Bei mehreren Langstreckentrips kann sich der Pass dagegen lohnen.

Während seiner Gültigkeitsdauer (7–60 Tage) gestattet der Pass landesweit beliebig viele Fahrten.

Discovery Passes müssen spätestens 14 bis 21 Tage vor Reisebeginn gekauft werden, damit sie noch mit der Post zugestellt werden können. Ausnahme: Wer seine Reise in den USA antritt, kann den Pass dort noch zwei Stunden vor Abfahrt direkt am Greyhound-Terminal erwerben.

Preise

Im Vergleich zu anderen Verkehrsmitteln sind Busse recht günstig. Rechtzeitiger Ticketkauf (vier, sieben oder 14 Tage im Voraus) spart obendrein ganz nett Bares. Details zu spezifischen Routen und Preisen liefert jeweils der Abschnitt „An- & Weiterreise" in den Regionenkapiteln.

Reservierungen

Bei Greyhound und den meisten anderen Busunternehmen können Bordplätze nicht reserviert werden. Selbst wenn man das Ticket im Voraus kauft, besteht kein Sitzplatzanspruch auf einer bestimmten Strecke.

FERNBUSPREISE

STRECKE	STANDARD (C$)	7 TAGE (C$)	DAUER (STD.)
Vancouver–Calgary	137	86	14–17
Montréal–Toronto	63	29	8–10
Toronto–Vancouver	243	199	65–70

Wer sich spätestens 45 Minuten vor der geplanten Abfahrt einfindet, hat jedoch ganz gute Chancen auf einen freien Platz. Am Freitag- und Sonntagnachmittag sowie vor und nach Feiertagen sollte man noch ein wenig früher erscheinen.

Fahrrad

Der Großteil Kanadas ist hervorragend zum Radfahren geeignet: Langstreckentouren lassen sich hier komplett auf ruhigen Nebenstrecken absolvieren. Viele Städte (z. B. Edmonton, Montréal, Ottawa, Toronto oder Vancouver) haben ausgeschilderte Radwege.

» Für Radler gelten dieselben Verkehrsregeln wie für Kraftfahrzeugführer. Das bedeutet aber nicht, dass Letztere auch immer die Vorfahrt gewähren!

» In British Columbia, New Brunswick, Nova Scotia und auf Prince Edward Island besteht Helmpflicht – ebenso für minderjährige Radler in Alberta und Ontario.

» Für eine einmalige Anmeldegebühr von 12 C$ und einen Jahresbeitrag von 40 C$ gewährt der **Better World Club** (☎866-238-1137; www.betterworldclub.com) Pannenhilfe für unterwegs: Mitglieder können sich zweimal gratis aufgabeln und zur nächsten Reparaturwerkstatt oder Unterkunft im Umkreis von maximal 50 km bringen lassen.

» Auf S. 940 finden sich Infos zu Kanadas schönsten Radwegen und MTB-Trails.

Fahrradtransport

» Bus: Bei Greyhound Canada gelten Drahtesel als Frachtgut. Zum Mietpreis für die Transportbox (10 C$) kommen ein gewichtsabhängiger Aufpreis, Sperrgutzuschlag (30 C$) und Mehrwertsteuer hinzu. Bikes und deren Besitzer werden nur dann zusammen im selben Bus befördert, wenn in diesem genug Platz vorhanden ist. Wenn das Rad bei Ankunft sicher zur Verfügung stehen soll, gibt man es am besten schon am Vortag des Bustrips auf.

» Flugzeug: Die meisten Fluglinien nehmen Fahrräder gratis als Bordgepäck mit, sofern sie in geeigneten Transportboxen verstaut sind. Bei Inlandsflügen werden dafür in der Regel 30 bis 65 C$ fällig. Vor dem Ticketkauf immer zuerst alle Details abklären!

» Zug: Die VIA Rail transportiert Fahrräder für 20 C$ – allerdings nur in Zügen mit separaten Gepäckwaggons (z. B. alle Langstrecken- und viele Regionalverbindungen).

Kaufen

Ein Fahrrad zu kaufen ist genauso einfach, wie es vor der Abreise wieder loszuwerden. Fachhändler haben zwar in puncto Auswahl und Service die Nase vorn, aber normale Sportgeschäfte sind oft günstiger. Manche Läden und Verleiher verkaufen auch gebrauchte Drahtesel. Die besten Schnäppchen bieten Flohmärkte, Second-Hand-Shops, Garagenverkäufe und die Schwarzen Bretter von Hostels oder Unis. Hierüber wird man das Rad auch gut wieder los.

Mieten

Leihfahrräder gibt's in den meisten Tourismuszentren. Die Regionenkapitel nennen entsprechende Adressen.

» Der Mietpreis (Tourenrad/MTB pro Tag ca. 15/25 C$) beinhaltet normalerweise Schutzhelm und Schloss.

» Die meisten Anbieter verlangen zudem eine Kaution zwischen 20 und 200 C$.

Flugzeug

Kanadische Inlandsfluglinien

Air Canada betreibt das größte kanadische Inlandsstreckennetz. Zusammen mit ihrer regionalen Tochterfirma Air Canada Jazz bedient sie insgesamt ca. 150 Ziele.

Diverse Billiganbieter machen Air Canada mittlerweile kräftig Konkurrenz. Am bedeutendsten ist WestJet mit Sitz in Calgary. Im Gegenzug hat Air Canada die erschwinglichen „Tango"-Tarife für Linienflüge eingeführt, die manchmal sogar die Preise der Billigflieger unterbieten.

Zudem sind viele lokale und regionale Fluglinien eigenständig am kanadischen Himmel unterwegs, vor allem in den kleineren, oft entlegenen Regionen hoch oben im Norden. Weil es da keinerlei Wettbewerb gibt, sind solche Tickets zielabhängig manchmal recht teuer.

Air Canada (☎888-247-2262; www.aircanada.com) Landesweite Flüge.

Air Canada Jazz (☎888-247-2262; www.aircanada.com) Regionalflüge im Westen und Osten Kanadas.

Air Creebec (☎800-567-6567; www.aircreebec.ca) Bedient u. a. ab Montréal den Norden Québecs und Ontario (inkl. Chisasibi und Chibougamau).

Air Inuit (☎888-247-2262; www.airinuit.com) Fliegt ab Montréal zu allen 14 Inuit-Gemeinden Nunaviks im Norden Québecs (inkl. Kuujjuaq und Puvirnituq).

Air Labrador (☎800-563-3042; www.airlabrador.com) Ist zumeist innerhalb Labradors unterwegs.

Air North (☎Kanada 867-668-2228, USA 800-661-0407; www.flyairnorth.com) Verbindet das Yukon Territory mit British Columbia, Alberta, den Northwest Territories und Alaska.

Air St.-Pierre (☎902-873-3566, 877-277-7765; www.airsaintpierre.com) Startet im Osten Kanadas zu den französischsprachigen Regionen vor Newfoundlands Küste.

Air Tindi (☎867-669-8260; www.airtindi.com) Steuert die Region North Slave (Northwest Territories) an.

Aklak Air (☎866-707-4977; www.aklakair.ca) Bedient das Mackenzie Delta (Northwest Territories).

Bearskin Airlines (☎800-465-2327; www.bearskinairlines.com) Flüge zu Zielen in ganz Ontario und im Osten Manitobas.

Calm Air(☎204-778-6471, 800-839-2256; www.calmair.com) Verbindungen in ganz Manitoba und Nunavut.

Canadian North (☎800-661-1505; www.canadiannorth.com) Deckt die Northwest Territories und Nunavut mit Hin-, Rück- und Regionalflügen ab.

Central Mountain Air (☎888-865-8585; www.flycma.com) Bedient ganz British Columbia und Alberta.

First Air (☎800-267-1247; www.firstair.ca) Fliegt ab Ottawa, Montréal, Winnipeg und Edmonton zu 24 Zielen in der Arktis (inkl. Iqaluit).

Harbour Air (☎800-665-0212; www.harbour-air.com) Schickt Wasserflugzeuge von Vancouver nach Vancouver Island, zur Sunshine Coast und zu den Gulf Islands.

Hawkair (☎866-429-5247; www.hawkair.ca) Bringt Passagiere ab Vancouver und Victoria in den Norden British Columbias.

Kenn Borek Air (☎867-252-3845; www.borekair.com) Steuert Iqaluit und andere Gemeinden in Nunavut an.

Kivalliq Air (☎204-888-5619, 877-855-1500; www.kivalliqair.com) Fliegt ab Winnipeg nach Churchill und Nunavut.

Northwestern Air Lease (☎877-872-2216; www.nwal.ca) Ist in Alberta und den Northwest Territories unterwegs.

North-Wright Air (☎867-587-2333; www.north-wrightairways.com) Verbindungen zum Mackenzie Valley (Northwest Territories).

Pacific Coastal Airlines (☎800-663-2872; www.pacific-coastal.com) Ist in Vancouver ansässig und startet zu vielen Zielen in British Columbia.

Porter Airlines (☎888-619-8622; www.flyporter.com) Die Turboprop-Maschinen schwirren ab Montréal, Halifax und Ottawa zum City Centre Airport im Herzen Torontos. Der liegt günstig und hat kurze Abfertigungszeiten.

Provincial Airlines (☎800-563-2800; www.provincialairlines.com) In St. John's ansässige Airline mit Routen nach Labrador und innerhalb Newfoundlands.

Seair Seaplanes (☎604-273-8900, 800-447-3247; www.seairseaplanes.com) Verbindet Vancouver mit Nanaimo und den Southern Gulf Islands (British Columbia).

Transwest Air (☎800-667-9356; www.transwestair.com) Flüge innerhalb Saskatchewans.

West Coast Air (☎800-347-2222; www.westcoastair.com) Wasserflugzeuge von Vancouver nach Vancouver Island und zur Sunshine Coast.

WestJet (☎800-538-5696, 888-937-8538; www.westjet.com) Billiganbieter mit Sitz in Calgary und landesweitem Routennetz.

Flugpässe

Air Canada, Continental Airlines, United Airlines und US Airways gehören zur **Star Alliance** (www.staralliance.com). Zusammen bieten sie den North American Airpass für alle Reisenden an, die nicht in Kanada, Mexiko, den USA, der Karibik oder auf den Bermudas leben. Grundvoraussetzung ist jedoch ein internationales Ticket eines Star-Alliance-Mitglieds. Der Pass deckt drei bis zehn Teilstrecken (399–1099 US$) ab.

Der **Arctic Circle Air Pass** (www.flyairnorth.com/DealsAndNews/ArcticCircleAirPass.aspx) von Air North gilt für Flugreisen durch Yukon und die Northwest Territories.

Geführte Touren

Dieses so gigantische wie grandiose Land lässt sich auch im Rahmen geführter Touren erkunden. In den Regionenkapiteln informiert der Abschnitt „Geführte Touren" jeweils über lokale Optionen. Folgende empfehlenswerte Anbieter sind landesweit in mehreren Provinzen aktiv:

Arctic Odysseys (☎206-325-1977, 800-574-3021; www.arcticodysseys.com) Kanadische Arktis hautnah – z. B. bei der Suche nach Polarlichtern (Northwest Territories), Heliskiing-Trips (Baffin Island) oder Eisbärbeobachtungen (Hudson Bay).

Backroads (☎510-527-1555, 800-462-2848; www.backroads.com) Geführte Rad-, Wander- und/oder Paddeltouren in Nova Scotia, Québec und den Rocky Mountains.

Moose Travel Network (☎Ostkanada 416-504- 7514, 888-816-6673, Westkanada 604-777-9905, 888-244-6673; www.moosenetwork.com) Die kleinen Backpackerbusse sind in ganz British Columbia, Alberta, Québec, Ontario, Nova Scotia und auf Prince Edward Island unterwegs. Die Trips (2–19 Tage) führen z. B. nach Whistler, Banff, Jasper, Calgary, Toronto, Montréal oder Halifax. Unterwegs kann beliebig aus- und zugestiegen werden. Im Winter kommen verschiedene Ski- und Snowboard-Pauschaloptionen hinzu.

Nahanni River Adventures (☎867-668-3180, 800-297-6927; www.nahanni.com) Rafting- und Kajakausflüge im Yukon Territory, in British Columbia und Alaska, die z. B. die Flüsse Firth, Alsek und Babine oder die Umgebung der Tatshenshini-Alsek-Wasserscheide erkunden.

Road Scholar (☎800-454-5768; www.roadscholar.org) Die Angebote von Elderhostel tragen nun diesen neuen Namen. Mit dieser gemeinnützigen Organisation können Junggebliebene über 55 Jahren lehrreiche Studienreisen in fast alle Provinzen unternehmen – ob per pedes, Zug, Bus oder Kreuzfahrt.

Routes to Learning (☎613-530-2222, 866-745-1690; www.routestolearning.ca) Gemeinnützige Organisation mit vielen lehrreichen Touren in ganz Kanada. Teilnehmer beobachten z. B. Vögel in den Rocky Mountains, wandern durch die Umgebung von Québec (Stadt) oder folgen auf Newfoundland den Spuren der Wikinger.

Salty Bear Adventure Tours (☎902-202-3636, 888-425-2327; www.saltybear.ca) Diese Kleinbustrips durch die Seeprovinzen richten sich vor allem an Backpacker. Unterwegs kann man beliebig aus- und zusteigen. Im Angebot sind z. B. dreitägige Rundfahrten durch die Gegend um Cape Breton (Nova Scotia) und fünftägige Ausflüge bis hinüber nach Prince Edward Island.

Trek America (☎USA 800-221-0596, ☎Großbritannien 0870-444-8735; www.trekamerica.com) Die Camping-, Wander- und Kanutouren sind vor allem für Abenteuerlustige zwischen 18 und 38 Jahren gedacht. Manche Optionen stehen jedoch allen Altersgruppen offen.

Nahverkehr

In den Regionen- bzw. Stadtkapiteln informiert der Abschnitt „Unterwegs vor Ort" jeweils über die vorhandenen Nahverkehrsmittel und deren Fahrpreise.

Bus

Die verbreitetsten Nahverkehrsmittel, die Busse, sind praktisch in allen Städten unterwegs. Ihre Fahrpläne orientieren sich meist am Pendlerverkehr. Daher stellen viele Linien den Betrieb abends und am Wochenende teilweise oder ganz ein.

Fahrrad

In den wärmeren Monaten treten Einheimische und Traveller gern in die Pedale. Viele Städte haben ausgewiesene Radwege von mehreren Hundert Kilometern Länge. Fahrräder mitzunehmen ist in öffentlichen Verkehrsmitteln meist erlaubt, allerdings manchmal nicht während der Stoßzeiten. In allen Großstädten gibt's Drahtesel zum Ausleihen.

Straßen- & U-Bahn

Toronto und Montréal sind Kanadas einzige Städte mit U-Bahnen. Vancouvers Magnetschwebebahn verkehrt größtenteils oberirdisch. Calgary, Edmonton und Ottawa haben leistungsfähige Straßenbahnnetze. Linienpläne hängen an allen Haltestellen aus.

Taxi

In den meisten kanadischen Großstädten sind Taxis unterwegs. Deren Chauffeure rechnen normalerweise mithilfe von Taxametern ab (Startpreis/jeder weitere Kilometer ca. 2,70/1,75 C$) und erwarten ein Trinkgeld in Höhe von 10 bis 15 % des Fahrtpreises. Taxis können an der Straße herangewinkt oder telefonisch bestellt werden.

Schiff/Fähre

Vor allem in ganz British Columbia und allen Seeprovinzen gibt's zahlreiche Fährverbindungen. Spezifische Routendetails enthalten die Abschnitte „An- & Weiterreise" und „Unterwegs vor Ort" in den jeweiligen Regionenkapiteln.

Fußgänger und Radfahrer finden auf Schiffen bzw. Fähren eigentlich immer ein Plätzchen. Wer sein Auto mitnehmen möchte oder eine Koje braucht, sollte jedoch telefonisch reservieren – vor allem an Feiertagen und in der sommerlichen Hauptsaison. Zu den größten Fährbetreibern gehören:

Bay Ferries (☎888-249-7245; www.bayferries.com) Ganzjährig zwischen St. John (New Brunswick) und Digby (Nova Scotia).

BC Ferries (☎250-386-3431, 888-223-3779; www.bcferries.com) Umfangreicher Fährdienst mit 46 Zielen auf 25 Routen; läuft z. B. Vancouver Island, die Gulf Islands, die Sechelt Peninsula entlang der Sunshine Coast und die Queen Charlotte Islands (alle British Columbia) an.

Coastal Transport (☎506-662-3724; www.coastaltransport.ca) Schippert von Blacks Harbour nach Grand Manan auf den Fundy Isles (New Brunswick).

CTMA Ferries (☎418-986-3278, 888-986-3278; www.ctma.ca) Tägliche Trips von Souris (Prince Edward Island) zu den Îles de la Madeleine (Québec).

East Coast Ferries (☎506-747-2159, 877-747-2159; www.eastcoastferries.nb.ca) Pendelt zwischen Deer und Campobello Island (jeweils Fundy Isles, New Brunswick).

Labrador Marine (☎709-535-0810, 866-535-2567; www.labradormarine.com) Verbindet Newfoundland mit Labrador.

Marine Atlantic (☎800-341-7981; www.marine-atlantic.ca) Fähren zwischen Port aux Basques und Argentia (beide Newfoundland) und North Sydney (Nova Scotia).

Northumberland Ferries (☎902-566-3838, 888-249-7245; www.peiferry.com) Verbindungen zwischen Wood Islands (Prince Edward Island) und Caribou (Nova Scotia).

Provincial Ferry Services (www.gov.nl.ca/ferryservices) Betreibt Küstenfähren in ganz Newfoundland.

Trampen & Mitfahrzentralen

Trampen ist nirgendwo auf der Welt ungefährlich und daher nicht vorbehaltlos zu empfehlen. Nichtsdestotrotz strecken Kanadier in entlegenen und ländlichen Ecken gern den Daumen raus.

» Wer unbedingt trampen möchte, sollte sich der damit verbundenen Risiken bewusst sein. Auf jeden Fall ist es sicherer, mindestens zu zweit loszuziehen und Dritte über das geplante Ziel in Kenntnis zu setzen.

» In Nova Scotia, New Brunswick und entlang mancher Highways (z. B. Ontarios 400er-Straßen) ist Trampen untersagt.

» **Digihitch** (www.canada.digihitch.com) ist eine gute, wenn auch veraltete Infoquelle für Tramper.

» Mitfahrzentralen sind eine gute Alternative zum Trampen. Die Website von **Autotaxi** (www.autotaxi.com) nennt Mitfahrgelegenheiten in Kanada und den USA. Man kann hier selbst freie Plätze anbieten oder Fahrer zu den gewünschten Zielen auftreiben. **Allô Stop** (www.allostop.com) in Québec funktioniert ganz ähnlich.

Zug

Die **VIA Rail** (☎888-842-7245; www.viarail.ca) betreibt die meisten kanadischen Regional- und Langstreckenzüge auf einem über 14 000 km langen Schienennetz. Manche entlegenen Ecken (z. B. Churchill in Manitoba) sind auf dem Landweg ausschließlich mit dem Zug erreichbar.

» Die meisten Züge verkehren im Korridor zwischen Québec (Stadt) und Windsor (Ontario) – vor allem zwischen den beiden größten Verkehrsknotenpunkten Montréal und Toronto. Auf diesen Strecken gibt's Gratis-WLAN an Bord. Ab Herbst 2010 wollte die VIA Rail den Drahtlos-Service noch auf weitere Züge ausdehnen.

» Nach Newfoundland, Prince Edward Island und zu den Northern Territories besteht keinerlei Zugverbindung.

» In allen kanadischen Zügen herrscht Rauchverbot.

Klassen

Es gibt vier Zugklassen:

» Die Economy Class bietet ziemlich einfache, aber eigentlich recht bequeme Liegesitze mit Kopfstützen. Bei Nachtfahrten werden Kissen und Decken gestellt.

» Im Süd-Korridor zwischen Ontario und Québec steht eine Business Class zur Verfügung. Sie beinhaltet breitere Sitze, Laptopanschlüsse, Bordmahlzeiten und Priorität beim Einsteigen.

» Die Sleeper Class bzw. Schlafwagenklasse wird bei kürzeren Nachtfahrten angeboten. Dazu gehören Abteile mit Schlafkojen (oben und unten) sowie Privatkabinen für eine, zwei oder drei Personen (jeweils mit eigenem Bad).

» Die Touring Class für Fernstrecken beinhaltet die Bordunterkünfte der Sleeper Class plus Mahlzeiten, Zugang zum Aussichtswaggon und (manchmal) geführte Touren.

Langstrecken

Die VIA Rail betreibt mehrere klassische Fernzüge:

Canadian Diese Edelstahlschönheit aus den 1950er-Jahren ist drei Tage lang von Toronto nach Vancouver unterwegs. Der Zug passiert dabei zuerst die Regionen nördlich des Lake Ontario. Dann rollt er über Winnipeg und Saskatoon durch die westlichen Ebenen nach Jasper in den Rocky Mountains.

Hudson Bay Tuckert in gemütlichem Tempo von der kanadische Prärie in die subpolare Zone – genauer gesagt von Winnipeg in die Eisbären-Hochburg Churchill.

Malahat Durchquert die herrliche Landschaft von Vancouver Island, wobei man beliebig aus- und zusteigen kann.

Ocean Folgt dem St.-Lorenz-Strom ab Montréal durch New Brunswick und Nova Scotia.

Skeena Rattert stets bei Tageslicht von Jasper (Alberta) zum Küstenort Prince Rupert (British Columbia) und legt zwecks Übernachtung einen Zwischenstopp in Prince George ein. Unterkünfte dort müssen selbst organisiert bzw. reserviert werden.

Zugreisen sind zudem mit mehreren privaten Regionalanbietern möglich:

Algoma Central Railway (www.algomacentralrailway.com) Zugverbindung zur Wildnis im Norden Ontarios (s. S. 183).

Ontario Northland (www.ontarionorthland.ca) Schickt den *Northlander* von Toronto nach Cochrane im Norden Ontarios. Saisonbedingt fährt der *Polar Bear Express* von dort aus weiter nach Moosonee an der Hudson Bay (s. S. 103).

Royal Canadian Pacific (www.royalcanadianpacific.com) Auch dieser Trip bietet Luxus à la Kreuzfahrtschiff. Über Calgary führt er durch und rund um die Rocky Mountains (s. S. 616).

FERNZUGSTRECKEN

STRECKE	DAUER (STD.)	HÄUFIGKEIT	PREIS (C$)
Toronto–Vancouver (*Canadian*)	87	3-mal wöchentl.	890
Winnipeg–Churchill (*Hudson Bay*)	43	2-mal wöchentl.	309
Victoria–Courtenay (*Malahat*)	4½	1-mal tgl.	59
Halifax–Montréal (*Ocean*)	22	1-mal tgl. außer Di	258
Prince Rupert–Jasper (*Skeena*)	33	3-mal wöchentl.	206

Rocky Mountaineer Railtours (www.rockymountaineer.com) Fesche Züge zwischen Vancouver, Kamloops und Calgary, deren Passagiere auf die kanadischen Rocky Mountains blicken (s. S. 643).

White Pass & Yukon Route (www.wpyr.com) Herrliche Route, die dem ursprünglichen White Pass von Whitehorse in Yukon nach Fraser in British Columbia folgt (s. S. 864).

Preise

Im Vergleich zum Bus sind Zugreisen zwar teurer, werden aber von den meisten Passagieren als komfortabler beurteilt. Während der Hauptsaison (Juni–Mitte Okt.) sind die Preise ca. 40 % höher. Wer sein Ticket im Voraus kauft – auch noch fünf Tage vor Abfahrt –, kann kräftig Bares sparen.

Reservierungen

Vor allem im Sommer, am Wochenende sowie vor und nach Feiertagen werden Platzreservierungen wärmstens empfohlen. Während der Hauptsaison (Juni–Mitte Okt.) sind ein paar der beliebtesten Schlafwagenoptionen bereits Monate im Voraus ausgebucht. Dies gilt insbesondere für Fernzüge wie den *Canadian*. Zur Eisbärensaison (ca. Ende Sept.–Anfang Nov.) hat auch der *Hudson Bay* oft nur noch wenige Plätze frei.

Zugpässe

Ein paar VIA-Rail-Zugpässe sparen ordentlich Bares:

» Das Canrailpass-System (Haupt-/Nebensaison 941/588 C$) gilt innerhalb von 21 Tagen für sieben Fahrten mit jedem beliebigen Zug. Jeder einzelne der Reiseabschnitte muss mindestens drei Tage im Voraus gebucht werden (die Buchung ist online möglich). Passagiere können nur in der Economy Class reisen. Es ist nicht möglich, in komfortablere Klassen zu wechseln.

» Während der zehn Tage, die der Canrailpass-Corridor (ganzjährig 337 C$) gültig ist, kann man insgesamt sieben Zugfahrten im Korridor zwischen Québec (Stadt) und Windsor unternehmen. Dieser Zugpass deckt z. B. Montréal, Toronto und Niagara ab.

Sprache

NOCH MEHR FRANZÖSISCH?

Weitere Informationen zum Französischen oder zum Englischen und praktische Redewendungen finden sich im *Sprachführer Französisch* bzw. im *Sprachführer Englisch* von Lonely Planet. Sie sind unter **www.buecher.de** oder als iPhone Phrasebook im Apple App Store zu haben.

Englisch und Französisch sind die beiden Landessprachen Kanadas. Beide Sprachen findet man auf Straßenschildern, Landkarten, in Touristenbroschüren, auf Verpackungen usw. In Québec ist das Französische ein Hauptanliegen der separatistischen Bewegungen. Hier ist Französisch alleinige Amtssprache; Englisch ist kaum vertreten, und Straßenschilder sowie Infos für Touristen gibt's oft ausschließlich auf Französisch. Außerhalb von Montréal und der Stadt Québec wird man ohne Französischkenntnisse gewisse Schwierigkeiten haben.

New Brunswick ist die einzige offiziell zweisprachige Provinz. Hier ist Französisch weit verbreitet, vor allem im Norden und Osten. Der gesprochene Dialekt unterscheidet sich ein wenig von dem in Québec. Auch in Nova Scotia und Manitoba gibt es einen beträchtlichen Anteil von Menschen mit Französisch als Muttersprache, und in den meisten übrigen Provinzen gibt es französische Sprachinseln. Im Westen Kanadas ist Französisch eher spärlich vertreten.

KANADISCHES ENGLISCH

Ursprünglich kam die englische Sprache Anfang bis Mitte des 19. Jhs. mit den britischen Siedlern nach Kanada. Diese Form des britischen Englisch ist die Basis des kanadischen Englisch. Es gibt einige Unterschiede in der Aussprache: Briten sprechen z. B. *clerk* wie „klark" aus, Kanadier dagegen sagen „klörk". Grammatische Unterschiede gibt es nur wenige. Das Vokabular hat sich wegen des Bedarfs an neuen Wörtern im neuen Land, durch den Einfluss der indigenen Sprachen und das Erbe der französischen Pioniere erweitert.

In Kanada hat sich nie eine vergleichbare Reihe von leicht zu identifizierenden Dialekten entwickelt wie in England, Deutschland oder sogar den USA. Es gibt jedoch einige regionale Variationen in der Ausdrucksweise und Aussprache. In Neufundland sprechen z. B. einige Leute mit einem Akzent, der an den Südwesten Englands (Devon und Cornwall) oder Irland erinnert, und einige benutzen Wörter wie *screech* („Rum") und *shooneen* („Feigling").

Auch im gesprochenen Englisch in den atlantischen Provinzen findet man einen Tonfall, den man im Westen nicht hört, und im Ottawa-Tal kommt einem wieder ein etwas anderer Klang zu Ohren, was sich hauptsächlich durch die große Zahl von Iren erklären lässt, die sich dort in der Mitte des 19. Jhs. niederließen. In British Columbia spiegeln einige Ausdrücke die Geschichte dieser Provinz wieder: Das Wort *leaverite* (ein wertloses Mineral) z. B. ist im Zusammenhang mit dem Abbau von Bodenschätzen aus der Phrase „Leave 'er right there" („Lass es bloß da liegen!") entstanden.

Kanadisches Englisch ist stark von den USA beeinflusst worden, besonders durch die Massenmedien und durch den Gebrauch von US-amerikanischen Lehrbüchern und Wörterbüchern in den Schulen. Meist wird wie im britischen Englisch geschrieben, z. B. *centre*, *harbour* und *cheque*, aber es gibt einige Ausnahmen wie *tire* statt *tyre* und *aluminum* statt *aluminium*. Die US-Schreibweise verbreitet sich zum Schrecken einiger mehr und mehr. Der vielleicht markanteste Unterschied zwischen US-amerikanischem und kanadischem Englisch liegt in der Aussprache des letzten Buchstabens des Alphabets.

In den USA wird „z" wie „sie" ausgesprochen, in Kanada sagt man hingegen „säd".

Das kanadische Englisch hat auch einige eigene, unverwechselbare Idiome und Ausdrücke entwickelt. Am auffälligsten ist das fragende „eh?", das am Ende fast jedes gesprochenen Satzes aufzutauchen scheint. Obwohl sich vielleicht für viele Nicht-Nordamerikaner Kanadier und Amerikaner gleich anhören, gibt es echte Unterschiede. Am bemerkenswertesten ist die kanadische Aussprache von „ou" – so klingen *out* und *about* eher wie „oht" und „äboht".

Das kanadische Englisch hat mit Wörtern wie *kerosene* („Kerosin"), *puck* (aus dem Eishockey) und *bushed* („erschöpft") auch zum Wortschatz des globalen Englisch einen Beitrag beigesteuert. *Moose* („Elch") und *muskeg* („Sumpflandschaft") leiten sich von anglisierten indigenen Wörtern ab.

Wer sich einlesen will, sollte sich das *Canadian Oxford Dictionary* (engl.) anschaffen.

Konversation & Nützliches

Wer einen Fremden nach etwas fragt oder um etwas bittet, sollte die Frage bzw. Bitte höflich einleiten („Excuse me, ...").

Guten Tag.	*Hello.*
Hallo.	*Hi.*
Guten ...	*Good ...*
Tag	*day*
Morgen	*morning*
Tag	*afternoon*
Abend	*evening*
Auf Wiedersehen.	*Goodbye.*
Bis später.	*See you later.*
Tschüss.	*Bye.*

Wie geht es Ihnen?/ Wie geht es dir?	*How are you?*
Danke, gut.	*Fine. And you?*
Und Ihnen?/Und dir?	*... and you?*
Wie ist Ihr Name?/ Wie heißt du?	*What's your name?*
Mein Name ist ...	*My name is ...*

Ja.	*Yes.*
Nein.	*No.*

Bitte.	*Please.*
(Vielen) Dank.	*Thank you (very much).*
Bitteschön.	*You're welcome.*
Entschuldigen Sie, .../ Entschuldige ...	*Excuse me, ...*

Fragewörter

Wer?	*Who?*
Was?	*What?*
Wo?	*Where?*
Wann?	*When?*
Wie?	*How?*
Warum?	*Why?*
Welcher?	*Which?*
Wie viel?	*How much?*
Wie viele?	*How many?*

Gesundheit

Wo ist der/die/das nächste ...?
Where's the nearest ...?

Apotheke	*chemist*
Zahnarzt	*dentist*
Arzt	*doctor*
Krankenhaus	*hospital*

Ich brauche einen Arzt.
I need a doctor.

Gibt es in der Nähe eine (Nacht-)Apotheke?
Is there a (night) chemist nearby?

Ich habe mich verirrt.
I'm lost.

Wo ist die Toilette?
Where are the toilets?

Ich bin krank.
I'm sick.

Es tut hier weh.
It hurts here.

Ich habe mich übergeben.
I've been vomiting.

Ich habe Durchfall/Fieber/Kopfschmerzen.
I have diarrhoea/fever/headache.

(Ich glaube,) Ich bin schwanger.
(I think) I'm pregnant.

Ich bin allergisch gegen ...
I'm allergic to ...

Antibiotika	*antibiotics*
Aspirin	*aspirin*
Penizillin	*penicillin*

Mit Kindern reisen

Ich brauche ...	*I need (a) ...*
Gibt es ...?	*Is there (a/an) ...?*

einen Wickelraum	*baby change room*
einen Babysitz	*baby seat*
einen Babysitter	*babysitter*
einen Kindersitz	*booster seat*
einen Babysitter-Service	*child-minding service*
eine Kinderkarte	*children's menu*
einen Kinderstuhl	*highchair*
(Wegwerf-)Windeln	*(disposable) nappies*
ein Töpfchen	*potty*
einen Kinderwagen	*stroller*

Kann ich mein Kind hier stillen?
Do you mind if I breastfeed here?

Dürfen Kinder mit rein?
Are children allowed?

Papierkram

Name	*name*
Staatsangehörigkeit	*nationality*
Geburtsdatum	*date of birth*
Geburtsort	*place of birth*
Geschlecht	*sex/gender*
(Reise-)Pass	*passport*
Visum	*visa*

Reservierungen vornehmen (telefonisch oder schriftlich)

An ...	*To ...*
Von ...	*From ...*
Datum	*Date*

Ich möchte ... reservieren.
I'd like to book ...

Auf den Namen ...	*in the name of ...*
Vom ... bis zum ...	*from ... to ...*

Kreditkarte	*credit card*
Nummer	*number*
gültig bis ...	*expiry date*

Bitte bestätigen Sie Verfügbarkeit und Preis.
Please confirm availability and price.

SHOPPEN & SERVICE

Ich suche ...
I'm looking for ...

Wo ist der/die/das (nächste) ...?
Where's the (nearest) ...?

Wo kann ich ... kaufen?
Where can I buy ...?

Ich möchte ... kaufen.
I'd like to buy ...

Wie viel (kostet das)?
How much (is this)?

Das ist zu viel/teuer.
That's too much/expensive.

Können Sie mit dem Preis heruntergehen?
Can you lower the price?

Haben Sie etwas Billigeres?
Do you have something cheaper?

Ich schaue mich nur um.
I'm just looking.

Können Sie den Preis aufschreiben?
Can you write down the price?

Haben Sie noch andere?
Do you have any others?

Können Sie ihn/sie/es mir zeigen?
Can I look at it?

mehr	*more*
weniger	*less*
kleiner	*smaller*
größer	*bigger*

Nehmen Sie ...?
Do you accept ...?

Kreditkarten	*credit cards*
Reiseschecks	*travellers cheques*

Ich möchte ...
I'd like to ...

Geld umtauschen
change money (cash)

einen Scheck einlösen
cash a cheque

Reiseschecks einlösen
change some travellers cheques

ein Geldautomat	*an ATM*
eine Wechselstube	*an exchange office*
eine Bank	*a bank*
die ... Botschaft	*the ... embassy*
deutsche	*German*
österreichische	*Austrian*
Schweizer	*Swiss*
das Krankenhaus	*the hospital*
der Markt	*the market*
die Polizei	*the police*
die Post	*the post office*

ein öffentliches Telefon	*a public phone*
eine öffentliche Toilette	*a public toilet*

Wann macht er/sie/es auf/zu?
What time does it open/close?

Ich möchte eine Telefonkarte kaufen.
I want to buy a phone card.

Wo ist hier ein Internet-Café?
Where's the local Internet cafe?

Unterkunft

Wo ist ...?	*Where's a ...?*
eine Pension	*bed and breakfast*
ein Campingplatz	*camping ground*
ein Hotel	*hotel*
ein Privatzimmer	*room in a private home*
eine Jugendherberge	*youth hostel*

Wie lautet die Adresse?
What's the address?

Ich möchte bitte ein Zimmer reservieren.
I'd like to book a room, please.

Für (drei) Nächte/Wochen.
For (three) nights/weeks.

Haben Sie ein ...?
Do you have a ... room?

Einzelzimmer	*single*
Doppelzimmer	*double*
Zimmer mit Doppelbett	*twin*

Wie viel kostet es pro ...?
How much is it per ...?

Nacht	*night*
Person	*person*

Kann ich es sehen?
May I see it?

Kann ich ein anderes Zimmer bekommen?
Can I get another room?

Es ist gut, ich nehme es.
It's fine. I'll take it.

Ich reise jetzt ab.
I'm leaving now.

Verständigung

Verstehen Sie (mich)?
Do you understand (me)?

Ich verstehe (nicht).
I (don't) understand.

Könnten Sie ...?
Could you please ...?

bitte langsamer sprechen
speak more slowly

das bitte wiederholen
repeat that

das bitte aufschreiben
write it down

Verkehrsmittel & -wege

Wann fährt ... ab?
What time does the ... leave?

das Boot	*boat*
der Bus	*bus*
der Zug	*train*

Private Verkehrsmittel

Wo kann ich ... mieten?
Where can I hire a ...?

Ich möchte ... mieten.
I'd like to hire a/an ...

ein Fahrrad	*bicycle*
ein Auto	*car*
ein Allradfahrzeug	*4WD*
einen Schaltwagen	*manual*
ein Motorrad	*motorbike*

Wie viel kostet es pro ...?
How much is it per ...?

Tag	*day*
Woche	*week*
Benzin	*petrol*
Diesel	*diesel*
bleifreies Benzin	*unleaded*
Autogas	*LPG*

Wo ist eine Tankstelle?
Where's a petrol station?

Führt diese Straße nach ...?
Does this road go to ...?

(Wie lange) Kann ich hier parken?
(How long) Can I park here?

Wo muss ich bezahlen?
Where do I pay?

Ich brauche einen Mechaniker.
I need a mechanic.

Ich habe (in ...) eine Panne mit meinem Auto.
The car has broken down (at ...)

Ich hatte einen Unfall.
I had an accident.

Das Auto/Motorrad springt nicht an.
The car/motorbike won't start.

Ich habe eine Reifenpanne.
I have a flat tyre.

Ich habe kein Benzin mehr.
I've run out of petrol.

Wegweiser

Können Sie mir bitte helfen?
Could you help me, please?

Wo ist (eine Bank)?
Where's (a bank)?

Ich suche (die Kathedrale).
I'm looking for (the cathedral).

In welcher Richtung ist (eine öffentliche Toilette)?
Which way's (a public toilet)?

Wie kann ich da hinkommen?
How can I get there?

Wie weit ist es?
How far is it?

Können Sie es mir (auf der Karte) zeigen?
Can you show me (on the map)?

KANADISCHES FRANZÖSISCH

Das Französisch, das in Kanada gesprochen wird, entspricht im Grunde dem, das man in Frankreich hört. Zwar lernen viele Schüler mit englischer und die meisten mit französischer Muttersprache in den Schulen Québecs das europäische Französisch, aber der örtliche Dialekt, das „Québecois" oder auch das *joual* weichen hie und da vom Standard ab. Die Ansager im frankokanadischen Radio und Fernseher orientieren sich im Allgemeinen – genauso wie die Oberschicht – stärker am europäischen Französisch; insofern haben Frankokanadier kein Problem damit, das Schulfranzösisch von Travellern zu verstehen.

Die meisten Buchstaben des Alphabets werden mehr oder weniger genauso ausgesprochen wie im Deutschen; einige Ausnahmen, die Verwirrung stiften könnten, sind aber in der rechten Spalte aufgeführt. Zur Lautschrift: Die Kombinationen „ang", „äng" und „ong" in den Aussprachehilfen geben die Nasallaute wieder – das „ng" in einer Lautumschrift wird nicht gesprochen, sondern kennzeichnet den vorangehenden Vokal als Nasallaut; „sch" wird ausgesprochen wie in „Dschungel", wenn es für den französischen Buchstaben j oder g steht (also ganz weich), ansonsten deutlich schärfer, so wie das „sch" in „Muschel".

c	vor e und i wie „s" in „Moos" vor a, o und u wie „k" in „Kinder"
ç	wie „s" in „Moos"
gn	wie in „Cognac"
h	immer stumm
j	wie „sch" in „Dschungel"
ll	nach ai, ei und eui wie „j" in „Jäger" nach einfachem i entweder „j" oder „l", je nach Herkunft des Wortes, ansonsten „l"
n, m	wenn eine Silbe auf n oder m endet, werden diese Buchstaben nicht ausgesprochen, dafür wird der vorangehende Vokal nasaliert
s	wird in Pluralformen oder am Ende eines Wortes oft nicht ausgesprochen
x	vor Vokalen normalerweise wie „s" in „Serie", ansonsten stumm
z	weich wie „s" in „sieben"

Konversation & Nützliches

Die Anredeform, entsprechend dem Deutschen „Sie", ist *vous*. Das „Du", *tu*, verwendet man nur im Gespräch mit Kindern oder engen Freunden. Natürlich darf man auch duzen, wenn der andere das anbietet.

Das Französische besitzt zwei grammatische Geschlechter, Maskulinum und Femininum, für Substantive, Artikel (*le/la* für „der"/ „die" bzw. *un/une* für „ein/eine") und Adjektive. Wir geben maskuline und feminine Formen an und kennzeichnen sie durch „m./f.".

Guten Tag.	*Bonjour.*	bong·dschur
Auf Wiedersehen.	*Au revoir.*	o·re·voar
Entschuldigen Sie bitte.	*Excusez-moi.*	ek·skü·seh·moa
Entschuldigung.	*Pardon.*	par·dong
Ja./Nein.	*Oui./Non.*	wie/nong
Bitte.	*S'il vous plaît.*	sie wu plä
Danke.	*Merci.*	mer·sie
Gern geschehen.	*De rien.*	de rie·eng

Wie geht es Ihnen?
Comment allez vous? ko·mong ta·leh·wuh

Gut, und Ihnen?
Bien, merci. Et vous? bjeng mer·sie eh wuh

Ich heiße...
Je m'appelle ... dsche ma·pell...

Wie heißen Sie?
Comment vous appelez-vous? ko·mong wuh·sa·peleh wuh

Sprechen Sie Englisch/Deutsch?
Parlez-vous anglais/allemand? par·leh·wuh ang·gläh/sa le mang

Ich verstehe nicht.
Je ne comprends pas. dsche ne kom·prang pa

Essen & Ausgehen

Einen Tisch für (zwei), bitte.
Une table pour (deux), s'il vous plaît. ühn ta·ble puhr (döh) siel wuh pläh

Was können Sie empfehlen?
Qu'est-ce que vous conseillez? kes·ke wuh kong·seh·jeh

Welche Zutaten sind da drin?
Quels sont les ingrédients? kel son leh sing·greh·djang

Ich bin Vegetarier/Vegetarierin.
Je suis végétarien/végétarienne. dsche swie weh·dscheh·ta·rjang/weh·dscheh·ta·rjenn (m./f.)

Ich esse kein ...
Je ne mange pas ... dsche ne mandsch pah ...

Prost!
Santé! sang·teh

Das war köstlich.
C'était délicieux! seh·täh deh·lie·sjöh

Die Rechnung bitte.
Apportez-moi l'addition, s'il vous plaît. a·por·teh·moa la·die·sjong siel wuh pläh

Wichtige Wörter

Abendessen	*souper*	suh·peh
Delikatessen	*traiteur*	träh·töhr
Essen	*nourriture*	nu·rie·tühr
Flasche	*bouteille*	buh·tehj
Frühstück	*déjeuner*	deh·dschöh·neh
Gabel	*fourchette*	fur·schet
Gericht	*plat*	pla
Glas	*verre*	wer
Hauptgang	*plat principal*	pla preng·sie·pal
kalt	*froid*	froa
Kindergericht	*menu pour enfants*	me·nüh puh rang·fang
Kinderstuhl	*chaise haute*	schäh soht

Schilder

Entrée	Eingang
Femmes	Damen
Fermé	Geschlossen
Hommes	Herren
Interdit	Verboten
Ouvert	Geöffnet
Renseignements	Information
Sortie	Ausgang
Toilettes/WC	Toiletten

Lebensmittelladen	*épicerie*	eh·pie·srie
Löffel	*cuillère*	kui·jähr
Markt	*marché*	mar·scheh
Messer	*couteau*	kuh·toh
mit/ohne	*avec/sans*	a·wek/sang
Mittagessen	*dîner*	die·neh
örtliche Spezialität	*spécialité locale*	speh·sja·lie·teh lo·kal
Speisekarte (auf Englisch)	*carte (en anglais)*	kart (an ang·gläh)
Teller	*assiette*	a·sjet
Vorspeise	*entrée*	ang·treh
warm	*chaud*	schoh
Weinkarte	*carte des vins*	kart deh weng

Fleisch & Fisch

Fisch	*poisson*	poa·song
Hähnchen	*poulet*	puh·leh
Kalbfleisch	*veau*	woh
Lamm	*agneau*	a·njoh
Rindfleisch	*bœuf*	böff
Schweinefleisch	*porc*	por
Truthahn	*dinde*	dengd

Obst & Gemüse

Ananas	*ananas*	a·na·nas
Apfel	*pomme*	pom
Aprikose	*abricot*	a·brie·koh
Backpflaume	*pruneau*	prüh·noh
Bohnen	*haricots*	a·rie·koh
Erbsen	*petit pois*	pe·tie poa
Erdbeere	*fraise*	frähs
Frühlingszwiebel	*échalote*	eh·scha·lot
Gemüse	*légume*	leh·gühm
Gewürzgurke	*cornichon*	kor·nie·schong
Gurke	*concombre*	kong·kom·bre
Kartoffel	*pomme de terre*	pom de ter
Kirsche	*cerise*	se·ries
Kohl	*chou*	schuh
Kürbis	*citrouille*	sie·truh·je
Lauch	*poireau*	poa·roh
Mais	*maïs*	ma·ies
(rote/grüne) Paprika	*poivron (rouge/vert)*	poa·wrong (ruhdsch/wär)
Pfirsich	*pêche*	pesch
Pflaume	*prune*	prühn

Pilz	*champignon*	scham·pie·njong
rote Bete	*betterave*	be·trav
Rübe	*navet*	na·weh
Salat	*laitue*	läh·tüh
Sellerie	*céleri*	sel·rie
Spargel	*asperge*	a·sperdsch
Spinat	*épinards*	eh·pie·nar
Tomate	*tomate*	to·mat
Weintraube	*raisin*	reh·seng
Zitrone	*citron*	sie·trong

Andere Wörter

Brot	*pain*	peng
Butter	*beurre*	bör
Ei	*œuf*	öff
Essig	*vinaigre*	wie·näh·gre
Honig	*miel*	mjel
Käse	*fromage*	fro·madsch
Linsen	*lentilles*	lang·tie·je
Marmelade	*confiture*	kong·fie·tühr
Öl	*huile*	wiel
Pasta/Nudeln	*pâtes*	paht
Pfeffer	*poivre*	poa·wre
Reis	*riz*	rie
Salz	*sel*	sell
Zucker	*sucre*	süh·kre

Getränke

Bier	*bière*	bi·jähr
Kaffee	*café*	ka·feh
Milch	*lait*	läh
Rotwein	*vin rouge*	wen (ruhdsch)
(Orangen-) Saft	*jus (d'orange)*	dschüh (do·rongdsch)
Tee	*thé*	teh
(Mineral-) Wasser	*eau (minérale)*	oh (mie·neh·ral)
(Weiß-)Wein	*vin (blanc)*	wen (blang)

Notfall

Hilfe!
Au secours! — o sguhr

Ich habe mich verlaufen.
Je suis perdu/perdue. — dsche swie per·düh(m./f.)

Lassen Sie mich in Ruhe!
Fichez-moi la paix! — fie·scheh·moa la päh

Es hat einen Unfall gegeben.
Il y a eu un accident. — iel ja üh ün ak·sie·dang

Rufen Sie einen Arzt.
Appelez un médecin. — a·pleh ün mehd·seng

Rufen Sie die Polizei.
Appelez la police. — a·pleh la po·lies

Ich bin krank.
Je suis malade. — dsche swie ma·lad

Hier tut es weh.
J'ai une douleur ici. — dscheh ühn duh·löhr i·sie

Ich bin allergisch gegen ...
Je suis allergique ... — dsche swie sa·ler·dschiek ...

Shoppen & Service

Ich hätte gern ...
Je voudrais acheter ... — dsche wuh·dreh asch·teh...

Kann ich mir das anschauen?
Est-ce que je peux le voir? — es·ke dsche pöh le voar

Ich schaue mich nur um.
Je regarde. — dsche re·gard

Das gefällt mir nicht.
Cela ne me plaît pas. — se·la ne me pleh pa

Wie viel kostet das?
C'est combien? — seh kom·bjeng

Das ist zu teuer.
C'est trop cher. — seh troh schehr

Können Sie mit dem Preis heruntergehen?
Vous pouvez baisser le prix? — wuh puh·weh bäh·seh le prie

Da stimmt was nicht auf der Rechnung.
Il y a une erreur dans la note. — iel i ah ühn er·röhr dang la noht

Geldautomat	*guichet automatique de banque*	gie·scheh o to·ma·tiek de bonk
Internetcafé	*cybercafé*	sie·bähr·ka·feh
Kreditkarte	*carte de crédit*	kart de kreh·die
Post	*bureau de poste*	bü·ro deh post
Touristeninformation	*office de tourisme*	o·ties de tu·ries·me

Fragewörter

Wann?	*Quand?*	kang
Warum?	*Pourquoi?*	puhr·koa
Was?	*Quoi?*	koa
Wer?	*Qui?*	kie
Wie?	*Comment?*	ko·mang
Wo?	*Où?*	uh

Uhrzeit & Datum

Wie spät ist es?
Quelle heure est-il? kel löhr äh tiel

Es ist (acht) Uhr.
Il est (huit) heures. il äh (wiet) öhr

Es ist halb (11).
Il est (dix) heures et demie. il ay (die) söhr eh de·mie

Morgen	*matin*	ma·teng
Nachmittag	*après-midi*	a·preh·mie·die
Abend	*soir*	soar
gestern	*hier*	i jähr
heute	*aujourd'hui*	o·dschur·dwie
morgen	*demain*	de·meng

Montag	*lundi*	lüng·die
Dienstag	*mardi*	mar·die
Mittwoch	*mercredi*	mer·kre·die
Donnerstag	*jeudi*	dschöh·die
Freitag	*vendredi*	vang·dre·die
Samstag	*samedi*	sam·die
Sonntag	*dimanche*	die·mangsh

Januar	*janvier*	dschong·wijeh
Februar	*février*	feh·wrijeh
März	*mars*	mars
April	*avril*	a·wriel
Mai	*mai*	mäh
Juni	*juin*	dschüjeng
Juli	*juillet*	dschwi jäh
August	*août*	uh
September	*septembre*	sep·tang·bre
Oktober	*octobre*	ok·toh·bre
November	*novembre*	no·vang·bre
Dezember	*décembre*	deh·sang·bre

Zahlen

1	*un*	öng
2	*deux*	döh
3	*trois*	troa
4	*quatre*	ka·tre
5	*cinq*	sengk
6	*six*	sies
7	*sept*	set
8	*huit*	wiet
9	*neuf*	nöff
10	*dix*	dies
20	*vingt*	weng
30	*trente*	trangt
40	*quarante*	ka·rangt
50	*cinquante*	seng·kangt
60	*soixante*	soa·sangt
70	*soixante-dix*	soa·sang·dies
80	*quatre-vingts*	ka·tre·weng
90	*quatre-vingt-dix*	ka·tre·weng·dies
100	*cent*	sang
1000	*mille*	miel

Unterkunft

Haben Sie ein Zimmer frei?
Est-ce que vous avez des chambres libres? es·ke wuh sa·weh deh scham·bre lie·bre

Was kostet es pro Nacht/Person?
Quel est le prix par nuit/personne? kel äh le prie par nwie/per·son

Ist das Frühstück inbegriffen?
Est-ce que le petit déjeuner est inclus? es·ke le pe·tie deh·dschö·neh äh tang·klüh

Camping	*camping*	kam·pieng
Hotel	*hôtel*	o·tel
Jugendherberge	*auberge de jeunesse*	o·berdsch de dschöh·ness
Pension	*pension*	pang·sjon
Schlafsaal	*dortoir*	dor·toar

ein … Zimmer
une chambre … ühn scham·bre …

Einzel-	*à un lit*	a ühn lie
Doppel-	*avec un grand lit*	a·wek öng grang lie

Badezimmer	*salle de bains*	sal de bäng
Fenster	*fenêtre*	fe·näh·tre
Klimaanlage	*climatiseur*	klie·ma·tie·söhr

Verkehrsmittel & -wege

Öffentliche Verkehrsmittel

Boot	*bateau*	ba·to
Bus	*bus*	bühs
Flugzeug	*avion*	a·wjong
Zug	*train*	treng

Ich möchte nach …
Je voudrais aller à … dsche wuh·dreh al·leh a …

Hält er in (Amboise)?
Est-ce qu'il s'arrête à (Amboise)? es·kil sa·ret a (am·boas)

Wann fährt er ab/kommt er an?
À quelle heure est-ce qu'il part/arrive? a kel öhr es kil par/a·riew

Können Sie mir sagen, wann wir in … sind?
Pouvez-vous me dire quand nous arrivons à …? puh·weh·wuh me dier kang nuh sa·rie·wong a …

Ich möchte hier aussteigen.
Je veux descendre ici. dsche wöh deh·sang·dre ie·sie

erster	*premier*	pre·mjeh
letzter	*dernier*	der·njeh
nächster	*prochain*	pro·scheng

ein … Ticket
un billet … üng bie·jeh …

1. Klasse	*de première classe*	de pre·mjähr klas
2. Klasse	*de deuxième classe*	de döh·sjähm las
einfaches	*simple*	sem·ple
für Hin- und Rückfahrt	*aller et retour*	a·leh eh re·tuhr
Bahnhof	*gare*	gahr
Bahnsteig	*quai*	käh
entfällt	*annulé*	a·nüh·leh
Fahrkartenschalter	*guichet*	gie·scheh
Fahrplan	*horaire*	o·rähr
Fensterplatz	*côté fenêtre*	ko·teh fe·näh·tre
Gangplatz	*côté couloir*	ko·teh kuh·loar
verspätet	*en retard*	ang re·tar

Eigene Verkehrsmittel

Ich möchte ein/einen … mieten.
Je voudrais louer … dsche wuh·dräh luh·weh …

Auto	*une voiture*	ühn woa·tühr
Fahrrad	*un vélo*	üng we·loh
Geländewagen	*un quatre-quatre*	üng kat·kat
Motorrad	*une moto*	ühn mo·to

Benzin	*essence*	es·sangs
Diesel	*diesel*	djeh·sel
Kindersitz	*siège-enfant*	sjäh dschang·fang
Mechaniker	*mécanicien*	meh·ka·nie·sjeng
Sturzhelm	*casque*	kask
Tankstelle	*station-service*	sta·sjong·ser·wies

Ist das die Straße nach …?
C'est la route pour …? seh la ruht puhr …

(Wie lange) kann ich hier parken?
(Combien de temps) Est-ce que je peux stationner ici? (kom·bjeng de tang) es·ke dsche pöh sta·sjo·neh ie·sie

Das Auto/Motorrad ist (bei …) liegen geblieben.
La voiture/moto est tombée en panne (à …). la voa·tühr/mo·toh eh tom·beh ang pann (a …)

Ich habe einen Platten.
Mon pneu est à plat. mong pnöh äh ta plah

Ich habe kein Benzin.
Je suis en panne d'essence. dsche swie sang pann des·sangs

SATZMUSTER

Wenn man etwas sagen will, setzt man einfach die entsprechenden Wörter in die Klammer ein:

Wo ist (der Eingang)?
Où est (l'entrée)? uh äh (lang·treh)

Wo kann ich (die Eintrittskarte kaufen)?
Où est-ce que je peux (acheter un billet)? uh es·ke dsche pöh (asch·teh öng bie·jeh)

Wann fährt (der nächste Zug)?
Quand est (le prochain train)? kang täh (le pro·scheng treng)

Wie viel kostet (ein Zimmer)?
C'est combien pour (une chambre)? seh kom·bjeng puhr (ühn scham·bre)

Haben Sie (eine Landkarte)?
Avez-vous (une carte)? a·weh wuh (ühn kart)

Gibt es (eine Toilette)?
Y a-t-il (des toilettes)? ie ah tiel (deh toa·let)

Ich möchte (ein Zimmer buchen).
Je voudrais (réserver (une chambre). dsche wuh·dräh (reh·ser·weh ühn scham·bre)

Kann ich (hereinkommen)?
Puis-je (entrer)? pwie dsche (ang·treh)

Könnten Sie (mir helfen)?
Pouvez-vous (m'aider), s'il vous plaît? puh·weh wuh (meh·deh) siel wuh pläh

Muss ich (einen Platz reservieren)?
Faut-il (réserver une place)? foh·tiel (reh·ser·weh ühn plahs)

Ich habe den Autoschlüssel verloren.		
J'ai perdu les clés de ma voiture.	dscheh per·düh leh kleh de ma woa·tühr	

Wegweiser

an der Ecke	*au coin*	o ko eng
an der Ampel	*aux feux*	o föh
hinter	*derrière*	der·jähr
vor	*devant*	de·wang
fern (von ...)	*loin (de ...)*	lo eng (de ...)
links	*gauche*	gohsch
nahe	*près (de ...)*	präh (de ...)
neben ...	*à côté de ...*	a ko·teh de...
gegenüber ...	*en face de ...*	ang fas de ...
rechts	*droite*	droat
geradeaus	*tout droit*	tuh droah

Wo ist ...?	
Où est ...?	uh äh ...
Wie lautet die Adresse?	
Quelle est l'adresse?	kel äh la·dres
Können Sie die Adresse bitte aufschreiben?	
Est-ce que vous pourriez écrire l'adresse, s'il vous plaît?	es·ke wuh pu·rjeh eh·krier la·dres siel wuh pläh
Können Sie es mir (auf der Karte) zeigen?	
Pouvez-vous m'indiquer (sur la carte)?	puh·weh·wuh meng·die·keh (sühr la kart)

Hinter den Kulissen

WIR FREUEN UNS ÜBER EIN FEEDBACK

Post von Travellern zu bekommen, ist für uns ungemein hilfreich – Kritik und Anregungen halten uns auf dem Laufenden und helfen, unsere Bücher zu verbessern. Unser reiseerfahrenes Team liest alle Zuschriften genau durch, um zu erfahren, was an unseren Reiseführern gut und was schlecht ist. Wir können solche Post zwar nicht individuell beantworten, aber jedes Feedback wird garantiert schnurstracks an die jeweiligen Autoren weitergeleitet, rechtzeitig vor der nächsten Nachauflage.

Wer uns schreiben will, erreicht uns über **www.lonelyplanet.de/kontakt**.

Hinweis: Da wir Beiträge möglicherweise in Lonely Planet Produkten (Reiseführer, Websites, digitale Medien) veröffentlichen, ggf. auch in gekürzter Form, bitten wir um Mitteilung, falls ein Kommentar nicht veröffentlicht oder ein Name nicht genannt werden soll. Wer Näheres über unsere Datenschutzpolitik wissen will, erfährt das unter www.lonelyplanet.com/privacy.

DANK VON LONELY PLANET

Vielen Dank den Reisenden, die uns nach der letzten Auflage des Reiseführers hilfreiche Hinweise, nützliche Ratschläge und interessante Anekdoten schickten:

Poul Aasø, Ewa Affinito, Carole Bennett, Kate Berry, Marieke Bouwman, Christina, Steven Cools, Tony Cope, Jacques Cové, Chris Cozens, Sangini Crane, Sarah De Clermont, Chris Drysdale, Christopher Dunlap, Gerardo Durand-chastel, Frank Eisenhuth, Christina Engels, James Falk, Christian Felsch, Lauren Finger, Rosalind Foley, Joanna Fowler, Andrea Gaebel, Matt Hawker, Gary Hellen, Daniel Herbert, Gwen Holt, Marjorey Hope, John Hopkinson, Eric Houston, Jo Hughes, Ineke Imbo, Lea Kitler, John Kriz, Kathleen Lizotte, Edgar Locke, Amanda Mallon, Marianna Martin, Trevor Mazzucchelli, Ann Mccarry, Ursa Mekis, Morena Menegatti, John Mirehouse, Gabor Mlinko, Basil Moser, Dorothy Mul, Colleen Mulhall, Maria, Richard Newton, Gary Nielsen, Marco Pagura, Jordan Payne, Aina Ranke, Nicholas Read, Raphael Richards, Claire Ridgwell, Duurt Rijkels, Amelie Robitaille, Lynne Romano, Anita Schneider, Leanna Sharp, Kris Sloane, Gord Smoker, Ivan Stephen, Robert Strauch, Kate Sullivan, Helen Sutton, Frank & Tamara Van Egmond, Natasha Verkerk, Riaz Virani, Helen Waters, Dominique P. Weber, Robert White, Jeannine Winkel, Beat Zenklusen

DANK DER AUTOREN

Karla Zimmerman

Ich danke Bryan Curtis und Sarah Mathieson – den Gurus von St. John –, Harvey in Bonavista, Gillian Marx und Laura Walbourne von Newfoundland Tourism und den Einheimischen, die mir ihre Geschichten erzählt haben. Mein Dank geht auch an Lisa Beran, die wieder einmal die Frau am Steuer war. Besonders dankbar bin ich meinen Autorenkollegen Catherine, Celeste, John, Emily, Brandon, Sarah, Brendan und RVB für die tolle Arbeit. Ein dickes Danke an Jennye, Bruce und das Redaktionsteam! Vor allem aber danke ich Eric Markowitz, dem besten Lebensgefährten der Welt.

Catherine Bodry

Ich danke Jennye Garibaldi, weil sie das Risiko eingegangen ist, und Karla Zimmerman, weil sie alle meine chaotischen Fragen beantwortet hat. Ich liebe alle Kanadier, aber diese hier haben meine Reise zu einem tollen Erlebnis gemacht: Ich danke Gord Johns und Kim – erst Fremde auf der Straße, jetzt gute Freunde –, LinLyn Liu für die Empfehlungen, Norman Hardie für seine Zeit und seinen Fußboden sowie Lana Mau, meiner neuen besten Freundin und Recherchebegleiterin. Wie immer möchte ich auch Lael, meiner Familie und meinen Freunden zu Hause Danke sagen, ohne deren Unterstützung ich das nie geschafft hätte.

Celeste Brash
Mein Dank geht an die Besten der Tourismusbranche: Emily Kimber von Destination Halifax und Pamela Beck von PEI Tourism. Ein dickes Dankeschön auch den verrückten Trampern Caitlin und Courtney, den Leuten von Digby Backpackers und Kiwi Kaboodle, John Tattrie, Darcy in Cape d'Or, Doug in Guysburough, Cailin O'Neill in Halifax, John Bil auf Prince Edward Island, den Tysons in Parsborro und Sandra in Creignish. Ich wünschte, ich könnte bei jedem Buch mit Karla Zimmerman und Jennye Garibaldi zusammenarbeiten. In der Zwischenzeit hat mein Ehemann Josh unseren Umzug in die USA im Schnellverfahren durchgezogen, und mein Vater Trace hat jetzt jede Menge Erfahrung im Schleppen.

John Lee
Ein ganz großes Dankeschön an all die Einheimischen und die immer freundlichen Mitarbeiter der Visitor Centres – vor allem die auf Vancouver Island –, die sich die Zeit genommen haben, innezuhalten und mit mir zu reden, und die mir bei vielen Fragen zur Provinz weitergeholfen haben. Ich danke meinem Neffen Christopher dafür, dass er mich auf diesem Abschnitt der Reise begleitet und immer für jede Menge Spaß gesorgt hat. Und schließlich gilt mein Dank meinem Vater, weil er extra aus Großbritannien gekommen ist, um diesen Reiseführer zu testen – die erste Ausgabe geht an ihn.

Emily Matchar
Ein großes Dankeschön an Jennye Garibaldi und Karla Zimmerman, die dieses Buch möglich gemacht haben, und auch an den Rest des Lonely Planet Teams in Kalifornien und Australien. Danke auch an alle Bewohner von New Brunswick, die mir die besten Wanderwege, versteckte Strände, Pubs und Poutine Râpée gezeigt haben. Ich möchte außerdem Jamin Asay danken, dem besten Begleiter auf Reisen (und im Leben), den man sich nur wünschen kann. Und ich danke meiner Großmutter Evelyn Matchar, die während der Arbeit zu diesem Buch verstorben ist. Sie hat ihr Gespür für Wunder und ihre unerschütterliche Wertschätzung des Unkonventionellen an mich weitergegeben.

Brandon Presser
Meine Rechercherereisen zurück ins heimatliche Kanada wären ohne die Liebe und Unterstützung meiner Familie nicht möglich gewesen: Tausend Dank an Jack & Sheila, Chas & Brenda, Mo & Wendy, Cindy & Joey und Steve & Linda. Besonderer Dank geht an Rob Gregorini, Lloyd Jones und meinen Reisebegleiter Dan B. Ich danke auch Kattrin Sieber, Jantine Van Kregten und Caroline & Dave sowie dem Mitarbeiterstab von Lonely Planet, vor allem meiner Co-Pilotin Catherine in Ontario, CA-Mama Karla und der klugen verantwortlichen Redakteurin Jennye G.

Sarah Richards
Ich möchte meinem Ehemann Benjamin und meinem Sohn Noah für ihre grenzenlose Unterstützung und Geduld danken. Außerdem schulde ich all den freundlichen Leuten aus Québec Dank, die ich auf meinen Reisen getroffen habe, vor allem Greg vom Maison Historique James Thompson, Sylvie von ALT

ÜBER DIESES BUCH

Dies ist die 2. deutsche Auflage von *Kanada*, basierend auf der 11. englischen Auflage von *Canada*.Hierfür stellte Karla Zimmerman ein tolles Team zusammen (s. S. 1022). Dieser Reiseführer wurde vom Lonely Planet Büro in Oakland, Kalifornien, in Auftrag gegeben und von den folgenden Personen betreut:

Verantwortliche Redakteurin Jennye Garibaldi
Leitender Redakteur Justin Flynn
Leitender Kartograf Corey Hutchison
Leitender Layoutdesigner Adrian Blackburn
Redaktion Sasha Baskett, Bruce Evans
Kartografie David Connolly, Alison Lyall
Layoutdesign Indra Kilfoyle
Redaktionsassistenz Janet Austin, Andrew Bain, Kate Daly, Andrea Dobbin, Carly Hall, Anne Mulvaney, Sally O'Brien, Gabbi Stefanos, Elizabeth Swan
Kartografieassistenz Ildiko Bogdanovits, Andrew Smith
Layoutassistenz Paul Iacono, Jessica Rose, Jacqui Saunders, Kerrianne Southway
Umschlagrecherche Naomi Parker
Bildrecherche Sabrina Dalbesio
Dank an Joanne, Emily Wolman, Heather Dickson, Lisa Knights, Jocelyn Harewood, Anna Metcalfe, Averil Robertson, Laura Stansfeld, Branislava Vladisavljevic, Annelies Mertens, Jeanette Wall, Mark Adams, Stefanie Di Trocchio, Janine Eberle, Brigitte Ellemor, Joshua Geoghegan, Mark Germanchis, Michelle Glynn, Liz Heynes, Lauren Hunt, Laura Jane, David Kemp, Nic Lehman, John Mazzocchi, Wayne Murphy, Piers Pickard, Lachlan Ross, Michael Ruff, Julie Sheridan, John Taufa, Sam Trafford, Juan Winata, Emily K Wolman, Celia Wood, Nick Wood

Québec und Marie-Line vom Manoir Richelieu. Ich danke euch für eure ausgezeichneten Ratschläge und die herzliche Gastfreundschaft! Danke auch an das Lonely Planet Team, das mich nach Québec geschickt und somit meine Sucht nach *pain au chocolat* genährt hat.

Brendan Sainsbury

Ein Dankeschön geht an all die ungenannten Busfahrer, die freiwilligen Mitarbeiter der Touristeninformationen, die Restaurateure, die Dinosaurierexperten und die unschuldigen Unbeteiligten, die mir während der Recherchen geholfen haben. Besonders danke ich Jennye Garibaldi, die mir diese Gelegenheit überhaupt erst verschafft hat, und Karla Zimmerman, die immer eine hilfsbereite Hauptautorin war. Vielen lieben Dank an Ann Morrow in Banff, die mir ein spontanes Interview gewährt und mir die Augen für die Schönheit des Parks geöffnet hat. Außerdem danke ich meiner Frau Liz und Kieran für ihre Gesellschaft während der Fahrt.

Ryan Ver Berkmoes

Die Anzahl der Menschen, denen ich danken möchte, übersteigt die Anzahl der Kermodebären bei Weitem, aber hier sollen mal ein paar genannt sein: Jim „kootchie-kootchie" Kemshead sorgte jederzeit für Bier und Drama. In British Columbia kümmerte sich Prince Ruperts Bruce Wishart um Infos und Drinks aller Art. Karla Zimmerman war einfach spitzenmäßig. Es ist immer gut, mit John Lee auf der Titelseite zu stehen, und die Leute von Lonely Planet, besonders Jennye, Alison und Bruce, sind echter Knaller. Und natürlich ist Erin das Tüpfelchen auf dem i.

QUELLENNACHWEIS

Titelfoto: Eisbären, Churchill, Manitoba, T. Davis/W. Bilenduke/Getty.

Viele der Fotos in diesem Reiseführer können bei Lonely Planet Images (www.lonelyplanetimages.com) lizensiert werden.

Register

A

Verweise auf Karten **000**
Verweise auf Fotos **000**

B

Verweise auf Karten **000**
Verweise auf Fotos **000**

G

H

Verweise auf Karten **000**
Verweise auf Fotos 000

Verweise auf Karten **000**
Verweise auf Fotos 000

Verweise auf Karten **000**
Verweise auf Fotos **000**

Y

Z

Verweise auf Karten **000**
Verweise auf Fotos 000

Auf einen Blick

Mit diesen Symbolen sind wichtigte Kategorien leicht zu finden:

- Sehenswertes
- Aktivitäten
- Kurse
- Geführte Touren
- Festivals & Events
- Schlafen
- Essen
- Ausgehen
- Unterhaltung
- Shoppen
- Praktische Informationen/ Transport

Diese Symbole bieten wertvolle Zusatzinformationen:

- Telefonnummern
- Öffnungszeiten
- Parkplatz
- Rauchen verboten
- Klimaanlage
- Internetzugang
- WLAN
- Schwimmbecken
- vegetarische Speisen
- Speisekarte auf Englisch
- familienfreundlich
- tierfreundlich
- Bus
- Fähre
- Metro
- Subway (U-Bahn)
- Straßenbahn
- Zug

Die Reihenfolge spiegelt die Bewertung durch die Autoren wider.

Empfehlungen von Lonely Planet:

- LP TIPP – Das empfiehlt unser Autor
- GRATIS – Hier bezahlt man nichts
- Nachhaltig und umweltverträglich

Unsere Autoren haben diese Einrichtungen gewählt, weil man dort großen Wert auf Nachhaltigkeit legt: etwa durch die Förderung einheimischer Gemeinschaften oder Hersteller, durch eine umweltverträgliche Bewirtschaftung oder durch ein Engagement im Naturschutz.

Kartenlegende

Sehenswertes
- buddhistisch
- christlich
- Denkmal
- hinduistisch
- islamisch
- jüdisch
- Museum/Galerie
- Ruine
- Schloss
- Strand
- Weingut/Weinberg
- Zoo
- andere Sehenswürdigkeit

Aktivitäten, Kurse & Touren
- Kanu/Kajak fahren
- Schwimmbecken
- Ski fahren
- surfen
- tauchen/schnorcheln
- wandern
- windsurfen
- andere/r Aktivität/ Kurs/Tour

Schlafen
- Camping
- Unterkunft

Essen
- Lokal

Ausgehen
- Bar/Kneipe
- Café

Unterhaltung
- Unterhaltung

Shoppen
- Shoppen

Praktisches
- Bank
- Botschaft/ Konsulat
- Internetzugang
- Krankenhaus/Arzt
- Polizei
- Post
- Telefon
- Toilette
- Touristeninformation
- andere Einrichtung

Verkehrsmittel
- Bus
- Einschienenbahn
- Fähre
- Fahrrad
- Flughafen
- Grenzübergang
- Metro
- Parkplatz
- Seilbahn/ Gondelbahn
- Straßenbahn
- Taxi
- Tankstelle
- Zug
- anderes Verkehrsmittel

Verkehrswege
- Mautstraße
- Autobahn
- Hauptstraße
- Landstraße
- Verbindungsstraße
- sonstige Straße
- unbefestigte Straße
- Platz/Promenade
- Treppe
- Tunnel
- Fußgänger- überführung
- Stadtspaziergang
- Abstecher vom Stadtspaziergang
- Pfad

Geografisches
- Aussichtspunkt
- Berg/Vulkan
- Hütte/Unterstand
- Leuchtturm
- Oase
- Park
- Pass
- Picknickplatz
- Wasserfall

Städte
- Hauptstadt (Staat)
- Hauptstadt (Bundes- land/Provinz)
- Großstadt
- Kleinstadt/Ort

Grenzen
- Internationale Grenze
- Bundesstaat/Provinz
- umstrittene Grenze
- Region/Vorort
- Meerespark
- Klippen
- Mauer

Gewässer
- Fluss/Bach
- periodischer Fluss
- Sumpf/Mangrove
- Riff
- Kanal
- Wasser
- Trocken-/Salz-/ periodischer See
- Gletscher

Gebietsformen
- Friedhof
- Friedhof (christlich)
- Highlight (Gebäude)
- Park/Wald
- Sehenswürdigkeit (Gebäude)
- Sportgelände
- Strand/Wüste

DIE AUTOREN

Karla Zimmerman

Hauptautorin, Newfoundland & Labrador Während der Jahre, in denen sie für Lonely Planet durch Kanada reiste, wurde Karla zur Ehrenbürgerin von Newfoundland (eine rumgetränkte Urkunde beweist es) und von Vancouver (ihre Sushi-Sucht beweist es). Eigentlich müsste sie auch Ehrenbürgerin Kanadas sein (sie ist von Tim-Hortons-Donuts geradezu besessen). Auf ihrer letzten Reise nach Newfoundland hörte sie etwas wirklich Treffendes: „Elche? Die sind wie Boote – überall." Wenn sie nicht unterwegs ist, lebt sie in Chicago, wo die Donuts auch gut sind. Sie schreibt Reiseberichte für Zeitungen, Bücher, Reisemagazine und Websites.

Catherine Bodry

Ontario Catherine Brody wuchs direkt südlich der kanadischen Grenze in Washington auf und machte unzählige Ausflüge in ihr nördliches Nachbarland. Als Jugendliche zeltete sie auf Vancouver Island und als sie etwas älter war, stahl sie sich über die Grenze, weil man dort schon mit 19 Jahren Alkohol trinken durfte. Seit damals ist sie schon fünfmal den Alaska Highway abgefahren, hat die Westküste mit der Fähre erkundet und sich den Bauch wiederholt mit den Früchten Ontarios vollgeschlagen. Die Arbeit für Lonely Planet steigert ihr Fernweh noch mehr: Sie schrieb schon für die Bände *Alaska*, *Pacific Northwest Trips* und *Thailand*. Auf www.catherinebodry.com steht mehr von ihr.

Celeste Brash

Nova Scotia, Prince Edward Island, Reisen mit Kindern „Hier machen Leute aus Tahiti Urlaub?" Diese Frage wurde Celeste während ihrer Reisen durch die Seeprovinzen häufiger gestellt. Leuchttürme und Lupinen sind zwar nicht mit den Palmen und dem Hibiskus auf der Insel zu vergleichen, auf der sie 15 Jahre lang lebte. Aber Celeste wurde schon vor langer Zeit klar, dass atlantischer Hummer das beste Essen der Welt ist. Sie verliebte sich in die frische Luft und ist ein absoluter Fan von *Anne auf Green Gables*. Nach der letzten Reise zog sie von den Tropen nach Oregon, wo sie nun ruhigere Abenteuer mit Lachs und Brombeeren erlebt.

John Lee

British Columbia, Kanadische Küche, Weinanbaugebiete John wurde in St. Albans, Großbritannien, geboren und zog in den 1990er-Jahren an die Westküste Kanadas, um an der University of Victoria zu studieren. 1999 zog er nach Vancouver und schlug die Laufbahn eines freien Reisejournalisten ein. Seitdem schreibt er für große Zeitungen und Magazine in aller Welt. Seit 2005 ist er als Autor für Lonely Planet tätig und hat schon an 18 Titeln mitgearbeitet, u. a. an den neueren Ausgaben des *Vancouver City Guide*. Zudem bloggte er täglich für die Lonely Planet Website über die Olympischen Winterspiele von 2010. Unter www.johnleewriter.com finden sich seine neuesten Storys und Infos darüber, was er als Nächstes plant.

Emily Matchar

New Brunswick Die gebürtige Amerikanerin Emily Matchar hat die Kanadier lange beneidet (nicht nur um ihr Gesundheitssystem!). Einige ihrer größten Abenteuer hat sie in Kanada erlebt: vom Schwimmen mit Seelöwen an der Küste British Columbias über ein Poutine-Essen um 3 Uhr morgens in Montréal bis hin zum Abhängen bei den Kanuherstellern im ländlichen New Brunswick. Heute wohnt sie im Süden, in Chapel Hill, North Carolina, wo sie für Magazine, Zeitungen und Websites schreibt. Sie hat an einem halben Dutzend Lonely Planet Bänden mitgearbeitet, z. B. an *USA*, *Mexiko* und *Trips: The Carolinas, Georgia and the South*.

DIE LONELY PLANET STORY

Ein ziemlich mitgenommenes, altes Auto, ein paar Dollars in der Tasche und eine Vorliebe für Abenteuer – 1972 war das alles, was Tony und Maureen Wheeler für die Reise ihres Lebens brauchten, die sie durch Europa und Asien bis nach Australien führte. Die Tour dauerte einige Monate, und am Ende saßen die beiden – erschöpft, aber voller Inspiration – an ihrem Küchentisch und schrieben ihren ersten Reiseführer *Across Asia on the Cheap*. Innerhalb einer Woche hatten sie 1500 Exemplare verkauft. Lonely Planet war geboren.

Heute hat der Verlag Büros in Melbourne, London und Oakland und mehr als 600 Mitarbeiter und Autoren. Und alle teilen Tonys Überzeugung: „Ein guter Resieführer sollte drei Dinge tun: informieren, bilden und amüsieren". Und an diesem Grundsatz änderte sich auch nichts, als 2011 BBC Worldwide alleiniger Inhaber von Lonely Planet wurde.

Brandon Presser

Ontario Als er für dieses Buch zum zweiten Mal an einem Kanada-Führer arbeitete, durfte Brandon der alten Trucker-Route seines Vaters durch die fernen Teile Nord-Ontarios folgen. Er kennt sich da aus – er ist in Ottawa geboren und aufgewachsen. Nachdem er in Paris, Tokio und Boston gelebt hatte, schulterte er den Rucksack und wurde Nomade. Er ist freier Reisejournalist und hat schon an über 20 Lonely Planet Bänden mitgearbeitet.

Sarah Richards

Québec Als treuer Fan der Berge und Wälder ihrer Heimat British Columbia schwor Sarah Richards, niemals eine andere Provinz Kanadas in ihr Herz zu schließen. Doch als sie ihr Studium an der Université McGill begann, drohte ihre Begeisterung für die verlockenden, exotischen Reize Québecs die Liebe zu ihrer Heimat zu übertreffen. Nach Abschluss des Studiums verbrachte sie sechs Jahre in Asien und Europa, bevor sie zurück nach Montréal kam. Schuld an dem schnöden Verrat seien der köstliche Duft frischer Croissants in der Luft und die Verlockungen des pulsierenden Nachtlebens der Stadt, sagt sie.

Brendan Sainsbury

Alberta, Northwest Territories, Nunavut, Nationalparks Der ausgewanderte Brite Brendan Sainsbury wurde in Hampshire, England, geboren und war schon Fitnesstrainer, ehrenamtlicher Lehrer, Möchtegern-Musiker und Reiseleiter. Heute arbeitet er als Vollzeit-Reisejournalist. 2003 traf er in Spanien eine Kanadierin aus Saskatoon, die er nach einem romantischen Urlaub auf Kuba in Mexiko heiratete. Die beiden leben heute mit ihrem Sohn Kieran in White Rock, British Columbia. Brendan hatte schon immer eine Vorliebe für die Nationalparks Albertas und ist Mitautor des aktuellen Lonely Planet Führers *Banff, Jasper & Glacier National Parks*.

Ryan Ver Berkmoes

British Columbia, Manitoba, Saskatchewan, Yukon Territory Seit mehr als 20 Jahren ist Ryan Ver Berkmoes in British Columbia und im Yukon Territory unterwegs. Diesmal kamen noch Manitoba und Saskatchewan dazu. Auf seiner Reise bekam er mehr Tiere zu Gesicht, als er je für möglich gehalten hätte. Das passt allerdings, wenn man seine Beziehung zu Elchen kennt: Während seines ersten Jobs bei einer Zeitung musste er dumme Elchwitze so zwischen den Kleinanzeigen platzieren, dass das Interesse der Leser geweckt wurde. Unter ryanverberkmoes.com erzählt er noch bessere Witze.

Lonely Planet Publications,

Locked Bag 1, Footscray,
Melbourne, Victoria 3011,
Australia

Verlag der deutschen Ausgabe:
MAIRDUMONT, Marco-Polo-Str. 1, 73760 Ostfildern,
www.mairdumont.com,
lonelyplanet@mairdumont.com

Chefredakteurin deutsche Ausgabe: Birgit Borowski

Übersetzung: Julie Bacher, Dorothee Büttgen, Berna Ercan, Tobias Ewert, Marion Gref-Timm, Christina Kagerer, Jürgen Kucklinski, Laura Leibold, Britt Maaß, Marion Matthäus, Dr. Christian Rochow, Katja Weber

Redaktion: Julia Berger, Frank Müller-Stindl, Adriana Popescu, Olaf Rappold, Katrin Schmelzle, Verena Stindl (red.sign, Stuttgart)

Satz: Neslihan Tatar Akbiyik (red.sign, Stuttgart)

Kanada

2. deutsche Auflage Juli 2011, übersetzt von *Canada 11th edition*, März 2011 Lonely Planet Publications Pty

Printed in China

Titelfoto: Eisbären, Churchill (Manitoba)/T. Davis, W. Bilenduke, Getty.